D1617665

Elftalig
Woordenboek

Praktische woordenschat in 11 talen

Nederlands, Duits, Engels, Frans, Hongaars, Italiaans, Pools, Portugees, Spaans, Tsjechisch, Zweeds

Van Dale Lexicografie bv
Utrecht/Antwerpen

Verkrijgbaar in de reeks Van Dale Elftalige Woordenboeken
(vanaf zomer 2007)

Van Dale Elftalig Woordenboek – *Business*
Van Dale Elftalig Woordenboek – *Computer*
Van Dale Elftalig Woordenboek – *Medisch*
Van Dale Elftalig Woordenboek – *Techniek*

Vormgeving omslag: Karel van Laar, De Bilt

Voor eventuele overname van gedeelten uit het woordenboek is schriftelijke toestemming van de uitgever noodzakelijk.

De uitgever kan geen aansprakelijkheid aanvaarden voor eventuele schade die zou kunnen voortvloeien uit enige fout die in deze uitgave zou kunnen voorkomen.

© 2007 Van Dale Lexicografie bv, voor de Nederlandse uitgave

Van Dale Elftalig Woordenboek, eerste druk
Utrecht/Antwerpen; Van Dale Lexicografie bv
Oorspronkelijk uitgegeven door © 2004 Compact Verlag GmbH, München, Duitsland
Oorspronkelijke titel *Grundwortschatz in 11 Sprachen*
All rights reserved
ISBN 9789066480285
NUR 627
R. 8028501
D/2007/0108/710

Woord vooraf

De wereld wordt steeds kleiner. Informatie-uitwisseling en communicatie in verschillende talen nemen een steeds grotere plaats in in ons bestaan. Het enigszins begrijpen en beheersen van meerdere talen geeft in internationale contacten een voorsprong. Dit woordenboek vergemakkelijkt de grensoverschrijdende communicatie van alledag of de beroepspraktijk.

Dit is een bijzonder woordenboek. Het geeft namelijk in één oogopslag vertalingen van een actuele en praktische basiswoordenschat in 11 belangrijke Europese talen: Nederlands, Duits, Engels, Frans, Hongaars, Italiaans, Pools, Portugees, Spaans, Tsjechisch, Zweeds. Zo kan men met gesprekspartners van Stockholm tot Rome en van Lissabon tot Warschau op efficiënte wijze communiceren.

In de trefwoordenlijst, die ruim 28.000 trefwoorden bevat, zijn alle talen geïntegreerd. Alle 280.000 vertalingen staan in een matrix netjes naast elkaar. Daarom is dit woordenboek een handig hulpmiddel voor iedereen die thuis of op kantoor, even snel, de vertaling wil opzoeken van een begrip dat men tegenkomt in een artikel, op internet, in een e-mail, een brief of tijdens een gesprek.

Kortom, dit woordenboek is door zijn unieke vorm en opzet en de omvangrijke woordenschat een bijna onontbeerlijk naslagwerk voor succesvolle internationale communicatie.

Utrecht/Antwerpen, maart 2007
Ferdi Gildemacher, *uitgever*

Afkortingen

NL Nederlands
CZ Tsjechisch
D   Duits
E   Engels
ES Spaans
F   Frans
H   Hongaars
I   Italiaans
P   Portugees
PL Pools
SV Zweeds

f   vrouwelijk (femininum)
m   mannelijk (masculinum)
n   onzijdig (neutrum)
pl meervoud (pluralis)
u   zowel mannelijk als vrouwelijk (utrum)

Gebruiksaanwijzing

Om het sneller vinden van de trefwoorden, onafhankelijk van de moedertaal van de gebruiker, te vergemakkelijken, zijn alle speciale tekens zoals taalafhankelijke lettertekens gewoon tussen het 'normale' alfabet gesorteerd. De 'å' is bijvoorbeeld bij de 'a' te vinden, de 'ł' bij de 'l'.

Alleen homoniemen (woorden met dezelfde woordvorm maar een verschillende betekenis) zijn genummerd.

De perfectieve aspectparen van Poolse en Tsjechische werkwoorden worden aangegeven tussen blokhaken achter de imperfectieve aspectparen.

Achter in het boek staat een overzicht van telwoorden, de dagen van de week en de maanden van het jaar in alle elf talen.

a

	D	E	F	I	ES
a (ES)	nach	to	vers/à	a/per	—
a (P)	nach	to	vers/à	a/per	a
a (CZ)	und	and	et	e	y
aalbes (NL)	Johannisbeere f	currant	groseille f	ribes m	grosella f
aanbetaling (NL)	Anzahlung f	deposit	acompte m	acconto m	primer pago m
aanbevelen (NL)	empfehlen	recommend	recommander	raccomandare	recomendar
aanbieden (NL)	anbieten	offer	offrir	offrire	ofrecer
aanbieding (NL)	Angebot n	offer	offre f	offerta f	oferta f
aanbouwen¹ (NL)	anbauen	cultivate	cultiver	coltivare	cultivar
aanbouwen² (NL)	anbauen	add	ajouter	ampliare	ampliar
aanbrengen (NL)	anbringen	fasten	fixer	fissare	colocar
aan de andere zijde (NL)	jenseits	beyond	de l'autre côté	al di là	al otro lado
aandeel (NL)	Aktie f	share	action f	azione m	acción f
aandenken (NL)	Andenken n	souvenir	souvenir m	ricordo m	recuerdo m
aan de overkant (NL)	drüben	over there	de l'autre côté	dall'altra parte	al otro lado
à andra sidan (SV)	andererseits	on the other hand	d'autre part	d'altra parte	por otra parte
aangelegenheid (NL)	Angelegenheit f	affair	affaire f	affare m	asunto m
aangenaam (NL)	angenehm	pleasant	agréable	gradevole	agradable
aangifte (NL)	Anzeige f	denunciation	dénonciation f	denuncia f	denuncia f
aankomen (NL)	ankommen	arrive	arriver	arrivare	llegar
aankomst (NL)	Ankunft f	arrival	arrivée f	arrivo m	llegada f
aankondigen (NL)	ansagen	announce	annoncer	annunciare	anunciar
aanleiding (NL)	Anlass m	occasion	occasion f	occasione f	ocasión f
aanmelden (NL)	anmelden	announce	annoncer	annunciare	anunciar
aanmelding (NL)	Anmeldung f	announcement	annonce f	annuncio m	aviso m
aanmerkelijk (NL)	beträchtlich	considerable	considérable	considerevole	considerable
aanpassen (NL)	anprobieren	try on	essayer	provare	probar
aanpassen, zich (NL)	anpassen, sich	adapt o.s.	adapter, s'	adattarsi	adaptarse
aanplakbiljet (NL)	Plakat n	poster	affiche f	affisso m	cartel m
aanraden (NL)	raten	advice	conseiller	consigliare	aconsejar
aanraken (NL)	berühren	touch	toucher	toccare	tocar
aanrekenen (NL)	anrechnen	charge	compter	mettere in conto	cargar en cuenta
aanslag (NL)	Anschlag m	assault	attentat m	manifesto m	atentado m
aansluiting (NL)	Anschluss m	connection	correspondance f	coincidenza f	conexión f
aanspraak (NL)	Anspruch m	claim	exigence f	pretesa f	pretensión f
aanstekelijk (NL)	ansteckend	virulent	contagieux	contagioso(a)	contagioso
aansteken (NL)	anzünden	light	allumer	accendere	encender
aansteker (NL)	Feuerzeug n	lighter	briquet m	accendino m	encendedor m
aanstellen (NL)	einstellen	employ	recruter	assumere	emplear
aantrekken (NL)	anziehen	put on	mettre	indossare	ponerse
aanvallen (NL)	angreifen	attack	attaquer	attaccare	atacar
aanvraag (NL)	Antrag m	application	demande f	domanda f	solicitud f
aanvullen (NL)	ergänzen	supplement	compléter	completare	completar
aanzetten (NL)	anmachen	put on	allumer	accendere	encender
aanzicht (NL)	Ansicht f	opinion	avis m	opinione f	opinión f

7 aanzicht

P	NL	SV	PL	CZ	H
a	naar	till	do	na/do	felé
—	naar	till	do	na/do	felé
e	en	och	i	—	és
groselha f	—	svart vinbär n	porzeczka f	rybíz m	ribizke
sinal m	—	handpenning u	zadatek m	záloha f	előleg
recomendar	—	rekommendera	polecać <polecić>	doporučovat <doporučit>	ajánl
oferecer	—	erbjuda	oferować <zaoferować>	nabízet <nabídnout>	kínál
oferta f	—	erbjudande n	oferta f	nabídka f	ajánlat
cultivar	—	odla	uprawiać	pěstovat	termeszt
construir um anexo	—	bygga till	dobudowywać <dobudować>	nastavovat <nastavit>	hozzáépít
fixar	—	placera	przymocowywać <przymocować>	připevňovat <připevnit>	felszerel
além de	—	bortom	po tamtej stronie	na druhé straně	túl
acção f	—	aktie u	akcja f	akcie f	részvény
recordação f	—	minne n	pamiątka f	suvenýr m	emlék
além	—	på andra sidan	po tamtej stronie	na druhé straně	odaát
por outro lado	anderzijds	—	z drugiej strony	na druhé straně	másrészt
assunto m	—	ärende n	sprawa f	záležitost f	ügy
agradável	—	angenämt	przyjemny	příjemně	kellemes
denúncia f	—	angivelse	doniesienie n	trestní oznámení n	feljelentés
chegar	—	komma fram	przybywać <przybyć>	přijíždět <přijet>	megérkez
chegada f	—	ankomst u	przyjazd m	příjezd m	megérkezés
anunciar	—	meddela	zapowiadać <zapowiedzieć>	ohlašovat <ohlásit>	bemond
ocasião f	—	anledning u	okazja f	příčina f	alkalom
anunciar	—	anmäla	meldować <zameldować>	přihlašovat <přihlásit>	bejelentkezik
inscrição f	—	anmälan u	zgłoszenie f	přihláška f	bejelentés
considerável	—	beaktlig	znaczny	značně	jelentős
provar roupa	—	prova ngt på ngn	przymierzać <przymierzyć>	zkoušet <vyzkoušet>	felpróbál
adaptar-se	—	anpassa sig	dopasowywać, się <dopasować, się>	přizpůsobovat se <přizpůsobit se>	alkalmazkodik
cartaz m	—	affisch u	plakat m	plakát m	plakát
aconselhar	—	gissa	radzić <poradzić>	doporučovat <doporučit>	tanácsol
tocar	—	röra vid	dotykać <dotknąć>	dotýkat, se <dotknout, se>	érint
contar	—	räkna in	zaliczać <zaliczyć>	započítávat <započítat>	beszámit
atentado m	—	anslag n	zamach m	oznámení n	merénylet
ligação f	—	anslutning u	przyłączenie n	příopoj m	csatlakozás
direito m	—	anspråk n	roszczenie n	nárok m	igény
contagioso	—	smittsam	zakaźny	nakažlivý	fertőző
acender	—	tända	zapalać <zapalić>	zapalovat <zapálit>	gyújt
isqueiro m	—	cigarettändare u	zapalniczka f	zapalovač m	öngyújtó
contratar	—	anställa	angażować <zaangażować>	přijímat <přijmout>	vkit munkába állít
vestir	—	klä på sig	ubierać <ubrać>	oblékat <obléci>	felvesz
atacar	—	angripa	atakować <zaatakować>	útočit <zaútočit>	megtámad
proposta f	—	förslag n	wniosek m	žádost f	kérvény
completar	—	komplettera	uzupełniać <uzupełnić>	doplňovat <doplnit>	kiegészíti
acender	—	sätta på	przymocowywać <przymocować>	rozdělávat <rozdělat>	bekapcsol
vista f	—	åsikt u	pogląd m	pohled m	nézet

aanzien

	D	E	F	I	ES
aanzien (NL)	ansehen	look at	regarder	guardare	mirar
aap (NL)	Affe m	ape	singe m	scimmia f	mono m
aard (NL)	Art f	way	manière f	modo m	manera f
aardappel (NL)	Kartoffel f	potato	pomme de terre f	patata f	patata f
aardbei (NL)	Erdbeere f	strawberry	fraise f	fragola f	fresa f
aardbeving (NL)	Erdbeben n	earthquake	tremblement de terre m	terremoto m	terremoto m
aarde (NL)	Erde f	earth	terre f	terra f	tierra f
aarzelen (NL)	zögern	hesitate	hésiter	esitare	vacilar
abajo (ES)	unten	downstairs	dessous	sotto/giù	—
abandonar (P)	verlassen	leave	abandonner	lasciare	dejar
abandonner¹ (F)	aufgeben	give up	—	rinunciare	renunciar a
abandonner² (F)	verlassen	leave	—	lasciare	dejar
a bassa voce (I)	leise	quietly	à voix basse	—	sin (hacer) ruido
abastecer (P)	versorgen	provide	fournir	approvvigionare	proveer
abbastanza¹ (I)	genug	enough	assez	—	bastante
abbastanza² (I)	ziemlich	quite	assez	—	bastante
abbestellen (D)	—	cancel	décommander	annullare	anular el pedido de
abbiegen (D)	—	turn off	tourner	svoltare	torcer
abbigliamento (I)	Kleidung f	clothing	habits m/pl	—	ropa f
abbozzo (I)	Entwurf m	outline	esquisse f	—	proyecto m
abbracciare (I)	umarmen	embrace	serrer dans ses bras	—	abrazar
abbrustolire (I)	rösten	roast	griller	—	tostar
ábécé (H)	Alphabet n	alphabet	alphabet m	alfabeto m	alfabeto m
abeceda (CZ)	Alphabet n	alphabet	alphabet m	alfabeto m	alfabeto m
Abend (D)	—	evening	soir m	sera f	noche f
Abendessen (D)	—	supper	dîner m	cena f	cena f
abends (D)	—	in the evening	le soir	di sera	por la tarde
Abenteuer (D)	—	adventure	aventure f	avventura f	aventura f
aber (D)	—	but	mais	ma	pero
aberto¹ (P)	geöffnet	open	ouvert(e)	aperto(a)	abierto(a)
aberto² (P)	offen	open	ouvert(e)	aperto(a)	abierto(a)
abertura (ES)	Eröffnung f	opening	ouverture f	apertura f	—
abertura (P)	Eröffnung f	opening	ouverture f	apertura f	abertura f
abfahren (D)	—	depart	partir de	partire	salir
Abfahrt (D)	—	departure	départ m	partenza f	salida f
Abfall (D)	—	rubbish	déchets m/pl	immondizia f	basura f
Abflug (D)	—	take-off	décollage m	decollo m	despegue m
abhängen (D)	—	depend	dépendre	dipendere	depender
abholen (D)	—	pick up	aller chercher	andare a prendere	recoger
abierto(a)¹ (ES)	geöffnet	open	ouvert(e)	aperto(a)	—
abierto(a)² (ES)	offen	open	ouvert(e)	aperto(a)	—
abile (I)	geschickt	skilful	habile	—	hábil
ability (E)	Fähigkeit f	—	capacité f	capacità f	capacidad f
abitante (I)	Bewohner m	inhabitant	habitant m	—	habitante m
abitante (I)	Einwohner m	inhabitant	habitant m	—	habitante m
abitare (I)	wohnen	live	habiter	—	vivir
abituale (I)	gewöhnlich	usual	habituel(le)	—	habitual
abituarsi (I)	gewöhnen, sich	get used to	habituer	—	acostumbrarse
abitudine (I)	Gewohnheit f	habit	habitude f	—	costumbre f
ablak (H)	Fenster n	window	fenêtre f	finestra f	ventana f

ablak

P	NL	SV	PL	CZ	H
olhar	—	titta på	przyglądać, się <przyjrzeć, się >	dívat, se <podívat, se>	megnéz
macaco m	—	apa u	małpa f	opice f	majom
maneira f	—	sätt n	rodzaj m	druh m	mód
batata f	—	potatis u	ziemniak m	brambora f	burgonya
morango m	—	jordgubbe u	truskawka f	jahoda f	szamóca
terramoto m	—	jordbävning u	trzęsienie ziemi n	zemětřesení n	földrengés
terra f	—	jord u	ziemia f	země f	föld
hesitar	—	tveka	ociągać się	otálet	habozik
em baixo	beneden	nere	na dole	dole	lent
—	verlaten	lämna	opuszczać	opouštět <opustit>	elhagy
desistir	opgeven	ge upp	rezygnować <zrezygnować>	vzdávat <vzdát>	felad
abandonar	verlaten	lämna	opuszczać	opouštět <opustit>	elhagy
silencioso	zacht	tyst	cicho	tiše	halk
—	verzorgen	sköta	zaopatrywać	zaopatřovat <zaopatřit>	ellát
suficiente	genoeg	tillräckligt	dość	dost	elég
bastante	behoorlijk	ganska	dość	značný	meglehetősen
anular	afbestellen	avbeställa	cofać zamówienie <cofnąć zamówienie>	rušit objednávku <zrušit>	lemond
virar	afslaan	vika av	skręcać <skręcić>	ohýbat <ohnout>	elkanyarodik
vestuário m	kleding f	kläder pl	ubranie n	oblečení n	ruházat
projecto m	ontwerp n	utkast n	szkic m	návrh m	tervezet
abraçar	omhelzen	krama	obejmować <objąć>	objímat <obejmout>	átölel
grelhar	roosteren	rosta	prażyć <zaprażyć>	pražit <zapražit>	pirít
alfabeto m	alfabet n	alfabet n	alfabet m	abeceda f	—
alfabeto m	alfabet n	alfabet n	alfabet m	—	ábécé
noite f	avond m	kväll u	wieczór m	večer m	est
jantar m	avondeten n	middag u	kolacja f	večeře f	vacsora
à noite	's avonds	på kvällen	wieczorem	večer	este
aventura f	avontuur n	äventyr n	przygoda f	dobrodružství n	kaland
mas	maar	men	ale	ale	de
—	geopend	öppnad	otwarty	otevřený	nyított
—	open	öppen	otwarty	otevřený	nyitott
abertura f	opening f	inledning u	otwarcie n	otevření n	megnyítás
—	opening f	inledning u	otwarcie n	otevření n	megnyítás
partir	vertrekken	resa	odjeżdżać <odjechać>	odjíždět <odjet>	elutazik
partida f	vertrek n	avresa u	odjazd m	odjezd m	indulás
lixo m	afval n	avfall n	odpady m/pl	odpad m	hulladék
partida do avião f	vertrek n	start u	odlot m	odlet m	felszállás
depender	afhangen	koppla från	zdejmować <zdjąć>	zbavovat se <zbavit se>	leakaszt
ir buscar	ophalen	hämta	odbierać <odebrać>	vyzvedávat <vyzvednout>	érte megy
aberto	geopend	öppnad	otwarty	otevřený	nyított
aberto	open	öppen	otwarty	otevřený	nyitott
hábil	bekwaam	skicklig	zręczny	obratný	ügyes
capacidade f	bekwaamheid f	förmåga u	zdolność f	schopnost f	képesség
habitante m	bewoner m	invånare u	mieszkaniec m	obyvatel m	lakos
habitante m	inwoner m	invånare u	mieszkaniec m	obyvatel m	lakos
morar	wonen	bo	mieszkać	bydlet	lakik
usual	gewoon	vanlig	zazwyczaj	obvykle	rendszerint
acostumar-se	wennen	vänja sig	przyzwyczajać, się <przyzwyczaić, się>	zvykat, si <zvyknout, si>	megszokik
hábito m	gewoonte f	vana u	przyzwyczajenie n	zvyk m	szokás
janela f	raam n	fönster n	okno n	okno n	—

ablehnen

	D	E	F	I	ES
ablehnen (D)	—	reject	refuser	rifiutare	rehusar
ablenken (D)	—	distract	distraire	distrarre	desviar
Abmachung (D)	—	agreement	accord m	accordo m	acuerdo m
abnehmen (D)	—	lose weight	maigrir	dimagrire	adelgazar
abnutzen (D)	—	wear out	user	consumare	desgastar
abogado (ES)	Rechtsanwalt m	lawyer	avocat m	avvocato m	—
aborcja (PL)	Abtreibung f	abortion	avortement m	aborto m	aborto m
aborrecer (P)	ärgern	annoy	fâcher	arrabbiare	enfadar
aborrecer-se (P)	langweilen, sich	get bored	ennuyer, se	annoiarsi	aburrirse
aborrecido (P)	langweilig	boring	ennuyeux(euse)	noioso(a)	aburrido(a)
abort (SV)	Abtreibung f	abortion	avortement m	aborto m	aborto m
abortion (E)	Abtreibung f	—	avortement m	aborto m	aborto m
aborto (I)	Abtreibung f	abortion	avortement m	—	aborto m
aborto (ES)	Abtreibung f	abortion	avortement m	aborto m	—
aborto (P)	Abtreibung f	abortion	avortement m	aborto m	aborto m
abortus (NL)	Abtreibung f	abortion	avortement m	aborto m	aborto m
abortusz (H)	Abtreibung f	abortion	avortement m	aborto m	aborto m
about (E)	ungefähr	—	environ	pressappoco	aproximadamente
above[1] (E)	darüber	—	au-dessus	sopra	por encima
above[2] (E)	oben	—	en haut	sopra	arriba
abraçar (P)	umarmen	embrace	serrer dans ses bras	abbracciare	abrazar
abraten (D)	—	warn	déconseiller	sconsigliare	desaconsejar
abrazar (ES)	umarmen	embrace	serrer dans ses bras	abbracciare	—
ábrázol (H)	darstellen	represent	représenter	rappresentare	representar
abrebotellas (ES)	Flaschenöffner m	bottle opener	ouvre-bouteilles m	apribottiglie m	—
abre-cápsulas (P)	Flaschenöffner m	bottle opener	ouvre-bouteilles m	apribottiglie m	abrebotellas m
abricot (F)	Aprikose f	apricot	—	albicocca f	albaricoque m
abrigo (ES)	Mantel m	coat	manteau m	cappotto m	—
abrikoos (NL)	Aprikose f	apricot	abricot m	albicocca f	albaricoque m
abrir[1] (ES)	aufschließen	unlock	ouvrir	aprire	—
abrir[2] (ES)	öffnen	open	ouvrir	aprire	—
abrir (P)	öffnen	open	ouvrir	aprire	abrir
abrir à chave (P)	aufschließen	unlock	ouvrir	aprire	abrir
abroad (E)	Ausland n	—	étranger m	estero m	extranjero m
abrupt (D)	—	abrupt	subit(e)	improvviso(a)	súbito(a)
abrupt (E)	abrupt	—	subit(e)	improvviso(a)	súbito(a)
abrupt (NL)	abrupt	abrupt	subit(e)	improvviso(a)	súbito(a)
abrupt (SV)	abrupt	abrupt	subit(e)	improvviso(a)	súbito(a)
abrupto (P)	abrupt	abrupt	subit(e)	improvviso(a)	súbito(a)
absagen (D)	—	decline	annuler	disdire	anular
Abschied (D)	—	parting	adieu(x) m	addio m	despedida f
Absender (D)	—	sender	expéditeur m	mittente m	remitente m
Absicht (D)	—	intention	intention f	intenzione f	intención f
absichtlich (D)	—	intentionally	exprès	apposta	adrede
absolument (F)	unbedingt	absolutely	—	assolutamente	absolutamente
absolut (SV)	unbedingt	absolutely	absolument	assolutamente	absolutamente
absolutamente (ES)	unbedingt	absolutely	absolument	assolutamente	—
absolutely (E)	unbedingt	—	absolument	assolutamente	absolutamente
Abstand (D)	—	distance	distance f	distanza f	distancia f
abstellen (D)	—	turn off	arrêter	spegnere	desconectar
Absturz (D)	—	crash	chute f	caduta f	caída f

Absturz

P	NL	SV	PL	CZ	H
recusar	afwijzen	avböja	odrzucać <odrzucić>	odmítat <odmítnout>	visszautasít
distrair	afleiden	avleda	skierowywać w inną stronę <skierować w inną stronę>	odvracet <odvrátit>	eltérit
acordo m	afspraak f	överenskommelse u	ugoda f	ujednání n	megállapodás
tirar	afnemen	ta bort	zdejmować <zdjąć>	odbírat <odebrat>	lefogyni
gastar	verslijten	nötas/slitas	zużywać <zużyć>	opotřebovávat <opotřebit>	elhasznál
advogado m	advocaat m	advokat u	adwokat m	advokát m	ügyvéd
aborto m	abortus m	abort u	—	potrat m	abortusz
—	ergeren	reta	złościć <rozzłościć>	zlobit	bosszant
—	vervelen, zich	tråka ut	nudzić, się	nudit, se	unatkozik
—	saai	tråkig	nudny	nudný	unalmas
aborto m	abortus m	—	aborcja f	potrat m	abortusz
aborto m	abortus m	abort u	aborcja f	potrat m	abortusz
aborto m	abortus m	abort u	aborcja f	potrat m	abortusz
aborto m	abortus m	abort u	aborcja f	potrat m	abortusz
—	abortus m	abort u	aborcja f	potrat m	abortusz
aborto m	—	abort u	aborcja f	potrat m	abortusz
aborto m	abortus m	abort u	aborcja f	potrat m	—
aproximadamente	ongeveer	ungefär	około	přibližně	körülbelül
por cima	daarover	under tiden	o tym	o tom	felette
em cima	boven	ovan	na górze	nahoře	fenn
—	omhelzen	krama	obejmować <objąć>	objímat <obejmout>	átölel
desaconselhar	afraden	avråda	odradzać <odradzić>	zrazovat <zradit>	lebeszél
abraçar	omhelzen	krama	obejmować <objąć>	objímat <obejmout>	átölel
representar	voorstellen	framställa	przedstawiać <przedstawić>	prezentovat	—
abre-cápsulas m	flesopener m	flasköppnare u	otwieracz do butelek m	otvírák na láhve m	üvegnyító
—	flesopener m	flasköppnare u	otwieracz do butelek m	otvírák na láhve m	üvegnyító
damasco m	abrikoos f	aprikos u	morela f	meruňka f	sárgabarack
sobretudo m	mantel m	kappa u	płaszcz m	kabát m	kabát
damasco m	—	aprikos u	morela f	meruňka f	sárgabarack
abrir à chave	ontsluiten	låsa upp	otwierać	odemykat <odemknout>	felnyit
abrir	openen	öppna	otwierać <otworzyć>	otevírat <otevřít>	nyit
—	openen	öppna	otwierać <otworzyć>	otevírat <otevřít>	nyit
—	ontsluiten	låsa upp	otwierać	odemykat <odemknout>	felnyit
estrangeiro m	buitenland n	utlandet n	zagranica f	zahraničí n	külföld
abrupto	abrupt	abrupt	nagle	náhle	hirtelen
abrupto	abrupt	abrupt	nagle	náhle	hirtelen
abrupto	—	abrupt	nagle	náhle	hirtelen
abrupto	abrupt	—	nagle	náhle	hirtelen
—	abrupt	abrupt	nagle	náhle	hirtelen
recusar	afzeggen	inställa	odmówić	odříkat <odříct>	lemond
despedida f	afscheid n	avsked n	pożegnanie n	loučení n	búcsúzkodás
remetente m	afzender m	avsändare u	nadawca m	odesílatel m	feladó
intenção f	bedoeling f	avsikt u	zamiar m	úmysl m	szándék
propositadamente	opzettelijk	avsiktligt	celowo	úmyslně	szándékos
imprescindível	in elk geval	absolut	koniecznie	bezpodmínečně	feltétlen
imprescindível	in elk geval	—	koniecznie	bezpodmínečně	feltétlen
imprescindível	in elk geval	absolut	koniecznie	bezpodmínečně	feltétlen
imprescindível	in elk geval	absolut	koniecznie	bezpodmínečně	feltétlen
distância f	afstand m	avstånd n	odstęp m	odstup m	távolság
desligar	afzetten	ställa ned	odstawiać <odstawić>	odstavit	félretesz
queda f	neerstorten n	störtning u	runięcie w dół n	zřícení n	zuhanás

absurdo

	D	E	F	I	ES
absurdo (ES)	Unsinn m	nonsense	bêtises f/pl	assurdità f	—
Abteil (D)	—	compartment	compartiment m	scompartimento m	compartimento m
Abteilung (D)	—	department	département	reparto m	departamento m
Abtreibung (D)	—	abortion	avortement m	aborto m	aborto m
abuela (ES)	Großmutter f	grandmother	grand-mère f	nonna f	—
abuelo (ES)	Großvater m	grandfather	grand-père m	nonno m	—
abuelos (ES)	Großeltern pl	grandparents	grands-parents m/pl	nonni m/pl	—
a buon mercato (I)	billig	cheap	bon marché	—	barato(a)
aburrido(a) (ES)	langweilig	boring	ennuyeux(euse)	noioso(a)	—
aburrirse (ES)	langweilen, sich	get bored	ennuyer, se	annoiarsi	—
abus (F)	Missbrauch n	abuse	—	abuso m	abuso m
abusar (ES)	missbrauchen	abuse	abuser de	abusare	—
abusar de (P)	missbrauchen	abuse	abuser de	abusare	abusar
abusare (I)	missbrauchen	abuse	abuser de	—	abusar
abuse (E)	Missbrauch n	—	abus m	abuso m	abuso m
abuse (E)	missbrauchen	—	abuser de	abusare	abusar
abuser de (F)	missbrauchen	abuse	—	abusare	abusar
abuso (I)	Missbrauch n	abuse	abus m	—	abuso m
abuso (ES)	Missbrauch n	abuse	abus m	abuso m	—
abuso (P)	Missbrauch n	abuse	abus m	abuso m	abuso m
abwärts (D)	—	downwards	en bas	in giù	hacia abajo
abwechseln (D)	—	take turns	alterner	alternarsi	alternar
acabar¹ (ES)	erledigen	take care of	régler	sbrigare	—
acabar² (ES)	enden	end	finir	finire	—
acabar¹ (P)	aufhören	stop	arrêter	cessare	terminar
acabar² (P)	erledigen	take care of	régler	sbrigare	acabar
acalmar (P)	beruhigen	calm	calmer	calmare	calmar
acalmar-se (P)	beruhigen, sich	calm down	calmer, se	calmarsi	calmarse
à caminho (P)	unterwegs	on the way	en route	in viaggio	en el camino
acampar (ES)	zelten	camp	camper	campeggiare	—
acampar (P)	zelten	camp	camper	campeggiare	acampar
à carreaux (F)	kariert	checked	—	a quadretti	a cuadros
a casa¹ (I)	nach Hause	home	à la maison	—	a casa
a casa² (I)	zu Hause	at home	à la maison	—	en casa
a casa (ES)	nach Hause	home	à la maison	a casa	—
acaso (P)	Zufall m	chance	hasard m	caso m	casualidad f
a causa de (ES)	wegen	due to	à cause de	a causa di	—
a causa di (I)	wegen	due to	à cause de	—	a causa de
à cause de (F)	wegen	due to	—	a causa di	a causa de
accadere¹ (I)	geschehen	happen	arriver	—	ocurrir
accadere² (I)	vorkommen	occur	exister	—	suceder
accanto a (I)	neben	beside	près de	—	al lado de
acção (P)	Aktie f	share	action f	azione m	acción f
accendere¹ (I)	anmachen	put on	allumer	—	encender
accendere² (I)	anzünden	light	allumer	—	encender
accendere³ (I)	einschalten	switch on	allumer	—	conectar
accendino (I)	Feuerzeug n	lighter	briquet m	—	encendedor m
acchiappare (I)	erwischen	catch	attraper	—	atrapar

13   acchiappare

P	NL	SV	PL	CZ	H
disparates m/pl	onzin m	struntprat n	bezsens m	nesmysl m	hülyeség
compartimento m	compartiment n	kupé u	przedział m	oddíl m	fülke
divisão f	afdeling f	avdelning u	wydział m	oddělení n	osztály
aborto m	abortus m	abort u	aborcja f	potrat m	abortusz
avó f	grootmoeder f	farmor/mormor u	babcia f	babička f	nagyanya
avô m	grootvader m	farfar/morfar u	dziadek m	dedeček m	nagyapa
avós m/pl	grootouders pl	farföräldrar/ morföräldrar pl	dziadkowie m/pl	prarodiče pl	nagyszülők
barato	goedkoop	billigt	tani	levně	olcsó
aborrecido	saai	tråkig	nudny	nudný	unalmas
aborrecer-se	vervelen, zich	tråka ut	nudzić, się	nudit, se	unatkozik
abuso m	misbruik n	missbruk n	nadużycie n	zneužití n	visszaélés
abusar de	misbruiken	missbruka	nadużywać <nadużyć>	zneužívat <zneužít>	visszaél
—	misbruiken	missbruka	nadużywać <nadużyć>	zneužívat <zneužít>	visszaél
abusar de	misbruiken	missbruka	nadużywać <nadużyć>	zneužívat <zneužít>	visszaél
abuso m	misbruik n	missbruk n	nadużycie n	zneužití n	visszaélés
abusar de	misbruiken	missbruka	nadużywać <nadużyć>	zneužívat <zneužít>	visszaél
abusar de	misbruiken	missbruka	nadużywać <nadużyć>	zneužívat <zneužít>	visszaél
abuso m	misbruik n	missbruk n	nadużycie n	zneužití n	visszaélés
abuso m	misbruik n	missbruk n	nadużycie n	zneužití n	visszaélés
—	misbruik n	missbruk n	nadużycie n	zneužití n	visszaélés
para baixo	afwaarts	nedåt	na dół	dolů	lefelé
variar	afwisselen	omväxlande	zmieniać się <zmienić się>	střídat	váltakozik
acabar	uitvoeren/afhandelen	ta hand om	załatwiać <załatwić>	vyřizovat <vyřídit>	elintéz
finalizar	eindigen	avsluta	kończyć, się <zakończyć, się>	končit	végződik
—	ophouden	sluta	przestawać <przestać>	přestávat <přestat>	megszűnik
—	uitvoeren/afhandelen	ta hand om	załatwiać <załatwić>	vyřizovat <vyřídit>	elintéz
—	geruststellen	lugna	uspokajać <uspokoić>	uklidňovat <uklidnit>	megnyugtat
—	kalmeren	lugna sig	uciszać <ucichnąć>	uklidňovat, se <uklidnit, se>	megnyugszik
—	onderweg	på väg	w drodze	cestou	útközben
acampar	kamperen	tälta	biwakować	stanovat	sátorozik
—	kamperen	tälta	biwakować	stanovat	sátorozik
quadriculado	geruit	rutigt	w kratkę	čtverečkovaný	kockás
para casa	naar huis	hem	do domu	domů	haza
em casa	thuis	hemma	w domu	doma	otthon
para casa	naar huis	hem	do domu	domů	haza
—	toeval n	slump u	przypadek m	náhoda f	véletlen
por causa de	wegens	på grund av	z powodu	kvůli	miatt
por causa de	wegens	på grund av	z powodu	kvůli	miatt
por causa de	wegens	på grund av	z powodu	kvůli	miatt
acontecer	gebeuren	hända	dziać, się	stávat, se <stát, se>	történik
ocorrer	voorkomen	hända	występować	přiházet, se <přihodit, se>	előfordul
ao lado de	naast	bredvid	obok	vedle	mellett
—	aandeel n	aktie u	akcja f	akcie f	részvény
acender	aanzetten	sätta på	przymocowywać <przymocować>	rozdělávat <rozdělat>	bekapcsol
acender	aansteken	tända	zapalać <zapalić>	zapalovat <zapálit>	gyújt
ligar	inschakelen	koppla in	włączać <włączyć>	zapínat <zapnout>	bekapcsol
isqueiro m	aansteker m	cigarrettändare u	zapalniczka f	zapalovač m	öngyújtó
apanhar	te pakken krijgen	ertappa	złapać	dopadat <dopadnout>	elkap

accident

	D	E	F	I	ES
accident (E)	Unfall m	—	accident m	incidente m	accidente m
accident (F)	Unfall m	accident	—	incidente m	accidente m
accident de voiture (F)	Autounfall m	car accident	—	incidente stradale m	accidente de automóvil m
accidente (ES)	Unfall m	accident	accident m	incidente m	—
accidente de automóvil (ES)	Autounfall m	car accident	accident de voiture m	incidente stradale m	—
acción (ES)	Aktie f	share	action f	azione m	—
acclimater, s' (F)	einleben, sich	settle down	—	ambientarsi	familiarizarse
accommodatie (NL)	Unterkunft f	accommodation	logement m	alloggio m	hospedaje m
accommodation (E)	Unterkunft f	—	logement m	alloggio m	hospedaje m
accompagnare (I)	mitgehen	go along wigh	accompagner	—	acompañar
accompagner (F)	mitgehen	go along wigh	—	accompagnare	acompañar
acconsentire (I)	zustimmen	agree	être d'accord	—	consentir
acconto (I)	Anzahlung f	deposit	acompte m	—	primer pago m
accord (F)	Abmachung f	agreement	—	accordo m	acuerdo m
accordarsi (I)	einigen, sich	agree	mettre d'accord, se	—	ponerse de acuerdo
accordo (I)	Abmachung f	agreement	accord m	—	acuerdo m
accorgersi di (I)	merken	notice	remarquer	—	notar
account (E)	Konto n	—	compte m	conto m	cuenta f
accrocher (F)	aufhängen	hang up	—	appendere	colgar
accurato(a) (I)	sorgfältig	careful(ly)	soigneux(euse)	—	cuidadoso(a)
aceite (ES)	Öl n	oil	huile f	olio m	—
acenar (P)	winken	wave	faire signe	chiamare con cenni	hacer señas
acenar com a cabeça (P)	nicken	nod	faire un signe de tête	annuire	inclinar la cabeza
acender¹ (P)	anmachen	put on	allumer	accendere	encender
acender² (P)	anzünden	light	allumer	accendere	encender
acercarse (ES)	nähern, sich	approach	approcher, se	avvicinarsi	—
acertar (P)	vereinbaren	agree upon	convenir de	fissare	convenir
aceto (I)	Essig m	vinegar	vinaigre m	—	vinagre m
achat¹ (F)	Einkauf m	shopping	—	spesa f	compra f
achat² (F)	Kauf m	purchase	—	acquisto m	compra f
acheter (F)	kaufen	buy	—	comprare	comprar
achter (NL)	hinten	behind	derrière	dietro	detrás
achteruit (NL)	rückwärts	backwards	en arrière	in dietro	hacia atrás
Acht geben (D)	—	take care	faire attention	badare	atender
Achtung! (D)	—	Attention!	Attention!	Attenzione!	¡Atención!
acidente (P)	Unfall m	accident	accident m	incidente m	accidente m
acidente de viação (P)	Autounfall m	car accident	accident de voiture m	incidente stradale m	accidente de automóvil m
acido(a) (I)	sauer	sour	aigre	—	agrio(a)
acohol (ES)	Alkohol m	alcohol	alcool m	alcol m	—
acompañar (ES)	mitgehen	go along wigh	accompagner	accompagnare	—
acompanhar alguém (P)	mitgehen	go along wigh	accompagner	accompagnare	acompañar
acompte (F)	Anzahlung f	deposit	—	acconto m	primer pago m
aconsejar (ES)	raten	advice	conseiller	consigliare	—
aconselhar (P)	raten	advice	conseiller	consigliare	aconsejar
acontecer (P)	geschehen	happen	arriver	accadere	ocurrir
acontecimento (P)	Ereignis n	event	évènement m	avvenimento m	suceso m

acontecimento

P	NL	SV	PL	CZ	H
acidente m	ongeval n	olycka u	wypadek m	nehoda f	baleset
acidente m	ongeval n	olycka u	wypadek m	nehoda f	baleset
acidente de viação m	verkeersongeval n	bilolycka u	wypadek samochodowy m	autonehoda f	autóbaleset
acidente m	ongeval n	olycka u	wypadek m	nehoda f	baleset
acidente de viação m	verkeersongeval n	bilolycka u	wypadek samochodowy m	autonehoda f	autóbaleset
acção f	aandeel n	aktie u	akcja f	akcie f	részvény
acostumar-se	inleven, zich	anpassa sig	aklimatyzować, się <zaaklimatyzować, się>	zvykat, si <zvyknout, si>	beilleszkedik
alojamento m	—	logi u	schronienie n	ubytování n	szállás
alojamento m	accommodatie f	logi u	schronienie n	ubytování n	szállás
acompanhar alguém	meegaan	följa med	iść z <pójść z>	chodit s <jít s>	vele megy
acompanhar alguém	meegaan	följa med	iść z <pójść z>	chodit s <jít s>	vele megy
consentir	toestemmen	instämma	zgadzać się	souhlasit	helyesel
sinal m	aanbetaling f	handpenning u	zadatek m	záloha f	előleg
acordo m	afspraak f	överenskommelse u	ugoda f	ujednání n	megállapodás
estar de acordo	het eens worden	ena sig	dochodzić do porozumienia <dojść do porozumienia>	dohadovat, se <dohodnout, se>	megegyezik,
acordo m	afspraak f	överenskommelse u	ugoda f	ujednání n	megállapodás
notar	bemerken	markera	spostrzegać <spostrzec>	pamatovat <zapamatovat>	észrevesz
conta corrente f	rekening f	konto n	konto n	účet m	(bank)számla
pendurar	ophangen	hänga upp	zawieszać <zawiesić>	pověsit	felakaszt
cuidadoso	zorgvuldig	omsorgsfull	staranny	pečlivý	gondos
óleo m	olie m	öl u/n	olej m	olej m	olaj
—	wuiven	vinka	machać	mávat <mávnout>	int
—	knikken	nicka	kiwać <kiwnąć>	kývat hlavou <pokývat hlavou>	bólint
—	aanzetten	sätta på	przymocowywać <przymocować>	rozdělávat <rozdělat>	bekapcsol
—	aansteken	tända	zapalać <zapalić>	zapalovat <zapálit>	gyújt
aproximar-se	naderen	närma, sig	zbliżać, się <zbliżyć, się >	blížit, se <přiblížit, se>	közeledik
—	overeenkomen	avtala	ustalać	ujednávat <ujednat>	megegyezik
vinagre m	azijn m	ättika u	ocet m	ocet m	ecet
compra f	inkoop m	inköp n	zakup m	nákup m	bevásárlás
compra f	koop m	inköp/köp n	zakup m	nákup m	vétel
comprar	kopen	köpa	kupować <kupić>	nakupovat <nakoupit>	vesz
atrás	—	baktill	w tyle	vzadu	hátul
para trás	—	baklänges	w tył	dozadu	hátrafelé
prestar atenção a	opletten	akta sig	uważać	dávat pozor <dát pozor>	vigyáz
Atenção!	Attentie!	Se upp!	Uwaga!	Pozor!	Figyelem!
—	ongeval n	olycka u	wypadek m	nehoda f	baleset
—	verkeersongeval n	bilolycka u	wypadek samochodowy m	autonehoda f	autóbaleset
amargo	zuur	sur	kwaśny	kyselý	savanyú
álcool m	alcohol m	alkohol u	alkohol m	alkohol m	alkohol
acompanhar alguém	meegaan	följa med	iść z <pójść z>	chodit s <jít s>	vele megy
—	meegaan	följa med	iść z <pójść z>	chodit s <jít s>	vele megy
sinal m	aanbetaling f	handpenning u	zadatek m	záloha f	előleg
aconselhar	aanraden	gissa	radzić <poradzić>	doporučovat <doporučit>	tanácsol
—	aanraden	gissa	radzić <poradzić>	doporučovat <doporučit>	tanácsol
—	gebeuren	hända	dziać, się	stávat, se <stát, se>	történik
—	gebeurtenis f	händelse u	zdarzenie n	událost f	esemény

acordar

	D	E	F	I	ES
acordar¹ (P)	aufwachen	wake up	réveiller, se	svegliarsi	despertarse
acordar² (P)	aufwecken	wake up	réveiller	svegliare	despertar
acordar³ (P)	wecken	wake (up)	réveiller	svegliare	despertar
acordo (P)	Abmachung f	agreement	accord m	accordo m	acuerdo m
acostumar-se¹ (P)	einleben, sich	settle down	acclimater, s'	ambientarsi	familiarizarse
acostumar-se² (P)	gewöhnen, sich	get used to	habituer	abituarsi	acostumbrarse
acostumbrarse (ES)	gewöhnen, sich	get used to	habituer	abituarsi	—
acqua (I)	Wasser n	water	eau f	—	agua f
acquaintance (E)	Bekannter m	—	ami m	conoscente m	conocido m
acqua minerale (I)	Mineralwasser n	mineral water	eau minérale f	—	agua mineral f
acquavite (I)	Schnaps m	spirits	eau-de-vie f	—	aguardiente m
acque (I)	Gewässer n	waters	eaux f/pl	—	aguas f/pl
acquérir (F)	erwerben	acquire	—	acquistare	adquirir
acquire¹ (E)	besorgen	—	procurer	procurare	conseguir
acquire² (E)	erwerben	—	acquérir	acquistare	adquirir
acquistabile (I)	erhältlich	available	en vente	—	que puede adquirirse
acquistare (I)	erwerben	acquire	acquérir	—	adquirir
acquisto (I)	Kauf m	purchase	achat m	—	compra f
acreditar (P)	glauben	believe	croire	credere	creer
acrescentar (P)	hinzufügen	add	ajouter	aggiungere	añadir
across¹ (E)	hinüber	—	de l'autre côté	di là	hacia el otro lado
across² (E)	quer	—	en travers	di traverso	a través de
act (E)	handeln	—	agir	agire	actuar
acteur (F)	Schauspieler m	actor	—	attore m	actor m
actief (NL)	aktiv	active	actif(ive)	attivo(a)	activo(a)
actif(ive) (F)	aktiv	active	—	attivo(a)	activo(a)
action (F)	Aktie f	share	—	azione m	acción f
actitud (ES)	Einstellung f	attitude	attitude f	atteggiamento m	—
active (E)	aktiv	—	actif(ive)	attivo(a)	activo(a)
activo (P)	aktiv	active	actif(ive)	attivo(a)	activo(a)
activo(a)¹ (ES)	aktiv	active	actif(ive)	attivo(a)	—
activo(a)² (ES)	fleißig	diligent	travailleur(euse)	diligente	—
acto (ES)	Veranstaltung f	event	manifestation f	manifestazione f	—
actor (E)	Schauspieler m	—	acteur m	attore m	actor m
actor (ES)	Schauspieler m	actor	acteur m	attore m	—
actor (P)	Schauspieler m	actor	acteur m	attore m	actor m
actually (E)	eigentlich	—	en fait	proprio(a)	en realidad
actualmente (P)	heutzutage	nowadays	de nos jours	oggigiorno	hoy en día
actuar (ES)	handeln	act	agir	agire	—
a cuadros (ES)	kariert	checked	à carreaux	a quadretti	—
açúcar (P)	Zucker m	sugar	sucre m	zucchero m	azúcar f/m
acuerdo (ES)	Abmachung f	agreement	accord m	accordo m	—
ad (H)	geben	give	donner	dare	dar
adaptarse (ES)	anpassen, sich	adapt o.s.	adapter, s'	adattarsi	—
adaptar-se (P)	anpassen, sich	adapt o.s.	adapter, s'	adattarsi	adaptarse
adapter, s' (F)	anpassen, sich	adapt o.s.	—	adattarsi	adaptarse
adapt o.s. (E)	anpassen, sich	—	adapter, s'	adattarsi	adaptarse
adattarsi (I)	anpassen, sich	adapt o.s.	adapter, s'	—	adaptarse
adatto(a)¹ (I)	geeignet	suitable	approprié(e)	—	adecuado(a)
adatto(a)² (I)	passend	suitable	assorti(e)	—	apropiado(a)

17 adatto(a)

P	NL	SV	PL	CZ	H
—	wakker worden	vakna	budzić, się <obudzić, się>	vzbouzet se <vzbudit se>	felébred
—	wekken	väcka	budzić <obudzić>	budit <vzbudit>	felébreszt
—	wekken	väcka	budzić	budit <vzbudit>	ébreszt
—	afspraak f	överenskommelse u	ugoda f	ujednání n	megállapodás
—	inleven, zich	anpassa sig	aklimatyzować, się <zaaklimatyzować, się>	zvykat, si <zvyknout, si>	beilleszkedik
—	wennen	vänja sig	przyzwyczajać, się <przyzwyczaić, się>	zvykat, si <zvyknout, si>	megszokik
acostumar-se	wennen	vänja sig	przyzwyczajać, się <przyzwyczaić, się>	zvykat, si <zvyknout, si>	megszokik
água f	water n	vatten n	woda f	voda f	víz
conhecido m	kennis m	bekant u	znajomy m	známý m	ismerős
água mineral f	mineraalwater n	mineralvatten n	woda mineralna f	minerální voda f	ásványvíz
aguardente f	borrel m	snaps u	wódka f	kořalka f	pálinka
águas f	water n	farvatten n	wody f/pl	vody f/pl	vizek
adquirir	verkrijgen	förvärva	nabywać <nabyć>	získávat <získat>	szerez
tratar de	bezorgen	ta hand om	doglądać <doglądnąć>	obstarávat <obstarat>	beszerez
adquirir	verkrijgen	förvärva	nabywać <nabyć>	získávat <získat>	szerez
estar à venda	verkrijgbaar	erhållas	do nabycia	k dostání	kapható
adquirir	verkrijgen	förvärva	nabywać <nabyć>	získávat <získat>	szerez
compra f	koop m	inköp/köp n	zakup m	nákup m	vétel
—	geloven	tro	wierzyć	věřit <uvěřit>	hisz
—	bijvoegen	tillägga	dodawać <dodać>	dodávat <dodat>	hozzáad
para lá	erheen	dit över	na tamtą stronę	na druhou stranu	át
transversal	dwars	tvärs	w poprzek	napříč	keresztben
agir	handelen	handla	działać	jednat <ujednat>	cselekszik
actor m	toneelspeler m	skådespelare u	aktor m	herec m	színész
activo	—	aktiv	aktywny	aktivně	aktív
activo	actief	aktiv	aktywny	aktivně	aktív
acção f	aandeel n	aktie u	akcja f	akcie f	részvény
colocação f	instelling f	inställning u	nastawienie n	nastavení n	alkalmazás
activo	actief	aktiv	aktywny	aktivně	aktív
—	actief	aktiv	aktywny	aktivně	aktív
activo	actief	aktiv	aktywny	aktivně	aktív
aplicado	vlijtig	flitig u	pilny	pilný	szorgalmas
espectáculo m	manifestatie f	tillställning u	impreza f	akce f	rendezvény
actor m	toneelspeler m	skådespelare u	aktor m	herec m	színész
actor m	toneelspeler m	skådespelare u	aktor m	herec m	színész
—	toneelspeler m	skådespelare u	aktor m	herec m	színész
na realidade	eigenlijk	egentligen	właściwie	vlastně	tulajdonképpen
—	tegenwoordig	nuförtiden	obecnie	v dnešní době	manapság
agir	handelen	handla	działać	jednat <ujednat>	cselekszik
quadriculado	geruit	rutigt	w kratkę	čtverečkovaný	kockás
—	suiker m	socker n	cukier m	cukr m	cukor
acordo m	afspraak f	överenskommelse u	ugoda f	ujednání n	megállapodás
dar	geven	ge	dawać <dać>	dávat <dát>	—
adaptar-se	aanpassen, zich	anpassa sig	dopasowywać, się <dopasować, się>	přizpůsobovat se <přizpůsobit se>	alkalmazkodik
—	aanpassen, zich	anpassa sig	dopasowywać, się <dopasować, się>	přizpůsobovat se <přizpůsobit se>	alkalmazkodik
adaptar-se	aanpassen, zich	anpassa sig	dopasowywać, się <dopasować, się>	přizpůsobovat se <přizpůsobit se>	alkalmazkodik
adaptar-se	aanpassen, zich	anpassa sig	dopasowywać, się <dopasować, się>	přizpůsobovat se <přizpůsobit se>	alkalmazkodik
adaptar-se	aanpassen, zich	anpassa sig	dopasowywać, się <dopasować, się>	přizpůsobovat se <přizpůsobit se>	alkalmazkodik
adequado	geschikt	lämplig	odpowiedni	vhodný	alkalmas
apropriado	passend	passande	odpowiedni	padnoucí	megfelelő

adatto(a)

	D	E	F	I	ES
adatto(a)³ (I)	zweckmäßig	suitable	approprié(e)	—	adecuado(a)
add¹ (E)	anbauen	—	ajouter	ampliare	ampliar
add² (E)	hinzufügen	—	ajouter	aggiungere	añadir
addestrare (I)	ausbilden	educate	former	—	instruir
addio (I)	Abschied m	parting	adieu(x) m	—	despedida f
addormentarsi (I)	einschlafen	fall asleep	endormir, s'	—	dormirse
adecuado(a)¹ (ES)	geeignet	suitable	approprié(e)	adatto(a)	—
adecuado(a)² (ES)	zweckmäßig	suitable	approprié(e)	adatto(a)	—
adeguato(a) (I)	gerecht	just	juste	—	justo(a)
adelaar (NL)	Adler m	eagle	aigle m	aquila f	àguila f
adelantar (ES)	überholen	overtake	doubler	sorpassare	—
(a)delante (ES)	vorn(e)	at the front	devant	davanti	—
adelante (ES)	vorwärts	forward(s)	en avant	avanti	—
adelgazar (ES)	abnehmen	lose weight	maigrir	dimagrire	—
adem (NL)	Atem m	breath	respiration f	fiato m	respiro m
además (ES)	außerdem	besides	en outre	inoltre	—
ademen (NL)	atmen	breathe	respirer	respirare	respirar
(a)dentro (ES)	drinnen	inside	dedans	dentro	—
adequado (P)	geeignet	suitable	approprié(e)	adatto(a)	adecuado(a)
adesso (I)	jetzt	now	maintenant	—	ahora
a destra (I)	rechts	right	à droite	—	a la derecha
Adeus! (P)	Tschüs!	Bye!	Salut!	Ciao!	¡Hasta luego!
adhesivo (ES)	Klebstoff m	glue	colle f	colla f	—
adicional (ES)	zusätzlich	in addition	supplémentaire	supplementare	—
adicionalmente (P)	zusätzlich	in addition	supplémentaire	supplementare	adicional
adieu(x) (F)	Abschied m	parting	—	addio m	despedida f
¡Adiós! (ES)	Wiedersehen!	Good-bye!	Au revoir!	Arrivederci!	—
adivinanza (ES)	Rätsel n	riddle	devinette f	enigma m	—
adivinar (ES)	raten	guess	deviner	indovinare	—
adivinhar (P)	raten	guess	deviner	indovinare	adivinar
adjust (E)	einstellen	—	régler	regolare	ajustar
Adler (D)	—	eagle	aigle m	aquila f	àguila f
admirar (ES)	bewundern	admire	admirer	ammirare	—
admirar (P)	bewundern	admire	admirer	ammirare	admirar
admirar-se (P)	staunen	be astonished	étonner, s'	stupirsi	asombrarse
admire (E)	bewundern	—	admirer	ammirare	admirar
admirer (F)	bewundern	admire	—	ammirare	admirar
admission (E)	Eintritt m	—	entrée f	entrata f	entrada f
adoecer (P)	erkranken	get ill	tomber malade	ammalarsi	enfermar
adók (H)	Steuern pl	tax	impôt m	imposte f/pl	impuestos m/pl
adormecer (P)	einschlafen	fall asleep	endormir, s'	addormentarsi	dormirse
adquirir (ES)	erwerben	acquire	acquérir	acquistare	—
adquirir (P)	erwerben	acquire	acquérir	acquistare	adquirir
adrede (ES)	absichtlich	intentionally	exprès	apposta	—
à droite (F)	rechts	right	—	a destra	a la derecha
aduana (ES)	Zoll m	customs	douane f	dogana f	—
adult (E)	Erwachsener m	—	adulte m	adulto m	adulto m
adulte (F)	Erwachsener m	adult	—	adulto m	adulto m
adulte (F)	erwachsen	grown up	—	adulto(a)	adulto(a)
adulto (I)	Erwachsener m	adult	adulte m	—	adulto m
adulto (ES)	Erwachsener m	adult	adulte m	adulto m	—
adulto (P)	Erwachsener m	adult	adulte m	adulto m	adulto m
adulto(a) (I)	erwachsen	grown up	adulte	—	adulto(a)
adulto(a) (ES)	erwachsen	grown up	adulte	adulto(a)	—

19 adulto(a)

P	NL	SV	PL	CZ	H
conveniente	doelmatig	ändamålsenlig	celowy	účelný	célszerű
construir um anexo	aanbouwen	bygga till	dobudowywać <dobudować>	nastavovat <nastavit>	hozzáépít
acrescentar	bijvoegen	tillägga	dodawać <dodać>	dodávat <dodat>	hozzáad
formar	opleiden	utbilda	kształcić <wykształcić>	vzdělávat <vzdělat>	kiképez
despedida f	afscheid n	avsked n	pożegnanie n	loučení n	búcsúzkodás
adormecer	inslapen	somna	zasypiać <zasnąć>	usínat <usnout>	elalszik
adequado	geschikt	lämplig	odpowiedni	vhodný	alkalmas
conveniente	doelmatig	ändamålsenlig	celowy	účelný	célszerű
justo	gerecht	rättvis	sprawiedliwy	spravedlivý	igazságos
águia f	—	örn u	orzeł m	orel m	sas
ultrapassar	inhalen	köra förbi	wyprzedzać	předjíždět <předjet>	megelőz
à frente	voor(aan)	framtill	z przodu	vepředu	elöl
avante	vooruit	framåt	naprzód	vpřed	előre
tirar	afnemen	ta bort	zdejmować <zdjąć>	odbírat <odebrat>	lefogyni
respiração f	—	andning u	oddech m	dech m	lélegzet
além disso	bovendien	dessutom	ponadto	mimo	azonkívül
respirar	—	andas	oddychać	dýchat	lélegzik
no interior	binnen	innanför	w środku	uvnitř	belül
—	geschikt	lämplig	odpowiedni	vhodný	alkalmas
agora	nu	nu	teraz	nyní	most
direita	rechts	till höger	po prawej stronie	vpravo	jobbra
—	Dag!	Hejdå!	Cześć!	Čau!	Szia!
cola f	kleefstof f	klister n	klej m	lepidlo n	ragasztó
adicionalmente	extra	extra	dodatkowy	navíc	kiegészítő
—	extra	extra	dodatkowy	navíc	kiegészítő
despedida f	afscheid n	avsked n	pożegnanie n	loučení n	búcsúzkodás
Até à vista!	Tot ziens!	Vi ses!	Do widzenia!	Na shledanou! f	Viszontlátásra!
enigma m	raadsel n	gåta u	zagadka f	hádanka f	rejtvény
adivinhar	raden	gissa	zgadywać	hádat	találgat
—	raden	gissa	zgadywać	hádat	találgat
colocar	instellen	anställa	ustawiać <ustawić>	nastavovat <nastavit>	alkalmaz
águia f	adelaar m	örn u	orzeł m	orel m	sas
admirar	bewonderen	beundra	podziwiać	obdivovat se	csodál
—	bewonderen	beundra	podziwiać	obdivovat se	csodál
—	verbaasd zijn	bli förvånad	dziwić, się <zdziwić, się>	divit, se <podivit, se>	csodálkozik
admirar	bewonderen	beundra	podziwiać	obdivovat se	csodál
admirar	bewonderen	beundra	podziwiać	obdivovat se	csodál
entrada f	toegang m	inträde n	wstęp m	vstup m	belépés
—	ziek worden	insjuknande	zachorować	onemocnět	megbetegszik
impostos m/pl	belastingen pl	skatt u	podatki pl	daně pl	—
—	inslapen	somna	zasypiać <zasnąć>	usínat <usnout>	elalszik
adquirir	verkrijgen	förvärva	nabywać <nabyć>	získávat <získat>	szerez
—	verkrijgen	förvärva	nabywać <nabyć>	získávat <získat>	szerez
propositadamente	opzettelijk	avsiktligt	celowo	úmyslně	szándékos
direita	rechts	till höger	po prawej stronie	vpravo	jobbra
alfândega f	douane f	tull u	cło n	clo n	vám
adulto m	volwassene m	vuxen u	dorosły m	dospělý m	felnőtt
adulto m	volwassene m	vuxen u	dorosły m	dospělý m	felnőtt
crescido	volwassen	fullvuxen	dorosły	dospělý	felnőtt
adulto m	volwassene m	vuxen u	dorosły m	dospělý m	felnőtt
adulto m	volwassene m	vuxen u	dorosły m	dospělý m	felnőtt
—	volwassene m	vuxen u	dorosły m	dospělý m	felnőtt
crescido	volwassen	fullvuxen	dorosły	dospělý	felnőtt
crescido	volwassen	fullvuxen	dorosły	dospělý	felnőtt

advance booking

	D	E	F	I	ES
advance booking (E)	Vorverkauf m	—	service de réservations m	prevendita f	venta anticipada f
advantage (E)	Vorteil m	—	avantage m	vantaggio m	ventaja f
adventure (E)	Abenteuer n	—	aventure f	avventura f	aventura f
adversaire (F)	Gegner m	opponent	—	avversario m	adversario m
adversario (ES)	Gegner m	opponent	adversaire m	avversario m	—
adversário (P)	Gegner m	opponent	adversaire m	avversario m	adversario m
advertentie (NL)	Anzeige f	announcement	annonce f	annuncio m	anuncio m
advertir (ES)	warnen	warn	prévenir de	ammonire	—
advertir[1] (P)	mahnen	warn	exhorter	ammonire	notificar
advertir[2] (P)	warnen	warn	prévenir de	ammonire	advertir
advertisement (E)	Reklame f	—	publicité f	réclame f	annuncio m
advertising (E)	Werbung f	—	publicité f	pubblicità f	publicidad f
advice (E)	Rat m	—	conseil m	consiglio m	consejo m
advice (E)	raten	—	conseiller	consigliare	aconsejar
advocaat (NL)	Rechtsanwalt m	lawyer	avocat m	avvocato m	abogado m
advogado (P)	Rechtsanwalt m	lawyer	avocat m	avvocato m	abogado m
advokat (SV)	Rechtsanwalt m	lawyer	avocat m	avvocato m	abogado m
advokát (CZ)	Rechtsanwalt m	lawyer	avocat m	avvocato m	abogado m
adwokat (PL)	Rechtsanwalt m	lawyer	avocat m	avvocato m	abogado m
å ena sidan (SV)	einerseits	on one hand	d'une part	da un lato	por un lado
aereo (I)	Flugzeug n	aeroplane	avion m	—	avión m
aérer (F)	lüften	air	—	arieggiare	ventilar
aerial (E)	Antenne f	—	antenne f	antenna f	antena f
aeroplane (E)	Flugzeug n	—	avion m	aereo m	avión m
aéroport (F)	Flughafen m	airport	—	aeroporto m	aeropuerto m
aeroporto (I)	Flughafen m	airport	aéroport m	—	aeropuerto m
aeroporto (P)	Flughafen m	airport	aéroport m	aeroporto m	aeropuerto m
aeropuerto (ES)	Flughafen m	airport	aéroport m	aeroporto m	—
a este lado (ES)	herüber	over	par ici	da questa parte	—
afastado (P)	entfernt	distant	éloigné(e)	distante	distante
afastar (P)	entfernen	remove	éloigner	allontanare	quitar
afbestellen (NL)	abbestellen	cancel	décommander	annullare	anular el pedido de
afdeling (NL)	Abteilung f	department	département	reparto m	departamento m
afeitar (ES)	rasieren	shave	raser	fare la barba	—
affair (E)	Angelegenheit f	—	affaire f	affare m	asunto m
affaire (F)	Angelegenheit f	affair	—	affare m	asunto m
affaires (F)	Zeug n	stuff	—	cose f/pl	cosas f/pl
affamato(a) (I)	hungrig	hungry	affamé(e)	—	hambriento(a)
affamé(e) (F)	hungrig	hungry	—	affamato(a)	hambriento(a)
affär (SV)	Geschäft n	shop	magasin m	negozio m	tienda f
affär (SV)	Laden m	shop	magasin m	negozio m	tienda f
affare (I)	Angelegenheit f	affair	affaire f	—	asunto m
affärsmässigt (SV)	geschäftlich	on business	d'affaires	per affari	comercial
affascinante (I)	charmant	charming	charmant(e)	—	encantador(a)
affascinato(a) (I)	entzückt	delighted	ravi(e)	—	encantado(a)
affaticare (I)	anstrengen, sich	make an effort	faire des efforts	—	esforzarse
Affe (D)	—	ape	singe m	scimmia f	mono m
affermare (I)	behaupten	assert	affirmer	—	afirmar
afferrare (I)	greifen	seize	saisir	—	tomar
affiche (F)	Plakat n	poster	—	affisso m	cartel m
affidabile (I)	zuverlässig	reliable	sûr(e)	—	de confianza
affilare (I)	schärfen	sharpen	aiguiser	—	afilar

affilare

P	NL	SV	PL	CZ	H
venda antecipada f	voorverkoop m	förköp n	przedsprzedaż f	předprodej m	elővétel
vantagem f	voordeel n	fördel u	korzyść f	výhoda f	előny
aventura f	avontuur n	äventyr n	przygoda f	dobrodružství n	kaland
adversário m	tegenstander m	motståndare u	przeciwnik m	protivník m	ellenfél
adversário m	tegenstander m	motståndare u	przeciwnik m	protivník m	ellenfél
—	tegenstander m	motståndare u	przeciwnik m	protivník m	ellenfél
aviso m	—	annons	ogłoszenie n	inzerát m	hirdetés
advertir	waarschuwen	varna	ostrzegać	varovat	figyelmeztet
—	manen	mana	przypominać <przypomnieć>	varovat	figyelmeztet
—	waarschuwen	varna	ostrzegać	varovat	figyelmeztet
reclame m	reclame f	reklam u	reklama f	reklama f	reklám
propaganda f	reclame m	reklam u	reklama f	reklama f	hirdetés
conselho m	raad m	råd n	rada f	rada f	tanács
aconselhar	aanraden	gissa	radzić <poradzić>	doporučovat <doporučit>	tanácsol
advogado m	—	advokat u	adwokat m	advokát m	ügyvéd
—	advocaat m	advokat u	adwokat m	advokát m	ügyvéd
advogado m	advocaat m	—	adwokat m	advokát m	ügyvéd
advogado m	advocaat m	advokat u	adwokat m	—	ügyvéd
advogado m	advocaat m	advokat u	—	advokát m	ügyvéd
por um lado	enerzijds	—	z jednej strony	na jedné straně	egyrészt
avião m	vliegtuig n	flygplan n	samolot m	letadlo n	repülő
arejar	luchten	ventilera	wietrzyć	větrat <vyvětrat>	szellőztet
antena f	antenne f	antenn u	antena f	anténa f	antenna
avião m	vliegtuig n	flygplan n	samolot m	letadlo n	repülő
aeroporto m	luchthaven m	flygplats u	port lotniczy m	letiště n	repülőtér
aeroporto m	luchthaven m	flygplats u	port lotniczy m	letiště n	repülőtér
—	luchthaven m	flygplats u	port lotniczy m	letiště n	repülőtér
aeroporto m	luchthaven m	flygplats u	port lotniczy m	letiště n	repülőtér
para cá	hierheen	hitåt	w tę stronę	sem	át
—	verwijderd	borttagen	odległy	vzdálený	távol
—	verwijderen	ta bort	usuwać <usunąć>	odstraňovat <odstranit>	eltávolít
anular	—	avbeställa	cofać zamówienie <cofnąć zamówienie>	rušit objednávku <zrušit>	lemond
divisão f	—	avdelning u	wydział m	oddělení n	osztály
barbear(se)	scheren	raka	golić <ogolić>	holit, se <oholit, se>	borotvál
assunto m	aangelegenheid f	ärende n	sprawa f	záležitost f	ügy
assunto m	aangelegenheid f	ärende n	sprawa f	záležitost f	ügy
coisas f/pl	spullen pl	grejor pl	materia f	věci pl	holmi
faminto	hongerig	hungrig	głodny	hladový	éhes
faminto	hongerig	hungrig	głodny	hladový	éhes
negócio m	zaak f	—	sklep m	obchod m	üzlet
loja f	winkel m	—	sklep m	obchod m	bolt
assunto m	aangelegenheid f	ärende n	sprawa f	záležitost f	ügy
comercial	zakelijk	—	służbowy	obchodně	üzleti
encantador	charmant	charmant	szarmancki	šarmantní	bájos
encantado	enthousiast	förtjust	zachwycony	uchvácený	elragadó
cansar	inspannen	anstränga sig	wysilić się <wysilić się>	namáhat, se	igyekszik
macaco m	aap m	apa u	małpa f	opice f	majom
afirmar	beweren	påstå	twierdzić	tvrdit	állít
agarrar	grijpen	gripa	chwytać <chwycić>	chopit <uchopit>	fog
cartaz m	aanplakbiljet n	affisch u	plakat m	plakát m	plakát
de confiança	betrouwbaar	tillförlitlig	niezawodny	spolehlivý	megbízható
afiar	scherpen	vässa	ostrzyć <naostrzyć>	ostřit <naostřit>	élesít

affirmer

	D	E	F	I	ES
affirmer (F)	behaupten	assert	—	affermare	afirmar
affisch (SV)	Plakat n	poster	affiche f	affisso m	cartel m
affisso (I)	Plakat n	poster	affiche f	—	cartel m
affittare[1] (I)	mieten	rent	louer	—	alquilar
affittare[2] (I)	vermieten	rent	louer	—	alquilar
affitto (I)	Miete f	rent	loyer m	—	alquiler m
affrancare (I)	frankieren	stamp	affranchir	—	franquear
affrancatura (I)	Porto n	postage	port m	—	franqueo m
affranchir (F)	frankieren	stamp	—	affrancare	franquear
affrettarsi (I)	beeilen, sich	hurry up	dépêcher, se	—	darse prisa
afhangen (NL)	abhängen	depend	dépendre	dipendere	depender
afiar (P)	schärfen	sharpen	aiguiser	affilare	afilar
afilar (ES)	schärfen	sharpen	aiguiser	affilare	—
afirmación (ES)	Aussage f	statement	déclaration f	dichiarazione f	—
afirmar[1] (ES)	behaupten	assert	affirmer	affermare	—
afirmar[2] (ES)	bejahen	agree with	répondre par l'affirmative à	approvare	—
afirmar[1] (P)	behaupten	assert	affirmer	affermare	afirmar
afirmar[2] (P)	bejahen	agree with	répondre par l'affirmative à	approvare	afirmar
afkeuren (NL)	missbilligen	disapprove	désapprouver	disapprovare	desaprobar
afleiden (NL)	ablenken	distract	distraire	distrarre	desviar
aflojar (ES)	nachlassen	slacken	apaiser, se	allentare	—
afnemen (NL)	abnehmen	lose weight	maigrir	dimagrire	adelgazar
afogar-se (P)	ertrinken	drown	noyer, se	annegare	ahogarse
à fond (F)	gründlich	thorough	—	a fondo	a fondo
a fondo (I)	gründlich	thorough	à fond	—	a fondo
a fondo (ES)	gründlich	thorough	à fond	a fondo	—
afpersing (NL)	Erpressung f	blackmail	chantage m	ricatto m	chantaje f
afraden (NL)	abraten	warn	déconseiller	sconsigliare	desaconsejar
à frente (P)	vorn(e)	at the front	devant	davanti	(a)delante
Africa (E)	Afrika n	—	Afrique f	Africa f	Africa f
Africa (I)	Afrika n	Africa	Afrique f	—	Africa f
Africa (ES)	Afrika n	Africa	Afrique f	Africa f	—
África (P)	Afrika n	Africa	Afrique f	Africa f	Africa f
Afrika (D)	—	Africa	Afrique f	Africa f	Africa f
Afrika (NL)	Afrika n	Africa	Afrique f	Africa f	Africa f
Afrika (SV)	Afrika n	Africa	Afrique f	Africa f	Africa f
Afrika (CZ)	Afrika n	Africa	Afrique f	Africa f	Africa f
Afrika (H)	Afrika n	Africa	Afrique f	Africa f	Africa f
Afrique (F)	Afrika n	Africa	—	Africa f	Africa f
Afryka (PL)	Afrika n	Africa	Afrique f	Africa f	Africa f
afscheid (NL)	Abschied m	parting	adieu(x) m	addio m	despedida f
afscheid nemen van (NL)	verabschieden	say goodbye to	prendre congé de	congedare	despedir
afslaan (NL)	abbiegen	turn off	tourner	svoltare	torcer
afsluiten (NL)	zuschließen	lock (up)	fermer à clé	chiudere a chiave	cerrar con llave
afspraak[1] (NL)	Abmachung f	agreement	accord m	accordo m	acuerdo m
afspraak[2] (NL)	Verabredung f	date	rendez-vous m	appuntamento m	cita f

afspraak

P	NL	SV	PL	CZ	H
afirmar	beweren	påstå	twierdzić	tvrdit	állít
cartaz m	aanplakbiljet n	—	plakat m	plakát m	plakát
cartaz m	aanplakbiljet n	affisch u	plakat m	plakát m	plakát
arrendar	huren	hyra	wynajmować <wynająć>	najímat <najmout>	bérel
alugar	verhuren	hyra ut	wynająć	pronajímat <pronajmout>	bérbe ad
renda f	huur f	hyra u	najem m	nájem m	bérlés
franquiar	frankeren	frankera	frankować	frankovat <ofrankovat>	bérmentesít
franquia f	porto n	porto n	opłata pocztowa f	poštovné n	postadíj
franquiar	frankeren	frankera	frankować	frankovat <ofrankovat>	bérmentesít
apressar-se	haasten, zich	skynda sig	spieszyć, się <pospieszyć się>	spěchat <pospíšit>	siet
depender	—	koppla från	zdejmować <zdjąć>	zbavovat se <zbavit se>	leakaszt
—	scherpen	vässa	ostrzyć <naostrzyć>	ostřit <naostřit>	élesít
afiar	scherpen	vässa	ostrzyć <naostrzyć>	ostřit <naostřit>	élesít
declaração f	verklaring f	uttalande n	wypowiedź f	výpověd f	kijelentés
afirmar	beweren	påstå	twierdzić	tvrdit	állít
afirmar	bevestigen	jaka	odpowiadać twierdząco <odpowiedzieć twierdząco>	souhlasit <odsouhlasit>	igennel válaszol
—	beweren	påstå	twierdzić	tvrdit	állít
—	bevestigen	jaka	odpowiadać twierdząco <odpowiedzieć twierdząco>	souhlasit <odsouhlasit>	igennel válaszol
desaprovar	—	ogilla	nie pochwalać	nesouhlasit	helyteleníť
distrair	—	avleda	skierowywać w inną stronę <skierować w inną stronę>	odvracet <odvrátit>	eltérít
deixar	nalaten	avta	słabnąć	povolovat <povolit>	enged
tirar	—	ta bort	zdejmować <zdjąć>	odbírat <odebrat>	lefogyni
—	verdrinken	drunkna	tonąć <utonąć>	topit se <utopit se>	vízbe fullad
exaustivo	grondig	grundligt	dokładny	důkladně	alapos
exaustivo	grondig	grundligt	dokładny	důkladně	alapos
exaustivo	grondig	grundligt	dokładny	důkladně	alapos
chantagem f	—	utpressning u	szantaż m	vydírání n	zsarolás
desaconselhar	—	avråda	odradzać <odradzić>	zrazovat <zradit>	lebeszél
—	voor(aan)	framtill	z przodu	vepředu	elöl
África f	Afrika n	Afrika n	Afryka f	Afrika f	Afrika
África f	Afrika n	Afrika n	Afryka f	Afrika f	Afrika
África f	Afrika n	Afrika n	Afryka f	Afrika f	Afrika
—	Afrika n	Afrika n	Afryka f	Afrika f	Afrika
África f	Afrika n	Afrika n	Afryka f	Afrika f	Afrika
África f	—	Afrika n	Afryka f	Afrika f	Afrika
África f	Afrika n	—	Afryka f	Afrika f	Afrika
África f	Afrika n	Afrika n	Afryka f	—	Afrika
África f	Afrika n	Afrika n	Afryka f	Afrika f	—
África f	Afrika n	Afrika n	Afryka f	Afrika f	Afrika
África f	Afrika n	Afrika n	—	Afrika f	Afrika
despedida f	—	avsked n	pożegnanie n	loučení n	búcsúzkodás
despedir	—	ta avsked	odprawiać	loučit, se <rozloučit, se>	elbúcsúztat
virar	—	vika av	skręcać <skręcić>	ohýbat <ohnout>	elkanyarodik
fechar à chave	—	låsa	zamykać na klucz	zamykat <zamknout>	bezár
acordo m	—	överenskommelse u	ugoda f	ujednání n	megállapodás
compromisso m	—	avtal n	umówienie się n	schůzka f	megbeszélés

afspreken

	D	E	F	I	ES
afspreken (NL)	verabreden	arrange to meet	prendre rendez-vous	darsi appuntamento	concertar una cita
afstand (NL)	Abstand m	distance	distance f	distanza f	distancia f
afstand doen van (NL)	verzichten	forgo	renoncer	rinunciare	renunciar a
afstandsbediening (NL)	Fernbedienung f	remote control	télécommande f	telecomando m	mando a distancia m
after[1] (E)	nachdem	—	après que	dopo	después de que
after[2] (E)	nach	—	après	dopo	después de
afternoon (E)	Nachmittag m	—	après-midi m	pomeriggio m	tarde f
after/to (E)	nach	—	après/selon	a/in/verso/dopo	a/hacia/después
afterwards[1] (E)	danach	—	après	poi/dopo	después
afterwards[2] (E)	nachher	—	ensuite	dopo	después
afuera[1] (ES)	außen	outside	au dehors	fuori	—
afuera[2] (ES)	draußen	outside	dehors	fuori	—
afval (NL)	Abfall m	rubbish	déchets m/pl	immondizia f	basura f
afwaarts (NL)	abwärts	downwards	en bas	in giù	hacia abajo
afwijzen (NL)	ablehnen	reject	refuser	rifiutare	rehusar
afwisselen (NL)	abwechseln	take turns	alterner	alternarsi	alternar
afzeggen (NL)	absagen	decline	annuler	disdire	anular
afzender (NL)	Absender m	sender	expéditeur m	mittente m	remitente m
afzetten (NL)	abstellen	turn off	arrêter	spegnere	desconectar
äga (SV)	besitzen	possess	posséder	possedere	poseer
again (E)	nochmals	—	encore une fois	di nuovo	otra vez
against (E)	gegen	—	contre	contro	contra
agarrar (P)	greifen	seize	saisir	afferrare	tomar
äga rum (SV)	stattfinden	take place	avoir lieu	avere luogo	tener lugar
à gauche (F)	links	left	—	a sinistra	a la izquierda
age (E)	Alter n	—	âge m	età f	edad f
âge (F)	Alter n	age	—	età f	edad f
agence de voyages (F)	Reisebüro n	travel agency	—	agenzia turistica f	agencia de viajes f
agência de informação turística (P)	Fremdenverkehrsbüro n	tourism office	office du tourisme m	ufficio turistico m	oficina de turismo f
agência de viagens (P)	Reisebüro n	travel agency	agence de voyages f	agenzia turistica f	agencia de viajes f
agencia de viajes (ES)	Reisebüro n	travel agency	agence de voyages f	agenzia turistica f	—
agent de police (F)	Polizist m	policeman	—	poliziotto m	policía m
agenzia turistica (I)	Reisebüro n	travel agency	agence de voyages f	—	agencia de viajes f
ägg (SV)	Ei n	egg	œuf m	uovo m	huevo m
aggiungere (I)	hinzufügen	add	ajouter	—	añadir
aggressione (I)	Überfall m	raid	attaque f	—	asalto m
agir (F)	handeln	act	—	agire	actuar
agir (P)	handeln	act	agir	agire	actuar
agire (I)	handeln	act	agir	—	actuar
agitado (P)	aufgeregt	excited	agité(e)	eccitato(a)	excitado(a)
agitar (ES)	aufregen	excite	énerver	agitare	—
agitar (P)	aufregen	excite	énerver	agitare	agitar
agitare (I)	aufregen	excite	énerver	agitare	agitar
agité(e) (F)	aufgeregt	excited	—	eccitato(a)	excitado(a)
aglio (I)	Knoblauch m	garlic	ail m	—	ajo m
agneau (F)	Lamm n	lamb	—	agnello m	cordero m
agnello (I)	Lamm n	lamb	agneau m	—	cordero m
ago (I)	Nadel f	needle	aiguille f	—	aguja f

ago

P	NL	SV	PL	CZ	H
combinar	—	avtala	umawiać się	ujednávat <ujednat>	megállapodik
distância f	—	avstånd n	odstęp m	odstup m	távolság
renunciar a	—	avstå från	rezygnować	zříkat, se <zříci, se>	lemond
telecomando m	—	fjärrkontroll u	pilot m	dálkové ovládání n	távműködtetés
depois de	nadat	sedan	gdy	poté	miután
depois de	na	efter	po	po	utan
tarde f	namiddag m	eftermiddag u	popołudnie n	odpoledne n	délután
para	naar	efter	do	po	felé
depois	daarna	efteråt	potem	poté	utána
depois	later	efteråt	potem	potom	utána
fora	buiten	ute	zewnątrz	venku	kint
fora	buiten	utanför	na dworze	venku	kívül
lixo m	—	avfall n	odpady m/pl	odpad m	hulladék
para baixo	—	nedåt	na dół	dolů	lefelé
recusar	—	avböja	odrzucać <odrzucić>	odmítat <odmítnout>	visszautasít
variar	—	omväxlande	zmieniać się <zmienić się>	střídat	váltakozik
recusar	—	inställa	odmówić	odříkat <odříct>	lemond
remetente m	—	avsändare u	nadawca m	odesílatel m	feladó
desligar	—	ställa ned	odstawiać <odstawić>	odstavit	félretesz
possuir	bezitten	—	posiadać	vlastnit	birtokol
novamente	nogmaals	ännu en gång	jeszcze raz	ještě jednou	még egyszer
contra	tegen	mot	przeciw	proti	ellen
—	grijpen	gripa	chwytać <chwycić>	chopit <uchopit>	fog
realizar-se	plaatsvinden	—	odbywać, się <odbyć, się>	konat, se	lezajlik
esquerda	links	till vänster	na lewo	vlevo	balra
idade f	ouderdom m	ålder u	wiek m	stáří n	életkor
idade f	ouderdom m	ålder u	wiek m	stáří n	életkor
agência de viagens f	reisbureau n	resebyrå u	biuro podróży n	cestovní kancelář f	utazási iroda
—	bureau voor toerisme n	turistbyrå u	biuro turystyczne n	cestovní kancelář f	idegenforgalmi iroda
—	reisbureau n	resebyrå u	biuro podróży n	cestovní kancelář f	utazási iroda
agência de viagens f	reisbureau n	resebyrå u	biuro podróży n	cestovní kancelář f	utazási iroda
polícia m	politieagent m	polis u	policjant m	policista m	rendőr
agência de viagens f	reisbureau n	resebyrå u	biuro podróży n	cestovní kancelář f	utazási iroda
ovo m	ei n	—	jajko n	vejce n	tojás
acrescentar	bijvoegen	tillägga	dodawać <dodać>	dodávat <dodat>	hozzáad
assalto m	overval m	överfall n	napad m	přepadení n	megtámadás
agir	handelen	handla	działać	jednat <ujednat>	cselekszik
—	handelen	handla	działać	jednat <ujednat>	cselekszik
agir	handelen	handla	działać	jednat <ujednat>	cselekszik
—	opgewonden	upprörd	zdenerwowany	rozčíleně	izgatott
agitar	opwinden	uppröra	denerwować <zdenerwować>	rozčilovat <rozčílit>	felzaklat
—	opwinden	uppröra	denerwować <zdenerwować>	rozčilovat <rozčílit>	felzaklat
agitar	opwinden	uppröra	denerwować <zdenerwować>	rozčilovat <rozčílit>	felzaklat
agitado	opgewonden	upprörd	zdenerwowany	rozčíleně	izgatott
alho m	knoflook n	vitlök u	czosnek m	česnek m	fokhagyma
borrego m	lam n	lamm n	baranek m	jehně n	bárány
borrego m	lam n	lamm n	baranek m	jehně n	bárány
agulha f	naald f	nål u	igła f	jehla f	tű

agora

	D	E	F	I	ES
agora (P)	jetzt	now	maintenant	adesso	ahora
agotado(a) (ES)	erschöpft	exhausted	épuisé(e)	esausto(a)	—
agradable¹ (ES)	angenehm	pleasant	agréable	gradevole	—
agradable² (ES)	nett	nice	joli(e)	carino(a)	—
agradar (P)	gefallen	please	plaire	piacere	gustar
agradável (P)	angenehm	pleasant	agréable	gradevole	agradable
agradecer (ES)	danken	thank	remercier	ringraziare	—
agradecer¹ (P)	bedanken, sich	say thank you	remercier	ringraziare	agradecer algo
agradecer² (P)	danken	thank	remercier	ringraziare	agradecer
agradecer algo (ES)	bedanken, sich	say thank you	remercier	ringraziare	—
agradecido (P)	dankbar	grateful	reconnaissant(e)	grato(a)	agradecido(a)
agradecido(a) (ES)	dankbar	grateful	reconnaissant(e)	grato(a)	—
agradecimento (P)	Dank m	thanks	remerciement m	ringraziamento m	agradecimiento m
agradecimiento (ES)	Dank m	thanks	remerciement m	ringraziamento m	—
agrandar (ES)	vergrößern	enlarge	agrandir	ingrandire	—
agrandir (F)	vergrößern	enlarge	—	ingrandire	agrandar
agréable¹ (F)	angenehm	pleasant	—	gradevole	agradable
agréable² (F)	gemütlich	comfortable	—	comodo(a)	cómodo(a)
agree¹ (E)	einigen, sich	—	mettre d'accord, se	accordarsi	ponerse de acuerdo
agree² (E)	zustimmen	—	être d'accord	acconsentire	consentir
agreed (E)	einverstanden	—	d'accord	d'accordo	de acuerdo
agreement (E)	Abmachung f	—	accord m	accordo m	acuerdo m
agree upon (E)	vereinbaren	—	convenir de	fissare	convenir
agree with (E)	bejahen	—	répondre par l'affirmative à	approvare	afirmar
agricultor (P)	Bauer m	farmer	paysan m	contadino m	campesino m
agrio(a) (ES)	sauer	sour	aigre	acido(a)	—
agua (ES)	Wasser n	water	eau f	acqua f	—
água (P)	Wasser n	water	eau f	acqua f	agua f
agua mineral (ES)	Mineralwasser n	mineral water	eau minérale f	acqua minerale f	—
água mineral (P)	Mineralwasser n	mineral water	eau minérale f	acqua minerale f	agua mineral f
aguantar (ES)	aushalten	bear	supporter	sopportare	—
aguardar (P)	erwarten	expect	attendre	aspettare	esperar
aguardente (P)	Schnaps m	spirits	eau-de-vie f	acquavite f	aguardiente m
aguardiente (ES)	Schnaps m	spirits	eau-de-vie f	acquavite f	—
aguas (ES)	Gewässer n	waters	eaux f/pl	acque f/pl	—
águas (P)	Gewässer n	waters	eaux f/pl	acque f/pl	aguas f/pl
aguentar (P)	aushalten	bear	supporter	sopportare	aguantar
águia (P)	Adler m	eagle	aigle m	aquila f	àguila f
àguila (ES)	Adler m	eagle	aigle m	aquila f	—
aguja (ES)	Nadel f	needle	aiguille f	ago m	—
agulha (P)	Nadel f	needle	aiguille f	ago m	aguja f
agy (H)	Gehirn n	brain	cerveau m	cervello m	cerebro m
ágy (H)	Bett n	bed	lit m	letto m	cama f
a/hacia/después (ES)	nach	after/to	après/selon	a/in/verso/dopo	—
ähneln (D)	—	be similar	ressembler	simile	parecerse a
ahnen (D)	—	suspect	douter, se	presagire	suponer
ähnlich (D)	—	similar	semblable	simile	parecido
ahogarse (ES)	ertrinken	drown	noyer, se	annegare	—

ahogarse

P	NL	SV	PL	CZ	H
—	nu	nu	teraz	nyní	most
exausto	uitgeput	utmattad	wyczerpany	vyčerpaný	kimerült
agradável	aangenaam	angenämt	przyjemny	příjemně	kellemes
simpático	leuk	trevlig	miły	milý	kedves
—	bevallen	tycka om	podobać, się <spodobać, się>	líbit	tetszik
—	aangenaam	angenämt	przyjemny	příjemně	kellemes
agradecer	danken	tacka	dziękować <podziękować>	děkovat <poděkovat>	megköszön
—	danken; bedanken	tacka	dziękować <podziękować>	děkovat <poděkovat>	megköszön
—	danken	tacka	dziękować <podziękować>	děkovat <poděkovat>	megköszön
agradecer	danken; bedanken	tacka	dziękować <podziękować>	děkovat <poděkovat>	megköszön
—	dankbaar	tacksam	wdzięczny	vděčný	hálás
agradecido	dankbaar	tacksam	wdzięczny	vděčný	hálás
—	dank *m*	tack *n*	podziękowanie *n*	dík *m*	köszönet
agradecimento *m*	dank *m*	tack *n*	podziękowanie *n*	dík *m*	köszönet
engrandecer	vergroten	förstora	powiększać	zvětšovat <zvětšit>	nagyít
engrandecer	vergroten	förstora	powiększać	zvětšovat <zvětšit>	nagyít
agradável	aangenaam	angenämt	przyjemny	příjemně	kellemes
confortável	gezellig	hemtrevlig	przytulny	útulný	kellemes
estar de acordo	het eens worden	ena sig	dochodzić do porozumienia <dojść do porozumienia>	dohadovat, se <dohodnout, se>	megegyezik,
consentir	toestemmen	instämma	zgadzać się	souhlasit	helyesel
de acordo	akkoord	överens	zgadzać się <zgodzić się>	souhlasit <odsouhlasit>	rendben van
acordo *m*	afspraak *f*	överenskommelse *u*	ugoda *f*	ujednání *n*	megállapodás
acertar	overeenkomen	avtala	ustalać	ujednávat <ujednat>	megegyezik
afirmar	bevestigen	jaka	odpowiadać twierdząco <odpowiedzieć twierdząco>	souhlasit <odsouhlasit>	igennel válaszol
—	boer *m*	bonde *u*	rolnik *m*	zemědělec *m*	paraszt, földműves
amargo	zuur	sur	kwaśny	kyselý	savanyú
água *f*	water *n*	vatten *n*	woda *f*	voda *f*	víz
—	water *n*	vatten *n*	woda *f*	voda *f*	víz
água mineral *f*	mineraalwater *n*	mineralvatten *n*	woda mineralna *f*	minerální voda *f*	ásványvíz
—	mineraalwater *n*	mineralvatten *n*	woda mineralna *f*	minerální voda *f*	ásványvíz
aguentar	uithouden	uthärda	wytrzymywać <wytrzymać>	vydržovat <vydržet>	elvisel
—	verwachten	förvänta	oczekiwać	očekávat	elvár
—	borrel *m*	snaps *u*	wódka *f*	kořalka *f*	pálinka
aguardente *f*	borrel *m*	snaps *u*	wódka *f*	kořalka *f*	pálinka
águas *f*	water *n*	farvatten *n*	wody *f/pl*	vody *f/pl*	vizek
—	water *n*	farvatten *n*	wody *f/pl*	vody *f/pl*	vizek
—	uithouden	uthärda	wytrzymywać <wytrzymać>	vydržovat <vydržet>	elvisel
—	adelaar *m*	örn *u*	orzeł *m*	orel *m*	sas
águia *f*	adelaar *m*	örn *u*	orzeł *m*	orel *m*	sas
agulha *f*	naald *f*	nål *u*	igła *f*	jehla *f*	tű
—	naald *f*	nål *u*	igła *f*	jehla *f*	tű
cérebro *m*	hersenen *pl*	hjärna *u*	mózg *m*	mozek *m*	—
cama *f*	bed *n*	säng *u*	łóżko *n*	postel *f*	—
para	naar	efter	do	po	felé
assemelhar-se a	gelijken	likna	być podobnym	podobat, se	hasonlít
pressentir	vermoeden	ana	przeczuwać <przeczuć>	tušit <vytušit>	megsejt
semelhante	dergelijk	liknande *u*	podobny	podobný	hasonló
afogar-se	verdrinken	drunkna	tonąć <utonąć>	topit se <utopit se>	vízbe fullad

ahora

	D	E	F	I	ES
ahora (ES)	jetzt	now	maintenant	adesso	—
aide (F)	Hilfe f	help	—	aiuto m	ayuda f
aider (F)	helfen	help	—	aiutare	ayudar
Aids (D)	—	aids	sida m	aids m/f	Sida m
aids (E)	Aids n	—	sida m	aids m/f	Sida m
aids (I)	Aids n	aids	sida m	—	Sida m
aids (NL)	Aids n	aids	sida m	aids m/f	Sida m
aids (SV)	Aids n	aids	sida m	aids m/f	Sida m
Aids (PL)	Aids n	aids	sida m	aids m/f	Sida m
AIDS (CZ)	Aids n	aids	sida m	aids m/f	Sida m
AIDS (H)	Aids n	aids	sida m	aids m/f	Sida m
aigle (F)	Adler m	eagle	—	aquila f	àguila f
aigre (F)	sauer	sour	—	acido(a)	agrio(a)
aiguille (F)	Nadel f	needle	—	ago m	aguja f
aiguiser (F)	schärfen	sharpen	—	affilare	afilar
ail (F)	Knoblauch m	garlic	—	aglio m	ajo m
aile (F)	Flügel m	wing	—	ala f	ala f
aimable[1] (F)	freundlich	friendly	—	gentile	amable
aimable[2] (F)	liebenswürdig	kind	—	gentile	simpático(a)
aimer[1] (F)	lieben	love	—	amare	amar
aimer[2] (F)	mögen	like	—	piacere	querer
ainda (P)	noch	still	encore	ancora	aún/todavía
a/in/verso/dopo (I)	nach	after/to	après/selon	—	a/hacia/después
air (E)	Luft f	—	air m	aria f	aire m
air (E)	lüften	—	aérer	arieggiare	ventilar
air (F)	Luft f	air	—	aria f	aire m
aire (ES)	Luft f	air	air m	aria f	—
air mail (E)	Luftpost f	—	poste aérienne f	posta aerea f	correo aéreo m
airport (E)	Flughafen m	—	aéroport m	aeroporto m	aeropuerto m
aiutare (I)	helfen	help	aider	—	ayudar
aiuto (I)	Hilfe f	help	aide f	—	ayuda f
ajándék (H)	Geschenk n	present	cadeau m	regalo m	regalo m
ajándékoz (H)	schenken	give	offrir	regalare	regalar
ajánl (H)	empfehlen	recommend	recommander	raccomandare	recomendar
ajánlat (H)	Angebot n	offer	offre f	offerta f	oferta f
ajo (ES)	Knoblauch m	garlic	ail m	aglio m	—
ajouter[1] (F)	anbauen	add	—	ampliare	ampliar
ajouter[2] (F)	hinzufügen	add	—	aggiungere	añadir
ajtó (H)	Tür f	door	porte f	porta f	puerta f
ajuda (P)	Hilfe f	help	aide f	aiuto m	ayuda f
ajudar (P)	helfen	help	aider	aiutare	ayudar
ajustar (ES)	einstellen	adjust	régler	regolare	—
akadályoz (H)	hindern	hinder	empêcher	impedire	impedir
akar (H)	wollen	want	vouloir	volere	querer
akce (CZ)	Veranstaltung f	event	manifestation f	manifestazione f	acto m
akcie (CZ)	Aktie f	share	action f	azione m	acción f
akciós árú (H)	Sonderangebot n	special offer	offre spéciale f	offerta speciale f	oferta especial f
akcja (PL)	Aktie f	share	action f	azione m	acción f
akkoord (NL)	einverstanden	agreed	d'accord	d'accordo	de acuerdo
akkoriban (H)	damals	at that time	alors	allora	entonces
aklimatyzować, się <zaaklimatyzować, się> (PL)	einleben, sich	settle down	acclimater, s'	ambientarsi	familiarizarse

aklimatyzować, się

P	NL	SV	PL	CZ	H
agora	nu	nu	teraz	nyní	most
ajuda f	hulp f	hjälp u	pomoc f	pomoc f	segítség
ajudar	helpen	hjälpa	pomagać <pomóc>	pomáhat <pomoci>	segít
SIDA m	aids m	aids	Aids m	AIDS m	AIDS
SIDA m	aids m	aids	Aids m	AIDS m	AIDS
SIDA m	aids m	aids	Aids m	AIDS m	AIDS
SIDA m	—	aids	Aids m	AIDS m	AIDS
SIDA m	aids m	—	Aids m	AIDS m	AIDS
SIDA m	aids m	aids	—	AIDS m	AIDS
SIDA m	aids m	aids	Aids m	—	AIDS
SIDA m	aids m	aids	Aids m	AIDS m	—
águia f	adelaar m	örn u	orzeł m	orel m	sas
amargo	zuur	sur	kwaśny	kyselý	savanyú
agulha f	naald f	nål u	igła f	jehla f	tű
afiar	scherpen	vässa	ostrzyć <naostrzyć>	ostřit <naostřit>	élesít
alho m	knoflook n	vitlök u	czosnek m	česnek m	fokhagyma
asa f	vleugel m	flygel u	skrzydło n	křídlo n	szárny
amável	vriendelijk	vänlig	przyjazny	přátelsky	barátságos
amável	vriendelijk	älskvärd	miły	laskavý	szívélyes
amar	houden van	älska	kochać	milovat	szeret
gostar de	graag hebben/ mogen	tycka om	lubić	mít rád	kedvel
—	nog	ännu	jeszcze	ještě	még
para	naar	efter	do	po	felé
ar m	lucht f	luft u	powietrze n	vzduch m	levegő
arejar	luchten	ventilera	wietrzyć	větrat <vyvětrat>	szellőztet
ar m	lucht f	luft u	powietrze n	vzduch m	levegő
ar m	lucht f	luft u	powietrze n	vzduch m	levegő
correio aéreo m	luchtpost f	luftpost u	poczta lotnicza f	letecká pošta f	légiposta
aeroporto m	luchthaven m	flygplats u	port lotniczy m	letiště n	repülőtér
ajudar	helpen	hjälpa	pomagać <pomóc>	pomáhat <pomoci>	segít
ajuda f	hulp f	hjälp u	pomoc f	pomoc f	segítség
presente m	geschenk n	present u	prezent m	dárek m	—
oferecer	schenken	skänka	darować <podarować>	darovat	—
recomendar	aanbevelen	rekommendera	polecać <polecić>	doporučovat <doporučit>	—
oferta f	aanbieding f	erbjudande n	oferta f	nabídka f	—
alho m	knoflook n	vitlök u	czosnek m	česnek m	fokhagyma
construir um anexo	aanbouwen	bygga till	dobudowywać <dobudować>	nastavovat <nastavit>	hozzáépít
acrescentar	bijvoegen	tillägga	dodawać <dodać>	dodávat <dodat>	hozzáad
porta f	deur f	dörr u	drzwi n	dveře pl	—
—	hulp f	hjälp u	pomoc f	pomoc f	segítség
—	helpen	hjälpa	pomagać <pomóc>	pomáhat <pomoci>	segít
colocar	instellen	anställa	ustawiać <ustawić>	nastavovat <nastavit>	alkalmaz
impedir	hinderen	förhindra	przeszkadzać <przeszkodzić>	bránit <zabránit>	—
querer	willen	vilja	chcieć	chtít	—
espectáculo m	manifestatie f	tillställning u	impreza f	—	rendezvény
acção f	aandeel n	aktie u	akcja f	—	részvény
saldo m	speciale aanbieding f	extraerbjudande n	oferta specjalna f	zvláštní nabídka f	—
acção f	aandeel n	aktie u	—	akcie f	részvény
de acordo	—	överens	zgadzać się <zgodzić się>	souhlasit <odsouhlasit>	rendben van
antigamente	toen	då	wtedy	tenkrát	—
acostumar-se	inleven, zich	anpassa sig	—	zvykat, si <zvyknout, si>	beilleszkedik

äkta

	D	E	F	I	ES
äkta (SV)	echt	genuine	vrai(e)	vero(a)	verdadero(a)
akta sig (SV)	Acht geben	take care	faire attention	badare	atender
Aktie (D)	—	share	action f	azione m	acción f
aktie (SV)	Aktie f	share	action f	azione m	acción f
aktiv (D)	—	active	actif(ive)	attivo(a)	activo(a)
aktiv (SV)	aktiv	active	actif(ive)	attivo(a)	activo(a)
aktív (H)	aktiv	active	actif(ive)	attivo(a)	activo(a)
aktivně (CZ)	aktiv	active	actif(ive)	attivo(a)	activo(a)
aktor (PL)	Schauspieler m	actor	acteur m	attore m	actor m
aktywny (PL)	aktiv	active	actif(ive)	attivo(a)	activo(a)
ala (I)	Flügel m	wing	aile f	—	ala f
ala (ES)	Flügel m	wing	aile f	ala f	—
alacsony (H)	niedrig	low	bas(se)	basso(a)	bajo(a)
a la derecha (ES)	rechts	right	à droite	a destra	—
aláír (H)	unterschreiben	sign	signer	firmare	firmar
aláírás (H)	Unterschrift f	signature	signature f	firma f	firma f
a la izquierda (ES)	links	left	à gauche	a sinistra	—
à la maison¹ (F)	nach Hause	home	—	a casa	a casa
à la maison² (F)	zu Hause	at home	—	a casa	en casa
alambre (ES)	Draht m	wire	fil de fer m	filo metallico m	—
alámerül (H)	tauchen	dive	plonger	immergere	bucear
alap (H)	Basis	basis	base f	base f	base f
alapít (H)	gründen	found	fonder	fondare	fundar
alapos (H)	gründlich	thorough	à fond	a fondo	a fondo
à l'après-midi (F)	nachmittags	in the afternoon	—	di pomeriggio	por la tarde
alapterület (H)	Grundfläche f	base	base f	base f	base f
alapvető (H)	grundsätzlich	fundamental	par principe	basilare	fundamental
alargar (ES)	verlängern	extend	prolonger	allungare	—
alarm clock (E)	Wecker m	—	réveil m	sveglia f	despertador m
a la sombra (ES)	schattig	shady	ombragé(e)	ombroso(a)	—
alatt (H)	unter	under	sous	al di sotto di	debajo de
alatta (H)	darunter	underneath	au-dessous	sotto	por debajo
a la vez (ES)	gleichzeitig	simultaneous	en même temps	contemporaneo(a)	—
albaricoque (ES)	Aprikose f	apricot	abricot m	albicocca f	—
albergo (I)	Hotel n	hotel	hôtel m	—	hotel m
albero (I)	Baum m	tree	arbre m	—	árbol m
albicocca (I)	Aprikose f	apricot	abricot m	—	albaricoque m
albo (PL)	oder	or	ou	o	o
albo ... albo (PL)	entweder ... oder	either ... or	ou ... ou	o ... o	o ... o
alcalde (ES)	Bürgermeister m	mayor	maire m	sindaco m	—
alcançar (P)	erreichen	reach	atteindre	raggiungere	alcanzar
alcanzar¹ (ES)	erreichen	reach	atteindre	raggiungere	—
alcanzar² (ES)	reichen	pass	passer	passare	—
alcohol (E)	Alkohol m	—	alcool m	alcol m	acohol m
alcohol (NL)	Alkohol m	alcohol	alcool m	alcol m	acohol m
alcol (I)	Alkohol m	alcohol	alcool m	—	acohol m
alcool (F)	Alkohol m	alcohol	—	alcol m	acohol m
álcool (P)	Alkohol m	alcohol	alcool m	alcol m	acohol m
alcuni(e) (I)	einige	some	quelques	—	algunos(as)
aldeia (P)	Dorf n	village	village m	paese m	pueblo m
ålder (SV)	Alter n	age	âge m	età f	edad f

ålder

P	NL	SV	PL	CZ	H
autêntico	echt	—	prawdziwy	pravý	valódi
prestar atenção a	opletten	—	uważać	dávat pozor <dát pozor>	vigyáz
acção f	aandeel n	aktie u	akcja f	akcie f	részvény
acção f	aandeel n	—	akcja f	akcie f	részvény
activo	actief	aktiv	aktywny	aktivně	aktív
activo	actief	—	aktywny	aktivně	aktív
activo	actief	aktiv	aktywny	aktivně	—
activo	actief	aktiv	aktywny	—	aktív
actor m	toneelspeler m	skådespelare u	—	herec m	színész
activo	actief	aktiv	—	aktivně	aktív
asa f	vleugel m	flygel u	skrzydło n	křídlo n	szárny
asa f	vleugel m	flygel u	skrzydło n	křídlo n	szárny
baixo	laag	låg	niski	nízký	—
direita	rechts	till höger	po prawej stronie	vpravo	jobbra
assinar	ondertekenen	skriva på	podpisać	podepisovat <podepsat>	—
assinatura f	handtekening f	underskrift	podpis m	podpis m	—
esquerda	links	till vänster	na lewo	vlevo	balra
para casa	naar huis	hem	do domu	domů	haza
em casa	thuis	hemma	w domu	doma	otthon
arame m	draad m	tråd u	drut m	drát m	drót
mergulhar	duiken	dyka	zanurzać się	potápět <potopit>	—
base f	basis f	grund u	podstawa f	báze f	—
fundar	oprichten; gebaseerd zijn	grunda	zakładać <założyć>	zakládat <založit>	—
exaustivo	grondig	grundligt	dokładny	důkladně	—
de tarde	's namiddags	på eftermiddagen	po południu	odpoledne	délutánonként
superfície f	grondvlak n	grundyta u	podstawa f	základní plocha f	—
em princípio	principieel	principiellt	zasadniczo	zásadně	—
prolongar	verlengen	förlänga	przedłużać	prodlužovat <prodloužit>	meghosszabbít
despertador m	wekker m	väckarklocka u	budzik m	budík m	ébresztőóra
sombreado	schaduwrijk	skuggig	cienisty	stinný	árnyékos
por baixo de	onder	under	pod	pod	—
debaixo	daaronder	under detta	pod tym	pod tím	—
simultâneo	gelijktijdig	samtidigt	równocześnie	současně	egyszerre
damasco m	abrikoos f	aprikos u	morela f	meruňka f	sárgabarack
hotel m	hotel n	hotell n	hotel n	hotel m	hotel
árvore f	boom m	träd n	drzewo n	strom m	fa
damasco m	abrikoos f	aprikos u	morela f	meruňka f	sárgabarack
ou	of	eller	—	(a)nebo	vagy
ou ... ou então	of ... of	varken ... eller	—	buď a nebo	vagy ... vagy
presidente da câmara municipal m	burgemeester m	borgmästare u	burmistrz m	starosta m	polgármester
—	bereiken	nå	osiągać <osiągnąć>	dosahovat <dosáhnout>	elér
alcançar	bereiken	nå	osiągać <osiągnąć>	dosahovat <dosáhnout>	elér
dar	genoeg zijn	räcka	sięgać	dosahovat <dosáhnout>	nyújt
álcool m	alcohol m	alkohol u	alkohol m	alkohol m	alkohol
álcool m	—	alkohol u	alkohol m	alkohol m	alkohol
álcool m	alcohol m	alkohol u	alkohol m	alkohol m	alkohol
álcool m	alcohol m	alkohol u	alkohol m	alkohol m	alkohol
—	alcohol m	alkohol u	alkohol m	alkohol m	alkohol
alguns	enige	några	niektóre	některé	néhány
—	dorp n	by u	wieś f	vesnice f	falu
idade f	ouderdom m	—	wiek m	stáří n	életkor

al di là

	D	E	F	I	ES
al di là (I)	jenseits	beyond	de l'autre côté	—	al otro lado
al di sotto di (I)	unter	under	sous	—	debajo de
áldozat (H)	Opfer n	sacrifice	sacrifice m	sacrificio m	sacrificio m
aldrig (SV)	niemals	never	ne...jamais	mai	jamás
ale (PL)	aber	but	mais	ma	pero
ale^1 (CZ)	aber	but	mais	ma	pero
ale^2 (CZ)	jedoch	however	cependant	tuttavia	sin embargo
alegrarse (ES)	freuen, sich	be glad/happy	réjouir, se	rallegrarsi	—
alegrar-se (P)	freuen, sich	be glad/happy	réjouir, se	rallegrarsi	alegrarse
alegre (ES)	fröhlich	merry	joyeux(euse)	allegro(a)	—
alegre (P)	fröhlich	merry	joyeux(euse)	allegro(a)	alegre
alegria (P)	Freude f	joy	joie f	gioia f	alegría f
alegría (ES)	Freude f	joy	joie f	gioia f	—
além (P)	drüben	over there	de l'autre côté	dall'altra parte	al otro lado
Alemanha (P)	Deutschland n	Germany	Allemagne f	Germania f	Alemania f
Alemania (ES)	Deutschland n	Germany	Allemagne f	Germania f	—
além de (P)	jenseits	beyond	de l'autre côté	al di là	al otro lado
além disso (P)	außerdem	besides	en outre	inoltre	además
alergia (ES)	Allergie f	allergy	allergie f	allergia f	—
alergia (P)	Allergie f	allergy	allergie f	allergia f	alergia f
alergia (PL)	Allergie f	allergy	allergie f	allergia f	alergia f
alergie (CZ)	Allergie f	allergy	allergie f	allergia f	alergia f
alfabet (NL)	Alphabet n	alphabet	alphabet m	alfabeto m	alfabeto m
alfabet (SV)	Alphabet n	alphabet	alphabet m	alfabeto m	alfabeto m
alfabet (PL)	Alphabet n	alphabet	alphabet m	alfabeto m	alfabeto m
alfabeto (I)	Alphabet n	alphabet	alphabet m	—	alfabeto m
alfabeto (ES)	Alphabet n	alphabet	alphabet m	alfabeto m	—
alfabeto (P)	Alphabet n	alphabet	alphabet m	alfabeto m	alfabeto m
alfândega (P)	Zoll m	customs	douane f	dogana f	aduana f
alfombrilla de ratón (ES)	Mauspad n	mouse pad	tapis pour souris m	tappetino del mouse m	—
algemeen (NL)	allgemein	general	général(e)	generale	general
algo^1 (ES)	etwas	something	quelque chose	qualcosa	—
algo^2 (ES)	irgendetwas	something	n'importe quoi	qualsiasi cosa	—
algodão (P)	Baumwolle f	cotton	coton m	cotone m	algodón m
algodón (ES)	Baumwolle f	cotton	coton m	cotone m	—
alguém (P)	jemand	somebody	quelqu'un	qualcuno	alguien
alguien (ES)	jemand	somebody	quelqu'un	qualcuno	—
alguma coisa (P)	etwas	something	quelque chose	qualcosa	algo
algunos(as) (ES)	einige	some	quelques	alcuni(e)	—
alguns (P)	einige	some	quelques	alcuni(e)	algunos(as)
algures (P)	irgendwo	somewhere	n'importe où	in qualche posto	en alguna parte
alho (P)	Knoblauch m	garlic	ail m	aglio m	ajo m
ali^1 (P)	dort	there	là/y	là	allí
ali^2 (P)	da	there	là/ici	qui/là	allí
aliás (P)	übrigens	by the way	d'ailleurs	del resto	por lo demás
alig (H)	kaum	hardly	à peine	appena	apenas
alimentação^1 (P)	Ernährung f	nourishment	nourriture f	alimentazione f	alimentación f
alimentação^2 (P)	Verpflegung f	catering	nourriture f	vitto m	alimentación f
alimentación^1 (ES)	Ernährung f	nourishment	nourriture f	alimentazione f	—
alimentación^2 (ES)	Verpflegung f	catering	nourriture f	vitto m	—
alimentar (ES)	ernähren	feed	nourrir	nutrire	—
alimentar (P)	ernähren	feed	nourrir	nutrire	alimentar
alimentazione^1 (I)	Ernährung f	nourishment	nourriture f	—	alimentación f
alimentazione^2 (I)	Nahrung f	food	nourriture f	—	nutrición f
alimento (P)	Nahrung f	food	nourriture f	alimentazione f	nutrición f

alimento

P	NL	SV	PL	CZ	H
além de	aan de andere zijde	bortom	po tamtej stronie	na druhé straně	túl
por baixo de	onder	under	pod	pod	alatt
sacrifício m	opoffering m	offer n	ofiara f	oběť f	—
nunca	nooit	—	nigdy	nikdy	soha
mas	maar	men	—	ale	de
mas	maar	men	ale	—	de
porém	echter	däremot	jednak	—	de
alegrar-se	verheugen, zich	glädja sig	cieszyć, się <ucieszyć, się>	radovat, se <zaradovat, se>	örül
—	verheugen, zich	glädja sig	cieszyć, się <ucieszyć, się>	radovat, se <zaradovat, se>	örül
alegre	vrolijk	glad	wesoły	veselý	vidám
—	vrolijk	glad	wesoły	veselý	vidám
—	vreugde f	glädje u	radość f	radost f	öröm
alegria f	vreugde f	glädje u	radość f	radost f	öröm
—	aan de overkant	på andra sidan	po tamtej stronie	na druhé straně	odaát
—	Duitsland n	Tyskland	Niemcy pl	Německo n	Németország
Alemanha	Duitsland n	Tyskland	Niemcy pl	Německo n	Németország
—	aan de andere zijde	bortom	po tamtej stronie	na druhé straně	túl
—	bovendien	dessutom	ponadto	mimo	azonkívül
alergia f	allergie f	allergi u	alergia f	alergie f	allergia
—	allergie f	allergi u	alergia f	alergie f	allergia
alergia f	allergie f	allergi u	—	alergie f	allergia
alergia f	allergie f	allergi u	alergia f	—	allergia
alfabeto m	—	alfabet n	alfabet m	abeceda f	ábécé
alfabeto m	alfabet n	—	alfabet m	abeceda f	ábécé
alfabeto m	alfabet n	alfabet n	—	abeceda f	ábécé
alfabeto m	alfabet n	alfabet n	alfabet m	abeceda f	ábécé
alfabeto m	alfabet n	alfabet n	alfabet m	abeceda f	ábécé
—	alfabet n	alfabet n	alfabet m	abeceda f	ábécé
—	douane f	tull u	cło n	clo n	vám
mousepad m	muismatje n	musmatta u	podkładka pod mysz f	podložka pod myš f	egéralátét
geral	—	allmänt	ogólnie	všeobecně	általános
alguma coisa	iets	något	coś	něco	valami
qualquer coisa	het een of ander	något	coś	něco	valami
—	katoen n	bomull u	bawełna f	bavlna f	pamut
algodão m	katoen n	bomull u	bawełna f	bavlna f	pamut
—	iemand	någon	ktoś	někdo	valaki
alguém	iemand	någon	ktoś	někdo	valaki
—	iets	något	coś	něco	valami
alguns	enige	några	niektóre	některé	néhány
—	enige	några	niektóre	některé	néhány
—	ergens	någonstans	gdziekolwiek	někde	valahol
—	knoflook n	vitlök u	czosnek m	česnek m	fokhagyma
—	daar	där	tam	tam	ott
—	daar	där	tam	zde	ott
—	overigens	förresten	zresztą	ostatně	egyébként
quase nada	nauwelijks	knappast	prawie nie	stěží	—
—	voeding f	näring u	odżywianie n	potrava f	táplálkozás
—	kost m	kosthållning u	wyżywienie n	stravování n	ellátás
alimentação f	voeding f	näring u	odżywianie n	potrava f	táplálkozás
alimentação f	kost m	kosthållning u	wyżywienie n	stravování n	ellátás
alimentar	voeden	livnära	odżywiać	živit	táplál
—	voeden	livnära	odżywiać	živit	táplál
alimentação f	voeding f	näring u	odżywianie n	potrava f	táplálkozás
alimento m	voedsel n	näring u	pokarm m	potrava f	táplálék
—	voedsel n	näring u	pokarm m	potrava f	táplálék

alimentos

	D	E	F	I	ES
alimentos (ES)	Lebensmittel pl	food	denrées alimentaires f/pl	generi alimentari m/pl	—
à l'intérieur (F)	innen	inside	—	dentro	dentro/adentro
à l'intérieur de (F)	innerhalb	within	—	entro	dentro de
a little (E)	bisschen	—	un peu	un po'	un poquito
alive (E)	lebendig	—	vivant(e)	vivo(a)	vivo(a)
alkalmas (H)	geeignet	suitable	approprié(e)	adatto(a)	adecuado(a)
alkalmaz (H)	einstellen	adjust	régler	regolare	ajustar
alkalmazás (H)	Einstellung f	attitude	attitude f	atteggiamento m	actitud f
alkalmazkodik (H)	anpassen, sich	adapt o.s.	adapter, s'	adattarsi	adaptarse
alkalmazott (H)	Angestellter m	employee	employé m	impiegato m	empleado m
alkalom[1] (H)	Anlass m	occasion	occasion f	occasione f	ocasión f
alkalom[2] (H)	Gelegenheit f	occasion	occasion f	occasione f	ocasión f
Alkohol (D)	—	alcohol	alcool m	alcol m	acohol m
alkohol (SV)	Alkohol m	alcohol	alcool m	alcol m	acohol m
alkohol (PL)	Alkohol m	alcohol	alcool m	alcol m	acohol m
alkohol (CZ)	Alkohol m	alcohol	alcool m	alcol m	acohol m
alkohol (H)	Alkohol m	alcohol	alcool m	alcol m	acohol m
alkonyodik/ hajnalodik (H)	dämmern	dawn	poindre	spuntare	amanecer
alkot (H)	schaffen	create	réussir à faire	creare	crear
alkotmány (H)	Verfassung f	constitution	constitution f	costituzione f/pl	constitución f
all (E)	alle	—	tous (toutes)	tutti(e)	todos(as)
áll (H)	Kinn n	chin	menton m	mento m	mentón m
áll (H)	stehen	stand	être debout	stare in piedi	estar de pie
alla (SV)	alle	all	tous (toutes)	tutti(e)	todos(as)
allacciare (I)	anschnallen	fasten belts	attacher	—	ponerse el cinturón (de seguridad)
al lado de (ES)	neben	beside	près de	accanto a	—
állam[1] (H)	Land n	land	pays m	paese m	país m
állam[2] (H)	Staat m	state	état m	stato m	estado m
állampolgárság (H)	Staatsangehörigkeit f	nationality	nationalité f	cittadinanza f	nacionalidad f
allang (NL)	längst	a long time ago	depuis bien longtemps	da molto	hace mucho
állapot[1] (H)	Verfassung f	constitution	état m	condizioni f/pl	estado m
állapot[2] (H)	Zustand m	condition	état m	stato m	estado m
állapotos (H)	schwanger	pregnant	enceinte	incinta	embarazada
álláspont (H)	Standpunkt m	standpoint	point de vue m	punto di vista m	punto de vista m
állat (H)	Tier n	animal	animal m	animale m	animal m
alldeles (SV)	gar	done	cuit(e)	cotto(a)	(estar) a punto
alle (D)	—	all	tous (toutes)	tutti(e)	todos(as)
alle (NL)	alle	all	tous (toutes)	tutti(e)	todos(as)
allée (F)	Auffahrt f	drive	—	salita d'ingresso f	entrada f
alleen (NL)	allein	alone	seul(e)	solo(a)	solo(a)
allegro(a)[1] (I)	fröhlich	merry	joyeux(euse)	—	alegre
allegro(a)[2] (I)	lustig	funny	amusant(e)	—	divertido(a)
allein (D)	—	alone	seul(e)	solo(a)	solo(a)
Allemagne (F)	Deutschland n	Germany	—	Germania f	Alemania f
allentare (I)	nachlassen	slacken	apaiser, se	—	aflojar
aller (F)	gehen	go	—	andare	andar
aller bien (F)	passen	suit	—	stare bene	venir bien
aller chercher[1] (F)	abholen	pick up	—	andare a prendere	recoger
aller chercher[2] (F)	holen	fetch	—	andare a prendere	traer
allergi (SV)	Allergie f	allergy	allergie f	allergia f	alergia f

35 allergi

P	NL	SV	PL	CZ	H
viveres m/pl	levensmiddelen pl	livsmedel pl	artykuły żywnościowe m/pl	potraviny f/pl	élelmiszer
dentro	binnen	invändigt	w środku	uvnitř	belül
dentro	binnen	inom	w obrębie	uvnitř	belül
bocadinho	beetje	lite	trochę	malinko	egy kicsit
vivo	levendig	livlig	żywy	živý	eleven
adequado	geschikt	lämplig	odpowiedni	vhodný	—
colocar	instellen	anställa	ustawiać <ustawić>	nastavovat <nastavit>	—
colocação f	instelling f	inställning u	nastawienie n	nastavení n	—
adaptar-se	aanpassen, zich	anpassa sig	dopasowywać, się <dopasować, się>	přizpůsobovat se <přizpůsobit se>	—
empregado m	bediende m	anställd u	pracownik umysłowy m	zaměstnanec m	—
ocasião f	aanleiding f	anledning u	okazja f	příčina f	—
oportunidade f	gelegenheid f	tillfälle n	okazja f	příležitost f	—
álcool m	alcohol m	alkohol u	alkohol m	alkohol m	alkohol
álcool m	alcohol m	—	alkohol m	alkohol m	alkohol
álcool m	alcohol m	alkohol u	—	alkohol m	alkohol
álcool m	alcohol m	alkohol u	alkohol m	—	alkohol
álcool m	alcohol m	alkohol u	alkohol m	alkohol m	—
amanhecer	schemeren	skymma	zmierzchać się	svítat	—
criar	scheppen	skapa	dokonywać <dokonać>	tvořit <vytvořit>	—
constituição f	grondwet m	författning u	konstytucja f	ústava f	—
todo	alle	alla	wszystkie	všichni	mind
queixo m	kin f	haka u	podbródek m	brada f	—
estar em pé	staan	stå	stanąć <stać>	stát	—
todo	alle	—	wszystkie	všichni	mind
apertar o cinto	vastgespen	spänna fast	zapiąć pasy	připoutávat, se <připoutat, se>	felcsatol
ao lado de	naast	bredvid	obok	vedle	mellett
país m	land n	stat u	kraj m	země f	—
estado m	staat f	land n	państwo n	stát m	—
nacionalidade f	nationaliteit f	medborgarskap n	obywatelstwo n	státní příslušnost f	—
há muito tempo	—	för länge sedan	od dawna	dávno	régóta
estado m	stemming f	tillstånd n	stan m	stav m	—
estado m	toestand m	tillstånd n	stan m	stav m	—
grávida	zwanger	gravid	ciężarna	těhotná	—
ponto de vista f	standpunt n	ståndpunkt u	stanowisko n	stanovisko n	—
animal m	dier n	djur n	zwierzę n	zvíře n	—
bem cozido	gaar	—	ugotowany	dovařený	egyáltalán
todo	alle	alla	wszystkie	všichni	mind
todo	—	alla	wszystkie	všichni	mind
rampa f	oprit f	uppfart u	wjazd m	nájezd m	felhajtó
só	—	ensam	sam	sám	egyedül
alegre	vrolijk	glad	wesoły	veselý	vidám
divertido	vrolijk	rolig	śmieszny	veselý	vidám
só	alleen	ensam	sam	sám	egyedül
Alemanha	Duitsland n	Tyskland	Niemcy pl	Německo n	Németország
deixar	nalaten	avta	słabnąć	povolovat <povolit>	enged
andar	gaan	gå	iść <pójść>	chodit <jít>	megy
servir	passen	passa	pasować	padat <padnout>	megfelel
ir buscar	ophalen	hämta	odbierać <odebrać>	vyzvedávat <vyzvednout>	érte megy
ir buscar	halen	hämta	przynosić <przynieść>	docházet <dojít>	hoz
alergia f	allergie f	—	alergia f	alergie f	allergia

allergia 36

	D	E	F	I	ES
allergia (I)	Allergie *f*	allergy	allergie *f*	—	alergia *f*
allergia (H)	Allergie *f*	allergy	allergie *f*	allergia *f*	alergia *f*
Allergie (D)	—	allergy	allergie *f*	allergia *f*	alergia *f*
allergie (F)	Allergie *f*	allergy	—	allergia *f*	alergia *f*
allergie (NL)	Allergie *f*	allergy	allergie *f*	allergia *f*	alergia *f*
allergy (E)	Allergie *f*	—	allergie *f*	allergia *f*	alergia *f*
alles (D)	—	everything	tout	tutto(a)	todo
alles (NL)	alles	everything	tout	tutto(a)	todo
allgemein (D)	—	general	général(e)	generale	general
allí¹ (ES)	dort	there	là/y	là	—
allí² (ES)	da	there	là/ici	qui/là	—
állít¹ (H)	behaupten	assert	affirmer	affermare	afirmar
állít² (H)	stellen	place	mettre	mettere	colocar
Állj! (H)	Halt!	Stop!	Stop!	Alt!	¡Alto!
allmän (SV)	gemein	mean	méchant(e)	volgare	común
allmänt (SV)	allgemein	general	général(e)	generale	general
Allô! (F)	Hallo!	Hello!	—	Pronto!	¡Diga!
alloggio (I)	Unterkunft *f*	accommodation	logement *m*	—	hospedaje *m*
all one colour (E)	einfarbig	—	uni(e)	monocolore	de un solo color
allontanare (I)	entfernen	remove	éloigner	—	quitar
allora (I)	damals	at that time	alors	—	entonces
allow (E)	erlauben	—	permettre	permettere	permitir
allt (SV)	alles	everything	tout	tutto(a)	todo
Alltag (D)	—	everyday life	vie quotidienne *f*	vita quotidiana *f*	vida cotidiana *f*
all the same (E)	egal	—	égal(e)	uguale	igual
alltid (SV)	immer	always	toujours	sempre	siempre
alltså (SV)	also	therefore	donc	dunque/quindi	así
allumer¹ (F)	anmachen	put on	—	accendere	encender
allumer² (F)	anzünden	light	—	accendere	encender
allumer³ (F)	einschalten	switch on	—	accendere	conectar
allumette (F)	Streichholz *n*	match	—	fiammifero *m*	cerilla *f*
allungare (I)	verlängern	extend	prolonger	—	alargar
allvarlig (SV)	ernst	serious	sérieux(ieuse)	serio(a)	serio(a)
alma (H)	Apfel *m*	apple	pomme *f*	mela *f*	manzana *f*
almacén (ES)	Lager *n*	store	magasin *m*	magazzino *m*	—
al massimo (I)	höchstens	at the most	tout au plus	—	a lo sumo
al mediodía (ES)	mittags	at midday	à midi	a mezzogiorno	—
almendra (ES)	Mandel *f*	almond	amande *f*	mandorla *f*	—
almeno (I)	mindestens	at least	au moins	—	por lo menos
almoço (P)	Mittagessen *n*	lunch	déjeuner *m*	pranzo *m*	almuerzo *m*
álmodik (H)	träumen	dream	rêver	sognare	soñar
almofada (P)	Kissen *n*	cushion	coussin *m*	cuscino *m*	almohadón *m*
almohadón (ES)	Kissen *n*	cushion	coussin *m*	cuscino *m*	—
almond (E)	Mandel *f*	—	amande *f*	mandorla *f*	almendra *f*
almuerzo (ES)	Mittagessen *n*	lunch	déjeuner *m*	pranzo *m*	—
alojamento (P)	Unterkunft *f*	accommodation	logement *m*	alloggio *m*	hospedaje *m*
a lo largo de (ES)	entlang	along	le long de	lungo	—
álom (H)	Traum *m*	dream	rêve *m*	sogno *m*	sueño *m*
alone (E)	allein	—	seul(e)	solo(a)	solo(a)
along (E)	entlang	—	le long de	lungo	a lo largo de
a long time ago (E)	längst	—	depuis bien longtemps	da molto	hace mucho
alors (F)	damals	at that time	—	allora	entonces
a lo sumo (ES)	höchstens	at the most	tout au plus	al massimo	—
a lot of (E)	viel	—	beaucoup de	molto(a)	mucho(a)

a lot of

P	NL	SV	PL	CZ	H
alergia f	allergie f	allergi u	alergia f	alergie f	allergia
alergia f	allergie f	allergi u	alergia f	alergie f	—
alergia f	allergie f	allergi u	alergia f	alergie f	allergia
alergia f	allergie f	allergi u	alergia f	alergie f	allergia
alergia f	—	allergi u	alergia f	alergie f	allergia
alergia f	allergie f	allergi u	alergia f	alergie f	allergia
tudo	alles	allt	wszystko	vše	minden
tudo	—	allt	wszystko	vše	minden
geral	algemeen	allmänt	ogólnie	všeobecně	általános
ali	daar	där	tam	tam	ott
ali	daar	där	tam	zde	ott
afirmar	beweren	påstå	twierdzić	tvrdit	—
pôr, colocar	plaatsen	ställa	postawić <stawiać>	postavit	—
Alto!	Stop!	Stopp!	Stój!	Stop!	—
comum	gemeen	—	zwykły	sprostý	közönséges
geral	algemeen	—	ogólnie	všeobecně	általános
Está!	Hallo!	Hej!	Słucham!	Haló!	Tessék!
alojamento m	accommodatie f	logi u	schronienie n	ubytování n	szállás
de uma só cor	eenkleurig	enfärgad	jednokolorowy	jednobarevný	egyszínű
afastar	verwijderen	ta bort	usuwać <usunąć>	odstraňovat <odstranit>	eltávolít
antigamente	toen	då	wtedy	tenkrát	akkoriban
permitir	veroorloven	tillåta	zezwalać <zezwolić>	dovolovat <dovolit>	megenged
tudo	alles	—	wszystko	vše	minden
dia-a-dia m	dagelijks leven n	vardag u	codzienność f	všední den m	hétköznap
igual	om het even/egaal	lika	obojętnie	jedno	mindegy
sempre	altijd	—	zawsze	vždy	mindig
assim	dus	—	więc	tedy	tehát
acender	aanzetten	sätta på	przymocowywać <przymocować>	rozdělávat <rozdělat>	bekapcsol
acender	aansteken	tända	zapalać <zapalić>	zapalovat <zapálit>	gyújt
ligar	inschakelen	koppla in	włączać <włączyć>	zapínat <zapnout>	bekapcsol
fósforo m	lucifer m	tändsticka u	zapałka f	zápalka f	gyufa
prolongar	verlengen	förlänga	przedłużać	prodlužovat <prodloužit>	meghosszabbít
sério	ernstig	—	poważny	vážný	komoly
maçã f	appel m	äpple n	jabłko n	jablko n	—
armazém m	magazijn n	lager n	obóz m	sklad m	raktár
no máximo	hoogstens	högst	najwyżej	nejvýše	legföljebb
ao meio-dia	's middags	på middagen	w południe	v poledne	délben
amêndoa f	amandel f	mandel u	migdał m	mandle f	mandula
no mínimo	minstens	minst	przynajmniej	minimálně	legalább
—	middagmaal n	middag n	obiad m	oběd m	ebéd
sonhar	dromen	drömma	śnić	snívat <snít>	—
—	kussen n	kudde u	poduszka f	polštář m	párna
almofada f	kussen n	kudde u	poduszka f	polštář m	párna
amêndoa f	amandel f	mandel u	migdał m	mandle f	mandula
almoço m	middagmaal n	middag u	obiad m	oběd m	ebéd
—	accommodatie f	logi u	schronienie n	ubytování n	szállás
ao longo de	langs	längs med	wzdłuż	podél	mentén
sonho m	droom m	dröm u	sen m	sen m	—
só	alleen	ensam	sam	sám	egyedül
ao longo de	langs	längs med	wzdłuż	podél	mentén
há muito tempo	allang	för länge sedan	od dawna	dávno	régóta
antigamente	toen	då	wtedy	tenkrát	akkoriban
no máximo	hoogstens	högst	najwyżej	nejvýše	legföljebb
muito	veel	mycket	dużo	mnoho	sok

al otro lado

	D	E	F	I	ES
al otro lado¹ (ES)	drüben	over there	de l'autre côté	dall'altra parte	—
al otro lado² (ES)	jenseits	beyond	de l'autre côté	al di là	—
Alphabet (D)	—	alphabet	alphabet *m*	alfabeto *m*	alfabeto *m*
alphabet (E)	Alphabet *n*	—	alphabet *m*	alfabeto *m*	alfabeto *m*
alphabet (F)	Alphabet *n*	alphabet	—	alfabeto *m*	alfabeto *m*
alpinista (I)	Bergsteiger *m*	mountaineer	alpiniste *m*	—	alpinista *m*
alpinista (ES)	Bergsteiger *m*	mountaineer	alpiniste *m*	alpinista *m*	—
alpinista (P)	Bergsteiger *m*	mountaineer	alpiniste *m*	alpinista *m*	alpinista *m*
alpinista (PL)	Bergsteiger *m*	mountaineer	alpiniste *m*	alpinista *m*	alpinista *m*
alpiniste (F)	Bergsteiger *m*	mountaineer	—	alpinista *m*	alpinista *m*
alquilar¹ (ES)	mieten	rent	louer	affittare	—
alquilar² (ES)	vermieten	rent	louer	affittare	—
alquiler (ES)	Miete *f*	rent	loyer *m*	affitto *m*	—
already (E)	bereits	—	déjà	già	ya
alrededor (ES)	herum	around	autour	intorno	—
alrededores (ES)	Umgebung *f*	surroundings	environs *m/pl*	dintorni *m/pl*	—
als (D)	—	when	quand	quando	cuando
als (NL)	als	when	quand	quando	cuando
älska (SV)	lieben	love	aimer	amare	amar
älskvärd (SV)	liebenswürdig	kind	aimable	gentile	simpático(a)
also (D)	—	therefore	donc	dunque/quindi	así
alsónemű (H)	Unterwäsche *f*	underwear	sous-vêtements *m/pl*	biancheria intima *f*	ropa interior *f*
alstublieft (NL)	bitte	please	s'il vous plaît	prego	por favor
alszik (H)	schlafen	sleep	dormir	dormire	dormir
alt (D)	—	old	vieux (vieille)	vecchio(a)	viejo(a)
Alt! (I)	Halt!	Stop!	Stop!	—	¡Alto!
általános (H)	allgemein	general	général(e)	generale	general
általános forgalmi adó (áfa) (H)	Mehrwertsteuer *f*	value added tax	taxe sur la valeur ajoutée *f*	imposta sul valore aggiunto *f*	impuesto sobre el valor añadido *m*
alta marea (I)	Flut *f*	high tide	marée haute *f*	—	marea alta *f*
alta stagione (I)	Hochsaison *f*	high season	pleine saison *f*	—	temporada alta *f*
altavoz (ES)	Lautsprecher *m*	loudspeaker	haut-parleur *m*	altoparlante *m*	—
Alter (D)	—	age	âge *m*	età *f*	edad *f*
alternar (ES)	abwechseln	take turns	alterner	alternarsi	—
alternarsi (I)	abwechseln	take turns	alterner	—	alternar
alterner (F)	abwechseln	take turns	—	alternarsi	alternar
altezza (I)	Höhe *f*	height	hauteur *f*	—	altura *f*
although (E)	obwohl	—	bien que	benché	aunque
altifalante (P)	Lautsprecher *m*	loudspeaker	haut-parleur *m*	altoparlante *m*	altavoz *m*
altijd (NL)	immer	always	toujours	sempre	siempre
altmodisch (D)	—	old-fashioned	démodé(e)	fuori moda	pasado(a) de moda
Alto! (P)	Halt!	Stop!	Stop!	Alt!	¡Alto!
alto (P)	hoch	up/high	haut(e)	alto(a)	alto(a)
¡Alto! (ES)	Halt!	Stop!	Stop!	Alt!	—
alto(a) (I)	hoch	up/high	haut(e)	—	alto(a)
alto(a) (ES)	hoch	up/high	haut(e)	alto(a)	—
altogether (E)	insgesamt	—	dans l'ensemble	complessivamente	en suma
altoparlante (I)	Lautsprecher *m*	loudspeaker	haut-parleur *m*	—	altavoz *m*
altrettanto (I)	ebenfalls	likewise	aussi	—	también
altro(a) (I)	andere(r,s)	other	autre	—	otra(o)
altura (ES)	Höhe *f*	height	hauteur *f*	altezza *f*	—
altura (P)	Höhe *f*	height	hauteur *f*	altezza *f*	altura *f*
alugar (P)	vermieten	rent	louer	affittare	alquilar

alugar

P	NL	SV	PL	CZ	H
além	aan de overkant	på andra sidan	po tamtej stronie	na druhé straně	odaát
além de	aan de andere zijde	bortom	po tamtej stronie	na druhé straně	túl
alfabeto m	alfabet n	alfabet n	alfabet m	abeceda f	ábécé
alfabeto m	alfabet n	alfabet n	alfabet m	abeceda f	ábécé
alfabeto m	alfabet n	alfabet n	alfabet m	abeceda f	ábécé
alpinista m	bergbeklimmer m	bergsbestigare u	alpinista m	horolezec m	hegymászó
alpinista m	bergbeklimmer m	bergsbestigare u	alpinista m	horolezec m	hegymászó
—	bergbeklimmer m	bergsbestigare u	alpinista m	horolezec m	hegymászó
alpinista m	bergbeklimmer m	bergsbestigare u	—	horolezec m	hegymászó
alpinista m	bergbeklimmer m	bergsbestigare u	alpinista m	horolezec m	hegymászó
arrendar	huren	hyra	wynajmować <wynająć>	najímat <najmout>	bérel
alugar	verhuren	hyra ut	wynająć	pronajímat <pronajmout>	bérbe ad
renda f	huur f	hyra u	najem m	nájem m	bérlés
já	reeds	redan	już	již	már
em volta	omheen	omkring	dookoła	kolem	körül
arredores m/pl	omgeving f	omgivning u	otoczenie n	okolí n	környék
como	als	när	jako	jako	mint/-ként
como	—	när	jako	jako	mint/-ként
amar	houden van	—	kochać	milovat	szeret
amável	vriendelijk	—	miły	laskavý	szívélyes
assim	dus	alltså	więc	tedy	tehát
roupa f interior	ondergoed n	underkläder pl	bielizna osobista f	spodní prádlo n	—
por favor	—	var snäll och	proszę	prosím	kérem
dormir	slapen	sova	spać <pospać>	spát <vyspat>	—
velho	oud	gammal	stary	starý	öreg
Alto!	Stop!	Stopp!	Stój!	Stop!	Állj!
geral	algemeen	allmänt	ogólnie	všeobecně	—
imposto sobre o valor acrescentado m	btw f	moms u	podatek od wartości dodanej m	daň z přidané hodnoty f	—
maré cheia f	vloed f	flod u	przypływ m	povodeň f	dagály
estação alta f	hoogseizoen n	högsäsong u	pełnia sezonu f	hlavní sezóna f	főszezon
altifalante m	luidspreker m	högtalare u	głośnik m	reproduktor m	hangszóró
idade f	ouderdom m	ålder u	wiek m	stáří n	életkor
variar	afwisselen	omväxlande	zmieniać się <zmienić się>	střídat	váltakozik
variar	afwisselen	omväxlande	zmieniać się <zmienić się>	střídat	váltakozik
variar	afwisselen	omväxlande	zmieniać się <zmienić się>	střídat	váltakozik
altura f	hoogte f	höjd u	wysokość f	výška f	magasság
se bem que	ofschoon	fastän	chociaż	přesto	habár
—	luidspreker m	högtalare u	głośnik m	reproduktor m	hangszóró
sempre	—	alltid	zawsze	vždy	mindig
antiquado	ouderwets	gammalmodig	staromodny	staromódní	régimódi
—	Stop!	Stopp!	Stój!	Stop!	Állj!
—	hoog	hög	wysoki	vysoko	magas
Alto!	Stop!	Stopp!	Stój!	Stop!	Állj!
alto	hoog	hög	wysoki	vysoko	magas
alto	hoog	hög	wysoki	vysoko	magas
na totalidade	in totaal	sammantaget	ogółem	celkem	összesen
altifalante m	luidspreker m	högtalare u	głośnik m	reproduktor m	hangszóró
igualmente	eveneens	likaså	również	rovněž	szintén
outro(s)	ander(e)	annan	inna(y,e)	jiný	másik
altura f	hoogte f	höjd u	wysokość f	výška f	magasság
—	hoogte f	höjd u	wysokość f	výška f	magasság
—	verhuren	hyra ut	wynająć	pronajímat <pronajmout>	bérbe ad

alumno

	D	E	F	I	ES
alumno (ES)	Schüler m	pupil	élève m	scolaro m	—
aluno (P)	Schüler m	pupil	élève m	scolaro m	alumno m
alvorens (NL)	bevor	before	avant que	prima che (di)	antes que
always (E)	immer	—	toujours	sempre	siempre
alzare¹ (I)	erheben	raise	lever	—	elevar
alzare² (I)	heben	lift	soulever	—	levantar
alzarsi (I)	aufstehen	get up	lever, se	—	levantarse
amable¹ (ES)	freundlich	friendly	aimable	gentile	—
amable² (ES)	lieb	sweet	gentil(le)	caro(a)	—
ama de casa (ES)	Hausfrau f	housewife	femme au foyer f	casalinga f	—
amande (F)	Mandel f	almond	—	mandorla f	almendra f
amandel (NL)	Mandel f	almond	amande f	mandorla f	almendra f
amanecer (ES)	dämmern	dawn	poindre	spuntare	—
amanhã (P)	morgen	tomorrow	demain	domani	mañana
amanhecer (P)	dämmern	dawn	poindre	spuntare	amanecer
amar (ES)	lieben	love	aimer	amare	—
amar (P)	lieben	love	aimer	amare	amar
amare (I)	lieben	love	aimer	—	amar
amarelo (P)	gelb	yellow	jaune	giallo(a)	amarillo(a)
amargo¹ (P)	bitter	bitter	amer(ère)	amaro(a)	amargo(a)
amargo² (P)	sauer	sour	aigre	acido(a)	agrio(a)
amargo(a) (ES)	bitter	bitter	amer(ère)	amaro(a)	—
amarillo(a) (ES)	gelb	yellow	jaune	giallo(a)	—
amaro(a) (I)	bitter	bitter	amer(ère)	—	amargo(a)
amável¹ (P)	freundlich	friendly	aimable	gentile	amable
amável² (P)	liebenswürdig	kind	aimable	gentile	simpático(a)
ambachtsman (NL)	Handwerker m	craftsman	artisan m	artigiano m	artesano m
ambasada (PL)	Botschaft f	embassy	ambassade f	ambasciata f	embajada f
ambasciata (I)	Botschaft f	embassy	ambassade f	—	embajada f
ambassad (SV)	Botschaft f	embassy	ambassade f	ambasciata f	embajada f
ambassade (F)	Botschaft f	embassy	—	ambasciata f	embajada f
ambassade (NL)	Botschaft f	embassy	ambassade f	ambasciata f	embajada f
ämbete (SV)	Amt n	office	bureau m	ufficio m	oficio m
ambientarsi (I)	einleben, sich	settle down	acclimater, s'	—	familiarizarse
ambiente (I)	Umwelt f	environment	environnement m	—	medio ambiente m
ambos (P)	beide	both	tous/toutes les deux	entrambi(e)	ambos(as)
ambos(as) (ES)	beide	both	tous/toutes les deux	entrambi(e)	—
ambt (NL)	Amt n	office	bureau m	ufficio m	oficio m
ambtenaar (NL)	Beamter m	civil servant	fonctionnaire m	impiegato statale m	funcionario m
ambulance (E)	Krankenwagen m	—	ambulance f	ambulanza f	ambulancia f
ambulance (F)	Krankenwagen m	ambulance	—	ambulanza f	ambulancia f
ambulancia (ES)	Krankenwagen m	ambulance	ambulance f	ambulanza f	—
ambulância (P)	Krankenwagen m	ambulance	ambulance f	ambulanza f	ambulância f
ambulans (SV)	Krankenwagen m	ambulance	ambulance f	ambulanza f	ambulancia f
ambulanza (I)	Krankenwagen m	ambulance	ambulance f	—	ambulancia f
ameaçar (P)	bedrohen	threaten	menacer	minacciare	amenazar
ameixa (P)	Pflaume f	plum	prune f	prugna f	ciruela f
amélioration (F)	Besserung f	improvement	—	miglioramento m	restablecimiento m
améliorer (F)	verbessern	improve	—	migliorare	mejorar
a memoria (I)	auswendig	by heart	par cœur	—	de memoria
aménager (F)	einrichten	fit out	—	arredare	equipar
amenazar (ES)	bedrohen	threaten	menacer	minacciare	—

amenazar

P	NL	SV	PL	CZ	H
aluno m	scholier m	elev m	uczeń m	žák m	diák m
—	scholier m	elev m	uczeń m	žák m	diák m
antes	—	innan	zanim	před	mielőtt
sempre	altijd	alltid	zawsze	vždy	mindig
levantar	heffen	upphöja	podnosić <podnieść>	vznášet <vznést>	felkel
levantar	heffen	häva	podnosić <podnieść>	zdvihat <zdvihnout>	emel
levantar-se	opstaan	stiga upp	wstawać <wstać>	vstávat <vstát>	feláll
amável	vriendelijk	vänlig	przyjazny	přátelsky	barátságos
querido	lief	snäll	miły	milý	kedves
doméstica f	huisvrouw f	hemmafru u	gospodyni domowa f	žena v domácnosti f	háziasszony
amêndoa f	amandel f	mandel u	migdał m	mandle f	mandula
amêndoa f	—	mandel u	migdał m	mandle f	mandula
amanhecer	schemeren	skymma	zmierzchać się	svítat	alkonyodik/ hajnalodik
—	morgen	i morgon	jutro	zítra	holnap
—	schemeren	skymma	zmierzchać się	svítat	alkonyodik/ hajnalodik
amar	houden van	älska	kochać	milovat	szeret
—	houden van	älska	kochać	milovat	szeret
amar	houden van	älska	kochać	milovat	szeret
—	geel	gul	żółty(to)	žlutý	sárga
—	bitter	bittert	gorzki	hořce	keserű
—	zuur	sur	kwaśny	kyselý	savanyú
amargo	bitter	bittert	gorzki	hořce	keserű
amarelo	geel	gul	żółty(to)	žlutý	sárga
amargo	bitter	bittert	gorzki	hořce	keserű
—	vriendelijk	vänlig	przyjazny	přátelsky	barátságos
—	vriendelijk	älskvärd	miły	laskavý	szívélyes
artifice m	—	hantverkare u	rzemieślnik m	řemeslník m	mesterember
embaixada f	ambassade	ambassad u	—	velvyslanectví n	(nagy)követség
embaixada f	ambassade	ambassad u	ambasada f	velvyslanectví n	(nagy)követség
embaixada f	ambassade	—	ambasada f	velvyslanectví n	(nagy)követség
embaixada f	ambassade	ambassad u	ambasada f	velvyslanectví n	(nagy)követség
embaixada f	—	ambassad u	ambasada f	velvyslanectví n	(nagy)követség
instituição f	ambt n	—	urząd m	úřad m	hivatal
acostumar-se	inleven, zich	anpassa sig	aklimatyzować, się <zaaklimatyzować, się>	zvykat, si <zvyknout, si>	beilleszkedik
meio ambiente m	milieu n	miljö u	środowisko n	životní prostředí n	környezet
—	beide(n)	båda	oboje	oba	mindkettő
ambos	beide(n)	båda	oboje	oba	mindkettő
instituição f	—	ämbete n	urząd m	úřad m	hivatal
funcionário público m	—	tjänsteman u	urzędnik m	úředník m	köztisztviselő
ambulância f	ziekenwagen m	ambulans u	karetka pogotowia f	sanitka f	mentőautó
ambulância f	ziekenwagen m	ambulans u	karetka pogotowia f	sanitka f	mentőautó
ambulância f	ziekenwagen m	ambulans u	karetka pogotowia f	sanitka f	mentőautó
—	ziekenwagen m	ambulans u	karetka pogotowia f	sanitka f	mentőautó
ambulância f	ziekenwagen m	—	karetka pogotowia f	sanitka f	mentőautó
ambulância f	ziekenwagen m	ambulans u	karetka pogotowia f	sanitka f	mentőautó
—	bedreigen	hota	zagrażać, <zagrozić>	ohrožovat <ohrozit>	fenyeget
—	pruim f	plommon n	śliwka f	švestka f	szilva
melhoramento m	verbetering f	bättring u	poprawa f	zlepšení n	javulás
melhorar	verbeteren	förbättra	poprawiać	zlepšovat <zlepšit>	megjavít
de cor	uit het hoofd	utantill	na pamięć	nazpaměť	kívülről
arranjar	inrichten	inrätta	urządzać <urządzić>	zařizovat <zařídit>	berendez
ameaçar	bedreigen	hota	zagrażać, <zagrozić>	ohrožovat <ohrozit>	fenyeget

amêndoa

	D	E	F	I	ES
amêndoa (P)	Mandel f	almond	amande f	mandorla f	almendra f
a menudo (ES)	oft	often	souvent	spesso	—
amer(ère) (F)	bitter	bitter	—	amaro(a)	amargo(a)
America (E)	Amerika n	—	Amérique f	America f	América f
America (I)	Amerika n	America	Amérique f	—	América f
América (ES)	Amerika n	America	Amérique f	America f	—
América (P)	Amerika n	America	Amérique f	America f	América f
Amerika (D)	—	America	Amérique f	America f	América f
Amerika (NL)	Amerika n	America	Amérique f	America f	América f
Amerika (SV)	Amerika n	America	Amérique f	America f	América f
Amerika (CZ)	Amerika n	America	Amérique f	America f	América f
Amerika (H)	Amerika n	America	Amérique f	America f	América f
Amérique (F)	Amerika n	America	—	America f	América f
Ameryka (PL)	Amerika n	America	Amérique f	America f	América f
ameublement (F)	Einrichtung f	furnishing	—	arredamento m	mobiliario m
a mezzogiorno (I)	mittags	at midday	à midi	—	al mediodía
ami[1] (F)	Bekannter m	acquaintance	—	conoscente m	conocido m
ami[2] (F)	Freund m	friend	—	amico m	amigo m
amicizia (I)	Freundschaft f	friendship	amitié f	—	amistad f
amico (I)	Freund m	friend	ami m	—	amigo m
amico(a) (I)	befreundet	friendly	ami(e)	—	amigo(a)
à midi (F)	mittags	at midday	—	a mezzogiorno	al mediodía
ami(e) (F)	befreundet	friendly	—	amico(a)	amigo(a)
amíg (H)	indessen	meanwhile	cependant	nel frattempo	en eso
amigo (ES)	Freund m	friend	ami m	amico m	—
amigo (P)	Freund m	friend	ami m	amico m	amigo m
amigo(a) (ES)	befreundet	friendly	ami(e)	amico(a)	—
amigo de (P)	befreundet	friendly	ami(e)	amico(a)	amigo(a)
amistad (ES)	Freundschaft f	friendship	amitié f	amicizia f	—
amitié (F)	Freundschaft f	friendship	—	amicizia f	amistad f
amizade (P)	Freundschaft f	friendship	amitié f	amicizia f	amistad f
ammalarsi (I)	erkranken	get ill	tomber malade	—	enfermar
ammirare (I)	bewundern	admire	admirer	—	admirar
ammobiliare (I)	möblieren	furnish	meubler	—	amueblar
ammobiliato(a) (I)	möbliert	furnished	meublé(e)	—	amueblado(a)
ammonire[1] (I)	mahnen	warn	exhorter	—	notificar
ammonire[2] (I)	warnen	warn	prévenir de	—	advertir
ämne (SV)	Thema n	topic	sujet m	tema m	tema m
amor (ES)	Liebe f	love	amour m	amore m	—
amor (P)	Liebe f	love	amour m	amore m	amor m
amora (P)	Himbeere f	raspberry	framboise f	lampone m	frambuesa f
amora silvestre (P)	Brombeere f	blackberry	mûre f	mora f	zarzamora f
amore (I)	Liebe f	love	amour m	—	amor m
amoroso (P)	niedlich	sweet	mignon(ne)	carino(a)	bonito(a)
amount (E)	Betrag m	—	montant m	importo m	importe m
amour (F)	Liebe f	love	—	amore m	amor m
amoureux(euse) (F)	verliebt	in love	—	innamorato	enamorado(a)
Ampel (D)	—	traffic lights	feux m/pl	semaforo m	semáforo m
ampliar (ES)	anbauen	add	ajouter	ampliare	—
ampliare (I)	anbauen	add	ajouter	—	ampliar
amplio(a) (ES)	breit	broad	large	largo(a)	—

amplio(a)

P	NL	SV	PL	CZ	H
—	amandel f	mandel u	migdał m	mandle f	mandula
frequentemente	vaak	ofta	często	často	sokszor
amargo	bitter	bittert	gorzki	hořce	keserű
América f	Amerika n	Amerika	Ameryka f	Amerika f	Amerika
América f	Amerika n	Amerika	Ameryka f	Amerika f	Amerika
América f	Amerika n	Amerika	Ameryka f	Amerika f	Amerika
—	Amerika n	Amerika	Ameryka f	Amerika f	Amerika
América f	Amerika n	Amerika	Ameryka f	Amerika f	Amerika
América f	—	Amerika	Ameryka f	Amerika f	Amerika
América f	Amerika n	—	Ameryka f	Amerika f	Amerika
América f	Amerika n	Amerika	Ameryka f	—	Amerika
América f	Amerika n	Amerika	Ameryka f	Amerika f	—
América f	Amerika n	Amerika	Ameryka f	Amerika f	Amerika
América f	Amerika n	Amerika	—	Amerika f	Amerika
mobília f	inrichting f	inredning u	urządzenie n	zařízení n	berendezés
ao meio-dia	's middags	på middagen	w południe	v poledne	délben
conhecido m	kennis m	bekant u	znajomy m	známý m	ismerős
amigo m	vriend m	vän u	przyjaciel m	přítel m	barát
amizade f	vriendschap f	vänskap u	przyjaźń f	přátelství n	barátság
amigo m	vriend m	vän u	przyjaciel m	přítel m	barát
amigo de	bevriend	vara vän med någon	zaprzyjaźniony	zpřátelen	baráti visszonyban áll
ao meio-dia	's middags	på middagen	w południe	v poledne	délben
amigo de	bevriend	vara vän med någon	zaprzyjaźniony	zpřátelen	baráti visszonyban áll
entretanto	ondertussen	emellertid	jednakże	zatím	—
amigo m	vriend m	vän u	przyjaciel m	přítel m	barát
—	vriend m	vän u	przyjaciel m	přítel m	barát
amigo de	bevriend	vara vän med någon	zaprzyjaźniony	zpřátelen	baráti visszonyban áll
—	bevriend	vara vän med någon	zaprzyjaźniony	zpřátelen	baráti visszonyban áll
amizade f	vriendschap f	vänskap u	przyjaźń f	přátelství n	barátság
amizade f	vriendschap f	vänskap u	przyjaźń f	přátelství n	barátság
—	vriendschap f	vänskap u	przyjaźń f	přátelství n	barátság
adoecer	ziek worden	insjuknande	zachorować	onemocnět	megbetegszik
admirar	bewonderen	beundra	podziwiać	obdivovat se	csodál
mobilar	meubileren	möblera	meblować <umeblować>	zařizovat nábytkem <zařídit nábytkem>	bebútoroz
mobilado	gemeubileerd	möblerad	umeblowany	zařízený nábytkem	bútorozott
advertir	manen	mana	przypominać <przypomnieć>	varovat	figyelmeztet
advertir	waarschuwen	varna	ostrzegać	varovat	figyelmeztet
tema m	thema n	—	temat m	téma n	téma
amor m	liefde f	kärlek u	miłość f	láska f	szeretet
—	liefde f	kärlek u	miłość f	láska f	szeretet
—	framboos f	hallon n	malina f	malina f	málna
—	braambes f	björnbär n	jeżyna f	ostružina f	szeder
amor m	liefde f	kärlek u	miłość f	láska f	szeretet
—	schattig	söt	śliczny	roztomilý	aranyos
valor m	bedrag n	belopp n	kwota f	obnos m	összeg
amor m	liefde f	kärlek u	miłość f	láska f	szeretet
enamorado	verliefd	förälskad	zakochany	zamilovaný	szerelmes
semáforo m	verkeerslicht n	lykta u	sygnalizacja świetlna f	semafor m	közlekedési jelzőlámpa
construir um anexo	aanbouwen	bygga till	dobudowywać <dobudować>	nastavovat <nastavit>	hozzáépít
construir um anexo	aanbouwen	bygga till	dobudowywać <dobudować>	nastavovat <nastavit>	hozzáépít
largo	breed	bred	szeroki	široký	széles

ampoule

	D	E	F	I	ES
ampoule (F)	Glühbirne f	light bulb	—	lampadina f	lámpara f
Amt (D)	—	office	bureau m	ufficio m	oficio m
amueblado(a) (ES)	möbliert	furnished	meublé(e)	ammobiliato(a)	—
amueblar (ES)	möblieren	furnish	meubler	ammobiliare	—
amusant(e) (F)	lustig	funny	—	allegro(a)	divertido(a)
amuseren, zich (NL)	amüsieren, sich	enjoy o.s.	amuser, s'	divertirsi	divertirse
amuser, s' (F)	amüsieren, sich	enjoy o.s.	—	divertirsi	divertirse
amüsieren, sich (D)	—	enjoy o.s.	amuser, s'	divertirsi	divertirse
ana (SV)	ahnen	suspect	douter, se	presagire	suponer
añadir (ES)	hinzufügen	add	ajouter	aggiungere	—
Ananas (D)	—	pineapple	ananas m	ananas m	piña f
ananas (F)	Ananas f	pineapple	—	ananas m	piña f
ananas (I)	Ananas f	pineapple	ananas m	—	piña f
ananas (NL)	Ananas f	pineapple	ananas m	ananas m	piña f
ananas (SV)	Ananas f	pineapple	ananas m	ananas m	piña f
ananas (PL)	Ananas f	pineapple	ananas m	ananas m	piña f
ananas (CZ)	Ananas f	pineapple	ananas m	ananas m	piña f
ananás (P)	Ananas f	pineapple	ananas m	ananas m	piña f
ananász (H)	Ananas f	pineapple	ananas m	ananas m	piña f
anatra (I)	Ente f	duck	canard m	—	pato m
anbauen[1] (D)	—	cultivate	cultiver	coltivare	cultivar
anbauen[2] (D)	—	add	ajouter	ampliare	ampliar
anbieten (D)	—	offer	offrir	offrire	ofrecer
anbringen (D)	—	fasten	fixer	fissare	colocar
anca (P)	Hüfte f	hip	hanche f	fianco m	cadera f
anche/pure (I)	auch	too	aussi	—	también
ancho(a) (ES)	weit	far	éloigné(e)	largo(a)	—
ancora (I)	noch	still	encore	—	aún/todavía
and (E)	und	—	et	e	y
ändamålsenlig (SV)	zweckmäßig	suitable	approprié(e)	adatto(a)	adecuado(a)
andar (ES)	gehen	go	aller	andare	—
andar (P)	gehen	go	aller	andare	andar
andar a cavalo (P)	reiten	ride	monter	cavalcare	cabalgar
andare[1] (I)	fahren	drive	conduire	—	conducir
andare[2] (I)	gehen	go	aller	—	andar[2]
andare a prendere[1] (I)	abholen	pick up	aller chercher	—	recoger
andare a prendere[2] (I)	holen	fetch	aller chercher	—	traer
andare a trovare (I)	besuchen	visit	rendre visite à	—	visitar
andare in fretta (I)	eilen	hurry	dépêcher, se	—	darse prisa
andare via (I)	weggehen	go away	s'en aller	—	marcharse
andar paseando (ES)	bummeln	stroll	flâner	girellare	—
andas (SV)	atmen	breathe	respirer	respirare	respirar
ande (SV)	Geist m	spirit	esprit m	spirito m	espíritu m
anděl (CZ)	Engel m	angel	ange m	angelo m	ángel m
Andenken (D)	—	souvenir	souvenir m	ricordo m	recuerdo m
ander(e) (NL)	andere(r,s)	other	autre	altro(a)	otra(o)
andere(r,s) (D)	—	other	autre	altro(a)	otra(o)
andererseits (D)	—	on the other hand	d'autre part	d'altra parte	por otra parte

andererseits

P	NL	SV	PL	CZ	H
lâmpada f	gloeilamp f	glödlampa u	żarówka f	žárovka f	villanykörte
instituição f	ambt n	ämbete n	urząd m	úřad m	hivatal
mobilado	gemeubileerd	möblerad	umeblowany	zařízený nábytkem	bútorozott
mobilar	meubileren	möblera	meblować <umeblować>	zařizovat nábytkem <zařídit nábytkem>	bebútoroz
divertido	vrolijk	rolig	śmieszny	veselý	vidám
divertir-se	—	roa sig	zabawiać, się <zabawić, się>	bavit se	szórakoz
divertir-se	amuseren, zich	roa sig	zabawiać, się <zabawić, się>	bavit se	szórakoz
divertir-se	amuseren, zich	roa sig	zabawiać, się <zabawić, się>	bavit se	szórakoz
pressentir	vermoeden	—	przeczuwać <przeczuć>	tušit <vytušit>	megsejt
acrescentar	bijvoegen	tillägga	dodawać <dodać>	dodávat <dodat>	hozzáad
ananás m	ananas m	ananas u	ananas m	ananas m	ananász
ananás m	ananas m	ananas u	ananas m	ananas m	ananász
ananás m	ananas m	ananas u	ananas m	ananas m	ananász
ananás m	—	ananas u	ananas m	ananas m	ananász
ananás m	ananas m	—	ananas m	ananas m	ananász
ananás m	ananas m	ananas u	—	ananas m	ananász
ananás m	ananas m	ananas u	ananas m	—	ananász
—	ananas m	ananas u	ananas m	ananas m	ananász
ananás m	ananas m	ananas u	ananas m	ananas m	—
pato m	eend f	anka u	kaczka f	kachna f	kacsa
cultivar	aanbouwen	odla	uprawiać	pěstovat	termeszt
construir um anexo	aanbouwen	bygga till	dobudowywać <dobudować>	nastavovat <nastavit>	hozzáépít
oferecer	aanbieden	erbjuda	oferować <zaoferować>	nabízet <nabídnout>	kínál
fixar	aanbrengen	placera	przymocowywać <przymocować>	připevňovat <připevnit>	felszerel
—	heup f	höft u	biodro n	kyčel f	csípő
também	ook	även	też	také	is
extenso	ver	långt	daleko	daleký	messze
ainda	nog	ännu	jeszcze	ještě	még
e	en	och	i	a	és
conveniente	doelmatig	—	celowy	účelný	célszerű
andar	gaan	gå	iść <pójść>	chodit <jít>	megy
—	gaan	gå	iść <pójść>	chodit <jít>	megy
—	paardrijden	rida	jechać konno <pojechać konno>	jezdit na koni <jet na koni>	lovagol
conduzir	rijden	köra	jechać <pojechać>	jezdit <jet>	megy
andar	gaan	gå	iść <pójść>	chodit <jít>	megy
ir buscar	ophalen	hämta	odbierać <odebrać>	vyzvedávat <vyzvednout>	érte megy
ir buscar	halen	hämta	przynosić <przynieść>	docházet <dojít>	hoz
visitar	bezoeken	besöka	odwiedzać <odwiedzić>	navštěvovat <navštívit>	meglátogat
apressar	haasten, zich	skynda	pospieszać <pospieszyć>	spěchat <pospíšit si>	siet
sair	weggaan	gå bort	odchodzić	odcházet <odejít>	elmegy
passear	wandelen	promenera	spacerować <pospacerować>	potulovat se	sétálgat
respirar	ademen	—	oddychać	dýchat	lélegzik
espírito m	geest m	—	duch m	duch m	szellem
anjo m	engel m	ängel u	anioł m	—	angyal
recordação f	aandenken n	minne n	pamiątka f	suvenýr m	emlék
outro(s)	—	annan	inna(y,e)	jiný	másik
outro(s)	ander(e)	annan	inna(y,e)	jiný	másik
por outro lado	anderzijds	å andra sidan	z drugiej strony	na druhé straně	másrészt

ändern — 46

	D	E	F	I	ES
ändern (D)	—	change	changer	cambiare	cambiar
ändern, sich (D)	—	change	changer	cambiare	cambiar
anders (D)	—	different	différent(e)	differente	diferente
anders (NL)	anders	different	différent(e)	differente	diferente
anderzijds (NL)	andererseits	on the other hand	d'autre part	d'altra parte	por otra parte
andning (SV)	Atem *m*	breath	respiration *f*	fiato *m*	respiro *m*
âne (F)	Esel *m*	donkey	—	asino *m*	burro *m*
(a)nebo (CZ)	oder	or	ou	o	o
anel (P)	Ring *m*	ring	bague *f*	anello *m*	anillo *m*
anello (I)	Ring *m*	ring	bague *f*	—	anillo *m*
anexo (P)	Beilage *f*	supplement	supplément *m*	supplemento *m*	suplemento *m*
Anfang (D)	—	beginning	commencement *m*	inizio *m*	inicio *m*
anfangen (D)	—	start	commencer	cominciare	empezar
Anfänger (D)	—	beginner	débutant(e)	principiante *m*	principiante *m*
anfertigen (D)	—	manufacture	confectionner	fabbricare	fabricar
anfitrião (P)	Gastgeber *m*	host	hôte *m*	ospite *m*	anfitrión *m*
anfitrión (ES)	Gastgeber *m*	host	hôte *m*	ospite *m*	—
anfordern (D)	—	request	demander	esigere	pedir
äng (SV)	Wiese *f*	meadow	pré *m*	prato *m*	pradera *f*
angażować <zaangażować> (PL)	einstellen	employ	recruter	assumere	emplear
ange (F)	Engel *m*	angel	—	angelo *m*	ángel *m*
Angebot (D)	—	offer	offre *f*	offerta *f*	oferta *f*
angel (E)	Engel *m*	—	ange *m*	angelo *m*	ángel *m*
ángel (ES)	Engel *m*	angel	ange *m*	angelo *m*	—
ängel (SV)	Engel *m*	angel	ange *m*	angelo *m*	ángel *m*
Angelegenheit (D)	—	affair	affaire *f*	affare *m*	asunto *m*
angelo (I)	Engel *m*	angel	ange *m*	—	ángel *m*
angenämt (SV)	angenehm	pleasant	agréable	gradevole	agradable
angenehm (D)	—	pleasant	agréable	gradevole	agradable
anger (E)	Wut *f*	—	colère *f*	rabbia *f*	rabia *f*
Angestellter (D)	—	employee	employé *m*	impiegato *m*	empleado *m*
angivelse (SV)	Anzeige *f*	denunciation	dénonciation *f*	denuncia *f*	denuncia *f*
Angleterre (F)	England *n*	England	—	Inghilterra *f*	Inglaterra *f*
Anglia (PL)	England *n*	England	Angleterre *f*	Inghilterra *f*	Inglaterra *f*
Anglia (H)	England *n*	England	Angleterre *f*	Inghilterra *f*	Inglaterra *f*
Anglie (CZ)	England *n*	England	Angleterre *f*	Inghilterra *f*	Inglaterra *f*
angolo (I)	Ecke *f*	corner	coin *m*	—	esquina *f*
ångra (SV)	bereuen	regret	regretter	pentirsi	arrepentirse
angreifen (D)	—	attack	attaquer	attaccare	atacar
angripa (SV)	angreifen	attack	attaquer	attaccare	atacar
ängslig (SV)	ängstlich	fearful	peureux(euse)	pauroso(a)	miedoso(a)
Angst (D)	—	fear	peur *f*	paura *f*	miedo *m*
angst (NL)	Angst *f*	fear	peur *f*	paura *f*	miedo *m*
ängstlich (D)	—	fearful	peureux(euse)	pauroso(a)	miedoso(a)
angyal (H)	Engel *m*	angel	ange *m*	angelo *m*	ángel *m*
anhalten (D)	—	stop	arrêter	fermare	parar
anillo (ES)	Ring *m*	ring	bague *f*	anello *m*	—
animado (P)	belebt	lively	animé(e)	animato(a)	animado(a)
animado(a) (ES)	belebt	lively	animé(e)	animato(a)	—
animal (E)	Tier *n*	—	animal *m*	animale *m*	animal *m*
animal (F)	Tier *n*	animal	—	animale *m*	animal *m*
animal (ES)	Tier *n*	animal	animal *m*	animale *m*	—

animal

P	NL	SV	PL	CZ	H
modificar	wijzigen	förändra	zmieniać <zmienić>	měnit <změnit>	változtat
modificar-se	veranderen	förändra sig	zmieniać, się <zmienić, się>	měnit, se <změnit, se>	változik
diferente	anders	annorlunda	inaczej	jinak	más
diferente	—	annorlunda	inaczej	jinak	más
por outro lado	—	å andra sidan	z drugiej strony	na druhé straně	másrészt
respiração f	adem m	—	oddech m	dech m	lélegzet
burro m	ezel m	åsna u	osioł m	osel m	szamár
ou	of	eller	albo	—	vagy
—	ring m	ring u	pierścien m	kruh m	gyűrű
anel m	ring m	ring u	pierścien m	kruh m	gyűrű
—	bijlage f	bilaga u	dodatek n	příloha f	melléklet
princípio m	begin n	början u	początek m	začátek m	kezdet
principiar	beginnen	börja	zaczynać <zacząć>	začínat <začít>	kezd
principiante m	beginneling	nybörjare u	początkujący m	začátečník m	kezdő
confeccionar	vervaardigen	tillverka	wykonać	zhotovovat <zhotovit>	elkészít
—	gastheer m	värd u	gospodarz m	hostitel m	vendéglátó
anfitrião m	gastheer m	värd u	gospodarz m	hostitel m	vendéglátó
exigir	vragen	kräva	żądać <zażądać>	vyžadovat <vyžádat>	megrendel
prado m	wei f	—	łąka f	louka f	rét
contratar	aanstellen	anställa	—	přijímat <přijmout>	vkit munkába állít
anjo m	engel m	ängel u	anioł m	anděl m	angyal
oferta f	aanbieding f	erbjudande n	oferta f	nabídka f	ajánlat
anjo m	engel m	ängel u	anioł m	anděl m	angyal
anjo m	engel m	ängel u	anioł m	anděl m	angyal
anjo m	engel m	—	anioł m	anděl m	angyal
assunto m	aangelegenheid f	ärende n	sprawa f	záležitost f	ügy
anjo m	engel m	ängel u	anioł m	anděl m	angyal
agradável	aangenaam	—	przyjemny	příjemně	kellemes
agradável	aangenaam	angenämt	przyjemny	příjemně	kellemes
raiva f	woede f	ilska u	złość f	vztek m	düh
empregado m	bediende m	anställd u	pracownik umysłowy m	zaměstnanec m	alkalmazott
denúncia f	aangifte f	—	doniesienie n	trestní oznámení n	feljelentés
Inglaterra f	Engeland n	England	Anglia f	Anglie f	Anglia
Inglaterra f	Engeland n	England	—	Anglie f	Anglia
Inglaterra f	Engeland n	England	Anglia f	Anglie f	—
Inglaterra f	Engeland n	England	Anglia f	—	Anglia
esquina f	hoek m	hörn n	róg m	roh m	sarok
arrepender-se	berouwen	—	żałować <pożałować>	litovat	megbánja
atacar	aanvallen	angripa	atakować <zaatakować>	útočit <zaútočit>	megtámad
atacar	aanvallen	—	atakować <zaatakować>	útočit <zaútočit>	megtámad
medroso	bang	—	lękliwy	bojácný	félénk
medo m	angst f	rädsla u	strach m	strach m	félelem
medo m	—	rädsla u	strach m	strach m	félelem
medroso	bang	ängslig	lękliwy	bojácný	félénk
anjo m	engel m	ängel u	anioł m	anděl m	—
parar	stoppen	stoppa	zatrzymywać <zatrzymać>	zastavovat <zastavit>	megállít
anel m	ring m	ring u	pierścien m	kruh m	gyűrű
—	levendig	livlig	ożywiony	oživený	forgalmas
animado	levendig	livlig	ożywiony	oživený	forgalmas
animal m	dier n	djur n	zwierzę n	zvíře n	állat
animal m	dier n	djur n	zwierzę n	zvíře n	állat
animal m	dier n	djur n	zwierzę n	zvíře n	állat

animal 48

	D	E	F	I	ES
animal (P)	Tier *n*	animal	animal *m*	animale *m*	animal *m*
animale (I)	Tier *n*	animal	animal *m*	—	animal *m*
animato(a) (I)	belebt	lively	animé(e)	—	animado(a)
animé(e) (F)	belebt	lively	—	animato(a)	animado(a)
animo (I)	Gemüt *n*	disposition	disposition *f*	—	ánimo *m*
ánimo (ES)	Gemüt *n*	disposition	disposition *f*	animo *m*	—
ânimo (P)	Gemüt *n*	disposition	disposition *f*	animo *m*	ánimo *m*
anioł (PL)	Engel *m*	angel	ange *m*	angelo *m*	ángel *m*
aniversário (P)	Geburtstag *m*	birthday	anniversaire *m*	compleanno *m*	cumpleaños *m*
anjo (P)	Engel *m*	angel	ange *m*	angelo *m*	ángel *m*
anka (SV)	Ente *f*	duck	canard *m*	anatra *f*	pato *m*
anketa (CZ)	Umfrage *f*	poll	enquête *f*	inchiesta *f*	encuesta *f*
ankieta (PL)	Umfrage *f*	poll	enquête *f*	inchiesta *f*	encuesta *f*
ankle (E)	Knöchel *m*	—	cheville *f*	caviglia *f*	tobillo *m*
ankommen (D)	—	arrive	arriver	arrivare	llegar
ankomst (SV)	Ankunft *f*	arrival	arrivée *f*	arrivo *m*	llegada *f*
Ankunft (D)	—	arrival	arrivée *f*	arrivo *m*	llegada *f*
Anlage (D)	—	plant	installation *f*	impianto *m*	establecimiento *m*
anläggning (SV)	Anlage *f*	plant	installation *f*	impianto *m*	establecimiento *m*
Anlass (D)	—	occasion	occasion *f*	occasione *f*	ocasión *f*
anledning¹ (SV)	Anlass *m*	occasion	occasion *f*	occasione *f*	ocasión *f*
anledning² (SV)	Grund *m*	reason	raison *f*	causa *f*	causa *f*
anmachen (D)	—	put on	allumer	accendere	encender
anmäla (SV)	anmelden	announce	annoncer	annunciare	anunciar
anmälan (SV)	Anmeldung *f*	announcement	annonce *f*	annuncio *m*	aviso *m*
anmelden (D)	—	announce	annoncer	annunciare	anunciar
Anmeldung (D)	—	announcement	annonce *f*	annuncio *m*	aviso *m*
annaffiare (I)	gießen	water	arroser	—	regar
Annahme (D)	—	assumption	supposition *f*	supposizione *f*	suposición *f*
annan (SV)	andere(r,s)	other	autre	altro(a)	otra(o)
année (F)	Jahr *n*	year	—	anno *m*	año *m*
annegare (I)	ertrinken	drown	noyer, se	—	ahogarse
anniversaire (F)	Geburtstag *m*	birthday	—	compleanno *m*	cumpleaños *m*
anno (I)	Jahr *n*	year	année *f*	—	año *m*
annoiarsi (I)	langweilen, sich	get bored	ennuyer, se	—	aburrirse
annonce¹ (F)	Anmeldung *f*	announcement	—	annuncio *m*	aviso *m*
annonce² (F)	Anzeige *f*	announcement	—	annuncio *m*	anuncio *m*
annonce³ (F)	Meldung *f*	report	—	annuncio *m*	aviso *m*
annoncer¹ (F)	anmelden	announce	—	annunciare	anunciar
annoncer² (F)	ansagen	announce	—	annunciare	anunciar
annoncer³ (F)	melden	report	—	annunciare	declarar
annons (SV)	Anzeige *f*	announcement	annonce *f*	annuncio *m*	anuncio *m*
annorlunda (SV)	anders	different	différent(e)	differente	diferente
annotare (I)	aufschreiben	write down	noter	—	anotar
announce¹ (E)	anmelden	—	annoncer	annunciare	anunciar
announce² (E)	ansagen	—	annoncer	annunciare	anunciar
announcement¹ (E)	Anmeldung *f*	—	annonce *f*	annuncio *m*	aviso *m*
announcement² (E)	Anzeige *f*	—	annonce *f*	annuncio *m*	anuncio *m*
annoy¹ (E)	belästigen	—	importuner	importunare	molestar
annoy² (E)	ärgern	—	fâcher	arrabbiare	enfadar

annoy

P	NL	SV	PL	CZ	H
—	dier n	djur n	zwierzę n	zvíře n	állat
animal m	dier n	djur n	zwierzę n	zvíře n	állat
animado	levendig	livlig	ożywiony	oživený	forgalmas
animado	levendig	livlig	ożywiony	oživený	forgalmas
ânimo m	gemoed n	själ u	umysł m	mysl f	kedély
ânimo m	gemoed n	själ u	umysł m	mysl f	kedély
—	gemoed n	själ u	umysł m	mysl f	kedély
anjo m	engel m	ängel u	—	anděl m	angyal
—	verjaardag m	födelsedag u	dzień urodzin m	narozeniny pl	születésnap
—	engel m	ängel u	anioł m	anděl m	angyal
pato m	eend f	—	kaczka f	kachna f	kacsa
inquérito m	enquête f	enkät u	ankieta f	—	körkérdés
inquérito m	enquête f	enkät u	—	anketa f	körkérdés
tornozelo m	enkel m	fotknöl u	kostka f	kotník m	boka
chegar	aankomen	komma fram	przybywać <przybyć>	přijíždět <přijet>	megérkez
chegada f	aankomst f	—	przyjazd m	příjezd m	megérkezés
chegada f	aankomst f	ankomst u	przyjazd m	příjezd m	megérkezés
construção f	inrichting f	anläggning u	obiekt m	příloha	berendezés
construção f	inrichting f	—	obiekt m	příloha	berendezés
ocasião f	aanleiding f	anledning u	okazja f	příčina f	alkalom
ocasião f	aanleiding f	—	okazja f	příčina f	alkalom
motivo m	reden f	—	powód m	důvod m	ok
acender	aanzetten	sätta på	przymocowywać <przymocować>	rozdělávat <rozdělat>	bekapcsol
anunciar	aanmelden	—	meldować <zameldować>	přihlašovat <přihlásit>	bejelentkezik
inscrição f	aanmelding f	—	zgłoszenie f	přihláška f	bejelentés
anunciar	aanmelden	anmäla	meldować <zameldować>	přihlašovat <přihlásit>	bejelentkezik
inscrição f	aanmelding f	anmälan u	zgłoszenie f	přihláška f	bejelentés
regar	gieten	hälla	podlewać <podlać>	zalévat <zalít>	önt
recepção f	veronderstelling f	antagande n	przypuszczenie n	příjem m	elfogadás
outro(s)	ander(e)	—	inna(y,e)	jiný	másik
ano m	jaar n	år n	rok m	rok m	év
afogar-se	verdrinken	drunkna	tonąć <utonąć>	topit se <utopit se>	vízbe fullad
aniversário m	verjaardag m	födelsedag u	dzień urodzin m	narozeniny pl	születésnap
ano m	jaar n	år n	rok m	rok m	év
aborrecer-se	vervelen, zich	tråka ut	nudzić, się	nudit, se	unatkozik
inscrição f	aanmelding f	anmälan u	zgłoszenie f	přihláška f	bejelentés
aviso m	advertentie f	annons	ogłoszenie n	inzerát m	hirdetés
notícia f	melding f	rapport u	meldunek m	hlášení n	jelentés
anunciar	aanmelden	anmäla	meldować <zameldować>	přihlašovat <přihlásit>	bejelentkezik
anunciar	aankondigen	meddela	zapowiadać <zapowiedzieć>	ohlašovat <ohlásit>	bemond
noticiar	melden	rapportera	meldować <zameldować>	hlásit <vyhlásit>	jelent
aviso m	advertentie f	—	ogłoszenie n	inzerát m	hirdetés
diferente	anders	—	inaczej	jinak	más
anotar por escrito	opschrijven	skriva upp	zapisywać	napsat	felír
anunciar	aanmelden	anmäla	meldować <zameldować>	přihlašovat <přihlásit>	bejelentkezik
anunciar	aankondigen	meddela	zapowiadać <zapowiedzieć>	ohlašovat <ohlásit>	bemond
inscrição f	aanmelding f	anmälan u	zgłoszenie f	přihláška f	bejelentés
aviso m	advertentie f	annons	ogłoszenie n	inzerát m	hirdetés
importunar	hinderen	besvära	naprzykrzać, się <naprzykrzyć, się>	obtěžovat	molesztál
aborrecer	ergeren	reta	złościć <rozzłościć>	zlobit	bosszant

ännu

	D	E	F	I	ES
ännu (SV)	noch	still	encore	ancora	aún/todavía
annuaire téléphonique (F)	Telefonbuch *n*	phone book	—	elenco telefonico *m*	guía telefónica *f*
annual (E)	jährlich	—	annuel(le)	annuale	anualmente
annuale (I)	jährlich	annual	annuel(le)	—	anualmente
annuel(le) (F)	jährlich	annual	—	annuale	anualmente
ännu en gång (SV)	nochmals	again	encore une fois	di nuovo	otra vez
annuire (I)	nicken	nod	faire un signe de tête	—	inclinar la cabeza
annuler (F)	absagen	decline	—	disdire	anular
annullare (I)	abbestellen	cancel	décommander	—	anular el pedido de
annunciare[1] (I)	anmelden	announce	annoncer	—	anunciar
annunciare[2] (I)	ansagen	announce	annoncer	—	anunciar
annunciare[3] (I)	melden	report	annoncer	—	declarar
annuncio[1] (I)	Anmeldung *f*	announcement	annonce *f*	—	aviso *m*
annuncio[2] (I)	Anzeige *f*	announcement	annonce *f*	—	anuncio *m*
annuncio[3] (I)	Meldung *f*	report	annonce *f*	—	aviso *m*
annuncio (ES)	Reklame *f*	advertisement	publicité *f*	réclame *f*	—
ano (P)	Jahr *n*	year	année *f*	anno *m*	año *m*
ano (CZ)	ja	yes	oui	sì	sí
año (ES)	Jahr *n*	year	année *f*	anno *m*	—
à noite[1] (P)	abends	in the evening	le soir	di sera	por la tarde
à noite[2] (P)	nachts	at nighttime	de nuit	di notte	por la noche
Ano Novo (P)	Neujahr *n*	New Year	nouvel an *m*	Capodanno *m*	Año Nuevo *m*
Año Nuevo (ES)	Neujahr *n*	New Year	nouvel an *m*	Capodanno *m*	—
añoranza (ES)	Heimweh *n*	homesickness	mal du pays *m*	nostalgia *f*	—
anotar (ES)	aufschreiben	write down	noter	annotare	—
anotar por escrito (P)	aufschreiben	write down	noter	annotare	anotar
anpassa sig[1] (SV)	anpassen, sich	adapt o.s.	adapter, s'	adattarsi	adaptarse
anpassa sig[2] (SV)	einleben, sich	settle down	acclimater, s'	ambientarsi	familiarizarse
anpassen, sich (D)	—	adapt o.s.	adapter, s'	adattarsi	adaptarse
anprobieren (D)	—	try on	essayer	provare	probar
anrechnen (D)	—	charge	compter	mettere in conto	cargar en cuenta
Anruf (D)	—	call	appel téléphonique *m*	chiamata *f*	llamada *f*
anrufen (D)	—	ring up	téléphoner	telefonare	llamar por teléfono
ansagen (D)	—	announce	annoncer	annunciare	anunciar
anscheinend (D)	—	seemingly	apparemment	apparentemente	aparentemente
Anschlag (D)	—	assault	attentat *m*	manifesto *m*	atentado *m*
Anschluss (D)	—	connection	correspondance *f*	coincidenza *f*	conexión *f*
anschnallen (D)	—	fasten belts	attacher	allacciare	ponerse el cinturón (de seguridad)
ansehen (D)	—	look at	regarder	guardare	mirar
Ansicht (D)	—	opinion	avis *m*	opinione *f*	opinión *f*
Ansichtskarte (D)	—	postcard	carte postale *f*	cartolina *f*	tarjeta postal *f*
ansikte (SV)	Gesicht *n*	face	visage *m*	faccia *f*	cara *f*
anslag (SV)	Anschlag *m*	assault	attentat *m*	manifesto *m*	atentado *m*
anslutning (SV)	Anschluss *m*	connection	correspondance *f*	coincidenza *f*	conexión *f*
anspråk (SV)	Anspruch *m*	claim	exigence *f*	pretesa *f*	pretensión *f*

51 anspråk

P	NL	SV	PL	CZ	H
ainda	nog	—	jeszcze	ještě	még
lista f telefónica	telefoonboek n	telefonkatalog u	książka telefoniczna f	telefonní seznam m	telefonkönyv
anual	jaarlijks	årligen	roczny	ročně	évente
anual	jaarlijks	årligen	roczny	ročně	évente
anual	jaarlijks	årligen	roczny	ročně	évente
novamente	nogmaals	—	jeszcze raz	ještě jednou	még egyszer
acenar com a cabeça	knikken	nicka	kiwać <kiwnąć>	kývat hlavou <pokývat hlavou>	bólint
recusar	afzeggen	inställa	odmówić	odříkat <odříct>	lemond
anular	afbestellen	avbeställa	cofać zamówienie <cofnąć zamówienie>	rušit objednávku <zrušit>	lemond
anunciar	aanmelden	anmäla	meldować <zameldować>	přihlašovat <přihlásit>	bejelentkezik
anunciar	aankondigen	meddela	zapowiadać <zapowiedzieć>	ohlašovat <ohlásit>	bemond
noticiar	melden	rapportera	meldować <zameldować>	hlásit <vyhlásit>	jelent
inscrição f	aanmelding f	anmälan u	zgłoszenie f	přihláška f	bejelentés
aviso m	advertentie f	annons	ogłoszenie n	inzerát m	hirdetés
notícia f	melding f	rapport u	meldunek m	hlášení n	jelentés
reclame m	reclame f	reklam u	reklama f	reklama f	reklám
—	jaar n	år n	rok m	rok m	év
sim	ja	ja	tak	—	igen
ano m	jaar n	år n	rok m	rok m	év
—	's avonds	på kvällen	wieczorem	večer	este
—	's nachts	på natten	w nocy	v noci	éjszakánként
—	Nieuwjaar n	nyår n	Nowy Rok m	Nový rok m	újév
Ano Novo m	Nieuwjaar n	nyår n	Nowy Rok m	Nový rok m	újév
saudade f	heimwee n	hemlängtan u	tęsknota za domem f	touha po domově f	honvágy
anotar por escrito	opschrijven	skriva upp	zapisywać	napsat	felír
—	opschrijven	skriva upp	zapisywać	napsat	felír
adaptar-se	aanpassen, zich	—	dopasowywać, się <dopasować, się>	přizpůsobovat se <přizpůsobit se>	alkalmazkodik
acostumar-se	inleven, zich	—	aklimatyzować, się <zaaklimatyzować, się>	zvykat, si <zvyknout, si>	beilleszkedik
adaptar-se	aanpassen, zich	anpassa sig	dopasowywać, się <dopasować, się>	přizpůsobovat se <přizpůsobit se>	alkalmazkodik
provar roupa	aanpassen	prova ngt på ngn	przymierzać <przymierzyć>	zkoušet <vyzkoušet>	felpróbál
contar	aanrekenen	räkna in	zaliczać <zaliczyć>	započítávat <započítat>	beszámit
telefonema m	telefoontje n	telefonsamtal n	rozmowa telefoniczna f	zavolání n	telefonhívás
telefonar	opbellen	ringa	telefonować <zatelefonować>	zavolat	felhív
anunciar	aankondigen	meddela	zapowiadać <zapowiedzieć>	ohlašovat <ohlásit>	bemond
aparentemente	naar het schijnt	tydligen	widocznie	zdánlivě	úgy tűnik
atentado m	aanslag m	anslag n	zamach m	oznámení n	merénylet
ligação f	aansluiting f	anslutning u	przyłączenie n	přípoj m	csatlakozás
apertar o cinto	vastgespen	spänna fast	zapiąć pasy	připoutávat, se <připoutat, se>	felcsatol
olhar	aanzien	titta på	przyglądać, się <przyjrzeć, się >	dívat, se <podívat, se>	megnéz
vista f	aanzicht n	åsikt u	pogląd m	pohled m	nézet
postal ilustrado m	prentbriefkaart f	vykort n	widokówka f	pohlednice f	képeslap
cara f	gelaat n	—	twarz f	obličej m	arc
atentado m	aanslag m	—	zamach m	oznámení n	merénylet
ligação f	aansluiting f	—	przyłączenie n	přípoj m	csatlakozás
direito m	aanspraak f	—	roszczenie n	nárok m	igény

anspråkslös 52

	D	E	F	I	ES
anspråkslös (SV)	bescheiden	modest	modeste	modesto(a)	modesto(a)
Anspruch (D)	—	claim	exigence f	pretesa f	pretensión f
anställa[1] (SV)	einstellen	adjust	régler	regolare	ajustar
anställa[2] (SV)	einstellen	employ	recruter	assumere	emplear
anställd (SV)	Angestellter m	employee	employé m	impiegato m	empleado m
anständig (D)	—	decent	convenable	decente	decente
anständig (SV)	anständig	decent	convenable	decente	decente
anstatt (D)	—	instead of	au lieu de	invece di	en vez de
ansteckend (D)	—	virulent	contagieux	contagioso(a)	contagioso
ansträngande (SV)	anstrengend	tiring	fatigant(e)	faticoso(a)	fatigoso(a)
anstränga sig (SV)	anstrengen, sich	make an effort	faire des efforts	affaticare	esforzarse
ansträngning (SV)	Bemühung f	effort	effort m	sforzo m	esfuerzo m
ansträngning (SV)	Mühe f	effort	peine f	fatica f	esfuerzo m
anstrengend (D)	—	tiring	fatigant(e)	faticoso(a)	fatigoso(a)
anstrengen, sich (D)	—	make an effort	faire des efforts	affaticare	esforzarse
ansvar (SV)	Verantwortung f	responsibility	responsabilté f	responsabilità f	responsabilidad f
ansvarig[1] (SV)	verantwortlich	responsible	responsable	responsabile	responsable
ansvarig[2] (SV)	zuständig	competent	compétent(e)	competente	competente
answer (E)	Antwort f	—	réponse f	risposta f	respuesta f
answer[1] (E)	antworten	—	répondre	rispondere	responder
answer[2] (E)	beantworten	—	répondre à	rispondere a	responder a
antagande (SV)	Annahme f	assumption	supposition f	supposizione f	suposición f
antagonismo (P)	Gegensatz m	contrast	opposé m	contrasto m	contraste m
antena (ES)	Antenne f	aerial	antenne f	antenna f	—
antena (P)	Antenne f	aerial	antenne f	antenna f	antena f
antena (PL)	Antenne f	aerial	antenne f	antenna f	antena f
anténa (CZ)	Antenne f	aerial	antenne f	antenna f	antena f
antenn (SV)	Antenne f	aerial	antenne f	antenna f	antena f
antenna (I)	Antenne f	aerial	antenne f	—	antena f
antenna (H)	Antenne f	aerial	antenne f	antenna f	antena f
Antenne (D)	—	aerial	antenne f	antenna f	antena f
antenne (F)	Antenne f	aerial	—	antenna f	antena f
antenne (NL)	Antenne f	aerial	antenne f	antenna f	antena f
antes[1] (ES)	eher	sooner	plus tôt	prima	—
antes[2] (ES)	früher	earlier	autrefois	prima	—
antes[3] (ES)	davor	before	avant	prima	—
antes[1] (P)	bevor	before	avant que	prima che (di)	antes que
antes[2] (P)	eher	sooner	plus tôt	prima	antes
antes[3] (P)	davor	before	avant	prima	antes
antes que (ES)	bevor	before	avant que	prima che (di)	—
antigamente (P)	damals	at that time	alors	allora	entonces
antigüedades (ES)	Antiquitäten pl	antiques	antiquités f/pl	oggetti antichi m/pl	—
antiguidades (P)	Antiquitäten pl	antiques	antiquités f/pl	oggetti antichi m/pl	antigüedades f/pl
antikoncepční pipulka (CZ)	Pille f	pill	pilule f	pillola anticoncezionale f	píldora anticonceptiva f
antikviteter (SV)	Antiquitäten pl	antiques	antiquités f/pl	oggetti antichi m/pl	antigüedades f/pl
antipasto (I)	Vorspeise f	appetizer	hors-d'œuvre m	—	primer plato m
antiquado (P)	altmodisch	old-fashioned	démodé(e)	fuori moda	pasado(a) de moda
antiques (E)	Antiquitäten pl	—	antiquités f/pl	oggetti antichi m/pl	antigüedades f/pl
Antiquitäten (D)	—	antiques	antiquités f/pl	oggetti antichi m/pl	antigüedades f/pl
antiquiteiten (NL)	Antiquitäten pl	antiques	antiquités f/pl	oggetti antichi m/pl	antigüedades f/pl
antiquités (F)	Antiquitäten pl	antiques	—	oggetti antichi m/pl	antigüedades f/pl

53 antiquités

P	NL	SV	PL	CZ	H
modesto	bescheiden	—	skromny	skromný	szerény
direito m	aanspraak f	anspråk n	roszczenie n	nárok m	igény
colocar	instellen	—	ustawiać <ustawić>	nastavovat <nastavit>	alkalmaz
contratar	aanstellen	—	angażować <zaangażować>	přijímat <přijmout>	vkit munkába állít
empregado m	bediende m	—	pracownik umysłowy m	zaměstnanec m	alkalmazott
decente	fatsoenlijk	anständig	przyzwoity	slušně	tisztességes
decente	fatsoenlijk	—	przyzwoity	slušně	tisztességes
em vez de	in de plaats van	istället för	zamiast	místo	helyett
contagioso	aanstekelijk	smittsam	zakaźny	nakažlivý	fertőző
fatigante	vermoeiend	—	męczący	namáhavý	fárasztó
cansar	inspannen	—	wysilać się <wysilić się>	namáhat, se	igyekszik
esforço m	moeite f	—	staranie n	snaha f	fáradozás
esforço m	moeite f	—	trud m	úsilí n	fáradozás
fatigante	vermoeiend	ansträngande	męczący	namáhavý	fárasztó
cansar	inspannen	anstränga sig	wysilać się <wysilić się>	namáhat, se	igyekszik
responsabilidade f	verantwoordelijkheid f	—	odpowiedzialność f	odpovědnost f	felelősség
responsável	verantwoordelijk	—	odpowiedzialny	zodpovědný	felelős
competente	bevoegd	—	kompetentny	oprávněný	illetékes
resposta f	antwoord n	svar n	odpowiedź f	odpověď f	válasz
responder	antwoorden	svara	odpowiadać <odpowiedzieć>	odpovídat <odpovědět>	válaszol
responder	beantwoorden	svara	odpowiadać <odpowiedzieć>	odpovídat <odpovědět>	megválaszol
recepção f	vooronderstelling f	—	przypuszczenie n	příjem m	elfogadás
—	tegenstelling f	motsats u	przeciwieństwo n	protiklad m	ellentét
antena f	antenne f	antenn u	antena f	anténa f	antenna
—	antenne f	antenn u	antena f	anténa f	antenna
antena f	antenne f	antenn u	—	anténa f	antenna
antena f	antenne f	antenn u	antena f	—	antenna
antena f	antenne f	antenn u	antena f	anténa f	antenna
antena f	antenne f	antenn u	antena f	anténa f	—
antena f	antenne f	antenn u	antena f	anténa f	antenna
antena f	antenne f	antenn u	antena f	anténa f	antenna
antena f	—	antenn u	antena f	anténa f	antenna
antes	eerder	förr	raczej	spíše	hamarabb
mais cedo	vroeger	förr	dawniej	dříve	korábban
antes	daarvoor	innan	przed	před/přede	előtte
—	alvorens	innan	zanim	před	mielőtt
—	eerder	förr	raczej	spíše	hamarabb
—	daarvoor	innan	przed	před/přede	előtte
antes	alvorens	innan	zanim	před	mielőtt
—	toen	då	wtedy	tenkrát	akkoriban
antiguidades f/pl	antiquiteiten f/pl	antikviteter pl	antyki m/pl	starožitnosti f/pl	régiségek
—	antiquiteiten f/pl	antikviteter pl	antyki m/pl	starožitnosti f/pl	régiségek
pílula f	pil f	p-piller n	pigułka antykoncepcyjna f	—	fogamzásgátló tabletta
antiguidades f/pl	antiquiteiten f/pl	—	antyki m/pl	starožitnosti f/pl	régiségek
entrada f	voorgerecht n	förrätt u	przystawka f	předkrm m	előétel
—	ouderwets	gammalmodig	staromodny	staromódní	régimódi
antiguidades f/pl	antiquiteiten f/pl	antikviteter pl	antyki m/pl	starožitnosti f/pl	régiségek
antiguidades f/pl	antiquiteiten f/pl	antikviteter pl	antyki m/pl	starožitnosti f/pl	régiségek
antiguidades f/pl	—	antikviteter pl	antyki m/pl	starožitnosti f/pl	régiségek
antiguidades f/pl	antiquiteiten f/pl	antikviteter pl	antyki m/pl	starožitnosti f/pl	régiségek

äntligen

	D	E	F	I	ES
äntligen (SV)	endlich	at last	enfin	finalmente	finalmente
Antrag (D)	—	application	demande f	domanda f	solicitud f
antwoord (NL)	Antwort f	answer	réponse f	risposta f	respuesta f
antwoorden (NL)	antworten	answer	répondre	rispondere	responder
Antwort (D)	—	answer	réponse f	risposta f	respuesta f
antworten (D)	—	answer	répondre	rispondere	responder
antyki (PL)	Antiquitäten pl	antiques	antiquités f/pl	oggetti antichi m/pl	antigüedades f/pl
anual (P)	jährlich	annual	annuel(le)	annuale	anualmente
anualmente (ES)	jährlich	annual	annuel(le)	annuale	—
anular (ES)	absagen	decline	annuler	disdire	—
anular (P)	abbestellen	cancel	décommander	annullare	anular el pedido de
anular el pedido de (ES)	abbestellen	cancel	décommander	annullare	—
anunciar¹ (ES)	anmelden	announce	annoncer	annunciare	—
anunciar² (ES)	ansagen	announce	annoncer	annunciare	—
anunciar¹ (P)	anmelden	announce	annoncer	annunciare	anunciar
anunciar² (P)	ansagen	announce	annoncer	annunciare	anunciar
anuncio (ES)	Anzeige f	announcement	annonce f	annuncio m	—
använda (SV)	benutzen	use	utiliser	usare	usar
använda (SV)	verwenden	use	employer	usare	utilizar
användare (SV)	Benutzer m	user	utilisateur m	utilizzatore m	usuario m
användning (SV)	Gebrauch m	custom	usage m	uso m	uso m
any (E)	beliebig	—	n'importe quel	qualsiasi	a voluntad
anyag (H)	Stoff m	cloth	tissu m	stoffa f	tela f
anyanyelv (H)	Muttersprache f	native language	langue maternelle f	lingua madre f	lengua materna f
Anzahlung (D)	—	deposit	acompte m	acconto m	primer pago m
Anzeige¹ (D)	—	announcement	annonce f	annuncio m	anuncio m
Anzeige² (D)	—	denunciation	dénonciation f	denuncia f	denuncia f
anziehen (D)	—	put on	mettre	indossare	ponerse
Anzug (D)	—	suit	costume m	vestito m	traje m
anzünden (D)	—	light	allumer	accendere	encender
ao lado de (P)	neben	beside	près de	accanto a	al lado de
ao longo de (P)	entlang	along	le long de	lungo	a lo largo de
ao meio-dia (P)	mittags	at midday	à midi	a mezzogiorno	al mediodía
ao pé de (P)	bei	at/near	chez/prés de	da/presso	cerca de/junto a
apa (SV)	Affe m	ape	singe m	scimmia f	mono m
apa (H)	Vater m	father	père m	padre m	padre m
apagar (ES)	löschen	extinguish	éteindre	spegnere	—
apagar (P)	löschen	extinguish	éteindre	spegnere	apagar
apaiser, se (F)	nachlassen	slacken	—	allentare	aflojar
apály (H)	Ebbe f	low tide	marée basse f	bassa marea f	marea baja f
apanhar (P)	erwischen	catch	attraper	acchiappare	atrapar
aparat fotograficzny (PL)	Fotoapparat m	camera	appareil photo m	macchina fotografica m	máquina fotográfica f
aparato (ES)	Gerät n	appliance	appareil m	apparecchio m	—
aparcamiento (ES)	Parkplatz m	parking place	parking m	parcheggio m	—
aparcar (ES)	parken	park	garer	parcheggiare	—
aparecer (ES)	erscheinen	appear	apparaître	apparire	—

55 aparecer

P	NL	SV	PL	CZ	H
finalmente	eindelijk	—	nareszcie	konečně	végre
proposta f	aanvraag f	förslag n	wniosek m	žádost f	kérvény
resposta f	—	svar n	odpowiedź f	odpověď f	válasz
responder	—	svara	odpowiadać <odpowiedzieć>	odpovídat <odpovědět>	válaszol
resposta f	antwoord n	svar n	odpowiedź f	odpověď f	válasz
responder	antwoorden	svara	odpowiadać <odpowiedzieć>	odpovídat <odpovědět>	válaszol
antiguidades f/pl	antiquiteiten f/pl	antikviteter pl	—	starožitnosti f/pl	régiségek
—	jaarlijks	årligen	roczny	ročně	évente
anual	jaarlijks	årligen	roczny	ročně	évente
recusar	afzeggen	inställa	odmówić	odříkat <odříct>	lemond
—	afbestellen	avbeställa	cofać zamówienie <cofnąć zamówienie>	rušit objednávku <zrušit>	lemond
anular	afbestellen	avbeställa	cofać zamówienie <cofnąć zamówienie>	rušit objednávku <zrušit>	lemond
anunciar	aanmelden	anmäla	meldować <zameldować>	přihlašovat <přihlásit>	bejelentkezik
anunciar	aankondigen	meddela	zapowiadać <zapowiedzieć>	ohlašovat <ohlásit>	bemond
—	aanmelden	anmäla	meldować <zameldować>	přihlašovat <přihlásit>	bejelentkezik
—	aankondigen	meddela	zapowiadać <zapowiedzieć>	ohlašovat <ohlásit>	bemond
aviso m	advertentie f	annons	ogłoszenie n	inzerát m	hirdetés
utilizar	gebruiken	—	używać <użyć>	používat <použít>	használ
utilizar	gebruiken	—	stosować	užívat <užít>	felhasznál
consumidor m	gebruiker m	—	użytkownik m	uživatel m	használó
uso m	gebruik n	—	użycie n	užívání n	használat
qualquer	willekeurig	valfri	dowolny	libovolně	tetszés szerinti
matéria f	stof f	tyg n	materiał m	látka f	—
língua materna f	moedertaal f	modersmål n	język ojczysty m	mateřština f	—
sinal m	aanbetaling f	handpenning u	zadatek m	záloha f	előleg
aviso m	advertentie f	annons	ogłoszenie n	inzerát m	hirdetés
denúncia f	aangifte f	angivelse	doniesienie n	trestní oznámení n	feljelentés
vestir	aantrekken	klä på sig	ubierać <ubrać>	oblékat <obléci>	felvesz
fato m	kostuum n	kostym u	garnitur m	oblek m	öltöny
acender	aansteken	tända	zapalać <zapalić>	zapalovat <zapálit>	gyújt
—	naast	bredvid	obok	vedle	mellett
—	langs	längs med	wzdłuż	podél	mentén
—	's middags	på middagen	w południe	v poledne	délben
—	bij	vid	przy	u	nál/nél
macaco m	aap m	—	małpa f	opice f	majom
pai m	vader m	far u	ojciec m	otec m	—
apagar	blussen	släcka	gasić <zgasić>	hasit <uhasit>	olt
—	blussen	släcka	gasić <zgasić>	hasit <uhasit>	olt
deixar	nalaten	avta	słabnąć	povolovat <povolit>	enged
maré baixa f	eb f	ebb u	odpływ m	odliv m	—
—	te pakken krijgen	ertappa	złapać	dopadat <dopadnout>	elkap
máquina fotográfica f	camera f	kamera u	—	fotografický přístroj m	fényképezőgép
aparelho m	toestel n	apparat u	przyrząd m	přístroj m	készülék
parque de estacionamento m	parkeerterrein n	parkeringsplats	parking m	parkoviště n	parkoló
estacionar	parkeren	parkera	parkować <zaparkować>	parkovat <zaparkovat>	leparkol
aparecer	verschijnen	framträda	ukazywać, się <ukazać, się>	objevovat se <objevit se>	megjelen

aparecer

	D	E	F	I	ES
aparecer (P)	erscheinen	appear	apparaître	apparire	aparecer
aparelho (P)	Gerät n	appliance	appareil m	apparecchio m	aparato m
aparentado (P)	verwandt	related	parent(e)	parente di	emparentado(a)
aparentemente (ES)	anscheinend	seemingly	apparemment	apparentemente	—
aparentemente (P)	anscheinend	seemingly	apparemment	apparentemente	aparentemente
apart (E)	auseinander	—	séparé(e)	separato(a)	separado(a)
à part (F)	extra	extra	—	a parte	separado(a)
a parte (I)	extra	extra	à part	—	separado(a)
ape (E)	Affe m	—	singe m	scimmia f	mono m
à peine (F)	kaum	hardly	—	appena	apenas
apelsin (SV)	Orange f	orange	orange f	arancia f	naranja f
apenas (ES)	kaum	hardly	à peine	appena	—
a/per (I)	nach	to	vers/à	—	a
aperreado(a) (ES)	hektisch	hectic	fébrile	frenetico(a)	—
apertar o cinto (P)	anschnallen	fasten belts	attacher	allacciare	ponerse el cinturón (de seguridad)
aperto(a)^1 (I)	geöffnet	open	ouvert(e)	—	abierto(a)
aperto(a)^2 (I)	offen	open	ouvert(e)	—	abierto(a)
apertura (I)	Eröffnung f	opening	ouverture f	—	abertura f
a pesar de (ES)	trotz	despite	malgré	nonostante	—
apesar de^1 (P)	dennoch	nevertheless	cependant	tuttavia	sin embargo
apesar de^2 (P)	trotz	despite	malgré	nonostante	a pesar de
apesar disso (P)	trotzdem	nevertheless	malgré tout	tuttavia	no obstante
apestar (ES)	stinken	stink	puer	puzzare	—
apetite (P)	Appetit m	appetite	appétit m	appetito m	apetito m
apetito (ES)	Appetit m	appetite	appétit m	appetito m	—
apetyt (PL)	Appetit m	appetite	appétit m	appetito m	apetito m
Apfel (D)	—	apple	pomme f	mela f	manzana f
aplaudir (ES)	klatschen	applaud	applaudir	battere le mani	—
aplauso (ES)	Beifall m	applause	applaudissements m/pl	applauso m	—
aplauso (P)	Beifall m	applause	applaudissements m/pl	applauso m	aplauso m
aplicado (P)	fleißig	diligent	travailleur(euse)	diligente	activo(a)
apoiar (P)	unterstützen	support	soutenir	assistere	apoyar
apoio (P)	Unterstützung f	support	soutien m	sostegno m	apoyo m
ápolás (H)	Pflege f	care	soins m/pl	cura f	aseo m
ápolni (H)	pflegen	look after	soigner	curare	cuidar
apologize (E)	entschuldigen, sich	—	excuser, s'	scusarsi	disculparse
apology (E)	Entschuldigung f	—	excuse f	scusa f	disculpa f
ápolónő (H)	Krankenschwester f	nurse	infirmière f	infermiera f	enfermera f
ápolt (H)	gepflegt	looked-after	soigné(e)	curato(a)	cuidado(a)
apostar (ES)	wetten	bet	parier	scommettere	—
apostar (P)	wetten	bet	parier	scommettere	apostar
apotek^1 (SV)	Apotheke f	chemist's	pharmacie f	farmacia f	farmacia f
apotek^2 (SV)	Drogerie f	chemist's	droguerie f	drogheria f	droguería f
apotheek (NL)	Apotheke f	chemist's	pharmacie f	farmacia f	farmacia f
Apotheke (D)	—	chemist's	pharmacie f	farmacia f	farmacia f
apoyar (ES)	unterstützen	support	soutenir	assistere	—
apoyo (ES)	Unterstützung f	support	soutien m	sostegno m	—
apparaître (F)	erscheinen	appear	—	apparire	aparecer
apparat (SV)	Gerät n	appliance	appareil m	apparecchio m	aparato m
apparecchio (I)	Gerät n	appliance	appareil m	—	aparato m
appareil (F)	Gerät n	appliance	—	apparecchio m	aparato m

appareil

P	NL	SV	PL	CZ	H
—	verschijnen	framträda	ukazywać, się <ukazać, się>	objevovat se <objevit se>	megjelen
—	toestel n	apparat u	przyrząd m	přístroj m	készülék
—	verwant	släkt	spokrewniony	příbuzný	rokon
aparentemente	naar het schijnt	tydligen	widocznie	zdánlivě	úgy tűnik
—	naar het schijnt	tydligen	widocznie	zdánlivě	úgy tűnik
separado	uit elkaar	isär	oddzielnie	od sebe	külön
extra	extra	extra	osobny	extra	külön
extra	extra	extra	osobny	extra	külön
macaco m	aap m	apa u	małpa f	opice f	majom
quase nada	nauwelijks	knappast	prawie nie	stěží	alig
laranja f	sinaasappel m	—	pomarańcza f	oranžový	narancs
quase nada	nauwelijks	knappast	prawie nie	stěží	alig
a	naar	till	do	na/do	felé
héctico	hectisch	hektisk	gorączkowy	hektický	hektikus
—	vastgespen	spänna fast	zapiąć pasy	připoutávat, se <připoutat, se>	felcsatol
aberto	geopend	öppnad	otwarty	otevřený	nyitott
aberto	open	öppen	otwarty	otevřený	nyitott
abertura f	opening f	inledning u	otwarcie n	otevření n	megnyítás
apesar de	ondanks	trots	pomimo	navzdory	ellenére
—	evenwel	likväl	jednakże	přesto	mégis
—	ondanks	trots	pomimo	navzdory	ellenére
—	toch	i alla fall	mimo to	přesto	ennek ellenére
feder	stinken	lukta illa	śmierdzieć	páchnout	bűzlik
—	eetlust m	appetit u	apetyt m	chuť f	étvágy
apetite m	eetlust m	appetit u	apetyt m	chuť f	étvágy
apetite m	eetlust m	appetit u	—	chuť f	étvágy
maçã f	appel m	äpple n	jabłko n	jablko n	alma
dar palmas	in de handen klappen	klappa	klaskać	tleskat <zatleskat>	tapsol
aplauso m	applaus n	bifall n	oklaski m/pl	potlesk m	taps
—	applaus n	bifall n	oklaski m/pl	potlesk m	taps
—	vlijtig	flitig u	pilny	pilný	szorgalmas
—	ondersteunen	stödja	wspierać	podporovat <podpořit>	támogat
—	ondersteuning f	stöd n	wsparcie n	podpora f	támogatás
tratamento m	verzorging f	skötsel u	opieka f	péče f	—
tratar	verzorgen	sköta	opiekować, się	pečovat	—
desculpar-se	verontschuldigen, zich	ursäkta sig	przepraszać <przeprosić>	omlouvat, se <omluvit, se>	bocsánatot kér
desculpa f	verontschuldiging f	ursäkt u	usprawiedliwienie n	omluva f	bocsánat
enfermeira f	verpleegster f	sjuksköterska u	pielęgniarka f	zdravotní sestra f	—
cuidado	verzorgd	välvårdad	wypielęgnowany	upravený	—
apostar	wedden	slå vad	zakładać się	sázet <sadit>	fogad
—	wedden	slå vad	zakładać się	sázet <sadit>	fogad
farmácia f	apotheek f	—	apteka f	lékárna f	gyógyszertár
drogaria f	drogisterij f	—	drogeria f	drogerie f	illatszerbolt
farmácia f	—	apotek n	apteka f	lékárna f	gyógyszertár
farmácia f	apotheek f	apotek n	apteka f	lékárna f	gyógyszertár
apoiar	ondersteunen	stödja	wspierać	podporovat <podpořit>	támogat
apoio m	ondersteuning f	stöd n	wsparcie n	podpora f	támogatás
aparecer	verschijnen	framträda	ukazywać, się <ukazać, się>	objevovat se <objevit se>	megjelen
aparelho m	toestel n	—	przyrząd m	přístroj m	készülék
aparelho m	toestel n	apparat u	przyrząd m	přístroj m	készülék
aparelho m	toestel n	apparat u	przyrząd m	přístroj m	készülék

appareil photo

	D	E	F	I	ES
appareil photo (F)	Fotoapparat m	camera	—	macchina fotografica m	máquina fotográfica f
apparemment (F)	anscheinend	seemingly	—	apparentemente	aparentemente
apparence (F)	Aussehen n	appearance	—	aspetto m	aspecto m
apparentemente (I)	anscheinend	seemingly	apparemment	—	aparentemente
apparire (I)	erscheinen	appear	apparaître	—	aparecer
appartamento (I)	Wohnung f	flat	appartement m	—	piso m
appartement (F)	Wohnung f	flat	—	appartamento m	piso m
appartenere (I)	gehören	belong	appartenir	—	pertenecer a
appartenir (F)	gehören	belong	—	appartenere	pertenecer a
appear (E)	erscheinen	—	apparaître	apparire	aparecer
appearance (E)	Aussehen n	—	apparence f	aspetto m	aspecto m
appel (NL)	Apfel m	apple	pomme f	mela f	manzana f
appeler¹ (F)	nennen	call	—	chiamare	nombrar
appeler² (F)	rufen	shout	—	chiamare	llamar
appeler, s' (F)	heißen	be called	—	chiamarsi	llamarse
appel téléphonique (F)	Anruf m	call	—	chiamata f	llamada f
appena (I)	kaum	hardly	à peine	—	apenas
appendere (I)	aufhängen	hang up	accrocher	—	colgar
Appetit (D)	—	appetite	appétit m	appetito m	apetito m
appetit (SV)	Appetit m	appetite	appétit m	appetito m	apetito m
appétit (F)	Appetit m	appetite	—	appetito m	apetito m
appetite (E)	Appetit m	—	appétit m	appetito m	apetito m
appetito (I)	Appetit m	appetite	appétit m	—	apetito m
appetizer (E)	Vorspeise f	—	hors-d'œuvre m	antipasto m	primer plato m
applaud (E)	klatschen	—	applaudir	battere le mani	aplaudir
applaudir (F)	klatschen	applaud	—	battere le mani	aplaudir
applaudissements (F)	Beifall m	applause	—	applauso m	aplauso m
applaus (NL)	Beifall m	applause	applaudissements m/pl	applauso m	aplauso m
applause (E)	Beifall m	—	applaudissements m/pl	applauso m	aplauso m
applauso (I)	Beifall m	applause	applaudissements m/pl	—	aplauso m
apple (E)	Apfel m	—	pomme f	mela f	manzana f
äpple (SV)	Apfel m	apple	pomme f	mela f	manzana f
appliance (E)	Gerät n	—	appareil m	apparecchio m	aparato m
application¹ (E)	Bewerbung f	—	candidature f	domanda d'impiego f	solicitud f
application² (E)	Antrag m	—	demande f	domanda f	solicitud f
apply (E)	bewerben, sich	—	poser sa candidature	concorrere	concurrir para
apply to (E)	gelten	—	valoir	valere	valer
apporter (F)	mitbringen	bring (along)	—	portare con sé	traer
apposta (I)	absichtlich	intentionally	exprès	—	adrede
apprendista (I)	Lehrling m	apprentice	apprenti m	—	aprendiz m
apprendre¹ (F)	erfahren	learn	—	venire a sapere	enterarse de
apprendre² (F)	lernen	learn	—	imparare	aprender
apprenti (F)	Lehrling m	apprentice	—	apprendista m	aprendiz m
apprentice (E)	Lehrling m	—	apprenti m	apprendista m	aprendiz m
approach¹ (E)	entgegenkommen	—	venir à la rencontre	venire incontro	venir al encuentro
approach² (E)	nähern, sich	—	approcher, se	avvicinarsi	acercarse

approach

P	NL	SV	PL	CZ	H
máquina fotográfica f	camera f	kamera u	aparat fotograficzny m	fotografický přístroj m	fényképezőgép
aparentemente	naar het schijnt	tydligen	widocznie	zdánlivě	úgy tűnik
aspecto m	uiterlijk n	utseende n	wygląd m	vzhled m	kinézés
aparentemente	naar het schijnt	tydligen	widocznie	zdánlivě	úgy tűnik
aparecer	verschijnen	framträda	ukazywać, się <ukazać, się>	objevovat se <objevit se>	megjelen
moradia f	woning f	lägenhet u	mieszkanie n	byt m	lakás
moradia f	woning f	lägenhet u	mieszkanie n	byt m	lakás
pertencer a	behoren	tillhöra	należeć	patřit	tartozik
pertencer a	behoren	tillhöra	należeć	patřit	tartozik
aparecer	verschijnen	framträda	ukazywać, się <ukazać, się>	objevovat se <objevit se>	megjelen
aspecto m	uiterlijk n	utseende n	wygląd m	vzhled m	kinézés
maçã f	—	äpple n	jabłko n	jablko n	alma
nomear	noemen	nämna	nazywać <nazwać>	jmenovat <pojmenovat>	nevez
chamar	roepen	ropa	wołać <zawołać>	volat <zavolat>	hív
chamar-se	heten	heta	nazywać, się	jmenovat, se	hív
telefonema m	telefoontje n	telefonsamtal n	rozmowa telefoniczna f	zavolání n	telefonhívás
quase nada	nauwelijks	knappast	prawie nie	stěží	alig
pendurar	ophangen	hänga upp	zawieszać <zawiesić>	pověsit	felakaszt
apetite m	eetlust m	appetit u	apetyt m	chuť f	étvágy
apetite m	eetlust m	—	apetyt m	chuť f	étvágy
apetite m	eetlust m	appetit u	apetyt m	chuť f	étvágy
apetite m	eetlust m	appetit u	apetyt m	chuť f	étvágy
apetite m	eetlust m	appetit u	apetyt m	chuť f	étvágy
entrada f	voorgerecht n	förrätt u	przystawka f	předkrm m	előétel
dar palmas	in de handen klappen	klappa	klaskać	tleskat <zatleskat>	tapsol
dar palmas	in de handen klappen	klappa	klaskać	tleskat <zatleskat>	tapsol
aplauso m	applaus n	bifall n	oklaski m/pl	potlesk m	taps
aplauso m	—	bifall n	oklaski m/pl	potlesk m	taps
aplauso m	applaus n	bifall n	oklaski m/pl	potlesk m	taps
aplauso m	applaus n	bifall n	oklaski m/pl	potlesk m	taps
maçã f	appel m	äpple n	jabłko n	jablko n	alma
maçã f	appel m	—	jabłko n	jablko n	alma
aparelho m	toestel n	apparat u	przyrząd m	přístroj m	készülék
candidatura f	sollicitatie f	platsansökan u	ubieganie się n	žádost uchazeče f	megpályázás
proposta f	aanvraag f	förslag n	wniosek m	žádost f	kérvény
candidatar-se	solliciteren	söka en plats	starać, się	ucházet, se	megpályázik
valer	gelden	gälla	uchodzić	platit	érvényben van
trazer	meebrengen	medföra	przynosić <przynieść>	přinášet <přinést>	magával hoz
propositadamente	opzettelijk	avsiktligt	celowo	úmyslně	szándékos
aprendiz m	leerling m	elev u	uczeń m	učeň m	szakmunkástanuló
vir a saber	ervaren; vernemen	erfaren	dowiadywać, się <dowiedzieć, się >	zkušený	megtud
aprender	leren	lära	uczyć, się <nauczyć, się>	učit, se <naučit, se>	tanul
aprendiz m	leerling m	elev u	uczeń m	učeň m	szakmunkástanuló
aprendiz m	leerling m	elev u	uczeń m	učeň m	szakmunkástanuló
vir ao encontro de	tegemoetkomen	tillmötesgå	iść naprzeciw <wyjść naprzeciw>	vycházet vstříc <vyjít vstříc>	elébe megy
aproximar-se	naderen	närma, sig	zbliżać, się <zbliżyć, się >	blížit, se <přiblížit, se>	közeledik

approcher, se

	D	E	F	I	ES
approcher, se (F)	nähern, sich	approach	—	avvicinarsi	acercarse
approprié(e)[1] (F)	geeignet	suitable	—	adatto(a)	adecuado(a)
approprié(e)[2] (F)	zweckmäßig	suitable	—	adatto(a)	adecuado(a)
approuver (F)	billigen	approve of	—	approvare	aprobar
approvare[1] (I)	bejahen	agree with	répondre par l'affirmative à	—	afirmar
approvare[2] (I)	billigen	approve of	approuver	—	aprobar
approvare[3] (I)	genehmigen	approve	autoriser	—	permitir
approve (E)	genehmigen	—	autoriser	approvare	permitir
approve of (E)	billigen	—	approuver	approvare	aprobar
approvvigionare (I)	versorgen	provide	fournir	—	proveer
appuntamento (I)	Verabredung f	date	rendez-vous m	—	cita f
apreciar[1] (P)	genießen	enjoy	jouir	godere	disfrutar
apreciar[2] (P)	schätzen	estimate	estimer	stimare	estimar
aprender (ES)	lernen	learn	apprendre	imparare	—
aprender (P)	lernen	learn	apprendre	imparare	aprender
aprendiz (ES)	Lehrling m	apprentice	apprenti m	apprendista m	—
aprendiz (P)	Lehrling m	apprentice	apprenti m	apprendista m	aprendiz m
après[1] (F)	danach	afterwards	—	poi/dopo	después
après[2] (F)	nach	after	—	dopo	después de
après-midi (F)	Nachmittag m	afternoon	—	pomeriggio m	tarde f
après que (F)	nachdem	after	—	dopo	después de que
apressar (P)	eilen	hurry	dépêcher, se	andare in fretta	darse prisa
apressar-se (P)	beeilen, sich	hurry up	dépêcher, se	affrettarsi	darse prisa
après/selon (F)	nach	after/to	—	a/in/verso/dopo	a/hacia/después
apretar (ES)	drücken	press	presser	premere	—
apribottiglie (I)	Flaschenöffner m	bottle opener	ouvre-bouteilles m	—	abrebotellas m
apricot (E)	Aprikose f	—	abricot m	albicocca f	albaricoque m
aprikos (SV)	Aprikose f	apricot	abricot m	albicocca f	albaricoque m
Aprikose (D)	—	apricot	abricot m	albicocca f	albaricoque m
aprire[1] (I)	aufschließen	unlock	ouvrir	—	abrir
aprire[2] (I)	öffnen	open	ouvrir	—	abrir
aprobar (ES)	billigen	approve of	approuver	approvare	—
aprobować <zaaprobować> (PL)	billigen	approve of	approuver	approvare	aprobar
aprópénz (H)	Kleingeld n	small change	monnaie f	spiccioli m/pl	cambio m
apropiado(a) (ES)	passend	suitable	assorti(e)	adatto(a)	—
apropriado (P)	passend	suitable	assorti(e)	adatto(a)	apropiado(a)
aprósütemény (H)	Keks m	biscuit	biscuit m	biscotto m	galleta f
aprovação (P)	Genehmigung f	authorization	autorisation f	permesso m	permiso m
aprovar[1] (P)	billigen	approve of	approuver	approvare	aprobar
aprovar[2] (P)	genehmigen	approve	autoriser	approvare	permitir
aproximadamente (ES)	ungefähr	about	environ	pressappoco	—
aproximadamente (P)	ungefähr	about	environ	pressappoco	aproximadamente
aproximar-se (P)	nähern, sich	approach	approcher, se	avvicinarsi	acercarse
apteka (PL)	Apotheke f	chemist's	pharmacie f	farmacia f	farmacia f

apteka

P	NL	SV	PL	CZ	H
aproximar-se	naderen	närma, sig	zbliżać, się <zbliżyć, się >	blížit, se <přiblížit, se>	közeledik
adequado	geschikt	lämplig	odpowiedni	vhodný	alkalmas
conveniente	doelmatig	ändamålsenlig	celowy	účelný	célszerű
aprovar	goedkeuren	godkänna	aprobować <zaaprobować>	schvalovat <schválit>	jóváhagy
afirmar	bevestigen	jaka	odpowiadać twierdząco <odpowiedzieć twierdząco>	souhlasit <odsouhlasit>	igennel válaszol
aprovar	goedkeuren	godkänna	aprobować <zaaprobować>	schvalovat <schválit>	jóváhagy
aprovar	goedkeuren	bevilja	zezwalać <zezwolić>	povolovat <povolit>	engedélyez
aprovar	goedkeuren	bevilja	zezwalać <zezwolić>	povolovat <povolit>	engedélyez
aprovar	goedkeuren	godkänna	aprobować <zaaprobować>	schvalovat <schválit>	jóváhagy
abastecer	verzorgen	sköta	zaopatrywać	zaopatřovat <zaopatřit>	ellát
compromisso *m*	afspraak *m*	avtal *n*	umówienie się *n*	schůzka *f*	megbeszélés
—	genieten	njuta	używać <użyć>	užívat <užít>	élvez
—	schatten/waarderen	uppskatta	szacować	cenit <ocenit>	becsüli
aprender	leren	lära	uczyć, się <nauczyć, się>	učit, se <naučit, se>	tanul
—	leren	lära	uczyć, się <nauczyć, się>	učit, se <naučit, se>	tanul
aprendiz *m*	leerling *m*	elev *u*	uczeń *m*	učeň *m*	szakmunkástanuló
—	leerling *m*	elev *u*	uczeń *m*	učeň *m*	szakmunkástanuló
depois	daarna	efteråt	potem	poté	utána
depois de	na	efter	po	po	utan
tarde *f*	namiddag *m*	eftermiddag *u*	popołudnie *n*	odpoledne *n*	délután
depois de	nadat	sedan	gdy	poté	miután
—	haasten, zich	skynda	pospieszać <pospieszyć>	spěchat <pospíšit si>	siet
—	haasten, zich	skynda sig	spieszyć, się <pospieszyć się>	spěchat <pospíšit>	siet
para	naar	efter	do	po	felé
premir	drukken	trycka	uciskać <ucisnąć>	tisknout <stisknout>	nyom
abre-cápsulas *m*	flesopener *m*	flasköppnare *u*	otwieracz do butelek *m*	otvírák na láhve *m*	üvegnyitó
damasco *m*	abrikoos *f*	aprikos *u*	morela *f*	meruňka *f*	sárgabarack
damasco *m*	abrikoos *f*	—	morela *f*	meruňka *f*	sárgabarack
damasco *m*	abrikoos *f*	aprikos *u*	morela *f*	meruňka *f*	sárgabarack
abrir à chave	ontsluiten	låsa upp	otwierać	odemykat <odemknout>	felnyit
abrir	openen	öppna	otwierać <otworzyć>	otevírat <otevřít>	nyit
aprovar	goedkeuren	godkänna	aprobować <zaaprobować>	schvalovat <schválit>	jóváhagy
aprovar	goedkeuren	godkänna	—	schvalovat <schválit>	jóváhagy
trocos *m*	kleingeld *n*	växelpengar *pl*	drobne pieniądze *m/pl*	drobné *pl*	—
apropriado	passend	passande	odpowiedni	padnoucí	megfelelő
—	passend	passande	odpowiedni	padnoucí	megfelelő
bolacha *f*	koekje *n*	kex *n*	ciastko *n*	keks *m*	—
—	goedkeuring *f*	godkännande *n*	zezwolenie *n*	povolení *n*	engedély
—	goedkeuren	godkänna	aprobować <zaaprobować>	schvalovat <schválit>	jóváhagy
—	goedkeuren	bevilja	zezwalać <zezwolić>	povolovat <povolit>	engedélyez
aproximadamente	ongeveer	ungefär	około	přibližně	körülbelül
—	ongeveer	ungefär	około	přibližně	körülbelül
—	naderen	närma, sig	zbliżać, się <zbliżyć, się >	blížit, se <přiblížit, se>	közeledik
farmácia *f*	apotheek *f*	apotek *n*	—	lékárna *f*	gyógyszertár

apto para

	D	E	F	I	ES
apto para (ES)	begabt	gifted	doué(e)	dotato(a)	—
a quadretti (I)	kariert	checked	à carreaux	—	a cuadros
aquecer¹ (P)	heizen	heat	chauffer	riscaldare	calentar
aquecer² (P)	wärmen	warm	chauffer	riscaldare	calentar
aquecimento (P)	Heizung f	heating	chauffage m	riscaldamento m	calefacción f
aqui (P)	hier	here	ici	qui	aquí
aquí¹ (ES)	her	here	ici	qua/qui/da	—
aquí² (ES)	hier	here	ici	qui	—
aquila (I)	Adler m	eagle	aigle m	—	àguila f
ar (P)	Luft f	air	air m	aria f	aire m
år (SV)	Jahr n	year	année f	anno m	año m
ár (H)	Preis m	price	prix m	prezzo m	precio m
ära (SV)	Ehre f	honour	honneur m	onore m	honor m
áram (H)	Strom m	current	courant m	corrente f	corriente f
arame (P)	Draht m	wire	fil de fer m	filo metallico m	alambre m
arancia (I)	Orange f	orange	orange f	—	naranja f
aranyos (H)	niedlich	sweet	mignon(ne)	carino(a)	bonito(a)
aranžovat (CZ)	arrangieren	arrange	arranger	arrangiare	organizar
aranżować <zaaranżować> (PL)	arrangieren	arrange	arranger	arrangiare	organizar
aratás (H)	Ernte f	harvest	moisson f	raccolto m	cosecha f
arbeider (NL)	Arbeiter m	worker	ouvrier m	operaio m	trabajador m
Arbeit (D)	—	work	travail m	lavoro m	trabajo m
arbeiten (D)	—	work	travailler	lavorare	trabajar
Arbeiter (D)	—	worker	ouvrier m	operaio m	trabajador m
Arbeitgeber (D)	—	employer	employeur m	datore di lavoro m	patrono m
Arbeitnehmer (D)	—	employee	employé m	lavoratore m	empleado m
arbeitslos (D)	—	unemployed	en chômage	disoccupato(a)	desempleado(a)
Arbeitslosigkeit (D)	—	unemployment	chômage m	disoccupazione f	desempleo m
arbeta (SV)	arbeiten	work	travailler	lavorare	trabajar
arbetare (SV)	Arbeiter m	worker	ouvrier m	operaio m	trabajador m
arbete (SV)	Arbeit f	work	travail m	lavoro m	trabajo m
arbetsgivare (SV)	Arbeitgeber m	employer	employeur m	datore di lavoro m	patrono m
arbetslös (SV)	arbeitslos	unemployed	en chômage	disoccupato(a)	desempleado(a)
arbetslöshet (SV)	Arbeitslosigkeit f	unemployment	chômage m	disoccupazione f	desempleo m
arbetstagare (SV)	Arbeitnehmer m	employee	employé m	lavoratore m	empleado m
árbol (ES)	Baum m	tree	arbre m	albero m	—
arbre (F)	Baum m	tree	—	albero m	árbol m
arc (H)	Gesicht n	face	visage m	faccia f	cara f
arc-en-ciel (F)	Regenbogen m	rainbow	—	arcobaleno m	arco iris m
arcobaleno (I)	Regenbogen m	rainbow	arc-en-ciel m	—	arco iris m
arco iris (ES)	Regenbogen m	rainbow	arc-en-ciel m	arcobaleno m	—
arcoíris (P)	Regenbogen m	rainbow	arc-en-ciel m	arcobaleno m	arco iris m
arder (ES)	brennen	burn	brûler	bruciare	—
area (E)	Fläche f	—	surface f	area f	área f
area (I)	Fläche f	area	surface f	—	área f
área (ES)	Fläche f	area	surface f	area f	—
área¹ (P)	Gebiet n	region	région f	regione f	zona f
área² (P)	Gebiet n	region	région f	regione f	zona f
areia (P)	Sand m	sand	sable m	sabbia f	arena f
arejar (P)	lüften	air	aérer	arieggiare	ventilar
arena (ES)	Sand m	sand	sable m	sabbia f	—
ärende (SV)	Angelegenheit f	affair	affaire f	affare m	asunto m
árengedmény (H)	Rabatt m	discount	rabais m	sconto m	rebaja f
aresztować (PL)	verhaften	arrest	arrêter	arrestare	detener
arg (SV)	böse	wicked	méchant(e)	cattivo(a)	malo(a)
argent (F)	Geld n	money	—	denaro m	dinero m

argent

P	NL	SV	PL	CZ	H
talentoso	begaafd	begåvad	zdolny	nadaný	tehetséges
quadriculado	geruit	rutigt	w kratkę	čtverečkovaný	kockás
—	verwarmen	värma upp	ogrzewać <ogrzać>	topit <zatopit>	fűt
—	verwarmen	värma	grzać	hřát <zahřát>	megmelegít
—	verwarming f	värme u	ogrzewanie n	topení n	fűtőberendezés
—	hier	här	tu	zde	itt
cá	hierheen	hit	w tę stronę	sem	ide
aqui	hier	här	tu	zde	itt
águia f	adelaar m	örn u	orzeł m	orel m	sas
—	lucht f	luft u	powietrze n	vzduch m	levegő
ano m	jaar n	—	rok m	rok m	év
preço m	prijs m	pris n	cena f	cena f	—
honra f	eer f	—	honor m	čest f	becsület
corrente f	stroom m	ström u	prąd m	proud m	—
—	draad m	tråd u	drut m	drát m	drót
laranja f	sinaasappel m	apelsin u	pomarańcza f	oranžový	narancs
amoroso	schattig	söt	śliczny	roztomilý	—
arranjar	arrangeren	arrangera	aranżować <zaaranżować>	—	megszervez
arranjar	arrangeren	arrangera	—	aranžovat	megszervez
colheita f	oogst m	skörd u	żniwo n	sklizeň f	—
operário m	—	arbetare u	robotnik m	dělník m	munkás
trabalho m	werk n	arbete n	praca f	práce f	munka
trabalhar	werken	arbeta	pracować	pracovat	dolgozik
operário m	arbeider m	arbetare u	robotnik m	dělník m	munkás
patrão m	werkgever m	arbetsgivare u	pracodawca m	zaměstnavatel m	munkaadó
empregado m	werknemer m	arbetstagare u	pracobiorca m	zaměstnanec m	munkavállaló
desempregado	werkloos	arbetslös	bezrobotny	nezaměstnaný	munkanélkül
desemprego m	werkloosheid f	arbetslöshet u	bezrobocie n	nezaměstnanost f	munkanélküliség
trabalhar	werken	—	pracować	pracovat	dolgozik
operário m	arbeider m	arbetare u	robotnik m	dělník m	munkás
trabalho m	werk n	—	praca f	práce f	munka
patrão m	werkgever m	—	pracodawca m	zaměstnavatel m	munkaadó
desempregado	werkloos	—	bezrobotny	nezaměstnaný	munkanélkül
desemprego m	werkloosheid f	—	bezrobocie n	nezaměstnanost f	munkanélküliség
empregado m	werknemer m	—	pracobiorca m	zaměstnanec m	munkavállaló
árvore f	boom m	träd n	drzewo n	strom m	fa
árvore f	boom m	träd n	drzewo n	strom m	fa
cara f	gelaat n	ansikte n	twarz f	obličej m	—
arcoíris m	regenboog m	regnbåge u	tęcza f	duha f	szivárvány
arcoíris m	regenboog m	regnbåge u	tęcza f	duha f	szivárvány
arcoíris m	regenboog m	regnbåge u	tęcza f	duha f	szivárvány
—	regenboog m	regnbåge u	tęcza f	duha f	szivárvány
queimar	branden	bränna	spalać <spalić>	hořet <shořet>	ég
superfície f	vlakte f	yta u	powierzchnia f	plocha f	terület
superfície f	vlakte f	yta u	powierzchnia f	plocha f	terület
superfície f	vlakte f	yta u	powierzchnia f	plocha f	terület
—	gebied n	område n	obszar m	území n	terület
—	gebied n	område n	obszar m	území n	terület
—	zand n	sand u	piach m	písek m	homok
—	luchten	ventilera	wietrzyć	větrat <vyvětrat>	szellőztet
areia f	zand n	sand u	piach m	písek m	homok
assunto m	aangelegenheid f	—	sprawa f	záležitost f	ügy
desconto m	korting f	rabatt u	rabat m	rabat m	—
prender	arresteren	häkta	—	zatýkat <zatknout>	letartóztat
mau	boos	—	zły	zle	gonosz
dinheiro m	geld n	pengar pl	pieniądze m/pl	peníze pl	pénz

ärgern

	D	E	F	I	ES
ärgern (D)	—	annoy	fâcher	arrabbiare	enfadar
argomento (I)	Argument n	argument	argument m	—	argumento m
Argument (D)	—	argument	argument m	argomento m	argumento m
argument¹ (E)	Argument n	—	argument m	argomento m	argumento m
argument² (E)	Streit m	—	dispute f	lite f	disputa f
argument (F)	Argument n	argument	—	argomento m	argumento m
argument (NL)	Argument n	argument	argument m	argomento m	argumento m
argument (SV)	Argument n	argument	argument m	argomento m	argumento m
argument (PL)	Argument n	argument	argument m	argomento m	argumento m
argument (CZ)	Argument n	argument	argument m	argomento m	argumento m
argumento (ES)	Argument n	argument	argument m	argomento m	—
argumento (P)	Argument n	argument	argument m	argomento m	argumento m
århundrade (SV)	Jahrhundert n	century	siècle m	secolo m	siglo m
aria (I)	Luft f	air	air m	—	aire m
arieggiare (I)	lüften	air	aérer	—	ventilar
arise (E)	entstehen	—	naître	nascere	surgir
årligen (SV)	jährlich	annual	annuel(le)	annuale	anualmente
ärlighet (SV)	ehrlich	honest	honnête	onesto(a)	honesto(a)
arm (D)	—	poor	pauvre	povero(a)	pobre
Arm (D)	—	arm	bras m	braccio m	brazo m
arm (E)	Arm m	—	bras m	braccio m	brazo m
arm (NL)	arm	poor	pauvre	povero(a)	pobre
arm (NL)	Arm m	arm	bras m	braccio m	brazo m
arm (SV)	Arm m	arm	bras m	braccio m	brazo m
arma (I)	Waffe f	weapon	arme f	—	arma f
arma (ES)	Waffe f	weapon	arme f	arma f	—
arma (P)	Waffe f	weapon	arme f	arma f	arma f
armadio¹ (I)	Kleiderschrank m	wardrobe	armoire à vêtements f	—	ropero m
armadio² (I)	Schrank m	cupboard	armoire f	—	armario m
armario (ES)	Schrank m	cupboard	armoire f	armadio m	—
armário (P)	Schrank m	cupboard	armoire f	armadio m	armario m
armazém¹ (P)	Lager n	store	magasin m	magazzino m	almacén m
armazém² (P)	Kaufhaus n	department store	grand magasin m	grande magazzino m	grandes almacenes m/pl
arme (F)	Waffe f	weapon	—	arma f	arma f
armoire (F)	Schrank m	cupboard	—	armadio m	armario m
armoire à vêtements (F)	Kleiderschrank m	wardrobe	—	armadio m	ropero m
árnyék (H)	Schatten m	shadow	ombre f	ombra f	sombra f
árnyékos (H)	schattig	shady	ombragé(e)	ombroso(a)	a la sombra
aroma (ES)	Duft m	scent	odeur f	profumo m	—
aroma (P)	Duft m	scent	odeur f	profumo m	aroma m
around (E)	herum	—	autour	intorno	alrededor
arrabbiare (I)	ärgern	annoy	fâcher	—	enfadar
arrabbiato(a) (I)	wütend	furious	furieux(euse)	—	furioso(a)
arrampicarsi (I)	klettern	climb	grimper	—	escalar
arrancar (ES)	reißen	tear	déchirer, se	strappare	—
arrange (E)	arrangieren	—	arranger	arrangiare	organizar
arranger (F)	arrangieren	arrange	—	arrangiare	organizar
arrangera (SV)	arrangieren	arrange	arranger	arrangiare	organizar
arrangeren (NL)	arrangieren	arrange	arranger	arrangiare	organizar
arrange to meet (E)	verabreden	—	prendre rendez-vous	darsi appuntamento	concertar una cita

arrange to meet

P	NL	SV	PL	CZ	H
aborrecer	ergeren	reta	złościć <rozzłościć>	zlobit	bosszant
argumento m	argument n	argument n	argument m	argument m	érv
argumento m	argument n	argument n	argument m	argument m	érv
argumento m	argument n	argument n	argument m	argument m	érv
disputa f	ruzie f	bråk n	kłótnia f	spor m	vita
argumento m	argument n	argument n	argument m	argument m	érv
argumento m	—	argument n	argument m	argument m	érv
argumento m	argument n	—	argument m	argument m	érv
argumento m	argument n	argument n	—	argument m	érv
argumento m	argument n	argument n	argument m	—	érv
argumento m	argument n	argument n	argument m	argument m	érv
—	argument n	argument n	argument m	argument m	érv
século m	eeuw f	—	stulecie n	století n	évszázad
ar m	lucht f	luft u	powietrze n	vzduch m	levegő
arejar	luchten	ventilera	wietrzyć	větrat <vyvětrat>	szellőztet
originar	ontstaan	uppstå	powstawać <powstać>	vznikat <vzniknout>	keletkezik
anual	jaarlijks	—	roczny	ročně	évente
honesto	eerlijk	—	uczciwy	čestný m	becsületes
pobre	arm	fattig	biedny	chudý	szegény
braço m	arm m	arm u	ramię	paže f	kar
braço m	arm m	arm u	ramię	paže f	kar
pobre	—	fattig	biedny	chudý	szegény
braço m	—	arm u	ramię	paže f	kar
braço m	arm m	—	ramię	paže f	kar
arma f	wapen n	vapen n	broń f	zbraň f	fegyver
arma f	wapen n	vapen n	broń f	zbraň f	fegyver
—	wapen n	vapen n	broń f	zbraň f	fegyver
roupeiro m	kleerkast f	klädskåp n	szafa na odzież f	šatník m	ruhaszekrény
armário m	kast f	skåp n	szafa f	skříň f	szekrény
armário m	kast f	skåp n	szafa f	skříň f	szekrény
—	kast f	skåp n	szafa f	skříň f	szekrény
—	magazijn n	lager n	obóz m	sklad m	raktár
—	warenhuis n	varuhus n	dom towarowy m	obchodní dům m	áruház
arma f	wapen n	vapen n	broń f	zbraň f	fegyver
armário m	kast f	skåp n	szafa f	skříň f	szekrény
roupeiro m	kleerkast f	klädskåp n	szafa na odzież f	šatník m	ruhaszekrény
sombra f	schaduw m	skugga u	cień m	stín m	—
sombreado	schaduwrijk	skuggig	cienisty	stinný	—
aroma m	geur m	doft u	zapach m	vůně f	illat
—	geur m	doft u	zapach m	vůně f	illat
em volta	omheen	omkring	dookoła	kolem	körül
aborrecer	ergeren	reta	złość <rozzłościć>	zlobit	bosszant
raivoso	woedend	rasande	rozzłoszczony	vzteklý	dühös
trepar	klimmen	klättra	wspinać, się <wspiąć, się>	lézt <vylézt>	felmászik
rasgar	scheuren	riva	rwać <porwać>	trhat <vytrhnout>	szakad
arranjar	arrangeren	arrangera	aranżować <zaaranżować>	aranžovat	megszervez
arranjar	arrangeren	arrangera	aranżować <zaaranżować>	aranžovat	megszervez
arranjar	arrangeren	—	aranżować <zaaranżować>	aranžovat	megszervez
arranjar	—	arrangera	aranżować <zaaranżować>	aranžovat	megszervez
combinar	afspreken	avtala	umawiać się	ujednávat <ujednat>	megállapodik

arrangiare

	D	E	F	I	ES
arrangiare (I)	arrangieren	arrange	arranger	—	organizar
arrangieren (D)	—	arrange	arranger	arrangiare	organizar
arranjar¹ (P)	arrangieren	arrange	arranger	arrangiare	organizar
arranjar² (P)	einrichten	fit out	aménager	arredare	equipar
arredamento (I)	Einrichtung f	furnishing	ameublement m	—	mobiliario m
arredare (I)	einrichten	fit out	aménager	—	equipar
arredores (P)	Umgebung f	surroundings	environs m/pl	dintorni m/pl	alrededores m/pl
arreglar (ES)	aufräumen	clear away	ranger	mettere in ordine	—
arrendar (P)	mieten	rent	louer	affittare	alquilar
arrepender-se (P)	bereuen	regret	regretter	pentirsi	arrepentirse
arrepentirse (ES)	bereuen	regret	regretter	pentirsi	—
arrest (E)	verhaften	—	arrêter	arrestare	detener
arrestare (I)	verhaften	arrest	arrêter	—	detener
arresteren (NL)	verhaften	arrest	arrêter	arrestare	detener
arrêt (F)	Haltestelle f	stop	—	fermata f	parada f
arrêter¹ (F)	anhalten	stop	—	fermare	parar
arrêter² (F)	aufhören	stop	—	cessare	terminar
arrêter³ (F)	abstellen	turn off	—	spegnere	desconectar
arrêter⁴ (F)	ausschalten	switch off	—	spegnere	desconectar
arrêter⁵ (F)	verhaften	arrest	—	arrestare	detener
arriba (ES)	oben	above	en haut	sopra	—
arriesgar (ES)	riskieren	risk	risquer	rischiare	—
arriscar (P)	riskieren	risk	risquer	rischiare	arriesgar
arrival (E)	Ankunft f	—	arrivée f	arrivo m	llegada f
arrivare (I)	ankommen	arrive	arriver	—	llegar
arrive (E)	ankommen	—	arriver	arrivare	llegar
Arrivederci! (I)	Wiedersehen!	Good-bye!	Au revoir!	—	¡Adiós!
arrivée (F)	Ankunft f	arrival	—	arrivo m	llegada f
arriver (F)	ankommen	arrive	—	arrivare	llegar
arriver (F)	geschehen	happen	—	accadere	ocurrir
arriver (F)	passieren	happen	—	succedere	pasar
arrivo (I)	Ankunft f	arrival	arrivée f	—	llegada f
arrombar (P)	einbrechen	break in	cambrioler	rubare	robar
arroser (F)	gießen	water	—	annaffiare	regar
arrostire (I)	braten	roast	rôtir	—	asar
arrostito(a) (I)	gebraten	fried	rôti(e)	—	asado(a)
arrosto (I)	Braten m	roast	rôti m	—	asado m
arrow (E)	Pfeil m	—	flèche f	freccia f	flecha f
arroz (ES)	Reis m	rice	riz m	riso m	—
arroz (P)	Reis m	rice	riz m	riso m	arroz m
arrugginire (I)	rosten	rust	rouiller	—	oxidarse
arrugginito(a) (I)	rostig	rusty	rouillé(e)	—	oxidado(a)
arrumar (P)	aufräumen	clear away	ranger	mettere in ordine	arreglar
årstid (SV)	Jahreszeit f	season	saison f	stagione f	estación del año f

67   årstid

P	NL	SV	PL	CZ	H
arranjar	arrangeren	arrangera	aranżować <zaaranżować>	aranžovat	megszervez
arranjar	arrangeren	arrangera	aranżować <zaaranżować>	aranžovat	megszervez
—	arrangeren	arrangera	aranżować <zaaranżować>	aranžovat	megszervez
—	inrichten	inrätta	urządzać <urządzić>	zařizovat <zařídit>	berendez
mobília f	inrichting f	inredning u	urządzenie n	zařízení n	berendezés
arranjar	inrichten	inrätta	urządzać <urządzić>	zařizovat <zařídit>	berendez
—	omgeving f	omgivning u	otoczenie n	okolí n	környék
arrumar	opruimen	städa	sprzątać <sprzątnąć>	uklízet <uklidit>	kitakarít
—	huren	hyra	wynajmować <wynająć>	najímat <najmout>	bérel
—	berouwen	ångra	żałować <pożałować>	litovat	megbánja
arrepender-se	berouwen	ångra	żałować <pożałować>	litovat	megbánja
prender	arresteren	häkta	aresztować	zatýkat <zatknout>	letartóztat
prender	arresteren	häkta	aresztować	zatýkat <zatknout>	letartóztat
prender	—	häkta	aresztować	zatýkat <zatknout>	letartóztat
paragem f	halte f	hållplats u	przystanek m	zastávka f	megálló
parar	stoppen	stoppa	zatrzymywać <zatrzymać>	zastavovat <zastavit>	megállít
acabar	ophouden	sluta	przestawać <przestać>	přestávat <přestat>	megszűnik
desligar	afzetten	ställa ned	odstawiać <odstawić>	odstavit	félretesz
desligar	uitschakelen	koppla ifrån	wyłączać <wyłączyć>	vypínat <vypnout>	kikapcsol
prender	arresteren	häkta	aresztować	zatýkat <zatknout>	letartóztat
em cima	boven	ovan	na górze	nahoře	fenn
arriscar	riskeren	riskera	ryzykować <zaryzykować>	riskovat <zariskovat>	kockáztat
—	riskeren	riskera	ryzykować <zaryzykować>	riskovat <zariskovat>	kockáztat
chegada f	aankomst f	ankomst u	przyjazd m	příjezd m	megérkezés
chegar	aankomen	komma fram	przybywać <przybyć>	přijíždět <přijet>	megérkez
chegar	aankomen	komma fram	przybywać <przybyć>	přijíždět <přijet>	megérkez
Até à vista!	Tot ziens!	Vi ses!	Do widzenia!	Na shledanou! f	Viszontlátásra!
chegada f	aankomst f	ankomst u	przyjazd m	příjezd m	megérkezés
chegar	aankomen	komma fram	przybywać <przybyć>	přijíždět <přijet>	megérkez
acontecer	gebeuren	hända	dziać się	stávat, se <stát, se>	történik
passar	passeren	hända	przechodzić <przejść>	stávat, se <stát, se>	történik
chegada f	aankomst f	ankomst u	przyjazd m	příjezd m	megérkezés
—	inbreken	bryta sig in	włamywać się <włamać, się>	vloupat, se	betör
regar	gieten	hälla	podlewać <podlać>	zalévat <zalít>	önt
assar	braden	steka	smażyć <usmażyć>	péci	süt
assado	gebraden	stekt	usmażony	pečený	megsült
assado m	gebraad n	köttstek u	pieczeń f	pečeně f	pecseny
seta f	pijl m	pil u	strzała f	šíp m	nyíl
arroz m	rijst m	ris n	ryż m	rýže f	rízs
—	rijst m	ris n	ryż m	rýže f	rízs
enferrujar	roesten	rosta	rdzewieć <zardzewieć>	rezivět <zrezivět>	rozsdásodik
ferrugento	roestig	rostig	zardzewiały	rezavý	rozsdás
—	opruimen	städa	sprzątać <sprzątnąć>	uklízet <uklidit>	kitakarít
estação do ano f	jaargetijde n	—	pora roku f	roční období n	évszak

Art 68

	D	E	F	I	ES
Art¹ (D)	—	way	manière f	modo m	manera f
Art² (D)	—	species	espèce f	specie f	especie f
art (E)	Kunst f	—	art m	arte f	arte m
art (F)	Kunst f	art	—	arte f	arte m
árt (H)	schaden	damage	nuire	nuocere	dañar
ártalmatlan (H)	harmlos	harmless	inoffensif(–ive)	inoffensivo(a)	inofensivo(a)
ártatlan (H)	unschuldig	innocent	innocent(e)	innocente	inocente/puro(a)
arte (I)	Kunst f	art	art m	—	arte m
arte (ES)	Kunst f	art	art m	arte f	—
arte (P)	Kunst f	art	art m	arte f	arte m
artesanía (ES)	Handwerk n	craft	métier m	artigianato m	—
artesano (ES)	Handwerker m	craftsman	artisan m	artigiano m	—
article (E)	Artikel m	—	article m	articolo m	artículo m
article (F)	Artikel m	article	—	articolo m	artículo m
articolo (I)	Artikel m	article	article m	—	artículo m
artículo (ES)	Artikel m	article	article m	articolo m	—
artifice (P)	Handwerker m	craftsman	artisan m	artigiano m	artesano m
artificial (E)	künstlich	—	artificiel(le)	artificiale	artificial
artificial (ES)	künstlich	artificial	artificiel(le)	artificiale	—
artificial (P)	künstlich	artificial	artificiel(le)	artificiale	artificial
artificiale (I)	künstlich	artificial	artificiel(le)	—	artificial
artificiel(le) (F)	künstlich	artificial	—	artificiale	artificial
artigianato (I)	Handwerk n	craft	métier m	—	artesanía f
artigiano (I)	Handwerker m	craftsman	artisan m	—	artesano m
artigo (P)	Artikel m	article	article m	articolo m	artículo m
Artikel (D)	—	article	article m	articolo m	artículo m
artikel (NL)	Artikel m	article	article m	articolo m	artículo m
artikel (SV)	Artikel m	article	article m	articolo m	artículo m
artisan (F)	Handwerker m	craftsman	—	artigiano m	artesano m
artist (E)	Künstler m	—	artiste m	artista m	artista m
artista (I)	Künstler m	artist	artiste m	—	artista m
artista (ES)	Künstler m	artist	artiste m	artista m	—
artista (P)	Künstler m	artist	artiste m	artista m	artista m
artiste (F)	Künstler m	artist	—	artista m	artista m
arts (NL)	Arzt m	doctor	médecin m	medico m	médico m
artykuł (PL)	Artikel m	article	article m	articolo m	artículo m
artykuły żywnościowe (PL)	Lebensmittel pl	food	denrées alimentaires f/pl	generi alimentari m/pl	alimentos m/pl
artysta (PL)	Künstler m	artist	artiste m	artista m	artista m
áru (H)	Ware f	goods	marchandise f	merce f	mercancía f
áruház (H)	Kaufhaus n	department store	grand magasin m	grande magazzino m	grandes almacenes m/pl
árus (H)	Händler m	dealer	commerçant m	commerciante m	comerciante m
ärva (SV)	erben	inherit	hériter	ereditare	heredar
árvíz (H)	Überschwemmung f	flood	inondation f	inondazione f	inundación f
árvore (P)	Baum m	tree	arbre m	albero m	árbol m
Arzt (D)	—	doctor	médecin m	medico m	médico m
as (NL)	Asche f	ash	cendre f	cenere f	ceniza f
ás (H)	graben	dig	creuser	scavare	cavar
asa (P)	Flügel m	wing	aile f	ala f	ala f
a saber (ES)	nämlich	namely	à savoir	cioè	—
asado (ES)	Braten m	roast	rôti m	arrosto m	—
asado(a) (ES)	gebraten	fried	rôti(e)	arrostito(a)	—
asaltar (ES)	überfallen	attack	attaquer	assalire	—

asaltar

P	NL	SV	PL	CZ	H
maneira f	aard m	sätt n	rodzaj m	druh m	mód
espécie f	soort m	slag n	gatunek m	druh m	faj
arte f	kunst f	konst u	sztuka f	umění n	művészet
arte f	kunst f	konst u	sztuka f	umění n	művészet
prejudicar	schaden	skada	szkodzić <zaszkodzić>	škodit <poškodit>	—
inofensivo	ongevaarlijk	ofarlig	nieszkodliwy	neškodný	—
inocente	onschuldig	oskyldig	niewinny	nevinný	—
arte f	kunst f	konst u	sztuka f	umění n	művészet
arte f	kunst f	konst u	sztuka f	umění n	művészet
—	kunst f	konst u	sztuka f	umění n	művészet
ofício m	handwerk n/ ambacht n	hantverk n	rzemiosło n	řemeslo n	mesterség
artífice m	ambachtsman m	hantverkare u	rzemieślnik m	řemeslník m	mesterember
artigo m	artikel n	artikel u	artykuł m	článek m	(újság)cikk
artigo m	artikel n	artikel u	artykuł m	článek m	(újság)cikk
artigo m	artikel n	artikel u	artykuł m	článek m	(újság)cikk
artigo m	artikel n	artikel u	artykuł m	článek m	(újság)cikk
—	ambachtsman m	hantverkare u	rzemieślnik m	řemeslník m	mesterember
artificial	kunstmatig	konstgjord	sztuczny	umělý	mesterséges
artificial	kunstmatig	konstgjord	sztuczny	umělý	mesterséges
—	kunstmatig	konstgjord	sztuczny	umělý	mesterséges
artificial	kunstmatig	konstgjord	sztuczny	umělý	mesterséges
artificial	kunstmatig	konstgjord	sztuczny	umělý	mesterséges
ofício m	handwerk n/ ambacht n	hantverk n	rzemiosło n	řemeslo n	mesterség
artífice m	ambachtsman m	hantverkare u	rzemieślnik m	řemeslník m	mesterember
—	artikel n	artikel u	artykuł m	článek m	(újság)cikk
artigo m	artikel n	artikel u	artykuł m	článek m	(újság)cikk
artigo m	—	artikel u	artykuł m	článek m	(újság)cikk
artigo m	artikel n	—	artykuł m	článek m	(újság)cikk
artífice m	ambachtsman m	hantverkare u	rzemieślnik m	řemeslník m	mesterember
artista m	kunstenaar m	konstnär u	artysta m	umělec m	művész
artista m	kunstenaar m	konstnär u	artysta m	umělec m	művész
artista m	kunstenaar m	konstnär u	artysta m	umělec m	művész
—	kunstenaar m	konstnär u	artysta m	umělec m	művész
artista m	kunstenaar m	konstnär u	artysta m	umělec m	művész
médico m	—	läkare u	lekarz m	lékař m	orvos
artigo m	artikel n	artikel u	—	článek m	(újság)cikk
viveres m/pl	levensmiddelen pl	livsmedel pl	—	potraviny f/pl	élelmiszer
artista m	kunstenaar m	konstnär u	—	umělec m	művész
mercadoria f	waar f	vara u	towar m	zboží n	—
armazém m	warenhuis n	varuhus n	dom towarowy m	obchodní dům m	—
comerciante m	handelaar m	handelsman u	handlarz m	obchodník m	—
herdar	erven	—	dziedziczyć <odziedziczyć>	dědit <zdědit>	örököl
inundação f	overstroming f	översvämning u	powódź f	záplava f	—
—	boom m	träd n	drzewo n	strom m	fa
médico m	arts m	läkare u	lekarz m	lékař m	orvos
cinza f	—	aska u	popiół m	popel m	hamu
cavar	graven	gräva	kopać	kopat vykopat	—
—	vleugel m	flygel u	skrzydło n	křídlo n	szárny
nomeadamente	namelijk	nämligen	mianowicie	a sice	tudniillik
assado m	gebraad n	köttstek u	pieczeń f	pečeně n	pecseny
assado	gebraden	stekt	usmażony	pečený	megsült
assaltar	overvallen	överfalla	napadać	přepadat <přepadnout>	megtámad

asalto

	D	E	F	I	ES
asalto (ES)	Überfall m	raid	attaque f	aggressione f	—
asar (ES)	braten	roast	rôtir	arrostire	—
as a result of (E)	infolge	—	par suite de	in seguito a	por
à savoir (F)	nämlich	namely	—	cioè	a saber
asbakje (NL)	Aschenbecher m	ashtray	cendrier m	portacenere m	cenicero m
ascend (E)	aufsteigen	—	monter	salire	subir
ascenseur (F)	Fahrstuhl m	elevator	—	ascensore m	ascensor m
ascensor (ES)	Fahrstuhl m	elevator	ascenseur m	ascensore m	—
ascensore (I)	Fahrstuhl m	elevator	ascenseur m	—	ascensor m
Asche (D)	—	ash	cendre f	cenere f	ceniza f
Aschenbecher (D)	—	ashtray	cendrier m	portacenere m	cenicero m
asciugacapelli (I)	Föhn m	hair-dryer	sèche-cheveux m	—	secador de pelo m
asciugamano (I)	Handtuch n	towel	serviette f	—	pañuelo m
asciugare (I)	trocknen	dry	sécher	—	secar
asciutto(a) (I)	trocken	dry	sec(sèche)	—	seco(a)
ascoltare (I)	zuhören	listen	écouter	—	escuchar
ascoltatore (I)	Hörer m	listener	auditeur m	—	oyente m
asegurar (ES)	versichern	assure	assurer	assicurare	—
aseo (ES)	Pflege f	care	soins m/pl	cura f	—
asesinato (ES)	Mord m	murder	meurtre m	assassinio m	—
ash (E)	Asche f	—	cendre f	cenere f	ceniza f
ashtray (E)	Aschenbecher m	—	cendrier m	portacenere m	cenicero m
así (ES)	also	therefore	donc	dunque/quindi	—
Asia (E)	Asien n	—	Asie f	Asia f	Asia f
Asia (I)	Asien n	Asia	Asie f	—	Asia f
Asia (ES)	Asien n	Asia	Asie f	Asia f	—
Ásia (P)	Asien n	Asia	Asie f	Asia f	Asia f
a sice (CZ)	nämlich	namely	à savoir	cioè	a saber
asidero (ES)	Griff m	handle	poignée f	maniglia f	—
Asie (F)	Asien n	Asia	—	Asia f	Asia f
Asie (CZ)	Asien n	Asia	Asie f	Asia f	Asia f
Asien (D)	—	Asia	Asie f	Asia f	Asia f
Asien (SV)	Asien n	Asia	Asie f	Asia f	Asia f
åsikt (SV)	Ansicht f	opinion	avis m	opinione f	opinión f
åsikt (SV)	Meinung f	opinion	opinion f	opinione f	opinión f
asilo (infantile) (I)	Kindergarten m	nursery school	jardin d'enfants m	—	jardín de infancia m
a sinistra (I)	links	left	à gauche	—	a la izquierda
asino (I)	Esel m	donkey	âne m	—	burro m
ask[1] (E)	auffordern	—	inviter	invitare	invitar
ask[2] (E)	fragen	—	demander	domandare	preguntar
ask (SV)	Schachtel f	box	boîte f	scatola f	caja f
aska (SV)	Asche f	ash	cendre f	cenere f	ceniza f
åska[1] (SV)	Donner m	thunder	tonnerre m	tuono m	trueno m
åska[2] (SV)	Gewitter n	thunderstorm	orage m	temporale m	tormenta f
åskådare (SV)	Zuschauer m	spectator	spectateur m	spettatore m	espectador m
askkopp (SV)	Aschenbecher m	ashtray	cendrier m	portacenere m	cenicero m
åsna (SV)	Esel m	donkey	âne m	asino m	burro m
asociación (ES)	Verein m	club	association f	associazione f	—
asombrarse (ES)	staunen	be astonished	étonner, s'	stupirsi	—
aspecto (ES)	Aussehen n	appearance	apparence f	aspetto m	—
aspecto (P)	Aussehen n	appearance	apparence f	aspetto m	aspecto m
áspero (P)	rau	rough	rêche	ruvido(a)	rudo(a)
aspettare[1] (I)	erwarten	expect	attendre	—	esperar
aspettare[2] (I)	warten	wait	attendre	—	esperar
aspetto (I)	Aussehen n	appearance	apparence f	—	aspecto m

aspetto

P	NL	SV	PL	CZ	H
assalto m	overval m	överfall n	napad m	přepadení n	megtámadás
assar	braden	steka	smażyć <usmażyć>	péci	süt
em consequência de	ten gevolge	på grund av	wskutek	v důsledku	következtében
nomeadamente	namelijk	nämligen	mianowicie	a sice	tudniillik
cinzeiro m	—	askkopp u	popielniczka f	popelník m	hamutartó
subir	opstijgen	stiga	wsiadać <wsiąść>	stoupat	felemelkedik
elevador m	lift m	hiss u	winda f	výtah m	lift
elevador m	lift m	hiss u	winda f	výtah m	lift
elevador m	lift m	hiss u	winda f	výtah m	lift
cinza f	as f	aska u	popiół m	popel m	hamu
cinzeiro m	asbakje n	askkopp u	popielniczka f	popelník m	hamutartó
secador m	föhn m	fön u	suszarka do włosów f	fén m	hajszárító
toalha f	handdoek m	handduk u	ręcznik m	kapesník m	törülköző
secar	drogen	torka	suszyć	sušit <ususit>	megszárít
seco	droog	torr	suchy	suchý	száraz
escutar	luisteren	lyssna	przysłuchiwać się	poslouchat <poslechnout>	hallgat
ouvinte m	luisteraar m	lyssnare u	słuchacz m	posluchač m	hallgató
assegurar	verzekeren	försäkra	ubezpieczać	ujišťovat <ujistit>	biztosít
tratamento m	verzorging f	skötsel u	opieka f	péče f	ápolás
homicídio m	moord m	mord n	morderstwo n	vražda f	gyilkosság
cinza f	as f	aska u	popiół m	popel m	hamu
cinzeiro m	asbakje n	askkopp u	popielniczka f	popelník m	hamutartó
assim	dus	alltså	więc	tedy	tehát
Ásia f	Azië n	Asien n	Azja	Asie f	Ázsia
Ásia f	Azië n	Asien n	Azja	Asie f	Ázsia
Ásia f	Azië n	Asien n	Azja	Asie f	Ázsia
—	Azië n	Asien n	Azja	Asie f	Ázsia
nomeadamente	namelijk	nämligen	mianowicie	—	tudniillik
cabo m	greep m	fäste n	chwyt m	rukojeť f	kézmozdulat
Ásia f	Azië n	Asien n	Azja	Asie f	Ázsia
Ásia f	Azië n	Asien n	Azja	—	Ázsia
Ásia f	Azië n	Asien n	Azja	Asie f	Ázsia
Ásia f	Azië n	—	Azja	Asie f	Ázsia
vista f	aanzicht n	—	pogląd m	pohled m	nézet
opinião f	mening f	—	pogląd m	názor m	vélemény
jardim de infância m	kleuterschool f	förskola u	przedszkole n	mateřská školka f	óvoda
esquerda	links	till vänster	na lewo	vlevo	balra
burro m	ezel m	åsna u	osioł m	osel m	szamár
convidar	uitnodigen	uppmana	wzywać <wezwać>	vyzývat <vyzvat>	felszólít
perguntar	vragen	fråga	pytać	ptát, se <zeptat, se>	kérdez
caixa f	doos f	—	pudełko n	krabice f	doboz
cinza f	as f	—	popiół m	popel m	hamu
trovão m	donder m	—	grzmot m	hrom m	mennydörgés
tempestade f	onweer n	—	burza f	bouřka f	zivatar
espectador m	toeschouwer m	—	widz m	divák m	néző
cinzeiro m	asbakje n	—	popielniczka f	popelník m	hamutartó
burro m	ezel m	—	osioł m	osel m	szamár
associação f	vereniging f	förening u	stowarzyszenie n	spolek m	egyesület
admirar-se	verbaasd zijn	bli förvånad	dziwić, się <zdziwić, się>	divit, se <podivit, se>	csodálkozik
aspecto m	uiterlijk n	utseende n	wygląd m	vzhled m	kinézés
—	uiterlijk n	utseende n	wygląd m	vzhled m	kinézés
—	ruig	rå	szorstki	hrubý	durva
aguardar	verwachten	förvänta	oczekiwać	očekávat	elvár
esperar	wachten	vänta	czekać	čekat <počkat>	vár
aspecto m	uiterlijk n	utseende n	wygląd m	vzhled m	kinézés

assado

	D	E	F	I	ES
assado (P)	Braten m	roast	rôti m	arrosto m	asado m
assado (P)	gebraten	fried	rôti(e)	arrostito(a)	asado(a)
assaggiare (I)	probieren	test	essayer	—	probar
assalire (I)	überfallen	attack	attaquer	—	asaltar
assaltar (P)	überfallen	attack	attaquer	assalire	asaltar
assalto (P)	Überfall m	raid	attaque f	aggressione f	asalto m
assar (P)	braten	roast	rôtir	arrostire	asar
assassinio (I)	Mord m	murder	meurtre m	—	asesinato m
assault (E)	Anschlag m	—	attentat m	manifesto m	atentado m
assegno (I)	Scheck m	cheque	chèque m	—	cheque m
assegurar (P)	versichern	assure	assurer	assicurare	asegurar
assemelhar-se a (P)	ähneln	be similar	ressembler	simile	parecerse a
asseoir, s' (F)	hinsetzen	sit down	—	sedersi	sentarse
assert (E)	behaupten	—	affirmer	affermare	afirmar
assetato(a) (I)	durstig	thirsty	assoiffé(e)	—	tener sed
assez¹ (F)	genug	enough	—	abbastanza	bastante
assez² (F)	ziemlich	quite	—	abbastanza	bastante
assicurare (I)	versichern	assure	assurer	—	asegurar
assicurazione (I)	Versicherung f	insurance	assurance f	—	seguro m
assiette (F)	Teller m	plate	—	piatto m	plato m
assim (P)	also	therefore	donc	dunque/quindi	así
assinar (P)	unterschreiben	sign	signer	firmare	firmar
assinatura (P)	Unterschrift f	signature	signature f	firma f	firma f
assistere (I)	unterstützen	support	soutenir	—	apoyar
assistir (P)	zusehen	watch	regarder	stare a guardare	mirar
associação (P)	Verein m	club	association f	associazione f	asociación f
association (F)	Verein m	club	—	associazione f	asociación f
associazione (I)	Verein m	club	association f	—	asociación f
assoiffé(e) (F)	durstig	thirsty	—	assetato(a)	tener sed
assolutamente (I)	unbedingt	absolutely	absolument	—	absolutamente
assorti(e) (F)	passend	suitable	—	adatto(a)	apropiado(a)
assume (E)	voraussetzen	—	supposer	presupporre	presuponer
assumere (I)	einstellen	employ	recruter	—	emplear
assumption (E)	Annahme f	—	supposition f	supposizione f	suposición f
assunto (P)	Angelegenheit f	affair	affaire f	affare m	asunto m
assurance (F)	Versicherung f	insurance	—	assicurazione f	seguro m
assurdità (I)	Unsinn m	nonsense	bêtises f/pl	—	absurdo m
assure (E)	versichern	—	assurer	assicurare	asegurar
assurer (F)	versichern	assure	—	assicurare	asegurar
assustar (P)	erschrecken	frighten	effrayer	spaventare	asustar
asszony (H)	Frau f	woman	femme f	donna f	mujer f
Ast (D)	—	branch	branche f	ramo m	rama f
astucieux(euse) (F)	schlau	clever	—	astuto(a)	astuto(a)
astuto(a) (I)	schlau	clever	astucieux(euse)	—	astuto(a)
astuto(a) (ES)	schlau	clever	astucieux(euse)	astuto(a)	—
asunto (ES)	Angelegenheit f	affair	affaire f	affare m	—
asustar (ES)	erschrecken	frighten	effrayer	spaventare	—
ásványvíz (H)	Mineralwasser n	mineral water	eau minérale f	acqua minerale f	agua mineral f
às vezes (P)	manchmal	sometimes	quelquefois	talvolta	a veces
asztal (H)	Tisch m	table	table f	tavolo m	mesa f
át¹ (H)	herüber	over	par ici	da questa parte	a este lado
át² (H)	hindurch	through	à travers	attraverso	a través de

P	NL	SV	PL	CZ	H
—	gebraad n	köttstek u	pieczeń f	pečeně f	pecseny
—	gebraden	stekt	usmażony	pečený	megsült
experimentar	proberen	prova	próbować <spróbować>	zkoušet <zkusit>	próbál
assaltar	overvallen	överfalla	napadać	přepadat <přepadnout>	megtámad
—	overvallen	överfalla	napadać	přepadat <přepadnout>	megtámad
—	overval m	överfall n	napad m	přepadení n	megtámadás
—	braden	steka	smażyć <usmażyć>	péci	süt
homicídio m	moord m	mord n	morderstwo n	vražda f	gyilkosság
atentado m	aanslag m	anslag n	zamach m	oznámení n	merénylet
cheque m	cheque m	check u	czek m	šek m	csekk
—	verzekeren	försäkra	ubezpieczać	ujišťovat <ujistit>	biztosít
—	gelijken	likna	być podobnym	podobat, se	hasonlít
sentar-se	neerzetten	sätta ned	posadzić	posadit, se	lerak
afirmar	beweren	påstå	twierdzić	tvrdit	állít
ter sede	dorstig	törstig	spragniony	žíznivý	szomjas
suficiente	genoeg	tillräckligt	dość	dost	elég
bastante	behoorlijk	ganska	dość	značný	meglehetősen
assegurar	verzekeren	försäkra	ubezpieczać	ujišťovat <ujistit>	biztosít
seguro m	verzekering f	försäkring u	ubezpieczenie n	pojištění n	biztosítás
prato m	bord n	tallrik u	talerz m	talíř m	tányér
—	dus	alltså	więc	tedy	tehát
—	ondertekenen	skriva på	podpisać	podepisovat <podepsat>	aláír
—	handtekening f	underskrift	podpis m	podpis m	aláírás
apoiar	ondersteunen	stödja	wspierać	podporovat <podpořit>	támogat
—	toezien	se på	przyglądać się	přihlížet <přihlédnout>	figyel
—	vereniging f	förening u	stowarzyszenie n	spolek m	egyesület
associação f	vereniging f	förening u	stowarzyszenie n	spolek m	egyesület
associação f	vereniging f	förening u	stowarzyszenie n	spolek m	egyesület
ter sede	dorstig	törstig	spragniony	žíznivý	szomjas
imprescindível	in elk geval	absolut	koniecznie	bezpodmínečně	feltétlen
apropriado	passend	passande	odpowiedni	padnoucí	megfelelő
pressupor	veronderstellen	förutsätta	przypuszczać	předpokládat	feltételez
contratar	aanstellen	anställa	angażować <zaangażować>	přijímat <přijmout>	vkit munkába állít
recepção f	veronderstelling f	antagande n	przypuszczenie n	příjem m	elfogadás
—	aangelegenheid f	ärende n	sprawa f	záležitost f	ügy
seguro m	verzekering f	försäkring u	ubezpieczenie n	pojištění n	biztosítás
disparates m/pl	onzin m	struntprat n	bezsens m	nesmysl m	hülyeség
assegurar	verzekeren	försäkra	ubezpieczać	ujišťovat <ujistit>	biztosít
assegurar	verzekeren	försäkra	ubezpieczać	ujišťovat <ujistit>	biztosít
—	schrikken	förskräckas	przestraszyć	děsit <vyděsit>	megijed
mulher f	vrouw f	kvinna u	kobieta f	žena f	—
ramo m	tak m	gren u	gałąź f	větev f	faág
esperto	slim	smart	przebiegły	chytrý	ravasz
esperto	slim	smart	przebiegły	chytrý	ravasz
esperto	slim	smart	przebiegły	chytrý	ravasz
assunto m	aangelegenheid f	ärende n	sprawa f	záležitost f	ügy
assustar	schrikken	förskräckas	przestraszyć	děsit <vyděsit>	megijed
água mineral f	mineraalwater n	mineralvatten n	woda mineralna f	minerální voda f	—
—	soms	ibland	czasem	někdy	néha
mesa f	tafel f	bord n	stół m	stůl m	—
para cá	hierheen	hitåt	w tę stronę	sem	—
através de	doorheen	igenom	przez	skrz	—

át

	D	E	F	I	ES
át³ (H)	hinüber	across	de l'autre côté	di là	hacia el otro lado
äta¹ (SV)	essen	eat	manger	mangiare	comer
äta² (SV)	fressen	eat	bouffer	mangiare	devorar
atacar (ES)	angreifen	attack	attaquer	attaccare	—
atacar (P)	angreifen	attack	attaquer	attaccare	atacar
átad (H)	überreichen	hand over	présenter	consegnare	entregar
åtagande (SV)	Verpflichtung f	obligation	obligation f	obbligo m	obligación f
atakować <zaatakować> (PL)	angreifen	attack	attaquer	attaccare	atacar
atar (ES)	binden	bind	attacher	legare	—
ataúd (ES)	Sarg m	coffin	cercueil m	bara f	—
ätbar (SV)	essbar	eatable	mangeable	commestibile	comestible
até (P)	sogar	even	même	perfino	incluso
Até à vista! (P)	Wiedersehen!	Good-bye!	Au revoir!	Arrivederci!	¡Adiós!
átél (H)	erleben	experience	être témoin de	vivere	experimentar
atelier de réparation d'autos (F)	Autowerkstatt f	repair shop	—	autofficina f	taller de reparaciones m
Atem (D)	—	breath	respiration f	fiato m	respiro m
a tempo (P)	rechtzeitig	in time	à temps	in tempo	a tiempo
à temps (F)	rechtzeitig	in time	—	in tempo	a tiempo
Atenção! (P)	Achtung!	Attention!	Attention!	Attenzione!	¡Atención!
¡Atención! (ES)	Achtung!	Attention!	Attention!	Attenzione!	—
atender (ES)	Acht geben	take care	faire attention	badare	—
atender/ocuparse de (ES)	sorgen	worry about	occuper de, s'	prendersi cura di	—
atentado (ES)	Anschlag m	assault	attentat m	manifesto m	—
atentado (P)	Anschlag m	assault	attentat m	manifesto m	atentado m
atento (P)	aufmerksam	attentive	attentif(ive)	attento(a)	atento(a)
atento(a) (ES)	aufmerksam	attentive	attentif(ive)	attento(a)	—
återge (SV)	wiedergeben	return	rendre	restituire	devolver
återhämta sig (SV)	erholen, sich	recover	reposer, se	rimettersi	recuperarse
aterragem (P)	Landung f	landing	atterrissage m	atterraggio m	aterrizaje m
aterrar (P)	landen	land	atterrir	atterrare	aterrizar
aterrizaje (ES)	Landung f	landing	atterrissage m	atterraggio m	—
aterrizar (ES)	landen	land	atterrir	atterrare	—
återse (SV)	wiedersehen	see again	revoir	rivedere	volver a ver
atestado (P)	Bescheinigung f	certificate	attestation f	certificato m	certificado m
atestar (P)	bescheinigen	certify	attester	attestare	atestiguar
atestiguar (ES)	bescheinigen	certify	attester	attestare	—
at first (E)	zuerst	—	d'abord	dapprima	primero
áthalad (H)	überqueren	cross	traverser	attraversare	atravesar
a third (E)	Drittel n	—	troisième	terzo(a)	tercio m
at home (E)	zu Hause	—	à la maison	a casa	en casa
a tiempo (ES)	rechtzeitig	in time	à temps	in tempo	—
atirar (P)	werfen	throw	lancer	lanciare	tirar
átköltözik (H)	umziehen	move	déménager	traslocare	mudarse
átlagban/átlagos (H)	durchschnittlich	average	moyen(ne)	medio(a)	medio(a)
at last (E)	endlich	—	enfin	finalmente	finalmente
at least (E)	mindestens	—	au moins	almeno	por lo menos
atmen (D)	—	breathe	respirer	respirare	respirar
átmenetileg (H)	vorübergehend	temporary	temporaire	temporaneo(a)	pasajero(a)

átmenetileg

P	NL	SV	PL	CZ	H
para lá	erheen	dit över	na tamtą stronę	na druhou stranu	—
comer	eten	—	jeść <zjeść>	jíst <sníst>	eszik
devorar	vreten	—	żreć <zeżreć>	žrát <sežrat>	zabál
atacar	aanvallen	angripa	atakować <zaatakować>	útočit <zaútočit>	megtámad
—	aanvallen	angripa	atakować <zaatakować>	útočit <zaútočit>	megtámad
entregar	overhandigen	överräcka	przekazywać	předávat <předat>	—
obrigação f	verplichting f	—	zobowiązanie n	povinnost f	kötelezettség
atacar	aanvallen	angripa	—	útočit <zaútočit>	megtámad
ligar	binden	binda fast	wiązać	svazovat <svázat>	köt
caixão m	doodkist f	likkista u	trumna f	rakev f	koporsó
comestível	eetbaar	—	jadalny	jedlý	ehető
—	zelfs	till och med	nawet	dokonce	sőt
—	Tot ziens!	Vi ses!	Do widzenia!	Na shledanou! f	Viszontlátásra!
presenciar	beleven	uppleva	przeżywać <przeżyć>	prožívat <prožít>	—
oficina de reparações f	garage f	bilverkstad u	stacja naprawy samochodów f	autodílna f	autojavító műhely
respiração f	adem m	andning u	oddech m	dech m	lélegzet
—	tijdig	i rätt tid	w porę	včas	időben
a tempo	tijdig	i rätt tid	w porę	včas	időben
—	Attentie!	Se upp!	Uwaga!	Pozor!	Figyelem!
Atenção!	Attentie!	Se upp!	Uwaga!	Pozor!	Figyelem!
prestar atenção a	opletten	akta sig	uważać	dávat pozor <dát pozor>	vigyáz
preocupar	zorgen	oroa sig	troszczyć, się	starat, se <postarat, se>	gondoskodik
atentado m	aanslag m	anslag n	zamach m	oznámení n	merénylet
—	aanslag m	anslag n	zamach m	oznámení n	merénylet
—	oplettend	uppmärksam	uważny	pozorně	figyelmes
atento	oplettend	uppmärksam	uważny	pozorně	figyelmes
devolver	teruggeven	—	odtwarzać	vracet <vrátit>	visszaad
restabelecer-se	ontspannen, zich	—	wypoczywać <wypocząć>	zotavovat, se <zotavit, se>	kipiheni magát
—	landing f	landning u	lądowanie n	přistání n	landolás
—	landen	landa	lądować <wylądować>	přistávat <přistát>	leszáll
aterragem f	landing f	landning u	lądowanie n	přistání n	landolás
aterrar	landen	landa	lądować <wylądować>	přistávat <přistát>	leszáll
tornar a ver	terugzien	—	znowu widzieć	opět vidět <opět uvidět>	viszontlát
—	attest n	attest n	zaświadczenie n	potvrzení n	igazolás
—	attesteren	intyga	poświadczać <poświadczyć>	potvrzovat <potvrdit>	igazol
atestar	attesteren	intyga	poświadczać <poświadczyć>	potvrzovat <potvrdit>	igazol
em primeiro lugar	eerst	först	najpierw	nejprve	először
atravessar	oversteken	korsa	przekraczać	přecházet <přejít>	—
terço m	derde n	tredjedel u	trzecia część f	třetina	(egy)harmad
em casa	thuis	hemma	w domu	doma	otthon
a tempo	tijdig	i rätt tid	w porę	včas	időben
—	werpen	kasta	rzucać	házet <hodit>	dob
mudar de casa	verhuizen	flytta	przeprowadzić się	stěhovat se <přestěhovat, se>	—
médio	gemiddeld	genomsnittlig	przeciętny	průměrně	—
finalmente	eindelijk	äntligen	nareszcie	konečně	végre
no mínimo	minstens	minst	przynajmniej	minimálně	legalább
respirar	ademen	andas	oddychać	dýchat	lélegzik
temporário	voorbijgaand	temporär	przejściowy	přechodný	—

at midday

	D	E	F	I	ES
at midday (E)	Mittag m	—	midi m	mezzogiorno m	mediodía m
at midday (E)	mittags	—	à midi	a mezzogiorno	al mediodía
at/near (E)	bei	—	chez/prés de	da/presso	cerca de/junto a
at nighttime (E)	nachts	—	de nuit	di notte	por la noche
átölel (H)	umarmen	embrace	serrer dans ses bras	abbracciare	abrazar
átöltözködik (H)	umziehen, sich	change	changer, se	cambiarsi	cambiarse
atormentar (ES)	quälen	torture	torturer	tormentare	—
atormentar (P)	quälen	torture	torturer	tormentare	atormentar
atraer (ES)	locken	attract	attirer	attirare	—
atrapar (ES)	erwischen	catch	attraper	acchiappare	—
atrás¹ (P)	dahinter	behind it	derrière	dietro	detrás
atrás² (P)	hinten	behind	derrière	dietro	detrás
atrasar-se (P)	verspäten, sich	be late	être en retard	ritardare	llevar retraso
atraso (P)	Verspätung f	delay	retard m	ritardo m	retraso m
à travers (F)	hindurch	through	—	attraverso	a través de
atravesar (ES)	überqueren	cross	traverser	attraversare	—
a través de¹ (ES)	hindurch	through	à travers	attraverso	—
a través de² (ES)	quer	across	en travers	di traverso	—
através de (P)	hindurch	through	à travers	attraverso	a través de
atravessar (P)	überqueren	cross	traverser	attraversare	atravesar
atrevido(a) (ES)	frech	cheeky	insolent(e)	sfacciato(a)	—
átszáll (H)	umsteigen	change	changer (de train)	cambiare	cambiar de
att (SV)	dass	that	que	che	que
attaccare (I)	angreifen	attack	attaquer	—	atacar
attacher¹ (F)	anschnallen	fasten belts	—	allacciare	ponerse el cinturón (de seguridad)
attacher² (F)	binden	bind	—	legare	atar
attack¹ (E)	angreifen	—	attaquer	attaccare	atacar
attack² (E)	überfallen	—	attaquer	assalire	asaltar
attaque (F)	Überfall m	raid	—	aggressione f	asalto m
attaquer¹ (F)	angreifen	attack	—	attaccare	atacar
attaquer² (F)	überfallen	attack	—	assalire	asaltar
atteggiamento (I)	Einstellung f	attitude	attitude f	—	actitud f
atteindre (F)	erreichen	reach	—	raggiungere	alcanzar
attendre¹ (F)	erwarten	expect	—	aspettare	esperar
attendre² (F)	warten	wait	—	aspettare	esperar
attentat (F)	Anschlag m	assault	—	manifesto m	atentado m
Attentie! (NL)	Achtung!	Attention!	Attention!	Attenzione!	¡Atención!
attentif(ive) (F)	aufmerksam	attentive	—	attento(a)	atento(a)
Attention! (E)	Achtung!	—	Attention!	Attenzione!	¡Atención!
Attention! (F)	Achtung!	Attention!	—	Attenzione!	¡Atención!
attentive (E)	aufmerksam	—	attentif(ive)	attento(a)	atento(a)
attento(a) (I)	aufmerksam	attentive	attentif(ive)	—	atento(a)
Attenzione! (I)	Achtung!	Attention!	Attention!	—	¡Atención!
atterraggio (I)	Landung f	landing	atterrissage m	—	aterrizaje m
atterrare (I)	landen	land	atterrir	—	aterrizar
atterrir (F)	landen	land	—	atterrare	aterrizar
atterrissage (F)	Landung f	landing	—	atterraggio m	aterrizaje m
attest (NL)	Bescheinigung f	certificate	attestation f	certificato m	certificado m

P	NL	SV	PL	CZ	H
meio-dia m	middag m	lunch u	południe n	poledne n	dél
ao meio-dia	's middags	på middagen	w południe	v poledne	délben
ao pé de	bij	vid	przy	u	nál/nél
à noite	's nachts	på natten	w nocy	v noci	éjszakánként
abraçar	omhelzen	krama	obejmować <objąć>	objímat <obejmout>	—
mudar de roupa	omkleden, zich	byta kläder	przebrać się	převlékat, se <převléct, se>	—
atormentar	kwellen	plåga	męczyć	trápit <utrápit>	kínoz
—	kwellen	plåga	męczyć	trápit <utrápit>	kínoz
encaracolar	lokken	locka	wabić <zwabić>	lákat <zlákat>	csalogat
apanhar	te pakken krijgen	ertappa	złapać	dopadat <dopadnout>	elkap
—	daarachter	bakom	za tym	za tím	mögött
—	achter	baktill	w tyle	vzadu	hátul
—	vertraging hebben	vara försenad	spóźniać się	zpožďovat, se <zpozdit, se>	elkésik
—	vertraging f	försening u	spóźnienie n	zpoždění n	késés
através de	doorheen	igenom	przez	skrz	át
atravessar	oversteken	korsa	przekraczać	přecházet <přejít>	áthalad
através de	doorheen	igenom	przez	skrz	át
transversal	dwars	tvärs	w poprzek	napříč	keresztben
—	doorheen	igenom	przez	skrz	át
—	oversteken	korsa	przekraczać	přecházet <přejít>	áthalad
insolente	brutaal	fräck	bezczelny	drzý	szemtelen
mudar	overstappen	byta	przesiadać się	přestupovat <přestoupit>	—
que	dat	—	że	že	hogy
atacar	aanvallen	angripa	atakować <zaatakować>	útočit <zaútočit>	megtámad
apertar o cinto	vastgespen	spänna fast	zapiąć pasy	připoutávat, se <připoutat, se>	felcsatol
ligar	binden	binda fast	wiązać	svazovat <svázat>	köt
atacar	aanvallen	angripa	atakować <zaatakować>	útočit <zaútočit>	megtámad
assaltar	overvallen	överfalla	napadać	přepadat <přepadnout>	megtámad
assalto m	overval m	överfall n	napad m	přepadení n	megtámadás
atacar	aanvallen	angripa	atakować <zaatakować>	útočit <zaútočit>	megtámad
assaltar	overvallen	överfalla	napadać	přepadat <přepadnout>	megtámad
colocação f	instelling f	inställning u	nastawienie n	nastavení n	alkalmazás
alcançar	bereiken	nå	osiągać <osiągnąć>	dosahovat <dosáhnout>	elér
aguardar	verwachten	förvänta	oczekiwać	očekávat	elvár
esperar	wachten	vänta	czekać	čekat <počkat>	vár
atentado m	aanslag m	anslag n	zamach m	oznámení n	merénylet
Atenção!	—	Se upp!	Uwaga!	Pozor!	Figyelem!
atento	oplettend	uppmärksam	uważny	pozorně	figyelmes
Atenção!	Attentie!	Se upp!	Uwaga!	Pozor!	Figyelem!
Atenção!	Attentie!	Se upp!	Uwaga!	Pozor!	Figyelem!
atento	oplettend	uppmärksam	uważny	pozorně	figyelmes
atento	oplettend	uppmärksam	uważny	pozorně	figyelmes
Atenção!	Attentie!	Se upp!	Uwaga!	Pozor!	Figyelem!
aterragem f	landing f	landning u	lądowanie n	přistání n	landolás
aterrar	landen	landa	lądować <wylądować>	přistávat <přistát>	leszáll
aterrar	landen	landa	lądować <wylądować>	přistávat <přistát>	leszáll
aterragem f	landing f	landning u	lądowanie n	přistání n	landolás
atestado m	—	attest n	zaświadczenie n	potvrzení n	igazolás

attest

	D	E	F	I	ES
attest (SV)	Bescheinigung f	certificate	attestation f	certificato m	certificado m
attestare (I)	bescheinigen	certify	attester	—	atestiguar
attestation (F)	Bescheinigung f	certificate	—	certificato m	certificado m
attester (F)	bescheinigen	certify	—	attestare	atestiguar
attesteren (NL)	bescheinigen	certify	attester	attestare	atestiguar
at that time (E)	damals	—	alors	allora	entonces
at the front (E)	vorn(e)	—	devant	davanti	(a)delante
at the most (E)	höchstens	—	tout au plus	al massimo	a lo sumo
ättika (SV)	Essig m	vinegar	vinaigre m	aceto m	vinagre m
attimo (I)	Augenblick m	moment	instant m	—	momento m
attirare (I)	locken	attract	attirer	—	atraer
attirer (F)	locken	attract	—	attirare	atraer
attitude (E)	Einstellung f	—	attitude f	atteggiamento m	actitud f
attitude (F)	Einstellung f	attitude	—	atteggiamento m	actitud f
attivo(a) (I)	aktiv	active	actif(ive)	—	activo(a)
attól (H)	davon	of it	en/de cela	ne/di là	de ello
attore (I)	Schauspieler m	actor	acteur m	—	actor m
attract (E)	locken	—	attirer	attirare	atraer
attraper (F)	erwischen	catch	—	acchiappare	atrapar
attraversare (I)	überqueren	cross	traverser	—	atravesar
attraverso (I)	hindurch	through	à travers	—	a través de
átutal (H)	überweisen	transfer	virer	trasferire	transferir
auberge (F)	Gasthaus n	guesthouse/inn	—	osteria m	posada f
au cas où (F)	falls	in case	—	qualora	en caso de que
auch (D)	—	too	aussi	anche/pure	también
aucun(e) (F)	keine(r,s)	none/nobody	—	nessuno(a)	ninguno(a)
au dehors (F)	außen	outside	—	fuori	afuera
au-dessous (F)	darunter	underneath	—	sotto	por debajo
au-dessus (F)	darüber	above	—	sopra	por encima
audience (E)	Publikum n	—	spectateurs m/pl	pubblico m	público m
auditeur (F)	Hörer m	listener	—	ascoltatore m	oyente m
aufbewahren (D)	—	keep	garder	conservare	guardar
Auffahrt (D)	—	drive	allée f	salita d'ingresso f	entrada f
auffallen (D)	—	be noticeable	faire remarquer, se	dare nell'occhio	llamar la atención
auffordern (D)	—	ask	inviter	invitare	invitar
Aufgabe (D)	—	task	tâche f	compito m	tarea f
aufgeben (D)	—	give up	abandonner	rinunciare	renunciar a
aufgeregt (D)	—	excited	agité(e)	eccitato(a)	excitado(a)
aufhängen (D)	—	hang up	accrocher	appendere	colgar
aufhören (D)	—	stop	arrêter	cessare	terminar
aufladen (D)	—	load	charger	caricare	cargar
auflösen (D)	—	dissolve	dénouer	sciogliere	deshacer
aufmerksam (D)	—	attentive	attentif(ive)	attento(a)	atento(a)
aufpassen (D)	—	pay attention	faire attention	fare attenzione	prestar attención
aufräumen (D)	—	clear away	ranger	mettere in ordine	arreglar
aufrecht (D)	—	upright	droit(e)	diritto(a)	derecho(a)
aufregen (D)	—	excite	énerver	agitare	agitar

aufregen

P	NL	SV	PL	CZ	H
atestado m	attest n	—	zaświadczenie n	potvrzení n	igazolás
atestar	attesteren	intyga	poświadczać <poświadczyć>	potvrzovat <potvrdit>	igazol
atestado m	attest n	attest n	zaświadczenie n	potvrzení n	igazolás
atestar	attesteren	intyga	poświadczać <poświadczyć>	potvrzovat <potvrdit>	igazol
atestar	—	intyga	poświadczać <poświadczyć>	potvrzovat <potvrdit>	igazol
antigamente	toen	då	wtedy	tenkrát	akkoriban
à frente	voor(aan)	framtill	z przodu	vepředu	elöl
no máximo	hoogstens	högst	najwyżej	nejvýše	legföljebb
vinagre m	azijn m	—	ocet m	ocet m	ecet
instante m	ogenblik n	ögonblick n	chwila f	okamžik m	pillanat
encaracolar	lokken	locka	wabić <zwabić>	lákat <zlákat>	csalogat
encaracolar	lokken	locka	wabić <zwabić>	lákat <zlákat>	csalogat
colocação f	instelling f	inställning u	nastawienie n	nastavení n	alkalmazás
colocação f	instelling f	inställning u	nastawienie n	nastavení n	alkalmazás
activo	actief	aktiv	aktywny	aktivně	aktív
disto	daarvan	därom	od tego	z toho	—
actor m	toneelspeler m	skådespelare u	aktor m	herec m	színész
encaracolar	lokken	locka	wabić <zwabić>	lákat <zlákat>	csalogat
apanhar	te pakken krijgen	ertappa	złapać	dopadat <dopadnout>	elkap
atravessar	oversteken	korsa	przekraczać	přecházet <přejít>	áthalad
através de	doorheen	igenom	przez	skrz	át
transferir	overmaken	föra över	przelewać	převádět <převést>	—
pousada f	restaurant n	värdshus n	gospoda f	hospoda f	vendéglő
no caso de	indien	om	jeśli	když	ha
também	ook	även	też	také	is
nenhum/nenhuma	geen	ingen	żadny(na,ne)	žádný(ná,né)	senki
fora	buiten	ute	zewnątrz	venku	kint
debaixo	daaronder	under detta	pod tym	pod tím	alatta
por cima	daarover	under tiden	o tym	o tom	felette
público m	publiek n	publik u	publiczność f	publikum n	közönség
ouvinte m	luisteraar m	lyssnare u	słuchacz m	posluchač m	hallgató
guardar	bewaren	förvara	przechowywać <przechować>	uschovávat <uschovat>	megőriz
rampa f	oprit f	uppfart u	wjazd m	nájezd m	felhajtó
dar nas vistas	opvallen	väcka uppmärksamhet	rzucać się w oczy	být nápadný	feltűnik
convidar	uitnodigen	uppmana	wzywać <wezwać>	vyzývat <vyzvat>	felszólít
tarefa f	opdracht f	uppgift u	zadanie n	úkol m	feladat
desistir	opgeven	ge upp	rezygnować <zrezygnować>	vzdávat <vzdát>	felad
agitado	opgewonden	upprörd	zdenerwowany	rozčíleně	izgatott
pendurar	ophangen	hänga upp	zawieszać <zawiesić>	pověsit	felakaszt
acabar	ophouden	sluta	przestawać <przestać>	přestávat <přestat>	megszűnik
carregar	opladen	ladda upp	załadowywać <załadować>	nakládat <naložit>	felrakodik
soltar	oplossen	lösa upp	rozpuszczać <rozpuścić>	rozpouštět <rozpustit>	feloszlat
atento	oplettend	uppmärksam	uważny	pozorně	figyelmes
cuidar	oppassen	passa upp	pilnować	dávat pozor <dát pozor>	vigyáz
arrumar	opruimen	städa	sprzątać <sprzątnąć>	uklízet <uklidit>	kitakarít
erecto	rechtop	upprätt	prosty	vzpřímeně	egyenes
agitar	opwinden	uppröra	denerwować <zdenerwować>	rozčilovat <rozčílit>	felzaklat

aufregend

	D	E	F	I	ES
aufregend (D)	—	exciting	énervant(e)	eccitante	emocionante
aufschließen (D)	—	unlock	ouvrir	aprire	abrir
aufschreiben (D)	—	write down	noter	annotare	anotar
Aufsehen (D)	—	sensation	sensation f	sensazione	sensación f
aufstehen (D)	—	get up	lever, se	alzarsi	levantarse
aufsteigen (D)	—	ascend	monter	salire	subir
aufteilen (D)	—	divide	diviser	spartire	repartir
Auftrag (D)	—	order	ordre m	ordinazione f	orden f
aufwachen (D)	—	wake up	réveiller, se	svegliarsi	despertarse
aufwachsen (D)	—	grow up	grandir	crescere	criarse
aufwecken (D)	—	wake up	réveiller	svegliare	despertar
Auge (D)	—	eye	oeil m/yeux pl	occhio m	ojo m
Augenblick (D)	—	moment	instant m	attimo m	momento m
augmenter (F)	erhöhen	raise	—	innalzare	elevar
auguri (I)	Glückwunsch m	congratulations	félicitations f/pl	—	felicitaciones f/pl
aujourd'hui (F)	heute	today	—	oggi	hoy
au lieu de (F)	anstatt	instead of	—	invece di	en vez de
aumentar (P)	erhöhen	raise	augmenter	innalzare	elevar
au milieu (F)	mitten	in the middle	—	in mezzo	en medio
au milieu de (F)	inmitten	in the middle of	—	in mezzo a	en medio de
au moins (F)	mindestens	at least	—	almeno	por lo menos
aunque (ES)	obwohl	although	bien que	benché	—
aunt (E)	Tante f	—	tante f	zia f	tía f
aún/todavía (ES)	noch	still	encore	ancora	—
Au revoir! (F)	Wiedersehen!	Good-bye!	—	Arrivederci!	¡Adiós!
aus (D)	—	off/from/out of	de/par/hors de	da/di	de
ausbilden (D)	—	educate	former	addestrare	instruir
Ausbildung (D)	—	education	formation f	formazione f	formación f
Ausdruck (D)	—	expression	expression f	espressione f	expresión f
ausdrücklich (D)	—	explicit	exprès(esse)	espresso(a)	explícito(a)
auseinander (D)	—	apart	séparé(e)	separato(a)	separado(a)
ausente (P)	fort	away	parti	via	lejos
Ausfahrt (D)	—	exit	sortie f	uscita f	salida f
Ausflug (D)	—	outing	excursion f	gita f	excursión f
ausführen (D)	—	export	exporter	esportare	exportar
ausführlich (D)	—	detailed	détaillé(e)	dettagliato(a)	detallado(a)
ausfüllen (D)	—	fill in	remplir	riempire	llenar
Ausgang (D)	—	exit	sortie f	uscita f	salida f
ausgebucht (D)	—	fully booked	complet(ète)	esaurito(a)	completo(a)
ausgenommen (D)	—	except	excepté	eccetto	excepto
ausgeschlossen (D)	—	impossible	exclu(e)	escluso(a)	imposible
ausgezeichnet (D)	—	excellent	excellent(e)	eccellente	excelente
aushalten (D)	—	bear	supporter	sopportare	aguantar
auskennen, sich (D)	—	know one's way about	connaître, s'y	conoscere bene	conocer a fondo a
Auskunft (D)	—	information	renseignement m	informazione f	información f
auslachen (D)	—	laugh at	rire de qn	deridere	reírse de
ausladen (D)	—	unload	décharger	scaricare	descargar
Ausland (D)	—	abroad	étranger m	estero m	extranjero m

Ausland

P	NL	SV	PL	CZ	H
emocionante	opwindend	upprörande	emocjonujący	vzrušující	izgalmas
abrir à chave	ontsluiten	låsa upp	otwierać	odemykat <odemknout>	felnyit
anotar por escrito	opschrijven	skriva upp	zapisywać	napsat	felír
sensação f	opzien n	uppseende n	poruszenie n	rozruch m	feltűnés
levantar-se	opstaan	stiga upp	wstawać <wstać>	vstávat <vstát>	feláll
subir	opstijgen	stiga	wsiadać <wsiąść>	stoupat	felemelkedik
repartir	verdelen	dela upp	podzielić	rozdělovat <rozdělit>	feloszt
pedido m	opdracht f	uppdrag n	zlecenie n	zakázka f	megbízás
acordar	wakker worden	vakna	budzić, się <obudzić, się>	vzbouzet se <vzbudit se>	felébred
crescer	opgroeien	växa upp	wyrastać <wyrosnąć>	vyrůstat <vyrůst>	felnő
acordar	wekken	väcka	budzić <obudzić>	budit <vzbudit>	felébreszt
olho m	oog n	öga n	oko n	oko n	szem
instante m	ogenblik n	ögonblick n	chwila f	okamžik m	pillanat
aumentar	verhogen	öka	podwyższać <podwyższyć>	zvyšovat <zvýšit>	emel
parabéns m/pl	gelukwens m	lyckönskan u	życzenia szczęścia n/pl	blahopřání n	jókívánság
hoje	vandaag	idag	dzisiaj	dnes	ma
em vez de	in de plaats van	istället för	zamiast	místo	helyett
—	verhogen	öka	podwyższać <podwyższyć>	zvyšovat <zvýšit>	emel
no meio	midden	mitt/i mitten	pośrodku	uprostřed	közepén
no meio de	te midden van	mitt i	pośrodku	uprostřed	között
no mínimo	minstens	minst	przynajmniej	minimálně	legalább
se bem que	ofschoon	fastän	chociaż	přesto	habár
tia f	tante f	tant u	ciotka f	teta f	néni
ainda	nog	ännu	jeszcze	ještě	még
Até à vista!	Tot ziens!	Vi ses!	Do widzenia!	Na shledanou! f	Viszontlátásra!
de	uit	ut	z	z	ból/ből
formar	opleiden	utbilda	kształcić <wykształcić>	vzdělávat <vzdělat>	kiképez
formação f	opleiding f	utbildning u	wykształcenie n	vzdělání n	kiképzés
expressão f	uitdrukking f	uttryck n	wyraz m	výraz m	kifejezés
expresso	uitdrukkelijk	uttrycklig	kategorycznie	výslovně	nyomatékos
separado	uit elkaar	isär	oddzielnie	od sebe	külön
—	weg	undan	precz	pryč	el
saída f	uitvaren m	utfart u	wyjazd m	výjzed m	kijárat
excursão f	uitstap m	utflykt u	wycieczka f	výlet m	kirándulás
executar	uitvoeren	utföra	wykonywać <wykonać>	provádět <provést>	végrehajt
pormenorizado	uitvoerig	detaljerad	szczegółowo	podrobně	részletes
preencher	invullen	fylla i	wypełniać <wypełnić>	vyplňovat <vyplnit>	kitölt
saída f	uitgang m	utgång u	wyjście n	východ m	kijárat
esgotado	niet meer beschikbaar	fullbokad	wyprzedany	obsazeno	foglalt
excepto	uitgezonderd	förutom	z wyjątkiem	vyjma	kivéve
excluído	uitgesloten	uteslutet	wykluczony	vyloučeno	kizárt
excelente	uitstekend	förträffligt	znakomicie	vynikající	kitűnő
aguentar	uithouden	uthärda	wytrzymywać <wytrzymać>	vydržovat <vydržet>	elvisel
ser conhecedor de	thuis zijn (in)	känna till	znać, się	vyznávat, se <vyznat, se>	kiismeri, magát
informação f	inlichting f	information u	informacja f	informace f	információ
rir de alguém	uitlachen	skratta åt	wyśmiewać <wyśmiać>	vysmívat, se <vysmát, se>	kinevet
descarregar	uitladen	lasta av	wyładowywać <wyładować>	rušit pozvání <zrušit pozvání>	kirakódik
estrangeiro m	buitenland n	utlandet n	zagranica f	zahraničí n	külföld

Ausländer

	D	E	F	I	ES
Ausländer (D)	—	foreigner	étranger *m*	straniero *m*	extranjero *m*
ausleihen (D)	—	lend	prêter	prestare	prestar
Ausnahme (D)	—	exception	exception *f*	eccezione *f*	excepción *f*
auspacken (D)	—	unpack	défaire	disfare	deshacer
Ausrede (D)	—	pretext	excuse *f*	pretesto *m*	pretexto *m*
ausreichen (D)	—	be enough	suffire	essere sufficiente	bastar
ausreisen (D)	—	leave the country	sortir du pays	espatriare	salir
ausrichten (D)	—	pass on a message	transmettre	riferire	comunicar
ausrufen (D)	—	exclaim	crier	esclamare	exclamar
ausruhen (D)	—	rest	reposer, se	riposare	descansar
Aussage (D)	—	statement	déclaration *f*	dichiarazione *f*	afirmación *f*
ausschalten (D)	—	switch off	arrêter	spegnere	desconectar
Ausschnitt (D)	—	extract	extrait *m*	ritaglio *m*	recorte *m*
aussehen (D)	—	look	paraître	sembrare	parecerse a
Aussehen (D)	—	appearance	apparence *f*	aspetto *m*	aspecto *m*
außen (D)	—	outside	au dehors	fuori	afuera
außer (D)	—	except	hors de	eccetto	salvo
außerdem (D)	—	besides	en outre	inoltre	además
aussi[1] (F)	auch	too	—	anche/pure	también
aussi[2] (F)	ebenfalls	likewise	—	altrettanto	también
Aussicht (D)	—	view	vue *f*	vista *f*	vista *f*
Aussprache (D)	—	pronunciation	prononciation *f*	pronuncia *f*	pronunciación *f*
aussteigen (D)	—	get off	descendre	scendere	bajarse
ausstellen (D)	—	exhibit	exposer	esporre	exponer
Ausstellung (D)	—	exhibition	exposition *f*	esposizione *f*	exposición *f*
aussuchen (D)	—	select	choisir	scegliere	elegirse
Austausch (D)	—	exchange	échange *m*	scambio *m*	cambio *m*
austauschen (D)	—	exchange	échanger	scambiare	cambiar
austeilen (D)	—	distribute	distribuer	distribuire	distribuir
Australia (E)	Australien *n*	—	Australie *f*	Australia *f*	Australia *f*
Australia (I)	Australien *n*	Australia	Australie *f*	—	Australia *f*
Australia (ES)	Australien *n*	Australia	Australie *f*	Australia *f*	—
Australia (PL)	Australien *n*	Australia	Australie *f*	Australia *f*	Australia *f*
Austrália (P)	Australien *n*	Australia	Australie *f*	Australia *f*	Australia *f*
Australie (F)	Australien *n*	Australia	—	Australia *f*	Australia *f*
Australië (NL)	Australien *n*	Australia	Australie *f*	Australia *f*	Australia *f*
Austrálie (CZ)	Australien *n*	Australia	Australie *f*	Australia *f*	Australia *f*
Australien (D)	—	Australia	Australie *f*	Australia *f*	Australia *f*
Australien (SV)	Australien *n*	Australia	Australie *f*	Australia *f*	Australia *f*
Austria (E)	Österreich *m*	—	Autriche *f*	Austria *f*	Austria *f*
Austria (I)	Österreich *m*	Austria	Autriche *f*	—	Austria *f*
Austria (ES)	Österreich *m*	Austria	Autriche *f*	Austria *f*	—
Austria (PL)	Österreich *m*	Austria	Autriche *f*	Austria *f*	Austria *f*
Áustria (P)	Österreich *m*	Austria	Autriche *f*	Austria *f*	Austria *f*
ausüben (D)	—	practise	exercer	esercitare	ejercer
ausverkauft (D)	—	sold out	épuisé(e)	esaurito(a)	vendido(a)
Auswahl (D)	—	choice	choix *m*	scelta *f*	elección *f*
auswählen (D)	—	choose	choisir	scegliere	elegir

auswählen

P	NL	SV	PL	CZ	H
estrangeiro m	buitenlander m	utlänning u	cudzoziemiec m	cizinec m	külföldi
emprestar	uitlenen	låna ut	wypożyczać <wypożyczyć>	vypůjčovat <půjčit>	kölcsönöz
excepção f	uitzondering f	undantag n	wyjątek m	výjimka f	kivétel
desembrulhar	uitpakken	packa ur	rozpakowywać <rozpakować>	vybalovat <vybalit>	kipakol
pretexto m	uitvlucht f	svepskäl n	wymówka f	výmluva f	kifogás
bastar	voldoende zijn	räcka	wystarczać	stačit	elegendő
sair	(uit)reizen	avresa	wyjeżdżać <wyjechać>	odjíždět <odjet>	kiutazik
transmitir	richten	uträtta	wyrównywać <wyrównać>	vyrovnávat <vyrovnat>	megmond
exclamar	uitroepen	utropa	wywoływać <wywołać>	vyvolávat <vyvolat>	bemond
descansar	rusten	vila	odpoczywać <odpocząć>	odpočívat <odpočinout>	kipiheni magát
declaração f	verklaring f	uttalande n	wypowiedź f	výpověď f	kijelentés
desligar	uitschakelen	koppla ifrån	wyłączać <wyłączyć>	vypínat <vypnout>	kikapcsol
decote m	fragment n	urskärning u	wycinek m	výřez m	kivágás
parecer	uitzien	verka	wyglądać	vypadat	kinéz
aspecto m	uiterlijk n	utseende n	wygląd m	vzhled m	kinézés
fora	buiten	ute	zewnątrz	venku	kint
excepto	behalve	utom	oprócz	kromě	kívül
além disso	bovendien	dessutom	ponadto	mimo	azonkívül
também	ook	även	też	také	is
igualmente	eveneens	likaså	również	rovněž	szintén
vista f	uitzicht n	utsikt u	widok m	výhled m	kilátás
pronúncia f	uitspraak f	uttal n	wymowa f	vyříkání n	kiejtés
sair	uitstappen	stiga ur	wysiadać <wysiąść>	vystupovat <vystoupit>	kiszáll
expor	tentoonstellen	ställa ut	wystawiać <wystawić>	vystavovat <vystavit>	kiállít
exposição f	tentoonstelling f	utställning u	wystawa f	výstava f	kiállítás
escolher	uitzoeken	välja	wyszukiwać <wyszukać>	vyhledávat <vyhledat>	kiválaszt
troca f	uitwisseling f	utbyte n	wymiana f	výměna f	csere
trocar	uitwisselen	byta ut	wymieniać <wymienić>	vyměňovat <vyměnit>	kicserél
distribuir	uitdelen	dela ut	rozdzielać <rozdzielić>	rozdělovat <rozdělit>	kioszt
Austrália f	Australië n	Australien n	Australia	Austrálie f	Ausztrália
Austrália f	Australië n	Australien n	Australia	Austrálie f	Ausztrália
Austrália f	Australië n	Australien n	Australia	Austrálie f	Ausztrália
Austrália f	Australië n	Australien n	—	Austrálie f	Ausztrália
—	Australië n	Australien n	Australia	Austrálie f	Ausztrália
Austrália f	Australië n	Australien n	Australia	Austrálie f	Ausztrália
Austrália f	—	Australien n	Australia	Austrálie f	Ausztrália
Austrália f	Australië n	Australien n	Australia	—	Ausztrália
Austrália f	Australië n	Australien n	Australia	Austrálie f	Ausztrália
Austrália f	Australië n	—	Australia	Austrálie f	Ausztrália
Áustria f	Oostenrijk n	Österrike	Austria f	Rakousko n	Ausztria
Áustria f	Oostenrijk n	Österrike	Austria f	Rakousko n	Ausztria
Áustria f	Oostenrijk n	Österrike	Austria f	Rakousko n	Ausztria
Áustria f	Oostenrijk n	Österrike	—	Rakousko n	Ausztria
—	Oostenrijk n	Österrike	Austria f	Rakousko n	Ausztria
exercer	uitoefenen	utöva	wykonywać	vykonávat <vykonat>	űz
esgotado	uitverkocht	utsåld	wyprzedany	vyprodáno	kiárúsítva
selecção f	keuze f	urval n	wybór m	výběr m	választék
seleccionar	kiezen	välja ut	wybierać <wybrać>	vybírat <vybrat>	kiválaszt

auswandern

	D	E	F	I	ES
auswandern (D)	—	emigrate	émigrer	emigrare	emigrar
Ausweis (D)	—	passport	pièce d'identité f	documento d'identità m	documento de identidad m
auswendig (D)	—	by heart	par cœur	a memoria	de memoria
ausziehen (D)	—	take over	enlever	levare	quitarse
Ausztrália (H)	Australien n	Australia	Australie f	Australia f	Australia f
Ausztria (H)	Österreich m	Austria	Autriche f	Austria f	Austria f
autêntico (P)	echt	genuine	vrai(e)	vero(a)	verdadero(a)
auteur (F)	Autor m	author	—	autore m	autor m
auteur (NL)	Autor m	author	auteur m	autore m	autor m
author (E)	Autor m	—	auteur m	autore m	autor m
authorities (E)	Behörde f	—	autorités f/pl	autorità f/pl	autoridad f
authorization (E)	Genehmigung f	—	autorisation f	permesso m	permiso m
autista (I)	Fahrer m	driver	conducteur m	—	conductor m
Auto (D)	—	car	voiture f	macchina f	coche m
auto (NL)	Auto n	car	voiture f	macchina f	coche m
auto (CZ)	Auto n	car	voiture f	macchina f	coche m
Autobahn (D)	—	motorway	autoroute f	autostrada f	autopista f
autóbaleset (H)	Autounfall m	car accident	accident de voiture m	incidente stradale m	accidente de automóvil m
autodílna (CZ)	Autowerkstatt f	repair shop	atelier de réparation d'autos m	autofficina f	taller de reparaciones m
auto-estrada (P)	Autobahn f	motorway	autoroute f	autostrada f	autopista f
autofficina (I)	Autowerkstatt f	repair shop	atelier de réparation d'autos m	—	taller de reparaciones m
autojavító műhely (H)	Autowerkstatt f	repair shop	atelier de réparation d'autos m	autofficina f	taller de reparaciones m
automatic (E)	automatisch	—	automatique	automatico(a)	automático(a)
automaticky (CZ)	automatisch	automatic	automatique	automatico(a)	automático(a)
automático (P)	automatisch	automatic	automatique	automatico(a)	automático(a)
automatico(a) (I)	automatisch	automatic	automatique	—	automático(a)
automático(a) (ES)	automatisch	automatic	automatique	automatico(a)	—
automatikus (H)	automatisch	automatic	automatique	automatico(a)	automático(a)
automatique (F)	automatisch	automatic	—	automatico(a)	automático(a)
automatisch (D)	—	automatic	automatique	automatico(a)	automático(a)
automatisch (NL)	automatisch	automatic	automatique	automatico(a)	automático(a)
automatisk (SV)	automatisch	automatic	automatique	automatico(a)	automático(a)
automatyczny (PL)	automatisch	automatic	automatique	automatico(a)	automático(a)
automne (F)	Herbst m	autumn	—	autunno m	otoño m
autonehoda (CZ)	Autounfall m	car accident	accident de voiture m	incidente stradale m	accidente de automóvil m
autópálya (H)	Autobahn f	motorway	autoroute f	autostrada f	autopista f
autopista (ES)	Autobahn f	motorway	autoroute f	autostrada f	—
Autor (D)	—	author	auteur m	autore m	autor m
autor (ES)	Autor m	author	auteur m	autore m	—
autor (P)	Autor m	author	auteur m	autore m	autor m
autor (PL)	Autor m	author	auteur m	autore m	autor m
autor (CZ)	Autor m	author	auteur m	autore m	autor m
autore (I)	Autor m	author	auteur m	—	autor m
autoridad (ES)	Behörde f	authorities	autorités f/pl	autorità f/pl	—
autorisation (F)	Genehmigung f	authorization	—	permesso m	permiso m
autoriser (F)	genehmigen	approve	—	approvare	permitir
autorità (I)	Behörde f	authorities	autorités f/pl	—	autoridad f
autorités (F)	Behörde f	authorities	—	autorità f/pl	autoridad f
autorização (P)	Erlaubnis f	permission	permission f	permesso m	permiso m
autoroute (F)	Autobahn f	motorway	—	autostrada f	autopista f
autostrada (I)	Autobahn f	motorway	autoroute f	—	autopista f
autostrada (PL)	Autobahn f	motorway	autoroute f	autostrada f	autopista f

autostrada

P	NL	SV	PL	CZ	H
emigrar	emigreren	utvandra	emigrować <wyemigrować>	vysídlovat <vysídlit>	kivándorol
bilhete de identidade m	identiteitskaart f	identitetskort n	dowód tożsamości m	průkaz m	igazolvány
de cor	uit het hoofd	utantill	na pamięć	nazpaměť	kivülröl
despir	uittrekken	klä av sig	zdejmować <zdjąć>	svlékat <svléknout>	kihúz
Austrália f	Australië n	Australien n	Australia	Austrálie f	—
Áustria f	Oostenrijk n	Österrike	Austria f	Rakousko n	—
—	echt	äkta	prawdziwy	pravý	valódi
autor m	auteur m	författare u	autor m	autor m	szerző
autor m	—	författare u	autor m	autor m	szerző
autor m	auteur m	författare u	autor m	autor m	szerző
repartição pública f	instantie f/overheid f	myndighet u	urząd m	úřad m	hatóság
aprovação f	goedkeuring f	godkännande n	zezwolenie n	povolení n	engedély
condutor m	bestuurder m	förare u	kierowca m	řidič m	gépkocsivezető
carro m	auto m	bil u	samochód m	auto n	gépkocsi
carro m	—	bil u	samochód m	auto n	gépkocsi
carro m	auto m	bil u	samochód m	—	gépkocsi
auto-estrada f	snelweg m	motorväg u	autostrada f	dálnice f	autópálya
acidente de viação m	verkeersongeval n	bilolycka u	wypadek samochodowy m	autonehoda f	—
oficina de reparações f	garage f	bilverkstad u	stacja naprawy samochodów f	—	autojavító műhely
—	snelweg m	motorväg u	autostrada f	dálnice f	autópálya
oficina de reparações f	garage f	bilverkstad u	stacja naprawy samochodów f	autodílna f	autojavító műhely
oficina de reparações f	garage f	bilverkstad u	stacja naprawy samochodów f	autodílna f	—
automático	automatisch	automatisk	automatyczny	automaticky	automatikus
automático	automatisch	automatisk	automatyczny	—	automatikus
—	automatisch	automatisk	automatyczny	automaticky	automatikus
automático	automatisch	automatisk	automatyczny	automaticky	automatikus
automático	automatisch	automatisk	automatyczny	automaticky	automatikus
automático	automatisch	automatisk	automatyczny	automaticky	—
automático	automatisch	automatisk	automatyczny	automaticky	automatikus
automático	automatisch	automatisk	automatyczny	automaticky	automatikus
automático	—	automatisk	automatyczny	automaticky	automatikus
automático	automatisch	—	automatyczny	automaticky	automatikus
automático	automatisch	automatisk	—	automaticky	automatikus
outono m	herfst m	höst u	jesień m	podzim m	ősz
acidente de viação m	verkeersongeval n	bilolycka u	wypadek samochodowy m	—	autóbaleset
auto-estrada f	snelweg m	motorväg u	autostrada f	dálnice f	—
auto-estrada f	snelweg m	motorväg u	autostrada f	dálnice f	autópálya
autor m	auteur m	författare u	autor m	autor m	szerző
autor m	auteur m	författare u	autor m	autor m	szerző
—	auteur m	författare u	autor m	autor m	szerző
autor m	auteur m	författare u	—	autor m	szerző
autor m	auteur m	författare u	autor m	—	szerző
autor m	auteur m	författare u	autor m	autor m	szerző
repartição pública f	instantie f/overheid f	myndighet u	urząd m	úřad m	hatóság
aprovação f	goedkeuring f	godkännande n	zezwolenie n	povolení n	engedély
aprovar	goedkeuren	bevilja	zezwalać <zezwolić>	povolovat <povolit>	engedélyez
repartição pública f	instantie f/overheid f	myndighet u	urząd m	úřad m	hatóság
repartição pública f	instantie f/overheid f	myndighet u	urząd m	úřad m	hatóság
—	toestemming f	tillstånd n	zezwolenie n	povolení n	engedély
auto-estrada f	snelweg m	motorväg u	autostrada f	dálnice f	autópálya
auto-estrada f	snelweg m	motorväg u	autostrada f	dálnice f	autópálya
auto-estrada f	snelweg m	motorväg u	—	dálnice f	autópálya

Autounfall

	D	E	F	I	ES
Autounfall (D)	—	car accident	accident de voiture *m*	incidente stradale *m*	accidente de automóvil *m*
autour (F)	herum	around	—	intorno	alrededor
Autowerkstatt (D)	—	repair shop	atelier de réparation d'autos *m*	autofficina *f*	taller de reparaciones *m*
autre (F)	andere(r,s)	other	—	altro(a)	otra(o)
autrefois (F)	früher	earlier	—	prima	antes
Autriche (F)	Österreich *m*	Austria	—	Austria *f*	Austria *f*
autumn (E)	Herbst *m*	—	automne *m*	autunno *m*	otoño *m*
autunno (I)	Herbst *m*	autumn	automne *m*	—	otoño *m*
available¹ (E)	erhältlich	—	en vente	acquistabile	que puede adquirirse
available² (E)	vorhanden	—	présent(e)	disponibile	disponible
avaler (F)	schlucken	swallow	—	inghiottire	tragar
avant (F)	davor	before	—	prima	antes
avantage (F)	Vorteil *m*	advantage	—	vantaggio *m*	ventaja *f*
avante (P)	vorwärts	forward(s)	en avant	avanti	adelante
avanti (I)	vorwärts	forward(s)	en avant	—	adelante
avant que (F)	bevor	before	—	prima che (di)	antes que
avare (F)	geizig	mean	—	avaro(a)	avaro(a)
avaria (P)	Panne *f*	breakdown	panne *f*	panna *f*	avería *f*
avaro(a) (I)	geizig	mean	avare	—	avaro(a)
avaro(a) (ES)	geizig	mean	avare	avaro(a)	—
avbeställa (SV)	abbestellen	cancel	décommander	annullare	anular el pedido de
avböja (SV)	ablehnen	reject	refuser	rifiutare	rehusar
avbrott (SV)	Unterbrechung *f*	interruption	interruption *f*	interruzione *f*	interrupción *f*
avbryta (SV)	unterbrechen	interrupt	interrompre	interrompere	interrumpir
avdelning (SV)	Abteilung *f*	department	département	reparto *m*	departamento *m*
avec (F)	mit	with	—	con	con
avec cela (F)	damit	with that	—	con questo	con ello
a veces (ES)	manchmal	sometimes	quelquefois	talvolta	—
avec plaisir (F)	gern	willingly	—	volentieri	con gusto
avec succès (F)	erfolgreich	successful	—	di successo	exitoso(a)
även (SV)	auch	too	aussi	anche/pure	también
avenir (F)	Zukunft *f*	future	—	futuro *m*	futuro *m*
aventura (ES)	Abenteuer *n*	adventure	aventure *f*	avventura *f*	—
aventura (P)	Abenteuer *n*	adventure	aventure *f*	avventura *f*	aventura *f*
aventure (F)	Abenteuer *n*	adventure	—	avventura *f*	aventura *f*
äventyr (SV)	Abenteuer *n*	adventure	aventure *f*	avventura *f*	aventura *f*
average (E)	durchschnittlich	—	moyen(ne)	medio(a)	medio(a)
aver bisogno di (I)	brauchen	need	avoir besoin de	—	necesitar
avere (I)	haben	have	avoir	—	tener
avere freddo (I)	frieren	be cold	avoir froid	—	tener frío
avere intenzione (I)	vorhaben	intend	avoir l'intention de	—	tener la intención de
avere (l')intenzione di (I)	beabsichtigen	intend	avoir l'intention de	—	proyectar
avere luogo (I)	stattfinden	take place	avoir lieu	—	tener lugar
avería (ES)	Panne *f*	breakdown	panne *f*	panna *f*	—
aves (ES)	Geflügel *n*	poultry	volaille *f*	volatili *m/pl*	—
aves (P)	Geflügel *n*	poultry	volaille *f*	volatili *m/pl*	aves *f/pl*
aveugle (F)	blind	blind	—	cieco(a)	ciego(a)
avfall (SV)	Abfall *m*	rubbish	déchets *m/pl*	immondizia *f*	basura *f*
avgift (SV)	Gebühr *f*	fee	taxe *f*	tassa *f*	tarifa *f*
avião (P)	Flugzeug *n*	aeroplane	avion *m*	aereo *m*	avión *m*
avion (F)	Flugzeug *n*	aeroplane	—	aereo *m*	avión *m*

P	NL	SV	PL	CZ	H
acidente de viação m	verkeersongeval n	bilolycka u	wypadek samochodowy m	autonehoda f	autóbaleset
em volta	omheen	omkring	dookoła	kolem	körül
oficina de reparações f	garage f	bilverkstad u	stacja naprawy samochodów f	autodílna f	autojavító műhely
outro(s)	ander(e)	annan	inna(y,e)	jiný	másik
mais cedo	vroeger	förr	dawniej	dříve	korábban
Áustria f	Oostenrijk n	Österrike	Austria f	Rakousko n	Ausztria
outono m	herfst m	höst u	jesień f	podzim m	ősz
outono m	herfst m	höst u	jesień f	podzim m	ősz
estar à venda	verkrijgbaar	erhållas	do nabycia	k dostání	kapható
existente	voorhanden	förefinnas	istniejący	existující	meglévő
engolir	slikken	svälja	łykać <połknąć>	polykat <spolknout>	nyel
antes	daarvoor	innan	przed	před/přede	előtte
vantagem f	voordeel n	fördel u	korzyść f	výhoda f	előny
—	vooruit	framåt	naprzód	vpřed	előre
avante	vooruit	framåt	naprzód	vpřed	előre
antes	alvorens	innan	zanim	před	mielőtt
forreta	gierig	snål	skąpy	lakomý	fösvény
—	panne f	motorstopp n	awaria f	porucha f	műszaki hiba
forreta	gierig	snål	skąpy	lakomý	fösvény
forreta	gierig	snål	skąpy	lakomý	fösvény
anular	afbestellen	—	cofać zamówienie <cofnąć zamówienie>	rušit objednávku <zrušit>	lemond
recusar	afwijzen	—	odrzucać <odrzucić>	odmítat <odmítnout>	visszautasít
interrupção f	onderbreking f	—	przerwanie n	přerušení n	megszakítás
interromper	onderbreken	—	przerywać	přerušovat <přerušit>	megszakít
divisão f	afdeling f	—	wydział m	oddělení n	osztály
com	met	med	z	s	vel
com isso	opdat	därmed	z tym	s tím	ezzel
às vezes	soms	ibland	czasem	někdy	néha
de boa vontade	gaarne	gärna	chętnie	s radostí	szívesen
bem sucedido	succesrijk	framgångsrik	cieszący się powodzeniem	úspěšný	sikeres
também	ook	—	też	také	is
futuro m	toekomst f	framtid u	przyszłość f	budoucnost f	jövő
aventura f	avontuur n	äventyr n	przygoda f	dobrodružství n	kaland
—	avontuur n	äventyr n	przygoda f	dobrodružství n	kaland
aventura f	avontuur n	äventyr n	przygoda f	dobrodružství n	kaland
aventura f	avontuur n	—	przygoda f	dobrodružství n	kaland
médio	gemiddeld	genomsnittlig	przeciętny	průměrně	átlagban/átlagos
precisar de	nodig hebben	behöva	potrzebować	potřebovat	szorul
ter	hebben	ha	mieć	mít	van
ter frio	het koud hebben/ vriezen	frysa	marznąć <zmarznąć>	mrznout <zamrznout>	fázik
tencionar fazer	voorhebben	ha i tankarna	zamierzać	mít v úmyslu	szándékozik
tencionar	van plan zijn	ha för avsikt	zamierzać <zamierzyć>	mít v úmyslu	szándékozik
realizar-se	plaatsvinden	äga rum	odbywać, się <odbyć, się>	konat, se	lezajlik
avaria f	panne f	motorstopp n	awaria f	porucha f	műszaki hiba
aves f/pl	gevogelte n	fjäderfä n/fågel u	drób m	drůbež f	baromfi
—	gevogelte n	fjäderfä n/fågel u	drób m	drůbež f	baromfi
cego	blind	blind	ślepy	slepě	vak
lixo m	afval m	—	odpady m/pl	odpad m	hulladék
taxa f	bijdrage f/tarief n	—	opłata f	poplatek m	illeték
—	vliegtuig n	flygplan n	samolot m	letadlo n	repülő
avião m	vliegtuig n	flygplan n	samolot m	letadlo n	repülő

avión

	D	E	F	I	ES
avión (ES)	Flugzeug n	aeroplane	avion m	aereo m	—
avis (F)	Ansicht f	opinion	—	opinione f	opinión f
avisar (ES)	benachrichtigen	inform	informer	informare	—
aviso¹ (ES)	Anmeldung f	announcement	annonce f	annuncio m	—
aviso² (ES)	Meldung f	report	annonce f	annuncio m	—
aviso (P)	Anzeige f	announcement	annonce f	annuncio m	anuncio m
avleda (SV)	ablenken	distract	distraire	distrarre	desviar
avó (P)	Großmutter f	grandmother	grand-mère f	nonna f	abuela f
avô (P)	Großvater m	grandfather	grand-père m	nonno m	abuelo m
avocat (F)	Rechtsanwalt m	lawyer	—	avvocato m	abogado m
avoid (E)	vermeiden	—	éviter	evitare	evitar
avoir (F)	haben	have	—	avere	tener
avoir besoin de (F)	brauchen	need	—	aver bisogno di	necesitar
avoir confiance (F)	vertrauen	trust	—	fidarsi	confiar
avoir froid (F)	frieren	be cold	—	avere freddo	tener frío
avoir honte (F)	schämen, sich	be ashamed	—	vergognarsi	tener vergüenza
avoir le droit (F)	dürfen	be allowed	—	potere	poder
avoir lieu (F)	stattfinden	take place	—	avere luogo	tener lugar
avoir l'intention de¹ (F)	beabsichtigen	intend	—	avere (l')intenzione di	proyectar
avoir l'intention de² (F)	vorhaben	intend	—	avere intenzione	tener la inteción de
avoir un rhume (F)	erkältet sein	have a cold	—	essere raffreddato(a)	estar resfriado(a)
à voix basse (F)	leise	quietly	—	a bassa voce	sin (hacer) ruido
a voluntad (ES)	beliebig	any	n'importe quel	qualsiasi	—
avond (NL)	Abend m	evening	soir m	sera f	noche f
avondeten (NL)	Abendessen n	supper	dîner m	cena f	cena f
avontuur (NL)	Abenteuer n	adventure	aventure f	avventura f	aventura f
avortement (F)	Abtreibung f	abortion	—	aborto m	aborto m
avós (P)	Großeltern pl	grandparents	grands-parents m/pl	nonni m/pl	abuelos m/pl
À votre santé! (F)	Prost!	Cheers!	—	Salute!	¡Salud!
avouer (F)	gestehen	confess	—	confessare	confesar
avråda (SV)	abraten	warn	déconseiller	sconsigliare	desaconsejar
avresa (SV)	Abfahrt f	departure	départ m	partenza f	salida f
avresa (SV)	ausreisen	leave the country	sortir du pays	espatriare	salir
avsändare (SV)	Absender m	sender	expéditeur m	mittente m	remitente m
avsikt (SV)	Absicht f	intention	intention f	intenzione f	intención f
avsiktligt (SV)	absichtlich	intentionally	exprès	apposta	adrede
avsked (SV)	Abschied m	parting	adieu(x) m	addio m	despedida f
avskeda (SV)	entlassen	discharge	renvoyer	licenziare	despedir
avsluta (SV)	enden	end	finir	finire	acabar
avstå från (SV)	verzichten	forgo	renoncer	rinunciare	renunciar a
avstånd¹ (SV)	Abstand m	distance	distance f	distanza f	distancia f
avstånd² (SV)	Ferne f	distance	lointain m	distanza f	lejanía f
avta (SV)	nachlassen	slacken	apaiser, se	allentare	aflojar
avtal (SV)	Verabredung f	date	rendez-vous m	appuntamento m	cita f
avtala¹ (SV)	verabreden	arrange to meet	prendre rendez-vous	darsi appuntamento	concertar una cita
avtala² (SV)	vereinbaren	agree upon	convenir de	fissare	convenir
avundsjuk (SV)	neidisch	envious	envieux(euse)	invidioso(a)	envidioso(a)
avundsjuka (SV)	Neid m	envy	jalousie f	invidia f	envidia f

avundsjuka

P	NL	SV	PL	CZ	H
avião m	vliegtuig n	flygplan n	samolot m	letadlo n	repülő
vista f	aanzicht n	åsikt u	pogląd m	pohled m	nézet
informar	verwittigen	underrätta	zawiadamiać <zawiadomić>	podávat zprávu <podat zprávu>	értesít
inscrição f	aanmelding f	anmälan u	zgłoszenie f	přihláška f	bejelentés
notícia f	melding f	rapport u	meldunek m	hlášení n	jelentés
—	advertentie f	annons	ogłoszenie n	inzerát m	hirdetés
distrair	afleiden	—	skierowywać w inną stronę <skierować w inną stronę>	odvracet <odvrátit>	eltérít
—	grootmoeder f	farmor/mormor u	babcia f	babička f	nagyanya
—	grootvader m	farfar/morfar u	dziadek m	dedeček m	nagyapa
advogado m	advocaat m	advokat u	adwokat m	advokát m	ügyvéd
evitar	vermijden	undvika	unikać	vyhýbat, se <vyhnout, se>	elkerül
ter	hebben	ha	mieć	mít	van
precisar de	nodig hebben	behöva	potrzebować	potřebovat	szorul
confiar	vertrouwen	lita på	ufać	důvěřovat	megbízik
ter frio	het koud hebben/ vriezen	frysa	marznąć <zmarznąć>	mrznout <zamrznout>	fázik
envergonhar-se	schamen, zich	skämmas	wstydzić, się	stydět, se <zastydět, se>	szégyelli magát
poder	mogen	få	wolno	smět	szabad
realizar-se	plaatsvinden	äga rum	odbywać, się <odbyć, się>	konat, se	lezajlik
tencionar	van plan zijn	ha för avsikt	zamierzać <zamierzyć>	mít v úmyslu	szándékozik
tencionar fazer	voorhebben	ha i tankarna	zamierzać	mít v úmyslu	szándékozik
estar constipado	verkouden zijn	vara förkyld	być przeziębionym	být nachlazený	megfázott
silencioso	zacht	tyst	cicho	tiše	halk
qualquer	willekeurig	valfri	dowolny	libovolně	tetszés szerinti
noite f	—	kväll u	wieczór m	večer m	est
jantar m	—	middag u	kolacja f	večeře f	vacsora
aventura f	—	äventyr n	przygoda f	dobrodružství n	kaland
aborto m	abortus m	abort u	aborcja f	potrat m	abortusz
—	grootouders pl	farföräldrar/ morföräldrar pl	dziadkowie m/pl	prarodiče pl	nagyszülők
Saúde!	Santé!	Skål!	Na zdrowie!	Na zdraví!	Egészségére!
confessar	toegeven	erkänna	przyznawać, się <przyznać, się>	připouštět <připustit>	bevall
desaconselhar	afraden	—	odradzać <odradzić>	zrazovat <zradit>	lebeszél
partida f	vertrek n	—	odjazd m	odjezd m	indulás
sair	(uit)reizen	—	wyjeżdżać <wyjechać>	odjíždět <odjet>	kiutazik
remetente m	afzender m	—	nadawca m	odesílatel m	feladó
intenção f	bedoeling f	—	zamiar m	úmysl m	szándék
propositadamente	opzettelijk	—	celowo	úmyslně	szándékos
despedida f	afscheid n	—	pożegnanie n	loučení n	búcsúzkodás
despedir	ontslaan	—	zwalniać <zwolnić>	propouštět <propustit>	elbocsát
finalizar	eindigen	—	kończyć, się <zakończyć, się>	končit	végződik
renunciar a	afstand doen van	—	rezygnować	zříkat, se <zříci, se>	lemond
distância f	afstand m	—	odstęp m	odstup m	távolság
distância f	verte f	—	dal f	dálka f	messzeség
deixar	nalaten	—	słabnąć	povolovat <povolit>	enged
compromisso m	afspraak m	—	umówienie się n	schůzka f	megbeszélés
combinar	afspreken	—	umawiać się	ujednávat <ujednat>	megállapodik
acertar	overeenkomen	—	ustalać	ujednávat <ujednat>	megegyezik
invejoso	jaloers	—	zawistny	závistivý	irigy
inveja f	nijd m	—	zawiść f	závist f	irigység

avveduto(a)

	D	E	F	I	ES
avveduto(a) (I)	besonnen	sensible	réfléchi(e)	—	sensato(a)
avvenimento (I)	Ereignis n	event	évènement m	—	suceso m
avventura (I)	Abenteuer n	adventure	aventure f	—	aventura f
avversario (I)	Gegner m	opponent	adversaire m	—	adversario m
avvicinarsi (I)	nähern, sich	approach	approcher, se	—	acercarse
avvocato (I)	Rechtsanwalt m	lawyer	avocat m	—	abogado m
avvolgere (I)	einwickeln	wrap up	envelopper	—	envolver
avvundas (SV)	beneiden	envy	envier	invidiare	envidiar
awaria (PL)	Panne f	breakdown	panne f	panna f	avería f
away (E)	fort	—	parti	via	lejos
axel (SV)	Schulter f	shoulder	épaule f	spalla f	hombro m
ayer (ES)	gestern	yesterday	hier	ieri	—
ayuda (ES)	Hilfe f	help	aide f	aiuto m	—
ayudar (ES)	helfen	help	aider	aiutare	—
ayunar (ES)	fasten	fast	jeûner	digiunare	—
ayuntamiento (ES)	Rathaus n	town hall	mairie f	municipio m	—
azar (P)	Pech n	bad luck	malchance f	sfortuna f	mala suerte f
azért/ezért (H)	deshalb	therefore	c'est pourquoi	perciò	por eso
Azië (NL)	Asien n	Asia	Asie f	Asia f	Asia f
azijn (NL)	Essig m	vinegar	vinaigre m	aceto m	vinagre m
azione (I)	Aktie f	share	action f	—	acción f
Azja (PL)	Asien n	Asia	Asie f	Asia f	Asia f
azonkívül (H)	außerdem	besides	en outre	inoltre	además
Ázsia (H)	Asien n	Asia	Asie f	Asia f	Asia f
aztán (H)	dann	then	ensuite	in seguito	luego
azúcar (ES)	Zucker m	sugar	sucre m	zucchero m	—
azul (P)	blau	blue	bleu(e)	azzurro(a)	azúl
azúl (ES)	blau	blue	bleu(e)	azzurro(a)	—
azzal szemben (H)	dagegen	instead	en échange	invece	en su lugar
azzurro(a) (I)	blau	blue	bleu(e)	—	azúl
baard (NL)	Bart m	beard	barbe f	barba f	barba f
bab (H)	Bohne	bean	haricot m	fagiolo m	judía f
baba (H)	Puppe f	doll	poupée f	bambola f	muñeca f
babbelen (NL)	plaudern	chat	bavarder	chiacchierare	conversar
babcia (PL)	Großmutter f	grandmother	grand-mère f	nonna f	abuela f
ba/be (H)	in	in/into	des/à/en	in/a/tra/fra	en/a
babička (CZ)	Großmutter f	grandmother	grand-mère f	nonna f	abuela f
Baby (D)	—	baby	bébé m	bebè m	bebé m
baby (E)	Baby n	—	bébé m	bebè m	bebé m
baby (NL)	Baby n	baby	bébé m	bebè m	bebé m
baby (CZ)	Baby n	baby	bébé m	bebè m	bebé m
bac (F)	Fähre f	ferry	—	traghetto m	transbordador m
baciare (I)	küssen	kiss	embrasser	—	besar
bacio (I)	Kuss m	kiss	baiser m	—	beso m
back (E)	Rücken m	—	dos m	schiena f	espalda f
backen (D)	—	bake	faire cuire	cuocere (al forno)	cocer (al horno)
Bäckerei (D)	—	bakery	boulangerie f	panetteria f	panadería f
backwards (E)	rückwärts	—	en arrière	in dietro	hacia atrás
Bad (D)	—	bath	bain m	bagno m	baño m
bad (E)	schlecht	—	mauvais(e)	cattivo	malo(a)
bad (NL)	Bad n	bath	bain m	bagno m	baño m
bad (SV)	Bad n	bath	bain m	bagno m	baño m
bada (SV)	baden	bathe	baigner, se	fare il bagno	bañarse
båda (SV)	beide	both	tous/toutes les deux	entrambi(e)	ambos(as)

båda

P	NL	SV	PL	CZ	H
prudente	bezonnen	sansad	rozważny	rozvážný	megfontolt
acontecimento m	gebeurtenis f	händelse u	zdarzenie n	událost f	esemény
aventura f	avontuur n	äventyr n	przygoda f	dobrodružství n	kaland
adversário m	tegenstander m	motståndare u	przeciwnik m	protivník m	ellenfél
aproximar-se	naderen	närma, sig	zbliżać, się <zbliżyć, się >	blížit, se <přiblížit, se>	közeledik
advogado m	advocaat m	advokat u	adwokat m	advokát m	ügyvéd
embrulhar	inwikkelen	veckla in	owijać <owinąć>	zabalovat <zabalit>	becsavar
invejar alguém	benijden	—	zazdrościć <pozazdrościć>	závidět	irigyel
avaria f	panne f	motorstopp n	—	porucha f	műszaki hiba
ausente	weg	undan	precz	pryč	el
ombro m	schouder f	—	ramię n	rameno n	váll
ontem	gisteren	igår	wczoraj	včera	tegnap
ajuda f	hulp f	hjälp u	pomoc f	pomoc f	segítség
ajudar	helpen	hjälpa	pomagać <pomóc>	pomáhat <pomoci>	segít
jejuar	vasten	fasta	pościć	postit se	koplal
Câmara Municipal f	gemeentehuis n	rådhus n	ratusz m	radnice f	városháza
—	pech m	otur	pech m	smůla f	pech
por isso	daarom	därför	dlatego	proto	—
Ásia f	—	Asien n	Azja	Asie f	Ázsia
vinagre m	—	ättika u	ocet m	ocet m	ecet
acção f	aandeel n	aktie u	akcja f	akcie f	részvény
Ásia f	Azië n	Asien n	—	Asie f	Ázsia
além disso	bovendien	dessutom	ponadto	mimo	—
Ásia f	Azië n	Asien n	Azja	Asie f	—
então	dan	sedan	później	potom	—
açúcar m	suiker m	socker n	cukier m	cukr m	cukor
—	blauw	blå	niebieski(ko)	modrý	kék
azul	blauw	blå	niebieski(ko)	modrý	kék
contra	ertegen	emot	przeciw	proti	—
azul	blauw	blå	niebieski(ko)	modrý	kék
barba f	—	skägg n	broda f	vousy m/pl	szakáll
feijão m	boon f	böna u	fasola f	fazole f	—
boneca f	pop f	docka u	lalka f	panenka f	—
conversar	—	prata	gawędzić <pogawędzić>	rozprávět	társalog
avó f	grootmoeder f	farmor/mormor u	—	babička f	nagyanya
em	in	i	w	v	—
avó f	grootmoeder f	farmor/mormor u	babcia f	—	nagyanya
bebé m/f	baby m	spädbarn n	niemowlę n	baby n	csecsemő
bebé m/f	baby m	spädbarn n	niemowlę n	baby n	csecsemő
bebé m/f	—	spädbarn n	niemowlę n	baby n	csecsemő
bebé m/f	baby m	spädbarn n	niemowlę n	baby n	csecsemő
embarcação f	veer n	färja u	prom m	trajekt m	komp
beijar	kussen	kyssa	całować <pocałować>	líbat <políbit>	csókol
beijo m	kus m	kyss u	pocałunek m	polibek m	csók
costas f/pl	rug m	rygg u	plecy pl	záda pl	hát
cozer	bakken	baka	piec <upiec>	péci	süt
padaria f	bakkerij f	bageri n	piekarnia f	pekárna f	pekség
para trás	achteruit	baklänges	w tył	dozadu	hátrafelé
banho m	bad n	bad n	kąpiel f	koupel f	fürdő
mau	slecht	dålig	zły	špatný	rossz
banho m	—	bad n	kąpiel f	koupel f	fürdő
banho m	bad n	—	kąpiel f	koupel f	fürdő
tomar banho	baden	—	kąpać <wykąpać>	koupat	fürdik
ambos	beide(n)	—	oboje	oba	mindkettő

badać

	D	E	F	I	ES
badać (PL)	untersuchen	examine	examiner	esaminare	examinar
badare (I)	Acht geben	take care	faire attention	—	atender
badbyxor (SV)	Badehose f	swimming trunks	slip de bain m	costume da bagno m	bañador m
baddräkt (SV)	Badeanzug m	swimsuit	maillot de bain m	bagnino m	traje de baño m
Badeanzug (D)	—	swimsuit	maillot de bain m	bagnino m	traje de baño m
Badehose (D)	—	swimming trunks	slip de bain m	costume da bagno m	bañador m
baden (D)	—	bathe	baigner, se	fare il bagno	bañarse
baden (NL)	baden	bathe	baigner, se	fare il bagno	bañarse
Badewanne (D)	—	bath tub	baignoire f	vasca da bagno f	bañera f
Badezimmer (D)	—	bathroom	salle de bains f	stanza da bagno f	cuarto de baño m
badkamer (NL)	Badezimmer n	bathroom	salle de bains f	stanza da bagno f	cuarto de baño m
badkar (SV)	Badewanne f	bath tub	baignoire f	vasca da bagno f	bañera f
badkostuum (NL)	Badeanzug m	swimsuit	maillot de bain m	bagnino m	traje de baño m
badkuip (NL)	Badewanne f	bath tub	baignoire f	vasca da bagno f	bañera f
bad luck (E)	Pech n	—	malchance f	sfortuna f	mala suerte f
bádog (H)	Blech n	sheet metal	tôle f	latta f	chapa f
badrum (SV)	Badezimmer n	bathroom	salle de bains f	stanza da bagno f	cuarto de baño m
bag¹ (E)	Tasche f	—	sac m	borsa f	bolso m
bag² (E)	Tüte f	—	sac m	sacchetto m	bolsa f
bagage (NL)	Gepäck n	luggage	bagages m/pl	bagaglio m	equipaje m
bagage (SV)	Gepäck n	luggage	bagages m/pl	bagaglio m	equipaje m
bagage à main (F)	Handgepäck n	hand luggage	—	bagaglio a mano m	equipaje de mano m
bagagem (P)	Gepäck n	luggage	bagages m/pl	bagaglio m	equipaje m
bagagem de mão (P)	Handgepäck n	hand luggage	bagage à main m	bagaglio a mano m	equipaje de mano m
bagageruimte (NL)	Kofferraum m	boot	coffre m	portabagagli m	maletero m
bagages (F)	Gepäck n	luggage	—	bagaglio m	equipaje m
bagageutrymme (SV)	Kofferraum m	boot	coffre m	portabagagli m	maletero m
bagaglio (I)	Gepäck n	luggage	bagages m/pl	—	equipaje m
bagaglio a mano (I)	Handgepäck n	hand luggage	bagage à main m	—	equipaje de mano m
bagaż (PL)	Gepäck n	luggage	bagages m/pl	bagaglio m	equipaje m
bagażnik (PL)	Kofferraum m	boot	coffre m	portabagagli m	maletero m
bagaż ręczny (PL)	Handgepäck n	hand luggage	bagage à main m	bagaglio a mano m	equipaje de mano m
bageri (SV)	Bäckerei f	bakery	boulangerie f	panetteria f	panadería f
bagnato(a) (I)	nass	wet	mouillé(e)	—	mojado(a)
bagnino (I)	Badeanzug m	swimsuit	maillot de bain m	—	traje de baño m
bagno (I)	Bad n	bath	bain m	—	baño m
bague (F)	Ring m	ring	—	anello m	anillo m
Bahnhof (D)	—	station	gare f	stazione f	estación f
bałagan (PL)	Durcheinander n	confusion	désordre m	confusione f	confusión f
baigner, se (F)	baden	bathe	—	fare il bagno	bañarse
baignoire (F)	Badewanne f	bath tub	—	vasca da bagno f	bañera f
bailar (ES)	tanzen	dance	danser	ballare	—
bailar (P)	tanzen	dance	danser	ballare	bailar
bain (F)	Bad n	bath	—	bagno m	baño m
bairro (P)	Viertel n	district	quartier m	quartiere m	barrio m
baiser (F)	Kuss m	kiss	—	bacio m	beso m
baisser (F)	herabsetzen	lower	—	diminuire	rebajar
baixar (P)	herabsetzen	lower	baisser	diminuire	rebajar
baixo (P)	niedrig	low	bas(se)	basso(a)	bajo(a)
bajar¹ (ES)	hinuntergehen	descend	descendre	scendere	—

bajar

P	NL	SV	PL	CZ	H
examinar	onderzoeken	undersöka	—	vyšetřovat <vyšetřit>	megvizsgál
prestar atenção a	opletten	akta sig	uważać	dávat pozor <dát pozor>	vigyáz
calções de banho m/pl	zwembroek f	—	kąpielówki f/pl	plavky pánské pl	fürdőnadrág
fato de banho m	badkostuum n	—	kostium kąpielowy n	plavky pl	fürdőruha
fato de banho m	badkostuum n	baddräkt u	kostium kąpielowy n	plavky pl	fürdőruha
calções de banho m/pl	zwembroek f	badbyxor pl	kąpielówki f/pl	plavky pánské pl	fürdőnadrág
tomar banho	baden	bada	kąpać <wykąpać>	koupat	fürdik
tomar banho	—	bada	kąpać <wykąpać>	koupat	fürdik
banheira f	badkuip f	badkar n	wanna f	vana f	fürdőkád
casa de banho f	badkamer f	badrum n	łazienka f	koupelna f	fürdőszoba
casa de banho f	—	badrum n	łazienka f	koupelna f	fürdőszoba
banheira f	badkuip f	—	wanna f	vana f	fürdőkád
fato de banho m	—	baddräkt u	kostium kąpielowy n	plavky pl	fürdőruha
banheira f	—	badkar n	wanna f	vana f	fürdőkád
azar m	pech m	otur	pech m	smůla f	pech
chapa f	blik n	plåt u	blacha f	plech m	—
casa de banho f	badkamer f	—	łazienka f	koupelna f	fürdőszoba
bolso m	tas f	väska u	torba f	taška f	zseb
saco m	zakje n	påse u	torebka f	sáček m	papírzacskó
bagagem f	—	bagage n	bagaż m	zavazadla pl	poggyász
bagagem f	bagage f	—	bagaż m	zavazadla pl	poggyász
bagagem de mão f	handbagage f	handbagage n	bagaż ręczny m	příruční zavazadlo n	kézipoggyász
—	bagage f	bagage n	bagaż m	zavazadla pl	poggyász
—	handbagage f	handbagage n	bagaż ręczny m	příruční zavazadlo n	kézipoggyász
porta bagagem m	—	bagageutrymme n	bagażnik m	zavazadlový prostor m	csomagtartó
bagagem f	bagage f	bagage n	bagaż m	zavazadla pl	poggyász
porta bagagem m	bagageruimte m	—	bagażnik m	zavazadlový prostor m	csomagtartó
bagagem f	bagage f	bagage n	bagaż m	zavazadla pl	poggyász
bagagem de mão f	handbagage f	handbagage n	bagaż ręczny m	příruční zavazadlo n	kézipoggyász
bagagem f	bagage f	bagage n	—	zavazadla pl	poggyász
porta bagagem m	bagageruimte m	bagageutrymme n	—	zavazadlový prostor m	csomagtartó
bagagem de mão f	handbagage f	handbagage n	—	příruční zavazadlo n	kézipoggyász
padaria f	bakkerij f	—	piekarnia f	pekárna f	pékség
molhado	nat	våt	mokry	mokrý	nedves
fato de banho m	badkostuum n	baddräkt u	kostium kąpielowy n	plavky pl	fürdőruha
banho m	bad n	bad n	kąpiel f	koupel f	fürdő
anel m	ring m	ring u	pierścień m	kruh m	gyűrű
estação de comboios f	station n	järnvägsstation u	dworzec m	nádraží n	pályaudvar
confusão f	verwarring f	villervalla u	—	nepořádek m	összevisszaság
tomar banho	baden	bada	kąpać <wykąpać>	koupat	fürdik
banheira f	badkuip f	badkar n	wanna f	vana f	fürdőkád
bailar	dansen	dansa	tańczyć	tancovat <zatancovat>	táncol
—	dansen	dansa	tańczyć	tancovat <zatancovat>	táncol
banho m	bad n	bad n	kąpiel f	koupel f	fürdő
—	wijk f	kvarter n	dzielnica f	čtvrť f	negyed
beijo m	kus m	kyss u	pocałunek m	polibek m	csók
baixar	verlagen	sänka	obniżać <obniżyć>	snižovat <snížit>	leszállít
—	verlagen	sänka	obniżać <obniżyć>	snižovat <snížit>	leszállít
—	laag	låg	niski	nízký	alacsony
descer	naar beneden gaan	gå ned	iść na dół <zejść na dół>	scházet <sejít>	lemegy

bajar 94

	D	E	F	I	ES
bajar[2] (ES)	herunterladen	download	télécharger	download *m*	—
bajarse (ES)	aussteigen	get off	descendre	scendere	—
bajo(a) (ES)	niedrig	low	bas(se)	basso(a)	—
bájos (H)	charmant	charming	charmant(e)	affascinante	encantador(a)
bak (NL)	Behälter *m*	container	récipient *m*	recipiente *m*	recipiente *m*
baka (SV)	backen	bake	faire cuire	cuocere (al forno)	cocer (al horno)
bake (E)	backen	—	faire cuire	cuocere (al forno)	cocer (al horno)
bakery (E)	Bäckerei *f*	—	boulangerie *f*	panetteria *f*	panadería *f*
bakken (NL)	backen	bake	faire cuire	cuocere (al forno)	cocer (al horno)
bakkerij (NL)	Bäckerei *f*	bakery	boulangerie *f*	panetteria *f*	panadería *f*
baklänges (SV)	rückwärts	backwards	en arrière	in dietro	hacia atrás
bakom (SV)	dahinter	behind it	derrière	dietro	detrás
baktill (SV)	hinten	behind	derrière	dietro	detrás
bakverk (SV)	Gebäck *n*	pastry	pâtisserie *f*	biscotti *m/pl*	pasteles *m/pl*
bal (NL)	Ball *m*	ball	balle *f*	palla *f*	pelota *f*
balai (F)	Besen *m*	broom	—	scopa *f*	escoba *f*
balança (P)	Waage *f*	scales	balance *f*	bilancia *f*	balanza *f*
balance (F)	Waage *f*	scales	—	bilancia *f*	balanza *f*
balancer, se (F)	schaukeln	swing	—	dondolare	columpiarse
balanza (ES)	Waage *f*	scales	balance *f*	bilancia *f*	—
balão (P)	Ballon *m*	balloon	ballon *m*	pallone *m*	globo *m*
balayer (F)	fegen	sweep	—	scopare	barrer
balbettare (I)	stottern	stutter	bégayer	—	tartamudear
balbuciar (P)	stottern	stutter	bégayer	balbettare	tartamudear
balcon (F)	Balkon *m*	balcony	—	balcone *m*	balcón *m*
balcón (ES)	Balkon *m*	balcony	balcon *m*	balcone *m*	—
balcone (I)	Balkon *m*	balcony	balcon *m*	—	balcón *m*
balcony (E)	Balkon *m*	—	balcon *m*	balcone *m*	balcón *m*
bald (D)	—	soon	bientôt	presto	pronto
bald (E)	kahl	—	chauve	calvo(a)	calvo(a)
balde (P)	Eimer *m*	bucket	seau *m*	secchio *m*	cubo *m*
balde do lixo (P)	Mülleimer *m*	dustbin	poubelle *f*	pattumiera *m*	cubo de basura *m*
baleset (H)	Unfall *m*	accident	accident *m*	incidente *m*	accidente *m*
balík (CZ)	Paket *n*	parcel	paquet *m*	pacco *m*	paquete *m*
Balkon (D)	—	balcony	balcon *m*	balcone *m*	balcón *m*
balkon (NL)	Balkon *m*	balcony	balcon *m*	balcone *m*	balcón *m*
balkon (PL)	Balkon *m*	balcony	balcon *m*	balcone *m*	balcón *m*
balkón (CZ)	Balkon *m*	balcony	balcon *m*	balcone *m*	balcón *m*
balkong (SV)	Balkon *m*	balcony	balcon *m*	balcone *m*	balcón *m*
Ball (D)	—	ball	balle *f*	palla *f*	pelota *f*
ball (E)	Ball *m*	—	balle *f*	palla *f*	pelota *f*
ballare (I)	tanzen	dance	danser	—	bailar
balle (F)	Ball *m*	ball	—	palla *f*	pelota *f*
Ballon (D)	—	balloon	ballon *m*	pallone *m*	globo *m*
ballon (F)	Ballon *m*	balloon	—	pallone *m*	globo *m*
ballon (NL)	Ballon *m*	balloon	ballon *m*	pallone *m*	globo *m*
ballon (H)	Ballon *m*	balloon	ballon *m*	pallone *m*	globo *m*
ballong (SV)	Ballon *m*	balloon	ballon *m*	pallone *m*	globo *m*
balloon (E)	Ballon *m*	—	ballon *m*	pallone *m*	globo *m*
baloiçar (P)	schaukeln	swing	balancer, se	dondolare	columpiarse
balon (PL)	Ballon *m*	balloon	ballon *m*	pallone *m*	globo *m*
balon (CZ)	Ballon *m*	balloon	ballon *m*	pallone *m*	globo *m*
balpen (NL)	Kugelschreiber *m*	biro	stylo à bille *m*	biro *f*	bolígrafo *m*
balra (H)	links	left	à gauche	a sinistra	a la izquierda
bälte (SV)	Gurt *m*	belt	ceinture *f*	cinghia *f*	cinturón *m*

95 bälte

P	NL	SV	PL	CZ	H
descarregar	downloaden	ladda ner	pobierać z internetu	stahovat <stáhnout>	letölt
sair	uitstappen	stiga ur	wysiadać <wysiąść>	vystupovat <vystoupit>	kiszáll
baixo	laag	låg	niski	nízký	alacsony
encantador	charmant	charmant	szarmancki	šarmantní	—
recipiente m	—	behållare u	pojemnik m	nádrž f	tartály
cozer	bakken	—	piec <upiec>	péci	süt
cozer	bakken	baka	piec <upiec>	péci	süt
padaria f	bakkerij f	bageri n	piekarnia f	pekárna f	pékség
cozer	—	baka	piec <upiec>	péci	süt
padaria f	—	bageri n	piekarnia f	pekárna f	pékség
para trás	achteruit	—	w tył	dozadu	hátrafelé
atrás	daarachter	—	za tym	za tím	mögött
atrás	achter	—	w tyle	vzadu	hátul
pastelaria f	gebak n	—	pieczywo n	pečivo n	sütemény
bola f	—	boll u	piłka f	míč m	labda
vassoura f	bezem m	sopkvast u	miotła f	smeták m	seprű
—	weegschaal f	våg u	waga f	váha f	mérleg
balança f	weegschaal f	våg u	waga f	váha f	mérleg
baloiçar	schommelen	gunga	huśtać, się	houpat <pohoupat>	hintázik
balança f	weegschaal f	våg u	waga f	váha f	mérleg
—	ballon m	ballong u	balon m	balon m	ballon
varrer	vegen	sopa	zamiatać <zamieść>	zametat <zamést>	felsöpör
balbuciar	stotteren	stamma	jąkać się	koktat <zakoktat>	dadog
—	stotteren	stamma	jąkać się	koktat <zakoktat>	dadog
varanda f	balkon n	balkong u	balkon m	balkón m	erkély
varanda f	balkon n	balkong u	balkon m	balkón m	erkély
varanda f	balkon n	balkong u	balkon m	balkón m	erkély
varanda f	balkon n	balkong u	balkon m	balkón m	erkély
em breve	gauw	snart	wkrótce	brzy	hamar
calvo	kaal	kal	łysy	holý	kopár
—	emmer m	hink u	wiadro n	vědro n	vödör
—	vuilnisemmer m	sophink u	kubeł na śmieci m	nádoba na odpadky f	szemetesvödör
acidente m	ongeval n	olycka u	wypadek m	nehoda f	—
encomenda m	pakket n	paket n	paczka f	—	csomag
varanda f	balkon n	balkong u	balkon m	balkón m	erkély
varanda f	—	balkong u	balkon m	balkón m	erkély
varanda f	balkon n	balkong u	balkon m	balkón m	erkély
varanda f	balkon n	balkong u	balkon m	—	erkély
varanda f	balkon n	—	balkon m	balkón m	erkély
bola f	bal m	boll u	piłka f	míč m	labda
bola f	bal m	boll u	piłka f	míč m	labda
bailar	dansen	dansa	tańczyć	tancovat <zatancovat>	táncol
bola f	bal m	boll u	piłka f	míč m	labda
balão m	ballon m	ballong u	balon m	balon m	ballon
balão m	ballon m	ballong u	balon m	balon m	ballon
balão m	—	ballong u	balon m	balon m	ballon
balão m	ballon m	ballong u	balon m	balon m	—
balão m	ballon m	—	balon m	balon m	ballon
balão m	ballon m	ballong u	balon m	balon m	ballon
—	schommelen	gunga	huśtać, się	houpat <pohoupat>	hintázik
balão m	ballon m	ballong u	—	balon m	ballon
balão m	ballon m	ballong u	balon m	—	ballon
esferográfica f	—	kulspetspenna u	długopis m	propisovací tužka f	golyóstoll
esquerda	links	till vänster	na lewo	vlevo	—
correia f	gordel m	—	pas m	pás m	heveder/biztonsági öv

bambino

	D	E	F	I	ES
bambino (I)	Kind n	child	enfant m	—	niño m
bambola (I)	Puppe f	doll	poupée f	—	muñeca f
banaan (NL)	Banane f	banana	banane f	banana f	plátano m
bañador (ES)	Badehose f	swimming trunks	slip de bain m	costume da bagno m	—
banan (SV)	Banane f	banana	banane f	banana f	plátano m
banan (PL)	Banane f	banana	banane f	banana f	plátano m
banán (CZ)	Banane f	banana	banane f	banana f	plátano m
banán (H)	Banane f	banana	banane f	banana f	plátano m
banana (E)	Banane f	—	banane f	banana f	plátano m
banana (I)	Banane f	banana	banane f	—	plátano m
banana (P)	Banane f	banana	banane f	banana f	plátano m
Banane (D)	—	banana	banane f	banana f	plátano m
banane (F)	Banane f	banana	—	banana f	plátano m
bañarse (ES)	baden	bathe	baigner, se	fare il bagno	—
bánat (H)	Kummer m	grief	chagrin m	dolore m	pena f
banc (F)	Bank f	bench	—	banco m	banca f
banca (I)	Bank f	bank	banque f	—	banco m
banca (ES)	Bank f	bench	banc m	banco m	—
banco (I)	Bank f	bench	banc m	—	banca f
banco (ES)	Bank f	bank	banque f	banca f	—
banco¹ (P)	Bank f	bench	banc m	banco m	banca f
banco² (P)	Bank f	bank	banque f	banca f	banco m
Band (D)	—	ribbon	bandeau m	nastro m	cinta f
band (NL)	Band n	ribbon	bandeau m	nastro m	cinta f
band (SV)	Band n	ribbon	bandeau m	nastro m	cinta f
bandage (E)	Binde f	—	bandage m	fascia f	faj f
bandage (F)	Binde f	bandage	—	fascia f	faj f
bandeau (F)	Band n	ribbon	—	nastro m	cinta f
bandeira (P)	Fahne f	flag	drapeau m	bandiera f	bandera f
bandeja (ES)	Platte f	platter	plateau m	piatto m	—
bandera (ES)	Fahne f	flag	drapeau m	bandiera f	—
bandiera (I)	Fahne f	flag	drapeau m	—	bandera f
bañera (ES)	Badewanne f	bath tub	baignoire f	vasca da bagno f	—
bang (NL)	ängstlich	fearful	peureux(euse)	pauroso(a)	miedoso(a)
banheira (P)	Badewanne f	bath tub	baignoire f	vasca da bagno f	bañera f
banho (P)	Bad n	bath	bain m	bagno m	baño m
Bank¹ (D)	—	bench	banc m	banco m	banca f
Bank² (D)	—	bank	banque f	banca f	banco m
bank (E)	Bank f	—	banque f	banca f	banco m
bank¹ (NL)	Bank f	bench	banc m	banco m	banca f
bank² (NL)	Bank f	bank	banque f	banca f	banco m
bank (SV)	Bank f	bench	banc m	banco m	banca f
bank (PL)	Bank f	bench	banc m	banco m	banca f
bank (H)	Bank f	bench	banc m	banco m	banca f
bänk (SV)	Bank f	bank	banque f	banca f	banco m
banka (CZ)	Bank f	bench	banc m	banco m	banca f
banketbakkers-winkel (NL)	Konditorei f	cake shop	pâtisserie f	pasticceria f	pastelería f
bankrutt (SV)	pleite	penniless	fauché(e)	fallito(a)	en quiebra
(bank)számla (H)	Konto n	account	compte m	conto m	cuenta f
baño (ES)	Bad n	bath	bain m	bagno m	—
banque (F)	Bank f	bank	—	banca f	banco m
Bar (D)	—	bar	bar	bar m	bar
bar (E)	Bar f	—	bar	bar m	bar
bar (F)	Bar f	bar	—	bar m	bar
bar (I)	Bar f	bar	bar	—	bar
bar (ES)	Bar f	bar	bar	bar m	—

bar

P	NL	SV	PL	CZ	H
criança f	kind n	barn n	dziecko n	dítě n	gyermek
boneca f	pop f	docka u	lalka f	panenka f	baba
banana f	—	banan u	banan m	banán m	banán
calções de banho m/pl	zwembroek f	badbyxor pl	kąpielówki f/pl	plavky pánské pl	fürdőnadrág
banana f	banaan m	—	banan m	banán m	banán
banana f	banaan m	banan u	—	banán m	banán
banana f	banaan m	banan u	banan m	—	banán
banana f	banaan m	banan u	banan m	banán m	—
banana f	banaan m	banan u	banan m	banán m	banán
banana f	banaan m	banan u	banan m	banán m	banán
—	banaan m	banan u	banan m	banán m	banán
banana f	banaan m	banan u	banan m	banán m	banán
banana f	banaan m	banan u	banan m	banán m	banán
tomar banho	baden	bada	kąpać <wykąpać>	koupat	fürdik
desgosto m	kommer m	bekymmer n	zmartwienie n	soužení n	—
banco m	bank f	bank u	bank m	banka f	bank
banco m	bank f	bänk u	ławka f	lavice f	pad
banco m	bank f	bank u	bank m	banka f	bank
banco m	bank f	bank u	bank m	banka f	bank
banco m	bank f	bänk u	ławka f	lavice f	pad
—	bank f	bank u	bank m	banka f	bank
—	bank f	bänk u	ławka f	lavice f	pad
fita f	band m	band n	tom m	pás m	szalag
fita f	—	band n	tom m	pás m	szalag
fita f	band m	—	tom m	pás m	szalag
ligadura f	verband n	binda u	opaska f	páska f	kötés/tásli
ligadura f	verband n	binda u	opaska f	páska f	kötés/tásli
fita f	band m	band n	tom m	pás m	szalag
—	vlag f	flagga u	chorągiew f	vlajka f	zászló
travessa f	plaat f	platta u	płyta f	deska f	lemez
bandeira f	vlag f	flagga u	chorągiew f	vlajka f	zászló
bandeira f	vlag f	flagga u	chorągiew f	vlajka f	zászló
banheira f	badkuip f	badkar n	wanna f	vana f	fürdőkád
medroso	—	ängslig	lękliwy	bojácný	félénk
—	badkuip f	badkar n	wanna f	vana f	fürdőkád
—	bad n	bad n	kąpiel f	koupel f	fürdő
banco m	bank f	bank u	bank m	banka f	bank
banco m	bank f	bänk u	ławka f	lavice f	pad
banco m	bank f	bänk u	ławka f	lavice f	pad
banco m	—	bank u	bank m	banka f	bank
banco m	—	bänk u	ławka f	lavice f	pad
banco m	bank f	—	bank m	banka f	bank
banco m	bank f	bank u	—	banka f	bank
banco m	bank f	bank u	bank m	banka f	—
banco m	bank f	—	ławka f	lavice f	pad
banco m	bank f	bank u	bank m	—	bank
pastelaria f	—	konditori n	cukiernia f	cukrárna f	cukrászda
falido	failliet	—	plajta f	insolventní	tönkrement
conta corrente f	rekening f	konto n	konto n	účet m	—
banho m	bad n	bad n	kąpiel f	koupel f	fürdő
banco m	bank f	bänk u	ławka f	lavice f	pad
bar m	bar f	bar u	bar m	bar m	bár
bar m	bar f	bar u	bar m	bar m	bár
bar m	bar f	bar u	bar m	bar m	bár
bar m	bar f	bar u	bar m	bar m	bár
bar m	bar f	bar u	bar m	bar m	bár

bar 98

	D	E	F	I	ES
bar[1] (P)	Bar f	bar	bar	bar m	bar
bar[2] (P)	Kneipe f	pub	bistro m	osteria f	taberna f
bar (NL)	Bar f	bar	bar	bar m	bar
bar (SV)	Bar f	bar	bar	bar m	bar
bar (PL)	Bar f	bar	bar	bar m	bar
bar (CZ)	Bar f	bar	bar	bar m	bar
Bär (D)	—	bear	ours m	orso m	oso m
bár (H)	Bar f	bar	bar	bar m	bar
bara (I)	Sarg m	coffin	cercueil m	—	ataúd m
bara (SV)	nur	only	seulement	solo	sólo/solamente
bära (SV)	tragen	carry	porter	portare	cargar
baranek (PL)	Lamm n	lamb	agneau m	agnello m	cordero m
bárány (H)	Lamm n	lamb	agneau m	agnello m	cordero m
barát (H)	Freund m	friend	ami m	amico m	amigo m
baráti visszonyban áll (H)	befreundet	friendly	ami(e)	amico(a)	amigo(a)
barato[1] (P)	billig	cheap	bon marché	a buon mercato	barato(a)
barato[2] (P)	preiswert	inexpensive	bon marché	conveniente	económico(a)
barato(a) (ES)	billig	cheap	bon marché	a buon mercato	—
barátság (H)	Freundschaft f	friendship	amitié f	amicizia f	amistad f
barátságos (H)	freundlich	friendly	aimable	gentile	amable
barátságtalan (H)	unfreundlich	unfriendly	peu aimable	sgarbato(a)	descortés
barattolo (I)	Dose f	tin	boîte f	—	lata f
barba (I)	Bart m	beard	barbe f	—	barba f
barba (ES)	Bart m	beard	barbe f	barba f	—
barba (P)	Bart m	beard	barbe f	barba f	barba f
barbe (F)	Bart m	beard	—	barba f	barba f
barbear(se) (P)	rasieren	shave	raser	fare la barba	afeitar
barca (I)	Boot n	boat	bateau m	—	bote m
barco (ES)	Schiff n	ship	navire m	nave f	—
barco (P)	Boot n	boat	bateau m	barca f	bote m
barevný (CZ)	bunt	coloured	coloré(e)	variopinto(a)	de colores
Bargeld (D)	—	cash	espèces f/pl	contanti m/pl	dinero al contado m
barlang (H)	Höhle f	cave	grotte f	caverna f	cueva f
barn (SV)	Kind n	child	enfant m	bambino m	niño m
barna (H)	braun	brown	marron	marrone	marrón
barndom (SV)	Kindheit f	childhood	enfance f	infanzia f	niñez f
baromfi (H)	Geflügel n	poultry	volaille f	volatili m/pl	aves f/pl
barrer (ES)	fegen	sweep	balayer	scopare	—
barriga (P)	Bauch m	stomach	ventre m	pancia f	vientre m
barrio (ES)	Viertel n	district	quartier m	quartiere m	—
barro (ES)	Schlamm m	mud	boue f	fango m	—
barsten (NL)	platzen	burst	éclater	scoppiare	reventar
Bart (D)	—	beard	barbe f	barba f	barba f
barulho (P)	Lärm m	noise	bruit m	rumore m	ruido m
barva (CZ)	Farbe f	colour	couleur f	colore m	color m
barvit <zbarvit> (CZ)	färben	dye	colorer	tingere	colorear
barzelletta (I)	Witz m	joke	plaisanterie f	—	chiste m
base (E)	Grundfläche f	—	base f	base f	base f
base[1] (F)	Basis	basis	—	base f	base f
base[2] (F)	Grundfläche f	base	—	base f	base f
base[1] (I)	Basis	basis	base f	—	base f
base[2] (I)	Grundfläche f	base	base f	—	base f
base[1] (ES)	Basis	basis	base f	base f	—
base[2] (ES)	Grundfläche f	base	base f	base f	—
base (P)	Basis	basis	base f	base f	base f
basilare (I)	grundsätzlich	fundamental	par principe	—	fundamental

basilare

P	NL	SV	PL	CZ	H
—	bar f	bar u	bar m	bar m	bár
—	kroeg f	krog u	knajpa f	hospoda f	kocsma
bar m	—	bar u	bar m	bar m	bár
bar m	bar f	—	bar m	bar m	bár
bar m	bar f	bar u	—	bar m	bár
bar m	bar f	bar u	bar m	—	bár
urso m	beer m	björn u	niedźwiedź m	medvěd m	medve
bar m	bar f	bar u	bar m	bar m	—
caixão m	doodkist f	likkista u	trumna f	rakev f	koporsó
somente	slechts/alleen	—	tylko	jen	csak
levar	dragen	—	nosić <nieść>	nosit	hord
borrego m	lam n	lamm n	—	jehně n	bárány
borrego m	lam n	lamm n	baranek m	jehně n	—
amigo m	vriend m	vän u	przyjaciel m	přítel m	—
amigo de	bevriend	vara vän med någon	zaprzyjaźniony	zpřátelen	—
—	goedkoop	billigt	tani	levně	olcsó
—	goedkoop	prisvärd	niedrogi	výhodný (cenově)	jutányos
barato	goedkoop	billigt	tani	levně	olcsó
amizade f	vriendschap f	vänskap u	przyjaźń f	přátelství n	—
amável	vriendelijk	vänlig	przyjazny	přátelsky	—
pouco amável	onvriendelijk	ovänlig	nieprzyjazny	nevlídný	—
lata f	blik n	burk u	puszka f	dóza f	doboz
barba f	baard m	skägg n	broda f	vousy m/pl	szakáll
barba f	baard m	skägg n	broda f	vousy m/pl	szakáll
—	baard m	skägg n	broda f	vousy m/pl	szakáll
barba f	baard m	skägg n	broda f	vousy m/pl	szakáll
—	scheren	raka	golić <ogolić>	holit, se <oholit, se>	borotvál
barco m	boot m	båt u	łódź f	loď f	csónak
navio m	schip n	fartyg n	statek m	loď f	hajó
—	boot m	båt u	łódź f	loď f	csónak
colorido	bont	färggrann	kolorowy	—	tarka
dinheiro efectivo m	contant geld n	kontanter pl	gotówka f	hotovost f	készpénz
caverna f	hol n	grotta u	jaskinia f	jeskyně f	—
criança f	kind n	—	dziecko n	dítě n	gyermek
castanho	bruin	brun	brązowy	hnědý	—
infância f	kinderjaren n/pl	—	dzieciństwo n	dětství n	gyermekkor
aves f/pl	gevogelte n	fjäderfä n/fågel u	drób m	drůbež f	—
varrer	vegen	sopa	zamiatać <zamieść>	zametat <zamést>	felsöpör
—	buik m	mage u	brzuch m	břicho n	has
bairro m	wijk f	kvarter n	dzielnica f	čtvrť f	negyed
lama f	slib n	slam u	szlam m	bláto n	iszap
rebentar	—	spricka	pękać <pęknąć>	prasknout <prasknout>	kipukkad
barba f	baard m	skägg n	broda f	vousy m/pl	szakáll
—	lawaai n	buller n	hałas m	hluk m	lárma
cor f	kleur f	färg u	kolor m	—	szín
colorir	verven	färga	farbować <ufarbować>	—	befest
piada f	grap f	vits u	kawał m	vtip m	vicc
superfície f	grondvlak n	grundyta u	podstawa f	základní plocha f	alapterület
base f	basis f	grund u	podstawa f	báze f	alap
superfície f	grondvlak n	grundyta u	podstawa f	základní plocha f	alapterület
base f	basis f	grund u	podstawa f	báze f	alap
superfície f	grondvlak n	grundyta u	podstawa f	základní plocha f	alapterület
base f	basis f	grund u	podstawa f	báze f	alap
superfície f	grondvlak n	grundyta u	podstawa f	základní plocha f	alapterület
—	basis f	grund u	podstawa f	báze f	alap
em princípio	principieel	principiellt	zasadniczo	zásadně	alapvető

Basis

	D	E	F	I	ES
Basis (D)	—	basis	base *f*	base *f*	base *f*
basis (E)	Basis	—	base *f*	base *f*	base *f*
basis (NL)	Basis	basis	base *f*	base *f*	base *f*
basket (E)	Korb *m*	—	panier *m*	cesto *m*	cesta *f*
bassa marea (I)	Ebbe *f*	low tide	marée basse *f*	—	marea baja *f*
bas(se) (F)	niedrig	low	—	basso(a)	bajo(a)
basso(a) (I)	niedrig	low	bas(se)	—	bajo(a)
bastante[1] (ES)	genug	enough	assez	abbastanza	—
bastante[2] (ES)	ziemlich	quite	assez	abbastanza	—
bastante (P)	ziemlich	quite	assez	abbastanza	bastante
bastar (ES)	ausreichen	be enough	suffire	essere sufficiente	—
bastar (P)	ausreichen	be enough	suffire	essere sufficiente	bastar
basura (ES)	Abfall *m*	rubbish	déchets *m/pl*	immondizia *f*	—
bát (SV)	Boot *n*	boat	bateau *m*	barca *f*	bote *m*
batata (P)	Kartoffel *f*	potato	pomme de terre *f*	patata *f*	patata *f*
bateau (F)	Boot *n*	boat	—	barca *f*	bote *m*
bater[1] (P)	klopfen	knock	frapper	bussare	golpear
bater[2] (P)	schlagen	hit	battre	battere	golpear
bateria (P)	Batterie *f*	battery	batterie *f*	batteria *f*	batería *f*
bateria (PL)	Batterie *f*	battery	batterie *f*	batteria *f*	batería *f*
batería (ES)	Batterie *f*	battery	batterie *f*	batteria *f*	—
baterie (CZ)	Batterie *f*	battery	batterie *f*	batteria *f*	batería *f*
bath (E)	Bad *n*	—	bain *m*	bagno *m*	baño *m*
bathe (E)	baden	—	baigner, se	fare il bagno	bañarse
bathroom (E)	Badezimmer *n*	—	salle de bains *f*	stanza da bagno *f*	cuarto de baño *m*
bath tub (E)	Badewanne *f*	—	baignoire *f*	vasca da bagno *f*	bañera *f*
bâtiment (F)	Gebäude *n*	building	—	edificio *m*	edificio *m*
baťoh (CZ)	Rucksack *m*	rucksack	sac à dos *m*	zaino *m*	mochila *f*
bátor (H)	tapfer	brave	courageux(-euse)	coraggioso(a)	valiente
bátorság (H)	Mut *m*	courage	courage *m*	coraggio *m*	coraje *m*
bát se (CZ)	fürchten	fear	craindre	temere	temer
battere (I)	schlagen	hit	battre	—	golpear
battere le mani (I)	klatschen	applaud	applaudir	—	aplaudir
batteri (SV)	Batterie *f*	battery	batterie *f*	batteria *f*	batería *f*
batteria (I)	Batterie *f*	battery	batterie *f*	—	batería *f*
Batterie (D)	—	battery	batterie *f*	batteria *f*	batería *f*
batterie (F)	Batterie *f*	battery	—	batteria *f*	batería *f*
batterij (NL)	Batterie *f*	battery	batterie *f*	batteria *f*	batería *f*
battery (E)	Batterie *f*	—	batterie *f*	batteria *f*	batería *f*
battre (F)	schlagen	hit	—	battere	golpear
battre, se (F)	kämpfen	fight	—	combattere	luchar
bättring (SV)	Besserung *f*	improvement	amélioration *f*	miglioramento *m*	restablecimiento *m*
Bau (D)	—	construction	construction *f*	costruzione *f*	construcción *f*
Bauarbeiten (D)	—	construction works	travaux	lavori di costruzione *m/pl*	trabajos de construcción *m/pl*
Bauch (D)	—	stomach	ventre *m*	pancia *f*	vientre *m*
Bauchschmerzen (D)	—	stomach ache	mal de ventre *m*	dolori di pancia *m/pl*	dolor de vientre *m*
bauen (D)	—	build	construire	costruire	construir
Bauer (D)	—	farmer	paysan *m*	contadino *m*	campesino *m*
Bauernhof (D)	—	farmhouse	ferme *f*	fattoria *f*	granja *f*
Baum (D)	—	tree	arbre *m*	albero *m*	árbol *m*
Baumwolle (D)	—	cotton	coton *m*	cotone *m*	algodón *m*
bavarder (F)	plaudern	chat	—	chiacchierare	conversar
bavit, se (CZ)	amüsieren, sich	enjoy o.s.	amuser, s'	divertirsi	divertirse

bavit, se

P	NL	SV	PL	CZ	H
base f	basis f	grund u	podstawa f	báze f	alap
base f	basis f	grund u	podstawa f	báze f	alap
base f	—	grund u	podstawa f	báze f	alap
cesto m	mand f	korg u	kosz m	koš m	kosár
maré baixa f	eb f	ebb u	odpływ m	odliv m	apály
baixo	laag	låg	niski	nízký	alacsony
baixo	laag	låg	niski	nízký	alacsony
suficiente	genoeg	tillräckligt	dość	dost	elég
bastante	behoorlijk	ganska	dość	značný	meglehetősen
—	behoorlijk	ganska	dość	značný	meglehetősen
bastar	voldoende zijn	räcka	wystarczać	stačit	elegendő
—	voldoende zijn	räcka	wystarczać	stačit	elegendő
lixo m	afval m	avfall n	odpady m/pl	odpad m	hulladék
barco m	boot m	—	łódź f	loď f	csónak
—	aardappel m	potatis u	ziemniak m	brambora f	burgonya
barco m	boot m	båt u	łódź f	loď f	csónak
—	kloppen	knacka	pukać <zapukać>	klepat <zaklepat>	kopog
—	slaan	slå	bić <pobić>	tlouci <udeřit>	üt
—	batterij f	batteri n	bateria f	baterie f	elem
bateria f	batterij f	batteri n	—	baterie f	elem
bateria f	batterij f	batteri n	bateria f	baterie f	elem
bateria f	batterij f	batteri n	bateria f	—	elem
banho m	bad n	bad n	kąpiel f	koupel f	fürdő
tomar banho	baden	bada	kąpać <wykąpać>	koupat	fürdik
casa de banho f	badkamer f	badrum n	łazienka f	koupelna f	fürdőszoba
banheira f	badkuip f	badkar n	wanna f	vana f	fürdőkád
edifício m	gebouw n	byggnad u	budynek m	budova f	épület
mochila f	rugzak m	ryggsäck u	plecak m	—	hátizsák
valente	dapper	tapper	dzielny	statečný	—
coragem f	moed m	mod n	odwaga f	odvaha f	—
ter medo de	vrezen	frukta	obawiać, się	—	fél, retteg
bater	slaan	slå	bić <pobić>	tlouci <udeřit>	üt
dar palmas	in de handen klappen	klappa	klaskać	tleskat <zatleskat>	tapsol
bateria f	batterij f	—	bateria f	baterie f	elem
bateria f	batterij f	batteri n	bateria f	baterie f	elem
bateria f	batterij f	batteri n	bateria f	baterie f	elem
bateria f	batterij f	batteri n	bateria f	baterie f	elem
bateria f	—	batteri n	bateria f	baterie f	elem
bateria f	batterij f	batteri n	bateria f	baterie f	elem
bater	slaan	slå	bić <pobić>	tlouci <udeřit>	üt
lutar	vechten	kämpa	walczyć	bojovat <dobojovat>	harcol
melhoramento m	verbetering f	—	poprawa f	zlepšení n	javulás
construção f	bouw m	byggnad u	budowla f	stavba f	építkezés
obras f/pl	(bouw)werken pl	byggarbeten pl	roboty budowlane	stavební práce pl	építkezés
barriga f	buik m	mage u	brzuch m	břicho n	has
dores f/pl de barriga	buikpijn m	magont n	ból brzucha m	bolesti břicha f	hasfájás
construir	bouwen	bygga	budować <wybudować>	stavět	épít
agricultor m	boer m	bonde u	rolnik m	zemědělec m	paraszt, földműves
quinta f	boerderij f	bondgård u	gospodarstwo wiejskie n	statek m	parasztbirtok
árvore f	boom m	träd n	drzewo n	strom m	fa
algodão m	katoen n	bomull u	bawełna f	bavlna f	pamut
conversar	babbelen	prata	gawędzić <pogawędzić>	rozprávět	társalog
divertir-se	amuseren, zich	roa sig	zabawiać, się <zabawić, się>	—	szórakoz

	D	E	F	I	ES
bavit, se <pobavit, se> (CZ)	unterhalten, sich	talk	entretenir, s'	conversare	conversar
bavlna (CZ)	Baumwolle f	cotton	coton m	cotone m	algodón m
bawełna (PL)	Baumwolle f	cotton	coton m	cotone m	algodón m
báze (CZ)	Basis	basis	base f	base f	base f
be (SV)	beten	pray	prier	pregare	rezar
be (H)	hinein	in	dans	dentro	dentro
beabsichtigen (D)	—	intend	avoir l'intention de	avere (l')intenzione di	proyectar
beach (E)	Strand m	—	plage m	spiaggia f	playa f
beachten (D)	—	take notice of	considérer	osservare	prestar atención a
beakta (SV)	beachten	take notice of	considérer	osservare	prestar atención a
beaktlig (SV)	beträchtlich	considerable	considérable	considerevole	considerable
be allowed (E)	dürfen	—	avoir le droit	potere	poder
Beamter (D)	—	civil servant	fonctionnaire m	impiegato statale m	funcionario m
bean (E)	Bohne	—	haricot m	fagiolo m	judía f
beantwoorden (NL)	beantworten	answer	répondre à	rispondere a	responder a
beantworten (D)	—	answer	répondre à	rispondere a	responder a
bear (E)	ertragen	—	supporter	sopportare	soportar
bear (E)	aushalten	—	supporter	sopportare	aguantar
bear (E)	Bär m	—	ours m	orso m	oso m
beard (E)	Bart m	—	barbe f	barba f	barba f
be ashamed (E)	schämen, sich	—	avoir honte	vergognarsi	tener vergüenza
be astonished (E)	staunen	—	étonner, s'	stupirsi	asombrarse
beau (belle) (F)	schön	beautiful	—	bello(a)	hermoso(a)
beaucoup de (F)	viel	a lot of	—	molto(a)	mucho(a)
beauftragen (D)	—	instruct	charger de	incaricare	encargar
beautiful (E)	schön	—	beau (belle)	bello(a)	hermoso(a)
beavatkozik (H)	eingreifen	intervene	intervenir	intervenire	intervenir
bébé (F)	Baby n	baby	—	bebè m	bebé m
bebè (I)	Baby n	baby	bébé m	—	bebé m
bebé (ES)	Baby n	baby	bébé m	bebè m	—
bebé (P)	Baby n	baby	bébé m	bebè m	bebé m
beber (ES)	trinken	drink	boire	bere	—
beber (P)	trinken	drink	boire	bere	beber
bebida (ES)	Getränk n	dink	boisson f	bevanda f	—
bebida (P)	Getränk n	dink	boisson f	bevanda f	bebida f
bebizonyít (H)	beweisen	prove	prouver	provare	probar
beborít, betakar (H)	bedecken	cover	couvrir	coprire	cubrir
bebútoroz (H)	möblieren	furnish	meubler	ammobiliare	amueblar
be called (E)	heißen	—	appeler, s'	chiamarsi	llamarse
because (E)	weil	—	parce que	perché	porque
be cold (E)	frieren	—	avoir froid	avere freddo	tener frío
becsap (H)	betrügen	cheat	tromper	ingannare	engañar
becsavar (H)	einwickeln	wrap up	envelopper	avvolgere	envolver
becsület (H)	Ehre f	honour	honneur m	onore m	honor m
becsületes (H)	ehrlich	honest	honnête	onesto(a)	honesto(a)
becsüli (H)	schätzen	estimate	estimer	stimare	estimar
bed (E)	Bett n	—	lit m	letto m	cama f

bed

P	NL	SV	PL	CZ	H
conversar	praten	prata	rozmawiać	—	társalog
algodão m	katoen n	bomull u	bawełna f	—	pamut
algodão m	katoen n	bomull u	—	bavlna f	pamut
base f	basis f	grund u	podstawa f	—	alap
rezar	bidden	—	modlić, się <pomodlić, się>	modlit, se	imádkozik
para dentro	naar binnen	inåt	do wnętrza	dovnitř	—
tencionar	van plan zijn	ha för avsikt	zamierzać <zamierzyć>	mít v úmyslu	szándékozik
praia f	strand n	strand u	plaża f	pláž f	strand
dar atenção a	in acht nemen	beakta	przestrzegać	dbát na	figyelembe venni
dar atenção a	in acht nemen	—	przestrzegać	dbát na	figyelembe venni
considerável	aanmerkelijk	—	znaczny	značně	jelentős
poder	mogen	få	wolno	smět	szabad
funcionário público m	ambtenaar m	tjänsteman u	urzędnik m	úředník m	köztisztviselő
feijão m	boon f	böna u	fasola f	fazole f	bab
responder	—	svara	odpowiadać <odpowiedzieć>	odpovídat <odpovědět>	megválaszol
responder	beantwoorden	svara	odpowiadać <odpowiedzieć>	odpovídat <odpovědět>	megválaszol
suportar	verdragen	tåla	znosić <znieść>	snášet <snést>	kibír
aguentar	uithouden	uthärda	wytrzymywać <wytrzymać>	vydržovat <vydržet>	elvisel
urso m	beer m	björn u	niedźwiedź m	medvěd m	medve
barba f	baard m	skägg n	broda f	vousy m/pl	szakáll
envergonhar-se	schamen, zich	skämmas	wstydzić, się	stydět, se <zastydět, se>	szégyelli magát
admirar-se	verbaasd zijn	bli förvånad	dziwić, się <zdziwić, się>	divit, se <podivit, se>	csodálkozik
bonito	mooi	vacker	piękny	hezký	szép
muito	veel	mycket	dużo	mnoho	sok
encarregar	belasten	ge i uppdrag	zlecać <zlecić>	pověrovat <pověřit>	megbíz
bonito	mooi	vacker	piękny	hezký	szép
intervir	tussenkomen	gripa in	interweniować <zainterweniować>	zasahovat <zasáhnout>	—
bebé m/f	baby m	spädbarn n	niemowlę n	baby n	csecsemő
bebé m/f	baby m	spädbarn n	niemowlę n	baby n	csecsemő
bebé m/f	baby m	spädbarn n	niemowlę n	baby n	csecsemő
—	baby m	spädbarn n	niemowlę n	baby n	csecsemő
beber	drinken	dricka	pić	pít <napít>	iszik
—	drinken	dricka	pić	pít <napít>	iszik
bebida f	drankje n	dryck u	napój m	nápoj m	ital
—	drankje n	dryck u	napój m	nápoj m	ital
provar	bewijzen	bevisa	udowadniać <udowodnić>	dokazovat <dokázat>	—
cobrir	bedekken	täcka	przykrywać <przykryć>	zakrývat <zakrýt>	—
mobilar	meubileren	möblera	meblować <umeblować>	zařizovat nábytkem <zařídit nábytkem>	—
chamar-se	heten	heta	nazywać, się	jmenovat, se	hív
porque	omdat	för att	ponieważ	protože	mert
ter frio	het koud hebben/ vriezen	frysa	marznąć <zmarznąć>	mrznout <zamrznout>	fázik
enganar	bedriegen	svika	oszukiwać <oszukać>	podvádět <podvést>	—
embrulhar	inwikkelen	veckla in	owijać <owinąć>	zabalovat <zabalit>	—
honra f	eer f	ära u	honor m	čest f	—
honesto	eerlijk	ärlighet u	uczciwy	čestný m	—
apreciar	schatten/waarderen	uppskatta	szacować	cenit <ocenit>	—
cama f	bed n	säng u	łóżko n	postel f	ágy

bed

	D	E	F	I	ES
bed (NL)	Bett *n*	bed	lit *m*	letto *m*	cama *f*
bedanken, sich (D)	—	say thank you	remercier	ringraziare	agradecer algo
bedankt (NL)	danke	thank you	merci	grazie	gracias
bedauern (D)	—	regret	regretter	deplorare	lamentar algo
Bedauern (D)	—	regret	regret *m*	dispiacere *m*	compasión *f*
bedecken (D)	—	cover	couvrir	coprire	cubrir
bedeckt (D)	—	covered	couvert(e)	coperto(a)	cubierto(a)
bedekken (NL)	bedecken	cover	couvrir	coprire	cubrir
bedekt (NL)	bedeckt	covered	couvert(e)	coperto(a)	cubierto(a)
bedeuten (D)	—	mean	signifier	significare	significar
Bedeutung (D)	—	meaning	signification *f*	significato *f*	significado *m*
bediende (NL)	Angestellter *m*	employee	employé *m*	impiegato *m*	empleado *m*
Bedingung (D)	—	condition	condition *f*	condizione *f*	condición *f*
bedna (CZ)	Kiste *f*	box	caisse *f*	cassetta *f*	caja *f*
bedob (H)	einwerfen	post	poster	imbucare	echar
bedoelen (NL)	bedeuten	mean	signifier	significare	significar
bedoeling (NL)	Absicht *f*	intention	intention *f*	intenzione *f*	intención *f*
bedöma (SV)	beurteilen	judge	juger	giudicare	juzgar
bedra (SV)	täuschen	deceive	tromper	ingannare	engañar
bedrag (NL)	Betrag *m*	amount	montant *m*	importo *m*	importe *m*
bedrägeri (SV)	Betrug *m*	fraud	tromperie *f*	inganno *m*	engaño *m*
bedreigen (NL)	bedrohen	threaten	menacer	minacciare	amenazar
bedriegen¹ (NL)	betrügen	cheat	tromper	ingannare	engañar
bedriegen² (NL)	täuschen	deceive	tromper	ingannare	engañar
bedrog (NL)	Betrug *m*	fraud	tromperie *f*	inganno *m*	engaño *m*
bedrohen (D)	—	threaten	menacer	minacciare	amenazar
bedroom (E)	Schlafzimmer *n*	—	chambre à coucher *f*	camera da letto *f*	dormitorio *m*
Bedürfnis (D)	—	need	besoin *m*	bisogno *m*	necesidad *f*
beeilen, sich (D)	—	hurry up	dépêcher, se	affrettarsi	darse prisa
beeld (NL)	Bild *n*	picture	image *f*	immagine *f*	cuadro *m*
been (NL)	Bein *n*	leg	jambe *f*	gamba *f*	pierna *f*
be enough (E)	ausreichen	—	suffire	essere sufficiente	bastar
beer (E)	Bier *n*	—	bière *f*	birra *f*	cerveza *f*
beer (NL)	Bär *m*	bear	ours *m*	orso *m*	oso *m*
Beerdigung (D)	—	funeral	enterrement *m*	funerale *m*	entierro *m*
beetje (NL)	bisschen	a little	un peu	un po'	un poquito
beetle (E)	Käfer *m*	—	coléoptère *m*	coleottero *m*	escarabajo *m*
befara (SV)	befürchten	fear	craindre	temere	temer
Befehl (D)	—	instruction	instruction *m*	comando *m*	orden *f*
befest¹ (H)	färben	dye	colorer	tingere	colorear
befest² (H)	streichen	paint	peindre	verniciare	pintar
befinden, sich (D)	—	feel	trouver, se	trovarsi	encontrarse
befinna sig (SV)	befinden, sich	feel	trouver, se	trovarsi	encontrarse
befolkning (SV)	Bevölkerung *f*	population	population *f*	popolazione *f*	población *f*
befolyás (H)	Einfluss *m*	influence	influence *f*	influenza *f*	influencia *f*
befordul (H)	einbiegen	turn	tourner	svoltare	doblar
before¹ (E)	bevor	—	avant que	prima che (di)	antes que
before² (E)	davor	—	avant	prima	antes
befreundet (D)	—	friendly	ami(e)	amico(a)	amigo(a)
befürchten (D)	—	fear	craindre	temere	temer

befürchten

P	NL	SV	PL	CZ	H
cama f	—	säng u	łóżko n	postel f	ágy
agradecer	danken; bedanken	tacka	dziękować <podziękować>	děkovat <poděkovat>	megköszön
obrigado	—	tack	dziękuję	děkuji	köszönöm!
lamentar	betreuren	beklaga	żałować	litovat <politovat>	sajnál
pesar m	spijt f	beklagande n	żal m	politování n	sajnálat
cobrir	bedekken	täcka	przykrywać <przykryć>	zakrývat <zakrýt>	beborít, betakar
coberto	bedekt	täckt	pokryty	zakrytý	borult
cobrir	—	täcka	przykrywać <przykryć>	zakrývat <zakrýt>	beborít, betakar
coberto	—	täckt	pokryty	zakrytý	borult
significar	bedoelen	betyda	znaczyć	znamenat	jelent
significado m	betekenis f	betydelse u	znaczenie n	význam m	értelem
empregado m	—	anställd u	pracownik umysłowy m	zaměstnanec m	alkalmazott
condição f	voorwaarde f	krav n	warunek m	podmínka f	feltétel
caixote m	kist f	kista u	skrzynka f	—	láda
quebrar	ingooien	kasta in	wrzucać <wrzucić>	vhazovat <vhodit>	—
significar	—	betyda	znaczyć	znamenat	jelent
intenção f	—	avsikt u	zamiar m	úmysl m	szándék
julgar	beoordelen	—	oceniać <ocenić>	posuzovat <posoudit>	megítél
enganar	bedriegen	—	zmylić	klamat <zklamat>	megtéveszt
valor m	—	belopp n	kwota f	obnos m	összeg
fraude f	bedrog n	—	oszustwo n	podvod m	csalás
ameaçar	—	hota	zagrażać, <zagrozić>	ohrožovat <ohrozit>	fenyeget
enganar	—	svika	oszukiwać <oszukać>	podvádět <podvést>	becsap
enganar	—	bedra	zmylić	klamat <zklamat>	megtéveszt
fraude f	—	bedrägeri n	oszustwo n	podvod m	csalás
ameaçar	bedreigen	hota	zagrażać, <zagrozić>	ohrožovat <ohrozit>	fenyeget
quarto de dormir m	slaapkamer f	sovrum n	sypialnia f	ložnice f	hálószoba
necessidade f	behoefte f	behov n	potrzeba f	potřeba f	szükséglet/igény
apressar-se	haasten, zich	skynda sig	spieszyć, się <pospieszyć się>	spěchat <pospíšit>	siet
imagem f	—	bild u	obraz n	obraz m	kép
perna f	—	ben n	noga f	noha f	láb
bastar	voldoende zijn	räcka	wystarczać	stačit	elegendő
cerveja f	bier n	öl u,n	piwo n	pivo n	sör
urso m	—	björn u	niedźwiedź m	medvěd m	medve
enterro m	begrafenis f	begravning u	pogrzeb m	pohřeb m	temetés
bocadinho	—	lite	trochę	malinko	egy kicsit
escaravelho m	kever m	skalbagge u	chrząszcz m	brouk m	bogár
recear	vrezen	—	obawiać, się	obávat, se	tart
comando m	commando n	order u	polecenie n	příkaz m	utasítás
colorir	verven	färga	farbować <ufarbować>	barvit <zbarvit>	—
pintar	schilderen	smeka	pocierać	škrtat <škrtnout>	—
encontrar-se	bevinden, zich	befinna sig	znajdować, się	nacházet, se	van
encontrar-se	bevinden, zich	—	znajdować, się	nacházet, se	van
população f	bevolking f	—	ludność f	obyvatelstvo n	lakosság
influência f	invloed m	inflytande n	wpływ m	vliv m	—
virar	inslaan	vika av	zaginać <zgiąć>	zahýbat <zahnout>	—
antes	alvorens	innan	zanim	před	mielőtt
antes	daarvoor	innan	przed	před/přede	előtte
amigo de	bevriend	vara vän med någon	zaprzyjaźniony	zpřátelen	baráti visszonyban áll
recear	vrezen	befara	obawiać, się	obávat, se	tart

begaafd

	D	E	F	I	ES
begaafd (NL)	begabt	gifted	doué(e)	dotato(a)	apto para
begabt (D)	—	gifted	doué(e)	dotato(a)	apto para
begagnad (SV)	gebraucht	used	d'occasion	usato(a)	usado(a)
begane grond (NL)	Erdgeschoss n	ground floor	rez-de-chaussée m	pianterreno m	planta baja f
begära (SV)	bitten	request	demander	pregare	rogar
begäran¹ (SV)	Bitte f	request	demande f	domanda f	ruego m
begäran² (SV)	Forderung f	demand	exigence f	esigenza f	exigencia f
begåvad (SV)	begabt	gifted	doué(e)	dotato(a)	apto para
bégayer (F)	stottern	stutter	—	balbettare	tartamudear
begegnen (D)	—	meet	rencontrer	incontrare	encontrarse
begeistern (D)	—	inspire	enthousiasmer	entusiasmare	entusiasmar
begeistert (D)	—	enthusiastic	enthousiaste	entusiasta	entusiasmado(a)
begeistrad (SV)	begeistert	enthusiastic	enthousiaste	entusiasta	entusiasmado(a)
begin (NL)	Anfang m	beginning	commencement m	inizio m	inicio m
begin (NL)	Beginn m	beginning	commencement m	inizio m	principio m
Beginn (D)	—	beginning	commencement m	inizio m	principio m
beginneling (NL)	Anfänger m	beginner	débutant(e)	principiante m	principiante m
beginnen (NL)	anfangen	start	commencer	cominciare	empezar
beginner (E)	Anfänger m	—	débutant(e)	principiante m	principiante m
beginning (E)	Anfang m	—	commencement m	inizio m	inicio m
beginning (E)	Beginn m	—	commencement m	inizio m	principio m
be glad/happy (E)	freuen, sich	—	réjouir, se	rallegrarsi	alegrarse
begrafenis (NL)	Beerdigung f	funeral	enterrement m	funerale m	entierro m
begravning (SV)	Beerdigung f	funeral	enterrement m	funerale m	entierro m
begreifen (D)	—	comprehend	comprendre	comprendere	comprender
begrijpen (NL)	begreifen	comprehend	comprendre	comprendere	comprender
begrip (NL)	Verständnis n	understanding	compréhension f	comprensione f	comprensión f
begripa (SV)	begreifen	comprehend	comprendre	comprendere	comprender
begroeten (NL)	begrüßen	greet	saluer	salutare	saludar
begrüßen (D)	—	greet	saluer	salutare	saludar
behajtás (H)	Einfahrt f	entrance	entrée f	ingresso m	entrada f
behålla (SV)	behalten	keep	garder	tenere	retener
behållare (SV)	Behälter m	container	récipient m	recipiente m	recipiente m
behalten (D)	—	keep	garder	tenere	retener
Behälter (D)	—	container	récipient m	recipiente m	recipiente m
behalve (NL)	außer	except	hors de	eccetto	salvo
behandelen (NL)	behandeln	treat	traiter	trattare	tratar
behandeling (NL)	Behandlung f	treatment	traitement m	trattamento m	tratamiento m
behandeln (D)	—	treat	traiter	trattare	tratar
behandla (SV)	behandeln	treat	traiter	trattare	tratar
Behandlung (D)	—	treatment	traitement m	trattamento m	tratamiento m
běhat <běžet> (CZ)	laufen	run	courir	correre	correr
běhat <běžet> (CZ)	rennen	run	courir	correre	correr
behaupten (D)	—	assert	affirmer	affermare	afirmar
behave (E)	benehmen, sich	—	comporter, se	comportarsi	comportarse
behaviour (E)	Benehmen n	—	conduite f	comportamento m	comportamiento m
během (CZ)	während	during	pendant	durante	durante
behind (E)	hinten	—	derrière	dietro	detrás
behind it (E)	dahinter	—	derrière	dietro	detrás
behoefte (NL)	Bedürfnis n	need	besoin m	bisogno m	necesidad f

107 behoefte

P	NL	SV	PL	CZ	H
talentoso	—	begåvad	zdolny	nadaný	tehetséges
talentoso	begaafd	begåvad	zdolny	nadaný	tehetséges
usado	tweedehands/ gebruikt	—	używany	použitý	használt
rés-do-chão m	—	bottenvåning u	parter m	přízemí n	földszint
pedir	verzoeken	—	prosić <poprosić>	prosit <poprosit>	kérni
pedido m	verzoek n	—	prośba f	prosba f	kérés
exigência f	vordering f	—	żądanie n	požadavek m	követelés
talentoso	begaafd	—	zdolny	nadaný	tehetséges
balbuciar	stotteren	stamma	jąkać się	koktat <zakoktat>	dadog
encontrar alguém	ontmoeten	möta	spotykać <spotkać>	setkávat, se <setkat, se>	találkozik
entusiasmar	bezielen	hänföra	zachwycać	nadchnout, se	fellelkesít
entusiasmado	enthousiast	begeistrad	zachwycony	nadšený	elragadtatott
entusiasmado	enthousiast	—	zachwycony	nadšený	elragadtatott
princípio m	—	början u	początek m	začátek m	kezdet
começo m	—	början u	rozpoczęcie n	začátek m	kezdet
começo m	begin n	början u	rozpoczęcie n	začátek m	kezdet
principiante m	—	nybörjare u	początkujący m	začátečník m	kezdő
principiar	—	börja	zaczynać <zacząć>	začínat <začít>	kezd
principiante m	beginneling	nybörjare u	początkujący m	začátečník m	kezdő
princípio m	begin n	början u	początek m	začátek m	kezdet
começo m	begin n	början u	rozpoczęcie n	začátek m	kezdet
alegrar-se	verheugen, zich	glädja sig	cieszyć, się <ucieszyć, się>	radovat, se <zaradovat, se>	örül
enterro m	—	begravning u	pogrzeb m	pohřeb m	temetés
enterro m	begrafenis f	—	pogrzeb m	pohřeb m	temetés
compreender	begrijpen	begripa	pojmować <pojąć>	chápat <pochopit>	felfog
compreender	—	begripa	pojmować <pojąć>	chápat <pochopit>	felfog
compreensão f	—	förståelse u	zrozumienie n	pochopení n	megértés
compreender	begrijpen	—	pojmować <pojąć>	chápat <pochopit>	felfog
cumprimentar	—	hälsa	witać <powitać>	pozdravovat <pozdravit>	üdvözöl
cumprimentar	begroeten	hälsa	witać <powitać>	pozdravovat <pozdravit>	üdvözöl
entrada f	inrit f	infart u	wjazd m	vjezd m	—
guardar	behouden	—	zatrzymywać <zatrzymać>	nechat, si <ponechat, si>	megtart
recipiente m	bak m	—	pojemnik m	nádrž f	tartály
guardar	behouden	behålla	zatrzymywać <zatrzymać>	nechat, si <ponechat, si>	megtart
recipiente m	bak m	behållare u	pojemnik m	nádrž f	tartály
excepto	—	utom	oprócz	kromě	kívül
tratar	—	behandla	traktować <potraktować>	ošetřovat <ošetřit>	kezel
tratamento m	—	undersökning u	traktowanie n	ošetření n	kezelés
tratar	behandelen	behandla	traktować <potraktować>	ošetřovat <ošetřit>	kezel
tratar	behandelen	—	traktować <potraktować>	ošetřovat <ošetřit>	kezel
tratamento m	behandeling n	undersökning u	traktowanie n	ošetření n	kezelés
correr	lopen	springa	biec <pobiec>	—	fut
correr	rennen	springa	biec <pobiec>	—	rohan
afirmar	beweren	påstå	twierdzić	tvrdit	állít
comportar-se	gedragen, zich	bete sig	zachowywać, się <zachować, się >	chovat, se	viselkedik
comportamento m	gedrag n	uppförande n	zachowanie n	chování n	viselkedés
durante	gedurende	under tiden	podczas	—	közben
atrás	achter	baktill	w tyle	vzadu	hátul
atrás	daarachter	bakom	za tym	za tím	mögött
necessidade f	—	behov n	potrzeba f	potřeba f	szükséglet/igény

behoorlijk

	D	E	F	I	ES
behoorlijk (NL)	ziemlich	quite	assez	abbastanza	bastante
Behörde (D)	—	authorities	autorités f/pl	autorità f/pl	autoridad f
behoren (NL)	gehören	belong	appartenir	appartenere	pertenecer a
behouden (NL)	behalten	keep	garder	tenere	retener
behov (SV)	Bedürfnis n	need	besoin m	bisogno m	necesidad f
behöva (SV)	brauchen	need	avoir besoin de	aver bisogno di	necesitar
bei (D)	—	at/near	chez/prés de	da/presso	cerca de/junto a
beide (D)	—	both	tous/toutes les deux	entrambi(e)	ambos(as)
beide(n) (NL)	beide	both	tous/toutes les deux	entrambi(e)	ambos(as)
Beifall (D)	—	applause	applaudissements m/pl	applauso m	aplauso m
beijar (P)	küssen	kiss	embrasser	baciare	besar
beijo (P)	Kuss m	kiss	baiser m	bacio m	beso m
Beilage (D)	—	supplement	supplément m	supplemento m	suplemento m
Beileid (D)	—	condolence	condoléances f/pl	condoglianza f	pésame m
beilleszkedik (H)	einleben, sich	settle down	acclimater, s'	ambientarsi	familiarizarse
Bein (D)	—	leg	jambe f	gamba f	pierna f
beinahe (D)	—	nearly	presque	quasi	casi
beismerés (H)	Bekenntnis n	confession	confession f	confessione f	confesión f
Beispiel (D)	—	example	exemple m	esempio m	ejemplo m
beißen (D)	—	bite	mordre	mordere	morder
Beitrag (D)	—	contribution	contribution f	contributo m	cuota f
bejahen (D)	—	agree with	répondre par l'affirmative à	approvare	afirmar
bejárat (H)	Eingang m	entrance	entrée f	entrata f	entrada f
bejelentés (H)	Anmeldung f	announcement	annonce f	annuncio m	aviso m
bejelentkezik (H)	anmelden	announce	annoncer	annunciare	anunciar
bekännelse (SV)	Bekenntnis n	confession	confession f	confessione f	confesión f
bekannt (D)	—	well-known	connu(e)	conosciuto(a)	conocido(a)
Bekannter (D)	—	acquaintance	ami m	conoscente m	conocido m
bekant (SV)	Bekannter m	acquaintance	ami m	conoscente m	conocido m
bekapcsol¹ (H)	anmachen	put on	allumer	accendere	encender
bekapcsol² (H)	einschalten	switch on	allumer	accendere	conectar
béke (H)	Frieden m	peace	paix f	pace f	paz f
bekend (NL)	bekannt	well-known	connu(e)	conosciuto(a)	conocido(a)
Bekenntnis (D)	—	confession	confession f	confessione f	confesión f
bekentenis (NL)	Bekenntnis n	confession	confession f	confessione f	confesión f
békés (H)	friedlich	peaceful	paisible	pacifico(a)	pacífico(a)
beklaga¹ (SV)	bedauern	regret	regretter	deplorare	lamentar algo
beklaga² (SV)	beklagen	deplore	plaindre de, se	lamentare	quejarse
beklagande (SV)	Bedauern n	regret	regret m	dispiacere m	compasión f
beklagen (D)	—	deplore	plaindre de, se	lamentare	quejarse
beklagen (NL)	beklagen	deplore	plaindre de, se	lamentare	quejarse
bekommen (D)	—	get	recevoir	ricevere	recibir
bekommeren, zich (NL)	kümmern, sich	look after	occuper de, s'	interessarsi di	ocuparse de
bekräfta (SV)	bestätigen	confirm	confirmer	confermare	confirmar
bekväm (SV)	bequem	comfortable	confortable	comodo(a)	cómodo(a)
bekvämlighet (SV)	Bequemlichkeit f	convenience	confort m	comodità f	comodidad f
bekwaam¹ (NL)	fähig	capable	capable	capace	hábil
bekwaam² (NL)	geschickt	skilful	habile	abile	hábil

bekwaam

P	NL	SV	PL	CZ	H
bastante	—	ganska	dość	značný	meglehetősen
repartição pública f	instantie f/overheid f	myndighet u	urząd m	úřad m	hatóság
pertencer a	—	tillhöra	należeć	patřit	tartozik
guardar	—	behålla	zatrzymywać <zatrzymać>	nechat, si <ponechat, si>	megtart
necessidade f	behoefte f	—	potrzeba f	potřeba f	szükséglet/igény
precisar de	nodig hebben	—	potrzebować	potřebovat	szorul
ao pé de	bij	vid	przy	u	nál/nél
ambos	beide(n)	båda	oboje	oba	mindkettő
ambos	—	båda	oboje	oba	mindkettő
aplauso m	applaus n	bifall n	oklaski m/pl	potlesk m	taps
—	kussen	kyssa	całować <pocałować>	líbat <políbit>	csókol
—	kus m	kyss u	pocałunek m	polibek m	csók
anexo m	bijlage f	bilaga u	dodatek n	příloha f	melléklet
condolência f	deelneming f	kondoleans u	współczucie n	kondolence f	részvét
acostumar-se	inleven, zich	anpassa sig	aklimatyzować, się <zaaklimatyzować, się>	zvykat, si <zvyknout, si>	—
perna f	been n	ben n	noga f	noha f	láb
quase	bijna	nästan	prawie	téměř	majdnem
confissão f	bekentenis f	bekännelse u	wyznanie n	přiznání n	—
exemplo m	voorbeeld n	exempel n	przykład m	příklad m	példa
morder	bijten	bita	gryźć <ugryźć>	kousat <kousnout>	harap
contribuição f	bijdrage f	bidrag n	wkład m	příspěvek m	hozzájárulás
afirmar	bevestigen	jaka	odpowiadać twierdząco <odpowiedzieć twierdząco>	souhlasit <odsouhlasit>	igennel válaszol
entrada f	ingang m	ingång u	wejście n	vstup m	—
inscrição f	aanmelding f	anmälan u	zgłoszenie f	přihláška f	—
anunciar	aanmelden	anmäla	meldować <zameldować>	přihlašovat <přihlásit>	—
confissão f	bekentenis f	—	wyznanie n	přiznání n	beismerés
conhecido	bekend	känd	znany	známý	ismert
conhecido m	kennis m	bekant u	znajomy m	známý m	ismerős
conhecido m	kennis m	—	znajomy m	známý m	ismerős
acender	aanzetten	sätta på	przymocowywać <przymocować>	rozdělávat <rozdělat>	—
ligar	inschakelen	koppla in	włączać <włączyć>	zapínat <zapnout>	—
paz f	vrede f	fred u	pokój m	mír m	—
conhecido	—	känd	znany	známý	ismert
confissão f	bekentenis f	bekännelse u	wyznanie n	přiznání n	beismerés
confissão f	—	bekännelse u	wyznanie n	přiznání n	beismerés
pacífico	vreedzaam	fredlig	pokojowy	mírumilovný	—
lamentar	betreuren	—	żałować	litovat <politovat>	sajnál
lamentar	beklagen	—	opłakiwać <opłakać>	stěžovat si	sajnál
pesar m	spijt f	—	żal m	politování n	sajnálat
lamentar	beklagen	beklaga	opłakiwać <opłakać>	stěžovat si	sajnál
lamentar	—	beklaga	opłakiwać <opłakać>	stěžovat si	sajnál
receber	krijgen	få	otrzymywać <otrzymać>	dostávat <dostat>	kap
cuidar de	—	ta hand om	troszczyć, się	starat, se <postarat, se>	törődik
confirmar	bevestigen	—	potwierdzać <potwierdzić>	potvrzovat <potvrdit>	igazol
confortável	gemakkelijk	—	wygodny	pohodlně	kényelmes
conforto m	gemakkelijkheid f	—	wygoda f	pohodlí n	kényelem
capaz	—	skicklig	zdolny	schopný	képes
hábil	—	skicklig	zręczny	obratný	ügyes

bekwaamheid

	D	E	F	I	ES
bekwaamheid (NL)	Fähigkeit f	ability	capacité f	capacità f	capacidad f
bekymmer¹ (SV)	Kummer m	grief	chagrin m	dolore m	pena f
bekymmer² (SV)	Sorge f	concern	souci m	preoccupazione f	preocupación f
bel (NL)	Klingel f	bell	sonnette f	campanello m	timbre m
belachelijk (NL)	lächerlich	ridiculous	ridicule	ridicolo(a)	ridículo(a)
belangrijk (NL)	wichtig	important	important(e)	importante	importante
belasten (NL)	beauftragen	instruct	charger de	incaricare	encargar
belästigen (D)	—	annoy	importuner	importunare	molestar
belastingen (NL)	Steuern pl	tax	impôt m	imposte f/pl	impuestos m/pl
be late (E)	verspäten, sich	—	être en retard	ritardare	llevar retraso
belebt (D)	—	lively	animé(e)	animato(a)	animado(a)
beledigen (NL)	beleidigen	insult	offenser	offendere	ofender
belediging (NL)	Beleidigung f	insult	offense f	offesa f	ofensa f
beleefd (NL)	höflich	polite	poli(e)	cortese	cortés
beleefdheid (NL)	Höflichkeit f	politeness	politesse f	cortesia f	cortesía f
beleértve¹ (H)	inbegriffen	included	compris	compreso(a)	incluido(a)
beleértve² (H)	inklusive	inclusive	inclus(e)	incluso(a)	incluso
beleidigen (D)	—	insult	offenser	offendere	ofender
Beleidigung (D)	—	insult	offense f	offesa f	ofensa f
belép (H)	betreten	enter	entrer dans	entrare	entrar
belépés (H)	Eintritt m	admission	entrée f	entrata f	entrada f
beleszeret (H)	verlieben	fall in love	tomber amoureux(euse)	innamorarsi	enamorarse
beleuchten (D)	—	illuminate	éclairer	illuminare	iluminar
Beleuchtung (D)	—	lightning	éclairage m	illuminazione f	iluminación f
beleven (NL)	erleben	experience	être témoin de	vivere	experimentar
Belgia (PL)	Belgien n	Belgium	Belgique f	Belgio f	Bélgica f
Bélgica (ES)	Belgien n	Belgium	Belgique f	Belgio f	—
Bélgica (P)	Belgien n	Belgium	Belgique f	Belgio f	Bélgica f
Belgie (CZ)	Belgien n	Belgium	Belgique f	Belgio f	Bélgica f
België (NL)	Belgien n	Belgium	Belgique f	Belgio f	Bélgica f
Belgien (D)	—	Belgium	Belgique f	Belgio f	Bélgica f
Belgien (SV)	Belgien n	Belgium	Belgique f	Belgio f	Bélgica f
Belgio (I)	Belgien n	Belgium	Belgique f	—	Bélgica f
Belgique (F)	Belgien n	Belgium	—	Belgio f	Bélgica f
Belgium (E)	Belgien n	—	Belgique f	Belgio f	Bélgica f
Belgium (H)	Belgien n	Belgium	Belgique f	Belgio f	Bélgica f
beliebig (D)	—	any	n'importe quel	qualsiasi	a voluntad
beliebt (D)	—	popular	populaire	popolare	estimado(a)
believe (E)	glauben	—	croire	credere	creer
bell¹ (E)	Glocke f	—	cloche f	campana f	campana f
bell² (E)	Klingel f	—	sonnette f	campanello m	timbre m
bellen (NL)	klingeln	ring the bell	sonner	suonare	tocar el timbre
bello(a) (I)	schön	beautiful	beau (belle)	—	hermoso(a)
belofte (NL)	Versprechen n	promise	promettre	promettere	prometer
belong (E)	gehören	—	appartenir	appartenere	pertenecer a
belopp (SV)	Betrag m	amount	montant m	importo m	importe m
beloven (NL)	versprechen	promise	promesse f	promessa f	promesa f
belt¹ (E)	Gurt m	—	ceinture f	cinghia f	cinturón m
belt² (E)	Gürtel m	—	ceinture f	cintura f	cinturón m
belül¹ (H)	drinnen	inside	dedans	dentro	(a)dentro
belül² (H)	innen	inside	à l'intérieur	dentro	dentro/adentro
belül³ (H)	innerhalb	within	à l'intérieur de	entro	dentro de

belül

P	NL	SV	PL	CZ	H
capacidade f	—	förmåga u	zdolność f	schopnost f	képesség
desgosto m	kommer m	—	zmartwienie n	soužení n	bánat
preocupação f	zorg f	—	troska f	starost f	gond
campainha f	—	ringklocka u	dzwonek m	zvonek m	csengő
ridículo	—	skrattretande	śmieszny	směšný	nevetséges
importante	—	viktig	ważny	důležitý	fontos
encarregar	—	ge i uppdrag	zlecać <zlecić>	pověrovat <pověřit>	megbíz
importunar	hinderen	besvära	naprzykrzać, się <naprzykrzyć, się>	obtěžovat	molesztál
impostos m/pl	—	skatt u	podatki pl	daně pl	adók
atrasar-se	vertraging hebben	vara försenad	spóźniać się	zpožďovat, se <zpozdit, se>	elkésik
animado	levendig	livlig	ożywiony	oživený	forgalmas
ofender	—	förolämpa	obrażać <obrazić>	urážet <urazit>	sért
ofensa f	—	förolämpning u	obraza f	urážka f	sértés
cortês	—	hövlig	uprzejmy	zdvořilý	udvarias
cortesia f	—	hövlighet u	uprzejmość f	zdvořilost f	udvariasság
incluído	inbegrepen	medräknad	łącznie	zahrnutý	—
inclusive	inclusief	inklusive	włącznie	včetně	—
ofender	beledigen	förolämpa	obrażać <obrazić>	urážet <urazit>	sért
ofensa f	belediging f	förolämpning u	obraza f	urážka f	sértés
entrar em	betreden	beträda	wchodzić <wejść>	vstupovat <vstoupit>	—
entrada f	toegang m	inträde n	wstęp m	vstup m	—
enamorar-se	verliefd worden	förälska sig	zakochać się	zamilovat	—
iluminar	verlichten	belysa	oświetlać <oświetlić>	osvětlovat <osvětlit>	kivílágít
iluminação f	verlichting f	belysning u	oświetlenie n	osvětlení n	kivílágítás
presenciar	—	uppleva	przeżywać <przeżyć>	prožívat <prožít>	átél
Bélgica f	België n	Belgien	—	Belgie f	Belgium
Bélgica f	België n	Belgien	Belgia f	Belgie f	Belgium
—	België n	Belgien	Belgia f	Belgie f	Belgium
Bélgica f	België n	Belgien	Belgia f	—	Belgium
Bélgica f	—	Belgien	Belgia f	Belgie f	Belgium
Bélgica f	België n	Belgien	Belgia f	Belgie f	Belgium
Bélgica f	België n	—	Belgia f	Belgie f	Belgium
Bélgica f	België n	Belgien	Belgia f	Belgie f	Belgium
Bélgica f	België n	Belgien	Belgia f	Belgie f	Belgium
Bélgica f	België n	Belgien	Belgia f	Belgie f	Belgium
Bélgica f	België n	Belgien	Belgia f	Belgie f	—
qualquer	willekeurig	valfri	dowolny	libovolně	tetszés szerinti
popular	bemind	omtyckt	lubiany	oblíbený	közkedvelt
acreditar	geloven	tro	wierzyć	věřit <uvěřit>	hisz
sino m	klok f	klocka u	dzwon m	zvon m	harang
campainha f	bel f	ringklocka u	dzwonek m	zvonek m	csengő
tocar	—	ringa på	dzwonić <zadzwonić>	zvonil <zazvonit>	csönget
bonito	mooi	vacker	piękny	hezký	szép
promessa f	—	löfte n	obietnica f	slib m	ígéret
pertencer a	behoren	tillhöra	należeć	patřit	tartozik
valor m	bedrag n	—	kwota f	obnos m	összeg
prometer	—	lova	obiecywać	slibovat <slíbit>	megígér
correia f	gordel m	bälte n	pas m	pás m	heveder/biztonsági öv
cinto m	gordel m	skärp n	pasek m	pásek m	öv
no interior	binnen	innanför	w środku	uvnitř	—
dentro	binnen	invändigt	w środku	uvnitř	—
dentro	binnen	inom	w obrębie	uvnitř	—

belváros

	D	E	F	I	ES
belváros (H)	Innenstadt f	downtown	centre ville m	centro città m	centro de la ciudad m
belysa (SV)	beleuchten	illuminate	éclairer	illuminare	iluminar
belysning (SV)	Beleuchtung f	lightning	éclairage m	illuminazione f	iluminación f
bem cozido (P)	gar	done	cuit(e)	cotto(a)	(estar) a punto
bemerken (D)	—	notice	remarquer	notare	darse cuenta de
bemerken (NL)	merken	notice	remarquer	accorgersi di	notar
bemind (NL)	beliebt	popular	populaire	popolare	estimado(a)
be mistaken (E)	irren, sich	—	tromper, se	sbagliare	equivocarse
bemitleiden (D)	—	pity	plaindre	compatire	compadecerse de
bemond¹ (H)	ansagen	announce	annoncer	annunciare	anunciar
bemond² (H)	ausrufen	exclaim	crier	esclamare	exclamar
bem sucedido (P)	erfolgreich	successful	avec succès	di successo	exitoso(a)
Bemühung (D)	—	effort	effort m	sforzo m	esfuerzo m
bemutat (H)	vorstellen	introduce	présenter	presentare	presentar
bemutatkozás (H)	Vorstellung f	idea	idée f	idea f	idea f
bem-vindo (P)	willkommen	welcome	bienvenu(e)	benvenuto(a)	bienvenido(a)
ben (SV)	Bein n	leg	jambe f	gamba f	pierna f
benachrichtigen (D)	—	inform	informer	informare	avisar
benachteiligen (D)	—	disadvantage	désavantager	svantaggiare	perjudicar
benadelen (NL)	benachteiligen	disadvantage	désavantager	svantaggiare	perjudicar
bench (E)	Bank f	—	banc m	banco m	banca f
benché (I)	obwohl	although	bien que	—	aunque
bend (E)	biegen	—	plier	piegare	doblar
bend (E)	Kurve f	—	virage m	curva f	curva f
beneden (NL)	unten	downstairs	dessous	sotto/giù	abajo
Benehmen (D)	—	behaviour	conduite f	comportamento m	comportamiento m
benehmen, sich (D)	—	behave	comporter, se	comportarsi	comportarse
beneiden (D)	—	envy	envier	invidiare	envidiar
benijden (NL)	beneiden	envy	envier	invidiare	envidiar
benknota (SV)	Knochen m	bone	os m	osso m	hueso m
be noticeable (E)	auffallen	—	faire remarquer, se	dare nell'occhio	llamar la atención
bensin (SV)	Benzin n	petrol	essence f	benzina f	gasolina f
bensinmack (SV)	Tankstelle f	filling station	station-service f	distributore di benzina m	gasolinera f
benutzen (D)	—	use	utiliser	usare	usar
Benutzer (D)	—	user	utilisateur m	utilizzatore m	usuario m
benvenuto(a) (I)	willkommen	welcome	bienvenu(e)	—	bienvenido(a)
benyomás (H)	Eindruck m	impression	impression f	impressione f	impresión f
Benzin (D)	—	petrol	essence f	benzina f	gasolina f
benzin (H)	Benzin n	petrol	essence f	benzina f	gasolina f
benzín (CZ)	Benzin n	petrol	essence f	benzina f	gasolina f
benzina (I)	Benzin n	petrol	essence f	—	gasolina f
benzine (NL)	Benzin n	petrol	essence f	benzina f	gasolina f
benzinkút (H)	Tankstelle f	filling station	station-service f	distributore di benzina m	gasolinera f
benzyna (PL)	Benzin n	petrol	essence f	benzina f	gasolina f

113 benzyna

P	NL	SV	PL	CZ	H
centro da cidade m	stadscentrum n	innerstad u	centrum miasta n	střed města n	—
iluminar	verlichten	—	oświetlać <oświetlić>	osvětlovat <osvětlit>	kivílágít
iluminação f	verlichting f	—	oświetlenie n	osvětlení n	kivílágítás
—	gaar	alldeles	ugotowany	dovařený	egyáltalán
reparar	opmerken	märka	zauważać <zauważyć>	poznamenat <poznamenávat>	észrevesz
notar	—	markera	spostrzegać <spostrzec>	pamatovat <zapamatovat>	észrevesz
popular	—	omtyckt	lubiany	oblíbený	közkedvelt
enganar-se	vergissen, zich	missta sig	mylić, się <pomylić, się>	mýlit, se <zmýlit, se>	téved
ter pena de alguém	medelijden hebben met	hysa medlidande med	współczuć	litovat <politovat>	sajnál
anunciar	aankondigen	meddela	zapowiadać <zapowiedzieć>	ohlašovat <ohlásit>	—
exclamar	uitroepen	utropa	wywoływać <wywołać>	vyvolávat <vyvolat>	—
—	succesrijk	framgångsrik	cieszący się powodzeniem	úspěšný	sikeres
esforço m	moeite f	ansträngning u	staranie n	snaha f	fáradozás
imaginar	voorstellen	presentera	przedstawiać	představovat <představit>	—
ideia f	voorstelling f	föreställning	przedstawienie n	představení n	—
—	welkom	välkommen	mile widziany	vítaný	üdvözöl
perna f	been n	—	noga f	noha f	láb
informar	verwittigen	underrätta	zawiadamiać <zawiadomić>	podávat zprávu <podat zprávu>	értesít
prejudicar	benadelen	vara till nackdel för	krzywdzić <skrzywdzić>	znevýhodňovat <znevýhodnit>	hátrányosan megkülönböztet
prejudicar	—	vara till nackdel för	krzywdzić <skrzywdzić>	znevýhodňovat <znevýhodnit>	hátrányosan megkülönböztet
banco m	bank f	bank u	bank m	banka f	bank
se bem que	ofschoon	fastän	chociaż	přesto	habár
dobrar	buigen	böja	zginać <zgiąć>	ohýbat <ohnout>	meghajlít
curva f	bocht f	kurva u	zakręt m	zatáčka f	kanyar
em baixo	—	nere	na dole	dole	lent
comportamento m	gedrag n	uppförande n	zachowanie n	chování n	viselkedés
comportar-se	gedragen, zich	bete sig	zachowywać, się <zachować, się>	chovat, se	viselkedik
invejar alguém	benijden	avvundas	zazdrościć <pozazdrościć>	závidět	irigyel
invejar alguém	—	avvundas	zazdrościć <pozazdrościć>	závidět	irigyel
osso m	bot n	—	kość f	kost f	csont
dar nas vistas	opvallen	väcka uppmärksamhet	rzucać się w oczy	být nápadný	feltűnik
gasolina f	benzine f	—	benzyna f	benzín m	benzin
posto de gasolina	tankstation n	—	stacja benzynowa f	čerpací stanice f	benzinkút
utilizar	gebruiken	använda	używać <użyć>	používat <použít>	használ
consumidor m	gebruiker m	användare u	użytkownik m	použivatel m	használó
bem-vindo	welkom	välkommen	mile widziany	vítaný	üdvözöl
impressão f	indruk m	intryck n	wrażenie n	dojem m	—
gasolina f	benzine f	bensin u	benzyna f	benzín m	benzin
gasolina f	benzine f	bensin u	benzyna f	benzín m	—
gasolina f	benzine f	bensin u	benzyna f	—	benzin
gasolina f	benzine f	bensin u	benzyna f	benzín m	benzin
gasolina f	—	bensin u	benzyna f	benzín m	benzin
posto de gasolina	tankstation n	bensinmack u	stacja benzynowa f	čerpací stanice f	—
gasolina f	benzine f	bensin u	—	benzín m	benzin

beobachten 114

	D	E	F	I	ES
beobachten (D)	—	observe	observer	osservare	observar
beönt (H)	eingießen	pour	verser	versare	echar/verter
beoordelen (NL)	beurteilen	judge	juger	giudicare	juzgar
bequeath (E)	vererben	—	léguer	lasciare in eredità	transmitir hereditariamente
bequem (D)	—	comfortable	confortable	comodo(a)	cómodo(a)
Bequemlichkeit (D)	—	convenience	confort *m*	comodità *f*	comodidad *f*
beräkna (SV)	berechnen	charge	calculer	calcolare	calcular
berätta (SV)	erzählen	tell	raconter	raccontare	contar
bérbe ad (H)	vermieten	rent	louer	affittare	alquilar
bere (I)	trinken	drink	boire	—	beber
berechnen (D)	—	charge	calculer	calcolare	calcular
beredd (SV)	bereit	ready	prêt(e)	pronto(a)	dispuesto(a) a
bereid (NL)	bereit	ready	prêt(e)	pronto(a)	dispuesto(a) a
bereiken (NL)	erreichen	reach	atteindre	raggiungere	alcanzar
bereit (D)	—	ready	prêt(e)	pronto(a)	dispuesto(a) a
bereits (D)	—	already	déjà	già	ya
berekenen (NL)	berechnen	charge	calculer	calcolare	calcular
bérel (H)	mieten	rent	louer	affittare	alquilar
berendez (H)	einrichten	fit out	aménager	arredare	equipar
berendezés[1] (H)	Anlage *f*	plant	installation *f*	impianto *m*	establecimiento *m*
berendezés[2] (H)	Einrichtung *f*	furnishing	ameublement *m*	arredamento *m*	mobiliario *m*
bereuen (D)	—	regret	regretter	pentirsi	arrepentirse
Berg (D)	—	mountain	montagne *f*	monte *m*	montaña *f*
berg (NL)	Berg *m*	mountain	montagne *f*	monte *m*	montaña *f*
berg (SV)	Berg *m*	mountain	montagne *f*	monte *m*	montaña *f*
bergbeklimmer (NL)	Bergsteiger *m*	mountaineer	alpiniste *m*	alpinista *m*	alpinista *m*
bergsbestigare (SV)	Bergsteiger *m*	mountaineer	alpiniste *m*	alpinista *m*	alpinista *m*
bergskedja (SV)	Gebirge *n*	mountain chain	chaine de montagne *f*	montagna *f*	montañas *f/pl*
Bergsteiger (D)	—	mountaineer	alpiniste *m*	alpinista *m*	alpinista *m*
bericht (NL)	Nachricht *f*	message	nouvelle *f*	notizia *f*	noticia *f*
berichten (D)	—	report	faire un rapport	riferire	informar
berichten (NL)	berichten	report	faire un rapport	riferire	informar
bérlés (H)	Miete *f*	rent	loyer *m*	affitto *m*	alquiler *m*
bérlő (H)	Mieter *m*	tenant	locataire *m*	inquilino *m*	inquilino *m*
bérmentesít (H)	frankieren	stamp	affranchir	affrancare	franquear
beroemd (NL)	berühmt	famous	célèbre	famoso(a)	famoso(a)
beroep (NL)	Beruf *m*	profession	profession *f*	professione *f*	profesión *f*
berömma (SV)	loben	praise	louer	lodare	elogiar
berouwen (NL)	bereuen	regret	regretter	pentirsi	arrepentirse
berretto (I)	Mütze *f*	cap	casquette *f*	—	gorra *f*
Beruf (D)	—	profession	profession *f*	professione *f*	profesión *f*
beruhigen (D)	—	calm	calmer	calmare	calmar
beruhigen, sich (D)	—	calm down	calmer, se	calmarsi	calmarse
berühmt (D)	—	famous	célèbre	famoso(a)	famoso(a)
berühren (D)	—	touch	toucher	toccare	tocar
berusad (SV)	betrunken	drunk	ivre	ubriaco(a)	borracho(a)

berusad

P	NL	SV	PL	CZ	H
observar	gadeslaan	iaktta	obserwować <zaobserwować>	pozorovat <zpozorovat>	figyel
encher	ingieten	hälla i	wlewać <wlać>	nalévat <nalít>	—
julgar	—	bedöma	oceniać <ocenić>	posuzovat <posoudit>	megítél
herdar	nalaten	gå i arv	dziedziczyć	odkazovat <odkázat>	örökül hagy
confortável	gemakkelijk	bekväm	wygodny	pohodlně	kényelmes
conforto m	gemakkelijkheid f	bekvämlighet u	wygoda f	pohodlí n	kényelem
calcular	berekenen	—	obliczać <obliczyć>	fakturovat	kiszámít
contar	vertellen	—	opowiadać <opowiedzieć>	vypravovat <vyprávět>	elmesél
alugar	verhuren	hyra ut	wynająć	pronajímat <pronajmout>	—
beber	drinken	dricka	pić	pít <napít>	iszik
calcular	berekenen	beräkna	obliczać <obliczyć>	fakturovat	kiszámít
pronto	bereid	—	gotowy	připravený	kész
pronto	—	beredd	gotowy	připravený	kész
alcançar	—	nå	osiągać <osiągnąć>	dosahovat <dosáhnout>	elér
pronto	bereid	beredd	gotowy	připravený	kész
já	reeds	redan	już	již	már
calcular	—	beräkna	obliczać <obliczyć>	fakturovat	kiszámít
arrendar	huren	hyra	wynajmować <wynająć>	najímat <najmout>	—
arranjar	inrichten	inrätta	urządzać <urządzić>	zařizovat <zařídit>	—
construção f	inrichting f	anläggning u	obiekt m	příloha	—
mobília f	inrichting f	inredning u	urządzenie n	zařízení n	—
arrepender-se	berouwen	ångra	żałować <pożałować>	litovat	megbánja
montanha f	berg m	berg n	góra f	hora f	hegy
montanha f	—	berg n	góra f	hora f	hegy
montanha f	berg m	—	góra f	hora f	hegy
alpinista m	—	bergsbestigare u	alpinista m	horolezec m	hegymászó
alpinista m	bergbeklimmer m	—	alpinista m	horolezec m	hegymászó
serra f	gebergte n	—	łańcuch górski m	pohoří n	hegység
alpinista m	bergbeklimmer m	bergsbestigare u	alpinista m	horolezec m	hegymászó
notícia f	—	rapport u	wiadomość f	zpráva f	hír
informar	berichten	rapportera	donosić <donieść>	podávat <podat> zprávu	beszámol
informar	—	rapportera	donosić <donieść>	podávat <podat> zprávu	beszámol
renda f	huur f	hyra u	najem m	nájem m	—
inquilino m	huurder m	hyresgäst u	najemca m	nájemník m	—
franquiar	frankeren	frankera	frankować	frankovat <ofrankovat>	—
famoso	—	känd	sławny	slavný	híres
profissão f	—	yrke n	zawód m	povolání n	szakma
elogiar	loven	—	chwalić	chválit <pochválit>	dicsér
arrepender-se	—	ångra	żałować <pożałować>	litovat	megbánja
boné m	muts f	mössa u	czapka f	čepice f	sapka
profissão f	beroep n	yrke n	zawód m	povolání n	szakma
acalmar	geruststellen	lugna	uspokajać <uspokoić>	uklidňovat <uklidnit>	megnyugtat
acalmar-se	kalmeren	lugna sig	ucichać <ucichnąć>	uklidňovat, se <uklidnit, se>	megnyugszik
famoso	beroemd	känd	sławny	slavný	híres
tocar	aanraken	röra vid	dotykać <dotknąć>	dotýkat, se <dotknout, se>	érint
embriagado	dronken	—	pijany	opilý	részeg

besar

	D	E	F	I	ES
besar (ES)	küssen	kiss	embrasser	baciare	—
beschadigen (NL)	beschädigen	damage	endommager	danneggiare	dañar
beschädigen (D)	—	damage	endommager	danneggiare	dañar
beschadiging (NL)	Beschädigung f	damage	endommagement m	danno m	deterioro m
Beschädigung (D)	—	damage	endommagement m	danno m	deterioro m
beschäftigen (D)	—	occupy/employ	occuper	occupare	ocupar
beschäftigt (D)	—	busy	occupé(e)	occupato(a)	ocupado(a)
bescheiden (D)	—	modest	modeste	modesto(a)	modesto(a)
bescheiden (NL)	bescheiden	modest	modeste	modesto(a)	modesto(a)
bescheinigen (D)	—	certify	attester	attestare	atestiguar
Bescheinigung (D)	—	certificate	attestation f	certificato m	certificado m
beschermen (NL)	beschützen	protect	protéger	proteggere	proteger
beschermen (NL)	schützen	protect	protéger	proteggere	proteger
beschließen (D)	—	decide	décider	decidere	decidir
beschreiben (D)	—	describe	décrire	descrivere	describir
beschützen (D)	—	protect	protéger	proteggere	proteger
Beschwerde (D)	—	complaint	plainte f	reclamo m	reclamación f
beschweren, sich (D)	—	complain	plaindre, se	lamentarsi	quejarse
Besen (D)	—	broom	balai m	scopa f	escoba f
besetzt (D)	—	engaged	occupé(e)	occupato(a)	ocupado(a)
besichtigen (D)	—	have a look at	visiter	visitare	visitar
beside (E)	neben	—	près de	accanto a	al lado de
besides (E)	außerdem	—	en outre	inoltre	además
be silent (E)	schweigen	—	taire, se	tacere	callar
be similar (E)	ähneln	—	ressembler	simile	parecerse a
besitzen (D)	—	possess	posséder	possedere	poseer
besk (SV)	scharf	hot	épicé(e)	piccante	picante
beskriva (SV)	beschreiben	describe	décrire	descrivere	describir
beskydda (SV)	beschützen	protect	protéger	proteggere	proteger
beslissen (NL)	entscheiden	decide	décider	decidere	decidir
beslissing (NL)	Entscheidung f	decision	décision f	decisione f	decisión f
beslist (NL)	bestimmt	definitely	certainement	certamente	certamente
besluit (NL)	Entschluss m	decision	décision f	decisione f	decisión f
besluiteloos (NL)	unentschlossen	undecided	irrésolu(e)	indeciso(a)	irresoluto(a)
besluiten[1] (NL)	beschließen	decide	décider	decidere	decidir
besluiten[2] (NL)	entschließen, sich	decide	décider, se	decidere	decidirse
beslut (SV)	Entscheidung f	decision	décision f	decisione f	decisión f
beslut (SV)	Entschluss m	decision	décision f	decisione f	decisión f
besluta (SV)	beschließen	decide	décider	decidere	decidir
besluta sig (SV)	entschließen, sich	decide	décider, se	decidere	decidirse
beso (ES)	Kuss m	kiss	baiser m	bacio m	—
besoin (F)	Bedürfnis n	need	—	bisogno m	necesidad f
besök (SV)	Besuch m	visit	visite f	visita f	visita f
besöka (SV)	besuchen	visit	rendre visite à	andare a trovare	visitar
besökare (SV)	Besucher m	visitor	visiteur m	visitatore m	visitante m
besonders (D)	—	especially	surtout	particolarmente	particularmente
besonnen (D)	—	sensible	réfléchi(e)	avveduto(a)	sensato(a)

besonnen

P	NL	SV	PL	CZ	H
beijar	kussen	kyssa	całować <pocałować>	líbat <políbit>	csókol
danificar	—	skada	uszkadzać <uszkodzić>	poškozovat <poškodit>	megrongál
danificar	beschadigen	skada	uszkadzać <uszkodzić>	poškozovat <poškodit>	megrongál
dano m	—	skada u	uszkodzenie n	poškození n	megrongálás
dano m	beschadiging f	skada u	uszkodzenie n	poškození n	megrongálás
ocupar	bezighouden	sysselsätta	zatrudniać <zatrudnić>	zaměstnávat <zaměstnat>	foglalkoztat
ocupado	bezig	sysselsatt	zatrudniony	zaměstnaný	elfoglalt
modesto	bescheiden	anspråkslös	skromny	skromný	szerény
modesto	—	anspråkslös	skromny	skromný	szerény
atestar	attesteren	intyga	poświadczać <poświadczyć>	potvrzovat <potvrdit>	igazol
atestado m	attest n	attest n	zaświadczenie n	potvrzení n	igazolás
proteger	—	beskydda	chronić <ochronić>	chránit <ochránit>	megvéd
proteger	—	skydda	chronić <ochronić>	chránit <ochránit>	véd
resolver	besluiten	besluta	postanawiać <postanowić>	rozhodovat <rozhodnout>	elhatároz
descrever	omschrijven	beskriva	opisywać <opisać>	popisovat <popsat>	leír
proteger	beschermen	beskydda	chronić <ochronić>	chránit <ochránit>	megvéd
queixa f	bezwaar n	klagomål n	zażalenie n	stížnost f	panasz
queixar-se de	bezwaren, zich	klaga	skarżyć się	stěžovat, si <postěžovat, si>	panaszt emel
vassoura f	bezem m	sopkvast u	miotła f	smeták m	seprű
ocupado	bezet	upptaget	zajęty	obsazeno	foglalt
visitar	bezichtigen	se på	zwiedzać <zwiedzić>	prohlížet <prohlédnout>	megtekint
ao lado de	naast	bredvid	obok	vedle	mellett
além disso	bovendien	dessutom	ponadto	mimo	azonkívül
ficar calado	zwijgen	tiga	milczeć	mlčet	hallgat
assemelhar-se a	gelijken	likna	być podobnym	podobat, se	hasonlít
possuir	bezitten	äga	posiadać	vlastnit	birtokol
picante	sterk	—	ostry	ostrý	erős
descrever	omschrijven	—	opisywać <opisać>	popisovat <popsat>	leír
proteger	beschermen	—	chronić <ochronić>	chránit <ochránit>	megvéd
decidir	—	bestämma	rozstrzygać <rozstrzygnąć>>	rozhodovat <rozhodnout>	dönt
decisão f	—	beslut n	rozstrzygnięcie n	rozhodnutí n	döntés
certo	—	bestämd	określony	určitě	biztos
decisão f	—	beslut n	decyzja f	odhodlání n	döntés
indeciso	—	obeslutsam	niezdecydowany	nerozhodný	habozó
resolver	—	besluta	postanawiać <postanowić>	rozhodovat <rozhodnout>	elhatároz
decidir-se	—	besluta sig	zdecydować, się	rozhodovat, se <rozhodnout, se>	elhatározza magát
decisão f	beslissing f	—	rozstrzygnięcie n	rozhodnutí n	döntés
decisão f	besluit n	—	decyzja f	odhodlání n	döntés
resolver	besluiten	—	postanawiać <postanowić>	rozhodovat <rozhodnout>	elhatároz
decidir-se	besluiten	—	zdecydować, się	rozhodovat, se <rozhodnout, se>	elhatározza magát
beijo m	kus m	kyss u	pocałunek m	polibek m	csók
necessidade f	behoefte f	behov n	potrzeba f	potřeba f	szükséglet/igény
visita f	bezoek n	—	odwiedziny pl	návštěva f	látogatás
visitar	bezoeken	—	odwiedzać <odwiedzić>	navštěvovat <navštívit>	meglátogat
visitante m	bezoeker m	—	gość m	návštěvník m	látogató
especialmente	bijzonder	särskild	szczególnie	obzvláště	kiváltképp
prudente	bezonnen	sansad	rozważny	rozvážný	megfontolt

besorgen

	D	E	F	I	ES
besorgen (D)	—	acquire	procurer	procurare	conseguir
besprechen (D)	—	discuss	discuter	discutere	discutir
bespreken (NL)	besprechen	discuss	discuter	discutere	discutir
Besserung (D)	—	improvement	amélioration f	miglioramento m	restablecimiento m
bestaan (NL)	Dasein n	existence	existence f	esistenza f	existencia f
bestaan (NL)	existieren	exist	exister	esistere	existir
beställa (SV)	bestellen	order	commander	ordinare	pedir
bestämd (SV)	bestimmt	definitely	certainement	certamente	certamente
bestämma (SV)	entscheiden	decide	décider	decidere	decidir
bestätigen (D)	—	confirm	confirmer	confermare	confirmar
bestellen (D)	—	order	commander	ordinare	pedir
bestellen (NL)	bestellen	order	commander	ordinare	pedir
bestimmt (D)	—	definitely	certainement	certamente	certamente
bestrating (NL)	Pflaster n	pavement	pavé m	lastricato m	empedrado m
besturen (NL)	lenken	steer	conduire	guidare	encauzar
bestuurder (NL)	Fahrer m	driver	conducteur m	autista m	conductor m
Besuch (D)	—	visit	visite f	visita f	visita f
besuchen (D)	—	visit	rendre visite à	andare a trovare	visitar
Besucher (D)	—	visitor	visiteur m	visitatore m	visitante m
besvära (SV)	belästigen	annoy	importuner	importunare	molestar
besvärlig (SV)	lästig	troublesome	importun(e)	molesto(a)	desagradable
besviken (SV)	enttäuscht	disappointed	déçu(e)	deluso(a)	desilusionado(a)
beszámit (H)	anrechnen	charge	compter	mettere in conto	cargar en cuenta
beszámol (H)	berichten	report	faire un rapport	riferire	informar
beszéd (H)	Rede f	speech	discours m	discorso m	discurso m
beszél[1] (H)	reden	talk	parler	parlare	hablar
beszél[2] (H)	sprechen	speak	parler	parlare	hablar
beszélgetés (H)	Gespräch n	conversation	conversation f	conversazione f	conversación f
beszerez (H)	besorgen	acquire	procurer	procurare	conseguir
besztać (PL)	schimpfen	scold	gronder	sgridare	insultar
bet (E)	wetten	—	parier	scommettere	apostar
betala (SV)	bezahlen	pay	payer	pagare	pagar
betala (SV)	zahlen	pay	payer	pagare	pagar
betala tillbaka (SV)	zurückzahlen	pay back	rembourser	rimborsare	devolver
betalen (NL)	bezahlen	pay	payer	pagare	pagar
betalen (NL)	zahlen	pay	payer	pagare	pagar
bête[1] (F)	dumm	stupid	—	stupido(a)	tonto(a)
bête[2] (F)	doof	daft	—	scemo(a)	estúpido(a)
beteg (H)	krank	ill	malade	malato(a)	enfermo(a)
betegség (H)	Krankheit f	illness	maladie f	malattia f	enfermedad f
betekenis (NL)	Bedeutung f	meaning	signification f	significato f	significado m
beten (D)	—	pray	prier	pregare	rezar
bete sig (SV)	benehmen, sich	behave	comporter, se	comportarsi	comportarse
bêtises (F)	Unsinn m	nonsense	—	assurdità f	absurdo m
betör (H)	einbrechen	break in	cambrioler	rubare	robar
beträchtlich (D)	—	considerable	considérable	considerevole	considerable

beträchtlich

P	NL	SV	PL	CZ	H
tratar de	bezorgen	ta hand om	doglądać <doglądnąć>	obstarávat <obstarat>	beszerez
discutir	bespreken	diskutera	omawiać <omówić>	hovořit <pohovořit>	megbeszél
discutir	—	diskutera	omawiać <omówić>	hovořit <pohovořit>	megbeszél
melhoramento m	verbetering f	bättring u	poprawa f	zlepšení n	javulás
existência f	—	existens u	istnienie n	existence f	lét
existir	—	existera	istnieć	existovat	létezik
encomendar	bestellen	—	zamawiać <zamówić>	objednávat <objednat>	megrendel
certo	beslist	—	określony	určitě	biztos
decidir	beslissen	—	rozstrzygać <rozstrzygnąć>	rozhodovat <rozhodnout>	dönt
confirmar	bevestigen	bekräfta	potwierdzać <potwierdzić>	potvrzovat <potvrdit>	igazol
encomendar	bestellen	beställa	zamawiać <zamówić>	objednávat <objednat>	megrendel
encomendar	—	beställa	zamawiać <zamówić>	objednávat <objednat>	megrendel
certo	beslist	bestämd	określony	určitě	biztos
calçada f	—	gatubeläggning n	bruk m	dlažba f	útburkolat
guiar	—	styra	kierować <skierować>	řídit	irányít
condutor m	—	förare u	kierowca m	řidič m	gépkocsivezető
visita f	bezoek n	besök n	odwiedziny pl	návštěva f	látogatás
visitar	bezoeken	besöka	odwiedzać <odwiedzić>	navštěvovat <navštívit>	meglátogat
visitante m	bezoeker m	besökare u	gość m	návštěvník m	látogató
importunar	hinderen	—	naprzykrzać, się <naprzykrzyć, się>	obtěžovat	molesztál
importuno	lastig	—	uciążliwy	zatěžující	terhes
decepcionado	teleurgesteld	—	rozczarowany	zklamaný	csalódott
contar	aanrekenen	räkna in	zaliczać <zaliczyć>	započítávat <započítat>	—
informar	berichten	rapportera	donosić <donieść>	podávat <podat> zprávu	—
discurso m	rede f	tal n	mowa f	řeč f	—
falar	praten	prata	mówić	mluvit <promluvit>	—
falar	spreken	prata	mówić <powiedzieć>	mluvit <promluvit>	—
conversa f	gesprek n	samtal n	rozmowa f	rozhovor m	—
tratar de	bezorgen	ta hand om	doglądać <doglądnąć>	obstarávat <obstarat>	—
ralhar	schelden	gräla	—	nadávat <zanadávat>	szitkozódik
apostar	wedden	slå vad	zakładać się	sázet <sadit>	fogad
pagar	betalen	—	płacić <zapłacić>	platit <zaplatit>	fizet
pagar	betalen	—	płacić <zapłacić>	platit <zaplatit>	fizet
pagar de volta	terugbetalen	—	zwracać dług	splácet <splatit>	visszafizet
pagar	—	betala	płacić <zapłacić>	platit <zaplatit>	fizet
pagar	—	betala	płacić <zapłacić>	platit <zaplatit>	fizet
parvo	dom	dum	głupi	hloupý	buta
estúpido	dom	fånig	durny	hloupý	ostoba
doente	ziek	sjuk	chory	nemocný	—
doença f	ziekte f	sjukdom u	choroba f	nemoc f	—
significado m	—	betydelse u	znaczenie n	význam m	értelem
rezar	bidden	be	modlić, się <pomodlić, się>	modlit, se	imádkozik
comportar-se	gedragen, zich	—	zachowywać, się <zachować, się>	chovat, se	viselkedik
disparates m/pl	onzin m	struntprat n	bezsens m	nesmysl m	hülyeség
arrombar	inbreken	bryta sig in	włamywać, się <włamać, się>	vloupat, se	—
considerável	aanmerkelijk	beaktlig	znaczny	značně	jelentős

beträda

	D	E	F	I	ES
beträda (SV)	betreten	enter	entrer dans	entrare	entrar
beträffa (SV)	betreffen	concern	concerner	riguardare	concernir
Betrag (D)	—	amount	montant *m*	importo *m*	importe *m*
betreden (NL)	betreten	enter	entrer dans	entrare	entrar
betreffen (D)	—	concern	concerner	riguardare	concernir
betreffen (NL)	betreffen	concern	concerner	riguardare	concernir
betrekking (NL)	Beziehung *f*	relationship	relation *f*	rapporto *m*	relación *f*
betreten (D)	—	enter	entrer dans	entrare	entrar
betreuren (NL)	bedauern	regret	regretter	deplorare	lamentar algo
betrouwbaar (NL)	zuverlässig	reliable	sûr(e)	affidabile	de confianza
Betrug (D)	—	fraud	tromperie *f*	inganno *m*	engaño *m*
betrügen (D)	—	cheat	tromper	ingannare	engañar
betrunken (D)	—	drunk	ivre	ubriaco(a)	borracho(a)
Bett (D)	—	bed	lit *m*	letto *m*	cama *f*
betűz (H)	buchstabieren	spell	épeler	sillabare	deletrear
between (E)	zwischen	—	entre	tra/fra	entre
betyda (SV)	bedeuten	mean	signifier	significare	significar
betydelse (SV)	Bedeutung *f*	meaning	signification *f*	significato *f*	significado *m*
betyg[1] (SV)	Note *f*	mark	note *f*	voto *m*	calificación *f*
betyg[2] (SV)	Zeugnis *n*	report	bulletin *m*	pagella *f*	certificado *m*
beundra (SV)	bewundern	admire	admirer	ammirare	admirar
beunruhigen (D)	—	disturb	inquiéter	inquietare	inquietar
beurre (F)	Butter *f*	butter	—	burro *m*	mantequilla *f*
beurs (NL)	Messe *f*	fair	foire *f*	fiera *f*	feria *f*
beurteilen (D)	—	judge	juger	giudicare	juzgar
beutazik (H)	einreisen	enter	entrer dans un pays	entrare (in un paese)	entrar (en un país)
bevall (H)	gestehen	confess	avouer	confessare	confesar
bevallen (NL)	gefallen	please	plaire	piacere	gustar
bevanda (I)	Getränk *n*	dink	boisson *f*	—	bebida *f*
bevásárlás (H)	Einkauf *m*	shopping	achat *m*	spesa *f*	compra *f*
bevásárlótáska (H)	Einkaufstasche *f*	shopping bag	sac à provision *m*	borsa della spesa *f*	bolsa de compra *f*
bever (H)	einschlagen	smash	casser	rompere	romper
bevestigen[1] (NL)	bestätigen	confirm	confirmer	confermare	confirmar
bevestigen[2] (NL)	bejahen	agree with	répondre par l'affirmative à	approvare	afirmar
bevilja (SV)	genehmigen	approve	autoriser	approvare	permitir
bevinden, zich (NL)	befinden, sich	feel	trouver, se	trovarsi	encontrarse
bevisa (SV)	beweisen	prove	prouver	provare	probar
bevoegd (NL)	zuständig	competent	compétent(e)	competente	competente
Bevölkerung (D)	—	population	population *f*	popolazione *f*	población *f*
bevolking (NL)	Bevölkerung *f*	population	population *f*	popolazione *f*	población *f*
bevor (D)	—	before	avant que	prima che (di)	antes que
bevorzugen (D)	—	prefer	préférer	preferire	preferir
bevriend (NL)	befreundet	friendly	ami(e)	amico(a)	amigo(a)
bewaken (NL)	überwachen	supervise	surveiller	sorvegliare	vigilar
bewaren (NL)	aufbewahren	keep	garder	conservare	guardar
bewegen (D)	—	move	bouger	muovere	mover

bewegen

P	NL	SV	PL	CZ	H
entrar em	betreden	—	wchodzić <wejść>	vstupovat <vstoupit>	belép
referir-se a	betreffen	—	dotyczyć	týkat se	illet
valor m	bedrag n	belopp n	kwota f	obnos m	összeg
entrar em	—	beträda	wchodzić <wejść>	vstupovat <vstoupit>	belép
referir-se a	betreffen	beträffa	dotyczyć	týkat se	illet
referir-se a	—	beträffa	dotyczyć	týkat se	illet
relação f	—	förbindelse u	stosunek m	vztah m	kapcsolat
entrar em	betreden	beträda	wchodzić <wejść>	vstupovat <vstoupit>	belép
lamentar	—	beklaga	żałować	litovat <politovat>	sajnál
de confiança	—	tillförlitlig	niezawodny	spolehlivý	megbízható
fraude f	bedrog n	bedrägeri n	oszustwo n	podvod m	csalás
enganar	bedriegen	svika	oszukiwać <oszukać>	podvádět <podvést>	becsap
embriagado	dronken	berusad	pijany	opilý	részeg
cama f	bed n	säng u	łóżko n	postel f	ágy
soletrar	spellen	stava	literować	hláskovat <odhláskovat>	—
entre	tussen	mellan	między	mezi	között
significar	bedoelen	—	znaczyć	znamenat	jelent
significado m	betekenis f	—	znaczenie n	význam m	értelem
nota f	cijfer n	—	ocena f	známka f	osztályzat
certificado m	getuigenis n	—	świadectwo n	vysvědčení n	bizonyítvány
admirar	bewonderen	—	podziwiać	obdivovat se	csodál
inquietar	verontrusten	oroa	niepokoić <zaniepokoić>	znepokojovat <znepokojit>	nyugtalanít
manteiga f	boter n	smör n	masło n	máslo n	vaj
missa f	—	mässa u	targi m/pl	veletrh m	vásár
julgar	beoordelen	bedöma	oceniać <ocenić>	posuzovat <posoudit>	megítél
entrar	een land inreizen	resa in	przybywać <przybyć>	přicestovat	—
confessar	toegeven	erkänna	przyznawać, się <przyznać, się>	připouštět <připustit>	—
agradar	—	tycka om	podobać, się <spodobać, się>	líbit	tetszik
bebida f	drankje n	dryck u	napój m	nápoj m	ital
compra f	inkoop m	inköp n	zakup m	nákup m	—
saco para compras m	boodschappentas f	shoppingväska u	torba na zakupy f	nákupní taška f	—
pregar	inslaan	slå in	wybijać <wybić>	vrážet <vrazit>	—
confirmar	—	bekräfta	potwierdzać <potwierdzić>	potvrzovat <potvrdit>	igazol
afirmar	—	jaka	odpowiadać twierdząco <odpowiedzieć twierdząco>	souhlasit <odsouhlasit>	igennel válaszol
aprovar	goedkeuren	—	zezwalać <zezwolić>	povolovat <povolit>	engedélyez
encontrar-se	—	befinna sig	znajdować, się	nacházet, se	van
provar	bewijzen	—	udowadniać <udowodnić>	dokazovat <dokázat>	bebizonyít
competente	—	ansvarig	kompetentny	oprávněný	illetékes
população f	bevolking f	befolkning u	ludność f	obyvatelstvo n	lakosság
população f	—	befolkning u	ludność f	obyvatelstvo n	lakosság
antes	alvorens	innan	zanim	před	mielőtt
preferir	de voorkeur m geven aan	föredra	faworyzować	dávat <dát> přednost	előnyben részesít
amigo de	—	vara vän med någon	zaprzyjaźniony	zpřátelen	baráti visszonyban áll
supervisionar	—	övervaka	nadzorować	sledovat	ellenőriz
guardar	—	förvara	przechowywać <przechować>	uschovávat <uschovat>	megőriz
mover	bewegen	röra sig	ruszać <poruszać>	pohybovat	mozdít

bewegen

	D	E	F	I	ES
bewegen (NL)	bewegen	move	bouger	muovere	mover
beweging (NL)	Bewegung f	movement	mouvement m	movimento m	movimiento m
Bewegung (D)	—	movement	mouvement m	movimento m	movimiento m
beweisen (D)	—	prove	prouver	provare	probar
bewerben, sich (D)	—	apply	poser sa candidature	concorrere	concurrir para
Bewerbung (D)	—	application	candidature f	domanda d'impiego f	solicitud f
beweren (NL)	behaupten	assert	affirmer	affermare	afirmar
bewijzen (NL)	beweisen	prove	prouver	provare	probar
Bewohner (D)	—	inhabitant	habitant m	abitante m	habitante m
bewolkt (NL)	bewölkt	cloudy	couvert(e)	nuvoloso(a)	nublado
bewölkt (D)	—	cloudy	couvert(e)	nuvoloso(a)	nublado
bewonderen (NL)	bewundern	admire	admirer	ammirare	admirar
bewoner (NL)	Bewohner m	inhabitant	habitant m	abitante m	habitante m
be worth while (E)	lohnen	—	en valoir la peine	valere la pena	valer la pena
bewundern (D)	—	admire	admirer	ammirare	admirar
bewusst (D)	—	deliberate	délibéré(e)	intenzionale	intencionado(a)
bewust (NL)	bewusst	deliberate	délibéré(e)	intenzionale	intencionado(a)
bewusteloosheid (NL)	Ohnmacht f	faint	évanouissement m	svenimento m	desmayo m
bexiga (P)	Blase f	bubble	bulle f	bolla f	burbuja f
beyond (E)	jenseits	—	de l'autre côté	al di là	al otro lado
bezahlen (D)	—	pay	payer	pagare	pagar
bezár[1] (H)	einschließen	lock up	refermer	rinchiudere	encerrar
bezár[2] (H)	zuschließen	lock (up)	fermer à clé	chiudere a chiave	cerrar con llave
bezcelowy (PL)	zwecklos	useless	inutile	inutile	inútil
bezcenný (CZ)	wertlos	worthless	sans valeur	senza valore	sin valor
bezczelny (PL)	frech	cheeky	insolent(e)	sfacciato(a)	atrevido(a)
bezem (NL)	Besen m	broom	balai m	scopa f	escoba f
bezet (NL)	besetzt	engaged	occupé(e)	occupato(a)	ocupado(a)
bezładnie (PL)	durcheinander	in a muddle	pêle-mêle	sottosopra	en desorden
bezichtigen (NL)	besichtigen	have a look at	visiter	visitare	visitar
Beziehung (D)	—	relationship	relation f	rapporto m	relación f
bezielen (NL)	begeistern	inspire	enthousiasmer	entusiasmare	entusiasmar
bezienswaardigheid (NL)	Sehenswürdigkeit f	sight worth seeing	curiosité f	curiosità f	lugar de interés m
bezig (NL)	beschäftigt	busy	occupé(e)	occupato(a)	ocupado(a)
bezighouden (NL)	beschäftigen	occupy/employ	occuper	occupare	ocupar
bezitten (NL)	besitzen	possess	posséder	possedere	poseer
bezmocnost (CZ)	Ohnmacht f	faint	évanouissement m	svenimento m	desmayo m
bezoek (NL)	Besuch m	visit	visite f	visita f	visita f
bezoeken (NL)	besuchen	visit	rendre visite à	andare a trovare	visitar
bezoeker (NL)	Besucher m	visitor	visiteur m	visitatore m	visitante m
bezonnen (NL)	besonnen	sensible	réfléchi(e)	avveduto(a)	sensato(a)
bezorgen (NL)	besorgen	acquire	procurer	procurare	conseguir
bezpodmínečně (CZ)	unbedingt	absolutely	absolument	assolutamente	absolutamente
bezpośrednio (PL)	direkt	direct	direct	diritto(a)	directo(a)
bezpráví (CZ)	Unrecht n	wrong	injustice f	torto m	injusticia f
bezprawie (PL)	Unrecht n	wrong	injustice f	torto m	injusticia f
bezrobocie (PL)	Arbeitslosigkeit f	unemployment	chômage m	disoccupazione f	desempleo m
bezrobotny (PL)	arbeitslos	unemployed	en chômage	disoccupato(a)	desempleado(a)
bezsens (PL)	Unsinn m	nonsense	bêtises f/pl	assurdità f	absurdo m
bezużyteczny (PL)	nutzlos	useless	inutile	inutile	inútil

bezużyteczny

P	NL	SV	PL	CZ	H
mover	—	röra sig	ruszać <poruszać>	pohybovat	mozdít
movimento m	—	rörelse u	ruch m	pohyb m	mozgás
movimento m	beweging f	rörelse u	ruch m	pohyb m	mozgás
provar	bewijzen	bevisa	udowadniać <udowodnić>	dokazovat <dokázat>	bebizonyít
candidatar-se	solliciteren	söka en plats	starać, się	ucházet, se	megpályázik
candidatura f	sollicitatie f	platsansökan u	ubieganie się n	žádost uchazeče f	megpályázás
afirmar	—	påstå	twierdzić	tvrdit	állít
provar	—	bevisa	udowadniać <udowodnić>	dokazovat <dokázat>	bebizonyít
habitante m	bewoner m	invånare u	mieszkaniec m	obyvatel m	lakos
enevoado	—	molnigt	zachmurzony	zataženo	felhős
enevoado	bewolkt	molnigt	zachmurzony	zataženo	felhős
admirar	—	beundra	podziwiać	obdivovat se	csodál
habitante m	—	invånare u	mieszkaniec m	obyvatel m	lakos
recompensar	lonen	löna	opłacać, się <opłacić, się>	vyplácet, se <vyplatit, se>	megjutalmaz
admirar	bewonderen	beundra	podziwiać	obdivovat se	csodál
consciente	bewust	medvetet	świadomy	vědomě	tudatos
consciente	—	medvetet	świadomy	vědomě	tudatos
desmaio m	—	vanmakt u	zemdlenie n	bezmocnost f	eszméletlenség
—	blaas f	blåsa u	pęcherz m	bublina f	buborék
além de	aan de andere zijde	bortom	po tamtej stronie	na druhé straně	túl
pagar	betalen	betala	płacić <zapłacić>	platit <zaplatit>	fizet
fechar	insluiten	låsa in	zamykać <zamknąć>	zavírat <zavřít>	—
fechar à chave	afsluiten	låsa	zamykać na klucz	zamykat <zamknout>	—
inútil	zinloos	meningslös	—	zbytečný	értelmetlen
sem valor	waardeloos	värdelös	bezwartościowy	—	értéktelen
insolente	brutaal	fräck	—	drzý	szemtelen
vassoura f	—	sopkvast u	miotła f	smeták m	seprű
ocupado	—	upptaget	zajęty	obsazeno	foglalt
em desordem	door elkaar	i en enda röra	—	v nepořádku	összevissza
visitar	—	se på	zwiedzać <zwiedzić>	prohlížet <prohlédnout>	megtekint
relação f	betrekking f	förbindelse u	stosunek m	vztah m	kapcsolat
entusiasmar	—	hänföra	zachwycać	nadchnout, se	fellelkesít
monumento m	—	sevärdhet u	rzecz warta zobaczenia f	pamětihodnost f	látványosság
ocupado	—	sysselsatt	zatrudniony	zaměstnaný	elfoglalt
ocupar	—	sysselsätta	zatrudniać <zatrudnić>	zaměstnávat <zaměstnat>	foglalkoztat
possuir	—	äga	posiadać	vlastnit	birtokol
desmaio m	bewusteloosheid f	vanmakt u	zemdlenie n	—	eszméletlenség
visita f	—	besök n	odwiedziny pl	návštěva f	látogatás
visitar	—	besöka	odwiedzać <odwiedzić>	navštěvovat <navštívit>	meglátogat
visitante m	—	besökare u	gość m	návštěvník m	látogató
prudente	—	sansad	rozważny	rozvážný	megfontolt
tratar de	—	ta hand om	doglądać <doglądnąć>	obstarávat <obstarat>	beszerez
imprescindível	in elk geval	absolut	koniecznie	—	feltétlen
directo	direct	direkt	—	přímo	közvetlen
injustiça f	onrecht n	orätt u	bezprawie n	—	jogtalanság
injustiça f	onrecht n	orätt u	—	bezpráví n	jogtalanság
desemprego m	werkloosheid f	arbetslöshet u	—	nezaměstnanost f	munkanélküliség
desempregado	werkloos	arbetslös	—	nezaměstnaný	munkanélkül
disparates m/pl	onzin m	struntprat n	—	nesmysl m	hülyeség
inútil	nutteloos	onyttig	—	neužitečný	hiábavaló

bezwaar

	D	E	F	I	ES
bezwaar (NL)	Beschwerde f	complaint	plainte f	reclamo m	reclamación f
bezwaren, zich (NL)	beschweren, sich	complain	plaindre, se	lamentarsi	quejarse
bezwartościowy (PL)	wertlos	worthless	sans valeur	senza valore	sin valor
błąd[1] (PL)	Fehler m	mistake	faute f	sbaglio m	falta f
błąd[2] (PL)	Irrtum m	mistake	erreur f	errore m	error m
biały(to) (PL)	weiß	white	blanc (blanche)	bianco(a)	blanco(a)
biancheria (I)	Wäsche f	washing	linge m	—	ropa f
biancheria intima (I)	Unterwäsche f	underwear	sous-vêtements m/pl	—	ropa interior f
bianco(a) (I)	weiß	white	blanc (blanche)	—	blanco(a)
Bibbia (I)	Bibel f	Bible	Bible f	—	Biblia f
Bibel (D)	—	Bible	Bible f	Bibbia f	Biblia f
Bibeln (SV)	Bibel f	Bible	Bible f	Bibbia f	Biblia f
Bible (E)	Bibel f	—	Bible f	Bibbia f	Biblia f
Bible (F)	Bibel f	Bible	—	Bibbia f	Biblia f
bible (CZ)	Bibel f	Bible	Bible f	Bibbia f	Biblia f
Biblia (ES)	Bibel f	Bible	Bible f	Bibbia f	—
biblia (PL)	Bibel f	Bible	Bible f	Bibbia f	Biblia f
biblia (H)	Bibel f	Bible	Bible f	Bibbia f	Biblia f
Bíblia (P)	Bibel f	Bible	Bible f	Bibbia f	Biblia f
bicchiere (I)	Glas n	glass	verre m	—	vaso m
bicicleta (ES)	Fahrrad n	bicycle	bicyclette f	bicicletta f	—
bicicleta (P)	Fahrrad n	bicycle	bicyclette f	bicicletta f	bicicleta f
bicicletta (I)	Fahrrad n	bicycle	bicyclette f	—	bicicleta f
bicycle (E)	Fahrrad n	—	bicyclette f	bicicletta f	bicicleta f
bicyclette (F)	Fahrrad n	bicycle	—	bicicletta f	bicicleta f
bić <pobić> (PL)	schlagen	hit	battre	battere	golpear
bidden (NL)	beten	pray	prier	pregare	rezar
bidrag (SV)	Beitrag m	contribution	contribution f	contributo m	cuota f
biec <pobiec>[1] (PL)	laufen	run	courir	correre	correr
biec <pobiec>[2] (PL)	rennen	run	courir	correre	correr
biedny (PL)	arm	poor	pauvre	povero(a)	pobre
biegen (D)	—	bend	plier	piegare	doblar
bielizna osobista (PL)	Unterwäsche f	underwear	sous-vêtements m/pl	biancheria intima f	ropa interior f
bien que (F)	obwohl	although	—	benché	aunque
bientôt (F)	bald	soon	—	presto	pronto
bienvenido(a) (ES)	willkommen	welcome	bienvenu(e)	benvenuto(a)	—
bienvenu(e) (F)	willkommen	welcome	—	benvenuto(a)	bienvenido(a)
Bier (D)	—	beer	bière f	birra f	cerveza f
bier (NL)	Bier n	beer	bière f	birra f	cerveza f
bière (F)	Bier n	beer	—	birra f	cerveza f
bierny (PL)	passiv	passive	passif	passivo(a)	pasivo(a)
bifall (SV)	Beifall m	applause	applaudissements m/pl	applauso m	aplauso m
big/large (E)	groß	—	grand(e)	grande	grande
bigliettaio (I)	Schaffner m	conductor	contrôleur m	—	revisor m
biglietto (I)	Fahrkarte f	ticket	billet m	—	billete m
bij (NL)	bei	at/near	chez/prés de	da/presso	cerca de/junto a
Bijbel (NL)	Bibel f	Bible	Bible f	Bibbia f	Biblia f
bijdrage (NL)	Beitrag m	contribution	contribution f	contributo m	cuota f
bijdrage/tarief (NL)	Gebühr f	fee	taxe f	tassa f	tarifa f
bijlage (NL)	Beilage f	supplement	supplément m	supplemento m	suplemento m
bijna (NL)	beinahe	nearly	presque	quasi	casi
bijna (NL)	fast	nearly	presque	quasi	casi
bijoux (F)	Schmuck m	jewellery	—	gioielli m/pl	joyas f/pl
bijten (NL)	beißen	bite	mordre	mordere	morder
bijvoegen (NL)	hinzufügen	add	ajouter	aggiungere	añadir

bijvoegen

P	NL	SV	PL	CZ	H
queixa f	—	klagomål n	zażalenie n	stížnost f	panasz
queixar-se de	—	klaga	skarżyć się	stežovat, si <postežovat, si>	panaszt emel
sem valor	waardeloos	värdelös	—	bezcenný	értéktelen
erro m	fout f	fel n	—	chyba f	hiba
engano m	dwaling f	misstag n	—	omyl m	tévedés
branco	wit	vit	—	bílý	fehér
roupa f	was m	tvätt u	pranie	prádlo n	fehérnemű
roupa f interior	ondergoed n	underkläder pl	bielizna osobista f	spodní prádlo n	alsóneműü
branco	wit	vit	biały(ło)	bílý	fehér
Bíblia f	Bijbel m	Bibeln	biblia f	bible f	biblia
Bíblia f	Bijbel m	Bibeln	biblia f	bible f	biblia
Bíblia f	Bijbel m	—	biblia f	bible f	biblia
Bíblia f	Bijbel m	Bibeln	biblia f	bible f	biblia
Bíblia f	Bijbel m	Bibeln	biblia f	bible f	biblia
Bíblia f	Bijbel m	Bibeln	biblia f	—	biblia
Bíblia f	Bijbel m	Bibeln	biblia f	bible f	biblia
Bíblia f	Bijbel m	Bibeln	—	bible f	biblia
Bíblia f	Bijbel m	Bibeln	biblia f	bible f	—
—	Bijbel m	Bibeln	biblia f	bible f	biblia
vidro m	glas n	glas n	szkło n	sklo n	üveg
bicicleta f	fiets m	cykel u	rower m	jízdní kolo n	kerékpár
—	fiets m	cykel u	rower m	jízdní kolo n	kerékpár
bicicleta f	fiets m	cykel u	rower m	jízdní kolo n	kerékpár
bicicleta f	fiets m	cykel u	rower m	jízdní kolo n	kerékpár
bicicleta f	fiets m	cykel u	rower m	jízdní kolo n	kerékpár
bater	slaan	slå	—	tlouci <udeřit>	üt
rezar	—	be	modlić, się <pomodlić, się>	modlit, se	imádkozik
contribuição f	bijdrage f	—	wkład m	příspěvek m	hozzájárulás
correr	lopen	springa	—	běhat <běžet>	fut
correr	rennen	springa	—	běhat <běžet>	rohan
pobre	arm	fattig	—	chudý	szegény
dobrar	buigen	böja	zginać <zgiąć>	ohýbat <ohnout>	meghajlít
roupa f interior	ondergoed n	underkläder pl	—	spodní prádlo n	alsóneműü
se bem que	ofschoon	fastän	chociaż	přesto	habár
em breve	gauw	snart	wkrótce	brzy	hamar
bem-vindo	welkom	välkommen	mile widziany	vítaný	üdvözöl
bem-vindo	welkom	välkommen	mile widziany	vítaný	üdvözöl
cerveja f	bier n	öl u,n	piwo n	pivo n	sör
cerveja f	—	öl u,n	piwo n	pivo n	sör
cerveja f	bier n	öl u,n	piwo n	pivo n	sör
passivo	passief	passiv	—	pasivní	passzív
aplauso m	applaus n	—	oklaski m/pl	potlesk m	taps
grande	groot	stor	duży	velký	nagy
revisor m	conducteur m	konduktör u	konduktor m	průvodčí m	kalauz
bilhete m	ticket n	biljett u	bilet m	jízdenka f	menetjegy
ao pé de	—	vid	przy	u	nál/nél
Bíblia f	—	Bibeln	biblia f	bible f	biblia
contribuição f	—	bidrag n	wkład m	příspěvek m	hozzájárulás
taxa f	—	avgift u	opłata f	poplatek m	illeték
anexo m	—	bilaga u	dodatek n	příloha f	melléklet
quase	—	nästan	prawie	téměř	majdnem
quase	—	nästan	prawie	téměř	majdnem
jóias f	sieraad n	smycke n	biżuteria f	šperky pl	ékszer
morder	—	bita	gryźć <ugryźć>	kousat <kousnout>	harap
acrescentar	—	tillägga	dodawać <dodać>	dodávat <dodat>	hozzáad

bijzonder

	D	E	F	I	ES
bijzonder (NL)	besonders	especially	surtout	particolarmente	particularmente
bijzonderheid (NL)	Einzelheit f	detail	détail m	dettaglio m	detalle f
bil (SV)	Auto n	car	voiture f	macchina f	coche m
bilaga (SV)	Beilage f	supplement	supplément m	supplemento m	suplemento m
bilancia (I)	Waage f	scales	balance f	—	balanza f
Bild (D)	—	picture	image f	immagine f	cuadro m
bild (SV)	Bild n	picture	image f	immagine f	cuadro m
bildning (SV)	Bildung f	education	éducation f	istruzione f	educación f
Bildung (D)	—	education	éducation f	istruzione f	educación f
bilet (PL)	Fahrkarte f	ticket	billet m	biglietto m	billete m
bilhete (P)	Fahrkarte f	ticket	billet m	biglietto m	billete m
bilhete de identidade[1] (P)	Ausweis m	passport	pièce d'identité f	documento d'identità m	documento de identidad m
bilhete de identidade[2] (P)	Personalausweis m	identity card	carte d'identité f	carta d'identità f	documento de identidad m
biljett (SV)	Fahrkarte f	ticket	billet m	biglietto m	billete m
bill (E)	Rechnung f	—	facture f	fattura f	factura f
billet (F)	Fahrkarte f	ticket	—	biglietto m	billete m
billete (ES)	Fahrkarte f	ticket	billet m	biglietto m	—
billig (D)	—	cheap	bon marché	a buon mercato	barato(a)
billigen (D)	—	approve of	approuver	approvare	aprobar
billigt (SV)	billig	cheap	bon marché	a buon mercato	barato(a)
bilolycka (SV)	Autounfall m	car accident	accident de voiture m	incidente stradale m	accidente de automóvil m
bilverkstad (SV)	Autowerkstatt f	repair shop	atelier de réparation d'autos m	autofficina f	taller de reparaciones m
bílý (CZ)	weiß	white	blanc (blanche)	bianco(a)	blanco(a)
binario (I)	Gleis n	track	voie f	—	vía f
bind (E)	binden	—	attacher	legare	atar
binda (SV)	Binde f	bandage	bandage m	fascia f	faj f
binda fast (SV)	binden	bind	attacher	legare	atar
Binde (D)	—	bandage	bandage m	fascia f	faj f
binden (D)	—	bind	attacher	legare	atar
binden (NL)	binden	bind	attacher	legare	atar
binnen[1] (NL)	drinnen	inside	dedans	dentro	(a)dentro
binnen[2] (NL)	innen	inside	à l'intérieur	dentro	dentro/adentro
binnen[3] (NL)	innerhalb	within	à l'intérieur de	entro	dentro de
binoculars (E)	Fernglas n	—	jumelles f/pl	cannocchiale m	gemelos m/pl
binóculos (P)	Fernglas n	binoculars	jumelles f/pl	cannocchiale m	gemelos m/pl
bio (SV)	Kino n	cinema	cinéma m	cinema m	cine m
biodro (PL)	Hüfte f	hip	hanche f	fianco m	cadera f
biondo(a) (I)	blond	blond	blond(e)	—	rubio(a)
bioscoop (NL)	Kino n	cinema	cinéma m	cinema m	cine m
bird (E)	Vogel m	—	oiseau m	uccello m	pájaro m
Birne (D)	—	pear	poire f	pera f	pera f
biro (E)	Kugelschreiber m	—	stylo à bille m	biro f	bolígrafo m
biro (I)	Kugelschreiber m	biro	stylo à bille m	—	bolígrafo m
bíró (H)	Richter m	judge	juge m	giudice m	juez m
bíróság (H)	Gericht n	court	tribunal m	tribunale m	tribunal m
birra (I)	Bier n	beer	bière f	—	cerveza f
birth (E)	Geburt f	—	naissance f	nascita f	nacimiento m
birthday (E)	Geburtstag m	—	anniversaire m	compleanno m	cumpleaños m
birtokol (H)	besitzen	possess	posséder	possedere	poseer
bisbigliare (I)	flüstern	whisper	chuchoter	—	murmurar
biscotti (I)	Gebäck n	pastry	pâtisserie f	—	pasteles m/pl
biscotto (I)	Keks m	biscuit	biscuit m	—	galleta f
biscuit (E)	Keks m	—	biscuit m	biscotto m	galleta f

biscuit

P	NL	SV	PL	CZ	H
especialmente	—	särskild	szczególnie	obzvláště	kiváltképp
pormenor m	—	detalj u	szczegół m	podrobnost f	részlet
carro m	auto m	—	samochód m	auto n	gépkocsi
anexo m	bijlage f	—	dodatek n	příloha f	melléklet
balança f	weegschaal f	våg u	waga f	váha f	mérleg
imagem f	beeld n	bild u	obraz n	obraz m	kép
imagem f	beeld n	—	obraz n	obraz m	kép
formação f	vorming f	—	kształcenie n	vzdělání n	műveltség
formação f	vorming f	bildning u	kształcenie n	vzdělání n	műveltség
bilhete m	ticket n	biljett u	—	jízdenka f	menetjegy
—	ticket n	biljett u	bilet m	jízdenka f	menetjegy
—	identiteitskaart f	identitetskort n	dowód tożsamości m	průkaz m	igazolvány
—	identiteitsbewijs n	identitetskort n	dowód osobisty m	občanský průkaz m	személyi igazolvány
bilhete m	ticket n	—	bilet m	jízdenka f	menetjegy
conta f	rekening f	räkning u	rachunek m	faktura f	számla
bilhete m	ticket n	biljett u	bilet m	jízdenka f	menetjegy
bilhete m	ticket n	biljett u	bilet m	jízdenka f	menetjegy
barato	goedkoop	billigt	tani	levně	olcsó
aprovar	goedkeuren	godkänna	aprobować <zaaprobować>	schvalovat <schválit>	jóváhagy
barato	goedkoop	—	tani	levně	olcsó
acidente de viação m	verkeersongeval n	—	wypadek samochodowy m	autonehoda f	autóbaleset
oficina de reparações f	garage f	—	stacja naprawy samochodów f	autodílna f	autojavító műhely
branco	wit	vit	biały(to)	—	fehér
carril m	spoor n	järnvägsspår n	tor m	kolej f	vágány
ligar	binden	binda fast	wiązać	svazovat <svázat>	köt
ligadura f	verband n	—	opaska f	páska f	kötés/fásli
ligar	binden	—	wiązać	svazovat <svázat>	köt
ligadura f	verband n	binda u	opaska f	páska f	kötés/fásli
ligar	binden	binda fast	wiązać	svazovat <svázat>	köt
ligar	—	binda fast	wiązać	svazovat <svázat>	köt
no interior	—	innanför	w środku	uvnitř	belül
dentro	—	invändigt	w środku	uvnitř	belül
dentro	—	inom	w obrębie	uvnitř	belül
binóculos m/pl	verrekijker m	kikare u	lornetka f	dalekohled m	távcső
—	verrekijker m	kikare u	lornetka f	dalekohled m	távcső
cinema m	bioscoop m	—	kino n	kino n	mozi
anca f	heup f	höft u	—	kyčel f	csípő
louro	blond	blond	blond	blond	szőke
cinema m	—	bio u	kino n	kino n	mozi
pássaro m	vogel m	fågel u	ptak m	pták m	madár
pêra f	peer m	päron n	gruzka f	hruška f	körte
esferográfica f	balpen f	kulspetspenna u	długopis m	propisovací tužka f	golyóstoll
esferográfica f	balpen f	kulspetspenna u	długopis m	propisovací tužka f	golyóstoll
juiz m	rechter m	domare u	sędzia m	soudce m	—
tribunal m	gerecht n	rätt u	sąd m	soud m	—
cerveja f	bier n	öl u,n	piwo n	pivo n	sör
nascimento m	geboorte f	födelse u	urodzenie n	narození n	születés
aniversário m	verjaardag m	födelsedag u	dzień urodzin m	narozeniny pl	születésnap
possuir	bezitten	äga	posiadać	vlastnit	—
murmurar	fluisteren	viska	szeptać <szepnąć>	šeptat <pošeptat>	suttog
pastelaria f	gebak n	bakverk n	pieczywo n	pečivo n	sütemény
bolacha f	koekje n	kex n	ciastko n	keks m	aprósütemény
bolacha f	koekje n	kex n	ciastko n	keks m	aprósütemény

biscuit 128

	D	E	F	I	ES
biscuit (F)	Keks m	biscuit	—	biscotto m	galleta f
bisogno (I)	Bedürfnis n	need	besoin m	—	necesidad f
bisschen (D)	—	a little	un peu	un po'	un poquito
bistro (F)	Kneipe f	pub	—	osteria f	taberna f
bit (SV)	Stück n	piece	morceau m	pezzo m	parte f
bita (SV)	beißen	bite	mordre	mordere	morder
bite (E)	beißen	—	mordre	mordere	morder
bitte (D)	—	please	s'il vous plaît	prego	por favor
Bitte (D)	—	request	demande f	domanda f	ruego m
bitten (D)	—	request	demander	pregare	rogar
bitter (D)	—	bitter	amer(ère)	amaro(a)	amargo(a)
bitter (E)	bitter	—	amer(ère)	amaro(a)	amargo(a)
bitter (NL)	bitter	bitter	amer(ère)	amaro(a)	amargo(a)
bittert (SV)	bitter	bitter	amer(ère)	amaro(a)	amargo(a)
biuro (PL)	Büro n	office	bureau m	ufficio m	oficina f
biuro podróży (PL)	Reisebüro n	travel agency	agence de voyages f	agenzia turistica f	agencia de viajes f
biuro rzeczy znalezionych (PL)	Fundbüro n	lost property office	bureau des objets trouvés m	ufficio oggetti smarriti m	oficina de objetos perdidos f
biuro turystyczne (PL)	Fremdenverkehrsbüro n	tourism office	office du tourisme m	ufficio turistico m	oficina de turismo f
biwakować (PL)	zelten	camp	camper	campeggiare	acampar
błyskać <błysnąć> (PL)	blinken	flash	clignoter	lampeggiare	emitir reflejos
bizalmatlanság (H)	Misstrauen n	distrust	méfiance f	sfiducia f	desconfianza f
bizalom (H)	Vertrauen n	confidence	confiance f	fiducia f	confianza f
bizarre (F)	seltsam	strange	—	strano(a)	extraño(a)
bizonyítvány (H)	Zeugnis n	report	bulletin m	pagella f	certificado m
bizonyos (H)	gewiss	certain	certain(e)	certo(a)	cierto
bizonytalan¹ (H)	unbestimmt	uncertain	indéfini(e)	incerto(a)	indeterminado(a)
bizonytalan² (H)	ungewiss	uncertain	incertain(e)	incerto(a)	incierto(a)
bizonytalan³ (H)	unsicher	uncertain	incertain(e)	incerto(a)	inseguro(a)
biztonság (H)	Sicherheit f	safety	sécurité f	sicurezza f	seguridad f
biztos¹ (H)	bestimmt	definitely	certainement	certamente	certamente
biztos² (H)	sicher	sure	sûr(e)	sicuro(a)	seguro(a)
biztosít (H)	versichern	assure	assurer	assicurare	asegurar
biztosítás (H)	Versicherung f	insurance	assurance f	assicurazione f	seguro m
biżuteria (PL)	Schmuck m	jewellery	bijoux m/pl	gioielli m/pl	joyas f/pl
björn (SV)	Bär m	bear	ours m	orso m	oso m
björnbär (SV)	Brombeere f	blackberry	mûre f	mora f	zarzamora f
bjuda in (SV)	einladen	invite	inviter	invitare	invitar
blå (SV)	blau	blue	bleu(e)	azzurro(a)	azúl
blaas (NL)	Blase f	bubble	bulle f	bolla f	burbuja f
blacha (PL)	Blech n	sheet metal	tôle f	latta f	chapa f
black (E)	schwarz	—	noir(e)	nero(a)	negro(a)
blackberry (E)	Brombeere f	—	mûre f	mora f	zarzamora f
blackmail (E)	Erpressung f	—	chantage m	ricatto m	chantaje f
blad (NL)	Blatt n	leaf	feuille f	foglia f	hoja f
blad (SV)	Blatt n	leaf	feuille f	foglia f	hoja f
blade (E)	Klinge f	—	lame f	lama f	cuchilla f
blady (PL)	blass	pale	pâle	pallido(a)	pálido(a)
blahopřání (CZ)	Glückwunsch m	congratulations	félicitations f/pl	auguri m/pl	felicitaciones f/pl
blame (E)	vorwerfen	—	reprocher	rimproverare	reprochar
blanc (blanche) (F)	weiß	white	—	bianco(a)	blanco(a)
blanco(a) (ES)	weiß	white	blanc (blanche)	bianco(a)	—
blanket (E)	Decke f	—	couverture f	coperta f	manta f
blåsa (SV)	Blase f	bubble	bulle f	bolla f	burbuja f

blåsa

P	NL	SV	PL	CZ	H
bolacha f	koekje n	kex n	ciastko n	keks m	aprósütemény
necessidade f	behoefte f	behov n	potrzeba f	potřeba f	szükséglet/igény
bocadinho	beetje	lite	trochę	malinko	egy kicsit
bar m	kroeg f	krog u	knajpa f	hospoda f	kocsma
peça f	stuk n	—	sztuka f	kus m	darab
morder	bijten	—	gryźć <ugryźć>	kousat <kousnout>	harap
morder	bijten	bita	gryźć <ugryźć>	kousat <kousnout>	harap
por favor	alstublieft	var snäll och	proszę	prosím	kérem
pedido m	verzoek n	begäran u	prośba f	prosba f	kérés
pedir	verzoeken	begära	prosić <poprosić>	prosit <poprosit>	kérni
amargo	bitter	bittert	gorzki	hořce	keserű
amargo	bitter	bittert	gorzki	hořce	keserű
amargo	—	bittert	gorzki	hořce	keserű
amargo	bitter	—	gorzki	hořce	keserű
escritório m	kantoor n	kontor n	—	kancelář f	iroda
agência de viagens f	reisbureau n	resebyrå u	—	cestovní kancelář f	utazási iroda
repartição de perdidos e achados f	bureau n voor gevonden voorwerpen	hittegodsmagasin n	—	ztráty a nálezy f/pl	talált tárgyak gyűjtőhelye
agência de informação turística f	bureau voor toerisme n	turistbyrå u	—	cestovní kancelář f	idegenforgalmi iroda
acampar	kamperen	tälta	—	stanovat	sátorozik
reluzir	knipperen	blinka	—	blikat <zablikat>	indexel
desconfiança f	wantrouwen n	misstänksamhet u	nieufność f	nedůvěra f	—
confiança f	vertrouwen n	förtroende n	zaufanie n	důvěra f	—
estranho	vreemd	märkligt	dziwny	zvláštní	furcsa
certificado m	getuigenis n	betyg n	świadectwo n	vysvědčení n	—
certo	zeker	säker	pewnie	jistě	—
indeterminado	onzeker	obestämt	nieokreślony	neurčitý	—
incerto	onzeker	osäker	wątpliwy	nejistý	—
inseguro	onzeker	osäker	niepewny	nejistý	—
segurança f	zekerheid f	säkerhet u	pewność f	jistota f	—
certo	beslist	bestämd	określony	určitě	—
seguro	zeker	säker	pewny	jistě	—
assegurar	verzekeren	försäkra	ubezpieczać	ujišťovat <ujistit>	—
seguro m	verzekering f	försäkring u	ubezpieczenie n	pojištění n	—
jóias f	sieraad n	smycke n	—	šperky pl	ékszer
urso m	beer m	—	niedźwiedź m	medvěd m	medve
amora silvestre f	braambes f	—	jeżyna f	ostružina f	szeder
convidar	uitnodigen	—	zapraszać <zaprosić>	zvát <pozvat>	meghív
azul	blauw	—	niebieski(ko)	modrý	kék
bexiga f	—	blåsa u	pęcherz m	bublina f	buborék
chapa f	blik n	plåt u	—	plech m	bádog
preto	zwart	svart	czarny(no)	černý	fekete
amora silvestre f	braambes f	björnbär n	jeżyna f	ostružina f	szeder
chantagem f	afpersing f	utpressning u	szantaż m	vydírání n	zsarolás
folha f	—	blad n	liść m	list m	lap
folha f	blad n	—	liść m	list m	lap
lâmina f	kling f	klinga u	ostrze n	čepel f	penge
pálido	bleek	blek	—	bledý	sápadt
parabéns m/pl	gelukwens m	lyckönskan u	życzenia szczęścia n/pl	—	jókívánság
repreender	verwijten	förebrå	zarzucać	vytýkat <vytknout>	szemére hány
branco	wit	vit	biały(ło)	bílý	fehér
branco	wit	vit	biały(ło)	bílý	fehér
cobertor m	plafond n	täcke n	sufit m	přikrývka f	takaró
bexiga f	blaas f	—	pęcherz m	bublina f	buborék

Blase

	D	E	F	I	ES
Blase (D)	—	bubble	bulle f	bolla f	burbuja f
blåsigt (SV)	windig	windy	venteux(euse)	ventoso(a)	ventoso
blass (D)	—	pale	pâle	pallido(a)	pálido(a)
bláto (CZ)	Schlamm m	mud	boue f	fango m	barro m
Blatt (D)	—	leaf	feuille f	foglia f	hoja f
blau (D)	—	blue	bleu(e)	azzurro(a)	azúl
blauw (NL)	blau	blue	bleu(e)	azzurro(a)	azúl
Blech (D)	—	sheet metal	tôle f	latta f	chapa f
bledý (CZ)	blass	pale	pâle	pallido(a)	pálido(a)
bleed (E)	bluten	—	saigner	sanguinare	sangrar
bleek (NL)	blass	pale	pâle	pallido(a)	pálido(a)
bleiben (D)	—	stay	rester	rimanere	quedarse
Bleistift (D)	—	pencil	crayon m	matita f	lápiz m
blek (SV)	blass	pale	pâle	pallido(a)	pálido(a)
blesk (CZ)	Blitz m	lightning	éclair m	lampo m	rayo m
blesser (F)	verletzen	injure	—	ferire	herir
blessure¹ (F)	Verletzung f	injury	—	ferita f	herida f
blessure² (F)	Wunde f	wound	—	ferita f	herida f
bleu(e) (F)	blau	blue	—	azzurro(a)	azúl
Blick (D)	—	look	regard m	sguardo m	vista f
blick (SV)	Blick m	look	regard m	sguardo m	vista f
bli förvånad (SV)	staunen	be astonished	étonner, s'	stupirsi	asombrarse
blij (NL)	froh	glad	content(e)	lieto(a)	contento(a)
blijven (NL)	bleiben	stay	rester	rimanere	quedarse
blik¹ (NL)	Blick m	look	regard m	sguardo m	vista f
blik² (NL)	Dose f	tin	boîte f	barattolo m	lata f
blik³ (NL)	Blech n	sheet metal	tôle f	latta f	chapa f
blikat <zablikat> (CZ)	blinken	flash	clignoter	lampeggiare	emitir reflejos
bliksem (NL)	Blitz m	lightning	éclair m	lampo m	rayo m
blind (D)	—	blind	aveugle	cieco(a)	ciego(a)
blind (E)	blind	—	aveugle	cieco(a)	ciego(a)
blind (NL)	blind	blind	aveugle	cieco(a)	ciego(a)
blind (SV)	blind	blind	aveugle	cieco(a)	ciego(a)
blinka (SV)	blinken	flash	clignoter	lampeggiare	emitir reflejos
blinken (D)	—	flash	clignoter	lampeggiare	emitir reflejos
blinken (NL)	glänzen	shine	briller	splendere	brillar
blisko (PL)	nahe	near	près de	vicino(a)	cerca de
bliskość (PL)	Nähe f	proximity	environs m/pl	vicinanza f	proximidad f
Blitz (D)	—	lightning	éclair m	lampo m	rayo m
blixt (SV)	Blitz m	lightning	éclair m	lampo m	rayo m
blixtlås (SV)	Reißverschluss m	zip	fermeture éclair f	chiusura lampo f	cremallera f
blížit, se <přiblížit, se> (CZ)	nähern, sich	approach	approcher, se	avvicinarsi	acercarse
blízko (CZ)	nahe	near	près de	vicino(a)	cerca de
blízkost (CZ)	Nähe f	proximity	environs m/pl	vicinanza f	proximidad f
blod (SV)	Blut n	blood	sang m	sangue m	sangre f
blöda (SV)	bluten	bleed	saigner	sanguinare	sangrar
bloed (NL)	Blut n	blood	sang m	sangue m	sangre f
bloeden (NL)	bluten	bleed	saigner	sanguinare	sangrar
bloeien (NL)	blühen	bloom	fleurir	fiorire	florecer
bloem (NL)	Blume f	flower	fleur f	fiore m	flor f
blomma (SV)	Blume f	flower	fleur f	fiore m	flor f
blomma (SV)	blühen	bloom	fleurir	fiorire	florecer
blond (D)	—	blond	blond(e)	biondo(a)	rubio(a)
blond (E)	blond	—	blond(e)	biondo(a)	rubio(a)

blond

P	NL	SV	PL	CZ	H
bexiga f	blaas f	blåsa u	pęcherz m	bublina f	buborék
ventoso	winderig	—	wietrzny	větrný	szeles
pálido	bleek	blek	blady	bledý	sápadt
lama f	slib n	slam u	szlam m	—	iszap
folha f	blad n	blad n	liść m	list m	lap
azul	blauw	blå	niebieski(ko)	modrý	kék
azul	—	blå	niebieski(ko)	modrý	kék
chapa f	blik n	plåt u	blacha f	plech m	bádog
pálido	bleek	blek	blady	—	sápadt
sangrar	bloeden	blöda	krwawić	krvácet	vérzik
pálido	—	blek	blady	bledý	sápadt
ficar	blijven	stanna kvar	zostawać <zostać>	zůstávat <zůstat>	marad
lápis m	potlood n	blyertspenna n	ołówek m	tužka f	ceruza
pálido	bleek	—	blady	bledý	sápadt
relâmpago m	bliksem m	blixt u	piorun m	—	villám
ferir	kwetsen	skada	skaleczyć	zraňovat <zranit>	megsebez
ferimento f	verwonding f	skada u	zranienie n	zranění n	sérülés
ferida f	wond f	sår n	rana f	rána f	seb
azul	blauw	blå	niebieski(ko)	modrý	kék
olhar m	blik m	blick u	spojrzenie n	pohled m	pillantás
olhar m	blik m	—	spojrzenie n	pohled m	pillantás
admirar-se	verbaasd zijn	—	dziwić, się <zdziwić, się>	divit, se <podivit, se>	csodálkozik
contente	—	glad	zadowolony	rád	boldog
ficar	—	stanna kvar	zostawać <zostać>	zůstávat <zůstat>	marad
olhar m	—	blick u	spojrzenie n	pohled m	pillantás
lata f	—	burk u	puszka f	dóza f	doboz
chapa f	—	plåt u	blacha f	plech m	bádog
reluzir	knipperen	blinka	błyskać <błysnąć>	—	indexel
relâmpago m	—	blixt u	piorun m	blesk m	villám
cego	blind	blind	ślepy	slepě	vak
cego	blind	blind	ślepy	slepě	vak
cego	—	blind	ślepy	slepě	vak
cego	blind	—	ślepy	slepě	vak
reluzir	knipperen	—	błyskać <błysnąć>	blikat <zablikat>	indexel
reluzir	knipperen	blinka	błyskać <błysnąć>	blikat <zablikat>	indexel
brilhar	—	glänsa	lśnić	blýskat, se <blýštit, se>	ragyog
próximo	dichtbij	nära	—	blízko	közel
proximidade f	nabijheid f	närhet u	—	blízkost f	közellét
relâmpago m	bliksem m	blixt u	piorun m	blesk m	villám
relâmpago m	bliksem m	blixt u	piorun m	blesk m	villám
fecho de correr m	ritssluiting f	—	zamek błyskawiczny m	zip m	cipzár
aproximar-se	naderen	närma, sig	zbliżać, się <zbliżyć, się >	—	közeledik
próximo	dichtbij	nära	blisko	—	közel
proximidade f	nabijheid f	närhet u	bliskość f	—	közellét
sangue m	bloed n	—	krew f	krev f	vér
sangrar	bloeden	—	krwawić	krvácet	vérzik
sangue m	—	blod n	krew f	krev f	vér
sangrar	—	blöda	krwawić	krvácet	vérzik
florescer	—	blomma	kwitnąć	kvést <rozkvést>	virágzik
flor f	—	blomma u	kwiat m	květina f	virág
flor f	bloem f	—	kwiat m	květina f	virág
florescer	bloeien	—	kwitnąć	kvést <rozkvést>	virágzik
louro	blond	blond	blond	blond	szőke
louro	blond	blond	blond	blond	szőke

blond

	D	E	F	I	ES
blond (NL)	blond	blond	blond(e)	biondo(a)	rubio(a)
blond (SV)	blond	blond	blond(e)	biondo(a)	rubio(a)
blond (PL)	blond	blond	blond(e)	biondo(a)	rubio(a)
blond(e) (F)	blond	blond	—	biondo(a)	rubio(a)
blood (E)	Blut *n*	—	sang *m*	sangue *m*	sangre *f*
bloom (E)	blühen	—	fleurir	fiorire	florecer
blouse (E)	Bluse *f*	—	chemisier *m*	camicetta *f*	blusa *f*
blouse (NL)	Bluse *f*	blouse	chemisier *m*	camicetta *f*	blusa *f*
blow (E)	Schlag *m*	—	coup *m*	colpo *m*	golpe *m*
blue (E)	blau	—	bleu(e)	azzurro(a)	azúl
blühen (D)	—	bloom	fleurir	fiorire	florecer
Blume (D)	—	flower	fleur *f*	fiore *m*	flor *f*
blus (SV)	Bluse *f*	blouse	chemisier *m*	camicetta *f*	blusa *f*
blusa (ES)	Bluse *f*	blouse	chemisier *m*	camicetta *f*	—
blusa (P)	Bluse *f*	blouse	chemisier *m*	camicetta *f*	blusa *f*
Bluse (D)	—	blouse	chemisier *m*	camicetta *f*	blusa *f*
blussen (NL)	löschen	extinguish	éteindre	spegnere	apagar
Blut (D)	—	blood	sang *m*	sangue *m*	sangre *f*
bluten (D)	—	bleed	saigner	sanguinare	sangrar
blúz (H)	Bluse *f*	blouse	chemisier *m*	camicetta *f*	blusa *f*
blůza (CZ)	Bluse *f*	blouse	chemisier *m*	camicetta *f*	blusa *f*
bluzka (PL)	Bluse *f*	blouse	chemisier *m*	camicetta *f*	blusa *f*
blyertspenna (SV)	Bleistift *m*	pencil	crayon *m*	matita *f*	lápiz *m*
blyg (SV)	schüchtern	shy	timide	timido(a)	tímido(a)
blýskat, se <blýštit, se> (CZ)	glänzen	shine	briller	splendere	brillar
bo (SV)	wohnen	live	habiter	abitare	vivir
boarding house (E)	Pension *f*	—	pension *f*	pensione *f*	pensión *f*
boat (E)	Boot *n*	—	bateau *m*	barca *f*	bote *m*
boato (P)	Gerücht *n*	rumour	rumeur *f*	voce *f*	rumor *m*
boca (ES)	Mund *m*	mouth	bouche *f*	bocca *f*	—
boca (P)	Mund *m*	mouth	bouche *f*	bocca *f*	boca *f*
bocadinho (P)	bisschen	a little	un peu	un po'	un poquito
bocca (I)	Mund *m*	mouth	bouche *f*	—	boca *f*
bocht (NL)	Kurve *f*	bend	virage *m*	curva *f*	curva *f*
bocina (ES)	Hupe *f*	horn	klaxon *m*	clacson *m*	—
bocsánat¹ (H)	Entschuldigung *f*	apology	excuse¹	scusa *f*	disculpa *f*
bocsánat² (H)	Verzeihung *f*	forgiveness	pardon *m*	perdono *m*	perdón *m*
bocsánatot kér (H)	entschuldigen, sich	apologize	excuser, s'	scusarsi	disculparse
boda¹ (ES)	Heirat *f*	marriage	mariage *m*	matrimonio *m*	—
boda² (ES)	Hochzeit *f*	wedding	mariage *m*	nozze *f/pl*	—
Boden (D)	—	floor	sol *m*	terra *f*	suelo *m*
body¹ (E)	Karosserie *f*	—	carrosserie *f*	carrozzeria *f*	carrocería *f*
body² (E)	Körper *m*	—	corps *m*	corpo *m*	cuerpo *m*
boek (NL)	Buch *n*	book	livre *m*	libro *m*	libro *m*
boeken (NL)	buchen	book	retenir	prenotare	reservar
boekhandel (NL)	Buchhandlung *f*	bookshop	librairie *f*	libreria *f*	librería *f*
boekhouding (NL)	Buchhaltung *f*	book-keeping	comptabilité *f*	contabilità *f*	contabilidad *f*
boekje (NL)	Heft *n*	exercise book	cahier *m*	quaderno *m*	cuaderno *m*
boer (NL)	Bauer *m*	farmer	paysan *m*	contadino *m*	campesino *m*
boerderij (NL)	Bauernhof *m*	farmhouse	ferme *f*	fattoria *f*	granja *f*
bœuf¹ (F)	Ochse *m*	ox	—	bue *m*	buey *m*
bœuf² (F)	Rind *n*	cow	—	manzo *m*	buey *m*
bóg (PL)	Gott *m*	God	Dieu *m*	Dio *m*	Dios *m*

bóg 133

P	NL	SV	PL	CZ	H
louro	—	blond	blond	blond	szőke
louro	blond	—	blond	blond	szőke
louro	blond	blond	—	blond	szőke
louro	blond	blond	blond	—	szőke
louro	blond	blond	blond	blond	szőke
sangue m	bloed n	blod n	krew f	krev f	vér
florescer	bloeien	blomma	kwitnąć	kvést <rozkvést>	virágzik
blusa f	blouse f	blus u	bluzka f	blůza f	blúz
blusa f	—	blus u	bluzka f	blůza f	blúz
golpe m	slag m	stöt u	uderzenie n	úder m	ütés
azul	blauw	blå	niebieski(ko)	modrý	kék
florescer	bloeien	blomma	kwitnąć	kvést <rozkvést>	virágzik
flor f	bloem f	blomma u	kwiat m	květina f	virág
blusa f	blouse f	—	bluzka f	blůza f	blúz
blusa f	blouse f	blus u	bluzka f	blůza f	blúz
—	blouse f	blus u	bluzka f	blůza f	blúz
blusa f	blouse f	blus u	bluzka f	blůza f	blúz
apagar	—	släcka	gasić <zgasić>	hasit <uhasit>	olt
sangue m	bloed n	blod n	krew f	krev f	vér
sangrar	bloeden	blöda	krwawić	krvácet	vérzik
blusa f	blouse f	blus u	bluzka f	blůza f	—
blusa f	blouse f	blus u	bluzka f	—	blúz
blusa f	blouse f	blus u	—	blůza f	blúz
lápis m	potlood n	—	ołówek m	tužka f	ceruza
tímido	schuchter	—	nieśmiały	ostýchavý	félénk
brilhar	blinken	glänsa	lśnić	—	ragyog
morar	wonen	—	mieszkać	bydlet	lakik
pensão f	pension n	pension u	pensjonat m	penzion m	nyugdíj
barco m	boot m	båt u	łódź f	loď f	csónak
—	gerucht n	rykte n	pogłoska f	pověst f	híresztelés
boca f	mond m	mun u	usta n/pl	ústa pl	száj
—	mond m	mun u	usta n/pl	ústa pl	száj
—	beetje	lite	trochę	malinko	egy kicsit
boca f	mond m	mun u	usta n/pl	ústa pl	száj
curva f	—	kurva u	zakręt m	zatáčka f	kanyar
buzina f	claxon m	signalhorn n	klakson m	houkačka f	duda
desculpa f	verontschuldiging f	ursäkt u	usprawiedliwienie n	omluva f	—
perdão m	vergiffenis f	förlåtelse u	wybaczenie n	odpuštění n	—
desculpar-se	verontschuldigen, zich	ursäkta sig	przepraszać <przeprosić>	omlouvat, se <omluvit, se>	—
casamento m	huwelijk n	giftermål n	ożenek m/ zamąžpójście n	sňatek m	házasságkötés
casamento m	huwelijk n	bröllop n	wesele n	svatba f	esküvő
chão m	grond m	mark u	podłoga f	podlaha f	föld
carroçaria f	carrosserie f	karosseri n	nadwozie n	karoserie f	karosszéria
corpo m	lichaam n	kropp u	ciało n	tělo n	test
livro m	—	bok u	książka f	kniha f	könyv
marcar	—	boka	rezerwować <zarezerwować>	zaknihovat	foglal
livraria f	—	bokhandel u	księgarnia f	knihkupectví n	könyvesbolt
contabilidade f	—	bokföring u	księgowość f	účetnictví n	könyvelés
caderno m	—	häfte n	zeszyt m	sešit m	füzet
agricultor m	—	bonde u	rolnik m	zemědělec m	paraszt, földműves
quinta f	—	bondgård u	gospodarstwo wiejskie n	statek m	parasztbirtok
boi m	os m	oxe u	wół m	vůl m	ökör
gado m	rund n	ko u	bydlę n	dobytek m	szarvasmarha
Deus m	God m	Gud	—	bůh m	Isten

bogár 134

	D	E	F	I	ES
bogár (H)	Käfer *m*	beetle	coléoptère *m*	coleottero *m*	escarabajo *m*
bogaty (PL)	reich	rich	riche	ricco(a)	rico(a)
bohatý (CZ)	reich	rich	riche	ricco(a)	rico(a)
Bohne (D)	—	bean	haricot *m*	fagiolo *m*	judía *f*
bohužel (CZ)	leider	unfortunately	malheureusement	purtroppo	desgraciadamente
boi (P)	Ochse *m*	ox	bœuf *m*	bue *m*	buey *m*
boire (F)	trinken	drink	—	bere	beber
bois (F)	Holz *n*	wood	—	legno *m*	madera *f*
boisson (F)	Getränk *n*	dink	—	bevanda *f*	bebida *f*
boîte[1] (F)	Dose *f*	tin	—	barattolo *m*	lata *f*
boîte[2] (F)	Schachtel *f*	box	—	scatola *f*	caja *f*
boîte aux lettres (F)	Briefkasten *m*	letterbox	—	cassetta delle lettere *f*	buzón *m*
böja (SV)	biegen	bend	plier	piegare	doblar
bojácný (CZ)	ängstlich	fearful	peureux(euse)	pauroso(a)	miedoso(a)
bojovat <dobojovat> (CZ)	kämpfen	fight	battre, se	combattere	luchar
bok (SV)	Buch *n*	book	livre *m*	libro *m*	libro *m*
boka (SV)	buchen	book	retenir	prenotare	reservar
boka (H)	Knöchel *m*	ankle	cheville *f*	caviglia *f*	tobillo *m*
bokföring (SV)	Buchhaltung *f*	book-keeping	comptabilité *f*	contabilità *f*	contabilidad *f*
bokhandel (SV)	Buchhandlung *f*	bookshop	librairie *f*	libreria *f*	librería *f*
bokhylla (SV)	Regal *n*	shelves	étagère *f*	scaffale *m*	estantería *f*
ból (PL)	Schmerz *m*	pain	douleur *f*	dolore *m*	dolor *m*
bola (P)	Ball *m*	ball	balle *f*	palla *f*	pelota *f*
bolacha (P)	Keks *m*	biscuit	biscuit *m*	biscotto *m*	galleta *f*
bola de futebol (P)	Fußball *m*	football	football *m*	calcio *m*	fútbol *m*
ból/bőł (H)	aus	off/from/out of	de/par/hors de	da/di	de
ból brzucha (PL)	Bauchschmerzen *pl*	stomach ache	mal de ventre *m*	dolori di pancia *m/pl*	dolor de vientre *m*
bölcs (H)	weise	wise	sage	saggio(a)	sabio(a)
boldog[1] (H)	froh	glad	content(e)	lieto(a)	contento(a)
boldog[2] (H)	glücklich	happy	heureux(euse)	felice	feliz
boldogtalan (H)	unglücklich	unhappy	malheureux(euse)	sfortunato(a)	desgraciado(a)
bóle głowy (PL)	Kopfschmerzen *pl*	headache	mal de tête *m*	mal di testa *m*	dolor de cabeza *m*
bolesny (PL)	schmerzhaft	painful	douloureux(euse)	doloroso(a)	doloroso(a)
bolest (CZ)	Schmerz *m*	pain	douleur *f*	dolore *m*	dolor *m*
bolest hlavy (CZ)	Kopfschmerzen *pl*	headache	mal de tête *m*	mal di testa *m*	dolor de cabeza *m*
bolesti břicha (CZ)	Bauchschmerzen *pl*	stomach ache	mal de ventre *m*	dolori di pancia *m/pl*	dolor de vientre *m*
bolesti ucha (CZ)	Ohrenschmerzen *pl*	earache	mal d'oreilles *m*	mal d'orecchi *m*	dolor de oídos *m*
bolesti v krku (CZ)	Halsschmerzen *pl*	sore throat	mal de gorge *m*	mal di gola *m*	dolor de garanta *m*
bolestivý (CZ)	schmerzhaft	painful	douloureux(euse)	doloroso(a)	doloroso(a)
bolesti žaludku (CZ)	Magenschmerzen *pl*	stomach ache	mal d'estomac *m*	mal di stomaco *m*	dolor de estómago *m*
bolesti zubů (CZ)	Zahnschmerzen *pl*	toothache	mal m de dents	mal m di denti	dolor m de muelas
boletim meteorológico (P)	Wetterbericht *m*	weather report	bulletin météorologique *m*	bollettino meteorologico *m*	informe metereológico *m*
bóle żołądka (PL)	Magenschmerzen *pl*	stomach ache	mal d'estomac *m*	mal di stomaco *m*	dolor de estómago *m*
ból gardła (PL)	Halsschmerzen *pl*	sore throat	mal de gorge *m*	mal di gola *m*	dolor de garanta *m*
bolígrafo (ES)	Kugelschreiber *m*	biro	stylo à bille *m*	biro *f*	—
bólint (H)	nicken	nod	faire un signe de tête	annuire	inclinar la cabeza
boll (SV)	Ball *m*	ball	balle *f*	palla *f*	pelota *f*
bolla (I)	Blase *f*	bubble	bulle *f*	—	burbuja *f*
bollettino meteorologico (I)	Wetterbericht *m*	weather report	bulletin météorologique *m*	—	informe metereológico *m*
bolo (P)	Kuchen *m*	cake	gâteau *m*	dolce *m*	tarta *f*

bolo

P	NL	SV	PL	CZ	H
escaravelho m	kever m	skalbagge u	chrząszcz m	brouk m	—
rico	rijk	rik	—	bohatý	gazdag
rico	rijk	rik	bogaty	—	gazdag
feijão m	boon f	böna u	fasola f	fazole f	bab
infelizmente	helaas	tyvärr	niestety	—	sajnos
—	os m	oxe u	wół m	vůl m	ökör
beber	drinken	dricka	pić	pít <napít>	iszik
madeira f	hout n	trä n	drewno n	dřevo n	fa
bebida f	drankje n	dryck u	napój m	nápoj m	ital
lata f	blik n	burk u	puszka f	dóza f	doboz
caixa f	doos f	ask u	pudełko n	krabice f	doboz
caixa do correio f	brievenbus f	brevláda u	skrzynka pocztowa f	schránka na dopisy f	postaláda
dobrar	buigen	—	zginać <zgiąć>	ohýbat <ohnout>	meghajlít
medroso	bang	ängslig	lękliwy	—	félénk
lutar	vechten	kämpa	walczyć	—	harcol
livro m	boek n	—	książka f	kniha f	könyv
marcar	boeken	—	rezerwować <zarezerwować>	zaknihovat	foglal
tornozelo m	enkel m	fotknöl u	kostka f	kotník m	—
contabilidade f	boekhouding f	—	księgowość f	účetnictví n	könyvelés
livraria f	boekhandel m	—	księgarnia f	knihkupectví n	könyvesbolt
prateleira f	rek n	—	regał m	regál m	polc
dor f	pijn f	smärta u	—	bolest f	fájdalom
—	bal m	boll u	piłka f	míč m	labda
—	koekje n	kex n	ciastko n	keks m	aprósütemény
—	voetbal m	fotboll u	piłka nożna f	kopaná f	labdarúgás
de	uit	ut	z	z	—
dores f/pl de barriga	buikpijn m	magont n	—	bolesti břicha f	hasfájás
sábio	wijs	vis	mądry	moudrý	—
contente	blij	glad	zadowolony	rád	—
feliz	gelukkig	lycklig	szczęśliwy	šťastný	—
infeliz	ongelukkig	olycklig	nieszczęśliwy	nešťastný	—
dor de cabeça f	hoofdpijn f	huvudvärk u	—	bolest hlavy f	fejfájás
doloroso	pijnlijk	smärtsam	—	bolestivý	fájdalmas
dor f	pijn f	smärta u	ból m	—	fájdalom
dor de cabeça f	hoofdpijn f	huvudvärk u	bóle głowy m/pl	—	fejfájás
dores f/pl de barriga	buikpijn m	magont n	ból brzucha m	—	hasfájás
dores de ouvido f/pl	oorpijn f	ont i öronen	ból uszu m	—	fülfájás
dores de garganta f/pl	keelpijn f	halsont u	ból gardła m	—	torokfájás
doloroso	pijnlijk	smärtsam	bolesny	—	fájdalmas
dores de estômago f/pl	maagpijn f	ont i magen	bóle żołądka m/pl	—	gyomorfájás
dor de dentes f	tandpijn m	tandvärk u	ból zęba m	—	fogfájás
—	weerbericht n	väderrapport u	komunikat o stanie pogody	zpráva o počasí f	időjárás-jelentés
dores de estômago f/pl	maagpijn f	ont i magen	—	bolesti žaludku f/pl	gyomorfájás
dores de garganta f/pl	keelpijn f	halsont u	—	bolesti v krku f/pl	torokfájás
esferográfica f	balpen f	kulspetspenna u	długopis m	propisovací tužka f	golyóstoll
acenar com a cabeça	knikken	nicka	kiwać <kiwnąć>	kývat hlavou <pokývat hlavou>	—
bola f	bal m	—	piłka f	míč m	labda
bexiga f	blaas f	blåsa u	pęcherz m	bublina f	buborék
boletim meteorológico m	weerbericht n	väderrapport u	komunikat o stanie pogody	zpráva o počasí f	időjárás-jelentés
—	taart f	kaka u	placek m	koláč m	sütemény

bolond

	D	E	F	I	ES
bolond (H)	verrückt	mad	fou (folle)	pazzo(a)	loco(a)
bolsa (ES)	Tüte f	bag	sac m	sacchetto m	—
bolsa (P)	Handtasche f	handbag	sac à main m	borsetta f	bolso m
bolsa de compra (ES)	Einkaufstasche f	shopping bag	sac à provision m	borsa della spesa f	—
bolso¹ (ES)	Handtasche f	handbag	sac à main m	borsetta f	—
bolso² (ES)	Tasche f	bag	sac m	borsa f	—
bolso (P)	Tasche f	bag	sac m	borsa f	bolso m
bolt (H)	Laden m	shop	magasin m	negozio m	tienda f
ból uszu (PL)	Ohrenschmerzen pl	earache	mal d'oreilles m	mal d'orecchi m	dolor de oídos m
ból zęba (PL)	Zahnschmerzen pl	toothache	mal m de dents	mal m di denti	dolor m de muelas
bom (P)	gut	good/well	bon(ne)/bien	buono(a)/bene	bueno(a)/bien
bomba (ES)	Pumpe f	pump	pompe f	pompa f	—
bomba (P)	Pumpe f	pump	pompe f	pompa f	bomba f
bombeiros (P)	Feuerwehr n	fire brigade	sapeurs pompiers m/pl	vigili del fuoco m/pl	bomberos m/pl
bomberos (ES)	Feuerwehr n	fire brigade	sapeurs pompiers m/pl	vigili del fuoco m/pl	—
bomull (SV)	Baumwolle f	cotton	coton m	cotone m	algodón m
bon (F)	Gutschein m	voucher	—	buono m	bono m
bon (NL)	Gutschein m	voucher	bon m	buono m	bono m
bon (PL)	Gutschein m	voucher	bon m	buono m	bono m
böna (SV)	Bohne	bean	haricot m	fagiolo m	judía f
Bonbon (D)	—	sweet	bonbon m	caramella f	caramelo m
bonbon (F)	Bonbon n	sweet	—	caramella f	caramelo m
bonbón (CZ)	Bonbon n	sweet	bonbon m	caramella f	caramelo m
bonde (SV)	Bauer m	farmer	paysan m	contadino m	campesino m
bondgård (SV)	Bauernhof m	farmhouse	ferme f	fattoria f	granja f
bone (E)	Knochen m	—	os m	osso m	hueso m
boné (P)	Mütze f	cap	casquette f	berretto m	gorra f
boneca (P)	Puppe f	doll	poupée f	bambola f	muñeca f
bonito¹ (P)	hübsch	pretty	joli(e)	carino(a)	bonito(a)
bonito² (P)	schön	beautiful	beau (belle)	bello(a)	hermoso(a)
bonito(a)¹ (ES)	hübsch	pretty	joli(e)	carino(a)	—
bonito(a)² (ES)	niedlich	sweet	mignon(ne)	carino(a)	—
bon marché¹ (F)	billig	cheap	—	a buon mercato	barato(a)
bon marché² (F)	preiswert	inexpensive	—	conveniente	económico(a)
bon(ne)/bien (F)	gut	good/well	—	buono(a)/bene	bueno(a)/bien
bono (ES)	Gutschein m	voucher	bon m	buono m	—
bont (NL)	bunt	coloured	coloré(e)	variopinto(a)	de colores
boodschap (NL)	Botschaft f	message	message m	messaggio m	mensaje m
boodschappen doen (NL)	einkaufen gehen	go shopping	faire les courses	fare la spesa	ir de compras
boodschappentas (NL)	Einkaufstasche f	shopping bag	sac à provision m	borsa della spesa f	bolsa de compra f
book (E)	Buch n	—	livre m	libro m	libro m
book¹ (E)	buchen	—	retenir	prenotare	reservar
book² (E)	vorbestellen	—	réserver	prenotare	hacer reservar
book-keeping (E)	Buchhaltung f	—	comptabilité f	contabilità f	contabilidad f
bookshop (E)	Buchhandlung f	—	librairie f	libreria f	librería f
boom (NL)	Baum m	tree	arbre m	albero m	árbol m
boon (NL)	Bohne	bean	haricot m	fagiolo m	judía f
boos (NL)	böse	wicked	méchant(e)	cattivo(a)	malo(a)
Boot (D)	—	boat	bateau m	barca f	bote m
boot (E)	Kofferraum m	—	coffre m	portabagagli m	maletero m
boot (NL)	Boot n	boat	bateau m	barca f	bote m

boot

P	NL	SV	PL	CZ	H
doido	gek	tokig	zwariowany	pomatený	—
saco m	zakje n	påse u	torebka f	sáček m	papírzacskó
—	handtas f	handväska u	torebka f	kabelka f	kézitáska
saco para compras m	boodschappentas f	shoppingväska u	torba na zakupy f	nákupní taška f	bevásárlótáska
bolsa f	handtas f	handväska u	torebka f	kabelka f	kézitáska
bolso m	tas f	väska u	torba f	taška f	zseb
—	tas f	väska u	torba f	taška f	zseb
loja f	winkel m	affär u	sklep m	obchod m	—
dores de ouvido f/pl	oorpijn f	ont i öronen	—	bolesti ucha f/pl	fülfájás
dor de dentes f	tandpijn m	tandvärk u	—	bolesti zubů pl	fogfájás
—	goed	bra	dobrze	dobře	jó
bomba f	pomp f	pump u	pompa f	čerpadlo n	szivattyú
—	pomp f	pump u	pompa f	čerpadlo n	szivattyú
—	brandweer m	brandkår u	straż pożarna f	hasiči pl	tűzoltóság
bombeiros m	brandweer m	brandkår u	straż pożarna f	hasiči pl	tűzoltóság
algodão m	katoen n	—	bawełna f	bavlna f	pamut
vale m	bon m	tillgodokvitto n	bon m	poukaz m	vásárlási utalvány
vale m	—	tillgodokvitto n	bon m	poukaz m	vásárlási utalvány
vale m	bon m	tillgodokvitto n	—	poukaz m	vásárlási utalvány
feijão m	boon f	—	fasola f	fazole f	bab
rebuçado m	snoepje n	karamell u	cukierek m	bonbón m	cukorka
rebuçado m	snoepje n	karamell u	cukierek m	bonbón m	cukorka
rebuçado m	snoepje n	karamell u	cukierek m	—	cukorka
agricultor m	boer m	—	rolnik m	zemědělec m	paraszt, földműves
quinta f	boerderij f	—	gospodarstwo wiejskie n	statek m	parasztbirtok
osso m	bot n	benknota n	kość f	kost f	csont
—	muts f	mössa u	czapka f	čepice f	sapka
—	pop f	docka u	lalka f	panenka f	baba
—	mooi	vacker	ładny	hezký	csinos
—	mooi	vacker	piękny	hezký	szép
bonito	mooi	vacker	ładny	hezký	csinos
amoroso	schattig	söt	śliczny	roztomilý	aranyos
barato	goedkoop	billigt	tani	levně	olcsó
barato	goedkoop	prisvärd	niedrogi	výhodný (cenově)	jutányos
bom	goed	bra	dobrze	dobře	jó
vale m	bon m	tillgodokvitto n	bon m	poukaz m	vásárlási utalvány
colorido	—	färggrann	kolorowy	barevný	tarka
mensagem f	—	budskap n	wiadomość f	vyslanectví n	üzenet
ir às compras	—	göra inköp	iść na zakupy <pójść na zakupy>	chodit <jít> nakoupit>	vásárolni megy
saco para compras m	—	shoppingväska u	torba na zakupy f	nákupní taška f	bevásárlótáska
livro m	boek n	bok u	książka f	kniha f	könyv
marcar	boeken	boka	rezerwować <zarezerwować>	zaknihovat	foglal
reservar	van tevoren bestellen	förutbeställa	zarezerwować zamówienie	objednávat předem <objednat předem>	előre rendel
contabilidade f	boekhouding f	bokföring u	księgowość f	účetnictví n	könyvelés
livraria f	boekhandel m	bokhandel u	księgarnia f	knihkupectví n	könyvesbolt
árvore f	—	träd n	drzewo n	strom m	fa
feijão m	—	böna u	fasola f	fazole f	bab
mau	—	arg	zły	zle	gonosz
barco m	boot m	båt u	łódź f	loď f	csónak
porta bagagem m	bagageruimte m	bagageutrymme n	bagażnik m	zavazadlový prostor m	csomagtartó
barco m	—	båt u	łódź f	loď f	csónak

bor

	D	E	F	I	ES
bor (H)	Wein m	wine	vin m	vino m	vino m
bőr¹ (H)	Haut f	skin	peau f	pelle f	piel f
bőr² (H)	Leder n	leather	cuir m	cuoio m	cuero m
böra (SV)	sollen	have to	devoir	dovere	deber
borboleta (P)	Schmetterling m	butterfly	papillon m	farfalla f	mariposa f
bord (F)	Rand m	brim	—	margine m	borde m
bord (NL)	Teller m	plate	assiette f	piatto m	plato m
bord (SV)	Tisch m	table	table f	tavolo m	mesa f
borde (ES)	Rand m	brim	bord m	margine m	—
bordskuvert (SV)	Gedeck n	cover	couvert m	coperto m	cubierto m
borg (SV)	Burg f	fortress	château fort m	rocca f	fortaleza f
borgerlig (SV)	bürgerlich	civil	civil(e)	civile	civil
borgmästare (SV)	Bürgermeister m	mayor	maire m	sindaco m	alcalde m
boring (E)	langweilig	—	ennuyeux(euse)	noioso(a)	aburrido(a)
börja (SV)	anfangen	start	commencer	cominciare	empezar
början (SV)	Anfang m	beginning	commencement m	inizio m	inicio m
början (SV)	Beginn m	beginning	commencement m	inizio m	principio m
borjú (H)	Kalb n	calf	veau m	vitello m	ternera f
born (E)	geboren	—	né(e)	nato(a)	nacido(a)
bőrönd (H)	Koffer m	suitcase	valise f	valigia f	maleta f
borotvál (H)	rasieren	shave	raser	fare la barba	afeitar
borracho(a) (ES)	betrunken	drunk	ivre	ubriaco(a)	—
borravaló (H)	Trinkgeld n	tip	pourboire m	mancia f	propina f
borrego (P)	Lamm n	lamb	agneau m	agnello m	cordero m
borrel (NL)	Schnaps m	spirits	eau-de-vie f	acquavite f	aguardiente m
bors (H)	Pfeffer m	pepper	poivre m	pepe m	pimienta f
borsa (I)	Tasche f	bag	sac m	—	bolso m
borsa della spesa (I)	Einkaufstasche f	shopping bag	sac à provision m	—	bolsa de compra f
borsetta (I)	Handtasche f	handbag	sac à main m	—	bolso m
borst (NL)	Brust f	breast	poitrine f	petto m	pecho m
borste (SV)	Bürste f	brush	brosse f	spazzola f	cepillo m
borstel (NL)	Bürste f	brush	brosse f	spazzola f	cepillo m
bortom (SV)	jenseits	beyond	de l'autre côté	al di là	al otro lado
börtön (H)	Gefängnis n	prison	prison f	prigione f	prisión f
borttagen (SV)	entfernt	distant	éloigné(e)	distante	distante
borult (H)	bedeckt	covered	couvert(e)	coperto(a)	cubierto(a)
borzasztó (H)	schrecklich	terrible	terrible	spaventoso(a)	horrible
bos (NL)	Wald m	forest	forêt f	bosco m	bosque m
bosco (I)	Wald m	forest	forêt f	—	bosque m
böse (D)	—	wicked	méchant(e)	cattivo(a)	malo(a)
bosque (ES)	Wald m	forest	forêt f	bosco m	—
boss (E)	Chef m	—	patron m	capo m	jefe m
bosszant (H)	ärgern	annoy	fâcher	arrabbiare	enfadar
bosszú (H)	Rache f	revenge	vengeance f	vendetta f	venganza f
bot (NL)	Knochen m	bone	os m	osso m	hueso m
bota (CZ)	Schuh m	shoe	chaussure f	scarpa f	zapato m
botão (P)	Knopf m	button	bouton m	bottone m	botón m
bote (ES)	Boot n	boat	bateau m	barca f	—
botella (ES)	Flasche f	bottle	bouteille f	bottiglia f	—
boter (NL)	Butter f	butter	beurre m	burro m	mantequilla f
boterham (NL)	Scheibe f	slice	tranche f	fetta f	rebanada m
both (E)	beide	—	tous/toutes les deux	entrambi(e)	ambos(as)
botón (ES)	Knopf m	button	bouton m	bottone m	—
botrány (H)	Skandal m	scandal	scandale m	scandalo m	escándalo m
Botschaft¹ (D)	—	message	message m	messaggio m	mensaje m
Botschaft² (D)	—	embassy	ambassade f	ambasciata f	embajada f

Botschaft

P	NL	SV	PL	CZ	H
vinho m	wijn m	vin n	wino n	víno n	—
pele f	huid f	hud u	skóra f	kůže f	—
cabedal m	leder n	läder n	skóra f	kůže f	—
dever	moeten	—	powinno, się	mít	kell
—	vlinder m	fjäril u	motyl m	motýl m	pillangó
margem f	rand m	kant u	krawędź f	okraj m	szél
prato m	—	tallrik u	talerz m	talíř m	tányér
mesa f	tafel f	—	stół m	stůl m	asztal
margem f	rand m	kant u	krawędź f	okraj m	szél
talher m	couvert n	—	nakrycie n	příbor m	teríték
castelo m	kasteel n	—	zamek m	hrad m	vár
civil	burgerlijk	—	mieszczański	měšťanský	polgári
presidente da câmara municipal m	burgemeester m	—	burmistrz m	starosta m	polgármester
aborrecido	saai	tråkig	nudny	nudný	unalmas
principiar	beginnen	—	zaczynać <zacząć>	začínat <začít>	kezd
princípio m	begin n	—	początek m	začátek m	kezdet
começo m	begin n	—	rozpoczęcie n	začátek m	kezdet
vitela f	kalf n	kalv u	cielę n	tele n	—
nascido	geboren	född	urodzony	narodit se	született
mala f	koffer m	koffert u	walizka f	kufr m	—
barbear(se)	scheren	raka	golić <ogolić>	holit, se <oholit, se>	—
embriagado	dronken	berusad	pijany	opilý	részeg
gorjeta f	fooi f	dricks u	napiwek m	spropitné n	—
—	lam n	lamm n	baranek m	jehně n	bárány
aguardente f	—	snaps u	wódka f	kořalka f	pálinka
pimenta f	peper m	peppar u	pieprz m	pepř m	—
bolso m	tas f	väska u	torba f	taška f	zseb
saco para compras m	boodschappentas f	shoppingväska u	torba na zakupy f	nákupní taška f	bevásárlótáska
bolsa f	handtas f	handväska u	torebka f	kabelka f	kézitáska
peito m	—	bröst n	pierś f	hruď f	mellkas
escova f	borstel m	—	szczotka f	kartáč m	kefe
escova f	—	borste u	szczotka f	kartáč m	kefe
além de	aan de andere zijde	—	po tamtej stronie	na druhé straně	túl
prisão f	gevangenis f	fängelse n	więzienie n	vězení n	—
afastado	verwijderd	—	odległy	vzdálený	távol
coberto	bedekt	täckt	pokryty	zakrytý	—
horrível	verschrikkelijk	förskräcklig	straszny	strašný	—
floresta f	—	skog u	las m	les m	erdő
floresta f	bos n	skog u	las m	les m	erdő
mau	boos	arg	zły	zle	gonosz
floresta f	bos n	skog u	las m	les m	erdő
chefe m	chef m	chef u	szef m	šéf m	főnök
aborrecer	ergeren	reta	złościć <rozzłościć>	zlobit	—
vingança f	wraak m	hämnd u	zemsta f	pomsta f	—
osso m	—	benknota n	kość f	kost f	csont
sapato m	schoen m	sko u	but m	—	cipő
—	knop m	knapp u	guzik m	knoflík m	gomb
barco m	boot m	båt u	łódź f	loď f	csónak
garrafa f	fles f	flaska u	butelka f	láhev f	üveg
manteiga f	—	smör n	masło n	máslo n	vaj
fatia f	—	brödskiva u	kromka f	krajíc m	szelet
ambos	beide(n)	båda	oboje	oba	mindkettő
botão m	knop m	knapp u	guzik m	knoflík m	gomb
escândalo m	schandaal m	skandal u	skandal m	skandál m	—
mensagem f	boodschap f	budskap n	wiadomość f	vyslanectví n	üzenet
embaixada f	ambassade	ambassad u	ambasada f	velvyslanectví n	(nagy)követség

bottenvåning 140

	D	E	F	I	ES
bottenvåning (SV)	Erdgeschoss n	ground floor	rez-de-chaussée m	pianterreno m	planta baja f
bottiglia (I)	Flasche f	bottle	bouteille f	—	botella f
bottle (E)	Flasche f	—	bouteille f	bottiglia f	botella f
bottle opener (E)	Flaschenöffner m	—	ouvre-bouteilles m	apribottiglie m	abrebotellas m
bottone (I)	Knopf m	button	bouton m	—	botón m
bouche (F)	Mund m	mouth	—	bocca f	boca f
boucherie (F)	Metzgerei f	butcher's	—	macelleria f	carnicería f
bouclier (F)	Schild n	shield	—	scudo m	escudo m
boue (F)	Schlamm m	mud	—	fango m	barro m
bouffer (F)	fressen	eat	—	mangiare	devorar
bouger (F)	bewegen	move	—	muovere	mover
bougie (F)	Kerze f	candle	—	candela f	vela f
bouillon (F)	Brühe f	broth	—	brodo m	caldo m
bouillon (NL)	Brühe f	broth	bouillon m	brodo m	caldo m
boulangerie (F)	Bäckerei f	bakery	—	panetteria f	panadería f
bouřka (CZ)	Gewitter n	thunderstorm	orage m	temporale m	tormenta f
bouteille (F)	Flasche f	bottle	—	bottiglia f	botella f
bouton (F)	Knopf m	button	—	bottone m	botón m
bouw (NL)	Bau m	construction	construction f	costruzione f	construcción f
bouwen (NL)	bauen	build	construire	costruire	construir
(bouw)werken (NL)	Bauarbeiten pl	construction works	travaux	lavori di costruzione m/pl	trabajos de construcción m/pl
boven (NL)	oben	above	en haut	sopra	arriba
bovendien (NL)	außerdem	besides	en outre	inoltre	además
box¹ (E)	Kiste f	—	caisse f	cassetta f	caja f
box² (E)	Schachtel f	—	boîte f	scatola f	caja f
boy (E)	Junge m	—	garçon m	ragazzo m	chico m
Boże Narodzenie (PL)	Weihnachten pl	Christmas	Noël m	Natale m	Navidad(es) f/pl
bra (SV)	gut	good/well	bon(ne)/bien	buono(a)/bene	bueno(a)/bien
braaf (NL)	brav	good	gentil(le)	bravo(a)	bueno(a)
braambes (NL)	Brombeere f	blackberry	mûre f	mora f	zarzamora f
braccio (I)	Arm m	arm	bras m	—	brazo m
bräcklig (SV)	zerbrechlich	fragile	fragile	fragile	frágil
braço (P)	Arm m	arm	bras m	braccio m	brazo m
brać udział (PL)	teilnehmen	take part	participer	partecipare	participar
brać <wziąć> (PL)	nehmen	take	prendre	prendere	tomar
brada (CZ)	Kinn n	chin	menton m	mento m	mentón m
braden (NL)	braten	roast	rôtir	arrostire	asar
brådskande (SV)	dringend	urgent	urgent(e)	urgente	urgente
brain (E)	Gehirn n	—	cerveau m	cervello m	cerebro m
bråk (SV)	Streit m	argument	dispute f	lite f	disputa f
bråka (SV)	streiten	quarrel	disputer, se	litigare	discutir
brake (E)	bremsen	—	freiner	frenare	frenar
brake (E)	Bremse f	—	frein m	freno m	freno m
brakować (PL)	fehlen	miss	manquer	mancare	faltar
brambora (CZ)	Kartoffel f	potato	pomme de terre f	patata f	patata f
branch¹ (E)	Ast m	—	branche f	ramo m	rama f
branch² (E)	Filiale f	—	succursale f	filiale f	sucursal f
branche (F)	Ast m	branch	—	ramo m	rama f
branco (P)	weiß	white	blanc (blanche)	bianco(a)	blanco(a)
Brand (D)	—	fire	incendie m	incendio f	incendio f
brand (E)	Marke f	—	marque f	marca f	marca f
brand (NL)	Brand m	fire	incendie m	incendio f	incendio f
brand (SV)	Brand m	fire	incendie m	incendio f	incendio f

brand

P	NL	SV	PL	CZ	H
rés-do-chão m	begane grond m	—	parter m	přízemí n	földszint
garrafa f	fles f	flaska u	butelka f	láhev f	üveg
garrafa f	fles f	flaska u	butelka f	láhev f	üveg
abre-cápsulas m	flesopener m	flasköppnare u	otwieracz do butelek m	otvírák na láhve m	üvegnyító
botão m	knop m	knapp u	guzik m	knoflík m	gomb
boca f	mond m	mun u	usta n/pl	ústa pl	száj
talho m	slagerij f	slakteri n	sklep rzeźniczy m	řeznictví n	hentesüzlet
letreiro m	schild n	skylt u	szyld m	štítek m	cégtábla
lama f	slib n	slam u	szlam m	bláto n	iszap
devorar	vreten	äta	żreć <zeżreć>	žrát <sežrat>	zabál
mover	bewegen	röra sig	ruszać <poruszać>	pohybovat	mozdít
vela f	kaars f	ljus n	świeca f	svíčka f	gyertya
caldo m	bouillon m	buljong u	bulion m	odvar m	erőleves
caldo m	—	buljong u	bulion m	odvar m	erőleves
padaria f	bakkerij f	bageri n	piekarnia f	pekárna f	pekség
tempestade f	onweer n	åska u	burza f	—	zivatar
garrafa f	fles f	flaska u	butelka f	láhev f	üveg
botão m	knop m	knapp u	guzik m	knoflík m	gomb
construção f	—	byggnad u	budowla f	stavba f	építkezés
construir	—	bygga	budować <wybudować>	stavět	épít
obras f/pl	—	byggarbeten pl	roboty budowlane	stavební práce pl	építkezés
em cima	—	ovan	na górze	nahoře	fenn
além disso	—	dessutom	ponadto	mimo	azonkívül
caixote m	kist f	kista u	skrzynka f	bedna f	láda
caixa f	doos f	ask u	pudełko n	krabice f	doboz
rapaz m	jongen m	pojke u	chłopiec m	chlapec m	fiú
Natal m	kerst m	jul u	—	vánoce f/pl	karácsony
bom	goed	—	dobrze	dobře	jó
obediente	—	lydig	grzeczny	hodný	jó, rendes
amora silvestre f	—	björnbär n	jeżyna f	ostružina f	szeder
braço m	arm m	arm u	ramię	paže f	kar
frágil	breekbaar	—	łamliwy	křehký	törékeny
—	arm m	arm u	ramię	paže f	kar
participar	deelnemen	delta	—	účastnit, se <zúčastnit, se>	részt vesz
tomar	nemen	ta	—	brát <vzít>	vesz
queixo m	kin f	haka u	podbródek m	—	áll
assar	—	steka	smażyć <usmażyć>	péci	süt
urgente	dringend	—	naglący	naléhavě	sürgős
cérebro m	hersenen pl	hjärna u	mózg m	mozek m	agy
disputa f	ruzie f	—	kłótnia f	spor m	vita
disputar	ruzie maken	—	kłócić się	hádat, se <pohádat, se>	vitatkozik
travar	remmen	bromsa	hamować <zahamować>	brzdit <zabrzdit>	fékez
travão m	rem f	broms u	hamulec m	brzda f	fék
faltar	ontbreken	sakna	—	chybět	hiányzik
batata f	aardappel m	potatis u	ziemniak m	—	burgonya
ramo m	tak m	gren u	gałąź f	větev f	faág
sucursal f	filiaal n	filial u	filia f	pobočka f	leányvállalat
ramo m	tak m	gren u	gałąź f	větev f	faág
—	wit	vit	biały(to)	bílý	fehér
incêndio m	brand m	brand u	pożar m	požár m	tűzvész
marca f	merk n	märke n	marka f	značka f	márka
incêndio m	—	brand u	pożar m	požár m	tűzvész
incêndio m	brand m	—	pożar m	požár m	tűzvész

branden 142

	D	E	F	I	ES
branden (NL)	brennen	burn	brûler	bruciare	arder
brandkår (SV)	Feuerwehr n	fire brigade	sapeurs pompiers m/pl	vigili del fuoco m/pl	bomberos m/pl
brandweer (NL)	Feuerwehr n	fire brigade	sapeurs pompiers m/pl	vigili del fuoco m/pl	bomberos m/pl
bránit, se <ubránit, se> (CZ)	verteidigen, sich	defend	défendre, se	difendersi	defenderse
bránit, se <ubránit, se> (CZ)	wehren, sich	defend	défendre, se	difendersi	defenderse
bránit <zabránit> (CZ)	hindern	hinder	empêcher	impedire	impedir
bränna (SV)	brennen	burn	brûler	bruciare	arder
brant (SV)	steil	steep	raide	ripido(a)	empinado(a)
bras (F)	Arm m	arm	—	braccio m	brazo m
brat (PL)	Bruder m	brother	frère m	fratello m	hermano m
Braten (D)	—	roast	rôti m	arrosto m	asado m
braten (D)	—	roast	rôtir	arrostire	asar
bratr (CZ)	Bruder m	brother	frère m	fratello m	hermano m
brát <vzít> (CZ)	nehmen	take	prendre	prendere	tomar
brauchen (D)	—	need	avoir besoin de	aver bisogno di	necesitar
braun (D)	—	brown	marron	marrone	marrón
brav (D)	—	good	gentil(le)	bravo(a)	bueno(a)
brave (E)	tapfer	—	courageux(-euse)	coraggioso(a)	valiente
bravo(a) (I)	brav	good	gentil(le)	—	bueno(a)
brazo (ES)	Arm m	arm	bras m	braccio m	—
brązowy (PL)	braun	brown	marron	marrone	marrón
bread (E)	Brot n	—	pain m	pane m	pan m
break (E)	Pause f	—	pause f	pausa f	pausa f
break (E)	zerbrechen	—	casser	rompere	romper
breakdown (E)	Panne f	—	panne f	panna f	avería f
breakfast (E)	Frühstück n	—	petit-déjeuner m	colazione f	desayuno m
break in (E)	einbrechen	—	cambrioler	rubare	robar
breast (E)	Brust f	—	poitrine f	petto m	pecho m
breath (E)	Atem m	—	respiration f	fiato m	respiro m
breathe (E)	atmen	—	respirer	respirare	respirar
bred (SV)	breit	broad	large	largo(a)	amplio(a)
bredvid (SV)	neben	beside	près de	accanto a	al lado de
breed (NL)	breit	broad	large	largo(a)	amplio(a)
breekbaar (NL)	zerbrechlich	fragile	fragile	fragile	frágil
breit (D)	—	broad	large	largo(a)	amplio(a)
breken (NL)	zerbrechen	break	casser	rompere	romper
břemeno (CZ)	Last f	load	charge f	carico m	peso m
Bremse (D)	—	brake	frein m	freno m	freno m
bremsen (D)	—	brake	freiner	frenare	frenar
brengen (NL)	bringen	fetch	porter	portare	llevar
brennen (D)	—	burn	brûler	bruciare	arder
brev (SV)	Brief m	letter	lettre f	lettera f	carta f
brevbärare (SV)	Postbote m	postman	facteur m	postino m	cartero m
brevláda (SV)	Briefkasten m	letterbox	boîte aux lettres f	cassetta delle lettere f	buzón m
břicho (CZ)	Bauch m	stomach	ventre m	pancia f	vientre m
bridge (E)	Brücke f	—	pont m	ponte m	puente m
Brief (D)	—	letter	lettre f	lettera f	carta f
brief (NL)	Brief m	letter	lettre f	lettera f	carta f

P	NL	SV	PL	CZ	H
queimar	—	bränna	spalać <spalić>	hořet <shořet>	ég
bombeiros m	brandweer m	—	straż pożarna f	hasiči pl	tűzoltóság
bombeiros m	—	brandkår u	straż pożarna f	hasiči pl	tűzoltóság
defender-se	verdedigen, zich	försvara sig	bronić się	—	védekezik
defender-se	weren, zich	värja sig	bronić się	—	védekezik
impedir	hinderen	förhindra	przeszkadzać <przeszkodzić>	—	akadályoz
queimar	branden	—	spalać <spalić>	hořet <shořet>	ég
escarpado	steil	—	stromy	příkrý	meredek
braço m	arm m	arm u	ramię	paże f	kar
irmão m	broer m	bror u	—	bratr m	fiútestvér
assado m	gebraad n	köttstek u	pieczeń f	pečeně f	pecseny
assar	braden	steka	smażyć <usmażyć>	péci	süt
irmão m	broer m	bror u	brat m	—	fiútestvér
tomar	nemen	ta	brać <wziąć>	—	vesz
precisar de	nodig hebben	behöva	potrzebować	potřebovat	szorul
castanho	bruin	brun	brązowy	hnědý	barna
obediente	braaf	lydig	grzeczny	hodný	jó, rendes
valente	dapper	tapper	dzielny	statečný	bátor
obediente	braaf	lydig	grzeczny	hodný	jó, rendes
braço m	arm m	arm u	ramię	paże f	kar
castanho	bruin	brun	—	hnědý	barna
pão m	brood n	bröd n	chleb m	chléb m	kenyér
intervalo m	pauze f	paus u	przerwa f	přestávka f	szünet
quebrar	breken	bryta sönder	łamać <złamać>	rozlamovat <rozlomit>	eltör
avaria f	panne f	motorstopp n	awaria f	porucha f	műszaki hiba
pequeno-almoço m	ontbijt n	frukost u	śniadanie n	snídaně f	reggeli
arrombar	inbreken	bryta sig in	włamywać, się <włamać, się>	vloupat, se	betör
peito m	borst f	bröst n	pierś f	hruď f	mellkas
respiração f	adem m	andning u	oddech m	dech m	lélegzet
respirar	ademen	andas	oddychać	dýchat	lélegzik
largo	breed	—	szeroki	široký	széles
ao lado de	naast	—	obok	vedle	mellett
largo	—	bred	szeroki	široký	széles
frágil	—	bräcklig	łamliwy	křehký	törékeny
largo	breed	bred	szeroki	široký	széles
quebrar	—	bryta sönder	łamać <złamać>	rozlamovat <rozlomit>	eltör
carga f	last f	last u	ciężar m	—	teher
travão m	rem f	broms u	hamulec m	brzda f	fék
travar	remmen	bromsa	hamować <zahamować>	brzdit <zabrzdit>	fékez
trazer	—	hämta	przynosić <przynieść>	přinášet <přinést>	hoz
queimar	branden	bränna	spalać <spalić>	hořet <shořet>	ég
carta f	brief m	—	list m	dopis m	levél
carteiro m	postbode m	—	listonosz m	poštovní doručovatel m	postás
caixa do correio f	brievenbus f	—	skrzynka pocztowa f	schránka na dopisy f	postaláda
barriga f	buik m	mage u	brzuch m	—	has
ponte f	brug f	bro u	most m	most m	híd
carta f	brief m	brev n	list m	dopis m	levél
carta f	—	brev n	list m	dopis m	levél

briefkaart

	D	E	F	I	ES
briefkaart (NL)	Postkarte f	postcard	carte postale f	cartolina f	carta postal f
Briefkasten (D)	—	letterbox	boîte aux lettres f	cassetta delle lettere f	buzón m
Briefmarke (D)	—	stamp	timbre m	francobollo m	sello m
brievenbus (NL)	Briefkasten m	letterbox	boîte aux lettres f	cassetta delle lettere f	buzón m
bright (E)	hell	—	clair(e)	chiaro(a)	claro(a)
bril (NL)	Brille f	glasses	lunettes f/pl	occhiali m/pl	gafas f/pl
brilhar (P)	glänzen	shine	briller	splendere	brillar
brillar (ES)	glänzen	shine	briller	splendere	—
Brille (D)	—	glasses	lunettes f/pl	occhiali m/pl	gafas f/pl
briller (F)	glänzen	shine	—	splendere	brillar
brim (E)	Rand m	—	bord m	margine m	borde m
brincadeira¹ (P)	Scherz m	joke	plaisanterie f	scherzo m	broma f
brincadeira² (P)	Spaß m	fun	plaisir m	scherzo m	diversión f
bring (along) (E)	mitbringen	—	apporter	portare con sé	traer
bringen (D)	—	fetch	porter	portare	llevar
brinna upp (SV)	verbrennen	burn	brûler	bruciare	quemar
briquet (F)	Feuerzeug n	lighter	—	accendino m	encendedor m
brist (SV)	Mangel m	lack	manque m	mancanza f	escasez f
bro (SV)	Brücke f	bridge	pont m	ponte m	puente m
broad (E)	breit	—	large	largo(a)	amplio(a)
brocca (I)	Krug m	jug	cruche f	—	jarro m
brochure (E)	Prospekt m	—	prospectus m	opuscolo m	prospecto m
bröd (SV)	Brot n	bread	pain m	pane m	pan m
broda (PL)	Bart m	beard	barbe f	barba f	barba f
brodo (I)	Brühe f	broth	bouillon m	—	caldo m
brödskiva (SV)	Scheibe f	slice	tranche m	fetta f	rebanada m
broek (NL)	Hose f	trousers	pantalon m	pantalone m	pantalón m
broer (NL)	Bruder m	brother	frère m	fratello m	hermano m
broers en zusters (NL)	Geschwister pl	brothers and sisters	frère(s) et sœur(s) pl	fratelli e sorelle pl	hermanos m/pl
broken (E)	kaputt	—	cassé(e)	rotto(a)	roto(a)
broken piece (E)	Scherbe f	—	tesson m	coccio m	pedazo m
bröllop (SV)	Hochzeit f	wedding	mariage m	nozze f/pl	boda f
broma (ES)	Scherz m	joke	plaisanterie f	scherzo m	—
Brombeere (D)	—	blackberry	mûre f	mora f	zarzamora f
broms (SV)	Bremse f	brake	frein m	freno m	freno m
bromsa (SV)	bremsen	brake	freiner	frenare	frenar
bron (NL)	Brunnen m	fountain	fontaine f	fontana f	fuente f
broń (PL)	Waffe f	weapon	arme f	arma f	arma f
bronić się (PL)	verteidigen, sich	defend	défendre, se	difendersi	defenderse
bronić się (PL)	wehren, sich	defend	défendre, se	difendersi	defenderse
brood (NL)	Brot n	bread	pain m	pane m	pan m
broom (E)	Besen m	—	balai m	scopa f	escoba f
bror (SV)	Bruder m	brother	frère m	fratello m	hermano m
brosse (F)	Bürste f	brush	—	spazzola f	cepillo m
brosse à dents (F)	Zahnbürste f	toothbrush	—	spazzolino da denti m	cepillo de dientes m
bröst (SV)	Brust f	breast	poitrine f	petto m	pecho m
Brot (D)	—	bread	pain m	pane m	pan m
broth (E)	Brühe f	—	bouillon m	brodo m	caldo m

145 broth

P	NL	SV	PL	CZ	H
postal m	—	vykort n	pocztówka f	korespondenční lístek m	levelezőlap
caixa do correio f	brievenbus f	brevláda u	skrzynka pocztowa f	schránka na dopisy f	postaláda
selo m	postzegel m	frimärke n	znaczek pocztowy m	poštovní známka f	levélbélyeg
caixa do correio f	—	brevláda u	skrzynka pocztowa f	schránka na dopisy f	postaláda
claro	licht	ljus	jasny	světlý	világos
óculos m	—	ett par glasögon	okulary pl	brýle pl	szemüveg
—	blinken	glänsa	lśnić	blýskat, se <blýštit, se>	ragyog
brilhar	blinken	glänsa	lśnić	blýskat, se <blýštit, se>	ragyog
óculos m	bril m	ett par glasögon	okulary pl	brýle pl	szemüveg
brilhar	blinken	glänsa	lśnić	blýskat, se <blýštit, se>	ragyog
margem f	rand m	kant u	krawędź f	okraj m	szél
—	grap f	skämt n	żart m	žert m	tréfa
—	plezier n	skoj n	żart m	žert m	tréfa
trazer	meebrengen	medföra	przynosić <przynieść>	přinášet <přinést>	magával hoz
trazer	brengen	hämta	przynosić <przynieść>	přinášet <přinést>	hoz
queimar	verbranden	—	spalać	spalovat <spálit>	eléget
isqueiro m	aansteker m	cigarrettändare u	zapalniczka f	zapalovač m	öngyújtó
falta f	gebrek n	—	niedobór m	nedostatek m	hiány
ponte f	brug f	—	most m	most m	híd
largo	breed	bred	szeroki	široký	széles
cântaro m	kruik f	kanna u	dzban m	džbán m	korsó
prospecto m	folder m	prospekt n	prospekt m	prospekt m	prospektus
pão m	brood n	—	chleb m	chléb m	kenyér
barba f	baard m	skägg n	—	vousy m/pl	szakáll
caldo m	bouillon m	buljong u	bulion m	odvar m	erőleves
fatia f	boterham m	—	kromka f	krajíc m	szelet
calças f/pl	—	byxor pl	spodnie pl	kalhoty pl	nadrág
irmão m	—	bror u	brat m	bratr m	fiútestvér
irmãos m/pl	—	syskon pl	rodzeństwo n	sourozenci m/pl	testvérek
estragado	kapot	sönder	zepsuty	rozbitý	tönkrement
caco m	scherf f	skärva u	skorupa f	střep m	cserép
casamento m	huwelijk n	—	wesele n	svatba f	esküvő
brincadeira f	grap f	skämt n	żart m	žert m	tréfa
amora silvestre f	braambes f	björnbär n	jeżyna f	ostružina f	szeder
travão m	rem f	—	hamulec m	brzda f	fék
travar	remmen	—	hamować <zahamować>	brzdit <zabrzdit>	fékez
poço m	—	brunn u	studnia f	studna f	kút
arma f	wapen n	vapen n	—	zbraň f	fegyver
defender-se	verdedigen, zich	försvara sig	—	bránit, se <ubránit, se>	védekezik
defender-se	weren, zich	värja sig	—	bránit, se <ubránit, se>	védekezik
pão m	—	bröd n	chleb m	chléb m	kenyér
vassoura f	bezem m	sopkvast u	miotła f	smeták m	seprű
irmão m	broer m	—	brat m	bratr m	fiútestvér
escova f	borstel m	borste u	szczotka f	kartáč m	kefe
escova de dentes f	tandenborstel m	tandborste u	szczoteczka do zębów f	zubní kartáček m	fogkefe
peito m	borst f	—	pierś f	hruď f	mellkas
pão m	brood n	bröd n	chleb m	chléb m	kenyér
caldo m	bouillon m	buljong u	bulion m	odvar m	erőleves

brother

	D	E	F	I	ES
brother (E)	Bruder m	—	frère m	fratello m	hermano m
brothers and sisters (E)	Geschwister pl	—	frère(s) et sœur(s) pl	fratelli e sorelle pl	hermanos m/pl
brott (SV)	Verbrechen n	crime	crime m	delitto m	crimen m
brouillard (F)	Nebel m	fog	—	nebbia f	niebla f
brouk (CZ)	Käfer m	beetle	coléoptère m	coleottero m	escarabajo m
brown (E)	braun	—	marron	marrone	marrón
bruciare[1] (I)	brennen	burn	brûler	—	arder
bruciare[2] (I)	verbrennen	burn	brûler	—	quemar
Brücke (D)	—	bridge	pont m	ponte m	puente m
brud (PL)	Schmutz m	dirt	saleté f	sporcizia f	suciedad f
Bruder (D)	—	brother	frère m	fratello m	hermano m
brudny (PL)	dreckig	dirty	sale	sporco(a)	sucio(a)
brudny (PL)	schmutzig	dirty	sale	sporco(a)	sucio(a)
brug (NL)	Brücke f	bridge	pont m	ponte m	puente m
Brühe (D)	—	broth	bouillon m	brodo m	caldo m
bruin (NL)	braun	brown	marron	marrone	marrón
bruit (F)	Geräusch n	sound	—	rumore m	ruido m
bruit (F)	Lärm m	noise	—	rumore m	ruido m
bruk (PL)	Pflaster n	pavement	pavé m	lastricato m	empedrado m
bruksanvisning (SV)	Gebrauchsanweisung f	user manual	manuel d'utilisation m	istruzioni per l'uso f/pl	instrucciones para el uso f/pl
brûler[1] (F)	brennen	burn	—	bruciare	arder
brûler[2] (F)	verbrennen	burn	—	bruciare	quemar
brullo(a) (I)	öde	waste	désert(e)	—	desierto(a)
brun (SV)	braun	brown	marron	marrone	marrón
brunn (SV)	Brunnen m	fountain	fontaine f	fontana f	fuente f
Brunnen (D)	—	fountain	fontaine f	fontana f	fuente f
brush[1] (E)	Bürste f	—	brosse f	spazzola f	cepillo m
brush[2] (E)	Pinsel m	—	pinceau m	pennello m	pincel m
Brust (D)	—	breast	poitrine f	petto m	pecho m
brutaal (NL)	frech	cheeky	insolent(e)	sfacciato(a)	atrevido(a)
brutto(a) (I)	hässlich	ugly	laid(e)	—	feo(a)
brýle (CZ)	Brille f	glasses	lunettes f/pl	occhiali m/pl	gafas f/pl
bryta sig in (SV)	einbrechen	break in	cambrioler	rubare	robar
bryta sönder (SV)	zerbrechen	break	casser	rompere	romper
brzda (CZ)	Bremse f	brake	frein m	freno m	freno m
brzdit <zabrzdit> (CZ)	bremsen	brake	freiner	frenare	frenar
brzuch (PL)	Bauch m	stomach	ventre m	pancia f	vientre m
brzy[1] (CZ)	bald	soon	bientôt	presto	pronto
brzy[2] (CZ)	früh	early	tôt	presto	temprano(a)
brzydki (PL)	hässlich	ugly	laid(e)	brutto(a)	feo(a)
btw (NL)	Mehrwertsteuer f	value added tax	taxe sur la valeur ajoutée f	imposta sul valore aggiunto f	impuesto sobre el valor añadido m
bubble (E)	Blase f	—	bulle f	bolla f	burbuja f
bublina (CZ)	Blase f	bubble	bulle f	bolla f	burbuja f
buborék (H)	Blase f	bubble	bulle f	bolla f	burbuja f
buccia (I)	Schale f	peel	peau f	—	piel f
bucear (ES)	tauchen	dive	plonger	immergere	—
Buch (D)	—	book	livre m	libro m	libro m
buchen (D)	—	book	retenir	prenotare	reservar
Buchhaltung (D)	—	book-keeping	comptabilité f	contabilità f	contabilidad f
Buchhandlung (D)	—	bookshop	librairie f	libreria f	librería f
buchstabieren (D)	—	spell	épeler	sillabare	deletrear

buchstabieren

P	NL	SV	PL	CZ	H
irmão m	broer m	bror u	brat m	bratr m	fiútestvér
irmãos m/pl	broers en zusters pl	syskon pl	rodzeństwo n	sourozenci m/pl	testvérek
crime m	misdaad f	—	przestępstwo n	zločin m	bűncselekmény
nevoeiro m	mist m	dimma u	mgła f	mlha f	köd
escaravelho m	kever m	skalbagge u	chrząszcz m	—	bogár
castanho	bruin	brun	brązowy	hnědý	barna
queimar	branden	bränna	spalać <spalić>	hořet <shořet>	ég
queimar	verbranden	brinna upp	spalać	spalovat <spálit>	eléget
ponte f	brug f	bro u	most m	most m	híd
sujidade f	vuil n	smuts u	—	špína f	piszok
irmão m	broer m	bror u	brat m	bratr m	fiútestvér
sujo	vuil	smutsig	—	špinavý	koszos
sujo	vuil	smutsig	—	špinavý	piszkos
ponte f	—	bro u	most m	most m	híd
caldo m	bouillon m	buljong u	bulion m	odvar m	erőleves
castanho	—	brun	brązowy	hnědý	barna
ruído m	geruis n	buller n	dźwięk m	zvuk m	zörej
barulho m	lawaai n	buller n	hałas m	hluk m	lárma
calçada f	bestrating f	gatubeläggning n	—	dlažba f	útburkolat
instruções de uso f/pl	gebruiksaanwijzing f	—	instrukcja obsługi f	návod k použití m	használati utasítás
queimar	branden	bränna	spalać <spalić>	hořet <shořet>	ég
queimar	verbranden	brinna upp	spalać	spalovat <spálit>	eléget
deserto	woest	öde	pusty	pustý	kietlen
castanho	bruin	brun	brązowy	hnědý	barna
poço m	bron f	—	studnia f	studna f	kút
poço m	bron f	brunn u	studnia f	studna f	kút
escova f	borstel m	borste u	szczotka f	kartáč m	kefe
pincel m	penseel n	pensel u	pędzel m	štětec m	ecset
peito m	borst f	bröst n	pierś f	hruď f	mellkas
insolente	—	fräck	bezczelny	drzý	szemtelen
feio	lelijk	ful	brzydki	škaredý	csúnya
óculos m	bril m	ett par glasögon	okulary pl	—	szemüveg
arrombar	inbreken	—	włamywać, się <włamać, się>	vloupat, se	betör
quebrar	breken	—	łamać <złamać>	rozlamovat <rozlomit>	eltör
travão m	rem f	broms u	hamulec m	—	fék
travar	remmen	bromsa	hamować <zahamować>	—	fékez
barriga f	buik m	mage u	—	břicho n	has
em breve	gauw	snart	wkrótce	—	hamar
cedo	vroeg	tidig	wcześnie	—	korán
feio	lelijk	ful	—	škaredý	csúnya
imposto sobre o valor acrescentado m	—	moms u	podatek od wartości dodanej m	daň z přidané hodnoty f	általános forgalmi adó (áfa)
bexiga f	blaas f	blåsa u	pęcherz m	bublina f	buborék
bexiga f	blaas f	blåsa u	pęcherz m	—	buborék
bexiga f	blaas f	blåsa u	pęcherz m	bublina f	—
casca f	schaal f	skal n	skorupka f łupina f	skořepina f	héj
mergulhar	duiken	dyka	zanurzać się	potápět <potopit>	alámerül
livro m	boek n	bok u	książka f	kniha f	könyv
marcar	boeken	boka	rezerwować <zarezerwować>	zaknihovat	foglal
contabilidade f	boekhouding f	bokföring u	księgowość f	účetnictví n	könyvelés
livraria f	boekhandel m	bokhandel u	księgarnia f	knihkupectví n	könyvesbolt
soletrar	spellen	stava	literować	hláskovat <odhláskovat>	betűz

bucket

	D	E	F	I	ES
bucket (E)	Eimer m	—	seau m	secchio m	cubo m
búcsúzkodás (H)	Abschied m	parting	adieu(x) m	addio m	despedida f
buď a nebo (CZ)	entweder ... oder	either ... or	ou ... ou	o ... o	o ... o
budík (CZ)	Wecker m	alarm clock	réveil m	sveglia f	despertador m
budino (I)	Pudding m	pudding	flan m	—	flan m
budit <vzbudit>¹ (CZ)	aufwecken	wake up	réveiller	svegliare	despertar
budit <vzbudit>² (CZ)	wecken	wake (up)	réveiller	svegliare	despertar
budoucnost (CZ)	Zukunft f	future	avenir m	futuro m	futuro m
budova (CZ)	Gebäude n	building	bâtiment m	edificio m	edificio m
budować <wybudować> (PL)	bauen	build	construire	costruire	construir
budowla (PL)	Bau m	construction	construction f	costruzione f	construcción f
budskap (SV)	Botschaft f	message	message m	messaggio m	mensaje m
budyń (PL)	Pudding m	pudding	flan m	budino m	flan m
budynek (PL)	Gebäude n	building	bâtiment m	edificio m	edificio m
budzić (PL)	wecken	wake (up)	réveiller	svegliare	despertar
budzić, się <obudzić, się> (PL)	aufwachen	wake up	réveiller, se	svegliarsi	despertarse
budzić <obudzić> (PL)	aufwecken	wake up	réveiller	svegliare	despertar
budzik (PL)	Wecker m	alarm clock	réveil m	sveglia f	despertador m
bue (I)	Ochse m	ox	bœuf m	—	buey m
bueno(a) (ES)	brav	good	gentil(le)	bravo(a)	—
bueno(a)/bien (ES)	gut	good/well	bon(ne)/bien	buono(a)/bene	—
buey¹ (ES)	Ochse m	ox	bœuf m	bue m	—
buey² (ES)	Rind n	cow	bœuf m	manzo m	—
bufanda (ES)	Schal m	scar	écharpe f	sciarpa f	—
bůh (CZ)	Gott m	God	Dieu m	Dio m	Dios m
Bühne (D)	—	stage	scène f	palcoscenico m	escenario m
buigen (NL)	biegen	bend	plier	piegare	doblar
buik (NL)	Bauch m	stomach	ventre m	pancia f	vientre m
buikpijn (NL)	Bauchschmerzen pl	stomach ache	mal de ventre m	dolori di pancia m/pl	dolor de vientre m
build (E)	bauen	—	construire	costruire	construir
building (E)	Gebäude n	—	bâtiment m	edificio m	edificio m
buio (I)	Finsternis f	darkness	obscurité f	—	oscuridad f
buiten¹ (NL)	außen	outside	au dehors	fuori	afuera
buiten² (NL)	draußen	outside	dehors	fuori	afuera
buitenland (NL)	Ausland n	abroad	étranger m	estero m	extranjero m
buitenlander (NL)	Ausländer m	foreigner	étranger m	straniero m	extranjero m
bulion (PL)	Brühe f	broth	bouillon m	brodo m	caldo m
buljong (SV)	Brühe f	broth	bouillon m	brodo m	caldo m
bulle (F)	Blase f	bubble	—	bolla f	burbuja f
buller¹ (SV)	Geräusch n	sound	bruit m	rumore m	ruido m
buller² (SV)	Lärm m	noise	bruit m	rumore m	ruido m
bulletin (F)	Zeugnis n	report	—	pagella f	certificado m
bulletin météorologique (F)	Wetterbericht m	weather report	—	bollettino meteorologico m	informe meteorológico m
bummeln (D)	—	stroll	flâner	girellare	andar paseando
bűncselekmény (H)	Verbrechen n	crime	crime m	delitto m	crimen m
bunda (CZ)	Jacke f	jacket	veste f	giacca f	chaqueta f
bunt (D)	—	coloured	coloré(e)	variopinto(a)	de colores
büntetés (H)	Strafe f	punishment	punition f	punizione f	castigo m
buono (I)	Gutschein m	voucher	bon m	—	bono m
buono(a)/bene (I)	gut	good/well	bon(ne)/bien	—	bueno(a)/bien
bur (SV)	Käfig m	cage	cage f	gabbia f	jaula f
burbuja (ES)	Blase f	bubble	bulle f	bolla f	—
bureau¹ (F)	Büro n	office	—	ufficio m	oficina f

bureau

P	NL	SV	PL	CZ	H
balde m	emmer m	hink u	wiadro n	vědro n	vödör
despedida f	afscheid n	avsked n	pożegnanie n	loučení n	—
ou ... ou então	of ... of	varken ... eller	albo ... albo	—	vagy ... vagy
despertador m	wekker m	väckarklocka u	budzik m	—	ébresztőóra
pudim m	pudding m	pudding u	budyń m	pudink m	puding
acordar	wekken	väcka	budzić <obudzić>	—	felébreszt
acordar	wekken	väcka	budzić	—	ébreszt
futuro m	toekomst f	framtid u	przyszłość f	—	jövő
edifício m	gebouw n	byggnad u	budynek m	—	épület
construir	bouwen	bygga	—	stavět	épít
construção f	bouw m	byggnad u	—	stavba f	építkezés
mensagem f	boodschap f	—	wiadomość f	vyslanectví n	üzenet
pudim m	pudding m	pudding u	—	pudink m	puding
edifício m	gebouw n	byggnad u	—	budova f	épület
acordar	wekken	väcka	—	budit <vzbudit>	ébreszt
acordar	wakker worden	vakna	—	vzbouzet se <vzbudit se>	felébred
acordar	wekken	väcka	—	budit <vzbudit>	felébreszt
despertador m	wekker m	väckarklocka u	—	budík m	ébresztőóra
boi m	os m	oxe u	wół m	vůl m	ökör
obediente	braaf	lydig	grzeczny	hodný	jó, rendes
bom	goed	bra	dobrze	dobře	jó
boi m	os m	oxe u	wół m	vůl m	ökör
gado m	rund n	ko u	bydlę n	dobytek m	szarvasmarha
cachecol m	sjaal m	halsduk u	szal m	šála f	sál
Deus m	God m	Gud	bóg m	—	Isten
palco m	toneel n	scen u	scena f	jeviště n	színpad
dobrar	—	böja	zginać <zgiąć>	ohýbat <ohnout>	meghajlít
barriga f	—	mage u	brzuch m	břicho n	has
dores f/pl de barriga	—	magont n	ból brzucha m	bolesti břicha f	hasfájás
construir	bouwen	bygga	budować <wybudować>	stavět	épít
edifício m	gebouw n	byggnad u	budynek m	budova f	épület
escuridão f	duisternis f	mörker u	ciemności f/pl	temno n	sötétség
fora	—	ute	zewnątrz	venku	kint
fora	—	utanför	na dworze	venku	kívül
estrangeiro m	—	utlandet n	zagranica f	zahraničí n	külföld
estrangeiro m	—	utlänning u	cudzoziemiec m	cizinec m	külföldi
caldo m	bouillon m	buljong u	—	odvar m	erőleves
caldo m	bouillon m	—	bulion m	odvar m	erőleves
bexiga f	blaas f	blåsa u	pęcherz m	bublina f	buborék
ruído m	geruis n	—	dźwięk m	zvuk m	zörej
barulho m	lawaai n	—	hałas m	hluk m	lárma
certificado m	getuigenis n	betyg n	świadectwo n	vysvědčení n	bizonyítvány
boletim meteorológico m	weerbericht n	väderrapport u	komunikat o stanie pogody	zpráva o počasí f	időjárás-jelentés
passear	wandelen	promenera	spacerować <pospacerować>	potulovat se	sétálgat
crime m	misdaad f	brott n	przestępstwo n	zločin m	—
casaco m	jasje n	jacka u	kurtka f	—	kiskabát
colorido	bont	färggrann	kolorowy	barevný	tarka
castigo m	straf f	straff n	kara f	trest m	—
vale m	bon m	tillgodokvitto n	bon m	poukaz m	vásárlási utalvány
bom	goed	bra	dobrze	dobře	jó
gaiola f	kooi f	—	klatka f	klec f	ketrec
bexiga f	blaas f	blåsa u	pęcherz m	bublina f	buborék
escritório m	kantoor n	kontor n	biuro n	kancelář f	iroda

bureau

	D	E	F	I	ES
bureau² (F)	Amt n	office	—	ufficio m	oficio m
bureau de poste (F)	Postamt n	post office	—	ufficio postale m	oficina de correos f
bureau des objets trouvés (F)	Fundbüro n	lost property office	—	ufficio oggetti smarriti m	oficina de objetos perdidos f
bureau voor gevonden voorwerpen (NL)	Fundbüro n	lost property office	bureau des objets trouvés m	ufficio oggetti smarriti m	oficina de objetos perdidos f
bureau voor toerisme (NL)	Fremdenverkehrsbüro n	tourism office	office du tourisme m	ufficio turistico m	oficina de turismo f
Burg (D)	—	fortress	château fort m	rocca f	fortaleza f
burgemeester (NL)	Bürgermeister m	mayor	maire m	sindaco m	alcalde m
bürgerlich (D)	—	civil	civil(e)	civile	civil
burgerlijk (NL)	bürgerlich	civil	civil(e)	civile	civil
Bürgermeister (D)	—	mayor	maire m	sindaco m	alcalde m
burgonya (H)	Kartoffel f	potato	pomme de terre f	patata f	patata f
burk (SV)	Dose f	tin	boîte f	barattolo m	lata f
burmistrz (PL)	Bürgermeister m	mayor	maire m	sindaco m	alcalde m
burn¹ (E)	brennen	—	brûler	bruciare	arder
burn² (E)	verbrennen	—	brûler	bruciare	quemar
Büro (D)	—	office	bureau m	ufficio m	oficina f
burro (I)	Butter f	butter	beurre m	—	mantequilla f
burro (ES)	Esel m	donkey	âne m	asino m	—
burro (P)	Esel m	donkey	âne m	asino m	burro m
burst (E)	platzen	—	éclater	scoppiare	reventar
Bürste (D)	—	brush	brosse f	spazzola f	cepillo m
burza (PL)	Gewitter n	thunderstorm	orage m	temporale m	tormenta f
buscar (ES)	suchen	look for	chercher	cercare	—
business hours (E)	Öffnungszeiten pl	—	heures d'ouverture f/pl	orario d'apertura m	horas de apertura f/pl
bussare (I)	klopfen	knock	frapper	—	golpear
busy (E)	beschäftigt	—	occupé(e)	occupato(a)	ocupado(a)
büszke (H)	stolz	proud	fier(-ère)	orgoglioso(a)	orgulloso(a)
but (E)	aber	—	mais	ma	pero
but¹ (F)	Ziel n	goal	—	meta f	intención f
but² (F)	Zweck m	purpose	—	scopo m	finalidad f
but (PL)	Schuh m	shoe	chaussure f	scarpa f	zapato m
buta (H)	dumm	stupid	bête	stupido(a)	tonto(a)
butcher's (E)	Metzgerei f	—	boucherie f	macelleria f	carnicería f
butelka (PL)	Flasche f	bottle	bouteille f	bottiglia f	botella f
bútor (H)	Möbel n	furniture	meuble m	mobile m	mueble m
bútorozott (H)	möbliert	furnished	meublé(e)	ammobiliato(a)	amueblado(a)
Butter (D)	—	butter	beurre m	burro m	mantequilla f
butter (E)	Butter f	—	beurre m	burro m	mantequilla f
butterfly (E)	Schmetterling m	—	papillon m	farfalla f	mariposa f
button (E)	Knopf m	—	bouton m	bottone m	botón m
buy (E)	kaufen	—	acheter	comprare	comprar
buzgó (H)	eifrig	keen	zélé(e)	diligente	diligente
buzi (H)	schwul	gay	pédéraste	gay m	homosexual
buzina (P)	Hupe f	horn	klaxon m	clacson m	bocina f
büzlik (H)	stinken	stink	puer	puzzare	apestar
buzón (ES)	Briefkasten m	letterbox	boîte aux lettres f	cassetta delle lettere f	—
by (SV)	Dorf n	village	village m	paese m	pueblo m
być dłużnym (PL)	schulden	owe	devoir	dovere	deber
by chance (E)	zufällig	—	par hasard	per caso m	por casualidad
być podobnym (PL)	ähneln	be similar	ressembler	simile	parecerse a

być podobnym

P	NL	SV	PL	CZ	H
instituição f	ambt n	ämbete n	urząd m	úřad m	hivatal
estação de correios f	postkantoor n	postkontor n	urząd pocztowy m	poštovní úřad m	postahivatal
repartição de perdidos e achados f	bureau n voor gevonden voorwerpen	hittegodsmagasin n	biuro rzeczy znalezionych n	ztráty a nálezy f/pl	talált tárgyak gyűjtőhelye
repartição de perdidos e achados f	—	hittegodsmagasin n	biuro rzeczy znalezionych n	ztráty a nálezy f/pl	talált tárgyak gyűjtőhelye
agência de informação turística f	—	turistbyrå u	biuro turystyczne n	cestovní kancelář f	idegenforgalmi iroda
castelo m	kasteel n	borg u	zamek m	hrad m	vár
presidente da câmara municipal m	—	borgmästare u	burmistrz m	starosta m	polgármester
civil	burgerlijk	borgerlig	mieszczański	měšťanský	polgári
civil	—	borgerlig	mieszczański	měšťanský	polgári
presidente da câmara municipal m	burgemeester m	borgmästare u	burmistrz m	starosta m	polgármester
batata f	aardappel m	potatis u	ziemniak m	brambora f	—
lata f	blik n	—	puszka f	dóza f	doboz
presidente da câmara municipal m	burgemeester m	borgmästare u	—	starosta m	polgármester
queimar	branden	bränna	spalać <spalić>	hořet <shořet>	ég
queimar	verbranden	brinna upp	spalać	spalovat <spálit>	eléget
escritório m	kantoor n	kontor n	biuro n	kancelář f	iroda
manteiga f	boter n	smör n	masło n	máslo n	vaj
burro m	ezel m	åsna u	osioł m	osel m	szamár
—	ezel m	åsna u	osioł m	osel m	szamár
rebentar	barsten	spricka	pękać <pęknąć>	praskat <prasknout>	kipukkad
escova f	borstel m	borste u	szczotka f	kartáč m	kefe
tempestade f	onweer n	åska u	—	bouřka f	zivatar
procurar	zoeken	söka	szukać	hledat <vyhledat>	keres
horário m	openingstijden pl	öppningstider pl	godziny otwarcia f/pl	otevírací doba f	nyitvatartási idő
bater	kloppen	knacka	pukać <zapukać>	klepat <zaklepat>	kopog
ocupado	bezig	sysselsatt	zatrudniony	zaměstnaný	elfoglalt
orgulhoso	trots	stolt	dumny	hrdý	—
mas	maar	men	ale	ale	de
meta f	doel n	mål n	cel m	cíl m	cél
finalidade f	doel n	syfte n	cel m	účel m	cél
sapato m	schoen m	sko u	—	bota f	cipő
parvo	dom	dum	głupi	hloupý	—
talho m	slagerij f	slakteri n	sklep rzeźniczy m	řeznictví n	hentesüzlet
garrafa f	fles f	flaska u	—	láhev f	üveg
móvel m	meubel n	möbel u	mebel m	nábytek m	—
mobilado	gemeubileerd	möblerad	umeblowany	zařízený nábytkem	—
manteiga f	boter n	smör n	masło n	máslo n	vaj
manteiga f	boter n	smör n	masło n	máslo n	vaj
borboleta f	vlinder m	fjäril u	motyl m	motýl m	pillangó
botão m	knop m	knapp u	guzik m	knoflík m	gomb
comprar	kopen	köpa	kupować <kupić>	nakupovat <nakoupit>	vesz
zeloso	ijverig	ivrig	pilny	horlivý	—
gay	homoseksueel	homosexuell	homoseksualny	homosexuální	—
—	claxon m	signalhorn n	klakson m	houkačka f	duda
feder	stinken	lukta illa	śmierdzieć	páchnout	—
caixa do correio f	brievenbus f	brevlåda u	skrzynka pocztowa f	schránka na dopisy f	postaláda
aldeia f	dorp n	—	wieś f	vesnice f	falu
dever	verschuldigd zijn	vara skyldig ngn	—	dlužit	tartozik
por acaso	toevallig	tillfällig	przypadkowo	náhodou	véletlenül
assemelhar-se a	gelijken	likna	—	podobat, se	hasonlít

być przeziębionym

	D	E	F	I	ES
być przeziębionym (PL)	erkältet sein	have a cold	avoir un rhume	essere raffreddato(a)	estar resfriado(a)
bydlę (PL)	Rind n	cow	bœuf m	manzo m	buey m
bydlet (CZ)	wohnen	live	habiter	abitare	vivir
bydliště (CZ)	Wohnort m	domicile	domicile m	residenza f	domicilio m
Bye! (E)	Tschüs!	—	Salut!	Ciao!	¡Hasta luego!
bygd (SV)	Gegend f	region	région f	regione f	región f
bygga (SV)	bauen	build	construire	costruire	construir
byggarbeten (SV)	Bauarbeiten pl	construction works	travaux	lavori di costruzione m/pl	trabajos de construcción m/pl
bygga till (SV)	anbauen	add	ajouter	ampliare	ampliar
byggnad¹ (SV)	Bau m	construction	construction f	costruzione f	construcción f
byggnad² (SV)	Gebäude n	building	bâtiment m	edificio m	edificio m
by heart (E)	auswendig	—	par cœur	a memoria	de memoria
byt (CZ)	Wohnung f	flat	appartement m	appartamento m	piso m
byta¹ (SV)	umsteigen	change	changer (de train)	cambiare	cambiar de
byta² (SV)	wechseln	change	changer	cambiare	cambiar
byta kläder (SV)	umziehen, sich	change	changer, se	cambiarsi	cambiarse
byta ut¹ (SV)	austauschen	exchange	échanger	scambiare	cambiar
byta ut² (SV)	ersetzen	replace	remplacer	sostituire	sustituir
byta ut³ (SV)	umtauschen	exchange	échanger	scambiare	cambiar
by the way (E)	übrigens	—	d'ailleurs	del resto	por lo demás
být nachlazený (CZ)	erkältet sein	have a cold	avoir un rhume	essere raffreddato(a)	estar resfriado(a)
být nápadný (CZ)	auffallen	be noticeable	faire remarquer, se	dare nell'occhio	llamar la atención
byxor (SV)	Hose f	trousers	pantalon m	pantalone m	pantalón m
cá (P)	her	here	ici	qua/qui/da	aquí
cabalgar (ES)	reiten	ride	monter	cavalcare	—
caballo (ES)	Pferd n	horse	cheval m	cavallo m	—
cabana (P)	Hütte f	hut	cabane f	capanna f	cabaña f
cabaña (ES)	Hütte f	hut	cabane f	capanna f	—
cabane (F)	Hütte f	hut	—	capanna f	cabaña f
cabbage (E)	Kohl m	—	chou m	cavolo m	col f
cabeça (P)	Kopf m	head	tête f	testa f	cabeza f
cabedal (P)	Leder n	leather	cuir m	cuoio m	cuero m
cabeleireiro (P)	Friseur m	hairdresser	coiffeur m	parrucchiere m	peluquero m
cabelo (P)	Haar n	hair	cheveu m	capello m	pelo m
cabeza (ES)	Kopf m	head	tête f	testa f	—
cabin (E)	Kabine f	—	cabine f	cabina f	cabina f
cabina (I)	Kabine f	cabin	cabine f	—	cabina f
cabina (ES)	Kabine f	cabin	cabine f	cabina f	—
cabina (P)	Kabine f	cabin	cabine f	cabina f	cabina f
cabine (F)	Kabine f	cabin	—	cabina f	cabina f
cabine (NL)	Kabine f	cabin	cabine f	cabina f	cabina f
cable (E)	Kabel n	—	câble m	cavo m	cable m
cable (ES)	Kabel n	cable	câble m	cavo m	—
câble (F)	Kabel n	cable	—	cavo m	cable m
cabo¹ (P)	Griff m	handle	poignée f	maniglia f	asidero m
cabo² (P)	Kabel n	cable	câble m	cavo m	cable m
caça (P)	Jagd f	hunt	chasse f	caccia f	caza f
caçar (P)	jagen	hunt	chasser	cacciare	cazar
caccia (I)	Jagd f	hunt	chasse f	—	caza f

caccia

P	NL	SV	PL	CZ	H
estar constipado	verkouden zijn	vara förkyld	—	být nachlazený	megfázott
gado m	rund n	ko u	—	dobytek m	szarvasmarha
morar	wonen	bo	mieszkać	—	lakik
local de moradia m	woonplaats m	hemvist u	miejsce zamieszkania n	—	lakhely
Adeus!	Dag!	Hejdå!	Cześć!	Čau!	Szia!
região f	streek f	—	okolica f	oblast f	környék
construir	bouwen	—	budować <wybudować>	stavět	épít
obras f/pl	(bouw)werken pl	—	roboty budowlane	stavební práce pl	építkezés
construir um anexo	aanbouwen	—	dobudowywać <dobudować>	nastavovat <nastavit>	hozzáépít
construção f	bouw m	—	budowla f	stavba f	építkezés
edifício m	gebouw n	—	budynek m	budova f	épület
de cor	uit het hoofd	utantill	na pamięć	nazpaměť	kívülről
moradia f	woning f	lägenhet u	mieszkanie n	—	lakás
mudar	overstappen	—	przesiadać się	přestupovat <přestoupit>	átszáll
mudar	wisselen	—	zmieniać	měnit <vyměnit>	cserél
mudar de roupa	omkleden, zich	—	przebrać się	převlékat, se <převléct, se>	átöltözködik
trocar	uitwisselen	—	wymieniać <wymienić>	vyměňovat <vyměnit>	kicserél
substituir	vervangen	—	zastępować <zastąpić>	nahrazovat <nahradit>	pótol
trocar	ruilen	—	wymieniać	vyměňovat <vyměnit>	kicserél
aliás	overigens	förresten	zresztą	ostatně	egyébként
estar constipado	verkouden zijn	vara förkyld	być przeziębionym	—	megfázott
dar nas vistas	opvallen	väcka uppmärksamhet	rzucać się w oczy	—	feltűnik
calças f/pl	broek f	—	spodnie pl	kalhoty pl	nadrág
—	hierheen	hit	w tę stronę	sem	ide
andar a cavalo	paardrijden	rida	jechać konno <pojechać konno>	jezdit na koni <jet na koni>	lovagol
cavalo m	paard n	häst u	koń m	kůň m	ló
—	hut f	stuga u	chata f	chatrč f	kunyhó
cabana f	hut f	stuga u	chata f	chatrč f	kunyhó
cabana f	hut f	stuga u	chata f	chatrč f	kunyhó
couve f	kool m	kål u	kapusta f	kapusta f	káposzta
—	hoofd n	huvud n	głowa f	hlava f	fej
—	leder n	läder n	skóra f	kůže f	bőr
—	kapper m	frisör u	fryzjer m	kadeřník m	fodrász
—	haar n	hår n	włos m	vlasy pl	haj
cabeça f	hoofd n	huvud n	głowa f	hlava f	fej
cabina f	cabine f	kabin u	kabina f	kabina f	kabin
cabina f	cabine f	kabin u	kabina f	kabina f	kabin
cabina f	cabine f	kabin u	kabina f	kabina f	kabin
—	cabine f	kabin u	kabina f	kabina f	kabin
cabina f	cabine f	kabin u	kabina f	kabina f	kabin
cabina f	—	kabin u	kabina f	kabina f	kabin
cabo m	kabel m	kabel m	kabel m	kabel m	kábel
cabo m	kabel m	kabel m	kabel m	kabel m	kábel
cabo m	kabel m	kabel u	kabel m	kabel m	kábel
—	greep m	fäste n	chwyt m	rukojeť f	kézmozdulat
—	kabel m	kabel u	kabel m	kabel m	kábel
—	jacht f	jakt u	polowanie n	lov m	vadászat
—	jagen	jaga	polować	lovit <ulovit>	vadász
caça f	jacht f	jakt u	polowanie n	lov m	vadászat

cacciare

	D	E	F	I	ES
cacciare (I)	jagen	hunt	chasser	—	cazar
cachecol (P)	Schal m	scar	écharpe f	sciarpa f	bufanda f
cacher (F)	verstecken	hide	—	nascondere	ocultar
caco (P)	Scherbe f	broken piece	tesson m	coccio m	pedazo m
cada (ES)	jede(r,s)	each/every	chaque	ogni, ognuno	—
cada (P)	jede(r,s)	each/every	chaque	ogni, ognuno	cada
cadáver (ES)	Leiche f	corpse	cadavre m	cadavere m	—
cadáver (P)	Leiche f	corpse	cadavre m	cadavere m	cadáver m
cadavere (I)	Leiche f	corpse	cadavre m	—	cadáver m
cada vez (ES)	jedes Mal	each time	chaque fois	ogni volta	—
cada vez (P)	jedes Mal	each time	chaque fois	ogni volta	cada vez
cadavre (F)	Leiche f	corpse	—	cadavere m	cadáver m
cadeado (P)	Schloss n	castle	château m	castello m	cerradura f
cadeau (F)	Geschenk n	present	—	regalo m	regalo m
cadeira (P)	Stuhl m	chair	chaise f	sedia f	silla f
cadeira de repouso (P)	Liegestuhl m	deck chair	chaise longue f	sedia a sdraio f	tumbona f
cadena (ES)	Kette f	chain	chaîne f	catena f	—
cadera (ES)	Hüfte f	hip	hanche f	fianco m	—
cadere¹ (I)	fallen	fall	tomber	—	caer
cadere² (I)	stürzen	fall	tomber	—	caer
cadere³ (I)	umfallen	fall over	tomber	—	caerse
caderno (P)	Heft n	exercise book	cahier m	quaderno m	cuaderno m
cadre (F)	Rahmen m	frame	—	cornice f	marco m
caduta (I)	Absturz m	crash	chute f	—	caída f
caer¹ (ES)	fallen	fall	tomber	cadere	—
caer² (ES)	stürzen	fall	tomber	cadere	—
caerse (ES)	umfallen	fall over	tomber	cadere	—
Café (D)	—	café	café m	caffè m	café m
café (E)	Café n	—	café m	caffè m	café m
café (F)	Café n	café	—	caffè m	café m
café (ES)	Café n	café	café m	caffè m	—
café (P)	Café n	café	café m	caffè m	café m
café (NL)	Café n	café	café m	caffè m	café m
caffè (I)	Café n	café	café m	—	café m
cage (E)	Käfig m	—	cage f	gabbia f	jaula f
cage (F)	Käfig m	cage	—	gabbia f	jaula f
cahier (F)	Heft n	exercise book	—	quaderno m	cuaderno m
caída (ES)	Absturz m	crash	chute f	caduta f	—
całkiem (PL)	ganz	whole	tout(e)	intero(a)	entero(a)
całkowicie (PL)	völlig	completely	complètement	completamente	completamente
całkowity¹ (PL)	gesamt	entire	tout(e)	totale	entero(a)
całkowity² (PL)	vollständig	complete	complet(ète)	completo(a)	completo(a)
całować <pocałować> (PL)	küssen	kiss	embrasser	baciare	besar
cair¹ (P)	fallen	fall	tomber	cadere	caer
cair² (P)	stürzen	fall	tomber	cadere	caer
cair³ (P)	umfallen	fall over	tomber	cadere	caerse
caisse¹ (F)	Kiste f	box	—	cassetta f	caja f
caisse² (F)	Kasse f	till	—	cassa f	caja f
caixa¹ (P)	Schachtel f	box	boîte f	scatola f	caja f
caixa² (P)	Kasse f	till	caisse f	cassa f	caja f
caixa do correio (P)	Briefkasten m	letterbox	boîte aux lettres f	cassetta delle lettere f	buzón m
caixão (P)	Sarg m	coffin	cercueil m	bara f	ataúd m
caixote (P)	Kiste f	box	caisse f	cassetta f	caja f

caixote

P	NL	SV	PL	CZ	H
caçar	jagen	jaga	polować	lovit <ulovit>	vadász
—	sjaal m	halsduk u	szal m	šála f	sál
esconder	verstoppen	gömma	chować	schovávat <schovat>	elrejt
—	scherf f	skärva u	skorupa f	střep m	cserép
cada	ieder(e)	varje	każda, każdy, każde	každý každá každé	minden
—	ieder(e)	varje	każda, każdy, każde	každý každá každé	minden
cadáver m	lijk n	lik n	zwłoki pl	mrtvola f	holttest
—	lijk n	lik n	zwłoki pl	mrtvola f	holttest
cadáver m	lijk n	lik n	zwłoki pl	mrtvola f	holttest
cada vez	telkens	varje gång	za każdym razem	pokaždé	minden alkalommal
—	telkens	varje gång	za każdym razem	pokaždé	minden alkalommal
cadáver m	lijk n	lik n	zwłoki pl	mrtvola f	holttest
—	slot n	lås n	zamek m	zámek m	zár
presente m	geschenk n	present u	prezent m	dárek m	ajándék
—	stoel m	stol u	krzesło n	židle f	szék
—	ligstoel m	liggstol u	leżak m	lehátko n	nyugágy
corrente f	ketting m	kedja u	łańcuch m	řetěz m	lánc
anca f	heup f	höft u	biodro n	kyčel f	csípő
cair	vallen	trilla	upadać <upaść>	padat <spadnout>	esik
cair	vallen	falla	spadać <spaść>	svrhnout	zuhan
cair	omvallen	falla omkull	upadać <upaść>	kácet se, <skácet, se>	elesik
—	boekje n	häfte n	zeszyt m	sešit m	füzet
moldura f	kader n	ram u	rama f	rám m	keret
queda f	neerstorten n	störtning u	runięcie w dół n	zřícení n	zuhanás
cair	vallen	trilla	upadać <upaść>	padat <spadnout>	esik
cair	vallen	falla	spadać <spaść>	svrhnout	zuhan
cair	omvallen	falla omkull	upadać <upaść>	kácet se, <skácet, se>	elesik
café m	café n	kafé n	kawiarnia f	kavárna f	kávéház
café m	café n	kafé n	kawiarnia f	kavárna f	kávéház
café m	café n	kafé n	kawiarnia f	kavárna f	kávéház
café m	café n	kafé n	kawiarnia f	kavárna f	kávéház
—	café n	kafé n	kawiarnia f	kavárna f	kávéház
café m	—	kafé n	kawiarnia f	kavárna f	kávéház
café m	café n	kafé n	kawiarnia f	kavárna f	kávéház
gaiola f	kooi f	bur u	klatka f	klec f	ketrec
gaiola f	kooi f	bur u	klatka f	klec f	ketrec
caderno m	boekje n	häfte n	zeszyt m	sešit m	füzet
queda f	neerstorten n	störtning u	runięcie w dół n	zřícení n	zuhanás
todo	geheel	helt	—	úplně	egész
plenamente	volledig	helt	—	zcela	teljesen
todo	geheel	hel	—	celkem	összes
completo	volledig	fullständig	—	úplný	teljes
beijar	kussen	kyssa	—	líbat <políbit>	csókol
—	vallen	trilla	upadać <upaść>	padat <spadnout>	esik
—	vallen	falla	spadać <spaść>	svrhnout	zuhan
—	omvallen	falla omkull	upadać <upaść>	kácet se, <skácet, se>	elesik
caixote m	kist f	kista u	skrzynka f	bedna f	láda
caixa f	kas f	kassa u	kasa f	pokladna f	pénztár
—	doos f	ask u	pudełko n	krabice f	doboz
—	kas f	kassa u	kasa f	pokladna f	pénztár
—	brievenbus f	brevlåda u	skrzynka pocztowa f	schránka na dopisy f	postaláda
—	doodkist f	likkista u	trumna f	rakev f	koporsó
—	kist f	kista u	skrzynka f	bedna f	láda

caja

	D	E	F	I	ES
caja¹ (ES)	Kiste *f*	box	caisse *f*	cassetta *f*	—
caja² (ES)	Schachtel *f*	box	boîte *f*	scatola *f*	—
caja³ (ES)	Kasse *f*	till	caisse *f*	cassa *f*	—
cake (E)	Kuchen *m*	—	gâteau *m*	dolce *m*	tarta *f*
cake shop (E)	Konditorei *f*	—	pâtisserie *f*	pasticceria *f*	pastelería *f*
calçada (P)	Pflaster *n*	pavement	pavé *m*	lastricato *m*	empedrado *m*
calças (P)	Hose *f*	trousers	pantalon *m*	pantalone *m*	pantalón *m*
calcio (I)	Fußball *m*	football	football *m*	—	fútbol *m*
calções de banho (P)	Badehose *f*	swimming trunks	slip de bain *m*	costume da bagno *m*	bañador *m*
calcolare¹ (I)	berechnen	charge	calculer	—	calcular
calcolare² (I)	rechnen	calculate	calculer	—	calcular
calcolatore (I)	Computer *m*	computer	ordinateur *m*	—	computadora *f*
calcular¹ (ES)	berechnen	charge	calculer	calcolare	—
calcular² (ES)	rechnen	calculate	calculer	calcolare	—
calcular¹ (P)	berechnen	charge	calculer	calcolare	calcular
calcular² (P)	rechnen	calculate	calculer	calcolare	calcular
calculate (E)	rechnen	—	calculer	calcolare	calcular
calculer¹ (F)	berechnen	charge	—	calcolare	calcular
calculer² (F)	rechnen	calculate	—	calcolare	calcular
caldo (ES)	Brühe *f*	broth	bouillon *m*	brodo *m*	—
caldo (P)	Brühe *f*	broth	bouillon *m*	brodo *m*	caldo *m*
caldo(a)¹ (I)	heiß	hot	chaud(e)	—	caliente
caldo(a)² (I)	warm	warm	chaud(e)	—	caliente
calefacción (ES)	Heizung *f*	heating	chauffage *m*	riscaldamento *m*	—
calendar (E)	Kalender *m*	—	calendrier *m*	calendario *m*	calendario *m*
calendario (I)	Kalender *m*	calendar	calendrier *m*	—	calendario *m*
calendario (ES)	Kalender *m*	calendar	calendrier *m*	calendario *m*	—
calendário (P)	Kalender *m*	calendar	calendrier *m*	calendario *m*	calendario *m*
calendrier (F)	Kalender *m*	calendar	—	calendario *m*	calendario *m*
calentar¹ (ES)	heizen	heat	chauffer	riscaldare	—
calentar² (ES)	wärmen	warm	chauffer	riscaldare	—
calf (E)	Kalb *n*	—	veau *m*	vitello *m*	ternera *f*
calidad (ES)	Qualität *f*	quality	qualité *f*	qualità *f*	—
caliente¹ (ES)	heiß	hot	chaud(e)	caldo(a)	—
caliente² (ES)	warm	warm	chaud(e)	caldo(a)	—
calificación (ES)	Note *f*	mark	note *f*	voto *m*	—
call (E)	Anruf *m*	—	appel téléphonique *m*	chiamata *f*	llamada *f*
call (E)	nennen	—	appeler	chiamare	nombrar
callar (ES)	schweigen	be silent	taire, se	tacere	—
calle (ES)	Straße *f*	street	rue *f*	strada *f*	—
calle central (ES)	Hauptstraße *f*	main street	grand-rue *f*	strada principale *f*	—
calle de dirección única (ES)	Einbahnstraße *f*	one-way street	rue à sens unique *f*	senso unico *m*	—
calm (E)	beruhigen	—	calmer	calmare	calmar
calm (E)	Ruhe *f*	—	calme *m*	silenzio *m*	calma *f*
calma (ES)	Ruhe *f*	calm	calme *m*	silenzio *m*	—
calmar (ES)	beruhigen	calm	calmer	calmare	—
calmare (I)	beruhigen	calm	calmer	—	calmar
calmarse (ES)	beruhigen, sich	calm down	calmer, se	calmarsi	—
calmarsi (I)	beruhigen, sich	calm down	calmer, se	—	calmarse
calm down (E)	beruhigen, sich	—	calmer, se	calmarsi	calmarse

calm down

P	NL	SV	PL	CZ	H
caixote m	kist f	kista u	skrzynka f	bedna f	láda
caixa f	doos f	ask u	pudełko n	krabice f	doboz
caixa f	kas f	kassa u	kasa f	pokladna f	pénztár
bolo m	taart f	kaka u	placek m	koláč m	sütemény
pastelaria f	banketbakkerswinkel m	konditori n	cukiernia f	cukrárna f	cukrászda
—	bestrating f	gatubeläggning n	bruk m	dlažba f	útburkolat
—	broek f	byxor pl	spodnie pl	kalhoty pl	nadrág
bola de futebol f	voetbal m	fotboll u	piłka nożna f	kopaná f	labdarúgás
—	zwembroek f	badbyxor pl	kąpielówki f/pl	plavky pánské pl	fürdőnadrág
calcular	berekenen	beräkna	obliczać <obliczyć>	fakturovat	kiszámít
calcular	rekenen	räkna	obliczać <obliczyć>	počítat <spočítat>	számol
computador m	computer m	dator u	komputer m	počítač m	számítógép
calcular	berekenen	beräkna	obliczać <obliczyć>	fakturovat	kiszámít
calcular	rekenen	räkna	obliczać <obliczyć>	počítat <spočítat>	számol
—	berekenen	beräkna	obliczać <obliczyć>	fakturovat	kiszámít
—	rekenen	räkna	obliczać <obliczyć>	počítat <spočítat>	számol
calcular	rekenen	räkna	obliczać <obliczyć>	počítat <spočítat>	számol
calcular	berekenen	beräkna	obliczać <obliczyć>	fakturovat	kiszámít
calcular	rekenen	räkna	obliczać <obliczyć>	počítat <spočítat>	számol
caldo m	bouillon m	buljong u	bulion m	odvar m	erőleves
—	bouillon m	buljong u	bulion m	odvar m	erőleves
quente	heet	het	gorąco	horký	forró
quente	warm	varm	ciepły	teplý	meleg
aquecimento m	verwarming f	värme u	ogrzewanie n	topení n	fűtőberendezés
calendário m	kalender m	kalender u	kalendarz m	kalendář m	naptár
calendário m	kalender m	kalender u	kalendarz m	kalendář m	naptár
calendário m	kalender m	kalender u	kalendarz m	kalendář m	naptár
—	kalender m	kalender u	kalendarz m	kalendář m	naptár
calendário m	kalender m	kalender u	kalendarz m	kalendář m	naptár
aquecer	verwarmen	värma upp	ogrzewać <ogrzać>	topit <zatopit>	fűt
aquecer	verwarmen	värma	grzać	hřát <zahřát>	megmelegít
vitela f	kalf n	kalv u	cielę n	tele n	borjú
qualidade f	kwaliteit f	kvalitet u	jakość f	kvalita f	minőség
quente	heet	het	gorąco	horký	forró
quente	warm	varm	ciepły	teplý	meleg
nota f	cijfer n	betyg n	ocena f	známka f	osztályzat
telefonema m	telefoontje n	telefonsamtal n	rozmowa telefoniczna f	zavolání n	telefonhívás
nomear	noemen	nämna	nazywać <nazwać>	jmenovat <pojmenovat>	nevez
ficar calado	zwijgen	tiga	milczeć	mlčet	hallgat
rua f	straat f	gata u	ulica f	silnice f	utca
estrada principal f	hoofdstraat f	huvudgata u	główna ulica f	hlavní ulice f	főutca
rua de sentido único f	eenrichtingsverkeer n	enkelriktad gata u	ulica jednokierunkowa f	jednosměrná ulice f	egyirányú útca
acalmar	geruststellen	lugna	uspokajać <uspokoić>	uklidňovat <uklidnit>	megnyugtat
silêncio m	rust f	lugn n	spokój m	klid m	nyugalom
silêncio m	rust f	lugn n	spokój m	klid m	nyugalom
acalmar	geruststellen	lugna	uspokajać <uspokoić>	uklidňovat <uklidnit>	megnyugtat
acalmar	geruststellen	lugna	uspokajać <uspokoić>	uklidňovat <uklidnit>	megnyugtat
acalmar-se	kalmeren	lugna sig	ucichać <ucichnąć>	uklidňovat, se <uklidnit, se>	megnyugszik
acalmar-se	kalmeren	lugna sig	ucichać <ucichnąć>	uklidňovat, se <uklidnit, se>	megnyugszik
acalmar-se	kalmeren	lugna sig	ucichać <ucichnąć>	uklidňovat, se <uklidnit, se>	megnyugszik

calme

	D	E	F	I	ES
calme (F)	Ruhe f	calm	—	silenzio m	calma f
calme (F)	still	quiet	—	calmo(a)	tranquilo(a)
calmer (F)	beruhigen	calm	—	calmare	calmar
calmer, se (F)	beruhigen, sich	calm down	—	calmarsi	calmarse
calmo (P)	ruhig	quiet	tranquille	calmo(a)	quieto(a)
calmo(a) (I)	ruhig	quiet	tranquille	—	quieto(a)
calmo(a) (I)	still	quiet	calme	—	tranquilo(a)
calor[1] (ES)	Hitze f	heat	chaleur f	calura f	—
calor[2] (ES)	Wärme f	warmth	chaleur f	calore m	—
calor[1] (P)	Hitze f	heat	chaleur f	calura f	calor m
calor[2] (P)	Wärme f	warmth	chaleur f	calore m	calor m
calore (I)	Wärme f	warmth	chaleur f	—	calor m
calura (I)	Hitze f	heat	chaleur f	—	calor m
calvo (P)	kahl	bald	chauve	calvo(a)	calvo(a)
calvo(a) (I)	kahl	bald	chauve	—	calvo(a)
calvo(a) (ES)	kahl	bald	chauve	calvo(a)	—
cama (ES)	Bett n	bed	lit m	letto m	—
cama (P)	Bett n	bed	lit m	letto m	cama f
Câmara Municipal (P)	Rathaus n	town hall	mairie f	municipio m	ayuntamiento m
camarero (ES)	Kellner m	waiter	serveur m	cameriere m	—
cambiamento (I)	Veränderung f	change	changement m	—	cambio m
cambiar[1] (ES)	ändern	change	changer	cambiare	—
cambiar[2] (ES)	austauschen	exchange	échanger	scambiare	—
cambiar[3] (ES)	ändern, sich	change	changer	cambiare	—
cambiar[4] (ES)	umtauschen	exchange	échanger	scambiare	—
cambiar[5] (ES)	verändern	change	transformer	mutare	—
cambiar[6] (ES)	vertauschen	exchange	échanger	scambiare	—
cambiar[7] (ES)	wechseln	change	changer	cambiare	—
cambiar de (ES)	umsteigen	change	changer (de train)	cambiare	—
cambiare[1] (I)	ändern	change	changer	—	cambiar
cambiare[2] (I)	ändern, sich	change	changer	—	cambiar
cambiare[3] (I)	umsteigen	change	changer (de train)	—	cambiar de
cambiare[4] (I)	wechseln	change	changer	—	cambiar
cambiarse (ES)	umziehen, sich	change	changer, se	cambiarsi	—
cambiarsi (I)	umziehen, sich	change	changer, se	—	cambiarse
cambio[1] (ES)	Austausch m	exchange	échange m	scambio m	—
cambio[2] (ES)	Kleingeld n	small change	monnaie f	spiccioli m/pl	—
cambio[3] (ES)	Veränderung f	change	changement m	cambiamento m	—
cambrioler (F)	einbrechen	break in	—	rubare	robar
camera (E)	Fotoapparat m	—	appareil photo m	macchina fotografica m	máquina fotográfica f
camera (I)	Zimmer n	room	chambre f	—	habitación f
camera (NL)	Fotoapparat m	camera	appareil photo m	macchina fotografica m	máquina fotográfica f
camera da letto (I)	Schlafzimmer n	bedroom	chambre à coucher f	—	dormitorio m
cameriere (I)	Kellner m	waiter	serveur m	—	camarero m
camião (P)	Lastwagen m	lorry	camion m	camion m	camión m

camião

P	NL	SV	PL	CZ	H
silêncio m	rust f	lugn n	spokój m	klid m	nyugalom
quieto	stil	tyst	cichy	tichý	csendes
acalmar	geruststellen	lugna	uspokajać <uspokoić>	uklidňovat <uklidnit>	megnyugtat
acalmar-se	kalmeren	lugna sig	ucichać <ucichnąć>	uklidňovat, se <uklidnit, se>	megnyugszik
—	rustig	stilla	spokojny	klidný	nyugodt
calmo	rustig	stilla	spokojny	klidný	nyugodt
quieto	stil	tyst	cichy	tichý	csendes
calor m	hitte f	hetta u	upał m	žár m	kánikula
calor m	warmte f	värme u	ciepło n	teplo n	melegség
—	hitte f	hetta u	upał m	žár m	kánikula
—	warmte f	värme u	ciepło n	teplo n	melegség
calor m	warmte f	värme u	ciepło n	teplo n	melegség
calor m	hitte f	hetta u	upał m	žár m	kánikula
—	kaal	kal	łysy	holý	kopár
calvo	kaal	kal	łysy	holý	kopár
calvo	kaal	kal	łysy	holý	kopár
cama f	bed n	säng u	łóżko n	postel f	ágy
—	bed n	säng u	łóżko n	postel f	ágy
—	gemeentehuis n	rådhus n	ratusz m	radnice f	városháza
empregado de mesa m	kelner m	kypare/servitör u	kelner m	číšník m	pincér
modificação f	verandering f	förändring u	zmiana f	změna f	változás
modificar	wijzigen	förändra	zmieniać <zmienić>	měnit <změnit>	változtat
trocar	uitwisselen	byta ut	wymieniać <wymienić>	vyměňovat <vyměnit>	kicserél
modificar-se	veranderen	förändra sig	zmieniać, się <zmienić, się>	měnit, se <změnit, se>	változik
trocar	ruilen	byta ut	wymieniać	vyměňovat <vyměnit>	kicserél
modificar	veranderen	förändra	zmieniać	měnit <změnit>	megváltoztat
trocar	verwisselen	förväxla	zamieniać	zaměňovat <zaměnit>	elcserél
mudar	wisselen	byta	zmieniać	měnit <vyměnit>	cserél
mudar	overstappen	byta	przesiadać się	přestupovat <přestoupit>	átszáll
modificar	wijzigen	förändra	zmieniać <zmienić>	měnit <změnit>	változtat
modificar-se	veranderen	förändra sig	zmieniać, się <zmienić, się>	měnit, se <změnit, se>	változik
mudar	overstappen	byta	przesiadać się	přestupovat <přestoupit>	átszáll
mudar	wisselen	byta	zmieniać	měnit <vyměnit>	cserél
mudar de roupa	omkleden, zich	byta kläder	przebrać się	převlékat, se <převléct, se>	átöltözködik
mudar de roupa	omkleden, zich	byta kläder	przebrać się	převlékat, se <převléct, se>	átöltözködik
troca f	uitwisseling f	utbyte n	wymiana f	výměna f	csere
trocos m	kleingeld n	växelpengar pl	drobne pieniądze m/pl	drobné pl	aprópénz
modificação f	verandering f	förändring u	zmiana f	změna f	változás
arrombar	inbreken	bryta sig in	włamywać, się <włamać, się>	vloupat, se	betör
máquina fotográfica f	camera f	kamera u	aparat fotograficzny m	fotografický přístroj m	fényképezőgép
quarto m	kamer f	rum n	pokój m	pokoj m	szoba
máquina fotográfica f	—	kamera u	aparat fotograficzny m	fotografický přístroj m	fényképezőgép
quarto de dormir m	slaapkamer f	sovrum n	sypialnia f	ložnice f	hálószoba
empregado de mesa m	kelner m	kypare/servitör u	kelner m	číšník m	pincér
—	vrachtwagen m	lastbil u	samochód ciężarowy m	nákladní vozidlo n	teherautó

camicetta 160

	D	E	F	I	ES
camicetta (I)	Bluse f	blouse	chemisier m	—	blusa f
camicia (I)	Hemd n	shirt	chemise f	—	camisa f
caminar (ES)	wandern	hike	faire de la randonnée	fare un'escursione	—
caminhar (P)	wandern	hike	faire de la randonnée	fare un'escursione	caminar
caminho (P)	Weg m	way	chemin m	via f	camino m
caminho de desvio (P)	Umweg m	detour	détour m	deviazione f	rodeo m
camino (ES)	Weg m	way	chemin m	via f	—
camion (F)	Lastwagen m	lorry	—	camion m	camión m
camion (I)	Lastwagen m	lorry	—	camion m	camión m
camión (ES)	Lastwagen m	lorry	camion m	camion m	—
camisa (ES)	Hemd n	shirt	chemise f	camicia f	—
camisa (P)	Hemd n	shirt	chemise f	camicia f	camisa f
camp (E)	zelten	—	camper	campeggiare	acampar
campainha (P)	Klingel f	bell	sonnette f	campanello m	timbre m
campana (I)	Glocke f	bell	cloche f	—	campana f
campana (ES)	Glocke f	bell	cloche f	campana f	—
campanello (I)	Klingel f	bell	sonnette f	—	timbre m
campeggiare (I)	zelten	camp	camper	—	acampar
campeggio¹ (I)	Campingplatz m	campsite	terrain de camping m	—	camping m
campeggio² (I)	Camping n	camping	camping m	—	camping m
camper (F)	zelten	camp	—	campeggiare	acampar
campesino (ES)	Bauer m	farmer	paysan m	contadino m	—
Camping (D)	—	camping	camping m	campeggio m	camping m
camping (E)	Camping n	—	camping m	campeggio m	camping m
camping (F)	Camping n	camping	—	campeggio m	camping m
camping¹ (ES)	Campingplatz m	campsite	terrain de camping m	campeggio m	—
camping² (ES)	Camping n	camping	camping m	campeggio m	—
camping (NL)	Camping n	camping	camping m	campeggio m	camping m
camping (SV)	Camping n	camping	camping m	campeggio m	camping m
campingplats (SV)	Campingplatz m	campsite	terrain de camping m	campeggio m	camping m
Campingplatz (D)	—	campsite	terrain de camping m	campeggio m	camping m
campione (I)	Muster n	sample	modèle m	—	modelo m
campismo (P)	Camping n	camping	camping m	campeggio m	camping m
campo (I)	Feld n	field	champ m	—	campo m
campo (ES)	Feld n	field	champ m	campo m	—
campo (P)	Feld n	field	champ m	campo m	campo m
campsite (E)	Campingplatz m	—	terrain de camping m	campeggio m	camping m
can (E)	können	—	pouvoir	sapere	saber/poder
canapé (F)	Couch f	couch	—	divano m	diván m
canard (F)	Ente f	duck	—	anatra f	pato m
canção (P)	Lied n	song	chanson f	canzone f	canción f
cancel (E)	abbestellen	—	décommander	annullare	anular el pedido de
cancer (E)	Krebs m	—	cancer m	cancro m	cáncer m
cancer (F)	Krebs m	cancer	—	cancro m	cáncer m
cancer (SV)	Krebs m	cancer	cancer m	cancro m	cáncer m
cáncer (ES)	Krebs m	cancer	cancer m	cancro m	—
canción (ES)	Lied n	song	chanson f	canzone f	—
cancro (I)	Krebs m	cancer	cancer m	—	cáncer m
cancro (P)	Krebs m	cancer	cancer m	cancro m	cáncer m
candeeiro (P)	Lampe f	lamp	lampe f	lampada f	lámpara f

candeeiro

P	NL	SV	PL	CZ	H
blusa f	blouse f	blus u	bluzka f	blůza f	blúz
camisa f	hemd n	skjorta u	koszula f	košile f	ing
caminhar	trekken	vandra	wędrować	putovat	vándorol
—	trekken	vandra	wędrować	putovat	vándorol
—	weg m	väg u	droga f	cesta f	út
—	omweg m	omväg u	droga okrężna f	oklika f	kerülő út
caminho m	weg m	väg u	droga f	cesta f	út
camião m	vrachtwagen m	lastbil u	samochód ciężarowy m	nákladní vozidlo n	teherautó
camião m	vrachtwagen m	lastbil u	samochód ciężarowy m	nákladní vozidlo n	teherautó
camião m	vrachtwagen m	lastbil u	samochód ciężarowy m	nákladní vozidlo n	teherautó
camisa f	hemd n	skjorta u	koszula f	košile f	ing
—	hemd n	skjorta u	koszula f	košile f	ing
acampar	kamperen	tälta	biwakować	stanovat	sátorozik
—	bel f	ringklocka u	dzwonek m	zvonek m	csengő
sino m	klok f	klocka u	dzwon m	zvon m	harang
sino m	klok f	klocka u	dzwon m	zvon m	harang
campainha f	bel f	ringklocka u	dzwonek m	zvonek m	csengő
acampar	kamperen	tälta	biwakować	stanovat	sátorozik
parque de campismo	kampeerplaats m	campingplats u	plac kempingowy m	kemping m	kemping
campismo m	camping m	camping u	kemping m	kemping m	kempingezés
acampar	kamperen	tälta	biwakować	stanovat	sátorozik
agricultor m	boer m	bonde u	rolnik m	zemědělec m	paraszt, földműves
campismo m	camping m	camping u	kemping m	kemping m	kempingezés
campismo m	camping m	camping u	kemping m	kemping m	kempingezés
parque de campismo	kampeerplaats m	campingplats u	plac kempingowy m	kemping m	kemping
campismo m	camping m	camping u	kemping m	kemping m	kempingezés
campismo m	—	camping u	kemping m	kemping m	kempingezés
campismo m	camping m	—	kemping m	kemping m	kempingezés
parque de campismo	kampeerplaats m	—	plac kempingowy m	kemping m	kemping
parque de campismo	kampeerplaats m	campingplats u	plac kempingowy m	kemping m	kemping
modelo m	monster n	mönster n	wzór m	vzor m	minta
—	camping m	camping u	kemping m	kemping m	kempingezés
campo m	veld n	fält n	pole n	pole n	föld, mező
campo m	veld n	fält n	pole n	pole n	föld, mező
—	veld n	fält n	pole n	pole n	föld, mező
parque de campismo	kampeerplaats m	campingplats u	plac kempingowy m	kemping m	kemping
poder	kunnen	kunna	móc	umět	tud
divã m	couch m	soffa u	tapczan m	gauč m	dívány
pato m	eend f	anka u	kaczka f	kachna f	kacsa
—	lied m	sång u	piosenka f	píseň f	dal
anular	afbestellen	avbeställa	cofać zamówienie <cofnąć zamówienie>	rušit objednávku <zrušit>	lemond
cancro m	kanker m	cancer u	rak m	rakovina f	rákos daganat
cancro m	kanker m	cancer u	rak m	rakovina f	rákos daganat
cancro m	kanker m	—	rak m	rakovina f	rákos daganat
cancro m	kanker m	cancer u	rak m	rakovina f	rákos daganat
canção f	lied m	sång u	piosenka f	píseň f	dal
cancro m	kanker m	cancer u	rak m	rakovina f	rákos daganat
—	kanker m	cancer u	rak m	rakovina f	rákos daganat
—	lamp f	lampa u	lampa f	lampa f	lámpa

candela

	D	E	F	I	ES
candela (I)	Kerze f	candle	bougie f	—	vela f
candidatar-se (P)	bewerben, sich	apply	poser sa candidature	concorrere	concurrir para
candidatura (P)	Bewerbung f	application	candidature f	domanda d'impiego f	solicitud f
candidature (F)	Bewerbung f	application	—	domanda d'impiego f	solicitud f
candle (E)	Kerze f	—	bougie f	candela f	vela f
cane (I)	Hund m	dog	chien m	—	perro m
cangrejo (ES)	Krebs m	crayfish	écrevisse f	gambero m	—
cannocchiale (I)	Fernglas n	binoculars	jumelles f/pl	—	gemelos m/pl
cansado (P)	müde	tired	fatigué(e)	stanco(a)	cansado(a)
cansado(a) (ES)	müde	tired	fatigué(e)	stanco(a)	—
cansar (ES)	ermüden	tire	fatiguer	stancarsi	—
cansar[1] (P)	anstrengen, sich	make an effort	faire des efforts	affaticare	esforzarse
cansar[2] (P)	ermüden	tire	fatiguer	stancarsi	cansar
cantante (I)	Sänger m	singer	chanteur m	—	cantante m
cantante (ES)	Sänger m	singer	chanteur m	cantante m	—
cantar (ES)	singen	sing	chanter	cantare	—
cantar (P)	singen	sing	chanter	cantare	cantar
cantare (I)	singen	sing	chanter	—	cantar
cântaro (P)	Krug m	jug	cruche f	brocca f	jarro m
cantidad (ES)	Menge f	quantity	quantité f	quantità f	—
cantidad (ES)	Quantität f	quantity	quantité f	quantità f	—
cantina (I)	Keller m	cellar	cave f	—	sótano m
canto (I)	Gesang m	singing	chant m	—	canto m
canto (ES)	Gesang m	singing	chant m	canto m	—
canto (P)	Gesang m	singing	chant m	canto m	canto m
cantor (P)	Sänger m	singer	chanteur m	cantante m	cantante m
canzone (I)	Lied n	song	chanson f	—	canción f
cão (P)	Hund m	dog	chien m	cane m	perro m
cap (E)	Mütze f	—	casquette f	berretto m	gorra f
capable (E)	fähig	—	capable	capace	hábil
capable (F)	fähig	capable	—	capace	hábil
capace (I)	fähig	capable	capable	—	hábil
capacete (P)	Helm m	helmet	casque m	casco m	casco m
capacidad (ES)	Fähigkeit f	ability	capacité f	capacità f	—
capacidade (P)	Fähigkeit f	ability	capacité f	capacità f	capacidad f
capacità (I)	Fähigkeit f	ability	capacité f	—	capacidad f
capacité (F)	Fähigkeit f	ability	—	capacità f	capacidad f
capanna (I)	Hütte f	hut	cabane f	—	cabaña f
capaz (P)	fähig	capable	capable	capace	hábil
capello[1] (I)	Hut m	hat	chapeau m	—	sombrero m
capello[2] (I)	Haar n	hair	cheveu m	—	pelo m
capire (I)	verstehen	understand	comprendre	—	entender
capital[1] (E)	Kapital n	—	capital m	capitale m	capital m
capital[2] (E)	Hauptstadt f	—	capitale f	capitale f	capital f
capital (F)	Kapital n	capital	—	capitale m	capital m
capital[1] (ES)	Kapital n	capital	capital m	capitale m	—
capital[2] (ES)	Hauptstadt f	capital	capitale f	capitale f	—
capital[1] (P)	Kapital n	capital	capital m	capitale m	capital m
capital[2] (P)	Hauptstadt f	capital	capitale f	capitale f	capital f
capitale (F)	Hauptstadt f	capital	—	capitale f	capital f
capitale[1] (I)	Kapital n	capital	capital m	—	capital m
capitale[2] (I)	Hauptstadt f	capital	capitale f	—	capital f

capitale

P	NL	SV	PL	CZ	H
vela f	kaars f	ljus n	świeca f	svíčka f	gyertya
—	solliciteren	söka en plats	starać, się	ucházet, se	megpályázik
—	sollicitatie f	platsansökan u	ubieganie się n	žádost uchazeče f	megpályázás
candidatura f	sollicitatie f	platsansökan u	ubieganie się n	žádost uchazeče f	megpályázás
vela f	kaars f	ljus n	świeca f	svíčka f	gyertya
cão m	hond m	hund u	pies m	pes m	kutya
caranguejo m	kreeft m	kräfta u	rak m	rak m	rák
binóculos m/pl	verrekijker m	kikare u	lornetka f	dalekohled m	távcső
—	moe	trött	zmęczony	unavený	fáradt
cansado	moe	trött	zmęczony	unavený	fáradt
cansar	moe worden	trötta ut	męczyć <zmęczyć>	unavovat, se <unavit, se>	kifárad
—	inspannen	anstränga sig	wysilać się <wysilić się>	namáhat, se	igyekszik
—	moe worden	trötta ut	męczyć <zmęczyć>	unavovat, se <unavit, se>	kifárad
cantor m	zanger m	sångare u	piosenkarz m	zpěvák m	énekes
cantor m	zanger m	sångare u	piosenkarz m	zpěvák m	énekes
cantar	zingen	sjunga	śpiewać <zaśpiewać>	zpívat <zazpívat>	énekel
—	zingen	sjunga	śpiewać <zaśpiewać>	zpívat <zazpívat>	énekel
cantar	zingen	sjunga	śpiewać <zaśpiewać>	zpívat <zazpívat>	énekel
—	kruik f	kanna u	dzban m	džbán m	korsó
quantidade f	hoeveelheid f	mängd u	ilość f	množství n	mennyiség
quantidade f	kwantiteit f	kvantitet u	ilość f	kvantita f	mennyiség
cave f	kelder m	källare u	piwnica f	sklep m	pince
canto m	gezang n	sång u	śpiew m	zpěv m	ének
canto m	gezang n	sång u	śpiew m	zpěv m	ének
—	gezang n	sång u	śpiew m	zpěv m	ének
—	zanger m	sångare u	piosenkarz m	zpěvák m	énekes
canção f	lied m	sång u	piosenka f	píseň f	dal
—	hond m	hund u	pies m	pes m	kutya
boné m	muts f	mössa u	czapka f	čepice f	sapka
capaz	bekwaam	skicklig	zdolny	schopný	képes
capaz	bekwaam	skicklig	zdolny	schopný	képes
capaz	bekwaam	skicklig	zdolny	schopný	képes
—	helm m	hjälm u	hełm m	přilba f	sisak
capacidade f	bekwaamheid f	förmåga u	zdolność f	schopnost f	képesség
—	bekwaamheid f	förmåga u	zdolność f	schopnost f	képesség
capacidade f	bekwaamheid f	förmåga u	zdolność f	schopnost f	képesség
capacidade f	bekwaamheid f	förmåga u	zdolność f	schopnost f	képesség
cabana f	hut f	stuga u	chata f	chatrč f	kunyhó
—	bekwaam	skicklig	zdolny	schopný	képes
chapéu m	hoed m	hatt u	kapelusz m	klobouk m	kalap
cabelo m	haar n	hår n	włos m	vlasy pl	haj
compreender	verstaan	förstå	rozumieć	rozumět <porozumět>	megért
capital m	kapitaal n	kapital n	kapitał m	kapitál m	tőke
capital f	hoofdstad f	huvudstad u	stolica f	hlavní město n	főváros
capital m	kapitaal n	kapital n	kapitał m	kapitál m	tőke
capital m	kapitaal n	kapital n	kapitał m	kapitál m	tőke
capital f	hoofdstad f	huvudstad u	stolica f	hlavní město n	főváros
—	kapitaal n	kapital n	kapitał m	kapitál m	tőke
—	hoofdstad f	huvudstad u	stolica f	hlavní město n	főváros
capital f	hoofdstad f	huvudstad u	stolica f	hlavní město n	főváros
capital m	kapitaal n	kapital n	kapitał m	kapitál m	tőke
capital f	hoofdstad f	huvudstad u	stolica f	hlavní město n	főváros

capitolo 164

	D	E	F	I	ES
capitolo (I)	Kapitel n	chapter	chapitre m	—	capítulo m
capítulo (ES)	Kapitel n	chapter	chapitre m	capitolo m	—
capítulo (P)	Kapitel n	chapter	chapitre m	capitolo m	capítulo m
capo[1] (I)	Chef m	boss	patron m	—	jefe m
capo[2] (I)	Leiter f	leader	directeur m	—	jefe m
Capodanno (I)	Neujahr n	New Year	nouvel an m	—	Año Nuevo m
capolinea (I)	Endstation f	terminus	terminus m	—	estación terminal f
cappotto (I)	Mantel m	coat	manteau m	—	abrigo m
cappuccio (I)	Kapuze f	hood	capuchon m	—	capucha f
capriolo (I)	Reh n	deer	chevreuil m	—	corzo m
capucha (ES)	Kapuze f	hood	capuchon m	cappuccio m	—
capuchon (F)	Kapuze f	hood	—	cappuccio m	capucha f
capuz (P)	Kapuze f	hood	capuchon m	cappuccio m	capucha f
car (E)	Auto n	—	voiture f	macchina f	coche m
car (F)	denn	for/than	—	perché	pues/porque
cara (ES)	Gesicht n	face	visage m	faccia f	—
cara (P)	Gesicht n	face	visage m	faccia f	cara f
car accident (E)	Autounfall m	—	accident de voiture m	incidente stradale m	accidente de automóvil m
carácter (ES)	Charakter m	character	caractère m	carattere m	—
carácter (P)	Charakter m	character	caractère m	carattere m	carácter m
caractère (F)	Charakter m	character	—	carattere m	carácter m
característica (P)	Eigenschaft f	quality	qualité f	qualità f	cualidad f
caramella (I)	Bonbon n	sweet	bonbon m	—	caramelo m
caramelo (ES)	Bonbon n	sweet	bonbon m	caramella f	—
caranguejo (P)	Krebs m	crayfish	écrevisse f	gambero m	cangrejo m
carattere (I)	Charakter m	character	caractère m	—	carácter m
caratteristica (I)	Merkmal n	characteristic	signe m	—	rasgo m
carbón (ES)	Kohle f	coal	charbon m	carbone m	—
carbone (I)	Kohle f	coal	charbon m	—	carbón m
card (E)	Karte f	—	carte f	cartolina f	postal f
cardboard (E)	Pappe f	—	carton m	cartone m	cartón m
cardboard box (E)	Karton m	—	carton m	cartone m	cartón m
care (E)	Pflege f	—	soins m/pl	cura f	aseo m
carecer de (P)	entbehren	do without	passer de, se	fare a meno di	pasarse sin
career (E)	Karriere f	—	carrière f	carriera f	carrera f
careful (E)	vorsichtig	—	prudent(e)	prudente	prudente
careful(ly) (E)	sorgfältig	—	soigneux(euse)	accurato(a)	cuidadoso(a)
careless[1] (E)	leichtsinnig	—	étourdi(e)	spensierato(a)	imprudente
careless[2] (E)	unvorsichtig	—	imprudent(e)	imprudente	descuidado(a)
caretaker (E)	Hausmeister m	—	concierge m	portinaio m	portero m
carga (ES)	Ladung f	cargo	charge f	carico m	—
carga[1] (P)	Ladung f	cargo	charge f	carico m	carga f
carga[2] (P)	Last f	load	charge f	carico m	peso m
cargar[1] (ES)	aufladen	load	charger	caricare	—
cargar[2] (ES)	tragen	carry	porter	portare	—
cargar en cuenta (ES)	anrechnen	charge	compter	mettere in conto	—
cargo (E)	Ladung f	—	charge f	carico m	carga f
caricare (I)	aufladen	load	charger	—	cargar
carico[1] (I)	Ladung f	cargo	charge f	—	carga f
carico[2] (I)	Last f	load	charge f	—	peso m
carinho (P)	Zärtlichkeit f	tenderness	tendresse f	tenerezza f	cariño m
cariño (ES)	Zärtlichkeit f	tenderness	tendresse f	tenerezza f	—
carino(a)[1] (I)	hübsch	pretty	joli(e)	—	bonito(a)
carino(a)[2] (I)	nett	nice	joli(e)	—	agradable

carino(a)

P	NL	SV	PL	CZ	H
capítulo m	hoofdstuk n	kapitel n	rozdział m	kapitola f	fejezet
capítulo m	hoofdstuk n	kapitel n	rozdział m	kapitola f	fejezet
—	hoofdstuk n	kapitel n	rozdział m	kapitola f	fejezet
chefe m	chef m	chef u	szef m	šéf m	főnök
director m	leider m	direktör/ledare u	kierownik m	vedoucí m	vezető
Ano Novo m	Nieuwjaar n	nyår u	Nowy Rok m	Nový rok m	újév
estação terminal f	eindstation n	slutstation u	stacja końcowa f	konečná stanice f	végállomás
sobretudo m	mantel m	kappa u	płaszcz m	kabát m	kabát
capuz m	kap f	kapuschong u	kaptur m	kapuce f	kapucni, csuklya
corça f	ree n	rådjur n	sarna f	srna f	őz
capuz m	kap f	kapuschong u	kaptur m	kapuce f	kapucni, csuklya
capuz m	kap f	kapuschong u	kaptur m	kapuce f	kapucni, csuklya
—	kap f	kapuschong u	kaptur m	kapuce f	kapucni, csuklya
carro m	auto m	bil u	samochód m	auto n	gépkocsi
porque	want	för	ponieważ	protože	mert
cara f	gelaat n	ansikte n	twarz f	obličej m	arc
—	gelaat n	ansikte n	twarz f	obličej m	arc
acidente de viação m	verkeersongeval n	bilolycka u	wypadek samochodowy m	autonehoda f	autóbaleset
carácter m	karakter n	karaktär u	charakter m	charakter m	jellem
—	karakter n	karaktär u	charakter m	charakter m	jellem
carácter m	karakter n	karaktär u	charakter m	charakter m	jellem
—	eigenschap f/ hoedanigheid f	egenskap u	cecha f	vlastnost f	tulajdonság
rebuçado m	snoepje n	karamell u	cukierek m	bonbón m	cukorka
rebuçado m	snoepje n	karamell u	cukierek m	bonbón m	cukorka
—	kreeft m	kräfta u	rak m	rak m	rák
carácter m	karakter n	karaktär u	charakter m	charakter m	jellem
sinal m	merkteken n	kännetecken n	cecha f	kritérium m	ismertetőjel
carvão m	kolen f/pl	kol u	węgiel m	uhlí n	szén
carvão m	kolen f/pl	kol u	węgiel m	uhlí n	szén
cartão m	kaart f	kort n	karta f	karta f	lap
cartão m	karton n	pappskiva n	papa f	lepenka f	keménypapír
papelão m	karton n	kartong u	karton m	karton m	karton
tratamento m	verzorging f	skötsel u	opieka f	péče f	ápolás
—	ontberen	undvara	nie mieć	postrádat	nélkülöz
carreira f	carrière f	karriär u	kariera f	kariéra f	karrier
cauteloso	voorzichtig	försiktig	ostrożnie	opatrný	óvatos
cuidadoso	zorgvuldig	omsorgsfull	staranny	pečlivý	gondos
leviano	lichtzinnig	lättsinnig	lekkomyślny	lehkomyslně	könnyelmű
imprudente	onvoorzichtig	oförsiktig	nieostrożny	neopatrný	elővigyázatlan
porteiro	huismeester m	portvakt m	dozorca m	domovník m	házmester
carga f	lading f	laddning u	ładunek m	náklad m	rakomány
—	lading f	laddning u	ładunek m	náklad m	rakomány
—	last f	last u	ciężar m	břemeno n	teher
carregar	opladen	ladda upp	załadowywać <załadować>	nakládat <naložit>	felrakodik
levar	dragen	bära	nosić <nieść>	nosit	hord
contar	aanrekenen	räkna in	zaliczać <zaliczyć>	započítávat <započítat>	beszámit
carga f	lading f	laddning u	ładunek m	náklad m	rakomány
carregar	opladen	ladda upp	załadowywać <załadować>	nakládat <naložit>	felrakodik
carga f	lading f	laddning u	ładunek m	náklad m	rakomány
carga f	last f	last u	ciężar m	břemeno n	teher
—	tederheid f	ömhet u	czułość f	něžnost f	gyengédség
carinho m	tederheid f	ömhet u	czułość f	něžnost f	gyengédség
bonito	mooi	vacker	ładny	hezký	csinos
simpático	leuk	trevlig	miły	milý	kedves

carino(a) 166

	D	E	F	I	ES
carino(a)[3] (I)	niedlich	sweet	mignon(ne)	—	bonito(a)
carnaval (F)	Karneval *m*	carnival	—	carnevale *m*	carnaval *m*
carnaval (ES)	Karneval *m*	carnival	carnaval *m*	carnevale *m*	—
carnaval (P)	Karneval *m*	carnival	carnaval *m*	carnevale *m*	carnaval *m*
carnaval (NL)	Karneval *m*	carnival	carnaval *m*	carnevale *m*	carnaval *m*
carne (I)	Fleisch *n*	meat	viande *f*	—	carne *f*
carne (ES)	Fleisch *n*	meat	viande *f*	carne *f*	—
carne (P)	Fleisch *n*	meat	viande *f*	carne *f*	carne *f*
carnevale (I)	Karneval *m*	carnival	carnaval *m*	—	carnaval *m*
carnicería (ES)	Metzgerei *f*	butcher's	boucherie *f*	macelleria *f*	—
carnival (E)	Karneval *m*	—	carnaval *m*	carnevale *m*	carnaval *m*
caro (P)	teuer	expensive	cher (chère)	caro(a)	caro(a)
caro(a)[1] (I)	lieb	sweet	gentil(le)	—	amable
caro(a)[2] (I)	teuer	expensive	cher (chère)	—	caro(a)
caro(a) (ES)	teuer	expensive	cher (chère)	caro(a)	—
carota (I)	Karotte *f*	carrot	carotte *f*	—	zanahoria *f*
carotte (F)	Karotte *f*	carrot	—	carota *f*	zanahoria *f*
carpeta (ES)	Mappe *f*	folder	serviette *f*	raccoglitore *m*	—
carré (F)	Quadrat *n*	square	—	quadrato *m*	cuadrado *m*
carreau (F)	Scheibe *f*	pane	—	vetro *m*	cristal *m*
carré(e) (F)	quadratisch	square	—	quadrato(a)	cuadrado(a)
carregar (P)	aufladen	load	charger	caricare	cargar
carreira (P)	Karriere *f*	career	carrière *f*	carriera *f*	carrera *f*
carrera (ES)	Karriere *f*	career	carrière *f*	carriera *f*	—
carretera nacional (ES)	Landstraße *f*	country road	route *f*	strada provinciale *f*	—
carriera (I)	Karriere *f*	career	carrière *f*	—	carrera *f*
carrière (F)	Karriere *f*	career	—	carriera *f*	carrera *f*
carrière (NL)	Karriere *f*	career	carrière *f*	carriera *f*	carrera *f*
carril (P)	Gleis *n*	track	voie *f*	binario *m*	vía *f*
carro (P)	Auto *n*	car	voiture *f*	macchina *f*	coche *m*
carroçaria (P)	Karosserie *f*	body	carrosserie *f*	carrozzeria *f*	carrocería *f*
carrocería (ES)	Karosserie *f*	body	carrosserie *f*	carrozzeria *f*	—
carrosserie (F)	Karosserie *f*	body	—	carrozzeria *f*	carrocería *f*
carrosserie (NL)	Karosserie *f*	body	carrosserie *f*	carrozzeria *f*	carrocería *f*
carrot (E)	Karotte *f*	—	carotte *f*	carota *f*	zanahoria *f*
carrozzeria (I)	Karosserie *f*	body	carrosserie *f*	—	carrocería *f*
carry (E)	tragen	—	porter	portare	cargar
carry on (E)	weitermachen	—	continuer	continuare	continuar
carta (I)	Papier *n*	paper	papier *m*	—	papel *m*
carta (ES)	Brief *m*	letter	lettre *f*	lettera *f*	—
carta (P)	Brief *m*	letter	lettre *f*	lettera *f*	carta *f*
carta de condução (P)	Führerschein *m*	driving licence	permis de conduire *m*	patente *f*	permiso de conducir *m*
carta di credito (I)	Kreditkarte *f*	credit card	carte de crédit *f*	—	tarjeta de crédito *f*
carta d'identità (I)	Personalausweis *m*	identity card	carte d'identité *f*	—	documento de identidad *m*
carta geografica (I)	Landkarte *f*	map	carte *f*	—	mapa *m*
cartão[1] (P)	Karte *f*	card	carte *f*	cartolina *f*	postal *f*
cartão[2] (P)	Pappe *f*	cardboard	carton *m*	cartone *m*	cartón *m*
cartão de crédito (P)	Kreditkarte *f*	credit card	carte de crédit *f*	carta di credito *f*	tarjeta de crédito *f*
carta postal (ES)	Postkarte *f*	postcard	carte postale *f*	cartolina *f*	—
cartaz (P)	Plakat *n*	poster	affiche *f*	affisso *m*	cartel *m*
carte[1] (F)	Karte *f*	card	—	cartolina *f*	postal *f*
carte[2] (F)	Landkarte *f*	map	—	carta geografica *f*	mapa *m*
carte de crédit (F)	Kreditkarte *f*	credit card	—	carta di credito *f*	tarjeta de crédito *f*

carte de crédit

P	NL	SV	PL	CZ	H
amoroso	schattig	söt	śliczny	roztomilý	aranyos
carnaval m	carnaval n	karneval u	karnawal m	karneval m	farsang, karnevál
carnaval m	carnaval n	karneval u	karnawal m	karneval m	farsang, karnevál
—	carnaval n	karneval u	karnawal m	karneval m	farsang, karnevál
carnaval m	—	karneval u	karnawal m	karneval m	farsang, karnevál
carne f	vlees n	kött n	mięso n	maso n	hús
carne f	vlees n	kött n	mięso n	maso n	hús
—	vlees n	kött n	mięso n	maso n	hús
carnaval m	carnaval n	karneval u	karnawal m	karneval m	farsang, karnevál
talho m	slagerij f	slakteri n	sklep rzeźniczy m	řeznictví n	hentesüzlet
carnaval m	carnaval n	karneval u	karnawal m	karneval m	farsang, karnevál
—	duur	dyr	drogi	drahý	drága
querido	lief	snäll	miły	milý	kedves
caro	duur	dyr	drogi	drahý	drága
caro	duur	dyr	drogi	drahý	drága
cenoura f	peen m	morot u	karotka f	karotka f	karotta
cenoura f	peen m	morot u	karotka f	karotka f	karotta
pasta f	map f	portfölj u	teczka f	složka f	mappa
quadrado m	vierkant n	kvadrat n	kwadrat m	kvadrát m	négyzet
vidro m	ruit f	fönsterruta u	szyba f	deska f	tábla
quadrado	vierkant	kvadratisk	kwadratowy	kvadratický	négyzetes
—	opladen	ladda upp	załadowywać <załadować>	nakládat <naložit>	felrakodik
—	carrière f	karriär u	kariera f	kariéra f	karrier
carreira f	carrière f	karriär u	kariera f	kariéra f	karrier
estrada nacional f	secundaire weg m	landsväg u	szosa f	silnice třídy f	országút
carreira f	carrière f	karriär u	kariera f	kariéra f	karrier
carreira f	carrière f	karriär u	kariera f	kariéra f	karrier
carreira f	—	karriär u	kariera f	kariéra f	karrier
—	spoor n	järnvägsspår n	tor m	kolej f	vágány
—	auto m	bil u	samochód m	auto n	gépkocsi
—	carrosserie f	karosseri n	nadwozie n	karoserie f	karosszéria
carroçaria f	carrosserie f	karosseri n	nadwozie n	karoserie f	karosszéria
carroçaria f	carrosserie f	karosseri n	nadwozie n	karoserie f	karosszéria
carroçaria f	—	karosseri n	nadwozie n	karoserie f	karosszéria
cenoura f	peen m	morot u	karotka f	karotka f	karotta
carroçaria f	carrosserie f	karosseri n	nadwozie n	karoserie f	karosszéria
levar	dragen	bära	nosić <nieść>	nosit	hord
continuar a fazer	doorgaan	fortsätta	kontynuować	pokračovat	folytat
papel m	papier n	papper n	papier m	papír m	papír
carta f	brief m	brev n	list m	dopis m	levél
—	brief m	brev n	list m	dopis m	levél
—	rijbewijs n	körkort n	prawo jazdy n	řidičský průkaz m	jogosítvány
cartão de crédito m	creditcard f	kreditkort n	karta kredytowa f	platební karta f	hitelkártya
bilhete de identidade m	identiteitsbewijs n	identitetskort n	dowód osobisty m	občanský průkaz m	személyi igazolvány
mapa m	landkaart f	karta u	mapa f	mapa f	térkép
—	kaart f	kort n	karta f	karta f	lap
—	karton n	pappskiva n	papa f	lepenka f	keménypapír
—	creditcard f	kreditkort n	karta kredytowa f	platební karta f	hitelkártya
postal m	briefkaart f	vykort n	pocztówka f	korespondenční lístek m	levelezőlap
—	aanplakbiljet n	affisch u	plakat m	plakát m	plakát
cartão m	kaart f	kort n	karta f	karta f	lap
mapa m	landkaart f	karta u	mapa f	mapa f	térkép
cartão de crédito m	creditcard f	kreditkort n	karta kredytowa f	platební karta f	hitelkártya

carte d'identité

	D	E	F	I	ES
carte d'identité (F)	Personalausweis m	identity card	—	carta d'identità f	documento de identidad m
carteiro (P)	Postbote m	postman	facteur m	postino m	cartero m
cartel (ES)	Plakat n	poster	affiche f	affisso m	—
carte postale (F)	Ansichtskarte f	postcard	—	cartolina f	tarjeta postal f
carte postale (F)	Postkarte f	postcard	—	cartolina f	carta postal f
cartero (ES)	Postbote m	postman	facteur m	postino m	—
cartolina (I)	Ansichtskarte f	postcard	carte postale f	—	tarjeta postal f
cartolina (I)	Karte f	card	carte f	—	postal f
cartolina (I)	Postkarte f	postcard	carte postale f	—	carta postal f
carton¹ (F)	Karton m	cardboard box	—	cartone m	cartón m
carton² (F)	Pappe f	cardboard	—	cartone m	cartón m
cartón¹ (ES)	Karton m	cardboard box	carton m	cartone m	—
cartón² (ES)	Pappe f	cardboard	carton m	cartone m	—
cartone¹ (I)	Karton m	cardboard box	carton m	—	cartón m
cartone² (I)	Pappe f	cardboard	carton m	—	cartón m
carvão (P)	Kohle f	coal	charbon m	carbone m	carbón m
čas (CZ)	Zeit f	time	temps m	tempo m	tiempo m
casa (I)	Haus n	house	maison f	—	casa f
casa¹ (ES)	Haus n	house	maison f	casa f	—
casa² (ES)	Haushalt m	household	ménage m	nucleo familiare m	—
casa (P)	Haus n	house	maison f	casa f	casa f
casaco (P)	Jacke f	jacket	veste f	giacca f	chaqueta f
casa de banho (P)	Badezimmer n	bathroom	salle de bains f	stanza da bagno f	cuarto de baño m
casado (P)	verheiratet	married	marié(e)	sposato(a)	casado(a)
casado(a) (ES)	verheiratet	married	marié(e)	sposato(a)	—
casalinga (I)	Hausfrau f	housewife	femme au foyer f	—	ama de casa f
casamento¹ (P)	Heirat f	marriage	mariage m	matrimonio m	boda f
casamento² (P)	Hochzeit f	wedding	mariage m	nozze f/pl	boda f
casar (P)	heiraten	marry	marier	sposarsi	casarse
casarse (ES)	heiraten	marry	marier	sposarsi	—
casca (P)	Schale f	peel	peau f	buccia f	piel f
casco (I)	Helm m	helmet	casque m	—	casco m
casco (ES)	Helm m	helmet	casque m	casco m	—
cas d'urgence (F)	Notfall m	emergency	—	caso di emergenza m	caso de urgencia m
cash (E)	Bargeld n	—	espèces f/pl	contanti m/pl	dinero al contado m
casi (ES)	beinahe	nearly	presque	quasi	—
casi (ES)	fast	nearly	presque	quasi	—
casino (F)	Kasino n	club	—	casinò m	casino m
casino (ES)	Kasino n	club	casino m	casinò m	—
casino (P)	Kasino n	club	casino m	casinò m	casino m
casino (NL)	Kasino n	club	casino m	casinò m	casino m
casinò (I)	Kasino n	club	casino m	—	casino m
caso (I)	Zufall m	chance	hasard m	—	casualidad f
caso de emergência (P)	Notfall m	emergency	cas d'urgence m	caso di emergenza m	caso de urgencia m
caso de urgencia (ES)	Notfall m	emergency	cas d'urgence m	caso di emergenza m	—
caso di emergenza (I)	Notfall m	emergency	cas d'urgence m	—	caso de urgencia m
časopis (CZ)	Zeitschrift f	magazine	revue f	rivista f	revista f

časopis

P	NL	SV	PL	CZ	H
bilhete de identidade m	identiteitsbewijs n	identitetskort n	dowód osobisty m	občanský průkaz m	személyi igazolvány
—	postbode m	brevbärare u	listonosz m	poštovní doručovatel m	postás
cartaz m	aanplakbiljet n	affisch u	plakat m	plakát m	plakát
postal ilustrado m	prentbriefkaart f	vykort n	widokówka f	pohlednice f	képeslap
postal m	briefkaart f	vykort n	pocztówka f	korespondenční lístek m	levelezőlap
carteiro m	postbode m	brevbärare u	listonosz m	poštovní doručovatel m	postás
postal ilustrado m	prentbriefkaart f	vykort n	widokówka f	pohlednice f	képeslap
cartão m	kaart f	kort n	karta f	karta f	lap
postal m	briefkaart f	vykort n	pocztówka f	korespondenční lístek m	levelezőlap
papelão m	karton n	kartong u	karton m	karton m	karton
cartão m	karton n	pappskiva n	papa f	lepenka f	keménypapír
papelão m	karton n	kartong u	karton m	karton m	karton
cartão m	karton n	pappskiva n	papa f	lepenka f	keménypapír
papelão m	karton n	kartong u	karton m	karton m	karton
cartão m	karton n	pappskiva n	papa f	lepenka f	keménypapír
—	kolen f/pl	kol u	węgiel m	uhlí n	szén
tempo m	tijd m	tid u	czas m	—	idő
casa f	huis n	hus n	dom m	dům m	ház
casa f	huis n	hus n	dom m	dům m	ház
governo da casa m	huishouden n	hushåll n	gospodarstwo domowe n	domácnost f	háztartás
—	huis n	hus n	dom m	dům m	ház
—	jasje n	jacka u	kurtka f	bunda f	kiskabát
—	badkamer f	badrum n	łazienka f	koupelna f	fürdőszoba
—	gehuwd	gift	żonaty/zamężna	ženatý/vdaná	házas
casado	gehuwd	gift	żonaty/zamężna	ženatý/vdaná	házas
doméstica f	huisvrouw f	hemmafru u	gospodyni domowa f	žena v domácnosti f	háziasszony
—	huwelijk n	giftermål n	ożenek m/ zamążpójście n	sňatek m	házasságkötés
—	huwelijk n	bröllop n	wesele n	svatba f	esküvő
—	huwen	gifta sig	żenić, się <ożenić, się> / wychodzić za mąż <wyjść za mąż>	uzavírat sňatek <uzavřít sňatek>	házasságot köt
casar	huwen	gifta sig	żenić, się <ożenić, się> / wychodzić za mąż <wyjść za mąż>	uzavírat sňatek <uzavřít sňatek>	házasságot köt
—	schaal f	skal n	skorupka f łupina f	skořepina f	héj
capacete m	helm m	hjälm u	helm m	přilba f	sisak
capacete m	helm m	hjälm u	helm m	přilba f	sisak
caso de emergência m	geval n van nood	nödfall n	nagły przypadek f	naléhavý případ m	szükséghelyzet
dinheiro efectivo m	contant geld n	kontanter pl	gotówka f	hotovost f	készpénz
quase	bijna	nästan	prawie	téměř	majdnem
quase	bijna	nästan	prawie	téměř	majdnem
casino m	casino n	kasino n	kasyno n	kasino n	kaszinó
casino m	casino n	kasino n	kasyno n	kasino n	kaszinó
—	casino n	kasino n	kasyno n	kasino n	kaszinó
casino m	—	kasino n	kasyno n	kasino n	kaszinó
casino m	casino n	kasino n	kasyno n	kasino n	kaszinó
acaso m	toeval n	slump u	przypadek m	náhoda f	véletlen
—	geval n van nood	nödfall n	nagły przypadek f	naléhavý případ m	szükséghelyzet
caso de emergência m	geval n van nood	nödfall n	nagły przypadek f	naléhavý případ m	szükséghelyzet
caso de emergência m	geval n van nood	nödfall n	nagły przypadek f	naléhavý případ m	szükséghelyzet
revista f	tijdschrift n	tidskrift u	czasopismo n	—	folyóirat

casque

	D	E	F	I	ES
casque (F)	Helm m	helmet	—	casco m	casco m
casquette (F)	Mütze f	cap	—	berretto m	gorra f
cassa (I)	Kasse f	till	caisse f	—	caja f
casse-croûte (F)	Imbiss m	snack	—	spuntino m	refrigerio m
cassé(e) (F)	kaputt	broken	—	rotto(a)	roto(a)
casser¹ (F)	einschlagen	smash	—	rompere	romper
casser² (F)	zerbrechen	break	—	rompere	romper
casserole¹ (F)	Kochtopf m	saucepan	—	pentola f	olla f
casserole² (F)	Topf m	pot	—	pentola f	cazuela f
cassetta (I)	Kiste f	box	caisse f	—	caja f
cassetta delle lettere (I)	Briefkasten m	letterbox	boîte aux lettres f	—	buzón m
castanho (P)	braun	brown	marron	marrone	marrón
castello (I)	Schloss n	castle	château m	—	cerradura f
castelo (P)	Burg f	fortress	château fort m	rocca f	fortaleza f
castigo (ES)	Strafe f	punishment	punition f	punizione f	—
castigo (P)	Strafe f	punishment	punition f	punizione f	castigo m
castillo (ES)	Schloss n	lock	serrure f	serratura f	—
castle (E)	Schloss n	—	château m	castello m	cerradura f
často¹ (CZ)	häufig	frequent	fréquent(e)	frequente	frecuente
často² (CZ)	oft	often	souvent	spesso	a menudo
casualidad (ES)	Zufall m	chance	hasard m	caso m	—
cat (E)	Katze f	—	chat m	gatto m	gato m
catch (E)	erwischen	—	attraper	acchiappare	atrapar
catedral (ES)	Kathedrale f	cathedral	cathédrale f	cattedrale f	—
categoria (P)	Rang m	rank	rang m	ceto m	clase f
catena (I)	Kette f	chain	chaîne f	—	cadena f
catering (E)	Verpflegung f	—	nourriture f	vitto m	alimentación f
cathedral (E)	Kathedrale f	—	cathédrale f	cattedrale f	catedral f
cathédrale (F)	Kathedrale f	cathedral	—	cattedrale f	catedral f
cattedrale (I)	Kathedrale f	cathedral	cathédrale f	—	catedral f
cattivo (I)	schlecht	bad	mauvais(e)	—	malo(a)
cattivo(a) (I)	böse	wicked	méchant(e)	—	malo(a)
Čau! (CZ)	Tschüs!	Bye!	Salut!	Ciao!	¡Hasta luego!
causa¹ (I)	Grund m	reason	raison f	—	causa f
causa² (I)	Ursache f	cause	cause f	—	causa f
causa¹ (ES)	Grund m	reason	raison f	causa f	—
causa² (ES)	Ursache f	cause	cause f	causa	—
causa (P)	Ursache f	cause	cause f	causa	causa f
causare (I)	verursachen	cause	causer	—	ocasionar
cause (E)	Ursache f	—	cause f	causa	causa f
cause (E)	verursachen	—	causer	causare	ocasionar
cause (F)	Ursache f	cause	—	causa	causa f
causer (F)	verursachen	cause	—	causare	ocasionar
cautela (P)	Vorsicht f	caution	prudence f	prudenza f	cuidado m
cauteloso (P)	vorsichtig	careful	prudent(e)	prudente	prudente
caution (E)	Vorsicht f	—	prudence f	prudenza f	cuidado m
cavalcare (I)	reiten	ride	monter	—	cabalgar
cavallo (I)	Pferd n	horse	cheval m	—	caballo m
cavalo (P)	Pferd n	horse	cheval m	cavallo m	caballo m
cavar (ES)	graben	dig	creuser	scavare	—
cavar (P)	graben	dig	creuser	scavare	cavar
cavatappi (I)	Korkenzieher m	corkscrew	tire-bouchon m	—	sacacorchos m

cavatappi

P	NL	SV	PL	CZ	H
capacete m	helm m	hjälm u	hełm m	přilba f	sisak
boné m	muts f	mössa u	czapka f	čepice f	sapka
caixa f	kas f	kassa u	kasa f	pokladna f	pénztár
merenda f	lichte maaltijd f	korvkiosk u	przekąska f	imbis m	imbisz
estragado	kapot	sönder	zepsuty	rozbitý	tönkrement
pregar	inslaan	slå in	wybijać <wybić>	vrážet <vrazit>	bever
quebrar	breken	bryta sönder	łamać <złamać>	rozlamovat <rozlomit>	eltör
panela f	kookpot m	kastrull u	garnek m	hrnec m	fazék
panela f	pot m	kastrull u/kruka u	garnek m	hrnec m	fazék
caixote m	kist f	kista u	skrzynka f	bedna f	láda
caixa do correio f	brievenbus f	brevlåda u	skrzynka pocztowa f	schránka na dopisy f	postaláda
—	bruin	brun	brązowy	hnědý	barna
cadeado m	slot n	lås n	zamek m	zámek m	zár
—	kasteel n	borg u	zamek m	hrad m	vár
castigo m	straf f	straff n	kara f	trest m	büntetés
—	straf f	straff n	kara f	trest m	büntetés
palácio m	kasteel n	lås n	pałac m	zámek m	kastély
cadeado m	slot n	lås n	zamek m	zámek m	zár
frequente	vaak	ofta	częsty	—	gyakran
frequentemente	vaak	ofta	często	—	sokszor
acaso m	toeval n	slump u	przypadek m	náhoda f	véletlen
gato m	kat f	katt u	kot m	kočka f	macska
apanhar	te pakken krijgen	ertappa	złapać	dopadat <dopadnout>	elkap
sé f	kathedraal f	katedral u	katedra f	katedrála f	katedrális
—	rang m	ställning u	stopień m	hodnost f	rang
corrente f	ketting m	kedja u	łańcuch m	řetěz m	lánc
alimentação f	kost m	kosthållning u	wyżywienie n	stravování n	ellátás
sé f	kathedraal f	katedral u	katedra f	katedrála f	katedrális
sé f	kathedraal f	katedral u	katedra f	katedrála f	katedrális
sé f	kathedraal f	katedral u	katedra f	katedrála f	katedrális
mau	slecht	dålig	zły	špatný	rossz
mau	boos	arg	zły	zle	gonosz
Adeus!	Dag!	Hejdå!	Cześć!	—	Szia!
motivo m	reden f	anledning u	powód m	důvod m	ok
causa f	oorzaak f	orsak u	przyczyna f	příčina f	ok
motivo m	reden f	anledning u	powód m	důvod m	ok
causa f	oorzaak f	orsak u	przyczyna f	příčina f	ok
—	oorzaak f	orsak u	przyczyna f	příčina f	ok
ocasionar	veroorzaken	förorsaka	powodować	zapříčiňovat <zapříčinit>	okoz
causa f	oorzaak f	orsak u	przyczyna f	příčina f	ok
ocasionar	veroorzaken	förorsaka	powodować	zapříčiňovat <zapříčinit>	okoz
causa f	oorzaak f	orsak u	przyczyna f	příčina f	ok
ocasionar	veroorzaken	förorsaka	powodować	zapříčiňovat <zapříčinit>	okoz
—	voorzichtigheid f	försiktighet u	ostrożność f	opatrnost f	elővigyázat
—	voorzichtig	försiktig	ostrożnie	opatrný	óvatos
cautela f	voorzichtigheid f	försiktighet u	ostrożność f	opatrnost f	elővigyázat
andar a cavalo	paardrijden	rida	jechać konno <pojechać konno>	jezdit na koni <jet na koni>	lovagol
cavalo m	paard n	häst u	koń m	kůň m	ló
—	paard n	häst u	koń m	kůň m	ló
cavar	graven	gräva	kopać	kopat vykopat	ás
—	graven	gräva	kopać	kopat vykopat	ás
saca-rolhas m	kurkentrekker m	korkskruv u	korkociąg m	vývrtka f	dugóhúzó

cave 172

	D	E	F	I	ES
cave (E)	Höhle f	—	grotte f	caverna f	cueva f
cave (F)	Keller m	cellar	—	cantina f	sótano m
cave (P)	Keller m	cellar	cave f	cantina f	sótano m
caverna (I)	Höhle f	cave	grotte f	—	cueva f
caverna (P)	Höhle f	cave	grotte f	caverna f	cueva f
caviglia (I)	Knöchel m	ankle	cheville f	—	tobillo m
cavo (I)	Kabel n	cable	câble m	—	cable m
cavo(a) (I)	hohl	hollow	creux(euse)	—	hueco(a)
cavolo (I)	Kohl m	cabbage	chou m	—	col f
caza (ES)	Jagd f	hunt	chasse f	caccia f	—
cazar (ES)	jagen	hunt	chasser	cacciare	—
cazuela (ES)	Topf m	pot	casserole f	pentola f	—
CD (D)	—	cd	cd m	CD m	cd m
cd (E)	CD f	—	cd m	CD m	cd m
cd (F)	CD f	cd	—	CD m	cd m
CD (I)	CD f	cd	cd m	—	cd m
cd (ES)	CD f	cd	cd m	CD m	—
CD (P)	CD f	cd	cd m	CD m	cd m
cd (NL)	CD f	cd	cd m	CD m	cd m
cd (SV)	CD f	cd	cd m	CD m	cd m
CD (H)	CD f	cd	cd m	CD m	cd m
ce, cette (F)	diese(r,s)	this	—	questo(a)	esta, este, esto
cecha[1] (PL)	Eigenschaft f	quality	qualité f	qualità f	cualidad f
cecha[2] (PL)	Merkmal n	characteristic	signe m	caratteristica f	rasgo m
ceder (ES)	nachgeben	yield	céder	cedere	—
ceder (P)	nachgeben	yield	céder	cedere	ceder
céder (F)	nachgeben	yield	—	cedere	ceder
cedere (I)	nachgeben	yield	céder	—	ceder
cedo (P)	früh	early	tôt	presto	temprano(a)
cego (P)	blind	blind	aveugle	cieco(a)	ciego(a)
cégtábla (H)	Schild n	shield	bouclier m	scudo m	escudo m
cégvezető (H)	Geschäftsführer m	manager	gérant m	gerente m	gerente m
ceifar (P)	mähen	mow	faucher	falciare	cortar
ceinture[1] (F)	Gurt m	belt	—	cinghia f	cinturón m
ceinture[2] (F)	Gürtel m	belt	—	cintura f	cinturón m
čekat <počkat> (CZ)	warten	wait	attendre	aspettare	esperar
cel[1] (PL)	Ziel n	goal	but m	meta f	intención f
cel[2] (PL)	Zweck m	purpose	but m	scopo m	finalidad f
cél[1] (H)	Ziel n	goal	but m	meta f	intención f
cél[2] (H)	Zweck m	purpose	but m	scopo m	finalidad f
celebrar (ES)	feiern	celebrate	fêter	festeggiare	—
celebrate (E)	feiern	—	fêter	festeggiare	celebrar
celebration (E)	Feier f	—	célébration f	festa f	fiesta f
célébration (F)	Feier f	celebration	—	festa f	fiesta f
célèbre (F)	berühmt	famous	—	famoso(a)	famoso(a)
célibataire (F)	ledig	single	—	celibe m/nubile f	soltero(a)
celibe/nubile (I)	ledig	single	célibataire m	—	soltero(a)
celkem[1] (CZ)	gesamt	entire	tout(e)	totale	entero(a)
celkem[2] (CZ)	insgesamt	altogether	dans l'ensemble	complessivamente	en suma
cellar (E)	Keller m	—	cave f	cantina f	sótano m
čelo (CZ)	Stirn f	forehead	front m	fronte f	frente f
celos (ES)	Eifersucht f	jealousy	jalousie f	gelosia f	—
celowo (PL)	absichtlich	intentionally	exprès	apposta	adrede
celowy (PL)	zweckmäßig	suitable	approprié(e)	adatto(a)	adecuado(a)
célszerű (H)	zweckmäßig	suitable	approprié(e)	adatto(a)	adecuado(a)

célszerű

P	NL	SV	PL	CZ	H
caverna f	hol n	grotta u	jaskinia f	jeskyně f	barlang
cave f	kelder m	källare u	piwnica f	sklep m	pince
—	kelder m	källare u	piwnica f	sklep m	pince
caverna f	hol n	grotta u	jaskinia f	jeskyně f	barlang
—	hol n	grotta u	jaskinia f	jeskyně f	barlang
tornozelo m	enkel m	fotknöl u	kostka f	kotník m	boka
cabo m	kabel m	kabel u	kabel m	kabel m	kábel
oco	hol	ihålig	pusty	dutý	üres
couve f	kool m	kål u	kapusta f	kapusta f	káposzta
caça f	jacht f	jakt u	polowanie n	lov m	vadászat
caçar	jagen	jaga	polować	lovit <ulovit>	vadász
panela f	pot m	kastrull u/kruka u	garnek m	hrnec m	fazék
CD m	cd m	cd u	płyta CD f	kompaktní disk m	CD
CD m	cd m	cd u	płyta CD f	kompaktní disk m	CD
CD m	cd m	cd u	płyta CD f	kompaktní disk m	CD
CD m	cd m	cd u	płyta CD f	kompaktní disk m	CD
CD m	cd m	cd u	płyta CD f	kompaktní disk m	CD
—	cd m	cd u	płyta CD f	kompaktní disk m	CD
CD m	—	cd u	płyta CD f	kompaktní disk m	CD
CD m	cd m	—	płyta CD f	kompaktní disk m	CD
CD m	cd m	cd u	płyta CD f	kompaktní disk m	—
esta, este	deze, dit	denna, detta	ta, ten, to	tato tento toto	ez
característica f	eigenschap f/ hoedanigheid f	egenskap u	—	vlastnost f	tulajdonság
sinal m	merkteken n	kännetecken n	—	kritérium m	ismertetőjel
ceder	toegeven	ge efter	ustępować <ustąpić>	ustupovat <ustoupit>	enged
—	toegeven	ge efter	ustępować <ustąpić>	ustupovat <ustoupit>	enged
ceder	toegeven	ge efter	ustępować <ustąpić>	ustupovat <ustoupit>	enged
ceder	toegeven	ge efter	ustępować <ustąpić>	ustupovat <ustoupit>	enged
—	vroeg	tidig	wcześnie	brzy	korán
—	blind	blind	ślepy	slepě	vak
letreiro m	schild n	skylt u	szyld m	štítek m	—
gerente m	directeur m	verkställande direktör u	kierownik m	jednatel m	—
—	maaien	klippa	kosić	sekat trávu	nyír/kaszál
correia f	gordel m	bälte n	pas m	pás m	heveder/biztonsági öv
cinto m	gordel m	skärp n	pasek m	pásek m	öv
esperar	wachten	vänta	czekać	—	vár
meta f	doel n	mål n	—	cíl m	cél
finalidade f	doel n	syfte n	—	účel m	cél
meta f	doel n	mål n	cel m	cíl m	—
finalidade f	doel n	syfte n	cel m	účel m	—
festejar	feesten	fira	świętować	oslavovat <slavit>	ünnepel
festejar	feesten	fira	świętować	oslavovat <slavit>	ünnepel
festa f	feest n	fest u	uroczystość f	oslava f	ünnepség
festa f	feest n	fest u	uroczystość f	oslava f	ünnepség
famoso	beroemd	känd	sławny	slavný	híres
solteiro	ongehuwd	ogift	stanu wolnego	svobodný	nőtlen
solteiro	ongehuwd	ogift	stanu wolnego	svobodný	nőtlen
todo	geheel	hel	całkowity	—	összes
na totalidade	in totaal	sammantaget	ogółem	—	összesen
cave f	kelder m	källare u	piwnica f	sklep m	pince
testa f	voorhoofd n	panna u	czoło n	—	homlok
ciúme m	jaloezie f	svartsjuka u	zazdrość f	žárlivost f	féltékenység
propositadamente	opzettelijk	avsiktligt	—	úmyslně	szándékos
conveniente	doelmatig	ändamålsenlig	—	účelný	célszerű
conveniente	doelmatig	ändamålsenlig	celowy	účelný	—

cementerio

	D	E	F	I	ES
cementerio (ES)	Friedhof m	cemetery	cimetière m	cimitero m	—
cemetery (E)	Friedhof m	—	cimetière m	cimitero m	cementerio m
cemitério (P)	Friedhof m	cemetery	cimetière m	cimitero m	cementerio m
cena (I)	Abendessen n	supper	dîner m	—	cena f
cena (ES)	Abendessen n	supper	dîner m	cena f	—
cena (PL)	Preis m	price	prix m	prezzo m	precio m
cena (CZ)	Preis m	price	prix m	prezzo m	precio m
cendre (F)	Asche f	ash	—	cenere f	ceniza f
cendrier (F)	Aschenbecher m	ashtray	—	portacenere m	cenicero m
cenere (I)	Asche f	ash	cendre f	—	ceniza f
cenicero (ES)	Aschenbecher m	ashtray	cendrier m	portacenere m	—
cenit <ocenit> (CZ)	schätzen	estimate	estimer	stimare	estimar
ceniza (ES)	Asche f	ash	cendre f	cenere f	—
cenoura (P)	Karotte f	carrot	carotte f	carota f	zanahoria f
centraal (NL)	zentral	central	central(e)	centrale	central
centraal station (NL)	Hauptbahnhof m	main station	gare centrale f	stazione centrale f	estación central f
central (E)	zentral	—	central(e)	centrale	central
central (ES)	zentral	central	central(e)	centrale	—
central (P)	zentral	central	central(e)	centrale	central
central (SV)	zentral	central	central(e)	centrale	central
central(e) (F)	zentral	central	—	centrale	central
centrale (I)	zentral	central	central(e)	—	central
centrální (CZ)	zentral	central	central(e)	centrale	central
centralny (PL)	zentral	central	central(e)	centrale	central
centralstation (SV)	Hauptbahnhof m	main station	gare centrale f	stazione centrale f	estación central f
centre (E)	Zentrum n	—	centre m	centro m	centro m
centre (F)	Zentrum n	centre	—	centro m	centro m
centre ville (F)	Innenstadt f	downtown	—	centro città m	centro de la ciudad m
centro[1] (I)	Mitte f	middle	milieu m	—	medio m
centro[2] (I)	Zentrum n	centre	centre m	—	centro m
centro (ES)	Zentrum n	centre	centre m	centro m	—
centro (P)	Zentrum n	centre	centre m	centro m	centro m
centro città (I)	Innenstadt f	downtown	centre ville m	—	centro de la ciudad m
centro da cidade (P)	Innenstadt f	downtown	centre ville m	centro città m	centro de la ciudad m
centro de la ciudad (ES)	Innenstadt f	downtown	centre ville m	centro città m	—
centrum (NL)	Zentrum n	centre	centre m	centro m	centro m
centrum (PL)	Zentrum n	centre	centre m	centro m	centro m
centrum miasta (PL)	Innenstadt f	downtown	centre ville m	centro città m	centro de la ciudad m
century (E)	Jahrhundert n	—	siècle m	secolo m	siglo m
čepel (CZ)	Klinge f	blade	lame f	lama f	cuchilla f
cependant[1] (F)	dennoch	nevertheless	—	tuttavia	sin embargo
cependant[2] (F)	indessen	meanwhile	—	nel frattempo	en eso
cependant[3] (F)	jedoch	however	—	tuttavia	sin embargo
čepice (CZ)	Mütze f	cap	casquette f	berretto m	gorra f
cepillo (ES)	Bürste f	brush	brosse f	spazzola f	—
cepillo de dientes (ES)	Zahnbürste f	toothbrush	brosse à dents f	spazzolino da denti m	—
cerca (P)	Zaun m	fence	clôture f	recinto m	cercado m
cerca de (ES)	nahe	near	près de	vicino(a)	—
cerca de/junto a (ES)	bei	at/near	chez/près de	da/presso	—
cercado (ES)	Zaun m	fence	clôture f	recinto m	—
cercare (I)	suchen	look for	chercher	—	buscar
cerchio (I)	Kreis m	circle	cercle m	—	círculo m
cercle (F)	Kreis m	circle	—	cerchio m	círculo m

cercle

P	NL	SV	PL	CZ	H
cemitério m	kerkhof m	kyrkogård u	cmentarz m	hřbitov m	temető
cemitério m	kerkhof m	kyrkogård u	cmentarz m	hřbitov m	temető
—	kerkhof m	kyrkogård u	cmentarz m	hřbitov m	temető
jantar m	avondeten n	middag u	kolacja f	večeře f	vacsora
jantar m	avondeten n	middag u	kolacja f	večeře f	vacsora
preço m	prijs m	pris n	—	cena f	ár
preço m	prijs m	pris n	cena f	—	ár
cinza f	as f	aska u	popiół m	popel m	hamu
cinzeiro m	asbakje n	askkopp u	popielniczka f	popelník m	hamutartó
cinza f	as f	aska u	popiół m	popel m	hamu
cinzeiro m	asbakje n	askkopp u	popielniczka f	popelník m	hamutartó
apreciar	schatten/waarderen	uppskatta	szacować	—	becsüli
cinza f	as f	aska u	popiół m	popel m	hamu
—	peen m	morot u	karotka f	karotka f	karotta
central	—	central	centralny	centrální	központi
estação central f	—	centralstation u	dworzec główny m	hlavní nádraží n	főpályaudvar
central	centraal	central	centralny	centrální	központi
central	centraal	central	centralny	centrální	központi
—	centraal	central	centralny	centrální	központi
central	centraal	—	centralny	centrální	központi
central	centraal	central	centralny	centrální	központi
central	centraal	central	centralny	centrální	központi
central	centraal	central	centralny	—	központi
central	centraal	central	—	centrální	központi
estação central f	centraal station n	—	dworzec główny m	hlavní nádraží n	főpályaudvar
centro m	centrum n	mitten	centrum n	střed m	központ
centro m	centrum n	mitten	centrum n	střed m	központ
centro da cidade m	stadscentrum n	innerstad u	centrum miasta n	střed města n	belváros
meio m	midden n	i mitten	środek m	střed m	közép
centro m	centrum n	mitten	centrum n	střed m	központ
centro m	centrum n	mitten	centrum n	střed m	központ
—	centrum n	mitten	centrum n	střed m	központ
centro da cidade m	stadscentrum n	innerstad u	centrum miasta n	střed města n	belváros
—	stadscentrum n	innerstad u	centrum miasta n	střed města n	belváros
centro da cidade m	stadscentrum n	innerstad u	centrum miasta n	střed města n	belváros
centro m	—	mitten	centrum n	střed m	központ
centro m	centrum n	mitten	—	střed m	központ
centro da cidade m	stadscentrum n	innerstad u	—	střed města n	belváros
século m	eeuw f	århundrade n	stulecie n	století n	évszázad
lâmina f	kling f	klinga n	ostrze n	—	penge
apesar de	evenwel	likväl	jednakże	přesto	mégis
entretanto	ondertussen	emellertid	jednakże	zatím	amíg
porém	echter	däremot	jednak	ale	de
boné m	muts f	mössa u	czapka f	—	sapka
escova f	borstel m	borste u	szczotka f	kartáč m	kefe
escova de dentes f	tandenborstel m	tandborste u	szczoteczka do zębów f	zubní kartáček m	fogkefe
—	hek n	stängsel n	płot m	plot m	kerítés
próximo	dichtbij	nära	blisko	blízko	közel
ao pé de	bij	vid	przy	u	nál/nél
cerca f	hek n	stängsel n	płot m	plot m	kerítés
procurar	zoeken	söka	szukać	hledat <vyhledat>	keres
círculo m	kring m	krets u	koło n	kruh m	kör
círculo m	kring m	krets u	koło n	kruh m	kör

cercueil

	D	E	F	I	ES
cercueil (F)	Sarg m	coffin	—	bara f	ataúd m
cerdo (ES)	Schwein n	pig	cochon m	maiale m	—
cereal (P)	Getreide n	cereals	céréales f/pl	cereali m/pl	cereales m/pl
cereales (ES)	Getreide n	cereals	céréales f/pl	cereali m/pl	—
céréales (F)	Getreide n	cereals	—	cereali m/pl	cereales m/pl
cereali (I)	Getreide n	cereals	céréales f/pl	—	cereales m/pl
cereals (E)	Getreide n	—	céréales f/pl	cereali m/pl	cereales m/pl
cerebro (ES)	Gehirn n	brain	cerveau m	cervello m	—
cérebro (P)	Gehirn n	brain	cerveau m	cervello m	cerebro m
cereja (P)	Kirsche f	cherry	cerise f	ciliegia f	cereza f
cereza (ES)	Kirsche f	cherry	cerise f	ciliegia f	—
cerilla (ES)	Streichholz n	match	allumette f	fiammifero m	—
cerise (F)	Kirsche f	cherry	—	ciliegia f	cereza f
černý (CZ)	schwarz	black	noir(e)	nero(a)	negro(a)
cerotto (I)	Pflaster n	plaster	emplâtre m	—	emplasto m
čerpací stanice (CZ)	Tankstelle f	filling station	station-service f	distributore di benzina m	gasolinera f
čerpadlo (CZ)	Pumpe f	pump	pompe f	pompa f	bomba f
cerrado(a) (ES)	geschlossen	closed	fermé(e)	chiuso(a)	—
cerradura (ES)	Schloss n	castle	château m	castello m	—
cerrar (ES)	schließen	close	fermer	chiudere	—
cerrar con llave (ES)	zuschließen	lock (up)	fermer à clé	chiudere a chiave	—
čerstvý (CZ)	frisch	fresh	frais (fraîche)	fresco(a)	fresco(a)
certain (E)	gewiss	—	certain(e)	certo(a)	cierto
certain(e) (F)	gewiss	certain	—	certo(a)	cierto
certainement (F)	bestimmt	definitely	—	certamente	certamente
certamente (I)	bestimmt	definitely	certainement	—	certamente
certamente (ES)	bestimmt	definitely	certainement	certamente	—
certificado[1] (ES)	Bescheinigung f	certificate	attestation f	certificato m	—
certificado[2] (ES)	Zeugnis n	report	bulletin m	pagella f	—
certificado (P)	Zeugnis n	report	bulletin m	pagella f	certificado m
certificate (E)	Bescheinigung f	—	attestation f	certificato m	certificado m
certificato (I)	Bescheinigung f	certificate	attestation f	—	certificado m
certify (E)	bescheinigen	—	attester	attestare	atestiguar
certo[1] (P)	bestimmt	definitely	certainement	certamente	certamente
certo[2] (P)	gewiss	certain	certain(e)	certo(a)	cierto
certo(a) (I)	gewiss	certain	certain(e)	—	cierto
ceruza (H)	Bleistift m	pencil	crayon m	matita f	lápiz m
cerveau (F)	Gehirn n	brain	—	cervello m	cerebro m
cerveja (P)	Bier n	beer	bière f	birra f	cerveza f
cervello (I)	Gehirn n	brain	cerveau m	—	cerebro m
červený (CZ)	rot	red	rouge	rosso(a)	rojo(a)
cerveza (ES)	Bier n	beer	bière f	birra f	—
česat <učesat> (CZ)	kämmen	comb	peigner	pettinare	peinar
Česko (CZ)	Tschechien	Czcechia	République tchèque f	Reppublica Ceca f	República Checa f
česnek (CZ)	Knoblauch m	garlic	ail m	aglio m	ajo m
césped (ES)	Rasen m	lawn	pelouse f	prato m	—
cessare (I)	aufhören	stop	arrêter	—	terminar
čest (CZ)	Ehre f	honour	honneur m	onore m	honor m
cesta (ES)	Korb m	basket	panier m	cesto m	—
cesta[1] (CZ)	Reise f	journey	voyage m	viaggio m	viaje m
cesta[2] (CZ)	Weg m	way	chemin m	via f	camino m
čestný (CZ)	ehrlich	honest	honnête	onesto(a)	honesto(a)
cesto (I)	Korb m	basket	panier m	—	cesta f
cesto (P)	Korb m	basket	panier m	cesto m	cesta f

cesto

P	NL	SV	PL	CZ	H
caixão m	doodkist f	likkista u	trumna f	rakev f	koporsó
porco m	zwijn n	svin n	świnia f	prase n	sertés
—	graan n	säd u	zboże n	obilí n	gabona
cereal m	graan n	säd u	zboże n	obilí n	gabona
cereal m	graan n	säd u	zboże n	obilí n	gabona
cereal m	graan n	säd u	zboże n	obilí n	gabona
cereal m	graan n	säd u	zboże n	obilí n	gabona
cérebro m	hersenen pl	hjärna u	mózg m	mozek m	agy
—	hersenen pl	hjärna u	mózg m	mozek m	agy
—	kers f	körsbär n	wiśnia f	trešeň f	cseresznye
cereja f	kers f	körsbär n	wiśnia f	trešeň f	cseresznye
fósforo m	lucifer m	tändsticka u	zapałka f	zápalka f	gyufa
cereja f	kers f	körsbär n	wiśnia f	trešeň f	cseresznye
preto	zwart	svart	czarny(no)	—	fekete
penso adesivo m	pleister f	plåster n	plaster m	náplast f	sebtapasz
posto de gasolina	tankstation n	bensinmack u	stacja benzynowa f	—	benzinkút
bomba f	pomp f	pump u	pompa f	—	szivattyú
fechado	gesloten	stängd	zamknięty	uzavřený	zárt
cadeado m	slot n	lås n	zamek m	zámek m	zár
fechar	sluiten	stänga	zamykać <zamknąć>	zavírat <zavřít>	zár
fechar à chave	afsluiten	låsa	zamykać na klucz	zamykat <zamknout>	bezár
fresco	vers/fris	färsk	świeży	—	friss(en)
certo	zeker	säker	pewnie	jistě	bizonyos
certo	zeker	säker	pewnie	jistě	bizonyos
certo	beslist	bestämd	określony	určitě	biztos
certo	beslist	bestämd	określony	určitě	biztos
certo	beslist	bestämd	określony	určitě	biztos
atestado m	attest n	attest n	zaświadczenie n	potvrzení n	igazolás
certificado m	getuigenis n	betyg n	świadectwo n	vysvědčení n	bizonyítvány
—	getuigenis n	betyg n	świadectwo n	vysvědčení n	bizonyítvány
atestado m	attest n	attest n	zaświadczenie n	potvrzení n	igazolás
atestado m	attest n	attest n	zaświadczenie n	potvrzení n	igazolás
atestar	attesteren	intyga	poświadczać <poświadczyć>	potvrzovat <potvrdit>	igazol
—	beslist	bestämd	określony	určitě	biztos
—	zeker	säker	pewnie	jistě	bizonyos
certo	zeker	säker	pewnie	jistě	bizonyos
lápis m	potlood n	blyertspenna n	ołówek m	tužka f	—
cérebro m	hersenen pl	hjärna u	mózg m	mozek m	agy
—	bier n	öl u,n	piwo n	pivo n	sör
cérebro m	hersenen pl	hjärna u	mózg m	mozek m	agy
vermelho	rood	röd	czerwony(no)	—	piros
cerveja f	bier n	öl u,n	piwo n	pivo n	sör
pentear	kammen	kamma u	czesać <uczesać>	—	fésül
Chequia f	Tsjechië n	Tjeckien u	Czechy pl	—	Csehország
alho m	knoflook n	vitlök u	czosnek m	—	fokhagyma
relva f	grasveld n	gräsmatta u	trawnik f	trávník m	pázsit
acabar	ophouden	sluta	przestawać <przestać>	přestávat <přestat>	megszűnik
honra f	eer f	ära u	honor m	—	becsület
cesto m	mand f	korg u	kosz m	koš m	kosár
viagem f	reis f	resa u	podróż f	—	utazás
caminho m	weg m	väg u	droga f	—	út
honesto	eerlijk	ärlighet u	uczciwy	—	becsületes
cesto m	mand f	korg u	kosz m	koš m	kosár
—	mand f	korg u	kosz m	koš m	kosár

cestou

	D	E	F	I	ES
cestou (CZ)	unterwegs	on the way	en route	in viaggio	en el camino
cestovat (CZ)	reisen	travel	voyager	viaggiare	viajar
cestovní kancelář[1] (CZ)	Fremdenverkehrsbüro n	tourism office	office du tourisme m	ufficio turistico m	oficina de turismo f
cestovní kancelář[2] (CZ)	Reisebüro n	travel agency	agence de voyages f	agenzia turistica f	agencia de viajes f
cestovní pas (CZ)	Reisepass m	passport	passeport m	passaporto m	pasaporte m
c'est pourquoi (F)	deshalb	therefore	—	perciò	por eso
cestující[1] (CZ)	Passagier m	passenger	passager m	passeggero m	pasajero m
cestující[2] (CZ)	Reisender m	traveller	voyageur m	viaggiatore m	viajero m
ceto (I)	Rang m	rank	rang m	—	clase f
cetriolo (I)	Gurke	cucumber	concombre m	—	pepino m
céu (P)	Himmel m	sky	ciel m	cielo m	cielo m
chagrin (F)	Kummer m	grief	—	dolore m	pena f
chain (E)	Kette f	—	chaîne f	catena f	cadena f
chaîne (F)	Kette f	chain	—	catena f	cadena f
chaine de montagne (F)	Gebirge n	mountain chain	—	montagna f	montañas f/pl
chair (E)	Stuhl m	—	chaise f	sedia f	silla f
chaise (F)	Stuhl m	chair	—	sedia f	silla f
chaise longue (F)	Liegestuhl m	deck chair	—	sedia a sdraio f	tumbona f
chaleur[1] (F)	Hitze f	heat	—	calura f	calor m
chaleur[2] (F)	Wärme f	warmth	—	calore m	calor m
chama (P)	Flamme f	flame	flamme f	fiamma f	llama f
chamar (P)	rufen	shout	appeler	chiamare	llamar
chamar-se (P)	heißen	be called	appeler, s'	chiamarsi	llamarse
chambre (F)	Zimmer n	room	—	camera f	habitación f
chambre à coucher (F)	Schlafzimmer n	bedroom	—	camera da letto f	dormitorio m
champ (F)	Feld n	field	—	campo m	campo m
champignon (F)	Pilz m	mushroom	—	fungo m	hongo m
Chance (D)	—	chance	possibilité f	occasione f	oportunidad f
chance[1] (E)	Chance f	—	possibilité f	occasione f	oportunidad f
chance[2] (E)	Zufall m	—	hasard m	caso m	casualidad f
chance (F)	Glück n	luck	—	fortuna f	suerte f
change (E)	Veränderung f	—	changement m	cambiamento m	cambio m
change[1] (E)	ändern	—	changer	cambiare	cambiar
change[2] (E)	ändern, sich	—	changer	cambiare	cambiar
change[3] (E)	umsteigen	—	changer (de train)	cambiare	cambiar de
change[4] (E)	umziehen, sich	—	changer, se	cambiarsi	cambiarse
change[5] (E)	verändern	—	transformer	mutare	cambiar
change[6] (E)	wechseln	—	changer	cambiare	cambiar
changement (F)	Veränderung f	change	—	cambiamento m	cambio m
changer[1] (F)	ändern	change	—	cambiare	cambiar
changer[2] (F)	ändern, sich	change	—	cambiare	cambiar
changer[3] (F)	wechseln	change	—	cambiare	cambiar
changer (de train) (F)	umsteigen	change	—	cambiare	cambiar de
changer, se (F)	umziehen, sich	change	—	cambiarsi	cambiarse
chans (SV)	Chance f	chance	possibilité f	occasione f	oportunidad f
chanson (F)	Lied n	song	—	canzone f	canción f
chant (F)	Gesang m	singing	—	canto m	canto m
chantage (F)	Erpressung f	blackmail	—	ricatto m	chantaje f
chantagem (P)	Erpressung f	blackmail	chantage m	ricatto m	chantaje f
chantaje (ES)	Erpressung f	blackmail	chantage m	ricatto m	—

chantaje

P	NL	SV	PL	CZ	H
à caminho	onderweg	på väg	w drodze	—	útközben
viajar	reizen	resa	podróżować	—	utazik
agência de informação turística f	bureau voor toerisme n	turistbyrå u	biuro turystyczne n	—	idegenforgalmi iroda
agência de viagens f	reisbureau n	resebyrå u	biuro podroży n	—	utazási iroda
passaporte m	paspoort n	pass n	paszport m	—	útlevél
por isso	daarom	därför	dlatego	proto	azért/ezért
passageiro m	passagier m	passagerare u	pasażer m	—	utas
viajante m	reiziger m	resande u	podróżnik m	—	utazó
categoria f	rang m	ställning u	stopień m	hodnost f	rang
pepino m	komkommer f	gurka u	ogórek m	okurka f	uborka
—	hemel m	himmel u	niebo n	nebe n	ég
desgosto m	kommer m	bekymmer n	zmartwienie n	soužení n	bánat
corrente f	ketting m	kedja u	łańcuch m	řetěz m	lánc
corrente f	ketting m	kedja u	łańcuch m	řetěz m	lánc
serra f	gebergte n	bergskedja u	łańcuch górski m	pohoří n	hegység
cadeira f	stoel m	stol u	krzesło n	židle f	szék
cadeira f	stoel m	stol u	krzesło n	židle f	szék
cadeira de repouso f	ligstoel m	liggstol u	leżak m	lehátko n	nyugágy
calor m	hitte f	hetta u	upał m	žár m	kánikula
calor m	warmte f	värme u	ciepło n	teplo n	melegség
—	vlam f	flamma u	płomień m	plamen m	láng
—	roepen	ropa	wołać <zawołać>	volat <zavolat>	hív
—	heten	heta	nazywać, się	jmenovat, se	hív
quarto m	kamer f	rum n	pokój m	pokoj m	szoba
quarto de dormir m	slaapkamer f	sovrum n	sypialnia f	ložnice f	hálószoba
campo m	veld n	fält n	pole n	pole n	föld, mező
cogumelo m	paddenstoel m	svamp u	grzyb m	houba f	gomba
oportunidade f	kans f	chans u	szansa f	šance f	lehetőség
oportunidade f	kans f	chans u	szansa f	šance f	lehetőség
acaso m	toeval n	slump u	przypadek m	náhoda f	véletlen
sorte f	geluk n	lycka u	szczęście n	štěstí n	szerencse
modificação f	verandering f	förändring u	zmiana f	změna f	változás
modificar	wijzigen	förändra	zmieniać <zmienić>	měnit <změnit>	változtat
modificar-se	veranderen	förändra sig	zmieniać, się <zmienić, się>	měnit, se <změnit, se>	változik
mudar	overstappen	byta	przesiadać się	přestupovat <přestoupit>	átszáll
mudar de roupa	omkleden, zich	byta kläder	przebrać się	převlékat, se <převléct, se>	átöltözködik
modificar	veranderen	förändra	zmieniać	měnit <změnit>	megváltoztat
mudar	wisselen	byta	zmieniać	měnit <vyměnit>	cserél
modificação f	verandering f	förändring u	zmiana f	změna f	változás
modificar	wijzigen	förändra	zmieniać <zmienić>	měnit <změnit>	változtat
modificar-se	veranderen	förändra sig	zmieniać, się <zmienić, się>	měnit, se <změnit, se>	változik
mudar	wisselen	byta	zmieniać	měnit <vyměnit>	cserél
mudar	overstappen	byta	przesiadać się	přestupovat <přestoupit>	átszáll
mudar de roupa	omkleden, zich	byta kläder	przebrać się	převlékat, se <převléct, se>	átöltözködik
oportunidade f	kans f	—	szansa f	šance f	lehetőség
canção f	lied m	sång u	piosenka f	píseň f	dal
canto m	gezang n	sång u	śpiew m	zpěv m	ének
chantagem f	afpersing f	utpressning u	szantaż m	vydírání n	zsarolás
—	afpersing f	utpressning u	szantaż m	vydírání n	zsarolás
chantagem f	afpersing f	utpressning u	szantaż m	vydírání n	zsarolás

chanter

	D	E	F	I	ES
chanter (F)	singen	sing	—	cantare	cantar
chanteur (F)	Sänger m	singer	—	cantante m	cantante m
chão (P)	Boden m	floor	sol m	terra f	suelo m
chapa (ES)	Blech n	sheet metal	tôle f	latta f	—
chapa (P)	Blech n	sheet metal	tôle f	latta f	chapa f
chápat <pochopit> (CZ)	begreifen	comprehend	comprendre	comprendere	comprender
chapeau (F)	Hut m	hat	—	capello m	sombrero m
chapéu (P)	Hut m	hat	chapeau m	capello m	sombrero m
chapitre (F)	Kapitel n	chapter	—	capitolo m	capítulo m
chapter (E)	Kapitel n	—	chapitre m	capitolo m	capítulo m
chaque (F)	jede(r,s)	each/every	—	ogni, ognuno	cada
chaque fois (F)	jedes Mal	each time	—	ogni volta	cada vez
chaqueta (ES)	Jacke f	jacket	veste f	giacca f	—
character (E)	Charakter m	—	caractère m	carattere m	carácter m
characteristic (E)	Merkmal n	—	signe m	caratteristica f	rasgo m
Charakter (D)	—	character	caractère m	carattere m	carácter m
charakter (PL)	Charakter m	character	caractère m	carattere m	carácter m
charakter (CZ)	Charakter m	character	caractère m	carattere m	carácter m
charbon (F)	Kohle f	coal	—	carbone m	carbón m
charco (ES)	Pfütze f	puddle	flaque f	pozzanghera f	—
charge¹ (E)	berechnen	—	calculer	calcolare	calcular
charge² (E)	anrechnen	—	compter	mettere in conto	cargar en cuenta
charge¹ (F)	Ladung f	cargo	—	carico m	carga f
charge² (F)	Last f	load	—	carico m	peso m
charger (F)	aufladen	load	—	caricare	cargar
charger de (F)	beauftragen	instruct	—	incaricare	encargar
charmant (D)	—	charming	charmant(e)	affascinante	encantador(a)
charmant (NL)	charmant	charming	charmant(e)	affascinante	encantador(a)
charmant (SV)	charmant	charming	charmant(e)	affascinante	encantador(a)
charmant(e) (F)	charmant	charming	—	affascinante	encantador(a)
charming (E)	charmant	—	charmant(e)	affascinante	encantador(a)
charwoman (E)	Putzfrau f	—	femme de ménage f	donna delle pulizie f	mujer de limpieza f
chasse (F)	Jagd f	hunt	—	caccia f	caza f
chasser (F)	jagen	hunt	—	cacciare	cazar
chat (E)	plaudern	—	bavarder	chiacchierare	conversar
chat (F)	Katze f	cat	—	gatto m	gato m
chata (PL)	Hütte f	hut	cabane f	capanna f	cabaña f
château (F)	Schloss n	castle	—	castello m	cerradura f
château fort (F)	Burg f	fortress	—	rocca f	fortaleza f
chatrč (CZ)	Hütte f	hut	cabane f	capanna f	cabaña f
chaud(e)¹ (F)	heiß	hot	—	caldo(a)	caliente
chaud(e)² (F)	warm	warm	—	caldo(a)	caliente
chauffage (F)	Heizung f	heating	—	riscaldamento m	calefacción f
chauffer¹ (F)	heizen	heat	—	riscaldare	calentar
chauffer² (F)	wärmen	warm	—	riscaldare	calentar
chaussure (F)	Schuh m	shoe	—	scarpa f	zapato m
chauve (F)	kahl	bald	—	calvo(a)	calvo(a)
chave (P)	Schlüssel m	key	clé f	chiave f	llave f
chávena (P)	Tasse f	cup	tasse f	tazza f	taza f
chcieć (PL)	wollen	want	vouloir	volere	querer
che (I)	dass	that	que	—	que
che? (I)	was?	what?	que?	—	¿qué?
cheap (E)	billig	—	bon marché	a buon mercato	barato(a)

cheap

P	NL	SV	PL	CZ	H
cantar	zingen	sjunga	śpiewać <zaśpiewać>	zpívat <zazpívat>	énekel
cantor m	zanger m	sångare u	piosenkarz m	zpěvák m	énekes
—	grond m	mark u	podłoga f	podlaha f	föld
chapa f	blik n	plåt u	blacha f	plech m	bádog
—	blik n	plåt u	blacha f	plech m	bádog
compreender	begrijpen	begripa	pojmować <pojąć>	—	felfog
chapéu m	hoed m	hatt u	kapelusz m	klobouk m	kalap
—	hoed m	hatt u	kapelusz m	klobouk m	kalap
capítulo m	hoofdstuk n	kapitel n	rozdział m	kapitola f	fejezet
capítulo m	hoofdstuk n	kapitel n	rozdział m	kapitola f	fejezet
cada	ieder(e)	varje	każda, każdy, każde	každý každá každé	minden
cada vez	telkens	varje gång	za każdym razem	pokaždé	minden alkalommal
casaco m	jasje n	jacka u	kurtka f	bunda f	kiskabát
carácter m	karakter n	karaktär u	charakter m	charakter m	jellem
sinal m	merkteken n	kännetecken n	cecha f	kritérium m	ismertetőjel
carácter m	karakter n	karaktär u	charakter m	charakter m	jellem
carácter m	karakter n	karaktär u	—	charakter m	jellem
carácter m	karakter n	karaktär u	charakter m	—	jellem
carvão m	kolen f/pl	kol u	węgiel m	uhlí n	szén
poça de água f	plas m	vattenpöl u	kałuża f	kaluž f	pocsolya
calcular	berekenen	beräkna	obliczać <obliczyć>	fakturovat	kiszámít
contar	aanrekenen	räkna in	zaliczać <zaliczyć>	započítávat <započítat>	beszámít
carga f	lading f	laddning u	ładunek m	náklad m	rakomány
carga f	last f	last u	ciężar m	břemeno n	teher
carregar	opladen	ladda upp	załadowywać <załadować>	nakládat <naložit>	felrakodik
encarregar	belasten	ge i uppdrag	zlecać <zlecić>	pověrovat <pověřit>	megbíz
encantador	charmant	charmant	szarmancki	šarmantní	bájos
encantador	—	charmant	szarmancki	šarmantní	bájos
encantador	charmant	—	szarmancki	šarmantní	bájos
encantador	charmant	charmant	szarmancki	šarmantní	bájos
encantador	charmant	charmant	szarmancki	šarmantní	bájos
mulher a dias f	schoonmaakster f	städhjälp u	sprzątaczka f	uklízečka f	takarítónő
caça f	jacht f	jakt u	polowanie n	lov m	vadászat
caçar	jagen	jaga	polować	lovit <ulovit>	vadász
conversar	babbelen	prata	gawędzić <pogawędzić>	rozprávět	társalog
gato m	kat f	katt u	kot m	kočka f	macska
cabana f	hut f	stuga u	—	chatrč f	kunyhó
cadeado m	slot n	lås n	zamek m	zámek m	zár
castelo m	kasteel n	borg u	zamek m	hrad m	vár
cabana f	hut f	stuga u	chata f	—	kunyhó
quente	heet	het	gorąco	horký	forró
quente	warm	varm	ciepły	teplý	meleg
aquecimento m	verwarming f	värme u	ogrzewanie n	topení n	fűtőberendezés
aquecer	verwarmen	värma upp	ogrzewać <ogrzać>	topit <zatopit>	fűt
aquecer	verwarmen	värma	grzać	hřát <zahřát>	megmelegít
sapato m	schoen m	sko u	but m	bota f	cipő
calvo	kaal	kal	łysy	holý	kopár
—	sleutel m	nyckel u	klucz m	klíč m	kulcs
—	kopje n	kopp u	filiżanka f	šálek m	csésze
querer	willen	vilja	—	chtít	akar
que	dat	att	że	že	hogy
o quê?	wat?	vad?	co?	co?	mi?
barato	goedkoop	billigt	tani	levně	olcsó

cheat

	D	E	F	I	ES
cheat (E)	betrügen	—	tromper	ingannare	engañar
check (E)	nachprüfen	—	contrôler	controllare	comprobar
check (E)	nachsehen	—	vérifier	controllare	examinar
check (SV)	Scheck *m*	cheque	chèque *m*	assegno *m*	cheque *m*
checked (E)	kariert	—	à carreaux	a quadretti	a cuadros
cheeky (E)	frech	—	insolent(e)	sfacciato(a)	atrevido(a)
Cheers! (E)	Prost!	—	À votre santé!	Salute!	¡Salud!
cheese (E)	Käse *m*	—	fromage *m*	formaggio *m*	queso *m*
Chef (D)	—	boss	patron *m*	capo *m*	jefe *m*
chef (NL)	Chef *m*	boss	patron *m*	capo *m*	jefe *m*
chef (SV)	Chef *m*	boss	patron *m*	capo *m*	jefe *m*
chefe (P)	Chef *m*	boss	patron *m*	capo *m*	jefe *m*
chegada (P)	Ankunft *f*	arrival	arrivée *f*	arrivo *m*	llegada *f*
chegar (P)	ankommen	arrive	arriver	arrivare	llegar
cheio (P)	voll	full	plein(e)	pieno(a)	lleno(a)
cheirar (P)	riechen	smell	sentir	sentire	oler
chemin (F)	Weg *m*	way	—	via *f*	camino *m*
chemin de fer (F)	Eisenbahn *f*	railway	—	ferrovia *f*	ferrocarril *m*
chemise (F)	Hemd *n*	shirt	—	camicia *f*	camisa *f*
chemisier (F)	Bluse *f*	blouse	—	camicetta *f*	blusa *f*
chemist's[1] (E)	Apotheke *f*	—	pharmacie *f*	farmacia *f*	farmacia *f*
chemist's[2] (E)	Drogerie *f*	—	droguerie *f*	drogheria *f*	droguería *f*
cheque (E)	Scheck *m*	—	chèque *m*	assegno *m*	cheque *m*
cheque (ES)	Scheck *m*	cheque	chèque *m*	assegno *m*	—
cheque (P)	Scheck *m*	cheque	chèque *m*	assegno *m*	cheque *m*
cheque (NL)	Scheck *m*	cheque	chèque *m*	assegno *m*	cheque *m*
chèque (F)	Scheck *m*	cheque	—	assegno *m*	cheque *m*
Chequia (P)	Tschechien	Czcechia	République tchèque *f*	Reppublica Ceca *f*	República Checa *f*
chercher (F)	suchen	look for	—	cercare	buscar
cher (chère) (F)	teuer	expensive	—	caro(a)	caro(a)
cherry (E)	Kirsche *f*	—	cerise *f*	ciliegia *f*	cereza *f*
chętnie (PL)	gern	willingly	avec plaisir	volentieri	con gusto
cheval (F)	Pferd *n*	horse	—	cavallo *m*	caballo *m*
cheveu (F)	Haar *n*	hair	—	capello *m*	pelo *m*
cheville (F)	Knöchel *m*	ankle	—	caviglia *f*	tobillo *m*
chevreuil (F)	Reh *n*	deer	—	capriolo *m*	corzo *m*
chew (E)	kauen	—	mâcher	masticare	masticar
chez/prés de (F)	bei	at/near	—	da/presso	cerca de/junto a
chi? (I)	wer?	who?	qui?	—	¿quién?
chiacchierare (I)	plaudern	chat	bavarder	—	conversar
chiamare[1] (I)	nennen	call	appeler	—	nombrar
chiamare[2] (I)	rufen	shout	appeler	—	llamar
chiamare con cenni (I)	winken	wave	faire signe	—	hacer señas
chiamarsi (I)	heißen	be called	appeler, s'	—	llamarse
chiamata (I)	Anruf *m*	call	appel téléphonique *m*	—	llamada *f*
chiaro(a) (I)	deutlich	clear	clair(e)	—	claro(a)
chiaro(a) (I)	hell	bright	clair(e)	—	claro(a)
chiaro(a) (I)	klar	clear	clair(e)	—	claro(a)
chiave (I)	Schlüssel *m*	key	clé *f*	—	llave *f*
chic (F)	schick	stylish	—	elegante	elegante

P	NL	SV	PL	CZ	H
enganar	bedriegen	svika	oszukiwać <oszukać>	podvádět <podvést>	becsap
conferir	controleren	kontrollera	sprawdzać <sprawdzić>	prezkušovat <prezkoušet>	felülvizsgál
verificar	nazien	ta reda på	patrzeć <popatrzeć>	dívat, se <podívat, se>	utánanéz
cheque m	cheque m	—	czek m	šek m	csekk
quadriculado	geruit	rutigt	w kratkę	čtverečkovaný	kockás
insolente	brutaal	fräck	bezczelny	drzý	szemtelen
Saúde!	Santé!	Skål!	Na zdrowie!	Na zdraví!	Egészségére!
queijo m	kaas m	ost u	ser m	sýr m	sajt
chefe m	chef m	chef u	szef m	šéf m	főnök
chefe m	—	chef u	szef m	šéf m	főnök
chefe m	chef m	—	szef m	šéf m	főnök
—	chef m	chef u	szef m	šéf m	főnök
—	aankomst f	ankomst u	przyjazd m	příjezd m	megérkezés
—	aankomen	komma fram	przybywać <przybyć>	přijíždět <přijet>	megérkez
—	vol	full	pełen	plný	tele
—	ruiken	lukta	pachnieć <zapachnieć>	cítit <ucítit>	szaga van, szagol
caminho m	weg m	väg u	droga f	cesta f	út
comboio m	spoorweg m	järnväg u	kolej f	železnice f	vasút
camisa f	hemd n	skjorta u	koszula f	košile f	ing
blusa f	blouse f	blus u	bluzka f	blůza f	blúz
farmácia f	apotheek f	apotek n	apteka f	lékárna f	gyógyszertár
drogaria f	drogisterij f	apotek n	drogeria f	drogerie f	illatszerbolt
cheque m	cheque m	check u	czek m	šek m	csekk
cheque m	cheque m	check u	czek m	šek m	csekk
—	cheque m	check u	czek m	šek m	csekk
cheque m	—	check u	czek m	šek m	csekk
cheque m	cheque m	check u	czek m	šek m	csekk
—	Tsjechië n	Tjeckien u	Czechy pl	Česko n	Csehország
procurar	zoeken	söka	szukać	hledat <vyhledat>	keres
caro	duur	dyr	drogi	drahý	drága
cereja f	kers f	körsbär n	wiśnia f	trešeň f	cseresznye
de boa vontade	gaarne	gärna	—	s radostí	szívesen
cavalo m	paard n	häst u	koń m	kůň m	ló
cabelo m	haar n	hår n	włos m	vlasy pl	haj
tornozelo m	enkel m	fotknöl u	kostka f	kotník m	boka
corça f	ree n	rådjur n	sarna f	srna f	őz
mastigar	kauwen	tugga	żuć	žvýkat <dožvýkat>	rág
ao pé de	bij	vid	przy	u	nál/nél
quem?	wie?	vem?	kto?	kdo?	ki?
conversar	babbelen	prata	gawędzić <pogawędzić>	rozprávět	társalog
nomear	noemen	nämna	nazywać <nazwać>	jmenovat <pojmenovat>	nevez
chamar	roepen	ropa	wołać <zawołać>	volat <zavolat>	hív
acenar	wuiven	vinka	machać	mávat <mávnout>	int
chamar-se	heten	heta	nazywać, się	jmenovat, se	hív
telefonema m	telefoontje n	telefonsamtal n	rozmowa telefoniczna f	zavolání n	telefonhívás
nítido	duidelijk	tydlig	wyraźny	výrazně	világos
claro	licht	ljus	jasny	světlý	világos
claro	helder	tydlig	jasny(a,e)	jasný	tiszta
chave f	sleutel m	nyckel u	klucz m	klíč m	kulcs
chique	chic	fin	szykowny	vkusný	sikkes

chic

	D	E	F	I	ES
chic (NL)	schick	stylish	chic	elegante	elegante
chica (ES)	Mädchen n	girl	fille f	ragazza f	—
chicken (E)	Huhn n	—	poule f	pollo m	gallina f
chico (ES)	Junge m	boy	garçon m	ragazzo m	—
chien (F)	Hund m	dog	—	cane m	perro m
chiesa (I)	Kirche f	church	église f	—	iglesia f
child (E)	Kind n	—	enfant m	bambino m	niño m
childhood (E)	Kindheit f	—	enfance f	infanzia f	niñez f
chilogrammo (I)	Kilogramm n	kilogram	kilogramme m	—	kilógramo m
chilometro (I)	Kilometer m	kilometre	kilomètre m	—	kilómetro m
chin (E)	Kinn n	—	menton m	mento m	mentón m
chiodo (I)	Nagel m	nail	clou m	—	clavo m
chique (P)	schick	stylish	chic	elegante	elegante
chiste (ES)	Witz m	joke	plaisanterie f	barzelletta f	—
chitarra (I)	Gitarre f	guitar	guitare f	—	guitarra f
chiudere (I)	schließen	close	fermer	—	cerrar
chiudere a chiave (I)	zuschließen	lock (up)	fermer à clé	—	cerrar con llave
chiuso(a) (I)	geschlossen	closed	fermé(e)	—	cerrado(a)
chiusura lampo (I)	Reißverschluss m	zip	fermeture éclair f	—	cremallera f
chladnička (CZ)	Kühlschrank m	fridge	réfrigérateur m	frigorifero m	nevera f
chladný (CZ)	kühl	cool	frais (fraîche)	fresco(a)	frío(a)
chlapec (CZ)	Junge m	boy	garçon m	ragazzo m	chico m
chleb (PL)	Brot n	bread	pain m	pane m	pan m
chléb (CZ)	Brot n	bread	pain m	pane m	pan m
chłodny (PL)	kühl	cool	frais (fraîche)	fresco(a)	frío(a)
chłopiec (PL)	Junge m	boy	garçon m	ragazzo m	chico m
chociaż (PL)	obwohl	although	bien que	benché	aunque
chod (CZ)	Gang m	course	plat m	portata f	plato m
chód (PL)	Gang m	gear	vitesse f	marcia f	marcha f
chodba[1] (CZ)	Flur m	hall	entrée f	corridoio m	corredor m
chodba[2] (CZ)	Gang m	gear	vitesse f	marcia f	marcha f
chodec (CZ)	Fußgänger m	pedestrian	piéton m	pedone m	peatón m
chodit s <jít s> (CZ)	mitgehen	go along wigh	accompagner	accompagnare	acompañar
chodit <jít> (CZ)	gehen	go	aller	andare	andar
chodit <jít> nakoupit> (CZ)	einkaufen gehen	go shopping	faire les courses	fare la spesa	ir de compras
chœur (F)	Chor m	choir	—	coro m	coro m
choice[1] (E)	Auswahl f	—	choix m	scelta f	elección f
choice[2] (E)	Wahl f	—	choix m	scelta f	opción f
choir (E)	Chor m	—	chœur m	coro m	coro m
choisir[1] (F)	aussuchen	select	—	scegliere	elegirse
choisir[2] (F)	auswählen	choose	—	scegliere	elegir
choix[1] (F)	Auswahl f	choice	—	scelta f	elección f
choix[2] (F)	Wahl f	choice	—	scelta f	opción f
chômage (F)	Arbeitslosigkeit f	unemployment	—	disoccupazione f	desempleo m
choose (E)	auswählen	—	choisir	scegliere	elegir
chopit <uchopit>[1] (CZ)	fassen	grasp	saisir	prendere	tomar/agarrar
chopit <uchopit>[2] (CZ)	greifen	seize	saisir	afferrare	tomar
Chor (D)	—	choir	chœur m	coro m	coro m
chór (PL)	Chor m	choir	chœur m	coro m	coro m
chorągiew (PL)	Fahne f	flag	drapeau m	bandiera f	bandera f
chorar (P)	weinen	cry	pleurer	piangere	llorar
choroba (PL)	Krankheit f	illness	maladie f	malattia f	enfermedad f
chory (PL)	krank	ill	malade	malato(a)	enfermo(a)

chory

P	NL	SV	PL	CZ	H
chique	—	fin	szykowny	vkusný	sikkes
menina f	meisje n	tjej u	dziewczynka f	děvče n	kislány
galinha f	hoen n	höns n	kura f	kuře n	tyúk
rapaz m	jongen m	pojke u	chłopiec m	chlapec m	fiú
cão m	hond m	hund u	pies m	pes m	kutya
igreja f	kerk f	kyrka u	kościół m	kostel m	templom
criança f	kind n	barn n	dziecko n	dítě n	gyermek
infância f	kinderjaren n/pl	barndom u	dzieciństwo n	dětství n	gyermekkor
quilograma m	kilogram n	kilogram n	kilogram m	kilogram m	kilogramm
quilómetro m	kilometer m	kilometer u	kilometr m	kilometr m	kilométer
queixo m	kin f	haka u	podbródek m	brada f	áll
prego m	nagel m	nagel u	paznokieć m	hřebík m	szög
—	chic	fin	szykowny	vkusný	sikkes
piada f	grap f	vits u	kawał m	vtip m	vicc
guitarra f	gitaar f	gitarr u	gitara f	kytara f	gitár
fechar	sluiten	stänga	zamykać <zamknąć>	zavírat <zavřít>	zár
fechar à chave	afsluiten	låsa	zamykać na klucz	zamykat <zamknout>	bezár
fechado	gesloten	stängd	zamknięty	uzavřený	zárt
fecho de correr m	ritssluiting f	blixtlås n	zamek błyskawiczny m	zip m	cipzár
frigorífico m	koelkast f	kylskåp n	lodówka f	—	jégszekrény
fresco	koel	kylig	chłodny	—	hűvös
rapaz m	jongen m	pojke u	chłopiec m	—	fiú
pão m	brood n	bröd n	—	chléb m	kenyér
pão m	brood n	bröd n	chleb m	—	kenyér
fresco	koel	kylig	—	chladný	hűvös
rapaz m	jongen m	pojke u	—	chlapec m	fiú
se bem que	ofschoon	fastän	—	přesto	habár
prato m	gang m	rätt u	danie	—	fogás
passagem f	versnelling f	koppling u	—	chodba f	sebességfokozat
corredor da casa m	gang m	tambur u	korytarz m	—	folyosó
passagem f	versnelling f	koppling u	chód m	—	sebességfokozat
peão m	voetganger m	fotgängare u	pieszy m	—	gyalogos
acompanhar alguém	meegaan	följa med	iść z <pójść z>	—	vele megy
andar	gaan	gå	iść <pójść>	—	megy
ir às compras	boodschappen doen	göra inköp	iść na zakupy <pójść na zakupy>	—	vásárolni megy
coro m	koor n	kör u	chór m	sbor m	kórus
selecção f	keuze f	urval n	wybór m	výběr m	választék
escolha f	keuze f	val n	wybór m	výběr m	választás
coro m	koor n	kör u	chór m	sbor m	kórus
escolher	uitzoeken	välja	wyszukiwać <wyszukać>	vyhledávat <vyhledat>	kiválaszt
seleccionar	kiezen	välja ut	wybierać <wybrać>	vybírat <vybrat>	kiválaszt
selecção f	keuze f	urval n	wybór m	výběr m	választék
escolha f	keuze f	val n	wybór m	výběr m	választás
desemprego m	werkloosheid f	arbetslöshet u	bezrobocie n	nezaměstnanost f	munkanélküliség
seleccionar	kiezen	välja ut	wybierać <wybrać>	vybírat <vybrat>	kiválaszt
pegar	pakken	fatta	chwytać <uchwycić>	—	megfog
agarrar	grijpen	gripa	chwytać <chwycić>	—	fog
coro m	koor n	kör u	chór m	sbor m	kórus
coro m	koor n	kör u	—	sbor m	kórus
bandeira f	vlag f	flagga u	—	vlajka f	zászló
—	huilen	gråta	płakać	plakat	sír
doença f	ziekte f	sjukdom u	—	nemoc f	betegség
doente	ziek	sjuk	—	nemocný	beteg

chose

	D	E	F	I	ES
chose (F)	Ding n	thing	—	cosa f	cosa f
chose (F)	Sache f	thing	—	cosa f	cosa f
chou (F)	Kohl m	cabbage	—	cavolo m	col f
chování (CZ)	Benehmen n	behaviour	conduite f	comportamento m	comportamiento m
chovat, se (CZ)	benehmen, sich	behave	comporter, se	comportarsi	comportarse
chover (P)	regnen	rain	pleuvoir	piovere	llover
chować (PL)	verstecken	hide	cacher	nascondere	ocultar
chránit <ochránit> (CZ)	beschützen	protect	protéger	proteggere	proteger
chránit <ochránit> (CZ)	schützen	protect	protéger	proteggere	proteger
chrétien (F)	Christ m	Christian	—	cristiano m	cristiano m
chřipka (CZ)	Grippe f	flu	grippe f	influenza f	gripe f
Christ (D)	—	Christian	chrétien m	cristiano m	cristiano m
christen (NL)	Christ m	Christian	chrétien m	cristiano m	cristiano m
Christian (E)	Christ m	—	chrétien m	cristiano m	cristiano m
Christian name (E)	Vorname m	—	prénom m	nome di battesimo m	nombre m
Christmas (E)	Weihnachten pl	—	Noël m	Natale m	Navidad(es) f/pl
chronić <ochronić> (PL)	beschützen	protect	protéger	proteggere	proteger
chronić <ochronić> (PL)	schützen	protect	protéger	proteggere	proteger
chrup (CZ)	Gebiss n	teeth	denture f	denti m/pl	dentadura f
chrząszcz (PL)	Käfer m	beetle	coléoptère m	coleottero m	escarabajo m
chrześcijanin (PL)	Christ m	Christian	chrétien m	cristiano m	cristiano m
chtít (CZ)	wollen	want	vouloir	volere	querer
chuchoter (F)	flüstern	whisper	—	bisbigliare	murmurar
chudy (PL)	mager	skinny	maigre	magro(a)	delgado(a)
chudý (CZ)	arm	poor	pauvre	povero(a)	pobre
chuleta (ES)	Kotelett n	cutlet	côtelette f	costoletta f	—
chupar (ES)	lutschen	suck	sucer	succhiare	—
chupar (P)	lutschen	suck	sucer	succhiare	chupar
church (E)	Kirche f	—	église f	chiesa f	iglesia f
chusteczka (PL)	Taschentuch n	handkerchief	mouchoir m	fazzoletto m	pañuelo m
chuť[1] (CZ)	Appetit m	appetite	appétit m	appetito m	apetito m
chuť[2] (CZ)	Geschmack m	taste	goût m	gusto m	sabor m
chuť[3] (CZ)	Lust f	delight	plaisir m	piacere m	ganas f/pl
chute (F)	Absturz m	crash	—	caduta f	caída f
chuva (P)	Regen m	rain	pluie f	pioggia f	lluvia f
chůze (CZ)	Gang m	corridor	couloir m	corridoio m	corredor m
chválit <pochválit> (CZ)	loben	praise	louer	lodare	elogiar
chvět, se <zachvět, se> (CZ)	zittern	tremble	trembler	tremare	temblar
chwalić (PL)	loben	praise	louer	lodare	elogiar
chwila (PL)	Augenblick m	moment	instant m	attimo m	momento m
chwyt (PL)	Griff m	handle	poignée f	maniglia f	asidero m
chwytać <chwycić> (PL)	greifen	seize	saisir	afferrare	tomar
chwytać <uchwycić> (PL)	fassen	grasp	saisir	prendere	tomar/agarrar
chyba (CZ)	Fehler m	mistake	faute f	sbaglio m	falta f
chybět (CZ)	fehlen	miss	manquer	mancare	faltar
chytrý[1] (CZ)	klug	clever	intelligent(e)	intelligente	inteligente
chytrý[2] (CZ)	schlau	clever	astucieux(euse)	astuto(a)	astuto(a)
ciąć <pociąć> (PL)	schneiden	cut	couper	tagliare	cortar
ciągnąć (PL)	ziehen	pull	tirer	tirare	tirar
ciągnący się (PL)	zäh	tough	coriace	duro(a)	duro(a)
ciało (PL)	Körper m	body	corps m	corpo m	cuerpo m

ciało

P	NL	SV	PL	CZ	H
coisa f	ding n	sak u	rzecz f	věc f	holmi
coisa f	ding n	sak u	rzecz f	věc f	dolog
couve f	kool m	kål u	kapusta f	kapusta f	káposzta
comportamento m	gedrag n	uppförande n	zachowanie n	—	viselkedés
comportar-se	gedragen, zich	bete sig	zachowywać, się <zachować, się>	—	viselkedik
—	regenen	regna	pada deszcz	pršet <zapršet>	esik az eső
esconder	verstoppen	gömma	—	schovávat <schovat>	elrejt
proteger	beschermen	beskydda	chronić <ochronić>	—	megvéd
proteger	beschermen	skydda	chronić <ochronić>	—	véd
cristão m	christen m	kristen person u	chrześcijanin m	křesťan m	keresztény
gripe f	griep f	förkylning u	grypa f	—	influenza
cristão m	christen m	kristen person u	chrześcijanin m	křesťan m	keresztény
cristão m	—	kristen person u	chrześcijanin m	křesťan m	keresztény
cristão m	christen m	kristen person u	chrześcijanin m	křesťan m	keresztény
prenome m	voornaam m	förnamn n	imię n	křestní jméno n	keresztnév
Natal m	kerst m	jul u	Boże Narodzenie	vánoce f/pl	karácsony
proteger	beschermen	beskydda	—	chránit <ochránit>	megvéd
proteger	beschermen	skydda	—	chránit <ochránit>	véd
dentadura f	gebit n	gom u	uzębienie n	—	fogsor
escaravelho m	kever m	skalbagge u	—	brouk m	bogár
cristão m	christen m	kristen person u	—	křesťan m	keresztény
querer	willen	vilja	chcieć	—	akar
murmurar	fluisteren	viska	szeptać <szepnąć>	šeptat <pošeptat>	suttog
magro	mager	mager	—	hubený	sovány
pobre	arm	fattig	biedny	—	szegény
costeleta f	kotelet f	kotlett u	kotlet m	kotleta f	kotlett
chupar	zuigen	suga	ssać	cucat <vycucnout>	szopogat
—	zuigen	suga	ssać	cucat <vycucnout>	szopogat
igreja f	kerk f	kyrka u	kościół m	kostel m	templom
lenço m	zakdoek m	näsduk u	—	kapesník m	zsebkendő
apetite m	eetlust m	appetit u	apetyt m	—	étvágy
gosto m	smaak m	smak u	smak m	—	ízlés
prazer m	lust f	lust u	ochota f	—	kedv
queda f	neerstorten n	störtning u	runięcie w dół n	zřícení n	zuhanás
—	regen m	regn n	deszcz m	déšť m	eső
corredor m	gang m	korridor u	korytarz m	—	folyósó
elogiar	loven	berömma	chwalić	—	dicsér
tremer	rillen	darra	drżeć	—	reszket
elogiar	loven	berömma	—	chválit <pochválit>	dicsér
instante m	ogenblik n	ögonblick n	—	okamžik m	pillanat
cabo m	greep m	fäste n	—	rukojeť f	kézmozdulat
agarrar	grijpen	gripa	—	chopit <uchopit>	fog
pegar	pakken	fatta	—	chopit <uchopit>	megfog
erro m	fout f	fel n	błąd m	—	hiba
faltar	ontbreken	sakna	brakować	—	hiányzik
inteligente	wijs	klok	mądry	—	okos
esperto	slim	smart	przebiegły	—	ravasz
cortar	snijden	skära	—	řezat <uříznout>	vág
puxar	trekken	dra	—	táhnout	húz
duro	taai	seg	—	houževnatý	szívós
corpo m	lichaam n	kropp u	—	tělo n	test

Ciao!

	D	E	F	I	ES
Ciao!¹ (I)	Hallo!	Hello!	Salut!	—	¡Hola!
Ciao!² (I)	Tschüs!	Bye!	Salut!	—	¡Hasta luego!
ciasny (PL)	eng	narrow	étroit(e)	stretto(a)	estrecho(a)
ciastko (PL)	Keks m	biscuit	biscuit m	biscotto m	galleta f
cibo (I)	Essen n	food	repas m	—	comida f
cicho (PL)	leise	quietly	à voix basse	a bassa voce	sin (hacer) ruido
cichy (PL)	still	quiet	calme	calmo(a)	tranquilo(a)
cidade (P)	Stadt f	town	ville f	città f	ciudad f
cięcie (PL)	Schnitt m	cut	coupe f	taglio m	corte m
cieco(a) (I)	blind	blind	aveugle	—	ciego(a)
ciego(a) (ES)	blind	blind	aveugle	cieco(a)	—
ciekawy (PL)	neugierig	curious	curieux(euse)	curioso(a)	curioso(a)
ciel (F)	Himmel m	sky	—	cielo m	cielo m
cielę (PL)	Kalb n	calf	veau m	vitello m	ternera f
cielo (I)	Himmel m	sky	ciel m	—	cielo m
cielo (ES)	Himmel m	sky	ciel m	cielo m	—
ciemno (PL)	dunkel	dark	sombre	scuro(a)	oscuro(a)
ciemności (PL)	Finsternis f	darkness	obscurité f	buio m	oscuridad f
cień (PL)	Schatten m	shadow	ombre f	ombra f	sombra f
ciencia (ES)	Wissenschaft f	science	science f	scienza f	—
ciência (P)	Wissenschaft f	science	science f	scienza f	ciencia f
cienisty (PL)	schattig	shady	ombragé(e)	ombroso(a)	a la sombra
cienki (PL)	dünn	thin	mince	magro(a)	delgado(a)/fino(a)
ciepło (PL)	Wärme f	warmth	chaleur f	calore m	calor m
ciepły (PL)	warm	warm	chaud(e)	caldo(a)	caliente
cierpieć (PL)	leiden	suffer	souffrir	soffrire	sufrir
cierpliwość (PL)	Geduld f	patience	patience f	pazienza f	paciencia f
cierpliwy (PL)	geduldig	patient	patient(e)	paziente	con paciencia
cierto (ES)	gewiss	certain	certain(e)	certo(a)	—
cieszący się powodzeniem (PL)	erfolgreich	successful	avec succès	di successo	exitoso(a)
cieszyć, się <ucieszyć, się> (PL)	freuen, sich	be glad/happy	réjouir, se	rallegrarsi	alegrarse
ciężar¹ (PL)	Last f	load	charge f	carico m	peso m
ciężar² (PL)	Gewicht n	weight	poids m	peso m	peso m
ciężarna (PL)	schwanger	pregnant	enceinte	incinta	embarazada
ciężki (PL)	schwer	heavy	lourd(e)	pesante	pesado(a)
cigareta (CZ)	Zigarette f	cigarette	cigarette f	sigaretta f	cigarrillo m
cigarett (SV)	Zigarette f	cigarette	cigarette f	sigaretta f	cigarrillo m
cigaretta (H)	Zigarette f	cigarette	cigarette f	sigaretta f	cigarrillo m
cigarette (E)	Zigarette f	—	cigarette f	sigaretta f	cigarrillo m
cigarette (F)	Zigarette f	cigarette	—	sigaretta f	cigarrillo m
cigarrettändare (SV)	Feuerzeug n	lighter	briquet m	accendino m	encendedor m
cigarrillo (ES)	Zigarette f	cigarette	cigarette f	sigaretta f	—
cigarro (P)	Zigarette f	cigarette	cigarette f	sigaretta f	cigarrillo m
cijfer (NL)	Note f	mark	note f	voto m	calificación f
cíl (CZ)	Ziel n	goal	but m	meta f	intención f
ciliegia (I)	Kirsche f	cherry	cerise f	—	cereza f
cima (I)	Gipfel m	peak	sommet m	—	cumbre f
cimetière (F)	Friedhof m	cemetery	—	cimitero m	cementerio m
cimítero (I)	Friedhof m	cemetery	cimetière m	—	cementerio m
címzett (H)	Empfänger m	receiver	destinataire f	destinatario m	destinatario m
cine (ES)	Kino n	cinema	cinéma m	cinema m	—
cinema (E)	Kino n	—	cinéma m	cinema m	cine m
cinema (I)	Kino n	cinema	cinéma m	—	cine m
cinema (P)	Kino n	cinema	cinéma m	cinema m	cine m
cinéma (F)	Kino n	cinema	—	cinema m	cine m

cinéma

P	NL	SV	PL	CZ	H
Olá!	Hallo!	Hej!	Cześć!	Haló!	Szía!
Adeus!	Dag!	Hejdå!	Cześć!	Čau!	Szia!
estreito	nauw	trång	—	úzký	szűk
bolacha f	koekje n	kex n	—	keks m	aprósütemény
comida f	eten n	mat u	jedzenie n	jídlo n	étkezés
silencioso	zacht	tyst	—	tiše	halk
quieto	stil	tyst	—	tichý	csendes
—	stad f	stad u	miasto n	město n	város
corte m	snee f	skärning u	—	řez m	vágás
cego	blind	blind	ślepy	slepě	vak
cego	blind	blind	ślepy	slepě	vak
curioso	nieuwsgierig	nyfiken	—	zvědavý	kíváncsi
céu m	hemel m	himmel u	niebo n	nebe n	ég
vitela f	kalf n	kalv u	—	tele n	borjú
céu m	hemel m	himmel u	niebo n	nebe n	ég
céu m	hemel m	himmel u	niebo n	nebe n	ég
escuro	donker	mörk	—	tmavý	sötét
escuridão f	duisternis f	mörker u	—	temno n	sötétség
sombra f	schaduw m	skugga u	—	stín m	árnyék
ciência f	wetenschap f	vetenskap u	nauka f	věda f	tudomány
—	wetenschap f	vetenskap u	nauka f	věda f	tudomány
sombreado	schaduwrijk	skuggig	—	stinný	árnyékos
magro	dun	tunn	—	tenký	vékony
calor m	warmte f	värme u	—	teplo n	melegség
quente	warm	varm	—	teplý	meleg
sofrer	lijden	lida	—	trpět <utrpět>	szenved
paciência f	geduld n	tålamod n	—	trpělivost f	türelem
paciente	geduldig	tålig	—	trpělivý	türelmes
certo	zeker	säker	pewnie	jistě	bizonyos
bem sucedido	succesrijk	framgångsrik	—	úspěšný	sikeres
alegrar-se	verheugen, zich	glädja sig	—	radovat, se <zaradovat, se>	örül
carga f	last f	last u	—	břemeno n	teher
peso m	gewicht n	vik u	—	hmotnost f	súly
grávida	zwanger	gravid	—	těhotná	állapotos
pesado	zwaar	tung	—	těžký	nehéz, súlyos
cigarro m	sigaret f	cigarett u	papieros m	—	cigaretta
cigarro m	sigaret f	—	papieros m	cigareta f	cigaretta
cigarro m	sigaret f	cigarett u	papieros m	cigareta f	—
cigarro m	sigaret f	cigarett u	papieros m	cigareta f	cigaretta
cigarro m	sigaret f	cigarett u	papieros m	cigareta f	cigaretta
isqueiro m	aansteker m	—	zapalniczka f	zapalovač m	öngyújtó
cigarro m	sigaret f	cigarett u	papieros m	cigareta f	cigaretta
—	sigaret f	cigarett u	papieros m	cigareta f	cigaretta
nota f	—	betyg n	ocena f	známka f	osztályzat
meta f	doel n	mål n	cel m	—	cél
cereja f	kers f	körsbär n	wiśnia f	třešeň f	cseresznye
cume m	top m	topp u	szczyt m	špička f	hegycsúcs
cemitério m	kerkhof m	kyrkogård u	cmentarz m	hřbitov m	temető
cemitério m	kerkhof m	kyrkogård u	cmentarz m	hřbitov m	temető
receptor m	ontvanger m	mottagare u	odbiorca m	příjemce m	—
cinema m	bioscoop m	bio u	kino n	kino n	mozi
cinema m	bioscoop m	bio u	kino n	kino n	mozi
cinema m	bioscoop m	bio u	kino n	kino n	mozi
—	bioscoop m	bio u	kino n	kino n	mozi
cinema m	bioscoop m	bio u	kino n	kino n	mozi

cinghia

	D	E	F	I	ES
cinghia[1] (I)	Gurt m	belt	ceinture f	—	cinturón m
cinghia[2] (I)	Riemen n	strap	courroie f	—	correa f
cinta (ES)	Band n	ribbon	bandeau m	nastro m	—
cinto (P)	Gürtel m	belt	ceinture f	cintura f	cinturón m
cintura (I)	Gürtel m	belt	ceinture f	—	cinturón m
cinturón (ES)	Gurt m	belt	ceinture f	cinghia f	—
cinturón (ES)	Gürtel m	belt	ceinture f	cintura f	—
cinza (P)	Asche f	ash	cendre f	cenere f	ceniza f
cinzeiro (P)	Aschenbecher m	ashtray	cendrier m	portacenere m	cenicero m
cło (PL)	Zoll m	customs	douane f	dogana f	aduana f
cioè (I)	nämlich	namely	à savoir	—	a saber
ciotka (PL)	Tante f	aunt	tante f	zia f	tía f
cipő (H)	Schuh m	shoe	chaussure f	scarpa f	zapato m
cipria (I)	Puder m	powder	poudre f	—	polvos m/pl
cipzár (H)	Reißverschluss m	zip	fermeture éclair f	chiusura lampo f	cremallera f
circle (E)	Kreis m	—	cercle m	cerchio m	círculo m
circolazione (I)	Kreislauf m	circulation	circulation f	—	circulación f
circuit (F)	Rundfahrt f	round trip	—	giro m	vuelta f
circulação (P)	Kreislauf m	circulation	circulation f	circolazione f	circulación f
circulación (ES)	Kreislauf m	circulation	circulation f	circolazione f	—
circulation (E)	Kreislauf m	—	circulation f	circolazione f	circulación f
circulation[1] (F)	Kreislauf m	circulation	—	circolazione f	circulación f
circulation[2] (F)	Verkehr m	traffic	—	traffico m	tráfico m
círculo (ES)	Kreis m	circle	cercle m	cerchio m	—
círculo (P)	Kreis m	circle	cercle m	cerchio m	círculo m
ciruela (ES)	Pflaume f	plum	prune f	prugna f	—
ciseaux (F)	Schere f	pair of scissors	—	forbici f/pl	tijera f
číslo (CZ)	Nummer f	number	numéro m	numero m	número m
číšník (CZ)	Kellner m	waiter	serveur m	cameriere m	camarero m
čištění (CZ)	Reinigung f	cleaning	nettoyage m	pulitura f	limpieza f
čistit <vyčistit>[1] (CZ)	reinigen	clean	nettoyer	pulire	limpiar
čistit <vyčistit>[2] (CZ)	putzen	clean	nettoyer	pulire	limpiar
čistý (CZ)	sauber	clean	propre	pulito(a)	limpio(a)
číst <přečíst> (CZ)	lesen	read	lire	leggere	leer
cita (ES)	Verabredung f	date	rendez-vous m	appuntamento m	—
cítit <procítit> (CZ)	fühlen	feel	sentir	sentire	sentir
cítit <ucítit> (CZ)	riechen	smell	sentir	sentire	oler
citlivý (CZ)	empfindlich	sensitive	sensible	sensibile	sensible
citroen (NL)	Zitrone f	lemon	citron m	limone m	limón m
citrom (H)	Zitrone f	lemon	citron m	limone m	limón m
citron (F)	Zitrone f	lemon	—	limone m	limón m
citron (SV)	Zitrone f	lemon	citron m	limone m	limón m
citron (CZ)	Zitrone f	lemon	citron m	limone m	limón m
città (I)	Stadt f	town	ville f	—	ciudad f
cittadinanza (I)	Staatsangehörigkeit f	nationality	nationalité f	—	nacionalidad f
ciudad (ES)	Stadt f	town	ville f	città f	—
ciúme (P)	Eifersucht f	jealousy	jalousie f	gelosia f	celos m/pl
civil (E)	bürgerlich	—	civil(e)	civile	civil
civil (ES)	bürgerlich	civil	civil(e)	civile	—
civil (P)	bürgerlich	civil	civil(e)	civile	civil
civil(e) (F)	bürgerlich	civil	—	civile	civil
civile (I)	bürgerlich	civil	civil(e)	—	civil

P	NL	SV	PL	CZ	H
correia f	gordel m	bälte n	pas m	pás m	heveder/biztonsági öv
correia f	riem m	rem u	rzemyk m	řemen m	szíj
fita f	band m	band n	tom m	pás m	szalag
—	gordel m	skärp n	pasek m	pásek m	öv
cinto m	gordel m	skärp n	pasek m	pásek m	öv
correia f	gordel m	bälte n	pas m	pás m	heveder/biztonsági öv
cinto m	gordel m	skärp n	pasek m	pásek m	öv
—	as f	aska u	popiół m	popel m	hamu
—	asbakje n	askkopp u	popielniczka f	popelník m	hamutartó
alfândega f	douane f	tull u	—	clo n	vám
nomeadamente	namelijk	nämligen	mianowicie	a sice	tudniillik
tia f	tante f	tant u	—	teta f	néni
sapato m	schoen m	sko u	but m	bota f	—
pó m	poeder n	puder n	puder m	pudr m	púder
fecho de correr m	ritssluiting f	blixtlås n	zamek błyskawiczny m	zip m	—
círculo m	kring m	krets u	koło n	kruh m	kör
circulação f	kringloop m	kretslopp n	krążenie n	koloběh m	körforgás
passeio de carro m	rondrit f	rundtur u	przejażdżka f	okružní jízda f	körutazás
—	kringloop m	kretslopp n	krążenie n	koloběh m	körforgás
circulação f	kringloop m	kretslopp n	krążenie n	koloběh m	körforgás
circulação f	kringloop m	kretslopp n	krążenie n	koloběh m	körforgás
circulação f	kringloop m	kretslopp n	krążenie n	koloběh m	körforgás
trânsito m	verkeer n	trafik u	ruch m	provoz m	forgalom
círculo m	kring m	krets u	koło n	kruh m	kör
—	kring m	krets u	koło n	kruh m	kör
ameixa f	pruim f	plommon n	śliwka f	švestka f	szilva
tesoura f	schaar f	sax u	nożyce f/pl	nůžky pl	olló
número m	nummer n	nummer n	numer m	—	szám
empregado de mesa m	kelner m	kypare/servitör u	kelner m	—	pincér
limpeza f	reiniging f	rengöring u	czyszczenie n	—	tisztítás
limpar	reinigen	göra rent	oczyszczać <oczyścić>	—	tisztít
limpar	poetsen	städa	czyścić <wyczyścić>	—	pucol
limpo	schoon	ren	czysty	—	tiszta
ler	lezen	läsa	czytać	—	olvas
compromisso m	afspraak m	avtal n	umówienie się n	schůzka f	megbeszélés
sentir	voelen	känna	czuć	—	érez
cheirar	ruiken	lukta	pachnieć <zapachnieć>	—	szaga van, szagol
sensível	gevoelig	känslig	wrażliwy	—	érzékeny
limão m	—	citron u	cytryna f	citron m	citrom
limão m	citroen f	citron u	cytryna f	citron m	—
limão m	citroen f	citron u	cytryna f	citron m	citrom
limão m	citroen f	—	cytryna f	citron m	citrom
limão m	citroen f	citron u	cytryna f	citron m	citrom
cidade f	stad f	stad u	miasto n	město n	város
nacionalidade f	nationaliteit f	medborgarskap n	obywatelstwo n	státní příslušnost f	állampolgárság
cidade f	stad f	stad u	miasto n	město n	város
—	jaloezie f	svartsjuka u	zazdrość f	žárlivost f	féltékenység
civil	burgerlijk	borgerlig	mieszczański	měšťanský	polgári
civil	burgerlijk	borgerlig	mieszczański	měšťanský	polgári
—	burgerlijk	borgerlig	mieszczański	měšťanský	polgári
civil	burgerlijk	borgerlig	mieszczański	měšťanský	polgári
civil	burgerlijk	borgerlig	mieszczański	měšťanský	polgári

civil servant

	D	E	F	I	ES
civil servant (E)	Beamter m	—	fonctionnaire m	impiegato statale m	funcionario m
cizí jazyk (CZ)	Fremdsprache f	foreign language	langue étrangère f	lingua straniera f	lengua extranjera f
cizinec (CZ)	Ausländer m	foreigner	étranger m	straniero m	extranjero m
clacson (I)	Hupe f	horn	klaxon m	—	bocina f
claim (E)	Anspruch m	—	exigence f	pretesa f	pretensión f
clair(e) (F)	deutlich	clear	—	chiaro(a)	claro(a)
clair(e) (F)	hell	bright	—	chiaro(a)	claro(a)
clair(e) (F)	klar	clear	—	chiaro(a)	claro(a)
článek (CZ)	Artikel m	article	article m	articolo m	artículo m
claro¹ (P)	hell	bright	clair(e)	chiaro(a)	claro(a)
claro² (P)	klar	clear	clair(e)	chiaro(a)	claro(a)
claro(a) (ES)	deutlich	clear	clair(e)	chiaro(a)	—
claro(a) (ES)	hell	bright	clair(e)	chiaro(a)	—
claro(a) (ES)	klar	clear	clair(e)	chiaro(a)	—
clase¹ (ES)	Rang m	rank	rang m	ceto m	—
clase² (ES)	Klasse f	class	classe f	classe f	—
class (E)	Klasse f	—	classe f	classe f	clase f
classe (F)	Klasse f	class	—	classe f	clase f
classe (I)	Klasse f	class	classe f	—	clase f
classe (P)	Klasse f	class	classe f	classe f	clase f
clavo (ES)	Nagel m	nail	clou m	chiodo m	—
claxon (NL)	Hupe f	horn	klaxon m	clacson m	bocina f
clé (F)	Schlüssel m	key	—	chiave f	llave f
clean (E)	reinigen	—	nettoyer	pulire	limpiar
clean (E)	putzen	—	nettoyer	pulire	limpiar
clean (E)	sauber	—	propre	pulito(a)	limpio(a)
cleaning (E)	Reinigung f	—	nettoyage m	pulitura f	limpieza f
clear (E)	deutlich	—	clair(e)	chiaro(a)	claro(a)
clear (E)	klar	—	clair(e)	chiaro(a)	claro(a)
clear away (E)	aufräumen	—	ranger	mettere in ordine	arreglar
clear through customs (E)	verzollen	—	dédouaner	sdoganare	pagar la aduana
člen (CZ)	Mitglied n	member	membre m	membro m	miembro m
clever¹ (E)	klug	—	intelligent(e)	intelligente	inteligente
clever² (E)	schlau	—	astucieux(euse)	astuto(a)	astuto(a)
client (F)	Kunde m	customer	—	cliente m	cliente m
cliente (I)	Kunde m	customer	client m	—	cliente m
cliente (ES)	Kunde m	customer	client m	cliente m	—
cliente (P)	Kunde m	customer	client m	cliente m	cliente m
clignoter (F)	blinken	flash	—	lampeggiare	emitir reflejos
clima (I)	Klima n	climate	climat m	—	clima m
clima (ES)	Klima n	climate	climat m	clima m	—
clima (P)	Klima n	climate	climat m	clima m	clima m
climat (F)	Klima n	climate	—	clima m	clima m
climate (E)	Klima n	—	climat m	clima m	clima m
climb (E)	klettern	—	grimper	arrampicarsi	escalar
clinica (I)	Klinik f	hospital	clinique f	—	clínica f
clínica (ES)	Klinik f	hospital	clinique f	clinica f	—
clínica (P)	Klinik f	hospital	clinique f	clinica f	clínica f
clinique (F)	Klinik f	hospital	—	clinica f	clínica f
clo (CZ)	Zoll m	customs	douane f	dogana f	aduana f
cloche (F)	Glocke f	bell	—	campana f	campana f
close (E)	schließen	—	fermer	chiudere	cerrar
closed (E)	geschlossen	—	fermé(e)	chiuso(a)	cerrado(a)

closed

P	NL	SV	PL	CZ	H
funcionário público m	ambtenaar m	tjänsteman u	urzędnik m	úředník m	köztisztviselő
língua estrangeira f	vreemde taal f	främmande språk n	język obcy m	—	idegen nyelv
estrangeiro m	buitenlander m	utlänning u	cudzoziemiec m	—	külföldi
buzina f	claxon m	signalhorn n	klakson m	houkačka f	duda
direito m	aanspraak f	anspråk n	roszczenie n	nárok m	igény
nítido	duidelijk	tydlig	wyraźny	výrazně	világos
claro	licht	ljus	jasny	světlý	világos
claro	helder	tydlig	jasny(a,e)	jasný	tiszta
artigo m	artikel n	artikel u	artykuł m	—	(ujság)cikk
—	licht	ljus	jasny	světlý	világos
—	helder	tydlig	jasny(a,e)	jasný	tiszta
nítido	duidelijk	tydlig	wyraźny	výrazně	világos
claro	licht	ljus	jasny	světlý	világos
claro	helder	tydlig	jasny(a,e)	jasný	tiszta
categoria f	rang m	ställning u	stopień m	hodnost f	rang
classe f	klas f	klass u	klasa f	třída f	osztály
classe f	klas f	klass u	klasa f	třída f	osztály
classe f	klas f	klass u	klasa f	třída f	osztály
classe f	klas f	klass u	klasa f	třída f	osztály
—	klas f	klass u	klasa f	třída f	osztály
prego m	nagel m	nagel u	paznokieć m	hřebík m	szög
buzina f	—	signalhorn n	klakson m	houkačka f	duda
chave f	sleutel m	nyckel u	klucz m	klíč m	kulcs
limpar	reinigen	göra rent	oczyszczać <oczyścić>	čistit <vyčistit>	tisztít
limpar	poetsen	städa	czyścić <wyczyścić>	čistit <vyčistit>	pucol
limpo	schoon	ren	czysty	čistý	tiszta
limpeza f	reiniging f	rengöring u	czyszczenie n	čištění n	tisztítás
nítido	duidelijk	tydlig	wyraźny	výrazně	világos
claro	helder	tydlig	jasny(a,e)	jasný	tiszta
arrumar	opruimen	städa	sprzątać <sprzątnąć>	uklízet <uklidit>	kitakarít
pagar direitos	invoerrechten betalen	förtulla	oclić	proclívat <proclít>	elvámol
membro m	lid n	medlem u	członek m	—	tag
inteligente	wijs	klok	mądry	chytrý	okos
esperto	slim	smart	przebiegły	chytrý	ravasz
cliente m	klant m	kund u	klient m	zákazník m	vevő
cliente m	klant m	kund u	klient m	zákazník m	vevő
cliente m	klant m	kund u	klient m	zákazník m	vevő
—	klant m	kund u	klient m	zákazník m	vevő
reluzir	knipperen	blinka	błyskać <błysnąć>	blikat <zablikat>	indexel
clima m	klimaat n	klimat n	klimat m	klima n	klima
clima m	klimaat n	klimat n	klimat m	klima n	klima
—	klimaat n	klimat n	klimat m	klima n	klima
clima m	klimaat n	klimat n	klimat m	klima n	klima
clima m	klimaat n	klimat n	klimat m	klima n	klima
trepar	klimmen	klättra	wspinać, się <wspiąć, się>	lézt <vylézt>	felmászik
clínica f	kliniek f	klinik u	klinika f	klinika f	klinika
clínica f	kliniek f	klinik u	klinika f	klinika f	klinika
—	kliniek f	klinik u	klinika f	klinika f	klinika
clínica f	kliniek f	klinik u	klinika f	klinika f	klinika
alfândega f	douane f	tull u	cło n	—	vám
sino m	klok f	klocka u	dzwon m	zvon m	harang
fechar	sluiten	stänga	zamykać <zamknąć>	zavírat <zavřít>	zár
fechado	gesloten	stängd	zamknięty	uzavřený	zárt

closing day

	D	E	F	I	ES
closing day (E)	Ruhetag m	—	jour de repos m	giorno di riposo m	día de descanso m
cloth (E)	Stoff m	—	tissu m	stoffa f	tela f
clothing (E)	Kleidung f	—	habits m/pl	abbigliamento m	ropa f
clôture (F)	Zaun m	fence	—	recinto m	cercado m
clou (F)	Nagel m	nail	—	chiodo m	clavo m
cloudy (E)	bewölkt	—	couvert(e)	nuvoloso(a)	nublado
člověk (CZ)	Mensch m	human being	homme m	essere umano m	ser humano m
club[1] (E)	Kasino n	—	casino m	casinò m	casino m
club[2] (E)	Verein m	—	association f	associazione f	asociación f
clumsy (E)	ungeschickt	—	maladroit(e)	impacciato(a)	torpe
cmentarz (PL)	Friedhof m	cemetery	cimetière m	cimitero m	cementerio m
co? (PL)	was?	what?	que?	che?	¿qué?
co? (CZ)	was?	what?	que?	che?	¿qué?
coal (E)	Kohle f	—	charbon m	carbone m	carbón m
coarse (E)	grob	—	grossier(ière)	rozzo(a)	tosco(a)
coast (E)	Küste f	—	côte f	costa f	costa f
coat (E)	Mantel m	—	manteau m	cappotto m	abrigo m
cobarde (ES)	feige	cowardly	lâche	vile	—
cobarde (P)	feige	cowardly	lâche	vile	cobarde
coberto (P)	bedeckt	covered	couvert(e)	coperto(a)	cubierto(a)
cobertor (P)	Decke f	blanket	couverture f	coperta f	manta f
cobrar (ES)	kassieren	take	encaisser	incassare	—
cobrar (P)	kassieren	take	encaisser	incassare	cobrar
cobrir[1] (P)	bedecken	cover	couvrir	coprire	cubrir
cobrir[2] (P)	zudecken	cover (up)	couvrir	coprire	tapar
coccio (I)	Scherbe f	broken piece	tesson m	—	pedazo m
cocer (al horno) (ES)	backen	bake	faire cuire	cuocere (al forno)	—
coche (ES)	Auto n	car	voiture f	macchina f	—
coche cama (ES)	Liegewagen m	couchette	wagon-couchette m	cuccetta f	—
cochon (F)	Schwein n	pig	—	maiale m	cerdo m
cocina[1] (ES)	Herd m	cooker	cuisinière f	cucina f	—
cocina[2] (ES)	Küche f	kitchen	cuisine f	cucina f	—
cocinar (ES)	kochen	cook	cuire	cucinare	—
cocinero (ES)	Koch m	cook	cuisinier m	cuoco m	—
cock (E)	Hahn m	—	coq m	gallo m	gallo m
codzienność (PL)	Alltag m	everyday life	vie quotidienne f	vita quotidiana f	vida cotidiana f
cœur (F)	Herz n	heart	—	cuore m	corazón m
cofać zamówienie <cofnąć zamówienie> (PL)	abbestellen	cancel	décommander	annullare	anular el pedido de
coffin (E)	Sarg m	—	cercueil m	bara f	ataúd m
coffre (F)	Kofferraum m	boot	—	portabagagli m	maletero m
cogliere (I)	pflücken	pick	cueillir	—	recoger
cogumelo (P)	Pilz m	mushroom	champignon m	fungo m	hongo m
cohibido(a) (ES)	verlegen	embarassed	gêné(e)	imbarazzato(a)	—
coiffeur (F)	Friseur m	hairdresser	—	parrucchiere m	peluquero m
coiffure (F)	Frisur f	hairstyle	—	pettinatura f	peinado m
coin (E)	Münze f	—	pièce de monnaie f	moneta f	moneda f
coin (F)	Ecke f	corner	—	angolo m	esquina f
coincidenza (I)	Anschluss m	connection	correspondance f	—	conexión f
coisa (P)	Ding n	thing	chose f	cosa f	cosa f
coisa (P)	Sache f	thing	chose f	cosa f	cosa f
coisas (P)	Zeug n	stuff	affaires f/pl	cose f/pl	cosas f/pl
col (F)	Kragen m	collar	—	colletto m	cuello m

P	NL	SV	PL	CZ	H
dia de folga m	rustdag m	vilodag u	wolny dzień m	den pracovního klidu m	szünnap
matéria f	stof f	tyg n	materiał m	látka f	anyag
vestuário m	kleding f	kläder pl	ubranie n	oblečení n	ruházat
cerca f	hek n	stängsel n	płot m	plot m	kerítés
prego m	nagel m	nagel u	paznokieć m	hřebík m	szög
enevoado	bewolkt	molnigt	zachmurzony	zataženo	felhős
homem m	mens m	människa u	człowiek m	—	ember
casino m	casino n	kasino n	kasyno n	kasino n	kaszinó
associação f	vereniging f	förening u	stowarzyszenie n	spolek m	egyesület
desajeitado	onhandig	klumpig	niezręczny	nešikovný	ügyetlen
cemitério m	kerkhof m	kyrkogård u	—	hřbitov m	temető
o quê?	wat?	vad?	—	co?	mi?
o quê?	wat?	vad?	co?	—	mi?
carvão m	kolen f/pl	kol u	węgiel m	uhlí n	szén
grosso	grof	grov	z grubsza	hrubý	durva
costa f	kust f	kust u	wybrzeże n	pobřeží n	tengerpart
sobretudo m	mantel m	kappa u	płaszcz m	kabát m	kabát
cobarde	laf	feg	tchórzliwy	zbabělý	gyáva
—	laf	feg	tchórzliwy	zbabělý	gyáva
—	bedekt	täckt	pokryty	zakrytý	borult
—	plafond n	täcke n	sufit m	přikrývka f	takaró
cobrar	incasseren	kassera	kasować <skasować>	kasírovat <zkasírovat>	kasszíroz
—	incasseren	kassera	kasować <skasować>	kasírovat <zkasírovat>	kasszíroz
—	bedekken	täcka	przykrywać <przykryć>	zakrývat <zakrýt>	beborít, betakar
—	toedekken	täcka över	przykryć	přikrývat <přikrýt>	fedővel lefed
caco m	scherf f	skärva u	skorupa f	střep m	cserép
cozer	bakken	baka	piec <upiec>	péci	süt
carro m	auto m	bil u	samochód m	auto n	gépkocsi
vagão-cama m	ligrijtuig n	liggvagn u	kuszetka f	lehátkový vůz m	hálókocsi
porco m	zwijn n	svin n	świnia f	prase n	sertés
fogão m	fornuis n	köksspis u	piec m	ložisko	tűzhely
cozinha f	keuken f	kök n	kuchnia f	kuchyně f	konyha
cozinhar	koken	laga mat	gotować <ugotować>	vařit <uvařit>	főzni
cozinheiro m	kok m	kock u	kucharz m	kuchař m	szakács
galo m	haan m	tupp u	kogut m	kohout m	kakas
dia-a-dia m	dagelijks leven n	vardag u	—	všední den m	hétköznap
coração m	hart n	hjärta n	serce n	srdce n	szív
anular	afbestellen	avbeställa	—	rušit objednávku <zrušit>	lemond
caixão m	doodkist f	likkista u	trumna f	rakev f	koporsó
porta bagagem m	bagageruimte m	bagageutrymme n	bagażnik m	zavazadlový prostor m	csomagtartó
colher	plukken	plocka	zrywać <zerwać>	trhat <otrhat>	szed
—	paddenstoel m	svamp u	grzyb m	houba f	gomba
embaraçado	verlegen	förlägen	zakłopotany	rozpačitý	zavarban van
cabeleireiro m	kapper m	frisör u	fryzjer m	kadeřník m	fodrász
penteado m	kapsel n	frisyr u	fryzura f	účes m	frizura
moeda f	munt f	mynt n	moneta f	mince f	érme
esquina f	hoek m	hörn n	róg m	roh m	sarok
ligação f	aansluiting f	anslutning u	przyłączenie n	přípoj m	csatlakozás
—	ding n	sak u	rzecz f	věc f	holmi
—	ding n	sak u	rzecz f	věc f	dolog
—	spullen pl	grejor pl	materia f	věci pl	holmi
colarinho m	kraag m	krage u	kołnierz m	límec m	gallér

col 196

	D	E	F	I	ES
col (ES)	Kohl m	cabbage	chou m	cavolo m	—
cola (P)	Klebstoff m	glue	colle f	colla f	adhesivo m
colar (P)	kleben	stick	coller	incollare	pegar
colarinho (P)	Kragen m	collar	col m	colletto m	cuello m
colazione (I)	Frühstück n	breakfast	petit-déjeuner m	—	desayuno m
colchão (P)	Matratze f	mattress	matelas m	materasso m	colchón m
colchón (ES)	Matratze f	mattress	matelas m	materasso m	—
colchoneta (ES)	Matte f	mat	natte f	stuoia f	—
cold (E)	Erkältung f	—	refroidissement m	raffreddore m	resfriado m
cold (E)	Schnupfen m	—	rhume m	raffreddore m	resfriado m
cold (E)	kalt	—	froid(e)	freddo(a)	frío(a)
colecção (P)	Sammlung f	collection	collection f	raccolta f	colección f
colección (ES)	Sammlung f	collection	collection f	raccolta f	—
coleccionar (P)	sammeln	collect	collecter	raccogliere	recolectar
coléoptère (F)	Käfer m	beetle	—	coleottero m	escarabajo m
coleottero (I)	Käfer m	beetle	coléoptère m	—	escarabajo m
colère (F)	Wut f	anger	—	rabbia f	rabia f
colgar¹ (ES)	aufhängen	hang up	accrocher	appendere	—
colgar² (ES)	hängen	hang	pendre	pendere	—
colheita (P)	Ernte f	harvest	moisson f	raccolto m	cosecha f
colher (P)	Löffel m	spoon	cuiller f	cucchiaio m	cuchara f
colher (P)	pflücken	pick	cueillir	cogliere	recoger
colher da sopa (P)	Esslöffel m	tablespoon	cuiller f	cucciano m	cuchara f
colina (ES)	Hügel m	hill	colline f	collina f	—
colina (P)	Hügel m	hill	colline f	collina f	colina f
colla (I)	Klebstoff m	glue	colle f	—	adhesivo m
collapse (E)	einstürzen	—	écrouler, s'	crollare	derrumbarse
collar (E)	Kragen m	—	col m	colletto m	cuello m
colle (F)	Klebstoff m	glue	—	colla f	adhesivo m
collect (E)	sammeln	—	collecter	raccogliere	recolectar
collecter (F)	sammeln	collect	—	raccogliere	recolectar
collection (E)	Sammlung f	—	collection f	raccolta f	colección f
collection (F)	Sammlung f	collection	—	raccolta f	colección f
collegamento ipertestuale (I)	Link m	link	lien m	—	enlace m
coller (F)	kleben	stick	—	incollare	pegar
colletto (I)	Kragen m	collar	col m	—	cuello m
collina (I)	Hügel m	hill	colline f	—	colina f
colline (F)	Hügel m	hill	—	collina f	colina f
collo (I)	Hals m	neck	cou m	—	cuello m
colloquial language (E)	Umgangssprache f	—	langue familière f	lingua parlata f	lenguaje coloquial m
colocação (P)	Einstellung f	attitude	attitude f	atteggiamento m	actitud f
colocar¹ (ES)	anbringen	fasten	fixer	fissare	—
colocar² (ES)	legen	lay	mettre	mettere	—
colocar³ (ES)	stellen	place	mettre	mettere	—
colocar (P)	einstellen	adjust	régler	regolare	ajustar
colonna (I)	Säule f	pillar	colonne f	—	columna f
colonna vertebrale (I)	Wirbelsäule f	spine	colonne vertébrale f	—	columna vertebral f
colonne (F)	Säule f	pillar	—	colonna f	columna f
colonne vertébrale (F)	Wirbelsäule f	spine	—	colonna vertebrale f	columna vertebral f
color (ES)	Farbe f	colour	couleur f	colore m	—
colore (I)	Farbe f	colour	couleur f	—	color m
colorear (ES)	färben	dye	colorer	tingere	—

colorear

P	NL	SV	PL	CZ	H
couve f	kool m	kål u	kapusta f	kapusta f	káposzta
—	kleefstof f	klister n	klej m	lepidlo n	ragasztó
—	kleven	limma	kleić <nakleić>	lepit <zalepit>	ragad
—	kraag m	krage u	kołnierz m	límec m	gallér
pequeno-almoço m	ontbijt n	frukost u	śniadanie n	snídaně f	reggeli
—	matras f	madrass u	materac m	matrace f	matrac
colchão m	matras f	madrass u	materac m	matrace f	matrac
esteira f	mat f	matta u	mata f	rohožka f	lábtörlő
constipação f	verkoudheid f	förkylning u	przeziębienie n	nachlazení n	megfázás
constipação f	verkoudheid f	snuva u	katar m	rýma f	nátha
frio	koud	kallt	zimny	studený	hideg
—	verzameling f	samling u	zbieranie n	sbírka f	gyűjtemény
colecção f	verzameling f	samling u	zbieranie n	sbírka f	gyűjtemény
—	verzamelen	samla in	zbierać <zebrać>	sbírat <sebrat>	gyűjt
escaravelho m	kever m	skalbagge u	chrząszcz m	brouk m	bogár
escaravelho m	kever m	skalbagge u	chrząszcz m	brouk m	bogár
raiva f	woede f	ilska u	złość f	vztek m	düh
pendurar	ophangen	hänga upp	zawieszać <zawiesić>	pověsit	felakaszt
pendurar	hangen	hänga	wisieć	věšet <pověsit>	lóg
—	oogst m	skörd u	żniwo n	sklizeň f	aratás
—	lepel m	sked u	łyżka f	lžíce f	kanál
—	plukken	plocka	zrywać <zerwać>	trhat <otrhat>	szed
—	eetlepel m	matsked u	łyżka stołowa f	polévková lžíce f	evőkanál
colina f	heuvel m	kulle u	pagórek m	kopec m	domb
—	heuvel m	kulle u	pagórek m	kopec m	domb
cola f	kleefstof f	klister n	klej m	lepidlo n	ragasztó
derrubar	instorten	störta in	zawalać, się <zawalić, się>	zřítit se	összeomlik
colarinho m	kraag m	krage u	kołnierz m	límec m	gallér
cola f	kleefstof f	klister n	klej m	lepidlo n	ragasztó
coleccionar	verzamelen	samla in	zbierać <zebrać>	sbírat <sebrat>	gyűjt
coleccionar	verzamelen	samla in	zbierać <zebrać>	sbírat <sebrat>	gyűjt
colecção f	verzameling f	samling u	zbieranie n	sbírka f	gyűjtemény
colecção f	verzameling f	samling u	zbieranie n	sbírka f	gyűjtemény
enlace m	link m	länk u	łącze internetowe n	link m	összeköttetés
colar	kleven	limma	kleić <nakleić>	lepit <zalepit>	ragad
colarinho m	kraag m	krage u	kołnierz m	límec m	gallér
colina f	heuvel m	kulle u	pagórek m	kopec m	domb
colina f	heuvel m	kulle u	pagórek m	kopec m	domb
pescoço m	hals m	hals u	szyja f	krk m	nyak
linguagem corrente f	omgangstaal f	talspråk n	język potoczny m	hovorový jazyk m	köznyelv
—	instelling f	inställning u	nastawienie n	nastavení n	alkalmazás
fixar	aanbrengen	placera	przymocowywać <przymocować>	připevňovat <připevnit>	felszerel
deitar	leggen	lägga	kłaść <położyć>	pokládat <položit>	tesz
pôr, colocar	plaatsen	ställa	postawić <stawiać>	postavit	állít
—	instellen	anställa	ustawiać <ustawić>	nastavovat <nastavit>	alkalmaz
coluna f	zuil f	pelare u	kolumna f	sloup m	oszlop
coluna vertebral f	ruggengraat m	ryggrad u	kręgosłup m	páteř f	gerincoszlop
coluna f	zuil f	pelare u	kolumna f	sloup m	oszlop
coluna vertebral f	ruggengraat m	ryggrad u	kręgosłup m	páteř f	gerincoszlop
cor f	kleur f	färg u	kolor m	barva f	szín
cor f	kleur f	färg u	kolor m	barva f	szín
colorir	verven	färga	farbować <ufarbować>	barvit <zbarvit>	befest

coloré(e)

	D	E	F	I	ES
coloré(e) (F)	bunt	coloured	—	variopinto(a)	de colores
colorer (F)	färben	dye	—	tingere	colorear
colorido (P)	bunt	coloured	coloré(e)	variopinto(a)	de colores
colorir (P)	färben	dye	colorer	tingere	colorear
colour (E)	Farbe f	—	couleur f	colore m	color m
coloured (E)	bunt	—	coloré(e)	variopinto(a)	de colores
colpo (I)	Schlag m	blow	coup m	—	golpe m
coltello (I)	Messer n	knife	couteau m	—	cuchillo m
coltivare (I)	anbauen	cultivate	cultiver	—	cultivar
columna (ES)	Säule f	pillar	colonne f	colonna f	—
columna vertebral (ES)	Wirbelsäule f	spine	colonne vertébrale f	colonna vertebrale f	—
columpiarse (ES)	schaukeln	swing	balancer, se	dondolare	—
coluna (P)	Säule f	pillar	colonne f	colonna f	columna f
coluna vertebral (P)	Wirbelsäule f	spine	colonne vertébrale f	colonna vertebrale f	columna vertebral f
com (P)	mit	with	avec	con	con
comando (I)	Befehl m	instruction	instruction m	—	orden f
comando (P)	Befehl m	instruction	instruction m	comando m	orden f
comb (E)	kämmen	—	peigner	pettinare	peinar
comb (E)	Kamm m	—	peigne m	pettine m	peine m
combattere (I)	kämpfen	fight	battre, se	—	luchar
combinar (P)	verabreden	arrange to meet	prendre rendez-vous	darsi appuntamento	concertar una cita
comboio[1] (P)	Eisenbahn f	railway	chemin de fer m	ferrovia f	ferrocarril m
comboio[2] (P)	Zug m	train	train m	treno m	tren m
come (E)	kommen	—	venir	venire	venir
come? (I)	wie?	how?	comment?	—	¿cómo?
come back[1] (E)	wiederkommen	—	revenir	ritornare	venir de nuevo
come back[2] (E)	zurückkommen	—	revenir	ritornare	regresar
começar (P)	starten	start	démarrer	partire	partir
começo (P)	Beginn m	beginning	commencement m	inizio m	principio m
comedor (ES)	Esszimmer n	dining room	salle à manger f	sala da pranzo f	—
comer (ES)	essen	eat	manger	mangiare	—
comer (P)	essen	eat	manger	mangiare	comer
comercial (ES)	geschäftlich	on business	d'affaires	per affari	—
comercial (P)	geschäftlich	on business	d'affaires	per affari	comercial
comerciante (ES)	Händler m	dealer	commerçant m	commerciante m	—
comerciante (P)	Händler m	dealer	commerçant m	commerciante m	comerciante m
comestible (ES)	essbar	eatable	mangeable	commestibile	—
comestível (P)	essbar	eatable	mangeable	commestibile	comestible
comfort (E)	trösten	—	consoler	consolare	consolar
comfortable[1] (E)	bequem	—	confortable	comodo(a)	cómodo(a)
comfortable[2] (E)	gemütlich	—	agréable	comodo(a)	cómodo(a)
cómico (P)	komisch	funny	drôle	comico(a)	cómico(a)
comico(a) (I)	komisch	funny	drôle	—	cómico(a)
cómico(a) (ES)	komisch	funny	drôle	comico(a)	—
comida[1] (ES)	Essen n	food	repas m	cibo m	—
comida[2] (ES)	Gericht n	dish	plat m	piatto m	—
comida[3] (ES)	Mahlzeit f	meal	repas m	pasto m	—
comida (P)	Essen n	food	repas m	cibo m	comida f
comida rápida (P)	Fastfood n	fastfood	fastfood m	fastfood	fastfood m
cominciare (I)	anfangen	start	commencer	—	empezar
comisión (ES)	Provision f	commission	commission f	provvigione f	—
comissão (P)	Provision f	commission	commission f	provvigione f	comisión f

comissão

P	NL	SV	PL	CZ	H
colorido	bont	färggrann	kolorowy	barevný	tarka
colorir	verven	färga	farbować <ufarbować>	barvit <zbarvit>	befest
—	bont	färggrann	kolorowy	barevný	tarka
—	verven	färga	farbować <ufarbować>	barvit <zbarvit>	befest
cor f	kleur f	färg u	kolor m	barva f	szín
colorido	bont	färggrann	kolorowy	barevný	tarka
golpe m	slag m	stöt u	uderzenie n	úder m	ütés
faca f	mes n	kniv u	nóż m	nůž m	kés
cultivar	aanbouwen	odla	uprawiać	pěstovat	termeszt
coluna f	zuil f	pelare u	kolumna f	sloup m	oszlop
coluna vertebral f	ruggengraat m	ryggrad u	kręgosłup m	páteř f	gerincoszlop
baloiçar	schommelen	gunga	huśtać, się	houpat <pohoupat>	hintázik
—	zuil f	pelare u	kolumna f	sloup m	oszlop
—	ruggengraat m	ryggrad u	kręgosłup m	páteř f	gerincoszlop
—	met	med	z	s	vel
comando m	commando n	order u	polecenie n	příkaz m	utasítás
—	commando n	order u	polecenie n	příkaz m	utasítás
pentear	kammen	kamma u	czesać <uczesać>	česat <učesat>	fésül
pente m	kam m	kam u	grzebień m	hřeben m	fésű
lutar	vechten	kämpa	walczyć	bojovat <dobojovat>	harcol
—	afspreken	avtala	umawiać się	ujednávat <ujednat>	megállapodik
—	spoorweg m	järnväg u	kolej f	železnice f	vasút
—	trein m	tåg n	pociąg m	vlak m	vonat
vir	komen	komma	przychodzić <przyjść>	přicházet <přijít>	jön
como?	hoe?	hur?	jak?	jak?	hogyan?
voltar outra vez	terugkomen	komma tillbaka	wracać	přijít, přijet zpět	visszajön
vir de volta	terugkomen	komma tillbaka	wracać	vracet, se <vrátit, se>	visszajön
—	starten	starta	startować <wystartować>	startovat <nastartovat>	indít
—	begin n	början u	rozpoczęcie n	začátek m	kezdet
sala de jantar f	eetkamer f	matsal u	jadalnia f	jídelna f	ebédlő
comer	eten	äta	jeść <zjeść>	jíst <sníst>	eszik
—	eten	äta	jeść <zjeść>	jíst <sníst>	eszik
comercial	zakelijk	affärsmässigt	służbowy	obchodně	üzleti
—	zakelijk	affärsmässigt	służbowy	obchodně	üzleti
comerciante m	handelaar m	handelsman u	handlarz m	obchodník m	árus
—	handelaar m	handelsman u	handlarz m	obchodník m	árus
comestível	eetbaar	ätbar	jadalny	jedlý	ehető
—	eetbaar	ätbar	jadalny	jedlý	ehető
consolar	troosten	trösta	pocieszać	utěšovat <utěšit>	megvigasztal
confortável	gemakkelijk	bekväm	wygodny	pohodlně	kényelmes
confortável	gezellig	hemtrevlig	przytulny	útulný	kellemes
—	komiek	konstig	komiczny	směšný	furcsa
cómico	komiek	konstig	komiczny	směšný	furcsa
cómico	komiek	konstig	komiczny	směšný	furcsa
comida f	eten n	mat u	jedzenie n	jídlo n	étkezés
prato m	gerecht n	maträtt u	danie n	pokrm m	fogás
refeição f	maaltijd m	måltid u	posiłek m	jídlo n	étkezés
—	eten n	mat u	jedzenie n	jídlo n	étkezés
—	fastfood n	snabbmat u	Fastfood	rychlé občerstvení n	gyorséttermi ennivaló
principiar	beginnen	börja	zaczynać <zacząć>	začínat <začít>	kezd
comissão f	provisie f	provision u	prowizja f	provize f	provízió
—	provisie f	provision u	prowizja f	provize f	provízió

com isso

	D	E	F	I	ES
com isso (P)	damit	with that	avec cela	con questo	con ello
commander (F)	bestellen	order	—	ordinare	pedir
commando (NL)	Befehl m	instruction	instruction m	comando m	orden f
commemorar (ES)	gedenken	remember	souvenir de, se	ricordare	—
commencement (F)	Anfang m	beginning	—	inizio m	inicio m
commencement (F)	Beginn m	beginning	—	inizio m	principio m
commencer (F)	anfangen	start	—	cominciare	empezar
comment? (F)	wie?	how?	—	come?	¿cómo?
commerçant (F)	Händler m	dealer	—	commerciante m	comerciante m
commerciante (I)	Händler m	dealer	commerçant m	—	comerciante m
commestibile (I)	essbar	eatable	mangeable	—	comestible
commission (E)	Provision f	—	commission f	provvigione f	comisión f
commission (F)	Provision f	commission	—	provvigione f	comisión f
communicatie (NL)	Kommunikation f	communication	communication f	comunicazione f	comunicación f
communication (E)	Kommunikation f	—	communication f	comunicazione f	comunicación f
communication (F)	Kommunikation f	communication	—	comunicazione f	comunicación f
communication interurbaine (F)	Ferngespräch n	long-distance call	—	telefonata interurbana f	llamada interurbana f
commutare (I)	schalten	switch	connecter	—	conectar
como (P)	als	when	quand	quando	cuando
como? (P)	wie?	how?	comment?	come?	¿cómo?
¿cómo? (ES)	wie?	how?	comment?	come?	—
comodidad (ES)	Bequemlichkeit f	convenience	confort m	comodità f	—
comodità (I)	Bequemlichkeit f	convenience	confort m	—	comodidad f
comodo(a)^1 (I)	bequem	comfortable	confortable	—	cómodo(a)
comodo(a)^2 (I)	gemütlich	comfortable	agréable	—	cómodo(a)
cómodo(a)^1 (ES)	bequem	comfortable	confortable	comodo(a)	—
cómodo(a)^2 (ES)	gemütlich	comfortable	agréable	comodo(a)	—
compadecerse de (ES)	bemitleiden	pity	plaindre	compatire	—
compagnon (F)	Lebensgefährte m	companion	—	coniuge m/f	compañero de la vida m
compaixão (P)	Mitleid n	pity	compassion f	compassione f	compasión f
compañero de la vida (ES)	Lebensgefährte m	companion	compagnon m	coniuge m/f	—
companheiro de vida (P)	Lebensgefährte m	companion	compagnon m	coniuge m/f	compañero de la vida m
companion (E)	Lebensgefährte m	—	compagnon m	coniuge m/f	compañero de la vida m
company (E)	Unternehmen n	—	entreprise f	impresa f	empresa f
comparação (P)	Vergleich m	comparsion	comparaison f	paragone m	comparación f
comparación (ES)	Vergleich m	comparsion	comparaison f	paragone m	—
comparaison (F)	Vergleich m	comparsion	—	paragone m	comparación f
comparar (ES)	vergleichen	compare	comparer	paragonare	—
comparar (P)	vergleichen	compare	comparer	paragonare	comparar
compare (E)	vergleichen	—	comparer	paragonare	comparar
comparer (F)	vergleichen	compare	—	paragonare	comparar
comparsion (E)	Vergleich m	—	comparaison f	paragone m	comparación f
compartiment (F)	Abteil n	compartment	—	scompartimento m	compartimento m
compartiment (NL)	Abteil n	compartment	compartiment m	scompartimento m	compartimento m
compartimento (ES)	Abteil n	compartment	compartiment m	scompartimento m	—
compartimento (P)	Abteil n	compartment	compartiment m	scompartimento m	compartimento m
compartment (E)	Abteil n	—	compartiment m	scompartimento m	compartimento m
compasión^1 (ES)	Bedauern n	regret	regret m	dispiacere m	—

compasión

P	NL	SV	PL	CZ	H
—	opdat	därmed	z tym	s tím	ezzel
encomendar	bestellen	beställa	zamawiać <zamówić>	objednávat <objednat>	megrendel
comando m	—	order u	polecenie n	příkaz m	utasítás
lembrar-se	gedenken	komma ihåg	wspominać <wspomnieć>	vzpomínat <vzpomenout>	megemlékez
princípio m	begin n	början u	początek m	začátek m	kezdet
começo m	begin n	början u	rozpoczęcie n	začátek m	kezdet
principiar	beginnen	börja	zaczynać <zacząć>	začínat <začít>	kezd
como?	hoe?	hur?	jak?	jak?	hogyan?
comerciante m	handelaar m	handelsman u	handlarz m	obchodník m	árus
comerciante m	handelaar m	handelsman u	handlarz m	obchodník m	árus
comestível	eetbaar	ätbar	jadalny	jedlý	ehető
comissão f	provisie f	provision u	prowizja f	provize f	provízió
comissão f	provisie f	provision u	prowizja f	provize f	provízió
comunicação f	—	kommunikation u	komunikacja f	komunikace f	kommunikáció
comunicação f	communicatie f	kommunikation u	komunikacja f	komunikace f	kommunikáció
comunicação f	communicatie f	kommunikation u	komunikacja f	komunikace f	kommunikáció
telefonema interurbano m	interlokaal telefoongesprek n	utlandssamtal n	rozmowa międzymiastowa f	dálkový hovor m	távolsági hívás
ligar	schakelen	koppla	przełączać <przełączyć>	zapínat <zapnout>	kapcsol
—	als	när	jako	jako	mint/-ként
—	hoe?	hur?	jak?	jak?	hogyan?
como?	hoe?	hur?	jak?	jak?	hogyan?
conforto m	gemakkelijkheid f	bekvämlighet u	wygoda f	pohodlí n	kényelem
conforto m	gemakkelijkheid f	bekvämlighet u	wygoda f	pohodlí n	kényelem
confortável	gemakkelijk	bekväm	wygodny	pohodlně	kényelmes
confortável	gezellig	hemtrevlig	przytulny	útulný	kellemes
confortável	gemakkelijk	bekväm	wygodny	pohodlně	kényelmes
confortável	gezellig	hemtrevlig	przytulny	útulný	kellemes
ter pena de alguém	medelijden hebben met	hysa medlidande med	współczuć	litovat <politovat>	sajnál
companheiro de vida m	levensgezel m	partner u	towarzysz życia m	druh m	élettárs
—	medelijden n	medlidande n	litość f	soucit m	részvét
companheiro de vida m	levensgezel m	partner u	towarzysz życia m	druh m	élettárs
—	levensgezel m	partner u	towarzysz życia m	druh m	élettárs
companheiro de vida m	levensgezel m	partner u	towarzysz życia m	druh m	élettárs
empresa f	onderneming f	företag	przedsiębiorstwo n	podnik m	vállalat
—	vergelijking f	jämförelse u	porównanie n	srovnání n	összehasonlítás
comparação f	vergelijking f	jämförelse u	porównanie n	srovnání n	összehasonlítás
comparação f	vergelijking f	jämförelse u	porównanie n	srovnání n	összehasonlítás
comparar	vergelijken	jämföra	porównywać	porovnávat <porovnat>	összehasonlít
—	vergelijken	jämföra	porównywać	porovnávat <porovnat>	összehasonlít
comparar	vergelijken	jämföra	porównywać	porovnávat <porovnat>	összehasonlít
comparar	vergelijken	jämföra	porównywać	porovnávat <porovnat>	összehasonlít
comparação f	vergelijking f	jämförelse u	porównanie n	srovnání n	összehasonlítás
compartimento m	compartiment n	kupé u	przedział m	oddíl m	fülke
compartimento m	—	kupé u	przedział m	oddíl m	fülke
compartimento m	compartiment n	kupé u	przedział m	oddíl m	fülke
—	compartiment n	kupé u	przedział m	oddíl m	fülke
compartimento m	compartiment n	kupé u	przedział m	oddíl m	fülke
pesar m	spijt f	beklagande n	żal m	politování n	sajnálat

compasión

	D	E	F	I	ES
compasión² (ES)	Mitleid n	pity	compassion f	compassione f	—
compassion (F)	Mitleid n	pity	—	compassione f	compasión f
compassione (I)	Mitleid n	pity	compassion f	—	compasión f
compatire (I)	bemitleiden	pity	plaindre	—	compadecerse de
competent (E)	zuständig	—	compétent(e)	competente	competente
competente (I)	zuständig	competent	compétent(e)	—	competente
competente (ES)	zuständig	competent	compétent(e)	competente	—
competente (P)	zuständig	competent	compétent(e)	competente	competente
compétent(e) (F)	zuständig	competent	—	competente	competente
compito (I)	Aufgabe f	task	tâche f	—	tarea f
complain¹ (E)	beschweren, sich	—	plaindre, se	lamentarsi	quejarse
complain² (E)	reklamieren	—	réclamer	reclamare	reclamar
complaint¹ (E)	Beschwerde f	—	plainte f	reclamo m	reclamación f
complaint² (E)	Reklamation f	—	réclamation f	reclamo m	reclamación f
compleanno (I)	Geburtstag m	birthday	anniversaire m	—	cumpleaños m
complessivamente (I)	insgesamt	altogether	dans l'ensemble	—	en suma
completamente (I)	völlig	completely	complètement	—	completamente
completamente (ES)	völlig	completely	complètement	completamente	—
completar (ES)	ergänzen	supplement	compléter	completare	—
completar (P)	ergänzen	supplement	compléter	completare	completar
completare (I)	ergänzen	supplement	compléter	—	completar
complete (E)	vollständig	—	complet(ète)	completo(a)	completo(a)
completely (E)	völlig	—	complètement	completamente	completamente
complètement (F)	völlig	completely	—	completamente	completamente
compléter (F)	ergänzen	supplement	—	completare	completar
complet(ète)¹ (F)	ausgebucht	fully booked	—	esaurito(a)	completo(a)
complet(ète)² (F)	vollständig	complete	—	completo(a)	completo(a)
completo (P)	vollständig	complete	complet(ète)	completo(a)	completo(a)
completo(a) (I)	vollständig	complete	complet(ète)	—	completo(a)
completo(a)¹ (ES)	ausgebucht	fully booked	complet(ète)	esaurito(a)	—
completo(a)² (ES)	vollständig	complete	complet(ète)	completo(a)	—
complicado¹ (P)	kompliziert	complicated	compliqué(e)	complicato(a)	complicado(a)
complicado² (P)	umständlich	complicated	compliqué(e)	complicato(a)	complicado(a)
complicado(a)¹ (ES)	kompliziert	complicated	compliqué(e)	complicato(a)	—
complicado(a)² (ES)	umständlich	complicated	compliqué(e)	complicato(a)	—
complicated¹ (E)	kompliziert	—	compliqué(e)	complicato(a)	complicado(a)
complicated² (E)	umständlich	—	compliqué(e)	complicato(a)	complicado(a)
complicato(a)¹ (I)	kompliziert	complicated	compliqué(e)	—	complicado(a)
complicato(a)² (I)	umständlich	complicated	compliqué(e)	—	complicado(a)
compliqué(e)¹ (F)	kompliziert	complicated	—	complicato(a)	complicado(a)
compliqué(e)² (F)	umständlich	complicated	—	complicato(a)	complicado(a)
comportamento (I)	Benehmen n	behaviour	conduite f	—	comportamiento m
comportamento (P)	Benehmen n	behaviour	conduite f	comportamento m	comportamiento m
comportamiento (ES)	Benehmen n	behaviour	conduite f	comportamento m	—
comportarse (ES)	benehmen, sich	behave	comporter, se	comportarsi	—
comportar-se (P)	benehmen, sich	behave	comporter, se	comportarsi	comportarse
comportarsi (I)	benehmen, sich	behave	comporter, se	—	comportarse
comporter, se (F)	benehmen, sich	behave	—	comportarsi	comportarse

comporter, se

P	NL	SV	PL	CZ	H
compaixão f	medelijden n	medlidande n	litość f	soucit m	részvét
compaixão f	medelijden n	medlidande n	litość f	soucit m	részvét
compaixão f	medelijden n	medlidande n	litość f	soucit m	részvét
ter pena de alguém	medelijden hebben met	hysa medlidande med	współczuć	litovat <politovat>	sajnál
competente	bevoegd	ansvarig	kompetentny	oprávněný	illetékes
competente	bevoegd	ansvarig	kompetentny	oprávněný	illetékes
competente	bevoegd	ansvarig	kompetentny	oprávněný	illetékes
—	bevoegd	ansvarig	kompetentny	oprávněný	illetékes
competente	bevoegd	ansvarig	kompetentny	oprávněný	illetékes
tarefa f	opdracht f	uppgift u	zadanie n	úkol m	feladat
queixar-se de	bezwaren, zich	klaga	skarżyć się	stežovat, si <postežovat, si>	panaszt emel
reclamar	reclameren	reklamera	reklamować <zareklamować>	reklamovat <vyreklamovat>	reklamál
queixa f	bezwaar n	klagomål n	zażalenie n	stížnost f	panasz
reclamação f	reclamatie f	reklamation u	reklamacja f	reklamace f	reklamáció
aniversário m	verjaardag m	födelsedag u	dzień urodzin m	narozeniny pl	születésnap
na totalidade	in totaal	sammantaget	ogółem	celkem	összesen
plenamente	volledig	helt	całkowicie	zcela	teljesen
plenamente	volledig	helt	całkowicie	zcela	teljesen
completar	aanvullen	komplettera	uzupełniać <uzupełnić>	doplňovat <doplnit>	kiegészíti
—	aanvullen	komplettera	uzupełniać <uzupełnić>	doplňovat <doplnit>	kiegészíti
completar	aanvullen	komplettera	uzupełniać <uzupełnić>	doplňovat <doplnit>	kiegészíti
completo	volledig	fullständig	całkowity	úplný	teljes
plenamente	volledig	helt	całkowicie	zcela	teljesen
plenamente	volledig	helt	całkowicie	zcela	teljesen
completar	aanvullen	komplettera	uzupełniać <uzupełnić>	doplňovat <doplnit>	kiegészíti
esgotado	niet meer beschikbaar	fullbokad	wyprzedany	obsazeno	foglalt
completo	volledig	fullständig	całkowity	úplný	teljes
—	volledig	fullständig	całkowity	úplný	teljes
completo	volledig	fullständig	całkowity	úplný	teljes
esgotado	niet meer beschikbaar	fullbokad	wyprzedany	obsazeno	foglalt
completo	volledig	fullständig	całkowity	úplný	teljes
—	ingewikkeld	komplicerad	skomplikowany	komplikovaný	komplikált
—	omslachtig	omständlig	kłopotliwy	zdlouhavě	körülményes
complicado	ingewikkeld	komplicerad	skomplikowany	komplikovaný	komplikált
complicado	omslachtig	omständlig	kłopotliwy	zdlouhavě	körülményes
complicado	ingewikkeld	komplicerad	skomplikowany	komplikovaný	komplikált
complicado	omslachtig	omständlig	kłopotliwy	zdlouhavě	körülményes
complicado	ingewikkeld	komplicerad	skomplikowany	komplikovaný	komplikált
complicado	omslachtig	omständlig	kłopotliwy	zdlouhavě	körülményes
complicado	ingewikkeld	komplicerad	skomplikowany	komplikovaný	komplikált
complicado	omslachtig	omständlig	kłopotliwy	zdlouhavě	körülményes
comportamento m	gedrag n	uppförande n	zachowanie n	chování n	viselkedés
—	gedrag n	uppförande n	zachowanie n	chování n	viselkedés
comportamento m	gedrag n	uppförande n	zachowanie n	chování n	viselkedés
comportar-se	gedragen, zich	bete sig	zachowywać, się <zachować, się >	chovat, se	viselkedik
—	gedragen, zich	bete sig	zachowywać, się <zachować, się >	chovat, se	viselkedik
comportar-se	gedragen, zich	bete sig	zachowywać, się <zachować, się >	chovat, se	viselkedik
comportar-se	gedragen, zich	bete sig	zachowywać, się <zachować, się >	chovat, se	viselkedik

compota

	D	E	F	I	ES
compota (P)	Marmelade f	jam	confiture f	marmellata f	mermelada f
compra¹ (ES)	Einkauf m	shopping	achat m	spesa f	—
compra² (ES)	Kauf m	purchase	achat m	acquisto m	—
compra¹ (P)	Einkauf m	shopping	achat m	spesa f	compra f
compra² (P)	Kauf m	purchase	achat m	acquisto m	compra f
comprar (ES)	kaufen	buy	acheter	comprare	—
comprar (P)	kaufen	buy	acheter	comprare	comprar
comprare (I)	kaufen	buy	acheter	—	comprar
compreender¹ (P)	begreifen	comprehend	comprendre	comprendere	comprender
compreender² (P)	verstehen	understand	comprendre	capire	entender
compreensão (P)	Verständnis n	understanding	compréhension f	comprensione f	comprensión f
comprehend (E)	begreifen	—	comprendre	comprendere	comprender
compréhension (F)	Verständnis n	understanding	—	comprensione f	comprensión f
comprender (ES)	begreifen	comprehend	comprendre	comprendere	—
comprendere (I)	begreifen	comprehend	comprendre	—	comprender
comprendre¹ (F)	begreifen	comprehend	—	comprendere	comprender
comprendre² (F)	verstehen	understand	—	capire	entender
comprensión (ES)	Verständnis n	understanding	compréhension f	comprensione f	—
comprensione (I)	Verständnis n	understanding	compréhension f	—	comprensión f
compreso(a) (I)	inbegriffen	included	compris	—	incluido(a)
compressa (I)	Tablette f	tablet	comprimé m	—	pastilla f
comprido (P)	lang	long	long(ue)	lungo(a)	largo(a)
comprimé (F)	Tablette f	tablet	—	compressa f	pastilla f
comprimido (P)	Tablette f	tablet	comprimé m	compressa f	pastilla f
compris (F)	inbegriffen	included	—	compreso(a)	incluido(a)
comprobar (ES)	nachprüfen	check	contrôler	controllare	—
compromisso (P)	Verabredung f	date	rendez-vous m	appuntamento m	cita f
comptabilité (F)	Buchhaltung f	book-keeping	—	contabilità f	contabilidad f
compte (F)	Konto n	account	—	conto m	cuenta f
compter¹ (F)	anrechnen	charge	—	mettere in conto	cargar en cuenta
compter² (F)	zählen	count	—	contare	contar
computador (P)	Computer m	computer	ordinateur m	calcolatore m	computadora f
computadora (ES)	Computer m	computer	ordinateur m	calcolatore m	—
Computer (D)	—	computer	ordinateur m	calcolatore m	computadora f
computer (E)	Computer m	—	ordinateur m	calcolatore m	computadora f
computer (NL)	Computer m	computer	ordinateur m	calcolatore m	computadora f
comum (P)	gemein	mean	méchant(e)	volgare	común
común (ES)	gemein	mean	méchant(e)	volgare	—
comunicação¹ (P)	Mitteilung f	message	information f	comunicazione f	comunicación f
comunicação² (P)	Kommunikation f	communication	communication f	comunicazione f	comunicación f
comunicación¹ (ES)	Mitteilung f	message	information f	comunicazione f	—
comunicación² (ES)	Kommunikation f	communication	communication f	comunicazione f	—
comunicar¹ (ES)	ausrichten	pass on a message	transmettre	riferire	—
comunicar² (ES)	mitteilen	inform	informer	comunicare	—
comunicar (P)	mitteilen	inform	informer	comunicare	comunicar
comunicare (I)	mitteilen	inform	informer	—	comunicar
comunicazione¹ (I)	Mitteilung f	message	information f	—	comunicación f
comunicazione² (I)	Kommunikation f	communication	communication f	—	comunicación f
con (I)	mit	with	avec	—	con
con (ES)	mit	with	avec	con	—

P	NL	SV	PL	CZ	H
—	jam *m*	marmelad *u*	marmolada *f*	marmeláda *f*	lekvár
compra *f*	inkoop *m*	inköp *n*	zakup *m*	nákup *m*	bevásárlás
compra *f*	koop *m*	inköp/köp *n*	zakup *m*	nákup *m*	vétel
—	inkoop *m*	inköp *n*	zakup *m*	nákup *m*	bevásárlás
—	koop *m*	inköp/köp *n*	zakup *m*	nákup *m*	vétel
comprar	kopen	köpa	kupować <kupić>	nakupovat <nakoupit>	vesz
—	kopen	köpa	kupować <kupić>	nakupovat <nakoupit>	vesz
comprar	kopen	köpa	kupować <kupić>	nakupovat <nakoupit>	vesz
—	begrijpen	begripa	pojmować <pojąć>	chápat <pochopit>	felfog
—	verstaan	förstå	rozumieć	rozumět <porozumět>	megért
—	begrip *n*	förståelse *u*	zrozumienie *n*	pochopení *n*	megértés
compreender	begrijpen	begripa	pojmować <pojąć>	chápat <pochopit>	felfog
compreensão *f*	begrip *n*	förståelse *u*	zrozumienie *n*	pochopení *n*	megértés
compreender	begrijpen	begripa	pojmować <pojąć>	chápat <pochopit>	felfog
compreender	begrijpen	begripa	pojmować <pojąć>	chápat <pochopit>	felfog
compreender	begrijpen	begripa	pojmować <pojąć>	chápat <pochopit>	felfog
compreender	verstaan	förstå	rozumieć	rozumět <porozumět>	megért
compreensão *f*	begrip *n*	förståelse *u*	zrozumienie *n*	pochopení *n*	megértés
compreensão *f*	begrip *n*	förståelse *u*	zrozumienie *n*	pochopení *n*	megértés
incluído	inbegrepen	medräknad	łącznie	zahrnutý	beleértve
comprimido *m*	tablet *f*	tablett *u*	tabletka *f*	tabulka *f*	tabletta
—	lang	långt	długi	dlouhý	hosszú
comprimido *m*	tablet *f*	tablett *u*	tabletka *f*	tabulka *f*	tabletta
—	tablet *f*	tablett *u*	tabletka *f*	tabulka *f*	tabletta
incluído	inbegrepen	medräknad	łącznie	zahrnutý	beleértve
conferir	controleren	kontrollera	sprawdzać <sprawdzić>	prezkušovat <prezkoušet>	felülvizsgál
—	afspraak *m*	avtal *n*	umówienie się *n*	schůzka *f*	megbeszélés
contabilidade *f*	boekhouding *f*	bokföring *u*	księgowość *f*	účetnictví *n*	könyvelés
conta corrente *f*	rekening *f*	konto *n*	konto *n*	účet *m*	(bank)számla
contar	aanrekenen	räkna in	zaliczać <zaliczyć>	započítávat <započítat>	beszámit
contar	tellen	räkna	liczyć	počítat <spočítat>	számol
—	computer *m*	dator *u*	komputer *m*	počítač *m*	számítógép
computador *m*	computer *m*	dator *u*	komputer *m*	počítač *m*	számítógép
computador *m*	computer *m*	dator *u*	komputer *m*	počítač *m*	számítógép
computador *m*	computer *m*	dator *u*	komputer *m*	počítač *m*	számítógép
computador *m*	—	dator *u*	komputer *m*	počítač *m*	számítógép
—	gemeen	allmän	zwykły	sprostý	közönséges
comum	gemeen	allmän	zwykły	sprostý	közönséges
—	mededeling *f*	meddelande *n*	zawiadomienie *n*	sdělení *n*	közlemény
—	communicatie *f*	kommunikation *u*	komunikacja *f*	komunikace *f*	kommunikáció
comunicação *f*	mededeling *f*	meddelande *n*	zawiadomienie *n*	sdělení *n*	közlemény
comunicação *f*	communicatie *f*	kommunikation *u*	komunikacja *f*	komunikace *f*	kommunikáció
transmitir	richten	uträtta	wyrównywać <wyrównać>	vyrovnávat <vyrovnat>	megmond
comunicar	meedelen	meddela	zawiadamiać <zawiadomić>	sdělovat <sdělit>	közöl
—	meedelen	meddela	zawiadamiać <zawiadomić>	sdělovat <sdělit>	közöl
comunicar	meedelen	meddela	zawiadamiać <zawiadomić>	sdělovat <sdělit>	közöl
comunicação *f*	mededeling *f*	meddelande *n*	zawiadomienie *n*	sdělení *n*	közlemény
comunicação *f*	communicatie *f*	kommunikation *u*	komunikacja *f*	komunikace *f*	kommunikáció
com	met	med	z	s	vel
com	met	med	z	s	vel

conceder

	D	E	F	I	ES
conceder (ES)	erfüllen	fulfil	remplir	esaudire	—
concentrar (ES)	konzentrieren	concentrate	concentrer	concentrare	—
concentrare (I)	konzentrieren	concentrate	concentrer	—	concentrar
concentrar-se (P)	konzentrieren	concentrate	concentrer	concentrare	concentrar
concentrate (E)	konzentrieren	—	concentrer	concentrare	concentrar
concentrer (F)	konzentrieren	concentrate	—	concentrare	concentrar
concentreren (NL)	konzentrieren	concentrate	concentrer	concentrare	concentrar
concern (E)	betreffen	—	concerner	riguardare	concernir
concern (E)	Sorge *f*	—	souci *m*	preoccupazione *f*	preocupación *f*
concerner (F)	betreffen	concern	—	riguardare	concernir
concernir (ES)	betreffen	concern	concerner	riguardare	—
concert (E)	Konzert *n*	—	concert *m*	concerto *m*	concierto *m*
concert (F)	Konzert *n*	concert	—	concerto *m*	concierto *m*
concert (NL)	Konzert *n*	concert	concert *m*	concerto *m*	concierto *m*
concertar una cita (ES)	verabreden	arrange to meet	prendre rendez-vous	darsi appuntamento	—
concerto (I)	Konzert *n*	concert	concert *m*	—	concierto *m*
concerto (P)	Konzert *n*	concert	concert *m*	concerto *m*	concierto *m*
concha (P)	Muschel *m*	mussel	moule *f*	cozza *f*	mejillón *m*
conciencia (ES)	Gewissen *n*	conscience	conscience *f*	coscienza *f*	—
concienzudo(a) (ES)	gewissenhaft	conscientious	consciencieux(euse)	coscienzioso(a)	—
concierge¹ (F)	Hausmeister *m*	caretaker	—	portinaio *m*	portero *m*
concierge² (F)	Pförtner *m*	porter	—	portiere *m*	portero *m*
concierto (ES)	Konzert *n*	concert	concert *m*	concerto *m*	—
conclusión (ES)	Schluss *m*	end	fin *f*	fine *f*	—
concombre (F)	Gurke	cucumber	—	cetriolo *m*	pepino *m*
concorrere (I)	bewerben, sich	apply	poser sa candidature	—	concurrir para
concretizar (P)	erfüllen	fulfil	remplir	esaudire	conceder
concurrir para (ES)	bewerben, sich	apply	poser sa candidature	concorrere	—
condamner (F)	verurteilen	condemn	—	condannare	sentenciar
condannare (I)	verurteilen	condemn	condamner	—	sentenciar
condemn (E)	verurteilen	—	condamner	condannare	sentenciar
condenar (P)	verurteilen	condemn	condamner	condannare	sentenciar
condição (P)	Bedingung *f*	condition	condition *f*	condizione *f*	condición *f*
condición (ES)	Bedingung *f*	condition	condition *f*	condizione *f*	—
condition¹ (E)	Bedingung *f*	—	condition *f*	condizione *f*	condición *f*
condition² (E)	Zustand *m*	—	état *m*	stato *m*	estado *m*
condition (F)	Bedingung *f*	condition	—	condizione *f*	condición *f*
condizione (I)	Bedingung *f*	condition	condition *f*	—	condición *f*
condizioni (I)	Verfassung *f*	constitution	état *m*	—	estado *m*
condoglianza (I)	Beileid *n*	condolence	condoléances *f/pl*	—	pésame *m*
condoléances (F)	Beileid *n*	condolence	—	condoglianza *f*	pésame *m*
condolence (E)	Beileid *n*	—	condoléances *f/pl*	condoglianza *f*	pésame *m*
condolência (P)	Beileid *n*	condolence	condoléances *f/pl*	condoglianza *f*	pésame *m*
condom (E)	Kondom *n*	—	préservatif *m*	profilattico *m*	preservativo *m*
condoom (NL)	Kondom *n*	condom	préservatif *m*	profilattico *m*	preservativo *m*
conducir (ES)	fahren	drive	conduire	andare	—
conducteur (F)	Fahrer *m*	driver	—	autista *m*	conductor *m*
conducteur (NL)	Schaffner *m*	conductor	contrôleur *m*	bigliettaio *m*	revisor *m*

conducteur

P	NL	SV	PL	CZ	H
concretizar	vervullen	uppfylla	wypełniać <wypełnić>	splňovat <splnit>	eleget tesz
concentrar-se	concentreren	koncentrera	koncentrować <skoncentrować>	soustřeďovat, se <soustředit, se>	koncentrál
concentrar-se	concentreren	koncentrera	koncentrować <skoncentrować>	soustřeďovat, se <soustředit, se>	koncentrál
—	concentreren	koncentrera	koncentrować <skoncentrować>	soustřeďovat, se <soustředit, se>	koncentrál
concentrar-se	concentreren	koncentrera	koncentrować <skoncentrować>	soustřeďovat, se <soustředit, se>	koncentrál
concentrar-se	concentreren	koncentrera	koncentrować <skoncentrować>	soustřeďovat, se <soustředit, se>	koncentrál
concentrar-se	—	koncentrera	koncentrować <skoncentrować>	soustřeďovat, se <soustředit, se>	koncentrál
referir-se a	betreffen	beträffa	dotyczyć	týkat se	illet
preocupação *f*	zorg *f*	bekymmer *pl*	troska *f*	starost *f*	gond
referir-se a	betreffen	beträffa	dotyczyć	týkat se	illet
referir-se a	betreffen	beträffa	dotyczyć	týkat se	illet
concerto *m*	concert *n*	konsert *u*	koncert *m*	koncert *m*	hangverseny
concerto *m*	concert *n*	konsert *u*	koncert *m*	koncert *m*	hangverseny
concerto *m*	—	konsert *u*	koncert *m*	koncert *m*	hangverseny
combinar	afspreken	avtala	umawiać się	ujednávat <ujednat>	megállapodik
concerto *m*	concert *n*	konsert *u*	koncert *m*	koncert *m*	hangverseny
—	concert *n*	konsert *u*	koncert *m*	koncert *m*	hangverseny
—	schelp *f*	mussla *u*	muszla *f*	mušle *f*	kagyló
consciência *f*	geweten *n*	samvete *n*	sumienie *n*	svědomí *n*	lelkiismeret
consciencioso	nauwgezet	samvetsgrann	sumienny	svědomitě	lelkiismeretes
porteiro *m*	huismeester *m*	portvakt *u*	dozorca *m*	domovník *m*	házmester
porteiro *m*	portier *m*	portvakt *u*	portier *m*	vrátný *m*	portás
concerto *m*	concert *n*	konsert *u*	koncert *m*	koncert *m*	hangverseny
final *m*	einde *n*	slut *n*	koniec *m*	konec *m*	vég
pepino *m*	komkommer *f*	gurka *u*	ogórek *m*	okurka *f*	uborka
candidatar-se	solliciteren	söka en plats	starać, się	ucházet, se	megpályázik
—	vervullen	uppfylla	wypełniać <wypełnić>	splňovat <splnit>	eleget tesz
candidatar-se	solliciteren	söka en plats	starać, się	ucházet, se	megpályázik
condenar	veroordelen	döma	skazywać, potępiać	odsuzovat <odsoudit>	elítél
condenar	veroordelen	döma	skazywać, potępiać	odsuzovat <odsoudit>	elítél
condenar	veroordelen	döma	skazywać, potępiać	odsuzovat <odsoudit>	elítél
—	veroordelen	döma	skazywać, potępiać	odsuzovat <odsoudit>	elítél
—	voorwaarde *f*	krav *n*	warunek *m*	podmínka *f*	feltétel
condição *f*	voorwaarde *f*	krav *n*	warunek *m*	podmínka *f*	feltétel
condição *f*	voorwaarde *f*	krav *n*	warunek *m*	podmínka *f*	feltétel
estado *m*	toestand *m*	tillstånd *n*	stan *m*	stav *m*	állapot
condição *f*	voorwaarde *f*	krav *n*	warunek *m*	podmínka *f*	feltétel
condição *f*	voorwaarde *f*	krav *n*	warunek *m*	podmínka *f*	feltétel
estado *m*	stemming *f*	tillstånd *n*	stan *m*	stav *m*	állapot
condolência *f*	deelneming *f*	kondoleans *u*	współczucie *n*	kondolence *f*	részvét
condolência *f*	deelneming *f*	kondoleans *u*	współczucie *n*	kondolence *f*	részvét
condolência *f*	deelneming *f*	kondoleans *u*	współczucie *n*	kondolence *f*	részvét
—	deelneming *f*	kondoleans *u*	współczucie *n*	kondolence *f*	részvét
preservativo *m*	condoom *n*	kondom *u*	prezerwatywa *f*	kondom *m*	gumi óvszer
preservativo *m*	—	kondom *u*	prezerwatywa *f*	kondom *m*	gumi óvszer
conduzir	rijden	köra	jechać <pojechać>	jezdit <jet>	megy
condutor *m*	bestuurder *m*	förare *u*	kierowca *m*	řidič *m*	gépkocsivezető
revisor *m*	—	konduktör *u*	konduktor *m*	průvodčí *m*	kalaúz

conductor

	D	E	F	I	ES
conductor (E)	Schaffner m	—	contrôleur m	bigliettaio m	revisor m
conductor (ES)	Fahrer m	driver	conducteur m	autista m	—
conduire¹ (F)	lenken	steer	—	guidare	encauzar
conduire² (F)	fahren	drive	—	andare	conducir
conduite (F)	Benehmen n	behaviour	—	comportamento m	comportamiento m
condutor (P)	Fahrer m	driver	conducteur m	autista m	conductor m
conduttura (I)	Leitung f	pipe	tuyau m	—	tubería f
conduzir (P)	fahren	drive	conduire	andare	conducir
conectar¹ (ES)	einschalten	switch on	allumer	accendere	—
conectar² (ES)	schalten	switch	connecter	commutare	—
con ello (ES)	damit	with that	avec cela	con questo	—
conexión (ES)	Anschluss m	connection	correspondance f	coincidenza f	—
confeccionar (P)	anfertigen	manufacture	confectionner	fabbricare	fabricar
confectionner (F)	anfertigen	manufacture	—	fabbricare	fabricar
conference (E)	Konferenz f	—	conférence f	conferenza f	conferencia f
conférence (F)	Konferenz f	conference	—	conferenza f	conferencia f
conferencia (ES)	Konferenz f	conference	conférence f	conferenza f	—
conferência (P)	Konferenz f	conference	conférence f	conferenza f	conferencia f
conferentie (NL)	Konferenz f	conference	conférence f	conferenza f	conferencia f
conferenza (I)	Konferenz f	conference	conférence f	—	conferencia f
conferir (P)	nachprüfen	check	contrôler	controllare	comprobar
confermare (I)	bestätigen	confirm	confirmer	—	confirmar
confesar (ES)	gestehen	confess	avouer	confessare	—
confesión (ES)	Bekenntnis n	confession	confession f	confessione f	—
confess (E)	gestehen	—	avouer	confessare	confesar
confessar (P)	gestehen	confess	avouer	confessare	confesar
confessare (I)	gestehen	confess	avouer	—	confesar
confession (E)	Bekenntnis n	—	confession f	confessione f	confesión f
confession (F)	Bekenntnis n	confession	—	confessione f	confesión f
confessione (I)	Bekenntnis n	confession	confession f	—	confesión f
confiança (P)	Vertrauen n	confidence	confiance f	fiducia f	confianza f
confiance (F)	Vertrauen n	confidence	—	fiducia f	confianza f
confianza (ES)	Vertrauen n	confidence	confiance f	fiducia f	—
confiar (ES)	vertrauen	trust	avoir confiance	fidarsi	—
confiar (P)	vertrauen	trust	avoir confiance	fidarsi	confiar
confidence (E)	Vertrauen n	—	confiance f	fiducia f	confianza f
confirm (E)	bestätigen	—	confirmer	confermare	confirmar
confirmar (ES)	bestätigen	confirm	confirmer	confermare	—
confirmar (P)	bestätigen	confirm	confirmer	confermare	confirmar
confirmer (F)	bestätigen	confirm	—	confermare	confirmar
confissão (P)	Bekenntnis n	confession	confession f	confessione f	confesión f
confiture (F)	Marmelade f	jam	—	marmellata f	mermelada f
confondre (F)	verwechseln	confuse	—	scambiare	confundir
confort (F)	Bequemlichkeit f	convenience	—	comodità f	comodidad f
confortable (F)	bequem	comfortable	—	comodo(a)	cómodo(a)
confortável¹ (P)	bequem	comfortable	confortable	comodo(a)	cómodo(a)
confortável² (P)	gemütlich	comfortable	agréable	comodo(a)	cómodo(a)

confortável

P	NL	SV	PL	CZ	H
revisor m	conducteur m	konduktör u	konduktor m	průvodčí m	kalaúz
condutor m	bestuurder m	förare u	kierowca m	řidič m	gépkocsivezető
guiar	besturen	styra	kierować <skierować>	řídit	irányít
conduzir	rijden	köra	jechać <pojechać>	jezdit <jet>	megy
comportamento m	gedrag n	uppförande n	zachowanie n	chování n	viselkedés
—	bestuurder m	förare u	kierowca m	řidič m	gépkocsivezető
instalação f	leiding f	ledning u	przewód m	vedení n	vezeték
—	rijden	köra	jechać <pojechać>	jezdit <jet>	megy
ligar	inschakelen	koppla in	włączać <włączyć>	zapínat <zapnout>	bekapcsol
ligar	schakelen	koppla	przełączać <przełączyć>	zapínat <zapnout>	kapcsol
com isso	opdat	därmed	z tym	s tím	ezzel
ligação f	aansluiting f	anslutning u	przyłączenie n	přípoj m	csatlakozás
—	vervaardigen	tillverka	wykonać	zhotovovat <zhotovit>	elkészít
confeccionar	vervaardigen	tillverka	wykonać	zhotovovat <zhotovit>	elkészít
conferência f	conferentie f	konferens u	konferencja f	konference f	konferencia
conferência f	conferentie f	konferens u	konferencja f	konference f	konferencia
conferência f	conferentie f	konferens u	konferencja f	konference f	konferencia
—	conferentie f	konferens u	konferencja f	konference f	konferencia
conferência f	—	konferens u	konferencja f	konference f	konferencia
conferência f	conferentie f	konferens u	konferencja f	konference f	konferencia
—	controleren	kontrollera	sprawdzać <sprawdzić>	prezkušovat <prezkoušet>	felülvizsgál
confirmar	bevestigen	bekräfta	potwierdzać <potwierdzić>	potvrzovat <potvrdit>	igazol
confessar	toegeven	erkänna	przyznawać, się <przyznać, się>	připouštět <připustit>	bevall
confissão f	bekentenis f	bekännelse u	wyznanie n	přiznání n	beismerés
confessar	toegeven	erkänna	przyznawać, się <przyznać, się>	připouštět <připustit>	bevall
—	toegeven	erkänna	przyznawać, się <przyznać, się>	připouštět <připustit>	bevall
confessar	toegeven	erkänna	przyznawać, się <przyznać, się>	připouštět <připustit>	bevall
confissão f	bekentenis f	bekännelse u	wyznanie n	přiznání n	beismerés
confissão f	bekentenis f	bekännelse u	wyznanie n	přiznání n	beismerés
confissão f	bekentenis f	bekännelse u	wyznanie n	přiznání n	beismerés
—	vertrouwen n	förtroende n	zaufanie n	důvěra f	bizalom
confiança f	vertrouwen n	förtroende n	zaufanie n	důvěra f	bizalom
confiança f	vertrouwen n	förtroende n	zaufanie n	důvěra f	bizalom
confiar	vertrouwen	lita på	ufać	důvěřovat	megbízik
—	vertrouwen	lita på	ufać	důvěřovat	megbízik
confiança f	vertrouwen n	förtroende n	zaufanie n	důvěra f	bizalom
confirmar	bevestigen	bekräfta	potwierdzać <potwierdzić>	potvrzovat <potvrdit>	igazol
confirmar	bevestigen	bekräfta	potwierdzać <potwierdzić>	potvrzovat <potvrdit>	igazol
—	bevestigen	bekräfta	potwierdzać <potwierdzić>	potvrzovat <potvrdit>	igazol
confirmar	bevestigen	bekräfta	potwierdzać <potwierdzić>	potvrzovat <potvrdit>	igazol
—	bekentenis f	bekännelse u	wyznanie n	přiznání n	beismerés
compota f	jam m	marmelad u	marmolada f	marmeláda f	lekvár
confundir	verwisselen	ta fel på	pomylić	zaměňovat <zaměnit>	összetéveszt
conforto m	gemakkelijkheid f	bekvämlighet u	wygoda f	pohodlí n	kényelem
confortável	gemakkelijk	bekväm	wygodny	pohodlně	kényelmes
—	gemakkelijk	bekväm	wygodny	pohodlně	kényelmes
—	gezellig	hemtrevlig	przytulny	útulný	kellemes

conforto

	D	E	F	I	ES
conforto (P)	Bequemlichkeit f	convenience	confort m	comodità f	comodidad f
confundido(a) (ES)	verwirrt	confused	confus(e)	confuso(a)	—
confundir (ES)	verwechseln	confuse	confondre	scambiare	—
confundir (P)	verwechseln	confuse	confondre	scambiare	confundir
confusão (P)	Durcheinander n	confusion	désordre m	confusione f	confusión f
confuse (E)	verwechseln	—	confondre	scambiare	confundir
confus(e) (F)	verwirrt	confused	—	confuso(a)	confundido(a)
confused (E)	verwirrt	—	confus(e)	confuso(a)	confundido(a)
confusion (E)	Durcheinander n	—	désordre m	confusione f	confusión f
confusión (ES)	Durcheinander n	confusion	désordre m	confusione f	—
confusione (I)	Durcheinander n	confusion	désordre m	—	confusión f
confuso (P)	verwirrt	confused	confus(e)	confuso(a)	confundido(a)
confuso(a) (I)	verwirrt	confused	confus(e)	—	confundido(a)
congedare (I)	verabschieden	say goodbye to	prendre congé de	—	despedir
congratularsi (I)	gratulieren	congratulate	féliciter	—	felicitar
congratulate (E)	gratulieren	—	féliciter	congratularsi	felicitar
congratulations (E)	Glückwunsch m	—	félicitations f/pl	auguri m/pl	felicitaciones f/pl
con gusto (ES)	gern	willingly	avec plaisir	volentieri	—
conhecer[1] (P)	kennen	know	connaître	conoscere	conocer
conhecer[2] (P)	kennen lernen	get to know	faire connaissance	fare la conoscenza di	hacer el conocimiento de
conhecido (P)	bekannt	well-known	connu(e)	conosciuto(a)	conocido(a)
conhecido (P)	Bekannter m	acquaintance	ami m	conoscente m	conocido m
conhecimento (P)	Kenntnis f	knowledge	connaissance f	conoscenza f	conocimiento m
conhecimentos (P)	Wissen n	knowledge	savoir m	sapere m	saber m
coniuge (I)	Lebensgefährte m	companion	compagnon m	—	compañero de la vida m
connaissance (F)	Kenntnis f	knowledge	—	conoscenza f	conocimiento m
connaître (F)	kennen	know	—	conoscere	conocer
connaître, s'y (F)	auskennen, sich	know one's way about	—	conoscere bene	conocer a fondo a
connecter (F)	schalten	switch	—	commutare	conectar
connection[1] (E)	Anschluss m	—	correspondance f	coincidenza f	conexión f
connection[2] (E)	Verbindung f	—	relation f	relazione f	relación f
connu(e) (F)	bekannt	well-known	—	conosciuto(a)	conocido(a)
conocer (ES)	kennen	know	connaître	conoscere	—
conocer a fondo a (ES)	auskennen, sich	know one's way about	connaître, s'y	conoscere bene	—
conocido (ES)	Bekannter m	acquaintance	ami m	conoscente m	—
conocido(a) (ES)	bekannt	well-known	connu(e)	conosciuto(a)	—
conocimiento (ES)	Kenntnis f	knowledge	connaissance f	conoscenza f	—
conoscente (I)	Bekannter m	acquaintance	ami m	—	conocido m
conoscenza (I)	Kenntnis f	knowledge	connaissance f	—	conocimiento m
conoscere (I)	kennen	know	connaître	—	conocer
conoscere bene (I)	auskennen, sich	know one's way about	connaître, s'y	—	conocer a fondo a
conosciuto(a) (I)	bekannt	well-known	connu(e)	—	conocido(a)
con paciencia (ES)	geduldig	patient	patient(e)	paziente	—
con questo (I)	damit	with that	avec cela	—	con ello
conscience (E)	Gewissen n	—	conscience f	coscienza f	conciencia f
conscience (F)	Gewissen n	conscience	—	coscienza f	conciencia f
consciência (P)	Gewissen n	conscience	conscience f	coscienza f	conciencia f
consciencieux(euse) (F)	gewissenhaft	conscientious	—	coscienzioso(a)	concienzudo(a)

consciencieux(euse)

P	NL	SV	PL	CZ	H
—	gemakkelijkheid f	bekvämlighet u	wygoda f	pohodlí n	kényelem
confuso	verward	förvirrad	zagmatwany	zmatený	zavart
confundir	verwisselen	ta fel på	pomylić	zaměňovat <zaměnit>	összetéveszt
—	verwisselen	ta fel på	pomylić	zaměňovat <zaměnit>	összetéveszt
—	verwarring f	villervalla u	bałagan m	nepořádek m	összevisszaság
confundir	verwisselen	ta fel på	pomylić	zaměňovat <zaměnit>	összetéveszt
confuso	verward	förvirrad	zagmatwany	zmatený	zavart
confuso	verward	förvirrad	zagmatwany	zmatený	zavart
confusão f	verwarring f	villervalla u	bałagan m	nepořádek m	összevisszaság
confusão f	verwarring f	villervalla u	bałagan m	nepořádek m	összevisszaság
confusão f	verwarring f	villervalla u	bałagan m	nepořádek m	összevisszaság
—	verward	förvirrad	zagmatwany	zmatený	zavart
confuso	verward	förvirrad	zagmatwany	zmatený	zavart
despedir	afscheid nemen van	ta avsked	odprawiać	loučit, se <rozloučit, se>	elbúcsúztat
felicitar	feliciteren	gratulera	gratulować <pogratulować>	gratulovat <pogratulovat>	gratulál
felicitar	feliciteren	gratulera	gratulować <pogratulować>	gratulovat <pogratulovat>	gratulál
parabéns m/pl	gelukwens m	lyckönskan u	życzenia szczęścia n/pl	blahopřání n	jókívánság
de boa vontade	gaarne	gärna	chętnie	s radostí	szívesen
—	kennen	känna till	znać	znát <poznat>	ismer
—	leren kennen	lära känna	poznawać	seznamovat, se <seznámit, se>	megismerkedik
—	bekend	känd	znany	známý	ismert
—	kennis m	bekant u	znajomy m	známý m	ismerős
—	kennis f	kunskap u	znajomość f	znalost f	ismeret
—	kennis f	kunskap u	wiedza f	vědění n	tudás
companheiro de vida m	levensgezel m	partner u	towarzysz życia m	druh m	élettárs
conhecimento m	kennis f	kunskap u	znajomość f	znalost f	ismeret
conhecer	kennen	känna till	znać	znát <poznat>	ismer
ser conhecedor de	thuis zijn (in)	känna till	znać, się	vyznávat, se <vyznat, se>	kiismeri, magát
ligar	schakelen	koppla	przełączać <przełączyć>	zapínat <zapnout>	kapcsol
ligação f	aansluiting f	anslutning u	przyłączenie n	přípoj m	csatlakozás
união f	verbinding f	förbindelse u	połączenie n	spojení n	összeköttetés
conhecido	bekend	känd	znany	známý	ismert
conhecer	kennen	känna till	znać	znát <poznat>	ismer
ser conhecedor de	thuis zijn (in)	känna till	znać, się	vyznávat, se <vyznat, se>	kiismeri, magát
conhecido m	kennis m	bekant u	znajomy m	známý m	ismerős
conhecido	bekend	känd	znany	známý	ismert
conhecimento m	kennis f	kunskap u	znajomość f	znalost f	ismeret
conhecido m	kennis m	bekant u	znajomy m	známý m	ismerős
conhecimento m	kennis f	kunskap u	znajomość f	znalost f	ismeret
conhecer	kennen	känna till	znać	znát <poznat>	ismer
ser conhecedor de	thuis zijn (in)	känna till	znać, się	vyznávat, se <vyznat, se>	kiismeri, magát
conhecido	bekend	känd	znany	známý	ismert
paciente	geduldig	tålig	cierpliwy	trpělivý	türelmes
com isso	opdat	därmed	z tym	s tím	ezzel
consciência f	geweten n	samvete n	sumienie n	svědomí n	lelkiismeret
consciência f	geweten n	samvete n	sumienie n	svědomí n	lelkiismeret
—	geweten n	samvete n	sumienie n	svědomí n	lelkiismeret
consciencioso	nauwgezet	samvetsgrann	sumienny	svědomitě	lelkiismeretes

consciencioso

	D	E	F	I	ES
consciencioso (P)	gewissenhaft	conscientious	consciencieux(euse)	coscienzioso(a)	concienzudo(a)
consciente (P)	bewusst	deliberate	déliberé(e)	intenzionale	intencionado(a)
conscientious (E)	gewissenhaft	—	consciencieux(euse)	coscienzioso(a)	concienzudo(a)
consegnare (I)	überreichen	hand over	présenter	—	entregar
conseguenza (I)	Folge f	consequence	suite f	—	serie f
conseguir (ES)	besorgen	acquire	procurer	procurare	—
conseil (F)	Rat m	advice	—	consiglio m	consejo m
conseiller (F)	raten	advice	—	consigliare	aconsejar
consejo (ES)	Rat m	advice	conseil m	consiglio m	—
conselho (P)	Rat m	advice	conseil m	consiglio m	consejo m
consentir (ES)	zustimmen	agree	être d'accord	acconsentire	—
consentir (P)	zustimmen	agree	être d'accord	acconsentire	consentir
consequence (E)	Folge f	—	suite f	conseguenza f	serie f
conservare (I)	aufbewahren	keep	garder	—	guardar
considerable (E)	beträchtlich	—	considérable	considerevole	considerable
considerable (ES)	beträchtlich	considerable	considérable	considerevole	—
considérable (F)	beträchtlich	considerable	—	considerevole	considerable
considerável (P)	beträchtlich	considerable	considérable	considerevole	considerable
considérer (F)	beachten	take notice of	—	osservare	prestar atención a
considerevole (I)	beträchtlich	considerable	considérable	—	considerable
consigliare (I)	raten	advice	conseiller	—	aconsejar
consiglio (I)	Rat m	advice	conseil m	—	consejo m
consolar (ES)	trösten	comfort	consoler	consolare	—
consolar (P)	trösten	comfort	consoler	consolare	consolar
consolare (I)	trösten	comfort	consoler	—	consolar
consoler (F)	trösten	comfort	—	consolare	consolar
consommer (F)	verbrauchen	consume	—	consumare	consumir
constipação (P)	Erkältung f	cold	refroidissement m	raffreddore m	resfriado m
constipação (P)	Schnupfen m	cold	rhume m	raffreddore m	resfriado m
constitución (ES)	Verfassung f	constitution	constitution f	costituzione f/pl	—
constituição (P)	Verfassung f	constitution	constitution f	costituzione f/pl	constitución f
constitution[1] (E)	Verfassung f	—	état m	condizioni f/pl	estado m
constitution[2] (E)	Verfassung f	—	constitution f	costituzione f/pl	constitución f
constitution (F)	Verfassung f	constitution	—	costituzione f/pl	constitución f
construção[1] (P)	Anlage f	plant	installation f	impianto m	establecimiento m
construção[2] (P)	Bau m	construction	construction f	costruzione f	construcción f
construcción (ES)	Bau m	construction	construction f	costruzione f	—
construction (E)	Bau m	—	construction f	costruzione f	construcción f
construction (F)	Bau m	construction	—	costruzione f	construcción f
construction works (E)	Bauarbeiten pl	—	travaux	lavori di costruzione m/pl	trabajos de construcción m/pl
construir (ES)	bauen	build	construire	costruire	—
construir (P)	bauen	build	construire	costruire	construir
construire (F)	bauen	build	—	costruire	construir
construir um anexo (P)	anbauen	add	ajouter	ampliare	ampliar
consulta (P)	Sprechstunde f	consultation hours	heures de consultation f/pl	ora di ricevimento f	hora de consulta f
consultation hours (E)	Sprechstunde f	—	heures de consultation f/pl	ora di ricevimento f	hora de consulta f
consumare[1] (I)	abnutzen	wear out	user	—	desgastar
consumare[2] (I)	verbrauchen	consume	consommer	—	consumir

consumare

P	NL	SV	PL	CZ	H
—	nauwgezet	samvetsgrann	sumienny	svědomitě	lelkiismeretes
—	bewust	medvetet	świadomy	vědomě	tudatos
consciencioso	nauwgezet	samvetsgrann	sumienny	svědomitě	lelkiismeretes
entregar	overhandigen	överräcka	przekazywać	předávat <předat>	átad
sequência f	gevolg n	konsekvens u	skutek m	následek m	következmény
tratar de	bezorgen	ta hand om	doglądać <doglądnąć>	obstarávat <obstarat>	beszerez
conselho m	raad m	råd n	rada f	rada f	tanács
aconselhar	aanraden	gissa	radzić <poradzić>	doporučovat <doporučit>	tanácsol
conselho m	raad m	råd n	rada f	rada f	tanács
—	raad m	råd n	rada f	rada f	tanács
consentir	toestemmen	instämma	zgadzać się	souhlasit	helyesel
—	toestemmen	instämma	zgadzać się	souhlasit	helyesel
sequência f	gevolg n	konsekvens u	skutek m	následek m	következmény
guardar	bewaren	förvara	przechowywać <przechować>	uschovávat <uschovat>	megőriz
considerável	aanmerkelijk	beaktlig	znaczny	značně	jelentős
considerável	aanmerkelijk	beaktlig	znaczny	značně	jelentős
considerável	aanmerkelijk	beaktlig	znaczny	značně	jelentős
—	aanmerkelijk	beaktlig	znaczny	značně	jelentős
dar atenção a	in acht nemen	beakta	przestrzegać	dbát na	figyelembe venni
considerável	aanmerkelijk	beaktlig	znaczny	značně	jelentős
aconselhar	aanraden	gissa	radzić <poradzić>	doporučovat <doporučit>	tanácsol
conselho m	raad m	råd n	rada f	rada f	tanács
consolar	troosten	trösta	pocieszać	utěšovat <utěšit>	megvigasztal
—	troosten	trösta	pocieszać	utěšovat <utěšit>	megvigasztal
consolar	troosten	trösta	pocieszać	utěšovat <utěšit>	megvigasztal
consolar	troosten	trösta	pocieszać	utěšovat <utěšit>	megvigasztal
gastar	verbruiken	förbruka	zużywać <zużyć>	spotřebovávat <spotřebovat>	fogyaszt
—	verkoudheid f	förkylning u	przeziębienie n	nachlazení n	megfázás
—	verkoudheid f	snuva u	katar m	rýma f	nátha
constituição f	grondwet m	författning u	konstytucja f	ústava f	alkotmány
—	grondwet m	författning u	konstytucja f	ústava f	alkotmány
estado m	stemming f	tillstånd n	stan m	stav m	állapot
constituição f	grondwet m	författning u	konstytucja f	ústava f	alkotmány
constituição f	grondwet m	författning u	konstytucja f	ústava f	alkotmány
—	inrichting f	anläggning u	obiekt m	příloha	berendezés
—	bouw m	byggnad u	budowla f	stavba f	építkezés
construção f	bouw m	byggnad u	budowla f	stavba f	építkezés
construção f	bouw m	byggnad u	budowla f	stavba f	építkezés
construção f	bouw m	byggnad u	budowla f	stavba f	építkezés
obras f/pl	(bouw)werken pl	byggarbeten pl	roboty budowlane	stavební práce pl	építkezés
construir	bouwen	bygga	budować <wybudować>	stavět	épít
—	bouwen	bygga	budować <wybudować>	stavět	épít
construir	bouwen	bygga	budować <wybudować>	stavět	épít
—	aanbouwen	bygga till	dobudowywać <dobudować>	nastavovat <nastavit>	hozzáépít
—	spreekuur n	mottagningstid u	godziny przyjęć f/pl	konzultační hodiny pl	fogadóóra
consulta f	spreekuur n	mottagningstid u	godziny przyjęć f/pl	konzultační hodiny pl	fogadóóra
gastar	verslijten	nötas/slitas	zużywać <zużyć>	opotřebovávat <opotřebit>	elhasznál
gastar	verbruiken	förbruka	zużywać <zużyć>	spotřebovávat <spotřebovat>	fogyaszt

consume 214

	D	E	F	I	ES
consume (E)	verbrauchen	—	consommer	consumare	consumir
consumidor (P)	Benutzer m	user	utilisateur m	utilizzatore m	usuario m
consumir (ES)	verbrauchen	consume	consommer	consumare	—
conta (P)	Rechnung f	bill	facture f	fattura f	factura f
contabilidad (ES)	Buchhaltung f	book-keeping	comptabilité f	contabilità f	—
contabilidade (P)	Buchhaltung f	book-keeping	comptabilité f	contabilità f	contabilidad f
contabilità (I)	Buchhaltung f	book-keeping	comptabilité f	—	contabilidad f
conta corrente (P)	Konto n	account	compte m	conto m	cuenta f
contact (E)	Kontakt m	—	contact m	contatto m	contacto m
contact (F)	Kontakt m	contact	—	contatto m	contacto m
contact (NL)	Kontakt m	contact	contact m	contatto m	contacto m
contacto (ES)	Kontakt m	contact	contact m	contatto m	—
contacto (P)	Kontakt m	contact	contact m	contatto m	contacto m
contadino (I)	Bauer m	farmer	paysan m	—	campesino m
contagieux (F)	ansteckend	virulent	—	contagioso(a)	contagioso
contagioso (ES)	ansteckend	virulent	contagieux	contagioso(a)	—
contagioso (P)	ansteckend	virulent	contagieux	contagioso(a)	contagioso
contagioso(a) (I)	ansteckend	virulent	contagieux	—	contagioso
contain (E)	enthalten	—	contenir	contenere	contener
container[1] (E)	Behälter m	—	récipient m	recipiente m	recipiente m
container[2] (E)	Gefäß n	—	récipient m	recipiente m	recipiente m
contant geld (NL)	Bargeld n	cash	espèces f/pl	contanti m/pl	dinero al contado m
contanti (I)	Bargeld n	cash	espèces f/pl	—	dinero al contado m
contar[1] (ES)	erzählen	tell	raconter	raccontare	—
contar[2] (ES)	zählen	count	compter	contare	—
contar[1] (P)	erzählen	tell	raconter	raccontare	contar
contar[2] (P)	anrechnen	charge	compter	mettere in conto	cargar en cuenta
contar[3] (P)	zählen	count	compter	contare	contar
contare (I)	zählen	count	compter	—	contar
contatto (I)	Kontakt m	contact	contact m	—	contacto m
contemporaneo(a) (I)	gleichzeitig	simultaneous	en même temps	—	a la vez
contener (ES)	enthalten	contain	contenir	contenere	—
contenere (I)	enthalten	contain	contenir	—	contener
contenido (ES)	Inhalt m	contents	contenu m	contenuto m	—
contenir (F)	enthalten	contain	—	contenere	contener
content(e) (F)	froh	glad	—	lieto(a)	contento(a)
contente[1] (P)	froh	glad	—	lieto(a)	contento(a)
contente[2] (P)	zufrieden	satisfied	satisfait(e)	contento(a)	satisfecho(a)
contento(a) (I)	zufrieden	satisfied	satisfait(e)	—	satisfecho(a)
contento(a)[1] (ES)	erfreut	delighted	réjoui(e)	lieto(a)	—
contento(a)[2] (ES)	froh	glad	content(e)	lieto(a)	—
contents (E)	Inhalt m	—	contenu m	contenuto m	contenido m
contenu (F)	Inhalt m	contents	—	contenuto m	contenido m
contenuto (I)	Inhalt m	contents	contenu m	—	contenido m
conter (P)	enthalten	contain	contenir	contenere	contener
conteúdo (P)	Inhalt m	contents	contenu m	contenuto m	contenido m
continent (E)	Kontinent m	—	continent m	continente m	continente m
continent[1] (F)	Festland n	mainland	—	terraferma f	tierra firme f
continent[2] (F)	Kontinent m	continent	—	continente m	continente m
continent (NL)	Kontinent m	continent	continent m	continente m	continente m
continente (I)	Kontinent m	continent	continent m	—	continente m
continente (ES)	Kontinent m	continent	continent m	continente m	—
continente[1] (P)	Festland n	mainland	continent m	terraferma f	tierra firme f
continente[2] (P)	Kontinent m	continent	continent m	continente m	continente m

continente

P	NL	SV	PL	CZ	H
gastar	verbruiken	förbruka	zużywać <zużyć>	spotřebovávat <spotřebovat>	fogyaszt
—	gebruiker m	användare u	użytkownik m	používatel m	használó
gastar	verbruiken	förbruka	zużywać <zużyć>	spotřebovávat <spotřebovat>	fogyaszt
—	rekening f	räkning u	rachunek m	faktura f	számla
contabilidade f	boekhouding f	bokföring u	księgowość f	účetnictví n	könyvelés
—	boekhouding f	bokföring u	księgowość f	účetnictví n	könyvelés
contabilidade f	boekhouding f	bokföring u	księgowość f	účetnictví n	könyvelés
—	rekening f	konto n	konto n	účet m	(bank)számla
contacto m	contact n	kontakt u	kontakt m	kontakt m	kontaktus
contacto m	contact n	kontakt u	kontakt m	kontakt m	kontaktus
contacto m	—	kontakt u	kontakt m	kontakt m	kontaktus
contacto m	contact n	kontakt u	kontakt m	kontakt m	kontaktus
—	contact n	kontakt u	kontakt m	kontakt m	kontaktus
agricultor m	boer m	bonde u	rolnik m	zemědělec m	paraszt, földműves
contagioso	aanstekelijk	smittsam	zakaźny	nakažlivý	fertőző
contagioso	aanstekelijk	smittsam	zakaźny	nakažlivý	fertőző
—	aanstekelijk	smittsam	zakaźny	nakažlivý	fertőző
contagioso	aanstekelijk	smittsam	zakaźny	nakažlivý	fertőző
conter	omvatten	innehålla	zawierać	obsahovat	tartalmaz
recipiente m	bak m	behållare u	pojemnik m	nádrž f	tartály
recipiente m	vat n	kärl n	naczynie n	nádoba f	edény
dinheiro efectivo m	—	kontanter pl	gotówka f	hotovost f	készpénz
dinheiro efectivo m	contant geld n	kontanter pl	gotówka f	hotovost f	készpénz
contar	vertellen	berätta	opowiadać <opowiedzieć>	vypravovat <vyprávět>	elmesél
contar	tellen	räkna	liczyć	počítat <spočítat>	számol
—	vertellen	berätta	opowiadać <opowiedzieć>	vypravovat <vyprávět>	elmesél
—	aanrekenen	räkna in	zaliczać <zaliczyć>	započítávat <započítat>	beszámít
—	tellen	räkna	liczyć	počítat <spočítat>	számol
contar	tellen	räkna	liczyć	počítat <spočítat>	számol
contacto m	contact n	kontakt u	kontakt m	kontakt m	kontaktus
simultâneo	gelijktijdig	samtidigt	równocześnie	současně	egyszerre
conter	omvatten	innehålla	zawierać	obsahovat	tartalmaz
conter	omvatten	innehålla	zawierać	obsahovat	tartalmaz
conteúdo m	inhoud m	innehåll n	zawartość f	obsah m	tartalom
conter	omvatten	innehålla	zawierać	obsahovat	tartalmaz
contente	blij	glad	zadowolony	rád	boldog
—	blij	glad	zadowolony	rád	boldog
—	tevreden	nöjd	zadowolony	spokojený	elégedett
contente	tevreden	nöjd	zadowolony	spokojený	elégedett
satisfeito	verheugd	glad	uradowany	potěšený	nagyon örülök
contente	blij	glad	zadowolony	rád	boldog
conteúdo m	inhoud m	innehåll n	zawartość f	obsah m	tartalom
conteúdo m	inhoud m	innehåll n	zawartość f	obsah m	tartalom
conteúdo m	inhoud m	innehåll n	zawartość f	obsah m	tartalom
—	omvatten	innehålla	zawierać	obsahovat	tartalmaz
—	inhoud m	innehåll n	zawartość f	obsah m	tartalom
continente m	continent n	kontinent u	kontynent m	kontinent m	kontinens
continente m	vasteland n	fastland u	ląd m	pevnina f	szárazföld
continente m	continent n	kontinent u	kontynent m	kontinent m	kontinens
continente m	—	kontinent u	kontynent m	kontinent m	kontinens
continente m	continent n	kontinent u	kontynent m	kontinent m	kontinens
continente m	continent n	kontinent u	kontynent m	kontinent m	kontinens
—	vasteland n	fastland u	ląd m	pevnina f	szárazföld
—	continent n	kontinent u	kontynent m	kontinent m	kontinens

continuar

	D	E	F	I	ES
continuar[1] (ES)	fortsetzen	continue	continuer	continuare	—
continuar[2] (ES)	weitermachen	carry on	continuer	continuare	—
continuar (P)	fortsetzen	continue	continuer	continuare	continuar
continuar a fazer (P)	weitermachen	carry on	continuer	continuare	continuar
continuare[1] (I)	fortsetzen	continue	continuer	—	continuar
continuare[2] (I)	weitermachen	carry on	continuer	—	continuar
continue (E)	fortsetzen	—	continuer	continuare	continuar
continuer[1] (F)	fortsetzen	continue	—	continuare	continuar
continuer[2] (F)	weitermachen	carry on	—	continuare	continuar
conto (I)	Konto n	account	compte m	—	cuenta f
contra (ES)	gegen	against	contre	contro	—
contra[1] (P)	dagegen	instead	en échange	invece	en su lugar
contra[2] (P)	gegen	against	contre	contro	contra
contract (E)	Vertrag m	—	contrat m	contratto m	contrato m
contract (NL)	Vertrag m	contract	contrat m	contratto m	contrato m
contraddire (I)	widersprechen	contradict	contredire	—	contradecir
contradecir (ES)	widersprechen	contradict	contredire	contraddire	—
contradict (E)	widersprechen	—	contredire	contraddire	contradecir
contradizer (P)	widersprechen	contradict	contredire	contraddire	contradecir
contraire (F)	Gegenteil n	opposite	—	contrario m	contrario m
contrario (I)	Gegenteil n	opposite	contraire m	—	contrario m
contrario (ES)	Gegenteil n	opposite	contraire m	contrario m	—
contrário (P)	Gegenteil n	opposite	contraire m	contrario m	contrario m
contrario(a) (ES)	umgekehrt	vice versa	vice versa	inverso(a)	—
contraseña (ES)	Passwort n	password	mot de passe m	parola d'ordine f	—
contrast (E)	Gegensatz m	—	opposé m	contrasto m	contraste m
contraste (ES)	Gegensatz m	contrast	opposé m	contrasto m	—
contrasto (I)	Gegensatz m	contrast	opposé m	—	contraste m
contrat (F)	Vertrag m	contract	—	contratto m	contrato m
contratar (P)	einstellen	employ	recruter	assumere	emplear
contrato (ES)	Vertrag m	contract	contrat m	contratto m	—
contrato (P)	Vertrag m	contract	contrat m	contratto m	contrato m
contratto (I)	Vertrag m	contract	contrat m	—	contrato m
contre (F)	gegen	against	—	contro	contra
contredire (F)	widersprechen	contradict	—	contraddire	contradecir
contribuição (P)	Beitrag m	contribution	contribution f	contributo m	cuota f
contribution (E)	Beitrag m	—	contribution f	contributo m	cuota f
contribution (F)	Beitrag m	contribution	—	contributo m	cuota f
contributo (I)	Beitrag m	contribution	contribution f	—	cuota f
contro (I)	gegen	against	contre	—	contra
control (E)	Kontrolle f	—	contrôle m	controllo m	control m
control (ES)	Kontrolle f	control	contrôle m	controllo m	—
controlador (ES)	Kontrolleur m	inspector	contrôleur m	controllore m	—
control de radar (ES)	Radarkontrolle f	speed trap	contrôle radar m	controllo radar m	—
controle (NL)	Kontrolle f	control	contrôle m	controllo m	control m
contrôle (F)	Kontrolle f	control	—	controllo m	control m
contrôler (F)	nachprüfen	check	—	controllare	comprobar
contrôle radar (F)	Radarkontrolle f	speed trap	—	controllo radar m	control de radar m
controleren (NL)	nachprüfen	check	contrôler	controllare	comprobar
controleur (NL)	Kontrolleur m	inspector	contrôleur m	controllore m	controlador m
contrôleur[1] (F)	Schaffner m	conductor	—	bigliettaio m	revisor m
contrôleur[2] (F)	Kontrolleur m	inspector	—	controllore m	controlador m
controllare (I)	nachprüfen	check	contrôler	—	comprobar
controllare (I)	nachsehen	check	vérifier	—	examinar

217   controllare

P	NL	SV	PL	CZ	H
continuar	voortzetten	fortsätta	kontynuować	pokračovat	folytat
continuar a fazer	doorgaan	fortsätta	kontynuować	pokračovat	folytat
—	voortzetten	fortsätta	kontynuować	pokračovat	folytat
—	doorgaan	fortsätta	kontynuować	pokračovat	folytat
continuar	voortzetten	fortsätta	kontynuować	pokračovat	folytat
continuar a fazer	doorgaan	fortsätta	kontynuować	pokračovat	folytat
continuar	voortzetten	fortsätta	kontynuować	pokračovat	folytat
continuar	voortzetten	fortsätta	kontynuować	pokračovat	folytat
continuar a fazer	doorgaan	fortsätta	kontynuować	pokračovat	folytat
conta corrente f	rekening f	konto n	konto n	účet m	(bank)számla
contra	tegen	mot	przeciw	proti	ellen
—	ertegen	emot	przeciw	proti	azzal szemben
—	tegen	mot	przeciw	proti	ellen
contrato m	contract n	kontrakt n	umowa f	smlouva f	szerződés
contrato m	—	kontrakt n	umowa f	smlouva f	szerződés
contradizer	tegenspreken	säga emot	sprzeciwiać się	odporovat	ellentmond
contradizer	tegenspreken	säga emot	sprzeciwiać się	odporovat	ellentmond
contradizer	tegenspreken	säga emot	sprzeciwiać się	odporovat	ellentmond
—	tegenspreken	säga emot	sprzeciwiać się	odporovat	ellentmond
contrário m	tegendeel n	motsats u	przeciwieństwo n	opak m	ellenkezője
contrário m	tegendeel n	motsats u	przeciwieństwo n	opak m	ellenkezője
contrário m	tegendeel n	motsats u	przeciwieństwo n	opak m	ellenkezője
—	tegendeel n	motsats u	przeciwieństwo n	opak m	ellenkezője
inverso	omgekeerd	omvänt	odwrotnie	opačně	fordítva
senha f	wachtwoord n	lösenord n	hasło n	heslo n	jelszó
antagonismo m	tegenstelling f	motsats u	przeciwieństwo n	protiklad m	ellentét
antagonismo m	tegenstelling f	motsats u	przeciwieństwo n	protiklad m	ellentét
antagonismo m	tegenstelling f	motsats u	przeciwieństwo n	protiklad m	ellentét
contrato m	contract n	kontrakt n	umowa f	smlouva f	szerződés
—	aanstellen	anställa	angażować <zaangażować>	přijímat <přijmout>	vkit munkába állít
contrato m	contract n	kontrakt n	umowa f	smlouva f	szerződés
—	contract n	kontrakt n	umowa f	smlouva f	szerződés
contrato m	contract n	kontrakt n	umowa f	smlouva f	szerződés
contra	tegen	mot	przeciw	proti	ellen
contradizer	tegenspreken	säga emot	sprzeciwiać się	odporovat	ellentmond
—	bijdrage f	bidrag n	wkład m	příspěvek m	hozzájárulás
contribuição f	bijdrage f	bidrag n	wkład m	příspěvek m	hozzájárulás
contribuição f	bijdrage f	bidrag n	wkład m	příspěvek m	hozzájárulás
contribuição f	bijdrage f	bidrag n	wkład m	příspěvek m	hozzájárulás
contra	tegen	mot	przeciw	proti	ellen
controlo m	controle f	kontroll u	kontrola f	kontrola f	ellenőrzés
controlo m	controle f	kontroll u	kontrola f	kontrola f	ellenőrzés
revisor m	controleur m	kontrollör u	kontroler m	kontrolor	ellenőrző
controlo por radar m	radarcontrole f	radarkontroll u	kontrola radarowa f	radarová kontrola f	radárellenőrzés
controlo m	—	kontroll u	kontrola f	kontrola f	ellenőrzés
controlo m	controle f	kontroll u	kontrola f	kontrola f	ellenőrzés
conferir	controleren	kontrollera	sprawdzać <sprawdzić>	prezkušovat <prezkoušet>	felülvizsgál
controlo por radar m	radarcontrole f	radarkontroll u	kontrola radarowa f	radarová kontrola f	radárellenőrzés
conferir	—	kontrollera	sprawdzać <sprawdzić>	prezkušovat <prezkoušet>	felülvizsgál
revisor m	—	kontrollör u	kontroler m	kontrolor	ellenőrző
revisor m	conducteur m	konduktör u	konduktor m	průvodčí m	kalaúz
revisor m	controleur m	kontrollör u	kontroler m	kontrolor	ellenőrző
conferir	controleren	kontrollera	sprawdzać <sprawdzić>	prezkušovat <prezkoušet>	felülvizsgál
verificar	nazien	ta reda på	patrzeć <popatrzeć>	dívat, se <podívat, se>	utánanéz

controllo

	D	E	F	I	ES
controllo (I)	Kontrolle f	control	contrôle m	—	control m
controllo radar (I)	Radarkontrolle f	speed trap	contrôle radar m	—	control de radar m
controllore (I)	Kontrolleur m	inspector	contrôleur m	—	controlador m
controlo (P)	Kontrolle f	control	contrôle m	controllo m	control m
controlo por radar (P)	Radarkontrolle f	speed trap	contrôle radar m	controllo radar m	control de radar m
convaincre (F)	überzeugen	convince	—	convincere	convencer
convenable (F)	anständig	decent	—	decente	decente
convencer (ES)	überzeugen	convince	convaincre	convincere	—
convencer (P)	überzeugen	convince	convaincre	convincere	convencer
convenience (E)	Bequemlichkeit f	—	confort m	comodità f	comodidad f
conveniente (I)	preiswert	inexpensive	bon marché	—	económico(a)
conveniente (P)	zweckmäßig	suitable	approprié(e)	adatto(a)	adecuado(a)
convenir (ES)	vereinbaren	agree upon	convenir de	fissare	—
convenir de (F)	vereinbaren	agree upon	—	fissare	convenir
convento (I)	Kloster n	monastery	couvent m	—	monasterio m
conversa (P)	Gespräch n	conversation	conversation f	conversazione f	conversación f
conversación (ES)	Gespräch n	conversation	conversation f	conversazione f	—
conversar¹ (ES)	plaudern	chat	bavarder	chiacchierare	—
conversar² (ES)	unterhalten, sich	talk	entretenir, s'	conversare	—
conversar¹ (P)	plaudern	chat	bavarder	chiacchierare	conversar
conversar² (P)	unterhalten, sich	talk	entretenir, s'	conversare	conversar
conversare (I)	unterhalten, sich	talk	entretenir, s'	—	conversar
conversation (E)	Gespräch n	—	conversation f	conversazione f	conversación f
conversation (F)	Gespräch n	conversation	—	conversazione f	conversación f
conversazione (I)	Gespräch n	conversation	conversation f	—	conversación f
convés (P)	Deck n	deck	pont m	ponte m	cubierta f
convidado (P)	Gast m	guest	invité m	ospite m	invitado m
convidar¹ (P)	auffordern	ask	inviter	invitare	invitar
convidar² (P)	einladen	invite	inviter	invitare	invitar
convince¹ (E)	überreden	—	persuader	persuadere	persuadir
convince² (E)	überzeugen	—	convaincre	convincere	convencer
convincere (I)	überzeugen	convince	convaincre	—	convencer
cook (E)	Koch m	—	cuisinier m	cuoco m	cocinero m
cook (E)	kochen	—	cuire	cucinare	cocinar
cooker (E)	Herd m	—	cuisinière f	cucina f	cocina f
cool (E)	kühl	—	frais (fraîche)	fresco(a)	frío(a)
coperchio (I)	Deckel m	lid	couvercle m	—	tapa f
coperta (I)	Decke f	blanket	couverture f	—	manta f
coperto (I)	Gedeck n	cover	couvert m	—	cubierto m
coperto(a) (I)	bedeckt	covered	couvert(e)	—	cubierto(a)
copia (I)	Kopie f	copy	copie f	—	copia f
copia (ES)	Kopie f	copy	copie f	copia f	—
cópia (P)	Kopie f	copy	copie f	copia f	copia f
copiar (ES)	kopieren	copy	copier	copiare	—
copiar (P)	kopieren	copy	copier	copiare	copiar
copiare (I)	kopieren	copy	copier	—	copiar

219 copiare

P	NL	SV	PL	CZ	H
controlo m	controle f	kontroll u	kontrola f	kontrola f	ellenőrzés
controlo por radar m	radarcontrole f	radarkontroll u	kontrola radarowa f	radarová kontrola f	radárellenőrzés
revisor m	controleur m	kontrollör u	kontroler m	kontrolor	ellenőrző
—	controle f	kontroll u	kontrola f	kontrola f	ellenőrzés
—	radarcontrole f	radarkontroll u	kontrola radarowa f	radarová kontrola f	radárellenőrzés
convencer	overtuigen	övertyga	przekonywać	přesvědčovat <přesvědčit>	meggyőz
decente	fatsoenlijk	anständig	przyzwoity	slušně	tisztességes
convencer	overtuigen	övertyga	przekonywać	přesvědčovat <přesvědčit>	meggyőz
—	overtuigen	övertyga	przekonywać	přesvědčovat <přesvědčit>	meggyőz
conforto m	gemakkelijkheid f	bekvämlighet u	wygoda f	pohodlí n	kényelem
barato	goedkoop	prisvärd	niedrogi	výhodný (cenově)	jutányos
—	doelmatig	ändamålsenlig	celowy	účelný	célszerű
acertar	overeenkomen	avtala	ustalać	ujednávat <ujednat>	megegyezik
acertar	overeenkomen	avtala	ustalać	ujednávat <ujednat>	megegyezik
mosteiro m	klooster n	kloster n	klasztor m	klášter m	kolostor
—	gesprek n	samtal n	rozmowa f	rozhovor m	beszélgetés
conversa f	gesprek n	samtal n	rozmowa f	rozhovor m	beszélgetés
conversar	babbelen	prata	gawędzić <pogawędzić>	rozprávět	társalog
conversar	praten	prata	rozmawiać	bavit, se <pobavit, se>	társalog
—	babbelen	prata	gawędzić <pogawędzić>	rozprávět	társalog
—	praten	prata	rozmawiać	bavit, se <pobavit, se>	társalog
conversar	praten	prata	rozmawiać	bavit, se <pobavit, se>	társalog
conversa f	gesprek n	samtal n	rozmowa f	rozhovor m	beszélgetés
conversa f	gesprek n	samtal n	rozmowa f	rozhovor m	beszélgetés
conversa f	gesprek n	samtal n	rozmowa f	rozhovor m	beszélgetés
—	dek n	däck n	pokład m	paluba f	fedélzet
—	gast m	gäst u	gość m	host m	vendég
—	uitnodigen	uppmana	wzywać <wezwać>	vyzývat <vyzvat>	felszólít
—	uitnodigen	bjuda in	zapraszać <zaprosić>	zvát <pozvat>	meghív
persuadir	overtuigen	övertala	namawiać <namówić>	přemlouvat <přemluvit>	rábeszél
convencer	overtuigen	övertyga	przekonywać	přesvědčovat <přesvědčit>	meggyőz
convencer	overtuigen	övertyga	przekonywać	přesvědčovat <přesvědčit>	meggyőz
cozinheiro m	kok m	kock u	kucharz m	kuchař m	szakács
cozinhar	koken	laga mat	gotować <ugotować>	vařit <uvařit>	főzni
fogão m	fornuis n	köksspis u	piec m	ložisko	tűzhely
fresco	koel	kylig	chłodny	chladný	hűvös
tampa f	deksel n	lock n	przykrywka f	víko n	fedél
cobertor m	plafond n	täcke n	sufit m	přikrývka f	takaró
talher m	couvert n	bordskuvert n	nakrycie n	příbor m	teríték
coberto	bedekt	täckt	pokryty	zakrytý	borult
cópia f	kopie f	kopia u	kopia f	kopie f	másolat
cópia f	kopie f	kopia u	kopia f	kopie f	másolat
—	kopie f	kopia u	kopia f	kopie f	másolat
copiar	kopiëren	kopiera	kopiować <skopiować>	kopírovat <zkopírovat>	másol
—	kopiëren	kopiera	kopiować <skopiować>	kopírovat <zkopírovat>	másol
copiar	kopiëren	kopiera	kopiować <skopiować>	kopírovat <zkopírovat>	másol

copie

	D	E	F	I	ES
copie (F)	Kopie f	copy	—	copia f	copia f
copier (F)	kopieren	copy	—	copiare	copiar
coprire[1] (I)	bedecken	cover	couvrir	—	cubrir
coprire[2] (I)	zudecken	cover (up)	couvrir	—	tapar
copy (E)	kopieren	—	copier	copiare	copiar
copy (E)	Kopie f	—	copie f	copia f	copia f
coq (F)	Hahn m	cock	—	gallo m	gallo m
cor (P)	Farbe f	colour	couleur f	colore m	color m
coração (P)	Herz n	heart	cœur m	cuore m	corazón m
coragem (P)	Mut m	courage	courage m	coraggio m	coraje m
coraggio (I)	Mut m	courage	courage m	—	coraje m
coraggioso(a) (I)	tapfer	brave	courageux(-euse)	—	valiente
coraje (ES)	Mut m	courage	courage m	coraggio m	—
corazón (ES)	Herz n	heart	cœur m	cuore m	—
corbata (ES)	Krawatte f	tie	cravate f	cravatta f	—
corça (P)	Reh n	deer	chevreuil m	capriolo m	corzo m
cordero (ES)	Lamm n	lamb	agneau m	agnello m	—
cor-de-rosa (P)	rosa	pink	rose	rosa	de color rosa
cordial (E)	herzlich	—	cordial(e)	cordiale	cordial
cordial (ES)	herzlich	cordial	cordial(e)	cordiale	—
cordial (P)	herzlich	cordial	cordial(e)	cordiale	cordial
cordial(e) (F)	herzlich	cordial	—	cordiale	cordial
cordiale (I)	herzlich	cordial	cordial(e)	—	cordial
coriace (F)	zäh	tough	—	duro(a)	duro(a)
córka (PL)	Tochter f	daughter	fille f	figlia f	hija f
corkscrew (E)	Korkenzieher m	—	tire-bouchon m	cavatappi m	sacacorchos m
corn[1] (E)	Korn n	—	grain m	grano m	semilla f
corn[2] (E)	Mais m	—	maïs m	mais m	maíz m
corner (E)	Ecke f	—	coin m	angolo m	esquina f
cornice (I)	Rahmen m	frame	cadre m	—	marco m
coro (I)	Chor m	choir	chœur m	—	coro m
coro (ES)	Chor m	choir	chœur m	coro m	—
coro (P)	Chor m	choir	chœur m	coro m	coro m
corpo (I)	Körper m	body	corps m	—	cuerpo m
corpo (P)	Körper m	body	corps m	corpo m	cuerpo m
corps (F)	Körper m	body	—	corpo m	cuerpo m
corpse (E)	Leiche f	—	cadavre m	cadavere m	cadáver m
correa (ES)	Riemen n	strap	courroie f	cinghia f	—
correct (E)	korrekt	—	correct(e)	corretto(a)	correcto(a)
correct (E)	richtig	—	juste	giusto(a)	correcto(a)
correct (NL)	korrekt	correct	correct(e)	corretto(a)	correcto(a)
correct(e) (F)	korrekt	correct	—	corretto(a)	correcto(a)
correcto (P)	korrekt	correct	correct(e)	corretto(a)	correcto(a)
correcto (P)	richtig	correct	juste	giusto(a)	correcto(a)
correcto(a) (ES)	korrekt	correct	correct(e)	corretto(a)	—
correcto(a) (ES)	richtig	correct	juste	giusto(a)	—
corredor[1] (ES)	Flur m	hall	entrée f	corridoio m	—
corredor[2] (ES)	Gang m	corridor	couloir m	corridoio m	—
corredor (P)	Gang m	corridor	couloir m	corridoio m	corredor m
corredor da casa (P)	Flur m	hall	entrée f	corridoio m	corredor m
correia[1] (P)	Gurt m	belt	ceinture f	cinghia f	cinturón m
correia[2] (P)	Riemen n	strap	courroie f	cinghia f	correa f
correio (P)	Post f	post	poste f	posta f	correo m
correio aéreo (P)	Luftpost f	air mail	poste aérienne f	posta aerea f	correo aéreo m

correio aéreo

P	NL	SV	PL	CZ	H
cópia f	kopie f	kopia u	kopia f	kopie f	másolat
copiar	kopiëren	kopiera	kopiować <skopiować>	kopírovat <zkopírovat>	másol
cobrir	bedekken	täcka	przykrywać <przykryć>	zakrývat <zakrýt>	beborít, betakar
cobrir	toedekken	täcka över	przykryć	přikrývat <přikrýt>	fedővel lefed
copiar	kopiëren	kopiera	kopiować <skopiować>	kopírovat <zkopírovat>	másol
cópia f	kopie f	kopia u	kopia f	kopie f	másolat
galo m	haan m	tupp u	kogut m	kohout m	kakas
—	kleur f	färg u	kolor m	barva f	szín
—	hart n	hjärta n	serce n	srdce n	szív
—	moed m	mod n	odwaga f	odvaha f	bátorság
coragem f	moed m	mod n	odwaga f	odvaha f	bátorság
valente	dapper	tapper	dzielny	statečný	bátor
coragem f	moed m	mod n	odwaga f	odvaha f	bátorság
coração m	hart n	hjärta n	serce n	srdce n	szív
gravata f	das f	slips u	krawat m	kravata f	nyakkendő
—	ree n	rådjur n	sarna f	srna f	őz
borrego m	lam n	lamm n	baranek m	jehně n	bárány
—	roze	rosa	różowy	růžový	rózsaszínű
cordial	hartelijk	hjärtligt	serdeczny	srdečný	szívesen
cordial	hartelijk	hjärtligt	serdeczny	srdečný	szívesen
—	hartelijk	hjärtligt	serdeczny	srdečný	szívesen
cordial	hartelijk	hjärtligt	serdeczny	srdečný	szívesen
cordial	hartelijk	hjärtligt	serdeczny	srdečný	szívesen
duro	taai	seg	ciągnący się	houževnatý	szívós
filha f	dochter f	dotter u	—	dcera f	lánya
saca-rolhas m	kurkentrekker m	korkskruv u	korkociąg m	vývrtka f	dugóhúzó
grão m	graan n	korn n	ziarno n	zrno n	gabona
milho m	mais m	majs u	kukurydza f	kukurice f	kukorica
esquina f	hoek m	hörn n	róg m	roh m	sarok
moldura f	kader n	ram u	rama f	rám m	keret
coro m	koor n	kör u	chór m	sbor m	kórus
coro m	koor n	kör u	chór m	sbor m	kórus
—	koor n	kör u	chór m	sbor m	kórus
corpo m	lichaam n	kropp u	ciało n	tělo n	test
—	lichaam n	kropp u	ciało n	tělo n	test
corpo m	lichaam n	kropp u	ciało n	tělo n	test
cadáver m	lijk n	lik n	zwłoki pl	mrtvola f	holttest
correia f	riem m	rem u	rzemyk m	řemen m	szíj
correcto	correct	korrekt	poprawny	správný	helyes
correcto	juist	rätt	właściwy	správně	helyes
correcto	—	korrekt	poprawny	správně	helyes
correcto	correct	korrekt	poprawny	správný	helyes
—	correct	korrekt	poprawny	správný	helyes
—	juist	rätt	właściwy	správně	helyes
correcto	correct	korrekt	poprawny	správný	helyes
correcto	juist	rätt	właściwy	správně	helyes
corredor da casa m	gang m	tambur u	korytarz m	chodba f	folyosó
corredor m	gang m	korridor u	korytarz m	chůze f	folyósó
—	gang m	korridor u	korytarz m	chůze f	folyósó
—	gang m	tambur u	korytarz m	chodba f	folyosó
—	gordel m	bälte n	pas m	pás m	heveder/biztonsági öv
—	riem m	rem u	rzemyk m	řemen m	szíj
—	post m	post u	poczta f	pošta f	posta
—	luchtpost f	luftpost u	poczta lotnicza f	letecká pošta f	légiposta

correio electrónico

	D	E	F	I	ES
correio electrónico (P)	E-Mail f	e-mail	e-mail m	e-mail f	email m
corrente (I)	Strom m	current	courant m	—	corriente f
corrente¹ (P)	Kette f	chain	chaîne f	catena f	cadena f
corrente² (P)	Strom m	current	courant m	corrente f	corriente f
correo¹ (ES)	Kurier m	courier	coursier m	corriere m	—
correo² (ES)	Post f	post	poste f	posta f	—
correo aéreo (ES)	Luftpost f	air mail	poste aérienne f	posta aerea f	—
correr¹ (ES)	fließen	flow	couler	scorrere	—
correr² (ES)	laufen	run	courir	correre	—
correr³ (ES)	rennen	run	courir	correre	—
correr¹ (P)	fließen	flow	couler	scorrere	correr
correr² (P)	laufen	run	courir	correre	correr
correr³ (P)	rennen	run	courir	correre	correr
correre¹ (I)	laufen	run	courir	—	correr
correre² (I)	rennen	run	courir	—	correr
correspond (E)	entsprechen	—	correspondre à	corrispondere	corresponder a
correspondance (F)	Anschluss m	connection	—	coincidenza f	conexión f
corresponder (P)	entsprechen	correspond	correspondre à	corrispondere	corresponder a
corresponder a (ES)	entsprechen	correspond	correspondre à	corrispondere	—
correspondre à (F)	entsprechen	correspond	—	corrispondere	corresponder a
corretto(a) (I)	korrekt	correct	correct(e)	—	correcto(a)
corridoio¹ (I)	Diele f	hall	vestibule m	—	entrada f
corridoio² (I)	Flur m	hall	entrée f	—	corredor m
corridoio³ (I)	Gang m	corridor	couloir m	—	corredor m
corridor (E)	Gang m	—	couloir m	corridoio m	corredor m
corriente (ES)	Strom m	current	courant m	corrente f	—
corriere (I)	Kurier m	courier	coursier m	—	correo m
corrispondere (I)	entsprechen	correspond	correspondre à	—	corresponder a
corso (I)	Kurs m	course	cours m	—	curso m
cortante (ES)	scharf	sharp	tranchant(e)	tagliente	—
cortante (P)	scharf	sharp	tranchant(e)	tagliente	cortante
cortar¹ (ES)	mähen	mow	faucher	falciare	—
cortar² (ES)	schneiden	cut	couper	tagliare	—
cortar (P)	schneiden	cut	couper	tagliare	cortar
corte (ES)	Schnitt m	cut	coupe f	taglio m	—
corte (P)	Schnitt m	cut	coupe f	taglio m	corte m
cortés (ES)	höflich	polite	poli(e)	cortese	—
cortês (P)	höflich	polite	poli(e)	cortese	cortés
cortese (I)	höflich	polite	poli(e)	—	cortés
cortesia (I)	Höflichkeit f	politeness	politesse f	—	cortesía f
cortesia (P)	Höflichkeit f	politeness	politesse f	cortesia f	cortesía f
cortesía (ES)	Höflichkeit f	politeness	politesse f	cortesia f	—
cortile (I)	Hof m	courtyard	cour f	—	patio m
cortina (ES)	Vorhang m	curtain	rideau m	tenda f	—
cortina (P)	Vorhang m	curtain	rideau m	tenda f	cortina f
corto(a) (I)	kurz	short	court(e)	—	corto(a)
corto(a) (ES)	kurz	short	court(e)	corto(a)	—
corzo (ES)	Reh n	deer	chevreuil m	capriolo m	—
coś¹ (PL)	etwas	something	quelque chose	qualcosa	algo
coś² (PL)	irgendetwas	something	n'importe quoi	qualsiasi cosa	algo
cosa (I)	Ding n	thing	chose f	—	cosa f
cosa (I)	Sache f	thing	chose f	—	cosa f
cosa (ES)	Ding n	thing	chose f	cosa f	—

cosa

P	NL	SV	PL	CZ	H
—	e-mail m	e-post u	E-Mail m	e-mail m	e-mail
corrente f	stroom m	ström u	prąd m	proud m	áram
—	ketting m	kedja u	łańcuch m	řetěz m	lánc
—	stroom m	ström u	prąd m	proud m	áram
estafeta m	koerier m	kurir u	kurier m	kurýr m	futár
correio m	post m	post u	poczta f	pošta f	posta
correio aéreo m	luchtpost f	luftpost u	poczta lotnicza f	letecká pošta f	légiposta
correr	vloeien	flyta	płynąć <popłynąć>	téci <vytéci>	folyik
correr	lopen	springa	biec <pobiec>	běhat <bežet>	fut
correr	rennen	springa	biec <pobiec>	běhat <běžet>	rohan
—	vloeien	flyta	płynąć <popłynąć>	téci <vytéci>	folyik
—	lopen	springa	biec <pobiec>	běhat <bežet>	fut
—	rennen	springa	biec <pobiec>	běhat <běžet>	rohan
correr	lopen	springa	biec <pobiec>	běhat <bežet>	fut
correr	rennen	springa	biec <pobiec>	běhat <běžet>	rohan
corresponder	overeenkomen	motsvara	odpowiadać	odpovídat <odpovědět>	megfelel
ligação f	aansluiting f	anslutning u	przyłączenie n	přípoj m	csatlakozás
—	overeenkomen	motsvara	odpowiadać	odpovídat <odpovědět>	megfelel
corresponder	overeenkomen	motsvara	odpowiadać	odpovídat <odpovědět>	megfelel
corresponder	overeenkomen	motsvara	odpowiadać	odpovídat <odpovědět>	megfelel
correcto	correct	korrekt	poprawny	správný	helyes
vestíbulo m	gang m	tambur u	sień f	předsíň f	előszoba
corredor da casa m	gang m	tambur u	korytarz m	chodba f	folyosó
corredor m	gang m	korridor u	korytarz m	chůze f	folyósó
corredor m	gang m	korridor u	korytarz m	chůze f	folyósó
corrente f	stroom m	ström u	prąd m	proud m	áram
estafeta m	koerier m	kurir u	kurier m	kurýr m	futár
corresponder	overeenkomen	motsvara	odpowiadać	odpovídat <odpovědět>	megfelel
rumo m	koers m	kurs u	kurs m	kurs m	útirány
cortante	scherp	skarp	ostry	ostrý	éles
—	scherp	skarp	ostry	ostrý	éles
ceifar	maaien	klippa	kosić	sekat trávu	nyír/kaszál
cortar	snijden	skära	ciąć <pociąć>	řezat <uříznout>	vág
—	snijden	skära	ciąć <pociąć>	řezat <uříznout>	vág
corte m	snee f	skärning u	cięcie n	řez m	vágás
—	snee f	skärning u	cięcie n	řez m	vágás
cortês	beleefd	hövlig	uprzejmy	zdvořilý	udvarias
—	beleefd	hövlig	uprzejmy	zdvořilý	udvarias
cortês	beleefd	hövlig	uprzejmy	zdvořilý	udvarias
cortesia f	beleefdheid f	hövlighet u	uprzejmość f	zdvořilost f	udvariasság
—	beleefdheid f	hövlighet u	uprzejmość f	zdvořilost f	udvariasság
cortesia f	beleefdheid f	hövlighet u	uprzejmość f	zdvořilost f	udvariasság
pátio m	erf n	gård u	podwórze n	dvůr m	tanya
cortina f	gordijn n	draperi n	zasłona f	závěs m	függöny
—	gordijn n	draperi n	zasłona f	závěs m	függöny
curto	kort	kort	krótko	krátký	rövid
curto	kort	kort	krótko	krátký	rövid
corça f	ree n	rådjur n	sarna f	srna f	őz
alguma coisa	iets	något	—	něco	valami
qualquer coisa	het een of ander	något	—	něco	valami
coisa f	ding n	sak u	rzecz f	věc f	holmi
coisa f	ding n	sak u	rzecz f	věc f	dolog
coisa f	ding n	sak u	rzecz f	věc f	holmi

cosa

	D	E	F	I	ES
cosa (ES)	Sache f	thing	chose f	cosa f	—
cosas (ES)	Zeug n	stuff	affaires f/pl	cose f/pl	—
coscienza (I)	Gewissen n	conscience	conscience f	—	conciencia f
coscienzioso(a) (I)	gewissenhaft	conscientious	consciencieux(euse)	—	concienzudo(a)
cose (I)	Zeug n	stuff	affaires f/pl	—	cosas f/pl
cosecha (ES)	Ernte f	harvest	moisson f	raccolto m	—
coser (ES)	nähen	sew	coudre	cucire	—
coser (P)	nähen	sew	coudre	cucire	coser
cost (E)	kosten	—	coûter	costare	costar
costa (I)	Küste f	coast	côte f	—	costa f
costa (ES)	Küste f	coast	côte f	costa f	—
costa (P)	Küste f	coast	côte f	costa f	costa f
costar (ES)	kosten	cost	coûter	costare	—
costare (I)	kosten	cost	coûter	—	costar
costas (P)	Rücken m	back	dos m	schiena f	espalda f
costeleta (P)	Kotelett n	cutlet	côtelette f	costoletta f	chuleta f
costes (ES)	Kosten pl	expenses	coûts m/pl	spese f/pl	—
costituzione (I)	Verfassung f	constitution	constitution f	—	constitución f
costoletta (I)	Kotelett n	cutlet	côtelette f	—	chuleta f
costringere (I)	zwingen	force	forcer	—	obligar
costruire (I)	bauen	build	construire	—	construir
costruzione (I)	Bau m	construction	construction f	—	construcción f
costumbre (ES)	Gewohnheit f	habit	habitude f	abitudine f	—
costume (F)	Anzug m	suit	—	vestito m	traje m
costume da bagno (I)	Badehose f	swimming trunks	slip de bain m	—	bañador m
côte (F)	Küste f	coast	—	costa f	costa f
côtelette (F)	Kotelett n	cutlet	—	costoletta f	chuleta f
coton (F)	Baumwolle f	cotton	—	cotone m	algodón m
cotone (I)	Baumwolle f	cotton	coton m	—	algodón m
cotto(a) (I)	gar	done	cuit(e)	—	(estar) a punto
cotton (E)	Baumwolle f	—	coton m	cotone m	algodón m
cou (F)	Hals m	neck	—	collo m	cuello m
Couch (D)	—	couch	canapé m	divano m	diván m
couch (E)	Couch f	—	canapé m	divano m	diván m
couch (NL)	Couch f	couch	canapé m	divano m	diván m
couchette (E)	Liegewagen m	—	wagon-couchette m	cuccetta f	coche cama m
coudre (F)	nähen	sew	—	cucire	coser
cough (E)	Husten m	—	toux m	tosse f	tos f
cough (E)	husten	—	tousser	tossire	toser
couler (F)	fließen	flow	—	scorrere	correr
couleur (F)	Farbe f	colour	—	colore m	color m
couloir (F)	Gang m	corridor	—	corridoio m	corredor m
count (E)	zählen	—	compter	contare	contar
counter (E)	Schalter m	—	guichet m	sportello m	ventanilla f
country road (E)	Landstraße f	—	route f	strada provinciale f	carretera nacional f
coup (F)	Schlag m	blow	—	colpo m	golpe m
coup de soleil (F)	Sonnenbrand m	sunburn	—	scottatura solare f	quemadura solar f
coupe (F)	Schnitt m	cut	—	taglio m	corte m
couper (F)	schneiden	cut	—	tagliare	cortar
cour (F)	Hof m	courtyard	—	cortile m	patio m
courage (E)	Mut m	—	courage m	coraggio m	coraje m
courage (F)	Mut m	courage	—	coraggio m	coraje m
courageux(-euse) (F)	tapfer	brave	—	coraggioso(a)	valiente
courant (F)	Strom m	current	—	corrente f	corriente f
courier (E)	Kurier m	—	coursier m	corriere m	correo m

courier

P	NL	SV	PL	CZ	H
coisa f	ding n	sak u	rzecz f	věc f	dolog
coisas f/pl	spullen pl	grejor pl	materia f	věci pl	holmi
consciência f	geweten n	samvete n	sumienie n	svědomí n	lelkiismeret
consciencioso	nauwgezet	samvetsgrann	sumienny	svědomitě	lelkiismeretes
coisas f/pl	spullen pl	grejor pl	materia f	věci pl	holmi
colheita f	oogst m	skörd u	żniwo n	sklizeň f	aratás
coser	naaien	sy	szyć <uszyć>	šít <ušít>	varr
—	naaien	sy	szyć <uszyć>	šít <ušít>	varr
custar	kosten	kosta	kosztować	stát	kerül
costa f	kust f	kust u	wybrzeże n	pobřeží n	tengerpart
costa f	kust f	kust u	wybrzeże n	pobřeží n	tengerpart
—	kust f	kust u	wybrzeże n	pobřeží n	tengerpart
custar	kosten	kosta	kosztować	stát	kerül
custar	kosten	kosta	kosztować	stát	kerül
—	rug m	rygg u	plecy pl	záda f	hát
—	kotelet f	kotlett u	kotlet m	kotleta f	kotlett
custo m	kosten m/pl	kostnader pl	koszty m/pl	náklady pl	költségek
constituição f	grondwet m	författning u	konstytucja f	ústava f	alkotmány
costeleta f	kotelet f	kotlett u	kotlet m	kotleta f	kotlett
obrigar	dwingen	tvinga	zmuszać	nutit <donutit>	kényszerít
construir	bouwen	bygga	budować <wybudować>	stavět	épít
construção f	bouw m	byggnad u	budowla f	stavba f	építkezés
hábito m	gewoonte f	vana u	przyzwyczajenie n	zvyk m	szokás
fato m	kostuum n	kostym u	garnitur m	oblek m	öltöny
calções de banho m/pl	zwembroek f	badbyxor pl	kąpielówki f/pl	plavky pánské pl	fürdőnadrág
costa f	kust f	kust u	wybrzeże n	pobřeží n	tengerpart
costeleta f	kotelet f	kotlett u	kotlet m	kotleta f	kotlett
algodão m	katoen n	bomull u	bawełna f	bavlna f	pamut
algodão m	katoen n	bomull u	bawełna f	bavlna f	pamut
bem cozido	gaar	alldeles	ugotowany	dovařený	egyáltalán
algodão m	katoen n	bomull u	bawełna f	bavlna f	pamut
pescoço m	hals m	hals u	szyja f	krk m	nyak
divã m	couch m	soffa u	tapczan m	gauč m	dívány
divã m	couch m	soffa u	tapczan m	gauč m	dívány
divã m	—	soffa u	tapczan m	gauč m	dívány
vagão-cama m	ligrijtuig n	liggvagn u	kuszetka f	lehátkový vůz m	hálókocsi
coser	naaien	sy	szyć <uszyć>	šít <ušít>	varr
tosse f	hoest m	hosta u	kaszel m	kašel m	köhögés
tossir	hoesten	hosta	kaszlać <kaszlnąć>	kašlat <zakašlat>	köhög
correr	vloeien	flyta	płynąć <popłynąć>	téci <vytéci>	folyik
cor f	kleur f	färg u	kolor m	barva f	szín
corredor m	gang m	korridor u	korytarz m	chúze f	folyósó
contar	tellen	räkna	liczyć	počítat <spočítat>	számol
interruptor m	schakelaar m	strömbrytare u	włącznik m	vypínač m	kapcsoló
estrada nacional f	secundaire weg m	landsväg u	szosa f	silnice třídy f	országút
golpe m	slag m	stöt u	uderzenie n	úder m	ütés
queimadura solar f	zonnebrand m	svidande solbränna u	oparzenie słoneczne n	úpal m	lesülés
corte m	snee f	skärning u	cięcie n	řez m	vágás
cortar	snijden	skära	ciąć <pociąć>	řezat <uříznout>	vág
pátio m	erf n	gård u	podwórze n	dvůr m	tanya
coragem f	moed m	mod n	odwaga f	odvaha f	bátorság
coragem f	moed m	mod n	odwaga f	odvaha f	bátorság
valente	dapper	tapper	dzielny	statečný	bátor
corrente f	stroom m	ström u	prąd m	proud m	áram
estafeta m	koerier m	kurir u	kurier m	kurýr m	futár

courir

	D	E	F	I	ES
courir[1] (F)	laufen	run	—	correre	correr
courir[2] (F)	rennen	run	—	correre	correr
courroie (F)	Riemen n	strap	—	cinghia f	correa f
cours[1] (F)	Kurs m	course	—	corso m	curso m
cours[2] (F)	Unterricht m	lessons	—	lezione f	enseñanza f
course[1] (E)	Gang m	—	plat m	portata f	plato m
course[2] (E)	Kurs m	—	cours m	corso m	curso m
coursier (F)	Kurier m	courier	—	corriere m	correo m
court (E)	Gericht n	—	tribunal m	tribunale m	tribunal m
court(e) (F)	kurz	short	—	corto(a)	corto(a)
courtyard (E)	Hof m	—	cour f	cortile m	patio m
coussin (F)	Kissen n	cushion	—	cuscino m	almohadón m
couteau (F)	Messer n	knife	—	coltello m	cuchillo m
coûter (F)	kosten	cost	—	costare	costar
coûts (F)	Kosten pl	expenses	—	spese f/pl	costes m/pl
couve (P)	Kohl m	cabbage	chou m	cavolo m	col f
couvent (F)	Kloster n	monastery	—	convento m	monasterio m
couvercle (F)	Deckel m	lid	—	coperchio m	tapa f
couvert (F)	Gedeck n	cover	—	coperto m	cubierto m
couvert (NL)	Gedeck n	cover	couvert m	coperto m	cubierto m
couvert(e)[1] (F)	bewölkt	cloudy	—	nuvoloso(a)	nublado
couvert(e)[2] (F)	bedeckt	covered	—	coperto(a)	cubierto(a)
couverture (F)	Decke f	blanket	—	coperta f	manta f
couvrir[1] (F)	bedecken	cover	—	coprire	cubrir
couvrir[2] (F)	zudecken	cover (up)	—	coprire	tapar
cova (P)	Grab n	grave	tombe f	tomba f	tumba f
cover (E)	bedecken	—	couvrir	coprire	cubrir
cover (E)	Gedeck n	—	couvert m	coperto m	cubierto m
covered (E)	bedeckt	—	couvert(e)	coperto(a)	cubierto(a)
cover (up) (E)	zudecken	—	couvrir	coprire	tapar
cow (E)	Rind n	—	bœuf m	manzo m	buey m
cow (E)	Kuh f	—	vache f	mucca f	vaca f
cowardly (E)	feige	—	lâche	vile	cobarde
cozer (P)	backen	bake	faire cuire	cuocere (al forno)	cocer (al horno)
cozinha (P)	Küche f	kitchen	cuisine f	cucina f	cocina f
cozinhar (P)	kochen	cook	cuire	cucinare	cocinar
cozinheiro (P)	Koch m	cook	cuisinier m	cuoco m	cocinero m
cozza (I)	Muschel m	mussel	moule f	—	mejillón m
craft (E)	Handwerk n	—	métier m	artigianato m	artesanía f
craftsman (E)	Handwerker m	—	artisan m	artigiano m	artesano m
craindre (F)	befürchten	fear	—	temere	temer
craindre (F)	fürchten	fear	—	temere	temer
crash (E)	Absturz m	—	chute f	caduta f	caída f
cravate (F)	Krawatte f	tie	—	cravatta f	corbata f
cravatta (I)	Krawatte f	tie	cravate f	—	corbata f
crayfish (E)	Krebs m	—	écrevisse f	gambero m	cangrejo m
crayon[1] (F)	Bleistift m	pencil	—	matita f	lápiz f
crayon[2] (F)	Stift m	pencil	—	matita f	lápiz m
cream[1] (E)	Kreme f	—	crème f	crema f	crema f
cream[2] (E)	Sahne f	—	crème f	panna f	nata f
crear (ES)	schaffen	create	réussir à faire	creare	—
creare (I)	schaffen	create	réussir à faire	—	crear
create (E)	schaffen	—	réussir à faire	creare	crear

create

P	NL	SV	PL	CZ	H
correr	lopen	springa	biec <pobiec>	běhat <bežet>	fut
correr	rennen	springa	biec <pobiec>	běhat <běžet>	rohan
correia f	riem m	rem u	rzemyk m	řemen m	szíj
rumo m	koers m	kurs u	kurs m	kurs m	útirány
ensino m	les f	undervisning u	nauczanie n	vyučování n	tanítás
prato m	gang m	rätt u	danie n	chod m	fogás
rumo m	koers m	kurs u	kurs m	kurs m	útirány
estafeta m	koerier m	kurir u	kurier m	kurýr m	futár
tribunal m	gerecht n	rätt u	sąd m	soud m	bíróság
curto	kort	kort	krótko	krátký	rövid
pátio m	erf n	gård u	podwórze n	dvůr m	tanya
almofada f	kussen n	kudde u	poduszka f	polštář m	párna
faca f	mes n	kniv u	nóż m	nůž m	kés
custar	kosten	kosta	kosztować	stát	kerül
custo m	kosten m/pl	kostnader pl	koszty m/pl	náklady pl	költségek
—	kool m	kål u	kapusta f	kapusta f	káposzta
mosteiro m	klooster n	kloster n	klasztor m	klášter m	kolostor
tampa f	deksel n	lock n	przykrywka f	víko n	fedél
talher m	couvert n	bordskuvert n	nakrycie n	příbor m	teríték
talher m	—	bordskuvert n	nakrycie n	příbor m	teríték
enevoado	bewolkt	molnigt	zachmurzony	zataženo	felhős
coberto	bedekt	täckt	pokryty	zakrytý	borult
cobertor m	plafond n	täcke n	sufit m	přikrývka f	takaró
cobrir	bedekken	täcka	przykrywać <przykryć>	zakrývat <zakrýt>	beborít, betakar
cobrir	toedekken	täcka över	przykryć	přikrývat <přikrýt>	fedővel lefed
—	graf n	grav u	grób m	hrob m	sírhely
cobrir	bedekken	täcka	przykrywać <przykryć>	zakrývat <zakrýt>	beborít, betakar
talher m	couvert n	bordskuvert n	nakrycie n	příbor m	teríték
coberto	bedekt	täckt	pokryty	zakrytý	borult
cobrir	toedekken	täcka över	przykryć	přikrývat <přikrýt>	fedővel lefed
gado m	rund n	ko u	bydłę n	dobytek m	szarvasmarha
vaca f	koe f	ko u	krowa f	kráva f	tehén
cobarde	laf	feg	tchórzliwy	zbabělý	gyáva
—	bakken	baka	piec <upiec>	péci	süt
—	keuken f	kök n	kuchnia f	kuchyně f	konyha
—	koken	laga mat	gotować <ugotować>	vařit <uvařit>	főzni
—	kok m	kock u	kucharz m	kuchař m	szakács
concha f	schelp f	mussla u	muszla f	mušle f	kagyló
ofício m	handwerk n/ ambacht n	hantverk n	rzemiosło n	řemeslo n	mesterség
artífice m	ambachtsman m	hantverkare u	rzemieślnik m	řemeslník m	mesterember
recear	vrezen	befara	obawiać, się	obávat, se	tart
ter medo de	vrezen	frukta	obawiać, się	bát se	fél, rettég
queda f	neerstorten n	störtning u	runięcie w dół n	zřícení n	zuhanás
gravata f	das f	slips u	krawat m	kravata f	nyakkendő
gravata f	das f	slips u	krawat m	kravata f	nyakkendő
caranguejo m	kreeft m	kräfta u	rak m	rak m	rák
lápis m	potlood n	blyertspenna n	ołówek m	tužka f	ceruza
lápis m	stift m	stift n	ołówek m	kolík m	pecek
creme m	crème f	kräm u	krem m	krém m	krém
natas f/pl	room m	grädde u	śmietana f	smetana f	tejszín
criar	scheppen	skapa	dokonywać <dokonać>	tvořit <vytvořit>	alkot
criar	scheppen	skapa	dokonywać <dokonać>	tvořit <vytvořit>	alkot
criar	scheppen	skapa	dokonywać <dokonać>	tvořit <vytvořit>	alkot

	D	E	F	I	ES
crecer (ES)	wachsen	grow	grandir	crescere	—
credere (I)	glauben	believe	croire	—	creer
credit (E)	Kredit m	—	crédit m	credito m	crédito m
crédit (F)	Kredit m	credit	—	credito m	crédito m
credit card (E)	Kreditkarte f	—	carte de crédit f	carta di credito f	tarjeta de crédito f
creditcard (NL)	Kreditkarte f	credit card	carte de crédit f	carta di credito f	tarjeta de crédito f
credito (I)	Kredit m	credit	crédit m	—	crédito m
crédito (ES)	Kredit m	credit	crédit m	credito m	—
crédito (P)	Kredit m	credit	crédit m	credito m	crédito m
creer (ES)	glauben	believe	croire	credere	—
crema (I)	Kreme f	cream	crème f	—	crema f
crema (ES)	Kreme f	cream	crème f	crema f	—
cremallera (ES)	Reißverschluss m	zip	fermeture éclair f	chiusura lampo f	—
creme (P)	Kreme f	cream	crème f	crema f	crema f
crème[1] (F)	Kreme f	cream	—	crema f	crema f
crème[2] (F)	Sahne f	cream	—	panna f	nata f
crème (NL)	Kreme f	cream	crème f	crema f	crema f
crescer[1] (P)	aufwachsen	grow up	grandir	crescere	criarse
crescer[2] (P)	wachsen	grow	grandir	crescere	crecer
crescere[1] (I)	aufwachsen	grow up	grandir	—	criarse
crescere[2] (I)	wachsen	grow	grandir	—	crecer
crescido (P)	erwachsen	grown up	adulte	adulto(a)	adulto(a)
creuser (F)	graben	dig	—	scavare	cavar
creux(euse) (F)	hohl	hollow	—	cavo(a)	hueco(a)
criança (P)	Kind n	child	enfant m	bambino m	niño m
crianza (ES)	Erziehung f	education	éducation f	educazione f	—
criar (P)	schaffen	create	réussir à faire	creare	crear
criarse (ES)	aufwachsen	grow up	grandir	crescere	—
crier[1] (F)	ausrufen	exclaim	—	esclamare	exclamar
crier[2] (F)	schreien	scream	—	gridare	gritar
crime (E)	Verbrechen n	—	crime m	delitto m	crimen m
crime (F)	Verbrechen n	crime	—	delitto m	crimen m
crime (P)	Verbrechen n	crime	crime m	delitto m	crimen m
crimen (ES)	Verbrechen n	crime	crime m	delitto m	—
cristal (ES)	Scheibe f	pane	carreau m	vetro m	—
cristão (P)	Christ m	Christian	chrétien m	cristiano m	cristiano m
cristiano (I)	Christ m	Christian	chrétien m	—	cristiano m
cristiano (ES)	Christ m	Christian	chrétien m	cristiano m	—
criticar (ES)	kritisieren	criticise	critiquer	criticare	—
criticar (P)	kritisieren	criticise	critiquer	criticare	criticar
criticare (I)	kritisieren	criticise	critiquer	—	criticar
criticise (E)	kritisieren	—	critiquer	criticare	criticar
critiquer (F)	kritisieren	criticise	—	criticare	criticar
croce (I)	Kreuz n	cross	croix f	—	cruz f
crochet (F)	Haken m	hook	—	gancio m	gancho m
crockery (E)	Geschirr n	—	vaisselle f	stoviglie f/pl	vajilla f
croire (F)	glauben	believe	—	credere	creer
croix (F)	Kreuz n	cross	—	croce f	cruz f

P	NL	SV	PL	CZ	H
crescer	groeien	växa	rosnąć	růst <vyrůst>	nő
acreditar	geloven	tro	wierzyć	věřit <uvěřit>	hisz
crédito m	krediet n	kredit u	kredyt m	kredit m	hitel
crédito m	krediet n	kredit u	kredyt m	kredit m	hitel
cartão de crédito m	creditcard f	kreditkort n	karta kredytowa f	platební karta f	hitelkártya
cartão de crédito m	—	kreditkort n	karta kredytowa f	platební karta f	hitelkártya
crédito m	krediet n	kredit u	kredyt m	kredit m	hitel
crédito m	krediet n	kredit u	kredyt m	kredit m	hitel
—	krediet n	kredit u	kredyt m	kredit m	hitel
acreditar	geloven	tro	wierzyć	věřit <uvěřit>	hisz
creme m	crème f	kräm u	krem m	krém m	krém
creme m	crème f	kräm u	krem m	krém m	krém
fecho de correr m	ritssluiting f	blixtlås n	zamek błyskawiczny m	zip m	cipzár
—	crème f	kräm u	krem m	krém m	krém
creme m	crème f	kräm u	krem m	krém m	krém
natas f/pl	room m	grädde u	śmietana f	smetana f	tejszín
creme m	—	kräm u	krem m	krém m	krém
—	opgroeien	växa upp	wyrastać <wyrosnąć>	vyrůstat <vyrůst>	felnő
—	groeien	växa	rosnąć	růst <vyrůst>	nő
crescer	opgroeien	växa upp	wyrastać <wyrosnąć>	vyrůstat <vyrůst>	felnő
crescer	groeien	växa	rosnąć	růst <vyrůst>	nő
—	volwassen	fullvuxen	dorosły	dospělý	felnőtt
cavar	graven	gräva	kopać	kopat vykopat	ás
oco	hol	ihålig	pusty	dutý	üres
—	kind n	barn n	dziecko n	dítě n	gyermek
educação f	opvoeding f	uppfostran u	wychowanie n	vychování n	nevelés
—	scheppen	skapa	dokonywać <dokonać>	tvořit <vytvořit>	alkot
crescer	opgroeien	växa upp	wyrastać <wyrosnąć>	vyrůstat <vyrůst>	felnő
exclamar	uitroepen	utropa	wywoływać <wywołać>	vyvolávat <vyvolat>	bemond
gritar	schreeuwen	skrika	krzyczeć <zakrzyczeć>	křičet <křiknout>	kiabál
crime m	misdaad f	brott n	przestępstwo n	zločin m	bűncselekmény
crime m	misdaad f	brott n	przestępstwo n	zločin m	bűncselekmény
—	misdaad f	brott n	przestępstwo n	zločin m	bűncselekmény
crime m	misdaad f	brott n	przestępstwo n	zločin m	bűncselekmény
vidro m	ruit f	fönsterruta u	szyba f	deska f	tábla
—	christen m	kristen person u	chrześcijanin m	křesťan m	keresztény
cristão m	christen m	kristen person u	chrześcijanin m	křesťan m	keresztény
cristão m	christen m	kristen person u	chrześcijanin m	křesťan m	keresztény
criticar	kritiseren	kritisera	krytykować <skrytykować>	kritizovat	kritizál
—	kritiseren	kritisera	krytykować <skrytykować>	kritizovat	kritizál
criticar	kritiseren	kritisera	krytykować <skrytykować>	kritizovat	kritizál
criticar	kritiseren	kritisera	krytykować <skrytykować>	kritizovat	kritizál
criticar	kritiseren	kritisera	krytykować <skrytykować>	kritizovat	kritizál
cruz f	kruis n	kors n	krzyż m	kříž m	kereszt
gancho m	haak m	hake u	hak m	hák m	kampó
louça f	vaatwerk n	servis u	naczynia n/pl	nádobí n	étkészlet
acreditar	geloven	tro	wierzyć	věřit <uvěřit>	hisz
cruz f	kruis n	kors n	krzyż m	kříž m	kereszt

crollare 230

	D	E	F	I	ES
crollare (I)	einstürzen	collapse	écrouler, s'	—	derrumbarse
crooked (E)	krumm	—	tordu(e)	storto(a)	torcido(a)
cross (E)	Kreuz n	—	croix f	croce f	cruz f
cross (E)	überqueren	—	traverser	attraversare	atravesar
crossing (E)	Kreuzung f	—	intersection f	incrocio m	cruce m
cru (P)	roh	raw	cru(e)	crudo(a)	crudo(a)
cruce (ES)	Kreuzung f	crossing	intersection f	incrocio m	—
cruche (F)	Krug m	jug	—	brocca f	jarro m
crudele (I)	grausam	cruel	cruel(le)	—	cruel
crudo(a) (I)	roh	raw	cru(e)	—	crudo(a)
crudo(a) (ES)	roh	raw	cru(e)	crudo(a)	—
cru(e) (F)	roh	raw	—	crudo(a)	crudo(a)
cruel (E)	grausam	—	cruel(le)	crudele	cruel
cruel (ES)	grausam	cruel	cruel(le)	crudele	—
cruel (P)	grausam	cruel	cruel(le)	crudele	cruel
cruel(le) (F)	grausam	cruel	—	crudele	cruel
cruz (ES)	Kreuz n	cross	croix f	croce f	—
cruz (P)	Kreuz n	cross	croix f	croce f	cruz f
cruzamento (P)	Kreuzung f	crossing	intersection f	incrocio m	cruce m
cry (E)	weinen	—	pleurer	piangere	llorar
csak[1] (H)	erst	first	d'abord	dapprima	primero
csak[2] (H)	nur	only	seulement	solo	sólo/solamente
család (H)	Familie f	family	famille f	famiglia f	familia f
csalás (H)	Betrug m	fraud	tromperie f	inganno m	engaño m
csalódást okoz (H)	enttäuschen	disappoint	décevoir	deludere	defraudar
csalódott (H)	enttäuscht	disappointed	déçu(e)	deluso(a)	desilusionado(a)
csalogat (H)	locken	attract	attirer	attirare	atraer
csapat (H)	Mannschaft f	team	équipe f	squadra f	equipo m
csatlakozás (H)	Anschluss m	connection	correspondance f	coincidenza f	conexión f
csecsemő (H)	Baby n	baby	bébé m	bebè m	bebé m
Csehország (H)	Tschechien	Czcechia	République tchèque f	Reppublica Ceca f	República Checa f
csekk (H)	Scheck m	cheque	chèque m	assegno m	cheque m
cselekszik (H)	handeln	act	agir	agire	actuar
csendes (H)	still	quiet	calme	calmo(a)	tranquilo(a)
csengő (H)	Klingel f	bell	sonnette f	campanello m	timbre m
csepeg (H)	tropfen	drip	goutter	gocciolare	gotear
csere (H)	Austausch m	exchange	échange m	scambio m	cambio m
cserél (H)	wechseln	change	changer	cambiare	cambiar
cserép (H)	Scherbe f	broken piece	tesson m	coccio m	pedazo m
cseresznye (H)	Kirsche f	cherry	cerise f	ciliegia f	cereza f
csésze (H)	Tasse f	cup	tasse f	tazza f	taza f
csillag (H)	Stern m	star	étoile f	stella f	estrella f
csinos (H)	hübsch	pretty	joli(e)	carino(a)	bonito(a)
csípő (H)	Hüfte f	hip	hanche f	fianco m	cadera f
csodál (H)	bewundern	admire	admirer	ammirare	admirar
csodálkozik (H)	staunen	be astonished	étonner, s'	stupirsi	asombrarse
csók (H)	Kuss m	kiss	baiser m	bacio m	beso m
csókol (H)	küssen	kiss	embrasser	baciare	besar
csomag (H)	Paket n	parcel	paquet m	pacco m	paquete m
csomagtartó (H)	Kofferraum m	boot	coffre m	portabagagli m	maletero m
csónak (H)	Boot n	boat	bateau m	barca f	bote m
csönget (H)	klingeln	ring the bell	sonner	suonare	tocar el timbre

csönget

P	NL	SV	PL	CZ	H
derrubar	instorten	störta in	zawalać, się <zawalić, się>	zřítit se	összeomlik
torto	krom	krokig	krzywy	křivý	görbe
cruz f	kruis n	kors n	krzyż m	kříž m	kereszt
atravessar	oversteken	korsa	przekraczać	přecházet <přejít>	áthalad
cruzamento m	kruispunt n	korsning u	skrzyżowanie n	křižovatka f	kereszteződés
—	rauw	rå	surowy	syrový	durva
cruzamento m	kruispunt n	korsning u	skrzyżowanie n	křižovatka f	kereszteződés
cântaro m	kruik f	kanna u	dzban m	džbán m	korsó
cruel	wreedaardig	grym	okropny	krutý	kegyetlen
cru	rauw	rå	surowy	syrový	durva
cru	rauw	rå	surowy	syrový	durva
cru	rauw	rå	surowy	syrový	durva
cruel	wreedaardig	grym	okropny	krutý	kegyetlen
cruel	wreedaardig	grym	okropny	krutý	kegyetlen
—	wreedaardig	grym	okropny	krutý	kegyetlen
cruel	wreedaardig	grym	okropny	krutý	kegyetlen
cruz f	kruis n	kors n	krzyż m	kříž m	kereszt
—	kruis n	kors n	krzyż m	kříž m	kereszt
—	kruispunt n	korsning u	skrzyżowanie n	křižovatka f	kereszteződés
chorar	huilen	gråta	płakać	plakat	sír
primeiro	eerst	först	najpierw	nejprve	—
somente	slechts/alleen	bara	tylko	jen	—
família f	gezin n	familj u	rodzina f	rodina f	—
fraude f	bedrog n	bedrägeri n	oszustwo n	podvod m	—
decepcionar	teleurstellen	göra besviken	rozczarowywać <rozczarować>	zklamat	—
decepcionado	teleurgesteld	besviken	rozczarowany	zklamaný	—
encaracolar	lokken	locka	wabić <zwabić>	lákat <zlákat>	—
equipa f	ploeg f	manskap n	drużyna f	mužstvo n	—
ligação f	aansluiting f	anslutning u	przyłączenie n	přípoj m	—
bebé m/f	baby m	spädbarn n	niemowlę n	baby n	—
Chequia f	Tsjechië n	Tjeckien u	Czechy pl	Česko n	—
cheque m	cheque m	check u	czek m	šek m	—
agir	handelen	handla	działać	jednat <ujednat>	—
quieto	stil	tyst	cichy	tichý	—
campainha f	bel f	ringklocka u	dzwonek m	zvonek m	—
gotejar	druppelen	droppa	kapać	kapat <kápnout>	—
troca f	uitwisseling f	utbyte n	wymiana f	výměna f	—
mudar	wisselen	byta	zmieniać	měnit <vyměnit>	—
caco m	scherf f	skärva u	skorupa f	střep m	—
cereja f	kers f	körsbär n	wiśnia f	třešeň f	—
chávena f	kopje n	kopp u	filiżanka f	šálek m	—
estrela f	ster f	stjärna u	gwiazda f	hvězda f	—
bonito	mooi	vacker	ładny	hezký	—
anca f	heup f	höft u	biodro n	kyčel f	—
admirar	bewonderen	beundra	podziwiać	obdivovat se	—
admirar-se	verbaasd zijn	bli förvånad	dziwić, się <zdziwić, się>	divit, se <podivit, se>	—
beijo m	kus m	kyss u	pocałunek m	polibek m	—
beijar	kussen	kyssa	całować <pocałować>	líbat <políbit>	—
encomenda m	pakket n	paket n	paczka f	balík m	—
porta bagagem m	bagageruimte n	bagageutrymme n	bagażnik m	zavazadlový prostor m	—
barco m	boot m	båt u	łódź f	loď f	—
tocar	bellen	ringa på	dzwonić <zadzwonić>	zvonil <zazvonit>	—

csont

	D	E	F	I	ES
csont (H)	Knochen m	bone	os m	osso m	hueso m
csoport (H)	Gruppe f	group	groupe m	gruppo m	grupo m
csúnya (H)	hässlich	ugly	laid(e)	brutto(a)	feo(a)
čtverečkovaný (CZ)	kariert	checked	à carreaux	a quadretti	a cuadros
čtvrt (CZ)	Viertel n	district	quartier m	quartiere m	barrio m
čtvrtina (CZ)	Viertel n	quarter	quart m	quarto m	cuarto m
cuaderno (ES)	Heft n	exercise book	cahier m	quaderno m	—
cuadrado (ES)	Quadrat n	square	carré m	quadrato m	—
cuadrado(a) (ES)	quadratisch	square	carré(e)	quadrato(a)	—
cuadro¹ (ES)	Bild n	picture	image f	immagine f	—
cuadro² (ES)	Gemälde n	painting	tableau m	quadro m	—
cualidad (ES)	Eigenschaft f	quality	qualité f	qualità f	—
cualquier(a) (ES)	irgendein(e,r)	some/any	quelconque	qualcuno(a)	—
cuando¹ (ES)	als	when	quand	quando	—
cuando² (ES)	wann	when	quand	quando	—
cuarto (ES)	Viertel n	quarter	quart m	quarto m	—
cuarto de baño (ES)	Badezimmer n	bathroom	salle de bains f	stanza da bagno f	—
cuarto de estar (ES)	Wohnzimmer n	living room	salon m	salotto m	—
cubierta (ES)	Deck n	deck	pont m	ponte m	—
cubierto (ES)	Gedeck n	cover	couvert m	coperto m	—
cubierto(a) (ES)	bedeckt	covered	couvert(e)	coperto(a)	—
cubo (ES)	Eimer m	bucket	seau m	secchio m	—
cubo de basura (ES)	Mülleimer m	dustbin	poubelle f	pattumiera m	—
cubrir (ES)	bedecken	cover	couvrir	coprire	—
cucat <vycucnout> (CZ)	lutschen	suck	sucer	succhiare	chupar
cuccetta (I)	Liegewagen m	couchette	wagon-couchette m	—	coche cama m
cucchiaio (I)	Löffel m	spoon	cuiller f	—	cuchara f
cucciano (I)	Esslöffel m	tablespoon	cuiller f	—	cuchara f
cuchara¹ (ES)	Esslöffel m	tablespoon	cuiller f	cucciano m	—
cuchara² (ES)	Löffel m	spoon	cuiller f	cucchiaio m	—
cuchilla (ES)	Klinge f	blade	lame f	lama f	—
cuchillo (ES)	Messer n	knife	couteau m	coltello m	—
cucina¹ (I)	Herd m	cooker	cuisinière f	—	cocina f
cucina² (I)	Küche f	kitchen	cuisine f	—	cocina f
cucinare (I)	kochen	cook	cuire	—	cocinar
cucire (I)	nähen	sew	coudre	—	coser
cucumber (E)	Gurke	—	concombre m	cetriolo m	pepino m
cudzoziemiec (PL)	Ausländer m	foreigner	étranger m	straniero m	extranjero m
cueillir (F)	pflücken	pick	—	cogliere	recoger
cuello¹ (ES)	Kragen m	collar	col m	colletto m	—
cuello² (ES)	Hals m	neck	cou m	collo m	—
cuenta (ES)	Konto n	account	compte m	conto m	—
cuero (ES)	Leder n	leather	cuir m	cuoio m	—
cuerpo (ES)	Körper m	body	corps m	corpo m	—
cueva (ES)	Höhle f	cave	grotte f	caverna f	—
cuidado (ES)	Vorsicht f	caution	prudence f	prudenza f	—
cuidado (P)	gepflegt	looked-after	soigné(e)	curato(a)	cuidado(a)
cuidado(a) (ES)	gepflegt	looked-after	soigné(e)	curato(a)	—
cuidadoso (P)	sorgfältig	careful(ly)	soigneux(euse)	accurato(a)	cuidadoso(a)
cuidadoso(a) (ES)	sorgfältig	careful(ly)	soigneux(euse)	accurato(a)	—
cuidar (ES)	pflegen	look after	soigner	curare	—
cuidar (P)	aufpassen	pay attention	faire attention	fare attenzione	prestar attención
cuidar de (P)	kümmern, sich	look after	occuper de, s'	interessarsi di	ocuparse de
cuiller¹ (F)	Esslöffel m	tablespoon	—	cucciano m	cuchara f

cuiller

P	NL	SV	PL	CZ	H
osso m	bot n	benknota n	kość f	kost f	—
grupo m	groep m	grupp u	grupa f	skupina f	—
feio	lelijk	ful	brzydki	škaredý	—
quadriculado	geruit	rutigt	w kratkę	—	kockás
bairro m	wijk f	kvarter n	dzielnica f	—	negyed
quarto m	kwart n	fjärdedel u	ćwierć f	—	negyed
caderno m	boekje n	häfte n	zeszyt m	sešit m	füzet
quadrado m	vierkant n	kvadrat u	kwadrat m	kvadrát m	négyzet
quadrado	vierkant	kvadratisk	kwadratowy	kvadratický	négyzetes
imagem f	beeld n	bild u	obraz n	obraz m	kép
pintura f	schilderij n	målning u	obraz m	obraz m	festmény
característica f	eigenschap f/ hoedanigheid f	egenskap u	cecha f	vlastnost f	tulajdonság
qualquer um(a)	een of ander	någon	jakakolwiek	nějaká	valamilyen
como	als	när	jako	jako	mint/-ként
quando	wanneer	när	kiedy	kdy	mikor
quarto m	kwart n	fjärdedel u	ćwierć f	čtvrtina f	negyed
casa de banho f	badkamer f	badrum n	łazienka f	koupelna f	fürdőszoba
sala de estar f	huiskamer m	vardagsrum n	pokój mieszkalny m	obývací pokoj m	lakószoba
convés m	dek n	däck n	pokład m	paluba f	fedélzet
talher m	couvert n	bordskuvert n	nakrycie n	příbor m	teríték
coberto	bedekt	täckt	pokryty	zakrytý	borult
balde m	emmer m	hink u	wiadro n	vědro n	vödör
balde do lixo m	vuilnisemmer m	sophink u	kubeł na śmieci m	nádoba na odpadky f	szemetesvödör
cobrir	bedekken	täcka	przykrywać <przykryć>	zakrývat <zakrýt>	beborít, betakar
chupar	zuigen	suga	ssać	—	szopogat
vagão-cama m	ligrijtuig n	liggvagn u	kuszetka f	lehátkový vůz m	hálókocsi
colher f	lepel m	sked u	łyżka f	lžíce f	kanál
colher da sopa f	eetlepel m	matsked u	łyżka stołowa f	polévková lžíce f	evőkanál
colher da sopa f	eetlepel m	matsked u	łyżka stołowa f	polévková lžíce f	evőkanál
colher f	lepel m	sked u	łyżka f	lžíce f	kanál
lâmina f	kling f	klinga u	ostrze n	čepel f	penge
faca f	mes n	kniv u	nóż m	nůž m	kés
fogão m	fornuis n	köksspis u	piec m	ložisko	tűzhely
cozinha f	keuken f	kök n	kuchnia f	kuchyně f	konyha
cozinhar	koken	laga mat	gotować <ugotować>	vařit <uvařit>	főzni
coser	naaien	sy	szyć <uszyć>	šít <ušít>	varr
pepino m	komkommer f	gurka u	ogórek m	okurka f	uborka
estrangeiro m	buitenlander m	utlänning u	—	cizinec m	külföldi
colher	plukken	plocka	zrywać <zerwać>	trhat <otrhat>	szed
colarinho m	kraag m	krage u	kołnierz m	límec m	gallér
pescoço m	hals m	hals u	szyja f	krk m	nyak
conta corrente f	rekening f	konto n	konto n	účet m	(bank)számla
cabedal m	leder n	läder n	skóra f	kůže f	bőr
corpo m	lichaam n	kropp u	ciało n	tělo n	test
caverna f	hol n	grotta u	jaskinia f	jeskyně f	barlang
cautela f	voorzichtigheid f	försiktighet u	ostrożność f	opatrnost f	elővigyázat
—	verzorgd	välvårdad	wypielęgnowany	upravený	ápolt
cuidado	verzorgd	välvårdad	wypielęgnowany	upravený	ápolt
—	zorgvuldig	omsorgsfull	staranny	pečlivý	gondos
cuidadoso	zorgvuldig	omsorgsfull	staranny	pečlivý	gondos
tratar	verzorgen	sköta	opiekować, się	pečovat	ápolni
—	oppassen	passa upp	pilnować	dávat pozor <dát pozor>	vigyáz
—	bekommeren, zich	ta hand om	troszczyć, się	starat, se <postarat, se>	törődik
colher da sopa f	eetlepel m	matsked u	łyżka stołowa f	polévková lžíce f	evőkanál

cuiller

	D	E	F	I	ES
cuiller[2] (F)	Löffel m	spoon	—	cucchiaio m	cuchara f
cuir (F)	Leder n	leather	—	cuoio m	cuero m
cuire (F)	kochen	cook	—	cucinare	cocinar
cuisine (F)	Küche f	kitchen	—	cucina f	cocina f
cuisinier (F)	Koch m	cook	—	cuoco m	cocinero m
cuisinière (F)	Herd m	cooker	—	cucina f	cocina f
cuit(e) (F)	gar	done	—	cotto(a)	(estar) a punto
cukier (PL)	Zucker m	sugar	sucre m	zucchero m	azúcar f/m
cukierek (PL)	Bonbon n	sweet	bonbon m	caramella f	caramelo m
cukiernia (PL)	Konditorei f	cake shop	pâtisserie f	pasticceria f	pastelería f
cukor (H)	Zucker m	sugar	sucre m	zucchero m	azúcar f/m
cukorka (H)	Bonbon n	sweet	bonbon m	caramella f	caramelo m
cukr (CZ)	Zucker m	sugar	sucre m	zucchero m	azúcar f/m
cukrárna (CZ)	Konditorei f	cake shop	pâtisserie f	pasticceria f	pastelería f
cukrászda (H)	Konditorei f	cake shop	pâtisserie f	pasticceria f	pastelería f
cultivar (ES)	anbauen	cultivate	cultiver	coltivare	—
cultivar (P)	anbauen	cultivate	cultiver	coltivare	cultivar
cultivate (E)	anbauen	—	cultiver	coltivare	cultivar
cultiver (F)	anbauen	cultivate	—	coltivare	cultivar
cultura (I)	Kultur f	culture	culture f	—	cultura f
cultura (ES)	Kultur f	culture	culture f	cultura f	—
cultura (P)	Kultur f	culture	culture f	cultura f	cultura f
culture (E)	Kultur f	—	culture f	cultura f	cultura f
culture (F)	Kultur f	culture	—	cultura f	cultura f
cultuur (NL)	Kultur f	culture	culture f	cultura f	cultura f
cumbre (ES)	Gipfel m	peak	sommet m	cima f	—
cume (P)	Gipfel m	peak	sommet m	cima f	cumbre f
cumpleaños (ES)	Geburtstag m	birthday	anniversaire m	compleanno m	—
cumprimentar (P)	begrüßen	greet	saluer	salutare	saludar
cuocere (al forno) (I)	backen	bake	faire cuire	—	cocer (al horno)
cuoco (I)	Koch m	cook	cuisinier m	—	cocinero m
cuoio (I)	Leder n	leather	cuir m	—	cuero m
cuore (I)	Herz n	heart	cœur m	—	corazón m
cuota (ES)	Beitrag m	contribution	contribution f	contributo m	—
cup (E)	Tasse f	—	tasse f	tazza f	taza f
cupboard (E)	Schrank m	—	armoire f	armadio m	armario m
cura[1] (I)	Kur f	treatment	cure f	—	cura f
cura[2] (I)	Pflege f	care	soins m/pl	—	aseo m
cura (ES)	Kur f	treatment	cure f	cura f	—
curar (ES)	heilen	heal	guérir	curare	—
curar (P)	heilen	heal	guérir	curare	curar
curare[1] (I)	pflegen	look after	soigner	—	cuidar
curare[2] (I)	heilen	heal	guérir	—	curar
curato(a) (I)	gepflegt	looked-after	soigné(e)	—	cuidado(a)
curd cheese (E)	Quark m	—	fromage blanc m	ricotta f	requesón m
cure (F)	Kur f	treatment	—	cura f	cura f
curé (F)	Pfarrer m	priest	—	parroco m	párroco m
curieux(euse)[1] (F)	merkwürdig	strange	—	curioso(a)	curioso(a)
curieux(euse)[2] (F)	neugierig	curious	—	curioso(a)	curioso(a)
curiosità (I)	Sehenswürdigkeit f	sight worth seeing	curiosité f	—	lugar de interés m
curiosité (F)	Sehenswürdigkeit f	sight worth seeing	—	curiosità f	lugar de interés m
curioso (P)	neugierig	curious	curieux(euse)	curioso(a)	curioso(a)
curioso(a)[1] (I)	merkwürdig	strange	curieux(euse)	—	curioso(a)

curioso(a)

P	NL	SV	PL	CZ	H
colher f	lepel m	sked u	łyżka f	lžíce f	kanál
cabedal m	leder n	läder n	skóra f	kůže f	bőr
cozinhar	koken	laga mat	gotować <ugotować>	vařit <uvařit>	főzni
cozinha f	keuken f	kök n	kuchnia f	kuchyně f	konyha
cozinheiro m	kok m	kock u	kucharz m	kuchař m	szakács
fogão m	fornuis n	köksspis u	piec m	ložisko	tűzhely
bem cozido	gaar	alldeles	ugotowany	dovařený	egyáltalán
açúcar m	suiker m	socker n	—	cukr m	cukor
rebuçado m	snoepje n	karamell u	—	bonbón m	cukorka
pastelaria f	banketbakkers-winkel m	konditori n	—	cukrárna f	cukrászda
açúcar m	suiker m	socker n	cukier m	cukr m	—
rebuçado m	snoepje n	karamell u	cukierek m	bonbón m	—
açúcar m	suiker m	socker n	cukier m	—	cukor
pastelaria f	banketbakkers-winkel m	konditori n	cukiernia f	—	cukrászda
pastelaria f	banketbakkers-winkel m	konditori n	cukiernia f	cukrárna f	—
cultivar	aanbouwen	odla	uprawiać	pěstovat	termeszt
—	aanbouwen	odla	uprawiać	pěstovat	termeszt
cultivar	aanbouwen	odla	uprawiać	pěstovat	termeszt
cultivar	aanbouwen	odla	uprawiać	pěstovat	termeszt
cultura f	cultuur f	kultur u	kultura f	kultura f	kúltura
cultura f	cultuur f	kultur u	kultura f	kultura f	kúltura
—	cultuur f	kultur u	kultura f	kultura f	kúltura
cultura f	cultuur f	kultur u	kultura f	kultura f	kúltura
cultura f	cultuur f	kultur u	kultura f	kultura f	kúltura
cultura f	—	kultur u	kultura f	kultura f	kúltura
cume m	top m	topp u	szczyt m	špička f	hegycsúcs
—	top m	topp u	szczyt m	špička f	hegycsúcs
aniversário m	verjaardag m	födelsedag u	dzień urodzin m	narozeniny pl	születésnap
—	begroeten	hälsa	witać <powitać>	pozdravovat <pozdravit>	üdvözöl
cozer	bakken	baka	piec <upiec>	péci	süt
cozinheiro m	kok m	kock u	kucharz m	kuchař m	szakács
cabedal m	leder n	läder n	skóra f	kůže f	bőr
coração m	hart n	hjärta n	serce n	srdce n	szív
contribuição f	bijdrage f	bidrag n	wkład m	příspěvek m	hozzájárulás
chávena f	kopje n	kopp u	filiżanka f	šálek m	csésze
armário m	kast f	skåp n	szafa f	skříň f	szekrény
tratamento m	kuur f	kur u	kuracja f	lázeňská léčba f	gyógykezelés
tratamento m	verzorging f	skötsel u	opieka f	péče f	ápolás
tratamento m	kuur f	kur u	kuracja f	lázeňská léčba f	gyógykezelés
curar	genezen	kurera	wyleczyć	léčit <vyléčit>	gyógyít
—	genezen	kurera	wyleczyć	léčit <vyléčit>	gyógyít
tratar	verzorgen	sköta	opiekować, się	pečovat	ápolni
curar	genezen	kurera	wyleczyć	léčit <vyléčit>	gyógyít
cuidado	verzorgd	välvårdad	wypielęgnowany	upravený	ápolt
queijo fresco m	kwark m	kvarg u	twaróg m	tvaroh m	túró
tratamento m	kuur f	kur u	kuracja f	lázeňská léčba f	gyógykezelés
padre m	pastoor m	präst u	proboszcz m	farář m	plébános
estranho	vreemd	märkvärdig	dziwny	podivný	furcsa
curioso	nieuwsgierig	nyfiken	ciekawy	zvědavý	kíváncsi
monumento m	bezienswaardigheid f	sevärdhet u	rzecz warta zobaczenia f	pamětihodnost f	látványosság
monumento m	bezienswaardigheid f	sevärdhet u	rzecz warta zobaczenia f	pamětihodnost f	látványosság
—	nieuwsgierig	nyfiken	ciekawy	zvědavý	kíváncsi
estranho	vreemd	märkvärdig	dziwny	podivný	furcsa

curioso(a)

	D	E	F	I	ES
curioso(a)² (I)	neugierig	curious	curieux(euse)	—	curioso(a)
curioso(a)¹ (ES)	merkwürdig	strange	curieux(euse)	curioso(a)	—
curioso(a)² (ES)	neugierig	curious	curieux(euse)	curioso(a)	—
curious (E)	neugierig	—	curieux(euse)	curioso(a)	curioso(a)
currant (E)	Johannisbeere f	—	groseille f	ribes m	grosella f
currency (E)	Währung f	—	monnaie f	valuta f	moneda f
current (E)	Strom m	—	courant m	corrente f	corriente f
curriculum vitae (E)	Lebenslauf m	—	curriculum vitae m	curriculum vitae m	curriculum vitae m
curriculum vitae (F)	Lebenslauf m	curriculum vitae	—	curriculum vitae m	curriculum vitae m
curriculum vitae (I)	Lebenslauf m	curriculum vitae	curriculum vitae m	—	curriculum vitae m
curriculum vitae (ES)	Lebenslauf m	curriculum vitae	curriculum vitae m	curriculum vitae m	—
curriculum vitae (P)	Lebenslauf m	curriculum vitae	curriculum vitae m	curriculum vitae m	curriculum vitae m
curso (ES)	Kurs m	course	cours m	corso m	—
curtain (E)	Vorhang m	—	rideau m	tenda f	cortina f
curto (P)	kurz	short	court(e)	corto(a)	corto(a)
curva (I)	Kurve f	bend	virage m	—	curva f
curva (ES)	Kurve f	bend	virage m	curva f	—
curva (P)	Kurve f	bend	virage m	curva f	curva f
cuscino (I)	Kissen n	cushion	coussin m	—	almohadón m
cushion (E)	Kissen n	—	coussin m	cuscino m	almohadón m
custar (P)	kosten	cost	coûter	costare	costar
custo (P)	Kosten pl	expenses	coûts m/pl	spese f/pl	costes m/pl
custom (E)	Gebrauch m	—	usage m	uso m	uso m
customer (E)	Kunde m	—	client m	cliente m	cliente m
customs (E)	Zoll m	—	douane f	dogana f	aduana f
cut (E)	Schnitt m	—	coupe f	taglio m	corte m
cut (E)	schneiden	—	couper	tagliare	cortar
cutlet (E)	Kotelett n	—	côtelette f	costoletta f	chuleta f
cvičení (CZ)	Übung f	exercise	exercice m	esercizio f	ejercicio m
cvičit <nacvičit> (CZ)	üben	practise	étudier	esercitarsi	practicar
ćwiczenie (PL)	Übung f	exercise	exercice m	esercizio f	ejercicio m
ćwiczyć (PL)	üben	practise	étudier	esercitarsi	practicar
ćwierć (PL)	Viertel n	quarter	quart m	quarto m	cuarto m
cykel (SV)	Fahrrad n	bicycle	bicyclette f	bicicletta f	bicicleta f
cytryna (PL)	Zitrone f	lemon	citron m	limone m	limón m
czapka (PL)	Mütze f	cap	casquette f	berretto m	gorra f
czarny(no) (PL)	schwarz	black	noir(e)	nero(a)	negro(a)
czas (PL)	Zeit f	time	temps m	tempo m	tiempo m
czasem (PL)	manchmal	sometimes	quelquefois	talvolta	a veces
czasopismo (PL)	Zeitschrift f	magazine	revue f	rivista f	revista f
czas wolny (PL)	Freizeit f	free time	loisirs m/pl	tempo libero	tiempo libre m
Czcechia (E)	Tschechien	—	République tchèque f	Reppublica Ceca f	República Checa f
Czechy (PL)	Tschechien	Czcechia	République tchèque f	Reppublica Ceca f	República Checa f
czek (PL)	Scheck m	cheque	chèque m	assegno m	cheque m
czekać (PL)	warten	wait	attendre	aspettare	esperar
czerwony(no) (PL)	rot	red	rouge	rosso(a)	rojo(a)
czesać <uczesać> (PL)	kämmen	comb	peigner	pettinare	peinar
część (PL)	Teil m	part	partie f	parte f	parte f
Cześć!¹ (PL)	Hallo!	Hello!	Salut!	Ciao!	¡Hola!
Cześć!² (PL)	Tschüs!	Bye!	Salut!	Ciao!	¡Hasta luego!
często (PL)	oft	often	souvent	spesso	a menudo
częsty (PL)	häufig	frequent	fréquent(e)	frequente	frecuente
członek (PL)	Mitglied n	member	membre m	membro m	miembro m
człowiek (PL)	Mensch m	human being	homme m	essere umano m	ser humano m
czoło (PL)	Stirn f	forehead	front m	fronte f	frente f

czoło

P	NL	SV	PL	CZ	H
curioso	nieuwsgierig	nyfiken	ciekawy	zvědavý	kíváncsi
estranho	vreemd	märkvärdig	dziwny	podivný	furcsa
curioso	nieuwsgierig	nyfiken	ciekawy	zvědavý	kíváncsi
curioso	nieuwsgierig	nyfiken	ciekawy	zvědavý	kíváncsi
groselha f	aalbes f	svart vinbär n	porzeczka f	rybíz m	ribizke
moeda f	munt f	valuta u	waluta f	měna f	valuta
corrente f	stroom m	ström u	prąd m	proud m	áram
curriculum vitae m	levensloop m	meritförteckning u	życiorys m	životopis m	önéletrajz
curriculum vitae m	levensloop m	meritförteckning u	życiorys m	životopis m	önéletrajz
curriculum vitae m	levensloop m	meritförteckning u	życiorys m	životopis m	önéletrajz
curriculum vitae m	levensloop m	meritförteckning u	życiorys m	životopis m	önéletrajz
—	levensloop m	meritförteckning u	życiorys m	životopis m	önéletrajz
rumo m	koers m	kurs u	kurs m	kurs m	útirány
cortina f	gordijn n	draperi n	zasłona f	závěs m	függöny
—	kort	kort	krótko	krátký	rövid
curva f	bocht f	kurva u	zakręt m	zatáčka f	kanyar
curva f	bocht f	kurva u	zakręt m	zatáčka f	kanyar
—	bocht f	kurva u	zakręt m	zatáčka f	kanyar
almofada f	kussen n	kudde u	poduszka f	polštář m	párna
almofada f	kussen n	kudde u	poduszka f	polštář m	párna
—	kosten	kosta	kosztować	stát	kerül
—	kosten m/pl	kostnader pl	koszty m/pl	náklady pl	költségek
uso m	gebruik n	användning u	użycie n	užívání n	használat
cliente m	klant m	kund u	klient m	zákazník m	vevő
alfândega f	douane f	tull u	cło n	clo n	vám
corte m	snee f	skärning u	cięcie n	řez m	vágás
cortar	snijden	skära	ciąć <pociąć>	řezat <uříznout>	vág
costeleta f	kotelet f	kotlett u	kotlet m	kotleta f	kotlett
exercício m	oefening f	övning u	ćwiczenie n	—	gyakorlat
exercitar	oefenen	öva	ćwiczyć	—	gyakorol
exercício m	oefening f	övning u	—	cvičení n	gyakorlat
exercitar	oefenen	öva	—	cvičit <nacvičit>	gyakorol
quarto m	kwart n	fjärdedel u	—	čtvrtina f	negyed
bicicleta f	fiets m	—	rower m	jízdní kolo n	kerékpár
limão m	citroen f	citron u	—	citron m	citrom
boné m	muts f	mössa u	—	čepice f	sapka
preto	zwart	svart	—	černý	fekete
tempo m	tijd m	tid u	—	čas m	idő
às vezes	soms	ibland	—	někdy	néha
revista f	tijdschrift n	tidskrift u	—	časopis m	folyóirat
tempo livre m	vrije tijd m	fritid u	—	volný čas m	szabadidő
Chequia f	Tsjechië n	Tjeckien u	Czechy pl	Česko n	Csehország
Chequia f	Tsjechië n	Tjeckien u	—	Česko n	Csehország
cheque m	cheque m	check u	—	šek m	csekk
esperar	wachten	vänta	—	čekat <počkat>	vár
vermelho	rood	röd	—	červený	piros
pentear	kammen	kamma u	—	česat <učesat>	fésül
parte f	deel n	del u	—	díl m	rész
Olá!	Hallo!	Hej!	—	Haló!	Szía!
Adeus!	Dag!	Hejdå!	—	Čau!	Szia!
frequentemente	vaak	ofta	—	často	sokszor
frequente	vaak	ofta	—	často	gyakran
membro m	lid n	medlem u	—	člen m	tag
homem m	mens m	människa u	—	člověk m	ember
testa f	voorhoofd n	panna u	—	čelo n	homlok

czosnek 238

	D	E	F	I	ES
czosnek (PL)	Knoblauch m	garlic	ail m	aglio m	ajo m
czuć (PL)	fühlen	feel	sentir	sentire	sentir
czułość (PL)	Zärtlichkeit f	tenderness	tendresse f	tenerezza f	cariño m
czyścić <wyczyścić> (PL)	putzen	clean	nettoyer	pulire	limpiar
czysty (PL)	sauber	clean	propre	pulito(a)	limpio(a)
czyszczenie (PL)	Reinigung f	cleaning	nettoyage m	pulitura f	limpieza f
czytać (PL)	lesen	read	lire	leggere	leer
da (D)	—	there	là/ici	qui/là	allí
då (SV)	damals	at that time	alors	allora	entonces
daar¹ (NL)	dort	there	là/y	là	allí
daar² (NL)	da	there	là/ici	qui/là	allí
daarachter (NL)	dahinter	behind it	derrière	dietro	detrás
daarna (NL)	danach	afterwards	après	poi/dopo	después
daarom (NL)	deshalb	therefore	c'est pourquoi	perciò	por eso
daaronder (NL)	darunter	underneath	au-dessous	sotto	por debajo
daarop (NL)	darauf	on	dessus	su	encima de
daarover (NL)	darüber	above	au-dessus	sopra	por encima
daarvan (NL)	davon	of it	en/de cela	ne/di là	de ello
daarvoor¹ (NL)	davor	before	avant	prima	antes
daarvoor² (NL)	davor	in front of	devant	davanti	delante
d'abord¹ (F)	erst	first	—	dapprima	primero
d'abord² (F)	zuerst	at first	—	dapprima	primero
d'accord (F)	einverstanden	agreed	—	d'accordo	de acuerdo
d'accordo (I)	einverstanden	agreed	d'accord	—	de acuerdo
Dach (D)	—	roof	toit m	tetto m	techo m
dach (PL)	Dach n	roof	toit m	tetto m	techo m
däck (SV)	Deck n	deck	pont m	ponte m	cubierta f
da/di (I)	aus	off/from/out of	de/par/hors de	—	de
dadog (H)	stottern	stutter	bégayer	balbettare	tartamudear
d'affaires (F)	geschäftlich	on business	—	per affari	comercial
daft (E)	doof	—	bête	scemo(a)	estúpido(a)
dafür (D)	—	for it	pour cela	per questo	para ello
dag (NL)	Tag m	day	jour m	giorno m	día m
Dag! (NL)	Tschüs!	Bye!	Salut!	Ciao!	¡Hasta luego!
dag (SV)	Tag m	day	jour m	giorno m	día m
dagály (H)	Flut f	high tide	marée haute f	alta marea f	marea alta f
dagegen (D)	—	instead	en échange	invece	en su lugar
dagelijks leven (NL)	Alltag m	everyday life	vie quotidienne f	vita quotidiana f	vida cotidiana f
dahinter (D)	—	behind it	derrière	dietro	detrás
d'ailleurs (F)	übrigens	by the way	—	del resto	por lo demás
dak (NL)	Dach n	roof	toit m	tetto m	techo m
dal (NL)	Tal n	valley	vallée f	valle f	valle m
dal (SV)	Tal n	valley	vallée f	valle f	valle m
dal (PL)	Ferne f	distance	lointain m	distanza f	lejanía f
dal (H)	Lied n	song	chanson f	canzone f	canción f
daleki (PL)	fern	far away	éloigné(e)	lontano(a)	lejos
daleko (PL)	weit	far	éloigné(e)	largo(a)	ancho(a)
daleko (CZ)	fern	far away	éloigné(e)	lontano(a)	lejos
dalekohled (CZ)	Fernglas n	binoculars	jumelles f/pl	cannocchiale m	gemelos m/pl
daleký (CZ)	weit	far	éloigné(e)	largo(a)	ancho(a)
dålig (SV)	schlecht	bad	mauvais(e)	cattivo	malo(a)
dálka (CZ)	Ferne f	distance	lointain m	distanza f	lejanía f
dálkové ovládání (CZ)	Fernbedienung f	remote control	télécommande f	telecomando m	mando a distancia m
dálkový hovor (CZ)	Ferngespräch n	long-distance call	communication interurbaine f	telefonata interurbana f	llamada interurbana f

dálkový hovor

P	NL	SV	PL	CZ	H
alho m	knoflook n	vitlök u	—	česnek m	fokhagyma
sentir	voelen	känna	—	cítit <procítit>	érez
carinho m	tederheid f	ömhet u	—	něžnost f	gyengédség
limpar	poetsen	städa	—	čistit <vyčistit>	pucol
limpo	schoon	ren	—	čistý	tiszta
limpeza f	reiniging f	rengöring u	—	čištění n	tisztítás
ler	lezen	läsa	—	číst <přečíst>	olvas
ali	daar	där	tam	zde	ott
antigamente	toen	—	wtedy	tenkrát	akkoriban
ali	—	där	tam	tam	ott
ali	—	där	tam	zde	ott
atrás	—	bakom	za tym	za tím	mögött
depois	—	efteråt	potem	poté	utána
por isso	—	därför	dlatego	proto	azért/ezért
debaixo	—	under detta	pod tym	pod tím	alatta
em cima	—	på dät	na tym	na to	rajta
por cima	—	under tiden	o tym	o tom	felette
disto	—	därom	od tego	z toho	attól
antes	—	innan	przed	před/přede	előtte
diante	—	framför	przed	před tím	előtt
primeiro	eerst	först	najpierw	nejprve	csak
em primeiro lugar	eerst	först	najpierw	nejprve	először
de acordo	akkoord	överens	zgadzać się <zgodzić się>	souhlasit <odsouhlasit>	rendben van
de acordo	akkoord	överens	zgadzać się <zgodzić się>	souhlasit <odsouhlasit>	rendben van
telhado m	dak n	tak n	dach m	střecha f	tető
telhado m	dak n	tak n	—	střecha f	tető
convés m	dek n	—	pokład m	paluba f	fedélzet
de	uit	ut	z	z	ból/ből
balbuciar	stotteren	stamma	jąkać się	koktat <zakoktat>	—
comercial	zakelijk	affärsmässigt	służbowy	obchodně	üzleti
estúpido	dom	fånig	durny	hloupý	ostoba
para isso	ervoor	för det	na to	pro	ezért
dia f	—	dag u	dzień m	den m	nap
Adeus!	—	Hejdå!	Cześć!	Čau!	Szia!
dia f	dag m	—	dzień m	den m	nap
maré cheia f	vloed f	flod u	przypływ m	povodeň f	—
contra	ertegen	emot	przeciw	proti	azzal szemben
dia-a-dia m	—	vardag u	codzienność f	všední den m	hétköznap
atrás	daarachter	bakom	za tym	za tím	mögött
aliás	overigens	förresten	zresztą	ostatně	egyébként
telhado m	—	tak n	dach m	střecha f	tető
vale m	—	dal u	dolina f	údolí n	völgy
vale m	dal n	—	dolina f	údolí n	völgy
distância f	verte f	avstånd n	—	dálka f	messzeség
canção f	lied m	sång u	piosenka f	píseň f	—
longe	ver	fjärran	—	daleko	messze
extenso	ver	långt	—	daleký	messze
longe	ver	fjärran	daleki	—	messze
binóculos m/pl	verrekijker m	kikare u	lornetka f	—	távcső
extenso	ver	långt	daleko	—	messze
mau	slecht	—	zły	špatný	rossz
distância f	verte f	avstånd n	dal f	—	messzeség
telecomando m	afstandsbediening f	fjärrkontroll u	pilot m	—	távműködtetés
telefonema interurbano m	interlokaal telefoongesprek n	utlandssamtal n	rozmowa międzymiastowa f	—	távolsági hívás

dall'altra parte

	D	E	F	I	ES
dall'altra parte (I)	drüben	over there	de l'autre côté	—	al otro lado
dallam (H)	Melodie f	melody	mélodie f	melodia f	melodía f
dálnice (CZ)	Autobahn f	motorway	autoroute f	autostrada f	autopista f
d'altra parte (I)	andererseits	on the other hand	d'autre part	—	por otra parte
damage[1] (E)	beschädigen	—	endommager	danneggiare	dañar
damage[1] (E)	Beschädigung f	—	endommagement m	danno m	deterioro m
damage[2] (E)	schaden	—	nuire	nuocere	dañar
damage[2] (E)	Schaden m	—	dommage m	danno m	daño m
damals (D)	—	at that time	alors	allora	entonces
damasco (P)	Aprikose f	apricot	abricot m	albicocca f	albaricoque m
damit (D)	—	with that	avec cela	con questo	con ello
dämmern (D)	—	dawn	poindre	spuntare	amanecer
da molto (I)	längst	a long time ago	depuis bien longtemps	—	hace mucho
damp (E)	feucht	—	humide	umido(a)	húmedo(a)
dan (NL)	dann	then	ensuite	in seguito	luego
danach (D)	—	afterwards	après	poi/dopo	después
dañar[1] (ES)	beschädigen	damage	endommager	danneggiare	—
dañar[2] (ES)	schaden	damage	nuire	nuocere	—
dance (E)	tanzen	—	danser	ballare	bailar
daně (CZ)	Steuern pl	tax	impôt m	imposte f/pl	impuestos m/pl
da nessuna parte (I)	nirgends	nowhere	nulle part	—	en ninguna parte
danger (E)	Gefahr f	—	danger m	pericolo m	peligro m
danger (F)	Gefahr f	danger	—	pericolo m	peligro m
dangereux(euse) (F)	gefährlich	dangerous	—	pericoloso(a)	peligroso(a)
dangerous (E)	gefährlich	—	dangereux(euse)	pericoloso(a)	peligroso(a)
danie[1] (PL)	Gang m	course	plat m	portata f	plato m
danie[2] (PL)	Gericht n	dish	plat m	piatto m	comida f
danificar (P)	beschädigen	damage	endommager	danneggiare	dañar
Dank (D)	—	thanks	remerciement m	ringraziamento m	agradecimiento m
dank (NL)	Dank m	thanks	remerciement m	ringraziamento m	agradecimiento m
dankbaar (NL)	dankbar	grateful	reconnaissant(e)	grato(a)	agradecido(a)
dankbar (D)	—	grateful	reconnaissant(e)	grato(a)	agradecido(a)
danke (D)	—	thank you	merci	grazie	gracias
danken (D)	—	thank	remercier	ringraziare	agradecer
danken (NL)	danken	thank	remercier	ringraziare	agradecer
danken; bedanken (NL)	bedanken, sich	say thank you	remercier	ringraziare	agradecer algo
dann (D)	—	then	ensuite	in seguito	luego
danneggiare (I)	beschädigen	damage	endommager	—	dañar
danno[1] (I)	Beschädigung f	damage	endommagement m	—	deterioro m
danno[2] (I)	Schaden m	damage	dommage m	—	daño m
dano[1] (P)	Beschädigung f	damage	endommagement m	danno m	deterioro m
dano[2] (P)	Schaden m	damage	dommage m	danno m	daño m
daño (ES)	Schaden m	damage	dommage m	danno m	—
dans (F)	hinein	in	—	dentro	dentro
dansa (SV)	tanzen	dance	danser	ballare	bailar
dansen (NL)	tanzen	dance	danser	ballare	bailar
danser (F)	tanzen	dance	—	ballare	bailar

danser

P	NL	SV	PL	CZ	H
além	aan de overkant	på andra sidan	po tamtej stronie	na druhé straně	odaát
melodia f	melodie f	melodi u	melodia f	melodie f	—
auto-estrada f	snelweg m	motorväg u	autostrada f	—	autópálya
por outro lado	anderzijds	å andra sidan	z drugiej strony	na druhé straně	másrészt
danificar	beschadigen	skada	uszkadzać <uszkodzić>	poškozovat <poškodit>	megrongál
dano m	beschadiging f	skada u	uszkodzenie n	poškození n	megrongálás
prejudicar	schaden	skada	szkodzić <zaszkodzić>	škodit <poškodit>	árt
dano m	schade f	skada u	szkoda f	škoda f	kár
antigamente	toen	då	wtedy	tenkrát	akkoriban
—	abrikoos f	aprikos u	morela f	meruňka f	sárgabarack
com isso	opdat	därmed	z tym	s tím	ezzel
amanhecer	schemeren	skymma	zmierzchać się	svítat	alkonyodik/ hajnalodik
há muito tempo	allang	för länge sedan	od dawna	dávno	régóta
húmido	vochtig	fuktig	wilgotny	vlhký	nedves
então	—	sedan	później	potom	aztán
depois	daarna	efteråt	potem	poté	utána
danificar	beschadigen	skada	uszkadzać <uszkodzić>	poškozovat <poškodit>	megrongál
prejudicar	schaden	skada	szkodzić <zaszkodzić>	škodit <poškodit>	árt
bailar	dansen	dansa	tańczyć	tancovat <zatancovat>	táncol
impostos m/pl	belastingen pl	skatt u	podatki pl	—	adók
em parte alguma	nergens	ingenstans	nigdzie	nikde	sehol
perigo m	gevaar n	fara u	niebezpieczeństwo n	nebezpečí n	veszély
perigo m	gevaar n	fara u	niebezpieczeństwo n	nebezpečí n	veszély
perigoso	gevaarlijk	farlig	niebezpieczny	nebezpečný	veszélyes
perigoso	gevaarlijk	farlig	niebezpieczny	nebezpečný	veszélyes
prato m	gang m	rätt u	—	chod m	fogás
prato m	gerecht n	matträtt u	—	pokrm m	fogás
—	beschadigen	skada	uszkadzać <uszkodzić>	poškozovat <poškodit>	megrongál
agradecimento m	dank m	tack n	podziękowanie n	dík m	köszönet
agradecimento m	—	tack n	podziękowanie n	dík m	köszönet
agradecido	—	tacksam	wdzięczny	vděčný	hálás
agradecido	dankbaar	tacksam	wdzięczny	vděčný	hálás
obrigado	bedankt	tack	dziękuję	děkuji	köszönöm!
agradecer	danken	tacka	dziękować <podziękować>	děkovat <poděkovat>	megköszön
agradecer	—	tacka	dziękować <podziękować>	děkovat <poděkovat>	megköszön
agradecer	—	tacka	dziękować <podziękować>	děkovat <poděkovat>	megköszön
então	dan	sedan	później	potom	aztán
danificar	beschadigen	skada	uszkadzać <uszkodzić>	poškozovat <poškodit>	megrongál
dano m	beschadiging f	skada u	uszkodzenie n	poškození n	megrongálás
dano m	schade f	skada u	szkoda f	škoda f	kár
—	beschadiging f	skada u	uszkodzenie n	poškození n	megrongálás
—	schade f	skada u	szkoda f	škoda f	kár
dano m	schade f	skada u	szkoda f	škoda f	kár
para dentro	naar binnen	inåt	do wnętrza	dovnitř	be
bailar	dansen	—	tańczyć	tancovat <zatancovat>	táncol
bailar	—	dansa	tańczyć	tancovat <zatancovat>	táncol
bailar	dansen	dansa	tańczyć	tancovat <zatancovat>	táncol

dans l'ensemble

	D	E	F	I	ES
dans l'ensemble (F)	insgesamt	altogether	—	complessivamente	en suma
daň z přidané hodnoty (CZ)	Mehrwertsteuer f	value added tax	taxe sur la valeur ajoutée f	imposta sul valore aggiunto f	impuesto sobre el valor añadido m
dapper (NL)	tapfer	brave	courageux(-euse)	coraggioso(a)	valiente
dappertutto (I)	überall	everywhere	partout	—	por todas partes
dapprima¹ (I)	erst	first	d'abord	—	primero
dapprima² (I)	zuerst	at first	d'abord	—	primero
da/presso (I)	bei	at/near	chez/prés de	—	cerca de/junto a
da questa parte (I)	herüber	over	par ici	—	a este lado
dar (ES)	geben	give	donner	dare	—
dar¹ (P)	reichen	pass	passer	passare	alcanzar
dar² (P)	geben	give	donner	dare	dar
där¹ (SV)	dort	there	là/y	là	allí
där² (SV)	da	there	là/ici	qui/là	allí
darab (H)	Stück n	piece	morceau m	pezzo m	parte f
dar atenção a (P)	beachten	take notice of	considérer	osservare	prestar atención a
darauf (D)	—	on	dessus	su	encima de
dare (I)	geben	give	donner	—	dar
dare del tu (I)	duzen	use the familiar form	tutoyer	—	tutear
dare in prestito (I)	verleihen	lend	prêter	—	prestar
dárek (CZ)	Geschenk n	present	cadeau m	regalo m	regalo m
däremot (SV)	jedoch	however	cependant	tuttavia	sin embargo
dare nell'occhio (I)	auffallen	be noticeable	faire remarquer, se	—	llamar la atención
därför (SV)	deshalb	therefore	c'est pourquoi	perciò	por eso
dar gritos de alegría (ES)	jubeln	rejoice	pousser des cris de joie	giubilare	—
dark (E)	dunkel	—	sombre	scuro(a)	oscuro(a)
darkness (E)	Finsternis f	—	obscurité f	buio m	oscuridad f
därmed (SV)	damit	with that	avec cela	con questo	con ello
darmo¹ (PL)	gratis	free of charge	gratuit(e)	gratuito(a)	gratuito(a)
darmo² (PL)	umsonst	for nothing	en vain	per niente	en vano
dar nas vistas (P)	auffallen	be noticeable	faire remarquer, se	dare nell'occhio	llamar la atención
därom (SV)	davon	of it	en/de cela	ne/di là	de ello
darovat (CZ)	schenken	give	offrir	regalare	regalar
darować <podarować> (PL)	schenken	give	offrir	regalare	regalar
dar palmas (P)	klatschen	applaud	applaudir	battere le mani	aplaudir
darra (SV)	zittern	tremble	trembler	tremare	temblar
darse cuenta de (ES)	bemerken	notice	remarquer	notare	—
darse prisa¹ (ES)	beeilen, sich	hurry up	dépêcher, se	affrettarsi	—
darse prisa² (ES)	eilen	hurry	dépêcher, se	andare in fretta	—
darsi appuntamento (I)	verabreden	arrange to meet	prendre rendez-vous	—	concertar una cita
darstellen (D)	—	represent	représenter	rappresentare	representar
darüber (D)	—	above	au-dessus	sopra	por encima
darunter (D)	—	underneath	au-dessous	sotto	por debajo
das (NL)	Krawatte f	tie	cravate f	cravatta f	corbata f
Dasein (D)	—	existence	existence f	esistenza f	existencia f
dass (D)	—	that	que	che	que
dat (NL)	dass	that	que	che	que
data (I)	Datum n	date	date f	—	fecha f

data

P	NL	SV	PL	CZ	H
na totalidade	in totaal	sammantaget	ogółem	celkem	összesen
imposto sobre o valor acrescentado m	btw f	moms u	podatek od wartości dodanej m	—	általános forgalmi adó (áfa)
valente	—	tapper	dzielny	statečný	bátor
por toda a parte	overal	överallt	wszędzie	všude	mindenütt
primeiro	eerst	först	najpierw	nejprve	csak
em primeiro lugar	eerst	först	najpierw	nejprve	először
ao pé de	bij	vid	przy	u	nál/nél
para cá	hierheen	hitåt	w tę stronę	sem	át
dar	geven	ge	dawać <dać>	dávat <dát>	ad
—	genoeg zijn	räcka	sięgać	dosahovat <dosáhnout>	nyújt
—	geven	ge	dawać <dać>	dávat <dát>	ad
ali	daar	—	tam	tam	ott
ali	daar	—	tam	zde	ott
peça f	stuk n	bit u	sztuka f	kus m	—
—	in acht nemen	beakta	przestrzegać	dbát na	figyelembe venni
em cima	daarop	på dät	na tym	na to	rajta
dar	geven	ge	dawać <dać>	dávat <dát>	ad
tratar por tu	met "jij" aanspreken	dua	mówić per ty	tykat	tegez
emprestar	uitlenen	låna ut	wypożyczać	půjčovat <půjčit>	kölcsönad
presente m	geschenk n	present u	prezent m	—	ajándék
porém	echter	—	jednak	ale	de
dar nas vistas	opvallen	väcka uppmärksamhet	rzucać się w oczy	být nápadný	feltűnik
por isso	daarom	—	dlatego	proto	azért/ezért
jubilar	jubelen	jubla	wiwatować	jásat <zajásat>	ujjong
escuro	donker	mörk	ciemno	tmavý	sötét
escuridão f	duisternis f	mörker u	ciemności f/pl	temno n	sötétség
com isso	opdat	—	z tym	s tím	ezzel
grátis	gratis	gratis	—	zadarmo	ingyenes
gratuito	voor niets	förgäves	—	zbytečně	ingyen
—	opvallen	väcka uppmärksamhet	rzucać się w oczy	být nápadný	feltűnik
disto	daarvan	—	od tego	z toho	attól
oferecer	schenken	skänka	darować <podarować>	—	ajándékoz
oferecer	schenken	skänka	—	darovat	ajándékoz
—	in de handen klappen	klappa	klaskać	tleskat <zatleskat>	tapsol
tremer	rillen	—	drżeć	chvět, se <zachvět, se>	reszket
reparar	opmerken	märka	zauważać <zauważyć>	poznamenat <poznamenávat>	észrevesz
apressar-se	haasten, zich	skynda sig	spieszyć, się <pospieszyć się>	spěchat <pospíšit>	siet
apressar	haasten, zich	skynda	pospieszać <pospieszyć>	spěchat <pospíšit si>	siet
combinar	afspreken	avtala	umawiać się	ujednávat <ujednat>	megállapodik
representar	voorstellen	framställa	przedstawiać <przedstawić>	prezentovat	ábrázol
por cima	daarover	under tiden	o tym	o tom	felette
debaixo	daaronder	under detta	pod tym	pod tím	alatta
gravata f	—	slips u	krawat m	kravata f	nyakkendő
existência f	bestaan n	existens u	istnienie n	existence f	lét
que	dat	att	że	že	hogy
que	—	att	że	že	hogy
data f	datum m	datum n	data f	datum m	dátum

data

	D	E	F	I	ES
data (P)	Datum n	date	date f	data f	fecha f
data (PL)	Datum n	date	date f	data f	fecha f
date[1] (E)	Datum n	—	date f	data f	fecha f
date[2] (E)	Verabredung f	—	rendez-vous m	appuntamento m	cita f
date (F)	Datum n	date	—	data f	fecha f
dator (SV)	Computer m	computer	ordinateur m	calcolatore m	computadora f
datore di lavoro (I)	Arbeitgeber m	employer	employeur m	—	patrono m
Datum (D)	—	date	date f	data f	fecha f
datum (NL)	Datum n	date	date f	data f	fecha f
datum (SV)	Datum n	date	date f	data f	fecha f
datum (CZ)	Datum n	date	date f	data f	fecha f
dátum (H)	Datum n	date	date f	data f	fecha f
Dauer (D)	—	duration	durée f	durata f	duración f
dauern (D)	—	last	durer	durare	durar
daughter (E)	Tochter f	—	fille f	figlia f	hija f
da un lato (I)	einerseits	on one hand	d'une part	—	por un lado
d'autre part (F)	andererseits	on the other hand	—	d'altra parte	por otra parte
davanti[1] (I)	davor	in front of	devant	—	delante
davanti[2] (I)	vorn(e)	at the front	devant	—	(a)delante
dávat pozor <dát pozor> (CZ)	aufpassen	pay attention	faire attention	fare attenzione	prestar attención
dávat pozor <dát pozor> (CZ)	Acht geben	take care	faire attention	badare	atender
dávat přednost <dát přednost> (CZ)	vorziehen	prefer	préférer	preferire	preferir
dávat výpověď <dát výpověď> (CZ)	kündigen	give notice	résilier	licenziare	despedir
dávat <dát> (CZ)	geben	give	donner	dare	dar
dávat <dát> přednost (CZ)	bevorzugen	prefer	préférer	preferire	preferir
dávno (CZ)	längst	a long time ago	depuis bien longtemps	da molto	hace mucho
davon (D)	—	of it	en/de cela	ne/di là	de ello
davor[1] (D)	—	before	avant	prima	antes
davor[2] (D)	—	in front of	devant	davanti	delante
dawać <dać> (PL)	geben	give	donner	dare	dar
dawn (E)	dämmern	—	poindre	spuntare	amanecer
dawniej (PL)	früher	earlier	autrefois	prima	antes
day (E)	Tag m	—	jour m	giorno m	día m
dazwischen (D)	—	in between	entre	in mezzo	entre
dbát na (CZ)	beachten	take notice of	considérer	osservare	prestar atención a
dcera (CZ)	Tochter f	daughter	fille f	figlia f	hija f
de (ES)	aus	off/from/out of	de/par/hors de	da/di	—
de (P)	aus	off/from/out of	de/par/hors de	da/di	de
de (SV)	sie pl	they	ils (elles)	loro	ellos(as)
de[1] (H)	aber	but	mais	ma	pero
de[2] (H)	jedoch	however	cependant	tuttavia	sin embargo
de acordo (P)	einverstanden	agreed	d'accord	d'accordo	de acuerdo
de acuerdo (ES)	einverstanden	agreed	d'accord	d'accordo	—
dead (E)	tot	—	mort(e)	morto(a)	muerto(a)
dealer (E)	Händler m	—	commerçant m	commerciante m	comerciante m
de alguna manera (ES)	irgendwie	somehow	n'importe comment	in qualche modo	—
death (E)	Tod m	—	mort f	morte f	muerte f
debaixo (P)	darunter	underneath	au-dessous	sotto	por debajo
debajo de (ES)	unter	under	sous	al di sotto di	—
deber (ES)	müssen	have to	devoir	dovere	—

deber

P	NL	SV	PL	CZ	H
—	datum *m*	datum *n*	data *f*	datum *m*	dátum
data *f*	datum *m*	datum *n*	—	datum *m*	dátum
data *f*	datum *m*	datum *n*	data *f*	datum *m*	dátum
compromisso *m*	afspraak *m*	avtal *n*	umówienie się *n*	schůzka *f*	megbeszélés
data *f*	datum *m*	datum *n*	data *f*	datum *m*	dátum
computador *m*	computer *m*	—	komputer *m*	počítač *m*	számítógép
patrão *m*	werkgever *m*	arbetsgivare *u*	pracodawca *m*	zaměstnavatel *m*	munkaadó
data *f*	datum *m*	datum *n*	data *f*	datum *m*	dátum
data *f*	—	datum *n*	data *f*	datum *m*	dátum
data *f*	datum *m*	—	data *f*	datum *m*	dátum
data *f*	datum *m*	datum *n*	data *f*	—	dátum
data *f*	datum *m*	datum *n*	data *f*	datum *m*	—
duração *f*	duur *f*	tidsperiod *u*	trwanie *n*	trvání *n*	időtartam
durar	duren	hålla på	trwać	trvat	eltart
filha *f*	dochter *f*	dotter *u*	córka *f*	dcera *f*	lánya
por um lado	enerzijds	å ena sidan	z jednej strony	na jedné straně	egyrészt
por outro lado	anderzijds	å andra sidan	z drugiej strony	na druhé straně	másrészt
diante	daarvoor	framför	przed	před tím	előtt
à frente	voor(aan)	framtill	z przodu	vepředu	elöl
cuidar	oppassen	passa upp	pilnować	—	vigyáz
prestar atenção a	opletten	akta sig	uważać	—	vigyáz
preferir	verkiezen	föredra	preferować	—	előnyben részesít
despedir	opzeggen	säga upp	wypowiadać <wypowiedzieć>	—	felmond
dar	geven	ge	dawać <dać>	—	ad
preferir	de voorkeur *m* geven aan	föredra	faworyzować	—	előnyben részesít
há muito tempo	allang	för länge sedan	od dawna	—	régóta
disto	daarvan	därom	od tego	z toho	attól
antes	daarvoor	innan	przed	před/přede	előtte
diante	daarvoor	framför	przed	před tím	előtt
dar	geven	ge	—	dávat <dát>	ad
amanhecer	schemeren	skymma	zmierzchać się	svítat	alkonyodik/hajnalodik
mais cedo	vroeger	förr	—	dříve	korábban
dia *f*	dag *m*	dag *u*	dzień *m*	den *m*	nap
entre	ertussen	mellan	między tymi	mezi tím	közben
dar atenção a	in acht nemen	beakta	przestrzegać	—	figyelembe venni
filha *f*	dochter *f*	dotter *u*	córka *f*	—	lánya
de	uit	ut	z	z	ból/böl
—	uit	ut	z	z	ból/böl
eles(as)	zij	—	oni	oni	ők
mas	maar	men	ale	ale	—
porém	echter	däremot	jednak	ale	—
—	akkoord	överens	zgadzać się <zgodzić się>	souhlasit <odsouhlasit>	rendben van
de acordo	akkoord	överens	zgadzać się <zgodzić się>	souhlasit <odsouhlasit>	rendben van
morto	dood	död	martwy	mrtvý	halott
comerciante *m*	handelaar *m*	handelsman *u*	handlarz *m*	obchodník *m*	árus
de qualquer modo	hoe dan ook	på ett eller annat sätt	jakoś	nějak	valahogy
morte *f*	dood *m*	död *u*	śmierć *f*	smrt *f*	halál
—	daaronder	under detta	pod tym	pod tím	alatta
por baixo de	onder	under	pod	pod	alatt
dever	moeten	måste	musieć	muset	kell

deber 246

	D	E	F	I	ES
deber (ES)	schulden	owe	devoir	dovere	—
deber (ES)	sollen	have to	devoir	dovere	—
débil (ES)	schwach	weak	faible	debole	—
debilidad (ES)	Schwäche f	weakness	faiblesse f	debolezza f	—
debiti m (I)	Schulden pl	debt	dette f	—	deudas f pl
de boa vontade (P)	gern	willingly	avec plaisir	volentieri	con gusto
debole (I)	schwach	weak	faible	—	débil
debolezza (I)	Schwäche f	weakness	faiblesse f	—	debilidad f
debt (E)	Schulden pl	—	dette f	debiti m pl	deudas f pl
débutant(e) (F)	Anfänger m	beginner	—	principiante m	principiante m
deceive (E)	täuschen	—	tromper	ingannare	engañar
decent (E)	anständig	—	convenable	decente	decente
decente (I)	anständig	decent	convenable	—	decente
decente (ES)	anständig	decent	convenable	decente	—
decente (P)	anständig	decent	convenable	decente	decente
decepcionado (P)	enttäuscht	disappointed	déçu(e)	deluso(a)	desilusionado(a)
decepcionar (P)	enttäuschen	disappoint	décevoir	deludere	defraudar
décevoir (F)	enttäuschen	disappoint	—	deludere	defraudar
dech (CZ)	Atem m	breath	respiration f	fiato m	respiro m
décharger (F)	ausladen	unload	—	scaricare	descargar
déchets (F)	Abfall m	rubbish	—	immondizia f	basura f
déchirer (F)	zerreißen	rip	—	strappare	romper
déchirer, se (F)	reißen	tear	—	strappare	arrancar
decide¹ (E)	beschließen	—	décider	decidere	decidir
decide² (E)	entscheiden	—	décider	decidere	decidir
decide³ (E)	entschließen, sich	—	décider, se	decidere	decidirse
décider¹ (F)	beschließen	decide	—	decidere	decidir
décider² (F)	entscheiden	decide	—	decidere	decidir
decidere¹ (I)	beschließen	decide	décider	—	decidir
decidere² (I)	entscheiden	decide	décider	—	decidir
decidere³ (I)	entschließen, sich	decide	décider, se	—	decidirse
décider, se (F)	entschließen, sich	decide	—	decidere	decidirse
decidir¹ (ES)	beschließen	decide	décider	decidere	—
decidir² (ES)	entscheiden	decide	décider	decidere	—
decidir (P)	entscheiden	decide	décider	decidere	decidir
decidirse (ES)	entschließen, sich	decide	décider, se	decidere	—
decidir-se (P)	entschließen, sich	decide	décider, se	decidere	decidirse
decir (ES)	sagen	say	dire	dire	—
decisão (P)	Entscheidung f	decision	décision f	decisione f	decisión f
decisão (P)	Entschluss m	decision	décision f	decisione f	decisión f
decision (E)	Entscheidung f	—	décision f	decisione f	decisión f
decision (E)	Entschluss m	—	décision f	decisione f	decisión f
décision (F)	Entscheidung f	decision	—	decisione f	decisión f
décision (F)	Entschluss m	decision	—	decisione f	decisión f
decisión (ES)	Entscheidung f	decision	décision f	decisione f	—
decisión (ES)	Entschluss m	decision	décision f	decisione f	—

decisión

P	NL	SV	PL	CZ	H
dever	verschuldigd zijn	vara skyldig ngn	być dłużnym	dlužit	tartozik
dever	moeten	böra	powinno, się	mít	kell
fraco	zwak	svag	słaby	slabý	gyenge
fraqueza f	zwakte f	svaghet u	słabość f	slabost f	gyengeség
dívidas f/pl	schulden pl	skulder pl	długi pl	dluhy pl	tartozás
—	gaarne	gärna	chętnie	s radostí	szívesen
fraco	zwak	svag	słaby	slabý	gyenge
fraqueza f	zwakte f	svaghet u	słabość f	slabost f	gyengeség
dívidas f/pl	schulden pl	skulder pl	długi pl	dluhy pl	tartozás
principiante m	beginneling	nybörjare u	początkujący m	začátečník m	kezdő
enganar	bedriegen	bedra	zmylić	klamat <zklamat>	megtéveszt
decente	fatsoenlijk	anständig	przyzwoity	slušně	tisztességes
decente	fatsoenlijk	anständig	przyzwoity	slušně	tisztességes
decente	fatsoenlijk	anständig	przyzwoity	slušně	tisztességes
—	fatsoenlijk	anständig	przyzwoity	slušně	tisztességes
—	teleurgesteld	besviken	rozczarowany	zklamaný	csalódott
—	teleurstellen	göra besviken	rozczarowywać <rozczarować>	zklamat	csalódást okoz
decepcionar	teleurstellen	göra besviken	rozczarowywać <rozczarować>	zklamat	csalódást okoz
respiração f	adem m	andning u	oddech m	—	lélegzet
descarregar	uitladen	lasta av	wyładowywać <wyładować>	rušit pozvání <zrušit pozvání>	kirakódik
lixo m	afval m	avfall n	odpady m/pl	odpad m	hulladék
despedaçar	(stuk)scheuren	gå/riva sönder	rozdzierać	roztrhat <roztrhnout>	széttép
rasgar	scheuren	riva	rwać <porwać>	trhat <vytrhnout>	szakad
resolver	besluiten	besluta	postanawiać <postanowić>	rozhodovat <rozhodnout>	elhatároz
decidir	beslissen	bestämma	rozstrzygać <rozstrzygnąć>>	rozhodovat <rozhodnout>	dönt
decidir-se	besluiten	besluta sig	zdecydować, się	rozhodovat, se <rozhodnout, se>	elhatározza magát
resolver	besluiten	besluta	postanawiać <postanowić>	rozhodovat <rozhodnout>	elhatároz
decidir	beslissen	bestämma	rozstrzygać <rozstrzygnąć>>	rozhodovat <rozhodnout>	dönt
resolver	besluiten	besluta	postanawiać <postanowić>	rozhodovat <rozhodnout>	elhatároz
decidir	beslissen	bestämma	rozstrzygać <rozstrzygnąć>>	rozhodovat <rozhodnout>	dönt
decidir-se	besluiten	besluta sig	zdecydować, się	rozhodovat, se <rozhodnout, se>	elhatározza magát
decidir-se	besluiten	besluta sig	zdecydować, się	rozhodovat, se <rozhodnout, se>	elhatározza magát
resolver	besluiten	besluta	postanawiać <postanowić>	rozhodovat <rozhodnout>	elhatároz
decidir	beslissen	bestämma	rozstrzygać <rozstrzygnąć>>	rozhodovat <rozhodnout>	dönt
—	beslissen	bestämma	rozstrzygać <rozstrzygnąć>>	rozhodovat <rozhodnout>	dönt
decidir-se	besluiten	besluta sig	zdecydować, się	rozhodovat, se <rozhodnout, se>	elhatározza magát
—	besluiten	besluta sig	zdecydować, się	rozhodovat, se <rozhodnout, se>	elhatározza magát
dizer	zeggen	säga	mówić <powiedzieć>	říkat <říci>	mond
—	beslissing f	beslut n	rozstrzygnięcie n	rozhodnutí n	döntés
—	besluit n	beslut n	decyzja f	odhodlání n	döntés
decisão f	beslissing f	beslut n	rozstrzygnięcie n	rozhodnutí n	döntés
decisão f	besluit n	beslut n	decyzja f	odhodlání n	döntés
decisão f	beslissing f	beslut n	rozstrzygnięcie n	rozhodnutí n	döntés
decisão f	besluit n	beslut n	decyzja f	odhodlání n	döntés
decisão f	beslissing f	beslut n	rozstrzygnięcie n	rozhodnutí n	döntés
decisão f	besluit n	beslut n	decyzja f	odhodlání n	döntés

decisione

	D	E	F	I	ES
decisione (I)	Entscheidung f	decision	décision f	—	decisión f
decisione (I)	Entschluss m	decision	décision f	—	decisión f
Deck (D)	—	deck	pont m	ponte m	cubierta f
deck (E)	Deck n	—	pont m	ponte m	cubierta f
deck chair (E)	Liegestuhl m	—	chaise longue f	sedia a sdraio f	tumbona f
Decke (D)	—	blanket	couverture f	coperta f	manta f
Deckel (D)	—	lid	couvercle m	coperchio m	tapa f
declaração (P)	Aussage f	statement	déclaration f	dichiarazione f	afirmación f
declarar (ES)	melden	report	annoncer	annunciare	—
déclaration (F)	Aussage f	statement	—	dichiarazione f	afirmación f
decline (E)	absagen	—	annuler	disdire	anular
décollage (F)	Abflug m	take-off	—	decollo m	despegue m
decollo (I)	Abflug m	take-off	décollage m	—	despegue m
de colores (ES)	bunt	coloured	coloré(e)	variopinto(a)	—
de color lila (ES)	lila	purple	mauve	lilla	—
de color rosa (ES)	rosa	pink	rose	rosa	—
décommander (F)	abbestellen	cancel	—	annullare	anular el pedido de
de confiança (P)	zuverlässig	reliable	sûr(e)	affidabile	de confianza
de confianza (ES)	zuverlässig	reliable	sûr(e)	affidabile	—
déconseiller (F)	abraten	warn	—	sconsigliare	desaconsejar
de cor (P)	auswendig	by heart	par cœur	a memoria	de memoria
decote (P)	Ausschnitt m	extract	extrait m	ritaglio m	recorte m
découvrir (F)	entdecken	discover	—	scoprire	descubrir
décrire (F)	beschreiben	describe	—	descrivere	describir
déçu(e) (F)	enttäuscht	disappointed	—	deluso(a)	desilusionado(a)
decyzja (PL)	Entschluss m	decision	décision f	decisione f	decisión f
dedans (F)	drinnen	inside	—	dentro	(a)dentro
dedeček (CZ)	Großvater m	grandfather	grand-père m	nonno m	abuelo m
dědit <zdědit> (CZ)	erben	inherit	hériter	ereditare	heredar
dedo (ES)	Finger m	finger	doigt m	dito m	—
dedo (P)	Finger m	finger	doigt m	dito m	dedo m
dedo del pie (ES)	Zehe f	toe	orteil m	dito del piede m	—
dedo do pé (P)	Zehe f	toe	orteil m	dito del piede m	dedo del pie m
dédouaner (F)	verzollen	clear through customs	—	sdoganare	pagar la aduana
deel (NL)	Teil m	part	partie f	parte f	parte f
de ello (ES)	davon	of it	en/de cela	ne/di là	—
deelnemen (NL)	teilnehmen	take part	participer	partecipare	participar
deelneming (NL)	Beileid n	condolence	condoléances f/pl	condoglianza f	pésame m
deep (E)	tief	—	profond(e)	profondo(a)	profundo(a)
deer (E)	Reh n	—	chevreuil m	capriolo m	corzo m
défaire (F)	auspacken	unpack	—	disfare	deshacer
défaite (F)	Niederlage f	defeat	—	sconfitta f	derrota f
defeat (E)	Niederlage f	—	défaite f	sconfitta f	derrota f
defect (NL)	defekt	defective	défectueux(euse)	guasto(a)	defectuoso(a)
defective (E)	defekt	—	défectueux(euse)	guasto(a)	defectuoso(a)
défectueux(euse) (F)	defekt	defective	—	guasto(a)	defectuoso(a)
defectuoso(a) (ES)	defekt	defective	défectueux(euse)	guasto(a)	—
defeituoso (P)	defekt	defective	défectueux(euse)	guasto(a)	defectuoso(a)
defekt (D)	—	defective	défectueux(euse)	guasto(a)	defectuoso(a)
defektní (CZ)	defekt	defective	défectueux(euse)	guasto(a)	defectuoso(a)
defend (E)	verteidigen, sich	—	défendre, se	difendersi	defenderse

249 defend

P	NL	SV	PL	CZ	H
decisão f	beslissing f	beslut n	rozstrzygnięcie n	rozhodnutí n	döntés
decisão f	besluit n	beslut n	decyzja f	odhodlání n	döntés
convés m	dek n	däck n	pokład m	paluba f	fedélzet
convés m	dek n	däck n	pokład m	paluba f	fedélzet
cadeira de repouso f	ligstoel m	liggstol u	leżak m	lehátko n	nyugágy
cobertor m	plafond n	täcke n	sufit m	přikrývka f	takaró
tampa f	deksel n	lock n	przykrywka f	víko n	fedél
—	verklaring f	uttalande n	wypowiedź f	výpověď f	kijelentés
noticiar	melden	rapportera	meldować <zameldować>	hlásit <vyhlásit>	jelent
declaração f	verklaring f	uttalande n	wypowiedź f	výpověď f	kijelentés
recusar	afzeggen	inställa	odmówić	odříkat <odříct>	lemond
partida do avião f	vertrek n	start u	odlot m	odlet m	felszállás
partida do avião f	vertrek n	start u	odlot m	odlet m	felszállás
colorido	bont	färggrann	kolorowy	barevný	tarka
roxo	lila	lila	liliowy	fialový	lila
cor-de-rosa	roze	rosa	różowy	růžový	rózsaszínű
anular	afbestellen	avbeställa	cofać zamówienie <cofnąć zamówienie>	rušit objednávku <zrušit>	lemond
—	betrouwbaar	tillförlitlig	niezawodny	spolehlivý	megbízható
de confiança	betrouwbaar	tillförlitlig	niezawodny	spolehlivý	megbízható
desaconselhar	afraden	avråda	odradzać <odradzić>	zrazovat <zradit>	lebeszél
—	uit het hoofd	utantill	na pamięć	nazpaměť	kívülről
—	fragment n	urskärning u	wycinek m	výřez m	kivágás
descobrir	ontdekken	upptäcka	odkrywać <odkryć>	objevovat <objevit>	felfedez
descrever	omschrijven	beskriva	opisywać <opisać>	popisovat <popsat>	leír
decepcionado	teleurgesteld	besviken	rozczarowany	zklamaný	csalódott
decisão f	besluit n	beslut n	—	odhodlání n	döntés
no interior	binnen	innanför	w środku	uvnitř	belül
avô m	grootvader m	farfar/morfar u	dziadek m	—	nagyapa
herdar	erven	ärva	dziedziczyć <odziedziczyć>	—	örököl
dedo m	vinger m	finger n	palec m	prst m	ujj
—	vinger m	finger n	palec m	prst m	ujj
dedo do pé m	teen m	tå u	palec u nogi m	prst (u nohy) m	lábujj
—	teen m	tå u	palec u nogi m	prst (u nohy) m	lábujj
pagar direitos	invoerrechten betalen	förtulla	oclić	proclívat <proclít>	elvámol
parte f	—	del u	część f	díl m	rész
disto	daarvan	därom	od tego	z toho	attól
participar	—	delta	brać udział	účastnit, se <zúčastnit, se>	részt vesz
condolência f	—	kondoleans u	współczucie n	kondolence f	részvét
fundo	diep	djup	głęboko	hluboký	mély
corça f	ree n	rådjur n	sarna f	srna f	őz
desembrulhar	uitpakken	packa ur	rozpakowywać <rozpakować>	vybalovat <vybalit>	kipakol
derrota f	nederlaag f	nederlag n	porażka f	porážka f	vereség
derrota f	nederlaag f	nederlag n	porażka f	porážka f	vereség
defeituoso	—	sönder	uszkodzony	defektní	hibás
defeituoso	defect	sönder	uszkodzony	defektní	hibás
defeituoso	defect	sönder	uszkodzony	defektní	hibás
defeituoso	defect	sönder	uszkodzony	defektní	hibás
—	defect	sönder	uszkodzony	defektní	hibás
defeituoso	defect	sönder	uszkodzony	defektní	hibás
defeituoso	defect	sönder	uszkodzony	defektní	hibás
defender-se	verdedigen, zich	försvara sig	bronić się	bránit, se <ubránit, se>	védekezik

defend

	D	E	F	I	ES
defend (E)	wehren, sich	—	défendre, se	difendersi	defenderse
defenderse (ES)	verteidigen, sich	defend	défendre, se	difendersi	—
defenderse (ES)	wehren, sich	defend	défendre, se	difendersi	—
defender-se (P)	verteidigen, sich	defend	défendre, se	difendersi	defenderse
defender-se (P)	wehren, sich	defend	défendre, se	difendersi	defenderse
défendre (F)	verbieten	forbid	—	proibire	prohibir
défendre, se (F)	verteidigen, sich	defend	—	difendersi	defenderse
défendre, se (F)	wehren, sich	defend	—	difendersi	defenderse
défense (F)	Verbot n	prohibition	—	divieto m	prohibición f
défense de stationner (F)	Parkverbot n	no parking	—	divieto di parcheggio m	estacionamiento prohibido m
definitely (E)	bestimmt	—	certainement	certamente	certamente
defraudar (ES)	enttäuschen	disappoint	décevoir	deludere	—
degrau (P)	Stufe f	step	marche f	gradino m	escalón m
degré (F)	Grad m	degree	—	grado m	grado m
degree (E)	Grad m	—	degré m	grado m	grado m
dehors¹ (F)	draußen	outside	—	fuori	afuera
dehors² (F)	hinaus	out	—	fuori	hacia afuerta
deitar¹ (P)	hinlegen	put down	poser	posare	poner
deitar² (P)	legen	lay	mettre	mettere	colocar
deixar¹ (P)	nachlassen	slacken	apaiser, se	allentare	aflojar
deixar² (P)	lassen	let	laisser	lasciare	dejar
déjà (F)	bereits	already	—	già	ya
dejar¹ (ES)	lassen	let	laisser	lasciare	—
dejar² (ES)	verlassen	leave	abandonner	lasciare	—
déjeuner (F)	Mittagessen n	lunch	—	pranzo m	almuerzo m
dek (NL)	Deck n	deck	pont m	ponte m	cubierta f
děkovat <poděkovat>¹ (CZ)	bedanken, sich	say thank you	remercier	ringraziare	agradecer algo
děkovat <poděkovat>² (CZ)	danken	thank	remercier	ringraziare	agradecer
deksel (NL)	Deckel m	lid	couvercle m	coperchio m	tapa f
děkuji (CZ)	danke	thank you	merci	grazie	gracias
del (SV)	Teil m	part	partie f	parte f	parte f
dél¹ (H)	Mittag m	at midday	midi m	mezzogiorno m	mediodía m
dél² (H)	Süden m	south	sud m	sud	sur m
dela (SV)	teilen	share	partager	dividere	dividir
delante (ES)	davor	in front of	devant	davanti	—
dela upp (SV)	aufteilen	divide	diviser	spartire	repartir
dela ut (SV)	austeilen	distribute	distribuer	distribuire	distribuir
de l'autre côté¹ (F)	drüben	over there	—	dall'altra parte	al otro lado
de l'autre côté² (F)	hinüber	across	—	di là	hacia el otro lado
de l'autre côté³ (F)	jenseits	beyond	—	al di là	al otro lado
delay (E)	Verspätung f	—	retard m	ritardo m	retraso m
délben (H)	mittags	at midday	à midi	a mezzogiorno	al mediodía
delen (NL)	teilen	share	partager	dividere	dividir
deletrear (ES)	buchstabieren	spell	épeler	sillabare	—
delgado(a)¹ (ES)	mager	skinny	maigre	magro(a)	—
delgado(a)² (ES)	schlank	slim	mince	snello(a)	—

delgado(a)

P	NL	SV	PL	CZ	H
defender-se	weren, zich	värja sig	bronić się	bránit, se <ubránit, se>	védekezik
defender-se	verdedigen, zich	försvara sig	bronić się	bránit, se <ubránit, se>	védekezik
defender-se	weren, zich	värja sig	bronić się	bránit, se <ubránit, se>	védekezik
—	verdedigen, zich	försvara sig	bronić się	bránit, se <ubránit, se>	védekezik
—	weren, zich	värja sig	bronić się	bránit, se <ubránit, se>	védekezik
proibir	verbieden	förbjuda	zabraniać	zakazovat <zakázat>	megtilt
defender-se	verdedigen, zich	försvara sig	bronić się	bránit, se <ubránit, se>	védekezik
defender-se	weren, zich	värja sig	bronić się	bránit, se <ubránit, se>	védekezik
proibição f	verbod n	förbud n	zakaz m	zákaz m	tilalom
estacionamento proibido m	parkeerverbod n	parkeringsförbud n	zakaz parkowania m	zákaz parkování m	parkolási tilalom
certo	beslist	bestämd	określony	určitě	biztos
decepcionar	teleurstellen	göra besviken	rozczarowywać <rozczarować>	zklamat	csalódást okoz
—	trap m	steg n	stopień m	stupeň m	lépcsőfok
grau m	graad m	grad u	grad m	stupeň m	fok
grau m	graad m	grad u	grad m	stupeň m	fok
fora	buiten	utanför	na dworze	venku	kívül
para fora	naar buiten	dit ut	na zewnątrz	ven	ki
—	neerleggen	placera	kłaść <położyć>	pokládat <položit>	lefekszik
—	leggen	lägga	kłaść <położyć>	pokládat <položit>	tesz
—	nalaten	avta	słabnąć	povolovat <povolit>	enged
—	laten	låta	zostawiać <zostawić>	nechávat <nechat>	hagy
já	reeds	redan	już	již	már
deixar	laten	låta	zostawiać <zostawić>	nechávat <nechat>	hagy
abandonar	verlaten	lämna	opuszczać	opouštět <opustit>	elhagy
almoço m	middagmaal n	middag u	obiad m	oběd m	ebéd
convés m	—	däck n	pokład m	paluba f	fedélzet
agradecer	danken; bedanken	tacka	dziękować <podziękować>	—	megköszön
agradecer	danken	tacka	dziękować <podziękować>	—	megköszön
tampa f	—	lock n	przykrywka f	víko n	fedél
obrigado	bedankt	tack	dziękuję	—	köszönöm!
parte f	deel n	—	część f	díl m	rész
meio-dia m	middag m	lunch u	południe n	poledne n	—
sul m	zuiden n	söder u	południe n	jih m	—
partir	delen	—	dzielić	dělit <rozdělit>	oszt
diante	daarvoor	framför	przed	před tím	előtt
repartir	verdelen	—	podzielić	rozdělovat <rozdělit>	feloszt
distribuir	uitdelen	—	rozdzielać <rozdzielić>	rozdělovat <rozdělit>	kioszt
além	aan de overkant	på andra sidan	po tamtej stronie	na druhé straně	odaát
para lá	erheen	dit över	na tamtą stronę	na druhou stranu	át
além de	aan de andere zijde	bortom	po tamtej stronie	na druhé straně	túl
atraso m	vertraging f	försening u	spóźnienie n	zpoždění n	késés
ao meio-dia	's middags	på middagen	w południe	v poledne	—
partir	—	dela	dzielić	dělit <rozdělit>	oszt
soletrar	spellen	stava	literować	hláskovat <odhláskovat>	betűz
magro	mager	mager	chudy	hubený	sovány
magro	slank	smal	smukły	štíhlý	karcsú

delgado(a)/fino(a)

	D	E	F	I	ES
delgado(a)/fino(a) (ES)	dünn	thin	mince	magro(a)	—
deliberate (E)	bewusst	—	déliberé(e)	intenzionale	intencionado(a)
déliberé(e) (F)	bewusst	deliberate	—	intenzionale	intencionado(a)
delicado (P)	zart	soft	doux(douce)	tenero(a)	suave
delicioso (P)	köstlich	delicious	savoureux(euse)	squisito(a)	exquisito(a)
delicious (E)	köstlich	—	savoureux(euse)	squisito(a)	exquisito(a)
delight (E)	Lust f	—	plaisir m	piacere m	ganas f/pl
delighted[1] (E)	erfreut	—	réjoui(e)	lieto(a)	contento(a)
delighted[2] (E)	entzückt	—	ravi(e)	affascinato(a)	encantado(a)
delikatny (PL)	zart	soft	doux(douce)	tenero(a)	suave
delitto (I)	Verbrechen n	crime	crime m	—	crimen m
dělit <rozdělit> (CZ)	teilen	share	partager	dividere	dividir
deliver (E)	liefern	—	livrer	fornire	suministrar
delivery (E)	Lieferung f	—	livraison f	fornitura f	suministro m
dělník (CZ)	Arbeiter m	worker	ouvrier m	operaio m	trabajador m
del resto (I)	übrigens	by the way	d'ailleurs	—	por lo demás
delta (SV)	teilnehmen	take part	participer	partecipare	participar
deludere (I)	enttäuschen	disappoint	décevoir	—	defraudar
de lujo (ES)	luxuriös	luxurious	luxueux(euse)	lussuoso(a)	—
deluso(a) (I)	enttäuscht	disappointed	déçu(e)	—	desilusionado(a)
délután (H)	Nachmittag m	afternoon	après-midi m	pomeriggio m	tarde f
délutánonként (H)	nachmittags	in the afternoon	à l'après-midi	di pomeriggio	por la tarde
demain (F)	morgen	tomorrow	—	domani	mañana
de mala gana/sin ganas (ES)	ungern	reluctantly	de mauvaise grâce	malvolentieri	—
demand (E)	fordern	—	exiger	esigere	exigir
demand (E)	verlangen	—	demander	richiedere	exigir
demand[1] (E)	Forderung f	—	exigence f	esigenza f	exigencia f
demand[2] (E)	Nachfrage f	—	demande f	domanda f	demanda f
demanda (ES)	Nachfrage f	demand	demande f	domanda f	—
demande[1] (F)	Bitte f	request	—	domanda f	ruego m
demande[2] (F)	Antrag m	application	—	domanda f	solicitud f
demande[3] (F)	Nachfrage f	demand	—	domanda f	demanda f
demander[1] (F)	bitten	request	—	pregare	rogar
demander[2] (F)	anfordern	request	—	esigere	pedir
demander[3] (F)	fragen	ask	—	domandare	preguntar
demander[4] (F)	verlangen	demand	—	richiedere	exigir
démanger (F)	jucken	itch	—	prudere	picar
démarrer (F)	starten	start	—	partire	partir
de mauvaise grâce (F)	ungern	reluctantly	—	malvolentieri	de mala gana/sin ganas
de má vontade (P)	ungern	reluctantly	de mauvaise grâce	malvolentieri	de mala gana/sin ganas
de memoria (ES)	auswendig	by heart	par cœur	a memoria	—
déménagement (F)	Umzug m	move	—	trasloco m	mudanza f
déménager (F)	umziehen	move	—	traslocare	mudarse
demi(e) (F)	halb	half	—	mezzo(a)	medio(a)
demi-pension (F)	Halbpension f	half board	—	mezza pensione f	media pensión f
democracia (ES)	Demokratie f	democracy	démocratie f	democrazia f	—
democracia (P)	Demokratie f	democracy	démocratie f	democrazia f	democracia f
democracy (E)	Demokratie f	—	démocratie f	democrazia f	democracia f

democracy

P	NL	SV	PL	CZ	H
magro	dun	tunn	cienki	tenký	vékony
consciente	bewust	medvetet	świadomy	vědomě	tudatos
consciente	bewust	medvetet	świadomy	vědomě	tudatos
—	zacht	öm	delikatny	jemný	gyengéd
—	kostelijk	utsökt	wyborny	lahodný	pompás
delicioso	kostelijk	utsökt	wyborny	lahodný	pompás
prazer m	lust f	lust u	ochota f	chuť f	kedv
satisfeito	verheugd	glad	uradowany	potěšený	nagyon örülök
encantado	enthousiast	förtjust	zachwycony	uchvácený	elragadó
delicado	zacht	öm	—	jemný	gyengéd
crime m	misdaad f	brott n	przestępstwo n	zločin m	bűncselekmény
partir	delen	dela	dzielić	—	oszt
fornecer	leveren	leverera	dostarczać <dostarczyć>	dodávat <dodat>	szállít
fornecimento m	levering f	leverans u	dostawa f	dodávka f	szállítmány
operário m	arbeider m	arbetare u	robotnik m	—	munkás
aliás	overigens	förresten	zresztą	ostatně	egyébként
participar	deelnemen	—	brać udział	účastnit, se <zúčastnit, se>	részt vesz
decepcionar	teleurstellen	göra besviken	rozczarowywać <rozczarować>	zklamat	csalódást okoz
luxuoso	luxueus	lyxig	luksusowy	luxusní	fényűző
decepcionado	teleurgesteld	besviken	rozczarowany	zklamaný	csalódott
tarde f	namiddag m	eftermiddag u	popołudnie n	odpoledne n	—
de tarde	's namiddags	på eftermiddagen	po południu	odpoledne	—
amanhã	morgen	i morgon	jutro	zítra	holnap
de má vontade	niet graag	ogärna	niechętnie	nerad	nem szívesen
exigir	vorderen	fordra	żądać <zażądać>	žádat	követel
exigir	verlangen	kräva	żądać	požadovat <požádat>	megkövetel
exigência f	vordering f	begäran u	żądanie n	požadavek m	követelés
procura f	navraag f	efterfrågan u	zapotrzebowanie n	poptávka f	kereslet
procura f	navraag f	efterfrågan u	zapotrzebowanie n	poptávka f	kereslet
pedido m	verzoek n	begäran u	prośba f	prosba f	kérés
proposta f	aanvraag f	förslag n	wniosek m	žádost f	kérvény
procura f	navraag f	efterfrågan u	zapotrzebowanie n	poptávka f	kereslet
pedir	verzoeken	begära	prosić <poprosić>	prosit <poprosit>	kérni
exigir	vragen	kräva	żądać <zażądać>	vyžadovat <vyžádat>	megrendel
perguntar	vragen	fråga	pytać	ptát, se <zeptat, se>	kérdez
exigir	verlangen	kräva	żądać	požadovat <požádat>	megkövetel
fazer comichão	jeuken	klia	swędzić <zaswędzić>	svědět <zasvědět>	viszket
começar	starten	starta	startować <wystartować>	startovat <nastartovat>	indít
de má vontade	niet graag	ogärna	niechętnie	nerad	nem szívesen
—	niet graag	ogärna	niechętnie	nerad	nem szívesen
de cor	uit het hoofd	utantill	na pamięć	nazpaměť	kívülről
mudança f	verhuizing f	flyttning u	przeprowadzka f	stěhování n	költözködés
mudar de casa	verhuizen	flytta	przeprowadzić się	stěhovat se <přestěhovat, se>	átköltözik
meio	half	halv	pół	půl	fél
meia pensão f	halfpension	halvpension u	pokój ze śniadaniem i obiadokolacją n	polopenze f	félpanzió
democracia f	democratie f	demokrati u	demokracja f	demokracie f	demokrácia
—	democratie f	demokrati u	demokracja f	demokracie f	demokrácia
democracia f	democratie f	demokrati u	demokracja f	demokracie f	demokrácia

democratie

	D	E	F	I	ES
democratie (NL)	Demokratie f	democracy	démocratie f	democrazia f	democracia f
démocratie (F)	Demokratie f	democracy	—	democrazia f	democracia f
democrazia (I)	Demokratie f	democracy	démocratie f	—	democracia f
démodé(e) (F)	altmodisch	old-fashioned	—	fuori moda	pasado(a) de moda
demokrácia (H)	Demokratie f	democracy	démocratie f	democrazia f	democracia f
demokracie (CZ)	Demokratie f	democracy	démocratie f	democrazia f	democracia f
demokracja (PL)	Demokratie f	democracy	démocratie f	democrazia f	democracia f
demokrati (SV)	Demokratie f	democracy	démocratie f	democrazia f	democracia f
Demokratie (D)	—	democracy	démocratie f	democrazia f	democracia f
demonstrace (CZ)	Demonstration f	demonstration	manifestation f	manifestazione f	manifestación f
demonstracja (PL)	Demonstration f	demonstration	manifestation f	manifestazione f	manifestación f
demonstratie (NL)	Demonstration f	demonstration	manifestation f	manifestazione f	manifestación f
Demonstration (D)	—	demonstration	manifestation f	manifestazione f	manifestación f
demonstration (E)	Demonstration f	—	manifestation f	manifestazione f	manifestación f
demonstration (SV)	Demonstration f	demonstration	manifestation f	manifestazione f	manifestación f
den (CZ)	Tag m	day	jour m	giorno m	día m
denaro (I)	Geld n	money	argent m	—	dinero m
denerwować <zdenerwować> (PL)	aufregen	excite	énerver	agitare	agitar
denken (D)	—	think	penser	pensare	pensar
denken (NL)	denken	think	penser	pensare	pensar
Denkmal (D)	—	monument	monument m	monumento m	monumento m
denn (D)	—	for/than	car	perché	pues/porque
denna, detta (SV)	diese(r,s)	this	ce, cette	questo(a)	esta, este, esto
dennoch (D)	—	nevertheless	cependant	tuttavia	sin embargo
dénonciation (F)	Anzeige f	denunciation	—	denuncia f	denuncia f
de nos jours (F)	heutzutage	nowadays	—	oggigiorno	hoy en día
dénouer (F)	auflösen	dissolve	—	sciogliere	deshacer
den pracovního klidu (CZ)	Ruhetag m	closing day	jour de repos m	giorno di riposo m	día de descanso m
denrées alimentaires (F)	Lebensmittel pl	food	—	generi alimentari m/pl	alimentos m/pl
densamme (SV)	derselbe	the same	le même	lo stesso	el mismo
dense (E)	dicht	—	épais(se)	denso(a)	espeso(a)
denso (P)	dicht	dense	épais(se)	denso(a)	espeso(a)
denso(a) (I)	dicht	dense	épais(se)	—	espeso(a)
dent (F)	Zahn m	tooth	—	dente m	diente m
dentadura (ES)	Gebiss n	teeth	denture f	denti m/pl	—
dentadura (P)	Gebiss n	teeth	denture f	denti m/pl	dentadura f
dente (I)	Zahn m	tooth	dent f	—	diente m
dente (P)	Zahn m	tooth	dent f	dente m	diente m
denti (I)	Gebiss n	teeth	denture f	—	dentadura f
dentifrice (F)	Zahnpasta f	toothpaste	—	dentifricio m	pasta dentífrica f
dentifricio (I)	Zahnpasta f	toothpaste	dentifrice m	—	pasta dentífrica f
dentro¹ (I)	drinnen	inside	dedans	—	(a)dentro
dentro² (I)	hinein	in	dans	—	dentro
dentro³ (I)	innen	inside	à l'intérieur	—	dentro/adentro
dentro (ES)	hinein	in	dans	dentro	—
dentro¹ (P)	innen	inside	à l'intérieur	dentro	dentro/adentro
dentro² (P)	innerhalb	within	à l'intérieur de	entro	dentro de
dentro/adentro (ES)	innen	inside	à l'intérieur	dentro	—
dentro de (ES)	innerhalb	within	à l'intérieur de	entro	—
denture (F)	Gebiss n	teeth	—	denti m/pl	dentadura f
de nuit (F)	nachts	at nighttime	—	di notte	por la noche
denuncia (I)	Anzeige f	denunciation	dénonciation f	—	denuncia f
denuncia (ES)	Anzeige f	denunciation	dénonciation f	denuncia f	—
denúncia (P)	Anzeige f	denunciation	dénonciation f	denuncia f	denuncia f

denúncia

P	NL	SV	PL	CZ	H
democracia f	—	demokrati u	demokracja f	demokracie f	demokrácia
democracia f	democratie f	demokrati u	demokracja f	demokracie f	demokrácia
democracia f	democratie f	demokrati u	demokracja f	demokracie f	demokrácia
antiquado	ouderwets	gammalmodig	staromodny	staromódní	régimódi
democracia f	democratie f	demokrati u	demokracja f	demokracie f	—
democracia f	democratie f	demokrati u	demokracja f	—	demokrácia
democracia f	democratie f	demokrati u	—	demokracie f	demokrácia
democracia f	democratie f	—	demokracja f	demokracie f	demokrácia
democracia f	democratie f	demokrati u	demokracja f	demokracie f	demokrácia
manifestação f	demonstratie f	demonstration u	demonstracja f	—	tüntetés
manifestação f	demonstratie f	demonstration u	—	demonstrace f	tüntetés
manifestação f	—	demonstration u	demonstracja f	demonstrace f	tüntetés
manifestação f	demonstratie f	demonstration u	demonstracja f	demonstrace f	tüntetés
manifestação f	demonstratie f	demonstration u	demonstracja f	demonstrace f	tüntetés
manifestação f	demonstratie f	—	demonstracja f	demonstrace f	tüntetés
dia f	dag m	dag u	dzień m	—	nap
dinheiro m	geld n	pengar pl	pieniądze m/pl	peníze pl	pénz
agitar	opwinden	uppröra	—	rozčilovat <rozčílit>	felzaklat
pensar	denken	tänka	myśleć <pomyśleć>	myslet	gondolkozik
pensar	—	tänka	myśleć <pomyśleć>	myslet	gondolkozik
monumento m	monument n	minnesmärke n	pomnik m	pomník m	emlékmű
porque	want	för	ponieważ	protože	mert
esta, este	deze, dit	—	ta, ten, to	tato tento toto	ez
apesar de	evenwel	likväl	jednakże	přesto	mégis
denúncia f	aangifte f	angivelse	doniesienie n	trestní oznámení n	feljelentés
actualmente	tegenwoordig	nuförtiden	obecnie	v dnešní době	manapság
soltar	oplossen	lösa upp	rozpuszczać <rozpuścić>	rozpouštět <rozpustit>	feloszlat
dia de folga m	rustdag m	vilodag u	wolny dzień m	—	szünnap
viveres m/pl	levensmiddelen pl	livsmedel pl	artykuły żywnościowe m/pl	potraviny f/pl	élelmiszer
o mesmo	dezelfde	—	ten sam	stejný	ugyanaz
denso	dicht	tät	szczelny	hustý	sűrű
—	dicht	tät	szczelny	hustý	sűrű
denso	dicht	tät	szczelny	hustý	sűrű
dente m	tand m	tand u	ząb m	zub m	fog
dentadura f	gebit n	gom u	uzębienie n	chrup m	fogsor
—	gebit n	gom u	uzębienie n	chrup m	fogsor
dente m	tand m	tand u	ząb m	zub m	fog
—	tand m	tand u	ząb m	zub m	fog
dentadura f	gebit n	gom u	uzębienie n	chrup m	fogsor
pasta dentifrícia f	tandpasta m	tandkräm u	pasta do zębów f	zubní pasta f	fogkrém
pasta dentifrícia f	tandpasta m	tandkräm u	pasta do zębów f	zubní pasta f	fogkrém
no interior	binnen	innanför	w środku	uvnitř	belül
para dentro	naar binnen	inåt	do wnętrza	dovnitř	be
dentro	binnen	invändigt	w środku	uvnitř	belül
para dentro	naar binnen	inåt	do wnętrza	dovnitř	be
—	binnen	invändigt	w środku	uvnitř	belül
—	binnen	inom	w obrębie	uvnitř	belül
dentro	binnen	invändigt	w środku	uvnitř	belül
dentro	binnen	inom	w obrębie	uvnitř	belül
dentadura f	gebit n	gom u	uzębienie n	chrup m	fogsor
à noite	's nachts	på natten	w nocy	v noci	éjszakánként
denúncia f	aangifte f	angivelse	doniesienie n	trestní oznámení n	feljelentés
denúncia f	aangifte f	angivelse	doniesienie n	trestní oznámení n	feljelentés
—	aangifte f	angivelse	doniesienie n	trestní oznámení n	feljelentés

denunciation

	D	E	F	I	ES
denunciation (E)	Anzeige f	—	dénonciation f	denuncia f	denuncia f
deny (E)	leugnen	—	nier	negare	negar
de/par/hors de (F)	aus	off/from/out of	—	da/di	de
depart (E)	abfahren	—	partir de	partire	salir
départ (F)	Abfahrt f	departure	—	partenza f	salida f
departamento (ES)	Abteilung f	department	département	reparto m	—
département (F)	Abteilung f	department	—	reparto m	departamento m
department (E)	Abteilung f	—	département	reparto m	departamento m
department store (E)	Kaufhaus n	—	grand magasin m	grande magazzino m	grandes almacenes m/pl
departure (E)	Abfahrt f	—	départ m	partenza f	salida f
dépêcher, se[1] (F)	beeilen, sich	hurry up	—	affrettarsi	darse prisa
dépêcher, se[2] (F)	eilen	hurry	—	andare in fretta	darse prisa
depend (E)	abhängen	—	dépendre	dipendere	depender
depender (ES)	abhängen	depend	dépendre	dipendere	—
depender (P)	abhängen	depend	dépendre	dipendere	depender
dépendre (F)	abhängen	depend	—	dipendere	depender
déplacer (F)	rücken	move	—	muovere	mover
deplorare (I)	bedauern	regret	regretter	—	lamentar algo
deplore (E)	beklagen	—	plaindre de, se	lamentare	quejarse
depois[1] (P)	danach	afterwards	après	poi/dopo	después
depois[2] (P)	nachher	afterwards	ensuite	dopo	después
depois de[1] (P)	nachdem	after	après que	dopo	después de que
depois de[2] (P)	nach	after	après	dopo	después de
deporte (ES)	Sport m	sport	sport m	sport m	—
deposit (E)	Anzahlung f	—	acompte m	acconto m	primer pago m
depuis bien longtemps (F)	längst	a long time ago	—	da molto	hace mucho
de qualquer modo (P)	irgendwie	somehow	n'importe comment	in qualche modo	de alguna manera
déranger (F)	stören	disturb	—	disturbare	molestar
derde (NL)	Drittel n	a third	troisième	terzo(a)	tercio m
derecho[1] (ES)	Jura	law	droit m	giurisprudenza f	—
derecho[2] (ES)	Recht n	right	droit m	diritto m	—
derecho(a)[1] (ES)	aufrecht	upright	droit(e)	diritto(a)	—
derecho(a)[2] (ES)	gerade	straight	droit(e)	diritto(a)	—
de repente (ES)	plötzlich	suddenly	tout à coup	di colpo	—
dergelijk (NL)	ähnlich	similar	semblable	simile	parecido
deridere (I)	auslachen	laugh at	rire de qn	—	reírse de
dernier(-ère) (F)	vergangen	past	—	passato(a)	pasado(a)
derrière[1] (F)	dahinter	behind it	—	dietro	detrás
derrière[2] (F)	hinten	behind	—	dietro	detrás
derrota (ES)	Niederlage f	defeat	défaite f	sconfitta f	—
derrota (P)	Niederlage f	defeat	défaite f	sconfitta f	derrota f
derrubar (P)	einstürzen	collapse	écrouler, s'	crollare	derrumbarse
derrumbarse (ES)	einstürzen	collapse	écrouler, s'	crollare	—
derselbe (D)	—	the same	le même	lo stesso	el mismo
desaconsejar (ES)	abraten	warn	déconseiller	sconsigliare	—
desaconselhar (P)	abraten	warn	déconseiller	sconsigliare	desaconsejar
des/à/en (F)	in	in/into	—	in/a/tra/fra	en/a

P	NL	SV	PL	CZ	H
denúncia f	aangifte f	angivelse	doniesienie n	trestní oznámení n	feljelentés
negar	ontkennen	förneka	zaprzeczać <zaprzeczyć>	zapírat <zapřít>	tagad
de	uit	ut	z	z	ból/ből
partir	vertrekken	resa	odjeżdżać <odjechać>	odjíždet <odjet>	elutazik
partida f	vertrek n	avresa u	odjazd m	odjezd m	indulás
divisão f	afdeling f	avdelning u	wydział m	oddělení n	osztály
divisão f	afdeling f	avdelning u	wydział m	oddělení n	osztály
divisão f	afdeling f	avdelning u	wydział m	oddělení n	osztály
armazém m	warenhuis n	varuhus n	dom towarowy m	obchodní dům m	áruház
partida f	vertrek n	avresa u	odjazd m	odjezd m	indulás
apressar-se	haasten, zich	skynda sig	spieszyć, się <pospieszyć się>	spěchat <pospíšit>	siet
apressar	haasten, zich	skynda	pospieszać <pospieszyć>	spěchat <pospíšit si>	siet
depender	afhangen	koppla från	zdejmować <zdjąć>	zbavovat se <zbavit se>	leakaszt
depender	afhangen	koppla från	zdejmować <zdjąć>	zbavovat se <zbavit se>	leakaszt
—	afhangen	koppla från	zdejmować <zdjąć>	zbavovat se <zbavit se>	leakaszt
depender	afhangen	koppla från	zdejmować <zdjąć>	zbavovat se <zbavit se>	leakaszt
mover	rukken	flytta	przesuwać <przesunąć>	posouvat <posunout>	mozdít
lamentar	betreuren	beklaga	żałować	litovat <politovat>	sajnál
lamentar	beklagen	beklaga	opłakiwać <opłakać>	stežovat si	sajnál
—	daarna	efteråt	potem	poté	utána
—	later	efteråt	potem	potom	utána
—	nadat	sedan	gdy	poté	miután
—	na	efter	po	po	utan
desporto m	sport f	sport u	sport m	sport m	sport
sinal m	aanbetaling f	handpenning u	zadatek m	záloha f	előleg
há muito tempo	allang	för länge sedan	od dawna	dávno	régóta
—	hoe dan ook	på ett eller annat sätt	jakoś	nějak	valahogy
perturbar	storen	störa	przeszkadzać	rušit <vyrušit>	zavar
terço m	—	tredjedel u	trzecia część f	třetina	(egy)harmad
direito m	rechten pl	juridik u	prawo n	právo n	jog
direito m	recht n	rätt u	prawo n	právo n	jog
erecto	rechtop	upprätt	prosty	vzpřímeně	egyenes
direito	recht	rak	właśnie	právě	éppen
repentinamente	plotseling	plötsligt	nagle	náhle	hirtelen
semelhante	—	liknande u	podobny	podobný	hasonló
rir de alguém	uitlachen	skratta åt	wyśmiewać <wyśmiać>	vysmívat, se <vysmát, se>	kinevet
passado	voorbij	förfluten	miniony	uplynulý	elmúlt
atrás	daarachter	bakom	za tym	za tím	mögött
atrás	achter	baktill	w tyle	vzadu	hátul
derrota f	nederlaag f	nederlag n	porażka f	porážka f	vereség
—	nederlaag f	nederlag n	porażka f	porážka f	vereség
—	instorten	störta in	zawalać, się <zawalić, się>	zřítit se	összeomlik
derrubar	instorten	störta in	zawalać, się <zawalić, się>	zřítit se	összeomlik
o mesmo	dezelfde	densamme	ten sam	stejný	ugyanaz
desaconselhar	afraden	avråda	odradzać <odradzić>	zrazovat <zradit>	lebeszél
—	afraden	avråda	odradzać <odradzić>	zrazovat <zradit>	lebeszél
em	in	i	w	v	ba/be

desagradable

	D	E	F	I	ES
desagradable[1] (ES)	lästig	troublesome	importun(e)	molesto(a)	—
desagradable[2] (ES)	peinlich	embarrassing	gênant(e)	imbarazzante	—
desagradable[3] (ES)	unangenehm	unpleasant	désagréable	spiacevole	—
desagradável[1] (P)	peinlich	embarrassing	gênant(e)	imbarazzante	desagradable
desagradável[2] (P)	unangenehm	unpleasant	désagréable	spiacevole	desagradable
desagra-decido(a) (ES)	undankbar	ungrateful	ingrat(e)	ingrato(a)	—
désagréable[1] (F)	unangenehm	unpleasant	—	spiacevole	desagradable
désagréable[2] (F)	ungemütlich	uncomfortable	—	poco accogliente	incómodo(a)
desajeitado (P)	ungeschickt	clumsy	maladroit(e)	impacciato(a)	torpe
desaparecer (ES)	verschwinden	disappear	disparaître	sparire	—
desaparecer (P)	verschwinden	disappear	disparaître	sparire	desaparecer
désapprouver (F)	missbilligen	disapprove	—	disapprovare	desaprobar
desaprobar (ES)	missbilligen	disapprove	désapprouver	disapprovare	—
desaprovar (P)	missbilligen	disapprove	désapprouver	disapprovare	desaprobar
desarrollar (ES)	entwickeln	develop	développer	sviluppare	—
desarrollo (ES)	Entwicklung f	development	développement m	sviluppo m	—
desatar (ES)	lösen	solve	résoudre	sciogliere	—
désavantage (F)	Nachteil m	disadvantage	—	svantaggio m	desventaja f
désavantager (F)	benachteiligen	disadvantage	—	svantaggiare	perjudicar
desayuno (ES)	Frühstück n	breakfast	petit-déjeuner m	colazione f	—
descansar (ES)	ausruhen	rest	reposer, se	riposare	—
descansar (P)	ausruhen	rest	reposer, se	riposare	descansar
descanso (ES)	Erholung f	recovery	repos m	riposo m	—
descanso (P)	Erholung f	recovery	repos m	riposo m	descanso m
descargar (ES)	ausladen	unload	décharger	scaricare	—
descarregar[1] (P)	ausladen	unload	décharger	scaricare	descargar
descarregar[2] (P)	herunterladen	download	télécharger	download m	bajar
descascar (P)	schälen	peel	éplucher	sbucciare	pelar
descend (E)	hinuntergehen	—	descendre	scendere	bajar
descendre[1] (F)	aussteigen	get off	—	scendere	bajarse
descendre[2] (F)	hinuntergehen	descend	—	scendere	bajar
descer (P)	hinuntergehen	descend	descendre	scendere	bajar
descobrir (P)	entdecken	discover	découvrir	scoprire	descubrir
desconectar[1] (ES)	abstellen	turn off	arrêter	spegnere	—
desconectar[2] (ES)	ausschalten	switch off	arrêter	spegnere	—
desconfiança (P)	Misstrauen n	distrust	méfiance f	sfiducia f	desconfianza f
desconfianza (ES)	Misstrauen n	distrust	méfiance f	sfiducia f	—
desconfiar (ES)	misstrauen	mistrust	méfier, se	non fidarsi	—
desconfiar (P)	misstrauen	mistrust	méfier, se	non fidarsi	desconfiar
desconhecido (P)	unbekannt	unknown	inconnu(e)	sconosciuto(a)	desconocido(a)
desconocido(a) (ES)	unbekannt	unknown	inconnu(e)	sconosciuto(a)	—
desconto (P)	Rabatt m	discount	rabais m	sconto m	rebaja f
descortés (ES)	unfreundlich	unfriendly	peu aimable	sgarbato(a)	—
descrever (P)	beschreiben	describe	décrire	descrivere	describir
describe (E)	beschreiben	—	décrire	descrivere	describir
describir (ES)	beschreiben	describe	décrire	descrivere	—
descrivere (I)	beschreiben	describe	décrire	—	describir
descubrir (ES)	entdecken	discover	découvrir	scoprire	—

descubrir

P	NL	SV	PL	CZ	H
importuno	lastig	besvärlig	uciążliwy	zatěžující	terhes
desagradável	pijnlijk	pinsamt	przykry	trapný	kellemetlen
desagradável	onaangenaam	obehaglig	nieprzyjemnie	nepříjemný	kellemetlen
—	pijnlijk	pinsamt	przykry	trapný	kellemetlen
—	onaangenaam	obehaglig	nieprzyjemnie	nepříjemný	kellemetlen
ingrato	ondankbaar	otacksam	niewdzięczny	nevděčný	hálátlan
desagradável	onaangenaam	obehaglig	nieprzyjemnie	nepříjemný	kellemetlen
pouco aconchegante	ongezellig	otrevlig	niesympatyczny	neútulný	kellemetlen
—	onhandig	klumpig	niezręczny	nešikovný	ügyetlen
desaparecer	verdwijnen	försvinna	zniknąć	mizet <zmizet>	eltűnik
—	verdwijnen	försvinna	zniknąć	mizet <zmizet>	eltűnik
desaprovar	afkeuren	ogilla	nie pochwalać	nesouhlasit	helytelenít
desaprovar	afkeuren	ogilla	nie pochwalać	nesouhlasit	helytelenít
—	afkeuren	ogilla	nie pochwalać	nesouhlasit	helytelenít
desenvolver	ontwikkelen	utveckla	rozwijać <rozwinąć>	vyvíjet <vyvinout>	fejleszt
desenvolvimento m	ontwikkeling f	utveckling u	rozwój m	vývoj m	fejlesztés
soltar	oplossen	ta loss	rozwiązywać <rozwiązać>	uvolňovat <uvolnit>	leválaszt
desvantagem f	nadeel n	nackdel u	niekorzyść f	nevýhoda f	hátrány
prejudicar	benadelen	vara till nackdel för	krzywdzić <skrzywdzić>	znevýhodňovat <znevýhodnit>	hátrányosan megkülönböztet
pequeno-almoço m	ontbijt n	frukost u	śniadanie n	snídaně f	reggeli
descansar	rusten	vila	odpoczywać <odpocząć>	odpočívat <odpočinout>	kipiheni magát
—	rusten	vila	odpoczywać <odpocząć>	odpočívat <odpočinout>	kipiheni magát
descanso m	ontspanning f	vila u	wypoczynek m	zotavení n	üdülés
—	ontspanning f	vila u	wypoczynek m	zotavení n	üdülés
descarregar	uitladen	lasta av	wyładowywać <wyładować>	rušit pozvání <zrušit pozvání>	kirakódik
—	uitladen	lasta av	wyładowywać <wyładować>	rušit pozvání <zrušit pozvání>	kirakódik
—	downloaden	ladda ner	pobierać z internetu	stahovat <stáhnout>	letölt
—	schillen	skala	obierać <obrać>	loupat <oloupat>	hámoz
descer	naar beneden gaan	gå ned	iść na dół <zejść na dół>	scházet <sejít>	lemegy
sair	uitstappen	stiga ur	wysiadać <wysiąść>	vystupovat <vystoupit>	kiszáll
descer	naar beneden gaan	gå ned	iść na dół <zejść na dół>	scházet <sejít>	lemegy
—	naar beneden gaan	gå ned	iść na dół <zejść na dół>	scházet <sejít>	lemegy
—	ontdekken	upptäcka	odkrywać <odkryć>	objevovat <objevit>	felfedez
desligar	afzetten	ställa ned	odstawiać <odstawić>	odstavit	félretesz
desligar	uitschakelen	koppla ifrån	wyłączać <wyłączyć>	vypínat <vypnout>	kikapcsol
—	wantrouwen n	misstänksamhet u	nieufność f	nedůvěra f	bizalmatlanság
desconfiança f	wantrouwen n	misstänksamhet u	nieufność f	nedůvěra f	bizalmatlanság
desconfiar	wantrouwen	misstänka	nie ufać	nedůvěřovat	nem bízik
—	wantrouwen	misstänka	nie ufać	nedůvěřovat	nem bízik
—	onbekend	okänd	nieznany	neznámý	ismeretlen
desconhecido	onbekend	okänd	nieznany	neznámý	ismeretlen
—	korting f	rabatt u	rabat m	rabat m	árengedmény
pouco amável	onvriendelijk	ovänlig	nieprzyjazny	nevlídný	barátságtalan
—	omschrijven	beskriva	opisywać <opisać>	popisovat <popsat>	leír
descrever	omschrijven	beskriva	opisywać <opisać>	popisovat <popsat>	leír
descrever	omschrijven	beskriva	opisywać <opisać>	popisovat <popsat>	leír
descrever	omschrijven	beskriva	opisywać <opisać>	popisovat <popsat>	leír
descobrir	ontdekken	upptäcka	odkrywać <odkryć>	objevovat <objevit>	felfedez

descuidado(a)

	D	E	F	I	ES
descuidado(a) (ES)	unvorsichtig	careless	imprudent(e)	imprudente	—
descuidar (ES)	vernachlässigen	neglect	négliger	trascurare	—
descuidar (P)	vernachlässigen	neglect	négliger	trascurare	descuidar
desculpa (P)	Entschuldigung f	apology	excuse f	scusa f	disculpa f
desculpar-se (P)	entschuldigen, sich	apologize	excuser, s'	scusarsi	disculparse
desear (ES)	wünschen	wish	souhaiter	desiderare	—
desejar (P)	wünschen	wish	souhaiter	desiderare	desear
desejo (P)	Wunsch m	wish	souhait m	desiderio m	deseo m
desembrulhar (P)	auspacken	unpack	défaire	disfare	deshacer
desempleado(a) (ES)	arbeitslos	unemployed	en chômage	disoccupato(a)	—
desempleo (ES)	Arbeitslosigkeit f	unemployment	chômage m	disoccupazione f	—
desempregado (P)	arbeitslos	unemployed	en chômage	disoccupato(a)	desempleado(a)
desemprego (P)	Arbeitslosigkeit f	unemployment	chômage m	disoccupazione f	desempleo m
desenhar (P)	zeichnen	draw	dessiner	disegnare	dibujar
desenho (P)	Design n	design	design m	design m	diseño m
desenvolver (P)	entwickeln	develop	développer	sviluppare	desarrollar
desenvolvimento (P)	Entwicklung f	development	développement m	sviluppo m	desarrollo m
deseo (ES)	Wunsch m	wish	souhait m	desiderio m	—
deser (PL)	Nachtisch m	dessert	dessert m	dessert m	postre m
désert(e) (F)	öde	waste	—	brullo(a)	desierto(a)
deserto (P)	öde	waste	désert(e)	brullo(a)	desierto(a)
desesperado (P)	verzweifelt	desperate	désésperé(e)	disperato(a)	desesperado(a)
desesperado(a) (ES)	verzweifelt	desperate	désésperé(e)	disperato(a)	—
désespéré(e) (F)	verzweifelt	desperate	—	disperato(a)	desesperado(a)
desgastar (ES)	abnutzen	wear out	user	consumare	—
desgosto (P)	Kummer m	grief	chagrin m	dolore m	pena f
desgraça (P)	Unglück n	misfortune	malheur m	disgrazia f	desgracia f
desgracia (ES)	Unglück n	misfortune	malheur m	disgrazia f	—
desgraciadamente (ES)	leider	unfortunately	malheureusement	purtroppo	—
desgraciado(a) (ES)	unglücklich	unhappy	malheureux(euse)	sfortunato(a)	—
deshacer¹ (ES)	auspacken	unpack	défaire	disfare	—
deshacer² (ES)	auflösen	dissolve	dénouer	sciogliere	—
deshalb (D)	—	therefore	c'est pourquoi	perciò	por eso
desiderare (I)	wünschen	wish	souhaiter	—	desear
desiderio (I)	Wunsch m	wish	souhait m	—	deseo m
desierto(a) (ES)	öde	waste	désert(e)	brullo(a)	—
Design (D)	—	design	design m	design m	diseño m
design (E)	Design n	—	design m	design m	diseño m
design (F)	Design n	design	—	design m	diseño m
design (I)	Design n	design	design m	—	diseño m
design (NL)	Design n	design	design m	design m	diseño m
design (SV)	Design n	design	design m	design m	diseño m
design (CZ)	Design n	design	design m	design m	diseño m
desilusionado(a) (ES)	enttäuscht	disappointed	déçu(e)	deluso(a)	—
desistir (P)	aufgeben	give up	abandonner	rinunciare	renunciar a
děsit <vyděsit> (CZ)	erschrecken	frighten	effrayer	spaventare	asustar
deska¹ (CZ)	Platte f	platter	plateau m	piatto m	bandeja f
deska² (CZ)	Scheibe f	pane	carreau m	vetro m	cristal m
desligar¹ (P)	abstellen	turn off	arrêter	spegnere	desconectar
desligar² (P)	ausschalten	switch off	arrêter	spegnere	desconectar

desligar

P	NL	SV	PL	CZ	H
imprudente	onvoorzichtig	oförsiktig	nieostrożny	neopatrný	elővigyázatlan
descuidar	verwaarlozen	försumma	zaniedbywać	zanedbávat <zanedbat>	elhanyagol
—	verwaarlozen	försumma	zaniedbywać	zanedbávat <zanedbat>	elhanyagol
—	verontschuldiging f	ursäkt u	usprawiedlwienie n	omluva f	bocsánat
—	verontschuldigen, zich	ursäkta sig	przepraszać <przeprosić>	omlouvat, se <omluvit, se>	bocsánatot kér
desejar	wensen	önska	życzyć	přát <popřát>	kíván
—	wensen	önska	życzyć	přát <popřát>	kíván
—	wens m	önskan u	życzenie n	přání n	kívánság
—	uitpakken	packa ur	rozpakowywać <rozpakować>	vybalovat <vybalit>	kipakol
desempregado	werkloos	arbetslös	bezrobotny	nezaměstnaný	munkanélkül
desemprego m	werkloosheid f	arbetslöshet u	bezrobocie n	nezaměstnanost f	munkanélküliség
—	werkloos	arbetslös	bezrobotny	nezaměstnaný	munkanélkül
—	werkloosheid f	arbetslöshet u	bezrobocie n	nezaměstnanost f	munkanélküliség
—	tekenen	rita	rysować	kreslit <nakreslit>	rajzol
—	design n	design u	wzornictwo n	design m	formatervezés
—	ontwikkelen	utveckla	rozwijać <rozwinąć>	vyvíjet <vyvinout>	fejleszt
—	ontwikkeling f	utveckling u	rozwój m	vývoj m	fejlesztés
desejo m	wens m	önskan u	życzenie n	přání n	kívánság
sobremesa f	dessert n	efterrätt u	—	moučník m	desszert
deserto	woest	öde	pusty	pustý	kietlen
—	woest	öde	pusty	pustý	kietlen
—	vertwijfeld	förtvivlad	zrozpaczony	zoufalý	kétségbeesett
desesperado	vertwijfeld	förtvivlad	zrozpaczony	zoufalý	kétségbeesett
desesperado	vertwijfeld	förtvivlad	zrozpaczony	zoufalý	kétségbeesett
gastar	verslijten	nötas/slitas	zużywać <zużyć>	opotřebovávat <opotřebit>	elhasznál
—	kommer m	bekymmer n	zmartwienie n	soužení n	bánat
—	ongeluk n	missöde n	nieszczęście n	neštěstí n	szerencsétlenség
desgraça f	ongeluk n	missöde n	nieszczęście n	neštěstí n	szerencsétlenség
infelizmente	helaas	tyvärr	niestety	bohužel	sajnos
infeliz	ongelukkig	olycklig	nieszczęśliwy	nešťastný	boldogtalan
desembrulhar	uitpakken	packa ur	rozpakowywać <rozpakować>	vybalovat <vybalit>	kipakol
soltar	oplossen	lösa upp	rozpuszczać <rozpuścić>	rozpouštět <rozpustit>	feloszlat
por isso	daarom	därför	dlatego	proto	azért/ezért
desejar	wensen	önska	życzyć	přát <popřát>	kíván
desejo m	wens m	önskan u	życzenie n	přání n	kívánság
deserto	woest	öde	pusty	pustý	kietlen
desenho m	design n	design u	wzornictwo n	design m	formatervezés
desenho m	design n	design u	wzornictwo n	design m	formatervezés
desenho m	design n	design u	wzornictwo n	design m	formatervezés
desenho m	design n	design u	wzornictwo n	design m	formatervezés
desenho m	—	design u	wzornictwo n	design m	formatervezés
desenho m	design n	design u	wzornictwo n	design m	formatervezés
desenho m	design n	design u	wzornictwo n	—	formatervezés
decepcionado	teleurgesteld	besviken	rozczarowany	zklamaný	csalódott
—	opgeven	ge upp	rezygnować <zrezygnować>	vzdávat <vzdát>	felad
assustar	schrikken	förskräckas	przestraszyć	—	megijed
travessa f	plaat f	platta u	płyta f	—	lemez
vidro m	ruit f	fönsterruta u	szyba f	—	tábla
—	afzetten	ställa ned	odstawiać <odstawić>	odstavit	félretesz
—	uitschakelen	koppla ifrån	wyłączać <wyłączyć>	vypínat <vypnout>	kikapcsol

desmaio 262

	D	E	F	I	ES
desmaio (P)	Ohnmacht f	faint	évanouissement m	svenimento m	desmayo m
desmayo (ES)	Ohnmacht f	faint	évanouissement m	svenimento m	—
desnecessário (P)	unnötig	unnecessary	inutile	inutile	inútil
desnudo(a) (ES)	nackt	naked	nu(e)	nudo(a)	—
desordem (P)	Unordnung f	mess	désordre m	disordine m	desorden m
desorden (ES)	Unordnung f	mess	désordre m	disordine m	—
désordre¹ (F)	Durcheinander n	confusion	—	confusione f	confusión f
désordre² (F)	Unordnung f	mess	—	disordine m	desorden m
despacio(a) (ES)	langsam	slow	lent(e)	lento(a)	—
despedaçar (P)	zerreißen	rip	déchirer	strappare	romper
despedida (ES)	Abschied m	parting	adieu(x) m	addio m	—
despedida (P)	Abschied m	parting	adieu(x) m	addio m	despedida f
despedir¹ (ES)	entlassen	discharge	renvoyer	licenziare	—
despedir² (ES)	kündigen	give notice	résilier	licenziare	—
despedir³ (ES)	verabschieden	say goodbye to	prendre congé de	congedare	—
despedir¹ (P)	entlassen	discharge	renvoyer	licenziare	despedir
despedir² (P)	kündigen	give notice	résilier	licenziare	despedir
despedir³ (P)	verabschieden	say goodbye to	prendre congé de	congedare	despedir
despegue (ES)	Abflug m	take-off	décollage m	decollo m	—
desperate (E)	verzweifelt	—	désespéré(e)	disperato(a)	desesperado(a)
despertador (ES)	Wecker m	alarm clock	réveil m	sveglia f	—
despertador (P)	Wecker m	alarm clock	réveil m	sveglia f	despertador m
despertar¹ (ES)	aufwecken	wake up	réveiller	svegliare	—
despertar² (ES)	wecken	wake (up)	réveiller	svegliare	—
despertarse (ES)	aufwachen	wake up	réveiller, se	svegliarsi	—
despir (P)	ausziehen	take over	enlever	levare	quitarse
despite (E)	trotz	—	malgré	nonostante	a pesar de
desporto (P)	Sport m	sport	sport m	sport m	deporte m
después¹ (ES)	danach	afterwards	après	poi/dopo	—
después² (ES)	nachher	afterwards	ensuite	dopo	—
después de (ES)	nach	after	après	dopo	—
después de que (ES)	nachdem	after	après que	dopo	—
desserré(e) (F)	locker	loose	—	lento(a)	flojo(a)
dessert (E)	Nachtisch m	—	dessert m	dessert m	postre m
dessert (F)	Nachtisch m	dessert	—	dessert m	postre m
dessert (I)	Nachtisch m	dessert	dessert m	—	postre m
dessert (NL)	Nachtisch m	dessert	dessert m	dessert m	postre m
dessiner (F)	zeichnen	draw	—	disegnare	dibujar
dessous (F)	unten	downstairs	—	sotto/giù	abajo
dessus (F)	darauf	on	—	su	encima de
dessutom (SV)	außerdem	besides	en outre	inoltre	además
desszert (H)	Nachtisch m	dessert	dessert m	dessert m	postre m
déšť (CZ)	Regen m	rain	pluie f	pioggia f	lluvia f
destin (F)	Schicksal n	fate	—	destino m	destino m
destinataire (F)	Empfänger m	receiver	—	destinatario m	destinatario m
destinatario (I)	Empfänger m	receiver	destinataire f	—	destinatario m
destinatario (ES)	Empfänger m	receiver	destinataire f	destinatario m	—
destino (I)	Schicksal n	fate	destin m	—	destino m
destino (ES)	Schicksal n	fate	destin m	destino m	—
destino (P)	Schicksal n	fate	destin m	destino m	destino m
deštník (CZ)	Regenschirm m	umbrella	parapluie m	ombrello m	paraguas m
destroy (E)	zerstören	—	détruire	distruggere	destruir

destroy

P	NL	SV	PL	CZ	H
—	bewusteloosheid f	vanmakt u	zemdlenie n	bezmocnost f	eszméletlenség
desmaio m	bewusteloosheid f	vanmakt u	zemdlenie n	bezmocnost f	eszméletlenség
—	onnodig	onödig	niepotrzebny	zbytečný	szükségtelen
nu	naakt	naken	nagi	nahý	meztelen
—	wanorde f	oordning u	nieporządek m	nepořádek m	rendetlenség
desordem f	wanorde f	oordning u	nieporządek m	nepořádek m	rendetlenség
confusão f	verwarring f	villervalla u	balagan m	nepořádek m	összevisszaság
desordem f	wanorde f	oordning u	nieporządek m	nepořádek m	rendetlenség
devagar	langzaam	långsam	powoli	pomalu	lassú
—	(stuk)scheuren	gå/riva sönder	rozdzierać	roztrhat <roztrhnout>	széttép
despedida f	afscheid n	avsked n	pożegnanie n	loučení n	búcsúzkodás
—	afscheid n	avsked n	pożegnanie n	loučení n	búcsúzkodás
despedir	ontslaan	avskeda	zwalniać <zwolnić>	propouštět <propustit>	elbocsát
despedir	opzeggen	säga upp	wypowiadać <wypowiedzieć>	dávat výpověď <dát výpověď>	felmond
despedir	afscheid nemen van	ta avsked	odprawiać	loučit, se <rozloučit, se>	elbúcsúztat
—	ontslaan	avskeda	zwalniać <zwolnić>	propouštět <propustit>	elbocsát
—	opzeggen	säga upp	wypowiadać <wypowiedzieć>	dávat výpověď <dát výpověď>	felmond
—	afscheid nemen van	ta avsked	odprawiać	loučit, se <rozloučit, se>	elbúcsúztat
partida do avião f	vertrek n	start u	odlot m	odlet m	felszállás
desesperado	vertwijfeld	förtvivlad	zrozpaczony	zoufalý	kétségbeesett
despertador m	wekker m	väckarklocka u	budzik m	budík m	ébresztőóra
—	wekker m	väckarklocka u	budzik m	budík m	ébresztőóra
acordar	wekken	väcka	budzić <obudzić>	budit <vzbudit>	felébreszt
acordar	wekken	väcka	budzić	budit <vzbudit>	ébreszt
acordar	wakker worden	vakna	budzić, się <obudzić, się>	vzbouzet se <vzbudit se>	felébred
—	uittrekken	klä av sig	zdejmować <zdjąć>	svlékat <svléknout>	kihúz
apesar de	ondanks	trots	pomimo	navzdory	ellenére
—	sport f	sport u	sport m	sport m	sport
depois	daarna	efteråt	potem	poté	utána
depois	later	efteråt	potem	potom	utána
depois de	na	efter	po	po	utan
depois de	nadat	sedan	gdy	poté	miután
frouxo	los	lös	luźny	volný	laza
sobremesa f	dessert n	efterrätt u	deser m	moučník m	desszert
sobremesa f	dessert n	efterrätt u	deser m	moučník m	desszert
sobremesa f	dessert n	efterrätt u	deser m	moučník m	desszert
sobremesa f	—	efterrätt u	deser m	moučník m	desszert
desenhar	tekenen	rita	rysować	kreslit <nakreslit>	rajzol
em baixo	beneden	nere	na dole	dole	lent
em cima	daarop	på dät	na tym	na to	rajta
além disso	bovendien	—	ponadto	mimo	azonkívül
sobremesa f	dessert n	efterrätt u	deser m	moučník m	—
chuva f	regen m	regn n	deszcz m	—	eső
destino m	noodlot n	öde n	przeznaczenie n	osud m	sors
receptor m	ontvanger m	mottagare u	odbiorca m	příjemce m	címzett
receptor m	ontvanger m	mottagare u	odbiorca m	příjemce m	címzett
receptor m	ontvanger m	mottagare u	odbiorca m	příjemce m	címzett
destino m	noodlot n	öde n	przeznaczenie n	osud m	sors
destino m	noodlot n	öde n	przeznaczenie n	osud m	sors
—	noodlot n	öde n	przeznaczenie n	osud m	sors
guarda-chuva m	regenscherm n	paraply n	parasol m	—	esernyő
destruir	verwoesten	förstöra	niszczyć	ničit <zničit>	szétrombol

destruir 264

	D	E	F	I	ES
destruir (ES)	zerstören	destroy	détruire	distruggere	—
destruir (P)	zerstören	destroy	détruire	distruggere	destruir
desvalijar (ES)	plündern	loot	piller	saccheggiare	—
desvantagem (P)	Nachteil *m*	disadvantage	désavantage *m*	svantaggio *m*	desventaja *f*
desventaja (ES)	Nachteil *m*	disadvantage	désavantage *m*	svantaggio *m*	—
desviación (ES)	Umleitung *f*	diversion	déviation *f*	deviazione *f*	—
desviar (ES)	ablenken	distract	distraire	distrarre	—
deszcz (PL)	Regen *m*	rain	pluie *f*	pioggia *f*	lluvia *f*
detail (E)	Einzelheit *f*	—	détail *m*	dettaglio *m*	detalle *f*
détail (F)	Einzelheit *f*	detail	—	dettaglio *m*	detalle *f*
detailed (E)	ausführlich	—	détaillé(e)	dettagliato(a)	detallado(a)
détaillé(e) (F)	ausführlich	detailed	—	dettagliato(a)	detallado(a)
detalj (SV)	Einzelheit *f*	detail	détail *m*	dettaglio *m*	detalle *f*
detaljerad (SV)	ausführlich	detailed	détaillé(e)	dettagliato(a)	detallado(a)
detallado(a) (ES)	ausführlich	detailed	détaillé(e)	dettagliato(a)	—
detalle (ES)	Einzelheit *f*	detail	détail *m*	dettaglio *m*	—
de tarde (P)	nachmittags	in the afternoon	à l'après-midi	di pomeriggio	por la tarde
detener (ES)	verhaften	arrest	arrêter	arrestare	—
detergent (E)	Waschmittel *n*	—	lessive *f*	detersivo *m*	detergente *m*
detergente (ES)	Waschmittel *n*	detergent	lessive *f*	detersivo *m*	—
detergente (P)	Waschmittel *n*	detergent	lessive *f*	detersivo *m*	detergente *m*
deterioro (ES)	Beschädigung *f*	damage	endommagement *m*	danno *m*	—
detersivo (I)	Waschmittel *n*	detergent	lessive *f*	—	detergente *m*
détester (F)	hassen	hate	—	odiare	odiar
det förflutna (SV)	Vergangenheit *f*	past	passé *m*	passato *m*	pasado *m*
detour (E)	Umweg *m*	—	détour *m*	deviazione *f*	rodeo *m*
détour (F)	Umweg *m*	detour	—	deviazione *f*	rodeo *m*
detrás[1] (ES)	dahinter	behind it	derrière	dietro	—
detrás[2] (ES)	hinten	behind	derrière	dietro	—
détresse (F)	Not *f*	trouble	—	miseria *f*	necesidad *f*
détruire (F)	zerstören	destroy	—	distruggere	destruir
dětství (CZ)	Kindheit *f*	childhood	enfance *f*	infanzia *f*	niñez *f*
dettagliato(a) (I)	ausführlich	detailed	détaillé(e)	—	detallado(a)
dettaglio (I)	Einzelheit *f*	detail	détail *m*	—	detalle *f*
dette (F)	Schulden *pl*	debt	—	debiti *m pl*	deudas *f pl*
deudas f (ES)	Schulden *pl*	debt	dette *f*	debiti *m pl*	—
de uma só cor (P)	einfarbig	all one colour	uni(e)	monocolore	de un solo color
de un solo color (ES)	einfarbig	all one colour	uni(e)	monocolore	—
deur (NL)	Tür *f*	door	porte *f*	porta *f*	puerta *f*
Deus (P)	Gott *m*	God	Dieu *m*	Dio *m*	Dios *m*
deutlich (D)	—	clear	clair(e)	chiaro(a)	claro(a)
Deutschland (D)	—	Germany	Allemagne *f*	Germania *f*	Alemania *f*
devagar (P)	langsam	slow	lent(e)	lento(a)	despacio(a)
devant[1] (F)	davor	in front of	—	davanti	delante
devant[2] (F)	vorn(e)	at the front	—	davanti	(a)delante
děvče (CZ)	Mädchen *n*	girl	fille *f*	ragazza *f*	chica *f*
develop (E)	entwickeln	—	développer	sviluppare	desarrollar
development (E)	Entwicklung *f*	—	développement *m*	sviluppo *m*	desarrollo *m*
développement (F)	Entwicklung *f*	development	—	sviluppo *m*	desarrollo *m*
développer (F)	entwickeln	develop	—	sviluppare	desarrollar
dever (P)	Pflicht *f*	duty	devoir *m*	dovere *m*	obligación *f*
dever (P)	müssen	have to	devoir	dovere	deber
dever (P)	schulden	owe	devoir	dovere	deber
dever (P)	sollen	have to	devoir	dovere	deber

dever

P	NL	SV	PL	CZ	H
destruir	verwoesten	förstöra	niszczyć	ničit <zničit>	szétrombol
—	verwoesten	förstöra	niszczyć	ničit <zničit>	szétrombol
saquear	plunderen	plundra	łupić <złupić>	plenit <vyplenit>	fosztogat
—	nadeel n	nackdel u	niekorzyść f	nevýhoda f	hátrány
desvantagem f	nadeel n	nackdel u	niekorzyść f	nevýhoda f	hátrány
rota de m desvio	omleiding f	omdirigering av trafik u	objazd m	objížďka f	terelőút
distrair	afleiden	avleda	skierowywać w inną stronę <skierować w inną stronę>	odvracet <odvrátit>	eltérít
chuva f	regen m	regn n	—	déšť m	eső
pormenor m	bijzonderheid f	detalj u	szczegół m	podrobnost f	részlet
pormenor m	bijzonderheid f	detalj u	szczegół m	podrobnost f	részlet
pormenorizado	uitvoerig	detaljerad	szczegółowo	podrobně	részletes
pormenorizado	uitvoerig	detaljerad	szczegółowo	podrobně	részletes
pormenor m	bijzonderheid f	—	szczegół m	podrobnost f	részlet
pormenorizado	uitvoerig	—	szczegółowo	podrobně	részletes
pormenorizado	uitvoerig	detaljerad	szczegółowo	podrobně	részletes
pormenor m	bijzonderheid f	detalj u	szczegół m	podrobnost f	részlet
—	's namiddags	på eftermiddagen	po południu	odpoledne	délutánonként
prender	arresteren	häkta	aresztować	zatýkat <zatknout>	letartóztat
detergente m	wasmiddel n	tvättmedel n	środek piorący m	prací prostředek m	mosószer
detergente m	wasmiddel n	tvättmedel n	środek piorący m	prací prostředek m	mosószer
—	wasmiddel n	tvättmedel n	środek piorący m	prací prostředek m	mosószer
dano m	beschadiging f	skada u	uszkodzenie n	poškození n	megrongálás
detergente m	wasmiddel n	tvättmedel n	środek piorący m	prací prostředek m	mosószer
odiar	haten	hata	nienawidzić	nenávidět	gyűlöl
passado m	verleden n	—	przeszłość f	minulost f	múlt
caminho de desvio m	omweg m	omväg u	droga okrężna f	oklika f	kerülő út
caminho de desvio m	omweg m	omväg u	droga okrężna f	oklika f	kerülő út
atrás	daarachter	bakom	za tym	za tím	mögött
atrás	achter	baktill	w tyle	vzadu	hátul
necessidade f	nood m	nöd u	nędza f	nouze f	szükség
destruir	verwoesten	förstöra	niszczyć	ničit <zničit>	szétrombol
infância f	kinderjaren n/pl	barndom u	dzieciństwo n	—	gyermekkor
pormenorizado	uitvoerig	detaljerad	szczegółowo	podrobně	részletes
pormenor m	bijzonderheid f	detalj u	szczegół m	podrobnost f	részlet
dívidas f/pl	schulden pl	skulder pl	długi pl	dluhy pl	tartozás
dívidas f/pl	schulden pl	skulder pl	długi pl	dluhy pl	tartozás
—	eenkleurig	enfärgad	jednokolorowy	jednobarevný	egyszínű
de uma só cor	eenkleurig	enfärgad	jednokolorowy	jednobarevný	egyszínű
porta f	—	dörr u	drzwi n	dveře pl	ajtó
—	God m	Gud	bóg m	bůh m	Isten
nítido	duidelijk	tydlig	wyraźny	výrazně	világos
Alemanha	Duitsland n	Tyskland	Niemcy pl	Německo n	Németország
—	langzaam	långsam	powoli	pomalu	lassú
diante	daarvoor	framför	przed	před tím	előtt
à frente	voor(aan)	framtill	z przodu	vepředu	elöl
menina f	meisje n	tjej u	dziewczynka f	—	kislány
desenvolver	ontwikkelen	utveckla	rozwijać <rozwinąć>	vyvíjet <vyvinout>	fejleszt
desenvolvimento m	ontwikkeling f	utveckling u	rozwój m	vývoj m	fejlesztés
desenvolvimento m	ontwikkeling f	utveckling u	rozwój m	vývoj m	fejlesztés
desenvolver	ontwikkelen	utveckla	rozwijać <rozwinąć>	vyvíjet <vyvinout>	fejleszt
—	plicht f	plikt u	obowiązek m	povinnost f	kötelesség
—	moeten	måste	musieć	muset	kell
—	verschuldigd zijn	vara skyldig ngn	być dłużnym	dlužit	tartozik
—	moeten	böra	powinno, się	mít	kell

déviation

	D	E	F	I	ES
déviation (F)	Umleitung f	diversion	—	deviazione f	desviación f
deviazione¹ (I)	Umleitung f	diversion	déviation f	—	desviación f
deviazione² (I)	Umweg m	detour	détour m	—	rodeo m
deviner (F)	raten	guess	—	indovinare	adivinar
devinette (F)	Rätsel n	riddle	—	enigma m	adivinanza f
devoir (F)	Pflicht f	duty	—	dovere m	obligación f
devoir (F)	müssen	have to	—	dovere	deber
devoir (F)	schulden	owe	—	dovere	deber
devoir (F)	sollen	have to	—	dovere	deber
devolver¹ (ES)	wiedergeben	return	rendre	restituire	—
devolver² (ES)	zurückgeben	give back	rendre	restituire	—
devolver³ (ES)	zurückzahlen	pay back	rembourser	rimborsare	—
devolver¹ (P)	wiedergeben	return	rendre	restituire	devolver
devolver² (P)	zurückgeben	give back	rendre	restituire	devolver
de voorkeur m geven aan (NL)	bevorzugen	prefer	préférer	preferire	preferir
devorar (ES)	fressen	eat	bouffer	mangiare	—
devorar (P)	fressen	eat	bouffer	mangiare	devorar
devoto (P)	fromm	pious	pieux(euse)	devoto(a)	devoto(a)
devoto(a) (I)	fromm	pious	pieux(euse)	—	devoto(a)
devoto(a) (ES)	fromm	pious	pieux(euse)	devoto(a)	—
deze, dit (NL)	diese(r,s)	this	ce, cette	questo(a)	esta, este, esto
dezelfde (NL)	derselbe	the same	le même	lo stesso	el mismo
Dia (D)	—	slide	diapositive f	diapositiva f	diapositiva f
dia (P)	Tag m	day	jour m	giorno m	día m
dia (NL)	Dia n	slide	diapositive f	diapositiva f	diapositiva f
dia (H)	Dia n	slide	diapositive f	diapositiva f	diapositiva f
día (ES)	Tag m	day	jour m	giorno m	—
dia-a-dia (P)	Alltag m	everyday life	vie quotidienne f	vita quotidiana f	vida cotidiana f
diabild (SV)	Dia n	slide	diapositive f	diapositiva f	diapositiva f
día de descanso (ES)	Ruhetag m	closing day	jour de repos m	giorno di riposo m	—
día de fiesta (ES)	Feiertag m	holiday	jour férié m	giorno festivo m	—
dia de folga (P)	Ruhetag m	closing day	jour de repos m	giorno di riposo m	día de descanso m
diák (H)	Schüler m	pupil	élève m	scolaro m	alumno m
dialling code (E)	Vorwahl f	—	indicatif téléphonique m	prefisso m	prefijo m
diante¹ (P)	davor	in front of	devant	davanti	delante
diante² (P)	gegenüber	opposite	en face de	di fronte(a)	en frente
diapositiva (I)	Dia n	slide	diapositive f	—	diapositiva f
diapositiva (ES)	Dia n	slide	diapositive f	diapositiva f	diapositiva f
diapositive (F)	Dia n	slide	—	diapositiva f	diapositiva f
diapositivo (P)	Dia n	slide	diapositive f	diapositiva f	diapositiva f
diapozitiv (CZ)	Dia n	slide	diapositive f	diapositiva f	diapositiva f
Diät (D)	—	diet	régime m	dieta f	dieta f
dibujar (ES)	zeichnen	draw	dessiner	disegnare	—
diccionario¹ (ES)	Lexikon n	encyclopaedia	encyclopédie f	enciclopedia f	—
diccionario² (ES)	Wörterbuch n	dictionary	dictionnaire m	dizionario m	—
dichiarazione (I)	Aussage f	statement	déclaration f	—	afirmación f
dicht (D)	—	dense	épais(se)	denso(a)	espeso(a)
dicht (NL)	dicht	dense	épais(se)	denso(a)	espeso(a)
dichtbij (NL)	nahe	near	près de	vicino(a)	cerca de
dicionário¹ (P)	Lexikon n	encyclopaedia	encyclopédie f	enciclopedia f	diccionario m
dicionário² (P)	Wörterbuch n	dictionary	dictionnaire m	dizionario m	diccionario m

dicionário

P	NL	SV	PL	CZ	H
rota de m desvio	omleiding f	omdirigering av trafik u	objazd m	objížďka f	terelőút
rota de m desvio	omleiding f	omdirigering av trafik u	objazd m	objížďka f	terelőút
caminho de desvio m	omweg m	omväg u	droga okrężna f	oklika f	kerülő út
adivinhar	raden	gissa	zgadywać	hádat	találgat
enigma m	raadsel n	gåta u	zagadka f	hádanka f	rejtvény
dever m	plicht f	plikt u	obowiązek m	povinnost f	kötelesség
dever	moeten	måste	musieć	muset	kell
dever	verschuldigd zijn	vara skyldig ngn	być dłużnym	dlužit	tartozik
dever	moeten	böra	powinno, się	mít	kell
devolver	teruggeven	återge	odtwarzać	vracet <vrátit>	visszaad
devolver	teruggeven	ge tillbaka	oddawać	vracet zpět <vrátit zpět>	visszaad
pagar de volta	terugbetalen	betala tillbaka	zwracać dług	splácet <splatit>	visszafizet
—	teruggeven	återge	odtwarzać	vracet <vrátit>	visszaad
—	teruggeven	ge tillbaka	oddawać	vracet zpět <vrátit zpět>	visszaad
preferir	—	föredra	faworyzować	dávat <dát> přednost	előnyben részesít
devorar	vreten	äta	żreć <zeżreć>	žrát <sežrat>	zabál
—	vreten	äta	żreć <zeżreć>	žrát <sežrat>	zabál
—	vroom	from	pobożny	nábožný	vallásos
devoto	vroom	from	pobożny	nábožný	vallásos
devoto	vroom	from	pobożny	nábožný	vallásos
esta, este	—	denna, detta	ta, ten, to	tato tento toto	ez
o mesmo	—	densamme	ten sam	stejný	ugyanaz
diapositivo m	dia m	diabild u	slajd m	diapozitiv m	dia
—	dag m	dag u	dzień m	den m	nap
diapositivo m	—	diabild u	slajd m	diapozitiv m	dia
diapositivo m	dia m	diabild u	slajd m	diapozitiv m	—
dia f	dag m	dag u	dzień m	den m	nap
—	dagelijks leven n	vardag u	codzienność f	všední den m	hétköznap
diapositivo m	dia m	—	slajd m	diapozitiv m	dia
dia de folga m	rustdag m	vilodag u	wolny dzień m	den pracovního klidu m	szünnap
feriado m	feestdag m	helgdag u	dzień świąteczny m	svátek m	ünnepnap
—	rustdag m	vilodag u	wolny dzień m	den pracovního klidu m	szünnap
aluno m	scholier m	elev m	uczeń m	žák m	—
número indicativo m	netnummer n	riktnummer n	numer kierunkowy m	předvolba f	ország/város hívószáma
—	daarvoor	framför	przed	před tím	előtt
—	tegenover	mittemot	naprzeciwko	naproti	szemben
diapositivo m	dia m	diabild u	slajd m	diapozitiv m	dia
diapositivo m	dia m	diabild u	slajd m	diapozitiv m	dia
diapositivo m	dia m	diabild u	slajd m	diapozitiv m	dia
—	dia m	diabild u	slajd m	diapozitiv m	dia
diapositivo m	dia m	diabild u	slajd m	—	dia
dieta f	dieet n	diet u	dieta f	dieta f	diéta
desenhar	tekenen	rita	rysować	kreslit <nakreslit>	rajzol
dicionário m	lexicon n	lexikon n	leksykon m	lexikon m	lexikon
dicionário m	woordenboek n	ordbok u	słownik m	slovník m	szótár
declaração f	verklaring f	uttalande n	wypowiedź f	výpověď f	kijelentés
denso	dicht	tät	szczelny	hustý	sűrű
denso	—	tät	szczelny	hustý	sűrű
próximo	—	nära	blisko	blízko	közel
—	lexicon n	lexikon n	leksykon m	lexikon m	lexikon
—	woordenboek n	ordbok u	słownik m	slovník m	szótár

dick

	D	E	F	I	ES
dick (D)	—	fat	gros(se)	grasso(a)	gordo(a)
di colpo (I)	plötzlich	suddenly	tout à coup	—	de repente
dicsér (H)	loben	praise	louer	lodare	elogiar
dictionary (E)	Wörterbuch *n*	—	dictionnaire *m*	dizionario *m*	diccionario *m*
dictionnaire (F)	Wörterbuch *n*	dictionary	—	dizionario *m*	diccionario *m*
die (E)	sterben	—	mourir	morire	morir
Dieb (D)	—	thief	voleur *m*	ladro *m*	ladrón *m*
dieet (NL)	Diät *f*	diet	régime *m*	dieta *f*	dieta *f*
dief (NL)	Dieb *m*	thief	voleur *m*	ladro *m*	ladrón *m*
Diele (D)	—	hall	vestibule *m*	corridoio *m*	entrada *f*
diente (ES)	Zahn *m*	tooth	dent *f*	dente *m*	—
diep (NL)	tief	deep	profond(e)	profondo(a)	profundo(a)
dier (NL)	Tier *n*	animal	animal *m*	animale *m*	animal *m*
diese(r,s) (D)	—	this	ce, cette	questo(a)	esta, este, esto
diet (E)	Diät *f*	—	régime *m*	dieta *f*	dieta *f*
diet (SV)	Diät *f*	diet	régime *m*	dieta *f*	dieta *f*
dieta (I)	Diät *f*	diet	régime *m*	—	dieta *f*
dieta (ES)	Diät *f*	diet	régime *m*	dieta *f*	—
dieta (P)	Diät *f*	diet	régime *m*	dieta *f*	dieta *f*
dieta (PL)	Diät *f*	diet	régime *m*	dieta *f*	dieta *f*
dieta (CZ)	Diät *f*	diet	régime *m*	dieta *f*	dieta *f*
diéta (H)	Diät *f*	diet	régime *m*	dieta *f*	dieta *f*
dietro[1] (I)	dahinter	behind it	derrière	—	detrás
dietro[2] (I)	hinten	behind	derrière	—	detrás
Dieu (F)	Gott *m*	God	—	Dio *m*	Dios *m*
difendersi (I)	verteidigen, sich	defend	défendre, se	—	defenderse
difendersi (I)	wehren, sich	defend	défendre, se	—	defenderse
diferente[1] (ES)	anders	different	différent(e)	differente	—
diferente[2] (ES)	verschieden	different	différent(e)	diverso(a)	—
diferente (P)	anders	different	différent(e)	differente	diferente
diferente (P)	verschieden	different	différent(e)	diverso(a)	diferente
different (E)	anders	—	différent(e)	differente	diferente
different (E)	verschieden	—	différent(e)	diverso(a)	diferente
differente (I)	anders	different	différent(e)	—	diferente
différent(e)[1] (F)	anders	different	—	differente	diferente
différent(e)[2] (F)	verschieden	different	—	diverso(a)	diferente
difficile (F)	schwierig	difficult	—	difficile	difícil
difficile (I)	schwierig	difficult	difficile	—	difícil
difficoltà (I)	Schwierigkeit *f*	difficulty	difficulté *f*	—	dificultad *f*
difficult (E)	schwierig	—	difficile	difficile	difícil
difficulté (F)	Schwierigkeit *f*	difficulty	—	difficoltà *f*	dificultad *f*
difficulty (E)	Schwierigkeit *f*	—	difficulté *f*	difficoltà *f*	dificultad *f*
difícil (ES)	schwierig	difficult	difficile	difficile	—
difícil (P)	schwierig	difficult	difficile	difficile	difícil
dificuldade (P)	Schwierigkeit *f*	difficulty	difficulté *f*	difficoltà *f*	dificultad *f*
dificultad (ES)	Schwierigkeit *f*	difficulty	difficulté *f*	difficoltà *f*	—
di fronte(a) (I)	gegenüber	opposite	en face de	—	en frente
dig (E)	graben	—	creuser	scavare	cavar
¡Diga! (ES)	Hallo!	Hello!	Allô!	Pronto!	—
digiunare (I)	fasten	fast	jeûner	—	ayunar
dik (NL)	dick	fat	gros(se)	grasso(a)	gordo(a)
dík (CZ)	Dank *m*	thanks	remerciement *m*	ringraziamento *m*	agradecimiento *m*
díl (CZ)	Teil *m*	part	partie *f*	parte *f*	parte *f*
di là (I)	hinüber	across	de l'autre côté	—	hacia el otro lado
diligent (E)	fleißig	—	travailleur(euse)	diligente	activo(a)
diligente[1] (I)	eifrig	keen	zélé(e)	—	diligente

diligente

P	NL	SV	PL	CZ	H
gordo	dik	tjock	gruby	tlustý	kövér
repentinamente	plotseling	plötsligt	nagle	náhle	hirtelen
elogiar	loven	berömma	chwalić	chválit <pochválit>	—
dicionário m	woordenboek n	ordbok u	słownik m	slovník m	szótár
dicionário m	woordenboek n	ordbok u	słownik m	slovník m	szótár
morrer	sterven	dö	umierać <umrzeć>	umírat <umřít>	meghal
ladrão m	dief m	tjuv u	złodziej m	zloděj m	tolvaj
dieta f	—	diet u	dieta f	dieta f	diéta
ladrão m	—	tjuv u	złodziej m	zloděj m	tolvaj
vestíbulo m	gang m	tambur u	sień f	předsíň f	előszoba
dente m	tand m	tand u	ząb m	zub m	fog
fundo	—	djup	głęboko	hluboký	mély
animal m	—	djur n	zwierzę n	zvíře n	állat
esta, este	deze, dit	denna, detta	ta, ten, to	tato tento toto	ez
dieta f	dieet n	diet u	dieta f	dieta f	diéta
dieta f	dieet n	—	dieta f	dieta f	diéta
dieta f	dieet n	diet u	dieta f	dieta f	diéta
dieta f	dieet n	diet u	dieta f	dieta f	diéta
—	dieet n	diet u	dieta f	dieta f	diéta
dieta f	dieet n	diet u	—	dieta f	diéta
dieta f	dieet n	diet u	dieta f	—	diéta
dieta f	dieet n	diet u	dieta f	dieta f	—
atrás	daarachter	bakom	za tym	za tím	mögött
atrás	achter	baktill	w tyle	vzadu	hátul
Deus m	God m	Gud	bóg m	bůh m	Isten
defender-se	verdedigen, zich	försvara sig	bronić się	bránit, se <ubránit, se>	védekezik
defender-se	weren, zich	värja sig	bronić się	bránit, se <ubránit, se>	védekezik
diferente	anders	annorlunda	inaczej	jinak	más
diferente	verschillend	olik	różny	různý	különböző
—	anders	annorlunda	inaczej	jinak	más
—	verschillend	olik	różny	různý	különböző
diferente	anders	annorlunda	inaczej	jinak	más
diferente	verschillend	olik	różny	různý	különböző
diferente	anders	annorlunda	inaczej	jinak	más
diferente	anders	annorlunda	inaczej	jinak	más
diferente	verschillend	olik	różny	různý	különböző
difícil	moeilijk	svår	trudny	svízelný	nehéz
difícil	moeilijk	svår	trudny	svízelný	nehéz
dificuldade f	moeilijkheid f	svårighet u	trudność f	těžkost f	nehézség
difícil	moeilijk	svår	trudny	svízelný	nehéz
dificuldade f	moeilijkheid f	svårighet u	trudność f	těžkost f	nehézség
difícil	moeilijk	svår	trudny	svízelný	nehéz
—	moeilijk	svår	trudny	svízelný	nehéz
—	moeilijkheid f	svårighet u	trudność f	těžkost f	nehézség
dificuldade f	moeilijkheid f	svårighet u	trudność f	těžkost f	nehézség
diante	tegenover	mittemot	naprzeciwko	naproti	szemben
cavar	graven	gräva	kopać	kopat vykopat	ás
Está!	Hallo!	Hej!	Słucham!	Haló!	Tessék!
jejuar	vasten	fasta	pościć	postit se	koplal
gordo	—	tjock	gruby	tlustý	kövér
agradecimento m	dank m	tack n	podziękowanie n	—	köszönet
parte f	deel n	del u	część f	—	rész
para lá	erheen	dit över	na tamtą stronę	na druhou stranu	át
aplicado	vlijtig	flitig u	pilny	pilný	szorgalmas
zeloso	ijverig	ivrig	pilny	horlivý	buzgó

diligente

	D	E	F	I	ES
diligente² (I)	fleißig	diligent	travailleur(euse)	—	activo(a)
diligente (ES)	eifrig	keen	zélé(e)	diligente	—
dimagrire (I)	abnehmen	lose weight	maigrir	—	adelgazar
dimenticare (I)	vergessen	forget	oublier	—	olvidar
dimezzare (I)	halbieren	halve	partager en deux	—	dividir por la mitad
diminuire (I)	herabsetzen	lower	baisser	—	rebajar
dimma (SV)	Nebel m	fog	brouillard m	nebbia f	niebla f
dîner (F)	Abendessen n	supper	—	cena f	cena f
dinero (ES)	Geld n	money	argent m	denaro m	—
dinero al contado (ES)	Bargeld n	cash	espèces f/pl	contanti m/pl	—
Ding (D)	—	thing	chose f	cosa f	cosa f
ding (NL)	Ding n	thing	chose f	cosa f	cosa f
ding (NL)	Sache f	thing	chose f	cosa f	cosa f
dinheiro (P)	Geld n	money	argent m	denaro m	dinero m
dinheiro efectivo (P)	Bargeld n	cash	espèces f/pl	contanti m/pl	dinero al contado m
dining room (E)	Esszimmer n	—	salle à manger f	sala da pranzo f	comedor m
dink (E)	Getränk n	—	boisson f	bevanda f	bebida f
di notte (I)	nachts	at nighttime	de nuit	—	por la noche
dintorni (I)	Umgebung f	surroundings	environs m/pl	—	alrededores m/pl
di nuovo (I)	nochmals	again	encore une fois	—	otra vez
Dio (I)	Gott m	God	Dieu m	—	Dios m
dio (H)	Nuss f	nut	noix f	noce f	nuez f
Dios (ES)	Gott m	God	Dieu m	Dio m	—
dipendere (I)	abhängen	depend	dépendre	—	depender
dipingere (I)	malen	paint	peindre	—	pintar
di pomeriggio (I)	nachmittags	in the afternoon	à l'après-midi	—	por la tarde
dire (F)	sagen	say	—	dire	decir
dire (I)	sagen	say	dire	—	decir
direcção¹ (P)	Leitung f	direction	direction f	direzione f	dirección f
direcção² (P)	Richtung f	direction	direction f	direzione f	dirección f
dirección¹ (ES)	Leitung f	direction	direction f	direzione f	—
dirección² (ES)	Richtung f	direction	direction f	direzione f	—
direct (E)	direkt	—	direct	diritto(a)	directo(a)
direct (F)	direkt	direct	—	diritto(a)	directo(a)
direct (NL)	direkt	direct	direct	diritto(a)	directo(a)
directeur¹ (F)	Direktor m	director	—	direttore m	director m
directeur² (F)	Leiter f	leader	—	capo m	jefe m
directeur¹ (NL)	Direktor m	director	directeur m	direttore m	director m
directeur² (NL)	Geschäftsführer m	manager	gérant m	gerente m	gerente m
direction¹ (E)	Leitung f	—	direction f	direzione f	dirección f
direction² (E)	Richtung f	—	direction f	direzione f	dirección f
direction¹ (F)	Leitung f	direction	—	direzione f	dirección f
direction² (F)	Richtung f	direction	—	direzione f	dirección f
directo (P)	direkt	direct	direct	diritto(a)	directo(a)
directo(a) (ES)	direkt	direct	direct	diritto(a)	—
director¹ (E)	Direktor m	—	directeur m	direttore m	director m
director² (E)	Regisseur m	—	réalisateur m	regista m	director m
director¹ (ES)	Direktor m	director	directeur m	direttore m	—
director² (ES)	Regisseur m	director	réalisateur m	regista m	—
director¹ (P)	Direktor m	director	directeur m	direttore m	director m
director² (P)	Leiter f	leader	directeur m	capo m	jefe m
direct to (E)	richten	—	diriger	dirigere	dirigir

direct to

P	NL	SV	PL	CZ	H
aplicado	vlijtig	flitig u	pilny	pilný	szorgalmas
zeloso	ijverig	ivrig	pilny	horlivý	buzgó
tirar	afnemen	ta bort	zdejmować <zdjąć>	odbírat <odebrat>	lefogyni
esquecer-se	vergeten	glömma	zapomnieć	zapomínat <zapomenout>	elfelejt
dividir ao meio	halveren	halvera	przepoławiać <przepołowić>	půlit <rozpůlit>	felez
baixar	verlagen	sänka	obniżać <obniżyć>	snižovat <snížit>	leszállít
nevoeiro m	mist m	—	mgła f	mlha f	köd
jantar m	avondeten n	middag u	kolacja f	večeře f	vacsora
dinheiro m	geld n	pengar pl	pieniądze m/pl	peníze pl	pénz
dinheiro efectivo m	contant geld n	kontanter pl	gotówka f	hotovost f	készpénz
coisa f	ding n	sak u	rzecz f	věc f	holmi
coisa f	—	sak u	rzecz f	věc f	holmi
coisa f	—	sak u	rzecz f	věc f	dolog
—	geld n	pengar pl	pieniądze m/pl	peníze pl	pénz
—	contant geld n	kontanter pl	gotówka f	hotovost f	készpénz
sala de jantar f	eetkamer f	matsal u	jadalnia f	jídelna f	ebédlő
bebida f	drankje n	dryck u	napój m	nápoj m	ital
à noite	's nachts	på natten	w nocy	v noci	éjszakánként
arredores m/pl	omgeving f	omgivning u	otoczenie n	okolí n	környék
novamente	nogmaals	ännu en gång	jeszcze raz	ještě jednou	még egyszer
Deus m	God m	Gud	bóg m	bůh m	Isten
noz f	noot f	nöt u	orzech m	ořech m	—
Deus m	God m	Gud	bóg m	bůh m	Isten
depender	afhangen	koppla från	zdejmować <zdjąć>	zbavovat se <zbavit se>	leakaszt
pintar	schilderen	måla	malować <namalować>	mlít <semlít>	fest
de tarde	's namiddags	på eftermiddagen	po południu	odpoledne	délutánonként
dizer	zeggen	säga	mówić <powiedzieć>	říkat <říci>	mond
dizer	zeggen	säga	mówić <powiedzieć>	říkat <říci>	mond
—	leiding f	ledning u	kierownictwo n	vedení n	vezetőség
—	richting f	riktning u	kierunek m	směr m	irány
direcção f	leiding f	ledning u	kierownictwo n	vedení n	vezetőség
direcção f	richting f	riktning u	kierunek m	směr m	irány
directo	direct	direkt	bezpośrednio	přímo	közvetlen
directo	direct	direkt	bezpośrednio	přímo	közvetlen
directo	—	direkt	bezpośrednio	přímo	közvetlen
director m	directeur m	direktör u	dyrektor m	ředitel m	igazgató
director m	leider m	direktör/ledare u	kierownik m	vedoucí m	vezető
director m	—	direktör u	dyrektor m	ředitel m	igazgató
gerente m	—	verkställande direktör u	kierownik m	jednatel m	cégvezető
direcção f	leiding f	ledning u	kierownictwo n	vedení n	vezetőség
direcção f	richting f	riktning u	kierunek m	směr m	irány
direcção f	leiding f	ledning u	kierownictwo n	vedení n	vezetőség
direcção f	richting f	riktning u	kierunek m	směr m	irány
—	direct	direkt	bezpośrednio	přímo	közvetlen
directo	direct	direkt	bezpośrednio	přímo	közvetlen
director m	directeur m	direktör u	dyrektor m	ředitel m	igazgató
realizador m	regisseur m	regissör u	reżyser m	režisér m	rendező
director m	directeur m	direktör u	dyrektor m	ředitel m	igazgató
realizador m	regisseur m	regissör u	reżyser m	režisér m	rendező
—	directeur m	direktör u	dyrektor m	ředitel m	igazgató
—	leider m	direktör/ledare u	kierownik m	vedoucí m	vezető
julgar	richten	rikta	kierować <skierować>	spravovat <spravit>	irányít

direita

	D	E	F	I	ES
direita (P)	rechts	right	à droite	a destra	a la derecha
direito (P)	gerade	straight	droit(e)	diritto(a)	derecho(a)
direito¹ (P)	Anspruch m	claim	exigence f	pretesa f	pretensión f
direito² (P)	Jura	law	droit m	giurisprudenza f	derecho m
direito³ (P)	Recht n	right	droit m	diritto m	derecho m
direkt (D)	—	direct	direct	diritto(a)	directo(a)
direkt (SV)	direkt	direct	direct	diritto(a)	directo(a)
Direktor (D)	—	director	directeur m	direttore m	director m
direktör (SV)	Direktor m	director	directeur m	direttore m	director m
direktör/ledare (SV)	Leiter f	leader	directeur m	capo m	jefe m
direttore (I)	Direktor m	director	directeur m	—	director m
direzione¹ (I)	Leitung f	direction	direction f	—	dirección f
direzione² (I)	Richtung f	direction	direction f	—	dirección f
diriger (F)	richten	direct to	—	dirigere	dirigir
dirigere (I)	richten	direct to	diriger	—	dirigir
dirigir¹ (ES)	führen	lead	guider	guidare	—
dirigir² (ES)	regeln	regulate	régler	regolare	—
dirigir³ (ES)	richten	direct to	diriger	dirigere	—
diritto (I)	Recht n	right	droit m	—	derecho m
diritto(a)¹ (I)	direkt	direct	direct	—	directo(a)
diritto(a)² (I)	aufrecht	upright	droit(e)	—	derecho(a)
diritto(a)³ (I)	gerade	straight	droit(e)	—	derecho(a)
dirt (E)	Schmutz m	—	saleté f	sporcizia f	suciedad f
dirty (E)	dreckig	—	sale	sporco(a)	sucio(a)
dirty (E)	schmutzig	—	sale	sporco(a)	sucio(a)
disadvantage (E)	benachteiligen	—	désavantager	svantaggiare	perjudicar
disadvantage (E)	Nachteil m	—	désavantage m	svantaggio m	desventaja f
disappear (E)	verschwinden	—	disparaître	sparire	desaparecer
disappoint (E)	enttäuschen	—	décevoir	deludere	defraudar
disappointed (E)	enttäuscht	—	déçu(e)	deluso(a)	desilusionado(a)
disapprovare (I)	missbilligen	disapprove	désapprouver	—	desaprobar
disapprove (E)	missbilligen	—	désapprouver	disapprovare	desaprobar
discharge (E)	entlassen	—	renvoyer	licenziare	despedir
discorso (I)	Rede f	speech	discours m	—	discurso m
discoteca (I)	Diskothek f	discotheque	discothèque f	—	discoteca f
discoteca (ES)	Diskothek f	discotheque	discothèque f	discoteca f	—
discoteca (P)	Diskothek f	discotheque	discothèque f	discoteca f	discoteca f
discotheek (NL)	Diskothek f	discotheque	discothèque f	discoteca f	discoteca f
discotheque (E)	Diskothek f	—	discothèque f	discoteca f	discoteca f
discothèque (F)	Diskothek f	discotheque	—	discoteca f	discoteca f
discount (E)	Rabatt m	—	rabais m	sconto m	rebaja f
discours (F)	Rede f	speech	—	discorso m	discurso m
discover (E)	entdecken	—	découvrir	scoprire	descubrir
disculpa (ES)	Entschuldigung f	apology	excuse f	scusa f	—
disculparse (ES)	entschuldigen, sich	apologize	excuser, s'	scusarsi	—
discurso (ES)	Rede f	speech	discours m	discorso m	—
discurso (P)	Rede f	speech	discours m	discorso m	—
discuss (E)	besprechen	—	discuter	discutere	discutir
discuter (F)	besprechen	discuss	—	discutere	discutir
discutere (I)	besprechen	discuss	discuter	—	discutir
discutir¹ (ES)	besprechen	discuss	discuter	discutere	—

discutir

P	NL	SV	PL	CZ	H
—	rechts	till höger	po prawej stronie	vpravo	jobbra
—	recht	rak	właśnie	právě	éppen
—	aanspraak f	anspråk n	roszczenie n	nárok m	igény
—	rechten pl	juridik u	prawo n	právo n	jog
—	recht n	rätt u	prawo n	právo n	jog
directo	direct	direkt	bezpośrednio	přímo	közvetlen
directo	direct	—	bezpośrednio	přímo	közvetlen
director m	directeur m	direktör u	dyrektor m	ředitel m	igazgató
director m	directeur m	—	dyrektor m	ředitel m	igazgató
director m	leider m	—	kierownik m	vedoucí m	vezető
director m	directeur m	direktör u	dyrektor m	ředitel m	igazgató
direcção f	leiding f	ledning u	kierownictwo n	vedení n	vezetőség
direcção f	richting f	riktning u	kierunek m	směr m	irány
julgar	richten	rikta	kierować <skierować>	spravovat <spravit>	irányít
julgar	richten	rikta	kierować <skierować>	spravovat <spravit>	irányít
guiar	leiden	leda	prowadzić <poprowadzić>	vést <zavést>	vezet
regular	regelen	reglera	regulować <uregulować>	upravovat <upravit>	szabályoz
julgar	richten	rikta	kierować <skierować>	spravovat <spravit>	irányít
direito m	recht n	rätt u	prawo n	právo n	jog
directo	direct	direkt	bezpośrednio	přímo	közvetlen
erecto	rechtop	upprätt	prosty	vzpřímeně	egyenes
direito	recht	rak	właśnie	právě	éppen
sujidade f	vuil n	smuts u	brud m	špína f	piszok
sujo	vuil	smutsig	brudny	špinavý	koszos
sujo	vuil	smutsig	brudny	špinavý	piszkos
prejudicar	benadelen	vara till nackdel för	krzywdzić <skrzywdzić>	znevýhodňovat <znevýhodnit>	hátrányosan megkülönböztet
desvantagem f	nadeel n	nackdel u	niekorzyść f	nevýhoda f	hátrány
desaparecer	verdwijnen	försvinna	zniknąć	mizet <zmizet>	eltűnik
decepcionar	teleurstellen	göra besviken	rozczarowywać <rozczarować>	zklamat	csalódást okoz
decepcionado	teleurgesteld	besviken	rozczarowany	zklamaný	csalódott
desaprovar	afkeuren	ogilla	nie pochwalać	nesouhlasit	helytelenít
desaprovar	afkeuren	ogilla	nie pochwalać	nesouhlasit	helytelenít
despedir	ontslaan	avskeda	zwalniać <zwolnić>	propouštět <propustit>	elbocsát
discurso m	rede f	tal n	mowa f	řeč f	beszéd
discoteca f	discotheek f	diskotek n	dyskoteka f	diskotéka f	diszkó
discoteca f	discotheek f	diskotek n	dyskoteka f	diskotéka f	diszkó
—	discotheek f	diskotek n	dyskoteka f	diskotéka f	diszkó
discoteca f	—	diskotek n	dyskoteka f	diskotéka f	diszkó
discoteca f	discotheek f	diskotek n	dyskoteka f	diskotéka f	diszkó
discoteca f	discotheek f	diskotek n	dyskoteka f	diskotéka f	diszkó
desconto m	korting f	rabatt u	rabat m	rabat m	árengedmény
discurso m	rede f	tal n	mowa f	řeč f	beszéd
descobrir	ontdekken	upptäcka	odkrywać <odkryć>	objevovat <objevit>	felfedez
desculpa f	verontschuldiging f	ursäkt u	usprawiedliwienie n	omluva f	bocsánat
desculpar-se	verontschuldigen, zich	ursäkta sig	przepraszać <przeprosić>	omlouvat, se <omluvit, se>	bocsánatot kér
discurso m	rede f	tal n	mowa f	řeč f	beszéd
—	rede f	tal n	mowa f	řeč f	beszéd
discutir	bespreken	diskutera	omawiać <omówić>	hovořit <pohovořit>	megbeszél
discutir	bespreken	diskutera	omawiać <omówić>	hovořit <pohovořit>	megbeszél
discutir	bespreken	diskutera	omawiać <omówić>	hovořit <pohovořit>	megbeszél
discutir	bespreken	diskutera	omawiać <omówić>	hovořit <pohovořit>	megbeszél

discutir

	D	E	F	I	ES
discutir² (ES)	streiten	quarrel	disputer, se	litigare	—
discutir (P)	besprechen	discuss	discuter	discutere	discutir
disdire (I)	absagen	decline	annuler	—	anular
disegnare (I)	zeichnen	draw	dessiner	—	dibujar
diseño (ES)	Design n	design	design m	design m	—
di sera (I)	abends	in the evening	le soir	—	por la tarde
disfare (I)	auspacken	unpack	défaire	—	deshacer
disfrutar (ES)	genießen	enjoy	jouir	godere	—
disgrazia (I)	Unglück n	misfortune	malheur m	—	desgracia f
disgusting (E)	widerlich	—	repoussant(e)	ripugnante	repugnante
dish (E)	Gericht n	—	plat m	piatto m	comida f
diskotek (SV)	Diskothek f	discotheque	discothèque f	discoteca f	discoteca f
diskotéka (CZ)	Diskothek f	discotheque	discothèque f	discoteca f	discoteca f
Diskothek (D)	—	discotheque	discothèque f	discoteca f	discoteca f
diskutera (SV)	besprechen	discuss	discuter	discutere	discutir
disoccupato(a) (I)	arbeitslos	unemployed	en chômage	—	desempleado(a)
disoccupazione (I)	Arbeitslosigkeit f	unemployment	chômage m	—	desempleo m
di solito (I)	meistens	generally	généralement	—	por lo común
disordine (I)	Unordnung f	mess	désordre m	—	desorden m
disparaître (F)	verschwinden	disappear	—	sparire	desaparecer
disparar (ES)	schießen	shoot	tirer	sparare	—
disparar (P)	schießen	shoot	tirer	sparare	disparar
disparates (P)	Unsinn m	nonsense	bêtises f/pl	assurdità f	absurdo m
dispari (I)	ungerade	uneven	impair(e)	—	impar
disperato(a) (I)	verzweifelt	desperate	désespéré(e)	—	desesperado(a)
dispersé(e) (F)	zerstreut	scattered	—	disperso(a)	disperso(a)
disperso(a) (I)	zerstreut	scattered	dispersé(e)	—	disperso(a)
disperso(a) (ES)	zerstreut	scattered	dispersé(e)	disperso(a)	—
dispiacere (I)	Bedauern n	regret	regret m	—	compasión f
disponibile (I)	vorhanden	available	présent(e)	—	disponible
disponible (ES)	vorhanden	available	présent(e)	disponibile	—
disposição (P)	Laune f	mood	humeur f	umore m	humor m
disposition (E)	Gemüt n	—	disposition f	animo m	ánimo m
disposition (F)	Gemüt n	disposition	—	animo m	ánimo m
dispuesto(a) a (ES)	bereit	ready	prêt(e)	pronto(a)	—
disputa (ES)	Streit m	argument	dispute f	lite f	—
disputa (P)	Streit m	argument	dispute f	lite f	disputa f
disputar (P)	streiten	quarrel	disputer, se	litigare	discutir
dispute (F)	Streit m	argument	—	lite f	disputa f
disputer, se (F)	streiten	quarrel	—	litigare	discutir
dissolve (E)	auflösen	—	dénouer	sciogliere	deshacer
distance¹ (E)	Entfernung f	—	distance f	distanza f	distancia f
distance² (E)	Abstand m	—	distance f	distanza f	distancia f
distance³ (E)	Ferne f	—	lointain m	distanza f	lejanía f
distance¹ (F)	Entfernung f	distance	—	distanza f	distancia f
distance² (F)	Abstand m	distance	—	distanza f	distancia f
distancia¹ (ES)	Entfernung f	distance	distance f	distanza f	—
distancia² (ES)	Abstand m	distance	distance f	distanza f	—
distância¹ (P)	Entfernung f	distance	distance f	distanza f	distancia f
distância² (P)	Abstand m	distance	distance f	distanza f	distancia f
distância³ (P)	Ferne f	distance	lointain m	distanza f	lejanía f
distans (SV)	Entfernung f	distance	distance f	distanza f	distancia f
distant (E)	entfernt	—	éloigné(e)	distante	distante
distante (I)	entfernt	distant	éloigné(e)	—	distante

distante

P	NL	SV	PL	CZ	H
disputar	ruzie maken	bråka	kłócić się	hádat, se <pohádat, se>	vitatkozik
—	bespreken	diskutera	omawiać <omówić>	hovořit <pohovořit>	megbeszél
recusar	afzeggen	inställa	odmówić	odříkat <odříct>	lemond
desenhar	tekenen	rita	rysować	kreslit <nakreslit>	rajzol
desenho m	design n	design u	wzornictwo n	design m	formatervezés
à noite	's avonds	på kvällen	wieczorem	večer	este
desembrulhar	uitpakken	packa ur	rozpakowywać <rozpakować>	vybalovat <vybalit>	kipakol
apreciar	genieten	njuta	używać <użyć>	užívat <užít>	élvez
desgraça f	ongeluk n	missöde n	nieszczęście n	neštěstí n	szerencsétlenség
repugnante	walgelijk	vedervärdig	odrażający	protivný	undorító
prato m	gerecht n	maträtt u	danie n	pokrm m	fogás
discoteca f	discotheek f	—	dyskoteka f	diskotéka f	diszkó
discoteca f	discotheek f	diskotek n	dyskoteka f	—	diszkó
discoteca f	discotheek f	diskotek n	dyskoteka f	diskotéka f	diszkó
discutir	bespreken	—	omawiać <omówić>	hovořit <pohovořit>	megbeszél
desempregado	werkloos	arbetslös	bezrobotny	nezaměstnaný	munkanélkül
desemprego m	werkloosheid f	arbetslöshet u	bezrobocie n	nezaměstnanost f	munkanélküliség
geralmente	meestal	för det mesta	przeważnie	většinou	többnyire
desordem f	wanorde f	oordning u	nieporządek m	nepořádek m	rendetlenség
desaparecer	verdwijnen	försvinna	zniknąć	mizet <zmizet>	eltűnik
disparar	schieten	skjuta	strzelać <strzelić>	střílet <vystřelit>	lő
—	schieten	skjuta	strzelać <strzelić>	střílet <vystřelit>	lő
—	onzin m	struntprat n	bezsens m	nesmysl m	hülyeség
ímpar	oneven	udda	nieparzysty	nerovný	egyenetlen
desesperado	vertwijfeld	förtvivlad	zrozpaczony	zoufalý	kétségbeesett
distraído	verstrooid	förströdd	rozproszony	roztržitý	szórakozott
distraído	verstrooid	förströdd	rozproszony	roztržitý	szórakozott
distraído	verstrooid	förströdd	rozproszony	roztržitý	szórakozott
pesar m	spijt f	beklagande n	żal m	politování n	sajnálat
existente	voorhanden	förefinnas	istniejący	existující	meglévő
existente	voorhanden	förefinnas	istniejący	existující	meglévő
—	stemming f	humör n	nastrój m	nálada f	kedv
ânimo m	gemoed n	själ u	umysł m	mysl f	kedély
ânimo m	gemoed n	själ u	umysł m	mysl f	kedély
pronto	bereid	beredd	gotowy	připravený	kész
disputa f	ruzie f	bråk n	kłótnia f	spor m	vita
—	ruzie f	bråk n	kłótnia f	spor m	vita
—	ruzie maken	bråka	kłócić się	hádat, se <pohádat, se>	vitatkozik
disputa f	ruzie f	bråk n	kłótnia f	spor m	vita
disputar	ruzie maken	bråka	kłócić się	hádat, se <pohádat, se>	vitatkozik
soltar	oplossen	lösa upp	rozpuszczać <rozpuścić>	rozpouštět <rozpustit>	feloszlat
distância f	verwijdering f	distans u	odległość f	vzdálenost f	távolság
distância f	afstand m	avstånd n	odstęp m	odstup m	távolság
distância f	verte f	avstånd n	dal f	dálka f	messzeség
distância f	verwijdering f	distans u	odległość f	vzdálenost f	távolság
distância f	afstand m	avstånd n	odstęp m	odstup m	távolság
distância f	verwijdering f	distans u	odległość f	vzdálenost f	távolság
distância f	afstand m	avstånd n	odstęp m	odstup m	távolság
—	verwijdering f	distans u	odległość f	vzdálenost f	távolság
—	afstand m	avstånd n	odstęp m	odstup m	távolság
—	verte f	avstånd n	dal f	dálka f	messzeség
distância f	verwijdering f	—	odległość f	vzdálenost f	távolság
afastado	verwijderd	borttagen	odległy	vzdálený	távol
afastado	verwijderd	borttagen	odległy	vzdálený	távol

distante

	D	E	F	I	ES
distante (ES)	entfernt	distant	éloigné(e)	distante	—
distanza¹ (I)	Entfernung f	distance	distance f	—	distancia f
distanza² (I)	Abstand m	distance	distance f	—	distancia f
distanza³ (I)	Ferne f	distance	lointain m	—	lejanía f
distingué(e) (F)	vornehm	distinguished	—	distinto(a)	distinguido(a)
distinguer (F)	unterscheiden	distinguish	—	distinguere	distinguir
distinguere (I)	unterscheiden	distinguish	distinguer	—	distinguir
distinguido(a) (ES)	vornehm	distinguished	distingué(e)	distinto(a)	—
distinguir (ES)	unterscheiden	distinguish	distinguer	distinguere	—
distinguir (P)	unterscheiden	distinguish	distinguer	distinguere	distinguir
distinguish (E)	unterscheiden	—	distinguer	distinguere	distinguir
distinguished (E)	vornehm	—	distingué(e)	distinto(a)	distinguido(a)
distinto (P)	vornehm	distinguished	distingué(e)	distinto(a)	distinguido(a)
distinto(a) (I)	vornehm	distinguished	distingué(e)	—	distinguido(a)
disto (P)	davon	of it	en/de cela	ne/di là	de ello
distract (E)	ablenken	—	distraire	distrarre	desviar
distraído (P)	zerstreut	scattered	dispersé(e)	disperso(a)	disperso(a)
distrair (P)	ablenken	distract	distraire	distrarre	desviar
distraire (F)	ablenken	distract	—	distrarre	desviar
distrarre (I)	ablenken	distract	distraire	—	desviar
distretto (I)	Revier n	district	district m	—	distrito m
distribuer¹ (F)	austeilen	distribute	—	distribuire	distribuir
distribuer² (F)	verteilen	distribute	—	distribuire	distribuir
distribuir¹ (ES)	austeilen	distribute	distribuer	distribuire	—
distribuir² (ES)	verteilen	distribute	distribuer	distribuire	—
distribuir¹ (P)	austeilen	distribute	distribuer	distribuire	distribuir
distribuir² (P)	verteilen	distribute	distribuer	distribuire	distribuir
distribuire¹ (I)	austeilen	distribute	distribuer	—	distribuir
distribuire² (I)	verteilen	distribute	distribuer	—	distribuir
distribute¹ (E)	austeilen	—	distribuer	distribuire	distribuir
distribute² (E)	verteilen	—	distribuer	distribuire	distribuir
distributore di benzina (I)	Tankstelle f	filling station	station-service f	—	gasolinera f
district¹ (E)	Revier n	—	district m	distretto m	distrito m
district² (E)	Viertel n	—	quartier m	quartiere m	barrio m
district (F)	Revier n	district	—	distretto m	distrito m
distrito (ES)	Revier n	district	district m	distretto m	—
distruggere (I)	zerstören	destroy	détruire	—	destruir
distrust (E)	Misstrauen n	—	méfiance f	sfiducia f	desconfianza f
disturb¹ (E)	beunruhigen	—	inquiéter	inquietare	inquietar
disturb² (E)	stören	—	déranger	disturbare	molestar
disturbare (I)	stören	disturb	déranger	—	molestar
di successo (I)	erfolgreich	successful	avec succès	—	exitoso(a)
diszkó (H)	Diskothek f	discotheque	discothèque f	discoteca f	discoteca f
dítě (CZ)	Kind n	child	enfant m	bambino m	niño m
dito (I)	Finger m	finger	doigt m	—	dedo m
dito del piede (I)	Zehe f	toe	orteil m	—	dedo del pie m

dito del piede

P	NL	SV	PL	CZ	H
afastado	verwijderd	borttagen	odległy	vzdálený	távol
distância f	verwijdering f	distans u	odległość f	vzdálenost f	távolság
distância f	afstand m	avstånd n	odstęp m	odstup m	távolság
distância f	verte f	avstånd n	dal f	dálka f	messzeség
distinto	voornaam	förnäm	wytworny	exkluzivní	előkelő
distinguir	onderscheiden	skilja på	rozróżniać	rozlišovat <rozlišit>	megkülönböztet
distinguir	onderscheiden	skilja på	rozróżniać	rozlišovat <rozlišit>	megkülönböztet
distinto	voornaam	förnäm	wytworny	exkluzivní	előkelő
distinguir	onderscheiden	skilja på	rozróżniać	rozlišovat <rozlišit>	megkülönböztet
—	onderscheiden	skilja på	rozróżniać	rozlišovat <rozlišit>	megkülönböztet
distinguir	onderscheiden	skilja på	rozróżniać	rozlišovat <rozlišit>	megkülönböztet
distinto	voornaam	förnäm	wytworny	exkluzivní	előkelő
—	voornaam	förnäm	wytworny	exkluzivní	előkelő
distinto	voornaam	förnäm	wytworny	exkluzivní	előkelő
—	daarvan	därom	od tego	z toho	attól
distrair	afleiden	avleda	skierowywać w inną stronę <skierować w inną stronę>	odvracet <odvrátit>	eltérít
—	verstrooid	förströdd	rozproszony	roztržitý	szórakozott
—	afleiden	avleda	skierowywać w inną stronę <skierować w inną stronę>	odvracet <odvrátit>	eltérít
distrair	afleiden	avleda	skierowywać w inną stronę <skierować w inną stronę>	odvracet <odvrátit>	eltérít
distrair	afleiden	avleda	skierowywać w inną stronę <skierować w inną stronę>	odvracet <odvrátit>	eltérít
esquadra de policia f	wijk f	revir n	rewir m	revír m	vadászterület
distribuir	uitdelen	dela ut	rozdzielać <rozdzielić>	rozdělovat <rozdělit>	kioszt
distribuir	verdelen	fördela	rozdzielać	rozdělovat <rozdělit>	eloszt
distribuir	uitdelen	dela ut	rozdzielać <rozdzielić>	rozdělovat <rozdělit>	kioszt
distribuir	verdelen	fördela	rozdzielać	rozdělovat <rozdělit>	eloszt
—	uitdelen	dela ut	rozdzielać <rozdzielić>	rozdělovat <rozdělit>	kioszt
—	verdelen	fördela	rozdzielać	rozdělovat <rozdělit>	eloszt
distribuir	uitdelen	dela ut	rozdzielać <rozdzielić>	rozdělovat <rozdělit>	kioszt
distribuir	verdelen	fördela	rozdzielać	rozdělovat <rozdělit>	eloszt
distribuir	uitdelen	dela ut	rozdzielać <rozdzielić>	rozdělovat <rozdělit>	kioszt
distribuir	verdelen	fördela	rozdzielać	rozdělovat <rozdělit>	eloszt
posto de gasolina	tankstation n	bensinmack u	stacja benzynowa f	čerpací stanice f	benzinkút
esquadra de policia f	wijk f	revir n	rewir m	revír m	vadászterület
bairro m	wijk f	kvarter n	dzielnica f	čtvrť f	negyed
esquadra de policia f	wijk f	revir n	rewir m	revír m	vadászterület
esquadra de policia f	wijk f	revir n	rewir m	revír m	vadászterület
destruir	verwoesten	förstöra	niszczyć	ničit <zničit>	szétrombol
desconfiança f	wantrouwen n	misstänksamhet u	nieufność f	nedůvěra f	bizalmatlanság
inquietar	verontrusten	oroa	niepokoić <zaniepokoić>	znepokojovat <znepokojit>	nyugtalanít
perturbar	storen	störa	przeszkadzać	rušit <vyrušit>	zavar
perturbar	storen	störa	przeszkadzać	rušit <vyrušit>	zavar
bem sucedido	succesrijk	framgångsrik	cieszący się powodzeniem	úspěšný	sikeres
discoteca f	discotheek f	diskotek n	dyskoteka f	diskotéka f	—
criança f	kind n	barn n	dziecko n	—	gyermek
dedo m	vinger m	finger n	palec m	prst m	ujj
dedo do pé m	teen m	tå u	palec u nogi m	prst (u nohy) m	lábujj

dit över

	D	E	F	I	ES
dit över (SV)	hinüber	across	de l'autre côté	di là	hacia el otro lado
di traverso (I)	quer	across	en travers	—	a través de
dit ut (SV)	hinaus	out	dehors	fuori	hacia afuerta
długi (PL)	lang	long	long(ue)	lungo(a)	largo(a)
długi (PL)	Schulden *pl*	debt	dette *f*	debiti m *pl*	deudas f *pl*
długo (PL)	lange	long time	longtemps	molto tempo	mucho tiempo
długopis (PL)	Kugelschreiber *m*	biro	stylo à bille *m*	biro *f*	bolígrafo *m*
divã (P)	Couch *f*	couch	canapé *m*	divano *m*	diván *m*
divadlo (CZ)	Theater *n*	theatre	théâtre *m*	teatro *m*	teatro *m*
divák (CZ)	Zuschauer *m*	spectator	spectateur *m*	spettatore *m*	espectador *m*
diván (ES)	Couch *f*	couch	canapé *m*	divano *m*	—
divano (I)	Couch *f*	couch	canapé *m*	—	diván *m*
dívány (H)	Couch *f*	couch	canapé *m*	divano *m*	diván *m*
divat (H)	Mode *f*	fashion	mode *f*	moda *f*	moda *f*
dívat, se <podívat, se>[1] (CZ)	ansehen	look at	regarder	guardare	mirar
dívat, se <podívat, se>[2] (CZ)	nachsehen	check	vérifier	controllare	examinar
dívat, se <podívat, se> na televizi (CZ)	fernsehen	watch television	regarder la télévision	guardare la TV	ver la televisión
dive (E)	tauchen	—	plonger	immergere	bucear
diversion (E)	Umleitung *f*	—	déviation *f*	deviazione *f*	desviación *f*
diversión (ES)	Spaß *m*	fun	plaisir *m*	scherzo *m*	—
diverso(a) (I)	verschieden	different	différent(e)	—	diferente
divertido (P)	lustig	funny	amusant(e)	allegro(a)	divertido(a)
divertido(a) (ES)	lustig	funny	amusant(e)	allegro(a)	—
divertimento (I)	Vergnügen *n*	pleasure	plaisir *m*	—	placer *m*
divertirse (ES)	amüsieren, sich	enjoy o.s.	amuser, s'	divertirsi	—
divertir-se (P)	amüsieren, sich	enjoy o.s.	amuser, s'	divertirsi	divertirse
divertirsi (I)	amüsieren, sich	enjoy o.s.	amuser, s'	—	divertirse
dívidas (P)	Schulden *pl*	debt	dette *f*	debiti m *pl*	deudas f *pl*
divide (E)	aufteilen	—	diviser	spartire	repartir
dividere (I)	teilen	share	partager	—	dividir
dividir (ES)	teilen	share	partager	dividere	—
dividir ao meio (P)	halbieren	halve	partager en deux	dimezzare	dividir por la mitad
dividir por la mitad (ES)	halbieren	halve	partager en deux	dimezzare	—
divieto (I)	Verbot *n*	prohibition	défense *f*	—	prohibición *f*
divieto di parcheggio (I)	Parkverbot *n*	no parking	défense de stationner *f*	—	estacionamiento prohibido *m*
divisão (P)	Abteilung *f*	department	département	reparto *m*	departamento *m*
diviser (F)	aufteilen	divide	—	spartire	repartir
divit, se <podivit, se> (CZ)	staunen	be astonished	étonner, s'	stupirsi	asombrarse
divoký (CZ)	wild	wild	sauvage	selvatico(a)	salvaje
dizer (P)	sagen	say	dire	dire	decir
dizionario (I)	Wörterbuch *n*	dictionary	dictionnaire *m*	—	diccionario *m*
djup (SV)	tief	deep	profond(e)	profondo(a)	profundo(a)
djur (SV)	Tier *n*	animal	animal *m*	animale *m*	animal *m*
dlaczego? (PL)	warum?	why?	pourquoi?	perché?	¿por qué?
dlatego (PL)	deshalb	therefore	c'est pourquoi	perciò	por eso
dlažba (CZ)	Pflaster *n*	pavement	pavé *m*	lastricato *m*	empedrado *m*
dlouho (CZ)	lange	long time	longtemps	molto tempo	mucho tiempo
dlouhý (CZ)	lang	long	long(ue)	lungo(a)	largo(a)
dluhy (CZ)	Schulden *pl*	debt	dette *f*	debiti m *pl*	deudas f *pl*
dlužit (CZ)	schulden	owe	devoir	dovere	deber

dlužit

P	NL	SV	PL	CZ	H
para lá	erheen	—	na tamtą stronę	na druhou stranu	át
transversal	dwars	tvärs	w poprzek	napříč	keresztben
para fora	naar buiten	—	na zewnątrz	ven	ki
comprido	lang	långt	—	dlouhý	hosszú
dívidas f/pl	schulden pl	skulder pl	—	dluhy pl	tartozás
longamente	lang	länge	—	dlouho	sokáig
esferográfica f	balpen f	kulspetspenna u	—	propisovací tužka f	golyóstoll
—	couch m	soffa u	tapczan m	gauč m	dívány
teatro m	theater n	teater u	teatr m	—	színház
espectador m	toeschouwer m	åskådare u	widz m	—	néző
divã m	couch m	soffa u	tapczan m	gauč m	dívány
divã m	couch m	soffa u	tapczan m	gauč m	dívány
divã m	couch m	soffa u	tapczan m	gauč m	—
moda f	mode f	mode n	moda f	móda f	—
olhar	aanzien	titta på	przyglądać, się <przyjrzeć, się >	—	megnéz
verificar	nazien	ta reda på	patrzeć <popatrzeć>	—	utánanéz
ver televisão	televisie kijken	titta på TV	oglądać telewizję <obejrzeć telewizję>	—	tévézik
mergulhar	duiken	dyka	zanurzać się	potápět <potopit>	alámerül
rota de m desvio	omleiding f	omdirigering av trafik u	objazd m	objížďka f	terelőút
brincadeira f	plezier n	skoj n	żart m	žert m	tréfa
diferente	verschillend	olik	różny	různý	különböző
—	vrolijk	rolig	śmieszny	veselý	vidám
divertido	vrolijk	rolig	śmieszny	veselý	vidám
prazer m	plezier n	nöje n	przyjemność f	zábava f	mulatság
divertir-se	amuseren, zich	roa sig	zabawiać, się	bavit se	szórakoz
—	amuseren, zich	roa sig	zabawiać, się <zabawić, się>	bavit se	szórakoz
divertir-se	amuseren, zich	roa sig	zabawiać, się <zabawić, się>	bavit se	szórakoz
—	schulden pl	skulder pl	długi pl	dluhy pl	tartozás
repartir	verdelen	dela upp	podzielić	rozdělovat <rozdělit>	feloszt
partir	delen	dela	dzielić	dělit <rozdělit>	oszt
partir	delen	dela	dzielić	dělit <rozdělit>	oszt
—	halveren	halvera	przepoławiać <przepołowić>	pulit <rozpulit>	felez
dividir ao meio	halveren	halvera	przepoławiać <przepołowić>	pulit <rozpulit>	felez
proibição f	verbod n	förbud n	zakaz m	zákaz m	tilalom
estacionamento proibido m	parkeerverbod n	parkeringsförbud n	zakaz parkowania m	zákaz parkování m	parkolási tilalom
—	afdeling f	avdelning u	wydział m	oddělení n	osztály
repartir	verdelen	dela upp	podzielić	rozdělovat <rozdělit>	feloszt
admirar-se	verbaasd zijn	bli förvånad	dziwić, się <zdziwić, się>	—	csodálkozik
selvagem	wild	vild	dziki	—	vad
—	zeggen	säga	mówić <powiedzieć>	říkat <říci>	mond
dicionário m	woordenboek n	ordbok u	słownik m	slovník m	szótár
fundo	diep	—	głęboko	hluboký	mély
animal m	dier n	—	zwierzę n	zvíře n	állat
porque?	waarom?	varför?	—	proč?	miért?
por isso	daarom	därför	—	proto	azért/ezért
calçada f	bestrating f	gatubeläggning n	bruk m	—	útburkolat
longamente	lang	länge	długo	—	sokáig
comprido	lang	långt	długi	—	hosszú
dívidas f/pl	schulden pl	skulder pl	długi pl	—	tartozás
dever	verschuldigd zijn	vara skyldig ngn	być dłużnym	—	tartozik

dnes

	D	E	F	I	ES
dnes (CZ)	heute	today	aujourd'hui	oggi	hoy
do¹ (PL)	nach	after/to	après/selon	a/in/verso/dopo	a/hacia/después
do² (PL)	nach	to	vers/à	a/per	a
dö (SV)	sterben	die	mourir	morire	morir
dob (H)	werfen	throw	lancer	lanciare	tirar
doblar¹ (ES)	einbiegen	turn	tourner	svoltare	—
doblar² (ES)	biegen	bend	plier	piegare	—
doble (ES)	doppelt	double	double	doppio(a)	—
doboz¹ (H)	Dose f	tin	boîte f	barattolo m	lata f
doboz² (H)	Schachtel f	box	boîte f	scatola f	caja f
dobrar (P)	biegen	bend	plier	piegare	doblar
dobře (CZ)	gut	good/well	bon(ne)/bien	buono(a)/bene	bueno(a)/bien
dobrodružství (CZ)	Abenteuer n	adventure	aventure f	avventura f	aventura f
dobrze (PL)	gut	good/well	bon(ne)/bien	buono(a)/bene	bueno(a)/bien
dobudowywać <dobudować> (PL)	anbauen	add	ajouter	ampliare	ampliar
dobytek (CZ)	Rind n	cow	bœuf m	manzo m	buey m
d'occasion (F)	gebraucht	used	—	usato(a)	usado(a)
doccia (I)	Dusche f	shower	douche f	—	ducha f
doce (P)	süß	sweet	sucré(e)	dolce	dulce
docena (ES)	Dutzend n	dozen	douzaine f	dozzina f	—
docházet <dojít> (CZ)	holen	fetch	aller chercher	andare a prendere	traer
dochód (PL)	Einkommen n	income	revenu m	entrate f/pl	ingresos m/pl
dochodzić do porozumienia <dojść do porozumienia> (PL)	einigen, sich	agree	mettre d'accord, se	accordarsi	ponerse de acuerdo
dochter (NL)	Tochter f	daughter	fille f	figlia f	hija f
docka (SV)	Puppe f	doll	poupée f	bambola f	muñeca f
doctor (E)	Arzt m	—	médecin m	medico m	médico m
documento de identidad¹ (ES)	Ausweis m	passport	pièce d'identité f	documento d'identità m	—
documento de identidad² (ES)	Personalausweis m	identity card	carte d'identité f	carta d'identità f	—
documento d'identità (I)	Ausweis m	passport	pièce d'identité f	—	documento de identidad m
död (SV)	Tod m	death	mort f	morte f	muerte f
död (SV)	tot	dead	mort(e)	morto(a)	muerto(a)
döda (SV)	töten	kill	tuer	uccidere	matar
dodatek (PL)	Beilage f	supplement	supplément m	supplemento m	suplemento m
dodatkowy (PL)	zusätzlich	in addition	supplémentaire	supplementare	adicional
dodávat <dodat>¹ (CZ)	hinzufügen	add	ajouter	aggiungere	añadir
dodávat <dodat>² (CZ)	liefern	deliver	livrer	fornire	suministrar
dodávka (CZ)	Lieferung f	delivery	livraison f	fornitura f	suministro m
dodawać <dodać> (PL)	hinzufügen	add	ajouter	aggiungere	añadir
doden (NL)	töten	kill	tuer	uccidere	matar
do domu (PL)	nach Hause	home	à la maison	a casa	a casa
doel¹ (NL)	Ziel n	goal	but m	meta f	intención f
doel² (NL)	Zweck m	purpose	but m	scopo m	finalidad f
doelmatig (NL)	zweckmäßig	suitable	approprié(e)	adatto(a)	adecuado(a)
doeltreffend (NL)	wirksam	effective	efficace	efficace	eficaz
doença (P)	Krankheit f	illness	maladie f	malattia f	enfermedad f
doente (P)	krank	ill	malade	malato(a)	enfermo(a)
doft (SV)	Duft m	scent	odeur f	profumo m	aroma m
dog (E)	Hund m	—	chien m	cane m	perro m
dogana (I)	Zoll m	customs	douane f	—	aduana f

dogana

P	NL	SV	PL	CZ	H
hoje	vandaag	idag	dzisiaj	—	ma
para	naar	efter	—	po	felé
a	naar	till	—	na/do	felé
morrer	sterven	—	umierać <umrzeć>	umírat <umřít>	meghal
atirar	werpen	kasta	rzucać	házet <hodit>	meghal
virar	inslaan	vika av	zaginać <zgiąć>	zahýbat <zahnout>	befordul
dobrar	buigen	böja	zginać <zgiąć>	ohýbat <ohnout>	meghajlít
em duplicado	dubbel	dubbelt	podwójny	dvojitě	dupla
lata f	blik n	burk u	puszka f	dóza f	—
caixa f	doos f	ask u	pudełko n	krabice f	—
—	buigen	böja	zginać <zgiąć>	ohýbat <ohnout>	meghajlít
bom	goed	bra	dobrze	—	jó
aventura f	avontuur n	äventyr n	przygoda f	—	kaland
bom	goed	bra	—	dobře	jó
construir um anexo	aanbouwen	bygga till	—	nastavovat <nastavit>	hozzáépít
gado m	rund n	ko u	bydlę n	—	szarvasmarha
usado	tweedehands/gebruikt	begagnad	używany	použitý	használt
duche m	douche m	dusch u	prysznic m	sprcha f	zuhanyozó
—	zoet	söt	słodki	sladký	édes
dúzia f	dozijn n	dussin n	tuzin m	tucet m	tucat
ir buscar	halen	hämta	przynosić <przynieść>	—	hoz
rendimento m	inkomen n	inkomst u	—	příjem m	jövedelem
estar de acordo	het eens worden	ena sig	—	dohadovat, se <dohodnout, se>	megegyezik,
filha f	—	dotter u	córka f	dcera f	lánya
boneca f	pop f	—	lalka f	panenka f	baba
médico m	arts m	läkare u	lekarz m	lékař m	orvos
bilhete de identidade m	identiteitskaart f	identitetskort n	dowód tożsamości m	průkaz m	igazolvány
bilhete de identidade m	identiteitsbewijs n	identitetskort n	dowód osobisty m	občanský průkaz m	személyi igazolvány
bilhete de identidade m	identiteitskaart f	identitetskort n	dowód tożsamości m	průkaz m	igazolvány
morte f	dood m	—	śmierć f	smrt f	halál
morto	dood	—	martwy	mrtvý	halott
matar	doden	—	zabijać	zabíjet <zabít>	megöl
anexo m	bijlage f	bilaga u	—	příloha f	melléklet
adicionalmente	extra	extra	—	navíc	kiegészítő
acrescentar	bijvoegen	tillägga	dodawać <dodać>	—	hozzáad
fornecer	leveren	leverera	dostarczać <dostarczyć>	—	szállít
fornecimento m	levering f	leverans u	dostawa f	—	szállítmány
acrescentar	bijvoegen	tillägga	—	dodávat <dodat>	hozzáad
matar	—	döda	zabijać	zabíjet <zabít>	megöl
para casa	naar huis	hem	—	domů	haza
meta f	—	mål n	cel m	cíl m	cél
finalidade f	—	syfte n	cel m	účel m	cél
conveniente	—	ändamålsenlig	celowy	účelný	célszerű
eficaz	—	verksam	skuteczny	účinný	hatékony
—	ziekte f	sjukdom u	choroba f	nemoc f	betegség
—	ziek	sjuk	chory	nemocný	beteg
aroma m	geur m	—	zapach m	vůně f	illat
cão m	hond m	hund u	pies m	pes m	kutya
alfândega f	douane f	tull u	cło n	clo n	vám

doglądać

	D	E	F	I	ES
doglądać <doglądnąć> (PL)	besorgen	acquire	procurer	procurare	conseguir
dohadovat, se <dohodnout, se> (CZ)	einigen, sich	agree	mettre d'accord, se	accordarsi	ponerse de acuerdo
dohányzik (H)	rauchen	smoke	fumer	fumare	fumar
doido (P)	verrückt	mad	fou (folle)	pazzo(a)	loco(a)
doigt (F)	Finger *m*	finger	—	dito *m*	dedo *m*
dojem (CZ)	Eindruck *m*	impression	impression *f*	impressione *f*	impresión *f*
dojrzały (PL)	reif	ripe	mûr(e)	maturo(a)	maduro(a)
dokazovat <dokázat> (CZ)	beweisen	prove	prouver	provare	probar
dokładny¹ (PL)	genau	exact	exact(e)	preciso(a)	exacto(a)
dokładny² (PL)	gründlich	thorough	à fond	a fondo	a fondo
dokonce (CZ)	sogar	even	même	perfino	incluso
dokonywać <dokonać> (PL)	schaffen	create	réussir à faire	creare	crear
dolce (I)	Kuchen *m*	cake	gâteau *m*	—	tarta *f*
dolce¹ (I)	sanft	gentle	doux(douce)	—	dulce
dolce² (I)	süß	sweet	sucré(e)	—	dulce
dole (CZ)	unten	downstairs	dessous	sotto/giù	abajo
dolgozik (H)	arbeiten	work	travailler	lavorare	trabajar
dolina (PL)	Tal *n*	valley	vallée *f*	valle *f*	valle *m*
doll (E)	Puppe *f*	—	poupée *f*	bambola *f*	muñeca *f*
dolog (H)	Sache *f*	thing	chose *f*	cosa *f*	cosa *f*
dolor (ES)	Schmerz *m*	pain	douleur *f*	dolore *m*	—
dolor de cabeza (ES)	Kopfschmerzen *pl*	headache	mal de tête *m*	mal di testa *m*	—
dolor de estómago (ES)	Magenschmerzen *pl*	stomach ache	mal d'estomac *m*	mal di stomaco *m*	—
dolor de garanta (ES)	Halsschmerzen *pl*	sore throat	mal de gorge *m*	mal di gola *m*	—
dolor de oídos (ES)	Ohrenschmerzen *pl*	earache	mal d'oreilles *m*	mal d'orecchi *m*	—
dolor de vientre (ES)	Bauchschmerzen *pl*	stomach ache	mal de ventre *m*	dolori di pancia *m/pl*	—
dolore¹ (I)	Kummer *m*	grief	chagrin *m*	—	pena *f*
dolore² (I)	Schmerz *m*	pain	douleur *f*	—	dolor *m*
dolori di pancia (I)	Bauchschmerzen *pl*	stomach ache	mal de ventre *m*	—	dolor de vientre *m*
dolor m de muelas (ES)	Zahnschmerzen *pl*	toothache	mal m de dents	mal m di denti	—
doloroso (P)	schmerzhaft	painful	douloureux(euse)	doloroso(a)	doloroso(a)
doloroso(a) (I)	schmerzhaft	painful	douloureux(euse)	—	doloroso(a)
doloroso(a) (ES)	schmerzhaft	painful	douloureux(euse)	doloroso(a)	—
dolů (CZ)	abwärts	downwards	en bas	in giù	hacia abajo
dom¹ (NL)	dumm	stupid	bête	stupido(a)	tonto(a)
dom² (NL)	doof	daft	bête	scemo(a)	estúpido(a)
dom (SV)	Urteil *n*	judgement	jugement *m*	giudizio *m*	juicio *m*
dom (PL)	Haus *n*	house	maison *f*	casa *f*	casa *f*
doma (CZ)	zu Hause	at home	à la maison	a casa	en casa
döma¹ (SV)	urteilen	judge	juger	giudicare	juzgar
döma² (SV)	verurteilen	condemn	condamner	condannare	sentenciar
domácnost (CZ)	Haushalt *m*	household	ménage *m*	nucleo familiare *m*	casa *f*
domanda¹ (I)	Bitte *f*	request	demande *f*	—	ruego *m*
domanda² (I)	Antrag *m*	application	demande *f*	—	solicitud *f*
domanda³ (I)	Nachfrage *f*	demand	demande *f*	—	demanda *f*
domanda⁴ (I)	Frage *f*	question	question *f*	—	pregunta *f*
domanda d'impiego (I)	Bewerbung *f*	application	candidature *f*	—	solicitud *f*
domandare (I)	fragen	ask	demander	—	preguntar
domani (I)	morgen	tomorrow	demain	—	mañana

domani

P	NL	SV	PL	CZ	H
tratar de	bezorgen	ta hand om	—	obstarávat <obstarat>	beszerez
estar de acordo	het eens worden	ena sig	dochodzić do porozumienia <dojść do porozumienia>	—	megegyezik,
fumar	roken	röka	dymić	kouřit	—
—	gek	tokig	zwariowany	pomatený	bolond
dedo *m*	vinger *m*	finger *n*	palec *m*	prst *m*	ujj
impressão *f*	indruk *m*	intryck *n*	wrażenie *n*	—	benyomás
maduro	rijp	mogen	—	zralý	érett
provar	bewijzen	bevisa	udowadniać <udowodnić>	—	bebizonyít
exacto	precies	noggrann	—	přesný	pontos
exaustivo	grondig	grundligt	—	důkladně	alapos
até	zelfs	till och med	nawet	—	sőt
criar	scheppen	skapa	—	tvořit <vytvořit>	alkot
bolo *m*	taart *f*	kaka *u*	placek *m*	koláč *m*	sütemény
macio	zacht	mild	łagodny	jemný	enyhe
doce *f*	zoet	söt	słodki	sladký	édes
em baixo	beneden	nere	na dole	—	lent
trabalhar	werken	arbeta	pracować	pracovat	—
vale *m*	dal *n*	dal *u*	—	údolí *n*	völgy
boneca *f*	pop *f*	docka *u*	lalka *f*	panenka *f*	baba
coisa *f*	ding *n*	sak *u*	rzecz *f*	věc *f*	—
dor *f*	pijn *f*	smärta *u*	ból *m*	bolest *f*	fájdalom
dor de cabeça *f*	hoofdpijn *f*	huvudvärk *u*	bóle głowy *m/pl*	bolest hlavy *f*	fejfájás
dores de estômago *f/pl*	maagpijn *f*	ont i magen	bóle żołądka *m/pl*	bolesti žaludku *f/pl*	gyomorfájás
dores de garganta *f/pl*	keelpijn *f*	halsont *u*	ból gardła *m*	bolesti v krku *f/pl*	torokfájás
dores de ouvido *f/pl*	oorpijn *f*	ont i öronen	ból uszu *m*	bolesti ucha *f/pl*	fülfájás
dores *f/pl* de barriga	buikpijn *m*	magont *n*	ból brzucha *m*	bolesti břicha *f*	hasfájás
desgosto *m*	kommer *m*	bekymmer *n*	zmartwienie *n*	soužení *n*	bánat
dor *f*	pijn *f*	smärta *u*	ból *m*	bolest *f*	fájdalom
dores *f/pl* de barriga	buikpijn *m*	magont *n*	ból brzucha *m*	bolesti břicha *f*	hasfájás
dor de dentes *f*	tandpijn *m*	tandvärk *u*	ból zęba *m*	bolesti zubů *pl*	fogfájás
—	pijnlijk	smärtsam	bolesny	bolestivý	fájdalmas
doloroso	pijnlijk	smärtsam	bolesny	bolestivý	fájdalmas
doloroso	pijnlijk	smärtsam	bolesny	bolestivý	fájdalmas
para baixo	afwaarts	nedåt	na dół	—	lefelé
parvo	—	dum	głupi	hloupý	buta
estúpido	—	fånig	durny	hloupý	ostoba
sentença *f*	oordeel *n*	—	wyrok *m*	rozsudek *m*	ítélet
casa *f*	huis *n*	hus *n*	—	dům *m*	ház
em casa	thuis	hemma	w domu	—	otthon
julgar	oordelen	—	sądzić	posuzovat <posoudit>	ítél
condenar	veroordelen	—	skazywać, potępiać	odsuzovat <odsoudit>	elítél
governo da casa *m*	huishouden *n*	hushåll *n*	gospodarstwo domowe *n*	—	háztartás
pedido *m*	verzoek *n*	begäran *u*	prośba *f*	prosba *f*	kérés
proposta *f*	aanvraag *f*	förslag *n*	wniosek *m*	žádost *f*	kérvény
procura *f*	navraag *f*	efterfrågan *u*	zapotrzebowanie *n*	poptávka *f*	kereslet
pergunta *f*	vraag *f*	fråga *u*	pytanie *n*	otázka *f*	kérdés
candidatura *f*	sollicitatie *f*	platsansökan *u*	ubieganie się *n*	žádost uchazeče *f*	megpályázás
perguntar	vragen	fråga	pytać	ptát, se <zeptat, se>	kérdez
amanhã	morgen	i morgon	jutro	zítra	holnap

domare

	D	E	F	I	ES
domare (SV)	Richter m	judge	juge m	giudice m	juez m
domb (H)	Hügel m	hill	colline f	collina f	colina f
doméstica (P)	Hausfrau f	housewife	femme au foyer f	casalinga f	ama de casa f
domicile (E)	Wohnort m	—	domicile m	residenza f	domicilio m
domicile (F)	Wohnort m	domicile	—	residenza f	domicilio m
domicilio (ES)	Wohnort m	domicile	domicile m	residenza f	—
dominar (P)	herrschen	rule	régner	dominare	mandar
dominare (I)	herrschen	rule	régner	—	mandar
dommage (F)	Schaden m	damage	—	danno m	daño m
domněnka (CZ)	Vermutung f	supposition	supposition f	supposizione f	suposición f
domnívat, se (CZ)	vermuten	suppose	supposer	supporre	suponer
domovník (CZ)	Hausmeister m	caretaker	concierge m	portinaio m	portero m
domovská stránka (CZ)	Homepage f	homepage	page d'accueil f	home page f	portada f
dom towarowy (PL)	Kaufhaus n	department store	grand magasin m	grande magazzino m	grandes almacenes m/pl
domů (CZ)	nach Hause	home	à la maison	a casa	a casa
do nabycia (PL)	erhältlich	available	en vente	acquistabile	que puede adquirirse
donc (F)	also	therefore	—	dunque/quindi	así
donder (NL)	Donner m	thunder	tonnerre m	tuono m	trueno m
dondolare (I)	schaukeln	swing	balancer, se	—	columpiarse
done (E)	gar	—	cuit(e)	cotto(a)	(estar) a punto
doniesienie (PL)	Anzeige f	denunciation	dénonciation f	denuncia f	denuncia f
donker (NL)	dunkel	dark	sombre	scuro(a)	oscuro(a)
donkey (E)	Esel m	—	âne m	asino m	burro m
donna (I)	Frau f	woman	femme f	—	mujer f
donna delle pulizie (I)	Putzfrau f	charwoman	femme de ménage f	—	mujer de limpieza f
Donner (D)	—	thunder	tonnerre m	tuono m	trueno m
donner (F)	geben	give	—	dare	dar
donosić <donieść> (PL)	berichten	report	faire un rapport	riferire	informar
dönt (H)	entscheiden	decide	décider	decidere	decidir
döntés (H)	Entscheidung f	decision	décision f	decisione f	decisión f
döntés (H)	Entschluss m	decision	décision f	decisione f	decisión f
dood (NL)	Tod m	death	mort f	morte f	muerte f
dood (NL)	tot	dead	mort(e)	morto(a)	muerto(a)
doodkist (NL)	Sarg m	coffin	cercueil m	bara f	ataúd m
doof (D)	—	daft	bête	scemo(a)	estúpido(a)
dookoła (PL)	herum	around	autour	intorno	alrededor
door (E)	Tür f	—	porte f	porta f	puerta f
doorbrengen (NL)	verbringen	spend	passer	passare	pasar
door elkaar (NL)	durcheinander	in a muddle	pêle-mêle	sottosopra	en desorden
doorgaan (NL)	weitermachen	carry on	continuer	continuare	continuar
doorheen (NL)	hindurch	through	à travers	attraverso	a través de
doos (NL)	Schachtel f	box	boîte f	scatola f	caja f
dopadat <dopadnout> (CZ)	erwischen	catch	attraper	acchiappare	atrapar
dopasowywać, się <dopasować, się> (PL)	anpassen, sich	adapt o.s.	adapter, s'	adattarsi	adaptarse
dopis (CZ)	Brief m	letter	lettre f	lettera f	carta f
doplňovat <doplnit> (CZ)	ergänzen	supplement	compléter	completare	completar
dopo¹ (I)	nachdem	after	après que	—	después de que
dopo² (I)	nach	after	après	—	después de
dopo³ (I)	nachher	afterwards	ensuite	—	después

dopo

P	NL	SV	PL	CZ	H
juiz m	rechter m	—	sędzia m	soudce m	bíró
colina f	heuvel m	kulle u	pagórek m	kopec m	—
—	huisvrouw f	hemmafru u	gospodyni domowa f	žena v domácnosti f	háziasszony
local de moradia m	woonplaats m	hemvist u	miejsce zamieszkania n	bydliště n	lakhely
local de moradia m	woonplaats m	hemvist u	miejsce zamieszkania n	bydliště n	lakhely
local de moradia m	woonplaats m	hemvist u	miejsce zamieszkania n	bydliště n	lakhely
—	heersen	härska	panować	panovat	uralkodik
dominar	heersen	härska	panować	panovat	uralkodik
dano m	schade f	skada u	szkoda f	škoda f	kár
suposição f	vermoeden n	förmodan u	przypuszczenie n	—	sejtés
supor	vermoeden	förmoda	przypuszczać	—	sejt
porteiro m	huismeester m	portvakt u	dozorca m	—	házmester
página da casa f	homepage m	hemsida u	strona główna f	—	honlap
armazém m	warenhuis n	varuhus n	—	obchodní dům m	áruház
para casa	naar huis	hem	do domu	—	haza
estar à venda	verkrijgbaar	erhållas	—	k dostání	kapható
assim	dus	alltså	więc	tedy	tehát
trovão m	—	åska u	grzmot m	hrom m	mennydörgés
baloiçar	schommelen	gunga	huśtać, się	houpat <pohoupat>	hintázik
bem cozido	gaar	alldeles	ugotowany	dovařený	egyáltalán
denúncia f	aangifte f	angivelse	—	trestní oznámení n	feljelentés
escuro	—	mörk	ciemno	tmavý	sötét
burro m	ezel m	åsna u	osioł m	osel m	szamár
mulher f	vrouw f	kvinna u	kobieta f	žena f	asszony
mulher a dias f	schoonmaakster f	städhjälp u	sprzątaczka f	uklízečka f	takarítónő
trovão m	donder m	åska u	grzmot m	hrom m	mennydörgés
dar	geven	ge	dawać <dać>	dávat <dát>	ad
informar	berichten	rapportera	—	podávat <podat> zprávu	beszámol
decidir	beslissen	bestämma	rozstrzygać <rozstrzygnąć>>	rozhodovat <rozhodnout>	—
decisão f	beslissing f	beslut n	rozstrzygnięcie n	rozhodnutí n	—
decisão f	besluit n	beslut n	decyzja f	odhodlání n	—
morte f	—	död u	śmierć f	smrt f	halál
morto	—	död	martwy	mrtvý	halott
caixão m	—	likkista u	trumna f	rakev f	koporsó
estúpido	dom	fånig	durny	hloupý	ostoba
em volta	omheen	omkring	—	kolem	körül
porta f	deur f	dörr u	drzwi n	dveře pl	ajtó
passar	—	tillbringa	spędzać	trávit <strávit>	tölt
em desordem	—	i en enda röra	bezładnie	v nepořádku	összevissza
continuar a fazer	—	fortsätta	kontynuować	pokračovat	folytat
através de	—	igenom	przez	skrz	át
caixa f	—	ask u	pudełko n	krabice f	doboz
apanhar	te pakken krijgen	ertappa	złapać	—	elkap
adaptar-se	aanpassen, zich	anpassa sig	—	přizpůsobovat se <přizpůsobit se>	alkalmazkodik
carta f	brief m	brev n	list m	—	levél
completar	aanvullen	komplettera	uzupełniać <uzupełnić>	—	kiegészíti
depois de	nadat	sedan	gdy	poté	miután
depois de	na	efter	po	po	utan
depois	later	efteråt	potem	potom	utána

doporučovat

	D	E	F	I	ES
doporučovat <doporučit>¹ (CZ)	empfehlen	recommend	recommander	raccomandare	recomendar
doporučovat <doporučit>² (CZ)	raten	advice	conseiller	consigliare	aconsejar
doppelt (D)	—	double	double	doppio(a)	doble
doppio(a) (I)	doppelt	double	double	—	doble
dor (P)	Schmerz *m*	pain	douleur *f*	dolore *m*	dolor *m*
dor de cabeça (P)	Kopfschmerzen *pl*	headache	mal de tête *m*	mal di testa *m*	dolor de cabeza *m*
dor de dentes (P)	Zahnschmerzen *pl*	toothache	mal m de dents	mal m di denti	dolor m de muelas
dores de estômago (P)	Magenschmerzen *pl*	stomach ache	mal d'estomac *m*	mal di stomaco *m*	dolor de estómago *m*
dores de garganta (P)	Halsschmerzen *pl*	sore throat	mal de gorge *m*	mal di gola *m*	dolor de garanta *m*
dores de ouvido (P)	Ohrenschmerzen *pl*	earache	mal d'oreilles *m*	mal d'orecchi *m*	dolor de oídos *m*
dores/pl de barriga (P)	Bauchschmerzen *pl*	stomach ache	mal de ventre *m*	dolori di pancia *m/pl*	dolor de vientre *m*
Dorf (D)	—	village	village *m*	paese *m*	pueblo *m*
dormir (F)	schlafen	sleep	—	dormire	dormir
dormir (ES)	schlafen	sleep	dormir	dormire	—
dormir (P)	schlafen	sleep	dormir	dormire	dormir
dormire (I)	schlafen	sleep	dormir	—	dormir
dormirse (ES)	einschlafen	fall asleep	endormir, s'	addormentarsi	—
dormitorio (ES)	Schlafzimmer *n*	bedroom	chambre à coucher *f*	camera da letto *f*	—
dorosły (PL)	Erwachsener *m*	adult	adulte	adulto *m*	adulto *m*
dorosły (PL)	erwachsen	grown up	adulte	adulto(a)	adulto(a)
dorp (NL)	Dorf *n*	village	village *m*	paese *m*	pueblo *m*
dörr (SV)	Tür *f*	door	porte *f*	porta *f*	puerta *f*
dorst (NL)	Durst *m*	thirst	soif *f*	sete *f*	sed *f*
dorstig (NL)	durstig	thirsty	assoiffé(e)	assetato(a)	tener sed
dort (D)	—	there	là/y	là	allí
dos (F)	Rücken *m*	back	—	schiena *f*	espalda *f*
dosahovat <dosáhnout>¹ (CZ)	erreichen	reach	atteindre	raggiungere	alcanzar
dosahovat <dosáhnout>² (CZ)	reichen	pass	passer	passare	alcanzar
dość¹ (PL)	genug	enough	assez	abbastanza	bastante
dość² (PL)	ziemlich	quite	assez	abbastanza	bastante
Dose (D)	—	tin	boîte *f*	barattolo *m*	lata *f*
dosílat <doslat> (CZ)	nachsenden	send on	faire suivre	inoltrare	enviar a la nueva dirección
dospělý (CZ)	Erwachsener *m*	adult	adulte *m*	adulto *m*	adulto *m*
dospělý (CZ)	erwachsen	grown up	adulte	adulto(a)	adulto(a)
dost (CZ)	genug	enough	assez	abbastanza	bastante
dostarczać <dostarczyć> (PL)	liefern	deliver	livrer	fornire	suministrar
dostávat <dostat> (CZ)	bekommen	get	recevoir	ricevere	recibir
dostawa (PL)	Lieferung *f*	delivery	livraison *f*	fornitura *f*	suministro *m*
doświadczenie (PL)	Erfahrung *f*	experience	expérience *f*	esperienza *f*	experiencia *f*
dosyłać <dosłać> (PL)	nachsenden	send on	faire suivre	inoltrare	enviar a la nueva dirección
dotato(a) (I)	begabt	gifted	doué(e)	—	apto para
dotter (SV)	Tochter *f*	daughter	fille *f*	figlia *f*	hija *f*
dotyczyć (PL)	betreffen	concern	concerner	riguardare	concernir
dotykać <dotknąć> (PL)	berühren	touch	toucher	toccare	tocar
dotýkat, se <dotknout, se> (CZ)	berühren	touch	toucher	toccare	tocar
douane (F)	Zoll *m*	customs	—	dogana *f*	aduana *f*
douane (NL)	Zoll *m*	customs	douane *f*	dogana *f*	aduana *f*
double (E)	doppelt	—	double	doppio(a)	doble

double

P	NL	SV	PL	CZ	H
recomendar	aanbevelen	rekommendera	polecać <polecić>	—	ajánl
aconselhar	aanraden	gissa	radzić <poradzić>	—	tanácsol
em duplicado	dubbel	dubbelt	podwójny	dvojitě	dupla
em duplicado	dubbel	dubbelt	podwójny	dvojitě	dupla
—	pijn f	smärta u	ból m	bolest f	fájdalom
—	hoofdpijn f	huvudvärk u	bóle głowy m/pl	bolest hlavy f	fejfájás
—	tandpijn m	tandvärk u	ból zęba m	bolesti zubů pl	fogfájás
—	maagpijn f	ont i magen	bóle żołądka m/pl	bolesti žaludku f/pl	gyomorfájás
—	keelpijn f	halsont u	ból gardła m	bolesti v krku f/pl	torokfájás
—	oorpijn f	ont i öronen	ból uszu m	bolesti ucha f/pl	fülfájás
—	buikpijn m	magont n	ból brzucha m	bolesti břicha f	hasfájás
aldeia f	dorp n	by u	wieś f	vesnice f	falu
dormir	slapen	sova	spać <pospać>	spát <vyspat>	alszik
dormir	slapen	sova	spać <pospać>	spát <vyspat>	alszik
—	slapen	sova	spać <pospać>	spát <vyspat>	alszik
dormir	slapen	sova	spać <pospać>	spát <vyspat>	alszik
adormecer	inslapen	somna	zasypiać <zasnąć>	usínat <usnout>	elalszik
quarto de dormir m	slaapkamer f	sovrum n	sypialnia f	ložnice f	hálószoba
adulto m	volwassene m	vuxen u	—	dospělý m	felnőtt
crescido	volwassen	fullvuxen	—	dospělý	felnőtt
aldeia f	—	by u	wieś f	vesnice f	falu
porta f	deur f	—	drzwi n	dveře pl	ajtó
sede f	—	törst u	pragnie n	žízeň f	szomjúság
ter sede	—	törstig	spragniony	žíznivý	szomjas
ali	daar	där	tam	tam	ott
costas f/pl	rug m	rygg u	plecy pl	záda f	hát
alcançar	bereiken	nå	osiągać <osiągnąć>	—	elér
dar	genoeg zijn	räcka	sięgać	—	nyújt
suficiente	genoeg	tillräckligt	—	dost	elég
bastante	behoorlijk	ganska	—	značný	meglehetősen
lata f	blik n	burk u	puszka f	dóza f	doboz
remeter	nazenden	eftersända	dosyłać <dosłać>	—	utánaküld
adulto m	volwassene m	vuxen u	dorosły m	—	felnőtt
crescido	volwassen	fullvuxen	dorosły	—	felnőtt
suficiente	genoeg	tillräckligt	dość	—	elég
fornecer	leveren	leverera	—	dodávat <dodat>	szállít
receber	krijgen	få	otrzymywać <otrzymać>	—	kap
fornecimento m	levering f	leverans u	—	dodávka f	szállítmány
experiência f	ervaring f	erfarenhet u	—	zkušenost f	tapasztalat
remeter	nazenden	eftersända	—	dosílat <doslat>	utánaküld
talentoso	begaafd	begåvad	zdolny	nadaný	tehetséges
filha f	dochter f	—	córka f	dcera f	lánya
referir-se a	betreffen	beträffa	—	týkat se	illet
tocar	aanraken	röra vid	—	dotýkat, se <dotknout, se>	érint
tocar	aanraken	röra vid	dotykać <dotknąć>	—	érint
alfândega f	douane f	tull u	cło n	clo n	vám
alfândega f	—	tull u	cło n	clo n	vám
em duplicado	dubbel	dubbelt	podwójny	dvojitě	dupla

double

	D	E	F	I	ES
double (F)	doppelt	double	—	doppio(a)	doble
doubler (F)	überholen	overtake	—	sorpassare	adelantar
doubt (E)	Zweifel m	—	doute m	dubbio m	duda f
doubt (E)	zweifeln	—	douter	dubitare	dudar
douche (F)	Dusche f	shower	—	doccia f	ducha f
douche (NL)	Dusche f	shower	douche f	doccia f	ducha f
doué(e) (F)	begabt	gifted	—	dotato(a)	apto para
doufat (CZ)	hoffen	hope	espérer	sperare	esperar
doufejme (CZ)	hoffentlich	hopefully	espérons	speriamo che	ojalá (que)
douleur (F)	Schmerz m	pain	—	dolore m	dolor m
douloureux(euse) (F)	schmerzhaft	painful	—	doloroso(a)	doloroso(a)
doute (F)	Zweifel m	doubt	—	dubbio m	duda f
douter (F)	zweifeln	doubt	—	dubitare	dudar
douter, se (F)	ahnen	suspect	—	presagire	suponer
doux (douce)¹ (F)	weich	soft	—	morbido(a)	tierno(a)
doux (douce)² (F)	mild	mild	—	mite	suave
doux (douce)³ (F)	sanft	gentle	—	dolce	dulce
doux (douce)⁴ (F)	zart	soft	—	tenero(a)	suave
douzaine (F)	Dutzend n	dozen	—	dozzina f	docena f
dovařený (CZ)	gar	done	cuit(e)	cotto(a)	(estar) a punto
dovere (I)	Pflicht f	duty	devoir m	—	obligación f
dovere (I)	müssen	have to	devoir	—	deber
dovere (I)	schulden	owe	devoir	—	deber
dovere (I)	sollen	have to	devoir	—	deber
dovnitř (CZ)	hinein	in	dans	dentro	dentro
dovolená (CZ)	Urlaub m	holiday	vacances f/pl	vacanze f/pl	vacaciones f/pl
dovolovat <dovolit> (CZ)	erlauben	allow	permettre	permettere	permitir
dowiadywać, się (PL)	erkundigen, sich	enquire	renseigner, se	informarsi	informarse
dowiadywać, się <dowiedzieć, się> (PL)	erfahren	learn	apprendre	venire a sapere	enterarse de
Do widzenia! (PL)	Wiedersehen!	Good-bye!	Au revoir!	Arrivederci!	¡Adiós!
do without (E)	entbehren	—	passer de, se	fare a meno di	pasarse sin
do wnętrza (PL)	hinein	in	dans	dentro	dentro
download (E)	herunterladen	—	télécharger	download m	bajar
download (I)	herunterladen	download	télécharger	—	bajar
downloaden (NL)	herunterladen	download	télécharger	download m	bajar
downstairs (E)	unten	—	dessous	sotto/giù	abajo
downtown (E)	Innenstadt f	—	centre ville m	centro città m	centro de la ciudad m
downwards (E)	abwärts	—	en bas	in giù	hacia abajo
dowód osobisty (PL)	Personalausweis m	identity card	carte d'identité f	carta d'identità f	documento de identidad m
dowód tożsamości (PL)	Ausweis m	passport	pièce d'identité f	documento d'identità m	documento de identidad m
dowolny (PL)	beliebig	any	n'importe quel	qualsiasi	a voluntad
dóza (CZ)	Dose f	tin	boîte f	barattolo m	lata f
dozadu (CZ)	rückwärts	backwards	en arrière	in dietro	hacia atrás
dozen (E)	Dutzend n	—	douzaine f	dozzina f	docena f
dozijn (NL)	Dutzend n	dozen	douzaine f	dozzina f	docena f
dozorca (PL)	Hausmeister m	caretaker	concierge m	portinaio m	portero m
dozzina (I)	Dutzend n	dozen	douzaine f	—	docena f
dra (SV)	ziehen	pull	tirer	tirare	tirar
draad¹ (NL)	Draht m	wire	fil de fer m	filo metallico m	alambre m
draad² (NL)	Faden m	thread	fil m	filo m	hilo m
draaien (NL)	drehen	turn	tourner	girare	girar

draaien

P	NL	SV	PL	CZ	H
em duplicado	dubbel	dubbelt	podwójny	dvojitě	dupla
ultrapassar	inhalen	köra förbi	wyprzedzać	předjíždět <předjet>	megelőz
dúvida f	twijfel m	tvivel n	wątpliwość f	pochyba f	kétség
duvidar	twijfelen	tvivla	wątpić	pochybovat <zapochybovat>	kételkedik
duche m	douche m	dusch u	prysznic m	sprcha f	zuhanyozó
duche m	—	dusch u	prysznic m	sprcha f	zuhanyozó
talentoso	begaafd	begåvad	zdolny	nadaný	tehetséges
esperar	hopen	hoppas	mieć nadzieję	—	remél
oxalá	hopelijk	förhoppningsvis	mam nadzieję, że	—	remélhetően
dor f	pijn f	smärta u	ból m	bolest f	fájdalom
doloroso	pijnlijk	smärtsam	bolesny	bolestivý	fájdalmas
dúvida f	twijfel m	tvivel n	wątpliwość f	pochyba f	kétség
duvidar	twijfelen	tvivla	wątpić	pochybovat <zapochybovat>	kételkedik
pressentir	vermoeden	ana	przeczuwać <przeczuć>	tušit <vytušit>	megsejt
mole	zacht	mjuk	miękki	měkký	puha
suave	zacht	mild	łagodny	jemný	enyhe
macio	zacht	mild	łagodny	jemný	enyhe
delicado	zacht	öm	delikatny	jemný	gyengéd
dúzia f	dozijn n	dussin n	tuzin m	tucet m	tucat
bem cozido	gaar	alldeles	ugotowany	—	egyáltalán
dever m	plicht f	plikt u	obowiązek m	povinnost f	kötelesség
dever	moeten	måste	musieć	muset	kell
dever	verschuldigd zijn	vara skyldig ngn	być dłużnym	dlužit	tartozik
dever	moeten	böra	powinno, się	mít	kell
para dentro	naar binnen	inåt	do wnętrza	—	be
férias f/pl	vakantie f	semester u	urlop m	—	szabadság
permitir	veroorloven	tillåta	zezwalać <zezwolić>	—	megenged
informar-se	inlichtingen inwinnen	informera sig	—	informovat, se	érdeklődik
vir a saber	ervaren; vernemen	erfaren	—	zkušený	megtud
Até à vista!	Tot ziens!	Vi ses!	—	Na shledanou! f	Viszontlátásra!
carecer de	ontberen	undvara	nie mieć	postrádat	nélkülöz
para dentro	naar binnen	inåt	—	dovnitř	be
descarregar	downloaden	ladda ner	pobierać z internetu	stahovat <stáhnout>	letölt
descarregar	downloaden	ladda ner	pobierać z internetu	stahovat <stáhnout>	letölt
descarregar	—	ladda ner	pobierać z internetu	stahovat <stáhnout>	letölt
em baixo	beneden	nere	na dole	dole	lent
centro da cidade m	stadscentrum n	innerstad u	centrum miasta n	střed města n	belváros
para baixo	afwaarts	nedåt	na dół	dolů	lefelé
bilhete de identidade m	identiteitsbewijs n	identitetskort n	—	občanský průkaz m	személyi igazolvány
bilhete de identidade m	identiteitskaart f	identitetskort n	—	průkaz m	igazolvány
qualquer	willekeurig	valfri	—	libovolně	tetszés szerinti
lata f	blik n	burk u	puszka f	—	doboz
para trás	achteruit	baklänges	w tył	—	hátrafelé
dúzia f	dozijn n	dussin n	tuzin m	tucet m	tucat
dúzia f	—	dussin n	tuzin m	tucet m	tucat
porteiro m	huismeester m	portvakt u	—	domovník m	házmester
dúzia f	dozijn n	dussin n	tuzin m	tucet m	tucat
puxar	trekken	—	ciągnąć	táhnout	húz
arame m	—	tråd u	drut m	drát m	drót
fio m	—	tråd u	nić f	nit f	fonal
rodar	—	vrida	obracać <obrócić>	točit <otočit>	forgat

drabina

	D	E	F	I	ES
drabina (PL)	Leiter f	ladder	échelle f	scala f	escalera f
drága (H)	teuer	expensive	cher (chère)	caro(a)	caro(a)
dragen (NL)	tragen	carry	porter	portare	cargar
Draht (D)	—	wire	fil de fer m	filo metallico m	alambre m
drahý (CZ)	teuer	expensive	cher (chère)	caro(a)	caro(a)
drankje (NL)	Getränk n	dink	boisson f	bevanda f	bebida f
drap (F)	Laken n	sheet	—	lenzuolo m	sábana f
drapeau (F)	Fahne f	flag	—	bandiera f	bandera f
draperi (SV)	Vorhang m	curtain	rideau m	tenda f	cortina f
drát (CZ)	Draht m	wire	fil de fer m	filo metallico m	alambre m
draußen (D)	—	outside	dehors	fuori	afuera
draw (E)	zeichnen	—	dessiner	disegnare	dibujar
dream (E)	Traum m	—	rêve m	sogno m	sueño m
dream (E)	träumen	—	rêver	sognare	soñar
dreckig (D)	—	dirty	sale	sporco(a)	sucio(a)
drehen (D)	—	turn	tourner	girare	girar
dress (E)	Kleid n	—	robe f	vestito m	vestido m
dřevo (CZ)	Holz n	wood	bois m	legno m	madera f
drewno (PL)	Holz n	wood	bois m	legno m	madera f
dricka (SV)	trinken	drink	boire	bere	beber
dricks (SV)	Trinkgeld n	tip	pourboire m	mancia f	propina f
dringend (D)	—	urgent	urgent(e)	urgente	urgente
dringend (NL)	dringend	urgent	urgent(e)	urgente	urgente
drink (E)	trinken	—	boire	bere	beber
drinken (NL)	trinken	drink	boire	bere	beber
drinnen (D)	—	inside	dedans	dentro	(a)dentro
drip (E)	tropfen	—	goutter	gocciolare	gotear
Drittel (D)	—	a third	troisième	terzo(a)	tercio m
dritto(a) (I)	geradeaus	straight ahead	tout droit	—	todo derecho
drive (E)	Auffahrt f	—	allée f	salita d'ingresso f	entrada f
drive (E)	fahren	—	conduire	andare	conducir
dříve (CZ)	früher	earlier	autrefois	prima	antes
drive back (E)	zurückfahren	—	retourner	tornare indietro	retroceder
driver (E)	Fahrer m	—	conducteur m	autista m	conductor m
driving licence (E)	Führerschein m	—	permis de conduire m	patente f	permiso de conducir m
drób (PL)	Geflügel n	poultry	volaille f	volatili m/pl	aves f/pl
drobné (CZ)	Kleingeld n	small change	monnaie f	spiccioli m/pl	cambio m
drobne pieniądze (PL)	Kleingeld n	small change	monnaie f	spiccioli m/pl	cambio m
drobny (PL)	fein	fine	fin(e)	sottile	fino(a)
drog (SV)	Droge f	drug	drogue f	droga f	droga f
dróg (H)	Droge f	drug	drogue f	droga f	droga f
droga (I)	Droge f	drug	drogue f	—	droga f
droga (ES)	Droge f	drug	drogue f	droga f	—
droga (P)	Droge f	drug	drogue f	droga f	droga f
droga (PL)	Weg m	way	chemin m	via f	camino m
droga (CZ)	Droge f	drug	drogue f	droga f	droga f
droga okrężna (PL)	Umweg m	detour	détour m	deviazione f	rodeo m
drogaria (P)	Drogerie f	chemist's	droguerie f	drogheria f	droguería f
Droge (D)	—	drug	drogue f	droga f	droga f
drogen (NL)	trocknen	dry	sécher	asciugare	secar
drogeria (PL)	Drogerie f	chemist's	droguerie f	drogheria f	droguería f
Drogerie (D)	—	chemist's	droguerie f	drogheria f	droguería f
drogerie (CZ)	Drogerie f	chemist's	droguerie f	drogheria f	droguería f
drogheria (I)	Drogerie f	chemist's	droguerie f	—	droguería f

drogheria

P	NL	SV	PL	CZ	H
escadote m	ladder f	stege u	—	žebřík m	létra
caro	duur	dyr	drogi	drahý	—
levar	—	bära	nosić <nieść>	nosit	hord
arame m	draad m	tråd u	drut m	drát m	drót
caro	duur	dyr	drogi	—	drága
bebida f	—	dryck u	napój m	nápoj m	ital
lençol m	laken n	lakan n	prześcieradło n	prostěradlo n	lepedő
bandeira f	vlag f	flagga u	chorągiew f	vlajka f	zászló
cortina f	gordijn n	—	zasłona f	závěs m	függöny
arame m	draad m	tråd u	drut m	—	drót
fora	buiten	utanför	na dworze	venku	kívül
desenhar	tekenen	rita	rysować	kreslit <nakreslit>	rajzol
sonho m	droom m	dröm u	sen m	sen m	álom
sonhar	dromen	drömma	śnić	snívat <snít>	álmodik
sujo	vuil	smutsig	brudny	špinavý	koszos
rodar	draaien	vrida	obracać <obrócić>	točit <otočit>	forgat
vestido m	jurk f/kleed n	klänning u	suknia f	šaty pl	ruha
madeira f	hout n	trä n	drewno n	—	fa
madeira f	hout n	trä n	—	dřevo n	fa
beber	drinken	—	pić	pít <napít>	iszik
gorjeta f	fooi f	—	napiwek m	spropitné n	borravaló
urgente	dringend	brådskande	naglący	naléhavě	sürgős
urgente	—	brådskande	naglący	naléhavě	sürgős
beber	drinken	dricka	pić	pít <napít>	iszik
beber	—	dricka	pić	pít <napít>	iszik
no interior	binnen	innanför	w środku	uvnitř	belül
gotejar	druppelen	droppa	kapać	kapat <kápnout>	csepeg
terço m	derde n	tredjedel u	trzecia część f	třetina	(egy)harmad
em frente	rechtuit	rakt fram	prosto	přímo	egyenesen
rampa f	oprit f	uppfart u	wjazd m	nájezd m	felhajtó
conduzir	rijden	köra	jechać <pojechać>	jezdit <jet>	megy
mais cedo	vroeger	förr	dawniej	—	korábban
viajar de volta	terugrijden	köra tillbaka	jechać z powrotem	jet nazpět	visszautazik
condutor m	bestuurder m	förare u	kierowca m	řidič m	gépkocsivezető
carta de condução f	rijbewijs n	körkort n	prawo jazdy n	řidičský průkaz m	jogosítvány
aves f/pl	gevogelte n	fjäderfä n/fågel u	—	drůbež f	baromfi
trocos m	kleingeld n	växelpengar pl	drobne pieniądze m/pl	—	aprópénz
trocos m	kleingeld n	växelpengar pl	—	drobné pl	aprópénz
fino	fijn	fin	—	jemný	finom
droga f	drug m	—	narkotyk m	droga f	dróg
droga f	drug m	drog u	narkotyk m	droga f	—
droga f	drug m	drog u	narkotyk m	droga f	dróg
droga f	drug m	drog u	narkotyk m	droga f	dróg
—	drug m	drog u	narkotyk m	droga f	dróg
caminho m	weg m	väg u	—	cesta f	út
droga f	drug m	drog u	narkotyk m	—	dróg
caminho de desvio m	omweg m	omväg u	—	oklika f	kerülő út
—	drogisterij f	apotek n	drogeria f	drogerie f	illatszerbolt
droga f	drug m	drog u	narkotyk m	droga f	dróg
secar	—	torka	suszyć	sušit <ususit>	megszárít
drogaria f	drogisterij f	apotek n	—	drogerie f	illatszerbolt
drogaria f	drogisterij f	apotek n	drogeria f	drogerie f	illatszerbolt
drogaria f	drogisterij f	apotek n	drogeria f	—	illatszerbolt
drogaria f	drogisterij f	apotek n	drogeria f	drogerie f	illatszerbolt

drogi 292

	D	E	F	I	ES
drogi (PL)	teuer	expensive	cher (chère)	caro(a)	caro(a)
drogisterij (NL)	Drogerie f	chemist's	droguerie f	drogheria f	droguería f
drogue (F)	Droge f	drug	—	droga f	droga f
droguería (ES)	Drogerie f	chemist's	droguerie f	drogheria f	—
droguerie (F)	Drogerie f	chemist's	—	drogheria f	droguería f
droit[1] (F)	Jura	law	—	giurisprudenza f	derecho m
droit[2] (F)	Recht n	right	—	diritto m	derecho m
droit(e)[1] (F)	aufrecht	upright	—	diritto(a)	derecho(a)
droit(e)[2] (F)	gerade	straight	—	diritto(a)	derecho(a)
drôle (F)	komisch	funny	—	comico(a)	cómico(a)
dröm (SV)	Traum m	dream	rêve m	sogno m	sueño m
dromen (NL)	träumen	dream	rêver	sognare	soñar
drömma (SV)	träumen	dream	rêver	sognare	soñar
dronken (NL)	betrunken	drunk	ivre	ubriaco(a)	borracho(a)
droog (NL)	trocken	dry	sec(sèche)	asciutto(a)	seco(a)
droom (NL)	Traum m	dream	rêve m	sogno m	sueño m
droppa (SV)	tropfen	drip	goutter	gocciolare	gotear
drót (H)	Draht m	wire	fil de fer m	filo metallico m	alambre m
drown (E)	ertrinken	—	noyer, se	annegare	ahogarse
drüben (D)	—	over there	de l'autre côté	dall'altra parte	al otro lado
drůbež (CZ)	Geflügel n	poultry	volaille f	volatili m/pl	aves f/pl
drücken (D)	—	press	presser	premere	apretar
drug[1] (E)	Droge f	—	drogue f	droga f	droga f
drug[2] (E)	Medikament n	—	médicament m	medicamento m	medicamento m
drug (NL)	Droge f	drug	drogue f	droga f	droga f
druh[1] (CZ)	Art f	way	manière f	modo m	manera f
druh[2] (CZ)	Art f	species	espèce f	specie f	especie f
druh[3] (CZ)	Lebensgefährte m	companion	compagnon m	coniuge m/f	compañero de la vida m
druif (NL)	Traube f	grape	grappe f	uva f	uva f
drukken (NL)	drücken	press	presser	premere	apretar
drunk (E)	betrunken	—	ivre	ubriaco(a)	borracho(a)
drunkna (SV)	ertrinken	drown	noyer, se	annegare	ahogarse
druppelen (NL)	tropfen	drip	goutter	gocciolare	gotear
drut (PL)	Draht m	wire	fil de fer m	filo metallico m	alambre m
druva (SV)	Traube f	grape	grappe f	uva f	uva f
drużyna (PL)	Mannschaft f	team	équipe f	squadra f	equipo m
dry (E)	trocken	—	sec(sèche)	asciutto(a)	seco(a)
dry (E)	trocknen	—	sécher	asciugare	secar
dryck (SV)	Getränk n	dink	boisson f	bevanda f	bebida f
drżeć (PL)	zittern	tremble	trembler	tremare	temblar
držet <podržet> (CZ)	halten	hold	tenir	tenere	tener
drzewo (PL)	Baum m	tree	arbre m	albero m	árbol m
drzwi (PL)	Tür f	door	porte f	porta f	puerta f
drzý (CZ)	frech	cheeky	insolent(e)	sfacciato(a)	atrevido(a)
du (D)	—	you	tu	tu	tú
du (SV)	du	you	tu	tu	tú
dua (SV)	duzen	use the familiar form	tutoyer	dare del tu	tutear
dubbel (NL)	doppelt	double	double	doppio(a)	doble
dubbelt (SV)	doppelt	double	double	doppio(a)	doble
dubbio (I)	Zweifel m	doubt	doute m	—	duda f
dubitare (I)	zweifeln	doubt	douter	—	dudar
duch (PL)	Geist m	spirit	esprit m	spirito m	espíritu m
duch (CZ)	Geist m	spirit	esprit m	spirito m	espíritu m
ducha (ES)	Dusche f	shower	douche f	doccia f	—
duche (P)	Dusche f	shower	douche f	doccia f	ducha f

P	NL	SV	PL	CZ	H
caro	duur	dyr	—	drahý	drága
drogaria f	—	apotek n	drogeria f	drogerie f	illatszerbolt
droga f	drug m	drog u	narkotyk m	droga f	drog
drogaria f	drogisterij f	apotek n	drogeria f	drogerie f	illatszerbolt
drogaria f	drogisterij f	apotek n	drogeria f	drogerie f	illatszerbolt
direito m	rechten pl	juridik u	prawo n	právo n	jog
direito m	recht n	rätt u	prawo n	právo n	jog
erecto	rechtop	upprätt	prosty	vzpřímeně	egyenes
direito	recht	rak	właśnie	právě	éppen
cómico	komiek	konstig	komiczny	směšný	furcsa
sonho m	droom m	—	sen m	sen m	álom
sonhar	—	drömma	śnić	snívat <snít>	álmodik
sonhar	dromen	—	śnić	snívat <snít>	álmodik
embriagado	—	berusad	pijany	opilý	részeg
seco	—	torr	suchy	suchý	száraz
sonho m	—	dröm u	sen m	sen m	álom
gotejar	druppelen	—	kapać	kapat <kápnout>	csepeg
arame m	draad m	tråd u	drut m	drát m	—
afogar-se	verdrinken	drunkna	tonąć <utonąć>	topit se <utopit se>	vízbe fullad
além	aan de overkant	på andra sidan	po tamtej stronie	na druhé straně	odaát
aves f/pl	gevogelte n	fjäderfä n/fågel u	drób m	—	baromfi
premir	drukken	trycka	uciskać <ucisnąć>	tisknout <stisknout>	nyom
droga f	drug m	drog u	narkotyk m	droga f	drog
medicamento m	medicament n	medikament n	lek m	lék m	gyógyszer
droga f	—	drog u	narkotyk m	droga f	drog
maneira f	aard m	sätt n	rodzaj m	—	mód
espécie f	soort m	slag n	gatunek m	—	faj
companheiro de vida m	levensgezel m	partner u	towarzysz życia m	—	élettárs
uva f	—	druva u	winogrono n	hrozen m	szőlő
premir	drukken	trycka	uciskać <ucisnąć>	tisknout <stisknout>	nyom
embriagado	dronken	berusad	pijany	opilý	részeg
afogar-se	verdrinken	—	tonąć <utonąć>	topit se <utopit se>	vízbe fullad
gotejar	—	droppa	kapać	kapat <kápnout>	csepeg
arame m	draad m	tråd u	—	drát m	drót
uva f	druif f	—	winogrono n	hrozen m	szőlő
equipa f	ploeg f	manskap n	—	mužstvo n	csapat
seco	droog	torr	suchy	suchý	száraz
secar	drogen	torka	suszyć	sušit <usušit>	megszárít
bebida f	drankje n	—	napój m	nápoj m	ital
tremer	rillen	darra	—	chvět, se <zachvět, se>	reszket
segurar	houden	hålla	trzymać	—	tart
árvore f	boom m	träd n	—	strom m	fa
porta f	deur f	dörr u	—	dveře pl	ajtó
insolente	brutaal	fräck	bezczelny	—	szemtelen
tu	jij	du	ty	ty	te
tu	jij	—	ty	ty	te
tratar por tu	met "jij" aanspreken	—	mówić per ty	tykat	tegez
em duplicado	—	dubbelt	podwójny	dvojitě	dupla
em duplicado	dubbel	—	podwójny	dvojitě	dupla
dúvida f	twijfel m	tvivel n	wątpliwość f	pochyba f	kétség
duvidar	twijfelen	tvivla	wątpić	pochybovat <zapochybovat>	kételkedik
espírito m	geest m	ande u	—	duch m	szellem
espírito m	geest m	ande u	duch m	—	szellem
duche m	douche m	dusch u	prysznic m	sprcha f	zuhanyozó
—	douche m	dusch u	prysznic m	sprcha f	zuhanyozó

důchod

	D	E	F	I	ES
důchod (CZ)	Ruhestand m	retirement	retraite f	pensione f	retiro m
duck (E)	Ente f	—	canard m	anatra f	pato m
duda (ES)	Zweifel m	doubt	doute m	dubbio m	—
duda (H)	Hupe f	horn	klaxon m	clacson m	bocina f
dudar (ES)	zweifeln	doubt	douter	dubitare	—
due to (E)	wegen	—	à cause de	a causa di	a causa de
Duft (D)	—	scent	odeur f	profumo m	aroma m
dugaszolóaljzat (H)	Steckdose f	socket	prise électrique f	presa f	enchufe m
dugóhúzó (H)	Korkenzieher m	corkscrew	tire-bouchon m	cavatappi m	sacacorchos m
düh (H)	Wut f	anger	colère f	rabbia f	rabia f
duha (CZ)	Regenbogen m	rainbow	arc-en-ciel m	arcobaleno m	arco iris m
dühös (H)	wütend	furious	furieux(euse)	arrabbiato(a)	furioso(a)
duidelijk (NL)	deutlich	clear	clair(e)	chiaro(a)	claro(a)
duiken (NL)	tauchen	dive	plonger	immergere	bucear
duisternis (NL)	Finsternis f	darkness	obscurité f	buio m	oscuridad f
Duitsland (NL)	Deutschland n	Germany	Allemagne f	Germania f	Alemania f
důkladně (CZ)	gründlich	thorough	à fond	a fondo	a fondo
dulce¹ (ES)	sanft	gentle	doux(douce)	dolce	—
dulce² (ES)	süß	sweet	sucré(e)	dolce	—
důležitý (CZ)	wichtig	important	important(e)	importante	importante
dum (SV)	dumm	stupid	bête	stupido(a)	tonto(a)
dům (CZ)	Haus n	house	maison f	casa f	casa f
dumm (D)	—	stupid	bête	stupido(a)	tonto(a)
dumny (PL)	stolz	proud	fier(-ère)	orgoglioso(a)	orgulloso(a)
dun (NL)	dünn	thin	mince	magro(a)	delgado(a)/fino(a)
d'une part (F)	einerseits	on one hand	—	da un lato	por un lado
dunkel (D)	—	dark	sombre	scuro(a)	oscuro(a)
dünn (D)	—	thin	mince	magro(a)	delgado(a)/fino(a)
dunque/quindi (I)	also	therefore	donc	—	así
dupla (H)	doppelt	double	double	doppio(a)	doble
durable (E)	haltbar	—	résistant(e)	durevole	duradero(a)
duração (P)	Dauer f	duration	durée f	durata f	duración f
duración (ES)	Dauer f	duration	durée f	durata f	—
duradero(a) (ES)	haltbar	durable	résistant(e)	durevole	—
durante (I)	während	during	pendant	—	durante
durante (ES)	während	during	pendant	durante	—
durante (P)	während	during	pendant	durante	durante
durar (ES)	dauern	last	durer	durare	—
durar (P)	dauern	last	durer	durare	durar
durare (I)	dauern	last	durer	—	durar
durata (I)	Dauer f	duration	durée f	—	duración f
duration (E)	Dauer f	—	durée f	durata f	duración f
durcheinander (D)	—	in a muddle	pêle-mêle	sottosopra	en desorden
Durcheinander (D)	—	confusion	désordre m	confusione f	confusión f
durchschnittlich (D)	—	average	moyen(ne)	medio(a)	medio(a)
dur(e) (F)	hart	hard	—	duro(a)	duro(a)
durée (F)	Dauer f	duration	—	durata f	duración f
duren (NL)	dauern	last	durer	durare	durar
durer (F)	dauern	last	—	durare	durar
durevole (I)	haltbar	durable	résistant(e)	—	duradero(a)
dürfen (D)	—	be allowed	avoir le droit	potere	poder
during (E)	während	—	pendant	durante	durante
durny (PL)	doof	daft	bête	scemo(a)	estúpido(a)
duro¹ (P)	hart	hard	dur(e)	duro(a)	duro(a)

P	NL	SV	PL	CZ	H
reforma f	pensioen n	pension u	stan spoczynku m	—	nyugállomány
pato m	eend f	anka u	kaczka f	kachna f	kacsa
dúvida f	twijfel m	tvivel n	wątpliwość f	pochyba f	kétség
buzina f	claxon m	signalhorn n	klakson m	houkačka f	—
duvidar	twijfelen	tvivla	wątpić	pochybovat <zapochybovat>	kételkedik
por causa de	wegens	på grund av	z powodu	kvůli	miatt
aroma m	geur m	doft u	zapach m	vůně f	illat
tomada f de corrente	stopcontact n	stickuttag n	gniazdko n	zásuvka f	—
saca-rolhas m	kurkentrekker m	korkskruv u	korkociąg m	vývrtka f	—
raiva f	woede f	ilska u	złość f	vztek m	—
arco-íris m	regenboog m	regnbåge u	tęcza f	—	szivárvány
raivoso	woedend	rasande	rozzłoszczony	vzteklý	—
nítido	—	tydlig	wyraźny	výrazně	világos
mergulhar	—	dyka	zanurzać się	potápět <potopit>	alámerül
escuridão f	—	mörker u	ciemności f/pl	temno n	sötétség
Alemanha	—	Tyskland	Niemcy pl	Německo n	Németország
exaustivo	grondig	grundligt	dokładny	—	alapos
macio	zacht	mild	łagodny	jemný	enyhe
doce f	zoet	söt	słodki	sladký	édes
importante	belangrijk	viktig	ważny	—	fontos
parvo	dom	—	głupi	hloupý	buta
casa f	huis n	hus n	dom m	—	ház
parvo	dom	dum	głupi	hloupý	buta
orgulhoso	trots	stolt	—	hrdý	büszke
magro	—	tunn	cienki	tenký	vékony
por um lado	enerzijds	å ena sidan	z jednej strony	na jedné straně	egyrészt
escuro	donker	mörk	ciemno	tmavý	sötét
magro	dun	tunn	cienki	tenký	vékony
assim	dus	alltså	więc	tedy	tehát
em duplicado	dubbel	dubbelt	podwójny	dvojitě	—
que se pode conservar	houdbaar	slitstark	trwały	trvanlivý	tartós
—	duur f	tidsperiod u	trwanie n	trvání n	időtartam
duração f	duur f	tidsperiod u	trwanie n	trvání n	időtartam
que se pode conservar	houdbaar	slitstark	trwały	trvanlivý	tartós
durante	gedurende	under tiden	podczas	během	közben
durante	gedurende	under tiden	podczas	během	közben
—	gedurende	under tiden	podczas	během	közben
durar	duren	hålla på	trwać	trvat	eltart
—	duren	hålla på	trwać	trvat	eltart
durar	duren	hålla på	trwać	trvat	eltart
duração f	duur f	tidsperiod u	trwanie n	trvání n	időtartam
duração f	duur f	tidsperiod u	trwanie n	trvání n	időtartam
em desordem	door elkaar	i en enda röra	bezładnie	v nepořádku	összevissza
confusão f	verwarring f	villervalla u	bałagan m	nepořádek m	összevisszaság
médio	gemiddeld	genomsnittlig	przeciętny	průměrně	átlagban/átlagos
duro	hard	hård	twardy	tvrdý	kemény
duração f	duur f	tidsperiod u	trwanie n	trvání n	időtartam
durar	—	hålla på	trwać	trvat	eltart
durar	duren	hålla på	trwać	trvat	eltart
que se pode conservar	houdbaar	slitstark	trwały	trvanlivý	tartós
poder	mogen	få	wolno	smět	szabad
durante	gedurende	under tiden	podczas	během	közben
estúpido	dom	fånig	—	hloupý	ostoba
—	hard	hård	twardy	tvrdý	kemény

duro

	D	E	F	I	ES
duro² (P)	zäh	tough	coriace	duro(a)	duro(a)
duro(a)¹ (I)	hart	hard	dur(e)	—	duro(a)
duro(a)² (I)	zäh	tough	coriace	—	duro(a)
duro(a)¹ (ES)	hart	hard	dur(e)	duro(a)	—
duro(a)² (ES)	zäh	tough	coriace	duro(a)	—
Durst (D)	—	thirst	soif f	sete f	sed f
durstig (D)	—	thirsty	assoiffé(e)	assetato(a)	tener sed
durva¹ (H)	grob	coarse	grossier(ière)	rozzo(a)	tosco(a)
durva² (H)	rau	rough	rêche	ruvido(a)	rudo(a)
durva³ (H)	roh	raw	cru(e)	crudo(a)	crudo(a)
dus (NL)	also	therefore	donc	dunque/quindi	así
dusch (SV)	Dusche f	shower	douche f	doccia f	ducha f
Dusche (D)	—	shower	douche f	doccia f	ducha f
dussin (SV)	Dutzend n	dozen	douzaine f	dozzina f	docena f
dustbin (E)	Mülleimer m	—	poubelle f	pattumiera m	cubo de basura m
duty (E)	Pflicht f	—	devoir m	dovere m	obligación f
dutý (CZ)	hohl	hollow	creux(euse)	cavo(a)	hueco(a)
Dutzend (D)	—	dozen	douzaine f	dozzina f	docena f
duur (NL)	Dauer f	duration	durée f	durata f	duración f
duur (NL)	teuer	expensive	cher (chère)	caro(a)	caro(a)
důvěra (CZ)	Vertrauen n	confidence	confiance f	fiducia f	confianza f
důvěřovat (CZ)	vertrauen	trust	avoir confiance	fidarsi	confiar
dúvida (P)	Zweifel m	doubt	doute m	dubbio m	duda f
duvidar (P)	zweifeln	doubt	douter	dubitare	dudar
důvod (CZ)	Grund m	reason	raison f	causa f	causa f
duzen (D)	—	use the familiar form	tutoyer	dare del tu	tutear
dúzia (P)	Dutzend n	dozen	douzaine f	dozzina f	docena f
dużo (PL)	viel	a lot of	beaucoup de	molto(a)	mucho(a)
duży (PL)	groß	big/large	grand(e)	grande	grande
duzzadt (H)	geschwollen	swollen	enflé(e)	gonfio(a)	hinchado(a)
DVD (D)	—	dvd	dvd m	DVD m	dvd m
dvd (E)	DVD f	—	dvd m	DVD m	dvd m
dvd (F)	DVD f	dvd	—	DVD m	dvd m
DVD (I)	DVD f	dvd	dvd m	—	dvd m
dvd (ES)	DVD f	dvd	dvd m	DVD m	—
DVD (P)	DVD f	dvd	dvd m	DVD m	dvd m
dvd (NL)	DVD f	dvd	dvd m	DVD m	dvd m
dvd (SV)	DVD f	dvd	dvd m	DVD m	dvd m
DVD (CZ)	DVD f	dvd	dvd m	DVD m	dvd m
DVD (H)	DVD f	dvd	dvd m	DVD m	dvd m
dveře (CZ)	Tür f	door	porte f	porta f	puerta f
dvojitě (CZ)	doppelt	double	double	doppio(a)	doble
dvůr (CZ)	Hof m	courtyard	cour f	cortile m	patio m
dwaling (NL)	Irrtum m	mistake	erreur f	errore m	error m
dwars (NL)	quer	across	en travers	di traverso	a través de
dwingen (NL)	zwingen	force	forcer	costringere	obligar
dworzec (PL)	Bahnhof m	station	gare f	stazione f	estación f
dworzec główny (PL)	Hauptbahnhof m	main station	gare centrale f	stazione centrale f	estación central f
dýchat (CZ)	atmen	breathe	respirer	respirare	respirar
dye (E)	färben	—	colorer	tingere	colorear
dyka (SV)	tauchen	dive	plonger	immergere	bucear
dym (PL)	Rauch m	smoke	fumée f	fumo m	humo m
dymić (PL)	rauchen	smoke	fumer	fumare	fumar
dyr (SV)	teuer	expensive	cher (chère)	caro(a)	caro(a)
dyrektor (PL)	Direktor m	director	directeur m	direttore m	director m

dyrektor

P	NL	SV	PL	CZ	H
—	taai	seg	ciągnący się	houževnatý	szívós
duro	hard	hård	twardy	tvrdý	kemény
duro	taai	seg	ciągnący się	houževnatý	szívós
duro	hard	hård	twardy	tvrdý	kemény
duro	taai	seg	ciągnący się	houževnatý	szívós
sede f	dorst m	törst u	pragnie n	žízeň f	szomjúság
ter sede	dorstig	törstig	spragniony	žíznivý	szomjas
grosso	grof	grov	z grubsza	hrubý	—
áspero	ruig	rå	szorstki	hrubý	—
cru	rauw	rå	surowy	syrový	—
assim	—	alltså	więc	tedy	tehát
duche m	douche m	—	prysznic m	sprcha f	zuhanyozó
duche m	douche m	dusch u	prysznic m	sprcha f	zuhanyozó
dúzia f	dozijn n	—	tuzin m	tucet m	tucat
balde do lixo m	vuilnisemmer m	sophink u	kubeł na śmieci m	nádoba na odpadky f	szemetesvödör
dever m	plicht f	plikt u	obowiązek m	povinnost f	kötelesség
oco	hol	ihålig	pusty	—	üres
dúzia f	dozijn n	dussin n	tuzin m	tucet m	tucat
duração f	—	tidsperiod u	trwanie n	trvání n	időtartam
caro	—	dyr	drogi	drahý	drága
confiança f	vertrouwen n	förtroende n	zaufanie n	—	bizalom
confiar	vertrouwen	lita på	ufać	—	megbízik
—	twijfel m	tvivel n	wątpliwość f	pochyba f	kétség
—	twijfelen	tvivla	wątpić	pochybovat <zapochybovat>	kételkedik
motivo m	reden f	anledning u	powód m	—	ok
tratar por tu	met "jij" aanspreken	dua	mówić per ty	tykat	tegez
—	dozijn n	dussin n	tuzin m	tucet m	tucat
muito	veel	mycket	—	mnoho	sok
grande	groot	stor	—	velký	nagy
inchado	gezwollen	svullen	spuchnięty	nateklý	—
DVD m	dvd m	dvd u	płyta DVD f	DVD n	DVD
DVD m	dvd m	dvd u	płyta DVD f	DVD n	DVD
DVD m	dvd m	dvd u	płyta DVD f	DVD n	DVD
DVD m	dvd m	dvd u	płyta DVD f	DVD n	DVD
DVD m	dvd m	dvd u	płyta DVD f	DVD n	DVD
—	dvd m	dvd u	płyta DVD f	DVD n	DVD
DVD m	—	dvd u	płyta DVD f	DVD n	DVD
DVD m	dvd m	—	płyta DVD f	DVD n	DVD
DVD m	dvd m	dvd u	płyta DVD f	—	DVD
DVD m	dvd m	dvd u	płyta DVD f	DVD n	—
porta f	deur f	dörr u	drzwi n	—	ajtó
em duplicado	dubbel	dubbelt	podwójny	—	dupla
pátio m	erf n	gård u	podwórze n	—	tanya
engano m	—	misstag n	błąd m	omyl m	tévedés
transversal	—	tvärs	w poprzek	napříč	keresztben
obrigar	—	tvinga	zmuszać	nutit <donutit>	kényszerít
estação de comboios f	station n	järnvägsstation u	—	nádraží n	pályaudvar
estação central f	centraal station n	centralstation u	—	hlavní nádraží n	főpályaudvar
respirar	ademen	andas	oddychać	—	lélegzik
colorir	verven	färga	farbować <ufarbować>	barvit <zbarvit>	befest
mergulhar	duiken	—	zanurzać się	potápět <potopit>	alámerül
fumo m	rook m	rök u	—	kouř m	füst
fumar	roken	röka	—	kouřit	dohányzik
caro	duur	—	drogi	drahý	drága
director m	directeur m	direktör u	—	ředitel m	igazgató

dyskoteka

	D	E	F	I	ES
dyskoteka (PL)	Diskothek f	discotheque	discothèque f	discoteca f	discoteca f
dzban (PL)	Krug m	jug	cruche f	brocca f	jarro m
džbán (CZ)	Krug m	jug	cruche f	brocca f	jarro m
dziać, się (PL)	geschehen	happen	arriver	accadere	ocurrir
dziadek (PL)	Großvater m	grandfather	grand-père m	nonno m	abuelo m
dziadkowie (PL)	Großeltern pl	grandparents	grands-parents m/pl	nonni m/pl	abuelos m/pl
działać (PL)	handeln	act	agir	agire	actuar
działanie (PL)	Wirkung f	effect	effet m	effetto m	efecto m
dzieciństwo (PL)	Kindheit f	childhood	enfance f	infanzia f	niñez f
dziecko (PL)	Kind n	child	enfant m	bambino m	niño m
dziedziczyć (PL)	vererben	bequeath	léguer	lasciare in eredità	transmitir hereditariamente
dziedziczyć <odziedziczyć> (PL)	erben	inherit	hériter	ereditare	heredar
dziękować <podziękować>¹ (PL)	bedanken, sich	say thank you	remercier	ringraziare	agradecer algo
dziękować <podziękować>² (PL)	danken	thank	remercier	ringraziare	agradecer
dziękuję (PL)	danke	thank you	merci	grazie	gracias
dzielić (PL)	teilen	share	partager	dividere	dividir
dzielnica (PL)	Viertel n	district	quartier m	quartiere m	barrio m
dzielny (PL)	tapfer	brave	courageux(–euse)	coraggioso(a)	valiente
dzień (PL)	Tag m	day	jour m	giorno m	día m
dzień świąteczny (PL)	Feiertag m	holiday	jour férié m	giorno festivo m	día de fiesta m
dzień urodzin (PL)	Geburtstag m	birthday	anniversaire m	compleanno m	cumpleaños m
dziewczynka (PL)	Mädchen n	girl	fille f	ragazza f	chica f
dziki (PL)	wild	wild	sauvage	selvatico(a)	salvaje
dzisiaj (PL)	heute	today	aujourd'hui	oggi	hoy
dziwić, się <zdziwić, się> (PL)	staunen	be astonished	étonner, s'	stupirsi	asombrarse
dziwny¹ (PL)	merkwürdig	strange	curieux(euse)	curioso(a)	curioso(a)
dziwny² (PL)	seltsam	strange	bizarre	strano(a)	extraño(a)
dźwięk (PL)	Geräusch n	sound	bruit m	rumore m	ruido m
dzwon (PL)	Glocke f	bell	cloche f	campana f	campana f
dzwonek (PL)	Klingel f	bell	sonnette f	campanello m	timbre m
dzwonić <zadzwonić> (PL)	klingeln	ring the bell	sonner	suonare	tocar el timbre
e (I)	und	and	et	—	y
e (P)	und	and	et	e	y
each/every (E)	jede(r,s)	—	chaque	ogni, ognuno	cada
each time (E)	jedes Mal	—	chaque fois	ogni volta	cada vez
eagle (E)	Adler m	—	aigle m	aquila f	àguila f
ear (E)	Ohr n	—	oreille f	orecchio m	oreja f
earache (E)	Ohrenschmerzen pl	—	mal d'oreilles m	mal d'orecchi m	dolor de oídos m
earlier (E)	früher	—	autrefois	prima	antes
early (E)	früh	—	tôt	presto	temprano(a)
earn (E)	verdienen	—	gagner	guadagnare	ganar
earth (E)	Erde f	—	terre f	terra f	tierra f
earthquake (E)	Erdbeben n	—	tremblement de terre m	terremoto m	terremoto m
east (E)	Osten m	—	est m	est m	este m
Easter (E)	Ostern n	—	Pâques f/pl	Pasqua f	Pascuas f/pl
easy (E)	leicht	—	facile	semplice	sencillo(a)
eat¹ (E)	essen	—	manger	mangiare	comer
eat² (E)	fressen	—	bouffer	mangiare	devorar
eatable (E)	essbar	—	mangeable	commestibile	comestible
eau (F)	Wasser n	water	—	acqua f	agua f
eau-de-vie (F)	Schnaps m	spirits	—	acquavite f	aguardiente m

eau-de-vie

P	NL	SV	PL	CZ	H
discoteca f	discotheek f	diskotek n	—	diskotéka f	diszkó
cântaro m	kruik f	kanna u	—	džbán m	korsó
cântaro m	kruik f	kanna u	dzban m	—	korsó
acontecer	gebeuren	hända	—	stávat, se <stát, se>	történik
avô m	grootvader m	farfar/morfar u	—	dedeček m	nagyapa
avós m/pl	grootouders pl	farföräldrar/morföräldrar pl	—	prarodiče pl	nagyszülők
agir	handelen	handla	—	jednat <ujednat>	cselekszik
efeito m	effect n	verkan u	—	účinek m	hatás
infância f	kinderjaren n/pl	barndom u	—	dětství n	gyermekkor
criança f	kind n	barn n	—	dítě n	gyermek
herdar	nalaten	gå i arv	—	odkazovat <odkázat>	örökül hagy
herdar	erven	ärva	—	dědit <zdědit>	örököl
agradecer	danken; bedanken	tacka	—	děkovat <poděkovat>	megköszön
agradecer	danken	tacka	—	děkovat <poděkovat>	megköszön
obrigado	bedankt	tack	—	děkuji	köszönöm!
partir	delen	dela	—	dělit <rozdělit>	oszt
bairro m	wijk f	kvarter n	—	čtvrť f	negyed
valente	dapper	tapper	—	statečný	bátor
dia f	dag m	dag u	—	den m	nap
feriado m	feestdag m	helgdag u	—	svátek m	ünnepnap
aniversário m	verjaardag m	födelsedag u	—	narozeniny pl	születésnap
menina f	meisje n	tjej u	—	děvče n	kislány
selvagem	wild	vild	—	divoký	vad
hoje	vandaag	idag	—	dnes	ma
admirar-se	verbaasd zijn	bli förvånad	—	divit, se <podivit, se>	csodálkozik
estranho	vreemd	märkvärdig	—	podivný	furcsa
estranho	vreemd	märkligt	—	zvláštní	furcsa
ruído m	geruis n	buller n	—	zvuk m	zörej
sino m	klok f	klocka u	—	zvon m	harang
campainha f	bel f	ringklocka u	—	zvonek m	csengő
tocar	bellen	ringa på	—	zvonil <zazvonit>	csönget
e	en	och	i	a	és
—	en	och	i	a	és
cada	ieder(e)	varje	każda, każdy, każde	každý každá každé	minden
cada vez	telkens	varje gång	za każdym razem	pokaždé	minden alkalommal
águia f	adelaar m	örn u	orzeł m	orel m	sas
orelha f	oor n	öra n	ucho n	ucho n	fül
dores de ouvido f/pl	oorpijn f	ont i öronen	ból uszu m	bolesti ucha f/pl	fülfájás
mais cedo	vroeger	förr	dawniej	dříve	korábban
cedo	vroeg	tidig	wcześnie	brzy	korán
ganhar	verdienen	förtjäna	zarabiać	vydělávat <vydělat>	keres
terra f	aarde f	jord u	ziemia f	země f	föld
terramoto m	aardbeving f	jordbävning u	trzęsienie ziemi n	zemětřesení n	földrengés
leste m	oosten n	öster	wschód m	východ m	kelet
Páscoa f	Pasen m	påsk u	Wielkanoc f	Velikonoce pl	húsvét
fácil	gemakkelijk	enkelt	łatwy	snadný	könnyű
comer	eten	äta	jeść <zjeść>	jíst <sníst>	eszik
devorar	vreten	äta	żreć <zeżreć>	žrát <sežrat>	zabál
comestível	eetbaar	ätbar	jadalny	jedlý	ehető
água f	water n	vatten n	woda f	voda f	víz
aguardente f	borrel m	snaps u	wódka f	kořalka f	pálinka

eau minérale

	D	E	F	I	ES
eau minérale (F)	Mineralwasser n	mineral water	—	acqua minerale f	agua mineral f
eaux (F)	Gewässer n	waters	—	acque f/pl	aguas f/pl
eb (NL)	Ebbe f	low tide	marée basse f	bassa marea f	marea baja f
ebb (SV)	Ebbe f	low tide	marée basse f	bassa marea f	marea baja f
Ebbe (D)	—	low tide	marée basse f	bassa marea f	marea baja f
ebéd (H)	Mittagessen n	lunch	déjeuner m	pranzo m	almuerzo m
ebédlő (H)	Esszimmer n	dining room	salle à manger f	sala da pranzo f	comedor m
ebenfalls (D)	—	likewise	aussi	altrettanto	también
ebreo (I)	Jude m	Jew	juif m	—	judío m
ébreszt (H)	wecken	wake (up)	réveiller	svegliare	despertar
ébresztőóra (H)	Wecker m	alarm clock	réveil m	sveglia f	despertador m
eccellente (I)	ausgezeichnet	excellent	excellent(e)	—	excelente
eccellente (I)	hervorragend	excellent	excellent(e)	—	extraordinario(a)
eccetto (I)	ausgenommen	except	excepté	—	excepto
eccetto (I)	außer	except	hors de	—	salvo
eccezione (I)	Ausnahme f	exception	exception f	—	excepción f
eccitante (I)	aufregend	exciting	énervant(e)	—	emocionante
eccitato(a) (I)	aufgeregt	excited	agité(e)	—	excitado(a)
ecet (H)	Essig m	vinegar	vinaigre m	aceto m	vinagre m
échange (F)	Austausch m	exchange	—	scambio m	cambio m
échanger[1] (F)	austauschen	exchange	—	scambiare	cambiar
échanger[2] (F)	umtauschen	exchange	—	scambiare	cambiar
échanger[3] (F)	vertauschen	exchange	—	scambiare	cambiar
échapper (F)	entkommen	escape	—	scappare	escapar
échapper, s' (F)	fliehen	flee	—	scappare	huir
echar (ES)	einwerfen	post	poster	imbucare	—
echar de menos (ES)	vermissen	miss	manquer	sentire la mancanza	—
écharpe (F)	Schal m	scar	—	sciarpa f	bufanda f
echar/verter (ES)	eingießen	pour	verser	versare	—
échec (F)	Misserfolg m	failure	—	insuccesso m	fracaso m
échelle (F)	Leiter f	ladder	—	scala f	escalera f
echt (D)	—	genuine	vrai(e)	vero(a)	verdadero(a)
echt[1] (NL)	echt	genuine	vrai(e)	vero(a)	verdadero(a)
echt[2] (NL)	wirklich	real	réel(le)	reale	real
echter (NL)	jedoch	however	cependant	tuttavia	sin embargo
Ecke (D)	—	corner	coin m	angolo m	esquina f
éclair (F)	Blitz m	lightning	—	lampo m	rayo m
éclairage (F)	Beleuchtung f	lightning	—	illuminazione f	iluminación f
éclairer (F)	beleuchten	illuminate	—	illuminare	iluminar
éclater (F)	platzen	burst	—	scoppiare	reventar
école (F)	Schule f	school	—	scuola f	escuela f
économe (F)	sparsam	economical	—	parsimonioso(a)	económico(a)
economical (E)	sparsam	—	économe	parsimonioso(a)	económico(a)
económico(a)[1] (ES)	preiswert	inexpensive	bon marché	conveniente	—
económico(a)[2] (ES)	sparsam	economical	économe	parsimonioso(a)	—
écouter (F)	zuhören	listen	—	ascoltare	escuchar
écrevisse (F)	Krebs m	crayfish	—	gambero m	cangrejo m
écrire (F)	schreiben	write	—	scrivere	escribir
écrouler, s' (F)	einstürzen	collapse	—	crollare	derrumbarse
ecset (H)	Pinsel m	brush	pinceau m	pennello m	pincel m
écume (F)	Schaum m	foam	—	schiuma f	espuma f
edad (ES)	Alter n	age	âge m	età f	—
edény (H)	Gefäß n	container	récipient m	recipiente m	recipiente m

edény

P	NL	SV	PL	CZ	H
água mineral f	mineraalwater n	mineralvatten n	woda mineralna f	minerální voda f	ásványvíz
águas f	water n	farvatten n	wody f/pl	vody f/pl	vizek
maré baixa f	—	ebb u	odpływ m	odliv m	apály
maré baixa f	eb f	—	odpływ m	odliv m	apály
maré baixa f	eb f	ebb u	odpływ m	odliv m	apály
almoço m	middagmaal n	middag u	obiad m	oběd m	—
sala de jantar f	eetkamer f	matsal u	jadalnia f	jídelna f	—
igualmente	eveneens	likaså	również	rovněž	szintén
judeu m	jood m	jude u	żyd m	Čid m	zsidó
acordar	wekken	väcka	budzić	budit <vzbudit>	—
despertador m	wekker m	väckarklocka u	budzik m	budík m	—
excelente	uitstekend	förträffligt	znakomicie	vynikající	kitűnő
excelente	uitstekend	framstående	znakomity	vynikající	kitűnő
excepto	uitgezonderd	förutom	z wyjątkiem	vyjma	kivéve
excepto	behalve	utom	oprócz	kromě	kívül
excepção f	uitzondering f	undantag n	wyjątek m	výjimka f	kivétel
emocionante	opwindend	upprörande	emocjonujący	vzrušující	izgalmas
agitado	opgewonden	upprörd	zdenerwowany	rozčíleně	izgatott
vinagre m	azijn m	ättika u	ocet m	ocet m	—
troca f	uitwisseling f	utbyte n	wymiana f	výměna f	csere
trocar	uitwisselen	byta ut	wymieniać <wymienić>	vyměňovat <vyměnit>	kicserél
trocar	ruilen	byta ut	wymieniać	vyměňovat <vyměnit>	kicserél
trocar	verwisselen	förväxla	zamieniać	zaměňovat <zaměnit>	elcserél
escapar	ontkomen	undkomma	zbiegać <zbiec>	unikat <uniknout>	megmenekül
fugir	vluchten	fly	uciekać <uciec>	prchat <uprchnout>	menekül
quebrar	ingooien	kasta in	wrzucać <wrzucić>	vhazovat <vhodit>	bedob
fazer falta	missen	sakna	odczuwać brak	pohřešovat <pohřešit>	hiányol
cachecol m	sjaal m	halsduk u	szal m	šála f	sál
encher	ingieten	hälla i	wlewać <wlać>	nalévat <nalít>	beönt
fracasso m	mislukking f	motgång u	niepowodzenie n	neúspěch m	kudarc
escadote m	ladder f	stege u	drabina f	žebřík m	létra
autêntico	echt	äkta	prawdziwy	pravý	valódi
autêntico	—	äkta	prawdziwy	pravý	valódi
realmente	—	verklig	rzeczywiście	opravdu	igazi
porém	—	däremot	jednak	ale	de
esquina f	hoek m	hörn n	róg m	roh m	sarok
relâmpago m	bliksem m	blixt u	piorun m	blesk m	villám
iluminação f	verlichting f	belysning u	oświetlenie n	osvětlení n	kivilágítás
iluminar	verlichten	belysa	oświetlać <oświetlić>	osvětlovat <osvětlit>	kivilágít
rebentar	barsten	spricka	pękać <pęknąć>	praskat <prasknout>	kipukkad
escola f	school f	skola u	szkoła f	škola f	iskola
poupado	spaarzaam	sparsam	oszczędny	spořivý	takarékos
poupado	spaarzaam	sparsam	oszczędny	spořivý	takarékos
barato	goedkoop	prisvärd	niedrogi	výhodný (cenově)	jutányos
poupado	spaarzaam	sparsam	oszczędny	spořivý	takarékos
escutar	luisteren	lyssna	przysłuchiwać się	poslouchat <poslechnout>	hallgat
caranguejo m	kreeft m	kräfta u	rak m	rak m	rák
escrever	schrijven	skriva	pisać <napisać>	psát <napsat>	ír
derrubar	instorten	störta in	zawalać się <zawalić się>	zřítit se	összeomlik
pincel m	penseel n	pensel u	pędzel m	štětec m	—
espuma f	schuim n	skum n	piana f	pěna f	hab
idade f	ouderdom m	ålder u	wiek m	stáří n	életkor
recipiente m	vat n	kärl n	naczynie n	nádoba f	—

édes

	D	E	F	I	ES
édes (H)	süß	sweet	sucré(e)	dolce	dulce
édesanya (H)	Mutter f	mother	mère f	madre f	madre f
edificio (I)	Gebäude n	building	bâtiment m	—	edificio m
edificio (ES)	Gebäude n	building	bâtiment m	edificio m	—
edifício (P)	Gebäude n	building	bâtiment m	edificio m	edificio m
editar (ES)	herausgeben	publish	éditer	pubblicare	—
éditer (F)	herausgeben	publish	—	pubblicare	editar
educação (P)	Erziehung f	education	éducation f	educazione f	crianza f
educación (ES)	Bildung f	education	éducation f	istruzione f	—
educar (ES)	erziehen	educate	élever	educare	—
educar (P)	erziehen	educate	élever	educare	educar
educare (I)	erziehen	educate	élever	—	educar
educate[1] (E)	ausbilden	—	former	addestrare	instruir
educate[2] (E)	erziehen	—	élever	educare	educar
education[1] (E)	Ausbildung f	—	formation f	formazione f	formación f
education[2] (E)	Bildung f	—	éducation f	istruzione f	educación f
education[3] (E)	Erziehung f	—	éducation f	educazione f	crianza f
éducation[1] (F)	Bildung f	education	—	istruzione f	educación f
éducation[2] (F)	Erziehung f	education	—	educazione f	crianza f
educazione (I)	Erziehung f	education	éducation f	—	crianza f
eend (NL)	Ente f	duck	canard m	anatra f	pato m
eenkleurig (NL)	einfarbig	all one colour	uni(e)	monocolore	de un solo color
een land inreizen (NL)	einreisen	enter	entrer dans un pays	entrare (in un paese)	entrar (en un país)
een of ander (NL)	irgendein(e,r)	some/any	quelconque	qualcuno(a)	cualquier(a)
eenrichtings- verkeer (NL)	Einbahnstraße f	one-way street	rue à sens unique f	senso unico m	calle de dirección única f
eenzaam (NL)	einsam	lonely	solitaire	solitario(a)	solitario(a)
eer (NL)	Ehre f	honour	honneur m	onore m	honor m
eerder (NL)	eher	sooner	plus tôt	prima	antes
eerlijk (NL)	ehrlich	honest	honnête	onesto(a)	honesto(a)
eerst[1] (NL)	erst	first	d'abord	dapprima	primero
eerst[2] (NL)	zuerst	at first	d'abord	dapprima	primero
eetbaar (NL)	essbar	eatable	mangeable	commestibile	comestible
eetkamer (NL)	Esszimmer n	dining room	salle à manger f	sala da pranzo f	comedor m
eetlepel (NL)	Esslöffel m	tablespoon	cuiller f	cucciano m	cuchara f
eetlust (NL)	Appetit m	appetite	appétit m	appetito m	apetito m
eeuw (NL)	Jahrhundert n	century	siècle m	secolo m	siglo m
eeuwig (NL)	ewig	eternal	éternel(le)	eterno(a)	eterno(a)
efecto (ES)	Wirkung f	effect	effet m	effetto m	—
efeito (P)	Wirkung f	effect	effet m	effetto m	efecto m
effect (E)	Wirkung f	—	effet m	effetto m	efecto m
effect (NL)	Wirkung f	effect	effet m	effetto m	efecto m
effective (E)	wirksam	—	efficace	efficace	eficaz
effet (F)	Wirkung f	effect	—	effetto m	efecto m
effetto (I)	Wirkung f	effect	effet m	—	efecto m
efficace (F)	wirksam	effective	—	efficace	eficaz
efficace (I)	wirksam	effective	efficace	—	eficaz
effort (E)	Bemühung f	—	effort m	sforzo m	esfuerzo m
effort (E)	Mühe f	—	peine f	fatica f	esfuerzo m
effort (F)	Bemühung f	effort	—	sforzo m	esfuerzo m
effrayer (F)	erschrecken	frighten	—	spaventare	asustar
eficaz (ES)	wirksam	effective	efficace	efficace	—
eficaz (P)	wirksam	effective	efficace	efficace	eficaz

P	NL	SV	PL	CZ	H
doce f	zoet	söt	słodki	sladký	—
mãe f	moeder f	mor u	matka f	matka f	—
edifício m	gebouw n	byggnad u	budynek m	budova f	épület
edifício m	gebouw n	byggnad u	budynek m	budova f	épület
—	gebouw n	byggnad u	budynek m	budova f	épület
entregar	teruggeven	ge ut	wydawać <wydać>	vydávat <vydat>	visszaad
entregar	teruggeven	ge ut	wydawać <wydać>	vydávat <vydat>	visszaad
—	opvoeding f	uppfostran u	wychowanie n	vychování n	nevelés
formação f	vorming f	bildning u	kształcenie n	vzdělání n	műveltség
educar	opvoeden	uppfostra	wychowywać <wychować>	vychovávat <vychovat>	nevelni
—	opvoeden	uppfostra	wychowywać <wychować>	vychovávat <vychovat>	nevelni
educar	opvoeden	uppfostra	wychowywać <wychować>	vychovávat <vychovat>	nevelni
formar	opleiden	utbilda	kształcić <wykształcić>	vzdělávat <vzdělat>	kiképez
educar	opvoeden	uppfostra	wychowywać <wychować>	vychovávat <vychovat>	nevelni
formação f	opleiding f	utbildning u	wykształcenie n	vzdělání n	kiképzés
formação f	vorming f	bildning u	kształcenie n	vzdělání n	műveltség
educação f	opvoeding f	uppfostran u	wychowanie n	vychování n	nevelés
formação f	vorming f	bildning u	kształcenie n	vzdělání n	műveltség
educação f	opvoeding f	uppfostran u	wychowanie n	vychování n	nevelés
educação f	opvoeding f	uppfostran u	wychowanie n	vychování n	nevelés
pato m	—	anka u	kaczka f	kachna f	kacsa
de uma só cor	—	enfärgad	jednokolorowy	jednobarevný	egyszínű
entrar	—	resa in	przybywać <przybyć>	přicestovat	beutazik
qualquer um(a)	—	någon	jakakolwiek	nějaká	valamilyen
rua de sentido único f	—	enkelriktad gata u	ulica jednokierunkowa f	jednosměrná ulice f	egyirányú útca
solitário	—	ensam	samotny	osamělý	magányos
honra f	—	ära u	honor m	čest f	becsület
antes	—	förr	raczej	spíše	hamarabb
honesto	—	ärlighet u	uczciwy	čestný m	becsületes
primeiro	—	först	najpierw	nejprve	csak
em primeiro lugar	—	först	najpierw	nejprve	először
comestível	—	ätbar	jadalny	jedlý	ehető
sala de jantar f	—	matsal u	jadalnia f	jídelna f	ebédlő
colher da sopa f	—	matsked u	łyżka stołowa f	polévková lžíce f	evőkanál
apetite m	—	appetit u	apetyt m	chuť f	étvágy
século m	—	århundrade n	stulecie n	století n	évszázad
eterno	—	evig	wieczny	věčný	örök
efeito m	effect n	verkan u	działanie n	účinek m	hatás
—	effect n	verkan u	działanie n	účinek m	hatás
efeito m	effect n	verkan u	działanie n	účinek m	hatás
efeito m	—	verkan u	działanie n	účinek m	hatás
eficaz	doeltreffend	verksam	skuteczny	účinný	hatékony
efeito m	effect n	verkan u	działanie n	účinek m	hatás
efeito m	effect n	verkan u	działanie n	účinek m	hatás
eficaz	doeltreffend	verksam	skuteczny	účinný	hatékony
eficaz	doeltreffend	verksam	skuteczny	účinný	hatékony
esforço m	moeite f	ansträngning u	staranie n	snaha f	fáradozás
esforço m	moeite f	ansträngning	trud m	úsilí n	fáradozás
esforço m	moeite f	ansträngning u	staranie n	snaha f	fáradozás
assustar	schrikken	förskräckas	przestraszyć	děsit <vyděsit>	megijed
eficaz	doeltreffend	verksam	skuteczny	účinný	hatékony
—	doeltreffend	verksam	skuteczny	účinný	hatékony

efter

	D	E	F	I	ES
efter¹ (SV)	nach	after/to	après/selon	a/in/verso/dopo	a/hacia/después
efter² (SV)	nach	after	après	dopo	después de
efteråt¹ (SV)	danach	afterwards	après	poi/dopo	después
efteråt² (SV)	nachher	afterwards	ensuite	dopo	después
efterfrågan (SV)	Nachfrage f	demand	demande f	domanda f	demanda f
eftermiddag (SV)	Nachmittag m	afternoon	après-midi m	pomeriggio m	tarde f
efterrätt (SV)	Nachtisch m	dessert	dessert m	dessert m	postre m
eftersända (SV)	nachsenden	send on	faire suivre	inoltrare	enviar a la nueva dirección
ég (H)	brennen	burn	brûler	bruciare	arder
ég (H)	Himmel m	sky	ciel m	cielo m	cielo m
egal (D)	—	all the same	égal(e)	uguale	igual
égal(e)¹ (F)	egal	all the same	—	uguale	igual
égal(e)² (F)	gleich	same	—	identico(a)	idéntico(a)
egenskap (SV)	Eigenschaft f	quality	qualité f	qualità f	cualidad f
egentligen (SV)	eigentlich	actually	en fait	proprio(a)	en realidad
egéralátét (H)	Mauspad n	mouse pad	tapis pour souris m	tappetino del mouse m	alfombrilla de ratón f
egész (H)	ganz	whole	tout(e)	intero(a)	entero(a)
Egészségére! (H)	Prost!	Cheers!	À votre santé!	Salute!	¡Salud!
egészséges (H)	gesund	healthy	sain(e)	sano(a)	sano(a)
egészségtelen (H)	ungesund	unhealthy	malsain(e)	malsano(a)	enfermizo(a)
egg (E)	Ei n	—	œuf m	uovo m	huevo m
église (F)	Kirche f	church	—	chiesa f	iglesia f
egyáltalán (H)	gar	done	cuit(e)	cotto(a)	(estar) a punto
egyébként (H)	übrigens	by the way	d'ailleurs	del resto	por lo demás
egyedül (H)	allein	alone	seul(e)	solo(a)	solo(a)
egyelőre (H)	vorläufig	temporary	provisoire	provvisorio(a)	provisional
egyenes (H)	aufrecht	upright	droit(e)	diritto(a)	derecho(a)
egyenesen (H)	geradeaus	straight ahead	tout droit	dritto(a)	todo derecho
egyenetlen (H)	ungerade	uneven	impair(e)	dispari	impar
egyesület (H)	Verein m	club	association f	associazione f	asociación f
Egyesült Államok (H)	Vereinigte Staaten pl	United States	Etats-Unis m/pl	Stati Uniti m/pl	Estados Unidos m/pl
egyetem (H)	Universität f	university	université f	università f	universidad f
egyetemista (H)	Student m	student	étudiant m	studente m	estudiante m
egyetemre jár (H)	studieren	study	étudier	studiare	estudiar
(egy)harmad (H)	Drittel n	a third	troisième	terzo(a)	tercio m
egyirányú útca (H)	Einbahnstraße f	one-way street	rue à sens unique f	senso unico m	calle de dirección única f
egy kicsit (H)	bisschen	a little	un peu	un po'	un poquito
egyrészt (H)	einerseits	on one hand	d'une part	da un lato	por un lado
egyszerre (H)	gleichzeitig	simultaneous	en même temps	contemporaneo(a)	a la vez
egyszínű (H)	einfarbig	all one colour	uni(e)	monocolore	de un solo color
együtt (H)	zusammen	together	ensemble	insieme	junto
egzamin (PL)	Prüfung f	examination	examen m	esame m	examen m
eher (D)	—	sooner	plus tôt	prima	antes
éhes (H)	hungrig	hungry	affamé(e)	affamato(a)	hambriento(a)
ehető (H)	essbar	eatable	mangeable	commestibile	comestible
Ehre (D)	—	honour	honneur m	onore m	honor m
ehrlich (D)	—	honest	honnête	onesto(a)	honesto(a)
éhség (H)	Hunger m	hunger	faim f	fame f	hambre f
Ei (D)	—	egg	œuf m	uovo m	huevo m
ei (NL)	Ei n	egg	œuf m	uovo m	huevo m
Eifersucht (D)	—	jealousy	jalousie f	gelosia f	celos m/pl
eifrig (D)	—	keen	zélé(e)	diligente	diligente

eifrig

P	NL	SV	PL	CZ	H
para	naar	—	do	po	felé
depois de	na	—	po	po	utan
depois	daarna	—	potem	poté	utána
depois	later	—	potem	potom	utána
procura f	navraag f	—	zapotrzebowanie n	poptávka f	kereslet
tarde f	namiddag m	—	popołudnie n	odpoledne n	délután
sobremesa f	dessert n	—	deser m	moučník m	desszert
remeter	nazenden	—	dosyłac <dosłać>	dosílat <doslat>	utánaküld
queimar	branden	bränna	spalać <spalić>	hořet <shořet>	—
céu m	hemel m	himmel u	niebo n	nebe n	—
igual	om het even/egaal	lika	obojętnie	jedno	mindegy
igual	om het even/egaal	lika	obojętnie	jedno	mindegy
igual	gelijk/hetzelfde/meteen	lika	taki sam	hned	mindjárt
característica f	eigenschap f/hoedanigheid f	—	cecha f	vlastnost f	tulajdonság
na realidade	eigenlijk	—	właściwie	vlastně	tulajdonképpen
mousepad m	muismatje n	musmatta u	podkładka pod mysz f	podložka pod myš f	—
todo	geheel	helt	całkiem	úplně	—
Saúde!	Santé!	Skål!	Na zdrowie!	Na zdraví!	—
saudável	gezond	frisk	zdrowy	zdravý	—
insalubre	ongezond	ohälsosam	niezdrowy	nezdravý	—
ovo m	ei n	ägg n	jajko n	vejce n	tojás
igreja f	kerk f	kyrka u	kościół m	kostel m	templom
bem cozido	gaar	alldeles	ugotowany	dovařený	—
aliás	overigens	förresten	zresztą	ostatně	—
só	alleen	ensam	sam	sám	—
provisório	voorlopig	preliminär	tymczasowy	předběžný	—
erecto	rechtop	upprätt	prosty	vzpřímeně	—
em frente	rechtuit	rakt fram	prosto	přímo	—
ímpar	oneven	udda	nieparzysty	nerovný	—
associação f	vereniging f	förening u	stowarzyszenie n	spolek m	—
Estados Unidos m/pl	Verenigde Staten pl	Förenta staterna pl	Stany Zjednoczone pl	Spojené státy pl	—
universidade f	universiteit f	universitet n	uniwersytet m	univerzita f	—
estudante m	student m	student u	student m	student m	—
estudar	studeren	studera	studiować	studovat <vystudovat>	—
terço m	derde n	tredjedel u	trzecia część f	třetina	—
rua de sentido único f	eenrichtingsverkeer n	enkelriktad gata u	ulica jednokierunkowa f	jednosměrná ulice f	—
bocadinho	beetje	lite	trochę	malinko	—
por um lado	enerzijds	å ena sidan	z jednej strony	na jedné straně	—
simultâneo	gelijktijdig	samtidigt	równocześnie	současně	—
de uma só cor	eenkleurig	enfärgad	jednokolorowy	jednobarevný	—
junto	samen	tillsammans	razem	společně	—
exame m	onderzoek n	kontroll u	—	zkouška f	vizsga
antes	eerder	förr	raczej	spíše	hamarabb
faminto	hongerig	hungrig	głodny	hladový	—
comestível	eetbaar	ätbar	jadalny	jedlý	—
honra f	eer f	ära u	honor m	čest f	becsület
honesto	eerlijk	ärlighet u	uczciwy	čestný m	becsületes
fome f	honger m	svält u	głód m	hlad m	—
ovo m	ei n	ägg n	jajko n	vejce n	tojás
ovo m	—	ägg n	jajko n	vejce n	tojás
ciúme m	jaloezie f	svartsjuka u	zazdrość f	žárlivost f	féltékenység
zeloso	ijverig	ivrig	pilny	horlivý	buzgó

eigenlijk

	D	E	F	I	ES
eigenlijk (NL)	eigentlich	actually	en fait	proprio(a)	en realidad
Eigenschaft (D)	—	quality	qualité f	qualità f	cualidad f
eigenschap/ hoedanigheid (NL)	Eigenschaft f	quality	qualité f	qualità f	cualidad f
eigentlich (D)	—	actually	en fait	proprio(a)	en realidad
eiland (NL)	Insel f	island	île f	isola f	isla f
eilen (D)	—	hurry	dépêcher, se	andare in fretta	darse prisa
Eimer (D)	—	bucket	seau m	secchio m	cubo m
Einbahnstraße (D)	—	one-way street	rue à sens unique f	senso unico m	calle de dirección única f
einbiegen (D)	—	turn	tourner	svoltare	doblar
einbrechen (D)	—	break in	cambrioler	rubare	robar
einde (NL)	Ende n	end	fin f	fine f	fin m
einde (NL)	Schluss m	end	fin f	fine f	conclusión f
eindelijk (NL)	endlich	at last	enfin	finalmente	finalmente
eindigen (NL)	enden	end	finir	finire	acabar
Eindruck (D)	—	impression	impression f	impressione f	impresión f
eindstation (NL)	Endstation f	terminus	terminus m	capolinea m	estación terminal f
einerseits (D)	—	on one hand	d'une part	da un lato	por un lado
Einfahrt (D)	—	entrance	entrée f	ingresso m	entrada f
einfarbig (D)	—	all one colour	uni(e)	monocolore	de un solo color
Einfluss (D)	—	influence	influence f	influenza f	influencia f
Eingang (D)	—	entrance	entrée f	entrata f	entrada f
eingießen (D)	—	pour	verser	versare	echar/verter
eingreifen (D)	—	intervene	intervenir	intervenire	intervenir
einige (D)	—	some	quelques	alcuni(e)	algunos(as)
einigen, sich (D)	—	agree	mettre d'accord, se	accordarsi	ponerse de acuerdo
Einkauf (D)	—	shopping	achat m	spesa f	compra f
einkaufen gehen (D)	—	go shopping	faire les courses	fare la spesa	ir de compras
Einkaufstasche (D)	—	shopping bag	sac à provision m	borsa della spesa f	bolsa de compra f
Einkommen (D)	—	income	revenu m	entrate f/pl	ingresos m/pl
einladen (D)	—	invite	inviter	invitare	invitar
einleben, sich (D)	—	settle down	acclimater, s'	ambientarsi	familiarizarse
einreisen (D)	—	enter	entrer dans un pays	entrare (in un paese)	entrar (en un país)
einrichten (D)	—	fit out	aménager	arredare	equipar
Einrichtung (D)	—	furnishing	ameublement m	arredamento m	mobiliario m
einsam (D)	—	lonely	solitaire	solitario(a)	solitario(a)
einschalten (D)	—	switch on	allumer	accendere	conectar
einschlafen (D)	—	fall asleep	endormir, s'	addormentarsi	dormirse
einschlagen (D)	—	smash	casser	rompere	romper
einschließen (D)	—	lock up	refermer	rinchiudere	encerrar
einsteigen (D)	—	get in	monter	salire in	subir a
einstellen[1] (D)	—	adjust	régler	regolare	ajustar
einstellen[2] (D)	—	employ	recruter	assumere	emplear
Einstellung (D)	—	attitude	attitude f	atteggiamento m	actitud f
einstürzen (D)	—	collapse	écrouler, s'	crollare	derrumbarse

einstürzen

P	NL	SV	PL	CZ	H
na realidade	—	egentligen	właściwie	vlastně	tulajdonképpen
característica f	eigenschap f/ hoedanigheid f	egenskap u	cecha f	vlastnost f	tulajdonság
característica f	—	egenskap u	cecha f	vlastnost f	tulajdonság
na realidade	eigenlijk	egentligen	właściwie	vlastně	tulajdonképpen
ilha f	—	ö u	wyspa f	ostrov m	sziget
apressar	haasten, zich	skynda	pospieszać <pospieszyć>	spěchat <pospíšit si>	siet
balde m	emmer m	hink u	wiadro n	vědro n	vödör
rua de sentido único f	eenrichtingsverkeer n	enkelriktad gata u	ulica jednokierunkowa f	jednosměrná ulice f	egyirányú útca
virar	inslaan	vika av	zaginać <zgiąć>	zahýbat <zahnout>	befordul
arrombar	inbreken	bryta sig in	włamywać, się <włamać, się>	vloupat, se	betör
fim m	—	slut n	koniec m	konec m	vég
final m	—	slut n	koniec m	konec m	vég
finalmente	—	äntligen	nareszcie	konečně	végre
finalizar	—	avsluta	kończyć, się <zakończyć, się>	končit	végződik
impressão f	indruk m	intryck n	wrażenie n	dojem m	benyomás
estação terminal f	—	slutstation u	stacja końcowa f	konečná stanice f	végállomás
por um lado	enerzijds	å ena sidan	z jednej strony	na jedné straně	egyrészt
entrada f	inrit f	infart u	wjazd m	vjezd m	behajtás
de uma só cor	eenkleurig	enfärgad	jednokolorowy	jednobarevný	egyszínű
influência f	invloed m	inflytande n	wpływ m	vliv m	befolyás
entrada f	ingang m	ingång u	wejście n	vstup m	bejárat
encher	ingieten	hälla i	wlewać <wlać>	nalévat <nalít>	beönt
intervir	tussenkomen	gripa in	interweniować <zainterweniować>	zasahovat <zasáhnout>	beavatkozik
alguns	enige	några	niektóre	některé	néhány
estar de acordo	het eens worden	ena sig	dochodzić do porozumienia <dojść do porozumienia>	dohadovat, se <dohodnout, se>	megegyezik,
compra f	inkoop m	inköp n	zakup m	nákup m	bevásárlás
ir às compras	boodschappen doen	göra inköp	iść na zakupy <pójść na zakupy>	chodit <jít> nakoupit>	vásárolni megy
saco para compras	boodschappentas f	shoppingväska u	torba na zakupy f	nákupní taška f	bevásárlótáska
rendimento m	inkomen n	inkomst u	dochód m	příjem m	jövedelem
convidar	uitnodigen	bjuda in	zapraszać <zaprosić>	zvát <pozvat>	meghív
acostumar-se	inleven, zich	anpassa sig	aklimatyzować, się <zaaklimatyzować, się>	zvykat, si <zvyknout, si>	beilleszkedik
entrar	een land inreizen	resa in	przybywać <przybyć>	přicestovat	beutazik
arranjar	inrichten	inrätta	urządzać <urządzić>	zařizovat <zařídit>	berendez
mobília f	inrichting f	inredning u	urządzenie n	zařízení n	berendezés
solitário	eenzaam	ensam	samotny	osamělý	magányos
ligar	inschakelen	koppla in	włączać <włączyć>	zapínat <zapnout>	bekapcsol
adormecer	inslapen	somna	zasypiać <zasnąć>	usínat <usnout>	elalszik
pregar	inslaan	slå in	wybijać <wybić>	vrážet <vrazit>	bever
fechar	insluiten	låsa in	zamykać <zamknąć>	zavírat <zavřít>	bezár
entrar	instappen	stiga på	wsiadać <wsiąść>	nastupovat <nastoupit>	felszáll
colocar	instellen	anställa	ustawiać <ustawić>	nastavovat <nastavit>	alkalmaz
contratar	aanstellen	anställa	angażować <zaangażować>	přijímat <přijmout>	vkit munkába állít
colocação f	instelling f	inställning u	nastawienie n	nastavení n	alkalmazás
derrubar	instorten	störta in	zawalać, się <zawalić, się>	zřítit se	összeomlik

Eintritt

	D	E	F	I	ES
Eintritt (D)	—	admission	entrée f	entrata f	entrada f
einverstanden (D)	—	agreed	d'accord	d'accordo	de acuerdo
einwerfen (D)	—	post	poster	imbucare	echar
einwickeln (D)	—	wrap up	envelopper	avvolgere	envolver
Einwohner (D)	—	inhabitant	habitant m	abitante m	habitante m
Einzelheit (D)	—	detail	détail m	dettaglio m	detalle f
Eis¹ (D)	—	ice	glace f	ghiaccio m	hielo m
Eis² (D)	—	ice cream	glace f	gelato m	helado m
Eisenbahn (D)	—	railway	chemin de fer m	ferrovia f	ferrocarril m
either ... or (E)	entweder ... oder	—	ou ... ou	o ... o	o ... o
ejemplo (ES)	Beispiel n	example	exemple m	esempio m	—
ejercer (ES)	ausüben	practise	exercer	esercitare	—
ejercicio (ES)	Übung f	exercise	exercice m	esercizio f	—
éjfél (H)	Mitternacht f	midnight	minuit m	mezzanotte f	medianoche f
éjjeli szállás (H)	Übernachtung f	overnight stay	nuitée f	pernottamento m	pernoctación f
éjszaka (H)	Nacht f	night	nuit f	notte f	noche f
éjszakánként (H)	nachts	at nighttime	de nuit	di notte	por la noche
ékszer (H)	Schmuck m	jewellery	bijoux m/pl	gioielli m/pl	joyas f/pl
el (H)	fort	away	parti	via	lejos
èl (ES)	er	he	il	lui/egli/esso	—
él (H)	leben	live	vivre	vivere	vivir
ela (P)	sie	she	elle	lei	ella
elad (H)	verkaufen	sell	vendre	vendere	vender
elalszik (H)	einschlafen	fall asleep	endormir, s'	addormentarsi	dormirse
elbocsát (H)	entlassen	discharge	renvoyer	licenziare	despedir
elbúcsúztat (H)	verabschieden	say goodbye to	prendre congé de	congedare	despedir
elcserél (H)	vertauschen	exchange	échanger	scambiare	cambiar
eld (SV)	Feuer n	fire	feu m	fuoco m	fuego m
ele (P)	er	he	il	lui/egli/esso	èl
elébe megy (H)	entgegenkommen	approach	venir à la rencontre	venire incontro	venir al encuentro
elección¹ (ES)	Auswahl f	choice	choix m	scelta f	—
elección² (ES)	Wahl f	election	élection f	elezioni f/pl	—
elect / choose (E)	wählen	—	élire	eleggere	elegir
election (E)	Wahl f	—	élection f	elezioni f/pl	elección f
élection (F)	Wahl f	election	—	elezioni f/pl	elección f
electric (E)	elektrisch	—	électrique	elettrico(a)	eléctrico(a)
electrician (E)	Elektriker m	—	électricien m	elettricista m	electricista m
electricidad (ES)	Elektrizität f	electricity	électricité f	elettricità f	—
electricidade (P)	Elektrizität f	electricity	électricité f	elettricità f	electricidad f
électricien (F)	Elektriker m	electrician	—	elettricista m	electricista m
electricista (ES)	Elektriker m	electrician	électricien m	elettricista m	—
electricista (P)	Elektriker m	electrician	électricien m	elettricista m	electricista m
électricité (F)	Elektrizität f	electricity	—	elettricità f	electricidad f
electricity (E)	Elektrizität f	—	électricité f	elettricità f	electricidad f
eléctrico (P)	elektrisch	electric	électrique	elettrico(a)	eléctrico(a)
eléctrico(a) (ES)	elektrisch	electric	électrique	elettrico(a)	—
électrique (F)	elektrisch	electric	—	elettrico(a)	eléctrico(a)
Elefant (D)	—	elephant	éléphant m	elefante m	elefante m
elefant (SV)	Elefant m	elephant	éléphant m	elefante m	elefante m
elefánt (H)	Elefant m	elephant	éléphant m	elefante m	elefante m
elefante (I)	Elefant m	elephant	éléphant m	—	elefante m
elefante (ES)	Elefant m	elephant	éléphant m	elefante m	—
elefante (P)	Elefant m	elephant	éléphant m	elefante m	elefante m
elég (H)	genug	enough	assez	abbastanza	bastante

309 elég

P	NL	SV	PL	CZ	H
entrada f	toegang m	inträde n	wstęp m	vstup m	belépés
de acordo	akkoord	överens	zgadzać się <zgodzić się>	souhlasit <odsouhlasit>	rendben van
quebrar	ingooien	kasta in	wrzucać <wrzucić>	vhazovat <vhodit>	bedob
embrulhar	inwikkelen	veckla in	owijać <owinąć>	zabalovat <zabalit>	becsavar
habitante m	inwoner m	invånare u	mieszkaniec m	obyvatel m	lakos
pormenor m	bijzonderheid f	detalj u	szczegół m	podrobnost f	részlet
gelo m	ijs n	is u	lód m	led m	jég
gelado m	ijs n	glass u	lód m	zmrzlina f	fagylalt
comboio m	spoorweg m	järnväg u	kolej f	železnice f	vasút
ou ... ou então	of ... of	varken ... eller	albo ... albo	buď a nebo	vagy ... vagy
exemplo m	voorbeeld n	exempel n	przykład m	příklad m	példa
exercer	uitoefenen	utöva	wykonywać	vykonávat <vykonat>	űz
exercício m	oefening f	övning u	ćwiczenie n	cvičení n	gyakorlat
meia-noite f	middernacht f	midnatt u	północ f	půlnoc f	—
pernoite m	overnachting f	övernattning u	nocleg m	přenocování n	—
noite f	nacht m	natt u	noc f	noc f	—
à noite	's nachts	på natten	w nocy	v noci	—
jóias f	sieraad n	smycke n	biżuteria f	šperky pl	—
ausente	weg	undan	precz	pryč	—
ele	hij	han	on	on	ő
viver	leven	leva	żyć	žít	—
—	zij	hon	ona	ona	ő
vender	verkopen	sälja	sprzedawać	prodávat <prodat>	—
adormecer	inslapen	somna	zasypiać <zasnąć>	usínat <usnout>	—
despedir	ontslaan	avskeda	zwalniać <zwolnić>	propouštět <propustit>	—
despedir	afscheid nemen van	ta avsked	odprawiać	loučit, se <rozloučit, se>	—
trocar	verwisselen	förväxla	zamieniać	zaměňovat <zaměnit>	—
fogo m	vuur n	—	ogień m	oheň m	tűz
—	hij	han	on	on	ő
vir ao encontro de	tegemoetkomen	tillmötesgå	iść naprzeciw <wyjść naprzeciw>	vycházet vstříc <vyjít vstříc>	—
selecção f	keuze f	urval n	wybór m	výběr m	választék
eleição f	verkiezing f	val n	wybór m	volby pl	szavazás
eleger	kiezen	välja	wybierać	volit <zvolit>	választ
eleição f	verkiezing f	val n	wybór m	volby pl	szavazás
eleição f	verkiezing f	val n	wybór m	volby pl	szavazás
eléctrico	elektrisch	elektrisk	elektryczny	elektricky	elektromos
electricista m	elektricien m	elektriker u	elektryk m	elektrikář m	villanyszerelő
electricidade f	elektriciteit f	elektricitet u	elektryczność f	elektrika f	elektromosság
—	elektriciteit f	elektricitet u	elektryczność f	elektrika f	elektromosság
electricista m	elektricien m	elektriker u	elektryk m	elektrikář m	villanyszerelő
electricista m	elektricien m	elektriker u	elektryk m	elektrikář m	villanyszerelő
—	elektricien m	elektriker u	elektryk m	elektrikář m	villanyszerelő
electricidade f	elektriciteit f	elektricitet u	elektryczność f	elektrika f	elektromosság
electricidade f	elektriciteit f	elektricitet u	elektryczność f	elektrika f	elektromosság
—	elektrisch	elektrisk	elektryczny	elektricky	elektromos
eléctrico	elektrisch	elektrisk	elektryczny	elektricky	elektromos
eléctrico	elektrisch	elektrisk	elektryczny	elektricky	elektromos
elefante m	olifant m	elefant u	słoń m	slon m	elefánt
elefante m	olifant m	—	słoń m	slon m	elefánt
elefante m	olifant m	elefant u	słoń m	slon m	—
elefante m	olifant m	elefant u	słoń m	slon m	elefánt
elefante m	olifant m	elefant u	słoń m	slon m	elefánt
—	olifant m	elefant u	słoń m	slon m	elefánt
suficiente	genoeg	tillräckligt	dość	dost	—

elegancki

	D	E	F	I	ES
elegancki (PL)	elegant	elegant	élégant(e)	elegante	elegante
elegáns (H)	elegant	elegant	élégant(e)	elegante	elegante
elegant (D)	—	elegant	élégant(e)	elegante	elegante
elegant (E)	elegant	—	élégant(e)	elegante	elegante
elegant (NL)	elegant	elegant	élégant(e)	elegante	elegante
elegant (SV)	elegant	elegant	élégant(e)	elegante	elegante
elegante[1] (I)	elegant	elegant	élégant(e)	—	elegante
elegante[2] (I)	schick	stylish	chic	—	elegante
elegante[1] (ES)	elegant	elegant	élégant(e)	elegante	—
elegante[2] (ES)	schick	stylish	chic	elegante	—
elegante (P)	elegant	elegant	élégant(e)	elegante	elegante
élégant(e) (F)	elegant	elegant	—	elegante	elegante
elegantní (CZ)	elegant	elegant	élégant(e)	elegante	elegante
elégedett (H)	zufrieden	satisfied	satisfait(e)	contento(a)	satisfecho(a)
elegendő (H)	ausreichen	be enough	suffire	essere sufficiente	bastar
eleger (P)	wählen	elect / choose	élire	eleggere	elegir
eléget (H)	verbrennen	burn	brûler	bruciare	quemar
eleget tesz (H)	erfüllen	fulfil	remplir	esaudire	conceder
eleggere (I)	wählen	elect / choose	élire	—	elegir
elegir[1] (ES)	auswählen	choose	choisir	scegliere	—
elegir[2] (ES)	wählen	elect / choose	élire	eleggere	—
elegirse (ES)	aussuchen	select	choisir	scegliere	—
eleição (P)	Wahl f	election	élection f	elezioni f/pl	elección f
elektricien (NL)	Elektriker m	electrician	électricien m	elettricista m	electricista m
elektriciteit (NL)	Elektrizität f	electricity	électricité f	elettricità f	electricidad f
elektricitet (SV)	Elektrizität f	electricity	électricité f	elettricità f	electricidad f
elektricky (CZ)	elektrisch	electric	électrique	elettrico(a)	eléctrico(a)
elektrika (CZ)	Elektrizität f	electricity	électricité f	elettricità f	electricidad f
elektrikář (CZ)	Elektriker m	electrician	électricien m	elettricista m	electricista m
Elektriker (D)	—	electrician	électricien m	elettricista m	electricista m
elektriker (SV)	Elektriker m	electrician	électricien m	elettricista m	electricista m
elektrisch (D)	—	electric	électrique	elettrico(a)	eléctrico(a)
elektrisch (NL)	elektrisch	electric	électrique	elettrico(a)	eléctrico(a)
elektrisk (SV)	elektrisch	electric	électrique	elettrico(a)	eléctrico(a)
Elektrizität (D)	—	electricity	électricité f	elettricità f	electricidad f
elektromos (H)	elektrisch	electric	électrique	elettrico(a)	eléctrico(a)
elektromosság (H)	Elektrizität f	electricity	électricité f	elettricità f	electricidad f
elektryczność (PL)	Elektrizität f	electricity	électricité f	elettricità f	electricidad f
elektryczny (PL)	elektrisch	electric	électrique	elettrico(a)	eléctrico(a)
elektryk (PL)	Elektriker m	electrician	électricien m	elettricista m	electricista m
élelmiszer (H)	Lebensmittel pl	food	denrées alimentaires f/pl	generi alimentari m/pl	alimentos m/pl
elem (H)	Batterie f	battery	batterie f	batteria f	batería f
elenco (I)	Verzeichnis n	list	registre m	—	registro m
elenco telefonico (I)	Telefonbuch n	phone book	annuaire téléphonique m	—	guía telefónica f
elephant (E)	Elefant m	—	éléphant m	elefante m	elefante m
éléphant (F)	Elefant m	elephant	—	elefante m	elefante m
elér (H)	erreichen	reach	atteindre	raggiungere	alcanzar
éles (H)	scharf	sharp	tranchant(e)	tagliente	cortante
eles(as) (P)	sie pl	they	ils (elles)	loro	ellos(as)
elesik (H)	umfallen	fall over	tomber	cadere	caerse
élesít (H)	schärfen	sharpen	aiguiser	affilare	afilar
élet (H)	Leben n	life	vie f	vita f	vida f
életkor (H)	Alter n	age	âge m	età f	edad f

életkor

P	NL	SV	PL	CZ	H
elegante	elegant	elegant	—	elegantní	elegáns
elegante	elegant	elegant	elegancki	elegantní	—
elegante	elegant	elegant	elegancki	elegantní	elegáns
elegante	elegant	elegant	elegancki	elegantní	elegáns
elegante	—	elegant	elegancki	elegantní	elegáns
elegante	elegant	—	elegancki	elegantní	elegáns
elegante	elegant	elegant	elegancki	elegantní	elegáns
chique	chic	fin	szykowny	vkusný	sikkes
elegante	elegant	elegant	elegancki	elegantní	elegáns
chique	chic	fin	szykowny	vkusný	sikkes
—	elegant	elegant	elegancki	elegantní	elegáns
elegante	elegant	elegant	elegancki	elegantní	elegáns
elegante	elegant	elegant	elegancki	—	elegáns
contente	tevreden	nöjd	zadowolony	spokojený	—
bastar	voldoende zijn	räcka	wystarczać	stačit	—
—	kiezen	välja	wybierać	volit <zvolit>	választ
queimar	verbranden	brinna upp	spalać	spalovat <spálit>	—
concretizar	vervullen	uppfylla	wypełniać <wypełnić>	splňovat <splnit>	—
eleger	kiezen	välja	wybierać	volit <zvolit>	választ
seleccionar	kiezen	välja ut	wybierać <wybrać>	vybírat <vybrat>	kiválaszt
eleger	kiezen	välja	wybierać	volit <zvolit>	választ
escolher	uitzoeken	välja	wyszukiwać <wyszukać>	vyhledávat <vyhledat>	kiválaszt
—	verkiezing f	val n	wybór m	volby pl	szavazás
electricista m	—	elektriker u	elektryk m	elektrikář m	villanyszerelő
electricidade f	—	elektricitet u	elektryczność f	elektrika f	elektromosság
electricidade f	elektriciteit f	—	elektryczność f	elektrika f	elektromosság
eléctrico	elektrisch	elektrisk	elektryczny	—	elektromos
electricidade f	elektriciteit f	elektricitet u	elektryczność f	—	elektromosság
electricista m	elektricien m	elektriker u	elektryk m	elektrikář m	villanyszerelő
electricista m	elektricien m	elektriker u	elektryk m	elektrikář m	villanyszerelő
electricista m	elektricien m	—	elektryk m	elektrikář m	villanyszerelő
eléctrico	elektrisch	elektrisk	elektryczny	elektricky	elektromos
eléctrico	—	elektrisk	elektryczny	elektricky	elektromos
eléctrico	elektrisch	—	elektryczny	elektricky	elektromos
electricidade f	elektriciteit f	elektricitet u	elektryczność f	elektrika f	elektromosság
eléctrico	elektrisch	elektrisk	elektryczny	elektricky	—
electricidade f	elektriciteit f	elektricitet u	elektryczność f	elektrika f	—
electricidade f	elektriciteit f	elektricitet u	—	elektrika f	elektromosság
eléctrico	elektrisch	elektrisk	—	elektricky	elektromos
electricista m	elektricien m	elektriker u	—	elektrikář m	villanyszerelő
viveres m/pl	levensmiddelen pl	livsmedel pl	artykuły żywnościowe m/pl	potraviny f/pl	—
bateria f	batterij f	batteri n	bateria f	baterie f	—
lista f	lijst m	förteckning u	spis m	seznam m	jegyzék
lista f telefónica	telefoonboek n	telefonkatalog u	książka telefoniczna f	telefonní seznam m	telefonkönyv
elefante m	olifant m	elefant u	słoń m	slon m	elefánt
elefante m	olifant m	elefant u	słoń m	slon m	elefánt
alcançar	bereiken	nå	osiągać <osiągnąć>	dosahovat <dosáhnout>	—
cortante	scherp	skarp	ostry	ostrý	—
—	zij	de	oni	oni	ők
cair	omvallen	falla omkull	upadać <upaść>	kácet se, <skácet, se>	—
afiar	scherpen	vässa	ostrzyć <naostrzyć>	ostřit <naostřit>	—
vida f	leven n	liv n	życie n	život m	—
idade f	ouderdom m	ålder u	wiek m	stáří n	—

élettárs

	D	E	F	I	ES
élettárs (H)	Lebensgefährte m	companion	compagnon m	coniuge m/f	compañero de la vida m
elettricista (I)	Elektriker m	electrician	électricien m	—	electricista m
elettricità (I)	Elektrizität f	electricity	électricité f	—	electricidad f
elettrico(a) (I)	elektrisch	electric	électrique	—	eléctrico(a)
elev¹ (SV)	Lehrling m	apprentice	apprenti m	apprendista m	aprendiz m
elev² (SV)	Schüler m	pupil	élève m	scolaro m	alumno m
elevador (P)	Fahrstuhl m	elevator	ascenseur m	ascensore m	ascensor m
elevar¹ (ES)	erhöhen	raise	augmenter	innalzare	—
elevar² (ES)	erheben	raise	lever	alzare	—
elevator (E)	Fahrstuhl m	—	ascenseur m	ascensore m	ascensor m
élève (F)	Schüler m	pupil	—	scolaro m	alumno m
eleven (H)	lebendig	alive	vivant(e)	vivo(a)	vivo(a)
élever (F)	erziehen	educate	—	educare	educar
elezioni (I)	Wahl f	election	élection f	—	elección f
elfelejt (H)	vergessen	forget	oublier	dimenticare	olvidar
elfogadás (H)	Annahme f	assumption	supposition f	supposizione f	suposición f
elfoglalt (H)	beschäftigt	busy	occupé(e)	occupato(a)	ocupado(a)
elhagy (H)	verlassen	leave	abandonner	lasciare	dejar
elhanyagol (H)	vernachlässigen	neglect	négliger	trascurare	descuidar
elhasznál (H)	abnutzen	wear out	user	consumare	desgastar
elhatároz (H)	beschließen	decide	décider	decidere	decidir
elhatározza magát (H)	entschließen, sich	decide	décider, se	decidere	decidirse
elintéz (H)	erledigen	take care of	régler	sbrigare	acabar
élire (F)	wählen	elect / choose	—	eleggere	elegir
elítél (H)	verurteilen	condemn	condamner	condannare	sentenciar
elkaar ontmoeten (NL)	treffen, sich	meet	rencontrer	incontrare	encontrarse
elkanyarodik (H)	abbiegen	turn off	tourner	svoltare	torcer
elkap (H)	erwischen	catch	attraper	acchiappare	atrapar
elkényeztet (H)	verwöhnen	spoil	gâter	viziare	mimar
elkerül (H)	vermeiden	avoid	éviter	evitare	evitar
elkerülhetetlen (H)	unvermeidlich	inevitable	inévitable	inevitabile	inevitable
elkésik (H)	verspäten, sich	be late	être en retard	ritardare	llevar retraso
elkészít (H)	anfertigen	manufacture	confectionner	fabbricare	fabricar
ella (ES)	sie	she	elle	lei	—
ellát (H)	versorgen	provide	fournir	approvvigionare	proveer
ellátás (H)	Verpflegung f	catering	nourriture f	vitto m	alimentación f
elle (F)	sie	she	—	lei	ella
ellen (H)	gegen	against	contre	contro	contra
ellenére (H)	trotz	despite	malgré	nonostante	a pesar de
ellenfél (H)	Gegner m	opponent	adversaire m	avversario m	adversario m
ellenkezője (H)	Gegenteil n	opposite	contraire m	contrario m	contrario m
ellenkezőleg (H)	entgegengesetzt	opposite	opposé(e)	opposto(a)	opuesto(a) a
ellenőriz (H)	überwachen	supervise	surveiller	sorvegliare	vigilar
ellenőrzés (H)	Kontrolle f	control	contrôle m	controllo m	control m
ellenörző (H)	Kontrolleur m	inspector	contrôleur m	controllore m	controlador m
ellenség (H)	Feind m	enemy	ennemi m	nemico m	enemigo m

313 ellenség

P	NL	SV	PL	CZ	H
companheiro de vida *m*	levensgezel *m*	partner *u*	towarzysz życia *m*	druh *m*	—
electricista *m*	elektricien *m*	elektriker *u*	elektryk *m*	elektrikář *m*	villanyszerelő
electricidade *f*	elektriciteit *f*	elektricitet *u*	elektryczność *f*	elektrika *f*	elektromosság
eléctrico	elektrisch	elektrisk	elektryczny	elektricky	elektromos
aprendiz *m*	leerling *m*	—	uczeń *m*	učeň *m*	szakmunkástanuló
aluno *m*	scholier *m*	—	uczeń *m*	žák *m*	diák *m*
—	lift *m*	hiss *u*	winda *f*	výtah *m*	lift
aumentar	verhogen	öka	podwyższać <podwyższyć>	zvyšovat <zvýšit>	emel
levantar	heffen	upphöja	podnosić <podnieść>	vznášet <vznést>	felkel
elevador *m*	lift *m*	hiss *u*	winda *f*	výtah *m*	lift
aluno *m*	scholier *m*	elev *m*	uczeń *m*	žák *m*	diák *m*
vivo	levendig	livlig	żywy	živý	—
educar	opvoeden	uppfostra	wychowywać <wychować>	vychovávat <vychovat>	nevelni
eleição *f*	verkiezing *f*	val *n*	wybór *m*	volby *pl*	szavazás
esquecer-se	vergeten	glömma	zapomnieć	zapomínat <zapomenout>	—
recepção *f*	veronderstelling *f*	antagande *n*	przypuszczenie *n*	příjem *m*	—
ocupado	bezig	sysselsatt	zatrudniony	zaměstnaný	—
abandonar	verlaten	lämna	opuszczać	opouštět <opustit>	—
descuidar	verwaarlozen	försumma	zaniedbywać	zanedbávat <zanedbat>	—
gastar	verslijten	nötas/slitas	zużywać <zużyć>	opotřebovávat <opotřebit>	—
resolver	besluiten	besluta	postanawiać <postanowić>	rozhodovat <rozhodnout>	—
decidir-se	besluiten	besluta sig	zdecydować, się	rozhodovat, se <rozhodnout, se>	—
acabar	uitvoeren/afhandelen	ta hand om	załatwiać <załatwić>	vyřizovat <vyřídit>	—
eleger	kiezen	välja	wybierać	volit <zvolit>	választ
condenar	veroordelen	döma	skazywać, potępiać	odsuzovat <odsoudit>	—
encontrar-se	—	träffas	spotkać się	setkávat, se <setkat, se>	találkozik
virar	afslaan	vika av	skręcać <skręcić>	ohýbat <ohnout>	—
apanhar	te pakken krijgen	ertappa	złapać	dopadat <dopadnout>	—
mimar	verwennen	skämma bort	rozpieszczać	rozmazlovat <rozmazlit>	—
evitar	vermijden	undvika	unikać	vyhýbat, se <vyhnout, se>	—
inevitável	onvermijdelijk	oundvikligt	nieunikniony	nevyhnutelný	—
atrasar-se	vertraging hebben	vara försenad	spóźniać się	zpožďovat, se <zpozdit, se>	—
confeccionar	vervaardigen	tillverka	wykonać	zhotovovat <zhotovit>	—
ela	zij	hon	ona	ona	ő
abastecer	verzorgen	sköta	zaopatrywać	zaopatřovat <zaopatřit>	—
alimentação *f*	kost *m*	kosthållning *u*	wyżywienie *n*	stravování *n*	—
ela	zij	hon	ona	ona	ő
contra	tegen	mot	przeciw	proti	—
apesar de	ondanks	trots	pomimo	navzdory	—
adversário *m*	tegenstander *m*	motståndare *u*	przeciwnik *m*	protivník *m*	—
contrário *m*	tegendeel *n*	motsats *u*	przeciwieństwo *n*	opak *m*	—
oposto	tegengesteld	motsatt	przeciwny	protisměrný	—
supervisionar	bewaken	övervaka	nadzorować	sledovat	—
controlo *m*	controle *f*	kontroll *u*	kontrola *f*	kontrola *f*	—
revisor *m*	controleur *m*	kontrollör *u*	kontroler *m*	kontrolor	—
inimigo *m*	vijand *m*	fiende *u*	wróg *m*	nepřítel *m*	—

ellentét

	D	E	F	I	ES
ellentét (H)	Gegensatz m	contrast	opposé m	contrasto m	contraste m
ellentmond (H)	widersprechen	contradict	contredire	contraddire	contradecir
eller (SV)	oder	or	ou	o	o
ellos(as) (ES)	sie pl	they	ils (elles)	loro	—
elmegy (H)	weggehen	go away	s'en aller	andare via	marcharse
elmegy mellette (H)	vorbeigehen	pass	passer	passare	pasar
elmesél (H)	erzählen	tell	raconter	raccontare	contar
el mismo (ES)	derselbe	the same	le même	lo stesso	—
elmúlt (H)	vergangen	past	dernier(-ère)	passato(a)	pasado(a)
elnök (H)	Präsident m	president	président m	presidente m	presidente m
előétel (H)	Vorspeise f	appetizer	hors-d'œuvre m	antipasto m	primer plato m
előfordul (H)	vorkommen	occur	exister	accadere	suceder
elogiar (ES)	loben	praise	louer	lodare	—
elogiar (P)	loben	praise	louer	lodare	elogiar
éloigné(e)¹ (F)	entfernt	distant	—	distante	distante
éloigné(e)² (F)	fern	far away	—	lontano(a)	lejos
éloigné(e)³ (F)	weit	far	—	largo(a)	ancho(a)
éloigner (F)	entfernen	remove	—	allontanare	quitar
előírás (H)	Vorschrift f	regulation	règle f	norma f	reglamento m
előkelő (H)	vornehm	distinguished	distingué(e)	distinto(a)	distinguido(a)
elöl (H)	vorn(e)	at the front	devant	davanti	(a)delante
előleg (H)	Anzahlung f	deposit	acompte m	acconto m	primer pago m
előny (H)	Vorteil m	advantage	avantage m	vantaggio m	ventaja f
előnyben részesít¹ (H)	bevorzugen	prefer	préférer	preferire	preferir
előnyben részesít² (H)	vorziehen	prefer	préférer	preferire	preferir
előnyös (H)	günstig	favourable	favorable	favorevole	favorable
előre (H)	vorwärts	forward(s)	en avant	avanti	adelante
előre rendel (H)	vorbestellen	book	réserver	prenotare	hacer reservar
előszoba (H)	Diele f	hall	vestibule m	corridoio m	entrada f
először (H)	zuerst	at first	d'abord	dapprima	primero
eloszt (H)	verteilen	distribute	distribuer	distribuire	distribuir
előtt (H)	davor	in front of	devant	davanti	delante
előtte (H)	davor	before	avant	prima	antes
elővétel (H)	Vorverkauf m	advance booking	service de réservations m	prevendita f	venta anticipada f
elővigyázat (H)	Vorsicht f	caution	prudence f	prudenza f	cuidado m
elővigyázatlan (H)	unvorsichtig	careless	imprudent(e)	imprudente	descuidado(a)
elragadó (H)	entzückt	delighted	ravi(e)	affascinato(a)	encantado(a)
elragadtatott (H)	begeistert	enthusiastic	enthousiaste	entusiasta	entusiasmado(a)
elrejt (H)	verstecken	hide	cacher	nascondere	ocultar
elsőbbség (H)	Vorfahrt f	right of way	priorité f	precedenza f	prioridad de paso f
eltart (H)	dauern	last	durer	durare	durar
eltávolít (H)	entfernen	remove	éloigner	allontanare	quitar
eltérít (H)	ablenken	distract	distraire	distrarre	desviar
Eltern (D)	—	parents	parents m/pl	genitori m/pl	padres m/pl
eltéved (H)	verlaufen, sich	get lost	perdre, se	perdersi	perderse
eltör (H)	zerbrechen	break	casser	rompere	romper
eltűnik (H)	verschwinden	disappear	disparaître	sparire	desaparecer
elutazik¹ (H)	abfahren	depart	partir de	partire	salir

P	NL	SV	PL	CZ	H
antagonismo m	tegenstelling f	motsats u	przeciwieństwo n	protiklad m	—
contradizer	tegenspreken	säga emot	sprzeciwiać się	odporovat	—
ou	of	—	albo	(a)nebo	vagy
eles(as)	zij	de	oni	oni	ők
sair	weggaan	gå bort	odchodzić	odcházet <odejít>	—
passar por	voorbijgaan	gå förbi	przechodzić obok	jít okolo	—
contar	vertellen	berätta	opowiadać <opowiedzieć>	vypravovat <vyprávět>	—
o mesmo	dezelfde	densamme	ten sam	stejný	ugyanaz
passado	voorbij	förfluten	miniony	uplynulý	—
presidente m	president m	präsident u	prezydent m	prezident m	—
entrada f	voorgerecht n	förrätt u	przystawka f	předkrm m	—
ocorrer	voorkomen	hända	występować	přiházet, se <přihodit, se>	—
elogiar	loven	berömma	chwalić	chválit <pochválit>	dicsér
—	loven	berömma	chwalić	chválit <pochválit>	dicsér
afastado	verwijderd	borttagen	odległy	vzdálený	távol
longe	ver	fjärran	daleki	daleko	messze
extenso	ver	långt	daleko	daleký	messze
afastar	verwijderen	ta bort	usuwać <usunąć>	odstraňovat <odstranit>	eltávolít
regulamento m	voorschrift n	föreskrift u	przepis m	předpis m	—
distinto	voornaam	förnäm	wytworny	exkluzivní	—
à frente	voor(aan)	framtill	z przodu	vepředu	—
sinal m	aanbetaling f	handpenning u	zadatek m	záloha f	—
vantagem f	voordeel n	fördel u	korzyść f	výhoda f	—
preferir	de voorkeur m geven aan	föredra	faworyzować	dávat <dát> přednost	—
preferir	verkiezen	föredra	preferować	dávat přednost <dát přednost>	—
favorável	gunstig	gynnsam	korzystny	výhodný	—
avante	vooruit	framåt	naprzód	vpřed	—
reservar	van tevoren bestellen	förutbeställa	zarezerwować zamówienie	objednávat předem <objednat předem>	—
vestíbulo m	gang m	tambur u	sień f	předsíň f	—
em primeiro lugar	eerst	först	najpierw	nejprve	—
distribuir	verdelen	fördela	rozdzielać	rozdělovat <rozdělit>	—
diante	daarvoor	framför	przed	před tím	—
antes	daarvoor	innan	przed	před/přede	—
venda antecipada f	voorverkoop m	förköp n	przedsprzedaż f	předprodej m	—
cautela f	voorzichtigheid f	försiktighet u	ostrożność f	opatrnost f	—
imprudente	onvoorzichtig	oförsiktig	nieostrożny	neopatrný	—
encantado	enthousiast	förtjust	zachwycony	uchvácený	—
entusiasmado	enthousiast	begeistrad	zachwycony	nadšený	—
esconder	verstoppen	gömma	chować	schovávat <schovat>	—
passagem preferencial f	voorrang m	företräde n	pierwszeństwo n	přednost v jízdě f	—
durar	duren	hålla på	trwać	trvat	—
afastar	verwijderen	ta bort	usuwać <usunąć>	odstraňovat <odstranit>	—
distrair	afleiden	avleda	skierowywać w inną stronę <skierować w inną stronę>	odvracet <odvrátit>	—
pais m/pl	ouders pl	föräldrar pl	rodzice m/pl	rodiče pl	szülők
perder-se	verkeerd lopen	gå vilse	zgubić się	zatoulat, se	—
quebrar	breken	bryta sönder	łamać <złamać>	rozlamovat <rozlomit>	—
desaparecer	verdwijnen	försvinna	zniknąć	mizet <zmizet>	—
partir	vertrekken	resa	odjeżdżać <odjechać>	odjíždet <odjet>	—

	D	E	F	I	ES
elutazik[2] (H)	verreisen	go away	partir en voyage	essere in viaggio	irse de viaje
elválaszt (H)	trennen	separate	séparer	separare	separar
elválasztás (H)	Trennung f	separation	séparation f	separazione f	separación f
elvámol (H)	verzollen	clear through customs	dédouaner	sdoganare	pagar la aduana
elvár (H)	erwarten	expect	attendre	aspettare	esperar
elvesz (H)	wegnehmen	take away	enlever	togliere	quitar
elveszít (H)	verlieren	lose	perdre	perdere	perder
élvez (H)	genießen	enjoy	jouir	godere	disfrutar
élvezet (H)	Genuss m	pleasure	plaisir m	piacere m	placer m
elvisel (H)	aushalten	bear	supporter	sopportare	aguantar
elviselhetetlen (H)	unerträglich	unbearable	insupportable	insopportabile	inanguantable
em (P)	in	in/into	des/à/en	in/a/tra/fra	en/a
E-Mail (D)	—	e-mail	e-mail m	e-mail f	email m
e-mail (E)	E-Mail f	—	e-mail m	e-mail f	email m
e-mail (F)	E-Mail f	e-mail	—	e-mail f	email m
e-mail (I)	E-Mail f	e-mail	e-mail m	—	email m
email (ES)	E-Mail f	e-mail	e-mail m	e-mail f	—
e-mail (NL)	E-Mail f	e-mail	e-mail m	e-mail f	email m
E-Mail (PL)	E-Mail f	e-mail	e-mail m	e-mail f	email m
e-mail (CZ)	E-Mail f	e-mail	e-mail m	e-mail f	email m
e-mail (H)	E-Mail f	e-mail	e-mail m	e-mail f	email m
embaixada (P)	Botschaft f	embassy	ambassade f	ambasciata f	embajada f
em baixo (P)	unten	downstairs	dessous	sotto/giù	abajo
embajada (ES)	Botschaft f	embassy	ambassade f	ambasciata f	—
embaraçado (P)	verlegen	embarassed	gêné(e)	imbarazzato(a)	cohibido(a)
embaraço (P)	Verlegenheit f	embarrassment	gêne f	imbarazzo m	timidez f
embarrassed (E)	verlegen	—	gêné(e)	imbarazzato(a)	cohibido(a)
embarazada (ES)	schwanger	pregnant	enceinte	incinta	—
embarcação (P)	Fähre f	ferry	bac m	traghetto m	transbordador m
embarrassing (E)	peinlich	—	gênant(e)	imbarazzante	desagradable
embarrassment (E)	Verlegenheit f	—	gêne f	imbarazzo m	timidez f
embassy (E)	Botschaft f	—	ambassade f	ambasciata f	embajada f
ember (H)	Mensch m	human being	homme m	essere umano m	ser humano m
emberek (H)	Leute pl	people	gens m/pl	gente f	gente f
embotellamiento (ES)	Stau m	traffic jam	embouteillage m	ingorgo m	—
embouteillage (F)	Stau m	traffic jam	—	ingorgo m	embotellamiento m
embrace (E)	umarmen	—	serrer dans ses bras	abbracciare	abrazar
embrasser (F)	küssen	kiss	—	baciare	besar
em breve (P)	bald	soon	bientôt	presto	pronto
embriagado (P)	betrunken	drunk	ivre	ubriaco(a)	borracho(a)
embrulhar (P)	einwickeln	wrap up	envelopper	avvolgere	envolver
embutido (ES)	Wurst f	sausage	saucisse f	salsiccia f	—
em casa (P)	zu Hause	at home	à la maison	a casa	en casa
em cima[1] (P)	darauf	on	dessus	su	encima de
em cima[2] (P)	oben	above	en haut	sopra	arriba
em consequência de (P)	infolge	as a result of	par suite de	in seguito a	por
em desordem (P)	durcheinander	in a muddle	pêle-mêle	sottosopra	en desorden
em duplicado (P)	doppelt	double	double	doppio(a)	doble
emel[1] (H)	erhöhen	raise	augmenter	innalzare	elevar
emel[2] (H)	heben	lift	soulever	alzare	levantar
emelet (H)	Etage f	floor	étage m	piano m	piso m
emellertid (SV)	indessen	meanwhile	cependant	nel frattempo	en eso
ementa (P)	Speisekarte f	menu	menu m	menu m	lista de platos f

ementa

P	NL	SV	PL	CZ	H
viajar	op reis gaan	resa bort	wyjeżdżać	odcestovat	—
separar	scheiden	skilja åt	rozdzielić	oddělovat <oddělit>	—
separação f	scheiding f	skilsmässa u	rozdzielenie n	oddělení n	—
pagar direitos	invoerrechten betalen	förtulla	oclić	proclívat <proclít>	—
aguardar	verwachten	förvänta	oczekiwać	očekávat	—
tirar	wegnemen	ta bort	zabierać	odnímat <odejmout>	—
perder	verliezen	förlora	stracić	ztrácet <ztratit>	—
apreciar	genieten	njuta	używać <użyć>	užívat <užít>	—
prazer m	genot n	njutning u	używanie n	požitek m	—
aguentar	uithouden	uthärda	wytrzymywać <wytrzymać>	vydržovat <vydržet>	—
insuportável	ondraaglijk	outhärdlig	nieznośny	nesnesitelný	—
—	in	i	w	v	ba/be
correio electrónico m	e-mail m	e-post u	E-Mail m	e-mail m	e-mail
correio electrónico m	e-mail m	e-post u	E-Mail m	e-mail m	e-mail
correio electrónico m	e-mail m	e-post u	E-Mail m	e-mail m	e-mail
correio electrónico m	e-mail m	e-post u	E-Mail m	e-mail m	e-mail
correio electrónico m	e-mail m	e-post u	E-Mail m	e-mail m	e-mail
correio electrónico m	—	e-post u	E-Mail m	e-mail m	e-mail
correio electrónico m	e-mail m	e-post u	—	e-mail m	e-mail
correio electrónico m	e-mail m	e-post u	E-Mail m	—	e-mail
correio electrónico m	e-mail m	e-post u	E-Mail m	e-mail m	—
—	ambassade	ambassad u	ambasada f	velvyslanectví n	(nagy)követség
—	beneden	nere	na dole	dole	lent
embaixada f	ambassade	ambassad u	ambasada f	velvyslanectví n	(nagy)követség
—	verlegen	förlägen	zakłopotany	rozpačitý	zavarban van
—	verlegenheid f	förlägenhet u	zakłopotanie n	rozpačitost f	zavar
embaraçado	verlegen	förlägen	zakłopotany	rozpačitý	zavarban van
grávida	zwanger	gravid	ciężarna	těhotná	állapotos
—	veer n	färja u	prom m	trajekt m	komp
desagradável	pijnlijk	pinsamt	przykry	trapný	kellemetlen
embaraço m	verlegenheid f	förlägenhet u	zakłopotanie n	rozpačitost f	zavar
embaixada f	ambassade	ambassad u	ambasada f	velvyslanectví n	(nagy)követség
homem m	mens m	människa u	człowiek m	člověk m	—
pessoas f/pl	mensen pl	folk pl	ludzie pl	lidé pl	—
engarrafamento m	file f	kö u	korek m	zácpa f	forgalmi dugó
engarrafamento m	file f	kö u	korek m	zácpa f	forgalmi dugó
abraçar	omhelzen	krama	obejmować <objąć>	objímat <obejmout>	átölel
beijar	kussen	kyssa	całować <pocałować>	líbat <políbit>	csókol
—	gauw	snart	wkrótce	brzy	hamar
—	dronken	berusad	pijany	opilý	részeg
—	inwikkelen	veckla in	owijać <owinąć>	zabalovat <zabalit>	becsavar
salsicha f	worst f	korv u	kiełbasa f	salám m	kolbász
—	thuis	hemma	w domu	doma	otthon
—	daarop	på dät	na tym	na to	rajta
—	boven	ovan	na górze	nahoře	fenn
—	ten gevolge	på grund av	wskutek	v důsledku	következtében
—	door elkaar	i en enda röra	bezładnie	v nepořádku	összevissza
—	dubbel	dubbelt	podwójny	dvojitě	dupla
aumentar	verhogen	öka	podwyższać <podwyższyć>	zvyšovat <zvýšit>	—
levantar	heffen	häva	podnosić <podnieść>	zdvihat <zdvihnout>	—
piso m	verdieping f	våning u	piętro n	poschodí n	—
entretanto	ondertussen	—	jednakże	zatím	amíg
—	spijskaart f	matsedel u	jadłospis m	jídelní lístek m	étlap

emergency

	D	E	F	I	ES
emergency (E)	Notfall m	—	cas d'urgence m	caso di emergenza m	caso de urgencia m
emergency exit (E)	Notausgang m	—	sortie de secours f	uscita di sicurezza f	salida de emergencia f
em frente (P)	geradeaus	straight ahead	tout droit	dritto(a)	todo derecho
emicrania (I)	Migräne f	migraine	migraine f	—	jaqueca f
emigrar (ES)	auswandern	emigrate	émigrer	emigrare	—
emigrar (P)	auswandern	emigrate	émigrer	emigrare	emigrar
emigrare (I)	auswandern	emigrate	émigrer	—	emigrar
emigrate (E)	auswandern	—	émigrer	emigrare	emigrar
émigrer (F)	auswandern	emigrate	—	emigrare	emigrar
emigreren (NL)	auswandern	emigrate	émigrer	emigrare	emigrar
emigrować <wyemigrować> (PL)	auswandern	emigrate	émigrer	emigrare	emigrar
emitir reflejos (ES)	blinken	flash	clignoter	lampeggiare	—
emlék[1] (H)	Andenken n	souvenir	souvenir m	ricordo m	recuerdo m
emlék[2] (H)	Erinnerung f	memory	souvenir m	ricordo m	memoria f
emlékez (H)	erinnern	remember	rappeller	ricordare	recordarse
emlékező-tehetség (H)	Gedächtnis n	memory	mémoire f	memoria f	memoria f
emlékmű (H)	Denkmal n	monument	monument m	monumento m	monumento m
emmener (F)	mitnehmen	take along	—	prendere con sé	llevar consigo
emmer (NL)	Eimer m	bucket	seau m	secchio m	cubo m
emocionante (ES)	aufregend	exciting	énervant(e)	eccitante	—
emocionante (P)	aufregend	exciting	énervant(e)	eccitante	emocionante
emocjonujący (PL)	aufregend	exciting	énervant(e)	eccitante	emocionante
emot (SV)	dagegen	instead	en échange	invece	en su lugar
emparentado(a) (ES)	verwandt	related	parent(e)	parente di	—
em parte alguma (P)	nirgends	nowhere	nulle part	da nessuna parte	en ninguna parte
empêcher (F)	hindern	hinder	—	impedire	impedir
empedrado (ES)	Pflaster n	pavement	pavé m	lastricato m	—
empezar (ES)	anfangen	start	commencer	cominciare	—
empfangen (D)	—	receive	recevoir	ricevere	recibir
Empfänger (D)	—	receiver	destinataire f	destinatario m	destinatario m
empfehlen (D)	—	recommend	recommander	raccomandare	recomendar
empfindlich (D)	—	sensitive	sensible	sensibile	sensible
empinado(a) (ES)	steil	steep	raide	ripido(a)	—
emplasto (ES)	Pflaster n	plaster	emplâtre m	cerotto m	—
emplâtre (F)	Pflaster n	plaster	—	cerotto m	emplasto m
empleado[1] (ES)	Angestellter m	employee	employé m	impiegato m	—
empleado[2] (ES)	Arbeitnehmer m	employee	employé m	lavoratore m	—
emplear (ES)	einstellen	employ	recruter	assumere	—
employ (E)	einstellen	—	recruter	assumere	emplear
employé[1] (F)	Angestellter m	employee	—	impiegato m	empleado m
employé[2] (F)	Arbeitnehmer m	employee	—	lavoratore m	empleado m
employee[1] (E)	Angestellter m	—	employé m	impiegato m	empleado m
employee[2] (E)	Arbeitnehmer m	—	employé m	lavoratore m	empleado m
employer (E)	Arbeitgeber m	—	employeur m	datore di lavoro m	patrono m

employer

P	NL	SV	PL	CZ	H
caso de emergência m	geval n van nood	nödfall n	nagły przypadek f	naléhavý případ m	szükséghelyzet
saída de emergência f	nooduitgang m	nödutgång u	wyjście awaryjne n	nouzový východ m	vészkijárat
—	rechtuit	rakt fram	prosto	přímo	egyenesen
enxaqueca f	migraine f	migrän u	migrena f	migréna f	migrén
emigrar	emigreren	utvandra	emigrować <wyemigrować>	vysídlovat <vysídlit>	kivándorol
—	emigreren	utvandra	emigrować <wyemigrować>	vysídlovat <vysídlit>	kivándorol
emigrar	emigreren	utvandra	emigrować <wyemigrować>	vysídlovat <vysídlit>	kivándorol
emigrar	emigreren	utvandra	emigrować <wyemigrować>	vysídlovat <vysídlit>	kivándorol
emigrar	emigreren	utvandra	emigrować <wyemigrować>	vysídlovat <vysídlit>	kivándorol
emigrar	—	utvandra	emigrować <wyemigrować>	vysídlovat <vysídlit>	kivándorol
emigrar	emigreren	utvandra	—	vysídlovat <vysídlit>	kivándorol
reluzir	knipperen	blinka	błyskać <błysnąć>	blikat <zablikat>	indexel
recordação f	aandenken n	minne n	pamiątka f	suvenýr m	—
recordação f	herinnering f	minne n	wspomnienie n	vzpomínka f	—
recordar	herinneren	minnas	przypominać <przypomnieć>	připomínat <připomenout>	—
memória f	geheugen n	minne n	pamięć f	paměť f	—
monumento m	monument n	minnesmärke n	pomnik m	pomník m	—
levar consigo	meenemen	ta med	zabierać ze sobą <zabrać ze sobą>	vrát s sebou <vzít s sebou>	magával visz
balde m	—	hink u	wiadro n	vědro n	vödör
emocionante	opwindend	upprörande	emocjonujący	vzrušující	izgalmas
—	opwindend	upprörande	emocjonujący	vzrušující	izgalmas
emocionante	opwindend	upprörande	—	vzrušující	izgalmas
contra	ertegen	—	przeciw	proti	azzal szemben
aparentado	verwant	släkt	spokrewniony	příbuzný	rokon
—	nergens	ingenstans	nigdzie	nikde	sehol
impedir	hinderen	förhindra	przeszkadzać <przeszkodzić>	bránit <zabránit>	akadályoz
calçada f	bestrating f	gatubeläggning n	bruk m	dlažba f	útburkolat
principiar	beginnen	börja	zaczynać <zacząć>	začínat <začít>	kezd
receber	ontvangen	ta emot	otrzymywać <otrzymać>	přijímat <přijmout>	fogad
receptor m	ontvanger m	mottagare u	odbiorca m	příjemce m	címzett
recomendar	aanbevelen	rekommendera	polecać <polecić>	doporučovat <doporučit>	ajánl
sensível	gevoelig	känslig	wrażliwy	citlivý	érzékeny
escarpado	steil	brant	stromy	příkrý	meredek
penso adesivo m	pleister f	plåster n	plaster m	náplast f	sebtapasz
penso adesivo m	pleister f	plåster n	plaster m	náplast f	sebtapasz
empregado m	bediende m	anställd u	pracownik umysłowy m	zaměstnanec m	alkalmazott
empregado m	werknemer m	arbetstagare u	pracobiorca m	zaměstnanec m	munkavállaló
contratar	aanstellen	anställa	angażować <zaangażować>	přijímat <přijmout>	vkit munkába állít
contratar	aanstellen	anställa	angażować <zaangażować>	přijímat <přijmout>	vkit munkába állít
empregado m	bediende m	anställd u	pracownik umysłowy m	zaměstnanec m	alkalmazott
empregado m	werknemer m	arbetstagare u	pracobiorca m	zaměstnanec m	munkavállaló
empregado m	bediende m	anställd u	pracownik umysłowy m	zaměstnanec m	alkalmazott
empregado m	werknemer m	arbetstagare u	pracobiorca m	zaměstnanec m	munkavállaló
patrão m	werkgever m	arbetsgivare u	pracodawca m	zaměstnavatel m	munkaadó

employer

	D	E	F	I	ES
employer (F)	verwenden	use	—	usare	utilizar
employeur (F)	Arbeitgeber m	employer	—	datore di lavoro m	patrono m
empreender (P)	unternehmen	undertake	entreprendre	intraprendere	emprender
empregado[1] (P)	Angestellter m	employee	employé m	impiegato m	empleado m
empregado[2] (P)	Arbeitnehmer m	employee	employé m	lavoratore m	empleado m
empregado de mesa (P)	Kellner m	waiter	serveur m	cameriere m	camarero m
emprender (ES)	unternehmen	undertake	entreprendre	intraprendere	—
empresa (ES)	Unternehmen n	company	entreprise f	impresa f	—
empresa (P)	Unternehmen n	company	entreprise f	impresa f	empresa f
emprestar[1] (P)	ausleihen	lend	prêter	prestare	prestar
emprestar[2] (P)	verleihen	lend	prêter	dare in prestito	prestar
em primeiro lugar (P)	zuerst	at first	d'abord	dapprima	primero
em princípio (P)	grundsätzlich	fundamental	par principe	basilare	fundamental
empty (E)	leer	—	vide	vuoto(a)	vacío(a)
empujar (ES)	schieben	push	pousser	spingere	—
empurrar (P)	schieben	push	pousser	spingere	empujar
em todo o caso (P)	jedenfalls	in any case	en tout cas	in ogni caso	en cualquier caso
em vez de (P)	anstatt	instead of	au lieu de	invece di	en vez de
em volta (P)	herum	around	autour	intorno	alrededor
en (NL)	und	and	et	e	y
én (H)	ich	I	je	io	yo
en/a (ES)	in	in/into	des/à/en	in/a/tra/fra	—
en alguna parte (ES)	irgendwo	somewhere	n'importe où	in qualche posto	—
enamorado (P)	verliebt	in love	amoureux(euse)	innamorato	enamorado(a)
enamorado(a) (ES)	verliebt	in love	amoureux(euse)	innamorato	—
enamorarse (ES)	verlieben	fall in love	tomber amoureux(euse)	innamorarsi	—
enamorar-se (P)	verlieben	fall in love	tomber amoureux(euse)	innamorarsi	enamorarse
en arrière (F)	rückwärts	backwards	—	in dietro	hacia atrás
ena sig (SV)	einigen, sich	agree	mettre d'accord, se	accordarsi	ponerse de acuerdo
en avant (F)	vorwärts	forward(s)	—	avanti	adelante
en bas (F)	abwärts	downwards	—	in giù	hacia abajo
encaisser (F)	kassieren	take	—	incassare	cobrar
encantado (P)	entzückt	delighted	ravi(e)	affascinato(a)	encantado(a)
encantado(a) (ES)	entzückt	delighted	ravi(e)	affascinato(a)	—
encantador (P)	charmant	charming	charmant(e)	affascinante	encantador(a)
encantador(a) (ES)	charmant	charming	charmant(e)	affascinante	—
encaracolar (P)	locken	attract	attirer	attirare	atraer
encargar (ES)	beauftragen	instruct	charger de	incaricare	—
encarregar (P)	beauftragen	instruct	charger de	incaricare	encargar
en casa (ES)	zu Hause	at home	à la maison	a casa	—
en caso de que (ES)	falls	in case	au cas où	qualora	—
encauzar (ES)	lenken	steer	conduire	guidare	—
enceinte (F)	schwanger	pregnant	—	incinta	embarazada
encendedor (ES)	Feuerzeug n	lighter	briquet m	accendino m	—
encender[1] (ES)	anmachen	put on	allumer	accendere	—
encender[2] (ES)	anzünden	light	allumer	accendere	—
encerrar (ES)	einschließen	lock up	refermer	rinchiudere	—
encher (P)	eingießen	pour	verser	versare	echar/verter

encher

P	NL	SV	PL	CZ	H
utilizar	gebruiken	använda	stosować	užívat <užít>	felhasznál
patrão m	werkgever m	arbetsgivare u	pracodawca m	zaměstnavatel m	munkaadó
—	ondernemen	företa sig	przedsięwziąć	podnikat <podniknout>	vállalkozik
—	bediende m	anställd u	pracownik umysłowy m	zaměstnanec m	alkalmazott
—	werknemer m	arbetstagare u	pracobiorca m	zaměstnanec m	munkavállaló
—	kelner m	kypare/servitör u	kelner m	číšník m	pincér
empreender	ondernemen	företa sig	przedsięwziąć	podnikat <podniknout>	vállalkozik
empresa f	onderneming f	företag	przedsiębiorstwo n	podnik m	vállalat
—	onderneming f	företag	przedsiębiorstwo n	podnik m	vállalat
—	uitlenen	låna ut	wypożyczać <wypożyczyć>	vypůjčovat <půjčit>	kölcsönöz
—	uitlenen	låna ut	wypożyczać	půjčovat <půjčit>	kölcsönad
—	eerst	först	najpierw	nejprve	először
—	principieel	principiellt	zasadniczo	zásadně	alapvető
vazio	leeg	tom	pusty	prázdný	üres
empurrar	schuiven	skjuta	przesuwać <przesunąć>	posouvat <posunout>	tol
—	schuiven	skjuta	przesuwać <przesunąć>	posouvat <posunout>	tol
—	in ieder geval	i alla fall	w każdym bądź razie	v každém případě	mindenesetre
—	in de plaats van	istället för	zamiast	místo	helyett
—	omheen	omkring	dookoła	kolem	körül
e	—	och	i	a	és
eu	ik	jag	ja	já	—
em	in	i	w	v	ba/be
algures	ergens	någonstans	gdziekolwiek	někde	valahol
—	verliefd	förälskad	zakochany	zamilovaný	szerelmes
enamorado	verliefd	förälskad	zakochany	zamilovaný	szerelmes
enamorar-se	verliefd worden	förälska sig	zakochać się	zamilovat	beleszeret
—	verliefd worden	förälska sig	zakochać się	zamilovat	beleszeret
para trás	achteruit	baklänges	w tył	dozadu	hátrafelé
estar de acordo	het eens worden	—	dochodzić do porozumienia <dojść do porozumienia>	dohadovat, se <dohodnout, se>	megegyezik,
avante	vooruit	framåt	naprzód	vpřed	előre
para baixo	afwaarts	nedåt	na dół	dolů	lefelé
cobrar	incasseren	kassera	kasować <skasować>	kasírovat <zkasírovat>	kasszíroz
—	enthousiast	förtjust	zachwycony	uchvácený	elragadó
encantado	enthousiast	förtjust	zachwycony	uchvácený	elragadó
—	charmant	charmant	szarmancki	šarmantní	bájos
encantador	charmant	charmant	szarmancki	šarmantní	bájos
—	lokken	locka	wabić <zwabić>	lákat <zlákat>	csalogat
encarregar	belasten	ge i uppdrag	zlecać <zlecić>	pověřovat <pověřit>	megbíz
—	belasten	ge i uppdrag	zlecać <zlecić>	pověřovat <pověřit>	megbíz
em casa	thuis	hemma	w domu	doma	otthon
no caso de	indien	om	jeśli	když	ha
guiar	besturen	styra	kierować <skierować>	řídit	irányít
grávida	zwanger	gravid	ciężarna	těhotná	állapotos
isqueiro m	aansteker m	cigarrettändare u	zapalniczka f	zapalovač m	öngyújtó
acender	aanzetten	sätta på	przymocowywać <przymocować>	rozdělávat <rozdělat>	bekapcsol
acender	aansteken	tända	zapalać <zapalić>	zapalovat <zapálit>	gyújt
fechar	insluiten	låsa in	zamykać <zamknąć>	zavírat <zavřít>	bezár
—	ingieten	hälla i	wlewać <wlać>	nalévat <nalít>	beönt

en chômage

	D	E	F	I	ES
en chômage (F)	arbeitslos	unemployed	—	disoccupato(a)	desempleado(a)
enchufe (ES)	Steckdose f	socket	prise électrique f	presa f	—
enciclopedia (I)	Lexikon n	encyclopaedia	encyclopédie f	—	diccionario m
encima de (ES)	darauf	on	dessus	su	—
encomenda (P)	Paket n	parcel	paquet m	pacco m	paquete m
encomendar (P)	bestellen	order	commander	ordinare	pedir
encontar (ES)	finden	find	trouver	trovare	—
encontrar (P)	finden	find	trouver	trovare	encontar
encontrar alguém (P)	begegnen	meet	rencontrer	incontrare	encontrarse
encontrarse[1] (ES)	befinden, sich	feel	trouver, se	trovarsi	—
encontrarse[2] (ES)	begegnen	meet	rencontrer	incontrare	—
encontrarse[3] (ES)	treffen, sich	meet	rencontrer	incontrare	—
encontrar-se[1] (P)	befinden, sich	feel	trouver, se	trovarsi	encontrarse
encontrar-se[2] (P)	treffen, sich	meet	rencontrer	incontrare	encontrarse
encore (F)	noch	still	—	ancora	aún/todavía
encore une fois (F)	nochmals	again	—	di nuovo	otra vez
en cualquier caso (ES)	jedenfalls	in any case	en tout cas	in ogni caso	—
encuentro (ES)	Treffen n	meeting	rencontre f	incontro m	—
encuesta (ES)	Umfrage f	poll	enquête f	inchiesta f	—
encyclopaedia (E)	Lexikon n	—	encyclopédie f	enciclopedia f	diccionario m
encyclopédie (F)	Lexikon n	encyclopaedia	—	enciclopedia f	diccionario m
end (E)	Ende n	—	fin f	fine f	fin m
end (E)	enden	—	finir	finire	acabar
end (E)	Schluss m	—	fin f	fine f	conclusión f
Ende (D)	—	end	fin f	fine f	fin m
en/de cela (F)	davon	of it	—	ne/di là	de ello
enden (D)	—	end	finir	finire	acabar
en desorden (ES)	durcheinander	in a muddle	pêle-mêle	sottosopra	—
endlich (D)	—	at last	enfin	finalmente	finalmente
endommagement (F)	Beschädigung f	damage	—	danno m	deterioro m
endommager (F)	beschädigen	damage	—	danneggiare	dañar
endormir, s' (F)	einschlafen	fall asleep	—	addormentarsi	dormirse
endroit (F)	Ort m	place	—	luogo m	lugar m
Endstation (D)	—	terminus	terminus m	capolinea m	estación terminal f
en échange (F)	dagegen	instead	—	invece	en su lugar
ének (H)	Gesang m	singing	chant m	canto m	canto m
énekel (H)	singen	sing	chanter	cantare	cantar
énekes (H)	Sänger m	singer	chanteur m	cantante m	cantante m
en el camino (ES)	unterwegs	on the way	en route	in viaggio	—
enemigo (ES)	Feind m	enemy	ennemi m	nemico m	—
enemy (E)	Feind m	—	ennemi m	nemico m	enemigo m
énervant(e) (F)	aufregend	exciting	—	eccitante	emocionante
énerver (F)	aufregen	excite	—	agitare	agitar
enerzijds (NL)	einerseits	on one hand	d'une part	da un lato	por un lado
en eso (ES)	indessen	meanwhile	cependant	nel frattempo	—
enevoado (P)	bewölkt	cloudy	couvert(e)	nuvoloso(a)	nublado
en face de (F)	gegenüber	opposite	—	di fronte(a)	en frente
enfadar (ES)	ärgern	annoy	fâcher	arrabbiare	—

P	NL	SV	PL	CZ	H
desempregado	werkloos	arbetslös	bezrobotny	nezaměstnaný	munkanélküli
tomada f de corrente	stopcontact n	stickuttag n	gniazdko n	zásuvka f	dugaszolóaljzat
dicionário m	lexicon n	lexikon n	leksykon m	lexikon m	lexikon
em cima	daarop	på dät	na tym	na to	rajta
—	pakket n	paket n	paczka f	balík m	csomag
—	bestellen	beställa	zamawiać <zamówić>	objednávat <objednat>	megrendel
encontrar	vinden	hitta	znajdować <znaleźć>	nacházet <najít>	talál
—	vinden	hitta	znajdować <znaleźć>	nacházet <najít>	talál
—	ontmoeten	möta	spotykać <spotkać>	setkávat, se <setkat, se>	találkozik
encontrar-se	bevinden, zich	befinna sig	znajdować, się	nacházet, se	van
encontrar alguém	ontmoeten	möta	spotykać <spotkać>	setkávat, se <setkat, se>	találkozik
encontrar-se	elkaar ontmoeten	träffas	spotkać się	setkávat, se <setkat, se>	találkozik
—	bevinden, zich	befinna sig	znajdować, się	nacházet, se	van
—	elkaar ontmoeten	träffas	spotkać się	setkávat, se <setkat, se>	találkozik
ainda	nog	ännu	jeszcze	ještě	még
novamente	nogmaals	ännu en gång	jeszcze raz	ještě jednou	még egyszer
em todo o caso	in ieder geval	i alla fall	w każdym bądź razie	v každém případě	mindenesetre
reunião f	ontmoeting f	träffa	spotkanie n	setkání n	találkozás
inquérito m	enquête f	enkät u	ankieta f	anketa f	körkérdés
dicionário m	lexicon n	lexikon n	leksykon m	lexikon m	lexikon
dicionário m	lexicon n	lexikon n	leksykon m	lexikon m	lexikon
fim m	einde n	slut n	koniec m	konec m	vég
finalizar	eindigen	avsluta	kończyć, się <zakończyć, się>	končit	végződik
final m	einde n	slut n	koniec m	konec m	vég
fim m	einde n	slut n	koniec m	konec m	vég
disto	daarvan	därom	od tego	z toho	attól
finalizar	eindigen	avsluta	kończyć, się <zakończyć, się>	končit	végződik
em desordem	door elkaar	i en enda röra	bezładnie	v nepořádku	összevissza
finalmente	eindelijk	äntligen	nareszcie	konečně	végre
dano m	beschadiging f	skada u	uszkodzenie n	poškození n	megrongálás
danificar	beschadigen	skada	uszkadzać <uszkodzić>	poškozovat <poškodit>	megrongál
adormecer	inslapen	somna	zasypiać <zasnąć>	usínat <usnout>	elalszik
lugar m	plaats f	ort u	miejsce n	místo n	hely
estação terminal f	eindstation n	slutstation u	stacja końcowa f	konečná stanice f	végállomás
contra	ertegen	emot	przeciw	proti	azzal szemben
canto m	gezang n	sång u	śpiew m	zpěv m	—
cantar	zingen	sjunga	śpiewać <zaśpiewać>	zpívat <zazpívat>	—
cantor m	zanger m	sångare u	piosenkarz m	zpěvák m	—
à caminho	onderweg	på väg	w drodze	cestou	útközben
inimigo m	vijand m	fiende u	wróg m	nepřítel m	ellenség
inimigo m	vijand m	fiende u	wróg m	nepřítel m	ellenség
emocionante	opwindend	upprörande	emocjonujący	vzrušující	izgalmas
agitar	opwinden	upprörа	denerwować <zdenerwować>	rozčilovat <rozčílit>	felzaklat
por um lado	—	á ena sidan	z jednej strony	na jedné straně	egyrészt
entretanto	ondertussen	emellertid	jednakże	zatím	amíg
—	bewolkt	molnigt	zachmurzony	zataženo	felhős
diante	tegenover	mittemot	naprzeciwko	naproti	szemben
aborrecer	ergeren	reta	złościć <rozzłościć>	zlobit	bosszant

en fait

	D	E	F	I	ES
en fait (F)	eigentlich	actually	—	proprio(a)	en realidad
enfance (F)	Kindheit f	childhood	—	infanzia f	niñez f
enfant (F)	Kind n	child	—	bambino m	niño m
enfärgad (SV)	einfarbig	all one colour	uni(e)	monocolore	de un solo color
enfer (F)	Hölle f	hell	—	inferno m	infierno m
enfermar (ES)	erkranken	get ill	tomber malade	ammalarsi	—
enfermedad (ES)	Krankheit f	illness	maladie f	malattia f	—
enfermeira (P)	Krankenschwester f	nurse	infirmière f	infermiera f	enfermera f
enfermera (ES)	Krankenschwester f	nurse	infirmière f	infermiera f	—
enfermizo(a) (ES)	ungesund	unhealthy	malsain(e)	malsano(a)	—
enfermo(a) (ES)	krank	ill	malade	malato(a)	—
enferrujar (P)	rosten	rust	rouiller	arrugginire	oxidarse
enfin (F)	endlich	at last	—	finalmente	finalmente
enflé(e) (F)	geschwollen	swollen	—	gonfio(a)	hinchado(a)
en frente (ES)	gegenüber	opposite	en face de	di fronte(a)	—
eng (D)	—	narrow	étroit(e)	stretto(a)	estrecho(a)
engaged (E)	besetzt	—	occupé(e)	occupato(a)	ocupado(a)
enganar[1] (P)	betrügen	cheat	tromper	ingannare	engañar
enganar[2] (P)	täuschen	deceive	tromper	ingannare	engañar
engañar[1] (ES)	betrügen	cheat	tromper	ingannare	—
engañar[2] (ES)	täuschen	deceive	tromper	ingannare	—
enganar-se (P)	irren, sich	be mistaken	tromper, se	sbagliare	equivocarse
engano (P)	Irrtum m	mistake	erreur f	errore m	error m
engaño (ES)	Betrug m	fraud	tromperie f	inganno m	—
engarrafamento (P)	Stau m	traffic jam	embouteillage m	ingorgo m	embotellamiento m
enged[1] (H)	nachlassen	slacken	apaiser, se	allentare	aflojar
enged[2] (H)	nachgeben	yield	céder	cedere	ceder
engedély[1] (H)	Erlaubnis f	permission	permission f	permesso m	permiso m
engedély[2] (H)	Genehmigung f	authorization	autorisation f	permesso m	permiso m
engedélyez (H)	genehmigen	approve	autoriser	approvare	permitir
Engel (D)	—	angel	ange m	angelo m	ángel m
engel (NL)	Engel m	angel	ange m	angelo m	ángel m
Engeland (NL)	England n	England	Angleterre f	Inghilterra f	Inglatterra f
England (D)	—	England	Angleterre f	Inghilterra f	Inglatterra f
England (E)	England n	—	Angleterre f	Inghilterra f	Inglatterra f
England (SV)	England n	England	Angleterre f	Inghilterra f	Inglatterra f
engolir (P)	schlucken	swallow	avaler	inghiottire	tragar
engrandecer (P)	vergrößern	enlarge	agrandir	ingrandire	agrandar
en haut (F)	oben	above	—	sopra	arriba
enige (NL)	einige	some	quelques	alcuni(e)	algunos(as)
enigma (I)	Rätsel n	riddle	devinette f	—	adivinanza f
enigma (P)	Rätsel n	riddle	devinette f	enigma m	adivinanza f
enjoy (E)	genießen	—	jouir	godere	disfrutar
enjoy o.s. (E)	amüsieren, sich	—	amuser, s'	divertirsi	divertirse
enkät (SV)	Umfrage f	poll	enquête f	inchiesta f	encuesta f
enkel (NL)	Knöchel m	ankle	cheville f	caviglia f	tobillo m
enkelriktad gata (SV)	Einbahnstraße f	one-way street	rue à sens unique f	senso unico m	calle de dirección única f
enkelt (SV)	leicht	easy	facile	semplice	sencillo(a)
enlace (ES)	Link m	link	lien m	collegamento ipertestuale m	—
enlace (P)	Link m	link	lien m	collegamento ipertestuale m	enlace m
enlarge (E)	vergrößern	—	agrandir	ingrandire	agrandar
enlever[1] (F)	ausziehen	take over	—	levare	quitarse

enlever

P	NL	SV	PL	CZ	H
na realidade	eigenlijk	egentligen	właściwie	vlastně	tulajdonképpen
infância f	kinderjaren n/pl	barndom u	dzieciństwo n	dětství n	gyermekkor
criança f	kind n	barn n	dziecko n	dítě n	gyermek
de uma só cor	eenkleurig	–	jednokolorowy	jednobarevný	egyszínű
inferno m	hel f	helvete n	piekło n	peklo n	pokol
adoecer	ziek worden	insjuknande	zachorować	onemocnět	megbetegszik
doença f	ziekte f	sjukdom u	choroba f	nemoc f	betegség
–	verpleegster f	sjuksköterska u	pielęgniarka f	zdravotní sestra f	ápolónő
enfermeira f	verpleegster f	sjuksköterska u	pielęgniarka f	zdravotní sestra f	ápolónő
insalubre	ongezond	ohälsosam	niezdrowy	nezdravý	egészségtelen
doente	ziek	sjuk	chory	nemocný	beteg
–	roesten	rosta	rdzewieć <zardzewieć>	rezivět <zrezivět>	rozsdásodik
finalmente	eindelijk	äntligen	nareszcie	konečně	végre
inchado	gezwollen	svullen	spuchnięty	nateklý	duzzadt
diante	tegenover	mittemot	naprzeciwko	naproti	szemben
estreito	nauw	trång	ciasny	úzký	szűk
ocupado	bezet	upptaget	zajęty	obsazeno	foglalt
–	bedriegen	svika	oszukiwać <oszukać>	podvádět <podvést>	becsap
–	bedriegen	bedra	zmylić	klamat <zklamat>	megtéveszt
enganar	bedriegen	svika	oszukiwać <oszukać>	podvádět <podvést>	becsap
enganar	bedriegen	bedra	zmylić	klamat <zklamat>	megtéveszt
–	vergissen, zich	missta sig	mylić, się <pomylić, się>	mýlit, se <zmýlit, se>	téved
–	dwaling f	misstag n	błąd m	omyl m	tévedés
fraude f	bedrog n	bedrägeri n	oszustwo n	podvod m	csalás
–	file f	kö u	korek m	zácpa f	forgalmi dugó
deixar	nalaten	avta	słabnąć	povolovat <povolit>	–
ceder	toegeven	ge efter	ustępować <ustąpić>	ustupovat <ustoupit>	–
autorização f	toestemming f	tillstånd n	zezwolenie n	povolení n	–
aprovação f	goedkeuring f	godkännande n	zezwolenie n	povolení n	–
aprovar	goedkeuren	bevilja	zezwalać <zezwolić>	povolovat <povolit>	–
anjo m	engel m	ängel u	anioł m	anděl m	angyal
anjo m	–	ängel u	anioł m	anděl m	angyal
Inglaterra f	–	England	Anglia f	Anglie f	Anglia
Inglaterra f	Engeland n	England	Anglia f	Anglie f	Anglia
Inglaterra f	Engeland n	England	Anglia f	Anglie f	Anglia
Inglaterra f	Engeland n	–	Anglia f	Anglie f	Anglia
–	slikken	svälja	łykać <połknąć>	polykat <spolknout>	nyel
–	vergroten	förstora	powiększać	zvětšovat <zvětšit>	nagyít
em cima	boven	ovan	na górze	nahoře	fenn
alguns	–	några	niektóre	některé	néhány
enigma m	raadsel n	gåta u	zagadka f	hádanka f	rejtvény
–	raadsel n	gåta u	zagadka f	hádanka f	rejtvény
apreciar	genieten	njuta	używać <użyć>	užívat <užít>	élvez
divertir-se	amuseren, zich	roa sig	zabawiać, się <zabawić, się>	bavit se	szórakoz
inquérito m	enquête f	–	ankieta f	anketa f	körkérdés
tornozelo m	–	fotknöl u	kostka f	kotník m	boka
rua de sentido único f	eenrichtingsverkeer n	–	ulica jednokierunkowa f	jednosměrná ulice f	egyirányú útca
fácil	gemakkelijk	–	łatwy	snadný	könnyű
enlace m	link m	länk u	łącze internetowe n	link m	összeköttetés
–	link m	länk u	łącze internetowe n	link m	összeköttetés
engrandecer	vergroten	förstora	powiększać	zvětšovat <zvětšit>	nagyít
despir	uittrekken	klä av sig	zdejmować <zdjąć>	svlékat <svléknout>	kihúz

enlever

	D	E	F	I	ES
enlever² (F)	wegnehmen	take away	—	togliere	quitar
en medio (ES)	mitten	in the middle	au milieu	in mezzo	—
en medio de (ES)	inmitten	in the middle of	au milieu de	in mezzo a	—
en même temps (F)	gleichzeitig	simultaneous	—	contemporaneo(a)	a la vez
ennek ellenére (H)	trotzdem	nevertheless	malgré tout	tuttavia	no obstante
ennemi (F)	Feind *m*	enemy	—	nemico *m*	enemigo *m*
en ninguna parte (ES)	nirgends	nowhere	nulle part	da nessuna parte	—
ennuyer, se (F)	langweilen, sich	get bored	—	annoiarsi	aburrirse
ennuyeux(euse) (F)	langweilig	boring	—	noioso(a)	aburrido(a)
enorme (I)	riesig	huge	énorme	—	enorme
enorme (ES)	riesig	huge	énorme	enorme	—
énorme (F)	riesig	huge	—	enorme	enorme
enough (E)	genug	—	assez	abbastanza	bastante
en outre (F)	außerdem	besides	—	inoltre	además
en persona/personalmente (ES)	persönlich	personal	personnel(le)	personale	—
enquête (F)	Umfrage *f*	poll	—	inchiesta *f*	encuesta *f*
enquête (NL)	Umfrage *f*	poll	enquête *f*	inchiesta *f*	encuesta *f*
en quiebra (ES)	pleite	penniless	fauché(e)	fallito(a)	—
enquire (E)	erkundigen, sich	—	renseigner, se	informarsi	informarse
en realidad (ES)	eigentlich	actually	en fait	proprio(a)	—
en route (F)	unterwegs	on the way	—	in viaggio	en el camino
ensaio (P)	Versuch *m*	try	essai *m*	tentativo *m*	intento *m*
ensalada (ES)	Salat *m*	salad	salade *f*	insalata *f*	—
ensam¹ (SV)	allein	alone	seul(e)	solo(a)	solo(a)
ensam² (SV)	einsam	lonely	solitaire	solitario(a)	solitario(a)
en seguida (ES)	sofort	immediately	immédiatement	subito	—
enseigner (F)	lehren	teach	—	insegnare	enseñar
ensemble (F)	zusammen	together	—	insieme	junto
enseñanza (ES)	Unterricht *m*	lessons	cours *m*	lezione *f*	—
enseñar (ES)	lehren	teach	enseigner	insegnare	—
ensinar (P)	lehren	teach	enseigner	insegnare	enseñar
ensino (P)	Unterricht *m*	lessons	cours *m*	lezione *f*	enseñanza *f*
ensoleillé(e) (F)	sonnig	sunny	—	sereno(a)	soleado(a)
ensuite¹ (F)	dann	then	—	in seguito	luego
ensuite² (F)	nachher	afterwards	—	dopo	después
en su lugar (ES)	dagegen	instead	en échange	invece	—
en suma (ES)	insgesamt	altogether	dans l'ensemble	complessivamente	—
então (P)	dann	then	ensuite	in seguito	luego
entarimado (ES)	Parkett *n*	stalls	parquet *m*	parquet *m*	—
entbehren (D)	—	do without	passer de, se	fare a meno di	pasarse sin
entdecken (D)	—	discover	découvrir	scoprire	descubrir
Ente (D)	—	duck	canard *m*	anatra *f*	pato *m*
entender (ES)	verstehen	understand	comprendre	capire	—
entendre (F)	hören	hear	—	sentire	oír
enter¹ (E)	betreten	—	entrer dans	entrare	entrar
enter² (E)	einreisen	—	entrer dans un pays	entrare (in un paese)	entrar (en un país)
enterarse de (ES)	erfahren	learn	apprendre	venire a sapere	—
entero(a)¹ (ES)	ganz	whole	tout(e)	intero(a)	—
entero(a)² (ES)	gesamt	entire	tout(e)	totale	—
enterrement (F)	Beerdigung *f*	funeral	—	funerale *m*	entierro *m*
enterro (P)	Beerdigung *f*	funeral	enterrement *m*	funerale *m*	entierro *m*
entfernen (D)	—	remove	éloigner	allontanare	quitar

entfernen

P	NL	SV	PL	CZ	H
tirar	wegnemen	ta bort	zabierać	odnímat <odejmout>	elvesz
no meio	midden	mitt/i mitten	pośrodku	uprostřed	közepén
no meio de	te midden van	mitt i	pośrodku	uprostřed	között
simultâneo	gelijktijdig	samtidigt	równocześnie	současně	egyszerre
apesar disso	toch	i alla fall	mimo to	přesto	—
inimigo m	vijand m	fiende u	wróg m	nepřítel m	ellenség
em parte alguma	nergens	ingenstans	nigdzie	nikde	sehol
aborrecer-se	vervelen, zich	tråka ut	nudzić, się	nudit, se	unatkozik
aborrecido	saai	tråkig	nudny	nudný	unalmas
gigantesco	reusachtig	jättestor	ogromy	obrovský	oriási
gigantesco	reusachtig	jättestor	ogromy	obrovský	oriási
gigantesco	reusachtig	jättestor	ogromy	obrovský	oriási
suficiente	genoeg	tillräckligt	dość	dost	elég
além disso	bovendien	dessutom	ponadto	mimo	azonkívül
pessoalmente	persoonlijk	personligen	osobiście	osobně	személyes
inquérito m	enquête f	enkät u	ankieta f	anketa f	körkérdés
inquérito m	—	enkät u	ankieta f	anketa f	körkérdés
falido	failliet	bankrutt	plajta f	insolventní	tönkrement
informar-se	inlichtingen inwinnen	informera sig	dowiadywać, się	informovat, se	érdeklődik
na realidade	eigenlijk	egentligen	właściwie	vlastně	tulajdonképpen
à caminho	onderweg	på väg	w drodze	cestou	útközben
—	poging f	försök n	próba f	pokus m	kísérlet
salada f	sla m	sallad u	sałata f	salát m	saláta
só	alleen	—	sam	sám	egyedül
solitário	eenzaam	—	samotny	osamělý	magányos
imediatamente	terstond	genast	natychmiast	ihned	rögtön
ensinar	leren	lära ut	nauczać	učit	tanít
junto	samen	tillsammans	razem	společně	együtt
ensino m	les f	undervisning u	nauczanie n	vyučování n	tanítás
ensinar	leren	lära ut	nauczać	učit	tanít
—	leren	lära ut	nauczać	učit	tanít
—	les f	undervisning u	nauczanie n	vyučování n	tanítás
soalheiro	zonnig	solig	słoneczny	slunečný	napsütéses
então	dan	sedan	później	potom	aztán
depois	later	efteråt	potem	potom	utána
contra	ertegen	emot	przeciw	proti	azzal szemben
na totalidade	in totaal	sammantaget	ogółem	celkem	összesen
—	dan	sedan	później	potom	aztán
parquete m	parket n	parkett u	parkiet m	parkety pl	parketta
carecer de	ontberen	undvara	nie mieć	postrádat	nélkülöz
descobrir	ontdekken	upptäcka	odkrywać <odkryć>	objevovat <objevit>	felfedez
pato m	eend f	anka u	kaczka f	kachna f	kacsa
compreender	verstaan	förstå	rozumieć	rozumět <porozumět>	megért
ouvir	horen	höra	słuchać <usłyszeć>	poslouchat <poslechnout>	hall
entrar em	betreden	beträda	wchodzić <wejść>	vstupovat <vstoupit>	belép
entrar	een land inreizen	resa in	przybywać <przybyć>	přicestovat	beutazik
vir a saber	ervaren; vernemen	erfaren	dowiadywać, się <dowiedzieć, się>	zkušený	megtud
todo	geheel	helt	całkiem	úplně	egész
todo	geheel	hel	całkowity	celkem	összes
enterro m	begrafenis f	begravning u	pogrzeb m	pohřeb m	temetés
—	begrafenis f	begravning u	pogrzeb m	pohřeb m	temetés
afastar	verwijderen	ta bort	usuwać <usunąć>	odstraňovat <odstranit>	eltávolít

entfernt

	D	E	F	I	ES
entfernt (D)	—	distant	éloigné(e)	distante	distante
Entfernung (D)	—	distance	distance f	distanza f	distancia f
entgegengesetzt (D)	—	opposite	opposé(e)	opposto(a)	opuesto(a) a
entgegenkommen (D)	—	approach	venir à la rencontre	venire incontro	venir al encuentro
enthalten (D)	—	contain	contenir	contenere	contener
enthousiasmer (F)	begeistern	inspire	—	entusiasmare	entusiasmar
enthousiast¹ (NL)	begeistert	enthusiastic	enthousiaste	entusiasta	entusiasmado(a)
enthousiast² (NL)	entzückt	delighted	ravi(e)	affascinato(a)	encantado(a)
enthousiaste (F)	begeistert	enthusiastic	—	entusiasta	entusiasmado(a)
enthusiastic (E)	begeistert	—	enthousiaste	entusiasta	entusiasmado(a)
entierro (ES)	Beerdigung f	funeral	enterrement m	funerale m	—
entire (E)	gesamt	—	tout(e)	totale	entero(a)
entkommen (D)	—	escape	échapper	scappare	escapar
entlang (D)	—	along	le long de	lungo	a lo largo de
entlassen (D)	—	discharge	renvoyer	licenziare	despedir
entonces (ES)	damals	at that time	alors	allora	—
en tout cas (F)	jedenfalls	in any case	—	in ogni caso	en cualquier caso
entrada¹ (ES)	Eingang m	entrance	entrée f	entrata f	—
entrada² (ES)	Eintritt m	admission	entrée f	entrata f	—
entrada³ (ES)	Auffahrt f	drive	allée f	salita d'ingresso f	—
entrada⁴ (ES)	Diele f	hall	vestibule m	corridoio m	—
entrada⁵ (ES)	Einfahrt f	entrance	entrée f	ingresso m	—
entrada¹ (P)	Eingang m	entrance	entrée f	entrata f	entrada f
entrada² (P)	Eintritt m	admission	entrée f	entrata f	entrada f
entrada³ (P)	Einfahrt f	entrance	entrée f	ingresso m	entrada f
entrada⁴ (P)	Vorspeise f	appetizer	hors-d'œuvre m	antipasto m	primer plato m
entrambi(e) (I)	beide	both	tous/toutes les deux	—	ambos(as)
entrance¹ (E)	Eingang m	—	entrée f	entrata f	entrada f
entrance² (E)	Einfahrt f	—	entrée f	ingresso m	entrada f
entrar (ES)	betreten	enter	entrer dans	entrare	—
entrar¹ (P)	einsteigen	get in	monter	salire in	subir a
entrar² (P)	einreisen	enter	entrer dans un pays	entrare (in un paese)	entrar (en un país)
entrare (I)	betreten	enter	entrer dans	—	entrar
entrare (in un paese) (I)	einreisen	enter	entrer dans un pays	—	entrar (en un país)
entrar em (P)	betreten	enter	entrer dans	entrare	entrar
entrar (en un país) (ES)	einreisen	enter	entrer dans un pays	entrare (in un paese)	—
entrata¹ (I)	Eingang m	entrance	entrée f	—	entrada f
entrata² (I)	Eintritt m	admission	entrée f	—	entrada f
entrate (I)	Einkommen n	income	revenu m	—	ingresos m/pl
en travers (F)	quer	across	—	di traverso	a través de
entre¹ (F)	dazwischen	in between	—	in mezzo	entre
entre² (F)	zwischen	between	—	tra/fra	entre
entre¹ (ES)	dazwischen	in between	entre	in mezzo	—
entre² (ES)	zwischen	between	entre	tra/fra	—
entre¹ (P)	dazwischen	in between	entre	in mezzo	entre
entre² (P)	zwischen	between	entre	tra/fra	entre
entrée¹ (F)	Eingang m	entrance	—	entrata f	entrada f
entrée² (F)	Eintritt m	admission	—	entrata f	entrada f
entrée³ (F)	Einfahrt f	entrance	—	ingresso m	entrada f
entrée⁴ (F)	Flur m	hall	—	corridoio m	corredor m
entregar (ES)	überreichen	hand over	présenter	consegnare	—
entregar¹ (P)	herausgeben	publish	éditer	pubblicare	editar
entregar² (P)	überreichen	hand over	présenter	consegnare	entregar

entregar

P	NL	SV	PL	CZ	H
afastado	verwijderd	borttagen	odległy	vzdálený	távol
distância f	verwijdering f	distans u	odległość f	vzdálenost f	távolság
oposto	tegengesteld	motsatt	przeciwny	protismĕrný	ellenkezőleg
vir ao encontro de	tegemoetkomen	tillmötesgå	iść naprzeciw <wyjść naprzeciw>	vycházet vstříc <vyjít vstříc>	elébe megy
conter	omvatten	innehålla	zawierać	obsahovat	tartalmaz
entusiasmar	bezielen	hänföra	zachwycać	nadchnout, se	fellelkesít
entusiasmado	—	begeistrad	zachwycony	nadšený	elragadtatott
encantado	—	förtjust	zachwycony	uchvácený	elragadó
entusiasmado	enthousiast	begeistrad	zachwycony	nadšený	elragadtatott
entusiasmado	enthousiast	begeistrad	zachwycony	nadšený	elragadtatott
enterro m	begrafenis f	begravning u	pogrzeb m	pohřeb m	temetés
todo	geheel	hel	całkowity	celkem	összes
escapar	ontkomen	undkomma	zbiegać <zbiec>	unikat <uniknout>	megmenekül
ao longo de	langs	längs med	wzdłuż	podél	mentén
despedir	ontslaan	avskeda	zwalniać <zwolnić>	propouštĕt <propustit>	elbocsát
antigamente	toen	då	wtedy	tenkrát	akkoriban
em todo o caso	in ieder geval	i alla fall	w każdym bądź razie	v každém případĕ	mindenesetre
entrada f	ingang m	ingång u	wejście n	vstup m	bejárat
entrada f	toegang m	inträde n	wstęp m	vstup m	belépés
rampa f	oprit f	uppfart u	wjazd m	nájezd m	felhajtó
vestíbulo m	gang m	tambur u	sień f	předsíň f	előszoba
entrada f	inrit f	infart u	wjazd m	vjezd m	behajtás
—	ingang m	ingång u	wejście n	vstup m	bejárat
—	toegang m	inträde n	wstęp m	vstup m	belépés
—	inrit f	infart u	wjazd m	vjezd m	behajtás
—	voorgerecht n	förrätt u	przystawka f	předkrm m	előétel
ambos	beide(n)	båda	oboje	oba	mindkettő
entrada f	ingang m	ingång u	wejście n	vstup m	bejárat
entrada f	inrit f	infart u	wjazd m	vjezd m	behajtás
entrar em	betreden	beträda	wchodzić <wejść>	vstupovat <vstoupit>	belép
—	instappen	stiga på	wsiadać <wsiąść>	nastupovat <nastoupit>	felszáll
—	een land inreizen	resa in	przybywać <przybyć>	přicestovat	beutazik
entrar em	betreden	beträda	wchodzić <wejść>	vstupovat <vstoupit>	belép
entrar	een land inreizen	resa in	przybywać <przybyć>	přicestovat	beutazik
—	betreden	beträda	wchodzić <wejść>	vstupovat <vstoupit>	belép
entrar	een land inreizen	resa in	przybywać <przybyć>	přicestovat	beutazik
entrada f	ingang m	ingång u	wejście n	vstup m	bejárat
entrada f	toegang m	inträde n	wstęp m	vstup m	belépés
rendimento m	inkomen n	inkomst u	dochód m	příjem m	jövedelem
transversal	dwars	tvärs	w poprzek	napříč	keresztben
entre	ertussen	mellan	między tymi	mezi tím	közben
entre	tussen	mellan	między	mezi	között
entre	ertussen	mellan	między tymi	mezi tím	közben
entre	tussen	mellan	między	mezi	között
—	ertussen	mellan	między tymi	mezi tím	közben
—	tussen	mellan	między	mezi	között
entrada f	ingang m	ingång u	wejście n	vstup m	bejárat
entrada f	toegang m	inträde n	wstęp m	vstup m	belépés
entrada f	inrit f	infart u	wjazd m	vjezd m	behajtás
corredor da casa m	gang m	tambur u	korytarz m	chodba f	folyosó
entregar	overhandigen	överräcka	przekazywać	předávat <předat>	átad
—	teruggeven	ge ut	wydawać <wydać>	vydávat <vydat>	visszaad
—	overhandigen	överräcka	przekazywać	předávat <předat>	átad

entreprendre

	D	E	F	I	ES
entreprendre (F)	unternehmen	undertake	—	intraprendere	emprender
entreprise (F)	Unternehmen n	company	—	impresa f	empresa f
entrer dans (F)	betreten	enter	—	entrare	entrar
entrer dans un pays (F)	einreisen	enter	—	entrare (in un paese)	entrar (en un país)
entretanto¹ (P)	indessen	meanwhile	cependant	nel frattempo	en eso
entretanto² (P)	inzwischen	meanwhile	entretemps	frattanto	mientras tanto
entretemps (F)	inzwischen	meanwhile	—	frattanto	mientras tanto
entretenir, s' (F)	unterhalten, sich	talk	—	conversare	conversar
entrevista (ES)	Interview n	interview	interview f	intervista f	—
entrevista (P)	Interview n	interview	interview f	intervista f	entrevista f
entro (I)	innerhalb	within	à l'intérieur de	—	dentro de
entscheiden (D)	—	decide	décider	decidere	decidir
Entscheidung (D)	—	decision	décision f	decisione f	decisión f
entschließen, sich (D)	—	decide	décider, se	decidere	decidirse
Entschluss (D)	—	decision	décision f	decisione f	decisión f
entschuldigen, sich (D)	—	apologize	excuser, s'	scusarsi	disculparse
Entschuldigung (D)	—	apology	excuse f	scusa f	disculpa f
entsprechen (D)	—	correspond	correspondre à	corrispondere	corresponder a
entstehen (D)	—	arise	naître	nascere	surgir
enttäuschen (D)	—	disappoint	décevoir	deludere	defraudar
enttäuscht (D)	—	disappointed	déçu(e)	deluso(a)	desilusionado(a)
entusiasmado (P)	begeistert	enthusiastic	enthousiaste	entusiasta	entusiasmado(a)
entusiasmado(a) (ES)	begeistert	enthusiastic	enthousiaste	entusiasta	—
entusiasmar (ES)	begeistern	inspire	enthousiasmer	entusiasmare	—
entusiasmar (P)	begeistern	inspire	enthousiasmer	entusiasmare	entusiasmar
entusiasmare (I)	begeistern	inspire	enthousiasmer	—	entusiasmar
entusiasta (I)	begeistert	enthusiastic	enthousiaste	—	entusiasmado(a)
entweder ... oder (D)	—	either ... or	ou ... ou	o ... o	o ... o
entwickeln (D)	—	develop	développer	sviluppare	desarrollar
Entwicklung (D)	—	development	développement m	sviluppo m	desarrollo m
Entwurf (D)	—	outline	esquisse f	abbozzo m	proyecto m
entzückt (D)	—	delighted	ravi(e)	affascinato(a)	encantado(a)
Entzündung (D)	—	inflammation	inflammation f	infiammazione f	inflamación f
en vain (F)	umsonst	for nothing	—	per niente	en vano
en valoir la peine (F)	lohnen	be worth while	—	valere la pena	valer la pena
en vano (ES)	umsonst	for nothing	en vain	per niente	—
envelopper (F)	einwickeln	wrap up	—	avvolgere	envolver
en vente (F)	erhältlich	available	—	acquistabile	que puede adquirirse
envergonhar-se (P)	schämen, sich	be ashamed	avoir honte	vergognarsi	tener vergüenza
en vez de (ES)	anstatt	instead of	au lieu de	invece di	—
enviar (P)	schicken	send	envoyer	inviare	mandar
enviar a la nueva dirección (ES)	nachsenden	send on	faire suivre	inoltrare	—
envidia (ES)	Neid m	envy	jalousie f	invidia f	—
envidiar (ES)	beneiden	envy	envier	invidiare	—
envidioso(a) (ES)	neidisch	envious	envieux(euse)	invidioso(a)	—
envier (F)	beneiden	envy	—	invidiare	envidiar
envieux(euse) (F)	neidisch	envious	—	invidioso(a)	envidioso(a)
envious (E)	neidisch	—	envieux(euse)	invidioso(a)	envidioso(a)

envious

P	NL	SV	PL	CZ	H
empreender	ondernemen	företa sig	przedsięwziąć	podnikat <podniknout>	vállalkozik
empresa f	onderneming f	företag	przedsiębiorstwo n	podnik m	vállalat
entrar em	betreden	beträda	wchodzić <wejść>	vstupovat <vstoupit>	belép
entrar	een land inreizen	resa in	przybywać <przybyć>	přicestovat	beutazik
—	ondertussen	emellertid	jednakże	zatím	amíg
—	ondertussen	under tiden	tymczasem	mezitím	közben
entretanto	ondertussen	under tiden	tymczasem	mezitím	közben
conversar	praten	prata	rozmawiać	bavit, se <pobavit, se>	társalog
entrevista f	interview n	intervju u	wywiad m	rozhovor m	interjú
—	interview n	intervju u	wywiad m	rozhovor m	interjú
dentro	binnen	inom	w obrębie	uvnitř	belül
decidir	beslissen	bestämma	rozstrzygać <rozstrzygnąć>>	rozhodovat <rozhodnout>	dönt
decisão f	beslissing f	beslut n	rozstrzygnięcie n	rozhodnutí n	döntés
decidir-se	besluiten	besluta sig	zdecydować, się	rozhodovat, se <rozhodnout, se>	elhatározza magát
decisão f	besluit n	beslut n	decyzja f	odhodlání n	döntés
desculpar-se	verontschuldigen, zich	ursäkta sig	przepraszać <przeprosić>	omlouvat, se <omluvit, se>	bocsánatot kér
desculpa f	verontschuldiging f	ursäkt u	usprawiedliwienie n	omluva f	bocsánat
corresponder	overeenkomen	motsvara	odpowiadać	odpovídat <odpovědět>	megfelel
originar	ontstaan	uppstå	powstawać <powstać>	vznikat <vzniknout>	keletkezik
decepcionar	teleurstellen	göra besviken	rozczarowywać <rozczarować>	zklamat	csalódást okoz
decepcionado	teleurgesteld	besviken	rozczarowany	zklamaný	csalódott
—	enthousiast	begeistrad	zachwycony	nadšený	elragadtatott
entusiasmado	enthousiast	begeistrad	zachwycony	nadšený	elragadtatott
entusiasmar	bezielen	hänföra	zachwycać	nadchnout, se	fellelkesít
—	bezielen	hänföra	zachwycać	nadchnout, se	fellelkesít
entusiasmar	bezielen	hänföra	zachwycać	nadchnout, se	fellelkesít
entusiasmado	enthousiast	begeistrad	zachwycony	nadšený	elragadtatott
ou ... ou então	of ... of	varken ... eller	albo ... albo	buď a nebo	vagy ... vagy
desenvolver	ontwikkelen	utveckla	rozwijać <rozwinąć>	vyvíjet <vyvinout>	fejleszt
desenvolvimento m	ontwikkeling f	utveckling u	rozwój m	vývoj m	fejlesztés
projecto m	ontwerp n	utkast n	szkic m	návrh m	tervezet
encantado	enthousiast	förtjust	zachwycony	uchvácený	elragadó
inflamação f	ontsteking f	inflammation u	zapalenie n	zánět m	gyulladás
gratuito	voor niets	förgäves	darmo	zbytečně	ingyen
recompensar	lonen	löna	opłacać, się <opłacić, się>	vyplácet, se <vyplatit, se>	megjutalmaz
gratuito	voor niets	förgäves	darmo	zbytečně	ingyen
embrulhar	inwikkelen	veckla in	owijać <owinąć>	zabalovat <zabalit>	becsavar
estar à venda	verkrijgbaar	erhållas	do nabycia	k dostání	kapható
—	schamen, zich	skämmas	wstydzić, się	stydět, se <zastydět, se>	szégyelli magát
em vez de	in de plaats van	istället för	zamiast	místo	helyett
—	sturen	skicka	wysyłać <wysłać>	posílat <poslat>	küld
remeter	nazenden	eftersända	dosyłać <dosłać>	dosílat <doslat>	utánaküld
inveja f	nijd m	avundsjuka u	zawiść f	závist f	irigység
invejar alguém	benijden	avvundas	zazdrościć <pozazdrościć>	závidět	irigyel
invejoso	jaloers	avundsjuk	zawistny	závistivý	irigy
invejar alguém	benijden	avvundas	zazdrościć <pozazdrościć>	závidět	irigyel
invejoso	jaloers	avundsjuk	zawistny	závistivý	irigy
invejoso	jaloers	avundsjuk	zawistny	závistivý	irigy

environ

	D	E	F	I	ES
environ (F)	ungefähr	about	—	pressappoco	aproximadamente
environment (E)	Umwelt f	—	environnement m	ambiente m	medio ambiente m
environment protection (E)	Umweltschutz m	—	protection de l'environnement f	protezione dell'ambiente f	protección del medio ambiente f
environnement (F)	Umwelt f	environment	—	ambiente m	medio ambiente m
environs¹ (F)	Nähe f	proximity	—	vicinanza f	proximidad f
environs² (F)	Umgebung f	surroundings	—	dintorni m/pl	alrededores m/pl
envolver (ES)	einwickeln	wrap up	envelopper	avvolgere	—
envoyer (F)	schicken	send	—	inviare	mandar
envy (E)	beneiden	—	envier	invidiare	envidiar
envy (E)	Neid m	—	jalousie f	invidia f	envidia f
enxaqueca (P)	Migräne f	migraine	migraine f	emicrania f	jaqueca f
enyhe¹ (H)	mild	mild	doux(douce)	mite	suave
enyhe² (H)	sanft	gentle	doux(douce)	dolce	dulce
épais(se) (F)	dicht	dense	—	denso(a)	espeso(a)
épaule (F)	Schulter f	shoulder	—	spalla f	hombro m
épeler (F)	buchstabieren	spell	—	sillabare	deletrear
épice (F)	Gewürz n	spice	—	spezie f/pl	especia f
épicé(e) (F)	scharf	hot	—	piccante	picante
épinard (F)	Spinat m	spinach	—	spinaci m pl	espinacas f pl
épít (H)	bauen	build	construire	costruire	construir
építkezés¹ (H)	Bauarbeiten pl	construction works	travaux	lavori di costruzione m/pl	trabajos de construcción m/pl
építkezés² (H)	Bau m	construction	construction f	costruzione f	construcción f
éplucher (F)	schälen	peel	—	sbucciare	pelar
e-post (SV)	E-Mail f	e-mail	e-mail m	e-mail f	email m
éppen (H)	gerade	straight	droit(e)	diritto(a)	derecho(a)
épuisé(e)¹ (F)	ausverkauft	sold out	—	esaurito(a)	vendido(a)
épuisé(e)² (F)	erschöpft	exhausted	—	esausto(a)	agotado(a)
épület (H)	Gebäude n	building	bâtiment m	edificio m	edificio m
equipa (P)	Mannschaft f	team	équipe f	squadra f	equipo m
equipaje (ES)	Gepäck n	luggage	bagages m/pl	bagaglio m	—
equipaje de mano (ES)	Handgepäck n	hand luggage	bagage à main m	bagaglio a mano m	—
equipar (ES)	einrichten	fit out	aménager	arredare	—
équipe (F)	Mannschaft f	team	—	squadra f	equipo m
equipo (ES)	Mannschaft f	team	équipe f	squadra f	—
equivocarse (ES)	irren, sich	be mistaken	tromper, se	sbagliare	—
equivoco (I)	Missverständnis n	misunderstanding	malentendu m	—	malentendido m
equívoco (P)	Missverständnis n	misunderstanding	malentendu m	equivoco m	malentendido m
er (D)	—	he	il	lui/egli/esso	èl
erba (I)	Gras n	grass	herbe f	—	hierba f
erben (D)	—	inherit	hériter	ereditare	heredar
erbjuda (SV)	anbieten	offer	offrir	offrire	ofrecer
erbjudande (SV)	Angebot n	offer	offre f	offerta f	oferta f
Erdbeben (D)	—	earthquake	tremblement de terre m	terremoto m	terremoto m
Erdbeere (D)	—	strawberry	fraise f	fragola f	fresa f
Erde (D)	—	earth	terre f	terra f	tierra f
érdekes (H)	interessant	interesting	intéressant(e)	interessante	interesante
érdeklődik (H)	erkundigen, sich	enquire	renseigner, se	informarsi	informarse
Erdgeschoss (D)	—	ground floor	rez-de-chaussée m	pianterreno m	planta baja f
erdő (H)	Wald m	forest	forêt f	bosco m	bosque m
erecto (P)	aufrecht	upright	droit(e)	diritto(a)	derecho(a)

erecto

P	NL	SV	PL	CZ	H
aproximadamente	ongeveer	ungefär	około	přibližně	körülbelül
meio ambiente m	milieu n	miljö u	środowisko n	životní prostředí n	környezet
protecção do meio ambiente f	milieubescherming f	miljöskydd n	ochrona środowiska f	ochrana životního prostředí f	környezetvédelem
meio ambiente m	milieu n	miljö u	środowisko n	životní prostředí n	környezet
proximidade f	nabijheid f	närhet u	bliskość f	blízkost f	közellét
arredores m/pl	omgeving f	omgivning u	otoczenie n	okolí n	környék
embrulhar	inwikkelen	veckla in	owijać <owinąć>	zabalovat <zabalit>	becsavar
enviar	sturen	skicka	wysyłać <wysłać>	posílat <poslat>	küld
invejar alguém	benijden	avvundas	zazdrościć <pozazdrościć>	závidět	irigyel
inveja f	nijd m	avundsjuka u	zawiść f	závist f	irigység
—	migraine f	migrän u	migrena f	migréna f	migrén
suave	zacht	mild	łagodny	jemný	—
macio	zacht	mild	łagodny	jemný	—
denso	dicht	tät	szczelny	hustý	sűrű
ombro m	schouder f	axel u	ramię n	rameno n	váll
soletrar	spellen	stava	literować	hláskovat <odhláskovat>	betűz
especiaria f	kruiden n/pl	krydda u	przyprawa f	koření n	fűszer
picante	sterk	besk	ostry	ostrý	erős
espinafre m	spinazie m	spenat u	szpinak m	špenát m	spenót
construir	bouwen	bygga	budować <wybudować>	stavět	—
obras f/pl	(bouw)werken pl	byggarbeten pl	roboty budowlane	stavební práce pl	—
construção f	bouw m	byggnad u	budowla f	stavba f	—
descascar	schillen	skala	obierać <obrać>	loupat <oloupat>	hámoz
correio electrónico m	e-mail m	—	E-Mail m	e-mail m	e-mail
direito	recht	rak	właśnie	právě	—
esgotado	uitverkocht	utsåld	wyprzedany	vyprodáno	kiárúsítva
exausto	uitgeput	utmattad	wyczerpany	vyčerpaný	kimerült
edifício m	gebouw n	byggnad u	budynek m	budova f	—
—	ploeg f	manskap n	drużyna f	mužstvo n	csapat
bagagem f	bagage f	bagage n	bagaż m	zavazadla pl	poggyász
bagagem de mão f	handbagage f	handbagage n	bagaż ręczny m	příruční zavazadlo n	kézipoggyász
arranjar	inrichten	inrätta	urządzać <urządzić>	zařizovat <zařídit>	berendez
equipa f	ploeg f	manskap n	drużyna f	mužstvo n	csapat
equipa f	ploeg f	manskap n	drużyna f	mužstvo n	csapat
enganar-se	vergissen, zich	missta sig	mylić, się <pomylić, się>	mýlit, se <zmýlit, se>	téved
equívoco m	misverstand n	missuppfattning u	nieporozumienie n	nedorozumění n	félreértés
—	misverstand n	missuppfattning u	nieporozumienie n	nedorozumění n	félreértés
ele	hij	han	on	on	ő
erva f	gras n	gräs n	trawa f	tráva f	fű
herdar	erven	ärva	dziedziczyć <odziedziczyć>	dědit <zdědit>	örököl
oferecer	aanbieden	—	oferować <zaoferować>	nabízet <nabídnout>	kínál
oferta f	aanbieding f	—	oferta f	nabídka f	ajánlat
terramoto m	aardbeving f	jordbävning u	trzęsienie ziemi n	zemětřesení n	földrengés
morango m	aardbei f	jordgubbe u	truskawka f	jahoda f	szamóca
terra f	aarde f	jord u	ziemia f	země f	föld
interessante	interessant	interessant	interesujący	zajímavý	—
informar-se	inlichtingen inwinnen	informera sig	dowiadywać, się	informovat, se	—
rés-do-chão m	begane grond m	bottenvåning u	parter m	přízemí n	földszint
floresta f	bos n	skog u	las m	les m	—
—	rechtop	upprätt	prosty	vzpřímeně	egyenes

eredetileg

	D	E	F	I	ES
eredetileg (H)	ursprünglich	original	originel(le)	originario(a)	primitivo(a)
ereditare (I)	erben	inherit	hériter	—	heredar
eredmény (H)	Ergebnis *n*	result	résultat *m*	risultato *m*	resultado *m*
Ereignis (D)	—	event	évènement *m*	avvenimento *m*	suceso *m*
érett (H)	reif	ripe	mûr(e)	maturo(a)	maduro(a)
érez (H)	fühlen	feel	sentir	sentire	sentir
erf (NL)	Hof *m*	courtyard	cour *f*	cortile *m*	patio *m*
erfahren (D)	—	learn	apprendre	venire a sapere	enterarse de
Erfahrung (D)	—	experience	expérience *f*	esperienza *f*	experiencia *f*
erfaren (SV)	erfahren	learn	apprendre	venire a sapere	enterarse de
erfarenhet (SV)	Erfahrung *f*	experience	expérience *f*	esperienza *f*	experiencia *f*
erfinden (D)	—	invent	inventer	inventare	inventar
Erfolg (D)	—	success	succès *m*	successo *m*	éxito *m*
erfolgreich (D)	—	successful	avec succès	di successo	exitoso(a)
erfreut (D)	—	delighted	réjoui(e)	lieto(a)	contento(a)
erfüllen (D)	—	fulfil	remplir	esaudire	conceder
ergänzen (D)	—	supplement	compléter	completare	completar
Ergebnis (D)	—	result	résultat *m*	risultato *m*	resultado *m*
ergens (NL)	irgendwo	somewhere	n'importe où	in qualche posto	en alguna parte
ergeren (NL)	ärgern	annoy	fâcher	arrabbiare	enfadar
erhålla (SV)	erhalten	receive	recevoir	ricevere	obtener
erhållas (SV)	erhältlich	available	en vente	acquistabile	que puede adquirirse
erhalten (D)	—	receive	recevoir	ricevere	obtener
erhältlich (D)	—	available	en vente	acquistabile	que puede adquirirse
erheben (D)	—	raise	lever	alzare	elevar
erheen (NL)	hinüber	across	de l'autre côté	di là	hacia el otro lado
erhöhen (D)	—	raise	augmenter	innalzare	elevar
erholen, sich (D)	—	recover	reposer, se	rimettersi	recuperarse
Erholung (D)	—	recovery	repos *m*	riposo *m*	descanso *m*
erinnern (D)	—	remember	rappeler	ricordare	recordarse
Erinnerung (D)	—	memory	souvenir *m*	ricordo *m*	memoria *f*
érint (H)	berühren	touch	toucher	toccare	tocar
erkältet sein (D)	—	have a cold	avoir un rhume	essere raffreddato(a)	estar resfriado(a)
Erkältung (D)	—	cold	refroidissement *m*	raffreddore *m*	resfriado *m*
erkänna (SV)	gestehen	confess	avouer	confessare	confesar
erkély (H)	Balkon *m*	balcony	balcon *m*	balcone *m*	balcón *m*
erkennen (D)	—	recognize	reconnaître	riconoscere	reconocer
erklären (D)	—	explain	expliquer	spiegare	explicar
erkranken (D)	—	get ill	tomber malade	ammalarsi	enfermar
erkundigen, sich (D)	—	enquire	renseigner, se	informarsi	informarse
erlauben (D)	—	allow	permettre	permettere	permitir
Erlaubnis (D)	—	permission	permission *f*	permesso *m*	permiso *m*
erleben (D)	—	experience	être témoin de	vivere	experimentar
erledigen (D)	—	take care of	régler	sbrigare	acabar
Ermäßigung (D)	—	reduction	réduction *f*	riduzione *f*	rebaja *f*
érme (H)	Münze *f*	coin	pièce de monnaie *f*	moneta *f*	moneda *f*

érme

P	NL	SV	PL	CZ	H
original	oorspronkelijk	ursprunglig	pierwotny	původní	—
herdar	erven	ärva	dziedziczyć <odziedziczyć>	dědit <zdědit>	örököl
resultado m	resultaat n	resultat n	wynik m	výsledek m	—
acontecimento m	gebeurtenis f	händelse u	zdarzenie n	událost f	esemény
maduro	rijp	mogen	dojrzały	zralý	—
sentir	voelen	känna	czuć	cítit <procítit>	—
pátio m	—	gård u	podwórze n	dvůr m	tanya
vir a saber	ervaren; vernemen	erfaren	dowiadywać, się <dowiedzieć, się >	zkušený	megtud
experiência f	ervaring f	erfarenhet u	doświadczenie n	zkušenost f	tapasztalat
vir a saber	ervaren; vernemen	—	dowiadywać, się <dowiedzieć, się >	zkušený	megtud
experiência f	ervaring f	—	doświadczenie n	zkušenost f	tapasztalat
inventar	uitvinden	uppfinna	wynajdować <wynaleźć>	vynalézat <vynalézt>	kitalál
êxito m	succes n	framgång u	sukces m	úspěch m	siker
bem sucedido	succesrijk	framgångsrik	cieszący się powodzeniem	úspěšný	sikeres
satisfeito	verheugd	glad	uradowany	potěšený	nagyon örülök
concretizar	vervullen	uppfylla	wypełniać <wypełnić>	splňovat <splnit>	eleget tesz
completar	aanvullen	komplettera	uzupełniać <uzupełnić>	doplňovat <doplnit>	kiegészíti
resultado m	resultaat n	resultat n	wynik m	výsledek m	eredmény
algures	—	någonstans	gdziekolwiek	někde	valahol
aborrecer	—	reta	złość <rozzłościć>	zlobit	bosszant
receber	ontvangen	—	otrzymywać <otrzymać>	obdržet	megkap
estar à venda	verkrijgbaar	—	do nabycia	k dostání	kapható
receber	ontvangen	erhålla	otrzymywać <otrzymać>	obdržet	megkap
estar à venda	verkrijgbaar	erhållas	do nabycia	k dostání	kapható
levantar	heffen	upphöja	podnosić <podnieść>	vznášet <vznést>	felkel
para lá	—	dit över	na tamtą stronę	na druhou stranu	át
aumentar	verhogen	öka	podwyższać <podwyższyć>	zvyšovat <zvýšit>	emel
restabelecer-se	ontspannen, zich	återhämta sig	wypoczywać <wypocząć>	zotavovat, se <zotavit, se>	kipiheni magát
descanso m	ontspanning f	vila u	wypoczynek m	zotavení n	üdülés
recordar	herinneren	minnas	przypominać <przypomnieć>	připomínat <připomenout>	emlékez
recordação f	herinnering f	minne n	wspomnienie n	vzpomínka f	emlék
tocar	aanraken	röra vid	dotykać <dotknąć>	dotýkat, se <dotknout, se>	—
estar constipado	verkouden zijn	vara förkyld	być przeziębionym	být nachlazený	megfázott
constipação f	verkoudheid f	förkylning u	przeziębienie n	nachlazení n	megfázás
confessar	toegeven	—	przyznawać, się <przyznać, się>	připouštět <připustit>	bevall
varanda f	balkon n	balkong u	balkon m	balkón m	—
reconhecer	onderscheiden	känna igen	rozpoznawać <rozpoznać>	rozpoznávat <rozpoznat>	felismer
explicar	verklaren	förklara	wyjaśniać <wyjaśnić>	vysvětlovat <vysvětlit>	megmagyaráz
adoecer	ziek worden	insjuknande	zachorować	onemocnět	megbetegszik
informar-se	inlichtingen inwinnen	informera sig	dowiadywać, się	informovat, se	érdeklődik
permitir	veroorloven	tillåta	zezwalać <zezwolić>	dovolovat <dovolit>	megenged
autorização f	toestemming f	tillstånd n	zezwolenie n	povolení n	engedély
presenciar	beleven	uppleva	przeżywać <przeżyć>	prožívat <prožít>	átél
acabar	uitvoeren/afhandelen	ta hand om	załatwiać <załatwić>	vyřizovat <vyřídit>	elintéz
redução f	korting f	rabatt u	zniżka f	sleva f	kedvezmény
moeda f	munt f	mynt n	moneta f	mince f	—

ermöglichen

	D	E	F	I	ES
ermöglichen (D)	—	make possible	rendre possible	rendere possibile	facilitar
ermüden (D)	—	tire	fatiguer	stancarsi	cansar
ernähren (D)	—	feed	nourrir	nutrire	alimentar
Ernährung (D)	—	nourishment	nourriture f	alimentazione f	alimentación f
ernst (D)	—	serious	sérieux(ieuse)	serio(a)	serio(a)
ernstig (NL)	ernst	serious	sérieux(ieuse)	serio(a)	serio(a)
Ernte (D)	—	harvest	moisson f	raccolto m	cosecha f
erő (H)	Kraft f	strength	force f	forza f	fuerza f
Eröffnung (D)	—	opening	ouverture f	apertura f	abertura f
erőleves (H)	Brühe f	broth	bouillon m	brodo m	caldo m
erős (H)	kräftig	strong	fort(e)	forte	fuerte
erős (H)	scharf	hot	épicé(e)	piccante	picante
erős (H)	stark	strong	fort(e)	forte	fuerte
erőszak (H)	Gewalt f	force	violence f	forza f	poder m
Erpressung (D)	—	blackmail	chantage m	ricatto m	chantaje f
erreichen (D)	—	reach	atteindre	raggiungere	alcanzar
erreur (F)	Irrtum m	mistake	—	errore m	error m
erro (P)	Fehler m	mistake	faute f	sbaglio m	falta f
error (ES)	Irrtum m	mistake	erreur f	errore m	—
errore (I)	Irrtum m	mistake	erreur f	—	error m
erscheinen (D)	—	appear	apparaître	apparire	aparecer
erschöpft (D)	—	exhausted	épuisé(e)	esausto(a)	agotado(a)
erschrecken (D)	—	frighten	effrayer	spaventare	asustar
ersetzen (D)	—	replace	remplacer	sostituire	sustituir
erst (D)	—	first	d'abord	dapprima	primero
ertappa (SV)	erwischen	catch	attraper	acchiappare	atrapar
ertegen (NL)	dagegen	instead	en échange	invece	en su lugar
érték (H)	Wert m	value	valeur f	valore m	valor m
értékes (H)	wertvoll	valuable	précieux(euse)	prezioso(a)	valioso(a)
értéktelen (H)	wertlos	worthless	sans valeur	senza valore	sin valor
értelem[1] (H)	Bedeutung f	meaning	signification f	significato f	significado m
értelem[2] (H)	Verstand m	intelligence	intelligence f	intelletto m	razón f
értelmes (H)	vernünftig	sensible	raisonnable	ragionevole	razonable
értelmetlen (H)	zwecklos	useless	inutile	inutile	inútil
érte megy (H)	abholen	pick up	aller chercher	andare a prendere	recoger
értesít[1] (H)	benachrichtigen	inform	informer	informare	avisar
értesít[2] (H)	verständigen	inform	prévenir	informare	informar
ertragen (D)	—	bear	supporter	sopportare	soportar
ertrinken (D)	—	drown	noyer, se	annegare	ahogarse
ertussen (NL)	dazwischen	in between	entre	in mezzo	entre
érv (H)	Argument n	argument	argument m	argomento m	argumento m
erva (P)	Gras n	grass	herbe f	erba f	hierba f
ervaren; vernemen (NL)	erfahren	learn	apprendre	venire a sapere	enterarse de
ervaring (NL)	Erfahrung f	experience	expérience f	esperienza f	experiencia f
erven (NL)	erben	inherit	hériter	ereditare	heredar
érvényben van (H)	gelten	apply to	valoir	valere	valer
érvényes (H)	gültig	valid	valable	valido(a)	válido(a)
érvénytelen (H)	ungültig	invalid	non valable	non valido(a)	no válido(a)
ervoor (NL)	dafür	for it	pour cela	per questo	para ello
erwachsen (D)	—	grown up	adulte	adulto(a)	adulto(a)

erwachsen

P	NL	SV	PL	CZ	H
possibilitar	mogelijk maken	möjliggör	umożliwiać <umożliwić>	umožňovat <umožnit>	lehetővé tesz
cansar	moe worden	trötta ut	męczyć <zmęczyć>	unavovat, se <unavit, se>	kifárad
alimentar	voeden	livnära	odżywiać	živit	táplál
alimentação f	voeding f	näring u	odżywianie n	potrava f	táplálkozás
sério	ernstig	allvarlig	poważny	vážný	komoly
sério	—	allvarlig	poważny	vážný	komoly
colheita f	oogst m	skörd u	żniwo n	sklizeň f	aratás
força f	kracht f	kraft u	siła f	síla f	—
abertura f	opening f	inledning u	otwarcie n	otevření n	megnyítás
caldo m	bouillon m	buljong u	bulion m	odvar m	—
forte	krachtig	kraftig	silny	silný	—
picante	sterk	besk	ostry	ostrý	—
forte	sterk	stark	silny	silný	—
violência f	geweld n	herravälde n	moc f	násilí n	—
chantagem f	afpersing f	utpressning u	szantaż m	vydírání n	zsarolás
alcançar	bereiken	nå	osiągać <osiągnąć>	dosahovat <dosáhnout>	elér
engano m	dwaling f	misstag n	błąd m	omyl m	tévedés
—	fout f	fel n	błąd m	chyba f	hiba
engano m	dwaling f	misstag n	błąd m	omyl m	tévedés
engano m	dwaling f	misstag n	błąd m	omyl m	tévedés
aparecer	verschijnen	framträda	ukazywać, się <ukazać, się>	objevovat se <objevit se>	megjelen
exausto	uitgeput	utmattad	wyczerpany	vyčerpaný	kimerült
assustar	schrikken	förskräckas	przestraszyć	děsit <vyděsit>	megijed
substituir	vervangen	byta ut	zastępować <zastąpić>	nahrazovat <nahradit>	pótol
primeiro	eerst	först	najpierw	nejprve	csak
apanhar	te pakken krijgen	—	złapać	dopadat <dopadnout>	elkap
contra	—	emot	przeciw	proti	azzal szemben
valor m	waarde f	värde n	wartość f	hodnota f	—
valioso	waardevol	värdefull	wartościowy	hodnotný	—
sem valor	waardeloos	värdelös	bezwartościowy	bezcenný	—
significado m	betekenis f	betydelse u	znaczenie n	význam m	—
inteligência f	verstand n	förstånd n	rozum m	rozum m	—
sensato	verstandig	förnuftig	rozsądny	rozumný	—
inútil	zinloos	meningslös	bezcelowy	zbytečný	—
ir buscar	ophalen	hämta	odbierać <odebrać>	vyzvedávat <vyzvednout>	—
informar	verwittigen	underrätta	zawiadamiać <zawiadomić>	podávat zprávu <podat zprávu>	—
informar	op de hoogte brengen	meddela	zawiadamiać	vyrozumět	—
suportar	verdragen	tåla	znosić <znieść>	snášet <snést>	kibír
afogar-se	verdrinken	drunkna	tonąć <utonąć>	topit se <utopit se>	vízbe fullad
entre	—	mellan	między tymi	mezi tím	közben
argumento m	argument n	argument n	argument m	argument m	—
—	gras n	gräs n	trawa f	tráva f	fű
vir a saber	—	erfaren	dowiadywać, się <dowiedzieć, się>	zkušený	megtud
experiência f	—	erfarenhet u	doświadczenie n	zkušenost f	tapasztalat
herdar	—	ärva	dziedziczyć <odziedziczyć>	dědit <zdědit>	örököl
valer	gelden	gälla	uchodzić	platit	—
válido	geldig	giltig	ważny	platný	—
inválido	ongeldig	ogiltig	nieważny	neplatný	—
para isso	—	för det	na to	pro	ezért
crescido	volwassen	fullvuxen	dorosły	dospělý	felnőtt

Erwachsener

	D	E	F	I	ES
Erwachsener (D)	—	adult	adulte *m*	adulto *m*	adulto *m*
erwähnen (D)	—	mention	mentionner	menzionare	mencionar
erwarten (D)	—	expect	attendre	aspettare	esperar
erwerben (D)	—	acquire	acquérir	acquistare	adquirir
erwischen (D)	—	catch	attraper	acchiappare	atrapar
erzählen (D)	—	tell	raconter	raccontare	contar
érzékeny (H)	empfindlich	sensitive	sensible	sensibile	sensible
érzés (H)	Gefühl *n*	feeling	sentiment *m*	sensazione *f*	sentimiento *m*
erziehen (D)	—	educate	élever	educare	educar
Erziehung (D)	—	education	éducation *f*	educazione *f*	crianza *f*
és (H)	und	and	et	e	y
esagerare (I)	übertreiben	exaggerate	exagérer	—	exagerar
esagerazione (I)	Übertreibung *f*	exaggeration	exagération *f*	—	exageración *f*
esame (I)	Prüfung *f*	examination	examen *m*	—	examen *m*
esaminare[1] (I)	prüfen	test	tester	—	examinar
esaminare[2] (I)	untersuchen	examine	examiner	—	examinar
esaudire (I)	erfüllen	fulfil	remplir	—	conceder
esaurito(a)[1] (I)	ausgebucht	fully booked	complet(ète)	—	completo(a)
esaurito(a)[2] (I)	ausverkauft	sold out	épuisé(e)	—	vendido(a)
esausto(a) (I)	erschöpft	exhausted	épuisé(e)	—	agotado(a)
escada (P)	Treppe *f*	stairs	escalier *m*	scala *f*	escalera *f*
escada rolante (P)	Rolltreppe *f*	escalator	escalier roulant *m*	scala mobile *f*	escalera mecánica *f*
escadote (P)	Leiter *f*	ladder	échelle *f*	scala *f*	escalera *f*
escalar (ES)	klettern	climb	grimper	arrampicarsi	—
escalator (E)	Rolltreppe *f*	—	escalier roulant *m*	scala mobile *f*	escalera mecánica *f*
escalera[1] (ES)	Leiter *f*	ladder	échelle *f*	scala *f*	—
escalera[2] (ES)	Treppe *f*	stairs	escalier *m*	scala *f*	—
escalera mecánica (ES)	Rolltreppe *f*	escalator	escalier roulant *m*	scala mobile *f*	—
escalier (F)	Treppe *f*	stairs	—	scala *f*	escalera *f*
escalier roulant (F)	Rolltreppe *f*	escalator	—	scala mobile *f*	escalera mecánica *f*
escalón (ES)	Stufe *f*	step	marche *f*	gradino *m*	—
escándalo (ES)	Skandal *m*	scandal	scandale *m*	scandalo *m*	—
escândalo (P)	Skandal *m*	scandal	scandale *m*	scandalo *m*	escándalo *m*
escapar (ES)	entkommen	escape	échapper	scappare	—
escapar (P)	entkommen	escape	échapper	scappare	escapar
escaparate (ES)	Schaufenster *n*	shop window	vitrine *f*	vetrina *f*	—
escape (E)	entkommen	—	échapper	scappare	escapar
escarabajo (ES)	Käfer *m*	beetle	coléoptère *m*	coleottero *m*	—
escaravelho (P)	Käfer *m*	beetle	coléoptère *m*	coleottero *m*	escarabajo *m*
escarpado (P)	steil	steep	raide	ripido(a)	empinado(a)
escasez (ES)	Mangel *m*	lack	manque *m*	mancanza *f*	—
escenario (ES)	Bühne *f*	stage	scène *f*	palcoscenico *m*	—
esclamare (I)	ausrufen	exclaim	crier	—	exclamar
escluso(a) (I)	ausgeschlossen	impossible	exclu(e)	—	imposible
escoba (ES)	Besen *m*	broom	balai *m*	scopa *f*	—
escola (P)	Schule *f*	school	école *f*	scuola *f*	escuela *f*
escola superior (P)	Hochschule *f*	university	université *f*	università *f*	escuela superior *f*
escolha (P)	Wahl *f*	choice	choix *m*	scelta *f*	opción *f*
escolher (P)	aussuchen	select	choisir	scegliere	elegirse
esconder (P)	verstecken	hide	cacher	nascondere	ocultar

esconder

P	NL	SV	PL	CZ	H
adulto m	volwassene m	vuxen u	dorosły m	dospělý m	felnőtt
mencionar	vermelden	nämna	wspominać <wspomnieć>	zmiňovat, se <zmínit, se>	megemlít
aguardar	verwachten	förvänta	oczekiwać	očekávat	elvár
adquirir	verkrijgen	förvärva	nabywać <nabyć>	získávat <získat>	szerez
apanhar	te pakken krijgen	ertappa	złapać	dopadat <dopadnout>	elkap
contar	vertellen	berätta	opowiadać <opowiedzieć>	vypravovat <vyprávět>	elmesél
sensível	gevoelig	känslig	wrażliwy	citlivý	—
sentimento m	gevoel n	känsla u	uczucie n	pocit m	—
educar	opvoeden	uppfostra	wychowywać <wychować>	vychovávat <vychovat>	nevelni
educação f	opvoeding f	uppfostran u	wychowanie n	vychování n	nevelés
e	en	och	i	a	—
exagerar	overdrijven	överdriva	przesadzać	přehánět <přehnat>	túloz
exageração f	overdrijving f	överdrivelse u	przesada f	nadsázka f	túlzás
exame m	onderzoek n	kontroll u	egzamin m	zkouška f	vizsga
examinar	keuren	kontrollera	sprawdzać <sprawdzić>	zkoušet <zkusit>	vizsgál
examinar	onderzoeken	undersöka	badać	vyšetřovat <vyšetřit>	megvizsgál
concretizar	vervullen	uppfylla	wypełniać <wypełnić>	splňovat <splnit>	eleget tesz
esgotado	niet meer beschikbaar	fullbokad	wyprzedany	obsazeno	foglalt
esgotado	uitverkocht	utsåld	wyprzedany	vyprodáno	kiárúsítva
exausto	uitgeput	utmattad	wyczerpany	vyčerpaný	kimerült
—	trap m	trappa u	schody m/pl	schody pl	lépcső
—	roltrap m	rulltrappa u	schody ruchome pl	eskalátor m	mozgólépcső
—	ladder f	stege u	drabina f	žebřík m	létra
trepar	klimmen	klättra	wspinać, się <wspiąć, się>	lézt <vylézt>	felmászik
escada rolante f	roltrap m	rulltrappa u	schody ruchome pl	eskalátor m	mozgólépcső
escadote m	ladder f	stege u	drabina f	žebřík m	létra
escada f	trap m	trappa u	schody m/pl	schody pl	lépcső
escada rolante f	roltrap m	rulltrappa u	schody ruchome pl	eskalátor m	mozgólépcső
escada f	trap m	trappa u	schody m/pl	schody pl	lépcső
escada rolante f	roltrap m	rulltrappa u	schody ruchome pl	eskalátor m	mozgólépcső
degrau m	trap m	steg n	stopień m	stupeň m	lépcsőfok
escândalo m	schandaal n	skandal u	skandal m	skandál m	botrány
—	schandaal n	skandal u	skandal m	skandál m	botrány
escapar	ontkomen	undkomma	zbiegać <zbiec>	unikat <uniknout>	megmenekül
—	ontkomen	undkomma	zbiegać <zbiec>	unikat <uniknout>	megmenekül
montra f	etalage f	skyltfönster n	okno wystawowe n	výloha f	kirakat
escapar	ontkomen	undkomma	zbiegać <zbiec>	unikat <uniknout>	megmenekül
escaravelho m	kever m	skalbagge u	chrząszcz m	brouk m	bogár
—	kever m	skalbagge u	chrząszcz m	brouk m	bogár
—	steil	brant	stromy	příkrý	meredek
falta f	gebrek n	brist u	niedobór m	nedostatek m	hiány
palco m	toneel n	scen u	scena f	jeviště n	színpad
exclamar	uitroepen	utropa	wywoływać <wywołać>	vyvolávat <vyvolat>	bemond
excluído	uitgesloten	uteslutet	wykluczony	vyloučeno	kizárt
vassoura f	bezem m	sopkvast u	miotła f	smeták m	seprű
—	school f	skola u	szkoła f	škola f	iskola
—	hogeschool f	högskola u	szkoła wyższa f	vysoká škola f	főiskola
—	keuze f	val n	wybór m	výběr m	választás
—	uitzoeken	välja	wyszukiwać <wyszukać>	vyhledávat <vyhledat>	kiválaszt
—	verstoppen	gömma	chować	schovávat <schovat>	elrejt

escova

	D	E	F	I	ES
escova (P)	Bürste f	brush	brosse f	spazzola f	cepillo m
escova de dentes (P)	Zahnbürste f	toothbrush	brosse à dents f	spazzolino da denti m	cepillo de dientes m
escrever (P)	schreiben	write	écrire	scrivere	escribir
escribir (ES)	schreiben	write	écrire	scrivere	—
escritório (P)	Büro n	office	bureau m	ufficio m	oficina f
escuchar (ES)	zuhören	listen	écouter	ascoltare	—
escudo (ES)	Schild n	shield	bouclier m	scudo m	—
escuela (ES)	Schule f	school	école f	scuola f	—
escuela superior (ES)	Hochschule f	university	université f	università f	—
escuridão (P)	Finsternis f	darkness	obscurité f	buio m	oscuridad f
escuro (P)	dunkel	dark	sombre	scuro(a)	oscuro(a)
escutar (P)	zuhören	listen	écouter	ascoltare	escuchar
Esel (D)	—	donkey	âne m	asino m	burro m
esemény (H)	Ereignis n	event	évènement m	avvenimento m	suceso m
esempio (I)	Beispiel n	example	exemple m	—	ejemplo m
esencial (ES)	wesentlich	essential	essentiel(le)	essenziale	—
esercitare (I)	ausüben	practise	exercer	—	ejercer
esercitarsi (I)	üben	practise	étudier	—	practicar
esercizio (I)	Übung f	exercise	exercice m	—	ejercicio m
esernyő (H)	Regenschirm m	umbrella	parapluie m	ombrello m	paraguas m
esferográfica (P)	Kugelschreiber m	biro	stylo à bille m	biro f	bolígrafo m
esforço (P)	Bemühung f	effort	effort m	sforzo m	esfuerzo m
esforço (P)	Mühe f	effort	peine f	fatica f	esfuerzo m
esforzarse (ES)	anstrengen, sich	make an effort	faire des efforts	affaticare	—
esfuerzo (ES)	Bemühung f	effort	effort m	sforzo m	—
esfuerzo (ES)	Mühe f	effort	peine f	fatica f	—
esgotado¹ (P)	ausgebucht	fully booked	complet(ète)	esaurito(a)	completo(a)
esgotado² (P)	ausverkauft	sold out	épuisé(e)	esaurito(a)	vendido(a)
esigenza (I)	Forderung f	demand	exigence f	—	exigencia f
esigere¹ (I)	anfordern	request	demander	—	pedir
esigere² (I)	fordern	demand	exiger	—	exigir
esik (H)	fallen	fall	tomber	cadere	caer
esik az eső (H)	regnen	rain	pleuvoir	piovere	llover
esistenza (I)	Dasein n	existence	existence f	—	existencia f
esistere (I)	existieren	exist	exister	—	existir
esitare (I)	zögern	hesitate	hésiter	—	vacilar
eskalátor (CZ)	Rolltreppe f	escalator	escalier roulant m	scala mobile f	escalera mecánica f
esküszik (H)	schwören	swear	jurer	giurare	jurar
esküvő (H)	Hochzeit f	wedding	mariage m	nozze f/pl	boda f
eső (H)	Regen m	rain	pluie f	pioggia f	lluvia f
espacio (ES)	Lücke f	gap	lacune f	lacuna f	—
espacioso(a) (ES)	geräumig	spacious	spacieux(euse)	spazioso(a)	—
espaçoso (P)	geräumig	spacious	spacieux(euse)	spazioso(a)	espacioso(a)
Espagne (F)	Spanien n	Spain	—	Spagna f	España f
espalda (ES)	Rücken m	back	dos m	schiena f	—
España (ES)	Spanien n	Spain	Espagne f	Spagna f	—
Espanha (P)	Spanien n	Spain	Espagne f	Spagna f	España f
espatriare (I)	ausreisen	leave the country	sortir du pays	—	salir
espèce (F)	Art f	species	—	specie f	especie f
espèces (F)	Bargeld n	cash	—	contanti m/pl	dinero al contado m
especia (ES)	Gewürz n	spice	épice f	spezie f/pl	—
especially (E)	besonders	—	surtout	particolarmente	particularmente

especially

P	NL	SV	PL	CZ	H
—	borstel m	borste u	szczotka f	kartáč m	kefe
—	tandenborstel m	tandborste u	szczoteczka do zębów f	zubní kartáček m	fogkefe
—	schrijven	skriva	pisać <napisać>	psát <napsat>	ír
escrever	schrijven	skriva	pisać <napisać>	psát <napsat>	ír
—	kantoor n	kontor n	biuro n	kancelář f	iroda
escutar	luisteren	lyssna	przysłuchiwać się	poslouchat <poslechnout>	hallgat
letreiro m	schild n	skylt u	szyld m	štítek m	cégtábla
escola f	school f	skola u	szkoła f	škola f	iskola
escola superior f	hogeschool f	högskola u	szkoła wyższa f	vysoká škola f	főiskola
—	duisternis f	mörker u	ciemności f/pl	temno n	sötétség
—	donker	mörk	ciemno	tmavý	sötét
—	luisteren	lyssna	przysłuchiwać się	poslouchat <poslechnout>	hallgat
burro m	ezel m	åsna u	osioł m	osel m	szamár
acontecimento m	gebeurtenis f	händelse u	zdarzenie n	událost f	—
exemplo m	voorbeeld n	exempel n	przykład m	příklad m	példa
essencial	wezenlijk	väsentlig	istotny	podstatný	lényeges
exercer	uitoefenen	utöva	wykonywać	vykonávat <vykonat>	űz
exercitar	oefenen	öva	ćwiczyć	cvičit <nacvičit>	gyakorol
exercício m	oefening f	övning u	ćwiczenie n	cvičení n	gyakorlat
guarda-chuva m	regenscherm n	paraply n	parasol m	deštník m	—
—	balpen f	kulspetspenna u	długopis m	propisovací tužka f	golyóstoll
—	moeite f	ansträngning u	staranie n	snaha f	fáradozás
—	moeite f	ansträngning	trud m	úsilí n	fáradozás
cansar	inspannen	anstränga sig	wysilać się <wysilić się>	namáhat, se	igyekszik
esforço m	moeite f	ansträngning u	staranie n	snaha f	fáradozás
esforço m	moeite f	ansträngning	trud m	úsilí n	fáradozás
—	niet meer beschikbaar	fullbokad	wyprzedany	obsazeno	foglalt
—	uitverkocht	utsåld	wyprzedany	vyprodáno	kiárúsítva
exigência f	vordering f	begäran u	żądanie n	požadavek m	követelés
exigir	vragen	kräva	żądać <zażądać>	vyžadovat <vyžádat>	megrendel
exigir	vorderen	fordra	żądać <zażądać>	žádat	követel
cair	vallen	trilla	upadać <upaść>	padat <spadnout>	—
chover	regenen	regna	pada deszcz	pršet <zapršet>	—
existência f	bestaan n	existens u	istnienie n	existence f	lét
existir	bestaan	existera	istnieć	existovat	létezik
hesitar	aarzelen	tveka	ociągać się	otálet	habozik
escada rolante f	roltrap m	rulltrappa u	schody ruchome pl	—	mozgólépcső
jurar	zweren	svära på	przysięgać <przysiąc>	přísahat	—
casamento m	huwelijk n	bröllop n	wesele n	svatba f	—
chuva f	regen m	regn n	deszcz m	déšť m	—
lacuna f	opening f	tomrum n	luka f	mezera f	hézag
espaçoso	ruim	rymlig	obszerny	prostorný	tágas
—	ruim	rymlig	obszerny	prostorný	tágas
Espanha f	Spanje n	Spanien	Hiszpania f	Španělsko n	Spanyolország
costas f/pl	rug m	rygg u	plecy pl	záda f	hát
Espanha f	Spanje n	Spanien	Hiszpania f	Španělsko n	Spanyolország
—	Spanje n	Spanien	Hiszpania f	Španělsko n	Spanyolország
sair	(uit)reizen	avresa	wyjeżdżać <wyjechać>	odjíždět <odjet>	kiutazik
espécie f	soort m	slag n	gatunek m	druh m	faj
dinheiro efectivo m	contant geld n	kontanter pl	gotówka f	hotovost f	készpénz
especiaria f	kruiden n/pl	krydda u	przyprawa f	koření n	fűszer
especialmente	bijzonder	särskild	szczególnie	obzvláště	kiváltképp

especialmente

	D	E	F	I	ES
especialmente (P)	besonders	especially	surtout	particolarmente	particularmente
especiaria (P)	Gewürz n	spice	épice f	spezie f/pl	especia f
especie (ES)	Art f	species	espèce f	specie f	—
espécie (P)	Art f	species	espèce f	specie f	especie f
espectáculo (P)	Veranstaltung f	event	manifestation f	manifestazione f	acto m
espectador (ES)	Zuschauer m	spectator	spectateur m	spettatore m	—
espectador (P)	Zuschauer m	spectator	spectateur m	spettatore m	espectador m
espejo (ES)	Spiegel m	mirror	miroir m	specchio m	—
espelho (P)	Spiegel m	mirror	miroir m	specchio m	espejo m
esperar¹ (ES)	erwarten	expect	attendre	aspettare	—
esperar² (ES)	hoffen	hope	espérer	sperare	—
esperar³ (ES)	warten	wait	attendre	aspettare	—
esperar¹ (P)	hoffen	hope	espérer	sperare	esperar
esperar² (P)	warten	wait	attendre	aspettare	esperar
espérer (F)	hoffen	hope	—	sperare	esperar
esperienza (I)	Erfahrung f	experience	expérience f	—	experiencia f
espérons (F)	hoffentlich	hopefully	—	speriamo che	ojalá (que)
esperto (P)	schlau	clever	astucieux(euse)	astuto(a)	astuto(a)
espeso(a) (ES)	dicht	dense	épais(se)	denso(a)	—
espinacas f (ES)	Spinat m	spinach	épinard m	spinaci m pl	—
espinafre (P)	Spinat m	spinach	épinard m	spinaci m pl	espinacas f pl
espírito (P)	Geist m	spirit	esprit m	spirito m	espíritu m
espíritu (ES)	Geist m	spirit	esprit m	spirito m	—
esporre (I)	ausstellen	exhibit	exposer	—	exponer
esportare (I)	ausführen	export	exporter	—	exportar
esposizione (I)	Ausstellung f	exhibition	exposition f	—	exposición f
espressione (I)	Ausdruck m	expression	expression f	—	expresión f
espresso(a) (I)	ausdrücklich	explicit	exprès(esse)	—	explícito(a)
esprit (F)	Geist m	spirit	—	spirito m	espíritu m
espuma (ES)	Schaum m	foam	écume f	schiuma f	—
espuma (P)	Schaum m	foam	écume f	schiuma f	espuma f
esquadra de policia (P)	Revier n	district	district m	distretto m	distrito m
esquecer-se (P)	vergessen	forget	oublier	dimenticare	olvidar
esquerda (P)	links	left	à gauche	a sinistra	a la izquierda
esquina (ES)	Ecke f	corner	coin m	angolo m	—
esquina (P)	Ecke f	corner	coin m	angolo m	esquina f
esquisse (F)	Entwurf m	outline	—	abbozzo m	proyecto m
essai (F)	Versuch m	try	—	tentativo m	intento m
essayer¹ (F)	anprobieren	try on	—	provare	probar
essayer² (F)	probieren	test	—	assaggiare	probar
essbar (D)	—	eatable	mangeable	commestibile	comestible
essen (D)	—	eat	manger	mangiare	comer
Essen (D)	—	food	repas m	cibo m	comida f
essence (F)	Benzin n	petrol	—	benzina f	gasolina f
essencial (P)	wesentlich	essential	essentiel(le)	essenziale	esencial
essential (E)	wesentlich	—	essentiel(le)	essenziale	esencial
essentiel(le) (F)	wesentlich	essential	—	essenziale	esencial
essenziale (I)	wesentlich	essential	essentiel(le)	—	esencial
essere in viaggio (I)	verreisen	go away	partir en voyage	—	irse de viaje
essere raffreddato(a) (I)	erkältet sein	have a cold	avoir un rhume	—	estar resfriado(a)
essere sufficiente (I)	ausreichen	be enough	suffire	—	bastar
essere umano (I)	Mensch m	human being	homme m	—	ser humano m

essere umano

P	NL	SV	PL	CZ	H
—	bijzonder	särskild	szczególnie	obzvláště	kiváltképp
—	kruiden n/pl	krydda u	przyprawa f	koření n	fűszer
espécie f	soort m	slag n	gatunek m	druh m	faj
—	soort m	slag n	gatunek m	druh m	faj
—	manifestatie f	tillställning u	impreza f	akce f	rendezvény
espectador m	toeschouwer m	åskådare u	widz m	divák m	néző
—	toeschouwer m	åskådare u	widz m	divák m	néző
espelho m	spiegel m	spegel u	lustro n	zrcadlo n	tükör
—	spiegel m	spegel u	lustro n	zrcadlo n	tükör
aguardar	verwachten	förvänta	oczekiwać	očekávat	elvár
esperar	hopen	hoppas	mieć nadzieję	doufat	remél
esperar	wachten	vänta	czekać	čekat <počkat>	vár
—	hopen	hoppas	mieć nadzieję	doufat	remél
—	wachten	vänta	czekać	čekat <počkat>	vár
esperar	hopen	hoppas	mieć nadzieję	doufat	remél
experiência f	ervaring f	erfarenhet u	doświadczenie n	zkušenost f	tapasztalat
oxalá	hopelijk	förhoppningsvis	mam nadzieję, że	doufejme	remélhetően
—	slim	smart	przebiegły	chytrý	ravasz
denso	dicht	tät	szczelny	hustý	sűrű
espinafre m	spinazie m	spenat u	szpinak m	špenát m	spenót
—	spinazie m	spenat u	szpinak m	špenát m	spenót
—	geest m	ande u	duch m	duch m	szellem
espírito m	geest m	ande u	duch m	duch m	szellem
expor	tentoonstellen	ställa ut	wystawiać <wystawić>	vystavovat <vystavit>	kiállít
executar	uitvoeren	utföra	wykonywać <wykonać>	provádět <provést>	végrehajt
exposição f	tentoonstelling f	utställning u	wystawa f	výstava f	kiállítás
expressão f	uitdrukking f	uttryck n	wyraz m	výraz m	kifejezés
expresso	uitdrukkelijk	uttrycklig	kategorycznie	výslovně	nyomatékos
espírito m	geest m	ande u	duch m	duch m	szellem
espuma f	schuim n	skum n	piana f	pěna f	hab
—	schuim n	skum n	piana f	pěna f	hab
—	wijk f	revir n	rewir m	revír m	vadászterület
—	vergeten	glömma	zapomnieć	zapomínat <zapomenout>	elfelejt
—	links	till vänster	na lewo	vlevo	balra
esquina f	hoek m	hörn n	róg m	roh m	sarok
—	hoek m	hörn n	róg m	roh m	sarok
projecto m	ontwerp n	utkast n	szkic m	návrh m	tervezet
ensaio m	poging f	försök n	próba f	pokus m	kísérlet
provar roupa	aanpassen	prova ngt på ngn	przymierzać <przymierzyć>	zkoušet <vyzkoušet>	felpróbál
experimentar	proberen	prova	próbować <spróbować>	zkoušet <zkusit>	próbál
comestível	eetbaar	ätbar	jadalny	jedlý	ehető
comer	eten	äta	jeść <zjeść>	jíst <sníst>	eszik
comida f	eten n	mat u	jedzenie n	jídlo n	étkezés
gasolina f	benzine f	bensin u	benzyna f	benzín m	benzin
—	wezenlijk	väsentlig	istotny	podstatný	lényeges
essencial	wezenlijk	väsentlig	istotny	podstatný	lényeges
essencial	wezenlijk	väsentlig	istotny	podstatný	lényeges
essencial	wezenlijk	väsentlig	istotny	podstatný	lényeges
viajar	op reis gaan	resa bort	wyjeżdżać	odcestovat	elutazik
estar constipado	verkouden zijn	vara förkyld	być przeziębionym	být nachlazený	megfázott
bastar	voldoende zijn	räcka	wystarczać	stačit	elegendő
homem m	mens m	människa u	człowiek m	člověk m	ember

Essig

	D	E	F	I	ES
Essig (D)	—	vinegar	vinaigre m	aceto m	vinagre m
Esslöffel (D)	—	tablespoon	cuiller f	cucciano m	cuchara f
Esszimmer (D)	—	dining room	salle à manger f	sala da pranzo f	comedor m
est (F)	Osten m	east	—	est m	este m
est (I)	Osten m	east	est m	—	este m
est (H)	Abend m	evening	soir m	sera f	noche f
Está! (P)	Hallo!	Hello!	Allô!	Pronto!	¡Diga!
establecimiento (ES)	Anlage f	plant	installation f	impianto m	—
estação alta (P)	Hochsaison f	high season	pleine saison f	alta stagione f	temporada alta f
estação central (P)	Hauptbahnhof m	main station	gare centrale f	stazione centrale f	estación central f
estação de comboios (P)	Bahnhof m	station	gare f	stazione f	estación f
estação de correios (P)	Postamt n	post office	bureau de poste m	ufficio postale m	oficina de correos f
estação do ano (P)	Jahreszeit f	season	saison f	stagione f	estación del año f
estação terminal (P)	Endstation f	terminus	terminus m	capolinea m	estación terminal f
estación (ES)	Bahnhof m	station	gare f	stazione f	—
estacionamento proibido (P)	Parkverbot n	no parking	défense de stationner f	divieto di parcheggio m	estacionamiento prohibido m
estacionamiento prohibido (ES)	Parkverbot n	no parking	défense de stationner f	divieto di parcheggio m	
estacionar (P)	parken	park	garer	parcheggiare	aparcar
estación central (ES)	Hauptbahnhof m	main station	gare centrale f	stazione centrale f	—
estación del año (ES)	Jahreszeit f	season	saison f	stagione f	—
estación terminal (ES)	Endstation f	terminus	terminus m	capolinea m	—
estado¹ (ES)	Staat m	state	état m	stato m	—
estado² (ES)	Verfassung f	constitution	état m	condizioni f/pl	—
estado³ (ES)	Zustand m	condition	état m	stato m	—
estado¹ (P)	Staat m	state	état m	stato m	estado m
estado² (P)	Verfassung f	constitution	état m	condizioni f/pl	estado m
estado³ (P)	Zustand m	condition	état m	stato m	estado m
Estados Unidos (ES)	Vereinigte Staaten pl	United States	Etats-Unis m/pl	Stati Uniti m/pl	—
Estados Unidos (P)	Vereinigte Staaten pl	United States	Etats-Unis m/pl	Stati Uniti m/pl	Estados Unidos m/pl
esta, este (P)	diese(r,s)	this	ce, cette	questo(a)	esta, este, esto
esta, este, esto (ES)	diese(r,s)	this	ce, cette	questo(a)	—
estafeta (P)	Kurier m	courier	coursier m	corriere m	correo m
estágio (P)	Praktikum n	practical training	stage m	tirocinio m	prácticas f/pl
estantería (ES)	Regal n	shelves	étagère f	scaffale m	—
(estar) a punto (ES)	gar	done	cuit(e)	cotto(a)	—
estar à venda (P)	erhältlich	available	en vente	acquistabile	que puede adquirirse
estar constipado (P)	erkältet sein	have a cold	avoir un rhume	essere raffreddato(a)	estar resfriado(a)
estar de acordo (P)	einigen, sich	agree	mettre d'accord, se	accordarsi	ponerse de acuerdo
estar de pie (ES)	stehen	stand	être debout	stare in piedi	—
estar em pé (P)	stehen	stand	être debout	stare in piedi	estar de pie
estar resfriado(a) (ES)	erkältet sein	have a cold	avoir un rhume	essere raffreddato(a)	—
estate (I)	Sommer m	summer	été m	—	verano m
este (ES)	Osten m	east	est m	est m	—
este (H)	abends	in the evening	le soir	di sera	por la tarde
esteira (P)	Matte f	mat	natte f	stuoia f	colchoneta f
estero (I)	Ausland n	abroad	étranger m	—	extranjero m
estimado(a) (ES)	beliebt	popular	populaire	popolare	—
estimar (ES)	schätzen	estimate	estimer	stimare	—
estimate (E)	schätzen	—	estimer	stimare	estimar

estimate

P	NL	SV	PL	CZ	H
vinagre m	azijn m	ättika u	ocet m	ocet m	ecet
colher da sopa f	eetlepel m	matsked u	łyżka stołowa f	polévková lžíce f	evőkanál
sala de jantar f	eetkamer f	matsal u	jadalnia f	jídelna f	ebédlő
leste m	oosten n	öster	wschód m	východ m	kelet
leste m	oosten n	öster	wschód m	východ m	kelet
noite f	avond m	kväll u	wieczór m	večer m	—
—	Hallo!	Hej!	Słucham!	Haló!	Tessék!
construção f	inrichting f	anläggning u	obiekt m	příloha	berendezés
—	hoogseizoen n	högsäsong u	pełnia sezonu f	hlavní sezóna f	főszezon
—	centraal station n	centralstation u	dworzec główny m	hlavní nádraží n	főpályaudvar
—	station n	järnvägsstation u	dworzec m	nádraží n	pályaudvar
—	postkantoor n	postkontor n	urząd pocztowy m	poštovní úřad m	postahivatal
—	jaargetijde n	årstid u	pora roku f	roční období n	évszak
—	eindstation n	slutstation u	stacja końcowa f	konečná stanice f	végállomás
estação de comboios f	station n	järnvägsstation u	dworzec m	nádraží n	pályaudvar
—	parkeerverbod n	parkeringsförbud n	zakaz parkowania m	zákaz parkování m	parkolási tilalom
estacionamento proibido m	parkeerverbod n	parkeringsförbud n	zakaz parkowania m	zákaz parkování m	parkolási tilalom
—	parkeren	parkera	parkować <zaparkować>	parkovat <zaparkovat>	leparkol
estação central f	centraal station n	centralstation u	dworzec główny m	hlavní nádraží n	főpályaudvar
estação do ano f	jaargetijde n	årstid u	pora roku f	roční období n	évszak
estação terminal f	eindstation n	slutstation u	stacja końcowa f	konečná stanice f	végállomás
estado m	staat f	land n	państwo n	stát m	állam
estado m	stemming f	tillstånd n	stan m	stav m	állapot
estado m	toestand m	tillstånd n	stan m	stav m	állapot
—	staat f	land n	państwo n	stát m	állam
—	stemming f	tillstånd n	stan m	stav m	állapot
—	toestand m	tillstånd n	stan m	stav m	állapot
Estados Unidos m/pl	Verenigde Staten pl	Förenta staterna pl	Stany Zjednoczone pl	Spojené státy pl	Egyesült Államok
—	Verenigde Staten pl	Förenta staterna pl	Stany Zjednoczone pl	Spojené státy pl	Egyesült Államok
—	deze, dit	denna, detta	ta, ten, to	tato tento toto	ez
esta, este	deze, dit	denna, detta	ta, ten, to	tato tento toto	ez
—	koerier m	kurir u	kurier m	kurýr m	futár
—	stage f	praktikplats u	praktyka f	praxe f	gyakorlati képzés
prateleira f	rek n	bokhylla u	regał m	regál m	polc
bem cozido	gaar	alldeles	ugotowany	dovařený	egyáltalán
—	verkrijgbaar	erhållas	do nabycia	k dostání	kapható
—	verkouden zijn	vara förkyld	być przeziębionym	být nachlazený	megfázott
—	het eens worden	ena sig	dochodzić do porozumienia <dojść do porozumienia>	dohadovat, se <dohodnout, se>	megegyezik,
estar em pé	staan	stå	stanąć <stać>	stát	áll
—	staan	stå	stanąć <stać>	stát	áll
estar constipado	verkouden zijn	vara förkyld	być przeziębionym	být nachlazený	megfázott
verão m	zomer m	sommar u	lato n	léto n	nyár
leste m	oosten n	öster	wschód m	východ m	kelet
à noite	's avonds	på kvällen	wieczorem	večer	—
—	mat f	matta u	mata f	rohožka f	lábtörlő
estrangeiro m	buitenland n	utlandet n	zagranica f	zahraničí n	külföld
popular	bemind	omtyckt	lubiany	oblíbený	közkedvelt
apreciar	schatten/waarderen	uppskatta	szacować	cenit <ocenit>	becsüli
apreciar	schatten/waarderen	uppskatta	szacować	cenit <ocenit>	becsüli

estimer

	D	E	F	I	ES
estimer (F)	schätzen	estimate	—	stimare	estimar
estômac (F)	Magen m	stomach	—	stomaco m	estómago m
estómago (ES)	Magen m	stomach	estomac m	stomaco m	—
estômago (P)	Magen m	stomach	estomac m	stomaco m	estómago m
estrada nacional (P)	Landstraße f	country road	route f	strada provinciale f	carretera nacional f
estrada principal (P)	Hauptstraße f	main street	grand-rue f	strada principale f	calle central f
estragado (P)	kaputt	broken	cassé(e)	rotto(a)	roto(a)
estrangeiro[1] (P)	Ausland n	abroad	étranger m	estero m	extranjero m
estrangeiro[2] (P)	Ausländer m	foreigner	étranger m	straniero m	extranjero m
estranho[1] (P)	merkwürdig	strange	curieux(euse)	curioso(a)	curioso(a)
estranho[2] (P)	seltsam	strange	bizarre	strano(a)	extraño(a)
estrecho(a) (ES)	eng	narrow	étroit(e)	stretto(a)	—
estreito (P)	eng	narrow	étroit(e)	stretto(a)	estrecho(a)
estrela (P)	Stern m	star	étoile f	stella f	estrella f
estrella (ES)	Stern m	star	étoile f	stella f	—
estrés (ES)	Stress m	stress	stress m	stress m	—
estudante (P)	Student m	student	étudiant m	studente m	estudiante m
estudar (P)	studieren	study	étudier	studiare	estudiar
estudiante (ES)	Student m	student	étudiant m	studente m	—
estudiar (ES)	studieren	study	étudier	studiare	—
estufa (ES)	Ofen m	oven	poêle m	stufa f	—
estúpido (P)	doof	daft	bête	scemo(a)	estúpido(a)
estúpido(a) (ES)	doof	daft	bête	scemo(a)	—
észak (H)	Norden m	north	nord m	nord m	norte m
eszik (H)	essen	eat	manger	mangiare	comer
eszméletlenség (H)	Ohnmacht f	faint	évanouissement m	svenimento m	desmayo m
észrevesz[1] (H)	bemerken	notice	remarquer	notare	darse cuenta de
észrevesz[2] (H)	merken	notice	remarquer	accorgersi di	notar
et (F)	und	and	—	e	y
età (I)	Alter n	age	âge m	—	edad f
Etage (D)	—	floor	étage m	piano m	piso m
étage (F)	Etage f	floor	—	piano m	piso m
étagère (F)	Regal n	shelves	—	scaffale m	estantería f
etalage (NL)	Schaufenster n	shop window	vitrine f	vetrina f	escaparate m
état[1] (F)	Staat m	state	—	stato m	estado m
état[2] (F)	Verfassung f	constitution	—	condizioni f/pl	estado m
état[3] (F)	Zustand m	condition	—	stato m	estado m
Etats-Unis (F)	Vereinigte Staaten pl	United States	—	Stati Uniti m/pl	Estados Unidos m/pl
été (F)	Sommer m	summer	—	estate f	verano m
éteindre (F)	löschen	extinguish	—	spegnere	apagar
eten (NL)	essen	eat	manger	mangiare	comer
eten (NL)	Essen n	food	repas m	cibo m	comida f
eternal (E)	ewig	—	éternel(le)	eterno(a)	eterno(a)
éternel(le) (F)	ewig	eternal	—	eterno(a)	eterno(a)
eterno (P)	ewig	eternal	éternel(le)	eterno(a)	eterno(a)
eterno(a) (I)	ewig	eternal	éternel(le)	—	eterno(a)
eterno(a) (ES)	ewig	eternal	éternel(le)	eterno(a)	—
étkészlet (H)	Geschirr n	crockery	vaisselle f	stoviglie f/pl	vajilla f
étkezés[1] (H)	Essen n	food	repas m	cibo m	comida f
étkezés[2] (H)	Mahlzeit f	meal	repas m	pasto m	comida f
étlap (H)	Speisekarte f	menu	menu m	menu m	lista de platos f
étoile (F)	Stern m	star	—	stella f	estrella f
étonner, s' (F)	staunen	be astonished	—	stupirsi	asombrarse

étonner, s'

P	NL	SV	PL	CZ	H
apreciar	schatten/waarderen	uppskatta	szacować	cenit <ocenit>	becsüli
estômago m	maag f	mage u	żołądek m	žaludek m	gyomor
estômago m	maag f	mage u	żołądek m	žaludek m	gyomor
—	maag f	mage u	żołądek m	žaludek m	gyomor
—	secundaire weg m	landsväg u	szosa f	silnice třídy f	országút
—	hoofdstraat f	huvudgata u	główna ulica f	hlavní ulice f	főutca
—	kapot	sönder	zepsuty	rozbitý	tönkrement
—	buitenland n	utlandet n	zagranica f	zahraničí n	külföld
—	buitenlander m	utlänning u	cudzoziemiec m	cizinec m	külföldi
—	vreemd	märkvärdig	dziwny	podivný	furcsa
—	vreemd	märkligt	dziwny	zvláštní	furcsa
estreito	nauw	trång	ciasny	úzký	szűk
—	nauw	trång	ciasny	úzký	szűk
—	ster f	stjärna u	gwiazda f	hvězda f	csillag
estrela f	ster f	stjärna u	gwiazda f	hvězda f	csillag
stress m	stress m	stress u	stres m	stres m	stressz
—	student m	student u	student m	student m	egyetemista
—	studeren	studera	studiować	studovat <vystudovat>	egyetemre jár
estudante m	student m	student u	student m	student m	egyetemista
estudar	studeren	studera	studiować	studovat <vystudovat>	egyetemre jár
forno m	oven m	ugn u	piec m	kamna pl	kályha
—	dom	fånig	durny	hloupý	ostoba
estúpido	dom	fånig	durny	hloupý	ostoba
norte m	noorden n	norr u	północ f	sever m	—
comer	eten	äta	jeść <zjeść>	jíst <sníst>	—
desmaio m	bewusteloosheid f	vanmakt u	zemdlenie n	bezmocnost f	—
reparar	opmerken	märka	zauważać <zauważyć>	poznamenat <poznamenávat>	—
notar	bemerken	markera	spostrzegać <spostrzec>	pamatovat <zapamatovat>	—
e	en	och	i	a	és
idade f	ouderdom m	ålder u	wiek m	stáří n	életkor
piso m	verdieping f	våning u	piętro n	poschodí n	emelet
piso m	verdieping f	våning u	piętro n	poschodí n	emelet
prateleira f	rek n	bokhylla u	regał m	regál m	polc
montra f	—	skyltfönster n	okno wystawowe n	výloha f	kirakat
estado m	staat f	land n	państwo n	stát m	állam
estado m	stemming f	tillstånd n	stan m	stav m	állapot
estado m	toestand m	tillstånd n	stan m	stav m	állapot
Estados Unidos m/pl	Verenigde Staten pl	Förenta staterna pl	Stany Zjednoczone pl	Spojené státy pl	Egyesült Államok
verão m	zomer m	sommar u	lato n	léto n	nyár
apagar	blussen	släcka	gasić <zgasić>	hasit <uhasit>	olt
comer	—	äta	jeść <zjeść>	jíst <sníst>	eszik
comida f	—	mat u	jedzenie n	jídlo n	étkezés
eterno	eeuwig	evig	wieczny	věčný	örök
eterno	eeuwig	evig	wieczny	věčný	örök
—	eeuwig	evig	wieczny	věčný	örök
eterno	eeuwig	evig	wieczny	věčný	örök
eterno	eeuwig	evig	wieczny	věčný	örök
louça f	vaatwerk n	servis u	naczynia n/pl	nádobí n	—
comida f	eten n	mat u	jedzenie n	jídlo n	—
refeição f	maaltijd m	måltid u	posiłek m	jídlo n	—
ementa f	spijskaart f	matsedel u	jadłospis m	jídelní lístek m	—
estrela f	ster f	stjärna u	gwiazda f	hvězda f	csillag
admirar-se	verbaasd zijn	bli förvånad	dziwić, się <zdziwić, się>	divit, se <podivit, se>	csodálkozik

étourdi(e)

	D	E	F	I	ES
étourdi(e) (F)	leichtsinnig	careless	—	spensierato(a)	imprudente
étranger¹ (F)	Ausland n	abroad	—	estero m	extranjero m
étranger² (F)	Ausländer m	foreigner	—	straniero m	extranjero m
être d'accord (F)	zustimmen	agree	—	acconsentire	consentir
être debout (F)	stehen	stand	—	stare in piedi	estar de pie
être en retard (F)	verspäten, sich	be late	—	ritardare	llevar retraso
être témoin de (F)	erleben	experience	—	vivere	experimentar
étroit(e) (F)	eng	narrow	—	stretto(a)	estrecho(a)
ett par glasögon (SV)	Brille f	glasses	lunettes f/pl	occhiali m/pl	gafas f/pl
étudiant (F)	Student m	student	—	studente m	estudiante m
étudier¹ (F)	studieren	study	—	studiare	estudiar
étudier² (F)	üben	practise	—	esercitarsi	practicar
étvágy (H)	Appetit m	appetite	appétit m	appetito m	apetito m
etwas (D)	—	something	quelque chose	qualcosa	algo
eu (P)	ich	I	je	io	yo
Euro (D)	—	Euro	euro m	Euro m	euro m
Euro (E)	Euro m	—	euro m	Euro m	euro m
euro (F)	Euro m	Euro	—	Euro m	euro m
Euro (I)	Euro m	Euro	euro m	—	euro m
euro (ES)	Euro m	Euro	euro m	Euro m	—
euro (P)	Euro m	Euro	euro m	Euro m	euro m
euro (NL)	Euro m	Euro	euro m	Euro m	euro m
euro (SV)	Euro m	Euro	euro m	Euro m	euro m
Euro (PL)	Euro m	Euro	euro m	Euro m	euro m
euro (CZ)	Euro m	Euro	euro m	Euro m	euro m
euró (H)	Euro m	Euro	euro m	Euro m	euro m
Europa (D)	—	Europe	Europe f	Europa f	Europa f
Europa (I)	Europa n	Europe	Europe f	—	Europa f
Europa (ES)	Europa n	Europe	Europe f	Europa f	—
Europa (P)	Europa n	Europe	Europe f	Europa f	Europa f
Europa (NL)	Europa n	Europe	Europe f	Europa f	Europa f
Europa (SV)	Europa n	Europe	Europe f	Europa f	Europa f
Europa (PL)	Europa n	Europe	Europe f	Europa f	Europa f
Európa (H)	Europa n	Europe	Europe f	Europa f	Europa f
Europe (E)	Europa n	—	Europe f	Europa f	Europa f
Europe (F)	Europa n	Europe	—	Europa f	Europa f
év (H)	Jahr n	year	année f	anno m	año m
évanouissement (F)	Ohnmacht f	faint	—	svenimento m	desmayo m
even¹ (E)	gerade	—	pair(e)	pari	par
even² (E)	sogar	—	même	perfino	incluso
even (NL)	gerade	even	pair(e)	pari	par
eveneens (NL)	ebenfalls	likewise	aussi	altrettanto	también
évènement (F)	Ereignis n	event	—	avvenimento m	suceso m
evening (E)	Abend m	—	soir m	sera f	noche f
event¹ (E)	Ereignis n	—	évènement m	avvenimento m	suceso m
event² (E)	Veranstaltung f	—	manifestation f	manifestazione f	acto m
évente (H)	jährlich	annual	annuel(le)	annuale	anualmente
eventuale (I)	eventuell	possible	éventuel(le)	—	eventual(mente)
eventual(mente) (ES)	eventuell	possible	éventuel(le)	eventuale	—
eventualmente (P)	eventuell	possible	éventuel(le)	eventuale	eventual(mente)
eventuálně (CZ)	eventuell	possible	éventuel(le)	eventuale	eventual(mente)
eventueel (NL)	eventuell	possible	éventuel(le)	eventuale	eventual(mente)
eventuell (D)	—	possible	éventuel(le)	eventuale	eventual(mente)
éventuel(le) (F)	eventuell	possible	—	eventuale	eventual(mente)
eventuellt (SV)	eventuell	possible	éventuel(le)	eventuale	eventual(mente)

eventuellt

P	NL	SV	PL	CZ	H
leviano	lichtzinnig	lättsinnig	lekkomyślny	lehkomyslně	könnyelmű
estrangeiro m	buitenland n	utlandet n	zagranica f	zahraničí n	külföld
estrangeiro m	buitenlander m	utlänning u	cudzoziemiec m	cizinec m	külföldi
consentir	toestemmen	instämma	zgadzać się	souhlasit	helyesel
estar em pé	staan	stå	stanąć <stać>	stát	áll
atrasar-se	vertraging hebben	vara försenad	spóźniać się	zpožďovat, se <zpozdít, se>	elkésik
presenciar	beleven	uppleva	przeżywać <przeżyć>	prožívat <prožít>	átél
estreito	nauw	trång	ciasny	úzký	szűk
óculos m	bril m	—	okulary pl	brýle pl	szemüveg
estudante m	student m	student u	student m	student m	egyetemista
estudar	studeren	studera	studiować	studovat <vystudovat>	egyetemre jár
exercitar	oefenen	öva	ćwiczyć	cvičit <nacvičit>	gyakorol
apetite m	eetlust m	appetit u	apetyt m	chuť f	—
alguma coisa	iets	något	coś	něco	valami
—	ik	jag	ja	já	én
euro m	euro m	euro u	Euro m	euro n	euró
euro m	euro m	euro u	Euro m	euro n	euró
euro m	euro m	euro u	Euro m	euro n	euró
euro m	euro m	euro u	Euro m	euro n	euró
euro m	euro m	euro u	Euro m	euro n	euró
—	euro m	euro u	Euro m	euro n	euró
euro m	—	euro u	Euro m	euro n	euró
euro m	euro m	—	Euro m	euro n	euró
euro m	euro m	euro u	—	euro n	euró
euro m	euro m	euro u	Euro m	—	euró
euro m	euro m	euro u	Euro m	euro n	—
Europa f	Europa n	Europa n	Europa f	Evropa f	Európa
Europa f	Europa n	Europa n	Europa f	Evropa f	Európa
Europa f	Europa n	Europa n	Europa f	Evropa f	Európa
—	Europa n	Europa n	Europa f	Evropa f	Európa
Europa f	—	Europa n	Europa f	Evropa f	Európa
Europa f	Europa n	—	Europa f	Evropa f	Európa
Europa f	Europa n	Europa n	—	Evropa f	Európa
Europa f	Europa n	Europa n	Europa f	Evropa f	—
Europa f	Europa n	Europa n	Europa f	Evropa f	Európa
Europa f	Europa n	Europa n	Europa f	Evropa f	Európa
ano m	jaar n	år n	rok m	rok m	—
desmaio m	bewusteloosheid f	vanmakt u	zemdlenie n	bezmocnost f	eszméletlenség
par	even	jämn	parzysty	sudý	páros
até	zelfs	till och med	nawet	dokonce	sőt
par	—	jämn	parzysty	sudý	páros
igualmente	—	likaså	również	rovněž	szintén
acontecimento m	gebeurtenis f	händelse u	zdarzenie n	událost f	esemény
noite f	avond m	kväll u	wieczór m	večer m	est
acontecimento m	gebeurtenis f	händelse u	zdarzenie n	událost f	esemény
espectáculo m	manifestatie f	tillställning u	impreza f	akce f	rendezvény
anual	jaarlijks	årligen	roczny	ročně	—
eventualmente	eventueel	eventuellt	ewentualnie	eventuálně	talán
eventualmente	eventueel	eventuellt	ewentualnie	eventuálně	talán
—	eventueel	eventuellt	ewentualnie	eventuálně	talán
eventualmente	eventueel	eventuellt	ewentualnie	—	talán
eventualmente	—	eventuellt	ewentualnie	eventuálně	talán
eventualmente	eventueel	eventuellt	ewentualnie	eventuálně	talán
eventualmente	eventueel	eventuellt	ewentualnie	eventuálně	talán
eventualmente	eventueel	—	ewentualnie	eventuálně	talán

evenwel 350

	D	E	F	I	ES
evenwel (NL)	dennoch	nevertheless	cependant	tuttavia	sin embargo
everyday life (E)	Alltag *m*	—	vie quotidienne *f*	vita quotidiana *f*	vida cotidiana *f*
everything (E)	alles	—	tout	tutto(a)	todo
everywhere (E)	überall	—	partout	dappertutto	por todas partes
evidente (I)	offensichtlich	obvious	manifeste	—	evidente
evidente (ES)	offensichtlich	obvious	manifeste	evidente	—
evidente (P)	offensichtlich	obvious	manifeste	evidente	evidente
evig (SV)	ewig	eternal	éternel(le)	eterno(a)	eterno(a)
evitar (ES)	vermeiden	avoid	éviter	evitare	—
evitar (P)	vermeiden	avoid	éviter	evitare	evitar
evitare (I)	vermeiden	avoid	éviter	—	evitar
éviter (F)	vermeiden	avoid	—	evitare	evitar
evőkanál (H)	Esslöffel *m*	tablespoon	cuiller *f*	cucciano *m*	cuchara *f*
Evropa (CZ)	Europa *n*	Europe	Europe *f*	Europa *f*	Europa *f*
évszak (H)	Jahreszeit *f*	season	saison *f*	stagione *f*	estación del año *f*
évszázad (H)	Jahrhundert *n*	century	siècle *m*	secolo *m*	siglo *m*
ewentualnie (PL)	eventuell	possible	éventuel(le)	eventuale	eventual(mente)
ewig (D)	—	eternal	éternel(le)	eterno(a)	eterno(a)
exact (E)	genau	—	exact(e)	preciso(a)	exacto(a)
exact(e) (F)	genau	exact	—	preciso(a)	exacto(a)
exacto (P)	genau	exact	exact(e)	preciso(a)	exacto(a)
exacto(a) (ES)	genau	exact	exact(e)	preciso(a)	—
exageração (P)	Übertreibung *f*	exaggeration	exagération *f*	esagerazione *f*	exageración *f*
exageración (ES)	Übertreibung *f*	exaggeration	exagération *f*	esagerazione *f*	—
exagerar (ES)	übertreiben	exaggerate	exagérer	esagerare	—
exagerar (P)	übertreiben	exaggerate	exagérer	esagerare	exagerar
exagération (F)	Übertreibung *f*	exaggeration	—	esagerazione *f*	exageración *f*
exagérer (F)	übertreiben	exaggerate	—	esagerare	exagerar
exaggerate (E)	übertreiben	—	exagérer	esagerare	exagerar
exaggeration (E)	Übertreibung *f*	—	exagération *f*	esagerazione *f*	exageración *f*
exame (P)	Prüfung *f*	examination	examen *m*	esame *m*	examen *m*
examen (F)	Prüfung *f*	examination	—	esame *m*	examen *m*
examen (ES)	Prüfung *f*	examination	examen *m*	esame *m*	—
examinar¹ (ES)	nachsehen	check	vérifier	controllare	—
examinar² (ES)	prüfen	test	tester	esaminare	—
examinar³ (ES)	untersuchen	examine	examiner	esaminare	—
examinar¹ (P)	prüfen	test	tester	esaminare	examinar
examinar² (P)	untersuchen	examine	examiner	esaminare	examinar
examination (E)	Prüfung *f*	—	examen *m*	esame *m*	examen *m*
examine (E)	untersuchen	—	examiner	esaminare	examinar
examiner (F)	untersuchen	examine	—	esaminare	examinar
example (E)	Beispiel *n*	—	exemple *m*	esempio *m*	ejemplo *m*
exaustivo (P)	gründlich	thorough	à fond	a fondo	a fondo
exausto (P)	erschöpft	exhausted	épuisé(e)	esausto(a)	agotado(a)
excelente (ES)	ausgezeichnet	excellent	excellent(e)	eccellente	—
excelente (P)	ausgezeichnet	excellent	excellent(e)	eccellente	excelente
excelente (P)	hervorragend	excellent	excellent(e)	eccellente	extraordinario(a)
excellent (E)	ausgezeichnet	—	excellent(e)	eccellente	excelente
excellent (E)	hervorragend	—	excellent(e)	eccellente	extraordinario(a)
excellent(e) (F)	ausgezeichnet	excellent	—	eccellente	excelente
excellent(e) (F)	hervorragend	excellent	—	eccellente	extraordinario(a)
excepção (P)	Ausnahme *f*	exception	exception *f*	eccezione *f*	excepción *f*

excepção

P	NL	SV	PL	CZ	H
apesar de	—	likväl	jednakże	přesto	mégis
dia-a-dia m	dagelijks leven n	vardag u	codzienność f	všední den m	hétköznap
tudo	alles	allt	wszystko	vše	minden
por toda a parte	overal	överallt	wszędzie	všude	mindenütt
evidente	klaarblijkelijk	tydligen	oczywisty	zřejmý	nyilvánvaló
evidente	klaarblijkelijk	tydligen	oczywisty	zřejmý	nyilvánvaló
—	klaarblijkelijk	tydligen	oczywisty	zřejmý	nyilvánvaló
eterno	eeuwig	—	wieczny	věčný	örök
evitar	vermijden	undvika	unikać	vyhýbat, se <vyhnout, se>	elkerül
—	vermijden	undvika	unikać	vyhýbat, se <vyhnout, se>	elkerül
evitar	vermijden	undvika	unikać	vyhýbat, se <vyhnout, se>	elkerül
evitar	vermijden	undvika	unikać	vyhýbat, se <vyhnout, se>	elkerül
colher da sopa f	eetlepel m	matsked u	łyżka stołowa f	polévková lžíce f	—
Europa f	Europa n	Europa n	Europa f	—	Európa
estação do ano f	jaargetijde n	årstid u	pora roku f	roční období n	—
século m	eeuw f	århundrade n	stulecie n	století n	—
eventualmente	eventueel	eventuellt	—	eventuálně	talán
eterno	eeuwig	evig	wieczny	věčný	örök
exacto	precies	noggrann	dokładny	přesný	pontos
exacto	precies	noggrann	dokładny	přesný	pontos
—	precies	noggrann	dokładny	přesný	pontos
exacto	precies	noggrann	dokładny	přesný	pontos
—	overdrijving f	överdrivelse u	przesada f	nadsázka f	túlzás
exageração f	overdrijving f	överdrivelse u	przesada f	nadsázka f	túlzás
exagerar	overdrijven	överdriva	przesadzać	přehánět <přehnat>	túloz
—	overdrijven	överdriva	przesadzać	přehánět <přehnat>	túloz
exageração f	overdrijving f	överdrivelse u	przesada f	nadsázka f	túlzás
exagerar	overdrijven	överdriva	przesadzać	přehánět <přehnat>	túloz
exagerar	overdrijven	överdriva	przesadzać	přehánět <přehnat>	túloz
exageração f	overdrijving f	överdrivelse u	przesada f	nadsázka f	túlzás
—	onderzoek n	kontroll u	egzamin m	zkouška f	vizsga
exame m	onderzoek n	kontroll u	egzamin m	zkouška f	vizsga
exame m	onderzoek n	kontroll u	egzamin m	zkouška f	vizsga
verificar	nazien	ta reda på	patrzeć <popatrzeć>	dívat, se <podívat, se>	utánanéz
examinar	keuren	kontrollera	sprawdzać <sprawdzić>	zkoušet <zkusit>	vizsgál
examinar	onderzoeken	undersöka	badać	vyšetřovat <vyšetřit>	megvizsgál
—	keuren	kontrollera	sprawdzać <sprawdzić>	zkoušet <zkusit>	vizsgál
—	onderzoeken	undersöka	badać	vyšetřovat <vyšetřit>	megvizsgál
exame m	onderzoek n	kontroll u	egzamin m	zkouška f	vizsga
examinar	onderzoeken	undersöka	badać	vyšetřovat <vyšetřit>	megvizsgál
examinar	onderzoeken	undersöka	badać	vyšetřovat <vyšetřit>	megvizsgál
exemplo m	voorbeeld n	exempel n	przykład m	příklad m	példa
—	grondig	grundligt	dokładny	důkladně	alapos
—	uitgeput	utmattad	wyczerpany	vyčerpaný	kimerült
excelente	uitstekend	förträffligt	znakomicie	vynikající	kitűnő
—	uitstekend	förträffligt	znakomicie	vynikající	kitűnő
—	uitstekend	framstående	znakomity	vynikající	kitűnő
excelente	uitstekend	förträffligt	znakomicie	vynikající	kitűnő
excelente	uitstekend	framstående	znakomity	vynikající	kitűnő
excelente	uitstekend	förträffligt	znakomicie	vynikající	kitűnő
excelente	uitstekend	framstående	znakomity	vynikající	kitűnő
—	uitzondering f	undantag n	wyjątek m	výjimka f	kivétel

excepción

	D	E	F	I	ES
excepción (ES)	Ausnahme f	exception	exception f	eccezione f	—
except (E)	ausgenommen	—	excepté	eccetto	excepto
except (E)	außer	—	hors de	eccetto	salvo
excepté (F)	ausgenommen	except	—	eccetto	excepto
exception (E)	Ausnahme f	—	exception f	eccezione f	excepción f
exception (F)	Ausnahme f	exception	—	eccezione f	excepción f
exceptionnel(le) (F)	ungewöhnlich	unusual	—	insolito(a)	inusual
excepto (ES)	ausgenommen	except	excepté	eccetto	—
excepto (P)	ausgenommen	except	excepté	eccetto	excepto
excepto (P)	außer	except	hors de	eccetto	salvo
exchange (E)	Austausch m	—	échange m	scambio m	cambio m
exchange¹ (E)	austauschen	—	échanger	scambiare	cambiar
exchange² (E)	umtauschen	—	échanger	scambiare	cambiar
exchange³ (E)	vertauschen	—	échanger	scambiare	cambiar
excitado(a) (ES)	aufgeregt	excited	agité(e)	eccitato(a)	—
excite (E)	aufregen	—	énerver	agitare	agitar
excited (E)	aufgeregt	—	agité(e)	eccitato(a)	excitado(a)
exciting (E)	aufregend	—	énervant(e)	eccitante	emocionante
exclaim (E)	ausrufen	—	crier	esclamare	exclamar
exclamar (ES)	ausrufen	exclaim	crier	esclamare	—
exclamar (P)	ausrufen	exclaim	crier	esclamare	exclamar
exclu(e) (F)	ausgeschlossen	impossible	—	escluso(a)	imposible
excluído (P)	ausgeschlossen	impossible	exclu(e)	escluso(a)	imposible
excursão (P)	Ausflug m	outing	excursion f	gita f	excursión f
excursion¹ (F)	Ausflug m	outing	—	gita f	excursión f
excursion² (F)	Tour f	tour	—	giro m	excursión f
excursión¹ (ES)	Ausflug m	outing	excursion f	gita f	—
excursión² (ES)	Tour f	tour	excursion f	giro m	—
excuse¹ (F)	Ausrede f	pretext	—	pretesto m	pretexto m
excuse² (F)	Entschuldigung f	apology	—	scusa f	disculpa f
excuser, s' (F)	entschuldigen, sich	apologize	—	scusarsi	disculparse
executar (P)	ausführen	export	exporter	esportare	exportar
exempel (SV)	Beispiel n	example	exemple m	esempio m	ejemplo m
exemple (F)	Beispiel n	example	—	esempio m	ejemplo m
exemplo (P)	Beispiel n	example	exemple m	esempio m	ejemplo m
exercer (F)	ausüben	practise	—	esercitare	ejercer
exercer (P)	ausüben	practise	exercer	esercitare	ejercer
exercice (F)	Übung f	exercise	—	esercizio f	ejercicio m
exercício (P)	Übung f	exercise	exercice m	esercizio f	ejercicio m
exercise (E)	Übung f	—	exercice m	esercizio f	ejercicio m
exercise book (E)	Heft n	—	cahier m	quaderno m	cuaderno m
exercitar (P)	üben	practise	étudier	esercitarsi	practicar
exhausted (E)	erschöpft	—	épuisé(e)	esausto(a)	agotado(a)
exhibit (E)	ausstellen	—	exposer	esporre	exponer
exhibition (E)	Ausstellung f	—	exposition f	esposizione f	exposición f
exhorter (F)	mahnen	warn	—	ammonire	notificar
exigence¹ (F)	Anspruch m	claim	—	pretesa f	pretensión f
exigence² (F)	Forderung f	demand	—	esigenza f	exigencia f
exigencia (ES)	Forderung f	demand	exigence f	esigenza f	—
exigência (P)	Forderung f	demand	exigence f	esigenza f	exigencia f

exigência

P	NL	SV	PL	CZ	H
excepção f	uitzondering f	undantag n	wyjątek m	výjimka f	kivétel
excepto	uitgezonderd	förutom	z wyjątkiem	vyjma	kivéve
excepto	behalve	utom	oprócz	kromě	kívül
excepto	uitgezonderd	förutom	z wyjątkiem	vyjma	kivéve
excepção f	uitzondering f	undantag n	wyjątek m	výjimka f	kivétel
excepção f	uitzondering f	undantag n	wyjątek m	výjimka f	kivétel
pouco habitual	ongewoon	ovanlig	niezwykły	neobvyklý	szokatlan
excepto	uitgezonderd	förutom	z wyjątkiem	vyjma	kivéve
—	uitgezonderd	förutom	z wyjątkiem	vyjma	kivéve
—	behalve	utom	oprócz	kromě	kívül
troca f	uitwisseling f	utbyte n	wymiana f	výměna f	csere
trocar	uitwisselen	byta ut	wymieniać <wymienić>	vyměňovat <vyměnit>	kicserél
trocar	ruilen	byta ut	wymieniać	vyměňovat <vyměnit>	kicserél
trocar	verwisselen	förväxla	zamieniać	zaměňovat <zaměnit>	elcserél
agitado	opgewonden	upprörd	zdenerwowany	rozčíleně	izgatott
agitar	opwinden	uppröra	denerwować <zdenerwować>	rozčilovat <rozčílit>	felzaklat
agitado	opgewonden	upprörd	zdenerwowany	rozčíleně	izgatott
emocionante	opwindend	upprörande	emocjonujący	vzrušující	izgalmas
exclamar	uitroepen	utropa	wywoływać <wywołać>	vyvolávat <vyvolat>	bemond
exclamar	uitroepen	utropa	wywoływać <wywołać>	vyvolávat <vyvolat>	bemond
—	uitroepen	utropa	wywoływać <wywołać>	vyvolávat <vyvolat>	bemond
excluído	uitgesloten	uteslutet	wykluczony	vyloučeno	kizárt
—	uitgesloten	uteslutet	wykluczony	vyloučeno	kizárt
—	uitstap m	utflykt u	wycieczka f	výlet m	kirándulás
excursão f	uitstap m	utflykt u	wycieczka f	výlet m	kirándulás
volta f/passeio m	toer m	tur u	tura f	túra f	kirándulás
excursão f	uitstap m	utflykt u	wycieczka f	výlet m	kirándulás
volta f/passeio m	toer m	tur u	tura f	túra f	kirándulás
pretexto m	uitvlucht f	svepskäl n	wymówka f	výmluva f	kifogás
desculpa f	verontschuldiging f	ursäkt u	usprawiedliwienie n	omluva f	bocsánat
desculpar-se	verontschuldigen, zich	ursäkta sig	przepraszać <przeprosić>	omlouvat, se <omluvit, se>	bocsánatot kér
—	uitvoeren	utföra	wykonywać <wykonać>	provádět <provést>	végrehajt
exemplo m	voorbeeld n	—	przykład m	příklad m	példa
exemplo m	voorbeeld n	exempel n	przykład m	příklad m	példa
—	voorbeeld n	exempel n	przykład m	příklad m	példa
exercer	uitoefenen	utöva	wykonywać	vykonávat <vykonat>	űz
—	uitoefenen	utöva	wykonywać	vykonávat <vykonat>	űz
exercício m	oefening f	övning u	ćwiczenie n	cvičení n	gyakorlat
—	oefening f	övning u	ćwiczenie n	cvičení n	gyakorlat
exercício m	oefening f	övning u	ćwiczenie n	cvičení n	gyakorlat
caderno m	boekje n	häfte n	zeszyt m	sešit m	füzet
—	oefenen	öva	ćwiczyć	cvičit <nacvičit>	gyakorol
exausto	uitgeput	utmattad	wyczerpany	vyčerpaný	kimerült
expor	tentoonstellen	ställa ut	wystawiać <wystawić>	vystavovat <vystavit>	kiállít
exposição f	tentoonstelling f	utställning u	wystawa f	výstava f	kiállítás
advertir	manen	mana	przypominać <przypomnieć>	varovat	figyelmeztet
direito m	aanspraak f	anspråk n	roszczenie n	nárok m	igény
exigência f	vordering f	begäran u	żądanie n	požadavek m	követelés
exigência f	vordering f	begäran u	żądanie n	požadavek m	követelés
—	vordering f	begäran u	żądanie n	požadavek m	követelés

exiger

	D	E	F	I	ES
exiger (F)	fordern	demand	—	esigere	exigir
exigir (ES)	fordern	demand	exiger	esigere	—
exigir (ES)	verlangen	demand	demander	richiedere	—
exigir (P)	anfordern	request	demander	esigere	pedir
exigir (P)	fordern	demand	exiger	esigere	exigir
exigir (P)	verlangen	demand	demander	richiedere	exigir
exist (E)	existieren	—	exister	esistere	existir
existence (E)	Dasein n	—	existence f	esistenza f	existencia f
existence (F)	Dasein n	existence	—	esistenza f	existencia f
existence (CZ)	Dasein n	existence	existence f	esistenza f	existencia f
existencia (ES)	Dasein n	existence	existence f	esistenza f	—
existência (P)	Dasein n	existence	existence f	esistenza f	existencia f
existens (SV)	Dasein n	existence	existence f	esistenza f	existencia f
existente (P)	vorhanden	available	présent(e)	disponibile	disponible
exister[1] (F)	existieren	exist	—	esistere	existir
exister[2] (F)	vorkommen	occur	—	accadere	suceder
existera (SV)	existieren	exist	exister	esistere	existir
existieren (D)	—	exist	exister	esistere	existir
existir (ES)	existieren	exist	exister	esistere	—
existir (P)	existieren	exist	exister	esistere	existir
existovat (CZ)	existieren	exist	exister	esistere	existir
existující (CZ)	vorhanden	available	présent(e)	disponibile	disponible
exit[1] (E)	Ausgang m	—	sortie f	uscita f	salida f
exit[2] (E)	Ausfahrt f	—	sortie f	uscita f	salida f
éxito (ES)	Erfolg m	success	succès m	successo m	—
êxito (P)	Erfolg m	success	succès m	successo m	éxito m
exitoso(a) (ES)	erfolgreich	successful	avec succès	di successo	—
exkluzivní (CZ)	vornehm	distinguished	distingué(e)	distinto(a)	distinguido(a)
expect (E)	erwarten	—	attendre	aspettare	esperar
expéditeur (F)	Absender m	sender	—	mittente m	remitente m
expenses (E)	Kosten pl	—	coûts m/pl	spese f/pl	costes m/pl
expensive (E)	teuer	—	cher (chère)	caro(a)	caro(a)
experience (E)	Erfahrung f	—	expérience f	esperienza f	experiencia f
experience (E)	erleben	—	être témoin de	vivere	experimentar
expérience (F)	Erfahrung f	experience	—	esperienza f	experiencia f
experiencia (ES)	Erfahrung f	experience	expérience f	esperienza f	—
experiência (P)	Erfahrung f	experience	expérience f	esperienza f	experiencia f
experimentar (ES)	erleben	experience	être témoin de	vivere	—
experimentar (P)	probieren	test	essayer	assaggiare	probar
explain (E)	erklären	—	expliquer	spiegare	explicar
explicar (ES)	erklären	explain	expliquer	spiegare	—
explicar (P)	erklären	explain	expliquer	spiegare	explicar
explicit (E)	ausdrücklich	—	exprès(esse)	espresso(a)	explícito(a)
explícito(a) (ES)	ausdrücklich	explicit	exprès(esse)	espresso(a)	—
expliquer (F)	erklären	explain	—	spiegare	explicar
exponer (ES)	ausstellen	exhibit	exposer	esporre	—
expor (P)	ausstellen	exhibit	exposer	esporre	exponer
export (E)	ausführen	—	exporter	esportare	exportar

export

P	NL	SV	PL	CZ	H
exigir	vorderen	fordra	żądać <zażądać>	žádat	követel
exigir	vorderen	fordra	żądać <zażądać>	žádat	követel
exigir	verlangen	kräva	żądać	požadovat <požádat>	megkövetel
—	vragen	kräva	żądać <zażądać>	vyžadovat <vyžádat>	megrendel
—	vorderen	fordra	żądać <zażądać>	žádat	követel
—	verlangen	kräva	żądać	požadovat <požádat>	megkövetel
existir	bestaan	existera	istnieć	existovat	létezik
existência f	bestaan n	existens u	istnienie n	existence f	lét
existência f	bestaan n	existens u	istnienie n	existence f	lét
existência f	bestaan n	existens u	istnienie n	—	lét
existência f	bestaan n	existens u	istnienie n	existence f	lét
—	bestaan n	existens u	istnienie n	existence f	lét
existência f	bestaan n	—	istnienie n	existence f	lét
—	voorhanden	förefinnas	istniejący	existující	meglévő
existir	bestaan	existera	istnieć	existovat	létezik
ocorrer	voorkomen	hända	występować	přiházet, se <přihodit, se>	előfordul
existir	bestaan	—	istnieć	existovat	létezik
existir	bestaan	existera	istnieć	existovat	létezik
existir	bestaan	existera	istnieć	existovat	létezik
—	bestaan	existera	istnieć	existovat	létezik
existir	bestaan	existera	istnieć	—	létezik
existente	voorhanden	förefinnas	istniejący	—	meglévő
saída f	uitgang m	utgång u	wyjście n	východ m	kijárat
saída f	uitvaren m	utfart u	wyjazd m	výjezd m	kijárat
êxito m	succes n	framgång u	sukces m	úspěch m	siker
—	succes n	framgång u	sukces m	úspěch m	siker
bem sucedido	succesrijk	framgångsrik	cieszący się powodzeniem	úspěšný	sikeres
distinto	voornaam	förnäm	wytworny	—	előkelő
aguardar	verwachten	förvänta	oczekiwać	očekávat	elvár
remetente m	afzender m	avsändare u	nadawca m	odesílatel m	feladó
custo m	kosten m/pl	kostnader pl	koszty m/pl	náklady pl	költségek
caro	duur	dyr	drogi	drahý	drága
experiência f	ervaring f	erfarenhet u	doświadczenie n	zkušenost f	tapasztalat
presenciar	beleven	uppleva	przeżywać <przeżyć>	prožívat <prožít>	átél
experiência f	ervaring f	erfarenhet u	doświadczenie n	zkušenost f	tapasztalat
experiência f	ervaring f	erfarenhet u	doświadczenie n	zkušenost f	tapasztalat
—	ervaring f	erfarenhet u	doświadczenie n	zkušenost f	tapasztalat
presenciar	beleven	uppleva	przeżywać <przeżyć>	prožívat <prožít>	átél
—	proberen	prova	próbować <spróbować>	zkoušet <zkusit>	próbál
explicar	verklaren	förklara	wyjaśniać <wyjaśnić>	vysvětlovat <vysvětlit>	megmagyaráz
explicar	verklaren	förklara	wyjaśniać <wyjaśnić>	vysvětlovat <vysvětlit>	megmagyaráz
—	verklaren	förklara	wyjaśniać <wyjaśnić>	vysvětlovat <vysvětlit>	megmagyaráz
expresso	uitdrukkelijk	uttrycklig	kategorycznie	výslovně	nyomatékos
expresso	uitdrukkelijk	uttrycklig	kategorycznie	výslovně	nyomatékos
explicar	verklaren	förklara	wyjaśniać <wyjaśnić>	vysvětlovat <vysvětlit>	megmagyaráz
expor	tentoonstellen	ställa ut	wystawiać <wystawić>	vystavovat <vystavit>	kiállít
—	tentoonstellen	ställa ut	wystawiać <wystawić>	vystavovat <vystavit>	kiállít
executar	uitvoeren	utföra	wykonywać <wykonać>	provádět <provést>	végrehajt

exportar

	D	E	F	I	ES
exportar (ES)	ausführen	export	exporter	esportare	—
exporter (F)	ausführen	export	—	esportare	exportar
exposer (F)	ausstellen	exhibit	—	esporre	exponer
exposição (P)	Ausstellung f	exhibition	exposition f	esposizione f	exposición f
exposición (ES)	Ausstellung f	exhibition	exposition f	esposizione f	—
exposition (F)	Ausstellung f	exhibition	—	esposizione f	exposición f
exprès (F)	absichtlich	intentionally	—	apposta	adrede
exprès(esse) (F)	ausdrücklich	explicit	—	espresso(a)	explícito(a)
expresión (ES)	Ausdruck m	expression	expression f	espressione f	—
expressão (P)	Ausdruck m	expression	expression f	espressione f	expresión f
expression (E)	Ausdruck m	—	expression f	espressione f	expresión f
expression (F)	Ausdruck m	expression	—	espressione f	expresión f
expresso (P)	ausdrücklich	explicit	exprès(esse)	espresso(a)	explícito(a)
exquisito(a) (ES)	köstlich	delicious	savoureux(euse)	squisito(a)	—
extend (E)	verlängern	—	prolonger	allungare	alargar
extenso (P)	weit	far	éloigné(e)	largo(a)	ancho(a)
extinguish (E)	löschen	—	éteindre	spegnere	apagar
extra (D)	—	extra	à part	a parte	separado(a)
extra (E)	extra	—	à part	a parte	separado(a)
extra (P)	extra	extra	à part	a parte	separado(a)
extra¹ (NL)	extra	extra	à part	a parte	separado(a)
extra² (NL)	zusätzlich	in addition	supplémentaire	supplementare	adicional
extra¹ (SV)	extra	extra	à part	a parte	separado(a)
extra² (SV)	zusätzlich	in addition	supplémentaire	supplementare	adicional
extra (CZ)	extra	extra	à part	a parte	separado(a)
extract (E)	Ausschnitt m	—	extrait m	ritaglio m	recorte m
extraerbjudande (SV)	Sonderangebot n	special offer	offre spéciale f	offerta speciale f	oferta especial f
extrait (F)	Ausschnitt m	extract	—	ritaglio m	recorte m
extranjero¹ (ES)	Ausland n	abroad	étranger m	estero m	—
extranjero² (ES)	Ausländer m	foreigner	étranger m	straniero m	—
extraño(a) (ES)	seltsam	strange	bizarre	strano(a)	—
extraordinario(a) (ES)	hervorragend	excellent	excellent(e)	eccellente	—
eye (E)	Auge n	—	oeil m/yeux pl	occhio m	ojo m
ez (H)	diese(r,s)	this	ce, cette	questo(a)	esta, este, esto
ezel (NL)	Esel m	donkey	âne m	asino m	burro m
ezért (H)	dafür	for it	pour cela	per questo	para ello
ezzel (H)	damit	with that	avec cela	con questo	con ello
fa¹ (H)	Baum m	tree	arbre m	albero m	árbol m
fa² (H)	Holz n	wood	bois m	legno m	madera f
få¹ (SV)	bekommen	get	recevoir	ricevere	recibir
få² (SV)	dürfen	be allowed	avoir le droit	potere	poder
faág (H)	Ast m	branch	branche f	ramo m	rama f
fabbrica (I)	Fabrik f	factory	usine f	—	fábrica f
fabbricare (I)	anfertigen	manufacture	confectionner	—	fabricar
fábrica (ES)	Fabrik f	factory	usine f	fabbrica f	—
fábrica (P)	Fabrik f	factory	usine f	fabbrica f	fábrica f
fabricar (ES)	anfertigen	manufacture	confectionner	fabbricare	—
fabriek (NL)	Fabrik f	factory	usine f	fabbrica f	fábrica f
Fabrik (D)	—	factory	usine f	fabbrica f	fábrica f
fabrik (SV)	Fabrik f	factory	usine f	fabbrica f	fábrica f
fabryka (PL)	Fabrik f	factory	usine f	fabbrica f	fábrica f
faca (P)	Messer n	knife	couteau m	coltello m	cuchillo m

faca — 357

P	NL	SV	PL	CZ	H
executar	uitvoeren	utföra	wykonywać <wykonać>	provádět <provést>	végrehajt
executar	uitvoeren	utföra	wykonywać <wykonać>	provádět <provést>	végrehajt
expor	tentoonstellen	ställa ut	wystawiać <wystawić>	vystavovat <vystavit>	kiállít
—	tentoonstelling f	utställning u	wystawa f	výstava f	kiállítás
exposição f	tentoonstelling f	utställning u	wystawa f	výstava f	kiállítás
exposição f	tentoonstelling f	utställning u	wystawa f	výstava f	kiállítás
propositadamente	opzettelijk	avsiktligt	celowo	úmyslně	szándékos
expresso	uitdrukkelijk	uttrycklig	kategorycznie	výslovně	nyomatékos
expressão f	uitdrukking f	uttryck n	wyraz m	výraz m	kifejezés
—	uitdrukking f	uttryck n	wyraz m	výraz m	kifejezés
expressão f	uitdrukking f	uttryck n	wyraz m	výraz m	kifejezés
expressão f	uitdrukking f	uttryck n	wyraz m	výraz m	kifejezés
—	uitdrukkelijk	uttrycklig	kategorycznie	výslovně	nyomatékos
delicioso	kostelijk	utsökt	wyborny	lahodný	pompás
prolongar	verlengen	förlänga	przedłużać	prodlužovat <prodloužit>	meghosszabbít
—	ver	långt	daleko	daleký	messze
apagar	blussen	släcka	gasić <zgasić>	hasit <uhasit>	olt
extra	extra	extra	osobny	extra	külön
extra	extra	extra	osobny	extra	külön
—	extra	extra	osobny	extra	külön
extra	—	extra	osobny	extra	külön
adicionalmente	—	extra	dodatkowy	navíc	kiegészítő
extra	extra	—	osobny	extra	külön
adicionalmente	extra	—	dodatkowy	navíc	kiegészítő
extra	extra	extra	osobny	—	külön
decote m	fragment n	urskärning u	wycinek m	výřez m	kivágás
saldo m	speciale aanbieding f	—	oferta specjalna f	zvláštní nabídka f	akciós árú
decote m	fragment n	urskärning u	wycinek m	výřez m	kivágás
estrangeiro m	buitenland n	utlandet n	zagranica f	zahraničí n	külföld
estrangeiro m	buitenlander m	utlänning u	cudzoziemiec m	cizinec m	külföldi
estranho	vreemd	märkligt	dziwny	zvláštní	furcsa
excelente	uitstekend	framstående	znakomity	vynikající	kitűnő
olho m	oog n	öga n	oko n	oko n	szem
esta, este	deze, dit	denna, detta	ta, ten, to	tato tento toto	—
burro m	—	åsna u	osioł m	osel m	szamár
para isso	ervoor	för det	na to	pro	—
com isso	opdat	därmed	z tym	s tím	—
árvore f	boom m	träd n	drzewo n	strom m	—
madeira f	hout n	trä n	drewno n	dřevo n	—
receber	krijgen	—	otrzymywać <otrzymać>	dostávat <dostat>	kap
poder	mogen	—	wolno	smět	szabad
ramo m	tak m	gren u	gałąź f	větev f	—
fábrica f	fabriek f	fabrik u	fabryka f	továrna f	gyár
confeccionar	vervaardigen	tillverka	wykonać	zhotovovat <zhotovit>	elkészít
fábrica f	fabriek f	fabrik u	fabryka f	továrna f	gyár
—	fabriek f	fabrik u	fabryka f	továrna f	gyár
confeccionar	vervaardigen	tillverka	wykonać	zhotovovat <zhotovit>	elkészít
fábrica f	—	fabrik u	fabryka f	továrna f	gyár
fábrica f	fabriek f	fabrik u	fabryka f	továrna f	gyár
fábrica f	fabriek f	—	fabryka f	továrna f	gyár
fábrica f	fabriek f	fabrik u	—	továrna f	gyár
—	mes n	kniv u	nóż m	nůž m	kés

faccia

	D	E	F	I	ES
faccia (I)	Gesicht n	face	visage m	—	cara f
face (E)	Gesicht n	—	visage m	faccia f	cara f
fâcher (F)	ärgern	annoy	—	arrabbiare	enfadar
fácil (P)	leicht	easy	facile	semplice	sencillo(a)
facile (F)	leicht	easy	—	semplice	sencillo(a)
facilitar (ES)	ermöglichen	make possible	rendre possible	rendere possibile	—
fackförening (SV)	Gewerkschaft f	trade union	syndicat m	sindacato m	sindicato m
facteur (F)	Postbote m	postman	—	postino m	cartero m
factory (E)	Fabrik f	—	usine f	fabbrica f	fábrica f
factura (ES)	Rechnung f	bill	facture f	fattura f	—
facture (F)	Rechnung f	bill	—	fattura f	factura f
Faden (D)	—	thread	fil m	filo m	hilo m
fågel (SV)	Vogel m	bird	oiseau m	uccello m	pájaro m
fagiolo (I)	Bohne	bean	haricot m	—	judía f
fagylalt (H)	Eis n	ice cream	glace f	gelato m	helado m
fähig (D)	—	capable	capable	capace	hábil
Fähigkeit (D)	—	ability	capacité f	capacità f	capacidad f
Fahne (D)	—	flag	drapeau m	bandiera f	bandera f
Fähre (D)	—	ferry	bac m	traghetto m	transbordador m
fahren (D)	—	drive	conduire	andare	conducir
Fahrer (D)	—	driver	conducteur m	autista m	conductor m
Fahrkarte (D)	—	ticket	billet m	biglietto m	billete m
Fahrplan (D)	—	timetable	horaire m	orario m	horario m
Fahrrad (D)	—	bicycle	bicyclette f	bicicletta f	bicicleta f
Fahrstuhl (D)	—	elevator	ascenseur m	ascensore m	ascensor m
faible (F)	schwach	weak	—	debole	débil
faiblesse (F)	Schwäche f	weakness	—	debolezza f	debilidad f
failliet (NL)	pleite	penniless	fauché(e)	fallito(a)	en quiebra
failure (E)	Misserfolg m	—	échec m	insuccesso m	fracaso m
faim (F)	Hunger m	hunger	—	fame f	hambre f
faint (E)	Ohnmacht f	—	évanouissement m	svenimento m	desmayo m
fair (E)	Messe f	—	foire f	fiera f	feria f
faire attention (F)	aufpassen	pay attention	—	fare attenzione	prestar atención
faire attention (F)	Acht geben	take care	—	badare	atender
faire connaissance (F)	kennen lernen	get to know	—	fare la conoscenza di	hacer el conocimiento de
faire cuire (F)	backen	bake	—	cuocere (al forno)	cocer (al horno)
faire de la randonnée (F)	wandern	hike	—	fare un'escursione	caminar
faire des efforts (F)	anstrengen, sich	make an effort	—	affaticare	esforzarse
faire les courses (F)	einkaufen gehen	go shopping	—	fare la spesa	ir de compras
faire remarquer, se (F)	auffallen	be noticeable	—	dare nell'occhio	llamar la atención
faire signe (F)	winken	wave	—	chiamare con cenni	hacer señas
faire suivre (F)	nachsenden	send on	—	inoltrare	enviar a la nueva dirección
faire un rapport (F)	berichten	report	—	riferire	informar
faire un signe de tête (F)	nicken	nod	—	annuire	inclinar la cabeza
faithful (E)	treu	—	fidèle	fedele	fiel
faj (ES)	Binde f	bandage	bandage m	fascia f	—
faj (H)	Art f	species	espèce f	specie f	especie f
fájdalmas (H)	schmerzhaft	painful	douloureux(euse)	doloroso(a)	doloroso(a)

fájdalmas

P	NL	SV	PL	CZ	H
cara f	gelaat n	ansikte n	twarz f	obličej m	arc
cara f	gelaat n	ansikte n	twarz f	obličej m	arc
aborrecer	ergeren	reta	złościć <rozzłościć>	zlobit	bosszant
–	gemakkelijk	enkelt	łatwy	snadný	könnyű
fácil	gemakkelijk	enkelt	łatwy	snadný	könnyű
possibilitar	mogelijk maken	möjliggör	umożliwiać <umożliwić>	umožňovat <umožnit>	lehetővé tesz
sindicato m	vakvereniging f	–	związek zawodowy m	odbory pl	szakszervezet
carteiro m	postbode m	brevbärare u	listonosz m	poštovní doručovatel m	postás
fábrica f	fabriek f	fabrik u	fabryka f	továrna f	gyár
conta f	rekening f	räkning u	rachunek m	faktura f	számla
conta f	rekening f	räkning u	rachunek m	faktura f	számla
fio m	draad m	tråd u	nić f	nit f	fonal
pássaro m	vogel m	–	ptak m	pták m	madár
feijão m	boon f	böna u	fasola f	fazole f	bab
gelado m	ijs n	glass u	lód m	zmrzlina f	–
capaz	bekwaam	skicklig	zdolny	schopný	képes
capacidade f	bekwaamheid f	förmåga u	zdolność f	schopnost f	képesség
bandeira f	vlag f	flagga u	chorągiew f	vlajka f	zászló
embarcação f	veer n	färja u	prom m	trajekt m	komp
conduzir	rijden	köra	jechać <pojechać>	jezdit <jet>	megy
condutor m	bestuurder m	förare u	kierowca m	řidič m	gépkocsivezető
bilhete m	ticket n	biljett u	bilet m	jízdenka f	menetjegy
horário m	spoorboekje n	tidtabell u	rozkład jazdy m	jízdní řád m	menetrend
bicicleta f	fiets f	cykel u	rower m	jízdní kolo n	kerékpár
elevador m	lift m	hiss u	winda f	výtah m	lift
fraco	zwak	svag	słaby	slabý	gyenge
fraqueza f	zwakte f	svaghet u	słabość f	slabost f	gyengeség
falido	–	bankrutt	plajta f	insolventní	tönkrement
fracasso m	mislukking f	motgång u	niepowodzenie n	neúspěch m	kudarc
fome f	honger m	svält u	głód m	hlad m	éhség
desmaio m	bewusteloosheid f	vanmakt u	zemdlenie n	bezmocnost f	eszméletlenség
missa f	beurs f	mässa u	targi m/pl	veletrh m	vásár
cuidar	oppassen	passa upp	pilnować	dávat pozor <dát pozor>	vigyáz
prestar atenção a	opletten	akta sig	uważać	dávat pozor <dát pozor>	vigyáz
conhecer	leren kennen	lära känna	poznawać	seznamovat, se <seznámit, se>	megismerkedik
cozer	bakken	baka	piec <upiec>	péci	süt
caminhar	trekken	vandra	wędrować	putovat	vándorol
cansar	inspannen	anstränga sig	wysilać się <wysilić się>	namáhat, se	igyekszik
ir às compras	boodschappen doen	göra inköp	iść na zakupy <pójść na zakupy>	chodit <jít> nakoupit	vásárolni megy
dar nas vistas	opvallen	väcka uppmärksamhet	rzucać się w oczy	být nápadný	feltűnik
acenar	wuiven	vinka	machać	mávat <mávnout>	int
remeter	nazenden	eftersända	dosyłać <dosłać>	dosílat <doslat>	utánaküld
informar	berichten	rapportera	donosić <donieść>	podávat <podat> zprávu	beszámol
acenar com a cabeça	knikken	nicka	kiwać <kiwnąć>	kývat hlavou <pokývat hlavou>	bólint
fiel	trouw	trogen	wierny	věrný	hű
ligadura f	verband n	binda u	opaska f	páska f	kötés/fásli
espécie f	soort m	slag n	gatunek m	druh m	–
doloroso	pijnlijk	smärtsam	bolesny	bolestivý	–

fájdalom

	D	E	F	I	ES
fájdalom (H)	Schmerz m	pain	douleur f	dolore m	dolor m
faks (PL)	Fax n	fax	fax m	fax m	fax m
faksować (PL)	faxen	fax	faxer	spedire un fax	mandar un fax
faktura (CZ)	Rechnung f	bill	facture f	fattura f	factura f
fakturovat (CZ)	berechnen	charge	calculer	calcolare	calcular
fal¹ (H)	Mauer f	wall	mur m	muro m	muro m
fal² (H)	Wand f	wall	mur m	muro m	pared f
fala (PL)	Welle f	wave	vague f	onda f	ola f
falar¹ (P)	reden	talk	parler	parlare	hablar
falar² (P)	sprechen	speak	parler	parlare	hablar
falciare (I)	mähen	mow	faucher	—	cortar
falda (ES)	Rock m	skirt	jupe f	gonna f	—
falido (P)	pleite	penniless	fauché(e)	fallito(a)	en quiebra
fall¹ (E)	fallen	—	tomber	cadere	caer
fall² (E)	stürzen	—	tomber	cadere	caer
falla (SV)	stürzen	fall	tomber	cadere	caer
falla omkull (SV)	umfallen	fall over	tomber	cadere	caerse
fall asleep (E)	einschlafen	—	endormir, s'	addormentarsi	dormirse
fallen (D)	—	fall	tomber	cadere	caer
fall in love (E)	verlieben	—	tomber amoureux(euse)	innamorarsi	enamorarse
fallito(a) (I)	pleite	penniless	fauché(e)	—	en quiebra
fall over (E)	umfallen	—	tomber	cadere	caerse
falls (D)	—	in case	au cas où	qualora	en caso de que
fält (SV)	Feld n	field	champ m	campo m	campo m
falta (ES)	Fehler m	mistake	faute f	sbaglio m	—
falta (P)	Mangel m	lack	manque m	mancanza f	escasez f
faltar (ES)	fehlen	miss	manquer	mancare	—
faltar (P)	fehlen	miss	manquer	mancare	faltar
falu (H)	Dorf n	village	village m	paese m	pueblo m
fame (I)	Hunger m	hunger	faim f	—	hambre f
famiglia (I)	Familie f	family	famille f	—	familia f
familia (ES)	Familie f	family	famille f	famiglia f	—
família (P)	Familie f	family	famille f	famiglia f	familia f
familiarizarse (ES)	einleben, sich	settle down	acclimater, s'	ambientarsi	—
Familie (D)	—	family	famille f	famiglia f	familia f
familielid (NL)	Verwandter m	relative	parent m	parente m	pariente m
familj (SV)	Familie f	family	famille f	famiglia f	familia f
famille (F)	Familie f	family	—	famiglia f	familia f
family (E)	Familie f	—	famille f	famiglia f	familia f
faminto (P)	hungrig	hungry	affamé(e)	affamato(a)	hambriento(a)
famoso (P)	berühmt	famous	célèbre	famoso(a)	famoso(a)
famoso(a) (I)	berühmt	famous	célèbre	—	famoso(a)
famoso(a) (ES)	berühmt	famous	célèbre	famoso(a)	—
famous (E)	berühmt	—	célèbre	famoso(a)	famoso(a)
fängelse (SV)	Gefängnis n	prison	prison f	prigione f	prisión f
fango (I)	Schlamm m	mud	boue f	—	barro m
fånig (SV)	doof	daft	bête	scemo(a)	estúpido(a)
far (E)	weit	—	éloigné(e)	largo(a)	ancho(a)
far (SV)	Vater m	father	père m	padre m	padre m
fara (SV)	Gefahr f	danger	danger m	pericolo m	peligro m
fáradozás (H)	Bemühung f	effort	effort m	sforzo m	esfuerzo m
fáradozás (H)	Mühe f	effort	peine f	fatica f	esfuerzo m
fáradt (H)	müde	tired	fatigué(e)	stanco(a)	cansado(a)

fáradt

P	NL	SV	PL	CZ	H
dor f	pijn f	smärta u	ból m	bolest f	—
telefax m	fax m	fax n	—	fax m	fax
mandar por telefax	faxen	skicka ett fax	—	faxovat	faxol
conta f	rekening f	räkning u	rachunek m	—	számla
calcular	berekenen	beräkna	obliczać <obliczyć>	—	kiszámít
muro m	muur m	mur u	mur m	zeď f	—
parede f	muur m	vägg u	ściana f	stěna f	—
onda f	golf m	våg u	—	vlna f	hullám
—	praten	prata	mówić	mluvit <promluvit>	beszél
—	spreken	prata	mówić <powiedzieć>	mluvit <promluvit>	beszél
ceifar	maaien	klippa	kosić	sekat trávu	nyír/kaszál
saia f	rok m	kjol u	spódnica f	sukně f	szoknya
—	failliet	bankrutt	plajta f	insolventní	tönkrement
cair	vallen	trilla	upadać <upaść>	padat <spadnout>	esik
cair	vallen	falla	spadać <spaść>	svrhnout	zuhan
cair	vallen	—	spadać <spaść>	svrhnout	zuhan
cair	omvallen	—	upadać <upaść>	kácet se, <skácet, se>	elesik
adormecer	inslapen	somna	zasypiać <zasnąć>	usínat <usnout>	elalszik
cair	vallen	trilla	upadać <upaść>	padat <spadnout>	esik
enamorar-se	verliefd worden	förälska sig	zakochać się	zamilovat	beleszeret
falido	failliet	bankrutt	plajta f	insolventní	tönkrement
cair	omvallen	falla omkull	upadać <upaść>	kácet se, <skácet, se>	elesik
no caso de	indien	om	jeśli	když	ha
campo m	veld n	—	pole n	pole n	föld, mező
erro m	fout f	fel n	błąd m	chyba f	hiba
—	gebrek n	brist u	niedobór m	nedostatek m	hiány
faltar	ontbreken	sakna	brakować	chybět	hiányzik
—	ontbreken	sakna	brakować	chybět	hiányzik
aldeia f	dorp n	by u	wieś f	vesnice f	—
fome f	honger m	svält u	głód m	hlad m	éhség
família f	gezin n	familj u	rodzina f	rodina f	család
família f	gezin n	familj u	rodzina f	rodina f	család
—	gezin n	familj u	rodzina f	rodina f	család
acostumar-se	inleven, zich	anpassa sig	aklimatyzować, się <zaaklimatyzować, się>	zvykat, si <zvyknout, si>	beilleszkedik
família f	gezin n	familj u	rodzina f	rodina f	család
parente m	—	släkting u	krewny m	příbuzný m	rokon
família f	gezin n	—	rodzina f	rodina f	család
família f	gezin n	familj u	rodzina f	rodina f	család
família f	gezin n	familj u	rodzina f	rodina f	család
—	hongerig	hungrig	głodny	hladový	éhes
—	beroemd	känd	sławny	slavný	híres
famoso	beroemd	känd	sławny	slavný	híres
famoso	beroemd	känd	sławny	slavný	híres
famoso	beroemd	känd	sławny	slavný	híres
prisão f	gevangenis f	—	więzienie n	vězení n	börtön
lama f	slib n	slam u	szlam m	bláto n	iszap
estúpido	dom	—	durny	hloupý	ostoba
extenso	ver	långt	daleko	daleký	messze
pai m	vader m	—	ojciec m	otec m	apa
perigo m	gevaar n	—	niebezpieczeństwo n	nebezpečí n	veszély
esforço m	moeite f	ansträngning u	staranie n	snaha f	—
esforço m	moeite f	ansträngning	trud m	úsilí n	—
cansado	moe	trött	zmęczony	unavený	—

farář

	D	E	F	I	ES
farář (CZ)	Pfarrer m	priest	curé m	parroco m	párroco m
fárasztó (H)	anstrengend	tiring	fatigant(e)	faticoso(a)	fatigoso(a)
far away (E)	fern	—	éloigné(e)	lontano(a)	lejos
Farbe (D)	—	colour	couleur f	colore m	color m
färben (D)	—	dye	colorer	tingere	colorear
farbować <ufarbować> (PL)	färben	dye	colorer	tingere	colorear
farbror/morbror (SV)	Onkel m	uncle	oncle m	zio m	tío m
färdig (SV)	fertig	ready	prêt(e)	pronto(a)	listo(a)
fare a meno di (I)	entbehren	do without	passer de, se	—	pasarse sin
fare attenzione (I)	aufpassen	pay attention	faire attention	—	prestar attención
fare benzina (I)	tanken	fill up with petrol	prendre de l'essence	—	llenar de gasolina
fare il bagno (I)	baden	bathe	baigner, se	—	bañarse
fare la barba (I)	rasieren	shave	raser	—	afeitar
fare la conoscenza di (I)	kennen lernen	get to know	faire connaissance	—	hacer el conocimiento de
fare la spesa (I)	einkaufen gehen	go shopping	faire les courses	—	ir de compras
fare surf (I)	surfen	surf	surfer	—	practicar el surf
fare una radiografia (I)	röntgen	X-ray	radiographier	—	radiografiar
fare un'escursione (I)	wandern	hike	faire de la randonnée	—	caminar
farfalla (I)	Schmetterling m	butterfly	papillon m	—	mariposa f
farfar/morfar (SV)	Großvater m	grandfather	grand-père m	nonno m	abuelo m
farföräldrar/ morföräldrar (SV)	Großeltern pl	grandparents	grands-parents m/pl	nonni m/pl	abuelos m/pl
färg (SV)	Farbe f	colour	couleur f	colore m	color m
färga (SV)	färben	dye	colorer	tingere	colorear
färggrann (SV)	bunt	coloured	coloré(e)	variopinto(a)	de colores
färja (SV)	Fähre f	ferry	bac m	traghetto m	transbordador m
farlig (SV)	gefährlich	dangerous	dangereux(euse)	pericoloso(a)	peligroso(a)
farmacia (I)	Apotheke f	chemist's	pharmacie f	—	farmacia f
farmacia (ES)	Apotheke f	chemist's	pharmacie f	farmacia f	—
farmácia (P)	Apotheke f	chemist's	pharmacie f	farmacia f	farmacia f
farmer (E)	Bauer m	—	paysan m	contadino m	campesino m
farmhouse (E)	Bauernhof m	—	ferme f	fattoria f	granja f
farmor/mormor (SV)	Großmutter f	grandmother	grand-mère f	nonna f	abuela f
farsang, karnevál (H)	Karneval m	carnival	carnaval m	carnevale m	carnaval m
färsk (SV)	frisch	fresh	frais (fraîche)	fresco(a)	fresco(a)
fartyg (SV)	Schiff n	ship	navire m	nave f	barco m
farvatten (SV)	Gewässer n	waters	eaux f/pl	acque f/pl	aguas f/pl
fascia (I)	Binde f	bandage	bandage m	—	faj f
fashion (E)	Mode f	—	mode f	moda f	moda f
fasola (PL)	Bohne f	bean	haricot m	fagiolo m	judía f
fassen (D)	—	grasp	saisir	prendere	tomar/agarrar
fast (D)	—	nearly	presque	quasi	casi
fast (E)	fasten	—	jeûner	digiunare	ayunar
fast (E)	schnell	—	rapide	veloce	rápido(a)
fasta (SV)	fasten	fast	jeûner	digiunare	ayunar
fastän (SV)	obwohl	although	bien que	benché	aunque
fäste (SV)	Griff m	handle	poignée f	maniglia f	asidero m
fasten (D)	—	fast	jeûner	digiunare	ayunar
fasten (E)	anbringen	—	fixer	fissare	colocar
fasten belts (E)	anschnallen	—	attacher	allacciare	ponerse el cinturón (de seguridad)

fasten belts

P	NL	SV	PL	CZ	H
padre m	pastoor m	präst u	proboszcz m	—	plébános
fatigante	vermoeiend	ansträngande	męczący	namáhavý	—
longe	ver	fjärran	daleki	daleko	messze
cor f	kleur f	färg u	kolor m	barva f	szín
colorir	verven	färga	farbować <ufarbować>	barvit <zbarvit>	befest
colorir	verven	färga	—	barvit <zbarvit>	befest
tio m	oom m	—	wujek m	strýc m	nagybácsi
pronto	klaar	—	gotowy	hotový	kész
carecer de	ontberen	undvara	nie mieć	postrádat	nélkülöz
cuidar	oppassen	passa upp	pilnować	dávat pozor <dát pozor>	vigyáz
meter gasolina	tanken	tanka	tankować	tankovat <natankovat>	tankol
tomar banho	baden	bada	kąpać <wykąpać>	koupat	fürdik
barbear(se)	scheren	raka	golić <ogolić>	holit, se <oholit, se>	borotvál
conhecer	leren kennen	lära känna	poznawać	seznamovat, se <seznámit, se>	megismerkedik
ir às compras	boodschappen doen	göra inköp	iść na zakupy <pójść na zakupy>	chodit <jít> nakoupit>	vásárolni megy
fazer o surf	surfen	surfa	surfować	serfovat	szörfözik
radiografar	röntgenen	röntgen u	prześwietlać <prześwietlić>	rentgen m	röntgenez
caminhar	trekken	vandra	wędrować	putovat	vándorol
borboleta f	vlinder m	fjäril u	motyl m	motýl m	pillangó
avô m	grootvader m	—	dziadek m	dedeček m	nagyapa
avós m/pl	grootouders pl	—	dziadkowie m/pl	prarodiče pl	nagyszülők
cor f	kleur f	—	kolor m	barva f	szín
colorir	verven	—	farbować <ufarbować>	barvit <zbarvit>	befest
colorido	bont	—	kolorowy	barevný	tarka
embarcação f	veer n	—	prom m	trajekt m	komp
perigoso	gevaarlijk	—	niebezpieczny	nebezpečný	veszélyes
farmácia f	apotheek f	apotek n	apteka f	lékárna f	gyógyszertár
farmácia f	apotheek f	apotek n	apteka f	lékárna f	gyógyszertár
—	apotheek f	apotek n	apteka f	lékárna f	gyógyszertár
agricultor m	boer m	bonde u	rolnik m	zemědělec m	paraszt, földműves
quinta f	boerderij f	bondgård u	gospodarstwo wiejskie n	statek m	parasztbirtok
avó f	grootmoeder f	—	babcia f	babička f	nagyanya
carnaval m	carnaval n	karneval u	karnawał m	karneval m	—
fresco	vers/fris	—	świeży	čerstvý	friss(en)
navio m	schip n	—	statek m	loď f	hajó
águas f	water n	—	wody f/pl	vody f/pl	vizek
ligadura f	verband n	binda u	opaska f	páska f	kötés/fásli
moda f	mode f	mode n	moda f	móda f	divat
feijão m	boon f	böna u	—	fazole f	bab
pegar	pakken	fatta	chwytać <uchwycić>	chopit <uchopit>	megfog
quase	bijna	nästan	prawie	téměř	majdnem
jejuar	vasten	fasta	pościć	postit se	koplal
rápido	snel	snabbt	szybki	rychlý	gyors(an)
jejuar	vasten	—	pościć	postit se	koplal
se bem que	ofschoon	—	chociaż	přesto	habár
cabo m	greep m	—	chwyt m	rukojeť f	kézmozdulat
jejuar	vasten	fasta	pościć	postit se	koplal
fixar	aanbrengen	placera	przymocowywać <przymocować>	připevňovat <připevnit>	felszerel
apertar o cinto	vastgespen	spänna fast	zapiąć pasy	připoutávat, se <připoutat, se>	felcsatol

Fastfood

	D	E	F	I	ES
Fastfood (D)	—	fastfood	fastfood m	fastfood	fastfood m
fastfood (E)	Fastfood n	—	fastfood m	fastfood	fastfood m
fastfood (F)	Fastfood n	fastfood	—	fastfood	fastfood m
fastfood (I)	Fastfood n	fastfood	fastfood m	—	fastfood m
fastfood (ES)	Fastfood n	fastfood	fastfood m	fastfood	—
fastfood (NL)	Fastfood n	fastfood	fastfood m	fastfood	fastfood m
Fastfood (PL)	Fastfood n	fastfood	fastfood m	fastfood	fastfood m
fastland (SV)	Festland n	mainland	continent m	terraferma f	tierra firme f
fat (E)	Fett n	—	graisse f	grasso m	grasa f
fat^1 (E)	dick	—	gros(se)	grasso(a)	gordo(a)
fat^2 (E)	fett	—	gras(se)	grasso(a)	grasoso(a)
fate (E)	Schicksal n	—	destin m	destino m	destino m
father (E)	Vater m	—	père m	padre m	padre m
fatia (P)	Scheibe f	slice	tranche m	fetta f	rebanada m
fatica (I)	Mühe f	effort	peine f	—	esfuerzo m
faticoso(a) (I)	anstrengend	tiring	fatigant(e)	—	fatigoso(a)
fatigant(e) (F)	anstrengend	tiring	—	faticoso(a)	fatigoso(a)
fatigante (P)	anstrengend	tiring	fatigant(e)	faticoso(a)	fatigoso(a)
fatigoso(a) (ES)	anstrengend	tiring	fatigant(e)	faticoso(a)	—
fatigué(e) (F)	müde	tired	—	stanco(a)	cansado(a)
fatiguer (F)	ermüden	tire	—	stancarsi	cansar
fato (P)	Anzug m	suit	costume m	vestito m	traje m
fato de banho (P)	Badeanzug m	swimsuit	maillot de bain m	bagnino m	traje de baño m
fatsoenlijk (NL)	anständig	decent	convenable	decente	decente
fatta (SV)	fassen	grasp	saisir	prendere	tomar/agarrar
fattig (SV)	arm	poor	pauvre	povero(a)	pobre
fattoria (I)	Bauernhof m	farmhouse	ferme f	—	granja f
fattura (I)	Rechnung f	bill	facture f	—	factura f
faubourg (F)	Vorort m	suburb	—	sobborgo m	suburbio m
fauché(e) (F)	pleite	penniless	—	fallito(a)	en quiebra
faucher (F)	mähen	mow	—	falciare	cortar
faul (D)	—	lazy	paresseux(euse)	pigro(a)	perezoso(a)
faute (F)	Fehler m	mistake	—	sbaglio m	falta f
favorable (F)	günstig	favourable	—	favorevole	favorable
favorable (ES)	günstig	favourable	favorable	favorevole	—
favorável (P)	günstig	favourable	favorable	favorevole	favorable
favorevole (I)	günstig	favourable	favorable	—	favorable
favourable (E)	günstig	—	favorable	favorevole	favorable
faworyzować (PL)	bevorzugen	prefer	préférer	preferire	preferir
Fax (D)	—	fax	fax m	fax m	fax m
fax (E)	Fax n	—	fax m	fax m	fax m
fax (E)	faxen	—	faxer	spedire un fax	mandar un fax
fax (F)	Fax n	fax	—	fax m	fax m
fax (I)	Fax n	fax	fax m	—	fax m
fax (ES)	Fax n	fax	fax m	fax m	—
fax (NL)	Fax n	fax	fax m	fax m	fax m
fax (SV)	Fax n	fax	fax m	fax m	fax m
fax (CZ)	Fax n	fax	fax m	fax m	fax m
fax (H)	Fax n	fax	fax m	fax m	fax m
faxen (D)	—	fax	faxer	spedire un fax	mandar un fax

faxen

P	NL	SV	PL	CZ	H
comida rápida f	fastfood n	snabbmat u	Fastfood	rychlé občerstvení n	gyorséttermi ennivaló
comida rápida f	fastfood n	snabbmat u	Fastfood	rychlé občerstvení n	gyorséttermi ennivaló
comida rápida f	fastfood n	snabbmat u	Fastfood	rychlé občerstvení n	gyorséttermi ennivaló
comida rápida f	fastfood n	snabbmat u	Fastfood	rychlé občerstvení n	gyorséttermi ennivaló
comida rápida f	fastfood n	snabbmat u	Fastfood	rychlé občerstvení n	gyorséttermi ennivaló
comida rápida f	—	snabbmat u	Fastfood	rychlé občerstvení n	gyorséttermi ennivaló
comida rápida f	fastfood n	snabbmat u	—	rychlé občerstvení n	gyorséttermi ennivaló
continente m	vasteland n	—	ląd m	pevnina f	szárazföld
gordura f	vet n	fett n	tłuszcz m	tuk m	zsír
gordo	dik	tjock	gruby	tlustý	kövér
gordo	vet	fett	tłusty	tlustý	zsíros
destino m	noodlot n	öde n	przeznaczenie n	osud m	sors
pai m	vader m	far u	ojciec m	otec m	apa
—	boterham m	brödskiva u	kromka f	krajíc m	szelet
esforço m	moeite f	ansträngning	trud m	úsilí n	fáradozás
fatigante	vermoeiend	ansträngande	męczący	namáhavý	fárasztó
fatigante	vermoeiend	ansträngande	męczący	namáhavý	fárasztó
—	vermoeiend	ansträngande	męczący	namáhavý	fárasztó
fatigante	vermoeiend	ansträngande	męczący	namáhavý	fárasztó
cansado	moe	trött	zmęczony	unavený	fáradt
cansar	moe worden	trötta ut	męczyć <zmęczyć>	unavovat, se <unavit, se>	kifárad
—	kostuum n	kostym u	garnitur m	oblek m	öltöny
—	badkostuum n	baddräkt u	kostium kąpielowy n	plavky pl	fürdőruha
decente	—	anständig	przyzwoity	slušně	tisztességes
pegar	pakken	—	chwytać <uchwycić>	chopit <uchopit>	megfog
pobre	arm	—	biedny	chudý	szegény
quinta f	boerderij f	bondgård u	gospodarstwo wiejskie n	statek m	parasztbirtok
conta f	rekening f	räkning u	rachunek m	faktura f	számla
subúrbio m	voorstad f	förort u	przedmieście n	předměstí n	külváros
falido	failliet	bankrutt	plajta f	insolventní	tönkrement
ceifar	maaien	klippa	kosić	sekat trávu	nyír/kaszál
preguiçoso	rot	lat	leniwy	líný	lusta
erro m	fout f	fel n	błąd m	chyba f	hiba
favorável	gunstig	gynnsam	korzystny	výhodný	előnyös
favorável	gunstig	gynnsam	korzystny	výhodný	előnyös
—	gunstig	gynnsam	korzystny	výhodný	előnyös
favorável	gunstig	gynnsam	korzystny	výhodný	előnyös
favorável	gunstig	gynnsam	korzystny	výhodný	előnyös
preferir	de voorkeur m geven aan	föredra	—	dávat <dát> přednost	előnyben részesít
telefax m	fax m	fax n	faks m	fax m	fax
telefax m	fax m	fax n	faks m	fax m	fax
mandar por telefax	faxen	skicka ett fax	faksować	faxovat	faxol
telefax m	fax m	fax n	faks m	fax m	fax
telefax m	fax m	fax n	faks m	fax m	fax
telefax m	—	fax n	faks m	fax m	fax
telefax m	fax m	—	faks m	fax m	fax
telefax m	fax m	fax n	faks m	—	fax
telefax m	fax m	fax n	faks m	fax m	—
mandar por telefax	faxen	skicka ett fax	faksować	faxovat	faxol

faxen

	D	E	F	I	ES
faxen (NL)	faxen	fax	faxer	spedire un fax	mandar un fax
faxer (F)	faxen	fax	—	spedire un fax	mandar un fax
faxol (H)	faxen	fax	faxer	spedire un fax	mandar un fax
faxovat (CZ)	faxen	fax	faxer	spedire un fax	mandar un fax
fazék[1] (H)	Kochtopf m	saucepan	casserole f	pentola f	olla f
fazék[2] (H)	Topf m	pot	casserole f	pentola f	cazuela f
fazer comichão (P)	jucken	itch	démanger	prudere	picar
fazer falta (P)	vermissen	miss	manquer	sentire la mancanza	echar de menos
fazer o surf (P)	surfen	surf	surfer	fare surf	practicar el surf
fázik (H)	frieren	be cold	avoir froid	avere freddo	tener frío
fazole (CZ)	Bohne	bean	haricot m	fagiolo m	judía f
fazzoletto (I)	Taschentuch n	handkerchief	mouchoir m	—	pañuelo m
fear (E)	Angst f	—	peur f	paura f	miedo m
fear (E)	befürchten	—	craindre	temere	temer
fear (E)	fürchten	—	craindre	temere	temer
fearful (E)	ängstlich	—	peureux(euse)	pauroso(a)	miedoso(a)
febbre (I)	Fieber n	fever	fièvre f	—	fiebre m
feber (SV)	Fieber n	fever	fièvre f	febbre f	fiebre m
febre (P)	Fieber n	fever	fièvre f	febbre f	fiebre m
fébrile (F)	hektisch	hectic	—	frenetico(a)	aperreado(a)
fecha (ES)	Datum n	date	date f	data f	—
fechado (P)	geschlossen	closed	fermé(e)	chiuso(a)	cerrado(a)
fechar[1] (P)	einschließen	lock up	refermer	rinchiudere	encerrar
fechar[2] (P)	schließen	close	fermer	chiudere	cerrar
fechar à chave (P)	zuschließen	lock (up)	fermer à clé	chiudere a chiave	cerrar con llave
fecho de correr (P)	Reißverschluss m	zip	fermeture éclair f	chiusura lampo f	cremallera f
fedél (H)	Deckel m	lid	couvercle m	coperchio m	tapa f
fedele (I)	treu	faithful	fidèle	—	fiel
fedélzet (H)	Deck n	deck	pont m	ponte m	cubierta f
feder (P)	stinken	stink	puer	puzzare	apestar
fedővel lefed (H)	zudecken	cover (up)	couvrir	coprire	tapar
fee (E)	Gebühr f	—	taxe f	tassa f	tarifa f
feed (E)	ernähren	—	nourrir	nutrire	alimentar
feel[1] (E)	befinden, sich	—	trouver, se	trovarsi	encontrarse
feel[2] (E)	fühlen	—	sentir	sentire	sentir
feeling (E)	Gefühl n	—	sentiment m	sensazione f	sentimiento m
feest[1] (NL)	Feier f	celebration	célébration f	festa f	fiesta f
feest[2] (NL)	Fest n	party	fête f	festa f	fiesta f
feestdag (NL)	Feiertag m	holiday	jour férié m	giorno festivo m	día de fiesta m
feesten (NL)	feiern	celebrate	fêter	festeggiare	celebrar
feg (SV)	feige	cowardly	lâche	vile	cobarde
fegen (D)	—	sweep	balayer	scopare	barrer
fegyver (H)	Waffe f	weapon	arme f	arma f	arma f
fehér (H)	weiß	white	blanc (blanche)	bianco(a)	blanco(a)
fehérnemű (H)	Wäsche f	washing	linge m	biancheria f	ropa f
fehlen (D)	—	miss	manquer	mancare	faltar
Fehler (D)	—	mistake	faute f	sbaglio m	falta f
Feier (D)	—	celebration	célébration f	festa f	fiesta f
feiern (D)	—	celebrate	fêter	festeggiare	celebrar
Feiertag (D)	—	holiday	jour férié m	giorno festivo m	día de fiesta m
feige (D)	—	cowardly	lâche	vile	cobarde
feijão (P)	Bohne	bean	haricot m	fagiolo m	judía f
fein (D)	—	fine	fin(e)	sottile	fino(a)
Feind (D)	—	enemy	ennemi m	nemico m	enemigo m

Feind

P	NL	SV	PL	CZ	H
mandar por telefax	—	skicka ett fax	faksować	faxovat	faxol
mandar por telefax	faxen	skicka ett fax	faksować	faxovat	faxol
mandar por telefax	faxen	skicka ett fax	faksować	faxovat	—
mandar por telefax	faxen	skicka ett fax	faksować	—	faxol
panela f	kookpot m	kastrull u	garnek m	hrnec m	—
panela f	pot m	kastrull u/kruka u	garnek m	hrnec m	—
—	jeuken	klia	swędzić <zaswędzić>	svědět <zasvědět>	viszket
—	missen	sakna	odczuwać brak	pohřešovat <pohřešit>	hiányol
—	surfen	surfa	surfować	serfovat	szörfözik
ter frio	het koud hebben/vriezen	frysa	marznąć <zmarznąć>	mrznout <zamrznout>	—
feijão m	boon f	böna u	fasola f	—	bab
lenço m	zakdoek m	näsduk u	chusteczka f	kapesník m	zsebkendő
medo m	angst f	rädsla u	strach m	strach m	félelem
recear	vrezen	befara	obawiać, się	obávat, se	tart
ter medo de	vrezen	frukta	obawiać, się	bát se	fél, retteg
medroso	bang	ängslig	lękliwy	bojácný	félénk
febre f	koorts f	feber u	gorączka f	horečka f	láz
febre f	koorts f	—	gorączka f	horečka f	láz
—	koorts f	feber u	gorączka f	horečka f	láz
héctico	hectisch	hektisk	gorączkowy	hektický	hektikus
data f	datum m	datum n	data f	datum m	dátum
—	gesloten	stängd	zamknięty	uzavřený	zárt
—	insluiten	låsa in	zamykać <zamknąć>	zavírat <zavřít>	bezár
—	sluiten	stänga	zamykać <zamknąć>	zavírat <zavřít>	zár
—	afsluiten	låsa	zamykać na klucz	zamykat <zamknout>	bezár
—	ritssluiting f	blixtlås n	zamek błyskawiczny m	zip m	cipzár
tampa f	deksel n	lock n	przykrywka f	víko n	—
fiel	trouw	trogen	wierny	věrný	hű
convés m	dek n	däck n	pokład m	paluba f	—
—	stinken	lukta illa	śmierdzieć	páchnout	bűzlik
cobrir	toedekken	täcka över	przykryć	přikrývat <přikrýt>	—
taxa f	bijdrage f/tarief n	avgift u	opłata f	poplatek m	illeték
alimentar	voeden	livnära	odżywiać	živit	táplál
encontrar-se	bevinden, zich	befinna sig	znajdować, się	nacházet, se	van
sentir	voelen	känna	czuć	cítit <procítit>	érez
sentimento m	gevoel n	känsla u	uczucie n	pocit m	érzés
festa f	—	fest u	uroczystość f	oslava f	ünnepség
festa f	—	fest u	uroczystość f	slavnost f	ünnep
feriado m	—	helgdag u	dzień świąteczny m	svátek m	ünnepnap
festejar	—	fira	świętować	oslavovat <slavit>	ünnepel
cobarde	laf	—	tchórzliwy	zbabělý	gyáva
varrer	vegen	sopa	zamiatać <zamieść>	zametat <zamést>	felsöpör
arma f	wapen n	vapen n	broń f	zbraň f	—
branco	wit	vit	biały(ło)	bílý	—
roupa f	was m	tvätt u	pranie	prádlo n	—
faltar	ontbreken	sakna	brakować	chybět	hiányzik
erro m	fout f	fel n	błąd m	chyba f	hiba
festa f	feest n	fest u	uroczystość f	oslava f	ünnepség
festejar	feesten	fira	świętować	oslavovat <slavit>	ünnepel
feriado m	feestdag m	helgdag u	dzień świąteczny m	svátek m	ünnepnap
cobarde	laf	feg	tchórzliwy	zbabělý	gyáva
—	boon f	böna u	fasola f	fazole f	bab
fino	fijn	fin	drobny	jemný	finom
inimigo m	vijand m	fiende u	wróg m	nepřítel m	ellenség

feio

	D	E	F	I	ES
feio (P)	hässlich	ugly	laid(e)	brutto(a)	feo(a)
fej (H)	Kopf *m*	head	tête *f*	testa *f*	cabeza *f*
fejezet (H)	Kapitel *n*	chapter	chapitre *m*	capitolo *m*	capítulo *m*
fejfájás (H)	Kopfschmerzen *pl*	headache	mal de tête *m*	mal di testa *m*	dolor de cabeza *m*
fejleszt (H)	entwickeln	develop	développer	sviluppare	desarrollar
fejlesztés (H)	Entwicklung *f*	development	développement *m*	sviluppo *m*	desarrollo *m*
fék (H)	Bremse *f*	brake	frein *m*	freno *m*	freno *m*
fekete (H)	schwarz	black	noir(e)	nero(a)	negro(a)
fékez (H)	bremsen	brake	freiner	frenare	frenar
fel (SV)	Fehler *m*	mistake	faute *f*	sbaglio *m*	falta *f*
fél (H)	halb	half	demi(e)	mezzo(a)	medio(a)
felad (H)	aufgeben	give up	abandonner	rinunciare	renunciar a
feladat (H)	Aufgabe *f*	task	tâche *f*	compito *m*	tarea *f*
feladó (H)	Absender *m*	sender	expéditeur *m*	mittente *m*	remitente *m*
felakaszt (H)	aufhängen	hang up	accrocher	appendere	colgar
feláll (H)	aufstehen	get up	lever, se	alzarsi	levantarse
felcsatol (H)	anschnallen	fasten belts	attacher	allacciare	ponerse el cinturón (de seguridad)
Feld (D)	—	field	champ *m*	campo *m*	campo *m*
fele (H)	Hälfte *f*	half	moitié *f*	metà *f*	mitad *f*
felé¹ (H)	nach	after/to	après/selon	a/in/verso/dopo	a/hacia/después
felé² (H)	nach	to	vers/à	a/per	a
felébred (H)	aufwachen	wake up	réveiller, se	svegliarsi	despertarse
felébreszt (H)	aufwecken	wake up	réveiller	svegliare	despertar
félelem (H)	Angst *f*	fear	peur *f*	paura *f*	miedo *m*
felelős (H)	verantwortlich	responsible	responsable	responsabile	responsable
felelősség (H)	Verantwortung *f*	responsibility	responsabilté *f*	responsabilità *f*	responsabilidad *f*
felemelkedik (H)	aufsteigen	ascend	monter	salire	subir
félénk¹ (H)	ängstlich	fearful	peureux(euse)	pauroso(a)	miedoso(a)
félénk² (H)	schüchtern	shy	timide	timido(a)	tímido(a)
felesleges (H)	überflüssig	superfluous	superflu(e)	superfluo(a)	superfluo(a)
felett (H)	über	over/about	sur	su/sopra/per	por/sobre
felette (H)	darüber	above	au-dessus	sopra	por encima
felez (H)	halbieren	halve	partager en deux	dimezzare	dividir por la mitad
felfedez (H)	entdecken	discover	découvrir	scoprire	descubrir
felfog (H)	begreifen	comprehend	comprendre	comprendere	comprender
felhajtó (H)	Auffahrt *f*	drive	allée *f*	salita d'ingresso *f*	entrada *f*
felhasznál (H)	verwenden	use	employer	usare	utilizar
felhív (H)	anrufen	ring up	téléphoner	telefonare	llamar por teléfono
felhős (H)	bewölkt	cloudy	couvert(e)	nuvoloso(a)	nublado
felice (I)	glücklich	happy	heureux(euse)	—	feliz
felicitaciones (ES)	Glückwunsch *m*	congratulations	félicitations *f/pl*	auguri *m/pl*	—
felicitar (ES)	gratulieren	congratulate	féliciter	congratularsi	—
felicitar (P)	gratulieren	congratulate	féliciter	congratularsi	felicitar
félicitations (F)	Glückwunsch *m*	congratulations	—	auguri *m/pl*	felicitaciones *f/pl*
féliciter (F)	gratulieren	congratulate	—	congratularsi	felicitar
feliciteren (NL)	gratulieren	congratulate	féliciter	congratularsi	felicitar
felír (H)	aufschreiben	write down	noter	annotare	anotar

P	NL	SV	PL	CZ	H
—	lelijk	ful	brzydki	škaredý	csúnya
cabeça f	hoofd n	huvud n	głowa f	hlava f	—
capítulo m	hoofdstuk n	kapitel n	rozdział m	kapitola f	—
dor de cabeça f	hoofdpijn f	huvudvärk u	bóle głowy m/pl	bolest hlavy f	—
desenvolver	ontwikkelen	utveckla	rozwijać <rozwinąć>	vyvíjet <vyvinout>	—
desenvolvimento m	ontwikkeling f	utveckling u	rozwój m	vývoj m	—
travão m	rem f	broms u	hamulec m	brzda f	—
preto	zwart	svart	czarny(no)	černý	—
travar	remmen	bromsa	hamować <zahamować>	brzdit <zabrzdit>	—
erro m	fout f	—	błąd m	chyba f	hiba
meio	half	halv	pół	půl	—
desistir	opgeven	ge upp	rezygnować <zrezygnować>	vzdávat <vzdát>	—
tarefa f	opdracht f	uppgift u	zadanie n	úkol m	—
remetente m	afzender m	avsändare u	nadawca m	odesílatel m	—
pendurar	ophangen	hänga upp	zawieszać <zawiesić>	pověsit	—
levantar-se	opstaan	stiga upp	wstawać <wstać>	vstávat <vstát>	—
apertar o cinto	vastgespen	spänna fast	zapiąć pasy	připoutávat, se <připoutat, se>	—
campo m	veld n	fält n	pole n	pole n	föld, mező
metade f	helft m	hälften	połowa f	polovina n	—
para	naar	efter	do	po	—
a	naar	till	do	na/do	—
acordar	wakker worden	vakna	budzić, się <obudzić, się>	vzbouzet se <vzbudit se>	—
acordar	wekken	väcka	budzić <obudzić>	budit <vzbudit>	—
medo m	angst f	rädsla u	strach m	strach m	—
responsável	verantwoordelijk	ansvarig	odpowiedzialny	zodpovědný	—
responsabilidade f	verantwoordelijkheid f	ansvar n	odpowiedzialność f	odpovědnost f	—
subir	opstijgen	stiga	wsiadać <wsiąść>	stoupat	—
medroso	bang	ängslig	lękliwy	bojácný	—
tímido	schuchter	blyg	nieśmiały	ostýchavý	—
supérfluo	overbodig	överflödigt	zbędny	zbytečný	—
por encima de	over	över	nad	přes	—
por cima	daarover	under tiden	o tym	o tom	—
dividir ao meio	halveren	halvera	przepoławiać <przepołowić>	půlit <rozpůlit>	—
descobrir	ontdekken	upptäcka	odkrywać <odkryć>	objevovat <objevit>	—
compreender	begrijpen	begripa	pojmować <pojąć>	chápat <pochopit>	—
rampa f	oprit f	uppfart u	wjazd m	nájezd m	—
utilizar	gebruiken	använda	stosować	užívat <užít>	—
telefonar	opbellen	ringa	telefonować <zatelefonować>	zavolat	—
enevoado	bewolkt	molnigt	zachmurzony	zataženo	—
feliz	gelukkig	lycklig	szczęśliwy	šťastný	boldog
parabéns m/pl	gelukwens m	lyckönskan u	życzenia szczęścia n/pl	blahopřání n	jókívánság
felicitar	feliciteren	gratulera	gratulować <pogratulować>	gratulovat <pogratulovat>	gratulál
—	feliciteren	gratulera	gratulować <pogratulować>	gratulovat <pogratulovat>	gratulál
parabéns m/pl	gelukwens m	lyckönskan u	życzenia szczęścia n/pl	blahopřání n	jókívánság
felicitar	feliciteren	gratulera	gratulować <pogratulować>	gratulovat <pogratulovat>	gratulál
felicitar	—	gratulera	gratulować <pogratulować>	gratulovat <pogratulovat>	gratulál
anotar por escrito	opschrijven	skriva upp	zapisywać	napsat	—

felismer

	D	E	F	I	ES
felismer (H)	erkennen	recognize	reconnaître	riconoscere	reconocer
feliz (ES)	glücklich	happy	heureux(euse)	felice	—
feliz (P)	glücklich	happy	heureux(euse)	felice	feliz
feljelentés (H)	Anzeige f	denunciation	dénonciation f	denuncia f	denuncia f
felkel (H)	erheben	raise	lever	alzare	elevar
fellelkesít (H)	begeistern	inspire	enthousiasmer	entusiasmare	entusiasmar
felmászik (H)	klettern	climb	grimper	arrampicarsi	escalar
felmond (H)	kündigen	give notice	résilier	licenziare	despedir
felnő (H)	aufwachsen	grow up	grandir	crescere	criarse
felnőtt (H)	Erwachsener m	adult	adulte m	adulto m	adulto m
felnőtt (H)	erwachsen	grown up	adulte	adulto(a)	adulto(a)
felnyit (H)	aufschließen	unlock	ouvrir	aprire	abrir
feloszlat (H)	auflösen	dissolve	dénouer	sciogliere	deshacer
feloszt (H)	aufteilen	divide	diviser	spartire	repartir
félpanzió (H)	Halbpension f	half board	demi-pension f	mezza pensione f	media pensión f
felpróbál (H)	anprobieren	try on	essayer	provare	probar
felrakodik (H)	aufladen	load	charger	caricare	cargar
félreértés (H)	Missverständnis n	misunderstanding	malentendu m	equivoco m	malentendido m
félretesz (H)	abstellen	turn off	arrêter	spegnere	desconectar
fél, retteg (H)	fürchten	fear	craindre	temere	temer
felsöpör (H)	fegen	sweep	balayer	scopare	barrer
felszáll (H)	einsteigen	get in	monter	salire in	subir a
felszállás (H)	Abflug m	take-off	décollage m	decollo m	despegue m
felszerel (H)	anbringen	fasten	fixer	fissare	colocar
felszólít (H)	auffordern	ask	inviter	invitare	invitar
féltékenység (H)	Eifersucht f	jealousy	jalousie f	gelosia f	celos m/pl
feltétel (H)	Bedingung f	condition	condition f	condizione f	condición f
feltételez (H)	voraussetzen	assume	supposer	presupporre	presuponer
feltétlen (H)	unbedingt	absolutely	absolument	assolutamente	absolutamente
feltűnés (H)	Aufsehen n	sensation	sensation f	sensazione	sensación f
feltűnik (H)	auffallen	be noticeable	faire remarquer, se	dare nell'occhio	llamar la atención
felületes (H)	oberflächlich	superficial	superficiel(le)	superficiale	superficial
felülvizsgál (H)	nachprüfen	check	contrôler	controllare	comprobar
felvesz (H)	anziehen	put on	mettre	indossare	ponerse
felzaklat (H)	aufregen	excite	énerver	agitare	agitar
fém (H)	Metall n	metal	métal m	metallo m	metal m
femme (F)	Frau f	woman	—	donna f	mujer f
femme au foyer (F)	Hausfrau f	housewife	—	casalinga f	ama de casa f
femme de ménage (F)	Putzfrau f	charwoman	—	donna delle pulizie f	mujer de limpieza f
fén (CZ)	Föhn m	hair-dryer	sèche-cheveux m	asciugacapelli m	secador de pelo m
fence (E)	Zaun m	—	clôture f	recinto m	cercado m
fenêtre (F)	Fenster n	window	—	finestra f	ventana f
fenn (H)	oben	above	en haut	sopra	arriba
Fenster (D)	—	window	fenêtre f	finestra f	ventana f
fény (H)	Licht n	light	lumière f	luce f	luz f

fény

P	NL	SV	PL	CZ	H
reconhecer	onderscheiden	känna igen	rozpoznawać <rozpoznać>	rozpoznávat <rozpoznat>	—
feliz	gelukkig	lycklig	szczęśliwy	šťastný	boldog
—	gelukkig	lycklig	szczęśliwy	šťastný	boldog
denúncia f	aangifte f	angivelse	doniesienie n	trestní oznámení n	—
levantar	heffen	upphöja	podnosić <podnieść>	vznášet <vznést>	—
entusiasmar	bezielen	hänföra	zachwycać	nadchnout, se	—
trepar	klimmen	klättra	wspinać, się <wspiąć, się>	lézt <vylézt>	—
despedir	opzeggen	säga upp	wypowiadać <wypowiedzieć>	dávat výpověď <dát výpověď>	—
crescer	opgroeien	växa upp	wyrastać <wyrosnąć>	vyrůstat <vyrůst>	—
adulto m	volwassene m	vuxen u	dorosły m	dospělý m	—
crescido	volwassen	fullvuxen	dorosły	dospělý	—
abrir à chave	ontsluiten	låsa upp	otwierać	odemykat <odemknout>	—
soltar	oplossen	lösa upp	rozpuszczać <rozpuścić>	rozpouštět <rozpustit>	—
repartir	verdelen	dela upp	podzielić	rozdělovat <rozdělit>	—
meia pensão f	halfpension	halvpension u	pokój ze śniadaniem i obiadokolacją n	polopenze f	—
provar roupa	aanpassen	prova ngt på ngn	przymierzać <przymierzyć>	zkoušet <vyzkoušet>	—
carregar	opladen	ladda upp	załadowywać <załadować>	nakládat <naložit>	—
equívoco m	misverstand n	missuppfattning u	nieporozumienie n	nedorozumění n	—
desligar	afzetten	ställa ned	odstawiać <odstawić>	odstavit	—
ter medo de	vrezen	frukta	obawiać, się	bát se	—
varrer	vegen	sopa	zamiatać <zamieść>	zametat <zamést>	—
entrar	instappen	stiga på	wsiadać <wsiąść>	nastupovat <nastoupit>	—
partida do avião f	vertrek n	start u	odlot m	odlet m	—
fixar	aanbrengen	placera	przymocowywać <przymocować>	připevňovat <připevnit>	—
convidar	uitnodigen	uppmana	wzywać <wezwać>	vyzývat <vyzvat>	—
ciúme m	jaloezie f	svartsjuka u	zazdrość f	žárlivost f	—
condição f	voorwaarde f	krav n	warunek m	podmínka f	—
pressupor	veronderstellen	förutsätta	przypuszczać	předpokládat	—
imprescindível	in elk geval	absolut	koniecznie	bezpodmínečně	—
sensação f	opzien n	uppseende n	poruszenie n	rozruch m	—
dar nas vistas	opvallen	väcka uppmärksamhet	rzucać się w oczy	být nápadný	—
superficial	oppervlakkig	ytlig	powierzchowny	povrchní	—
conferir	controleren	kontrollera	sprawdzać <sprawdzić>	prezkušovat <prezkoušet>	—
vestir	aantrekken	klä på sig	ubierać <ubrać>	oblékat <obléci>	—
agitar	opwinden	uppröra	denerwować <zdenerwować>	rozčilovat <rozčílit>	—
metal m	metaal n	metall u	metal m	kov m	—
mulher f	vrouw f	kvinna u	kobieta f	žena f	asszony
doméstica f	huisvrouw f	hemmafru u	gospodyni domowa f	žena v domácnosti f	háziasszony
mulher a dias f	schoonmaakster f	städhjälp u	sprzątaczka f	uklízečka f	takarítónő
secador m	föhn m	fön u	suszarka do włosów f	—	hajszárító
cerca f	hek n	stängsel n	płot m	plot m	kerítés
janela f	raam n	fönster n	okno n	okno n	ablak
em cima	boven	ovan	na górze	nahoře	—
janela f	raam n	fönster n	okno n	okno n	ablak
luz f	licht n	ljus n	światło n	světlo n	—

fenyeget 372

	D	E	F	I	ES
fenyeget (H)	bedrohen	threaten	menacer	minacciare	amenazar
fénykép (H)	Foto n	photo	photo f	foto f	foto f
fényképez (H)	fotografieren	take pictures	photographier	fotografare	fotografiar
fényképezőgép (H)	Fotoapparat m	camera	appareil photo m	macchina fotografica m	máquina fotográfica f
fényűző (H)	luxuriös	luxurious	luxueux(euse)	lussuoso(a)	de lujo
feo(a) (ES)	hässlich	ugly	laid(e)	brutto(a)	—
férfi (H)	Mann m	man	homme m	uomo m	hombre m
feria (ES)	Messe f	fair	foire f	fiera f	—
feriado (P)	Feiertag m	holiday	jour férié m	giorno festivo m	día de fiesta m
férias¹ (P)	Ferien pl	holidays	vacances f/pl	vacanze f/pl	vacaciones f/pl
férias² (P)	Urlaub m	holiday	vacances f/pl	vacanze f/pl	vacaciones f/pl
ferida (P)	Wunde f	wound	blessure f	ferita f	herida f
Ferien (D)	—	holidays	vacances f/pl	vacanze f/pl	vacaciones f/pl
ferimento (P)	Verletzung f	injury	blessure f	ferita f	herida f
ferir (P)	verletzen	injure	blesser	ferire	herir
ferire (I)	verletzen	injure	blesser	—	herir
ferita¹ (I)	Verletzung f	injury	blessure f	—	herida f
ferita² (I)	Wunde f	wound	blessure f	—	herida f
fermare (I)	anhalten	stop	arrêter	—	parar
fermata (I)	Haltestelle f	stop	arrêt m	—	parada f
ferme (F)	Bauernhof m	farmhouse	—	fattoria f	granja f
fermé(e) (F)	geschlossen	closed	—	chiuso(a)	cerrado(a)
fermer (F)	schließen	close	—	chiudere	cerrar
fermer à clé (F)	zuschließen	lock (up)	—	chiudere a chiave	cerrar con llave
fermeture éclair (F)	Reißverschluss m	zip	—	chiusura lampo f	cremallera f
fern (D)	—	far away	éloigné(e)	lontano(a)	lejos
Fernbedienung (D)	—	remote control	télécommande f	telecomando m	mando a distancia m
Ferne (D)	—	distance	lointain m	distanza f	lejanía f
Ferngespräch (D)	—	long-distance call	communication interurbaine f	telefonata interurbana f	llamada interurbana f
Fernglas (D)	—	binoculars	jumelles f/pl	cannocchiale m	gemelos m/pl
fernsehen (D)	—	watch television	regarder la télévision	guardare la TV	ver la televisión
Fernseher (D)	—	television set	poste de télévision m	televisore m	televisor m
ferramenta (P)	Werkzeug n	tool	outil m	utensile m	herramienta f
ferrocarril (ES)	Eisenbahn f	railway	chemin de fer m	ferrovia f	—
ferrovia (I)	Eisenbahn f	railway	chemin de fer m	—	ferrocarril m
ferrugento (P)	rostig	rusty	rouillé(e)	arrugginito(a)	oxidado(a)
ferry (E)	Fähre f	—	bac m	traghetto m	transbordador m
fertig (D)	—	ready	prêt(e)	pronto(a)	listo(a)
fertőző (H)	ansteckend	virulent	contagieux	contagioso(a)	contagioso
Fest (D)	—	party	fête f	festa f	fiesta f
fest¹ (SV)	Feier f	celebration	célébration f	festa f	fiesta f
fest² (SV)	Fest n	party	fête f	festa f	fiesta f
fest (H)	malen	paint	peindre	dipingere	pintar
festa¹ (I)	Feier f	celebration	célébration f	—	fiesta f
festa² (I)	Fest n	party	fête f	—	fiesta f
festa¹ (P)	Feier f	celebration	célébration f	festa f	fiesta f
festa² (P)	Fest n	party	fête f	festa f	fiesta f
festeggiare (I)	feiern	celebrate	fêter	—	celebrar
festejar (P)	feiern	celebrate	fêter	festeggiare	celebrar
festészet (H)	Malerei f	painting	peinture f	pittura f	pintura f

festészet

P	NL	SV	PL	CZ	H
ameaçar	bedreigen	hota	zagrażać, <zagrozić>	ohrožovat <ohrozit>	—
fotografia f	foto f	foto n	zdjęcie n	foto n	—
fotografar	fotograferen	fotografera	fotografować <sfotografować>	fotografovat <vytografovat>	—
máquina fotográfica f	camera f	kamera u	aparat fotograficzny m	fotografický přístroj m	—
luxuoso	luxueus	lyxig	luksusowy	luxusní	—
feio	lelijk	ful	brzydki	škaredý	csúnya
homem m	man m	man u	mężczyzna m	muž m	—
missa f	beurs f	mässa u	targi m/pl	veletrh m	vásár
—	feestdag m	helgdag u	dzień świąteczny m	svátek m	ünnepnap
—	vakantie f	semester u	wakacje f/pl	prázdniny pl	vakáció
—	vakantie f	semester u	urlop m	dovolená f	szabadság
—	wond f	sår n	rana f	rána f	seb
férias f/pl	vakantie f	semester u	wakacje f/pl	prázdniny pl	vakáció
—	verwonding f	skada u	zranienie n	zranění n	sérülés
—	kwetsen	skada	skaleczyć	zraňovat <zranit>	megsebez
ferir	kwetsen	skada	skaleczyć	zraňovat <zranit>	megsebez
ferimento f	verwonding f	skada u	zranienie n	zranění n	sérülés
ferida f	wond f	sår n	rana f	rána f	seb
parar	stoppen	stoppa	zatrzymywać <zatrzymać>	zastavovat <zastavit>	megállít
paragem f	halte f	hållplats u	przystanek m	zastávka f	megálló
quinta f	boerderij f	bondgård u	gospodarstwo wiejskie n	statek m	parasztbirtok
fechado	gesloten	stängd	zamknięty	uzavřený	zárt
fechar	sluiten	stänga	zamykać <zamknąć>	zavírat <zavřít>	zár
fechar à chave	afsluiten	låsa	zamykać na klucz	zamykat <zamknout>	bezár
fecho de correr m	ritssluiting f	blixtlås n	zamek błyskawiczny m	zip m	cipzár
longe	ver	fjärran	daleki	daleko	messze
telecomando m	afstandsbediening f	fjärrkontroll u	pilot m	dálkové ovládání n	távműködtetés
distância f	verte	avstånd n	dal f	dálka f	messzeség
telefonema interurbano m	interlokaal telefoongesprek n	utlandssamtal n	rozmowa międzymiastowa f	dálkový hovor m	távolsági hívás
binóculos m/pl	verrekijker m	kikare u	lornetka f	dalekohled m	távcső
ver televisão	televisie kijken	titta på TV	oglądać telewizję <obejrzeć telewizję>	dívat, se <podívat, se> na televizi	tévézik
televisor m	televisietoestel n	TV u	telewizor m	televizor m	tévékészülék
—	werktuig n	verktyg n	narzędzie n	nářadí n	szerszám
comboio m	spoorweg m	järnväg u	kolej f	železnice f	vasút
comboio m	spoorweg m	järnväg u	kolej f	železnice f	vasút
—	roestig	rostig	zardzewiały	rezavý	rozsdás
embarcação f	veer n	färja u	prom m	trajekt m	komp
pronto	klaar	färdig	gotowy	hotový	kész
contagioso	aanstekelijk	smittsam	zakaźny	nakažlivý	—
festa f	feest n	fest u	uroczystość f	slavnost f	ünnep
festa f	feest n	—	uroczystość f	oslava f	ünnepség
festa f	feest n	—	uroczystość f	slavnost f	ünnep
pintar	schilderen	måla	malować <namalować>	mlít <semlít>	—
festa f	feest n	fest u	uroczystość f	oslava f	ünnepség
festa f	feest n	fest u	uroczystość f	slavnost f	ünnep
—	feest n	fest u	uroczystość f	oslava f	ünnepség
—	feest n	fest u	uroczystość f	slavnost f	ünnep
festejar	feesten	fira	świętować	oslavovat <slavit>	ünnepel
—	feesten	fira	świętować	oslavovat <slavit>	ünnepel
pintura f	schilderij n	måleri n	malarstwo n	malířství n	—

festhalten

	D	E	F	I	ES
festhalten (D)	—	seize	tenir ferme	tener fermo	sujetar
Festland (D)	—	mainland	continent m	terraferma f	tierra firme f
festmény (H)	Gemälde n	painting	tableau m	quadro m	cuadro m
fésű (H)	Kamm m	comb	peigne m	pettine m	peine m
fésül (H)	kämmen	comb	peigner	pettinare	peinar
fetch[1] (E)	bringen	—	porter	portare	llevar
fetch[2] (E)	holen	—	aller chercher	andare a prendere	traer
fête (F)	Fest n	party	—	festa f	fiesta f
fêter (F)	feiern	celebrate	—	festeggiare	celebrar
fett (D)	—	fat	gras(se)	grasso(a)	grasoso(a)
Fett (D)	—	fat	graisse f	grasso m	grasa f
fett (SV)	fett	fat	gras(se)	grasso(a)	grasoso(a)
fett (SV)	Fett n	fat	graisse f	grasso m	grasa f
fetta (I)	Scheibe f	slice	tranche m	—	rebanada m
feu (F)	Feuer n	fire	—	fuoco m	fuego m
feucht (D)	—	damp	humide	umido(a)	húmedo(a)
Feuer (D)	—	fire	feu m	fuoco m	fuego m
Feuerwehr (D)	—	fire brigade	sapeurs pompiers m/pl	vigili del fuoco m/pl	bomberos m/pl
Feuerzeug (D)	—	lighter	briquet m	accendino m	encendedor m
feuille (F)	Blatt n	leaf	—	foglia f	hoja f
feux (F)	Ampel f	traffic lights	—	semaforo m	semáforo m
fever (E)	Fieber n	—	fièvre f	febbre f	fiebre m
fialový (CZ)	lila	purple	mauve	lilla	de color lila
fiamma (I)	Flamme f	flame	flamme f	—	llama f
fiammifero (I)	Streichholz n	match	allumette f	—	cerilla f
fianco (I)	Hüfte f	hip	hanche f	—	cadera f
fiatal (H)	jung	young	jeune	giovane	joven
fiato (I)	Atem m	breath	respiration f	—	respiro m
ficar (P)	bleiben	stay	rester	rimanere	quedarse
ficar calado (P)	schweigen	be silent	taire, se	tacere	callar
fidarsi (I)	vertrauen	trust	avoir confiance	—	confiar
fidèle (F)	treu	faithful	—	fedele	fiel
fiducia (I)	Vertrauen n	confidence	confiance f	—	confianza f
Fieber (D)	—	fever	fièvre f	febbre f	fiebre m
fiebre (ES)	Fieber n	fever	fièvre f	febbre f	—
fiel (ES)	treu	faithful	fidèle	fedele	—
fiel (P)	treu	faithful	fidèle	fedele	fiel
field (E)	Feld n	—	champ m	campo m	campo m
fiende (SV)	Feind m	enemy	ennemi m	nemico m	enemigo m
fiera (I)	Messe f	fair	foire f	—	feria f
fier(-ère) (F)	stolz	proud	—	orgoglioso(a)	orgulloso(a)
fiesta[1] (ES)	Feier f	celebration	célébration f	festa f	—
fiesta[2] (ES)	Fest n	party	fête f	festa f	—
fiets (NL)	Fahrrad n	bicycle	bicyclette f	bicicletta f	bicicleta f
fièvre (F)	Fieber n	fever	—	febbre f	fiebre m
fight (E)	kämpfen	—	battre, se	combattere	luchar
figlia (I)	Tochter f	daughter	fille f	—	hija f
figlio (I)	Sohn m	son	fils m	—	hijo m
figyel[1] (H)	beobachten	observe	observer	osservare	observar
figyel[2] (H)	zusehen	watch	regarder	stare a guardare	mirar
Figyelem! (H)	Achtung!	Attention!	Attention!	Attenzione!	¡Atención!
figyelembe venni (H)	beachten	take notice of	considérer	osservare	prestar atención a
figyelmes (H)	aufmerksam	attentive	attentif(ive)	attento(a)	atento(a)

figyelmes

P	NL	SV	PL	CZ	H
segurar	vasthouden	hålla fast	mocno trzymać	pevně držet <udržet>	megfog
continente m	vasteland n	fastland u	ląd m	pevnina f	szárazföld
pintura f	schilderij n	målning u	obraz m	obraz m	—
pente m	kam m	kam u	grzebień m	hřeben m	—
pentear	kammen	kamma u	czesać <uczesać>	česat <učesat>	—
trazer	brengen	hämta	przynosić <przynieść>	přinášet <přinést>	hoz
ir buscar	halen	hämta	przynosić <przynieść>	docházet <dojít>	hoz
festa f	feest n	fest u	uroczystość f	slavnost f	ünnep
festejar	feesten	fira	świętować	oslavovat <slavit>	ünnepel
gordo	vet	fett	tłusty	tlustý	zsíros
gordura f	vet n	fett n	tłuszcz m	tuk m	zsír
gordo	vet	—	tłusty	tlustý	zsíros
gordura f	vet n	—	tłuszcz m	tuk m	zsír
fatia f	boterham m	brödskiva u	kromka f	krajíc m	szelet
fogo m	vuur n	eld u	ogień m	oheň m	tűz
húmido	vochtig	fuktig	wilgotny	vlhký	nedves
fogo m	vuur n	eld u	ogień m	oheň m	tűz
bombeiros m	brandweer m	brandkår u	straż pożarna f	hasiči pl	tűzoltóság
isqueiro m	aansteker m	cigarrettändare u	zapalniczka f	zapalovač m	öngyújtó
folha f	blad n	blad n	liść m	list m	lap
semáforo m	verkeerslicht n	lykta u	sygnalizacja świetlna f	semafor m	közlekedési jelzőlámpa
febre f	koorts f	feber u	gorączka f	horečka f	láz
roxo	lila	lila	liliowy	—	lila
chama f	vlam f	flamma u	płomień m	plamen m	láng
fósforo m	lucifer m	tändsticka u	zapałka f	zápalka f	gyufa
anca f	heup f	höft u	biodro n	kyčel f	csípő
jovem	jong	ung	młody	mladý	—
respiração f	adem m	andning u	oddech m	dech m	lélegzet
—	blijven	stanna kvar	zostawać <zostać>	zůstávat <zůstat>	marad
—	zwijgen	tiga	milczeć	mlčet	hallgat
confiar	vertrouwen	lita på	ufać	důvěřovat	megbízik
fiel	trouw	trogen	wierny	věrný	hű
confiança f	vertrouwen n	förtroende n	zaufanie n	důvěra f	bizalom
febre f	koorts f	feber u	gorączka f	horečka f	láz
febre f	koorts f	feber u	gorączka f	horečka f	láz
fiel	trouw	trogen	wierny	věrný	hű
—	trouw	trogen	wierny	věrný	hű
campo m	veld n	fält n	pole n	pole n	föld, mező
inimigo m	vijand m	—	wróg m	nepřítel m	ellenség
missa f	beurs f	mässa u	targi m/pl	veletrh m	vásár
orgulhoso	trots	stolt	dumny	hrdý	büszke
festa f	feest n	fest u	uroczystość f	oslava f	ünnepség
festa f	feest n	fest u	uroczystość f	slavnost f	ünnep
bicicleta f	—	cykel u	rower m	jízdní kolo n	kerékpár
febre f	koorts f	feber u	gorączka f	horečka f	láz
lutar	vechten	kämpa	walczyć	bojovat <dobojovat>	harcol
filha f	dochter f	dotter u	córka f	dcera f	lánya
filho m	zoon m	son u	syn m	syn m	fiú
observar	gadeslaan	iaktta	obserwować <zaobserwować>	pozorovat <zpozorovat>	—
assistir	toezien	se på	przyglądać się	přihlížet <přihlédnout>	—
Atenção!	Attentie!	Se upp!	Uwaga!	Pozor!	—
dar atenção a	in acht nemen	beakta	przestrzegać	dbát na	—
atento	oplettend	uppmärksam	uważny	pozorně	—

figyelmeztet 376

	D	E	F	I	ES
figyelmeztet¹ (H)	mahnen	warn	exhorter	ammonire	notificar
figyelmeztet² (H)	warnen	warn	prévenir de	ammonire	advertir
fijn (NL)	fein	fine	fin(e)	sottile	fino(a)
fil (F)	Faden m	thread	—	filo m	hilo m
fil de fer (F)	Draht m	wire	—	filo metallico m	alambre m
file (NL)	Stau m	traffic jam	embouteillage m	ingorgo m	embotellamiento m
filha (P)	Tochter f	daughter	fille f	figlia f	hija f
filho (P)	Sohn m	son	fils m	figlio m	hijo m
filia (PL)	Filiale f	branch	succursale f	filiale f	sucursal f
filiaal (NL)	Filiale f	branch	succursale f	filiale f	sucursal f
filial (SV)	Filiale f	branch	succursale f	filiale f	sucursal f
Filiale (D)	—	branch	succursale f	filiale f	sucursal f
filiale (I)	Filiale f	branch	succursale f	—	sucursal f
filiżanka (PL)	Tasse f	cup	tasse f	tazza f	taza f
fille¹ (F)	Mädchen n	girl	—	ragazza f	chica f
fille² (F)	Tochter f	daughter	—	figlia f	hija f
fill in (E)	ausfüllen	—	remplir	riempire	llenar
filling station (E)	Tankstelle f	—	station-service f	distributore di benzina m	gasolinera f
fill up with petrol (E)	tanken	—	prendre de l'essence	fare benzina	llenar de gasolina
Film (D)	—	film	film m	film m	película f
film (E)	Film m	—	film m	film m	película f
film (F)	Film m	film	—	film m	película f
film (I)	Film m	film	film m	—	película f
film (NL)	Film m	film	film m	film m	película f
film (SV)	Film m	film	film m	film m	película f
film (PL)	Film m	film	film m	film m	película f
film (CZ)	Film m	film	film m	film m	película f
film (H)	Film m	film	film m	film m	película f
filme (P)	Film m	film	film m	film m	película f
filo (I)	Faden m	thread	fil m	—	hilo m
filo metallico (I)	Draht m	wire	fil de fer m	—	alambre m
fils (F)	Sohn m	son	—	figlio m	hijo m
fim (P)	Ende n	end	fin f	fine f	fin m
fim de semana (P)	Wochenende n	weekend	week-end m	fine settimana f	fin de semana m
fin (F)	Ende n	end	—	fine f	fin m
fin (F)	Schluss m	end	—	fine f	conclusión f
fin (ES)	Ende n	end	fin f	fine f	—
fin¹ (SV)	fein	fine	fin(e)	sottile	fino(a)
fin² (SV)	schick	stylish	chic	elegante	elegante
final (P)	Schluss m	end	—	fine f	conclusión f
finalidad (ES)	Zweck m	purpose	but m	scopo m	—
finalidade (P)	Zweck m	purpose	but m	scopo m	finalidad f
finalizar (P)	enden	end	finir	finire	acabar
finalmente (I)	endlich	at last	enfin	—	finalmente
finalmente (ES)	endlich	at last	enfin	finalmente	—
finalmente (P)	endlich	at last	enfin	finalmente	finalmente
financeiro (P)	finanziell	financial	financier	finanziario(a)	financiero(a)
financial (E)	finanziell	—	financier	finanziario(a)	financiero(a)
financieel (NL)	finanziell	financial	financier	finanziario(a)	financiero(a)
financier (F)	finanziell	financial	—	finanziario(a)	financiero(a)
financiero(a) (ES)	finanziell	financial	financier	finanziario(a)	—
finanční (CZ)	finanziell	financial	financier	finanziario(a)	financiero(a)
finansiell (SV)	finanziell	financial	financier	finanziario(a)	financiero(a)
finansowy (PL)	finanziell	financial	financier	finanziario(a)	financiero(a)

finansowy

P	NL	SV	PL	CZ	H
advertir	manen	mana	przypominać <przypomnieć>	varovat	—
advertir	waarschuwen	varna	ostrzegać	varovat	—
fino	—	fin	drobny	jemný	finom
fio *m*	draad *m*	tråd *u*	nić *f*	niť *f*	fonal
arame *m*	draad *m*	tråd *u*	drut *m*	drát *m*	drót
engarrafamento *m*	—	kö *u*	korek *m*	zácpa *f*	forgalmi dugó
—	dochter *f*	dotter *u*	córka *f*	dcera *f*	lánya
—	zoon *m*	son *u*	syn *m*	syn *m*	fiú
sucursal *f*	filiaal *n*	filial *u*	—	pobočka *f*	leányvállalat
sucursal *f*	—	filial *u*	filia *f*	pobočka *f*	leányvállalat
sucursal *f*	filiaal *n*	—	filia *f*	pobočka *f*	leányvállalat
sucursal *f*	filiaal *n*	filial *u*	filia *f*	pobočka *f*	leányvállalat
sucursal *f*	filiaal *n*	filial *u*	filia *f*	pobočka *f*	leányvállalat
chávena *f*	kopje *n*	kopp *u*	—	šálek *m*	csésze
menina *f*	meisje *n*	tjej *u*	dziewczynka *f*	děvče *n*	kislány
filha *f*	dochter *f*	dotter *u*	córka *f*	dcera *f*	lánya
preencher	invullen	fylla i	wypełniać <wypełnić>	vyplňovat <vyplnit>	kitölt
posto de gasolina	tankstation *n*	bensinmack *u*	stacja benzynowa *f*	čerpací stanice *f*	benzinkút
meter gasolina	tanken	tanka	tankować	tankovat <natankovat>	tankol
filme *m*	film *m*	film *u*	film *m*	film *m*	film
filme *m*	film *m*	film *u*	film *m*	film *m*	film
filme *m*	film *m*	film *u*	film *m*	film *m*	film
filme *m*	film *m*	film *u*	film *m*	film *m*	film
filme *m*	film *m*	film *u*	film *m*	film *m*	film
filme *m*	—	film *u*	film *m*	film *m*	film
filme *m*	film *m*	—	film *m*	film *m*	film
filme *m*	film *m*	film *u*	—	film *m*	film
filme *m*	film *m*	film *u*	film *m*	—	film
filme *m*	film *m*	film *u*	film *m*	film *m*	—
—	film *m*	film *u*	film *m*	film *m*	film
fio *m*	draad *m*	tråd *u*	nić *f*	niť *f*	fonal
arame *m*	draad *m*	tråd *u*	drut *m*	drát *m*	drót
filho *m*	zoon *m*	son *u*	syn *m*	syn *m*	fiú
—	einde *n*	slut *n*	koniec *m*	konec *m*	vég
—	weekend *n*	weekend *u*	weekend *m*	víkend *m*	hétvége
fim *m*	einde *n*	slut *n*	koniec *m*	konec *m*	vég
final *m*	einde *n*	slut *n*	koniec *m*	konec *m*	vég
fim *m*	einde *n*	slut *n*	koniec *m*	konec *m*	vég
fino	fijn	—	drobny	jemný	finom
chique	chic	—	szykowny	vkusný	sikkes
—	einde *n*	slut *n*	koniec *m*	konec *m*	vég
finalidade *f*	doel *n*	syfte *n*	cel *m*	účel *m*	cél
—	doel *n*	syfte *n*	cel *m*	účel *m*	cél
—	eindigen	avsluta	kończyć się <zakończyć się>	končit	végződik
finalmente	eindelijk	äntligen	nareszcie	konečně	végre
finalmente	eindelijk	äntligen	nareszcie	konečně	végre
—	eindelijk	äntligen	nareszcie	konečně	végre
—	financieel	finansiell	finansowy	finanční	pénzügyi
financeiro	financieel	finansiell	finansowy	finanční	pénzügyi
financeiro	—	finansiell	finansowy	finanční	pénzügyi
financeiro	financieel	finansiell	finansowy	finanční	pénzügyi
financeiro	financieel	finansiell	finansowy	finanční	pénzügyi
financeiro	financieel	finansiell	finansowy	—	pénzügyi
financeiro	financieel	—	finansowy	finanční	pénzügyi
financeiro	financieel	finansiell	—	finanční	pénzügyi

finanziario(a)

	D	E	F	I	ES
finanziario(a) (I)	finanziell	financial	financier	—	financiero(a)
finanziell (D)	—	financial	financier	finanziario(a)	financiero(a)
find (E)	finden	—	trouver	trovare	encontar
finden (D)	—	find	trouver	trovare	encontar
fin de semana (ES)	Wochenende n	weekend	week-end m	fine settimana f	—
fine (E)	fein	—	fin(e)	sottile	fino(a)
fin(e) (F)	fein	fine	—	sottile	fino(a)
fine (I)	Ende n	end	fin f	—	fin m
fine (I)	Schluss m	end	fin f	—	conclusión f
fine settimana (I)	Wochenende n	weekend	week-end m	—	fin de semana m
finestra (I)	Fenster n	window	fenêtre f	—	ventana f
Finger (D)	—	finger	doigt m	dito m	dedo m
finger (E)	Finger m	—	doigt m	dito m	dedo m
finger (SV)	Finger m	finger	doigt m	dito m	dedo m
finir (F)	enden	end	—	finire	acabar
finire (I)	enden	end	finir	—	acabar
fino (P)	fein	fine	fin(e)	sottile	fino(a)
fino(a) (ES)	fein	fine	fin(e)	sottile	—
finom (H)	fein	fine	fin(e)	sottile	fino(a)
Finsternis (D)	—	darkness	obscurité f	buio m	oscuridad f
fio (P)	Faden m	thread	fil m	filo m	hilo m
fiol (SV)	Geige f	violin	violon m	violino m	violín m
fiore (I)	Blume f	flower	fleur f	—	flor f
fiorire (I)	blühen	bloom	fleurir	—	florecer
fira (SV)	feiern	celebrate	fêter	festeggiare	celebrar
fire¹ (E)	Brand m	—	incendie m	incendio f	incendio f
fire² (E)	Feuer n	—	feu m	fuoco m	fuego m
fire brigade (E)	Feuerwehr n	—	sapeurs pompiers m/pl	vigili del fuoco m/pl	bomberos m/pl
firma (I)	Unterschrift f	signature	signature f	—	firma f
firma (ES)	Unterschrift f	signature	signature f	firma f	—
firmar (ES)	unterschreiben	sign	signer	firmare	—
firmare (I)	unterschreiben	sign	signer	—	firmar
first (E)	erst	—	d'abord	dapprima	primero
Fisch (D)	—	fish	poisson m	pesce m	pez m
fish (E)	Fisch m	—	poisson m	pesce m	pez m
fisk (SV)	Fisch m	fish	poisson m	pesce m	pez m
fissare¹ (I)	anbringen	fasten	fixer	—	colocar
fissare² (I)	vereinbaren	agree upon	convenir de	—	convenir
fita (P)	Band n	ribbon	bandeau m	nastro m	cinta f
fit out (E)	einrichten	—	aménager	arredare	equipar
fiú¹ (H)	Junge m	boy	garçon m	ragazzo m	chico m
fiú² (H)	Sohn m	son	fils m	figlio m	hijo m
fiume (I)	Fluss m	river	fleuve m	—	río m
fiútestvér (H)	Bruder m	brother	frère m	fratello m	hermano m
fixar (P)	anbringen	fasten	fixer	fissare	colocar
fixer (F)	anbringen	fasten	—	fissare	colocar
fizet¹ (H)	bezahlen	pay	payer	pagare	pagar
fizet² (H)	zahlen	pay	payer	pagare	pagar
fizetés (H)	Gehalt n	salary	salaire m	stipendio m	sueldo m
fjäderfä/fågel (SV)	Geflügel n	poultry	volaille f	volatili m/pl	aves f/pl

fjäderfä/fågel

P	NL	SV	PL	CZ	H
financeiro	financieel	finansiell	finansowy	finanční	pénzügyi
financeiro	financieel	finansiell	finansowy	finanční	pénzügyi
encontrar	vinden	hitta	znajdować <znaleźć>	nacházet <najít>	talál
encontrar	vinden	hitta	znajdować <znaleźć>	nacházet <najít>	talál
fim de semana m	weekend n	weekend u	weekend m	víkend m	hétvége
fino	fijn	fin	drobny	jemný	finom
fino	fijn	fin	drobny	jemný	finom
fim m	einde n	slut n	koniec m	konec m	vég
final m	einde n	slut n	koniec m	konec m	vég
fim de semana m	weekend n	weekend u	weekend m	víkend m	hétvége
janela f	raam n	fönster n	okno n	okno n	ablak
dedo m	vinger m	finger n	palec m	prst m	ujj
dedo m	vinger m	finger n	palec m	prst m	ujj
dedo m	vinger m	—	palec m	prst m	ujj
finalizar	eindigen	avsluta	kończyć, się <zakończyć, się>	končit	végződik
finalizar	eindigen	avsluta	kończyć, się <zakończyć, się>	končit	végződik
—	fijn	fin	drobny	jemný	finom
fino	fijn	fin	drobny	jemný	finom
fino	fijn	fin	drobny	jemný	—
escuridão f	duisternis f	mörker u	ciemności f/pl	temno n	sötétség
—	draad m	tråd u	nić f	nit f	fonal
violino m	viool f	—	skrzypce pl	housle pl	hegedű
flor f	bloem f	blomma u	kwiat m	květina f	virág
florescer	bloeien	blomma	kwitnąć	kvést <rozkvést>	virágzik
festejar	feesten	—	świętować	oslavovat <slavit>	ünnepel
incêndio m	brand m	brand u	pożar m	požár m	tűzvész
fogo m	vuur n	eld u	ogień m	oheň m	tűz
bombeiros m	brandweer m	brandkår u	straż pożarna f	hasiči pl	tűzoltóság
assinatura f	handtekening f	underskrift	podpis m	podpis m	aláírás
assinatura f	handtekening f	underskrift	podpis m	podpis m	aláírás
assinar	ondertekenen	skriva på	podpisać	podepisovat <podepsat>	aláír
assinar	ondertekenen	skriva på	podpisać	podepisovat <podepsat>	aláír
primeiro	eerst	först	najpierw	nejprve	csak
peixe m	vis m	fisk u	ryba f	ryba f	hal
peixe m	vis m	fisk u	ryba f	ryba f	hal
peixe m	vis m	—	ryba f	ryba f	hal
fixar	aanbrengen	placera	przymocowywać <przymocować>	připevňovat <připevnit>	felszerel
acertar	overeenkomen	avtala	ustalać	ujednávat <ujednat>	megegyezik
—	band m	band n	tom m	pás m	szalag
arranjar	inrichten	inrätta	urządzać <urządzić>	zařizovat <zařídit>	berendez
rapaz m	jongen m	pojke u	chłopiec m	chlapec m	—
filho m	zoon m	son u	syn m	syn m	—
rio m	rivier m	flod u	rzeka f	tok m	folyó
irmão m	broer m	bror u	brat m	bratr m	—
—	aanbrengen	placera	przymocowywać <przymocować>	připevňovat <připevnit>	felszerel
fixar	aanbrengen	placera	przymocowywać <przymocować>	připevňovat <připevnit>	felszerel
pagar	betalen	betala	płacić <zapłacić>	platit <zaplatit>	—
pagar	betalen	betala	płacić <zapłacić>	platit <zaplatit>	—
vencimento m	salaris n	innehåll n	pensja f	plat m	—
aves f/pl	gevogelte n	—	drób m	drůbež f	baromfi

fjärdedel

	D	E	F	I	ES
fjärdedel (SV)	Viertel n	quarter	quart m	quarto m	cuarto m
fjäril (SV)	Schmetterling m	butterfly	papillon m	farfalla f	mariposa f
fjärran (SV)	fern	far away	éloigné(e)	lontano(a)	lejos
fjärrkontroll (SV)	Fernbedienung f	remote control	télécommande f	telecomando m	mando a distancia m
flach (D)	—	flat	plat(e)	piatto(a)	llano(a)
Fläche (D)	—	area	surface f	area f	área f
fläck (SV)	Fleck m	stain	tache f	macchia f	mancha f
flag (E)	Fahne f	—	drapeau m	bandiera f	bandera f
flagga (SV)	Fahne f	flag	drapeau m	bandiera f	bandera f
flame (E)	Flamme f	—	flamme f	fiamma f	llama f
flamma (SV)	Flamme f	flame	flamme f	fiamma f	llama f
Flamme (D)	—	flame	flamme f	fiamma f	llama f
flamme (F)	Flamme f	flame	—	fiamma f	llama f
flan (F)	Pudding m	pudding	—	budino m	flan m
flan (ES)	Pudding m	pudding	flan m	budino m	—
flâner (F)	bummeln	stroll	—	girellare	andar paseando
flaque (F)	Pfütze f	puddle	—	pozzanghera f	charco m
Flasche (D)	—	bottle	bouteille f	bottiglia f	botella f
Flaschenöffner (D)	—	bottle opener	ouvre-bouteilles m	apribottiglie m	abrebotellas m
flash (E)	blinken	—	clignoter	lampeggiare	emitir reflejos
flaska (SV)	Flasche f	bottle	bouteille f	bottiglia f	botella f
flasköppnare (SV)	Flaschenöffner m	bottle opener	ouvre-bouteilles m	apribottiglie m	abrebotellas m
flat (E)	flach	—	plat(e)	piatto(a)	llano(a)
flat (E)	Wohnung f	—	appartement m	appartamento m	piso m
flat (SV)	flach	flat	plat(e)	piatto(a)	llano(a)
flauta (ES)	Flöte f	pipe	flûte f	flauto m	—
flauta (P)	Flöte f	pipe	flûte f	flauto m	flauta m
flauto (I)	Flöte f	pipe	flûte f	—	flauta m
flecha (ES)	Pfeil m	arrow	flèche f	freccia f	—
flèche (F)	Pfeil m	arrow	—	freccia f	flecha f
Fleck (D)	—	stain	tache f	macchia f	mancha f
flee (E)	fliehen	—	échapper, s'	scappare	huir
Fleisch (D)	—	meat	viande f	carne f	carne f
fleißig (D)	—	diligent	travailleur(euse)	diligente	activo(a)
flertal (SV)	Mehrheit f	majority	majorité f	maggioranza f	mayoría f
fles (NL)	Flasche f	bottle	bouteille f	bottiglia f	botella f
flesopener (NL)	Flaschenöffner m	bottle opener	ouvre-bouteilles m	apribottiglie m	abrebotellas m
flet (PL)	Flöte f	pipe	flûte f	flauto m	flauta m
flétna (CZ)	Flöte f	pipe	flûte f	flauto m	flauta m
fleur (F)	Blume f	flower	—	fiore m	flor f
fleurir (F)	blühen	bloom	—	fiorire	florecer
fleuve (F)	Fluss m	river	—	fiume m	río m
fliehen (D)	—	flee	échapper, s'	scappare	huir
fließen (D)	—	flow	couler	scorrere	correr
flight (E)	Flug m	—	vol m	volo m	vuelo m
Flirt (D)	—	flirt	flirt m	flirt m	flirteo m
flirt (E)	Flirt m	—	flirt m	flirt m	flirteo m
flirt (F)	Flirt m	flirt	—	flirt m	flirteo m
flirt (I)	Flirt m	flirt	flirt m	—	flirteo m
flirt (NL)	Flirt m	flirt	flirt m	flirt m	flirteo m
flirt (SV)	Flirt m	flirt	flirt m	flirt m	flirteo m
flirt (PL)	Flirt m	flirt	flirt m	flirt m	flirteo m
flirt (CZ)	Flirt m	flirt	flirt m	flirt m	flirteo m
flirteo (ES)	Flirt m	flirt	flirt m	flirt m	—

P	NL	SV	PL	CZ	H
quarto m	kwart n	—	ćwierć f	čtvrtina f	negyed
borboleta f	vlinder m	—	motyl m	motýl m	pillangó
longe	ver	—	daleki	daleko	messze
telecomando m	afstandsbediening f	—	pilot m	dálkové ovládání n	távműködtetés
plano	vlak	flat	płaski	plochý	lapos
superfície f	vlakte f	yta u	powierzchnia f	plocha f	terület
mancha f	plek n	—	plama f	skvrna f	folt
bandeira f	vlag f	flagga u	chorągiew f	vlajka f	zászló
bandeira f	vlag f	—	chorągiew f	vlajka f	zászló
chama f	vlam f	flamma u	płomień m	plamen m	láng
chama f	vlam f	—	płomień m	plamen m	láng
chama f	vlam f	flamma u	płomień m	plamen m	láng
chama f	vlam f	flamma u	płomień m	plamen m	láng
pudim m	pudding m	pudding u	budyń m	pudink m	puding
pudim m	pudding m	pudding u	budyń m	pudink m	puding
passear	wandelen	promenera	spacerować <pospacerować>	potulovat se	sétálgat
poça de água f	plas m	vattenpöl u	kałuża f	kaluž f	pocsolya
garrafa f	fles f	flaska u	butelka f	láhev f	üveg
abre-cápsulas m	flesopener m	flasköppnare u	otwieracz do butelek	otvírák na láhve m	üvegnyító
reluzir	knipperen	blinka	błyskać <błysnąć>	blikat <zablikat>	indexel
garrafa f	fles f	—	butelka f	láhev f	üveg
abre-cápsulas m	flesopener m	—	otwieracz do butelek m	otvírák na láhve m	üvegnyító
plano	vlak	flat	płaski	plochý	lapos
moradia f	woning f	lägenhet u	mieszkanie n	byt m	lakás
plano	vlak	—	płaski	plochý	lapos
flauta f	fluit m	flöjt u	flet m	flétna f	fuvola
—	fluit m	flöjt u	flet m	flétna f	fuvola
flauta f	fluit m	flöjt u	flet m	flétna f	fuvola
seta f	pijl m	pil u	strzała f	šíp m	nyíl
seta f	pijl m	pil u	strzała f	šíp m	nyíl
mancha f	plek n	fläck u	plama f	skvrna f	folt
fugir	vluchten	fly	uciekać <uciec>	prchat <uprchnout>	menekül
carne f	vlees n	kött n	mięso n	maso n	hús
aplicado	vlijtig	flitig u	pilny	pilný	szorgalmas
maioria f	meerderheid f	—	większość f	většina f	többség
garrafa f	—	flaska u	butelka f	láhev f	üveg
abre-cápsulas m	—	flasköppnare u	otwieracz do butelek m	otvírák na láhve m	üvegnyító
flauta f	fluit m	flöjt u	—	flétna f	fuvola
flauta f	fluit m	flöjt u	flet m	—	fuvola
flor f	bloem f	blomma u	kwiat m	květina f	virág
florescer	bloeien	blomma	kwitnąć	kvést <rozkvést>	virágzik
rio m	rivier m	flod u	rzeka f	tok m	folyó
fugir	vluchten	fly	uciekać <uciec>	prchat <uprchnout>	menekül
correr	vloeien	flyta	płynąć <popłynąć>	téci <vytéci>	folyik
voo m	vlucht f	flygning u	lot m	let m	repülés
namorico m	flirt m	flirt u	flirt m	flirt m	flört
namorico m	flirt m	flirt u	flirt m	flirt m	flört
namorico m	flirt m	flirt u	flirt m	flirt m	flört
namorico m	flirt m	flirt u	flirt m	flirt m	flört
namorico m	—	flirt u	flirt m	flirt m	flört
namorico m	flirt m	—	flirt m	flirt m	flört
namorico m	flirt m	flirt u	—	flirt m	flört
namorico m	flirt m	flirt u	flirt m	—	flört
namorico m	flirt m	flirt u	flirt m	flirt m	flört

flitig

	D	E	F	I	ES
flitig (SV)	fleißig	diligent	travailleur(euse)	diligente	activo(a)
flod[1] (SV)	Fluss m	river	fleuve m	fiume m	río m
flod[2] (SV)	Flut f	high tide	marée haute f	alta marea f	marea alta f
flojo(a) (ES)	locker	loose	desserré(e)	lento(a)	—
flöjt (SV)	Flöte f	pipe	flûte f	flauto m	flauta m
flood (E)	Überschwemmung f	—	inondation f	inondazione f	inundación f
floor[1] (E)	Boden m	—	sol m	terra f	suelo m
floor[2] (E)	Etage f	—	étage m	piano m	piso m
flor (ES)	Blume f	flower	fleur f	fiore m	—
flor (P)	Blume f	flower	fleur f	fiore m	flor f
florecer (ES)	blühen	bloom	fleurir	fiorire	—
florescer (P)	blühen	bloom	fleurir	fiorire	florecer
floresta (P)	Wald m	forest	forêt f	bosco m	bosque m
flört (H)	Flirt m	flirt	flirt m	flirt m	flirteo m
Flöte (D)	—	pipe	flûte f	flauto m	flauta m
flow (E)	fließen	—	couler	scorrere	correr
flower (E)	Blume f	—	fleur f	fiore m	flor f
flu (E)	Grippe f	—	grippe f	influenza f	gripe f
Flug (D)	—	flight	vol m	volo m	vuelo m
Flügel (D)	—	wing	aile f	ala f	ala f
Flughafen (D)	—	airport	aéroport m	aeroporto m	aeropuerto m
Flugzeug (D)	—	aeroplane	avion m	aereo m	avión m
fluisteren (NL)	flüstern	whisper	chuchoter	bisbigliare	murmurar
fluit (NL)	Flöte f	pipe	flûte f	flauto m	flauta m
Flur (D)	—	hall	entrée f	corridoio m	corredor m
Fluss (D)	—	river	fleuve m	fiume m	río m
flüstern (D)	—	whisper	chuchoter	bisbigliare	murmurar
Flut (D)	—	high tide	marée haute f	alta marea f	marea alta f
flûte (F)	Flöte f	pipe	—	flauto m	flauta m
fly (SV)	fliehen	flee	échapper, s'	scappare	huir
flygel (SV)	Flügel m	wing	aile f	ala f	ala f
flygning (SV)	Flug m	flight	vol m	volo m	vuelo m
flygplan (SV)	Flugzeug n	aeroplane	avion m	aereo m	avión m
flygplats (SV)	Flughafen m	airport	aéroport m	aeroporto m	aeropuerto m
flyta (SV)	fließen	flow	couler	scorrere	correr
flytta[1] (SV)	rücken	move	déplacer	muovere	mover
flytta[2] (SV)	umziehen	move	déménager	traslocare	mudarse
flyttning (SV)	Umzug m	move	déménagement m	trasloco m	mudanza f
foam (E)	Schaum m	—	écume f	schiuma f	espuma f
född (SV)	geboren	born	né(e)	nato(a)	nacido(a)
födelse (SV)	Geburt f	birth	naissance f	nascita f	nacimiento m
födelsedag (SV)	Geburtstag m	birthday	anniversaire m	compleanno m	cumpleaños m
fodrász (H)	Friseur m	hairdresser	coiffeur m	parrucchiere m	peluquero m
fog (E)	Nebel m	—	brouillard m	nebbia f	niebla f
fog (H)	greifen	seize	saisir	afferrare	tomar
fog (H)	Zahn m	tooth	dent f	dente m	diente m
fogad[1] (H)	empfangen	receive	recevoir	ricevere	recibir
fogad[2] (H)	wetten	bet	parier	scommettere	apostar
fogadóóra (H)	Sprechstunde f	consultation hours	heures de consultation f/pl	ora di ricevimento f	hora de consulta f
fogamzásgátló tabletta (H)	Pille f	pill	pilule f	pillola anticoncezionale f	píldora anticonceptiva f
fogão (P)	Herd m	cooker	cuisinière f	cucina f	cocina f
fogás[1] (H)	Gang m	course	plat m	portata f	plato m
fogás[2] (H)	Gericht n	dish	plat m	piatto m	comida f
fogfájás (H)	Zahnschmerzen pl	toothache	mal m de dents	mal m di denti	dolor m de muelas

P	NL	SV	PL	CZ	H
aplicado	vlijtig	—	pilny	pilný	szorgalmas
rio m	rivier m	—	rzeka f	tok m	folyó
maré cheia f	vloed f	—	przypływ m	povodeň f	dagály
frouxo	los	lös	luźny	volný	laza
flauta f	fluit m	—	flet m	flétna f	fuvola
inundação f	overstroming f	översvämning u	powódź f	záplava f	árvíz
chão m	grond m	mark u	podłoga f	podlaha f	föld
piso m	verdieping f	våning u	piętro n	poschodí n	emelet
flor f	bloem f	blomma u	kwiat m	květina f	virág
—	bloem f	blomma u	kwiat m	květina f	virág
florescer	bloeien	blomma	kwitnąć	kvést <rozkvést>	virágzik
—	bloeien	blomma	kwitnąć	kvést <rozkvést>	virágzik
—	bos n	skog u	las m	les m	erdő
namorico m	flirt m	flirt u	flirt m	flirt m	—
flauta f	fluit m	flöjt u	flet m	flétna f	fuvola
correr	vloeien	flyta	płynąć <popłynąć>	téci <vytéci>	folyik
flor f	bloem f	blomma u	kwiat m	květina f	virág
gripe f	griep f	förkylning u	grypa f	chřipka f	influenza
voo m	vlucht f	flygning u	lot m	let m	repülés
asa f	vleugel m	flygel u	skrzydło n	křídlo n	szárny
aeroporto m	luchthaven m	flygplats u	port lotniczy m	letiště n	repülőtér
avião m	vliegtuig n	flygplan n	samolot m	letadlo n	repülő
murmurar	—	viska	szeptać <szepnąć>	šeptat <pošeptat>	suttog
flauta f	—	flöjt u	flet m	flétna f	fuvola
corredor da casa m	gang m	tambur u	korytarz m	chodba f	folyosó
rio m	rivier m	flod u	rzeka f	tok m	folyó
murmurar	fluisteren	viska	szeptać <szepnąć>	šeptat <pošeptat>	suttog
maré cheia f	vloed f	flod u	przypływ m	povodeň f	dagály
flauta f	fluit m	flöjt u	flet m	flétna f	fuvola
fugir	vluchten	—	uciekać <uciec>	prchat <uprchnout>	menekül
asa f	vleugel m	—	skrzydło n	křídlo n	szárny
voo m	vlucht f	—	lot m	let m	repülés
avião m	vliegtuig n	—	samolot m	letadlo n	repülő
aeroporto m	luchthaven m	—	port lotniczy m	letiště n	repülőtér
correr	vloeien	—	płynąć <popłynąć>	téci <vytéci>	folyik
mover	rukken	—	przesuwać <przesunąć>	posouvat <posunout>	mozdít
mudar de casa	verhuizen	—	przeprowadzić się	stěhovat se <přestěhovat, se>	átköltözik
mudança f	verhuizing f	—	przeprowadzka f	stěhování n	költözködés
espuma f	schuim n	skum n	piana f	pěna f	hab
nascido	geboren	—	urodzony	narodit se	született
nascimento m	geboorte f	—	urodzenie n	narození n	születés
aniversário m	verjaardag m	—	dzień urodzin m	narozeniny pl	születésnap
cabeleireiro m	kapper m	frisör u	fryzjer m	kadeřník m	—
nevoeiro m	mist m	dimma u	mgła f	mlha f	köd
agarrar	grijpen	gripa	chwytać <chwycić>	chopit <uchopit>	—
dente m	tand m	tand u	ząb m	zub m	—
receber	ontvangen	ta emot	otrzymywać <otrzymać>	přijímat <přijmout>	—
apostar	wedden	slå vad	zakładać się	sázet <sadit>	—
consulta f	spreekuur n	mottagningstid u	godziny przyjęć f/pl	konzultační hodiny pl	—
pílula f	pil f	p-piller n	pigułka antykoncepcyjna f	antikoncepční pipulka f	—
—	fornuis n	köksspis u	piec m	ložisko	tűzhely
prato m	gang m	rätt u	danie n	chod m	—
prato m	gerecht n	maträtt u	danie n	pokrm m	—
dor de dentes f	tandpijn m	tandvärk u	ból zęba m	bolesti zubů pl	—

fogkefe

	D	E	F	I	ES
fogkefe (H)	Zahnbürste f	toothbrush	brosse à dents f	spazzolino da denti m	cepillo de dientes m
fogkrém (H)	Zahnpasta f	toothpaste	dentifrice m	dentifricio m	pasta dentífrica f
foglal¹ (H)	buchen	book	retenir	prenotare	reservar
foglal² (H)	reservieren	reserve	réserver	riservare	reservar
foglalkoztat (H)	beschäftigen	occupy/employ	occuper	occupare	ocupar
foglalt¹ (H)	ausgebucht	fully booked	complet(ète)	esaurito(a)	completo(a)
foglalt² (H)	besetzt	engaged	occupé(e)	occupato(a)	ocupado(a)
foglia (I)	Blatt n	leaf	feuille f	—	hoja f
fogo (P)	Feuer n	fire	feu m	fuoco m	fuego m
fogsor (H)	Gebiss n	teeth	denture f	denti m/pl	dentadura f
fogyaszt (H)	verbrauchen	consume	consommer	consumare	consumir
Föhn (D)	—	hair-dryer	sèche-cheveux m	asciugacapelli m	secador de pelo m
föhn (NL)	Föhn m	hair-dryer	sèche-cheveux m	asciugacapelli m	secador de pelo m
foire (F)	Messe f	fair	—	fiera f	feria f
főiskola (H)	Hochschule f	university	université f	università f	escuela superior f
fok (H)	Grad m	degree	degré m	grado m	grado m
fokhagyma (H)	Knoblauch m	garlic	ail m	aglio m	ajo m
föld¹ (H)	Boden m	floor	sol m	terra f	suelo m
föld² (H)	Erde f	earth	terre f	terra f	tierra f
földalatti vasút (H)	U-Bahn f	underground	métro m	metropolitana f	metro m
folder (E)	Mappe f	—	serviette f	raccoglitore m	carpeta f
folder (NL)	Prospekt m	brochure	prospectus m	opuscolo m	prospecto m
föld, mező (H)	Feld n	field	champ m	campo m	campo m
földrengés (H)	Erdbeben n	earthquake	tremblement de terre m	terremoto m	terremoto m
földszint (H)	Erdgeschoss n	ground floor	rez-de-chaussée m	pianterreno m	planta baja f
főleg (H)	hauptsächlich	mainly	surtout	principalmente	principalmente
Folge (D)	—	consequence	suite f	conseguenza f	serie f
folgen (D)	—	follow	suivre	seguire	seguir
folha (P)	Blatt n	leaf	feuille f	foglia f	hoja f
följa (SV)	folgen	follow	suivre	seguire	seguir
följa med (SV)	mitgehen	go along wigh	accompagner	accompagnare	acompañar
folk (SV)	Leute pl	people	gens m/pl	gente f	gente f
follow (E)	folgen	—	suivre	seguire	seguir
folt (H)	Fleck m	stain	tache f	macchia f	mancha f
folyik (H)	fließen	flow	couler	scorrere	correr
folyó (H)	Fluss m	river	fleuve m	fiume m	río m
folyóirat (H)	Zeitschrift f	magazine	revue f	rivista f	revista f
folyosó (H)	Flur m	hall	entrée f	corridoio m	corredor m
folyósó (H)	Gang m	corridor	couloir m	corridoio m	corredor m
folytat¹ (H)	fortsetzen	continue	continuer	continuare	continuar
folytat² (H)	weitermachen	carry on	continuer	continuare	continuar
fome (P)	Hunger m	hunger	faim f	fame f	hambre f
fön (SV)	Föhn m	hair-dryer	sèche-cheveux m	asciugacapelli m	secador de pelo m
fonal (H)	Faden m	thread	fil m	filo m	hilo m
fonctionnaire (F)	Beamter m	civil servant	—	impiegato statale m	funcionario m
fonctionner (F)	funktionieren	work	—	funzionare	funcionar
fondare (I)	gründen	found	fonder	—	fundar

fondare

P	NL	SV	PL	CZ	H
escova de dentes f	tandenborstel m	tandborste u	szczoteczka do zębów f	zubní kartáček m	—
pasta dentifrícia f	tandpasta m	tandkräm u	pasta do zębów f	zubní pasta f	—
marcar	boeken	boka	rezerwować <zarezerwować>	zaknihovat	—
marcar	reserveren	reservera	rezerwować <zarezerwować>	rezervovat <zarezervovat>	—
ocupar	bezighouden	sysselsätta	zatrudniać <zatrudnić>	zaměstnávat <zaměstnat>	—
esgotado	niet meer beschikbaar	fullbokad	wyprzedany	obsazeno	—
ocupado	bezet	upptaget	zajęty	obsazeno	—
folha f	blad n	blad n	liść m	list m	lap
—	vuur n	eld u	ogień m	oheň m	tűz
dentadura f	gebit n	gom u	uzębienie n	chrup m	—
gastar	verbruiken	förbruka	zużywać <zużyć>	spotřebovávat <spotřebovat>	—
secador m	föhn m	fön u	suszarka do włosów f	fén m	hajszárító
secador m	—	fön u	suszarka do włosów f	fén m	hajszárító
missa f	beurs f	mässa u	targi m/pl	veletrh m	vásár
escola superior f	hogeschool f	högskola u	szkoła wyższa f	vysoká škola f	—
grau m	graad m	grad u	grad m	stupeň m	—
alho m	knoflook n	vitlök u	czosnek m	česnek m	—
chão m	grond m	mark u	podłoga f	podlaha f	—
terra f	aarde f	jord u	ziemia f	země f	—
metro m	metro m	tunnelbana u	metro n	metro n	—
pasta f	map f	portfölj u	teczka f	složka f	mappa
prospecto m	—	prospekt n	prospekt m	prospekt m	prospektus
campo m	veld n	fält n	pole n	pole n	—
terramoto m	aardbeving f	jordbävning u	trzęsienie ziemi n	zemětřesení n	—
rés-do-chão m	begane grond m	bottenvåning u	parter m	přízemí n	—
principalmente	hoofdzakelijk	huvudsakligen	głównie	hlavně	—
sequência f	gevolg n	konsekvens u	skutek m	následek m	következmény
seguir	volgen	följa	iść za <pójść za>	následovat	követi
—	blad n	blad n	liść m	list m	lap
seguir	volgen	—	iść za <pójść za>	následovat	követi
acompanhar alguém	meegaan	—	iść z <pójść z>	chodit s <jít s>	vele megy
pessoas f/pl	mensen pl	—	ludzie pl	lidé pl	emberek
seguir	volgen	följa	iść za <pójść za>	následovat	követi
mancha f	plek n	fläck u	plama f	skvrna f	—
correr	vloeien	flyta	płynąć <popłynąć>	téci <vytéci>	—
rio m	rivier m	flod u	rzeka f	tok m	—
revista f	tijdschrift n	tidskrift u	czasopismo n	časopis m	—
corredor da casa m	gang m	tambur u	korytarz m	chodba f	—
corredor m	gang m	korridor u	korytarz m	chůze f	—
continuar	voortzetten	fortsätta	kontynuować	pokračovat	—
continuar a fazer	doorgaan	fortsätta	kontynuować	pokračovat	—
—	honger m	svält u	głód m	hlad m	éhség
secador m	föhn m	—	suszarka do włosów f	fén m	hajszárító
fio m	draad m	tråd u	nić f	nit f	—
funcionário público m	ambtenaar m	tjänsteman u	urzędnik m	úředník m	köztisztviselő
funcionar	functioneren	fungera	funkcjonować	fungovat <zafungovat>	működik
fundar	oprichten; gebaseerd zijn	grunda	zakładać <założyć>	zakládat <založit>	alapít

fonder

	D	E	F	I	ES
fonder (F)	gründen	found	—	fondare	fundar
főnök (H)	Chef m	boss	patron m	capo m	jefe m
fönster (SV)	Fenster n	window	fenêtre f	finestra f	ventana f
fönsterruta (SV)	Scheibe f	pane	carreau m	vetro m	cristal m
fontaine (F)	Brunnen m	fountain	—	fontana f	fuente f
fontana (I)	Brunnen m	fountain	fontaine f	—	fuente f
fontos (H)	wichtig	important	important(e)	importante	importante
food[1] (E)	Essen n	—	repas m	cibo m	comida f
food[2] (E)	Nahrung f	—	nourriture f	alimentazione f	nutrición f
food[3] (E)	Lebensmittel pl	—	denrées alimentaires f/pl	generi alimentari m/pl	alimentos m/pl
fooi (NL)	Trinkgeld n	tip	pourboire m	mancia f	propina f
foot (E)	Fuß m	—	pied m	piede m	pie m
football (E)	Fußball m	—	football m	calcio m	fútbol m
football (F)	Fußball m	football	—	calcio m	fútbol m
főpályaudvar (H)	Hauptbahnhof m	main station	gare centrale f	stazione centrale f	estación central f
för (SV)	denn	for/than	car	perché	pues/porque
fora[1] (P)	außen	outside	au dehors	fuori	afuera
fora[2] (P)	draußen	outside	dehors	fuori	afuera
föräldrar (SV)	Eltern pl	parents	parents m/pl	genitori m/pl	padres m/pl
förälskad (SV)	verliebt	in love	amoureux(euse)	innamorato	enamorado(a)
förälska sig (SV)	verlieben	fall in love	tomber amoureux(euse)	innamorarsi	enamorarse
förändra[1] (SV)	ändern	change	changer	cambiare	cambiar
förändra[2] (SV)	verändern	change	transformer	mutare	cambiar
förändra sig (SV)	ändern, sich	change	changer	cambiare	cambiar
förändring (SV)	Veränderung f	change	changement m	cambiamento m	cambio m
föra över (SV)	überweisen	transfer	virer	trasferire	transferir
förare (SV)	Fahrer m	driver	conducteur m	autista m	conductor m
för att (SV)	weil	because	parce que	perché	porque
förbättra (SV)	verbessern	improve	améliorer	migliorare	mejorar
forbici (I)	Schere f	pair of scissors	ciseaux m/pl	—	tijera f
forbid (E)	verbieten	—	défendre	proibire	prohibir
forbidden (E)	verboten	—	interdit(e)	vietato(a)	prohibido(a)
förbinda (SV)	verpflichten	oblige	obliger	obbligare	obligar
förbindelse[1] (SV)	Beziehung f	relationship	relation f	rapporto m	relación f
förbindelse[2] (SV)	Verbindung f	connection	relation f	relazione f	relación f
förbjuda (SV)	verbieten	forbid	défendre	proibire	prohibir
förbjuden (SV)	verboten	forbidden	interdit(e)	vietato(a)	prohibido(a)
förbruka (SV)	verbrauchen	consume	consommer	consumare	consumir
förbud (SV)	Verbot n	prohibition	défense f	divieto m	prohibición f
força (P)	Kraft f	strength	force f	forza f	fuerza f
force (E)	Gewalt f	—	violence f	forza f	poder m
force (E)	zwingen	—	forcer	costringere	obligar
force (F)	Kraft f	strength	—	forza f	fuerza f
forcer (F)	zwingen	force	—	costringere	obligar
forchetta (I)	Gabel f	fork	fourchette f	—	tenedor m
fördel (SV)	Vorteil m	advantage	avantage m	vantaggio m	ventaja f
fördela (SV)	verteilen	distribute	distribuer	distribuire	distribuir
fordern (D)	—	demand	exiger	esigere	exigir
Forderung (D)	—	demand	exigence f	esigenza f	exigencia f
för det (SV)	dafür	for it	pour cela	per questo	para ello
för det mesta (SV)	meistens	generally	généralement	di solito	por lo común
fordít (H)	übersetzen	translate	traduire	tradurre	traducir
fordítás (H)	Übersetzung f	translation	traduction f	traduzione f	traducción f
fordítva (H)	umgekehrt	vice versa	vice versa	inverso(a)	contrario(a)

fordítva

P	NL	SV	PL	CZ	H
fundar	oprichten; gebaseerd zijn	grunda	zakładać <założyć>	zakládat <založit>	alapít
chefe m	chef m	chef u	szef m	šéf m	—
janela f	raam n	—	okno n	okno n	ablak
vidro m	ruit f	—	szyba f	deska f	tábla
poço m	bron f	brunn u	studnia f	studna f	kút
poço m	bron f	brunn u	studnia f	studna f	kút
importante	belangrijk	viktig	ważny	důležitý	—
comida f	eten n	mat u	jedzenie n	jídlo n	étkezés
alimento m	voedsel n	näring u	pokarm m	potrava f	táplálék
viveres m/pl	levensmiddelen pl	livsmedel pl	artykuły żywnościowe m/pl	potraviny f/pl	élelmiszer
gorjeta f	—	dricks u	napiwek m	spropitné n	borravaló
pé m	voet m	fot u	stopa f	noha f	láb
bola de futebol f	voetbal m	fotboll u	piłka nożna f	kopaná f	labdarúgás
bola de futebol f	voetbal m	fotboll u	piłka nożna f	kopaná f	labdarúgás
estação central f	centraal station n	centralstation u	dworzec główny m	hlavní nádraží n	—
porque	want	—	ponieważ	protože	mert
—	buiten	ute	zewnątrz	venku	kint
—	buiten	utanför	na dworze	venku	kívül
pais m/pl	ouders pl	—	rodzice m/pl	rodiče pl	szülők
enamorado	verliefd	—	zakochany	zamilovaný	szerelmes
enamorar-se	verliefd worden	—	zakochać się	zamilovat	beleszeret
modificar	wijzigen	—	zmieniać <zmienić>	měnit <změnit>	változtat
modificar	veranderen	—	zmieniać	měnit <změnit>	megváltoztat
modificar-se	veranderen	—	zmieniać, się <zmienić, się>	měnit, se <změnit, se>	változik
modificação f	verandering f	—	zmiana f	změna f	változás
transferir	overmaken	—	przelewać	převádět <převést>	átutal
condutor m	bestuurder m	—	kierowca m	řidič m	gépkocsivezető
porque	omdat	—	ponieważ	protože	mert
melhorar	verbeteren	—	poprawiać	zlepšovat <zlepšit>	megjavít
tesoura f	schaar f	sax u	nożyce f/pl	nůžky pl	olló
proibir	verbieden	förbjuda	zabraniać	zakazovat <zakázat>	megtilt
proibido	verboden	förbjuden	zabroniony	zakázaný	tilos
obrigar	verplichten	—	zobowiązywać	zavazovat <zavázat>	kötelez
relação f	betrekking f	—	stosunek m	vztah m	kapcsolat
união f	verbinding f	—	połączenie n	spojení n	összeköttetés
proibir	verbieden	—	zabraniać	zakazovat <zakázat>	megtilt
proibido	verboden	—	zabroniony	zakázaný	tilos
gastar	verbruiken	—	zużywać <zużyć>	spotřebovávat <spotřebovat>	fogyaszt
proibição f	verbod n	—	zakaz m	zákaz m	tilalom
—	kracht f	kraft u	siła f	síla f	erő
violência f	geweld n	herravälde n	moc f	násilí n	erőszak
obrigar	dwingen	tvinga	zmuszać	nutit <donutit>	kényszerít
força f	kracht f	kraft u	siła f	síla f	erő
obrigar	dwingen	tvinga	zmuszać	nutit <donutit>	kényszerít
garfo m	vork f	gaffel u	widelec m	vidlička f	villa
vantagem f	voordeel n	—	korzyść f	výhoda f	előny
distribuir	verdelen	—	rozdzielać	rozdělovat <rozdělit>	eloszt
exigir	vorderen	fordra	żądać <zażądać>	žádat	követel
exigência f	vordering f	begäran u	żądanie n	požadavek m	követelés
para isso	ervoor	—	na to	pro	ezért
geralmente	meestal	—	przeważnie	většinou	többnyire
traduzir	vertalen	översätta	tłumaczyć	překládat <přeložit>	—
tradução f	vertaling f	översättning u	tłumaczenie n	překlad m	—
inverso	omgekeerd	omvänt	odwrotnie	opačně	—

fordra

	D	E	F	I	ES
fordra (SV)	fordern	demand	exiger	esigere	exigir
förebrå (SV)	vorwerfen	blame	reprocher	rimproverare	reprochar
föredra¹ (SV)	bevorzugen	prefer	préférer	preferire	preferir
föredra² (SV)	vorziehen	prefer	préférer	preferire	preferir
förefinnas (SV)	vorhanden	available	présent(e)	disponibile	disponible
forehead (E)	Stirn f	—	front m	fronte f	frente f
foreigner (E)	Ausländer m	—	étranger m	straniero m	extranjero m
foreign language (E)	Fremdsprache f	—	langue étrangère f	lingua straniera f	lengua extranjera f
förening (SV)	Verein m	club	association f	associazione f	asociación f
Förenta staterna (SV)	Vereinigte Staaten pl	United States	Etats-Unis m/pl	Stati Uniti m/pl	Estados Unidos m/pl
föreskrift (SV)	Vorschrift f	regulation	règle f	norma f	reglamento m
föreslå (SV)	vorschlagen	propose	proposer	proporre	proponer
forest (E)	Wald m	—	forêt f	bosco m	bosque m
föreställning (SV)	Vorstellung f	idea	idée f	idea f	idea f
forêt (F)	Wald m	forest	—	bosco m	bosque m
företag (SV)	Unternehmen n	company	entreprise f	impresa f	empresa f
företa sig (SV)	unternehmen	undertake	entreprendre	intraprendere	emprender
företräde (SV)	Vorfahrt f	right of way	priorité f	precedenza f	prioridad de paso f
förevändning (SV)	Vorwand	pretext	prétexte m	pretesto m	pretexto m
författare (SV)	Autor m	author	auteur m	autore m	autor m
författning (SV)	Verfassung f	constitution	constitution f	costituzione f/pl	constitución f
förfluten (SV)	vergangen	past	dernier(-ère)	passato(a)	pasado(a)
förfölja (SV)	verfolgen	pursue	poursuivre	inseguire	perseguir
forgalmas (H)	belebt	lively	animé(e)	animato(a)	animado(a)
forgalmi dugó (H)	Stau m	traffic jam	embouteillage m	ingorgo m	embotellamiento m
forgalom (H)	Verkehr m	traffic	circulation m	traffico m	tráfico m
forgat (H)	drehen	turn	tourner	girare	girar
förgäves (SV)	umsonst	for nothing	en vain	per niente	en vano
forget (E)	vergessen	—	oublier	dimenticare	olvidar
forgive (E)	verzeihen	—	pardonner	perdonare	perdonar
forgiveness (E)	Verzeihung f	—	pardon m	perdono m	perdón m
forgo (E)	verzichten	—	renoncer	rinunciare	renunciar a
förhindra (SV)	hindern	hinder	empêcher	impedire	impedir
förhoppningsvis (SV)	hoffentlich	hopefully	espérons	speriamo che	ojalá (que)
for it (E)	dafür	—	pour cela	per questo	para ello
fork (E)	Gabel f	—	fourchette f	forchetta f	tenedor m
förklara (SV)	erklären	explain	expliquer	spiegare	explicar
förköp (SV)	Vorverkauf m	advance booking	service de réservations m	prevendita f	venta anticipada f
förkylning¹ (SV)	Erkältung f	cold	refroidissement m	raffreddore m	resfriado m
förkylning² (SV)	Grippe f	flu	grippe f	influenza f	gripe f
förlägen (SV)	verlegen	embarrassed	gêné(e)	imbarazzato(a)	cohibido(a)
förlägenhet (SV)	Verlegenheit f	embarrassment	gêne f	imbarazzo m	timidez f
förlänga (SV)	verlängern	extend	prolonger	allungare	alargar
för länge sedan (SV)	längst	a long time ago	depuis bien longtemps	da molto	hace mucho
förlåta (SV)	verzeihen	forgive	pardonner	perdonare	perdonar
förlåtelse (SV)	Verzeihung f	forgiveness	pardon m	perdono m	perdón m
förlora (SV)	verlieren	lose	perdre	perdere	perder
förlust (SV)	Verlust m	loss	perte f	perdita f	pérdida f
form (E)	Formular n	—	formulaire m	modulo m	formulario m

P	NL	SV	PL	CZ	H
exigir	vorderen	—	żądać <zażądać>	žádat	követel
repreender	verwijten	—	zarzucać	vytýkat <vytknout>	szemére hány
preferir	de voorkeur m geven aan	—	faworyzować	dávat <dát> přednost	előnyben részesít
preferir	verkiezen	—	preferować	dávat přednost <dát přednost>	előnyben részesít
existente	voorhanden	—	istniejący	existující	meglévő
testa f	voorhoofd n	panna u	czoło n	čelo n	homlok
estrangeiro m	buitenlander m	utlänning u	cudzoziemiec m	cizinec m	külföldi
língua estrangeira f	vreemde taal f	främmande språk n	język obcy m	cizí jazyk m	idegen nyelv
associação f	vereniging f	—	stowarzyszenie n	spolek m	egyesület
Estados Unidos m/pl	Verenigde Staten pl	—	Stany Zjednoczone pl	Spojené státy pl	Egyesült Államok
regulamento m	voorschrift n	—	przepis m	předpis m	előírás
propor	voorstellen	—	proponować	navrhovat <navrhnout>	javasol
floresta f	bos n	skog u	las m	les m	erdő
ideia f	voorstelling f	—	przedstawienie n	představení n	bemutatkozás
floresta f	bos n	skog u	las m	les m	erdő
empresa f	onderneming f	—	przedsiębiorstwo n	podnik m	vállalat
empreender	ondernemen	—	przedsięwziąć	podnikat <podniknout>	vállalkozik
passagem preferencial f	voorrang m	—	pierwszeństwo n	přednost v jízdě f	elsőbbség
pretexto m	voorwendsel n	—	pretekst m	záminka f	ürügy
autor m	auteur m	—	autor m	autor m	szerző
constituição f	grondwet m	—	konstytucja f	ústava f	alkotmány
passado	voorbij	—	miniony	uplynulý	elmúlt
perseguir	vervolgen	—	ścigać	pronásledovat	üldöz
animado	levendig	livlig	ożywiony	oživený	—
engarrafamento m	file f	kö u	korek m	zácpa f	—
trânsito m	verkeer n	trafik u	ruch m	provoz m	—
rodar	draaien	vrida	obracać <obrócić>	točit <otočit>	—
gratuito	voor niets	—	darmo	zbytečně	ingyen
esquecer-se	vergeten	glömma	zapomnieć	zapomínat <zapomenout>	elfelejt
perdoar	vergeven	förlåta	wybaczyć	odpouštět <odpustit>	megbocsát
perdão m	vergiffenis f	förlåtelse u	wybaczenie n	odpuštění n	bocsánat
renunciar a	afstand doen van	avstå från	rezygnować	zříkat, se <zříci, se>	lemond
impedir	hinderen	—	przeszkadzać <przeszkodzić>	bránit <zabránit>	akadályoz
oxalá	hopelijk	—	mam nadzieję, że	doufejme	remélhetően
para isso	ervoor	för det	na to	pro	ezért
garfo m	vork f	gaffel u	widelec m	vidlička f	villa
explicar	verklaren	—	wyjaśniać <wyjaśnić>	vysvětlovat <vysvětlit>	megmagyaráz
venda antecipada f	voorverkoop m	—	przedsprzedaż f	předprodej m	elővétel
constipação f	verkoudheid f	—	przeziębienie n	nachlazení n	megfázás
gripe f	griep f	—	grypa f	chřipka f	influenza
embaraçado	verlegen	—	zakłopotany	rozpačitý	zavarban van
embaraço m	verlegenheid f	—	zakłopotanie n	rozpačitost f	zavar
prolongar	verlengen	—	przedłużać	prodlužovat <prodloužit>	meghosszabbít
há muito tempo	allang	—	od dawna	dávno	régóta
perdoar	vergeven	—	wybaczyć	odpouštět <odpustit>	megbocsát
perdão m	vergiffenis f	—	wybaczenie n	odpuštění n	bocsánat
perder	verliezen	—	stracić	ztrácet <ztratit>	elveszít
perda f	verlies n	—	strata f	ztráta f	veszteség
impresso m	formulier n	formulär n	formularz m	formulář m	űrlap

formação

	D	E	F	I	ES
formação¹ (P)	Ausbildung f	education	formation f	formazione f	formación f
formação² (P)	Bildung f	education	éducation f	istruzione f	educación f
formación (ES)	Ausbildung f	education	formation f	formazione f	—
förmåga (SV)	Fähigkeit f	ability	capacité f	capacità f	capacidad f
formaggio (I)	Käse m	cheese	fromage m	—	queso m
formar (P)	ausbilden	educate	former	addestrare	instruir
formatervezés (H)	Design n	design	design m	design m	diseño m
formation (F)	Ausbildung f	education	—	formazione f	formación f
formazione (I)	Ausbildung f	education	formation f	—	formación f
former (F)	ausbilden	educate	—	addestrare	instruir
förmoda (SV)	vermuten	suppose	supposer	supporre	suponer
förmodan (SV)	Vermutung f	supposition	supposition f	supposizione f	suposición f
formulaire (F)	Formular n	form	—	modulo m	formulario m
Formular (D)	—	form	formulaire m	modulo m	formulario m
formulär (SV)	Formular n	form	formulaire m	modulo m	formulario m
formulář (CZ)	Formular n	form	formulaire m	modulo m	formulario m
formulario (ES)	Formular n	form	formulaire m	modulo m	—
formularz (PL)	Formular n	form	formulaire m	modulo m	formulario m
formulier (NL)	Formular n	form	formulaire m	modulo m	formulario m
förnäm (SV)	vornehm	distinguished	distingué(e)	distinto(a)	distinguido(a)
förnamn (SV)	Vorname m	Christian name	prénom m	nome di battesimo m	nombre m
fornecer (P)	liefern	deliver	livrer	fornire	suministrar
fornecimento (P)	Lieferung f	delivery	livraison f	fornitura f	suministro m
förneka (SV)	leugnen	deny	nier	negare	negar
fornire (I)	liefern	deliver	livrer	—	suministrar
fornitura (I)	Lieferung f	delivery	livraison f	—	suministro m
forno (P)	Ofen m	oven	poêle m	stufa f	estufa f
for nothing (E)	umsonst	—	en vain	per niente	en vano
förnuftig (SV)	vernünftig	sensible	raisonnable	ragionevole	razonable
fornuis (NL)	Herd m	cooker	cuisinière f	cucina f	cocina f
förolämpa (SV)	beleidigen	insult	offenser	offendere	ofender
förolämpning (SV)	Beleidigung f	insult	offense f	offesa f	ofensa f
förorsaka (SV)	verursachen	cause	causer	causare	ocasionar
förort (SV)	Vorort m	suburb	faubourg m	sobborgo m	suburbio m
förr¹ (SV)	eher	sooner	plus tôt	prima	antes
förr² (SV)	früher	earlier	autrefois	prima	antes
förrätt (SV)	Vorspeise f	appetizer	hors-d'œuvre m	antipasto m	primer plato m
förresten (SV)	übrigens	by the way	d'ailleurs	del resto	por lo demás
forreta (P)	geizig	mean	avare	avaro(a)	avaro(a)
forró (H)	heiß	hot	chaud(e)	caldo(a)	caliente
försäkra (SV)	versichern	assure	assurer	assicurare	asegurar
försäkring (SV)	Versicherung f	insurance	assurance f	assicurazione f	seguro m
forse (I)	vielleicht	maybe	peut-être	—	tal vez
försening (SV)	Verspätung f	delay	retard m	ritardo m	retraso m
försiktig (SV)	vorsichtig	careful	prudent(e)	prudente	prudente
försiktighet (SV)	Vorsicht f	caution	prudence f	prudenza f	cuidado m
förskola (SV)	Kindergarten m	nursery school	jardin d'enfants m	asilo (infantile) m	jardín de infancia m
förskräckas (SV)	erschrecken	frighten	effrayer	spaventare	asustar
förskräcklig (SV)	schrecklich	terrible	terrible	spaventoso(a)	horrible
förslag¹ (SV)	Antrag m	application	demande f	domanda f	solicitud f
förslag² (SV)	Vorschlag m	proposal	proposition f	proposta f	proposición f
försök (SV)	Versuch m	try	essai m	tentativo m	intento m
först¹ (SV)	erst	first	d'abord	dapprima	primero

först

P	NL	SV	PL	CZ	H
—	opleiding f	utbildning u	wykształcenie n	vzdělání n	kiképzés
—	vorming f	bildning u	kształcenie n	vzdělání n	műveltség
formação f	opleiding f	utbildning u	wykształcenie n	vzdělání n	kiképzés
capacidade f	bekwaamheid f	—	zdolność f	schopnost f	képesség
queijo m	kaas m	ost u	ser m	sýr m	sajt
—	opleiden	utbilda	kształcić <wykształcić>	vzdělávat <vzdělat>	kiképez
desenho m	design n	design u	wzornictwo n	design m	—
formação f	opleiding f	utbildning u	wykształcenie n	vzdělání n	kiképzés
formação f	opleiding f	utbildning u	wykształcenie n	vzdělání n	kiképzés
formar	opleiden	utbilda	kształcić <wykształcić>	vzdělávat <vzdělat>	kiképez
supor	vermoeden	—	przypuszczać	domnívat, se	sejt
suposição f	vermoeden n	—	przypuszczenie n	domněnka f	sejtés
impresso m	formulier n	formulär n	formularz m	formulář m	űrlap
impresso m	formulier n	formulär n	formularz m	formulář m	űrlap
impresso m	formulier n	—	formularz m	formulář m	űrlap
impresso m	formulier n	formulär n	formularz m	—	űrlap
impresso m	formulier n	formulär n	formularz m	formulář m	űrlap
impresso m	formulier n	formulär n	—	formulář m	űrlap
impresso m	—	formulär n	formularz m	formulář m	űrlap
distinto	voornaam	—	wytworny	exkluzivní	előkelő
prenome m	voornaam m	—	imię n	křestní jméno n	keresztnév
—	leveren	leverera	dostarczać <dostarczyć>	dodávat <dodat>	szállít
—	levering f	leverans u	dostawa f	dodávka f	szállítmány
negar	ontkennen	—	zaprzeczać <zaprzeczyć>	zapírat <zapřít>	tagad
fornecer	leveren	leverera	dostarczać <dostarczyć>	dodávat <dodat>	szállít
fornecimento m	levering f	leverans u	dostawa f	dodávka f	szállítmány
—	oven m	ugn u	piec m	kamna pl	kályha
gratuito	voor niets	förgäves	darmo	zbytečně	ingyen
sensato	verstandig	—	rozsądny	rozumný	értelmes
fogão m	—	köksspis u	piec m	ložisko	tűzhely
ofender	beledigen	—	obrażać <obrazić>	urážet <urazit>	sért
ofensa f	belediging f	—	obraza f	urážka f	sértés
ocasionar	veroorzaken	—	powodować	zapříčiňovat <zapříčinit>	okoz
subúrbio m	voorstad f	—	przedmieście n	předměstí n	külváros
antes	eerder	—	raczej	spíše	hamarabb
mais cedo	vroeger	—	dawniej	dříve	korábban
entrada f	voorgerecht n	—	przystawka f	předkrm m	előétel
aliás	overigens	—	zresztą	ostatně	egyébként
—	gierig	snål	skąpy	lakomý	fösvény
quente	heet	het	gorąco	horký	—
assegurar	verzekeren	—	ubezpieczać	ujišťovat <ujistit>	biztosít
seguro m	verzekering f	—	ubezpieczenie n	pojištění n	biztosítás
talvez	misschien	kanske	może	možná	talán
atraso m	vertraging f	—	spóźnienie n	zpoždění n	késés
cauteloso	voorzichtig	—	ostrożnie	opatrný	óvatos
cautela f	voorzichtigheid f	—	ostrożność f	opatrnost f	elővigyázat
jardim de infância m	kleuterschool f	—	przedszkole n	mateřská školka f	óvoda
assustar	schrikken	—	przestraszyć	děsit <vyděsit>	megijed
horrível	verschrikkelijk	—	straszny	strašný	borzasztó
proposta f	aanvraag f	—	wniosek m	žádost f	kérvény
proposta f	voorstel n	—	propozycja f	návrh m	javaslat
ensaio m	poging f	—	próba f	pokus m	kísérlet
primeiro	eerst	—	najpierw	nejprve	csak

först

	D	E	F	I	ES
först² (SV)	zuerst	at first	d'abord	dapprima	primero
förstå (SV)	verstehen	understand	comprendre	capire	entender
förståelse (SV)	Verständnis n	understanding	compréhension f	comprensione f	comprensión f
förstånd (SV)	Verstand m	intelligence	intelligence f	intelletto m	razón f
förstora (SV)	vergrößern	enlarge	agrandir	ingrandire	agrandar
förstöra (SV)	zerstören	destroy	détruire	distruggere	destruir
förströdd (SV)	zerstreut	scattered	dispersé(e)	disperso(a)	disperso(a)
försumma (SV)	vernachlässigen	neglect	négliger	trascurare	descuidar
försvara sig (SV)	verteidigen, sich	defend	défendre, se	difendersi	defenderse
försvinna (SV)	verschwinden	disappear	disparaître	sparire	desaparecer
fort (D)	—	away	parti	via	lejos
fortaleza (ES)	Burg f	fortress	château fort m	rocca f	—
fort(e) (F)	kräftig	strong	—	forte	fuerte
fort(e) (F)	laut	loud	—	rumoroso(a)	fuerte
fort(e) (F)	stark	strong	—	forte	fuerte
forte (I)	kräftig	strong	fort(e)	—	fuerte
forte (I)	stark	strong	fort(e)	—	fuerte
forte (P)	kräftig	strong	fort(e)	forte	fuerte
forte (P)	stark	strong	fort(e)	forte	fuerte
forteckning (SV)	Verzeichnis n	list	registre m	elenco m	registro m
fortepian (PL)	Klavier n	piano	piano m	pianoforte m	piano m
for/than (E)	denn	—	car	perché	pues/porque
förtjäna (SV)	verdienen	earn	gagner	guadagnare	ganar
förtjust (SV)	entzückt	delighted	ravi(e)	affascinato(a)	encantado(a)
förträffligt (SV)	ausgezeichnet	excellent	excellent(e)	eccellente	excelente
fortress (E)	Burg f	—	château fort m	rocca f	fortaleza f
förtroende (SV)	Vertrauen n	confidence	confiance f	fiducia f	confianza f
fortsätta¹ (SV)	fortsetzen	continue	continuer	continuare	continuar
fortsätta² (SV)	weitermachen	carry on	continuer	continuare	continuar
fortsetzen (D)	—	continue	continuer	continuare	continuar
förtulla (SV)	verzollen	clear through customs	dédouaner	sdoganare	pagar la aduana
fortuna (I)	Glück n	luck	chance f	—	suerte f
förtvivlad (SV)	verzweifelt	desperate	désespéré(e)	disperato(a)	desesperado(a)
förutbeställa (SV)	vorbestellen	book	réserver	prenotare	hacer reservar
förutom (SV)	ausgenommen	except	excepté	eccetto	excepto
förutsätta (SV)	voraussetzen	assume	supposer	presupporre	presuponer
förvänta (SV)	erwarten	expect	attendre	aspettare	esperar
förvara (SV)	aufbewahren	keep	garder	conservare	guardar
förvärva (SV)	erwerben	acquire	acquérir	acquistare	adquirir
förväxla (SV)	vertauschen	exchange	échanger	scambiare	cambiar
förverkliga (SV)	verwirklichen	realize	réaliser	realizzare	realizar
förvirrad (SV)	verwirrt	confused	confus(e)	confuso(a)	confundido(a)
forward(s) (E)	vorwärts	—	en avant	avanti	adelante
forza¹ (I)	Gewalt f	force	violence f	—	poder m
forza² (I)	Kraft f	strength	force f	—	fuerza f
fósforo (P)	Streichholz n	match	allumette f	fiammifero m	cerilla f
fösvény (H)	geizig	mean	avare	avaro(a)	avaro(a)
föszezon (H)	Hochsaison f	high season	pleine saison f	alta stagione f	temporada alta f
fosztogat (H)	plündern	loot	piller	saccheggiare	desvalijar
fot (SV)	Fuß m	foot	pied m	piede m	pie m
fotboll (SV)	Fußball m	football	football m	calcio m	fútbol m
fotgängare (SV)	Fußgänger m	pedestrian	piéton m	pedone m	peatón m

P	NL	SV	PL	CZ	H
em primeiro lugar	eerst	—	najpierw	nejprve	először
compreender	verstaan	—	rozumieć	rozumět <porozumět>	megért
compreensão f	begrip n	—	zrozumienie n	pochopení n	megértés
inteligência f	verstand n	—	rozum m	rozum m	értelem
engrandecer	vergroten	—	powiększać	zvětšovat <zvětšit>	nagyít
destruir	verwoesten	—	niszczyć	ničit <zničit>	szétrombol
distraído	verstrooid	—	rozproszony	roztržitý	szórakozott
descuidar	verwaarlozen	—	zaniedbywać	zanedbávat <zanedbat>	elhanyagol
defender-se	verdedigen, zich	—	bronić się	bránit, se <ubránit, se>	védekezik
desaparecer	verdwijnen	—	zniknąć	mizet <zmizet>	eltűnik
ausente	weg	undan	precz	pryč	el
castelo m	kasteel n	borg u	zamek m	hrad m	vár
forte	krachtig	kraftig	silny	silný	erős
ruidoso	luid	högljudd	głośny	hlasitý	hangos
forte	sterk	stark	silny	silný	erős
forte	krachtig	kraftig	silny	silný	erős
forte	sterk	stark	silny	silný	erős
—	krachtig	kraftig	silny	silný	erős
—	sterk	stark	silny	silný	erős
lista f	lijst m	—	spis m	seznam m	jegyzék
piano m	piano m	piano n	—	klavír m	zongora
porque	want	för	ponieważ	protože	mert
ganhar	verdienen	—	zarabiać	vydělávat <vydělat>	keres
encantado	enthousiast	—	zachwycony	uchvácený	elragadó
excelente	uitstekend	—	znakomicie	vynikající	kitűnő
castelo m	kasteel n	borg u	zamek m	hrad m	vár
confiança f	vertrouwen n	—	zaufanie n	důvěra f	bizalom
continuar	voortzetten	—	kontynuować	pokračovat	folytat
continuar a fazer	doorgaan	—	kontynuować	pokračovat	folytat
continuar	voortzetten	fortsätta	kontynuować	pokračovat	folytat
pagar direitos	invoerrechten betalen	—	oclić	proclívat <proclít>	elvámol
sorte f	geluk n	lycka u	szczęście n	štěstí n	szerencse
desesperado	vertwijfeld	—	zrozpaczony	zoufalý	kétségbeesett
reservar	van tevoren bestellen	—	zarezerwować zamówienie	objednávat předem <objednat předem>	előre rendel
excepto	uitgezonderd	—	z wyjątkiem	vyjma	kivéve
pressupor	veronderstellen	—	przypuszczać	předpokládat	feltételez
aguardar	verwachten	—	oczekiwać	očekávat	elvár
guardar	bewaren	—	przechowywać <przechować>	uschovávat <uschovat>	megőriz
adquirir	verkrijgen	—	nabywać <nabyć>	získávat <získat>	szerez
trocar	verwisselen	—	zamieniać	zaměňovat <zaměnit>	elcserél
realizar	realiseren	—	urzeczywistniać	uskutečňovat <uskutečnit>	megvalósít
confuso	verward	—	zagmatwany	zmatený	zavart
avante	vooruit	framåt	naprzód	vpřed	előre
violência f	geweld n	herravälde n	moc f	násilí n	erőszak
força f	kracht f	kraft u	siła f	síla f	erő
—	lucifer m	tändsticka u	zapałka f	zápalka f	gyufa
forreta	gierig	snål	skąpy	lakomý	—
estação alta f	hoogseizoen n	högsäsong u	pełnia sezonu f	hlavní sezóna f	—
saquear	plunderen	plundra	łupić <złupić>	plenit <vyplenit>	—
pé m	voet m	—	stopa f	noha f	láb
bola de futebol f	voetbal m	—	piłka nożna f	kopaná f	labdarúgás
peão m	voetganger m	—	pieszy m	chodec m	gyalogos

fotknöl 394

	D	E	F	I	ES
fotknöl (SV)	Knöchel m	ankle	cheville f	caviglia f	tobillo m
Foto (D)	—	photo	photo f	foto f	foto f
foto (I)	Foto n	photo	photo f	—	foto f
foto (ES)	Foto n	photo	photo f	foto f	—
foto (NL)	Foto n	photo	photo f	foto f	foto f
foto (SV)	Foto n	photo	photo f	foto f	foto f
foto (CZ)	Foto n	photo	photo f	foto f	foto f
Fotoapparat (D)	—	camera	appareil photo m	macchina fotografica m	máquina fotográfica f
fotografar (P)	fotografieren	take pictures	photographier	fotografare	fotografiar
fotografare (I)	fotografieren	take pictures	photographier	—	fotografiar
fotografera (SV)	fotografieren	take pictures	photographier	fotografare	fotografiar
fotograferen (NL)	fotografieren	take pictures	photographier	fotografare	fotografiar
fotografia (P)	Foto n	photo	photo f	foto f	foto f
fotografiar (ES)	fotografieren	take pictures	photographier	fotografare	—
fotografický přístroj (CZ)	Fotoapparat m	camera	appareil photo m	macchina fotografica m	máquina fotográfica f
fotografieren (D)	—	take pictures	photographier	fotografare	fotografiar
fotografovat <vytogografovat> (CZ)	fotografieren	take pictures	photographier	fotografare	fotografiar
fotografować <sfotografować> (PL)	fotografieren	take pictures	photographier	fotografare	fotografiar
fou (folle) (F)	verrückt	mad	—	pazzo(a)	loco(a)
found (E)	gründen	—	fonder	fondare	fundar
fountain (E)	Brunnen m	—	fontaine f	fontana f	fuente f
fourchette (F)	Gabel f	fork	—	forchetta f	tenedor m
fournir (F)	versorgen	provide	—	approvvigionare	proveer
fout (NL)	Fehler m	mistake	faute f	sbaglio m	falta f
főutca (H)	Hauptstraße f	main street	grand-rue f	strada principale f	calle central f
főváros (H)	Hauptstadt f	capital	capitale f	capitale f	capital f
főzni (H)	kochen	cook	cuire	cucinare	cocinar
fracaso (ES)	Misserfolg m	failure	échec m	insuccesso m	—
fracasso (P)	Misserfolg m	failure	échec m	insuccesso m	fracaso m
fräck (SV)	frech	cheeky	insolent(e)	sfacciato(a)	atrevido(a)
fraco (P)	schwach	weak	faible	debole	débil
fråga (SV)	Frage f	question	question f	domanda f	pregunta f
fråga (SV)	fragen	ask	demander	domandare	preguntar
Frage (D)	—	question	question f	domanda f	pregunta f
fragen (D)	—	ask	demander	domandare	preguntar
frágil (ES)	zerbrechlich	fragile	fragile	fragile	—
frágil (P)	zerbrechlich	fragile	fragile	fragile	frágil
fragile (E)	zerbrechlich	—	fragile	fragile	frágil
fragile (F)	zerbrechlich	fragile	—	fragile	frágil
fragile (I)	zerbrechlich	fragile	fragile	—	frágil
fragment (NL)	Ausschnitt m	extract	extrait m	ritaglio m	recorte m
fragola (I)	Erdbeere f	strawberry	fraise f	—	fresa f
fraise (F)	Erdbeere f	strawberry	—	fragola f	fresa f
frais (fraîche)¹ (F)	frisch	fresh	—	fresco(a)	fresco(a)
frais (fraîche)² (F)	kühl	cool	—	fresco(a)	frío(a)
framåt (SV)	vorwärts	forward(s)	en avant	avanti	adelante
framboise (F)	Himbeere f	raspberry	—	lampone m	frambuesa f
framboos (NL)	Himbeere f	raspberry	framboise f	lampone m	frambuesa f

framboos

P	NL	SV	PL	CZ	H
tornozelo m	enkel m	—	kostka f	kotník m	boka
fotografia f	foto f	foto n	zdjęcie n	foto n	fénykép
fotografia f	foto f	foto n	zdjęcie n	foto n	fénykép
fotografia f	foto f	foto n	zdjęcie n	foto n	fénykép
fotografia f	—	foto n	zdjęcie n	foto n	fénykép
fotografia f	foto f	—	zdjęcie n	foto n	fénykép
fotografia f	foto f	foto n	zdjęcie n	—	fénykép
máquina fotográfica f	camera f	kamera u	aparat fotograficzny m	fotografický přístroj m	fényképezőgép
—	fotograferen	fotografera	fotografować <sfotografować>	fotografovat <vytogografovat>	fényképez
fotografar	fotograferen	fotografera	fotografować <sfotografować>	fotografovat <vytogografovat>	fényképez
fotografar	fotograferen	—	fotografować <sfotografować>	fotografovat <vytogografovat>	fényképez
fotografar	—	fotografera	fotografować <sfotografować>	fotografovat <vytogografovat>	fényképez
—	foto f	foto n	zdjęcie n	foto n	fénykép
fotografar	fotograferen	fotografera	fotografować <sfotografować>	fotografovat <vytogografovat>	fényképez
máquina fotográfica f	camera f	kamera u	aparat fotograficzny m	—	fényképezőgép
fotografar	fotograferen	fotografera	fotografować <sfotografować>	fotografovat <vytogografovat>	fényképez
fotografar	fotograferen	fotografera	fotografować <sfotografować>	—	fényképez
fotografar	fotograferen	fotografera	—	fotografovat <vytogografovat>	fényképez
doido	gek	tokig	zwariowany	pomatený	bolond
fundar	oprichten; gebaseerd zijn	grunda	zakładać <założyć>	zakládat <založit>	alapít
poço m	bron f	brunn u	studnia f	studna f	kút
garfo m	vork f	gaffel u	widelec m	vidlička f	villa
abastecer	verzorgen	sköta	zaopatrywać	zaopatřovat <zaopatřit>	ellát
erro m	—	fel n	błąd m	chyba f	hiba
estrada principal f	hoofdstraat f	huvudgata u	główna ulica f	hlavní ulice f	—
capital f	hoofdstad f	huvudstad u	stolica f	hlavní město n	—
cozinhar	koken	laga mat	gotować <ugotować>	vařit <uvařit>	—
fracasso m	mislukking f	motgång u	niepowodzenie n	neúspěch m	kudarc
—	mislukking f	motgång u	niepowodzenie n	neúspěch m	kudarc
insolente	brutaal	—	bezczelny	drzý	szemtelen
—	zwak	svag	słaby	slabý	gyenge
pergunta f	vraag f	—	pytanie n	otázka f	kérdés
perguntar	vragen	—	pytać	ptát, se <zeptat, se>	kérdez
pergunta f	vraag f	fråga u	pytanie n	otázka f	kérdés
perguntar	vragen	fråga	pytać	ptát, se <zeptat, se>	kérdez
frágil	breekbaar	bräcklig	łamliwy	křehký	törékeny
—	breekbaar	bräcklig	łamliwy	křehký	törékeny
frágil	breekbaar	bräcklig	łamliwy	křehký	törékeny
frágil	breekbaar	bräcklig	łamliwy	křehký	törékeny
frágil	breekbaar	bräcklig	łamliwy	křehký	törékeny
decote m	—	urskärning u	wycinek m	výřez m	kivágás
morango m	aardbei f	jordgubbe u	truskawka f	jahoda f	szamóca
morango m	aardbei f	jordgubbe u	truskawka f	jahoda f	szamóca
fresco	vers/fris	färsk	świeży	čerstvý	friss(en)
fresco	koel	kylig	chłodny	chladný	hűvös
avante	vooruit	—	naprzód	vpřed	előre
amora f	framboos f	hallon n	malina f	malina f	málna
amora f	—	hallon n	malina f	malina f	málna

frambuesa

	D	E	F	I	ES
frambuesa (ES)	Himbeere f	raspberry	framboise f	lampone m	—
frame (E)	Rahmen m	—	cadre m	cornice f	marco m
framför (SV)	davor	in front of	devant	davanti	delante
framgång (SV)	Erfolg m	success	succès m	successo m	éxito m
framgångsrik (SV)	erfolgreich	successful	avec succès	di successo	exitoso(a)
främmande språk (SV)	Fremdsprache f	foreign language	langue étrangère f	lingua straniera f	lengua extranjera f
framstående (SV)	hervorragend	excellent	excellent(e)	eccellente	extraordinario(a)
framställa (SV)	darstellen	represent	représenter	rappresentare	representar
framtid (SV)	Zukunft f	future	avenir m	futuro m	futuro m
framtill (SV)	vorn(e)	at the front	devant	davanti	(a)delante
framträda (SV)	erscheinen	appear	apparaître	apparire	aparecer
França (P)	Frankreich n	France	France f	Francia f	Francia f
France (E)	Frankreich n	—	France f	Francia f	Francia f
France (F)	Frankreich n	France	—	Francia f	Francia f
Francia (I)	Frankreich n	France	France f	—	Francia f
Francia (ES)	Frankreich n	France	France f	Francia f	—
Franciaország (H)	Frankreich n	France	France f	Francia f	Francia f
Francie (CZ)	Frankreich n	France	France f	Francia f	Francia f
Francja (PL)	Frankreich n	France	France f	Francia f	Francia f
francobollo (I)	Briefmarke f	stamp	timbre m	—	sello m
frankera (SV)	frankieren	stamp	affranchir	affrancare	franquear
frankeren (NL)	frankieren	stamp	affranchir	affrancare	franquear
frankieren (D)	—	stamp	affranchir	affrancare	franquear
frankovat <ofrankovat> (CZ)	frankieren	stamp	affranchir	affrancare	franquear
frankować (PL)	frankieren	stamp	affranchir	affrancare	franquear
Frankreich (D)	—	France	France f	Francia f	Francia f
Frankrijk (NL)	Frankreich n	France	France f	Francia f	Francia f
Frankrike (SV)	Frankreich n	France	France f	Francia f	Francia f
franquear (ES)	frankieren	stamp	affranchir	affrancare	—
franqueo (ES)	Porto n	postage	port m	affrancatura f	—
franquia (P)	Porto n	postage	port m	affrancatura f	franqueo m
franquiar (P)	frankieren	stamp	affranchir	affrancare	franquear
frapper (F)	klopfen	knock	—	bussare	golpear
fraqueza (P)	Schwäche f	weakness	faiblesse f	debolezza f	debilidad f
frase (I)	Satz m	sentence	phrase f	—	oración f
frase (P)	Satz m	sentence	phrase f	frase f	oración f
fratelli e sorelle (I)	Geschwister pl	brothers and sisters	frère(s) et sœur(s) pl	—	hermanos m/pl
fratello (I)	Bruder m	brother	frère m	—	hermano m
frattanto (I)	inzwischen	meanwhile	entretemps	—	mientras tanto
Frau (D)	—	woman	femme f	donna f	mujer f
fraud (E)	Betrug m	—	tromperie f	inganno m	engaño m
fraude (P)	Betrug m	fraud	tromperie f	inganno m	engaño m
freccia (I)	Pfeil m	arrow	flèche f	—	flecha f
frech (D)	—	cheeky	insolent(e)	sfacciato(a)	atrevido(a)
frecuente (ES)	häufig	frequent	fréquent(e)	frequente	—
fred (SV)	Frieden m	peace	paix f	pace f	paz f
freddo(a) (I)	kalt	cold	froid(e)	—	frío(a)
fredlig (SV)	friedlich	peaceful	paisible	pacifico(a)	pacífico(a)
freedom (E)	Freiheit f	—	liberté f	libertà f	libertad f
free of charge (E)	gratis	—	gratuit(e)	gratuito(a)	gratuito(a)

free of charge

P	NL	SV	PL	CZ	H
amora f	framboos f	hallon n	malina f	malina f	málna
moldura f	kader n	ram u	rama f	rám m	keret
diante	daarvoor	—	przed	před tím	előtt
êxito m	succes n	—	sukces m	úspěch m	siker
bem sucedido	succesrijk	—	cieszący się powodzeniem	úspěšný	sikeres
língua estrangeira f	vreemde taal f	—	język obcy m	cizí jazyk m	idegen nyelv
excelente	uitstekend	—	znakomity	vynikající	kitűnő
representar	voorstellen	—	przedstawiać <przedstawić>	prezentovat	ábrázol
futuro m	toekomst f	—	przyszłość f	budoucnost f	jövő
à frente	voor(aan)	—	z przodu	vepředu	elöl
aparecer	verschijnen	—	ukazywać, się <ukazać, się>	objevovat se <objevit se>	megjelen
—	Frankrijk n	Frankrike	Francja f	Francie f	Franciaország
França f	Frankrijk n	Frankrike	Francja f	Francie f	Franciaország
França f	Frankrijk n	Frankrike	Francja f	Francie f	Franciaország
França f	Frankrijk n	Frankrike	Francja f	Francie f	Franciaország
França f	Frankrijk n	Frankrike	Francja f	Francie f	Franciaország
França f	Frankrijk n	Frankrike	Francja f	Francie f	—
França f	Frankrijk n	Frankrike	Francja f	—	Franciaország
França f	Frankrijk n	Frankrike	—	Francie f	Franciaország
selo m	postzegel m	frimärke n	znaczek pocztowy m	poštovní známka f	levélbélyeg
franquiar	frankeren	—	frankować	frankovat <ofrankovat>	bérmentesít
franquiar	—	frankera	frankować	frankovat <ofrankovat>	bérmentesít
franquiar	frankeren	frankera	frankować	frankovat <ofrankovat>	bérmentesít
franquiar	frankeren	frankera	frankować	—	bérmentesít
franquiar	frankeren	frankera	—	frankovat <ofrankovat>	bérmentesít
França f	Frankrijk n	Frankrike	Francja f	Francie f	Franciaország
França f	—	Frankrike	Francja f	Francie f	Franciaország
França f	Frankrijk n	—	Francja f	Francie f	Franciaország
franquiar	frankeren	frankera	frankować	frankovat <ofrankovat>	bérmentesít
franquia f	porto n	porto n	opłata pocztowa f	poštovné n	postadíj
—	porto n	porto n	opłata pocztowa f	poštovné n	postadíj
—	frankeren	frankera	frankować	frankovat <ofrankovat>	bérmentesít
bater	kloppen	knacka	pukać <zapukać>	klepat <zaklepat>	kopog
—	zwakte f	svaghet u	słabość f	slabost f	gyengeség
frase f	zin m	mening n	zdanie n	věta f	mondat
—	zin m	mening u	zdanie n	věta f	mondat
irmãos m/pl	broers en zusters pl	syskon pl	rodzeństwo n	sourozenci m/pl	testvérek
irmão m	broer m	bror u	brat m	bratr m	fiútestvér
entretanto	ondertussen	under tiden	tymczasem	mezitím	közben
mulher f	vrouw f	kvinna u	kobieta f	žena f	asszony
fraude f	bedrog n	bedrägeri n	oszustwo n	podvod m	csalás
—	bedrog n	bedrägeri n	oszustwo n	podvod m	csalás
seta f	pijl m	pil u	strzała f	šíp m	nyíl
insolente	brutaal	fräck	bezczelny	drzý	szemtelen
frequente	vaak	ofta	częsty	často	gyakran
paz f	vrede f	—	pokój m	mír m	béke
frio	koud	kallt	zimny	studený	hideg
pacífico	vreedzaam	—	pokojowy	mírumilovný	békés
liberdade f	vrijheid f	frihet u	wolność f	svoboda f	szabadság
grátis	gratis	gratis	darmo	zadarmo	ingyenes

free time

	D	E	F	I	ES
free time (E)	Freizeit f	—	loisirs m/pl	tempo libero	tiempo libre m
Freiheit (D)	—	freedom	liberté f	libertà f	libertad f
frein (F)	Bremse f	brake	—	freno m	freno m
freiner (F)	bremsen	brake	—	frenare	frenar
Freizeit (D)	—	free time	loisirs m/pl	tempo libero	tiempo libre m
Fremdenverkehrsbüro (D)	—	tourism office	office du tourisme m	ufficio turistico m	oficina de turismo f
Fremdsprache (D)	—	foreign language	langue étrangère f	lingua straniera f	lengua extranjera f
frenar (ES)	bremsen	brake	freiner	frenare	—
frenare (I)	bremsen	brake	freiner	—	frenar
frenetico(a) (I)	hektisch	hectic	fébrile	—	aperreado(a)
freno (I)	Bremse f	brake	frein m	—	freno m
freno (ES)	Bremse f	brake	frein m	freno m	—
frente (ES)	Stirn f	forehead	front m	fronte f	—
frequent (E)	häufig	—	fréquent(e)	frequente	frecuente
frequente (I)	häufig	frequent	fréquent(e)	—	frecuente
frequente (P)	häufig	frequent	fréquent(e)	frequente	frecuente
fréquent(e) (F)	häufig	frequent	—	frequente	frecuente
frequentemente (P)	oft	often	souvent	spesso	a menudo
frère (F)	Bruder m	brother	—	fratello m	hermano m
frère(s) et sœur(s) (F)	Geschwister pl	brothers and sisters	—	fratelli e sorelle pl	hermanos m/pl
fresa (ES)	Erdbeere f	strawberry	fraise f	fragola f	—
fresco¹ (P)	frisch	fresh	frais (fraîche)	fresco(a)	fresco(a)
fresco² (P)	kühl	cool	frais (fraîche)	fresco(a)	frío(a)
fresco(a)¹ (I)	frisch	fresh	frais (fraîche)	—	fresco(a)
fresco(a)² (I)	kühl	cool	frais (fraîche)	—	frío(a)
fresco(a) (ES)	frisch	fresh	frais (fraîche)	fresco(a)	—
fresh (E)	frisch	—	frais (fraîche)	fresco(a)	fresco(a)
fressen (D)	—	eat	bouffer	mangiare	devorar
Freude (D)	—	joy	joie f	gioia f	alegría f
freuen, sich (D)	—	be glad/happy	réjouir, se	rallegrarsi	alegrarse
Freund (D)	—	friend	ami m	amico m	amigo m
freundlich (D)	—	friendly	aimable	gentile	amable
Freundschaft (D)	—	friendship	amitié f	amicizia f	amistad f
fridge (E)	Kühlschrank m	—	réfrigérateur m	frigorifero m	nevera f
fried (E)	gebraten	—	rôti(e)	arrostito(a)	asado(a)
Frieden (D)	—	peace	paix f	pace f	paz f
Friedhof (D)	—	cemetery	cimetière m	cimitero m	cementerio m
friedlich (D)	—	peaceful	paisible	pacifico(a)	pacífico(a)
friend (E)	Freund m	—	ami m	amico m	amigo m
friendly¹ (E)	befreundet	—	ami(e)	amico(a)	amigo(a)
friendly² (E)	freundlich	—	aimable	gentile	amable
friendship (E)	Freundschaft f	—	amitié f	amicizia f	amistad f
frieren (D)	—	be cold	avoir froid	avere freddo	tener frío
frighten (E)	erschrecken	—	effrayer	spaventare	asustar
frigorifero (I)	Kühlschrank m	fridge	réfrigérateur m	—	nevera f
frigorífico (P)	Kühlschrank m	fridge	réfrigérateur m	frigorifero m	nevera f
frihet (SV)	Freiheit f	freedom	liberté f	libertà f	libertad f
frimärke (SV)	Briefmarke f	stamp	timbre m	francobollo m	sello m
frio (P)	kalt	cold	froid(e)	freddo(a)	frío(a)
frío(a)¹ (ES)	kalt	cold	froid(e)	freddo(a)	—
frío(a)² (ES)	kühl	cool	frais (fraîche)	fresco(a)	—
frisch (D)	—	fresh	frais (fraîche)	fresco(a)	fresco(a)

frisch

P	NL	SV	PL	CZ	H
tempo livre *m*	vrije tijd *m*	fritid *u*	czas wolny *m*	volný čas *m*	szabadidő
liberdade *f*	vrijheid *f*	frihet *u*	wolność *f*	svoboda *f*	szabadság
travão *m*	rem *f*	broms *u*	hamulec *m*	brzda *f*	fék
travar	remmen	bromsa	hamować <zahamować>	brzdit <zabrzdit>	fékez
tempo livre *m*	vrije tijd *m*	fritid *u*	czas wolny *m*	volný čas *m*	szabadidő
agência de informação turística *f*	bureau voor toerisme *n*	turistbyrå *u*	biuro turystyczne *n*	cestovní kancelář *f*	idegenforgalmi iroda
língua estrangeira *f*	vreemde taal *f*	främmande språk *n*	język obcy *m*	cizí jazyk *m*	idegen nyelv
travar	remmen	bromsa	hamować <zahamować>	brzdit <zabrzdit>	fékez
travar	remmen	bromsa	hamować <zahamować>	brzdit <zabrzdit>	fékez
héctico	hectisch	hektisk	gorączkowy	hektický	hektikus
travão *m*	rem *f*	broms *u*	hamulec *m*	brzda *f*	fék
travão *m*	rem *f*	broms *u*	hamulec *m*	brzda *f*	fék
testa *f*	voorhoofd *n*	panna *u*	czoło *n*	čelo *n*	homlok
frequente	vaak	ofta	częsty	často	gyakran
frequente	vaak	ofta	częsty	často	gyakran
—	vaak	ofta	częsty	často	gyakran
frequente	vaak	ofta	częsty	často	gyakran
—	vaak	ofta	często	často	sokszor
irmão *m*	broer *m*	bror *u*	brat *m*	bratr *m*	fiútestvér
irmãos *m/pl*	broers en zusters *pl*	syskon *pl*	rodzeństwo *n*	sourozenci *m/pl*	testvérek
morango *m*	aardbei *f*	jordgubbe *u*	truskawka *f*	jahoda *f*	szamóca
—	vers/fris	färsk	świeży	čerstvý	friss(en)
—	koel	kylig	chłodny	chladný	hűvös
fresco	vers/fris	färsk	świeży	čerstvý	friss(en)
fresco	koel	kylig	chłodny	chladný	hűvös
fresco	vers/fris	färsk	świeży	čerstvý	friss(en)
fresco	vers/fris	färsk	świeży	čerstvý	friss(en)
devorar	vreten	äta	żreć <zeżreć>	žrát <sežrat>	zabál
alegria *f*	vreugde *f*	glädje *u*	radość *f*	radost *f*	öröm
alegrar-se	verheugen, zich	glädja sig	cieszyć, się <ucieszyć, się>	radovat, se <zaradovat, se>	örül
amigo *m*	vriend *m*	vän *u*	przyjaciel *m*	přítel *m*	barát
amável	vriendelijk	vänlig	przyjazny	přátelský	barátságos
amizade *f*	vriendschap *f*	vänskap *u*	przyjaźń *f*	přátelství *n*	barátság
frigorífico *m*	koelkast *f*	kylskåp *n*	lodówka *f*	chladnička *f*	jégszekrény
assado	gebraden	stekt	usmażony	pečený	megsült
paz *f*	vrede *f*	fred *u*	pokój *m*	mír *m*	béke
cemitério *m*	kerkhof *m*	kyrkogård *u*	cmentarz *m*	hřbitov *m*	temető
pacífico	vreedzaam	fredlig	pokojowy	mírumilovný	békés
amigo *m*	vriend *m*	vän *u*	przyjaciel *m*	přítel *m*	barát
amigo de	bevriend	vara vän med någon	zaprzyjaźniony	zpřátelen	baráti visszonyban áll
amável	vriendelijk	vänlig	przyjazny	přátelský	barátságos
amizade *f*	vriendschap *f*	vänskap *u*	przyjaźń *f*	přátelství *n*	barátság
ter frio	het koud hebben/ vriezen	frysa	marznąć <zmarznąć>	mrznout <zamrznout>	fázik
assustar	schrikken	förskräckas	przestraszyć	děsit <vyděsit>	megijed
frigorífico *m*	koelkast *f*	kylskåp *n*	lodówka *f*	chladnička *f*	jégszekrény
—	koelkast *f*	kylskåp *n*	lodówka *f*	chladnička *f*	jégszekrény
liberdade *f*	vrijheid *f*	—	wolność *f*	svoboda *f*	szabadság
selo *m*	postzegel *m*	—	znaczek pocztowy *m*	poštovní známka *f*	levélbélyeg
—	koud	kallt	zimny	studený	hideg
frio	koud	kallt	zimny	studený	hideg
fresco	koel	kylig	chłodny	chladný	hűvös
fresco	vers/fris	färsk	świeży	čerstvý	friss(en)

Friseur

	D	E	F	I	ES
Friseur (D)	—	hairdresser	coiffeur m	parrucchiere m	peluquero m
frisk (SV)	gesund	healthy	sain(e)	sano(a)	sano(a)
frisör (SV)	Friseur m	hairdresser	coiffeur m	parrucchiere m	peluquero m
friss(en) (H)	frisch	fresh	frais (fraîche)	fresco(a)	fresco(a)
Frisur (D)	—	hairstyle	coiffure f	pettinatura f	peinado m
frisyr (SV)	Frisur f	hairstyle	coiffure f	pettinatura f	peinado m
fritid (SV)	Freizeit f	free time	loisirs m/pl	tempo libero	tiempo libre m
frizura (H)	Frisur f	hairstyle	coiffure f	pettinatura f	peinado m
froh (D)	—	glad	content(e)	lieto(a)	contento(a)
fröhlich (D)	—	merry	joyeux(euse)	allegro(a)	alegre
froid(e) (F)	kalt	cold	—	freddo(a)	frío(a)
from (SV)	fromm	pious	pieux(euse)	devoto(a)	devoto(a)
fromage (F)	Käse m	cheese	—	formaggio m	queso m
fromage blanc (F)	Quark m	curd cheese	—	ricotta f	requesón m
fromm (D)	—	pious	pieux(euse)	devoto(a)	devoto(a)
front (F)	Stirn f	forehead	—	fronte f	frente f
fronte (I)	Stirn f	forehead	front m	—	frente f
fronteira (P)	Grenze f	frontier	frontière f	frontiera f	frontera f
frontera (ES)	Grenze f	frontier	frontière f	frontiera f	—
frontier (E)	Grenze f	—	frontière f	frontiera f	frontera f
frontiera (I)	Grenze f	frontier	frontière f	—	frontera f
frontière (F)	Grenze f	frontier	—	frontiera f	frontera f
frouxo (P)	locker	loose	desserré(e)	lento(a)	flojo(a)
früh (D)	—	early	tôt	presto	temprano(a)
früher (D)	—	earlier	autrefois	prima	antes
Frühling (D)	—	spring	printemps m	primavera f	primavera f
Frühstück (D)	—	breakfast	petit-déjeuner m	colazione f	desayuno m
fruit (E)	Obst n	—	fruits m/pl	frutta f	fruta f
fruit (NL)	Obst n	fruit	fruits m/pl	frutta f	fruta f
fruits (F)	Obst n	fruit	—	frutta f	fruta f
frukost (SV)	Frühstück n	breakfast	petit-déjeuner m	colazione f	desayuno m
frukt (SV)	Obst n	fruit	fruits m/pl	frutta f	fruta f
frukta (SV)	fürchten	fear	craindre	temere	temer
fruta (ES)	Obst n	fruit	fruits m/pl	frutta f	—
fruta (P)	Obst n	fruit	fruits m/pl	frutta f	fruta f
frutta (I)	Obst n	fruit	fruits m/pl	—	fruta f
frysa (SV)	frieren	be cold	avoir froid	avere freddo	tener frío
fryzjer (PL)	Friseur m	hairdresser	coiffeur m	parrucchiere m	peluquero m
fryzura (PL)	Frisur f	hairstyle	coiffure f	pettinatura f	peinado m
fű (H)	Gras n	grass	herbe f	erba f	hierba f
fuego (ES)	Feuer n	fire	feu m	fuoco m	—
fuente (ES)	Brunnen m	fountain	fontaine f	fontana f	—
fuerte (ES)	kräftig	strong	fort(e)	forte	—
fuerte (ES)	laut	loud	fort(e)	rumoroso(a)	—
fuerte (ES)	stark	strong	fort(e)	forte	—
fuerza (ES)	Kraft f	strength	force f	forza f	—
független (H)	unabhängig	independent	indépendant(e)	indipendente	independiente
függöny (H)	Vorhang m	curtain	rideau m	tenda f	cortina f
fugir (P)	fliehen	flee	échapper, s'	scappare	huir
fühlen (D)	—	feel	sentir	sentire	sentir
führen (D)	—	lead	guider	guidare	dirigir
Führerschein (D)	—	driving licence	permis de conduire m	patente f	permiso de conducir m
fuktig (SV)	feucht	damp	humide	umido(a)	húmedo(a)
ful (SV)	hässlich	ugly	laid(e)	brutto(a)	feo(a)
fül (H)	Ohr n	ear	oreille f	orecchio m	oreja f

fül

P	NL	SV	PL	CZ	H
cabeleireiro m	kapper m	frisör u	fryzjer m	kadeřník m	fodrász
saudável	gezond	—	zdrowy	zdravý	egészséges
cabeleireiro m	kapper m	—	fryzjer m	kadeřník m	fodrász
fresco	vers/fris	färsk	świeży	čerstvý	—
penteado m	kapsel n	frisyr u	fryzura f	účes m	frizura
penteado m	kapsel n	—	fryzura f	účes m	frizura
tempo livre m	vrije tijd m	—	czas wolny m	volný čas m	szabadidő
penteado m	kapsel n	frisyr u	fryzura f	účes m	—
contente	blij	glad	zadowolony	rád	boldog
alegre	vrolijk	glad	wesoły	veselý	vidám
frio	koud	kallt	zimny	studený	hideg
devoto	vroom	—	pobożny	nábožný	vallásos
queijo m	kaas m	ost u	ser m	sýr m	sajt
queijo fresco m	kwark m	kvarg u	twaróg m	tvaroh m	túró
devoto	vroom	from	pobożny	nábožný	vallásos
testa f	voorhoofd n	panna u	czoło n	čelo n	homlok
testa f	voorhoofd n	panna u	czoło n	čelo n	homlok
—	grens m	gräns u	granica f	hranice f	határ
fronteira f	grens m	gräns u	granica f	hranice f	határ
fronteira f	grens m	gräns u	granica f	hranice f	határ
fronteira f	grens m	gräns u	granica f	hranice f	határ
fronteira f	grens m	gräns u	granica f	hranice f	határ
—	los	lös	luźny	volný	laza
cedo	vroeg	tidig	wcześnie	brzy	korán
mais cedo	vroeger	förr	dawniej	dříve	korábban
primavera f	lente f	vår u	wiosna f	jaro n	tavasz
pequeno-almoço m	ontbijt n	frukost u	śniadanie n	snídaně f	reggeli
fruta f	fruit n	frukt pl	owoce m/pl	ovoce n	gyümölcs
fruta f	—	frukt pl	owoce m/pl	ovoce n	gyümölcs
fruta f	fruit n	frukt pl	owoce m/pl	ovoce n	gyümölcs
pequeno-almoço m	ontbijt n	—	śniadanie n	snídaně f	reggeli
fruta f	fruit n	—	owoce m/pl	ovoce n	gyümölcs
ter medo de	vrezen	—	obawiać, się	bát se	fél, retteg
fruta f	fruit n	frukt pl	owoce m/pl	ovoce n	gyümölcs
—	fruit n	frukt pl	owoce m/pl	ovoce n	gyümölcs
fruta f	fruit n	frukt pl	owoce m/pl	ovoce n	gyümölcs
ter frio	het koud hebben/vriezen	—	marznąć <zmarznąć>	mrznout <zamrznout>	fázik
cabeleireiro m	kapper m	frisör u	—	kadeřník m	fodrász
penteado m	kapsel n	frisyr u	—	účes m	frizura
erva f	gras n	gräs n	trawa f	tráva f	—
fogo m	vuur n	eld u	ogień m	oheň m	tűz
poço m	bron f	brunn u	studnia f	studna f	kút
forte	krachtig	kraftig	silny	silný	erős
ruidoso	luid	högljudd	głośny	hlasitý	hangos
forte	sterk	stark	silny	silný	erős
força f	kracht f	kraft u	siła f	síla f	erő
independente	onafhankelijk	oberoende	niezależnie	nezávislý	—
cortina f	gordijn n	draperi n	zasłona f	závěs m	—
—	vluchten	fly	uciekać <uciec>	prchat <uprchnout>	menekül
sentir	voelen	känna	czuć	cítit <procítit>	érez
guiar	leiden	leda	prowadzić <poprowadzić>	vést <zavést>	vezet
carta de condução f	rijbewijs n	körkort n	prawo jazdy n	řidičský průkaz m	jogosítvány
húmido	vochtig	—	wilgotny	vlhký	nedves
feio	lelijk	—	brzydki	škaredý	csúnya
orelha f	oor n	öra n	ucho n	ucho n	—

fülfájás

	D	E	F	I	ES
fülfájás (H)	Ohrenschmerzen pl	earache	mal d'oreilles m	mal d'orecchi m	dolor de oídos m
fulfil (E)	erfüllen	—	remplir	esaudire	conceder
fülke (H)	Abteil n	compartment	compartiment m	scompartimento m	compartimento m
full (E)	voll	—	plein(e)	pieno(a)	lleno(a)
full (SV)	voll	full	plein(e)	pieno(a)	lleno(a)
full board (E)	Vollpension f	—	pension complète f	pensione completa f	pensión completa f
fullbokad (SV)	ausgebucht	fully booked	complet(ète)	esaurito(a)	completo(a)
fullständig (SV)	vollständig	complete	complet(ète)	completo(a)	completo(a)
fullvuxen (SV)	erwachsen	grown up	adulte	adulto(a)	adulto(a)
fully booked (E)	ausgebucht	—	complet(ète)	esaurito(a)	completo(a)
fumar (ES)	rauchen	smoke	fumer	fumare	—
fumar (P)	rauchen	smoke	fumer	fumare	fumar
fumare (I)	rauchen	smoke	fumer	—	fumar
fumée (F)	Rauch m	smoke	—	fumo m	humo m
fumer (F)	rauchen	smoke	—	fumare	fumar
fumo (I)	Rauch m	smoke	fumée f	—	humo m
fumo (P)	Rauch m	smoke	fumée f	fumo m	humo m
fun (E)	Spaß m	—	plaisir m	scherzo m	diversión f
funcionar (ES)	funktionieren	work	fonctionner	funzionare	—
funcionar (P)	funktionieren	work	fonctionner	funzionare	funcionar
funcionario (ES)	Beamter m	civil servant	fonctionnaire m	impiegato statale m	—
funcionário público (P)	Beamter m	civil servant	fonctionnaire m	impiegato statale m	funcionario m
functioneren (NL)	funktionieren	work	fonctionner	funzionare	funcionar
fundamental (E)	grundsätzlich	—	par principe	basilare	fundamental
fundamental (ES)	grundsätzlich	fundamental	par principe	basilare	—
fundar (ES)	gründen	found	fonder	fondare	—
fundar (P)	gründen	found	fonder	fondare	fundar
Fundbüro (D)	—	lost property office	bureau des objets trouvés m	ufficio oggetti smarriti m	oficina de objetos perdidos f
fundo (P)	tief	deep	profond(e)	profondo(a)	profundo(a)
funeral (E)	Beerdigung f	—	enterrement m	funerale m	entierro m
funerale (I)	Beerdigung f	funeral	enterrement m	—	entierro m
fungera (SV)	funktionieren	work	fonctionner	funzionare	funcionar
fungo (I)	Pilz m	mushroom	champignon m	—	hongo m
fungovat <zafungovat> (CZ)	funktionieren	work	fonctionner	funzionare	funcionar
funkcjonować (PL)	funktionieren	work	fonctionner	funzionare	funcionar
funktionieren (D)	—	work	fonctionner	funzionare	funcionar
funny (E)	komisch	—	drôle	comico(a)	cómico(a)
funny (E)	lustig	—	amusant(e)	allegro(a)	divertido(a)
funzionare (I)	funktionieren	work	fonctionner	—	funcionar
fuoco (I)	Feuer n	fire	feu m	—	fuego m
fuori¹ (I)	außen	outside	au dehors	—	afuera
fuori² (I)	draußen	outside	dehors	—	afuera
fuori³ (I)	hinaus	out	dehors	—	hacia afuerta
fuori luogo (I)	unpassend	inappropriate	mal à propos	—	inadecuado(a)
fuori moda (I)	altmodisch	old-fashioned	démodé(e)	—	pasado(a) de moda
fürchten (D)	—	fear	craindre	temere	temer

fürchten

P	NL	SV	PL	CZ	H
dores de ouvido f/pl	oorpijn f	ont i öronen	ból uszu m	bolesti ucha f/pl	—
concretizar	vervullen	uppfylla	wypełniać <wypełnić>	splňovat <splnit>	eleget tesz
compartimento m	compartiment n	kupé u	przedział m	oddíl m	—
cheio	vol	full	pełen	plný	tele
cheio	vol	—	pełen	plný	tele
pensão completa f	volpension n	helpension u	pełne wyżywienie n	plná penze f	teljes ellátás
esgotado	niet meer beschikbaar	—	wyprzedany	obsazeno	foglalt
completo	volledig	—	całkowity	úplný	teljes
crescido	volwassen	—	dorosły	dospělý	felnőtt
esgotado	niet meer beschikbaar	fullbokad	wyprzedany	obsazeno	foglalt
fumar	roken	röka	dymić	kouřit	dohányzik
—	roken	röka	dymić	kouřit	dohányzik
fumar	roken	röka	dymić	kouřit	dohányzik
fumo m	rook m	rök u	dym m	kouř m	füst
fumar	roken	röka	dymić	kouřit	dohányzik
fumo m	rook m	rök u	dym m	kouř m	füst
—	rook m	rök u	dym m	kouř m	füst
brincadeira f	plezier n	skoj n	żart m	žert m	tréfa
funcionar	functioneren	fungera	funkcjonować	fungovat <zafungovat>	működik
—	functioneren	fungera	funkcjonować	fungovat <zafungovat>	működik
funcionário público m	ambtenaar m	tjänsteman u	urzędnik m	úředník m	köztisztviselő
—	ambtenaar m	tjänsteman u	urzędnik m	úředník m	köztisztviselő
funcionar	—	fungera	funkcjonować	fungovat <zafungovat>	működik
em princípio	principieel	principiellt	zasadniczo	zásadně	alapvető
em princípio	principieel	principiellt	zasadniczo	zásadně	alapvető
fundar	oprichten; gebaseerd zijn	grunda	zakładać <założyć>	zakládat <založit>	alapít
—	oprichten; gebaseerd zijn	grunda	zakładać <założyć>	zakládat <založit>	alapít
repartição de perdidos e achados f	bureau n voor gevonden voorwerpen	hittegodsmagasin n	biuro rzeczy znalezionych n	ztráty a nálezy f/pl	talált tárgyak gyűjtőhelye
—	diep	djup	głęboko	hluboký	mély
enterro m	begrafenis f	begravning u	pogrzeb m	pohřeb m	temetés
enterro m	begrafenis f	begravning u	pogrzeb m	pohřeb m	temetés
funcionar	functioneren	—	funkcjonować	fungovat <zafungovat>	működik
cogumelo m	paddenstoel m	svamp u	grzyb m	houba f	gomba
funcionar	functioneren	fungera	funkcjonować	—	működik
funcionar	functioneren	fungera	—	fungovat <zafungovat>	működik
funcionar	functioneren	fungera	funkcjonować	fungovat <zafungovat>	működik
cómico	komiek	konstig	komiczny	směšný	furcsa
divertido	vrolijk	rolig	śmieszny	veselý	vidám
funcionar	functioneren	fungera	funkcjonować	fungovat <zafungovat>	működik
fogo m	vuur n	eld u	ogień m	oheň m	tűz
fora	buiten	ute	zewnątrz	venku	kint
fora	buiten	utanför	na dworze	venku	kívül
para fora	naar buiten	dit ut	na zewnątrz	ven	ki
inconveniente	ongepast	opassande	niestosowny	nevhodný	helytelen
antiquado	ouderwets	gammalmodig	staromodny	staromódní	régimódi
ter medo de	vrezen	frukta	obawiać, się	bát se	fél, retteg

furcsa

	D	E	F	I	ES
furcsa¹ (H)	komisch	funny	drôle	comico(a)	cómico(a)
furcsa² (H)	merkwürdig	strange	curieux(euse)	curioso(a)	curioso(a)
furcsa³ (H)	seltsam	strange	bizarre	strano(a)	extraño(a)
fürdik (H)	baden	bathe	baigner, se	fare il bagno	bañarse
fürdő (H)	Bad n	bath	bain m	bagno m	baño m
fürdőkád (H)	Badewanne f	bath tub	baignoire f	vasca da bagno f	bañera f
fürdőnadrág (H)	Badehose f	swimming trunks	slip de bain m	costume da bagno m	bañador m
fürdőruha (H)	Badeanzug m	swimsuit	maillot de bain m	bagnino m	traje de baño m
fürdőszoba (H)	Badezimmer n	bathroom	salle de bains f	stanza da bagno f	cuarto de baño m
furieux(euse) (F)	wütend	furious	—	arrabbiato(a)	furioso(a)
furioso(a) (ES)	wütend	furious	furieux(euse)	arrabbiato(a)	—
furious (E)	wütend	—	furieux(euse)	arrabbiato(a)	furioso(a)
furnish (E)	möblieren	—	meubler	ammobiliare	amueblar
furnished (E)	möbliert	—	meublé(e)	ammobiliato(a)	amueblado(a)
furnishing (E)	Einrichtung f	—	ameublement m	arredamento m	mobiliario m
furniture (E)	Möbel n	—	meuble m	mobile m	mueble m
Fuß (D)	—	foot	pied m	piede m	pie m
Fußball (D)	—	football	football m	calcio m	fútbol m
Fußgänger (D)	—	pedestrian	piéton m	pedone m	peatón m
füst (H)	Rauch m	smoke	fumée f	fumo m	humo m
fűszer (H)	Gewürz n	spice	épice f	spezie f/pl	especia f
fut (H)	laufen	run	courir	correre	correr
fűt (H)	heizen	heat	chauffer	riscaldare	calentar
futár (H)	Kurier m	courier	coursier m	corriere m	correo m
fútbol (ES)	Fußball m	football	football m	calcio m	—
fűtőberendezés (H)	Heizung f	heating	chauffage m	riscaldamento m	calefacción f
future (E)	Zukunft f	—	avenir m	futuro m	futuro m
futuro (I)	Zukunft f	future	avenir m	—	futuro m
futuro (ES)	Zukunft f	future	avenir m	futuro m	—
futuro (P)	Zukunft f	future	avenir m	futuro m	futuro m
fuvola (H)	Flöte f	pipe	flûte f	flauto m	flauta m
füzet (H)	Heft n	exercise book	cahier m	quaderno m	cuaderno m
fylla i (SV)	ausfüllen	fill in	remplir	riempire	llenar
gå (SV)	gehen	go	aller	andare	andar
gaan (NL)	gehen	go	aller	andare	andar
gaar (NL)	gar	done	cuit(e)	cotto(a)	(estar) a punto
gaarne (NL)	gern	willingly	avec plaisir	volentieri	con gusto
gabbia (I)	Käfig m	cage	cage f	—	jaula f
Gabel (D)	—	fork	fourchette f	forchetta f	tenedor m
gabona¹ (H)	Korn n	corn	grain m	grano m	semilla f
gabona² (H)	Getreide n	cereals	céréales f/pl	cereali m/pl	cereales m/pl
gå bort (SV)	weggehen	go away	s'en aller	andare via	marcharse
gadeslaan (NL)	beobachten	observe	observer	osservare	observar
gado (P)	Rind n	cow	bœuf m	manzo m	buey m
gafas (ES)	Brille f	glasses	lunettes f/pl	occhiali m/pl	—
gafas de sol (ES)	Sonnenbrille f	sunglasses	lunettes de soleil m/pl	occhiali da sole m/pl	—
gaffel (SV)	Gabel f	fork	fourchette f	forchetta f	tenedor m
gå förbi (SV)	vorbeigehen	pass	passer	passare	pasar
gagner¹ (F)	gewinnen	win	—	guadagnare	ganar
gagner² (F)	verdienen	earn	—	guadagnare	ganar
gå i arv (SV)	vererben	bequeath	léguer	lasciare in eredità	transmitir hereditariamente
gałąź (PL)	Ast m	branch	branche f	ramo m	rama f
gain (F)	Gewinn m	profit	—	guadagno m	ganancia f

gain

P	NL	SV	PL	CZ	H
cómico	komiek	konstig	komiczny	směšný	—
estranho	vreemd	märkvärdig	dziwny	podivný	—
estranho	vreemd	märkligt	dziwny	zvláštní	—
tomar banho	baden	bada	kąpać <wykąpać>	koupat	—
banho *m*	bad *n*	bad *n*	kąpiel *f*	koupel *f*	—
banheira *f*	badkuip *f*	badkar *n*	wanna *f*	vana *f*	—
calções de banho *m/pl*	zwembroek *f*	badbyxor *pl*	kąpielówki *f/pl*	plavky pánské *pl*	—
fato de banho *m*	badkostuum *n*	baddräkt *u*	kostium kąpielowy *n*	plavky *pl*	—
casa de banho *f*	badkamer *f*	badrum *n*	łazienka *f*	koupelna *f*	—
raivoso	woedend	rasande	rozzłoszczony	vzteklý	dühös
raivoso	woedend	rasande	rozzłoszczony	vzteklý	dühös
raivoso	woedend	rasande	rozzłoszczony	vzteklý	dühös
mobilar	meubileren	möblera	meblować <umeblować>	zařizovat nábytkem <zařídit nábytkem>	bebútoroz
mobilado	gemeubileerd	möblerad	umeblowany	zařízený nábytkem	bútorozott
mobília *f*	inrichting *f*	inredning *u*	urządzenie *n*	zařízení *n*	berendezés
móvel *m*	meubel *n*	möbel *u*	mebel *m*	nábytek *m*	bútor
pé *m*	voet *m*	fot *u*	stopa *f*	noha *f*	láb
bola de futebol *f*	voetbal *m*	fotboll *u*	piłka nożna *f*	kopaná *f*	labdarúgás
peão *m*	voetganger *m*	fotgängare *u*	pieszy *m*	chodec *m*	gyalogos
fumo *m*	rook *m*	rök *u*	dym *m*	kouř *m*	—
especiaria *f*	kruiden *n/pl*	krydda *u*	przyprawa *f*	koření *n*	—
correr	lopen	springa	biec <pobiec>	běhat <bežet>	—
aquecer	verwarmen	värma upp	ogrzewać <ogrzać>	topit <zatopit>	—
estafeta *m*	koerier *m*	kurir *u*	kurier *m*	kurýr *m*	—
bola de futebol *f*	voetbal *m*	fotboll *u*	piłka nożna *f*	kopaná *f*	labdarúgás
aquecimento *m*	verwarming *f*	värme *u*	ogrzewanie *n*	topení *n*	—
futuro *m*	toekomst *f*	framtid *u*	przyszłość *f*	budoucnost *f*	jövő
futuro *m*	toekomst *f*	framtid *u*	przyszłość *f*	budoucnost *f*	jövő
futuro *m*	toekomst *f*	framtid *u*	przyszłość *f*	budoucnost *f*	jövő
—	toekomst *f*	framtid *u*	przyszłość *f*	budoucnost *f*	jövő
flauta *f*	fluit *f*	flöjt *u*	flet *m*	flétna *f*	—
caderno *m*	boekje *n*	häfte *n*	zeszyt *m*	sešit *m*	—
preencher	invullen	—	wypełniać <wypełnić>	vyplňovat <vyplnit>	kitölt
andar	gaan	—	iść <pójść>	chodit <jít>	megy
andar	—	gå	iść <pójść>	chodit <jít>	megy
bem cozido	—	alldeles	ugotowany	dovařený	egyáltalán
de boa vontade	—	gärna	chętnie	s radostí	szívesen
gaiola *f*	kooi *f*	bur *u*	klatka *f*	klec *f*	ketrec
garfo *m*	vork *f*	gaffel *u*	widelec *m*	vidlička *f*	villa
grão *m*	graan *n*	korn *n*	ziarno *n*	zrno *n*	—
cereal *m*	graan *n*	säd *u*	zboże *n*	obilí *n*	—
sair	weggaan	—	odchodzić	odcházet <odejít>	elmegy
observar	—	iaktta	obserwować <zaobserwować>	pozorovat <zpozorovat>	figyel
—	rund *n*	ko *u*	bydlę *n*	dobytek *m*	szarvasmarha
óculos *m*	bril *m*	ett par glasögon	okulary *pl*	brýle *pl*	szemüveg
óculos de sol *m*	zonnebril *m*	solglasögon *pl*	okulary przeciwsłoneczne *pl*	sluneční brýle *pl*	napszemüveg
garfo *m*	vork *f*	—	widelec *m*	vidlička *f*	villa
passar por	voorbijgaan	—	przechodzić obok	jít okolo	elmegy mellette
ganhar	winnen	vinna	wygrywać <wygrać>	získávat <získat>	nyer
ganhar	verdienen	förtjäna	zarabiać	vydělávat <vydělat>	keres
herdar	nalaten	—	dziedziczyć	odkazovat <odkázat>	örökül hagy
ramo *m*	tak *m*	gren *u*	—	větev *f*	faág
ganho *m*	winst *f*	vinst *u*	zysk *m*	zisk *m*	nyereség

gaiola

	D	E	F	I	ES
gaiola (P)	Käfig m	cage	cage f	gabbia f	jaula f
galinha (P)	Huhn n	chicken	poule f	pollo m	gallina f
gälla (SV)	gelten	apply to	valoir	valere	valer
gallér (H)	Kragen m	collar	col m	colletto m	cuello m
galleta (ES)	Keks m	biscuit	biscuit m	biscotto m	—
gallina (ES)	Huhn n	chicken	poule f	pollo m	—
gallo (I)	Hahn m	cock	coq m	—	gallo m
gallo (ES)	Hahn m	cock	coq m	gallo m	—
galo (P)	Hahn m	cock	coq m	gallo m	gallo m
gamba (I)	Bein n	leg	jambe f	—	pierna f
gambero (I)	Krebs m	crayfish	écrevisse f	—	cangrejo m
game (E)	Spiel n	—	jeu m	gioco m	juego m
gammal (SV)	alt	old	vieux (vieille)	vecchio(a)	viejo(a)
gammalmodig (SV)	altmodisch	old-fashioned	démodé(e)	fuori moda	pasado(a) de moda
ganancia (ES)	Gewinn m	profit	gain m	guadagno m	—
ganar[1] (ES)	gewinnen	win	gagner	guadagnare	—
ganar[2] (ES)	verdienen	earn	gagner	guadagnare	—
ganas (ES)	Lust f	delight	plaisir m	piacere m	—
gancho (ES)	Haken m	hook	crochet m	gancio m	—
gancho (P)	Haken m	hook	crochet m	gancio m	gancho m
gancio (I)	Haken m	hook	crochet m	—	gancho m
gå ned (SV)	hinuntergehen	descend	descendre	scendere	bajar
Gang[1] (D)	—	course	plat m	portata f	plato m
Gang[2] (D)	—	corridor	couloir m	corridoio m	corredor m
Gang[3] (D)	—	gear	vitesse f	marcia f	marcha f
gang[1] (NL)	Diele f	hall	vestibule m	corridoio m	entrada f
gang[2] (NL)	Flur m	hall	entrée f	corridoio m	corredor m
gang[3] (NL)	Gang m	course	plat m	portata f	plato m
gang[4] (NL)	Gang m	corridor	couloir m	corridoio m	corredor m
ganhar[1] (P)	gewinnen	win	gagner	guadagnare	ganar
ganhar[2] (P)	verdienen	earn	gagner	guadagnare	ganar
ganho (P)	Gewinn m	profit	gain m	guadagno m	ganancia f
ganska (SV)	ziemlich	quite	assez	abbastanza	bastante
ganz (D)	—	whole	tout(e)	intero(a)	entero(a)
gap (E)	Lücke f	—	lacune f	lacuna f	espacio m
gar (D)	—	done	cuit(e)	cotto(a)	(estar) a punto
garage (NL)	Autowerkstatt f	repair shop	atelier de réparation d'autos m	autofficina f	taller de reparaciones m
garçon (F)	Junge m	boy	—	ragazzo m	chico m
gård (SV)	Hof m	courtyard	cour f	cortile m	patio m
garden (E)	Garten m	—	jardin m	giardino m	jardín m
garder[1] (F)	aufbewahren	keep	—	conservare	guardar
garder[2] (F)	behalten	keep	—	tenere	retener
gare (F)	Bahnhof m	station	—	stazione f	estación f
gare centrale (F)	Hauptbahnhof m	main station	—	stazione centrale f	estación central f
garer (F)	parken	park	—	parcheggiare	aparcar
garfo (P)	Gabel f	fork	fourchette f	forchetta f	tenedor m
gå/riva sönder (SV)	zerreißen	rip	déchirer	strappare	romper
garlic (E)	Knoblauch m	—	ail m	aglio m	ajo m
gärna (SV)	gern	willingly	avec plaisir	volentieri	con gusto
garnek[1] (PL)	Kochtopf m	saucepan	casserole f	pentola f	olla f
garnek[2] (PL)	Topf m	pot	casserole f	pentola f	cazuela f
garnitur (PL)	Anzug m	suit	costume m	vestito m	traje m
garrafa (P)	Flasche f	bottle	bouteille f	bottiglia f	botella f

garrafa

P	NL	SV	PL	CZ	H
—	kooi f	bur u	klatka f	klec f	ketrec
—	hoen n	höns n	kura f	kuře n	tyúk
valer	gelden	—	uchodzić	platit	érvényben van
colarinho m	kraag m	krage u	kołnierz m	límec m	—
bolacha f	koekje n	kex n	ciastko n	keks m	aprósütemény
galinha f	hoen n	höns n	kura f	kuře n	tyúk
galo m	haan m	tupp u	kogut m	kohout m	kakas
galo m	haan m	tupp u	kogut m	kohout m	kakas
—	haan m	tupp u	kogut m	kohout m	kakas
perna f	been n	ben n	noga f	noha f	láb
caranguejo m	kreeft m	kräfta u	rak m	rak m	rák
jogo m	spel n	spel n	gra f	hra f	játék
velho	oud	—	stary	starý	öreg
antiquado	ouderwets	—	staromodny	staromódní	régimódi
ganho m	winst f	vinst u	zysk m	zisk m	nyereség
ganhar	winnen	vinna	wygrywać <wygrać>	získávat <získat>	nyer
ganhar	verdienen	förtjäna	zarabiać	vydělávat <vydělat>	keres
prazer m	lust f	lust u	ochota f	chuť f	kedv
gancho m	haak m	hake u	hak m	hák m	kampó
—	haak m	hake u	hak m	hák m	kampó
gancho m	haak m	hake u	hak m	hák m	kampó
descer	naar beneden gaan	—	iść na dół <zejść na dół>	scházet <sejít>	lemegy
prato m	gang m	rätt u	danie n	chod m	fogás
corredor m	gang m	korridor u	korytarz m	chůze f	folyosó
passagem f	versnelling f	koppling u	chód m	chodba f	sebességfokozat
vestíbulo m	—	tambur u	sień f	předsíň f	előszoba
corredor da casa m	—	tambur u	korytarz m	chodba f	folyosó
prato m	—	rätt u	danie n	chod m	fogás
corredor m	—	korridor u	korytarz m	chůze f	folyosó
—	winnen	vinna	wygrywać <wygrać>	získávat <získat>	nyer
—	verdienen	förtjäna	zarabiać	vydělávat <vydělat>	keres
—	winst f	vinst u	zysk m	zisk m	nyereség
bastante	behoorlijk	—	dość	značný	meglehetősen
todo	geheel	helt	całkiem	úplně	egész
lacuna f	opening f	tomrum n	luka f	mezera f	hézag
bem cozido	gaar	alldeles	ugotowany	dovařený	egyáltalán
oficina de reparações f	—	bilverkstad u	stacja naprawy samochodów f	autodílna f	autojavító műhely
rapaz m	jongen m	pojke u	chłopiec m	chlapec m	fiú
pátio m	erf n	—	podwórze n	dvůr m	tanya
jardim m	tuin m	trädgård u	ogród m	zahrada f	kert
guardar	bewaren	förvara	przechowywać <przechować>	uschovávat <uschovat>	megőriz
guardar	behouden	behålla	zatrzymywać <zatrzymać>	nechat, si <ponechat, si>	megtart
estação de comboios f	station n	järnvägsstation u	dworzec m	nádraží n	pályaudvar
estação central f	centraal station n	centralstation u	dworzec główny m	hlavní nádraží n	főpályaudvar
estacionar	parkeren	parkera	parkować <zaparkować>	parkovat <zaparkovat>	leparkol
—	vork f	gaffel u	widelec m	vidlička f	villa
despedaçar	(stuk)scheuren	—	rozdzierać	roztrhat <roztrhnout>	széttép
alho m	knoflook n	vitlök u	czosnek m	česnek m	fokhagyma
de boa vontade	gaarne	—	chętnie	s radostí	szívesen
panela f	kookpot m	kastrull u	—	hrnec m	fazék
panela f	pot m	kastrull u/kruka u	—	hrnec m	fazék
fato m	kostuum n	kostym u	—	oblek m	öltöny
—	fles f	flaska u	butelka f	láhev f	üveg

Garten

	D	E	F	I	ES
Garten (D)	—	garden	jardin m	giardino m	jardín m
Gas (D)	—	gas	gas m	gas m	gas m
gas (E)	Gas n	—	gas m	gas m	gas m
gas (F)	Gas n	gas	—	gas m	gas m
gas (I)	Gas n	gas	gas m	—	gas m
gas (ES)	Gas n	gas	gas m	gas m	—
gas (NL)	Gas n	gas	gas m	gas m	gas m
gas (SV)	Gas n	gas	gas m	gas m	gas m
gás (P)	Gas n	gas	gas m	gas m	gas m
gasić \<zgasić\> (PL)	löschen	extinguish	éteindre	spegnere	apagar
gasolina (ES)	Benzin n	petrol	essence f	benzina f	—
gasolina (P)	Benzin n	petrol	essence f	benzina f	gasolina f
gasolinera (ES)	Tankstelle f	filling station	station-service f	distributore di benzina m	—
Gast (D)	—	guest	invité m	ospite m	invitado m
gast (NL)	Gast m	guest	invité m	ospite m	invitado m
gäst (SV)	Gast m	guest	invité m	ospite m	invitado m
gastar¹ (P)	abnutzen	wear out	user	consumare	desgastar
gastar² (P)	verbrauchen	consume	consommer	consumare	consumir
gastfreundlich (D)	—	hospitable	hospitalier(ière)	ospitale	hospitalario(a)
Gastgeber (D)	—	host	hôte m	ospite m	anfitrión m
Gasthaus (D)	—	guesthouse/inn	auberge f	osteria m	posada f
gastheer (NL)	Gastgeber m	host	hôte m	ospite m	anfitrión m
gästvänlig (SV)	gastfreundlich	hospitable	hospitalier(ière)	ospitale	hospitalario(a)
gastvrij (NL)	gastfreundlich	hospitable	hospitalier(ière)	ospitale	hospitalario(a)
gata (SV)	Straße f	street	rue f	strada f	calle f
gåta (SV)	Rätsel n	riddle	devinette f	enigma m	adivinanza f
gâteau (F)	Kuchen m	cake	—	dolce m	tarta f
gâter (F)	verwöhnen	spoil	—	viziare	mimar
gato (ES)	Katze f	cat	chat m	gatto m	—
gato (P)	Katze f	cat	chat m	gatto m	gato m
gatto (I)	Katze f	cat	chat m	—	gato m
gatubeläggning (SV)	Pflaster n	pavement	pavé m	lastricato m	empedrado m
gatunek (PL)	Art f	species	espèce f	specie f	especie f
gauč (CZ)	Couch f	couch	canapé m	divano m	diván m
gå ut (SV)	hinausgehen	go out	sortir	uscire	salir
gauw (NL)	bald	soon	bientôt	presto	pronto
gå vilse (SV)	verlaufen, sich	get lost	perdre, se	perdersi	perderse
gawędzić \<pogawędzić\> (PL)	plaudern	chat	bavarder	chiacchierare	conversar
gay (E)	schwul	—	pédéraste	gay m	homosexual
gay (I)	schwul	gay	pédéraste	—	homosexual
gay (P)	schwul	gay	pédéraste	gay m	homosexual
gaz (PL)	Gas n	gas	gas m	gas m	gas m
gáz (H)	Gas n	gas	gas m	gas m	gas m
gazdag (H)	reich	rich	riche	ricco(a)	rico(a)
gazeta (PL)	Zeitung f	newspaper	journal m	giornale m	periódico m
gdy (PL)	nachdem	after	après que	dopo	después de que
gdziekolwiek (PL)	irgendwo	somewhere	n'importe où	in qualche posto	en alguna parte
ge (SV)	geben	give	donner	dare	dar
gear (E)	Gang m	—	vitesse f	marcia f	marcha f
Gebäck (D)	—	pastry	pâtisserie f	biscotti m/pl	pasteles m/pl
gebak (NL)	Gebäck n	pastry	pâtisserie f	biscotti m/pl	pasteles m/pl
Gebäude (D)	—	building	bâtiment m	edificio m	edificio m
geben (D)	—	give	donner	dare	dar

geben

P	NL	SV	PL	CZ	H
jardim m	tuin m	trädgård u	ogród m	zahrada f	kert
gás m	gas n	gas u	gaz m	plyn m	gáz
gás m	gas n	gas u	gaz m	plyn m	gáz
gás m	gas n	gas u	gaz m	plyn m	gáz
gás m	gas n	gas u	gaz m	plyn m	gáz
gás m	gas n	gas u	gaz m	plyn m	gáz
gás m	—	gas u	gaz m	plyn m	gáz
gás m	gas n	—	gaz m	plyn m	gáz
—	gas n	gas u	gaz m	plyn m	gáz
apagar	blussen	släcka	—	hasit <uhasit>	olt
gasolina f	benzine f	bensin u	benzyna f	benzín m	benzin
—	benzine f	bensin u	benzyna f	benzín m	benzin
posto de gasolina	tankstation n	bensinmack u	stacja benzynowa f	čerpací stanice f	benzinkút
convidado m	gast m	gäst u	gość m	host m	vendég
convidado m	—	gäst u	gość m	host m	vendég
convidado m	gast m	—	gość m	host m	vendég
—	verslijten	nötas/slitas	zużywać <zużyć>	opotřebovávat <opotřebit>	elhasznál
—	verbruiken	förbruka	zużywać <zużyć>	spotřebovávat <spotřebovat>	fogyaszt
hospitaleiro	gastvrij	gästvänlig	gościnny	pohostinný	vendégszerető
anfitrião m	gastheer m	värd u	gospodarz m	hostitel m	vendéglátó
pousada f	restaurant n	värdshus n	gospoda f	hospoda f	vendéglő
anfitrião m	—	värd u	gospodarz m	hostitel m	vendéglátó
hospitaleiro	gastvrij	—	gościnny	pohostinný	vendégszerető
hospitaleiro	—	gästvänlig	gościnny	pohostinný	vendégszerető
rua f	straat f	—	ulica f	silnice f	utca
enigma m	raadsel n	—	zagadka f	hádanka f	rejtvény
bolo m	taart f	kaka u	placek m	koláč m	sütemény
mimar	verwennen	skämma bort	rozpieszczać	rozmazlovat <rozmazlit>	elkényeztet
gato m	kat f	katt u	kot m	kočka f	macska
—	kat f	katt u	kot m	kočka f	macska
gato m	kat f	katt u	kot m	kočka f	macska
calçada f	bestrating f	—	bruk m	dlažba f	útburkolat
espécie f	soort m	slag n	—	druh m	faj
divã m	couch m	soffa u	tapczan m	—	dívány
sair	naar buiten gaan	—	wychodzić <wyjść>	vycházet <vyjít> ven	kimegy
em breve	—	snart	wkrótce	brzy	hamar
perder-se	verkeerd lopen	—	zgubić się	zatoulat, se	eltéved
conversar	babbelen	prata	—	rozprávět	társalog
gay	homoseksueel	homosexuell	homoseksualny	homosexuální	buzi
gay	homoseksueel	homosexuell	homoseksualny	homosexuální	buzi
—	homoseksueel	homosexuell	homoseksualny	homosexuální	buzi
gás m	gas n	gas u	—	plyn m	gáz
gás m	gas n	gas u	gaz m	plyn m	—
rico	rijk	rik	bogaty	bohatý	—
jornal m	krant m	tidning u	—	noviny pl	újság
depois de	nadat	sedan	—	poté	miután
algures	ergens	någonstans	—	někde	valahol
dar	geven	—	dawać <dać>	dávat <dát>	ad
passagem f	versnelling f	koppling u	chód m	chodba f	sebességfokozat
pastelaria f	gebak n	bakverk n	pieczywo n	pečivo n	sütemény
pastelaria f	—	bakverk n	pieczywo n	pečivo n	sütemény
edifício m	gebouw n	byggnad u	budynek m	budova f	épület
dar	geven	ge	dawać <dać>	dávat <dát>	ad

gebergte

	D	E	F	I	ES
gebergte (NL)	Gebirge n	mountain chain	chaine de montagne f	montagna f	montañas f/pl
gebeuren (NL)	geschehen	happen	arriver	accadere	ocurrir
gebeurtenis (NL)	Ereignis n	event	évènement m	avvenimento m	suceso m
gebied¹ (NL)	Gebiet n	region	région f	regione f	zona f
gebied² (NL)	Gebiet n	region	région f	regione f	zona f
Gebiet¹ (D)	—	region	région f	regione f	zona f
Gebiet² (D)	—	region	région f	regione f	zona f
Gebirge (D)	—	mountain chain	chaine de montagne f	montagna f	montañas f/pl
Gebiss (D)	—	teeth	denture f	denti m/pl	dentadura f
gebit (NL)	Gebiss n	teeth	denture f	denti m/pl	dentadura f
geboorte (NL)	Geburt f	birth	naissance f	nascita f	nacimiento m
geboren (D)	—	born	né(e)	nato(a)	nacido(a)
geboren (NL)	geboren	born	né(e)	nato(a)	nacido(a)
gebouw (NL)	Gebäude n	building	bâtiment m	edificio m	edificio m
gebraad (NL)	Braten m	roast	rôti m	arrosto m	asado m
gebraden (NL)	gebraten	fried	rôti(e)	arrostito(a)	asado(a)
gebraten (D)	—	fried	rôti(e)	arrostito(a)	asado(a)
Gebrauch (D)	—	custom	usage m	uso m	uso m
Gebrauchsanweisung (D)	—	user manual	manuel d'utilisation m	istruzioni per l'uso f/pl	instrucciones para el uso f/pl
gebraucht (D)	—	used	d'occasion	usato(a)	usado(a)
gebrek (NL)	Mangel m	lack	manque m	mancanza f	escasez f
gebruik (NL)	Gebrauch m	custom	usage m	uso m	uso m
gebruiken (NL)	benutzen	use	utiliser	usare	usar
gebruiken (NL)	verwenden	use	employer	usare	utilizar
gebruiker (NL)	Benutzer m	user	utilisateur m	utilizzatore m	usuario m
gebruiksaanwijzing (NL)	Gebrauchsanweisung f	user manual	manuel d'utilisation m	istruzioni per l'uso f/pl	instrucciones para el uso f/pl
Gebühr (D)	—	fee	taxe f	tassa f	tarifa f
Geburt (D)	—	birth	naissance f	nascita f	nacimiento m
Geburtstag (D)	—	birthday	anniversaire m	compleanno m	cumpleaños m
gedachte (NL)	Gedanke m	thought	pensée f	pensiero m	pensamiento m
Gedächtnis (D)	—	memory	mémoire f	memoria f	memoria f
Gedanke (D)	—	thought	pensée f	pensiero m	pensamiento m
Gedeck (D)	—	cover	couvert m	coperto m	cubierto m
gedenken (D)	—	remember	souvenir de, se	ricordare	commemorar
gedenken (NL)	gedenken	remember	souvenir de, se	ricordare	commemorar
gedrag (NL)	Benehmen n	behaviour	conduite f	comportamento m	comportamiento m
gedragen, zich (NL)	benehmen, sich	behave	comporter, se	comportarsi	comportarse
Geduld (D)	—	patience	patience f	pazienza f	paciencia f
geduld (NL)	Geduld f	patience	patience f	pazienza f	paciencia f
geduldig (D)	—	patient	patient(e)	paziente	con paciencia
geduldig (NL)	geduldig	patient	patient(e)	paziente	con paciencia
gedurende (NL)	während	during	pendant	durante	durante
ge efter (SV)	nachgeben	yield	céder	cedere	ceder
geeignet (D)	—	suitable	approprié(e)	adatto(a)	adecuado(a)
geel (NL)	gelb	yellow	jaune	giallo(a)	amarillo(a)
geen (NL)	keine(r,s)	none/nobody	aucun(e)	nessuno(a)	ninguno(a)
geest (NL)	Geist m	spirit	esprit m	spirito m	espíritu m
Gefahr (D)	—	danger	danger m	pericolo m	peligro m
gefährlich (D)	—	dangerous	dangereux(euse)	pericoloso(a)	peligroso(a)
gefallen (D)	—	please	plaire	piacere	gustar
Gefängnis (D)	—	prison	prison f	prigione f	prisión f

Gefängnis

P	NL	SV	PL	CZ	H
serra f	—	bergskedja u	łańcuch górski m	pohoří n	hegység
acontecer	—	hända	dziać, się	stávat, se <stát, se>	történik
acontecimento m	—	händelse u	zdarzenie n	událost f	esemény
área f	—	område n	obszar m	území n	terület
área f	—	område n	obszar m	území n	terület
área f	gebied n	område n	obszar m	území n	terület
área f	gebied n	område n	obszar m	území n	terület
serra f	gebergte n	bergskedja u	łańcuch górski m	pohoří n	hegység
dentadura f	gebit n	gom u	uzębienie n	chrup m	fogsor
dentadura f	—	gom u	uzębienie n	chrup m	fogsor
nascimento m	—	födelse u	urodzenie n	narození n	születés
nascido	geboren	född	urodzony	narodit se	született
nascido	—	född	urodzony	narodit se	született
edifício m	—	byggnad u	budynek m	budova f	épület
assado m	—	köttstek u	pieczeń f	pečeně f	pecseny
assado	—	stekt	usmażony	pečený	megsült
assado	gebraden	stekt	usmażony	pečený	megsült
uso m	gebruik n	användning u	użycie n	užívání n	használat
instruções de uso f/pl	gebruiksaanwijzing f	bruksanvisning u	instrukcja obsługi f	návod k použití m	használati utasítás
usado	tweedehands/gebruikt	begagnad	używany	použitý	használt
falta f	—	brist u	niedobór m	nedostatek m	hiány
uso m	—	användning u	użycie n	užívání n	használat
utilizar	—	använda	używać <użyć>	používat <použít>	használ
utilizar	—	använda	stosować	užívat <užít>	felhasznál
consumidor m	—	användare u	użytkownik m	uživatel m	használó
instruções de uso f/pl	—	bruksanvisning u	instrukcja obsługi f	návod k použití m	használati utasítás
taxa f	bijdrage f/tarief n	avgift u	opłata f	poplatek m	illeték
nascimento m	geboorte f	födelse u	urodzenie n	narození n	születés
aniversário m	verjaardag m	födelsedag u	dzień urodzin m	narozeniny pl	születésnap
pensamento m	—	tanke u	myśl f	myšlenka f	gondolat
memória f	geheugen n	minne n	pamięć f	paměť f	emlékezőtehetség
pensamento m	gedachte f	tanke u	myśl f	myšlenka f	gondolat
talher m	couvert n	bordskuvert n	nakrycie n	příbor m	teríték
lembrar-se	gedenken	komma ihåg	wspominać <wspomnieć>	vzpomínat <vzpomenout>	megemlékez
lembrar-se	—	komma ihåg	wspominać <wspomnieć>	vzpomínat <vzpomenout>	megemlékez
comportamento m	—	uppförande n	zachowanie n	chování n	viselkedés
comportar-se	—	bete sig	zachowywać, się <zachować, się>	chovat, se	viselkedik
paciência f	geduld n	tålamod n	cierpliwość f	trpělivost f	türelem
paciência f	—	tålamod n	cierpliwość f	trpělivost f	türelem
paciente	geduldig	tålig	cierpliwy	trpělivý	türelmes
paciente	—	tålig	cierpliwy	trpělivý	türelmes
durante	—	under tiden	podczas	během	közben
ceder	toegeven	—	ustępować <ustąpić>	ustupovat <ustoupit>	enged
adequado	geschikt	lämplig	odpowiedni	vhodný	alkalmas
amarelo	—	gul	żółty(to)	žlutý	sárga
nenhum/nenhuma	—	ingen	żadny(na,ne)	žádný(ná,né)	senki
espírito m	—	ande u	duch m	duch m	szellem
perigo m	gevaar n	fara u	niebezpieczeństwo n	nebezpečí n	veszély
perigoso	gevaarlijk	farlig	niebezpieczny	nebezpečný	veszélyes
agradar	bevallen	tycka om	podobać, się <spodobać, się>	líbit	tetszik
prisão f	gevangenis f	fängelse n	więzienie n	vězení n	börtön

Gefäß

	D	E	F	I	ES
Gefäß (D)	—	container	récipient m	recipiente m	recipiente m
Geflügel (D)	—	poultry	volaille f	volatili m/pl	aves f/pl
Gefühl (D)	—	feeling	sentiment m	sensazione f	sentimiento m
gegen (D)	—	against	contre	contro	contra
Gegend (D)	—	region	région f	regione f	región f
Gegensatz (D)	—	contrast	opposé m	contrasto m	contraste m
Gegenteil (D)	—	opposite	contraire m	contrario m	contrario m
gegenüber (D)	—	opposite	en face de	di fronte(a)	en frente
Gegenwart (D)	—	present	présent m	presente m	presente m
Gegner (D)	—	opponent	adversaire m	avversario m	adversario m
Gehalt (D)	—	salary	salaire m	stipendio m	sueldo m
geheel¹ (NL)	ganz	whole	tout(e)	intero(a)	entero(a)
geheel² (NL)	gesamt	entire	tout(e)	totale	entero(a)
geheim (NL)	Geheimnis n	secret	secret m	segreto m	secreto m
Geheimnis (D)	—	secret	secret m	segreto m	secreto m
gehen (D)	—	go	aller	andare	andar
geheugen (NL)	Gedächtnis n	memory	mémoire f	memoria f	memoria f
Gehirn (D)	—	brain	cerveau m	cervello m	cerebro m
gehören (D)	—	belong	appartenir	appartenere	pertenecer a
gehuwd (NL)	verheiratet	married	marié(e)	sposato(a)	casado(a)
Geige (D)	—	violin	violon m	violino m	violín m
Geist (D)	—	spirit	esprit m	spirito m	espíritu m
ge i uppdrag (SV)	beauftragen	instruct	charger de	incaricare	encargar
geizig (D)	—	mean	avare	avaro(a)	avaro(a)
gek (NL)	verrückt	mad	fou (folle)	pazzo(a)	loco(a)
gelaat (NL)	Gesicht n	face	visage m	faccia f	cara f
gelado (P)	Eis n	ice cream	glace f	gelato m	helado m
gelato (I)	Eis n	ice cream	glace f	—	helado m
gelb (D)	—	yellow	jaune	giallo(a)	amarillo(a)
Geld (D)	—	money	argent m	denaro m	dinero m
geld (NL)	Geld n	money	argent m	denaro m	dinero m
gelden (NL)	gelten	apply to	valoir	valere	valer
geldig (NL)	gültig	valid	valable	valido(a)	válido(a)
gelegenheid (NL)	Gelegenheit f	occasion	occasion f	occasione f	ocasión f
Gelegenheit (D)	—	occasion	occasion f	occasione f	ocasión f
gelijken (NL)	ähneln	be similar	ressembler	simile	parecerse a
gelijk/hetzelfde/meteen (NL)	gleich	same	égal(e)	identico(a)	idéntico(a)
gelijktijdig (NL)	gleichzeitig	simultaneous	en même temps	contemporaneo(a)	a la vez
gelo (P)	Eis n	ice	glace f	ghiaccio m	hielo m
gelosia (I)	Eifersucht f	jealousy	jalousie f	—	celos m/pl
geloven (NL)	glauben	believe	croire	credere	creer
gelten (D)	—	apply to	valoir	valere	valer
geluk (NL)	Glück n	luck	chance f	fortuna f	suerte f
gelukkig (NL)	glücklich	happy	heureux(euse)	felice	feliz
gelukwens (NL)	Glückwunsch m	congratulations	félicitations f/pl	auguri m/pl	felicitaciones f/pl
gemakkelijk¹ (NL)	bequem	comfortable	confortable	comodo(a)	cómodo(a)
gemakkelijk² (NL)	leicht	easy	facile	semplice	sencillo(a)
gemakkelijkheid (NL)	Bequemlichkeit f	convenience	confort m	comodità f	comodidad f
Gemälde (D)	—	painting	tableau m	quadro m	cuadro m
gemeen (NL)	gemein	mean	méchant(e)	volgare	común
gemeentehuis (NL)	Rathaus n	town hall	mairie f	municipio m	ayuntamiento m
gemein (D)	—	mean	méchant(e)	volgare	común
gemelos (ES)	Fernglas n	binoculars	jumelles f/pl	cannocchiale m	—
gemeubileerd (NL)	möbliert	furnished	meublé(e)	ammobiliato(a)	amueblado(a)
gemiddeld (NL)	durchschnittlich	average	moyen(ne)	medio(a)	medio(a)
gemoed (NL)	Gemüt n	disposition	disposition f	animo m	ánimo m

gemoed

P	NL	SV	PL	CZ	H
recipiente m	vat n	kärl n	naczynie n	nádoba f	edény
aves f/pl	gevogelte n	fjäderfä n/fågel u	drób m	drůbež f	baromfi
sentimento m	gevoel n	känsla u	uczucie n	pocit m	érzés
contra	tegen	mot	przeciw	proti	ellen
região f	streek f	bygd u	okolica f	oblast f	környék
antagonismo m	tegenstelling f	motsats u	przeciwieństwo n	protiklad m	ellentét
contrário m	tegendeel n	motsats u	przeciwieństwo n	opak m	ellenkezője
diante	tegenover	mittemot	naprzeciwko	naproti	szemben
presente m	tegenwoordigheid f	nutid u	teraźniejszość f	přítomnost f	jelen
adversário m	tegenstander m	motståndare u	przeciwnik m	protivník m	ellenfél
vencimento m	salaris n	innehåll n	pensja f	plat m	fizetés
todo	—	helt	całkiem	úplně	egész
todo	—	hel	całkowity	celkem	összes
segredo m	—	hemlighet u	tajemnica f	tajemství n	titok
segredo m	geheim n	hemlighet u	tajemnica f	tajemství n	titok
andar	gaan	gå	iść <pójść>	chodit <jít>	megy
memória f	—	minne n	pamięć f	paměť f	emlékezőtehetség
cérebro m	hersenen pl	hjärna u	mózg m	mozek m	agy
pertencer a	behoren	tillhöra	należeć	patřit	tartozik
casado	—	gift	żonaty/zamężna	ženatý/vdaná	házas
violino m	viool f	fiol u	skrzypce pl	housle pl	hegedű
espírito m	geest m	ande u	duch m	duch m	szellem
encarregar	belasten	—	zlecać <zlecić>	pověřovat <pověřit>	megbíz
forreta	gierig	snål	skąpy	lakomý	fösvény
doido	—	tokig	zwariowany	pomatený	bolond
cara f	—	ansikte n	twarz f	obličej m	arc
—	ijs n	glass u	lód m	zmrzlina f	fagylalt
gelado m	ijs n	glass u	lód m	zmrzlina f	fagylalt
amarelo	geel	gul	żółty(to)	žlutý	sárga
dinheiro m	geld n	pengar pl	pieniądze m/pl	peníze pl	pénz
dinheiro m	—	pengar pl	pieniądze m/pl	peníze pl	pénz
valer	—	gälla	uchodzić	platit	érvényben van
válido	—	giltig	ważny	platný	érvényes
oportunidade f	—	tillfälle n	okazja f	příležitost f	alkalom
oportunidade f	gelegenheid f	tillfälle n	okazja f	příležitost f	alkalom
assemelhar-se a	—	likna	być podobnym	podobat, se	hasonlít
igual	—	lika	taki sam	hned	mindjárt
simultâneo	—	samtidigt	równocześnie	současně	egyszerre
—	ijs n	is u	lód m	led m	jég
ciúme m	jaloezie f	svartsjuka u	zazdrość f	žárlivost f	féltékenység
acreditar	—	tro	wierzyć	věřit <uvěřit>	hisz
valer	gelden	gälla	uchodzić	platit	érvényben van
sorte f	—	lycka u	szczęście n	štěstí n	szerencse
feliz	—	lycklig	szczęśliwy	šťastný	boldog
parabéns m/pl	—	lyckönskan u	życzenia szczęścia n/pl	blahopřání n	jókívánság
confortável	—	bekväm	wygodny	pohodlně	kényelmes
fácil	—	enkelt	łatwy	snadný	könnyű
conforto m	—	bekvämlighet u	wygoda f	pohodlí n	kényelem
pintura f	schilderij n	målning u	obraz m	obraz m	festmény
comum	—	allmän	zwykły	sprostý	közönséges
Câmara Municipal f	—	rådhus n	ratusz m	radnice f	városháza
comum	gemeen	allmän	zwykły	sprostý	közönséges
binóculos m/pl	verrekijker m	kikare u	lornetka f	dalekohled m	távcső
mobilado	—	möblerad	umeblowany	zařízený nábytkem	bútorozott
médio	—	genomsnittlig	przeciętny	průměrně	átlagban/átlagos
ânimo m	—	själ u	umysł m	mysl f	kedély

Gemüse

	D	E	F	I	ES
Gemüse (D)	—	vegetables	légumes *m/pl*	verdura *f*	verdura *f*
Gemüt (D)	—	disposition	disposition *f*	animo *m*	ánimo *m*
gemütlich (D)	—	comfortable	agréable	comodo(a)	cómodo(a)
Gen (D)	—	gene	gène *m*	gene *m*	gen *m*
gen (ES)	Gen *n*	gene	gène *m*	gene *m*	—
gen (NL)	Gen *n*	gene	gène *m*	gene *m*	gen *m*
gen (SV)	Gen *n*	gene	gène *m*	gene *m*	gen *m*
gen (PL)	Gen *n*	gene	gène *m*	gene *m*	gen *m*
gen (CZ)	Gen *n*	gene	gène *m*	gene *m*	gen *m*
gén (H)	Gen *n*	gene	gène *m*	gene *m*	gen *m*
gênant(e) (F)	peinlich	embarrassing	—	imbarazzante	desagradable
genast (SV)	sofort	immediately	immédiatement	subito	en seguida
genau (D)	—	exact	exact(e)	preciso(a)	exacto(a)
gene (E)	Gen *n*	—	gène *m*	gene *m*	gen *m*
gene (I)	Gen *n*	gene	gène *m*	—	gen *m*
gene (P)	Gen *n*	gene	gène *m*	gene *m*	gen *m*
gène (F)	Gen *n*	gene	—	gene *m*	gen *m*
gêne (F)	Verlegenheit *f*	embarrassment	—	imbarazzo *m*	timidez *f*
gêné(e) (F)	verlegen	embarrassed	—	imbarazzato(a)	cohibido(a)
geneeskunde (NL)	Medizin *f*	medicine	médecine *f*	medicina *f*	medicina *f*
genehmigen (D)	—	approve	autoriser	approvare	permitir
Genehmigung (D)	—	authorization	autorisation *f*	permesso *m*	permiso *m*
general (E)	allgemein	—	général(e)	generale	general
general (ES)	allgemein	general	général(e)	generale	—
generale (I)	allgemein	general	général(e)	—	general
général(e) (F)	allgemein	general	—	generale	general
généralement (F)	meistens	generally	—	di solito	por lo común
generally (E)	meistens	—	généralement	di solito	por lo común
généreux(euse) (F)	großzügig	generous	—	generoso(a)	generoso(a)
generi alimentari (I)	Lebensmittel *pl*	food	denrées alimentaires *f/pl*	—	alimentos *m/pl*
generös (SV)	großzügig	generous	généreux(euse)	generoso(a)	generoso(a)
generoso (P)	großzügig	generous	généreux(euse)	generoso(a)	generoso(a)
generoso(a) (I)	großzügig	generous	généreux(euse)	—	generoso(a)
generoso(a) (ES)	großzügig	generous	généreux(euse)	generoso(a)	—
generous (E)	großzügig	—	généreux(euse)	generoso(a)	generoso(a)
genezen (NL)	heilen	heal	guérir	curare	curar
genießen (D)	—	enjoy	jouir	godere	disfrutar
genieten (NL)	genießen	enjoy	jouir	godere	disfrutar
genitori (I)	Eltern *pl*	parents	parents *m/pl*	—	padres *m/pl*
genoeg (NL)	genug	enough	assez	abbastanza	bastante
genoeg zijn (NL)	reichen	pass	passer	passare	alcanzar
genomsnittlig (SV)	durchschnittlich	average	moyen(ne)	medio(a)	medio(a)
genot (NL)	Genuss *m*	pleasure	plaisir *m*	piacere *m*	placer *m*
genou (F)	Knie *n*	knee	—	ginocchio *m*	rodilla *f*
gens (F)	Leute *pl*	people	—	gente *f*	gente *f*
gente (I)	Leute *pl*	people	gens *m/pl*	—	gente *f*
gente (ES)	Leute *pl*	people	gens *m/pl*	gente *f*	—
gentile¹ (I)	freundlich	friendly	aimable	—	amable
gentile² (I)	liebenswürdig	kind	aimable	—	simpático(a)
gentil(le)¹ (F)	brav	good	—	bravo(a)	bueno(a)
gentil(le)² (F)	lieb	sweet	—	caro(a)	amable
gentle (E)	sanft	—	doux(douce)	dolce	dulce
genug (D)	—	enough	assez	abbastanza	bastante
genuine (E)	echt	—	vrai(e)	vero(a)	verdadero(a)
Genuss (D)	—	pleasure	plaisir *m*	piacere *m*	placer *m*
geöffnet (D)	—	open	ouvert(e)	aperto(a)	abierto(a)

geöffnet

P	NL	SV	PL	CZ	H
legumes m	groente f	grönsaker pl	warzywo n	zelenina f	zöldség
ânimo m	gemoed n	själ u	umysł m	mysl f	kedély
confortável	gezellig	hemtrevlig	przytulny	útulný	kellemes
gene m	gen n	gen u	gen m	gen m	gén
gene m	gen n	gen u	gen m	gen m	gén
gene m	—	gen u	gen m	gen m	gén
gene m	gen n	—	gen m	gen m	gén
gene m	gen n	gen u	—	gen m	gén
gene m	gen n	gen u	gen m	—	gén
gene m	gen n	gen u	gen m	gen m	—
desagradável	pijnlijk	pinsamt	przykry	trapný	kellemetlen
imediatamente	terstond	—	natychmiast	ihned	rögtön
exacto	precies	noggrann	dokładny	přesný	pontos
gene m	gen n	gen u	gen m	gen m	gén
gene m	gen n	gen u	gen m	gen m	gén
—	gen n	gen u	gen m	gen m	gén
gene m	gen n	gen u	gen m	gen m	gén
embaraço m	verlegenheid f	förlägenhet u	zakłopotanie n	rozpačitost f	zavar
embaraçado	verlegen	förlägen	zakłopotany	rozpačitý	zavarban van
medicina f	—	medicin u	medycyna f	medicína f	orvostudomány
aprovar	goedkeuren	bevilja	zezwalać <zezwolić>	povolovat <povolit>	engedélyez
aprovação f	goedkeuring f	godkännande n	zezwolenie n	povolení n	engedély
geral	algemeen	allmänt	ogólnie	všeobecně	általános
geral	algemeen	allmänt	ogólnie	všeobecně	általános
geral	algemeen	allmänt	ogólnie	všeobecně	általános
geral	algemeen	allmänt	ogólnie	všeobecně	általános
geralmente	meestal	för det mesta	przeważnie	většinou	többnyire
geralmente	meestal	för det mesta	przeważnie	většinou	többnyire
generoso	royaal	generös	wspaniałomyślny	velkorysý	nagyvonalú
viveres m/pl	levensmiddelen pl	livsmedel pl	artykuły żywnościowe m/pl	potraviny f/pl	élelmiszer
generoso	royaal	—	wspaniałomyślny	velkorysý	nagyvonalú
—	royaal	generös	wspaniałomyślny	velkorysý	nagyvonalú
generoso	royaal	generös	wspaniałomyślny	velkorysý	nagyvonalú
generoso	royaal	generös	wspaniałomyślny	velkorysý	nagyvonalú
generoso	royaal	generös	wspaniałomyślny	velkorysý	nagyvonalú
curar	—	kurera	wyleczyć	léčit <vyléčit>	gyógyít
apreciar	genieten	njuta	używać <użyć>	užívat <užít>	élvez
apreciar	—	njuta	używać <użyć>	užívat <užít>	élvez
pais m/pl	ouders pl	föräldrar pl	rodzice m/pl	rodiče pl	szülők
suficiente	—	tillräckligt	dość	dost	elég
dar	—	räcka	sięgać	dosahovat <dosáhnout>	nyújt
médio	gemiddeld	—	przeciętny	průměrně	átlagban/átlagos
prazer m	—	njutning u	używanie n	požitek m	élvezet
joelho m	knie f	knä n	kolano n	koleno n	térd
pessoas f/pl	mensen pl	folk pl	ludzie pl	lidé pl	emberek
pessoas f/pl	mensen pl	folk pl	ludzie pl	lidé pl	emberek
pessoas f/pl	mensen pl	folk pl	ludzie pl	lidé pl	emberek
amável	vriendelijk	vänlig	przyjazny	přátelsky	barátságos
amável	vriendelijk	älskvärd	miły	laskavý	szívélyes
obediente	braaf	lydig	grzeczny	hodný	jó, rendes
querido	lief	snäll	miły	milý	kedves
macio	zacht	mild	łagodny	jemný	enyhe
suficiente	genoeg	tillräckligt	dość	dost	elég
autêntico	echt	äkta	prawdziwy	pravý	valódi
prazer m	genot n	njutning u	używanie n	požitek m	élvezet
aberto	geopend	öppnad	otwarty	otevřený	nyitott

geopend

	D	E	F	I	ES
geopend (NL)	geöffnet	open	ouvert(e)	aperto(a)	abierto(a)
Gepäck (D)	—	luggage	bagages m/pl	bagaglio m	equipaje m
gepflegt (D)	—	looked-after	soigné(e)	curato(a)	cuidado(a)
gépkocsi (H)	Auto n	car	voiture f	macchina f	coche m
gépkocsivezető (H)	Fahrer m	driver	conducteur m	autista m	conductor m
gerade¹ (D)	—	even	pair(e)	pari	par
gerade² (D)	—	straight	droit(e)	diritto(a)	derecho(a)
geradeaus (D)	—	straight ahead	tout droit	dritto(a)	todo derecho
geral (P)	allgemein	general	général(e)	generale	general
geralmente (P)	meistens	generally	généralement	di solito	por lo común
gérant (F)	Geschäftsführer m	manager	—	gerente m	gerente m
Gerät (D)	—	appliance	appareil m	apparecchio m	aparato m
geräumig (D)	—	spacious	spacieux(euse)	spazioso(a)	espacioso(a)
Geräusch (D)	—	sound	bruit m	rumore m	ruido m
gerecht (D)	—	just	juste	adeguato(a)	justo(a)
gerecht (NL)	gerecht	just	juste	adeguato(a)	justo(a)
gerecht¹ (NL)	Gericht n	court	tribunal m	tribunale m	tribunal m
gerecht² (NL)	Gericht n	dish	plat m	piatto m	comida f
gerente (I)	Geschäftsführer m	manager	gérant m	—	gerente m
gerente (ES)	Geschäftsführer m	manager	gérant m	gerente m	—
gerente (P)	Geschäftsführer m	manager	gérant m	gerente m	gerente m
Gericht¹ (D)	—	court	tribunal m	tribunale m	tribunal m
Gericht² (D)	—	dish	plat m	piatto m	comida f
gerincoszlop (H)	Wirbelsäule f	spine	colonne vertébrale f	colonna vertebrale f	columna vertebral f
Germania (I)	Deutschland n	Germany	Allemagne f	—	Alemania f
Germany (E)	Deutschland n	—	Allemagne f	Germania f	Alemania f
gern (D)	—	willingly	avec plaisir	volentieri	con gusto
gerucht (NL)	Gerücht n	rumour	rumeur f	voce f	rumor m
Gerücht (D)	—	rumour	rumeur f	voce f	rumor m
geruis (NL)	Geräusch n	sound	bruit m	rumore m	ruido m
geruit (NL)	kariert	checked	à carreaux	a quadretti	a cuadros
geruststellen (NL)	beruhigen	calm	calmer	calmare	calmar
gesamt (D)	—	entire	tout(e)	totale	entero(a)
Gesang (D)	—	singing	chant m	canto m	canto m
Geschäft (D)	—	shop	magasin m	negozio m	tienda f
geschäftlich (D)	—	on business	d'affaires	per affari	comercial
Geschäftsführer (D)	—	manager	gérant m	gerente m	gerente m
geschehen (D)	—	happen	arriver	accadere	ocurrir
Geschenk (D)	—	present	cadeau m	regalo m	regalo m
geschenk (NL)	Geschenk n	present	cadeau m	regalo m	regalo m
Geschichte (D)	—	history	histoire f	storia f	historia f
geschickt (D)	—	skilful	habile	abile	hábil
geschiedenis (NL)	Geschichte f	history	histoire f	storia f	historia f
geschikt (NL)	geeignet	suitable	approprié(e)	adatto(a)	adecuado(a)
Geschirr (D)	—	crockery	vaisselle f	stoviglie f/pl	vajilla f
geschlossen (D)	—	closed	fermé(e)	chiuso(a)	cerrado(a)
Geschmack (D)	—	taste	goût m	gusto m	sabor m
Geschwindigkeit (D)	—	speed	vitesse f	velocità f	velocidad f
Geschwister (D)	—	brothers and sisters	frère(s) et sœur(s) pl	fratelli e sorelle pl	hermanos m/pl
geschwollen (D)	—	swollen	enflé(e)	gonfio(a)	hinchado(a)
Gesetz (D)	—	law	loi f	legge f	ley f
Gesicht (D)	—	face	visage m	faccia f	cara f
gesloten (NL)	geschlossen	closed	fermé(e)	chiuso(a)	cerrado(a)

gesloten

P	NL	SV	PL	CZ	H
aberto	—	öppnad	otwarty	otevřený	nyitott
bagagem f	bagage f	bagage n	bagaż m	zavazadla pl	poggyász
cuidado	verzorgd	välvårdad	wypielęgnowany	upravený	ápolt
carro m	auto m	bil u	samochód m	auto n	—
condutor m	bestuurder m	förare u	kierowca m	řidič m	—
par	even	jämn	parzysty	sudý	páros
direito	recht	rak	właśnie	právě	éppen
em frente	rechtuit	rakt fram	prosto	přímo	egyenesen
—	algemeen	allmänt	ogólnie	všeobecně	általános
—	meestal	för det mesta	przeważnie	vetšinou	többnyire
gerente m	directeur m	verkställande direktör u	kierownik m	jednatel m	cégvezető
aparelho m	toestel n	apparat u	przyrząd m	přístroj m	készülék
espaçoso	ruim	rymlig	obszerny	prostorný	tágas
ruído m	geruis n	buller n	dźwięk m	zvuk m	zörej
justo	gerecht	rättvis	sprawiedliwy	spravedlivý	igazságos
justo	—	rättvis	sprawiedliwy	spravedlivý	igazságos
tribunal m	—	rätt u	sąd m	soud m	bíróság
prato m	—	maträtt u	danie n	pokrm m	fogás
gerente m	directeur m	verkställande direktör u	kierownik m	jednatel m	cégvezető
gerente m	directeur m	verkställande direktör u	kierownik m	jednatel m	cégvezető
—	directeur m	verkställande direktör u	kierownik m	jednatel m	cégvezető
tribunal m	gerecht n	rätt u	sąd m	soud m	bíróság
prato m	gerecht n	maträtt u	danie n	pokrm m	fogás
coluna vertebral f	ruggengraat m	ryggrad u	kręgosłup m	páteř f	—
Alemanha	Duitsland n	Tyskland	Niemcy pl	Německo n	Németország
Alemanha	Duitsland n	Tyskland	Niemcy pl	Německo n	Németország
de boa vontade	gaarne	gärna	chętnie	s radostí	szívesen
boato m	—	rykte n	pogłoska f	pověst f	híresztelés
boato m	gerucht n	rykte n	pogłoska f	pověst f	híresztelés
ruído m	—	buller n	dźwięk m	zvuk m	zörej
quadriculado	—	rutigt	w kratkę	čtverečkovaný	kockás
acalmar	—	lugna	uspokajać <uspokoić>	uklidňovat <uklidnit>	megnyugtat
todo	geheel	hel	całkowity	celkem	összes
canto m	gezang n	sång u	śpiew m	zpěv m	ének
negócio m	zaak f	affär u	sklep m	obchod m	üzlet
comercial	zakelijk	affärsmässigt	służbowy	obchodně	üzleti
gerente m	directeur m	verkställande direktör u	kierownik m	jednatel m	cégvezető
acontecer	gebeuren	hända	dziać, się	stávat, se <stát, se>	történik
presente m	geschenk n	present u	prezent m	dárek m	ajándék
presente m	—	present u	prezent m	dárek m	ajándék
história f	geschiedenis f	historia u	historia f	příhoda f	történelem
hábil	bekwaam	skicklig	zręczny	obratný	ügyes
história f	—	historia u	historia f	příhoda f	történelem
adequado	—	lämplig	odpowiedni	vhodný	alkalmas
louça f	vaatwerk n	servis u	naczynia n/pl	nádobí n	étkészlet
fechado	gesloten	stängd	zamknięty	uzavřený	zárt
gosto m	smaak m	smak u	smak m	chuť f	ízlés
velocidade f	snelheid f	hastighet u	prędkość f	rychlost f	sebesség
irmãos m/pl	broers en zusters pl	syskon pl	rodzeństwo n	sourozenci m/pl	testvérek
inchado	gezwollen	svullen	spuchnięty	nateklý	duzzadt
lei f	wet m	lag u	ustawa f	zákon m	törvény
cara f	gelaat n	ansikte n	twarz f	obličej m	arc
fechado	—	stängd	zamknięty	uzavřený	zárt

Gespräch

	D	E	F	I	ES
Gespräch (D)	—	conversation	conversation f	conversazione f	conversación f
gesprek (NL)	Gespräch n	conversation	conversation f	conversazione f	conversación f
gestehen (D)	—	confess	avouer	confessare	confesar
gestern (D)	—	yesterday	hier	ieri	ayer
gesund (D)	—	healthy	sain(e)	sano(a)	sano(a)
get (E)	bekommen	—	recevoir	ricevere	recibir
get bored (E)	langweilen, sich	—	ennuyer, se	annoiarsi	aburrirse
get ill (E)	erkranken	—	tomber malade	ammalarsi	enfermar
ge tillbaka (SV)	zurückgeben	give back	rendre	restituire	devolver
get in (E)	einsteigen	—	monter	salire in	subir a
get lost (E)	verlaufen, sich	—	perdre, se	perdersi	perderse
get off (E)	aussteigen	—	descendre	scendere	bajarse
Getränk (D)	—	dink	boisson f	bevanda f	bebida f
Getreide (D)	—	cereals	céréales f/pl	cereali m/pl	cereales m/pl
get to know (E)	kennen lernen	—	faire connaissance	fare la conoscenza di	hacer el conocimiento de
getuige (NL)	Zeuge m	witness	témoin m	testimone m	testigo m
getuigenis (NL)	Zeugnis n	report	bulletin m	pagella f	certificado m
get up (E)	aufstehen	—	lever, se	alzarsi	levantarse
get used to (E)	gewöhnen, sich	—	habituer	abituarsi	acostumbrarse
ge upp (SV)	aufgeben	give up	abandonner	rinunciare	renunciar a
geur (NL)	Duft m	scent	odeur f	profumo m	aroma m
ge ut (SV)	herausgeben	publish	éditer	pubblicare	editar
gevaar (NL)	Gefahr f	danger	danger m	pericolo m	peligro m
gevaarlijk (NL)	gefährlich	dangerous	dangereux(euse)	pericoloso(a)	peligroso(a)
geval van nood (NL)	Notfall m	emergency	cas d'urgence m	caso di emergenza m	caso de urgencia m
gevangenis (NL)	Gefängnis n	prison	prison f	prigione f	prisión f
geven (NL)	geben	give	donner	dare	dar
gevoel (NL)	Gefühl n	feeling	sentiment m	sensazione f	sentimiento m
gevoelig (NL)	empfindlich	sensitive	sensible	sensibile	sensible
gevogelte (NL)	Geflügel n	poultry	volaille f	volatili m/pl	aves f/pl
gevolg (NL)	Folge f	consequence	suite f	conseguenza f	serie f
Gewalt (D)	—	force	violence f	forza f	poder m
Gewässer (D)	—	waters	eaux f/pl	acque f/pl	aguas f/pl
geweld (NL)	Gewalt f	force	violence f	forza f	poder m
Gewerkschaft (D)	—	trade union	syndicat m	sindacato m	sindicato m
geweten (NL)	Gewissen n	conscience	conscience f	coscienza f	conciencia f
Gewicht (D)	—	weight	poids m	peso m	peso m
gewicht (NL)	Gewicht n	weight	poids m	peso m	peso m
Gewinn (D)	—	profit	gain m	guadagno m	ganancia f
gewinnen (D)	—	win	gagner	guadagnare	ganar
gewiss (D)	—	certain	certain(e)	certo(a)	cierto
Gewissen (D)	—	conscience	conscience f	coscienza f	conciencia f
gewissenhaft (D)	—	conscientious	consciencieux(euse)	coscienzioso(a)	concienzudo(a)
Gewitter (D)	—	thunderstorm	orage m	temporale m	tormenta f
gewöhnen, sich (D)	—	get used to	habituer	abituarsi	acostumbrarse
Gewohnheit (D)	—	habit	habitude f	abitudine f	costumbre f
gewöhnlich (D)	—	usual	habituel(le)	abituale	habitual
gewoon (NL)	gewöhnlich	usual	habituel(le)	abituale	habitual
gewoonte (NL)	Gewohnheit f	habit	habitude f	abitudine f	costumbre f
Gewürz (D)	—	spice	épice f	spezie f/pl	especia f

Gewürz

P	NL	SV	PL	CZ	H
conversa f	gesprek n	samtal n	rozmowa f	rozhovor m	beszélgetés
conversa f	—	samtal n	rozmowa f	rozhovor m	beszélgetés
confessar	toegeven	erkänna	przyznawać, się <przyznać, się>	připouštět <připustit>	bevall
ontem	gisteren	igår	wczoraj	včera	tegnap
saudável	gezond	frisk	zdrowy	zdravý	egészséges
receber	krijgen	få	otrzymywać <otrzymać>	dostávat <dostat>	kap
aborrecer-se	vervelen, zich	tråka ut	nudzić, się	nudit, se	unatkozik
adoecer	ziek worden	insjuknande	zachorować	onemocnět	megbetegszik
devolver	teruggeven	—	oddawać	vracet zpět <vrátit zpět>	visszaad
entrar	instappen	stiga på	wsiadać <wsiąść>	nastupovat <nastoupit>	felszáll
perder-se	verkeerd lopen	gå vilse	zgubić się	zatoulat, se	eltéved
sair	uitstappen	stiga ur	wysiadać <wysiąść>	vystupovat <vystoupit>	kiszáll
bebida f	drankje n	dryck u	napój m	nápoj m	ital
cereal m	graan n	säd u	zboże n	obilí n	gabona
conhecer	leren kennen	lära känna	poznawać	seznamovat, se <seznámit, se>	megismerkedik
testemunha m	—	vittne n	świadek m	svědek m	tanú
certificado m	—	betyg n	świadectwo n	vysvědčení n	bizonyítvány
levantar-se	opstaan	stiga upp	wstawać <wstać>	vstávat <vstát>	feláll
acostumar-se	wennen	vänja sig	przyzwyczajać, się <przyzwyczaić, się>	zvykat, si <zvyknout, si>	megszokik
desistir	opgeven	—	rezygnować <zrezygnować>	vzdávat <vzdát>	felad
aroma m	—	doft u	zapach m	vůně f	illat
entregar	teruggeven	—	wydawać <wydać>	vydávat <vydat>	visszaad
perigo m	—	fara u	niebezpieczeństwo n	nebezpečí n	veszély
perigoso	—	farlig	niebezpieczny	nebezpečný	veszélyes
caso de emergência m	—	nödfall n	nagły przypadek f	naléhavý případ m	szükséghelyzet
prisão f	—	fängelse n	więzienie n	vězení n	börtön
dar	—	ge	dawać <dać>	dávat <dát>	ad
sentimento m	—	känsla u	uczucie n	pocit m	érzés
sensível	—	känslig	wrażliwy	citlivý	érzékeny
aves f/pl	—	fjäderfä n/fågel n	drób m	drůbež f	baromfi
sequência f	—	konsekvens u	skutek m	následek m	következmény
violência f	geweld n	herravälde n	moc f	násilí n	erőszak
águas f	water n	farvatten n	wody f/pl	vody f/pl	vizek
violência f	—	herravälde n	moc f	násilí n	erőszak
sindicato m	vakvereniging f	fackförening u	związek zawodowy m	odbory pl	szakszervezet
consciência f	—	samvete n	sumienie n	svědomí n	lelkiismeret
peso m	gewicht n	vik u	ciężar m	hmotnost f	súly
peso m	—	vik u	ciężar m	hmotnost f	súly
ganho m	winst f	vinst u	zysk m	zisk m	nyereség
ganhar	winnen	vinna	wygrywać <wygrać>	získávat <získat>	nyer
certo	zeker	säker	pewnie	jistě	bizonyos
consciência f	geweten n	samvete n	sumienie n	svědomí n	lelkiismeret
consciencioso	nauwgezet	samvetsgrann	sumienny	svědomitě	lelkiismeretes
tempestade f	onweer n	åska u	burza f	bouřka f	zivatar
acostumar-se	wennen	vänja sig	przyzwyczajać, się <przyzwyczaić, się>	zvykat, si <zvyknout, si>	megszokik
hábito m	gewoonte f	vana u	przyzwyczajenie n	zvyk m	szokás
usual	gewoon	vanlig	zazwyczaj	obvykle	rendszerint
usual	—	vanlig	zazwyczaj	obvykle	rendszerint
hábito m	—	vana u	przyzwyczajenie n	zvyk m	szokás
especiaria f	kruiden n/pl	krydda u	przyprawa f	koření n	fűszer

gezang

	D	E	F	I	ES
gezang (NL)	Gesang m	singing	chant m	canto m	canto m
gezellig (NL)	gemütlich	comfortable	agréable	comodo(a)	cómodo(a)
gezin (NL)	Familie f	family	famille f	famiglia f	familia f
gezond (NL)	gesund	healthy	sain(e)	sano(a)	sano(a)
gezwollen (NL)	geschwollen	swollen	enflé(e)	gonfio(a)	hinchado(a)
ghiaccio (I)	Eis n	ice	glace f	—	hielo m
già (I)	bereits	already	déjà	—	ya
giacca (I)	Jacke f	jacket	veste f	—	chaqueta f
gładki (PL)	glatt	smooth	lisse	liscio(a)	liso(a)
giallo(a) (I)	gelb	yellow	jaune	—	amarillo(a)
gia rare (I)	umdrehen	turn around	tourner	—	volver
giardino (I)	Garten m	garden	jardin m	—	jardín m
głęboko (PL)	tief	deep	profond(e)	profondo(a)	profundo(a)
gierig (NL)	geizig	mean	avare	avaro(a)	avaro(a)
gießen (D)	—	water	arroser	annaffiare	regar
gieten (NL)	gießen	water	arroser	annaffiare	regar
gift (SV)	verheiratet	married	marié(e)	sposato(a)	casado(a)
gifta sig (SV)	heiraten	marry	marier	sposarsi	casarse
gifted (E)	begabt	—	doué(e)	dotato(a)	apto para
giftermål (SV)	Heirat f	marriage	mariage m	matrimonio m	boda f
giftig (D)	—	poisonous	toxique	velenoso(a)	venenoso(a)
giftig (NL)	giftig	poisonous	toxique	velenoso(a)	venenoso(a)
giftig (SV)	giftig	poisonous	toxique	velenoso(a)	venenoso(a)
gigantesco (P)	riesig	huge	énorme	enorme	enorme
giltig (SV)	gültig	valid	valable	valido(a)	válido(a)
ginocchio (I)	Knie n	knee	genou m	—	rodilla f
giocare (I)	spielen	play	jouer	—	jugar
gioco (I)	Spiel n	game	jeu m	—	juego m
głód (PL)	Hunger m	hunger	faim f	fame f	hambre f
głodny (PL)	hungrig	hungry	affamé(e)	affamato(a)	hambriento(a)
gioia (I)	Freude f	joy	joie f	—	alegría f
gioielli (I)	Schmuck m	jewellery	bijoux m/pl	—	joyas f/pl
giornale (I)	Zeitung f	newspaper	journal m	—	periódico m
giornale radio (I)	Nachrichten pl	news	informations f/pl	—	noticiero m
giorno (I)	Tag m	day	jour m	—	día m
giorno di riposo (I)	Ruhetag m	closing day	jour de repos m	—	día de descanso m
giorno festivo (I)	Feiertag m	holiday	jour férié m	—	día de fiesta m
głos (PL)	Stimme f	voice	voix f	voce f	voz f
głośnik (PL)	Lautsprecher m	loudspeaker	haut-parleur m	altoparlante m	altavoz m
głośny (PL)	laut	loud	fort(e)	rumoroso(a)	fuerte
giostra (PL)	Schwester f	sister	sœur f	sorella f	hermana f
giovane (I)	jung	young	jeune	—	joven
głowa (PL)	Kopf m	head	tête f	testa f	cabeza f
główna ulica (PL)	Hauptstraße f	main street	grand-rue f	strada principale f	calle central f
głównie (PL)	hauptsächlich	mainly	surtout	principalmente	principalmente
Gipfel (D)	—	peak	sommet m	cima f	cumbre f
girar (ES)	drehen	turn	tourner	girare	—
girare (I)	drehen	turn	tourner	—	girar
girellare (I)	bummeln	stroll	flâner	—	andar paseando
girl (E)	Mädchen n	—	fille f	ragazza f	chica f
giro¹ (I)	Rundfahrt f	round trip	circuit m	—	vuelta f
giro² (I)	Tour f	tour	excursion f	—	excursión f
gissa¹ (SV)	raten	advice	conseiller	consigliare	aconsejar

P	NL	SV	PL	CZ	H
canto m	—	sång u	śpiew m	zpěv m	ének
confortável	—	hemtrevlig	przytulny	útulný	kellemes
família f	—	familj u	rodzina f	rodina f	család
saudável	—	frisk	zdrowy	zdravý	egészséges
inchado	—	svullen	spuchnięty	nateklý	duzzadt
gelo m	ijs n	is u	lód m	led m	jég
já	reeds	redan	już	již	már
casaco m	jasje n	jacka u	kurtka f	bunda f	kiskabát
liso	glad	jämn	—	hladký	sima
amarelo	geel	gul	żółty(to)	žlutý	sárga
virar	omdraaien	vrida	obracać	otáčet <otočit>	megfordít
jardim m	tuin m	trädgård u	ogród m	zahrada f	kert
fundo	diep	djup	—	hluboký	mély
forreta	—	snål	skąpy	lakomý	fösvény
regar	gieten	hälla	podlewać <podlać>	zalévat <zalít>	önt
regar	—	hälla	podlewać <podlać>	zalévat <zalít>	önt
casado	gehuwd	—	żonaty/zamężna	ženatý/vdaná	házas
casar	huwen	—	żenić, się <ożenić, się> / wychodzić za mąż <wyjść za mąż>	uzavírat sňatek <uzavřít sňatek>	házasságot köt
talentoso	begaafd	begåvad	zdolny	nadaný	tehetséges
casamento m	huwelijk n	—	ożenek m/ zamążpójście n	sňatek m	házasságkötés
venenoso	giftig	giftig	trujący	jedovatý	mérgező
venenoso	—	giftig	trujący	jedovatý	mérgező
venenoso	giftig	—	trujący	jedovatý	mérgező
—	reusachtig	jättestor	ogromy	obrovský	oriási
válido	geldig	—	ważny	platný	érvényes
joelho m	knie f	knä n	kolano n	koleno n	térd
jogar	spelen	leka	grać <zagrać>	hrát <zahrát>	játszik
jogo m	spel n	spel n	gra f	hra f	játék
fome f	honger m	svält u	—	hlad m	éhség
faminto	hongerig	hungrig	—	hladový	éhes
alegria f	vreugde f	glädje u	radość f	radost f	öröm
jóias f	sieraad n	smycke n	biżuteria f	šperky pl	ékszer
jornal m	krant m	tidning u	gazeta f	noviny pl	újság
notícias f/pl	nieuws n	nyheter pl	wiadomości f/pl	zprávy pl	hírek
dia f	dag m	dag u	dzień m	den m	nap
dia de folga m	rustdag m	vilodag u	wolny dzień m	den pracovního klidu m	szünnap
feriado m	feestdag m	helgdag u	dzień świąteczny m	svátek m	ünnepnap
voz f	stem f	röst u	—	hlas m	hang
altifalante m	luidspreker m	högtalare u	—	reproduktor m	hangszóró
ruidoso	luid	högljudd	—	hlasitý	hangos
irmã f	zuster f	syster u	—	sestra f	leánytestvér
jovem	jong	ung	młody	mladý	fiatal
cabeça f	hoofd n	huvud n	—	hlava f	fej
estrada principal f	hoofdstraat f	huvudgata u	—	hlavní ulice f	főutca
principalmente	hoofdzakelijk	huvudsakligen	—	hlavně	főleg
cume m	top m	topp u	szczyt m	špička f	hegycsúcs
rodar	draaien	vrida	obracać <obrócić>	točit <otočit>	forgat
rodar	draaien	vrida	obracać <obrócić>	točit <otočit>	forgat
passear	wandelen	promenera	spacerować <pospacerować>	potulovat se	sétálgat
menina f	meisje n	tjej u	dziewczynka f	děvče n	kislány
passeio de carro m	rondrit f	rundtur u	przejażdżka f	okružní jízda f	körutazás
volta f/passeio m	toer m	tur u	tura f	túra f	kirándulás
aconselhar	aanraden	—	radzić <poradzić>	doporučovat <doporučit>	tanácsol

gissa

	D	E	F	I	ES
gissa² (SV)	raten	guess	deviner	indovinare	adivinar
gisteren (NL)	gestern	yesterday	hier	ieri	ayer
gita (I)	Ausflug m	outing	excursion f	—	excursión f
gitaar (NL)	Gitarre f	guitar	guitare f	chitarra f	guitarra f
gitár (H)	Gitarre f	guitar	guitare f	chitarra f	guitarra f
gitara (PL)	Gitarre f	guitar	guitare f	chitarra f	guitarra f
gitarr (SV)	Gitarre f	guitar	guitare f	chitarra f	guitarra f
Gitarre (D)	—	guitar	guitare f	chitarra f	guitarra f
giubilare (I)	jubeln	rejoice	pousser des cris de joie	—	dar gritos de alegría
giudicare¹ (I)	beurteilen	judge	juger	—	juzgar
giudicare² (I)	urteilen	judge	juger	—	juzgar
giudice (I)	Richter m	judge	juge m	—	juez m
giudizio (I)	Urteil n	judgement	jugement m	—	juicio m
głupi (PL)	dumm	stupid	bête	stupido(a)	tonto(a)
giurare (I)	schwören	swear	jurer	—	jurar
giurisprudenza (I)	Jura	law	droit m	—	derecho m
giusto(a) (I)	richtig	correct	juste	—	correcto(a)
give¹ (E)	geben	—	donner	dare	dar
give² (E)	schenken	—	offrir	regalare	regalar
give back (E)	zurückgeben	—	rendre	restituire	devolver
give notice (E)	kündigen	—	résilier	licenziare	despedir
give up (E)	aufgeben	—	abandonner	rinunciare	renunciar a
glace¹ (F)	Eis n	ice	—	ghiaccio m	hielo m
glace² (F)	Eis n	ice cream	—	gelato m	helado m
glad (E)	froh	—	content(e)	lieto(a)	contento(a)
glad (NL)	glatt	smooth	lisse	liscio(a)	liso(a)
glad¹ (SV)	erfreut	delighted	réjoui(e)	lieto(a)	contento(a)
glad² (SV)	froh	glad	content(e)	lieto(a)	contento(a)
glad³ (SV)	fröhlich	merry	joyeux(euse)	allegro(a)	alegre
glädja sig (SV)	freuen, sich	be glad/happy	réjouir, se	rallegrarsi	alegrarse
glädje (SV)	Freude f	joy	joie f	gioia f	alegría f
glänsa (SV)	glänzen	shine	briller	splendere	brillar
glänzen (D)	—	shine	briller	splendere	brillar
Glas (D)	—	glass	verre m	bicchiere m	vaso m
glas (NL)	Glas n	glass	verre m	bicchiere m	vaso m
glas (SV)	Glas n	glass	verre m	bicchiere m	vaso m
glass (E)	Glas n	—	verre m	bicchiere m	vaso m
glass (SV)	Eis n	ice cream	glace f	gelato m	helado m
glasses (E)	Brille f	—	lunettes f/pl	occhiali m/pl	gafas f/pl
glatt (D)	—	smooth	lisse	liscio(a)	liso(a)
glauben (D)	—	believe	croire	credere	creer
gleich (D)	—	same	égal(e)	identico(a)	idéntico(a)
gleichzeitig (D)	—	simultaneous	en même temps	contemporaneo(a)	a la vez
Gleis (D)	—	track	voie f	binario m	vía f
globo (ES)	Ballon m	balloon	ballon m	pallone m	—
Glocke (D)	—	bell	cloche f	campana f	campana f
glödlampa (SV)	Glühbirne f	light bulb	ampoule f	lampadina f	lámpara f
gloeilamp (NL)	Glühbirne f	light bulb	ampoule f	lampadina f	lámpara f

gloeilamp

P	NL	SV	PL	CZ	H
adivinhar	raden	—	zgadywać	hádat	találgat
ontem	—	igår	wczoraj	včera	tegnap
excursão f	uitstap m	utflykt u	wycieczka f	výlet m	kirándulás
guitarra f	—	gitarr u	gitara f	kytara f	gitár
guitarra f	gitaar f	gitarr u	gitara f	kytara f	—
guitarra f	gitaar f	gitarr u	—	kytara f	gitár
guitarra f	gitaar f	—	gitara f	kytara f	gitár
guitarra f	gitaar f	gitarr u	gitara f	kytara f	gitár
jubilar	jubelen	jubla	wiwatować	jásat <zajásat>	ujjong
julgar	beoordelen	bedöma	oceniać <ocenić>	posuzovat <posoudit>	megítél
julgar	oordelen	döma	sądzić	posuzovat <posoudit>	ítél
juiz m	rechter m	domare u	sędzia m	soudce m	bíró
sentença f	oordeel n	dom u	wyrok m	rozsudek m	ítélet
parvo	dom	dum	—	hloupý	buta
jurar	zweren	svära på	przysięgać <przysiąc>	přísahat	esküszik
direito m	rechten pl	juridik u	prawo n	právo n	jog
correcto	juist	rätt	właściwy	správně	helyes
dar	geven	ge	dawać <dać>	dávat <dát>	ad
oferecer	schenken	skänka	darować <podarować>	darovat	ajándékoz
devolver	teruggeven	ge tillbaka	oddawać	vracet zpět <vrátit zpět>	visszaad
despedir	opzeggen	säga upp	wypowiadać <wypowiedzieć>	dávat výpověď <dát výpověď>	felmond
desistir	opgeven	ge upp	rezygnować <zrezygnować>	vzdávat <vzdát>	felad
gelo m	ijs n	is u	lód m	led m	jég
gelado m	ijs n	glass u	lód m	zmrzlina f	fagylalt
contente	blij	glad	zadowolony	rád	boldog
liso	—	jämn	gładki	hladký	sima
satisfeito	verheugd	—	uradowany	potěšený	nagyon örülök
contente	blij	—	zadowolony	rád	boldog
alegre	vrolijk	—	wesoły	veselý	vidám
alegrar-se	verheugen, zich	—	cieszyć, się <ucieszyć, się>	radovat, se <zaradovat, se>	örül
alegria f	vreugde f	—	radość f	radost f	öröm
brilhar	blinken	—	lśnić	blýskat, se <blýštit, se>	ragyog
brilhar	blinken	glänsa	lśnić	blýskat, se <blýštit, se>	ragyog
vidro m	glas n	glas n	szkło n	sklo n	üveg
vidro m	—	glas n	szkło n	sklo n	üveg
vidro m	glas n	—	szkło n	sklo n	üveg
vidro m	glas n	glas n	szkło n	sklo n	üveg
gelado m	ijs n	—	lód m	zmrzlina f	fagylalt
óculos m	bril m	ett par glasögon	okulary pl	brýle pl	szemüveg
liso	glad	jämn	gładki	hladký	sima
acreditar	geloven	tro	wierzyć	věřit <uvěřit>	hisz
igual	gelijk/hetzelfde/meteen	lika	taki sam	hned	mindjárt
simultâneo	gelijktijdig	samtidigt	równocześnie	současně	egyszerre
carril m	spoor n	järnvägsspår n	tor m	kolej f	vágány
balão m	ballon m	ballong u	balon m	balon m	ballon
sino m	klok f	klocka u	dzwon m	zvon m	harang
lâmpada f	gloeilamp f	—	żarówka f	žárovka f	villanykörte
lâmpada f	—	glödlampa u	żarówka f	žárovka f	villanykörte

glömma

	D	E	F	I	ES
glömma (SV)	vergessen	forget	oublier	dimenticare	olvidar
Glück (D)	—	luck	chance f	fortuna f	suerte f
glücklich (D)	—	happy	heureux(euse)	felice	feliz
Glückwunsch (D)	—	congratulations	félicitations f/pl	auguri m/pl	felicitaciones f/pl
glue (E)	Klebstoff m	—	colle f	colla f	adhesivo m
Glühbirne (D)	—	light bulb	ampoule f	lampadina f	lámpara f
gniazdko (PL)	Steckdose f	socket	prise électrique f	presa f	enchufe m
go (E)	gehen	—	aller	andare	andar
goal (E)	Ziel n	—	but m	meta f	intención f
go along wigh (E)	mitgehen	—	accompagner	accompagnare	acompañar
go away¹ (E)	verreisen	—	partir en voyage	essere in viaggio	irse de viaje
go away² (E)	weggehen	—	s'en aller	andare via	marcharse
gobierno (ES)	Regierung f	government	gouvernement m	governo m	—
gocciolare (I)	tropfen	drip	goutter	—	gotear
God (E)	Gott m	—	Dieu m	Dio m	Dios m
God (NL)	Gott m	God	Dieu m	Dio m	Dios m
godere (I)	genießen	enjoy	jouir	—	disfrutar
godkänna (SV)	billigen	approve of	approuver	approvare	aprobar
godkännande (SV)	Genehmigung f	authorization	autorisation f	permesso m	permiso m
godsdienst (NL)	Religion f	religion	religion f	religione f	religión f
godzina (PL)	Stunde f	hour	heure f	ora f	hora f
godziny otwarcia (PL)	Öffnungszeiten pl	business hours	heures d'ouverture f/pl	orario d'apertura m	horas de apertura f/pl
godziny przyjęć (PL)	Sprechstunde f	consultation hours	heures de consultation f/pl	ora di ricevimento f	hora de consulta f
goed (NL)	gut	good/well	bon(ne)/bien	buono(a)/bene	bueno(a)/bien
goedkeuren¹ (NL)	billigen	approve of	approuver	approvare	aprobar
goedkeuren² (NL)	genehmigen	approve	autoriser	approvare	permitir
goedkeuring (NL)	Genehmigung f	authorization	autorisation f	permesso m	permiso m
goedkoop¹ (NL)	billig	cheap	bon marché	a buon mercato	barato(a)
goedkoop² (NL)	preiswert	inexpensive	bon marché	conveniente	económico(a)
go for a walk (E)	spazieren gehen	—	promener, se	passeggiare	ir de paseo/pasearse
golf (NL)	Welle f	wave	vague f	onda f	ola f
golić <ogolić> (PL)	rasieren	shave	raser	fare la barba	afeitar
golpe (ES)	Schlag m	blow	coup m	colpo m	—
golpe (P)	Schlag m	blow	coup m	colpo m	golpe m
golpear¹ (ES)	klopfen	knock	frapper	bussare	—
golpear² (ES)	schlagen	hit	battre	battere	—
golyóstoll (H)	Kugelschreiber m	biro	stylo à bille m	biro f	bolígrafo m
gom (SV)	Gebiss n	teeth	denture f	denti m/pl	dentadura f
gomb (H)	Knopf m	button	bouton m	bottone m	botón m
gomba (H)	Pilz m	mushroom	champignon m	fungo m	hongo m
gömma (SV)	verstecken	hide	cacher	nascondere	ocultar
gond (H)	Sorge f	concern	souci m	preoccupazione f	preocupación f
gondolat (H)	Gedanke m	thought	pensée f	pensiero m	pensamiento m
gondolkozik¹ (H)	denken	think	penser	pensare	pensar
gondolkozik² (H)	nachdenken	think	réfléchir	riflettere	reflexionar
gondos (H)	sorgfältig	careful(ly)	soigneux(euse)	accurato(a)	cuidadoso(a)
gondoskodik (H)	sorgen	worry about	occuper de, s'	prenderci cura di	atender/ocuparse de
gonfio(a) (I)	geschwollen	swollen	enflé(e)	—	hinchado(a)
gonna (I)	Rock m	skirt	jupe f	—	falda f
gonosz (H)	böse	wicked	méchant(e)	cattivo(a)	malo(a)
good (E)	brav	—	gentil(le)	bravo(a)	bueno(a)
Good-bye! (E)	Wiedersehen!	—	Au revoir!	Arrivederci!	¡Adiós!

Good-bye!

P	NL	SV	PL	CZ	H
esquecer-se	vergeten	—	zapomnieć	zapomínat <zapomenout>	elfelejt
sorte f	geluk n	lycka u	szczęście n	štěstí n	szerencse
feliz	gelukkig	lycklig	szczęśliwy	šťastný	boldog
parabéns m/pl	gelukwens m	lyckönskan u	życzenia szczęścia n/pl	blahopřání n	jókívánság
cola f	kleefstof f	klister n	klej m	lepidlo n	ragasztó
lâmpada f	gloeilamp f	glödlampa u	żarówka f	žárovka f	villanykörte
tomada f de corrente	stopcontact n	stickuttag n	—	zásuvka f	dugaszolóaljzat
andar	gaan	gå	iść <pójść>	chodit <jít>	megy
meta f	doel n	mål n	cel m	cíl m	cél
acompanhar alguém	meegaan	följa med	iść z <pójść z>	chodit s <jít s>	vele megy
viajar	op reis gaan	resa bort	wyjeżdżać	odcestovat	elutazik
sair	weggaan	gå bort	odchodzić	odcházet <odejít>	elmegy
governo m	regering f	regering u	rząd m	vláda f	kormány
gotejar	druppelen	droppa	kapać	kapat <kápnout>	csepeg
Deus m	God m	Gud	bóg m	bůh m	Isten
Deus m	—	Gud	bóg m	bůh m	Isten
apreciar	genieten	njuta	używać <użyć>	užívat <užít>	élvez
aprovar	goedkeuren	—	aprobować <zaaprobować>	schvalovat <schválit>	jóváhagy
aprovação f	goedkeuring f	—	zezwolenie n	povolení n	engedély
religião f	—	religion u	religia f	náboženství n	vallás
hora f	uur n	timme u	—	hodina f	óra
horário m	openingstijden pl	öppningstider pl	—	otevírací doba f	nyitvatartási idő
consulta f	spreekuur n	mottagningstid u	—	konzultační hodiny pl	fogadóóra
bom	—	bra	dobrze	dobře	jó
aprovar	—	godkänna	aprobować <zaaprobować>	schvalovat <schválit>	jóváhagy
aprovar	—	bevilja	zezwalać <zezwolić>	povolovat <povolit>	engedélyez
aprovação f	—	godkännande n	zezwolenie n	povolení n	engedély
barato	—	billigt	tani	levně	olcsó
barato	—	prisvärd	niedrogi	výhodný (cenově)	jutányos
ir passear	wandelen	promenera	iść na spacer <pójść na spacer>	procházet, se <projít, se>	sétálni megy
onda f	—	våg u	fala f	vlna f	hullám
barbear(se)	scheren	raka	—	holit, se <oholit, se>	borotvál
golpe m	slag m	stöt u	uderzenie n	úder m	ütés
—	slag m	stöt u	uderzenie n	úder m	ütés
bater	kloppen	knacka	pukać <zapukać>	klepat <zaklepat>	kopog
bater	slaan	slå	bić <pobić>	tlouci <udeřit>	üt
esferográfica f	balpen f	kulspetspenna u	długopis m	propisovací tužka f	—
dentadura f	gebit n	—	uzębienie n	chrup m	fogsor
botão m	knop m	knapp u	guzik m	knoflík m	—
cogumelo m	paddenstoel m	svamp u	grzyb m	houba f	—
esconder	verstoppen	—	chować	schovávat <schovat>	elrejt
preocupação f	zorg f	bekymmer pl	troska f	starost f	—
pensamento m	gedachte f	tanke u	myśl f	myšlenka f	—
pensar	denken	tänka	myśleć <pomyśleć>	myslet	—
reflectir sobre	nadenken	tänka efter	rozmyślać	přemýšlet	—
cuidadoso	zorgvuldig	omsorgsfull	staranny	pečlivý	—
preocupar	zorgen	oroa sig	troszczyć, się	starat, se <postarat, se>	—
inchado	gezwollen	svullen	spuchnięty	nateklý	duzzadt
saia f	rok m	kjol u	spódnica f	sukně f	szoknya
mau	boos	arg	zły	zle	—
obediente	braaf	lydig	grzeczny	hodný	jó, rendes
Até à vista!	Tot ziens!	Vi ses!	Do widzenia!	Na shledanou! f	Viszontlátásra!

goods

	D	E	F	I	ES
goods (E)	Ware f	—	marchandise f	merce f	mercancía f
good/well (E)	gut	—	bon(ne)/bien	buono(a)/bene	bueno(a)/bien
go out (E)	hinausgehen	—	sortir	uscire	salir
góra (PL)	Berg m	mountain	montagne f	monte m	montaña f
göra besviken (SV)	enttäuschen	disappoint	décevoir	deludere	defraudar
gorąco (PL)	heiß	hot	chaud(e)	caldo(a)	caliente
gorączka (PL)	Fieber n	fever	fièvre f	febbre f	fiebre m
gorączkowy (PL)	hektisch	hectic	fébrile	frenetico(a)	aperreado(a)
göra inköp (SV)	einkaufen gehen	go shopping	faire les courses	fare la spesa	ir de compras
göra rent (SV)	reinigen	clean	nettoyer	pulire	limpiar
görbe (H)	krumm	crooked	tordu(e)	storto(a)	torcido(a)
gordel¹ (NL)	Gurt m	belt	ceinture f	cinghia f	cinturón m
gordel² (NL)	Gürtel m	belt	ceinture f	cintura f	cinturón m
gordijn (NL)	Vorhang m	curtain	rideau m	tenda f	cortina f
gordo¹ (P)	dick	fat	gros(se)	grasso(a)	gordo(a)
gordo² (P)	fett	fat	gras(se)	grasso(a)	grasoso(a)
gordo(a) (ES)	dick	fat	gros(se)	grasso(a)	—
gordura (P)	Fett n	fat	graisse f	grasso m	grasa f
gorjeta (P)	Trinkgeld n	tip	pourboire m	mancia f	propina f
Görögország (H)	Griechenland	Greece	Grèce f	Grecia f	Grecia f
gorra (ES)	Mütze f	cap	casquette f	berretto m	—
gorzki (PL)	bitter	bitter	amer(ère)	amaro(a)	amargo(a)
gość¹ (PL)	Besucher m	visitor	visiteur m	visitatore m	visitante m
gość² (PL)	Gast m	guest	invité m	ospite m	invitado m
gościnny (PL)	gastfreundlich	hospitable	hospitalier(ière)	ospitale	hospitalario(a)
go shopping (E)	einkaufen gehen	—	faire les courses	fare la spesa	ir de compras
gospoda (PL)	Gasthaus n	guesthouse/inn	auberge f	osteria m	posada f
gospodarstwo domowe (PL)	Haushalt m	household	ménage m	nucleo familiare m	casa f
gospodarstwo wiejskie (PL)	Bauernhof m	farmhouse	ferme f	fattoria f	granja f
gospodarz (PL)	Gastgeber m	host	hôte m	ospite m	anfitrión m
gospodyni domowa (PL)	Hausfrau f	housewife	femme au foyer f	casalinga f	ama de casa f
gostar de (P)	mögen	like	aimer	piacere	querer
gosto (P)	Geschmack m	taste	goût m	gusto m	sabor m
gotear (ES)	tropfen	drip	goutter	gocciolare	—
gotejar (P)	tropfen	drip	goutter	gocciolare	gotear
gotować <ugotować> (PL)	kochen	cook	cuire	cucinare	cocinar
gotówka (PL)	Bargeld n	cash	espèces f/pl	contanti m/pl	dinero al contado m
gotowy¹ (PL)	bereit	ready	prêt(e)	pronto(a)	dispuesto(a) a
gotowy² (PL)	fertig	ready	prêt(e)	pronto(a)	listo(a)
Gott (D)	—	God	Dieu m	Dio m	Dios m
gottgöra (SV)	wieder gutmachen	make up for	réparer	riparare	subsanar
goût (F)	Geschmack m	taste	—	gusto m	sabor m
goutter (F)	tropfen	drip	—	gocciolare	gotear
gouvernement (F)	Regierung f	government	—	governo m	gobierno m
government (E)	Regierung f	—	gouvernement m	governo m	gobierno m
governo (I)	Regierung f	government	gouvernement m	—	gobierno m
governo (P)	Regierung f	government	gouvernement m	governo m	gobierno m
governo da casa (P)	Haushalt m	household	ménage m	nucleo familiare m	casa f
gra (PL)	Spiel n	game	jeu m	gioco m	juego m
graad (NL)	Grad m	degree	degré m	grado m	grado m

graad

P	NL	SV	PL	CZ	H
mercadoria f	waar f	vara u	towar m	zboží n	áru
bom	goed	bra	dobrze	dobře	jó
sair	naar buiten gaan	gå ut	wychodzić <wyjść>	vycházet <vyjít> ven	kimegy
montanha f	berg m	berg n	—	hora f	hegy
decepcionar	teleurstellen	—	rozczarowywać <rozczarować>	zklamat	csalódást okoz
quente	heet	het	—	horký	forró
febre f	koorts f	feber u	—	horečka f	láz
héctico	hectisch	hektisk	—	hektický	hektikus
ir às compras	boodschappen doen	—	iść na zakupy <pójść na zakupy>	chodit <jít> nakoupit>	vásárolni megy
limpar	reinigen	—	oczyszczać <oczyścić>	čistit <vyčistit>	tisztít
torto	krom	krokig	krzywy	křivý	—
correia f	—	bälte n	pas m	pás m	heveder/biztonsági öv
cinto m	—	skärp n	pasek m	pásek m	öv
cortina f	—	draperi n	zasłona f	závěs m	függöny
—	dik	tjock	gruby	tlustý	kövér
—	vet	fett	tłusty	tlustý	zsíros
gordo	dik	tjock	gruby	tlustý	kövér
—	vet n	fett n	tłuszcz m	tuk m	zsír
—	fooi f	dricks u	napiwek m	spropitné n	borravaló
Grécia f	Griekenland n	Grekland n	Grecja	Řecko n	—
boné m	muts f	mössa u	czapka f	čepice f	sapka
amargo	bitter	bittert	—	hořce	keserű
visitante m	bezoeker m	besökare u	—	návštěvník m	látogató
convidado m	gast m	gäst u	—	host m	vendég
hospitaleiro	gastvrij	gästvänlig	—	pohostinný	vendégszerető
ir às compras	boodschappen doen	göra inköp	iść na zakupy <pójść na zakupy>	chodit <jít> nakoupit>	vásárolni megy
pousada f	restaurant n	värdshus n	—	hospoda f	vendéglő
governo da casa m	huishouden n	hushåll n	—	domácnost f	háztartás
quinta f	boerderij f	bondgård u	—	statek m	parasztbirtok
anfitrião m	gastheer m	värd u	—	hostitel m	vendéglátó
doméstica f	huisvrouw f	hemmafru u	—	žena v domácnosti f	háziasszony
—	graag hebben/mogen	tycka om	lubić	mít rád	kedvel
—	smaak m	smak u	smak m	chuť f	ízlés
gotejar	druppelen	droppa	kapać	kapat <kápnout>	csepeg
—	druppelen	droppa	kapać	kapat <kápnout>	csepeg
cozinhar	koken	laga mat	—	vařit <uvařit>	főzni
dinheiro efectivo m	contant geld n	kontanter pl	—	hotovost f	készpénz
pronto	bereid	beredd	—	připravený	kész
pronto	klaar	färdig	—	hotový	kész
Deus m	God m	Gud	bóg m	bůh m	Isten
reparar	weer goedmaken	—	wynagradzać szkodę	odčiňovat <odčinit>	jóvátesz
gosto m	smaak m	smak u	smak m	chuť f	ízlés
gotejar	druppelen	droppa	kapać	kapat <kápnout>	csepeg
governo m	regering f	regering u	rząd m	vláda f	kormány
governo m	regering f	regering u	rząd m	vláda f	kormány
governo m	regering f	regering u	rząd m	vláda f	kormány
—	regering f	regering u	rząd m	vláda f	kormány
—	huishouden n	hushåll n	gospodarstwo domowe n	domácnost f	háztartás
jogo m	spel n	spel n	—	hra f	játék
grau m	—	grad u	grad m	stupeň m	fok

graag hebben/mogen

	D	E	F	I	ES
graag hebben/ mogen (NL)	mögen	like	aimer	piacere	querer
graan¹ (NL)	Korn n	corn	grain m	grano m	semilla f
graan² (NL)	Getreide n	cereals	céréales f/pl	cereali m/pl	cereales m/pl
Grab (D)	—	grave	tombe f	tomba f	tumba f
graben (D)	—	dig	creuser	scavare	cavar
gracias (ES)	danke	thank you	merci	grazie	—
grać <zagrać> (PL)	spielen	play	jouer	giocare	jugar
Grad (D)	—	degree	degré m	grado m	grado m
grad (SV)	Grad m	degree	degré m	grado m	grado m
grad¹ (PL)	Grad m	degree	degré m	grado m	grado m
grad² (PL)	Hagel m	hail	grêle f	grandine f	granizo m
grädde (SV)	Sahne f	cream	crème f	panna f	nata f
gradevole (I)	angenehm	pleasant	agréable	—	agradable
gradino (I)	Stufe f	step	marche f	—	escalón m
grado (I)	Grad m	degree	degré m	—	grado m
grado (ES)	Grad m	degree	degré m	grado m	—
graf (NL)	Grab n	grave	tombe f	tomba f	tumba f
grain (F)	Korn n	corn	—	grano m	semilla f
graisse (F)	Fett n	fat	—	grasso m	grasa f
gräla (SV)	schimpfen	scold	gronder	sgridare	insultar
gram (E)	Gramm m	—	gramme m	grammo m	gramo m
gram (NL)	Gramm m	gram	gramme m	grammo m	gramo m
gram (SV)	Gramm m	gram	gramme m	grammo m	gramo m
gram (PL)	Gramm m	gram	gramme m	grammo m	gramo m
gram (CZ)	Gramm m	gram	gramme m	grammo m	gramo m
grama (P)	Gramm m	gram	gramme m	grammo m	gramo m
Gramm (D)	—	gram	gramme m	grammo m	gramo m
gramm (H)	Gramm m	gram	gramme m	grammo m	gramo m
gramme (F)	Gramm m	gram	—	grammo m	gramo m
grammo (I)	Gramm m	gram	gramme m	—	gramo m
gramo (ES)	Gramm m	gram	gramme m	grammo m	—
gran ciudad (ES)	Großstadt f	metropolis	grande ville f	metropoli f	—
grand(e) (F)	groß	big/large	—	grande	grande
grande (I)	groß	big/large	grand(e)	—	grande
grande (ES)	groß	big/large	grand(e)	grande	—
grande (P)	groß	big/large	grand(e)	grande	grande
grande cidade (P)	Großstadt f	metropolis	grande ville f	metropoli f	gran ciudad f
grande magazzino (I)	Kaufhaus n	department store	grand magasin m	—	grandes almacenes m/pl
grandes almacenes (ES)	Kaufhaus n	department store	grand magasin m	grande magazzino m	—
grande ville (F)	Großstadt f	metropolis	—	metropoli f	gran ciudad f
grandfather (E)	Großvater m	—	grand-père m	nonno m	abuelo m
grandine (I)	Hagel m	hail	grêle f	—	granizo m
grandir¹ (F)	aufwachsen	grow up	—	crescere	criarse
grandir² (F)	wachsen	grow	—	crescere	crecer
grand magasin (F)	Kaufhaus n	department store	—	grande magazzino m	grandes almacenes m/pl
grand-mère (F)	Großmutter f	grandmother	—	nonna f	abuela f
grandmother (E)	Großmutter f	—	grand-mère f	nonna f	abuela f
grandparents (E)	Großeltern pl	—	grands-parents m/pl	nonni m/pl	abuelos m/pl
grand-père (F)	Großvater m	grandfather	—	nonno m	abuelo m
grand-rue (F)	Hauptstraße f	main street	—	strada principale f	calle central f
grands-parents (F)	Großeltern pl	grandparents	—	nonni m/pl	abuelos m/pl
granica (PL)	Grenze f	frontier	frontière f	frontiera f	frontera f

granica

P	NL	SV	PL	CZ	H
gostar de	—	tycka om	lubić	mít rád	kedvel
grão m	—	korn n	ziarno n	zrno n	gabona
cereal m	—	säd u	zboże n	obilí n	gabona
cova f	graf n	grav u	grób m	hrob m	sírhely
cavar	graven	gräva	kopać	kopat vykopat	ás
obrigado	bedankt	tack	dziękuję	děkuji	köszönöm!
jogar	spelen	leka	—	hrát <zahrát>	játszik
grau m	graad m	grad u	grad m	stupeň m	fok
grau m	graad m	—	grad m	stupeň m	fok
grau m	graad m	grad u	—	stupeň m	fok
granizo m	hagel m	hagel n	—	krupobití n	jégverés
natas f/pl	room m	—	śmietana f	smetana f	tejszín
agradável	aangenaam	angenämt	przyjemny	příjemně	kellemes
degrau m	trap m	steg n	stopień m	stupeň m	lépcsőfok
grau m	graad m	grad u	grad m	stupeň m	fok
grau m	graad m	grad u	grad m	stupeň m	fok
cova f	—	grav u	grób m	hrob m	sírhely
grão m	graan n	korn n	ziarno n	zrno n	gabona
gordura f	vet n	fett n	tłuszcz m	tuk m	zsír
ralhar	schelden	—	besztać	nadávat <zanadávat>	szitkozódik
grama m	gram n	gram n	gram m	gram m	gramm
grama m	—	gram n	gram m	gram m	gramm
grama m	gram n	—	gram m	gram m	gramm
grama m	gram n	gram n	—	gram m	gramm
grama m	gram n	gram n	gram m	—	gramm
—	gram n	gram n	gram m	gram m	gramm
grama m	gram n	gram n	gram m	gram m	gramm
grama m	gram n	gram n	gram m	gram m	gramm
grama m	gram n	gram n	gram m	gram m	—
grama m	gram n	gram n	gram m	gram m	gramm
grama m	gram n	gram n	gram m	gram m	gramm
grama m	gram n	gram n	gram m	gram m	gramm
grande cidade f	grote stad f	storstad u	wielkie miasto n	velkoměsto n	nagyváros
grande	groot	stor	duży	velký	nagy
grande	groot	stor	duży	velký	nagy
grande	groot	stor	duży	velký	nagy
—	groot	stor	duży	velký	nagy
—	grote stad f	storstad u	wielkie miasto n	velkoměsto n	nagyváros
armazém m	warenhuis n	varuhus n	dom towarowy m	obchodní dům m	áruház
armazém m	warenhuis n	varuhus n	dom towarowy m	obchodní dům m	áruház
grande cidade f	grote stad f	storstad u	wielkie miasto n	velkoměsto n	nagyváros
avô m	grootvader m	farfar/morfar u	dziadek m	dědeček m	nagyapa
granizo m	hagel m	hagel n	grad m	krupobití n	jégverés
crescer	opgroeien	växa upp	wyrastać <wyrosnąć>	vyrůstat <vyrůst>	felnő
crescer	groeien	växa	rosnąć	růst <vyrůst>	nő
armazém m	warenhuis n	varuhus n	dom towarowy m	obchodní dům m	áruház
avó f	grootmoeder f	farmor/mormor u	babcia f	babička f	nagyanya
avó f	grootmoeder f	farmor/mormor u	babcia f	babička f	nagyanya
avós m/pl	grootouders pl	farföräldrar/morföräldrar pl	dziadkowie m/pl	prarodiče pl	nagyszülők
avô m	grootvader m	farfar/morfar u	dziadek m	dědeček m	nagyapa
estrada principal f	hoofdstraat f	huvudgata u	główna ulica f	hlavní ulice f	főutca
avós m/pl	grootouders pl	farföräldrar/morföräldrar pl	dziadkowie m/pl	prarodiče pl	nagyszülők
fronteira f	grens m	gräns u	—	hranice f	határ

granizo

	D	E	F	I	ES
granizo (ES)	Hagel *m*	hail	grêle *f*	grandine *f*	—
granizo (P)	Hagel *m*	hail	grêle *f*	grandine *f*	granizo *m*
granja (ES)	Bauernhof *m*	farmhouse	ferme *f*	fattoria *f*	—
grano (I)	Korn *n*	corn	grain *m*	—	semilla *f*
gräns (SV)	Grenze *f*	frontier	frontière *f*	frontiera *f*	frontera *f*
grão (P)	Korn *n*	corn	grain *m*	grano *m*	semilla *f*
grap¹ (NL)	Scherz *m*	joke	plaisanterie *f*	scherzo *m*	broma *f*
grap² (NL)	Witz *m*	joke	plaisanterie *f*	barzelletta *f*	chiste *m*
grape (E)	Traube *f*	—	grappe *f*	uva *f*	uva *f*
grappe (F)	Traube *f*	grape	—	uva *f*	uva *f*
Gras (D)	—	grass	herbe *f*	erba *f*	hierba *f*
gras (NL)	Gras *n*	grass	herbe *f*	erba *f*	hierba *f*
gräs (SV)	Gras *n*	grass	herbe *f*	erba *f*	hierba *f*
grasa (ES)	Fett *n*	fat	graisse *f*	grasso *m*	—
gräsmatta (SV)	Rasen *m*	lawn	pelouse *f*	prato *m*	césped *m*
grasoso(a) (ES)	fett	fat	gras(se)	grasso(a)	—
grasp (E)	fassen	—	saisir	prendere	tomar/agarrar
grass (E)	Gras *n*	—	herbe *f*	erba *f*	hierba *f*
gras(se) (F)	fett	fat	—	grasso(a)	grasoso(a)
grasso (I)	Fett *n*	fat	graisse *f*	—	grasa *f*
grasso(a)¹ (I)	dick	fat	gros(se)	—	gordo(a)
grasso(a)² (I)	fett	fat	gras(se)	—	grasoso(a)
grasveld (NL)	Rasen *m*	lawn	pelouse *f*	prato *m*	césped *m*
gråta (SV)	weinen	cry	pleurer	piangere	llorar
grateful (E)	dankbar	—	reconnaissant(e)	grato(a)	agradecido(a)
gratis (D)	—	free of charge	gratuit(e)	gratuito(a)	gratuito(a)
gratis (NL)	gratis	free of charge	gratuit(e)	gratuito(a)	gratuito(a)
gratis (SV)	gratis	free of charge	gratuit(e)	gratuito(a)	gratuito(a)
grátis (P)	gratis	free of charge	gratuit(e)	gratuito(a)	gratuito(a)
grato(a) (I)	dankbar	grateful	reconnaissant(e)	—	agradecido(a)
gratuit(e) (F)	gratis	free of charge	—	gratuito(a)	gratuito(a)
gratuito (P)	umsonst	for nothing	en vain	per niente	en vano
gratuito(a) (I)	gratis	free of charge	gratuit(e)	—	gratuito(a)
gratuito(a) (ES)	gratis	free of charge	gratuit(e)	gratuito(a)	—
gratulál (H)	gratulieren	congratulate	féliciter	congratularsi	felicitar
gratulera (SV)	gratulieren	congratulate	féliciter	congratularsi	felicitar
gratulieren (D)	—	congratulate	féliciter	congratularsi	felicitar
gratulovat <pogratulovat> (CZ)	gratulieren	congratulate	féliciter	congratularsi	felicitar
gratulować <pogratulować> (PL)	gratulieren	congratulate	féliciter	congratularsi	felicitar
grau (P)	Grad *m*	degree	degré *m*	grado *m*	grado *m*
grausam (D)	—	cruel	cruel(le)	crudele	cruel
grav (SV)	Grab *n*	grave	tombe *f*	tomba *f*	tumba *f*
gräva (SV)	graben	dig	creuser	scavare	cavar
gravata (P)	Krawatte *f*	tie	cravate *f*	cravatta *f*	corbata *f*
grave (E)	Grab *n*	—	tombe *f*	tomba *f*	tumba *f*
graven (NL)	graben	dig	creuser	scavare	cavar
gravid (SV)	schwanger	pregnant	enceinte	incinta	embarazada
grávida (P)	schwanger	pregnant	enceinte	incinta	embarazada
grazie (I)	danke	thank you	merci	—	gracias
Grèce (F)	Griechenland	Greece	—	Grecia *f*	Grecia *f*
Grecia (I)	Griechenland	Greece	Grèce *f*	—	Grecia *f*
Grecia (ES)	Griechenland	Greece	Grèce *f*	Grecia *f*	—
Grécia (P)	Griechenland	Greece	Grèce *f*	Grecia *f*	Grecia *f*

Grécia

P	NL	SV	PL	CZ	H
granizo m	hagel m	hagel n	grad m	krupobití n	jégverés
—	hagel m	hagel n	grad m	krupobití n	jégverés
quinta f	boerderij f	bondgård u	gospodarstwo wiejskie n	statek m	parasztbirtok
grão m	graan n	korn n	ziarno n	zrno n	gabona
fronteira f	grens m	—	granica f	hranice f	határ
—	graan n	korn n	ziarno n	zrno n	gabona
brincadeira f	—	skämt n	żart m	žert m	tréfa
piada f	—	vits u	kawał m	vtip m	vicc
uva f	druif f	druva u	winogrono n	hrozen m	szőlő
uva f	druif f	druva u	winogrono n	hrozen m	szőlő
erva f	gras n	gräs n	trawa f	tráva f	fű
erva f	—	gräs n	trawa f	tráva f	fű
erva f	gras n	—	trawa f	tráva f	fű
gordura f	vet n	fett n	tłuszcz m	tuk m	zsír
relva f	grasveld n	—	trawnik f	trávník m	pázsit
gordo	vet	fett	tłusty	tlustý	zsíros
pegar	pakken	fatta	chwytać <uchwycić>	chopit <uchopit>	megfog
erva f	gras n	gräs n	trawa f	tráva f	fű
gordo	vet	fett	tłusty	tlustý	zsíros
gordura f	vet n	fett n	tłuszcz m	tuk m	zsír
gordo	dik	tjock	gruby	tlustý	kövér
gordo	vet	fett	tłusty	tlustý	zsíros
relva f	—	gräsmatta u	trawnik f	trávník m	pázsit
chorar	huilen	—	płakać	plakat	sír
agradecido	dankbaar	tacksam	wdzięczny	vděčný	hálás
grátis	gratis	gratis	darmo	zadarmo	ingyenes
grátis	—	gratis	darmo	zadarmo	ingyenes
grátis	gratis	—	darmo	zadarmo	ingyenes
—	gratis	gratis	darmo	zadarmo	ingyenes
agradecido	dankbaar	tacksam	wdzięczny	vděčný	hálás
grátis	gratis	gratis	darmo	zadarmo	ingyenes
—	voor niets	förgäves	darmo	zbytečně	ingyen
grátis	gratis	gratis	darmo	zadarmo	ingyenes
grátis	gratis	gratis	darmo	zadarmo	ingyenes
felicitar	feliciteren	gratulera	gratulować <pogratulować>	gratulovat <pogratulovat>	—
felicitar	feliciteren	—	gratulować <pogratulować>	gratulovat <pogratulovat>	gratulál
felicitar	feliciteren	gratulera	gratulować <pogratulować>	gratulovat <pogratulovat>	gratulál
felicitar	feliciteren	gratulera	gratulować <pogratulować>	—	gratulál
felicitar	feliciteren	gratulera	—	gratulovat <pogratulovat>	gratulál
—	graad m	grad u	grad m	stupeň m	fok
cruel	wreedaardig	grym	okropny	krutý	kegyetlen
cova f	graf n	—	grób m	hrob m	sírhely
cavar	graven	—	kopać	kopat vykopat	ás
—	das f	slips u	krawat m	kravata f	nyakkendő
cova f	graf n	grav u	grób m	hrob m	sírhely
cavar	—	gräva	kopać	kopat vykopat	ás
grávida	zwanger	—	ciężarna	těhotná	állapotos
—	zwanger	gravid	ciężarna	těhotná	állapotos
obrigado	bedankt	tack	dziękuję	děkuji	köszönöm!
Grécia f	Griekenland n	Grekland n	Grecja	Řecko n	Görögország
Grécia f	Griekenland n	Grekland n	Grecja	Řecko n	Görögország
Grécia f	Griekenland n	Grekland n	Grecja	Řecko n	Görögország
—	Griekenland n	Grekland n	Grecja	Řecko n	Görögország

Grecja

	D	E	F	I	ES
Grecja (PL)	Griechenland	Greece	Grèce f	Grecia f	Grecia f
Greece (E)	Griechenland	—	Grèce f	Grecia f	Grecia f
green (E)	grün	—	vert(e)	verde	verde
greep (NL)	Griff m	handle	poignée f	maniglia f	asidero m
greet (E)	begrüßen	—	saluer	salutare	saludar
greifen (D)	—	seize	saisir	afferrare	tomar
grejor (SV)	Zeug n	stuff	affaires f/pl	cose f/pl	cosas f/pl
Grekland (SV)	Griechenland	Greece	Grèce f	Grecia f	Grecia f
grêle (F)	Hagel m	hail	—	grandine f	granizo m
grelhar (P)	rösten	roast	griller	abbrustolire	tostar
gren (SV)	Ast m	branch	branche f	ramo m	rama f
grens (NL)	Grenze f	frontier	frontière f	frontiera f	frontera f
Grenze (D)	—	frontier	frontière f	frontiera f	frontera f
greve (P)	Streik m	strike	grève f	sciopero m	huelga f
grève (F)	Streik m	strike	—	sciopero m	huelga f
gridare (I)	schreien	scream	crier	—	gritar
Griechenland (D)	—	Greece	Grèce f	Grecia f	Grecia f
grief (E)	Kummer m	—	chagrin m	dolore m	pena f
Griekenland (NL)	Griechenland	Greece	Grèce f	Grecia f	Grecia f
griep (NL)	Grippe f	flu	grippe f	influenza f	gripe f
Griff (D)	—	handle	poignée f	maniglia f	asidero m
grijpen (NL)	greifen	seize	saisir	afferrare	tomar
griller (F)	rösten	roast	—	abbrustolire	tostar
grimper (F)	klettern	climb	—	arrampicarsi	escalar
gripa (SV)	greifen	seize	saisir	afferrare	tomar
gripa in (SV)	eingreifen	intervene	intervenir	intervenire	intervenir
gripe (ES)	Grippe f	flu	grippe f	influenza f	—
gripe (P)	Grippe f	flu	grippe f	influenza f	gripe f
Grippe (D)	—	flu	grippe f	influenza f	gripe f
grippe (F)	Grippe f	flu	—	influenza f	gripe f
gritar (ES)	schreien	scream	crier	gridare	—
gritar (P)	schreien	scream	crier	gridare	gritar
grob (D)	—	coarse	grossier(ière)	rozzo(a)	tosco(a)
grób (PL)	Grab n	grave	tombe f	tomba f	tumba f
groeien (NL)	wachsen	grow	grandir	crescere	crecer
groen (NL)	grün	green	vert(e)	verde	verde
groente (NL)	Gemüse n	vegetables	légumes m/pl	verdura f	verdura f
groep (NL)	Gruppe f	group	groupe m	gruppo m	grupo m
grof (NL)	grob	coarse	grossier(ière)	rozzo(a)	tosco(a)
grön (SV)	grün	green	vert(e)	verde	verde
grond (NL)	Boden m	floor	sol m	terra f	suelo m
gronder (F)	schimpfen	scold	—	sgridare	insultar
grondig (NL)	gründlich	thorough	à fond	a fondo	a fondo
grondvlak (NL)	Grundfläche f	base	base f	base f	base f
grondwet (NL)	Verfassung f	constitution	constitution f	costituzione f/pl	constitución f
grönsaker (SV)	Gemüse n	vegetables	légumes m/pl	verdura f	verdura f
groot (NL)	groß	big/large	grand(e)	grande	grande
grootmoeder (NL)	Großmutter f	grandmother	grand-mère f	nonna f	abuela f
grootouders (NL)	Großeltern pl	grandparents	grands-parents m/pl	nonni m/pl	abuelos m/pl
grootte (NL)	Größe f	size	taille f	taglia f	talle m
grootvader (NL)	Großvater m	grandfather	grand-père m	nonno m	abuelo m
groseille (F)	Johannisbeere f	currant	—	ribes m	grosella f

groseille

P	NL	SV	PL	CZ	H
Grécia f	Griekenland n	Grekland n	—	Řecko n	Görögország
Grécia f	Griekenland n	Grekland n	Grecja	Řecko n	Görögország
verde	groen	grön	zielony(no)	zelený	zöld
cabo m	—	fäste n	chwyt m	rukojeť f	kézmozdulat
cumprimentar	begroeten	hälsa	witać <powitać>	pozdravovat <pozdravit>	üdvözöl
agarrar	grijpen	gripa	chwytać <chwycić>	chopit <uchopit>	fog
coisas f/pl	spullen pl	—	materia f	věci pl	holmi
Grécia f	Griekenland n	—	Grecja	Řecko n	Görögország
granizo m	hagel m	hagel n	grad m	krupobití n	jégverés
—	roosteren	rosta	prażyć <zaprażyć>	pražit <zapražit>	pirít
ramo m	tak m	—	gałąź f	větev f	faág
fronteira f	—	gräns u	granica f	hranice f	határ
fronteira f	grens m	gräns u	granica f	hranice f	határ
—	staking f	strejk u	strajk m	stávka f	sztrájk
greve f	staking f	strejk u	strajk m	stávka f	sztrájk
gritar	schreeuwen	skrika	krzyczeć <zakrzyczeć>	křičet <křiknout>	kiabál
Grécia f	Griekenland n	Grekland n	Grecja	Řecko n	Görögország
desgosto m	kommer m	bekymmer n	zmartwienie n	soužení n	bánat
Grécia f	—	Grekland n	Grecja	Řecko n	Görögország
gripe f	—	förkylning u	grypa f	chřipka f	influenza
cabo m	greep m	fäste n	chwyt m	rukojeť f	kézmozdulat
agarrar	—	gripa	chwytać <chwycić>	chopit <uchopit>	fog
grelhar	roosteren	rosta	prażyć <zaprażyć>	pražit <zapražit>	pirít
trepar	klimmen	klättra	wspinać się <wspiąć się>	lézt <vylézt>	felmászik
agarrar	grijpen	—	chwytać <chwycić>	chopit <uchopit>	fog
intervir	tussenkomen	—	interweniować <zainterweniować>	zasahovat <zasáhnout>	beavatkozik
gripe f	griep f	förkylning u	grypa f	chřipka f	influenza
—	griep f	förkylning u	grypa f	chřipka f	influenza
gripe f	griep f	förkylning u	grypa f	chřipka f	influenza
gripe f	griep f	förkylning u	grypa f	chřipka f	influenza
gritar	schreeuwen	skrika	krzyczeć <zakrzyczeć>	křičet <křiknout>	kiabál
—	schreeuwen	skrika	krzyczeć <zakrzyczeć>	křičet <křiknout>	kiabál
grosso	grof	grov	z grubsza	hrubý	durva
cova f	graf n	grav u	—	hrob m	sírhely
crescer	—	växa	rosnąć	růst <vyrůst>	nő
verde	—	grön	zielony(no)	zelený	zöld
legumes m	—	grönsaker pl	warzywo n	zelenina f	zöldség
grupo m	—	grupp u	grupa f	skupina f	csoport
grosso	—	grov	z grubsza	hrubý	durva
verde	groen	—	zielony(no)	zelený	zöld
chão m	—	mark u	podłoga f	podlaha f	föld
ralhar	schelden	gräla	besztać	nadávat <zanadávat>	szitkozódik
exaustivo	—	grundligt	dokładny	důkladně	alapos
superfície f	—	grundyta u	podstawa f	základní plocha f	alapterület
constituição f	—	författning u	konstytucja f	ústava f	alkotmány
legumes m	groente f	—	warzywo n	zelenina f	zöldség
grande	—	stor	duży	velký	nagy
avó f	—	farmor/mormor u	babcia f	babička f	nagyanya
avós m/pl	—	farföräldrar/morföräldrar pl	dziadkowie m/pl	prarodiče pl	nagyszülők
tamanho m	—	storlek u	wielkość f	velikost f	méret
avô m	—	farfar/morfar u	dziadek m	dědeček m	nagyapa
groselha f	aalbes f	svart vinbär n	porzeczka f	rybíz m	ribizke

groselha

	D	E	F	I	ES
groselha (P)	Johannisbeere f	currant	groseille f	ribes m	grosella f
grosella (ES)	Johannisbeere f	currant	groseille f	ribes m	—
groß (D)	—	big/large	grand(e)	grande	grande
gros(se) (F)	dick	fat	—	grasso(a)	gordo(a)
Größe (D)	—	size	taille f	taglia f	talle m
Großeltern (D)	—	grandparents	grands-parents m/pl	nonni m/pl	abuelos m/pl
grossier(ière) (F)	grob	coarse	—	rozzo(a)	tosco(a)
Großmutter (D)	—	grandmother	grand-mère f	nonna f	abuela f
grosso (P)	grob	coarse	grossier(ière)	rozzo(a)	tosco(a)
Großstadt (D)	—	metropolis	grande ville f	metropoli f	gran ciudad f
Großvater (D)	—	grandfather	grand-père m	nonno m	abuelo m
großzügig (D)	—	generous	généreux(euse)	generoso(a)	generoso(a)
grote stad (NL)	Großstadt f	metropolis	grande ville f	metropoli f	gran ciudad f
grotta (SV)	Höhle f	cave	grotte f	caverna f	cueva f
grotte (F)	Höhle f	cave	—	caverna f	cueva f
ground floor (E)	Erdgeschoss n	—	rez-de-chaussée m	pianterreno m	planta baja f
group (E)	Gruppe f	—	groupe m	gruppo m	grupo m
groupe (F)	Gruppe f	group	—	gruppo m	grupo m
grov (SV)	grob	coarse	grossier(ière)	rozzo(a)	tosco(a)
grow (E)	wachsen	—	grandir	crescere	crecer
grown up (E)	erwachsen	—	adulte	adulto(a)	adulto(a)
grow up (E)	aufwachsen	—	grandir	crescere	criarse
gruby (PL)	dick	fat	gros(se)	grasso(a)	gordo(a)
grün (D)	—	green	vert(e)	verde	verde
Grund (D)	—	reason	raison f	causa f	causa f
grund (SV)	Basis	basis	base f	base f	base f
grunda (SV)	gründen	found	fonder	fondare	fundar
gründen (D)	—	found	fonder	fondare	fundar
Grundfläche (D)	—	base	base f	base f	base f
gründlich (D)	—	thorough	à fond	a fondo	a fondo
grundligt (SV)	gründlich	thorough	à fond	a fondo	a fondo
grundsätzlich (D)	—	fundamental	par principe	basilare	fundamental
grundyta (SV)	Grundfläche f	base	base f	base f	base f
grupa (PL)	Gruppe f	group	groupe m	gruppo m	grupo m
grupo (ES)	Gruppe f	group	groupe m	gruppo m	—
grupo (P)	Gruppe f	group	groupe m	gruppo m	grupo m
grupp (SV)	Gruppe f	group	groupe m	gruppo m	grupo m
Gruppe (D)	—	group	groupe m	gruppo m	grupo m
gruppo (I)	Gruppe f	group	groupe m	—	grupo m
gruzka (PL)	Birne f	pear	poire f	pera f	pera f
grym (SV)	grausam	cruel	cruel(le)	crudele	cruel
grypa (PL)	Grippe f	flu	grippe f	influenza f	gripe f
gryźć <ugryźć> (PL)	beißen	bite	mordre	mordere	morder
grzać (PL)	wärmen	warm	chauffer	riscaldare	calentar
grzebień (PL)	Kamm m	comb	peigne m	pettine m	peine m
grzeczny (PL)	brav	good	gentil(le)	bravo(a)	bueno(a)
grzmot (PL)	Donner m	thunder	tonnerre m	tuono m	trueno m
grzyb (PL)	Pilz m	mushroom	champignon m	fungo m	hongo m
gsm (NL)	Handy n	mobile phone	téléphone mobile m	telefonino m	teléfono celular m
guadagnare[1] (I)	gewinnen	win	gagner	—	ganar
guadagnare[2] (I)	verdienen	earn	gagner	—	ganar
guadagno (I)	Gewinn m	profit	gain m	—	ganancia f
guarda-chuva (P)	Regenschirm m	umbrella	parapluie m	ombrello m	paraguas m

guarda-chuva

P	NL	SV	PL	CZ	H
—	aalbes f	svart vinbär n	porzeczka f	rybíz m	ribizke
groselha f	aalbes f	svart vinbär n	porzeczka f	rybíz m	ribizke
grande	groot	stor	duży	velký	nagy
gordo	dik	tjock	gruby	tlustý	kövér
tamanho m	grootte f	storlek u	wielkość f	velikost f	méret
avós m/pl	grootouders pl	farföräldrar/morföräldrar pl	dziadkowie m/pl	prarodiče pl	nagyszülők
grosso	grof	grov	z grubsza	hrubý	durva
avó f	grootmoeder f	farmor/mormor u	babcia f	babička f	nagyanya
—	grof	grov	z grubsza	hrubý	durva
grande cidade f	grote stad f	storstad u	wielkie miasto n	velkoměsto n	nagyváros
avô m	grootvader m	farfar/morfar u	dziadek m	dědeček m	nagyapa
generoso	royaal	generös	wspaniałomyślny	velkorysý	nagyvonalú
grande cidade f	—	storstad u	wielkie miasto n	velkoměsto n	nagyváros
caverna f	hol n	—	jaskinia f	jeskyně f	barlang
caverna f	hol n	grotta u	jaskinia f	jeskyně f	barlang
rés-do-chão m	begane grond m	bottenvåning u	parter m	přízemí n	földszint
grupo m	groep m	grupp u	grupa f	skupina f	csoport
grupo m	groep m	grupp u	grupa f	skupina f	csoport
grosso	grof	—	z grubsza	hrubý	durva
crescer	groeien	växa	rosnąć	růst <vyrůst>	nő
crescido	volwassen	fullvuxen	dorosły	dospělý	felnőtt
crescer	opgroeien	växa upp	wyrastać <wyrosnąć>	vyrůstat <vyrůst>	felnő
gordo	dik	tjock	—	tlustý	kövér
verde	groen	grön	zielony(no)	zelený	zöld
motivo m	reden f	anledning u	powód m	důvod m	ok
base f	basis f	—	podstawa f	báze f	alap
fundar	oprichten; gebaseerd zijn	—	zakładać <założyć>	zakládat <založit>	alapít
fundar	oprichten; gebaseerd zijn	grunda	zakładać <założyć>	zakládat <založit>	alapít
superfície f	grondvlak n	grundyta u	podstawa f	základní plocha f	alapterület
exaustivo	grondig	grundligt	dokładny	důkladně	alapos
exaustivo	grondig	—	dokładny	důkladně	alapos
em princípio	principieel	principiellt	zasadniczo	zásadně	alapvető
superfície f	grondvlak n	—	podstawa f	základní plocha f	alapterület
grupo m	groep m	grupp u	—	skupina f	csoport
grupo m	groep m	grupp u	grupa f	skupina f	csoport
—	groep m	grupp u	grupa f	skupina f	csoport
grupo m	groep m	—	grupa f	skupina f	csoport
grupo m	groep m	grupp u	grupa f	skupina f	csoport
grupo m	groep m	grupp u	grupa f	skupina f	csoport
pêra f	peer m	päron n	—	hruška f	körte
cruel	wreedaardig	—	okropny	krutý	kegyetlen
gripe f	griep f	förkylning u	—	chřipka f	influenza
morder	bijten	bita	—	kousat <kousnout>	harap
aquecer	verwarmen	värma	—	hřát <zahřát>	megmelegít
pente m	kam m	kam u	—	hřeben m	fésű
obediente	braaf	lydig	—	hodný	jó, rendes
trovão m	donder m	åska u	—	hrom m	mennydörgés
cogumelo m	paddenstoel m	svamp u	—	houba f	gomba
telemóvel m	—	mobiltelefon u	telefon komórkowy m	mobil m	mobiltelefon
ganhar	winnen	vinna	wygrywać <wygrać>	získávat <získat>	nyer
ganhar	verdienen	förtjäna	zarabiać	vydělávat <vydělat>	keres
ganho m	winst f	vinst u	zysk m	zisk m	nyereség
—	regenscherm n	paraply n	parasol m	deštník m	esernyő

guardar

	D	E	F	I	ES
guardar (ES)	aufbewahren	keep	garder	conservare	—
guardar¹ (P)	aufbewahren	keep	garder	conservare	guardar
guardar² (P)	behalten	keep	garder	tenere	retener
guardare¹ (I)	ansehen	look at	regarder	—	mirar
guardare² (I)	schauen	look	retarder	—	mirar
guardare la TV (I)	fernsehen	watch television	regarder la télévision	—	ver la televisión
guasto(a) (I)	defekt	defective	défectueux(euse)	—	defectuoso(a)
Gud (SV)	Gott m	God	Dieu m	Dio m	Dios m
guérir (F)	heilen	heal	—	curare	curar
guerra (I)	Krieg m	war	guerre f	—	guerra f
guerra (ES)	Krieg m	war	guerre f	guerra f	—
guerra (P)	Krieg m	war	guerre f	guerra f	guerra f
guerre (F)	Krieg m	war	—	guerra f	guerra f
guess (E)	raten	—	deviner	indovinare	adivinar
guest (E)	Gast m	—	invité m	ospite m	invitado m
guesthouse/inn (E)	Gasthaus n	—	auberge f	osteria m	posada f
guia (P)	Reiseführer m	guide	guide m	guida f	guía m
guía (ES)	Reiseführer m	guide	guide m	guida f	—
guiar¹ (P)	führen	lead	guider	guidare	dirigir
guiar² (P)	lenken	steer	conduire	guidare	encauzar
guía telefónica (ES)	Telefonbuch n	phone book	annuaire téléphonique m	elenco telefonico m	—
guichet (F)	Schalter m	counter	—	sportello m	ventanilla f
guida (I)	Reiseführer m	guide	guide m	—	guía m
guidare¹ (I)	führen	lead	guider	—	dirigir
guidare² (I)	lenken	steer	conduire	—	encauzar
guide (E)	Reiseführer m	—	guide m	guida f	guía m
guide (F)	Reiseführer m	guide	—	guida f	guía m
guider (F)	führen	lead	—	guidare	dirigir
guitar (E)	Gitarre f	—	guitare f	chitarra f	guitarra f
guitare (F)	Gitarre f	guitar	—	chitarra f	guitarra f
guitarra (ES)	Gitarre f	guitar	guitare f	chitarra f	—
guitarra (P)	Gitarre f	guitar	guitare f	chitarra f	guitarra f
gul (SV)	gelb	yellow	jaune	giallo(a)	amarillo(a)
gültig (D)	—	valid	valable	valido(a)	válido(a)
gumi óvszer (H)	Kondom n	condom	préservatif m	profilattico m	preservativo m
gunga (SV)	schaukeln	swing	balancer, se	dondolare	columpiarse
gunstig (NL)	günstig	favourable	favorable	favorevole	favorable
günstig (D)	—	favourable	favorable	favorevole	favorable
gurka (SV)	Gurke	cucumber	concombre m	cetriolo m	pepino m
Gurke (D)	—	cucumber	concombre m	cetriolo m	pepino m
Gurt (D)	—	belt	ceinture f	cinghia f	cinturón m
Gürtel (D)	—	belt	ceinture f	cintura f	cinturón m
gustar (ES)	gefallen	please	plaire	piacere	—
gusto (I)	Geschmack m	taste	goût m	—	sabor m
gut (D)	—	good/well	bon(ne)/bien	buono(a)/bene	bueno(a)/bien

gut

P	NL	SV	PL	CZ	H
guardar	bewaren	förvara	przechowywać <przechować>	uschovávat <uschovat>	megőriz
—	bewaren	förvara	przechowywać <przechować>	uschovávat <uschovat>	megőriz
—	behouden	behålla	zatrzymywać <zatrzymać>	nechat, si <ponechat, si>	megtart
olhar	aanzien	titta på	przyglądać, się <przyjrzeć, się >	dívat, se <podívat, se>	megnéz
olhar	kijken	se	patrzeć <popatrzeć>	hledět	néz
ver televisão	televisie kijken	titta på TV	oglądać telewizję <obejrzeć telewizję>	dívat, se <podívat, se> na televizi	tévézik
defeituoso	defect	sönder	uszkodzony	defektní	hibás
Deus m	God m	—	bóg m	bůh m	Isten
curar	genezen	kurera	wyleczyć	léčit <vyléčit>	gyógyít
guerra f	oorlog m	krig n	wojna f	válka f	háború
guerra f	oorlog m	krig n	wojna f	válka f	háború
—	oorlog m	krig n	wojna f	válka f	háború
guerra f	oorlog m	krig n	wojna f	válka f	háború
adivinhar	raden	gissa	zgadywać	hádat	találgat
convidado m	gast m	gäst u	gość m	host m	vendég
pousada f	restaurant n	värdshus n	gospoda f	hospoda f	vendéglő
—	reisgids m	reseledare u	przewodnik turystyczny m	průvodce m	idegenvezető
guia m	reisgids m	reseledare u	przewodnik turystyczny m	průvodce m	idegenvezető
—	leiden	leda	prowadzić <poprowadzić>	vést <zavést>	vezet
—	besturen	styra	kierować <skierować>	řídit	irányít
lista f telefónica	telefoonboek n	telefonkatalog u	książka telefoniczna f	telefonní seznam m	telefonkönyv
interruptor m	schakelaar m	strömbrytare u	włącznik m	vypínač m	kapcsoló
guia m	reisgids m	reseledare u	przewodnik turystyczny m	průvodce m	idegenvezető
guiar	leiden	leda	prowadzić <poprowadzić>	vést <zavést>	vezet
guiar	besturen	styra	kierować <skierować>	řídit	irányít
guia m	reisgids m	reseledare u	przewodnik turystyczny m	průvodce m	idegenvezető
guia m	reisgids m	reseledare u	przewodnik turystyczny m	průvodce m	idegenvezető
guiar	leiden	leda	prowadzić <poprowadzić>	vést <zavést>	vezet
guitarra f	gitaar f	gitarr u	gitara f	kytara f	gitár
guitarra f	gitaar f	gitarr u	gitara f	kytara f	gitár
guitarra f	gitaar f	gitarr u	gitara f	kytara f	gitár
—	gitaar f	gitarr u	gitara f	kytara f	gitár
amarelo	geel	—	żółty(to)	žlutý	sárga
válido	geldig	giltig	ważny	platný	érvényes
preservativo m	condoom n	kondom u	prezerwatywa f	kondom m	—
baloiçar	schommelen	—	huśtać, się	houpat <pohoupat>	hintázik
favorável	—	gynnsam	korzystny	výhodný	előnyös
favorável	gunstig	gynnsam	korzystny	výhodný	előnyös
pepino m	komkommer f	—	ogórek m	okurka f	uborka
pepino m	komkommer f	gurka u	ogórek m	okurka f	uborka
correia f	gordel m	bälte n	pas m	pás m	heveder/biztonsági öv
cinto m	gordel m	skärp n	pasek m	pásek m	öv
agradar	bevallen	tycka om	podobać, się <spodobać, się>	líbit	tetszik
gosto m	smaak m	smak u	smak m	chuť f	ízlés
bom	goed	bra	dobrze	dobře	jó

Gutschein 438

	D	E	F	I	ES
Gutschein (D)	—	voucher	bon m	buono m	bono m
guzik (PL)	Knopf m	button	bouton m	bottone m	botón m
gwiazda (PL)	Stern m	star	étoile f	stella f	estrella f
gyakorlat (H)	Übung f	exercise	exercice m	esercizio f	ejercicio m
gyakorlati képzés (H)	Praktikum n	practical training	stage m	tirocinio m	prácticas f/pl
gyakorol (H)	üben	practise	étudier	esercitarsi	practicar
gyakran (H)	häufig	frequent	fréquent(e)	frequente	frecuente
gyalogos (H)	Fußgänger m	pedestrian	piéton m	pedone m	peatón m
gyanús (H)	verdächtig	suspicious	suspect(e)	sospetto(a)	sospechoso(a)
gyár (H)	Fabrik f	factory	usine f	fabbrica f	fábrica f
gyáva (H)	feige	cowardly	lâche	vile	cobarde
gyenge (H)	schwach	weak	faible	debole	débil
gyengéd (H)	zart	soft	doux(douce)	tenero(a)	suave
gyengédség (H)	Zärtlichkeit f	tenderness	tendresse f	tenerezza f	cariño m
gyengeség (H)	Schwäche f	weakness	faiblesse f	debolezza f	debilidad f
gyermek (H)	Kind n	child	enfant m	bambino m	niño m
gyermekkor (H)	Kindheit f	childhood	enfance f	infanzia f	niñez f
gyertya (H)	Kerze f	candle	bougie f	candela f	vela f
gyilkosság (H)	Mord m	murder	meurtre m	assassinio m	asesinato m
gynnsam (SV)	günstig	favourable	favorable	favorevole	favorable
gyógyít (H)	heilen	heal	guérir	curare	curar
gyógykezelés (H)	Kur f	treatment	cure f	cura f	cura f
gyógyszer (H)	Medikament n	drug	médicament m	medicamento m	medicamento m
gyógyszertár (H)	Apotheke f	chemist's	pharmacie f	farmacia f	farmacia f
gyomor (H)	Magen m	stomach	estomac m	stomaco m	estómago m
gyomorfájás (H)	Magenschmerzen pl	stomach ache	mal d'estomac m	mal di stomaco m	dolor de estómago m
gyönyörű (H)	herrlich	marvellous	magnifique	stupendo(a)	maravilloso(a)
gyors(an) (H)	schnell	fast	rapide	veloce	rápido(a)
gyorséttermi ennivaló (H)	Fastfood n	fastfood	fastfood m	fastfood	fastfood m
gyufa (H)	Streichholz n	match	allumette f	fiammifero m	cerilla f
gyújt (H)	anzünden	light	allumer	accendere	encender
gyűjt (H)	sammeln	collect	collecter	raccogliere	recolectar
gyűjtemény (H)	Sammlung f	collection	collection f	raccolta f	colección f
gyulladás (H)	Entzündung f	inflammation	inflammation f	infiammazione f	inflamación f
gyűlöl (H)	hassen	hate	détester	odiare	odiar
gyűlölet (H)	Hass m	hate	haine f	odio m	odio m
gyümölcs (H)	Obst n	fruit	fruits m/pl	frutta f	fruta f
gyűrű (H)	Ring m	ring	bague f	anello m	anillo m
ha (SV)	haben	have	avoir	avere	tener
ha (H)	falls	in case	au cas où	qualora	en caso de que
haak (NL)	Haken m	hook	crochet m	gancio m	gancho m
haan (NL)	Hahn m	cock	coq m	gallo m	gallo m
Haar (D)	—	hair	cheveu m	capello m	pelo m
haar (NL)	Haar n	hair	cheveu m	capello m	pelo m
haasten, zich[1] (NL)	beeilen, sich	hurry up	dépêcher, se	affrettarsi	darse prisa
haasten, zich[2] (NL)	eilen	hurry	dépêcher, se	andare in fretta	darse prisa
haat (NL)	Hass m	hate	haine f	odio m	odio m
hab (H)	Schaum m	foam	écume f	schiuma f	espuma f
habár (H)	obwohl	although	bien que	benché	aunque
haben (D)	—	have	avoir	avere	tener
hábil[1] (ES)	fähig	capable	capable	capace	—
hábil[2] (ES)	geschickt	skilful	habile	abile	—
hábil (P)	geschickt	skilful	habile	abile	hábil
habile (F)	geschickt	skilful	—	abile	hábil

P	NL	SV	PL	CZ	H
vale m	bon m	tillgodokvitto n	bon m	poukaz m	vásárlási utalvány
botão m	knop m	knapp u	—	knoflík m	gomb
estrela f	ster f	stjärna u	—	hvězda f	csillag
exercício m	oefening f	övning u	ćwiczenie n	cvičení n	—
estágio m	stage f	praktikplats u	praktyka f	praxe f	—
exercitar	oefenen	öva	ćwiczyć	cvičit <nacvičit>	—
frequente	vaak	ofta	często	často	—
peão m	voetganger m	fotgängare u	pieszy m	chodec m	—
suspeito	verdacht	misstänkt	podejrzany	podezřelý	—
fábrica f	fabriek f	fabrik u	fabryka f	továrna f	—
cobarde	laf	feg	tchórzliwy	zbabělý	—
fraco	zwak	svag	słaby	slabý	—
delicado	zacht	öm	delikatny	jemný	—
carinho m	tederheid f	ömhet u	czułość f	něžnost f	—
fraqueza f	zwakte f	svaghet u	słabość f	slabost f	—
criança f	kind n	barn n	dziecko n	dítě n	—
infância f	kinderjaren n/pl	barndom u	dzieciństwo n	dětství n	—
vela f	kaars f	ljus n	świeca f	svíčka f	—
homicídio m	moord m	mord n	morderstwo n	vražda f	—
favorável	gunstig	—	korzystny	výhodný	előnyös
curar	genezen	kurera	wyleczyć	léčit <vyléčit>	—
tratamento m	kuur f	kur u	kuracja f	lázeňská léčba f	—
medicamento m	medicament n	medikament n	lek m	lék m	—
farmácia f	apotheek f	apotek n	apteka f	lékárna f	—
estômago m	maag f	mage u	żołądek m	žaludek m	—
dores de estômago f/pl	maagpijn f	ont i magen	bóle żołądka m/pl	bolesti žaludku f/pl	—
magnífico	heerlijk	härligt	wspaniały	nádherný	—
rápido	snel	snabbt	szybki	rychlý	—
comida rápida f	fastfood n	snabbmat u	Fastfood	rychlé občerstvení n	—
fósforo m	lucifer m	tändsticka u	zapałka f	zápalka f	—
acender	aansteken	tända	zapalać <zapalić>	zapalovat <zapálit>	—
coleccionar	verzamelen	samla in	zbierać <zebrać>	sbírat <sebrat>	—
colecção f	verzameling f	samling u	zbieranie n	sbírka f	—
inflamação f	ontsteking f	inflammation u	zapalenie n	zánět m	—
odiar	haten	hata	nienawidzić	nenávidět	—
ódio m	haat m	hat n	nienawiść f	nenávist f	—
fruta f	fruit n	frukt pl	owoce m/pl	ovoce n	—
anel m	ring m	ring u	pierścien m	kruh m	—
ter	hebben	—	mieć	mít	van
no caso de	indien	om	jeśli	když	—
gancho m	—	hake u	hak m	hák m	kampó
galo m	—	tupp u	kogut m	kohout m	kakas
cabelo m	haar n	hår n	włos m	vlasy pl	haj
cabelo m	—	hår n	włos m	vlasy pl	haj
apressar-se	—	skynda sig	spieszyć, się <pospieszyć się>	spěchat <pospíšit>	siet
apressar	—	skynda	pospieszać <pospieszyć>	spěchat <pospíšit si>	siet
ódio m	—	hat n	nienawiść f	nenávist f	gyűlölet
espuma f	schuim n	skum n	piana f	pěna f	—
se bem que	ofschoon	fastän	chociaż	přesto	—
ter	hebben	ha	mieć	mít	van
capaz	bekwaam	skicklig	zdolny	schopný	képes
hábil	bekwaam	skicklig	zręczny	obratný	ügyes
—	bekwaam	skicklig	zręczny	obratný	ügyes
hábil	bekwaam	skicklig	zręczny	obratný	ügyes

habit

	D	E	F	I	ES
habit (E)	Gewohnheit f	—	habitude f	abitudine f	costumbre f
habitación (ES)	Zimmer n	room	chambre f	camera f	—
habitant (F)	Bewohner m	inhabitant	—	abitante m	habitante m
habitant (F)	Einwohner m	inhabitant	—	abitante m	habitante m
habitante (ES)	Bewohner m	inhabitant	habitant m	abitante m	—
habitante (ES)	Einwohner m	inhabitant	habitant m	abitante m	—
habitante (P)	Bewohner m	inhabitant	habitant m	abitante m	habitante m
habitante (P)	Einwohner m	inhabitant	habitant m	abitante m	habitante m
habiter (F)	wohnen	live	—	abitare	vivir
hábito (P)	Gewohnheit f	habit	habitude f	abitudine f	costumbre f
habits (F)	Kleidung f	clothing	—	abbigliamento m	ropa f
habitual (ES)	gewöhnlich	usual	habituel(le)	abituale	—
habitude (F)	Gewohnheit f	habit	—	abitudine f	costumbre f
habituel(le) (F)	gewöhnlich	usual	—	abituale	habitual
habituer (F)	gewöhnen, sich	get used to	—	abituarsi	acostumbrarse
hablar¹ (ES)	reden	talk	parler	parlare	—
hablar² (ES)	sprechen	speak	parler	parlare	—
háború (H)	Krieg m	war	guerre f	guerra f	guerra f
habozik (H)	zögern	hesitate	hésiter	esitare	vacilar
habozó (H)	unentschlossen	undecided	irrésolu(e)	indeciso(a)	irresoluto(a)
hace mucho (ES)	längst	a long time ago	depuis bien longtemps	da molto	—
hacer el conocimiento de (ES)	kennen lernen	get to know	faire connaissance	fare la conoscenza di	—
hacer reservar (ES)	vorbestellen	book	réserver	prenotare	—
hacer señas (ES)	winken	wave	faire signe	chiamare con cenni	—
hacia abajo (ES)	abwärts	downwards	en bas	in giù	—
hacia afuerta (ES)	hinaus	out	dehors	fuori	—
hacia atrás (ES)	rückwärts	backwards	en arrière	in dietro	—
hacia el otro lado (ES)	hinüber	across	de l'autre côté	di là	—
hádanka (CZ)	Rätsel n	riddle	devinette f	enigma m	adivinanza f
hádat (CZ)	raten	guess	deviner	indovinare	adivinar
hádat, se <pohádat, se> (CZ)	streiten	quarrel	disputer, se	litigare	discutir
Hafen (D)	—	port	port m	porto m	puerto m
ha för avsikt (SV)	beabsichtigen	intend	avoir l'intention de	avere (l')intenzione di	proyectar
häfte (SV)	Heft n	exercise book	cahier m	quaderno m	cuaderno m
Hagel (D)	—	hail	grêle f	grandine f	granizo m
hagel (NL)	Hagel m	hail	grêle f	grandine f	granizo m
hagel (SV)	Hagel m	hail	grêle f	grandine f	granizo m
hagy (H)	lassen	let	laisser	lasciare	dejar
Hahn (D)	—	cock	coq m	gallo m	gallo m
hałas (PL)	Lärm m	noise	bruit m	rumore m	ruido m
hail (E)	Hagel m	—	grêle f	grandine f	granizo m
haine (F)	Hass m	hate	—	odio m	odio m
hair (E)	Haar n	—	cheveu m	capello m	pelo m
hairdresser (E)	Friseur m	—	coiffeur m	parrucchiere m	peluquero m
hair-dryer (E)	Föhn m	—	sèche-cheveux m	asciugacapelli m	secador de pelo m
hairstyle (E)	Frisur f	—	coiffure f	pettinatura f	peinado m
ha i tankarna (SV)	vorhaben	intend	avoir l'intention de	avere intenzione	tener la intećion de
haj (H)	Haar n	hair	cheveu m	capello m	pelo m
hajó (H)	Schiff n	ship	navire m	nave f	barco m
hajszárító (H)	Föhn m	hair-dryer	sèche-cheveux m	asciugacapelli m	secador de pelo m

hajszárító

P	NL	SV	PL	CZ	H
hábito m	gewoonte f	vana u	przyzwyczajenie n	zvyk m	szokás
quarto m	kamer f	rum n	pokój m	pokoj m	szoba
habitante m	bewoner m	invånare u	mieszkaniec m	obyvatel m	lakos
habitante m	inwoner m	invånare u	mieszkaniec m	obyvatel m	lakos
habitante m	bewoner m	invånare u	mieszkaniec m	obyvatel m	lakos
habitante m	inwoner m	invånare u	mieszkaniec m	obyvatel m	lakos
—	bewoner m	invånare u	mieszkaniec m	obyvatel m	lakos
—	inwoner m	invånare u	mieszkaniec m	obyvatel m	lakos
morar	wonen	bo	mieszkać	bydlet	lakik
—	gewoonte f	vana u	przyzwyczajenie n	zvyk m	szokás
vestuário m	kleding f	kläder pl	ubranie n	oblečení n	ruházat
usual	gewoon	vanlig	zazwyczaj	obvykle	rendszerint
hábito m	gewoonte f	vana u	przyzwyczajenie n	zvyk m	szokás
usual	gewoon	vanlig	zazwyczaj	obvykle	rendszerint
acostumar-se	wennen	vänja sig	przyzwyczajać, się <przyzwyczaić, się>	zvykat, si <zvyknout, si>	megszokik
falar	praten	prata	mówić	mluvit <promluvit>	beszél
falar	spreken	prata	mówić <powiedzieć>	mluvit <promluvit>	beszél
guerra f	oorlog m	krig n	wojna f	válka f	—
hesitar	aarzelen	tveka	ociągać się	otálet	—
indeciso	besluiteloos	obeslutsam	niezdecydowany	nerozhodný	—
há muito tempo	allang	för länge sedan	od dawna	dávno	régóta
conhecer	leren kennen	lära känna	poznawać	seznamovat, se <seznámit, se>	megismerkedik
reservar	van tevoren bestellen	förutbeställa	zarezerwować zamówienie	objednávat předem <objednat předem>	előre rendel
acenar	wuiven	vinka	machać	mávat <mávnout>	int
para baixo	afwaarts	nedåt	na dół	dolů	lefelé
para fora	naar buiten	dit ut	na zewnątrz	ven	ki
para trás	achteruit	baklänges	w tył	dozadu	hátrafelé
para lá	erheen	dit över	na tamtą stronę	na druhou stranu	át
enigma m	raadsel n	gåta u	zagadka f	—	rejtvény
adivinhar	raden	gissa	zgadywać	—	találgat
disputar	ruzie maken	bråka	kłócić się	—	vitatkozik
porto m	haven f	hamn u	port m	přístav m	kikötő
tencionar	van plan zijn	—	zamierzać <zamierzyć>	mít v úmyslu	szándékozik
caderno m	boekje n	—	zeszyt m	sešit m	füzet
granizo m	hagel m	hagel n	grad m	krupobití n	jégverés
granizo m	—	hagel n	grad m	krupobití n	jégverés
granizo m	hagel m	—	grad m	krupobití n	jégverés
deixar	laten	låta	zostawiać <zostawić>	nechávat <nechat>	—
galo m	haan m	tupp u	kogut m	kohout m	kakas
barulho m	lawaai n	buller n	—	hluk m	lárma
granizo m	hagel m	hagel n	grad m	krupobití n	jégverés
ódio m	haat m	hat n	nienawiść f	nenávist f	gyűlölet
cabelo m	haar n	hår n	włos m	vlasy pl	haj
cabeleireiro m	kapper m	frisör u	fryzjer m	kadeřník m	fodrász
secador m	föhn m	fön u	suszarka do włosów f	fén m	hajszárító
penteado m	kapsel n	frisyr u	fryzura f	účes m	frizura
tencionar fazer	voorhebben	—	zamierzać	mít v úmyslu	szándékozik
cabelo m	haar n	hår n	włos m	vlasy pl	—
navio m	schip n	fartyg n	statek m	loď f	—
secador m	föhn m	fön u	suszarka do włosów f	fén m	—

	D	E	F	I	ES
hak (PL)	Haken *m*	hook	crochet *m*	gancio *m*	gancho *m*
hák (CZ)	Haken *m*	hook	crochet *m*	gancio *m*	gancho *m*
haka (SV)	Kinn *n*	chin	menton *m*	mento *m*	mentón *m*
hake (SV)	Haken *m*	hook	crochet *m*	gancio *m*	gancho *m*
Haken (D)	—	hook	crochet *m*	gancio *m*	gancho *m*
häkta (SV)	verhaften	arrest	arrêter	arrestare	detener
hal (H)	Fisch *m*	fish	poisson *m*	pesce *m*	pez *m*
halál (H)	Tod *m*	death	mort *f*	morte *f*	muerte *f*
hálás (H)	dankbar	grateful	reconnaissant(e)	grato(a)	agradecido(a)
hálátlan (H)	undankbar	ungrateful	ingrat(e)	ingrato(a)	desagradecido(a)
halb (D)	—	half	demi(e)	mezzo(a)	medio(a)
halbieren (D)	—	halve	partager en deux	dimezzare	dividir por la mitad
Halbpension (D)	—	half board	demi-pension *f*	mezza pensione *f*	media pensión *f*
halen (NL)	holen	fetch	aller chercher	andare a prendere	traer
half (E)	halb	—	demi(e)	mezzo(a)	medio(a)
half (E)	Hälfte *f*	—	moitié *f*	metà *f*	mitad *f*
half (NL)	halb	half	demi(e)	mezzo(a)	medio(a)
half board (E)	Halbpension *f*	—	demi-pension *f*	mezza pensione *f*	media pensión *f*
halfpension (NL)	Halbpension *f*	half board	demi-pension *f*	mezza pensione *f*	media pensión *f*
Hälfte (D)	—	half	moitié *f*	metà *f*	mitad *f*
hälften (SV)	Hälfte *f*	half	moitié *f*	metà *f*	mitad *f*
halk (H)	leise	quietly	à voix basse	a bassa voce	sin (hacer) ruido
hall[1] (E)	Diele *f*	—	vestibule *m*	corridoio *m*	entrada *f*
hall[2] (E)	Flur *m*	—	entrée *f*	corridoio *m*	corredor *m*
hall (H)	hören	hear	entendre	sentire	oír
hälla (SV)	gießen	water	arroser	annaffiare	regar
hålla (SV)	halten	hold	tenir	tenere	tener
hålla fast (SV)	festhalten	seize	tenir ferme	tener fermo	sujetar
hälla i (SV)	eingießen	pour	verser	versare	echar/verter
hålla på (SV)	dauern	last	durer	durare	durar
hallgat[1] (H)	schweigen	be silent	taire, se	tacere	callar
hallgat[2] (H)	zuhören	listen	écouter	ascoltare	escuchar
hallgató (H)	Hörer *m*	listener	auditeur *m*	ascoltatore *m*	oyente *m*
Hallo![1] (D)	—	Hello!	Salut!	Ciao!	¡Hola!
Hallo![2] (D)	—	Hello!	Allô!	Pronto!	¡Diga!
Hallo![1] (NL)	Hallo!	Hello!	Salut!	Ciao!	¡Hola!
Hallo![2] (NL)	Hallo!	Hello!	Allô!	Pronto!	¡Diga!
hallon (SV)	Himbeere *f*	raspberry	framboise *f*	lampone *m*	frambuesa *f*
hållplats (SV)	Haltestelle *f*	stop	arrêt *m*	fermata *f*	parada *f*
Haló![1] (CZ)	Hallo!	Hello!	Salut!	Ciao!	¡Hola!
Haló![2] (CZ)	Hallo!	Hello!	Allô!	Pronto!	¡Diga!
hálókocsi (H)	Liegewagen *m*	couchette	wagon-couchette *m*	cuccetta *f*	coche cama *m*
hálószoba (H)	Schlafzimmer *n*	bedroom	chambre à coucher *f*	camera da letto *f*	dormitorio *m*
halott (H)	tot	dead	mort(e)	morto(a)	muerto(a)
Hals (D)	—	neck	cou *m*	collo *m*	cuello *m*
hals (NL)	Hals *m*	neck	cou *m*	collo *m*	cuello *m*
hals (SV)	Hals *m*	neck	cou *m*	collo *m*	cuello *m*
hälsa (SV)	begrüßen	greet	saluer	salutare	saludar
halsduk (SV)	Schal *m*	scar	écharpe *f*	sciarpa *f*	bufanda *f*
halsont (SV)	Halsschmerzen *pl*	sore throat	mal de gorge *m*	mal di gola *m*	dolor de garanta *m*

halsont

P	NL	SV	PL	CZ	H
gancho m	haak m	hake u	—	hák m	kampó
gancho m	haak m	hake u	hak m	—	kampó
queixo m	kin f	—	podbródek m	brada f	áll
gancho m	haak m	—	hak m	hák m	kampó
gancho m	haak m	hake u	hak m	hák m	kampó
prender	arresteren	—	aresztować	zatýkat <zatknout>	letartóztat
peixe m	vis m	fisk u	ryba f	ryba f	—
morte f	dood m	död u	śmierć f	smrt f	—
agradecido	dankbaar	tacksam	wdzięczny	vděčný	—
ingrato	ondankbaar	otacksam	niewdzięczny	nevděčný	—
meio	half	halv	pół	půl	fél
dividir ao meio	halveren	halvera	przepoławiać <przepołowić>	půlit <rozpůlit>	felez
meia pensão f	halfpension	halvpension u	pokój ze śniadaniem i obiadokolacją n	polopenze f	félpanzió
ir buscar	—	hämta	przynosić <przynieść>	docházet <dojít>	hoz
meio	half	halv	pół	půl	fél
metade f	helft m	hälften	połowa f	polovina n	fele
meio	—	halv	pół	půl	fél
meia pensão f	halfpension	halvpension u	pokój ze śniadaniem i obiadokolacją n	polopenze f	félpanzió
meia pensão f	—	halvpension u	pokój ze śniadaniem i obiadokolacją n	polopenze f	félpanzió
metade f	helft m	hälften	połowa f	polovina n	fele
metade f	helft m	—	połowa f	polovina n	fele
silencioso	zacht	tyst	cicho	tiše	—
vestíbulo m	gang m	tambur u	sień f	předsíň f	előszoba
corredor da casa m	gang m	tambur u	korytarz m	chodba f	folyosó
ouvir	horen	höra	słuchać <usłyszeć>	poslouchat <poslechnout>	—
regar	gieten	—	podlewać <podlać>	zalévat <zalít>	önt
segurar	houden	—	trzymać	držet <podržet>	tart
segurar	vasthouden	—	mocno trzymać	pevně držet <udržet>	megfog
encher	ingieten	—	wlewać <wlać>	nalévat <nalít>	beönt
durar	duren	—	trwać	trvat	eltart
ficar calado	zwijgen	tiga	milczeć	mlčet	—
escutar	luisteren	lyssna	przysłuchiwać się	poslouchat <poslechnout>	—
ouvinte m	luisteraar m	lyssnare u	słuchacz m	posluchač m	—
Olá!	Hallo!	Hej!	Cześć!	Haló!	Szía!
Está!	Hallo!	Hej!	Słucham!	Haló!	Tessék!
Olá!	—	Hej!	Cześć!	Haló!	Szía!
Está!	—	Hej!	Słucham!	—	Tessék!
amora f	framboos f	—	malina f	malina f	málna
paragem f	halte f	—	przystanek m	zastávka f	megálló
Olá!	Hallo!	Hej!	Cześć!	—	Szía!
Está!	Hallo!	Hej!	Słucham!	—	Tessék!
vagão-cama m	ligrijtuig m	liggvagn u	kuszetka f	lehátkový vůz m	—
quarto de dormir m	slaapkamer f	sovrum n	sypialnia f	ložnice f	—
morto	dood	död	martwy	mrtvý	—
pescoço m	hals m	hals u	szyja f	krk m	nyak
pescoço m	—	hals u	szyja f	krk m	nyak
pescoço m	hals m	—	szyja f	krk m	nyak
cumprimentar	begroeten	—	witać <powitać>	pozdravovat <pozdravit>	üdvözöl
cachecol m	sjaal m	—	szal m	šála f	sál
dores de garganta f/pl	keelpijn f	—	ból gardła m	bolesti v krku f/pl	torokfájás

Halsschmerzen

	D	E	F	I	ES
Halsschmerzen (D)	—	sore throat	mal de gorge *m*	mal di gola *m*	dolor de garanta *m*
Halt! (D)	—	Stop!	Stop!	Alt!	¡Alto!
haltbar (D)	—	durable	résistant(e)	durevole	duradero(a)
halte (NL)	Haltestelle *f*	stop	arrêt *m*	fermata *f*	parada *f*
halten (D)	—	hold	tenir	tenere	tener
Haltestelle (D)	—	stop	arrêt *m*	fermata *f*	parada *f*
halv (SV)	halb	half	demi(e)	mezzo(a)	medio(a)
halve (E)	halbieren	—	partager en deux	dimezzare	dividir por la mitad
halvera (SV)	halbieren	halve	partager en deux	dimezzare	dividir por la mitad
halveren (NL)	halbieren	halve	partager en deux	dimezzare	dividir por la mitad
halvpension (SV)	Halbpension *f*	half board	demi-pension *f*	mezza pensione *f*	media pensión *f*
hamar (H)	bald	soon	bientôt	presto	pronto
hamarabb (H)	eher	sooner	plus tôt	prima	antes
hambre (ES)	Hunger *m*	hunger	faim *f*	fame *f*	—
hambriento(a) (ES)	hungrig	hungry	affamé(e)	affamato(a)	—
hamn (SV)	Hafen *m*	port	port *m*	porto *m*	puerto *m*
hämnd (SV)	Rache *f*	revenge	vengeance *f*	vendetta *f*	venganza *f*
hamować <zahamować> (PL)	bremsen	brake	freiner	frenare	frenar
hámoz (H)	schälen	peel	éplucher	sbucciare	pelar
hämta¹ (SV)	abholen	pick up	aller chercher	andare a prendere	recoger
hämta² (SV)	bringen	fetch	porter	portare	llevar
hämta³ (SV)	holen	fetch	aller chercher	andare a prendere	traer
hamu (H)	Asche *f*	ash	cendre *f*	cenere *f*	ceniza *f*
há muito tempo (P)	längst	a long time ago	depuis bien longtemps	da molto	hace mucho
hamulec (PL)	Bremse *f*	brake	frein *m*	freno *m*	freno *m*
hamutartó (H)	Aschenbecher *m*	ashtray	cendrier *m*	portacenere *m*	cenicero *m*
han (SV)	er	he	il	lui/egli/esso	èl
hanche (F)	Hüfte *f*	hip	—	fianco *m*	cadera *f*
Hand (D)	—	hand	main *f*	mano *f*	mano *f*
hand (E)	Hand *f*	—	main *f*	mano *f*	mano *f*
hand (NL)	Hand *f*	hand	main *f*	mano *f*	mano *f*
hand (SV)	Hand *f*	hand	main *f*	mano *f*	mano *f*
hända (SV)	geschehen	happen	arriver	accadere	ocurrir
hända (SV)	passieren	happen	arriver	succedere	pasar
hända (SV)	vorkommen	occur	exister	accadere	suceder
handbag (E)	Handtasche *f*	—	sac à main *m*	borsetta *f*	bolso *m*
handbagage (NL)	Handgepäck *n*	hand luggage	bagage à main *m*	bagaglio a mano *m*	equipaje de mano *m*
handbagage (SV)	Handgepäck *n*	hand luggage	bagage à main *m*	bagaglio a mano *m*	equipaje de mano *m*
handdoek (NL)	Handtuch *n*	towel	serviette *f*	asciugamano *m*	pañuelo *m*
handduk (SV)	Handtuch *n*	towel	serviette *f*	asciugamano *m*	pañuelo *m*
handelaar (NL)	Händler *m*	dealer	commerçant *m*	commerciante *m*	comerciante *m*
handelen (NL)	handeln	act	agir	agire	actuar
handeln (D)	—	act	agir	agire	actuar
händelse (SV)	Ereignis *n*	event	évènement *m*	avvenimento *m*	suceso *m*
handelsman (SV)	Händler *m*	dealer	commerçant *m*	commerciante *m*	comerciante *m*
Handgepäck (D)	—	hand luggage	bagage à main *m*	bagaglio a mano *m*	equipaje de mano *m*
handkerchief (E)	Taschentuch *n*	—	mouchoir *m*	fazzoletto *m*	pañuelo *m*
handla (SV)	handeln	act	agir	agire	actuar

handla

P	NL	SV	PL	CZ	H
dores de garganta f/pl	keelpijn f	halsont u	ból gardła m	bolesti v krku f/pl	torokfájás
Alto!	Stop!	Stopp!	Stój!	Stop!	Állj!
que se pode conservar	houdbaar	slitstark	trwały	trvanlivý	tartós
paragem f	—	hållplats u	przystanek m	zastávka f	megálló
segurar	houden	hålla	trzymać	držet <podržet>	tart
paragem f	halte f	hållplats u	przystanek m	zastávka f	megálló
meio	half	—	pół	půl	fél
dividir ao meio	halveren	halvera	przepoławiać <przepołowić>	půlit <rozpůlit>	felez
dividir ao meio	halveren	—	przepoławiać <przepołowić>	půlit <rozpůlit>	felez
dividir ao meio	—	halvera	przepoławiać <przepołowić>	půlit <rozpůlit>	felez
meia pensão f	halfpension	—	pokój ze śniadaniem i obiadokolacją n	polopenze f	félpanzió
em breve	gauw	snart	wkrótce	brzy	—
antes	eerder	förr	raczej	spíše	—
fome f	honger m	svält u	głód m	hlad m	éhség
faminto	hongerig	hungrig	głodny	hladový	éhes
porto m	haven f	—	port m	přístav m	kikötő
vingança f	wraak m	—	zemsta f	pomsta f	bosszú
travar	remmen	bromsa	—	brzdit <zabrzdit>	fékez
descascar	schillen	skala	obierać <obrać>	loupat <oloupat>	—
ir buscar	ophalen	—	odbierać <odebrać>	vyzvedávat <vyzvednout>	érte megy
trazer	brengen	—	przynosić <przynieść>	přinášet <přinést>	hoz
ir buscar	halen	—	przynosić <przynieść>	docházet <dojít>	hoz
cinza f	as f	aska u	popiół m	popel m	—
—	allang	för länge sedan	od dawna	dávno	régóta
travão m	rem f	broms u	—	brzda f	fék
cinzeiro m	asbakje n	askkopp u	popielniczka f	popelník m	—
ele	hij	—	on	on	ő
anca f	heup f	höft u	biodro n	kyčel f	csípő
mão f	hand f	hand u	ręka f	ruka f	kéz
mão f	hand f	hand u	ręka f	ruka f	kéz
mão f	—	hand u	ręka f	ruka f	kéz
mão f	hand f	—	ręka f	ruka f	kéz
acontecer	gebeuren	—	dziać, się	stávat, se <stát, se>	történik
passar	passeren	—	przechodzić <przejść>	stávat, se <stát, se>	történik
ocorrer	voorkomen	—	występować	přiházet, se <přihodit, se>	előfordul
bolsa f	handtas f	handväska u	torebka f	kabelka f	kézitáska
bagagem de mão f	—	handbagage n	bagaż ręczny m	příruční zavazadlo n	kézipoggyász
bagagem de mão f	handbagage f	—	bagaż ręczny m	příruční zavazadlo n	kézipoggyász
toalha f	—	handduk u	ręcznik m	kapesník m	törülköző
toalha f	handdoek m	—	ręcznik m	kapesník m	törülköző
comerciante m	—	handelsman u	handlarz m	obchodník m	árus
agir	—	handla	działać	jednat <ujednat>	cselekszik
agir	handelen	handla	działać	jednat <ujednat>	cselekszik
acontecimento m	gebeurtenis f	—	zdarzenie n	událost f	esemény
comerciante m	handelaar m	—	handlarz m	obchodník m	árus
bagagem de mão f	handbagage f	handbagage n	bagaż ręczny m	příruční zavazadlo n	kézipoggyász
lenço m	zakdoek m	näsduk u	chusteczka f	kapesník m	zsebkendő
agir	handelen	—	działać	jednat <ujednat>	cselekszik

handlarz

	D	E	F	I	ES
handlarz (PL)	Händler m	dealer	commerçant m	commerciante m	comerciante m
handle (E)	Griff m	—	poignée f	maniglia f	asidero m
Händler (D)	—	dealer	commerçant m	commerciante m	comerciante m
hand luggage (E)	Handgepäck n	—	bagage à main m	bagaglio a mano m	equipaje de mano m
hand over (E)	überreichen	—	présenter	consegnare	entregar
handpenning (SV)	Anzahlung f	deposit	acompte m	acconto m	primer pago m
handtas (NL)	Handtasche f	handbag	sac à main m	borsetta f	bolso m
Handtasche (D)	—	handbag	sac à main m	borsetta f	bolso m
handtekening (NL)	Unterschrift f	signature	signature f	firma f	firma f
Handtuch (D)	—	towel	serviette f	asciugamano m	pañuelo m
handväska (SV)	Handtasche f	handbag	sac à main m	borsetta f	bolso m
Handwerk (D)	—	craft	métier m	artigianato m	artesanía f
Handwerker (D)	—	craftsman	artisan m	artigiano m	artesano m
handwerk/ ambacht (NL)	Handwerk n	craft	métier m	artigianato m	artesanía f
Handy (D)	—	mobile phone	téléphone mobile m	telefonino m	teléfono celular m
hänföra (SV)	begeistern	inspire	enthousiasmer	entusiasmare	entusiasmar
hang (E)	hängen	—	pendre	pendere	colgar
hang¹ (H)	Stimme f	voice	voix f	voce f	voz f
hang² (H)	Ton m	sound	son m	suono m	sonido m
hänga (SV)	hängen	hang	pendre	pendere	colgar
hänga upp (SV)	aufhängen	hang up	accrocher	appendere	colgar
hangen (NL)	hängen	hang	pendre	pendere	colgar
hängen (D)	—	hang	pendre	pendere	colgar
hangjegy (H)	Note f	note	note f	nota f	nota f
hangos (H)	laut	loud	fort(e)	rumoroso(a)	fuerte
hangszóró (H)	Lautsprecher m	loudspeaker	haut-parleur m	altoparlante m	altavoz m
hang up (E)	aufhängen	—	accrocher	appendere	colgar
hangverseny (H)	Konzert n	concert	concert m	concerto m	concierto m
hantverk (SV)	Handwerk n	craft	métier m	artigianato m	artesanía f
hantverkare (SV)	Handwerker m	craftsman	artisan m	artigiano m	artesano m
happen (E)	geschehen	—	arriver	accadere	ocurrir
happen (E)	passieren	—	arriver	succedere	pasar
happy (E)	glücklich	—	heureux(euse)	felice	feliz
hår (SV)	Haar n	hair	cheveu m	capello m	pelo m
här (SV)	hier	here	ici	qui	aquí
harang (H)	Glocke f	bell	cloche f	campana f	campana f
harap (H)	beißen	bite	mordre	mordere	morder
harcol (H)	kämpfen	fight	battre, se	combattere	luchar
hard (E)	hart	—	dur(e)	duro(a)	duro(a)
hard (NL)	hart	hard	dur(e)	duro(a)	duro(a)
hård (SV)	hart	hard	dur(e)	duro(a)	duro(a)
hardly (E)	kaum	—	à peine	appena	apenas
haricot (F)	Bohne	bean	—	fagiolo m	judía f
härligt (SV)	herrlich	marvellous	magnifique	stupendo(a)	maravilloso(a)
harmless (E)	harmlos	—	inoffensif(-ive)	inoffensivo(a)	inofensivo(a)
harmlos (D)	—	harmless	inoffensif(-ive)	inoffensivo(a)	inofensivo(a)
härska (SV)	herrschen	rule	régner	dominare	mandar
hart (D)	—	hard	dur(e)	duro(a)	duro(a)
hart (NL)	Herz n	heart	cœur m	cuore m	corazón m
hartelijk (NL)	herzlich	cordial	cordial(e)	cordiale	cordial
hartstocht (NL)	Leidenschaft f	passion	passion f	passione f	pasión f
harvest (E)	Ernte f	—	moisson f	raccolto m	cosecha f

harvest

P	NL	SV	PL	CZ	H
comerciante m	handelaar m	handelsman u	—	obchodník m	árus
cabo m	greep m	fäste n	chwyt m	rukojeť f	kézmozdulat
comerciante m	handelaar m	handelsman u	handlarz m	obchodník m	árus
bagagem de mão f	handbagage f	handbagage n	bagaż ręczny m	příruční zavazadlo n	kézipoggyász
entregar	overhandigen	överräcka	przekazywać	předávat <předat>	átad
sinal m	aanbetaling f	—	zadatek m	záloha f	előleg
bolsa f	—	handväska u	torebka f	kabelka f	kézitáska
bolsa f	handtas f	handväska u	torebka f	kabelka f	kézitáska
assinatura f	—	underskrift	podpis m	podpis m	aláírás
toalha f	handdoek m	handduk u	ręcznik m	kapesník m	törülköző
bolsa f	handtas f	—	torebka f	kabelka f	kézitáska
ofício m	handwerk n/ ambacht n	hantverk n	rzemiosło n	řemeslo n	mesterség
artífice m	ambachtsman m	hantverkare u	rzemieślnik m	řemeslník m	mesterember
ofício m	—	hantverk n	rzemiosło n	řemeslo n	mesterség
telemóvel m	gsm m	mobiltelefon u	telefon komórkowy m	mobil m	mobiltelefon
entusiasmar	bezielen	—	zachwycać	nadchnout, se	fellelkesít
pendurar	hangen	hänga	wisieć	věšet <pověsit>	lóg
voz f	stem f	röst u	głos m	hlas m	—
som m	toon m	ton u	ton m	tón m	—
pendurar	hangen	—	wisieć	věšet <pověsit>	lóg
pendurar	ophangen	—	zawieszać <zawiesić>	pověsit	felakaszt
pendurar	—	hänga	wisieć	věšet <pověsit>	lóg
pendurar	hangen	hänga	wisieć	věšet <pověsit>	lóg
nota f	noot f	not n	nuta n	nota f	—
ruidoso	luid	högljudd	głośny	hlasitý	—
altifalante m	luidspreker m	högtalare u	głośnik m	reproduktor m	—
pendurar	ophangen	hänga upp	zawieszać <zawiesić>	pověsit	felakaszt
concerto m	concert n	konsert u	koncert m	koncert m	—
ofício m	handwerk n/ ambacht n	—	rzemiosło n	řemeslo n	mesterség
artífice m	ambachtsman m	—	rzemieślnik m	řemeslník m	mesterember
acontecer	gebeuren	hända	dziać, się	stávat, se <stát, se>	történik
passar	passeren	hända	przechodzić <przejść>	stávat, se <stát, se>	történik
feliz	gelukkig	lycklig	szczęśliwy	šťastný	boldog
cabelo m	haar n	—	włos m	vlasy pl	haj
aqui	hier	—	tu	zde	itt
sino m	klok f	klocka u	dzwon m	zvon m	—
morder	bijten	bita	gryźć <ugryźć>	kousat <kousnout>	—
lutar	vechten	kämpa	walczyć	bojovat <dobojovat>	—
duro	hard	hård	twardy	tvrdý	kemény
duro	—	hård	twardy	tvrdý	kemény
duro	hard	—	twardy	tvrdý	kemény
quase nada	nauwelijks	knappast	prawie nie	stěží	alig
feijão m	boon f	böna u	fasola f	fazole f	bab
magnífico	heerlijk	—	wspaniały	nádherný	gyönyörű
inofensivo	ongevaarlijk	ofarlig	nieszkodliwy	neškodný	ártalmatlan
inofensivo	ongevaarlijk	ofarlig	nieszkodliwy	neškodný	ártalmatlan
dominar	heersen	—	panować	panovat	uralkodik
duro	hard	hård	twardy	tvrdý	kemény
coração m	—	hjärta n	serce n	srdce n	szív
cordial	—	hjärtligt	serdeczny	srdečný	szívesen
paixão f	—	lidelse u	namiętność f	vášeň f	szenvedély
colheita f	oogst m	skörd u	żniwo n	sklizeň f	aratás

	D	E	F	I	ES
has (H)	Bauch m	stomach	ventre m	pancia f	vientre m
hasard (F)	Zufall m	chance	—	caso m	casualidad f
hasfájás (H)	Bauchschmerzen pl	stomach ache	mal de ventre m	dolori di pancia m/pl	dolor de vientre m
hasiči (CZ)	Feuerwehr n	fire brigade	sapeurs pompiers m/pl	vigili del fuoco m/pl	bomberos m/pl
hasło (PL)	Passwort n	password	mot de passe m	parola d'ordine f	contraseña f
hasit <uhasit> (CZ)	löschen	extinguish	éteindre	spegnere	apagar
hasonlít (H)	ähneln	be similar	ressembler	simile	parecerse a
hasonló (H)	ähnlich	similar	semblable	simile	parecido
Hass (D)	—	hate	haine f	odio m	odio m
hassen (D)	—	hate	détester	odiare	odiar
hässlich (D)	—	ugly	laid(e)	brutto(a)	feo(a)
häst (SV)	Pferd n	horse	cheval m	cavallo m	caballo m
¡Hasta luego! (ES)	Tschüs!	Bye!	Salut!	Ciao!	—
hastighet (SV)	Geschwindigkeit f	speed	vitesse f	velocità f	velocidad f
használ (H)	benutzen	use	utiliser	usare	usar
használat (H)	Gebrauch m	custom	usage m	uso m	uso m
használati utasítás (H)	Gebrauchsanweisung f	user manual	manuel d'utilisation m	istruzioni per l'uso f/pl	instrucciones para el uso f/pl
használó (H)	Benutzer m	user	utilisateur m	utilizzatore m	usuario m
használt (H)	gebraucht	used	d'occasion	usato(a)	usado(a)
hasznos (H)	nützlich	useful	utile	utile	útil
hat (E)	Hut m	—	chapeau m	capello m	sombrero m
hat (SV)	Hass m	hate	haine f	odio m	odio m
hát (H)	Rücken m	back	dos m	schiena f	espalda f
hata (SV)	hassen	hate	détester	odiare	odiar
hatalom (H)	Macht f	power	pouvoir m	potere m	poder m
határ (H)	Grenze f	frontier	frontière f	frontiera f	frontera f
hatás (H)	Wirkung f	effect	effet m	effetto m	efecto m
hate (E)	Hass m	—	haine f	odio m	odio m
hate (E)	hassen	—	détester	odiare	odiar
hatékony (H)	wirksam	effective	efficace	efficace	eficaz
haten (NL)	hassen	hate	détester	odiare	odiar
hátizsák (H)	Rucksack m	rucksack	sac à dos m	zaino m	mochila f
hatóság (H)	Behörde f	authorities	autorités f/pl	autorità f/pl	autoridad f
hátrafelé (H)	rückwärts	backwards	en arrière	in dietro	hacia atrás
hátrány (H)	Nachteil m	disadvantage	désavantage m	svantaggio m	desventaja f
hátrányosan megkülönböztet (H)	benachteiligen	disadvantage	désavantager	svantaggiare	perjudicar
hatt (SV)	Hut m	hat	chapeau m	capello m	sombrero m
hátul (H)	hinten	behind	derrière	dietro	detrás
häufig (D)	—	frequent	fréquent(e)	frequente	frecuente
Hauptbahnhof (D)	—	main station	gare centrale f	stazione centrale f	estación central f
hauptsächlich (D)	—	mainly	surtout	principalmente	principalmente
Hauptstadt (D)	—	capital	capitale f	capitale f	capital f
Hauptstraße (D)	—	main street	grand-rue f	strada principale f	calle central f
Haus (D)	—	house	maison f	casa f	casa f
Hausfrau (D)	—	housewife	femme au foyer f	casalinga f	ama de casa f
Haushalt (D)	—	household	ménage m	nucleo familiare m	casa f
Hausmeister (D)	—	caretaker	concierge m	portinaio m	portero m
Haut (D)	—	skin	peau f	pelle f	piel f
haut(e) (F)	hoch	up/high	—	alto(a)	alto(a)
hauteur (F)	Höhe f	height	—	altezza f	altura f
haut-parleur (F)	Lautsprecher m	loudspeaker	—	altoparlante m	altavoz m
hav (SV)	Meer n	sea	mer f	mare m	mar m
häva (SV)	heben	lift	soulever	alzare	levantar
have (E)	haben	—	avoir	avere	tener

have

P	NL	SV	PL	CZ	H
barriga f	buik m	mage u	brzuch m	břicho n	—
acaso m	toeval n	slump u	przypadek m	náhoda f	véletlen
dores f/pl de barriga	buikpijn f	magont n	ból brzucha m	bolesti břicha f	—
bombeiros m	brandweer m	brandkår u	straż pożarna f	—	tűzoltóság
senha f	wachtwoord n	lösenord n	—	heslo n	jelszó
apagar	blussen	släcka	gasić <zgasić>	—	olt
assemelhar-se a	gelijken	likna	być podobnym	podobat, se	—
semelhante	dergelijk	liknande u	podobny	podobný	—
ódio m	haat m	hat n	nienawiść f	nenávist f	gyűlölet
odiar	haten	hata	nienawidzić	nenávidět	gyűlöl
feio	lelijk	ful	brzydki	škaredý	csúnya
cavalo m	paard n	—	koń m	kůň m	ló
Adeus!	Dag!	Hejdå!	Cześć!	Čau!	Szia!
velocidade f	snelheid f	—	prędkość f	rychlost f	sebesség
utilizar	gebruiken	använda	używać <użyć>	používat <použít>	—
uso m	gebruik n	användning u	użycie n	užívání n	—
instruções de uso f/pl	gebruiksaanwijzing f	bruksanvisning u	instrukcja obsługi f	návod k použití m	—
consumidor m	gebruiker m	användare u	użytkownik m	používatel m	—
usado	tweedehands/ gebruikt	begagnad	używany	použitý	—
útil	nuttig	nyttig	pożyteczny	užitečný	—
chapéu m	hoed m	hatt u	kapelusz m	klobouk m	kalap
ódio m	haat m	—	nienawiść f	nenávist f	gyűlölet
costas f/pl	rug m	rygg u	plecy pl	záda f	—
odiar	haten	—	nienawidzić	nenávidět	gyűlöl
poder m	macht f	makt u	władza f	moc f	—
fronteira f	grens m	gräns u	granica f	hranice f	—
efeito m	effect n	verkan u	działanie n	účinek m	—
ódio m	haat m	hat n	nienawiść f	nenávist f	gyűlölet
odiar	haten	hata	nienawidzić	nenávidět	gyűlöl
eficaz	doeltreffend	verksam	skuteczny	účinný	—
odiar	—	hata	nienawidzić	nenávidět	gyűlöl
mochila f	rugzak m	ryggsäck u	plecak m	baťoh m	—
repartição pública f	instantie f/overheid f	myndighet u	urząd m	úřad m	—
para trás	achteruit	baklänges	w tył	dozadu	—
desvantagem f	nadeel n	nackdel u	niekorzyść f	nevýhoda f	—
prejudicar	benadelen	vara till nackdel för	krzywdzić <skrzywdzić>	znevýhodňovat <znevýhodnit>	—
chapéu m	hoed m	—	kapelusz m	klobouk m	kalap
atrás	achter	baktill	w tyle	vzadu	—
frequente	vaak	ofta	częsty	často	gyakran
estação central f	centraal station n	centralstation u	dworzec główny m	hlavní nádraží n	főpályaudvar
principalmente	hoofdzakelijk	huvudsakligen	głównie	hlavně	főleg
capital f	hoofdstad f	huvudstad u	stolica f	hlavní město n	főváros
estrada principal f	hoofdstraat f	huvudgata u	główna ulica f	hlavní ulice f	főutca
casa f	huis n	hus n	dom m	dům m	ház
doméstica f	huisvrouw f	hemmafru u	gospodyni domowa f	žena v domácnosti f	háziasszony
governo da casa m	huishouden n	hushåll n	gospodarstwo domowe n	domácnost f	háztartás
porteiro m	huismeester m	portvakt u	dozorca m	domovník m	házmester
pele f	huid f	hud u	skóra f	kůže f	bőr
alto	hoog	hög	wysoki	vysoko	magas
altura f	hoogte f	höjd u	wysokość f	výška f	magasság
altifalante m	luidspreker m	högtalare u	głośnik m	reproduktor m	hangszóró
mar m	zee f	—	morze n	moře n	tenger
levantar	heffen	—	podnosić <podnieść>	zdvihat <zdvihnout>	emel
ter	hebben	ha	mieć	mít	van

have a cold

	D	E	F	I	ES
have a cold (E)	erkältet sein	—	avoir un rhume	essere raffreddato(a)	estar resfriado(a)
have a look at (E)	besichtigen	—	visiter	visitare	visitar
haven (NL)	Hafen m	port	port m	porto m	puerto m
have to (E)	müssen	—	devoir	dovere	deber
have to (E)	sollen	—	devoir	dovere	deber
ház (H)	Haus n	house	maison f	casa f	casa f
haza (H)	nach Hause	home	à la maison	a casa	a casa
házas (H)	verheiratet	married	marié(e)	sposato(a)	casado(a)
házasságkötés (H)	Heirat f	marriage	mariage m	matrimonio m	boda f
házasságot köt (H)	heiraten	marry	marier	sposarsi	casarse
házet <hodit> (CZ)	werfen	throw	lancer	lanciare	tirar
háziasszony (H)	Hausfrau f	housewife	femme au foyer f	casalinga f	ama de casa f
házmester (H)	Hausmeister m	caretaker	concierge m	portinaio m	portero m
háztartás (H)	Haushalt m	household	ménage m	nucleo familiare m	casa f
hazudik (H)	lügen	lie	mentir	mentire	mentir
he (E)	er	—	il	lui/egli/esso	èl
head (E)	Kopf m	—	tête f	testa f	cabeza f
headache (E)	Kopfschmerzen pl	—	mal de tête m	mal di testa m	dolor de cabeza m
heal (E)	heilen	—	guérir	curare	curar
healthy (E)	gesund	—	sain(e)	sano(a)	sano(a)
hear (E)	hören	—	entendre	sentire	oír
heart (E)	Herz n	—	cœur m	cuore m	corazón m
heat (E)	heizen	—	chauffer	riscaldare	calentar
heat (E)	Hitze f	—	chaleur f	calura f	calor m
heating (E)	Heizung f	—	chauffage m	riscaldamento m	calefacción f
heavy (E)	schwer	—	lourd(e)	pesante	pesado(a)
hebben (NL)	haben	have	avoir	avere	tener
heben (D)	—	lift	soulever	alzare	levantar
hectic (E)	hektisch	—	fébrile	frenetico(a)	apereado(a)
héctico (P)	hektisch	hectic	fébrile	frenetico(a)	apereado(a)
hectisch (NL)	hektisch	hectic	fébrile	frenetico(a)	apereado(a)
heelal (NL)	Weltall n	universe	univers m	universo m	universo m
heerlijk (NL)	herrlich	marvellous	magnifique	stupendo(a)	maravilloso(a)
heersen (NL)	herrschen	rule	régner	dominare	mandar
heet (NL)	heiß	hot	chaud(e)	caldo(a)	caliente
heffen¹ (NL)	erheben	raise	lever	alzare	elevar
heffen² (NL)	heben	lift	soulever	alzare	levantar
Heft (D)	—	exercise book	cahier m	quaderno m	cuaderno m
hegedű (H)	Geige f	violin	violon m	violino m	violín m
hegy (H)	Berg m	mountain	montagne f	monte m	montaña f
hegycsúcs (H)	Gipfel m	peak	sommet m	cima f	cumbre f
hegymászó (H)	Bergsteiger m	mountaineer	alpiniste m	alpinista m	alpinista m
hegység (H)	Gebirge n	mountain chain	chaine de montagne f	montagna f	montañas f/pl
height (E)	Höhe f	—	hauteur f	altezza f	altura f
heilen (D)	—	heal	guérir	curare	curar
heilig (D)	—	holy	saint(e)	santo(a)	santo(a)
heilig (NL)	heilig	holy	saint(e)	santo(a)	santo(a)
helm (PL)	Helm m	helmet	casque m	casco m	casco m
heimelijk (NL)	heimlich	secret	secret(ète)	segreto(a)	oculto(a)
heimlich (D)	—	secret	secret(ète)	segreto(a)	oculto(a)
heimwee (NL)	Heimweh n	homesickness	mal du pays m	nostalgia f	añoranza f
Heimweh (D)	—	homesickness	mal du pays m	nostalgia f	añoranza f

Heimweh

P	NL	SV	PL	CZ	H
estar constipado	verkouden zijn	vara förkyld	być przeziębionym	být nachlazený	megfázott
visitar	bezichtigen	se på	zwiedzać <zwiedzić>	prohlížet <prohlédnout>	megtekint
porto m	—	hamn u	port m	přístav m	kikötő
dever	moeten	måste	musieć	muset	kell
dever	moeten	böra	powinno, się	mít	kell
casa f	huis n	hus n	dom m	dům m	—
para casa	naar huis	hem	do domu	domů	—
casado	gehuwd	gift	żonaty/zamężna	ženatý/vdaná	—
casamento m	huwelijk n	giftermål n	ożenek m/ zamążpójście f	sňatek m	—
casar	huwen	gifta sig	żenić, się <ożenić, się> / wychodzić za mąż <wyjść za mąż>	uzavírat sňatek <uzavřít sňatek>	—
atirar	werpen	kasta	rzucać	—	dob
doméstica f	huisvrouw f	hemmafru u	gospodyni domowa f	žena v domácnosti f	—
porteiro m	huismeester m	portvakt u	dozorca m	domovník m	—
governo da casa m	huishouden n	hushåll n	gospodarstwo domowe n	domácnost f	—
mentir	liegen	ljuga	kłamać <skłamać>	lhát <zalhat>	—
ele	hij	han	on	on	ő
cabeça f	hoofd n	huvud n	głowa f	hlava f	fej
dor de cabeça f	hoofdpijn f	huvudvärk u	bóle głowy m/pl	bolest hlavy f	fejfájás
curar	genezen	kurera	wyleczyć	léčit <vyléčit>	gyógyít
saudável	gezond	frisk	zdrowy	zdravý	egészséges
ouvir	horen	höra	słuchać <usłyszeć>	poslouchat <poslechnout>	hall
coração m	hart n	hjärta n	serce n	srdce n	szív
aquecer	verwarmen	värma upp	ogrzewać <ogrzać>	topit <zatopit>	fűt
calor m	hitte f	hetta u	upał m	žár m	kánikula
aquecimento m	verwarming f	värme u	ogrzewanie n	topení n	fűtőberendezés
pesado	zwaar	tung	ciężki	těžký	nehéz, súlyos
ter	—	ha	mieć	mít	van
levantar	heffen	häva	podnosić <podnieść>	zdvihat <zdvihnout>	emel
héctico	hectisch	hektisk	gorączkowy	hektický	hektikus
—	hectisch	hektisk	gorączkowy	hektický	hektikus
héctico	—	hektisk	gorączkowy	hektický	hektikus
universo m	—	universum n	kosmos m	vesmír m	világegyetem
magnífico	—	härligt	wspaniały	nádherný	gyönyörű
dominar	—	härska	panować	panovat	uralkodik
quente	—	het	gorąco	horký	forró
levantar	—	upphöja	podnosić <podnieść>	vznášet <vznést>	felkel
levantar	—	häva	podnosić <podnieść>	zdvihat <zdvihnout>	emel
caderno m	boekje n	häfte n	zeszyt m	sešit m	füzet
violino m	viool f	fiol u	skrzypce pl	housle pl	—
montanha f	berg m	berg n	góra f	hora f	—
cume m	top m	topp u	szczyt m	špička f	—
alpinista m	bergbeklimmer m	bergsbestigare u	alpinista m	horolezec m	—
serra f	gebergte n	bergskedja u	łańcuch górski m	pohoří n	—
altura f	hoogte f	höjd u	wysokość f	výška f	magasság
curar	genezen	kurera	wyleczyć	léčit <vyléčit>	gyógyít
sagrado	heilig	helig	święty	svatý	szent
sagrado	—	helig	święty	svatý	szent
capacete m	helm m	hjälm u	—	přilba f	sisak
secreto	—	hemlighetsfull	potajemny	tajný	titokban
secreto	heimelijk	hemlighetsfull	potajemny	tajný	titokban
saudade f	—	hemlängtan u	tęsknota za domem f	touha po domově f	honvágy
saudade f	heimwee n	hemlängtan u	tęsknota za domem f	touha po domově f	honvágy

Heirat

	D	E	F	I	ES
Heirat (D)	—	marriage	mariage m	matrimonio m	boda f
heiraten (D)	—	marry	marier	sposarsi	casarse
heiß (D)	—	hot	chaud(e)	caldo(a)	caliente
heißen (D)	—	be called	appeler, s'	chiamarsi	llamarse
heizen (D)	—	heat	chauffer	riscaldare	calentar
Heizung (D)	—	heating	chauffage m	riscaldamento m	calefacción f
Hej![1] (SV)	Hallo!	Hello!	Salut!	Ciao!	¡Hola!
Hej![2] (SV)	Hallo!	Hello!	Allô!	Pronto!	¡Diga!
héj (H)	Schale f	peel	peau f	buccia f	piel f
Hejdå! (SV)	Tschüs!	Bye!	Salut!	Ciao!	¡Hasta luego!
hek (NL)	Zaun m	fence	clôture f	recinto m	cercado m
hektický (CZ)	hektisch	hectic	fébrile	frenetico(a)	aperreado(a)
hektikus (H)	hektisch	hectic	fébrile	frenetico(a)	aperreado(a)
hektisch (D)	—	hectic	fébrile	frenetico(a)	aperreado(a)
hektisk (SV)	hektisch	hectic	fébrile	frenetico(a)	aperreado(a)
hel (NL)	Hölle f	hell	enfer m	inferno m	infierno m
hel (SV)	gesamt	entire	tout(e)	totale	entero(a)
helaas (NL)	leider	unfortunately	malheureusement	purtroppo	desgraciadamente
helado (ES)	Eis n	ice cream	glace f	gelato m	—
helder (NL)	klar	clear	clair(e)	chiaro(a)	claro(a)
helfen (D)	—	help	aider	aiutare	ayudar
helft (NL)	Hälfte f	half	moitié f	metà f	mitad f
helgdag (SV)	Feiertag m	holiday	jour férié m	giorno festivo m	día de fiesta m
helig (SV)	heilig	holy	saint(e)	santo(a)	santo(a)
hell (D)	—	bright	clair(e)	chiaro(a)	claro(a)
hell (E)	Hölle f	—	enfer m	inferno m	infierno m
Hello![1] (E)	Hallo!	—	Salut!	Ciao!	¡Hola!
Hello![2] (E)	Hallo!	—	Allô!	Pronto!	¡Diga!
Helm (D)	—	helmet	casque m	casco m	casco m
helm (NL)	Helm m	helmet	casque m	casco m	casco m
helmet (E)	Helm m	—	casque m	casco m	casco m
help (E)	helfen	—	aider	aiutare	ayudar
help (E)	Hilfe f	—	aide f	aiuto m	ayuda f
helpen (NL)	helfen	help	aider	aiutare	ayudar
helpension (SV)	Vollpension f	full board	pension complète f	pensione completa f	pensión completa f
helt[1] (SV)	ganz	whole	tout(e)	intero(a)	entero(a)
helt[2] (SV)	völlig	completely	complètement	completamente	completamente
helvete (SV)	Hölle f	hell	enfer m	inferno m	infierno m
hely[1] (H)	Ort m	place	endroit m	luogo m	lugar m
hely[2] (H)	Platz m	square	place f	piazza f	plaza f
hely[3] (H)	Stelle f	place	place f	posto m	sitio m
helyes (H)	korrekt	correct	correct(e)	corretto(a)	correcto(a)
helyes (H)	richtig	correct	juste	giusto(a)	correcto(a)
helyesel (H)	zustimmen	agree	être d'accord	acconsentire	consentir
helyett (H)	anstatt	instead of	au lieu de	invece di	en vez de
helytelen (H)	unpassend	inappropriate	mal à propos	fuori luogo	inadecuado(a)
helytelenít (H)	missbilligen	disapprove	désapprouver	disapprovare	desaprobar
helyzet (H)	Situation f	situation	situation f	situazione f	situación f
hem (SV)	nach Hause	home	à la maison	a casa	a casa
Hemd (D)	—	shirt	chemise f	camicia f	camisa f
hemd (NL)	Hemd n	shirt	chemise f	camicia f	camisa f
hemel (NL)	Himmel m	sky	ciel m	cielo m	cielo m
hemlängtan (SV)	Heimweh n	homesickness	mal du pays m	nostalgia f	añoranza f
hemlighet (SV)	Geheimnis n	secret	secret m	segreto m	secreto m
hemlighetsfull (SV)	heimlich	secret	secret(ète)	segreto(a)	oculto(a)

hemlighetsfull

P	NL	SV	PL	CZ	H
casamento m	huwelijk n	giftermål n	ożenek m/ zamążpójście n	sňatek m	házasságkötés
casar	huwen	gifta sig	żenić, się <ożenić, się> / wychodzić za mąż <wyjść za mąż>	uzavírat sňatek <uzavřít sňatek>	házasságot köt
quente	heet	het	gorąco	horký	forró
chamar-se	heten	heta	nazywać, się	jmenovat, se	hív
aquecer	verwarmen	värma upp	ogrzewać <ogrzać>	topit <zatopit>	fűt
aquecimento m	verwarming f	värme u	ogrzewanie n	topení n	fűtőberendezés
Olá!	Hallo!	—	Cześć!	Haló!	Szia!
Está!	Hallo!	—	Słucham!	Haló!	Tessék!
casca f	schaal f	skal n	skorupka f łupina f	skořepina f	—
Adeus!	Dag!	—	Cześć!	Čau!	Szia!
cerca f	—	stängsel n	płot m	plot m	kerítés
héctico	hectisch	hektisk	gorączkowy	—	hektikus
héctico	hectisch	hektisk	gorączkowy	hektický	—
héctico	hectisch	hektisk	gorączkowy	hektický	hektikus
héctico	hectisch	—	gorączkowy	hektický	hektikus
inferno m	—	helvete n	piekło n	peklo n	pokol
todo	geheel	—	całkowity	celkem	összes
infelizmente	—	tyvärr	niestety	bohužel	sajnos
gelado m	ijs n	glass u	lód m	zmrzlina f	fagylalt
claro	—	tydlig	jasny(a,e)	jasný	tiszta
ajudar	helpen	hjälpa	pomagać <pomóc>	pomáhat <pomoci>	segít
metade f	—	hälften	połowa f	polovina n	fele
feriado m	feestdag m	—	dzień świąteczny m	svátek m	ünnepnap
sagrado	heilig	—	święty	svatý	szent
claro	licht	ljus	jasny	světlý	világos
inferno m	hel f	helvete n	piekło n	peklo n	pokol
Olá!	Hallo!	Hej!	Cześć!	Haló!	Szia!
Está!	Hallo!	Hej!	Słucham!	Haló!	Tessék!
capacete m	helm m	hjälm u	hełm m	přilba f	sisak
capacete m	—	hjälm u	hełm m	přilba f	sisak
capacete m	helm m	hjälm u	hełm m	přilba f	sisak
ajudar	helpen	hjälpa	pomagać <pomóc>	pomáhat <pomoci>	segít
ajuda f	hulp f	hjälp u	pomoc f	pomoc f	segítség
ajudar	—	hjälpa	pomagać <pomóc>	pomáhat <pomoci>	segít
pensão completa f	volpension n	—	pełne wyżywienie n	plná penze f	teljes ellátás
todo	geheel	—	całkiem	úplně	egész
plenamente	volledig	—	całkowicie	zcela	teljesen
inferno m	hel f	—	piekło n	peklo n	pokol
lugar m	plaats f	ort u	miejsce n	místo n	—
lugar m	plaats f	plats u	miejsce n	místo n	—
lugar m	plaats f	ställe n	miejsce n	místo n	—
correcto	correct	korrekt	poprawny	správný	—
correcto	juist	rätt	właściwy	správně	—
consentir	toestemmen	instämma	zgadzać się	souhlasit	—
em vez de	in de plaats van	istället för	zamiast	místo	—
inconveniente	ongepast	opassande	niestosowny	nevhodný	—
desaprovar	afkeuren	ogilla	nie pochwalać	nesouhlasit	—
situação f	situatie f	situation u	sytuacja f	situace f	—
para casa	naar huis	—	do domu	domů	haza
camisa f	hemd n	skjorta u	koszula f	košile f	ing
camisa f	—	skjorta u	koszula f	košile f	ing
céu m	—	himmel u	niebo n	nebe n	ég
saudade f	heimwee n	—	tęsknota za domem f	touha po domově f	honvágy
segredo m	geheim n	—	tajemnica f	tajemství n	titok
secreto	heimelijk	—	potajemny	tajný	titokban

hemma

	D	E	F	I	ES
hemma (SV)	zu Hause	at home	à la maison	a casa	en casa
hemmafru (SV)	Hausfrau f	housewife	femme au foyer f	casalinga f	ama de casa f
hemsida (SV)	Homepage f	homepage	page d'accueil f	home page f	portada f
hemtrevlig (SV)	gemütlich	comfortable	agréable	comodo(a)	cómodo(a)
hemvist (SV)	Wohnort m	domicile	domicile m	residenza f	domicilio m
hentesüzlet (H)	Metzgerei f	butcher's	boucherie f	macelleria f	carnicería f
her (D)	—	here	ici	qua/qui/da	aquí
herabsetzen (D)	—	lower	baisser	diminuire	rebajar
herausgeben (D)	—	publish	éditer	pubblicare	editar
herbe (F)	Gras n	grass	—	erba f	hierba f
Herbst (D)	—	autumn	automne m	autunno m	otoño m
Herd (D)	—	cooker	cuisinière f	cucina f	cocina f
herdar¹ (P)	erben	inherit	hériter	ereditare	heredar
herdar² (P)	vererben	bequeath	léguer	lasciare in eredità	transmitir hereditariamente
here¹ (E)	her	—	ici	qua/qui/da	aquí
here² (E)	hier	—	ici	qui	aquí
herec (CZ)	Schauspieler m	actor	acteur m	attore m	actor
heredar (ES)	erben	inherit	hériter	ereditare	—
herfst (NL)	Herbst m	autumn	automne m	autunno m	otoño m
herhalen (NL)	wiederholen	repeat	répéter	ripetere	repetir
herida¹ (ES)	Verletzung f	injury	blessure f	ferita f	—
herida² (ES)	Wunde f	wound	blessure f	ferita f	—
herinneren (NL)	erinnern	remember	rappeler	ricordare	recordarse
herinnering (NL)	Erinnerung f	memory	souvenir m	ricordo m	memoria f
herir (ES)	verletzen	injure	blesser	ferire	—
hériter (F)	erben	inherit	—	ereditare	heredar
hermana (ES)	Schwester f	sister	sœur f	sorella f	—
hermano (ES)	Bruder m	brother	frère m	fratello m	—
hermanos (ES)	Geschwister pl	brothers and sisters	frère(s) et sœur(s) pl	fratelli e sorelle pl	—
hermoso(a) (ES)	schön	beautiful	beau (belle)	bello(a)	—
herramienta (ES)	Werkzeug n	tool	outil m	utensile m	—
herravälde (SV)	Gewalt f	force	violence f	forza f	poder m
herrlich (D)	—	marvellous	magnifique	stupendo(a)	maravilloso(a)
herrschen (D)	—	rule	régner	dominare	mandar
hersenen (NL)	Gehirn n	brain	cerveau m	cervello m	cerebro m
herstellen (NL)	reparieren	repair	réparer	riparare	reparar
herüber (D)	—	over	par ici	da questa parte	a este lado
herum (D)	—	around	autour	intorno	alrededor
herunterladen (D)	—	download	télécharger	download m	bajar
hervorragend (D)	—	excellent	excellent(e)	eccellente	extraordinario(a)
Herz (D)	—	heart	cœur m	cuore m	corazón m
herzlich (D)	—	cordial	cordial(e)	cordiale	cordial
hesitar (P)	zögern	hesitate	hésiter	esitare	vacilar
hesitate (E)	zögern	—	hésiter	esitare	vacilar
hésiter (F)	zögern	hesitate	—	esitare	vacilar
heslo (CZ)	Passwort n	password	mot de passe m	parola d'ordine f	contraseña f
het (SV)	heiß	hot	chaud(e)	caldo(a)	caliente
heta (SV)	heißen	be called	appeler, s'	chiamarsi	llamarse
het een of ander (NL)	irgendetwas	something	n'importe quoi	qualsiasi cosa	algo
het eens worden (NL)	einigen, sich	agree	mettre d'accord, se	accordarsi	ponerse de acuerdo

het eens worden

P	NL	SV	PL	CZ	H
em casa	thuis	—	w domu	doma	otthon
doméstica f	huisvrouw f	—	gospodyni domowa f	žena v domácnosti f	háziasszony
página da casa f	homepage m	—	strona główna f	domovská stránka f	honlap
confortável	gezellig	—	przytulny	útulný	kellemes
local de moradia m	woonplaats m	—	miejsce zamieszkania n	bydliště n	lakhely
talho m	slagerij f	slakteri n	sklep rzeźniczy m	řeznictví n	—
cá	hierheen	hit	w tę stronę	sem	ide
baixar	verlagen	sänka	obniżać <obniżyć>	snižovat <snížit>	leszállít
entregar	teruggeven	ge ut	wydawać <wydać>	vydávat <vydat>	visszaad
erva f	gras n	gräs n	trawa f	tráva f	fű
outono m	herfst m	höst u	jesień f	podzim m	ősz
fogão m	fornuis n	köksspis u	piec m	ložisko	tűzhely
—	erven	ärva	dziedziczyć <odziedziczyć>	dědit <zdědit>	örököl
—	nalaten	gå i arv	dziedziczyć	odkazovat <odkázat>	örökül hagy
cá	hierheen	hit	w tę stronę	sem	ide
aqui	hier	här	tu	zde	itt
actor m	toneelspeler m	skådespelare u	aktor m	—	színész
herdar	erven	ärva	dziedziczyć <odziedziczyć>	dědit <zdědit>	örököl
outono m	—	höst u	jesień f	podzim m	ősz
repetir	—	upprepa	powtarzać	opakovat <zopakovat>	megismétel
ferimento f	verwonding f	skada u	zranienie n	zranění n	sérülés
ferida f	wond f	sår n	rana f	rána f	seb
recordar	—	minnas	przypominać <przypomnieć>	připomínat <připomenout>	emlékez
recordação f	—	minne n	wspomnienie n	vzpomínka f	emlék
ferir	kwetsen	skada	skaleczyć	zraňovat <zranit>	megsebez
herdar	erven	ärva	dziedziczyć <odziedziczyć>	dědit <zdědit>	örököl
irmã f	zuster f	syster u	giostra f	sestra f	leánytestvér
irmão m	broer m	bror u	brat m	bratr m	fiútestvér
irmãos m/pl	broers en zusters pl	syskon pl	rodzeństwo n	sourozenci m/pl	testvérek
bonito	mooi	vacker	piękny	hezký	szép
ferramenta f	werktuig n	verktyg n	narzędzie n	nářadí n	szerszám
violência f	geweld n	—	moc f	násilí n	erőszak
magnífico	heerlijk	härligt	wspaniały	nádherný	gyönyörű
dominar	heersen	härska	panować	panovat	uralkodik
cérebro m	—	hjärna u	mózg m	mozek m	agy
reparar	—	reparera	naprawiać <naprawić>	opravovat <opravit>	megjavít
para cá	hierheen	hitåt	w tę stronę	sem	át
em volta	omheen	omkring	dookoła	kolem	körül
descarregar	downloaden	ladda ner	pobierać z internetu	stahovat <stáhnout>	letölt
excelente	uitstekend	framstående	znakomity	vynikající	kitűnő
coração m	hart n	hjärta n	serce n	srdce n	szív
cordial	hartelijk	hjärtligt	serdeczny	srdečný	szívesen
—	aarzelen	tveka	ociągać się	otálet	habozik
hesitar	aarzelen	tveka	ociągać się	otálet	habozik
hesitar	aarzelen	tveka	ociągać się	otálet	habozik
senha f	wachtwoord n	lösenord n	hasło n	—	jelszó
quente	heet	—	gorąco	horký	forró
chamar-se	heten	—	nazywać, się	jmenovat, se	hív
qualquer coisa	—	något	coś	něco	valami
estar de acordo	—	ena sig	dochodzić do porozumienia <dojść do porozumienia>	dohadovat, se <dohodnout, se>	megegyezik,

heten

	D	E	F	I	ES
heten (NL)	heißen	be called	appeler, s'	chiamarsi	llamarse
het koud hebben/ vriezen (NL)	frieren	be cold	avoir froid	avere freddo	tener frío
hétköznap (H)	Alltag m	everyday life	vie quotidienne f	vita quotidiana f	vida cotidiana f
hetta (SV)	Hitze f	heat	chaleur f	calura f	calor m
hétvége (H)	Wochenende n	weekend	week-end m	fine settimana f	fin de semana m
heup (NL)	Hüfte f	hip	hanche f	fianco m	cadera f
heure (F)	Stunde f	hour	—	ora f	hora f
heures de consultation (F)	Sprechstunde f	consultation hours	—	ora di ricevimento f	hora de consulta f
heures d'ouverture (F)	Öffnungszeiten pl	business hours	—	orario d'apertura m	horas de apertura f/pl
heureux(euse) (F)	glücklich	happy	—	felice	feliz
heute (D)	—	today	aujourd'hui	oggi	hoy
heutzutage (D)	—	nowadays	de nos jours	oggigiorno	hoy en día
heuvel (NL)	Hügel m	hill	colline f	collina f	colina f
heveder/biztonsági öv (H)	Gurt m	belt	ceinture f	cinghia f	cinturón m
hézag (H)	Lücke f	gap	lacune f	lacuna f	espacio m
hezký¹ (CZ)	hübsch	pretty	joli(e)	carino(a)	bonito(a)
hezký² (CZ)	schön	beautiful	beau (belle)	bello(a)	hermoso(a)
hiábavaló (H)	nutzlos	useless	inutile	inutile	inútil
hiány (H)	Mangel m	lack	manque m	mancanza f	escasez f
hiányol (H)	vermissen	miss	manquer	sentire la mancanza	echar de menos
hiányzik (H)	fehlen	miss	manquer	mancare	faltar
hiba (H)	Fehler m	mistake	faute f	sbaglio m	falta f
hibás (H)	defekt	defective	défectueux(euse)	guasto(a)	defectuoso(a)
híd (H)	Brücke f	bridge	pont m	ponte m	puente m
hide (E)	verstecken	—	cacher	nascondere	ocultar
hideg (H)	kalt	cold	froid(e)	freddo(a)	frío(a)
hielo (ES)	Eis n	ice	glace f	ghiaccio m	—
hier (D)	—	here	ici	qui	aquí
hier (F)	gestern	yesterday	—	ieri	ayer
hier (NL)	hier	here	ici	qui	aquí
hierba (ES)	Gras n	grass	herbe f	erba f	—
hierheen¹ (NL)	her	here	ici	qua/qui/da	aquí
hierheen² (NL)	herüber	over	par ici	da questa parte	a este lado
high season (E)	Hochsaison f	—	pleine saison f	alta stagione f	temporada alta f
high tide (E)	Flut f	—	marée haute f	alta marea f	marea alta f
hihetetlen (H)	unglaublich	incredible	incroyable	incredibile	increíble
hij (NL)	er	he	il	lui/egli/esso	èl
hija (ES)	Tochter f	daughter	fille f	figlia f	—
hijo (ES)	Sohn m	son	fils m	figlio m	—
hike (E)	wandern	—	faire de la randonnée	fare un'escursione	caminar
Hilfe (D)	—	help	aide f	aiuto m	ayuda f
hill (E)	Hügel m	—	colline f	collina f	colina f
hilo (ES)	Faden m	thread	fil m	filo m	—
Himbeere (D)	—	raspberry	framboise f	lampone m	frambuesa f
Himmel (D)	—	sky	ciel m	cielo m	cielo m
himmel (SV)	Himmel m	sky	ciel m	cielo m	cielo m
hinaus (D)	—	out	dehors	fuori	hacia afuerta
hinausgehen (D)	—	go out	sortir	uscire	salir
hinchado(a) (ES)	geschwollen	swollen	enflé(e)	gonfio(a)	—
hinder (E)	hindern	—	empêcher	impedire	impedir
hinderen¹ (NL)	belästigen	annoy	importuner	importunare	molestar
hinderen² (NL)	hindern	hinder	empêcher	impedire	impedir

P	NL	SV	PL	CZ	H
chamar-se	—	heta	nazywać, się	jmenovat, se	hív
ter frio	—	frysa	marznąć <zmarznąć>	mrznout <zamrznout>	fázik
dia-a-dia m	dagelijks leven n	vardag u	codzienność f	všední den m	—
calor m	hitte f	—	upał m	žár m	kánikula
fim de semana m	weekend n	weekend u	weekend m	víkend m	—
anca f	—	höft u	biodro n	kyčel f	csípő
hora f	uur n	timme u	godzina f	hodina f	óra
consulta f	spreekuur n	mottagningstid u	godziny przyjęć f/pl	konzultační hodiny pl	fogadóóra
horário m	openingstijden pl	öppningstider pl	godziny otwarcia f/pl	otevírací doba f	nyitvatartási idő
feliz	gelukkig	lycklig	szczęśliwy	šťastný	boldog
hoje	vandaag	idag	dzisiaj	dnes	ma
actualmente	tegenwoordig	nuförtiden	obecnie	v dnešní době	manapság
colina f	—	kulle u	pagórek m	kopec m	domb
correia f	gordel m	bälte n	pas m	pás m	—
lacuna f	opening f	tomrum n	luka f	mezera f	—
bonito	mooi	vacker	ładny	—	csinos
bonito	mooi	vacker	piękny	—	szép
inútil	nutteloos	onyttig	bezużyteczny	neužitečný	—
falta f	gebrek n	brist u	niedobór m	nedostatek m	—
fazer falta	missen	sakna	odczuwać brak	pohřešovat <pohřešit>	—
faltar	ontbreken	sakna	brakować	chybět	—
erro m	fout f	fel n	błąd m	chyba f	—
defeituoso	defect	sönder	uszkodzony	defektní	—
ponte f	brug f	bro u	most m	most m	—
esconder	verstoppen	gömma	chować	schovávat <schovat>	elrejt
frio	koud	kallt	zimny	studený	—
gelo m	ijs n	is u	lód m	led m	jég
aqui	hier	här	tu	zde	itt
ontem	gisteren	igår	wczoraj	včera	tegnap
aqui	—	här	tu	zde	itt
erva f	gras n	gräs n	trawa f	tráva f	fű
cá	—	hit	w tę stronę	sem	ide
para cá	—	hitåt	w tę stronę	sem	át
estação alta f	hoogseizoen n	högsäsong u	pełnia sezonu f	hlavní sezóna f	főszezon
maré cheia f	vloed f	flod u	przypływ m	povodeň f	dagály
incrível	ongelofelijk	otrolig	niesłychany	neuvěřitelný	—
ele	—	han	on	on	ő
filha f	dochter f	dotter u	córka f	dcera f	lánya
filho m	zoon m	son u	syn m	syn m	fiú
caminhar	trekken	vandra	wędrować	putovat	vándorol
ajuda f	hulp f	hjälp u	pomoc f	pomoc f	segítség
colina f	heuvel m	kulle u	pagórek m	kopec m	domb
fio m	draad m	tråd u	nić f	nit f	fonal
amora f	framboos f	hallon n	malina f	malina f	málna
céu m	hemel m	himmel u	niebo n	nebe n	ég
céu m	hemel m	—	niebo n	nebe n	ég
para fora	naar buiten	dit ut	na zewnątrz	ven	ki
sair	naar buiten gaan	gå ut	wychodzić <wyjść>	vycházet <vyjít> ven	kimegy
inchado	gezwollen	svullen	spuchnięty	nateklý	duzzadt
impedir	hinderen	förhindra	przeszkadzać <przeszkodzić>	bránit <zabránit>	akadályoz
importunar	—	besvära	naprzykrzać, się <naprzykrzyć, się>	obtěžovat	molesztál
impedir	—	förhindra	przeszkadzać <przeszkodzić>	bránit <zabránit>	akadályoz

hindern

	D	E	F	I	ES
hindern (D)	—	hinder	empêcher	impedire	impedir
hindurch (D)	—	through	à travers	attraverso	a través de
hinein (D)	—	in	dans	dentro	dentro
hink (SV)	Eimer m	bucket	seau m	secchio m	cubo m
hinlegen (D)	—	put down	poser	posare	poner
hinsetzen (D)	—	sit down	asseoir, s'	sedersi	sentarse
hintázik (H)	schaukeln	swing	balancer, se	dondolare	columpiarse
hinten (D)	—	behind	derrière	dietro	detrás
hinüber (D)	—	across	de l'autre côté	di là	hacia el otro lado
hinuntergehen (D)	—	descend	descendre	scendere	bajar
hinzufügen (D)	—	add	ajouter	aggiungere	añadir
hip (E)	Hüfte f	—	hanche f	fianco m	cadera f
hír¹ (H)	Nachricht f	message	nouvelle f	notizia f	noticia f
hír² (H)	Neuigkeit f	news	nouvelle f	novità f	novedad f
hirdetés¹ (H)	Anzeige f	announcement	annonce f	annuncio m	anuncio m
hirdetés² (H)	Werbung f	advertising	publicité f	pubblicità f	publicidad f
hírek (H)	Nachrichten pl	news	informations f/pl	giornale radio m	noticiero m
híres (H)	berühmt	famous	célèbre	famoso(a)	famoso(a)
híresztelés (H)	Gerücht n	rumour	rumeur f	voce f	rumor m
hirtelen¹ (H)	abrupt	abrupt	subit(e)	improvviso(a)	súbito(a)
hirtelen² (H)	plötzlich	suddenly	tout à coup	di colpo	de repente
hiss (SV)	Fahrstuhl m	elevator	ascenseur m	ascensore m	ascensor m
histoire (F)	Geschichte f	history	—	storia f	historia f
historia (ES)	Geschichte f	history	histoire f	storia f	—
historia (SV)	Geschichte f	history	histoire f	storia f	historia f
historia (PL)	Geschichte f	history	histoire f	storia f	historia f
história (P)	Geschichte f	history	histoire f	storia f	historia f
history (E)	Geschichte f	—	histoire f	storia f	historia f
hisz (H)	glauben	believe	croire	credere	creer
Hiszpania (PL)	Spanien n	Spain	Espagne f	Spagna f	España f
hit (E)	schlagen	—	battre	battere	golpear
hit (SV)	her	here	ici	qua/qui/da	aquí
hitåt (SV)	herüber	over	par ici	da questa parte	a este lado
hitel (H)	Kredit m	credit	crédit m	credito m	crédito m
hitelkártya (H)	Kreditkarte f	credit card	carte de crédit f	carta di credito f	tarjeta de crédito f
hitta (SV)	finden	find	trouver	trovare	encontar
hitte (NL)	Hitze f	heat	chaleur f	calura f	calor m
hittegods-magasin (SV)	Fundbüro n	lost property office	bureau des objets trouvés m	ufficio oggetti smarriti m	oficina de objetos perdidos f
Hitze (D)	—	heat	chaleur f	calura f	calor m
hív¹ (H)	heißen	be called	appeler, s'	chiamarsi	llamarse
hív² (H)	rufen	shout	appeler	chiamare	llamar
hivatal (H)	Amt n	office	bureau m	ufficio m	oficio m
hiver (F)	Winter m	winter	—	inverno m	invierno m
hjälm (SV)	Helm m	helmet	casque m	casco m	casco m
hjälp (SV)	Hilfe f	help	aide f	aiuto m	ayuda f
hjälpa (SV)	helfen	help	aider	aiutare	ayudar
hjärna (SV)	Gehirn n	brain	cerveau m	cervello m	cerebro m
hjärta (SV)	Herz n	heart	cœur m	cuore m	corazón m
hjärtligt (SV)	herzlich	cordial	cordial(e)	cordiale	cordial
hlad (CZ)	Hunger m	hunger	faim f	fame f	hambre f
hladký (CZ)	glatt	smooth	lisse	liscio(a)	liso(a)
hladový (CZ)	hungrig	hungry	affamé(e)	affamato(a)	hambriento(a)
hlas (CZ)	Stimme f	voice	voix f	voce f	voz f

hlas

P	NL	SV	PL	CZ	H
impedir	hinderen	förhindra	przeszkadzać <przeszkodzić>	bránit <zabránit>	akadályoz
através de	doorheen	igenom	przez	skrz	át
para dentro	naar binnen	inåt	do wnętrza	dovnitř	be
balde *m*	emmer *m*	—	wiadro *n*	vědro *n*	vödör
deitar	neerleggen	placera	kłaść <położyć>	pokládat <položit>	lefekszik
sentar-se	neerzetten	sätta ned	posadzić	posadit, se	lerak
baloiçar	schommelen	gunga	huśtać, się	houpat <pohoupat>	—
atrás	achter	baktill	w tyle	vzadu	hátul
para lá	erheen	dit över	na tamtą stronę	na druhou stranu	át
descer	naar beneden gaan	gå ned	iść na dół <zejść na dół>	scházet <sejít>	lemegy
acrescentar	bijvoegen	tillägga	dodawać <dodać>	dodávat <dodat>	hozzáad
anca *f*	heup *f*	höft *u*	biodro *n*	kyčel *f*	csípő
notícia *f*	bericht *n*	rapport *u*	wiadomość *f*	zpráva *f*	—
novidade *f*	nieuwtje *n*/ nieuwigheid *f*	nyhet *u*	nowina *f*	novinka *f*	—
aviso *m*	advertentie *f*	annons	ogłoszenie *n*	inzerát *m*	—
propaganda *f*	reclame *f*	reklam *u*	reklama *f*	reklama *f*	—
notícias *f/pl*	nieuws *n*	nyheter *pl*	wiadomości *f/pl*	zprávy *pl*	—
famoso	beroemd	känd	sławny	slavný	—
boato *m*	gerucht *n*	rykte *n*	pogłoska *f*	pověst *f*	—
abrupto	abrupt	abrupt	nagle	náhle	—
repentinamente	plotseling	plötsligt	nagle	náhle	—
elevador *m*	lift *m*	—	winda *f*	výtah *m*	lift
história *f*	geschiedenis *f*	historia *u*	historia *f*	příhoda *f*	történelem
história *f*	geschiedenis *f*	historia *u*	historia *f*	příhoda *f*	történelem
história *f*	geschiedenis *f*	—	historia *f*	příhoda *f*	történelem
história *f*	geschiedenis *f*	historia *u*	—	příhoda *f*	történelem
—	geschiedenis *f*	historia *u*	historia *f*	příhoda *f*	történelem
história *f*	geschiedenis *f*	historia *u*	historia *f*	příhoda *f*	történelem
acreditar	geloven	tro	wierzyć	věřit <uvěřit>	—
Espanha *f*	Spanje *n*	Spanien	—	Španělsko *n*	Spanyolország
bater	slaan	slå	bić <pobić>	tlouci <udeřit>	üt
cá	hierheen	—	w tę stronę	sem	ide
para cá	hierheen	—	w tę stronę	sem	át
crédito *m*	krediet *n*	kredit *u*	kredyt *m*	kredit *m*	—
cartão de crédito *m*	creditcard *f*	kreditkort *n*	karta kredytowa *f*	platební karta *f*	—
encontrar	vinden	—	znajdować <znaleźć>	nacházet <najít>	talál
calor *m*	—	hetta *u*	upał *m*	žár *m*	kánikula
repartição de perdidos e achados *f*	bureau *n* voor gevonden voorwerpen	—	biuro rzeczy znalezionych *n*	ztráty a nálezy *f/pl*	talált tárgyak gyűjtőhelye
calor *m*	hitte *f*	hetta *u*	upał *m*	žár *m*	kánikula
chamar-se	heten	heta	nazywać, się	jmenovat, se	—
chamar	roepen	ropa	wołać <zawołać>	volat <zavolat>	—
instituição *f*	ambt *n*	ämbete *n*	urząd *m*	úřad *m*	—
inverno *m*	winter *m*	vinter *u*	zima *f*	zima *f*	tél
capacete *m*	helm *m*	—	hełm *m*	přilba *f*	sisak
ajuda *f*	hulp *f*	—	pomoc *f*	pomoc *f*	segítség
ajudar	helpen	—	pomagać <pomóc>	pomáhat <pomoci>	segít
cérebro *m*	hersenen *pl*	—	mózg *m*	mozek *m*	agy
coração *m*	hart *n*	—	serce *n*	srdce *n*	szív
cordial	hartelijk	—	serdeczny	srdečný	szívesen
fome *f*	honger *m*	svält *u*	głód *m*	—	éhség
liso	glad	jämn	gładki	—	sima
faminto	hongerig	hungrig	głodny	—	éhes
voz *f*	stem *f*	röst *u*	głos *m*	—	hang

hlášení

	D	E	F	I	ES
hlášení (CZ)	Meldung f	report	annonce f	annuncio m	aviso m
hlasitý (CZ)	laut	loud	fort(e)	rumoroso(a)	fuerte
hlásit <vyhlásit> (CZ)	melden	report	annoncer	annunciare	declarar
hláskovat <odhláskovat> (CZ)	buchstabieren	spell	épeler	sillabare	deletrear
hlava (CZ)	Kopf m	head	tête f	testa f	cabeza f
hlavně (CZ)	hauptsächlich	mainly	surtout	principalmente	principalmente
hlavní město (CZ)	Hauptstadt f	capital	capitale f	capitale f	capital f
hlavní nádraží (CZ)	Hauptbahnhof m	main station	gare centrale f	stazione centrale f	estación central f
hlavní sezóna (CZ)	Hochsaison f	high season	pleine saison f	alta stagione f	temporada alta f
hlavní ulice (CZ)	Hauptstraße f	main street	grand-rue f	strada principale f	calle central f
hledat <vyhledat> (CZ)	suchen	look for	chercher	cercare	buscar
hledět (CZ)	schauen	look	retarder	guardare	mirar
hloupý¹ (CZ)	dumm	stupid	bête	stupido(a)	tonto(a)
hloupý² (CZ)	doof	daft	bête	scemo(a)	estúpido(a)
hluboký (CZ)	tief	deep	profond(e)	profondo(a)	profundo(a)
hluk (CZ)	Lärm m	noise	bruit m	rumore m	ruido m
hmotnost (CZ)	Gewicht n	weight	poids m	peso m	peso m
hmyz (CZ)	Insekt n	insect	insecte m	insetto m	insecto m
hned (CZ)	gleich	same	égal(e)	identico(a)	idéntico(a)
hnědý (CZ)	braun	brown	marron	marrone	marrón
hoch (D)	—	up/high	haut(e)	alto(a)	alto(a)
Hochsaison (D)	—	high season	pleine saison f	alta stagione f	temporada alta f
Hochschule (D)	—	university	université f	università f	escuela superior f
höchstens (D)	—	at the most	tout au plus	al massimo	a lo sumo
Hochzeit (D)	—	wedding	mariage m	nozze f/pl	boda f
hodina (CZ)	Stunde f	hour	heure f	ora f	hora f
hodiny (CZ)	Uhr f	watch	montre f	orologio m	reloj m
hodnost (CZ)	Rang m	rank	rang m	ceto m	clase f
hodnota (CZ)	Wert m	value	valeur f	valore m	valor m
hodnotný (CZ)	wertvoll	valuable	précieux(euse)	prezioso(a)	valioso(a)
hodný (CZ)	brav	good	gentil(le)	bravo(a)	bueno(a)
hoe? (NL)	wie?	how?	comment?	come?	¿cómo?
hoed (NL)	Hut m	hat	chapeau m	capello m	sombrero m
hoe dan ook (NL)	irgendwie	somehow	n'importe comment	in qualche modo	de alguna manera
hoek (NL)	Ecke f	corner	coin m	angolo m	esquina f
hoen (NL)	Huhn n	chicken	poule f	pollo m	gallina f
hoest (NL)	Husten m	cough	toux m	tosse f	tos f
hoesten (NL)	husten	cough	tousser	tossire	toser
hoeveelheid (NL)	Menge f	quantity	quantité f	quantità f	cantidad f
Hof (D)	—	courtyard	cour f	cortile m	patio m
hoffen (D)	—	hope	espérer	sperare	esperar
hoffentlich (D)	—	hopefully	espérons	speriamo che	ojalá (que)
höflich (D)	—	polite	poli(e)	cortese	cortés
Höflichkeit (D)	—	politeness	politesse f	cortesia f	cortesía f
höft (SV)	Hüfte f	hip	hanche f	fianco m	cadera f
hög (SV)	hoch	up/high	haut(e)	alto(a)	alto(a)
hogeschool (NL)	Hochschule f	university	université f	università f	escuela superior f
högljudd (SV)	laut	loud	fort(e)	rumoroso(a)	fuerte
högsäsong (SV)	Hochsaison f	high season	pleine saison f	alta stagione f	temporada alta f
högskola (SV)	Hochschule f	university	université f	università f	escuela superior f
högst (SV)	höchstens	at the most	tout au plus	al massimo	a lo sumo
högtalare (SV)	Lautsprecher m	loudspeaker	haut-parleur m	altoparlante m	altavoz m
hogy (H)	dass	that	que	che	que
hogyan? (H)	wie?	how?	comment?	come?	¿cómo?

hogyan

P	NL	SV	PL	CZ	H
notícia f	melding f	rapport u	meldunek m	—	jelentés
ruidoso	luid	högljudd	głośny	—	hangos
noticiar	melden	rapportera	meldować <zameldować>	—	jelent
soletrar	spellen	stava	literować	—	betűz
cabeça f	hoofd n	huvud n	głowa f	—	fej
principalmente	hoofdzakelijk	huvudsakligen	głównie	—	főleg
capital f	hoofdstad f	huvudstad u	stolica f	—	főváros
estação central f	centraal station n	centralstation u	dworzec główny m	—	főpályaudvar
estação alta f	hoogseizoen n	högsäsong u	pełnia sezonu f	—	főszezon
estrada principal f	hoofdstraat f	huvudgata u	główna ulica f	—	főutca
procurar	zoeken	söka	szukać	—	keres
olhar	kijken	se	patrzeć <popatrzeć>	—	néz
parvo	dom	dum	głupi	—	buta
estúpido	dom	fånig	durny	—	ostoba
fundo	diep	djup	głęboko	—	mély
barulho m	lawaai n	buller n	hałas m	—	lárma
peso m	gewicht n	vik u	ciężar m	—	súly
insecto m	insect n	insekt u	owad m	—	rovar
igual	gelijk/hetzelfde/meteen	lika	taki sam	—	mindjárt
castanho	bruin	brun	brązowy	—	barna
alto	hoog	hög	wysoki	vysoko	magas
estação alta f	hoogseizoen n	högsäsong u	pełnia sezonu f	hlavní sezóna f	főszezon
escola superior f	hogeschool f	högskola u	szkoła wyższa f	vysoká škola f	főiskola
no máximo	hoogstens	högst	najwyżej	nejvýše	legföljebb
casamento m	huwelijk n	bröllop n	wesele n	svatba f	esküvő
hora f	uur n	timme u	godzina f	—	óra
relógio m	horloge n	klocka u	zegar m	—	óra
categoria f	rang m	ställning u	stopień m	—	rang
valor m	waarde f	värde n	wartość f	—	érték
valioso	waardevol	värdefull	wartościowy	—	értékes
obediente	braaf	lydig	grzeczny	—	jó, rendes
como?	—	hur?	jak?	jak?	hogyan?
chapéu m	—	hatt u	kapelusz m	klobouk m	kalap
de qualquer modo	—	på ett eller annat sätt	jakoś	nějak	valahogy
esquina f	—	hörn n	róg m	roh m	sarok
galinha f	—	höns n	kura f	kuře n	tyúk
tosse f	—	hosta u	kaszel m	kašel m	köhögés
tossir	—	hosta	kaszlać <kaszlnąć>	kašlat <zakašlat>	köhög
quantidade f	—	mängd u	ilość f	množství n	mennyiség
pátio m	erf n	gård u	podwórze n	dvůr m	tanya
esperar	hopen	hoppas	mieć nadzieję	doufat	remél
oxalá	hopelijk	förhoppningsvis	mam nadzieję, że	doufejme	remélhetően
cortês	beleefd	hövlig	uprzejmy	zdvořilý	udvarias
cortesia f	beleefdheid f	hövlighet u	uprzejmość f	zdvořilost f	udvariasság
anca f	heup f	—	biodro n	kyčel f	csípő
alto	hoog	—	wysoki	vysoko	magas
escola superior f	—	högskola u	szkoła wyższa f	vysoká škola f	főiskola
ruidoso	luid	—	głośny	hlasitý	hangos
estação alta f	hoogseizoen n	—	pełnia sezonu f	hlavní sezóna f	főszezon
escola superior f	hogeschool f	—	szkoła wyższa f	vysoká škola f	főiskola
no máximo	hoogstens	—	najwyżej	nejvýše	legföljebb
altifalante m	luidspreker m	—	głośnik m	reproduktor m	hangszóró
que	dat	att	że	že	—
como?	hoe?	hur?	jak?	jak?	—

Höhe

	D	E	F	I	ES
Höhe (D)	—	height	hauteur *f*	altezza *f*	altura *f*
hohl (D)	—	hollow	creux(euse)	cavo(a)	hueco(a)
Höhle (D)	—	cave	grotte *f*	caverna *f*	cueva *f*
hoja (ES)	Blatt *n*	leaf	feuille *f*	foglia *f*	—
höjd (SV)	Höhe *f*	height	hauteur *f*	altezza *f*	altura *f*
hoje (P)	heute	today	aujourd'hui	oggi	hoy
hol (NL)	hohl	hollow	creux(euse)	cavo(a)	hueco(a)
hol (NL)	Höhle *f*	cave	grotte *f*	caverna *f*	cueva *f*
¡Hola! (ES)	Hallo!	Hello!	Salut!	Ciao!	—
Holandia (PL)	Niederlande *f*	Netherlands	Pays-Bas *m/pl*	Paesi Bassi *m/pl*	Países Bajos *m/pl*
hold (E)	halten	—	tenir	tenere	tener
hold (H)	Mond *m*	moon	lune *f*	luna *f*	luna *f*
holen (D)	—	fetch	aller chercher	andare a prendere	traer
holiday[1] (E)	Feiertag *m*	—	jour férié *m*	giorno festivo *m*	día de fiesta *m*
holiday[2] (E)	Urlaub *m*	—	vacances *f/pl*	vacanze *f/pl*	vacaciones *f/pl*
holidays (E)	Ferien *pl*	—	vacances *f/pl*	vacanze *f/pl*	vacaciones *f/pl*
holit, se <oholit, se> (CZ)	rasieren	shave	raser	fare la barba	afeitar
Hollandia (H)	Niederlande *f*	Netherlands	Pays-Bas *m/pl*	Paesi Bassi *m/pl*	Países Bajos *m/pl*
Hölle (D)	—	hell	enfer *m*	inferno *m*	infierno *m*
hollow (E)	hohl	—	creux(euse)	cavo(a)	hueco(a)
holmi[1] (H)	Ding *n*	thing	chose *f*	cosa *f*	cosa *f*
holmi[2] (H)	Zeug *n*	stuff	affaires *f/pl*	cose *f/pl*	cosas *f/pl*
holnap (H)	morgen	tomorrow	demain	domani	mañana
holttest (H)	Leiche *f*	corpse	cadavre *m*	cadavere *m*	cadáver *m*
holy (E)	heilig	—	saint(e)	santo(a)	santo(a)
holý (CZ)	kahl	bald	chauve	calvo(a)	calvo(a)
Holz (D)	—	wood	bois *m*	legno *m*	madera *f*
hombre (ES)	Mann *m*	man	homme *m*	uomo *m*	—
hombro (ES)	Schulter *f*	shoulder	épaule *f*	spalla *f*	—
home (E)	nach Hause	—	à la maison	a casa	a casa
homem[1] (P)	Mann *m*	man	homme *m*	uomo *m*	hombre *m*
homem[2] (P)	Mensch *m*	human being	homme *m*	essere umano *m*	ser humano *m*
Homepage (D)	—	homepage	page d'accueil *f*	home page *f*	portada *f*
homepage (E)	Homepage *f*	—	page d'accueil *f*	home page *f*	portada *f*
home page (I)	Homepage *f*	homepage	page d'accueil *f*	—	portada *f*
homepage (NL)	Homepage *f*	homepage	page d'accueil *f*	home page *f*	portada *f*
hőmérő (H)	Thermometer *n*	thermomenter	thermomètre *m*	termometro *m*	termómetro *m*
hőmérséklet (H)	Temperatur *f*	temperature	température *f*	temperatura *f*	temperatura *f*
homesickness (E)	Heimweh *n*	—	mal du pays *m*	nostalgia *f*	añoranza *f*
homicídio (P)	Mord *m*	murder	meurtre *m*	assassinio *m*	asesinato *m*
homlok (H)	Stirn *f*	forehead	front *m*	fronte *f*	frente *f*
homme[1] (F)	Mann *m*	man	—	uomo *m*	hombre *m*
homme[2] (F)	Mensch *m*	human being	—	essere umano *m*	ser humano *m*
homok (H)	Sand *m*	sand	sable *m*	sabbia *f*	arena *f*
homoseksualny (PL)	schwul	gay	pédéraste	gay *m*	homosexual
homoseksueel (NL)	schwul	gay	pédéraste	gay *m*	homosexual
homosexual (ES)	schwul	gay	pédéraste	gay *m*	—
homosexuální (CZ)	schwul	gay	pédéraste	gay *m*	homosexual
homosexuell (SV)	schwul	gay	pédéraste	gay *m*	homosexual
hon (SV)	sie	she	elle	lei	ella
hond (NL)	Hund *m*	dog	chien *m*	cane *m*	perro *m*
honest (E)	ehrlich	—	honnête	onesto(a)	honesto(a)
honesto (P)	ehrlich	honest	honnête	onesto(a)	honesto(a)
honesto(a) (ES)	ehrlich	honest	honnête	onesto(a)	—
honey (E)	Honig *m*	—	miel *m*	miele *m*	miel *f*
Hongarije (NL)	Ungarn	Hungary	Hongrie *f*	Ungheria *f*	Hungría *f*

Hongarije

P	NL	SV	PL	CZ	H
altura f	hoogte f	höjd u	wysokość f	výška f	magasság
oco	hol	ihålig	pusty	dutý	üres
caverna f	hol n	grotta u	jaskinia f	jeskyně f	barlang
folha f	blad n	blad n	liść m	list m	lap
altura f	hoogte f	—	wysokość f	výška f	magasság
—	vandaag	idag	dzisiaj	dnes	ma
oco	—	ihålig	pusty	dutý	üres
caverna f	—	grotta u	jaskinia f	jeskyně f	barlang
Olá!	Hallo!	Hej!	Cześć!	Haló!	Szia!
Paises-Baixos m/pl	Nederland n	Nederländerna pl	—	Nizozemsko n	Hollandia
segurar	houden	hålla	trzymać	držet <podržet>	tart
lua f	maand f	måne u	księżyc m	měsíc m	—
ir buscar	halen	hämta	przynosić <przynieść>	docházet <dojít>	hoz
feriado m	feestdag m	helgdag u	dzień świąteczny m	svátek m	ünnepnap
férias f/pl	vakantie f	semester u	urlop m	dovolená f	szabadság
férias f/pl	vakantie f	semester u	wakacje f/pl	prázdniny pl	vakáció
barbear(se)	scheren	raka	golić <ogolić>	—	borotvál
Paises-Baixos m/pl	Nederland n	Nederländerna pl	Holandia f	Nizozemsko n	—
inferno m	hel f	helvete n	piekło n	peklo n	pokol
oco	hol	ihålig	pusty	dutý	üres
coisa f	ding n	sak u	rzecz f	věc f	—
coisas f/pl	spullen pl	grejor pl	materia f	věci pl	—
amanhã	morgen	i morgon	jutro	zítra	—
cadáver m	lijk n	lik n	zwłoki pl	mrtvola f	—
sagrado	heilig	helig	święty	svatý	szent
calvo	kaal	kal	łysy	—	kopár
madeira f	hout n	trä n	drewno n	dřevo n	fa
homem m	man m	man u	mężczyzna m	muž m	férfi
ombro m	schouder f	axel u	ramię n	rameno n	váll
para casa	naar huis	hem	do domu	domů	haza
—	man m	man u	mężczyzna m	muž m	férfi
—	mens m	människa u	człowiek m	člověk m	ember
página da casa f	homepage m	hemsida u	strona główna f	domovská stránka f	honlap
página da casa f	homepage m	hemsida u	strona główna f	domovská stránka f	honlap
página da casa f	homepage m	hemsida u	strona główna f	domovská stránka f	honlap
página da casa f	—	hemsida u	strona główna f	domovská stránka f	honlap
termómetro m	thermometer m	termometer u	termometr m	teploměr m	—
temperatura f	temperatuur f	temperatur u	temperatura f	teplota f	—
saudade f	heimwee n	hemlängtan u	tęsknota za domem f	touha po domově f	honvágy
—	moord m	mord n	morderstwo n	vražda f	gyilkosság
testa f	voorhoofd n	panna u	czoło n	čelo n	—
homem m	man m	man u	mężczyzna m	muž m	férfi
homem m	mens m	människa u	człowiek m	člověk m	ember
areia f	zand n	sand u	piach m	písek m	—
gay	homoseksueel	homosexuell	—	homosexuální	buzi
gay	—	homosexuell	homoseksualny	homosexuální	buzi
gay	homoseksueel	homosexuell	homoseksualny	homosexuální	buzi
gay	homoseksueel	homosexuell	homoseksualny	—	buzi
gay	homoseksueel	—	homoseksualny	homosexuální	buzi
ela	zij	—	ona	ona	ő
cão m	—	hund u	pies m	pes m	kutya
honesto	eerlijk	ärlighet u	uczciwy	čestný m	becsületes
—	eerlijk	ärlighet u	uczciwy	čestný m	becsületes
honesto	eerlijk	ärlighet u	uczciwy	čestný m	becsületes
mel m	honing m	honung u	miód m	med m	méz
Hungria f	—	Ungern n	Węgry pl	Maďarsko n	Magyarország

honger

	D	E	F	I	ES
honger (NL)	Hunger m	hunger	faim f	fame f	hambre f
hongerig (NL)	hungrig	hungry	affamé(e)	affamato(a)	hambriento(a)
hongo (ES)	Pilz m	mushroom	champignon m	fungo m	—
Hongrie (F)	Ungarn	Hungary	—	Ungheria f	Hungría f
Honig (D)	—	honey	miel m	miele m	miel f
honing (NL)	Honig m	honey	miel m	miele m	miel f
honlap¹ (H)	Homepage f	homepage	page d'accueil f	home page f	portada f
honlap² (H)	Website f	website	site Web m	sito Web m	página web f
honnête (F)	ehrlich	honest	—	onesto(a)	honesto(a)
honneur (F)	Ehre f	honour	—	onore m	honor m
honor (ES)	Ehre f	honour	honneur m	onore m	—
honor (PL)	Ehre f	honour	honneur m	onore m	honor m
honour (E)	Ehre f	—	honneur m	onore m	honor m
honra (P)	Ehre f	honour	honneur m	onore m	honor m
höns (SV)	Huhn n	chicken	poule f	pollo m	gallina f
honung (SV)	Honig m	honey	miel m	miele m	miel f
honvágy (H)	Heimweh n	homesickness	mal du pays m	nostalgia f	añoranza f
hood (E)	Kapuze f	—	capuchon m	cappuccio m	capucha f
hoofd (NL)	Kopf m	head	tête f	testa f	cabeza f
hoofdpijn (NL)	Kopfschmerzen pl	headache	mal de tête m	mal di testa m	dolor de cabeza m
hoofdstad (NL)	Hauptstadt f	capital	capitale f	capitale f	capital f
hoofdstraat (NL)	Hauptstraße f	main street	grand-rue f	strada principale f	calle central f
hoofdstuk (NL)	Kapitel n	chapter	chapitre m	capitolo m	capítulo m
hoofdzakelijk (NL)	hauptsächlich	mainly	surtout	principalmente	principalmente
hoog (NL)	hoch	up/high	haut(e)	alto(a)	alto(a)
hoogseizoen (NL)	Hochsaison f	high season	pleine saison f	alta stagione f	temporada alta f
hoogstens (NL)	höchstens	at the most	tout au plus	al massimo	a lo sumo
hoogte (NL)	Höhe f	height	hauteur f	altezza f	altura f
hook (E)	Haken m	—	crochet m	gancio m	gancho m
hope (E)	hoffen	—	espérer	sperare	esperar
hopefully (E)	hoffentlich	—	espérons	speriamo che	ojalá (que)
hopelijk (NL)	hoffentlich	hopefully	espérons	speriamo che	ojalá (que)
hopen (NL)	hoffen	hope	espérer	sperare	esperar
hôpital (F)	Krankenhaus n	hospital	—	ospedale m	hospital m
hoppas (SV)	hoffen	hope	espérer	sperare	esperar
hora (ES)	Stunde f	hour	heure f	ora f	—
hora (P)	Stunde f	hour	heure f	ora f	hora f
hora (CZ)	Berg m	mountain	montagne f	monte m	montaña f
höra (SV)	hören	hear	entendre	sentire	oír
hora de consulta (ES)	Sprechstunde f	consultation hours	heures de consultation f/pl	ora di ricevimento f	—
horaire (F)	Fahrplan m	timetable	—	orario m	horario m
horario (ES)	Fahrplan m	timetable	horaire m	orario m	—
horário¹ (P)	Fahrplan m	timetable	horaire m	orario m	horario m
horário² (P)	Öffnungszeiten pl	business hours	heures d'ouverture f/pl	orario d'apertura m	horas de apertura f/pl
horas de apertura (ES)	Öffnungszeiten pl	business hours	heures d'ouverture f/pl	orario d'apertura m	—
hořce (CZ)	bitter	bitter	amer(ère)	amaro(a)	amargo(a)
hord (H)	tragen	carry	porter	portare	cargar
horečka (CZ)	Fieber n	fever	fièvre f	febbre f	fiebre m
horen (NL)	hören	hear	entendre	sentire	oír
hören (D)	—	hear	entendre	sentire	oír
Hörer (D)	—	listener	auditeur m	ascoltatore m	oyente m
hořet <shořet> (CZ)	brennen	burn	brûler	bruciare	arder
horký (CZ)	heiß	hot	chaud(e)	caldo(a)	caliente

horký

P	NL	SV	PL	CZ	H
fome f	—	svält u	głód m	hlad m	éhség
faminto	—	hungrig	głodny	hladový	éhes
cogumelo m	paddenstoel m	svamp u	grzyb m	houba f	gomba
Hungria f	Hongarije n	Ungern n	Węgry pl	Maďarsko n	Magyarország
mel m	honing m	honung u	miód m	med m	méz
mel m	—	honung u	miód m	med m	méz
página da casa f	homepage m	hemsida u	strona główna f	domovská stránka f	—
página web f	website f	webbsida n	witryna WWW f	webová stránka f	—
honesto	eerlijk	ärlighet u	uczciwy	čestný m	becsületes
honra f	eer f	ära u	honor m	čest f	becsület
honra f	eer f	ära u	honor m	čest f	becsület
honra f	eer f	ära u	—	čest f	becsület
honra f	eer f	ära u	honor m	čest f	becsület
—	eer f	ära u	honor m	čest f	becsület
galinha f	hoen n	—	kura f	kuře n	tyúk
mel m	honing m	—	miód m	med m	méz
saudade f	heimwee n	hemlängtan u	tęsknota za domem f	touha po domově f	—
capuz m	kap f	kapuschong u	kaptur m	kapuce f	kapucni, csuklya
cabeça f	—	huvud n	głowa f	hlava f	fej
dor de cabeça f	—	huvudvärk u	bóle głowy m/pl	bolest hlavy f	fejfájás
capital f	—	huvudstad u	stolica f	hlavní město n	főváros
estrada principal f	—	huvudgata u	główna ulica f	hlavní ulice f	főutca
capítulo m	—	kapitel n	rozdział m	kapitola f	fejezet
principalmente	—	huvudsakligen	głównie	hlavně	főleg
alto	—	hög	wysoki	vysoko	magas
estação alta f	—	högsäsong u	pełnia sezonu f	hlavní sezóna f	főszezon
no máximo	—	högst	najwyżej	nejvýše	legföljebb
altura f	—	höjd u	wysokość f	výška f	magasság
gancho m	haak m	hake u	hak m	hák m	kampó
esperar	hopen	hoppas	mieć nadzieję	doufat	remél
oxalá	hopelijk	förhoppningsvis	mam nadzieję, że	doufejme	remélhetően
oxalá	—	förhoppningsvis	mam nadzieję, że	doufejme	remélhetően
esperar	—	hoppas	mieć nadzieję	doufat	remél
hospital m	ziekenhuis n	sjukhus n	szpital m	nemocnice f	kórház
esperar	hopen	—	mieć nadzieję	doufat	remél
hora f	uur n	timme u	godzina f	hodina f	óra
—	uur n	timme u	godzina f	hodina f	óra
montanha f	berg m	berg n	góra f	—	hegy
ouvir	horen	—	słuchać <usłyszeć>	poslouchat <poslechnout>	hall
consulta f	spreekuur n	mottagningstid u	godziny przyjęć f/pl	konzultační hodiny pl	fogadóóra
horário m	spoorboekje n	tidtabell u	rozkład jazdy m	jízdní řád m	menetrend
horário m	spoorboekje n	tidtabell u	rozkład jazdy m	jízdní řád m	menetrend
—	spoorboekje n	tidtabell u	rozkład jazdy m	jízdní řád m	menetrend
—	openingstijden pl	öppningstider pl	godziny otwarcia f/pl	otevírací doba f	nyitvatartási idő
horário m	openingstijden pl	öppningstider pl	godziny otwarcia f/pl	otevírací doba f	nyitvatartási idő
amargo	bitter	bittert	gorzki	—	keserű
levar	dragen	bära	nosić <nieść>	nosit	—
febre f	koorts f	feber u	gorączka f	—	láz
ouvir	—	höra	słuchać <usłyszeć>	poslouchat <poslechnout>	hall
ouvir	horen	höra	słuchać <usłyszeć>	poslouchat <poslechnout>	hall
ouvinte m	luisteraar m	lyssnare u	słuchacz m	posluchač m	hallgató
queimar	branden	bränna	spalać <spalić>	—	ég
quente	heet	het	gorąco	—	forró

horlivý

	D	E	F	I	ES
horlivý (CZ)	eifrig	keen	zélé(e)	diligente	diligente
horloge (NL)	Uhr f	watch	montre f	orologio m	reloj m
horn (E)	Hupe f	—	klaxon m	clacson m	bocina f
hörn (SV)	Ecke f	corner	coin m	angolo m	esquina f
horolezec (CZ)	Bergsteiger m	mountaineer	alpiniste m	alpinista m	alpinista m
horrible (ES)	schrecklich	terrible	terrible	spaventoso(a)	—
horrível (P)	schrecklich	terrible	terrible	spaventoso(a)	horrible
hors de (F)	außer	except	—	eccetto	salvo
hors-d'œuvre (F)	Vorspeise f	appetizer	—	antipasto m	primer plato m
horse (E)	Pferd n	—	cheval m	cavallo m	caballo m
Hose (D)	—	trousers	pantalon m	pantalone m	pantalón m
hospedaje (ES)	Unterkunft f	accommodation	logement m	alloggio m	—
hospitable (E)	gastfreundlich	—	hospitalier(ière)	ospitale	hospitalario(a)
hospital (E)	Klinik f	—	clinique f	clinica f	clínica f
hospital (E)	Krankenhaus n	—	hôpital m	ospedale m	hospital m
hospital (ES)	Krankenhaus n	hospital	hôpital m	ospedale m	—
hospital (P)	Krankenhaus n	hospital	hôpital m	ospedale m	hospital m
hospitalario(a) (ES)	gastfreundlich	hospitable	hospitalier(ière)	ospitale	—
hospitaleiro (P)	gastfreundlich	hospitable	hospitalier(ière)	ospitale	hospitalario(a)
hospitalier(ière) (F)	gastfreundlich	hospitable	—	ospitale	hospitalario(a)
hospoda¹ (CZ)	Gasthaus n	guesthouse/inn	auberge f	osteria m	posada f
hospoda² (CZ)	Kneipe f	pub	bistro m	osteria f	taberna f
hosszú (H)	lang	long	long(ue)	lungo(a)	largo(a)
host (E)	Gastgeber m	—	hôte m	ospite m	anfitrión m
host (CZ)	Gast m	guest	invité m	ospite m	invitado m
höst (SV)	Herbst m	autumn	automne m	autunno m	otoño m
hosta (SV)	Husten m	cough	toux m	tosse f	tos f
hosta (SV)	husten	cough	tousser	tossire	toser
hostitel (CZ)	Gastgeber m	host	hôte m	ospite m	anfitrión m
hot¹ (E)	heiß	—	chaud(e)	caldo(a)	caliente
hot² (E)	scharf	—	épicé(e)	piccante	picante
hota (SV)	bedrohen	threaten	menacer	minacciare	amenazar
hôte (F)	Gastgeber m	host	—	ospite m	anfitrión m
Hotel (D)	—	hotel	hôtel m	albergo m	hotel m
hotel (E)	Hotel n	—	hôtel m	albergo m	hotel m
hotel (ES)	Hotel n	hotel	hôtel m	albergo m	—
hotel (P)	Hotel n	hotel	hôtel m	albergo m	hotel m
hotel (NL)	Hotel n	hotel	hôtel m	albergo m	hotel m
hotel (PL)	Hotel n	hotel	hôtel m	albergo m	hotel m
hotel (CZ)	Hotel n	hotel	hôtel m	albergo m	hotel m
hotel (H)	Hotel n	hotel	hôtel m	albergo m	hotel m
hôtel (F)	Hotel n	hotel	—	albergo m	hotel m
hotell (SV)	Hotel n	hotel	hôtel m	albergo m	hotel m
hotovost (CZ)	Bargeld n	cash	espèces f/pl	contanti m/pl	dinero al contado m
hotový (CZ)	fertig	ready	prêt(e)	pronto(a)	listo(a)
houba (CZ)	Pilz m	mushroom	champignon m	fungo m	hongo m
houdbaar (NL)	haltbar	durable	résistant(e)	durevole	duradero(a)
houden (NL)	halten	hold	tenir	tenere	tener
houden van (NL)	lieben	love	aimer	amare	amar
houkačka (CZ)	Hupe f	horn	klaxon m	clacson m	bocina f
houpat <pohoupat> (CZ)	schaukeln	swing	balancer, se	dondolare	columpiarse
hour (E)	Stunde f	—	heure f	ora f	hora f
house (E)	Haus n	—	maison f	casa f	casa f
household (E)	Haushalt m	—	ménage m	nucleo familiare m	casa f

household

P	NL	SV	PL	CZ	H
zeloso	ijverig	ivrig	pilny	—	buzgó
relógio m	—	klocka u	zegar m	hodiny pl	óra
buzina f	claxon m	signalhorn n	klakson m	houkačka f	duda
esquina f	hoek m	—	róg m	roh m	sarok
alpinista m	bergbeklimmer m	bergsbestigare u	alpinista m	—	hegymászó
horrível	verschrikkelijk	förskräcklig	straszny	strašný	borzasztó
—	verschrikkelijk	förskräcklig	straszny	strašný	borzasztó
excepto	behalve	utom	oprócz	kromě	kívül
entrada f	voorgerecht n	förrätt u	przystawka f	předkrm m	előétel
cavalo m	paard n	häst u	koń m	kůň m	ló
calças f/pl	broek f	byxor pl	spodnie pl	kalhoty pl	nadrág
alojamento m	accommodatie f	logi u	schronienie n	ubytování n	szállás
hospitaleiro	gastvrij	gästvänlig	gościnny	pohostinný	vendégszerető
clínica f	kliniek f	klinik u	klinika f	klinika f	klinika
hospital m	ziekenhuis n	sjukhus n	szpital m	nemocnice f	korház
hospital m	ziekenhuis n	sjukhus n	szpital m	nemocnice f	korház
—	ziekenhuis n	sjukhus n	szpital m	nemocnice f	korház
hospitaleiro	gastvrij	gästvänlig	gościnny	pohostinný	vendégszerető
—	gastvrij	gästvänlig	gościnny	pohostinný	vendégszerető
hospitaleiro	gastvrij	gästvänlig	gościnny	pohostinný	vendégszerető
pousada f	restaurant n	värdshus n	gospoda f	—	vendéglő
bar m	kroeg f	krog u	knajpa f	—	kocsma
comprido	lang	långt	długi	dlouhý	—
anfitrião m	gastheer m	värd u	gospodarz m	hostitel m	vendéglátó
convidado m	gast m	gäst u	gość m	—	vendég
outono m	herfst m	—	jesień f	podzim m	ősz
tosse f	hoest m	—	kaszel m	kašel m	köhögés
tossir	hoesten	—	kaszlać <kaszlnąć>	kašlat <zakašlat>	köhög
anfitrião m	gastheer m	värd u	gospodarz m	—	vendéglátó
quente	heet	het	gorąco	horký	forró
picante	sterk	besk	ostry	ostrý	erős
ameaçar	bedreigen	—	zagrażać, <zagrozić>	ohrožovat <ohrozit>	fenyeget
anfitrião m	gastheer m	värd u	gospodarz m	hostitel m	vendéglátó
hotel m	hotel n	hotell n	hotel n	hotel m	hotel
hotel m	hotel n	hotell n	hotel n	hotel m	hotel
hotel m	hotel n	hotell n	hotel n	hotel m	hotel
—	hotel n	hotell n	hotel n	hotel m	hotel
hotel m	—	hotell n	hotel n	hotel m	hotel
hotel m	hotel n	hotell n	—	hotel m	hotel
hotel m	hotel n	hotell n	hotel n	—	hotel
hotel m	hotel n	hotell n	hotel n	hotel m	—
hotel m	hotel n	hotell n	hotel n	hotel m	hotel
hotel m	hotel n	—	hotel n	hotel m	hotel
dinheiro efectivo m	contant geld n	kontanter pl	gotówka f	—	készpénz
pronto	klaar	färdig	gotowy	—	kész
cogumelo m	paddenstoel m	svamp u	grzyb m	—	gomba
que se pode conservar	—	slitstark	trwały	trvanlivý	tartós
segurar	—	hålla	trzymać	držet <podržet>	tart
amar	—	älska	kochać	milovat	szeret
buzina f	claxon m	signalhorn n	klakson m	—	duda
baloiçar	schommelen	gunga	huśtać, się	—	hintázik
hora f	uur n	timme u	godzina f	hodina f	óra
casa f	huis n	hus n	dom m	dům m	ház
governo da casa m	huishouden n	hushåll n	gospodarstwo domowe n	domácnost f	háztartás

housewife

	D	E	F	I	ES
housewife (E)	Hausfrau f	—	femme au foyer f	casalinga f	ama de casa f
housle (CZ)	Geige f	violin	violon m	violino m	violín m
hout (NL)	Holz n	wood	bois m	legno m	madera f
houževnatý (CZ)	zäh	tough	coriace	duro(a)	duro(a)
hövlig (SV)	höflich	polite	poli(e)	cortese	cortés
hövlighet (SV)	Höflichkeit f	politeness	politesse f	cortesia f	cortesía f
hovořit <pohovořit> (CZ)	besprechen	discuss	discuter	discutere	discutir
hovorový jazyk (CZ)	Umgangssprache f	colloquial language	langue familière f	lingua parlata f	lenguaje coloquial m
how? (E)	wie?	—	comment?	come?	¿cómo?
however (E)	jedoch	—	cependant	tuttavia	sin embargo
hoy (ES)	heute	today	aujourd'hui	oggi	—
hoy en día (ES)	heutzutage	nowadays	de nos jours	oggigiorno	—
hoz¹ (H)	bringen	fetch	porter	portare	llevar
hoz² (H)	holen	fetch	aller chercher	andare a prendere	traer
hozzáad (H)	hinzufügen	add	ajouter	aggiungere	añadir
hozzáépít (H)	anbauen	add	ajouter	ampliare	ampliar
hozzájárulás (H)	Beitrag m	contribution	contribution f	contributo m	cuota f
hra (CZ)	Spiel n	game	jeu m	gioco m	juego m
hrad (CZ)	Burg f	fortress	château fort m	rocca f	fortaleza f
hranice (CZ)	Grenze f	frontier	frontière f	frontiera f	frontera f
hrát <zahrát> (CZ)	spielen	play	jouer	giocare	jugar
hřát <zahřát> (CZ)	wärmen	warm	chauffer	riscaldare	calentar
hřbitov (CZ)	Friedhof m	cemetery	cimetière m	cimitero m	cementerio m
hrdý (CZ)	stolz	proud	fier(-ère)	orgoglioso(a)	orgulloso(a)
hřeben (CZ)	Kamm m	comb	peigne m	pettine m	peine m
hřebík (CZ)	Nagel m	nail	clou m	chiodo m	clavo m
hrnec¹ (CZ)	Kochtopf m	saucepan	casserole f	pentola f	olla f
hrnec² (CZ)	Topf m	pot	casserole f	pentola f	cazuela f
hrob (CZ)	Grab n	grave	tombe f	tomba f	tumba f
hrom (CZ)	Donner m	thunder	tonnerre m	tuono m	trueno m
hrozen (CZ)	Traube f	grape	grappe f	uva f	uva f
hrubý¹ (CZ)	grob	coarse	grossier(ière)	rozzo(a)	tosco(a)
hrubý² (CZ)	rau	rough	rêche	ruvido(a)	rudo(a)
hruď (CZ)	Brust f	breast	poitrine f	petto m	pecho m
hruška (CZ)	Birne f	pear	poire f	pera f	pera f
hű (H)	treu	faithful	fidèle	fedele	fiel
hubený (CZ)	mager	skinny	maigre	magro(a)	delgado(a)
hübsch (D)	—	pretty	joli(e)	carino(a)	bonito(a)
hud (SV)	Haut f	skin	peau f	pelle f	piel f
hudba (CZ)	Musik f	music	musique f	musica f	música f
hueco(a) (ES)	hohl	hollow	creux(euse)	cavo(a)	—
huelga (ES)	Streik m	strike	grève f	sciopero m	—
hueso (ES)	Knochen m	bone	os m	osso m	—
huevo (ES)	Ei n	egg	œuf m	uovo m	—
Hüfte (D)	—	hip	hanche f	fianco m	cadera f
huge (E)	riesig	—	énorme	enorme	enorme
Hügel (D)	—	hill	colline f	collina f	colina f
Huhn (D)	—	chicken	poule f	pollo m	gallina f
huid (NL)	Haut f	skin	peau f	pelle f	piel f
huishouden (NL)	Haushalt m	household	ménage m	nucleo familiare m	casa f
huile (F)	Öl n	oil	—	olio m	aceite m
huilen (NL)	weinen	cry	pleurer	piangere	llorar
huir (ES)	fliehen	flee	échapper, s'	scappare	—
huis (NL)	Haus n	house	maison f	casa f	casa f

P	NL	SV	PL	CZ	H
doméstica f	huisvrouw f	hemmafru u	gospodyni domowa f	žena v domácnosti f	háziasszony
violino m	viool f	fiol u	skrzypce pl	—	hegedű
madeira f	—	trä n	drewno n	dřevo n	fa
duro	taai	seg	ciągnący się	—	szívós
cortês	beleefd	—	uprzejmy	zdvořilý	udvarias
cortesia f	beleefdheid f	—	uprzejmość f	zdvořilost f	udvariasság
discutir	bespreken	diskutera	omawiać <omówić>	—	megbeszél
linguagem corrente f	omgangstaal f	talspråk n	język potoczny m	—	köznyelv
como?	hoe?	hur?	jak?	jak?	hogyan?
porém	echter	däremot	jednak	ale	de
hoje	vandaag	idag	dzisiaj	dnes	ma
actualmente	tegenwoordig	nuförtiden	obecnie	v dnešní době	manapság
trazer	brengen	hämta	przynosić <przynieść>	přinášet <přinést>	—
ir buscar	halen	hämta	przynosić <przynieść>	docházet <dojít>	—
acrescentar	bijvoegen	tillägga	dodawać <dodać>	dodávat <dodat>	—
construir um anexo	aanbouwen	bygga till	dobudowywać <dobudować>	nastavovat <nastavit>	—
contribuição f	bijdrage f	bidrag n	wkład m	příspěvek m	—
jogo m	spel n	spel n	gra f	—	játék
castelo m	kasteel n	borg u	zamek m	—	vár
fronteira f	grens m	gräns u	granica f	—	határ
jogar	spelen	leka	grać <zagrać>	—	játszik
aquecer	verwarmen	värma	grzać	—	megmelegít
cemitério m	kerkhof m	kyrkogård u	cmentarz m	—	temető
orgulhoso	trots	stolt	dumny	—	büszke
pente m	kam m	kam u	grzebień m	—	fésű
prego m	nagel m	nagel u	paznokieć m	—	szög
panela f	kookpot m	kastrull u	garnek m	—	fazék
panela f	pot m	kastrull u/kruka u	garnek m	—	fazék
cova f	graf n	grav u	grób m	—	sírhely
trovão m	donder m	åska u	grzmot m	—	mennydörgés
uva f	druif f	druva u	winogrono n	—	szőlő
grosso	grof	grov	z grubsza	—	durva
áspero	ruig	rå	szorstki	—	durva
peito m	borst f	bröst n	pierś f	—	mellkas
pêra f	peer m	päron n	gruszka f	—	körte
fiel	trouw	trogen	wierny	věrný	—
magro	mager	mager	chudy	—	sovány
bonito	mooi	vacker	ładny	hezký	csinos
pele f	huid f	—	skóra f	kůže f	bőr
música f	muziek f	musik u	muzyka f	—	zene
oco	hol	ihålig	pusty	dutý	üres
greve f	staking f	strejk u	strajk m	stávka f	sztrájk
osso m	bot n	benknota n	kość f	kost f	csont
ovo m	ei n	ägg n	jajko n	vejce n	tojás
anca f	heup f	höft u	biodro n	kyčel f	csípő
gigantesco	reusachtig	jättestor	ogromy	obrovský	óriási
colina f	heuvel m	kulle u	pagórek m	kopec m	domb
galinha f	hoen n	höns n	kura f	kuře n	tyúk
pele f	—	hud u	skóra f	kůže f	bőr
governo da casa m	—	hushåll n	gospodarstwo domowe n	domácnost f	háztartás
óleo m	olie m	öl u/n	olej m	olej m	olaj
chorar	—	gråta	płakać	plakat	sír
fugir	vluchten	fly	uciekać <uciec>	prchat <uprchnout>	menekül
casa f	—	hus n	dom m	dům m	ház

huiskamer

	D	E	F	I	ES
huiskamer (NL)	Wohnzimmer n	living room	salon m	salotto m	cuarto de estar m
huismeester (NL)	Hausmeister m	caretaker	concierge m	portinaio m	portero m
huisvrouw (NL)	Hausfrau f	housewife	femme au foyer f	casalinga f	ama de casa f
hulladék (H)	Abfall m	rubbish	déchets m/pl	immondizia f	basura f
hullám (H)	Welle f	wave	vague f	onda f	ola f
hulp (NL)	Hilfe f	help	aide f	aiuto m	ayuda f
hülyeség (H)	Unsinn m	nonsense	bêtises f/pl	assurdità f	absurdo m
human being (E)	Mensch m	—	homme m	essere umano m	ser humano m
húmedo(a) (ES)	feucht	damp	humide	umido(a)	—
humeur (F)	Laune f	mood	—	umore m	humor m
humide (F)	feucht	damp	—	umido(a)	húmedo(a)
húmido (P)	feucht	damp	humide	umido(a)	húmedo(a)
humo (ES)	Rauch m	smoke	fumée f	fumo m	—
humor (ES)	Laune f	mood	humeur f	umore m	—
humör (SV)	Laune f	mood	humeur f	umore m	humor m
Hund (D)	—	dog	chien m	cane m	perro m
hund (SV)	Hund m	dog	chien m	cane m	perro m
Hungary (E)	Ungarn	—	Hongrie f	Ungheria f	Hungría f
Hunger (D)	—	hunger	faim f	fame f	hambre f
hunger (E)	Hunger m	—	faim f	fame f	hambre f
Hungria (P)	Ungarn	Hungary	Hongrie f	Ungheria f	Hungría f
Hungría (ES)	Ungarn	Hungary	Hongrie f	Ungheria f	—
hungrig (D)	—	hungry	affamé(e)	affamato(a)	hambriento(a)
hungrig (SV)	hungrig	hungry	affamé(e)	affamato(a)	hambriento(a)
hungry (E)	hungrig	—	affamé(e)	affamato(a)	hambriento(a)
hunt (E)	Jagd f	—	chasse f	caccia f	caza f
hunt (E)	jagen	—	chasser	cacciare	cazar
Hupe (D)	—	horn	klaxon m	clacson m	bocina f
hur? (SV)	wie?	how?	comment?	come?	¿cómo?
huren (NL)	mieten	rent	louer	affittare	alquilar
hurry (E)	eilen	—	dépêcher, se	andare in fretta	darse prisa
hurry up (E)	beeilen, sich	—	dépêcher, se	affrettarsi	darse prisa
hus (SV)	Haus n	house	maison f	casa f	casa f
hús (H)	Fleisch n	meat	viande f	carne f	carne f
hushåll (SV)	Haushalt m	household	ménage m	nucleo familiare m	casa f
huśtać, się (PL)	schaukeln	swing	balancer, se	dondolare	columpiarse
Husten (D)	—	cough	toux m	tosse f	tos f
husten (D)	—	cough	tousser	tossire	toser
hustý (CZ)	dicht	dense	épais(se)	denso(a)	espeso(a)
húsvét (H)	Ostern n	Easter	Pâques f/pl	Pasqua f	Pascuas f/pl
Hut (D)	—	hat	chapeau m	capello m	sombrero m
hut (E)	Hütte f	—	cabane f	capanna f	cabaña f
hut (NL)	Hütte f	hut	cabane f	capanna f	cabaña f
Hütte (D)	—	hut	cabane f	capanna f	cabaña f
huur (NL)	Miete f	rent	loyer m	affitto m	alquiler m
huurder (NL)	Mieter m	tenant	locataire m	inquilino m	inquilino m
hűvös (H)	kühl	cool	frais (fraîche)	fresco(a)	frío(a)
huvud (SV)	Kopf m	head	tête f	testa f	cabeza f
huvudgata (SV)	Hauptstraße f	main street	grand-rue f	strada principale f	calle central f
huvudsakligen (SV)	hauptsächlich	mainly	surtout	principalmente	principalmente
huvudstad (SV)	Hauptstadt f	capital	capitale f	capitale f	capital f
huvudvärk (SV)	Kopfschmerzen pl	headache	mal de tête m	mal di testa m	dolor de cabeza m
huwelijk¹ (NL)	Heirat f	marriage	mariage m	matrimonio m	boda f
huwelijk² (NL)	Hochzeit f	wedding	mariage m	nozze f/pl	boda f

huwelijk

P	NL	SV	PL	CZ	H
sala de estar f	—	vardagsrum n	pokój mieszkalny m	obývací pokoj m	lakószoba
porteiro m	—	portvakt u	dozorca m	domovník m	házmester
doméstica f	—	hemmafru u	gospodyni domowa f	žena v domácnosti f	háziasszony
lixo m	afval m	avfall n	odpady m/pl	odpad m	—
onda f	golf m	våg u	fala f	vlna f	—
ajuda f	—	hjälp u	pomoc f	pomoc f	segítség
disparates m/pl	onzin m	struntprat n	bezsens m	nesmysl m	—
homem m	mens m	människa u	człowiek m	člověk m	ember
húmido	vochtig	fuktig	wilgotny	vlhký	nedves
disposição f	stemming f	humör n	nastrój m	nálada f	kedv
húmido	vochtig	fuktig	wilgotny	vlhký	nedves
—	vochtig	fuktig	wilgotny	vlhký	nedves
fumo m	rook m	rök u	dym m	kouř m	füst
disposição f	stemming f	humör n	nastrój m	nálada f	kedv
disposição f	stemming f	—	nastrój m	nálada f	kedv
cão m	hond m	hund u	pies m	pes m	kutya
cão m	hond m	—	pies m	pes m	kutya
Hungria f	Hongarije n	Ungern n	Węgry pl	Maďarsko n	Magyarország
fome f	honger m	svält u	głód m	hlad m	éhség
fome f	honger m	svält u	głód m	hlad m	éhség
—	Hongarije n	Ungern n	Węgry pl	Maďarsko n	Magyarország
Hungria f	Hongarije n	Ungern n	Węgry pl	Maďarsko n	Magyarország
faminto	hongerig	hungrig	głodny	hladový	éhes
faminto	hongerig	—	głodny	hladový	éhes
faminto	hongerig	hungrig	głodny	hladový	éhes
caça f	jacht f	jakt u	polowanie n	lov m	vadászat
caçar	jagen	jaga	polować	lovit <ulovit>	vadász
buzina f	claxon m	signalhorn n	klakson m	houkačka f	duda
como?	hoe?	—	jak?	jak?	hogyan?
arrendar	—	hyra	wynajmować <wynająć>	najímat <najmout>	bérel
apressar	haasten, zich	skynda	pospieszać <pospieszyć>	spěchat <pospíšit si>	siet
apressar-se	haasten, zich	skynda sig	spieszyć, się <pospieszyć się>	spěchat <pospíšit>	siet
casa f	huis n	—	dom m	dům m	ház
carne f	vlees n	kött n	mięso n	maso n	—
governo da casa m	huishouden n	—	gospodarstwo domowe n	domácnost f	háztartás
baloiçar	schommelen	gunga	—	houpat <pohoupat>	hintázik
tosse f	hoest m	hosta u	kaszel m	kašel m	köhögés
tossir	hoesten	hosta	kaszlać <kaszlnąć>	kašlat <zakašlat>	köhög
denso	dicht	tät	szczelny	—	sűrű
Páscoa f	Pasen m	påsk u	Wielkanoc f	Velikonoce pl	—
chapéu m	hoed m	hatt u	kapelusz m	klobouk m	kalap
cabana f	hut f	stuga u	chata f	chatrč f	kunyhó
cabana f	—	stuga u	chata f	chatrč f	kunyhó
cabana f	hut f	stuga u	chata f	chatrč f	kunyhó
renda f	—	hyra u	najem m	nájem m	bérlés
inquilino m	—	hyresgäst u	najemca m	nájemník m	bérlő
fresco	koel	kylig	chłodny	chladný	—
cabeça f	hoofd n	—	głowa f	hlava f	fej
estrada principal f	hoofdstraat f	—	główna ulica f	hlavní ulice f	főutca
principalmente	hoofdzakelijk	—	głównie	hlavně	főleg
capital f	hoofdstad f	—	stolica f	hlavní město n	főváros
dor de cabeça f	hoofdpijn f	—	bóle głowy m/pl	bolest hlavy f	fejfájás
casamento m	—	giftermål n	ożenek m/ zamążpójście n	sňatek m	házasságkötés
casamento m	—	bröllop n	wesele n	svatba f	esküvő

huwen

	D	E	F	I	ES
huwen (NL)	heiraten	marry	marier	sposarsi	casarse
húz (H)	ziehen	pull	tirer	tirare	tirar
hvězda (CZ)	Stern m	star	étoile f	stella f	estrella f
hyra (SV)	Miete f	rent	loyer m	affitto m	alquiler m
hyra (SV)	mieten	rent	louer	affittare	alquilar
hyra ut (SV)	vermieten	rent	louer	affittare	alquilar
hyresgäst (SV)	Mieter m	tenant	locataire m	inquilino m	inquilino m
hysa medlidande med (SV)	bemitleiden	pity	plaindre	compatire	compadecerse de
I (E)	ich	—	je	io	yo
i (SV)	in	in/into	des/à/en	in/a/tra/fra	en/a
i (PL)	und	and	et	e	y
łącze internetowe (PL)	Link m	link	lien m	collegamento ipertestuale m	enlace m
łącznie (PL)	inbegriffen	included	compris	compreso(a)	incluido(a)
ładny (PL)	hübsch	pretty	joli(e)	carino(a)	bonito(a)
ładunek (PL)	Ladung f	cargo	charge f	carico m	carga f
łagodny¹ (PL)	mild	mild	doux(douce)	mite	suave
łagodny² (PL)	sanft	gentle	doux(douce)	dolce	dulce
łąka (PL)	Wiese f	meadow	pré m	prato m	pradera f
iaktta (SV)	beobachten	observe	observer	osservare	observar
i alla fall¹ (SV)	jedenfalls	in any case	en tout cas	in ogni caso	en cualquier caso
i alla fall² (SV)	trotzdem	nevertheless	malgré tout	tuttavia	no obstante
łamać <złamać> (PL)	zerbrechen	break	casser	rompere	romper
łamliwy (PL)	zerbrechlich	fragile	fragile	fragile	frágil
łańcuch (PL)	Kette f	chain	chaîne f	catena f	cadena f
łańcuch górski (PL)	Gebirge n	mountain chain	chaine de montagne f	montagna f	montañas f/pl
łatwy (PL)	leicht	easy	facile	semplice	sencillo(a)
ławka (PL)	Bank f	bank	banque f	banca f	banco m
łazienka (PL)	Badezimmer n	bathroom	salle de bains f	stanza da bagno f	cuarto de baño m
ibland (SV)	manchmal	sometimes	quelquefois	talvolta	a veces
ice (E)	Eis n	—	glace f	ghiaccio m	hielo m
ice cream (E)	Eis n	—	glace f	gelato m	helado m
ich (D)	—	I	je	io	yo
ici¹ (F)	her	here	—	qua/qui/da	aquí
ici² (F)	hier	here	—	qui	aquí
idade (P)	Alter n	age	âge m	età f	edad f
idag (SV)	heute	today	aujourd'hui	oggi	hoy
ide (H)	her	here	ici	qua/qui/da	aquí
idea¹ (E)	Idee f	—	idée f	idea f	idea f
idea² (E)	Vorstellung f	—	idée f	idea f	idea f
idea¹ (I)	Idee f	idea	idée f	—	idea f
idea² (I)	Vorstellung f	idea	idée f	—	idea f
idea¹ (ES)	Idee f	idea	idée f	idea f	—
idea² (ES)	Vorstellung f	idea	étée f	idea f	—
idea (PL)	Idee f	idea	idée f	idea f	idea f
ideaal (NL)	ideal	ideal	idéal(e)	ideale	ideal
ideal (D)	—	ideal	idéal(e)	ideale	ideal
ideal (E)	ideal	—	idéal(e)	ideale	ideal
ideal (ES)	ideal	ideal	idéal(e)	ideale	—
ideal (P)	ideal	ideal	idéal(e)	ideale	ideal
ideal (SV)	ideal	ideal	idéal(e)	ideale	ideal
ideale (I)	ideal	ideal	idéal(e)	—	ideal

ideale

P	NL	SV	PL	CZ	H
casar	—	gifta sig	żenić, się <ożenić, się> / wychodzić za mąż <wyjść za mąż>	uzavírat sňatek <uzavřít sňatek>	házasságot köt
puxar	trekken	dra	ciągnąć	táhnout	—
estrela f	ster f	stjärna u	gwiazda f	—	csillag
renda f	huur f	—	najem m	nájem m	bérlés
arrendar	huren	—	wynajmować <wynająć>	najímat <najmout>	bérel
alugar	verhuren	—	wynająć	pronajímat <pronajmout>	bérbe ad
inquilino m	huurder m	—	najemca m	nájemník m	bérlő
ter pena de alguém	medelijden hebben met	—	współczuć	litovat <politovat>	sajnál
eu	ik	jag	ja	já	én
em	in	—	w	v	ba/be
e	en	och	—	a	és
enlace m	link m	länk u	—	link m	összeköttetés
incluído	inbegrepen	medräknad	—	zahrnutý	beleértve
bonito	mooi	vacker	—	hezký	csinos
carga f	lading f	laddning u	—	náklad m	rakomány
suave	zacht	mild	—	jemný	enyhe
macio	zacht	mild	—	jemný	enyhe
prado m	wei f	äng u	—	louka f	rét
observar	gadeslaan	—	obserwować <zaobserwować>	pozorovat <zpozorovat>	figyel
em todo o caso	in ieder geval	—	w każdym bądź razie	v každém případě	mindenesetre
apesar disso	toch	—	mimo to	přesto	ennek ellenére
quebrar	breken	bryta sönder	—	rozlamovat <rozlomit>	eltör
frágil	breekbaar	bräcklig	—	křehký	törékeny
corrente f	ketting m	kedja u	—	řetěz m	lánc
serra f	gebergte n	bergskedja u	—	pohoří n	hegység
fácil	gemakkelijk	enkelt	—	snadný	könnyű
banco m	bank f	bänk u	—	lavice f	pad
casa de banho f	badkamer f	badrum n	—	koupelna f	fürdőszoba
às vezes	soms	—	czasem	někdy	néha
gelo m	ijs n	is u	lód m	led m	jég
gelado m	ijs n	glass u	lód m	zmrzlina f	fagylalt
eu	ik	jag	ja	já	én
cá	hierheen	hit	w tę stronę	sem	ide
aqui	hier	här	tu	zde	itt
—	ouderdom m	ålder u	wiek m	stáří n	életkor
hoje	vandaag	—	dzisiaj	dnes	ma
cá	hierheen	hit	w tę stronę	sem	—
ideia f	idee n	idée u	idea f	nápad m	ötlet
ideia f	voorstelling f	föreställning	przedstawienie n	představení n	bemutatkozás
ideia f	idee n	idée u	idea f	nápad m	ötlet
ideia f	voorstelling f	föreställning	przedstawienie n	představení n	bemutatkozás
ideia f	idee n	idée u	idea f	nápad m	ötlet
ideia f	voorstelling f	föreställning	przedstawienie n	představení n	bemutatkozás
ideia f	idee n	idée u	—	nápad m	ötlet
ideal	—	ideal	idealny	ideální	ideális
ideal	ideaal	ideal	idealny	ideální	ideális
ideal	ideaal	ideal	idealny	ideální	ideális
ideal	ideaal	ideal	idealny	ideální	ideális
—	ideaal	ideal	idealny	ideální	ideális
ideal	ideaal	—	idealny	ideální	ideális
ideal	ideaal	ideal	idealny	ideální	ideális

idéal(e)

	D	E	F	I	ES
idéal(e) (F)	ideal	ideal	—	ideale	ideal
ideális (H)	ideal	ideal	idéal(e)	ideale	ideal
ideální (CZ)	ideal	ideal	idéal(e)	ideale	ideal
idealny (PL)	ideal	ideal	idéal(e)	ideale	ideal
Idee (D)	—	idea	idée f	idea f	idea f
idee (NL)	Idee f	idea	idée f	idea f	idea f
idée[1] (F)	Idee f	idea	—	idea f	idea f
idée[2] (F)	Vorstellung f	idea	—	idea f	idea f
idée (SV)	Idee f	idea	idée f	idea f	idea f
idegenforgalmi iroda (H)	Fremdenverkehrsbüro n	tourism office	office du tourisme m	ufficio turistico m	oficina de turismo f
idegen nyelv (H)	Fremdsprache f	foreign language	langue étrangère f	lingua straniera f	lengua extranjera f
idegenvezető (H)	Reiseführer m	guide	guide m	guida f	guía m
ideges (H)	nervös	nervous	nerveux(euse)	nervoso(a)	nervioso(a)
ideia[1] (P)	Idee f	idea	idée f	idea f	idea f
ideia[2] (P)	Vorstellung f	idea	idée f	idea f	idea f
identico(a) (I)	gleich	same	égal(e)	—	idéntico(a)
idéntico(a) (ES)	gleich	same	égal(e)	identico(a)	—
identiteitsbewijs (NL)	Personalausweis m	identity card	carte d'identité f	carta d'identità f	documento de identidad m
identiteitskaart (NL)	Ausweis m	passport	pièce d'identité f	documento d'identità m	documento de identidad m
identitetskort[1] (SV)	Ausweis m	passport	pièce d'identité f	documento d'identità m	documento de identidad m
identitetskort[2] (SV)	Personalausweis m	identity card	carte d'identité f	carta d'identità f	documento de identidad m
identity card (E)	Personalausweis m	—	carte d'identité f	carta d'identità f	documento de identidad m
idioma (ES)	Sprache f	language	langage m	lingua f	—
idioma (P)	Sprache f	language	langage m	lingua f	idioma m
idő (H)	Zeit f	time	temps m	tempo m	tiempo m
időben (H)	rechtzeitig	in time	à temps	in tempo	a tiempo
időjárás (H)	Wetter n	weather	temps m	tempo m	tiempo m
időjárás-jelentés (H)	Wetterbericht m	weather report	bulletin météorologique m	bollettino meteorologico m	informe meteorológico m
időtartam (H)	Dauer f	duration	durée f	durata f	duración f
ieder(e) (NL)	jede(r,s)	each/every	chaque	ogni, ognuno	cada
iemand (NL)	jemand	somebody	quelqu'un	qualcuno	alguien
i en enda röra (SV)	durcheinander	in a muddle	pêle-mêle	sottosopra	en desorden
ieri (I)	gestern	yesterday	hier	—	ayer
iets (NL)	etwas	something	quelque chose	qualcosa	algo
igår (SV)	gestern	yesterday	hier	ieri	ayer
igazgató (H)	Direktor m	director	directeur m	direttore m	director m
igazi (H)	wirklich	real	réel(le)	reale	real
igazol[1] (H)	bestätigen	confirm	confirmer	confermare	confirmar
igazol[2] (H)	bescheinigen	certify	attester	attestare	atestiguar
igazolás (H)	Bescheinigung f	certificate	attestation f	certificato m	certificado m
igazolvány (H)	Ausweis m	passport	pièce d'identité f	documento d'identità m	documento de identidad m
igazság (H)	Wahrheit f	truth	vérité f	verità f	verdad f
igazságos (H)	gerecht	just	juste	adeguato(a)	justo(a)
igazságtalan (H)	ungerecht	unjust	injuste	ingiusto(a)	injusto(a)
igazságtalanság (H)	Ungerechtigkeit f	injustice	injustice f	ingiustizia f	injusticia f
igen (H)	ja	yes	oui	sì	sí

igen

P	NL	SV	PL	CZ	H
ideal	ideaal	ideal	idealny	ideální	ideális
ideal	ideaal	ideal	idealny	ideální	—
ideal	ideaal	ideal	idealny	—	ideális
ideal	ideaal	ideal	—	ideální	ideális
ideia f	idee n	idée u	idea f	nápad m	ötlet
ideia f	—	idée u	idea f	nápad m	ötlet
ideia f	idee n	idée u	idea f	nápad m	ötlet
ideia f	voorstelling f	föreställning	przedstawienie n	představení n	bemutatkozás
ideia f	idee n	—	idea f	nápad m	ötlet
agência de informação turística f	bureau voor toerisme n	turistbyrå u	biuro turystyczne n	cestovní kancelář f	—
língua estrangeira f	vreemde taal f	främmande språk n	język obcy m	cizí jazyk m	—
guia m	reisgids m	reseledare u	przewodnik turystyczny m	průvodce m	—
nervoso	nerveus	nervös	nerwowy	nervózní	—
—	idee n	idée u	idea f	nápad m	ötlet
—	voorstelling f	föreställning	przedstawienie n	představení n	bemutatkozás
igual	gelijk/hetzelfde/meteen	lika	taki sam	hned	mindjárt
igual	gelijk/hetzelfde/meteen	lika	taki sam	hned	mindjárt
bilhete de identidade m	—	identitetskort n	dowód osobisty m	občanský průkaz m	személyi igazolvány
bilhete de identidade m	—	identitetskort n	dowód tożsamości m	průkaz m	igazolvány
bilhete de identidade m	identiteitskaart f	—	dowód tożsamości m	průkaz m	igazolvány
bilhete de identidade m	identiteitsbewijs n	—	dowód osobisty m	občanský průkaz m	személyi igazolvány
bilhete de identidade m	identiteitsbewijs n	identitetskort n	dowód osobisty m	občanský průkaz m	személyi igazolvány
idioma m	taal f	språk n	język m	jazyk m	nyelv
—	taal f	språk n	język m	jazyk m	nyelv
tempo m	tijd m	tid u	czas m	čas m	—
a tempo	tijdig	i rätt tid	w porę	včas	—
tempo m	weer n	väder n	pogoda f	počasí n	—
boletim meteorológico m	weerbericht n	väderrapport u	komunikat o stanie pogody	zpráva o počasí f	—
duração f	duur f	tidsperiod u	trwanie n	trvání n	—
cada	—	varje	każda, każdy, każde	každý každá každé	minden
alguém	—	någon	ktoś	někdo	valaki
em desordem	door elkaar	—	bezładnie	v nepořádku	összevissza
ontem	gisteren	igår	wczoraj	včera	tegnap
alguma coisa	—	något	coś	něco	valami
ontem	gisteren	—	wczoraj	včera	tegnap
director m	directeur m	direktör u	dyrektor m	ředitel m	—
realmente	echt	verklig	rzeczywiście	opravdu	—
confirmar	bevestigen	bekräfta	potwierdzać <potwierdzić>	potvrzovat <potvrdit>	—
atestar	attesteren	intyga	poświadczać <poświadczyć>	potvrzovat <potvrdit>	—
atestado m	attest n	attest n	zaświadczenie n	potvrzení n	—
bilhete de identidade m	identiteitskaart f	identitetskort n	dowód tożsamości m	průkaz m	—
verdade f	waarheid f	sanning u	prawda f	pravda f	—
justo	gerecht	rättvis	sprawiedliwy	spravedlivý	—
injusto	onrechtvaardig	orättvis	niesprawiedliwy	nespravedlivý	—
injustiça f	onrechtvaardigheid f	orättvisa u	niesprawiedliwość f	nespravedlivost f	—
sim	ja	ja	tak	ano	—

igennel válaszol

	D	E	F	I	ES
igennel válaszol (H)	bejahen	agree with	répondre par l'affirmative à	approvare	afirmar
igenom (SV)	hindurch	through	à travers	attraverso	a través de
igény (H)	Anspruch *m*	claim	exigence *f*	pretesa *f*	pretensión *f*
ígéret (H)	Versprechen *n*	promise	promettre	promettere	prometer
igła (PL)	Nadel *f*	needle	aiguille *f*	ago *m*	aguja *f*
iglesia (ES)	Kirche *f*	church	église *f*	chiesa *f*	—
ignorál (H)	ignorieren	ignore	ignorer	ignorare	ignorar
ignorar (ES)	ignorieren	ignore	ignorer	ignorare	—
ignorar (P)	ignorieren	ignore	ignorer	ignorare	ignorar
ignorare (I)	ignorieren	ignore	ignorer	—	ignorar
ignore (E)	ignorieren	—	ignorer	ignorare	ignorar
ignorer (F)	ignorieren	ignore	—	ignorare	ignorar
ignorera (SV)	ignorieren	ignore	ignorer	ignorare	ignorar
ignoreren (NL)	ignorieren	ignore	ignorer	ignorare	ignorar
ignorieren (D)	—	ignore	ignorer	ignorare	ignorar
ignorovat (CZ)	ignorieren	ignore	ignorer	ignorare	ignorar
ignorować <zignorować> (PL)	ignorieren	ignore	ignorer	ignorare	ignorar
igreja (P)	Kirche *f*	church	église *f*	chiesa *f*	iglesia *f*
igual (ES)	egal	all the same	égal(e)	uguale	—
igual¹ (P)	egal	all the same	égal(e)	uguale	igual
igual² (P)	gleich	same	égal(e)	identico(a)	idéntico(a)
igualmente (P)	ebenfalls	likewise	aussi	altrettanto	también
igyekszik (H)	anstrengen, sich	make an effort	faire des efforts	affaticare	esforzarse
ihålig (SV)	hohl	hollow	creux(euse)	cavo(a)	hueco(a)
ihned (CZ)	sofort	immediately	immédiatement	subito	en seguida
ihr (D)	—	you	vous	voi	vosotros(as)
ijs¹ (NL)	Eis *n*	ice	glace *f*	ghiaccio *m*	hielo *m*
ijs² (NL)	Eis *n*	ice cream	glace *f*	gelato *m*	helado *m*
ijverig (NL)	eifrig	keen	zélé(e)	diligente	diligente
ik (NL)	ich	I	je	io	yo
il (F)	er	he	—	lui/egli/esso	èl
île (F)	Insel *f*	island	—	isola *f*	isla *f*
ilha (P)	Insel *f*	island	île *f*	isola *f*	isla *f*
ill (E)	krank	—	malade	malato(a)	enfermo(a)
illamående (SV)	Übelkeit *f*	nausea	nausée *f*	nausea *f*	náuseas *f/pl*
illat (H)	Duft *m*	scent	odeur *f*	profumo *m*	aroma *m*
illatszerbolt (H)	Drogerie *f*	chemist's	droguerie *f*	drogheria *f*	droguería *f*
illet (H)	betreffen	concern	concerner	riguardare	concernir
illeték (H)	Gebühr *f*	fee	taxe *f*	tassa *f*	tarifa *f*
illetékes (H)	zuständig	competent	compétent(e)	competente	competente
illness (E)	Krankheit *f*	—	maladie *f*	malattia *f*	enfermedad *f*
illuminare (I)	beleuchten	illuminate	éclairer	—	iluminar
illuminate (E)	beleuchten	—	éclairer	illuminare	iluminar
illuminazione (I)	Beleuchtung *f*	lightning	éclairage *m*	—	iluminación *f*
ilość (PL)	Menge *f*	quantity	quantité *f*	quantità *f*	cantidad *f*
ilość (PL)	Quantität *f*	quantity	quantité *f*	quantità *f*	cantidad *f*

ilość

P	NL	SV	PL	CZ	H
afirmar	bevestigen	jaka	odpowiadać twierdząco <odpowiedzieć twierdząco>	souhlasit <odsouhlasit>	—
através de	doorheen	—	przez	skrz	át
direito m	aanspraak f	anspråk n	roszczenie n	nárok m	—
promessa f	belofte f	löfte n	obietnica f	slib m	—
agulha f	naald f	nål u	—	jehla f	tű
igreja f	kerk f	kyrka u	kościół m	kostel m	templom
ignorar	ignoreren	ignorera	ignorować <zignorować>	ignorovat	—
ignorar	ignoreren	ignorera	ignorować <zignorować>	ignorovat	ignorál
—	ignoreren	ignorera	ignorować <zignorować>	ignorovat	ignorál
ignorar	ignoreren	ignorera	ignorować <zignorować>	ignorovat	ignorál
ignorar	ignoreren	ignorera	ignorować <zignorować>	ignorovat	ignorál
ignorar	ignoreren	ignorera	ignorować <zignorować>	ignorovat	ignorál
ignorar	ignoreren	—	ignorować <zignorować>	ignorovat	ignorál
ignorar	—	ignorera	ignorować <zignorować>	ignorovat	ignorál
ignorar	ignoreren	ignorera	ignorować <zignorować>	ignorovat	ignorál
ignorar	ignoreren	ignorera	ignorować <zignorować>	—	ignorál
ignorar	ignoreren	ignorera	—	ignorovat	ignorál
—	kerk f	kyrka u	kościół m	kostel m	templom
igual	om het even/egaal	lika	obojętnie	jedno	mindegy
—	om het even/egaal	lika	obojętnie	jedno	mindegy
—	gelijk/hetzelfde/meteen	lika	taki sam	hned	mindjárt
—	eveneens	likaså	również	rovněž	szintén
cansar	inspannen	anstränga sig	wysilać się <wysilić się>	namáhat, se	—
oco	hol	—	pusty	dutý	üres
imediatamente	terstond	genast	natychmiast	—	rögtön
vós, vocês	jullie	ni	wy	vy	ti
gelo m	—	is u	lód m	led m	jég
gelado m	—	glass u	lód m	zmrzlina f	fagylalt
zeloso	—	ivrig	pilny	horlivý	buzgó
eu	—	jag	ja	já	én
ele	hij	han	on	on	ő
ilha f	eiland n	ö u	wyspa f	ostrov m	sziget
—	eiland n	ö u	wyspa f	ostrov m	sziget
doente	ziek	sjuk	chory	nemocný	beteg
náusea f	misselijkheid f	—	mdłość f	nevolnost f	rosszullét
aroma m	geur m	doft u	zapach m	vůně f	—
drogaria f	drogisterij f	apotek n	drogeria f	drogerie f	—
referir-se a	betreffen	beträffa	dotyczyć	týkat se	—
taxa f	bijdrage f/tarief n	avgift u	opłata f	poplatek m	—
competente	bevoegd	ansvarig	kompetentny	oprávněný	—
doença f	ziekte f	sjukdom u	choroba f	nemoc f	betegség
iluminar	verlichten	belysa	oświetlać <oświetlić>	osvětlovat <osvětlit>	kivilágít
iluminar	verlichten	belysa	oświetlać <oświetlić>	osvětlovat <osvětlit>	kivilágít
iluminação f	verlichting f	belysning u	oświetlenie n	osvětlení n	kivilágítás
quantidade f	hoeveelheid f	mängd u	—	množství n	mennyiség
quantidade f	kwantiteit f	kvantitet u	—	kvantita f	mennyiség

ils (elles)

	D	E	F	I	ES
ils (elles) (F)	sie *pl*	they	—	loro	ellos(as)
ilska (SV)	Wut *f*	anger	colère *f*	rabbia *f*	rabia *f*
iluminação (P)	Beleuchtung *f*	lightning	éclairage *m*	illuminazione *f*	iluminación *f*
iluminación (ES)	Beleuchtung *f*	lightning	éclairage *m*	illuminazione *f*	—
iluminar (ES)	beleuchten	illuminate	éclairer	illuminare	—
iluminar (P)	beleuchten	illuminate	éclairer	illuminare	iluminar
imádkozik (H)	beten	pray	prier	pregare	rezar
image (F)	Bild *n*	picture	—	immagine *f*	cuadro *m*
imagem (P)	Bild *n*	picture	image *f*	immagine *f*	cuadro *m*
imaginar (P)	vorstellen	introduce	présenter	presentare	presentar
imbarazzante (I)	peinlich	embarrassing	gênant(e)	—	desagradable
imbarazzato(a) (I)	verlegen	embarassed	gêné(e)	—	cohibido(a)
imbarazzo (I)	Verlegenheit *f*	embarrassment	gêne *f*	—	timidez *f*
imbis (CZ)	Imbiss *m*	snack	casse-croûte *m*	spuntino *m*	refrigerio *m*
Imbiss (D)	—	snack	casse-croûte *m*	spuntino *m*	refrigerio *m*
imbisz (H)	Imbiss *m*	snack	casse-croûte *m*	spuntino *m*	refrigerio *m*
imbucare (I)	einwerfen	post	poster	—	echar
imediatamente (P)	sofort	immediately	immédiatement	subito	en seguida
imię (PL)	Vorname *m*	Christian name	prénom *m*	nome di battesimo *m*	nombre *m*
i mitten (SV)	Mitte *f*	middle	milieu *m*	centro *m*	medio *m*
immagine (I)	Bild *n*	picture	image *f*	—	cuadro *m*
immediately (E)	sofort	—	immédiatement	subito	en seguida
immédiatement (F)	sofort	immediately	—	subito	en seguida
immer (D)	—	always	toujours	sempre	siempre
immergere (I)	tauchen	dive	plonger	—	bucear
immondizia (I)	Abfall *m*	rubbish	déchets *m/pl*	—	basura *f*
i morgon (SV)	morgen	tomorrow	demain	domani	mañana
impacciato(a) (I)	ungeschickt	clumsy	maladroit(e)	—	torpe
impaciente (P)	ungeduldig	impatient	impatient(e)	impaziente	inpaciente
impair(e) (F)	ungerade	uneven	—	dispari	impar
impar (ES)	ungerade	uneven	impair(e)	dispari	—
ímpar (P)	ungerade	uneven	impair(e)	dispari	impar
imparare (I)	lernen	learn	apprendre	—	aprender
impatient (E)	ungeduldig	—	impatient(e)	impaziente	inpaciente
impatient(e) (F)	ungeduldig	impatient	—	impaziente	inpaciente
impaziente (I)	ungeduldig	impatient	impatient(e)	—	inpaciente
impedir (ES)	hindern	hinder	empêcher	impedire	—
impedir (P)	hindern	hinder	empêcher	impedire	impedir
impedire (I)	hindern	hinder	empêcher		impedir
Impfung (D)	—	vaccination	vaccination *f*	vaccinazione *f*	vacunación *f*
impianto (I)	Anlage *f*	plant	installation *f*	—	establecimiento *m*
impiegato (I)	Angestellter *m*	employee	employé *m*	—	empleado *m*
impiegato statale (I)	Beamter *m*	civil servant	fonctionnaire *m*	—	funcionario *m*
important (E)	wichtig	—	important(e)	importante	importante
important(e) (F)	wichtig	important	—	importante	importante
importante (I)	wichtig	important	important(e)	—	importante
importante (ES)	wichtig	important	important(e)	importante	—
importante (P)	wichtig	important	important(e)	importante	importante
importe (ES)	Betrag *m*	amount	montant *m*	importo *m*	—
importo (I)	Betrag *m*	amount	montant *m*	—	importe *m*
importunar (P)	belästigen	annoy	importuner	importunare	molestar

importunar

P	NL	SV	PL	CZ	H
eles(as)	zij	de	oni	oni	ők
raiva f	woede f	—	złość f	vztek m	düh
—	verlichting f	belysning u	oświetlenie n	osvětlení n	kivilágítás
iluminação f	verlichting f	belysning u	oświetlenie n	osvětlení n	kivilágítás
iluminar	verlichten	belysa	oświetlać <oświetlić>	osvětlovat <osvětlit>	kivilágít
—	verlichten	belysa	oświetlać <oświetlić>	osvětlovat <osvětlit>	kivilágít
rezar	bidden	be	modlić, się <pomodlić, się>	modlit, se	—
imagem f	beeld n	bild u	obraz n	obraz m	kép
—	beeld n	bild u	obraz n	obraz m	kép
—	voorstellen	presentera	przedstawiać	představovat <představit>	bemutat
desagradável	pijnlijk	pinsamt	przykry	trapný	kellemetlen
embaraçado	verlegen	förlägen	zakłopotany	rozpačitý	zavarban van
embaraço m	verlegenheid f	förlägenhet u	zakłopotanie n	rozpačitost f	zavar
merenda f	lichte maaltijd f	korvkiosk u	przekąska f	—	imbisz
merenda f	lichte maaltijd f	korvkiosk u	przekąska f	imbis m	imbisz
merenda f	lichte maaltijd f	korvkiosk u	przekąska f	imbis m	—
quebrar	ingooien	kasta in	wrzucać <wrzucić>	vhazovat <vhodit>	bedob
—	terstond	genast	natychmiast	ihned	rögtön
prenome m	voornaam m	förnamn n	—	křestní jméno n	keresztnév
meio m	midden n	—	środek m	střed m	közép
imagem f	beeld n	bild u	obraz n	obraz m	kép
imediatamente	terstond	genast	natychmiast	ihned	rögtön
imediatamente	terstond	genast	natychmiast	ihned	rögtön
sempre	altijd	alltid	zawsze	vždy	mindig
mergulhar	duiken	dyka	zanurzać się	potápět <potopit>	alámerül
lixo m	afval m	avfall n	odpady m/pl	odpad m	hulladék
amanhã	morgen	—	jutro	zítra	holnap
desajeitado	onhandig	klumpig	niezręczny	nešikovný	ügyetlen
—	ongeduldig	otålig	niecierpliwy	netrpělivý	türelmetlen
ímpar	oneven	udda	nieparzysty	nerovný	egyenetlen
ímpar	oneven	udda	nieparzysty	nerovný	egyenetlen
—	oneven	udda	nieparzysty	nerovný	egyenetlen
aprender	leren	lära	uczyć, się <nauczyć, się>	učit, se <naučit, se>	tanul
impaciente	ongeduldig	otålig	niecierpliwy	netrpělivý	türelmetlen
impaciente	ongeduldig	otålig	niecierpliwy	netrpělivý	türelmetlen
impaciente	ongeduldig	otålig	niecierpliwy	netrpělivý	türelmetlen
impedir	hinderen	förhindra	przeszkadzać <przeszkodzić>	bránit <zabránit>	akadályoz
—	hinderen	förhindra	przeszkadzać <przeszkodzić>	bránit <zabránit>	akadályoz
impedir	hinderen	förhindra	przeszkadzać <przeszkodzić>	bránit <zabránit>	akadályoz
vacina f	inenting f	vaccin n	szczepienie n	očkování n	oltás
construção f	inrichting f	anläggning u	obiekt m	příloha	berendezés
empregado m	bediende m	anställd u	pracownik umysłowy m	zaměstnanec m	alkalmazott
funcionário público m	ambtenaar m	tjänsteman u	urzędnik m	úředník m	köztisztviselő
importante	belangrijk	viktig	ważny	důležitý	fontos
importante	belangrijk	viktig	ważny	důležitý	fontos
importante	belangrijk	viktig	ważny	důležitý	fontos
importante	belangrijk	viktig	ważny	důležitý	fontos
—	belangrijk	viktig	ważny	důležitý	fontos
valor m	bedrag n	belopp n	kwota f	obnos m	összeg
valor m	bedrag n	belopp n	kwota f	obnos m	összeg
—	hinderen	besvära	naprzykrzać, się <naprzykrzyć, się>	obtěžovat	molesztál

importunare

	D	E	F	I	ES
importunare (I)	belästigen	annoy	importuner	—	molestar
importun(e) (F)	lästig	troublesome	—	molesto(a)	desagradable
importuner (F)	belästigen	annoy	—	importunare	molestar
importuno (P)	lästig	troublesome	importun(e)	molesto(a)	desagradable
imposible (ES)	ausgeschlossen	impossible	exclu(e)	escluso(a)	—
imposible (ES)	unmöglich	impossible	impossible	impossibile	—
impossibile (I)	unmöglich	impossible	impossible	—	imposible
impossible (E)	ausgeschlossen	—	exclu(e)	escluso(a)	imposible
impossible (E)	unmöglich	—	impossible	impossibile	imposible
impossible (F)	unmöglich	impossible	—	impossibile	imposible
impossível (P)	unmöglich	impossible	impossible	impossibile	imposible
imposta sul valore aggiunto (I)	Mehrwertsteuer f	value added tax	taxe sur la valeur ajoutée f	—	impuesto sobre el valor añadido m
imposte (I)	Steuern pl	tax	impôt m	—	impuestos m/pl
impostos (P)	Steuern pl	tax	impôt m	imposte f/pl	impuestos m/pl
imposto sobre o valor acrescentado (P)	Mehrwertsteuer f	value added tax	taxe sur la valeur ajoutée f	imposta sul valore aggiunto f	impuesto sobre el valor añadido m
impôt (F)	Steuern pl	tax	—	imposte f/pl	impuestos m/pl
impresa (I)	Unternehmen n	company	entreprise f	—	empresa f
imprescindível (P)	unbedingt	absolutely	absolument	assolutamente	absolutamente
impresión (ES)	Eindruck m	impression	impression f	impressione f	—
impressão (P)	Eindruck m	impression	impression f	impressione f	impresión f
impression (E)	Eindruck m	—	impression f	impressione f	impresión f
impression (F)	Eindruck m	impression	—	impressione f	impresión f
impressione (I)	Eindruck m	impression	impression f	—	impresión f
impresso (P)	Formular n	form	formulaire m	modulo m	formulario m
impreza (PL)	Veranstaltung f	event	manifestation f	manifestazione f	acto m
improbabile (I)	unwahrscheinlich	unlikely	invraisemblable	—	improbable
improbable (ES)	unwahrscheinlich	unlikely	invraisemblable	improbabile	—
improvável (P)	unwahrscheinlich	unlikely	invraisemblable	improbabile	improbable
improve (E)	verbessern	—	améliorer	migliorare	mejorar
improvement (E)	Besserung f	—	amélioration f	miglioramento m	restablecimiento m
improvviso(a) (I)	abrupt	abrupt	subit(e)	—	súbito(a)
imprudent(e) (F)	unvorsichtig	careless	—	imprudente	descuidado(a)
imprudente (I)	unvorsichtig	careless	imprudent(e)	—	descuidado(a)
imprudente (ES)	leichtsinnig	careless	étourdi(e)	spensierato(a)	—
imprudente (P)	unvorsichtig	careless	imprudent(e)	imprudente	descuidado(a)
impuestos (ES)	Steuern pl	tax	impôt m	imposte f/pl	—
impuesto sobre el valor añadido (ES)	Mehrwertsteuer f	value added tax	taxe sur la valeur ajoutée f	imposta sul valore aggiunto f	—
in (D)	—	in/into	des/à/en	in/a/tra/fra	en/a
in (E)	hinein	—	dans	dentro	dentro
in (NL)	in	in/into	des/à/en	in/a/tra/fra	en/a
in acht nemen (NL)	beachten	take notice of	considérer	osservare	prestar atención a
inaczej (PL)	anders	different	différent(e)	differente	diferente
in addition (E)	zusätzlich	—	supplémentaire	supplementare	adicional
inadecuado(a) (ES)	unpassend	inappropriate	mal à propos	fuori luogo	—
in a muddle (E)	durcheinander	—	pêle-mêle	sottosopra	en desorden
inanguantable (ES)	unerträglich	unbearable	insupportable	insopportabile	—
in any case (E)	jedenfalls	—	en tout cas	in ogni caso	en cualquier caso
inappropriate (E)	unpassend	—	mal à propos	fuori luogo	inadecuado(a)
inåt (SV)	hinein	in	dans	dentro	dentro
in/a/tra/fra (I)	in	in/into	des/à/en	—	en/a
inattendu(e) (F)	unerwartet	unexpected	—	inatteso(a)	inesperado(a)
inatteso(a) (I)	unerwartet	unexpected	inattendu(e)	—	inesperado(a)

inatteso(a)

P	NL	SV	PL	CZ	H
importunar	hinderen	besvära	naprzykrzać, się <naprzykrzyć, się>	obtěžovat	molesztál
importuno	lastig	besvärlig	uciążliwy	zatěžující	terhes
importunar	hinderen	besvära	naprzykrzać, się <naprzykrzyć, się>	obtěžovat	molesztál
—	lastig	besvärlig	uciążliwy	zatěžující	terhes
excluído	uitgesloten	uteslutet	wykluczony	vyloučeno	kizárt
impossível	onmogelijk	omöjligt	niemożliwy	nemožný	lehetetlen
impossível	onmogelijk	omöjligt	niemożliwy	nemožný	lehetetlen
excluído	uitgesloten	uteslutet	wykluczony	vyloučeno	kizárt
impossível	onmogelijk	omöjligt	niemożliwy	nemožný	lehetetlen
impossível	onmogelijk	omöjligt	niemożliwy	nemožný	lehetetlen
—	onmogelijk	omöjligt	niemożliwy	nemožný	lehetetlen
imposto sobre o valor acrescentado m	btw f	moms u	podatek od wartości dodanej m	daň z přidané hodnoty f	általános forgalmi adó (áfa)
impostos m/pl	belastingen pl	skatt u	podatki pl	daně pl	adók
—	belastingen pl	skatt u	podatki pl	daně pl	adók
—	btw f	moms u	podatek od wartości dodanej m	daň z přidané hodnoty f	általános forgalmi adó (áfa)
impostos m/pl	belastingen pl	skatt u	podatki pl	daně pl	adók
empresa f	onderneming f	företag	przedsiębiorstwo n	podnik m	vállalat
—	in elk geval	absolut	koniecznie	bezpodmínečně	feltétlen
impressão f	indruk m	intryck n	wrażenie n	dojem m	benyomás
—	indruk m	intryck n	wrażenie n	dojem m	benyomás
impressão f	indruk m	intryck n	wrażenie n	dojem m	benyomás
impressão f	indruk m	intryck n	wrażenie n	dojem m	benyomás
impressão f	indruk m	intryck n	wrażenie n	dojem m	benyomás
—	formulier n	formulär n	formularz m	formulář m	űrlap
espectáculo m	manifestatie f	tillställning u	—	akce f	rendezvény
improvável	onwaarschijnlijk	osannolik	nieprawdopodobny	nepravděpodobný	valószínűtlen
improvável	onwaarschijnlijk	osannolik	nieprawdopodobny	nepravděpodobný	valószínűtlen
—	onwaarschijnlijk	osannolik	nieprawdopodobny	nepravděpodobný	valószínűtlen
melhorar	verbeteren	förbättra	poprawiać	zlepšovat <zlepšit>	megjavít
melhoramento m	verbetering f	bättring u	poprawa f	zlepšení n	javulás
abrupto	abrupt	abrupt	nagle	náhle	hirtelen
imprudente	onvoorzichtig	oförsiktig	nieostrożny	neopatrný	elővigyázatlan
imprudente	onvoorzichtig	oförsiktig	nieostrożny	neopatrný	elővigyázatlan
leviano	lichtzinnig	lättsinnig	lekkomyślny	lehkomyslně	könnyelmű
—	onvoorzichtig	oförsiktig	nieostrożny	neopatrný	elővigyázatlan
impostos m/pl	belastingen pl	skatt u	podatki pl	daně pl	adók
imposto sobre o valor acrescentado m	btw f	moms u	podatek od wartości dodanej m	daň z přidané hodnoty f	általános forgalmi adó (áfa)
em	in	i	w	v	ba/be
para dentro	naar binnen	inåt	do wnętrza	dovnitř	be
em	—	i	w	v	ba/be
dar atenção a	—	beakta	przestrzegać	dbát na	figyelembe venni
diferente	anders	annorlunda	—	jinak	más
adicionalmente	extra	extra	dodatkowy	navíc	kiegészítő
inconveniente	ongepast	opassande	niestosowny	nevhodný	helytelen
em desordem	door elkaar	i en enda röra	bezładnie	v nepořádku	összevissza
insuportável	ondraaglijk	outhärdlig	nieznośny	nesnesitelný	elviselhetetlen
em todo o caso	in ieder geval	i alla fall	w każdym bądź razie	v každém případě	mindenesetre
inconveniente	ongepast	opassande	niestosowny	nevhodný	helytelen
para dentro	naar binnen	—	do wnętrza	dovnitř	be
em	in	i	w	v	ba/be
inesperado	onverwacht	oväntat	nieoczekiwany	nečekaný	váratlan
inesperado	onverwacht	oväntat	nieoczekiwany	nečekaný	váratlan

inbegrepen

	D	E	F	I	ES
inbegrepen (NL)	inbegriffen	included	compris	compreso(a)	incluido(a)
inbegriffen (D)	—	included	compris	compreso(a)	incluido(a)
in between (E)	dazwischen	—	entre	in mezzo	entre
inbreken (NL)	einbrechen	break in	cambrioler	rubare	robar
incapable (E)	unfähig	—	incapable	incapace	incapaz
incapable (F)	unfähig	incapable	—	incapace	incapaz
incapace (I)	unfähig	incapable	incapable	—	incapaz
incapaz (ES)	unfähig	incapable	incapable	incapace	—
incapaz (P)	unfähig	incapable	incapable	incapace	incapaz
incaricare (I)	beauftragen	instruct	charger de	—	encargar
in case (E)	falls	—	au cas où	qualora	en caso de que
incassare (I)	kassieren	take	encaisser	—	cobrar
incasseren (NL)	kassieren	take	encaisser	incassare	cobrar
incendie (F)	Brand m	fire	—	incendio f	incendio f
incendio (I)	Brand m	fire	incendie m	—	incendio f
incendio (ES)	Brand m	fire	incendie m	incendio f	—
incêndio (P)	Brand m	fire	incendie m	incendio f	incendio f
incertain(e)[1] (F)	ungewiss	uncertain	—	incerto(a)	incierto(a)
incertain(e)[2] (F)	unsicher	uncertain	—	incerto(a)	inseguro(a)
incerto (P)	ungewiss	uncertain	incertain(e)	incerto(a)	incierto(a)
incerto(a)[1] (I)	unbestimmt	uncertain	indéfini(e)	—	indeterminado(a)
incerto(a)[2] (I)	ungewiss	uncertain	incertain(e)	—	incierto(a)
incerto(a)[3] (I)	unsicher	uncertain	incertain(e)	—	inseguro(a)
inchado (P)	geschwollen	swollen	enflé(e)	gonfio(a)	hinchado(a)
inchiesta (I)	Umfrage f	poll	enquête f	—	encuesta f
incidente (I)	Unfall m	accident	accident m	—	accidente m
incidente stradale (I)	Autounfall m	car accident	accident de voiture m	—	accidente de automóvil m
incierto(a) (ES)	ungewiss	uncertain	incertain(e)	incerto(a)	—
incinta (I)	schwanger	pregnant	enceinte	—	embarazada
inclinar la cabeza (ES)	nicken	nod	faire un signe de tête	annuire	—
included (E)	inbegriffen	—	compris	compreso(a)	incluido(a)
incluído (P)	inbegriffen	included	compris	compreso(a)	incluido(a)
incluido(a) (ES)	inbegriffen	included	compris	compreso(a)	—
inclus(e) (F)	inklusive	inclusive	—	incluso(a)	incluso
inclusief (NL)	inklusive	inclusive	inclus(e)	incluso(a)	incluso
inclusive (E)	inklusive	—	inclus(e)	incluso(a)	incluso
inclusive (P)	inklusive	inclusive	inclus(e)	incluso(a)	incluso
incluso[1] (ES)	inklusive	inclusive	inclus(e)	incluso(a)	—
incluso[2] (ES)	sogar	even	même	perfino	—
incluso(a) (I)	inklusive	inclusive	inclus(e)	—	incluso
incollare (I)	kleben	stick	coller	—	pegar
income (E)	Einkommen n	—	revenu m	entrate f/pl	ingresos m/pl
incómodo (P)	unbequem	uncomfortable	inconfortable	scomodo(a)	incómodo(a)
incómodo(a)[1] (ES)	unbequem	uncomfortable	inconfortable	scomodo(a)	—
incómodo(a)[2] (ES)	ungemütlich	uncomfortable	désagréable	poco accogliente	—
inconfortable (F)	unbequem	uncomfortable	—	scomodo(a)	incómodo(a)
inconnu(e) (F)	unbekannt	unknown	—	sconosciuto(a)	desconocido(a)
incontrare[1] (I)	begegnen	meet	rencontrer	—	encontrarse
incontrare[2] (I)	treffen, sich	meet	rencontrer	—	encontrarse
incontro (I)	Treffen n	meeting	rencontre f	—	encuentro m
inconveniente (P)	unpassend	inappropriate	mal à propos	fuori luogo	inadecuado(a)
incredibile (I)	unglaublich	incredible	incroyable	—	increíble

incredibile

P	NL	SV	PL	CZ	H
incluído	—	medräknad	łącznie	zahrnutý	beleértve
incluído	inbegrepen	medräknad	łącznie	zahrnutý	beleértve
entre	ertussen	mellan	między tymi	mezi tím	közben
arrombar	—	bryta sig in	włamywać, się <włamać, się>	vloupat, se	betör
incapaz	niet in staat	oduglig	niezdolny	neschopný	képtelen
incapaz	niet in staat	oduglig	niezdolny	neschopný	képtelen
incapaz	niet in staat	oduglig	niezdolny	neschopný	képtelen
incapaz	niet in staat	oduglig	niezdolny	neschopný	képtelen
—	niet in staat	oduglig	niezdolny	neschopný	képtelen
encarregar	belasten	ge i uppdrag	zlecać <zlecić>	pověřovat <pověřit>	megbíz
no caso de	indien	om	jeśli	když	ha
cobrar	incasseren	kassera	kasować <skasować>	kasírovat <zkasírovat>	kasszíroz
cobrar	—	kassera	kasować <skasować>	kasírovat <zkasírovat>	kasszíroz
incêndio m	brand m	brand u	pożar m	požár m	tűzvész
incêndio m	brand m	brand u	pożar m	požár m	tűzvész
incêndio m	brand m	brand u	pożar m	požár m	tűzvész
—	brand m	brand u	pożar m	požár m	tűzvész
incerto	onzeker	osäker	wątpliwy	nejistý	bizonytalan
inseguro	onzeker	osäker	niepewny	nejistý	bizonytalan
—	onzeker	osäker	wątpliwy	nejistý	bizonytalan
indeterminado	onzeker	obestämt	nieokreślony	neurčitý	bizonytalan
incerto	onzeker	osäker	wątpliwy	nejistý	bizonytalan
inseguro	onzeker	osäker	niepewny	nejistý	bizonytalan
—	gezwollen	svullen	spuchnięty	nateklý	duzzadt
inquérito m	enquête f	enkät u	ankieta f	anketa f	körkérdés
acidente m	ongeval n	olycka u	wypadek m	nehoda f	baleset
acidente de viação m	verkeersongeval n	bilolycka u	wypadek samochodowy m	autonehoda f	autóbaleset
incerto	onzeker	osäker	wątpliwy	nejistý	bizonytalan
grávida	zwanger	gravid	ciężarna	těhotná	állapotos
acenar com a cabeça	knikken	nicka	kiwać <kiwnąć>	kývat hlavou <pokývat hlavou>	bólint
incluído	inbegrepen	medräknad	łącznie	zahrnutý	beleértve
—	inbegrepen	medräknad	łącznie	zahrnutý	beleértve
incluído	inbegrepen	medräknad	łącznie	zahrnutý	beleértve
inclusive	inclusief	inklusive	włącznie	včetně	beleértve
inclusive	—	inklusive	włącznie	včetně	beleértve
inclusive	inclusief	inklusive	włącznie	včetně	beleértve
—	inclusief	inklusive	włącznie	včetně	beleértve
inclusive	inclusief	inklusive	włącznie	včetně	beleértve
até	zelfs	till och med	nawet	dokonce	sőt
inclusive	inclusief	inklusive	włącznie	včetně	beleértve
colar	kleven	limma	kleić <nakleić>	lepit <zalepit>	ragad
rendimento m	inkomen n	inkomst u	dochód m	příjem m	jövedelem
—	ongemakkelijk	obekväm	niewygodny	nepohodlný	kényelmetlen
incómodo	ongemakkelijk	obekväm	niewygodny	nepohodlný	kényelmetlen
pouco aconchegante	ongezellig	otrevlig	niesympatyczny	neútulný	kellemetlen
incómodo	ongemakkelijk	obekväm	niewygodny	nepohodlný	kényelmetlen
desconhecido	onbekend	okänd	nieznany	neznámý	ismeretlen
encontrar alguém	ontmoeten	möta	spotykać <spotkać>	setkávat, se <setkat, se>	találkozik
encontrar-se	elkaar ontmoeten	träffas	spotkać się	setkávat, se <setkat, se>	találkozik
reunião f	ontmoeting f	träffa	spotkanie n	setkání n	találkozás
—	ongepast	opassande	niestosowny	nevhodný	helytelen
incrível	ongelofelijk	otrolig	niesłychany	neuvěřitelný	hihetetlen

incredible

	D	E	F	I	ES
incredible (E)	unglaublich	—	incroyable	incredibile	increíble
increíble (ES)	unglaublich	incredible	incroyable	incredibile	—
incrível (P)	unglaublich	incredible	incroyable	incredibile	increíble
incrocio (I)	Kreuzung f	crossing	intersection f	—	cruce m
incroyable (F)	unglaublich	incredible	—	incredibile	increíble
indeciso (P)	unentschlossen	undecided	irrésolu(e)	indeciso(a)	irresoluto(a)
indeciso(a) (I)	unentschlossen	undecided	irrésolu(e)	—	irresoluto(a)
indéfini(e) (F)	unbestimmt	uncertain	—	incerto(a)	indeterminado(a)
in de handen klappen (NL)	klatschen	applaud	applaudir	battere le mani	aplaudir
indépendant(e) (F)	unabhängig	independent	—	indipendente	independiente
independent (E)	unabhängig	—	indépendant(e)	indipendente	independiente
independente (P)	unabhängig	independent	indépendant(e)	indipendente	independiente
independiente (ES)	unabhängig	independent	indépendant(e)	indipendente	—
in de plaats van (NL)	anstatt	instead of	au lieu de	invece di	en vez de
indessen (D)	—	meanwhile	cependant	nel frattempo	en eso
indeterminado (P)	unbestimmt	uncertain	indéfini(e)	incerto(a)	indeterminado(a)
indeterminado(a) (ES)	unbestimmt	uncertain	indéfini(e)	incerto(a)	—
indexel (H)	blinken	flash	clignoter	lampeggiare	emitir reflejos
indicatif téléphonique (F)	Vorwahl f	dialling code	—	prefisso m	prefijo m
indien (NL)	falls	in case	au cas où	qualora	en caso de que
in dietro (I)	rückwärts	backwards	en arrière	—	hacia atrás
indipendente (I)	unabhängig	independent	indépendant(e)	—	independiente
indít (H)	starten	start	démarrer	partire	partir
indossare (I)	anziehen	put on	mettre	—	ponerse
indovinare (I)	raten	guess	deviner	—	adivinar
indruk (NL)	Eindruck m	impression	impression f	impressione f	impresión f
indulás (H)	Abfahrt f	departure	départ m	partenza f	salida f
industri (SV)	Industrie f	industry	industrie f	industria f	industria f
industria (I)	Industrie f	industry	industrie f	—	industria f
industria (ES)	Industrie f	industry	industrie f	industria f	—
indústria (P)	Industrie f	industry	industrie f	industria f	industria f
Industrie (D)	—	industry	industrie f	industria f	industria f
industrie (F)	Industrie f	industry	—	industria f	industria f
industrie (NL)	Industrie f	industry	industrie f	industria f	industria f
industry (E)	Industrie f	—	industrie f	industria f	industria f
in elk geval (NL)	unbedingt	absolutely	absolument	assolutamente	absolutamente
inenting (NL)	Impfung f	vaccination	vaccination f	vaccinazione f	vacunación f
inesperado (P)	unerwartet	unexpected	inattendu(e)	inatteso(a)	inesperado(a)
inesperado(a) (ES)	unerwartet	unexpected	inattendu(e)	inatteso(a)	—
inesperto(a) (I)	unerfahren	inexperienced	inexpérimenté(e)	—	inexperto(a)
inevitabile (I)	unvermeidlich	inevitable	inévitable	—	inevitable
inevitable (E)	unvermeidlich	—	inévitable	inevitabile	inevitable
inevitable (ES)	unvermeidlich	inevitable	inévitable	inevitabile	—
inévitable (F)	unvermeidlich	inevitable	—	inevitabile	inevitable
inevitável (P)	unvermeidlich	inevitable	inévitable	inevitabile	inevitable
inexpensive (E)	preiswert	—	bon marché	conveniente	económico(a)
inexperienced (E)	unerfahren	—	inexpérimenté(e)	inesperto(a)	inexperto(a)
inexpérimenté(e) (F)	unerfahren	inexperienced	—	inesperto(a)	inexperto(a)
inexperto (P)	unerfahren	inexperienced	inexpérimenté(e)	inesperto(a)	inexperto(a)
inexperto(a) (ES)	unerfahren	inexperienced	inexpérimenté(e)	inesperto(a)	—
infância (P)	Kindheit f	childhood	enfance f	infanzia f	niñez f
infanzia (I)	Kindheit f	childhood	enfance f	—	niñez f
infart (SV)	Einfahrt f	entrance	entrée f	ingresso m	entrada f
infeliz (P)	unglücklich	unhappy	malheureux(euse)	sfortunato(a)	desgraciado(a)

infeliz

P	NL	SV	PL	CZ	H
incrível	ongelofelijk	otrolig	niesłychany	neuvěřitelný	hihetetlen
incrível	ongelofelijk	otrolig	niesłychany	neuvěřitelný	hihetetlen
—	ongelofelijk	otrolig	niesłychany	neuvěřitelný	hihetetlen
cruzamento m	kruispunt n	korsning u	skrzyżowanie n	křižovatka f	kereszteződés
incrível	ongelofelijk	otrolig	niesłychany	neuvěřitelný	hihetetlen
—	besluiteloos	obeslutsam	niezdecydowany	nerozhodný	habozó
indeciso	besluiteloos	obeslutsam	niezdecydowany	nerozhodný	habozó
indeterminado	onzeker	obestämt	nieokreślony	neurčitý	bizonytalan
dar palmas	—	klappa	klaskać	tleskat <zatleskat>	tapsol
independente	onafhankelijk	oberoende	niezależnie	nezávislý	független
independente	onafhankelijk	oberoende	niezależnie	nezávislý	független
—	onafhankelijk	oberoende	niezależnie	nezávislý	független
independente	onafhankelijk	oberoende	niezależnie	nezávislý	független
em vez de	—	istället för	zamiast	místo	helyett
entretanto	ondertussen	emellertid	jednakże	zatím	amíg
—	onzeker	obestämt	nieokreślony	neurčitý	bizonytalan
indeterminado	onzeker	obestämt	nieokreślony	neurčitý	bizonytalan
reluzir	knipperen	blinka	błyskać <błysnąć>	blikat <zablikat>	—
número indicativo m	netnummer n	riktnummer n	numer kierunkowy m	předvolba f	ország/város hívószáma
no caso de	—	om	jeśli	když	ha
para trás	achteruit	baklänges	w tył	dozadu	hátrafelé
independente	onafhankelijk	oberoende	niezależnie	nezávislý	független
começar	starten	starta	startować <wystartować>	startovat <nastartovat>	—
vestir	aantrekken	klä på sig	ubierać <ubrać>	oblékat <obléci>	felvesz
adivinhar	raden	gissa	zgadywać	hádat	találgat
impressão f	—	intryck n	wrażenie n	dojem m	benyomás
partida f	vertrek n	avresa u	odjazd m	odjezd m	—
indústria f	industrie f	—	przemysł m	průmysl m	ipar
indústria f	industrie f	industri u	przemysł m	průmysl m	ipar
indústria f	industrie f	industri u	przemysł m	průmysl m	ipar
—	industrie f	industri u	przemysł m	průmysl m	ipar
indústria f	industrie f	industri u	przemysł m	průmysl m	ipar
indústria f	industrie f	industri u	przemysł m	průmysl m	ipar
indústria f	—	industri u	przemysł m	průmysl m	ipar
indústria f	industrie f	industri u	przemysł m	průmysl m	ipar
imprescindível	—	absolut	koniecznie	bezpodmínečně	feltétlen
vacina f	—	vaccin n	szczepienie n	očkování n	oltás
—	onverwacht	oväntat	nieoczekiwany	nečekaný	váratlan
inesperado	onverwacht	oväntat	nieoczekiwany	nečekaný	váratlan
inexperto	onervaren	oerfaren	niedoświadczony	nezkušený	tapasztalatlan
inevitável	onvermijdelijk	oundvikligt	nieunikniony	nevyhnutelný	elkerülhetetlen
inevitável	onvermijdelijk	oundvikligt	nieunikniony	nevyhnutelný	elkerülhetetlen
inevitável	onvermijdelijk	oundvikligt	nieunikniony	nevyhnutelný	elkerülhetetlen
inevitável	onvermijdelijk	oundvikligt	nieunikniony	nevyhnutelný	elkerülhetetlen
—	onvermijdelijk	oundvikligt	nieunikniony	nevyhnutelný	elkerülhetetlen
barato	goedkoop	prisvärd	niedrogi	výhodný (cenově)	jutányos
inexperto	onervaren	oerfaren	niedoświadczony	nezkušený	tapasztalatlan
inexperto	onervaren	oerfaren	niedoświadczony	nezkušený	tapasztalatlan
—	onervaren	oerfaren	niedoświadczony	nezkušený	tapasztalatlan
inexperto	onervaren	oerfaren	niedoświadczony	nezkušený	tapasztalatlan
—	kinderjaren n/pl	barndom u	dzieciństwo n	dětství n	gyermekkor
infância f	kinderjaren n/pl	barndom u	dzieciństwo n	dětství n	gyermekkor
entrada f	inrit f	—	wjazd m	vjezd m	behajtás
—	ongelukkig	olycklig	nieszczęśliwy	nešťastný	boldogtalan

infelizmente

	D	E	F	I	ES
infelizmente (P)	leider	unfortunately	malheureusement	purtroppo	desgraciadamente
infermiera (I)	Krankenschwester f	nurse	infirmière f	—	enfermera f
inferno (I)	Hölle f	hell	enfer m	—	infierno m
inferno (P)	Hölle f	hell	enfer m	inferno m	infierno m
infiammazione (I)	Entzündung f	inflammation	inflammation f	—	inflamación f
infierno (ES)	Hölle f	hell	enfer m	inferno m	—
infirmière (F)	Krankenschwester f	nurse	—	infermiera f	enfermera f
inflamação (P)	Entzündung f	inflammation	inflammation f	infiammazione f	inflamación f
inflamación (ES)	Entzündung f	inflammation	inflammation f	infiammazione f	—
inflammation (E)	Entzündung f	—	inflammation f	infiammazione f	inflamación f
inflammation (F)	Entzündung f	inflammation	—	infiammazione f	inflamación f
inflammation (SV)	Entzündung f	inflammation	inflammation f	infiammazione f	inflamación f
influence (E)	Einfluss m	—	influence f	influenza f	influencia f
influence (F)	Einfluss m	influence	—	influenza f	influencia f
influencia (ES)	Einfluss m	influence	influence f	influenza f	—
influência (P)	Einfluss m	influence	influence f	influenza f	influencia f
influenza[1] (I)	Einfluss m	influence	influence f	—	influencia f
influenza[2] (I)	Grippe f	flu	grippe f	—	gripe f
influenza (H)	Grippe f	flu	grippe f	influenza f	gripe f
inflytande (SV)	Einfluss m	influence	influence f	influenza f	influencia f
infolge (D)	—	as a result of	par suite de	in seguito a	por
inform (E)	benachrichtigen	—	informer	informare	avisar
inform (E)	informieren	—	informer	informare	informar
inform (E)	mitteilen	—	informer	comunicare	comunicar
inform (E)	verständigen	—	prévenir	informare	informar
informação (P)	Auskunft f	information	renseignement m	informazione f	información f
informace (CZ)	Auskunft f	information	renseignement m	informazione f	información f
információ (H)	Auskunft f	information	renseignement m	informazione f	información f
información (ES)	Auskunft f	information	renseignement m	informazione f	—
informacja (PL)	Auskunft f	information	renseignement m	informazione f	información f
informál (H)	informieren	inform	informer	informare	informar
informar (ES)	berichten	report	faire un rapport	riferire	—
informar (ES)	informieren	inform	informer	informare	—
informar (ES)	verständigen	inform	prévenir	informare	—
informar (P)	benachrichtigen	inform	informer	informare	avisar
informar (P)	berichten	report	faire un rapport	riferire	informar
informar (P)	informieren	inform	informer	informare	informar
informar (P)	verständigen	inform	prévenir	informare	informar
informare (I)	benachrichtigen	inform	informer	—	avisar
informare (I)	informieren	inform	informer	—	informar
informare (I)	verständigen	inform	prévenir	—	informar
informarse (ES)	erkundigen, sich	enquire	renseigner, se	informarsi	—
informar-se (P)	erkundigen, sich	enquire	renseigner, se	informarsi	informarse
informarsi (I)	erkundigen, sich	enquire	renseigner, se	—	informarse
information (E)	Auskunft f	—	renseignement m	informazione f	información f
information (F)	Mitteilung f	message	—	comunicazione f	comunicación f
information (SV)	Auskunft f	information	renseignement m	informazione f	información f

information

P	NL	SV	PL	CZ	H
—	helaas	tyvärr	niestety	bohužel	sajnos
enfermeira f	verpleegster f	sjuksköterska u	pielęgniarka f	zdravotní sestra f	ápolónő
inferno m	hel f	helvete n	piekło n	peklo n	pokol
—	hel f	helvete n	piekło n	peklo n	pokol
inflamação f	ontsteking f	inflammation u	zapalenie n	zánět m	gyulladás
inferno m	hel f	helvete n	piekło n	peklo n	pokol
enfermeira f	verpleegster f	sjuksköterska u	pielęgniarka f	zdravotní sestra f	ápolónő
—	ontsteking f	inflammation u	zapalenie n	zánět m	gyulladás
inflamação f	ontsteking f	inflammation u	zapalenie n	zánět m	gyulladás
inflamação f	ontsteking f	inflammation u	zapalenie n	zánět m	gyulladás
inflamação f	ontsteking f	inflammation u	zapalenie n	zánět m	gyulladás
inflamação f	ontsteking f	—	zapalenie n	zánět m	gyulladás
influência f	invloed m	inflytande n	wpływ m	vliv m	befolyás
influência f	invloed m	inflytande n	wpływ m	vliv m	befolyás
influência f	invloed m	inflytande n	wpływ m	vliv m	befolyás
—	invloed m	inflytande n	wpływ m	vliv m	befolyás
influência f	invloed m	inflytande n	wpływ m	vliv m	befolyás
gripe f	griep f	förkylning u	grypa f	chřipka f	influenza
gripe f	griep f	förkylning u	grypa f	chřipka f	—
influência f	invloed m	—	wpływ m	vliv m	befolyás
em consequência de	ten gevolge	på grund av	wskutek	v důsledku	következtében
informar	verwittigen	underrätta	zawiadamiać <zawiadomić>	podávat zprávu <podat zprávu>	értesít
informar	informeren	informera	informować <poinformować>	informovat	informál
comunicar	meedelen	meddela	zawiadamiać <zawiadomić>	sdělovat <sdělit>	közöl
informar	op de hoogte brengen	meddela	zawiadamiać	vyrozumět	értesít
—	inlichting f	information u	informacja f	informace f	információ
informação f	inlichting f	information u	informacja f	—	információ
informação f	inlichting f	information u	informacja f	informace f	—
informação f	inlichting f	information u	informacja f	informace f	információ
informação f	inlichting f	information u	—	informace f	információ
informar	informeren	informera	informować <poinformować>	informovat	—
informar	berichten	rapportera	donosić <donieść>	podávat <podat> zprávu	beszámol
informar	informeren	informera	informować <poinformować>	informovat	informál
informar	op de hoogte brengen	meddela	zawiadamiać	vyrozumět	értesít
—	verwittigen	underrätta	zawiadamiać <zawiadomić>	podávat zprávu <podat zprávu>	értesít
—	berichten	rapportera	donosić <donieść>	podávat <podat> zprávu	beszámol
—	informeren	informera	informować <poinformować>	informovat	informál
—	op de hoogte brengen	meddela	zawiadamiać	vyrozumět	értesít
informar	verwittigen	underrätta	zawiadamiać <zawiadomić>	podávat zprávu <podat zprávu>	értesít
informar	informeren	informera	informować <poinformować>	informovat	informál
informar	op de hoogte brengen	meddela	zawiadamiać	vyrozumět	értesít
informar-se	inlichtingen inwinnen	informera sig	dowiadywać, się	informovat, se	érdeklődik
—	inlichtingen inwinnen	informera sig	dowiadywać, się	informovat, se	érdeklődik
informar-se	inlichtingen inwinnen	informera sig	dowiadywać, się	informovat, se	érdeklődik
informação f	inlichting f	information u	informacja f	informace f	információ
comunicação f	mededeling f	meddelande n	zawiadomienie n	sdělení n	közlemény
informação f	inlichting f	—	informacja f	informace f	információ

informations

	D	E	F	I	ES
informations (F)	Nachrichten pl	news	—	giornale radio m	noticiero m
informazione (I)	Auskunft f	information	renseignement m	—	información f
informe meteorológico (ES)	Wetterbericht m	weather report	bulletin météorologique m	bollettino meteorologico m	—
informer (F)	benachrichtigen	inform	—	informare	avisar
informer (F)	informieren	inform	—	informare	informar
informer (F)	mitteilen	inform	—	comunicare	comunicar
informera (SV)	informieren	inform	informer	informare	informar
informera sig (SV)	erkundigen, sich	enquire	renseigner, se	informarsi	informarse
informeren (NL)	informieren	inform	informer	informare	informar
informieren (D)	—	inform	informer	informare	informar
informovat (CZ)	informieren	inform	informer	informare	informar
informovat, se (CZ)	erkundigen, sich	enquire	renseigner, se	informarsi	informarse
informować <poinformować> (PL)	informieren	inform	informer	informare	informar
in front of (E)	davor	—	devant	davanti	delante
ing (H)	Hemd n	shirt	chemise f	camicia f	camisa f
ingang (NL)	Eingang m	entrance	entrée f	entrata f	entrada f
ingång (SV)	Eingang m	entrance	entrée f	entrata f	entrada f
ingannare¹ (I)	betrügen	cheat	tromper	—	engañar
ingannare² (I)	täuschen	deceive	tromper	—	engañar
inganno (I)	Betrug m	fraud	tromperie f	—	engaño m
ingen¹ (SV)	keine(r,s)	none/nobody	aucun(e)	nessuno(a)	ninguno(a)
ingen² (SV)	niemand	nobody	personne	nessuno(a)	nadie
ingenstans (SV)	nirgends	nowhere	nulle part	da nessuna parte	en ninguna parte
ingenting (SV)	nichts	nothing	rien	niente	nada
ingewikkeld (NL)	kompliziert	complicated	compliqué(e)	complicato(a)	complicado(a)
Inghilterra (I)	England n	England	Angleterre f	—	Inglaterra f
inghiottire (I)	schlucken	swallow	avaler	—	tragar
ingieten (NL)	eingießen	pour	verser	versare	echar/verter
in giù (I)	abwärts	downwards	en bas	—	hacia abajo
ingiustizia (I)	Ungerechtigkeit f	injustice	injustice f	—	injusticia f
ingiusto(a) (I)	ungerecht	unjust	injuste	—	injusto(a)
Inglaterra (P)	England n	England	Angleterre f	Inghilterra f	Inglaterra f
Inglattera (ES)	England n	England	Angleterre f	Inghilterra f	—
ingooien (NL)	einwerfen	post	poster	imbucare	echar
ingorgo (I)	Stau m	traffic jam	embouteillage m	—	embotellamiento m
ingrandire (I)	vergrößern	enlarge	agrandir	—	agrandar
ingrat(e) (F)	undankbar	ungrateful	—	ingrato(a)	desagradecido(a)
ingrato (P)	undankbar	ungrateful	ingrat(e)	ingrato(a)	desagradecido(a)
ingrato(a) (I)	undankbar	ungrateful	ingrat(e)	—	desagradecido(a)
ingresos (ES)	Einkommen n	income	revenu m	entrate f/pl	—
ingresso (I)	Einfahrt f	entrance	entrée f	—	entrada f
ingyen (H)	umsonst	for nothing	en vain	per niente	en vano
ingyenes (H)	gratis	free of charge	gratuit(e)	gratuito(a)	gratuito(a)
inhabitant (E)	Bewohner m	—	habitant m	abitante m	habitante m
inhabitant (E)	Einwohner m	—	habitant m	abitante m	habitante m
inhalen (NL)	überholen	overtake	doubler	sorpassare	adelantar
Inhalt (D)	—	contents	contenu m	contenuto m	contenido m
inherit (E)	erben	—	hériter	ereditare	heredar
inhoud (NL)	Inhalt m	contents	contenu m	contenuto m	contenido m
inicio (ES)	Anfang m	beginning	commencement m	inizio m	—

inicio

P	NL	SV	PL	CZ	H
notícias f/pl	nieuws n	nyheter pl	wiadomości f/pl	zprávy pl	hírek
informação f	inlichting f	information u	informacja f	informace f	információ
boletim meteorológico m	weerbericht n	väderrapport u	komunikat o stanie pogody	zpráva o počasí f	időjárás-jelentés
informar	verwittigen	underrätta	zawiadamiać <zawiadomić>	podávat zprávu <podat zprávu>	értesít
informar	informeren	informera	informować <poinformować>	informovat	informál
comunicar	meedelen	meddela	zawiadamiać <zawiadomić>	sdělovat <sdělit>	közöl
informar	informeren	—	informować <poinformować>	informovat	informál
informar-se	inlichtingen inwinnen	—	dowiadywać, się	informovat, se	érdeklődik
informar	—	informera	informować <poinformować>	informovat	informál
informar	informeren	informera	informować <poinformować>	informovat	informál
informar	informeren	informera	informować <poinformować>	—	informál
informar-se	inlichtingen inwinnen	informera sig	dowiadywać, się	—	érdeklődik
informar	informeren	informera	—	informovat	informál
diante	daarvoor	framför	przed	před tím	előtt
camisa f	hemd n	skjorta u	koszula f	košile f	—
entrada f	—	ingång u	wejście n	vstup m	bejárat
entrada f	ingang m	—	wejście n	vstup m	bejárat
enganar	bedriegen	svika	oszukiwać <oszukać>	podvádět <podvést>	becsap
enganar	bedriegen	bedra	zmylić	klamat <zklamat>	megtéveszt
fraude f	bedrog n	bedrägeri n	oszustwo n	podvod m	csalás
nenhum/nenhuma	geen	—	żadny(na,ne)	žádný(ná,né)	senki
ninguém	niemand	—	nikt	nikdo	senki
em parte alguma	nergens	—	nigdzie	nikde	sehol
nada	niets	—	nic	nic	semmi
complicado	—	komplicerad	skomplikowany	komplikovaný	komplikált
Inglaterra f	Engeland n	England	Anglia f	Anglie f	Anglia
engolir	slikken	svälja	łykać <połknąć>	polykat <spolknout>	nyel
encher	—	hälla i	wlewać <wlać>	nalévat <nalít>	beönt
para baixo	afwaarts	nedåt	na dół	dolů	lefelé
injustiça f	onrechtvaardigheid f	orättvisa u	niesprawiedliwość f	nespravedlivost f	igazságtalanság
injusto	onrechtvaardig	orättvis	niesprawiedliwy	nespravedlivý	igazságtalan
—	Engeland n	England	Anglia f	Anglie f	Anglia
Inglaterra f	Engeland n	England	Anglia f	Anglie f	Anglia
quebrar	—	kasta in	wrzucać <wrzucić>	vhazovat <vhodit>	bedob
engarrafamento m	file f	kö u	korek m	zácpa f	forgalmi dugó
engrandecer	vergroten	förstora	powiększać	zvětšovat <zvětšit>	nagyít
ingrato	ondankbaar	otacksam	niewdzięczny	nevděčný	hálátlan
—	ondankbaar	otacksam	niewdzięczny	nevděčný	hálátlan
ingrato	ondankbaar	otacksam	niewdzięczny	nevděčný	hálátlan
rendimento m	inkomen n	inkomst u	dochód m	příjem m	jövedelem
entrada f	inrit f	infart u	wjazd m	vjezd m	behajtás
gratuito	voor niets	förgäves	darmo	zbytečně	—
grátis	gratis	gratis	darmo	zadarmo	—
habitante m	bewoner m	invånare u	mieszkaniec m	obyvatel m	lakos
habitante m	inwoner m	invånare u	mieszkaniec m	obyvatel m	lakos
ultrapassar	—	köra förbi	wyprzedzać	předjíždět <předjet>	megelőz
conteúdo m	inhoud m	innehåll n	zawartość f	obsah m	tartalom
herdar	erven	ärva	dziedziczyć <odziedziczyć>	dědit <zdědit>	örököl
conteúdo m	—	innehåll n	zawartość f	obsah m	tartalom
princípio m	begin n	början u	początek m	začátek m	kezdet

in ieder geval

	D	E	F	I	ES
in ieder geval (NL)	jedenfalls	in any case	en tout cas	in ogni caso	en cualquier caso
iniezione (I)	Spritze *f*	injection	piqûre *f*	—	inyección *f*
inimigo (P)	Feind *m*	enemy	ennemi *m*	nemico *m*	enemigo *m*
in/into (E)	in	—	des/à/en	in/a/tra/fra	en/a
inizio[1] (I)	Anfang *m*	beginning	commencement *m*	—	inicio *m*
inizio[2] (I)	Beginn *m*	beginning	commencement *m*	—	principio *m*
injecção (P)	Spritze *f*	injection	piqûre *f*	iniezione *f*	inyección *f*
injection (E)	Spritze *f*	—	piqûre *f*	iniezione *f*	inyección *f*
injekció (H)	Spritze *f*	injection	piqûre *f*	iniezione *f*	inyección *f*
injure (E)	verletzen	—	blesser	ferire	herir
injury (E)	Verletzung *f*	—	blessure *f*	ferita *f*	herida *f*
injuste (F)	ungerecht	unjust	—	ingiusto(a)	injusto(a)
injustiça[1] (P)	Ungerechtigkeit *f*	injustice	injustice *f*	ingiustizia *f*	injusticia *f*
injustiça[2] (P)	Unrecht *n*	wrong	injustice *f*	torto *m*	injusticia *f*
injustice (E)	Ungerechtigkeit *f*	—	injustice *f*	ingiustizia *f*	injusticia *f*
injustice[1] (F)	Ungerechtigkeit *f*	injustice	—	ingiustizia *f*	injusticia *f*
injustice[2] (F)	Unrecht *n*	wrong	—	torto *m*	injusticia *f*
injusticia[1] (ES)	Ungerechtigkeit *f*	injustice	injustice *f*	ingiustizia *f*	—
injusticia[2] (ES)	Unrecht *n*	wrong	injustice *f*	torto *m*	—
injusto (P)	ungerecht	unjust	injuste	ingiusto(a)	injusto(a)
injusto(a) (ES)	ungerecht	unjust	injuste	ingiusto(a)	—
inklusive (D)	—	inclusive	inclus(e)	incluso(a)	incluso
inklusive (SV)	inklusive	inclusive	inclus(e)	incluso(a)	incluso
inkomen (NL)	Einkommen *n*	income	revenu *m*	entrate *f/pl*	ingresos *m/pl*
inkomst (SV)	Einkommen *n*	income	revenu *m*	entrate *f/pl*	ingresos *m/pl*
inkoop (NL)	Einkauf *m*	shopping	achat *m*	spesa *f*	compra *f*
inköp (SV)	Einkauf *m*	shopping	achat *m*	spesa *f*	compra *f*
inköp/köp (SV)	Kauf *m*	purchase	achat *m*	acquisto *m*	compra *f*
inledning (SV)	Eröffnung *f*	opening	ouverture *f*	apertura *f*	abertura *f*
inleven, zich (NL)	einleben, sich	settle down	acclimater, s'	ambientarsi	familiarizarse
inlichting (NL)	Auskunft *f*	information	renseignement *m*	informazione *f*	información *f*
inlichtingen inwinnen (NL)	erkundigen, sich	enquire	renseigner, se	informarsi	informarse
in love (E)	verliebt	—	amoureux(euse)	innamorato	enamorado(a)
in mezzo[1] (I)	dazwischen	in between	entre	—	entre
in mezzo[2] (I)	mitten	in the middle	au milieu	—	en medio
in mezzo a (I)	inmitten	in the middle of	au milieu de	—	en medio de
inmitten (D)	—	in the middle of	au milieu de	in mezzo a	en medio de
innalzare (I)	erhöhen	raise	augmenter	—	elevar
innamorarsi (I)	verlieben	fall in love	tomber amoureux(euse)	—	enamorarse
innamorato (I)	verliebt	in love	amoureux(euse)	—	enamorado(a)
innan[1] (SV)	bevor	before	avant que	prima che (di)	antes que
innan[2] (SV)	davor	before	avant	prima	antes
innanför (SV)	drinnen	inside	dedans	dentro	(a)dentro
inna(y,e) (PL)	andere(r,s)	other	autre	altro(a)	otra(o)
innehåll[1] (SV)	Gehalt *n*	salary	salaire *m*	stipendio *m*	sueldo *m*
innehåll[2] (SV)	Inhalt *m*	contents	contenu *m*	contenuto *m*	contenido *m*
innehålla (SV)	enthalten	contain	contenir	contenere	contener
innen (D)	—	inside	à l'intérieur	dentro	dentro/adentro
Innenstadt (D)	—	downtown	centre ville *m*	centro città *m*	centro de la ciudad *m*
innerhalb (D)	—	within	à l'intérieur de	entro	dentro de
innerstad (SV)	Innenstadt *f*	downtown	centre ville *m*	centro città *m*	centro de la ciudad *m*
innocent (E)	unschuldig	—	innocent(e)	innocente	inocente/puro(a)

innocent

P	NL	SV	PL	CZ	H
em todo o caso	—	i alla fall	w każdym bądź razie	v každém případě	mindenesetre
injecção f	spuit f	spruta u	strzykawka f	stříkačka f	injekció
—	vijand m	fiende u	wróg m	nepřítel m	ellenség
em	in	i	w	v	ba/be
princípio m	begin n	början u	początek m	začátek m	kezdet
começo m	begin n	början u	rozpoczęcie n	začátek m	kezdet
—	spuit f	spruta u	strzykawka f	stříkačka f	injekció
injecção f	spuit f	spruta u	strzykawka f	stříkačka f	injekció
injecção f	spuit f	spruta u	strzykawka f	stříkačka f	injekció
ferir	kwetsen	skada	skaleczyć	zraňovat <zranit>	megsebez
ferimento f	verwonding f	skada u	zranienie n	zranění n	sérülés
injusto	onrechtvaardig	orättvis	niesprawiedliwy	nespravedlivý	igazságtalan
—	onrechtvaardigheid f	orättvisa u	niesprawiedliwość f	nespravedlivost f	igazságtalanság
—	onrecht n	orätt u	bezprawie n	bezpráví n	jogtalanság
injustiça f	onrechtvaardigheid f	orättvisa u	niesprawiedliwość f	nespravedlivost f	igazságtalanság
injustiça f	onrechtvaardigheid f	orättvisa u	niesprawiedliwość f	nespravedlivost f	igazságtalanság
injustiça f	onrecht n	orätt u	bezprawie n	bezpráví n	jogtalanság
injustiça f	onrechtvaardigheid f	orättvisa u	niesprawiedliwość f	nespravedlivost f	igazságtalanság
injustiça f	onrecht n	orätt u	bezprawie n	bezpráví n	jogtalanság
—	onrechtvaardig	orättvis	niesprawiedliwy	nespravedlivý	igazságtalan
injusto	onrechtvaardig	orättvis	niesprawiedliwy	nespravedlivý	igazságtalan
inclusive	inclusief	inklusive	włącznie	včetně	beleértve
inclusive	inclusief	—	włącznie	včetně	beleértve
rendimento m	—	inkomst u	dochód m	příjem m	jövedelem
rendimento m	inkomen n	—	dochód m	příjem m	jövedelem
compra f	—	inköp n	zakup m	nákup m	bevásárlás
compra f	inkoop m	—	zakup m	nákup m	bevásárlás
compra f	koop m	—	zakup m	nákup m	vétel
abertura f	opening f	—	otwarcie n	otevření n	megnyítás
acostumar-se	—	anpassa sig	aklimatyzować, się <zaaklimatyzować, się>	zvykat, si <zvyknout, si>	beilleszkedik
informação f	—	information u	informacja f	informace f	információ
informar-se	—	informera sig	dowiadywać, się	informovat, se	érdeklődik
enamorado	verliefd	förälskad	zakochany	zamilovaný	szerelmes
entre	ertussen	mellan	między tymi	mezi tím	közben
no meio	midden	mitt/i mitten	pośrodku	uprostřed	közepén
no meio de	te midden van	mitt i	pośrodku	uprostřed	között
no meio de	te midden van	mitt i	pośrodku	uprostřed	között
aumentar	verhogen	öka	podwyższać <podwyższyć>	zvyšovat <zvýšit>	emel
enamorar-se	verliefd worden	förälska sig	zakochać się	zamilovat	beleszeret
enamorado	verliefd	förälskad	zakochany	zamilovaný	szerelmes
antes	alvorens	—	zanim	před	mielőtt
antes	daarvoor	—	przed	před/přede	előtte
no interior	binnen	—	w środku	uvnitř	belül
outro(s)	ander(e)	annan	—	jiný	másik
vencimento m	salaris n	—	pensja f	plat m	fizetés
conteúdo m	inhoud m	—	zawartość f	obsah m	tartalom
conter	omvatten	—	zawierać	obsahovat	tartalmaz
dentro	binnen	invändigt	w środku	uvnitř	belül
centro da cidade m	stadscentrum n	innerstad u	centrum miasta n	střed města n	belváros
dentro	binnen	inom	w obrębie	uvnitř	belül
centro da cidade m	stadscentrum n	—	centrum miasta n	střed města n	belváros
inocente	onschuldig	oskyldig	niewinny	nevinný	ártatlan

innocent(e)

	D	E	F	I	ES
innocent(e) (F)	unschuldig	innocent	—	innocente	inocente/puro(a)
innocente (I)	unschuldig	innocent	innocent(e)	—	inocente/puro(a)
inocente (P)	unschuldig	innocent	innocent(e)	innocente	inocente/puro(a)
inocente/puro(a) (ES)	unschuldig	innocent	innocent(e)	innocente	—
inofensivo (P)	harmlos	harmless	inoffensif(–ive)	inoffensivo(a)	inofensivo(a)
inofensivo(a) (ES)	harmlos	harmless	inoffensif(–ive)	inoffensivo(a)	—
inoffensif(-ive) (F)	harmlos	harmless	—	inoffensivo(a)	inofensivo(a)
inoffensivo(a) (I)	harmlos	harmless	inoffensif(–ive)	—	inofensivo(a)
in ogni caso (I)	jedenfalls	in any case	en tout cas	—	en cualquier caso
inoltrare (I)	nachsenden	send on	faire suivre	—	enviar a la nueva dirección
inoltre (I)	außerdem	besides	en outre	—	además
inom (SV)	innerhalb	within	à l'intérieur de	entro	dentro de
inondation (F)	Überschwemmung f	flood	—	inondazione f	inundación f
inondazione (I)	Überschwemmung f	flood	inondation f	—	inundación f
inpaciente (ES)	ungeduldig	impatient	impatient(e)	impaziente	—
in qualche modo (I)	irgendwie	somehow	n'importe comment	—	de alguna manera
in qualche posto (I)	irgendwo	somewhere	n'importe où	—	en alguna parte
inquérito (P)	Umfrage f	poll	enquête f	inchiesta f	encuesta f
inquietar (ES)	beunruhigen	disturb	inquiéter	inquietare	—
inquietar (P)	beunruhigen	disturb	inquiéter	inquietare	inquietar
inquietare (I)	beunruhigen	disturb	inquiéter	—	inquietar
inquiéter (F)	beunruhigen	disturb	—	inquietare	inquietar
inquiet(iète) (F)	unruhig	restless	—	inquieto(a)	intranquilo(a)
inquieto (P)	unruhig	restless	inquiet(iète)	inquieto(a)	intranquilo(a)
inquieto(a) (I)	unruhig	restless	inquiet(iète)	—	intranquilo(a)
inquilino (I)	Mieter m	tenant	locataire m	—	inquilino m
inquilino (ES)	Mieter m	tenant	locataire m	inquilino m	—
inquilino (P)	Mieter m	tenant	locataire m	inquilino m	inquilino m
inrätta (SV)	einrichten	fit out	aménager	arredare	equipar
inredning (SV)	Einrichtung f	furnishing	ameublement m	arredamento m	mobiliario m
inrichten (NL)	einrichten	fit out	aménager	arredare	equipar
inrichting¹ (NL)	Anlage f	plant	installation f	impianto m	establecimiento m
inrichting² (NL)	Einrichtung f	furnishing	ameublement m	arredamento m	mobiliario m
inrit (NL)	Einfahrt f	entrance	entrée f	ingresso m	entrada f
insalata (I)	Salat m	salad	salade f	—	ensalada f
insalubre (P)	ungesund	unhealthy	malsain(e)	malsano(a)	enfermizo(a)
inschakelen (NL)	einschalten	switch on	allumer	accendere	conectar
inscrição (P)	Anmeldung f	announcement	annonce f	annuncio m	aviso m
insect (E)	Insekt n	insect	insecte m	insetto m	insecto m
insect (NL)	Insekt n	insect	insecte m	insetto m	insecto m
insecte (F)	Insekt n	insect	—	insetto m	insecto m
insecto (ES)	Insekt n	insect	insecte m	insetto m	—
insecto (P)	Insekt n	insect	insecte m	insetto m	insecto m
insegnare (I)	lehren	teach	enseigner	—	enseñar
inseguire (I)	verfolgen	pursue	poursuivre	—	perseguir
in seguito (I)	dann	then	ensuite	—	luego
in seguito a (I)	infolge	as a result of	par suite de	—	por
inseguro (P)	unsicher	uncertain	incertain(e)	incerto(a)	inseguro(a)
inseguro(a) (ES)	unsicher	uncertain	incertain(e)	incerto(a)	—
Insekt (D)	—	insect	insecte m	insetto m	insecto m
insekt (SV)	Insekt n	insect	insecte m	insetto m	insecto m
Insel (D)	—	island	île f	isola f	isla f
insetto (I)	Insekt n	insect	insecte m	—	insecto m
insgesamt (D)	—	altogether	dans l'ensemble	complessivamente	en suma

insgesamt

P	NL	SV	PL	CZ	H
inocente	onschuldig	oskyldig	niewinny	nevinný	ártatlan
inocente	onschuldig	oskyldig	niewinny	nevinný	ártatlan
—	onschuldig	oskyldig	niewinny	nevinný	ártatlan
inocente	onschuldig	oskyldig	niewinny	nevinný	ártatlan
—	ongevaarlijk	ofarlig	nieszkodliwy	neškodný	ártalmatlan
inofensivo	ongevaarlijk	ofarlig	nieszkodliwy	neškodný	ártalmatlan
inofensivo	ongevaarlijk	ofarlig	nieszkodliwy	neškodný	ártalmatlan
inofensivo	ongevaarlijk	ofarlig	nieszkodliwy	neškodný	ártalmatlan
em todo o caso	in ieder geval	i alla fall	w każdym bądź razie	v každém případě	mindenesetre
remeter	nazenden	eftersända	dosyłac <dosłać>	dosílat <doslat>	utánaküld
além disso	bovendien	dessutom	ponadto	mimo	azonkívül
dentro	binnen	—	w obrębie	uvnitř	belül
inundação f	overstroming f	översvämning u	powódź f	záplava f	árvíz
inundação f	overstroming f	översvämning u	powódź f	záplava f	árvíz
impaciente	ongeduldig	otålig	niecierpliwy	netrpělivý	türelmetlen
de qualquer modo	hoe dan ook	på ett eller annat sätt	jakoś	nějak	valahogy
algures	ergens	någonstans	gdziekolwiek	někde	valahol
—	enquête f	enkät u	ankieta f	anketa f	körkérdés
inquietar	verontrusten	oroa	niepokoić <zaniepokoić>	znepokojovat <znepokojit>	nyugtalanít
—	verontrusten	oroa	niepokoić <zaniepokoić>	znepokojovat <znepokojit>	nyugtalanít
inquietar	verontrusten	oroa	niepokoić <zaniepokoić>	znepokojovat <znepokojit>	nyugtalanít
inquietar	verontrusten	oroa	niepokoić <zaniepokoić>	znepokojovat <znepokojit>	nyugtalanít
inquieto	onrustig	orolig	niespokojny	neklidný	nyugtalan
—	onrustig	orolig	niespokojny	neklidný	nyugtalan
inquieto	onrustig	orolig	niespokojny	neklidný	nyugtalan
inquilino m	huurder m	hyresgäst u	najemca m	nájemník m	bérlő
inquilino m	huurder m	hyresgäst u	najemca m	nájemník m	bérlő
—	huurder m	hyresgäst u	najemca m	nájemník m	bérlő
arranjar	inrichten	—	urządzać <urządzić>	zařizovat <zařídit>	berendez
mobília f	inrichting f	—	urządzenie n	zařízení n	berendezés
arranjar	—	inrätta	urządzać <urządzić>	zařizovat <zařídit>	berendez
construção f	—	anläggning u	obiekt m	příloha	berendezés
mobília f	—	inredning u	urządzenie n	zařízení n	berendezés
entrada f	—	infart u	wjazd m	vjezd m	behajtás
salada f	sla m	sallad u	sałata f	salát m	saláta
—	ongezond	ohälsosam	niezdrowy	nezdravý	egészségtelen
ligar	—	koppla in	włączać <włączyć>	zapínat <zapnout>	bekapcsol
—	aanmelding f	anmälan u	zgłoszenie f	přihláška f	bejelentés
insecto m	insect n	insekt u	owad m	hmyz m	rovar
insecto m	—	insekt u	owad m	hmyz m	rovar
insecto m	insect n	insekt u	owad m	hmyz m	rovar
insecto m	insect n	insekt u	owad m	hmyz m	rovar
—	insect n	insekt u	owad m	hmyz m	rovar
ensinar	leren	lära ut	nauczać	učit	tanít
perseguir	vervolgen	förfölja	ścigać	pronásledovat	üldöz
então	dan	sedan	później	potom	aztán
em consequência de	ten gevolge	på grund av	wskutek	v důsledku	következtében
—	onzeker	osäker	niepewny	nejistý	bizonytalan
inseguro	onzeker	osäker	niepewny	nejistý	bizonytalan
insecto m	insect n	insekt u	owad m	hmyz m	rovar
insecto m	insect n	—	owad m	hmyz m	rovar
ilha f	eiland n	ö u	wyspa f	ostrov m	sziget
insecto m	insect n	insekt u	owad m	hmyz m	rovar
na totalidade	in totaal	sammantaget	ogółem	celkem	összesen

inside

	D	E	F	I	ES
inside[1] (E)	drinnen	—	dedans	dentro	(a)dentro
inside[2] (E)	innen	—	à l'intérieur	dentro	dentro/adentro
insieme (I)	zusammen	together	ensemble	—	junto
insjuknande (SV)	erkranken	get ill	tomber malade	ammalarsi	enfermar
inslaan[1] (NL)	einbiegen	turn	tourner	svoltare	doblar
inslaan[2] (NL)	einschlagen	smash	casser	rompere	romper
inslapen (NL)	einschlafen	fall asleep	endormir, s'	addormentarsi	dormirse
insluiten (NL)	einschließen	lock up	refermer	rinchiudere	encerrar
insolent(e) (F)	frech	cheeky	—	sfacciato(a)	atrevido(a)
insolente (P)	frech	cheeky	insolent(e)	sfacciato(a)	atrevido(a)
insolito(a) (I)	ungewöhnlich	unusual	exceptionnel(le)	—	inusual
insolventní (CZ)	pleite	penniless	fauché(e)	fallito(a)	en quiebra
insopportabile (I)	unerträglich	unbearable	insupportable	—	inanguantable
inspannen (NL)	anstrengen, sich	make an effort	faire des efforts	affaticare	esforzarse
inspector (E)	Kontrolleur m	—	contrôleur m	controllore m	controlador m
inspire (E)	begeistern	—	enthousiasmer	entusiasmare	entusiasmar
instalação (P)	Leitung f	pipe	tuyau m	conduttura f	tubería f
inställa (SV)	absagen	decline	annuler	disdire	anular
installation (F)	Anlage f	plant	—	impianto m	establecimiento m
inställning (SV)	Einstellung f	attitude	attitude f	atteggiamento m	actitud f
instämma (SV)	zustimmen	agree	être d'accord	acconsentire	consentir
instant (F)	Augenblick m	moment	—	attimo m	momento m
instante (P)	Augenblick m	moment	instant m	attimo m	momento m
instantie/overheid (NL)	Behörde f	authorities	autorités f/pl	autorità f/pl	autoridad f
instappen (NL)	einsteigen	get in	monter	salire in	subir a
instead (E)	dagegen	—	en échange	invece	en su lugar
instead of (E)	anstatt	—	au lieu de	invece di	en vez de
instellen (NL)	einstellen	adjust	régler	regolare	ajustar
instelling (NL)	Einstellung f	attitude	attitude f	atteggiamento m	actitud f
instituição (P)	Amt n	office	bureau m	ufficio m	oficio m
instorten (NL)	einstürzen	collapse	écrouler, s'	crollare	derrumbarse
instrucciones para el uso (ES)	Gebrauchsanweisung f	user manual	manuel d'utilisation m	istruzioni per l'uso f/pl	—
instruções de uso (P)	Gebrauchsanweisung f	user manual	manuel d'utilisation m	istruzioni per l'uso f/pl	instrucciones para el uso f/pl
instruct (E)	beauftragen	—	charger de	incaricare	encargar
instruction (E)	Befehl m	—	instruction m	comando m	orden f
instruction (F)	Befehl m	instruction	—	comando m	orden f
instruir (ES)	ausbilden	educate	former	addestrare	—
instrukcja obsługi (PL)	Gebrauchsanweisung f	user manual	manuel d'utilisation m	istruzioni per l'uso f/pl	instrucciones para el uso f/pl
insuccesso (I)	Misserfolg m	failure	échec m	—	fracaso m
insult (E)	beleidigen	—	offenser	offendere	ofender
insult (E)	Beleidigung f	—	offense f	offesa f	ofensa f
insultar (ES)	schimpfen	scold	gronder	sgridare	—
insuportável (P)	unerträglich	unbearable	insupportable	insopportabile	inanguantable
insupportable (F)	unerträglich	unbearable	—	insopportabile	inanguantable
insurance (E)	Versicherung f	—	assurance f	assicurazione f	seguro m
int (H)	winken	wave	faire signe	chiamare con cenni	hacer señas
inteligência (P)	Verstand m	intelligence	intelligence f	intelletto m	razón f
inteligente[1] (ES)	intelligent	intelligent	intelligent(e)	intelligente	—
inteligente[2] (ES)	klug	clever	intelligent(e)	intelligente	—
inteligente[1] (P)	intelligent	intelligent	intelligent(e)	intelligente	inteligente

inteligente

P	NL	SV	PL	CZ	H
no interior	binnen	innanför	w środku	uvnitř	belül
dentro	binnen	invändigt	w środku	uvnitř	belül
junto	samen	tillsammans	razem	společně	együtt
adoecer	ziek worden	—	zachorować	onemocnět	megbetegszik
virar	—	vika av	zaginać <zgiąć>	zahýbat <zahnout>	befordul
pregar	—	slå in	wybijać <wybić>	vrážet <vrazit>	bever
adormecer	—	somna	zasypiać <zasnąć>	usínat <usnout>	elalszik
fechar	—	låsa in	zamykać <zamknąć>	zavírat <zavřít>	bezár
insolente	brutaal	fräck	bezczelny	drzý	szemtelen
—	brutaal	fräck	bezczelny	drzý	szemtelen
pouco habitual	ongewoon	ovanlig	niezwykły	neobvyklý	szokatlan
falido	failliet	bankrutt	plajta f	—	tönkrement
insuportável	ondraaglijk	outhärdlig	nieznośny	nesnesitelný	elviselhetetlen
cansar	—	anstränga sig	wysilać się <wysilić się>	namáhat, se	igyekszik
revisor m	controleur m	kontrollör u	kontroler m	kontrolor	ellenőrző
entusiasmar	bezielen	hänföra	zachwycać	nadchnout, se	fellelkesít
—	leiding f	ledning u	przewód m	vedení n	vezeték
recusar	afzeggen	—	odmówić	odříkat <odříct>	lemond
construção f	inrichting f	anläggning u	obiekt m	příloha	berendezés
colocação f	instelling f	—	nastawienie n	nastavení n	alkalmazás
consentir	toestemmen	—	zgadzać się	souhlasit	helyesel
instante m	ogenblik n	ögonblick n	chwila f	okamžik m	pillanat
—	ogenblik n	ögonblick n	chwila f	okamžik m	pillanat
repartição pública f	—	myndighet u	urząd m	úřad m	hatóság
entrar	—	stiga på	wsiadać <wsiąść>	nastupovat <nastoupit>	felszáll
contra	ertegen	emot	przeciw	proti	azzal szemben
em vez de	in de plaats van	istället för	zamiast	místo	helyett
colocar	—	anställa	ustawiać <ustawić>	nastavovat <nastavit>	alkalmaz
colocação f	—	inställning u	nastawienie n	nastavení n	alkalmazás
—	ambt n	ämbete n	urząd m	úřad m	hivatal
derrubar	—	störta in	zawalać, się <zawalić, się>	zřítit se	összeomlik
instruções de uso f/pl	gebruiksaanwijzing f	bruksanvisning u	instrukcja obsługi f	návod k použití m	használati utasítás
—	gebruiksaanwijzing f	bruksanvisning u	instrukcja obsługi f	návod k použití m	használati utasítás
encarregar	belasten	ge i uppdrag	zlecać <zlecić>	pověrovat <pověřit>	megbíz
comando m	commando n	order u	polecenie n	příkaz m	utasítás
comando m	commando n	order u	polecenie n	příkaz m	utasítás
formar	opleiden	utbilda	kształcić <wykształcić>	vzdělávat <vzdělat>	kiképez
instruções de uso f/pl	gebruiksaanwijzing f	bruksanvisning u	—	návod k použití m	használati utasítás
fracasso m	mislukking f	motgång u	niepowodzenie n	neúspěch m	kudarc
ofender	beledigen	förolämpa	obrażać <obrazić>	urážet <urazit>	sért
ofensa f	belediging f	förolämpning u	obraza f	urážka f	sértés
ralhar	schelden	gräla	besztać	nadávat <zanadávat>	szitkozódik
—	ondraaglijk	outhärdlig	nieznośny	nesnesitelný	elviselhetetlen
insuportável	ondraaglijk	outhärdlig	nieznośny	nesnesitelný	elviselhetetlen
seguro m	verzekering f	försäkring u	ubezpieczenie n	pojištění n	biztosítás
acenar	wuiven	vinka	machać	mávat <mávnout>	—
—	verstand n	förstånd n	rozum m	rozum m	értelem
inteligente	intelligent	intelligent	inteligentny	inteligentní	intelligens
inteligente	wijs	klok	mądry	chytrý	okos
—	intelligent	intelligent	inteligentny	inteligentní	intelligens

inteligente

	D	E	F	I	ES
inteligente² (P)	klug	clever	intelligent(e)	intelligente	inteligente
inteligentní (CZ)	intelligent	intelligent	intelligent(e)	intelligente	inteligente
inteligentny (PL)	intelligent	intelligent	intelligent(e)	intelligente	inteligente
intelletto (I)	Verstand m	intelligence	intelligence f	—	razón f
intelligence (E)	Verstand m	—	intelligence f	intelletto m	razón f
intelligence (F)	Verstand m	intelligence	—	intelletto m	razón f
intelligens (H)	intelligent	intelligent	intelligent(e)	intelligente	inteligente
intelligent (D)	—	intelligent	intelligent(e)	intelligente	inteligente
intelligent (E)	intelligent	—	intelligent(e)	intelligente	inteligente
intelligent (NL)	intelligent	intelligent	intelligent(e)	intelligente	inteligente
intelligent (SV)	intelligent	intelligent	intelligent(e)	intelligente	inteligente
intelligent(e)¹ (F)	intelligent	intelligent	—	intelligente	inteligente
intelligent(e)² (F)	klug	clever	—	intelligente	inteligente
intelligente¹ (I)	intelligent	intelligent	intelligent(e)	—	inteligente
intelligente² (I)	klug	clever	intelligent(e)	—	inteligente
in tempo (I)	rechtzeitig	in time	à temps	—	a tiempo
intenção (P)	Absicht f	intention	intention f	intenzione f	intención f
intención¹ (ES)	Absicht f	intention	intention f	intenzione f	—
intención² (ES)	Ziel n	goal	but m	meta f	—
intencionado(a) (ES)	bewusst	deliberate	délibéré(e)	intenzionale	—
intend¹ (E)	beabsichtigen	—	avoir l'intention de	avere (l')intenzione di	proyectar
intend² (E)	vorhaben	—	avoir l'intention de	avere intenzione	tener la intecíon de
intention (E)	Absicht f	—	intention f	intenzione f	intención f
intention (F)	Absicht f	intention	—	intenzione f	intención f
intentionally (E)	absichtlich	—	exprès	apposta	adrede
intento (ES)	Versuch m	try	essai m	tentativo m	—
intenzionale (I)	bewusst	deliberate	délibéré(e)	—	intencionado(a)
intenzione (I)	Absicht f	intention	intention f	—	intención f
interdit(e) (F)	verboten	forbidden	—	vietato(a)	prohibido(a)
interesante (ES)	interessant	interesting	intéressant(e)	interessante	—
interessant (D)	—	interesting	intéressant(e)	interessante	interesante
interessant (NL)	interessant	interesting	intéressant(e)	interessante	interesante
interessant (SV)	interessant	interesting	intéressant(e)	interessante	interesante
interessante (I)	interessant	interesting	intéressant(e)	—	interesante
interessante (P)	interessant	interesting	intéressant(e)	interessante	interesante
intéressant(e) (F)	interessant	interesting	—	interessante	interesante
interessarsi di (I)	kümmern, sich	look after	occuper de, s'	—	ocuparse de
interesting (E)	interessant	—	intéressant(e)	interessante	interesante
interesujący (PL)	interessant	interesting	intéressant(e)	interessante	interesante
interjú (H)	Interview n	interview	interview f	intervista f	entrevista f
interlokaal telefoongesprek (NL)	Ferngespräch n	long-distance call	communication interurbaine f	telefonata interurbana f	llamada interurbana f
Internet (D)	—	internet	internet m	internet f	internet m
internet (E)	Internet n	—	internet m	internet f	internet m
internet (F)	Internet n	internet	—	internet f	internet m
internet (I)	Internet n	internet	internet m	—	internet m
internet (ES)	Internet n	internet	internet m	internet f	—
internet (P)	Internet n	internet	internet m	internet f	internet m
internet (NL)	Internet n	internet	internet m	internet f	internet m
internet (SV)	Internet n	internet	internet m	internet f	internet m
Internet (PL)	Internet n	internet	internet m	internet f	internet m
internet (CZ)	Internet n	internet	internet m	internet f	internet m
internet (H)	Internet n	internet	internet m	internet f	internet m
intero(a) (I)	ganz	whole	tout(e)	—	entero(a)
interromper (P)	unterbrechen	interrupt	interrompre	interrompere	interrumpir

interromper

P	NL	SV	PL	CZ	H
—	wijs	klok	mądry	chytrý	okos
inteligente	intelligent	intelligent	inteligentny	—	intelligens
inteligente	intelligent	intelligent	—	inteligentní	intelligens
inteligência f	verstand n	förstånd n	rozum m	rozum m	értelem
inteligência f	verstand n	förstånd n	rozum m	rozum m	értelem
inteligência f	verstand n	förstånd n	rozum m	rozum m	értelem
inteligente	intelligent	intelligent	inteligentny	inteligentní	—
inteligente	intelligent	intelligent	inteligentny	inteligentní	intelligens
inteligente	intelligent	intelligent	inteligentny	inteligentní	intelligens
inteligente	—	intelligent	inteligentny	inteligentní	intelligens
inteligente	intelligent	—	inteligentny	inteligentní	intelligens
inteligente	intelligent	intelligent	inteligentny	inteligentní	intelligens
inteligente	wijs	klok	mądry	chytrý	okos
inteligente	intelligent	intelligent	inteligentny	inteligentní	intelligens
inteligente	wijs	klok	mądry	chytrý	okos
a tempo	tijdig	i rätt tid	w porę	včas	időben
—	bedoeling f	avsikt u	zamiar m	úmysl m	szándék
intenção f	bedoeling f	avsikt u	zamiar m	úmysl m	szándék
meta f	doel n	mål n	cel m	cíl m	cél
consciente	bewust	medvetet	świadomy	vědomě	tudatos
tencionar	van plan zijn	ha för avsikt	zamierzać <zamierzyć>	mít v úmyslu	szándékozik
tencionar fazer	voorhebben	ha i tankarna	zamierzać	mít v úmyslu	szándékozik
intenção f	bedoeling f	avsikt u	zamiar m	úmysl m	szándék
intenção f	bedoeling f	avsikt u	zamiar m	úmysl m	szándék
propositadamente	opzettelijk	avsiktligt	celowo	úmyslně	szándékos
ensaio m	poging f	försök n	próba f	pokus m	kísérlet
consciente	bewust	medvetet	świadomy	vědomě	tudatos
intenção f	bedoeling f	avsikt u	zamiar m	úmysl m	szándék
proibido	verboden	förbjuden	zabroniony	zakázaný	tilos
interessante	interessant	interessant	interesujący	zajímavý	érdekes
interessante	interessant	interessant	interesujący	zajímavý	érdekes
interessante	—	interessant	interesujący	zajímavý	érdekes
interessante	interessant	—	interesujący	zajímavý	érdekes
interessante	interessant	interessant	interesujący	zajímavý	érdekes
—	interessant	interessant	interesujący	zajímavý	érdekes
interessante	interessant	interessant	interesujący	zajímavý	érdekes
cuidar de	bekommeren, zich	ta hand om	troszczyć, się	starat, se <postarat, se>	törődik
interessante	interessant	interessant	interesujący	zajímavý	érdekes
interessante	interessant	interessant	—	zajímavý	érdekes
entrevista f	interview n	intervju u	wywiad m	rozhovor m	—
telefonema interurbano m	—	utlandssamtal n	rozmowa międzymiastowa f	dálkový hovor m	távolsági hívás
internet m	internet n	internet n	Internet m	internet m	internet
internet m	internet n	internet n	Internet m	internet m	internet
internet m	internet n	internet n	Internet m	internet m	internet
internet m	internet n	internet n	Internet m	internet m	internet
internet m	internet n	internet n	Internet m	internet m	internet
—	internet n	internet n	Internet m	internet m	internet
internet m	—	internet n	Internet m	internet m	internet
internet m	internet n	—	Internet m	internet m	internet
internet m	internet n	internet n	—	internet m	internet
internet m	internet n	internet n	Internet m	—	internet
internet m	internet n	internet n	Internet m	internet m	—
todo	geheel	helt	całkiem	úplně	egész
—	onderbreken	avbryta	przerywać	přerušovat <přerušit>	megszakít

interrompere

	D	E	F	I	ES
interrompere (I)	unterbrechen	interrupt	interrompre	—	interrumpir
interrompre (F)	unterbrechen	interrupt	—	interrompere	interrumpir
interrumpir (ES)	unterbrechen	interrupt	interrompre	interrompere	—
interrupção (P)	Unterbrechung f	interruption	interruption f	interruzione f	interrupción f
interrupción (ES)	Unterbrechung f	interruption	interruption f	interruzione f	—
interrupt (E)	unterbrechen	—	interrompre	interrompere	interrumpir
interrupteur (F)	Lichtschalter m	light switch	—	interruttore m	interruptor m
interruption (E)	Unterbrechung f	—	interruption f	interruzione f	interrupción f
interruption (F)	Unterbrechung f	interruption	—	interruzione f	interrupción f
interruptor (ES)	Lichtschalter m	light switch	interrupteur m	interruttore m	—
interruptor¹ (P)	Schalter m	counter	guichet m	sportello m	ventanilla f
interruptor² (P)	Lichtschalter m	light switch	interrupteur m	interruttore m	interruptor m
interruttore (I)	Lichtschalter m	light switch	interrupteur m	—	interruptor m
interruzione (I)	Unterbrechung f	interruption	interruption f	—	interrupción f
intersection (F)	Kreuzung f	crossing	—	incrocio m	cruce m
intervalo (P)	Pause f	break	pause f	pausa f	pausa f
intervene (E)	eingreifen	—	intervenir	intervenire	intervenir
intervenir (F)	eingreifen	intervene	—	intervenire	intervenir
intervenir (ES)	eingreifen	intervene	intervenir	intervenire	—
intervenire (I)	eingreifen	intervene	intervenir	—	intervenir
Interview (D)	—	interview	interview f	intervista f	entrevista f
interview (E)	Interview n	—	interview f	intervista f	entrevista f
interview (F)	Interview n	interview	—	intervista f	entrevista f
interview (NL)	Interview n	interview	interview f	intervista f	entrevista f
intervir (P)	eingreifen	intervene	intervenir	intervenire	intervenir
intervista (I)	Interview n	interview	interview f	—	entrevista f
intervju (SV)	Interview n	interview	interview f	intervista f	entrevista f
interweniować <zainter-weniować> (PL)	eingreifen	intervene	intervenir	intervenire	intervenir
in the afternoon (E)	nachmittags	—	à l'après-midi	di pomeriggio	por la tarde
in the evening (E)	abends	—	le soir	di sera	por la tarde
in the middle (E)	mitten	—	au milieu	in mezzo	en medio
in the middle of (E)	inmitten	—	au milieu de	in mezzo a	en medio de
in time (E)	rechtzeitig	—	à temps	in tempo	a tiempo
intorno (I)	herum	around	autour	—	alrededor
in totaal (NL)	insgesamt	altogether	dans l'ensemble	complessivamente	en suma
inträde (SV)	Eintritt m	admission	entrée f	entrata f	entrada f
intranquilo(a) (ES)	unruhig	restless	inquiet(iète)	inquieto(a)	—
intraprendere (I)	unternehmen	undertake	entreprendre	—	emprender
introduce (E)	vorstellen	—	présenter	presentare	presentar
intryck (SV)	Eindruck m	impression	impression f	impressione f	impresión f
intyga (SV)	bescheinigen	certify	attester	attestare	atestiguar
inundação (P)	Überschwemmung f	flood	inondation f	inondazione f	inundación f
inundación (ES)	Überschwemmung f	flood	inondation f	inondazione f	—
inusual (ES)	ungewöhnlich	unusual	exceptionnel(le)	insolito(a)	—
inútil¹ (ES)	nutzlos	useless	inutile	inutile	—
inútil² (ES)	unnötig	unnecessary	inutile	inutile	—
inútil³ (ES)	zwecklos	useless	inutile	inutile	—
inútil¹ (P)	nutzlos	useless	inutile	inutile	inútil

P	NL	SV	PL	CZ	H
interromper	onderbreken	avbryta	przerywać	přerušovat <přerušit>	megszakít
interromper	onderbreken	avbryta	przerywać	přerušovat <přerušit>	megszakít
interromper	onderbreken	avbryta	przerywać	přerušovat <přerušit>	megszakít
—	onderbreking f	avbrott n	przerwanie n	přerušení n	megszakítás
interrupção f	onderbreking f	avbrott n	przerwanie n	přerušení n	megszakítás
interromper	onderbreken	avbryta	przerywać	přerušovat <přerušit>	megszakít
interruptor m	lichtschakelaar m	ljuskontakt u	włącznik światła m	vypínač světla m	villanykapcsoló
interrupção f	onderbreking f	avbrott n	przerwanie n	přerušení n	megszakítás
interrupção f	onderbreking f	avbrott n	przerwanie n	přerušení n	megszakítás
interruptor m	lichtschakelaar m	ljuskontakt u	włącznik światła m	vypínač světla m	villanykapcsoló
—	schakelaar m	strömbrytare u	włącznik m	vypínač m	kapcsoló
—	lichtschakelaar m	ljuskontakt u	włącznik światła m	vypínač světla m	villanykapcsoló
interruptor m	lichtschakelaar m	ljuskontakt u	włącznik światła m	vypínač světla m	villanykapcsoló
interrupção f	onderbreking f	avbrott n	przerwanie n	přerušení n	megszakítás
cruzamento m	kruispunt n	korsning u	skrzyżowanie n	křižovatka f	kereszteződés
—	pauze f	paus u	przerwa f	přestávka f	szünet
intervir	tussenkomen	gripa in	interweniować <zainterweniować>	zasahovat <zasáhnout>	beavatkozik
intervir	tussenkomen	gripa in	interweniować <zainterweniować>	zasahovat <zasáhnout>	beavatkozik
intervir	tussenkomen	gripa in	interweniować <zainterweniować>	zasahovat <zasáhnout>	beavatkozik
intervir	tussenkomen	gripa in	interweniować <zainterweniować>	zasahovat <zasáhnout>	beavatkozik
entrevista f	interview n	intervju u	wywiad m	rozhovor m	interjú
entrevista f	interview n	intervju u	wywiad m	rozhovor m	interjú
entrevista f	interview n	intervju u	wywiad m	rozhovor m	interjú
entrevista f	—	intervju u	wywiad m	rozhovor m	interjú
—	tussenkomen	gripa in	interweniować <zainterweniować>	zasahovat <zasáhnout>	beavatkozik
entrevista f	interview n	intervju u	wywiad m	rozhovor m	interjú
entrevista f	interview n	—	wywiad m	rozhovor m	interjú
intervir	tussenkomen	gripa in	—	zasahovat <zasáhnout>	beavatkozik
de tarde	's namiddags	på eftermiddagen	po południu	odpoledne	délutánonként
à noite	's avonds	på kvällen	wieczorem	večer	este
no meio	midden	mitt/i mitten	pośrodku	uprostřed	közepén
no meio de	te midden van	mitt i	pośrodku	uprostřed	között
a tempo	tijdig	i rätt tid	w porę	včas	időben
em volta	omheen	omkring	dookoła	kolem	körül
na totalidade	—	sammantaget	ogółem	celkem	összesen
entrada f	toegang m	—	wstęp m	vstup m	belépés
inquieto	onrustig	orolig	niespokojny	neklidný	nyugtalan
empreender	ondernemen	företa sig	przedsięwziąć	podnikat <podniknout>	vállalkozik
imaginar	voorstellen	presentera	przedstawiać	představovat <představit>	bemutat
impressão f	indruk m	—	wrażenie n	dojem m	benyomás
atestar	attesteren	—	poświadczać <poświadczyć>	potvrzovat <potvrdit>	igazol
—	overstroming f	översvämning u	powódź f	záplava f	árvíz
inundação f	overstroming f	översvämning u	powódź f	záplava f	árvíz
pouco habitual	ongewoon	ovanlig	niezwykły	neobvyklý	szokatlan
inútil	nutteloos	onyttig	bezużyteczny	neužitečný	hiábavaló
desnecessário	onnodig	onödig	niepotrzebny	zbytečný	szükségtelen
inútil	zinloos	meningslös	bezcelowy	zbytečný	értelmetlen
—	nutteloos	onyttig	bezużyteczny	neužitečný	hiábavaló

inútil

	D	E	F	I	ES
inútil² (P)	zwecklos	useless	inutile	inutile	inútil
inutile¹ (F)	nutzlos	useless	—	inutile	inútil
inutile² (F)	unnötig	unnecessary	—	inutile	inútil
inutile³ (F)	zwecklos	useless	—	inutile	inútil
inutile¹ (I)	nutzlos	useless	inutile	—	inútil
inutile² (I)	unnötig	unnecessary	inutile	—	inútil
inutile³ (I)	zwecklos	useless	inutile	—	inútil
invalid (E)	ungültig	—	non valable	non valido(a)	no válido(a)
inválido (P)	ungültig	invalid	non valable	non valido(a)	no válido(a)
invånare (SV)	Bewohner m	inhabitant	habitant m	abitante m	habitante m
invånare (SV)	Einwohner m	inhabitant	habitant m	abitante m	habitante m
invändigt (SV)	innen	inside	à l'intérieur	dentro	dentro/adentro
invece (I)	dagegen	instead	en échange	—	en su lugar
invece di (I)	anstatt	instead of	au lieu de	—	en vez de
inveja (P)	Neid m	envy	jalousie f	invidia f	envidia f
invejar alguém (P)	beneiden	envy	envier	invidiare	envidiar
invejoso (P)	neidisch	envious	envieux(euse)	invidioso(a)	envidioso(a)
invent (E)	erfinden	—	inventer	inventare	inventar
inventar (ES)	erfinden	invent	inventer	inventare	—
inventar (P)	erfinden	invent	inventer	inventare	inventar
inventare (I)	erfinden	invent	inventer	—	inventar
inventer (F)	erfinden	invent	—	inventare	inventar
inverno (I)	Winter m	winter	hiver m	—	invierno m
inverno (P)	Winter m	winter	hiver m	inverno m	invierno m
inverso (P)	umgekehrt	vice versa	vice versa	inverso(a)	contrario(a)
inverso(a) (I)	umgekehrt	vice versa	vice versa	—	contrario(a)
in viaggio (I)	unterwegs	on the way	en route	—	en el camino
inviare (I)	schicken	send	envoyer	—	mandar
invidia (I)	Neid m	envy	jalousie f	—	envidia f
invidiare (I)	beneiden	envy	envier	—	envidiar
invidioso(a) (I)	neidisch	envious	envieux(euse)	—	envidioso(a)
invierno (ES)	Winter m	winter	hiver m	inverno m	—
invitado (ES)	Gast m	guest	invité m	ospite m	—
invitar¹ (ES)	auffordern	ask	inviter	invitare	—
invitar² (ES)	einladen	invite	inviter	invitare	—
invitare¹ (I)	auffordern	ask	inviter	—	invitar
invitare² (I)	einladen	invite	inviter	—	invitar
invite (E)	einladen	—	inviter	invitare	invitar
invité (F)	Gast m	guest	—	ospite m	invitado m
inviter¹ (F)	auffordern	ask	—	invitare	invitar
inviter² (F)	einladen	invite	—	invitare	invitar
invloed (NL)	Einfluss m	influence	influence f	influenza f	influencia f
invoerrechten betalen (NL)	verzollen	clear through customs	dédouaner	sdoganare	pagar la aduana
invraisemblable (F)	unwahrscheinlich	unlikely	—	improbabile	improbable
invullen (NL)	ausfüllen	fill in	remplir	riempire	llenar
inwikkelen (NL)	einwickeln	wrap up	envelopper	avvolgere	envolver
inwoner (NL)	Einwohner m	inhabitant	habitant m	abitante m	habitante m
inyección (ES)	Spritze f	injection	piqûre f	iniezione f	—

inyección

P	NL	SV	PL	CZ	H
—	zinloos	meningslös	bezcelowy	zbytečný	értelmetlen
inútil	nutteloos	onyttig	bezużyteczny	neužitečný	hiábavaló
desnecessário	onnodig	onödig	niepotrzebny	zbytečný	szükségtelen
inútil	zinloos	meningslös	bezcelowy	zbytečný	értelmetlen
inútil	nutteloos	onyttig	bezużyteczny	neužitečný	hiábavaló
desnecessário	onnodig	onödig	niepotrzebny	zbytečný	szükségtelen
inútil	zinloos	meningslös	bezcelowy	zbytečný	értelmetlen
inválido	ongeldig	ogiltig	nieważny	neplatný	érvénytelen
—	ongeldig	ogiltig	nieważny	neplatný	érvénytelen
habitante m	bewoner m	—	mieszkaniec m	obyvatel m	lakos
habitante m	inwoner m	—	mieszkaniec m	obyvatel m	lakos
dentro	binnen	—	w środku	uvnitř	belül
contra	ertegen	emot	przeciw	proti	azzal szemben
em vez de	in de plaats van	istället för	zamiast	místo	helyett
—	nijd m	avundsjuka u	zawiść f	závist f	irigység
—	benijden	avvundas	zazdrościć <pozazdrościć>	závidět	irigyel
—	jaloers	avundsjuk	zawistny	závistivý	irigy
inventar	uitvinden	uppfinna	wynajdować <wynaleźć>	vynalézat <vynalézt>	kitalál
inventar	uitvinden	uppfinna	wynajdować <wynaleźć>	vynalézat <vynalézt>	kitalál
—	uitvinden	uppfinna	wynajdować <wynaleźć>	vynalézat <vynalézt>	kitalál
inventar	uitvinden	uppfinna	wynajdować <wynaleźć>	vynalézat <vynalézt>	kitalál
inventar	uitvinden	uppfinna	wynajdować <wynaleźć>	vynalézat <vynalézt>	kitalál
inverno m	winter m	vinter u	zima f	zima f	tél
—	winter m	vinter u	zima f	zima f	tél
—	omgekeerd	omvänt	odwrotnie	opačně	fordítva
inverso	omgekeerd	omvänt	odwrotnie	opačně	fordítva
à caminho	onderweg	på väg	w drodze	cestou	útközben
enviar	sturen	skicka	wysyłać <wysłać>	posílat <poslat>	küld
inveja f	nijd m	avundsjuka u	zawiść f	závist f	irigység
invejar alguém	benijden	avvundas	zazdrościć <pozazdrościć>	závidět	irigyel
invejoso	jaloers	avundsjuk	zawistny	závistivý	irigy
inverno m	winter m	vinter u	zima f	zima f	tél
convidado m	gast m	gäst u	gość m	host m	vendég
convidar	uitnodigen	uppmana	wzywać <wezwać>	vyzývat <vyzvat>	felszólít
convidar	uitnodigen	bjuda in	zapraszać <zaprosić>	zvát <pozvat>	meghív
convidar	uitnodigen	uppmana	wzywać <wezwać>	vyzývat <vyzvat>	felszólít
convidar	uitnodigen	bjuda in	zapraszać <zaprosić>	zvát <pozvat>	meghív
convidar	uitnodigen	bjuda in	zapraszać <zaprosić>	zvát <pozvat	meghív
convidado m	gast m	gäst u	gość m	host m	vendég
convidar	uitnodigen	uppmana	wzywać <wezwać>	vyzývat <vyzvat>	felszólít
convidar	uitnodigen	bjuda in	zapraszać <zaprosić>	zvát <pozvat>	meghív
influência f	—	inflytande n	wpływ m	vliv m	befolyás
pagar direitos	—	förtulla	oclić	proclívat <proclít>	elvámol
improvável	onwaarschijnlijk	osannolik	nieprawdopodobny	nepravděpodobný	valószínűtlen
preencher	—	fylla i	wypełniać <wypełnić>	vyplňovat <vyplnit>	kitölt
embrulhar	—	veckla in	owijać <owinąć>	zabalovat <zabalit>	becsavar
habitante m	—	invánare u	mieszkaniec m	obyvatel m	lakos
injecção f	spuit f	spruta u	strzykawka f	stříkačka f	injekció

inzerát

	D	E	F	I	ES
inzerát (CZ)	Anzeige f	announcement	annonce f	annuncio m	anuncio m
inzwischen (D)	—	meanwhile	entretemps	frattanto	mientras tanto
io (I)	ich	I	je	—	yo
łódź (PL)	Boot n	boat	bateau m	barca f	bote m
łóżko (PL)	Bett n	bed	lit m	letto m	cama f
ipar (H)	Industrie f	industry	industrie f	industria f	industria f
ír (H)	schreiben	write	écrire	scrivere	escribir
irány (H)	Richtung f	direction	direction f	direzione f	dirección f
irányít¹ (H)	lenken	steer	conduire	guidare	encauzar
irányít² (H)	richten	direct to	diriger	dirigere	dirigir
ir às compras (P)	einkaufen gehen	go shopping	faire les courses	fare la spesa	ir de compras
i rätt tid (SV)	rechtzeitig	in time	à temps	in tempo	a tiempo
ir buscar¹ (P)	abholen	pick up	aller chercher	andare a prendere	recoger
ir buscar² (P)	holen	fetch	aller chercher	andare a prendere	traer
ir de compras (ES)	einkaufen gehen	go shopping	faire les courses	fare la spesa	—
ir de paseo/pasearse (ES)	spazieren gehen	go for a walk	promener, se	passeggiare	—
irgendein(e,r) (D)	—	some/any	quelconque	qualcuno(a)	cualquier(a)
irgendetwas (D)	—	something	n'importe quoi	qualsiasi cosa	algo
irgendwie (D)	—	somehow	n'importe comment	in qualche modo	de alguna manera
irgendwo (D)	—	somewhere	n'importe où	in qualche posto	en alguna parte
irigy (H)	neidisch	envious	envieux(euse)	invidioso(a)	envidioso(a)
irigyel (H)	beneiden	envy	envier	invidiare	envidiar
irigység (H)	Neid m	envy	jalousie f	invidia f	envidia f
irmã (P)	Schwester f	sister	sœur f	sorella f	hermana f
irmão (P)	Bruder m	brother	frère m	fratello m	hermano m
irmãos (P)	Geschwister pl	brothers and sisters	frère(s) et sœur(s) pl	fratelli e sorelle pl	hermanos m/pl
iroda (H)	Büro n	office	bureau m	ufficio m	oficina f
ir passear (P)	spazieren gehen	go for a walk	promener, se	passeggiare	ir de paseo/pasearse
irren, sich (D)	—	be mistaken	tromper, se	sbagliare	equivocarse
irrésolu(e) (F)	unentschlossen	undecided	—	indeciso(a)	irresoluto(a)
irresoluto(a) (ES)	unentschlossen	undecided	irrésolu(e)	indeciso(a)	—
Irrtum (D)	—	mistake	erreur f	errore m	error m
irse de viaje (ES)	verreisen	go away	partir en voyage	essere in viaggio	—
is (SV)	Eis n	ice	glace f	ghiaccio m	hielo m
is (H)	auch	too	aussi	anche/pure	también
isär (SV)	auseinander	apart	séparé(e)	separato(a)	separado(a)
iść na dół <zejść na dół> (PL)	hinuntergehen	descend	descendre	scendere	bajar
iść naprzeciw <wyjść naprzeciw> (PL)	entgegenkommen	approach	venir à la rencontre	venire incontro	venir al encuentro
iść na spacer <pójść na spacer> (PL)	spazieren gehen	go for a walk	promener, se	passeggiare	ir de paseo/pasearse
iść na zakupy <pójść na zakupy> (PL)	einkaufen gehen	go shopping	faire les courses	fare la spesa	ir de compras
iść za <pójść za> (PL)	folgen	follow	suivre	seguire	seguir
iść z <pójść z> (PL)	mitgehen	go along wigh	accompagner	accompagnare	acompañar
iść <pójść> (PL)	gehen	go	aller	andare	andar
iskola (H)	Schule f	school	école f	scuola f	escuela f
isla (ES)	Insel f	island	île f	isola f	—
island (E)	Insel f	—	île f	isola f	isla f
ismer (H)	kennen	know	connaître	conoscere	conocer

ismer

P	NL	SV	PL	CZ	H
aviso m	advertentie f	annons	ogłoszenie n	—	hirdetés
entretanto	ondertussen	under tiden	tymczasem	mezitím	közben
eu	ik	jag	ja	já	én
barco m	boot m	båt u	—	loď f	csónak
cama f	bed n	säng u	—	postel f	ágy
indústria f	industrie f	industri u	przemysł m	průmysl m	—
escrever	schrijven	skriva	pisać <napisać>	psát <napsat>	—
direcção f	richting f	riktning u	kierunek m	směr m	—
guiar	besturen	styra	kierować <skierować>	řídit	—
julgar	richten	rikta	kierować <skierować>	spravovat <spravit>	—
—	boodschappen doen	göra inköp	iść na zakupy <pójść na zakupy>	chodit <jít> nakoupit>	vásárolni megy
a tempo	tijdig	—	w porę	včas	időben
—	ophalen	hämta	odbierać <odebrać>	vyzvedávat <vyzvednout>	érte megy
—	halen	hämta	przynosić <przynieść>	docházet <dojít>	hoz
ir às compras	boodschappen doen	göra inköp	iść na zakupy <pójść na zakupy>	chodit <jít> nakoupit>	vásárolni megy
ir passear	wandelen	promenera	iść na spacer <pójść na spacer>	procházet, se <projít, se>	sétálni megy
qualquer um(a)	een of ander	någon	jakakolwiek	nějaká	valamilyen
qualquer coisa	het een of ander	något	coś	něco	valami
de qualquer modo	hoe dan ook	på ett eller annat sätt	jakoś	nějak	valahogy
algures	ergens	någonstans	gdziekolwiek	někde	valahol
invejoso	jaloers	avundsjuk	zawistny	závistivý	—
invejar alguém	benijden	avvundas	zazdrościć <pozazdrościć>	závidět	—
inveja f	nijd m	avundsjuka u	zawiść f	závist f	—
—	zuster f	syster u	giostra n	sestra f	leánytestvér
—	broer m	bror u	brat m	bratr m	fiútestvér
—	broers en zusters pl	syskon pl	rodzeństwo n	sourozenci m/pl	testvérek
escritório m	kantoor n	kontor n	biuro n	kancelář f	—
—	wandelen	promenera	iść na spacer <pójść na spacer>	procházet, se <projít, se>	sétálni megy
enganar-se	vergissen, zich	missta sig	mylić, się <pomylić, się>	mýlit, se <zmýlit, se>	téved
indeciso	besluiteloos	obeslutsam	niezdecydowany	nerozhodný	habozó
indeciso	besluiteloos	obeslutsam	niezdecydowany	nerozhodný	habozó
engano m	dwaling f	misstag n	błąd m	omyl m	tévedés
viajar	op reis gaan	resa bort	wyjeżdżać	odcestovat	elutazik
gelo m	ijs n	—	lód m	led m	jég
também	ook	även	też	také	—
separado	uit elkaar	—	oddzielnie	od sebe	külön
descer	naar beneden gaan	gå ned	—	scházet <sejít>	lemegy
vir ao encontro de	tegemoetkomen	tillmötesgå	—	vycházet vstříc <vyjít vstříc>	elébe megy
ir passear	wandelen	promenera	—	procházet, se <projít, se>	sétálni megy
ir às compras	boodschappen doen	göra inköp	—	chodit <jít> nakoupit>	vásárolni megy
seguir	volgen	följa	—	následovat	követi
acompanhar alguém	meegaan	följa med	—	chodit s <jít s>	vele megy
andar	gaan	gå	—	chodit <jít>	megy
escola f	school f	skola u	szkoła f	škola f	—
ilha f	eiland n	ö u	wyspa f	ostrov m	sziget
ilha f	eiland n	ö u	wyspa f	ostrov m	sziget
conhecer	kennen	känna till	znać	znát <poznat>	—

ismeret

	D	E	F	I	ES
ismeret (H)	Kenntnis f	knowledge	connaissance f	conoscenza f	conocimiento m
ismeretlen (H)	unbekannt	unknown	inconnu(e)	sconosciuto(a)	desconocido(a)
ismerős (H)	Bekannter m	acquaintance	ami m	conoscente m	conocido m
ismert (H)	bekannt	well-known	connu(e)	conosciuto(a)	conocido(a)
ismertetőjel (H)	Merkmal n	characteristic	signe m	caratteristica f	rasgo m
isola (I)	Insel f	island	île f	—	isla f
isqueiro (P)	Feuerzeug n	lighter	briquet m	accendino m	encendedor m
istället för (SV)	anstatt	instead of	au lieu de	invece di	en vez de
Isten (H)	Gott m	God	Dieu m	Dio m	Dios m
istnieć (PL)	existieren	exist	exister	esistere	existir
istniejący (PL)	vorhanden	available	présent(e)	disponibile	disponible
istnienie (PL)	Dasein n	existence	existence f	esistenza f	existencia f
istotny (PL)	wesentlich	essential	essentiel(le)	essenziale	esencial
istruzione (I)	Bildung f	education	éducation f	—	educación f
istruzioni per l'uso (I)	Gebrauchsanweisung f	user manual	manuel d'utilisation m	—	instrucciones para el uso f/pl
iszap (H)	Schlamm m	mud	boue f	fango m	barro m
iszik (H)	trinken	drink	boire	bere	beber
ital (H)	Getränk n	dink	boisson f	bevanda f	bebida f
Italia (I)	Italien n	Italy	Italie f	—	Italia f
Italia (ES)	Italien n	Italy	Italie f	Italia f	—
Itália (P)	Italien n	Italy	Italie f	Italia f	Italia f
Italie (F)	Italien n	Italy	—	Italia f	Italia f
Italië (NL)	Italien n	Italy	Italie f	Italia f	Italia f
Itálie (CZ)	Italien n	Italy	Italie f	Italia f	Italia f
Italien (D)	—	Italy	Italie f	Italia f	Italia f
Italien (SV)	Italien n	Italy	Italie f	Italia f	Italia f
Italy (E)	Italien n	—	Italie f	Italia f	Italia f
itch (E)	jucken	—	démanger	prudere	picar
ítél (H)	urteilen	judge	juger	giudicare	juzgar
ítélet (H)	Urteil n	judgement	jugement m	giudizio m	juicio m
itt (H)	hier	here	ici	qui	aquí
łupić <złupić> (PL)	plündern	loot	piller	saccheggiare	desvalijar
ivre (F)	betrunken	drunk	—	ubriaco(a)	borracho(a)
ivrig (SV)	eifrig	keen	zélé(e)	diligente	diligente
łykać <połknąć> (PL)	schlucken	swallow	avaler	inghiottire	tragar
łysy (PL)	kahl	bald	chauve	calvo(a)	calvo(a)
łyżka (PL)	Löffel m	spoon	cuiller f	cucchiaio m	cuchara f
łyżka stołowa (PL)	Esslöffel m	tablespoon	cuiller f	cucciano m	cuchara f
łza (PL)	Träne f	tear	larme f	lacrima f	lágrima f
izgalmas (H)	aufregend	exciting	énervant(e)	eccitante	emocionante
izgatott (H)	aufgeregt	excited	agité(e)	eccitato(a)	excitado(a)
ízlés (H)	Geschmack m	taste	goût m	gusto m	sabor m
izom (H)	Muskel m	muscle	muscle m	muscolo m	músculo m
ja (D)	—	yes	oui	sì	sí
ja (NL)	ja	yes	oui	sì	sí
ja (SV)	ja	yes	oui	sì	sí
ja (PL)	ich	I	je	io	yo
já (P)	bereits	already	déjà	già	ya
já (CZ)	ich	I	je	io	yo
jaar (NL)	Jahr n	year	année f	anno m	año m
jaargetijde (NL)	Jahreszeit f	season	saison f	stagione f	estación del año f
jaarlijks (NL)	jährlich	annual	annuel(le)	annuale	anualmente
jabłko (PL)	Apfel m	apple	pomme f	mela f	manzana f
jablko (CZ)	Apfel m	apple	pomme f	mela f	manzana f
jabón (ES)	Seife f	soap	savon m	sapone m	—

jabón

P	NL	SV	PL	CZ	H
conhecimento m	kennis f	kunskap u	znajomość f	znalost f	—
desconhecido	onbekend	okänd	nieznany	neznámý	—
conhecido m	kennis m	bekant u	znajomy m	známý m	—
conhecido	bekend	känd	znany	známý	—
sinal m	merkteken n	kännetecken n	cecha f	kritérium m	—
ilha f	eiland n	ö u	wyspa f	ostrov m	sziget
—	aansteker m	cigarrettändare u	zapalniczka f	zapalovač m	öngyújtó
em vez de	in de plaats van	—	zamiast	místo	helyett
Deus m	God m	Gud	bóg m	bůh m	—
existir	bestaan	existera	—	existovat	létezik
existente	voorhanden	förefinnas	—	existující	meglévő
existência f	bestaan n	existens u	—	existence f	lét
essencial	wezenlijk	väsentlig	—	podstatný	lényeges
formação f	vorming f	bildning u	kształcenie n	vzdělání n	műveltség
instruções de uso f/pl	gebruiksaanwijzing f	bruksanvisning u	instrukcja obsługi f	návod k použití m	használati utasítás
lama f	slib n	slam u	szlam m	bláto n	—
beber	drinken	dricka	pić	pít <napít>	—
bebida f	drankje n	dryck u	napój m	nápoj m	—
Itália f	Italië n	Italien	Włochy pl	Itálie f	Olaszország
Itália f	Italië n	Italien	Włochy pl	Itálie f	Olaszország
—	Italië n	Italien	Włochy pl	Itálie f	Olaszország
Itália f	Italië n	Italien	Włochy pl	Itálie f	Olaszország
Itália f	—	Italien	Włochy pl	Itálie f	Olaszország
Itália f	Italië n	Italien	Włochy pl	—	Olaszország
Itália f	Italië n	Italien	Włochy pl	Itálie f	Olaszország
Itália f	Italië n	—	Włochy pl	Itálie f	Olaszország
Itália f	Italië n	Italien	Włochy pl	Itálie f	Olaszország
fazer comichão	jeuken	klia	swędzić <zaswędzić>	svědět <zasvědět>	viszket
julgar	oordelen	döma	sądzić	posuzovat <posoudit>	—
sentença f	oordeel n	dom u	wyrok m	rozsudek m	—
aqui	hier	här	tu	zde	—
saquear	plunderen	plundra	—	plenit <vyplenit>	fosztogat
embriagado	dronken	berusad	pijany	opilý	részeg
zeloso	ijverig	—	pilny	horlivý	buzgó
engolir	slikken	svälja	—	polykat <spolknout>	nyel
calvo	kaal	kal	—	holý	kopár
colher f	lepel m	sked u	—	lžíce f	kanál
colher da sopa f	eetlepel m	matsked u	—	polévková lžíce f	evőkanál
lágrima f	traan f	tår u	—	slza f	könny
emocionante	opwindend	upprörande	emocjonujący	vzrušující	—
agitado	opgewonden	upprörd	zdenerwowany	rozčíleně	—
gosto m	smaak m	smak u	smak m	chuť f	—
músculo m	spier f	muskel u	mięsień m	sval m	—
sim	ja	ja	tak	ano	igen
sim	—	ja	tak	ano	igen
sim	ja	—	tak	ano	igen
eu	ik	jag	—	já	én
—	reeds	redan	już	již	már
eu	ik	jag	ja	—	én
ano m	—	år n	rok m	rok m	év
estação do ano f	—	årstid u	pora roku f	roční období n	évszak
anual	—	årligen	roczny	ročně	évente
maçã f	appel m	äpple n	—	jablko n	alma
maçã f	appel m	äpple n	jabłko n	—	alma
sabonete m	zeep f	tvål u	mydło n	mýdlo n	szappan

jacht

	D	E	F	I	ES
jacht (NL)	Jagd f	hunt	chasse f	caccia f	caza f
jacka (SV)	Jacke f	jacket	veste f	giacca f	chaqueta f
Jacke (D)	—	jacket	veste f	giacca f	chaqueta f
jacket (E)	Jacke f	—	veste f	giacca f	chaqueta f
jadalnia (PL)	Esszimmer n	dining room	salle à manger f	sala da pranzo f	comedor m
jadalny (PL)	essbar	eatable	mangeable	commestibile	comestible
jadłospis (PL)	Speisekarte f	menu	menu m	menu m	lista de platos f
jag (SV)	ich	I	je	io	yo
jaga (SV)	jagen	hunt	chasser	cacciare	cazar
Jagd (D)	—	hunt	chasse f	caccia f	caza f
jagen (D)	—	hunt	chasser	cacciare	cazar
jagen (NL)	jagen	hunt	chasser	cacciare	cazar
jahoda (CZ)	Erdbeere f	strawberry	fraise f	fragola f	fresa f
Jahr (D)	—	year	année f	anno m	año m
Jahreszeit (D)	—	season	saison f	stagione f	estación del año f
Jahrhundert (D)	—	century	siècle m	secolo m	siglo m
jährlich (D)	—	annual	annuel(le)	annuale	anualmente
jajko (PL)	Ei n	egg	œuf m	uovo m	huevo m
jak? (PL)	wie?	how?	comment?	come?	¿cómo?
jak? (CZ)	wie?	how?	comment?	come?	¿cómo?
jaka (SV)	bejahen	agree with	répondre par l'affirmative à	approvare	afirmar
jąkać się (PL)	stottern	stutter	bégayer	balbettare	tartamudear
jakakolwiek (PL)	irgendein(e,r)	some/any	quelconque	qualcuno(a)	cualquier(a)
jako (PL)	als	when	quand	quando	cuando
jako (CZ)	als	when	quand	quando	cuando
jakoś (PL)	irgendwie	somehow	n'importe comment	in qualche modo	de alguna manera
jakość (PL)	Qualität f	quality	qualité f	qualità f	calidad f
jakt (SV)	Jagd f	hunt	chasse f	caccia f	caza f
jaloers (NL)	neidisch	envious	envieux(euse)	invidioso(a)	envidioso(a)
jaloezie (NL)	Eifersucht f	jealousy	jalousie f	gelosia f	celos m/pl
jalousie¹ (F)	Eifersucht f	jealousy	—	gelosia f	celos m/pl
jalousie² (F)	Neid m	envy	—	invidia f	envidia f
jam (E)	Marmelade f	—	confiture f	marmellata f	mermelada f
jam (NL)	Marmelade f	jam	confiture f	marmellata f	mermelada f
jamás (ES)	niemals	never	ne...jamais	mai	—
jambe (F)	Bein n	leg	—	gamba f	pierna f
jämföra (SV)	vergleichen	compare	comparer	paragonare	comparar
jämförelse (SV)	Vergleich m	comparsion	comparaison f	paragone m	comparación f
jämn¹ (SV)	gerade	even	pair(e)	pari	par
jämn² (SV)	glatt	smooth	lisse	liscio(a)	liso(a)
janela (P)	Fenster n	window	fenêtre f	finestra f	ventana f
jantar (P)	Abendessen n	supper	dîner m	cena f	cena f
jaqueca (ES)	Migräne f	migraine	migraine f	emicrania f	—
jardim (P)	Garten m	garden	jardin m	giardino m	jardín m
jardim de infância (P)	Kindergarten m	nursery school	jardin d'enfants m	asilo (infantile) m	jardín de infancia m
jardin (F)	Garten m	garden	—	giardino m	jardín m
jardín (ES)	Garten m	garden	jardin m	giardino m	—
jardín de infancia (ES)	Kindergarten m	nursery school	jardin d'enfants m	asilo (infantile) m	—
jardin d'enfants (F)	Kindergarten m	nursery school	—	asilo (infantile) m	jardín de infancia m
järnväg (SV)	Eisenbahn f	railway	chemin de fer m	ferrovia f	ferrocarril m
järnvägsspår (SV)	Gleis n	track	voie f	binario m	vía f
järnvägsstation (SV)	Bahnhof m	station	gare f	stazione f	estación f
jaro (CZ)	Frühling m	spring	printemps m	primavera f	primavera f

jaro

P	NL	SV	PL	CZ	H
caça f	—	jakt u	polowanie n	lov m	vadászat
casaco m	jasje n	—	kurtka f	bunda f	kiskabát
casaco m	jasje n	jacka u	kurtka f	bunda f	kiskabát
casaco m	jasje n	jacka u	kurtka f	bunda f	kiskabát
sala de jantar f	eetkamer f	matsal u	—	jídelna f	ebédlő
comestível	eetbaar	ätbar	—	jedlý	ehető
ementa f	spijskaart f	matsedel u	—	jídelní lístek m	étlap
eu	ik	—	ja	já	én
caçar	jagen	—	polować	lovit <ulovit>	vadász
caça f	jacht f	jakt u	polowanie n	lov m	vadászat
caçar	jagen	jaga	polować	lovit <ulovit>	vadász
caçar	—	jaga	polować	lovit <ulovit>	vadász
morango m	aardbei f	jordgubbe u	truskawka f	—	szamóca
ano m	jaar n	år n	rok m	rok m	év
estação do ano f	jaargetijde n	årstid u	pora roku f	roční období n	évszak
século m	eeuw f	århundrade n	stulecie n	století n	évszázad
anual	jaarlijks	årligen	roczny	ročně	évente
ovo m	ei n	ägg n	—	vejce n	tojás
como?	hoe?	hur?	—	jak?	hogyan?
como?	hoe?	hur?	jak?	—	hogyan?
afirmar	bevestigen	—	odpowiadać twierdząco <odpowiedzieć twierdząco>	souhlasit <odsouhlasit>	igennel válaszol
balbuciar	stotteren	stamma	—	koktat <zakoktat>	dadog
qualquer um(a)	een of ander	någon	—	nějaká	valamilyen
como	als	när	—	jako	mint/-ként
como	als	när	jako	—	mint/-ként
de qualquer modo	hoe dan ook	på ett eller annat sätt	—	nějak	valahogy
qualidade f	kwaliteit f	kvalitet u	—	kvalita f	minőség
caça f	jacht f	—	polowanie n	lov m	vadászat
invejoso	—	avundsjuk	zawistny	závistivý	irigy
ciúme m	—	svartsjuka u	zazdrość f	žárlivost f	féltékenység
ciúme m	jaloezie f	svartsjuka u	zazdrość f	žárlivost f	féltékenység
inveja f	nijd m	avundsjuka u	zawiść f	závist f	irigység
compota f	jam m	marmelad u	marmolada f	marmeláda f	lekvár
compota f	—	marmelad u	marmolada f	marmeláda f	lekvár
nunca	nooit	aldrig	nigdy	nikdy	soha
perna f	been n	ben n	noga f	noha f	láb
comparar	vergelijken	—	porównywać	porovnávat <porovnat>	összehasonlít
comparação f	vergelijking f	—	porównanie n	srovnání n	összehasonlítás
par	even	—	parzysty	sudý	páros
liso	glad	—	gładki	hladký	sima
—	raam n	fönster n	okno n	okno n	ablak
—	avondeten n	middag u	kolacja f	večeře f	vacsora
enxaqueca f	migraine f	migrän u	migrena f	migréna f	migrén
—	tuin m	trädgård u	ogród m	zahrada f	kert
—	kleuterschool f	förskola u	przedszkole n	mateřská školka f	óvoda
jardim m	tuin m	trädgård u	ogród m	zahrada f	kert
jardim m	tuin m	trädgård u	ogród m	zahrada f	kert
jardim de infância m	kleuterschool f	förskola u	przedszkole n	mateřská školka f	óvoda
jardim de infância m	kleuterschool f	förskola u	przedszkole n	mateřská školka f	óvoda
comboio m	spoorweg m	—	kolej f	železnice f	vasút
carril m	spoor n	—	tor m	kolej f	vágány
estação de comboios f	station n	—	dworzec m	nádraží n	pályaudvar
primavera f	lente f	vår u	wiosna f	—	tavasz

jarro

	D	E	F	I	ES
jarro (ES)	Krug *m*	jug	cruche *f*	brocca *f*	—
jásat <zajásat> (CZ)	jubeln	rejoice	pousser des cris de joie	giubilare	dar gritos de alegría
jasje (NL)	Jacke *f*	jacket	veste *f*	giacca *f*	chaqueta *f*
jaskinia (PL)	Höhle *f*	cave	grotte *f*	caverna *f*	cueva *f*
jasny (PL)	hell	bright	clair(e)	chiaro(a)	claro(a)
jasný (CZ)	klar	clear	clair(e)	chiaro(a)	claro(a)
jasny(a,e) (PL)	klar	clear	clair(e)	chiaro(a)	claro(a)
játék (H)	Spiel *n*	game	jeu *m*	gioco *m*	juego *m*
játszik (H)	spielen	play	jouer	giocare	jugar
jättestor (SV)	riesig	huge	énorme	enorme	enorme
jaula (ES)	Käfig *m*	cage	cage *f*	gabbia *f*	—
jaune (F)	gelb	yellow	—	giallo(a)	amarillo(a)
javaslat (H)	Vorschlag *m*	proposal	proposition *f*	proposta *f*	proposición *f*
javasol (H)	vorschlagen	propose	proposer	proporre	proponer
javulás (H)	Besserung *f*	improvement	amélioration *f*	miglioramento *m*	restablecimiento *m*
jazyk (CZ)	Sprache *f*	language	langage *m*	lingua *f*	idioma *m*
je (F)	ich	I	—	io	yo
jealousy (E)	Eifersucht *f*	—	jalousie *f*	gelosia *f*	celos *m/pl*
jechać konno <pojechać konno> (PL)	reiten	ride	monter	cavalcare	cabalgar
jechać z powrotem (PL)	zurückfahren	drive back	retourner	tornare indietro	retroceder
jechać <pojechać> (PL)	fahren	drive	conduire	andare	conducir
jedenfalls (D)	—	in any case	en tout cas	in ogni caso	en cualquier caso
jede(r,s) (D)	—	each/every	chaque	ogni, ognuno	cada
jedes Mal (D)	—	each time	chaque fois	ogni volta	cada vez
jedlý (CZ)	essbar	eatable	mangeable	commestibile	comestible
jednak (PL)	jedoch	however	cependant	tuttavia	sin embargo
jednakże[1] (PL)	dennoch	nevertheless	cependant	tuttavia	sin embargo
jednakże[2] (PL)	indessen	meanwhile	cependant	nel frattempo	en eso
jednatel (CZ)	Geschäftsführer *m*	manager	gérant *m*	gerente *m*	gerente *m*
jednat <ujednat> (CZ)	handeln	act	agir	agire	actuar
jedno (CZ)	egal	all the same	égal(e)	uguale	igual
jednobarevný (CZ)	einfarbig	all one colour	uni(e)	monocolore	de un solo color
jednokolorowy (PL)	einfarbig	all one colour	uni(e)	monocolore	de un solo color
jednosměrná ulice (CZ)	Einbahnstraße *f*	one-way street	rue à sens unique *f*	senso unico *m*	calle de dirección única *f*
jedoch (D)	—	however	cependant	tuttavia	sin embargo
jedovatý (CZ)	giftig	poisonous	toxique	velenoso(a)	venenoso(a)
jedzenie (PL)	Essen *n*	food	repas *m*	cibo *m*	comida *f*
jefe[1] (ES)	Chef *m*	boss	patron *m*	capo *m*	—
jefe[2] (ES)	Leiter *f*	leader	directeur *m*	capo *m*	—
jég (H)	Eis *n*	ice	glace *f*	ghiaccio *m*	hielo *m*
jégszekrény (H)	Kühlschrank *m*	fridge	réfrigérateur *m*	frigorifero *m*	nevera *f*
jégverés (H)	Hagel *m*	hail	grêle *f*	grandine *f*	granizo *m*
jegyzék (H)	Verzeichnis *n*	list	registre *m*	elenco *m*	registro *m*
jehla (CZ)	Nadel *f*	needle	aiguille *f*	ago *m*	aguja *f*
jehně (CZ)	Lamm *n*	lamb	agneau *m*	agnello *m*	cordero *m*
jejuar (P)	fasten	fast	jeûner	digiunare	ayunar
jel (H)	Zeichen *n*	sign	signe *m*	segnale *m*	señal *f*
jelen (H)	Gegenwart *f*	present	présent *m*	presente *m*	presente *m*
jelent[1] (H)	bedeuten	mean	signifier	significare	significar
jelent[2] (H)	melden	report	annoncer	annunciare	declarar
jelentés (H)	Meldung *f*	report	annonce *f*	annuncio *m*	aviso *m*

jelentés

P	NL	SV	PL	CZ	H
cântaro m	kruik f	kanna u	dzban m	džbán m	korsó
jubilar	jubelen	jubla	wiwatować	—	ujjong
casaco m	—	jacka u	kurtka f	bunda f	kiskabát
caverna f	hol n	grotta u	—	jeskyně f	barlang
claro	licht	ljus	—	světlý	világos
claro	helder	tydlig	jasny(a,e)	—	tiszta
claro	helder	tydlig	—	jasný	tiszta
jogo m	spel n	spel n	gra f	hra f	—
jogar	spelen	leka	grać <zagrać>	hrát <zahrát>	—
gigantesco	reusachtig	—	ogromy	obrovský	oriási
gaiola f	kooi f	bur u	klatka f	klec f	ketrec
amarelo	geel	gul	żółty(to)	žlutý	sárga
proposta f	voorstel n	förslag n	propozycja f	návrh m	—
propor	voorstellen	föreslå	proponować	navrhovat <navrhnout>	—
melhoramento m	verbetering f	bättring u	poprawa f	zlepšení n	—
idioma m	taal f	språk n	język m	—	nyelv
eu	ik	jag	ja	já	én
ciúme m	jaloezie f	svartsjuka u	zazdrość f	žárlivost f	féltékenység
andar a cavalo	paardrijden	rida	—	jezdit na koni <jet na koni>	lovagol
viajar de volta	terugrijden	köra tillbaka	—	jet nazpět	visszautazik
conduzir	rijden	köra	—	jezdit <jet>	megy
em todo o caso	in ieder geval	i alla fall	w każdym bądź razie	v každém případě	mindenesetre
cada	ieder(e)	varje	każda, każdy, każde	každý každá každé	minden
cada vez	telkens	varje gång	za każdym razem	pokaždé	minden alkalommal
comestível	eetbaar	ätbar	jadalny	—	ehető
porém	echter	däremot	—	ale	de
apesar de	evenwel	likväl	—	přesto	mégis
entretanto	ondertussen	emellertid	—	zatím	amíg
gerente m	directeur m	verkställande direktör u	kierownik m	—	cégvezető
agir	handelen	handla	działać	—	cselekszik
igual	om het even/egaal	lika	obojętnie	—	mindegy
de uma só cor	eenkleurig	enfärgad	jednokolorowy	—	egyszínű
de uma só cor	eenkleurig	enfärgad	—	jednobarevný	egyszínű
rua de sentido único f	eenrichtings-verkeer n	enkelriktad gata u	ulica jednokier-unkowa f	—	egyirányú útca
porém	echter	däremot	jednak	ale	de
venenoso	giftig	giftig	trujący	—	mérgező
comida f	eten n	mat u	—	jídlo n	étkezés
chefe m	chef m	chef u	szef m	šéf m	főnök
director m	leider m	direktör/ledare u	kierownik m	vedoucí m	vezető
gelo m	ijs n	is u	lód m	led m	—
frigorífico m	koelkast f	kylskåp n	lodówka f	chladnička f	—
granizo m	hagel m	hagel n	grad m	krupobití n	—
lista f	lijst m	förteckning u	spis m	seznam m	—
agulha f	naald f	nål u	igła f	—	tű
borrego m	lam n	lamm n	baranek m	—	bárány
—	vasten	fasta	pościć	postit se	koplal
sinal m	teken n	tecken n	znak m	značka f	—
presente m	tegenwoordigheid f	nutid u	teraźniejszość f	přítomnost f	—
significar	bedoelen	betyda	znaczyć	znamenat	—
noticiar	melden	rapportera	meldować <zameldować>	hlásit <vyhlásit>	—
notícia f	melding f	rapport u	meldunek m	hlášení n	—

jelentős

	D	E	F	I	ES
jelentős (H)	beträchtlich	considerable	considérable	considerevole	considerable
jellem (H)	Charakter m	character	caractère m	carattere m	carácter m
jelszó (H)	Passwort n	password	mot de passe m	parola d'ordine f	contraseña f
jemand (D)	—	somebody	quelqu'un	qualcuno	alguien
jemný¹ (CZ)	fein	fine	fin(e)	sottile	fino(a)
jemný² (CZ)	mild	mild	doux(douce)	mite	suave
jemný³ (CZ)	sanft	gentle	doux(douce)	dolce	dulce
jemný⁴ (CZ)	zart	soft	doux(douce)	tenero(a)	suave
jen (CZ)	nur	only	seulement	solo	sólo/solamente
jenseits (D)	—	beyond	de l'autre côté	al di là	al otro lado
jersey (ES)	Pullover m	pullover	pull-over m	pullover m	—
jeść <zjeść> (PL)	essen	eat	manger	mangiare	comer
jesień (PL)	Herbst m	autumn	automne m	autunno m	otoño m
jeskyně (CZ)	Höhle f	cave	grotte f	caverna f	cueva f
jeśli (PL)	falls	in case	au cas où	qualora	en caso de que
ještě (CZ)	noch	still	encore	ancora	aún/todavía
ještě jednou (CZ)	nochmals	again	encore une fois	di nuovo	otra vez
jeszcze (PL)	noch	still	encore	ancora	aún/todavía
jeszcze raz (PL)	nochmals	again	encore une fois	di nuovo	otra vez
jet nazpět (CZ)	zurückfahren	drive back	retourner	tornare indietro	retroceder
jetzt (D)	—	now	maintenant	adesso	ahora
jeu (F)	Spiel n	game	—	gioco m	juego m
jeuken (NL)	jucken	itch	démanger	prudere	picar
jeune (F)	jung	young	—	giovane	joven
jeûner (F)	fasten	fast	—	digiunare	ayunar
jeviště (CZ)	Bühne f	stage	scène f	palcoscenico m	escenario m
Jew (E)	Jude m	—	juif m	ebreo m	judío m
jewellery (E)	Schmuck m	—	bijoux m/pl	gioielli m/pl	joyas f/pl
jezdit na koni <jet na koni> (CZ)	reiten	ride	monter	cavalcare	cabalgar
jezdit <jet> (CZ)	fahren	drive	conduire	andare	conducir
jezero (CZ)	See m	lake	lac m	lago m	lago m
jezioro (PL)	See m	lake	lac m	lago m	lago m
język (PL)	Sprache f	language	langage m	lingua f	idioma m
język obcy (PL)	Fremdsprache f	foreign language	langue étrangère f	lingua straniera f	lengua extranjera f
język ojczysty (PL)	Muttersprache f	native language	langue maternelle f	lingua madre f	lengua materna f
język potoczny (PL)	Umgangssprache f	colloquial language	langue familière f	lingua parlata f	lenguaje coloquial m
jeżyna (PL)	Brombeere f	blackberry	mûre f	mora f	zarzamora f
jídelna (CZ)	Esszimmer n	dining room	salle à manger f	sala da pranzo f	comedor m
jídelní lístek (CZ)	Speisekarte f	menu	menu m	menu m	lista de platos f
jídlo¹ (CZ)	Essen n	food	repas m	cibo m	comida f
jídlo² (CZ)	Mahlzeit f	meal	repas m	pasto m	comida f
jih (CZ)	Süden m	south	sud m	sud	sur m
jij (NL)	du	you	tu	tu	tú
jinak (CZ)	anders	different	différent(e)	differente	diferente
jiný (CZ)	andere(r,s)	other	autre	altro(a)	otra(o)
jistě¹ (CZ)	gewiss	certain	certain(e)	certo(a)	cierto
jistě² (CZ)	sicher	sure	sûr(e)	sicuro(a)	seguro(a)
jistota (CZ)	Sicherheit f	safety	sécurité f	sicurezza f	seguridad f
jíst <sníst> (CZ)	essen	eat	manger	mangiare	comer
jít okolo (CZ)	vorbeigehen	pass	passer	passare	pasar
již (CZ)	bereits	already	déjà	già	ya
jízdenka (CZ)	Fahrkarte f	ticket	billet m	biglietto m	billete m
jízdní kolo (CZ)	Fahrrad n	bicycle	bicyclette f	bicicletta f	bicicleta f
jízdní řád (CZ)	Fahrplan m	timetable	horaire m	orario m	horario m
jméno (CZ)	Name n	name	nom m	nome m	nombre m
jmenovat, se (CZ)	heißen	be called	appeler, s'	chiamarsi	llamarse

jmenovat, se

P	NL	SV	PL	CZ	H
considerável	aanmerkelijk	beaktlig	znaczny	značně	—
carácter m	karakter n	karaktär u	charakter m	charakter m	—
senha f	wachtwoord n	lösenord n	hasło n	heslo n	—
alguém	iemand	någon	ktoś	někdo	valaki
fino	fijn	fin	drobny	—	finom
suave	zacht	mild	łagodny	—	enyhe
macio	zacht	mild	łagodny	—	enyhe
delicado	zacht	öm	delikatny	—	gyengéd
somente	slechts/alleen	bara	tylko	—	csak
além de	aan de andere zijde	bortom	po tamtej stronie	na druhé straně	túl
pulôver m	pullover m	tröja u	sweter m	svetr m	pulóver
comer	eten	äta	—	jíst <sníst>	eszik
outono m	herfst m	höst u	—	podzim m	ősz
caverna f	hol n	grotta u	jaskinia f	—	barlang
no caso de	indien	om	—	když	ha
ainda	nog	ännu	jeszcze	—	még
novamente	nogmaals	ännu en gång	jeszcze raz	—	még egyszer
ainda	nog	ännu	—	ještě	még
novamente	nogmaals	ännu en gång	—	ještě jednou	még egyszer
viajar de volta	terugrijden	köra tillbaka	jechać z powrotem	—	visszautazik
agora	nu	nu	teraz	nyní	most
jogo m	spel n	spel n	gra f	hra f	játék
fazer comichão	—	klia	swędzić <zaswędzić>	svědět <zasvědět>	viszket
jovem	jong	ung	młody	mladý	fiatal
jejuar	vasten	fasta	pościć	postit se	koplal
palco m	toneel n	scen u	scena f	—	színpad
judeu m	jood m	jude u	żyd m	Čid m	zsidó
jóias f	sieraad n	smycke n	biżuteria f	šperky pl	ékszer
andar a cavalo	paardrijden	rida	jechać konno <pojechać konno>	—	lovagol
conduzir	rijden	köra	jechać <pojechać>	—	megy
lago m	meer n	sjö u	jezioro n	—	tó
lago m	meer n	sjö u	—	jezero n	tó
idioma m	taal f	språk n	—	jazyk m	nyelv
língua estrangeira f	vreemde taal f	främmande språk n	—	cizí jazyk m	idegen nyelv
língua materna f	moedertaal f	modersmål n	—	mateřština f	anyanyelv
linguagem corrente f	omgangstaal f	talspråk n	—	hovorový jazyk m	köznyelv
amora silvestre f	braambes f	björnbär n	—	ostružina f	szeder
sala de jantar f	eetkamer f	matsal u	jadalnia f	—	ebédlő
ementa f	spijskaart f	matsedel u	jadłospis m	—	étlap
comida f	eten n	mat u	jedzenie n	—	étkezés
refeição f	maaltijd m	måltid u	posiłek m	—	étkezés
sul m	zuiden n	söder u	południe n	—	dél
tu	—	du	ty	ty	te
diferente	anders	annorlunda	inaczej	—	más
outro(s)	ander(e)	annan	inna(y,e)	—	másik
certo	zeker	säker	pewnie	—	bizonyos
seguro	zeker	säker	pewny	—	biztos
segurança f	zekerheid f	säkerhet u	pewność f	—	biztonság
comer	eten	äta	jeść <zjeść>	—	eszik
passar por	voorbijgaan	gå förbi	przechodzić obok	—	elmegy mellette
já	reeds	redan	już	—	már
bilhete m	ticket n	biljett u	bilet m	—	menetjegy
bicicleta f	fiets m	cykel u	rower m	—	kerékpár
horário m	spoorboekje n	tidtabell u	rozkład jazdy m	—	menetrend
nome m	naam m	namn n	nazwisko n	—	név
chamar-se	heten	heta	nazywać, się	—	hív

jmenovat

	D	E	F	I	ES
jmenovat <pojmenovat> (CZ)	nennen	call	appeler	chiamare	nombrar
jó (H)	gut	good/well	bon(ne)/bien	buono(a)/bene	bueno(a)/bien
jobbra (H)	rechts	right	à droite	a destra	a la derecha
joelho (P)	Knie n	knee	genou m	ginocchio m	rodilla f
jog¹ (H)	Jura	law	droit m	giurisprudenza f	derecho m
jog² (H)	Recht n	right	droit m	diritto m	derecho m
jogar (P)	spielen	play	jouer	giocare	jugar
jogo (P)	Spiel n	game	jeu m	gioco m	juego m
jogosítvány (H)	Führerschein m	driving licence	permis de conduire m	patente f	permiso de conducir m
jogtalanság (H)	Unrecht n	wrong	injustice f	torto m	injusticia f
Johannisbeere (D)	—	currant	groseille f	ribes m	grosella f
jóias (P)	Schmuck m	jewellery	bijoux m/pl	gioielli m/pl	joyas f/pl
joie (F)	Freude f	joy	—	gioia f	alegría f
joke¹ (E)	Scherz m	—	plaisanterie f	scherzo m	broma f
joke² (E)	Witz m	—	plaisanterie f	barzelletta f	chiste m
jókívánság (H)	Glückwunsch m	congratulations	félicitations f/pl	auguri m/pl	felicitaciones f/pl
joli(e)¹ (F)	hübsch	pretty	—	carino(a)	bonito(a)
joli(e)² (F)	nett	nice	—	carino(a)	agradable
jön (H)	kommen	come	venir	venire	venir
jong (NL)	jung	young	jeune	giovane	joven
jongen (NL)	Junge m	boy	garçon m	ragazzo m	chico m
jood (NL)	Jude m	Jew	juif m	ebreo m	judío m
jord (SV)	Erde f	earth	terre f	terra f	tierra f
jordbävning (SV)	Erdbeben n	earthquake	tremblement de terre m	terremoto m	terremoto m
jordgubbe (SV)	Erdbeere f	strawberry	fraise f	fragola f	fresa f
jó, rendes (H)	brav	good	gentil(le)	bravo(a)	bueno(a)
jornal (P)	Zeitung f	newspaper	journal m	giornale m	periódico m
jouer (F)	spielen	play	—	giocare	jugar
jouir (F)	genießen	enjoy	—	godere	disfrutar
jour (F)	Tag m	day	—	giorno m	día m
jour de repos (F)	Ruhetag m	closing day	—	giorno di riposo m	día de descanso m
jour férié (F)	Feiertag m	holiday	—	giorno festivo m	día de fiesta m
journal (F)	Zeitung f	newspaper	—	giornale m	periódico m
journey (E)	Reise f	—	voyage m	viaggio m	viaje m
jóváhagy (H)	billigen	approve of	approuver	approvare	aprobar
jóvátesz (H)	wieder gutmachen	make up for	réparer	riparare	subsanar
jövedelem (H)	Einkommen n	income	revenu m	entrate f/pl	ingresos m/pl
jovem (P)	jung	young	jeune	giovane	joven
joven (ES)	jung	young	jeune	giovane	—
jövő (H)	Zukunft f	future	avenir m	futuro m	futuro m
joy (E)	Freude f	—	joie f	gioia f	alegría f
joyas (ES)	Schmuck m	jewellery	bijoux m/pl	gioielli m/pl	—
joyeux(euse) (F)	fröhlich	merry	—	allegro(a)	alegre
józan (H)	nüchtern	sober	sobre	sobrio(a)	sobrio(a)
jubelen (NL)	jubeln	rejoice	pousser des cris de joie	giubilare	dar gritos de alegría
jubeln (D)	—	rejoice	pousser des cris de joie	giubilare	dar gritos de alegría
jubilar (P)	jubeln	rejoice	pousser des cris de joie	giubilare	dar gritos de alegría
jubla (SV)	jubeln	rejoice	pousser des cris de joie	giubilare	dar gritos de alegría
jucken (D)	—	itch	démanger	prudere	picar

jucken

P	NL	SV	PL	CZ	H
nomear	noemen	nämna	nazywać <nazwać>	—	nevez
bom	goed	bra	dobrze	dobře	—
direita	rechts	till höger	po prawej stronie	vpravo	—
—	knie f	knä n	kolano n	koleno n	térd
direito m	rechten pl	juridik u	prawo n	právo n	—
direito m	recht n	rätt u	prawo n	právo n	—
—	spelen	leka	grać <zagrać>	hrát <zahrát>	játszik
—	spel n	spel n	gra f	hra f	játék
carta de condução f	rijbewijs n	körkort n	prawo jazdy n	řidičský průkaz m	—
injustiça f	onrecht n	orätt u	bezprawie n	bezpráví n	—
groselha f	aalbes f	svart vinbär n	porzeczka f	rybíz m	ribizke
—	sieraad n	smycke n	biżuteria f	šperky pl	ékszer
alegria f	vreugde f	glädje u	radość f	radost f	öröm
brincadeira f	grap f	skämt n	żart m	žert m	tréfa
piada f	grap f	vits u	kawał m	vtip m	vicc
parabéns m/pl	gelukwens m	lyckönskan u	życzenia szczęścia n/pl	blahopřání n	—
bonito	mooi	vacker	ładny	hezký	csinos
simpático	leuk	trevlig	miły	milý	kedves
vir	komen	komma	przychodzić <przyjść>	přicházet <přijít>	—
jovem	—	ung	młody	mladý	fiatal
rapaz m	—	pojke u	chłopiec m	chlapec m	fiú
judeu m	—	jude u	żyd m	Čid m	zsidó
terra f	aarde f	—	ziemia f	země f	föld
terramoto m	aardbeving f	—	trzęsienie ziemi n	zemětřesení n	földrengés
morango m	aardbei f	—	truskawka f	jahoda f	szamóca
obediente	braaf	lydig	grzeczny	hodný	—
—	krant m	tidning u	gazeta f	noviny pl	újság
jogar	spelen	leka	grać <zagrać>	hrát <zahrát>	játszik
apreciar	genieten	njuta	używać <użyć>	užívat <užít>	élvez
dia f	dag m	dag u	dzień m	den m	nap
dia de folga m	rustdag m	vilodag u	wolny dzień m	den pracovního klidu m	szünnap
feriado m	feestdag m	helgdag u	dzień świąteczny m	svátek m	ünnepnap
jornal m	krant m	tidning u	gazeta f	noviny pl	újság
viagem f	reis f	resa u	podróż f	cesta f	utazás
aprovar	goedkeuren	godkänna	aprobować <zaaprobować>	schvalovat <schválit>	—
reparar	weer goedmaken	gottgöra	wynagradzać szkodę	odčiňovat <odčinit>	—
rendimento m	inkomen n	inkomst u	dochód m	příjem m	—
—	jong	ung	młody	mladý	fiatal
jovem	jong	ung	młody	mladý	fiatal
futuro m	toekomst f	framtid u	przyszłość f	budoucnost f	—
alegria f	vreugde f	glädje u	radość f	radost f	öröm
jóias f	sieraad n	smycke n	biżuteria f	šperky pl	ékszer
alegre	vrolijk	glad	wesoły	veselý	vidám
sóbrio	nuchter	nykter	trzeźwy	střízlivě	—
jubilar	—	jubla	wiwatować	jásat <zajásat>	ujjong
jubilar	jubelen	jubla	wiwatować	jásat <zajásat>	ujjong
—	jubelen	jubla	wiwatować	jásat <zajásat>	ujjong
jubilar	jubelen	—	wiwatować	jásat <zajásat>	ujjong
fazer comichão	jeuken	klia	swędzić <zaswędzić>	svědět <zasvědět>	viszket

Jude

	D	E	F	I	ES
Jude (D)	—	Jew	juif m	ebreo m	judío m
jude (SV)	Jude m	Jew	juif m	ebreo m	judío m
judeu (P)	Jude m	Jew	juif m	ebreo m	judío m
judge (E)	Richter m	—	juge m	giudice m	juez m
judge¹ (E)	beurteilen	—	juger	giudicare	juzgar
judge² (E)	urteilen	—	juger	giudicare	juzgar
judgement (E)	Urteil n	—	jugement m	giudizio m	juicio m
judía (ES)	Bohne	bean	haricot m	fagiolo m	—
judío (ES)	Jude m	Jew	juif m	ebreo m	—
juego (ES)	Spiel n	game	jeu m	gioco m	—
juez (ES)	Richter m	judge	juge m	giudice m	—
jug (E)	Krug m	—	cruche f	brocca f	jarro m
jugar (ES)	spielen	play	jouer	giocare	—
juge (F)	Richter m	judge	—	giudice m	juez m
jugement (F)	Urteil n	judgement	—	giudizio m	juicio m
juger¹ (F)	beurteilen	judge	—	giudicare	juzgar
juger² (F)	urteilen	judge	—	giudicare	juzgar
juice (E)	Saft m	—	jus m	succo m	zumo m
juice (SV)	Saft m	juice	jus m	succo m	zumo m
juicio (ES)	Urteil n	judgement	jugement m	giudizio m	—
juif (F)	Jude m	Jew	—	ebreo m	judío m
juist (NL)	richtig	correct	juste	giusto(a)	correcto(a)
juiz (P)	Richter m	judge	juge m	giudice m	juez m
jul (SV)	Weihnachten pl	Christmas	Noël m	Natale m	Navidad(es) f/pl
julgar¹ (P)	beurteilen	judge	juger	giudicare	juzgar
julgar² (P)	richten	direct to	diriger	dirigere	dirigir
julgar³ (P)	urteilen	judge	juger	giudicare	juzgar
jullie (NL)	ihr	you	vous	voi	vosotros(as)
jumelles (F)	Fernglas n	binoculars	—	cannocchiale m	gemelos m/pl
jung (D)	—	young	jeune	giovane	joven
Junge (D)	—	boy	garçon m	ragazzo m	chico m
junto (ES)	zusammen	together	ensemble	insieme	—
junto (P)	zusammen	together	ensemble	insieme	junto
jupe (F)	Rock m	skirt	—	gonna f	falda f
Jura (D)	—	law	droit m	giurisprudenza f	derecho m
jurar (ES)	schwören	swear	jurer	giurare	—
jurar (P)	schwören	swear	jurer	giurare	jurar
jurer (F)	schwören	swear	—	giurare	jurar
juridik (SV)	Jura	law	droit m	giurisprudenza f	derecho m
jurk/kleed (NL)	Kleid n	dress	robe f	vestito m	vestido m
jus (F)	Saft m	juice	—	succo m	zumo m
just (E)	gerecht	—	juste	adeguato(a)	justo(a)
juste¹ (F)	gerecht	just	—	adeguato(a)	justo(a)
juste² (F)	richtig	correct	—	giusto(a)	correcto(a)
justo (P)	gerecht	just	juste	adeguato(a)	justo(a)
justo(a) (ES)	gerecht	just	juste	adeguato(a)	—
jutányos (H)	preiswert	inexpensive	bon marché	conveniente	económico(a)
jutro (PL)	morgen	tomorrow	demain	domani	mañana
już (PL)	bereits	already	déjà	già	ya
juzgar¹ (ES)	beurteilen	judge	juger	giudicare	—

P	NL	SV	PL	CZ	H
judeu m	jood m	jude u	żyd m	Čid m	zsidó
judeu m	jood m	—	żyd m	Čid m	zsidó
—	jood m	jude u	żyd m	Čid m	zsidó
juiz m	rechter m	domare u	sędzia m	soudce m	bíró
julgar	beoordelen	bedöma	oceniać <ocenić>	posuzovat <posoudit>	megítél
julgar	oordelen	döma	sądzić	posuzovat <posoudit>	ítél
sentença f	oordeel n	dom u	wyrok m	rozsudek m	ítélet
feijão m	boon f	böna u	fasola f	fazole f	bab
judeu m	jood m	jude u	żyd m	Čid m	zsidó
jogo m	spel m	spel n	gra f	hra f	játék
juiz m	rechter m	domare u	sędzia m	soudce m	bíró
cântaro m	kruik f	kanna u	dzban m	džbán m	korsó
jogar	spelen	leka	grać <zagrać>	hrát <zahrát>	játszik
juiz m	rechter m	domare u	sędzia m	soudce m	bíró
sentença f	oordeel n	dom u	wyrok m	rozsudek m	ítélet
julgar	beoordelen	bedöma	oceniać <ocenić>	posuzovat <posoudit>	megítél
julgar	oordelen	döma	sądzić	posuzovat <posoudit>	ítél
sumo m	sap n	juice u	sok m	šťáva f	nedv
sumo m	sap n	—	sok m	šťáva f	nedv
sentença f	oordeel n	dom u	wyrok m	rozsudek m	ítélet
judeu m	jood m	jude u	żyd m	Čid m	zsidó
correcto	—	rätt	właściwy	správně	helyes
—	rechter m	domare u	sędzia m	soudce m	bíró
Natal m	kerst m	—	Boże Narodzenie	vánoce f/pl	karácsony
—	beoordelen	bedöma	oceniać <ocenić>	posuzovat <posoudit>	megítél
—	richten	rikta	kierować <skierować>	spravovat <spravit>	irányít
—	oordelen	döma	sądzić	posuzovat <posoudit>	ítél
vós, vocês	—	ni	wy	vy	ti
binóculos m/pl	verrekijker m	kikare u	lornetka f	dalekohled m	távcső
jovem	jong	ung	młody	mladý	fiatal
rapaz m	jongen m	pojke u	chłopiec m	chlapec m	fiú
junto	samen	tillsammans	razem	společně	együtt
—	samen	tillsammans	razem	společně	együtt
saia f	rok m	kjol u	spódnica f	sukně f	szoknya
direito m	rechten pl	juridik u	prawo n	právo n	jog
jurar	zweren	svära på	przysięgać <przysiąc>	přísahat	esküszik
—	zweren	svära på	przysięgać <przysiąc>	přísahat	esküszik
jurar	zweren	svära på	przysięgać <przysiąc>	přísahat	esküszik
direito m	rechten pl	—	prawo n	právo n	jog
vestido m	—	klänning u	suknia f	šaty pl	ruha
sumo m	sap n	juice u	sok m	šťáva f	nedv
justo	gerecht	rättvis	sprawiedliwy	spravedlivý	igazságos
justo	gerecht	rättvis	sprawiedliwy	spravedlivý	igazságos
correcto	juist	rätt	właściwy	správně	helyes
—	gerecht	rättvis	sprawiedliwy	spravedlivý	igazságos
justo	gerecht	rättvis	sprawiedliwy	spravedlivý	igazságos
barato	goedkoop	prisvärd	niedrogi	výhodný (cenově)	—
amanhã	morgen	i morgon	—	zítra	holnap
já	reeds	redan	—	již	már
julgar	beoordelen	bedöma	oceniać <ocenić>	posuzovat <posoudit>	megítél

juzgar

	D	E	F	I	ES
juzgar² (ES)	urteilen	judge	juger	giudicare	—
kaal (NL)	kahl	bald	chauve	calvo(a)	calvo(a)
kaars (NL)	Kerze f	candle	bougie f	candela f	vela f
kaart (NL)	Karte f	card	carte f	cartolina f	postal f
kaas (NL)	Käse m	cheese	fromage m	formaggio m	queso m
kabát (CZ)	Mantel m	coat	manteau m	cappotto m	abrigo m
kabát (H)	Mantel m	coat	manteau m	cappotto m	abrigo m
Kabel (D)	—	cable	câble m	cavo m	cable m
kabel (NL)	Kabel n	cable	câble m	cavo m	cable m
kabel (SV)	Kabel n	cable	câble m	cavo m	cable m
kabel (PL)	Kabel n	cable	câble m	cavo m	cable m
kabel (CZ)	Kabel n	cable	câble m	cavo m	cable m
kábel (H)	Kabel n	cable	câble m	cavo m	cable m
kabelka (CZ)	Handtasche f	handbag	sac à main m	borsetta f	bolso m
kabin (SV)	Kabine f	cabin	cabine f	cabina f	cabina f
kabin (H)	Kabine f	cabin	cabine f	cabina f	cabina f
kabina (PL)	Kabine f	cabin	cabine f	cabina f	cabina f
kabina (CZ)	Kabine f	cabin	cabine f	cabina f	cabina f
Kabine (D)	—	cabin	cabine f	cabina f	cabina f
kácet se, <skácet, se> (CZ)	umfallen	fall over	tomber	cadere	caerse
kachna (CZ)	Ente f	duck	canard m	anatra f	pato m
kacsa (H)	Ente f	duck	canard m	anatra f	pato m
kaczka (PL)	Ente f	duck	canard m	anatra f	pato m
kader (NL)	Rahmen m	frame	cadre m	cornice f	marco m
kadeřník (CZ)	Friseur m	hairdresser	coiffeur m	parrucchiere m	peluquero m
kafé (SV)	Café n	café	café m	caffè m	café m
Käfer (D)	—	beetle	coléoptère m	coleottero m	escarabajo m
Käfig (D)	—	cage	cage f	gabbia f	jaula f
kagyló (H)	Muschel m	mussel	moule f	cozza f	mejillón m
kahl (D)	—	bald	chauve	calvo(a)	calvo(a)
kałuża (PL)	Pfütze f	puddle	flaque f	pozzanghera f	charco m
kaka (SV)	Kuchen m	cake	gâteau m	dolce m	tarta f
kakas (H)	Hahn m	cock	coq m	gallo m	gallo m
kal (SV)	kahl	bald	chauve	calvo(a)	calvo(a)
kål (SV)	Kohl m	cabbage	chou m	cavolo m	col f
kaland (H)	Abenteuer n	adventure	aventure f	avventura f	aventura f
kalap (H)	Hut m	hat	chapeau m	capello m	sombrero m
kalaúz (H)	Schaffner m	conductor	contrôleur m	bigliettaio m	revisor m
Kalb (D)	—	calf	veau m	vitello m	ternera f
kalendář (CZ)	Kalender m	calendar	calendrier m	calendario m	calendario m
kalendarz (PL)	Kalender m	calendar	calendrier m	calendario m	calendario m
Kalender (D)	—	calendar	calendrier m	calendario m	calendario m
kalender (NL)	Kalender m	calendar	calendrier m	calendario m	calendario m
kalender (SV)	Kalender m	calendar	calendrier m	calendario m	calendario m
kalf (NL)	Kalb n	calf	veau m	vitello m	ternera f
kalhoty (CZ)	Hose f	trousers	pantalon m	pantalone m	pantalón m
källare (SV)	Keller m	cellar	cave f	cantina f	sótano m
kallt (SV)	kalt	cold	froid(e)	freddo(a)	frío(a)
kalmeren (NL)	beruhigen, sich	calm down	calmer, se	calmarsi	calmarse
kalt (D)	—	cold	froid(e)	freddo(a)	frío(a)
kaluž (CZ)	Pfütze f	puddle	flaque f	pozzanghera f	charco m
kalv (SV)	Kalb n	calf	veau m	vitello m	ternera f
kályha (H)	Ofen m	oven	poêle m	stufa f	estufa f
kam (NL)	Kamm m	comb	peigne m	pettine m	peine m
kam (SV)	Kamm m	comb	peigne m	pettine m	peine m

kam

P	NL	SV	PL	CZ	H
julgar	oordelen	döma	sądzić	posuzovat <posoudit>	ítél
calvo	—	kal	łysy	holý	kopár
vela f	—	ljus n	świeca f	svíčka f	gyertya
cartão m	—	kort n	karta f	karta f	lap
queijo m	—	ost u	ser m	sýr m	sajt
sobretudo m	mantel m	kappa u	płaszcz m	—	kabát
sobretudo m	mantel m	kappa u	płaszcz m	kabát m	—
cabo m	kabel m	kabel u	kabel m	kabel m	kábel
cabo m	—	kabel u	kabel m	kabel m	kábel
cabo m	kabel m	—	kabel m	kabel m	kábel
cabo m	kabel m	kabel u	—	kabel m	kábel
cabo m	kabel m	kabel u	kabel m	—	kábel
cabo m	kabel m	kabel u	kabel m	kabel m	—
bolsa f	handtas f	handväska u	torebka f	—	kézitáska
cabina f	cabine f	—	kabina f	kabina f	kabin
cabina f	cabine f	kabin u	kabina f	kabina f	—
cabina f	cabine f	kabin u	—	kabina f	kabin
cabina f	cabine f	kabin u	kabina f	—	kabin
cabina f	cabine f	kabin u	kabina f	kabina f	kabin
cair	omvallen	falla omkull	upadać <upaść>	—	elesik
pato m	eend f	anka u	kaczka f	—	kacsa
pato m	eend f	anka u	kaczka f	kachna f	—
pato m	eend f	anka u	—	kachna f	kacsa
moldura f	—	ram u	rama f	rám m	keret
cabeleireiro m	kapper m	frisör u	fryzjer m	—	fodrász
café m	café n	—	kawiarnia f	kavárna f	kávéház
escaravelho m	kever m	skalbagge u	chrząszcz m	brouk m	bogár
gaiola f	kooi f	bur u	klatka f	klec f	ketrec
concha f	schelp f	mussla u	muszla f	mušle f	—
calvo	kaal	kal	łysy	holý	kopár
poça de água f	plas m	vattenpöl u	—	kaluž f	pocsolya
bolo m	taart f	—	placek m	koláč m	sütemény
galo m	haan m	tupp u	kogut m	kohout m	—
calvo	kaal	—	łysy	holý	kopár
couve f	kool m	—	kapusta f	kapusta f	káposzta
aventura f	avontuur n	äventyr n	przygoda f	dobrodružství n	—
chapéu m	hoed m	hatt u	kapelusz m	klobouk m	—
revisor m	conducteur m	konduktör u	konduktor m	průvodčí m	—
vitela f	kalf n	kalv u	cielę n	tele n	borjú
calendário m	kalender m	kalender u	kalendarz m	—	naptár
calendário m	kalender m	kalender u	kalendarz m	kalendář m	naptár
calendário m	kalender m	kalender u	—	kalendář m	naptár
calendário m	—	kalender u	kalendarz m	kalendář m	naptár
calendário m	kalender m	—	kalendarz m	kalendář m	naptár
vitela f	—	kalv u	cielę n	tele n	borjú
calças f/pl	broek f	byxor pl	spodnie pl	—	nadrág
cave f	kelder m	—	piwnica f	sklep m	pince
frio	koud	—	zimny	studený	hideg
acalmar-se	—	lugna sig	uciszać <uciszyć>	uklidňovat, se <uklidnit, se>	megnyugszik
frio	koud	kallt	zimny	studený	hideg
poça de água f	plas m	vattenpöl u	kałuża f	—	pocsolya
vitela f	kalf n	—	cielę n	tele n	borjú
forno m	oven m	ugn u	piec m	kamna pl	—
pente m	—	kam u	grzebień m	hřeben m	fésű
pente m	kam m	—	grzebień m	hřeben m	fésű

kámen

	D	E	F	I	ES
kámen (CZ)	Stein m	stone	pierre f	sasso m	piedra f
kamer (NL)	Zimmer n	room	chambre f	camera f	habitación f
kamera (SV)	Fotoapparat m	camera	appareil photo m	macchina fotografica m	máquina fotográfica f
kamień (PL)	Stein m	stone	pierre f	sasso m	piedra f
Kamm (D)	—	comb	peigne m	pettine m	peine m
kamma (SV)	kämmen	comb	peigner	pettinare	peinar
kammen (NL)	kämmen	comb	peigner	pettinare	peinar
kämmen (D)	—	comb	peigner	pettinare	peinar
kamna (CZ)	Ofen m	oven	poêle m	stufa f	estufa f
kämpa (SV)	kämpfen	fight	battre, se	combattere	luchar
kampeerplaats (NL)	Campingplatz m	campsite	terrain de camping m	campeggio m	camping m
kamperen (NL)	zelten	camp	camper	campeggiare	acampar
kämpfen (D)	—	fight	battre, se	combattere	luchar
kampó (H)	Haken m	hook	crochet m	gancio m	gancho m
kanál (H)	Löffel m	spoon	cuiller f	cucchiaio m	cuchara f
kancelář (CZ)	Büro n	office	bureau m	ufficio m	oficina f
känd[1] (SV)	bekannt	well-known	connu(e)	conosciuto(a)	conocido(a)
känd[2] (SV)	berühmt	famous	célèbre	famoso(a)	famoso(a)
kánikula (H)	Hitze f	heat	chaleur f	calura f	calor m
kanker (NL)	Krebs m	cancer	cancer m	cancro m	cáncer m
kanna (SV)	Krug m	jug	cruche f	brocca f	jarro m
känna (SV)	fühlen	feel	sentir	sentire	sentir
känna igen (SV)	erkennen	recognize	reconnaître	riconoscere	reconocer
känna till[1] (SV)	auskennen, sich	know one's way about	connaître, s'y	conoscere bene	conocer a fondo a
känna till[2] (SV)	kennen	know	connaître	conoscere	conocer
kännetecken (SV)	Merkmal n	characteristic	signe m	caratteristica f	rasgo m
kans (NL)	Chance f	chance	possibilité f	occasione f	oportunidad f
kanske (SV)	vielleicht	maybe	peut-être	forse	tal vez
känsla (SV)	Gefühl n	feeling	sentiment m	sensazione f	sentimiento m
känslig (SV)	empfindlich	sensitive	sensible	sensibile	sensible
kant (SV)	Rand m	brim	bord m	margine m	borde m
kantoor (NL)	Büro n	office	bureau m	ufficio m	oficina f
kanyar (H)	Kurve f	bend	virage m	curva f	curva f
kap (NL)	Kapuze f	hood	capuchon m	cappuccio m	capucha f
kap (H)	bekommen	get	recevoir	ricevere	recibir
kapać (PL)	tropfen	drip	goutter	gocciolare	gotear
kąpać <wykąpać> (PL)	baden	bathe	baigner, se	fare il bagno	bañarse
kapat <kápnout> (CZ)	tropfen	drip	goutter	gocciolare	gotear
kapcsol (H)	schalten	switch	connecter	commutare	conectar
kapcsolat (H)	Beziehung f	relationship	relation f	rapporto m	relación f
kapcsoló (H)	Schalter m	counter	guichet m	sportello m	ventanilla f
kapelusz (PL)	Hut m	hat	chapeau m	capello m	sombrero m
kapesník[1] (CZ)	Handtuch n	towel	serviette f	asciugamano m	pañuelo m
kapesník[2] (CZ)	Taschentuch n	handkerchief	mouchoir m	fazzoletto m	pañuelo m
kapható (H)	erhältlich	available	en vente	acquistabile	que puede adquirirse
kąpiel (PL)	Bad n	bath	bain m	bagno m	baño m
kąpielówki (PL)	Badehose f	swimming trunks	slip de bain m	costume da bagno m	bañador m
kapitaal (NL)	Kapital n	capital	capital m	capitale m	capital m
kapitał (PL)	Kapital n	capital	capital m	capitale m	capital m
Kapital (D)	—	capital	capital m	capitale m	capital m
kapital (SV)	Kapital n	capital	capital m	capitale m	capital m
kapitál (CZ)	Kapital n	capital	capital m	capitale m	capital m

kapitál

P	NL	SV	PL	CZ	H
pedra f	steen m	sten u	kamień m	—	kő
quarto m	—	rum n	pokój m	pokoj m	szoba
máquina fotográfica f	camera f	—	aparat fotograficzny m	fotografický přístroj m	fényképezőgép
pedra f	steen m	sten u	—	kámen m	kő
pente m	kam m	kam u	grzebień m	hřeben m	fésű
pentear	kammen	—	czesać <uczesać>	česat <učesat>	fésül
pentear	—	kamma u	czesać <uczesać>	česat <učesat>	fésül
pentear	kammen	kamma u	czesać <uczesać>	česat <učesat>	fésül
forno m	oven m	ugn u	piec m	—	kályha
lutar	vechten	—	walczyć	bojovat <dobojovat>	harcol
parque de campismo m	—	campingplats u	plac kempingowy m	kemping m	kemping
acampar	—	tälta	biwakować	stanovat	sátorozik
lutar	vechten	kämpa	walczyć	bojovat <dobojovat>	harcol
gancho m	haak m	hake u	hak m	hák m	—
colher f	lepel m	sked u	łyżka f	lžíce f	—
escritório m	kantoor n	kontor n	biuro n	—	iroda
conhecido	bekend	—	znany	známý	ismert
famoso	beroemd	—	sławny	slavný	híres
calor m	hitte f	hetta u	upał m	žár m	—
cancro m	—	cancer u	rak m	rakovina f	rákos daganat
cântaro m	kruik f	—	dzban m	džbán m	korsó
sentir	voelen	—	czuć	cítit <procítit>	érez
reconhecer	onderscheiden	—	rozpoznawać <rozpoznać>	rozpoznávat <rozpoznat>	felismer
ser conhecedor de	thuis zijn (in)	—	znać, się	vyznávat, se <vyznat, se>	kiismeri, magát
conhecer	kennen	—	znać	znát <poznat>	ismer
sinal m	merkteken n	—	cecha f	kritérium m	ismertetőjel
oportunidade f	—	chans u	szansa f	šance f	lehetőség
talvez	misschien	—	może	možná	talán
sentimento m	gevoel n	—	uczucie n	pocit m	érzés
sensível	gevoelig	—	wrażliwy	citlivý	érzékeny
margem f	rand m	—	krawędź f	okraj m	szél
escritório m	—	kontor n	biuro n	kancelář f	iroda
curva f	bocht f	kurva u	zakręt m	zatáčka f	—
capuz m	—	kapuschong u	kaptur m	kapuce f	kapucni, csuklya
receber	krijgen	få	otrzymywać <otrzymać>	dostávat <dostat>	—
gotejar	druppelen	droppa	—	kapat <kápnout>	csepeg
tomar banho	baden	bada	—	koupat	fürdik
gotejar	druppelen	droppa	kapać	—	csepeg
ligar	schakelen	koppla	przełączać <przełączyć>	zapínat <zapnout>	—
relação f	betrekking f	förbindelse u	stosunek m	vztah m	—
interruptor m	schakelaar m	strömbrytare u	włącznik m	vypínač m	—
chapéu m	hoed m	hatt u	—	klobouk m	kalap
toalha f	handdoek m	handduk u	ręcznik m	—	törülköző
lenço m	zakdoek m	näsduk u	chusteczka f	—	zsebkendő
estar à venda	verkrijgbaar	erhållas	do nabycia	k dostání	—
banho m	bad n	bad n	—	koupel f	fürdő
calções de banho m/pl	zwembroek f	badbyxor pl	—	plavky pánské pl	fürdőnadrág
capital m	—	kapital n	kapitał m	kapitál m	tőke
capital m	kapitaal n	kapital n	kapitał m	—	tőke
capital m	kapitaal n	kapital n	kapitał m	kapitál m	tőke
capital m	kapitaal n	—	kapitał m	kapitál m	tőke
capital m	kapitaal n	kapital n	kapitał m	—	tőke

Kapitel

	D	E	F	I	ES
Kapitel (D)	—	chapter	chapitre *m*	capitolo *m*	capítulo *m*
kapitel (SV)	Kapitel *n*	chapter	chapitre *m*	capitolo *m*	capítulo *m*
kapitola (CZ)	Kapitel *n*	chapter	chapitre *m*	capitolo *m*	capítulo *m*
káposzta (H)	Kohl *m*	cabbage	chou *m*	cavolo *m*	col *f*
kapot (NL)	kaputt	broken	cassé(e)	rotto(a)	roto(a)
kappa (SV)	Mantel *m*	coat	manteau *m*	cappotto *m*	abrigo *m*
kapper (NL)	Friseur *m*	hairdresser	coiffeur *m*	parrucchiere *m*	peluquero *m*
kapsel (NL)	Frisur *f*	hairstyle	coiffure *f*	pettinatura *f*	peinado *m*
kaptur (PL)	Kapuze *f*	hood	capuchon *m*	cappuccio *m*	capucha *f*
kapuce (CZ)	Kapuze *f*	hood	capuchon *m*	cappuccio *m*	capucha *f*
kapucni, csuklya (H)	Kapuze *f*	hood	capuchon *m*	cappuccio *m*	capucha *f*
kapuschong (SV)	Kapuze *f*	hood	capuchon *m*	cappuccio *m*	capucha *f*
kapusta (PL)	Kohl *m*	cabbage	chou *m*	cavolo *m*	col *f*
kapusta (CZ)	Kohl *m*	cabbage	chou *m*	cavolo *m*	col *f*
kaputt (D)	—	broken	cassé(e)	rotto(a)	roto(a)
Kapuze (D)	—	hood	capuchon *m*	cappuccio *m*	capucha *f*
kar (H)	Arm *m*	arm	bras *m*	braccio *m*	brazo *m*
kár (H)	Schaden *m*	damage	dommage *m*	danno *m*	daño *m*
kara (PL)	Strafe *f*	punishment	punition *f*	punizione *f*	castigo *m*
karácsony (H)	Weihnachten *pl*	Christmas	Noël *m*	Natale *m*	Navidad(es) *f/pl*
karaktär (SV)	Charakter *m*	character	caractère *m*	carattere *m*	carácter *m*
karakter (NL)	Charakter *m*	character	caractère *m*	carattere *m*	carácter *m*
karamell (SV)	Bonbon *m*	sweet	bonbon *m*	caramella *f*	caramelo *m*
karcsú (H)	schlank	slim	mince	snello(a)	delgado(a)
karetka pogotowia (PL)	Krankenwagen *m*	ambulance	ambulance *f*	ambulanza *f*	ambulancia *f*
kariera (PL)	Karriere *f*	career	carrière *f*	carriera *f*	carrera *f*
kariéra (CZ)	Karriere *f*	career	carrière *f*	carriera *f*	carrera *f*
kariert (D)	—	checked	à carreaux	a quadretti	a cuadros
kärl (SV)	Gefäß *n*	container	récipient *m*	recipiente *m*	recipiente *m*
kärlek (SV)	Liebe *f*	love	amour *m*	amore *m*	amor *m*
karnawał (PL)	Karneval *m*	carnival	carnaval *m*	carnevale *m*	carnaval *m*
Karneval (D)	—	carnival	carnaval *m*	carnevale *m*	carnaval *m*
karneval (SV)	Karneval *m*	carnival	carnaval *m*	carnevale *m*	carnaval *m*
karneval (CZ)	Karneval *m*	carnival	carnaval *m*	carnevale *m*	carnaval *m*
karoserie (CZ)	Karosserie *f*	body	carrosserie *f*	carrozzeria *f*	carrocería *f*
karosseri (SV)	Karosserie *f*	body	carrosserie *f*	carrozzeria *f*	carrocería *f*
Karosserie (D)	—	body	carrosserie *f*	carrozzeria *f*	carrocería *f*
karosszéria (H)	Karosserie *f*	body	carrosserie *f*	carrozzeria *f*	carrocería *f*
karotka (PL)	Karotte *f*	carrot	carotte *f*	carota *f*	zanahoria *f*
karotka (CZ)	Karotte *f*	carrot	carotte *f*	carota *f*	zanahoria *f*
karotta (H)	Karotte *f*	carrot	carotte *f*	carota *f*	zanahoria *f*
Karotte (D)	—	carrot	carotte *f*	carota *f*	zanahoria *f*
karriär (SV)	Karriere *f*	career	carrière *f*	carriera *f*	carrera *f*
karrier (H)	Karriere *f*	career	carrière *f*	carriera *f*	carrera *f*
Karriere (D)	—	career	carrière *f*	carriera *f*	carrera *f*
karta (SV)	Landkarte *f*	map	carte *f*	carta geografica *f*	mapa *m*
karta (PL)	Karte *f*	card	carte *f*	cartolina *f*	postal *f*
karta (CZ)	Karte *f*	card	carte *f*	cartolina *f*	postal *f*
kartáč (CZ)	Bürste *f*	brush	brosse *f*	spazzola *f*	cepillo *m*
karta kredytowa (PL)	Kreditkarte *f*	credit card	carte de crédit *f*	carta di credito *f*	tarjeta de crédito *f*
Karte (D)	—	card	carte *f*	cartolina *f*	postal *f*
Kartoffel (D)	—	potato	pomme de terre *f*	patata *f*	patata *f*
Karton (D)	—	cardboard box	carton *m*	cartone *m*	cartón *m*
karton[1] (NL)	Karton *m*	cardboard box	carton *m*	cartone *m*	cartón *m*
karton[2] (NL)	Pappe *f*	cardboard	carton *m*	cartone *m*	cartón *m*
karton (PL)	Karton *m*	cardboard box	carton *m*	cartone *m*	cartón *m*

karton

P	NL	SV	PL	CZ	H
capítulo m	hoofdstuk n	kapitel n	rozdział m	kapitola f	fejezet
capítulo m	hoofdstuk n	—	rozdział m	kapitola f	fejezet
capítulo m	hoofdstuk n	kapitel n	rozdział m	—	fejezet
couve f	kool m	kål u	kapusta f	kapusta f	—
estragado	—	sönder	zepsuty	rozbitý	tönkrement
sobretudo m	mantel m	—	płaszcz m	kabát m	kabát
cabeleireiro m	—	frisör u	fryzjer m	kadeřník m	fodrász
penteado m	—	frisyr u	fryzura f	účes m	frizura
capuz m	kap f	kapuschong u	—	kapuce f	kapucni, csuklya
capuz m	kap f	kapuschong u	kaptur m	—	kapucni, csuklya
capuz m	kap f	kapuschong u	kaptur m	kapuce f	—
capuz m	kap f	—	kaptur m	kapuce f	kapucni, csuklya
couve f	kool m	kål u	—	kapusta f	káposzta
couve f	kool m	kål u	kapusta f	—	káposzta
estragado	kapot	sönder	zepsuty	rozbitý	tönkrement
capuz m	kap f	kapuschong u	kaptur m	kapuce f	kapucni, csuklya
braço m	arm m	arm u	ramię	paže f	—
dano m	schade f	skada u	szkoda f	škoda f	—
castigo m	straf f	straff n	—	trest m	büntetés
Natal m	kerst m	jul u	Boże Narodzenie	vánoce f/pl	—
carácter m	karakter n	—	charakter m	charakter m	jellem
carácter m	—	karaktär u	charakter m	charakter m	jellem
rebuçado m	snoepje n	—	cukierek m	bonbón m	cukorka
magro	slank	smal	smukły	štíhlý	—
ambulância f	ziekenwagen m	ambulans u	—	sanitka f	mentőautó
carreira f	carrière f	karriär u	—	kariéra f	karrier
carreira f	carrière f	karriär u	kariera f	—	karrier
quadriculado	geruit	rutigt	w kratkę	čtverečkovaný	kockás
recipiente m	vat n	—	naczynie n	nádoba f	edény
amor m	liefde f	—	miłość f	láska f	szeretet
carnaval m	carnaval n	karneval u	—	karneval m	farsang, karnevál
carnaval m	carnaval n	karneval u	karnawał m	karneval m	farsang, karnevál
carnaval m	carnaval n	—	karnawał m	karneval m	farsang, karnevál
carnaval m	carnaval n	karneval u	karnawał m	—	farsang, karnevál
carroçaria f	carrosserie f	karosseri n	nadwozie n	—	karosszéria
carroçaria f	carrosserie f	—	nadwozie n	karoserie f	karosszéria
carroçaria f	carrosserie f	karosseri n	nadwozie n	karoserie f	karosszéria
carroçaria f	carrosserie f	karosseri n	nadwozie n	karoserie f	—
cenoura f	peen m	morot u	—	karotka f	karotta
cenoura f	peen m	morot u	karotka f	—	karotta
cenoura f	peen m	morot u	karotka f	karotka f	—
cenoura f	peen m	morot u	karotka f	karotka f	karotta
carreira f	carrière f	—	kariera f	kariéra f	karrier
carreira f	carrière f	karriär u	kariera f	kariéra f	—
carreira f	carrière f	karriär u	kariera f	kariéra f	karrier
mapa m	landkaart f	—	mapa f	mapa f	térkép
cartão m	kaart f	kort n	—	karta f	lap
cartão m	kaart f	kort n	karta f	—	lap
escova f	borstel m	borste u	szczotka f	—	kefe
cartão de crédito m	creditcard f	kreditkort n	—	platební karta f	hitelkártya
cartão m	kaart f	kort n	karta f	karta f	lap
batata f	aardappel m	potatis u	ziemniak m	brambora f	burgonya
papelão m	karton n	kartong u	karton m	karton m	karton
papelão m	—	kartong u	karton m	karton m	karton
cartão m	—	pappskiva n	papa f	lepenka f	keménypapír
papelão m	karton n	kartong u	—	karton m	karton

karton

	D	E	F	I	ES
karton (CZ)	Karton *m*	cardboard box	carton *m*	cartone *m*	cartón *m*
karton (H)	Karton *m*	cardboard box	carton *m*	cartone *m*	cartón *m*
kartong (SV)	Karton *m*	cardboard box	carton *m*	cartone *m*	cartón *m*
kas (NL)	Kasse *f*	till	caisse *f*	cassa *f*	caja *f*
kasa (PL)	Kasse *f*	till	caisse *f*	cassa *f*	caja *f*
Käse (D)	—	cheese	fromage *m*	formaggio *m*	queso *m*
kašel (CZ)	Husten *m*	cough	toux *m*	tosse *f*	tos *f*
Kasino (D)	—	club	casino *m*	casinò *m*	casino *m*
kasino (SV)	Kasino *n*	club	casino *m*	casinò *m*	casino *m*
kasino (CZ)	Kasino *n*	club	casino *m*	casinò *m*	casino *m*
kasírovat <zkasírovat> (CZ)	kassieren	take	encaisser	incassare	cobrar
kašlat <zakašlat> (CZ)	husten	cough	tousser	tossire	toser
kasować <skasować> (PL)	kassieren	take	encaisser	incassare	cobrar
kassa (SV)	Kasse *f*	till	caisse *f*	cassa *f*	caja *f*
Kasse (D)	—	till	caisse *f*	cassa *f*	caja *f*
kassera (SV)	kassieren	take	encaisser	incassare	cobrar
kassieren (D)	—	take	encaisser	incassare	cobrar
kasszíroz (H)	kassieren	take	encaisser	incassare	cobrar
kast (NL)	Schrank *m*	cupboard	armoire *f*	armadio *m*	armario *m*
kasta (SV)	werfen	throw	lancer	lanciare	tirar
kasta in (SV)	einwerfen	post	poster	imbucare	echar
kasteel[1] (NL)	Burg *f*	fortress	château fort *m*	rocca *f*	fortaleza *f*
kasteel[2] (NL)	Schloss *n*	lock	serrure *f*	serratura *f*	castillo *m*
kastély (H)	Schloss *n*	lock	serrure *f*	serratura *f*	castillo *m*
kastrull (SV)	Kochtopf *m*	saucepan	casserole *f*	pentola *f*	olla *f*
kastrull/kruka (SV)	Topf *m*	pot	casserole *f*	pentola *f*	cazuela *f*
kasyno (PL)	Kasino *n*	club	casino *m*	casinò *m*	casino *m*
kaszel (PL)	Husten *m*	cough	toux *m*	tosse *f*	tos *f*
kaszinó (H)	Kasino *n*	club	casino *m*	casinò *m*	casino *m*
kaszlać <kaszlnąć> (PL)	husten	cough	tousser	tossire	toser
kat (NL)	Katze *f*	cat	chat *m*	gatto *m*	gato *m*
katar (PL)	Schnupfen *m*	cold	rhume *m*	raffreddore *m*	resfriado *m*
katedra (PL)	Kathedrale *f*	cathedral	cathédrale *f*	cattedrale *f*	catedral *f*
katedral (SV)	Kathedrale *f*	cathedral	cathédrale *f*	cattedrale *f*	catedral *f*
katedrála (CZ)	Kathedrale *f*	cathedral	cathédrale *f*	cattedrale *f*	catedral *f*
katedrális (H)	Kathedrale *f*	cathedral	cathédrale *f*	cattedrale *f*	catedral *f*
kategorycznie (PL)	ausdrücklich	explicit	exprès(esse)	espresso(a)	explícito(a)
kathedraal (NL)	Kathedrale *f*	cathedral	cathédrale *f*	cattedrale *f*	catedral *f*
Kathedrale (D)	—	cathedral	cathédrale *f*	cattedrale *f*	catedral *f*
katoen (NL)	Baumwolle *f*	cotton	coton *m*	cotone *m*	algodón *m*
katona (H)	Soldat *m*	soldier	soldat *m*	soldato *m*	soldado *m*
katt (SV)	Katze *f*	cat	chat *m*	gatto *m*	gato *m*
Katze (D)	—	cat	chat *m*	gatto *m*	gato *m*
kauen (D)	—	chew	mâcher	masticare	masticar
Kauf (D)	—	purchase	achat *m*	acquisto *m*	compra *f*
kaufen (D)	—	buy	acheter	comprare	comprar
Kaufhaus (D)	—	department store	grand magasin *m*	grande magazzino *m*	grandes almacenes *m/pl*
kaum (D)	—	hardly	à peine	appena	apenas
kauwen (NL)	kauen	chew	mâcher	masticare	masticar
kavárna (CZ)	Café *n*	café	café *m*	caffè *m*	café *m*
kávéház (H)	Café *n*	café	café *m*	caffè *m*	café *m*

kávéház

P	NL	SV	PL	CZ	H
papelão m	karton n	kartong u	karton m	—	karton
papelão m	karton n	kartong u	karton m	karton m	—
papelão m	karton n	—	karton m	karton m	karton
caixa f	—	kassa u	kasa f	pokladna f	pénztár
caixa f	kas f	kassa u	—	pokladna f	pénztár
queijo m	kaas m	ost u	ser m	sýr m	sajt
tosse f	hoest m	hosta u	kaszel m	—	köhögés
casino m	casino n	kasino n	kasyno n	kasino n	kaszinó
casino m	casino n	—	kasyno n	kasino n	kaszinó
casino m	casino n	kasino n	kasyno n	—	kaszinó
cobrar	incasseren	kassera	kasować <skasować>	—	kasszíroz
tossir	hoesten	hosta	kaszlać <kaszlnąć>	—	köhög
cobrar	incasseren	kassera	—	kasírovat <zkasírovat>	kasszíroz
caixa f	kas f	—	kasa f	pokladna f	pénztár
caixa f	kas f	kassa u	kasa f	pokladna f	pénztár
cobrar	incasseren	—	kasować <skasować>	kasírovat <zkasírovat>	kasszíroz
cobrar	incasseren	kassera	kasować <skasować>	kasírovat <zkasírovat>	kasszíroz
cobrar	incasseren	kassera	kasować <skasować>	kasírovat <zkasírovat>	—
armário m	—	skåp n	szafa f	skříň f	szekrény
atirar	werpen	—	rzucać	házet <hodit>	dob
quebrar	ingooien	—	wrzucać <wrzucić>	vhazovat <vhodit>	bedob
castelo m	—	borg u	zamek m	hrad m	vár
palácio m	—	lås n	pałac m	zámek m	kastély
palácio m	kasteel n	lås n	pałac m	zámek m	—
panela f	kookpot m	—	garnek m	hrnec m	fazék
panela f	pot m	—	garnek m	hrnec m	fazék
casino m	casino n	kasino n	—	kasino n	kaszinó
tosse f	hoest m	hosta u	—	kašel m	köhögés
casino m	casino n	kasino n	kasyno n	kasino n	—
tossir	hoesten	hosta	—	kašlat <zakašlat>	köhög
gato m	—	katt u	kot m	kočka f	macska
constipação f	verkoudheid f	snuva u	—	rýma f	nátha
sé f	kathedraal f	katedral u	—	katedrála f	katedrális
sé f	kathedraal f	—	katedra f	katedrála f	katedrális
sé f	kathedraal f	katedral u	katedra f	—	katedrális
sé f	kathedraal f	katedral u	katedra f	katedrála f	—
expresso	uitdrukkelijk	uttrycklig	—	výslovně	nyomatékos
sé f	—	katedral u	katedra f	katedrála f	katedrális
sé f	kathedraal f	katedral u	katedra f	katedrála f	katedrális
algodão m	—	bomull u	bawełna f	bavlna f	pamut
soldado m	soldaat m	soldat u	żołnierz m	voják m	—
gato m	kat f	—	kot m	kočka f	macska
gato m	kat f	katt u	kot m	kočka f	macska
mastigar	kauwen	tugga	żuć	žvýkat <dožvýkat>	rág
compra f	koop m	inköp/köp n	zakup m	nákup m	vétel
comprar	kopen	köpa	kupować <kupić>	nakupovat <nakoupit>	vesz
armazém m	warenhuis n	varuhus n	dom towarowy m	obchodní dům m	áruház
quase nada	nauwelijks	knappast	prawie nie	stěží	alig
mastigar	—	tugga	żuć	žvýkat <dožvýkat>	rág
café m	café n	kafé n	kawiarnia f	—	kávéház
café m	café n	kafé n	kawiarnia f	kavárna f	—

kawał

	D	E	F	I	ES
kawał (PL)	Witz m	joke	plaisanterie f	barzelletta f	chiste m
kawiarnia (PL)	Café n	café	café m	caffè m	café m
każda, każdy, każde (PL)	jede(r,s)	each/every	chaque	ogni, ognuno	cada
každý každá každé (CZ)	jede(r,s)	each/every	chaque	ogni, ognuno	cada
kdo? (CZ)	wer?	who?	qui?	chi?	¿quién?
k dostání (CZ)	erhältlich	available	en vente	acquistabile	que puede adquirirse
kdy (CZ)	wann	when	quand	quando	cuando
když (CZ)	falls	in case	au cas où	qualora	en caso de que
kedély (H)	Gemüt n	disposition	disposition f	animo m	ánimo m
kedja (SV)	Kette f	chain	chaîne f	catena f	cadena f
kedv¹ (H)	Laune f	mood	humeur f	umore m	humor m
kedv² (H)	Lust f	delight	plaisir m	piacere m	ganas f/pl
kedvel (H)	mögen	like	aimer	piacere	querer
kedves¹ (H)	lieb	sweet	gentil(le)	caro(a)	amable
kedves² (H)	nett	nice	joli(e)	carino(a)	agradable
kedvezmény (H)	Ermäßigung f	reduction	réduction f	riduzione f	rebaja f
keelpijn (NL)	Halsschmerzen pl	sore throat	mal de gorge m	mal di gola m	dolor de garanta m
keen (E)	eifrig	—	zélé(e)	diligente	diligente
keep¹ (E)	aufbewahren	—	garder	conservare	guardar
keep² (E)	behalten	—	garder	tenere	retener
kefe (H)	Bürste f	brush	brosse f	spazzola f	cepillo m
kegyetlen (H)	grausam	cruel	cruel(le)	crudele	cruel
keine(r,s) (D)	—	none/nobody	aucun(e)	nessuno(a)	ninguno(a)
kék (H)	blau	blue	bleu(e)	azzurro(a)	azul
Keks (D)	—	biscuit	biscuit m	biscotto m	galleta f
keks (CZ)	Keks m	biscuit	biscuit m	biscotto m	galleta f
kelder (NL)	Keller m	cellar	cave f	cantina f	sótano m
kelet (H)	Osten m	east	est m	est m	este m
keletkezik (H)	entstehen	arise	naître	nascere	surgir
kell (H)	müssen	have to	devoir	dovere	deber
kell (H)	sollen	have to	devoir	dovere	deber
kellemes¹ (H)	angenehm	pleasant	agréable	gradevole	agradable
kellemes² (H)	gemütlich	comfortable	agréable	comodo(a)	cómodo(a)
kellemetlen¹ (H)	peinlich	embarrassing	gênant(e)	imbarazzante	desagradable
kellemetlen² (H)	unangenehm	unpleasant	désagréable	spiacevole	desagradable
kellemetlen³ (H)	ungemütlich	uncomfortable	désagréable	poco accogliente	incómodo(a)
Keller (D)	—	cellar	cave f	cantina f	sótano m
Kellner (D)	—	waiter	serveur m	cameriere m	camarero m
kelner (NL)	Kellner m	waiter	serveur m	cameriere m	camarero m
kelner (PL)	Kellner m	waiter	serveur m	cameriere m	camarero m
kemény (H)	hart	hard	dur(e)	duro(a)	duro(a)
keménypapír (H)	Pappe f	cardboard	carton m	cartone m	cartón m
kemping (PL)	Camping n	camping	camping m	campeggio m	camping m
kemping¹ (CZ)	Campingplatz m	campsite	terrain de camping m	campeggio m	camping m
kemping² (CZ)	Camping n	camping	camping m	campeggio m	camping m
kemping (H)	Campingplatz m	campsite	terrain de camping m	campeggio m	camping m
kempingezés (H)	Camping n	camping	camping m	campeggio m	camping m
kennen (D)	—	know	connaître	conoscere	conocer
kennen (NL)	kennen	know	connaître	conoscere	conocer

kennen

P	NL	SV	PL	CZ	H
piada f	grap f	vits u	—	vtip m	vicc
café m	café n	kafé n	—	kavárna f	kávéház
cada	ieder(e)	varje	—	každý každá každé	minden
cada	ieder(e)	varje	każda, każdy, każde	—	minden
quem?	wie?	vem?	kto?	—	ki?
estar à venda	verkrijgbaar	erhållas	do nabycia	—	kapható
quando	wanneer	när	kiedy	—	mikor
no caso de	indien	om	jeśli	—	ha
ânimo m	gemoed n	själ u	umysł m	mysl f	—
corrente f	ketting m	—	łańcuch m	řetěz m	lánc
disposição f	stemming f	humör n	nastrój m	nálada f	—
prazer m	lust f	lust u	ochota f	chuť f	—
gostar de	graag hebben/mogen	tycka om	lubić	mít rád	—
querido	lief	snäll	miły	milý	—
simpático	leuk	trevlig	miły	milý	—
redução f	korting f	rabatt u	zniżka f	sleva f	—
dores de garganta f/pl	—	halsont u	ból gardła m	bolesti v krku f/pl	torokfájás
zeloso	ijverig	ivrig	pilny	horlivý	buzgó
guardar	bewaren	förvara	przechowywać <przechować>	uschovávat <uschovat>	megőriz
guardar	behouden	behålla	zatrzymywać <zatrzymać>	nechat, si <ponechat, si>	megtart
escova f	borstel m	borste u	szczotka f	kartáč m	—
cruel	wreedaardig	grym	okropny	krutý	—
nenhum/nenhuma	geen	ingen	żadny(na,ne)	žádný(ná,né)	senki
azul	blauw	blå	niebieski(ko)	modrý	—
bolacha f	koekje n	kex n	ciastko n	keks m	aprósütemény
bolacha f	koekje n	kex n	ciastko n	—	aprósütemény
cave f	—	källare u	piwnica f	sklep m	pince
leste m	oosten n	öster	wschód m	východ m	—
originar	ontstaan	uppstå	powstawać <powstać>	vznikat <vzniknout>	—
dever	moeten	måste	musieć	muset	—
dever	moeten	böra	powinno, się	mít	—
agradável	aangenaam	angenämt	przyjemny	příjemně	—
confortável	gezellig	hemtrevlig	przytulny	útulný	—
desagradável	pijnlijk	pinsamt	przykry	trapný	—
desagradável	onaangenaam	obehaglig	nieprzyjemnie	nepříjemný	—
pouco aconchegante	ongezellig	otrevlig	niesympatyczny	neútulný	—
cave f	kelder m	källare u	piwnica f	sklep m	pince
empregado de mesa m	kelner m	kypare/servitör u	kelner m	číšník m	pincér
empregado de mesa m	—	kypare/servitör u	kelner m	číšník m	pincér
empregado de mesa m	kelner m	kypare/servitör u	—	číšník m	pincér
duro	hard	hård	twardy	tvrdý	—
cartão m	karton n	pappskiva n	papa f	lepenka f	—
campismo m	camping m	camping u	—	kemping m	kempingezés
parque de campismo m	kampeerplaats m	campingplats u	plac kempingowy m	—	kemping
campismo m	camping m	camping u	kemping m	—	kempingezés
parque de campismo m	kampeerplaats m	campingplats u	plac kempingowy m	kemping m	—
campismo m	camping m	camping u	kemping m	kemping m	—
conhecer	kennen	känna till	znać	znát <poznat>	ismer
conhecer	—	känna till	znać	znát <poznat>	ismer

kennen lernen

	D	E	F	I	ES
kennen lernen (D)	—	get to know	faire connaissance	fare la conoscenza di	hacer el conocimiento de
kennis[1] (NL)	Bekannter m	acquaintance	ami m	conoscente m	conocido m
kennis[2] (NL)	Kenntnis f	knowledge	connaissance f	conoscenza f	conocimiento m
kennis[3] (NL)	Wissen n	knowledge	savoir m	sapere m	saber m
Kenntnis (D)	—	knowledge	connaissance f	conoscenza f	conocimiento m
kenőcs (H)	Salbe f	ointment	onguent m	pomata f	pomada f
kényelem (H)	Bequemlichkeit f	convenience	confort m	comodità f	comodidad f
kényelmes (H)	bequem	comfortable	confortable	comodo(a)	cómodo(a)
kényelmetlen (H)	unbequem	uncomfortable	inconfortable	scomodo(a)	incómodo(a)
kenyér (H)	Brot n	bread	pain m	pane m	pan m
kényszerít (H)	zwingen	force	forcer	costringere	obligar
kép (H)	Bild n	picture	image f	immagine f	cuadro m
képes (H)	fähig	capable	capable	capace	hábil
képeslap (H)	Ansichtskarte f	postcard	carte postale f	cartolina f	tarjeta postal f
képesség (H)	Fähigkeit f	ability	capacité f	capacità f	capacidad f
képtelen (H)	unfähig	incapable	incapable	incapace	incapaz
kérdés (H)	Frage f	question	question f	domanda f	pregunta f
kérdez (H)	fragen	ask	demander	domandare	preguntar
kerékpár (H)	Fahrrad n	bicycle	bicyclette f	bicicletta f	bicicleta f
kérem (H)	bitte	please	s'il vous plaît	prego	por favor
keres[1] (H)	suchen	look for	chercher	cercare	buscar
keres[2] (H)	verdienen	earn	gagner	guadagnare	ganar
kérés (H)	Bitte f	request	demande f	domanda f	ruego m
kereslet (H)	Nachfrage f	demand	demande f	domanda f	demanda f
kereszt (H)	Kreuz n	cross	croix f	croce f	cruz f
keresztben (H)	quer	across	en travers	di traverso	a través de
keresztény (H)	Christ m	Christian	chrétien	cristiano m	cristiano m
kereszteződés (H)	Kreuzung f	crossing	intersection f	incrocio m	cruce m
keresztnév (H)	Vorname m	Christian name	prénom m	nome di battesimo m	nombre m
keret (H)	Rahmen m	frame	cadre m	cornice f	marco m
kerítés (H)	Zaun m	fence	clôture f	recinto m	cercado m
kerk (NL)	Kirche f	church	église f	chiesa f	iglesia f
kerkhof (NL)	Friedhof m	cemetery	cimetière m	cimitero m	cementerio m
kérni (H)	bitten	request	demander	pregare	rogar
kers (NL)	Kirsche f	cherry	cerise f	ciliegia f	cereza f
kerst (NL)	Weihnachten pl	Christmas	Noël m	Natale m	Navidad(es) f/pl
kert (H)	Garten m	garden	jardin m	giardino m	jardín m
kerül (H)	kosten	cost	coûter	costare	costar
kerülő út (H)	Umweg m	detour	détour m	deviazione f	rodeo m
kérvény (H)	Antrag m	application	demande f	domanda f	solicitud f
Kerze (D)	—	candle	bougie f	candela f	vela f
kés (H)	Messer n	knife	couteau m	coltello m	cuchillo m
keserű (H)	bitter	bitter	amer(ère)	amaro(a)	amargo(a)
késés (H)	Verspätung f	delay	retard m	ritardo m	retraso m
késő (H)	spät	late	tard	tardi	tarde
kész[1] (H)	bereit	ready	prêt(e)	pronto(a)	dispuesto(a) a
kész[2] (H)	fertig	ready	prêt(e)	pronto(a)	listo(a)
készpénz (H)	Bargeld n	cash	espèces f/pl	contanti m/pl	dinero al contado m
készülék (H)	Gerät n	appliance	appareil m	apparecchio m	aparato m
kételkedik (H)	zweifeln	doubt	douter	dubitare	dudar
ketrec (H)	Käfig m	cage	cage f	gabbia f	jaula f
kétség (H)	Zweifel m	doubt	doute m	dubbio m	duda f
kétségbeesett (H)	verzweifelt	desperate	désespéré(e)	disperato(a)	desesperado(a)
Kette (D)	—	chain	chaîne f	catena f	cadena f
ketting (NL)	Kette f	chain	chaîne f	catena f	cadena f

ketting

527

P	NL	SV	PL	CZ	H
conhecer	leren kennen	lära känna	poznawać	seznamovat, se <seznámit, se>	megismerkedik
conhecido m	—	bekant u	znajomy m	známý m	ismerős
conhecimento m	—	kunskap u	znajomość f	znalost f	ismeret
conhecimentos m/pl	—	kunskap u	wiedza f	vědění n	tudás
conhecimento m	kennis f	kunskap u	znajomość f	znalost f	ismeret
pomada f	zalf f	salva u	maść f	mast f	—
conforto m	gemakkelijkheid f	bekvämlighet u	wygoda f	pohodlí n	—
confortável	gemakkelijk	bekväm	wygodny	pohodlně	—
incómodo	ongemakkelijk	obekväm	niewygodny	nepohodlný	—
pão m	brood n	bröd n	chleb m	chléb m	—
obrigar	dwingen	tvinga	zmuszać	nutit <donutit>	—
imagem f	beeld n	bild u	obraz n	obraz m	—
capaz	bekwaam	skicklig	zdolny	schopný	—
postal ilustrado m	prentbriefkaart f	vykort n	widokówka f	pohlednice f	—
capacidade f	bekwaamheid f	förmåga u	zdolność f	schopnost f	—
incapaz	niet in staat	oduglig	niezdolny	neschopný	—
pergunta f	vraag f	fråga u	pytanie n	otázka f	—
perguntar	vragen	fråga	pytać	ptát, se <zeptat, se>	—
bicicleta f	fiets m	cykel u	rower m	jízdní kolo n	—
por favor	alstublieft	var snäll och	proszę	prosím	—
procurar	zoeken	söka	szukać	hledat <vyhledat>	—
ganhar	verdienen	förtjäna	zarabiać	vydělávat <vydělat>	—
pedido m	verzoek n	begäran u	prośba f	prosba f	—
procura f	navraag f	efterfrågan u	zapotrzebowanie n	poptávka f	—
cruz f	kruis n	kors n	krzyż m	kříž m	—
transversal	dwars	tvärs	w poprzek	napříč	—
cristão m	christen m	kristen person u	chrześcijanin m	křesťan m	—
cruzamento m	kruispunt n	korsning n	skrzyżowanie n	křižovatka f	—
prenome m	voornaam m	förnamn n	imię n	křestní jméno n	—
moldura f	kader n	ram u	rama f	rám m	—
cerca f	hek n	stängsel n	płot m	plot m	—
igreja f	—	kyrka u	kościół m	kostel m	templom
cemitério m	—	kyrkogård u	cmentarz m	hřbitov m	temető
pedir	verzoeken	begära	prosić <poprosić>	prosit <poprosit>	—
cereja f	—	körsbär n	wiśnia f	třešeň f	cseresznye
Natal m	—	jul u	Boże Narodzenie	vánoce f/pl	karácsony
jardim m	tuin m	trädgård u	ogród m	zahrada f	—
custar	kosten	kosta	kosztować	stát	—
caminho de desvio m	omweg m	omväg u	droga okrężna f	oklika f	—
proposta f	aanvraag f	förslag n	wniosek m	žádost f	—
vela f	kaars f	ljus n	świeca f	svíčka f	gyertya
faca f	mes n	kniv u	nóż m	nůž m	—
amargo	bitter	bittert	gorzki	hořce	—
atraso m	vertraging f	försening u	spóźnienie n	zpoždění n	—
tarde	laat	sent	późno	pozdě	—
pronto	bereid	beredd	gotowy	připravený	—
pronto	klaar	färdig	gotowy	hotový	—
dinheiro efectivo m	contant geld n	kontanter pl	gotówka f	hotovost f	—
aparelho m	toestel n	apparat u	przyrząd m	přístroj m	—
duvidar	twijfelen	tvivla	wątpić	pochybovat <zapochybovat>	—
gaiola f	kooi f	bur u	klatka f	klec f	—
dúvida f	twijfel m	tvivel n	wątpliwość f	pochyba f	—
desesperado	vertwijfeld	förtvivlad	zrozpaczony	zoufalý	—
corrente f	ketting m	kedja u	łańcuch m	řetěz m	lánc
corrente f	—	kedja u	łańcuch m	řetěz m	lánc

keuken

	D	E	F	I	ES
keuken (NL)	Küche f	kitchen	cuisine f	cucina f	cocina f
keuren (NL)	prüfen	test	tester	esaminare	examinar
keuze[1] (NL)	Auswahl f	choice	choix m	scelta f	elección f
keuze[2] (NL)	Wahl f	choice	choix m	scelta f	opción f
kever (NL)	Käfer m	beetle	coléoptère m	coleottero m	escarabajo m
kevés (H)	wenig	little	peu de	poco	poco(a)
kex (SV)	Keks m	biscuit	biscuit m	biscotto m	galleta f
key (E)	Schlüssel m	—	clé f	chiave f	llave f
kéz (H)	Hand f	hand	main f	mano f	mano f
kezd (H)	anfangen	start	commencer	cominciare	empezar
kezdet[1] (H)	Anfang m	beginning	commencement m	inizio m	inicio m
kezdet[2] (H)	Beginn m	beginning	commencement m	inizio m	principio m
kezdő (H)	Anfänger m	beginner	débutant(e)	principiante m	principiante m
kezel (H)	behandeln	treat	traiter	trattare	tratar
kezelés (H)	Behandlung f	treatment	traitement m	trattamento m	tratamiento m
kézipoggyász (H)	Handgepäck n	hand luggage	bagage à main m	bagaglio a mano m	equipaje de mano m
kézitáska (H)	Handtasche f	handbag	sac à main m	borsetta f	bolso m
kézmozdulat (H)	Griff m	handle	poignée f	maniglia f	asidero m
ki (H)	hinaus	out	dehors	fuori	hacia afuera
ki? (H)	wer?	who?	qui?	chi?	¿quién?
kiabál (H)	schreien	scream	crier	gridare	gritar
kiállít (H)	ausstellen	exhibit	exposer	esporre	exponer
kiállítás (H)	Ausstellung f	exhibition	exposition f	esposizione f	exposición f
kłamać <skłamać> (PL)	lügen	lie	mentir	mentire	mentir
kiárúsítva (H)	ausverkauft	sold out	épuisé(e)	esaurito(a)	vendido(a)
kłaść <położyć>[1] (PL)	hinlegen	put down	poser	posare	poner
kłaść <położyć>[2] (PL)	legen	lay	mettre	mettere	colocar
kibír (H)	ertragen	bear	supporter	sopportare	soportar
kick (E)	treten	—	mettre le pied sur	pestare	pisar
kicserél[1] (H)	austauschen	exchange	échanger	scambiare	cambiar
kicserél[2] (H)	umtauschen	exchange	échanger	scambiare	cambiar
kiedy (PL)	wann	when	quand	quando	cuando
kiegészíti (H)	ergänzen	supplement	compléter	completare	completar
kiegészítő (H)	zusätzlich	in addition	supplémentaire	supplementare	adicional
kiełbasa (PL)	Wurst f	sausage	saucisse f	salsiccia f	embutido m
kiejtés (H)	Aussprache f	pronunciation	prononciation f	pronuncia f	pronunciación f
kierować <skierować>[1] (PL)	lenken	steer	conduire	guidare	encauzar
kierować <skierować>[2] (PL)	richten	direct to	diriger	dirigere	dirigir
kierowca (PL)	Fahrer m	driver	conducteur m	autista m	conductor m
kierownictwo (PL)	Leitung f	direction	direction f	direzione f	dirección f
kierownik[1] (PL)	Leiter m	leader	directeur m	capo m	jefe m
kierownik[2] (PL)	Geschäftsführer m	manager	gérant m	gerente m	gerente m
kierunek (PL)	Richtung f	direction	direction f	direzione f	dirección f
kietlen (H)	öde	waste	désert(e)	brullo(a)	desierto(a)
kiezen[1] (NL)	auswählen	choose	choisir	scegliere	elegir
kiezen[2] (NL)	wählen	elect / choose	élire	eleggere	elegir
kifárad (H)	ermüden	tire	fatiguer	stancarsi	cansar
kifejezés (H)	Ausdruck m	expression	expression f	espressione f	expresión f

kifejezés

P	NL	SV	PL	CZ	H
cozinha f	—	kök n	kuchnia f	kuchyně f	konyha
examinar	—	kontrollera	sprawdzać <sprawdzić>	zkoušet <zkusit>	vizsgál
selecção f	—	urval n	wybór m	výběr m	választék
escolha f	—	val n	wybór m	výběr m	választás
escaravelho m	—	skalbagge u	chrząszcz m	brouk m	bogár
pouco	weinig	lite	mało	málo	—
bolacha f	koekje n	—	ciastko n	keks m	aprósütemény
chave f	sleutel m	nyckel u	klucz m	klíč m	kulcs
mão f	hand f	hand u	ręka f	ruka f	—
principiar	beginnen	börja	zaczynać <zacząć>	začínat <začít>	—
princípio m	begin n	början u	początek m	začátek m	—
começo m	begin n	början u	rozpoczęcie n	začátek m	—
principiante m	beginneling	nybörjare u	początkujący m	začátečník m	—
tratar	behandelen	behandla	traktować <potraktować>	ošetřovat <ošetřit>	—
tratamento m	behandeling n	undersökning u	traktowanie n	ošetření n	—
bagagem de mão f	handbagage f	handbagage n	bagaż ręczny m	příruční zavazadlo n	—
bolsa f	handtas f	handväska u	torebka f	kabelka f	—
cabo m	greep m	fäste n	chwyt m	rukojeť f	—
para fora	naar buiten	dit ut	na zewnątrz	ven	—
quem?	wie?	vem?	kto?	kdo?	—
gritar	schreeuwen	skrika	krzyczeć <zakrzyczeć>	křičet <křiknout>	—
expor	tentoonstellen	ställa ut	wystawiać <wystawić>	vystavovat <vystavit>	—
exposição f	tentoonstelling f	utställning u	wystawa f	výstava f	—
mentir	liegen	ljuga	—	lhát <zalhat>	hazudik
esgotado	uitverkocht	utsåld	wyprzedany	vyprodáno	—
deitar	neerleggen	placera	—	pokládat <položit>	lefekszik
deitar	leggen	lägga	—	pokládat <položit>	tesz
suportar	verdragen	tåla	znosić <znieść>	snášet <snést>	—
pisar	trappen	trampa	stąpać	stoupat <stoupnout>	rúg
trocar	uitwisselen	byta ut	wymieniać <wymienić>	vyměňovat <vyměnit>	—
trocar	ruilen	byta ut	wymieniać	vyměňovat <vyměnit>	—
quando	wanneer	när	—	kdy	mikor
completar	aanvullen	komplettera	uzupełniać <uzupełnić>	doplňovat <doplnit>	—
adicionalmente	extra	extra	dodatkowy	navíc	—
salsicha f	worst f	korv u	—	salám m	kolbász
pronúncia f	uitspraak f	uttal n	wymowa f	vyřkání n	—
guiar	besturen	styra	—	řídit	irányít
julgar	richten	rikta	—	spravovat <spravit>	irányít
condutor m	bestuurder m	förare u	—	řidič m	gépkocsivezető
direcção f	leiding f	ledning u	—	vedení n	vezetőség
director	leider m	direktör/ledare u	—	vedoucí m	vezető
gerente m	directeur m	verkställande direktör u	—	jednatel m	cégvezető
direcção f	richting f	riktning u	—	směr m	irány
deserto	woest	öde	pusty	pustý	—
seleccionar	—	välja ut	wybierać <wybrać>	vybírat <vybrat>	kiválaszt
eleger	—	välja	wybierać	volit <zvolit>	választ
cansar	moe worden	trötta ut	męczyć <zmęczyć>	unavovat, se <unavit, se>	—
expressão f	uitdrukking f	uttryck n	wyraz m	výraz m	—

kifogás

	D	E	F	I	ES
kifogás (H)	Ausrede f	pretext	excuse f	pretesto m	pretexto m
kihúz (H)	ausziehen	take over	enlever	levare	quitarse
kiismeri, magát (H)	auskennen, sich	know one's way about	connaître, s'y	conoscere bene	conocer a fondo a
kijárat¹ (H)	Ausgang m	exit	sortie f	uscita f	salida f
kijárat² (H)	Ausfahrt f	exit	sortie f	uscita f	salida f
kijelentés (H)	Aussage f	statement	déclaration f	dichiarazione f	afirmación f
kijken (NL)	schauen	look	retarder	guardare	mirar
kikapcsol (H)	ausschalten	switch off	arrêter	spegnere	desconectar
kikare (SV)	Fernglas n	binoculars	jumelles f/pl	cannocchiale m	gemelos m/pl
kiképez (H)	ausbilden	educate	former	addestrare	instruir
kiképzés (H)	Ausbildung f	education	formation f	formazione f	formación f
kikötő (H)	Hafen m	port	port m	porto m	puerto m
kilátás (H)	Aussicht f	view	vue f	vista f	vista f
kill (E)	töten	—	tuer	uccidere	matar
kilogram (E)	Kilogramm n	—	kilogramme m	chilogrammo m	kilógramo m
kilogram (NL)	Kilogramm n	kilogram	kilogramme m	chilogrammo m	kilógramo m
kilogram (SV)	Kilogramm n	kilogram	kilogramme m	chilogrammo m	kilógramo m
kilogram (PL)	Kilogramm n	kilogram	kilogramme m	chilogrammo m	kilógramo m
kilogram (CZ)	Kilogramm n	kilogram	kilogramme m	chilogrammo m	kilógramo m
Kilogramm (D)	—	kilogram	kilogramme m	chilogrammo m	kilógramo m
kilogramm (H)	Kilogramm n	kilogram	kilogramme m	chilogrammo m	kilógramo m
kilogramme (F)	Kilogramm n	kilogram	—	chilogrammo m	kilógramo m
kilógramo (ES)	Kilogramm n	kilogram	kilogramme m	chilogrammo m	—
Kilometer (D)	—	kilometre	kilomètre m	chilometro m	kilómetro m
kilometer (NL)	Kilometer m	kilometre	kilomètre m	chilometro m	kilómetro m
kilometer (SV)	Kilometer m	kilometre	kilomètre m	chilometro m	kilómetro m
kilométer (H)	Kilometer m	kilometre	kilomètre m	chilometro m	kilómetro m
kilometr (PL)	Kilometer m	kilometre	kilomètre m	chilometro m	kilómetro m
kilometr (CZ)	Kilometer m	kilometre	kilomètre m	chilometro m	kilómetro m
kilometre (E)	Kilometer m	—	kilomètre m	chilometro m	kilómetro m
kilomètre (F)	Kilometer m	kilometre	—	chilometro m	kilómetro m
kilómetro (ES)	Kilometer m	kilometre	kilomètre m	chilometro m	—
kimegy (H)	hinausgehen	go out	sortir	uscire	salir
kimerült (H)	erschöpft	exhausted	épuisé(e)	esausto(a)	agotado(a)
kin (NL)	Kinn n	chin	menton m	mento m	mentón m
kínál (H)	anbieten	offer	offrir	offrire	ofrecer
Kind (D)	—	child	enfant m	bambino m	niño m
kind (E)	liebenswürdig	—	aimable	gentile	simpático(a)
kind (NL)	Kind n	child	enfant m	bambino m	niño m
Kindergarten (D)	—	nursery school	jardin d'enfants m	asilo (infantile) m	jardín de infancia m
kinderjaren (NL)	Kindheit f	childhood	enfance f	infanzia f	niñez f
Kindheit (D)	—	childhood	enfance f	infanzia f	niñez f
kinevet (H)	auslachen	laugh at	rire de qn	deridere	reírse de
kinéz (H)	aussehen	look	paraître	sembrare	parecerse a
kinézés (H)	Aussehen n	appearance	apparence f	aspetto m	aspecto m
Kinn (D)	—	chin	menton m	mento m	mentón m
Kino (D)	—	cinema	cinéma m	cinema m	cine m
kino (PL)	Kino n	cinema	cinéma m	cinema m	cine m
kino (CZ)	Kino n	cinema	cinéma m	cinema m	cine m
kínoz (H)	quälen	torture	torturer	tormentare	atormentar
kint (H)	außen	outside	au dehors	fuori	afuera
kłócić się (PL)	streiten	quarrel	disputer, se	litigare	discutir
kłopotliwy (PL)	umständlich	complicated	compliqué(e)	complicato(a)	complicado(a)

kłopotliwy

P	NL	SV	PL	CZ	H
pretexto m	uitvlucht f	svepskäl n	wymówka f	výmluva f	—
despir	uittrekken	klä av sig	zdejmować <zdjąć>	svlékat <svléknout>	—
ser conhecedor de	thuis zijn (in)	känna till	znać, się	vyznávat, se <vyznat, se>	—
saída f	uitgang m	utgång u	wyjście n	východ m	—
saída f	uitvaren m	utfart u	wyjazd m	výjezd m	—
declaração f	verklaring f	uttalande n	wypowiedź f	výpověď f	—
olhar	—	se	patrzeć <popatrzeć>	hledět	néz
desligar	uitschakelen	koppla ifrån	wyłączać <wyłączyć>	vypínat <vypnout>	—
binóculos m/pl	verrekijker m	—	lornetka f	dalekohled m	távcső
formar	opleiden	utbilda	kształcić <wykształcić>	vzdělávat <vzdělat>	—
formação f	opleiding f	utbildning u	wykształcenie n	vzdělání n	—
porto m	haven f	hamn u	port m	přístav m	—
vista f	uitzicht n	utsikt u	widok m	výhled m	—
matar	doden	döda	zabijać	zabíjet <zabít>	megöl
quilograma m	kilogram n	kilogram n	kilogram m	kilogram m	kilogramm
quilograma m	—	kilogram n	kilogram m	kilogram m	kilogramm
quilograma m	kilogram n	—	kilogram m	kilogram m	kilogramm
quilograma m	kilogram n	kilogram n	—	kilogram m	kilogramm
quilograma m	kilogram n	kilogram n	kilogram m	—	kilogramm
quilograma m	kilogram n	kilogram n	kilogram m	kilogram m	kilogramm
quilograma m	kilogram n	kilogram n	kilogram m	kilogram m	—
quilograma m	kilogram n	kilogram n	kilogram m	kilogram m	kilogramm
quilograma m	kilogram n	kilogram n	kilogram m	kilogram m	kilogramm
quilómetro m	kilometer m	kilometer u	kilometr m	kilometr m	kilométer
quilómetro m	—	kilometer u	kilometr m	kilometr m	kilométer
quilómetro m	kilometer m	—	kilometr m	kilometr m	kilométer
quilómetro m	kilometer m	kilometer u	kilometr m	kilometr m	—
quilómetro m	kilometer m	kilometer u	—	kilometr m	kilométer
quilómetro m	kilometer m	kilometer u	kilometr m	—	kilométer
quilómetro m	kilometer m	kilometer u	kilometr m	kilometr m	kilométer
quilómetro m	kilometer m	kilometer u	kilometr m	kilometr m	kilométer
sair	naar buiten gaan	gå ut	wychodzić <wyjść>	vycházet <vyjít> ven	—
exausto	uitgeput	utmattad	wyczerpany	vyčerpaný	—
queixo m	—	haka u	podbródek m	brada f	áll
oferecer	aanbieden	erbjuda	oferować <zaoferować>	nabízet <nabídnout>	—
criança f	kind n	barn n	dziecko n	dítě n	gyermek
amável	vriendelijk	älskvärd	miły	laskavý	szívélyes
criança f	—	barn n	dziecko n	dítě n	gyermek
jardim de infância m	kleuterschool f	förskola u	przedszkole n	mateřská školka f	óvoda
infância f	—	barndom n	dzieciństwo n	dětství n	gyermekkor
infância f	kinderjaren n/pl	barndom u	dzieciństwo n	dětství n	gyermekkor
rir de alguém	uitlachen	skratta åt	wyśmiewać <wyśmiać>	vysmívat, se <vysmát, se>	—
parecer	uitzien	verka	wyglądać	vypadat	—
aspecto m	uiterlijk n	utseende n	wygląd m	vzhled m	—
queixo m	kin f	haka u	podbródek m	brada f	áll
cinema m	bioscoop m	bio u	kino n	kino n	mozi
cinema m	bioscoop m	bio u	—	kino n	mozi
cinema m	bioscoop m	bio u	kino n	—	mozi
atormentar	kwellen	plåga	męczyć	trápit <utrápit>	—
fora	buiten	ute	zewnątrz	venku	—
disputar	ruzie maken	bråka	—	hádat, se <pohádat, se>	vitatkozik
complicado	omslachtig	omständlig	—	zdlouhavě	körülményes

kioszt

	D	E	F	I	ES
kioszt (H)	austeilen	distribute	distribuer	distribuire	distribuir
kłótnia (PL)	Streit m	argument	dispute f	lite f	disputa f
kipakol (H)	auspacken	unpack	défaire	disfare	deshacer
kipiheni magát¹ (H)	ausruhen	rest	reposer, se	riposare	descansar
kipiheni magát² (H)	erholen, sich	recover	reposer, se	rimettersi	recuperarse
kipukkad (H)	platzen	burst	éclater	scoppiare	reventar
kirakat (H)	Schaufenster n	shop window	vitrine f	vetrina f	escaparate m
kirakódik (H)	ausladen	unload	décharger	scaricare	descargar
kirándulás¹ (H)	Ausflug m	outing	excursion f	gita f	excursión f
kirándulás² (H)	Tour f	tour	excursion f	giro m	excursión f
Kirche (D)	—	church	église f	chiesa f	iglesia f
Kirsche (D)	—	cherry	cerise f	ciliegia f	cereza f
kisebbség (H)	Minderheit f	minority	minorité f	minoranza f	minoría f
kísérlet (H)	Versuch m	try	essai m	tentativo m	intento m
kiskabát (H)	Jacke f	jacket	veste f	giacca f	chaqueta f
kis/kicsi (H)	klein	small/little	petit(e)	piccolo(a)	pequeño(a)
kislány (H)	Mädchen n	girl	fille f	ragazza f	chica f
kiss (E)	Kuss m	—	baiser m	bacio m	beso m
kiss (E)	küssen	—	embrasser	baciare	besar
Kissen (D)	—	cushion	coussin m	cuscino m	almohadón m
kist (NL)	Kiste f	box	caisse f	cassetta f	caja f
kista (SV)	Kiste f	box	caisse f	cassetta f	caja f
Kiste (D)	—	box	caisse f	cassetta f	caja f
kiszáll (H)	aussteigen	get off	descendre	scendere	bajarse
kiszámít (H)	berechnen	charge	calculer	calcolare	calcular
kitakarít (H)	aufräumen	clear away	ranger	mettere in ordine	arreglar
kitalál (H)	erfinden	invent	inventer	inventare	inventar
kitchen (E)	Küche f	—	cuisine f	cucina f	cocina f
kitölt (H)	ausfüllen	fill in	remplir	riempire	llenar
kitűnő (H)	ausgezeichnet	excellent	excellent(e)	eccellente	excelente
kitűnő (H)	hervorragend	excellent	excellent(e)	eccellente	extraordinario(a)
kiutazik (H)	ausreisen	leave the country	sortir du pays	espatriare	salir
kivágás (H)	Ausschnitt m	extract	extrait m	ritaglio m	recorte m
kiválaszt¹ (H)	aussuchen	select	choisir	scegliere	elegirse
kiválaszt² (H)	auswählen	choose	choisir	scegliere	elegir
kiváltképp (H)	besonders	especially	surtout	particolarmente	particularmente
kíván (H)	wünschen	wish	souhaiter	desiderare	desear
kíváncsi (H)	neugierig	curious	curieux(euse)	curioso(a)	curioso(a)
kivándorol (H)	auswandern	emigrate	émigrer	emigrare	emigrar
kívánság (H)	Wunsch m	wish	souhait m	desiderio m	deseo m
kivétel (H)	Ausnahme f	exception	exception f	eccezione f	excepción f
kivéve (H)	ausgenommen	except	excepté	eccetto	excepto
kivilágít (H)	beleuchten	illuminate	éclairer	illuminare	iluminar
kivilágítás (H)	Beleuchtung f	lightning	éclairage m	illuminazione f	iluminación f
kívül¹ (H)	außer	except	hors de	eccetto	salvo
kívül² (H)	draußen	outside	dehors	fuori	afuera
kivülről (H)	auswendig	by heart	par cœur	a memoria	de memoria
kiwać <kiwnąć> (PL)	nicken	nod	faire un signe de tête	annuire	inclinar la cabeza

kiwać

P	NL	SV	PL	CZ	H
distribuir	uitdelen	dela ut	rozdzielać <rozdzielić>	rozdělovat <rozdělit>	—
disputa f	ruzie f	bråk n	—	spor m	vita
desembrulhar	uitpakken	packa ur	rozpakowywać <rozpakować>	vybalovat <vybalit>	—
descansar	rusten	vila	odpoczywać <odpocząć>	odpočívat <odpočinout>	—
restabelecer-se	ontspannen, zich	återhämta sig	wypoczywać <wypocząć>	zotavovat, se <zotavit, se>	—
rebentar	barsten	spricka	pękać <pęknąć>	praskat <prasknout>	—
montra f	etalage f	skyltfönster n	okno wystawowe n	výloha f	—
descarregar	uitladen	lasta av	wyładowywać <wyładować>	rušit pozvání <zrušit pozvání>	—
excursão f	uitstap m	utflykt u	wycieczka f	výlet m	—
volta f/passeio m	toer m	tur u	tura f	túra f	—
igreja f	kerk f	kyrka u	kościół m	kostel m	templom
cereja f	kers f	körsbär n	wiśnia f	třešeň f	cseresznye
minoria f	minderheid f	minoritet u	mniejszość f	menšina f	—
ensaio m	poging f	försök n	próba f	pokus m	—
casaco m	jasje n	jacka u	kurtka f	bunda f	—
pequeno	klein	liten	mały	malý	—
menina f	meisje n	tjej u	dziewczynka f	děvče n	—
beijo m	kus m	kyss u	pocałunek m	polibek m	csók
beijar	kussen	kyssa	całować <pocałować>	líbat <políbit>	csókol
almofada f	kussen n	kudde u	poduszka f	polštář m	párna
caixote m	—	kista u	skrzynka f	bedna f	láda
caixote m	kist f	—	skrzynka f	bedna f	láda
caixote m	kist f	kista u	skrzynka f	bedna f	láda
sair	uitstappen	stiga ur	wysiadać <wysiąść>	vystupovat <vystoupit>	—
calcular	berekenen	beräkna	obliczać <obliczyć>	fakturovat	—
arrumar	opruimen	städa	sprzątać <sprzątnąć>	uklízet <uklidit>	—
inventar	uitvinden	uppfinna	wynajdować <wynaleźć>	vynalézat <vynalézt>	—
cozinha f	keuken f	kök n	kuchnia f	kuchyně f	konyha
preencher	invullen	fylla i	wypełniać <wypełnić>	vyplňovat <vyplnit>	—
excelente	uitstekend	förträffligt	znakomicie	vynikající	—
excelente	uitstekend	framstående	znakomity	vynikající	—
sair	(uit)reizen	avresa	wyjeżdżać <wyjechać>	odjíždět <odjet>	—
decote m	fragment n	urskärning u	wycinek m	výřez m	—
escolher	uitzoeken	välja	wyszukiwać <wyszukać>	vyhledávat <vyhledat>	—
seleccionar	kiezen	välja ut	wybierać <wybrać>	vybírat <vybrat>	—
especialmente	bijzonder	särskild	szczególnie	obzvláště	—
desejar	wensen	önska	życzyć	přát <popřát>	—
curioso	nieuwsgierig	nyfiken	ciekawy	zvědavý	—
emigrar	emigreren	utvandra	emigrować <wyemigrować>	vysídlovat <vysídlit>	—
desejo m	wens m	önskan u	życzenie n	přání n	—
excepção f	uitzondering f	undantag n	wyjątek m	výjimka f	—
excepto	uitgezonderd	förutom	z wyjątkiem	vyjma	—
iluminar	verlichten	belysa	oświetlać <oświetlić>	osvětlovat <osvětlit>	—
iluminação f	verlichting f	belysning u	oświetlenie n	osvětlení n	—
excepto	behalve	utom	oprócz	kromě	—
fora	buiten	utanför	na dworze	venku	—
de cor	uit het hoofd	utantill	na pamięć	nazpaměť	—
acenar com a cabeça	knikken	nicka	—	kývat hlavou <pokývat hlavou>	bólint

kizárt

	D	E	F	I	ES
kizárt (H)	ausgeschlossen	impossible	exclu(e)	escluso(a)	imposible
kjol (SV)	Rock *m*	skirt	jupe *f*	gonna *f*	falda *f*
klaar (NL)	fertig	ready	prêt(e)	pronto(a)	listo(a)
klaarblijkelijk (NL)	offensichtlich	obvious	manifeste	evidente	evidente
klä av sig (SV)	ausziehen	take over	enlever	levare	quitarse
kläder (SV)	Kleidung *f*	clothing	habits *m/pl*	abbigliamento *m*	ropa *f*
klädskåp (SV)	Kleiderschrank *m*	wardrobe	armoire à vêtements *f*	armadio *m*	ropero *m*
klaga (SV)	beschweren, sich	complain	plaindre, se	lamentarsi	quejarse
klagomål (SV)	Beschwerde *f*	complaint	plainte *f*	reclamo *m*	reclamación *f*
klakson (PL)	Hupe *f*	horn	klaxon *m*	clacson *m*	bocina *f*
klamat <zklamat> (CZ)	täuschen	deceive	tromper	ingannare	engañar
klänning (SV)	Kleid *n*	dress	robe *f*	vestito *m*	vestido *m*
klant (NL)	Kunde *m*	customer	client *m*	cliente *m*	cliente *m*
klä på sig (SV)	anziehen	put on	mettre	indossare	ponerse
klappa (SV)	klatschen	applaud	applaudir	battere le mani	aplaudir
klar (D)	—	clear	clair(e)	chiaro(a)	claro(a)
klas (NL)	Klasse *f*	class	classe *f*	classe *f*	clase *f*
klasa (PL)	Klasse *f*	class	classe *f*	classe *f*	clase *f*
klaskać (PL)	klatschen	applaud	applaudir	battere le mani	aplaudir
klass (SV)	Klasse *f*	class	classe *f*	classe *f*	clase *f*
Klasse (D)	—	class	classe *f*	classe *f*	clase *f*
klášter (CZ)	Kloster *n*	monastery	couvent *m*	convento *m*	monasterio *m*
klasztor (PL)	Kloster *n*	monastery	couvent *m*	convento *m*	monasterio *m*
klatka (PL)	Käfig *m*	cage	cage *f*	gabbia *f*	jaula *f*
klatschen (D)	—	applaud	applaudir	battere le mani	aplaudir
klättra (SV)	klettern	climb	grimper	arrampicarsi	escalar
Klavier (D)	—	piano	piano *m*	pianoforte *m*	piano *m*
klavír (CZ)	Klavier *n*	piano	piano *m*	pianoforte *m*	piano *m*
klaxon (F)	Hupe *f*	horn	—	clacson *m*	bocina *f*
kleben (D)	—	stick	coller	incollare	pegar
Klebstoff (D)	—	glue	colle *f*	colla *f*	adhesivo *m*
klec (CZ)	Käfig *m*	cage	cage *f*	gabbia *f*	jaula *f*
kleding (NL)	Kleidung *f*	clothing	habits *m/pl*	abbigliamento *m*	ropa *f*
kleefstof (NL)	Klebstoff *m*	glue	colle *f*	colla *f*	adhesivo *m*
kleerkast (NL)	Kleiderschrank *m*	wardrobe	armoire à vêtements *f*	armadio *m*	ropero *m*
kleić <nakleić> (PL)	kleben	stick	coller	incollare	pegar
Kleid (D)	—	dress	robe *f*	vestito *m*	vestido *m*
Kleiderschrank (D)	—	wardrobe	armoire à vêtements *f*	armadio *m*	ropero *m*
Kleidung (D)	—	clothing	habits *m/pl*	abbigliamento *m*	ropa *f*
klein (D)	—	small/little	petit(e)	piccolo(a)	pequeño(a)
klein (NL)	klein	small/little	petit(e)	piccolo(a)	pequeño(a)
Kleingeld (D)	—	small change	monnaie *f*	spiccioli *m/pl*	cambio *m*
kleingeld (NL)	Kleingeld *n*	small change	monnaie *f*	spiccioli *m/pl*	cambio *m*
klej (PL)	Klebstoff *m*	glue	colle *f*	colla *f*	adhesivo *m*
klepat <zaklepat> (CZ)	klopfen	knock	frapper	bussare	golpear
klettern (D)	—	climb	grimper	arrampicarsi	escalar
kleur (NL)	Farbe *f*	colour	couleur *f*	colore *m*	color *m*
kleuterschool (NL)	Kindergarten *m*	nursery school	jardin d'enfants *m*	asilo (infantile) *m*	jardín de infancia *m*

kleuterschool

P	NL	SV	PL	CZ	H
excluído	uitgesloten	uteslutet	wykluczony	vyloučeno	—
saia f	rok m	—	spódnica f	sukně f	szoknya
pronto	—	färdig	gotowy	hotový	kész
evidente	—	tydligen	oczywisty	zřejmý	nyilvánvaló
despir	uittrekken	—	zdejmować <zdjąć>	svlékat <svléknout>	kihúz
vestuário m	kleding f	—	ubranie n	oblečení n	ruházat
roupeiro m	kleerkast f	—	szafa na odzież f	šatník m	ruhaszekrény
queixar-se de	bezwaren, zich	—	skarżyć się	stežovat, si <postežovat, si>	panaszt emel
queixa f	bezwaar n	—	zażalenie n	stížnost f	panasz
buzina f	claxon m	signalhorn n	—	houkačka f	duda
enganar	bedriegen	bedra	zmylić	—	megtéveszt
vestido m	jurk f/kleed n	—	suknia f	šaty pl	ruha
cliente m	—	kund u	klient m	zákazník m	vevő
vestir	aantrekken	—	ubierać <ubrać>	oblékat <obléci>	felvesz
dar palmas	in de handen klappen	—	klaskać	tleskat <zatleskat>	tapsol
claro	helder	tydlig	jasny(a,e)	jasný	tiszta
classe f	—	klass u	klasa f	třída f	osztály
classe f	klas f	klass u	—	třída f	osztály
dar palmas	in de handen klappen	klappa	—	tleskat <zatleskat>	tapsol
classe f	klas f	—	klasa f	třída f	osztály
classe f	klas f	klass u	klasa f	třída f	osztály
mosteiro m	klooster n	kloster n	klasztor m	—	kolostor
mosteiro m	klooster n	kloster n	—	klášter m	kolostor
gaiola f	kooi f	bur u	—	klec f	ketrec
dar palmas	in de handen klappen	klappa	klaskać	tleskat <zatleskat>	tapsol
trepar	klimmen	—	wspinać, się <wspiąć, się>	lézt <vylézt>	felmászik
piano m	piano m	piano n	fortepian m	klavír m	zongora
piano m	piano m	piano n	fortepian m	—	zongora
buzina f	claxon m	signalhorn n	klakson m	houkačka f	duda
colar	kleven	limma	kleić <nakleić>	lepit <zalepit>	ragad
cola f	kleefstof f	klister n	klej m	lepidlo n	ragasztó
gaiola f	kooi f	bur u	klatka f	—	ketrec
vestuário m	—	kläder pl	ubranie n	oblečení n	ruházat
cola f	—	klister n	klej m	lepidlo n	ragasztó
roupeiro m	—	klädskåp n	szafa na odzież f	šatník m	ruhaszekrény
colar	kleven	limma	—	lepit <zalepit>	ragad
vestido m	jurk f/kleed n	klänning u	suknia f	šaty pl	ruha
roupeiro m	kleerkast f	klädskåp n	szafa na odzież f	šatník m	ruhaszekrény
vestuário m	kleding f	kläder pl	ubranie n	oblečení n	ruházat
pequeno	klein	liten	mały	malý	kis/kicsi
pequeno	—	liten	mały	malý	kis/kicsi
trocos m	kleingeld n	växelpengar pl	drobne pieniądze m/pl	drobné pl	aprópénz
trocos m	—	växelpengar pl	drobne pieniądze m/pl	drobné pl	aprópénz
cola f	kleefstof f	klister n	—	lepidlo n	ragasztó
bater	kloppen	knacka	pukać <zapukać>	—	kopog
trepar	klimmen	klättra	wspinać, się <wspiąć, się>	lézt <vylézt>	felmászik
cor f	—	färg u	kolor m	barva f	szín
jardim de infância m	—	förskola u	przedszkole n	mateřská školka f	óvoda

kleven

	D	E	F	I	ES
kleven (NL)	kleben	stick	coller	incollare	pegar
klia (SV)	jucken	itch	démanger	prudere	picar
klíč (CZ)	Schlüssel *m*	key	clé *f*	chiave *f*	llave *f*
klid (CZ)	Ruhe *f*	calm	calme *m*	silenzio *m*	calma *f*
klidný (CZ)	ruhig	quiet	tranquille	calmo(a)	quieto(a)
klient (PL)	Kunde *m*	customer	client *m*	cliente *m*	cliente *m*
Klima (D)	—	climate	climat *m*	clima *m*	clima *m*
klima (CZ)	Klima *n*	climate	climat *m*	clima *m*	clima *m*
klima (H)	Klima *n*	climate	climat *m*	clima *m*	clima *m*
klimaat (NL)	Klima *n*	climate	climat *m*	clima *m*	clima *m*
klimat (SV)	Klima *n*	climate	climat *m*	clima *m*	clima *m*
klimat (PL)	Klima *n*	climate	climat *m*	clima *m*	clima *m*
klimmen (NL)	klettern	climb	grimper	arrampicarsi	escalar
kling (NL)	Klinge *f*	blade	lame *f*	lama *f*	cuchilla *f*
klinga (SV)	Klinge *f*	blade	lame *f*	lama *f*	cuchilla *f*
Klinge (D)	—	blade	lame *f*	lama *f*	cuchilla *f*
Klingel (D)	—	bell	sonnette *f*	campanello *m*	timbre *m*
klingeln (D)	—	ring the bell	sonner	suonare	tocar el timbre
kliniek (NL)	Klinik *f*	hospital	clinique *f*	clinica *f*	clínica *f*
Klinik (D)	—	hospital	clinique *f*	clinica *f*	clínica *f*
klinik (SV)	Klinik *f*	hospital	clinique *f*	clinica *f*	clínica *f*
klinika (PL)	Klinik *f*	hospital	clinique *f*	clinica *f*	clínica *f*
klinika (CZ)	Klinik *f*	hospital	clinique *f*	clinica *f*	clínica *f*
klinika (H)	Klinik *f*	hospital	clinique *f*	clinica *f*	clínica *f*
klippa (SV)	mähen	mow	faucher	falciare	cortar
klister (SV)	Klebstoff *m*	glue	colle *f*	colla *f*	adhesivo *m*
klobouk (CZ)	Hut *m*	hat	chapeau *m*	capello *m*	sombrero *m*
klocka¹ (SV)	Glocke *f*	bell	cloche *f*	campana *f*	campana *f*
klocka² (SV)	Uhr *f*	watch	montre *f*	orologio *m*	reloj *m*
klok (NL)	Glocke *f*	bell	cloche *f*	campana *f*	campana *f*
klok (SV)	klug	clever	intelligent(e)	intelligente	inteligente
klooster (NL)	Kloster *n*	monastery	couvent *m*	convento *m*	monasterio *m*
klopfen (D)	—	knock	frapper	bussare	golpear
kloppen (NL)	klopfen	knock	frapper	bussare	golpear
Kloster (D)	—	monastery	couvent *m*	convento *m*	monasterio *m*
kloster (SV)	Kloster *n*	monastery	couvent *m*	convento *m*	monasterio *m*
klucz (PL)	Schlüssel *m*	key	clé *f*	chiave *f*	llave *f*
klug (D)	—	clever	intelligent(e)	intelligente	inteligente
klumpig (SV)	ungeschickt	clumsy	maladroit(e)	impacciato(a)	torpe
knä (SV)	Knie *n*	knee	genou *m*	ginocchio *m*	rodilla *f*
knacka (SV)	klopfen	knock	frapper	bussare	golpear
knajpa (PL)	Kneipe *f*	pub	bistro *m*	osteria *f*	taberna *f*
knapp (SV)	Knopf *m*	button	bouton *m*	bottone *m*	botón *m*
knappast (SV)	kaum	hardly	à peine	appena	apenas
knee (E)	Knie *n*	—	genou *m*	ginocchio *m*	rodilla *f*
Kneipe (D)	—	pub	bistro *m*	osteria *f*	taberna *f*
kněz (CZ)	Priester *m*	priest	prêtre *m*	prete *m*	sacerdote *m*
Knie (D)	—	knee	genou *m*	ginocchio *m*	rodilla *f*
knie (NL)	Knie *n*	knee	genou *m*	ginocchio *m*	rodilla *f*
knife (E)	Messer *n*	—	couteau *m*	coltello *m*	cuchillo *m*
kniha (CZ)	Buch *n*	book	livre *m*	libro *m*	libro *m*
knihkupectví (CZ)	Buchhandlung *f*	bookshop	librairie *f*	libreria *f*	librería *f*
knikken (NL)	nicken	nod	faire un signe de tête	annuire	inclinar la cabeza
knipperen (NL)	blinken	flash	clignoter	lampeggiare	emitir reflejos

knipperen

P	NL	SV	PL	CZ	H
colar	—	limma	kleić <nakleić>	lepit <zalepit>	ragad
fazer comichão	jeuken	—	swędzić <zaswędzić>	svědět <zasvědět>	viszket
chave f	sleutel m	nyckel u	klucz m	—	kulcs
silêncio m	rust f	lugn n	spokój m	—	nyugalom
calmo	rustig	stilla	spokojny	—	nyugodt
cliente m	klant m	kund u	—	zákazník m	vevő
clima m	klimaat n	klimat n	klimat m	klima n	klima
clima m	klimaat n	klimat n	klimat m	—	klima
clima m	klimaat n	klimat n	klimat m	klima n	—
clima m	—	klimat n	klimat m	klima n	klima
clima m	klimaat n	—	klimat m	klima n	klima
clima m	klimaat n	klimat n	—	klima n	klima
trepar	—	klättra	wspinać, się <wspiąć, się>	lézt <vylézt>	felmászik
lâmina f	—	klinga u	ostrze n	čepel f	penge
lâmina f	kling f	—	ostrze n	čepel f	penge
lâmina f	kling f	klinga u	ostrze n	čepel f	penge
campainha f	bel f	ringklocka u	dzwonek m	zvonek m	csengő
tocar	bellen	ringa på	dzwonić <zadzwonić>	zvonil <zazvonit>	csönget
clínica f	—	klinik u	klinika f	klinika f	klinika
clínica f	kliniek f	klinik u	klinika f	klinika f	klinika
clínica f	kliniek f	—	klinika f	klinika f	klinika
clínica f	kliniek f	klinik u	klinika f	klinika f	klinika
clínica f	kliniek f	klinik u	klinika f	—	klinika
clínica f	kliniek f	klinik u	klinika f	klinika f	—
ceifar	maaien	—	kosić	sekat trávu	nyír/kaszál
cola f	kleefstof f	—	klej m	lepidlo n	ragasztó
chapéu m	hoed m	hatt u	kapelusz m	—	kalap
sino m	klok f	—	dzwon m	zvon m	harang
relógio m	horloge n	—	zegar m	hodiny pl	óra
sino m	—	klocka u	dzwon m	zvon m	harang
inteligente	wijs	—	mądry	chytrý	okos
mosteiro m	—	kloster n	klasztor m	klášter m	kolostor
bater	kloppen	knacka	pukać <zapukać>	klepat <zaklepat>	kopog
bater	—	knacka	pukać <zapukać>	klepat <zaklepat>	kopog
mosteiro m	klooster n	kloster n	klasztor m	klášter m	kolostor
mosteiro m	klooster n	—	klasztor m	klášter m	kolostor
chave f	sleutel m	nyckel u	—	klíč m	kulcs
inteligente	wijs	klok	mądry	chytrý	okos
desajeitado	onhandig	—	niezręczny	nešikovný	ügyetlen
joelho m	knie f	—	kolano n	koleno n	térd
bater	kloppen	—	pukać <zapukać>	klepat <zaklepat>	kopog
bar m	kroeg f	krog u	—	hospoda f	kocsma
botão m	knop m	—	guzik m	knoflík m	gomb
quase nada	nauwelijks	—	prawie nie	stěží	alig
joelho m	knie f	knä n	kolano n	koleno n	térd
bar m	kroeg f	krog u	knajpa f	hospoda f	kocsma
padre m	priester m	präst u	ksiądz m	—	pap
joelho m	knie f	knä n	kolano n	koleno n	térd
joelho m	—	knä n	kolano n	koleno n	térd
faca f	mes n	kniv u	nóż m	nůž m	kés
livro m	boek n	bok u	książka f	—	könyv
livraria f	boekhandel m	bokhandel u	księgarnia f	—	könyvesbolt
acenar com a cabeça	—	nicka	kiwać <kiwnąć>	kývat hlavou <pokývat hlavou>	bólint
reluzir	—	blinka	błyskać <błysnąć>	blikat <zablikat>	indexel

kniv

	D	E	F	I	ES
kniv (SV)	Messer n	knife	couteau m	coltello m	cuchillo m
Knoblauch (D)	—	garlic	ail m	aglio m	ajo m
Knöchel (D)	—	ankle	cheville f	caviglia f	tobillo m
Knochen (D)	—	bone	os m	osso m	hueso m
knock (E)	klopfen	—	frapper	bussare	golpear
knoflík (CZ)	Knopf m	button	bouton m	bottone m	botón m
knoflook (NL)	Knoblauch m	garlic	ail m	aglio m	ajo m
knop (NL)	Knopf m	button	bouton m	bottone m	botón m
Knopf (D)	—	button	bouton m	bottone m	botón m
know[1] (E)	kennen	—	connaître	conoscere	conocer
know[2] (E)	wissen	—	savoir	sapere	saber
knowledge[1] (E)	Kenntnis f	—	connaissance f	conoscenza f	conocimiento m
knowledge[2] (E)	Wissen n	—	savoir m	sapere m	saber m
know one's way about (E)	auskennen, sich	—	connaître, s'y	conoscere bene	conocer a fondo a
ko[1] (SV)	Rind n	cow	bœuf m	manzo m	buey m
ko[2] (SV)	Kuh f	cow	vache f	mucca f	vaca f
kö (SV)	Stau m	traffic jam	embouteillage m	ingorgo m	embotellamiento m
kő (H)	Stein m	stone	pierre f	sasso m	piedra f
kobieta (PL)	Frau f	woman	femme f	donna f	mujer f
Koch (D)	—	cook	cuisinier m	cuoco m	cocinero m
kochać (PL)	lieben	love	aimer	amare	amar
kochen (D)	—	cook	cuire	cucinare	cocinar
Kochtopf (D)	—	saucepan	casserole f	pentola f	olla f
kock (SV)	Koch m	cook	cuisinier m	cuoco m	cocinero m
kočka (CZ)	Katze f	cat	chat m	gatto m	gato m
kockás (H)	kariert	checked	à carreaux	a quadretti	a cuadros
kockázat (H)	Risiko n	risk	risque m	rischio m	riesgo m
kockáztat (H)	riskieren	risk	risquer	rischiare	arriesgar
kocsma (H)	Kneipe f	pub	bistro m	osteria f	taberna f
köd (H)	Nebel m	fog	brouillard m	nebbia f	niebla f
koe (NL)	Kuh f	cow	vache f	mucca f	vaca f
koekje (NL)	Keks m	biscuit	biscuit m	biscotto m	galleta f
koel (NL)	kühl	cool	frais (fraîche)	fresco(a)	frío(a)
koelkast (NL)	Kühlschrank m	fridge	réfrigérateur m	frigorifero m	nevera f
koerier (NL)	Kurier m	courier	coursier m	corriere m	correo m
koers (NL)	Kurs m	course	cours m	corso m	curso m
Koffer (D)	—	suitcase	valise f	valigia f	maleta f
koffer (NL)	Koffer m	suitcase	valise f	valigia f	maleta f
Kofferraum (D)	—	boot	coffre m	portabagagli m	maletero m
koffert (SV)	Koffer m	suitcase	valise f	valigia f	maleta f
kogut (PL)	Hahn m	cock	coq m	gallo m	gallo m
Kohl (D)	—	cabbage	chou m	cavolo m	col f
Kohle (D)	—	coal	charbon m	carbone m	carbón m
köhög (H)	husten	cough	tousser	tossire	toser
köhögés (H)	Husten m	cough	toux m	tosse f	tos f
kohout (CZ)	Hahn m	cock	coq m	gallo m	gallo m
kołnierz (PL)	Kragen m	collar	col m	colletto m	cuello m
koło (PL)	Kreis m	circle	cercle m	cerchio m	círculo m
kok (NL)	Koch m	cook	cuisinier m	cuoco m	cocinero m
kök (SV)	Küche f	kitchen	cuisine f	cucina f	cocina f
koken (NL)	kochen	cook	cuire	cucinare	cocinar
köksspis (SV)	Herd m	cooker	cuisinière f	cucina f	cocina f
koktat <zakoktat> (CZ)	stottern	stutter	bégayer	balbettare	tartamudear
kol (SV)	Kohle f	coal	charbon m	carbone m	carbón m

kol

P	NL	SV	PL	CZ	H
faca f	mes n	—	nóż m	nůž m	kés
alho m	knoflook n	vitlök u	czosnek m	česnek m	fokhagyma
tornozelo m	enkel m	fotknöl u	kostka f	kotník m	boka
osso m	bot n	benknota n	kość f	kost f	csont
bater	kloppen	knacka	pukać <zapukać>	klepat <zaklepat>	kopog
botão m	knop m	knapp u	guzik m	—	gomb
alho m	—	vitlök u	czosnek m	česnek m	fokhagyma
botão m	—	knapp u	guzik m	knoflík m	gomb
botão m	knop m	knapp u	guzik m	knoflík m	gomb
conhecer	kennen	känna till	znać	znát <poznat>	ismer
saber	weten	veta	wiedzieć	vědět	tud
conhecimento m	kennis f	kunskap u	znajomość f	znalost f	ismeret
conhecimentos m/pl	kennis f	kunskap u	wiedza f	vědění n	tudás
ser conhecedor de	thuis zijn (in)	känna till	znać, się	vyznávat, se <vyznat, se>	kiismeri, magát
gado m	rund n	—	bydlę n	dobytek m	szarvasmarha
vaca f	koe f	—	krowa f	kráva f	tehén
engarrafamento m	file f	—	korek m	zácpa f	forgalmi dugó
pedra f	steen m	sten u	kamień m	kámen m	—
mulher f	vrouw f	kvinna u	—	žena f	asszony
cozinheiro m	kok m	kock u	kucharz m	kuchař m	szakács
amar	houden van	älska	—	milovat	szeret
cozinhar	koken	laga mat	gotować <ugotować>	vařit <uvařit>	főzni
panela f	kookpot m	kastrull u	garnek m	hrnec m	fazék
cozinheiro m	kok m	—	kucharz m	kuchař m	szakács
gato m	kat f	katt u	kot m	—	macska
quadriculado	geruit	rutigt	w kratkę	čtverečkovaný	—
risco m	risico n	risk u	ryzyko n	riziko n	—
arriscar	riskeren	riskera	ryzykować <zaryzykować>	riskovat <zariskovat>	—
bar m	kroeg f	krog u	knajpa f	hospoda f	—
nevoeiro m	mist m	dimma u	mgła f	mlha f	—
vaca f	—	ko u	krowa f	kráva f	tehén
bolacha f	—	kex n	ciastko n	keks m	aprósütemény
fresco	—	kylig	chłodny	chladný	hűvös
frigorífico m	—	kylskåp n	lodówka f	chladnička f	jégszekrény
estafeta m	—	kurir u	kurier m	kurýr m	futár
rumo m	—	kurs u	kurs m	kurs m	útirány
mala f	koffer m	koffert u	walizka f	kufr m	bőrönd
mala f	—	koffert u	walizka f	kufr m	bőrönd
porta bagagem m	bagageruimte m	bagageutrymme n	bagażnik m	zavazadlový prostor m	csomagtartó
mala f	koffer m	—	walizka f	kufr m	bőrönd
galo m	haan m	tupp u	—	kohout m	kakas
couve f	kool m	kål u	kapusta f	kapusta f	káposzta
carvão m	kolen f/pl	kol u	węgiel m	uhlí n	szén
tossir	hoesten	hosta	kaszlać <kaszlnąć>	kašlat <zakašlat>	—
tosse f	hoest m	hosta u	kaszel m	kašel m	—
galo m	haan m	tupp u	kogut m	—	kakas
colarinho m	kraag m	krage u	—	límec m	gallér
círculo m	kring m	krets u	—	kruh m	kör
cozinheiro m	—	kock u	kucharz m	kuchař m	szakács
cozinha f	keuken f	—	kuchnia f	kuchyně f	konyha
cozinhar	—	laga mat	gotować <ugotować>	vařit <uvařit>	főzni
fogão m	fornuis n	—	piec m	ložisko	tűzhely
balbuciar	stotteren	stamma	jąkać się	—	dadog
carvão m	kolen f/pl	—	węgiel m	uhlí n	szén

koláč

	D	E	F	I	ES
koláč (CZ)	Kuchen m	cake	gâteau m	dolce m	tarta f
kolacja (PL)	Abendessen n	supper	dîner m	cena f	cena f
kolano (PL)	Knie n	knee	genou m	ginocchio m	rodilla f
kolbász (H)	Wurst f	sausage	saucisse f	salsiccia f	embutido m
kölcsönad (H)	verleihen	lend	prêter	dare in prestito	prestar
kölcsönöz (H)	ausleihen	lend	prêter	prestare	prestar
kolej (PL)	Eisenbahn f	railway	chemin de fer m	ferrovia f	ferrocarril m
kolej (CZ)	Gleis n	track	voie f	binario m	vía f
kolem (CZ)	herum	around	autour	intorno	alrededor
kolen (NL)	Kohle f	coal	charbon m	carbone m	carbón m
koleno (CZ)	Knie n	knee	genou m	ginocchio m	rodilla f
kolík (CZ)	Stift m	pencil	crayon m	matita f	lápiz m
koloběh (CZ)	Kreislauf m	circulation	circulation f	circolazione f	circulación f
kolor (PL)	Farbe f	colour	couleur f	colore m	color m
kolorowy (PL)	bunt	coloured	coloré(e)	variopinto(a)	de colores
kolostor (H)	Kloster n	monastery	couvent m	convento m	monasterio m
költözködés (H)	Umzug m	move	déménagement m	trasloco m	mudanza f
költségek (H)	Kosten pl	expenses	coûts m/pl	spese f/pl	costes m/pl
kolumna (PL)	Säule f	pillar	colonne f	colonna f	columna f
komen (NL)	kommen	come	venir	venire	venir
komiczny (PL)	komisch	funny	drôle	comico(a)	cómico(a)
komiek (NL)	komisch	funny	drôle	comico(a)	cómico(a)
komisch (D)	—	funny	drôle	comico(a)	cómico(a)
komkommer (NL)	Gurke	cucumber	concombre m	cetriolo m	pepino m
komma (SV)	kommen	come	venir	venire	venir
komma fram (SV)	ankommen	arrive	arriver	arrivare	llegar
komma ihåg (SV)	gedenken	remember	souvenir de, se	ricordare	commemorar
komma tillbaka¹ (SV)	wiederkommen	come back	revenir	ritornare	venir de nuevo
komma tillbaka² (SV)	zurückkommen	come back	revenir	ritornare	regresar
kommen (D)	—	come	venir	venire	venir
kommer (NL)	Kummer m	grief	chagrin m	dolore m	pena f
kommunikáció (H)	Kommunikation f	communication	communication f	comunicazione f	comunicación f
Kommunikation (D)	—	communication	communication f	comunicazione f	comunicación f
kommunikation (SV)	Kommunikation f	communication	communication f	comunicazione f	comunicación f
komoly (H)	ernst	serious	sérieux(ieuse)	serio(a)	serio(a)
komp (H)	Fähre f	ferry	bac m	traghetto m	transbordador m
kompaktní disk (CZ)	CD f	cd	cd m	CD m	cd m
kompetentny (PL)	zuständig	competent	compétent(e)	competente	competente
komplettera (SV)	ergänzen	supplement	compléter	completare	completar
komplicerad (SV)	kompliziert	complicated	compliqué(e)	complicato(a)	complicado(a)
komplikált (H)	kompliziert	complicated	compliqué(e)	complicato(a)	complicado(a)
komplikovaný (CZ)	kompliziert	complicated	compliqué(e)	complicato(a)	complicado(a)
kompliziert (D)	—	complicated	compliqué(e)	complicato(a)	complicado(a)
komputer (PL)	Computer m	computer	ordinateur m	calcolatore m	computadora f
komunikace (CZ)	Kommunikation f	communication	communication f	comunicazione f	comunicación f
komunikacja (PL)	Kommunikation f	communication	communication f	comunicazione f	comunicación f
komunikat o stanie pogody (PL)	Wetterbericht m	weather report	bulletin météo-rologique m	bollettino meteo-rologico m	informe meteoro-lógico m
koń (PL)	Pferd n	horse	cheval m	cavallo m	caballo m
konat, se (CZ)	stattfinden	take place	avoir lieu	avere luogo	tener lugar
koncentrál (H)	konzentrieren	concentrate	concentrer	concentrare	concentrar

koncentrál

P	NL	SV	PL	CZ	H
bolo m	taart f	kaka u	placek m	—	sütemény
jantar m	avondeten n	middag u	—	večeře f	vacsora
joelho m	knie f	knä n	—	koleno n	térd
salsicha f	worst f	korv u	kiełbasa f	salám m	—
emprestar	uitlenen	låna ut	wypożyczać	půjčovat <půjčit>	—
emprestar	uitlenen	låna ut	wypożyczać <wypożyczyć>	vypůjčovat <půjčit>	—
comboio m	spoorweg m	järnväg u	—	železnice f	vasút
carril m	spoor n	järnvägsspår n	tor m	—	vágány
em volta	omheen	omkring	dookoła	—	körül
carvão m	—	kol u	węgiel m	uhlí n	szén
joelho m	knie f	knä n	kolano n	—	térd
lápis m	stift m	stift n	ołówek m	—	pecek
circulação f	kringloop m	kretslopp n	krążenie n	—	körforgás
cor f	kleur f	färg u	—	barva f	szín
colorido	bont	färggrann	—	barevný	tarka
mosteiro m	klooster n	kloster n	klasztor m	klášter m	—
mudança f	verhuizing f	flyttning u	przeprowadzka f	stěhování n	—
custo m	kosten m/pl	kostnader pl	koszty m/pl	náklady pl	—
coluna f	zuil f	pelare u	—	sloup m	oszlop
vir	—	komma	przychodzić <przyjść>	přicházet <přijít>	jön
cómico	komiek	konstig	—	směšný	furcsa
cómico	—	konstig	komiczny	směšný	furcsa
cómico	komiek	konstig	komiczny	směšný	furcsa
pepino m	—	gurka u	ogórek m	okurka f	uborka
vir	komen	—	przychodzić <przyjść>	přicházet <přijít>	jön
chegar	aankomen	—	przybywać <przybyć>	přijíždět <přijet>	megérkez
lembrar-se	gedenken	—	wspominać <wspomnieć>	vzpomínat <vzpomenout>	megemlékez
voltar outra vez	terugkomen	—	wracać	přijít, přijet zpět	visszajön
vir de volta	terugkomen	—	wracać	vracet, se <vrátit, se>	visszajön
vir	komen	komma	przychodzić <przyjść>	přicházet <přijít>	jön
desgosto m	—	bekymmer n	zmartwienie n	soužení n	bánat
comunicação f	communicatie f	kommunikation u	komunikacja f	komunikace f	—
comunicação f	communicatie f	kommunikation u	komunikacja f	komunikace f	kommunikáció
comunicação f	communicatie f	—	komunikacja f	komunikace f	kommunikáció
sério	ernstig	allvarlig	poważny	vážný	—
embarcação f	veer n	färja u	prom m	trajekt m	—
CD m	cd m	cd u	płyta CD f	—	CD
competente	bevoegd	ansvarig	—	oprávněný	illetékes
completar	aanvullen	—	uzupełniać <uzupełnić>	doplňovat <doplnit>	kiegészíti
complicado	ingewikkeld	—	skomplikowany	komplikovaný	komplikált
complicado	ingewikkeld	komplicerad	skomplikowany	komplikovaný	—
complicado	ingewikkeld	komplicerad	skomplikowany	—	komplikált
complicado	ingewikkeld	komplicerad	skomplikowany	komplikovaný	komplikált
computador m	computer m	dator u	—	počítač m	számítógép
comunicação f	communicatie f	kommunikation u	komunikacja f	—	kommunikáció
comunicação f	communicatie f	kommunikation u	—	komunikace f	kommunikáció
boletim meteoro-lógico m	weerbericht n	väderrapport u	—	zpráva o počasí f	időjárás-jelentés
cavalo m	paard n	häst u	—	kůň m	ló
realizar-se	plaatsvinden	äga rum	odbywać, się <odbyć, się>	—	lezajlik
concentrar-se	concentreren	koncentrera	koncentrować <skoncentrować>	soustřeďovat, se <soustředit, se>	—

koncentrera

	D	E	F	I	ES
koncentrera (SV)	konzentrieren	concentrate	concentrer	concentrare	concentrar
koncentrować <skoncentrować> (PL)	konzentrieren	concentrate	concentrer	concentrare	concentrar
koncert (PL)	Konzert n	concert	concert m	concerto m	concierto m
koncert (CZ)	Konzert n	concert	concert m	concerto m	concierto m
končit (CZ)	enden	end	finir	finire	acabar
kończyć, się <zakończyć, się> (PL)	enden	end	finir	finire	acabar
Konditorei (D)	—	cake shop	pâtisserie f	pasticceria f	pastelería f
konditori (SV)	Konditorei f	cake shop	pâtisserie f	pasticceria f	pastelería f
kondoleans (SV)	Beileid n	condolence	condoléances f/pl	condoglianza f	pésame m
kondolence (CZ)	Beileid n	condolence	condoléances f/pl	condoglianza f	pésame m
Kondom (D)	—	condom	préservatif m	profilattico m	preservativo m
kondom (SV)	Kondom n	condom	préservatif m	profilattico m	preservativo m
kondom (CZ)	Kondom n	condom	préservatif m	profilattico m	preservativo m
konduktor (PL)	Schaffner m	conductor	contrôleur m	bigliettaio m	revisor m
konduktör (SV)	Schaffner m	conductor	contrôleur m	bigliettaio m	revisor m
konec (CZ)	Ende n	end	fin f	fine f	fin m
konec (CZ)	Schluss m	end	fin f	fine f	conclusión f
konečná stanice (CZ)	Endstation f	terminus	terminus m	capolinea m	estación terminal f
konečně (CZ)	endlich	at last	enfin	finalmente	finalmente
konference (CZ)	Konferenz f	conference	conférence f	conferenza f	conferencia f
konferencia (H)	Konferenz f	conference	conférence f	conferenza f	conferencia f
konferencja (PL)	Konferenz f	conference	conférence f	conferenza f	conferencia f
konferens (SV)	Konferenz f	conference	conférence f	conferenza f	conferencia f
Konferenz (D)	—	conference	conférence f	conferenza f	conferencia f
koniec (PL)	Ende n	end	fin f	fine f	fin m
koniec (PL)	Schluss m	end	fin f	fine f	conclusión f
koniecznie (PL)	unbedingt	absolutely	absolument	assolutamente	absolutamente
können (D)	—	can	pouvoir	sapere	saber/poder
könny (H)	Träne f	tear	larme f	lacrima f	lágrima f
könnyelmű (H)	leichtsinnig	careless	étourdi(e)	spensierato(a)	imprudente
könnyű¹ (H)	leicht	light	léger(ère)	leggero(a)	ligero(a)
könnyű² (H)	leicht	easy	facile	semplice	sencillo(a)
konsekvens (SV)	Folge f	consequence	suite f	conseguenza f	serie f
konsert (SV)	Konzert n	concert	concert m	concerto m	concierto m
konst (SV)	Kunst f	art	art m	arte f	arte m
konstgjord (SV)	künstlich	artificial	artificiel(le)	artificiale	artificial
konstig (SV)	komisch	funny	drôle	comico(a)	cómico(a)
konstnär (SV)	Künstler m	artist	artiste m	artista m	artista m
konstytucja (PL)	Verfassung f	constitution	constitution f	costituzione f/pl	constitución f
Kontakt (D)	—	contact	contact m	contatto m	contacto m
kontakt (SV)	Kontakt m	contact	contact m	contatto m	contacto m
kontakt (PL)	Kontakt m	contact	contact m	contatto m	contacto m
kontakt (CZ)	Kontakt m	contact	contact m	contatto m	contacto m
kontaktus (H)	Kontakt m	contact	contact m	contatto m	contacto m
kontanter (SV)	Bargeld n	cash	espèces f/pl	contanti m/pl	dinero al contado m
kontinens (H)	Kontinent m	continent	continent m	continente m	continente m
Kontinent (D)	—	continent	continent m	continente m	continente m
kontinent (SV)	Kontinent m	continent	continent m	continente m	continente m
kontinent (CZ)	Kontinent m	continent	continent m	continente m	continente m
Konto (D)	—	account	compte m	conto m	cuenta f
konto (SV)	Konto n	account	compte m	conto m	cuenta f
konto (PL)	Konto n	account	compte m	conto m	cuenta f

konto

P	NL	SV	PL	CZ	H
concentrar-se	concentreren	—	koncentrować <skoncentrować>	soustřeďovat, se <soustředit, se>	koncentrál
concentrar-se	concentreren	koncentrera	—	soustřeďovat, se <soustředit, se>	koncentrál
concerto m	concert n	konsert u	—	koncert m	hangverseny
concerto m	concert n	konsert u	koncert m	—	hangverseny
finalizar	eindigen	avsluta	kończyć, się <zakończyć, się>	—	végződik
finalizar	eindigen	avsluta	—	končit	végződik
pastelaria f	banketbakkers-winkel m	konditori n	cukiernia f	cukrárna f	cukrászda
pastelaria f	banketbakkers-winkel m	—	cukiernia f	cukrárna f	cukrászda
condolência f	deelneming f	—	współczucie n	kondolence f	részvét
condolência f	deelneming f	kondoleans u	współczucie n	—	részvét
preservativo m	condoom n	kondom u	prezerwatywa f	kondom m	gumi óvszer
preservativo m	condoom n	—	prezerwatywa f	kondom m	gumi óvszer
preservativo m	condoom n	kondom u	prezerwatywa f	—	gumi óvszer
revisor m	conducteur m	konduktör u	—	průvodčí m	kalaúz
revisor m	conducteur m	—	konduktor m	průvodčí m	kalaúz
fim m	einde n	slut n	koniec m	—	vég
final m	einde n	slut n	koniec m	—	vég
estação terminal f	eindstation n	slutstation u	stacja końcowa f	—	végállomás
finalmente	eindelijk	äntligen	nareszcie	—	végre
conferência f	conferentie f	konferens u	konferencja f	—	konferencia
conferência f	conferentie f	konferens u	konferencja f	konference f	—
conferência f	conferentie f	konferens u	—	konference f	konferencia
conferência f	conferentie f	—	konferencja f	konference f	konferencia
conferência f	conferentie f	konferens u	konferencja f	konference f	konferencia
fim m	einde n	slut n	—	konec m	vég
final m	einde n	slut n	—	konec m	vég
imprescindível	in elk geval	absolut	—	bezpodmínečně	feltétlen
poder	kunnen	kunna	móc	umět	tud
lágrima f	traan f	tår u	łza f	slza f	—
leviano	lichtzinnig	lättsinnig	lekkomyślny	lehkomyslně	—
leve	licht	lätt	lekki	lehký	—
fácil	gemakkelijk	enkelt	łatwy	snadný	—
sequência f	gevolg n	—	skutek m	následek m	következmény
concerto m	concert n	—	koncert m	koncert m	hangverseny
arte f	kunst f	—	sztuka f	umění n	művészet
artificial	kunstmatig	—	sztuczny	umělý	mesterséges
cómico	komiek	—	komiczny	směšný	furcsa
artista m	kunstenaar m	—	artysta m	umělec m	művész
constituição f	grondwet m	författning u	—	ústava f	alkotmány
contacto m	contact n	kontakt u	kontakt m	kontakt m	kontaktus
contacto m	contact n	—	kontakt m	kontakt m	kontaktus
contacto m	contact n	kontakt u	—	kontakt m	kontaktus
contacto m	contact n	kontakt u	kontakt m	—	kontaktus
contacto m	contact n	kontakt u	kontakt m	kontakt m	—
dinheiro efectivo m	contant geld n	—	gotówka f	hotovost f	készpénz
continente m	continent n	kontinent u	kontynent m	kontinent m	—
continente m	continent n	kontinent u	kontynent m	kontinent m	kontinens
continente m	continent n	—	kontynent m	kontinent m	kontinens
continente m	continent n	kontinent u	kontynent m	—	kontinens
conta corrente f	rekening f	konto n	konto n	účet m	(bank)számla
conta corrente f	rekening f	—	konto n	účet m	(bank)számla
conta corrente f	rekening f	konto n	—	účet m	(bank)számla

kontor 544

	D	E	F	I	ES
kontor (SV)	Büro n	office	bureau m	ufficio m	oficina f
kontrakt (SV)	Vertrag m	contract	contrat m	contratto m	contrato m
kontrola (PL)	Kontrolle f	control	contrôle m	controllo m	control m
kontrola (CZ)	Kontrolle f	control	contrôle m	controllo m	control m
kontrola radarowa (PL)	Radarkontrolle f	speed trap	contrôle radar m	controllo radar m	control de radar m
kontroler (PL)	Kontrolleur m	inspector	contrôleur m	controllore m	controlador m
kontroll[1] (SV)	Kontrolle f	control	contrôle m	controllo m	control m
kontroll[2] (SV)	Prüfung f	examination	examen m	esame m	examen m
Kontrolle (D)	—	control	contrôle m	controllo m	control m
kontrollera[1] (SV)	nachprüfen	check	contrôler	controllare	comprobar
kontrollera[2] (SV)	prüfen	test	tester	esaminare	examinar
Kontrolleur (D)	—	inspector	contrôleur m	controllore m	controlador m
kontrollör (SV)	Kontrolleur m	inspector	contrôleur m	controllore m	controlador m
kontrolor (CZ)	Kontrolleur m	inspector	contrôleur m	controllore m	controlador m
kontynent (PL)	Kontinent m	continent	continent m	continente m	continente m
kontynuować[1] (PL)	fortsetzen	continue	continuer	continuare	continuar
kontynuować[2] (PL)	weitermachen	carry on	continuer	continuare	continuar
konyha (H)	Küche f	kitchen	cuisine f	cucina f	cocina f
könyv (H)	Buch n	book	livre m	libro m	libro m
könyvelés (H)	Buchhaltung f	book-keeping	comptabilité f	contabilità f	contabilidad f
könyvesbolt (H)	Buchhandlung f	bookshop	librairie f	libreria f	librería f
konzentrieren (D)	—	concentrate	concentrer	concentrare	concentrar
Konzert (D)	—	concert	concert m	concerto m	concierto m
konzultační hodiny (CZ)	Sprechstunde f	consultation hours	heures de consultation f/pl	ora di ricevimento f	hora de consulta f
kooi (NL)	Käfig m	cage	cage f	gabbia f	jaula f
kookpot (NL)	Kochtopf m	saucepan	casserole f	pentola f	olla f
kool (NL)	Kohl m	cabbage	chou m	cavolo m	col f
koop (NL)	Kauf m	purchase	achat m	acquisto m	compra f
koor (NL)	Chor m	choir	chœur m	coro m	coro m
koorts (NL)	Fieber n	fever	fièvre f	febbre f	fiebre m
köpa (SV)	kaufen	buy	acheter	comprare	comprar
kopać (PL)	graben	dig	creuser	scavare	cavar
kopaná (CZ)	Fußball m	football	football m	calcio m	fútbol m
kopár (H)	kahl	bald	chauve	calvo(a)	calvo(a)
kopat vykopat (CZ)	graben	dig	creuser	scavare	cavar
kopec (CZ)	Hügel m	hill	colline f	collina f	colina f
kopen (NL)	kaufen	buy	acheter	comprare	comprar
Kopf (D)	—	head	tête f	testa f	cabeza f
Kopfschmerzen (D)	—	headache	mal de tête m	mal di testa m	dolor de cabeza m
kopia (SV)	Kopie f	copy	copie f	copia f	copia f
kopia (PL)	Kopie f	copy	copie f	copia f	copia f
Kopie (D)	—	copy	copie f	copia f	copia f
kopie (NL)	Kopie f	copy	copie f	copia f	copia f
kopie (CZ)	Kopie f	copy	copie f	copia f	copia f
kopiera (SV)	kopieren	copy	copier	copiare	copiar
kopieren (D)	—	copy	copier	copiare	copiar
kopiëren (NL)	kopieren	copy	copier	copiare	copiar
kopiować <skopiować> (PL)	kopieren	copy	copier	copiare	copiar
kopírovat <zkopírovat> (CZ)	kopieren	copy	copier	copiare	copiar

kopírovat

P	NL	SV	PL	CZ	H
escritório m	kantoor n	—	biuro n	kancelář f	iroda
contrato m	contract n	—	umowa f	smlouva f	szerződés
controlo m	controle f	kontroll u	—	kontrola f	ellenőrzés
controlo m	controle f	kontroll u	kontrola f	—	ellenőrzés
controlo por radar m	radarcontrole f	radarkontroll u	—	radarová kontrola f	radárellenőrzés
revisor m	controleur m	kontrollör u	—	kontrolor	ellenőrző
controlo m	controle f	—	kontrola f	kontrola f	ellenőrzés
exame m	onderzoek n	—	egzamin m	zkouška f	vizsga
controlo m	controle f	kontroll u	kontrola f	kontrola f	ellenőrzés
conferir	controleren	—	sprawdzać <sprawdzić>	prezkušovat <prezkoušet>	felülvizsgál
examinar	keuren	—	sprawdzać <sprawdzić>	zkoušet <zkusit>	vizsgál
revisor m	controleur m	kontrollör u	kontroler m	kontrolor	ellenőrző
revisor m	controleur m	—	kontroler m	kontrolor	ellenőrző
revisor m	controleur m	kontrollör u	kontroler m	—	ellenőrző
continente m	continent n	kontinent u	—	kontinent m	kontinens
continuar	voortzetten	fortsätta	—	pokračovat	folytat
continuar a fazer	doorgaan	fortsätta	—	pokračovat	folytat
cozinha f	keuken f	kök u	kuchnia f	kuchyně f	—
livro m	boek n	bok u	książka f	kniha f	—
contabilidade f	boekhouding f	bokföring u	ksiegowość f	účetnictví n	—
livraria f	boekhandel m	bokhandel u	księgarnia f	knihkupectví n	—
concentrar-se	concentreren	koncentrera	koncentrować <skoncentrować>	soustřeďovat, se <soustředit, se>	koncentrál
concerto m	concert n	konsert u	koncert m	koncert m	hangverseny
consulta f	spreekuur n	mottagningstid u	godziny przyjęć f/pl	—	fogadóóra
gaiola f	—	bur u	klatka f	klec f	ketrec
panela f	—	kastrull u	garnek m	hrnec m	fazék
couve f	—	kål u	kapusta f	kapusta f	káposzta
compra f	—	inköp/köp n	zakup m	nákup m	vétel
coro m	—	kör u	chór m	sbor m	kórus
febre f	—	feber u	gorączka f	horečka f	láz
comprar	kopen	—	kupować <kupić>	nakupovat <nakoupit>	vesz
cavar	graven	gräva	—	kopat vykopat	ás
bola de futebol f	voetbal m	fotboll u	piłka nożna f	—	labdarúgás
calvo	kaal	kal	łysy	holý	—
cavar	graven	gräva	kopać	—	ás
colina f	heuvel m	kulle u	pagórek m	—	domb
comprar	—	köpa	kupować <kupić>	nakupovat <nakoupit>	vesz
cabeça f	hoofd n	huvud n	głowa f	hlava f	fej
dor de cabeça f	hoofdpijn f	huvudvärk u	ból głowy m/pl	bolest hlavy f	fejfájás
cópia f	kopie f	—	kopia f	kopie f	másolat
cópia f	kopie f	kopia u	—	kopie f	másolat
cópia f	kopie f	kopia u	kopia f	kopie f	másolat
cópia f	—	kopia u	kopia f	kopie f	másolat
cópia f	kopie f	kopia u	kopia f	—	másolat
copiar	kopiëren	—	kopiować <skopiować>	kopírovat <zkopírovat>	másol
copiar	kopiëren	kopiera	kopiować <skopiować>	kopírovat <zkopírovat>	másol
copiar	—	kopiera	kopiować <skopiować>	kopírovat <zkopírovat>	másol
copiar	kopiëren	kopiera	—	kopírovat <zkopírovat>	másol
copiar	kopiëren	kopiera	kopiować <skopiować>	—	másol

kopje

546

	D	E	F	I	ES
kopje (NL)	Tasse f	cup	tasse f	tazza f	taza f
koplal (H)	fasten	fast	jeûner	digiunare	ayunar
kopog (H)	klopfen	knock	frapper	bussare	golpear
koporsó (H)	Sarg m	coffin	cercueil m	bara f	ataúd m
kopp (SV)	Tasse f	cup	tasse f	tazza f	taza f
koppla (SV)	schalten	switch	connecter	commutare	conectar
koppla från (SV)	abhängen	depend	dépendre	dipendere	depender
koppla ifrån (SV)	ausschalten	switch off	arrêter	spegnere	desconectar
koppla in (SV)	einschalten	switch on	allumer	accendere	conectar
koppling (SV)	Gang m	gear	vitesse f	marcia f	marcha f
kör (SV)	Chor m	choir	chœur m	coro m	coro m
kör (H)	Kreis m	circle	cercle m	cerchio m	círculo m
köra (SV)	fahren	drive	conduire	andare	conducir
korábban (H)	früher	earlier	autrefois	prima	antes
köra förbi (SV)	überholen	overtake	doubler	sorpassare	adelantar
kořalka (CZ)	Schnaps m	spirits	eau-de-vie f	acquavite f	aguardiente m
korán (H)	früh	early	tôt	presto	temprano(a)
köra tillbaka (SV)	zurückfahren	drive back	retourner	tornare indietro	retroceder
Korb (D)	—	basket	panier m	cesto m	cesta f
korek (PL)	Stau m	traffic jam	embouteillage m	ingorgo m	embotellamiento m
koření (CZ)	Gewürz n	spice	épice f	spezie f/pl	especia f
korespondenční lístek (CZ)	Postkarte f	postcard	carte postale f	cartolina f	carta postal f
körforgás (H)	Kreislauf m	circulation	circulation f	circolazione f	circulación f
korg (SV)	Korb m	basket	panier m	cesto m	cesta f
kórház (H)	Krankenhaus n	hospital	hôpital m	ospedale m	hospital m
Korkenzieher (D)	—	corkscrew	tire-bouchon m	cavatappi m	sacacorchos m
körkérdés (H)	Umfrage f	poll	enquête f	inchiesta f	encuesta f
korkociąg (PL)	Korkenzieher m	corkscrew	tire-bouchon m	cavatappi m	sacacorchos m
körkort (SV)	Führerschein m	driving licence	permis de conduire m	patente f	permiso de conducir m
korkskruv (SV)	Korkenzieher m	corkscrew	tire-bouchon m	cavatappi m	sacacorchos m
kormány (H)	Regierung f	government	gouvernement m	governo m	gobierno m
Korn (D)	—	corn	grain m	grano m	semilla f
korn (SV)	Korn n	corn	grain m	grano m	semilla f
környék[1] (H)	Gegend f	region	région f	regione f	región f
környék[2] (H)	Umgebung f	surroundings	environs m/pl	dintorni m/pl	alrededores m/pl
környezet (H)	Umwelt f	environment	environnement m	ambiente m	medio ambiente m
környezet-védelem (H)	Umweltschutz m	environment protection	protection de l'environnement f	protezione dell'ambiente f	protección del medio ambiente f
Körper (D)	—	body	corps m	corpo m	cuerpo m
korrekt (D)	—	correct	correct(e)	corretto(a)	correcto(a)
korrekt (SV)	korrekt	correct	correct(e)	corretto(a)	correcto(a)
korridor (SV)	Gang m	corridor	couloir m	corridoio m	corredor m
kors (SV)	Kreuz n	cross	croix f	croce f	cruz f
korsa (SV)	überqueren	cross	traverser	attraversare	atravesar
körsbär (SV)	Kirsche f	cherry	cerise f	ciliegia f	cereza f
korsning (SV)	Kreuzung f	crossing	intersection f	incrocio m	cruce m
korsó (H)	Krug m	jug	cruche f	brocca f	jarro m
kort (NL)	kurz	short	court(e)	corto	corto(a)
kort (SV)	Karte f	card	carte f	cartolina f	postal f
kort (SV)	kurz	short	court(e)	corto	corto(a)
körte (H)	Birne f	pear	poire f	pera f	pera f
korting[1] (NL)	Ermäßigung f	reduction	réduction f	riduzione f	rebaja f
korting[2] (NL)	Rabatt m	discount	rabais m	sconto m	rebaja f
körül (H)	herum	around	autour	intorno	alrededor

körül

P	NL	SV	PL	CZ	H
chávena f	—	kopp u	filiżanka f	šálek m	csésze
jejuar	vasten	fasta	pościć	postit se	—
bater	kloppen	knacka	pukać <zapukać>	klepat <zaklepat>	—
caixão m	doodkist f	likkista u	trumna f	rakev f	—
chávena f	kopje n	—	filiżanka f	šálek m	csésze
ligar	schakelen	—	przełączać <przełączyć>	zapínat <zapnout>	kapcsol
depender	afhangen	—	zdejmować <zdjąć>	zbavovat se <zbavit se>	leakaszt
desligar	uitschakelen	—	wyłączać <wyłączyć>	vypínat <vypnout>	kikapcsol
ligar	inschakelen	—	włączać <włączyć>	zapínat <zapnout>	bekapcsol
passagem f	versnelling f	—	chód m	chodba f	sebességfokozat
coro m	koor n	—	chór m	sbor m	kórus
círculo m	kring m	krets u	koło n	kruh m	—
conduzir	rijden	—	jechać <pojechać>	jezdit <jet>	megy
mais cedo	vroeger	förr	dawniej	dříve	—
ultrapassar	inhalen	—	wyprzedzać	předjíždět <předjet>	megelőz
aguardente f	borrel m	snaps u	wódka f	—	pálinka
cedo	vroeg	tidig	wcześnie	brzy	—
viajar de volta	terugrijden	—	jechać z powrotem	jet nazpět	visszautazik
cesto m	mand f	korg u	kosz m	koš m	kosár
engarrafamento m	file f	kö u	—	zácpa f	forgalmi dugó
especiaria f	kruiden n/pl	krydda u	przyprawa f	—	fűszer
postal m	briefkaart f	vykort n	pocztówka f	—	levelezőlap
circulação f	kringloop m	kretslopp n	krążenie n	koloběh m	—
cesto m	mand f	—	kosz m	koš m	kosár
hospital m	ziekenhuis n	sjukhus n	szpital m	nemocnice f	—
saca-rolhas m	kurkentrekker m	korkskruv u	korkociąg m	vývrtka f	dugóhúzó
inquérito m	enquête f	enkät u	ankieta f	anketa f	—
saca-rolhas m	kurkentrekker m	korkskruv u	—	vývrtka f	dugóhúzó
carta de condução f	rijbewijs n	—	prawo jazdy n	řidičský průkaz m	jogosítvány
saca-rolhas m	kurkentrekker m	—	korkociąg m	vývrtka f	dugóhúzó
governo m	regering f	regering u	rząd m	vláda f	—
grão m	graan n	korn n	ziarno n	zrno n	gabona
grão m	graan n	—	ziarno n	zrno n	gabona
região f	streek f	bygd u	okolica f	oblast f	—
arredores m/pl	omgeving f	omgivning u	otoczenie n	okolí n	—
meio ambiente m	milieu n	miljö u	środowisko n	životní prostředí n	—
protecção do meio ambiente f	milieubescherming f	miljöskydd n	ochrona środowiska f	ochrana životního prostředí f	—
corpo m	lichaam n	kropp u	ciało n	tělo n	test
correcto	correct	korrekt	poprawny	správný	helyes
correcto	correct	—	poprawny	správný	helyes
corredor m	gang m	—	korytarz m	chůze f	folyósó
cruz f	kruis n	—	krzyż m	kříž m	kereszt
atravessar	oversteken	—	przekraczać	přecházet <přejít>	áthalad
cereja f	kers f	—	wiśnia f	třešeň f	cseresznye
cruzamento m	kruispunt n	—	skrzyżowanie n	křižovatka f	kereszteződés
cântaro m	kruik f	kanna u	dzban m	džbán m	—
curto	—	kort	krótko	krátký	rövid
cartão m	kaart f	—	karta f	karta f	lap
curto	kort	—	krótko	krátký	rövid
pêra f	peer m	päron n	gruszka f	hruška f	—
redução f	—	rabatt u	zniżka f	sleva f	kedvezmény
desconto m	—	rabatt u	rabat m	rabat m	árengedmény
em volta	omheen	omkring	dookoła	kolem	—

körülbelül

	D	E	F	I	ES
körülbelül (H)	ungefähr	about	environ	pressappoco	aproximadamente
körülményes (H)	umständlich	complicated	compliqué(e)	complicato(a)	complicado(a)
kórus (H)	Chor m	choir	chœur m	coro m	coro m
körutazás (H)	Rundfahrt f	round trip	circuit m	giro m	vuelta f
korv (SV)	Wurst f	sausage	saucisse f	salsiccia f	embutido m
korvkiosk (SV)	Imbiss m	snack	casse-croûte m	spuntino m	refrigerio m
korytarz[1] (PL)	Flur m	hall	entrée f	corridoio m	corredor m
korytarz[2] (PL)	Gang m	corridor	couloir m	corridoio m	corredor m
korzyść (PL)	Vorteil m	advantage	avantage m	vantaggio m	ventaja f
korzystny (PL)	günstig	favourable	favorable	favorevole	favorable
koš (CZ)	Korb m	basket	panier m	cesto m	cesta f
kosár (H)	Korb m	basket	panier m	cesto m	cesta f
kość (PL)	Knochen m	bone	os m	osso m	hueso m
kościół (PL)	Kirche f	church	église f	chiesa f	iglesia f
kosić (PL)	mähen	mow	faucher	falciare	cortar
košile (CZ)	Hemd n	shirt	chemise f	camicia f	camisa f
kosmos (PL)	Weltall n	universe	univers m	universo m	universo m
kost (NL)	Verpflegung f	catering	nourriture f	vitto m	alimentación f
kost (CZ)	Knochen m	bone	os m	osso m	hueso m
kosta (SV)	kosten	cost	coûter	costare	costar
kostel (CZ)	Kirche f	church	église f	chiesa f	iglesia f
kostelijk (NL)	köstlich	delicious	savoureux(euse)	squisito(a)	exquisito(a)
Kosten (D)	—	expenses	coûts m/pl	spese f/pl	costes m/pl
kosten (D)	—	cost	coûter	costare	costar
kosten (NL)	Kosten pl	expenses	coûts m/pl	spese f/pl	costes m/pl
kosten (NL)	kosten	cost	coûter	costare	costar
kosthållning (SV)	Verpflegung f	catering	nourriture f	vitto m	alimentación f
kostium kąpielowy (PL)	Badeanzug m	swimsuit	maillot de bain m	bagnino m	traje de baño m
kostka (PL)	Knöchel m	ankle	cheville f	caviglia f	tobillo m
köstlich (D)	—	delicious	savoureux(euse)	squisito(a)	exquisito(a)
kostnader (SV)	Kosten pl	expenses	coûts m/pl	spese f/pl	costes m/pl
kostuum (NL)	Anzug m	suit	costume m	vestito m	traje m
kostym (SV)	Anzug m	suit	costume m	vestito m	traje m
kosz (PL)	Korb m	basket	panier m	cesto m	cesta f
köszönet (H)	Dank m	thanks	remerciement m	ringraziamento m	agradecimiento m
köszönöm! (H)	danke	thank you	merci	grazie	gracias
koszos (H)	dreckig	dirty	sale	sporco(a)	sucio(a)
kosztować (PL)	kosten	cost	coûter	costare	costar
koszty (PL)	Kosten pl	expenses	coûts m/pl	spese f/pl	costes m/pl
koszula (PL)	Hemd n	shirt	chemise f	camicia f	camisa f
kot (PL)	Katze f	cat	chat m	gatto m	gato m
köt (H)	binden	bind	attacher	legare	atar
kötelesség (H)	Pflicht f	duty	devoir m	dovere m	obligación f
kotelet (NL)	Kotelett n	cutlet	côtelette f	costoletta f	chuleta f
Kotelett (D)	—	cutlet	côtelette f	costoletta f	chuleta f
kötelez (H)	verpflichten	oblige	obliger	obbligare	obligar
kötelezettség (H)	Verpflichtung f	obligation	obligation f	obbligo m	obligación f
kötés/tásli (H)	Binde f	bandage	bandage m	fascia f	faj f
kotlet (PL)	Kotelett n	cutlet	côtelette f	costoletta f	chuleta f
kotleta (CZ)	Kotelett n	cutlet	côtelette f	costoletta f	chuleta f
kotlett (SV)	Kotelett n	cutlet	côtelette f	costoletta f	chuleta f
kotlett (H)	Kotelett n	cutlet	côtelette f	costoletta f	chuleta f
kotník (CZ)	Knöchel m	ankle	cheville f	caviglia f	tobillo m
kött (SV)	Fleisch n	meat	viande f	carne f	carne f
köttstek (SV)	Braten m	roast	rôti m	arrosto m	asado m
koud (NL)	kalt	cold	froid(e)	freddo(a)	frío(a)

P	NL	SV	PL	CZ	H
aproximadamente	ongeveer	ungefär	około	přibližně	—
complicado	omslachtig	omständlig	kłopotliwy	zdlouhavě	—
coro m	koor n	kör u	chór m	sbor m	—
passeio de carro m	rondrit f	rundtur u	przejażdżka f	okružní jízda f	—
salsicha f	worst f	—	kiełbasa f	salám m	kolbász
merenda f	lichte maaltijd f	—	przekąska f	imbis m	imbisz
corredor da casa m	gang m	tambur u	—	chodba f	folyosó
corredor m	gang m	korridor u	—	chůze f	folyósó
vantagem f	voordeel n	fördel u	—	výhoda f	előny
favorável	gunstig	gynnsam	—	výhodný	előnyös
cesto m	mand f	korg u	kosz m	—	kosár
cesto m	mand f	korg u	kosz m	koš m	—
osso m	bot n	benknota n	—	kost f	csont
igreja f	kerk f	kyrka u	—	kostel m	templom
ceifar	maaien	klippa	—	sekat trávu	nyír/kaszál
camisa f	hemd n	skjorta u	koszula f	—	ing
universo m	heelal n	universum n	—	vesmír m	világegyetem
alimentação f	—	kosthållning u	wyżywienie n	stravování n	ellátás
osso m	bot n	benknota n	kość f	—	csont
custar	kosten	—	kosztować	stát	kerül
igreja f	kerk f	kyrka u	kościół m	—	templom
delicioso	—	utsökt	wyborny	lahodný	pompás
custo m	kosten m/pl	kostnader pl	koszty m/pl	náklady pl	költségek
custar	kosten	kosta	kosztować	stát	kerül
custo m	—	kostnader pl	koszty m/pl	náklady pl	költségek
custar	—	kosta	kosztować	stát	kerül
alimentação f	kost m	—	wyżywienie n	stravování n	ellátás
fato de banho m	badkostuum n	baddräkt u	—	plavky pl	fürdőruha
tornozelo m	enkel m	fotknöl u	—	kotník m	boka
delicioso	kostelijk	utsökt	wyborny	lahodný	pompás
custo m	kosten m/pl	—	koszty m/pl	náklady pl	költségek
fato m	—	kostym u	garnitur m	oblek m	öltöny
fato m	kostuum n	—	garnitur m	oblek m	öltöny
cesto m	mand f	korg u	—	koš m	kosár
agradecimento m	dank m	tack n	podziękowanie n	dík m	—
obrigado	bedankt	tack	dziękuję	děkuji	—
sujo	vuil	smutsig	brudny	špinavý	—
custar	kosten	kosta	—	stát	kerül
custo m	kosten m/pl	kostnader pl	—	náklady pl	költségek
camisa f	hemd n	skjorta u	—	košile f	ing
gato m	kat f	katt u	—	kočka f	macska
ligar	binden	binda fast	wiązać	svazovat <svázat>	—
dever m	plicht f	plikt u	obowiązek m	povinnost f	—
costeleta f	—	kotlett u	kotlet m	kotleta f	kotlett
costeleta f	kotelet f	kotlett u	kotlet m	kotleta f	kotlett
obrigar	verplichten	förbinda	zobowiązywać	zavazovat <zavázat>	—
obrigação f	verplichting f	åtagande n	zobowiązanie n	povinnost f	—
ligadura f	verband n	binda u	opaska f	páska f	—
costeleta f	kotelet f	kotlett u	—	kotleta f	kotlett
costeleta f	kotelet f	kotlett u	kotlet m	—	kotlett
costeleta f	kotelet f	—	kotlet m	kotleta f	kotlett
costeleta f	kotelet f	kotlett u	kotlet m	kotleta f	—
tornozelo m	enkel m	fotknöl u	kostka f	—	boka
carne f	vlees n	—	mięso n	maso n	hús
assado m	gebraad n	—	pieczeń f	pečeně f	pecseny
frio	—	kallt	zimny	studený	hideg

koupat

	D	E	F	I	ES
koupat (CZ)	baden	bathe	baigner, se	fare il bagno	bañarse
koupel (CZ)	Bad n	bath	bain m	bagno m	baño m
koupelna (CZ)	Badezimmer n	bathroom	salle de bains f	stanza da bagno f	cuarto de baño m
kouř (CZ)	Rauch m	smoke	fumée f	fumo m	humo m
kouřit (CZ)	rauchen	smoke	fumer	fumare	fumar
kousat <kousnout> (CZ)	beißen	bite	mordre	mordere	morder
kov (CZ)	Metall n	metal	métal m	metallo m	metal m
kövér (H)	dick	fat	gros(se)	grasso(a)	gordo(a)
követel (H)	fordern	demand	exiger	esigere	exigir
követelés (H)	Forderung f	demand	exigence f	esigenza f	exigencia f
követi (H)	folgen	follow	suivre	seguire	seguir
következmény (H)	Folge f	consequence	suite f	conseguenza f	serie f
következtében (H)	infolge	as a result of	par suite de	in seguito a	por
közben¹ (H)	dazwischen	in between	entre	in mezzo	entre
közben² (H)	inzwischen	meanwhile	entretemps	frattanto	mientras tanto
közben³ (H)	während	during	pendant	durante	durante
közel (H)	nahe	near	près de	vicino(a)	cerca de
közeledik (H)	nähern, sich	approach	approcher, se	avvicinarsi	acercarse
közellét (H)	Nähe f	proximity	environs m/pl	vicinanza f	proximidad f
közép (H)	Mitte f	middle	milieu m	in mezzo	medio m
közepén (H)	mitten	in the middle	au milieu	in mezzo	en medio
közkedvelt (H)	beliebt	popular	populaire	popolare	estimado(a)
közlekedési jelzőlámpa (H)	Ampel f	traffic lights	feux m/pl	semaforo m	semáforo m
közlemény (H)	Mitteilung f	message	information f	comunicazione f	comunicación f
közmondás (H)	Sprichwort n	proverb	proverbe m	proverbio m	proverbio m
köznyelv (H)	Umgangssprache f	colloquial language	langue familière f	lingua parlata f	lenguaje coloquial m
közöl (H)	mitteilen	inform	informer	comunicare	comunicar
közönség (H)	Publikum n	audience	spectateurs m/pl	pubblico m	público m
közönséges (H)	gemein	mean	méchant(e)	volgare	común
között¹ (H)	inmitten	in the middle of	au milieu de	in mezzo a	en medio de
között² (H)	zwischen	between	entre	tra/fra	entre
központ (H)	Zentrum n	centre	centre m	centro m	centro m
központi (H)	zentral	central	central(e)	centrale	central
köztisztviselő (H)	Beamter m	civil servant	fonctionnaire m	impiegato statale m	funcionario m
közvetlen (H)	direkt	direct	direct	diritto(a)	directo(a)
kraag (NL)	Kragen m	collar	col m	colletto m	cuello m
krabice (CZ)	Schachtel f	box	boîte f	scatola f	caja f
kracht (NL)	Kraft f	strength	force f	forza f	fuerza f
krachtig (NL)	kräftig	strong	fort(e)	forte	fuerte
Kraft (D)	—	strength	force f	forza f	fuerza f
kraft (SV)	Kraft f	strength	force f	forza f	fuerza f
kräfta (SV)	Krebs m	crayfish	écrevisse f	gambero m	cangrejo m
kraftig (SV)	kräftig	strong	fort(e)	forte	fuerte
kräftig (D)	—	strong	fort(e)	forte	fuerte
krage (SV)	Kragen m	collar	col m	colletto m	cuello m
Kragen (D)	—	collar	col m	colletto m	cuello m
kraj (PL)	Land n	land	pays m	paese m	país m
krajíc (CZ)	Scheibe f	slice	tranche f	fetta f	rebanada m
krajina (CZ)	Landschaft f	landscape	paysage m	paesaggio m	paisaje m
krajobraz (PL)	Landschaft f	landscape	paysage m	paesaggio m	paisaje m
kräm (SV)	Kreme f	cream	crème f	crema f	crema f
krama (SV)	umarmen	embrace	serrer dans ses bras	abbracciare	abrazar
krank (D)	—	ill	malade	malato(a)	enfermo(a)
Krankenhaus (D)	—	hospital	hôpital m	ospedale m	hospital m

Krankenhaus

P	NL	SV	PL	CZ	H
tomar banho	baden	bada	kąpać <wykąpać>	—	fürdik
banho m	bad n	bad n	kąpiel f	—	fürdő
casa de banho f	badkamer f	badrum n	łazienka f	—	fürdőszoba
fumo m	rook m	rök u	dym m	—	füst
fumar	roken	röka	dymić	—	dohányzik
morder	bijten	bita	gryźć <ugryźć>	—	harap
metal m	metaal n	metall u	metal m	—	fém
gordo	dik	tjock	gruby	tlustý	—
exigir	vorderen	fordra	żądać <zażądać>	žádat	—
exigência f	vordering f	begäran u	żądanie n	požadavek m	—
seguir	volgen	följa	iść za <pójść za>	následovat	—
sequência f	gevolg n	konsekvens u	skutek m	následek m	—
em consequência de	ten gevolge	på grund av	wskutek	v důsledku	—
entre	ertussen	mellan	między tymi	mezi tím	—
entretanto	ondertussen	under tiden	tymczasem	mezitím	—
durante	gedurende	under tiden	podczas	během	—
próximo	dichtbij	nära	blisko	blízko	—
aproximar-se	naderen	närma, sig	zbliżać, się <zbliżyć, się >	blížit, se <přiblížit, se>	—
proximidade f	nabijheid f	närhet u	bliskość f	blízkost f	—
meio m	midden n	i mitten	środek m	střed m	—
no meio	midden	mitt/i mitten	pośrodku	uprostřed	—
popular	bemind	omtyckt	lubiany	oblíbený	—
semáforo m	verkeerslicht n	lykta u	sygnalizacja świetlna f	semafor m	—
comunicação f	mededeling f	meddelande n	zawiadomienie n	sdělení n	—
provérbio m	spreekwoord n	ordspråk n	przysłowie n	přísloví n	—
linguagem corrente f	omgangstaal f	talspråk n	język potoczny m	hovorový jazyk m	—
comunicar	meedelen	meddela	zawiadamiać <zawiadomić>	sdělovat <sdělit>	—
público m	publiek n	publik u	publiczność f	publikum n	—
comum	gemeen	allmän	zwykły	sprostý	—
no meio de	te midden van	mitt i	pośrodku	uprostřed	—
entre	tussen	mellan	między	mezi	—
centro m	centrum n	mitten	centrum n	střed m	—
central	centraal	central	centralny	centrální	—
funcionário público m	ambtenaar m	tjänsteman u	urzędnik m	úředník m	—
directo	direct	direkt	bezpośrednio	přímo	—
colarinho m	—	krage u	kołnierz m	límec m	gallér
caixa f	doos f	ask u	pudełko n	—	doboz
força f	—	kraft u	siła f	síla f	erő
forte	—	kraftig	silny	silný	erős
força f	kracht f	kraft u	siła f	síla f	erő
força f	kracht f	—	siła f	síla f	erő
caranguejo m	kreeft m	—	rak m	rak m	rák
forte	krachtig	—	silny	silný	erős
forte	krachtig	kraftig	silny	silný	erős
colarinho m	kraag m	—	kołnierz m	límec m	gallér
colarinho m	kraag m	krage u	kołnierz m	límec m	gallér
país m	land n	stat u	—	země f	állam
fatia f	boterham m	brödskiva u	kromka f	—	szelet
paisagem f	landschap n	landskap n	krajobraz m	—	táj
paisagem f	landschap n	landskap n	—	krajina f	táj
creme m	crème f	—	krem m	krém m	krém
abraçar	omhelzen	—	obejmować <objąć>	objímat <obejmout>	átölel
doente	ziek	sjuk	chory	nemocný	beteg
hospital m	ziekenhuis n	sjukhus n	szpital m	nemocnice f	korház

Krankenschwester

	D	E	F	I	ES
Kranken-schwester (D)	—	nurse	infirmière f	infermiera f	enfermera f
Krankenwagen (D)	—	ambulance	ambulance f	ambulanza f	ambulancia f
Krankheit (D)	—	illness	maladie f	malattia f	enfermedad f
krant (NL)	Zeitung f	newspaper	journal m	giornale m	periódico m
krátký (CZ)	kurz	short	court(e)	corto(a)	corto(a)
krav (SV)	Bedingung f	condition	condition f	condizione f	condición f
kräva¹ (SV)	anfordern	request	demander	esigere	pedir
kräva² (SV)	verlangen	demand	demander	richiedere	exigir
kráva (CZ)	Kuh f	cow	vache f	mucca f	vaca f
kravata (CZ)	Krawatte f	tie	cravate f	cravatta f	corbata f
krawat (PL)	Krawatte f	tie	cravate f	cravatta f	corbata f
Krawatte (D)	—	tie	cravate f	cravatta f	corbata f
krawędź (PL)	Rand m	brim	bord m	margine m	borde m
krążenie (PL)	Kreislauf m	circulation	circulation f	circolazione f	circulación f
Krebs¹ (D)	—	crayfish	écrevisse f	gambero m	cangrejo m
Krebs² (D)	—	cancer	cancer m	cancro m	cáncer m
krediet (NL)	Kredit m	credit	crédit m	credito m	crédito m
Kredit (D)	—	credit	crédit m	credito m	crédito m
kredit (SV)	Kredit m	credit	crédit m	credito m	crédito m
kredit (CZ)	Kredit m	credit	crédit m	credito m	crédito m
Kreditkarte (D)	—	credit card	carte de crédit f	carta di credito f	tarjeta de crédito f
kreditkort (SV)	Kreditkarte f	credit card	carte de crédit f	carta di credito f	tarjeta de crédito f
kredyt (PL)	Kredit m	credit	crédit m	credito m	crédito m
kreeft (NL)	Krebs m	crayfish	écrevisse f	gambero m	cangrejo m
kręgosłup (PL)	Wirbelsäule f	spine	colonne vertébrale f	colonna vertebrale f	columna vertebral f
křehký (CZ)	zerbrechlich	fragile	fragile	fragile	frágil
Kreis (D)	—	circle	cercle m	cerchio m	círculo m
Kreislauf (D)	—	circulation	circulation f	circolazione f	circulación f
krem (PL)	Kreme f	cream	crème f	crema f	crema f
krém (CZ)	Kreme f	cream	crème f	crema f	crema f
krém (H)	Kreme f	cream	crème f	crema f	crema f
Kreme (D)	—	cream	crème f	crema f	crema f
kreslit <nakreslit> (CZ)	zeichnen	draw	dessiner	disegnare	dibujar
křestan (CZ)	Christ m	Christian	chrétien m	cristiano m	cristiano m
křestní jméno (CZ)	Vorname m	Christian name	prénom m	nome di battesimo m	nombre m
krets (SV)	Kreis m	circle	cercle m	cerchio m	círculo m
kretslopp (SV)	Kreislauf m	circulation	circulation f	circolazione f	circulación f
Kreuz (D)	—	cross	croix f	croce f	cruz f
Kreuzung (D)	—	crossing	intersection f	incrocio m	cruce m
krev (CZ)	Blut n	blood	sang m	sangue m	sangre f
krew (PL)	Blut n	blood	sang m	sangue m	sangre f
krewny (PL)	Verwandter m	relative	parent m	parente m	pariente m
křičet <křiknout> (CZ)	schreien	scream	crier	gridare	gritar
křídlo (CZ)	Flügel m	wing	aile f	ala f	ala f
Krieg (D)	—	war	guerre f	guerra f	guerra f
krig (SV)	Krieg m	war	guerre f	guerra f	guerra f
krijgen (NL)	bekommen	get	recevoir	ricevere	recibir
kring (NL)	Kreis m	circle	cercle m	cerchio m	círculo m
kringloop (NL)	Kreislauf m	circulation	circulation f	circolazione f	circulación f
kristen person (SV)	Christ m	Christian	chrétien m	cristiano m	cristiano m
kritérium (CZ)	Merkmal n	characteristic	signe m	caratteristica f	rasgo m
kritisera (SV)	kritisieren	criticise	critiquer	criticare	criticar

kritisera

P	NL	SV	PL	CZ	H
enfermeira f	verpleegster f	sjuksköterska u	pielęgniarka f	zdravotní sestra f	ápolónő
ambulância f	ziekenwagen m	ambulans u	karetka pogotowia f	sanitka f	mentőautó
doença f	ziekte f	sjukdom u	choroba f	nemoc f	betegség
jornal m	—	tidning u	gazeta f	noviny pl	újság
curto	kort	kort	krótko	—	rövid
condição f	voorwaarde f	—	warunek m	podmínka f	feltétel
exigir	vragen	—	żądać <zażądać>	vyžadovat <vyžádat>	megrendel
exigir	verlangen	—	żądać	požadovat <požádat>	megkövetel
vaca f	koe f	ko u	krowa f	—	tehén
gravata f	das f	slips u	krawat m	—	nyakkendő
gravata f	das f	slips u	—	kravata f	nyakkendő
gravata f	das f	slips u	krawat m	kravata f	nyakkendő
margem f	rand m	kant u	—	okraj m	szél
circulação f	kringloop m	kretslopp n	—	koloběh m	körforgás
caranguejo m	kreeft m	kräfta u	rak m	rak m	rák
cancro m	kanker m	cancer u	rak m	rakovina f	rákos daganat
crédito m	—	kredit u	kredyt m	kredit m	hitel
crédito m	krediet n	kredit u	kredyt m	kredit m	hitel
crédito m	krediet n	—	kredyt m	kredit m	hitel
crédito m	krediet n	kredit u	kredyt m	—	hitel
cartão de crédito m	creditcard f	kreditkort n	karta kredytowa f	platební karta f	hitelkártya
cartão de crédito m	creditcard f	—	karta kredytowa f	platební karta f	hitelkártya
crédito m	krediet n	kredit u	—	kredit m	hitel
caranguejo m	—	kräfta u	rak m	rak m	rák
coluna vertebral f	ruggengraat m	ryggrad u	—	páteř f	gerincoszlop
frágil	breekbaar	bräcklig	łamliwy	—	törékeny
círculo m	kring m	krets u	koło n	kruh m	kör
circulação f	kringloop m	kretslopp n	krążenie n	koloběh m	körforgás
creme m	crème f	kräm u	—	krém m	krém
creme m	crème f	kräm u	krem m	—	krém
creme m	crème f	kräm u	krem m	krém m	—
creme m	crème f	kräm u	krem m	krém m	krém
desenhar	tekenen	rita	rysować	—	rajzol
cristão m	christen m	kristen person u	chrześcijanin m	—	keresztény
prenome m	voornaam m	förnamn n	imię n	—	keresztnév
círculo m	kring m	—	koło n	kruh m	kör
circulação f	kringloop m	—	krążenie n	koloběh m	körforgás
cruz f	kruis n	kors n	krzyż m	kříž m	kereszt
cruzamento m	kruispunt n	korsning u	skrzyżowanie n	křižovatka f	kereszteződés
sangue m	bloed n	blod n	krew f	—	vér
sangue m	bloed n	blod n	—	krev f	vér
parente m	familielid n	släkting u	—	příbuzný m	rokon
gritar	schreeuwen	skrika	krzyczeć <zakrzyczeć>	—	kiabál
asa f	vleugel m	flygel u	skrzydło n	—	szárny
guerra f	oorlog m	krig n	wojna f	válka f	háború
guerra f	oorlog m	—	wojna f	válka f	háború
receber	—	få	otrzymywać <otrzymać>	dostávat <dostat>	kap
círculo m	—	krets u	koło n	kruh m	kör
circulação f	—	kretslopp n	krążenie n	koloběh m	körforgás
cristão m	christen m	—	chrześcijanin m	křesťan m	keresztény
sinal m	merkteken n	kännetecken n	cecha f	—	ismertetőjel
criticar	kritiseren	—	krytykować <skrytykować>	kritizovat	kritizál

kritiseren

	D	E	F	I	ES
kritiseren (NL)	kritisieren	criticise	critiquer	criticare	criticar
kritisieren (D)	—	criticise	critiquer	criticare	criticar
kritizál (H)	kritisieren	criticise	critiquer	criticare	criticar
kritizovat (CZ)	kritisieren	criticise	critiquer	criticare	criticar
křivý (CZ)	krumm	crooked	tordu(e)	storto(a)	torcido(a)
kříž (CZ)	Kreuz n	cross	croix f	croce f	cruz f
křižovatka (CZ)	Kreuzung f	crossing	intersection f	incrocio m	cruce m
krk (CZ)	Hals m	neck	cou m	collo m	cuello m
kroeg (NL)	Kneipe f	pub	bistro m	osteria f	taberna f
krog (SV)	Kneipe f	pub	bistro m	osteria f	taberna f
krokig (SV)	krumm	crooked	tordu(e)	storto(a)	torcido(a)
krom (NL)	krumm	crooked	tordu(e)	storto(a)	torcido(a)
kromě (CZ)	außer	except	hors de	eccetto	salvo
kromka (PL)	Scheibe f	slice	tranche f	fetta f	rebanada m
kropp (SV)	Körper m	body	corps m	corpo m	cuerpo m
krótko (PL)	kurz	short	court(e)	corto(a)	corto(a)
krowa (PL)	Kuh f	cow	vache f	mucca f	vaca f
Krug (D)	—	jug	cruche f	brocca f	jarro m
kruh¹ (CZ)	Kreis m	circle	cercle m	cerchio m	círculo m
kruh² (CZ)	Ring m	ring	bague f	anello m	anillo m
kruiden (NL)	Gewürz n	spice	épice f	spezie f/pl	especia f
kruik (NL)	Krug m	jug	cruche f	brocca f	jarro m
kruis (NL)	Kreuz n	cross	croix f	croce f	cruz f
kruispunt (NL)	Kreuzung f	crossing	intersection f	incrocio m	cruce m
krumm (D)	—	crooked	tordu(e)	storto(a)	torcido(a)
krupobití (CZ)	Hagel m	hail	grêle f	grandine f	granizo m
krutý (CZ)	grausam	cruel	cruel(le)	crudele	cruel
krvácet (CZ)	bluten	bleed	saigner	sanguinare	sangrar
krwawić (PL)	bluten	bleed	saigner	sanguinare	sangrar
krydda (SV)	Gewürz n	spice	épice f	spezie f/pl	especia f
krytykować <skrytykować> (PL)	kritisieren	criticise	critiquer	criticare	criticar
krzesło (PL)	Stuhl m	chair	chaise f	sedia f	silla f
krzyczeć <zakrzyczeć> (PL)	schreien	scream	crier	gridare	gritar
krzywdzić <skrzywdzić> (PL)	benachteiligen	disadvantage	désavantager	svantaggiare	perjudicar
krzywy (PL)	krumm	crooked	tordu(e)	storto(a)	torcido(a)
krzyż (PL)	Kreuz n	cross	croix f	croce f	cruz f
ksiądz (PL)	Priester m	priest	prêtre m	prete m	sacerdote m
książka (PL)	Buch n	book	livre m	libro m	libro m
książka telefoniczna (PL)	Telefonbuch n	phone book	annuaire téléphonique m	elenco telefonico m	guía telefónica f
księgarnia (PL)	Buchhandlung f	bookshop	librairie f	libreria f	librería f
księgowość (PL)	Buchhaltung f	book-keeping	comptabilité f	contabilità f	contabilidad f
księżyc (PL)	Mond m	moon	lune f	luna f	luna f
kształcenie (PL)	Bildung f	education	éducation f	istruzione f	educación f
kształcić <wykształcić> (PL)	ausbilden	educate	former	addestrare	instruir
kto? (PL)	wer?	who?	qui?	chi?	¿quién?
ktoś (PL)	jemand	somebody	quelqu'un	qualcuno	alguien
kubeł na śmieci (PL)	Mülleimer m	dustbin	poubelle f	pattumiera m	cubo de basura m
kuchař (CZ)	Koch m	cook	cuisinier m	cuoco m	cocinero m
kucharz (PL)	Koch m	cook	cuisinier m	cuoco m	cocinero m
Küche (D)	—	kitchen	cuisine f	cucina f	cocina f
Kuchen (D)	—	cake	gâteau m	dolce m	tarta f

Kuchen

P	NL	SV	PL	CZ	H
criticar	—	kritisera	krytykować <skrytykować>	kritizovat	kritizál
criticar	kritiseren	kritisera	krytykować <skrytykować>	kritizovat	kritizál
criticar	kritiseren	kritisera	krytykować <skrytykować>	kritizovat	—
criticar	kritiseren	kritisera	krytykować <skrytykować>	—	kritizál
torto	krom	krokig	krzywy	—	görbe
cruz f	kruis n	kors n	krzyż m	—	kereszt
cruzamento m	kruispunt n	korsning u	skrzyżowanie n	—	kereszteződés
pescoço m	hals m	hals u	szyja f	—	nyak
bar m	—	krog u	knajpa f	hospoda f	kocsma
bar m	kroeg f	—	knajpa f	hospoda f	kocsma
torto	krom	—	krzywy	křivý	görbe
torto	—	krokig	krzywy	křivý	görbe
excepto	behalve	utom	oprócz	—	kívül
fatia f	boterham m	brödskiva u	—	krajíc m	szelet
corpo m	lichaam n	—	ciało n	tělo n	test
curto	kort	kort	—	krátký	rövid
vaca f	koe f	ko u	—	kráva f	tehén
cântaro m	kruik f	kanna u	dzban m	džbán m	korsó
círculo m	kring m	krets u	koło n	—	kör
anel m	ring m	ring u	pierścień m	—	gyűrű
especiaria f	—	krydda u	przyprawa f	koření n	fűszer
cântaro m	—	kanna u	dzban m	džbán m	korsó
cruz f	—	kors n	krzyż m	kříž m	kereszt
cruzamento m	—	korsning u	skrzyżowanie n	křižovatka f	kereszteződés
torto	krom	krokig	krzywy	křivý	görbe
granizo m	hagel m	hagel n	grad m	—	jégverés
cruel	wreedaardig	grym	okropny	—	kegyetlen
sangrar	bloeden	blöda	krwawić	—	vérzik
sangrar	bloeden	blöda	—	krvácet	vérzik
especiaria f	kruiden n/pl	—	przyprawa f	koření n	fűszer
criticar	kritiseren	kritisera	—	kritizovat	kritizál
cadeira f	stoel m	stol u	—	židle f	szék
gritar	schreeuwen	skrika	—	křičet <křiknout>	kiabál
prejudicar	benadelen	vara till nackdel för	—	znevýhodňovat <znevýhodnit>	hátrányosan megkülönböztet
torto	krom	krokig	—	křivý	görbe
cruz f	kruis n	kors n	—	kříž m	kereszt
padre m	priester m	präst u	—	kněz m	pap
livro m	boek n	bok u	—	kniha f	könyv
lista f telefónica	telefoonboek n	telefonkatalog u	—	telefonní seznam m	telefonkönyv
livraria f	boekhandel m	bokhandel u	—	knihkupectví n	könyvesbolt
contabilidade f	boekhouding f	bokföring u	—	účetnictví n	könyvelés
lua f	maand f	måne u	—	měsíc m	hold
formação f	vorming f	bildning u	—	vzdělání n	műveltség
formar	opleiden	utbilda	—	vzdělávat <vzdělat>	kiképez
quem?	wie?	vem?	—	kdo?	ki?
alguém	iemand	någon	—	někdo	valaki
balde do lixo m	vuilnisemmer m	sophink u	—	nádoba na odpadky f	szemetesvödör
cozinheiro m	kok m	kock u	kucharz m	—	szakács
cozinheiro m	kok m	kock u	—	kuchař m	szakács
cozinha f	keuken n	kök n	kuchnia f	kuchyně f	konyha
bolo m	taart f	kaka u	placek m	koláč m	sütemény

kuchnia

	D	E	F	I	ES
kuchnia (PL)	Küche f	kitchen	cuisine f	cucina f	cocina f
kuchyně (CZ)	Küche f	kitchen	cuisine f	cucina f	cocina f
kudarc (H)	Misserfolg m	failure	échec m	insuccesso m	fracaso m
kudde (SV)	Kissen n	cushion	coussin m	cuscino m	almohadón m
kufr (CZ)	Koffer m	suitcase	valise f	valigia f	maleta f
Kugelschreiber (D)	—	biro	stylo à bille m	biro f	bolígrafo m
Kuh (D)	—	cow	vache f	mucca f	vaca f
kühl (D)	—	cool	frais (fraîche)	fresco(a)	frío(a)
Kühlschrank (D)	—	fridge	réfrigérateur m	frigorifero m	nevera f
kukorica (H)	Mais m	corn	maïs m	mais m	maíz m
kukurice (CZ)	Mais m	corn	maïs m	mais m	maíz m
kukurydza (PL)	Mais m	corn	maïs m	mais m	maíz m
kulcs (H)	Schlüssel m	key	clé f	chiave f	llave f
küld (H)	schicken	send	envoyer	inviare	mandar
külföld (H)	Ausland n	abroad	étranger m	estero m	extranjero m
külföldi (H)	Ausländer m	foreigner	étranger m	straniero m	extranjero m
kulle (SV)	Hügel m	hill	colline f	collina f	colina f
külön[1] (H)	auseinander	apart	séparé(e)	separato(a)	separado(a)
külön[2] (H)	extra	extra	à part	a parte	separado(a)
különböző (H)	verschieden	different	différent(e)	diverso(a)	diferente
kulspetspenna (SV)	Kugelschreiber m	biro	stylo à bille m	biro f	bolígrafo m
Kultur (D)	—	culture	culture f	cultura f	cultura f
kultur (SV)	Kultur f	culture	culture f	cultura f	cultura f
kultura (PL)	Kultur f	culture	culture f	cultura f	cultura f
kultura (CZ)	Kultur f	culture	culture f	cultura f	cultura f
kúltura (H)	Kultur f	culture	culture f	cultura f	cultura f
külváros (H)	Vorort m	suburb	faubourg m	sobborgo m	suburbio m
Kummer (D)	—	grief	chagrin m	dolore m	pena f
kümmern, sich (D)	—	look after	occuper de, s'	interessarsi di	ocuparse de
kůň (CZ)	Pferd n	horse	cheval m	cavallo m	caballo m
kund (SV)	Kunde m	customer	client m	cliente m	cliente m
Kunde (D)	—	customer	client m	cliente m	cliente m
kündigen (D)	—	give notice	résilier	licenziare	despedir
kunna (SV)	können	can	pouvoir	sapere	saber/poder
kunnen (NL)	können	can	pouvoir	sapere	saber/poder
kunskap[1] (SV)	Kenntnis f	knowledge	connaissance f	conoscenza f	conocimiento m
kunskap[2] (SV)	Wissen n	knowledge	savoir m	sapere m	saber m
Kunst (D)	—	art	art m	arte f	arte m
kunst (NL)	Kunst f	art	art m	arte f	arte m
kunstenaar (NL)	Künstler m	artist	artiste m	artista m	artista m
Künstler (D)	—	artist	artiste m	artista m	artista m
künstlich (D)	—	artificial	artificiel(le)	artificiale	artificial
kunstmatig (NL)	künstlich	artificial	artificiel(le)	artificiale	artificial
kunyhó (H)	Hütte f	hut	cabane f	capanna f	cabaña f
kupé (SV)	Abteil n	compartment	compartiment m	scompartimento m	compartimento m
kupować <kupić> (PL)	kaufen	buy	acheter	comprare	comprar
Kur (D)	—	treatment	cure f	cura f	cura f
kur (SV)	Kur f	treatment	cure f	cura f	cura f
kura (PL)	Huhn n	chicken	poule f	pollo m	gallina f
kuracja (PL)	Kur f	treatment	cure f	cura f	cura f
kuře (CZ)	Huhn n	chicken	poule f	pollo m	gallina f
kurera (SV)	heilen	heal	guérir	curare	curar
Kurier (D)	—	courier	coursier m	corriere m	correo m
kurier (PL)	Kurier m	courier	coursier m	corriere m	correo m
kurir (SV)	Kurier m	courier	coursier m	corriere m	correo m

kurir

P	NL	SV	PL	CZ	H
cozinha f	keuken f	kök n	—	kuchyně f	konyha
cozinha f	keuken f	kök n	kuchnia f	—	konyha
fracasso m	mislukking f	motgång u	niepowodzenie n	neúspěch m	—
almofada f	kussen n	—	poduszka f	polštář m	párna
mala f	koffer m	koffert u	walizka f	—	bőrönd
esferográfica f	balpen f	kulspetspenna u	długopis m	propisovací tužka f	golyóstoll
vaca f	koe f	ko u	krowa f	kráva f	tehén
fresco	koel	kylig	chłodny	chladný	hűvös
frigorífico m	koelkast f	kylskåp n	lodówka f	chladnička f	jégszekrény
milho m	mais m	majs u	kukurydza f	kukurice f	—
milho m	mais m	majs u	kukurydza f	—	kukorica
milho m	mais m	majs u	—	kukurice f	kukorica
chave f	sleutel m	nyckel u	klucz m	klíč m	—
enviar	sturen	skicka	wysyłać <wysłać>	posílat <poslat>	—
estrangeiro m	buitenland n	utlandet n	zagranica f	zahraničí n	—
estrangeiro m	buitenlander m	utlänning u	cudzoziemiec m	cizinec m	—
colina f	heuvel m	—	pagórek m	kopec m	domb
separado	uit elkaar	isär	oddzielnie	od sebe	—
extra	extra	extra	osobny	extra	—
diferente	verschillend	olik	różny	různý	—
esferográfica f	balpen f	—	długopis m	propisovací tužka f	golyóstoll
cultura f	cultuur f	kultur u	kultura f	kultura f	kúltura
cultura f	cultuur f	—	kultura f	kultura f	kúltura
cultura f	cultuur f	kultur u	—	kultura f	kúltura
cultura f	cultuur f	kultur u	kultura f	—	kúltura
cultura f	cultuur f	kultur u	kultura f	kultura f	—
subúrbio m	voorstad f	förort u	przedmieście n	předměstí n	—
desgosto m	kommer m	bekymmer n	zmartwienie n	soužení n	bánat
cuidar de	bekommeren, zich	ta hand om	troszczyć, się	starat, se <postarat, se>	törődik
cavalo m	paard n	häst u	koń m	—	ló
cliente m	klant m	—	klient m	zákazník m	vevő
cliente m	klant m	kund u	klient m	zákazník m	vevő
despedir	opzeggen	säga upp	wypowiadać <wypowiedzieć>	dávat výpověď <dát výpověď>	felmond
poder	kunnen	—	móc	umět	tud
poder	—	kunna	móc	umět	tud
conhecimento m	kennis f	—	znajomość f	znalost f	ismeret
conhecimentos m/pl	kennis f	—	wiedza f	vědění n	tudás
arte f	kunst f	konst u	sztuka f	umění n	művészet
arte f	—	konst u	sztuka f	umění n	művészet
artista m	—	konstnär u	artysta m	umělec m	művész
artista m	kunstenaar m	konstnär u	artysta m	umělec m	művész
artificial	kunstmatig	konstgjord	sztuczny	umělý	mesterséges
artificial	—	konstgjord	sztuczny	umělý	mesterséges
cabana f	hut f	stuga u	chata f	chatrč f	—
compartimento m	compartiment n	—	przedział m	oddíl m	fülke
comprar	kopen	köpa	—	nakupovat <nakoupit>	vesz
tratamento m	kuur f	kur u	kuracja f	lázeňská léčba f	gyógykezelés
tratamento m	kuur f	—	kuracja f	lázeňská léčba f	gyógykezelés
galinha f	hoen n	höns n	—	kuře n	tyúk
tratamento m	kuur f	kur u	—	lázeňská léčba f	gyógykezelés
galinha f	hoen n	höns n	kura f	—	tyúk
curar	genezen	—	wyleczyć	léčit <vyléčit>	gyógyít
estafeta m	koerier m	kurir u	kurier m	kurýr m	futár
estafeta m	koerier m	kurir u	—	kurýr m	futár
estafeta m	koerier m	—	kurier m	kurýr m	futár

kurkentrekker

	D	E	F	I	ES
kurkentrekker (NL)	Korkenzieher m	corkscrew	tire-bouchon m	cavatappi m	sacacorchos m
Kurs (D)	—	course	cours m	corso m	curso m
kurs (SV)	Kurs m	course	cours m	corso m	curso m
kurs (PL)	Kurs m	course	cours m	corso m	curso m
kurs (CZ)	Kurs m	course	cours m	corso m	curso m
kurtka (PL)	Jacke f	jacket	veste f	giacca f	chaqueta f
kurva (SV)	Kurve f	bend	virage m	curva f	curva f
Kurve (D)	—	bend	virage m	curva f	curva f
kurýr (CZ)	Kurier m	courier	coursier m	corriere m	correo m
kurz (D)	—	short	court(e)	corto(a)	corto(a)
kus (NL)	Kuss m	kiss	baiser m	bacio m	beso m
kus (CZ)	Stück n	piece	morceau m	pezzo m	parte f
Kuss (D)	—	kiss	baiser m	bacio m	beso m
kussen (NL)	Kissen n	cushion	coussin m	cuscino m	almohadón m
kussen (NL)	küssen	kiss	embrasser	baciare	besar
küssen (D)	—	kiss	embrasser	baciare	besar
kust (NL)	Küste f	coast	côte f	costa f	costa f
kust (SV)	Küste f	coast	côte f	costa f	costa f
Küste (D)	—	coast	côte f	costa f	costa f
kuszetka (PL)	Liegewagen m	couchette	wagon-couchette m	cuccetta f	coche cama m
kút (H)	Brunnen m	fountain	fontaine f	fontana f	fuente f
kutya (H)	Hund m	dog	chien m	cane m	perro m
kuur (NL)	Kur f	treatment	cure f	cura f	cura f
kůže¹ (CZ)	Haut f	skin	peau f	pelle f	piel f
kůže² (CZ)	Leder n	leather	cuir m	cuoio m	cuero m
kvadrat (SV)	Quadrat n	square	carré m	quadrato m	cuadrado m
kvadrát (CZ)	Quadrat n	square	carré m	quadrato m	cuadrado m
kvadratický (CZ)	quadratisch	square	carré(e)	quadrato(a)	cuadrado(a)
kvadratisk (SV)	quadratisch	square	carré(e)	quadrato(a)	cuadrado(a)
kvalita (CZ)	Qualität f	quality	qualité f	qualità f	calidad f
kvalitet (SV)	Qualität f	quality	qualité f	qualità f	calidad f
kväll (SV)	Abend m	evening	soir m	sera f	noche f
kvantita (CZ)	Quantität f	quantity	quantité f	quantità f	cantidad f
kvantitet (SV)	Quantität f	quantity	quantité f	quantità f	cantidad f
kvarg (SV)	Quark m	curd cheese	fromage blanc m	ricotta f	requesón m
kvarter (SV)	Viertel n	district	quartier m	quartiere m	barrio m
kvést <rozkvést> (CZ)	blühen	bloom	fleurir	fiorire	florecer
květina (CZ)	Blume f	flower	fleur f	fiore m	flor f
kvinna (SV)	Frau f	woman	femme f	donna f	mujer f
kvůli (CZ)	wegen	due to	à cause de	a causa di	a causa de
kwadrat (PL)	Quadrat n	square	carré m	quadrato m	cuadrado m
kwadratowy (PL)	quadratisch	square	carré(e)	quadrato(a)	cuadrado(a)
kwaliteit (NL)	Qualität f	quality	qualité f	qualità f	calidad f
kwantiteit (NL)	Quantität f	quantity	quantité f	quantità f	cantidad f
kwark (NL)	Quark m	curd cheese	fromage blanc m	ricotta f	requesón m
kwart (NL)	Viertel n	quarter	quart m	quarto m	cuarto m
kwaśny (PL)	sauer	sour	aigre	acido(a)	agrio(a)
kwellen (NL)	quälen	torture	torturer	tormentare	atormentar
kwetsen (NL)	verletzen	injure	blesser	ferire	herir
kwiat (PL)	Blume f	flower	fleur f	fiore m	flor f
kwitnąć (PL)	blühen	bloom	fleurir	fiorire	florecer
kwota (PL)	Betrag m	amount	montant m	importo m	importe m
kyčel (CZ)	Hüfte f	hip	hanche f	fianco m	cadera f
kylig (SV)	kühl	cool	frais (fraîche)	fresco(a)	frío(a)
kylskåp (SV)	Kühlschrank m	fridge	réfrigérateur m	frigorifero m	nevera f

P	NL	SV	PL	CZ	H
saca-rolhas m	—	korkskruv u	korkociąg m	vývrtka f	dugóhúzó
rumo m	koers m	kurs u	kurs m	kurs m	útirány
rumo m	koers m	—	kurs m	kurs m	útirány
rumo m	koers m	kurs u	—	kurs m	útirány
rumo m	koers m	kurs u	kurs m	—	útirány
casaco m	jasje n	jacka u	—	bunda f	kiskabát
curva f	bocht f	—	zakręt m	zatáčka f	kanyar
curva f	bocht f	kurva u	zakręt m	zatáčka f	kanyar
estafeta m	koerier m	kurir u	kurier m	—	futár
curto	kort	kort	krótko	krátký	rövid
beijo m	—	kyss u	pocałunek m	polibek m	csók
peça f	stuk n	bit u	sztuka f	—	darab
beijo m	kus m	kyss u	pocałunek m	polibek m	csók
almofada f	—	kudde u	poduszka f	polštář m	párna
beijar	—	kyssa	całować <pocałować>	líbat <políbit>	csókol
beijar	kussen	kyssa	całować <pocałować>	líbat <políbit>	csókol
costa f	—	kust u	wybrzeże n	pobřeží n	tengerpart
costa f	kust f	—	wybrzeże n	pobřeží n	tengerpart
costa f	kust f	kust u	wybrzeże n	pobřeží n	tengerpart
vagão-cama m	ligrijtuig n	liggvagn u	—	lehátkový vůz m	hálókocsi
poço m	bron f	brunn u	studnia f	studna f	—
cão m	hond m	hund u	pies m	pes m	—
tratamento m	—	kur u	kuracja f	lázeňská léčba f	gyógykezelés
pele f	huid f	hud u	skóra f	—	bőr
cabedal m	leder n	läder n	skóra f	—	bőr
quadrado m	vierkant n	—	kwadrat m	kvadrát m	négyzet
quadrado m	vierkant n	kvadrat u	kwadrat m	—	négyzet
quadrado	vierkant	kvadratisk	kwadratowy	—	négyzetes
quadrado	vierkant	—	kwadratowy	kvadratický	négyzetes
qualidade f	kwaliteit f	kvalitet u	jakość f	—	minőség
qualidade f	kwaliteit f	—	jakość f	kvalita f	minőség
noite f	avond m	—	wieczór m	večer m	est
quantidade f	kwantiteit f	kvantitet u	ilość f	—	mennyiség
quantidade f	kwantiteit f	—	ilość f	kvantita f	mennyiség
queijo fresco m	kwark m	—	twaróg m	tvaroh m	túró
bairro m	wijk f	—	dzielnica f	čtvrť f	negyed
florescer	bloeien	blomma	kwitnąć	—	virágzik
flor f	bloem f	blomma u	kwiat m	—	virág
mulher f	vrouw f	—	kobieta f	žena f	asszony
por causa de	wegens	på grund av	z powodu	—	miatt
quadrado m	vierkant n	kvadrat u	—	kvadrát m	négyzet
quadrado	vierkant	kvadratisk	—	kvadratický	négyzetes
qualidade f	—	kvalitet u	jakość f	kvalita f	minőség
quantidade f	—	kvantitet u	ilość f	kvantita f	mennyiség
queijo fresco m	—	kvarg u	twaróg m	tvaroh m	túró
quarto m	—	fjärdedel u	ćwierć f	čtvrtina f	negyed
amargo	zuur	sur	—	kyselý	savanyú
atormentar	—	plåga	męczyć	trápit <utrápit>	kínoz
ferir	—	skada	skaleczyć	zraňovat <zranit>	megsebez
flor f	bloem f	blomma u	—	květina f	virág
florescer	bloeien	blomma	—	kvést <rozkvést>	virágzik
valor m	bedrag n	belopp n	—	obnos m	összeg
anca f	heup f	höft u	biodro n	—	csípő
fresco	koel	—	chłodny	chladný	hűvös
frigorífico m	koelkast f	—	lodówka f	chladnička f	jégszekrény

kypare/servitör

	D	E	F	I	ES
kypare/servitör (SV)	Kellner m	waiter	serveur m	cameriere m	camarero m
kyrka (SV)	Kirche f	church	église f	chiesa f	iglesia f
kyrkogård (SV)	Friedhof m	cemetery	cimetière m	cimitero m	cementerio m
kyselý (CZ)	sauer	sour	aigre	acido(a)	agrio(a)
kyss (SV)	Kuss m	kiss	baiser m	bacio m	beso m
kyssa (SV)	küssen	kiss	embrasser	baciare	besar
kytara (CZ)	Gitarre f	guitar	guitare f	chitarra f	guitarra f
kývat hlavou <pokývat hlavou> (CZ)	nicken	nod	faire un signe de tête	annuire	inclinar la cabeza
là (I)	dort	there	là/y	—	allí
laag (NL)	niedrig	low	bas(se)	basso(a)	bajo(a)
laat (NL)	spät	late	tard	tardi	tarde
láb¹ (H)	Bein n	leg	jambe f	gamba f	pierna f
láb² (H)	Fuß m	foot	pied m	piede m	pie m
labda (H)	Ball m	ball	balle f	palla f	pelota f
labdarúgás (H)	Fußball m	football	football m	calcio m	fútbol m
lábtörlő (H)	Matte f	mat	natte f	stuoia f	colchoneta f
lábujj (H)	Zehe f	toe	orteil m	dito del piede m	dedo del pie m
lac (F)	See m	lake	—	lago m	lago m
lâche (F)	feige	cowardly	—	vile	cobarde
lachen (D)	—	laugh	rire	ridere	reír
lachen (NL)	lachen	laugh	rire	ridere	reír
lächerlich (D)	—	ridiculous	ridicule	ridicolo(a)	ridículo(a)
lack (E)	Mangel m	—	manque m	mancanza f	escasez f
lacrima (I)	Träne f	tear	larme f	—	lágrima f
lacuna (I)	Lücke f	gap	lacune f	—	espacio m
lacuna (P)	Lücke f	gap	lacune f	lacuna f	espacio m
lacune (F)	Lücke f	gap	—	lacuna f	espacio m
ląd (PL)	Festland n	mainland	continent m	terraferma f	tierra firme f
láda (H)	Kiste f	box	caisse f	cassetta f	caja f
ladda ner (SV)	herunterladen	download	télécharger	download m	bajar
ladda upp (SV)	aufladen	load	charger	caricare	cargar
ladder (E)	Leiter f	—	échelle f	scala f	escalera f
ladder (NL)	Leiter f	ladder	échelle f	scala f	escalera f
laddning (SV)	Ladung f	cargo	charge f	carico m	carga f
Laden (D)	—	shop	magasin m	negozio m	tienda f
läder (SV)	Leder n	leather	cuir m	cuoio m	cuero m
lading (NL)	Ladung f	cargo	charge f	carico m	carga f
ładować <wyładować> (PL)	landen	land	atterrir	atterrare	aterrizar
lądowanie (PL)	Landung f	landing	atterrissage m	atterraggio m	aterrizaje m
ladrão (P)	Dieb m	thief	voleur m	ladro m	ladrón m
ladro (I)	Dieb m	thief	voleur m	—	ladrón m
ladrón (ES)	Dieb m	thief	voleur m	ladro m	—
Ladung (D)	—	cargo	charge f	carico m	carga f
laf (NL)	feige	cowardly	lâche	vile	cobarde
lag (SV)	Gesetz n	law	loi f	legge f	ley f
låg (SV)	niedrig	low	bas(se)	basso(a)	bajo(a)
laga mat (SV)	kochen	cook	cuire	cucinare	cocinar
lägenhet (SV)	Wohnung f	flat	appartement m	appartamento m	piso m
Lager (D)	—	store	magasin m	magazzino m	almacén m
lager (SV)	Lager n	store	magasin m	magazzino m	almacén m
lägga (SV)	legen	lay	mettre	mettere	colocar
lago (I)	See m	lake	lac m	—	lago m

lago

P	NL	SV	PL	CZ	H
empregado de mesa m	kelner m	—	kelner m	číšník m	pincér
igreja f	kerk f	—	kościół m	kostel m	templom
cemitério m	kerkhof m	—	cmentarz m	hřbitov m	temető
amargo	zuur	sur	kwaśny	—	savanyú
beijo m	kus m	—	pocałunek m	polibek m	csók
beijar	kussen	—	całować <pocałować>	líbat <políbit>	csókol
guitarra f	gitaar f	gitarr u	gitara f	—	gitár
acenar com a cabeça	knikken	nicka	kiwać <kiwnąć>	—	bólint
ali	daar	där	tam	tam	ott
baixo	—	låg	niski	nízký	alacsony
tarde	—	sent	późno	pozdě	késő
perna f	been n	ben n	noga f	noha f	—
pé m	voet m	fot u	stopa f	noha f	—
bola f	bal m	boll u	piłka f	míč m	—
bola de futebol f	voetbal m	fotboll u	piłka nożna f	kopaná f	—
esteira f	mat f	matta u	mata f	rohožka f	—
dedo do pé m	teen m	tå u	palec u nogi m	prst (u nohy) m	—
lago m	meer n	sjö u	jezioro n	jezero n	tó
cobarde	laf	feg	tchórzliwy	zbabělý	gyáva
rir	lachen	skratta	śmiać, się <zaśmiać, się>	smát, se	nevet
rir	—	skratta	śmiać, się <zaśmiać, się>	smát, se	nevet
ridículo	belachelijk	skrattretande	śmieszny	směšný	nevetséges
falta f	gebrek n	brist u	niedobór m	nedostatek m	hiány
lágrima f	traan m	tår u	łza f	slza f	könny
lacuna f	opening f	tomrum n	luka f	mezera f	hézag
—	opening f	tomrum n	luka f	mezera f	hézag
lacuna f	opening f	tomrum n	luka f	mezera f	hézag
continente m	vasteland n	fastland u	—	pevnina f	szárazföld
caixote m	kist f	kista u	skrzynka f	bedna f	—
descarregar	downloaden	—	pobierać z internetu	stahovat <stáhnout>	letölt
carregar	opladen	—	załadowywać <załadować>	nakládat <naložit>	felrakodik
escadote m	ladder f	stege u	drabina f	žebřík m	létra
escadote m	—	stege u	drabina f	žebřík m	létra
carga f	lading f	—	ładunek m	náklad m	rakomány
loja f	winkel m	affär u	sklep m	obchod m	bolt
cabedal m	leder n	—	skóra f	kůže f	bőr
carga f	—	laddning u	ładunek m	náklad m	rakomány
aterrar	landen	landa	—	přistávat <přistát>	leszáll
aterragem f	landing f	landning u	—	přistání n	landolás
—	dief m	tjuv u	złodziej m	zloděj m	tolvaj
ladrão m	dief m	tjuv u	złodziej m	zloděj m	tolvaj
ladrão m	dief m	tjuv u	złodziej m	zloděj m	tolvaj
carga f	lading f	laddning u	ładunek m	náklad m	rakomány
cobarde	—	feg	tchórzliwy	zbabělý	gyáva
lei f	wet m	—	ustawa f	zákon m	törvény
baixo	laag	—	niski	nízký	alacsony
cozinhar	koken	—	gotować <ugotować>	vařit <uvařit>	főzni
moradia f	woning f	—	mieszkanie n	byt m	lakás
armazém m	magazijn n	lager n	obóz m	sklad m	raktár
armazém m	magazijn n	—	obóz m	sklad m	raktár
deitar	leggen	—	kłaść <położyć>	pokládat <položit>	tesz
lago m	meer n	sjö u	jezioro n	jezero n	tó

lago

	D	E	F	I	ES
lago (ES)	See m	lake	lac m	lago m	—
lago (P)	See m	lake	lac m	lago m	lago m
lágrima (ES)	Träne f	tear	larme f	lacrima f	—
lágrima (P)	Träne f	tear	larme f	lacrima f	lágrima f
láhev (CZ)	Flasche f	bottle	bouteille f	bottiglia f	botella f
lahodný (CZ)	köstlich	delicious	savoureux(euse)	squisito(a)	exquisito(a)
là/ici (F)	da	there	—	qui/là	allí
laid(e) (F)	hässlich	ugly	—	brutto(a)	feo(a)
laisser (F)	lassen	let	—	lasciare	dejar
lait (F)	Milch f	milk	—	latte m	leche f
lakan (SV)	Laken n	sheet	drap m	lenzuolo m	sábana f
läkare (SV)	Arzt m	doctor	médecin m	medico m	médico m
lakás (H)	Wohnung f	flat	appartement m	appartamento m	piso m
lákat <zlákat> (CZ)	locken	attract	attirer	attirare	atraer
lake (E)	See m	—	lac m	lago m	lago m
Laken (D)	—	sheet	drap m	lenzuolo m	sábana f
laken (NL)	Laken n	sheet	drap m	lenzuolo m	sábana f
lakhely (H)	Wohnort m	domicile	domicile m	residenza f	domicilio m
lakik (H)	wohnen	live	habiter	abitare	vivir
lakomý (CZ)	geizig	mean	avare	avaro(a)	avaro(a)
lakos (H)	Bewohner m	inhabitant	habitant m	abitante m	habitante m
lakos (H)	Einwohner m	inhabitant	habitant m	abitante m	habitante m
lakosság (H)	Bevölkerung f	population	population f	popolazione f	población f
lakószoba (H)	Wohnzimmer n	living room	salon m	salotto m	cuarto de estar m
lalka (PL)	Puppe f	doll	poupée f	bambola f	muñeca f
lam (NL)	Lamm n	lamb	agneau m	agnello m	cordero m
lama (I)	Klinge f	blade	lame f	—	cuchilla f
lama (P)	Schlamm m	mud	boue f	fango m	barro m
lamb (E)	Lamm n	—	agneau m	agnello m	cordero m
lame (F)	Klinge f	blade	—	lama f	cuchilla f
lamentar¹ (P)	bedauern	regret	regretter	deplorare	lamentar algo
lamentar² (P)	beklagen	deplore	plaindre de, se	lamentare	quejarse
lamentar algo (ES)	bedauern	regret	regretter	deplorare	—
lamentare (I)	beklagen	deplore	plaindre de, se	—	quejarse
lamentarsi (I)	beschweren, sich	complain	plaindre, se	—	quejarse
lâmina (P)	Klinge f	blade	lame f	lama f	cuchilla f
Lamm (D)	—	lamb	agneau m	agnello m	cordero m
lamm (SV)	Lamm n	lamb	agneau m	agnello m	cordero m
lämna (SV)	verlassen	leave	abandonner	lasciare	dejar
lamp (E)	Lampe f	—	lampe f	lampada f	lámpara f
lamp (NL)	Lampe f	lamp	lampe f	lampada f	lámpara f
lampa (SV)	Lampe f	lamp	lampe f	lampada f	lámpara f
lampa (PL)	Lampe f	lamp	lampe f	lampada f	lámpara f
lampa (CZ)	Lampe f	lamp	lampe f	lampada f	lámpara f
lámpa (H)	Lampe f	lamp	lampe f	lampada f	lámpara f
lampada (I)	Lampe f	lamp	lampe f	—	lámpara f
lâmpada (P)	Glühbirne f	light bulb	ampoule f	lampadina f	lámpara f
lampadina (I)	Glühbirne f	light bulb	ampoule f	—	lámpara f
lámpara¹ (ES)	Glühbirne f	light bulb	ampoule f	lampadina f	—
lámpara² (ES)	Lampe f	lamp	lampe f	lampada f	—
Lampe (D)	—	lamp	lampe f	lampada f	lámpara f
lampe (F)	Lampe f	lamp	—	lampada f	lámpara f
lampeggiare (I)	blinken	flash	clignoter	—	emitir reflejos
lämplig (SV)	geeignet	suitable	approprié(e)	adatto(a)	adecuado(a)
lampo (I)	Blitz m	lightning	éclair m	—	rayo m

lampo

P	NL	SV	PL	CZ	H
lago m	meer n	sjö u	jezioro n	jezero n	tó
—	meer n	sjö u	jezioro n	jezero n	tó
lágrima f	traan f	tår u	łza f	slza f	könny
—	traan f	tår u	łza f	slza f	könny
garrafa f	fles f	flaska u	butelka f	—	üveg
delicioso	kostelijk	utsökt	wyborny	—	pompás
ali	daar	där	tam	zde	ott
feio	lelijk	ful	brzydki	škaredý	csúnya
deixar	laten	låta	zostawiać <zostawić>	nechávat <nechat>	hagy
leite m	melk f	mjölk u	mleko n	mléko n	tej
lençol m	laken n	—	prześcieradło n	prostěradlo n	lepedő
médico m	arts m	—	lekarz m	lékař m	orvos
moradia f	woning f	lägenhet u	mieszkanie n	byt m	—
encaracolar	lokken	locka	wabić <zwabić>	—	csalogat
lago m	meer n	sjö u	jezioro n	jezero n	tó
lençol m	laken n	lakan n	prześcieradło n	prostěradlo n	lepedő
lençol m	—	lakan n	prześcieradło n	prostěradlo n	lepedő
local de moradia m	woonplaats m	hemvist u	miejsce zamieszkania n	bydliště n	—
morar	wonen	bo	mieszkać	bydlet	—
forreta	gierig	snål	skąpy	—	fösvény
habitante m	bewoner m	invånare u	mieszkaniec m	obyvatel m	—
habitante m	inwoner m	invånare u	mieszkaniec m	obyvatel m	—
população f	bevolking f	befolkning u	ludność f	obyvatelstvo n	—
sala de estar f	huiskamer m	vardagsrum n	pokój mieszkalny m	obývací pokoj m	—
boneca f	pop f	docka u	—	panenka f	baba
borrego m	—	lamm n	baranek m	jehně n	bárány
lâmina f	kling f	klinga u	ostrze n	čepel f	penge
—	slib n	slam u	szlam m	bláto n	iszap
borrego m	lam n	lamm n	baranek m	jehně n	bárány
lâmina f	kling f	klinga u	ostrze n	čepel f	penge
—	betreuren	beklaga	żałować	litovat <politovat>	sajnál
—	beklagen	beklaga	opłakiwać <opłakać>	stěžovat si	sajnál
lamentar	betreuren	beklaga	żałować	litovat <politovat>	sajnál
lamentar	beklagen	beklaga	opłakiwać <opłakać>	stěžovat si	sajnál
queixar-se de	bezwaren, zich	klaga	skarżyć się	stěžovat, si <postěžovat, si>	panaszt emel
—	kling f	klinga u	ostrze n	čepel f	penge
borrego m	lam n	lamm n	baranek m	jehně n	bárány
borrego m	lam n	—	baranek m	jehně n	bárány
abandonar	verlaten	—	opuszczać	opouštět <opustit>	elhagy
candeeiro m	lamp f	lampa u	lampa f	lampa f	lámpa
candeeiro m	—	lampa u	lampa f	lampa f	lámpa
candeeiro m	lamp f	—	lampa f	lampa f	lámpa
candeeiro m	lamp f	lampa u	—	lampa f	lámpa
candeeiro m	lamp f	lampa u	lampa f	—	lámpa
candeeiro m	lamp f	lampa u	lampa f	lampa f	—
candeeiro m	lamp f	lampa u	lampa f	lampa f	lámpa
—	gloeilamp f	glödlampa u	żarówka f	žárovka f	villanykörte
lâmpada f	gloeilamp f	glödlampa u	żarówka f	žárovka f	villanykörte
lâmpada f	gloeilamp f	glödlampa u	żarówka f	žárovka f	villanykörte
candeeiro m	lamp f	lampa u	lampa f	lampa f	lámpa
candeeiro m	lamp f	lampa u	lampa f	lampa f	lámpa
candeeiro m	lamp f	lampa u	lampa f	lampa f	lámpa
reluzir	knipperen	blinka	błyskać <błysnąć>	blikat <zablikat>	indexel
adequado	geschikt	—	odpowiedni	vhodný	alkalmas
relâmpago m	bliksem m	blixt u	piorun m	blesk m	villám

lampone

	D	E	F	I	ES
lampone (I)	Himbeere f	raspberry	framboise f	—	frambuesa f
låna ut¹ (SV)	ausleihen	lend	prêter	prestare	prestar
låna ut² (SV)	verleihen	lend	prêter	dare in prestito	prestar
lánc (H)	Kette f	chain	chaîne f	catena f	cadena f
lancer (F)	werfen	throw	—	lanciare	tirar
lanciare (I)	werfen	throw	lancer	—	tirar
Land (D)	—	land	pays m	paese m	país m
land (E)	Land n	—	pays m	paese m	país m
land (E)	landen	—	atterrir	atterrare	aterrizar
land (NL)	Land n	land	pays m	paese m	país m
land (SV)	Staat m	state	état m	stato m	estado m
landa (SV)	landen	land	atterrir	atterrare	aterrizar
landen (D)	—	land	atterrir	atterrare	aterrizar
landen (NL)	landen	land	atterrir	atterrare	aterrizar
landing (E)	Landung f	—	atterrissage m	atterraggio m	aterrizaje m
landing (NL)	Landung f	landing	atterrissage m	atterraggio m	aterrizaje m
landkaart (NL)	Landkarte f	map	carte f	carta geografica f	mapa m
Landkarte (D)	—	map	carte f	carta geografica f	mapa m
landning (SV)	Landung f	landing	atterrissage m	atterraggio m	aterrizaje m
landolás (H)	Landung f	landing	atterrissage m	atterraggio m	aterrizaje m
landscape (E)	Landschaft f	—	paysage m	paesaggio m	paisaje m
Landschaft (D)	—	landscape	paysage m	paesaggio m	paisaje m
landschap (NL)	Landschaft f	landscape	paysage m	paesaggio m	paisaje m
landskap (SV)	Landschaft f	landscape	paysage m	paesaggio m	paisaje m
Landstraße (D)	—	country road	route f	strada provinciale f	carretera nacional f
landsväg (SV)	Landstraße f	country road	route f	strada provinciale f	carretera nacional f
Landung (D)	—	landing	atterrissage m	atterraggio m	aterrizaje m
lang (D)	—	long	long(ue)	lungo(a)	largo(a)
lang¹ (NL)	lang	long	long(ue)	lungo(a)	largo(a)
lang² (NL)	lange	long time	longtemps	molto tempo	mucho tiempo
láng (H)	Flamme f	flame	flamme f	fiamma f	llama f
langage (F)	Sprache f	language	—	lingua f	idioma m
lange (D)	—	long time	longtemps	molto tempo	mucho tiempo
länge (SV)	lange	long time	longtemps	molto tempo	mucho tiempo
langs (NL)	entlang	along	le long de	lungo	a lo largo de
langsam (D)	—	slow	lent(e)	lento(a)	despacio(a)
långsam (SV)	langsam	slow	lent(e)	lento(a)	despacio(a)
längs med (SV)	entlang	along	le long de	lungo	a lo largo de
längst (D)	—	a long time ago	depuis bien longtemps	da molto	hace mucho
långt¹ (SV)	lang	long	long(ue)	lungo(a)	largo(a)
långt² (SV)	weit	far	éloigné(e)	largo(a)	ancho(a)
language (E)	Sprache f	—	langage m	lingua f	idioma m
langue étrangère (F)	Fremdsprache f	foreign language	—	lingua straniera f	lengua extranjera f
langue familière (F)	Umgangssprache f	colloquial language	—	lingua parlata f	lenguaje coloquial m
langue maternelle (F)	Muttersprache f	native language	—	lingua madre f	lengua materna f
langweilen, sich (D)	—	get bored	ennuyer, se	annoiarsi	aburrirse
langweilig (D)	—	boring	ennuyeux(euse)	noioso(a)	aburrido(a)
langzaam (NL)	langsam	slow	lent(e)	lento(a)	despacio(a)
länk (SV)	Link m	link	lien m	collegamento ipertestuale m	enlace m
lánya (H)	Tochter f	daughter	fille f	figlia f	hija f
lap¹ (H)	Blatt n	leaf	feuille f	foglia f	hoja f
lap² (H)	Karte f	card	carte f	cartolina f	postal f

lap

P	NL	SV	PL	CZ	H
amora f	framboos f	hallon n	malina f	malina f	málna
emprestar	uitlenen	—	wypożyczać <wypożyczyć>	vypůjčovat <půjčit>	kölcsönöz
emprestar	uitlenen	—	wypożyczać	půjčovat <půjčit>	kölcsönad
corrente f	ketting m	kedja u	łańcuch m	řetěz m	—
atirar	werpen	kasta	rzucać	házet <hodit>	dob
atirar	werpen	kasta	rzucać	házet <hodit>	dob
país m	land n	stat u	kraj m	země f	állam
país m	land n	stat u	kraj m	země f	állam
aterrar	landen	landa	lądować	přistávat <přistát>	leszáll
país m	—	stat u	kraj m	země f	állam
estado m	staat f	—	państwo n	stát m	állam
aterrar	landen	—	lądować <wylądować>	přistávat <přistát>	leszáll
aterrar	landen	landa	lądować <wylądować>	přistávat <přistát>	leszáll
aterrar	—	landa	lądować <wylądować>	přistávat <přistát>	leszáll
aterragem f	landing f	landning u	lądowanie n	přistání n	landolás
aterragem f	—	landning u	lądowanie n	přistání n	landolás
mapa m	—	karta u	mapa f	mapa f	térkép
mapa m	landkaart f	karta u	mapa f	mapa f	térkép
aterragem f	landing f	—	lądowanie n	přistání n	landolás
aterragem f	landing f	landning u	lądowanie n	přistání n	—
paisagem f	landschap n	landskap n	krajobraz m	krajina f	táj
paisagem f	landschap n	landskap n	krajobraz m	krajina f	táj
paisagem f	—	landskap n	krajobraz m	krajina f	táj
paisagem f	landschap n	—	krajobraz m	krajina f	táj
estrada nacional f	secundaire weg m	landsväg u	szosa f	silnice třídy f	országút
estrada nacional f	secundaire weg m	—	szosa f	silnice třídy f	országút
aterragem f	landing f	landning u	lądowanie n	přistání n	landolás
comprido	lang	långt	długi	dlouhý	hosszú
comprido	—	långt	długi	dlouhý	hosszú
longamente	—	länge	długo	dlouho	sokáig
chama f	vlam f	flamma u	płomień m	plamen m	—
idioma m	taal f	språk n	język m	jazyk m	nyelv
longamente	lang	länge	długo	dlouho	sokáig
longamente	lang	—	długo	dlouho	sokáig
ao longo de	—	längs med	wzdłuż	podél	mentén
devagar	langzaam	långsam	powoli	pomalu	lassú
devagar	langzaam	—	powoli	pomalu	lassú
ao longo de	langs	—	wzdłuż	podél	mentén
há muito tempo	allang	för länge sedan	od dawna	dávno	régóta
comprido	lang	—	długi	dlouhý	hosszú
extenso	ver	—	daleko	daleký	messze
idioma m	taal f	språk n	język m	jazyk m	nyelv
língua estrangeira f	vreemde taal f	främmande språk n	język obcy m	cizí jazyk m	idegen nyelv
linguagem corrente f	omgangstaal f	talspråk n	język potoczny m	hovorový jazyk m	köznyelv
língua materna f	moedertaal f	modersmål n	język ojczysty m	mateřština f	anyanyelv
aborrecer-se	vervelen, zich	tråka ut	nudzić, się	nudit, se	unatkozik
aborrecido	saai	tråkig	nudny	nudný	unalmas
devagar	—	långsam	powoli	pomalu	lassú
enlace m	link m	—	łącze internetowe n	link m	összeköttetés
filha f	dochter f	dotter u	córka f	dcera f	—
folha f	blad n	blad n	liść m	list m	—
cartão m	kaart f	kort n	karta f	karta f	—

lápis

	D	E	F	I	ES
lápis¹ (P)	Bleistift m	pencil	crayon m	matita f	lápiz m
lápis² (P)	Stift m	pencil	crayon m	matita f	lápiz m
lápiz¹ (ES)	Bleistift m	pencil	crayon m	matita f	—
lápiz² (ES)	Stift m	pencil	crayon m	matita f	—
lapos (H)	flach	flat	plat(e)	piatto(a)	llano(a)
lära (SV)	lernen	learn	apprendre	imparare	aprender
lära känna (SV)	kennen lernen	get to know	faire connaissance	fare la conoscenza di	hacer el conocimiento de
laranja (P)	Orange f	orange	orange f	arancia f	naranja f
lära ut (SV)	lehren	teach	enseigner	insegnare	enseñar
large (F)	breit	broad	—	largo(a)	amplio(a)
largo (P)	breit	broad	large	largo(a)	amplio(a)
largo(a)¹ (I)	breit	broad	large	—	amplio(a)
largo(a)² (I)	weit	far	éloigné(e)	—	ancho(a)
largo(a) (ES)	lang	long	long(ue)	lungo(a)	—
Lärm (D)	—	noise	bruit m	rumore m	ruido m
lárma (H)	Lärm m	noise	bruit m	rumore m	ruido m
larme (F)	Träne f	tear	—	lacrima f	lágrima f
las (PL)	Wald m	forest	forêt f	bosco m	bosque m
lås¹ (SV)	Schloss n	lock	serrure f	serratura f	castillo m
lås² (SV)	Schloss n	castle	château m	castello m	cerradura f
läsa (SV)	lesen	read	lire	leggere	leer
låsa (SV)	zuschließen	lock (up)	fermer à clé	chiudere a chiave	cerrar con llave
låsa in (SV)	einschließen	lock up	refermer	rinchiudere	encerrar
låsa upp (SV)	aufschließen	unlock	ouvrir	aprire	abrir
lasciare¹ (I)	lassen	let	laisser	—	dejar
lasciare² (I)	verlassen	leave	abandonner	—	dejar
lasciare in eredità (I)	vererben	bequeath	léguer	—	transmitir hereditariamente
láska (CZ)	Liebe f	love	amour m	amore m	amor m
laskavý (CZ)	liebenswürdig	kind	aimable	gentile	simpático(a)
lassen (D)	—	let	laisser	lasciare	dejar
lassú (H)	langsam	slow	lent(e)	lento(a)	despacio(a)
Last (D)	—	load	charge f	carico m	peso m
last (E)	dauern	—	durer	durare	durar
last (NL)	Last f	load	charge f	carico m	peso m
last (SV)	Last f	load	charge f	carico m	peso m
lasta av (SV)	ausladen	unload	décharger	scaricare	descargar
lastbil (SV)	Lastwagen m	lorry	camion m	camion m	camión m
lastig (NL)	lästig	troublesome	importun(e)	molesto(a)	desagradable
lästig (D)	—	troublesome	importun(e)	molesto(a)	desagradable
lastricato (I)	Pflaster n	pavement	pavé m	—	empedrado m
Lastwagen (D)	—	lorry	camion m	camion m	camión m
lat (SV)	faul	lazy	paresseux(euse)	pigro(a)	perezoso(a)
lát (H)	sehen	see	voir	vedere	ver
lata (ES)	Dose f	tin	boîte f	barattolo m	—
lata (P)	Dose f	tin	boîte f	barattolo m	lata f
låta (SV)	lassen	let	laisser	lasciare	dejar
late (E)	spät	—	tard	tardi	tarde
laten (NL)	lassen	let	laisser	lasciare	dejar
later (NL)	nachher	afterwards	ensuite	dopo	después

P	NL	SV	PL	CZ	H
—	potlood n	blyertspenna n	ołówek m	tužka f	ceruza
—	stift m	stift n	ołówek m	kolík m	pecek
lápis m	potlood n	blyertspenna n	ołówek m	tužka f	ceruza
lápis m	stift m	stift n	ołówek m	kolík m	pecek
plano	vlak	flat	płaski	plochý	—
aprender	leren	—	uczyć, się <nauczyć, się>	učit, se <naučit, se>	tanul
conhecer	leren kennen	—	poznawać	seznamovat, se <seznámit, se>	megismerkedik
—	sinaasappel m	apelsin u	pomarańcza f	oranžový	narancs
ensinar	leren	—	nauczać	učit	tanít
largo	breed	bred	szeroki	široký	széles
—	breed	bred	szeroki	široký	széles
largo	breed	bred	szeroki	široký	széles
extenso	ver	långt	daleko	daleký	messze
comprido	lang	långt	długi	dlouhý	hosszú
barulho m	lawaai n	buller n	hałas m	hluk m	lárma
barulho m	lawaai n	buller n	hałas m	hluk m	—
lágrima f	traan f	tår u	łza f	slza f	könny
floresta f	bos n	skog u	—	les m	erdő
palácio m	kasteel n	—	pałac m	zámek m	kastély
cadeado m	slot n	—	zamek m	zámek m	zár
ler	lezen	—	czytać	číst <přečíst>	olvas
fechar à chave	afsluiten	—	zamykać na klucz	zamykat <zamknout>	bezár
fechar	insluiten	—	zamykać <zamknąć>	zavírat <zavřít>	bezár
abrir à chave	ontsluiten	—	otwierać	odemykat <odemknout>	felnyit
deixar	laten	låta	zostawiać <zostawić>	nechávat <nechat>	hagy
abandonar	verlaten	lämna	opuszczać	opouštět <opustit>	elhagy
herdar	nalaten	gå i arv	dziedziczyć	odkazovat <odkázat>	örökül hagy
amor m	liefde f	kärlek u	miłość f	—	szeretet
amável	vriendelijk	älskvärd	miły	—	szívélyes
deixar	laten	låta	zostawiać <zostawić>	nechávat <nechat>	hagy
devagar	langzaam	långsam	powoli	pomalu	—
carga f	last f	last u	ciężar m	břemeno n	teher
durar	duren	hålla på	trwać	trvat	eltart
carga f	—	last u	ciężar m	břemeno n	teher
carga f	last f	—	ciężar m	břemeno n	teher
descarregar	uitladen	—	wyładowywać <wyładować>	rušit pozvání <zrušit pozvání>	kirakódik
camião m	vrachtwagen m	—	samochód ciężarowy m	nákladní vozidlo n	teherautó
importuno	—	besvärlig	uciążliwy	zatěžující	terhes
importuno	lastig	besvärlig	uciążliwy	zatěžující	terhes
calçada f	bestrating f	gatubeläggning n	bruk m	dlažba f	útburkolat
camião m	vrachtwagen m	lastbil u	samochód ciężarowy m	nákladní vozidlo n	teherautó
preguiçoso	rot	—	leniwy	líný	lusta
ver	zien	se	widzieć	vidět <uvidět>	—
lata f	blik n	burk u	puszka f	dóza f	doboz
—	blik n	burk u	puszka f	dóza f	doboz
deixar	laten	—	zostawiać <zostawić>	nechávat <nechat>	hagy
tarde	laat	sent	późno	pozdě	késő
deixar	—	låta	zostawiać <zostawić>	nechávat <nechat>	hagy
depois	—	efteråt	potem	potom	utána

látka

	D	E	F	I	ES
látka (CZ)	Stoff m	cloth	tissu m	stoffa f	tela f
lato (PL)	Sommer m	summer	été m	estate f	verano m
látogatás (H)	Besuch m	visit	visite f	visita f	visita f
látogató (H)	Besucher m	visitor	visiteur m	visitatore m	visitante m
lätt (SV)	leicht	light	léger(ère)	leggero(a)	ligero(a)
latta (I)	Blech n	sheet metal	tôle f	—	chapa f
latte (I)	Milch f	milk	lait m	—	leche f
lättsinnig (SV)	leichtsinnig	careless	étourdi(e)	spensierato(a)	imprudente
látványosság (H)	Sehenswürdigkeit f	sight worth seeing	curiosité f	curiosità f	lugar de interés m
laufen (D)	—	run	courir	correre	correr
laugh (E)	lachen	—	rire	ridere	reír
laugh at (E)	auslachen	—	rire de qn	deridere	reírse de
Laune (D)	—	mood	humeur f	umore m	humor m
laut (D)	—	loud	fort(e)	rumoroso(a)	fuerte
Lautsprecher (D)	—	loudspeaker	haut-parleur m	altoparlante m	altavoz m
lavabos (ES)	Toilette f	toilet	toilette f	toilette f	—
lavadora (ES)	Waschmaschine f	washing machine	machine à laver f	lavatrice f	—
lavar (ES)	waschen	wash	laver	lavare	—
lavar (P)	waschen	wash	laver	lavare	lavar
lavare (I)	waschen	wash	laver	—	lavar
lavatrice (I)	Waschmaschine f	washing machine	machine à laver f	—	lavadora f
laver (F)	waschen	wash	—	lavare	lavar
lavice (CZ)	Bank f	bank	banque f	banca f	banco m
lavorare (I)	arbeiten	work	travailler	—	trabajar
lavoratore (I)	Arbeitnehmer m	employee	employé m	—	empleado m
lavori di costruzione (I)	Bauarbeiten pl	construction works	travaux	—	trabajos de construcción m/pl
lavoro (I)	Arbeit f	work	travail m	—	trabajo m
law[1] (E)	Jura	—	droit m	giurisprudenza f	derecho m
law[2] (E)	Gesetz n	—	loi f	legge f	ley f
lawaai (NL)	Lärm m	noise	bruit m	rumore m	ruido m
lawn (E)	Rasen m	—	pelouse f	prato m	césped m
lawyer (E)	Rechtsanwalt m	—	avocat m	avvocato m	abogado m
lay (E)	legen	—	mettre	mettere	colocar
là/y (F)	dort	there	—	là	allí
láz (H)	Fieber n	fever	fièvre f	febbre f	fiebre m
laza (H)	locker	loose	desserré(e)	lento(a)	flojo(a)
lázeňská léčba (CZ)	Kur f	treatment	cure f	cura f	cura f
lazy (E)	faul	—	paresseux(euse)	pigro(a)	perezoso(a)
lead (E)	führen	—	guider	guidare	dirigir
leader (E)	Leiter f	—	directeur m	capo m	jefe m
leaf (E)	Blatt n	—	feuille f	foglia f	hoja f
leakaszt (H)	abhängen	depend	dépendre	dipendere	depender
leánytestvér (H)	Schwester f	sister	sœur f	sorella f	hermana f
leányvállalat (H)	Filiale f	branch	succursale f	filiale f	sucursal f
learn[1] (E)	erfahren	—	apprendre	venire a sapere	enterarse de
learn[2] (E)	lernen	—	apprendre	imparare	aprender
leather (E)	Leder n	—	cuir m	cuoio m	cuero m
leave (E)	verlassen	—	abandonner	lasciare	dejar
leave the country (E)	ausreisen	—	sortir du pays	espatriare	salir
leben (D)	—	live	vivre	vivere	vivir
Leben (D)	—	life	vie f	vita f	vida f

Leben

P	NL	SV	PL	CZ	H
matéria f	stof f	tyg n	materiał m	—	anyag
verão m	zomer m	sommar u	—	léto n	nyár
visita f	bezoek n	besök n	odwiedziny pl	návštěva f	—
visitante m	bezoeker m	besökare u	gość m	návštěvník m	—
leve	licht	—	lekki	lehký	könnyű
chapa f	blik n	plåt u	blacha f	plech m	bádog
leite m	melk f	mjölk u	mleko n	mléko n	tej
leviano	lichtzinnig	—	lekkomyślny	lehkomyslně	könnyelmű
monumento m	bezienswaardigheid f	sevärdhet u	rzecz warta zobaczenia f	pamětihodnost f	—
correr	lopen	springa	biec <pobiec>	běhat <bežet>	fut
rir	lachen	skratta	śmiać, się <zaśmiać, się>	smát, se	nevet
rir de alguém	uitlachen	skratta åt	wyśmiewać <wyśmiać>	vysmívat, se <vysmát, se>	kinevet
disposição f	stemming f	humör n	nastrój m	nálada f	kedv
ruidoso	luid	högljudd	głośny	hlasitý	hangos
altifalante m	luidspreker m	högtalare u	głośnik m	reproduktor m	hangszóró
retrete f	toilet n	toalett u	toaleta f	záchod m	toalett
máquina de lavar f	wasmachine f	tvättmaskin u	pralka f	pračka f	mosógép
lavar	wassen	tvätta	prać	prát <vyprat>	mos
—	wassen	tvätta	prać	prát <vyprat>	mos
lavar	wassen	tvätta	prać	prát <vyprat>	mos
máquina de lavar f	wasmachine f	tvättmaskin u	pralka f	pračka f	mosógép
lavar	wassen	tvätta	prać	prát <vyprat>	mos
banco m	bank f	bänk u	ławka f	—	pad
trabalhar	werken	arbeta	pracować	pracovat	dolgozik
empregado m	werknemer m	arbetsgivare u	pracobiorca m	zaměstnanec m	munkavállaló
obras f/pl	(bouw)werken pl	byggarbeten pl	roboty budowlane	stavební práce pl	építkezés
trabalho m	werk n	arbete n	praca f	práce f	munka
direito m	rechten pl	juridik u	prawo n	právo n	jog
lei f	wet m	lag u	ustawa f	zákon m	törvény
barulho m	—	buller n	hałas m	hluk m	lárma
relva f	grasveld n	gräsmatta u	trawnik m	trávník m	pázsit
advogado m	advocaat m	advokat u	adwokat m	advokát m	ügyvéd
deitar	leggen	lägga	kłaść <położyć>	pokládat <položit>	tesz
ali	daar	där	tam	tam	ott
febre f	koorts f	feber u	gorączka f	horečka f	láz
frouxo	los	lös	luźny	volný	—
tratamento m	kuur f	kur u	kuracja f	—	gyógykezelés
preguiçoso	rot	lat	leniwy	líný	lusta
guiar	leiden	leda	prowadzić <poprowadzić>	vést <zavést>	vezet
director m	leider m	direktör/ledare u	kierownik m	vedoucí m	vezető
folha f	blad n	blad n	liść m	list m	lap
depender	afhangen	koppla från	zdejmować <zdjąć>	zbavovat se <zbavit se>	—
irmã f	zuster f	syster u	giostra f	sestra f	—
sucursal f	filiaal n	filial u	filia f	pobočka f	—
vir a saber	ervaren; vernemen	erfaren	dowiadywać, się <dowiedzieć, się>	zkušený	megtud
aprender	leren	lära	uczyć, się <nauczyć, się>	učit, se <naučit, se>	tanul
cabedal m	leder n	läder n	skóra f	kůže f	bőr
abandonar	verlaten	lämna	opuszczać	opouštět <opustit>	elhagy
sair	(uit)reizen	avresa	wyjeżdżać <wyjechać>	odjíždět <odjet>	kiutazik
viver	leven	leva	żyć	žít	él
vida f	leven n	liv n	życie n	život m	élet

lebendig

	D	E	F	I	ES
lebendig (D)	—	alive	vivant(e)	vivo(a)	vivo(a)
Lebensgefährte (D)	—	companion	compagnon *m*	coniuge *m/f*	compañero de la vida *m*
Lebenslauf (D)	—	curriculum vitae	curriculum vitae *m*	curriculum vitae *m*	curriculum vitae *m*
Lebensmittel (D)	—	food	denrées alimentaires *f/pl*	generi alimentari *m/pl*	alimentos *m/pl*
lebeszél (H)	abraten	warn	déconseiller	sconsigliare	desaconsejar
leche (ES)	Milch *f*	milk	lait *m*	latte *m*	—
léčit <vyléčit> (CZ)	heilen	heal	guérir	curare	curar
led (CZ)	Eis *n*	ice	glace *f*	ghiaccio *m*	hielo *m*
leda (SV)	führen	lead	guider	guidare	dirigir
Leder (D)	—	leather	cuir *m*	cuoio *m*	cuero *m*
leder (NL)	Leder *n*	leather	cuir *m*	cuoio *m*	cuero *m*
ledig (D)	—	single	célibataire *m*	celibe *m*/nubile *f*	soltero(a)
ledning¹ (SV)	Leitung *f*	direction	direction *f*	direzione *f*	dirección *f*
ledning² (SV)	Leitung *f*	pipe	tuyau *m*	conduttura *f*	tubería *f*
ledsen (SV)	traurig	sad	triste	triste	triste
leeg (NL)	leer	empty	vide	vuoto(a)	vacío(a)
leer (D)	—	empty	vide	vuoto(a)	vacío(a)
leer (ES)	lesen	read	lire	leggere	—
leerling (NL)	Lehrling *m*	apprentice	apprenti *m*	apprendista *m*	aprendiz *m*
lefekszik (H)	hinlegen	put down	poser	posare	poner
lefelé (H)	abwärts	downwards	en bas	in giù	hacia abajo
lefogyni (H)	abnehmen	lose weight	maigrir	dimagrire	adelgazar
left¹ (E)	links	—	à gauche	a sinistra	a la izquierda
left² (E)	übrig	—	restant(e)	restante	restante
leg (E)	Bein *n*	—	jambe *f*	gamba *f*	pierna *f*
legalább (H)	mindestens	at least	au moins	almeno	por lo menos
legare (I)	binden	bind	attacher	—	atar
legen (D)	—	lay	mettre	mettere	colocar
léger(ère) (F)	leicht	light	—	leggero(a)	ligero(a)
legföljebb (H)	höchstens	at the most	tout au plus	al massimo	a lo sumo
legge (I)	Gesetz *n*	law	loi *f*	—	ley *f*
leggen (NL)	legen	lay	mettre	mettere	colocar
leggere (I)	lesen	read	lire	—	leer
leggero(a) (I)	leicht	light	léger(ère)	—	ligero(a)
légiposta (H)	Luftpost *f*	air mail	poste aérienne *f*	posta aerea *f*	correo aéreo *m*
legno (I)	Holz *n*	wood	bois *m*	—	madera *f*
léguer (F)	vererben	bequeath	—	lasciare in eredità	transmitir hereditariamente
legumes (P)	Gemüse *n*	vegetables	légumes *m/pl*	verdura *f*	verdura *f*
légumes (F)	Gemüse *n*	vegetables	—	verdura *f*	verdura *f*
lehátko (CZ)	Liegestuhl *m*	deck chair	chaise longue *f*	sedia a sdraio *f*	tumbona *f*
lehátkový vůz (CZ)	Liegewagen *m*	couchette	wagon-couchette *m*	cuccetta *f*	coche cama *m*
lehetetlen (H)	unmöglich	impossible	impossible	impossibile	imposible
lehetőség¹ (H)	Chance *f*	chance	possibilité *f*	occasione *f*	oportunidad *f*
lehetőség² (H)	Möglichkeit *f*	possibility	possibilité *f*	possibilità *f*	posibilidad *f*
lehetővé tesz (H)	ermöglichen	make possible	rendre possible	rendere possibile	facilitar
lehetséges (H)	möglich	possible	possible	possibile	posible
lehkomyslně (CZ)	leichtsinnig	careless	étourdi(e)	spensierato(a)	imprudente
lehký (CZ)	leicht	light	léger(ère)	leggero(a)	ligero(a)
lehren (D)	—	teach	enseigner	insegnare	enseñar
Lehrling (D)	—	apprentice	apprenti *m*	apprendista *m*	aprendiz *m*
lei (I)	sie	she	elle	—	ella
lei (P)	Gesetz *n*	law	loi *f*	legge *f*	ley *f*
Leiche (D)	—	corpse	cadavre *m*	cadavere *m*	cadáver *m*

Leiche

P	NL	SV	PL	CZ	H
vivo	levendig	livlig	żywy	živý	eleven
companheiro de vida m	levensgezel m	partner u	towarzysz życia m	druh m	élettárs
curriculum vitae m	levensloop m	meritförteckning u	życiorys m	životopis m	önéletrajz
viveres m/pl	levensmiddelen pl	livsmedel pl	artykuły żywnościowe m/pl	potraviny f/pl	élelmiszer
desaconselhar	afraden	avråda	odradzać <odradzić>	zrazovat <zradit>	—
leite m	melk f	mjölk u	mleko n	mléko n	tej
curar	genezen	kurera	wyleczyć	—	gyógyít
gelo m	ijs n	is u	lód m	—	jég
guiar	leiden	—	prowadzić <poprowadzić>	vést <zavést>	vezet
cabedal m	leder n	läder n	skóra f	kůže f	bőr
cabedal m	—	läder n	skóra f	kůže f	bőr
solteiro	ongehuwd	ogift	stanu wolnego	svobodný	nőtlen
direcção f	leiding f	—	kierownictwo n	vedení n	vezetőség
instalação f	leiding f	—	przewód m	vedení n	vezeték
triste	verdrietig	—	smutny	smutný	szomorú
vazio	—	tom	pusty	prázdný	üres
vazio	leeg	tom	pusty	prázdný	üres
ler	lezen	läsa	czytać	číst <přečíst>	olvas
aprendiz m	—	elev u	uczeń m	učeň m	szakmunkástanuló
deitar	neerleggen	placera	kłaść <położyć>	pokládat <položit>	—
para baixo	afwaarts	nedåt	na dół	dolů	—
tirar	afnemen	ta bort	zdejmować <zdjąć>	odbírat <odebrat>	—
esquerda	links	till vänster	na lewo	vlevo	balra
restante	overig	övrig	pozostały	zbývající	maradék
perna f	been n	ben n	noga f	noha f	láb
no mínimo	minstens	minst	przynajmniej	minimálně	—
ligar	binden	binda fast	wiązać	svazovat <svázat>	köt
deitar	leggen	lägga	kłaść <położyć>	pokládat <položit>	tesz
leve	licht	lätt	lekki	lehký	könnyű
no máximo	hoogstens	högst	najwyżej	nejvýše	—
lei f	wet m	lag u	ustawa f	zákon m	törvény
deitar	—	lägga	kłaść <położyć>	pokládat <položit>	tesz
ler	lezen	läsa	czytać	číst <přečíst>	olvas
leve	licht	lätt	lekki	lehký	könnyű
correio aéreo m	luchtpost f	luftpost u	poczta lotnicza f	letecká pošta f	—
madeira f	hout n	trä n	drewno n	dřevo n	fa
herdar	nalaten	gå i arv	dziedziczyć	odkazovat <odkázat>	örökül hagy
—	groente f	grönsaker pl	warzywo n	zelenina f	zöldség
legumes m	groente f	grönsaker pl	warzywo n	zelenina f	zöldség
cadeira de repouso f	ligstoel m	liggstol u	leżak m	—	nyugágy
vagão-cama m	ligrijtuig n	liggvagn u	kuszetka f	—	hálókocsi
impossível	onmogelijk	omöjligt	niemożliwy	nemožný	—
oportunidade f	kans f	chans u	szansa f	šance f	—
possibilidade f	mogelijkheid f	möjlighet u	możliwość f	možnost f	—
possibilitar	mogelijk maken	möjliggör	umożliwiać <umożliwić>	umožňovat <umožnit>	—
possível	mogelijk	möjligt	możliwy	možný	—
leviano	lichtzinnig	lättsinnig	lekkomyślny	—	könnyelmű
leve	licht	lätt	lekki	—	könnyű
ensinar	leren	lära ut	nauczać	učit	tanít
aprendiz m	leerling m	elev u	uczeń m	učeň m	szakmunkástanuló
ela	zij	hon	ona	ona	ő
—	wet m	lag u	ustawa f	zákon m	törvény
cadáver m	lijk n	lik n	zwłoki pl	mrtvola f	holttest

leicht

	D	E	F	I	ES
leicht¹ (D)	—	light	léger(ère)	leggero(a)	ligero(a)
leicht² (D)	—	easy	facile	semplice	sencillo(a)
leichtsinnig (D)	—	careless	étourdi(e)	spensierato(a)	imprudente
leiden (D)	—	suffer	souffrir	soffrire	sufrir
leiden (NL)	führen	lead	guider	guidare	dirigir
Leidenschaft (D)	—	passion	passion f	passione f	pasión f
leider (D)	—	unfortunately	malheureusement	purtroppo	desgraciadamente
leider (NL)	Leiter f	leader	directeur m	capo m	jefe m
leiding¹ (NL)	Leitung f	direction	direction f	direzione f	dirección f
leiding² (NL)	Leitung f	pipe	tuyau m	conduttura f	tubería f
leír (H)	beschreiben	describe	décrire	descrivere	describir
leise (D)	—	quietly	à voix basse	a bassa voce	sin (hacer) ruido
leite (P)	Milch f	milk	lait m	latte m	leche f
Leiter¹ (D)	—	ladder	échelle f	scala f	escalera f
Leiter² (D)	—	leader	directeur m	capo m	jefe m
Leitung¹ (D)	—	direction	direction f	direzione f	dirección f
Leitung² (D)	—	pipe	tuyau m	conduttura f	tubería f
lejanía (ES)	Ferne f	distance	lointain m	distanza f	—
lejos¹ (ES)	fern	far away	éloigné(e)	lontano(a)	—
lejos² (ES)	fort	away	parti	via	—
lek (PL)	Medikament n	drug	médicament m	medicamento m	medicamento m
lék (CZ)	Medikament n	drug	médicament m	medicamento m	medicamento m
leka (SV)	spielen	play	jouer	giocare	jugar
lékař (CZ)	Arzt m	doctor	médecin m	medico m	médico m
lékárna (CZ)	Apotheke f	chemist's	pharmacie f	farmacia f	farmacia f
lekarz (PL)	Arzt m	doctor	médecin m	medico m	médico m
lekki (PL)	leicht	light	léger(ère)	leggero(a)	ligero(a)
lekkomyślny (PL)	leichtsinnig	careless	étourdi(e)	spensierato(a)	imprudente
lękliwy (PL)	ängstlich	fearful	peureux(euse)	pauroso(a)	miedoso(a)
leksykon (PL)	Lexikon n	encyclopaedia	encyclopédie f	enciclopedia f	diccionario m
lekvár (H)	Marmelade f	jam	confiture f	marmellata f	mermelada f
lélegzet (H)	Atem m	breath	respiration f	fiato m	respiro m
lélegzik (H)	atmen	breathe	respirer	respirare	respirar
lelijk (NL)	hässlich	ugly	laid(e)	brutto(a)	feo(a)
lelkiismeret (H)	Gewissen n	conscience	conscience f	coscienza f	conciencia f
lelkiismeretes (H)	gewissenhaft	conscientious	consciencieux(euse)	coscienzioso(a)	concienzudo(a)
le long de (F)	entlang	along	—	lungo	a lo largo de
lembrar-se (P)	gedenken	remember	souvenir de, se	ricordare	commemorar
lemegy (H)	hinuntergehen	descend	descendre	scendere	bajar
le même (F)	derselbe	the same	—	lo stesso	el mismo
lemez (H)	Platte f	platter	plateau m	piatto m	bandeja f
lemon (E)	Zitrone f	—	citron m	limone m	limón m
lemond¹ (H)	absagen	decline	annuler	disdire	anular
lemond² (H)	abbestellen	cancel	décommander	annullare	anular el pedido de
lemond³ (H)	verzichten	forgo	renoncer	rinunciare	renunciar a
lenço (P)	Taschentuch n	handkerchief	mouchoir m	fazzoletto m	pañuelo m
lençol (P)	Laken n	sheet	drap m	lenzuolo m	sábana f
lend¹ (E)	ausleihen	—	prêter	prestare	prestar
lend² (E)	verleihen	—	prêter	dare in prestito	prestar
lengua extranjera (ES)	Fremdsprache f	foreign language	langue étrangère f	lingua straniera f	—
lenguaje coloquial (ES)	Umgangssprache f	colloquial language	langue familière f	lingua parlata f	—
lengua materna (ES)	Muttersprache f	native language	langue maternelle f	lingua madre f	—

lengua materna

P	NL	SV	PL	CZ	H
leve	licht	lätt	lekki	lehký	könnyű
fácil	gemakkelijk	enkelt	łatwy	snadný	könnyű
leviano	lichtzinnig	lättsinnig	lekkomyślny	lehkomyslně	könnyelmű
sofrer	lijden	lida	cierpieć	trpět <utrpět>	szenved
guiar	—	leda	prowadzić <poprowadzić>	vést <zavést>	vezet
paixão f	hartstocht m	lidelse u	namiętność f	vášeň f	szenvedély
infelizmente	helaas	tyvärr	niestety	bohužel	sajnos
director m	—	direktör/ledare u	kierownik m	vedoucí m	vezető
direcção f	—	ledning u	kierownictwo n	vedení n	vezetőség
instalação f	—	ledning u	przewód m	vedení n	vezeték
descrever	omschrijven	beskriva	opisywać <opisać>	popisovat <popsat>	—
silencioso	zacht	tyst	cicho	tiše	halk
—	melk f	mjölk u	mleko n	mléko n	tej
escadote m	ladder f	stege u	drabina f	žebřík m	létra
director m	leider m	direktör/ledare u	kierownik m	vedoucí m	vezető
direcção f	leiding f	ledning u	kierownictwo n	vedení n	vezetőség
instalação f	leiding f	ledning u	przewód m	vedení n	vezeték
distância f	verte f	avstånd n	dal f	dálka f	messzeség
longe	ver	fjärran	daleki	daleko	messze
ausente	weg	undan	precz	pryč	el
medicamento m	medicament n	medikament n	—	lék m	gyógyszer
medicamento m	medicament n	medikament n	lek m	—	gyógyszer
jogar	spelen	—	grać <zagrać>	hrát <zahrát>	játszik
médico m	arts m	läkare u	lekarz m	—	orvos
farmácia f	apotheek f	apotek n	apteka f	—	gyógyszertár
médico m	arts m	läkare u	—	lékař m	orvos
leve	licht	lätt	—	lehký	könnyű
leviano	lichtzinnig	lättsinnig	—	lehkomyslně	könnyelmű
medroso	bang	ängslig	—	bojácný	félénk
dicionário m	lexicon n	lexikon n	—	lexikon m	lexikon
compota f	jam m	marmelad u	marmolada f	marmeláda f	—
respiração f	adem m	andning u	oddech m	dech m	—
respirar	ademen	andas	oddychać	dýchat	—
feio	—	ful	brzydki	škaredý	csúnya
consciência f	geweten n	samvete n	sumienie n	svědomí n	—
consciencioso	nauwgezet	samvetsgrann	sumienny	svědomitě	—
ao longo de	langs	längs med	wzdłuż	podél	mentén
—	gedenken	komma ihåg	wspominać <wspomnieć>	vzpomínat <vzpomenout>	megemlékez
descer	naar beneden gaan	gå ned	iść na dół <zejść na dół>	scházet <sejít>	—
o mesmo	dezelfde	densamme	ten sam	stejný	ugyanaz
travessa f	plaat f	platta u	płyta f	deska f	—
limão m	citroen f	citron u	cytryna f	citron m	citrom
recusar	afzeggen	inställa	odmówić	odříkat <odříct>	—
anular	afbestellen	avbeställa	cofać zamówienie <cofnąć zamówienie>	rušit objednávku <zrušit>	—
renunciar a	afstand doen van	avstå från	rezygnować	zříkat, se <zříci, se>	—
—	zakdoek m	näsduk u	chusteczka f	kapesník m	zsebkendő
—	laken n	lakan n	prześcieradło n	prostěradlo n	lepedő
emprestar	uitlenen	låna ut	wypożyczać <wypożyczyć>	vypůjčovat <půjčit>	kölcsönöz
emprestar	uitlenen	låna ut	wypożyczać	půjčovat <půjčit>	kölcsönad
língua estrangeira f	vreemde taal f	främmande språk n	język obcy m	cizí jazyk m	idegen nyelv
linguagem corrente f	omgangstaal f	talspråk n	język potoczny m	hovorový jazyk m	köznyelv
língua materna f	moedertaal f	modersmål n	język ojczysty m	mateřština f	anyanyelv

leniwy

	D	E	F	I	ES
leniwy (PL)	faul	lazy	paresseux(euse)	pigro(a)	perezoso(a)
lenken (D)	—	steer	conduire	guidare	encauzar
lent (H)	unten	downstairs	dessous	sotto/giù	abajo
lent(e) (F)	langsam	slow	—	lento(a)	despacio(a)
lente (NL)	Frühling m	spring	printemps m	primavera f	primavera f
lento(a)¹ (I)	locker	loose	desserré(e)	—	flojo(a)
lento(a)² (I)	langsam	slow	lent(e)	—	despacio(a)
lényeges (H)	wesentlich	essential	essentiel(le)	essenziale	esencial
Lenyelország (H)	Polen n	Poland	Polgne f	Polonia f	Polonia f
lenzuolo (I)	Laken n	sheet	drap m	—	sábana f
leparkol (H)	parken	park	garer	parcheggiare	aparcar
lépcső (H)	Treppe f	stairs	escalier m	scala f	escalera f
lépcsőfok (H)	Stufe f	step	marche f	gradino m	escalón m
lepedő (H)	Laken n	sheet	drap m	lenzuolo m	sábana f
lepel (NL)	Löffel m	spoon	cuiller f	cucchiaio m	cuchara f
lepenka (CZ)	Pappe f	cardboard	carton m	cartone m	cartón m
lepidlo (CZ)	Klebstoff m	glue	colle f	colla f	adhesivo m
lepit <zalepít> (CZ)	kleben	stick	coller	incollare	pegar
ler (P)	lesen	read	lire	leggere	leer
lerak (H)	hinsetzen	sit down	asseoir, s'	sedersi	sentarse
leren¹ (NL)	lehren	teach	enseigner	insegnare	enseñar
leren² (NL)	lernen	learn	apprendre	imparare	aprender
leren kennen (NL)	kennen lernen	get to know	faire connaissance	fare la conoscenza di	hacer el conocimiento de
lernen (D)	—	learn	apprendre	imparare	aprender
les (NL)	Unterricht m	lessons	cours m	lezione f	enseñanza f
les (CZ)	Wald m	forest	forêt f	bosco m	bosque m
lesen (D)	—	read	lire	leggere	leer
le soir (F)	abends	in the evening	—	di sera	por la tarde
lessive (F)	Waschmittel n	detergent	—	detersivo m	detergente m
lessons (E)	Unterricht m	—	cours m	lezione f	enseñanza f
leste (P)	Osten m	east	est m	est m	este m
lesülés (H)	Sonnenbrand m	sunburn	coup de soleil m	scottatura solare f	quemadura solar f
leszáll (H)	landen	land	atterrir	atterrare	aterrizar
leszállít (H)	herabsetzen	lower	baisser	diminuire	rebajar
let (E)	lassen	—	laisser	lasciare	dejar
let (CZ)	Flug m	flight	vol m	volo m	vuelo m
lét (H)	Dasein n	existence	existence f	esistenza f	existencia f
letadlo (CZ)	Flugzeug n	aeroplane	avion m	aereo m	avión m
letapogató (H)	Scanner m	scanner	scanner m	scanner m	scanner m
letartóztat (H)	verhaften	arrest	arrêter	arrestare	detener
letecká pošta (CZ)	Luftpost f	air mail	poste aérienne f	posta aerea f	correo aéreo m
létezik (H)	existieren	exist	exister	esistere	existir
letiště (CZ)	Flughafen m	airport	aéroport m	aeroporto m	aeropuerto m
léto (CZ)	Sommer m	summer	été m	estate f	verano m
letölt (H)	herunterladen	download	télécharger	download m	bajar
létra (H)	Leiter f	ladder	échelle f	scala f	escalera f
letreiro (P)	Schild n	shield	bouclier m	scudo m	escudo m
letter (E)	Brief m	—	lettre f	lettera f	carta f
lettera (I)	Brief m	letter	lettre f	—	carta f
letterbox (E)	Briefkasten m	—	boîte aux lettres f	cassetta delle lettere f	buzón m
letto (I)	Bett n	bed	lit m	—	cama f

P	NL	SV	PL	CZ	H
preguiçoso	rot	lat	—	líný	lusta
guiar	besturen	styra	kierować <skierować>	řídit	irányít
em baixo	beneden	nere	na dole	dole	—
devagar	langzaam	långsam	powoli	pomalu	lassú
primavera f	—	vår u	wiosna f	jaro n	tavasz
frouxo	los	lös	luźny	volný	laza
devagar	langzaam	långsam	powoli	pomalu	lassú
essencial	wezenlijk	väsentlig	istotny	podstatný	—
Polónia f	Polen n	Polen n	Polska	Polsko n	—
lençol m	laken n	lakan n	prześcieradło n	prostěradlo n	lepedő
estacionar	parkeren	parkera	parkować <zaparkować>	parkovat <zaparkovat>	—
escada f	trap m	trappa u	schody m/pl	schody pl	—
degrau m	trap m	steg n	stopień m	stupeň m	—
lençol m	laken n	lakan n	prześcieradło n	prostěradlo n	—
colher f	—	sked u	łyżka f	lžíce f	kanál
cartão m	karton n	pappskiva n	papa f	—	keménypapír
cola f	kleefstof f	klister n	klej m	—	ragasztó
colar	kleven	limma	kleić <nakleić>	—	ragad
—	lezen	läsa	czytać	číst <přečíst>	olvas
sentar-se	neerzetten	sätta ned	posadzić	posadit, se	—
ensinar	—	lära ut	nauczać	učit	tanít
aprender	—	lära	uczyć, się <nauczyć, się>	učit, se <naučit, se>	tanul
conhecer	—	lära känna	poznawać	seznamovat, se <seznámit, se>	megismerkedik
aprender	leren	lära	uczyć, się <nauczyć, się>	učit, se <naučit, se>	tanul
ensino m	—	undervisning u	nauczanie n	vyučování n	tanítás
floresta f	bos n	skog u	las m	—	erdő
ler	lezen	läsa	czytać	číst <přečíst>	olvas
à noite	's avonds	på kvällen	wieczorem	večer	este
detergente m	wasmiddel n	tvättmedel n	środek piorący m	prací prostředek m	mosószer
ensino m	les f	undervisning u	nauczanie n	vyučování n	tanítás
—	oosten n	öster	wschód m	východ m	kelet
queimadura solar f	zonnebrand m	svidande solbränna u	oparzenie słoneczne n	úpal m	—
aterrar	landen	landa	lądować <wylądować>	přistávat <přistát>	—
baixar	verlagen	sänka	obniżać <obniżyć>	snižovat <snížit>	—
deixar	laten	låta	zostawiać <zostawić>	nechávat <nechat>	hagy
voo m	vlucht f	flygning u	lot m	—	repülés
existência f	bestaan n	existens u	istnienie n	existence f	—
avião m	vliegtuig n	flygplan n	samolot m	—	repülő
scanner m	scanner m	skanner m	skaner m	skener m	—
prender	arresteren	häkta	aresztować	zatýkat <zatknout>	—
correio aéreo m	luchtpost f	luftpost u	poczta lotnicza f	—	légiposta
existir	bestaan	existera	istnieć	existovat	—
aeroporto m	luchthaven m	flygplats u	port lotniczy m	—	repülőtér
verão m	zomer m	sommar u	lato n	—	nyár
descarregar	downloaden	ladda ner	pobierać z internetu	stahovat <stáhnout>	—
escadote m	ladder f	stege u	drabina f	žebřík m	—
—	schild n	skylt u	szyld m	štítek m	cégtábla
carta f	brief m	brev n	list m	dopis m	levél
carta f	brief m	brev n	list m	dopis m	levél
caixa do correio f	brievenbus f	brevláda u	skrzynka pocztowa f	schránka na dopisy f	postaláda
cama f	bed n	säng u	łóżko n	postel f	ágy

lettre

	D	E	F	I	ES
lettre (F)	Brief *m*	letter	—	lettera *f*	carta *f*
leugnen (D)	—	deny	nier	negare	negar
leuk (NL)	nett	nice	joli(e)	carino(a)	agradable
Leute (D)	—	people	gens *m/pl*	gente *f*	gente *f*
leva (SV)	leben	live	vivre	vivere	vivir
leválaszt (H)	lösen	solve	résoudre	sciogliere	desatar
levantar (ES)	heben	lift	soulever	alzare	—
levantar[1] (P)	erheben	raise	lever	alzare	elevar
levantar[2] (P)	heben	lift	soulever	alzare	levantar
levantarse (ES)	aufstehen	get up	lever, se	alzarsi	—
levantar-se (P)	aufstehen	get up	lever, se	alzarsi	levantarse
levar (P)	tragen	carry	porter	portare	cargar
levar consigo (P)	mitnehmen	take along	emmener	prendere con sé	llevar consigo
levare (I)	ausziehen	take over	enlever	—	quitarse
leve (P)	leicht	light	léger(ère)	leggero(a)	ligero(a)
levegő (H)	Luft *f*	air	air *m*	aria *f*	aire *m*
levél (H)	Brief *m*	letter	lettre *f*	lettera *f*	carta *f*
levélbélyeg (H)	Briefmarke *f*	stamp	timbre *m*	francobollo *m*	sello *m*
levelezőlap (H)	Postkarte *f*	postcard	carte postale *f*	cartolina *f*	carta postal *f*
leven (NL)	leben	live	vivre	vivere	vivir
leven (NL)	Leben *n*	life	vie *f*	vita *f*	vida *f*
levendig[1] (NL)	belebt	lively	animé(e)	animato(a)	animado(a)
levendig[2] (NL)	lebendig	alive	vivant(e)	vivo(a)	vivo(a)
levensgezel (NL)	Lebensgefährte *m*	companion	compagnon *m*	coniuge *m/f*	compañero de la vida *m*
levensloop (NL)	Lebenslauf *m*	curriculum vitae	curriculum vitae *m*	curriculum vitae *m*	curriculum vitae *m*
levensmiddelen (NL)	Lebensmittel *pl*	food	denrées alimentaires *f/pl*	generi alimentari *m/pl*	alimentos *m/pl*
lever (F)	erheben	raise	—	alzare	elevar
leverans (SV)	Lieferung *f*	delivery	livraison *f*	fornitura *f*	suministro *m*
leveren (NL)	liefern	deliver	livrer	fornire	suministrar
leverera (SV)	liefern	deliver	livrer	fornire	suministrar
levering (NL)	Lieferung *f*	delivery	livraison *f*	fornitura *f*	suministro *m*
lever, se (F)	aufstehen	get up	—	alzarsi	levantarse
leves (H)	Suppe *f*	soup	soupe *f*	zuppa *f*	sopa *f*
leviano (P)	leichtsinnig	careless	étourdi(e)	spensierato(a)	imprudente
levně (CZ)	billig	cheap	bon marché	a buon mercato	barato(a)
lexicon (NL)	Lexikon *n*	encyclopaedia	encyclopédie *f*	enciclopedia *f*	diccionario *m*
Lexikon (D)	—	encyclopaedia	encyclopédie *f*	enciclopedia *f*	diccionario *m*
lexikon (SV)	Lexikon *n*	encyclopaedia	encyclopédie *f*	enciclopedia *f*	diccionario *m*
lexikon (CZ)	Lexikon *n*	encyclopaedia	encyclopédie *f*	enciclopedia *f*	diccionario *m*
lexikon (H)	Lexikon *n*	encyclopaedia	encyclopédie *f*	enciclopedia *f*	diccionario *m*
ley (ES)	Gesetz *n*	law	loi *f*	legge *f*	—
lezajlik (H)	stattfinden	take place	avoir lieu	avere luogo	tener lugar
ležák (PL)	Liegestuhl *m*	deck chair	chaise longue *f*	sedia a sdraio *f*	tumbona *f*
lezen (NL)	lesen	read	lire	leggere	leer
lezione (I)	Unterricht *m*	lessons	cours *m*	—	enseñanza *f*
lézt \<vylézt\> (CZ)	klettern	climb	grimper	arrampicarsi	escalar
lhát \<zalhat\> (CZ)	lügen	lie	mentir	mentire	mentir
líbat \<políbit\> (CZ)	küssen	kiss	embrasser	baciare	besar
libertad (ES)	Freiheit *f*	freedom	liberté *f*	libertà *f*	—
liberdade (P)	Freiheit *f*	freedom	liberté *f*	libertà *f*	libertad *f*

P	NL	SV	PL	CZ	H
carta f	brief m	brev n	list m	dopis m	levél
negar	ontkennen	förneka	zaprzeczać <zaprzeczyć>	zapírat <zapřít>	tagad
simpático	—	trevlig	miły	milý	kedves
pessoas f/pl	mensen pl	folk pl	ludzie pl	lidé pl	emberek
viver	leven	—	żyć	žít	él
soltar	oplossen	ta loss	rozwiązywać <rozwiązać>	uvolňovat <uvolnit>	—
levantar	heffen	häva	podnosić <podnieść>	zdvihat <zdvihnout>	emel
—	heffen	upphöja	podnosić <podnieść>	vznášet <vznést>	felkel
—	heffen	häva	podnosić <podnieść>	zdvihat <zdvihnout>	emel
levantar-se	opstaan	stiga upp	wstawać <wstać>	vstávat <vstát>	feláll
—	opstaan	stiga upp	wstawać <wstać>	vstávat <vstát>	feláll
—	dragen	bära	nosić <nieść>	nosit	hord
—	meenemen	ta med	zabierać ze sobą <zabrać ze sobą>	vrát s sebou <vzít s sebou>	magával visz
despir	uittrekken	klä av sig	zdejmować <zdjąć>	svlékat <svléknout>	kihúz
—	licht	lätt	lekki	lehký	könnyű
ar m	lucht f	luft u	powietrze n	vzduch m	—
carta f	brief m	brev n	list m	dopis m	—
selo m	postzegel m	frimärke n	znaczek pocztowy m	poštovní známka f	—
postal m	briefkaart f	vykort n	pocztówka f	korespondenční lístek m	—
viver	—	leva	żyć	žít	él
vida f	—	liv n	życie n	život m	élet
animado	—	livlig	ożywiony	oživený	forgalmas
vivo	—	livlig	żywy	živý	eleven
companheiro de vida m	—	partner u	towarzysz życia m	druh m	élettárs
curriculum vitae m	—	meritförteckning u	życiorys m	životopis m	önéletrajz
víveres m/pl	—	livsmedel pl	artykuły żywnościowe m/pl	potraviny f/pl	élelmiszer
levantar	heffen	upphöja	podnosić <podnieść>	vznášet <vznést>	felkel
fornecimento m	levering f	—	dostawa f	dodávka f	szállítmány
fornecer	—	leverera	dostarczać <dostarczyć>	dodávat <dodat>	szállít
fornecer	leveren	—	dostarczać <dostarczyć>	dodávat <dodat>	szállít
fornecimento m	—	leverans u	dostawa f	dodávka f	szállítmány
levantar-se	opstaan	stiga upp	wstawać <wstać>	vstávat <vstát>	feláll
sopa f	soep f	soppa u	zupa f	polévka f	—
—	lichtzinnig	lättsinnig	lekkomyślny	lehkomyslně	könnyelmű
barato	goedkoop	billig	tani	—	olcsó
dicionário m	—	lexikon n	leksykon m	lexikon m	lexikon
dicionário m	lexicon n	lexikon n	leksykon m	lexikon m	lexikon
dicionário m	lexicon n	lexikon n	leksykon m	lexikon m	lexikon
dicionário m	lexicon n	lexikon n	leksykon m	lexikon m	lexikon
dicionário m	lexicon n	lexikon n	leksykon m	—	lexikon
dicionário m	lexicon n	lexikon n	leksykon m	lexikon m	—
lei f	wet m	lag u	ustawa f	zákon m	törvény
realizar-se	plaatsvinden	äga rum	odbywać, się <odbyć, się>	konat, se	—
cadeira de repouso f	ligstoel m	liggstol u	—	lehátko n	nyugágy
ler	—	läsa	czytać	číst <přečíst>	olvas
ensino m	les f	undervisning u	nauczanie n	vyučování n	tanítás
trepar	klimmen	klättra	wspinać, się <wspiąć, się>	—	felmászik
mentir	liegen	ljuga	kłamać <skłamać>	—	hazudik
beijar	kussen	kyssa	całować <pocałować>	—	csókol
liberdade f	vrijheid f	frihet u	wolność f	svoboda f	szabadság
—	vrijheid f	frihet u	wolność f	svoboda f	szabadság

libertà

	D	E	F	I	ES
libertà (I)	Freiheit f	freedom	liberté f	—	libertad f
liberté (F)	Freiheit f	freedom	—	libertà f	libertad f
líbit (CZ)	gefallen	please	plaire	piacere	gustar
libovolně (CZ)	beliebig	any	n'importe quel	qualsiasi	a voluntad
librairie (F)	Buchhandlung f	bookshop	—	libreria f	librería f
libreria (I)	Buchhandlung f	bookshop	librairie f	—	librería f
librería (ES)	Buchhandlung f	bookshop	librairie f	libreria f	—
libro (I)	Buch n	book	livre m	—	libro m
libro (ES)	Buch n	book	livre m	libro m	—
licenziare¹ (I)	entlassen	discharge	renvoyer	—	despedir
licenziare² (I)	kündigen	give notice	résilier	—	despedir
lichaam (NL)	Körper m	body	corps m	corpo m	cuerpo m
Licht (D)	—	light	lumière f	luce f	luz f
licht (NL)	Licht n	light	lumière f	luce f	luz f
licht¹ (NL)	hell	bright	clair(e)	chiaro(a)	claro(a)
licht² (NL)	leicht	light	léger(ère)	leggero(a)	ligero(a)
lichte maaltijd (NL)	Imbiss m	snack	casse-croûte m	spuntino m	refrigerio m
lichtschakelaar (NL)	Lichtschalter m	light switch	interrupteur m	interruttore m	interruptor m
Lichtschalter (D)	—	light switch	interrupteur m	interruttore m	interruptor m
lichtzinnig (NL)	leichtsinnig	careless	étourdi(e)	spensierato(a)	imprudente
liczyć (PL)	zählen	count	compter	contare	contar
lid (E)	Deckel m	—	couvercle m	coperchio m	tapa f
lid (NL)	Mitglied n	member	membre m	membro m	miembro m
lida (SV)	leiden	suffer	souffrir	soffrire	sufrir
lidé (CZ)	Leute pl	people	gens m/pl	gente f	gente f
lidelse (SV)	Leidenschaft f	passion	passion f	passione f	pasión f
lie (E)	lügen	—	mentir	mentire	mentir
lieb (D)	—	sweet	gentil(le)	caro(a)	amable
Liebe (D)	—	love	amour m	amore m	amor m
lieben (D)	—	love	aimer	amare	amar
liebenswürdig (D)	—	kind	aimable	gentile	simpático(a)
Lied (D)	—	song	chanson f	canzone f	canción f
lied (NL)	Lied n	song	chanson f	canzone f	canción f
lief (NL)	lieb	sweet	gentil(le)	caro(a)	amable
liefde (NL)	Liebe f	love	amour m	amore m	amor m
liefern (D)	—	deliver	livrer	fornire	suministrar
Lieferung (D)	—	delivery	livraison f	fornitura f	suministro m
liegen (NL)	lügen	lie	mentir	mentire	mentir
Liegestuhl (D)	—	deck chair	chaise longue f	sedia a sdraio f	tumbona f
Liegewagen (D)	—	couchette	wagon-couchette m	cuccetta f	coche cama m
lien (F)	Link m	link	—	collegamento ipertestuale m	enlace m
lieto(a)¹ (I)	erfreut	delighted	réjoui(e)	—	contento(a)
lieto(a)² (I)	froh	glad	content(e)	—	contento(a)
life (E)	Leben n	—	vie f	vita f	vida f
lift (E)	heben	—	soulever	alzare	levantar
lift (NL)	Fahrstuhl m	elevator	ascenseur m	ascensore m	ascensor m
lift (H)	Fahrstuhl m	elevator	ascenseur m	ascensore m	ascensor m
ligação (P)	Anschluss m	connection	correspondance f	coincidenza f	conexión f
ligadura (P)	Binde f	bandage	bandage m	fascia f	faj f
ligar¹ (P)	binden	bind	attacher	legare	atar
ligar² (P)	einschalten	switch on	allumer	accendere	conectar
ligar³ (P)	schalten	switch	connecter	commutare	conectar
ligero(a) (ES)	leicht	light	léger(ère)	leggero(a)	—

ligero(a)

P	NL	SV	PL	CZ	H
liberdade f	vrijheid f	frihet u	wolność f	svoboda f	szabadság
liberdade f	vrijheid f	frihet u	wolność f	svoboda f	szabadság
agradar	bevallen	tycka om	podobać, się <spodobać, się>	—	tetszik
qualquer	willekeurig	valfri	dowolny	—	tetszés szerinti
livraria f	boekhandel m	bokhandel u	księgarnia f	knihkupectví n	könyvesbolt
livraria f	boekhandel m	bokhandel u	księgarnia f	knihkupectví n	könyvesbolt
livraria f	boekhandel m	bokhandel u	księgarnia f	knihkupectví n	könyvesbolt
livro m	boek n	bok u	książka f	kniha f	könyv
livro m	boek n	bok u	książka f	kniha f	könyv
despedir	ontslaan	avskeda	zwalniać <zwolnić>	propouštět <propustit>	elbocsát
despedir	opzeggen	säga upp	wypowiadać <wypowiedzieć>	dávat výpověď <dát výpověď>	felmond
corpo m	—	kropp u	ciało n	tělo n	test
luz f	licht n	ljus n	światło n	světlo n	fény
luz f	—	ljus n	światło n	světlo n	fény
claro	—	ljus	jasny	světlý	világos
leve	—	lätt	lekki	lehký	könnyű
merenda f	—	korvkiosk u	przekąska f	imbis m	imbisz
interruptor m	—	ljuskontakt u	włącznik światła m	vypínač světla m	villanykapcsoló
interruptor m	lichtschakelaar m	ljuskontakt u	włącznik światła m	vypínač světla m	villanykapcsoló
leviano	—	lättsinnig	lekkomyślny	lehkomyslně	könnyelmű
contar	tellen	räkna	—	počítat <spočítat>	számol
tampa f	deksel n	lock n	przykrywka f	víko n	fedél
membro m	—	medlem u	członek m	člen m	tag
sofrer	lijden	—	cierpieć	trpět <utrpět>	szenved
pessoas f/pl	mensen pl	folk pl	ludzie pl	—	emberek
paixão f	hartstocht m	—	namiętność f	vášeň f	szenvedély
mentir	liegen	ljuga	kłamać <skłamać>	lhát <zalhat>	hazudik
querido	lief	snäll	miły	milý	kedves
amor m	liefde f	kärlek u	miłość f	láska f	szeretet
amar	houden van	älska	kochać	milovat	szeret
amável	vriendelijk	älskvärd	miły	laskavý	szívélyes
canção f	lied m	sång u	piosenka f	píseň f	dal
canção f	—	sång u	piosenka f	píseň f	dal
querido	—	snäll	miły	milý	kedves
amor m	—	kärlek u	miłość f	láska f	szeretet
fornecer	leveren	leverera	dostarczać <dostarczyć>	dodávat <dodat>	szállít
fornecimento m	levering f	leverans u	dostawa f	dodávka f	szállítmány
mentir	—	ljuga	kłamać <skłamać>	lhát <zalhat>	hazudik
cadeira de repouso f	ligstoel m	liggstol u	leżak m	lehátko n	nyugágy
vagão-cama m	ligrijtuig n	liggvagn u	kuszetka f	lehátkový vůz m	hálókocsi
enlace m	link m	länk u	łącze internetowe n	link m	összeköttetés
satisfeito	verheugd	glad	uradowany	potěšený	nagyon örülök
contente	blij	glad	zadowolony	rád	boldog
vida f	leven n	liv n	życie n	život m	élet
levantar	heffen	häva	podnosić <podnieść>	zdvihat <zdvihnout>	emel
elevador m	—	hiss u	winda f	výtah m	lift
elevador m	lift m	hiss u	winda f	výtah m	—
—	aansluiting f	anslutning u	przyłączenie n	přípoj m	csatlakozás
—	verband n	binda u	opaska f	páska f	kötés/fásli
—	binden	binda fast	wiązać	svazovat <svázat>	köt
—	inschakelen	koppla in	włączać <włączyć>	zapínat <zapnout>	bekapcsol
—	schakelen	koppla	przełączać <przełączyć>	zapínat <zapnout>	kapcsol
leve	licht	lätt	lekki	lehký	könnyű

liggstol

	D	E	F	I	ES
liggstol (SV)	Liegestuhl m	deck chair	chaise longue f	sedia a sdraio f	tumbona f
liggvagn (SV)	Liegewagen m	couchette	wagon-couchette m	cuccetta f	coche cama m
light (E)	anzünden	—	allumer	accendere	encender
light (E)	leicht	—	léger(ère)	leggero(a)	ligero(a)
light (E)	Licht n	—	lumière f	luce f	luz f
light bulb (E)	Glühbirne f	—	ampoule f	lampadina f	lámpara f
lighter (E)	Feuerzeug n	—	briquet m	accendino m	encendedor m
lightning[1] (E)	Beleuchtung f	—	éclairage m	illuminazione f	iluminación f
lightning[2] (E)	Blitz m	—	éclair m	lampo m	rayo m
light switch (E)	Lichtschalter m	—	interrupteur m	interruttore m	interruptor m
ligrijtuig (NL)	Liegewagen m	couchette	wagon-couchette m	cuccetta f	coche cama m
ligstoel (NL)	Liegestuhl m	deck chair	chaise longue f	sedia a sdraio f	tumbona f
lijden (NL)	leiden	suffer	souffrir	soffrire	sufrir
lijk (NL)	Leiche f	corpse	cadavre m	cadavere m	cadáver m
lijst (NL)	Verzeichnis n	list	registre m	elenco m	registro m
lik (SV)	Leiche f	corpse	cadavre m	cadavere m	cadáver m
lika[1] (SV)	egal	all the same	égal(e)	uguale	igual
lika[2] (SV)	gleich	same	égal(e)	identico(a)	idéntico(a)
likaså (SV)	ebenfalls	likewise	aussi	altrettanto	también
like (E)	mögen	—	aimer	piacere	querer
likeable (E)	sympathisch	—	sympathique	simpatico(a)	simpático(a)
likewise (E)	ebenfalls	—	aussi	altrettanto	también
likkista (SV)	Sarg m	coffin	cercueil m	bara f	ataúd m
likna (SV)	ähneln	be similar	ressembler	simile	parecerse a
liknande (SV)	ähnlich	similar	semblable	simile	parecido
likväl (SV)	dennoch	nevertheless	cependant	tuttavia	sin embargo
lila (D)	—	purple	mauve	lilla	de color lila
lila (NL)	lila	purple	mauve	lilla	de color lila
lila (SV)	lila	purple	mauve	lilla	de color lila
lila (H)	lila	purple	mauve	lilla	de color lila
liliowy (PL)	lila	purple	mauve	lilla	de color lila
lilla (I)	lila	purple	mauve	—	de color lila
limão (P)	Zitrone f	lemon	citron m	limone m	limón m
límec (CZ)	Kragen m	collar	col m	colletto m	cuello m
limma (SV)	kleben	stick	coller	incollare	pegar
limón (ES)	Zitrone f	lemon	citron m	limone m	—
limone (I)	Zitrone f	lemon	citron m	—	limón m
limpar[1] (P)	reinigen	clean	nettoyer	pulire	limpiar
limpar[2] (P)	putzen	clean	nettoyer	pulire	limpiar
limpeza (P)	Reinigung f	cleaning	nettoyage m	pulitura f	limpieza f
limpiar[1] (ES)	reinigen	clean	nettoyer	pulire	—
limpiar[2] (ES)	putzen	clean	nettoyer	pulire	—
limpieza (ES)	Reinigung f	cleaning	nettoyage m	pulitura f	—
limpio(a) (ES)	sauber	clean	propre	pulito(a)	—
limpo (P)	sauber	clean	propre	pulito(a)	limpio(a)
linge (F)	Wäsche f	washing	—	biancheria f	ropa f
lingua (I)	Sprache f	language	langage m	—	idioma m
língua estrangeira (P)	Fremdsprache f	foreign language	langue étrangère f	lingua straniera f	lengua extranjera f
linguagem corrente (P)	Umgangssprache f	colloquial language	langue familière f	lingua parlata f	lenguaje coloquial m
lingua madre (I)	Muttersprache f	native language	langue maternelle f	—	lengua materna f
língua materna (P)	Muttersprache f	native language	langue maternelle f	lingua madre f	lengua materna f
lingua parlata (I)	Umgangssprache f	colloquial language	langue familière f	—	lenguaje coloquial m
lingua straniera (I)	Fremdsprache f	foreign language	langue étrangère f	—	lengua extranjera f

lingua straniera

P	NL	SV	PL	CZ	H
cadeira de repouso f	ligstoel m	—	leżak m	lehátko n	nyugágy
vagão-cama m	ligrijtuig n	—	kuszetka f	lehátkový vůz m	hálókocsi
acender	aansteken	tända	zapalać <zapalić>	zapalovat <zapálit>	gyújt
leve	licht	lätt	lekki	lehký	könnyű
luz f	licht n	ljus n	światło n	světlo n	fény
lâmpada f	gloeilamp f	glödlampa u	żarówka f	žárovka f	villanykörte
isqueiro m	aansteker m	cigarrettändare u	zapalniczka f	zapalovač m	öngyújtó
iluminação f	verlichting f	belysning u	oświetlenie n	osvětlení n	kivilágítás
relâmpago m	bliksem m	blixt u	piorun m	blesk m	villám
interruptor m	lichtschakelaar m	ljuskontakt u	włącznik światła m	vypínač světla m	villanykapcsoló
vagão-cama m	—	liggvagn u	kuszetka f	lehátkový vůz m	hálókocsi
cadeira de repouso f	—	liggstol u	leżak m	lehátko n	nyugágy
sofrer	—	lida	cierpieć	trpět <utrpět>	szenved
cadáver m	—	lik n	zwłoki pl	mrtvola f	holttest
lista f	—	förteckning u	spis m	seznam m	jegyzék
cadáver m	lijk n	—	zwłoki pl	mrtvola f	holttest
igual	om het even/egaal	—	obojętnie	jedno	mindegy
igual	gelijk/hetzelfde/meteen	—	taki sam	hned	mindjárt
igualmente	eveneens	—	również	rovněž	szintén
gostar de	graag hebben/mogen	tycka om	lubić	mít rád	kedvel
simpático	sympathiek	trevlig	sympatyczny	sympatický	szimpatikus
igualmente	eveneens	likaså	również	rovněž	szintén
caixão m	doodkist f	—	trumna f	rakev f	koporsó
assemelhar-se a	gelijken	—	być podobnym	podobat, se	hasonlít
semelhante	dergelijk	—	podobny	podobný	hasonló
apesar de	evenwel	—	jednakże	přesto	mégis
roxo	lila	lila	liliowy	fialový	lila
roxo	—	lila	liliowy	fialový	lila
roxo	lila	—	liliowy	fialový	lila
roxo	lila	lila	liliowy	fialový	—
roxo	lila	lila	—	fialový	lila
roxo	lila	lila	liliowy	fialový	lila
—	citroen f	citron u	cytryna f	citron m	citrom
colarinho m	kraag m	krage u	kołnierz m	—	gallér
colar	kleven	—	kleić <nakleić>	lepit <zalepit>	ragad
limão m	citroen f	citron u	cytryna f	citron m	citrom
limão m	citroen f	citron u	cytryna f	citron m	citrom
—	reinigen	göra rent	oczyszczać <oczyścić>	čistit <vyčistit>	tisztít
—	poetsen	städa	czyścić <wyczyścić>	čistit <vyčistit>	pucol
—	reiniging f	rengöring u	czyszczenie n	čištění n	tisztítás
limpar	reinigen	göra rent	oczyszczać <oczyścić>	čistit <vyčistit>	tisztít
limpar	poetsen	städa	czyścić <wyczyścić>	čistit <vyčistit>	pucol
limpeza f	reiniging f	rengöring u	czyszczenie n	čištění n	tisztítás
limpo	schoon	ren	czysty	čistý	tiszta
—	schoon	ren	czysty	čistý	tiszta
roupa f	was m	tvätt u	pranie	prádlo n	fehérnemű
idioma m	taal f	språk n	język m	jazyk m	nyelv
—	vreemde taal f	främmande språk n	język obcy m	cizí jazyk m	idegen nyelv
—	omgangstaal f	talspråk n	język potoczny m	hovorový jazyk m	köznyelv
língua materna f	moedertaal f	modersmål n	język ojczysty m	mateřština f	anyanyelv
—	moedertaal f	modersmål n	język ojczysty m	mateřština f	anyanyelv
linguagem corrente f	omgangstaal f	talspråk n	język potoczny m	hovorový jazyk m	köznyelv
língua estrangeira f	vreemde taal f	främmande språk n	język obcy m	cizí jazyk m	idegen nyelv

Link

	D	E	F	I	ES
Link (D)	—	link	lien m	collegamento ipertestuale m	enlace m
link (E)	Link m	—	lien m	collegamento ipertestuale m	enlace m
link (NL)	Link m	link	lien m	collegamento ipertestuale m	enlace m
link (CZ)	Link m	link	lien m	collegamento ipertestuale m	enlace m
links (D)	—	left	à gauche	a sinistra	a la izquierda
links (NL)	links	left	à gauche	a sinistra	a la izquierda
líný (CZ)	faul	lazy	paresseux(euse)	pigro(a)	perezoso(a)
lire (F)	lesen	read	—	leggere	leer
liść (PL)	Blatt n	leaf	feuille f	foglia f	hoja f
liscio(a) (I)	glatt	smooth	lisse	—	liso(a)
liso (P)	glatt	smooth	lisse	liscio(a)	liso(a)
liso(a) (ES)	glatt	smooth	lisse	liscio(a)	—
lisse (F)	glatt	smooth	—	liscio(a)	liso(a)
list (E)	Verzeichnis n	—	registre m	elenco m	registro m
list (PL)	Brief m	letter	lettre f	lettera f	carta f
list (CZ)	Blatt n	leaf	feuille f	foglia f	hoja f
lista (P)	Verzeichnis n	list	registre m	elenco m	registro m
lista de platos (ES)	Speisekarte f	menu	menu m	menu m	—
lista f telefónica (P)	Telefonbuch n	phone book	annuaire téléphonique m	elenco telefonico m	guía telefónica f
listen (E)	zuhören	—	écouter	ascoltare	escuchar
listener (E)	Hörer m	—	auditeur m	ascoltatore m	oyente m
listo(a) (ES)	fertig	ready	prêt(e)	pronto(a)	—
listonosz (PL)	Postbote m	postman	facteur m	postino m	cartero m
lit (F)	Bett n	bed	—	letto m	cama f
lita på (SV)	vertrauen	trust	avoir confiance	fidarsi	confiar
lite (I)	Streit m	argument	dispute f	—	disputa f
lite¹ (SV)	bisschen	a little	un peu	un po'	un poquito
lite² (SV)	wenig	little	peu de	poco	poco(a)
liten (SV)	klein	small/little	petit(e)	piccolo(a)	pequeño(a)
literować (PL)	buchstabieren	spell	épeler	sillabare	deletrear
litigare (I)	streiten	quarrel	disputer, se	—	discutir
litość (PL)	Mitleid n	pity	compassion f	compassione f	compasión f
litovat (CZ)	bereuen	regret	regretter	pentirsi	arrepentirse
litovat <politovat>¹ (CZ)	bedauern	regret	regretter	deplorare	lamentar algo
litovat <politovat>² (CZ)	bemitleiden	pity	plaindre	compatire	compadecerse de
little (E)	wenig	—	peu de	poco	poco(a)
liv (SV)	Leben n	life	vie f	vita f	vida f
live¹ (E)	leben	—	vivre	vivere	vivir
live² (E)	wohnen	—	habiter	abitare	vivir
lively (E)	belebt	—	animé(e)	animato(a)	animado(a)
living room (E)	Wohnzimmer n	—	salon m	salotto m	cuarto de estar m
livlig¹ (SV)	belebt	lively	animé(e)	animato(a)	animado(a)
livlig² (SV)	lebendig	alive	vivant(e)	vivo(a)	vivo(a)
livnära (SV)	ernähren	feed	nourrir	nutrire	alimentar
livraison (F)	Lieferung f	delivery	—	fornitura f	suministro m
livraria (P)	Buchhandlung f	bookshop	librairie f	libreria f	librería f
livre (F)	Buch n	book	—	libro m	libro m
livrer (F)	liefern	deliver	—	fornire	suministrar

livrer

P	NL	SV	PL	CZ	H
enlace m	link m	länk u	łącze internetowe n	link m	összeköttetés
enlace m	link m	länk u	łącze internetowe n	link m	összeköttetés
enlace m	—	länk u	łącze internetowe n	link m	összeköttetés
enlace m	link m	länk u	łącze internetowe n	—	összeköttetés
esquerda	links	till vänster	na lewo	vlevo	balra
esquerda	—	till vänster	na lewo	vlevo	balra
preguiçoso	rot	lat	leniwy	—	lusta
ler	lezen	läsa	czytać	číst <přečíst>	olvas
folha f	blad n	blad n	—	list m	lap
liso	glad	jämn	gładki	hladký	sima
—	glad	jämn	gładki	hladký	sima
liso	glad	jämn	gładki	hladký	sima
liso	glad	jämn	gładki	hladký	sima
lista f	lijst m	förteckning u	spis m	seznam m	jegyzék
carta f	brief m	brev n	—	dopis m	levél
folha f	blad n	blad n	liść m	—	lap
—	lijst m	förteckning u	spis m	seznam m	jegyzék
ementa f	spijskaart f	matsedel u	jadłospis m	jídelní lístek m	étlap
—	telefoonboek n	telefonkatalog u	książka telefoniczna f	telefonní seznam m	telefonkönyv
escutar	luisteren	lyssna	przysłuchiwać się	poslouchat <poslechnout>	hallgat
ouvinte m	luisteraar m	lyssnare u	słuchacz m	posluchač m	hallgató
pronto	klaar	färdig	gotowy	hotový	kész
carteiro m	postbode m	brevbärare u	—	poštovní doručovatel m	postás
cama f	bed n	säng u	łóżko n	postel f	ágy
confiar	vertrouwen	—	ufać	důvěřovat	megbízik
disputa f	ruzie f	bråk n	kłótnia f	spor m	vita
bocadinho	beetje	—	trochę	malinko	egy kicsit
pouco	weinig	—	mało	málo	kevés
pequeno	klein	—	mały	malý	kis/kicsi
soletrar	spellen	stava	—	hláskovat <odhláskovat>	betűz
disputar	ruzie maken	bråka	kłócić się	hádat, se <pohádat, se>	vitatkozik
compaixão f	medelijden n	medlidande n	—	soucit m	részvét
arrepender-se	berouwen	ångra	żałować <pożałować>	—	megbánja
lamentar	betreuren	beklaga	żałować	—	sajnál
ter pena de alguém	medelijden hebben met	hysa medlidande med	współczuć	—	sajnál
pouco	weinig	lite	mało	málo	kevés
vida f	leven n	—	życie n	život m	élet
viver	leven	leva	żyć	žít	él
morar	wonen	bo	mieszkać	bydlet	lakik
animado	levendig	livlig	ożywiony	oživený	forgalmas
sala de estar f	huiskamer m	vardagsrum n	pokój mieszkalny m	obývací pokoj m	lakószoba
animado	levendig	—	ożywiony	oživený	forgalmas
vivo	levendig	—	żywy	živý	eleven
alimentar	voeden	—	odżywiać	živit	táplál
fornecimento m	levering f	leverans u	dostawa f	dodávka f	szállítmány
—	boekhandel m	bokhandel u	księgarnia f	knihkupectví n	könyvesbolt
livro m	boek n	bok u	książka f	kniha f	könyv
fornecer	leveren	leverera	dostarczać <dostarczyć>	dodávat <dodat>	szállít

livro

	D	E	F	I	ES
livro (P)	Buch n	book	livre m	libro m	libro m
livsmedel (SV)	Lebensmittel pl	food	denrées alimentaires f/pl	generi alimentari m/pl	alimentos m/pl
lixo (P)	Abfall m	rubbish	déchets m/pl	immondizia f	basura f
ljuga (SV)	lügen	lie	mentir	mentire	mentir
ljus (SV)	hell	bright	clair(e)	chiaro(a)	claro(a)
ljus¹ (SV)	Kerze f	candle	bougie f	candela f	vela f
ljus² (SV)	Licht n	light	lumière f	luce f	luz f
ljuskontakt (SV)	Lichtschalter m	light switch	interrupteur m	interruttore m	interruptor m
llama (ES)	Flamme f	flame	flamme f	fiamma f	—
llamada (ES)	Anruf m	call	appel téléphonique m	chiamata f	—
llamada interurbana (ES)	Ferngespräch n	long-distance call	communication interurbaine f	telefonata interurbana f	—
llamar (ES)	rufen	shout	appeler	chiamare	—
llamar la atención (ES)	auffallen	be noticeable	faire remarquer, se	dare nell'occhio	—
llamar por teléfono¹ (ES)	anrufen	ring up	téléphoner	telefonare	—
llamar por teléfono² (ES)	telefonieren	telephone	téléphoner	telefonare	—
llamarse (ES)	heißen	be called	appeler, s'	chiamarsi	—
llano(a) (ES)	flach	flat	plat(e)	piatto(a)	—
llave (ES)	Schlüssel m	key	clé f	chiave f	—
llegada (ES)	Ankunft f	arrival	arrivée f	arrivo m	—
llegar (ES)	ankommen	arrive	arriver	arrivare	—
llenar (ES)	ausfüllen	fill in	remplir	riempire	—
llenar de gasolina (ES)	tanken	fill up with petrol	prendre de l'essence	fare benzina	—
lleno(a) (ES)	voll	full	plein(e)	pieno(a)	—
llevar (ES)	bringen	fetch	porter	portare	—
llevar consigo (ES)	mitnehmen	take along	emmener	prendere con sé	—
llevar retraso (ES)	verspäten, sich	be late	être en retard	ritardare	—
llorar (ES)	weinen	cry	pleurer	piangere	—
llover (ES)	regnen	rain	pleuvoir	piovere	—
lluvia (ES)	Regen m	rain	pluie f	pioggia f	—
lő (H)	schießen	shoot	tirer	sparare	disparar
ló (H)	Pferd n	horse	cheval m	cavallo m	caballo m
load (E)	aufladen	—	charger	caricare	cargar
load (E)	Last f	—	charge f	carico m	peso m
loben (D)	—	praise	louer	lodare	elogiar
local de moradia (P)	Wohnort m	domicile	domicile m	residenza f	domicilio m
locataire (F)	Mieter m	tenant	—	inquilino m	inquilino m
lock (E)	Schloss n	—	serrure f	serratura f	castillo m
lock (SV)	Deckel m	lid	couvercle m	coperchio m	tapa f
locka (SV)	locken	attract	attirer	attirare	atraer
locken (D)	—	attract	attirer	attirare	atraer
locker (D)	—	loose	desserré(e)	lento(a)	flojo(a)
lock up (E)	einschließen	—	refermer	rinchiudere	encerrar
lock (up) (E)	zuschließen	—	fermer à clé	chiudere a chiave	cerrar con llave
loco(a) (ES)	verrückt	mad	fou (folle)	pazzo(a)	—
lód¹ (PL)	Eis n	ice	glace f	ghiaccio m	hielo m
lód² (PL)	Eis n	ice cream	glace f	gelato m	helado m
loď¹ (CZ)	Boot n	boat	bateau m	barca f	bote m

loď

P	NL	SV	PL	CZ	H
—	boek n	bok u	książka f	kniha f	könyv
viveres m/pl	levensmiddelen pl	—	artykuły żywnościowe m/pl	potraviny f/pl	élelmiszer
—	afval m	avfall n	odpady m/pl	odpad m	hulladék
mentir	liegen	—	kłamać <skłamać>	lhát <zalhat>	hazudik
claro	licht	—	jasny	světlý	világos
vela f	kaars f	—	świeca f	svíčka f	gyertya
luz f	licht n	—	światło n	světlo n	fény
interruptor m	lichtschakelaar m	—	włącznik światła m	vypínač světla m	villanykapcsoló
chama f	vlam f	flamma u	płomień m	plamen m	láng
telefonema m	telefoontje n	telefonsamtal n	rozmowa telefoniczna f	zavolání n	telefonhívás
telefonema interurbano m	interlokaal telefoongesprek n	utlandssamtal n	rozmowa międzymiastowa f	dálkový hovor m	távolsági hívás
chamar	roepen	ropa	wołać <zawołać>	volat <zavolat>	hív
dar nas vistas	opvallen	väcka uppmärksamhet	rzucać się w oczy	být nápadný	feltűnik
telefonar	opbellen	ringa	telefonować <zatelefonować>	zavolat	felhív
telefonar	telefoneren	ringa	telefonować	telefonovat <zatelefonovat>	telefonál
chamar-se	heten	heta	nazywać, się	jmenovat, se	hív
plano	vlak	flat	płaski	plochý	lapos
chave f	sleutel m	nyckel u	klucz m	klíč m	kulcs
chegada f	aankomst f	ankomst u	przyjazd m	příjezd m	megérkezés
chegar	aankomen	komma fram	przybywać <przybyć>	přijíždět <přijet>	megérkez
preencher	invullen	fylla i	wypełniać <wypełnić>	vyplňovat <vyplnit>	kitölt
meter gasolina	tanken	tanka	tankować	tankovat <natankovat>	tankol
cheio	vol	full	pełen	plný	tele
trazer	brengen	hämta	przynosić <przynieść>	přinášet <přinést>	hoz
levar consigo	meenemen	ta med	zabierać ze sobą <zabrać ze sobą>	vrát s sebou <vzít s sebou>	magával visz
atrasar-se	vertraging hebben	vara försenad	spóźniać się	zpožďovat, se <zpozdít, se>	elkésik
chorar	huilen	gråta	płakać	plakat	sír
chover	regenen	regna	pada deszcz	pršet <zapršet>	esik az eső
chuva f	regen m	regn n	deszcz m	déšť m	eső
disparar	schieten	skjuta	strzelać <strzelić>	střílet <vystřelit>	—
cavalo m	paard n	häst u	koń m	kůň m	—
carregar	opladen	ladda upp	załadowywać <załadować>	nakládat <naložit>	felrakodik
carga f	last f	last u	ciężar m	břemeno n	teher
elogiar	loven	berömma	chwalić	chválit <pochválit>	dicsér
—	woonplaats m	hemvist u	miejsce zamieszkania n	bydliště n	lakhely
inquilino m	huurder m	hyresgäst u	najemca m	nájemník m	bérlő
palácio m	kasteel n	lås n	pałac m	zámek m	kastély
tampa f	deksel n	—	przykrywka f	víko n	fedél
encaracolar	lokken	—	wabić <zwabić>	lákat <zlákat>	csalogat
encaracolar	lokken	locka	wabić <zwabić>	lákat <zlákat>	csalogat
frouxo	los	lös	luźny	volný	laza
fechar	insluiten	låsa in	zamykać <zamknąć>	zavírat <zavřít>	bezár
fechar à chave	afsluiten	låsa	zamykać na klucz	zamykat <zamknout>	bezár
doido	gek	tokig	zwariowany	pomatený	bolond
gelo m	ijs n	is u	—	led m	jég
gelado m	ijs n	glass u	—	zmrzlina f	fagylalt
barco m	boot m	båt u	łódź f	—	csónak

loď

	D	E	F	I	ES
loď² (CZ)	Schiff n	ship	navire m	nave f	barco m
lodare (I)	loben	praise	louer	—	elogiar
lodówka (PL)	Kühlschrank m	fridge	réfrigérateur m	frigorifero m	nevera f
Löffel (D)	—	spoon	cuiller f	cucchiaio m	cuchara f
löfte (SV)	Versprechen n	promise	promettre	promettere	prometer
lóg (H)	hängen	hang	pendre	pendere	colgar
logement (F)	Unterkunft f	accommodation	—	alloggio m	hospedaje m
logi (SV)	Unterkunft f	accommodation	logement m	alloggio m	hospedaje m
lohnen (D)	—	be worth while	en valoir la peine	valere la pena	valer la pena
loi (F)	Gesetz n	law	—	legge f	ley f
lointain (F)	Ferne f	distance	—	distanza f	lejanía f
loisirs (F)	Freizeit f	free time	—	tempo libero	tiempo libre m
loja (P)	Laden m	shop	magasin m	negozio m	tienda f
lokken (NL)	locken	attract	attirer	attirare	atraer
löna (SV)	lohnen	be worth while	en valoir la peine	valere la pena	valer la pena
lonely (E)	einsam	—	solitaire	solitario(a)	solitario(a)
lonen (NL)	lohnen	be worth while	en valoir la peine	valere la pena	valer la pena
long (E)	lang	—	long(ue)	lungo(a)	largo(a)
longamente (P)	lange	long time	longtemps	molto tempo	mucho tiempo
long-distance call (E)	Ferngespräch n	—	communication interurbaine f	telefonata interurbana f	llamada interurbana f
longe (P)	fern	far away	éloigné(e)	lontano(a)	lejos
longtemps (F)	lange	long time	—	molto tempo	mucho tiempo
long time (E)	lange	—	longtemps	molto tempo	mucho tiempo
long(ue) (F)	lang	long	—	lungo(a)	largo(a)
lontano(a) (I)	fern	far away	éloigné(e)	—	lejos
look (E)	Blick m	—	regard m	sguardo m	vista f
look¹ (E)	aussehen	—	paraître	sembrare	parecerse a
look² (E)	schauen	—	retarder	guardare	mirar
look after¹ (E)	pflegen	—	soigner	curare	cuidar
look after² (E)	kümmern, sich	—	occuper de, s'	interessarsi di	ocuparse de
look at (E)	ansehen	—	regarder	guardare	mirar
looked-after (E)	gepflegt	—	soigné(e)	curato(a)	cuidado(a)
look for (E)	suchen	—	chercher	cercare	buscar
loose (E)	locker	—	desserré(e)	lento(a)	flojo(a)
loot (E)	plündern	—	piller	saccheggiare	desvalijar
lopen (NL)	laufen	run	courir	correre	correr
lornetka (PL)	Fernglas n	binoculars	jumelles f/pl	cannocchiale m	gemelos m/pl
loro (I)	sie pl	they	ils (elles)	—	ellos(as)
lorry (E)	Lastwagen m	—	camion m	camion m	camión m
los (NL)	locker	loose	desserré(e)	lento(a)	flojo(a)
lös (SV)	locker	loose	desserré(e)	lento(a)	flojo(a)
lösa upp (SV)	auflösen	dissolve	dénouer	sciogliere	deshacer
löschen (D)	—	extinguish	éteindre	spegnere	apagar
lose (E)	verlieren	—	perdre	perdere	perder
lösen (D)	—	solve	résoudre	sciogliere	desatar
lösenord (SV)	Passwort n	password	mot de passe m	parola d'ordine f	contraseña f
lose weight (E)	abnehmen	—	maigrir	dimagrire	adelgazar
lösning (SV)	Lösung f	solution	solution f	soluzione f	solución f
loss (E)	Verlust m	—	perte f	perdita f	pérdida f
lo stesso (I)	derselbe	the same	le même	—	el mismo

lo stesso

P	NL	SV	PL	CZ	H
navio m	schip n	fartyg n	statek m	—	hajó
elogiar	loven	berömma	chwalić	chválit <pochválit>	dicsér
frigorífico m	koelkast f	kylskåp n	—	chladnička f	jégszekrény
colher f	lepel m	sked u	łyżka f	lžíce f	kanál
promessa f	belofte f	—	obietnica f	slib m	ígéret
pendurar	hangen	hänga	wisieć	věšet <pověsit>	—
alojamento m	accommodatie f	logi u	schronienie n	ubytování n	szállás
alojamento m	accommodatie f	—	schronienie n	ubytování n	szállás
recompensar	lonen	löna	opłacać, się <opłacić, się>	vyplácet, se <vyplatit, se>	megjutalmaz
lei f	wet m	lag u	ustawa f	zákon m	törvény
distância f	verte f	avstånd n	dal f	dálka f	messzeség
tempo livre m	vrije tijd m	fritid u	czas wolny m	volný čas m	szabadidő
—	winkel m	affär u	sklep m	obchod m	bolt
encaracolar	—	locka	wabić <zwabić>	lákat <zlákat>	csalogat
recompensar	lonen	—	opłacać, się <opłacić, się>	vyplácet, se <vyplatit, se>	megjutalmaz
solitário	eenzaam	ensam	samotny	osamělý	magányos
recompensar	—	löna	opłacać, się <opłacić, się>	vyplácet, se <vyplatit, se>	megjutalmaz
comprido	lang	långt	długi	dlouhý	hosszú
—	lang	länge	długo	dlouho	sokáig
telefonema interurbano m	interlokaal telefoongesprek n	utlandssamtal n	rozmowa międzymiastowa f	dálkový hovor m	távolsági hívás
—	ver	fjärran	daleki	daleko	messze
longamente	lang	länge	długo	dlouho	sokáig
longamente	lang	länge	długo	dlouho	sokáig
comprido	lang	långt	długi	dlouhý	hosszú
longe	ver	fjärran	daleki	daleko	messze
olhar m	blik m	blick u	spojrzenie n	pohled m	pillantás
parecer	uitzien	verka	wyglądać	vypadat	kinéz
olhar	kijken	se	patrzeć <popatrzeć>	hledět	néz
tratar	verzorgen	sköta	opiekować, się	pečovat	ápolni
cuidar de	bekommeren, zich	ta hand om	troszczyć, się	starat, se <postarat, se>	törődik
olhar	aanzien	titta på	przyglądać, się <przyjrzeć, się>	dívat, se <podívat, se>	megnéz
cuidado	verzorgd	välvårdad	wypielęgnowany	upravený	ápolt
procurar	zoeken	söka	szukać	hledat <vyhledat>	keres
frouxo	los	lös	luźny	volný	laza
saquear	plunderen	plundra	łupić <złupić>	plenit <vyplenit>	fosztogat
correr	—	springa	biec <pobiec>	běhat <bežet>	fut
binóculos m/pl	verrekijker m	kikare u	—	dalekohled m	távcső
eles(as)	zij	de	oni	oni	ők
camião m	vrachtwagen m	lastbil u	samochód ciężarowy m	nákladní vozidlo n	teherautó
frouxo	—	lös	luźny	volný	laza
frouxo	los	—	luźny	volný	laza
soltar	oplossen	—	rozpuszczać <rozpuścić>	rozpouštět <rozpustit>	feloszlat
apagar	blussen	släcka	gasić <zgasić>	hasit <uhasit>	olt
perder	verliezen	förlora	stracić	ztrácet <ztratit>	elveszít
soltar	oplossen	ta loss	rozwiązywać <rozwiązać>	uvolňovat <uvolnit>	leválaszt
senha f	wachtwoord n	—	hasło n	heslo n	jelszó
tirar	afnemen	ta bort	zdejmować <zdjąć>	odbírat <odebrat>	lefogyni
solução f	oplossing f	—	rozwiązanie n	řešení n	megoldás
perda f	verlies n	förlust u	strata f	ztráta f	veszteség
o mesmo	dezelfde	densamme	ten sam	stejný	ugyanaz

lost property office

	D	E	F	I	ES
lost property office (E)	Fundbüro n	—	bureau des objets trouvés m	ufficio oggetti smarriti m	oficina de objetos perdidos f
Lösung (D)	—	solution	solution f	soluzione f	solución f
lot (PL)	Flug m	flight	vol m	volo m	vuelo m
louça (P)	Geschirr n	crockery	vaisselle f	stoviglie f/pl	vajilla f
loučení (CZ)	Abschied m	parting	adieu(x) m	addio m	despedida f
loučit, se <rozloučit, se> (CZ)	verabschieden	say goodbye to	prendre congé de	congedare	despedir
loud (E)	laut	—	fort(e)	rumoroso(a)	fuerte
loudspeaker (E)	Lautsprecher m	—	haut-parleur m	altoparlante m	altavoz m
louer¹ (F)	loben	praise	—	lodare	elogiar
louer² (F)	mieten	rent	—	affittare	alquilar
louer³ (F)	vermieten	rent	—	affittare	alquilar
louka (CZ)	Wiese f	meadow	pré m	prato m	pradera f
loupat <oloupat> (CZ)	schälen	peel	éplucher	sbucciare	pelar
lourd(e) (F)	schwer	heavy	—	pesante	pesado(a)
louro (P)	blond	blond	blond(e)	biondo(a)	rubio(a)
lov (CZ)	Jagd f	hunt	chasse f	caccia f	caza f
lova (SV)	versprechen	promise	promesse f	promessa f	promesa f
lovagol (H)	reiten	ride	monter	cavalcare	cabalgar
love (E)	Liebe f	—	amour m	amore m	amor m
love (E)	lieben	—	aimer	amare	amar
loven (NL)	loben	praise	louer	lodare	elogiar
lovit <ulovit> (CZ)	jagen	hunt	chasser	cacciare	cazar
low (E)	niedrig	—	bas(se)	basso(a)	bajo(a)
lower (E)	herabsetzen	—	baisser	diminuire	rebajar
low tide (E)	Ebbe f	—	marée basse f	bassa marea f	marea baja f
loyer (F)	Miete f	rent	—	affitto m	alquiler m
ložisko (CZ)	Herd m	cooker	cuisinière f	cucina f	cocina f
ložnice (CZ)	Schlafzimmer n	bedroom	chambre à coucher f	camera da letto f	dormitorio m
lśnić (PL)	glänzen	shine	briller	splendere	brillar
lua (P)	Mond m	moon	lune f	luna f	luna f
lubiany (PL)	beliebt	popular	populaire	popolare	estimado(a)
lubić (PL)	mögen	like	aimer	piacere	querer
luce (I)	Licht n	light	lumière f	—	luz f
luchar (ES)	kämpfen	fight	battre, se	combattere	—
lucht (NL)	Luft f	air	air m	aria f	aire m
luchten (NL)	lüften	air	aérer	arieggiare	ventilar
luchthaven (NL)	Flughafen m	airport	aéroport m	aeroporto m	aeropuerto m
luchtpost (NL)	Luftpost f	air mail	poste aérienne f	posta aerea f	correo aéreo m
lucifer (NL)	Streichholz n	match	allumette f	fiammifero m	cerilla f
luck (E)	Glück n	—	chance f	fortuna f	suerte f
Lücke (D)	—	gap	lacune f	lacuna f	espacio m
ludność (PL)	Bevölkerung f	population	population f	popolazione f	población f
ludzie (PL)	Leute pl	people	gens m/pl	gente f	gente f
luego (ES)	dann	then	ensuite	in seguito	—
Luft (D)	—	air	air m	aria f	aire m
luft (SV)	Luft f	air	air m	aria f	aire m
lüften (D)	—	air	aérer	arieggiare	ventilar
Luftpost (D)	—	air mail	poste aérienne f	posta aerea f	correo aéreo m
luftpost (SV)	Luftpost f	air mail	poste aérienne f	posta aerea f	correo aéreo m
lugar (ES)	Ort m	place	endroit m	luogo m	—
lugar¹ (P)	Ort m	place	endroit m	luogo m	lugar m

lugar

P	NL	SV	PL	CZ	H
repartição de perdidos e achados f	bureau n voor gevonden voorwerpen	hittegodsmagasin n	biuro rzeczy znalezionych n	ztráty a nálezy f/pl	talált tárgyak gyűjtőhelye
solução f	oplossing f	lösning u	rozwiązanie n	řešení n	megoldás
voo m	vlucht f	flygning u	—	let m	repülés
—	vaatwerk n	servis u	naczynia n/pl	nádobí n	étkészlet
despedida f	afscheid n	avsked n	pożegnanie n	—	búcsúzkodás
despedir	afscheid nemen van	ta avsked	odprawiać	—	elbúcsúztat
ruidoso	luid	högljudd	głośny	hlasitý	hangos
altifalante m	luidspreker m	högtalare u	głośnik m	reproduktor m	hangszóró
elogiar	loven	berömma	chwalić	chválit <pochválit>	dicsér
arrendar	huren	hyra	wynajmować <wynająć>	najímat <najmout>	bérel
alugar	verhuren	hyra ut	wynająć	pronajímat <pronajmout>	bérbe ad
prado m	wei f	äng u	łąka f	—	rét
descascar	schillen	skala	obierać <obrać>	—	hámoz
pesado	zwaar	tung	ciężki	těžký	nehéz, súlyos
—	blond	blond	blond	blond	szőke
caça f	jacht f	jakt u	polowanie n	—	vadászat
prometer	beloven	—	obiecywać	slibovat <slíbit>	megígér
andar a cavalo	paardrijden	rida	jechać konno <pojechać konno>	jezdit na koni <jet na koni>	—
amor m	liefde f	kärlek u	miłość f	láska f	szeretet
amar	houden van	älska	kochać	milovat	szeret
elogiar	—	berömma	chwalić	chválit <pochválit>	dicsér
caçar	jagen	jaga	polować	—	vadász
baixo	laag	låg	niski	nízký	alacsony
baixar	verlagen	sänka	obniżać <obniżyć>	snižovat <snížit>	leszállít
maré baixa f	eb f	ebb u	odpływ m	odliv m	apály
renda f	huur f	hyra u	najem m	nájem m	bérlés
fogão m	fornuis n	köksspis u	piec m	—	tűzhely
quarto de dormir m	slaapkamer f	sovrum n	sypialnia f	—	hálószoba
brilhar	blinken	glänsa	—	blýskat, se <blýštit, se>	ragyog
—	maand f	måne u	księżyc m	měsíc m	hold
popular	bemind	omtyckt	—	oblíbený	közkedvelt
gostar de	graag hebben/mogen	tycka om	—	mít rád	kedvel
luz f	licht n	ljus n	światło n	světlo n	fény
lutar	vechten	kämpa	walczyć	bojovat <dobojovat>	harcol
ar m	—	luft u	powietrze n	vzduch m	levegő
arejar	—	ventilera	wietrzyć	větrat <vyvětrat>	szellőztet
aeroporto m	—	flygplats u	port lotniczy m	letiště n	repülőtér
correio aéreo m	—	luftpost u	poczta lotnicza f	letecká pošta f	légiposta
fósforo m	—	tändsticka u	zapałka f	zápalka f	gyufa
sorte f	geluk n	lycka u	szczęście n	štěstí n	szerencse
lacuna f	opening f	tomrum n	luka f	mezera f	hézag
população f	bevolking f	befolkning u	—	obyvatelstvo n	lakosság
pessoas f/pl	mensen pl	folk pl	—	lidé pl	emberek
então	dan	sedan	później	potom	aztán
ar m	lucht f	luft u	powietrze n	vzduch m	levegő
ar m	lucht f	—	powietrze n	vzduch m	levegő
arejar	luchten	ventilera	wietrzyć	větrat <vyvětrat>	szellőztet
correio aéreo m	luchtpost f	luftpost u	poczta lotnicza f	letecká pošta f	légiposta
correio aéreo m	luchtpost f	—	poczta lotnicza f	letecká pošta f	légiposta
lugar m	plaats f	ort u	miejsce n	místo n	hely
—	plaats f	ort u	miejsce n	místo n	hely

lugar

	D	E	F	I	ES
lugar² (P)	Platz m	square	place f	piazza f	plaza f
lugar³ (P)	Stelle f	place	place f	posto m	sitio m
lugar de interés (ES)	Sehenswürdigkeit f	sight worth seeing	curiosité f	curiosità f	—
lügen (D)	—	lie	mentir	mentire	mentir
luggage (E)	Gepäck n	—	bagages m/pl	bagaglio m	equipaje m
lugn (SV)	Ruhe f	calm	calme m	silenzio m	calma f
lugna (SV)	beruhigen	calm	calmer	calmare	calmar
lugna sig (SV)	beruhigen, sich	calm down	calmer, se	calmarsi	calmarse
luid (NL)	laut	loud	fort(e)	rumoroso(a)	fuerte
luidspreker (NL)	Lautsprecher m	loudspeaker	haut-parleur m	altoparlante m	altavoz m
lui/egli/esso (I)	er	he	il	—	èl
luisteraar (NL)	Hörer m	listener	auditeur m	ascoltatore m	oyente m
luisteren (NL)	zuhören	listen	écouter	ascoltare	escuchar
lujo (ES)	Luxus m	luxury	luxe m	lusso m	—
luka (PL)	Lücke f	gap	lacune f	lacuna f	espacio m
luksus (PL)	Luxus m	luxury	luxe m	lusso m	lujo m
luksusowy (PL)	luxuriös	luxurious	luxueux(euse)	lussuoso(a)	de lujo
lukta (SV)	riechen	smell	sentir	sentire	oler
lukta illa (SV)	stinken	stink	puer	puzzare	apestar
lumière (F)	Licht n	light	—	luce f	luz f
luna (I)	Mond m	moon	lune f	—	luna f
luna (ES)	Mond m	moon	lune f	luna f	—
lunch (E)	Mittagessen n	—	déjeuner m	pranzo m	almuerzo m
lunch (SV)	Mittag m	at midday	midi m	mezzogiorno m	mediodía m
lune (F)	Mond m	moon	—	luna f	luna f
lunettes (F)	Brille f	glasses	—	occhiali m/pl	gafas f/pl
lunettes de soleil (F)	Sonnenbrille f	sunglasses	—	occhiali da sole m/pl	gafas de sol f/pl
lungo (I)	entlang	along	le long de	—	a lo largo de
lungo(a) (I)	lang	long	long(ue)	—	largo(a)
luogo (I)	Ort m	place	endroit m	—	lugar m
lusso (I)	Luxus m	luxury	luxe m	—	lujo m
lussuoso(a) (I)	luxuriös	luxurious	luxueux(euse)	—	de lujo
Lust (D)	—	delight	plaisir m	piacere m	ganas f/pl
lust (NL)	Lust f	delight	plaisir m	piacere m	ganas f/pl
lust (SV)	Lust f	delight	plaisir m	piacere m	ganas f/pl
lusta (H)	faul	lazy	paresseux(euse)	pigro(a)	perezoso(a)
lustig (D)	—	funny	amusant(e)	allegro(a)	divertido(a)
lustro (PL)	Spiegel m	mirror	miroir m	specchio m	espejo m
lutar (P)	kämpfen	fight	battre, se	combattere	luchar
lutschen (D)	—	suck	sucer	succhiare	chupar
luxe (F)	Luxus m	luxury	—	lusso m	lujo m
luxe (NL)	Luxus m	luxury	luxe m	lusso m	lujo m
luxo (P)	Luxus m	luxury	luxe m	lusso m	lujo m
luxueus (NL)	luxuriös	luxurious	luxueux(euse)	lussuoso(a)	de lujo
luxueux(euse) (F)	luxuriös	luxurious	—	lussuoso(a)	de lujo
luxuoso (P)	luxuriös	luxurious	luxueux(euse)	lussuoso(a)	de lujo
luxuriös (D)	—	luxurious	luxueux(euse)	lussuoso(a)	de lujo
luxurious (E)	luxuriös	luxurious	—	lussuoso(a)	de lujo
luxury (E)	Luxus m	—	luxe m	lusso m	lujo m
Luxus (D)	—	luxury	luxe m	lusso m	lujo m
luxus (CZ)	Luxus m	luxury	luxe m	lusso m	lujo m
luxus (H)	Luxus m	luxury	luxe m	lusso m	lujo m
luxusní (CZ)	luxuriös	luxurious	luxueux(euse)	lussuoso(a)	de lujo

luxusní

P	NL	SV	PL	CZ	H
—	plaats f	plats u	miejsce n	místo n	hely
—	plaats f	ställe n	miejsce n	místo n	hely
monumento m	bezienswaardigheid f	sevärdhet u	rzecz warta zobaczenia f	pamětihodnost f	látványosság
mentir	liegen	ljuga	kłamać <skłamać>	lhát <zalhat>	hazudik
bagagem f	bagage f	bagage n	bagaż m	zavazadla pl	poggyász
silêncio m	rust f	—	spokój m	klid m	nyugalom
acalmar	geruststellen	—	uspokajać <uspokoić>	uklidňovat <uklidnit>	megnyugtat
acalmar-se	kalmeren	—	ucichać <ucichnąć>	uklidňovat, se <uklidnit, se>	megnyugszik
ruidoso	—	högljudd	głośny	hlasitý	hangos
altifalante m	—	högtalare u	głośnik m	reproduktor m	hangszóró
ele	hij	han	on	on	ő
ouvinte m	—	lyssnare u	słuchacz m	posluchač m	hallgató
escutar	—	lyssna	przysłuchiwać się	poslouchat <poslechnout>	hallgat
luxo m	luxe m	lyx u	luksus m	luxus m	luxus
lacuna f	opening f	tomrum n	—	mezera f	hézag
luxo m	luxe m	lyx u	—	luxus m	luxus
luxuoso	luxueus	lyxig	—	luxusní	fényűző
cheirar	ruiken	—	pachnieć <zapachnieć>	cítit <ucítit>	szaga van, szagol
feder	stinken	—	śmierdzieć	páchnout	bűzlik
luz f	licht n	ljus n	światło n	světlo n	fény
lua f	maand f	måne u	księżyc m	měsíc m	hold
lua f	maand f	måne u	księżyc m	měsíc m	hold
almoço m	middagmaal n	middag u	obiad m	oběd m	ebéd
meio-dia m	middag m	—	południe n	poledne n	dél
lua f	maand f	måne u	księżyc m	měsíc m	hold
óculos m	bril m	ett par glasögon	okulary pl	brýle pl	szemüveg
óculos de sol m	zonnebril m	solglasögon pl	okulary przeciwsłoneczne pl	sluneční brýle pl	napszemüveg
ao longo de	langs	längs med	wzdłuż	podél	mentén
comprido	lang	långt	długi	dlouhý	hosszú
lugar m	plaats f	ort u	miejsce n	místo n	hely
luxo m	luxe m	lyx u	luksus m	luxus m	luxus
luxuoso	luxueus	lyxig	luksusowy	luxusní	fényűző
prazer m	lust f	lust u	ochota f	chuť f	kedv
prazer m	—	lust u	ochota f	chuť f	kedv
prazer m	lust f	—	ochota f	chuť f	kedv
preguiçoso	rot	lat	leniwy	líný	—
divertido	vrolijk	rolig	śmieszny	veselý	vidám
espelho m	spiegel m	spegel u	—	zrcadlo n	tükör
—	vechten	kämpa	walczyć	bojovat <dobojovat>	harcol
chupar	zuigen	suga	ssać	cucat <vycucnout>	szopogat
luxo m	luxe m	lyx u	luksus m	luxus m	luxus
luxo m	—	lyx u	luksus m	luxus m	luxus
—	luxe m	lyx u	luksus m	luxus m	luxus
luxuoso	—	lyxig	luksusowy	luxusní	fényűző
luxuoso	luxueus	lyxig	luksusowy	luxusní	fényűző
—	luxueus	lyxig	luksusowy	luxusní	fényűző
luxuoso	luxueus	lyxig	luksusowy	luxusní	fényűző
luxuoso	luxueus	lyxig	luksusowy	luxusní	fényűző
luxo m	luxe m	lyx u	luksus m	luxus m	luxus
luxo m	luxe m	lyx u	luksus m	luxus m	luxus
luxo m	luxe m	lyx u	luksus m	—	luxus
luxo m	luxe m	lyx u	luksus m	luxus m	—
luxuoso	luxueus	lyxig	luksusowy	—	fényűző

luz

	D	E	F	I	ES
luz (ES)	Licht n	light	lumière f	luce f	—
luz (P)	Licht n	light	lumière f	luce f	luz f
luźny (PL)	locker	loose	desserré(e)	lento(a)	flojo(a)
lycka (SV)	Glück n	luck	chance f	fortuna f	suerte f
lycklig (SV)	glücklich	happy	heureux(euse)	felice	feliz
lyckönskan (SV)	Glückwunsch m	congratulations	félicitations f/pl	auguri m/pl	felicitaciones f/pl
lydig (SV)	brav	good	gentil(le)	bravo(a)	bueno(a)
lykta (SV)	Ampel f	traffic lights	feux m/pl	semaforo m	semáforo m
lyssna (SV)	zuhören	listen	écouter	ascoltare	escuchar
lyssnare (SV)	Hörer m	listener	auditeur m	ascoltatore m	oyente m
lyx (SV)	Luxus m	luxury	luxe m	lusso m	lujo m
lyxig (SV)	luxuriös	luxurious	luxueux(euse)	lussuoso(a)	de lujo
lžíce (CZ)	Löffel m	spoon	cuiller f	cucchiaio m	cuchara f
ma (I)	aber	but	mais	—	pero
ma (H)	heute	today	aujourd'hui	oggi	hoy
maag (NL)	Magen m	stomach	estomac m	stomaco m	estómago m
maagpijn (NL)	Magenschmerzen pl	stomach ache	mal d'estomac m	mal di stomaco m	dolor de estómago m
maaien (NL)	mähen	mow	faucher	falciare	cortar
maaltijd (NL)	Mahlzeit f	meal	repas m	pasto m	comida f
maand (NL)	Mond m	moon	lune f	luna f	luna f
maar (NL)	aber	but	mais	ma	pero
maçã (P)	Apfel m	apple	pomme f	mela f	manzana f
macaco (P)	Affe m	ape	singe m	scimmia f	mono m
macchia (I)	Fleck m	stain	tache f	—	mancha f
macchina (I)	Auto n	car	voiture f	—	coche m
macchina fotografica (I)	Fotoapparat m	camera	appareil photo m	—	máquina fotográfica f
macelleria (I)	Metzgerei f	butcher's	boucherie f	—	carnicería f
machać (PL)	winken	wave	faire signe	chiamare con cenni	hacer señas
mâcher (F)	kauen	chew	—	masticare	masticar
machine à laver (F)	Waschmaschine f	washing machine	—	lavatrice f	lavadora f
Macht (D)	—	power	pouvoir m	potere m	poder m
macht (NL)	Macht f	power	pouvoir m	potere m	poder m
macio (P)	sanft	gentle	doux(douce)	dolce	dulce
macska (H)	Katze f	cat	chat m	gatto m	gato m
mad (E)	verrückt	—	fou (folle)	pazzo(a)	loco(a)
madár (H)	Vogel m	bird	oiseau m	uccello m	pájaro m
Maďarsko (CZ)	Ungarn	Hungary	Hongrie f	Ungheria f	Hungría f
Mädchen (D)	—	girl	fille f	ragazza f	chica f
madeira (P)	Holz n	wood	bois m	legno m	madera f
madera (ES)	Holz n	wood	bois m	legno m	—
madrass (SV)	Matratze f	mattress	matelas m	materasso m	colchón m
madre (I)	Mutter f	mother	mère f	—	madre f
madre (ES)	Mutter f	mother	mère f	madre f	—
mądry¹ (PL)	klug	clever	intelligent(e)	intelligente	inteligente
mądry² (PL)	weise	wise	sage	saggio(a)	sabio(a)
maduro (P)	reif	ripe	mûr(e)	maturo(a)	maduro(a)
maduro(a) (ES)	reif	ripe	mûr(e)	maturo(a)	—
mãe (P)	Mutter f	mother	mère f	madre f	madre f
magányos (H)	einsam	lonely	solitaire	solitario(a)	solitario(a)
magas (H)	hoch	up/high	haut(e)	alto(a)	alto(a)
magasin (F)	Lager n	store	—	magazzino m	almacén m
magasin (F)	Geschäft n	shop	—	negozio m	tienda f
magasin (F)	Laden m	shop	—	negozio m	tienda f
magasság (H)	Höhe f	height	hauteur f	altezza f	altura f

magasság

P	NL	SV	PL	CZ	H
luz f	licht n	ljus n	światło n	světlo n	fény
—	licht n	ljus n	światło n	světlo n	fény
frouxo	los	lös	—	volný	laza
sorte f	geluk n	—	szczęście n	štěstí n	szerencse
feliz	gelukkig	—	szczęśliwy	šťastný	boldog
parabéns m/pl	gelukwens m	—	życzenia szczęścia n/pl	blahopřání n	jókívánság
obediente	braaf	—	grzeczny	hodný	jó, rendes
semáforo m	verkeerslicht n	—	sygnalizacja świetlna f	semafor m	közlekedési jelzőlámpa
escutar	luisteren	—	przysłuchiwać się	poslouchat <poslechnout>	hallgat
ouvinte m	luisteraar m	—	słuchacz m	posluchač m	hallgató
luxo m	luxe m	—	luksus m	luxus m	luxus
luxuoso	luxueus	—	luksusowy	luxusní	fényűző
colher f	lepel m	sked u	łyżka f	—	kanál
mas	maar	men	ale	ale	de
hoje	vandaag	idag	dzisiaj	dnes	—
estômago m	—	mage u	żołądek m	žaludek m	gyomor
dores de estômago f/pl	—	ont i magen	bóle żołądka m/pl	bolesti žaludku f/pl	gyomorfájás
ceifar	—	klippa	kosić	sekat trávu	nyír/kaszál
refeição f	—	måltid u	posiłek m	jídlo n	étkezés
lua f	—	måne u	księżyc m	měsíc m	hold
mas	—	men	ale	ale	de
—	appel m	äpple n	jabłko n	jablko n	alma
—	aap m	apa u	małpa f	opice f	majom
mancha f	plek n	fläck u	plama f	skvrna f	folt
carro m	auto m	bil u	samochód m	auto n	gépkocsi
máquina fotográfica f	camera f	kamera u	aparat fotograficzny m	fotografický přístroj m	fényképezőgép
talho m	slagerij f	slakteri n	sklep rzeźniczy m	řeznictví n	hentesüzlet
acenar	wuiven	vinka	—	mávat <mávnout>	int
mastigar	kauwen	tugga	żuć	žvýkat <dožvýkat>	rág
máquina de lavar f	wasmachine f	tvättmaskin u	pralka f	pračka f	mosógép
poder m	macht f	makt u	władza f	moc f	hatalom
poder m	—	makt u	władza f	moc f	hatalom
—	zacht	mild	łagodny	jemný	enyhe
gato m	kat f	katt u	kot m	kočka f	—
doido	gek	tokig	zwariowany	pomatený	bolond
pássaro m	vogel m	fågel u	ptak m	pták m	—
Hungria f	Hongarije n	Ungern n	Węgry pl	—	Magyarország
menina f	meisje n	tjej u	dziewczynka f	děvče n	kislány
—	hout n	trä n	drewno n	dřevo n	fa
madeira f	hout n	trä n	drewno n	dřevo n	fa
colchão m	matras f	—	materac m	matrace f	matrac
mãe f	moeder f	mor u	matka f	matka f	édesanya
mãe f	moeder f	mor u	matka f	matka f	édesanya
inteligente	wijs	klok	—	chytrý	okos
sábio	wijs	vis	—	moudrý	bölcs
—	rijp	mogen	dojrzały	zralý	érett
maduro	rijp	mogen	dojrzały	zralý	érett
—	moeder f	mor u	matka f	matka f	édesanya
solitário	eenzaam	ensam	samotny	osamělý	—
alto	hoog	hög	wysoki	vysoko	—
armazém m	magazijn n	lager n	obóz m	sklad m	raktár
negócio m	zaak f	affär u	sklep m	obchod m	üzlet
loja f	winkel m	affär u	sklep m	obchod m	bolt
altura f	hoogte f	höjd u	wysokość f	výška f	—

magával hoz

	D	E	F	I	ES
magával hoz (H)	mitbringen	bring (along)	apporter	portare con sé	traer
magával visz (H)	mitnehmen	take along	emmener	prendere con sé	llevar consigo
magazijn (NL)	Lager *n*	store	magasin *m*	magazzino *m*	almacén *m*
magazine (E)	Zeitschrift *f*	—	revue *f*	rivista *f*	revista *f*
magazzino (I)	Lager *n*	store	magasin *m*	—	almacén *m*
mage¹ (SV)	Bauch *m*	stomach	ventre *m*	pancia *f*	vientre *m*
mage² (SV)	Magen *m*	stomach	estomac *m*	stomaco *m*	estómago *m*
Magen (D)	—	stomach	estomac *m*	stomaco *m*	estómago *m*
Magenschmerzen (D)	—	stomach ache	mal d'estomac *m*	mal di stomaco *m*	dolor de estómago *m*
mager (D)	—	skinny	maigre	magro(a)	delgado(a)
mager (NL)	mager	skinny	maigre	magro(a)	delgado(a)
mager (SV)	mager	skinny	maigre	magro(a)	delgado(a)
maggioranza (I)	Mehrheit *f*	majority	majorité *f*	—	mayoría *f*
maggiorenne (I)	volljährig	of age	majeur(e)	—	mayor de edad
magnífico (P)	herrlich	marvellous	magnifique	stupendo(a)	maravilloso(a)
magnifique (F)	herrlich	marvellous	—	stupendo(a)	maravilloso(a)
magont (SV)	Bauchschmerzen *pl*	stomach ache	mal de ventre *m*	dolori di pancia *m/pl*	dolor de vientre *m*
magro¹ (P)	dünn	thin	mince	magro(a)	delgado(a)/fino(a)
magro² (P)	mager	skinny	maigre	magro(a)	delgado(a)
magro³ (P)	schlank	slim	mince	snello(a)	delgado(a)
magro(a)¹ (I)	dünn	thin	mince	—	delgado(a)/fino(a)
magro(a)² (I)	mager	skinny	maigre	—	delgado(a)
Magyarország (H)	Ungarn	Hungary	Hongrie *f*	Ungheria *f*	Hungría *f*
mähen (D)	—	mow	faucher	falciare	cortar
Mahlzeit (D)	—	meal	repas *m*	pasto *m*	comida *f*
mahnen (D)	—	warn	exhorter	ammonire	notificar
mai (I)	niemals	never	ne...jamais	—	jamás
maiale (I)	Schwein *n*	pig	cochon *m*	—	cerdo *m*
maigre (F)	mager	skinny	—	magro(a)	delgado(a)
maigrir (F)	abnehmen	lose weight	—	dimagrire	adelgazar
maillot de bain (F)	Badeanzug *m*	swimsuit	—	bagnino *m*	traje de baño *m*
main (F)	Hand *f*	hand	—	mano *f*	mano *f*
mainland (E)	Festland *n*	—	continent *m*	terraferma *f*	tierra firme *f*
mainly (E)	hauptsächlich	—	surtout	principalmente	principalmente
main station (E)	Hauptbahnhof *m*	—	gare centrale *f*	stazione centrale *f*	estación central *f*
main street (E)	Hauptstraße *f*	—	grand-rue *f*	strada principale *f*	calle central *f*
maintenant (F)	jetzt	now	—	adesso	ahora
maior (P)	volljährig	of age	majeur(e)	maggiorenne	mayor de edad
maioria (P)	Mehrheit *f*	majority	majorité *f*	maggioranza *f*	mayoría *f*
maire (F)	Bürgermeister *m*	mayor	—	sindaco *m*	alcalde *m*
mairie (F)	Rathaus *n*	town hall	—	municipio *m*	ayuntamiento *m*
Mais (D)	—	corn	maïs *m*	mais *m*	maíz *m*
mais (F)	aber	but	—	ma	pero
maïs (F)	Mais *m*	corn	—	mais *m*	maíz *m*
mais (I)	Mais *m*	corn	maïs *m*	—	maíz *m*
mais (NL)	Mais *m*	corn	maïs *m*	mais *m*	maíz *m*
mais cedo (P)	früher	earlier	autrefois	prima	antes
maison (F)	Haus *n*	house	—	casa *f*	casa *f*
maíz (ES)	Mais *m*	corn	maïs *m*	mais *m*	—
majdnem (H)	beinahe	nearly	presque	quasi	casi
majdnem (H)	fast	nearly	presque	quasi	casi
majeur(e) (F)	volljährig	of age	—	maggiorenne	mayor de edad
majom (H)	Affe *m*	ape	singe *m*	scimmia *f*	mono *m*
majorité (F)	Mehrheit *f*	majority	—	maggioranza *f*	mayoría *f*

majorité

P	NL	SV	PL	CZ	H
trazer	meebrengen	medföra	przynosić <przynieść>	přinášet <přinést>	—
levar consigo	meenemen	ta med	zabierać ze sobą <zabrać ze sobą>	vrát s sebou <vzít s sebou>	—
armazém m	—	lager n	obóz m	sklad m	raktár
revista f	tijdschrift n	tidskrift u	czasopismo n	časopis m	folyóirat
armazém m	magazijn n	lager n	obóz m	sklad m	raktár
barriga f	buik m	—	brzuch m	břicho n	has
estômago m	maag f	—	żołądek m	žaludek m	gyomor
estômago m	maag f	mage u	żołądek m	žaludek m	gyomor
dores de estômago f/pl	maagpijn f	ont i magen	bóle żołądka m/pl	bolesti žaludku f/pl	gyomorfájás
magro	mager	mager	chudy	hubený	sovány
magro	—	mager	chudy	hubený	sovány
magro	mager	—	chudy	hubený	sovány
maioria f	meerderheid f	flertal n	większość f	většina f	többség
maior	meerderjarig	myndig	pełnoletni	plnoletý	nagykorú
—	heerlijk	härligt	wspaniały	nádherný	gyönyörű
magnífico	heerlijk	härligt	wspaniały	nádherný	gyönyörű
dores f/pl de barriga	buikpijn m	—	ból brzucha m	bolesti břicha f	hasfájás
—	dun	tunn	cienki	tenký	vékony
—	mager	mager	chudy	hubený	sovány
—	slank	smal	smukły	štíhlý	karcsú
magro	dun	tunn	cienki	tenký	vékony
magro	mager	mager	chudy	hubený	sovány
Hungria f	Hongarije n	Ungern n	Węgry pl	Maďarsko n	—
ceifar	maaien	klippa	kosić	sekat trávu	nyír/kaszál
refeição f	maaltijd m	måltid u	posiłek m	jídlo n	étkezés
advertir	manen	mana	przypominać <przypomnieć>	varovat	figyelmeztet
nunca	nooit	aldrig	nigdy	nikdy	soha
porco m	zwijn n	svin n	świnia f	prase n	sertés
magro	mager	mager	chudy	hubený	sovány
tirar	afnemen	ta bort	zdejmować <zdjąć>	odbírat <odebrat>	lefogyni
fato de banho m	badkostuum n	baddräkt u	kostium kąpielowy n	plavky pl	fürdőruha
mão f	hand f	hand u	ręka f	ruka f	kéz
continente m	vasteland n	fastland u	ląd m	pevnina f	szárazföld
principalmente	hoofdzakelijk	huvudsakligen	głównie	hlavně	főleg
estação central f	centraal station n	centralstation u	dworzec główny m	hlavní nádraží n	főpályaudvar
estrada principal f	hoofdstraat f	huvudgata u	główna ulica f	hlavní ulice f	főutca
agora	nu	nu	teraz	nyní	most
—	meerderjarig	myndig	pełnoletni	plnoletý	nagykorú
—	meerderheid f	flertal n	większość f	většina f	többség
presidente da câmara municipal m	burgemeester m	borgmästare u	burmistrz m	starosta m	polgármester
Câmara Municipal f	gemeentehuis n	rådhus n	ratusz m	radnice f	városháza
milho m	mais m	majs u	kukurydza f	kukurice f	kukorica
mas	maar	men	ale	ale	de
milho m	mais m	majs u	kukurydza f	kukurice f	kukorica
milho m	mais m	majs u	kukurydza f	kukurice f	kukorica
milho m	—	majs u	kukurydza f	kukurice f	kukorica
—	vroeger	förr	dawniej	dříve	korábban
casa f	huis n	hus n	dom m	dům m	ház
milho m	mais m	majs u	kukurydza f	kukurice f	kukorica
quase	bijna	nästan	prawie	téměř	—
quase	bijna	nästan	prawie	téměř	—
maior	meerderjarig	myndig	pełnoletni	plnoletý	nagykorú
macaco m	aap m	apa u	małpa f	opice f	—
maioria f	meerderheid f	flertal n	większość f	většina f	többség

majority

	D	E	F	I	ES
majority (E)	Mehrheit f	—	majorité f	maggioranza f	mayoría f
majs (SV)	Mais m	corn	mais m	mais m	maíz m
make an effort (E)	anstrengen, sich	—	faire des efforts	affaticare	esforzarse
make possible (E)	ermöglichen	—	rendre possible	rendere possibile	facilitar
make up for (E)	wieder gutmachen	—	réparer	riparare	subsanar
maksimum (PL)	Maximum n	maximum	maximum m	massimo m	máximo m
makt (SV)	Macht f	power	pouvoir m	potere m	poder m
mål (SV)	Ziel n	goal	but m	meta f	intención f
mala (P)	Koffer m	suitcase	valise f	valigia f	maleta f
måla (SV)	malen	paint	peindre	dipingere	pintar
malade (F)	krank	ill	—	malato(a)	enfermo(a)
maladie (F)	Krankheit f	illness	—	malattia f	enfermedad f
maladroit(e) (F)	ungeschickt	clumsy	—	impacciato(a)	torpe
mal à propos (F)	unpassend	inappropriate	—	fuori luogo	inadecuado(a)
malarstwo (PL)	Malerei f	painting	peinture f	pittura f	pintura f
mala suerte (ES)	Pech n	bad luck	malchance f	sfortuna f	—
malato(a) (I)	krank	ill	malade	—	enfermo(a)
malattia (I)	Krankheit f	illness	maladie f	—	enfermedad f
malchance (F)	Pech n	bad luck	—	sfortuna f	mala suerte f
mal de gorge (F)	Halsschmerzen pl	sore throat	—	mal di gola m	dolor de garanta m
mal d'estomac (F)	Magenschmerzen pl	stomach ache	—	mal di stomaco m	dolor de estómago m
mal de tête (F)	Kopfschmerzen pl	headache	—	mal di testa m	dolor de cabeza m
mal de ventre (F)	Bauchschmerzen pl	stomach ache	—	dolori di pancia m/pl	dolor de vientre m
mal di gola (I)	Halsschmerzen pl	sore throat	mal de gorge m	—	dolor de garanta m
mal di stomaco (I)	Magenschmerzen pl	stomach ache	mal d'estomac m	—	dolor de estómago m
mal di testa (I)	Kopfschmerzen pl	headache	mal de tête m	—	dolor de cabeza m
mal d'orecchi (I)	Ohrenschmerzen pl	earache	mal d'oreilles m	—	dolor de oídos m
mal d'oreilles (F)	Ohrenschmerzen pl	earache	—	mal d'orecchi m	dolor de oídos m
mal du pays (F)	Heimweh n	homesickness	—	nostalgia f	añoranza f
malen (D)	—	paint	peindre	dipingere	pintar
malentendido (ES)	Missverständnis n	misunderstanding	malentendu m	equivoco m	—
malentendu (F)	Missverständnis n	misunderstanding	—	equivoco m	malentendido m
Malerei (D)	—	painting	peinture f	pittura f	pintura f
måleri (SV)	Malerei f	painting	peinture f	pittura f	pintura f
maleta (ES)	Koffer m	suitcase	valise f	valigia f	—
maletero (ES)	Kofferraum m	boot	coffre m	portabagagli m	—
malgré (F)	trotz	despite	—	nonostante	a pesar de
malgré tout (F)	trotzdem	nevertheless	—	tuttavia	no obstante
malheur (F)	Unglück n	misfortune	—	disgrazia f	desgracia f
malheureusement (F)	leider	unfortunately	—	purtroppo	desgraciadamente
malheureux(euse) (F)	unglücklich	unhappy	—	sfortunato(a)	desgraciado(a)
malina (PL)	Himbeere f	raspberry	framboise f	lampone m	frambuesa f
malina (CZ)	Himbeere f	raspberry	framboise f	lampone m	frambuesa f
malinko (CZ)	bisschen	a little	un peu	un po'	un poquito
malířství (CZ)	Malerei f	painting	peinture f	pittura f	pintura f
mal m de dents (F)	Zahnschmerzen pl	toothache	—	mal m di denti	dolor m de muelas
mal m di denti (I)	Zahnschmerzen pl	toothache	mal m de dents	—	dolor m de muelas
málna (H)	Himbeere f	raspberry	framboise f	lampone m	frambuesa f
målning (SV)	Gemälde n	painting	tableau m	quadro m	cuadro m
mało (PL)	wenig	little	peu de	poco	poco(a)
málo (CZ)	wenig	little	peu de	poco	poco(a)

málo

P	NL	SV	PL	CZ	H
maioria f	meerderheid f	flertal n	większość f	většina f	többség
milho m	mais m	—	kukurydza f	kukurice f	kukorica
cansar	inspannen	anstränga sig	wysilać się <wysilić się>	namáhat, se	igyekszik
possibilitar	mogelijk maken	möjliggör	umożliwiać <umożliwić>	umožňovat <umožnit>	lehetővé tesz
reparar	weer goedmaken	gottgöra	wynagradzać szkodę	odčiňovat <odčinit>	jóvátesz
máximo m	maximum n	maximum n	—	maximum n	maximum
poder m	macht f	—	władza f	moc f	hatalom
meta f	doel n	—	cel m	cíl m	cél
—	koffer m	koffert u	walizka f	kufr m	bőrönd
pintar	schilderen	—	malować <namalować>	mlít <semlít>	fest
doente	ziek	sjuk	chory	nemocný	beteg
doença f	ziekte f	sjukdom u	choroba f	nemoc f	betegség
desajeitado	onhandig	klumpig	niezręczny	nešikovný	ügyetlen
inconveniente	ongepast	opassande	niestosowny	nevhodný	helytelen
pintura f	schilderij n	måleri n	—	malířství n	festészet
azar m	pech m	otur	pech m	smůla f	pech
doente	ziek	sjuk	chory	nemocný	beteg
doença f	ziekte f	sjukdom u	choroba f	nemoc f	betegség
azar m	pech m	otur	pech m	smůla f	pech
dores de garganta f/pl	keelpijn f	halsont u	ból gardła m	bolesti v krku f/pl	torokfájás
dores de estômago f/pl	maagpijn f	ont i magen	bóle żołądka m/pl	bolesti žaludku f/pl	gyomorfájás
dor de cabeça f	hoofdpijn f	huvudvärk u	bóle głowy m/pl	bolest hlavy f	fejfájás
dores f/pl de barriga	buikpijn m	magont n	ból brzucha m	bolesti břicha f	hasfájás
dores de garganta f/pl	keelpijn f	halsont u	ból gardła m	bolesti v krku f/pl	torokfájás
dores de estômago f/pl	maagpijn f	ont i magen	bóle żołądka m/pl	bolesti žaludku f/pl	gyomorfájás
dor de cabeça f	hoofdpijn f	huvudvärk u	bóle głowy m/pl	bolest hlavy f	fejfájás
dores de ouvido f/pl	oorpijn f	ont i öronen	ból uszu m	bolesti ucha f/pl	fülfájás
dores de ouvido f/pl	oorpijn f	ont i öronen	ból uszu m	bolesti ucha f/pl	fülfájás
saudade f	heimwee n	hemlängtan u	tęsknota za domem f	touha po domově f	honvágy
pintar	schilderen	måla	malować <namalować>	mlít <semlít>	fest
equívoco m	misverstand n	missuppfattning u	nieporozumienie n	nedorozumění n	félreértés
equívoco m	misverstand n	missuppfattning u	nieporozumienie n	nedorozumění n	félreértés
pintura f	schilderij n	måleri n	malarstwo n	malířství n	festészet
pintura f	schilderij n	—	malarstwo n	malířství n	festészet
mala f	koffer m	koffert u	walizka f	kufr m	bőrönd
porta bagagem m	bagageruimte m	bagageutrymme n	bagażnik m	zavazadlový prostor m	csomagtartó
apesar de	ondanks	trots	pomimo	navzdory	ellenére
apesar disso	toch	i alla fall	mimo to	přesto	ennek ellenére
desgraça f	ongeluk n	missöde n	nieszczęście n	neštěstí n	szerencsétlenség
infelizmente	helaas	tyvärr	niestety	bohužel	sajnos
infeliz	ongelukkig	olycklig	nieszczęśliwy	nešťastný	boldogtalan
amora f	framboos f	hallon f	—	malina f	málna
amora f	framboos f	hallon n	malina f	—	málna
bocadinho	beetje	lite	trochę	—	egy kicsit
pintura f	schilderij n	måleri n	malarstwo n	—	festészet
dor de dentes f	tandpijn m	tandvärk u	ból zęba m	bolesti zubů pl	fogfájás
dor de dentes f	tandpijn m	tandvärk u	ból zęba m	bolesti zubů pl	fogfájás
amora f	framboos f	hallon n	malina f	malina f	—
pintura f	schilderij n	—	obraz m	obraz m	festmény
pouco	weinig	lite	—	málo	kevés
pouco	weinig	lite	mało	—	kevés

malo(a)

	D	E	F	I	ES
malo(a)¹ (ES)	böse	wicked	méchant(e)	cattivo(a)	—
malo(a)² (ES)	schlecht	bad	mauvais(e)	cattivo	—
malować <namalować> (PL)	malen	paint	peindre	dipingere	pintar
małpa (PL)	Affe m	ape	singe m	scimmia f	mono m
malsain(e) (F)	ungesund	unhealthy	—	malsano(a)	enfermizo(a)
malsano(a) (I)	ungesund	unhealthy	malsain(e)	—	enfermizo(a)
måltid (SV)	Mahlzeit f	meal	repas m	pasto m	comida f
malvolentieri (I)	ungern	reluctantly	de mauvaise grâce	—	de mala gana/sin ganas
mały (PL)	klein	small/little	petit(e)	piccolo(a)	pequeño(a)
malý (CZ)	klein	small/little	petit(e)	piccolo(a)	pequeño(a)
mam nadzieję, że (PL)	hoffentlich	hopefully	espérons	speriamo che	ojalá (que)
man (E)	Mann m	—	homme m	uomo m	hombre m
man (NL)	Mann m	man	homme m	uomo m	hombre m
man (SV)	Mann m	man	homme m	uomo m	hombre m
mana (SV)	mahnen	warn	exhorter	ammonire	notificar
manager (E)	Geschäftsführer m	—	gérant m	gerente m	gerente m
mañana (ES)	morgen	tomorrow	demain	domani	—
mañana (ES)	Morgen m	morning	matin m	mattino m	—
manapság (H)	heutzutage	nowadays	de nos jours	oggigiorno	hoy en día
mancanza (I)	Mangel m	lack	manque m	—	escasez f
mancare (I)	fehlen	miss	manquer	—	faltar
mancha (ES)	Fleck m	stain	tache f	macchia f	—
mancha (P)	Fleck m	stain	tache f	macchia f	mancha f
manchmal (D)	—	sometimes	quelquefois	talvolta	a veces
mancia (I)	Trinkgeld n	tip	pourboire m	—	propina f
mand (NL)	Korb m	basket	panier m	cesto m	cesta f
mandar¹ (ES)	herrschen	rule	régner	dominare	—
mandar² (ES)	schicken	send	envoyer	inviare	—
mandar por telefax (P)	faxen	fax	faxer	spedire un fax	mandar un fax
mandar un fax (ES)	faxen	fax	faxer	spedire un fax	—
Mandel (D)	—	almond	amande f	mandorla f	almendra f
mandel (SV)	Mandel f	almond	amande f	mandorla f	almendra f
mandle (CZ)	Mandel f	almond	amande f	mandorla f	almendra f
mando a distancia (ES)	Fernbedienung f	remote control	télécommande f	telecomando m	—
mandorla (I)	Mandel f	almond	amande f	—	almendra f
mandula (H)	Mandel f	almond	amande f	mandorla f	almendra f
måne (SV)	Mond m	moon	lune f	luna f	luna f
maneira¹ (P)	Art f	way	manière f	modo m	manera f
maneira² (P)	Weise f	way	manière f	maniera f	manera f
manen (NL)	mahnen	warn	exhorter	ammonire	notificar
manera¹ (ES)	Art f	way	manière f	modo m	—
manera² (ES)	Weise f	way	manière f	maniera f	—
mängd (SV)	Menge f	quantity	quantité f	quantità f	cantidad f
mangeable (F)	essbar	eatable	—	commestibile	comestible
Mangel (D)	—	lack	manque m	mancanza f	escasez f
manger (F)	essen	eat	—	mangiare	comer
mangiare¹ (I)	essen	eat	manger	—	comer
mangiare² (I)	fressen	eat	bouffer	—	devorar
manhã (P)	Morgen m	morning	matin m	mattino m	mañana f
maniera (I)	Weise f	way	manière f	—	manera f
manière¹ (F)	Art f	way	—	modo m	manera f
manière² (F)	Weise f	way	—	maniera f	manera f

manière

P	NL	SV	PL	CZ	H
mau	boos	arg	zły	zle	gonosz
mau	slecht	dålig	zły	špatný	rossz
pintar	schilderen	måla	—	mlít <semlít>	fest
macaco m	aap m	apa u	—	opice f	majom
insalubre	ongezond	ohälsosam	niezdrowy	nezdravý	egészségtelen
insalubre	ongezond	ohälsosam	niezdrowy	nezdravý	egészségtelen
refeição f	maaltijd m	—	posiłek m	jídlo n	étkezés
de má vontade	niet graag	ogärna	niechętnie	nerad	nem szívesen
pequeno	klein	liten	—	malý	kis/kicsi
pequeno	klein	liten	mały	—	kis/kicsi
oxalá	hopelijk	förhoppningsvis	—	doufejme	remélhetően
homem m	man m	man u	mężczyzna m	muž m	férfi
homem m	—	man u	mężczyzna m	muž m	férfi
homem m	man m	—	mężczyzna m	muž m	férfi
advertir	manen	—	przypominać <przypomnieć>	varovat	figyelmeztet
gerente m	directeur m	verkställande direktör u	kierownik m	jednatel m	cégvezető
amanhã	morgen	i morgon	jutro	zítra	holnap
manhã f	morgen m	morgon u	poranek m	ráno n	reggel
actualmente	tegenwoordig	nuförtiden	obecnie	v dnešní době	—
falta f	gebrek n	brist u	niedobór m	nedostatek m	hiány
faltar	ontbreken	sakna	brakować	chybět	hiányzik
mancha f	plek n	fläck u	plama f	skvrna f	folt
—	plek n	fläck u	plama f	skvrna f	folt
às vezes	soms	ibland	czasem	někdy	néha
gorjeta f	fooi f	dricks u	napiwek m	spropitné n	borravaló
cesto m	—	korg u	kosz m	koš m	kosár
dominar	heersen	härska	panować	panovat	uralkodik
enviar	sturen	skicka	wysyłać <wysłać>	posílat <poslat>	küld
—	faxen	skicka ett fax	faksować	faxovat	faxol
mandar por telefax	faxen	skicka ett fax	faksować	faxovat	faxol
amêndoa f	amandel f	mandel u	migdał m	mandle f	mandula
amêndoa f	amandel f	—	migdał m	mandle f	mandula
amêndoa f	amandel f	mandel u	migdał m	—	mandula
telecomando m	afstandsbediening f	fjärrkontroll u	pilot m	dálkové ovládání n	távműködtetés
amêndoa f	amandel f	mandel u	migdał m	mandle f	mandula
amêndoa f	amandel f	mandel u	migdał m	mandle f	—
lua f	maand f	—	księżyc m	měsíc m	hold
—	aard m	sätt n	rodzaj m	druh m	mód
—	wijze	sätt n	sposób m	sirotek m	mód
advertir	—	mana	przypominać <przypomnieć>	varovat	figyelmeztet
maneira f	aard m	sätt n	rodzaj m	druh m	mód
maneira f	wijze	sätt n	sposób m	sirotek m	mód
quantidade f	hoeveelheid f	—	ilość f	množství n	mennyiség
comestível	eetbaar	ätbar	jadalny	jedlý	ehető
falta f	gebrek n	brist u	niedobór m	nedostatek m	hiány
comer	eten	äta	jeść <zjeść>	jíst <sníst>	eszik
comer	eten	äta	jeść <zjeść>	jíst <sníst>	eszik
devorar	vreten	äta	żreć <zeżreć>	žrát <sežrat>	zabál
—	morgen m	morgon u	poranek m	ráno n	reggel
maneira f	wijze	sätt n	sposób m	sirotek m	mód
maneira f	aard m	sätt n	rodzaj m	druh m	mód
maneira f	wijze	sätt n	sposób m	sirotek m	mód

manifestação

	D	E	F	I	ES
manifestação (P)	Demonstration f	demonstration	manifestation f	manifestazione f	manifestación f
manifestación (ES)	Demonstration f	demonstration	manifestation f	manifestazione f	—
manifestatie (NL)	Veranstaltung f	event	manifestation f	manifestazione f	acto m
manifestation¹ (F)	Demonstration f	demonstration	—	manifestazione f	manifestación f
manifestation² (F)	Veranstaltung f	event	—	manifestazione f	acto m
manifestazione¹ (I)	Demonstration f	demonstration	manifestation f	—	manifestación f
manifestazione² (I)	Veranstaltung f	event	manifestation f	—	acto m
manifeste (F)	offensichtlich	obvious	—	evidente	evidente
manifesto (I)	Anschlag m	assault	attentat m	—	atentado m
maniglia (I)	Griff m	handle	poignée f	—	asidero m
Mann (D)	—	man	homme m	uomo m	hombre m
människa (SV)	Mensch m	human being	homme m	essere umano m	ser humano m
Mannschaft (D)	—	team	équipe f	squadra f	equipo m
mano (I)	Hand f	hand	main f	—	mano f
mano (ES)	Hand f	hand	main f	mano f	—
manque (F)	Mangel m	lack	—	mancanza f	escasez f
manquer¹ (F)	fehlen	miss	—	mancare	faltar
manquer² (F)	vermissen	miss	—	sentire la mancanza	echar de menos
manskap (SV)	Mannschaft f	team	équipe f	squadra f	equipo m
manta (ES)	Decke f	blanket	couverture f	coperta f	—
manteau (F)	Mantel m	coat	—	cappotto m	abrigo m
manteiga (P)	Butter f	butter	beurre m	burro m	mantequilla f
Mantel (D)	—	coat	manteau m	cappotto m	abrigo m
mantel (NL)	Mantel m	coat	manteau m	cappotto m	abrigo m
mantequilla (ES)	Butter f	butter	beurre m	burro m	—
manuel d'utilisation (F)	Gebrauchsanweisung f	user manual	—	istruzioni per l'uso f/pl	instrucciones para el uso f/pl
manufacture (E)	anfertigen	—	confectionner	fabbricare	fabricar
manzana (ES)	Apfel m	apple	pomme f	mela f	—
manzo (I)	Rind n	cow	bœuf m	—	buey m
mão (P)	Hand f	hand	main f	mano f	mano f
map (E)	Landkarte f	—	carte f	carta geografica f	mapa m
map (NL)	Mappe f	folder	serviette f	raccoglitore m	carpeta f
mapa (ES)	Landkarte f	map	carte f	carta geografica f	—
mapa (P)	Landkarte f	map	carte f	carta geografica f	mapa m
mapa (PL)	Landkarte f	map	carte f	carta geografica f	mapa m
mapa (CZ)	Landkarte f	map	carte f	carta geografica f	mapa m
mappa (H)	Mappe f	folder	serviette f	raccoglitore m	carpeta f
Mappe (D)	—	folder	serviette f	raccoglitore m	carpeta f
máquina de lavar (P)	Waschmaschine f	washing machine	machine à laver f	lavatrice f	lavadora f
máquina fotográfica (ES)	Fotoapparat m	camera	appareil photo m	macchina fotografica f	—
máquina fotográfica (P)	Fotoapparat m	camera	appareil photo m	macchina fotografica f	máquina fotográfica f
mar (ES)	Meer n	sea	mer f	mare m	—
mar (P)	Meer n	sea	mer f	mare m	mar m
már (H)	bereits	already	déjà	già	ya
marad (H)	bleiben	stay	rester	rimanere	quedarse
maradék (H)	Rest m	rest	reste m	resto m	resto m
maradék (H)	übrig	left	restant(e)	restante	restante
maravilloso(a) (ES)	herrlich	marvellous	magnifique	stupendo(a)	—
marca (I)	Marke f	brand	marque f	—	marca f
marca (ES)	Marke f	brand	marque f	marca f	—
marca (P)	Marke f	brand	marque f	marca f	marca f
marcar¹ (P)	buchen	book	retenir	prenotare	reservar

marcar

P	NL	SV	PL	CZ	H
—	demonstratie f	demonstration u	demonstracja f	demonstrace f	tüntetés
manifestação f	demonstratie f	demonstration u	demonstracja f	demonstrace f	tüntetés
espectáculo m	—	tillställning u	impreza f	akce f	rendezvény
manifestação f	demonstratie f	demonstration u	demonstracja f	demonstrace f	tüntetés
espectáculo m	manifestatie f	tillställning u	impreza f	akce f	rendezvény
manifestação f	demonstratie f	demonstration u	demonstracja f	demonstrace f	tüntetés
espectáculo m	manifestatie f	tillställning u	impreza f	akce f	rendezvény
evidente	klaarblijkelijk	tydligen	oczywisty	zřejmý	nyilvánvaló
atentado m	aanslag m	anslag n	zamach m	oznámení n	merénylet
cabo m	greep m	fäste n	chwyt m	rukojeť f	kézmozdulat
homem m	man m	man u	mężczyzna m	muž m	férfi
homem m	mens m	—	człowiek m	člověk m	ember
equipa f	ploeg f	manskap n	drużyna f	mužstvo n	csapat
mão f	hand f	hand u	ręka f	ruka f	kéz
mão f	hand f	hand u	ręka f	ruka f	kéz
falta f	gebrek n	brist u	niedobór m	nedostatek m	hiány
faltar	ontbreken	sakna	brakować	chybět	hiányzik
fazer falta	missen	sakna	odczuwać brak	pohřešovat <pohřešit>	hiányol
equipa f	ploeg f	—	drużyna f	mužstvo n	csapat
cobertor m	plafond n	täcke n	sufit m	přikrývka f	takaró
sobretudo m	mantel m	kappa u	płaszcz m	kabát m	kabát
—	boter n	smör n	masło n	máslo n	vaj
sobretudo m	mantel m	kappa u	płaszcz m	kabát m	kabát
sobretudo m	—	kappa u	płaszcz m	kabát m	kabát
manteiga f	boter n	smör n	masło n	máslo n	vaj
instruções de uso f/pl	gebruiksaanwijzing f	bruksanvisning u	instrukcja obsługi f	návod k použití m	használati utasítás
confeccionar	vervaardigen	tillverka	wykonać	zhotovovat <zhotovit>	elkészít
maçã f	appel m	äpple n	jabłko n	jablko n	alma
gado m	rund n	ko u	bydlę n	dobytek m	szarvasmarha
—	hand f	hand u	ręka f	ruka f	kéz
mapa m	landkaart f	karta u	mapa f	mapa f	térkép
pasta f	—	portfölj u	teczka f	složka f	mappa
mapa m	landkaart f	karta u	mapa f	mapa f	térkép
—	landkaart f	karta u	mapa f	mapa f	térkép
mapa m	landkaart f	karta u	—	mapa f	térkép
mapa m	landkaart f	karta u	mapa f	—	térkép
pasta f	map f	portfölj u	teczka f	složka f	—
pasta f	map f	portfölj u	teczka f	složka f	mappa
—	wasmachine f	tvättmaskin u	pralka f	pračka f	mosógép
máquina fotográfica f	camera f	kamera u	aparat fotograficzny m	fotografický přístroj m	fényképezőgép
—	camera f	kamera u	aparat fotograficzny m	fotografický přístroj m	fényképezőgép
mar m	zee f	hav n	morze n	moře n	tenger
—	zee f	hav n	morze n	moře n	tenger
já	reeds	redan	już	již	—
ficar	blijven	stanna kvar	zostawać <zostać>	zůstávat <zůstat>	—
resto m	rest m	rest u	reszta f	zbytek m	—
restante	overig	övrig	pozostały	zbývající	—
magnífico	heerlijk	härligt	wspaniały	nádherný	gyönyörű
marca f	merk n	märke n	marka f	značka f	márka
marca f	merk n	märke n	marka f	značka f	márka
—	merk n	märke n	marka f	značka f	márka
—	boeken	boka	rezerwować <zarezerwować>	zaknihovat	foglal

marcar

	D	E	F	I	ES
marcar² (P)	reservieren	reserve	réserver	riservare	reservar
marcha (ES)	Gang *m*	gear	vitesse *f*	marcia *f*	—
marchandise (F)	Ware *f*	goods	—	merce *f*	mercancía *f*
marcharse (ES)	weggehen	go away	s'en aller	andare via	—
marche (F)	Stufe *f*	step	—	gradino *m*	escalón *m*
marcia (I)	Gang *m*	gear	vitesse *f*	—	marcha *f*
marco (ES)	Rahmen *m*	frame	cadre *m*	cornice *f*	—
mare (I)	Meer *n*	sea	mer *f*	—	mar *m*
marea alta (ES)	Flut *f*	high tide	marée haute *f*	alta marea *f*	—
marea baja (ES)	Ebbe *f*	low tide	marée basse *f*	bassa marea *f*	—
maré cheia (P)	Flut *f*	high tide	marée haute *f*	alta marea *f*	marea alta *f*
maré baixa (P)	Ebbe *f*	low tide	marée basse *f*	bassa marea *f*	marea baja *f*
marée basse (F)	Ebbe *f*	low tide	—	bassa marea *f*	marea baja *f*
marée haute (F)	Flut *f*	high tide	—	alta marea *f*	marea alta *f*
margem (P)	Rand *m*	brim	bord *m*	margine *m*	borde *m*
margine (I)	Rand *m*	brim	bord *m*	—	borde *m*
mariage¹ (F)	Heirat *f*	marriage	—	matrimonio *m*	boda *f*
mariage² (F)	Hochzeit *f*	wedding	—	nozze *f/pl*	boda *f*
marié(e) (F)	verheiratet	married	—	sposato(a)	casado(a)
marier (F)	heiraten	marry	—	sposarsi	casarse
mariposa (ES)	Schmetterling *m*	butterfly	papillon *m*	farfalla *f*	—
mark (E)	Note *f*	—	note *f*	voto *m*	calificación *f*
mark (SV)	Boden *m*	floor	sol *m*	terra *f*	suelo *m*
marka (PL)	Marke *f*	brand	marque *f*	marca *f*	marca *f*
märka (SV)	bemerken	notice	remarquer	notare	darse cuenta de
márka (H)	Marke *f*	brand	marque *f*	marca *f*	marca *f*
Marke (D)	—	brand	marque *f*	marca *f*	marca *f*
märke (SV)	Marke *f*	brand	marque *f*	marca *f*	marca *f*
markera (SV)	merken	notice	remarquer	accorgersi di	notar
märkligt (SV)	seltsam	strange	bizarre	strano(a)	extraño(a)
märkvärdig (SV)	merkwürdig	strange	curieux(euse)	curioso(a)	curioso(a)
marmelad (SV)	Marmelade *f*	jam	confiture *f*	marmellata *f*	mermelada *f*
marmeláda (CZ)	Marmelade *f*	jam	confiture *f*	marmellata *f*	mermelada *f*
Marmelade (D)	—	jam	confiture *f*	marmellata *f*	mermelada *f*
marmellata (I)	Marmelade *f*	jam	confiture *f*	—	mermelada *f*
marmolada (PL)	Marmelade *f*	jam	confiture *f*	marmellata *f*	mermelada *f*
marque (F)	Marke *f*	brand	—	marca *f*	marca *f*
marriage (E)	Heirat *f*	—	mariage *m*	matrimonio *m*	boda *f*
married (E)	verheiratet	—	marié(e)	sposato(a)	casado(a)
marron (F)	braun	brown	—	marrone	marrón
marrón (ES)	braun	brown	marron	marrone	—
marrone (I)	braun	brown	marron	—	marrón
marry (E)	heiraten	—	marier	sposarsi	casarse
mártás (H)	Soße *f*	sauce	sauce *f*	salsa *f*	salsa *f*
martwy (PL)	tot	dead	mort(e)	morto(a)	muerto(a)
marvellous (E)	herrlich	—	magnifique	stupendo(a)	maravilloso(a)
marznąć <zmarznąć> (PL)	frieren	be cold	avoir froid	avere freddo	tener frío
mas (P)	aber	but	mais	ma	pero
más (H)	anders	different	différent(e)	differente	diferente
maść (PL)	Salbe *f*	ointment	onguent *m*	pomata *f*	pomada *f*

maść

P	NL	SV	PL	CZ	H
—	reserveren	reservera	rezerwować <zarezerwować>	rezervovat <zarezervovat>	foglal
passagem f	versnelling f	koppling u	chód m	chodba f	sebességfokozat
mercadoria f	waar f	vara u	towar m	zboží n	áru
sair	weggaan	gå bort	odchodzić	odcházet <odejít>	elmegy
degrau m	trap m	steg n	stopień m	stupeň m	lépcsőfok
passagem f	versnelling f	koppling u	chód m	chodba f	sebességfokozat
moldura f	kader n	ram u	rama f	rám m	keret
mar m	zee f	hav n	morze n	moře n	tenger
maré cheia f	vloed f	flod u	przypływ m	povodeň f	dagály
maré baixa f	eb f	ebb u	odpływ m	odliv m	apály
—	eb f	ebb u	odpływ m	odliv m	apály
—	vloed f	flod u	przypływ m	povodeň f	dagály
maré baixa f	eb f	ebb u	odpływ m	odliv m	apály
maré cheia f	vloed f	flod u	przypływ m	povodeň f	dagály
—	rand m	kant u	krawędź f	okraj m	szél
margem f	rand m	kant u	krawędź f	okraj m	szél
casamento m	huwelijk n	giftermål n	ożenek m/ zamążpójście n	sňatek m	házasságkötés
casamento m	huwelijk n	bröllop n	wesele n	svatba f	esküvő
casado	gehuwd	gift	żonaty/zamężna	ženatý/vdaná	házas
casar	huwen	gifta sig	żenić, się <ożenić, się> / wychodzić za mąż <wyjść za mąż>	uzavírat sňatek <uzavřít sňatek>	házasságot köt
borboleta f	vlinder m	fjäril u	motyl m	motýl m	pillangó
nota f	cijfer n	betyg n	ocena f	známka f	osztályzat
chão m	grond m	—	podłoga f	podlaha f	föld
marca f	merk n	märke n	—	značka f	márka
reparar	opmerken	—	zauważać <zauważyć>	poznamenat <poznamenávat>	észrevesz
marca f	merk n	märke n	marka f	značka f	—
marca f	merk n	märke n	marka f	značka f	márka
marca f	merk n	—	marka f	značka f	márka
notar	bemerken	—	spostrzegać <spostrzec>	pamatovat <zapamatovat>	észrevesz
estranho	vreemd	—	dziwny	zvláštní	furcsa
estranho	vreemd	—	dziwny	podivný	furcsa
compota f	jam m	—	marmolada f	marmeláda f	lekvár
compota f	jam m	marmelad u	marmolada f	—	lekvár
compota f	jam m	marmelad u	marmolada f	marmeláda f	lekvár
compota f	jam m	marmelad u	marmolada f	marmeláda f	lekvár
compota f	jam m	marmelad u	—	marmeláda f	lekvár
marca f	merk n	märke n	marka f	značka f	márka
casamento m	huwelijk n	giftermål n	ożenek m/ zamążpójście n	sňatek m	házasságkötés
casado	gehuwd	gift	żonaty/zamężna	ženatý/vdaná	házas
castanho	bruin	brun	brązowy	hnědý	barna
castanho	bruin	brun	brązowy	hnědý	barna
castanho	bruin	brun	brązowy	hnědý	barna
casar	huwen	gifta sig	żenić, się <ożenić, się> / wychodzić za mąż <wyjść za mąż>	uzavírat sňatek <uzavřít sňatek>	házasságot köt
molho m	saus f	sås u	sos m	omáčka f	—
morto	dood	död	—	mrtvý	halott
magnífico	heerlijk	härligt	wspaniały	nádherný	gyönyörű
ter frio	het koud hebben/ vriezen	frysa	—	mrznout <zamrznout>	fázik
—	maar	men	ale	ale	de
diferente	anders	annorlunda	inaczej	jinak	—
pomada f	zalf f	salva u	—	mast f	kenőcs

másik

	D	E	F	I	ES
másik (H)	andere(r,s)	other	autre	altro(a)	otra(o)
masło (PL)	Butter f	butter	beurre m	burro m	mantequilla f
máslo (CZ)	Butter f	butter	beurre m	burro m	mantequilla f
maso (CZ)	Fleisch n	meat	viande f	carne f	carne f
másol (H)	kopieren	copy	copier	copiare	copiar
másolat (H)	Kopie f	copy	copie f	copia f	copia f
másrészt (H)	andererseits	on the other hand	d'autre part	d'altra parte	por otra parte
mässa (SV)	Messe f	fair	foire f	fiera f	feria f
massimo (I)	Maximum n	maximum	maximum m	—	máximo m
mast (CZ)	Salbe f	ointment	onguent m	pomata f	pomada f
måste (SV)	müssen	have to	devoir	dovere	deber
masticar (ES)	kauen	chew	mâcher	masticare	—
masticare (I)	kauen	chew	mâcher	—	masticar
mastigar (P)	kauen	chew	mâcher	masticare	masticar
mat (E)	Matte f	—	natte f	stuoia f	colchoneta f
mat (NL)	Matte f	mat	natte f	stuoia f	colchoneta f
mat (SV)	Essen n	food	repas m	cibo m	comida f
mata (PL)	Matte f	mat	natte f	stuoia f	colchoneta f
mäta (SV)	messen	measure	mesurer	misurare	medir
matar (ES)	töten	kill	tuer	uccidere	—
matar (P)	töten	kill	tuer	uccidere	matar
match (E)	Streichholz n	—	allumette f	fiammifero m	cerilla f
matelas (F)	Matratze f	mattress	—	materasso m	colchón m
materac (PL)	Matratze f	mattress	matelas m	materasso m	colchón m
materasso (I)	Matratze f	mattress	matelas m	—	colchón m
materia (PL)	Zeug n	stuff	affaires f/pl	cose f/pl	cosas f/pl
matéria (P)	Stoff m	cloth	tissu m	stoffa f	tela f
materiał (PL)	Stoff m	cloth	tissu m	stoffa f	tela f
mateřská školka (CZ)	Kindergarten m	nursery school	jardin d'enfants m	asilo (infantile) m	jardín de infancia m
mateřština (CZ)	Muttersprache f	native language	langue maternelle f	lingua madre f	lengua materna f
matin (F)	Morgen m	morning	—	mattino m	mañana f
matita[1] (I)	Bleistift m	pencil	crayon m	—	lápiz m
matita[2] (I)	Stift m	pencil	crayon m	—	lápiz m
matka (PL)	Mutter f	mother	mère f	madre f	madre f
matka (CZ)	Mutter f	mother	mère f	madre f	madre f
matrac (H)	Matratze f	mattress	matelas m	materasso m	colchón m
matrace (CZ)	Matratze f	mattress	matelas m	materasso m	colchón m
matras (NL)	Matratze f	mattress	matelas m	materasso m	colchón m
maträtt (SV)	Gericht n	dish	plat m	piatto m	comida f
Matratze (D)	—	mattress	matelas m	materasso m	colchón m
matrimonio (I)	Heirat f	marriage	mariage m	—	boda f
matsal (SV)	Esszimmer n	dining room	salle à manger f	sala da pranzo f	comedor m
matsedel (SV)	Speisekarte f	menu	menu m	menu m	lista de platos f
matsked (SV)	Esslöffel m	tablespoon	cuiller f	cucciano m	cuchara f
matta (SV)	Matte f	mat	natte f	stuoia f	colchoneta f
Matte (D)	—	mat	natte f	stuoia f	colchoneta f
mattino (I)	Morgen m	morning	matin m	—	mañana f
mattress (E)	Matratze f	—	matelas m	materasso m	colchón m
maturo(a) (I)	reif	ripe	mûr(e)	—	maduro(a)
mau[1] (P)	böse	wicked	méchant(e)	cattivo(a)	malo(a)
mau[2] (P)	schlecht	bad	mauvais(e)	cattivo	malo(a)
Mauer (D)	—	wall	mur m	muro m	muro m
Mauspad (D)	—	mouse pad	tapis pour souris m	tappetino del mouse m	alfombrilla de ratón f
mauvais(e) (F)	schlecht	bad	—	cattivo	malo(a)
mauve (F)	lila	purple	—	lilla	de color lila

mauve

P	NL	SV	PL	CZ	H
outro(s)	ander(e)	annan	inna(y,e)	jiný	—
manteiga f	boter n	smör n	—	máslo n	vaj
manteiga f	boter n	smör n	masło n	—	vaj
carne f	vlees n	kött n	mięso n	—	hús
copiar	kopiëren	kopiera	kopiować <skopiować>	kopírovat <zkopírovat>	—
cópia f	kopie f	kopia u	kopia f	kopie f	—
por outro lado	anderzijds	å andra sidan	z drugiej strony	na druhé straně	—
missa f	beurs f	—	targi m/pl	veletrh m	vásár
máximo m	maximum n	maximum n	maksimum n	maximum n	maximum
pomada f	zalf f	salva u	maść f	—	kenőcs
dever	moeten	—	musieć	muset	kell
mastigar	kauwen	tugga	żuć	žvýkat <dožvýkat>	rág
mastigar	kauwen	tugga	żuć	žvýkat <dožvýkat>	rág
—	kauwen	tugga	żuć	žvýkat <dožvýkat>	rág
esteira f	mat f	matta u	mata f	rohožka f	lábtörlő
esteira f	—	matta u	mata f	rohožka f	lábtörlő
comida f	eten n	—	jedzenie n	jídlo n	étkezés
esteira f	mat f	matta u	—	rohožka f	lábtörlő
medir	meten	—	mierzyć <zmierzyć>	měřit <změřit>	mér
matar	doden	döda	zabijać	zabíjet <zabít>	megöl
—	doden	döda	zabijać	zabíjet <zabít>	megöl
fósforo m	lucifer m	tändsticka u	zapałka f	zápalka f	gyufa
colchão m	matras f	madrass u	materac m	matrace f	matrac
colchão m	matras f	madrass u	—	matrace f	matrac
colchão m	matras f	madrass u	materac m	matrace f	matrac
coisas f/pl	spullen pl	grejor pl	—	věci pl	holmi
—	stof f	tyg n	materiał m	látka f	anyag
matéria f	stof f	tyg n	—	látka f	anyag
jardim de infância m	kleuterschool f	förskola u	przedszkole n	—	óvoda
língua materna f	moedertaal f	modersmål n	język ojczysty m	—	anyanyelv
manhã f	morgen m	morgon u	poranek m	ráno n	reggel
lápis m	potlood n	blyertspenna n	ołówek m	tužka f	ceruza
lápis m	stift m	stift n	ołówek m	kolík m	pecek
mãe f	moeder f	mor u	—	matka f	édesanya
mãe f	moeder f	mor u	matka f	—	édesanya
colchão m	matras f	madrass u	materac m	matrace f	—
colchão m	matras f	madrass u	materac m	—	matrac
colchão m	—	madrass u	materac m	matrace f	matrac
prato m	gerecht n	—	danie n	pokrm m	fogás
colchão m	matras f	madrass u	materac m	matrace f	matrac
casamento m	huwelijk n	giftermål n	ożenek m/ zamążpójście n	sňatek m	házasságkötés
sala de jantar f	eetkamer f	—	jadalnia f	jídelna f	ebédlő
ementa f	spijskaart f	—	jadłospis m	jídelní lístek m	étlap
colher da sopa f	eetlepel m	—	łyżka stołowa f	polévková lžíce f	evőkanál
esteira f	mat f	—	mata f	rohožka f	lábtörlő
esteira f	mat f	matta u	mata f	rohožka f	lábtörlő
manhã f	morgen m	morgon u	poranek m	ráno n	reggel
colchão m	matras f	madrass u	materac m	matrace f	matrac
maduro	rijp	mogen	dojrzały	zralý	érett
—	boos	arg	zły	zle	gonosz
—	slecht	dålig	zły	špatný	rossz
muro m	muur m	mur u	mur m	zeď f	fal
mousepad m	muismatje n	musmatta u	podkładka pod mysz f	podložka pod myš f	egéralátét
mau	slecht	dålig	zły	špatný	rossz
roxo	lila	lila	liliowy	fialový	lila

mávat

	D	E	F	I	ES
mávat <mávnout> (CZ)	winken	wave	faire signe	chiamare con cenni	hacer señas
máximo (ES)	Maximum n	maximum	maximum m	massimo m	—
máximo (P)	Maximum n	maximum	maximum m	massimo m	máximo m
Maximum (D)	—	maximum	maximum m	massimo m	máximo m
maximum (E)	Maximum n	—	maximum m	massimo m	máximo m
maximum (F)	Maximum n	maximum	—	massimo m	máximo m
maximum (NL)	Maximum n	maximum	maximum m	massimo m	máximo m
maximum (SV)	Maximum n	maximum	maximum m	massimo m	máximo m
maximum (CZ)	Maximum n	maximum	maximum m	massimo m	máximo m
maximum (H)	Maximum n	maximum	maximum m	massimo m	máximo m
maybe (E)	vielleicht	—	peut-être	forse	tal vez
mayor (E)	Bürgermeister m	—	maire m	sindaco m	alcalde m
mayor de edad (ES)	volljährig	of age	majeur(e)	maggiorenne	—
mayoría (ES)	Mehrheit f	majority	majorité f	maggioranza f	—
mdłość (PL)	Übelkeit f	nausea	nausée f	nausea f	náuseas f/pl
meadow (E)	Wiese f	—	pré m	prato m	pradera f
meal (E)	Mahlzeit f	—	repas m	pasto m	comida f
mean (E)	bedeuten	—	signifier	significare	significar
mean¹ (E)	geizig	—	avare	avaro(a)	avaro(a)
mean² (E)	gemein	—	méchant(e)	volgare	común
meaning (E)	Bedeutung f	—	signification f	significato f	significado m
meanwhile (E)	indessen	—	cependant	nel frattempo	en eso
meanwhile (E)	inzwischen	—	entretemps	frattanto	mientras tanto
measure (E)	messen	—	mesurer	misurare	medir
meat (E)	Fleisch n	—	viande f	carne f	carne f
mebel (PL)	Möbel n	furniture	meuble m	mobile m	mueble m
meblować <umeblować> (PL)	möblieren	furnish	meubler	ammobiliare	amueblar
méchant(e)¹ (F)	böse	wicked	—	cattivo(a)	malo(a)
méchant(e)² (F)	gemein	mean	—	volgare	común
męczący (PL)	anstrengend	tiring	fatigant(e)	faticoso(a)	fatigoso(a)
męczyć (PL)	quälen	torture	torturer	tormentare	atormentar
męczyć <zmęczyć> (PL)	ermüden	tire	fatiguer	stancarsi	cansar
med (SV)	mit	with	avec	con	con
med (CZ)	Honig m	honey	miel m	miele m	miel f
medborgarskap (SV)	Staatsangehörigkeit f	nationality	nationalité f	cittadinanza f	nacionalidad f
meddela¹ (SV)	ansagen	announce	annoncer	annunciare	anunciar
meddela² (SV)	mitteilen	inform	informer	comunicare	comunicar
meddela³ (SV)	verständigen	inform	prévenir	informare	informar
meddelande (SV)	Mitteilung f	message	information f	comunicazione f	comunicación f
médecin (F)	Arzt m	doctor	—	medico m	médico m
médecine (F)	Medizin f	medicine	—	medicina f	medicina f
mededeling (NL)	Mitteilung f	message	information f	comunicazione f	comunicación f
medelijden (NL)	Mitleid n	pity	compassion f	compassione f	compasión f
medelijden hebben met (NL)	bemitleiden	pity	plaindre	compatire	compadecerse de
medföra (SV)	mitbringen	bring (along)	apporter	portare con sé	traer
media (E)	Medien pl	—	médias pl	Media m/pl	medios m/pl
Media (I)	Medien pl	media	médias pl	—	medios m/pl
media (NL)	Medien pl	media	médias pl	Media m/pl	medios m/pl

media

P	NL	SV	PL	CZ	H
acenar	wuiven	vinka	machać	—	int
máximo m	maximum n	maximum n	maksimum n	maximum n	maximum
—	maximum n	maximum n	maksimum n	maximum n	maximum
máximo m	maximum n	maximum n	maksimum n	maximum n	maximum
máximo m	maximum n	maximum n	maksimum n	maximum n	maximum
máximo m	maximum n	maximum n	maksimum n	maximum n	maximum
máximo m	—	maximum n	maksimum n	maximum n	maximum
máximo m	maximum n	—	maksimum n	maximum n	maximum
máximo m	maximum n	maximum n	maksimum n	—	maximum
máximo m	maximum n	maximum n	maksimum n	maximum n	—
talvez	misschien	kanske	może	možná	talán
presidente da câmara municipal m	burgemeester m	borgmästare u	burmistrz m	starosta m	polgármester
maior	meerderjarig	myndig	pełnoletni	plnoletý	nagykorú
maioria f	meerderheid f	flertal n	większość f	většina f	többség
náusea f	misselijkheid f	illamående n	—	nevolnost f	rosszullét
prado m	wei f	äng u	łąka f	louka f	rét
refeição f	maaltijd m	måltid u	posiłek m	jídlo n	étkezés
significar	bedoelen	betyda	znaczyć	znamenat	jelent
forreta	gierig	snål	skąpy	lakomý	fösvény
comum	gemeen	allmän	zwykły	sprostý	közönséges
significado m	betekenis f	betydelse u	znaczenie n	význam m	értelem
entretanto	ondertussen	emellertid	jednakże	zatím	amíg
entretanto	ondertussen	under tiden	tymczasem	mezitím	közben
medir	meten	mäta	mierzyć <zmierzyć>	měřit <změřit>	mér
carne f	vlees n	kött n	mięso n	maso n	hús
móvel m	meubel n	möbel u	—	nábytek m	bútor
mobilar	meubileren	möblera	—	zařizovat nábytkem <zařídit nábytkem>	bebútoroz
mau	boos	arg	zły	zle	gonosz
comum	gemeen	allmän	zwykły	sprostý	közönséges
fatigante	vermoeiend	ansträngande	—	namáhavý	fárasztó
atormentar	kwellen	plåga	—	trápit <utrápit>	kínoz
cansar	moe worden	trötta ut	—	unavovat, se <unavit, se>	kifárad
com	met	—	z	s	vel
mel m	honing m	honung u	miód m	—	méz
nacionalidade f	nationaliteit f	—	obywatelstwo n	státní příslušnost f	állampolgárság
anunciar	aankondigen	—	zapowiadać <zapowiedzieć>	ohlašovat <ohlásit>	bemond
comunicar	meedelen	—	zawiadamiać <zawiadomić>	sdělovat <sdělit>	közöl
informar	op de hoogte brengen	—	zawiadamiać	vyrozumět	értesít
comunicação f	mededeling f	—	zawiadomienie n	sdělení n	közlemény
médico m	arts m	läkare u	lekarz m	lékař m	orvos
medicina f	geneeskunde f	medicin u	medycyna f	medicína f	orvostudomány
comunicação f	—	meddelande n	zawiadomienie n	sdělení n	közlemény
compaixão f	—	medlidande n	litość f	soucit m	részvét
ter pena de alguém	—	hysa medlidande med	współczuć	litovat <politovat>	sajnál
trazer	meebrengen	—	przynosić <przynieść>	přinášet <přinést>	magával hoz
meios m de comunicação	media pl	medier pl	media pl	média pl	média
meios m de comunicação	media pl	medier pl	media pl	média pl	média
meios m de comunicação	—	medier pl	media pl	média pl	média

media

	D	E	F	I	ES
media (PL)	Medien pl	media	médias pl	Media m/pl	medios m/pl
média (CZ)	Medien pl	media	médias pl	Media m/pl	medios m/pl
média (H)	Medien pl	media	médias pl	Media m/pl	medios m/pl
medianoche (ES)	Mitternacht f	midnight	minuit m	mezzanotte f	—
media pensión (ES)	Halbpension f	half board	demi-pension f	mezza pensione f	—
médias (F)	Medien pl	media	—	Media m/pl	medios m/pl
medicament (NL)	Medikament n	drug	médicament m	medicamento m	medicamento m
médicament (F)	Medikament n	drug	—	medicamento m	medicamento m
medicamento (I)	Medikament n	drug	médicament m	—	medicamento m
medicamento (ES)	Medikament n	drug	médicament m	medicamento m	—
medicamento (P)	Medikament n	drug	médicament m	medicamento m	medicamento m
medicin (SV)	Medizin f	medicine	médecine f	medicina f	medicina f
medicina (I)	Medizin f	medicine	médecine f	—	medicina f
medicina (ES)	Medizin f	medicine	médecine f	medicina f	—
medicina (P)	Medizin f	medicine	médecine f	medicina f	medicina f
medicína (CZ)	Medizin f	medicine	médecine f	medicina f	medicina f
medicine (E)	Medizin f	—	médecine f	medicina f	medicina f
medico (I)	Arzt m	doctor	médecin m	—	médico m
médico (ES)	Arzt m	doctor	médecin m	medico m	—
médico (P)	Arzt m	doctor	médecin m	medico m	médico m
Medien (D)	—	media	médias pl	Media m/pl	medios m/pl
medier (SV)	Medien pl	media	médias pl	Media m/pl	medios m/pl
Medikament (D)	—	drug	médicament m	medicamento m	medicamento m
medikament (SV)	Medikament n	drug	médicament m	medicamento m	medicamento m
medio (ES)	Mitte f	middle	milieu m	centro m	—
médio (P)	durchschnittlich	average	moyen(ne)	medio(a)	medio(a)
medio(a) (I)	durchschnittlich	average	moyen(ne)	—	medio(a)
medio(a)[1] (ES)	durchschnittlich	average	moyen(ne)	medio(a)	—
medio(a)[2] (ES)	halb	half	demi(e)	mezzo(a)	—
medio ambiente (ES)	Umwelt f	environment	environnement m	ambiente m	—
mediodía (ES)	Mittag m	at midday	midi m	mezzogiorno m	—
medios (ES)	Medien pl	media	médias pl	Media m/pl	—
medir (ES)	messen	measure	mesurer	misurare	—
medir (P)	messen	measure	mesurer	misurare	medir
Medizin (D)	—	medicine	médecine f	medicina f	medicina f
medlem (SV)	Mitglied n	member	membre m	membro m	miembro m
medlidande (SV)	Mitleid n	pity	compassion f	compassione f	compasión f
medo (P)	Angst f	fear	peur f	paura f	miedo m
medräknad (SV)	inbegriffen	included	compris	compreso(a)	incluido(a)
medroso (P)	ängstlich	fearful	peureux(euse)	pauroso(a)	miedoso(a)
medve (H)	Bär m	bear	ours m	orso m	oso m
medvěd (CZ)	Bär m	bear	ours m	orso m	oso m
medvetet (SV)	bewusst	deliberate	délibéré(e)	intenzionale	intencionado(a)
medycyna (PL)	Medizin f	medicine	médecine f	medicina f	medicina f
meebrengen (NL)	mitbringen	bring (along)	apporter	portare con sé	traer
meedelen (NL)	mitteilen	inform	informer	comunicare	comunicar
meegaan (NL)	mitgehen	go along wigh	accompagner	accompagnare	acompañar
meenemen (NL)	mitnehmen	take along	emmener	prendere con sé	llevar consigo
Meer (D)	—	sea	mer f	mare m	mar m
meer (NL)	See m	lake	lac m	lago m	lago m

meer

P	NL	SV	PL	CZ	H
meios m de comunicação	media *pl*	medier *pl*	—	média *pl*	média
meios m de comunicação	media *pl*	medier *pl*	media *pl*	—	média
meios m de comunicação	media *pl*	medier *pl*	media *pl*	média *pl*	—
meia-noite *f*	middernacht *f*	midnatt *u*	północ *f*	půlnoc *f*	éjfél
meia pensão *f*	halfpension	halvpension *u*	pokój ze śniadaniem i obiadokolacją *n*	polopenze *f*	félpanzió
meios m de comunicação	media *pl*	medier *pl*	media *pl*	média *pl*	média
medicamento *m*	—	medikament *n*	lek *m*	lék *m*	gyógyszer
medicamento *m*	medicament *n*	medikament *n*	lek *m*	lék *m*	gyógyszer
medicamento *m*	medicament *n*	medikament *n*	lek *m*	lék *m*	gyógyszer
medicamento *m*	medicament *n*	medikament *n*	lek *m*	lék *m*	gyógyszer
—	medicament *n*	medikament *n*	lek *m*	lék *m*	gyógyszer
medicina *f*	geneeskunde *f*	—	medycyna *f*	medicína *f*	orvostudomány
medicina *f*	geneeskunde *f*	medicin *u*	medycyna *f*	medicína *f*	orvostudomány
medicina *f*	geneeskunde *f*	medicin *u*	medycyna *f*	medicína *f*	orvostudomány
—	geneeskunde *f*	medicin *u*	medycyna *f*	medicína *f*	orvostudomány
medicina *f*	geneeskunde *f*	medicin *u*	medycyna *f*	—	orvostudomány
medicina *f*	geneeskunde *f*	medicin *u*	medycyna *f*	medicína *f*	orvostudomány
médico *m*	arts *m*	läkare *u*	lekarz *m*	lékař *m*	orvos
médico *m*	arts *m*	läkare *u*	lekarz *m*	lékař *m*	orvos
—	arts *m*	läkare *u*	lekarz *m*	lékař *m*	orvos
meios m de comunicação	media *pl*	medier *pl*	media *pl*	média *pl*	média
meios m de comunicação	media *pl*	—	media *pl*	média *pl*	média
medicamento *m*	medicament *n*	medikament *n*	lek *m*	lék *m*	gyógyszer
medicamento *m*	medicament *n*	—	lek *m*	lék *m*	gyógyszer
meio *m*	midden *n*	i mitten	środek *m*	střed *m*	közép
—	gemiddeld	genomsnittlig	przeciętny	průměrně	átlagban/átlagos
médio	gemiddeld	genomsnittlig	przeciętny	průměrně	átlagban/átlagos
médio	gemiddeld	genomsnittlig	przeciętny	průměrně	átlagban/átlagos
meio	half	halv	pół	půl	fél
meio ambiente *m*	milieu *n*	miljö *u*	środowisko *n*	životní prostředí *n*	környezet
meio-dia *m*	middag *m*	lunch *u*	południe *n*	poledne *n*	dél
meios m de comunicação	media *pl*	medier *pl*	media *pl*	média *pl*	média
medir	meten	mäta	mierzyć <zmierzyć>	měřit <změřit>	mér
—	meten	mäta	mierzyć <zmierzyć>	měřit <změřit>	mér
medicina *f*	geneeskunde *f*	medicin *u*	medycyna *f*	medicína *f*	orvostudomány
membro *m*	lid *n*	—	członek *m*	člen *m*	tag
compaixão *f*	medelijden *n*	—	litość *f*	soucit *m*	részvét
—	angst *f*	rädsla *u*	strach *m*	strach *m*	félelem
incluído	inbegrepen	—	łącznie	zahrnutý	beleértve
—	bang	ängslig	lękliwy	bojácný	félénk
urso *m*	beer *m*	björn *u*	niedźwiedź *m*	medvěd *m*	—
urso *m*	beer *m*	björn *u*	niedźwiedź *m*	—	medve
consciente	bewust	—	świadomy	vědomě	tudatos
medicina *f*	geneeskunde *f*	medicin *u*	—	medicína *f*	orvostudomány
trazer	—	medföra	przynosić <przynieść>	přinášet <přinést>	magával hoz
comunicar	—	meddela	zawiadamiać <zawiadomić>	sdělovat <sdělit>	közöl
acompanhar alguém	—	följa med	iść z <pójść z>	chodit s <jít s>	vele megy
levar consigo	—	ta med	zabierać ze sobą <zabrać ze sobą>	vrát s sebou <vzít s sebou>	magával visz
mar *m*	zee *f*	hav *n*	morze *n*	moře *n*	tenger
lago *m*	—	sjö *u*	jezioro *n*	jezero *n*	tó

meerderheid

	D	E	F	I	ES
meerderheid (NL)	Mehrheit f	majority	majorité f	maggioranza f	mayoría f
meerderjarig (NL)	volljährig	of age	majeur(e)	maggiorenne	mayor de edad
meestal (NL)	meistens	generally	généralement	di solito	por lo común
meet¹ (E)	begegnen	—	rencontrer	incontrare	encontrarse
meet² (E)	treffen, sich	—	rencontrer	incontrare	encontrarse
meeting (E)	Treffen n	—	rencontre f	incontro m	encuentro m
méfiance (F)	Misstrauen n	distrust	—	sfiducia f	desconfianza f
méfier, se (F)	misstrauen	mistrust	—	non fidarsi	desconfiar
még (H)	noch	still	encore	ancora	aún/todavía
megállapodás (H)	Abmachung f	agreement	accord m	accordo m	acuerdo m
megállapodik (H)	verabreden	arrange to meet	prendre rendez-vous	darsi appuntamento	concertar una cita
megállít (H)	anhalten	stop	arrêter	fermare	parar
megálló (H)	Haltestelle f	stop	arrêt m	fermata f	parada f
megbánja (H)	bereuen	regret	regretter	pentirsi	arrepentirse
megbeszél (H)	besprechen	discuss	discuter	discutere	discutir
megbeszélés (H)	Verabredung f	date	rendez-vous m	appuntamento m	cita f
megbetegszik (H)	erkranken	get ill	tomber malade	ammalarsi	enfermar
megbíz (H)	beauftragen	instruct	charger de	incaricare	encargar
megbízás (H)	Auftrag m	order	ordre m	ordinazione f	orden f
megbízható (H)	zuverlässig	reliable	sûr(e)	affidabile	de confianza
megbízik (H)	vertrauen	trust	avoir confiance	fidarsi	confiar
megbocsát (H)	verzeihen	forgive	pardonner	perdonare	perdonar
megegyezik¹ (H)	einigen, sich	agree	mettre d'accord, se	accordarsi	ponerse de acuerdo
megegyezik² (H)	vereinbaren	agree upon	convenir de	fissare	convenir
még egyszer (H)	nochmals	again	encore une fois	di nuovo	otra vez
megelőz (H)	überholen	overtake	doubler	sorpassare	adelantar
megemlékez (H)	gedenken	remember	souvenir de, se	ricordare	commemorar
megemlít (H)	erwähnen	mention	mentionner	menzionare	mencionar
megenged (H)	erlauben	allow	permettre	permettere	permitir
megérkez (H)	ankommen	arrive	arriver	arrivare	llegar
megérkezés (H)	Ankunft f	arrival	arrivée f	arrivo m	llegada f
megerőszakol (H)	vergewaltigen	rape	violer	violentare	violar
megért (H)	verstehen	understand	comprendre	capire	entender
megértés (H)	Verständnis n	understanding	compréhension f	comprensione f	comprensión f
megfázás (H)	Erkältung f	cold	refroidissement m	raffreddore m	resfriado m
megfázott (H)	erkältet sein	have a cold	avoir un rhume	essere raffreddato(a)	estar resfriado(a)
megfelel¹ (H)	entsprechen	correspond	correspondre à	corrispondere	corresponder a
megfelel² (H)	passen	suit	aller bien	stare bene	venir bien
megfelelő (H)	passend	suitable	assorti(e)	adatto(a)	apropiado(a)
megfog¹ (H)	fassen	grasp	saisir	prendere	tomar/agarrar
megfog² (H)	festhalten	seize	tenir ferme	tener fermo	sujetar
megfontolt (H)	besonnen	sensible	réfléchi(e)	avveduto(a)	sensato(a)
megfordít¹ (H)	umdrehen	turn around	tourner	gia rare	volver
megfordít² (H)	umkehren	turn back	retourner	ritornare	regresar
meggyőz (H)	überzeugen	convince	convaincre	convincere	convencer
meghajlít (H)	biegen	bend	plier	piegare	doblar
meghal (H)	sterben	die	mourir	morire	morir

P	NL	SV	PL	CZ	H
maioria f	—	flertal n	większość f	většina f	többség
maior	—	myndig	pełnoletni	plnoletý	nagykorú
geralmente	—	för det mesta	przeważnie	vetšinou	többnyire
encontrar alguém	ontmoeten	möta	spotykać <spotkać>	setkávat, se <setkat, se>	találkozik
encontrar-se	elkaar ontmoeten	träffas	spotkać się	setkávat, se <setkat, se>	találkozik
reunião f	ontmoeting f	träffa	spotkanie n	setkání n	találkozás
desconfiança f	wantrouwen n	misstänksamhet u	nieufność f	nedůvěra f	bizalmatlanság
desconfiar	wantrouwen	misstänka	nie ufać	nedůvěřovat	nem bízik
ainda	nog	ännu	jeszcze	ještě	—
acordo m	afspraak f	överenskommelse u	ugoda f	ujednání n	—
combinar	afspreken	avtala	umawiać się	ujednávat <ujednat>	—
parar	stoppen	stoppa	zatrzymywać <zatrzymać>	zastavovat <zastavit>	—
paragem f	halte f	hållplats u	przystanek m	zastávka f	—
arrepender-se	berouwen	ångra	żałować <pożałować>	litovat	—
discutir	bespreken	diskutera	omawiać <omówić>	hovořit <pohovořit>	—
compromisso m	afspraak m	avtal n	umówienie się n	schúzka f	—
adoecer	ziek worden	insjuknande	zachorować	onemocnět	—
encarregar	belasten	ge i uppdrag	zlecać <zlecić>	pověrovat <pověřit>	—
pedido m	opdracht f	uppdrag n	zlecenie n	zakázka f	—
de confiança	betrouwbaar	tillförlitlig	niezawodny	spolehlivý	—
confiar	vertrouwen	lita på	ufać	důvěřovat	—
perdoar	vergeven	förlåta	wybaczyć	odpouštět <odpustit>	—
estar de acordo	het eens worden	ena sig	dochodzić do porozumienia <dojść do porozumienia>	dohadovat, se <dohodnout, se>	—
acertar	overeenkomen	avtala	ustalać	ujednávat <ujednat>	—
novamente	nogmaals	ännu en gång	jeszcze raz	ještě jednou	—
ultrapassar	inhalen	köra förbi	wyprzedzać	předjíždět <předjet>	—
lembrar-se	gedenken	komma ihåg	wspominać <wspomnieć>	vzpomínat <vzpomenout>	—
mencionar	vermelden	nämna	wspominać <wspomnieć>	zmiňovat, se <zmínit, se>	—
permitir	veroorloven	tillåta	zezwalać <zezwolić>	dovolovat <dovolit>	—
chegar	aankomen	komma fram	przybywać <przybyć>	přijíždět <přijet>	—
chegada f	aankomst f	ankomst u	przyjazd m	příjezd m	—
violar	verkrachten	våldta	zgwałcić	znásilňovat <znásilnit>	—
compreender	verstaan	förstå	rozumieć	rozumět <porozumět>	—
compreensão f	begrip n	förståelse u	zrozumienie n	pochopení n	—
constipação f	verkoudheid f	förkylning u	przeziębienie n	nachlazení n	—
estar constipado	verkouden zijn	vara förkyld	być przeziębionym	být nachlazený	—
corresponder	overeenkomen	motsvara	odpowiadać	odpovídat <odpovědět>	—
servir	passen	passa	pasować	padat <padnout>	—
apropriado	passend	passande	odpowiedni	padnoucí	—
pegar	pakken	fatta	chwytać <uchwycić>	chopit <uchopit>	—
segurar	vasthouden	hålla fast	mocno trzymać	pevně držet <udržet>	—
prudente	bezonnen	sansad	rozważny	rozvážný	—
virar	omdraaien	vrida	obracać	otáčet <otočit>	—
voltar	omkeren	vända om	zawrócić	obracet, se <obrátit, se>	—
convencer	overtuigen	övertyga	przekonywać	přesvědčovat <přesvědčit>	—
dobrar	buigen	böja	zginać <zgiąć>	ohýbat <ohnout>	—
morrer	sterven	dö	umierać <umrzeć>	umírat <umřít>	—

meghív

	D	E	F	I	ES
meghív (H)	einladen	invite	inviter	invitare	invitar
meghosszabbít (H)	verlängern	extend	prolonger	allungare	alargar
megígér (H)	versprechen	promise	promesse f	promessa f	promesa f
megijed (H)	erschrecken	frighten	effrayer	spaventare	asustar
mégis	dennoch	nevertheless	cependant	tuttavia	sin embargo
megismerkedik (H)	kennen lernen	get to know	faire connaissance	fare la conoscenza di	hacer el conocimiento de
megismétel (H)	wiederholen	repeat	répéter	ripetere	repetir
megítél (H)	beurteilen	judge	juger	giudicare	juzgar
megjavít[1] (H)	reparieren	repair	réparer	riparare	reparar
megjavít[2] (H)	verbessern	improve	améliorer	migliorare	mejorar
megjelen (H)	erscheinen	appear	apparaître	apparire	aparecer
megjutalmaz (H)	lohnen	be worth while	en valoir la peine	valere la pena	valer la pena
megkap (H)	erhalten	receive	recevoir	ricevere	obtener
megköszön[1] (H)	bedanken, sich	say thank you	remercier	ringraziare	agradecer algo
megköszön[2] (H)	danken	thank	remercier	ringraziare	agradecer
megkövetel (H)	verlangen	demand	demander	richiedere	exigir
megkülönböztet (H)	unterscheiden	distinguish	distinguer	distinguere	distinguir
meglátogat (H)	besuchen	visit	rendre visite à	andare a trovare	visitar
meglehetősen (H)	ziemlich	quite	assez	abbastanza	bastante
meglep (H)	überraschen	surprise	surprendre	sorprendere	sorprender
meglepetés (H)	Überraschung f	surprise	surprise f	sorpresa f	sorpresa f
meglévő (H)	vorhanden	available	présent(e)	disponibile	disponible
megmagyaráz (H)	erklären	explain	expliquer	spiegare	explicar
megmelegít (H)	wärmen	warm	chauffer	riscaldare	calentar
megmenekül (H)	entkommen	escape	échapper	scappare	escapar
megmond (H)	ausrichten	pass on a message	transmettre	riferire	comunicar
megnéz (H)	ansehen	look at	regarder	guardare	mirar
megnyítás (H)	Eröffnung f	opening	ouverture f	apertura f	abertura f
megnyugszik (H)	beruhigen, sich	calm down	calmer, se	calmarsi	calmarse
megnyugtat (H)	beruhigen	calm	calmer	calmare	calmar
megöl (H)	töten	kill	tuer	uccidere	matar
megoldás (H)	Lösung f	solution	solution f	soluzione f	solución f
megőriz (H)	aufbewahren	keep	garder	conservare	guardar
megpályázás (H)	Bewerbung f	application	candidature f	domanda d'impiego f	solicitud f
megpályázik (H)	bewerben, sich	apply	poser sa candidature	concorrere	concurrir para
megrendel[1] (H)	bestellen	order	commander	ordinare	pedir
megrendel[2] (H)	anfordern	request	demander	esigere	pedir
megrongál (H)	beschädigen	damage	endommager	danneggiare	dañar
megrongálás (H)	Beschädigung f	damage	endommagement m	danno m	deterioro m
megsebez (H)	verletzen	injure	blesser	ferire	herir
megsejt (H)	ahnen	suspect	douter, se	presagire	suponer
megsült (H)	gebraten	fried	rôti(e)	arrostito(a)	asado(a)

megsült

P	NL	SV	PL	CZ	H
convidar	uitnodigen	bjuda in	zapraszać <zaprosić>	zvát <pozvat>	—
prolongar	verlengen	förlänga	przedłużać	prodlužovat <prodloužit>	—
prometer	beloven	lova	obiecywać	slibovat <slíbit>	—
assustar	schrikken	förskräckas	przestraszyć	děsit <vyděsit>	—
apesar de	evenwel	likväl	jednakże	přesto	—
conhecer	leren kennen	lära känna	poznawać	seznamovat, se <seznámit, se>	—
repetir	herhalen	upprepa	powtarzać	opakovat <zopakovat>	—
julgar	beoordelen	bedöma	oceniać <ocenić>	posuzovat <posoudit>	—
reparar	herstellen	reparera	naprawiać <naprawić>	opravovat <opravit>	—
melhorar	verbeteren	förbättra	poprawiać	zlepšovat <zlepšit>	—
aparecer	verschijnen	framträda	ukazywać, się <ukazać, się>	objevovat se <objevit se>	—
recompensar	lonen	löna	opłacać, się <opłacić, się>	vyplácet, se <vyplatit, se>	—
receber	ontvangen	erhålla	otrzymywać <otrzymać>	obdržet	—
agradecer	danken; bedanken	tacka	dziękować <podziękować>	děkovat <poděkovat>	—
agradecer	danken	tacka	dziękować <podziękować>	děkovat <poděkovat>	—
exigir	verlangen	kräva	żądać	požadovat <požádat>	—
distinguir	onderscheiden	skilja på	rozróżniać	rozlišovat <rozlišit>	—
visitar	bezoeken	besöka	odwiedzać <odwiedzić>	navštěvovat <navštívit>	—
bastante	behoorlijk	ganska	dość	značný	—
surpreender	verrassen	överraska	zaskakiwać	překvapovat <překvapit>	—
surpresa f	verrassing f	överraskning u	niespodzianka f	překvapení n	—
existente	voorhanden	förefinnas	istniejący	existující	—
explicar	verklaren	förklara	wyjaśniać <wyjaśnić>	vysvětlovat <vysvětlit>	—
aquecer	verwarmen	värma	grzać	hřát <zahřát>	—
escapar	ontkomen	undkomma	zbiegać <zbiec>	unikat <uniknout>	—
transmitir	richten	uträtta	wyrównywać <wyrównać>	vyrovnávat <vyrovnat>	—
olhar	aanzien	titta på	przyglądać, się <przyjrzeć, się >	dívat, se <podívat, se>	—
abertura f	opening f	inledning u	otwarcie n	otevření n	—
acalmar-se	kalmeren	lugna sig	ucichać <ucichnąć>	uklidňovat, se <uklidnit, se>	—
acalmar	geruststellen	lugna	uspokajać <uspokoić>	uklidňovat <uklidnit>	—
matar	doden	döda	zabijać	zabíjet <zabít>	—
solução f	oplossing f	lösning u	rozwiązanie n	řešení n	—
guardar	bewaren	förvara	przechowywać <przechować>	uschovávat <uschovat>	—
candidatura f	sollicitatie f	platsansökan u	ubieganie się n	žádost uchazeče f	—
candidatar-se	solliciteren	söka en plats	starać, się	ucházet, se	—
encomendar	bestellen	beställa	zamawiać <zamówić>	objednávat <objednat>	—
exigir	vragen	kräva	żądać <zażądać>	vyžadovat <vyžádat>	—
danificar	beschadigen	skada	uszkadzać <uszkodzić>	poškozovat <poškodit>	—
dano m	beschadiging f	skada u	uszkodzenie n	poškození n	—
ferir	kwetsen	skada	skaleczyć	zraňovat <zranit>	—
pressentir	vermoeden	ana	przeczuwać <przeczuć>	tušit <vytušit>	—
assado	gebraden	stekt	usmażony	pečený	—

megszakít

	D	E	F	I	ES
megszakít (H)	unterbrechen	interrupt	interrompre	interrompere	interrumpir
megszakítás (H)	Unterbrechung f	interruption	interruption f	interruzione f	interrupción f
megszárít (H)	trocknen	dry	sécher	asciugare	secar
megszervez (H)	arrangieren	arrange	arranger	arrangiare	organizar
megszokik (H)	gewöhnen, sich	get used to	habituer	abituarsi	acostumbrarse
megszűnik (H)	aufhören	stop	arrêter	cessare	terminar
megtámad[1] (H)	angreifen	attack	attaquer	attaccare	atacar
megtámad[2] (H)	überfallen	attack	attaquer	assalire	asaltar
megtámadás (H)	Überfall m	raid	attaque f	aggressione f	asalto m
megtart (H)	behalten	keep	garder	tenere	retener
megtekint (H)	besichtigen	have a look at	visiter	visitare	visitar
megtéveszt (H)	täuschen	deceive	tromper	ingannare	engañar
megtilt (H)	verbieten	forbid	défendre	proibire	prohibir
megtud (H)	erfahren	learn	apprendre	venire a sapere	enterarse de
megválaszol (H)	beantworten	answer	répondre à	rispondere a	responder a
megvalósít (H)	verwirklichen	realize	réaliser	realizzare	realizar
megváltoztat (H)	verändern	change	transformer	mutare	cambiar
megvéd (H)	beschützen	protect	protéger	proteggere	proteger
megvigasztal (H)	trösten	comfort	consoler	consolare	consolar
megvizsgál (H)	untersuchen	examine	examiner	esaminare	examinar
megy[1] (H)	fahren	drive	conduire	andare	conducir
megy[2] (H)	gehen	go	aller	andare	andar
Mehrheit (D)	—	majority	majorité f	maggioranza f	mayoría f
Mehrwertsteuer (D)	—	value added tax	taxe sur la valeur ajoutée f	imposta sul valore aggiunto f	impuesto sobre el valor añadido m
meia-noite (P)	Mitternacht f	midnight	minuit m	mezzanotte f	medianoche f
meia pensão (P)	Halbpension f	half board	demi-pension f	mezza pensione f	media pensión f
meinen (D)	—	think	penser	ritenere	opinar
Meinung (D)	—	opinion	opinion f	opinione f	opinión f
meio (P)	halb	half	demi(e)	mezzo(a)	medio(a)
meio (P)	Mitte f	middle	milieu m	centro m	medio m
meio ambiente (P)	Umwelt f	environment	environnement m	ambiente m	medio ambiente m
meio-dia (P)	Mittag m	at midday	midi m	mezzogiorno m	mediodía m
meios m de comunicação (P)	Medien pl	media	médias pl	Media m/pl	medios m/pl
meisje (NL)	Mädchen n	girl	fille f	ragazza f	chica f
meistens (D)	—	generally	généralement	di solito	por lo común
mejillón (ES)	Muschel m	mussel	moule f	cozza f	—
mejorar (ES)	verbessern	improve	améliorer	migliorare	—
měkký (CZ)	weich	soft	doux (douce)	morbido(a)	tierno(a)
mel (P)	Honig m	honey	miel m	miele m	miel f
mela (I)	Apfel m	apple	pomme f	—	manzana f
melden (D)	—	report	annoncer	annunciare	declarar
melden (NL)	melden	report	annoncer	annunciare	declarar
melding (NL)	Meldung f	report	annonce f	annuncio m	aviso m
meldować <zameldować>[1] (PL)	anmelden	announce	annoncer	annunciare	anunciar

meldować

P	NL	SV	PL	CZ	H
interromper	onderbreken	avbryta	przerywać	přerušovat <přerušit>	—
interrupção f	onderbreking f	avbrott n	przerwanie n	přerušení n	—
secar	drogen	torka	suszyć	sušit <usušit>	—
arranjar	arrangeren	arrangera	aranżować <zaaranżować>	aranžovat	—
acostumar-se	wennen	vänja sig	przyzwyczajać, się <przyzwyczaić, się>	zvykat, si <zvyknout, si>	—
acabar	ophouden	sluta	przestawać <przestać>	přestávat <přestat>	—
atacar	aanvallen	angripa	atakować <zaatakować>	útočit <zaútočit>	—
assaltar	overvallen	överfalla	napadać	přepadat <přepadnout>	—
assalto m	overval m	överfall n	napad m	přepadení n	—
guardar	behouden	behålla	zatrzymywać <zatrzymać>	nechat, si <ponechat, si>	—
visitar	bezichtigen	se på	zwiedzać <zwiedzić>	prohlížet <prohlédnout>	—
enganar	bedriegen	bedra	zmylić	klamat <zklamat>	—
proibir	verbieden	förbjuda	zabraniać	zakazovat <zakázat>	—
vir a saber	ervaren; vernemen	erfaren	dowiadywać, się <dowiedzieć, się >	zkušený	—
responder	beantwoorden	svara	odpowiadać <odpowiedzieć>	odpovídat <odpovědět>	—
realizar	realiseren	förverkliga	urzeczywistniać	uskutečňovat <uskutečnit>	—
modificar	veranderen	förändra	zmieniać	měnit <změnit>	—
proteger	beschermen	beskydda	chronić <ochronić>	chránit <ochránit>	—
consolar	troosten	trösta	pocieszać	utěšovat <utěšit>	—
examinar	onderzoeken	undersöka	badać	vyšetřovat <vyšetřit>	—
conduzir	rijden	köra	jechać <pojechać>	jezdit <jet>	—
andar	gaan	gå	iść <pójść>	chodit <jít>	—
maioria f	meerderheid f	flertal n	większość f	většina f	többség
imposto sobre o valor acrescentado m	btw f	moms u	podatek od wartości dodanej m	daň z přidané hodnoty f	általános forgalmi adó (áfa)
—	middernacht f	midnatt u	północ f	půlnoc f	éjfél
—	halfpension	halvpension u	pokój ze śniadaniem i obiadokolacją n	polopenze f	félpanzió
opinar	menen; denken	tycka	uważać	mínit <vymínit>	vél
opinião f	mening f	åsikt u	pogląd m	názor m	vélemény
—	half	halv	pół	půl	fél
—	midden n	i mitten	środek m	střed m	közép
—	milieu n	miljö u	środowisko n	životní prostředí n	környezet
—	middag m	lunch u	południe n	poledne n	dél
—	media pl	medier pl	media pl	média pl	média
menina f	—	tjej u	dziewczynka	děvče n	kislány
geralmente	meestal	för det mesta	przeważnie	většinou	többnyire
concha f	schelp f	mussla u	muszla f	mušle f	kagyló
melhorar	verbeteren	förbättra	poprawiać	zlepšovat <zlepšit>	megjavít
mole	zacht	mjuk	miękki	—	puha
—	honing m	honung u	miód m	med m	méz
maçã f	appel m	äpple n	jabłko n	jablko n	alma
noticiar	melden	rapportera	meldować <zameldować>	hlásit <vyhlásit>	jelent
noticiar	—	rapportera	meldować <zameldować>	hlásit <vyhlásit>	jelent
notícia f	—	rapport u	meldunek m	hlášení n	jelentés
anunciar	aanmelden	anmäla	—	přihlašovat <přihlásit>	bejelentkezik

meldować

	D	E	F	I	ES
meldować <zameldować>² (PL)	melden	report	annoncer	annunciare	declarar
meldunek (PL)	Meldung f	report	annonce f	annuncio m	aviso m
Meldung (D)	—	report	annonce f	annuncio m	aviso m
meleg (H)	warm	warm	chaud(e)	caldo(a)	caliente
melegség (H)	Wärme f	warmth	chaleur f	calore m	calor m
melhoramento (P)	Besserung f	improvement	amélioration f	miglioramento m	restablecimiento m
melhorar (P)	verbessern	improve	améliorer	migliorare	mejorar
melk (NL)	Milch f	milk	lait m	latte m	leche f
mellan¹ (SV)	dazwischen	in between	entre	in mezzo	entre
mellan² (SV)	zwischen	between	entre	tra/fra	entre
melléklet (H)	Beilage f	supplement	supplément m	supplemento m	suplemento m
mellett (H)	neben	beside	près de	accanto a	al lado de
mellkas (H)	Brust f	breast	poitrine f	petto m	pecho m
melodi (SV)	Melodie f	melody	mélodie f	melodia f	melodía f
melodia (I)	Melodie f	melody	mélodie f	—	melodía f
melodia (P)	Melodie f	melody	mélodie f	melodia f	melodía f
melodia (PL)	Melodie f	melody	mélodie f	melodia f	melodía f
melodía (ES)	Melodie f	melody	mélodie f	melodia f	—
Melodie (D)	—	melody	mélodie f	melodia f	melodía f
melodie (NL)	Melodie f	melody	mélodie f	melodia f	melodía f
melodie (CZ)	Melodie f	melody	mélodie f	melodia f	melodía f
mélodie (F)	Melodie f	melody	—	melodia f	melodía f
melody (E)	Melodie f	—	mélodie f	melodia f	melodía f
mély (H)	tief	deep	profond(e)	profondo(a)	profundo(a)
member (E)	Mitglied n	—	membre m	membro m	miembro m
membre (F)	Mitglied n	member	—	membro m	miembro m
membro (I)	Mitglied n	member	membre m	—	miembro m
membro (P)	Mitglied n	member	membre m	membro m	miembro m
même (F)	sogar	even	—	perfino	incluso
mémoire (F)	Gedächtnis n	memory	—	memoria f	memoria f
memoria (I)	Gedächtnis n	memory	mémoire f	—	memoria f
memoria¹ (ES)	Erinnerung f	memory	souvenir m	ricordo m	—
memoria² (ES)	Gedächtnis n	memory	mémoire f	memoria f	—
memória (P)	Gedächtnis n	memory	mémoire f	memoria f	memoria f
memory¹ (E)	Erinnerung f	—	souvenir m	ricordo m	memoria f
memory² (E)	Gedächtnis n	—	mémoire f	memoria f	memoria f
men (SV)	aber	but	mais	ma	pero
měna (CZ)	Währung f	currency	monnaie f	valuta f	moneda f
menacer (F)	bedrohen	threaten	—	minacciare	amenazar
ménage (F)	Haushalt m	household	—	nucleo familiare m	casa f
mencionar (ES)	erwähnen	mention	mentionner	menzionare	—
mencionar (P)	erwähnen	mention	mentionner	menzionare	mencionar
menekül (H)	fliehen	flee	échapper, s'	scappare	huir
menen; denken (NL)	meinen	think	penser	ritenere	opinar
menetjegy (H)	Fahrkarte f	ticket	billet m	biglietto m	billete m
menetrend (H)	Fahrplan m	timetable	horaire m	orario m	horario m
Menge (D)	—	quantity	quantité f	quantità f	cantidad f
menina (P)	Mädchen n	girl	fille f	ragazza f	chica f
mening (NL)	Meinung f	opinion	opinion f	opinione f	opinión f
mening (SV)	Satz m	sentence	phrase f	frase f	oración f
meningslös (SV)	zwecklos	useless	inutile	inutile	inútil
měnit, se <změnit, se> (CZ)	ändern, sich	change	changer	cambiare	cambiar
měnit <vyměnit> (CZ)	wechseln	change	changer	cambiare	cambiar

měnit

P	NL	SV	PL	CZ	H
noticiar	melden	rapportera	—	hlásit <vyhlásit>	jelent
notícia f	melding f	rapport u	—	hlášení n	jelentés
notícia f	melding f	rapport u	meldunek m	hlášení n	jelentés
quente	warm	varm	ciepły	teplý	—
calor m	warmte f	värme u	ciepło n	teplo n	—
—	verbetering f	bättring u	poprawa f	zlepšení n	javulás
—	verbeteren	förbättra	poprawiać	zlepšovat <zlepšit>	megjavít
leite m	—	mjölk u	mleko n	mléko n	tej
entre	ertussen	—	między tymi	mezi tím	közben
entre	tussen	—	między	mezi	között
anexo m	bijlage f	bilaga u	dodatek n	příloha f	—
ao lado de	naast	bredvid	obok	vedle	—
peito m	borst f	bröst n	pierś f	hruď f	—
melodia f	melodie f	—	melodia f	melodie f	dallam
melodia f	melodie f	melodi u	melodia f	melodie f	dallam
—	melodie f	melodi u	melodia f	melodie f	dallam
melodia f	melodie f	melodi u	—	melodie f	dallam
melodia f	melodie f	melodi u	melodia f	melodie f	dallam
melodia f	melodie f	melodi u	melodia f	melodie f	dallam
melodia f	—	melodi u	melodia f	melodie f	dallam
melodia f	melodie f	melodi u	melodia f	—	dallam
melodia f	melodie f	melodi u	melodia f	melodie f	dallam
melodia f	melodie f	melodi u	melodia f	melodie f	dallam
fundo	diep	djup	głęboko	hluboký	—
membro m	lid n	medlem u	członek m	člen m	tag
membro m	lid n	medlem u	członek m	člen m	tag
membro m	lid n	medlem u	członek m	člen m	tag
—	lid n	medlem u	członek m	člen m	tag
até	zelfs	till och med	nawet	dokonce	sőt
memória f	geheugen n	minne n	pamięć f	paměť f	emlékezőtehetség
memória f	geheugen n	minne n	pamięć f	paměť f	emlékezőtehetség
recordação f	herinnering f	minne n	wspomnienie n	vzpomínka f	emlék
memória f	geheugen n	minne n	pamięć f	paměť f	emlékezőtehetség
—	geheugen n	minne n	pamięć f	paměť f	emlékezőtehetség
recordação f	herinnering f	minne n	wspomnienie n	vzpomínka f	emlék
memória f	geheugen n	minne n	pamięć f	paměť f	emlékezőtehetség
mas	maar	—	ale	ale	de
moeda f	munt f	valuta u	waluta f	—	valuta
ameaçar	bedreigen	hota	zagrażać, <zagrozić>	ohrožovat <ohrozit>	fenyeget
governo da casa m	huishouden n	hushåll n	gospodarstwo domowe n	domácnost f	háztartás
mencionar	vermelden	nämna	wspominać <wspomnieć>	zmiňovat, se <zmínit, se>	megemlít
—	vermelden	nämna	wspominać <wspomnieć>	zmiňovat, se <zmínit, se>	megemlít
fugir	vluchten	fly	uciekać <uciec>	prchat <uprchnout>	—
opinar	—	tycka	uważać	mínit <vymínit>	vél
bilhete m	ticket n	biljett u	bilet m	jízdenka f	—
horário m	spoorboekje n	tidtabell u	rozkład jazdy m	jízdní řád m	—
quantidade f	hoeveelheid f	mängd u	ilość f	množství n	mennyiség
—	meisje n	tjej u	dziewczynka f	děvče n	kislány
opinião f	—	åsikt u	pogląd m	názor m	vélemény
frase f	zin m	—	zdanie n	věta f	mondat
inútil	zinloos	—	bezcelowy	zbytečný	értelmetlen
modificar-se	veranderen	förändra sig	zmieniać, się <zmienić, się>	—	változik
mudar	wisselen	byta	zmieniać	—	cserél

měnit

	D	E	F	I	ES
měnit <změnit>¹ (CZ)	ändern	change	changer	cambiare	cambiar
měnit <změnit>² (CZ)	verändern	change	transformer	mutare	cambiar
mennydörgés (H)	Donner m	thunder	tonnerre m	tuono m	trueno m
mennyiség (H)	Menge f	quantity	quantité f	quantità f	cantidad f
mennyiség (H)	Quantität f	quantity	quantité f	quantità f	cantidad f
mens (NL)	Mensch m	human being	homme m	essere umano m	ser humano m
mensagem (P)	Botschaft f	message	message m	messaggio m	mensaje m
mensaje (ES)	Botschaft f	message	message m	messaggio m	—
Mensch (D)	—	human being	homme m	essere umano m	ser humano m
mensen (NL)	Leute pl	people	gens m/pl	gente f	gente f
menšina (CZ)	Minderheit f	minority	minorité f	minoranza f	minoría f
ment (H)	retten	save	sauver	salvare	salvar
mentén (H)	entlang	along	le long de	lungo	a lo largo de
mention (E)	erwähnen	—	mentionner	menzionare	mencionar
mentionner (F)	erwähnen	mention	—	menzionare	mencionar
mentir (F)	lügen	lie	—	mentire	mentir
mentir (ES)	lügen	lie	mentir	mentire	—
mentir (P)	lügen	lie	mentir	mentire	mentir
mentire (I)	lügen	lie	mentir	—	mentir
mento (I)	Kinn n	chin	menton m	—	mentón m
mentőautó (H)	Krankenwagen m	ambulance	ambulance f	ambulanza f	ambulancia f
menton (F)	Kinn n	chin	—	mento m	mentón m
mentón (ES)	Kinn n	chin	menton m	mento m	—
menu (E)	Speisekarte f	—	menu m	menu m	lista de platos f
menu (F)	Speisekarte f	menu	—	menu m	lista de platos f
menu (I)	Speisekarte f	menu	menu m	—	lista de platos f
menzionare (I)	erwähnen	mention	mentionner	—	mencionar
mer (F)	Meer n	sea	—	mare m	mar m
mér (H)	messen	measure	mesurer	misurare	medir
mercadoria (P)	Ware f	goods	marchandise f	merce f	mercancía f
mercancía (ES)	Ware f	goods	marchandise f	merce f	—
merce (I)	Ware f	goods	marchandise f	—	mercancía f
merci (F)	danke	thank you	—	grazie	gracias
mère (F)	Mutter f	mother	—	madre f	madre f
meredek (H)	steil	steep	raide	ripido(a)	empinado(a)
merenda (P)	Imbiss m	snack	casse-croûte m	spuntino m	refrigerio m
merénylet (H)	Anschlag m	assault	attentat m	manifesto m	atentado m
méret (H)	Größe f	size	taille f	taglia f	talle m
mérgező (H)	giftig	poisonous	toxique	velenoso(a)	venenoso(a)
mergulhar (P)	tauchen	dive	plonger	immergere	bucear
meritförteckning (SV)	Lebenslauf m	curriculum vitae	curriculum vitae m	curriculum vitae m	curriculum vitae m
měřit <změřit> (CZ)	messen	measure	mesurer	misurare	medir
merk (NL)	Marke f	brand	marque f	marca f	marca f
merken (D)	—	notice	remarquer	accorgersi di	notar
Merkmal (D)	—	characteristic	signe m	caratteristica f	rasgo m
merkteken (NL)	Merkmal n	characteristic	signe m	caratteristica f	rasgo m
merkwürdig (D)	—	strange	curieux(euse)	curioso(a)	curioso(a)
mérleg (H)	Waage f	scales	balance f	bilancia f	balanza f
mermelada (ES)	Marmelade f	jam	confiture f	marmellata f	—
merry (E)	fröhlich	—	joyeux(euse)	allegro(a)	alegre
mert¹ (H)	denn	for/than	car	perché	pues/porque
mert² (H)	weil	because	parce que	perché	porque
meruňka (CZ)	Aprikose f	apricot	abricot m	albicocca f	albaricoque m
mes (NL)	Messer n	knife	couteau m	coltello m	cuchillo m

P	NL	SV	PL	CZ	H
modificar	wijzigen	förändra	zmieniać <zmienić>	—	változtat
modificar	veranderen	förändra	zmieniać	—	megváltoztat
trovão *m*	donder *m*	åska *u*	grzmot *m*	hrom *m*	—
quantidade *f*	hoeveelheid *f*	mängd *u*	ilość *f*	množství *n*	—
quantidade *f*	kwantiteit *f*	kvantitet *u*	ilość *f*	kvantita *f*	—
homem *m*	—	människa *u*	człowiek *m*	člověk *m*	ember
—	boodschap *f*	budskap *n*	wiadomość *f*	vyslanectví *n*	üzenet
mensagem *f*	boodschap *f*	budskap *n*	wiadomość *f*	vyslanectví *n*	üzenet
homem *m*	mens *m*	människa *u*	człowiek *m*	člověk *m*	ember
pessoas *f/pl*	—	folk *pl*	ludzie *pl*	lidé *pl*	emberek
minoria *f*	minderheid *f*	minoritet *u*	mniejszość *f*	—	kisebbség
salvar	redden	rädda	ratować <uratować>	zachraňovat <zachránit>	—
ao longo de	langs	längs med	wzdłuż	podél	—
mencionar	vermelden	nämna	wspominać <wspomnieć>	zmiňovat, se <zmínit, se>	megemlít
mencionar	vermelden	nämna	wspominać <wspomnieć>	zmiňovat, se <zmínit, se>	megemlít
mentir	liegen	ljuga	kłamać <skłamać>	lhát <zalhat>	hazudik
mentir	liegen	ljuga	kłamać <skłamać>	lhát <zalhat>	hazudik
—	liegen	ljuga	kłamać <skłamać>	lhát <zalhat>	hazudik
mentir	liegen	ljuga	kłamać <skłamać>	lhát <zalhat>	hazudik
queixo *m*	kin *f*	haka *u*	podbródek *m*	brada *f*	áll
ambulância *f*	ziekenwagen *m*	ambulans *u*	karetka pogotowia *f*	sanitka *f*	—
queixo *m*	kin *f*	haka *u*	podbródek *m*	brada *f*	áll
queixo *m*	kin *f*	haka *u*	podbródek *m*	brada *f*	áll
ementa *f*	spijskaart *f*	matsedel *u*	jadłospis *m*	jídelní lístek *m*	étlap
ementa *f*	spijskaart *f*	matsedel *u*	jadłospis *m*	jídelní lístek *m*	étlap
ementa *f*	spijskaart *f*	matsedel *u*	jadłospis *m*	jídelní lístek *m*	étlap
mencionar	vermelden	nämna	wspominać <wspomnieć>	zmiňovat, se <zmínit, se>	megemlít
mar *m*	zee *f*	hav *n*	morze *n*	moře *n*	tenger
medir	meten	mäta	mierzyć <zmierzyć>	měřit <změřit>	—
—	waar *f*	vara *u*	towar *m*	zboží *n*	áru
mercadoria *f*	waar *f*	vara *u*	towar *m*	zboží *n*	áru
mercadoria *f*	waar *f*	vara *u*	towar *m*	zboží *n*	áru
obrigado	bedankt	tack	dziękuję	děkuji	köszönöm!
mãe *f*	moeder *f*	mor *u*	matka *f*	matka *f*	édesanya
escarpado	steil	brant	stromy	příkrý	—
—	lichte maaltijd *f*	korvkiosk *u*	przekąska *f*	imbis *m*	imbisz
atentado *m*	aanslag *m*	anslag *n*	zamach *m*	oznámení *n*	—
tamanho *m*	grootte *f*	storlek *u*	wielkość *f*	velikost *f*	—
venenoso	giftig	giftig	trujący	jedovatý	—
—	duiken	dyka	zanurzać się	potápět <potopit>	alámerül
curriculum vitae *m*	levensloop *m*	—	życiorys *m*	životopis *m*	önéletrajz
medir	meten	mäta	mierzyć <zmierzyć>	—	mér
marca *f*	—	märke *n*	marka *f*	značka *f*	márka
notar	bemerken	markera	spostrzegać <spostrzec>	pamatovat <zapamatovat>	észrevesz
sinal *m*	merkteken *n*	kännetecken *n*	cecha *f*	kritérium *m*	ismertetőjel
sinal *m*	—	kännetecken *n*	cecha *f*	kritérium *m*	ismertetőjel
estranho	vreemd	märkvärdig	dziwny	podivný	furcsa
balança *f*	weegschaal *f*	våg *u*	waga *f*	váha *f*	—
compota *f*	jam *m*	marmelad *u*	marmolada *f*	marmeláda *f*	lekvár
alegre	vrolijk	glad	wesoły	veselý	vidám
porque	want	för	ponieważ	protože	—
porque	omdat	för att	ponieważ	protože	—
damasco *m*	abrikoos *f*	aprikos *u*	morela *f*	—	sárgabarack
faca *f*	—	kniv *u*	nóż *m*	nůž *m*	kés

mesa

	D	E	F	I	ES
mesa (ES)	Tisch m	table	table f	tavolo m	—
mesa (P)	Tisch m	table	table f	tavolo m	mesa f
měsíc (CZ)	Mond m	moon	lune f	luna f	luna f
mess (E)	Unordnung f	—	désordre m	disordine m	desorden m
message[1] (E)	Botschaft f	—	message m	messaggio m	mensaje m
message[2] (E)	Mitteilung f	—	information f	comunicazione f	comunicación f
message[3] (E)	Nachricht f	—	nouvelle f	notizia f	noticia f
message (F)	Botschaft f	message	—	messaggio m	mensaje m
messaggio (I)	Botschaft f	message	message m	—	mensaje m
Messe (D)	—	fair	foire f	fiera f	feria f
messen (D)	—	measure	mesurer	misurare	medir
Messer (D)	—	knife	couteau m	coltello m	cuchillo m
messze[1] (H)	fern	far away	éloigné(e)	lontano(a)	lejos
messze[2] (H)	weit	far	éloigné(e)	largo(a)	ancho(a)
messzeség (H)	Ferne f	distance	lointain m	distanza f	lejanía f
měšťanský (CZ)	bürgerlich	civil	civil(e)	civile	civil
mesterember (H)	Handwerker m	craftsman	artisan m	artigiano m	artesano m
mesterség (H)	Handwerk n	craft	métier m	artigianato m	artesanía f
mesterséges (H)	künstlich	artificial	artificiel(le)	artificiale	artificial
město (CZ)	Stadt f	town	ville f	città f	ciudad f
mesurer (F)	messen	measure	—	misurare	medir
met (NL)	mit	with	avec	con	con
met "jij" aanspreken (NL)	duzen	use the familiar form	tutoyer	dare del tu	tutear
meta (I)	Ziel n	goal	but m	—	intención f
meta (P)	Ziel n	goal	but m	meta f	intención f
metà (I)	Hälfte f	half	moitié f	—	mitad f
metaal (NL)	Metall n	metal	métal m	metallo m	metal m
metade (P)	Hälfte f	half	moitié f	metà f	mitad f
metal (E)	Metall n	—	métal m	metallo m	metal m
metal (ES)	Metall n	metal	métal m	metallo m	—
metal (P)	Metall n	metal	métal m	metallo m	metal m
metal (PL)	Metall n	metal	métal m	metallo m	metal m
métal (F)	Metall n	metal	—	metallo m	metal m
Metall (D)	—	metal	métal m	metallo m	metal m
metall (SV)	Metall n	metal	métal m	metallo m	metal m
metallo (I)	Metall n	metal	métal m	—	metal m
meten (NL)	messen	measure	mesurer	misurare	medir
meter gasolina (P)	tanken	fill up with petrol	prendre de l'essence	fare benzina	llenar de gasolina
métier (F)	Handwerk n	craft	—	artigianato m	artesanía f
metro (ES)	U-Bahn f	underground	métro m	metropolitana f	—
metro (P)	U-Bahn f	underground	métro m	metropolitana f	metro m
metro (NL)	U-Bahn f	underground	métro m	metropolitana f	metro m
metro (PL)	U-Bahn f	underground	métro m	metropolitana f	metro m
metro (CZ)	U-Bahn f	underground	métro m	metropolitana f	metro m
métro (F)	U-Bahn f	underground	—	metropolitana f	metro m
metropoli (I)	Großstadt f	metropolis	grande ville f	—	gran ciudad f
metropolis (E)	Großstadt f	—	grande ville f	metropoli f	gran ciudad f
metropolitana (I)	U-Bahn f	underground	métro m	—	metro m
mettere[1] (I)	legen	lay	mettre	—	colocar
mettere[2] (I)	stellen	place	mettre	—	colocar
mettere in conto (I)	anrechnen	charge	compter	—	cargar en cuenta
mettere in ordine (I)	aufräumen	clear away	ranger	—	arreglar
mettre[1] (F)	anziehen	put on	—	indossare	ponerse

mettre

P	NL	SV	PL	CZ	H
mesa f	tafel f	bord n	stół m	stůl m	asztal
—	tafel f	bord n	stół m	stůl m	asztal
lua f	maand f	måne u	księżyc m	—	hold
desordem f	wanorde f	oordning u	nieporządek m	nepořádek m	rendetlenség
mensagem f	boodschap f	budskap n	wiadomość f	vyslanectví n	üzenet
comunicação f	mededeling f	meddelande n	zawiadomienie n	sdělení n	közlemény
notícia f	bericht n	rapport u	wiadomość f	zpráva f	hír
mensagem f	boodschap f	budskap n	wiadomość f	vyslanectví n	üzenet
mensagem f	boodschap f	budskap n	wiadomość f	vyslanectví n	üzenet
missa f	beurs f	mässa u	targi m/pl	veletrh m	vásár
medir	meten	mäta	mierzyć <zmierzyć>	měřit <změřit>	mér
faca f	mes n	kniv u	nóż m	nůž m	kés
longe	ver	fjärran	daleki	daleko	—
extenso	ver	långt	daleko	daleký	—
distância f	verte f	avstånd n	dal f	dálka f	—
civil	burgerlijk	borgerlig	mieszczański	—	polgári
artífice m	ambachtsman m	hantverkare u	rzemieślnik m	řemeslník m	—
ofício m	handwerk n/ ambacht n	hantverk n	rzemiosło n	řemeslo n	—
artificial	kunstmatig	konstgjord	sztuczny	umělý	—
cidade f	stad f	stad u	miasto n	—	város
medir	meten	mäta	mierzyć <zmierzyć>	měřit <změřit>	mér
com	—	med	z	s	vel
tratar por tu	—	dua	mówić per ty	tykat	tegez
meta f	doel n	mål n	cel m	cíl m	cél
—	doel n	mål n	cel m	cíl m	cél
metade f	helft m	hälften	połowa f	polovina n	fele
metal m	—	metall u	metal m	kov m	fém
—	helft m	hälften	połowa f	polovina n	fele
metal m	metaal n	metall u	metal m	kov m	fém
metal m	metaal n	metall u	metal m	kov m	fém
—	metaal n	metall u	metal m	kov m	fém
metal m	metaal n	metall u	—	kov m	fém
metal m	metaal n	metall u	metal m	kov m	fém
metal m	metaal n	metall u	metal m	kov m	fém
metal m	metaal n	—	metal m	kov m	fém
metal m	metaal n	metall u	metal m	kov m	fém
medir	—	mäta	mierzyć <zmierzyć>	měřit <změřit>	mér
—	tanken	tanka	tankować	tankovat <natankovat>	tankol
ofício m	handwerk n/ ambacht n	hantverk n	rzemiosło n	řemeslo n	mesterség
metro m	metro m	tunnelbana u	metro n	metro n	földalatti vasút
—	metro m	tunnelbana u	metro n	metro n	földalatti vasút
metro m	—	tunnelbana u	metro n	metro n	földalatti vasút
metro m	metro m	tunnelbana u	—	metro n	földalatti vasút
metro m	metro m	tunnelbana u	metro n	—	földalatti vasút
metro m	metro m	tunnelbana u	metro n	metro n	földalatti vasút
grande cidade f	grote stad f	storstad u	wielkie miasto n	velkoměsto n	nagyváros
grande cidade f	grote stad f	storstad u	wielkie miasto n	velkoměsto n	nagyváros
metro m	metro m	tunnelbana u	metro n	metro n	földalatti vasút
deitar	leggen	lägga	kłaść <położyć>	pokládat <položit>	tesz
pôr, colocar	plaatsen	ställa	postawić <stawiać>	postavit	állít
contar	aanrekenen	räkna in	zaliczać <zaliczyć>	započítávat <započítat>	beszámít
arrumar	opruimen	städa	sprzątać <sprzątnąć>	uklízet <uklidit>	kitakarít
vestir	aantrekken	klä på sig	ubierać <ubrać>	oblékat <obléci>	felvesz

mettre

	D	E	F	I	ES
mettre² (F)	legen	lay	—	mettere	colocar
mettre³ (F)	stellen	place	—	mettere	colocar
mettre d'accord, se (F)	einigen, sich	agree	—	accordarsi	ponerse de acuerdo
mettre le pied sur (F)	treten	kick	—	pestare	pisar
Metzgerei (D)	—	butcher's	boucherie f	macelleria f	carnicería f
meubel (NL)	Möbel n	furniture	meuble m	mobile m	mueble m
meubileren (NL)	möblieren	furnish	meubler	ammobiliare	amueblar
meuble (F)	Möbel n	furniture	—	mobile m	mueble m
meublé(e) (F)	möbliert	furnished	—	ammobiliato(a)	amueblado(a)
meubler (F)	möblieren	furnish	—	ammobiliare	amueblar
meurtre (F)	Mord m	murder	—	assassinio m	asesinato m
méz (H)	Honig m	honey	miel m	miele m	miel f
mężczyzna (PL)	Mann m	man	homme m	uomo m	hombre m
mezera (CZ)	Lücke f	gap	lacune f	lacuna f	espacio m
mezi (CZ)	zwischen	between	entre	tra/fra	entre
mezi tím (CZ)	dazwischen	in between	entre	in mezzo	entre
mezitím (CZ)	inzwischen	meanwhile	entretemps	frattanto	mientras tanto
meztelen (H)	nackt	naked	nu(e)	nudo(a)	desnudo(a)
mezzanotte (I)	Mitternacht f	midnight	minuit m	—	medianoche f
mezza pensione (I)	Halbpension f	half board	demi-pension f	—	media pensión f
mezzo(a) (I)	halb	half	demi(e)	—	medio(a)
mezzogiorno (I)	Mittag m	at midday	midi m	—	mediodía m
mgła (PL)	Nebel m	fog	brouillard m	nebbia f	niebla f
mi (H)	wir	we	nous	noi	nosotros(as)
mi? (H)	was?	what?	que?	che?	¿qué?
mianowicie (PL)	nämlich	namely	à savoir	cioè	a saber
miasto (PL)	Stadt f	town	ville f	città f	ciudad f
miatt (H)	wegen	due to	à cause de	a causa di	a causa de
míč (CZ)	Ball m	ball	balle f	palla f	pelota f
middag (NL)	Mittag m	at midday	midi m	mezzogiorno m	mediodía m
middag¹ (SV)	Abendessen n	supper	dîner m	cena f	cena f
middag² (SV)	Mittagessen n	lunch	déjeuner m	pranzo m	almuerzo m
middagmaal (NL)	Mittagessen n	lunch	déjeuner m	pranzo m	almuerzo m
midden (NL)	mitten	in the middle	au milieu	in mezzo	en medio
midden (NL)	Mitte f	middle	milieu m	centro m	medio m
middernacht (NL)	Mitternacht f	midnight	minuit m	mezzanotte f	medianoche f
middle (E)	Mitte f	—	milieu m	centro m	medio m
midi (F)	Mittag m	at midday	—	mezzogiorno m	mediodía m
midnatt (SV)	Mitternacht f	midnight	minuit m	mezzanotte f	medianoche f
midnight (E)	Mitternacht f	—	minuit m	mezzanotte f	medianoche f
mieć (PL)	haben	have	avoir	avere	tener
mieć nadzieję (PL)	hoffen	hope	espérer	sperare	esperar
miedo (ES)	Angst f	fear	peur f	paura f	—
miedoso(a) (ES)	ängstlich	fearful	peureux(euse)	pauroso(a)	—
między (PL)	zwischen	between	entre	tra/fra	entre
między tymi (PL)	dazwischen	in between	entre	in mezzo	entre
miejsce¹ (PL)	Ort m	place	endroit m	luogo m	lugar m
miejsce² (PL)	Platz m	square	place f	piazza f	plaza f
miejsce³ (PL)	Stelle f	place	place f	posto m	sitio m
miejsce zamieszkania (PL)	Wohnort m	domicile	domicile m	residenza f	domicilio m
miękki (PL)	weich	soft	doux (douce)	morbido(a)	tierno(a)
miel (F)	Honig m	honey	—	miele m	miel f
miel (ES)	Honig m	honey	miel m	miele m	—

miel

P	NL	SV	PL	CZ	H
deitar	leggen	lägga	kłaść <położyć>	pokládat <položit>	tesz
pôr, colocar	plaatsen	ställa	postawić <stawiać>	postavit	állít
estar de acordo	het eens worden	ena sig	dochodzić do porozumienia <dojść do porozumienia>	dohadovat, se <dohodnout, se>	megegyezik,
pisar	trappen	trampa	stąpać	stoupat <stoupnout>	rúg
talho *m*	slagerij *f*	slakteri *n*	sklep rzeźniczy *m*	řeznictví *n*	hentesüzlet
móvel *m*	—	möbel *u*	mebel *m*	nábytek *m*	bútor
mobilar	—	möblera	meblować <umeblować>	zařizovat nábytkem <zařídit nábytkem>	bebútoroz
móvel *m*	meubel *n*	möbel *u*	mebel *m*	nábytek *m*	bútor
mobilado	gemeubileerd	möblerad	umeblowany	zařízený nábytkem	bútorozott
mobilar	meubileren	möblera	meblować <umeblować>	zařizovat nábytkem <zařídit nábytkem>	bebútoroz
homicídio *m*	moord *m*	mord *n*	morderstwo *n*	vražda *f*	gyilkosság
mel *m*	honing *m*	honung *u*	miód *m*	med *m*	—
homem *m*	man *m*	man *u*	—	muž *m*	férfi
lacuna *f*	opening *f*	tomrum *n*	luka *f*	—	hézag
entre	tussen	mellan	między	—	között
entre	ertussen	mellan	między tymi	—	közben
entretanto	ondertussen	under tiden	tymczasem	—	közben
nu	naakt	naken	nagi	nahý	—
meia-noite *f*	middernacht *f*	midnatt *u*	północ *f*	půlnoc *f*	éjfél
meia pensão *f*	halfpension	halvpension *u*	pokój ze śniadaniem i obiadokolacją *n*	polopenze *f*	félpanzió
meio	half	halv	pół	půl	fél
meio-dia *m*	middag *m*	lunch *u*	południe *n*	poledne *n*	dél
nevoeiro *m*	mist *m*	dimma *u*	—	mlha *f*	köd
nós	wij	vi	my	my	—
o quê?	wat?	vad?	co?	co?	—
nomeadamente	namelijk	nämligen	—	a sice	tudniillik
cidade *f*	stad *f*	stad *u*	—	město *n*	város
por causa de	wegens	på grund av	z powodu	kvůli	—
bola *f*	bal *m*	boll *u*	piłka *f*	—	labda
meio-dia *m*	—	lunch *u*	południe *n*	poledne *n*	dél
jantar *m*	avondeten *n*	—	kolacja *f*	večeře *f*	vacsora
almoço *m*	middagmaal *n*	—	obiad *m*	oběd *m*	ebéd
almoço *m*	—	middag *u*	obiad *m*	oběd *m*	ebéd
no meio	—	mitt/i mitten	pośrodku	uprostřed	középen
meio *m*	—	i mitten	środek *m*	střed *m*	közép
meia-noite *f*	—	midnatt *u*	północ *f*	půlnoc *f*	éjfél
meio *m*	midden *n*	i mitten	środek *m*	střed *m*	közép
meio-dia *m*	middag *m*	lunch *u*	południe *n*	poledne *n*	dél
meia-noite *f*	middernacht *f*	—	północ *f*	půlnoc *f*	éjfél
meia-noite *f*	middernacht *f*	midnatt *u*	północ *f*	půlnoc *f*	éjfél
ter	hebben	ha	—	mít	van
esperar	hopen	hoppas	—	doufat	remél
medo *m*	angst *f*	rädsla *u*	strach *m*	strach *m*	félelem
medroso	bang	ängslig	lękliwy	bojácný	félénk
entre	tussen	mellan	—	mezi	között
entre	ertussen	mellan	—	mezi tím	közben
lugar *m*	plaats *f*	ort *u*	—	místo *n*	hely
lugar *m*	plaats *f*	plats *u*	—	místo *n*	hely
lugar *m*	plaats *f*	ställe *n*	—	místo *n*	hely
local de moradia *m*	woonplaats *m*	hemvist *u*	—	bydliště *n*	lakhely
mole	zacht	mjuk	—	měkký	puha
mel *m*	honing *m*	honung *u*	miód *m*	med *m*	méz
mel *m*	honing *m*	honung *u*	miód *m*	med *m*	méz

miele

	D	E	F	I	ES
miele (I)	Honig m	honey	miel m	—	miel f
mielőtt (H)	bevor	before	avant que	prima che (di)	antes que
miembro (ES)	Mitglied n	member	membre m	membro m	—
mientras tanto (ES)	inzwischen	meanwhile	entretemps	frattanto	—
miért? (H)	warum?	why?	pourquoi?	perché?	¿por qué?
mierzyć <zmierzyć> (PL)	messen	measure	mesurer	misurare	medir
mięsień (PL)	Muskel m	muscle	muscle m	muscolo m	músculo m
mięso (PL)	Fleisch n	meat	viande f	carne f	carne f
mieszczański (PL)	bürgerlich	civil	civil(e)	civile	civil
mieszkać (PL)	wohnen	live	habiter	abitare	vivir
mieszkanie (PL)	Wohnung f	flat	appartement m	appartamento m	piso m
mieszkaniec (PL)	Bewohner m	inhabitant	habitant m	abitante m	habitante m
mieszkaniec (PL)	Einwohner m	inhabitant	habitant m	abitante m	habitante m
Miete (D)	—	rent	loyer m	affitto m	alquiler m
mieten (D)	—	rent	louer	affittare	alquilar
Mieter (D)	—	tenant	locataire m	inquilino m	inquilino m
migdał (PL)	Mandel f	almond	amande f	mandorla f	almendra f
miglioramento (I)	Besserung f	improvement	amélioration f	—	restablecimiento m
migliorare (I)	verbessern	improve	améliorer	—	mejorar
mignon(ne) (F)	niedlich	sweet	—	carino(a)	bonito(a)
migraine (E)	Migräne f	—	migraine	emicrania f	jaqueca f
migraine (F)	Migräne f	migraine	—	emicrania f	jaqueca f
migraine (NL)	Migräne f	migraine	migraine f	emicrania f	jaqueca f
migrän (SV)	Migräne f	migraine	migraine f	emicrania f	jaqueca f
Migräne (D)	—	migraine	migraine f	emicrania f	jaqueca f
migrén (H)	Migräne f	migraine	migraine f	emicrania f	jaqueca f
migrena (PL)	Migräne f	migraine	migraine f	emicrania f	jaqueca f
migréna (CZ)	Migräne f	migraine	migraine f	emicrania f	jaqueca f
miłość (PL)	Liebe f	love	amour m	amore m	amor m
miły¹ (PL)	lieb	sweet	gentil(le)	caro(a)	amable
miły² (PL)	liebenswürdig	kind	aimable	gentile	simpático(a)
miły³ (PL)	nett	nice	joli(e)	carino(a)	agradable
mikor (H)	wann	when	quand	quando	cuando
Milch (D)	—	milk	lait m	latte m	leche f
milczeć (PL)	schweigen	be silent	taire, se	tacere	callar
mild (D)	—	mild	doux(douce)	mite	suave
mild (E)	mild	—	doux(douce)	mite	suave
mild¹ (SV)	mild	mild	doux(douce)	mite	suave
mild² (SV)	sanft	gentle	doux(douce)	dolce	dulce
mile widziany (PL)	willkommen	welcome	bienvenu(e)	benvenuto(a)	bienvenido(a)
milho (P)	Mais m	corn	maïs m	mais m	maíz m
milieu (F)	Mitte f	middle	—	centro m	medio m
milieu (NL)	Umwelt f	environment	environnement m	ambiente m	medio ambiente m
milieubescherming (NL)	Umweltschutz m	environment protection	protection de l'environnement f	protezione dell'ambiente f	protección del medio ambiente f
miljö (SV)	Umwelt f	environment	environnement m	ambiente m	medio ambiente m
miljöskydd (SV)	Umweltschutz m	environment protection	protection de l'environnement f	protezione dell'ambiente f	protección del medio ambiente f
milk (E)	Milch f	—	lait m	latte m	leche f
milovat (CZ)	lieben	love	aimer	amare	amar
milý¹ (CZ)	lieb	sweet	gentil(le)	caro(a)	amable
milý² (CZ)	nett	nice	joli(e)	carino(a)	agradable
mimar (ES)	verwöhnen	spoil	gâter	viziare	—
mimar (P)	verwöhnen	spoil	gâter	viziare	mimar
mimo (CZ)	außerdem	besides	en outre	inoltre	además

P	NL	SV	PL	CZ	H
mel m	honing m	honung u	miód m	med m	méz
antes	alvorens	innan	zanim	před	—
membro m	lid n	medlem u	członek m	člen m	tag
entretanto	ondertussen	under tiden	tymczasem	mezitím	közben
porque?	waarom?	varför?	dlaczego?	proč?	—
medir	meten	mäta	—	měřit <změřit>	mér
músculo m	spier f	muskel u	—	sval m	izom
carne f	vlees n	kött n	—	maso n	hús
civil	burgerlijk	borgerlig	—	měšťanský	polgári
morar	wonen	bo	—	bydlet	lakik
moradia f	woning f	lägenhet u	—	byt m	lakás
habitante m	bewoner m	invånare u	—	obyvatel m	lakos
habitante m	inwoner m	invånare u	—	obyvatel m	lakos
renda f	huur f	hyra u	najem m	nájem m	bérlés
arrendar	huren	hyra	wynajmować <wynająć>	najímat <najmout>	bérel
inquilino m	huurder m	hyresgäst u	najemca m	nájemník m	bérlő
amêndoa f	amandel f	mandel u	—	mandle f	mandula
melhoramento m	verbetering f	bättring u	poprawa f	zlepšení n	javulás
melhorar	verbeteren	förbättra	poprawiać	zlepšovat <zlepšit>	megjavít
amoroso	schattig	söt	śliczny	roztomilý	aranyos
enxaqueca f	migraine f	migrän u	migrena f	migréna f	migrén
enxaqueca f	migraine f	migrän u	migrena f	migréna f	migrén
enxaqueca f	—	migrän u	migrena f	migréna f	migrén
enxaqueca f	migraine f	—	migrena f	migréna f	migrén
enxaqueca f	migraine f	migrän u	migrena f	migréna f	migrén
enxaqueca f	migraine f	migrän u	migrena f	migréna f	—
enxaqueca f	migraine f	migrän u	—	migréna f	migrén
enxaqueca f	migraine f	migrän u	migrena f	—	migrén
amor m	liefde f	kärlek u	—	láska f	szeretet
querido	lief	snäll	—	milý	kedves
amável	vriendelijk	älskvärd	—	laskavý	szívélyes
simpático	leuk	trevlig	—	milý	kedves
quando	wanneer	när	kiedy	kdy	—
leite m	melk f	mjölk u	mleko n	mléko n	tej
ficar calado	zwijgen	tiga	—	mlčet	hallgat
suave	zacht	mild	łagodny	jemný	enyhe
suave	zacht	mild	łagodny	jemný	enyhe
suave	zacht	—	łagodny	jemný	enyhe
macio	zacht	—	łagodny	jemný	enyhe
bem-vindo	welkom	välkommen	—	vítaný	üdvözöl
—	mais m	majs u	kukurydza f	kukurice f	kukorica
meio m	midden n	i mitten	środek m	střed m	közép
meio ambiente m	—	miljö u	środowisko n	životní prostředí n	környezet
protecção do meio ambiente f	—	miljöskydd n	ochrona środowiska f	ochrana životního prostředí f	környezetvédelem
meio ambiente m	milieu n	—	środowisko n	životní prostředí n	környezet
protecção do meio ambiente f	milieubescherming f	—	ochrona środowiska f	ochrana životního prostředí f	környezetvédelem
leite m	melk f	mjölk u	mleko n	mléko n	tej
amar	houden van	älska	kochać	—	szeret
querido	lief	snäll	miły	—	kedves
simpático	leuk	trevlig	miły	—	kedves
mimar	verwennen	skämma bort	rozpieszczać	rozmazlovat <rozmazlit>	elkényeztet
—	verwennen	skämma bort	rozpieszczać	rozmazlovat <rozmazlit>	elkényeztet
além disso	bovendien	dessutom	ponadto	—	azonkívül

mimo to

	D	E	F	I	ES
mimo to (PL)	trotzdem	nevertheless	malgré tout	tuttavia	no obstante
minacciare (I)	bedrohen	threaten	menacer	—	amenazar
mince¹ (F)	dünn	thin	—	magro(a)	delgado(a)/fino(a)
mince² (F)	schlank	slim	—	snello(a)	delgado(a)
mince (CZ)	Münze f	coin	pièce de monnaie f	moneta f	moneda f
mind (H)	alle	all	tous (toutes)	tutti(e)	todos(as)
mindegy (H)	egal	all the same	égal(e)	uguale	igual
minden¹ (H)	alles	everything	tout	tutto(a)	todo
minden² (H)	jede(r,s)	each/every	chaque	ogni, ognuno	cada
minden alkalommal (H)	jedes Mal	each time	chaque fois	ogni volta	cada vez
mindenesetre (H)	jedenfalls	in any case	en tout cas	in ogni caso	en cualquier caso
mindenütt (H)	überall	everywhere	partout	dappertutto	por todas partes
minderheid (NL)	Minderheit f	minority	minorité f	minoranza f	minoría f
Minderheit (D)	—	minority	minorité f	minoranza f	minoría f
mindestens (D)	—	at least	au moins	almeno	por lo menos
mindig (H)	immer	always	toujours	sempre	siempre
mindjárt (H)	gleich	same	égal(e)	identico(a)	idéntico(a)
mindkettő (H)	beide	both	tous/toutes les deux	entrambi(e)	ambos(as)
mineraalwater (NL)	Mineralwasser n	mineral water	eau minérale f	acqua minerale f	agua mineral f
minerální voda (CZ)	Mineralwasser n	mineral water	eau minérale f	acqua minerale f	agua mineral f
mineralvatten (SV)	Mineralwasser n	mineral water	eau minérale f	acqua minerale f	agua mineral f
Mineralwasser (D)	—	mineral water	eau minérale f	acqua minerale f	agua mineral f
mineral water (E)	Mineralwasser n	—	eau minérale f	acqua minerale f	agua mineral f
minimálně (CZ)	mindestens	at least	au moins	almeno	por lo menos
minimo (I)	Minimum n	minimum	minimum m	—	mínimo m
mínimo (ES)	Minimum n	minimum	minimum m	minimo m	—
mínimo (P)	Minimum n	minimum	minimum m	minimo m	mínimo m
Minimum (D)	—	minimum	minimum m	minimo m	mínimo m
minimum (E)	Minimum n	—	minimum m	minimo m	mínimo m
minimum (F)	Minimum n	minimum	—	minimo m	mínimo m
minimum (NL)	Minimum n	minimum	minimum m	minimo m	mínimo m
minimum (SV)	Minimum n	minimum	minimum m	minimo m	mínimo m
minimum (PL)	Minimum n	minimum	minimum m	minimo m	mínimo m
minimum (CZ)	Minimum n	minimum	minimum m	minimo m	mínimo m
minimum (H)	Minimum n	minimum	minimum m	minimo m	mínimo m
miniony (PL)	vergangen	past	dernier(-ère)	passato(a)	pasado(a)
mínit <vymínit> (CZ)	meinen	think	penser	ritenere	opinar
minnas (SV)	erinnern	remember	rappeler	ricordare	recordarse
minne¹ (SV)	Andenken n	souvenir	souvenir m	ricordo m	recuerdo m
minne² (SV)	Erinnerung f	memory	souvenir m	ricordo m	memoria f
minne³ (SV)	Gedächtnis n	memory	mémoire f	memoria f	memoria f
minnesmärke (SV)	Denkmal n	monument	monument m	monumento m	monumento m
minoranza (I)	Minderheit f	minority	minorité f	—	minoría f
minoria (P)	Minderheit f	minority	minorité f	minoranza f	minoría f
minoría (ES)	Minderheit f	minority	minorité f	minoranza f	—
minorité (F)	Minderheit f	minority	—	minoranza f	minoría f
minoritet (SV)	Minderheit f	minority	minorité f	minoranza f	minoría f
minority (E)	Minderheit f	—	minorité f	minoranza f	minoría f
minőség (H)	Qualität f	quality	qualité f	qualità f	calidad f
minst (SV)	mindestens	at least	au moins	almeno	por lo menos
minstens (NL)	mindestens	at least	au moins	almeno	por lo menos
minta (H)	Muster n	sample	modèle m	campione m	modelo m
mint/-ként (H)	als	when	quand	quando	cuando
minuit (F)	Mitternacht f	midnight	—	mezzanotte f	medianoche f

minuit

P	NL	SV	PL	CZ	H
apesar disso	toch	i alla fall	—	přesto	ennek ellenére
ameaçar	bedreigen	hota	zagrażać, <zagrozić>	ohrožovat <ohrozit>	fenyeget
magro	dun	tunn	cienki	tenký	vékony
magro	slank	smal	smukły	štíhlý	karcsú
moeda f	munt f	mynt n	moneta f	—	érme
todo	alle	alla	wszystkie	všichni	—
igual	om het even/egaal	lika	obojętnie	jedno	—
tudo	alles	allt	wszystko	vše	—
cada	ieder(e)	varje	każda, każdy, każde	každý každá každé	—
cada vez	telkens	varje gång	za każdym razem	pokaždé	—
em todo o caso	in ieder geval	i alla fall	w każdym bądź razie	v každém případě	—
por toda a parte	overal	överallt	wszędzie	všude	—
minoria f	—	minoritet u	mniejszość f	menšina f	kisebbség
minoria f	minderheid f	minoritet u	mniejszość f	menšina f	kisebbség
no mínimo	minstens	minst	przynajmniej	minimálně	legalább
sempre	altijd	alltid	zawsze	vždy	—
igual	gelijk/hetzelfde/meteen	lika	taki sam	hned	—
ambos	beide(n)	båda	oboje	oba	—
água mineral f	—	mineralvatten n	woda mineralna f	minerální voda f	ásványvíz
água mineral f	mineraalwater n	mineralvatten n	woda mineralna f	—	ásványvíz
água mineral f	mineraalwater n	—	woda mineralna f	minerální voda f	ásványvíz
água mineral f	mineraalwater n	mineralvatten n	woda mineralna f	minerální voda f	ásványvíz
água mineral f	mineraalwater n	mineralvatten n	woda mineralna f	minerální voda f	ásványvíz
no mínimo	minstens	minst	przynajmniej	—	legalább
mínimo m	minimum n	minimum n	minimum n	minimum n	minimum
mínimo m	minimum n	minimum n	minimum n	minimum n	minimum
—	minimum n	minimum n	minimum n	minimum n	minimum
mínimo m	minimum n	minimum n	minimum n	minimum n	minimum
mínimo m	minimum n	minimum n	minimum n	minimum n	minimum
mínimo m	minimum n	minimum n	minimum n	minimum n	minimum
mínimo m	—	minimum n	minimum n	minimum n	minimum
mínimo m	minimum n	—	minimum n	minimum n	minimum
mínimo m	minimum n	minimum n	—	minimum n	minimum
mínimo m	minimum n	minimum n	minimum n	—	minimum
mínimo m	minimum n	minimum n	minimum n	minimum n	—
passado	voorbij	förfluten	—	uplynulý	elmúlt
opinar	menen; denken	tycka	uważać	—	vél
recordar	herinneren	—	przypominać <przypomnieć>	připomínat <připomenout>	emlékez
recordação f	aandenken n	—	pamiątka f	suvenýr m	emlék
recordação f	herinnering f	—	wspomnienie n	vzpomínka f	emlék
memória f	geheugen n	—	pamięć f	paměť f	emlékezőtehetség
monumento m	monument n	—	pomnik m	pomník m	emlékmű
minoria f	minderheid f	minoritet u	mniejszość f	menšina f	kisebbség
—	minderheid f	minoritet u	mniejszość f	menšina f	kisebbség
minoria f	minderheid f	minoritet u	mniejszość f	menšina f	kisebbség
minoria f	minderheid f	minoritet u	mniejszość f	menšina f	kisebbség
minoria f	minderheid f	—	mniejszość f	menšina f	kisebbség
minoria f	minderheid f	minoritet u	mniejszość f	menšina f	kisebbség
qualidade f	kwaliteit f	kvalitet u	jakość f	kvalita f	—
no mínimo	minstens	—	przynajmniej	minimálně	legalább
no mínimo	—	minst	przynajmniej	minimálně	legalább
modelo m	monster n	mönster n	wzór m	vzor m	—
como	als	när	jako	jako	—
meia-noite f	middernacht f	midnatt u	północ f	půlnoc f	éjfél

minulost

	D	E	F	I	ES
minulost (CZ)	Vergangenheit f	past	passé m	passato m	pasado m
minut (SV)	Minute f	minute	minute f	minuto m	minuto m
minuta (PL)	Minute f	minute	minute f	minuto m	minuto m
minuta (CZ)	Minute f	minute	minute f	minuto m	minuto m
Minute (D)	—	minute	minute f	minuto m	minuto m
minute (E)	Minute f	—	minute f	minuto m	minuto m
minute (F)	Minute f	minute	—	minuto m	minuto m
minuto (I)	Minute f	minute	minute f	—	minuto m
minuto (ES)	Minute f	minute	minute f	minuto m	—
minuto (P)	Minute f	minute	minute f	minuto m	minuto m
minuut (NL)	Minute f	minute	minute f	minuto m	minuto m
miód (PL)	Honig m	honey	miel m	miele m	miel f
młody (PL)	jung	young	jeune	giovane	joven
miotła (PL)	Besen m	broom	balai m	scopa f	escoba f
mír (CZ)	Frieden m	peace	paix f	pace f	paz f
mirar¹ (ES)	ansehen	look at	regarder	guardare	—
mirar² (ES)	schauen	look	retarder	guardare	—
mirar³ (ES)	zusehen	watch	regarder	stare a guardare	—
miroir (F)	Spiegel m	mirror	—	specchio m	espejo m
mirror (E)	Spiegel m	—	miroir m	specchio m	espejo m
mírumilovný (CZ)	friedlich	peaceful	paisible	pacifico(a)	pacífico(a)
misbruik (NL)	Missbrauch n	abuse	abus m	abuso m	abuso m
misbruiken (NL)	missbrauchen	abuse	abuser de	abusare	abusar
misbruka (SV)	missbrauchen	abuse	abuser de	abusare	abusar
misdaad (NL)	Verbrechen n	crime	crime m	delitto m	crimen m
miseria (I)	Not f	trouble	détresse f	—	necesidad f
misfortune (E)	Unglück n	—	malheur m	disgrazia f	desgracia f
mislukking (NL)	Misserfolg m	failure	échec m	insuccesso m	fracaso m
miss¹ (E)	fehlen	—	manquer	mancare	faltar
miss² (E)	vermissen	—	manquer	sentire la mancanza	echar de menos
missa (P)	Messe f	fair	foire f	fiera f	feria f
missbilligen (D)	—	disapprove	désapprouver	disapprovare	desaprobar
Missbrauch (D)	—	abuse	abus m	abuso m	abuso m
missbrauchen (D)	—	abuse	abuser de	abusare	abusar
missbruk (SV)	Missbrauch n	abuse	abus m	abuso m	abuso m
misschien (NL)	vielleicht	maybe	peut-être	forse	tal vez
misselijkheid (NL)	Übelkeit f	nausea	nausée f	nausea f	náuseas f/pl
missen (NL)	vermissen	miss	manquer	sentire la mancanza	echar de menos
Misserfolg (D)	—	failure	échec m	insuccesso m	fracaso m
missöde (SV)	Unglück n	misfortune	malheur m	disgrazia f	desgracia f
misstag (SV)	Irrtum m	mistake	erreur f	errore m	error m
misstänka (SV)	misstrauen	mistrust	méfier, se	non fidarsi	desconfiar
misstänksamhet (SV)	Misstrauen n	distrust	méfiance f	sfiducia f	desconfianza f
misstänkt (SV)	verdächtig	suspicious	suspect(e)	sospetto(a)	sospechoso(a)
missta sig (SV)	irren, sich	be mistaken	tromper, se	sbagliare	equivocarse
misstrauen (D)	—	mistrust	méfier, se	non fidarsi	desconfiar
Misstrauen (D)	—	distrust	méfiance f	sfiducia f	desconfianza f
missuppfattning (SV)	Missverständnis n	misunderstanding	malentendu m	equivoco m	malentendido m
Missverständnis (D)	—	misunderstanding	malentendu m	equivoco m	malentendido m
mist (NL)	Nebel m	fog	brouillard m	nebbia f	niebla f
mistake¹ (E)	Fehler m	—	faute f	sbaglio m	falta f
mistake² (E)	Irrtum m	—	erreur f	errore m	error m

mistake

P	NL	SV	PL	CZ	H
passado m	verleden n	det förflutna n	przeszłość f	—	múlt
minuto m	minuut m	—	minuta f	minuta f	perc
minuto m	minuut m	minut u	—	minuta f	perc
minuto m	minuut m	minut u	minuta f	—	perc
minuto m	minuut m	minut u	minuta f	minuta f	perc
minuto m	minuut m	minut u	minuta f	minuta f	perc
minuto m	minuut m	minut u	minuta f	minuta f	perc
minuto m	minuut m	minut u	minuta f	minuta f	perc
minuto m	minuut m	minut u	minuta f	minuta f	perc
—	minuut m	minut u	minuta f	minuta f	perc
minuto m	—	minut u	minuta f	minuta f	perc
mel m	honing m	honung u	—	med m	méz
jovem	jong	ung	—	mladý	fiatal
vassoura f	bezem m	sopkvast u	—	smeták m	seprű
paz f	vrede f	fred u	pokój m	—	béke
olhar	aanzien	titta på	przyglądać, się <przyjrzeć, się >	dívat, se <podívat, se>	megnéz
olhar	kijken	se	patrzeć <popatrzeć>	hledět	néz
assistir	toezien	se på	przyglądać się	přihlížet <přihlédnout>	figyel
espelho m	spiegel m	spegel u	lustro n	zrcadlo n	tükör
espelho m	spiegel m	spegel u	lustro n	zrcadlo n	tükör
pacífico	vreedzaam	fredlig	pokojowy	—	békés
abuso m	—	missbruk n	nadużycie n	zneužití n	visszaélés
abusar de	—	misbruka	nadużywać <nadużyć>	zneužívat <zneužít>	visszaél
abusar de	misbruiken	—	nadużywać <nadużyć>	zneužívat <zneužít>	visszaél
crime m	—	brott n	przestępstwo n	zločin m	bűncselekmény
necessidade f	nood m	nöd u	nędza f	nouze f	szükség
desgraça f	ongeluk n	missöde n	nieszczęście n	neštěstí n	szerencsétlenség
fracasso m	—	motgång u	niepowodzenie n	neúspěch m	kudarc
faltar	ontbreken	sakna	brakować	chybět	hiányzik
fazer falta	missen	sakna	odczuwać brak	pohřešovat <pohřešit>	hiányol
—	beurs f	mässa u	targi m/pl	veletrh m	vásár
desaprovar	afkeuren	ogilla	nie pochwalać	nesouhlasit	helytelenít
abuso m	misbruik n	missbruk n	nadużycie n	zneužití n	visszaélés
abusar de	misbruiken	misbruka	nadużywać <nadużyć>	zneužívat <zneužít>	visszaél
abuso m	misbruik n	—	nadużycie n	zneužití n	visszaélés
talvez	—	kanske	może	možná	talán
náusea f	—	illamående n	mdłość f	nevolnost f	rosszullét
fazer falta	—	sakna	odczuwać brak	pohřešovat <pohřešit>	hiányol
fracasso m	mislukking f	motgång u	niepowodzenie n	neúspěch m	kudarc
desgraça f	ongeluk n	—	nieszczęście n	neštěstí n	szerencsétlenség
engano m	dwaling f	—	błąd m	omyl m	tévedés
desconfiar	wantrouwen	—	nie ufać	nedůvěřovat	nem bízik
desconfiança f	wantrouwen n	—	nieufność f	nedůvěra f	bizalmatlanság
suspeito	verdacht	—	podejrzany	podezřelý	gyanús
enganar-se	vergissen, zich	—	mylić, się <pomylić, się>	mýlit, se <zmýlit, se>	téved
desconfiar	wantrouwen	misstänka	nie ufać	nedůvěřovat	nem bízik
desconfiança f	wantrouwen n	misstänksamhet u	nieufność f	nedůvěra f	bizalmatlanság
equívoco m	misverstand n	—	nieporozuminie n	nedorozumění n	félreértés
equívoco m	misverstand n	missuppfattning u	nieporozuminie n	nedorozumění n	félreértés
nevoeiro m	—	dimma u	mgła f	mlha f	köd
erro m	fout f	fel n	błąd m	chyba f	hiba
engano m	dwaling f	misstag n	błąd m	omyl m	tévedés

místo 630

	D	E	F	I	ES
místo (CZ)	anstatt	instead of	au lieu de	invece di	en vez de
místo[1] (CZ)	Ort *m*	place	endroit *m*	luogo *m*	lugar *m*
místo[2] (CZ)	Platz *m*	square	place *f*	piazza *f*	plaza *f*
místo[3] (CZ)	Stelle *f*	place	place *f*	posto *m*	sitio *m*
mistrust (E)	misstrauen	—	méfier, se	non fidarsi	desconfiar
misunderstanding (E)	Missverständnis *n*	—	malentendu *m*	equivoco *m*	malentendido *m*
misurare (I)	messen	measure	mesurer	—	medir
misverstand (NL)	Missverständnis *n*	misunderstanding	malentendu *m*	equivoco *m*	malentendido *m*
mit (D)	—	with	avec	con	con
mít[1] (CZ)	haben	have	avoir	avere	tener
mít[2] (CZ)	sollen	have to	devoir	dovere	deber
mitad (ES)	Hälfte *f*	half	moitié *f*	metà *f*	—
mitbringen (D)	—	bring (along)	apporter	portare con sé	traer
mite (I)	mild	mild	doux(douce)	—	suave
mitgehen (D)	—	go along wigh	accompagner	accompagnare	acompañar
Mitglied (D)	—	member	membre *m*	membro *m*	miembro *m*
Mitleid (D)	—	pity	compassion *f*	compassione *f*	compasión *f*
mitnehmen (D)	—	take along	emmener	prendere con sé	llevar consigo
mít rád (CZ)	mögen	like	aimer	piacere	querer
Mittag (D)	—	at midday	midi *m*	mezzogiorno *m*	mediodía *m*
Mittagessen (D)	—	lunch	déjeuner *m*	pranzo *m*	almuerzo *m*
mittags (D)	—	at midday	à midi	a mezzogiorno	al mediodía
Mitte (D)	—	middle	milieu *m*	centro *m*	medio *m*
mitteilen (D)	—	inform	informer	comunicare	comunicar
Mitteilung (D)	—	message	information *f*	comunicazione *f*	comunicación *f*
mittemot (SV)	gegenüber	opposite	en face de	di fronte(a)	en frente
mitten (D)	—	in the middle	au milieu	in mezzo	en medio
mitten (SV)	Zentrum *n*	centre	centre *m*	centro *m*	centro *m*
mittente (I)	Absender *m*	sender	expéditeur *m*	—	remitente *m*
Mitternacht (D)	—	midnight	minuit *m*	mezzanotte *f*	medianoche *f*
mitt i (SV)	inmitten	in the middle of	au milieu de	in mezzo a	en medio de
mitt/i mitten (SV)	mitten	in the middle	au milieu	in mezzo	en medio
mít v úmyslu[1] (CZ)	beabsichtigen	intend	avoir l'intention de	avere (l')intenzione di	proyectar
mít v úmyslu[2] (CZ)	vorhaben	intend	avoir l'intention de	avere intenzione	tener la intecíon de
miután (H)	nachdem	after	après que	dopo	después de que
mizet <zmizet> (CZ)	verschwinden	disappear	disparaître	sparire	desaparecer
mjölk (SV)	Milch *f*	milk	lait *m*	latte *m*	leche *f*
mjuk (SV)	weich	soft	doux (douce)	morbido(a)	tierno(a)
mladý (CZ)	jung	young	jeune	giovane	joven
mlčet (CZ)	schweigen	be silent	taire, se	tacere	callar
mleko (PL)	Milch *f*	milk	lait *m*	latte *m*	leche *f*
mléko (CZ)	Milch *f*	milk	lait *m*	latte *m*	leche *f*
mlha (CZ)	Nebel *m*	fog	brouillard *m*	nebbia *f*	niebla *f*
mlít <semlít> (CZ)	malen	paint	peindre	dipingere	pintar
mluvit <promluvit>[1] (CZ)	reden	talk	parler	parlare	hablar
mluvit <promluvit>[2] (CZ)	sprechen	speak	parler	parlare	hablar
mniejszość (PL)	Minderheit *f*	minority	minorité *f*	minoranza *f*	minoría *f*
mnoho (CZ)	viel	a lot of	beaucoup de	molto(a)	mucho(a)
množství (CZ)	Menge *f*	quantity	quantité *f*	quantità *f*	cantidad *f*
Möbel (D)	—	furniture	meuble *m*	mobile *m*	mueble *m*
möbel (SV)	Möbel *n*	furniture	meuble *m*	mobile *m*	mueble *m*

möbel

P	NL	SV	PL	CZ	H
em vez de	in de plaats van	istället för	zamiast	—	helyett
lugar m	plaats f	ort u	miejsce n	—	hely
lugar m	plaats f	plats u	miejsce n	—	hely
lugar m	plaats f	ställe n	miejsce n	—	hely
desconfiar	wantrouwen	misstänka	nie ufać	nedůvěřovat	nem bízik
equívoco m	misverstand n	missuppfattning u	nieporozuminie n	nedorozumění n	félreértés
medir	meten	mäta	mierzyć <zmierzyć>	měřit <změřit>	mér
equívoco m	—	missuppfattning u	nieporozuminie n	nedorozumění n	félreértés
com	met	med	z	s	vel
ter	hebben	ha	mieć	—	van
dever	moeten	böra	powinno, się	—	kell
metade f	helft m	hälften	połowa f	polovina n	fele
trazer	meebrengen	medföra	przynosić <przynieść>	přinášet <přinést>	magával hoz
suave	zacht	mild	łagodny	jemný	enyhe
acompanhar alguém	meegaan	följa med	iść z <pójść z>	chodit s <jít s>	vele megy
membro m	lid n	medlem u	członek m	člen m	tag
compaixão f	medelijden n	medlidande n	litość f	soucit m	részvét
levar consigo	meenemen	ta med	zabierać ze sobą <zabrać ze sobą>	vrát s sebou <vzít s sebou>	magával visz
gostar de	graag hebben/ mogen	tycka om	lubić	—	kedvel
meio-dia m	middag m	lunch u	południe n	poledne n	dél
almoço m	middagmaal n	middag u	obiad m	oběd m	ebéd
ao meio-dia	's middags	på middagen	w południe	v poledne	délben
meio m	midden n	i mitten	środek m	střed m	közép
comunicar	meedelen	meddela	zawiadamiać <zawiadomić>	sdělovat <sdělit>	közöl
comunicação f	mededeling f	meddelande n	zawiadomienie n	sdělení n	közlemény
diante	tegenover	—	naprzeciwko	naproti	szemben
no meio	midden	mitt/i mitten	pośrodku	uprostřed	közepén
centro m	centrum n	—	centrum n	střed m	központ
remetente m	afzender m	avsändare u	nadawca m	odesílatel m	feladó
meia-noite f	middernacht f	midnatt u	północ f	půlnoc f	éjfél
no meio de	te midden van	—	pośrodku	uprostřed	között
no meio	midden	—	pośrodku	uprostřed	közepén
tencionar	van plan zijn	ha för avsikt	zamierzać <zamierzyć>	—	szándékozik
tencionar fazer	voorhebben	ha i tankarna	zamierzać	—	szándékozik
depois de	nadat	sedan	gdy	poté	—
desaparecer	verdwijnen	försvinna	zniknąć	—	eltűnik
leite m	melk f	—	mleko n	mléko n	tej
mole	zacht	—	miękki	měkký	puha
jovem	jong	ung	młody	—	fiatal
ficar calado	zwijgen	tiga	milczeć	—	hallgat
leite m	melk f	mjölk u	—	mléko n	tej
leite m	melk f	mjölk u	mleko n	—	tej
nevoeiro m	mist m	dimma u	mgła f	—	köd
pintar	schilderen	måla	malować <namalować>	—	fest
falar	praten	prata	mówić	—	beszél
falar	spreken	prata	mówić <powiedzieć>	—	beszél
minoria f	minderheid f	minoritet u	—	menšina f	kisebbség
muito	veel	mycket	dużo	—	sok
quantidade f	hoeveelheid f	mängd u	ilość f	—	mennyiség
móvel m	meubel n	möbel u	mebel m	nábytek m	bútor
móvel m	meubel n	—	mebel m	nábytek m	bútor

mobil

	D	E	F	I	ES
mobil (CZ)	Handy n	mobile phone	téléphone mobile m	telefonino m	teléfono celular m
mobilado (P)	möbliert	furnished	meublé(e)	ammobiliato(a)	amueblado(a)
mobilar (P)	möblieren	furnish	meubler	ammobiliare	amueblar
mobile (I)	Möbel n	furniture	meuble m	—	mueble m
mobile phone (E)	Handy n	—	téléphone mobile m	telefonino m	teléfono celular m
mobília (P)	Einrichtung f	furnishing	ameublement m	arredamento m	mobiliario m
mobiliario (ES)	Einrichtung f	furnishing	ameublement m	arredamento m	—
mobiltelefon (SV)	Handy n	mobile phone	téléphone mobile m	telefonino m	teléfono celular m
mobiltelefon (H)	Handy n	mobile phone	téléphone mobile m	telefonino m	teléfono celular m
möblera (SV)	möblieren	furnish	meubler	ammobiliare	amueblar
möblerad (SV)	möbliert	furnished	meublé(e)	ammobiliato(a)	amueblado(a)
möblieren (D)	—	furnish	meubler	ammobiliare	amueblar
möbliert (D)	—	furnished	meublé(e)	ammobiliato(a)	amueblado(a)
moc (PL)	Gewalt f	force	violence f	forza f	poder m
moc (CZ)	Macht f	power	pouvoir m	potere m	poder m
móc (PL)	können	can	pouvoir	sapere	saber/poder
mochila (ES)	Rucksack m	rucksack	sac à dos m	zaino m	—
mochila (P)	Rucksack m	rucksack	sac à dos m	zaino m	mochila f
mocno trzymać (PL)	festhalten	seize	tenir ferme	tener fermo	sujetar
mod (SV)	Mut m	courage	courage m	coraggio m	coraje m
mód¹ (H)	Art f	way	manière f	modo m	manera f
mód² (H)	Weise f	way	manière f	maniera f	manera f
moda (I)	Mode f	fashion	mode f	—	moda f
moda (ES)	Mode f	fashion	mode f	moda f	—
moda (P)	Mode f	fashion	mode f	moda f	moda f
moda (PL)	Mode f	fashion	mode f	moda f	moda f
móda (CZ)	Mode f	fashion	mode f	moda f	moda f
Mode (D)	—	fashion	mode f	moda f	moda f
mode (F)	Mode f	fashion	—	moda f	moda f
mode (NL)	Mode f	fashion	mode f	moda f	moda f
mode (SV)	Mode f	fashion	mode f	moda f	moda f
modèle (F)	Muster n	sample	—	campione m	modelo m
modelo (ES)	Muster n	sample	modèle m	campione m	—
modelo (P)	Muster n	sample	modèle m	campione m	modelo m
modersmål (SV)	Muttersprache f	native language	langue maternelle f	lingua madre f	lengua materna f
modest (E)	bescheiden	—	modeste	modesto(a)	modesto(a)
modeste (F)	bescheiden	modest	—	modesto(a)	modesto(a)
modesto (P)	bescheiden	modest	modeste	modesto(a)	modesto(a)
modesto(a) (I)	bescheiden	modest	modeste	—	modesto(a)
modesto(a) (ES)	bescheiden	modest	modeste	modesto(a)	—
modificação (P)	Veränderung f	change	changement m	cambiamento m	cambio m
modificar¹ (P)	ändern	change	changer	cambiare	cambiar
modificar² (P)	verändern	change	transformer	mutare	cambiar
modificar-se (P)	ändern, sich	change	changer	cambiare	cambiar
modlić, się <pomodlić, się> (PL)	beten	pray	prier	pregare	rezar
modlit, se (CZ)	beten	pray	prier	pregare	rezar
modo (I)	Art f	way	manière f	—	manera f
modrý (CZ)	blau	blue	bleu(e)	azzurro(a)	azúl
modulo (I)	Formular n	form	formulaire m	—	formulario m
moe (NL)	müde	tired	fatigué(e)	stanco(a)	cansado(a)

P	NL	SV	PL	CZ	H
telemóvel m	gsm m	mobiltelefon u	telefon komórkowy m	—	mobiltelefon
—	gemeubileerd	möblerad	umeblowany	zařízený nábytkem	bútorozott
—	meubileren	möblera	meblować <umeblować>	zařizovat nábytkem <zařídit nábytkem>	bebútoroz
móvel m	meubel n	möbel u	mebel m	nábytek m	bútor
telemóvel m	gsm m	mobiltelefon u	telefon komórkowy m	mobil m	mobiltelefon
—	inrichting f	inredning u	urządzenie n	zařízení n	berendezés
mobília f	inrichting f	inredning u	urządzenie n	zařízení n	berendezés
telemóvel m	gsm m	—	telefon komórkowy m	mobil m	mobiltelefon
telemóvel m	gsm m	mobiltelefon u	telefon komórkowy m	mobil m	—
mobilar	meubileren	—	meblować <umeblować>	zařizovat nábytkem <zařídit nábytkem>	bebútoroz
mobilado	gemeubileerd	—	umeblowany	zařízený nábytkem	bútorozott
mobilar	meubileren	möblera	meblować <umeblować>	zařizovat nábytkem <zařídit nábytkem>	bebútoroz
mobilado	gemeubileerd	möblerad	umeblowany	zařízený nábytkem	bútorozott
violência f	geweld n	herravälde n	—	násilí n	erőszak
poder m	macht f	makt u	władza f	—	hatalom
poder	kunnen	kunna	—	umět	tud
mochila f	rugzak m	ryggsäck u	plecak m	baťoh m	hátizsák
—	rugzak m	ryggsäck u	plecak m	baťoh m	hátizsák
segurar	vasthouden	hålla fast	—	pevně držet <udržet>	megfog
coragem f	moed m	—	odwaga f	odvaha f	bátorság
maneira f	aard m	sätt n	rodzaj m	druh m	—
maneira f	wijze	sätt n	sposób m	sirotek m	—
moda f	mode f	mode n	moda f	móda f	divat
moda f	mode f	mode n	moda f	móda f	divat
—	mode f	mode n	moda f	móda f	divat
moda f	mode f	mode n	—	móda f	divat
moda f	mode f	mode n	moda f	—	divat
moda f	mode f	mode n	moda f	móda f	divat
moda f	mode f	mode n	moda f	móda f	divat
moda f	—	mode n	moda f	móda f	divat
moda f	mode f	—	moda f	móda f	divat
modelo m	monster n	mönster n	wzór m	vzor m	minta
modelo m	monster n	mönster n	wzór m	vzor m	minta
—	monster n	mönster n	wzór m	vzor m	minta
língua materna f	moedertaal f	—	język ojczysty m	mateřština f	anyanyelv
modesto	bescheiden	anspråkslös	skromny	skromný	szerény
modesto	bescheiden	anspråkslös	skromny	skromný	szerény
—	bescheiden	anspråkslös	skromny	skromný	szerény
modesto	bescheiden	anspråkslös	skromny	skromný	szerény
modesto	bescheiden	anspråkslös	skromny	skromný	szerény
—	verandering f	förändring u	zmiana f	změna f	változás
—	wijzigen	förändra	zmieniać <zmienić>	měnit <změnit>	változtat
—	veranderen	förändra	zmieniać	měnit <změnit>	megváltoztat
—	veranderen	förändra sig	zmieniać, się <zmienić, się>	měnit, se <změnit, se>	változik
rezar	bidden	be	—	modlit, se	imádkozik
rezar	bidden	be	modlić, się <pomodlić, się>	—	imádkozik
maneira f	aard m	sätt n	rodzaj m	druh m	mód
azul	blauw	blå	niebieski(ko)	—	kék
impresso m	formulier n	formulär n	formularz m	formulář m	űrlap
cansado	—	trött	zmęczony	unavený	fáradt

moed

	D	E	F	I	ES
moed (NL)	Mut m	courage	courage m	coraggio m	coraje m
moeda¹ (P)	Münze f	coin	pièce de monnaie f	moneta f	moneda f
moeda² (P)	Währung f	currency	monnaie f	valuta f	moneda f
moeder (NL)	Mutter f	mother	mère f	madre f	madre f
moedertaal (NL)	Muttersprache f	native language	langue maternelle f	lingua madre f	lengua materna f
moeilijk (NL)	schwierig	difficult	difficile	difficile	difícil
moeilijkheid (NL)	Schwierigkeit f	difficulty	difficulté f	difficoltà f	dificultad f
moeite (NL)	Bemühung f	effort	effort m	sforzo m	esfuerzo m
moeite (NL)	Mühe f	effort	peine f	fatica f	esfuerzo m
moeten (NL)	müssen	have to	devoir	dovere	deber
moeten (NL)	sollen	have to	devoir	dovere	deber
moe worden (NL)	ermüden	tire	fatiguer	stancarsi	cansar
mogelijk (NL)	möglich	possible	possible	possibile	posible
mogelijkheid (NL)	Möglichkeit f	possibility	possibilité f	possibilità f	posibilidad f
mogelijk maken (NL)	ermöglichen	make possible	rendre possible	rendere possibile	facilitar
mogen (NL)	dürfen	be allowed	avoir le droit	potere	poder
mogen (SV)	reif	ripe	mûr(e)	maturo(a)	maduro(a)
mögen (D)	—	like	aimer	piacere	querer
möglich (D)	—	possible	possible	possibile	posible
Möglichkeit (D)	—	possibility	possibilité f	possibilità f	posibilidad f
mögött (H)	dahinter	behind it	derrière	dietro	detrás
moisson (F)	Ernte f	harvest	—	raccolto m	cosecha f
moitié (F)	Hälfte f	half	—	metà f	mitad f
mojado(a) (ES)	nass	wet	mouillé(e)	bagnato(a)	—
möjliggör (SV)	ermöglichen	make possible	rendre possible	rendere possibile	facilitar
möjlighet (SV)	Möglichkeit f	possibility	possibilité f	possibilità f	posibilidad f
möjligt (SV)	möglich	possible	possible	possibile	posible
mokry (PL)	nass	wet	mouillé(e)	bagnato(a)	mojado(a)
mokrý (CZ)	nass	wet	mouillé(e)	bagnato(a)	mojado(a)
moldura (P)	Rahmen m	frame	cadre m	cornice f	marco m
mole (P)	weich	soft	doux (douce)	morbido(a)	tierno(a)
molestar¹ (ES)	belästigen	annoy	importuner	importunare	—
molestar² (ES)	stören	disturb	déranger	disturbare	—
molesto(a) (I)	lästig	troublesome	importun(e)	—	desagradable
molesztál (H)	belästigen	annoy	importuner	importunare	molestar
molhado (P)	nass	wet	mouillé(e)	bagnato(a)	mojado(a)
molho (P)	Soße f	sauce	sauce f	salsa f	salsa f
molnigt (SV)	bewölkt	cloudy	couvert(e)	nuvoloso(a)	nublado
molto(a) (I)	viel	a lot of	beaucoup de	—	mucho(a)
molto tempo (I)	lange	long time	longtemps	—	mucho tiempo
Moment (D)	—	moment	moment m	momento m	momento m
moment (E)	Augenblick m	—	instant m	attimo m	momento m
moment (E)	Moment m	—	moment m	momento m	momento m
moment (F)	Moment m	moment	—	momento m	momento m
moment (NL)	Moment m	moment	moment m	momento m	momento m
moment (SV)	Moment m	moment	moment m	momento m	momento m
moment (PL)	Moment m	moment	moment m	momento m	momento m
moment (CZ)	Moment m	moment	moment m	momento m	momento m
momento (I)	Moment m	moment	moment m	—	momento m
momento (ES)	Augenblick m	moment	instant m	attimo m	—
momento (ES)	Moment m	moment	moment m	momento m	—
momento (P)	Moment m	moment	moment m	momento m	momento m

momento

P	NL	SV	PL	CZ	H
coragem f	—	mod n	odwaga f	odvaha f	bátorság
—	munt f	mynt n	moneta f	mince f	érme
—	munt f	valuta u	waluta f	měna f	valuta
mãe f	—	mor u	matka f	matka f	édesanya
língua materna f	—	modersmål n	język ojczysty m	mateřština f	anyanyelv
difícil	—	svår	trudny	svízelný	nehéz
dificuldade f	—	svårighet u	trudność f	těžkost f	nehézség
esforço m	—	ansträngning u	staranie n	snaha f	fáradozás
esforço m	—	ansträngning	trud m	úsilí n	fáradozás
dever	—	måste	musieć	muset	kell
dever	—	böra	powinno, się	mít	kell
cansar	—	trötta ut	męczyć <zmęczyć>	unavovat, se <unavit, se>	kifárad
possível	—	möjligt	możliwy	možný	lehetséges
possibilidade f	—	möjlighet u	możliwość f	možnost f	lehetőség
possibilitar	—	möjliggör	umożliwiać <umożliwić>	umožňovat <umožnit>	lehetővé tesz
poder	—	få	wolno	smět	szabad
maduro	rijp	—	dojrzały	zralý	érett
gostar de	graag hebben/ mogen	tycka om	lubić	mít rád	kedvel
possível	mogelijk	möjligt	możliwy	možný	lehetséges
possibilidade f	mogelijkheid f	möjlighet u	możliwość f	možnost f	lehetőség
atrás	daarachter	bakom	za tym	za tím	—
colheita f	oogst m	skörd u	żniwo n	sklizeň f	aratás
metade f	helft m	hälften	połowa f	polovina n	fele
molhado	nat	våt	mokry	mokrý	nedves
possibilitar	mogelijk maken	—	umożliwiać <umożliwić>	umožňovat <umožnit>	lehetővé tesz
possibilidade f	mogelijkheid f	—	możliwość f	možnost f	lehetőség
possível	mogelijk	—	możliwy	možný	lehetséges
molhado	nat	våt	—	mokrý	nedves
molhado	nat	våt	mokry	—	nedves
—	kader n	ram u	rama f	rám m	keret
—	zacht	mjuk	miękki	měkký	puha
importunar	hinderen	besvära	naprzykrzać, się <naprzykrzyć, się>	obtěžovat	molesztál
perturbar	storen	störa	przeszkadzać	rušit <vyrušit>	zavar
importuno	lastig	besvärlig	uciążliwy	zatěžující	terhes
importunar	hinderen	besvära	naprzykrzać, się <naprzykrzyć, się>	obtěžovat	—
—	nat	våt	mokry	mokrý	nedves
—	saus f	sås u	sos m	omáčka f	mártás
enevoado	bewolkt	—	zachmurzony	zataženo	felhős
muito	veel	mycket	dużo	mnoho	sok
longamente	lang	länge	długo	dlouho	sokáig
momento m	moment n	moment n	moment m	moment m	pillanat
instante m	ogenblik n	ögonblick n	chwila f	okamžik m	pillanat
momento m	moment n	moment n	moment m	moment m	pillanat
momento m	moment n	moment n	moment m	moment m	pillanat
momento m	—	moment n	moment m	moment m	pillanat
momento m	moment n	—	moment m	moment m	pillanat
momento m	moment n	moment n	moment m	—	pillanat
momento m	moment n	moment n	moment m	—	pillanat
momento m	moment n	moment n	trud m	moment m	pillanat
instante m	ogenblik n	ögonblick n	chwila f	okamžik m	pillanat
momento m	moment n	moment n	moment m	moment m	pillanat
—	moment n	moment n	moment m	moment m	pillanat

moms

	D	E	F	I	ES
moms (SV)	Mehrwertsteuer f	value added tax	taxe sur la valeur ajoutée f	imposta sul valore aggiunto f	impuesto sobre el valor añadido m
monasterio (ES)	Kloster n	monastery	couvent m	convento m	—
monastery (E)	Kloster n	—	couvent m	convento m	monasterio m
Mond (D)	—	moon	lune f	luna f	luna f
mond (NL)	Mund m	mouth	bouche f	bocca f	boca f
mond (H)	sagen	say	dire	dire	decir
mondat (H)	Satz m	sentence	phrase f	frase f	oración f
monde (F)	Welt f	world	—	mondo m	mundo m
mondo (I)	Welt f	world	monde m	—	mundo m
moneda¹ (ES)	Münze f	coin	pièce de monnaie f	moneta f	—
moneda² (ES)	Währung f	currency	monnaie f	valuta f	—
moneta (I)	Münze f	coin	pièce de monnaie f	—	moneda f
moneta (PL)	Münze f	coin	pièce de monnaie f	moneta f	moneda f
money (E)	Geld n	—	argent m	denaro m	dinero m
monnaie¹ (F)	Kleingeld n	small change	—	spiccioli m/pl	cambio m
monnaie² (F)	Währung f	currency	—	valuta f	moneda f
mono (ES)	Affe m	ape	singe m	scimmia f	—
monocolore (I)	einfarbig	all one colour	uni(e)	—	de un solo color
monster (NL)	Muster n	sample	modèle m	campione m	modelo m
mönster (SV)	Muster n	sample	modèle m	campione m	modelo m
montagna (I)	Gebirge n	mountain chain	chaine de montagne f	—	montañas f/pl
montagne (F)	Berg m	mountain	—	monte m	montaña f
montaña (ES)	Berg m	mountain	montagne f	monte m	—
montañas (ES)	Gebirge n	mountain chain	chaine de montagne f	montagna f	—
montanha (P)	Berg m	mountain	montagne f	monte m	montaña f
montant (F)	Betrag m	amount	—	importo m	importe m
monte (I)	Berg m	mountain	montagne f	—	montaña f
monter¹ (F)	einsteigen	get in	—	salire in	subir a
monter² (F)	aufsteigen	ascend	—	salire	subir
monter³ (F)	reiten	ride	—	cavalcare	cabalgar
montra (P)	Schaufenster n	shop window	vitrine f	vetrina f	escaparate m
montre (F)	Uhr f	watch	—	orologio m	reloj m
montrer (F)	zeigen	show	—	mostrare	mostrar
monument (E)	Denkmal n	—	monument m	monumento m	monumento m
monument (F)	Denkmal n	monument	—	monumento m	monumento m
monument (NL)	Denkmal n	monument	monument m	monumento m	monumento m
monumento (I)	Denkmal n	monument	monument m	—	monumento m
monumento (ES)	Denkmal n	monument	monument m	monumento m	—
monumento¹ (P)	Denkmal n	monument	monument m	monumento m	monumento m
monumento² (P)	Sehenswürdigkeit f	sight worth seeing	curiosité f	curiosità f	lugar de interés m
mood (E)	Laune f	—	humeur f	umore m	humor m
mooi¹ (NL)	hübsch	pretty	joli(e)	carino(a)	bonito(a)
mooi² (NL)	schön	beautiful	beau (belle)	bello(a)	hermoso(a)
moon (E)	Mond m	—	lune f	luna f	luna f
moord (NL)	Mord m	murder	meurtre m	assassinio m	asesinato m
mor (SV)	Mutter f	mother	mère f	madre f	madre f
mora (I)	Brombeere f	blackberry	mûre f	—	zarzamora f
moradia (P)	Wohnung f	flat	appartement m	appartamento m	piso m
morango (P)	Erdbeere f	strawberry	fraise f	fragola f	fresa f
morar (P)	wohnen	live	habiter	abitare	vivir
morbido(a) (I)	weich	soft	doux (douce)	—	tierno(a)
morceau (F)	Stück n	piece	—	pezzo m	parte f

P	NL	SV	PL	CZ	H
imposto sobre o valor acrescentado m	btw f	—	podatek od wartości dodanej m	daň z přidané hodnoty f	általános forgalmi adó (áfa)
mosteiro m	klooster n	kloster n	klasztor m	klášter m	kolostor
mosteiro m	klooster n	kloster n	klasztor m	klášter m	kolostor
lua f	maand f	måne u	księżyc m	měsíc m	hold
boca f	—	mun u	usta n/pl	ústa pl	száj
dizer	zeggen	säga	mówić <powiedzieć>	říkat <říci>	—
frase f	zin m	mening u	zdanie n	věta f	—
mundo m	wereld m	värld u	świat m	svět m	világ
mundo m	wereld m	värld u	świat m	svět m	világ
moeda f	munt f	mynt n	moneta f	mince f	érme
moeda f	munt f	valuta u	waluta f	měna f	valuta
moeda f	munt f	mynt n	moneta f	mince f	érme
moeda f	munt f	mynt n	—	mince f	érme
dinheiro m	geld n	pengar pl	pieniądze m/pl	peníze pl	pénz
trocos m	kleingeld n	växelpengar pl	drobne pieniądze m/pl	drobné pl	aprópénz
moeda f	munt f	valuta u	waluta f	měna f	valuta
macaco m	aap m	apa u	małpa f	opice f	majom
de uma só cor	eenkleurig	enfärgad	jednokolorowy	jednobarevný	egyszínű
modelo m	—	mönster n	wzór m	vzor m	minta
modelo m	monster n	—	wzór m	vzor m	minta
serra f	gebergte n	bergskedja u	łańcuch górski m	pohoří n	hegység
montanha f	berg m	berg n	góra f	hora f	hegy
montanha f	berg m	berg n	góra f	hora f	hegy
serra f	gebergte n	bergskedja u	łańcuch górski m	pohoří n	hegység
—	berg m	berg n	góra f	hora f	hegy
valor m	bedrag n	belopp n	kwota f	obnos m	összeg
montanha f	berg m	berg n	góra f	hora f	hegy
entrar	instappen	stiga på	wsiadać <wsiąść>	nastupovat <nastoupit>	felszáll
subir	opstijgen	stiga	wsiadać <wsiąść>	stoupat	felemelkedik
andar a cavalo	paardrijden	rida	jechać konno <pojechać konno>	jezdit na koni <jet na koni>	lovagol
—	etalage f	skyltfönster n	okno wystawowe n	výloha f	kirakat
relógio m	horloge n	klocka u	zegar m	hodiny pl	óra
mostrar	tonen	visa	pokazywać	ukazovat <ukázat>	mutat
monumento m	monument n	minnesmärke n	pomnik m	pomník m	emlékmű
monumento m	monument n	minnesmärke n	pomnik m	pomník m	emlékmű
monumento m	—	minnesmärke n	pomnik m	pomník m	emlékmű
monumento m	monument n	minnesmärke n	pomnik m	pomník m	emlékmű
monumento m	monument n	minnesmärke n	pomnik m	pomník m	emlékmű
—	monument n	minnesmärke n	pomnik m	pomník m	emlékmű
—	bezienswaardigheid f	sevärdhet u	rzecz warta zobaczenia f	pamětihodnost f	látványosság
disposição f	stemming f	humör n	nastrój m	nálada f	kedv
bonito	—	vacker	ładny	hezký	csinos
bonito	—	vacker	piękny	hezký	szép
lua f	maand f	måne u	księżyc m	měsíc m	hold
homicídio m	—	mord n	morderstwo n	vražda f	gyilkosság
mãe f	moeder f	—	matka f	matka f	édesanya
amora silvestre f	braambes f	björnbär n	jeżyna f	ostružina f	szeder
—	woning f	lägenhet u	mieszkanie n	byt m	lakás
—	aardbei f	jordgubbe u	truskawka f	jahoda f	szamóca
—	wonen	bo	mieszkać	bydlet	lakik
mole	zacht	mjuk	miękki	měkký	puha
peça f	stuk n	bit u	sztuka f	kus m	darab

Mord

	D	E	F	I	ES
Mord (D)	—	murder	meurtre m	assassinio m	asesinato m
mord (SV)	Mord m	murder	meurtre m	assassinio m	asesinato m
morder (ES)	beißen	bite	mordre	mordere	—
morder (P)	beißen	bite	mordre	mordere	morder
mordere (I)	beißen	bite	mordre	—	morder
morderstwo (PL)	Mord m	murder	meurtre m	assassinio m	asesinato m
mordre (F)	beißen	bite	—	mordere	morder
moře (CZ)	Meer n	sea	mer f	mare m	mar m
morela (PL)	Aprikose f	apricot	abricot m	albicocca f	albaricoque m
morgen (D)	—	tomorrow	demain	domani	mañana
Morgen (D)	—	morning	matin m	mattino m	mañana f
morgen (NL)	morgen	tomorrow	demain	domani	mañana
Morgen (NL)	Morgen m	morning	matin m	mattino m	mañana f
morgon (SV)	Morgen m	morning	matin m	mattino m	mañana f
morir (ES)	sterben	die	mourir	morire	—
morire (I)	sterben	die	mourir	—	morir
mörk (SV)	dunkel	dark	sombre	scuro(a)	oscuro(a)
mörker (SV)	Finsternis f	darkness	obscurité f	buio m	oscuridad f
morning (E)	Morgen m	—	matin m	mattino m	mañana f
morot (SV)	Karotte f	carrot	carotte f	carota f	zanahoria f
morrer (P)	sterben	die	mourir	morire	morir
mort (F)	Tod m	death	—	morte f	muerte f
mort(e) (F)	tot	dead	—	morto(a)	muerto(a)
morte (I)	Tod m	death	mort f	—	muerte f
morte (P)	Tod m	death	mort f	morte f	muerte f
morto (P)	tot	dead	mort(e)	morto(a)	muerto(a)
morto(a) (I)	tot	dead	mort(e)	—	muerto(a)
morze (PL)	Meer n	sea	mer f	mare m	mar m
mos (H)	waschen	wash	laver	lavare	lavar
Moslem (D)	—	Muslim	musulman m	musulmano m	musulmán m
moslim (NL)	Moslem m	Muslim	musulman m	musulmano m	musulmán m
mosógép (H)	Waschmaschine f	washing machine	machine à laver f	lavatrice f	lavadora f
mosószer (H)	Waschmittel n	detergent	lessive f	detersivo m	detergente m
mössa (SV)	Mütze f	cap	casquette f	berretto m	gorra f
most (PL)	Brücke f	bridge	pont m	ponte m	puente m
most (CZ)	Brücke f	bridge	pont m	ponte m	puente m
most (H)	jetzt	now	maintenant	adesso	ahora
mosteiro (P)	Kloster n	monastery	couvent m	convento m	monasterio m
mostrar (ES)	zeigen	show	montrer	mostrare	—
mostrar (P)	zeigen	show	montrer	mostrare	mostrar
mostrare (I)	zeigen	show	montrer	—	mostrar
mot (F)	Wort n	word	—	parola f	palabra f
mot (SV)	gegen	against	contre	contro	contra
möta (SV)	begegnen	meet	rencontrer	incontrare	encontrarse
mot de passe (F)	Passwort n	password	—	parola d'ordine f	contraseña f
moteur (F)	Motor m	motor	—	motore m	motor m
motgång (SV)	Misserfolg m	failure	échec m	insuccesso m	fracaso m
mother (E)	Mutter f	—	mère f	madre f	madre f
motivo (P)	Grund m	reason	raison f	causa f	causa f
Motor (D)	—	motor	moteur m	motore m	motor m
motor (E)	Motor m	—	moteur m	motore m	motor m
motor (ES)	Motor m	motor	moteur m	motore m	—
motor (P)	Motor m	motor	moteur m	motore m	motor m
motor (NL)	Motor m	motor	moteur m	motore m	motor m
motor (SV)	Motor m	motor	moteur m	motore m	motor m
motor (CZ)	Motor m	motor	moteur m	motore m	motor m

motor

P	NL	SV	PL	CZ	H
homicídio m	moord m	mord n	morderstwo n	vražda f	gyilkosság
homicídio m	moord m	—	morderstwo n	vražda f	gyilkosság
morder	bijten	bita	gryźć <ugryźć>	kousat <kousnout>	harap
—	bijten	bita	gryźć <ugryźć>	kousat <kousnout>	harap
morder	bijten	bita	gryźć <ugryźć>	kousat <kousnout>	harap
homicídio m	moord m	mord n	—	vražda f	gyilkosság
morder	bijten	bita	gryźć <ugryźć>	kousat <kousnout>	harap
mar m	zee f	hav n	morze n	—	tenger
damasco m	abrikoos f	aprikos u	—	meruňka f	sárgabarack
amanhã	morgen	i morgon	jutro	zítra	holnap
manhã f	morgen m	morgon u	poranek m	ráno n	reggel
amanhã	—	i morgon	jutro	zítra	holnap
manhã f	—	morgon u	poranek m	ráno n	reggel
manhã f	morgen m	—	poranek m	ráno n	reggel
morrer	sterven	dö	umierać <umrzeć>	umírat <umřít>	meghal
morrer	sterven	dö	umierać <umrzeć>	umírat <umřít>	meghal
escuro	donker	—	ciemno	tmavý	sötét
escuridão f	duisternis f	—	ciemności f/pl	temno n	sötétség
manhã f	morgen m	morgon u	poranek m	ráno n	reggel
cenoura f	peen m	—	karotka f	karotka f	karotta
—	sterven	dö	umierać <umrzeć>	umírat <umřít>	meghal
morte f	dood m	död u	śmierć f	smrt f	halál
morto	dood	död	martwy	mrtvý	halott
morte f	dood m	död u	śmierć f	smrt f	halál
—	dood m	död u	śmierć f	smrt f	halál
—	dood	död	martwy	mrtvý	halott
morto	dood	död	martwy	mrtvý	halott
mar m	zee f	hav n	—	moře n	tenger
lavar	wassen	tvätta	prać	prát <vyprat>	—
muçulmano m	moslim m	muslim u	muzułmanin m	muslim m	mozlim
muçulmano m	—	muslim u	muzułmanin m	muslim m	mozlim
máquina de lavar f	wasmachine f	tvättmaskin u	pralka f	pračka f	—
detergente m	wasmiddel n	tvättmedel n	środek piorący m	prací prostředek m	—
boné m	muts f	—	czapka f	čepice f	sapka
ponte f	brug f	bro u	—	most m	híd
ponte f	brug f	bro u	most m	—	híd
agora	nu	nu	teraz	nyní	—
—	klooster n	kloster n	klasztor m	klášter m	kolostor
mostrar	tonen	visa	pokazywać	ukazovat <ukázat>	mutat
—	tonen	visa	pokazywać	ukazovat <ukázat>	mutat
mostrar	tonen	visa	pokazywać	ukazovat <ukázat>	mutat
palavra f	woord n	ord n	słowo n	slovo n	szó
contra	tegen	—	przeciw	proti	ellen
encontrar alguém	ontmoeten	—	spotykać <spotkać>	setkávat, se <setkat, se>	találkozik
senha f	wachtwoord n	lösenord n	hasło n	heslo n	jelszó
motor m	motor m	motor u	silnik m	motor m	motor
fracasso m	mislukking f	—	niepowodzenie n	neúspěch m	kudarc
mãe f	moeder f	mor u	matka f	matka f	édesanya
—	reden f	anledning u	powód m	důvod m	ok
motor m	motor m	motor u	silnik m	motor m	motor
motor m	motor m	motor u	silnik m	motor m	motor
motor m	motor m	motor u	silnik m	motor m	motor
—	motor m	motor u	silnik m	motor m	motor
motor m	—	motor u	silnik m	motor m	motor
motor m	motor m	—	silnik m	motor m	motor
motor m	motor m	motor u	silnik m	—	motor

motor

	D	E	F	I	ES
motor (H)	Motor m	motor	moteur m	motore m	motor m
motore (I)	Motor m	motor	moteur m	—	motor m
motorstopp (SV)	Panne f	breakdown	panne f	panna f	avería f
motorväg (SV)	Autobahn f	motorway	autoroute f	autostrada f	autopista f
motorway (E)	Autobahn f	—	autoroute f	autostrada f	autopista f
motsats¹ (SV)	Gegensatz m	contrast	opposé m	contrasto m	contraste m
motsats² (SV)	Gegenteil n	opposite	contraire m	contrario m	contrario m
motsatt (SV)	entgegengesetzt	opposite	opposé(e)	opposto(a)	opuesto(a) a
motståndare (SV)	Gegner m	opponent	adversaire m	avversario m	adversario m
motsvara (SV)	entsprechen	correspond	correspondre à	corrispondere	corresponder a
mottagare (SV)	Empfänger m	receiver	destinataire f	destinatario m	destinatario m
mottagningstid (SV)	Sprechstunde f	consultation hours	heures de consultation f/pl	ora di ricevimento f	hora de consulta f
motyl (PL)	Schmetterling m	butterfly	papillon m	farfalla f	mariposa f
motýl (CZ)	Schmetterling m	butterfly	papillon m	farfalla f	mariposa f
mouchoir (F)	Taschentuch n	handkerchief	—	fazzoletto m	pañuelo m
moučník (CZ)	Nachtisch m	dessert	dessert m	dessert m	postre m
moudrý (CZ)	weise	wise	sage	saggio(a)	sabio(a)
mouillé(e) (F)	nass	wet	—	bagnato(a)	mojado(a)
moule (F)	Muschel m	mussel	—	cozza f	mejillón m
mountain (E)	Berg m	—	montagne f	monte m	montaña f
mountain chain (E)	Gebirge n	—	chaine de montagne f	montagna f	montañas f/pl
mountaineer (E)	Bergsteiger m	—	alpiniste m	alpinista m	alpinista m
mourir (F)	sterben	die	—	morire	morir
mouse pad (E)	Mauspad n	—	tapis pour souris m	tappetino del mouse m	alfombrilla de ratón f
mousepad (P)	Mauspad n	mouse pad	tapis pour souris m	tappetino del mouse m	alfombrilla de ratón f
mouth (E)	Mund m	—	bouche f	bocca f	boca f
mouvement (F)	Bewegung f	movement	—	movimento m	movimiento m
move (E)	Umzug m	—	déménagement m	trasloco m	mudanza f
move¹ (E)	bewegen	—	bouger	muovere	mover
move² (E)	rücken	—	déplacer	muovere	mover
move³ (E)	umziehen	—	déménager	traslocare	mudarse
móvel (P)	Möbel n	furniture	meuble m	mobile m	mueble m
movement (E)	Bewegung f	—	mouvement m	movimento m	movimiento m
mover¹ (ES)	bewegen	move	bouger	muovere	—
mover² (ES)	rücken	move	déplacer	muovere	—
mover¹ (P)	bewegen	move	bouger	muovere	mover
mover² (P)	rücken	move	déplacer	muovere	mover
movimento (I)	Bewegung f	movement	mouvement m	—	movimiento m
movimento (P)	Bewegung f	movement	mouvement m	movimento m	movimiento m
movimiento (ES)	Bewegung f	movement	mouvement m	movimento m	—
mow (E)	mähen	—	faucher	falciare	cortar
mowa (PL)	Rede f	speech	discours m	discorso m	discurso m
mówić (PL)	reden	talk	parler	parlare	hablar
mówić per ty (PL)	duzen	use the familiar form	tutoyer	dare del tu	tutear
mówić <powiedzieć>¹ (PL)	sagen	say	dire	dire	decir
mówić <powiedzieć>² (PL)	sprechen	speak	parler	parlare	hablar
moyen(ne) (F)	durchschnittlich	average	—	medio(a)	medio(a)
mozdít¹ (H)	bewegen	move	bouger	muovere	mover
mozdít² (H)	rücken	move	déplacer	muovere	mover

mozdít

P	NL	SV	PL	CZ	H
motor *m*	motor *m*	motor *u*	silnik *m*	motor *m*	—
motor *m*	motor *m*	motor *u*	silnik *m*	motor *m*	motor
avaria *f*	panne *f*	—	awaria *f*	porucha *f*	műszaki hiba
auto-estrada *f*	snelweg *m*	—	autostrada *f*	dálnice *f*	autópálya
auto-estrada *f*	snelweg *m*	motorväg *u*	autostrada *f*	dálnice *f*	autópálya
antagonismo *m*	tegenstelling *f*	—	przeciwieństwo *n*	protiklad *m*	ellentét
contrário *m*	tegendeel *n*	—	przeciwieństwo *n*	opak *m*	ellenkezője
oposto	tegengesteld	—	przeciwny	protisměrný	ellenkezőleg
adversário *m*	tegenstander *m*	—	przeciwnik *m*	protivník *m*	ellenfél
corresponder	overeenkomen	—	odpowiadać	odpovídat <odpovědět>	megfelel
receptor *m*	ontvanger *m*	—	odbiorca *m*	příjemce *m*	címzett
consulta *f*	spreekuur *n*	—	godziny przyjęć *f/pl*	konzultační hodiny *pl*	fogadóóra
borboleta *f*	vlinder *m*	fjäril *u*	—	motýl *m*	pillangó
borboleta *f*	vlinder *m*	fjäril *u*	motyl *m*	—	pillangó
lenço *m*	zakdoek *m*	näsduk *u*	chusteczka *f*	kapesník *m*	zsebkendő
sobremesa *f*	dessert *n*	efterrätt *u*	deser *m*	—	desszert
sábio	wijs	vis	mądry	—	bölcs
molhado	nat	våt	mokry	mokrý	nedves
concha *f*	schelp *f*	mussla *u*	muszla *f*	mušle *f*	kagyló
montanha *f*	berg *m*	berg *n*	góra *f*	hora *f*	hegy
serra *f*	gebergte *n*	bergskedja *u*	łańcuch górski *m*	pohoří *n*	hegység
alpinista *m*	bergbeklimmer *m*	bergsbestigare *u*	alpinista *m*	horolezec *m*	hegymászó
morrer	sterven	dö	umierać <umrzeć>	umírat <umřít>	meghal
mousepad *m*	muismatje *n*	musmatta *u*	podkładka pod mysz *f*	podložka pod myš *f*	egéralátét
—	muismatje *n*	musmatta *u*	podkładka pod mysz *f*	podložka pod myš *f*	egéralátét
boca *f*	mond *m*	mun *u*	usta *n/pl*	ústa *pl*	száj
movimento *m*	beweging *f*	rörelse *u*	ruch *m*	pohyb *m*	mozgás
mudança *f*	verhuizing *f*	flyttning *u*	przeprowadzka *f*	stěhování *n*	költözködés
mover	bewegen	röra sig	ruszać <poruszać>	pohybovat	mozdít
mover	rukken	flytta	przesuwać <przesunąć>	posouvat <posunout>	mozdít
mudar de casa	verhuizen	flytta	przeprowadzić się	stěhovat se <přestěhovat, se>	átköltözik
—	meubel *n*	möbel *n*	mebel *m*	nábytek *m*	bútor
movimento *m*	beweging *f*	rörelse *u*	ruch *m*	pohyb *m*	mozgás
mover	bewegen	röra sig	ruszać <poruszać>	pohybovat	mozdít
mover	rukken	flytta	przesuwać <przesunąć>	posouvat <posunout>	mozdít
—	bewegen	röra sig	ruszać <poruszać>	pohybovat	mozdít
—	rukken	flytta	przesuwać <przesunąć>	posouvat <posunout>	mozdít
movimento *m*	beweging *f*	rörelse *u*	ruch *m*	pohyb *m*	mozgás
—	beweging *f*	rörelse *u*	ruch *m*	pohyb *m*	mozgás
movimento *m*	beweging *f*	rörelse *u*	ruch *m*	pohyb *m*	mozgás
ceifar	maaien	klippa	kosić	sekat trávu	nyír/kaszál
discurso *m*	rede *f*	tal *n*	—	řeč *f*	beszéd
falar	praten	prata	—	mluvit <promluvit>	beszél
tratar por tu	met "jij" aanspreken	dua	—	tykat	tegez
dizer	zeggen	säga	—	říkat <říci>	mond
falar	spreken	prata	—	mluvit <promluvit>	beszél
médio	gemiddeld	genomsnittlig	przeciętny	průměrně	átlagban/átlagos
mover	bewegen	röra sig	ruszać <poruszać>	pohybovat	—
mover	rukken	flytta	przesuwać <przesunąć>	posouvat <posunout>	—

	D	E	F	I	ES
może (PL)	vielleicht	maybe	peut-être	forse	tal vez
mozek (CZ)	Gehirn n	brain	cerveau m	cervello m	cerebro m
mózg (PL)	Gehirn n	brain	cerveau m	cervello m	cerebro m
mozgás (H)	Bewegung f	movement	mouvement m	movimento m	movimiento m
mozgólépcső (H)	Rolltreppe f	escalator	escalier roulant m	scala mobile f	escalera mecánica f
mozi (H)	Kino n	cinema	cinéma m	cinema m	cine m
mozlim (H)	Moslem m	Muslim	musulman m	musulmano m	musulmán m
możliwość (PL)	Möglichkeit f	possibility	possibilité f	possibilità f	posibilidad f
możliwy (PL)	möglich	possible	possible	possibile	posible
možná (CZ)	vielleicht	maybe	peut-être	forse	tal vez
možnost (CZ)	Möglichkeit f	possibility	possibilité f	possibilità f	posibilidad f
možný (CZ)	möglich	possible	possible	possibile	posible
mrtvola (CZ)	Leiche f	corpse	cadavre m	cadavere m	cadáver m
mrtvý (CZ)	tot	dead	mort(e)	morto(a)	muerto(a)
mrznout <zamrznout> (CZ)	frieren	be cold	avoir froid	avere freddo	tener frío
mucca (I)	Kuh f	cow	vache f	—	vaca f
mucho(a) (ES)	viel	a lot of	beaucoup de	molto(a)	—
mucho tiempo (ES)	lange	long time	longtemps	molto tempo	—
muçulmano (P)	Moslem m	Muslim	musulman m	musulmano m	musulmán m
mud (E)	Schlamm m	—	boue f	fango m	barro m
mudança (P)	Umzug m	move	déménagement m	trasloco m	mudanza f
mudanza (ES)	Umzug m	move	déménagement m	trasloco m	—
mudar¹ (P)	umsteigen	change	changer (de train)	cambiare	cambiar de
mudar² (P)	wechseln	change	changer	cambiare	cambiar
mudar de casa (P)	umziehen	move	déménager	traslocare	mudarse
mudar de roupa (P)	umziehen, sich	change	changer, se	cambiarsi	cambiarse
mudarse (ES)	umziehen	move	déménager	traslocare	—
müde (D)	—	tired	fatigué(e)	stanco(a)	cansado(a)
mueble (ES)	Möbel n	furniture	meuble m	mobile m	—
muerte (ES)	Tod m	death	mort f	morte f	—
muerto(a) (ES)	tot	dead	mort(e)	morto(a)	—
Mühe (D)	—	effort	peine f	fatica f	esfuerzo m
muismatje (NL)	Mauspad n	mouse pad	tapis pour souris m	tappetino del mouse m	alfombrilla de ratón f
muito (P)	viel	a lot of	beaucoup de	molto(a)	mucho(a)
mujer (ES)	Frau f	woman	femme f	donna f	—
mujer de limpieza (ES)	Putzfrau f	charwoman	femme de ménage f	donna delle pulizie f	—
működik (H)	funktionieren	work	fonctionner	funzionare	funcionar
mulatság (H)	Vergnügen n	pleasure	plaisir m	divertimento m	placer m
mulher (P)	Frau f	woman	femme f	donna f	mujer f
mulher a dias (P)	Putzfrau f	charwoman	femme de ménage f	donna delle pulizie f	mujer de limpieza f
Mülleimer (D)	—	dustbin	poubelle f	pattumiera f	cubo de basura m
múlt (H)	Vergangenheit f	past	passé m	passato m	pasado m
mun (SV)	Mund m	mouth	bouche f	bocca f	boca f
Mund (D)	—	mouth	bouche f	bocca f	boca f
mundo (ES)	Welt f	world	monde m	mondo m	—
mundo (P)	Welt f	world	monde m	mondo m	mundo m
muñeca (ES)	Puppe f	doll	poupée f	bambola f	—
municipio (I)	Rathaus n	town hall	mairie f	—	ayuntamiento m
munka (H)	Arbeit f	work	travail m	lavoro m	trabajo m
munkaadó (H)	Arbeitgeber m	employer	employeur m	datore di lavoro m	patrono m
munkanélkül (H)	arbeitslos	unemployed	en chômage	disoccupato(a)	desempleado(a)
munkanélküliség (H)	Arbeitslosigkeit f	unemployment	chômage m	disoccupazione f	desempleo m

munkanélküliség

P	NL	SV	PL	CZ	H
talvez	misschien	kanske	—	možná	talán
cérebro m	hersenen pl	hjärna u	mózg m	—	agy
cérebro m	hersenen pl	hjärna u	—	mozek m	agy
movimento m	beweging f	rörelse u	ruch m	pohyb m	—
escada rolante f	roltrap m	rulltrappa u	schody ruchome pl	eskalátor m	—
cinema m	bioscoop m	bio u	kino n	kino n	—
muçulmano m	moslim m	muslim u	muzułmanin m	muslim m	—
possibilidade f	mogelijkheid f	möjlighet u	—	možnost f	lehetőség
possível	mogelijk	möjligt	—	možný	lehetséges
talvez	misschien	kanske	może	—	talán
possibilidade f	mogelijkheid f	möjlighet u	możliwość f	—	lehetőség
possível	mogelijk	möjligt	możliwy	—	lehetséges
cadáver m	lijk n	lik n	zwłoki pl	—	holttest
morto	dood	död	martwy	—	halott
ter frio	het koud hebben/vriezen	frysa	marznąć <zmarznąć>	—	fázik
vaca f	koe f	ko u	krowa f	kráva f	tehén
muito	veel	mycket	dużo	mnoho	sok
longamente	lang	länge	długo	dlouho	sokáig
—	moslim m	muslim u	muzułmanin m	muslim m	mozlim
lama f	slib n	slam u	szlam m	bláto n	iszap
—	verhuizing f	flyttning f	przeprowadzka f	stěhování n	költözködés
mudança f	verhuizing f	flyttning u	przeprowadzka f	stěhování n	költözködés
—	overstappen	byta	przesiadać się	přestupovat <přestoupit>	átszáll
—	wisselen	byta	zmieniać	měnit <vyměnit>	cserél
—	verhuizen	flytta	przeprowadzić się	stěhovat se <přestěhovat, se>	átköltözik
—	omkleden, zich	byta kläder	przebrać się	převlékat, se <převléct, se>	átöltözködik
mudar de casa	verhuizen	flytta	przeprowadzić się	stěhovat se <přestěhovat, se>	átköltözik
cansado	moe	trött	zmęczony	unavený	fáradt
móvel m	meubel n	möbel u	mebel m	nábytek m	bútor
morte f	dood m	död u	śmierć f	smrt f	halál
morto	dood	död	martwy	mrtvý	halott
esforço m	moeite f	ansträngning	trud m	úsilí n	fáradozás
mousepad m	—	musmatta u	podkładka pod mysz f	podložka pod myš f	egéralátét
—	veel	mycket	dużo	mnoho	sok
mulher f	vrouw f	kvinna u	kobieta f	žena f	asszony
mulher a dias f	schoonmaakster f	städhjälp u	sprzątaczka f	uklízečka f	takarítónő
funcionar	functioneren	fungera	funkcjonować	fungovat <zafungovat>	—
prazer m	plezier n	nöje n	przyjemność f	zábava f	—
—	vrouw f	kvinna u	kobieta f	žena f	asszony
—	schoonmaakster f	städhjälp u	sprzątaczka f	uklízečka f	takarítónő
balde do lixo m	vuilnisemmer m	sophink u	kubeł na śmieci m	nádoba na odpadky f	szemetesvödör
passado m	verleden n	det förflutna n	przeszłość f	minulost f	—
boca f	mond m	—	usta n/pl	ústa pl	száj
boca f	mond m	mun u	usta n/pl	ústa pl	száj
mundo m	wereld m	värld u	świat m	svět m	világ
—	wereld m	värld u	świat m	svět m	világ
boneca f	pop f	docka u	lalka f	panenka f	baba
Câmara Municipal f	gemeentehuis n	rådhus n	ratusz m	radnice f	városháza
trabalho m	werk n	arbete n	praca f	práce f	—
patrão m	werkgever m	arbetsgivare u	pracodawca m	zaměstnavatel m	—
desempregado	werkloos	arbetslös	bezrobotny	nezaměstnaný	—
desemprego m	werkloosheid f	arbetslöshet u	bezrobocie n	nezaměstnanost f	—

munkás

	D	E	F	I	ES
munkás (H)	Arbeiter *m*	worker	ouvrier *m*	operaio *m*	trabajador *m*
munkavállaló (H)	Arbeitnehmer *m*	employee	employé *m*	lavoratore *m*	empleado *m*
munt¹ (NL)	Münze *f*	coin	pièce de monnaie *f*	moneta *f*	moneda *f*
munt² (NL)	Währung *f*	currency	monnaie *f*	valuta *f*	moneda *f*
Münze (D)	—	coin	pièce de monnaie *f*	moneta *f*	moneda *f*
muovere¹ (I)	bewegen	move	bouger	—	mover
muovere² (I)	rücken	move	déplacer	—	mover
mur¹ (F)	Mauer *f*	wall	—	muro *m*	muro *m*
mur² (F)	Wand *f*	wall	—	muro *m*	pared *f*
mur (SV)	Mauer *f*	wall	mur *m*	muro *m*	muro *m*
mur (PL)	Mauer *f*	wall	mur *m*	muro *m*	muro *m*
murder (E)	Mord *m*	—	meurtre *m*	assassinio *m*	asesinato *m*
mûre (F)	Brombeere *f*	blackberry	—	mora *f*	zarzamora *f*
mûr(e) (F)	reif	ripe	—	maturo(a)	maduro(a)
murmurar (ES)	flüstern	whisper	chuchoter	bisbigliare	—
murmurar (P)	flüstern	whisper	chuchoter	bisbigliare	murmurar
muro¹ (I)	Mauer *f*	wall	mur *m*	—	muro *m*
muro² (I)	Wand *f*	wall	mur *m*	—	pared *f*
muro (ES)	Mauer *f*	wall	mur *m*	muro *m*	—
muro (P)	Mauer *f*	wall	mur *m*	muro *m*	muro *m*
Muschel (D)	—	mussel	moule *f*	cozza *f*	mejillón *m*
muscle (E)	Muskel *m*	—	muscle *m*	muscolo *m*	músculo *m*
muscle (F)	Muskel *m*	muscle	—	muscolo *m*	músculo *m*
muscolo (I)	Muskel *m*	muscle	muscle *m*	—	músculo *m*
músculo (ES)	Muskel *m*	muscle	muscle *m*	muscolo *m*	—
músculo (P)	Muskel *m*	muscle	muscle *m*	muscolo *m*	músculo *m*
musée (F)	Museum *n*	museum	—	museo *m*	museo *m*
museo (I)	Museum *n*	museum	musée *m*	—	museo *m*
museo (ES)	Museum *n*	museum	musée *m*	museo *m*	—
muset (CZ)	müssen	have to	devoir	dovere	deber
museu (P)	Museum *n*	museum	musée *m*	museo *m*	museo *m*
Museum (D)	—	museum	musée *m*	museo *m*	museo *m*
museum (E)	Museum *n*	—	musée *m*	museo *m*	museo *m*
museum (NL)	Museum *n*	museum	musée *m*	museo *m*	museo *m*
museum (SV)	Museum *n*	museum	musée *m*	museo *m*	museo *m*
mushroom (E)	Pilz *m*	—	champignon *m*	fungo *m*	hongo *m*
music (E)	Musik *f*	—	musique *f*	musica *f*	música *f*
musica (I)	Musik *f*	music	musique *f*	—	música *f*
música (ES)	Musik *f*	music	musique *f*	musica *f*	—
música (P)	Musik *f*	music	musique *f*	musica *f*	música *f*
musieć (PL)	müssen	have to	devoir	dovere	deber
Musik (D)	—	music	musique *f*	musica *f*	música *f*
musik (SV)	Musik *f*	music	musique *f*	musica *f*	música *f*
musique (F)	Musik *f*	music	—	musica *f*	música *f*
Muskel (D)	—	muscle	muscle *m*	muscolo *m*	músculo *m*
muskel (SV)	Muskel *m*	muscle	muscle *m*	muscolo *m*	músculo *m*
mušle (CZ)	Muschel *m*	mussel	moule *f*	cozza *f*	mejillón *m*
Muslim (E)	Moslem *m*	—	musulman *m*	musulmano *m*	musulmán *m*
muslim (SV)	Moslem *m*	Muslim	musulman *m*	musulmano *m*	musulmán *m*
muslim (CZ)	Moslem *m*	Muslim	musulman *m*	musulmano *m*	musulmán *m*
musmatta (SV)	Mauspad *n*	mouse pad	tapis pour souris *m*	tappetino del mouse *m*	alfombrilla de ratón *f*
mussel (E)	Muschel *m*	—	moule *f*	cozza *f*	mejillón *m*
müssen (D)	—	have to	devoir	dovere	deber
mussla (SV)	Muschel *m*	mussel	moule *f*	cozza *f*	mejillón *m*
Muster (D)	—	sample	modèle *m*	campione *m*	modelo *m*
musulman (F)	Moslem *m*	Muslim	—	musulmano *m*	musulmán *m*

musulman

P	NL	SV	PL	CZ	H
operário m	arbeider m	arbetare u	robotnik m	dělník m	—
empregado m	werknemer m	arbetstagare u	pracobiorca m	zaměstnanec m	—
moeda f	—	mynt n	moneta f	mince f	érme
moeda f	—	valuta u	waluta f	měna f	valuta
moeda f	munt f	mynt n	moneta f	mince f	érme
mover	bewegen	röra sig	ruszać <poruszać>	pohybovat	mozdít
mover	rukken	flytta	przesuwać <przesunąć>	posouvat <posunout>	mozdít
muro m	muur m	mur u	mur m	zeď f	fal
parede f	muur m	vägg u	ściana f	stěna f	fal
muro m	muur m	—	mur m	zeď f	fal
muro m	muur m	mur u	—	zeď f	fal
homicídio m	moord m	mord n	morderstwo n	vražda f	gyilkosság
amora silvestre f	braambes f	björnbär n	jeżyna f	ostružina f	szeder
maduro	rijp	mogen	dojrzały	zralý	érett
murmurar	fluisteren	viska	szeptać <szepnąć>	šeptat <pošeptat>	suttog
—	fluisteren	viska	szeptać <szepnąć>	šeptat <pošeptat>	suttog
muro m	muur m	mur u	mur m	zeď f	fal
parede f	muur m	vägg u	ściana f	stěna f	fal
muro m	muur m	mur u	mur m	zeď f	fal
—	muur m	mur u	mur m	zeď f	fal
concha f	schelp f	mussla u	muszla f	mušle f	kagyló
músculo m	spier f	muskel u	mięsień m	sval m	izom
músculo m	spier f	muskel u	mięsień m	sval m	izom
músculo m	spier f	muskel u	mięsień m	sval m	izom
músculo m	spier f	muskel u	mięsień m	sval m	izom
—	spier f	muskel u	mięsień m	sval m	izom
museu m	museum n	museum n	muzeum n	muzeum n	múzeum
museu m	museum n	museum n	muzeum n	muzeum n	múzeum
museu m	museum n	museum n	muzeum n	muzeum n	múzeum
dever	moeten	måste	musieć	—	kell
—	museum n	museum n	muzeum n	muzeum n	múzeum
museu m	museum n	museum n	muzeum n	muzeum n	múzeum
museu m	museum n	museum n	muzeum n	muzeum n	múzeum
museu m	—	museum n	muzeum n	muzeum n	múzeum
museu m	museum n	—	muzeum n	muzeum n	múzeum
cogumelo m	paddenstoel m	svamp u	grzyb m	houba f	gomba
música f	muziek f	musik u	muzyka f	hudba f	zene
música f	muziek f	musik u	muzyka f	hudba f	zene
música f	muziek f	musik u	muzyka f	hudba f	zene
—	muziek f	musik u	muzyka f	hudba f	zene
dever	moeten	måste	—	muset	kell
música f	muziek f	musik u	muzyka f	hudba f	zene
música f	muziek f	—	muzyka f	hudba f	zene
música f	muziek f	musik u	muzyka f	hudba f	zene
músculo m	spier f	muskel u	mięsień m	sval m	izom
músculo m	spier f	—	mięsień m	sval m	izom
concha f	schelp f	mussla u	muszla f	—	kagyló
muçulmano m	moslim m	muslim u	muzułmanin m	muslim m	mozlim
muçulmano m	moslim m	—	muzułmanin m	muslim m	mozlim
muçulmano m	moslim m	muslim u	muzułmanin m	—	mozlim
mousepad m	muismatje n	—	podkładka pod mysz f	podložka pod myš f	egéralátét
concha f	schelp f	mussla u	muszla f	mušle f	kagyló
dever	moeten	måste	musieć	muset	kell
concha f	schelp f	—	muszla f	mušle f	kagyló
modelo m	monster n	mönster n	wzór m	vzor m	minta
muçulmano m	moslim m	muslim u	muzułmanin m	muslim m	mozlim

	D	E	F	I	ES
musulmán (ES)	Moslem m	Muslim	musulman m	musulmano m	—
musulmano (I)	Moslem m	Muslim	musulman m	—	musulmán m
műszaki hiba (H)	Panne f	breakdown	panne f	panna f	avería f
muszla (PL)	Muschel m	mussel	moule f	cozza f	mejillón m
Mut (D)	—	courage	courage m	coraggio m	coraje m
mutare (I)	verändern	change	transformer	—	cambiar
mutat (H)	zeigen	show	montrer	mostrare	mostrar
muts (NL)	Mütze f	cap	casquette f	berretto m	gorra f
Mutter (D)	—	mother	mère f	madre f	madre f
Muttersprache (D)	—	native language	langue maternelle f	lingua madre f	lengua materna f
Mütze (D)	—	cap	casquette f	berretto m	gorra f
muur¹ (NL)	Mauer f	wall	mur m	muro m	muro m
muur² (NL)	Wand f	wall	mur m	muro m	pared f
műveltség (H)	Bildung f	education	éducation f	istruzione f	educación f
művész (H)	Künstler m	artist	artiste m	artista m	artista m
művészet (H)	Kunst f	art	art m	arte f	arte m
muž (CZ)	Mann m	man	homme m	uomo m	hombre m
muzeum (PL)	Museum n	museum	musée m	museo m	museo m
muzeum (CZ)	Museum n	museum	musée m	museo m	museo m
múzeum (H)	Museum n	museum	musée m	museo m	museo m
muziek (NL)	Musik f	music	musique f	musica f	música f
mužstvo (CZ)	Mannschaft f	team	équipe f	squadra f	equipo m
muzułmanin (PL)	Moslem m	Muslim	musulman m	musulmano m	musulmán m
muzyka (PL)	Musik f	music	musique f	musica f	música f
my (PL)	wir	we	nous	noi	nosotros(as)
my (CZ)	wir	we	nous	noi	nosotros(as)
mycket (SV)	viel	a lot of	beaucoup de	molto(a)	mucho(a)
mydło (PL)	Seife f	soap	savon m	sapone m	jabón m
mýdlo (CZ)	Seife f	soap	savon m	sapone m	jabón m
mylić, się <pomylić, się> (PL)	irren, sich	be mistaken	tromper, se	sbagliare	equivocarse
mýlit, se <zmýlit, se> (CZ)	irren, sich	be mistaken	tromper, se	sbagliare	equivocarse
myndig (SV)	volljährig	of age	majeur(e)	maggiorenne	mayor de edad
myndighet (SV)	Behörde f	authorities	autorités f/pl	autorità f/pl	autoridad f
mynt (SV)	Münze f	coin	pièce de monnaie f	moneta f	moneda f
mysl (CZ)	Gemüt n	disposition	disposition f	animo m	ánimo m
myśl (PL)	Gedanke m	thought	pensée f	pensiero m	pensamiento m
myśleć <pomyśleć> (PL)	denken	think	penser	pensare	pensar
myšlenka (CZ)	Gedanke m	thought	pensée f	pensiero m	pensamiento m
myslet (CZ)	denken	think	penser	pensare	pensar
na (NL)	nach	after	après	dopo	después de
nå (SV)	erreichen	reach	atteindre	raggiungere	alcanzar
naaien (NL)	nähen	sew	coudre	cucire	coser
naakt (NL)	nackt	naked	nu(e)	nudo(a)	desnudo(a)
naald (NL)	Nadel f	needle	aiguille f	ago m	aguja f
naam (NL)	Name n	name	nom m	nome m	nombre m
naar¹ (NL)	nach	after/to	après/selon	a/in/verso/dopo	a/hacia/después
naar² (NL)	nach	to	vers/à	a/per	a
naar beneden gaan (NL)	hinuntergehen	descend	descendre	scendere	bajar
naar binnen (NL)	hinein	in	dans	dentro	dentro
naar buiten (NL)	hinaus	out	dehors	fuori	hacia afuerta
naar buiten gaan (NL)	hinausgehen	go out	sortir	uscire	salir
naar het schijnt (NL)	anscheinend	seemingly	apparemment	apparentemente	aparentemente
naar huis (NL)	nach Hause	home	à la maison	a casa	a casa
naast (NL)	neben	beside	près de	accanto a	al lado de

P	NL	SV	PL	CZ	H
muçulmano m	moslim m	muslim u	muzułmanin m	muslim m	mozlim
muçulmano m	moslim m	muslim u	muzułmanin m	muslim m	mozlim
avaria f	panne f	motorstopp n	awaria f	porucha f	—
concha f	schelp f	mussla u	—	mušle f	kagyló
coragem f	moed m	mod n	odwaga f	odvaha f	bátorság
modificar	veranderen	förändra	zmieniać	měnit <změnit>	megváltoztat
mostrar	tonen	visa	pokazywać	ukazovat <ukázat>	—
boné m	—	mössa u	czapka f	čepice f	sapka
mãe f	moeder f	mor u	matka f	matka f	édesanya
língua materna f	moedertaal f	modersmål n	język ojczysty m	mateřština f	anyanyelv
boné m	muts f	mössa u	czapka f	čepice f	sapka
muro m	—	mur u	mur m	zeď f	fal
parede f	—	vägg u	ściana f	stěna f	fal
formação f	vorming f	bildning u	kształcenie n	vzdělání n	—
artista m	kunstenaar m	konstnär u	artysta m	umělec m	—
arte f	kunst f	konst u	sztuka f	umění n	—
homem m	man m	man u	mężczyzna m	—	férfi
museu m	museum n	museum n	—	muzeum n	múzeum
museu m	museum n	museum n	muzeum n	—	múzeum
museu m	museum n	museum n	muzeum n	muzeum n	—
música f	—	musik u	muzyka f	hudba f	zene
equipa f	ploeg f	manskap n	drużyna f	—	csapat
muçulmano m	moslim m	muslim u	—	muslim m	mozlim
música f	muziek m	musik u	—	hudba f	zene
nós	wij	vi	—	my	mi
nós	wij	vi	my	—	mi
muito	veel	—	dużo	mnoho	sok
sabonete m	zeep f	tvål u	—	mýdlo n	szappan
sabonete m	zeep f	tvål u	mydło n	—	szappan
enganar-se	vergissen, zich	missta sig	—	mýlit, se <zmýlit, se>	téved
enganar-se	vergissen, zich	missta sig	mylić, się <pomylić, się>	—	téved
maior	meerderjarig	—	pełnoletni	plnoletý	nagykorú
repartição pública f	instantie f/overheid f	—	urząd m	úřad m	hatóság
moeda f	munt f	—	moneta f	mince f	érme
ânimo m	gemoed n	själ u	umysł m	—	kedély
pensamento m	gedachte f	tanke u	—	myšlenka f	gondolat
pensar	denken	tänka	—	myslet	gondolkozik
pensamento m	gedachte f	tanke u	myśl f	—	gondolat
pensar	denken	tänka	myśleć <pomyśleć>	—	gondolkozik
depois de	—	efter	po	po	utan
alcançar	bereiken	—	osiągać <osiągnąć>	dosahovat <dosáhnout>	elér
coser	—	sy	szyć <uszyć>	šít <ušít>	varr
nu	—	naken	nagi	nahý	meztelen
agulha f	—	nål u	igła f	jehla f	tű
nome m	—	namn n	nazwisko n	jméno n	név
para	—	efter	do	po	felé
a	—	till	do	na/do	felé
descer	—	gå ned	iść na dół <zejść na dół>	scházet <sejít>	lemegy
para dentro	—	inåt	do wnętrza	dovnitř	be
para fora	—	dit ut	na zewnątrz	ven	ki
sair	—	gå ut	wychodzić <wyjść>	vycházet <vyjít> ven	kimegy
aparentemente	—	tydligen	widocznie	zdánlivě	úgy tűnik
para casa	—	hem	do domu	domů	haza
ao lado de	—	bredvid	obok	vedle	mellett

nabídka

	D	E	F	I	ES
nabídka (CZ)	Angebot n	offer	offre f	offerta f	oferta f
nabijheid (NL)	Nähe f	proximity	environs m/pl	vicinanza f	proximidad f
nabízet <nabídnout> (CZ)	anbieten	offer	offrir	offrire	ofrecer
náboženství (CZ)	Religion f	religion	religion f	religione f	religión f
nábožný (CZ)	fromm	pious	pieux(euse)	devoto(a)	devoto(a)
nábytek (CZ)	Möbel n	furniture	meuble m	mobile m	mueble m
nabywać <nabyć> (PL)	erwerben	acquire	acquérir	acquistare	adquirir
nach (D)	—	after/to	après/selon	a/in/verso/dopo	a/hacia/después
nach[1] (D)	—	after	après	dopo	después de
nach[2] (D)	—	to	vers/à	a/per	a
nacházet, se (CZ)	befinden, sich	feel	trouver, se	trovarsi	encontrarse
nacházet <najít> (CZ)	finden	find	trouver	trovare	encontar
nachdem (D)	—	after	après que	dopo	después de que
nachdenken (D)	—	think	réfléchir	riflettere	reflexionar
Nachfrage (D)	—	demand	demande f	domanda f	demanda f
nachgeben (D)	—	yield	céder	cedere	ceder
nach Hause (D)	—	home	à la maison	a casa	a casa
nachher (D)	—	afterwards	ensuite	dopo	después
nachlassen (D)	—	slacken	apaiser, se	allentare	aflojar
nachlazení (CZ)	Erkältung f	cold	refroidissement m	raffreddore m	resfriado m
Nachmittag (D)	—	afternoon	après-midi m	pomeriggio m	tarde f
nachmittags (D)	—	in the afternoon	à l'après-midi	di pomeriggio	por la tarde
nachprüfen (D)	—	check	contrôler	controllare	comprobar
Nachricht (D)	—	message	nouvelle f	notizia f	noticia f
Nachrichten (D)	—	news	informations f/pl	giornale radio m	noticiero m
nachsehen (D)	—	check	vérifier	controllare	examinar
nachsenden (D)	—	send on	faire suivre	inoltrare	enviar a la nueva dirección
Nacht (D)	—	night	nuit f	notte f	noche f
nacht (NL)	Nacht f	night	nuit f	notte f	noche f
Nachteil (D)	—	disadvantage	désavantage m	svantaggio m	desventaja f
Nachtisch (D)	—	dessert	dessert m	dessert m	postre m
nachts (D)	—	at nighttime	de nuit	di notte	por la noche
nacido(a) (ES)	geboren	born	né(e)	nato(a)	—
nacimiento (ES)	Geburt f	birth	naissance f	nascita f	—
nacionalidad (ES)	Staatsangehörigkeit f	nationality	nationalité f	cittadinanza f	—
nacionalidade (P)	Staatsangehörigkeit f	nationality	nationalité f	cittadinanza f	nacionalidad f
nackdel (SV)	Nachteil m	disadvantage	désavantage m	svantaggio m	desventaja f
nackt (D)	—	naked	nu(e)	nudo(a)	desnudo(a)
naczynia (PL)	Geschirr n	crockery	vaisselle f	stoviglie f/pl	vajilla f
naczynie (PL)	Gefäß n	container	récipient m	recipiente m	recipiente m
nad (PL)	über	over/about	sur	su/sopra/per	por/sobre
nada (ES)	nichts	nothing	rien	niente	—
nada (P)	nichts	nothing	rien	niente	nada
nadaný (CZ)	begabt	gifted	doué(e)	dotato(a)	apto para
nadat (NL)	nachdem	after	après que	dopo	después de que
nadávat <zanadávat> (CZ)	schimpfen	scold	gronder	sgridare	insultar
nadawca (PL)	Absender m	sender	expéditeur m	mittente m	remitente m
nadchnout, se (CZ)	begeistern	inspire	enthousiasmer	entusiasmare	entusiasmar
nadeel (NL)	Nachteil m	disadvantage	désavantage m	svantaggio m	desventaja f
Nadel (D)	—	needle	aiguille f	ago m	aguja f
nadenken (NL)	nachdenken	think	réfléchir	riflettere	reflexionar
naderen (NL)	nähern, sich	approach	approcher, se	avvicinarsi	acercarse

naderen

P	NL	SV	PL	CZ	H
oferta f	aanbieding f	erbjudande n	oferta f	—	ajánlat
proximidade f	—	närhet u	bliskość f	blízkost f	közellét
oferecer	aanbieden	erbjuda	oferować <zaoferować>	—	kínál
religião f	godsdienst m	religion u	religia f	—	vallás
devoto	vroom	from	pobożny	—	vallásos
móvel m	meubel n	möbel u	mebel m	—	bútor
adquirir	verkrijgen	förvärva	—	získávat <získat>	szerez
para	naar	efter	do	po	felé
depois de	na	efter	po	po	után
a	naar	till	do	na/do	felé
encontrar-se	bevinden, zich	befinna sig	znajdować, się	—	van
encontrar	vinden	hitta	znajdować <znaleźć>	—	talál
depois de	nadat	sedan	gdy	poté	miután
reflectir sobre	nadenken	tänka efter	rozmyślać	přemýšlet	gondolkozik
procura f	navraag f	efterfrågan u	zapotrzebowanie n	poptávka f	kereslet
ceder	toegeven	ge efter	ustępować <ustąpić>	ustupovat <ustoupit>	enged
para casa	naar huis	hem	do domu	domů	haza
depois	later	efteråt	potem	potom	utána
deixar	nalaten	avta	słabnąć	povolovat <povolit>	enged
constipação f	verkoudheid f	förkylning u	przeziębienie n	—	megfázás
tarde f	namiddag m	eftermiddag u	popołudnie n	odpoledne n	délután
de tarde	's namiddags	på eftermiddagen	po południu	odpoledne	délutánonként
conferir	controleren	kontrollera	sprawdzać <sprawdzić>	prezkušovat <prezkoušet>	felülvizsgál
notícia f	bericht n	rapport u	wiadomość f	zpráva f	hír
notícias f/pl	nieuws n	nyheter pl	wiadomości f/pl	zprávy pl	hírek
verificar	nazien	ta reda på	patrzeć <popatrzeć>	dívat, se <podívat, se>	utánanéz
remeter	nazenden	eftersända	dosyłać <dosłać>	dosílat <doslat>	utánaküld
noite f	nacht m	natt u	noc f	noc f	éjszaka
noite f	—	natt u	noc f	noc f	éjszaka
desvantagem f	nadeel n	nackdel u	niekorzyść f	nevýhoda f	hátrány
sobremesa f	dessert n	efterrätt u	deser m	moučník m	desszert
à noite	's nachts	på natten	w nocy	v noci	éjszakánként
nascido	geboren	född	urodzony	narodit se	született
nascimento m	geboorte f	födelse u	urodzenie n	narození n	születés
nacionalidade f	nationaliteit f	medborgarskap n	obywatelstwo n	státní příslušnost f	állampolgárság
—	nationaliteit f	medborgarskap n	obywatelstwo n	státní příslušnost f	állampolgárság
desvantagem f	nadeel n	—	niekorzyść f	nevýhoda f	hátrány
nu	naakt	naken	nagi	nahý	meztelen
louça f	vaatwerk n	servis u	—	nádobí n	étkészlet
recipiente m	vat n	kärl n	—	nádoba f	edény
por encima de	over	över	—	přes	felett
nada	niets	ingenting	nic	nic	semmi
—	niets	ingenting	nic	nic	semmi
talentoso	begaafd	begåvad	zdolny	—	tehetséges
depois de	—	sedan	gdy	poté	miután
ralhar	schelden	gräla	besztać	—	szitkozódik
remetente m	afzender m	avsändare u	—	odesílatel m	feladó
entusiasmar	bezielen	hänföra	zachwycać	—	fellelkesít
desvantagem f	—	nackdel u	niekorzyść f	nevýhoda f	hátrány
agulha f	naald f	nål u	igła f	jehla f	tű
reflectir sobre	—	tänka efter	rozmyślać	přemýšlet	gondolkozik
aproximar-se	—	närma, sig	zbliżać, się <zbliżyć, się>	blížit, se <přiblížit, se>	közeledik

nádherný

	D	E	F	I	ES
nádherný (CZ)	herrlich	marvellous	magnifique	stupendo(a)	maravilloso(a)
nadie (ES)	niemand	nobody	personne	nessuno(a)	—
na/do (CZ)	nach	to	vers/à	a/per	a
nádoba (CZ)	Gefäß n	container	récipient m	recipiente m	recipiente m
nádoba na odpadky (CZ)	Mülleimer m	dustbin	poubelle f	pattumiera m	cubo de basura m
nádobí (CZ)	Geschirr n	crockery	vaisselle f	stoviglie f/pl	vajilla f
na dół (PL)	abwärts	downwards	en bas	in giù	hacia abajo
na dole (PL)	unten	downstairs	dessous	sotto/giù	abajo
nadrág (H)	Hose f	trousers	pantalon m	pantalone m	pantalón m
nádraží (CZ)	Bahnhof m	station	gare f	stazione f	estación f
na druhé straně[1] (CZ)	andererseits	on the other hand	d'autre part	d'altra parte	por otra parte
na druhé straně[2] (CZ)	drüben	over there	de l'autre côté	dall'altra parte	al otro lado
na druhé straně[3] (CZ)	jenseits	beyond	de l'autre côté	al di là	al otro lado
na druhou stranu (CZ)	hinüber	across	de l'autre côté	di là	hacia el otro lado
nádrž (CZ)	Behälter m	container	récipient m	recipiente m	recipiente m
nadsázka (CZ)	Übertreibung f	exaggeration	exagération f	esagerazione f	exageración f
nadšený (CZ)	begeistert	enthusiastic	enthousiaste	entusiasta	entusiasmado(a)
nadużycie (PL)	Missbrauch n	abuse	abus m	abuso m	abuso m
nadużywać <nadużyć> (PL)	missbrauchen	abuse	abuser de	abusare	abusar
na dworze (PL)	draußen	outside	dehors	fuori	afuera
nadwozie (PL)	Karosserie f	body	carrosserie f	carrozzeria f	carrocería f
nadzorować (PL)	überwachen	supervise	surveiller	sorvegliare	vigilar
Nagel (D)	—	nail	clou m	chiodo m	clavo m
nagel (NL)	Nagel m	nail	clou m	chiodo m	clavo m
nagel (SV)	Nagel m	nail	clou m	chiodo m	clavo m
nagi (PL)	nackt	naked	nu(e)	nudo(a)	desnudo(a)
naglący (PL)	dringend	urgent	urgent(e)	urgente	urgente
nagle[1] (PL)	abrupt	abrupt	subit(e)	improvviso(a)	súbito(a)
nagle[2] (PL)	plötzlich	suddenly	tout à coup	di colpo	de repente
nagły przypadek (PL)	Notfall m	emergency	cas d'urgence m	caso di emergenza m	caso de urgencia m
någon[1] (SV)	irgendein(e,r)	some/any	quelconque	qualcuno(a)	cualquier(a)
någon[2] (SV)	jemand	somebody	quelqu'un	qualcuno	alguien
någonstans (SV)	irgendwo	somewhere	n'importe où	in qualche posto	en alguna parte
na górze (PL)	oben	above	en haut	sopra	arriba
något[1] (SV)	etwas	something	quelque chose	qualcosa	algo
något[2] (SV)	irgendetwas	something	n'importe quoi	qualsiasi cosa	algo
några (SV)	einige	some	quelques	alcuni(e)	algunos(as)
nagy (H)	groß	big/large	grand(e)	grande	grande
nagyanya (H)	Großmutter f	grandmother	grand-mère f	nonna f	abuela f
nagyapa (H)	Großvater m	grandfather	grand-père m	nonno m	abuelo m
nagybácsi (H)	Onkel m	uncle	oncle m	zio m	tío m
nagyít (H)	vergrößern	enlarge	agrandir	ingrandire	agrandar
nagykorú (H)	volljährig	of age	majeur(e)	maggiorenne	mayor de edad
(nagy)követség (H)	Botschaft f	embassy	ambassade f	ambasciata f	embajada f
nagyon örülök (H)	erfreut	delighted	réjoui(e)	lieto(a)	contento(a)
nagyszülők (H)	Großeltern pl	grandparents	grands-parents m/pl	nonni m/pl	abuelos m/pl
nagyváros (H)	Großstadt f	metropolis	grande ville f	metropoli f	gran ciudad f
nagyvonalú (H)	großzügig	generous	généreux(euse)	generoso(a)	generoso(a)
nahe (D)	—	near	près de	vicino(a)	cerca de
Nähe (D)	—	proximity	environs m/pl	vicinanza f	proximidad f
nähen (D)	—	sew	coudre	cucire	coser
nähern, sich (D)	—	approach	approcher, se	avvicinarsi	acercarse

nähern, sich

P	NL	SV	PL	CZ	H
magnífico	heerlijk	härligt	wspaniały	—	gyönyörű
ninguém	niemand	ingen	nikt	nikdo	senki
a	naar	till	do	—	felé
recipiente m	vat n	kärl n	naczynie n	—	edény
balde do lixo m	vuilnisemmer m	sophink u	kubeł na śmieci m	—	szemetesvödör
louça f	vaatwerk n	servis u	naczynia n/pl	—	étkészlet
para baixo	afwaarts	nedåt	—	dolů	lefelé
em baixo	beneden	nere	—	dole	lent
calças f/pl	broek f	byxor pl	spodnie pl	kalhoty pl	—
estação de comboios f	station n	järnvägsstation u	dworzec m	—	pályaudvar
por outro lado	anderzijds	å andra sidan	z drugiej strony	—	másrészt
além	aan de overkant	på andra sidan	po tamtej stronie	—	odaát
além de	aan de andere zijde	bortom	po tamtej stronie	—	túl
para lá	erheen	dit över	na tamtą stronę	—	át
recipiente m	bak m	behållare u	pojemnik m	—	tartály
exageração f	overdrijving f	överdrivelse u	przesada f	—	túlzás
entusiasmado	enthousiast	begeistrad	zachwycony	—	elragadtatott
abuso m	misbruik n	missbruk n	—	zneužití n	visszaélés
abusar de	misbruiken	missbruka	—	zneužívat <zneužít>	visszaél
fora	buiten	utanför	—	venku	kívül
carroçaria f	carrosserie f	karosseri n	—	karoserie f	karosszéria
supervisionar	bewaken	övervaka	—	sledovat	ellenőriz
prego m	nagel m	nagel u	paznokieć m	hřebík m	szög
prego m	—	nagel u	paznokieć m	hřebík m	szög
prego m	nagel m	—	paznokieć m	hřebík m	szög
nu	naakt	naken	—	nahý	meztelen
urgente	dringend	brådskande	—	naléhavě	sürgős
abrupto	abrupt	abrupt	—	náhle	hirtelen
repentinamente	plotseling	plötsligt	—	náhle	hirtelen
caso de emergência m	geval n van nood	nödfall n	—	naléhavý případ m	szükséghelyzet
qualquer um(a)	een of ander	—	jakakolwiek	nějaká	valamilyen
alguém	iemand	—	ktoś	někdo	valaki
algures	ergens	—	gdziekolwiek	někde	valahol
em cima	boven	ovan	—	nahoře	fenn
alguma coisa	iets	—	coś	něco	valami
qualquer coisa	het een of ander	—	coś	něco	valami
alguns	enige	—	niektóre	některé	néhány
grande	groot	stor	duży	velký	—
avó f	grootmoeder f	farmor/mormor u	babcia f	babička f	—
avô m	grootvader m	farfar/morfar u	dziadek m	dědeček m	—
tio m	oom m	farbror/morbror u	wujek m	strýc m	—
engrandecer	vergroten	förstora	powiększać	zvětšovat <zvětšit>	—
maior	meerderjarig	myndig	pełnoletni	plnoletý	—
embaixada f	ambassade	ambassad u	ambasada f	velvyslanectví n	—
satisfeito	verheugd	glad	uradowany	potěšený	—
avós m/pl	grootouders pl	farföräldrar/morföräldrar pl	dziadkowie m/pl	prarodiče pl	—
grande cidade f	grote stad f	storstad u	wielkie miasto n	velkoměsto n	—
generoso	royaal	generös	wspaniałomyślny	velkorysý	—
próximo	dichtbij	nära	blisko	blízko	közel
proximidade f	nabijheid f	närhet u	bliskość f	blízkost f	közellét
coser	naaien	sy	szyć <uszyć>	šít <ušít>	varr
aproximar-se	naderen	närma, sig	zbliżać, się <zbliżyć, się>	blížit, se <přiblížit, se>	közeledik

náhle

	D	E	F	I	ES
náhle[1] (CZ)	abrupt	abrupt	subit(e)	improvviso(a)	súbito(a)
náhle[2] (CZ)	plötzlich	suddenly	tout à coup	di colpo	de repente
náhoda (CZ)	Zufall m	chance	hasard m	caso m	casualidad f
náhodou (CZ)	zufällig	by chance	par hasard	per caso m	por casualidad
nahoře (CZ)	oben	above	en haut	sopra	arriba
nahrazovat <nahradit> (CZ)	ersetzen	replace	remplacer	sostituire	sustituir
Nahrung (D)	—	food	nourriture f	alimentazione f	nutrición f
nahý (CZ)	nackt	naked	nu(e)	nudo(a)	desnudo(a)
nail (E)	Nagel m	—	clou m	chiodo m	clavo m
naissance (F)	Geburt f	birth	—	nascita f	nacimiento m
naître (F)	entstehen	arise	—	nascere	surgir
na jedné straně (CZ)	einerseits	on one hand	d'une part	da un lato	por un lado
najem (PL)	Miete f	rent	loyer m	affitto m	alquiler m
nájem (CZ)	Miete f	rent	loyer m	affitto m	alquiler m
najemca (PL)	Mieter m	tenant	locataire m	inquilino m	inquilino m
nájemník (CZ)	Mieter m	tenant	locataire m	inquilino m	inquilino m
nájezd (CZ)	Auffahrt f	drive	allée f	salita d'ingresso f	entrada f
najímat <najmout> (CZ)	mieten	rent	louer	affittare	alquilar
najpierw[1] (PL)	erst	first	d'abord	dapprima	primero
najpierw[2] (PL)	zuerst	at first	d'abord	dapprima	primero
najwyżej (PL)	höchstens	at the most	tout au plus	al massimo	a lo sumo
nakažlivý (CZ)	ansteckend	virulent	contagieux	contagioso(a)	contagioso
naked (E)	nackt	—	nu(e)	nudo(a)	desnudo(a)
naken (SV)	nackt	naked	nu(e)	nudo(a)	desnudo(a)
náklad (CZ)	Ladung f	cargo	charge f	carico m	carga f
nakládat <naložit> (CZ)	aufladen	load	charger	caricare	cargar
nákladní vozidlo (CZ)	Lastwagen m	lorry	camion m	camion m	camión m
náklady (CZ)	Kosten pl	expenses	coûts m/pl	spese f/pl	costes m/pl
nakrycie (PL)	Gedeck n	cover	couvert m	coperto m	cubierto m
nákup[1] (CZ)	Einkauf m	shopping	achat m	spesa f	compra f
nákup[2] (CZ)	Kauf m	purchase	achat m	acquisto m	compra f
nákupní taška (CZ)	Einkaufstasche f	shopping bag	sac à provision m	borsa della spesa f	bolsa de compra f
nakupovat <nakoupit> (CZ)	kaufen	buy	acheter	comprare	comprar
nål (SV)	Nadel f	needle	aiguille f	ago m	aguja f
nálada (CZ)	Laune f	mood	humeur f	umore m	humor m
nalaten[1] (NL)	nachlassen	slacken	apaiser, se	allentare	aflojar
nalaten[2] (NL)	vererben	bequeath	léguer	lasciare in eredità	transmitir hereditariamente
naléhavě (CZ)	dringend	urgent	urgent(e)	urgente	urgente
naléhavý případ (CZ)	Notfall m	emergency	cas d'urgence m	caso di emergenza m	caso de urgencia m
nalévat <nalít> (CZ)	eingießen	pour	verser	versare	echar/verter
na lewo (PL)	links	left	à gauche	a sinistra	a la izquierda
należeć (PL)	gehören	belong	appartenir	appartenere	pertenecer a
nál/nél (H)	bei	at/near	chez/près de	da/presso	cerca de/junto a
namáhat, se (CZ)	anstrengen, sich	make an effort	faire des efforts	affaticare	esforzarse
namáhavý (CZ)	anstrengend	tiring	fatigant(e)	faticoso(a)	fatigoso(a)
namawiać <namówić> (PL)	überreden	convince	persuader	persuadere	persuadir
Name (D)	—	name	nom m	nome m	nombre m
name (E)	Name n	—	nom m	nome m	nombre m
namelijk (NL)	nämlich	namely	à savoir	cioè	a saber
namely (E)	nämlich	—	à savoir	cioè	a saber

namely

P	NL	SV	PL	CZ	H
abrupto	abrupt	abrupt	nagle	—	hirtelen
repentinamente	plotseling	plötsligt	nagle	—	hirtelen
acaso m	toeval n	slump u	przypadek m	—	véletlen
por acaso	toevallig	tillfällig	przypadkowo	—	véletlenül
em cima	boven	ovan	na górze	—	fenn
substituir	vervangen	byta ut	zastępować <zastąpić>	—	pótol
alimento m	voedsel n	näring u	pokarm m	potrava f	táplálék
nu	naakt	naken	nagi	—	meztelen
prego m	nagel m	nagel u	paznokieć m	hřebík m	szög
nascimento m	geboorte f	födelse u	urodzenie n	narození n	születés
originar	ontstaan	uppstå	powstawać <powstać>	vznikat <vzniknout>	keletkezik
por um lado	enerzijds	å ena sidan	z jednej strony	—	egyrészt
renda f	huur f	hyra u	—	nájem m	bérlés
renda f	huur f	hyra u	najem m	—	bérlés
inquilino m	huurder m	hyresgäst u	—	nájemník m	bérlő
inquilino m	huurder m	hyresgäst u	najemca m	—	bérlő
rampa f	oprit f	uppfart u	wjazd m	—	felhajtó
arrendar	huren	hyra	wynajmować <wynająć>	—	bérel
primeiro	eerst	först	—	nejprve	csak
em primeiro lugar	eerst	först	—	nejprve	először
no máximo	hoogstens	högst	—	nejvýše	legföljebb
contagioso	aanstekelijk	smittsam	zakaźny	—	fertőző
nu	naakt	naken	nagi	nahý	meztelen
nu	naakt	—	nagi	nahý	meztelen
carga f	lading f	laddning u	ładunek m	—	rakomány
carregar	opladen	ladda upp	załadowywać <załadować>	—	felrakodik
camião m	vrachtwagen m	lastbil u	samochód ciężarowy m	—	teherautó
custo m	kosten m/pl	kostnader pl	koszty m/pl	—	költségek
talher m	couvert n	bordskuvert n	—	příbor m	teríték
compra f	inkoop m	inköp n	zakup m	—	bevásárlás
compra f	koop m	inköp/köp n	zakup m	—	vétel
saco para compras m	boodschappentas f	shoppingväska u	torba na zakupy f	—	bevásárlótáska
comprar	kopen	köpa	kupować <kupić>	—	vesz
agulha f	naald f	—	igła f	jehla f	tű
disposição f	stemming f	humör n	nastrój m	—	kedv
deixar	—	avta	słabnąć	povolovat <povolit>	enged
herdar	—	gå i arv	dziedziczyć	odkazovat <odkázat>	örökül hagy
urgente	dringend	brådskande	naglący	—	sürgős
caso de emergência m	geval n van nood	nödfall n	nagły przypadek f	—	szükséghelyzet
encher	ingieten	hälla i	wlewać <wlać>	—	beönt
esquerda	links	till vänster	—	vlevo	balra
pertencer a	behoren	tillhöra	—	patřit	tartozik
ao pé de	bij	vid	przy	u	—
cansar	inspannen	anstränga sig	wysilać się <wysilić się>	—	igyekszik
fatigante	vermoeiend	ansträngande	męczący	—	fárasztó
persuadir	overtuigen	övertala	—	přemlouvat <přemluvit>	rábeszél
nome m	naam m	namn n	nazwisko n	jméno n	név
nome m	naam m	namn n	nazwisko n	jméno n	név
nomeadamente	—	nämligen	mianowicie	a sice	tudniillik
nomeadamente	namelijk	nämligen	mianowicie	a sice	tudniillik

	D	E	F	I	ES
namiddag (NL)	Nachmittag m	afternoon	après-midi m	pomeriggio m	tarde f
namiętność (PL)	Leidenschaft f	passion	passion f	passione f	pasión f
namiot (PL)	Zelt n	tent	tente f	tenda f	tienda f
nämlich (D)	—	namely	à savoir	cioè	a saber
nämligen (SV)	nämlich	namely	à savoir	cioè	a saber
namn (SV)	Name n	name	nom m	nome m	nombre m
nämna[1] (SV)	erwähnen	mention	mentionner	menzionare	mencionar
nämna[2] (SV)	nennen	call	appeler	chiamare	nombrar
namorico (P)	Flirt m	flirt	flirt m	flirt m	flirteo m
não (P)	nein	no	non	no	no
nap[1] (H)	Sonne f	sun	soleil m	sole m	sol m
nap[2] (H)	Tag m	day	jour m	giorno m	día m
napad (PL)	Überfall m	raid	attaque f	aggressione f	asalto m
nápad (CZ)	Idee f	idea	idée f	idea f	idea f
napadać (PL)	überfallen	attack	attaquer	assalire	asaltar
na pamięć (PL)	auswendig	by heart	par cœur	a memoria	de memoria
napiwek (PL)	Trinkgeld n	tip	pourboire m	mancia f	propina f
náplast (CZ)	Pflaster n	plaster	emplâtre m	cerotto m	emplasto m
napój (PL)	Getränk n	dink	boisson f	bevanda f	bebida f
nápoj (CZ)	Getränk n	dink	boisson f	bevanda f	bebida f
naprawiać <naprawić> (PL)	reparieren	repair	réparer	riparare	reparar
napříč (CZ)	quer	across	en travers	di traverso	a través de
naproti (CZ)	gegenüber	opposite	en face de	di fronte(a)	en frente
naprzeciwko (PL)	gegenüber	opposite	en face de	di fronte(a)	en frente
naprzód (PL)	vorwärts	forward(s)	en avant	avanti	adelante
naprzykrzać, się <naprzykrzyć, się> (PL)	belästigen	annoy	importuner	importunare	molestar
napsat (CZ)	aufschreiben	write down	noter	annotare	anotar
napsütéses (H)	sonnig	sunny	ensoleillé(e)	sereno(a)	soleado(a)
napszemüveg (H)	Sonnenbrille f	sunglasses	lunettes de soleil m/pl	occhiali da sole m/pl	gafas de sol f/pl
naptár (H)	Kalender m	calendar	calendrier m	calendario m	calendario m
när[1] (SV)	als	when	quand	quando	cuando
när[2] (SV)	wann	when	quand	quando	cuando
nära (SV)	nahe	near	près de	vicino(a)	cerca de
nářadí (CZ)	Werkzeug n	tool	outil m	utensile m	herramienta f
narancs (H)	Orange f	orange	orange f	arancia f	naranja f
naranja (ES)	Orange f	orange	orange f	arancia f	—
na realidade (P)	eigentlich	actually	en fait	proprio(a)	en realidad
nareszcie (PL)	endlich	at last	enfin	finalmente	finalmente
närhet (SV)	Nähe f	proximity	environs m/pl	vicinanza f	proximidad f
näring[1] (SV)	Ernährung f	nourishment	nourriture f	alimentazione f	alimentación f
näring[2] (SV)	Nahrung f	food	nourriture f	alimentazione f	nutrición f
nariz (ES)	Nase f	nose	nez m	naso m	—
nariz (P)	Nase f	nose	nez m	naso m	nariz f
narkotyk (PL)	Droge f	drug	drogue f	droga f	droga f
närma, sig (SV)	nähern, sich	approach	approcher, se	avvicinarsi	acercarse
narodit se (CZ)	geboren	born	né(e)	nato(a)	nacido(a)
nárok (CZ)	Anspruch m	claim	exigence f	pretesa f	pretensión f
narození (CZ)	Geburt f	birth	naissance f	nascita f	nacimiento m
narozeniny (CZ)	Geburtstag m	birthday	anniversaire m	compleanno m	cumpleaños m
narrow (E)	eng	—	étroit(e)	stretto(a)	estrecho(a)
narzędzie (PL)	Werkzeug n	tool	outil m	utensile m	herramienta f
näsa (SV)	Nase f	nose	nez m	naso m	nariz f

655 näsa

P	NL	SV	PL	CZ	H
tarde f	—	eftermiddag u	popołudnie n	odpoledne n	délután
paixão f	hartstocht m	lidelse u	—	vášeň f	szenvedély
tenda f	tent f	tält n	—	stan m	sátor
nomeadamente	namelijk	nämligen	mianowicie	a sice	tudniillik
nomeadamente	namelijk	—	mianowicie	a sice	tudniillik
nome m	naam m	—	nazwisko n	jméno n	név
mencionar	vermelden	—	wspominać <wspomnieć>	zmiňovat, se <zmínit, se>	megemlít
nomear	noemen	—	nazywać <nazwać>	jmenovat <pojmenovat>	nevez
—	flirt m	flirt u	flirt m	flirt m	flört
—	nee	nej	nie	ne	nem
sol m	zon f	sol u	słońce n	slunce n	—
dia f	dag m	dag u	dzień m	den m	—
assalto m	overval m	överfall n	—	přepadení n	megtámadás
ideia f	idee n	idée u	idea f	—	ötlet
assaltar	overvallen	överfalla	—	přepadat <přepadnout>	megtámad
de cor	uit het hoofd	utantill	—	nazpaměť	kívülről
gorjeta f	fooi f	dricks u	—	spropitné n	borravaló
penso adesivo m	pleister f	plåster n	plaster m	—	sebtapasz
bebida f	drankje n	dryck u	—	nápoj m	ital
bebida f	drankje n	dryck u	napój m	—	ital
reparar	herstellen	reparera	—	opravovat <opravit>	megjavít
transversal	dwars	tvärs	w poprzek	—	keresztben
diante	tegenover	mittemot	naprzeciwko	—	szemben
diante	tegenover	mittemot	—	naproti	szemben
avante	vooruit	framåt	—	vpřed	előre
importunar	hinderen	besvära	—	obtěžovat	molesztál
anotar por escrito	opschrijven	skriva upp	zapisywać	—	felír
soalheiro	zonnig	solig	słoneczny	slunečný	—
óculos de sol m	zonnebril m	solglasögon pl	okulary przeciwsłoneczne pl	sluneční brýle pl	—
calendário m	kalender m	kalender u	kalendarz m	kalendář m	—
como	als	—	jako	jako	mint/-ként
quando	wanneer	—	kiedy	kdy	mikor
próximo	dichtbij	—	blisko	blízko	közel
ferramenta f	werktuig n	verktyg n	narzędzie n	—	szerszám
laranja f	sinaasappel m	apelsin u	pomarańcza f	oranžový	—
laranja f	sinaasappel m	apelsin u	pomarańcza f	oranžový	narancs
—	eigenlijk	egentligen	właściwie	vlastně	tulajdonképpen
finalmente	eindelijk	äntligen	—	konečně	végre
proximidade f	nabijheid f	—	bliskość f	blízkost f	közellét
alimentação f	voeding f	—	odżywianie n	potrava f	táplálkozás
alimento m	voedsel n	—	pokarm m	potrava f	táplálék
nariz m	neus m	näsa u	nos m	nos m	orr
—	neus m	näsa u	nos m	nos m	orr
droga f	drug m	drog u	—	droga f	dróg
aproximar-se	naderen	—	zbliżać, się <zbliżyć, się>	blížit, se <přiblížit, se>	közeledik
nascido	geboren	född	urodzony	—	született
direito m	aanspraak f	anspråk n	roszczenie n	—	igény
nascimento m	geboorte f	födelse u	urodzenie n	—	születés
aniversário m	verjaardag m	födelsedag u	dzień urodzin m	—	születésnap
estreito	nauw	trång	ciasny	úzký	szűk
ferramenta f	werktuig n	verktyg n	—	nářadí n	szerszám
nariz m	neus m	—	nos m	nos m	orr

nascere

	D	E	F	I	ES
nascere (I)	entstehen	arise	naître	—	surgir
nascido (P)	geboren	born	né(e)	nato(a)	nacido(a)
nascimento (P)	Geburt f	birth	naissance f	nascita f	nacimiento m
nascita (I)	Geburt f	birth	naissance f	—	nacimiento m
nascondere (I)	verstecken	hide	cacher	—	ocultar
näsduk (SV)	Taschentuch n	handkerchief	mouchoir m	fazzoletto m	pañuelo m
Nase (D)	—	nose	nez m	naso m	nariz f
Na shledanou! (CZ)	Wiedersehen!	Good-bye!	Au revoir!	Arrivederci!	¡Adiós!
násilí (CZ)	Gewalt f	force	violence f	forza f	poder m
následek (CZ)	Folge f	consequence	suite f	conseguenza f	serie f
následovat (CZ)	folgen	follow	suivre	seguire	seguir
naso (I)	Nase f	nose	nez m	—	nariz f
nass (D)	—	wet	mouillé(e)	bagnato(a)	mojado(a)
nästan (SV)	beinahe	nearly	presque	quasi	casi
nästan (SV)	fast	nearly	presque	quasi	casi
nastavení (CZ)	Einstellung f	attitude	attitude f	atteggiamento m	actitud f
nastavovat <nastavit>¹ (CZ)	anbauen	add	ajouter	ampliare	ampliar
nastavovat <nastavit>² (CZ)	einstellen	adjust	régler	regolare	ajustar
nastawienie (PL)	Einstellung f	attitude	attitude f	atteggiamento m	actitud f
nastro (I)	Band n	ribbon	bandeau m	—	cinta f
nastrój (PL)	Laune f	mood	humeur f	umore m	humor m
nastupovat <nastoupit> (CZ)	einsteigen	get in	monter	salire in	subir a
nat (NL)	nass	wet	mouillé(e)	bagnato(a)	mojado(a)
nata (ES)	Sahne f	cream	crème f	panna f	—
Natal (P)	Weihnachten pl	Christmas	Noël m	Natale m	Navidad(es) f/pl
Natale (I)	Weihnachten pl	Christmas	Noël m	—	Navidad(es) f/pl
na tamtą stronę (PL)	hinüber	across	de l'autre côté	di là	hacia el otro lado
natas (P)	Sahne f	cream	crème f	panna f	nata f
nateklý (CZ)	geschwollen	swollen	enflé(e)	gonfio(a)	hinchado(a)
nátha (H)	Schnupfen m	cold	rhume m	raffreddore m	resfriado m
nationalité (F)	Staatsangehörigkeit f	nationality	—	cittadinanza f	nacionalidad f
nationaliteit (NL)	Staatsangehörigkeit f	nationality	nationalité f	cittadinanza f	nacionalidad f
nationality (E)	Staatsangehörigkeit f	—	nationalité f	cittadinanza f	nacionalidad f
native language (E)	Muttersprache f	—	langue maternelle f	lingua madre f	lengua materna f
na to (PL)	dafür	for it	pour cela	per questo	para ello
na to (CZ)	darauf	on	dessus	su	encima de
nato(a) (I)	geboren	born	né(e)	—	nacido(a)
na totalidade (P)	insgesamt	altogether	dans l'ensemble	complessivamente	en suma
natt (SV)	Nacht f	night	nuit f	notte f	noche f
natte (F)	Matte f	mat	—	stuoia f	colchoneta f
natural (E)	natürlich	—	naturel(le)	naturale	natural
natural (ES)	natürlich	natural	naturel(le)	naturale	—
natural (P)	natürlich	natural	naturel(le)	naturale	natural
naturale (I)	natürlich	natural	naturel(le)	—	natural
naturalny (PL)	natürlich	natural	naturel(le)	naturale	natural
naturel(le) (F)	natürlich	natural	—	naturale	natural
natürlich (D)	—	natural	naturel(le)	naturale	natural
naturlig (SV)	natürlich	natural	naturel(le)	naturale	natural
natuurlijk (NL)	natürlich	natural	naturel(le)	naturale	natural
natychmiast (PL)	sofort	immediately	immédiatement	subito	en seguida
na tym (PL)	darauf	on	dessus	su	encima de
nauczać (PL)	lehren	teach	enseigner	insegnare	enseñar
nauczanie (PL)	Unterricht m	lessons	cours m	lezione f	enseñanza f
nauka (PL)	Wissenschaft f	science	science f	scienza f	ciencia f

nauka

P	NL	SV	PL	CZ	H
originar	ontstaan	uppstå	powstawać <powstać>	vznikat <vzniknout>	keletkezik
—	geboren	född	urodzony	narodit se	született
—	geboorte f	födelse u	urodzenie n	narození n	születés
nascimento m	geboorte f	födelse u	urodzenie n	narození n	születés
esconder	verstoppen	gömma	chować	schovávat <schovat>	elrejt
lenço m	zakdoek m	—	chusteczka f	kapesník m	zsebkendő
nariz m	neus m	nåsa u	nos m	nos m	orr
Até à vista!	Tot ziens!	Vi ses!	Do widzenia!	—	Viszontlátásra!
violência f	geweld n	herravälde n	moc f	—	erőszak
sequência f	gevolg n	konsekvens u	skutek m	—	következmény
seguir	volgen	följa	iść za <pójść za>	—	követi
nariz m	neus m	nåsa u	nos m	nos m	orr
molhado	nat	våt	mokry	mokrý	nedves
quase	bijna	—	prawie	téměř	majdnem
quase	bijna	—	prawie	téměř	majdnem
colocação f	instelling f	inställning u	nastawienie n	—	alkalmazás
construir um anexo	aanbouwen	bygga till	dobudowywać <dobudować>	—	hozzáépít
colocar	instellen	anställa	ustawiać <ustawić>	—	alkalmaz
colocação f	instelling f	inställning u	—	nastavení n	alkalmazás
fita f	band m	band n	tom m	pás m	szalag
disposição f	stemming f	humör n	—	nálada f	kedv
entrar	instappen	stiga på	wsiadać <wsiąść>	—	felszáll
molhado	—	våt	mokry	mokrý	nedves
natas f/pl	room m	grädde u	śmietana f	smetana f	tejszín
—	kerst m	jul u	Boże Narodzenie	vánoce f/pl	karácsony
Natal m	kerst m	jul u	Boże Narodzenie	vánoce f/pl	karácsony
para lá	erheen	dit över	—	na druhou stranu	át
—	room m	grädde u	śmietana f	smetana f	tejszín
inchado	gezwollen	svullen	spuchnięty	—	duzzadt
constipação f	verkoudheid f	snuva u	katar m	rýma f	—
nacionalidade f	nationaliteit f	medborgarskap n	obywatelstwo n	státní příslušnost f	állampolgárság
nacionalidade f	—	medborgarskap n	obywatelstwo n	státní příslušnost f	állampolgárság
nacionalidade f	nationaliteit f	medborgarskap n	obywatelstwo n	státní příslušnost f	állampolgárság
língua materna f	moedertaal f	modersmål n	język ojczysty m	mateřština f	anyanyelv
para isso	ervoor	för det	—	pro	ezért
em cima	daarop	på dät	na tym	—	rajta
nascido	geboren	född	urodzony	narodit se	született
—	in totaal	sammantaget	ogółem	celkem	összesen
noite f	nacht m	—	noc f	noc f	éjszaka
esteira f	mat f	matta u	mata f	rohožka f	lábtörlő
natural	natuurlijk	naturlig	naturalny	přirozený	természetes
natural	natuurlijk	naturlig	naturalny	přirozený	természetes
—	natuurlijk	naturlig	naturalny	přirozený	természetes
natural	natuurlijk	naturlig	naturalny	přirozený	természetes
natural	natuurlijk	naturlig	—	přirozený	természetes
natural	natuurlijk	naturlig	naturalny	přirozený	természetes
natural	natuurlijk	naturlig	naturalny	přirozený	természetes
natural	natuurlijk	—	naturalny	přirozený	természetes
natural	—	naturlig	naturalny	přirozený	természetes
imediatamente	terstond	genast	—	ihned	rögtön
em cima	daarop	på dät	—	na to	rajta
ensinar	leren	lära ut	—	učit	tanít
ensino m	les f	undervisning u	—	vyučování n	tanítás
ciência f	wetenschap f	vetenskap u	—	věda f	tudomány

nausea

	D	E	F	I	ES
nausea (E)	Übelkeit f	—	nausée f	nausea f	náuseas f/pl
nausea (I)	Übelkeit f	nausea	nausée f	—	náuseas f/pl
náusea (P)	Übelkeit f	nausea	nausée f	nausea f	náuseas f/pl
náuseas (ES)	Übelkeit f	nausea	nausée f	nausea f	—
nausée (F)	Übelkeit f	nausea	—	nausea f	náuseas f/pl
nauw (NL)	eng	narrow	étroit(e)	stretto(a)	estrecho(a)
nauwelijks (NL)	kaum	hardly	à peine	appena	apenas
nauwgezet (NL)	gewissenhaft	conscientious	consciencieux(euse)	coscienzioso(a)	concienzudo(a)
nave (I)	Schiff n	ship	navire m	—	barco m
navegar (ES)	surfen	surf	surfer	navigare in Internet	—
navegar (P)	surfen	surf	surfer	navigare in Internet	navegar
navíc (CZ)	zusätzlich	in addition	supplémentaire	supplementare	adicional
Navidad(es) (ES)	Weihnachten pl	Christmas	Noël m	Natale m	—
navigare in Internet (I)	surfen	surf	surfer	—	navegar
navio (P)	Schiff n	ship	navire m	nave f	barco m
navire (F)	Schiff n	ship	—	nave f	barco m
návod k použití (CZ)	Gebrauchsanweisung f	user manual	manuel d'utilisation m	istruzioni per l'uso f/pl	instrucciones para el uso f/pl
navraag (NL)	Nachfrage f	demand	demande f	domanda f	demanda f
návrh¹ (CZ)	Entwurf m	outline	esquisse f	abbozzo m	proyecto m
návrh² (CZ)	Vorschlag m	proposal	proposition f	proposta f	proposición f
navrhovat <navrhnout> (CZ)	vorschlagen	propose	proposer	proporre	proponer
návštěva (CZ)	Besuch m	visit	visite f	visita f	visita f
návštěvník (CZ)	Besucher m	visitor	visiteur m	visitatore m	visitante m
navštěvovat <navštívit> (CZ)	besuchen	visit	rendre visite à	andare a trovare	visitar
navzdory (CZ)	trotz	despite	malgré	nonostante	a pesar de
nawet (PL)	sogar	even	même	perfino	incluso
Na zdraví! (CZ)	Prost!	Cheers!	À votre santé!	Salute!	¡Salud!
Na zdrowie! (PL)	Prost!	Cheers!	À votre santé!	Salute!	¡Salud!
nazenden (NL)	nachsenden	send on	faire suivre	inoltrare	enviar a la nueva dirección
na zewnątrz (PL)	hinaus	out	dehors	fuori	hacia afuerta
nazien (NL)	nachsehen	check	vérifier	controllare	examinar
názor (CZ)	Meinung f	opinion	opinion f	opinione f	opinión f
nazpaměť (CZ)	auswendig	by heart	par cœur	a memoria	de memoria
nazwisko (PL)	Name n	name	nom m	nome m	nombre m
nazywać, się (PL)	heißen	be called	appeler, s'	chiamarsi	llamarse
nazywać <nazwać> (PL)	nennen	call	appeler	chiamare	nombrar
ne (CZ)	nein	no	non	no	no
near (E)	nahe	—	près de	vicino(a)	cerca de
nearly (E)	beinahe	—	presque	quasi	casi
nearly (E)	fast	—	presque	quasi	casi
nebbia (I)	Nebel m	fog	brouillard m	—	niebla f
nebe (CZ)	Himmel m	sky	ciel m	cielo m	cielo m
Nebel (D)	—	fog	brouillard m	nebbia f	niebla f
neben (D)	—	beside	près de	accanto a	al lado de
nebezpečí (CZ)	Gefahr f	danger	danger m	pericolo m	peligro m
nebezpečný (CZ)	gefährlich	dangerous	dangereux(euse)	pericoloso(a)	peligroso(a)
nečekaný (CZ)	unerwartet	unexpected	inattendu(e)	inatteso(a)	inesperado(a)
necesario(a) (ES)	nötig	necessary	nécessaire	necessario(a)	—
necesidad¹ (ES)	Bedürfnis n	need	besoin m	bisogno m	—
necesidad² (ES)	Not f	trouble	détresse f	miseria f	—
necesitar (ES)	brauchen	need	avoir besoin de	aver bisogno di	—
nécessaire (F)	nötig	necessary	—	necessario(a)	necesario(a)

nécessaire

P	NL	SV	PL	CZ	H
náusea f	misselijkheid f	illamående n	mdłość f	nevolnost f	rosszullét
náusea f	misselijkheid f	illamående n	mdłość f	nevolnost f	rosszullét
—	misselijkheid f	illamående n	mdłość f	nevolnost f	rosszullét
náusea f	misselijkheid f	illamående n	mdłość f	nevolnost f	rosszullét
náusea f	misselijkheid f	illamående n	mdłość f	nevolnost f	rosszullét
estreito	—	trång	ciasny	úzký	szűk
quase nada	—	knappast	prawie nie	stěží	alig
conscienciozo	—	samvetsgrann	sumienny	svědomitě	lelkiismeretes
navio m	schip n	fartyg n	statek m	loď f	hajó
navegar	surfen	surfa	surfować	serfovat	szörfözik a weben
—	surfen	surfa	surfować	serfovat	szörfözik a weben
adicionalmente	extra	extra	dodatkowy	—	kiegészítő
Natal m	kerst m	jul u	Boże Narodzenie	vánoce f/pl	karácsony
navegar	surfen	surfa	surfować	serfovat	szörfözik a weben
—	schip n	fartyg n	statek m	loď f	hajó
navio m	schip n	fartyg n	statek m	loď f	hajó
instruções de uso f/pl	gebruiksaanwijzing f	bruksanvisning u	instrukcja obsługi f	—	használati utasítás
procura f	—	efterfrågan u	zapotrzebowanie n	poptávka f	kereslet
projecto m	ontwerp n	utkast n	szkic m	—	tervezet
proposta f	voorstel n	förslag n	propozycja f	—	javaslat
propor	voorstellen	föreslå	proponować	—	javasol
visita f	bezoek n	besök n	odwiedziny pl	—	látogatás
visitante m	bezoeker m	besökare u	gość m	—	látogató
visitar	bezoeken	besöka	odwiedzać <odwiedzić>	—	meglátogat
apesar de	ondanks	trots	pomimo	—	ellenére
até	zelfs	till och med	—	dokonce	sőt
Saúde!	Santé!	Skål!	Na zdrowie!	—	Egészségére!
Saúde!	Santé!	Skål!	—	Na zdraví!	Egészségére!
remeter	—	eftersända	dosyłać <dosłać>	dosílat <doslat>	utánaküld
para fora	naar buiten	dit ut	—	ven	ki
verificar	—	ta reda på	patrzeć <popatrzeć>	dívat, se <podívat, se>	utánanéz
opinião f	mening f	åsikt u	pogląd m	—	vélemény
de cor	uit het hoofd	utantill	na pamięć	—	kívülről
nome m	naam m	namn n	—	jméno n	név
chamar-se	heten	heta	—	jmenovat, se	hív
nomear	noemen	nämna	—	jmenovat <pojmenovat>	nevez
não	nee	nej	nie	—	nem
próximo	dichtbij	nära	blisko	blízko	közel
quase	bijna	nästan	prawie	téměř	majdnem
quase	bijna	nästan	prawie	téměř	majdnem
nevoeiro m	mist m	dimma u	mgła f	mlha f	köd
céu m	hemel m	himmel u	niebo n	—	ég
nevoeiro m	mist m	dimma u	mgła f	mlha f	köd
ao lado de	naast	bredvid	obok	vedle	mellett
perigo m	gevaar n	fara u	niebezpieczeństwo n	—	veszély
perigoso	gevaarlijk	farlig	niebezpieczny	—	veszélyes
inesperado	onverwacht	oväntat	nieoczekiwany	—	váratlan
necessário	nodig	nödvändig	potrzebny	potřebný	szükséges
necessidade f	behoefte f	behov n	potrzeba f	potřeba f	szükséglet/igény
necessidade f	nood m	nöd u	nędza f	nouze f	szükség
precisar de	nodig hebben	behöva	potrzebować	potřebovat	szorul
necessário	nodig	nödvändig	potrzebny	potřebný	szükséges

necessário

	D	E	F	I	ES
necessário (P)	nötig	necessary	nécessaire	necessario(a)	necesario(a)
necessario(a) (I)	nötig	necessary	nécessaire	—	necesario(a)
necessary (E)	nötig	—	nécessaire	necessario(a)	necesario(a)
necessidade¹ (P)	Bedürfnis n	need	besoin m	bisogno m	necesidad f
necessidade² (P)	Not f	trouble	détresse f	miseria f	necesidad f
nechat, si <ponechat, si> (CZ)	behalten	keep	garder	tenere	retener
nechávat <nechat> (CZ)	lassen	let	laisser	lasciare	dejar
neck (E)	Hals m	—	cou m	collo m	cuello m
něco¹ (CZ)	etwas	something	quelque chose	qualcosa	algo
něco² (CZ)	irgendetwas	something	n'importe quoi	qualsiasi cosa	algo
nedát (SV)	abwärts	downwards	en bas	in giù	hacia abajo
nederlaag (NL)	Niederlage f	defeat	défaite f	sconfitta f	derrota f
nederlag (SV)	Niederlage f	defeat	défaite f	sconfitta f	derrota f
Nederland (NL)	Niederlande f	Netherlands	Pays-Bas m/pl	Paesi Bassi m/pl	Países Bajos m/pl
Nederländerna (SV)	Niederlande f	Netherlands	Pays-Bas m/pl	Paesi Bassi m/pl	Países Bajos m/pl
ne/di là (I)	davon	of it	en/de cela	—	de ello
nedorozumění (CZ)	Missverständnis n	misunderstanding	malentendu m	equivoco m	malentendido m
nedostatek (CZ)	Mangel m	lack	manque m	mancanza f	escasez f
nedůvěra (CZ)	Misstrauen n	distrust	méfiance f	sfiducia f	desconfianza f
nedůvěřovat (CZ)	misstrauen	mistrust	méfier, se	non fidarsi	desconfiar
nedv (H)	Saft m	juice	jus m	succo m	zumo m
nedves¹ (H)	feucht	damp	humide	umido(a)	húmedo(a)
nedves² (H)	nass	wet	mouillé(e)	bagnato(a)	mojado(a)
nędza (PL)	Not f	trouble	détresse f	miseria f	necesidad f
nee (NL)	nein	no	non	no	no
né(e) (F)	geboren	born	—	nato(a)	nacido(a)
need (E)	brauchen	—	avoir besoin de	aver bisogno di	necesitar
need (E)	Bedürfnis n	—	besoin m	bisogno m	necesidad f
needle (E)	Nadel f	—	aiguille f	ago m	aguja f
neerleggen (NL)	hinlegen	put down	poser	posare	poner
neerstorten (NL)	Absturz m	crash	chute f	caduta f	caída f
neerzetten (NL)	hinsetzen	sit down	asseoir, s'	sedersi	sentarse
negar (ES)	leugnen	deny	nier	negare	—
negar (P)	leugnen	deny	nier	negare	negar
negare (I)	leugnen	deny	nier	—	negar
neglect (E)	vernachlässigen	—	négliger	trascurare	descuidar
négliger (F)	vernachlässigen	neglect	—	trascurare	descuidar
negócio (P)	Geschäft n	shop	magasin m	negozio m	tienda f
negozio (I)	Geschäft n	shop	magasin m	—	tienda f
negozio (I)	Laden m	shop	magasin m	—	tienda f
negro(a) (ES)	schwarz	black	noir(e)	nero(a)	—
negyed¹ (H)	Viertel n	quarter	quart m	quarto m	cuarto m
negyed² (H)	Viertel n	district	quartier m	quartiere m	barrio m
négyzet (H)	Quadrat n	square	carré m	quadrato m	cuadrado m
négyzetes (H)	quadratisch	square	carré(e)	quadrato(a)	cuadrado(a)
néha (H)	manchmal	sometimes	quelquefois	talvolta	a veces
néhány (H)	einige	some	quelques	alcuni(e)	algunos(as)
nehéz (H)	schwierig	difficult	difficile	difficile	difícil
nehézség (H)	Schwierigkeit f	difficulty	difficulté f	difficoltà f	dificultad f
nehéz, súlyos (H)	schwer	heavy	lourd(e)	pesante	pesado(a)
nehmen (D)	—	take	prendre	prendere	tomar
nehoda (CZ)	Unfall m	accident	accident m	incidente m	accidente m

nehoda

P	NL	SV	PL	CZ	H
—	nodig	nödvändig	potrzebny	potřebný	szükséges
necessário	nodig	nödvändig	potrzebny	potřebný	szükséges
necessário	nodig	nödvändig	potrzebny	potřebný	szükséges
—	behoefte f	behov n	potrzeba f	potřeba f	szükséglet/igény
—	nood m	nöd u	nędza f	nouze f	szükség
guardar	behouden	behålla	zatrzymywać <zatrzymać>	—	megtart
deixar	laten	låta	zostawiać <zostawić>	—	hagy
pescoço m	hals m	hals u	szyja f	krk m	nyak
alguma coisa	iets	något	coś	—	valami
qualquer coisa	het een of ander	något	coś	—	valami
para baixo	afwaarts	—	na dół	dolů	lefelé
derrota f	—	nederlag n	porażka f	porážka f	vereség
derrota f	nederlaag f	—	porażka f	porážka f	vereség
Paises-Baixos m/pl	—	Nederländerna pl	Holandia f	Nizozemsko n	Hollandia
Paises-Baixos m/pl	Nederland n	—	Holandia f	Nizozemsko n	Hollandia
disto	daarvan	därom	od tego	z toho	attól
equívoco m	misverstand n	missuppfattning u	nieporozumienie n	—	félreértés
falta f	gebrek n	brist u	niedobór m	—	hiány
desconfiança f	wantrouwen n	misstänksamhet u	nieufność f	—	bizalmatlanság
desconfiar	wantrouwen	misstänka	nie ufać	—	nem bízik
sumo m	sap n	juice u	sok m	šťáva f	—
húmido	vochtig	fuktig	wilgotny	vlhký	—
molhado	nat	våt	mokry	mokrý	—
necessidade f	nood m	nöd u	—	nouze f	szükség
não	—	nej	nie	ne	nem
nascido	geboren	född	urodzony	narodit se	született
precisar de	nodig hebben	behöva	potrzebować	potřebovat	szorul
necessidade f	behoefte f	behov n	potrzeba f	potřeba f	szükséglet/igény
agulha f	naald f	nål u	igła f	jehla f	tű
deitar	—	placera	kłaść <położyć>	pokládat <položit>	lefekszik
queda f	—	störtning u	runięcie w dół n	zřícení n	zuhanás
sentar-se	—	sätta ned	posadzić	posadit, se	lerak
negar	ontkennen	förneka	zaprzeczać <zaprzeczyć>	zapírat <zapřít>	tagad
—	ontkennen	förneka	zaprzeczać <zaprzeczyć>	zapírat <zapřít>	tagad
negar	ontkennen	förneka	zaprzeczać <zaprzeczyć>	zapírat <zapřít>	tagad
descuidar	verwaarlozen	försumma	zaniedbywać	zanedbávat <zanedbat>	elhanyagol
descuidar	verwaarlozen	försumma	zaniedbywać	zanedbávat <zanedbat>	elhanyagol
—	zaak f	affär u	sklep m	obchod m	üzlet
negócio m	zaak f	affär u	sklep m	obchod m	üzlet
loja f	winkel m	affär u	sklep m	obchod m	bolt
preto	zwart	svart	czarny(no)	černý	fekete
quarto m	kwart n	fjärdedel u	ćwierć f	čtvrtina f	—
bairro m	wijk f	kvarter n	dzielnica f	čtvrť f	—
quadrado m	vierkant n	kvadrat u	kwadrat m	kvadrát m	—
quadrado	vierkant	kvadratisk	kwadratowy	kvadratický	—
às vezes	soms	ibland	czasem	někdy	—
alguns	enige	några	niektóre	některé	—
difícil	moeilijk	svår	trudny	svízelný	—
dificuldade f	moeilijkheid f	svårighet u	trudność f	těžkost f	—
pesado	zwaar	tung	ciężki	těžký	—
tomar	nemen	ta	brać <wziąć>	brát <vzít>	vesz
acidente m	ongeval n	olycka u	wypadek m	—	baleset

Neid

	D	E	F	I	ES
Neid (D)	—	envy	jalousie f	invidia f	envidia f
neidisch (D)	—	envious	envieux(euse)	invidioso(a)	envidioso(a)
nein (D)	—	no	non	no	no
nej (SV)	nein	no	non	no	no
nějak (CZ)	irgendwie	somehow	n'importe comment	in qualche modo	de alguna manera
nějaká (CZ)	irgendein(e,r)	some/any	quelconque	qualcuno(a)	cualquier(a)
ne...jamais (F)	niemals	never	—	mai	jamás
nejistý¹ (CZ)	ungewiss	uncertain	incertain(e)	incerto(a)	incierto(a)
nejistý² (CZ)	unsicher	uncertain	incertain(e)	incerto(a)	inseguro(a)
nejprve¹ (CZ)	erst	first	d'abord	dapprima	primero
nejprve² (CZ)	zuerst	at first	d'abord	dapprima	primero
nejvýše (CZ)	höchstens	at the most	tout au plus	al massimo	a lo sumo
někde (CZ)	irgendwo	somewhere	n'importe où	in qualche posto	en alguna parte
někdo (CZ)	jemand	somebody	quelqu'un	qualcuno	alguien
někdy (CZ)	manchmal	sometimes	quelquefois	talvolta	a veces
neklidný (CZ)	unruhig	restless	inquiet(iète)	inquieto(a)	intranquilo(a)
některé (CZ)	einige	some	quelques	alcuni(e)	algunos(as)
nel frattempo (I)	indessen	meanwhile	cependant	—	en eso
nélkülöz (H)	entbehren	do without	passer de, se	fare a meno di	pasarse sin
nem (H)	nein	no	non	no	no
nem bízik (H)	misstrauen	mistrust	méfier, se	non fidarsi	desconfiar
Německo (CZ)	Deutschland n	Germany	Allemagne f	Germania f	Alemania f
nemen (NL)	nehmen	take	prendre	prendere	tomar
Németország (H)	Deutschland n	Germany	Allemagne f	Germania f	Alemania f
nemico (I)	Feind m	enemy	ennemi m	—	enemigo m
nemoc (CZ)	Krankheit f	illness	maladie f	malattia f	enfermedad f
nemocnice (CZ)	Krankenhaus n	hospital	hôpital m	ospedale m	hospital m
nemocný (CZ)	krank	ill	malade	malato(a)	enfermo(a)
nemožný (CZ)	unmöglich	impossible	impossible	impossibile	imposible
nem szívesen (H)	ungern	reluctantly	de mauvaise grâce	malvolentieri	de mala gana/sin ganas
nenávidět (CZ)	hassen	hate	détester	odiare	odiar
nenávist (CZ)	Hass m	hate	haine f	odio m	odio m
nenhum/nenhuma (P)	keine(r,s)	none/nobody	aucun(e)	nessuno(a)	ninguno(a)
néni (H)	Tante f	aunt	tante f	zia f	tía f
nennen (D)	—	call	appeler	chiamare	nombrar
neobvyklý (CZ)	ungewöhnlich	unusual	exceptionnel(le)	insolito(a)	inusual
neopatrný (CZ)	unvorsichtig	careless	imprudent(e)	imprudente	descuidado(a)
neplatný (CZ)	ungültig	invalid	non valable	non valido(a)	no válido(a)
nepohodlný (CZ)	unbequem	uncomfortable	inconfortable	scomodo(a)	incómodo(a)
nepořádek¹ (CZ)	Durcheinander n	confusion	désordre m	confusione f	confusión f
nepořádek² (CZ)	Unordnung f	mess	désordre m	disordine m	desorden m
nepravděpodobný (CZ)	unwahrscheinlich	unlikely	invraisemblable	improbabile	improbable
nepříjemný (CZ)	unangenehm	unpleasant	désagréable	spiacevole	desagradable
nepřítel (CZ)	Feind m	enemy	ennemi m	nemico m	enemigo m
nerad (CZ)	ungern	reluctantly	de mauvaise grâce	malvolentieri	de mala gana/sin ganas
nere (SV)	unten	downstairs	dessous	sotto/giù	abajo
nergens (NL)	nirgends	nowhere	nulle part	da nessuna parte	en ninguna parte
nero(a) (I)	schwarz	black	noir(e)	—	negro(a)
nerovný (CZ)	ungerade	uneven	impair(e)	dispari	impar
nerozhodný (CZ)	unentschlossen	undecided	irrésolu(e)	indeciso(a)	irresoluto(a)
nerveus (NL)	nervös	nervous	nerveux(euse)	nervoso(a)	nervioso(a)
nerveux(euse) (F)	nervös	nervous	—	nervoso(a)	nervioso(a)
nervioso(a) (ES)	nervös	nervous	nerveux(euse)	nervoso(a)	—
nervös (D)	—	nervous	nerveux(euse)	nervoso(a)	nervioso(a)

nervös

P	NL	SV	PL	CZ	H
inveja f	nijd m	avundsjuka u	zawiść f	závist f	irigység
invejoso	jaloers	avundsjuk	zawistny	závistivý	irigy
não	nee	nej	nie	ne	nem
não	nee	—	nie	ne	nem
de qualquer modo	hoe dan ook	på ett eller annat sätt	jakoś	—	valahogy
qualquer um(a)	een of ander	någon	jakakolwiek	—	valamilyen
nunca	nooit	aldrig	nigdy	nikdy	soha
incerto	onzeker	osäker	wątpliwy	—	bizonytalan
inseguro	onzeker	osäker	niepewny	—	bizonytalan
primeiro	eerst	först	najpierw	—	csak
em primeiro lugar	eerst	först	najpierw	—	először
no máximo	hoogstens	högst	najwyżej	—	legföljebb
algures	ergens	någonstans	gdziekolwiek	—	valahol
alguém	iemand	någon	ktoś	—	valaki
às vezes	soms	ibland	czasem	—	néha
inquieto	onrustig	orolig	niespokojny	—	nyugtalan
alguns	enige	några	niektóre	—	néhány
entretanto	ondertussen	emellertid	jednakże	zatím	amíg
carecer de	ontberen	undvara	nie mieć	postrádat	—
não	nee	nej	nie	ne	—
desconfiar	wantrouwen	misstänka	nie ufać	nedůvěřovat	—
Alemanha	Duitsland n	Tyskland	Niemcy pl	—	Németország
tomar	—	ta	brać <wziąć>	brát <vzít>	vesz
Alemanha	Duitsland n	Tyskland	Niemcy pl	Německo n	—
inimigo m	vijand m	fiende u	wróg m	nepřítel m	ellenség
doença f	ziekte f	sjukdom u	choroba f	—	betegség
hospital m	ziekenhuis n	sjukhus n	szpital m	—	kórház
doente	ziek	sjuk	chory	—	beteg
impossível	onmogelijk	omöjligt	niemożliwy	—	lehetetlen
de má vontade	niet graag	ogärna	niechętnie	nerad	—
odiar	haten	hata	nienawidzić	—	gyűlöl
ódio m	haat m	hat n	nienawiść f	—	gyűlölet
—	geen	ingen	żadny(na,ne)	žádný(ná,né)	senki
tia f	tante f	tant u	ciotka f	teta f	—
nomear	noemen	nämna	nazywać <nazwać>	jmenovat <pojmenovat>	nevez
pouco habitual	ongewoon	ovanlig	niezwykły	—	szokatlan
imprudente	onvoorzichtig	oförsiktig	nieostrożny	—	elővigyázatlan
inválido	ongeldig	ogiltig	nieważny	—	érvénytelen
incómodo	ongemakkelijk	obekväm	niewygodny	—	kényelmetlen
confusão f	verwarring f	villervalla u	bałagan m	—	összevisszaság
desordem f	wanorde f	oordning u	nieporządek m	—	rendetlenség
improvável	onwaarschijnlijk	osannolik	nieprawdopodobny	—	valószínűtlen
desagradável	onaangenaam	obehaglig	nieprzyjemnie	—	kellemetlen
inimigo m	vijand m	fiende u	wróg m	—	ellenség
de má vontade	niet graag	ogärna	niechętnie	—	nem szívesen
em baixo	beneden	—	na dole	dole	lent
em parte alguma	—	ingenstans	nigdzie	nikde	sehol
preto	zwart	svart	czarny(no)	černý	fekete
ímpar	oneven	udda	nieparzysty	—	egyenetlen
indeciso	besluiteloos	obeslutsam	niezdecydowany	—	habozó
nervoso	—	nervös	nerwowy	nervózní	ideges
nervoso	nerveus	nervös	nerwowy	nervózní	ideges
nervoso	nerveus	nervös	nerwowy	nervózní	ideges
nervoso	nerveus	nervös	nerwowy	nervózní	ideges

nervös

	D	E	F	I	ES
nervös (SV)	nervös	nervous	nerveux(euse)	nervoso(a)	nervioso(a)
nervoso (P)	nervös	nervous	nerveux(euse)	nervoso(a)	nervioso(a)
nervoso(a) (I)	nervös	nervous	nerveux(euse)	—	nervioso(a)
nervous (E)	nervös	—	nerveux(euse)	nervoso(a)	nervioso(a)
nervózní (CZ)	nervös	nervous	nerveux(euse)	nervoso(a)	nervioso(a)
nerwowy (PL)	nervös	nervous	nerveux(euse)	nervoso(a)	nervioso(a)
neschopný (CZ)	unfähig	incapable	incapable	incapace	incapaz
nešikovný (CZ)	ungeschickt	clumsy	maladroit(e)	impacciato(a)	torpe
neškodný (CZ)	harmlos	harmless	inoffensif(-ive)	inoffensivo(a)	inofensivo(a)
nesmysl (CZ)	Unsinn m	nonsense	bêtises f/pl	assurdità f	absurdo m
nesnesitelný (CZ)	unerträglich	unbearable	insupportable	insopportabile	inanguantable
nesouhlasit (CZ)	missbilligen	disapprove	désapprouver	disapprovare	desaprobar
nespravedlivost (CZ)	Ungerechtigkeit f	injustice	injustice f	ingiustizia f	injusticia f
nespravedlivý (CZ)	ungerecht	unjust	injuste	ingiusto(a)	injusto(a)
nessuno(a)¹ (I)	keine(r,s)	none/nobody	aucun(e)	—	ninguno(a)
nessuno(a)² (I)	niemand	nobody	personne	—	nadie
neštastný (CZ)	unglücklich	unhappy	malheureux(euse)	sfortunato(a)	desgraciado(a)
neštěstí (CZ)	Unglück n	misfortune	malheur m	disgrazia f	desgracia f
Netherlands (E)	Niederlande f	—	Pays-Bas m/pl	Paesi Bassi m/pl	Países Bajos m/pl
netnummer (NL)	Vorwahl f	dialling code	indicatif téléphonique m	prefisso m	prefijo m
netrpělivý (CZ)	ungeduldig	impatient	impatient(e)	impaziente	inpaciente
nett (D)	—	nice	joli(e)	carino(a)	agradable
nettoyage (F)	Reinigung f	cleaning	—	pulitura f	limpieza f
nettoyer¹ (F)	reinigen	clean	—	pulire	limpiar
nettoyer² (F)	putzen	clean	—	pulire	limpiar
neu (D)	—	new	nouveau(elle)	nuovo(a)	nuevo(a)
neugierig (D)	—	curious	curieux(euse)	curioso(a)	curioso(a)
Neuigkeit (D)	—	news	nouvelle f	novità f	novedad f
Neujahr (D)	—	New Year	nouvel an m	Capodanno m	Año Nuevo m
neurčitý (CZ)	unbestimmt	uncertain	indéfini(e)	incerto(a)	indeterminado(a)
neus (NL)	Nase f	nose	nez m	naso m	nariz f
neúspěch (CZ)	Misserfolg m	failure	échec m	insuccesso m	fracaso m
neútulný (CZ)	ungemütlich	uncomfortable	désagréable	poco accogliente	incómodo(a)
neuvěřitelný (CZ)	unglaublich	incredible	incroyable	incredibile	increíble
neužitečný (CZ)	nutzlos	useless	inutile	inutile	inútil
név (H)	Name n	name	nom m	nome m	nombre m
nevděčný (CZ)	undankbar	ungrateful	ingrat(e)	ingrato(a)	desagradecido(a)
nevelés (H)	Erziehung f	education	éducation f	educazione f	crianza f
nevelni (H)	erziehen	educate	élever	educare	educar
never (E)	niemals	—	ne...jamais	mai	jamás
nevera (ES)	Kühlschrank m	fridge	réfrigérateur m	frigorifero m	—
nevertheless¹ (E)	dennoch	—	cependant	tuttavia	sin embargo
nevertheless² (E)	trotzdem	—	malgré tout	tuttavia	no obstante
nevet (H)	lachen	laugh	rire	ridere	reír
nevetséges (H)	lächerlich	ridiculous	ridicule	ridicolo(a)	ridículo(a)
nevez (H)	nennen	call	appeler	chiamare	nombrar
nevhodný (CZ)	unpassend	inappropriate	mal à propos	fuori luogo	inadecuado(a)
nevinný (CZ)	unschuldig	innocent	innocent(e)	innocente	inocente/puro(a)
nevlídný (CZ)	unfreundlich	unfriendly	peu aimable	sgarbato(a)	descortés
nevoeiro (P)	Nebel m	fog	brouillard m	nebbia f	niebla f
nevolnost (CZ)	Übelkeit f	nausea	nausée f	nausea f	náuseas f/pl
nevyhnutelný (CZ)	unvermeidlich	inevitable	inévitable	inevitabile	inevitable
nevýhoda (CZ)	Nachteil m	disadvantage	désavantage m	svantaggio m	desventaja f

nevýhoda

P	NL	SV	PL	CZ	H
nervoso	nerveus	—	nerwowy	nervózní	ideges
—	nerveus	nervös	nerwowy	nervózní	ideges
nervoso	nerveus	nervös	nerwowy	nervózní	ideges
nervoso	nerveus	nervös	nerwowy	nervózní	ideges
nervoso	nerveus	nervös	nerwowy	—	ideges
nervoso	nerveus	nervös	—	nervózní	ideges
incapaz	niet in staat	oduglig	niezdolny	—	képtelen
desajeitado	onhandig	klumpig	niezręczny	—	ügyetlen
inofensivo	ongevaarlijk	ofarlig	nieszkodliwy	—	ártalmatlan
disparates m/pl	onzin m	struntprat n	bezsens m	—	hülyeség
insuportável	ondraaglijk	outhärdlig	nieznośny	—	elviselhetetlen
desaprovar	afkeuren	ogilla	nie pochwalać	—	helytelenít
injustiça f	onrechtvaardigheid f	orättvisa u	niesprawiedliwość f	—	igazságtalanság
injusto	onrechtvaardig	orättvis	niesprawiedliwy	—	igazságtalan
nenhum/nenhuma	geen	ingen	żadny(na,ne)	žádný(ná,né)	senki
ninguém	niemand	ingen	nikt	nikdo	senki
infeliz	ongelukkig	olycklig	nieszczęśliwy	—	boldogtalan
desgraça f	ongeluk n	missöde n	nieszczęście n	—	szerencsétlenség
Países-Baixos m/pl	Nederland n	Nederländerna pl	Holandia f	Nizozemsko n	Hollandia
número indicativo m	—	riktnummer n	numer kierunkowy m	předvolba f	ország/város hívószáma
impaciente	ongeduldig	otålig	niecierpliwy	—	türelmetlen
simpático	leuk	trevlig	miły	milý	kedves
limpeza f	reiniging f	rengöring u	czyszczenie n	čištění n	tisztítás
limpar	reinigen	göra rent	oczyszczać <oczyścić>	čistit <vyčistit>	tisztít
limpar	poetsen	städa	czyścić <wyczyścić>	čistit <vyčistit>	pucol
novo	nieuw	ny	nowy	nový	új
curioso	nieuwsgierig	nyfiken	ciekawy	zvědavý	kíváncsi
novidade f	nieuwtje n/ nieuwigheid f	nyhet u	nowina f	novinka f	hír
Ano Novo m	Nieuwjaar n	nyår n	Nowy Rok m	Nový rok m	újév
indeterminado	onzeker	obestämt	nieokreślony	—	bizonytalan
nariz m	—	näsa u	nos m	nos m	orr
fracasso m	mislukking f	motgång u	niepowodzenie n	—	kudarc
pouco aconchegante	ongezellig	otrevlig	niesympatyczny	—	kellemetlen
incrível	ongelofelijk	otrolig	niesłychany	—	hihetetlen
inútil	nutteloos	onyttig	bezużyteczny	—	hiábavaló
nome m	naam m	namn n	nazwisko n	jméno n	—
ingrato	ondankbaar	otacksam	niewdzięczny	—	hálátlan
educação f	opvoeding f	uppfostran u	wychowanie n	vychování n	—
educar	opvoeden	uppfostra	wychowywać <wychować>	vychovávat <vychovat>	—
nunca	nooit	aldrig	nigdy	nikdy	soha
frigorífico m	koelkast f	kylskåp n	lodówka f	chladnička f	jégszekrény
apesar de	evenwel	likväl	jednakże	přesto	mégis
apesar disso	toch	i alla fall	mimo to	přesto	ennek ellenére
rir	lachen	skratta	śmiać, się <zaśmiać, się>	smát, se	—
ridículo	belachelijk	skrattretande	śmieszny	směšný	—
nomear	noemen	nämna	nazywać <nazwać>	jmenovat <pojmenovat>	—
inconveniente	ongepast	opassande	niestosowny	—	helytelen
inocente	onschuldig	oskyldig	niewinny	—	ártatlan
pouco amável	onvriendelijk	ovänlig	nieprzyjazny	—	barátságtalan
—	mist m	dimma u	mgła f	mlha f	köd
náusea f	misselijkheid f	illamående n	mdłość f	—	rosszullét
inevitável	onvermijdelijk	oundvikligt	nieunikniony	—	elkerülhetetlen
desvantagem f	nadeel n	nackdel u	niekorzyść f	—	hátrány

	D	E	F	I	ES
new (E)	neu	—	nouveau(elle)	nuovo(a)	nuevo(a)
news¹ (E)	Nachrichten pl	—	informations f/pl	giornale radio m	noticiero m
news² (E)	Neuigkeit f	—	nouvelle f	novità f	novedad f
newspaper (E)	Zeitung f	—	journal m	giornale m	periódico m
New Year (E)	Neujahr n	—	nouvel an m	Capodanno m	Año Nuevo m
nez (F)	Nase f	nose	—	naso m	nariz f
néz (H)	schauen	look	retarder	guardare	mirar
nezaměstnanost (CZ)	Arbeitslosigkeit f	unemployment	chômage m	disoccupazione f	desempleo m
nezaměstnaný (CZ)	arbeitslos	unemployed	en chômage	disoccupato(a)	desempleado(a)
nezávislý (CZ)	unabhängig	independent	indépendant(e)	indipendente	independiente
nezdravý (CZ)	ungesund	unhealthy	malsain(e)	malsano(a)	enfermizo(a)
nézet (H)	Ansicht f	opinion	avis m	opinione f	opinión f
nezkušený (CZ)	unerfahren	inexperienced	inexpérimenté(e)	inesperto(a)	inexperto(a)
neznámý (CZ)	unbekannt	unknown	inconnu(e)	sconosciuto(a)	desconocido(a)
něžnost (CZ)	Zärtlichkeit f	tenderness	tendresse f	tenerezza f	cariño m
néző (H)	Zuschauer m	spectator	spectateur m	spettatore m	espectador m
ni (SV)	ihr	you	vous	voi	vosotros(as)
nic (PL)	nichts	nothing	rien	niente	nada
nic (CZ)	nichts	nothing	rien	niente	nada
nić (PL)	Faden m	thread	fil m	filo m	hilo m
nice (E)	nett	—	joli(e)	carino(a)	agradable
nichts (D)	—	nothing	rien	niente	nada
ničit <zničit> (CZ)	zerstören	destroy	détruire	distruggere	destruir
nicka (SV)	nicken	nod	faire un signe de tête	annuire	inclinar la cabeza
nicken (D)	—	nod	faire un signe de tête	annuire	inclinar la cabeza
nie (PL)	nein	no	non	no	no
niebez-pieczeństwo (PL)	Gefahr f	danger	danger m	pericolo m	peligro m
niebezpieczny (PL)	gefährlich	dangerous	dangereux(euse)	pericoloso(a)	peligroso(a)
niebieski(ko) (PL)	blau	blue	bleu(e)	azzurro(a)	azúl
niebla (ES)	Nebel m	fog	brouillard m	nebbia f	—
niebo (PL)	Himmel m	sky	ciel m	cielo m	cielo m
niechętnie (PL)	ungern	reluctantly	de mauvaise grâce	malvolentieri	de mala gana/sin ganas
niecierpliwy (PL)	ungeduldig	impatient	impatient(e)	impaziente	inpaciente
Niederlage (D)	—	defeat	défaite f	sconfitta f	derrota f
Niederlande (D)	—	Netherlands	Pays-Bas m/pl	Paesi Bassi m/pl	Países Bajos m/pl
niedlich (D)	—	sweet	mignon(ne)	carino(a)	bonito(a)
niedobór (PL)	Mangel m	lack	manque m	mancanza f	escasez f
niedoświ-adczony (PL)	unerfahren	inexperienced	inexpérimenté(e)	inesperto(a)	inexperto(a)
niedrig (D)	—	low	bas(se)	basso(a)	bajo(a)
niedrogi (PL)	preiswert	inexpensive	bon marché	conveniente	económico(a)
niedźwiedź (PL)	Bär m	bear	ours m	orso m	oso m
niekorzyść (PL)	Nachteil m	disadvantage	désavantage m	svantaggio m	desventaja f
niektóre (PL)	einige	some	quelques	alcuni(e)	algunos(as)
niemals (D)	—	never	ne...jamais	mai	jamás
niemand (D)	—	nobody	personne	nessuno(a)	nadie
niemand (NL)	niemand	nobody	personne	nessuno(a)	nadie
Niemcy (PL)	Deutschland n	Germany	Allemagne f	Germania f	Alemania f
nie mieć (PL)	entbehren	do without	passer de, se	fare a meno di	pasarse sin
niemowlę (PL)	Baby n	baby	bébé m	bebè m	bebé m
niemożliwy (PL)	unmöglich	impossible	impossible	impossibile	imposible
nienawidzić (PL)	hassen	hate	détester	odiare	odiar
nienawiść (PL)	Hass m	hate	haine f	odio m	odio m
niente (I)	nichts	nothing	rien	—	nada

niente

P	NL	SV	PL	CZ	H
novo	nieuw	ny	nowy	nový	új
notícias f/pl	nieuws n	nyheter pl	wiadomości f/pl	zprávy pl	hírek
novidade f	nieuwtje n/ nieuwigheid f	nyhet u	nowina f	novinka f	hír
jornal m	krant m	tidning u	gazeta f	noviny pl	újság
Ano Novo m	Nieuwjaar n	nyår n	Nowy Rok m	Nový rok m	újév
nariz m	neus m	näsa u	nos m	nos m	orr
olhar	kijken	se	patrzeć <popatrzeć>	hledět	—
desemprego m	werkloosheid f	arbetslöshet u	bezrobocie n	—	munkanélküliség
desempregado	werkloos	arbetslös	bezrobotny	—	munkanélkül
independente	onafhankelijk	oberoende	niezależnie	—	független
insalubre	ongezond	ohälsosam	niezdrowy	—	egészségtelen
vista f	aanzicht n	åsikt u	pogląd m	pohled m	—
inexperto	onervaren	oerfaren	niedoświadczony	—	tapasztalatlan
desconhecido	onbekend	okänd	nieznany	—	ismeretlen
carinho m	tederheid f	ömhet u	czułość f	—	gyengédség
espectador m	toeschouwer m	åskådare u	widz m	divák m	—
vós, vocês	jullie	—	wy	vy	ti
nada	niets	ingenting	—	nic	semmi
nada	niets	ingenting	nic	—	semmi
fio m	draad m	tråd u	—	nit f	fonal
simpático	leuk	trevlig	miły	milý	kedves
nada	niets	ingenting	nic	nic	semmi
destruir	verwoesten	förstöra	niszczyć	—	szétrombol
acenar com a cabeça	knikken	—	kiwać <kiwnąć>	kývat hlavou <pokývat hlavou>	bólint
acenar com a cabeça	knikken	nicka	kiwać <kiwnąć>	kývat hlavou <pokývat hlavou>	bólint
não	nee	nej	—	ne	nem
perigo m	gevaar n	fara u	—	nebezpečí n	veszély
perigoso	gevaarlijk	farlig	—	nebezpečný	veszélyes
azul	blauw	blå	—	modrý	kék
nevoeiro m	mist m	dimma u	mgła f	mlha f	köd
céu m	hemel m	himmel u	—	nebe n	ég
de má vontade	niet graag	ogärna	—	nerad	nem szívesen
impaciente	ongeduldig	otålig	—	netrpělivý	türelmetlen
derrota f	nederlaag f	nederlag n	porażka f	porážka f	vereség
Países-Baixos m/pl	Nederland n	Nederländerna pl	Holandia f	Nizozemsko n	Hollandia
amoroso	schattig	söt	śliczny	roztomilý	aranyos
falta f	gebrek n	brist u	—	nedostatek m	hiány
inexperto	onervaren	oerfaren	—	nezkušený	tapasztalatlan
baixo	laag	låg	niski	nízký	alacsony
barato	goedkoop	prisvärd	—	výhodný (cenově)	jutányos
urso m	beer m	björn u	—	medvěd m	medve
desvantagem f	nadeel n	nackdel u	—	nevýhoda f	hátrány
alguns	enige	några	—	některé	néhány
nunca	nooit	aldrig	nigdy	nikdy	soha
ninguém	niemand	ingen	nikt	nikdo	senki
ninguém	—	ingen	nikt	nikdo	senki
Alemanha	Duitsland n	Tyskland	—	Německo n	Németország
carecer de	ontberen	undvara	—	postrádat	nélkülöz
bebé m/f	baby m	spädbarn n	—	baby n	csecsemő
impossível	onmogelijk	omöjligt	—	nemožný	lehetetlen
odiar	haten	hata	—	nenávidět	gyűlöl
ódio m	haat m	hat n	—	nenávist f	gyűlölet
nada	niets	ingenting	nic	nic	semmi

nieoczekiwany

	D	E	F	I	ES
nieoczekiwany (PL)	unerwartet	unexpected	inattendu(e)	inatteso(a)	inesperado(a)
nieokreślony (PL)	unbestimmt	uncertain	indéfini(e)	incerto(a)	indeterminado(a)
nieostrożny (PL)	unvorsichtig	careless	imprudent(e)	imprudente	descuidado(a)
nieparzysty (PL)	ungerade	uneven	impair(e)	dispari	impar
niepewny (PL)	unsicher	uncertain	incertain(e)	incerto(a)	inseguro(a)
nie pochwalać (PL)	missbilligen	disapprove	désapprouver	disapprovare	desaprobar
niepokoić <zaniepokoić> (PL)	beunruhigen	disturb	inquiéter	inquietare	inquietar
nieporozumienie (PL)	Missverständnis n	misunderstanding	malentendu m	equivoco m	malentendido m
nieporządek (PL)	Unordnung f	mess	désordre m	disordine m	desorden m
niepotrzebny (PL)	unnötig	unnecessary	inutile	inutile	inútil
niepowodzenie (PL)	Misserfolg m	failure	échec m	insuccesso m	fracaso m
nieprawdopodobny (PL)	unwahrscheinlich	unlikely	invraisemblable	improbabile	improbable
nieprzyjazny (PL)	unfreundlich	unfriendly	peu aimable	sgarbato(a)	descortés
nieprzyjemnie (PL)	unangenehm	unpleasant	désagréable	spiacevole	desagradable
nier (F)	leugnen	deny	—	negare	negar
niesłychany (PL)	unglaublich	incredible	incroyable	incredibile	increíble
nieśmiały (PL)	schüchtern	shy	timide	timido(a)	tímido(a)
niespodzianka (PL)	Überraschung f	surprise	surprise f	sorpresa f	sorpresa f
niespokojny (PL)	unruhig	restless	inquiet(iète)	inquieto(a)	intranquilo(a)
niesprawiedliwość (PL)	Ungerechtigkeit f	injustice	injustice f	ingiustizia f	injusticia f
niesprawiedliwy (PL)	ungerecht	unjust	injuste	ingiusto(a)	injusto(a)
niestety (PL)	leider	unfortunately	malheureusement	purtroppo	desgraciadamente
niestosowny (PL)	unpassend	inappropriate	mal à propos	fuori luogo	inadecuado(a)
niesympatyczny (PL)	ungemütlich	uncomfortable	désagréable	poco accogliente	incómodo(a)
nieszczęście (PL)	Unglück n	misfortune	malheur m	disgrazia f	desgracia f
nieszczęśliwy (PL)	unglücklich	unhappy	malheureux(euse)	sfortunato(a)	desgraciado(a)
nieszkodliwy (PL)	harmlos	harmless	inoffensif(-ive)	inoffensivo(a)	inofensivo(a)
niet graag (NL)	ungern	reluctantly	de mauvaise grâce	malvolentieri	de mala gana/sin ganas
niet in staat (NL)	unfähig	incapable	incapable	incapace	incapaz
niet meer beschikbaar (NL)	ausgebucht	fully booked	complet(ète)	esaurito(a)	completo(a)
niets (NL)	nichts	nothing	rien	niente	nada
nie ufać (PL)	misstrauen	mistrust	méfier, se	non fidarsi	desconfiar
nieufność (PL)	Misstrauen n	distrust	méfiance f	sfiducia f	desconfianza f
nieunikniony (PL)	unvermeidlich	inevitable	inévitable	inevitabile	inevitable
nieuw (NL)	neu	new	nouveau(elle)	nuovo(a)	nuevo(a)
Nieuwjaar (NL)	Neujahr n	New Year	nouvel an m	Capodanno m	Año Nuevo m
nieuws (NL)	Nachrichten pl	news	informations f/pl	giornale radio m	noticiero m
nieuwsgierig (NL)	neugierig	curious	curieux(euse)	curioso(a)	curioso(a)
nieuwtje/ nieuwigheid (NL)	Neuigkeit f	news	nouvelle f	novità f	novedad f
nieważny (PL)	ungültig	invalid	non valable	non valido(a)	no válido(a)
niewdzięczny (PL)	undankbar	ungrateful	ingrat(e)	ingrato(a)	desagradecido(a)
niewinny (PL)	unschuldig	innocent	innocent(e)	innocente	inocente/puro(a)
niewygodny (PL)	unbequem	uncomfortable	inconfortable	scomodo(a)	incómodo(a)
niezależnie (PL)	unabhängig	independent	indépendant(e)	indipendente	independiente
niezawodny (PL)	zuverlässig	reliable	sûr(e)	affidabile	de confianza
niezdecydowany (PL)	unentschlossen	undecided	irrésolu(e)	indeciso(a)	irresoluto(a)
niezdolny (PL)	unfähig	incapable	incapable	incapace	incapaz
niezdrowy (PL)	ungesund	unhealthy	malsain(e)	malsano(a)	enfermizo(a)
nieznany (PL)	unbekannt	unknown	inconnu(e)	sconosciuto(a)	desconocido(a)
nieznośny (PL)	unerträglich	unbearable	insupportable	insopportabile	inaguantable
niezręczny (PL)	ungeschickt	clumsy	maladroit(e)	impacciato(a)	torpe
niezwykły (PL)	ungewöhnlich	unusual	exceptionnel(le)	insolito(a)	inusual

niezwykły

P	NL	SV	PL	CZ	H
inesperado	onverwacht	oväntat	—	nečekaný	váratlan
indeterminado	onzeker	obestämt	—	neurčitý	bizonytalan
imprudente	onvoorzichtig	oförsiktig	—	neopatrný	elővigyázatlan
ímpar	oneven	udda	—	nerovný	egyenetlen
inseguro	onzeker	osäker	—	nejistý	bizonytalan
desaprovar	afkeuren	ogilla	—	nesouhlasit	helytelenít
inquietar	verontrusten	oroa	—	znepokojovat <znepokojit>	nyugtalanít
equívoco m	misverstand n	missuppfattning u	—	nedorozumění n	félreértés
desordem f	wanorde f	oordning u	—	nepořádek m	rendetlenség
desnecessário	onnodig	onödig	—	zbytečný	szükségtelen
fracasso m	mislukking f	motgång u	—	neúspěch m	kudarc
improvável	onwaarschijnlijk	osannolik	—	nepravděpodobný	valószínűtlen
pouco amável	onvriendelijk	ovänlig	—	nevlídný	barátságtalan
desagradável	onaangenaam	obehaglig	—	nepříjemný	kellemetlen
negar	ontkennen	förneka	zaprzeczać <zaprzeczyć>	zapírat <zapřít>	tagad
incrível	ongelofelijk	otrolig	—	neuvěřitelný	hihetetlen
tímido	schuchter	blyg	—	ostýchavý	félénk
surpresa f	verrassing f	överraskning u	—	překvapení n	meglepetés
inquieto	onrustig	orolig	—	neklidný	nyugtalan
injustiça f	onrechtvaardigheid f	orättvisa u	—	nespravedlivost f	igazságtalanság
injusto	onrechtvaardig	orättvis	—	nespravedlivý	igazságtalan
infelizmente	helaas	tyvärr	—	bohužel	sajnos
inconveniente	ongepast	opassande	—	nevhodný	helytelen
pouco aconchegante	ongezellig	otrevlig	—	neútulný	kellemetlen
desgraça f	ongeluk n	missöde n	—	neštěstí n	szerencsétlenség
infeliz	ongelukkig	olycklig	—	nešťastný	boldogtalan
inofensivo	ongevaarlijk	ofarlig	—	neškodný	ártalmatlan
de má vontade	—	ogärna	niechętnie	nerad	nem szívesen
incapaz	—	oduglig	niezdolny	neschopný	képtelen
esgotado	—	fullbokad	wyprzedany	obsazeno	foglalt
nada	—	ingenting	nic	nic	semmi
desconfiar	wantrouwen	misstänka	—	nedůvěřovat	nem bízik
desconfiança f	wantrouwen n	misstänksamhet u	—	nedůvěra f	bizalmatlanság
inevitável	onvermijdelijk	oundvikligt	—	nevyhnutelný	elkerülhetetlen
novo	—	ny	nowy	nový	új
Ano Novo m	—	nyår n	Nowy Rok m	Nový rok m	újév
notícias f/pl	—	nyheter pl	wiadomości f/pl	zprávy pl	hírek
curioso	—	nyfiken	ciekawy	zvědavý	kiváncsi
novidade f	—	nyhet u	nowina f	novinka f	hír
inválido	ongeldig	ogiltig	—	neplatný	érvénytelen
ingrato	ondankbaar	otacksam	—	nevděčný	hálátlan
inocente	onschuldig	oskyldig	—	nevinný	ártatlan
incómodo	ongemakkelijk	obekväm	—	nepohodlný	kényelmetlen
independente	onafhankelijk	oberoende	—	nezávislý	független
de confiança	betrouwbaar	tillförlitlig	—	spolehlivý	megbízható
indeciso	besluiteloos	obeslutsam	—	nerozhodný	habozó
incapaz	niet in staat	oduglig	—	neschopný	képtelen
insalubre	ongezond	ohälsosam	—	nezdravý	egészségtelen
desconhecido	onbekend	okänd	—	neznámý	ismeretlen
insuportável	ondraaglijk	outhärdlig	—	nesnesitelný	elviselhetetlen
desajeitado	onhandig	klumpig	—	nešikovný	ügyetlen
pouco habitual	ongewoon	ovanlig	—	neobvyklý	szokatlan

nigdy

	D	E	F	I	ES
nigdy (PL)	niemals	never	ne...jamais	mai	jamás
nigdzie (PL)	nirgends	nowhere	nulle part	da nessuna parte	en ninguna parte
night (E)	Nacht f	—	nuit f	notte f	noche f
nijd (NL)	Neid m	envy	jalousie f	invidia f	envidia f
nikde (CZ)	nirgends	nowhere	nulle part	da nessuna parte	en ninguna parte
nikdo (CZ)	niemand	nobody	personne	nessuno(a)	nadie
nikdy (CZ)	niemals	never	ne...jamais	mai	jamás
nikt (PL)	niemand	nobody	personne	nessuno(a)	nadie
n'importe comment (F)	irgendwie	somehow	—	in qualche modo	de alguna manera
n'importe où (F)	irgendwo	somewhere	—	in qualche posto	en alguna parte
n'importe quel (F)	beliebig	any	—	qualsiasi	a voluntad
n'importe quoi (F)	irgendetwas	something	—	qualsiasi cosa	algo
niñez (ES)	Kindheit f	childhood	enfance f	infanzia f	—
ninguém (P)	niemand	nobody	personne	nessuno(a)	nadie
ninguno(a) (ES)	keine(r,s)	none/nobody	aucun(e)	nessuno(a)	—
niño (ES)	Kind n	child	enfant m	bambino m	—
nirgends (D)	—	nowhere	nulle part	da nessuna parte	en ninguna parte
niski (PL)	niedrig	low	bas(se)	basso(a)	bajo(a)
niszczyć (PL)	zerstören	destroy	détruire	distruggere	destruir
nit (CZ)	Faden m	thread	fil m	filo m	hilo m
nítido (P)	deutlich	clear	clair(e)	chiaro(a)	claro(a)
nízký (CZ)	niedrig	low	bas(se)	basso(a)	bajo(a)
Nizozemsko (CZ)	Niederlande f	Netherlands	Pays-Bas m/pl	Paesi Bassi m/pl	Países Bajos m/pl
njuta (SV)	genießen	enjoy	jouir	godere	disfrutar
njutning (SV)	Genuss m	pleasure	plaisir m	piacere m	placer m
no (E)	nein	—	non	no	no
no (I)	nein	no	non	—	no
no (ES)	nein	no	non	no	—
nő (H)	wachsen	grow	grandir	crescere	crecer
nobody (E)	niemand	—	personne	nessuno(a)	nadie
noc (PL)	Nacht f	night	nuit f	notte f	noche f
noc (CZ)	Nacht f	night	nuit f	notte f	noche f
no caso de (P)	falls	in case	au cas où	qualora	en caso de que
noce (I)	Nuss f	nut	noix f	—	nuez f
noch (D)	—	still	encore	ancora	aún/todavía
noche¹ (ES)	Abend m	evening	soir m	sera f	—
noche² (ES)	Nacht f	night	nuit f	notte f	—
nochmals (D)	—	again	encore une fois	di nuovo	otra vez
nocleg (PL)	Übernachtung f	overnight stay	nuitée f	pernottamento m	pernoctación f
nod (E)	nicken	—	faire un signe de tête	annuire	inclinar la cabeza
nöd (SV)	Not f	trouble	détresse f	miseria f	necesidad f
nödfall (SV)	Notfall m	emergency	cas d'urgence m	caso di emergenza m	caso de urgencia m
nodig (NL)	nötig	necessary	nécessaire	necessario(a)	necesario(a)
nodig hebben (NL)	brauchen	need	avoir besoin de	aver bisogno di	necesitar
nödutgång (SV)	Notausgang m	emergency exit	sortie de secours f	uscita di sicurezza f	salida de emergencia f
nödvändig (SV)	nötig	necessary	nécessaire	necessario(a)	necesario(a)
Noël (F)	Weihnachten pl	Christmas	—	Natale m	Navidad(es) f/pl
noemen (NL)	nennen	call	appeler	chiamare	nombrar
nog (NL)	noch	still	encore	ancora	aún/todavía
noga (PL)	Bein n	leg	jambe f	gamba f	pierna f
noggrann (SV)	genau	exact	exact(e)	preciso(a)	exacto(a)
nogmaals (NL)	nochmals	again	encore une fois	di nuovo	otra vez
noha¹ (CZ)	Bein n	leg	jambe f	gamba f	pierna f
noha² (CZ)	Fuß m	foot	pied m	piede m	pie m

noha

P	NL	SV	PL	CZ	H
nunca	nooit	aldrig	—	nikdy	soha
em parte alguma	nergens	ingenstans	—	nikde	sehol
noite f	nacht m	natt u	noc f	noc f	éjszaka
inveja f	—	avundsjuka u	zawiść f	závist f	irigység
em parte alguma	nergens	ingenstans	nigdzie	—	sehol
ninguém	niemand	ingen	nikt	—	senki
nunca	nooit	aldrig	nigdy	—	soha
ninguém	niemand	ingen	—	nikdo	senki
de qualquer modo	hoe dan ook	på ett eller annat sätt	jakoś	nějak	valahogy
algures	ergens	någonstans	gdziekolwiek	někde	valahol
qualquer	willekeurig	valfri	dowolny	libovolně	tetszés szerinti
qualquer coisa	het een of ander	något	coś	něco	valami
infância f	kinderjaren n/pl	barndom u	dzieciństwo n	dětství n	gyermekkor
—	niemand	ingen	nikt	nikdo	senki
nenhum/nenhuma	geen	ingen	żadny(na,ne)	žádný(ná,né)	senki
criança f	kind n	barn n	dziecko n	dítě n	gyermek
em parte alguma	nergens	ingenstans	nigdzie	nikde	sehol
baixo	laag	låg	—	nízký	alacsony
destruir	verwoesten	förstöra	—	ničit <zničit>	szétrombol
fio m	draad m	tråd u	nić f	—	fonal
—	duidelijk	tydlig	wyraźny	výrazně	világos
baixo	laag	låg	niski	—	alacsony
Países-Baixos m/pl	Nederland n	Nederländerna pl	Holandia f	—	Hollandia
apreciar	genieten	—	używać <użyć>	užívat <užít>	élvez
prazer m	genot n	—	używanie n	požitek m	élvezet
não	nee	nej	nie	ne	nem
não	nee	nej	nie	ne	nem
não	nee	nej	nie	ne	nem
crescer	groeien	växa	rosnąć	růst <vyrůst>	—
ninguém	niemand	ingen	nikt	nikdo	senki
noite f	nacht m	natt u	—	noc f	éjszaka
noite f	nacht m	natt u	noc f	—	éjszaka
—	indien	om	jeśli	když	ha
noz f	noot f	nöt u	orzech m	ořech m	dio
ainda	nog	ännu	jeszcze	ještě	még
noite f	avond m	kväll u	wieczór m	večer m	est
noite f	nacht m	natt u	noc f	noc f	éjszaka
novamente	nogmaals	ännu en gång	jeszcze raz	ještě jednou	még egyszer
pernoite m	overnachting f	övernattning u	—	přenocování n	éjjeli szállás
acenar com a cabeça	knikken	nicka	kiwać <kiwnąć>	kývat hlavou <pokývat hlavou>	bólint
necessidade f	nood m	—	nędza f	nouze f	szükség
caso de emergência m	geval n van nood	—	nagły przypadek f	naléhavý případ m	szükséghelyzet
necessário	—	nödvändig	potrzebny	potřebný	szükséges
precisar de	—	behöva	potrzebować	potřebovat	szorul
saída de emergência f	nooduitgang m	—	wyjście awaryjne n	nouzový východ m	vészkijárat
necessário	nodig	—	potrzebny	potřebný	szükséges
Natal m	kerst m	jul u	Boże Narodzenie	vánoce f/pl	karácsony
nomear	—	nämna	nazywać <nazwać>	jmenovat <pojmenovat>	nevez
ainda	—	ännu	jeszcze	ještě	még
perna f	been n	ben n	—	noha f	láb
exacto	precies	—	dokładny	přesný	pontos
novamente	—	ännu en gång	jeszcze raz	ještě jednou	még egyszer
perna f	been n	ben n	noga f	—	láb
pé m	voet m	fot u	stopa f	—	láb

noi

	D	E	F	I	ES
noi (I)	wir	we	nous	—	nosotros(as)
no interior (P)	drinnen	inside	dedans	dentro	(a)dentro
noioso(a) (I)	langweilig	boring	ennuyeux(euse)	—	aburrido(a)
noir(e) (F)	schwarz	black	—	nero(a)	negro(a)
noise (E)	Lärm *m*	—	bruit *m*	rumore *m*	ruido *m*
noite¹ (P)	Abend *m*	evening	soir *m*	sera *f*	noche *f*
noite² (P)	Nacht *f*	night	nuit *f*	notte *f*	noche *f*
noix (F)	Nuss *f*	nut	—	noce *f*	nuez *f*
nöjd (SV)	zufrieden	satisfied	satisfait(e)	contento(a)	satisfecho(a)
nöje (SV)	Vergnügen *n*	pleasure	plaisir *m*	divertimento *m*	placer *m*
nom (F)	Name *n*	name	—	nome *m*	nombre *m*
no máximo (P)	höchstens	at the most	tout au plus	al massimo	a lo sumo
nombrar (ES)	nennen	call	appeler	chiamare	—
nombre¹ (ES)	Name *n*	name	nom *m*	nome *m*	—
nombre² (ES)	Vorname *m*	Christian name	prénom *m*	nome di battesimo *m*	—
nome (I)	Name *n*	name	nom *m*	—	nombre *m*
nome (P)	Name *n*	name	nom *m*	nome *m*	nombre *m*
nomeadamente (P)	nämlich	namely	à savoir	cioè	a saber
nomear (P)	nennen	call	appeler	chiamare	nombrar
nome di battesimo (I)	Vorname *m*	Christian name	prénom *m*	—	nombre *m*
no meio (P)	mitten	in the middle	au milieu	in mezzo	en medio
no meio de (P)	inmitten	in the middle of	au milieu de	in mezzo a	en medio de
no mínimo (P)	mindestens	at least	au moins	almeno	por lo menos
non (F)	nein	no	—	no	no
none/nobody (E)	keine(r,s)	—	aucun(e)	nessuno(a)	ninguno(a)
non fidarsi (I)	misstrauen	mistrust	méfier, se	—	desconfiar
nonna (I)	Großmutter *f*	grandmother	grand-mère *f*	—	abuela *f*
nonni (I)	Großeltern *pl*	grandparents	grands-parents *m/pl*	—	abuelos *m/pl*
nonno (I)	Großvater *m*	grandfather	grand-père *m*	—	abuelo *m*
nonostante (I)	trotz	despite	malgré	—	a pesar de
nonsense (E)	Unsinn *m*	—	bêtises *f/pl*	assurdità *f*	absurdo *m*
non valable (F)	ungültig	invalid	—	non valido(a)	no válido(a)
non valido(a) (I)	ungültig	invalid	non valable	—	no válido(a)
no obstante (ES)	trotzdem	nevertheless	malgré tout	tuttavia	—
nood (NL)	Not *f*	trouble	détresse *f*	miseria *f*	necesidad *f*
noodlot (NL)	Schicksal *n*	fate	destin *m*	destino *m*	destino *m*
nooduitgang (NL)	Notausgang *m*	emergency exit	sortie de secours *f*	uscita di sicurezza *f*	salida de emergencia *f*
nooit (NL)	niemals	never	ne...jamais	mai	jamás
noorden (NL)	Norden *m*	north	nord *m*	nord *m*	norte *m*
noot¹ (NL)	Note *f*	note	note *f*	nota *f*	nota *f*
noot² (NL)	Nuss *f*	nut	noix *f*	noce *f*	nuez *f*
no parking (E)	Parkverbot *n*	—	défense de stationner *f*	divieto di parcheggio *m*	estacionamiento prohibido *m*
nord (F)	Norden *m*	north	—	nord *m*	norte *m*
nord (I)	Norden *m*	north	nord *m*	—	norte *m*
Norden (D)	—	north	nord *m*	nord *m*	norte *m*
norma (I)	Vorschrift *f*	regulation	règle *f*	—	reglamento *m*
normaal (NL)	normal	normal	normal(e)	normale	normal
normal (D)	—	normal	normal(e)	normale	normal
normal (E)	normal	—	normal(e)	normale	normal
normal (ES)	normal	normal	normal(e)	normale	—
normal (P)	normal	normal	normal(e)	normale	normal
normal (SV)	normal	normal	normal(e)	normale	normal
normal(e) (F)	normal	normal	—	normale	normal
normale (I)	normal	normal	normal(e)	—	normal

normale

P	NL	SV	PL	CZ	H
nós	wij	vi	my	my	mí
—	binnen	innanför	w środku	uvnitř	belül
aborrecido	saai	tråkig	nudny	nudný	unalmas
preto	zwart	svart	czarny(no)	černý	fekete
barulho m	lawaai n	buller n	hałas m	hluk m	lárma
—	avond m	kväll u	wieczór m	večer m	est
—	nacht m	natt u	noc f	noc f	éjszaka
noz f	noot f	nöt u	orzech m	ořech m	dio
contente	tevreden	—	zadowolony	spokojený	elégedett
prazer m	plezier n	—	przyjemność f	zábava f	mulatság
nome m	naam m	namn n	nazwisko n	jméno n	név
—	hoogstens	högst	najwyżej	nejvýše	legföljebb
nomear	noemen	nämna	nazywać <nazwać>	jmenovat <pojmenovat>	nevez
nome m	naam m	namn n	nazwisko n	jméno n	név
prenome m	voornaam m	förnamn n	imię n	křestní jméno n	keresztnév
nome m	naam m	namn n	nazwisko n	jméno n	név
—	naam m	namn n	nazwisko n	jméno n	név
—	namelijk	nämligen	mianowicie	a sice	tudniillik
—	noemen	nämna	nazywać <nazwać>	jmenovat <pojmenovat>	nevez
prenome m	voornaam m	förnamn n	imię n	křestní jméno n	keresztnév
—	midden	mitt/i mitten	pośrodku	uprostřed	közepén
—	te midden van	mitt i	pośrodku	uprostřed	között
—	minstens	minst	przynajmniej	minimálně	legalább
não	nee	nej	nie	ne	nem
nenhum/nenhuma	geen	ingen	żadny(na,ne)	žádný(ná,né)	senki
desconfiar	wantrouwen	misstänka	nie ufać	nedůvěřovat	nem bízik
avó f	grootmoeder f	farmor/mormor u	babcia f	babička f	nagyanya
avós m/pl	grootouders pl	farföräldrar/morföräldrar pl	dziadkowie m/pl	prarodiče pl	nagyszülők
avô m	grootvader m	farfar/morfar u	dziadek m	dedeček m	nagyapa
apesar de	ondanks	trots	pomimo	navzdory	ellenére
disparates m/pl	onzin m	struntprat n	bezsens m	nesmysl m	hülyeség
inválido	ongeldig	ogiltig	nieważny	neplatný	érvénytelen
inválido	ongeldig	ogiltig	nieważny	neplatný	érvénytelen
apesar disso	toch	i alla fall	mimo to	přesto	ennek ellenére
necessidade f	—	nöd u	nędza f	nouze f	szükség
destino m	—	öde n	przeznaczenie n	osud m	sors
saída de emergência f	—	nödutgång u	wyjście awaryjne n	nouzový východ m	vészkijárat
nunca	—	aldrig	nigdy	nikdy	soha
norte m	—	norr u	północ f	sever m	észak
nota f	—	not u	nuta n	nota f	hangjegy
noz f	—	nöt u	orzech m	ořech m	dio
estacionamento proibido m	parkeerverbod n	parkeringsförbud n	zakaz parkowania m	zákaz parkování m	parkolási tilalom
norte m	noorden n	norr u	północ f	sever m	észak
norte m	noorden n	norr u	północ f	sever m	észak
norte m	noorden n	norr u	północ f	sever m	észak
regulamento m	voorschrift n	föreskrift u	przepis m	předpis m	előírás
normal	—	normal	normalny	normální	normális
normal	normaal	normal	normalny	normální	normális
normal	normaal	normal	normalny	normální	normális
normal	normaal	normal	normalny	normální	normális
—	normaal	normal	normalny	normální	normális
normal	normaal	—	normalny	normální	normális
normal	normaal	normal	normalny	normální	normális
normal	normaal	normal	normalny	normální	normális

normális

	D	E	F	I	ES
normális (H)	normal	normal	normal(e)	normale	normal
normální (CZ)	normal	normal	normal(e)	normale	normal
normalny (PL)	normal	normal	normal(e)	normale	normal
norr (SV)	Norden *m*	north	nord *m*	nord *m*	norte *m*
norte (ES)	Norden *m*	north	nord *m*	nord *m*	—
norte (P)	Norden *m*	north	nord *m*	nord *m*	norte *m*
north (E)	Norden *m*	—	nord *m*	nord *m*	norte *m*
nos (PL)	Nase *f*	nose	nez *m*	naso *m*	nariz *f*
nos (CZ)	Nase *f*	nose	nez *m*	naso *m*	nariz *f*
nós (P)	wir	we	nous	noi	nosotros(as)
nose (E)	Nase *f*	—	nez *m*	naso *m*	nariz *f*
nosić <nieść> (PL)	tragen	carry	porter	portare	cargar
nosit (CZ)	tragen	carry	porter	portare	cargar
nosotros(as) (ES)	wir	we	nous	noi	—
nostalgia (I)	Heimweh *n*	homesickness	mal du pays *m*	—	añoranza *f*
Not (D)	—	trouble	détresse *f*	miseria *f*	necesidad *f*
not (SV)	Note *f*	note	note *f*	nota *f*	nota *f*
nöt (SV)	Nuss *f*	nut	noix *f*	noce *f*	nuez *f*
nota (I)	Note *f*	note	note *f*	—	nota *f*
nota (ES)	Note *f*	note	note *f*	nota *f*	—
nota¹ (P)	Note *f*	mark	note *f*	voto *m*	calificación *f*
nota² (P)	Note *f*	note	note *f*	nota *f*	nota *f*
nota (CZ)	Note *f*	note	note *f*	nota *f*	nota *f*
notar (ES)	merken	notice	remarquer	accorgersi di	—
notar (P)	merken	notice	remarquer	accorgersi di	notar
notare (I)	bemerken	notice	remarquer	—	darse cuenta de
nötas/slitas (SV)	abnutzen	wear out	user	consumare	desgastar
Notausgang (D)	—	emergency exit	sortie de secours *f*	uscita di sicurezza *f*	salida de emergencia *f*
Note (D)	—	mark	note *f*	voto *m*	calificación *f*
Note² (D)	—	note	note *f*	nota *f*	nota *f*
note (E)	Note *f*	—	note *f*	nota *f*	nota *f*
note¹ (F)	Note *f*	mark	—	voto *m*	calificación *f*
note² (F)	Note *f*	note	—	nota *f*	nota *f*
noter (F)	aufschreiben	write down	—	annotare	anotar
Notfall (D)	—	emergency	cas d'urgence *m*	caso di emergenza *m*	caso de urgencia *m*
nothing (E)	nichts	—	rien	niente	nada
notice (E)	bemerken	—	remarquer	notare	darse cuenta de
notice (E)	merken	—	remarquer	accorgersi di	notar
noticia (ES)	Nachricht *f*	message	nouvelle *f*	notizia *f*	—
notícia¹ (P)	Meldung *f*	report	annonce *f*	annuncio *m*	aviso *m*
notícia² (P)	Nachricht *f*	message	nouvelle *f*	notizia *f*	noticia *f*
noticiar (P)	melden	report	annoncer	annunciare	declarar
notícias (P)	Nachrichten *pl*	news	informations *f/pl*	giornale radio *m*	noticiero *m*
noticiero (ES)	Nachrichten *pl*	news	informations *f/pl*	giornale radio *m*	—
notificar (ES)	mahnen	warn	exhorter	ammonire	—
nötig (D)	—	necessary	nécessaire	necessario(a)	necesario(a)
notizia (I)	Nachricht *f*	message	nouvelle *f*	—	noticia *f*
nőtlen (H)	ledig	single	célibataire *m*	celibe *m*/nubile *f*	soltero(a)
notte (I)	Nacht *f*	night	nuit *f*	—	noche *f*
nourishment (E)	Ernährung *f*	—	nourriture *f*	alimentazione *f*	alimentación *f*

nourishment

P	NL	SV	PL	CZ	H
normal	normaal	normal	normalny	normální	—
normal	normaal	normal	normalny	—	normális
normal	normaal	normal	—	normální	normális
norte m	noorden n	—	północ f	sever m	észak
norte m	noorden n	norr u	północ f	sever m	észak
—	noorden n	norr u	północ f	sever m	észak
norte m	noorden n	norr u	północ f	sever m	észak
nariz m	neus m	näsa u	—	nos m	orr
nariz m	neus m	näsa u	nos m	—	orr
—	wij	vi	my	my	mi
nariz m	neus m	näsa u	nos m	nos m	orr
levar	dragen	bära	—	nosit	hord
levar	dragen	bära	nosić <nieść>	—	hord
nós	wij	vi	my	my	mi
saudade f	heimwee n	hemlängtan u	tęsknota za domem f	touha po domově f	honvágy
necessidade f	nood m	nöd u	nędza f	nouze f	szükség
nota f	noot f	—	nuta n	nota f	hangjegy
noz f	noot f	—	orzech m	ořech m	dio
nota f	noot f	not n	nuta n	nota f	hangjegy
nota f	noot f	not n	nuta n	nota f	hangjegy
—	cijfer n	betyg n	ocena f	známka f	osztályzat
—	noot f	not n	nuta n	nota f	hangjegy
nota f	noot f	not n	nuta n	—	hangjegy
notar	bemerken	markera	spostrzegać <spostrzec>	pamatovat <zapamatovat>	észrevesz
—	bemerken	markera	spostrzegać <spostrzec>	pamatovat <zapamatovat>	észrevesz
reparar	opmerken	märka	zauważać <zauważyć>	poznamenat <poznamenávat>	észrevesz
gastar	verslijten	—	zużywać <zużyć>	opotřebovávat <opotřebit>	elhasznál
saída de emergência f	nooduitgang m	nödutgång u	wyjście awaryjne n	nouzový východ m	vészkijárat
nota f	cijfer n	betyg n	ocena f	známka f	osztályzat
nota f	noot f	not n	nuta n	nota f	hangjegy
nota f	noot f	not n	nuta n	nota f	hangjegy
nota f	cijfer n	betyg n	ocena f	známka f	osztályzat
nota f	noot f	not n	nuta n	nota f	hangjegy
anotar por escrito	opschrijven	skriva upp	zapisywać	napsat	felír
caso de emergência m	geval n van nood	nödfall n	nagły przypadek f	naléhavý případ m	szükséghelyzet
nada	niets	ingenting	nic	nic	semmi
reparar	opmerken	märka	zauważać <zauważyć>	poznamenat <poznamenávat>	észrevesz
notar	bemerken	markera	spostrzegać <spostrzec>	pamatovat <zapamatovat>	észrevesz
notícia f	bericht n	rapport u	wiadomość f	zpráva f	hír
—	melding f	rapport u	meldunek m	hlášení n	jelentés
—	bericht n	rapport u	wiadomość f	zpráva f	hír
—	melden	rapportera	meldować <zameldować>	hlásit <vyhlásit>	jelent
—	nieuws n	nyheter pl	wiadomości f/pl	zprávy pl	hírek
notícias f/pl	nieuws n	nyheter pl	wiadomości f/pl	zprávy pl	hírek
advertir	manen	mana	przypominać <przypomnieć>	varovat	figyelmeztet
necessário	nodig	nödvändig	potrzebny	potřebný	szükséges
notícia f	bericht n	rapport u	wiadomość f	zpráva f	hír
solteiro	ongehuwd	ogift	stanu wolnego	svobodný	—
noite f	nacht m	natt u	noc f	noc f	éjszaka
alimentação f	voeding f	näring u	odżywianie n	potrava f	táplálkozás

nourrir

	D	E	F	I	ES
nourrir (F)	ernähren	feed	—	nutrire	alimentar
nourriture[1] (F)	Ernährung f	nourishment	—	alimentazione f	alimentación f
nourriture[2] (F)	Nahrung f	food	—	alimentazione f	nutrición f
nourriture[3] (F)	Verpflegung f	catering	—	vitto m	alimentación f
nous (F)	wir	we	—	noi	nosotros(as)
nouveau(elle) (F)	neu	new	—	nuovo(a)	nuevo(a)
nouvel an (F)	Neujahr n	New Year	—	Capodanno m	Año Nuevo m
nouvelle[1] (F)	Nachricht f	message	—	notizia f	noticia f
nouvelle[2] (F)	Neuigkeit f	news	—	novità f	novedad f
nouze (CZ)	Not f	trouble	détresse f	miseria f	necesidad f
nouzový východ (CZ)	Notausgang m	emergency exit	sortie de secours f	uscita di sicurezza f	salida de emergencia f
no válido(a) (ES)	ungültig	invalid	non valable	non valido(a)	
novamente (P)	nochmals	again	encore une fois	di nuovo	otra vez
novedad (ES)	Neuigkeit f	news	nouvelle f	novità f	—
novidade (P)	Neuigkeit f	news	nouvelle f	novità f	novedad f
novinka (CZ)	Neuigkeit f	news	nouvelle f	novità f	novedad f
noviny (CZ)	Zeitung f	newspaper	journal m	giornale m	periódico m
novità (I)	Neuigkeit f	news	nouvelle f	—	novedad f
novo (P)	neu	new	nouveau(elle)	nuovo(a)	nuevo(a)
nový (CZ)	neu	new	nouveau(elle)	nuovo(a)	nuevo(a)
Nový rok (CZ)	Neujahr n	New Year	nouvel an m	Capodanno m	Año Nuevo m
now (E)	jetzt	—	maintenant	adesso	ahora
nowadays (E)	heutzutage	—	de nos jours	oggigiorno	hoy en día
nowhere (E)	nirgends	—	nulle part	da nessuna parte	en ninguna parte
nowina (PL)	Neuigkeit f	news	nouvelle f	novità f	novedad f
nowy (PL)	neu	new	nouveau(elle)	nuovo(a)	nuevo(a)
Nowy Rok (PL)	Neujahr n	New Year	nouvel an m	Capodanno m	Año Nuevo m
noyer, se (F)	ertrinken	drown	—	annegare	ahogarse
noz (P)	Nuss f	nut	noix f	noce f	nuez f
nóż (PL)	Messer n	knife	couteau m	coltello m	cuchillo m
nożyce (PL)	Schere f	pair of scissors	ciseaux m/pl	forbici f/pl	tijera f
nozze (I)	Hochzeit f	wedding	mariage m	—	boda f
nu (P)	nackt	naked	nu(e)	nudo(a)	desnudo(a)
nu (NL)	jetzt	now	maintenant	adesso	ahora
nu (SV)	jetzt	now	maintenant	adesso	ahora
nublado (ES)	bewölkt	cloudy	couvert(e)	nuvoloso(a)	—
nuchter (NL)	nüchtern	sober	sobre	sobrio(a)	sobrio(a)
nüchtern (D)	—	sober	sobre	sobrio(a)	sobrio(a)
nucleo familiare (I)	Haushalt m	household	ménage m	—	casa f
nudit, se (CZ)	langweilen, sich	get bored	ennuyer, se	annoiarsi	aburrirse
nudny (PL)	langweilig	boring	ennuyeux(euse)	noioso(a)	aburrido(a)
nudný (CZ)	langweilig	boring	ennuyeux(euse)	noioso(a)	aburrido(a)
nudo(a) (I)	nackt	naked	nu(e)	—	desnudo(a)
nudzić, się (PL)	langweilen, sich	get bored	ennuyer, se	annoiarsi	aburrirse
nu(e) (F)	nackt	naked	—	nudo(a)	desnudo(a)
nuevo(a) (ES)	neu	new	nouveau(elle)	nuovo(a)	—
nuez (ES)	Nuss f	nut	noix f	noce f	—
nuförtiden (SV)	heutzutage	nowadays	de nos jours	oggigiorno	hoy en día
nuire (F)	schaden	damage	—	nuocere	dañar
nuit (F)	Nacht f	night	—	notte f	noche f
nuitée (F)	Übernachtung f	overnight stay	—	pernottamento m	pernoctación f

nuitée

P	NL	SV	PL	CZ	H
alimentar	voeden	livnära	odżywiać	živit	táplál
alimentação f	voeding f	näring u	odżywianie n	potrava f	táplálkozás
alimento m	voedsel n	näring u	pokarm m	potrava f	táplálék
alimentação f	kost m	kosthållning u	wyżywienie n	stravování n	ellátás
nós	wij	vi	my	my	mi
novo	nieuw	ny	nowy	nový	új
Ano Novo m	Nieuwjaar n	nyår n	Nowy Rok m	Nový rok m	újév
notícia f	bericht n	rapport u	wiadomość f	zpráva f	hír
novidade f	nieuwtje n/ nieuwigheid f	nyhet u	nowina f	novinka f	hír
necessidade f	nood m	nöd u	nędza f	—	szükség
saída de emergência f	nooduitgang m	nödutgång u	wyjście awaryjne n	—	vészkijárat
inválido	ongeldig	ogiltig	nieważny	neplatný	érvénytelen
—	nogmaals	ännu en gång	jeszcze raz	ještě jednou	még egyszer
novidade f	nieuwtje n/ nieuwigheid f	nyhet u	nowina f	novinka f	hír
—	nieuwtje n/ nieuwigheid f	nyhet u	nowina f	novinka f	hír
novidade f	nieuwtje n/ nieuwigheid f	nyhet u	nowina f	—	hír
jornal m	krant m	tidning u	gazeta f	—	újság
novidade f	nieuwtje n/ nieuwigheid f	nyhet u	nowina f	novinka f	hír
—	nieuw	ny	nowy	nový	új
novo	nieuw	ny	nowy	—	új
Ano Novo m	Nieuwjaar n	nyår n	Nowy Rok m	—	újév
agora	nu	nu	teraz	nyní	most
actualmente	tegenwoordig	nuförtiden	obecnie	v dnešní době	manapság
em parte alguma	nergens	ingenstans	nigdzie	nikde	sehol
novidade f	nieuwtje n/ nieuwigheid f	nyhet u	—	novinka f	hír
novo	nieuw	ny	—	nový	új
Ano Novo m	Nieuwjaar n	nyår n	—	Nový rok m	újév
afogar-se	verdrinken	drunkna	tonąć <utonąć>	topit se <utopit se>	vízbe fullad
—	noot f	nöt u	orzech m	ořech m	dio
faca f	mes n	kniv u	—	nůž m	kés
tesoura f	schaar f	sax u	—	nůžky pl	olló
casamento m	huwelijk n	bröllop n	wesele n	svatba f	esküvő
—	naakt	naken	nagi	nahý	meztelen
agora	—	nu	teraz	nyní	most
agora	nu	—	teraz	nyní	most
enevoado	bewolkt	molnigt	zachmurzony	zataženo	felhős
sóbrio	—	nykter	trzeźwy	střízlivě	józan
sóbrio	nuchter	nykter	trzeźwy	střízlivě	józan
governo da casa m	huishouden n	hushåll n	gospodarstwo domowe n	domácnost f	háztartás
aborrecer-se	vervelen, zich	tråka ut	nudzić, się	—	unatkozik
aborrecido	saai	tråkig	—	nudný	unalmas
aborrecido	saai	tråkig	nudny	—	unalmas
nu	naakt	naken	nagi	nahý	meztelen
aborrecer-se	vervelen, zich	tråka ut	—	nudit, se	unatkozik
nu	naakt	naken	nagi	nahý	meztelen
novo	nieuw	ny	nowy	nový	új
noz f	noot f	nöt u	orzech m	ořech m	dio
actualmente	tegenwoordig	—	obecnie	v dnešní době	manapság
prejudicar	schaden	skada	szkodzić <zaszkodzić>	škodit <poškodit>	árt
noite f	nacht m	natt u	noc f	noc f	éjszaka
pernoite m	overnachting f	övernattning u	nocleg m	přenocování n	éjjeli szállás

	D	E	F	I	ES
nulle part (F)	nirgends	nowhere	—	da nessuna parte	en ninguna parte
number (E)	Nummer f	—	numéro m	numero m	número m
numer (PL)	Nummer f	number	numéro m	numero m	número m
numer kierunkowy (PL)	Vorwahl f	dialling code	indicatif téléphonique m	prefisso m	prefijo m
numero (I)	Nummer f	number	numéro m	—	número m
numéro (F)	Nummer f	number	—	numero m	número m
número (ES)	Nummer f	number	numéro m	numero m	—
número (P)	Nummer f	number	numéro m	numero m	número m
número de teléfono (ES)	Telefonnummer f	phone number	numéro de téléphone m	numero telefonico m	—
numéro de téléphone (F)	Telefonnummer f	phone number	—	numero telefonico m	número de teléfono m
número indicativo (P)	Vorwahl f	dialling code	indicatif téléphonique m	prefisso m	prefijo m
número m de telefone (P)	Telefonnummer f	phone number	numéro de téléphone m	numero telefonico m	número de teléfono m
numero telefonico (I)	Telefonnummer f	phone number	numéro de téléphone m	—	número de teléfono m
numer telefonu (PL)	Telefonnummer f	phone number	numéro de téléphone m	numero telefonico m	número de teléfono m
Nummer (D)	—	number	numéro m	numero m	número m
nummer (NL)	Nummer f	number	numéro m	numero m	número m
nummer (SV)	Nummer f	number	numéro m	numero m	número m
nunca (P)	niemals	never	ne...jamais	mai	jamás
nuocere (I)	schaden	damage	nuire	—	dañar
nuovo(a) (I)	neu	new	nouveau(elle)	—	nuevo(a)
nur (D)	—	only	seulement	solo	sólo/solamente
nurse (E)	Krankenschwester f	—	infirmière f	infermiera f	enfermera f
nursery school (E)	Kindergarten m	—	jardin d'enfants m	asilo (infantile) m	jardín de infancia m
Nuss (D)	—	nut	noix f	noce f	nuez f
nut (E)	Nuss f	—	noix f	noce f	nuez f
nuta (PL)	Note f	note	note f	nota f	nota f
nutid (SV)	Gegenwart f	present	présent m	presente m	presente m
nutit <donutit> (CZ)	zwingen	force	forcer	costringere	obligar
nutrición (ES)	Nahrung f	food	nourriture f	alimentazione f	—
nutrire (I)	ernähren	feed	nourrir	—	alimentar
nutteloos (NL)	nutzlos	useless	inutile	inutile	inútil
nuttig (NL)	nützlich	useful	utile	utile	útil
nützlich (D)	—	useful	utile	utile	útil
nutzlos (D)	—	useless	inutile	inutile	inútil
nuvoloso(a) (I)	bewölkt	cloudy	couvert(e)	—	nublado
nůž (CZ)	Messer n	knife	couteau m	coltello m	cuchillo m
nůžky (CZ)	Schere f	pair of scissors	ciseaux m/pl	forbici f/pl	tijera f
ny (SV)	neu	new	nouveau(elle)	nuovo(a)	nuevo(a)
nyak (H)	Hals m	neck	cou m	collo m	cuello m
nyakkendő (H)	Krawatte f	tie	cravate f	cravatta f	corbata f
nyår (SV)	Neujahr n	New Year	nouvel an m	Capodanno m	Año Nuevo m
nyár (H)	Sommer m	summer	été m	estate f	verano m
nybörjare (SV)	Anfänger m	beginner	débutant(e)	principiante m	principiante m
nyckel (SV)	Schlüssel m	key	clé f	chiave f	llave f
nyel (H)	schlucken	swallow	avaler	inghiottire	tragar
nyelv (H)	Sprache f	language	langage m	lingua f	idioma m
nyer (H)	gewinnen	win	gagner	guadagnare	ganar
nyereség (H)	Gewinn m	profit	gain m	guadagno m	ganancia f
nyfiken (SV)	neugierig	curious	curieux(euse)	curioso(a)	curioso(a)
nyhet (SV)	Neuigkeit f	news	nouvelle f	novità f	novedad f
nyheter (SV)	Nachrichten pl	news	informations f/pl	giornale radio m	noticiero m

nyheter

P	NL	SV	PL	CZ	H
em parte alguma	nergens	ingenstans	nigdzie	nikde	sehol
número m	nummer n	nummer n	numer m	číslo m	szám
número m	nummer n	nummer n	—	číslo m	szám
número indicativo m	netnummer n	riktnummer n	—	předvolba f	ország/város hívószáma
número m	nummer n	nummer n	numer m	číslo m	szám
número m	nummer n	nummer n	numer m	číslo m	szám
número m	nummer n	nummer n	numer m	číslo m	szám
—	nummer n	nummer n	numer m	číslo m	szám
número m de telefone	telefoonnummer n	telefonnummer n	numer telefonu m	telefonní číslo n	telefonszám
número m de telefone	telefoonnummer n	telefonnummer n	numer telefonu m	telefonní číslo n	telefonszám
—	netnummer n	riktnummer n	numer kierunkowy m	předvolba f	ország/város hívószáma
—	telefoonnummer n	telefonnummer n	numer telefonu m	telefonní číslo n	telefonszám
número m de telefone	telefoonnummer n	telefonnummer n	numer telefonu m	telefonní číslo n	telefonszám
número m de telefone	telefoonnummer n	telefonnummer n	—	telefonní číslo n	telefonszám
número m	nummer n	nummer n	numer m	číslo m	szám
número m	—	nummer n	numer m	číslo m	szám
número m	nummer n	—	numer m	číslo m	szám
—	nooit	aldrig	nigdy	nikdy	soha
prejudicar	schaden	skada	szkodzić <zaszkodzić>	škodit <poškodit>	árt
novo	nieuw	ny	nowy	nový	új
somente	slechts/alleen	bara	tylko	jen	csak
enfermeira f	verpleegster f	sjuksköterska u	pielęgniarka f	zdravotní sestra f	ápolónő
jardim de infância m	kleuterschool f	förskola u	przedszkole n	mateřská školka f	óvoda
noz f	noot f	nöt u	orzech m	ořech m	dió
noz f	noot f	nöt u	orzech m	ořech m	dió
nota f	noot f	not n	—	nota f	hangjegy
presente m	tegenwoordigheid f	—	teraźniejszość f	přítomnost f	jelen
obrigar	dwingen	tvinga	zmuszać	—	kényszerít
alimento m	voedsel n	näring u	pokarm m	potrava f	táplálék
alimentar	voeden	livnära	odżywiać	živit	táplál
inútil	—	onyttig	bezużyteczny	neužitečný	hiábavaló
útil	—	nyttig	pożyteczny	užitečný	hasznos
útil	nuttig	nyttig	pożyteczny	užitečný	hasznos
inútil	nutteloos	onyttig	bezużyteczny	neužitečný	hiábavaló
enevoado	bewolkt	molnigt	zachmurzony	zataženo	felhős
faca f	mes n	kniv u	nóż m	—	kés
tesoura f	schaar f	sax u	nożyce f/pl	—	olló
novo	nieuw	—	nowy	nový	új
pescoço m	hals m	hals u	szyja f	krk m	—
gravata f	das f	slips u	krawat m	kravata f	—
Ano Novo m	Nieuwjaar n	—	Nowy Rok m	Nový rok m	újév
verão m	zomer m	sommar u	lato n	léto n	—
principiante m	beginneling	—	początkujący m	začátečník m	kezdő
chave f	sleutel m	—	klucz m	klíč m	kulcs
engolir	slikken	svälja	łykać <połknąć>	polykat <spolknout>	—
idioma m	taal f	språk n	język m	jazyk m	—
ganhar	winnen	vinna	wygrywać <wygrać>	získávat <získat>	—
ganho m	winst f	vinst u	zysk m	zisk m	—
curioso	nieuwsgierig	—	ciekawy	zvědavý	kiváncsi
novidade f	nieuwtje n/ nieuwigheid f	—	nowina f	novinka f	hír
notícias f/pl	nieuws n	—	wiadomości f/pl	zprávy pl	hírek

	D	E	F	I	ES
nyíl (H)	Pfeil m	arrow	flèche f	freccia f	flecha f
nyilvános (H)	öffentlich	public	public(ique)	pubblico(a)	público(a)
nyilvánvaló (H)	offensichtlich	obvious	manifeste	evidente	evidente
nyír/kaszál (H)	mähen	mow	faucher	falciare	cortar
nyit (H)	öffnen	open	ouvrir	aprire	abrir
nyitott (H)	offen	open	ouvert(e)	aperto(a)	abierto(a)
nyitott (H)	geöffnet	open	ouvert(e)	aperto(a)	abierto(a)
nyitvatartási idő (H)	Öffnungszeiten pl	business hours	heures d'ouverture f/pl	orario d'apertura m	horas de apertura f/pl
nykter (SV)	nüchtern	sober	sobre	sobrio(a)	sobrio(a)
nyní (CZ)	jetzt	now	maintenant	adesso	ahora
nyom (H)	drücken	press	presser	premere	apretar
nyomatékos (H)	ausdrücklich	explicit	exprès(esse)	espresso(a)	explícito(a)
nyom (súly) (H)	wiegen	weigh	peser	pesare	pesar
nyttig (SV)	nützlich	useful	utile	utile	útil
nyugágy (H)	Liegestuhl m	deck chair	chaise longue f	sedia a sdraio f	tumbona f
nyugállomány (H)	Ruhestand m	retirement	retraite f	pensione f	retiro m
nyugalom (H)	Ruhe f	calm	calme m	silenzio m	calma f
nyugat (H)	Westen m	west	ouest m	ovest m	oeste m
nyugdíj (H)	Pension f	boarding house	pension f	pensione f	pensión f
nyugodt (H)	ruhig	quiet	tranquille	calmo(a)	quieto(a)
nyugtalan (H)	unruhig	restless	inquiet(iète)	inquieto(a)	intranquilo(a)
nyugtalanít (H)	beunruhigen	disturb	inquiéter	inquietare	inquietar
nyújt (H)	reichen	pass	passer	passare	alcanzar
o (I)	oder	or	ou	—	o
o (ES)	oder	or	ou	o	—
ö (SV)	Insel f	island	île f	isola f	isla f
ő¹ (H)	er	he	il	lui/egli/esso	èl
ő² (H)	sie	she	elle	lei	ella
oba (CZ)	beide	both	tous/toutes les deux	entrambi(e)	ambos(as)
obávat, se (CZ)	befürchten	fear	craindre	temere	temer
obawiać, się (PL)	befürchten	fear	craindre	temere	temer
obawiać, się (PL)	fürchten	fear	craindre	temere	temer
obbligare (I)	verpflichten	oblige	obliger	—	obligar
obbligo (I)	Verpflichtung f	obligation	obligation f	—	obligación f
občanský průkaz (CZ)	Personalausweis m	identity card	carte d'identité f	carta d'identità f	documento de identidad m
obchod (CZ)	Geschäft n	shop	magasin m	negozio m	tienda f
obchod (CZ)	Laden m	shop	magasin m	negozio m	tienda f
obchodně (CZ)	geschäftlich	on business	d'affaires	per affari	comercial
obchodní dům (CZ)	Kaufhaus n	department store	grand magasin m	grande magazzino m	grandes almacenes m/pl
obchodník (CZ)	Händler m	dealer	commerçant m	commerciante m	comerciante m
obdivovat se (CZ)	bewundern	admire	admirer	ammirare	admirar
obdržet (CZ)	erhalten	receive	recevoir	ricevere	obtener
obecnie (PL)	heutzutage	nowadays	de nos jours	oggigiorno	hoy en día
oběd (CZ)	Mittagessen n	lunch	déjeuner m	pranzo m	almuerzo m
obediente (P)	brav	good	gentil(le)	bravo(a)	bueno(a)
obehaglig (SV)	unangenehm	unpleasant	désagréable	spiacevole	desagradable
obejmować <objąć> (PL)	umarmen	embrace	serrer dans ses bras	abbracciare	abrazar
obekväm (SV)	unbequem	uncomfortable	inconfortable	scomodo(a)	incómodo(a)
oben (D)	—	above	en haut	sopra	arriba
oberflächlich (D)	—	superficial	superficiel(le)	superficiale	superficial
oberoende (SV)	unabhängig	independent	indépendant(e)	indipendente	independiente
obeslutsam (SV)	unentschlossen	undecided	irrésolu(e)	indeciso(a)	irresoluto(a)

obeslutsam

P	NL	SV	PL	CZ	H
seta f	pijl m	pil u	strzała f	šíp m	—
público	openbaar	offentlig	publiczny	veřejný	—
evidente	klaarblijkelijk	tydligen	oczywisty	zřejmý	—
ceifar	maaien	klippa	kosić	sekat trávu	—
abrir	openen	öppna	otwierać <otworzyć>	otevírat <otevřít>	—
aberto	open	öppen	otwarty	otevřený	—
aberto	geopend	öppnad	otwarty	otevřený	—
horário m	openingstijden pl	öppningstider pl	godziny otwarcia f/pl	otevírací doba f	—
sóbrio	nuchter	—	trzeźwy	střízlivě	józan
agora	nu	nu	teraz	—	most
premir	drukken	trycka	uciskać <ucisnąć>	tisknout <stisknout>	—
expresso	uitdrukkelijk	uttrycklig	kategorycznie	výslovně	—
pesar	wegen	väga	ważyć	vážit <zvážit>	—
útil	nuttig	—	pożyteczny	užitečný	hasznos
cadeira de repouso f	ligstoel m	liggstol u	leżak m	lehátko n	—
reforma f	pensioen n	pension u	stan spoczynku m	důchod m	—
silêncio m	rust f	lugn n	spokój m	klid m	—
oeste m	westen n	väster u	zachód n	západ m	—
pensão f	pension n	pension u	pensjonat m	penzion m	—
calmo	rustig	stilla	spokojny	klidný	—
inquieto	onrustig	orolig	niespokojny	neklidný	—
inquietar	verontrusten	oroa	niepokoić <zaniepokoić>	znepokojovat <znepokojit>	—
dar	genoeg zijn	räcka	sięgać	dosahovat <dosáhnout>	—
ou	of	eller	albo	(a)nebo	vagy
ou	of	eller *	albo	(a)nebo	vagy
ilha f	eiland n	—	wyspa f	ostrov m	sziget
ele	hij	han	on	on	—
ela	zij	hon	ona	ona	—
ambos	beide(n)	båda	oboje	—	mindkettő
recear	vrezen	befara	obawiać, się	—	tart
recear	vrezen	befara	—	obávat, se	tart
ter medo de	vrezen	frukta	—	bát se	fél, retteg
obrigar	verplichten	förbinda	zobowiązywać	zavazovat <zavázat>	kötelez
obrigação f	verplichting f	åtagande n	zobowiązanie n	povinnost f	kötelezettség
bilhete de identidade m	identiteitsbewijs n	identitetskort n	dowód osobisty m	—	személyi igazolvány
negócio m	zaak f	affär u	sklep m	—	üzlet
loja f	winkel m	affär u	sklep m	—	bolt
comercial	zakelijk	affärsmässigt	służbowy	—	üzleti
armazém m	warenhuis n	varuhus n	dom towarowy m	—	áruház
comerciante m	handelaar m	handelsman u	handlarz m	—	árus
admirar	bewonderen	beundra	podziwiać	—	csodál
receber	ontvangen	erhålla	otrzymywać <otrzymać>	—	megkap
actualmente	tegenwoordig	nuförtiden	—	v dnešní době	manapság
almoço m	middagmaal n	middag u	obiad m	—	ebéd
—	braaf	lydig	grzeczny	hodný	jó, rendes
desagradável	onaangenaam	—	nieprzyjemnie	nepříjemný	kellemetlen
abraçar	omhelzen	krama	—	objímat <obejmout>	átölel
incómodo	ongemakkelijk	—	niewygodny	nepohodlný	kényelmetlen
em cima	boven	ovan	na górze	nahoře	fenn
superficial	oppervlakkig	ytlig	powierzchowny	povrchní	felületes
independente	onafhankelijk	—	niezależnie	nezávislý	független
indeciso	besluiteloos	—	niezdecydowany	nerozhodný	habozó

obestämt

	D	E	F	I	ES
obestämt (SV)	unbestimmt	uncertain	indéfini(e)	incerto(a)	indeterminado(a)
oběť (CZ)	Opfer n	sacrifice	sacrifice m	sacrificio m	sacrificio m
obiad (PL)	Mittagessen n	lunch	déjeuner m	pranzo m	almuerzo m
obiecywać (PL)	versprechen	promise	promesse f	promessa f	promesa f
obiekt (PL)	Anlage f	plant	installation f	impianto m	establecimiento m
obierać <obrać> (PL)	schälen	peel	éplucher	sbucciare	pelar
obietnica (PL)	Versprechen n	promise	promettre	promettere	prometer
obilí (CZ)	Getreide n	cereals	céréales f/pl	cereali m/pl	cereales m/pl
objazd (PL)	Umleitung f	diversion	déviation f	deviazione f	desviación f
objednávat předem <objednat předem> (CZ)	vorbestellen	book	réserver	prenotare	hacer reservar
objednávat <objednat> (CZ)	bestellen	order	commander	ordinare	pedir
objevovat se <objevit se> (CZ)	erscheinen	appear	apparaître	apparire	aparecer
objevovat <objevit> (CZ)	entdecken	discover	découvrir	scoprire	descubrir
objímat <obejmout> (CZ)	umarmen	embrace	serrer dans ses bras	abbracciare	abrazar
objížďka (CZ)	Umleitung f	diversion	déviation f	deviazione f	desviación f
oblast (CZ)	Gegend f	region	région f	regione f	región f
oblečení (CZ)	Kleidung f	clothing	habits m/pl	abbigliamento m	ropa f
oblek (CZ)	Anzug m	suit	costume m	vestito m	traje m
oblékat <obléci> (CZ)	anziehen	put on	mettre	indossare	ponerse
oblíbený (CZ)	beliebt	popular	populaire	popolare	estimado(a)
obličej (CZ)	Gesicht n	face	visage m	faccia f	cara f
obliczać <obliczyć>[1] (PL)	berechnen	charge	calculer	calcolare	calcular
obliczać <obliczyć>[2] (PL)	rechnen	calculate	calculer	calcolare	calcular
obligación[1] (ES)	Pflicht f	duty	devoir m	dovere m	—
obligación[2] (ES)	Verpflichtung f	obligation	obligation f	obbligo m	—
obligar[1] (ES)	verpflichten	oblige	obliger	obbligare	—
obligar[2] (ES)	zwingen	force	forcer	costringere	—
obligation (E)	Verpflichtung f	—	obligation f	obbligo m	obligación f
obligation (F)	Verpflichtung f	obligation	—	obbligo m	obligación f
oblige (E)	verpflichten	—	obliger	obbligare	obligar
obliger (F)	verpflichten	oblige	—	obbligare	obligar
obniżać <obniżyć> (PL)	herabsetzen	lower	baisser	diminuire	rebajar
obnos (CZ)	Betrag m	amount	montant m	importo m	importe m
oboje (PL)	beide	both	tous/toutes les deux	entrambi(e)	ambos(as)
obojętnie (PL)	egal	all the same	égal(e)	uguale	igual
obok (PL)	neben	beside	près de	accanto a	al lado de
obowiązek (PL)	Pflicht f	duty	devoir m	dovere m	obligación f
obóz (PL)	Lager n	store	magasin m	magazzino m	almacén m
obracać (PL)	umdrehen	turn around	tourner	gia rare	volver
obracać <obrócić> (PL)	drehen	turn	tourner	girare	girar
obracet, se <obrátit, se> (CZ)	umkehren	turn back	retourner	ritornare	regresar
obras (P)	Bauarbeiten pl	construction works	travaux	lavori di costruzione m/pl	trabajos de construcción m/pl
obratný (CZ)	geschickt	skilful	habile	abile	hábil
obraz[1] (PL)	Bild n	picture	image f	immagine f	cuadro m
obraz[2] (PL)	Gemälde n	painting	tableau m	quadro m	cuadro m
obraz[1] (CZ)	Bild n	picture	image f	immagine f	cuadro m
obraz[2] (CZ)	Gemälde n	painting	tableau m	quadro m	cuadro m
obraza (PL)	Beleidigung f	insult	offense f	offesa f	ofensa f

683 obraza

P	NL	SV	PL	CZ	H
indeterminado	onzeker	—	nieokreślony	neurčitý	bizonytalan
sacrifício m	opoffering m	offer n	ofiara f	—	áldozat
almoço m	middagmaal n	middag u	—	oběd m	ebéd
prometer	beloven	lova	—	slibovat <slíbit>	megígér
construção f	inrichting f	anläggning u	—	příloha	berendezés
descascar	schillen	skala	—	loupat <oloupat>	hámoz
promessa f	belofte f	löfte n	—	slib m	ígéret
cereal m	graan n	säd u	zboże n	—	gabona
rota de m desvio	omleiding f	omdirigering av trafik u	—	objížďka f	terelőút
reservar	van tevoren bestellen	förutbeställa	zarezerwować zamówienie	—	előre rendel
encomendar	bestellen	beställa	zamawiać <zamówić>	—	megrendel
aparecer	verschijnen	framträda	ukazywać, się <ukazać, się>	—	megjelen
descobrir	ontdekken	upptäcka	odkrywać <odkryć>	—	felfedez
abraçar	omhelzen	krama	obejmować <objąć>	—	átölel
rota de m desvio	omleiding f	omdirigering av trafik u	objazd m	—	terelőút
região f	streek f	bygd u	okolica f	—	környék
vestuário m	kleding f	kläder pl	ubranie n	—	ruházat
fato m	kostuum n	kostym u	garnitur m	—	öltöny
vestir	aantrekken	klä på sig	ubierać <ubrać>	—	felvesz
popular	bemind	omtyckt	lubiany	—	közkedvelt
cara f	gelaat n	ansikte n	twarz f	—	arc
calcular	berekenen	beräkna	—	fakturovat	kiszámít
calcular	rekenen	räkna	—	počítat <spočítat>	számol
dever m	plicht f	plikt u	obowiązek m	povinnost f	kötelesség
obrigação f	verplichting f	åtagande n	zobowiązanie n	povinnost f	kötelezettség
obrigar	verplichten	förbinda	zobowiązywać	zavazovat <zavázat>	kötelez
obrigar	dwingen	tvinga	zmuszać	nutit <donutit>	kényszerít
obrigação f	verplichting f	åtagande n	zobowiązanie n	povinnost f	kötelezettség
obrigação f	verplichting f	åtagande n	zobowiązanie n	povinnost f	kötelezettség
obrigar	verplichten	förbinda	zobowiązywać	zavazovat <zavázat>	kötelez
obrigar	verplichten	förbinda	zobowiązywać	zavazovat <zavázat>	kötelez
baixar	verlagen	sänka	—	snižovat <snížit>	leszállít
valor m	bedrag n	belopp n	kwota f	—	összeg
ambos	beide(n)	båda	—	oba	mindkettő
igual	om het even/egaal	lika	—	jedno	mindegy
ao lado de	naast	bredvid	—	vedle	mellett
dever m	plicht f	plikt u	—	povinnost f	kötelesség
armazém m	magazijn n	lager n	—	sklad m	raktár
virar	omdraaien	vrida	—	otáčet <otočit>	megfordít
rodar	draaien	vrida	—	točit <otočit>	forgat
voltar	omkeren	vända om	zawrócić	—	megfordít
—	(bouw)werken pl	byggarbeten pl	roboty budowlane	stavební práce pl	építkezés
hábil	bekwaam	skicklig	zręczny	—	ügyes
imagem f	beeld n	bild u	—	obraz m	kép
pintura f	schilderij n	målning u	—	obraz m	festmény
imagem f	beeld n	bild u	obraz n	—	kép
pintura f	schilderij n	målning u	obraz m	—	festmény
ofensa f	belediging f	förolämpning u	—	urážka f	sértés

obrażać

	D	E	F	I	ES
obrażać <obrazić> (PL)	beleidigen	insult	offenser	offendere	ofender
obrigação (P)	Verpflichtung f	obligation	obligation f	obbligo m	obligación f
obrigado (P)	danke	thank you	merci	grazie	gracias
obrigar[1] (P)	verpflichten	oblige	obliger	obbligare	obligar
obrigar[2] (P)	zwingen	force	forcer	costringere	obligar
obrovský (CZ)	riesig	huge	énorme	enorme	enorme
obsah (CZ)	Inhalt m	contents	contenu m	contenuto m	contenido m
obsahovat (CZ)	enthalten	contain	contenir	contenere	contener
obsazeno[1] (CZ)	ausgebucht	fully booked	complet(ète)	esaurito(a)	completo(a)
obsazeno[2] (CZ)	besetzt	engaged	occupé(e)	occupato(a)	ocupado(a)
obscurité (F)	Finsternis f	darkness	—	buio m	oscuridad f
observar (ES)	beobachten	observe	observer	osservare	—
observar (P)	beobachten	observe	observer	osservare	observar
observe (E)	beobachten	—	observer	osservare	observar
observer (F)	beobachten	observe	—	osservare	observar
obserwować <zaobserwować> (PL)	beobachten	observe	observer	osservare	observar
Obst (D)	—	fruit	fruits m/pl	frutta f	fruta f
obstarávat <obstarat> (CZ)	besorgen	acquire	procurer	procurare	conseguir
obszar[1] (PL)	Gebiet n	region	région f	regione f	zona f
obszar[2] (PL)	Gebiet n	region	région f	regione f	zona f
obszerny (PL)	geräumig	spacious	spacieux(euse)	spazioso(a)	espacioso(a)
obtener (ES)	erhalten	receive	recevoir	ricevere	—
obtěžovat (CZ)	belästigen	annoy	importuner	importunare	molestar
obvious (E)	offensichtlich	—	manifeste	evidente	evidente
obvykle (CZ)	gewöhnlich	usual	habituel(le)	abituale	habitual
obwohl (D)	—	although	bien que	benché	aunque
obývací pokoj (CZ)	Wohnzimmer n	living room	salon m	salotto m	cuarto de estar m
obyvatel (CZ)	Bewohner m	inhabitant	habitant m	abitante m	habitante m
obyvatel (CZ)	Einwohner m	inhabitant	habitant m	abitante m	habitante m
obyvatelstvo (CZ)	Bevölkerung f	population	population f	popolazione f	población f
obywatelstwo (PL)	Staatsangehörigkeit f	nationality	nationalité f	cittadinanza f	nacionalidad f
obzvláště (CZ)	besonders	especially	surtout	particolarmente	particularmente
ocasião (P)	Anlass m	occasion	occasion f	occasione f	ocasión f
ocasión[1] (ES)	Anlass m	occasion	occasion f	occasione f	—
ocasión[2] (ES)	Gelegenheit f	occasion	occasion f	occasione f	—
ocasionar (ES)	verursachen	cause	causer	causare	—
ocasionar (P)	verursachen	cause	causer	causare	ocasionar
occasion[1] (E)	Anlass m	—	occasion f	occasione f	ocasión f
occasion[2] (E)	Gelegenheit f	—	occasion f	occasione f	ocasión f
occasion[1] (F)	Anlass m	occasion	—	occasione f	ocasión f
occasion[2] (F)	Gelegenheit f	occasion	—	occasione f	ocasión f
occasione[1] (I)	Anlass m	occasion	occasion f	—	ocasión f
occasione[2] (I)	Chance f	chance	possibilité f	—	oportunidad f
occasione[3] (I)	Gelegenheit f	occasion	occasion f	—	ocasión f
occhiali (I)	Brille f	glasses	lunettes f/pl	—	gafas f/pl
occhiali da sole (I)	Sonnenbrille f	sunglasses	lunettes de soleil m/pl	—	gafas de sol f/pl
occhio (I)	Auge n	eye	oeil m/yeux pl	—	ojo m
occupare (I)	beschäftigen	occupy/employ	occuper	—	ocupar

occupare

P	NL	SV	PL	CZ	H
ofender	beledigen	förolämpa	—	urážet <urazit>	sért
—	verplichting f	åtagande n	zobowiązanie n	povinnost f	kötelezettség
—	bedankt	tack	dziękuję	děkuji	köszönöm!
—	verplichten	förbinda	zobowiązywać	zavazovat <zavázat>	kötelez
—	dwingen	tvinga	zmuszać	nutit <donutit>	kényszerít
gigantesco	reusachtig	jättestor	ogromy	—	oriási
conteúdo m	inhoud m	innehåll n	zawartość f	—	tartalom
conter	omvatten	innehålla	zawierać	—	tartalmaz
esgotado	niet meer beschikbaar	fullbokad	wyprzedany	—	foglalt
ocupado	bezet	upptaget	zajęty	—	foglalt
escuridão f	duisternis f	mörker u	ciemności f/pl	temno n	sötétség
observar	gadeslaan	iaktta	obserwować <zaobserwować>	pozorovat <zpozorovat>	figyel
—	gadeslaan	iaktta	obserwować <zaobserwować>	pozorovat <zpozorovat>	figyel
observar	gadeslaan	iaktta	obserwować <zaobserwować>	pozorovat <zpozorovat>	figyel
observar	gadeslaan	iaktta	obserwować <zaobserwować>	pozorovat <zpozorovat>	figyel
observar	gadeslaan	iaktta	—	pozorovat <zpozorovat>	figyel
fruta f	fruit n	frukt pl	owoce m/pl	ovoce n	gyümölcs
tratar de	bezorgen	ta hand om	doglądać <doglądnąć>	—	beszerez
área f	gebied n	område n	—	území n	terület
área f	gebied n	område n	—	území n	terület
espaçoso	ruim	rymlig	—	prostorný	tágas
receber	ontvangen	erhålla	otrzymywać <otrzymać>	obdržet	megkap
importunar	hinderen	besvära	naprzykrzać, się <naprzykrzyć, się>	—	molesztál
evidente	klaarblijkelijk	tydligen	oczywisty	zřejmý	nyilvánvaló
usual	gewoon	vanlig	zazwyczaj	—	rendszerint
se bem que	ofschoon	fastän	chociaż	přesto	habár
sala de estar f	huiskamer m	vardagsrum n	pokój mieszkalny m	—	lakószoba
habitante m	bewoner m	invånare u	mieszkaniec m	—	lakos
habitante m	inwoner m	invånare u	mieszkaniec m	—	lakos
população f	bevolking f	befolkning u	ludność f	—	lakosság
nacionalidade f	nationaliteit f	medborgarskap n	—	státní příslušnost f	állampolgárság
especialmente	bijzonder	särskild	szczególnie	—	kiváltképp
—	aanleiding f	anledning u	okazja f	příčina f	alkalom
ocasião f	aanleiding f	anledning u	okazja f	příčina f	alkalom
oportunidade f	gelegenheid f	tillfälle n	okazja f	příležitost f	alkalom
ocasionar	veroorzaken	förorsaka	powodować	zapříčiňovat <zapříčinit>	okoz
—	veroorzaken	förorsaka	powodować	zapříčiňovat <zapříčinit>	okoz
ocasião f	aanleiding f	anledning u	okazja f	příčina f	alkalom
oportunidade f	gelegenheid f	tillfälle n	okazja f	příležitost f	alkalom
ocasião f	aanleiding f	anledning u	okazja f	příčina f	alkalom
oportunidade f	gelegenheid f	tillfälle n	okazja f	příležitost f	alkalom
ocasião f	aanleiding f	anledning u	okazja f	příčina f	alkalom
oportunidade f	kans f	chans u	szansa f	šance f	lehetőség
oportunidade f	gelegenheid f	tillfälle n	okazja f	příležitost f	alkalom
óculos m	bril m	ett par glasögon	okulary pl	brýle pl	szemüveg
óculos de sol m	zonnebril m	solglasögon pl	okulary przeciwsłoneczne pl	sluneční brýle pl	napszemüveg
olho m	oog n	öga n	oko n	oko n	szem
ocupar	bezighouden	sysselsätta	zatrudniać <zatrudnić>	zaměstnávat <zaměstnat>	foglalkoztat

occupato(a)

	D	E	F	I	ES
occupato(a)[1] (I)	beschäftigt	busy	occupé(e)	—	ocupado(a)
occupato(a)[2] (I)	besetzt	engaged	occupé(e)	—	ocupado(a)
occupé(e)[1] (F)	beschäftigt	busy	—	occupato(a)	ocupado(a)
occupé(e)[2] (F)	besetzt	engaged	—	occupato(a)	ocupado(a)
occuper (F)	beschäftigen	occupy/employ	—	occupare	ocupar
occuper de, s'[1] (F)	kümmern, sich	look after	—	interessarsi di	ocuparse de
occuper de, s'[2] (F)	sorgen	worry about	—	prendersi cura di	atender/ocuparse de
occupy/employ (E)	beschäftigen	—	occuper	occupare	ocupar
occur (E)	vorkommen	—	exister	accadere	suceder
očekávat (CZ)	erwarten	expect	attendre	aspettare	esperar
ocena (PL)	Note f	mark	note f	voto m	calificación f
oceniać <ocenić> (PL)	beurteilen	judge	juger	giudicare	juzgar
ocet (PL)	Essig m	vinegar	vinaigre m	aceto m	vinagre m
ocet (CZ)	Essig m	vinegar	vinaigre m	aceto m	vinagre m
och (SV)	und	and	et	e	y
ochota (PL)	Lust f	delight	plaisir m	piacere m	ganas f/pl
ochrana životního prostředí (CZ)	Umweltschutz m	environment protection	protection de l'environnement f	protezione dell'ambiente f	protección del medio ambiente f
ochrona środowiska (PL)	Umweltschutz m	environment protection	protection de l'environnement f	protezione dell'ambiente f	protección del medio ambiente f
Ochse (D)	—	ox	bœuf m	bue m	buey m
ociągać się (PL)	zögern	hesitate	hésiter	esitare	vacilar
očkování (CZ)	Impfung f	vaccination	vaccination f	vaccinazione f	vacunanción f
oclić (PL)	verzollen	clear through customs	dédouaner	sdoganare	pagar la aduana
oco (P)	hohl	hollow	creux(euse)	cavo(a)	hueco(a)
ocorrer (P)	vorkommen	occur	exister	accadere	suceder
óculos (P)	Brille f	glasses	lunettes f/pl	occhiali m/pl	gafas f/pl
óculos de sol (P)	Sonnenbrille f	sunglasses	lunettes de soleil m/pl	occhiali da sole m/pl	gafas de sol f/pl
ocultar (ES)	verstecken	hide	cacher	nascondere	—
oculto(a) (ES)	heimlich	secret	secret(ète)	segreto(a)	—
ocupado[1] (P)	beschäftigt	busy	occupé(e)	occupato(a)	ocupado(a)
ocupado[2] (P)	besetzt	engaged	occupé(e)	occupato(a)	ocupado(a)
ocupado(a)[1] (ES)	beschäftigt	busy	occupé(e)	occupato(a)	—
ocupado(a)[2] (ES)	besetzt	engaged	occupé(e)	occupato(a)	—
ocupar (ES)	beschäftigen	occupy/employ	occuper	occupare	—
ocupar (P)	beschäftigen	occupy/employ	occuper	occupare	ocupar
ocuparse de (ES)	kümmern, sich	look after	occuper de, s'	interessarsi di	—
ocurrir (ES)	geschehen	happen	arriver	accadere	—
oczekiwać (PL)	erwarten	expect	attendre	aspettare	esperar
oczyszczać <oczyścić> (PL)	reinigen	clean	nettoyer	pulire	limpiar
oczywisty (PL)	offensichtlich	obvious	manifeste	evidente	evidente
odaát (H)	drüben	over there	de l'autre côté	dall'altra parte	al otro lado
odbierać <odebrać> (PL)	abholen	pick up	aller chercher	andare a prendere	recoger
odbiorca (PL)	Empfänger m	receiver	destinataire f	destinatario m	destinatario m
odbírat <odebrat> (CZ)	abnehmen	lose weight	maigrir	dimagrire	adelgazar
odbory (CZ)	Gewerkschaft f	trade union	syndicat m	sindacato m	sindicato m

odbory

P	NL	SV	PL	CZ	H
ocupado	bezig	sysselsatt	zatrudniony	zaměstnaný	elfoglalt
ocupado	bezet	upptaget	zajęty	obsazeno	foglalt
ocupado	bezig	sysselsatt	zatrudniony	zaměstnaný	elfoglalt
ocupado	bezet	upptaget	zajęty	obsazeno	foglalt
ocupar	bezighouden	sysselsätta	zatrudniać <zatrudnić>	zaměstnávat <zaměstnat>	foglalkoztat
cuidar de	bekommeren, zich	ta hand om	troszczyć, się	starat, se <postarat, se>	törődik
preocupar	zorgen	oroa sig	troszczyć, się	starat, se <postarat, se>	gondoskodik
ocupar	bezighouden	sysselsätta	zatrudniać <zatrudnić>	zaměstnávat <zaměstnat>	foglalkoztat
ocorrer	voorkomen	hända	występować	přiházet, se <přihodit, se>	előfordul
aguardar	verwachten	förvänta	oczekiwać	—	elvár
nota f	cijfer n	betyg n	—	známka f	osztályzat
julgar	beoordelen	bedöma	—	posuzovat <posoudit>	megítél
vinagre m	azijn m	ättika u	—	ocet m	ecet
vinagre m	azijn m	ättika u	ocet m	—	ecet
e	en	—	i	a	és
prazer m	lust f	lust u	—	chuť f	kedv
protecção do meio ambiente f	milieubescherming f	miljöskydd n	ochrona środowiska f	—	környezetvédelem
protecção do meio ambiente f	milieubescherming f	miljöskydd n	—	ochrana životního prostředí f	környezetvédelem
boi m	os m	oxe u	wół m	vůl m	ökör
hesitar	aarzelen	tveka	—	otálet	habozik
vacina f	inenting f	vaccin n	szczepienie n	—	oltás
pagar direitos	invoerrechten betalen	förtulla	—	proclívat <proclít>	elvámol
—	hol	ihålig	pusty	dutý	üres
—	voorkomen	hända	występować	přiházet, se <přihodit, se>	előfordul
—	bril m	ett par glasögon	okulary pl	brýle pl	szemüveg
—	zonnebril m	solglasögon pl	okulary przeciwsłoneczne pl	sluneční brýle pl	napszemüveg
esconder	verstoppen	gömma	chować	schovávat <schovat>	elrejt
secreto	heimelijk	hemlighetsfull	potajemny	tajný	titokban
—	bezig	sysselsatt	zatrudniony	zaměstnaný	elfoglalt
—	bezet	upptaget	zajęty	obsazeno	foglalt
ocupado	bezig	sysselsatt	zatrudniony	zaměstnaný	elfoglalt
ocupado	bezet	upptaget	zajęty	obsazeno	foglalt
ocupar	bezighouden	sysselsätta	zatrudniać <zatrudnić>	zaměstnávat <zaměstnat>	foglalkoztat
—	bezighouden	sysselsätta	zatrudniać <zatrudnić>	zaměstnávat <zaměstnat>	foglalkoztat
cuidar de	bekommeren, zich	ta hand om	troszczyć, się	starat, se <postarat, se>	törődik
acontecer	gebeuren	hända	dziać, się	stávat, se <stát, se>	történik
aguardar	verwachten	förvänta	—	očekávat	elvár
limpar	reinigen	göra rent	—	čistit <vyčistit>	tisztít
evidente	klaarblijkelijk	tydligen	—	zřejmý	nyilvánvaló
além	aan de overkant	på andra sidan	po tamtej stronie	na druhé straně	—
ir buscar	ophalen	hämta	—	vyzvedávat <vyzvednout>	érte megy
receptor m	ontvanger m	mottagare u	—	příjemce m	címzett
tirar	afnemen	ta bort	zdejmować <zdjąć>	—	lefogyni
sindicato m	vakvereniging f	fackförening u	związek zawodowy m	—	szakszervezet

odbywać, się

	D	E	F	I	ES
odbywać, się <odbyć, się> (PL)	stattfinden	take place	avoir lieu	avere luogo	tener lugar
odcestovat (CZ)	verreisen	go away	partir en voyage	essere in viaggio	irse de viaje
odcházet <odejít> (CZ)	weggehen	go away	s'en aller	andare via	marcharse
odchodzić (PL)	weggehen	go away	s'en aller	andare via	marcharse
odcinek (PL)	Strecke f	stretch	trajet m	tratto m	trayecto m
odčiňovat <odčinit> (CZ)	wieder gutmachen	make up for	réparer	riparare	subsanar
odczuwać brak (PL)	vermissen	miss	manquer	sentire la mancanza	echar de menos
oddawać (PL)	zurückgeben	give back	rendre	restituire	devolver
od dawna (PL)	längst	a long time ago	depuis bien longtemps	da molto	hace mucho
oddech (PL)	Atem m	breath	respiration f	fiato m	respiro m
oddělení¹ (CZ)	Abteilung f	department	département	reparto m	departamento m
oddělení² (CZ)	Trennung f	separation	séparation f	separazione f	separación f
oddělovat <oddělit> (CZ)	trennen	separate	séparer	separare	separar
oddíl (CZ)	Abteil n	compartment	compartiment m	scompartimento m	compartimento m
oddychać (PL)	atmen	breathe	respirer	respirare	respirar
oddzielnie (PL)	auseinander	apart	séparé(e)	separato(a)	separado(a)
öde (D)	—	waste	désert(e)	brullo(a)	desierto(a)
öde (SV)	öde	waste	désert(e)	brullo(a)	desierto(a)
öde (SV)	Schicksal n	fate	destin m	destino m	destino m
odemykat <odemknout> (CZ)	aufschließen	unlock	ouvrir	aprire	abrir
oder (D)	—	or	ou	o	o
odesílatel (CZ)	Absender m	sender	expéditeur m	mittente m	remitente m
odeur (F)	Duft m	scent	—	profumo m	aroma m
odhodlání (CZ)	Entschluss m	decision	décision f	decisione f	decisión f
odiar (ES)	hassen	hate	détester	odiare	—
odiar (P)	hassen	hate	détester	odiare	odiar
odiare (I)	hassen	hate	détester	—	odiar
odio (I)	Hass m	hate	haine f	—	odio m
odio (ES)	Hass m	hate	haine f	odio m	—
ódio (P)	Hass m	hate	haine f	odio m	odio m
odjazd (PL)	Abfahrt f	departure	départ m	partenza f	salida f
odjezd (CZ)	Abfahrt f	departure	départ m	partenza f	salida f
odjeżdżać <odjechać> (PL)	abfahren	depart	partir de	partire	salir
odjíždet <odjet> (CZ)	abfahren	depart	partir de	partire	salir
odjíždět <odjet> (CZ)	ausreisen	leave the country	sortir du pays	espatriare	salir
odkazovat <odkázat> (CZ)	vererben	bequeath	léguer	lasciare in eredità	transmitir hereditariamente
odkrywać <odkryć> (PL)	entdecken	discover	découvrir	scoprire	descubrir
odla (SV)	anbauen	cultivate	cultiver	coltivare	cultivar
odległość (PL)	Entfernung f	distance	distance f	distanza f	distancia f
odległy (PL)	entfernt	distant	éloigné(e)	distante	distante
odlet (CZ)	Abflug m	take-off	décollage m	decollo m	despegue m
odliv (CZ)	Ebbe f	low tide	marée basse f	bassa marea f	marea baja f
odlot (PL)	Abflug m	take-off	décollage m	decollo m	despegue m
odmawiać (PL)	weigern, sich	refuse	refuser	rifiutare	resistirse
odmítat <odmítnout> (CZ)	ablehnen	reject	refuser	rifiutare	rehusar
odmówić (PL)	absagen	decline	annuler	disdire	anular
odnímat <odejmout> (CZ)	wegnehmen	take away	enlever	togliere	quitar

odnímat

P	NL	SV	PL	CZ	H
realizar-se	plaatsvinden	äga rum	—	konat, se	lezajlik
viajar	op reis gaan	resa bort	wyjeżdżać	—	elutazik
sair	weggaan	gå bort	odchodzić	—	elmegy
sair	weggaan	gå bort	—	odcházet <odejít>	elmegy
trajecto m	traject n	sträcka u	—	trasa f	szakasz
reparar	weer goedmaken	gottgöra	wynagradzać szkodę	—	jóvátesz
fazer falta	missen	sakna	—	pohřešovat <pohřešit>	hiányol
devolver	teruggeven	ge tillbaka	—	vracet zpět <vrátit zpět>	visszaad
há muito tempo	allang	för länge sedan	—	dávno	régóta
respiração f	adem m	andning u	—	dech m	lélegzet
divisão f	afdeling f	avdelning u	wydział m	—	osztály
separação f	scheiding f	skilsmässa u	rozdzielenie n	—	elválasztás
separar	scheiden	skilja åt	rozdzielić	—	elválaszt
compartimento m	compartiment n	kupé u	przedział m	—	fülke
respirar	ademen	andas	—	dýchat	lélegzik
separado	uit elkaar	isär	—	od sebe	külön
deserto	woest	öde	pusty	pustý	kietlen
deserto	woest	—	pusty	pustý	kietlen
destino m	noodlot n	—	przeznaczenie n	osud m	sors
abrir à chave	ontsluiten	låsa upp	otwierać	—	felnyit
ou	of	eller	albo	(a)nebo	vagy
remetente m	afzender m	avsändare u	nadawca m	—	feladó
aroma m	geur m	doft u	zapach m	vůně f	illat
decisão f	besluit n	beslut n	decyzja f	—	döntés
odiar	haten	hata	nienawidzić	nenávidět	gyűlöl
—	haten	hata	nienawidzić	nenávidět	gyűlöl
odiar	haten	hata	nienawidzić	nenávidět	gyűlöl
ódio m	haat m	hat n	nienawiść f	nenávist f	gyűlölet
ódio m	haat m	hat n	nienawiść f	nenávist f	gyűlölet
—	haat m	hat n	nienawiść f	nenávist f	gyűlölet
partida f	vertrek n	avresa u	—	odjezd m	indulás
partida f	vertrek n	avresa u	odjazd m	—	indulás
partir	vertrekken	resa	—	odjíždět <odjet>	elutazik
partir	vertrekken	resa	odjeżdżać <odjechać>	—	elutazik
sair	(uit)reizen	avresa	wyjeżdżać <wyjechać>	—	kiutazik
herdar	nalaten	gå i arv	dziedziczyć	—	örökül hagy
descobrir	ontdekken	upptäcka	—	objevovat <objevit>	felfedez
cultivar	aanbouwen	—	uprawiać	pěstovat	termeszt
distância f	verwijdering f	distans u	—	vzdálenost f	távolság
afastado	verwijderd	borttagen	—	vzdálený	távol
partida do avião f	vertrek n	start u	odlot m	—	felszállás
maré baixa f	eb f	ebb u	odpływ m	—	apály
partida do avião f	vertrek n	start u	—	odlet m	felszállás
recusar-se	weigeren	vägra	—	zdráhat, se	vonakodik
recusar	afwijzen	avböja	odrzucać <odrzucić>	—	visszautasít
recusar	afzeggen	inställa	—	odříkat <odříct>	lemond
tirar	wegnemen	ta bort	zabierać	—	elvesz

odpad

	D	E	F	I	ES
odpad (CZ)	Abfall m	rubbish	déchets m/pl	immondizia f	basura f
odpady (PL)	Abfall m	rubbish	déchets m/pl	immondizia f	basura f
odpływ (PL)	Ebbe f	low tide	marée basse f	bassa marea f	marea baja f
odpočívat <odpočinout> (CZ)	ausruhen	rest	reposer, se	riposare	descansar
odpoczywać <odpocząć> (PL)	ausruhen	rest	reposer, se	riposare	descansar
odpoledne (CZ)	nachmittags	in the afternoon	à l'après-midi	di pomeriggio	por la tarde
odpoledne (CZ)	Nachmittag m	afternoon	après-midi m	pomeriggio m	tarde f
odporovat (CZ)	widersprechen	contradict	contredire	contraddire	contradecir
odpouštět <odpustit> (CZ)	verzeihen	forgive	pardonner	perdonare	perdonar
odpověď (CZ)	Antwort f	answer	réponse f	risposta f	respuesta f
odpovědnost (CZ)	Verantwortung f	responsibility	responsabilté f	responsabilità f	responsabilidad f
odpovídat <odpovědět>[1] (CZ)	antworten	answer	répondre	rispondere	responder
odpovídat <odpovědět>[2] (CZ)	entsprechen	correspond	correspondre à	corrispondere	corresponder a
odpovídat <odpovědět>[3] (CZ)	beantworten	answer	répondre à	rispondere a	responder a
odpowiadać (PL)	entsprechen	correspond	correspondre à	corrispondere	corresponder a
odpowiadać twierdząco <odpowiedzieć twierdząco> (PL)	bejahen	agree with	répondre par l'affirmative à	approvare	afirmar
odpowiadać <odpowiedzieć>[1] (PL)	antworten	answer	répondre	rispondere	responder
odpowiadać <odpowiedzieć>[2] (PL)	beantworten	answer	répondre à	rispondere a	responder a
odpowiedni[1] (PL)	geeignet	suitable	approprié(e)	adatto(a)	adecuado(a)
odpowiedni[2] (PL)	passend	suitable	assorti(e)	adatto(a)	apropiado(a)
odpowiedź (PL)	Antwort f	answer	réponse f	risposta f	respuesta f
odpowiedzialność (PL)	Verantwortung f	responsibility	responsabilté f	responsabilità f	responsabilidad f
odpowiedzialny (PL)	verantwortlich	responsible	responsable	responsabile	responsable
odprawiać (PL)	verabschieden	say goodbye to	prendre congé de	congedare	despedir
odpuštění (CZ)	Verzeihung f	forgiveness	pardon m	perdono m	perdón m
odradzać <odradzić> (PL)	abraten	warn	déconseiller	sconsigliare	desaconsejar
odrażający (PL)	widerlich	disgusting	repoussant(e)	ripugnante	repugnante
odříkat <odříct> (CZ)	absagen	decline	annuler	disdire	anular
odrzucać <odrzucić> (PL)	ablehnen	reject	refuser	rifiutare	rehusar
od sebe (CZ)	auseinander	apart	séparé(e)	separato(a)	separado(a)
odstavit (CZ)	abstellen	turn off	arrêter	spegnere	desconectar
odstawiać <odstawić> (PL)	abstellen	turn off	arrêter	spegnere	desconectar
odstęp (PL)	Abstand m	distance	distance f	distanza f	distancia f
odstraňovat <odstranit> (CZ)	entfernen	remove	éloigner	allontanare	quitar
odstup (CZ)	Abstand m	distance	distance f	distanza f	distancia f
odsuzovat <odsoudit> (CZ)	verurteilen	condemn	condamner	condannare	sentenciar
od tego (PL)	davon	of it	en/de cela	ne/di là	de ello
odtwarzać (PL)	wiedergeben	return	rendre	restituire	devolver
oduglig (SV)	unfähig	incapable	incapable	incapace	incapaz
odvaha (CZ)	Mut m	courage	courage m	coraggio m	coraje m
odvar (CZ)	Brühe f	broth	bouillon m	brodo m	caldo m
odvracet <odvrátit> (CZ)	ablenken	distract	distraire	distrarre	desviar

odvracet

P	NL	SV	PL	CZ	H
lixo m	afval m	avfall n	odpady m/pl	—	hulladék
lixo m	afval m	avfall n	—	odpad m	hulladék
maré baixa f	eb f	ebb u	—	odliv m	apály
descansar	rusten	vila	odpoczywać <odpocząć>	—	kipiheni magát
descansar	rusten	vila	—	odpočívat <odpočinout>	kipiheni magát
de tarde	's namiddags	på eftermiddagen	po południu	—	délutánonként
tarde f	namiddag m	eftermiddag u	popołudnie n	—	délután
contradizer	tegenspreken	säga emot	sprzeciwiać się	—	ellentmond
perdoar	vergeven	förlåta	wybaczyć	—	megbocsát
resposta f	antwoord n	svar n	odpowiedź f	—	válasz
responsabilidade f	verantwoordelijkheid f	ansvar n	odpowiedzialność f	—	felelősség
responder	antwoorden	svara	odpowiadać <odpowiedzieć>	—	válaszol
corresponder	overeenkomen	motsvara	odpowiadać	—	megfelel
responder	beantwoorden	svara	odpowiadać <odpowiedzieć>	—	megválaszol
corresponder	overeenkomen	motsvara	—	odpovídat <odpovědět>	megfelel
afirmar	bevestigen	jaka	—	souhlasit <odsouhlasit>	igennel válaszol
responder	antwoorden	svara	—	odpovídat <odpovědět>	válaszol
responder	beantwoorden	svara	—	odpovídat <odpovědět>	megválaszol
adequado	geschikt	lämplig	—	vhodný	alkalmas
apropriado	passend	passande	—	padnoucí	megfelelő
resposta f	antwoord n	svar n	—	odpověď f	válasz
responsabilidade f	verantwoordelijkheid f	ansvar n	—	odpovědnost f	felelősség
responsável	verantwoordelijk	ansvarig	—	zodpovědný	felelős
despedir	afscheid nemen van	ta avsked	—	loučit, se <rozloučit, se>	elbúcsúztat
perdão m	vergiffenis f	förlåtelse u	wybaczenie n	—	bocsánat
desaconselhar	afraden	avråda	—	zrazovat <zradit>	lebeszél
repugnante	walgelijk	vedervärdig	—	protivný	undorító
recusar	afzeggen	inställa	odmówić	—	lemond
recusar	afwijzen	avböja	—	odmítat <odmítnout>	visszautasít
separado	uit elkaar	isär	oddzielnie	—	külön
desligar	afzetten	ställa ned	odstawiać <odstawić>	—	félretesz
desligar	afzetten	ställa ned	—	odstavit	félretesz
distância f	afstand m	avstånd n	—	odstup m	távolság
afastar	verwijderen	ta bort	usuwać <usunąć>	—	eltávolít
distância f	afstand m	avstånd n	odstęp m	—	távolság
condenar	veroordelen	döma	skazywać, potępiać	—	elítél
disto	daarvan	därom	—	z toho	attól
devolver	teruggeven	återge	—	vracet <vrátit>	visszaad
incapaz	niet in staat	—	niezdolny	neschopný	képtelen
coragem f	moed m	mod n	odwaga f	—	bátorság
caldo m	bouillon m	buljong u	bulion m	—	erőleves
distrair	afleiden	avleda	skierowywać w inną stronę <skierować w inną stronę>	—	eltérít

odwaga

	D	E	F	I	ES
odwaga (PL)	Mut m	courage	courage m	coraggio m	coraje m
odwiedzać <odwiedzić> (PL)	besuchen	visit	rendre visite à	andare a trovare	visitar
odwiedziny (PL)	Besuch m	visit	visite f	visita f	visita f
odwrotnie (PL)	umgekehrt	vice versa	vice versa	inverso(a)	contrario(a)
odżywiać (PL)	ernähren	feed	nourrir	nutrire	alimentar
odżywianie (PL)	Ernährung f	nourishment	nourriture f	alimentazione f	alimentación f
oefenen (NL)	üben	practise	étudier	esercitarsi	practicar
oefening (NL)	Übung f	exercise	exercice m	esercizio f	ejercicio m
oeil/yeux (F)	Auge n	eye	—	occhio m	ojo m
oerfaren (SV)	unerfahren	inexperienced	inexpérimenté(e)	inesperto(a)	inexperto(a)
oeste (ES)	Westen m	west	ouest m	ovest m	—
oeste (P)	Westen m	west	ouest m	ovest m	oeste m
œuf (F)	Ei n	egg	—	uovo m	huevo m
of (NL)	oder	or	ou	o	o
of age (E)	volljährig	—	majeur(e)	maggiorenne	mayor de edad
ofarlig (SV)	harmlos	harmless	inoffensif(-ive)	inoffensivo(a)	inofensivo(a)
Ofen (D)	—	oven	poêle m	stufa f	estufa f
ofender (ES)	beleidigen	insult	offenser	offendere	—
ofender (P)	beleidigen	insult	offenser	offendere	ofender
ofensa (ES)	Beleidigung f	insult	offense f	offesa f	—
ofensa (P)	Beleidigung f	insult	offense f	offesa f	ofensa f
oferecer[1] (P)	anbieten	offer	offrir	offrire	ofrecer
oferecer[2] (P)	schenken	give	offrir	regalare	regalar
oferować <zaoferować> (PL)	anbieten	offer	offrir	offrire	ofrecer
oferta (ES)	Angebot n	offer	offre f	offerta f	—
oferta (P)	Angebot n	offer	offre f	offerta f	oferta f
oferta (PL)	Angebot n	offer	offre f	offerta f	oferta f
oferta especial (ES)	Sonderangebot n	special offer	offre spéciale f	offerta speciale f	—
oferta specjalna (PL)	Sonderangebot n	special offer	offre spéciale f	offerta speciale f	oferta especial f
offen (D)	—	open	ouvert(e)	aperto(a)	abierto(a)
offendere (I)	beleidigen	insult	offenser	—	ofender
offense (F)	Beleidigung f	insult	—	offesa f	ofensa f
offenser (F)	beleidigen	insult	—	offendere	ofender
offensichtlich (D)	—	obvious	manifeste	evidente	evidente
öffentlich (D)	—	public	public(ique)	pubblico(a)	público(a)
offentlig (SV)	öffentlich	public	public(ique)	pubblico(a)	público(a)
offentliggöra (SV)	veröffentlichen	publish	publier	pubblicare	publicar
offer (E)	anbieten	—	offrir	offrire	ofrecer
offer (E)	Angebot n	—	offre f	offerta f	oferta f
offer (SV)	Opfer n	sacrifice	sacrifice m	sacrificio m	sacrificio m
offerta (I)	Angebot n	offer	offre f	—	oferta f
offerta speciale (I)	Sonderangebot n	special offer	offre spéciale f	—	oferta especial f
offesa (I)	Beleidigung f	insult	offense f	—	ofensa f
off/from/out of (E)	aus	—	de/par/hors de	da/di	de
office[1] (E)	Büro n	—	bureau m	ufficio m	oficina f
office[2] (E)	Amt n	—	bureau m	ufficio m	oficio m
office du tourisme (F)	Fremdenverkehrsbüro n	tourism office	—	ufficio turistico m	oficina de turismo f
öffnen (D)	—	open	ouvrir	aprire	abrir
Öffnungszeiten (D)	—	business hours	heures d'ouverture f/pl	orario d'apertura m	horas de apertura f/pl
offre (F)	Angebot n	offer	—	offerta f	oferta f
offre spéciale (F)	Sonderangebot n	special offer	—	offerta speciale f	oferta especial f

offre spéciale

P	NL	SV	PL	CZ	H
coragem f	moed m	mod n	—	odvaha f	bátorság
visitar	bezoeken	besöka	—	navštěvovat <navštívit>	meglátogat
visita f	bezoek n	besök n	—	návštěva f	látogatás
inverso	omgekeerd	omvänt	—	opačně	fordítva
alimentar	voeden	livnära	—	živit	táplál
alimentação f	voeding f	näring u	—	potrava f	táplálkozás
exercitar	—	öva	ćwiczyć	cvičit <nacvičit>	gyakorol
exercício m	—	övning u	ćwiczenie n	cvičení n	gyakorlat
olho m	oog n	öga n	oko n	oko n	szem
inexperto	onervaren	—	niedoświadczony	nezkušený	tapasztalatlan
oeste m	westen n	väster u	zachód n	západ m	nyugat
—	westen n	väster u	zachód n	západ m	nyugat
ovo m	ei n	ägg n	jajko n	vejce n	tojás
ou	—	eller	albo	(a)nebo	vagy
maior	meerderjarig	myndig	pełnoletni	plnoletý	nagykorú
inofensivo	ongevaarlijk	—	nieszkodliwy	neškodný	ártalmatlan
forno m	oven m	ugn u	piec m	kamna pl	kályha
ofender	beledigen	förolämpa	obrażać <obrazić>	urážet <urazit>	sért
—	beledigen	förolämpa	obrażać <obrazić>	urážet <urazit>	sért
ofensa f	belediging f	förolämpning u	obraza f	urážka f	sértés
—	belediging f	förolämpning u	obraza f	urážka f	sértés
—	aanbieden	erbjuda	oferować <zaoferować>	nabízet <nabídnout>	kínál
—	schenken	skänka	darować <podarować>	darovat	ajándékoz
oferecer	aanbieden	erbjuda	—	nabízet <nabídnout>	kínál
oferta f	aanbieding f	erbjudande n	oferta f	nabídka f	ajánlat
—	aanbieding f	erbjudande n	oferta f	nabídka f	ajánlat
oferta f	aanbieding f	erbjudande n	—	nabídka f	ajánlat
saldo m	speciale aanbieding f	extraerbjudande n	oferta specjalna f	zvláštní nabídka f	akciós árú
saldo m	speciale aanbieding f	extraerbjudande n	—	zvláštní nabídka f	akciós árú
aberto	open	öppen	otwarty	otevřený	nyitott
ofender	beledigen	förolämpa	obrażać <obrazić>	urážet <urazit>	sért
ofensa f	belediging f	förolämpning u	obraza f	urážka f	sértés
ofender	beledigen	förolämpa	obrażać <obrazić>	urážet <urazit>	sért
evidente	klaarblijkelijk	tydligen	oczywisty	zřejmý	nyilvánvaló
público	openbaar	offentlig	publiczny	veřejný	nyilvános
público	openbaar	—	publiczny	veřejný	nyilvános
publicar	publiceren	—	publikować	uveřejňovat <uveřejnit>	publikál
oferecer	aanbieden	erbjuda	oferować <zaoferować>	nabízet <nabídnout>	kínál
oferta f	aanbieding f	erbjudande n	oferta f	nabídka f	ajánlat
sacrifício m	opoffering m	—	ofiara f	oběť f	áldozat
oferta f	aanbieding f	erbjudande n	oferta f	nabídka f	ajánlat
saldo m	speciale aanbieding f	extraerbjudande n	oferta specjalna f	zvláštní nabídka f	akciós árú
ofensa f	belediging f	förolämpning u	obraza f	urážka f	sértés
de	uit	ut	z	z	ból/ből
escritório m	kantoor n	kontor n	biuro n	kancelář f	iroda
instituição f	ambt n	ämbete n	urząd m	úřad m	hivatal
agência de informação turística f	bureau voor toerisme n	turistbyrå u	biuro turystyczne n	cestovní kancelář f	idegenforgalmi iroda
abrir	openen	öppna	otwierać <otworzyć>	otevírat <otevřít>	nyit
horário m	openingstijden pl	öppningstider pl	godziny otwarcia f/pl	otevírací doba f	nyitvatartási idő
oferta f	aanbieding f	erbjudande n	oferta f	nabídka f	ajánlat
saldo m	speciale aanbieding f	extraerbjudande n	oferta specjalna f	zvláštní nabídka f	akciós árú

offrir

	D	E	F	I	ES
offrir¹ (F)	anbieten	offer	—	offrire	ofrecer
offrir² (F)	schenken	give	—	regalare	regalar
offrire (I)	anbieten	offer	offrir	—	ofrecer
ofiara (PL)	Opfer n	sacrifice	sacrifice m	sacrificio m	sacrificio m
oficina (ES)	Büro n	office	bureau m	ufficio m	—
oficina de correos (ES)	Postamt n	post office	bureau de poste m	ufficio postale m	—
oficina de objetos perdidos (ES)	Fundbüro n	lost property office	bureau des objets trouvés m	ufficio oggetti smarriti m	—
oficina de reparações (P)	Autowerkstatt f	repair shop	atelier de réparation d'autos m	autofficina f	taller de reparaciones m
oficina de turismo (ES)	Fremdenverkehrsbüro n	tourism office	office du tourisme m	ufficio turistico m	—
oficio (ES)	Amt n	office	bureau m	ufficio m	—
ofício (P)	Handwerk n	craft	métier m	artigianato m	artesanía f
of it (E)	davon	—	en/de cela	ne/di là	de ello
of ... of (NL)	entweder ... oder	either ... or	ou ... ou	o ... o	o ... o
oförsiktig (SV)	unvorsichtig	careless	imprudent(e)	imprudente	descuidado(a)
ofrecer (ES)	anbieten	offer	offrir	offrire	—
ofschoon (NL)	obwohl	although	bien que	benché	aunque
oft (D)	—	often	souvent	spesso	a menudo
ofta¹ (SV)	häufig	frequent	fréquent(e)	frequente	frecuente
ofta² (SV)	oft	often	souvent	spesso	a menudo
often (E)	oft	—	souvent	spesso	a menudo
öga (SV)	Auge n	eye	oeil m/yeux pl	occhio m	ojo m
ogärna (SV)	ungern	reluctantly	de mauvaise grâce	malvolentieri	de mala gana/sin ganas
ogenblik (NL)	Augenblick m	moment	instant m	attimo m	momento m
oggetti antichi (I)	Antiquitäten pl	antiques	antiquités f/pl	—	antigüedades f/pl
oggi (I)	heute	today	aujourd'hui	—	hoy
oggigiorno (I)	heutzutage	nowadays	de nos jours	—	hoy en día
ogień (PL)	Feuer n	fire	feu m	fuoco m	fuego m
ogift (SV)	ledig	single	célibataire m	celibe m/nubile f	soltero(a)
ogilla (SV)	missbilligen	disapprove	désapprouver	disapprovare	desaprobar
ogiltig (SV)	ungültig	invalid	non valable	non valido(a)	no válido(a)
ogłoszenie (PL)	Anzeige f	announcement	annonce f	annuncio m	anuncio m
oglądać telewizję <obejrzeć telewizję> (PL)	fernsehen	watch television	regarder la télévision	guardare la TV	ver la televisión
ogni, ognuno (I)	jede(r,s)	each/every	chaque	—	cada
ogni volta (I)	jedes Mal	each time	chaque fois	—	cada vez
ogółem (PL)	insgesamt	altogether	dans l'ensemble	complessivamente	en suma
ogólnie (PL)	allgemein	general	général(e)	generale	general
ögonblick (SV)	Augenblick m	moment	instant m	attimo m	momento m
ogórek (PL)	Gurke f	cucumber	concombre m	cetriolo m	pepino m
ogród (PL)	Garten m	garden	jardin m	giardino m	jardín m
ogromy (PL)	riesig	huge	énorme	enorme	enorme
ogrzewać <ogrzać> (PL)	heizen	heat	chauffer	riscaldare	calentar
ogrzewanie (PL)	Heizung f	heating	chauffage m	riscaldamento m	calefacción f
ohälsosam (SV)	ungesund	unhealthy	malsain(e)	malsano(a)	enfermizo(a)
oheň (CZ)	Feuer n	fire	feu m	fuoco m	fuego m
ohlašovat <ohlásit> (CZ)	ansagen	announce	annoncer	annunciare	anunciar
Ohnmacht (D)	—	faint	évanouissement m	svenimento m	desmayo m
Ohr (D)	—	ear	oreille f	orecchio m	oreja f

P	NL	SV	PL	CZ	H
oferecer	aanbieden	erbjuda	oferować <zaoferować>	nabízet <nabídnout>	kínál
oferecer	schenken	skänka	darować <podarować>	darovat	ajándékoz
oferecer	aanbieden	erbjuda	oferować <zaoferować>	nabízet <nabídnout>	kínál
sacrifício m	opoffering m	offer n	—	oběť f	áldozat
escritório m	kantoor n	kontor n	biuro n	kancelář f	iroda
estação de correios f	postkantoor n	postkontor n	urząd pocztowy m	poštovní úřad m	postahivatal
repartição de perdidos e achados f	bureau n voor gevonden voorwerpen	hittegodsmagasin n	biuro rzeczy znalezionych n	ztráty a nálezy f/pl	talált tárgyak gyűjtőhelye
—	garage f	bilverkstad u	stacja naprawy samochodów f	autodílna f	autojavító műhely
agência de informação turística f	bureau voor toerisme n	turistbyrå u	biuro turystyczne n	cestovní kancelář f	idegenforgalmi iroda
instituição f	ambt n	ämbete n	urząd m	úřad m	hivatal
—	handwerk n/ ambacht n	hantverk n	rzemiosło n	řemeslo n	mesterség
disto	daarvan	därom	od tego	z toho	attól
ou ... ou então	—	varken ... eller	albo ... albo	buď a nebo	vagy ... vagy
imprudente	onvoorzichtig	—	nieostrożny	neopatrný	elővigyázatlan
oferecer	aanbieden	erbjuda	oferować <zaoferować>	nabízet <nabídnout>	kínál
se bem que	—	fastän	chociaż	přesto	habár
frequentemente	vaak	ofta	często	často	sokszor
frequente	vaak	—	częsty	často	gyakran
frequentemente	vaak	—	często	často	sokszor
frequentemente	vaak	ofta	często	často	sokszor
olho m	oog n	—	oko n	oko n	szem
de má vontade	niet graag	—	niechętnie	nerad	nem szívesen
instante m	—	ögonblick n	chwila f	okamžik m	pillanat
antiguidades f/pl	antiquiteiten f/pl	antikviteter pl	antyki m/pl	starožitnosti f/pl	régiségek
hoje	vandaag	idag	dzisiaj	dnes	ma
actualmente	tegenwoordig	nuförtiden	obecnie	v dnešní době	manapság
fogo m	vuur n	eld u	—	oheň m	tűz
solteiro	ongehuwd	—	stanu wolnego	svobodný	nőtlen
desaprovar	afkeuren	—	nie pochwalać	nesouhlasit	helyteleníť
inválido	ongeldig	—	nieważny	neplatný	érvénytelen
aviso m	advertentie f	annons	—	inzerát m	hirdetés
ver televisão	televisie kijken	titta på TV	—	dívat, se <podívat, se> na televizi	tévézik
cada	ieder(e)	varje	każda, każdy, każde	každý každá každé	minden
cada vez	telkens	varje gång	za każdym razem	pokaždé	minden alkalommal
na totalidade	in totaal	sammantaget	—	celkem	összesen
geral	algemeen	allmänt	—	všeobecně	általános
instante m	ogenblik n	—	chwila f	okamžik m	pillanat
pepino m	komkommer f	gurka u	—	okurka f	uborka
jardim m	tuin m	trädgård u	—	zahrada f	kert
gigantesco	reusachtig	jättestor	—	obrovský	óriási
aquecer	verwarmen	värma upp	—	topit <zatopit>	fűt
aquecimento m	verwarming f	värme u	—	topení n	fűtőberendezés
insalubre	ongezond	—	niezdrowy	nezdravý	egészségtelen
fogo m	vuur n	eld u	ogień m	—	tűz
anunciar	aankondigen	meddela	zapowiadać <zapowiedzieć>	—	bemond
desmaio m	bewusteloosheid f	vanmakt u	zemdlenie n	bezmocnost f	eszméletlenség
orelha f	oor n	öra n	ucho n	ucho n	fül

Ohrenschmerzen

	D	E	F	I	ES
Ohrenschmerzen (D)	—	earache	mal d'oreilles m	mal d'orecchi m	dolor de oídos m
ohrožovat <ohrozit> (CZ)	bedrohen	threaten	menacer	minacciare	amenazar
ohýbat <ohnout>¹ (CZ)	abbiegen	turn off	tourner	svoltare	torcer
ohýbat <ohnout>² (CZ)	biegen	bend	plier	piegare	doblar
oil (E)	Öl n	—	huile f	olio m	aceite m
ointment (E)	Salbe f	—	onguent m	pomata f	pomada f
ołówek¹ (PL)	Bleistift m	pencil	crayon m	matita f	lápiz m
ołówek² (PL)	Stift m	pencil	crayon m	matita f	lápiz m
oír (ES)	hören	hear	entendre	sentire	—
oiseau (F)	Vogel m	bird	—	uccello m	pájaro m
ojalá (que) (ES)	hoffentlich	hopefully	espérons	speriamo che	—
ojciec (PL)	Vater m	father	père m	padre m	padre m
ojo (ES)	Auge n	eye	oeil m/yeux pl	occhio m	—
ok¹ (H)	Grund m	reason	raison f	causa f	causa f
ok² (H)	Ursache f	cause	cause f	causa	causa f
ők (H)	sie pl	they	ils (elles)	loro	ellos(as)
öka (SV)	erhöhen	raise	augmenter	innalzare	elevar
okamžik (CZ)	Augenblick m	moment	instant m	attimo m	momento m
okänd (SV)	unbekannt	unknown	inconnu(e)	sconosciuto(a)	desconocido(a)
okazja¹ (PL)	Anlass m	occasion	occasion f	occasione f	ocasión f
okazja² (PL)	Gelegenheit f	occasion	occasion f	occasione f	ocasión f
oklaski (PL)	Beifall m	applause	applaudissements m/pl	applauso m	aplauso m
oklika (CZ)	Umweg m	detour	détour m	deviazione f	rodeo m
okno (PL)	Fenster n	window	fenêtre f	finestra f	ventana f
okno (CZ)	Fenster n	window	fenêtre f	finestra f	ventana f
okno wystawowe (PL)	Schaufenster n	shop window	vitrine f	vetrina f	escaparate m
oko (PL)	Auge n	eye	oeil m/yeux pl	occhio m	ojo m
oko (CZ)	Auge n	eye	oeil m/yeux pl	occhio m	ojo m
około (PL)	ungefähr	about	environ	pressappoco	aproximadamente
okolí (CZ)	Umgebung f	surroundings	environs m/pl	dintorni m/pl	alrededores m/pl
okolica (PL)	Gegend f	region	région f	regione f	región f
ökör (H)	Ochse m	ox	bœuf m	bue m	buey m
okos (H)	klug	clever	intelligent(e)	intelligente	inteligente
okoz (H)	verursachen	cause	causer	causare	ocasionar
okraj (CZ)	Rand m	brim	bord m	margine m	borde m
określony (PL)	bestimmt	definitely	certainement	certamente	certamente
okropny (PL)	grausam	cruel	cruel(le)	crudele	cruel
okružní jízda (CZ)	Rundfahrt f	round trip	circuit m	giro m	vuelta f
okulary (PL)	Brille f	glasses	lunettes f/pl	occhiali m/pl	gafas f/pl
okulary przeciwsłoneczne (PL)	Sonnenbrille f	sunglasses	lunettes de soleil m/pl	occhiali da sole m/pl	gafas de sol f/pl
okurka (CZ)	Gurke f	cucumber	concombre m	cetriolo m	pepino m
Öl (D)	—	oil	huile f	olio m	aceite m
öl (SV)	Bier n	beer	bière f	birra f	cerveza f
öl (SV)	Öl n	oil	huile f	olio m	aceite m
ola (ES)	Welle f	wave	vague f	onda f	—
Olá! (P)	Hallo!	Hello!	Salut!	Ciao!	¡Hola!
olaj (H)	Öl n	oil	huile f	olio m	aceite m
Olaszország (H)	Italien n	Italy	Italie f	Italia f	Italia f
olcsó (H)	billig	cheap	bon marché	a buon mercato	barato(a)
old (E)	alt	—	vieux (vieille)	vecchio(a)	viejo(a)

P	NL	SV	PL	CZ	H
dores de ouvido f/pl	oorpijn f	ont i öronen	ból uszu m	bolesti ucha f/pl	fülfájás
ameaçar	bedreigen	hota	zagrażać, <zagrozić>	—	fenyeget
virar	afslaan	vika av	skręcać <skręcić>	—	elkanyarodik
dobrar	buigen	böja	zginać <zgiąć>	—	meghajlít
óleo m	olie m	öl u/n	olej m	olej m	olaj
pomada f	zalf f	salva u	maść f	mast f	kenőcs
lápis m	potlood n	blyertspenna n	—	tužka f	ceruza
lápis m	stift m	stift n	—	kolík m	pecek
ouvir	horen	höra	słuchać <usłyszeć>	poslouchat <poslechnout>	hall
pássaro m	vogel m	fågel u	ptak m	pták m	madár
oxalá	hopelijk	förhoppningsvis	mam nadzieję, że	doufejme	remélhetően
pai m	vader m	far u	—	otec m	apa
olho m	oog n	öga n	oko n	oko n	szem
motivo m	reden f	anledning u	powód m	důvod m	—
causa f	oorzaak f	orsak u	przyczyna f	příčina f	—
eles(as)	zij	de	oni	oni	—
aumentar	verhogen	—	podwyższać <podwyższyć>	zvyšovat <zvýšit>	emel
instante m	ogenblik n	ögonblick n	chwila f	—	pillanat
desconhecido	onbekend	—	nieznany	neznámý	ismeretlen
ocasião f	aanleiding f	anledning u	—	příčina f	alkalom
oportunidade f	gelegenheid f	tillfälle n	—	příležitost f	alkalom
aplauso m	applaus n	bifall n	—	potlesk m	taps
caminho de desvio m	omweg m	omväg u	droga okrężna f	—	kerülő út
janela f	raam n	fönster n	—	okno n	ablak
janela f	raam n	fönster n	okno n	—	ablak
montra f	etalage f	skyltfönster n	—	výloha f	kirakat
olho m	oog n	öga n	—	oko n	szem
olho m	oog n	öga n	oko n	—	szem
aproximadamente	ongeveer	ungefär	—	přibližně	körülbelül
arredores m/pl	omgeving f	omgivning u	otoczenie n	—	környék
região f	streek f	bygd u	—	oblast f	környék
boi m	os m	oxe u	wół m	vůl m	—
inteligente	wijs	klok	mądry	chytrý	—
ocasionar	veroorzaken	förorsaka	powodować	zapříčiňovat <zapříčinit>	—
margem f	rand m	kant u	krawędź f	—	szél
certo	beslist	bestämd	—	určitě	biztos
cruel	wreedaardig	grym	—	krutý	kegyetlen
passeio de carro m	rondrit f	rundtur u	przejażdżka f	—	körutazás
óculos m	bril m	ett par glasögon	—	brýle pl	szemüveg
óculos de sol m	zonnebril m	solglasögon pl	—	sluneční brýle pl	napszemüveg
pepino m	komkommer f	gurka u	ogórek m	—	uborka
óleo m	olie m	öl u/n	olej m	olej m	olaj
cerveja f	bier n	—	piwo n	pivo n	sör
óleo m	olie m	—	olej m	olej m	olaj
onda f	golf m	våg u	fala f	vlna f	hullám
—	Hallo!	Hej!	Cześć!	Haló!	Szía!
óleo m	olie m	öl u/n	olej m	olej m	—
Itália f	Italië n	Italien	Włochy pl	Itálie f	—
barato	goedkoop	billigt	tani	levně	—
velho	oud	gammal	stary	starý	öreg

oldal

	D	E	F	I	ES
oldal (H)	Seite f	page	page f	pagina f	página f
old-fashioned (E)	altmodisch	—	démodé(e)	fuori moda	pasado(a) de moda
olej (PL)	Öl n	oil	huile f	olio m	aceite m
olej (CZ)	Öl n	oil	huile f	olio m	aceite m
óleo (P)	Öl n	oil	huile f	olio m	aceite m
oler (ES)	riechen	smell	sentir	sentire	—
olhar (P)	Blick m	look	regard m	sguardo m	vista f
olhar¹ (P)	ansehen	look at	regarder	guardare	mirar
olhar² (P)	schauen	look	retarder	guardare	mirar
olho (P)	Auge n	eye	oeil m/yeux pl	occhio m	ojo m
olie (NL)	Öl n	oil	huile f	olio m	aceite m
olifant (NL)	Elefant m	elephant	éléphant m	elefante m	elefante m
olik (SV)	verschieden	different	différent(e)	diverso(a)	diferente
olio (I)	Öl n	oil	huile f	—	aceite m
olla (ES)	Kochtopf m	saucepan	casserole f	pentola f	—
olló (H)	Schere f	pair of scissors	ciseaux m/pl	forbici f/pl	tijera f
olt (H)	löschen	extinguish	éteindre	spegnere	apagar
oltás (H)	Impfung f	vaccination	vaccination f	vaccinazione f	vacunanción f
öltöny (H)	Anzug m	suit	costume m	vestito m	traje m
olvas (H)	lesen	read	lire	leggere	leer
olvidar (ES)	vergessen	forget	oublier	dimenticare	—
olycka (SV)	Unfall m	accident	accident m	incidente m	accidente m
olycklig (SV)	unglücklich	unhappy	malheureux(euse)	sfortunato(a)	desgraciado(a)
om (SV)	falls	in case	au cas où	qualora	en caso de que
öm (SV)	zart	soft	doux(douce)	tenero(a)	suave
omáčka (CZ)	Soße f	sauce	sauce f	salsa f	salsa f
omawiać <omówić> (PL)	besprechen	discuss	discuter	discutere	discutir
ombra (I)	Schatten m	shadow	ombre f	—	sombra f
ombragé(e) (F)	schattig	shady	—	ombroso(a)	a la sombra
ombre (F)	Schatten m	shadow	—	ombra f	sombra f
ombrello (I)	Regenschirm m	umbrella	parapluie m	—	paraguas m
ombro (P)	Schulter f	shoulder	épaule f	spalla f	hombro m
ombroso(a) (I)	schattig	shady	ombragé(e)	—	a la sombra
omdat (NL)	weil	because	parce que	perché	porque
omdirigering av trafik (SV)	Umleitung f	diversion	déviation f	deviazione f	desviación f
omdraaien (NL)	umdrehen	turn around	tourner	gia rare	volver
o mesmo (P)	derselbe	the same	le même	lo stesso	el mismo
omgangstaal (NL)	Umgangssprache f	colloquial language	langue familière f	lingua parlata f	lenguaje coloquial m
omgekeerd (NL)	umgekehrt	vice versa	vice versa	inverso(a)	contrario(a)
omgeving (NL)	Umgebung f	surroundings	environs m/pl	dintorni m/pl	alrededores m/pl
omgivning (SV)	Umgebung f	surroundings	environs m/pl	dintorni m/pl	alrededores m/pl
omheen (NL)	herum	around	autour	intorno	alrededor
omhelzen (NL)	umarmen	embrace	serrer dans ses bras	abbracciare	abrazar
ömhet (SV)	Zärtlichkeit f	tenderness	tendresse f	tenerezza f	cariño m
om het even/egaal (NL)	egal	all the same	égal(e)	uguale	igual
omkeren (NL)	umkehren	turn back	retourner	ritornare	regresar
omkleden, zich (NL)	umziehen, sich	change	changer, se	cambiarsi	cambiarse
omkring (SV)	herum	around	autour	intorno	alrededor
omleiding (NL)	Umleitung f	diversion	déviation f	deviazione f	desviación f
omlouvat, se <omluvit, se> (CZ)	entschuldigen, sich	apologize	excuser, s'	scusarsi	disculparse

omlouvat, se

P	NL	SV	PL	CZ	H
página f	zijde f	sida u	strona f	strana f	—
antiquado	ouderwets	gammalmodig	staromodny	staromódní	régimódi
óleo m	olie m	öl u/n	—	olej m	olaj
óleo m	olie m	öl u/n	olej m	—	olaj
—	olie m	öl u/n	olej m	olej m	olaj
cheirar	ruiken	lukta	pachnieć <zapachnieć>	cítit <ucítit>	szaga van, szagol
—	blik m	blick u	spojrzenie n	pohled m	pillantás
—	aanzien	titta på	przyglądać, się <przyjrzeć, się>	dívat, se <podívat, se>	megnéz
—	kijken	se	patrzeć <popatrzeć>	hledět	néz
—	oog n	öga n	oko n	oko n	szem
óleo m	—	öl u/n	olej m	olej m	olaj
elefante m	—	elefant u	słoń m	slon m	elefánt
diferente	verschillend	—	różny	různý	különböző
óleo m	olie m	öl u/n	olej m	olej m	olaj
panela f	kookpot m	kastrull u	garnek m	hrnec m	fazék
tesoura f	schaar f	sax u	nożyce f/pl	nůžky pl	—
apagar	blussen	släcka	gasić <zgasić>	hasit <uhasit>	—
vacina f	inenting f	vaccin n	szczepienie n	očkování n	—
fato m	kostuum n	kostym u	garnitur m	oblek m	—
ler	lezen	läsa	czytać	číst <přečíst>	—
esquecer-se	vergeten	glömma	zapomnieć	zapomínat <zapomenout>	elfelejt
acidente m	ongeval n	—	wypadek m	nehoda f	baleset
infeliz	ongelukkig	—	nieszczęśliwy	nešťastný	boldogtalan
no caso de	indien	—	jeśli	když	ha
delicado	zacht	—	delikatny	jemný	gyengéd
molho m	saus f	sås u	sos m	—	mártás
discutir	bespreken	diskutera	—	hovořit <pohovořit>	megbeszél
sombra f	schaduw m	skugga u	cień m	stín m	árnyék
sombreado	schaduwrijk	skuggig	cienisty	stinný	árnyékos
sombra f	schaduw m	skugga u	cień m	stín m	árnyék
guarda-chuva m	regenscherm n	paraply n	parasol m	deštník m	esernyő
—	schouder f	axel u	ramię n	rameno n	váll
sombreado	schaduwrijk	skuggig	cienisty	stinný	árnyékos
porque	—	för att	ponieważ	protože	mert
rota de m desvio	omleiding f	—	objazd m	objížďka f	terelőút
virar	—	vrida	obracać	otáčet <otočit>	megfordít
—	dezelfde	densamme	ten sam	stejný	ugyanaz
linguagem corrente f	—	talspråk n	język potoczny m	hovorový jazyk m	köznyelv
inverso	—	omvänt	odwrotnie	opačně	fordítva
arredores m/pl	—	omgivning u	otoczenie n	okolí n	környék
arredores m/pl	omgeving f	—	otoczenie n	okolí n	környék
em volta	—	omkring	dookoła	kolem	körül
abraçar	—	krama	obejmować <objąć>	objímat <obejmout>	átölel
carinho m	tederheid f	—	czułość f	něžnost f	gyengédség
igual	—	lika	obojętnie	jedno	mindegy
voltar	—	vända om	zawrócić	obracet, se <obrátit, se>	megfordít
mudar de roupa	—	byta kläder	przebrać się	převlékat, se <převléct, se>	átöltözködik
em volta	omheen	—	dookoła	kolem	körül
rota de m desvio	—	omdirigering av trafik u	objazd m	objížďka f	terelőút
desculpar-se	verontschuldigen, zich	ursäkta sig	przepraszać <przeprosić>	—	bocsánatot kér

	D	E	F	I	ES
omluva (CZ)	Entschuldigung f	apology	excuse f	scusa f	disculpa f
omöjligt (SV)	unmöglich	impossible	impossible	impossibile	imposible
område¹ (SV)	Gebiet n	region	région f	regione f	zona f
område² (SV)	Gebiet n	region	région f	regione f	zona f
omschrijven (NL)	beschreiben	describe	décrire	descrivere	describir
omslachtig (NL)	umständlich	complicated	compliqué(e)	complicato(a)	complicado(a)
omsorgsfull (SV)	sorgfältig	careful(ly)	soigneux(euse)	accurato(a)	cuidadoso(a)
omständlig (SV)	umständlich	complicated	compliqué(e)	complicato(a)	complicado(a)
omtyckt (SV)	beliebt	popular	populaire	popolare	estimado(a)
omväg (SV)	Umweg m	detour	détour m	deviazione f	rodeo m
omvallen (NL)	umfallen	fall over	tomber	cadere	caerse
omvänt (SV)	umgekehrt	vice versa	vice versa	inverso(a)	contrario(a)
omvatten (NL)	enthalten	contain	contenir	contenere	contener
omväxlande (SV)	abwechseln	take turns	alterner	alternarsi	alternar
omweg (NL)	Umweg m	detour	détour m	deviazione f	rodeo m
omyl (CZ)	Irrtum m	mistake	erreur f	errore m	error m
on (E)	darauf	—	dessus	su	encima de
on (PL)	er	he	il	lui/egli/esso	èl
on (CZ)	er	he	il	lui/egli/esso	èl
ona (PL)	sie	she	elle	lei	ella
ona (CZ)	sie	she	elle	lei	ella
onaangenaam (NL)	unangenehm	unpleasant	désagréable	spiacevole	desagradable
onafhankelijk (NL)	unabhängig	independent	indépendant(e)	indipendente	independiente
onbekend (NL)	unbekannt	unknown	inconnu(e)	sconosciuto(a)	desconocido(a)
on business (E)	geschäftlich	—	d'affaires	per affari	comercial
oncle (F)	Onkel m	uncle	—	zio m	tío m
onda (I)	Welle f	wave	vague f	—	ola f
onda (P)	Welle f	wave	vague f	onda f	ola f
ondankbaar (NL)	undankbar	ungrateful	ingrat(e)	ingrato(a)	desagradecido(a)
ondanks (NL)	trotz	despite	malgré	nonostante	a pesar de
onder (NL)	unter	under	sous	al di sotto di	debajo de
onderbreken (NL)	unterbrechen	interrupt	interrompre	interrompere	interrumpir
onderbreking (NL)	Unterbrechung f	interruption	interruption f	interruzione f	interrupción f
ondergoed (NL)	Unterwäsche f	underwear	sous-vêtements m/pl	biancheria intima f	ropa interior f
ondernemen (NL)	unternehmen	undertake	entreprendre	intraprendere	emprender
onderneming (NL)	Unternehmen n	company	entreprise f	impresa f	empresa f
onderscheiden¹ (NL)	erkennen	recognize	reconnaître	riconoscere	reconocer
onderscheiden² (NL)	unterscheiden	distinguish	distinguer	distinguere	distinguir
ondersteunen (NL)	unterstützen	support	soutenir	assistere	apoyar
ondersteuning (NL)	Unterstützung f	support	soutien m	sostegno m	apoyo m
ondertekenen (NL)	unterschreiben	sign	signer	firmare	firmar
ondertussen¹ (NL)	indessen	meanwhile	cependant	nel frattempo	en eso
ondertussen² (NL)	inzwischen	meanwhile	entretemps	frattanto	mientras tanto
onderweg (NL)	unterwegs	on the way	en route	in viaggio	en el camino
onderzoek (NL)	Prüfung f	examination	examen m	esame m	examen m
onderzoeken (NL)	untersuchen	examine	examiner	esaminare	examinar
ondraaglijk (NL)	unerträglich	unbearable	insupportable	insopportabile	inanguantable
önéletrajz (H)	Lebenslauf m	curriculum vitae	curriculum vitae m	curriculum vitae m	curriculum vitae m
onemocnět (CZ)	erkranken	get ill	tomber malade	ammalarsi	enfermar
onervaren (NL)	unerfahren	inexperienced	inexpérimenté(e)	inesperto(a)	inexperto(a)
onesto(a) (I)	ehrlich	honest	honnête	—	honesto(a)

onesto(a)

P	NL	SV	PL	CZ	H
desculpa f	verontschuldiging f	ursäkt u	usprawiedliwienie n	—	bocsánat
impossível	onmogelijk	—	niemożliwy	nemožný	lehetetlen
área f	gebied n	—	obszar m	území n	terület
área f	gebied n	—	obszar m	území n	terület
descrever	—	beskriva	opisywać <opisać>	popisovat <popsat>	leír
complicado	—	omständlig	kłopotliwy	zdlouhavě	körülményes
cuidadoso	zorgvuldig	—	staranny	pečlivý	gondos
complicado	omslachtig	—	kłopotliwy	zdlouhavě	körülményes
popular	bemind	—	lubiany	oblíbený	közkedvelt
caminho de desvio m	omweg m	—	droga okrężna f	oklika f	kerülő út
cair	—	falla omkull	upadać <upaść>	kácet se, <skácet, se>	elesik
inverso	omgekeerd	—	odwrotnie	opačné	fordítva
conter	—	innehålla	zawierać	obsahovat	tartalmaz
variar	afwisselen	—	zmieniać się <zmienić się>	střídat	váltakozik
caminho de desvio m	—	omväg u	droga okrężna f	oklika f	kerülő út
engano m	dwaling f	misstag n	błąd m	—	tévedés
em cima	daarop	på dät	na tym	na to	rajta
ele	hij	han	—	on	ő
ele	hij	han	on	—	ő
ela	zij	hon	—	ona	ő
ela	zij	hon	ona	—	ő
desagradável	—	obehaglig	nieprzyjemnie	nepříjemný	kellemetlen
independente	—	oberoende	niezależnie	nezávislý	független
desconhecido	—	okänd	nieznany	neznámý	ismeretlen
comercial	zakelijk	affärsmässigt	służbowy	obchodně	üzleti
tio m	oom m	farbror/morbror u	wujek m	strýc m	nagybácsi
onda f	golf m	våg u	fala f	vlna f	hullám
—	golf m	våg u	fala f	vlna f	hullám
ingrato	—	otacksam	niewdzięczny	nevděčný	hálátlan
apesar de	—	trots	pomimo	navzdory	ellenére
por baixo de	—	under	pod	pod	alatt
interromper	—	avbryta	przerywać	přerušovat <přerušit>	megszakít
interrupção f	—	avbrott n	przerwanie n	přerušení n	megszakítás
roupa f interior	—	underkläder pl	bielizna osobista f	spodní prádlo n	alsónemű
empreender	—	företa sig	przedsięwziąć	podnikat <podniknout>	vállalkozik
empresa f	—	företag	przedsiębiorstwo n	podnik m	vállalat
reconhecer	—	känna igen	rozpoznawać <rozpoznać>	rozpoznávat <rozpoznat>	felismer
distinguir	—	skilja på	rozróżniać	rozlišovat <rozlišit>	megkülönböztet
apoiar	—	stödja	wspierać	podporovat <podpořit>	támogat
apoio m	—	stöd n	wsparcie n	podpora f	támogatás
assinar	—	skriva på	podpisać	podepisovat <podepsat>	aláír
entretanto	—	emellertid	jednakże	zatím	amíg
entretanto	—	under tiden	tymczasem	mezitím	közben
à caminho	—	på väg	w drodze	cestou	útközben
exame m	—	kontroll u	egzamin m	zkouška f	vizsga
examinar	—	undersöka	badać	vyšetřovat <vyšetřit>	megvizsgál
insuportável	—	outhärdlig	nieznośny	nesnesitelný	elviselhetetlen
curriculum vitae m	levensloop m	meritförteckning u	życiorys m	životopis m	—
adoecer	ziek worden	insjuknande	zachorować	—	megbetegszik
inexperto	—	oerfaren	niedoświadczony	nezkušený	tapasztalatlan
honesto	eerlijk	ärlighet u	uczciwy	čestný m	becsületes

oneven

	D	E	F	I	ES
oneven (NL)	ungerade	uneven	impair(e)	dispari	impar
one-way street (E)	Einbahnstraße f	—	rue à sens unique f	senso unico m	calle de dirección única f
ongeduldig (NL)	ungeduldig	impatient	impatient(e)	impaziente	inpaciente
ongehuwd (NL)	ledig	single	célibataire m	celibe m/nubile f	soltero(a)
ongeldig (NL)	ungültig	invalid	non valable	non valido(a)	no válido(a)
ongelofelijk (NL)	unglaublich	incredible	incroyable	incredibile	increíble
ongeluk (NL)	Unglück n	misfortune	malheur m	disgrazia f	desgracia f
ongelukkig (NL)	unglücklich	unhappy	malheureux(euse)	sfortunato(a)	desgraciado(a)
ongemakkelijk (NL)	unbequem	uncomfortable	inconfortable	scomodo(a)	incómodo(a)
ongepast (NL)	unpassend	inappropriate	mal à propos	fuori luogo	inadecuado(a)
ongevaarlijk (NL)	harmlos	harmless	inoffensif(-ive)	inoffensivo(a)	inofensivo(a)
ongeval (NL)	Unfall m	accident	accident m	incidente m	accidente m
ongeveer (NL)	ungefähr	about	environ	pressappoco	aproximadamente
ongewoon (NL)	ungewöhnlich	unusual	exceptionnel(le)	insolito(a)	inusual
ongezellig (NL)	ungemütlich	uncomfortable	désagréable	poco accogliente	incómodo(a)
ongezond (NL)	ungesund	unhealthy	malsain(e)	malsano(a)	enfermizo(a)
onguent (F)	Salbe f	ointment	—	pomata f	pomada f
öngyújtó (H)	Feuerzeug n	lighter	briquet m	accendino m	encendedor m
onhandig (NL)	ungeschickt	clumsy	maladroit(e)	impacciato(a)	torpe
oni (PL)	sie pl	they	ils (elles)	loro	ellos(as)
oni (CZ)	sie pl	they	ils (elles)	loro	ellos(as)
Onkel (D)	—	uncle	oncle m	zio m	tío m
only (E)	nur	—	seulement	solo	sólo/solamente
onmogelijk (NL)	unmöglich	impossible	impossible	impossibile	imposible
onnodig (NL)	unnötig	unnecessary	inutile	inutile	inútil
onödig (SV)	unnötig	unnecessary	inutile	inutile	inútil
on one hand (E)	einerseits	—	d'une part	da un lato	por un lado
onore (I)	Ehre f	honour	honneur m	—	honor m
onrecht (NL)	Unrecht n	wrong	injustice f	torto m	injusticia f
onrechtvaardig (NL)	ungerecht	unjust	injuste	ingiusto(a)	injusto(a)
onrechtvaardigheid (NL)	Ungerechtigkeit f	injustice	injustice f	ingiustizia f	injusticia f
onrustig (NL)	unruhig	restless	inquiet(iète)	inquieto(a)	intranquilo(a)
onschuldig (NL)	unschuldig	innocent	innocent(e)	innocente	inocente/puro(a)
önska (SV)	wünschen	wish	souhaiter	desiderare	desear
önskan (SV)	Wunsch m	wish	souhait m	desiderio m	deseo m
önt (H)	gießen	water	arroser	annaffiare	regar
ontberen (NL)	entbehren	do without	passer de, se	fare a meno di	pasarse sin
ontbijt (NL)	Frühstück n	breakfast	petit-déjeuner m	colazione f	desayuno m
ontbreken (NL)	fehlen	miss	manquer	mancare	faltar
ontdekken (NL)	entdecken	discover	découvrir	scoprire	descubrir
ontem (P)	gestern	yesterday	hier	ieri	ayer
on the other hand (E)	andererseits	—	d'autre part	d'altra parte	por otra parte
on the way (E)	unterwegs	—	en route	in viaggio	en el camino
ont i magen (SV)	Magenschmerzen pl	stomach ache	mal d'estomac m	mal di stomaco m	dolor de estómago m
ont i öronen (SV)	Ohrenschmerzen pl	earache	mal d'oreilles m	mal d'orecchi m	dolor de oídos m
ontkennen (NL)	leugnen	deny	nier	negare	negar
ontkomen (NL)	entkommen	escape	échapper	scappare	escapar
ontmoeten (NL)	begegnen	meet	rencontrer	incontrare	encontrarse
ontmoeting (NL)	Treffen n	meeting	rencontre f	incontro m	encuentro m
ontslaan (NL)	entlassen	discharge	renvoyer	licenziare	despedir
ontsluiten (NL)	aufschließen	unlock	ouvrir	aprire	abrir
ontspannen, zich (NL)	erholen, sich	recover	reposer, se	rimettersi	recuperarse

ontspannen, zich

P	NL	SV	PL	CZ	H
ímpar	—	udda	nieparzysty	nerovný	egyenetlen
rua de sentido único f	eenrichtingsverkeer n	enkelriktad gata u	ulica jednokierunkowa f	jednosměrná ulice f	egyirányú útca
impaciente	—	otålig	niecierpliwy	netrpělivý	türelmetlen
solteiro	—	ogift	stanu wolnego	svobodný	nőtlen
inválido	—	ogiltig	nieważny	neplatný	érvénytelen
incrível	—	otrolig	niesłychany	neuvěřitelný	hihetetlen
desgraça f	—	missöde n	nieszczęście n	neštěstí n	szerencsétlenség
infeliz	—	olycklig	nieszczęśliwy	nešťastný	boldogtalan
incómodo	—	obekväm	niewygodny	nepohodlný	kényelmetlen
inconveniente	—	opassande	niestosowny	nevhodný	helytelen
inofensivo	—	ofarlig	nieszkodliwy	neškodný	ártalmatlan
acidente m	—	olycka u	wypadek m	nehoda f	baleset
aproximadamente	—	ungefär	około	přibližně	körülbelül
pouco habitual	—	ovanlig	niezwykły	neobvyklý	szokatlan
pouco aconchegante	—	otrevlig	niesympatyczny	neútulný	kellemetlen
insalubre	—	ohälsosam	niezdrowy	nezdravý	egészségtelen
pomada f	zalf f	salva u	maść f	mast f	kenőcs
isqueiro m	aansteker m	cigarrettändare u	zapalniczka f	zapalovač m	—
desajeitado	—	klumpig	niezręczny	nešikovný	ügyetlen
eles(as)	zij	de	—	oni	ők
eles(as)	zij	de	oni	—	ők
tio m	oom m	farbror/morbror u	wujek m	strýc m	nagybácsi
somente	slechts/alleen	bara	tylko	jen	csak
impossível	—	omöjligt	niemożliwy	nemožný	lehetetlen
desnecessário	—	onödig	niepotrzebny	zbytečný	szükségtelen
desnecessário	onnodig	—	niepotrzebny	zbytečný	szükségtelen
por um lado	enerzijds	å ena sidan	z jednej strony	na jedné straně	egyrészt
honra f	eer f	ära u	honor m	čest f	becsület
injustiça f	—	orätt u	bezprawie n	bezpráví n	jogtalanság
injusto	—	orättvis	niesprawiedliwy	nespravedlivý	igazságtalan
injustiça f	—	orättvisa u	niesprawiedliwość f	nespravedlivost f	igazságtalanság
inquieto	—	orolig	niespokojny	neklidný	nyugtalan
inocente	—	oskyldig	niewinny	nevinný	ártatlan
desejar	wensen	—	życzyć	přát <popřát>	kíván
desejo m	wens m	—	życzenie n	přání n	kívánság
regar	gieten	hälla	podlewać <podlać>	zalévat <zalít>	—
carecer de	—	undvara	nie mieć	postrádat	nélkülöz
pequeno-almoço m	—	frukost u	śniadanie n	snídaně f	reggeli
faltar	—	sakna	brakować	chybět	hiányzik
descobrir	—	upptäcka	odkrywać <odkryć>	objevovat <objevit>	felfedez
—	gisteren	igår	wczoraj	včera	tegnap
por outro lado	anderzijds	å andra sidan	z drugiej strony	na druhé straně	másrészt
à caminho	onderweg	på väg	w drodze	cestou	útközben
dores de estômago f/pl	maagpijn f	—	bóle żołądka m/pl	bolesti žaludku f/pl	gyomorfájás
dores de ouvido f/pl	oorpijn f	—	ból uszu m	bolesti ucha f/pl	fülfájás
negar	—	förneka	zaprzeczać <zaprzeczyć>	zapírat <zapřít>	tagad
escapar	—	undkomma	zbiegać <zbiec>	unikat <uniknout>	megmenekül
encontrar alguém	—	möta	spotykać <spotkać>	setkávat, se <setkat, se>	találkozik
reunião f	—	träffa	spotkanie n	setkání n	találkozás
despedir	—	avskeda	zwalniać <zwolnić>	propouštět <propustit>	elbocsát
abrir à chave	—	låsa upp	otwierać	odemykat <odemknout>	felnyit
restabelecer-se	—	återhämta sig	wypoczywać <wypocząć>	zotavovat, se <zotavit, se>	kipiheni magát

ontspanning

	D	E	F	I	ES
ontspanning (NL)	Erholung f	recovery	repos m	riposo m	descanso m
ontstaan (NL)	entstehen	arise	naître	nascere	surgir
ontsteking (NL)	Entzündung f	inflammation	inflammation f	infiammazione f	inflamación f
ontvangen (NL)	empfangen	receive	recevoir	ricevere	recibir
ontvangen (NL)	erhalten	receive	recevoir	ricevere	obtener
ontvanger (NL)	Empfänger m	receiver	destinataire f	destinatario m	destinatario m
ontwerp (NL)	Entwurf m	outline	esquisse f	abbozzo m	proyecto m
ontwikkelen (NL)	entwickeln	develop	développer	sviluppare	desarrollar
ontwikkeling (NL)	Entwicklung f	development	développement m	sviluppo m	desarrollo m
onvermijdelijk (NL)	unvermeidlich	inevitable	inévitable	inevitabile	inevitable
onverwacht (NL)	unerwartet	unexpected	inattendu(e)	inatteso(a)	inesperado(a)
onvoorzichtig (NL)	unvorsichtig	careless	imprudent(e)	imprudente	descuidado(a)
onvriendelijk (NL)	unfreundlich	unfriendly	peu aimable	sgarbato(a)	descortés
onwaarschijnlijk (NL)	unwahrscheinlich	unlikely	invraisemblable	improbabile	improbable
onweer (NL)	Gewitter n	thunderstorm	orage m	temporale m	tormenta f
onyttig (SV)	nutzlos	useless	inutile	inutile	inútil
onzeker[1] (NL)	unbestimmt	uncertain	indéfini(e)	incerto(a)	indeterminado(a)
onzeker[2] (NL)	ungewiss	uncertain	incertain(e)	incerto(a)	incierto(a)
onzeker[3] (NL)	unsicher	uncertain	incertain(e)	incerto(a)	inseguro(a)
onzin (NL)	Unsinn m	nonsense	bêtises f/pl	assurdità f	absurdo m
o ... o (I)	entweder ... oder	either ... or	ou ... ou	—	o ... o
o ... o (ES)	entweder ... oder	either ... or	ou ... ou	o ... o	—
oog (NL)	Auge n	eye	oeil m/yeux pl	occhio m	ojo m
oogst (NL)	Ernte f	harvest	moisson f	raccolto m	cosecha f
ook (NL)	auch	too	aussi	anche/pure	también
oom (NL)	Onkel m	uncle	oncle m	zio m	tío m
oor (NL)	Ohr n	ear	oreille f	orecchio m	oreja f
oordeel (NL)	Urteil n	judgement	jugement m	giudizio m	juicio m
oordelen (NL)	urteilen	judge	juger	giudicare	juzgar
oordning (SV)	Unordnung f	mess	désordre m	disordine m	desorden m
oorlog (NL)	Krieg m	war	guerre f	guerra f	guerra f
oorpijn (NL)	Ohrenschmerzen pl	earache	mal d'oreilles m	mal d'orecchi m	dolor de oídos m
oorspronkelijk (NL)	ursprünglich	original	originel(le)	originario(a)	primitivo(a)
oorzaak (NL)	Ursache f	cause	cause f	causa	causa f
oosten (NL)	Osten m	east	est m	est m	este m
Oostenrijk (NL)	Österreich m	Austria	Autriche f	Austria f	Austria f
opačně (CZ)	umgekehrt	vice versa	vice versa	inverso(a)	contrario(a)
opak (CZ)	Gegenteil n	opposite	contraire m	contrario m	contrario m
opakovat <zopakovat> (CZ)	wiederholen	repeat	répéter	ripetere	repetir
oparzenie słoneczne (PL)	Sonnenbrand m	sunburn	coup de soleil m	scottatura solare f	quemadura solar f
opaska (PL)	Binde f	bandage	bandage m	fascia f	faj f
opassande (SV)	unpassend	inappropriate	mal à propos	fuori luogo	inadecuado(a)
opatrnost (CZ)	Vorsicht f	caution	prudence f	prudenza f	cuidado m
opatrný (CZ)	vorsichtig	careful	prudent(e)	prudente	prudente
opbellen (NL)	anrufen	ring up	téléphoner	telefonare	llamar por teléfono
opción (ES)	Wahl f	choice	choix m	scelta f	—
opdat (NL)	damit	with that	avec cela	con questo	con ello
op de hoogte brengen (NL)	verständigen	inform	prévenir	informare	informar
opdracht[1] (NL)	Aufgabe f	task	tâche f	compito m	tarea f
opdracht[2] (NL)	Auftrag m	order	ordre m	ordinazione f	orden f
open (E)	öffnen	—	ouvrir	aprire	abrir
open[1] (E)	geöffnet	—	ouvert(e)	aperto(a)	abierto(a)

open

P	NL	SV	PL	CZ	H
descanso m	—	vila u	wypoczynek m	zotavení n	üdülés
originar	—	uppstå	powstawać <powstać>	vznikat <vzniknout>	keletkezik
inflamação f	—	inflammation u	zapalenie n	zánět m	gyulladás
receber	—	ta emot	otrzymywać <otrzymać>	přijímat <přijmout>	fogad
receber	—	erhålla	otrzymywać <otrzymać>	obdržet	megkap
receptor m	—	mottagare u	odbiorca m	příjemce m	címzett
projecto m	—	utkast n	szkic m	návrh m	tervezet
desenvolver	—	utveckla	rozwijać <rozwinąć>	vyvíjet <vyvinout>	fejleszt
desenvolvimento m	—	utveckling u	rozwój m	vývoj m	fejlesztés
inevitável	—	oundvikligt	nieunikniony	nevyhnutelný	elkerülhetetlen
inesperado	—	oväntat	nieoczekiwany	nečekaný	váratlan
imprudente	—	oförsiktig	nieostrożny	neopatrný	elővigyázatlan
pouco amável	—	ovänlig	nieprzyjazny	nevlídný	barátságtalan
improvável	—	osannolik	nieprawdopodobny	nepravděpodobný	valószínűtlen
tempestade f	—	åska u	burza f	bouřka f	zivatar
inútil	nutteloos	—	bezużyteczny	neužitečný	hiábavaló
indeterminado	—	obestämt	nieokreślony	neurčitý	bizonytalan
incerto	—	osäker	wątpliwy	nejistý	bizonytalan
inseguro	—	osäker	niepewny	nejistý	bizonytalan
disparates m/pl	—	struntprat n	bezsens m	nesmysl m	hülyeség
ou ... ou então	of ... of	varken ... eller	albo ... albo	buď a nebo	vagy ... vagy
ou ... ou então	of ... of	varken ... eller	albo ... albo	buď a nebo	vagy ... vagy
olho m	—	öga n	oko n	oko n	szem
colheita f	—	skörd u	żniwo n	sklizeň f	aratás
também	—	även	też	také	is
tio m	—	farbror/morbror u	wujek m	strýc m	nagybácsi
orelha f	—	öra n	ucho n	ucho n	fül
sentença f	—	dom u	wyrok m	rozsudek m	ítélet
julgar	—	döma	sądzić	posuzovat <posoudit>	ítél
desordem f	wanorde f	—	nieporządek m	nepořádek m	rendetlenség
guerra f	—	krig n	wojna f	válka f	háború
dores de ouvido f/pl	—	ont i öronen	ból uszu m	bolesti ucha f/pl	fülfájás
original	—	ursprunglig	pierwotny	původní	eredetileg
causa f	—	orsak u	przyczyna f	příčina f	ok
leste m	—	öster	wschód m	východ m	kelet
Áustria f	—	Österrike	Austria f	Rakousko n	Ausztria
inverso	omgekeerd	omvänt	odwrotnie	—	fordítva
contrário m	tegendeel n	motsats u	przeciwieństwo n	—	ellenkezője
repetir	herhalen	upprepa	powtarzać	—	megismétel
queimadura solar f	zonnebrand m	svidande solbränna u	—	úpal m	lesülés
ligadura f	verband n	binda u	—	páska f	kötés/fásli
inconveniente	ongepast	—	niestosowny	nevhodný	helytelen
cautela f	voorzichtigheid f	försiktighet u	ostrożność f	—	elővigyázat
cauteloso	voorzichtig	försiktig	ostrożnie	—	óvatos
telefonar	—	ringa	telefonować <zatelefonować>	zavolat	felhív
escolha f	keuze f	val n	wybór m	výběr m	választás
com isso	—	därmed	z tym	s tím	ezzel
informar	—	meddela	zawiadamiać	vyrozumět	értesít
tarefa f	—	uppgift u	zadanie n	úkol m	feladat
pedido m	—	uppdrag n	zlecenie n	zakázka f	megbízás
abrir	openen	öppna	otwierać <otworzyć>	otevírat <otevřít>	nyit
aberto	geopend	öppnad	otwarty	otevřený	nyitott

open

	D	E	F	I	ES
open² (E)	offen	—	ouvert(e)	aperto(a)	abierto(a)
open (NL)	offen	open	ouvert(e)	aperto(a)	abierto(a)
openbaar (NL)	öffentlich	public	public(ique)	pubblico(a)	público(a)
openen (NL)	öffnen	open	ouvrir	aprire	abrir
opening (E)	Eröffnung f	—	ouverture f	apertura f	abertura f
opening¹ (NL)	Eröffnung f	opening	ouverture f	apertura f	abertura f
opening² (NL)	Lücke f	gap	lacune f	lacuna f	espacio m
openingstijden (NL)	Öffnungszeiten pl	business hours	heures d'ouverture f/pl	orario d'apertura m	horas de apertura f/pl
operação (P)	Operation f	operation	opération f	operazione f	operación f
operace (CZ)	Operation f	operation	opération f	operazione f	operación f
operáció (H)	Operation f	operation	opération f	operazione f	operación f
operación (ES)	Operation f	operation	opération f	operazione f	—
operacja (PL)	Operation f	operation	opération f	operazione f	operación f
operaio (I)	Arbeiter m	worker	ouvrier m	—	trabajador m
operário (P)	Arbeiter m	worker	ouvrier m	operaio m	trabajador m
operatie (NL)	Operation f	operation	opération f	operazione f	operación f
Operation (D)	—	operation	opération f	operazione f	operación f
operation (E)	Operation f	—	opération f	operazione f	operación f
operation (SV)	Operation f	operation	opération f	operazione f	operación f
opération (F)	Operation f	operation	—	operazione f	operación f
operazione (I)	Operation f	operation	opération f	—	operación f
opět vidět <opět uvidět> (CZ)	wiedersehen	see again	revoir	rivedere	volver a ver
Opfer (D)	—	sacrifice	sacrifice m	sacrificio m	sacrificio m
opgeven (NL)	aufgeben	give up	abandonner	rinunciare	renunciar a
opgewonden (NL)	aufgeregt	excited	agité(e)	eccitato(a)	excitado(a)
opgroeien (NL)	aufwachsen	grow up	grandir	crescere	criarse
ophalen (NL)	abholen	pick up	aller chercher	andare a prendere	recoger
ophangen (NL)	aufhängen	hang up	accrocher	appendere	colgar
ophouden (NL)	aufhören	stop	arrêter	cessare	terminar
opłacać, się <opłacić, się> (PL)	lohnen	be worth while	en valoir la peine	valere la pena	valer la pena
opłakiwać <opłakać> (PL)	beklagen	deplore	plaindre de, se	lamentare	quejarse
opłata (PL)	Gebühr f	fee	taxe f	tassa f	tarifa f
opłata pocztowa (PL)	Porto n	postage	port m	affrancatura f	franqueo m
opice (CZ)	Affe m	ape	singe m	scimmia f	mono m
opieka (PL)	Pflege f	care	soins m/pl	cura f	aseo m
opiekować, się (PL)	pflegen	look after	soigner	curare	cuidar
opilý (CZ)	betrunken	drunk	ivre	ubriaco(a)	borracho(a)
opinar (ES)	meinen	think	penser	ritenere	—
opinar (P)	meinen	think	penser	ritenere	opinar
opinião (P)	Meinung f	opinion	opinion f	opinione f	opinión f
opinion (E)	Ansicht f	—	avis m	opinione f	opinión f
opinion (E)	Meinung f	—	opinion f	opinione f	opinión f
opinion (F)	Meinung f	opinion	—	opinione f	opinión f
opinión (ES)	Ansicht f	opinion	avis m	opinione f	—
opinión (ES)	Meinung f	opinion	opinion f	opinione f	—
opinione (I)	Ansicht f	opinion	avis m	—	opinión f
opinione (I)	Meinung f	opinion	opinion f	—	opinión f
opisywać <opisać> (PL)	beschreiben	describe	décrire	descrivere	describir
opladen (NL)	aufladen	load	charger	caricare	cargar

opladen

P	NL	SV	PL	CZ	H
aberto	open	öppen	otwarty	otevřený	nyitott
aberto	—	öppen	otwarty	otevřený	nyitott
público	—	offentlig	publiczny	veřejný	nyilvános
abrir	—	öppna	otwierać <otworzyć>	otevírat <otevřít>	nyit
abertura f	opening f	inledning u	otwarcie n	otevření n	megnyítás
abertura f	—	inledning u	otwarcie n	otevření n	megnyítás
lacuna f	—	tomrum n	luka f	mezera f	hézag
horário m	—	öppningstider pl	godziny otwarcia f/pl	otevírací doba f	nyitvatartási idő
—	operatie f	operation u	operacja f	operace f	operáció
operação f	operatie f	operation u	operacja f	—	operáció
operação f	operatie f	operation u	operacja f	operace f	—
operação f	operatie f	operation u	operacja f	operace f	operáció
operação f	operatie f	operation u	—	operace f	operáció
operário m	arbeider m	arbetare u	robotnik m	dělník m	munkás
—	arbeider m	arbetare u	robotnik m	dělník m	munkás
operação f	—	operation u	operacja f	operace f	operáció
operação f	operatie f	operation u	operacja f	operace f	operáció
operação f	operatie f	operation u	operacja f	operace f	operáció
operação f	operatie f	—	operacja f	operace f	operáció
operação f	operatie f	operation u	operacja f	operace f	operáció
operação f	operatie f	operation u	operacja f	operace f	operáció
tornar a ver	terugzien	återse	znowu widzieć	—	viszontlát
sacrifício m	opoffering m	offer n	ofiara f	oběť f	áldozat
desistir	—	ge upp	rezygnować <zrezygnować>	vzdávat <vzdát>	felad
agitado	—	upprörd	zdenerwowany	rozčíleně	izgatott
crescer	—	växa upp	wyrastać <wyrosnąć>	vyrůstat <vyrůst>	felnő
ir buscar	—	hämta	odbierać <odebrać>	vyzvedávat <vyzvednout>	érte megy
pendurar	—	hänga upp	zawieszać <zawiesić>	pověsit	felakaszt
acabar	—	sluta	przestawać <przestać>	přestávat <přestat>	megszűnik
recompensar	lonen	löna	—	vyplácet, se <vyplatit, se>	megjutalmaz
lamentar	beklagen	beklaga	—	stěžovat si	sajnál
taxa f	bijdrage f/tarief n	avgift u	—	poplatek m	illeték
franquia f	porto n	porto n	—	poštovné n	postadíj
macaco m	aap m	apa u	małpa f	—	majom
tratamento m	verzorging f	skötsel u	—	péče f	ápolás
tratar	verzorgen	sköta	—	pečovat	ápolni
embriagado	dronken	berusad	pijany	—	részeg
opinar	menen; denken	tycka	uważać	mínit <vymínit>	vél
—	menen; denken	tycka	uważać	mínit <vymínit>	vél
—	—	mening f	åsikt u	pogląd m	názor m	vélemény
vista f	aanzicht n	åsikt u	pogląd m	pohled m	nézet
opinião f	mening f	åsikt u	pogląd m	názor m	vélemény
opinião f	mening f	åsikt u	pogląd m	názor m	vélemény
vista f	aanzicht n	åsikt u	pogląd m	pohled m	nézet
opinião f	mening f	åsikt u	pogląd m	názor m	vélemény
vista f	aanzicht n	åsikt u	pogląd m	pohled m	nézet
opinião f	mening f	åsikt u	pogląd m	názor m	vélemény
descrever	omschrijven	beskriva	—	popisovat <popsat>	leír
carregar	—	ladda upp	załadowywać <załadować>	nakládat <naložit>	felrakodik

opleiden

	D	E	F	I	ES
opleiden (NL)	ausbilden	educate	former	addestrare	instruir
opleiding (NL)	Ausbildung f	education	formation f	formazione f	formación f
opletten (NL)	Acht geben	take care	faire attention	badare	atender
oplettend (NL)	aufmerksam	attentive	attentif(ive)	attento(a)	atento(a)
oplossen¹ (NL)	auflösen	dissolve	dénouer	sciogliere	deshacer
oplossen² (NL)	lösen	solve	résoudre	sciogliere	desatar
oplossing (NL)	Lösung f	solution	solution f	soluzione f	solución f
opmerken (NL)	bemerken	notice	remarquer	notare	darse cuenta de
opoffering (NL)	Opfer n	sacrifice	sacrifice m	sacrificio m	sacrificio m
oportunidad (ES)	Chance f	chance	possibilité f	occasione f	—
oportunidade¹ (P)	Chance f	chance	possibilité f	occasione f	oportunidad f
oportunidade² (P)	Gelegenheit f	occasion	occasion f	occasione f	ocasión f
oposto (P)	entgegengesetzt	opposite	opposé(e)	opposto(a)	opuesto(a) a
opotřebovávat <opotřebit> (CZ)	abnutzen	wear out	user	consumare	desgastar
opouštět <opustit> (CZ)	verlassen	leave	abandonner	lasciare	dejar
opowiadać <opowiedzieć> (PL)	erzählen	tell	raconter	raccontare	contar
oppassen (NL)	aufpassen	pay attention	faire attention	fare attenzione	prestar attención
öppen (SV)	offen	open	ouvert(e)	aperto(a)	abierto(a)
oppervlakkig (NL)	oberflächlich	superficial	superficiel(le)	superficiale	superficial
öppna (SV)	öffnen	open	ouvrir	aprire	abrir
öppnad (SV)	geöffnet	open	ouvert(e)	aperto(a)	abierto(a)
öppningstider (SV)	Öffnungszeiten pl	business hours	heures d'ouverture f/pl	orario d'apertura m	horas de apertura f/pl
opponent (E)	Gegner m	—	adversaire m	avversario m	adversario m
opposé (F)	Gegensatz m	contrast	—	contrasto m	contraste m
opposé(e) (F)	entgegengesetzt	opposite	—	opposto(a)	opuesto(a) a
opposite (E)	Gegenteil n	—	contraire m	contrario m	contrario m
opposite¹ (E)	entgegengesetzt	—	opposé(e)	opposto(a)	opuesto(a) a
opposite² (E)	gegenüber	—	en face de	di fronte(a)	en frente
opposto(a) (I)	entgegengesetzt	opposite	opposé(e)	—	opuesto(a) a
opravdu (CZ)	wirklich	real	réel(le)	reale	real
oprávněný (CZ)	zuständig	competent	compétent(e)	competente	competente
opravovat <opravit> (CZ)	reparieren	repair	réparer	riparare	reparar
op reis gaan (NL)	verreisen	go away	partir en voyage	essere in viaggio	irse de viaje
oprichten; gebaseerd zijn (NL)	gründen	found	fonder	fondare	fundar
oprit (NL)	Auffahrt f	drive	allée f	salita d'ingresso f	entrada f
oprócz (PL)	außer	except	hors de	eccetto	salvo
opruimen (NL)	aufräumen	clear away	ranger	mettere in ordine	arreglar
opschrijven (NL)	aufschreiben	write down	noter	annotare	anotar
opstaan (NL)	aufstehen	get up	lever, se	alzarsi	levantarse
opstijgen (NL)	aufsteigen	ascend	monter	salire	subir
opuesto(a) a (ES)	entgegengesetzt	opposite	opposé(e)	opposto(a)	—
opuscolo (I)	Prospekt m	brochure	prospectus m	—	prospecto m
opuszczać (PL)	verlassen	leave	abandonner	lasciare	dejar
opvallen (NL)	auffallen	be noticeable	faire remarquer, se	dare nell'occhio	llamar la atención
opvoeden (NL)	erziehen	educate	élever	educare	educar
opvoeding (NL)	Erziehung f	education	éducation f	educazione f	crianza f

opvoeding

P	NL	SV	PL	CZ	H
formar	—	utbilda	kształcić <wykształcić>	vzdělávat <vzdělat>	kiképez
formação f	—	utbildning u	wykształcenie n	vzdělání n	kiképzés
prestar atenção a	—	akta sig	uważać	dávat pozor <dát pozor>	vigyáz
atento	—	uppmärksam	uważny	pozorně	figyelmes
soltar	—	lösa upp	rozpuszczać <rozpuścić>	rozpouštět <rozpustit>	feloszlat
soltar	—	ta loss	rozwiązywać <rozwiązać>	uvolňovat <uvolnit>	leválaszt
solução f	—	lösning u	rozwiązanie n	řešení n	megoldás
reparar	—	märka	zauważać <zauważyć>	poznamenat <poznamenávat>	észrevesz
sacrifício m	—	offer n	ofiara f	oběť f	áldozat
oportunidade f	kans f	chans u	szansa f	šance f	lehetőség
—	kans f	chans u	szansa f	šance f	lehetőség
—	gelegenheid f	tillfälle n	okazja f	příležitost f	alkalom
—	tegengesteld	motsatt	przeciwny	protisměrný	ellenkezőleg
gastar	verslijten	nötas/slitas	zużywać <zużyć>	—	elhasznál
abandonar	verlaten	lämna	opuszczać	—	elhagy
contar	vertellen	berätta	—	vypravovat <vyprávět>	elmesél
cuidar	—	passa upp	pilnować	dávat pozor <dát pozor>	vigyáz
aberto	open	—	otwarty	otevřený	nyitott
superficial	—	ytlig	powierzchowny	povrchní	felületes
abrir	openen	—	otwierać <otworzyć>	otevírat <otevřít>	nyit
aberto	geopend	—	otwarty	otevřený	nyitott
horário m	openingstijden pl	—	godziny otwarcia f/pl	otevírací doba f	nyitvatartási idő
adversário m	tegenstander m	motståndare u	przeciwnik m	protivník m	ellenfél
antagonismo m	tegenstelling f	motsats u	przeciwieństwo n	protiklad m	ellentét
oposto	tegengesteld	motsatt	przeciwny	protisměrný	ellenkezőleg
contrário m	tegendeel n	motsats u	przeciwieństwo n	opak m	ellenkezője
oposto	tegengesteld	motsatt	przeciwny	protisměrný	ellenkezőleg
diante	tegenover	mittemot	naprzeciwko	naproti	szemben
oposto	tegengesteld	motsatt	przeciwny	protisměrný	ellenkezőleg
realmente	echt	verklig	rzeczywiście	—	igazi
competente	bevoegd	ansvarig	kompetentny	—	illetékes
reparar	herstellen	reparera	naprawiać <naprawić>	—	megjavít
viajar	—	resa bort	wyjeżdżać	odcestovat	elutazik
fundar	—	grunda	zakładać <założyć>	zakládat <založit>	alapít
rampa f	—	uppfart u	wjazd m	nájezd m	felhajtó
excepto	behalve	utom	—	kromě	kívül
arrumar	—	städa	sprzątać <sprzątnąć>	uklízet <uklidit>	kitakarít
anotar por escrito	—	skriva upp	zapisywać	napsat	felír
levantar-se	—	stiga upp	wstawać <wstać>	vstávat <vstát>	feláll
subir	—	stiga	wsiadać <wsiąść>	stoupat	felemelkedik
oposto	tegengesteld	motsatt	przeciwny	protisměrný	ellenkezőleg
prospecto m	folder m	prospekt n	prospekt m	prospekt m	prospektus
abandonar	verlaten	lämna	—	opouštět <opustit>	elhagy
dar nas vistas	—	väcka uppmärksamhet	rzucać się w oczy	být nápadný	feltűnik
educar	—	uppfostra	wychowywać <wychować>	vychovávat <vychovat>	nevelni
educação f	—	uppfostran u	wychowanie n	vychování n	nevelés

opwinden

	D	E	F	I	ES
opwinden (NL)	aufregen	excite	énerver	agitare	agitar
opwindend (NL)	aufregend	exciting	énervant(e)	eccitante	emocionante
opzeggen (NL)	kündigen	give notice	résilier	licenziare	despedir
opzettelijk (NL)	absichtlich	intentionally	exprès	apposta	adrede
opzien (NL)	Aufsehen *n*	sensation	sensation *f*	sensazione	sensación *f*
o quê? (P)	was?	what?	que?	che?	¿qué?
or (E)	oder	—	ou	o	o
ora (I)	Stunde *f*	hour	heure *f*	—	hora *f*
öra (SV)	Ohr *n*	ear	oreille *f*	orecchio *m*	oreja *f*
óra¹ (H)	Stunde *f*	hour	heure *f*	ora *f*	hora *f*
óra² (H)	Uhr *f*	watch	montre *f*	orologio *m*	reloj *m*
oración (ES)	Satz *m*	sentence	phrase *f*	frase *f*	—
ora di ricevimento (I)	Sprechstunde *f*	consultation hours	heures de consultation *f/pl*	—	hora de consulta *f*
orage (F)	Gewitter *n*	thunderstorm	—	temporale *m*	tormenta *f*
Orange (D)	—	orange	orange *f*	arancia *f*	naranja *f*
orange (E)	Orange *f*	—	orange *f*	arancia *f*	naranja *f*
orange (F)	Orange *f*	orange	—	arancia *f*	naranja *f*
oranžový (CZ)	Orange *f*	orange	orange *f*	arancia *f*	naranja *f*
orario (I)	Fahrplan *m*	timetable	horaire *m*	—	horario *m*
orario d'apertura (I)	Öffnungszeiten *pl*	business hours	heures d'ouverture *f/pl*	—	horas de apertura *f/pl*
orätt (SV)	Unrecht *n*	wrong	injustice *f*	torto *m*	injusticia *f*
orättvis (SV)	ungerecht	unjust	injuste	ingiusto(a)	injusto(a)
orättvisa (SV)	Ungerechtigkeit *f*	injustice	injustice *f*	ingiustizia *f*	injusticia *f*
ord (SV)	Wort *n*	word	mot *m*	parola *f*	palabra *f*
ordbok (SV)	Wörterbuch *n*	dictionary	dictionnaire *m*	dizionario *m*	diccionario *m*
orde (NL)	Ordnung *f*	order	ordre *m*	ordine *m*	orden *m*
ordem (P)	Ordnung *f*	order	ordre *m*	ordine *m*	orden *m*
orden¹ (ES)	Auftrag *m*	order	ordre *m*	ordinazione *f*	—
orden² (ES)	Befehl *m*	instruction	instruction *m*	comando *m*	—
orden³ (ES)	Ordnung *f*	order	ordre *m*	ordine *m*	—
order (E)	bestellen	—	commander	ordinare	pedir
order¹ (E)	Auftrag *m*	—	ordre *m*	ordinazione *f*	orden *f*
order² (E)	Ordnung *f*	—	ordre *m*	ordine *m*	orden *m*
order (SV)	Befehl *m*	instruction	instruction *m*	comando *m*	orden *f*
ordinare (I)	bestellen	order	commander	—	pedir
ordinateur (F)	Computer *m*	computer	—	calcolatore *m*	computadora *f*
ordinazione (I)	Auftrag *m*	order	ordre *m*	—	orden *f*
ordine (I)	Ordnung *f*	order	ordre *m*	—	orden *m*
ordning (SV)	Ordnung *f*	order	ordre *m*	ordine *m*	orden *m*
Ordnung (D)	—	order	ordre *m*	ordine *m*	orden *m*
ordre¹ (F)	Auftrag *m*	order	—	ordinazione *f*	orden *f*
ordre² (F)	Ordnung *f*	order	—	ordine *m*	orden *m*
ordspråk (SV)	Sprichwort *n*	proverb	proverbe *m*	proverbio *m*	proverbio *m*
orecchio (I)	Ohr *n*	ear	oreille *f*	—	oreja *f*
ořech (CZ)	Nuss *f*	nut	noix *f*	noce *f*	nuez *f*
öreg (H)	alt	old	vieux (vieille)	vecchio(a)	viejo(a)
oreille (F)	Ohr *n*	ear	—	orecchio *m*	oreja *f*
oreja (ES)	Ohr *n*	ear	oreille *f*	orecchio *m*	—
orel (CZ)	Adler *m*	eagle	aigle *m*	aquila *f*	àguila *f*
orelha (P)	Ohr *n*	ear	oreille *f*	orecchio *m*	oreja *f*
organiser (F)	organisieren	organize	—	organizzare	organizar
organisera (SV)	organisieren	organize	organiser	organizzare	organizar

organisera

P	NL	SV	PL	CZ	H
agitar	—	uppröra	denerwować <zdenerwować>	rozčilovat <rozčílit>	felzaklat
emocionante	—	upprörande	emocjonujący	vzrušující	izgalmas
despedir	—	säga upp	wypowiadać <wypowiedzieć>	dávat výpověď <dát výpověď>	felmond
propositadamente	—	avsiktligt	celowo	úmyslně	szándékos
sensação f	—	uppseende n	poruszenie n	rozruch m	feltűnés
—	wat?	vad?	co?	co?	mi?
ou	of	eller	albo	(a)nebo	vagy
hora f	uur n	timme u	godzina f	hodina f	óra
orelha f	oor n	—	ucho n	ucho n	fül
hora f	uur n	timme u	godzina f	hodina f	—
relógio m	horloge n	klocka u	zegar m	hodiny pl	—
frase f	zin m	mening u	zdanie n	věta f	mondat
consulta f	spreekuur n	mottagningstid u	godziny przyjęć f/pl	konzultační hodiny pl	fogadóóra
tempestade f	onweer n	åska u	burza f	bouřka f	zivatar
laranja f	sinaasappel m	apelsin u	pomarańcza f	oranžový	narancs
laranja f	sinaasappel m	apelsin u	pomarańcza f	oranžový	narancs
laranja f	sinaasappel m	apelsin u	pomarańcza f	oranžový	narancs
laranja f	sinaasappel m	apelsin u	pomarańcza f	—	narancs
horário m	spoorboekje n	tidtabell u	rozkład jazdy m	jízdní řád m	menetrend
horário m	openingstijden pl	öppningstider pl	godziny otwarcia f/pl	otevírací doba f	nyitvatartási idő
injustiça f	onrecht n	—	bezprawie n	bezpráví n	jogtalanság
injusto	onrechtvaardig	—	niesprawiedliwy	nespravedlivý	igazságtalan
injustiça f	onrechtvaardigheid f	—	niesprawiedliwość f	nespravedlivost f	igazságtalanság
palavra f	woord n	—	słowo n	slovo n	szó
dicionário m	woordenboek n	—	słownik m	slovník m	szótár
ordem f	—	ordning u	porządek m	pořádek m	rend
—	orde f	ordning u	porządek m	pořádek m	rend
pedido m	opdracht f	uppdrag n	zlecenie n	zakázka f	megbízás
comando m	commando n	order u	polecenie n	příkaz m	utasítás
ordem f	orde f	ordning u	porządek m	pořádek m	rend
encomendar	bestellen	beställa	zamawiać <zamówić>	objednávat <objednat>	megrendel
pedido m	opdracht f	uppdrag n	zlecenie n	zakázka f	megbízás
ordem f	orde f	ordning u	porządek m	pořádek m	rend
comando m	commando n	—	polecenie n	příkaz m	utasítás
encomendar	bestellen	beställa	zamawiać <zamówić>	objednávat <objednat>	megrendel
computador m	computer m	dator u	komputer m	počítač m	számítógép
pedido m	opdracht f	uppdrag n	zlecenie n	zakázka f	megbízás
ordem f	orde f	ordning u	porządek m	pořádek m	rend
ordem f	orde f	—	porządek m	pořádek m	rend
ordem f	orde f	ordning u	porządek m	pořádek m	rend
pedido m	opdracht f	uppdrag n	zlecenie n	zakázka f	megbízás
ordem f	orde f	ordning u	porządek m	pořádek m	rend
provérbio m	spreekwoord n	—	przysłowie n	přísloví n	közmondás
orelha f	oor n	öra n	ucho n	ucho n	fül
noz f	noot f	nöt u	orzech m	—	dio
velho	oud	gammal	stary	starý	—
orelha f	oor n	öra n	ucho n	ucho n	fül
orelha f	oor n	öra n	ucho n	ucho n	fül
águia f	adelaar m	örn u	orzeł m	—	sas
—	oor n	öra n	ucho n	ucho n	fül
organizar	organiseren	organisera	organizować <zorganizować>	organizovat <zorganizovat>	szervez
organizar	organiseren	—	organizować <zorganizować>	organizovat <zorganizovat>	szervez

organiseren

	D	E	F	I	ES
organiseren (NL)	organisieren	organize	organiser	organizzare	organizar
organisieren (D)	—	organize	organiser	organizzare	organizar
organizar[1] (ES)	arrangieren	arrange	arranger	arrangiare	—
organizar[2] (ES)	organisieren	organize	organiser	organizzare	—
organizar (P)	organisieren	organize	organiser	organizzare	organizar
organize (E)	organisieren	—	organiser	organizzare	organizar
organizovat <zorganizovat> (CZ)	organisieren	organize	organiser	organizzare	organizar
organizować <zorganizować> (PL)	organisieren	organize	organiser	organizzare	organizar
organizzare (I)	organisieren	organize	organiser	—	organizar
orgoglioso(a) (I)	stolz	proud	fier(-ère)	—	orgulloso(a)
orgulhoso (P)	stolz	proud	fier(-ère)	orgoglioso(a)	orgulloso(a)
orgulloso(a) (ES)	stolz	proud	fier(-ère)	orgoglioso(a)	—
oriási (H)	riesig	huge	énorme	enorme	enorme
original (E)	ursprünglich	—	originel(le)	originario(a)	primitivo(a)
original (P)	ursprünglich	original	originel(le)	originario(a)	primitivo(a)
originar (P)	entstehen	arise	naître	nascere	surgir
originario(a) (I)	ursprünglich	original	originel(le)	—	primitivo(a)
originel(le) (F)	ursprünglich	original	—	originario(a)	primitivo(a)
örn (SV)	Adler m	eagle	aigle m	aquila f	àguila f
oroa (SV)	beunruhigen	disturb	inquiéter	inquietare	inquietar
oroa sig (SV)	sorgen	worry about	occuper de, s'	prendersi cura di	atender/ocuparse de
örök (H)	ewig	eternal	éternel(le)	eterno(a)	eterno(a)
örököl (H)	erben	inherit	hériter	ereditare	heredar
örökül hagy (H)	vererben	bequeath	léguer	lasciare in eredità	transmitir hereditariamente
orolig (SV)	unruhig	restless	inquiet(iète)	inquieto(a)	intranquilo(a)
orologio (I)	Uhr f	watch	montre f	—	reloj m
öröm (H)	Freude f	joy	joie f	gioia f	alegría f
Oroszország (H)	Russland n	Russia	Russie f	Russia f	Rusia f
orr (H)	Nase f	nose	nez m	naso m	nariz f
orsak (SV)	Ursache f	cause	cause f	causa	causa f
orso (I)	Bär m	bear	ours m	—	oso m
országút (H)	Landstraße f	country road	route f	strada provinciale f	carretera nacional f
ország/város hívószáma (H)	Vorwahl f	dialling code	indicatif téléphonique m	prefisso m	prefijo m
Ort (D)	—	place	endroit m	luogo m	lugar m
ort (SV)	Ort m	place	endroit m	luogo m	lugar m
orteil (F)	Zehe f	toe	—	dito del piede m	dedo del pie m
örül (H)	freuen, sich	be glad/happy	réjouir, se	rallegrarsi	alegrarse
orvos (H)	Arzt m	doctor	médecin m	medico m	médico m
orvostudomány (H)	Medizin f	medicine	médecine f	medicina f	medicina f
orzech (PL)	Nuss f	nut	noix f	noce f	nuez f
orzeł (PL)	Adler m	eagle	aigle m	aquila f	àguila f
os (F)	Knochen m	bone	—	osso m	hueso m
os (NL)	Ochse m	ox	bœuf m	bue m	buey m
osäker[1] (SV)	ungewiss	uncertain	incertain(e)	incerto(a)	incierto(a)
osäker[2] (SV)	unsicher	uncertain	incertain(e)	incerto(a)	inseguro(a)
osamělý (CZ)	einsam	lonely	solitaire	solitario(a)	solitario(a)

P	NL	SV	PL	CZ	H
organizar	—	organisera	organizować <zorganizować>	organizovat <zorganizovat>	szervez
organizar	organiseren	organisera	organizować <zorganizować>	organizovat <zorganizovat>	szervez
arranjar	arrangeren	arrangera	aranżować <zaaranżować>	aranžovat	megszervez
organizar	organiseren	organisera	organizować <zorganizować>	organizovat <zorganizovat>	szervez
—	organiseren	organisera	organizować <zorganizować>	organizovat <zorganizovat>	szervez
organizar	organiseren	organisera	organizować <zorganizować>	organizovat <zorganizovat>	szervez
organizar	organiseren	organisera	organizować <zorganizować>	—	szervez
organizar	organiseren	organisera	—	organizovat <zorganizovat>	szervez
organizar	organiseren	organisera	organizować <zorganizować>	organizovat <zorganizovat>	szervez
orgulhoso	trots	stolt	dumny	hrdý	büszke
—	trots	stolt	dumny	hrdý	büszke
orgulhoso	trots	stolt	dumny	hrdý	büszke
gigantesco	reusachtig	jättestor	ogromy	obrovský	—
original	oorspronkelijk	ursprunglig	pierwotny	původní	eredetileg
—	oorspronkelijk	ursprunglig	pierwotny	původní	eredetileg
—	ontstaan	uppstå	powstawać <powstać>	vznikat <vzniknout>	keletkezik
original	oorspronkelijk	ursprunglig	pierwotny	původní	eredetileg
original	oorspronkelijk	ursprunglig	pierwotny	původní	eredetileg
águia f	adelaar m	—	orzeł m	orel m	sas
inquietar	verontrusten	—	niepokoić <zaniepokoić>	znepokojovat <znepokojit>	nyugtalanít
preocupar	zorgen	—	troszczyć, się	starat, se <postarat, se>	gondoskodik
eterno	eeuwig	evig	wieczny	věčný	—
herdar	erven	ärva	dziedziczyć <odziedziczyć>	dědit <zdědit>	—
herdar	nalaten	gå i arv	dziedziczyć	odkazovat <odkázat>	—
inquieto	onrustig	—	niespokojny	neklidný	nyugtalan
relógio m	horloge n	klocka u	zegar m	hodiny pl	óra
alegria f	vreugde f	glädje u	radość f	radost f	—
Rússia	Rusland n	Ryssland	Rosja f	Rusko n	—
nariz m	neus m	näsa u	nos m	nos m	—
causa f	oorzaak f	—	przyczyna f	příčina f	ok
urso m	beer m	björn u	niedźwiedź m	medvěd m	medve
estrada nacional f	secundaire weg m	landsväg u	szosa f	silnice třídy f	—
número indicativo m	netnummer n	riktnummer n	numer kierunkowy m	předvolba f	—
lugar m	plaats f	ort u	miejsce n	místo n	hely
lugar m	plaats f	—	miejsce n	místo n	hely
dedo do pé m	teen m	tå u	palec u nogi m	prst (u nohy) m	lábujj
alegrar-se	verheugen, zich	glädja sig	cieszyć, się <ucieszyć, się>	radovat, se <zaradovat, se>	—
médico m	arts m	läkare u	lekarz m	lékař m	—
medicina f	geneeskunde f	medicin u	medycyna f	medicína f	—
noz f	noot f	nöt u	—	ořech m	dio
águia f	adelaar m	örn u	—	orel m	sas
osso m	bot n	benknota n	kość f	kost f	csont
boi m	—	oxe u	wół m	vůl m	ökör
incerto	onzeker	—	wątpliwy	nejistý	bizonytalan
inseguro	onzeker	—	niepewny	nejistý	bizonytalan
solitário	eenzaam	ensam	samotny	—	magányos

	D	E	F	I	ES
osannolik (SV)	unwahrscheinlich	unlikely	invraisemblable	improbabile	improbable
oscuridad (ES)	Finsternis f	darkness	obscurité f	buio m	—
oscuro(a) (ES)	dunkel	dark	sombre	scuro(a)	—
osel (CZ)	Esel m	donkey	âne m	asino m	burro m
ošetření (CZ)	Behandlung f	treatment	traitement m	trattamento m	tratamiento m
ošetřovat <ošetřit> (CZ)	behandeln	treat	traiter	trattare	tratar
osiągać <osiągnąć> (PL)	erreichen	reach	atteindre	raggiungere	alcanzar
osioł (PL)	Esel m	donkey	âne m	asino m	burro m
oskyldig (SV)	unschuldig	innocent	innocent(e)	innocente	inocente/puro(a)
oslava (CZ)	Feier f	celebration	célébration f	festa f	fiesta f
oslavovat <slavit> (CZ)	feiern	celebrate	fêter	festeggiare	celebrar
oso (ES)	Bär m	bear	ours m	orso m	—
osobiście (PL)	persönlich	personal	personnel(le)	personale	en persona/personalmente
osobně (CZ)	persönlich	personal	personnel(le)	personale	en persona/personalmente
osobny (PL)	extra	extra	à part	a parte	separado(a)
ospedale (I)	Krankenhaus n	hospital	hôpital m	—	hospital m
ospitale (I)	gastfreundlich	hospitable	hospitalier(ière)	—	hospitalario(a)
ospite¹ (I)	Gast m	guest	invité m	—	invitado m
ospite² (I)	Gastgeber m	host	hôte m	—	anfitrión m
osservare¹ (I)	beachten	take notice of	considérer	—	prestar atención a
osservare² (I)	beobachten	observe	observer	—	observar
osso (I)	Knochen m	bone	os m	—	hueso m
osso (P)	Knochen m	bone	os m	osso m	hueso m
összeg¹ (H)	Betrag m	amount	montant m	importo m	importe m
összeg² (H)	Summe f	sum	somme f	somma f	suma f
összehasonlít (H)	vergleichen	compare	comparer	paragonare	comparar
összehasonlítás (H)	Vergleich m	comparsion	comparaison f	paragone m	comparación f
összeköttetés¹ (H)	Link m	link	lien m	collegamento ipertestuale m	enlace m
összeköttetés² (H)	Verbindung f	connection	relation f	relazione f	relación f
összeomlik (H)	einstürzen	collapse	écrouler, s'	crollare	derrumbarse
összes (H)	gesamt	entire	tout(e)	totale	entero(a)
összesen (H)	insgesamt	altogether	dans l'ensemble	complessivamente	en suma
összetéveszt (H)	verwechseln	confuse	confondre	scambiare	confundir
összevissza (H)	durcheinander	in a muddle	pêle-mêle	sottosopra	en desorden
összevisszaság (H)	Durcheinander n	confusion	désordre m	confusione f	confusión f
ost (SV)	Käse m	cheese	fromage m	formaggio m	queso m
ostatně (CZ)	übrigens	by the way	d'ailleurs	del resto	por lo demás
Osten (D)	—	east	est m	est m	este m
öster (SV)	Osten m	east	est m	est m	este m
osteria¹ (I)	Gasthaus n	guesthouse/inn	auberge f	—	posada f
osteria² (I)	Kneipe f	pub	bistro m	—	taberna f
Ostern (D)	—	Easter	Pâques f/pl	Pasqua f	Pascuas f/pl
Österreich (D)	—	Austria	Autriche f	Austria f	Austria f
Österrike (SV)	Österreich m	Austria	Autriche f	Austria f	Austria f
ostoba (H)	doof	daft	bête	scemo(a)	estúpido(a)
ostřít <naostřit> (CZ)	schärfen	sharpen	aiguiser	affilare	afilar
ostrov (CZ)	Insel f	island	île f	isola f	isla f
ostrożnie (PL)	vorsichtig	careful	prudent(e)	prudente	prudente
ostrożność (PL)	Vorsicht f	caution	prudence f	prudenza f	cuidado m
ostružina (CZ)	Brombeere f	blackberry	mûre f	mora f	zarzamora f

ostružina

P	NL	SV	PL	CZ	H
improvável	onwaarschijnlijk	—	nieprawdopodobny	nepravděpodobný	valószínűtlen
escuridão f	duisternis f	mörker u	ciemności f/pl	temno n	sötétség
escuro	donker	mörk	ciemno	tmavý	sötét
burro m	ezel m	åsna u	osioł m	—	szamár
tratamento m	behandeling n	undersökning u	traktowanie n	—	kezelés
tratar	behandelen	behandla	traktować <potraktować>	—	kezel
alcançar	bereiken	nå	—	dosahovat <dosáhnout>	elér
burro m	ezel m	åsna u	—	osel m	szamár
inocente	onschuldig	—	niewinny	nevinný	ártatlan
festa f	feest n	fest u	uroczystość f	—	ünnepség
festejar	feesten	fira	świętować	—	ünnepel
urso m	beer m	björn u	niedźwiedź m	medvěd m	medve
pessoalmente	persoonlijk	personligen	—	osobně	személyes
pessoalmente	persoonlijk	personligen	osobiście	—	személyes
extra	extra	extra	—	extra	külön
hospital m	ziekenhuis n	sjukhus n	szpital m	nemocnice f	kórház
hospitaleiro	gastvrij	gästvänlig	gościnny	pohostinný	vendégszerető
convidado m	gast m	gäst u	gość m	host m	vendég
anfitrião m	gastheer m	värd u	gospodarz m	hostitel m	vendéglátó
dar atenção a	in acht nemen	beakta	przestrzegać	dbát na	figyelembe venni
observar	gadeslaan	iaktta	obserwować <zaobserwować>	pozorovat <zpozorovat>	figyel
osso m	bot n	benknota n	kość f	kost f	csont
—	bot n	benknota n	kość f	kost f	csont
valor m	bedrag n	belopp n	kwota f	obnos m	—
soma f	som f	summa u	suma f	součet m	—
comparar	vergelijken	jämföra	porównywać	porovnávat <porovnat>	—
comparação f	vergelijking f	jämförelse u	porównanie n	srovnání n	—
enlace m	link m	länk u	łącze internetowe n	link m	—
união f	verbinding f	förbindelse u	połączenie n	spojení n	—
derrubar	instorten	störta in	zawalać, się <zawalić, się>	zřítit se	—
todo	geheel	hel	całkowity	celkem	—
na totalidade	in totaal	sammantaget	ogółem	celkem	—
confundir	verwisselen	ta fel på	pomylić	zaměňovat <zaměnit>	—
em desordem	door elkaar	i en enda röra	bezładnie	v nepořádku	—
confusão f	verwarring f	villervalla u	bałagan m	nepořádek m	—
queijo m	kaas m	—	ser m	sýr m	sajt
aliás	overigens	förresten	zresztą	—	egyébként
leste m	oosten n	öster	wschód m	východ m	kelet
leste m	oosten n	—	wschód m	východ m	kelet
pousada f	restaurant n	värdshus n	gospoda f	hospoda f	vendéglő
bar m	kroeg f	krog u	knajpa f	hospoda f	kocsma
Páscoa f	Pasen m	påsk u	Wielkanoc f	Velikonoce pl	húsvét
Áustria f	Oostenrijk n	Österrike	Austria f	Rakousko n	Ausztria
Áustria f	Oostenrijk n	—	Austria f	Rakousko n	Ausztria
estúpido	dom	fånig	durny	hloupý	—
afiar	scherpen	vässa	ostrzyć <naostrzyć>	—	élesít
ilha f	eiland n	ö u	wyspa f	—	sziget
cauteloso	voorzichtig	försiktig	—	opatrný	óvatos
cautela f	voorzichtigheid f	försiktighet u	—	opatrnost f	elővigyázat
amora silvestre f	braambes f	björnbär n	jeżyna f	—	szeder

ostry

	D	E	F	I	ES
ostry¹ (PL)	scharf	sharp	tranchant(e)	tagliente	cortante
ostry² (PL)	scharf	hot	épicé(e)	piccante	picante
ostrý¹ (CZ)	scharf	sharp	tranchant(e)	tagliente	cortante
ostrý² (CZ)	scharf	hot	épicé(e)	piccante	picante
ostrze (PL)	Klinge f	blade	lame f	lama f	cuchilla f
ostrzegać (PL)	warnen	warn	prévenir de	ammonire	advertir
ostrzyć <naostrzyć> (PL)	schärfen	sharpen	aiguiser	affilare	afilar
ostýchavý (CZ)	schüchtern	shy	timide	timido(a)	tímido(a)
osud (CZ)	Schicksal n	fate	destin m	destino m	destino m
osvětlení (CZ)	Beleuchtung f	lightning	éclairage m	illuminazione f	iluminación f
osvětlovat <osvětlit> (CZ)	beleuchten	illuminate	éclairer	illuminare	iluminar
oświetlać <oświetlić> (PL)	beleuchten	illuminate	éclairer	illuminare	iluminar
oświetlenie (PL)	Beleuchtung f	lightning	éclairage m	illuminazione f	iluminación f
ősz (H)	Herbst m	autumn	automne m	autunno m	otoño m
oszczędny (PL)	sparsam	economical	économe	parsimonioso(a)	económico(a)
oszlop (H)	Säule f	pillar	colonne f	colonna f	columna f
oszt (H)	teilen	share	partager	dividere	dividir
osztály¹ (H)	Abteilung f	department	département	reparto m	departamento m
osztály² (H)	Klasse f	class	classe f	classe f	clase f
osztályzat (H)	Note f	mark	note f	voto m	calificación f
oszukiwać <oszukać> (PL)	betrügen	cheat	tromper	ingannare	engañar
oszustwo (PL)	Betrug m	fraud	tromperie f	inganno m	engaño m
otáčet <otočit> (CZ)	umdrehen	turn around	tourner	gia rare	volver
otacksam (SV)	undankbar	ungrateful	ingrat(e)	ingrato(a)	desagradecido(a)
otálet (CZ)	zögern	hesitate	hésiter	esitare	vacilar
otålig (SV)	ungeduldig	impatient	impatient(e)	impaziente	inpaciente
otázka (CZ)	Frage f	question	question f	domanda f	pregunta f
otec (CZ)	Vater m	father	père m	padre m	padre m
otevírací doba (CZ)	Öffnungszeiten pl	business hours	heures d'ouverture f/pl	orario d'apertura m	horas de apertura f/pl
otevírat <otevřít> (CZ)	öffnen	open	ouvrir	aprire	abrir
otevření (CZ)	Eröffnung f	opening	ouverture f	apertura f	abertura f
otevřený¹ (CZ)	geöffnet	open	ouvert(e)	aperto(a)	abierto(a)
otevřený² (CZ)	offen	open	ouvert(e)	aperto(a)	abierto(a)
other (E)	andere(r,s)	—	autre	altro(a)	otra(o)
ötlet (H)	Idee f	idea	idée f	idea f	idea f
otoczenie (PL)	Umgebung f	surroundings	environs m/pl	dintorni m/pl	alrededores m/pl
o tom (CZ)	darüber	above	au-dessus	sopra	por encima
otoño (ES)	Herbst m	autumn	automne m	autunno m	—
otra(o) (ES)	andere(r,s)	other	autre	altro(a)	—
otra vez (ES)	nochmals	again	encore une fois	di nuovo	—
otrevlig (SV)	ungemütlich	uncomfortable	désagréable	poco accogliente	incómodo(a)
otrolig (SV)	unglaublich	incredible	incroyable	incredibile	increíble
otrzymywać <otrzymać> (PL)	bekommen	get	recevoir	ricevere	recibir
otrzymywać <otrzymać> (PL)	empfangen	receive	recevoir	ricevere	recibir
otrzymywać <otrzymać> (PL)	erhalten	receive	recevoir	ricevere	obtener
ott¹ (H)	dort	there	là/y	là	allí
ott² (H)	da	there	là/ici	qui/là	allí
otthon (H)	zu Hause	at home	à la maison	a casa	en casa
otur (SV)	Pech n	bad luck	malchance f	sfortuna f	mala suerte f
otvírák na láhve (CZ)	Flaschenöffner m	bottle opener	ouvre-bouteilles m	apribottiglie m	abrebotellas m

otvírák na láhve

P	NL	SV	PL	CZ	H
cortante	scherp	skarp	—	ostrý	éles
picante	sterk	besk	—	ostrý	erős
cortante	scherp	skarp	ostry	—	éles
picante	sterk	besk	ostry	—	erős
lâmina f	kling f	klinga u	—	čepel f	penge
advertir	waarschuwen	varna	—	varovat	figyelmeztet
afiar	scherpen	vässa	—	ostřit <naostřit>	élesít
tímido	schuchter	blyg	nieśmiały	—	félénk
destino m	noodlot n	öde n	przeznaczenie n	—	sors
iluminação f	verlichting f	belysning u	oświetlenie n	—	kivilágítás
iluminar	verlichten	belysa	oświetlać <oświetlić>	—	kivilágít
iluminar	verlichten	belysa	—	osvětlovat <osvětlit>	kivilágít
iluminação f	verlichting f	belysning u	—	osvětlení n	kivilágítás
outono m	herfst m	höst u	jesień f	podzim m	—
poupado	spaarzaam	sparsam	—	spořivý	takarékos
coluna f	zuil f	pelare u	kolumna f	sloup m	—
partir	delen	dela	dzielić	dělit <rozdělit>	—
divisão f	afdeling f	avdelning u	wydział m	oddělení n	—
classe f	klas f	klass u	klasa f	třída f	—
nota f	cijfer n	betyg n	ocena f	známka f	—
enganar	bedriegen	svika	—	podvádět <podvést>	becsap
fraude f	bedrog n	bedrägeri n	—	podvod m	csalás
virar	omdraaien	vrida	obracać	—	megfordít
ingrato	ondankbaar	—	niewdzięczny	nevděčný	hálátlan
hesitar	aarzelen	tveka	ociągać się	—	habozik
impaciente	ongeduldig	—	niecierpliwy	netrpělivý	türelmetlen
pergunta f	vraag f	fråga u	pytanie n	—	kérdés
pai m	vader m	far u	ojciec m	—	apa
horário m	openingstijden pl	öppningstider pl	godziny otwarcia f/pl	—	nyitvatartási idő
abrir	openen	öppna	otwierać <otworzyć>	—	nyit
abertura f	opening f	inledning u	otwarcie n	—	megnyitás
aberto	geopend	öppnad	otwarty	—	nyitott
aberto	open	öppen	otwarty	—	nyitott
outro(s)	ander(e)	annan	inna(y,e)	jiný	másik
ideia f	idee n	idée u	idea f	nápad m	—
arredores m/pl	omgeving f	omgivning u	—	okolí n	környék
por cima	daarover	under tiden	o tym	—	felette
outono m	herfst m	höst u	jesień f	podzim m	ősz
outro(s)	ander(e)	annan	inna(y,e)	jiný	másik
novamente	nogmaals	ännu en gång	jeszcze raz	ještě jednou	még egyszer
pouco aconchegante	ongezellig	—	niesympatyczny	neútulný	kellemetlen
incrível	ongelofelijk	—	niesłychany	neuvěřitelný	hihetetlen
receber	krijgen	få	—	dostávat <dostat>	kap
receber	ontvangen	ta emot	—	přijímat <přijmout>	fogad
receber	ontvangen	erhålla	—	obdržet	megkap
ali	daar	där	tam	tam	—
ali	daar	där	tam	zde	—
em casa	thuis	hemma	w domu	doma	—
azar m	pech m	—	pech m	smůla f	pech
abre-cápsulas m	flesopener m	flasköppnare u	otwieracz do butelek m	—	üvegnyitó

otwarcie

	D	E	F	I	ES
otwarcie (PL)	Eröffnung f	opening	ouverture f	apertura f	abertura f
otwarty[1] (PL)	geöffnet	open	ouvert(e)	aperto(a)	abierto(a)
otwarty[2] (PL)	offen	open	ouvert(e)	aperto(a)	abierto(a)
otwierać (PL)	aufschließen	unlock	ouvrir	aprire	abrir
otwieracz do butelek (PL)	Flaschenöffner m	bottle opener	ouvre-bouteilles m	apribottiglie m	abrebotellas m
otwierać <otworzyć> (PL)	öffnen	open	ouvrir	aprire	abrir
o tym (PL)	darüber	above	au-dessus	sopra	por encima
ou (F)	oder	or	—	o	o
ou (P)	oder	or	ou	o	o
oublier (F)	vergessen	forget	—	dimenticare	olvidar
oud (NL)	alt	old	vieux (vieille)	vecchio(a)	viejo(a)
ouderdom (NL)	Alter n	age	âge m	età f	edad f
ouders (NL)	Eltern pl	parents	parents m/pl	genitori m/pl	padres m/pl
ouderwets (NL)	altmodisch	old-fashioned	démodé(e)	fuori moda	pasado(a) de moda
ouest (F)	Westen m	west	—	ovest m	oeste m
oui (F)	ja	yes	—	sì	sí
oundvikligt (SV)	unvermeidlich	inevitable	inévitable	inevitabile	inevitable
ou ... ou (F)	entweder ... oder	either ... or	—	o ... o	o ... o
ou ... ou então (P)	entweder ... oder	either ... or	ou ... ou	o ... o	o ... o
ours (F)	Bär m	bear	—	orso m	oso m
out (E)	hinaus	—	dehors	fuori	hacia afuerta
outhärdlig (SV)	unerträglich	unbearable	insupportable	insopportabile	inanguantable
outil (F)	Werkzeug n	tool	—	utensile m	herramienta f
outing (E)	Ausflug m	—	excursion f	gita f	excursión f
outline (E)	Entwurf m	—	esquisse f	abbozzo m	proyecto m
outono (P)	Herbst m	autumn	automne m	autunno m	otoño m
outro(s) (P)	andere(r,s)	other	autre	altro(a)	otra(o)
outside[1] (E)	außen	—	au dehors	fuori	afuera
outside[2] (E)	draußen	—	dehors	fuori	afuera
ouvert(e)[1] (F)	geöffnet	open	—	aperto(a)	abierto(a)
ouvert(e)[2] (F)	offen	open	—	aperto(a)	abierto(a)
ouverture (F)	Eröffnung f	opening	—	apertura f	abertura f
ouvinte (P)	Hörer m	listener	auditeur m	ascoltatore m	oyente m
ouvir (P)	hören	hear	entendre	sentire	oír
ouvre-bouteilles (F)	Flaschenöffner m	bottle opener	—	apribottiglie m	abrebotellas m
ouvrier (F)	Arbeiter m	worker	—	operaio m	trabajador m
ouvrir[1] (F)	aufschließen	unlock	—	aprire	abrir
ouvrir[2] (F)	öffnen	open	—	aprire	abrir
öv (H)	Gürtel m	belt	ceinture f	cintura f	cinturón m
öva (SV)	üben	practise	étudier	esercitarsi	practicar
ovan (SV)	oben	above	en haut	sopra	arriba
ovanlig (SV)	ungewöhnlich	unusual	exceptionnel(le)	insolito(a)	inusual
ovänlig (SV)	unfreundlich	unfriendly	peu aimable	sgarbato(a)	descortés
oväntat (SV)	unerwartet	unexpected	inattendu(e)	inatteso(a)	inesperado(a)
óvatos (H)	vorsichtig	careful	prudent(e)	prudente	prudente
oven (E)	Ofen m	—	poêle m	stufa f	estufa f
oven (NL)	Ofen m	oven	poêle m	stufa f	estufa f
over (E)	herüber	—	par ici	da questa parte	a este lado
over (NL)	über	over/about	sur	su/sopra/per	por/sobre
över (SV)	über	over/about	sur	su/sopra/per	por/sobre
over/about (E)	über	—	sur	su/sopra/per	por/sobre
overal (NL)	überall	everywhere	partout	dappertutto	por todas partes

overal

P	NL	SV	PL	CZ	H
abertura f	opening f	inledning u	—	otevření n	megnyítás
aberto	geopend	öppnad	—	otevřený	nyitott
aberto	open	öppen	—	otevřený	nyitott
abrir à chave	ontsluiten	låsa upp	—	odemykat <odemknout>	felnyit
abre-cápsulas m	flesopener m	flasköppnare u	—	otvírák na láhve m	üvegnyitó
abrir	openen	öppna	—	otevírat <otevřít>	nyit
por cima	daarover	under tiden	—	o tom	felette
ou	of	eller	albo	(a)nebo	vagy
—	of	eller	albo	(a)nebo	vagy
esquecer-se	vergeten	glömma	zapomnieć	zapomínat <zapomenout>	elfelejt
velho	—	gammal	stary	starý	öreg
idade f	—	ålder u	wiek m	stáří n	életkor
pais m/pl	—	föräldrar pl	rodzice m/pl	rodiče pl	szülők
antiquado	—	gammalmodig	staromodny	staromódní	régimódi
oeste m	westen n	väster u	zachód n	západ m	nyugat
sim	ja	ja	tak	ano	igen
inevitável	onvermijdelijk	—	nieunikniony	nevyhnutelný	elkerülhetetlen
ou ... ou então	of ... of	varken ... eller	albo ... albo	buď a nebo	vagy ... vagy
—	of ... of	varken ... eller	albo ... albo	buď a nebo	vagy ... vagy
urso m	beer m	björn u	niedźwiedź m	medvěd m	medve
para fora	naar buiten	dit ut	na zewnątrz	ven	ki
insuportável	ondraaglijk	—	nieznośny	nesnesitelný	elviselhetetlen
ferramenta f	werktuig n	verktyg n	narzędzie n	nářadí n	szerszám
excursão f	uitstap m	utflykt u	wycieczka f	výlet m	kirándulás
projecto m	ontwerp n	utkast n	szkic m	návrh m	tervezet
—	herfst m	höst u	jesień f	podzim m	ősz
—	ander(e)	annan	inna(y,e)	jiný	másik
fora	buiten	ute	zewnątrz	venku	kint
fora	buiten	utanför	na dworze	venku	kívül
aberto	geopend	öppnad	otwarty	otevřený	nyitott
aberto	open	öppen	otwarty	otevřený	nyitott
abertura f	opening f	inledning u	otwarcie n	otevření n	megnyítás
—	luisteraar m	lyssnare u	słuchacz m	posluchač m	hallgató
—	horen	höra	słuchać <usłyszeć>	poslouchat <poslechnout>	hall
abre-cápsulas m	flesopener m	flasköppnare u	otwieracz do butelek m	otvírák na láhve m	üvegnyitó
operário m	arbeider m	arbetare u	robotnik m	dělník m	munkás
abrir à chave	ontsluiten	låsa upp	otwierać	odemykat <odemknout>	felnyit
abrir	openen	öppna	otwierać <otworzyć>	otevírat <otevřít>	nyit
cinto m	gordel m	skärp n	pasek m	pásek m	—
exercitar	oefenen	—	ćwiczyć	cvičit <nacvičit>	gyakorol
em cima	boven	—	na górze	nahoře	fenn
pouco habitual	ongewoon	—	niezwykły	neobvyklý	szokatlan
pouco amável	onvriendelijk	—	nieprzyjazny	nevlídný	barátságtalan
inesperado	onverwacht	—	nieoczekiwany	nečekaný	váratlan
cauteloso	voorzichtig	försiktig	ostrożnie	opatrný	—
forno m	oven m	ugn u	piec m	kamna pl	kályha
forno m	—	ugn u	piec m	kamna pl	kályha
para cá	hierheen	hität	w tę stronę	sem	át
por encima de	—	över	nad	přes	felett
por encima de	over	—	nad	přes	felett
por encima de	over	över	nad	přes	felett
por toda a parte	—	överallt	wszędzie	všude	mindenütt

överallt

	D	E	F	I	ES
överallt (SV)	überall	everywhere	partout	dappertutto	por todas partes
overbodig (NL)	überflüssig	superfluous	superflu(e)	superfluo(a)	superfluo(a)
overdrijven (NL)	übertreiben	exaggerate	exagérer	esagerare	exagerar
overdrijving (NL)	Übertreibung f	exaggeration	exagération f	esagerazione f	exageración f
överdriva (SV)	übertreiben	exaggerate	exagérer	esagerare	exagerar
överdrivelse (SV)	Übertreibung f	exaggeration	exagération f	esagerazione f	exageración f
overeenkomen¹ (NL)	entsprechen	correspond	correspondre à	corrispondere	corresponder a
overeenkomen² (NL)	vereinbaren	agree upon	convenir de	fissare	convenir
överens (SV)	einverstanden	agreed	d'accord	d'accordo	de acuerdo
överenskommelse (SV)	Abmachung f	agreement	accord m	accordo m	acuerdo m
överfall (SV)	Überfall m	raid	attaque f	aggressione f	asalto m
överfalla (SV)	überfallen	attack	attaquer	assalire	asaltar
överflödigt (SV)	überflüssig	superfluous	superflu(e)	superfluo(a)	superfluo(a)
overhandigen (NL)	überreichen	hand over	présenter	consegnare	entregar
overig (NL)	übrig	left	restant(e)	restante	restante
overigens (NL)	übrigens	by the way	d'ailleurs	del resto	por lo demás
overmaken (NL)	überweisen	transfer	virer	trasferire	transferir
overnachting (NL)	Übernachtung f	overnight stay	nuitée f	pernottamento m	pernoctación f
övernattning (SV)	Übernachtung f	overnight stay	nuitée f	pernottamento m	pernoctación f
overnight stay (E)	Übernachtung f	—	nuitée f	pernottamento m	pernoctación f
överräcka (SV)	überreichen	hand over	présenter	consegnare	entregar
överraska (SV)	überraschen	surprise	surprendre	sorprendere	sorprender
överraskning (SV)	Überraschung f	surprise	surprise f	sorpresa f	sorpresa f
översätta (SV)	übersetzen	translate	traduire	tradurre	traducir
översättning (SV)	Übersetzung f	translation	traduction f	traduzione f	traducción f
overstappen (NL)	umsteigen	change	changer (de train)	cambiare	cambiar de
oversteken (NL)	überqueren	cross	traverser	attraversare	atravesar
overstroming (NL)	Überschwemmung f	flood	inondation f	inondazione f	inundación f
översvämning (SV)	Überschwemmung f	flood	inondation f	inondazione f	inundación f
overtake (E)	überholen	—	doubler	sorpassare	adelantar
övertala (SV)	überreden	convince	persuader	persuadere	persuadir
over there (E)	drüben	—	de l'autre côté	dall'altra parte	al otro lado
overtuigen¹ (NL)	überreden	convince	persuader	persuadere	persuadir
overtuigen² (NL)	überzeugen	convince	convaincre	convincere	convencer
övertyga (SV)	überzeugen	convince	convaincre	convincere	convencer
övervaka (SV)	überwachen	supervise	surveiller	sorvegliare	vigilar
overval (NL)	Überfall m	raid	attaque f	aggressione f	asalto m
overvallen (NL)	überfallen	attack	attaquer	assalire	asaltar
ovest (I)	Westen m	west	ouest m	—	oeste m
övning (SV)	Übung f	exercise	exercice m	esercizio f	ejercicio m
ovo (P)	Ei n	egg	œuf m	uovo m	huevo m
ovoce (CZ)	Obst n	fruit	fruits m/pl	frutta f	fruta f
óvoda (H)	Kindergarten m	nursery school	jardin d'enfants m	asilo (infantile) m	jardín de infancia m
övrig (SV)	übrig	left	restant(e)	restante	restante
owad (PL)	Insekt n	insect	insecte m	insetto m	insecto m
owe (E)	schulden	—	devoir	dovere	deber
owijać <owinąć> (PL)	einwickeln	wrap up	envelopper	avvolgere	envolver
owoce (PL)	Obst n	fruit	fruits m/pl	frutta f	fruta f
ox (E)	Ochse m	—	bœuf m	bue m	buey m
oxalá (P)	hoffentlich	hopefully	espérons	speriamo che	ojalá (que)

oxalá

P	NL	SV	PL	CZ	H
por toda a parte	overal	—	wszędzie	všude	mindenütt
supérfluo	—	överflödigt	zbędny	zbytečný	felesleges
exagerar	—	överdriva	przesadzać	přehánět <přehnat>	túloz
exageração f	—	överdrivelse u	przesada f	nadsázka f	túlzás
exagerar	overdrijven	—	przesadzać	přehánět <přehnat>	túloz
exageração f	overdrijving f	—	przesada f	nadsázka f	túlzás
corresponder	—	motsvara	odpowiadać	odpovídat <odpovědět>	megfelel
acertar	—	avtala	ustalać	ujednávat <ujednat>	megegyezik
de acordo	akkoord	—	zgadzać się <zgodzić się>	souhlasit <odsouhlasit>	rendben van
acordo m	afspraak f	—	ugoda f	ujednání n	megállapodás
assalto m	overval m	—	napad m	přepadení n	megtámadás
assaltar	overvallen	—	napadać	přepadat <přepadnout>	megtámad
supérfluo	overbodig	—	zbędny	zbytečný	felesleges
entregar	—	överräcka	przekazywać	předávat <předat>	átad
restante	—	övrig	pozostały	zbývající	maradék
aliás	—	förresten	zresztą	ostatně	egyébként
transferir	—	föra över	przelewać	převádět <převést>	átutal
pernoite m	—	övernattning u	nocleg m	přenocování n	éjjeli szállás
pernoite m	overnachting f	—	nocleg m	přenocování n	éjjeli szállás
pernoite m	overnachting f	övernattning u	nocleg m	přenocování n	éjjeli szállás
entregar	overhandigen	—	przekazywać	předávat <předat>	átad
surpreender	verrassen	—	zaskakiwać	překvapovat <překvapit>	meglep
surpresa f	verrassing f	—	niespodzianka f	překvapení n	meglepetés
traduzir	vertalen	—	tłumaczyć	překládat <přeložit>	fordít
tradução f	vertaling f	—	tłumaczenie n	překlad m	fordítás
mudar	—	byta	przesiadać się	přestupovat <přestoupit>	átszáll
atravessar	—	korsa	przekraczać	přecházet <přejít>	áthalad
inundação f	—	översvämning u	powódź f	záplava f	árvíz
inundação f	overstroming f	—	powódź f	záplava f	árvíz
ultrapassar	inhalen	köra förbi	wyprzedzać	předjíždět <předjet>	megelőz
persuadir	overtuigen	—	namawiać <namówić>	přemlouvat <přemluvit>	rábeszél
além	aan de overkant	på andra sidan	po tamtej stronie	na druhé straně	odaát
persuadir	—	övertala	namawiać <namówić>	přemlouvat <přemluvit>	rábeszél
convencer	—	övertyga	przekonywać	přesvědčovat <přesvědčit>	meggyőz
convencer	overtuigen	—	przekonywać	přesvědčovat <přesvědčit>	meggyőz
supervisionar	bewaken	—	nadzorować	sledovat	ellenőriz
assalto m	—	överfall n	napad m	přepadení n	megtámadás
assaltar	—	överfalla	napadać	přepadat <přepadnout>	megtámad
oeste m	westen n	väster u	zachód n	západ m	nyugat
exercício m	oefening f	—	ćwiczenie n	cvičení n	gyakorlat
—	ei n	ägg n	jajko n	vejce n	tojás
fruta f	fruit n	frukt pl	owoce m/pl	—	gyümölcs
jardim de infância m	kleuterschool f	förskola u	przedszkole n	mateřská školka f	—
restante	overig	—	pozostały	zbývající	maradék
insecto m	insect n	insekt u	—	hmyz m	rovar
dever	verschuldigd zijn	vara skyldig ngn	być dłużnym	dlužit	tartozik
embrulhar	inwikkelen	veckla in	—	zabalovat <zabalit>	becsavar
fruta f	fruit n	frukt pl	—	ovoce n	gyümölcs
boi m	os m	oxe u	wół m	vůl m	ökör
—	hopelijk	förhoppningsvis	mam nadzieję, że	doufejme	remélhetően

	D	E	F	I	ES
oxe (SV)	Ochse m	ox	bœuf m	bue m	buey m
oxidado(a) (ES)	rostig	rusty	rouillé(e)	arrugginito(a)	—
oxidarse (ES)	rosten	rust	rouiller	arrugginire	—
oyente (ES)	Hörer m	listener	auditeur m	ascoltatore m	—
őz (H)	Reh n	deer	chevreuil m	capriolo m	corzo m
ożenek/zamążpójście (PL)	Heirat f	marriage	mariage m	matrimonio m	boda f
oživený (CZ)	belebt	lively	animé(e)	animato(a)	animado(a)
oznámení (CZ)	Anschlag m	assault	attentat m	manifesto m	atentado m
ożywiony (PL)	belebt	lively	animé(e)	animato(a)	animado(a)
på andra sidan (SV)	drüben	over there	de l'autre côté	dall'altra parte	al otro lado
paard (NL)	Pferd n	horse	cheval m	cavallo m	caballo m
paardrijden (NL)	reiten	ride	monter	cavalcare	cabalgar
pacco (I)	Paket n	parcel	paquet m	—	paquete m
pace (I)	Frieden m	peace	paix f	—	paz f
pachnieć <zapachnieć> (PL)	riechen	smell	sentir	sentire	oler
páchnout (CZ)	stinken	stink	puer	puzzare	apestar
paciencia (ES)	Geduld f	patience	patience f	pazienza f	—
paciência (P)	Geduld f	patience	patience f	pazienza f	paciencia f
paciente (P)	geduldig	patient	patient(e)	paziente	con paciencia
pacífico (P)	friedlich	peaceful	paisible	pacifico(a)	pacífico(a)
pacifico(a) (I)	friedlich	peaceful	paisible	—	pacífico(a)
pacífico(a) (ES)	friedlich	peaceful	paisible	pacifico(a)	—
packa ur (SV)	auspacken	unpack	défaire	disfare	deshacer
paczka (PL)	Paket n	parcel	paquet m	pacco m	paquete m
pad (H)	Bank f	bank	banque f	banca f	banco m
pada deszcz (PL)	regnen	rain	pleuvoir	piovere	llover
padaria (P)	Bäckerei f	bakery	boulangerie f	panetteria f	panadería f
på dät (SV)	darauf	on	dessus	su	encima de
padat <padnout> (CZ)	passen	suit	aller bien	stare bene	venir bien
padat <spadnout> (CZ)	fallen	fall	tomber	cadere	caer
paddenstoel (NL)	Pilz m	mushroom	champignon m	fungo m	hongo m
padnoucí (CZ)	passend	suitable	assorti(e)	adatto(a)	apropiado(a)
padre (I)	Vater m	father	père m	—	padre m
padre (ES)	Vater m	father	père m	padre m	—
padre¹ (P)	Pfarrer m	priest	curé m	parroco m	párroco m
padre² (P)	Priester m	priest	prêtre m	prete m	sacerdote m
padres (ES)	Eltern pl	parents	parents m/pl	genitori m/pl	—
på eftermiddagen (SV)	nachmittags	in the afternoon	à l'après-midi	di pomeriggio	por la tarde
paesaggio (I)	Landschaft f	landscape	paysage m	—	paisaje m
paese¹ (I)	Dorf n	village	village m	—	pueblo m
paese² (I)	Land n	land	pays m	—	país m
Paesi Bassi (I)	Niederlande f	Netherlands	Pays-Bas m/pl	—	Países Bajos m/pl
på ett eller annat sätt (SV)	irgendwie	somehow	n'importe comment	in qualche modo	de alguna manera
pagar (ES)	bezahlen	pay	payer	pagare	—
pagar (ES)	zahlen	pay	payer	pagare	—
pagar (P)	bezahlen	pay	payer	pagare	pagar
pagar (P)	zahlen	pay	payer	pagare	pagar
pagar de volta (P)	zurückzahlen	pay back	rembourser	rimborsare	devolver
pagar direitos (P)	verzollen	clear through customs	dédouaner	sdoganare	pagar la aduana
pagare (I)	bezahlen	pay	payer	—	pagar

P	NL	SV	PL	CZ	H
boi m	os m	—	wół m	vůl m	ökör
ferrugento	roestig	rostig	zardzewiały	rezavý	rozsdás
enferrujar	roesten	rosta	rdzewieć <zardzewieć>	rezivět <zrezivět>	rozsdásodik
ouvinte m	luisteraar m	lyssnare u	słuchacz m	posluchač m	hallgató
corça f	ree n	rådjur n	sarna f	srna f	—
casamento m	huwelijk n	giftermål n	—	sňatek m	házasságkötés
animado	levendig	livlig	ożywiony	—	forgalmas
atentado m	aanslag m	anslag n	zamach m	—	merénylet
animado	levendig	livlig	—	oživený	forgalmas
além	aan de overkant	—	po tamtej stronie	na druhé straně	odaát
cavalo m	—	häst u	koń m	kůň m	ló
andar a cavalo	—	rida	jechać konno <pojechać konno>	jezdit na koni <jet na koni>	lovagol
encomenda m	pakket n	paket n	paczka f	balík m	csomag
paz f	vrede f	fred u	pokój m	mír m	béke
cheirar	ruiken	lukta	—	cítit <ucítit>	szaga van, szagol
feder	stinken	lukta illa	śmierdzieć	—	bűzlik
paciência f	geduld n	tålamod n	cierpliwość f	trpělivost f	türelem
—	geduld n	tålamod n	cierpliwość f	trpělivost f	türelem
—	geduldig	tålig	cierpliwy	trpělivý	türelmes
—	vreedzaam	fredlig	pokojowy	mírumilovný	békés
pacífico	vreedzaam	fredlig	pokojowy	mírumilovný	békés
pacífico	vreedzaam	fredlig	pokojowy	mírumilovný	békés
desembrulhar	uitpakken	—	rozpakowywać <rozpakować>	vybalovat <vybalit>	kipakol
encomenda m	pakket n	paket n	—	balík m	csomag
banco m	bank f	bänk u	ławka f	lavice f	—
chover	regenen	regna	—	pršet <zapršet>	esik az eső
—	bakkerij f	bageri n	piekarnia f	pekárna f	pekség
em cima	daarop	—	na tym	na to	rajta
servir	passen	passa	pasować	—	megfelel
cair	vallen	trilla	upadać <upaść>	—	esik
cogumelo m	—	svamp u	grzyb m	houba f	gomba
apropriado	passend	passande	odpowiedni	—	megfelelő
pai m	vader m	far u	ojciec m	otec m	apa
pai m	vader m	far u	ojciec m	otec m	apa
—	pastoor m	präst u	proboszcz m	farář m	plébános
—	priester m	präst u	ksiądz m	kněz m	pap
pais m/pl	ouders pl	föräldrar pl	rodzice m/pl	rodiče pl	szülők
de tarde	's namiddags	—	po południu	odpoledne	délutánonként
paisagem f	landschap n	landskap n	krajobraz m	krajina f	táj
aldeia f	dorp n	by u	wieś f	vesnice f	falu
país m	land n	stat u	kraj m	země f	állam
Paises-Baixos m/pl	Nederland n	Nederländerna pl	Holandia f	Nizozemsko n	Hollandia
de qualquer modo	hoe dan ook	—	jakoś	nějak	valahogy
pagar	betalen	betala	płacić <zapłacić>	platit <zaplatit>	fizet
pagar	betalen	betala	płacić <zapłacić>	platit <zaplatit>	fizet
—	betalen	betala	płacić <zapłacić>	platit <zaplatit>	fizet
—	betalen	betala	płacić <zapłacić>	platit <zaplatit>	fizet
—	terugbetalen	betala tillbaka	zwracać dług	splácet <splatit>	visszafizet
—	invoerrechten betalen	förtulla	oclić	proclívat <proclít>	elvámol
pagar	betalen	betala	płacić <zapłacić>	platit <zaplatit>	fizet

pagare

	D	E	F	I	ES
pagare (I)	zahlen	pay	payer	—	pagar
pagar la aduana (ES)	verzollen	clear through customs	dédouaner	sdoganare	—
page (E)	Seite f	—	page f	pagina f	página f
page (F)	Seite f	page	—	pagina f	página f
page d'accueil (F)	Homepage f	homepage	—	home page f	portada f
pagella (I)	Zeugnis n	report	bulletin m	—	certificado m
pagina (I)	Seite f	page	page f	—	página f
página (ES)	Seite f	page	page f	pagina f	—
página (P)	Seite f	page	page f	pagina f	página f
página da casa (P)	Homepage f	homepage	page d'accueil f	home page f	portada f
página web (ES)	Website f	website	site Web m	sito Web m	—
página web (P)	Website f	website	site Web m	sito Web m	página web f
pagórek (PL)	Hügel m	hill	colline f	collina f	colina f
på grund av¹ (SV)	infolge	as a result of	par suite de	in seguito a	por
på grund av² (SV)	wegen	due to	à cause de	a causa di	a causa de
pai (P)	Vater m	father	père m	padre m	padre m
pałac (PL)	Schloss n	lock	serrure f	serratura f	castillo m
pain (E)	Schmerz m	—	douleur f	dolore m	dolor m
pain (F)	Brot n	bread	—	pane m	pan m
painful (E)	schmerzhaft	—	douloureux(euse)	doloroso(a)	doloroso(a)
paint¹ (E)	malen	—	peindre	dipingere	pintar
paint² (E)	streichen	—	peindre	verniciare	pintar
painting¹ (E)	Gemälde n	—	tableau m	quadro m	cuadro m
painting² (E)	Malerei f	—	peinture f	pittura f	pintura f
pair(e) (F)	gerade	even	—	pari	par
pair of scissors (E)	Schere f	—	ciseaux m/pl	forbici f/pl	tijera f
pais (P)	Eltern pl	parents	parents m/pl	genitori m/pl	padres m/pl
país (ES)	Land n	land	pays m	paese m	—
país (P)	Land n	land	pays m	paese m	país m
paisagem (P)	Landschaft f	landscape	paysage m	paesaggio m	paisaje m
paisaje (ES)	Landschaft f	landscape	paysage m	paesaggio m	—
Países-Baixos (P)	Niederlande f	Netherlands	Pays-Bas m/pl	Paesi Bassi m/pl	Países Bajos m/pl
Países Bajos (ES)	Niederlande f	Netherlands	Pays-Bas m/pl	Paesi Bassi m/pl	—
paisible (F)	friedlich	peaceful	—	pacifico(a)	pacífico(a)
paix (F)	Frieden m	peace	—	pace f	paz f
paixão (P)	Leidenschaft f	passion	passion f	passione f	pasión f
pájaro (ES)	Vogel m	bird	oiseau m	uccello m	—
Paket (D)	—	parcel	paquet m	pacco m	paquete m
paket (SV)	Paket n	parcel	paquet m	pacco m	paquete m
pakken (NL)	fassen	grasp	saisir	prendere	tomar/agarrar
pakket (NL)	Paket n	parcel	paquet m	pacco m	paquete m
på kvällen (SV)	abends	in the evening	le soir	di sera	por la tarde
palabra (ES)	Wort n	word	mot m	parola f	—
palácio (P)	Schloss n	lock	serrure f	serratura f	castillo m
palavra (P)	Wort n	word	mot m	parola f	palabra f
palco (P)	Bühne f	stage	scène f	palcoscenico m	escenario m
palcoscenico (I)	Bühne f	stage	scène f	—	escenario m
pale (E)	blass	—	pâle	pallido(a)	pálido(a)
pâle (F)	blass	pale	—	pallido(a)	pálido(a)
palec (PL)	Finger m	finger	doigt m	dito m	dedo m
palec u nogi (PL)	Zehe f	toe	orteil m	dito del piede m	dedo del pie m
pálido (P)	blass	pale	pâle	pallido(a)	pálido(a)
pálido(a) (ES)	blass	pale	pâle	pallido(a)	—
pálinka (H)	Schnaps m	spirits	eau-de-vie f	acquavite f	aguardiente m
palla (I)	Ball m	ball	balle f	—	pelota f
pallido(a) (I)	blass	pale	pâle	—	pálido(a)

pallido(a)

P	NL	SV	PL	CZ	H
pagar	betalen	betala	płacić <zapłacić>	platit <zaplatit>	fizet
pagar direitos	invoerrechten betalen	förtulla	oclić	proclívat <proclít>	elvámol
página f	zijde f	sida u	strona f	strana f	oldal
página f	zijde f	sida u	strona f	strana f	oldal
página da casa f	homepage m	hemsida u	strona główna f	domovská stránka f	honlap
certificado m	getuigenis n	betyg n	świadectwo n	vysvědčení n	bizonyítvány
página f	zijde f	sida u	strona f	strana f	oldal
página f	zijde f	sida u	strona f	strana f	oldal
—	zijde f	sida u	strona f	strana f	oldal
—	homepage m	hemsida u	strona główna f	domovská stránka f	honlap
página web f	website f	webbsida n	witryna WWW f	webová stránka f	honlap
—	website f	webbsida n	witryna WWW f	webová stránka f	honlap
colina f	heuvel m	kulle u	—	kopec m	domb
em consequência de	ten gevolge	—	wskutek	v důsledku	következtében
por causa de	wegens	—	z powodu	kvůli	miatt
—	vader m	far u	ojciec m	otec m	apa
palácio m	kasteel n	lås n	—	zámek m	kastély
dor f	pijn f	smärta u	ból m	bolest f	fájdalom
pão m	brood n	bröd n	chleb m	chléb m	kenyér
doloroso	pijnlijk	smärtsam	bolesny	bolestivý	fájdalmas
pintar	schilderen	måla	malować <namalować>	mlít <semlít>	fest
pintar	schilderen	smeka	pocierać	škrtat <škrtnout>	befest
pintura f	schilderij n	målning u	obraz m	obraz m	festmény
pintura f	schilderij n	måleri n	malarstwo n	malířství n	festészet
par	even	jämn	parzysty	sudý	páros
tesoura f	schaar f	sax u	nożyce f/pl	nůžky pl	olló
—	ouders pl	föräldrar pl	rodzice m/pl	rodiče pl	szülők
país m	land n	stat u	kraj m	země f	állam
—	land n	stat u	kraj m	země f	állam
—	landschap n	landskap n	krajobraz m	krajina f	táj
paisagem f	landschap n	landskap n	krajobraz m	krajina f	táj
—	Nederland n	Nederländerna pl	Holandia f	Nizozemsko n	Hollandia
Paises-Baixos m/pl	Nederland n	Nederländerna pl	Holandia f	Nizozemsko n	Hollandia
pacífico	vreedzaam	fredlig	pokojowy	mírumilovný	békés
paz f	vrede f	fred u	pokój m	mír m	béke
—	hartstocht m	lidelse u	namiętność f	vášeň f	szenvedély
pássaro m	vogel m	fågel u	ptak m	pták m	madár
encomenda m	pakket n	paket n	paczka f	balík m	csomag
encomenda m	pakket n	—	paczka f	balík m	csomag
pegar	—	fatta	chwytać <uchwycić>	chopit <uchopit>	megfog
encomenda m	—	paket n	paczka f	balík m	csomag
à noite	's avonds	—	wieczorem	večer	este
palavra f	woord n	ord n	słowo n	slovo n	szó
—	kasteel n	lås n	pałac m	zámek m	kastély
—	woord n	ord n	słowo n	slovo n	szó
—	toneel n	scen u	scena f	jeviště n	színpad
palco m	toneel n	scen u	scena f	jeviště n	színpad
pálido	bleek	blek	blady	bledý	sápadt
pálido	bleek	blek	blady	bledý	sápadt
dedo m	vinger m	finger n	—	prst m	ujj
dedo do pé m	teen m	tå u	—	prst (u nohy) m	lábujj
—	bleek	blek	blady	bledý	sápadt
pálido	bleek	blek	blady	bledý	sápadt
aguardente f	borrel m	snaps u	wódka f	kořalka f	—
bola f	bal m	boll u	piłka f	míč m	labda
pálido	bleek	blek	blady	bledý	sápadt

pallone

	D	E	F	I	ES
pallone (I)	Ballon *m*	balloon	ballon *m*	—	globo *m*
paluba (CZ)	Deck *n*	deck	pont *m*	ponte *m*	cubierta *f*
pályaudvar (H)	Bahnhof *m*	station	gare *f*	stazione *f*	estación *f*
pamatovat <zapamatovat> (CZ)	merken	notice	remarquer	accorgersi di	notar
paměť (CZ)	Gedächtnis *n*	memory	mémoire *f*	memoria *f*	memoria *f*
pamětihodnost (CZ)	Sehenswürdigkeit *f*	sight worth seeing	curiosité *f*	curiosità *f*	lugar de interés *m*
pamiątka (PL)	Andenken *n*	souvenir	souvenir *m*	ricordo *m*	recuerdo *m*
på middagen (SV)	mittags	at midday	à midi	a mezzogiorno	al mediodía
pamięć (PL)	Gedächtnis *n*	memory	mémoire *f*	memoria *f*	memoria *f*
pamut (H)	Baumwolle *f*	cotton	coton *m*	cotone *m*	algodón *m*
pan (ES)	Brot *n*	bread	pain *m*	pane *m*	—
panadería (ES)	Bäckerei *f*	bakery	boulangerie *f*	panetteria *f*	—
panasz (H)	Beschwerde *f*	complaint	plainte *f*	reclamo *m*	reclamación *f*
panaszt emel (H)	beschweren, sich	complain	plaindre, se	lamentarsi	quejarse
på natten (SV)	nachts	at nighttime	de nuit	di notte	por la noche
pancia (I)	Bauch *m*	stomach	ventre *m*	—	vientre *m*
pane (E)	Scheibe *f*	—	carreau *m*	vetro *m*	cristal *m*
pane (I)	Brot *n*	bread	pain *m*	—	pan *m*
panela¹ (P)	Kochtopf *m*	saucepan	casserole *f*	pentola *f*	olla *f*
panela² (P)	Topf *m*	pot	casserole *f*	pentola *f*	cazuela *f*
panenka (CZ)	Puppe *f*	doll	poupée *f*	bambola *f*	muñeca *f*
panetteria (I)	Bäckerei *f*	bakery	boulangerie *f*	—	panadería *f*
panic (E)	Panik *f*	—	panique *f*	panico *m*	pánico *m*
panico (I)	Panik *f*	panic	panique *f*	—	pánico *m*
pánico (ES)	Panik *f*	panic	panique *f*	panico *m*	—
pânico (P)	Panik *f*	panic	panique *f*	panico *m*	pánico *m*
paniek (NL)	Panik *f*	panic	panique *f*	panico *m*	pánico *m*
panier (F)	Korb *m*	basket	—	cesto *m*	cesta *f*
Panik (D)	—	panic	panique *f*	panico *m*	pánico *m*
panik (SV)	Panik *f*	panic	panique *f*	panico *m*	pánico *m*
pánik (H)	Panik *f*	panic	panique *f*	panico *m*	pánico *m*
panika (PL)	Panik *f*	panic	panique *f*	panico *m*	pánico *m*
panika (CZ)	Panik *f*	panic	panique *f*	panico *m*	pánico *m*
panique (F)	Panik *f*	panic	—	panico *m*	pánico *m*
panna¹ (I)	Panne *f*	breakdown	panne *f*	—	avería *f*
panna² (I)	Sahne *f*	cream	crème *f*	—	nata *f*
panna (SV)	Stirn *f*	forehead	front *m*	fronte *f*	frente *f*
Panne (D)	—	breakdown	panne *f*	panna *f*	avería *f*
panne (F)	Panne *f*	breakdown	—	panna *f*	avería *f*
panne (NL)	Panne *f*	breakdown	panne *f*	panna *f*	avería *f*
panovat (CZ)	herrschen	rule	régner	dominare	mandar
panować (PL)	herrschen	rule	régner	dominare	mandar
państwo (PL)	Staat *m*	state	état *m*	stato *m*	estado *m*
pantalon (F)	Hose *f*	trousers	—	pantalone *m*	pantalón *m*
pantalón (ES)	Hose *f*	trousers	pantalon *m*	pantalone *m*	—
pantalone (I)	Hose *f*	trousers	pantalon *m*	—	pantalón *m*
pañuelo¹ (ES)	Handtuch *n*	towel	serviette *f*	asciugamano *m*	—
pañuelo² (ES)	Taschentuch *n*	handkerchief	mouchoir *m*	fazzoletto *m*	—
pão (P)	Brot *n*	bread	pain *m*	pane *m*	pan *m*
pap (H)	Priester *m*	priest	prêtre *m*	prete *m*	sacerdote *m*
papa (PL)	Pappe *f*	cardboard	carton *m*	cartone *m*	cartón *m*
papel (ES)	Papier *n*	paper	papier *m*	carta *f*	—
papel (P)	Papier *n*	paper	papier *m*	carta *f*	papel *m*
papelão (P)	Karton *m*	cardboard box	carton *m*	cartone *m*	cartón *m*

papelão

P	NL	SV	PL	CZ	H
balão m	ballon m	ballong u	balon m	balon m	ballon
convés m	dek n	däck n	pokład m	—	fedélzet
estação de comboios f	station n	järnvägsstation u	dworzec m	nádraží n	—
notar	bemerken	markera	spostrzegać <spostrzec>	—	észrevesz
memória f	geheugen n	minne n	pamięć f	—	emlékezőtehetség
monumento m	bezienswaardigheid f	sevärdhet u	rzecz warta zobaczenia f	—	látványosság
recordação f	aandenken n	minne n	—	suvenýr m	emlék
ao meio-dia	's middags	—	w południe	v poledne	délben
memória f	geheugen n	minne n	—	paměť f	emlékezőtehetség
algodão m	katoen n	bomull u	bawełna f	bavlna f	—
pão m	brood n	bröd n	chleb m	chléb m	kenyér
padaria f	bakkerij f	bageri n	piekarnia f	pekárna f	pekség
queixa f	bezwaar n	klagomål n	zażalenie n	stížnost f	—
queixar-se de	bezwaren, zich	klaga	skarżyć się	stežovat, si <postežovat, si>	—
à noite	's nachts	—	w nocy	v noci	éjszakánként
barriga f	buik m	mage u	brzuch m	břicho n	has
vidro m	ruit f	fönsterruta u	szyba f	deska f	tábla
pão m	brood n	bröd n	chleb m	chléb m	kenyér
—	kookpot m	kastrull u	garnek m	hrnec m	fazék
—	pot m	kastrull u/kruka u	garnek m	hrnec m	fazék
boneca f	pop f	docka u	lalka f	—	baba
padaria f	bakkerij f	bageri n	piekarnia f	pekárna f	pekség
pânico m	paniek m	panik u	panika f	panika f	pánik
pânico m	paniek m	panik u	panika f	panika f	pánik
pânico m	paniek m	panik u	panika f	panika f	pánik
—	paniek m	panik u	panika f	panika f	pánik
pânico m	—	panik u	panika f	panika f	pánik
cesto m	mand f	korg u	kosz m	koš m	kosár
pânico m	paniek m	panik u	panika f	panika f	pánik
pânico m	paniek m	—	panika f	panika f	pánik
pânico m	paniek m	panik u	panika f	panika f	—
pânico m	paniek m	panik u	—	panika f	pánik
pânico m	paniek m	panik u	panika f	—	pánik
pânico m	paniek m	panik u	panika f	panika f	pánik
avaria f	panne f	motorstopp n	awaria f	porucha f	műszaki hiba
natas f/pl	room m	grädde u	śmietana f	smetana f	tejszín
testa f	voorhoofd n	—	czoło n	čelo n	homlok
avaria f	panne f	motorstopp n	awaria f	porucha f	műszaki hiba
avaria f	panne f	motorstopp n	awaria f	porucha f	műszaki hiba
avaria f	—	motorstopp n	awaria f	porucha f	műszaki hiba
dominar	heersen	härska	panować	—	uralkodik
dominar	heersen	härska	—	panovat	uralkodik
estado m	staat f	land n	—	stát m	állam
calças f/pl	broek f	byxor pl	spodnie pl	kalhoty pl	nadrág
calças f/pl	broek f	byxor pl	spodnie pl	kalhoty pl	nadrág
calças f/pl	broek f	byxor pl	spodnie pl	kalhoty pl	nadrág
toalha f	handdoek m	handduk u	ręcznik m	kapesník m	törülköző
lenço m	zakdoek m	näsduk u	chusteczka f	kapesník m	zsebkendő
—	brood n	bröd n	chleb m	chléb m	kenyér
padre m	priester m	präst u	ksiądz m	kněz m	—
cartão m	karton n	pappskiva n	—	lepenka f	keménypapír
papel m	papier n	papper n	papier m	papír m	papír
—	papier n	papper n	papier m	papír m	papír
—	karton n	kartong u	karton m	karton m	karton

paper

	D	E	F	I	ES
paper (E)	Papier n	—	papier m	carta f	papel m
Papier (D)	—	paper	papier m	carta f	papel m
papier (F)	Papier n	paper	—	carta f	papel m
papier (NL)	Papier n	paper	papier m	carta f	papel m
papier (PL)	Papier n	paper	papier m	carta f	papel m
papieros (PL)	Zigarette f	cigarette	cigarette f	sigaretta f	cigarrillo m
papillon (F)	Schmetterling m	butterfly	—	farfalla f	mariposa f
papír (CZ)	Papier n	paper	papier m	carta f	papel m
papír (H)	Papier n	paper	papier m	carta f	papel m
papírzacskó (H)	Tüte f	bag	sac m	sacchetto m	bolsa f
Pappe (D)	—	cardboard	carton m	cartone m	cartón m
papper (SV)	Papier n	paper	papier m	carta f	papel m
pappskiva (SV)	Pappe f	cardboard	carton m	cartone m	cartón m
Pâques (F)	Ostern n	Easter	—	Pasqua f	Pascuas f/pl
paquet (F)	Paket n	parcel	—	pacco m	paquete m
paquete (ES)	Paket n	parcel	paquet m	pacco m	—
par (ES)	gerade	even	pair(e)	pari	—
par (P)	gerade	even	pair(e)	pari	par
para (P)	nach	after/to	après/selon	a/in/verso/dopo	a/hacia/después
para baixo (P)	abwärts	downwards	en bas	in giù	hacia abajo
parabéns (P)	Glückwunsch m	congratulations	félicitations f/pl	auguri m/pl	felicitaciones f/pl
para cá (P)	herüber	over	par ici	da questa parte	a este lado
para casa (P)	nach Hause	home	à la maison	a casa	a casa
parada (ES)	Haltestelle f	stop	arrêt m	fermata f	—
para dentro (P)	hinein	in	dans	dentro	dentro
paradicsom (H)	Tomate f	tomato	tomate f	pomodoro m	tomate m
para ello (ES)	dafür	for it	pour cela	per questo	—
para fora (P)	hinaus	out	dehors	fuori	hacia afuerta
paragem (P)	Haltestelle f	stop	arrêt m	fermata f	parada f
paragonare (I)	vergleichen	compare	comparer	—	comparar
paragone (I)	Vergleich m	comparsion	comparaison f	—	comparación f
paraguas (ES)	Regenschirm m	umbrella	parapluie m	ombrello m	—
para isso (P)	dafür	for it	pour cela	per questo	para ello
paraître (F)	aussehen	look	—	sembrare	parecerse a
para lá (P)	hinüber	across	de l'autre côté	di là	hacia el otro lado
paralelně (CZ)	parallel	parallel	parallèle	parallelo(a)	paralelo(a)
paralelo (P)	parallel	parallel	parallèle	parallelo(a)	paralelo(a)
paralelo(a) (ES)	parallel	parallel	parallèle	parallelo(a)	—
parallel (D)	—	parallel	parallèle	parallelo(a)	paralelo(a)
parallel (E)	parallel	—	parallèle	parallelo(a)	paralelo(a)
parallel (NL)	parallel	parallel	parallèle	parallelo(a)	paralelo(a)
parallèle (F)	parallel	parallel	—	parallelo(a)	paralelo(a)
parallell (SV)	parallel	parallel	parallèle	parallelo(a)	paralelo(a)
parallelo(a) (I)	parallel	parallel	parallèle	—	paralelo(a)
parapluie (F)	Regenschirm m	umbrella	—	ombrello m	paraguas m
paraply (SV)	Regenschirm m	umbrella	parapluie m	ombrello m	paraguas m
parar (ES)	anhalten	stop	arrêter	fermare	—
parar (P)	anhalten	stop	arrêter	fermare	parar
parasol (PL)	Regenschirm m	umbrella	parapluie m	ombrello m	paraguas m
parasztbirtok (H)	Bauernhof m	farmhouse	ferme f	fattoria f	granja f
paraszt, földműves (H)	Bauer m	farmer	paysan m	contadino m	campesino m
para trás (P)	rückwärts	backwards	en arrière	in dietro	hacia atrás
parcel (E)	Paket n	—	paquet m	pacco m	paquete m

parcel

P	NL	SV	PL	CZ	H
papel m	papier n	papper n	papier m	papír m	papír
papel m	papier n	papper n	papier m	papír m	papír
papel m	papier n	papper n	papier m	papír m	papír
papel m	—	papper n	papier m	papír m	papír
papel m	papier n	papper n	—	papír m	papír
cigarro m	sigaret f	cigarett u	—	cigareta f	cigaretta
borboleta f	vlinder m	fjäril u	motyl m	motýl m	pillangó
papel m	papier n	papper n	papier m	—	papír
papel m	papier n	papper n	papier m	papír m	—
saco m	zakje n	påse u	torebka f	sáček m	—
cartão m	karton n	pappskiva n	papa f	lepenka f	keménypapír
papel m	papier n	—	papier m	papír m	papír
cartão m	karton n	—	papa f	lepenka f	keménypapír
Páscoa f	Pasen m	påsk u	Wielkanoc f	Velikonoce pl	húsvét
encomenda m	pakket n	paket n	paczka f	balík m	csomag
encomenda m	pakket n	paket n	paczka f	balík m	csomag
par	even	jämn	parzysty	sudý	páros
—	even	jämn	parzysty	sudý	páros
—	naar	efter	do	po	felé
—	afwaarts	nedåt	na dół	dolů	lefelé
—	gelukwens m	lyckönskan u	życzenia szczęścia n/pl	blahopřání n	jókívánság
—	hierheen	hitåt	w tę stronę	sem	át
—	naar huis	hem	do domu	domů	haza
paragem f	halte f	hållplats u	przystanek m	zastávka f	megálló
—	naar binnen	inåt	do wnętrza	dovnitř	be
tomate m	tomaat f	tomat u	pomidor m	rajče n	—
para isso	ervoor	för det	na to	pro	ezért
—	naar buiten	dit ut	na zewnątrz	ven	ki
—	halte f	hållplats u	przystanek m	zastávka f	megálló
comparar	vergelijken	jämföra	porównywać	porovnávat <porovnat>	összehasonlít
comparação f	vergelijking f	jämförelse u	porównanie n	srovnání n	összehasonlítás
guarda-chuva m	regenscherm n	paraply n	parasol m	deštník m	esernyő
—	ervoor	för det	na to	pro	ezért
parecer	uitzien	verka	wyglądać	vypadat	kinéz
—	erheen	dit över	na tamtą stronę	na druhou stranu	át
paralelo	parallel	parallell	równoległy	—	párhuzamos
—	parallel	parallell	równoległy	paralelně	párhuzamos
paralelo	parallel	parallell	równoległy	paralelně	párhuzamos
paralelo	parallel	parallell	równoległy	paralelně	párhuzamos
paralelo	parallel	parallell	równoległy	paralelně	párhuzamos
paralelo	—	parallell	równoległy	paralelně	párhuzamos
paralelo	parallel	parallell	równoległy	paralelně	párhuzamos
paralelo	parallel	—	równoległy	paralelně	párhuzamos
paralelo	parallel	parallell	równoległy	paralelně	párhuzamos
guarda-chuva m	regenscherm n	paraply n	parasol m	deštník m	esernyő
guarda-chuva m	regenscherm n	—	parasol m	deštník m	esernyő
parar	stoppen	stoppa	zatrzymywać <zatrzymać>	zastavovat <zastavit>	megállít
—	stoppen	stoppa	zatrzymywać <zatrzymać>	zastavovat <zastavit>	megállít
guarda-chuva m	regenscherm n	paraply n	—	deštník m	esernyő
quinta f	boerderij f	bondgård u	gospodarstwo wiejskie n	statek m	—
agricultor m	boer m	bonde u	rolnik m	zemědělec m	—
—	achteruit	baklänges	w tył	dozadu	hátrafelé
encomenda m	pakket n	paket n	paczka f	balík m	csomag

parce que 730

	D	E	F	I	ES
parce que (F)	weil	because	—	perché	porque
parcheggiare (I)	parken	park	garer	—	aparcar
parcheggio (I)	Parkplatz m	parking place	parking m	—	aparcamiento m
par cœur (F)	auswendig	by heart	—	a memoria	de memoria
pardon (F)	Verzeihung f	forgiveness	—	perdono m	perdón m
pardonner (F)	verzeihen	forgive	—	perdonare	perdonar
parecer (P)	aussehen	look	paraître	sembrare	parecerse a
parecerse a[1] (ES)	ähneln	be similar	ressembler	simile	—
parecerse a[2] (ES)	aussehen	look	paraître	sembrare	—
parecido (ES)	ähnlich	similar	semblable	simile	—
pared (ES)	Wand f	wall	mur m	muro m	—
parede (P)	Wand f	wall	mur m	muro m	pared f
parent (F)	Verwandter m	relative	—	parente m	pariente m
parent(e) (F)	verwandt	related	—	parente di	emparentado(a)
parente (I)	Verwandter m	relative	parent m	—	pariente m
parente (P)	Verwandter m	relative	parent m	parente m	pariente m
parente di (I)	verwandt	related	parent(e)	—	emparentado(a)
parents (E)	Eltern pl	—	parents m/pl	genitori m/pl	padres m/pl
parents (F)	Eltern pl	parents	—	genitori m/pl	padres m/pl
paresseux(euse) (F)	faul	lazy	—	pigro(a)	perezoso(a)
par hasard (F)	zufällig	by chance	—	per caso m	por casualidad
párhuzamos (H)	parallel	parallel	parallèle	parallelo(a)	paralelo(a)
pari (I)	gerade	even	pair(e)	—	par
par ici (F)	herüber	over	—	da questa parte	a este lado
pariente (ES)	Verwandter m	relative	parent m	parente m	—
parier (F)	wetten	bet	—	scommettere	apostar
park (E)	parken	—	garer	parcheggiare	aparcar
parkeerterrein (NL)	Parkplatz m	parking place	parking m	parcheggio m	aparcamiento m
parkeerverbod (NL)	Parkverbot n	no parking	défense de stationner f	divieto di parcheggio m	estacionamiento prohibido m
parken (D)	—	park	garer	parcheggiare	aparcar
parkera (SV)	parken	park	garer	parcheggiare	aparcar
parkeren (NL)	parken	park	garer	parcheggiare	aparcar
parkerings-förbud (SV)	Parkverbot n	no parking	défense de stationner f	divieto di parcheggio m	estacionamiento prohibido m
parkeringsplats (SV)	Parkplatz m	parking place	parking m	parcheggio m	aparcamiento m
parket (NL)	Parkett n	stalls	parquet m	parquet m	entarimado m
Parkett (D)	—	stalls	parquet m	parquet m	entarimado m
parkett (SV)	Parkett n	stalls	parquet m	parquet m	entarimado m
parketta (H)	Parkett n	stalls	parquet m	parquet m	entarimado m
parkety (CZ)	Parkett n	stalls	parquet m	parquet m	entarimado m
parkiet (PL)	Parkett n	stalls	parquet m	parquet m	entarimado m
parking (F)	Parkplatz m	parking place	—	parcheggio m	aparcamiento m
parking (PL)	Parkplatz m	parking place	parking m	parcheggio m	aparcamiento m
parking place (E)	Parkplatz m	—	parking m	parcheggio m	aparcamiento m
parkolási tilalom (H)	Parkverbot n	no parking	défense de stationner f	divieto di parcheggio m	estacionamiento prohibido m
parkoló (H)	Parkplatz m	parking place	parking m	parcheggio m	aparcamiento m
parkovat <zaparkovat> (CZ)	parken	park	garer	parcheggiare	aparcar

P	NL	SV	PL	CZ	H
porque	omdat	för att	ponieważ	protože	mert
estacionar	parkeren	parkera	parkować <zaparkować>	parkovat <zaparkovat>	leparkol
parque de estacionamento m	parkeerterrein n	parkeringsplats	parking m	parkoviště n	parkoló
de cor	uit het hoofd	utantill	na pamięć	nazpaměť	kivülröl
perdão m	vergiffenis f	förlåtelse u	wybaczenie n	odpuštění n	bocsánat
perdoar	vergeven	förlåta	wybaczyć	odpouštět <odpustit>	megbocsát
—	uitzien	verka	wyglądać	vypadat	kinéz
assemelhar-se a	gelijken	likna	być podobnym	podobat, se	hasonlít
parecer	uitzien	verka	wyglądać	vypadat	kinéz
semelhante	dergelijk	liknande u	podobny	podobný	hasonló
parede f	muur m	vägg u	ściana f	stěna f	fal
—	muur m	vägg u	ściana f	stěna f	fal
parente m	familielid n	släkting u	krewny m	příbuzný m	rokon
aparentado	verwant	släkt	spokrewniony	příbuzný	rokon
parente m	familielid n	släkting u	krewny m	příbuzný m	rokon
—	familielid n	släkting u	krewny m	příbuzný m	rokon
aparentado	verwant	släkt	spokrewniony	příbuzný	rokon
pais m/pl	ouders pl	föräldrar pl	rodzice m/pl	rodiče pl	szülők
pais m/pl	ouders pl	föräldrar pl	rodzice m/pl	rodiče pl	szülők
preguiçoso	rot	lat	leniwy	líný	lusta
por acaso	toevallig	tillfällig	przypadkowo	náhodou	véletlenül
paralelo	parallel	parallell	rónoległy	paralelně	—
par	even	jämn	parzysty	sudý	páros
para cá	hierheen	hitåt	w tę stronę	sem	át
parente m	familielid n	släkting u	krewny m	příbuzný m	rokon
apostar	wedden	slå vad	zakładać się	sázet <sadit>	fogad
estacionar	parkeren	parkera	parkować <zaparkować>	parkovat <zaparkovat>	leparkol
parque de estacionamento m	—	parkeringsplats	parking m	parkoviště n	parkoló
estacionamento proibido m	—	parkeringsförbud n	zakaz parkowania m	zákaz parkování m	parkolási tilalom
estacionar	parkeren	parkera	parkować <zaparkować>	parkovat <zaparkovat>	leparkol
estacionar	parkeren	—	parkować <zaparkować>	parkovat <zaparkovat>	leparkol
estacionar	—	parkera	parkować <zaparkować>	parkovat <zaparkovat>	leparkol
estacionamento proibido m	parkeerverbod n	—	zakaz parkowania m	zákaz parkování m	parkolási tilalom
parque de estacionamento m	parkeerterrein n	—	parking m	parkoviště n	parkoló
parquete m	—	parkett u	parkiet m	parkety pl	parketta
parquete m	parket n	parkett u	parkiet m	parkety pl	parketta
parquete m	parket n	—	parkiet m	parkety pl	parketta
parquete m	parket n	parkett u	parkiet m	parkety pl	—
parquete m	parket n	parkett u	parkiet m	—	parketta
parquete m	parket n	parkett u	—	parkety pl	parketta
parque de estacionamento m	parkeerterrein n	parkeringsplats	parking m	parkoviště n	parkoló
parque de estacionamento m	parkeerterrein n	parkeringsplats	—	parkoviště n	parkoló
parque de estacionamento m	parkeerterrein n	parkeringsplats	parking m	parkoviště n	parkoló
estacionamento proibido m	parkeerverbod n	parkeringsförbud n	zakaz parkowania m	zákaz parkování m	—
parque de estacionamento m	parkeerterrein n	parkeringsplats	parking m	parkoviště n	—
estacionar	parkeren	parkera	parkować <zaparkować>	—	leparkol

parkoviště

	D	E	F	I	ES
parkoviště (CZ)	Parkplatz m	parking place	parking m	parcheggio m	aparcamiento m
parkować <zaparkować> (PL)	parken	park	garer	parcheggiare	aparcar
Parkplatz (D)	—	parking place	parking m	parcheggio m	aparcamiento m
Parkverbot (D)	—	no parking	défense de stationner f	divieto di parcheggio m	estacionamiento prohibido m
parlare[1] (I)	reden	talk	parler	—	hablar
parlare[2] (I)	sprechen	speak	parler	—	hablar
parler[1] (F)	reden	talk	—	parlare	hablar
parler[2] (F)	sprechen	speak	—	parlare	hablar
párna (H)	Kissen n	cushion	coussin m	cuscino m	almohadón m
parola (I)	Wort n	word	mot m	—	palabra f
parola d'ordine (I)	Passwort n	password	mot de passe m	—	contraseña f
päron (SV)	Birne f	pear	poire f	pera f	pera f
páros (H)	gerade	even	pair(e)	pari	par
par principe (F)	grundsätzlich	fundamental	—	basilare	fundamental
parque de campismo (P)	Campingplatz m	campsite	terrain de camping m	campeggio m	camping m
parque de estacionamento (P)	Parkplatz m	parking place	parking m	parcheggio m	aparcamiento m
parquet (F)	Parkett n	stalls	—	parquet m	entarimado m
parquet (I)	Parkett n	stalls	parquet m	—	entarimado m
parquete (P)	Parkett n	stalls	parquet m	parquet m	entarimado m
parroco (I)	Pfarrer m	priest	curé m	—	párroco m
párroco (ES)	Pfarrer m	priest	curé m	parroco m	—
parrucchiere (I)	Friseur m	hairdresser	coiffeur m	—	peluquero m
parsimonioso(a) (I)	sparsam	economical	économe	—	económico(a)
par suite de (F)	infolge	as a result of	—	in seguito a	por
part (E)	Teil m	—	partie f	parte f	parte f
párt (H)	Partei f	party	parti m	partito m	partido m
partager (F)	teilen	share	—	dividere	dividir
partager en deux (F)	halbieren	halve	—	dimezzare	dividir por la mitad
parte (I)	Teil m	part	partie f	—	parte f
parte[1] (ES)	Stück n	piece	morceau m	pezzo m	—
parte[2] (ES)	Teil m	part	partie f	parte f	—
parte (P)	Teil m	part	partie f	parte f	parte f
partecipare (I)	teilnehmen	take part	participer	—	participar
Partei (D)	—	party	parti m	partito m	partido m
partenza (I)	Abfahrt f	departure	départ m	—	salida f
parter (PL)	Erdgeschoss n	ground floor	rez-de-chaussée m	pianterreno m	planta baja f
parti (F)	fort	away	—	via	lejos
parti (F)	Partei f	party	—	partito m	partido m
parti (SV)	Partei f	party	parti m	partito m	partido m
partia (PL)	Partei f	party	parti m	partito m	partido m
participar (ES)	teilnehmen	take part	participer	partecipare	—
participar (P)	teilnehmen	take part	participer	partecipare	participar
participer (F)	teilnehmen	take part	—	partecipare	participar
particolarmente (I)	besonders	especially	surtout	—	particularmente
particular (P)	privat	private	privé(e)	privato(a)	privado(a)
particularmente (ES)	besonders	especially	surtout	particolarmente	—
partida (P)	Abfahrt f	departure	départ m	partenza f	salida f
partida do avião (P)	Abflug m	take-off	décollage m	decollo m	despegue m
partido (ES)	Partei f	party	parti m	partito m	—
partido (P)	Partei f	party	parti m	partito m	partido m

partido

P	NL	SV	PL	CZ	H
parque de estacionamento m	parkeerterrein n	parkeringsplats	parking m	—	parkoló
estacionar	parkeren	parkera	—	parkovat <zaparkovat>	leparkol
parque de estacionamento m	parkeerterrein n	parkeringsplats	parking m	parkoviště n	parkoló
estacionamento proibido m	parkeerverbod n	parkeringsförbud n	zakaz parkowania m	zákaz parkování m	parkolási tilalom
falar	praten	prata	mówić	mluvit <promluvit>	beszél
falar	spreken	prata	mówić <powiedzieć>	mluvit <promluvit>	beszél
falar	praten	prata	mówić	mluvit <promluvit>	beszél
falar	spreken	prata	mówić <powiedzieć>	mluvit <promluvit>	beszél
almofada f	kussen n	kudde u	poduszka f	polštář m	—
palavra f	woord n	ord n	słowo n	slovo n	szó
senha f	wachtwoord n	lösenord n	hasło n	heslo n	jelszó
pêra f	peer m	—	gruzka f	hruška f	körte
par	even	jämn	parzysty	sudý	—
em princípio	principieel	principiellt	zasadniczo	zásadně	alapvető
—	kampeerplaats m	campingplats u	plac kempingowy m	kemping m	kemping
—	parkeerterrein n	parkeringsplats	parking m	parkoviště n	parkoló
parquete m	parket n	parkett u	parkiet m	parkety pl	parketta
parquete m	parket n	parkett u	parkiet m	parkety pl	parketta
—	parket n	parkett u	parkiet m	parkety pl	parketta
padre m	pastoor m	präst u	proboszcz m	farář m	plébános
padre m	pastoor m	präst u	proboszcz m	farář m	plébános
cabeleireiro m	kapper m	frisör u	fryzjer m	kadeřník m	fodrász
poupado	spaarzaam	sparsam	oszczędny	spořivý	takarékos
em consequência de	ten gevolge	på grund av	wskutek	v důsledku	következtében
parte f	deel n	del u	część f	díl m	rész
partido m	partij f	parti n	partia f	strana f	—
partir	delen	dela	dzielić	dělit <rozdělit>	oszt
dividir ao meio	halveren	halvera	przepoławiać <przepołowić>	půlit <rozpůlit>	felez
parte f	deel n	del u	część f	díl m	rész
peça f	stuk n	bit u	sztuka f	kus m	darab
parte f	deel n	del u	część f	díl m	rész
—	deel n	del u	część f	díl m	rész
participar	deelnemen	delta	brać udział	účastnit, se <zúčastnit, se>	részt vesz
partido m	partij f	parti n	partia f	strana f	párt
partida f	vertrek n	avresa u	odjazd m	odjezd m	indulás
rés-do-chão m	begane grond m	bottenvåning u	—	přízemí n	földszint
ausente	weg	undan	precz	pryč	el
partido m	partij f	parti n	partia f	strana f	párt
partido m	partij f	—	partia f	strana f	párt
partido m	partij f	parti n	—	strana f	párt
participar	deelnemen	delta	brać udział	účastnit, se <zúčastnit, se>	részt vesz
—	deelnemen	delta	brać udział	účastnit, se <zúčastnit, se>	részt vesz
participar	deelnemen	delta	brać udział	účastnit, se <zúčastnit, se>	részt vesz
especialmente	bijzonder	särskild	szczególnie	obzvláště	kiváltképp
—	privé	privat	prywatny	soukromý	privát
especialmente	bijzonder	särskild	szczególnie	obzvláště	kiváltképp
—	vertrek n	avresa u	odjazd m	odjezd m	indulás
—	vertrek n	start u	odlot m	odlet m	felszállás
partido m	partij f	parti n	partia f	strana f	párt
—	partij f	parti n	partia f	strana f	párt

partie

	D	E	F	I	ES
partie (F)	Teil m	part	—	parte f	parte f
partij (NL)	Partei f	party	parti m	partito m	partido m
parting (E)	Abschied m	—	adieu(x) m	addio m	despedida f
partir (ES)	starten	start	démarrer	partire	—
partir[1] (P)	abfahren	depart	partir de	partire	salir
partir[2] (P)	teilen	share	partager	dividere	dividir
partir de (F)	abfahren	depart	—	partire	salir
partire[1] (I)	abfahren	depart	partir de	—	salir
partire[2] (I)	starten	start	démarrer	—	partir
partir en voyage (F)	verreisen	go away	—	essere in viaggio	irse de viaje
partito (I)	Partei f	party	parti m	—	partido m
partner (SV)	Lebensgefährte m	companion	compagnon m	coniuge m/f	compañero de la vida m
partout (F)	überall	everywhere	—	dappertutto	por todas partes
party[1] (E)	Fest n	—	fête f	festa f	fiesta f
party[2] (E)	Partei f	—	parti m	partito m	partido m
parvo (P)	dumm	stupid	bête	stupido(a)	tonto(a)
parzysty (PL)	gerade	even	pair(e)	pari	par
pas (PL)	Gurt m	belt	ceinture f	cinghia f	cinturón m
pás[1] (CZ)	Band n	ribbon	bandeau m	nastro m	cinta f
pás[2] (CZ)	Gurt m	belt	ceinture f	cinghia f	cinturón m
pasado (ES)	Vergangenheit f	past	passé m	passato m	—
pasado(a) (ES)	vergangen	past	dernier(-ère)	passato(a)	—
pasado(a) de moda (ES)	altmodisch	old-fashioned	démodé(e)	fuori moda	—
pasajero (ES)	Passagier m	passenger	passager m	passeggero m	—
pasajero(a) (ES)	vorübergehend	temporary	temporaire	temporaneo(a)	—
pasaporte (ES)	Reisepass m	passport	passeport m	passaporto m	—
pasar[1] (ES)	passieren	happen	arriver	succedere	—
pasar[2] (ES)	verbringen	spend	passer	passare	—
pasar[3] (ES)	vorbeigehen	pass	passer	passare	—
pasarse sin (ES)	entbehren	do without	passer de, se	fare a meno di	—
pasażer (PL)	Passagier m	passenger	passager m	passeggero m	pasajero m
Páscoa (P)	Ostern n	Easter	Pâques f/pl	Pasqua f	Pascuas f/pl
Pascuas (ES)	Ostern n	Easter	Pâques f/pl	Pasqua f	—
påse (SV)	Tüte f	bag	sac m	sacchetto m	bolsa f
pasek (PL)	Gürtel m	belt	ceinture f	cintura f	cinturón m
pásek (CZ)	Gürtel m	belt	ceinture f	cintura f	cinturón m
Pasen (NL)	Ostern n	Easter	Pâques f/pl	Pasqua f	Pascuas f/pl
pasión (ES)	Leidenschaft f	passion	passion f	passione f	—
pasivní (CZ)	passiv	passive	passif	passivo(a)	pasivo(a)
pasivo(a) (ES)	passiv	passive	passif	passivo(a)	—
påsk (SV)	Ostern n	Easter	Pâques f/pl	Pasqua f	Pascuas f/pl
páska (CZ)	Binde f	bandage	bandage m	fascia f	faj f
pasować (PL)	passen	suit	aller bien	stare bene	venir bien
paspoort (NL)	Reisepass m	passport	passeport m	passaporto m	pasaporte m
Pasqua (I)	Ostern n	Easter	Pâques f/pl	—	Pascuas f/pl
pass[1] (E)	reichen	—	passer	passare	alcanzar
pass[2] (E)	vorbeigehen	—	passer	passare	pasar
pass (SV)	Reisepass m	passport	passeport m	passaporto m	pasaporte m
passa (SV)	passen	suit	aller bien	stare bene	venir bien
passado (P)	vergangen	past	dernier(-ère)	passato(a)	pasado(a)

passado

P	NL	SV	PL	CZ	H
parte f	deel n	del u	część f	díl m	rész
partido m	—	parti n	partia f	strana f	párt
despedida f	afscheid n	avsked n	pożegnanie n	loučení n	búcsúzkodás
começar	starten	starta	startować <wystartować>	startovat <nastartovat>	indít
—	vertrekken	resa	odjeżdżać <odjechać>	odjíždet <odjet>	elutazik
—	delen	dela	dzielić	dělit <rozdělit>	oszt
partir	vertrekken	resa	odjeżdżać <odjechać>	odjíždet <odjet>	elutazik
partir	vertrekken	resa	odjeżdżać <odjechać>	odjíždet <odjet>	elutazik
começar	starten	starta	startować <wystartować>	startovat <nastartovat>	indít
viajar	op reis gaan	resa bort	wyjeżdżać	odcestovat	elutazik
partido m	partij f	parti n	partia f	strana f	párt
companheiro de vida m	levensgezel m	—	towarzysz życia m	druh m	élettárs
por toda a parte	overal	överallt	wszędzie	všude	mindenütt
festa f	feest n	fest u	uroczystość f	slavnost f	ünnep
partido m	partij f	parti n	partia f	strana f	párt
—	dom	dum	głupi	hloupý	buta
par	even	jämn	—	sudý	páros
correia f	gordel m	bälte n	—	pás m	heveder/biztonsági öv
fita f	band m	band n	tom m	—	szalag
correia f	gordel m	bälte n	pas m	—	heveder/biztonsági öv
passado m	verleden n	det förflutna n	przeszłość f	minulost f	múlt
passado	voorbij	förfluten	miniony	uplynulý	elmúlt
antiquado	ouderwets	gammalmodig	staromodny	staromódní	régimódi
passageiro m	passagier m	passagerare u	pasażer m	cestující m	utas
temporário	voorbijgaand	temporär	przejściowy	přechodný	átmenetileg
passaporte m	paspoort n	pass n	paszport m	cestovní pas m	útlevél
passar	passeren	hända	przechodzić <przejść>	stávat, se <stát, se>	történik
passar	doorbrengen	tillbringa	spędzać	trávit <strávit>	tölt
passar por	voorbijgaan	gå förbi	przechodzić obok	jít okolo	elmegy mellette
carecer de	ontberen	undvara	nie mieć	postrádat	nélkülöz
passageiro m	passagier m	passagerare u	—	cestující m	utas
—	Pasen m	påsk u	Wielkanoc f	Velikonoce pl	húsvét
Páscoa f	Pasen m	påsk u	Wielkanoc f	Velikonoce pl	húsvét
saco m	zakje n	—	torebka f	sáček m	papírzacskó
cinto m	gordel m	skärp n	—	pásek m	öv
cinto m	gordel m	skärp n	pasek m	—	öv
Páscoa f	—	påsk u	Wielkanoc f	Velikonoce pl	húsvét
paixão f	hartstocht m	lidelse u	namiętność f	vášeň f	szenvedély
passivo	passief	passiv	bierny	—	passzív
passivo	passief	passiv	bierny	pasivní	passzív
Páscoa f	Pasen m	—	Wielkanoc f	Velikonoce pl	húsvét
ligadura f	verband n	binda u	opaska f	—	kötés/fásli
servir	passen	passa	—	padat <padnout>	megfelel
passaporte m	—	pass n	paszport m	cestovní pas m	útlevél
Páscoa f	Pasen m	påsk u	Wielkanoc f	Velikonoce pl	húsvét
dar	genoeg zijn	räcka	sięgać	dosahovat <dosáhnout>	nyújt
passar por	voorbijgaan	gå förbi	przechodzić obok	jít okolo	elmegy mellette
passaporte m	paspoort n	—	paszport m	cestovní pas m	útlevél
servir	passen	—	pasować	padat <padnout>	megfelel
—	voorbij	förfluten	miniony	uplynulý	elmúlt

passado

	D	E	F	I	ES
passado (P)	Vergangenheit f	past	passé m	passato m	pasado m
passageiro (P)	Passagier m	passenger	passager m	passeggero m	pasajero m
passagem (P)	Gang m	gear	vitesse f	marcia f	marcha f
passagem preferencial (P)	Vorfahrt f	right of way	priorité f	precedenza f	prioridad de paso f
passager (F)	Passagier m	passenger	—	passeggero m	pasajero m
passagerare (SV)	Passagier m	passenger	passager m	passeggero m	pasajero m
Passagier (D)	—	passenger	passager m	passeggero m	pasajero m
passagier (NL)	Passagier m	passenger	passager m	passeggero m	pasajero m
passande (SV)	passend	suitable	assorti(e)	adatto(a)	apropiado(a)
passaporte (P)	Reisepass m	passport	passeport m	passaporto m	pasaporte m
passaporto (I)	Reisepass m	passport	passeport m	—	pasaporte m
passar[1] (P)	passieren	happen	arriver	succedere	pasar
passar[2] (P)	verbringen	spend	passer	passare	pasar
passare[1] (I)	reichen	pass	passer	—	alcanzar
passare[2] (I)	verbringen	spend	passer	—	pasar
passare[3] (I)	vorbeigehen	pass	passer	—	pasar
pássaro (P)	Vogel m	bird	oiseau m	uccello m	pájaro m
passar por (P)	vorbeigehen	pass	passer	passare	pasar
passato (I)	Vergangenheit f	past	passé m	—	pasado m
passato(a) (I)	vergangen	past	dernier(-ère)	—	pasado(a)
passa upp (SV)	aufpassen	pay attention	faire attention	fare attenzione	prestar attención
passé (F)	Vergangenheit f	past	—	passato m	pasado m
passear (P)	bummeln	stroll	flâner	girellare	andar paseando
passeggero (I)	Passagier m	passenger	passager m	—	pasajero m
passeggiare (I)	spazieren gehen	go for a walk	promener, se	—	ir de paseo/pasearse
passeio de carro (P)	Rundfahrt f	round trip	circuit m	giro m	vuelta f
passen (D)	—	suit	aller bien	stare bene	venir bien
passen (NL)	passen	suit	aller bien	stare bene	venir bien
passend (D)	—	suitable	assorti(e)	adatto(a)	apropiado(a)
passend (NL)	passend	suitable	assorti(e)	adatto(a)	apropiado(a)
passenger (E)	Passagier m	—	passager m	passeggero m	pasajero m
passeport (F)	Reisepass m	passport	—	passaporto m	pasaporte m
passer[1] (F)	reichen	pass	—	passare	alcanzar
passer[2] (F)	verbringen	spend	—	passare	pasar
passer[3] (F)	vorbeigehen	pass	—	passare	pasar
passer de, se (F)	entbehren	do without	—	fare a meno di	pasarse sin
passeren (NL)	passieren	happen	arriver	succedere	pasar
passief (NL)	passiv	passive	passif	passivo(a)	pasivo(a)
passieren (D)	—	happen	arriver	succedere	pasar
passif (F)	passiv	passive	—	passivo(a)	pasivo(a)
passion (E)	Leidenschaft f	—	passion f	passione f	pasión f
passion (F)	Leidenschaft f	passion	—	passione f	pasión f
passione (I)	Leidenschaft f	passion	passion f	—	pasión f
passiv (D)	—	passive	passif	passivo(a)	pasivo(a)
passiv (SV)	passiv	passive	passif	passivo(a)	pasivo(a)
passive (E)	passiv	—	passif	passivo(a)	pasivo(a)
passivo (P)	passiv	passive	passif	passivo(a)	pasivo(a)
passivo(a) (I)	passiv	passive	passif	—	pasivo(a)
pass on a message (E)	ausrichten	—	transmettre	riferire	comunicar

pass on a message

P	NL	SV	PL	CZ	H
—	verleden n	det förflutna n	przeszłość f	minulost f	múlt
—	passagier m	passagerare u	pasażer m	cestující m	utas
—	versnelling f	koppling u	chód m	chodba f	sebességfokozat
—	voorrang m	företräde n	pierwszeństwo n	přednost v jízdě f	elsőbbség
passageiro m	passagier m	passagerare u	pasażer m	cestující m	utas
passageiro m	passagier m	—	pasażer m	cestující m	utas
passageiro m	passagier m	passagerare u	pasażer m	cestující m	utas
passageiro m	—	passagerare u	pasażer m	cestující m	utas
apropriado	passend	—	odpowiedni	padnoucí	megfelelő
—	paspoort n	pass n	paszport m	cestovní pas m	útlevél
passaporte m	paspoort n	pass n	paszport m	cestovní pas m	útlevél
—	passeren	hända	przechodzić <przejść>	stávat, se <stát, se>	történik
—	doorbrengen	tillbringa	spędzać	trávit <strávit>	tölt
dar	genoeg zijn	räcka	sięgać	dosahovat <dosáhnout>	nyújt
passar	doorbrengen	tillbringa	spędzać	trávit <strávit>	tölt
passar por	voorbijgaan	gå förbi	przechodzić obok	jít okolo	elmegy mellette
—	vogel m	fågel u	ptak m	pták m	madár
—	voorbijgaan	gå förbi	przechodzić obok	jít okolo	elmegy mellette
passado m	verleden n	det förflutna n	przeszłość f	minulost f	múlt
passado	voorbij	förfluten	miniony	uplynulý	elmúlt
cuidar	oppassen	—	pilnować	dávat pozor <dát pozor>	vigyáz
passado m	verleden n	det förflutna n	przeszłość f	minulost f	múlt
—	wandelen	promenera	spacerować <pospacerować>	potulovat se	sétálgat
passageiro m	passagier m	passagerare u	pasażer m	cestující m	utas
ir passear	wandelen	promenera	iść na spacer <pójść na spacer>	procházet, se <projít, se>	sétálni megy
—	rondrit f	rundtur u	przejażdżka f	okružní jízda f	körutazás
servir	passen	passa	pasować	padat <padnout>	megfelel
servir	—	passa	pasować	padat <padnout>	megfelel
apropriado	passend	passande	odpowiedni	padnoucí	megfelelő
apropriado	—	passande	odpowiedni	padnoucí	megfelelő
passageiro m	passagier m	passagerare u	pasażer m	cestující m	utas
passaporte m	paspoort n	pass n	paszport m	cestovní pas m	útlevél
dar	genoeg zijn	räcka	sięgać	dosahovat <dosáhnout>	nyújt
passar	doorbrengen	tillbringa	spędzać	trávit <strávit>	tölt
passar por	voorbijgaan	gå förbi	przechodzić obok	jít okolo	elmegy mellette
carecer de	ontberen	undvara	nie mieć	postrádat	nélkülöz
passar	—	hända	przechodzić <przejść>	stávat, se <stát, se>	történik
passivo	—	passiv	bierny	pasivní	passzív
passar	passeren	hända	przechodzić <przejść>	stávat, se <stát, se>	történik
passivo	passief	passiv	bierny	pasivní	passzív
paixão f	hartstocht m	lidelse u	namiętność f	vášeň f	szenvedély
paixão f	hartstocht m	lidelse u	namiętność f	vášeň f	szenvedély
paixão f	hartstocht m	lidelse u	namiętność f	vášeň f	szenvedély
passivo	passief	passiv	bierny	pasivní	passzív
passivo	passief	—	bierny	pasivní	passzív
passivo	passief	passiv	bierny	pasivní	passzív
—	passief	passiv	bierny	pasivní	passzív
passivo	passief	passiv	bierny	pasivní	passzív
transmitir	richten	uträtta	wyrównywać <wyrównać>	vyrovnávat <vyrovnat>	megmond

passport

	D	E	F	I	ES
passport[1] (E)	Ausweis m	—	pièce d'identité f	documento d'identità m	documento de identidad m
passport[2] (E)	Reisepass m	—	passeport m	passaporto m	pasaporte m
password (E)	Passwort n	—	mot de passe m	parola d'ordine f	contraseña f
Passwort (D)	—	password	mot de passe m	parola d'ordine f	contraseña f
passzív (H)	passiv	passive	passif	passivo(a)	pasivo(a)
past (E)	vergangen	—	dernier(-ère)	passato(a)	pasado(a)
past (E)	Vergangenheit f	—	passé m	passato m	pasado m
pasta (P)	Mappe f	folder	serviette f	raccoglitore m	carpeta f
påstå (SV)	behaupten	assert	affirmer	affermare	afirmar
pasta dentífrica (ES)	Zahnpasta f	toothpaste	dentifrice m	dentifricio m	—
pasta dentifrícia (P)	Zahnpasta f	toothpaste	dentifrice m	dentifricio m	pasta dentífrica f
pasta do zębów (PL)	Zahnpasta f	toothpaste	dentifrice m	dentifricio m	pasta dentífrica f
pastelaria[1] (P)	Konditorei f	cake shop	pâtisserie f	pasticceria f	pastelería f
pastelaria[2] (P)	Gebäck n	pastry	pâtisserie f	biscotti m/pl	pasteles m/pl
pastelería (ES)	Konditorei f	cake shop	pâtisserie f	pasticceria f	—
pasteles (ES)	Gebäck n	pastry	pâtisserie f	biscotti m/pl	—
pasticceria (I)	Konditorei f	cake shop	pâtisserie f	—	pastelería f
pastilla (ES)	Tablette f	tablet	comprimé m	compressa f	—
pasto (I)	Mahlzeit f	meal	repas m	—	comida f
pastoor (NL)	Pfarrer m	priest	curé m	parroco m	párroco m
pastry (E)	Gebäck n	—	pâtisserie f	biscotti m/pl	pasteles m/pl
paszport (PL)	Reisepass m	passport	passeport m	passaporto m	pasaporte m
patata (I)	Kartoffel f	potato	pomme de terre f	—	patata f
patata (ES)	Kartoffel f	potato	pomme de terre f	patata f	—
patente (I)	Führerschein m	driving licence	permis de conduire m	—	permiso de conducir m
páteř (CZ)	Wirbelsäule f	spine	colonne vertébrale f	colonna vertebrale f	columna vertebral f
patience (E)	Geduld f	—	patience f	pazienza f	paciencia f
patience (F)	Geduld f	patience	—	pazienza f	paciencia f
patient (E)	geduldig	—	patient(e)	paziente	con paciencia
patient(e) (F)	geduldig	patient	—	paziente	con paciencia
patio (ES)	Hof m	courtyard	cour f	cortile m	—
pátio (P)	Hof m	courtyard	cour f	cortile m	patio m
pâtisserie[1] (F)	Konditorei f	cake shop	—	pasticceria f	pastelería f
pâtisserie[2] (F)	Gebäck n	pastry	—	biscotti m/pl	pasteles m/pl
pato (ES)	Ente f	duck	canard m	anatra f	—
pato (P)	Ente f	duck	canard m	anatra f	pato m
patrão (P)	Arbeitgeber m	employer	employeur m	datore di lavoro m	patrono m
patřit (CZ)	gehören	belong	appartenir	appartenere	pertenecer a
patron (F)	Chef m	boss	—	capo m	jefe m
patrono (ES)	Arbeitgeber m	employer	employeur m	datore di lavoro m	—
patrzeć <popatrzeć>[1] (PL)	nachsehen	check	vérifier	controllare	examinar
patrzeć <popatrzeć>[2] (PL)	schauen	look	retarder	guardare	mirar
pattumiera (I)	Mülleimer m	dustbin	poubelle f	—	cubo de basura m
paura (I)	Angst f	fear	peur f	—	miedo m
pauroso(a) (I)	ängstlich	fearful	peureux(euse)	—	miedoso(a)
paus (SV)	Pause f	break	pause f	pausa f	pausa f
pausa (I)	Pause f	break	pause f	pausa f	pausa f
pausa (ES)	Pause f	break	pause f	pausa f	—
Pause (D)	—	break	pause f	pausa f	pausa f
pause (F)	Pause f	break	—	pausa f	pausa f
pauvre (F)	arm	poor	—	povero(a)	pobre
pauze (NL)	Pause f	break	pause f	pausa f	pausa f

pauze

P	NL	SV	PL	CZ	H
bilhete de identidade m	identiteitskaart f	identitetskort n	dowód tożsamości m	průkaz m	igazolvány
passaporte m	paspoort n	pass n	paszport m	cestovní pas m	útlevél
senha f	wachtwoord n	lösenord n	hasło n	heslo n	jelszó
senha f	wachtwoord n	lösenord n	hasło n	heslo n	jelszó
passivo	passief	passiv	bierny	pasivní	—
passado	voorbij	förfluten	miniony	uplynulý	elmúlt
passado m	verleden n	det förflutna n	przeszłość f	minulost f	múlt
—	map f	portfölj u	teczka f	složka f	mappa
afirmar	beweren	—	twierdzić	tvrdit	állít
pasta dentifrícia f	tandpasta m	tandkräm u	pasta do zębów f	zubní pasta f	fogkrém
—	tandpasta m	tandkräm u	pasta do zębów f	zubní pasta f	fogkrém
pasta dentifrícia f	tandpasta m	tandkräm u	—	zubní pasta f	fogkrém
—	banketbakkerswinkel	konditori n	cukiernia f	cukrárna f	cukrászda
—	gebak n	bakverk n	pieczywo n	pečivo n	sütemény
pastelaria f	banketbakkerswinkel	konditori n	cukiernia f	cukrárna f	cukrászda
pastelaria f	gebak n	bakverk n	pieczywo n	pečivo n	sütemény
pastelaria f	banketbakkerswinkel m	konditori n	cukiernia f	cukrárna f	cukrászda
comprimido m	tablet f	tablett u	tabletka f	tabulka f	tabletta
refeição f	maaltijd m	måltid u	posiłek m	jídlo n	étkezés
padre m	—	präst u	proboszcz m	farář m	plébános
pastelaria f	gebak n	bakverk n	pieczywo n	pečivo n	sütemény
passaporte m	paspoort n	pass n	—	cestovní pas m	útlevél
batata f	aardappel m	potatis u	ziemniak m	brambora f	burgonya
batata f	aardappel m	potatis u	ziemniak m	brambora f	burgonya
carta de condução f	rijbewijs n	körkort n	prawo jazdy n	řidičský průkaz m	jogosítvány
coluna vertebral f	ruggengraat m	ryggrad u	kręgosłup m	—	gerincoszlop
paciência f	geduld n	tålamod u	cierpliwość f	trpělivost f	türelem
paciência f	geduld n	tålamod u	cierpliwość f	trpělivost f	türelem
paciente	geduldig	tålig	cierpliwy	trpělivý	türelmes
paciente	geduldig	tålig	cierpliwy	trpělivý	türelmes
pátio m	erf n	gård u	podwórze n	dvůr m	tanya
—	erf n	gård u	podwórze n	dvůr m	tanya
pastelaria f	banketbakkerswinkel m	konditori n	cukiernia f	cukrárna f	cukrászda
pastelaria f	gebak n	bakverk n	pieczywo n	pečivo n	sütemény
pato m	eend f	anka u	kaczka f	kachna f	kacsa
—	eend f	anka u	kaczka f	kachna f	kacsa
—	werkgever m	arbetsgivare u	pracodawca m	zaměstnavatel m	munkaadó
pertencer a	behoren	tillhöra	należeć	—	tartozik
chefe m	chef m	chef u	szef m	šéf m	főnök
patrão m	werkgever m	arbetsgivare u	pracodawca m	zaměstnavatel m	munkaadó
verificar	nazien	ta reda på	—	dívat, se <podívat, se>	utánanéz
olhar	kijken	se	—	hledět	néz
balde do lixo m	vuilnisemmer m	sophink u	kubeł na śmieci m	nádoba na odpadky f	szemetesvödör
medo m	angst f	rädsla u	strach m	strach m	félelem
medroso	bang	ängslig	lękliwy	bojácný	félénk
intervalo m	pauze f	—	przerwa f	přestávka f	szünet
intervalo m	pauze f	paus u	przerwa f	přestávka f	szünet
intervalo m	pauze f	paus u	przerwa f	přestávka f	szünet
intervalo m	pauze f	paus u	przerwa f	přestávka f	szünet
intervalo m	pauze f	paus u	przerwa f	přestávka f	szünet
pobre	arm	fattig	biedny	chudý	szegény
intervalo m	—	paus u	przerwa f	přestávka f	szünet

på väg

	D	E	F	I	ES
på väg (SV)	unterwegs	on the way	en route	in viaggio	en el camino
pavé (F)	Pflaster n	pavement	—	lastricato m	empedrado m
pavement (E)	Pflaster n	—	pavé m	lastricato m	empedrado m
pay (E)	bezahlen	—	payer	pagare	pagar
pay (E)	zahlen	—	payer	pagare	pagar
pay attention (E)	aufpassen	—	faire attention	fare attenzione	prestar attención
pay back (E)	zurückzahlen	—	rembourser	rimborsare	devolver
payer (F)	bezahlen	pay	—	pagare	pagar
payer (F)	zahlen	pay	—	pagare	pagar
pays (F)	Land n	land	—	paese m	país m
paysage (F)	Landschaft f	landscape	—	paesaggio m	paisaje m
paysan (F)	Bauer m	farmer	—	contadino m	campesino m
Pays-Bas (F)	Niederlande f	Netherlands	—	Paesi Bassi m/pl	Países Bajos m/pl
paz (ES)	Frieden m	peace	paix f	pace f	—
paz (P)	Frieden m	peace	paix f	pace f	paz f
paže (CZ)	Arm m	arm	bras m	braccio m	brazo m
paziente (I)	geduldig	patient	patient(e)	—	con paciencia
pazienza (I)	Geduld f	patience	patience f	—	paciencia f
paznokieć (PL)	Nagel m	nail	clou m	chiodo m	clavo m
pázsit (H)	Rasen m	lawn	pelouse f	prato m	césped m
pazzo(a) (I)	verrückt	mad	fou (folle)	—	loco(a)
pé (P)	Fuß m	foot	pied m	piede m	pie m
peace (E)	Frieden m	—	paix f	pace f	paz f
peaceful (E)	friedlich	—	paisible	pacifico(a)	pacífico(a)
peak (E)	Gipfel m	—	sommet m	cima f	cumbre f
peão (P)	Fußgänger m	pedestrian	piéton m	pedone m	peatón m
pear (E)	Birne f	—	poire f	pera f	pera f
peatón (ES)	Fußgänger m	pedestrian	piéton m	pedone m	—
peau¹ (F)	Haut f	skin	—	pelle f	piel f
peau² (F)	Schale f	peel	—	buccia f	piel f
peça (P)	Stück n	piece	morceau m	pezzo m	parte f
péče (CZ)	Pflege f	care	soins m/pl	cura f	aseo m
pecek (H)	Stift m	pencil	crayon m	matita f	lápiz m
pečeně (CZ)	Braten m	roast	rôti m	arrosto m	asado m
pečený (CZ)	gebraten	fried	rôti(e)	arrostito(a)	asado(a)
Pech (D)	—	bad luck	malchance f	sfortuna f	mala suerte f
pech (NL)	Pech n	bad luck	malchance f	sfortuna f	mala suerte f
pech (PL)	Pech n	bad luck	malchance f	sfortuna f	mala suerte f
pech (H)	Pech n	bad luck	malchance f	sfortuna f	mala suerte f
pęcherz (PL)	Blase f	bubble	bulle f	bolla f	burbuja f
pecho (ES)	Brust f	breast	poitrine f	petto m	—
péci¹ (CZ)	backen	bake	faire cuire	cuocere (al forno)	cocer (al horno)
péci² (CZ)	braten	roast	rôtir	arrostire	asar
pečivo (CZ)	Gebäck n	pastry	pâtisserie f	biscotti m/pl	pasteles m/pl
pečlivý (CZ)	sorgfältig	careful(ly)	soigneux(euse)	accurato(a)	cuidadoso(a)
pečovat (CZ)	pflegen	look after	soigner	curare	cuidar
pecseny (H)	Braten m	roast	rôti m	arrosto m	asado m
pedazo (ES)	Scherbe f	broken piece	tesson m	coccio m	—
pédéraste (F)	schwul	gay	—	gay m	homosexual
pedestrian (E)	Fußgänger m	—	piéton m	pedone m	peatón m
pedido¹ (P)	Auftrag m	order	ordre m	ordinazione f	orden f
pedido² (P)	Bitte f	request	demande f	domanda f	ruego m
pedir¹ (ES)	bestellen	order	commander	ordinare	—
pedir² (ES)	anfordern	request	demander	esigere	—
pedir (P)	bitten	request	demander	pregare	rogar
pedone (I)	Fußgänger m	pedestrian	piéton m	—	peatón m

pedone

P	NL	SV	PL	CZ	H
à caminho	onderweg	—	w drodze	cestou	útközben
calçada *f*	bestrating *f*	gatubeläggning *n*	bruk *m*	dlažba *f*	útburkolat
calçada *f*	bestrating *f*	gatubeläggning *n*	bruk *m*	dlažba *f*	útburkolat
pagar	betalen	betala	płacić <zapłacić>	platit <zaplatit>	fizet
pagar	betalen	betala	płacić <zapłacić>	platit <zaplatit>	fizet
cuidar	oppassen	passa upp	pilnować	dávat pozor <dát pozor>	vigyáz
pagar de volta	terugbetalen	betala tillbaka	zwracać dług	splácet <splatit>	visszafizet
pagar	betalen	betala	płacić <zapłacić>	platit <zaplatit>	fizet
pagar	betalen	betala	płacić <zapłacić>	platit <zaplatit>	fizet
país *m*	land *n*	stat *u*	kraj *m*	země *f*	állam
paisagem *f*	landschap *n*	landskap *n*	krajobraz *m*	krajina *f*	táj
agricultor *m*	boer *m*	bonde *u*	rolnik *m*	zemědělec *m*	paraszt, földműves
Paises-Baixos *m/pl*	Nederland *n*	Nederländerna *pl*	Holandia *f*	Nizozemsko *n*	Hollandia
paz *f*	vrede *u*	fred *u*	pokój *m*	mír *m*	béke
—	vrede *f*	fred *u*	pokój *m*	mír *m*	béke
braço *m*	arm *m*	arm *u*	ramię	—	kar
paciente	geduldig	tålig	cierpliwy	trpělivý	türelmes
paciência *f*	geduld *n*	tålamod *n*	cierpliwość *f*	trpělivost *f*	türelem
prego *m*	nagel *m*	nagel *u*	—	hřebík *m*	szög
relva *f*	grasveld *n*	gräsmatta *u*	trawnik *f*	trávník *m*	—
doido	gek	tokig	zwariowany	pomatený	bolond
—	voet *m*	fot *u*	stopa *f*	noha *f*	láb
paz *f*	vrede *u*	fred *u*	pokój *m*	mír *m*	béke
pacífico	vreedzaam	fredlig	pokojowy	mírumilovný	békés
cume *m*	top *m*	topp *u*	szczyt *m*	špička *f*	hegycsúcs
—	voetganger *m*	fotgängare *u*	pieszy *m*	chodec *m*	gyalogos
pêra *f*	peer *m*	päron *n*	gruzka *f*	hruška *f*	körte
peão *m*	voetganger *m*	fotgängare *u*	pieszy *m*	chodec *m*	gyalogos
pele *f*	huid *f*	hud *u*	skóra *f*	kůže *f*	bőr
casca *f*	schaal *f*	skal *n*	skorupka *f* łupina *f*	skořepina *f*	héj
—	stuk *n*	bit *u*	sztuka *f*	kus *m*	darab
tratamento *m*	verzorging *f*	skötsel *u*	opieka *f*	—	ápolás
lápis *m*	stift *m*	stift *n*	ołówek *m*	kolík *m*	—
assado *m*	gebraad *n*	köttstek *u*	pieczeń *f*	—	pecseny
assado	gebraden	stekt	usmażony	—	megsült
azar *m*	pech *m*	otur	pech *m*	smůla *f*	pech
azar *m*	—	otur	pech *m*	smůla *f*	pech
azar *m*	pech *m*	otur	—	smůla *f*	pech
azar *m*	pech *m*	otur	pech *m*	smůla *f*	—
bexiga *f*	blaas *f*	blåsa *u*	—	bublina *f*	buborék
peito *m*	borst *f*	bröst *n*	pierś *f*	hruď *f*	mellkas
cozer	bakken	baka	piec <upiec>	—	süt
assar	braden	steka	smażyć <usmażyć>	—	süt
pastelaria *f*	gebak *n*	bakverk *n*	pieczywo *n*	—	sütemény
cuidadoso	zorgvuldig	omsorgsfull	staranny	—	gondos
tratar	verzorgen	sköta	opiekować, się	—	ápolni
assado *m*	gebraad *n*	köttstek *u*	pieczeń *f*	pečeně *f*	—
caco *m*	scherf *f*	skärva *u*	skorupa *f*	střep *m*	cserép
gay	homoseksueel	homosexuell	homoseksualny	homosexuální	buzi
peão *m*	voetganger *m*	fotgängare *u*	pieszy *m*	chodec *m*	gyalogos
—	opdracht *f*	uppdrag *n*	zlecenie *n*	zakázka *f*	megbízás
—	verzoek *n*	begäran *u*	prośba *f*	prosba *f*	kérés
encomendar	bestellen	beställa	zamawiać <zamówić>	objednávat <objednat>	megrendel
exigir	vragen	kräva	żądać <zażądać>	vyžadovat <vyžádat>	megrendel
—	verzoeken	begära	prosić <poprosić>	prosit <poprosit>	kérni
peão *m*	voetganger *m*	fotgängare *u*	pieszy *m*	chodec *m*	gyalogos

pedra

	D	E	F	I	ES
pedra (P)	Stein m	stone	pierre f	sasso m	piedra f
pędzel (PL)	Pinsel m	brush	pinceau m	pennello m	pincel m
peel (E)	Schale f	—	peau f	buccia f	piel f
peel (E)	schälen	—	éplucher	sbucciare	pelar
peen (NL)	Karotte f	carrot	carotte f	carota f	zanahoria f
peer (NL)	Birne f	pear	poire f	pera f	pera f
pegar (ES)	kleben	stick	coller	incollare	—
pegar (P)	fassen	grasp	saisir	prendere	tomar/agarrar
pełen (PL)	voll	full	plein(e)	pieno(a)	lleno(a)
peigne (F)	Kamm m	comb	—	pettine m	peine m
peigner (F)	kämmen	comb	—	pettinare	peinar
peinado (ES)	Frisur f	hairstyle	coiffure f	pettinatura f	—
peinar (ES)	kämmen	comb	peigner	pettinare	—
peindre[1] (F)	malen	paint	—	dipingere	pintar
peindre[2] (F)	streichen	paint	—	verniciare	pintar
peine (F)	Mühe f	effort	—	fatica f	esfuerzo m
peine (ES)	Kamm m	comb	peigne m	pettine m	—
pełne wyżywienie (PL)	Vollpension f	full board	pension complète f	pensione completa f	pensión completa f
pełnia sezonu (PL)	Hochsaison f	high season	pleine saison f	alta stagione f	temporada alta f
peinlich (D)	—	embarrassing	gênant(e)	imbarazzante	desagradable
pełnoletni (PL)	volljährig	of age	majeur(e)	maggiorenne	mayor de edad
peinture (F)	Malerei f	painting	—	pittura f	pintura f
peito (P)	Brust f	breast	poitrine f	petto m	pecho m
peixe (P)	Fisch m	fish	poisson m	pesce m	pez m
pękać <pęknąć> (PL)	platzen	burst	éclater	scoppiare	reventar
pekárna (CZ)	Bäckerei f	bakery	boulangerie f	panetteria f	panadería f
peklo (CZ)	Hölle f	hell	enfer m	inferno m	infierno m
pekség (H)	Bäckerei f	bakery	boulangerie f	panetteria f	panadería f
pelar (ES)	schälen	peel	éplucher	sbucciare	—
pelare (SV)	Säule f	pillar	colonne f	colonna f	columna f
példa (H)	Beispiel n	example	exemple m	esempio m	ejemplo m
pele (P)	Haut f	skin	peau f	pelle f	piel f
pêle-mêle (F)	durcheinander	in a muddle	—	sottosopra	en desorden
película (ES)	Film m	film	film m	film m	—
peligro (ES)	Gefahr f	danger	danger m	pericolo m	—
peligroso(a) (ES)	gefährlich	dangerous	dangereux(euse)	pericoloso(a)	—
pelle (I)	Haut f	skin	peau f	—	piel f
pelo (ES)	Haar n	hair	cheveu m	capello m	—
pelota (ES)	Ball m	ball	balle f	palla f	—
pelouse (F)	Rasen m	lawn	—	prato m	césped m
peluquero (ES)	Friseur m	hairdresser	coiffeur m	parrucchiere m	—
pena (ES)	Kummer m	grief	chagrin m	dolore m	—
pěna (CZ)	Schaum m	foam	écume f	schiuma f	espuma f
pencil[1] (E)	Bleistift m	—	crayon m	matita f	lápiz m
pencil[2] (E)	Stift m	—	crayon m	matita f	lápiz m
pendant (F)	während	during	—	durante	durante
pendere (I)	hängen	hang	pendre	—	colgar
pendre (F)	hängen	hang	—	pendere	colgar
pendurar[1] (P)	aufhängen	hang up	accrocher	appendere	colgar
pendurar[2] (P)	hängen	hang	pendre	pendere	colgar
pengar (SV)	Geld n	money	argent m	denaro m	dinero m
penge (H)	Klinge f	blade	lame f	lama f	cuchilla f
peníze (CZ)	Geld n	money	argent m	denaro m	dinero m
pennello (I)	Pinsel m	brush	pinceau m	—	pincel m
penniless (E)	pleite	—	fauché(e)	fallito(a)	en quiebra

penniless

P	NL	SV	PL	CZ	H
—	steen m	sten u	kamień m	kámen m	kő
pincel m	penseel n	pensel u	—	štětec m	ecset
casca f	schaal f	skal n	skorupka f łupina f	skořepina f	héj
descascar	schillen	skala	obierać <obrać>	loupat <oloupat>	hámoz
cenoura f	—	morot u	karotka f	karotka f	karotta
pêra f	—	päron n	gruzka f	hruška f	körte
colar	kleven	limma	kleić <nakleić>	lepit <zalepit>	ragad
—	pakken	fatta	chwytać <uchwycić>	chopit <uchopit>	megfog
cheio	vol	full	—	plný	tele
pente m	kam m	kam u	grzebień m	hřeben m	fésű
pentear	kammen	kamma u	czesać <uczesać>	česat <učesat>	fésül
penteado m	kapsel n	frisyr u	fryzura f	účes m	frizura
pentear	kammen	kamma u	czesać <uczesać>	česat <učesat>	fésül
pintar	schilderen	måla	malować <namalować>	mlít <semlít>	fest
pintar	schilderen	smeka	pocierać	škrtat <škrtnout>	befest
esforço m	moeite f	ansträngning	trud m	úsilí n	fáradozás
pente m	kam m	kam u	grzebień m	hřeben m	fésű
pensão completa f	volpension n	helpension u	—	plná penze f	teljes ellátás
estação alta f	hoogseizoen n	högsäsong u	—	hlavní sezóna f	főszezon
desagradável	pijnlijk	pinsamt	przykry	trapný	kellemetlen
maior	meerderjarig	myndig	—	plnoletý	nagykorú
pintura f	schilderij n	måleri n	malarstwo n	malířství n	festészet
—	borst f	bröst n	pierś f	hruď f	mellkas
—	vis m	fisk u	ryba f	ryba f	hal
rebentar	barsten	spricka	—	praskat <prasknout>	kipukkad
padaria f	bakkerij f	bageri n	piekarnia f	—	pekség
inferno m	hel f	helvete n	piekło n	—	pokol
padaria f	bakkerij f	bageri n	piekarnia f	pekárna f	—
descascar	schillen	skala	obierać <obrać>	loupat <oloupat>	hámoz
coluna f	zuil f	—	kolumna f	sloup m	oszlop
exemplo m	voorbeeld n	exempel n	przykład m	příklad m	—
—	huid f	hud u	skóra f	kůže f	bőr
em desordem	door elkaar	i en enda röra	bezładnie	v nepořádku	összevissza
filme m	film m	film u	film m	film m	film
perigo m	gevaar n	fara u	niebezpieczeństwo n	nebezpečí n	veszély
perigoso	gevaarlijk	farlig	niebezpieczny	nebezpečný	veszélyes
pele f	huid f	hud u	skóra f	kůže f	bőr
cabelo m	haar n	hår n	włos m	vlasy pl	haj
bola f	bal m	boll u	piłka f	míč m	labda
relva f	grasveld n	gräsmatta u	trawnik f	trávník m	pázsit
cabeleireiro m	kapper m	frisör u	fryzjer m	kadeřník m	fodrász
desgosto m	kommer m	bekymmer n	zmartwienie n	soužení n	bánat
espuma f	schuim n	skum n	piana f	—	hab
lápis m	potlood n	blyertspenna n	ołówek m	tužka f	ceruza
lápis m	stift m	stift n	ołówek m	kolík m	pecek
durante	gedurende	under tiden	podczas	během	közben
pendurar	hangen	hänga	wisieć	věšet <pověsit>	lóg
pendurar	hangen	hänga	wisieć	věšet <pověsit>	lóg
—	ophangen	hänga upp	zawieszać <zawiesić>	pověsit	felakaszt
—	hangen	hänga	wisieć	věšet <pověsit>	lóg
dinheiro m	geld n	—	pieniądze m/pl	peníze pl	pénz
lâmina f	kling f	klinga u	ostrze n	čepel f	—
dinheiro m	geld n	pengar pl	pieniądze m/pl	—	pénz
pincel m	penseel n	pensel u	pędzel m	štětec m	ecset
falido	failliet	bankrutt	plajta f	insolventní	tönkrement

pensamento

	D	E	F	I	ES
pensamento (P)	Gedanke m	thought	pensée f	pensiero m	pensamiento m
pensamiento (ES)	Gedanke m	thought	pensée f	pensiero m	—
pensão (P)	Pension f	boarding house	pension f	pensione f	pensión f
pensão completa (P)	Vollpension f	full board	pension complète f	pensione completa f	pensión completa f
pensar (ES)	denken	think	penser	pensare	—
pensar (P)	denken	think	penser	pensare	pensar
pensare (I)	denken	think	penser	—	pensar
pensée (F)	Gedanke m	thought	—	pensiero m	pensamiento m
penseel (NL)	Pinsel m	brush	pinceau m	pennello m	pincel m
pensel (SV)	Pinsel m	brush	pinceau m	pennello m	pincel m
penser¹ (F)	denken	think	—	pensare	pensar
penser² (F)	meinen	think	—	ritenere	opinar
pensiero (I)	Gedanke m	thought	pensée f	—	pensamiento m
pensioen (NL)	Ruhestand m	retirement	retraite f	pensione f	retiro m
Pension (D)	—	boarding house	pension f	pensione f	pensión f
pension (F)	Pension f	boarding house	—	pensione f	pensión f
pension (NL)	Pension f	boarding house	pension f	pensione f	pensión f
pension¹ (SV)	Ruhestand m	retirement	retraite f	pensione f	retiro m
pension² (SV)	Pension f	boarding house	pension f	pensione f	pensión f
pensión (ES)	Pension f	boarding house	pension f	pensione f	—
pensión completa (ES)	Vollpension f	full board	pension complète f	pensione completa f	—
pension complète (F)	Vollpension f	full board	—	pensione completa f	pensión completa f
pensione¹ (I)	Ruhestand m	retirement	retraite f	—	retiro m
pensione² (I)	Pension f	boarding house	pension f	—	pensión f
pensione completa (I)	Vollpension f	full board	pension complète f	—	pensión completa f
pensja (PL)	Gehalt n	salary	salaire m	stipendio m	sueldo m
pensjonat (PL)	Pension f	boarding house	pension f	pensione f	pensión f
penso adesivo (P)	Pflaster n	plaster	emplâtre m	cerotto m	emplasto m
pente (P)	Kamm m	comb	peigne m	pettine m	peine m
penteado (P)	Frisur f	hairstyle	coiffure f	pettinatura f	peinado m
pentear (P)	kämmen	comb	peigner	pettinare	peinar
pentirsi (I)	bereuen	regret	regretter	—	arrepentirse
pentola¹ (I)	Kochtopf m	saucepan	casserole f	—	olla f
pentola² (I)	Topf m	pot	casserole f	—	cazuela f
pénz (H)	Geld n	money	argent m	denaro m	dinero m
penzion (CZ)	Pension f	boarding house	pension f	pensione f	pensión f
pénztár (H)	Kasse f	till	caisse f	cassa f	caja f
pénzügyi (H)	finanziell	financial	financier	finanziario(a)	financiero(a)
people (E)	Leute pl	—	gens m/pl	gente f	gente f
pepe (I)	Pfeffer m	pepper	poivre m	—	pimienta f
peper (NL)	Pfeffer m	pepper	poivre m	pepe m	pimienta f
pepino (ES)	Gurke	cucumber	concombre m	cetriolo m	—
pepino (P)	Gurke	cucumber	concombre m	cetriolo m	pepino m
peppar (SV)	Pfeffer m	pepper	poivre m	pepe m	pimienta f
pepper (E)	Pfeffer m	—	poivre m	pepe m	pimienta f
pepř (CZ)	Pfeffer m	pepper	poivre m	pepe m	pimienta f
pequeno (P)	klein	small/little	petit(e)	piccolo(a)	pequeño(a)
pequeño(a) (ES)	klein	small/little	petit(e)	piccolo(a)	—
pequeno-almoço (P)	Frühstück n	breakfast	petit-déjeuner m	colazione f	desayuno m
per (H)	Prozess m	trial	procès m	processo m	proceso m
pera (I)	Birne f	pear	poire f	—	pera f
pera (ES)	Birne f	pear	poire f	pera f	—
pêra (P)	Birne f	pear	poire f	pera f	pera f
per affari (I)	geschäftlich	on business	d'affaires	—	comercial
perc (H)	Minute f	minute	minute f	minuto m	minuto m

P	NL	SV	PL	CZ	H
—	gedachte f	tanke u	myśl f	myšlenka f	gondolat
pensamento m	gedachte f	tanke u	myśl f	myšlenka f	gondolat
—	pension n	pension u	pensjonat m	penzion m	nyugdíj
—	volpension n	helpension u	pełne wyżywienie n	plná penze f	teljes ellátás
pensar	denken	tänka	myśleć <pomyśleć>	myslet	gondolkozik
—	denken	tänka	myśleć <pomyśleć>	myslet	gondolkozik
pensar	denken	tänka	myśleć <pomyśleć>	myslet	gondolkozik
pensamento m	gedachte f	tanke u	myśl f	myšlenka f	gondolat
pincel m	—	pensel u	pędzel m	štětec m	ecset
pincel m	penseel n	—	pędzel m	štětec m	ecset
pensar	denken	tänka	myśleć <pomyśleć>	myslet	gondolkozik
opinar	menen; denken	tycka	uważać	mínit <vymínit>	vél
pensamento m	gedachte f	tanke u	myśl f	myšlenka f	gondolat
reforma f	—	pension u	stan spoczynku m	důchod m	nyugállomány
pensão f	pension n	pension u	pensjonat m	penzion m	nyugdíj
pensão f	pension n	pension u	pensjonat m	penzion m	nyugdíj
pensão f	—	pension u	pensjonat m	penzion m	nyugdíj
reforma f	pensioen n	—	stan spoczynku m	důchod m	nyugállomány
pensão f	pension n	—	pensjonat m	penzion m	nyugdíj
pensão f	pension n	pension u	pensjonat m	penzion m	nyugdíj
pensão completa f	volpension n	helpension u	pełne wyżywienie n	plná penze f	teljes ellátás
pensão completa f	volpension n	helpension u	pełne wyżywienie n	plná penze f	teljes ellátás
reforma f	pensioen n	pension u	stan spoczynku m	důchod m	nyugállomány
pensão f	pension n	pension u	pensjonat m	penzion m	nyugdíj
pensão completa f	volpension n	helpension u	pełne wyżywienie n	plná penze f	teljes ellátás
vencimento m	salaris n	innehåll n	—	plat m	fizetés
pensão f	pension n	pension u	—	penzion m	nyugdíj
—	pleister f	plåster n	plaster m	náplast f	sebtapasz
—	kam m	kam u	grzebień m	hřeben m	fésű
—	kapsel n	frisyr u	fryzura f	účes m	frizura
—	kammen	kamma u	czesać <uczesać>	česat <učesat>	fésül
arrepender-se	berouwen	ångra	żałować <pożałować>	litovat	megbánja
panela f	kookpot m	kastrull u	garnek m	hrnec m	fazék
panela f	pot m	kastrull u/kruka u	garnek m	hrnec m	fazék
dinheiro m	geld n	pengar pl	pieniądze m/pl	peníze pl	—
pensão f	pension n	pension u	pensjonat m	—	nyugdíj
caixa f	kas f	kassa u	kasa f	pokladna f	—
financeiro	financieel	finansiell	finansowy	finanční	—
pessoas f/pl	mensen pl	folk pl	ludzie pl	lidé pl	emberek
pimenta f	peper m	peppar u	pieprz m	pepř m	bors
pimenta f	—	peppar u	pieprz m	pepř m	bors
pepino m	komkommer f	gurka u	ogórek m	okurka f	uborka
—	komkommer f	gurka u	ogórek m	okurka f	uborka
pimenta f	peper m	—	pieprz m	pepř m	bors
pimenta f	peper m	peppar u	pieprz m	pepř m	bors
pimenta f	peper m	peppar u	pieprz m	—	bors
—	klein	liten	mały	malý	kis/kicsi
pequeno	klein	liten	mały	malý	kis/kicsi
—	ontbijt n	frukost u	śniadanie n	snídaně f	reggeli
processo m	proces n	process u	proces m	proces m	—
pêra f	peer m	päron n	gruzka f	hruška f	körte
pêra f	peer m	päron n	gruzka f	hruška f	körte
—	peer m	päron n	gruzka f	hruška f	körte
comercial	zakelijk	affärsmässigt	służbowy	obchodně	üzleti
minuto m	minuut m	minut u	minuta f	minuta f	—

per caso

	D	E	F	I	ES
per caso (I)	zufällig	by chance	par hasard	—	por casualidad
per cent (E)	Prozent *n*	—	pour cent	percentuale *f*	por ciento *m*
percent (NL)	Prozent *n*	per cent	pour cent	percentuale *f*	por ciento *m*
percentuale (I)	Prozent *n*	per cent	pour cent	—	por ciento *m*
perché (I)	denn	for/than	car	—	pues/porque
perché? (I)	warum?	why?	pourquoi?	—	¿por qué?
perché (I)	weil	because	parce que	—	porque
perciò (I)	deshalb	therefore	c'est pourquoi	—	por eso
perda (P)	Verlust *m*	loss	perte *f*	perdita *f*	pérdida *f*
perdão (P)	Verzeihung *f*	forgiveness	pardon *m*	perdono *m*	perdón *m*
perder (ES)	verlieren	lose	perdre	perdere	—
perder (P)	verlieren	lose	perdre	perdere	perder
perdere (I)	verlieren	lose	perdre	—	perder
perderse (ES)	verlaufen, sich	get lost	perdre, se	perdersi	—
perder-se (P)	verlaufen, sich	get lost	perdre, se	perdersi	perderse
perdersi (I)	verlaufen, sich	get lost	perdre, se	—	perderse
pérdida (ES)	Verlust *m*	loss	perte *f*	perdita *f*	—
perdita (I)	Verlust *m*	loss	perte *f*	—	pérdida *f*
perdoar (P)	verzeihen	forgive	pardonner	perdonare	perdonar
perdón (ES)	Verzeihung *f*	forgiveness	pardon *m*	perdono *m*	—
perdonar (ES)	verzeihen	forgive	pardonner	perdonare	—
perdonare (I)	verzeihen	forgive	pardonner	—	perdonar
perdono (I)	Verzeihung *f*	forgiveness	pardon *m*	—	perdón *m*
perdre (F)	verlieren	lose	—	perdere	perder
perdre, se (F)	verlaufen, sich	get lost	—	perdersi	perderse
père (F)	Vater *m*	father	—	padre *m*	padre *m*
perezoso(a) (ES)	faul	lazy	paresseux(euse)	pigro(a)	—
perfino (I)	sogar	even	même	—	incluso
pergunta (P)	Frage *f*	question	question *f*	domanda *f*	pregunta *f*
perguntar (P)	fragen	ask	demander	domandare	preguntar
pericolo (I)	Gefahr *f*	danger	danger *m*	—	peligro *m*
pericoloso(a) (I)	gefährlich	dangerous	dangereux(euse)	—	peligroso(a)
perigo (P)	Gefahr *f*	danger	danger *m*	pericolo *m*	peligro *m*
perigoso (P)	gefährlich	dangerous	dangereux(euse)	pericoloso(a)	peligroso(a)
periódico (ES)	Zeitung *f*	newspaper	journal *m*	giornale *m*	—
perjudicar (ES)	benachteiligen	disadvantage	désavantager	svantaggiare	—
permesso¹ (I)	Erlaubnis *f*	permission	permission *f*	—	permiso¹
permesso² (I)	Genehmigung *f*	authorization	autorisation *f*	—	permiso²
permettere (I)	erlauben	allow	permettre	—	permitir
permettre (F)	erlauben	allow	—	permettere	permitir
permis de conduire (F)	Führerschein *m*	driving licence	—	patente *f*	permiso de conducir *m*
permiso¹ (ES)	Erlaubnis *f*	permission	permission *f*	permesso *m*	—
permiso² (ES)	Genehmigung *f*	authorization	autorisation *f*	permesso *m*	—
permiso de conducir (ES)	Führerschein *m*	driving licence	permis de conduire *m*	patente *f*	—
permission (E)	Erlaubnis *f*	—	permission *f*	permesso *m*	permiso *m*
permission (F)	Erlaubnis *f*	permission	—	permesso *m*	permiso *m*
permitir¹ (ES)	erlauben	allow	permettre	permettere	—
permitir² (ES)	genehmigen	approve	autoriser	approvare	—
permitir (P)	erlauben	allow	permettre	permettere	permitir
perna (P)	Bein *n*	leg	jambe *f*	gamba *f*	pierna *f*
per niente (I)	umsonst	for nothing	en vain	—	en vano
pernoctación (ES)	Übernachtung *f*	overnight stay	nuitée *f*	pernottamento *m*	—
pernoite (P)	Übernachtung *f*	overnight stay	nuitée *f*	pernottamento *m*	pernoctación *f*
pernottamento (I)	Übernachtung *f*	overnight stay	nuitée *f*	—	pernoctación *f*
pero (ES)	aber	but	mais	ma	—

pero

P	NL	SV	PL	CZ	H
por acaso	toevallig	tillfällig	przypadkowo	náhodou	véletlenül
por cento m	percent n	procent u	procent m	procento n	százalék
por cento m	—	procent u	procent m	procento n	százalék
por cento m	percent n	procent u	procent m	procento n	százalék
porque	want	för	ponieważ	protože	mert
porque?	waarom?	varför?	dlaczego?	proč?	miért?
porque	omdat	för att	ponieważ	protože	mert
por isso	daarom	därför	dlatego	proto	azért/ezért
—	verlies n	förlust u	strata f	ztráta f	veszteség
—	vergiffenis f	förlåtelse u	wybaczenie n	odpuštění n	bocsánat
perder	verliezen	förlora	stracić	ztrácet <ztratit>	elveszít
—	verliezen	förlora	stracić	ztrácet <ztratit>	elveszít
perder	verliezen	förlora	stracić	ztrácet <ztratit>	elveszít
perder-se	verkeerd lopen	gå vilse	zgubić się	zatoulat, se	eltéved
—	verkeerd lopen	gå vilse	zgubić się	zatoulat, se	eltéved
perder-se	verkeerd lopen	gå vilse	zgubić się	zatoulat, se	eltéved
perda f	verlies n	förlust u	strata f	ztráta f	veszteség
perda f	verlies n	förlust u	strata f	ztráta f	veszteség
—	vergeven	förlåta	wybaczyć	odpouštět <odpustit>	megbocsát
perdão m	vergiffenis f	förlåtelse u	wybaczenie n	odpuštění n	bocsánat
perdoar	vergeven	förlåta	wybaczyć	odpouštět <odpustit>	megbocsát
perdoar	vergeven	förlåta	wybaczyć	odpouštět <odpustit>	megbocsát
perdão m	vergiffenis f	förlåtelse u	wybaczenie n	odpuštění n	bocsánat
perder	verliezen	förlora	stracić	ztrácet <ztratit>	elveszít
perder-se	verkeerd lopen	gå vilse	zgubić się	zatoulat, se	eltéved
pai m	vader m	far u	ojciec m	otec m	apa
preguiçoso	rot	lat	leniwy	líný	lusta
até	zelfs	till och med	nawet	dokonce	sőt
—	vraag f	fråga u	pytanie n	otázka f	kérdés
—	vragen	fråga	pytać	ptát, se <zeptat, se>	kérdez
perigo m	gevaar n	fara u	niebezpieczeństwo n	nebezpečí n	veszély
perigoso	gevaarlijk	farlig	niebezpieczny	nebezpečný	veszélyes
—	gevaar n	fara u	niebezpieczeństwo n	nebezpečí n	veszély
—	gevaarlijk	farlig	niebezpieczny	nebezpečný	veszélyes
jornal m	krant m	tidning u	gazeta f	noviny pl	újság
prejudicar	benadelen	vara till nackdel för	krzywdzić <skrzywdzić>	znevýhodňovat <znevýhodnit>	hátrányosan megkülönböztet
autorização f	toestemming f	tillstånd n	zezwolenie n	povolení n	engedély
aprovação f	goedkeuring f	godkännande n	zezwolenie n	povolení n	engedély
permitir	veroorloven	tillåta	zezwalać <zezwolić>	dovolovat <dovolit>	megenged
permitir	veroorloven	tillåta	zezwalać <zezwolić>	dovolovat <dovolit>	megenged
carta de condução f	rijbewijs n	körkort n	prawo jazdy n	řidičský průkaz m	jogosítvány
autorização f	toestemming f	tillstånd n	zezwolenie n	povolení n	engedély
aprovação f	goedkeuring f	godkännande n	zezwolenie n	povolení n	engedély
carta de condução f	rijbewijs n	körkort n	prawo jazdy n	řidičský průkaz m	jogosítvány
autorização f	toestemming f	tillstånd n	zezwolenie n	povolení n	engedély
autorização f	toestemming f	tillstånd n	zezwolenie n	povolení n	engedély
permitir	veroorloven	tillåta	zezwalać <zezwolić>	dovolovat <dovolit>	megenged
aprovar	goedkeuren	bevilja	zezwalać <zezwolić>	povolovat <povolit>	engedélyez
—	veroorloven	tillåta	zezwalać <zezwolić>	dovolovat <dovolit>	megenged
—	been n	ben n	noga f	noha f	láb
gratuito	voor niets	förgäves	darmo	zbytečně	ingyen
pernoite m	overnachting f	övernattning u	nocleg m	přenocování n	éjjeli szállás
—	overnachting f	övernattning u	nocleg m	přenocování n	éjjeli szállás
pernoite m	overnachting f	övernattning u	nocleg m	přenocování n	éjjeli szállás
mas	maar	men	ale	ale	de

per questo

	D	E	F	I	ES
per questo (I)	dafür	for it	pour cela	—	para ello
perro (ES)	Hund *m*	dog	chien *m*	cane *m*	—
perseguir (ES)	verfolgen	pursue	poursuivre	inseguire	—
perseguir (P)	verfolgen	pursue	poursuivre	inseguire	perseguir
personal (E)	persönlich	—	personnel(le)	personale	en persona/ personalmente
Personalausweis (D)	—	identity card	carte d'identité *f*	carta d'identità *f*	documento de identidad *m*
personale (I)	persönlich	personal	personnel(le)	—	en persona/ personalmente
persönlich (D)	—	personal	personnel(le)	personale	en persona/ personalmente
personligen (SV)	persönlich	personal	personnel(le)	personale	en persona/ personalmente
personne (F)	niemand	nobody	—	nessuno(a)	nadie
personnel(le) (F)	persönlich	personal	—	personale	en persona/ personalmente
persoonlijk (NL)	persönlich	personal	personnel(le)	personale	en persona/ personalmente
persuader (F)	überreden	convince	—	persuadere	persuadir
persuadere (I)	überreden	convince	persuader	—	persuadir
persuadir (ES)	überreden	convince	persuader	persuadere	—
persuadir (P)	überreden	convince	persuader	persuadere	persuadir
perte (F)	Verlust *m*	loss	—	perdita *f*	pérdida *f*
pertencer a (P)	gehören	belong	appartenir	appartenere	pertenecer a
pertenecer a (ES)	gehören	belong	appartenir	appartenere	—
perturbar (P)	stören	disturb	déranger	disturbare	molestar
pes (CZ)	Hund *m*	dog	chien *m*	cane *m*	perro *m*
pesado (P)	schwer	heavy	lourd(e)	pesante	pesado(a)
pesado(a) (ES)	schwer	heavy	lourd(e)	pesante	—
pésame (ES)	Beileid *n*	condolence	condoléances *f/pl*	condoglianza *f*	—
pesante (I)	schwer	heavy	lourd(e)	—	pesado(a)
pesar (ES)	wiegen	weigh	peser	pesare	—
pesar (P)	Bedauern *n*	regret	regret *m*	dispiacere *m*	compasión *f*
pesar (P)	wiegen	weigh	peser	pesare	pesar
pesare (I)	wiegen	weigh	peser	—	pesar
pesce (I)	Fisch *m*	fish	poisson *m*	—	pez *m*
pescoço (P)	Hals *m*	neck	cou *m*	collo *m*	cuello *m*
peser (F)	wiegen	weigh	—	pesare	pesar
peso (I)	Gewicht *n*	weight	poids *m*	—	peso *m*
peso¹ (ES)	Last *f*	load	charge *f*	carico *m*	—
peso² (ES)	Gewicht *n*	weight	poids *m*	peso *m*	—
peso (P)	Gewicht *n*	weight	poids *m*	peso *m*	peso *m*
pessoalmente (P)	persönlich	personal	personnel(le)	personale	en persona/ personalmente
pessoas (P)	Leute *pl*	people	gens *m/pl*	gente *f*	gente *f*
pestare (I)	treten	kick	mettre le pied sur	—	pisar
pěstovat (CZ)	anbauen	cultivate	cultiver	coltivare	cultivar
petit-déjeuner (F)	Frühstück *n*	breakfast	—	colazione *f*	desayuno *m*
petit(e) (F)	klein	small/little	—	piccolo(a)	pequeño(a)
petrol (E)	Benzin *n*	—	essence *f*	benzina *f*	gasolina *f*
pettinare (I)	kämmen	comb	peigner	—	peinar
pettinatura (I)	Frisur *f*	hairstyle	coiffure *f*	—	peinado *m*
pettine (I)	Kamm *m*	comb	peigne *m*	—	peine *m*
petto (I)	Brust *f*	breast	poitrine *f*	—	pecho *m*
peu aimable (F)	unfreundlich	unfriendly	—	sgarbato(a)	descortés
peu de (F)	wenig	little	—	poco	poco(a)

peu de

P	NL	SV	PL	CZ	H
para isso	ervoor	för det	na to	pro	ezért
cão m	hond m	hund u	pies m	pes m	kutya
perseguir	vervolgen	förfölja	ścigać	pronásledovat	üldöz
—	vervolgen	förfölja	ścigać	pronásledovat	üldöz
pessoalmente	persoonlijk	personligen	osobiście	osobně	személyes
bilhete de identidade m	identiteitsbewijs n	identitetskort n	dowód osobisty m	občanský průkaz m	személyi igazolvány
pessoalmente	persoonlijk	personligen	osobiście	osobně	személyes
pessoalmente	persoonlijk	personligen	osobiście	osobně	személyes
pessoalmente	persoonlijk	—	osobiście	osobně	személyes
ninguém	niemand	ingen	nikt	nikdo	senki
pessoalmente	persoonlijk	personligen	osobiście	osobně	személyes
pessoalmente	—	personligen	osobiście	osobně	személyes
persuadir	overtuigen	övertala	namawiać <namówić>	přemlouvat <přemluvit>	rábeszél
persuadir	overtuigen	övertala	namawiać <namówić>	přemlouvat <přemluvit>	rábeszél
persuadir	overtuigen	övertala	namawiać <namówić>	přemlouvat <přemluvit>	rábeszél
—	overtuigen	övertala	namawiać <namówić>	přemlouvat <přemluvit>	rábeszél
perda f	verlies n	förlust u	strata f	ztráta f	veszteség
—	behoren	tillhöra	należeć	patřit	tartozik
pertencer a	behoren	tillhöra	należeć	patřit	tartozik
—	storen	störa	przeszkadzać	rušit <vyrušit>	zavar
cão m	hond m	hund u	pies m	—	kutya
—	zwaar	tung	ciężki	těžký	nehéz, súlyos
pesado	zwaar	tung	ciężki	těžký	nehéz, súlyos
condolência f	deelneming f	kondoleans u	współczucie n	kondolence f	részvét
pesado	zwaar	tung	ciężki	těžký	nehéz, súlyos
pesar	wegen	väga	ważyć	vážit <zvážit>	nyom (súly)
—	spijt f	beklagande n	żal m	politování n	sajnálat
—	wegen	väga	ważyć	vážit <zvážit>	nyom (súly)
pesar	wegen	väga	ważyć	vážit <zvážit>	nyom (súly)
peixe m	vis m	fisk u	ryba f	ryba f	hal
—	hals m	hals u	szyja f	krk m	nyak
pesar	wegen	väga	ważyć	vážit <zvážit>	nyom (súly)
peso m	gewicht n	vik u	ciężar m	hmotnost f	súly
carga f	last f	last u	ciężar m	břemeno n	teher
peso m	gewicht n	vik u	ciężar m	hmotnost f	súly
—	gewicht n	vik u	ciężar m	hmotnost f	súly
—	persoonlijk	personligen	osobiście	osobně	személyes
—	mensen pl	folk pl	ludzie pl	lidé pl	emberek
pisar	trappen	trampa	stąpać	stoupat <stoupnout>	rúg
cultivar	aanbouwen	odla	uprawiać	—	termeszt
pequeno-almoço m	ontbijt n	frukost u	śniadanie n	snídaně f	reggeli
pequeno	klein	liten	mały	malý	kis/kicsi
gasolina f	benzine f	bensin u	benzyna f	benzín m	benzin
pentear	kammen	kamma u	czesać <uczesać>	česat <učesat>	fésül
penteado m	kapsel n	frisyr u	fryzura f	účes m	frizura
pente m	kam m	kam u	grzebień m	hřeben m	fésű
peito m	borst f	bröst n	pierś f	hruď f	mellkas
pouco amável	onvriendelijk	ovänlig	nieprzyjazny	nevlídný	barátságtalan
pouco	weinig	lite	mało	málo	kevés

peur

	D	E	F	I	ES
peur (F)	Angst f	fear	—	paura f	miedo m
peureux(euse) (F)	ängstlich	fearful	—	pauroso(a)	miedoso(a)
peut-être (F)	vielleicht	maybe	—	forse	tal vez
pevně držet <udržet> (CZ)	festhalten	seize	tenir ferme	tener fermo	sujetar
pevnina (CZ)	Festland n	mainland	continent m	terraferma f	tierra firme f
pewnie (PL)	gewiss	certain	certain(e)	certo(a)	cierto
pewność (PL)	Sicherheit f	safety	sécurité f	sicurezza f	seguridad f
pewny (PL)	sicher	sure	sûr(e)	sicuro(a)	seguro(a)
pez (ES)	Fisch m	fish	poisson m	pesce m	—
pezzo (I)	Stück n	piece	morceau m	—	parte f
Pfarrer (D)	—	priest	curé m	parroco m	párroco m
Pfeffer (D)	—	pepper	poivre m	pepe m	pimienta f
Pfeil (D)	—	arrow	flèche f	freccia f	flecha f
Pferd (D)	—	horse	cheval m	cavallo m	caballo m
Pflaster¹ (D)	—	plaster	emplâtre m	cerotto m	emplasto m
Pflaster² (D)	—	pavement	pavé m	lastricato m	empedrado m
Pflaume (D)	—	plum	prune f	prugna f	ciruela f
Pflege (D)	—	care	soins m/pl	cura f	aseo m
pflegen (D)	—	look after	soigner	curare	cuidar
Pflicht (D)	—	duty	devoir m	dovere m	obligación f
pflücken (D)	—	pick	cueillir	cogliere	recoger
Pförtner (D)	—	porter	concierge m	portiere m	portero m
Pfütze (D)	—	puddle	flaque f	pozzanghera f	charco m
pharmacie (F)	Apotheke f	chemist's	—	farmacia f	farmacia f
phone book (E)	Telefonbuch n	—	annuaire téléphonique m	elenco telefonico m	guía telefónica f
phone number (E)	Telefonnummer f	—	numéro de téléphone m	numero telefonico m	número de teléfono m
photo (E)	Foto n	—	photo f	foto f	foto f
photo (F)	Foto n	photo	—	foto f	foto f
photographier (F)	fotografieren	take pictures	—	fotografare	fotografiar
phrase (F)	Satz m	sentence	—	frase f	oración f
piacere¹ (I)	gefallen	please	plaire	—	gustar
piacere¹ (I)	Genuss m	pleasure	plaisir m	—	placer m
piacere² (I)	Lust f	delight	plaisir m	—	ganas f/pl
piacere² (I)	mögen	like	aimer	—	querer
piach (PL)	Sand m	sand	sable m	sabbia f	arena f
płacić <zapłacić> (PL)	bezahlen	pay	payer	pagare	pagar
płacić <zapłacić> (PL)	zahlen	pay	payer	pagare	pagar
piada (P)	Witz m	joke	plaisanterie f	barzelletta f	chiste m
płakać (PL)	weinen	cry	pleurer	piangere	llorar
piana (PL)	Schaum m	foam	écume f	schiuma f	espuma f
piangere (I)	weinen	cry	pleurer	—	llorar
piano (E)	Klavier n	—	piano m	pianoforte m	piano m
piano (F)	Klavier n	piano	—	pianoforte m	piano m
piano (I)	Etage f	floor	étage m	—	piso m
piano (ES)	Klavier n	piano	piano m	pianoforte m	—
piano (P)	Klavier n	piano	piano m	pianoforte m	piano m
piano (NL)	Klavier n	piano	piano m	pianoforte m	piano m
piano (SV)	Klavier n	piano	piano m	pianoforte m	piano m
pianoforte (I)	Klavier n	piano	piano m	—	piano m
pianterreno (I)	Erdgeschoss n	ground floor	rez-de-chaussée m	—	planta baja f
płaski (PL)	flach	flat	plat(e)	piatto(a)	llano(a)
płaszcz (PL)	Mantel m	coat	manteau m	cappotto m	abrigo m

płaszcz

P	NL	SV	PL	CZ	H
medo m	angst f	rädsla u	strach m	strach m	félelem
medroso	bang	ängslig	lękliwy	bojácný	félénk
talvez	misschien	kanske	może	možná	talán
segurar	vasthouden	hålla fast	mocno trzymać	—	megfog
continente m	vasteland n	fastland u	ląd m	—	szárazföld
certo	zeker	säker	—	jistě	bizonyos
segurança f	zekerheid f	säkerhet u	—	jistota f	biztonság
seguro	zeker	säker	—	jistě	biztos
peixe m	vis m	fisk u	ryba f	ryba f	hal
peça f	stuk n	bit u	sztuka f	kus m	darab
padre m	pastoor m	präst u	proboszcz m	farář m	plébános
pimenta f	peper m	peppar u	pieprz m	pepř m	bors
seta f	pijl m	pil u	strzała f	šíp m	nyíl
cavalo m	paard n	häst u	koń m	kůň m	ló
penso adesivo m	pleister f	plåster n	plaster m	náplast f	sebtapasz
calçada f	bestrating f	gatubeläggning n	bruk m	dlažba f	útburkolat
ameixa f	pruim f	plommon n	śliwka f	švestka f	szilva
tratamento m	verzorging f	skötsel u	opieka f	péče f	ápolás
tratar	verzorgen	sköta	opiekować, się	pečovat	ápolni
dever m	plicht f	plikt u	obowiązek m	povinnost f	kötelesség
colher	plukken	plocka	zrywać <zerwać>	trhat <otrhat>	szed
porteiro m	portier m	portvakt u	portier m	vrátný m	portás
poça de água f	plas m	vattenpöl u	kałuża f	kaluž f	pocsolya
farmácia f	apotheek f	apotek n	apteka f	lékárna f	gyógyszertár
lista f telefónica	telefoonboek n	telefonkatalog u	książka telefoniczna f	telefonní seznam m	telefonkönyv
número m de telefone	telefoonnummer n	telefonnummer n	numer telefonu m	telefonní číslo n	telefonszám
fotografia f	foto f	foto n	zdjęcie n	foto n	fénykép
fotografia f	foto f	foto n	zdjęcie n	foto n	fénykép
fotografar	fotograferen	fotografera	fotografować <sfotografować>	fotografovat <vytogografovat>	fényképez
frase f	zin m	mening u	zdanie n	věta f	mondat
agradar	bevallen	tycka om	podobać, się <spodobać, się>	líbit	tetszik
prazer m	genot n	njutning u	używanie n	požitek m	élvezet
prazer m	lust f	lust u	ochota f	chuť f	kedv
gostar de	graag hebben/mogen	tycka om	lubić	mít rád	kedvel
areia f	zand n	sand u	—	písek m	homok
pagar	betalen	betala	—	platit <zaplatit>	fizet
pagar	betalen	betala	—	platit <zaplatit>	fizet
—	grap f	vits u	kawał m	vtip m	vicc
chorar	huilen	gråta	—	plakat	sír
espuma f	schuim n	skum n	—	pěna f	hab
chorar	huilen	gråta	płakać	plakat	sír
piano m	piano m	piano n	fortepian m	klavír m	zongora
piano m	piano m	piano n	fortepian m	klavír m	zongora
piso m	verdieping f	våning u	piętro n	poschodí n	emelet
piano m	piano m	piano n	fortepian m	klavír m	zongora
—	piano m	piano n	fortepian m	klavír m	zongora
piano m	—	piano n	fortepian m	klavír m	zongora
piano m	piano m	—	fortepian m	klavír m	zongora
piano m	piano m	piano n	fortepian m	klavír m	zongora
rés-do-chão m	begane grond m	bottenvåning u	parter m	přízemí n	földszint
plano	vlak	flat	—	plochý	lapos
sobretudo m	mantel m	kappa u	—	kabát m	kabát

piatto 752

	D	E	F	I	ES
piatto¹ (I)	Platte f	platter	plateau m	—	bandeja f
piatto² (I)	Gericht n	dish	plat m	—	comida f
piatto³ (I)	Teller m	plate	assiette f	—	plato m
piatto(a) (I)	flach	flat	plat(e)	—	llano(a)
piazza (I)	Platz m	square	place f	—	plaza f
pić (PL)	trinken	drink	boire	bere	beber
picante (ES)	scharf	hot	épicé(e)	piccante	—
picante (P)	scharf	hot	épicé(e)	piccante	picante
picar (ES)	jucken	itch	démanger	prudere	—
piccante (I)	scharf	hot	épicé(e)	—	picante
piccolo(a) (I)	klein	small/little	petit(e)	—	pequeño(a)
pick (E)	pflücken	—	cueillir	cogliere	recoger
pick up (E)	abholen	—	aller chercher	andare a prendere	recoger
picture (E)	Bild n	—	image f	immagine f	cuadro m
pie (ES)	Fuß m	foot	pied m	piede m	—
piec¹ (PL)	Herd m	cooker	cuisinière f	cucina f	cocina f
piec² (PL)	Ofen m	oven	poêle m	stufa f	estufa f
piece (E)	Stück n	—	morceau m	pezzo m	parte f
pièce de monnaie (F)	Münze f	coin	—	moneta f	moneda f
pièce d'identité (F)	Ausweis m	passport	—	documento d'identità m	documento de identidad m
pieczeń (PL)	Braten m	roast	rôti m	arrosto m	asado m
pieczywo (PL)	Gebäck n	pastry	pâtisserie f	biscotti m/pl	pasteles m/pl
piec <upiec> (PL)	backen	bake	faire cuire	cuocere (al forno)	cocer (al horno)
pied (F)	Fuß m	foot	—	piede m	pie m
piede (I)	Fuß m	foot	pied m	—	pie m
piedra (ES)	Stein m	stone	pierre f	sasso m	—
piegare (I)	biegen	bend	plier	—	doblar
piekarnia (PL)	Bäckerei f	bakery	boulangerie f	panetteria f	panadería f
piekło (PL)	Hölle f	hell	enfer m	inferno m	infierno m
piękny (PL)	schön	beautiful	beau (belle)	bello(a)	hermoso(a)
piel¹ (ES)	Haut f	skin	peau f	pelle f	—
piel² (ES)	Schale f	peel	peau f	buccia f	—
pielęgniarka (PL)	Krankenschwester f	nurse	infirmière f	infermiera f	enfermera f
pieniądze (PL)	Geld n	money	argent m	denaro m	dinero m
pieno(a) (I)	voll	full	plein(e)	—	lleno(a)
pieprz (PL)	Pfeffer m	pepper	poivre m	pepe m	pimienta f
pierna (ES)	Bein n	leg	jambe f	gamba f	—
pierre (F)	Stein m	stone	—	sasso m	piedra f
pierś (PL)	Brust f	breast	poitrine f	petto m	pecho m
pierścien (PL)	Ring m	ring	bague f	anello m	anillo m
pierwotny (PL)	ursprünglich	original	originel(le)	originario(a)	primitivo(a)
pierwszeństwo (PL)	Vorfahrt f	right of way	priorité f	precedenza f	prioridad de paso f
pies (PL)	Hund m	dog	chien m	cane m	perro m
pieszy (PL)	Fußgänger m	pedestrian	piéton m	pedone m	peatón m
piéton (F)	Fußgänger m	pedestrian	—	pedone m	peatón m
piętro (PL)	Etage f	floor	étage m	piano m	piso m
pieux(euse) (F)	fromm	pious	—	devoto(a)	devoto(a)
pig (E)	Schwein n	—	cochon m	maiale m	cerdo m
pigro(a) (I)	faul	lazy	paresseux(euse)	—	perezoso(a)
pigułka antykoncepcyjna (PL)	Pille f	pill	pilule f	pillola anticoncezionale f	píldora anticonceptiva f
piłka (PL)	Ball m	ball	balle f	palla f	pelota f
piłka nożna (PL)	Fußball m	football	football m	calcio m	fútbol m
pijany (PL)	betrunken	drunk	ivre	ubriaco(a)	borracho(a)
pijl (NL)	Pfeil m	arrow	flèche f	freccia f	flecha f

P	NL	SV	PL	CZ	H
travessa f	plaat f	platta u	płyta f	deska f	lemez
prato m	gerecht n	maträtt u	danie n	pokrm m	fogás
prato m	bord n	tallrik u	talerz m	talíř m	tányér
plano	vlak	flat	płaski	plochý	lapos
lugar m	plaats f	plats u	miejsce n	místo n	hely
beber	drinken	dricka	—	pít <napít>	iszik
picante	sterk	besk	ostry	ostrý	erős
—	sterk	besk	ostry	ostrý	erős
fazer comichão	jeuken	klia	swędzić <zaswędzić>	svědět <zasvědět>	viszket
picante	sterk	besk	ostry	ostrý	erős
pequeno	klein	liten	mały	malý	kis/kicsi
colher	plukken	plocka	zrywać <zerwać>	trhat <otrhat>	szed
ir buscar	ophalen	hämta	odbierać <odebrać>	vyzvedávat <vyzvednout>	érte megy
imagem f	beeld n	bild u	obraz n	obraz m	kép
pé m	voet m	fot u	stopa f	noha f	láb
fogão m	fornuis n	köksspis u	—	ložisko	tűzhely
forno m	oven m	ugn u	—	kamna pl	kályha
peça f	stuk n	bit u	sztuka f	kus m	darab
moeda f	munt f	mynt n	moneta f	mince f	érme
bilhete de identidade m	identiteitskaart f	identitetskort n	dowód tożsamości m	průkaz m	igazolvány
assado m	gebraad n	köttstek u	—	pečeně f	pecseny
pastelaria f	gebak n	bakverk n	—	pečivo n	sütemény
cozer	bakken	baka	—	péci	süt
pé m	voet m	fot u	stopa f	noha f	láb
pé m	voet m	fot u	stopa f	noha f	láb
pedra f	steen m	sten u	kamień m	kámen m	kő
dobrar	buigen	böja	zginać <zgiąć>	ohýbat <ohnout>	meghajlít
padaria f	bakkerij f	bageri n	—	pekárna f	pekség
inferno m	hel f	helvete n	—	peklo n	pokol
bonito	mooi	vacker	—	hezký	szép
pele f	huid f	hud u	skóra f	kůže f	bőr
casca f	schaal f	skal n	skorupka f łupina f	skořepina f	héj
enfermeira f	verpleegster f	sjuksköterska u	—	zdravotní sestra f	ápolónő
dinheiro m	geld n	pengar pl	—	peníze pl	pénz
cheio	vol	full	pełen	plný	tele
pimenta f	peper m	peppar u	—	pepř m	bors
perna f	been n	ben n	noga f	noha f	láb
pedra f	steen m	sten u	kamień m	kámen m	kő
peito m	borst f	bröst n	—	hruď f	mellkas
anel m	ring m	ring u	—	kruh m	gyűrű
original	oorspronkelijk	ursprunglig	—	původní	eredetileg
passagem preferencial f	voorrang m	företräde n	—	přednost v jízdě f	elsőbbség
cão m	hond m	hund u	—	pes m	kutya
peão m	voetganger m	fotgängare u	—	chodec m	gyalogos
peão m	voetganger m	fotgängare u	pieszy m	chodec m	gyalogos
piso m	verdieping f	våning u	—	poschodí n	emelet
devoto	vroom	from	pobożny	nábožný	vallásos
porco m	zwijn n	svin n	świnia f	prase n	sertés
preguiçoso	rot	lat	leniwy	líný	lusta
pílula f	pil f	p-piller n	—	antikoncepční pípulka f	fogamzásgátló tabletta
bola f	bal m	boll u	—	míč m	labda
bola de futebol f	voetbal m	fotboll u	—	kopaná f	labdarúgás
embriagado	dronken	berusad	—	opilý	részeg
seta f	—	pil u	strzała f	šíp m	nyíl

pijn

	D	E	F	I	ES
pijn (NL)	Schmerz m	pain	douleur f	dolore m	dolor m
pijnlijk¹ (NL)	schmerzhaft	painful	douloureux(euse)	doloroso(a)	doloroso(a)
pijnlijk² (NL)	peinlich	embarrassing	gênant(e)	imbarazzante	desagradable
pil (NL)	Pille f	pill	pilule f	pillola anticoncezionale f	píldora anticonceptiva f
pil (SV)	Pfeil m	arrow	flèche f	freccia f	flecha f
píldora anticonceptiva (ES)	Pille f	pill	pilule f	pillola anticoncezionale f	—
pill (E)	Pille f	—	pilule f	pillola anticoncezionale f	píldora anticonceptiva f
pillanat (H)	Augenblick m	moment	instant m	attimo m	momento m
pillanat (H)	Moment m	moment	moment m	momento m	momento m
pillangó (H)	Schmetterling m	butterfly	papillon m	farfalla f	mariposa f
pillantás (H)	Blick m	look	regard m	sguardo m	vista f
pillar (E)	Säule f	—	colonne f	colonna f	columna f
Pille (D)	—	pill	pilule f	pillola anticoncezionale f	píldora anticonceptiva f
piller (F)	plündern	loot	—	saccheggiare	desvalijar
pillola anticoncezionale (I)	Pille f	pill	pilule f	—	píldora anticonceptiva f
pilnować (PL)	aufpassen	pay attention	faire attention	fare attenzione	prestar attención
pilny¹ (PL)	eifrig	keen	zélé(e)	diligente	diligente
pilny² (PL)	fleißig	diligent	travailleur(euse)	diligente	activo(a)
pilný (CZ)	fleißig	diligent	travailleur(euse)	diligente	activo(a)
pilot (PL)	Fernbedienung f	remote control	télécommande f	telecomando m	mando a distancia m
pílula (P)	Pille f	pill	pilule f	pillola anticoncezionale f	píldora anticonceptiva f
pilule (F)	Pille f	pill	—	pillola anticoncezionale f	píldora anticonceptiva f
Pilz (D)	—	mushroom	champignon m	fungo m	hongo m
pimenta (P)	Pfeffer m	pepper	poivre m	pepe m	pimienta f
pimienta (ES)	Pfeffer m	pepper	poivre m	pepe m	—
piña (ES)	Ananas f	pineapple	ananas m	ananas m	—
pince (H)	Keller m	cellar	cave f	cantina f	sótano m
pinceau (F)	Pinsel m	brush	—	pennello m	pincel m
pincel (ES)	Pinsel m	brush	pinceau m	pennello m	—
pincel (P)	Pinsel m	brush	pinceau m	pennello m	pincel m
pincér (H)	Kellner m	waiter	serveur m	cameriere m	camarero m
pineapple (E)	Ananas f	—	ananas m	ananas m	piña f
pink (E)	rosa	—	rose	rosa	de color rosa
pinsamt (SV)	peinlich	embarrassing	gênant(e)	imbarazzante	desagradable
Pinsel (D)	—	brush	pinceau m	pennello m	pincel m
pintar¹ (ES)	malen	paint	peindre	dipingere	—
pintar² (ES)	streichen	paint	peindre	verniciare	—
pintar¹ (P)	malen	paint	peindre	dipingere	pintar
pintar² (P)	streichen	paint	peindre	verniciare	pintar
pintura (ES)	Malerei f	painting	peinture f	pittura f	—
pintura¹ (P)	Gemälde n	painting	tableau m	quadro m	cuadro m
pintura² (P)	Malerei f	painting	peinture f	pittura f	pintura f
pioggia (I)	Regen m	rain	pluie f	—	lluvia f
płomień (PL)	Flamme f	flame	flamme f	fiamma f	llama f
piorun (PL)	Blitz m	lightning	éclair m	lampo m	rayo m
piosenka (PL)	Lied n	song	chanson f	canzone f	canción f
piosenkarz (PL)	Sänger m	singer	chanteur m	cantante m	cantante m
płot (PL)	Zaun m	fence	clôture f	recinto m	cercado m
pious (E)	fromm	—	pieux(euse)	devoto(a)	devoto(a)
piovere (I)	regnen	rain	pleuvoir	—	llover

piovere

P	NL	SV	PL	CZ	H
dor *f*	—	smärta *u*	ból *m*	bolest *f*	fájdalom
doloroso	—	smärtsam	bolesny	bolestivý	fájdalmas
desagradável	—	pinsamt	przykry	trapný	kellemetlen
pílula *f*	—	p-piller *n*	pigułka antykoncepcyjna *f*	antikoncepční pipulka *f*	fogamzásgátló tabletta
seta *f*	pijl *m*	—	strzała *f*	šíp *m*	nyíl
pílula *f*	pil *f*	p-piller *n*	pigułka antykoncepcyjna *f*	antikoncepční pipulka *f*	fogamzásgátló tabletta
pílula *f*	pil *f*	p-piller *n*	pigułka antykoncepcyjna *f*	antikoncepční pipulka *f*	fogamzásgátló tabletta
instante *m*	ogenblik *n*	ögonblick *n*	chwila *f*	okamžik *m*	—
momento *m*	moment *n*	moment *n*	moment *m*	moment *m*	—
borboleta *f*	vlinder *m*	fjäril *u*	motyl *m*	motýl *m*	—
olhar *m*	blik *m*	blick *u*	spojrzenie *n*	pohled *m*	—
coluna *f*	zuil *f*	pelare *u*	kolumna *f*	sloup *m*	oszlop
pílula *f*	pil *f*	p-piller *n*	pigułka antykoncepcyjna *f*	antikoncepční pipulka *f*	fogamzásgátló tabletta
saquear	plunderen	plundra	łupić <złupić>	plenit <vyplenit>	fosztogat
pílula *f*	pil *f*	p-piller *n*	pigułka antykoncepcyjna *f*	antikoncepční pipulka *f*	fogamzásgátló tabletta
cuidar	oppassen	passa upp	—	dávat pozor <dát pozor>	vigyáz
zeloso	ijverig	ivrig	—	horlivý	buzgó
aplicado	vlijtig	flitig *u*	—	pilný	szorgalmas
aplicado	vlijtig	flitig *u*	pilny	—	szorgalmas
telecomando *m*	afstandsbediening *f*	fjärrkontroll *u*	—	dálkové ovládání *n*	távműködtetés
—	pil *f*	p-piller *n*	pigułka antykoncepcyjna *f*	antikoncepční pipulka *f*	fogamzásgátló tabletta
pílula *f*	pil *f*	p-piller *n*	pigułka antykoncepcyjna *f*	antikoncepční pipulka *f*	fogamzásgátló tabletta
cogumelo *m*	paddenstoel *m*	svamp *u*	grzyb *m*	houba *f*	gomba
—	peper *m*	peppar *u*	pieprz *m*	pepř *m*	bors
pimenta *f*	peper *m*	peppar *u*	pieprz *m*	pepř *m*	bors
ananás *m*	ananas *m*	ananas *u*	ananas *m*	ananas *m*	ananász
cave *f*	kelder *m*	källare *u*	piwnica *f*	sklep *m*	—
pincel *m*	penseel *n*	pensel *u*	pędzel *m*	štětec *m*	ecset
pincel *m*	penseel *n*	pensel *u*	pędzel *m*	štětec *m*	ecset
—	penseel *n*	pensel *u*	pędzel *m*	štětec *m*	ecset
empregado de mesa *m*	kelner *m*	kypare/servitör *u*	kelner *m*	číšník *m*	—
ananás *m*	ananas *m*	ananas *u*	ananas *m*	ananas *m*	ananász
cor-de-rosa	roze	rosa	różowy	růžový	rózsaszínű
desagradável	pijnlijk	—	przykry	trapný	kellemetlen
pincel *m*	penseel *n*	pensel *u*	pędzel *m*	štětec *m*	ecset
pintar	schilderen	måla	malować <namalować>	mlít <semlít>	fest
pintar	schilderen	smeka	pocierać	škrtat <škrtnout>	befest
—	schilderen	måla	malować <namalować>	mlít <semlít>	fest
—	schilderen	smeka	pocierać	škrtat <škrtnout>	befest
pintura *f*	schilderij *n*	måleri *n*	malarstwo *n*	malířství *n*	festészet
—	schilderij *n*	målning *u*	obraz *m*	obraz *m*	festmény
—	schilderij *n*	måleri *n*	malarstwo *n*	malířství *n*	festészet
chuva *f*	regen *m*	regn *n*	deszcz *m*	déšť *m*	eső
chama *f*	vlam *f*	flamma *u*	—	plamen *m*	láng
relâmpago *m*	bliksem *m*	blixt *u*	—	blesk *m*	villám
canção *f*	lied *n*	sång *u*	—	píseň *f*	dal
cantor *m*	zanger *m*	sångare *u*	—	zpěvák *m*	énekes
cerca *f*	hek *n*	stängsel *n*	—	plot *m*	kerítés
devoto	vroom	from	pobożny	nábožný	vallásos
chover	regenen	regna	pada deszcz	pršet <zapršet>	esik az eső

pipe

	D	E	F	I	ES
pipe¹ (E)	Leitung f	—	tuyau m	conduttura f	tubería f
pipe² (E)	Flöte f	—	flûte f	flauto m	flauta m
piqûre (F)	Spritze f	injection	—	iniezione f	inyección f
pirít (H)	rösten	roast	griller	abbrustolire	tostar
piros (H)	rot	red	rouge	rosso(a)	rojo(a)
pisać <napisać> (PL)	schreiben	write	écrire	scrivere	escribir
pisar (ES)	treten	kick	mettre le pied sur	pestare	—
pisar (P)	treten	kick	mettre le pied sur	pestare	pisar
piscina (I)	Schwimmbad n	swimming pool	piscine f	—	piscina f
piscina (ES)	Schwimmbad n	swimming pool	piscine f	piscina f	—
piscina (P)	Schwimmbad n	swimming pool	piscine f	piscina f	piscina f
piscine (F)	Schwimmbad n	swimming pool	—	piscina f	piscina f
písek (CZ)	Sand m	sand	sable m	sabbia f	arena f
píseň (CZ)	Lied n	song	chanson f	canzone f	canción f
piso¹ (ES)	Etage f	floor	étage m	piano m	—
piso² (ES)	Wohnung f	flat	appartement m	appartamento m	—
piso (P)	Etage f	floor	étage m	piano m	piso m
piszkos (H)	schmutzig	dirty	sale	sporco(a)	sucio(a)
piszok (H)	Schmutz m	dirt	saleté f	sporcizia f	suciedad f
pittura (I)	Malerei f	painting	peinture f	—	pintura f
pity (E)	bemitleiden	—	plaindre	compatire	compadecerse de
pity (E)	Mitleid n	—	compassion f	compassione f	compasión f
pít <napít> (CZ)	trinken	drink	boire	bere	beber
pivo (CZ)	Bier n	beer	bière f	birra f	cerveza f
piwnica (PL)	Keller m	cellar	cave f	cantina f	sótano m
piwo (PL)	Bier n	beer	bière f	birra f	cerveza f
płynąć <popłynąć> (PL)	fließen	flow	couler	scorrere	correr
płyta (PL)	Platte f	platter	plateau m	piatto m	bandeja f
płyta CD (PL)	CD f	cd	cd m	CD m	cd m
płyta DVD (PL)	DVD f	dvd	dvd m	DVD m	dvd m
pływalnia (PL)	Schwimmbad n	swimming pool	piscine f	piscina f	piscina f
plaat (NL)	Platte f	platter	plateau m	piatto m	bandeja f
plaats¹ (NL)	Ort m	place	endroit m	luogo m	lugar m
plaats² (NL)	Platz m	square	place f	piazza f	plaza f
plaats³ (NL)	Stelle f	place	place f	posto m	sitio m
plaatsen (NL)	stellen	place	mettre	mettere	colocar
plaatsvinden (NL)	stattfinden	take place	avoir lieu	avere luogo	tener lugar
place (E)	stellen	—	mettre	mettere	colocar
place¹ (E)	Ort m	—	endroit m	luogo m	lugar m
place² (E)	Stelle f	—	place f	posto m	sitio m
place¹ (F)	Platz m	square	—	piazza f	plaza f
place³ (F)	Stelle f	place	—	posto m	sitio m
placek (PL)	Kuchen m	cake	gâteau m	dolce m	tarta f
placer¹ (ES)	Genuss m	pleasure	plaisir m	piacere m	—
placer² (ES)	Vergnügen n	pleasure	plaisir m	divertimento m	—
placera¹ (SV)	anbringen	fasten	fixer	fissare	colocar
placera² (SV)	hinlegen	put down	poser	posare	poner
plac kempingowy (PL)	Campingplatz m	campsite	terrain de camping m	campeggio m	camping m
plafond (NL)	Decke f	blanket	couverture f	coperta f	manta f
plåga (SV)	quälen	torture	torturer	tormentare	atormentar
plage (F)	Strand m	beach	—	spiaggia f	playa f
plaindre (F)	bemitleiden	pity	—	compatire	compadecerse de
plaindre de, se (F)	beklagen	deplore	—	lamentare	quejarse

P	NL	SV	PL	CZ	H
instalação f	leiding f	ledning u	przewód m	vedení n	vezeték
flauta f	fluit m	flöjt u	flet m	flétna f	fuvola
injecção f	spuit f	spruta u	strzykawka f	stříkačka f	injekció
grelhar	roosteren	rosta	prażyć <zaprażyć>	pražit <zapražit>	—
vermelho	rood	röd	czerwony(no)	červený	—
escrever	schrijven	skriva	—	psát <napsat>	ír
pisar	trappen	trampa	stąpać	stoupat <stoupnout>	rúg
—	trappen	trampa	stąpać	stoupat <stoupnout>	rúg
piscina f	zwembad n	simhall u	pływalnia f	plovárna f	uszoda
piscina f	zwembad n	simhall u	pływalnia f	plovárna f	uszoda
—	zwembad n	simhall u	pływalnia f	plovárna f	uszoda
piscina f	zwembad n	simhall u	pływalnia f	plovárna f	uszoda
areia f	zand n	sand u	piach m	—	homok
canção f	lied n	sång u	piosenka f	—	dal
piso m	verdieping f	våning u	piętro n	poschodí n	emelet
moradia f	woning f	lägenhet u	mieszkanie n	byt m	lakás
—	verdieping f	våning u	piętro n	poschodí n	emelet
sujo	vuil	smutsig	brudny	špinavý	—
sujidade f	vuil n	smuts u	brud m	špína f	—
pintura f	schilderij n	måleri n	malarstwo n	malířství n	festészet
ter pena de alguém	medelijden hebben met	hysa medlidande med	współczuć	litovat <politovat>	sajnál
compaixão f	medelijden n	medlidande n	litość f	soucit m	részvét
beber	drinken	dricka	pić	—	iszik
cerveja f	bier n	öl u,n	piwo n	—	sör
cave f	kelder m	källare u	—	sklep m	pince
cerveja f	bier n	öl u,n	—	pivo n	sör
correr	vloeien	flyta	—	téci <vytéci>	folyik
travessa f	plaat f	platta u	—	deska f	lemez
CD m	cd m	cd u	—	kompaktní disk m	CD
DVD m	dvd m	dvd u	—	DVD n	DVD
piscina f	zwembad n	simhall u	—	plovárna f	uszoda
travessa f	—	platta u	płyta f	deska f	lemez
lugar m	—	ort u	miejsce n	místo n	hely
lugar m	—	plats u	miejsce n	místo n	hely
lugar m	—	ställe n	miejsce n	místo n	hely
pôr, colocar	—	ställa	postawić <stawiać>	postavit	állít
realizar-se	—	äga rum	odbywać, się <odbyć, się>	konat, se	lezajlik
pôr, colocar	plaatsen	ställa	postawić <stawiać>	postavit	állít
lugar m	plaats f	ort u	miejsce n	místo n	hely
lugar m	plaats f	ställe n	miejsce n	místo n	hely
lugar m	plaats f	plats u	miejsce n	místo n	hely
lugar m	plaats f	ställe n	miejsce n	místo n	hely
bolo m	taart f	kaka u	—	koláč m	sütemény
prazer m	genot n	njutning u	używanie n	požitek m	élvezet
prazer m	plezier n	nöje n	przyjemność f	zábava f	mulatság
fixar	aanbrengen	—	przymocowywać <przymocować>	připevňovat <připevnit>	felszerel
deitar	neerleggen	—	kłaść <położyć>	pokládat <položit>	lefekszik
parque de campismo m	kampeerplaats m	campingplats u	—	kemping m	kemping
cobertor m	—	täcke n	sufit m	přikrývka f	takaró
atormentar	kwellen	—	męczyć	trápit <utrápit>	kínoz
praia f	strand n	strand u	plaża f	pláž f	strand
ter pena de alguém	medelijden hebben met	hysa medlidande med	współczuć	litovat <politovat>	sajnál
lamentar	beklagen	beklaga	opłakiwać <opłakać>	stežovat si	sajnál

plaindre, se

	D	E	F	I	ES
plaindre, se (F)	beschweren, sich	complain	—	lamentarsi	quejarse
plainte (F)	Beschwerde *f*	complaint	—	reclamo *m*	reclamación *f*
plaire (F)	gefallen	please	—	piacere	gustar
plaisanterie[1] (F)	Scherz *m*	joke	—	scherzo *m*	broma *f*
plaisanterie[2] (F)	Witz *m*	joke	—	barzelletta *f*	chiste *m*
plaisir[1] (F)	Genuss *m*	pleasure	—	piacere *m*	placer *m*
plaisir[2] (F)	Lust *f*	delight	—	piacere *m*	ganas *f/pl*
plaisir[3] (F)	Spaß *m*	fun	—	scherzo *m*	diversión *f*
plaisir[4] (F)	Vergnügen *n*	pleasure	—	divertimento *m*	placer *m*
plajta (PL)	pleite	penniless	fauché(e)	fallito(a)	en quiebra
Plakat (D)	—	poster	affiche *f*	affisso *m*	cartel *m*
plakat (PL)	Plakat *n*	poster	affiche *f*	affisso *m*	cartel *m*
plakat (CZ)	weinen	cry	pleurer	piangere	llorar
plakát (CZ)	Plakat *n*	poster	affiche *f*	affisso *m*	cartel *m*
plakát (H)	Plakat *n*	poster	affiche *f*	affisso *m*	cartel *m*
plama (PL)	Fleck *m*	stain	tache *f*	macchia *f*	mancha *f*
plamen (CZ)	Flamme *f*	flame	flamme *f*	fiamma *f*	llama *f*
plan (E)	planen	—	projeter	progettare	planear
planear (ES)	planen	plan	projeter	progettare	—
planear (P)	planen	plan	projeter	progettare	planear
planen (D)	—	plan	projeter	progettare	planear
planera (SV)	planen	plan	projeter	progettare	planear
plannen (NL)	planen	plan	projeter	progettare	planear
plano (P)	flach	flat	plat(e)	piatto(a)	llano(a)
plánovat <naplánovat> (CZ)	planen	plan	projeter	progettare	planear
planować <zaplanować> (PL)	planen	plan	projeter	progettare	planear
plant (E)	Anlage *f*	—	installation *f*	impianto *m*	establecimiento *m*
planta baja (ES)	Erdgeschoss *n*	ground floor	rez-de-chaussée *m*	pianterreno *m*	—
plas (NL)	Pfütze *f*	puddle	flaque *f*	pozzanghera *f*	charco *m*
plaster (E)	Pflaster *n*	—	emplâtre *m*	cerotto *m*	emplasto *m*
plaster (PL)	Pflaster *n*	plaster	emplâtre *m*	cerotto *m*	emplasto *m*
plåster (SV)	Pflaster *n*	plaster	emplâtre *m*	cerotto *m*	emplasto *m*
plat[1] (F)	Gang *m*	course	—	portata *f*	plato *m*
plat[2] (F)	Gericht *n*	dish	—	piatto *m*	comida *f*
plat (CZ)	Gehalt *n*	salary	salaire *m*	stipendio *m*	sueldo *m*
plåt (SV)	Blech *n*	sheet metal	tôle *f*	latta *f*	chapa *f*
plátano (ES)	Banane *f*	banana	banane *f*	banana *f*	—
plate (E)	Teller *m*	—	assiette *f*	piatto *m*	plato *m*
plat(e) (F)	flach	flat	—	piatto(a)	llano(a)
plateau (F)	Platte *f*	platter	—	piatto *m*	bandeja *f*
platební karta (CZ)	Kreditkarte *f*	credit card	carte de crédit *f*	carta di credito *f*	tarjeta de crédito *f*
platit (CZ)	gelten	apply to	valoir	valere	valer
platit <zaplatit> (CZ)	bezahlen	pay	payer	pagare	pagar
platit <zaplatit> (CZ)	zahlen	pay	payer	pagare	pagar
platný (CZ)	gültig	valid	valable	valido(a)	válido(a)
plato[1] (ES)	Gang *m*	course	plat *m*	portata *f*	—
plato[2] (ES)	Teller *m*	plate	assiette *f*	piatto *m*	—
plats (SV)	Platz *m*	square	place *f*	piazza *f*	plaza *f*
platsansökan (SV)	Bewerbung *f*	application	candidature *f*	domanda d'impiego *f*	solicitud *f*
platta (SV)	Platte *f*	platter	plateau *m*	piatto *m*	bandeja *f*

platta

P	NL	SV	PL	CZ	H
queixar-se de	bezwaren, zich	klaga	skarżyć się	stežovat, si <postežovat, si>	panaszt emel
queixa f	bezwaar n	klagomål n	zażalenie n	stížnost f	panasz
agradar	bevallen	tycka om	podobać, się <spodobać, się>	líbit	tetszik
brincadeira f	grap f	skämt n	żart m	žert m	tréfa
piada f	grap f	vits u	kawał m	vtip m	vicc
prazer m	genot n	njutning u	używanie n	požitek m	élvezet
prazer m	lust f	lust u	ochota f	chuť f	kedv
brincadeira f	plezier n	skoj n	żart m	žert m	tréfa
prazer m	plezier n	nöje n	przyjemność f	zábava f	mulatság
falido	failliet	bankrutt	—	insolventní	tönkrement
cartaz m	aanplakbiljet n	affisch u	plakat m	plakát m	plakát
cartaz m	aanplakbiljet n	affisch u	—	plakát m	plakát
chorar	huilen	gråta	płakać	—	sír
cartaz m	aanplakbiljet n	affisch u	plakat m	—	plakát
cartaz m	aanplakbiljet n	affisch u	plakat m	plakát m	—
mancha f	plek n	fläck u	—	skvrna f	folt
chama f	vlam f	flamma u	płomień m	—	láng
planear	plannen	planera	planować <zaplanować>	plánovat <naplánovat>	tervez
planear	plannen	planera	planować <zaplanować>	plánovat <naplánovat>	tervez
—	plannen	planera	planować <zaplanować>	plánovat <naplánovat>	tervez
planear	plannen	planera	planować <zaplanować>	plánovat <naplánovat>	tervez
planear	plannen	—	planować <zaplanować>	plánovat <naplánovat>	tervez
planear	—	planera	planować <zaplanować>	plánovat <naplánovat>	tervez
—	vlak	flat	płaski	plochý	lapos
planear	plannen	planera	planować <zaplanować>	—	tervez
planear	plannen	planera	—	plánovat <naplánovat>	tervez
construção f	inrichting f	anläggning u	obiekt m	příloha	berendezés
rés-do-chão m	begane grond m	bottenvåning u	parter m	přízemí n	földszint
poça de água f	—	vattenpöl u	kałuża f	kaluž f	pocsolya
penso adesivo m	pleister f	plåster n	plaster m	náplast f	sebtapasz
penso adesivo m	pleister f	plåster n	—	náplast f	sebtapasz
penso adesivo m	pleister f	—	plaster m	náplast f	sebtapasz
prato m	gang m	rätt u	danie n	chod m	fogás
prato m	gerecht n	maträtt u	danie n	pokrm m	fogás
vencimento m	salaris n	innehåll n	pensja f	—	fizetés
chapa f	blik n	—	blacha f	plech m	bádog
banana f	banaan m	banan u	banan m	banán m	banán
prato m	bord n	tallrik u	talerz m	talíř m	tányér
plano	vlak	flat	płaski	plochý	lapos
travessa f	plaat f	platta u	płyta f	deska f	lemez
cartão de crédito m	creditcard f	kreditkort n	karta kredytowa f	—	hitelkártya
valer	gelden	gälla	uchodzić	—	érvényben van
pagar	betalen	betala	płacić <zapłacić>	—	fizet
pagar	betalen	betala	płacić <zapłacić>	—	fizet
válido	geldig	giltig	ważny	—	érvényes
prato m	gang m	rätt u	danie n	chod m	fogás
prato m	bord n	tallrik u	talerz m	talíř m	tányér
lugar m	plaats f	—	miejsce n	místo n	hely
candidatura f	sollicitatie f	—	ubieganie się n	žádost uchazeče f	megpályázás
travessa f	plaat f	—	płyta f	deska f	lemez

Platte

	D	E	F	I	ES
Platte (D)	—	platter	plateau m	piatto m	bandeja f
platter (E)	Platte f	—	plateau m	piatto m	bandeja f
Platz (D)	—	square	place f	piazza f	plaza f
platzen (D)	—	burst	éclater	scoppiare	reventar
plaudern (D)	—	chat	bavarder	chiacchierare	conversar
plavky (CZ)	Badeanzug m	swimsuit	maillot de bain m	bagnino m	traje de baño m
plavky pánské (CZ)	Badehose f	swimming trunks	slip de bain m	costume da bagno m	bañador m
play (E)	spielen	—	jouer	giocare	jugar
playa (ES)	Strand m	beach	plage f	spiaggia f	—
pláž (CZ)	Strand m	beach	plage m	spiaggia f	playa f
plaza (ES)	Platz m	square	place f	piazza f	—
plaża (PL)	Strand m	beach	plage m	spiaggia f	playa f
pleasant (E)	angenehm	—	agréable	gradevole	agradable
please (E)	bitte	—	s'il vous plaît	prego	por favor
please (E)	gefallen	—	plaire	piacere	gustar
pleasure[1] (E)	Genuss m	—	plaisir m	piacere m	placer m
pleasure[2] (E)	Vergnügen n	—	plaisir m	divertimento m	placer m
plébános (H)	Pfarrer m	priest	curé m	parroco m	párroco m
plecak (PL)	Rucksack m	rucksack	sac à dos m	zaino m	mochila f
plech (CZ)	Blech n	sheet metal	tôle f	latta f	chapa f
plecy (PL)	Rücken m	back	dos m	schiena f	espalda f
plein(e) (F)	voll	full	—	pieno(a)	lleno(a)
pleine saison (F)	Hochsaison f	high season	—	alta stagione f	temporada alta f
pleister (NL)	Pflaster n	plaster	emplâtre m	cerotto m	emplasto m
pleite (D)	—	penniless	fauché(e)	fallito(a)	en quiebra
plek (NL)	Fleck m	stain	tache f	macchia f	mancha f
plenamente (P)	völlig	completely	complètement	completamente	completamente
plenit <vyplenit> (CZ)	plündern	loot	piller	saccheggiare	desvalijar
pleurer (F)	weinen	cry	—	piangere	llorar
pleuvoir (F)	regnen	rain	—	piovere	llover
plezier[1] (NL)	Spaß m	fun	plaisir m	scherzo m	diversión f
plezier[2] (NL)	Vergnügen n	pleasure	plaisir m	divertimento m	placer m
plicht (NL)	Pflicht f	duty	devoir m	dovere m	obligación f
plier (F)	biegen	bend	—	piegare	doblar
plikt (SV)	Pflicht f	duty	devoir m	dovere m	obligación f
plná penze (CZ)	Vollpension f	full board	pension complète f	pensione completa f	pensión completa f
plnoletý (CZ)	volljährig	of age	majeur(e)	maggiorenne	mayor de edad
plný (CZ)	voll	full	plein(e)	pieno(a)	lleno(a)
plocha (CZ)	Fläche f	area	surface f	area f	área f
plochý (CZ)	flach	flat	plat(e)	piatto(a)	llano(a)
plocka (SV)	pflücken	pick	cueillir	cogliere	recoger
ploeg (NL)	Mannschaft f	team	équipe f	squadra f	equipo m
plommon (SV)	Pflaume f	plum	prune f	prugna f	ciruela f
plonger (F)	tauchen	dive	—	immergere	bucear
plot (CZ)	Zaun m	fence	clôture f	recinto m	cercado m
plotseling (NL)	plötzlich	suddenly	tout à coup	di colpo	de repente
plötsligt (SV)	plötzlich	suddenly	tout à coup	di colpo	de repente
plötzlich (D)	—	suddenly	tout à coup	di colpo	de repente
plovárna (CZ)	Schwimmbad n	swimming pool	piscine f	piscina f	piscina f
pluie (F)	Regen m	rain	—	pioggia f	lluvia f
plukken (NL)	pflücken	pick	cueillir	cogliere	recoger
plum (E)	Pflaume f	—	prune f	prugna f	ciruela f
plunderen (NL)	plündern	loot	piller	saccheggiare	desvalijar
plündern (D)	—	loot	piller	saccheggiare	desvalijar
plundra (SV)	plündern	loot	piller	saccheggiare	desvalijar

plundra

P	NL	SV	PL	CZ	H
travessa f	plaat f	platta u	płyta f	deska f	lemez
travessa f	plaat f	platta u	płyta f	deska f	lemez
lugar m	plaats f	plats u	miejsce n	místo n	hely
rebentar	barsten	spricka	pękać <pęknąć>	praskat <prasknout>	kipukkad
conversar	babbelen	prata	gawędzić <pogawędzić>	rozprávět	társalog
fato de banho m	badkostuum n	baddräkt u	kostium kąpielowy n	—	fürdőruha
calções de banho m/pl	zwembroek f	badbyxor pl	kąpielówki f/pl	—	fürdőnadrág
jogar	spelen	leka	grać <zagrać>	hrát <zahrát>	játszik
praia f	strand n	strand u	plaża f	pláž f	strand
praia f	strand n	strand u	plaża f	—	strand
lugar m	plaats f	plats u	miejsce n	místo n	hely
praia f	strand n	strand u	—	pláž f	strand
agradável	aangenaam	angenämt	przyjemny	příjemně	kellemes
por favor	alstublieft	var snäll och	proszę	prosím	kérem
agradar	bevallen	tycka om	podobać, się <spodobać, się>	líbit	tetszik
prazer m	genot n	njutning u	używanie n	požitek m	élvezet
prazer m	plezier n	nöje u	przyjemność f	zábava f	mulatság
padre m	pastoor m	präst u	proboszcz m	farář m	—
mochila f	rugzak m	ryggsäck u	—	baťoh m	hátizsák
chapa f	blik n	plåt u	blacha f	—	bádog
costas f/pl	rug m	rygg u	—	záda f	hát
cheio	vol	full	pełen	plný	tele
estação alta f	hoogseizoen n	högsäsong u	pełnia sezonu f	hlavní sezóna f	főszezon
penso adesivo m	—	plåster n	plaster m	náplast f	sebtapasz
falido	failliet	bankrutt	plajta f	insolventní	tönkrement
mancha f	—	fläck u	plama f	skvrna f	folt
—	volledig	helt	całkowicie	zcela	teljesen
saquear	plunderen	plundra	łupić <złupić>	—	fosztogat
chorar	huilen	gråta	płakać	plakat	sír
chover	regenen	regna	pada deszcz	pršet <zapršet>	esik az eső
brincadeira f	—	skoj n	żart m	žert m	tréfa
prazer m	—	nöje n	przyjemność f	zábava f	mulatság
dever m	—	plikt u	obowiązek m	povinnost f	kötelesség
dobrar	buigen	böja	zginać <zgiąć>	ohýbat <ohnout>	meghajlít
dever m	plicht f	—	obowiązek m	povinnost f	kötelesség
pensão completa f	volpension n	helpension u	pełne wyżywienie n	—	teljes ellátás
maior	meerderjarig	myndig	pełnoletni	—	nagykorú
cheio	vol	full	pełen	—	tele
superfície f	vlakte f	yta u	powierzchnia f	—	terület
plano	vlak	flat	płaski	—	lapos
colher	plukken	—	zrywać <zerwać>	trhat <otrhat>	szed
equipa f	—	manskap n	drużyna f	mužstvo n	csapat
ameixa f	pruim f	—	śliwka f	švestka f	szilva
mergulhar	duiken	dyka	zanurzać się	potápět <potopit>	alámerül
cerca f	hek n	stängsel n	płot m	—	kerítés
repentinamente	—	plötsligt	nagle	náhle	hirtelen
repentinamente	plotseling	—	nagle	náhle	hirtelen
repentinamente	plotseling	plötsligt	nagle	náhle	hirtelen
piscina f	zwembad n	simhall u	pływalnia f	—	uszoda
chuva f	regen m	regn n	deszcz m	déšť m	eső
colher	—	plocka	zrywać <zerwać>	trhat <otrhat>	szed
ameixa f	pruim f	plommon n	śliwka f	švestka f	szilva
saquear	—	plundra	łupić <złupić>	plenit <vyplenit>	fosztogat
saquear	plunderen	plundra	łupić <złupić>	plenit <vyplenit>	fosztogat
saquear	plunderen	—	łupić <złupić>	plenit <vyplenit>	fosztogat

plus tôt

	D	E	F	I	ES
plus tôt (F)	eher	sooner	—	prima	antes
plyn (CZ)	Gas n	gas	gas m	gas m	gas m
po (PL)	nach	after	après	dopo	después de
po¹ (CZ)	nach	after/to	après/selon	a/in/verso/dopo	a/hacia/después
po² (CZ)	nach	after	après	dopo	después de
pó (P)	Puder m	powder	poudre f	cipria f	polvos m/pl
pobierać z internetu (PL)	herunterladen	download	télécharger	download m	bajar
población (ES)	Bevölkerung f	population	population f	popolazione f	—
pobočka (CZ)	Filiale f	branch	succursale f	filiale f	sucursal f
pobożny (PL)	fromm	pious	pieux(euse)	devoto(a)	devoto(a)
pobre (ES)	arm	poor	pauvre	povero(a)	—
pobre (P)	arm	poor	pauvre	povero(a)	pobre
pobřeží (CZ)	Küste f	coast	côte f	costa f	costa f
poça de água (P)	Pfütze f	puddle	flaque f	pozzanghera f	charco m
pocałunek (PL)	Kuss m	kiss	baiser m	bacio m	beso m
počasí (CZ)	Wetter n	weather	temps m	tempo m	tiempo m
pochopení (CZ)	Verständnis n	understanding	compréhension f	comprensione f	comprensión f
pochyba (CZ)	Zweifel m	doubt	doute m	dubbio m	duda f
pochybovat <zapochybovat> (CZ)	zweifeln	doubt	douter	dubitare	dudar
pociąg (PL)	Zug m	train	train m	treno m	tren m
pocierać (PL)	streichen	paint	peindre	verniciare	pintar
pocieszać (PL)	trösten	comfort	consoler	consolare	consolar
pocit (CZ)	Gefühl n	feeling	sentiment m	sensazione f	sentimiento m
počítač (CZ)	Computer m	computer	ordinateur m	calcolatore m	computadora f
počítat <spočítat>¹ (CZ)	rechnen	calculate	calculer	calcolare	calcular
počítat <spočítat>² (CZ)	zählen	count	compter	contare	contar
poco (I)	wenig	little	peu de	—	poco(a)
poço (P)	Brunnen m	fountain	fontaine f	fontana f	fuente f
poco(a) (ES)	wenig	little	peu de	poco	—
poco accogliente (I)	ungemütlich	uncomfortable	désagréable	—	incómodo(a)
pocsolya (H)	Pfütze f	puddle	flaque f	pozzanghera f	charco m
początek (PL)	Anfang m	beginning	commencement m	inizio m	inicio m
początkujący (PL)	Anfänger m	beginner	débutant(e)	principiante m	principiante m
poczta (PL)	Post f	post	poste f	posta f	correo m
poczta lotnicza (PL)	Luftpost f	air mail	poste aérienne f	posta aerea f	correo aéreo m
pocztówka (PL)	Postkarte f	postcard	carte postale f	cartolina f	carta postal f
pod (PL)	unter	under	sous	al di sotto di	debajo de
pod (CZ)	unter	under	sous	al di sotto di	debajo de
podatek od wartości dodanej (PL)	Mehrwertsteuer f	value added tax	taxe sur la valeur ajoutée f	imposta sul valore aggiunto f	impuesto sobre el valor añadido m
podatki (PL)	Steuern pl	tax	impôt m	imposte f/pl	impuestos m/pl
podávat zprávu <podat zprávu> (CZ)	benachrichtigen	inform	informer	informare	avisar
podávat <podat> zprávu (CZ)	berichten	report	faire un rapport	riferire	informar
podbródek (PL)	Kinn n	chin	menton m	mento m	mentón m
podczas (PL)	während	during	pendant	durante	durante
podejrzany (PL)	verdächtig	suspicious	suspect(e)	sospetto(a)	sospechoso(a)
podél (CZ)	entlang	along	le long de	lungo	a lo largo de
podepisovat <podepsat> (CZ)	unterschreiben	sign	signer	firmare	firmar
poder (ES)	dürfen	be allowed	avoir le droit	potere	—
poder¹ (ES)	Gewalt f	force	violence f	forza f	—
poder² (ES)	Macht f	power	pouvoir m	potere m	—

poder

P	NL	SV	PL	CZ	H
antes	eerder	förr	raczej	spíše	hamarabb
gás m	gas n	gas u	gaz m	—	gáz
depois de	na	efter	—	po	utan
para	naar	efter	do	—	felé
depois de	na	efter	po	—	utan
—	poeder n	puder n	puder m	pudr m	púder
descarregar	downloaden	ladda ner	—	stahovat <stáhnout>	letölt
população f	bevolking f	befolkning u	ludność f	obyvatelstvo n	lakosság
sucursal f	filiaal n	filial u	filia f	—	leányvállalat
devoto	vroom	from	—	nábožný	vallásos
pobre	arm	fattig	biedny	chudý	szegény
—	arm	fattig	biedny	chudý	szegény
costa f	kust f	kust u	wybrzeże n	—	tengerpart
—	plas m	vattenpöl u	kałuża f	kaluž f	pocsolya
beijo m	kus m	kyss u	—	polibek m	csók
tempo m	weer n	väder n	pogoda f	—	időjárás
compreensão f	begrip n	förståelse u	zrozumienie n	—	megértés
dúvida f	twijfel m	tvivel n	wątpliwość f	—	kétség
duvidar	twijfelen	tvivla	wątpić	—	kételkedik
comboio m	trein m	tåg n	—	vlak m	vonat
pintar	schilderen	smeka	—	škrtat <škrtnout>	befest
consolar	troosten	trösta	—	utěšovat <utěšit>	megvigasztal
sentimento m	gevoel n	känsla u	uczucie n	—	érzés
computador m	computer m	dator u	komputer m	—	számítógép
calcular	rekenen	räkna	obliczać <obliczyć>	—	számol
contar	tellen	räkna	liczyć	—	számol
pouco	weinig	lite	mało	málo	kevés
—	bron f	brunn u	studnia f	studna f	kút
pouco	weinig	lite	mało	málo	kevés
pouco aconchegante	ongezellig	otrevlig	niesympatyczny	neútulný	kellemetlen
poça de água f	plas m	vattenpöl u	kałuża f	kaluž f	—
princípio m	begin n	början u	—	začátek m	kezdet
principiante m	beginneling	nybörjare u	—	začátečník m	kezdő
correio m	post m	post u	—	pošta f	posta
correio aéreo m	luchtpost f	luftpost u	—	letecká pošta f	légiposta
postal m	briefkaart f	vykort n	—	korespondenční lístek m	levelezőlap
por baixo de	onder	under	—	pod	alatt
por baixo de	onder	under	pod	—	alatt
imposto sobre o valor acrescentado m	btw f	moms u	—	daň z přidané hodnoty f	általános forgalmi adó (áfa)
impostos m/pl	belastingen pl	skatt u	—	daně pl	adók
informar	verwittigen	underrätta	zawiadamiać <zawiadomić>	—	értesít
informar	berichten	rapportera	donosić <donieść>	—	beszámol
queixo m	kin f	haka u	—	brada f	áll
durante	gedurende	under tiden	—	během	közben
suspeito	verdacht	misstänkt	—	podezřelý	gyanús
ao longo de	langs	längs med	wzdłuż	—	mentén
assinar	ondertekenen	skriva på	podpisać	—	aláír
poder	mogen	få	wolno	smět	szabad
violência f	geweld n	herravälde n	moc f	násilí n	erőszak
poder m	macht f	makt u	władza f	moc f	hatalom

poder

	D	E	F	I	ES
poder (P)	Macht f	power	pouvoir m	potere m	poder m
poder¹ (P)	dürfen	be allowed	avoir le droit	potere	poder
poder² (P)	können	can	pouvoir	sapere	saber/poder
podezřelý (CZ)	verdächtig	suspicious	suspect(e)	sospetto(a)	sospechoso(a)
podłoga (PL)	Boden m	floor	sol m	terra f	suelo m
podivný (CZ)	merkwürdig	strange	curieux(euse)	curioso(a)	curioso(a)
podkładka pod mysz (PL)	Mauspad n	mouse pad	tapis pour souris m	tappetino del mouse m	alfombrilla de ratón f
podlaha (CZ)	Boden m	floor	sol m	terra f	suelo m
podlewać <podlać> (PL)	gießen	water	arroser	annaffiare	regar
podložka pod myš (CZ)	Mauspad n	mouse pad	tapis pour souris m	tappetino del mouse m	alfombrilla de ratón f
podmínka (CZ)	Bedingung f	condition	condition f	condizione f	condición f
podnik (CZ)	Unternehmen n	company	entreprise f	impresa f	empresa f
podnikat <podniknout> (CZ)	unternehmen	undertake	entreprendre	intraprendere	emprender
podnosić <podnieść>¹ (PL)	erheben	raise	lever	alzare	elevar
podnosić <podnieść>² (PL)	heben	lift	soulever	alzare	levantar
podobać się <spodobać, się> (PL)	gefallen	please	plaire	piacere	gustar
podobat, se (CZ)	ähneln	be similar	ressembler	simile	parecerse a
podobny (PL)	ähnlich	similar	semblable	simile	parecido
podobný (CZ)	ähnlich	similar	semblable	simile	parecido
podpis (PL)	Unterschrift f	signature	signature f	firma f	firma f
podpis (CZ)	Unterschrift f	signature	signature f	firma f	firma f
podpisać (PL)	unterschreiben	sign	signer	firmare	firmar
podpora (CZ)	Unterstützung f	support	soutien m	sostegno m	apoyo m
podporovat <podpořit> (CZ)	unterstützen	support	soutenir	assistere	apoyar
podrobně (CZ)	ausführlich	detailed	détaillé(e)	dettagliato(a)	detallado(a)
podrobnost (CZ)	Einzelheit f	detail	détail m	dettaglio m	detalle f
podróż (PL)	Reise f	journey	voyage m	viaggio m	viaje m
podróżnik (PL)	Reisender m	traveller	voyageur m	viaggiatore m	viajero m
podróżować (PL)	reisen	travel	voyager	viaggiare	viajar
podstatný (CZ)	wesentlich	essential	essentiel(le)	essenziale	esencial
podstawa¹ (PL)	Basis	basis	base f	base f	base f
podstawa² (PL)	Grundfläche f	base	base f	base f	base f
pod tím (CZ)	darunter	underneath	au-dessous	sotto	por debajo
pod tym (PL)	darunter	underneath	au-dessous	sotto	por debajo
poduszka (PL)	Kissen n	cushion	coussin m	cuscino m	almohadón m
podvádět <podvést> (CZ)	betrügen	cheat	tromper	ingannare	engañar
podvod (CZ)	Betrug m	fraud	tromperie f	inganno m	engaño m
podwójny (PL)	doppelt	double	double	doppio(a)	doble
podwórze (PL)	Hof m	courtyard	cour f	cortile m	patio m
podwyższać <podwyższyć> (PL)	erhöhen	raise	augmenter	innalzare	elevar
podziękowanie (PL)	Dank m	thanks	remerciement m	ringraziamento m	agradecimiento m
podzielić (PL)	aufteilen	divide	diviser	spartire	repartir
podzim (CZ)	Herbst m	autumn	automne m	autunno m	otoño m
podziwiać (PL)	bewundern	admire	admirer	ammirare	admirar
poeder (NL)	Puder m	powder	poudre f	cipria f	polvos m/pl
poêle (F)	Ofen m	oven	—	stufa f	estufa f
poetsen (NL)	putzen	clean	nettoyer	pulire	limpiar
poggyász (H)	Gepäck n	luggage	bagages m/pl	bagaglio m	equipaje m
poging (NL)	Versuch m	try	essai m	tentativo m	intento m
pogłoska (PL)	Gerücht n	rumour	rumeur f	voce f	rumor m

pogłoska

P	NL	SV	PL	CZ	H
—	macht f	makt u	władza f	moc f	hatalom
—	mogen	få	wolno	smět	szabad
—	kunnen	kunna	móc	umět	tud
suspeito	verdacht	misstänkt	podejrzany	—	gyanús
chão m	grond m	mark u	—	podlaha f	föld
estranho	vreemd	märkvärdig	dziwny	—	furcsa
mousepad m	muismatje n	musmatta u	—	podložka pod myš f	egéralátét
chão m	grond m	mark u	podłoga f	—	föld
regar	gieten	hälla	—	zalévat <zalít>	önt
mousepad m	muismatje n	musmatta u	podkładka pod mysz f	—	egéralátét
condição f	voorwaarde f	krav n	warunek m	—	feltétel
empresa f	onderneming f	företag	przedsiębiorstwo n	—	vállalat
empreender	ondernemen	företa sig	przedsięwziąć	—	vállalkozik
levantar	heffen	upphöja	—	vznášet <vznést>	felkel
levantar	heffen	häva	—	zdvihat <zdvihnout>	emel
agradar	bevallen	tycka om	—	líbit	tetszik
assemelhar-se a	gelijken	likna	być podobnym	—	hasonlít
semelhante	dergelijk	liknande u	—	podobný	hasonló
semelhante	dergelijk	liknande u	podobny	—	hasonló
assinatura f	handtekening f	underskrift	—	podpis m	aláírás
assinatura f	handtekening f	underskrift	podpis m	—	aláírás
assinar	ondertekenen	skriva på	—	podepisovat <podepsat>	aláír
apoio m	ondersteuning f	stöd n	wsparcie n	—	támogatás
apoiar	ondersteunen	stödja	wspierać	—	támogat
pormenorizado	uitvoerig	detaljerad	szczegółowo	—	részletes
pormenor m	bijzonderheid f	detalj u	szczegół m	—	részlet
viagem f	reis f	resa u	—	cesta f	utazás
viajante m	reiziger m	resande u	—	cestující m	utazó
viajar	reizen	resa	—	cestovat	utazik
essencial	wezenlijk	väsentlig	istotny	—	lényeges
base f	basis f	grund u	—	báze f	alap
superfície f	grondvlak n	grundyta u	—	základní plocha f	alapterület
debaixo	daaronder	under detta	pod tym	—	alatta
debaixo	daaronder	under detta	—	pod tím	alatta
almofada f	kussen n	kudde u	—	polštář m	párna
enganar	bedriegen	svika	oszukiwać <oszukać>	—	becsap
fraude f	bedrog n	bedrägeri n	oszustwo n	—	csalás
em duplicado	dubbel	dubbelt	—	dvojitě	dupla
pátio m	erf n	gård u	—	dvůr m	tanya
aumentar	verhogen	öka	—	zvyšovat <zvýšit>	emel
agradecimento m	dank m	tack n	—	dík m	köszönet
repartir	verdelen	dela upp	—	rozdělovat <rozdělit>	feloszt
outono m	herfst m	höst u	jesień f	—	ősz
admirar	bewonderen	beundra	—	obdivovat se	csodál
pó m	—	puder n	puder m	pudr m	púder
forno m	oven n	ugn u	piec m	kamna pl	kályha
limpar	—	städa	czyścić <wyczyścić>	čistit <vyčistit>	pucol
bagagem f	bagage f	bagage n	bagaż m	zavazadla pl	—
ensaio m	—	försök n	próba f	pokus m	kísérlet
boato m	gerucht n	rykte n	—	pověst f	híresztelés

pogląd

	D	E	F	I	ES
pogląd (PL)	Ansicht f	opinion	avis m	opinione f	opinión f
pogląd (PL)	Meinung f	opinion	opinion f	opinione f	opinión f
pogoda (PL)	Wetter n	weather	temps m	tempo m	tiempo m
pogrzeb (PL)	Beerdigung f	funeral	enterrement m	funerale m	entierro m
pohled[1] (CZ)	Blick m	look	regard m	sguardo m	vista f
pohled[2] (CZ)	Ansicht f	opinion	avis m	opinione f	opinión f
pohlednice (CZ)	Ansichtskarte f	postcard	carte postale f	cartolina f	tarjeta postal f
pohodlí (CZ)	Bequemlichkeit f	convenience	confort m	comodità f	comodidad f
pohodlně (CZ)	bequem	comfortable	confortable	comodo(a)	cómodo(a)
pohoří (CZ)	Gebirge n	mountain chain	chaîne de montagne f	montagna f	montañas f/pl
pohostinný (CZ)	gastfreundlich	hospitable	hospitalier(ière)	ospitale	hospitalario(a)
pohřeb (CZ)	Beerdigung f	funeral	enterrement m	funerale m	entierro m
pohřešovat <pohřešit> (CZ)	vermissen	miss	manquer	sentire la mancanza	echar de menos
pohyb (CZ)	Bewegung f	movement	mouvement m	movimento m	movimiento m
pohybovat (CZ)	bewegen	move	bouger	muovere	mover
pół (PL)	halb	half	demi(e)	mezzo(a)	medio(a)
połączenie (PL)	Verbindung f	connection	relation f	relazione f	relación f
poi/dopo (I)	danach	afterwards	après	—	después
poids (F)	Gewicht n	weight	—	peso m	peso m
poignée (F)	Griff m	handle	—	maniglia f	asidero m
poindre (F)	dämmern	dawn	—	spuntare	amanecer
północ[1] (PL)	Mitternacht f	midnight	minuit m	mezzanotte f	medianoche f
północ[2] (PL)	Norden m	north	nord m	nord m	norte m
point de vue (F)	Standpunkt m	standpoint	—	punto di vista m	punto de vista m
połowa (PL)	Hälfte f	half	moitié f	metà f	mitad f
poire (F)	Birne f	pear	—	pera f	pera f
poisonous (E)	giftig	—	toxique	velenoso(a)	venenoso(a)
poisson (F)	Fisch m	fish	—	pesce m	pez m
poitrine (F)	Brust f	breast	—	petto m	pecho m
południe[1] (PL)	Mittag m	at midday	midi m	mezzogiorno m	mediodía m
południe[2] (PL)	Süden m	south	sud m	sud	sur m
poivre (F)	Pfeffer m	pepper	—	pepe m	pimienta f
pojemnik (PL)	Behälter m	container	récipient m	recipiente m	recipiente m
pojištění (CZ)	Versicherung f	insurance	assurance f	assicurazione f	seguro m
pojke (SV)	Junge m	boy	garçon m	ragazzo m	chico m
pojmować <pojąć> (PL)	begreifen	comprehend	comprendre	comprendere	comprender
pokarm (PL)	Nahrung f	food	nourriture f	alimentazione f	nutrición f
pokaždé (CZ)	jedes Mal	each time	chaque fois	ogni volta	cada vez
pokazywać (PL)	zeigen	show	montrer	mostrare	mostrar
pokład (PL)	Deck n	deck	pont m	ponte m	cubierta f
pokládat <položit>[1] (CZ)	hinlegen	put down	poser	posare	poner
pokládat <položit>[2] (CZ)	legen	lay	mettre	mettere	colocar
pokladna (CZ)	Kasse f	till	caisse f	cassa f	caja f
pokoj (CZ)	Zimmer n	room	chambre f	camera f	habitación f
pokój[1] (PL)	Frieden m	peace	paix f	pace f	paz f
pokój[2] (PL)	Zimmer n	room	chambre f	camera f	habitación f
pokój mieszkalny (PL)	Wohnzimmer n	living room	salon m	salotto m	cuarto de estar m
pokojowy (PL)	friedlich	peaceful	paisible	pacifico(a)	pacífico(a)
pokój ze śniadaniem i obiadokolacją (PL)	Halbpension f	half board	demi-pension f	mezza pensione f	media pensión f
pokol (H)	Hölle f	hell	enfer m	inferno m	infierno m
pokračovat[1] (CZ)	fortsetzen	continue	continuer	continuare	continuar
pokračovat[2] (CZ)	weitermachen	carry on	continuer	continuare	continuar

pokračovat

P	NL	SV	PL	CZ	H
vista f	aanzicht n	åsikt u	—	pohled m	nézet
opinião f	mening f	åsikt u	—	názor m	vélemény
tempo m	weer n	väder n	—	počasí n	időjárás
enterro m	begrafenis f	begravning u	—	pohřeb m	temetés
olhar m	blik m	blick u	spojrzenie n	—	pillantás
vista f	aanzicht n	åsikt u	pogląd m	—	nézet
postal ilustrado m	prentbriefkaart f	vykort n	widokówka f	—	képeslap
conforto m	gemakkelijkheid f	bekvämlighet u	wygoda f	—	kényelem
confortável	gemakkelijk	bekväm	wygodny	—	kényelmes
serra f	gebergte n	bergskedja u	łańcuch górski m	—	hegység
hospitaleiro	gastvrij	gästvänlig	gościnny	—	vendégszerető
enterro m	begrafenis f	begravning u	pogrzeb m	—	temetés
fazer falta	missen	sakna	odczuwać brak	—	hiányol
movimento m	beweging f	rörelse u	ruch m	—	mozgás
mover	bewegen	röra sig	ruszać <poruszać>	—	mozdít
meio	half	halv	—	půl	fél
união f	verbinding f	förbindelse u	—	spojení n	összeköttetés
depois	daarna	efteråt	potem	—	poté utána
peso m	gewicht n	vik u	ciężar m	hmotnost f	súly
cabo m	greep m	fäste n	chwyt m	rukojeť f	kézmozdulat
amanhecer	schemeren	skymma	zmierzchać się	svítat	alkonyodik/hajnalodik
meia-noite f	middernacht f	midnatt u	—	půlnoc f	éjfél
norte m	noorden n	norr u	—	sever m	észak
ponto de vista f	standpunt n	ståndpunkt u	stanowisko n	stanovisko n	álláspont
metade f	helft m	häften u	—	polovina n	fele
pêra f	peer m	päron u	gruzka f	hruška f	körte
venenoso	giftig	giftig	trujący	jedovatý	mérgező
peixe m	vis m	fisk u	ryba f	ryba f	hal
peito m	borst f	bröst n	pierś f	hruď f	mellkas
meio-dia m	middag m	lunch u	—	poledne n	dél
sul m	zuiden n	söder u	—	jih m	dél
pimenta f	peper m	peppar u	pieprz m	pepř m	bors
recipiente m	bak m	behållare u	—	nádrž f	tartály
seguro m	verzekering f	försäkring u	ubezpieczenie n	—	biztosítás
rapaz m	jongen m	—	chłopiec m	chlapec m	fiú
compreender	begrijpen	begripa	—	chápat <pochopit>	felfog
alimento m	voedsel n	näring u	—	potrava f	táplálék
cada vez	telkens	varje gång	za każdym razem	—	minden alkalommal
mostrar	tonen	visa	—	ukazovat <ukázat>	mutat
convés m	dek n	däck n	—	paluba f	fedélzet
deitar	neerleggen	placera	kłaść <położyć>	—	lefekszik
deitar	leggen	lägga	kłaść <położyć>	—	tesz
caixa f	kas f	kassa u	kasa f	—	pénztár
quarto m	kamer f	rum u	pokój m	—	szoba
paz f	vrede f	fred u	—	mír m	béke
quarto m	kamer f	rum n	pokoj m	—	szoba
sala de estar f	huiskamer m	vardagsrum n	—	obývací pokoj m	lakószoba
pacífico	vreedzaam	fredlig	—	mírumilovný	békés
meia pensão f	halfpension	halvpension u	—	polopenze f	félpanzió
inferno m	hel f	helvete n	piekło n	peklo n	—
continuar	voortzetten	fortsätta	kontynuować	—	folytat
continuar a fazer	doorgaan	fortsätta	kontynuować	—	folytat

pokrm

	D	E	F	I	ES
pokrm (CZ)	Gericht n	dish	plat m	piatto m	comida f
pokryty (PL)	bedeckt	covered	couvert(e)	coperto(a)	cubierto(a)
pokus (CZ)	Versuch m	try	essai m	tentativo m	intento m
Poland (E)	Polen n	—	Pologne f	Polonia f	Polonia f
polc (H)	Regal n	shelves	étagère f	scaffale m	estantería f
pole (PL)	Feld n	field	champ m	campo m	campo m
pole (CZ)	Feld n	field	champ m	campo m	campo m
polecać \<polecić\> (PL)	empfehlen	recommend	recommander	raccomandare	recomendar
polecenie (PL)	Befehl m	instruction	instruction m	comando m	orden f
poledne (CZ)	Mittag m	at midday	midi m	mezzogiorno m	mediodía m
Polen (D)	—	Poland	Pologne f	Polonia f	Polonia f
Polen (NL)	Polen n	Poland	Pologne f	Polonia f	Polonia f
Polen (SV)	Polen n	Poland	Pologne f	Polonia f	Polonia f
polévka (CZ)	Suppe f	soup	soupe f	zuppa f	sopa f
polévková lžíce (CZ)	Esslöffel m	tablespoon	cuiller f	cucciano m	cuchara f
polgári (H)	bürgerlich	civil	civil(e)	civile	civil
polgármester (H)	Bürgermeister m	mayor	maire m	sindaco m	alcalde m
Pologne (F)	Polen n	Poland	—	Polonia f	Polonia f
polibek (CZ)	Kuss m	kiss	baiser m	bacio m	beso m
police (E)	Polizei f	—	police f	polizia f	policía f
police (F)	Polizei f	police	—	polizia f	policía f
policeman (E)	Polizist m	—	agent de police m	poliziotto m	policía m
policía¹ (ES)	Polizei f	police	police f	polizia f	—
policía² (ES)	Polizist m	policeman	agent de police m	poliziotto m	—
polícia¹ (P)	Polizei f	police	police f	polizia f	policía f
polícia² (P)	Polizist m	policeman	agent de police m	poliziotto m	policía m
policie (CZ)	Polizei f	police	police f	polizia f	policía f
policista (CZ)	Polizist m	policeman	agent de police m	poliziotto m	policía m
policja (PL)	Polizei f	police	police f	polizia f	policía f
policjant (PL)	Polizist m	policeman	agent de police m	poliziotto m	policía m
poli(e) (F)	höflich	polite	—	cortese	cortés
polis¹ (SV)	Polizei f	police	police f	polizia f	policía f
polis² (SV)	Polizist m	policeman	agent de police m	poliziotto m	policía m
polite (E)	höflich	—	poli(e)	cortese	cortés
politeness (E)	Höflichkeit f	—	politesse f	cortesia f	cortesía f
politesse (F)	Höflichkeit f	politeness	—	cortesia f	cortesía f
política (I)	Politik f	politics	politique f	—	política f
política (ES)	Politik f	politics	politique f	politica f	—
política (P)	Politik f	politics	politique f	politica f	política f
politician (E)	Politiker m	—	politicien m	politico m	político m
politicien (F)	Politiker m	politician	—	politico m	político m
politico (I)	Politiker m	politician	politicien m	—	político m
político (ES)	Politiker m	politician	politicien m	politico m	—
político (P)	Politiker m	politician	politicien m	politico m	político m
politics (E)	Politik f	—	politique f	politica f	política f
politicus (NL)	Politiker m	politician	politicien m	politico m	político m
politie (NL)	Polizei f	police	police f	polizia f	policía f
politieagent (NL)	Polizist m	policeman	agent de police m	poliziotto m	policía m
politiek (NL)	Politik f	politics	politique f	politica f	política f
Politik (D)	—	politics	politique f	politica f	política f
politik (SV)	Politik f	politics	politique f	politica f	política f
politik (CZ)	Politiker m	politician	politicien m	politico m	político m
politika (CZ)	Politik f	politics	politique f	politica f	política f
politika (H)	Politik f	politics	politique f	politica f	política f
Politiker (D)	—	politician	politicien m	politico m	político m
politiker (SV)	Politiker m	politician	politicien m	politico m	político m

politiker

P	NL	SV	PL	CZ	H
prato m	gerecht n	maträtt u	danie n	—	fogás
coberto	bedekt	täckt	—	zakrytý	borult
ensaio m	poging f	försök n	próba f	—	kísérlet
Polónia f	Polen n	Polen n	Polska	Polsko n	Lenyelország
prateleira f	rek n	bokhylla u	regał m	regál m	—
campo m	veld n	fält n	—	pole n	föld, mező
campo m	veld n	fält n	pole n	—	föld, mező
recomendar	aanbevelen	rekommendera	—	doporučovat <doporučit>	ajánl
comando m	commando n	order u	—	příkaz m	utasítás
meio-dia m	middag m	lunch u	południe n	—	dél
Polónia f	Polen n	Polen n	Polska	Polsko n	Lenyelország
Polónia f	—	Polen n	Polska	Polsko n	Lenyelország
Polónia f	Polen n	—	Polska	Polsko n	Lenyelország
sopa f	soep f	soppa u	zupa f	—	leves
colher da sopa f	eetlepel m	matsked u	łyżka stołowa f	—	evőkanál
civil	burgerlijk	borgerlig	mieszczański	měšťanský	—
presidente da câmara municipal m	burgemeester m	borgmästare u	burmistrz m	starosta m	—
Polónia f	Polen n	Polen n	Polska	Polsko n	Lenyelország
beijo m	kus m	kyss u	pocałunek m	—	csók
polícia f	politie f	polis u	policja f	policie f	rendőrség
polícia f	politie f	polis u	policja f	policie f	rendőrség
polícia m	politieagent m	polis u	policjant m	policista m	rendőr
polícia f	politie f	polis u	policja f	policie f	rendőrség
polícia m	politieagent m	polis u	policjant m	policista m	rendőr
—	politie f	polis u	policja f	policie f	rendőrség
—	politieagent m	polis u	policjant m	policista m	rendőr
polícia f	politie f	polis u	policja f	—	rendőrség
polícia m	politieagent m	polis u	policjant m	—	rendőr
polícia f	politie f	polis u	—	policie f	rendőrség
polícia m	politieagent m	polis u	—	policista m	rendőr
cortês	beleefd	hövlig	uprzejmy	zdvořilý	udvarias
polícia f	politie f	—	policja f	policie f	rendőrség
polícia m	politieagent m	—	policjant m	policista m	rendőr
cortês	beleefd	hövlig	uprzejmy	zdvořilý	udvarias
cortesia f	beleefdheid f	hövlighet u	uprzejmość f	zdvořilost f	udvariasság
cortesia f	beleefdheid f	hövlighet u	uprzejmość f	zdvořilost f	udvariasság
política f	politiek f	politik u	polityka f	politika f	politika
política f	politiek f	politik u	polityka f	politika f	politika
—	politiek f	politik u	polityka f	politika f	politika
político m	politicus m	politiker u	polityk m	politik m	politikus
político m	politicus m	politiker u	polityk m	politik m	politikus
político m	politicus m	politiker u	polityk m	politik m	politikus
político m	politicus m	politiker u	polityk m	politik m	politikus
—	politicus m	politiker u	polityk m	politik m	politikus
política f	politiek f	politik u	polityka f	politika f	politika
político m	—	politiker u	polityk m	politik m	politikus
polícia f	—	polis u	policja f	policie f	rendőrség
polícia m	—	polis u	policjant m	policista m	rendőr
política f	—	politik u	polityka f	politika f	politika
política f	politiek f	politik u	polityka f	politika f	politika
política f	politiek f	—	polityka f	politika f	politika
político m	politicus m	politiker u	polityk m	—	politikus
política f	politiek f	politik u	polityka f	—	politika
política f	politiek f	politik u	polityka f	politika f	—
político m	politicus m	politiker u	polityk m	politik m	politikus
político m	politicus m	—	polityk m	politik m	politikus

politikus

	D	E	F	I	ES
politikus (H)	Politiker m	politician	politicien m	politico m	político m
politique (F)	Politik f	politics	—	politica f	política f
politování (CZ)	Bedauern n	regret	regret m	dispiacere m	compasión f
polityk (PL)	Politiker m	politician	politicien m	politico m	político m
polityka (PL)	Politik f	politics	politique f	politica f	política f
Polizei (D)	—	police	police f	polizia f	policía f
polizia (I)	Polizei f	police	police f	—	policía f
poliziotto (I)	Polizist m	policeman	agent de police m	—	policía m
Polizist (D)	—	policeman	agent de police m	poliziotto m	policía m
poll (E)	Umfrage f	—	enquête f	inchiesta f	encuesta f
pollo (I)	Huhn n	chicken	poule f	—	gallina f
Polonia (I)	Polen n	Poland	Polgne f	—	Polonia f
Polonia (ES)	Polen n	Poland	Polgne f	Polonia f	—
Polónia (P)	Polen n	Poland	Polgne f	Polonia f	Polonia f
polopenze (CZ)	Halbpension f	half board	demi-pension f	mezza pensione f	media pensión f
polovina (CZ)	Hälfte f	half	moitié f	metà f	mitad f
polować (PL)	jagen	hunt	chasser	cacciare	cazar
polowanie (PL)	Jagd f	hunt	chasse f	caccia f	caza f
Polska (PL)	Polen n	Poland	Polgne f	Polonia f	Polonia f
Polsko (CZ)	Polen n	Poland	Polgne f	Polonia f	Polonia f
polštář (CZ)	Kissen n	cushion	coussin m	cuscino m	almohadón m
polvos (ES)	Puder m	powder	poudre f	cipria f	—
polykat <spolknout> (CZ)	schlucken	swallow	avaler	inghiottire	tragar
pomada (ES)	Salbe f	ointment	onguent m	pomata f	—
pomada (P)	Salbe f	ointment	onguent m	pomata f	pomada f
pomagać <pomóc> (PL)	helfen	help	aider	aiutare	ayudar
pomáhat <pomoci> (CZ)	helfen	help	aider	aiutare	ayudar
pomalu (CZ)	langsam	slow	lent(e)	lento(a)	despacio(a)
pomarańcza (PL)	Orange f	orange	orange f	arancia f	naranja f
pomata (I)	Salbe f	ointment	onguent m	—	pomada f
pomatený (CZ)	verrückt	mad	fou (folle)	pazzo(a)	loco(a)
pomeriggio (I)	Nachmittag m	afternoon	après-midi m	—	tarde f
pomidor (PL)	Tomate f	tomato	tomate f	pomodoro m	tomate m
pomimo (PL)	trotz	despite	malgré	nonostante	a pesar de
pomme (F)	Apfel m	apple	—	mela f	manzana f
pomme de terre (F)	Kartoffel f	potato	—	patata f	patata f
pomnik (PL)	Denkmal n	monument	monument m	monumento m	monumento m
pomník (CZ)	Denkmal n	monument	monument m	monumento m	monumento m
pomoc (PL)	Hilfe f	help	aide f	aiuto m	ayuda f
pomoc (CZ)	Hilfe f	help	aide f	aiuto m	ayuda f
pomodoro (I)	Tomate f	tomato	tomate f	—	tomate m
pomp (NL)	Pumpe f	pump	pompe f	pompa f	bomba f
pompa (I)	Pumpe f	pump	pompe f	—	bomba f
pompa (PL)	Pumpe f	pump	pompe f	pompa f	bomba f
pompás (H)	köstlich	delicious	savoureux(euse)	squisito(a)	exquisito(a)
pompe (F)	Pumpe f	pump	—	pompa f	bomba f
pomsta (CZ)	Rache f	revenge	vengeance f	vendetta f	venganza f
pomylić (PL)	verwechseln	confuse	confondre	scambiare	confundir
ponadto (PL)	außerdem	besides	en outre	inoltre	además
ponctuel(le) (F)	pünktlich	punctual	—	puntuale	puntual
poner (ES)	hinlegen	put down	poser	posare	—
ponerse (ES)	anziehen	put on	mettre	indossare	—

ponerse

P	NL	SV	PL	CZ	H
político m	politicus m	politiker u	polityk m	politik m	—
política f	politiek f	politik u	polityka f	politika f	politika
pesar m	spijt f	beklagande n	żal m	—	sajnálat
político m	politicus m	politiker u	—	politik m	politikus
política f	politiek f	politik u	—	politika f	politika
polícia f	politie f	polis u	policja f	policie f	rendőrség
polícia f	politie f	polis u	policja f	policie f	rendőrség
polícia m	politieagent m	polis u	policjant m	policista m	rendőr
polícia m	politieagent m	polis u	policjant m	policista m	rendőr
inquérito m	enquête f	enkät u	ankieta f	anketa f	körkérdés
galinha f	hoen n	höns n	kura f	kuře n	tyúk
Polónia f	Polen n	Polen n	Polska	Polsko n	Lenyelország
Polónia f	Polen n	Polen n	Polska	Polsko n	Lenyelország
—	Polen n	Polen n	Polska	Polsko n	Lenyelország
meia pensão f	halfpension	halvpension u	pokój ze śniadaniem i obiadokolacją n	—	félpanzió
metade f	helft m	hälften	połowa f	—	fele
caçar	jagen	jaga	—	lovit <ulovit>	vadász
caça f	jacht f	jakt u	—	lov m	vadászat
Polónia f	Polen n	Polen n	—	Polsko n	Lenyelország
Polónia f	Polen n	Polen n	Polska	—	Lenyelország
almofada f	kussen n	kudde u	poduszka f	—	párna
pó m	poeder n	puder n	puder m	pudr m	púder
engolir	slikken	svälja	łykać <połknąć>	—	nyel
pomada f	zalf f	salva u	maść f	mast f	kenőcs
—	zalf f	salva u	maść f	mast f	kenőcs
ajudar	helpen	hjälpa	—	pomáhat <pomoci>	segít
ajudar	helpen	hjälpa	pomagać <pomóc>	—	segít
devagar	langzaam	långsam	powoli	—	lassú
laranja f	sinaasappel m	apelsin u	—	oranžový	narancs
pomada f	zalf f	salva u	maść f	mast f	kenőcs
doido	gek	tokig	zwariowany	—	bolond
tarde f	namiddag m	eftermiddag u	popołudnie n	odpoledne n	délután
tomate m	tomaat f	tomat u	—	rajče n	paradicsom
apesar de	ondanks	trots	—	navzdory	ellenére
maçã f	appel m	äpple n	jabłko n	jablko n	alma
batata f	aardappel m	potatis u	ziemniak m	brambora f	burgonya
monumento m	monument n	minnesmärke n	—	pomník m	emlékmű
monumento m	monument n	minnesmärke n	pomnik m	—	emlékmű
ajuda f	hulp f	hjälp u	—	pomoc f	segítség
ajuda f	hulp f	hjälp u	pomoc f	—	segítség
tomate m	tomaat f	tomat u	pomidor m	rajče n	paradicsom
bomba f	—	pump u	pompa f	čerpadlo n	szivattyú
bomba f	pomp f	pump u	pompa f	čerpadlo n	szivattyú
bomba f	pomp f	pump u	—	čerpadlo n	szivattyú
delicioso	kostelijk	utsökt	wyborny	lahodný	—
bomba f	pomp f	pump u	pompa f	čerpadlo n	szivattyú
vingança f	wraak m	hämnd u	zemsta f	—	bosszú
confundir	verwisselen	ta fel på	—	zaměňovat <zaměnit>	összetéveszt
além disso	bovendien	dessutom	—	mimo	azonkívül
pontual	stipt	punktlig	punktualny	přesný	pontos
deitar	neerleggen	placera	kłaść <położyć>	pokládat <položit>	lefekszik
vestir	aantrekken	klä på sig	ubierać <ubrać>	oblékat <obléci>	felvesz

ponerse de acuerdo

	D	E	F	I	ES
ponerse de acuerdo (ES)	einigen, sich	agree	mettre d'accord, se	accordarsi	—
ponerse el cinturón (de seguridad) (ES)	anschnallen	fasten belts	attacher	allacciare	—
ponieważ[1] (PL)	denn	for/than	car	perché	pues/porque
ponieważ[2] (PL)	weil	because	parce que	perché	porque
pont[1] (F)	Brücke f	bridge	—	ponte m	puente m
pont[2] (F)	Deck n	deck	—	ponte m	cubierta f
ponte[1] (I)	Brücke f	bridge	pont m	—	puente m
ponte[2] (I)	Deck n	deck	pont m	—	cubierta f
ponte (P)	Brücke f	bridge	pont m	ponte m	puente m
ponto de vista (P)	Standpunkt m	standpoint	point de vue m	punto di vista m	punto de vista m
pontos[1] (H)	genau	exact	exact(e)	preciso(a)	exacto(a)
pontos[2] (H)	pünktlich	punctual	ponctuel(le)	puntuale	puntual
pontual (P)	pünktlich	punctual	ponctuel(le)	puntuale	puntual
poor (E)	arm	—	pauvre	povero(a)	pobre
pop (NL)	Puppe f	doll	poupée f	bambola f	muñeca f
popel (CZ)	Asche f	ash	cendre f	cenere f	ceniza f
popelník (CZ)	Aschenbecher m	ashtray	cendrier m	portacenere m	cenicero m
popielniczka (PL)	Aschenbecher m	ashtray	cendrier m	portacenere m	cenicero m
popiół (PL)	Asche f	ash	cendre f	cenere f	ceniza f
popisovat <popsat> (CZ)	beschreiben	describe	décrire	descrivere	describir
poplatek (CZ)	Gebühr f	fee	taxe f	tassa f	tarifa f
popołudnie (PL)	Nachmittag m	afternoon	après-midi m	pomeriggio m	tarde f
po południu (PL)	nachmittags	in the afternoon	à l'après-midi	di pomeriggio	por la tarde
popolare (I)	beliebt	popular	populaire	—	estimado(a)
popolazione (I)	Bevölkerung f	population	population f	—	población f
poprawa (PL)	Besserung f	improvement	amélioration f	miglioramento m	restablecimiento m
po prawej stronie (PL)	rechts	right	à droite	a destra	a la derecha
poprawiać (PL)	verbessern	improve	améliorer	migliorare	mejorar
poprawny (PL)	korrekt	correct	correct(e)	corretto(a)	correcto(a)
poptávka (CZ)	Nachfrage f	demand	demande f	domanda f	demanda f
população (P)	Bevölkerung f	population	population f	popolazione f	población f
populaire (F)	beliebt	popular	—	popolare	estimado(a)
popular (E)	beliebt	—	populaire	popolare	estimado(a)
popular (P)	beliebt	popular	populaire	popolare	estimado(a)
population (E)	Bevölkerung f	—	population f	popolazione f	población f
population (F)	Bevölkerung f	population	—	popolazione f	población f
por (ES)	infolge	as a result of	par suite de	in seguito a	—
por acaso (P)	zufällig	by chance	par hasard	per caso m	por casualidad
pořádek (CZ)	Ordnung f	order	ordre m	ordine m	orden m
poranek (PL)	Morgen m	morning	matin m	mattino m	mañana f
pora roku (PL)	Jahreszeit f	season	saison f	stagione f	estación del año f
porażka (PL)	Niederlage f	defeat	défaite f	sconfitta f	derrota f
porážka (CZ)	Niederlage f	defeat	défaite f	sconfitta f	derrota f
por baixo de (P)	unter	under	sous	al di sotto di	debajo de
por casualidad (ES)	zufällig	by chance	par hasard	per caso m	—
por causa de (P)	wegen	due to	à cause de	a causa di	a causa de
por cento (P)	Prozent n	per cent	pour cent	percentuale f	por ciento m
por ciento (ES)	Prozent n	per cent	pour cent	percentuale f	—
por cima (P)	darüber	above	au-dessus	sopra	por encima
porco (P)	Schwein n	pig	cochon m	maiale m	cerdo m
pôr, colocar (P)	stellen	place	mettre	mettere	colocar
por debajo (ES)	darunter	underneath	au-dessous	sotto	—
porém (P)	jedoch	however	cependant	tuttavia	sin embargo
por encima (ES)	darüber	above	au-dessus	sopra	—

por encima

P	NL	SV	PL	CZ	H
estar de acordo	het eens worden	ena sig	dochodzić do porozumienia <dojść do porozumienia>	dohadovat, se <dohodnout, se>	megegyezik,
apertar o cinto	vastgespen	spänna fast	zapiąć pasy	připoutávat, se <připoutat, se>	felcsatol
porque	want	för	—	protože	mert
porque	omdat	för att	—	protože	mert
ponte f	brug f	bro u	most m	most m	híd
convés m	dek n	däck n	pokład m	paluba f	fedélzet
ponte f	brug f	bro u	most m	most m	híd
convés m	dek n	däck n	pokład m	paluba f	fedélzet
—	brug f	bro u	most m	most m	híd
—	standpunt n	ståndpunkt u	stanowisko n	stanovisko n	álláspont
exacto	precies	noggrann	dokładny	přesný	—
pontual	stipt	punktlig	punktualny	přesný	—
—	stipt	punktlig	punktualny	přesný	pontos
pobre	arm	fattig	biedny	chudý	szegény
boneca f	—	docka u	lalka f	panenka f	baba
cinza f	as f	aska u	popiół m	—	hamu
cinzeiro m	asbakje n	askkopp u	popielniczka f	—	hamutartó
cinzeiro m	asbakje n	askkopp u	—	popelník m	hamutartó
cinza f	as f	aska u	—	popel m	hamu
descrever	omschrijven	beskriva	opisywać <opisać>	—	leír
taxa f	bijdrage f/tarief n	avgift u	opłata f	—	illeték
tarde f	namiddag m	eftermiddag u	—	odpoledne n	délután
de tarde	's namiddags	på eftermiddagen	—	odpoledne	délutánonként
popular	bemind	omtyckt	lubiany	oblíbený	közkedvelt
população f	bevolking f	befolkning u	ludność f	obyvatelstvo n	lakosság
melhoramento m	verbetering f	bättring u	—	zlepšení n	javulás
direita	rechts	till höger	—	vpravo	jobbra
melhorar	verbeteren	förbättra	—	zlepšovat <zlepšit>	megjavít
correcto	correct	korrekt	—	správný	helyes
procura f	navraag f	efterfrågan u	zapotrzebowanie n	—	kereslet
—	bevolking f	befolkning u	ludność f	obyvatelstvo n	lakosság
popular	bemind	omtyckt	lubiany	oblíbený	közkedvelt
popular	bemind	omtyckt	lubiany	oblíbený	közkedvelt
—	bemind	omtyckt	lubiany	oblíbený	közkedvelt
população f	bevolking f	befolkning u	ludność f	obyvatelstvo n	lakosság
população f	bevolking f	befolkning u	ludność f	obyvatelstvo n	lakosság
em consequência de	ten gevolge	på grund av	wskutek	v důsledku	következtében
—	toevallig	tillfällig	przypadkowo	náhodou	véletlenül
ordem f	orde f	ordning u	porządek m	—	rend
manhã f	morgen m	morgon u	—	ráno n	reggel
estação do ano f	jaargetijde n	årstid u	—	roční období n	évszak
derrota f	nederlaag f	nederlag n	—	porážka f	vereség
derrota f	nederlaag f	nederlag n	porażka f	—	vereség
—	onder	under	pod	pod	alatt
por acaso	toevallig	tillfällig	przypadkowo	náhodou	véletlenül
—	wegens	på grund av	z powodu	kvůli	miatt
—	percent n	procent u	procent m	procento n	százalék
por cento m	percent n	procent u	procent m	procento n	százalék
—	daarover	under tiden	o tym	o tom	felette
—	zwijn n	svin n	świnia f	prase n	sertés
—	plaatsen	ställa	postawić <stawiać>	postavit	állít
debaixo	daaronder	under detta	pod tym	pod tím	alatta
—	echter	däremot	jednak	ale	de
por cima	daarover	under tiden	o tym	o tom	felette

por encima de

	D	E	F	I	ES
por encima de (P)	über	over/about	sur	su/sopra/per	por/sobre
por eso (ES)	deshalb	therefore	c'est pourquoi	perciò	—
por favor (ES)	bitte	please	s'il vous plaît	prego	—
por favor (P)	bitte	please	s'il vous plaît	prego	por favor
por isso (P)	deshalb	therefore	c'est pourquoi	perciò	por eso
por la noche (ES)	nachts	at nighttime	de nuit	di notte	—
por la tarde¹ (ES)	abends	in the evening	le soir	di sera	—
por la tarde² (ES)	nachmittags	in the afternoon	à l'après-midi	di pomeriggio	—
por lo común (ES)	meistens	generally	généralement	di solito	—
por lo demás (ES)	übrigens	by the way	d'ailleurs	del resto	—
por lo menos (ES)	mindestens	at least	au moins	almeno	—
pormenor (P)	Einzelheit *f*	detail	détail *m*	dettaglio *m*	detalle *f*
pormenorizado (P)	ausführlich	detailed	détaillé(e)	dettagliato(a)	detallado(a)
por otra parte (ES)	andererseits	on the other hand	d'autre part	d'altra parte	—
por outro lado (P)	andererseits	on the other hand	d'autre part	d'altra parte	por otra parte
porovnávat <porovnat> (CZ)	vergleichen	compare	comparer	paragonare	comparar
porównanie (PL)	Vergleich *m*	comparsion	comparaison *f*	paragone *m*	comparación *f*
porównywać (PL)	vergleichen	compare	comparer	paragonare	comparar
porque (ES)	weil	because	parce que	perché	—
porque (P)	denn	for/than	car	perché	pues/porque
porque? (P)	warum?	why?	pourquoi?	perché?	¿por qué?
porque (P)	weil	because	parce que	perché	porque
¿por qué? (ES)	warum?	why?	pourquoi?	perché?	—
por/sobre (ES)	über	over/about	sur	su/sopra/per	—
port (E)	Hafen *m*	—	port *m*	porto *m*	puerto *m*
port¹ (F)	Hafen *m*	port	—	porto *m*	puerto *m*
port² (F)	Porto *n*	postage	—	affrancatura *f*	franqueo *m*
port (PL)	Hafen *m*	port	port *m*	porto *m*	puerto *m*
porta (I)	Tür *f*	door	porte *f*	—	puerta *f*
porta (P)	Tür *f*	door	porte *f*	porta *f*	puerta *f*
porta bagagem (P)	Kofferraum *m*	boot	coffre *m*	portabagagli *m*	maletero *m*
portabagagli (I)	Kofferraum *m*	boot	coffre *m*	—	maletero *m*
portacenere (I)	Aschenbecher *m*	ashtray	cendrier *m*	—	cenicero *m*
portada (ES)	Homepage *f*	homepage	page d'accueil *f*	home page *f*	—
portare¹ (I)	bringen	fetch	porter	—	llevar
portare² (I)	tragen	carry	porter	—	cargar
portare con sé (I)	mitbringen	bring (along)	apporter	—	traer
portás (H)	Pförtner *m*	porter	concierge *m*	portiere *m*	portero *m*
portata (I)	Gang *m*	course	plat *m*	—	plato *m*
porte (F)	Tür *f*	door	—	porta *f*	puerta *f*
porteiro¹ (P)	Hausmeister *m*	caretaker	concierge *m*	portinaio *m*	portero *m*
porteiro² (P)	Pförtner *m*	porter	concierge *m*	portiere *m*	portero *m*
porter (E)	Pförtner *m*	—	concierge *m*	portiere *m*	portero *m*
porter¹ (F)	bringen	fetch	—	portare	llevar
porter² (F)	tragen	carry	—	portare	cargar
portero¹ (ES)	Hausmeister *m*	caretaker	concierge *m*	portinaio *m*	—
portero² (ES)	Pförtner *m*	porter	concierge *m*	portiere *m*	—
portfölj (SV)	Mappe *f*	folder	serviette *f*	raccoglitore *m*	carpeta *f*
portier (NL)	Pförtner *m*	porter	concierge *m*	portiere *m*	portero *m*
portier (PL)	Pförtner *m*	porter	concierge *m*	portiere *m*	portero *m*
portiere (I)	Pförtner *m*	porter	concierge *m*	—	portero *m*
portinaio (I)	Hausmeister *m*	caretaker	concierge *m*	—	portero *m*

portinaio

P	NL	SV	PL	CZ	H
—	over	över	nad	přes	felett
por isso	daarom	därför	dlatego	proto	azért/ezért
por favor	alstublieft	var snäll och	proszę	prosím	kérem
—	alstublieft	var snäll och	proszę	prosím	kérem
—	daarom	därför	dlatego	proto	azért/ezért
à noite	's nachts	på natten	w nocy	v noci	éjszakánként
à noite	's avonds	på kvällen	wieczorem	večer	este
de tarde	's namiddags	på eftermiddagen	po południu	odpoledne	délutánonként
geralmente	meestal	för det mesta	przeważnie	většinou	többnyire
aliás	overigens	förresten	zresztą	ostatně	egyébként
no mínimo	minstens	minst	przynajmniej	minimálně	legalább
—	bijzonderheid f	detalj u	szczegół m	podrobnost f	részlet
—	uitvoerig	detaljerad	szczegółowo	podrobně	részletes
por outro lado	anderzijds	å andra sidan	z drugiej strony	na druhé straně	másrészt
—	anderzijds	å andra sidan	z drugiej strony	na druhé straně	másrészt
comparar	vergelijken	jämföra	porównywać	—	összehasonlít
comparação f	vergelijking f	jämförelse u	—	srovnání n	összehasonlítás
comparar	vergelijken	jämföra	—	porovnávat <porovnat>	összehasonlít
porque	omdat	för att	ponieważ	protože	mert
—	want	för	ponieważ	protože	mert
—	waarom?	varför?	dlaczego?	proč?	miért?
—	omdat	för att	ponieważ	protože	mert
porque?	waarom?	varför?	dlaczego?	proč?	miért?
por encima de	over	över	nad	přes	felett
porto m	haven f	hamn u	port m	přístav m	kikötő
porto m	haven f	hamn u	port m	přístav m	kikötő
franquia f	porto n	porto n	opłata pocztowa f	poštovné n	postadíj
porto m	haven f	hamn u	—	přístav m	kikötő
porta f	deur f	dörr u	drzwi n	dveře pl	ajtó
—	deur f	dörr u	drzwi n	dveře pl	ajtó
—	bagageruimte m	bagageutrymme n	bagażnik m	zavazadlový prostor m	csomagtartó
porta bagagem m	bagageruimte m	bagageutrymme n	bagażnik m	zavazadlový prostor m	csomagtartó
cinzeiro m	asbakje n	askkopp u	popielniczka f	popelník m	hamutartó
página da casa f	homepage m	hemsida u	strona główna f	domovská stránka f	honlap
trazer	brengen	hämta	przynosić <przynieść>	přinášet <přinést>	hoz
levar	dragen	bära	nosić <nieść>	nosit	hord
trazer	meebrengen	medföra	przynosić <przynieść>	přinášet <přinést>	magával hoz
porteiro m	portier m	portvakt u	portier m	vrátný m	—
prato m	gang m	rätt u	danie n	chod m	fogás
porta f	deur f	dörr u	drzwi n	dveře pl	ajtó
—	huismeester m	portvakt u	dozorca m	domovník m	házmester
—	portier m	portvakt u	portier m	vrátný m	portás
porteiro m	portier m	portvakt u	portier m	vrátný m	portás
trazer	brengen	hämta	przynosić <przynieść>	přinášet <přinést>	hoz
levar	dragen	bära	nosić <nieść>	nosit	hord
porteiro m	huismeester m	portvakt u	dozorca m	domovník m	házmester
porteiro m	portier m	portvakt u	portier m	vrátný m	portás
pasta f	map f	—	teczka f	složka f	mappa
porteiro m	—	portvakt u	portier m	vrátný m	portás
porteiro m	portier m	portvakt u	—	vrátný m	portás
porteiro m	portier m	portvakt u	portier m	vrátný m	portás
porteiro m	huismeester m	portvakt u	dozorca m	domovník m	házmester

port lotniczy

	D	E	F	I	ES
port lotniczy (PL)	Flughafen m	airport	aéroport m	aeroporto m	aeropuerto m
Porto (D)	—	postage	port m	affrancatura f	franqueo m
porto (I)	Hafen m	port	port m	—	puerto m
porto (P)	Hafen m	port	port m	porto m	puerto m
porto (NL)	Porto n	postage	port m	affrancatura f	franqueo m
porto (SV)	Porto n	postage	port m	affrancatura f	franqueo m
por toda a parte (P)	überall	everywhere	partout	dappertutto	por todas partes
por todas partes (ES)	überall	everywhere	partout	dappertutto	—
Portogallo (I)	Portugal n	Portugal	Portugal m	—	Portugal m
Portugal (D)	—	Portugal	Portugal m	Portogallo m	Portugal m
Portugal (E)	Portugal n	—	Portugal m	Portogallo m	Portugal m
Portugal (F)	Portugal n	Portugal	—	Portogallo m	Portugal m
Portugal (ES)	Portugal n	Portugal	Portugal m	Portogallo m	—
Portugal (P)	Portugal n	Portugal	Portugal m	Portogallo m	Portugal m
Portugal (NL)	Portugal n	Portugal	Portugal m	Portogallo m	Portugal m
Portugal (SV)	Portugal n	Portugal	Portugal m	Portogallo m	Portugal m
Portugalia (PL)	Portugal n	Portugal	Portugal m	Portogallo m	Portugal m
Portugália (H)	Portugal n	Portugal	Portugal m	Portogallo m	Portugal m
Portugalsko (CZ)	Portugal n	Portugal	Portugal m	Portogallo m	Portugal m
portvakt[1] (SV)	Hausmeister m	caretaker	concierge m	portinaio m	portero m
portvakt[2] (SV)	Pförtner m	porter	concierge m	portiere m	portero m
porucha (CZ)	Panne f	breakdown	panne f	panna f	avería f
por um lado (P)	einerseits	on one hand	d'une part	da un lato	por un lado
por un lado (ES)	einerseits	on one hand	d'une part	da un lato	—
poruszenie (PL)	Aufsehen n	sensation	sensation f	sensazione	sensación f
porządek (PL)	Ordnung f	order	ordre m	ordine m	orden m
porzeczka (PL)	Johannisbeere f	currant	groseille f	ribes m	grosella f
posada (ES)	Gasthaus n	guesthouse/inn	auberge f	osteria m	—
posadit, se (CZ)	hinsetzen	sit down	asseoir, s'	sedersi	sentarse
posadzić (PL)	hinsetzen	sit down	asseoir, s'	sedersi	sentarse
posare (I)	hinlegen	put down	poser	—	poner
poschodí (CZ)	Etage f	floor	étage m	piano m	piso m
pościć (PL)	fasten	fast	jeûner	digiunare	ayunar
poseer (ES)	besitzen	possess	posséder	possedere	—
poser (F)	hinlegen	put down	—	posare	poner
poser sa candidature (F)	bewerben, sich	apply	—	concorrere	concurrir para
posiadać (PL)	besitzen	possess	posséder	possedere	poseer
posibilidad (ES)	Möglichkeit f	possibility	possibilité f	possibilità f	—
posible (ES)	möglich	possible	possible	possibile	—
posiłek (PL)	Mahlzeit f	meal	repas m	pasto m	comida f
posílat <poslat> (CZ)	schicken	send	envoyer	inviare	mandar
poškození (CZ)	Beschädigung f	damage	endommagement m	danno m	deterioro m
poškozovat <poškodit> (CZ)	beschädigen	damage	endommager	danneggiare	dañar
poslouchat <poslechnout>[1] (CZ)	hören	hear	entendre	sentire	oír
poslouchat <poslechnout>[2] (CZ)	zuhören	listen	écouter	ascoltare	escuchar
posluchač (CZ)	Hörer m	listener	auditeur m	ascoltatore m	oyente m
posouvat <posunout>[1] (CZ)	rücken	move	déplacer	muovere	mover
posouvat <posunout>[2] (CZ)	schieben	push	pousser	spingere	empujar
pospieszać <pospieszyć> (PL)	eilen	hurry	dépêcher, se	andare in fretta	darse prisa
pośrodku[1] (PL)	inmitten	in the middle of	au milieu de	in mezzo a	en medio de
pośrodku[2] (PL)	mitten	in the middle	au milieu	in mezzo	en medio
posséder (F)	besitzen	possess	—	possedere	poseer

posséder

P	NL	SV	PL	CZ	H
aeroporto m	luchthaven m	flygplats u	—	letiště n	repülőtér
franquia f	porto n	porto n	opłata pocztowa f	poštovné n	postadíj
porto m	haven f	hamn u	port m	přístav m	kikötő
—	haven f	hamn u	port m	přístav m	kikötő
franquia f	—	porto n	opłata pocztowa f	poštovné n	postadíj
franquia f	porto n	—	opłata pocztowa f	poštovné n	postadíj
—	overal	överallt	wszędzie	všude	mindenütt
por toda a parte	overal	överallt	wszędzie	všude	mindenütt
Portugal	Portugal n	Portugal n	Portugalia f	Portugalsko n	Portugália
Portugal	Portugal n	Portugal n	Portugalia f	Portugalsko n	Portugália
Portugal	Portugal n	Portugal n	Portugalia f	Portugalsko n	Portugália
Portugal	Portugal n	Portugal n	Portugalia f	Portugalsko n	Portugália
Portugal	Portugal n	Portugal n	Portugalia f	Portugalsko n	Portugália
—	Portugal n	Portugal n	Portugalia f	Portugalsko n	Portugália
Portugal	—	Portugal n	Portugalia f	Portugalsko n	Portugália
Portugal	Portugal n	—	Portugalia f	Portugalsko n	Portugália
Portugal	Portugal n	Portugal n	—	Portugalsko n	Portugália
Portugal	Portugal n	Portugal n	Portugalia f	Portugalsko n	—
Portugal	Portugal n	Portugal n	Portugalia f	—	Portugália
porteiro m	huismeester m	—	dozorca m	domovník m	házmester
porteiro m	portier m	—	portier m	vrátný m	portás
avaria f	panne f	motorstopp n	awaria f	—	műszaki hiba
—	enerzijds	å ena sidan	z jednej strony	na jedné straně	egyrészt
por um lado	enerzijds	å ena sidan	z jednej strony	na jedné straně	egyrészt
sensação f	opzien n	uppseende n	—	rozruch m	feltűnés
ordem f	orde f	ordning u	—	pořádek m	rend
groselha f	aalbes f	svart vinbär n	—	rybíz m	ribizke
pousada f	restaurant n	värdshus n	gospoda f	hospoda f	vendéglő
sentar-se	neerzetten	sätta ned	posadzić	—	lerak
sentar-se	neerzetten	sätta ned	—	posadit, se	lerak
deitar	neerleggen	placera	kłaść <położyć>	pokládat <položit>	lefekszik
piso m	verdieping f	våning u	piętro n	—	emelet
jejuar	vasten	fasta	—	postit se	koplal
possuir	bezitten	äga	posiadać	vlastnit	birtokol
deitar	neerleggen	placera	kłaść <położyć>	pokládat <položit>	lefekszik
candidatar-se	solliciteren	söka en plats	starać, się	ucházet, se	megpályázik
possuir	bezitten	äga	—	vlastnit	birtokol
possibilidade f	mogelijkheid f	möjlighet u	możliwość f	možnost f	lehetőség
possível	mogelijk	möjligt	możliwy	možný	lehetséges
refeição f	maaltijd m	måltid u	—	jídlo n	étkezés
enviar	sturen	skicka	wysyłać <wysłać>	—	küld
dano m	beschadiging f	skada u	uszkodzenie n	—	megrongálás
danificar	beschadigen	skada	uszkadzać <uszkodzić>	—	megrongál
ouvir	horen	höra	słuchać <usłyszeć>	—	hall
escutar	luisteren	lyssna	przysłuchiwać się	—	hallgat
ouvinte m	luisteraar m	lyssnare u	słuchacz m	—	hallgató
mover	rukken	flytta	przesuwać <przesunąć>	—	mozdít
empurrar	schuiven	skjuta	przesuwać <przesunąć>	—	tol
apressar	haasten, zich	skynda	—	spěchat <pospíšit si>	siet
no meio de	te midden van	mitt i	—	uprostřed	között
no meio	midden	mitt/i mitten	—	uprostřed	közepén
possuir	bezitten	äga	posiadać	vlastnit	birtokol

possedere

	D	E	F	I	ES
possedere (I)	besitzen	possess	posséder	—	poseer
possess (E)	besitzen	—	posséder	possedere	poseer
possibile (I)	möglich	possible	possible	—	posible
possibilidade (P)	Möglichkeit f	possibility	possibilité f	possibilità f	posibilidad f
possibilità (I)	Möglichkeit f	possibility	possibilité f	—	posibilidad f
possibilitar (P)	ermöglichen	make possible	rendre possible	rendere possibile	facilitar
possibilité[1] (F)	Chance f	chance	—	occasione f	oportunidad f
possibilité[2] (F)	Möglichkeit f	possibility	—	possibilità f	posibilidad f
possibility (E)	Möglichkeit f	—	possibilité f	possibilità f	posibilidad f
possible[1] (E)	eventuell	—	éventuel(le)	eventuale	eventual(mente)
possible[2] (E)	möglich	—	possible	possibile	posible
possible (F)	möglich	possible	—	possibile	posible
possível (P)	möglich	possible	possible	possibile	posible
possuir (P)	besitzen	possess	posséder	possedere	poseer
Post (D)	—	post	poste f	posta f	correo m
post (E)	einwerfen	—	poster	imbucare	echar
post (E)	Post f	—	poste f	posta f	correo m
post (NL)	Post f	post	poste f	posta f	correo m
post (SV)	Post f	post	poste f	posta f	correo m
posta (I)	Post f	post	poste f	—	correo m
posta (H)	Post f	post	poste f	posta f	correo m
pošta (CZ)	Post f	post	poste f	posta f	correo m
posta aerea (I)	Luftpost f	air mail	poste aérienne f	—	correo aéreo m
postadíj (H)	Porto n	postage	port m	affrancatura f	franqueo m
postage (E)	Porto n	—	port m	affrancatura f	franqueo m
postahivatal (H)	Postamt n	post office	bureau de poste m	ufficio postale m	oficina de correos f
postal (ES)	Karte f	card	carte f	cartolina f	—
postal (P)	Postkarte f	postcard	carte postale f	cartolina f	carta postal f
postaláda (H)	Briefkasten m	letterbox	boîte aux lettres f	cassetta delle lettere f	buzón m
postal ilustrado (P)	Ansichtskarte f	postcard	carte postale f	cartolina f	tarjeta postal f
Postamt (D)	—	post office	bureau de poste m	ufficio postale m	oficina de correos f
postanawiać <postanowić> (PL)	beschließen	decide	décider	decidere	decidir
postás (H)	Postbote m	postman	facteur m	postino m	cartero m
postavit (CZ)	stellen	place	mettre	mettere	colocar
postawić <stawiać> (PL)	stellen	place	mettre	mettere	colocar
postbode (NL)	Postbote m	postman	facteur m	postino m	cartero m
Postbote (D)	—	postman	facteur m	postino m	cartero m
postcard (E)	Ansichtskarte f	—	carte postale f	cartolina f	tarjeta postal f
postcard (E)	Postkarte f	—	carte postale f	cartolina f	carta postal f
poste (F)	Post f	post	—	posta f	correo m
poste aérienne (F)	Luftpost f	air mail	—	posta aerea f	correo aéreo m
poste de télévision (F)	Fernseher m	television set	—	televisore m	televisor m
postel (CZ)	Bett n	bed	lit m	letto m	cama f
poster (E)	Plakat n	—	affiche f	affisso m	cartel m
poster (F)	einwerfen	post	—	imbucare	echar
postino (I)	Postbote m	postman	facteur m	—	cartero m
postit se (CZ)	fasten	fast	jeûner	digiunare	ayunar
postkantoor (NL)	Postamt n	post office	bureau de poste m	ufficio postale m	oficina de correos f
Postkarte (D)	—	postcard	carte postale f	cartolina f	carta postal f

Postkarte

P	NL	SV	PL	CZ	H
possuir	bezitten	äga	posiadać	vlastnit	birtokol
possuir	bezitten	äga	posiadać	vlastnit	birtokol
possível	mogelijk	möjligt	możliwy	možný	lehetséges
—	mogelijkheid f	möjlighet u	możliwość f	možnost f	lehetőség
possibilidade f	mogelijkheid f	möjlighet u	możliwość f	možnost f	lehetőség
—	mogelijk maken	möjliggör	umożliwiać <umożliwić>	umožňovat <umožnit>	lehetővé tesz
oportunidade f	kans f	chans u	szansa f	šance f	lehetőség
possibilidade f	mogelijkheid f	möjlighet u	możliwość f	možnost f	lehetőség
possibilidade f	mogelijkheid f	möjlighet u	możliwość f	možnost f	lehetőség
eventualmente	eventueel	eventuellt	ewentualnie	eventuálně	talán
possível	mogelijk	möjligt	możliwy	možný	lehetséges
possível	mogelijk	möjligt	możliwy	možný	lehetséges
—	mogelijk	möjligt	możliwy	možný	lehetséges
—	bezitten	äga	posiadać	vlastnit	birtokol
correio m	post m	post u	poczta f	pošta f	posta
quebrar	ingooien	kasta in	wrzucać <wrzucić>	vhazovat <vhodit>	bedob
correio m	post m	post u	poczta f	pošta f	posta
correio m	—	post u	poczta f	pošta f	posta
correio m	post m	—	poczta f	pošta f	posta
correio m	post m	post u	poczta f	pošta f	posta
correio m	post m	post u	poczta f	pošta f	—
correio m	post m	post u	poczta f	—	posta
correio aéreo m	luchtpost f	luftpost u	poczta lotnicza f	letecká pošta f	légiposta
franquia f	porto n	porto n	opłata pocztowa f	poštovné n	—
franquia f	porto n	porto n	opłata pocztowa f	poštovné n	postadíj
estação de correios f	postkantoor n	postkontor n	urząd pocztowy m	poštovní úřad m	—
cartão m	kaart f	kort n	karta f	karta f	lap
—	briefkaart f	vykort n	pocztówka f	korespondenční lístek m	levelezőlap
caixa do correio f	brievenbus f	brevlåda u	skrzynka pocztowa f	schránka na dopisy f	—
—	prentbriefkaart f	vykort n	widokówka f	pohlednice f	képeslap
estação de correios f	postkantoor n	postkontor n	urząd pocztowy m	poštovní úřad m	postahivatal
resolver	besluiten	besluta	—	rozhodovat <rozhodnout>	elhatároz
carteiro m	postbode m	brevbärare u	listonosz m	poštovní doručovatel m	—
pôr, colocar	plaatsen	ställa	postawić <stawiać>	—	állít
pôr, colocar	plaatsen	ställa	—	postavit	állít
carteiro m	—	brevbärare u	listonosz m	poštovní doručovatel m	postás
carteiro m	postbode m	brevbärare u	listonosz m	poštovní doručovatel m	postás
postal ilustrado m	prentbriefkaart f	vykort n	widokówka f	pohlednice f	képeslap
postal m	briefkaart f	vykort n	pocztówka f	korespondenční lístek m	levelezőlap
correio m	post m	post u	poczta f	pošta f	posta
correio aéreo m	luchtpost f	luftpost u	poczta lotnicza f	letecká pošta f	légiposta
televisor m	televisietoestel n	TV u	telewizor m	televizor m	tévékészülék
cama f	bed n	säng u	łóżko n	—	ágy
cartaz m	aanplakbiljet n	affisch u	plakat m	plakát m	plakát
quebrar	ingooien	kasta in	wrzucać <wrzucić>	vhazovat <vhodit>	bedob
carteiro m	postbode m	brevbärare u	listonosz m	poštovní doručovatel m	postás
jejuar	vasten	fasta	pościć	—	koplal
estação de correios f	—	postkontor n	urząd pocztowy m	poštovní úřad m	postahivatal
postal m	briefkaart f	vykort n	pocztówka f	korespondenční lístek m	levelezőlap

postkontor

	D	E	F	I	ES
postkontor (SV)	Postamt n	post office	bureau de poste m	ufficio postale m	oficina de correos f
postman (E)	Postbote m	—	facteur m	postino m	cartero m
posto (I)	Stelle f	place	place f	—	sitio m
posto de gasolina (P)	Tankstelle f	filling station	station-service f	distributore di benzina m	gasolinera f
post office (E)	Postamt n	—	bureau de poste m	ufficio postale m	oficina de correos f
poštovné (CZ)	Porto n	postage	port m	affrancatura f	franqueo m
poštovní doručovatel (CZ)	Postbote m	postman	facteur m	postino m	cartero m
poštovní úřad (CZ)	Postamt n	post office	bureau de poste m	ufficio postale m	oficina de correos f
poštovní známka (CZ)	Briefmarke f	stamp	timbre m	francobollo m	sello m
postrádat (CZ)	entbehren	do without	passer de, se	fare a meno di	pasarse sin
postre (ES)	Nachtisch m	dessert	dessert m	dessert m	—
postzegel (NL)	Briefmarke f	stamp	timbre m	francobollo m	sello m
posuzovat <posoudit>[1] (CZ)	beurteilen	judge	juger	giudicare	juzgar
posuzovat <posoudit>[2] (CZ)	urteilen	judge	juger	giudicare	juzgar
poświadczać <poświadczyć> (PL)	bescheinigen	certify	attester	attestare	atestiguar
pot (E)	Topf m	—	casserole f	pentola f	cazuela f
pot (NL)	Topf m	pot	casserole f	pentola f	cazuela f
potajemny (PL)	heimlich	secret	secret(ète)	segreto(a)	oculto(a)
po tamtej stronie[1] (PL)	drüben	over there	de l'autre côté	dall'altra parte	al otro lado
po tamtej stronie[2] (PL)	jenseits	beyond	de l'autre côté	al di là	al otro lado
potápět <potopit> (CZ)	tauchen	dive	plonger	immergere	bucear
potatis (SV)	Kartoffel f	potato	pomme de terre f	patata f	patata f
potato (E)	Kartoffel f	—	pomme de terre f	patata f	patata f
poté[1] (CZ)	danach	afterwards	après	poi/dopo	después
poté[2] (CZ)	nachdem	after	après que	dopo	después de que
potem[1] (PL)	danach	afterwards	après	poi/dopo	después
potem[2] (PL)	nachher	afterwards	ensuite	dopo	después
potere (I)	dürfen	be allowed	avoir le droit	—	poder
potere (I)	Macht f	power	pouvoir m	—	poder m
potěšený (CZ)	erfreut	delighted	réjoui(e)	lieto(a)	contento(a)
potlesk (CZ)	Beifall m	applause	applaudissements m/pl	applauso m	aplauso m
potlood (NL)	Bleistift m	pencil	crayon m	matita f	lápiz m
pótol (H)	ersetzen	replace	remplacer	sostituire	sustituir
potom[1] (CZ)	dann	then	ensuite	in seguito	luego
potom[2] (CZ)	nachher	afterwards	ensuite	dopo	después
potrat (CZ)	Abtreibung f	abortion	avortement m	aborto m	aborto m
potrava[1] (CZ)	Ernährung f	nourishment	nourriture f	alimentazione f	alimentación f
potrava[2] (CZ)	Nahrung f	food	nourriture f	alimentazione f	nutrición f
potraviny (CZ)	Lebensmittel pl	food	denrées alimentaires f/pl	generi alimentari m/pl	alimentos m/pl
potřeba (CZ)	Bedürfnis n	need	besoin m	bisogno m	necesidad f
potřebný (CZ)	nötig	necessary	nécessaire	necessario(a)	necesario(a)
potřebovat (CZ)	brauchen	need	avoir besoin de	aver bisogno di	necesitar
potrzeba (PL)	Bedürfnis n	need	besoin m	bisogno m	necesidad f
potrzebny (PL)	nötig	necessary	nécessaire	necessario(a)	necesario(a)
potrzebować (PL)	brauchen	need	avoir besoin de	aver bisogno di	necesitar
potulovat se (CZ)	bummeln	stroll	flâner	girellare	andar paseando
potvrzení (CZ)	Bescheinigung f	certificate	attestation f	certificato m	certificado m

potvrzení

P	NL	SV	PL	CZ	H
estação de correios f	postkantoor n	—	urząd pocztowy m	poštovní úřad m	postahivatal
carteiro m	postbode m	brevbärare u	listonosz m	poštovní doručovatel m	postás
lugar m	plaats f	ställe n	miejsce n	místo n	hely
—	tankstation n	bensinmack u	stacja benzynowa f	čerpací stanice f	benzinkút
estação de correios f	postkantoor n	postkontor n	urząd pocztowy m	poštovní úřad m	postahivatal
franquia f	porto n	porto n	opłata pocztowa f	—	postadíj
carteiro m	postbode m	brevbärare u	listonosz m	—	postás
estação de correios f	postkantoor n	postkontor n	urząd pocztowy m	—	postahivatal
selo m	postzegel m	frimärke n	znaczek pocztowy m	—	levélbélyeg
carecer de	ontberen	undvara	nie mieć	—	nélkülöz
sobremesa f	dessert n	efterrätt u	deser m	moučník m	desszert
selo m	—	frimärke n	znaczek pocztowy m	poštovní známka f	levélbélyeg
julgar	beoordelen	bedöma	oceniać <ocenić>	—	megítél
julgar	oordelen	döma	sądzić	—	ítél
atestar	attesteren	intyga	—	potvrzovat <potvrdit>	igazol
panela f	pot m	kastrull u/kruka u	garnek m	hrnec m	fazék
panela f	—	kastrull u/kruka u	garnek m	hrnec m	fazék
secreto	heimelijk	hemlighetsfull	—	tajný	titokban
além	aan de overkant	på andra sidan	—	na druhé straně	odaát
além de	aan de andere zijde	bortom	—	na druhé straně	túl
mergulhar	duiken	dyka	zanurzać się	—	alámerül
batata f	aardappel m	—	ziemniak m	brambora f	burgonya
batata f	aardappel m	potatis u	ziemniak m	brambora f	burgonya
depois	daarna	efteråt	potem	—	utána
depois de	nadat	sedan	gdy	—	miután
depois	daarna	efteråt	—	poté	utána
depois	later	efteråt	—	potom	utána
poder	mogen	få	wolno	smět	szabad
poder m	macht f	makt u	władza f	moc f	hatalom
satisfeito	verheugd	glad	uradowany	—	nagyon örülök
aplauso m	applaus n	bifall n	oklaski m/pl	—	taps
lápis m	—	blyertspenna n	ołówek m	tužka f	ceruza
substituir	vervangen	byta ut	zastępować <zastąpić>	nahrazovat <nahradit>	—
então	dan	sedan	później	—	aztán
depois	later	efteråt	potem	—	utána
aborto m	abortus m	abort u	aborcja f	—	abortusz
alimentação f	voeding f	näring u	odżywianie n	—	táplálkozás
alimento m	voedsel n	näring u	pokarm m	—	táplálék
viveres m/pl	levensmiddelen pl	livsmedel pl	artykuły żywnościowe m/pl	—	élelmiszer
necessidade f	behoefte f	behov n	potrzeba f	—	szükséglet/igény
necessário	nodig	nödvändig	potrzebny	—	szükséges
precisar de	nodig hebben	behöva	potrzebować	—	szorul
necessidade f	behoefte f	behov n	—	potřeba f	szükséglet/igény
necessário	nodig	nödvändig	—	potřebný	szükséges
precisar de	nodig hebben	behöva	—	potřebovat	szorul
passear	wandelen	promenera	spacerować <pospacerować>	—	sétálgat
atestado m	attest n	attest n	zaświadczenie n	—	igazolás

potvrzovat

	D	E	F	I	ES
potvrzovat <potvrdit>[1] (CZ)	bestätigen	confirm	confirmer	confermare	confirmar
potvrzovat <potvrdit>[2] (CZ)	bescheinigen	certify	attester	attestare	atestiguar
potwierdzać <potwierdzić> (PL)	bestätigen	confirm	confirmer	confermare	confirmar
poubelle (F)	Mülleimer m	dustbin	—	pattumiera m	cubo de basura m
pouco (P)	wenig	little	peu de	poco	poco(a)
pouco aconchegante (P)	ungemütlich	uncomfortable	désagréable	poco accogliente	incómodo(a)
pouco amável (P)	unfreundlich	unfriendly	peu aimable	sgarbato(a)	descortés
pouco habitual (P)	ungewöhnlich	unusual	exceptionnel(le)	insolito(a)	inusual
poudre (F)	Puder m	powder	—	cipria f	polvos m/pl
poukaz (CZ)	Gutschein m	voucher	bon m	buono m	bono m
poule (F)	Huhn n	chicken	—	pollo m	gallina f
poultry (E)	Geflügel n	—	volaille f	volatili m/pl	aves f/pl
poupado (P)	sparsam	economical	économe	parsimonioso(a)	económico(a)
poupée (F)	Puppe f	doll	—	bambola f	muñeca f
pour (E)	eingießen	—	verser	versare	echar/verter
pourboire (F)	Trinkgeld n	tip	—	mancia f	propina f
pour cela (F)	dafür	for it	—	per questo	para ello
pour cent (F)	Prozent n	per cent	—	percentuale f	por ciento m
pourquoi? (F)	warum?	why?	—	perché?	¿por qué?
poursuivre (F)	verfolgen	pursue	—	inseguire	perseguir
pousada (P)	Gasthaus n	guesthouse/inn	auberge f	osteria m	posada f
pousser (F)	schieben	push	—	spingere	empujar
pousser des cris de joie (F)	jubeln	rejoice	—	giubilare	dar gritos de alegría
pouvoir (F)	können	can	—	sapere	saber/poder
pouvoir (F)	Macht f	power	—	potere m	poder m
použitý (CZ)	gebraucht	used	d'occasion	usato(a)	usado(a)
uživatel (CZ)	Benutzer m	user	utilisateur m	utilizzatore m	usuario m
používat <použít> (CZ)	benutzen	use	utiliser	usare	usar
povero(a) (I)	arm	poor	pauvre	—	pobre
pověřovat <pověřit> (CZ)	beauftragen	instruct	charger de	incaricare	encargar
pověsit (CZ)	aufhängen	hang up	accrocher	appendere	colgar
pověst (CZ)	Gerücht n	rumour	rumeur f	voce f	rumor m
povinnost[1] (CZ)	Pflicht f	duty	devoir m	dovere m	obligación f
povinnost[2] (CZ)	Verpflichtung f	obligation	obligation f	obbligo m	obligación f
povodeň (CZ)	Flut f	high tide	marée haute f	alta marea f	marea alta f
povolání (CZ)	Beruf m	profession	profession f	professione f	profesión f
povolení[1] (CZ)	Erlaubnis f	permission	permission f	permesso m	permiso m
povolení[2] (CZ)	Genehmigung f	authorization	autorisation f	permesso m	permiso m
povolovat <povolit>[1] (CZ)	genehmigen	approve	autoriser	approvare	permitir
povolovat <povolit>[2] (CZ)	nachlassen	slacken	apaiser, se	allentare	aflojar
povrchní (CZ)	oberflächlich	superficial	superficiel(le)	superficiale	superficial
poważny (PL)	ernst	serious	sérieux(ieuse)	serio(a)	serio(a)
powder (E)	Puder m	—	poudre f	cipria f	polvos m/pl
power (E)	Macht f	—	pouvoir m	potere m	poder m
powiększać (PL)	vergrößern	enlarge	agrandir	ingrandire	agrandar
powierzchnia (PL)	Fläche f	area	surface f	area f	área f
powierzchowny (PL)	oberflächlich	superficial	superficiel(le)	superficiale	superficial
powietrze (PL)	Luft f	air	air m	aria f	aire m
powinno, się (PL)	sollen	have to	devoir	dovere	deber

powinno, się

P	NL	SV	PL	CZ	H
confirmar	bevestigen	bekräfta	potwierdzać <potwierdzić>	—	igazol
atestar	attesteren	intyga	poświadczać <poświadczyć>	—	igazol
confirmar	bevestigen	bekräfta	—	potvrzovat <potvrdit>	igazol
balde do lixo m	vuilnisemmer m	sophink u	kubeł na śmieci m	nádoba na odpadky f	szemetesvödör
—	weinig	lite	mało	málo	kevés
—	ongezellig	otrevlig	niesympatyczny	neútulný	kellemetlen
—	onvriendelijk	ovänlig	nieprzyjazny	nevlídný	barátságtalan
—	ongewoon	ovanlig	niezwykły	neobvyklý	szokatlan
pó m	poeder n	puder n	puder m	pudr m	púder
vale m	bon m	tillgodokvitto n	bon m	—	vásárlási utalvány
galinha f	hoen n	höns n	kura f	kuře n	tyúk
aves f/pl	gevogelte n	fjäderfä n/fågel u	drób m	drůbež f	baromfi
—	spaarzaam	sparsam	oszczędny	spořivý	takarékos
boneca f	pop f	docka u	lalka f	panenka f	baba
encher	ingieten	hälla i	wlewać <wlać>	nalévat <nalít>	beönt
gorjeta f	fooi f	dricks u	napiwek m	spropitné n	borravaló
para isso	ervoor	för det	na to	pro	ezért
por cento m	percent n	procent u	procent m	procento n	százalék
porque?	waarom?	varför?	dlaczego?	proč?	miért?
perseguir	vervolgen	förfölja	ścigać	pronásledovat	üldöz
—	restaurant n	värdshus n	gospoda f	hospoda f	vendéglő
empurrar	schuiven	skjuta	przesuwać <przesunąć>	posouvat <posunout>	tol
jubilar	jubelen	jubla	wiwatować	jásat <zajásat>	ujjong
poder	kunnen	kunna	móc	umět	tud
poder m	macht f	makt u	władza f	moc f	hatalom
usado	tweedehands/gebruikt	begagnad	używany	—	használt
consumidor m	gebruiker m	användare u	użytkownik m	—	használó
utilizar	gebruiken	använda	używać <użyć>	—	használ
pobre	arm	fattig	biedny	chudý	szegény
encarregar	belasten	ge i uppdrag	zlecać <zlecić>	—	megbíz
pendurar	ophangen	hänga upp	zawieszać <zawiesić>	—	felakaszt
boato m	gerucht n	rykte n	pogłoska f	—	híresztelés
dever m	plicht f	plikt u	obowiązek m	—	kötelesség
obrigação f	verplichting f	åtagande n	zobowiązanie n	—	kötelezettség
maré cheia f	vloed f	flod u	przypływ m	—	dagály
profissão f	beroep n	yrke n	zawód m	—	szakma
autorização f	toestemming f	tillstånd n	zezwolenie n	—	engedély
aprovação f	goedkeuring f	godkännande n	zezwolenie n	—	engedély
aprovar	goedkeuren	bevilja	zezwalać <zezwolić>	—	engedélyez
deixar	nalaten	avta	słabnąć	—	enged
superficial	oppervlakkig	ytlig	powierzchowny	—	felületes
sério	ernstig	allvarlig	—	vážný	komoly
pó m	poeder n	puder n	puder m	pudr m	púder
poder m	macht f	makt u	władza f	moc f	hatalom
engrandecer	vergroten	förstora	—	zvětšovat <zvětšit>	nagyít
superfície f	vlakte f	yta u	—	plocha f	terület
superficial	oppervlakkig	ytlig	—	povrchní	felületes
ar m	lucht f	luft u	—	vzduch m	levegő
dever	moeten	böra	—	mít	kell

powód 784

	D	E	F	I	ES
powód (PL)	Grund m	reason	raison f	causa f	causa f
powodować (PL)	verursachen	cause	causer	causare	ocasionar
powódź (PL)	Überschwemmung f	flood	inondation f	inondazione f	inundación f
powoli (PL)	langsam	slow	lent(e)	lento(a)	despacio(a)
powstawać <powstać> (PL)	entstehen	arise	naître	nascere	surgir
powtarzać (PL)	wiederholen	repeat	répéter	ripetere	repetir
požadavek (CZ)	Forderung f	demand	exigence f	esigenza f	exigencia f
požadovat <požádat> (CZ)	verlangen	demand	demander	richiedere	exigir
pożar (PL)	Brand m	fire	incendie m	incendio f	incendio f
požár (CZ)	Brand m	fire	incendie m	incendio f	incendio f
pozdě (CZ)	spät	late	tard	tardi	tarde
pozdravovat <pozdravit> (CZ)	begrüßen	greet	saluer	salutare	saludar
pożegnanie (PL)	Abschied m	parting	adieu(x) m	addio m	despedida f
požitek (CZ)	Genuss m	pleasure	plaisir m	piacere m	placer m
poznamenat <poznamenávat> (CZ)	bemerken	notice	remarquer	notare	darse cuenta de
poznawać (PL)	kennen lernen	get to know	faire connaissance	fare la conoscenza di	hacer el conocimiento de
później (PL)	dann	then	ensuite	in seguito	luego
późno (PL)	spät	late	tard	tardi	tarde
Pozor! (CZ)	Achtung!	Attention!	Attention!	Attenzione!	¡Atención!
pozorně (CZ)	aufmerksam	attentive	attentif(ive)	attento(a)	atento(a)
pozorovat <zpozorovat> (CZ)	beobachten	observe	observer	osservare	observar
pozostały (PL)	übrig	left	restant(e)	restante	restante
pożyteczny (PL)	nützlich	useful	utile	utile	útil
pozzanghera (I)	Pfütze f	puddle	flaque f	—	charco m
p-piller (SV)	Pille f	pill	pilule f	pillola anticoncezionale f	píldora anticonceptiva f
prać (PL)	waschen	wash	laver	lavare	lavar
praca (PL)	Arbeit f	work	travail m	lavoro m	trabajo m
práce (CZ)	Arbeit f	work	travail m	lavoro m	trabajo m
prací prostředek (CZ)	Waschmittel n	detergent	lessive f	detersivo m	detergente m
pračka (CZ)	Waschmaschine f	washing machine	machine à laver f	lavatrice f	lavadora f
pracobiorca (PL)	Arbeitnehmer m	employee	employé m	lavoratore m	empleado m
pracodawca (PL)	Arbeitgeber m	employer	employeur m	datore di lavoro m	patrono m
pracovat (CZ)	arbeiten	work	travailler	lavorare	trabajar
pracować (PL)	arbeiten	work	travailler	lavorare	trabajar
pracownik umysłowy (PL)	Angestellter m	employee	employé m	impiegato m	empleado m
practical (E)	praktisch	—	pratique	pratico(a)	práctico(a)
practical training (E)	Praktikum n	—	stage m	tirocinio m	prácticas f/pl
practicar (ES)	üben	practise	étudier	esercitarsi	—
practicar el surf (ES)	surfen	surf	surfer	fare surf	—
prácticas (ES)	Praktikum n	practical training	stage m	tirocinio m	—
práctico(a) (ES)	praktisch	practical	pratique	pratico(a)	—
practise¹ (E)	ausüben	—	exercer	esercitare	ejercer
practise² (E)	üben	—	étudier	esercitarsi	practicar
prąd (PL)	Strom m	current	courant m	corrente f	corriente f
pradera (ES)	Wiese f	meadow	pré m	prato m	—
prádlo (CZ)	Wäsche f	washing	linge m	biancheria f	ropa f
prado (P)	Wiese f	meadow	pré m	prato m	pradera f
pragnie (PL)	Durst m	thirst	soif f	sete f	sed f
praia (P)	Strand m	beach	plage m	spiaggia f	playa f
praise (E)	loben	—	louer	lodare	elogiar

praise

P	NL	SV	PL	CZ	H
motivo m	reden f	anledning u	—	důvod m	ok
ocasionar	veroorzaken	förorsaka	—	zapříčiňovat <zapříčinit>	okoz
inundação f	overstroming f	översvämning u	—	záplava f	árvíz
devagar	langzaam	långsam	—	pomalu	lassú
originar	ontstaan	uppstå	—	vznikat <vzniknout>	keletkezik
repetir	herhalen	upprepa	—	opakovat <zopakovat>	megismétel
exigência f	vordering f	begäran u	żądanie n	—	követelés
exigir	verlangen	kräva	żądać	—	megkövetel
incêndio m	brand m	brand u	—	požár m	tűzvész
incêndio m	brand m	brand u	pożar m	—	tűzvész
tarde	laat	sent	późno	—	késő
cumprimentar	begroeten	hälsa	witać <powitać>	—	üdvözöl
despedida f	afscheid n	avsked n	—	loučení n	búcsúzkodás
prazer m	genot n	njutning u	używanie n	—	élvezet
reparar	opmerken	märka	zauważać <zauważyć>	—	észrevesz
conhecer	leren kennen	lära känna	—	seznamovat, se <seznámit, se>	megismerkedik
então	dan	sedan	—	potom	aztán
tarde	laat	sent	—	pozdě	késő
Atenção!	Attentie!	Se upp!	Uwaga!	—	Figyelem!
atento	oplettend	uppmärksam	uważny	—	figyelmes
observar	gadeslaan	iaktta	obserwować <zaobserwować>	—	figyel
restante	overig	övrig	—	zbývající	maradék
útil	nuttig	nyttig	—	užitečný	hasznos
poça de água f	plas m	vattenpöl u	kałuża f	kaluž f	pocsolya
pílula f	pil f	—	pigułka antykoncepcyjna f	antikoncepční pilulka f	fogamzásgátló tabletta
lavar	wassen	tvätta	—	prát <vyprat>	mos
trabalho m	werk n	arbete n	—	práce f	munka
trabalho m	werk n	arbete n	praca f	—	munka
detergente m	wasmiddel n	tvättmedel n	środek piorący m	—	mosószer
máquina de lavar f	wasmachine f	tvättmaskin u	pralka f	—	mosógép
empregado m	werknemer m	arbetstagare u	—	zaměstnanec m	munkavállaló
patrão m	werkgever m	arbetsgivare u	—	zaměstnavatel m	munkaadó
trabalhar	werken	arbeta	pracować	—	dolgozik
trabalhar	werken	arbeta	—	pracovat	dolgozik
empregado m	bediende m	anställd u	—	zaměstnanec m	alkalmazott
prático	praktisch	praktisk	praktyczny	praktický	praktikus
estágio m	stage f	praktikplats u	praktyka f	praxe f	gyakorlati képzés
exercitar	oefenen	öva	ćwiczyć	cvičit <nacvičit>	gyakorol
fazer o surf	surfen	surfa	surfować	serfovat	szörfözik
estágio m	stage f	praktikplats u	praktyka f	praxe f	gyakorlati képzés
prático	praktisch	praktisk	praktyczny	praktický	praktikus
exercer	uitoefenen	utöva	wykonywać	vykonávat <vykonat>	űz
exercitar	oefenen	öva	ćwiczyć	cvičit <nacvičit>	gyakorol
corrente f	stroom m	ström u	—	proud m	áram
prado m	wei f	äng u	łąka f	louka f	rét
roupa f	was m	tvätt u	pranie	—	fehérnemű
—	wei f	äng u	łąka f	louka f	rét
sede f	dorst m	törst u	—	žízeň f	szomjúság
—	strand n	strand u	plaża f	pláž f	strand
elogiar	loven	berömma	chwalić	chválit <pochválit>	dicsér

praktický

	D	E	F	I	ES
praktický (CZ)	praktisch	practical	pratique	pratico(a)	práctico(a)
praktikplats (SV)	Praktikum n	practical training	stage m	tirocinio m	prácticas f/pl
Praktikum (D)	—	practical training	stage m	tirocinio m	prácticas f/pl
praktikus (H)	praktisch	practical	pratique	pratico(a)	práctico(a)
praktisch (D)	—	practical	pratique	pratico(a)	práctico(a)
praktisch (NL)	praktisch	practical	pratique	pratico(a)	práctico(a)
praktisk (SV)	praktisch	practical	pratique	pratico(a)	práctico(a)
praktyczny (PL)	praktisch	practical	pratique	pratico(a)	práctico(a)
praktyka (PL)	Praktikum n	practical training	stage m	tirocinio m	prácticas f/pl
pralka (PL)	Waschmaschine f	washing machine	machine à laver f	lavatrice f	lavadora f
přání (CZ)	Wunsch m	wish	souhait m	desiderio m	deseo m
pranie (PL)	Wäsche f	washing	linge m	biancheria f	ropa f
pranzo (I)	Mittagessen n	lunch	déjeuner m	—	almuerzo m
prarodiče (CZ)	Großeltern pl	grandparents	grands-parents m/pl	nonni m/pl	abuelos m/pl
prase (CZ)	Schwein n	pig	cochon m	maiale m	cerdo m
Präsident (D)	—	president	président m	presidente m	presidente m
präsident (SV)	Präsident m	president	président m	presidente m	presidente m
praskat <prasknout> (CZ)	platzen	burst	éclater	scoppiare	reventar
präst¹ (SV)	Pfarrer m	priest	curé m	parroco m	párroco m
präst² (SV)	Priester m	priest	prêtre m	prete m	sacerdote m
prata¹ (SV)	plaudern	chat	bavarder	chiacchierare	conversar
prata² (SV)	reden	talk	parler	parlare	hablar
prata³ (SV)	sprechen	speak	parler	parlare	hablar
prata⁴ (SV)	unterhalten, sich	talk	entretenir, s'	conversare	conversar
prateleira (P)	Regal n	shelves	étagère f	scaffale m	estantería f
přátelsky (CZ)	freundlich	friendly	aimable	gentile	amable
přátelství (CZ)	Freundschaft f	friendship	amitié f	amicizia f	amistad f
praten¹ (NL)	reden	talk	parler	parlare	hablar
praten² (NL)	unterhalten, sich	talk	entretenir, s'	conversare	conversar
prático (P)	praktisch	practical	pratique	pratico(a)	práctico(a)
pratico(a) (I)	praktisch	practical	pratique	—	práctico(a)
pratique (F)	praktisch	practical	—	pratico(a)	práctico(a)
prato¹ (I)	Rasen m	lawn	pelouse f	—	césped m
prato² (I)	Wiese f	meadow	pré m	—	pradera f
prato¹ (P)	Gang m	course	plat m	portata f	plato m
prato² (P)	Gericht n	dish	plat m	piatto m	comida f
prato³ (P)	Teller m	plate	assiette f	piatto m	plato m
přát <popřát> (CZ)	wünschen	wish	souhaiter	desiderare	desear
prát <vyprat> (CZ)	waschen	wash	laver	lavare	lavar
pravda (CZ)	Wahrheit f	truth	vérité f	verità f	verdad f
pravděpodobně (CZ)	wahrscheinlich	probably	probablement	probabile	probablemente
právě (CZ)	gerade	straight	droit(e)	diritto(a)	derecho(a)
pravidelný (CZ)	regelmäßig	regular	régulier(ière)	regolare	regular(mente)
pravidlo (CZ)	Regel f	rule	règle f	regola f	regla f
právo¹ (CZ)	Jura	law	droit m	giurisprudenza f	derecho m
právo² (CZ)	Recht n	right	droit m	diritto m	derecho m
pravý (CZ)	echt	genuine	vrai(e)	vero(a)	verdadero(a)
prawda (PL)	Wahrheit f	truth	vérité f	verità f	verdad f
prawdopodobnie (PL)	wahrscheinlich	probably	probablement	probabile	probablemente
prawdziwy (PL)	echt	genuine	vrai(e)	vero(a)	verdadero(a)
prawie (PL)	beinahe	nearly	presque	quasi	casi
prawie (PL)	fast	nearly	presque	quasi	casi
prawie nie (PL)	kaum	hardly	à peine	appena	apenas
prawo¹ (PL)	Jura	law	droit m	giurisprudenza f	derecho m

prawo

P	NL	SV	PL	CZ	H
prático	praktisch	praktisk	praktyczny	—	praktikus
estágio m	stage f	—	praktyka f	praxe f	gyakorlati képzés
estágio m	stage f	praktikplats u	praktyka f	praxe f	gyakorlati képzés
prático	praktisch	praktisk	praktyczny	praktický	—
prático	praktisch	praktisk	praktyczny	praktický	praktikus
prático	—	praktisk	praktyczny	praktický	praktikus
prático	praktisch	—	praktyczny	praktický	praktikus
prático	praktisch	praktisk	—	praktický	praktikus
estágio m	stage f	praktikplats u	—	praxe f	gyakorlati képzés
máquina de lavar f	wasmachine f	tvättmaskin u	—	pračka f	mosógép
desejo m	wens m	önskan u	życzenie n	—	kívánság
roupa f	was m	tvätt u	—	prádlo n	fehérnemű
almoço m	middagmaal n	middag u	obiad m	oběd m	ebéd
avós m/pl	grootouders pl	farföräldrar/ morföräldrar pl	dziadkowie m/pl	—	nagyszülők
porco m	zwijn n	svin n	świnia f	—	sertés
presidente m	president m	präsident u	prezydent m	prezident m	elnök
presidente m	president m	—	prezydent m	prezident m	elnök
rebentar	barsten	spricka	pękać <pęknąć>	—	kipukkad
padre m	pastoor m	—	proboszcz m	farář m	plébános
padre m	priester m	—	ksiądz m	kněz m	pap
conversar	babbelen	—	gawędzić <pogawędzić>	rozprávět	társalog
falar	praten	—	mówić	mluvit <promluvit>	beszél
falar	spreken	—	mówić <powiedzieć>	mluvit <promluvit>	beszél
conversar	praten	—	rozmawiać	bavit, se <pobavit, se>	társalog
—	rek n	bokhylla u	regał m	regál m	polc
amável	vriendelijk	vänlig	przyjazny	—	barátságos
amizade f	vriendschap f	vänskap u	przyjaźń f	—	barátság
falar	—	prata	mówić	mluvit <promluvit>	beszél
conversar	—	prata	rozmawiać	bavit, se <pobavit, se>	társalog
—	praktisch	praktisk	praktyczny	praktický	praktikus
prático	praktisch	praktisk	praktyczny	praktický	praktikus
prático	praktisch	praktisk	praktyczny	praktický	praktikus
relva f	grasveld n	gräsmatta u	trawnik f	trávník m	pázsit
prado m	wei f	äng u	łąka f	louka f	rét
—	gang m	rätt u	danie n	chod m	fogás
—	gerecht n	maträtt u	danie n	pokrm m	fogás
—	bord n	tallrik u	talerz m	talíř m	tányér
desejar	wensen	önska	życzyć	—	kíván
lavar	wassen	tvätta	prać	—	mos
verdade f	waarheid f	sanning u	prawda f	—	igazság
provável	waarschijnlijk	sannolik	prawdopodobnie	—	valószínű
direito	recht	rak	właśnie	—	éppen
regularmente	regelmatig	regelbundet	regularny	—	szabályos
regra f	regel m	regel u	reguła f	—	szabály
direito m	rechten pl	juridik u	prawo n	—	jog
direito m	recht n	rätt u	prawo n	—	jog
autêntico	echt	äkta	prawdziwy	—	valódi
verdade f	waarheid f	sanning u	—	pravda f	igazság
provável	waarschijnlijk	sannolik	—	pravděpodobně	valószínű
autêntico	echt	äkta	—	pravý	valódi
quase	bijna	nästan	—	téměř	majdnem
quase	bijna	nästan	—	téměř	majdnem
quase nada	nauwelijks	knappast	—	stěží	alig
direito m	rechten pl	juridik u	—	právo n	jog

prawo 788

	D	E	F	I	ES
prawo² (PL)	Recht n	right	droit m	diritto m	derecho m
prawo jazdy (PL)	Führerschein m	driving licence	permis de conduire m	patente f	permiso de conducir m
praxe (CZ)	Praktikum n	practical training	stage m	tirocinio m	prácticas f/pl
pray (E)	beten	—	prier	pregare	rezar
prázdniny (CZ)	Ferien pl	holidays	vacances f/pl	vacanze f/pl	vacaciones f/pl
prázdný (CZ)	leer	empty	vide	vuoto(a)	vacío(a)
prazer¹ (P)	Genuss m	pleasure	plaisir m	piacere m	placer m
prazer² (P)	Lust f	delight	plaisir m	piacere m	ganas f/pl
prazer³ (P)	Vergnügen n	pleasure	plaisir m	divertimento m	placer m
pražit <zapražit> (CZ)	rösten	roast	griller	abbrustolire	tostar
prażyć <zaprażyć> (PL)	rösten	roast	griller	abbrustolire	tostar
prchat <uprchnout> (CZ)	fliehen	flee	échapper, s'	scappare	huir
pré (F)	Wiese f	meadow	—	prato m	pradera f
precedenza (I)	Vorfahrt f	right of way	priorité f	—	prioridad de paso f
přecházet <přejít> (CZ)	überqueren	cross	traverser	attraversare	atravesar
přechodný (CZ)	vorübergehend	temporary	temporaire	temporaneo(a)	pasajero(a)
precies (NL)	genau	exact	exact(e)	preciso(a)	exacto(a)
précieux(euse) (F)	wertvoll	valuable	—	prezioso(a)	valioso(a)
precio (ES)	Preis m	price	prix m	prezzo m	—
precisar de (P)	brauchen	need	avoir besoin de	aver bisogno di	necesitar
preciso(a) (I)	genau	exact	exact(e)	—	exacto(a)
preço (P)	Preis m	price	prix m	prezzo m	precio m
precz (PL)	fort	away	parti	via	lejos
před (CZ)	bevor	before	avant que	prima che (di)	antes que
předávat <předat> (CZ)	überreichen	hand over	présenter	consegnare	entregar
předběžný (CZ)	vorläufig	temporary	provisoire	provvisorio(a)	provisional
předjíždět <předjet> (CZ)	überholen	overtake	doubler	sorpassare	adelantar
prędkość (PL)	Geschwindigkeit f	speed	vitesse f	velocità f	velocidad f
předkrm (CZ)	Vorspeise f	appetizer	hors-d'œuvre m	antipasto m	primer plato m
předměstí (CZ)	Vorort m	suburb	faubourg m	sobborgo m	suburbio m
přednost v jízdě (CZ)	Vorfahrt f	right of way	priorité f	precedenza f	prioridad de paso f
předpis (CZ)	Vorschrift f	regulation	règle f	norma f	reglamento m
předpokládat (CZ)	voraussetzen	assume	supposer	presupporre	presuponer
před/přede (CZ)	davor	before	avant	prima	antes
předprodej (CZ)	Vorverkauf m	advance booking	service de réservations m	prevendita f	venta anticipada f
předsíň (CZ)	Diele f	hall	vestibule m	corridoio m	entrada f
představení (CZ)	Vorstellung f	idea	idée f	idea f	idea f
představovat <představit> (CZ)	vorstellen	introduce	présenter	presentare	presentar
před tím (CZ)	davor	in front of	devant	davanti	delante
předvolba (CZ)	Vorwahl f	dialling code	indicatif téléphonique m	prefisso m	prefijo m
preencher (P)	ausfüllen	fill in	remplir	riempire	llenar
prefer¹ (E)	bevorzugen	—	préférer	preferire	preferir
prefer² (E)	vorziehen	—	préférer	preferire	preferir
préférer¹ (F)	bevorzugen	prefer	—	preferire	preferir
préférer² (F)	vorziehen	prefer	—	preferire	preferir

préférer

P	NL	SV	PL	CZ	H
direito m	recht n	rätt u	—	právo n	jog
carta de condução f	rijbewijs n	körkort n	—	řidičský průkaz m	jogosítvány
estágio m	stage f	praktikplats u	praktyka f	—	gyakorlati képzés
rezar	bidden	be	modlić, się <pomodlić, się>	modlit, se	imádkozik
férias f/pl	vakantie f	semester u	wakacje f/pl	—	vakáció
vazio	leeg	tom	pusty	—	üres
—	genot n	njutning u	używanie n	požitek m	élvezet
—	lust f	lust u	ochota f	chuť f	kedv
—	plezier n	nöje n	przyjemność f	zábava f	mulatság
grelhar	roosteren	rosta	prażyć <zprażyć>	—	pirít
grelhar	roosteren	rosta	—	pražit <zpražit>	pirít
fugir	vluchten	fly	uciekać <uciec>	—	menekül
prado m	wei f	äng u	łąka f	louka f	rét
passagem preferencial f	voorrang m	företräde n	pierwszeństwo n	přednost v jízdě f	elsőbbség
atravessar	oversteken	korsa	przekraczać	—	áthalad
temporário	voorbijgaand	temporär	przejściowy	—	átmenetileg
exacto	—	noggrann	dokładny	přesný	pontos
valioso	waardevol	värdefull	wartościowy	hodnotný	értékes
preço m	prijs m	pris n	cena f	cena f	ár
—	nodig hebben	behöva	potrzebować	potřebovat	szorul
exacto	precies	noggrann	dokładny	přesný	pontos
—	prijs m	pris n	cena f	cena f	ár
ausente	weg	undan	—	pryč	el
antes	alvorens	innan	zanim	—	mielőtt
entregar	overhandigen	överräcka	przekazywać	—	átad
provisório	voorlopig	preliminär	tymczasowy	—	egyelőre
ultrapassar	inhalen	köra förbi	wyprzedzać	—	megelőz
velocidade f	snelheid f	hastighet u	—	rychlost f	sebesség
entrada f	voorgerecht n	förrätt u	przystawka f	—	előétel
subúrbio m	voorstad f	förort u	przedmieście n	—	külváros
passagem preferencial f	voorrang m	företräde n	pierwszeństwo n	—	elsőbbség
regulamento m	voorschrift n	föreskrift u	przepis m	—	előírás
pressupor	vooronderstellen	förutsätta	przypuszczać	—	feltételez
antes	daarvoor	innan	przed	—	előtte
venda antecipada f	voorverkoop m	förköp n	przedsprzedaż f	—	elővétel
vestíbulo m	gang m	tambur u	sień f	—	előszoba
ideia f	voorstelling f	föreställning	przedstawienie n	—	bemutatkozás
imaginar	voorstellen	presentera	przedstawiać	—	bemutat
diante	daarvoor	framför	przed	—	előtt
número indicativo m	netnummer n	riktnummer n	numer kierunkowy m	—	ország/város hívószáma
—	invullen	fylla i	wypełniać <wypełnić>	vyplňovat <vyplnit>	kitölt
preferir	de voorkeur m geven aan	föredra	faworyzować	dávat <dát> přednost	előnyben részesít
preferir	verkiezen	föredra	preferować	dávat přednost <dát přednost>	előnyben részesít
preferir	de voorkeur m geven aan	föredra	faworyzować	dávat <dát> přednost	előnyben részesít
preferir	verkiezen	föredra	preferować	dávat přednost <dát přednost>	előnyben részesít

preferir

	D	E	F	I	ES
preferir¹ (ES)	bevorzugen	prefer	préférer	preferire	—
preferir² (ES)	vorziehen	prefer	préférer	preferire	—
preferir¹ (P)	bevorzugen	prefer	préférer	preferire	preferir
preferir² (P)	vorziehen	prefer	préférer	preferire	preferir
preferire¹ (I)	bevorzugen	prefer	préférer	—	preferir
preferire² (I)	vorziehen	prefer	préférer	—	preferir
preferować (PL)	vorziehen	prefer	préférer	preferire	preferir
prefijo (ES)	Vorwahl f	dialling code	indicatif téléphonique m	prefisso m	—
prefisso (I)	Vorwahl f	dialling code	indicatif téléphonique m	—	prefijo m
pregar (P)	einschlagen	smash	casser	rompere	romper
pregare¹ (I)	beten	pray	prier	—	rezar
pregare² (I)	bitten	request	demander	—	rogar
pregnant (E)	schwanger	—	enceinte	incinta	embarazada
prego (I)	bitte	please	s'il vous plaît	—	por favor
prego (P)	Nagel m	nail	clou m	chiodo m	clavo m
preguiçoso (P)	faul	lazy	paresseux(euse)	pigro(a)	perezoso(a)
pregunta (ES)	Frage f	question	question f	domanda f	—
preguntar (ES)	fragen	ask	demander	domandare	—
přehánět <přehnat> (CZ)	übertreiben	exaggerate	exagérer	esagerare	exagerar
Preis (D)	—	price	prix m	prezzo m	precio m
preiswert (D)	—	inexpensive	bon marché	conveniente	económico(a)
prejudicar¹ (P)	benachteiligen	disadvantage	désavantager	svantaggiare	perjudicar
prejudicar² (P)	schaden	damage	nuire	nuocere	dañar
překlad (CZ)	Übersetzung f	translation	traduction f	traduzione f	traducción f
překládat <přeložit> (CZ)	übersetzen	translate	traduire	tradurre	traducir
překvapení (CZ)	Überraschung f	surprise	surprise f	sorpresa f	sorpresa f
překvapovat <překvapit> (CZ)	überraschen	surprise	surprendre	sorprendere	sorprender
preliminär (SV)	vorläufig	temporary	provisoire	provvisorio(a)	provisional
premere (I)	drücken	press	presser	—	apretar
premir (P)	drücken	press	presser	premere	apretar
přemlouvat <přemluvit> (CZ)	überreden	convince	persuader	persuadere	persuadir
přemýšlet (CZ)	nachdenken	think	réfléchir	riflettere	reflexionar
prender (P)	verhaften	arrest	arrêter	arrestare	detener
prendere¹ (I)	fassen	grasp	saisir	—	tomar/agarrar
prendere² (I)	nehmen	take	prendre	—	tomar
prendere con sé (I)	mitnehmen	take along	emmener	—	llevar consigo
prendersi cura di (I)	sorgen	worry about	occuper de, s'	—	atender/ocuparse de
prendre (F)	nehmen	take	—	prendere	tomar
prendre congé de (F)	verabschieden	say goodbye to	—	congedare	despedir
prendre de l'essence (F)	tanken	fill up with petrol	—	fare benzina	llenar de gasolina
prendre rendez-vous (F)	verabreden	arrange to meet	—	darsi appuntamento	concertar una cita
přenocování (CZ)	Übernachtung f	overnight stay	nuitée f	pernottamento m	pernoctación f
prénom (F)	Vorname m	Christian name	—	nome di battesimo m	nombre m

prénom

P	NL	SV	PL	CZ	H
preferir	de voorkeur m geven aan	föredra	faworyzować	dávat <dát> přednost	előnyben részesít
preferir	verkiezen	föredra	preferować	dávat přednost <dát přednost>	előnyben részesít
—	de voorkeur m geven aan	föredra	faworyzować	dávat <dát> přednost	előnyben részesít
—	verkiezen	föredra	preferować	dávat přednost <dát přednost>	előnyben részesít
preferir	de voorkeur m geven aan	föredra	faworyzować	dávat <dát> přednost	előnyben részesít
preferir	verkiezen	föredra	preferować	dávat přednost <dát přednost>	előnyben részesít
preferir	verkiezen	föredra	—	dávat přednost <dát přednost>	előnyben részesít
número indicativo m	netnummer n	riktnummer n	numer kierunkowy m	předvolba f	ország/város hívószáma
número indicativo m	netnummer n	riktnummer n	numer kierunkowy m	předvolba f	ország/város hívószáma
—	inslaan	slå in	wybijać <wybić>	vrážet <vrazit>	bever
rezar	bidden	be	modlić, się <pomodlić, się>	modlit, se	imádkozik
pedir	verzoeken	begära	prosić <poprosić>	prosit <poprosit>	kérni
grávida	zwanger	gravid	ciężarna	těhotná	állapotos
por favor	alstublieft	var snäll och	proszę	prosím	kérem
—	nagel m	nagel u	paznokieć m	hřebík m	szög
—	rot	lat	leniwy	líný	lusta
pergunta f	vraag f	fråga u	pytanie n	otázka f	kérdés
perguntar	vragen	fråga	pytać	ptát, se <zeptat, se>	kérdez
exagerar	overdrijven	överdriva	przesadzać	—	túloz
preço m	prijs m	pris n	cena f	cena f	ár
barato	goedkoop	prisvärd	niedrogi	výhodný (cenově)	jutányos
—	benadelen	vara till nackdel för	krzywdzić <skrzywdzić>	znevýhodňovat <znevýhodnit>	hátrányosan megkülönböztet
—	schaden	skada	szkodzić <zaszkodzić>	škodit <poškodit>	árt
tradução f	vertaling f	översättning u	tłumaczenie n	—	fordítás
traduzir	vertalen	översätta	tłumaczyć	—	fordít
surpresa f	verrassing f	överraskning u	niespodzianka f	—	meglepetés
surpreender	verrassen	överraska	zaskakiwać	—	meglep
provisório	voorlopig	—	tymczasowy	předběžný	egyelőre
premir	drukken	trycka	uciskać <ucisnąć>	tisknout <stisknout>	nyom
—	drukken	trycka	uciskać <ucisnąć>	tisknout <stisknout>	nyom
persuadir	overtuigen	övertala	namawiać <namówić>	—	rábeszél
reflectir sobre	nadenken	tänka efter	rozmyślać	—	gondolkozik
—	arresteren	häkta	aresztować	zatýkat <zatknout>	letartóztat
pegar	pakken	fatta	chwytać <uchwycić>	chopit <uchopit>	megfog
tomar	nemen	ta	brać <wziąć>	brát <vzít>	vesz
levar consigo	meenemen	ta med	zabierać ze sobą <zabrać ze sobą>	vrát s sebou <vzít s sebou>	magával visz
preocupar	zorgen	oroa sig	troszczyć, się	starat, se <postarat, se>	gondoskodik
tomar	nemen	ta	brać <wziąć>	brát <vzít>	vesz
despedir	afscheid nemen van	ta avsked	odprawiać	loučit, se <rozloučit, se>	elbúcsúztat
meter gasolina	tanken	tanka	tankować	tankovat <natankovat>	tankol
combinar	afspreken	avtala	umawiać się	ujednávat <ujednat>	megállapodik
pernoite m	overnachting f	övernattning u	nocleg m	—	éjjeli szállás
prenome m	voornaam m	förnamn n	imię n	křestní jméno n	keresztnév

prenome

	D	E	F	I	ES
prenome (P)	Vorname m	Christian name	prénom m	nome di battesimo m	nombre m
prenotare¹ (I)	buchen	book	retenir	—	reservar
prenotare² (I)	vorbestellen	book	réserver	—	hacer reservar
prentbriefkaart (NL)	Ansichtskarte f	postcard	carte postale f	cartolina f	tarjeta postal f
preoccupazione (I)	Sorge f	concern	souci m	—	preocupación f
preocupação (P)	Sorge f	concern	souci m	preoccupazione f	preocupación f
preocupación (ES)	Sorge f	concern	souci m	preoccupazione f	—
preocupar (P)	sorgen	worry about	occuper de, s'	prendersi cura di	atender/ocuparse de
přepadat <přepadnout> (CZ)	überfallen	attack	attaquer	assalire	asaltar
přepadení (CZ)	Überfall m	raid	attaque f	aggressione f	asalto m
přepravovat <přepravit> (CZ)	transportieren	transport	transporter	trasportare	transportar
přerušení (CZ)	Unterbrechung f	interruption	interruption f	interruzione f	interrupción f
přerušovat <přerušit> (CZ)	unterbrechen	interrupt	interrompre	interrompere	interrumpir
přes (CZ)	über	over/about	sur	su/sopra/per	por/sobre
presa (I)	Steckdose f	socket	prise électrique f	—	enchufe m
presagire (I)	ahnen	suspect	douter, se	—	suponer
près de¹ (F)	nahe	near	—	vicino(a)	cerca de
près de² (F)	neben	beside	—	accanto a	al lado de
presenciar (P)	erleben	experience	être témoin de	vivere	experimentar
present¹ (E)	Gegenwart f	—	présent m	presente m	presente m
present² (E)	Geschenk n	—	cadeau m	regalo m	regalo m
present (SV)	Geschenk n	present	cadeau m	regalo m	regalo m
présent (F)	Gegenwart f	present	—	presente m	presente m
presentar (ES)	vorstellen	introduce	présenter	presentare	—
presentare (I)	vorstellen	introduce	présenter	—	presentar
presente (I)	Gegenwart f	present	présent m	—	presente m
presente (ES)	Gegenwart f	present	présent m	presente m	—
presente¹ (P)	Gegenwart f	present	présent m	presente m	presente m
presente² (P)	Geschenk n	present	cadeau m	regalo m	regalo m
présent(e) (F)	vorhanden	available	—	disponibile	disponible
présenter¹ (F)	überreichen	hand over	—	consegnare	entregar
présenter² (F)	vorstellen	introduce	—	presentare	presentar
presentera (SV)	vorstellen	introduce	présenter	presentare	presentar
préservatif (F)	Kondom n	condom	—	profilattico m	preservativo m
preservativo (ES)	Kondom n	condom	préservatif m	profilattico m	—
preservativo (P)	Kondom n	condom	préservatif m	profilattico m	preservativo m
president (E)	Präsident m	—	président m	presidente m	presidente m
president (NL)	Präsident m	president	président m	presidente m	presidente m
président (F)	Präsident m	president	—	presidente m	presidente m
presidente (I)	Präsident m	president	président m	—	presidente m
presidente (ES)	Präsident m	president	président m	presidente m	—
presidente (P)	Präsident m	president	président m	presidente m	presidente m
presidente da câmara municipal (P)	Bürgermeister m	mayor	maire m	sindaco m	alcalde m
přesný¹ (CZ)	genau	exact	exact(e)	preciso(a)	exacto(a)
přesný² (CZ)	pünktlich	punctual	ponctuel(le)	puntuale	puntual
presque (F)	beinahe	nearly	—	quasi	casi
presque (F)	fast	nearly	—	quasi	casi
press (E)	drücken	—	presser	premere	apretar

press

P	NL	SV	PL	CZ	H
—	voornaam m	förnamn n	imię n	křestní jméno n	keresztnév
marcar	boeken	boka	rezerwować <zarezerwować>	zaknihovat	foglal
reservar	van tevoren bestellen	förutbeställa	zarezerwować zamówienie	objednávat předem <objednat předem>	előre rendel
postal ilustrado m	—	vykort n	widokówka f	pohlednice f	képeslap
preocupação f	zorg f	bekymmer pl	troska f	starost f	gond
—	zorg f	bekymmer pl	troska f	starost f	gond
preocupação f	zorg f	bekymmer pl	troska f	starost f	gond
—	zorgen	oroa sig	troszczyć, się	starat, se <postarat, se>	gondoskodik
assaltar	overvallen	överfalla	napadać	—	megtámad
assalto m	overval m	överfall n	napad m	—	megtámadás
transportar	transporteren	transportera	transportować	—	szállít
interrupção f	onderbreking f	avbrott n	przerwanie n	—	megszakítás
interromper	onderbreken	avbryta	przerywać	—	megszakít
por encima de	over	över	nad	—	felett
tomada f de corrente	stopcontact n	stickuttag n	gniazdko n	zásuvka f	dugaszolóaljzat
pressentir	vermoeden	ana	przeczuwać <przeczuć>	tušit <vytušit>	megsejt
próximo	dichtbij	nära	blisko	blízko	közel
ao lado de	naast	bredvid	obok	vedle	mellett
—	beleven	uppleva	przeżywać <przeżyć>	prožívat <prožít>	átél
presente m	tegenwoordigheid f	nutid u	teraźniejszość f	přítomnost f	jelen
presente m	geschenk n	present u	prezent m	dárek m	ajándék
presente m	geschenk n	—	prezent m	dárek m	ajándék
presente m	tegenwoordigheid f	nutid u	teraźniejszość f	přítomnost f	jelen
imaginar	voorstellen	presentera	przedstawiać	představovat <představit>	bemutat
imaginar	voorstellen	presentera	przedstawiać	představovat <představit>	bemutat
presente m	tegenwoordigheid f	nutid u	teraźniejszość f	přítomnost f	jelen
presente m	tegenwoordigheid f	nutid u	teraźniejszość f	přítomnost f	jelen
—	tegenwoordigheid f	nutid u	teraźniejszość f	přítomnost f	jelen
—	geschenk n	present u	prezent m	dárek m	ajándék
existente	voorhanden	förefinnas	istniejący	existující	meglévő
entregar	overhandigen	överräcka	przekazywać	předávat <předat>	átad
imaginar	voorstellen	presentera	przedstawiać	představovat <představit>	bemutat
imaginar	voorstellen	—	przedstawiać	představovat <představit>	bemutat
preservativo m	condoom n	kondom u	prezerwatywa f	kondom m	gumi óvszer
preservativo m	condoom n	kondom u	prezerwatywa f	kondom m	gumi óvszer
—	condoom n	kondom u	prezerwatywa f	kondom m	gumi óvszer
presidente m	president m	präsident u	prezydent m	prezident m	elnök
presidente m	—	präsident u	prezydent m	prezident m	elnök
presidente m	president m	präsident u	prezydent m	prezident m	elnök
presidente m	president m	präsident u	prezydent m	prezident m	elnök
presidente m	president m	präsident u	prezydent m	prezident m	elnök
—	president m	präsident u	prezydent m	prezident m	elnök
—	burgemeester m	borgmästare u	burmistrz m	starosta m	polgármester
exacto	precies	noggrann	dokładny	—	pontos
pontual	stipt	punktlig	punktualny	—	pontos
quase	bijna	nästan	prawie	téměř	majdnem
quase	bijna	nästan	prawie	téměř	majdnem
premir	drukken	trycka	uciskać <ucisnąć>	tisknout <stisknout>	nyom

pressappoco 794

	D	E	F	I	ES
pressappoco (I)	ungefähr	about	environ	—	aproximadamente
pressentir (P)	ahnen	suspect	douter, se	presagire	suponer
presser (F)	drücken	press	—	premere	apretar
pressupor (P)	voraussetzen	assume	supposer	presupporre	presuponer
prestar¹ (ES)	ausleihen	lend	prêter	prestare	—
prestar² (ES)	verleihen	lend	prêter	dare in prestito	—
prestar atenção a (P)	Acht geben	take care	faire attention	badare	atender
prestar atención a (ES)	beachten	take notice of	considérer	osservare	—
prestar attención (ES)	aufpassen	pay attention	faire attention	fare attenzione	—
prestare (I)	ausleihen	lend	prêter	—	prestar
přestávat <přestat> (CZ)	aufhören	stop	arrêter	cessare	terminar
přestávka (CZ)	Pause f	break	pause f	pausa f	pausa f
presto¹ (I)	bald	soon	bientôt	—	pronto
presto² (I)	früh	early	tôt	—	temprano(a)
přesto¹ (CZ)	dennoch	nevertheless	cependant	tuttavia	sin embargo
přesto² (CZ)	obwohl	although	bien que	benché	aunque
přesto³ (CZ)	trotzdem	nevertheless	malgré tout	tuttavia	no obstante
přestupovat <přestoupit> (CZ)	umsteigen	change	changer (de train)	cambiare	cambiar de
presuponer (ES)	voraussetzen	assume	supposer	presupporre	—
presupporre (I)	voraussetzen	assume	supposer	—	presuponer
přesvědčovat <přesvědčit> (CZ)	überzeugen	convince	convaincre	convincere	convencer
prete (I)	Priester m	priest	prêtre m	—	sacerdote m
prêt(e)¹ (F)	bereit	ready	—	pronto(a)	dispuesto(a) a
prêt(e)² (F)	fertig	ready	—	pronto(a)	listo(a)
pretekst (PL)	Vorwand	pretext	prétexte m	pretesto m	pretexto m
pretensión (ES)	Anspruch m	claim	exigence f	pretesa f	—
prêter¹ (F)	ausleihen	lend	—	prestare	prestar
prêter² (F)	verleihen	lend	—	dare in prestito	prestar
pretesa (I)	Anspruch m	claim	exigence f	—	pretensión f
pretesto (I)	Ausrede f	pretext	excuse f	—	pretexto m
pretesto (I)	Vorwand	pretext	prétexte m	—	pretexto m
pretext (E)	Ausrede f	—	excuse f	pretesto m	pretexto m
pretext (E)	Vorwand	—	prétexte m	pretesto m	pretexto m
prétexte (F)	Vorwand	pretext	—	pretesto m	pretexto m
pretexto (ES)	Ausrede f	pretext	excuse f	pretesto m	—
pretexto (ES)	Vorwand	pretext	prétexte m	pretesto m	—
pretexto (P)	Ausrede f	pretext	excuse f	pretesto m	pretexto m
pretexto (P)	Vorwand	pretext	prétexte m	pretesto m	pretexto m
preto (P)	schwarz	black	noir(e)	nero(a)	negro(a)
prêtre (F)	Priester m	priest	—	prete m	sacerdote m
pretty (E)	hübsch	—	joli(e)	carino(a)	bonito(a)
převádět <převést> (CZ)	überweisen	transfer	virer	trasferire	transferir
prevendita (I)	Vorverkauf m	advance booking	service de réservations m	—	venta anticipada f
prévenir (F)	verständigen	inform	—	informare	informar
prévenir de (F)	warnen	warn	—	ammonire	advertir
převlékat, se <převléct, se> (CZ)	umziehen, sich	change	changer, se	cambiarsi	cambiarse
prezent (PL)	Geschenk n	present	cadeau m	regalo m	regalo m

prezent

P	NL	SV	PL	CZ	H
aproximadamente	ongeveer	ungefär	około	přibližně	körülbelül
—	vermoeden	ana	przeczuwać <przeczuć>	tušit <vytušit>	megsejt
premir	drukken	trycka	uciskać <ucisnąć>	tisknout <stisknout>	nyom
—	veronderstellen	förutsätta	przypuszczać	předpokládat	feltételez
emprestar	uitlenen	låna ut	wypożyczać <wypożyczyć>	vypůjčovat <půjčit>	kölcsönöz
emprestar	uitlenen	låna ut	wypożyczać	půjčovat <půjčit>	kölcsönad
—	opletten	akta sig	uważać	dávat pozor <dát pozor>	vigyáz
dar atenção a	in acht nemen	beakta	przestrzegać	dbát na	figyelembe venni
cuidar	oppassen	passa upp	pilnować	dávat pozor <dát pozor>	vigyáz
emprestar	uitlenen	låna ut	wypożyczać <wypożyczyć>	vypůjčovat <půjčit>	kölcsönöz
acabar	ophouden	sluta	przestawać <przestać>	—	megszűnik
intervalo m	pauze f	paus u	przerwa f	—	szünet
em breve	gauw	snart	wkrótce	brzy	hamar
cedo	vroeg	tidig	wcześnie	brzy	korán
apesar de	evenwel	likväl	jednakże	—	mégis
se bem que	ofschoon	fastän	chociaż	—	habár
apesar disso	toch	i alla fall	mimo to	—	ennek ellenére
mudar	overstappen	byta	przesiadać się	—	átszáll
pressupor	veronderstellen	förutsätta	przypuszczać	předpokládat	feltételez
pressupor	veronderstellen	förutsätta	przypuszczać	předpokládat	feltételez
convencer	overtuigen	övertyga	przekonywać	—	meggyőz
padre m	priester m	präst u	ksiądz m	kněz m	pap
pronto	bereid	beredd	gotowy	připravený	kész
pronto	klaar	färdig	gotowy	hotový	kész
pretexto m	voorwendsel n	förevändning u	—	záminka f	ürügy
direito m	aanspraak f	anspråk n	roszczenie n	nárok m	igény
emprestar	uitlenen	låna ut	wypożyczać <wypożyczyć>	vypůjčovat <půjčit>	kölcsönöz
emprestar	uitlenen	låna ut	wypożyczać	půjčovat <půjčit>	kölcsönad
direito m	aanspraak f	anspråk n	roszczenie n	nárok m	igény
pretexto m	uitvlucht f	svepskäl n	wymówka f	výmluva f	kifogás
pretexto m	voorwendsel n	förevändning u	pretekst m	záminka f	ürügy
pretexto m	uitvlucht f	svepskäl n	wymówka f	výmluva f	kifogás
pretexto m	voorwendsel n	förevändning u	pretekst m	záminka f	ürügy
pretexto m	voorwendsel n	förevändning u	pretekst m	záminka f	ürügy
pretexto m	uitvlucht f	svepskäl n	wymówka f	výmluva f	kifogás
pretexto m	voorwendsel n	förevändning u	pretekst m	záminka f	ürügy
—	uitvlucht f	svepskäl n	wymówka f	výmluva f	kifogás
—	voorwendsel n	förevändning u	pretekst m	záminka f	ürügy
—	zwart	svart	czarny(no)	černý	fekete
padre m	priester m	präst u	ksiądz m	kněz m	pap
bonito	mooi	vacker	ładny	hezký	csinos
transferir	overmaken	föra över	przelewać	—	átutal
venda antecipada f	voorverkoop m	förköp n	przedsprzedaż f	předprodej m	elővétel
informar	op de hoogte brengen	meddela	zawiadamiać	vyrozumět	értesít
advertir	waarschuwen	varna	ostrzegać	varovat	figyelmeztet
mudar de roupa	omkleden, zich	byta kläder	przebrać się	—	átöltözködik
presente m	geschenk n	present u	—	dárek m	ajándék

prezentovat

	D	E	F	I	ES
prezentovat (CZ)	darstellen	represent	représenter	rappresentare	representar
prezerwatywa (PL)	Kondom n	condom	préservatif m	profilattico m	preservativo m
prezident (CZ)	Präsident m	president	président m	presidente m	presidente m
prezioso(a) (I)	wertvoll	valuable	précieux(euse)	—	valioso(a)
prezkušovat <prezkoušet> (CZ)	nachprüfen	check	contrôler	controllare	comprobar
prezydent (PL)	Präsident m	president	président m	presidente m	presidente m
prezzo (I)	Preis m	price	prix m	—	precio m
přibližně (CZ)	ungefähr	about	environ	pressappoco	aproximadamente
příbor (CZ)	Gedeck n	cover	couvert m	coperto m	cubierto m
příbuzný (CZ)	verwandt	related	parent(e)	parente di	emparentado(a)
příbuzný (CZ)	Verwandter m	relative	parent m	parente m	pariente m
price (E)	Preis m	—	prix m	prezzo m	precio m
přicestovat (CZ)	einreisen	enter	entrer dans un pays	entrare (in un paese)	entrar (en un país)
přicházet <přijít> (CZ)	kommen	come	venir	venire	venir
příčina¹ (CZ)	Anlass m	occasion	occasion f	occasione f	ocasión f
příčina² (CZ)	Ursache f	cause	cause f	causa	causa f
prier (F)	beten	pray	—	pregare	rezar
priest¹ (E)	Pfarrer m	—	curé m	parroco m	párroco m
priest² (E)	Priester m	—	prêtre m	prete m	sacerdote m
Priester (D)	—	priest	prêtre m	prete m	sacerdote m
priester (NL)	Priester m	priest	prêtre m	prete m	sacerdote m
prigione (I)	Gefängnis n	prison	prison f	—	prisión f
přiházet, se <přihodit, se> (CZ)	vorkommen	occur	exister	accadere	suceder
přihláška (CZ)	Anmeldung f	announcement	annonce f	annuncio m	aviso m
přihlašovat <přihlásit> (CZ)	anmelden	announce	annoncer	annunciare	anunciar
přihlížet <přihlédnout> (CZ)	zusehen	watch	regarder	stare a guardara	mirar
příhoda (CZ)	Geschichte f	history	histoire f	storia f	historia f
příjem¹ (CZ)	Einkommen n	income	revenu m	entrate f/pl	ingresos m/pl
příjem² (CZ)	Annahme f	assumption	supposition f	supposizione f	suposición f
příjemce (CZ)	Empfänger m	receiver	destinataire f	destinatario m	destinatario m
příjemně (CZ)	angenehm	pleasant	agréable	gradevole	agradable
příjezd (CZ)	Ankunft f	arrival	arrivée f	arrivo m	llegada f
přijímat <přijmout>¹ (CZ)	empfangen	receive	recevoir	ricevere	recibir
přijímat <přijmout>² (CZ)	einstellen	employ	recruter	assumere	emplear
přijít, přijet zpět (CZ)	wiederkommen	come back	revenir	ritornare	venir de nuevo
přijíždět <přijet> (CZ)	ankommen	arrive	arriver	arrivare	llegar
prijs (NL)	Preis m	price	prix m	prezzo m	precio m
příkaz (CZ)	Befehl m	instruction	instruction m	comando m	orden f
příklad (CZ)	Beispiel n	example	exemple m	esempio m	ejemplo m
příkrý (CZ)	steil	steep	raide	ripido(a)	empinado(a)
přikrývat <přikrýt> (CZ)	zudecken	cover (up)	couvrir	coprire	tapar
přikrývka (CZ)	Decke f	blanket	couverture f	coperta f	manta f
přilba (CZ)	Helm m	helmet	casque m	casco m	casco m
příležitost (CZ)	Gelegenheit f	occasion	occasion f	occasione f	ocasión f
příloha¹ (CZ)	Anlage f	plant	installation f	impianto m	establecimiento m
příloha² (CZ)	Beilage f	supplement	supplément m	supplemento m	suplemento m
prima¹ (I)	eher	sooner	plus tôt	—	antes
prima² (I)	früher	earlier	autrefois	—	antes
prima³ (I)	davor	before	avant	—	antes

prima

P	NL	SV	PL	CZ	H
representar	voorstellen	framställa	przedstawiać <przedstawić>	—	ábrázol
preservativo m	condoom n	kondom u	—	kondom m	gumi óvszer
presidente m	president m	präsident u	prezydent m	—	elnök
valioso	waardevol	värdefull	wartościowy	hodnotný	értékes
conferir	controleren	kontrollera	sprawdzać <sprawdzić>	—	felülvizsgál
presidente m	president m	präsident u	—	prezident m	elnök
preço m	prijs m	pris n	cena f	cena f	ár
aproximadamente	ongeveer	ungefär	około	—	körülbelül
talher m	couvert n	bordskuvert n	nakrycie n	—	teríték
aparentado	verwant	släkt	spokrewniony	—	rokon
parente m	familielid n	släkting u	krewny m	—	rokon
preço m	prijs m	pris n	cena f	cena f	ár
entrar	een land inreizen	resa in	przybywać <przybyć>	—	beutazik
vir	komen	komma	przychodzić <przyjść>	—	jön
ocasião f	aanleiding f	anledning u	okazja f	—	alkalom
causa f	oorzaak f	orsak u	przyczyna f	—	ok
rezar	bidden	be	modlić, się <pomodlić, się>	modlit, se	imádkozik
padre m	pastoor m	präst u	proboszcz m	farář m	plébános
padre m	priester m	präst u	ksiądz m	kněz m	pap
padre m	priester m	präst u	ksiądz m	kněz m	pap
padre m	—	präst u	ksiądz m	kněz m	pap
prisão f	gevangenis f	fängelse n	więzienie n	vězení n	börtön
ocorrer	voorkomen	hända	występować	—	előfordul
inscrição f	aanmelding f	anmälan u	zgłoszenie f	—	bejelentés
anunciar	aanmelden	anmäla	meldować <zameldować>	—	bejelentkezik
assistir	toezien	se på	przyglądać się	—	figyel
história f	geschiedenis f	historia u	historia f	—	történelem
rendimento m	inkomen	inkomst u	dochód m	—	jövedelem
recepção f	veronderstelling f	antagande n	przypuszczenie n	—	elfogadás
receptor m	ontvanger m	mottagare u	odbiorca m	—	címzett
agradável	aangenaam	angenämt	przyjemny	—	kellemes
chegada f	aankomst f	ankomst u	przyjazd m	—	megérkezés
receber	ontvangen	ta emot	otrzymywać <otrzymać>	—	fogad
contratar	aanstellen	anställa	angażować <zaangażować>	—	vkit munkába állít
voltar outra vez	terugkomen	komma tillbaka	wracać	—	visszajön
chegar	aankomen	komma fram	przybywać <przybyć>	—	megérkez
preço m	—	pris n	cena f	cena f	ár
comando m	commando n	order u	polecenie n	—	utasítás
exemplo m	voorbeeld n	exempel n	przykład m	—	példa
escarpado	steil	brant	stromy	—	meredek
cobrir	toedekken	täcka över	przykryć	—	fedővel lefed
cobertor m	plafond n	täcke n	sufit m	—	takaró
capacete m	helm m	hjälm u	hełm m	—	sisak
oportunidade f	gelegenheid f	tillfälle n	okazja f	—	alkalom
construção f	inrichting f	anläggning u	obiekt m	—	berendezés
anexo m	bijlage f	bilaga u	dodatek n	—	melléklet
antes	eerder	förr	raczej	spíše	hamarabb
mais cedo	vroeger	förr	dawniej	dříve	korábban
antes	daarvoor	innan	przed	před/přede	előtte

prima che (di)

	D	E	F	I	ES
prima che (di) (I)	bevor	before	avant que	—	antes que
primavera (I)	Frühling m	spring	printemps m	—	primavera f
primavera (ES)	Frühling m	spring	printemps m	primavera f	—
primavera (P)	Frühling m	spring	printemps m	primavera f	primavera f
primeiro (P)	erst	first	d'abord	dapprima	primero
primero¹ (ES)	erst	first	d'abord	dapprima	—
primero² (ES)	zuerst	at first	d'abord	dapprima	—
primer pago (ES)	Anzahlung f	deposit	acompte m	acconto m	—
primer plato (ES)	Vorspeise f	appetizer	hors-d'œuvre m	antipasto m	—
primitivo(a) (ES)	ursprünglich	original	originel(le)	originario(a)	—
přímo¹ (CZ)	direkt	direct	direct	diritto(a)	directo(a)
přímo² (CZ)	geradeaus	straight ahead	tout droit	dritto(a)	todo derecho
přinášet <přinést>¹ (CZ)	bringen	fetch	porter	portare	llevar
přinášet <přinést>² (CZ)	mitbringen	bring (along)	apporter	portare con sé	traer
principalmente (I)	hauptsächlich	mainly	surtout	—	principalmente
principalmente (ES)	hauptsächlich	mainly	surtout	principalmente	—
principalmente (P)	hauptsächlich	mainly	surtout	principalmente	principalmente
principiante (I)	Anfänger m	beginner	débutant(e)	—	principiante m
principiante (ES)	Anfänger m	beginner	débutant(e)	principiante	—
principiante (P)	Anfänger m	beginner	débutant(e)	principiante	principiante m
principiar (P)	anfangen	start	commencer	cominciare	empezar
principieel (NL)	grundsätzlich	fundamental	par principe	basilare	fundamental
principiellt (SV)	grundsätzlich	fundamental	par principe	basilare	fundamental
principio (ES)	Beginn m	beginning	commencement m	inizio m	—
princípio (P)	Anfang m	beginning	commencement m	inizio m	inicio m
printemps (F)	Frühling m	spring	—	primavera f	primavera f
prioridad de paso (ES)	Vorfahrt f	right of way	priorité f	precedenza f	—
priorité (F)	Vorfahrt f	right of way	—	precedenza f	prioridad de paso f
připevňovat <připevnit> (CZ)	anbringen	fasten	fixer	fissare	colocar
přípoj (CZ)	Anschluss m	connection	correspondance f	coincidenza f	conexión f
připomínat <připomenout> (CZ)	erinnern	remember	rappeler	ricordare	recordarse
připouštět <připustit> (CZ)	gestehen	confess	avouer	confessare	confesar
připoutávat, se <připoutat, se> (CZ)	anschnallen	fasten belts	attacher	allacciare	ponerse el cinturón (de seguridad)
připravený (CZ)	bereit	ready	prêt(e)	pronto(a)	dispuesto(a) a
přirozený (CZ)	natürlich	natural	naturel(le)	naturale	natural
příruční zavazadlo (CZ)	Handgepäck n	hand luggage	bagage à main m	bagaglio a mano m	equipaje de mano m
pris (SV)	Preis m	price	prix m	prezzo m	precio m
přísahat (CZ)	schwören	swear	jurer	giurare	jurar
prisão (P)	Gefängnis n	prison	prison f	prigione f	prisión f
prise électrique (F)	Steckdose f	socket	—	presa f	enchufe m
prisión (ES)	Gefängnis n	prison	prison f	prigione f	—
přísloví (CZ)	Sprichwort n	proverb	proverbe m	proverbio m	proverbio m
přísný (CZ)	streng	strict	sévère	severo(a)	severo(a)
prison (E)	Gefängnis n	—	prison f	prigione f	prisión f
prison (F)	Gefängnis n	prison	—	prigione f	prisión f
příspěvek (CZ)	Beitrag m	contribution	contribution f	contributo m	cuota f
přistání (CZ)	Landung f	landing	atterrissage m	atterraggio m	aterrizaje m
přístav (CZ)	Hafen m	port	port m	porto m	puerto m
přistávat <přistát> (CZ)	landen	land	atterrir	atterrare	aterrizar
přístroj (CZ)	Gerät n	appliance	appareil m	apparecchio m	aparato m

přístroj

P	NL	SV	PL	CZ	H
antes	alvorens	innan	zanim	před	mielőtt
primavera f	lente f	vår u	wiosna f	jaro n	tavasz
primavera f	lente f	vår u	wiosna f	jaro n	tavasz
—	lente f	vår u	wiosna f	jaro n	tavasz
—	eerst	först	najpierw	nejprve	csak
primeiro	eerst	först	najpierw	nejprve	csak
em primeiro lugar	eerst	först	najpierw	nejprve	először
sinal m	aanbetaling f	handpenning u	zadatek m	záloha f	előleg
entrada f	voorgerecht n	förrätt u	przystawka f	předkrm m	előétel
original	oorspronkelijk	ursprunglig	pierwotny	původní	eredetileg
directo	direct	direkt	bezpośrednio	—	közvetlen
em frente	rechtuit	rakt fram	prosto	—	egyenesen
trazer	brengen	hämta	przynosić <przynieść>	—	hoz
trazer	meebrengen	medföra	przynosić <przynieść>	—	magával hoz
principalmente	hoofdzakelijk	huvudsakligen	głównie	hlavně	főleg
principalmente	hoofdzakelijk	huvudsakligen	głównie	hlavně	főleg
—	hoofdzakelijk	huvudsakligen	głównie	hlavně	főleg
principiante m	beginneling	nybörjare u	początkujący m	začátečník m	kezdő
principiante m	beginneling	nybörjare u	początkujący m	začátečník m	kezdő
—	beginneling	nybörjare u	początkujący m	začátečník m	kezdő
—	beginnen	börja	zaczynać <zacząć>	začínat <začít>	kezd
em princípio	—	principiellt	zasadniczo	zásadně	alapvető
em princípio	principieel	—	zasadniczo	zásadně	alapvető
começo m	begin n	början u	rozpoczęcie n	začátek m	kezdet
—	begin n	början u	początek m	začátek m	kezdet
primavera f	lente f	vår u	wiosna f	jaro n	tavasz
passagem preferencial f	voorrang m	företräde n	pierwszeństwo n	přednost v jízdě f	elsőbbség
passagem preferencial f	voorrang m	företräde n	pierwszeństwo n	přednost v jízdě f	elsőbbség
fixar	aanbrengen	placera	przymocowywać <przymocować>	—	felszerel
ligação f	aansluiting f	anslutning u	przyłączenie n	—	csatlakozás
recordar	herinneren	minnas	przypominać <przypomnieć>	—	emlékez
confessar	toegeven	erkänna	przyznawać, się <przyznać, się>	—	bevall
apertar o cinto	vastgespen	spänna fast	zapiąć pasy	—	felcsatol
pronto	bereid	beredd	gotowy	—	kész
natural	natuurlijk	naturlig	naturalny	—	természetes
bagagem de mão f	handbagage f	handbagage n	bagaż ręczny m	—	kézipoggyász
preço m	prijs m	—	cena f	cena f	ár
jurar	zweren	svära på	przysięgać <przysiąc>	—	esküszik
—	gevangenis f	fängelse n	więzienie n	vězení n	börtön
tomada f de corrente	stopcontact n	stickuttag n	gniazdko n	zásuvka f	dugaszolóaljzat
prisão f	gevangenis f	fängelse n	więzienie n	vězení n	börtön
provérbio m	spreekwoord n	ordspråk n	przysłowie n	—	közmondás
rigoroso	streng	sträng	surowy	—	szigorú
prisão f	gevangenis f	fängelse n	więzienie n	vězení n	börtön
prisão f	gevangenis f	fängelse n	więzienie n	vězení n	börtön
contribuição f	bijdrage f	bidrag n	wkład m	—	hozzájárulás
aterragem f	landing f	landning u	lądowanie n	—	landolás
porto m	haven f	hamn u	port m	—	kikötő
aterrar	landen	landa	lądować <wylądować>	—	leszáll
aparelho m	toestel n	apparat u	przyrząd m	—	készülék

prisvärd

	D	E	F	I	ES
prisvärd (SV)	preiswert	inexpensive	bon marché	conveniente	económico(a)
přítel (CZ)	Freund *m*	friend	ami *m*	amico *m*	amigo *m*
přítomnost (CZ)	Gegenwart *f*	present	présent *m*	presente *m*	presente *m*
privado(a) (ES)	privat	private	privé(e)	privato(a)	—
privat (D)	—	private	privé(e)	privato(a)	privado(a)
privat (SV)	privat	private	privé(e)	privato(a)	privado(a)
privát (H)	privat	private	privé(e)	privato(a)	privado(a)
private (E)	privat	—	privé(e)	privato(a)	privado(a)
privato(a) (I)	privat	private	privé(e)	—	privado(a)
privé (NL)	privat	private	privé(e)	privato(a)	privado(a)
privé(e) (F)	privat	private	—	privato(a)	privado(a)
prix (F)	Preis *m*	price	—	prezzo *m*	precio *m*
přízemí (CZ)	Erdgeschoss *n*	ground floor	rez-de-chaussée *m*	pianterreno *m*	planta baja *f*
přiznání (CZ)	Bekenntnis *n*	confession	confession *f*	confessione *f*	confesión *f*
přizpůsobovat se <přizpůsobit se> (CZ)	anpassen, sich	adapt o.s.	adapter, s'	adattarsi	adaptarse
pro (CZ)	dafür	for it	pour cela	per questo	para ello
próba (PL)	Versuch *m*	try	essai *m*	tentativo *m*	intento *m*
probabile (I)	wahrscheinlich	probably	probablement	—	probablemente
probablement (F)	wahrscheinlich	probably	—	probabile	probablemente
probablemente (ES)	wahrscheinlich	probably	probablement	probabile	—
probably (E)	wahrscheinlich	—	probablement	probabile	probablemente
próbál (H)	probieren	test	essayer	assaggiare	probar
probar¹ (ES)	anprobieren	try on	essayer	provare	—
probar² (ES)	beweisen	prove	prouver	provare	—
probar³ (ES)	probieren	test	essayer	assaggiare	—
proberen (NL)	probieren	test	essayer	assaggiare	probar
probieren (D)	—	test	essayer	assaggiare	probar
probleem (NL)	Problem *n*	problem	problème *m*	problema *m*	problema *m*
Problem (D)	—	problem	problème *m*	problema *m*	problema *m*
problem (E)	Problem *n*	—	problème *m*	problema *m*	problema *m*
problem (SV)	Problem *n*	problem	problème *m*	problema *m*	problema *m*
problem (PL)	Problem *n*	problem	problème *m*	problema *m*	problema *m*
problém (CZ)	Problem *n*	problem	problème *m*	problema *m*	problema *m*
problema (I)	Problem *n*	problem	problème *m*	—	problema *m*
problema (ES)	Problem *n*	problem	problème *m*	problema *m*	—
problema (P)	Problem *n*	problem	problème *m*	problema *m*	problema *m*
probléma (H)	Problem *n*	problem	problème *m*	problema *m*	problema *m*
problème (F)	Problem *n*	problem	—	problema *m*	problema *m*
proboszcz (PL)	Pfarrer *m*	priest	curé *m*	parroco *m*	párroco *m*
próbować <spróbować> (PL)	probieren	test	essayer	assaggiare	probar
proč? (CZ)	warum?	why?	pourquoi?	perché?	¿por qué?
procent (SV)	Prozent *n*	per cent	pour cent	percentuale *f*	por ciento *m*
procent (PL)	Prozent *n*	per cent	pour cent	percentuale *f*	por ciento *m*
procento (CZ)	Prozent *n*	per cent	pour cent	percentuale *f*	por ciento *m*
proces (NL)	Prozess *m*	trial	procès *m*	processo *m*	proceso *m*
proces (PL)	Prozess *m*	trial	procès *m*	processo *m*	proceso *m*
proces (CZ)	Prozess *m*	trial	procès *m*	processo *m*	proceso *m*
procès (F)	Prozess *m*	trial	—	processo *m*	proceso *m*
proceso (ES)	Prozess *m*	trial	procès *m*	processo *m*	—
process (SV)	Prozess *m*	trial	procès *m*	processo *m*	proceso *m*
processo (I)	Prozess *m*	trial	procès *m*	—	proceso *m*

processo

P	NL	SV	PL	CZ	H
barato	goedkoop	—	niedrogi	výhodný (cenově)	jutányos
amigo m	vriend m	vän u	przyjaciel m	—	barát
presente m	tegenwoordigheid f	nutid u	teraźniejszość f	—	jelen
particular	privé	privat	prywatny	soukromý	privát
particular	privé	privat	prywatny	soukromý	privát
particular	privé	—	prywatny	soukromý	privát
particular	privé	privat	prywatny	soukromý	—
particular	privé	privat	prywatny	soukromý	privát
particular	privé	privat	prywatny	soukromý	privát
particular	—	privat	prywatny	soukromý	privát
particular	privé	privat	prywatny	soukromý	privát
preço m	prijs m	pris n	cena f	cena f	ár
rés-do-chão m	begane grond m	bottenvåning u	parter m	—	földszint
confissão f	bekentenis f	bekännelse u	wyznanie n	—	beismerés
adaptar-se	aanpassen, zich	anpassa sig	dopasowywać, się <dopasować, się>	—	alkalmazkodik
para isso	ervoor	för det	na to	—	ezért
ensaio m	poging f	försök n	—	pokus m	kísérlet
provável	waarschijnlijk	sannolik	prawdopodobnie	pravděpodobně	valószínű
provável	waarschijnlijk	sannolik	prawdopodobnie	pravděpodobně	valószínű
provável	waarschijnlijk	sannolik	prawdopodobnie	pravděpodobně	valószínű
experimentar	proberen	prova	próbować <spróbować>	zkoušet <zkusit>	—
provar roupa	aanpassen	prova ngt på ngn	przymierzać <przymierzyć>	zkoušet <vyzkoušet>	felpróbál
provar	bewijzen	bevisa	udowadniać <udowodnić>	dokazovat <dokázat>	bebizonyít
experimentar	proberen	prova	próbować <spróbować>	zkoušet <zkusit>	próbál
experimentar	—	prova	próbować <spróbować>	zkoušet <zkusit>	próbál
experimentar	proberen	prova	próbować <spróbować>	zkoušet <zkusit>	próbál
problema m	—	problem n	problem m	problém m	probléma
problema m	probleem n	problem n	problem m	problém m	probléma
problema m	probleem n	problem n	problem m	problém m	probléma
problema m	probleem n	—	problem m	problém m	probléma
problema m	probleem n	problem n	—	problém m	probléma
problema m	probleem n	problem n	problem m	—	probléma
problema m	probleem n	problem n	problem m	problém m	probléma
problema m	probleem n	problem n	problem m	problém m	probléma
—	probleem n	problem n	problem m	problém m	probléma
problema m	probleem n	problem n	problem m	problém m	—
problema m	probleem n	problem n	problem m	problém m	probléma
padre m	pastoor m	präst u	—	farář m	plébános
experimentar	proberen	prova	—	zkoušet <zkusit>	próbál
porque?	waarom?	varför?	dlaczego?	—	miért?
por cento m	percent n	—	procent m	procento n	százalék
por cento m	percent n	procent u	—	procento n	százalék
por cento m	percent n	procent u	procent m	—	százalék
processo m	—	process u	proces m	proces m	per
processo m	proces n	process u	—	proces m	per
processo m	proces n	process u	proces m	—	per
processo m	proces n	process u	proces m	proces m	per
processo m	proces n	process u	proces m	proces m	per
processo m	proces n	—	proces m	proces m	per
processo m	proces n	process u	proces m	proces m	per

processo

	D	E	F	I	ES
processo (P)	Prozess m	trial	procès m	processo m	proceso m
procházet, se <projít, se> (CZ)	spazieren gehen	go for a walk	promener, se	passeggiare	ir de paseo/pasearse
proclívat <proclít> (CZ)	verzollen	clear through customs	dédouaner	sdoganare	pagar la aduana
procura (P)	Nachfrage f	demand	demande f	domanda f	demanda f
procurar (P)	suchen	look for	chercher	cercare	buscar
procurare (I)	besorgen	acquire	procurer	—	conseguir
procurer (F)	besorgen	acquire	—	procurare	conseguir
prodávat <prodat> (CZ)	verkaufen	sell	vendre	vendere	vender
prodlužovat <prodloužit> (CZ)	verlängern	extend	prolonger	allungare	alargar
prodotto (I)	Produkt n	produce	produit m	—	producto m
produce (E)	Produkt n	—	produit m	prodotto m	producto m
product (NL)	Produkt n	produce	produit m	prodotto m	producto m
producto (ES)	Produkt n	produce	produit m	prodotto m	—
produit (F)	Produkt n	produce	—	prodotto m	producto m
Produkt (D)	—	produce	produit m	prodotto m	producto m
produkt (SV)	Produkt n	produce	produit m	prodotto m	producto m
produkt (PL)	Produkt n	produce	produit m	prodotto m	producto m
produkt (CZ)	Produkt n	produce	produit m	prodotto m	producto m
produto (P)	Produkt n	produce	produit m	prodotto m	producto m
profesión (ES)	Beruf m	profession	profession f	professione f	—
profession (E)	Beruf m	—	profession f	professione f	profesión f
profession (F)	Beruf m	profession	—	professione f	profesión f
professione (I)	Beruf m	profession	profession f	—	profesión f
profilattico (I)	Kondom n	condom	préservatif m	—	preservativo m
profissão (P)	Beruf m	profession	profession f	professione f	profesión f
profit (E)	Gewinn m	—	gain m	guadagno m	ganancia f
profond(e) (F)	tief	deep	—	profondo(a)	profundo(a)
profondo(a) (I)	tief	deep	profond(e)	—	profundo(a)
profumo (I)	Duft m	scent	odeur f	—	aroma m
profundo(a) (ES)	tief	deep	profond(e)	profondo(a)	—
progettare (I)	planen	plan	projeter	—	planear
program (SV)	Programm n	programme	programme m	programma m	programa m
program (PL)	Programm n	programme	programme m	programma m	programa m
program (CZ)	Programm n	programme	programme m	programma m	programa m
program (H)	Programm n	programme	programme m	programma m	programa m
programa (ES)	Programm n	programme	programme m	programma m	—
programa (P)	Programm n	programme	programme m	programma m	programa m
Programm (D)	—	programme	programme m	programma m	programa m
programma (I)	Programm n	programme	programme m	—	programa m
programma (NL)	Programm n	programme	programme m	programma m	programa m
programme (E)	Programm n	—	programme m	programma m	programa m
programme (F)	Programm n	programme	—	programma m	programa m
prohibición (ES)	Verbot n	prohibition	défense f	divieto m	—
prohibido(a) (ES)	verboten	forbidden	interdit(e)	vietato(a)	—
prohibir (ES)	verbieten	forbid	défendre	proibire	—
prohibition (E)	Verbot n	—	défense f	divieto m	prohibición f
prohlížet <prohlédnout> (CZ)	besichtigen	have a look at	visiter	visitare	visitar
proibição (P)	Verbot n	prohibition	défense f	divieto m	prohibición f
proibido (P)	verboten	forbidden	interdit(e)	vietato(a)	prohibido(a)
proibir (P)	verbieten	forbid	défendre	proibire	prohibir
proibire (I)	verbieten	forbid	défendre	—	prohibir
projecto (P)	Entwurf m	outline	esquisse f	abbozzo m	proyecto m

projecto

P	NL	SV	PL	CZ	H
—	proces n	process u	proces m	proces m	per
ir passear	wandelen	promenera	iść na spacer <pójść na spacer>	—	sétálni megy
pagar direitos	invoerrechten betalen	förtulla	oclić	—	elvámol
—	navraag f	efterfrågan u	zapotrzebowanie n	poptávka f	kereslet
—	zoeken	söka	szukać	hledat <vyhledat>	keres
tratar de	bezorgen	ta hand om	doglądać <doglądnąć>	obstarávat <obstarat>	beszerez
tratar de	bezorgen	ta hand om	doglądać <doglądnąć>	obstarávat <obstarat>	beszerez
vender	verkopen	sälja	sprzedawać	—	elad
prolongar	verlengen	förlänga	przedłużać	—	meghosszabbít
produto m	product n	produkt u	produkt m	produkt m	termék
produto m	product n	produkt u	produkt m	produkt m	termék
produto m	—	produkt u	produkt m	produkt m	termék
produto m	product n	produkt u	produkt m	produkt m	termék
produto m	product n	produkt u	produkt m	produkt m	termék
produto m	product n	produkt u	produkt m	produkt m	termék
produto m	product n	—	produkt m	produkt m	termék
produto m	product n	produkt u	—	produkt m	termék
produto m	product n	produkt u	produkt m	—	termék
—	product n	produkt u	produkt m	produkt m	termék
profissão f	beroep n	yrke n	zawód m	povolání n	szakma
profissão f	beroep n	yrke n	zawód m	povolání n	szakma
profissão f	beroep n	yrke n	zawód m	povolání n	szakma
profissão f	beroep n	yrke n	zawód m	povolání n	szakma
preservativo m	condoom n	kondom u	prezerwatywa f	kondom m	gumi óvszer
—	beroep n	yrke n	zawód m	povolání n	szakma
ganho m	winst f	vinst u	zysk m	zisk m	nyereség
fundo	diep	djup	głęboko	hluboký	mély
fundo	diep	djup	głęboko	hluboký	mély
aroma m	geur m	doft u	zapach m	vůně f	illat
fundo	diep	djup	głęboko	hluboký	mély
planear	plannen	planera	planować <zaplanować>	plánovat <naplánovat>	tervez
programa m	programma n	—	program m	program m	program
programa m	programma n	program n	—	program m	program
programa m	programma n	program n	program m	—	program
programa m	programma n	program n	program m	program m	—
programa m	programma n	program n	program m	program m	program
—	programma n	program n	program m	program m	program
programa m	programma n	program n	program m	program m	program
programa m	programma n	program n	program m	program m	program
programa m	—	program n	program m	program m	program
programa m	programma n	program n	program m	program m	program
programa m	programma n	program n	program m	program m	program
proibição f	verbod n	förbud n	zakaz m	zákaz m	tilalom
proibido	verboden	förbjuden	zabroniony	zakázaný	tilos
proibir	verbieden	förbjuda	zabraniać	zakazovat <zakázat>	megtilt
proibição f	verbod n	förbud n	zakaz m	zákaz m	tilalom
visitar	bezichtigen	se på	zwiedzać <zwiedzić>	—	megtekint
—	verbod n	förbud n	zakaz m	zákaz m	tilalom
—	verboden	förbjuden	zabroniony	zakázaný	tilos
—	verbieden	förbjuda	zabraniać	zakazovat <zakázat>	megtilt
proibir	verbieden	förbjuda	zabraniać	zakazovat <zakázat>	megtilt
—	ontwerp n	utkast n	szkic m	návrh m	tervezet

projeter

	D	E	F	I	ES
projeter (F)	planen	plan	—	progettare	planear
prolongar (P)	verlängern	extend	prolonger	allungare	alargar
prolonger (F)	verlängern	extend	—	allungare	alargar
prom (PL)	Fähre f	ferry	bac m	traghetto m	transbordador m
promenera[1] (SV)	bummeln	stroll	flâner	girellare	andar paseando
promenera[2] (SV)	spazieren gehen	go for a walk	promener, se	passeggiare	ir de paseo/pasearse
promener, se (F)	spazieren gehen	go for a walk	—	passeggiare	ir de paseo/pasearse
promesa (ES)	versprechen	promise	promesse f	promessa f	—
promessa (I)	versprechen	promise	promesse f	—	promesa f
promessa (P)	Versprechen n	promise	promesse f	promettere	prometer
promesse (F)	versprechen	promise	—	promessa f	promesa f
prometer (ES)	Versprechen n	promise	promettre	promettere	—
prometer (P)	versprechen	promise	promesse f	promessa f	promesa f
promettere (I)	Versprechen n	promise	promettre	—	prometer
promettre (F)	Versprechen n	promise	—	promettere	prometer
promise (E)	versprechen	—	promesse f	promessa f	promesa f
promise (E)	Versprechen n	—	promettre	promettere	prometer
pronajímat <pronajmout> (CZ)	vermieten	rent	louer	affittare	alquilar
pronásledovat (CZ)	verfolgen	pursue	poursuivre	inseguire	perseguir
prononciation (F)	Aussprache f	pronunciation	—	pronuncia f	pronunciación f
Pronto! (I)	Hallo!	Hello!	Allô!	—	¡Diga!
pronto (ES)	bald	soon	bientôt	presto	—
pronto[1] (P)	bereit	ready	prêt(e)	pronto(a)	dispuesto(a) a
pronto[2] (P)	fertig	ready	prêt(e)	pronto(a)	listo(a)
pronto(a)[1] (I)	bereit	ready	prêt(e)	—	dispuesto(a) a
pronto(a)[2] (I)	fertig	ready	prêt(e)	—	listo(a)
pronuncia (I)	Aussprache f	pronunciation	prononciation f	—	pronunciación f
pronúncia (P)	Aussprache f	pronunciation	prononciation f	pronuncia f	pronunciación f
pronunciación (ES)	Aussprache f	pronunciation	prononciation f	pronuncia f	—
pronunciation (E)	Aussprache f	—	prononciation f	pronuncia f	pronunciación f
propaganda (P)	Werbung f	advertising	publicité f	pubblicità f	publicidad f
propina (ES)	Trinkgeld n	tip	pourboire m	mancia f	—
propisovací tužka (CZ)	Kugelschreiber m	biro	stylo à bille m	biro f	bolígrafo m
proponer (ES)	vorschlagen	propose	proposer	proporre	—
proponować (PL)	vorschlagen	propose	proposer	proporre	proponer
propor (P)	vorschlagen	propose	proposer	proporre	proponer
proporre (I)	vorschlagen	propose	proposer	—	proponer
proposal (E)	Vorschlag m	—	proposition f	proposta f	proposición f
propose (E)	vorschlagen	—	proposer	proporre	proponer
proposer (F)	vorschlagen	propose	—	proporre	proponer
proposición (ES)	Vorschlag m	proposal	proposition f	proposta f	—
propositadamente (P)	absichtlich	intentionally	exprès	apposta	adrede
proposition (F)	Vorschlag m	proposal	—	proposta f	proposición f
proposta (I)	Vorschlag m	proposal	proposition f	—	proposición f
proposta[1] (P)	Antrag m	application	demande f	domanda f	solicitud f
proposta[2] (P)	Vorschlag m	proposal	proposition f	proposta f	proposición f

proposta

P	NL	SV	PL	CZ	H
planear	plannen	planera	planować <zaplanować>	plánovat <naplánovat>	tervez
—	verlengen	förlänga	przedłużać	prodlužovat <prodloužit>	meghosszabbít
prolongar	verlengen	förlänga	przedłużać	prodlužovat <prodloužit>	meghosszabbít
embarcação f	veer n	färja u	—	trajekt m	komp
passear	wandelen	—	spacerować <pospacerować>	potulovat se	sétálgat
ir passear	wandelen	—	iść na spacer <pójść na spacer>	procházet, se <projít, se>	sétálni megy
ir passear	wandelen	promenera	iść na spacer <pójść na spacer>	procházet, se <projít, se>	sétálni megy
prometer	beloven	lova	obiecywać	slibovat <slíbit>	megígér
prometer	beloven	lova	obiecywać	slibovat <slíbit>	megígér
—	belofte f	löfte n	obietnica f	slib m	ígéret
prometer	beloven	lova	obiecywać	slibovat <slíbit>	megígér
promessa f	belofte f	löfte n	obietnica f	slib m	ígéret
—	beloven	lova	obiecywać	slibovat <slíbit>	megígér
promessa f	belofte f	löfte n	obietnica f	slib m	ígéret
promessa f	belofte f	löfte n	obietnica f	slib m	ígéret
prometer	beloven	lova	obiecywać	slibovat <slíbit>	megígér
promessa f	belofte f	löfte n	obietnica f	slib m	ígéret
alugar	verhuren	hyra ut	wynająć	—	bérbe ad
perseguir	vervolgen	förfölja	ścigać	—	üldöz
pronúncia f	uitspraak f	uttal n	wymowa f	vyříkání n	kiejtés
Está!	Hallo!	Hej!	Słucham!	Haló!	Tessék!
em breve	gauw	snart	wkrótce	brzy	hamar
—	bereid	beredd	gotowy	připravený	kész
—	klaar	färdig	gotowy	hotový	kész
pronto	bereid	beredd	gotowy	připravený	kész
pronto	klaar	färdig	gotowy	hotový	kész
pronúncia f	uitspraak f	uttal n	wymowa f	vyříkání n	kiejtés
—	uitspraak f	uttal n	wymowa f	vyříkání n	kiejtés
pronúncia f	uitspraak f	uttal n	wymowa f	vyříkání n	kiejtés
pronúncia f	uitspraak f	uttal n	wymowa f	vyříkání n	kiejtés
—	reclame m	reklam u	reklama f	reklama f	hirdetés
gorjeta f	fooi f	dricks u	napiwek m	spropitné n	borravaló
esferográfica f	balpen f	kulspetspenna u	długopis m	—	golyóstoll
propor	voorstellen	föreslå	proponować	navrhovat <navrhnout>	javasol
propor	voorstellen	föreslå	—	navrhovat <navrhnout>	javasol
—	voorstellen	föreslå	proponować	navrhovat <navrhnout>	javasol
propor	voorstellen	föreslå	proponować	navrhovat <navrhnout>	javasol
proposta f	voorstel n	förslag n	propozycja f	návrh m	javaslat
propor	voorstellen	föreslå	proponować	navrhovat <navrhnout>	javasol
propor	voorstellen	föreslå	proponować	navrhovat <navrhnout>	javasol
proposta f	voorstel n	förslag n	propozycja f	návrh m	javaslat
—	opzettelijk	avsiktligt	celowo	úmyslně	szándékos
proposta f	voorstel n	förslag n	propozycja f	návrh m	javaslat
proposta f	voorstel n	förslag n	propozycja f	návrh m	javaslat
—	aanvraag f	förslag n	wniosek m	žádost f	kérvény
—	voorstel n	förslag n	propozycja f	návrh m	javaslat

propouštět

	D	E	F	I	ES
propouštět <propustit> (CZ)	entlassen	discharge	renvoyer	licenziare	despedir
propozycja (PL)	Vorschlag m	proposal	proposition f	proposta f	proposición f
propre (F)	sauber	clean	—	pulito(a)	limpio(a)
proprio(a) (I)	eigentlich	actually	en fait	—	en realidad
prosba (CZ)	Bitte f	request	demande f	domanda f	ruego m
prośba (PL)	Bitte f	request	demande f	domanda f	ruego m
prosić <poprosić> (PL)	bitten	request	demander	pregare	rogar
prosím (CZ)	bitte	please	s'il vous plaît	prego	por favor
prosit <poprosit> (CZ)	bitten	request	demander	pregare	rogar
prospecto (ES)	Prospekt m	brochure	prospectus m	opuscolo m	—
prospecto (P)	Prospekt m	brochure	prospectus m	opuscolo m	prospecto m
prospectus (F)	Prospekt m	brochure	—	opuscolo m	prospecto m
Prospekt (D)	—	brochure	prospectus m	opuscolo m	prospecto m
prospekt (SV)	Prospekt m	brochure	prospectus m	opuscolo m	prospecto m
prospekt (PL)	Prospekt m	brochure	prospectus m	opuscolo m	prospecto m
prospekt (CZ)	Prospekt m	brochure	prospectus m	opuscolo m	prospecto m
prospektus (H)	Prospekt m	brochure	prospectus m	opuscolo m	prospecto m
Prost! (D)	—	Cheers!	À votre santé!	Salute!	¡Salud!
prostěradlo (CZ)	Laken n	sheet	drap m	lenzuolo m	sábana f
prosto (PL)	geradeaus	straight ahead	tout droit	dritto(a)	todo derecho
prostorný (CZ)	geräumig	spacious	spacieux(euse)	spazioso(a)	espacioso(a)
prosty (PL)	aufrecht	upright	droit(e)	diritto(a)	derecho(a)
proszę (PL)	bitte	please	s'il vous plaît	prego	por favor
protecção do meio ambiente (P)	Umweltschutz m	environment protection	protection de l'environnement f	protezione dell'ambiente f	protección del medio ambiente f
protección del medio ambiente (ES)	Umweltschutz m	environment protection	protection de l'environnement f	protezione dell'ambiente f	—
protect (E)	beschützen	—	protéger	proteggere	proteger
protect (E)	schützen	—	protéger	proteggere	proteger
protection de l'environnement (F)	Umweltschutz m	environment protection	—	protezione dell'ambiente f	protección del medio ambiente f
proteger (ES)	beschützen	protect	protéger	proteggere	—
proteger (ES)	schützen	protect	protéger	proteggere	—
proteger (P)	beschützen	protect	protéger	proteggere	proteger
proteger (P)	schützen	protect	protéger	proteggere	proteger
protéger (F)	beschützen	protect	—	proteggere	proteger
protéger (F)	schützen	protect	—	proteggere	proteger
proteggere (I)	beschützen	protect	protéger	—	proteger
proteggere (I)	schützen	protect	protéger	—	proteger
protezione dell'ambiente (I)	Umweltschutz m	environment protection	protection de l'environnement f	—	protección del medio ambiente f
proti[1] (CZ)	dagegen	instead	en échange	invece	en su lugar
proti[2] (CZ)	gegen	against	contre	contro	contra
protiklad (CZ)	Gegensatz m	contrast	opposé m	contrasto m	contraste m
protisměrný (CZ)	entgegengesetzt	opposite	opposé(e)	opposto(a)	opuesto(a) a
protivník (CZ)	Gegner m	opponent	adversaire m	avversario m	adversario m
protivný (CZ)	widerlich	disgusting	repoussant(e)	ripugnante	repugnante
proto (CZ)	deshalb	therefore	c'est pourquoi	perciò	por eso
protože[1] (CZ)	denn	for/than	car	perché	pues/porque
protože[2] (CZ)	weil	because	parce que	perché	porque
proud (E)	stolz	—	fier(-ère)	orgoglioso(a)	orgulloso(a)
proud (CZ)	Strom m	current	courant m	corrente f	corriente f
prouver (F)	beweisen	prove	—	provare	probar
prova (SV)	probieren	test	essayer	assaggiare	probar

P	NL	SV	PL	CZ	H
despedir	ontslaan	avskeda	zwalniać <zwolnić>	—	elbocsát
proposta f	voorstel n	förslag n	—	návrh m	javaslat
limpo	schoon	ren	czysty	čistý	tiszta
na realidade	eigenlijk	egentligen	właściwie	vlastně	tulajdonképpen
pedido m	verzoek n	begäran u	prośba f	—	kérés
pedido m	verzoek n	begäran u	—	prosba f	kérés
pedir	verzoeken	begära	—	prosit <poprosit>	kérni
por favor	alstublieft	var snäll och	proszę	—	kérem
pedir	verzoeken	begära	prosić <poprosić>	—	kérni
prospecto m	folder m	prospekt n	prospekt m	prospekt m	prospektus
—	folder m	prospekt n	prospekt m	prospekt m	prospektus
prospecto m	folder m	prospekt n	prospekt m	prospekt m	prospektus
prospecto m	folder m	prospekt n	prospekt m	prospekt m	prospektus
prospecto m	folder m	—	prospekt m	prospekt m	prospektus
prospecto m	folder m	prospekt n	—	prospekt m	prospektus
prospecto m	folder m	prospekt n	prospekt m	—	prospektus
prospecto m	folder m	prospekt n	prospekt m	prospekt m	—
Saúde!	Santé!	Skål!	Na zdrowie!	Na zdraví!	Egészségére!
lençol m	laken n	lakan n	prześcieradło n	—	lepedő
em frente	rechtuit	rakt fram	—	přímo	egyenesen
espaçoso	ruim	rymlig	obszerny	—	tágas
erecto	rechtop	upprätt	—	vzpřímeně	egyenes
por favor	alstublieft	var snäll och	—	prosím	kérem
—	milieubescherming f	miljöskydd n	ochrona środowiska f	ochrana životního prostředí f	környezetvédelem
protecção do meio ambiente f	milieubescherming f	miljöskydd n	ochrona środowiska f	ochrana životního prostředí f	környezetvédelem
proteger	beschermen	beskydda	chronić <ochronić>	chránit <ochránit>	megvéd
proteger	beschermen	skydda	chronić <ochronić>	chránit <ochránit>	véd
protecção do meio ambiente f	milieubescherming f	miljöskydd n	ochrona środowiska f	ochrana životního prostředí f	környezetvédelem
proteger	beschermen	beskydda	chronić <ochronić>	chránit <ochránit>	megvéd
proteger	beschermen	skydda	chronić <ochronić>	chránit <ochránit>	véd
—	beschermen	beskydda	chronić <ochronić>	chránit <ochránit>	megvéd
—	beschermen	skydda	chronić <ochronić>	chránit <ochránit>	véd
proteger	beschermen	beskydda	chronić <ochronić>	chránit <ochránit>	megvéd
proteger	beschermen	skydda	chronić <ochronić>	chránit <ochránit>	véd
proteger	beschermen	beskydda	chronić <ochronić>	chránit <ochránit>	megvéd
proteger	beschermen	skydda	chronić <ochronić>	chránit <ochránit>	véd
protecção do meio ambiente f	milieubescherming f	miljöskydd n	ochrona środowiska f	ochrana životního prostředí f	környezetvédelem
contra	ertegen	emot	przeciw	—	azzal szemben
contra	tegen	mot	przeciw	—	ellen
antagonismo m	tegenstelling f	motsats u	przeciwieństwo n	—	ellentét
oposto	tegengesteld	motsatt	przeciwny	—	ellenkezőleg
adversário m	tegenstander m	motståndare u	przeciwnik m	—	ellenfél
repugnante	walgelijk	vedervärdig	odrażający	—	undorító
por isso	daarom	därför	dlatego	—	azért/ezért
porque	want	för	ponieważ	—	mert
porque	omdat	för att	ponieważ	—	mert
orgulhoso	trots	stolt	dumny	hrdý	büszke
corrente f	stroom m	ström u	prąd m	—	áram
provar	bewijzen	bevisa	udowadniać <udowodnić>	dokazovat <dokázat>	bebizonyít
experimentar	proberen	—	próbować <spróbować>	zkoušet <zkusit>	próbál

provádět

	D	E	F	I	ES
provádět <provést> (CZ)	ausführen	export	exporter	esportare	exportar
prova ngt på ngn (SV)	anprobieren	try on	essayer	provare	probar
provar (P)	beweisen	prove	prouver	provare	probar
provare¹ (I)	anprobieren	try on	essayer	—	probar
provare² (I)	beweisen	prove	prouver	—	probar
provar roupa (P)	anprobieren	try on	essayer	provare	probar
provável (P)	wahrscheinlich	probably	probablement	probabile	probablemente
prove (E)	beweisen	—	prouver	provare	probar
proveer (ES)	versorgen	provide	fournir	approvvigionare	—
proverb (E)	Sprichwort n	—	proverbe m	proverbio m	proverbio m
proverbe (F)	Sprichwort n	proverb	—	proverbio m	proverbio m
proverbio (I)	Sprichwort n	proverb	proverbe m	—	proverbio m
proverbio (ES)	Sprichwort n	proverb	proverbe m	proverbio m	—
provérbio (P)	Sprichwort n	proverb	proverbe m	proverbio m	proverbio m
provide (E)	versorgen	—	fournir	approvvigionare	proveer
provisie (NL)	Provision f	commission	commission f	provvigione f	comisión f
Provision (D)	—	commission	commission f	provvigione f	comisión f
provision (SV)	Provision f	commission	commission f	provvigione f	comisión f
provisional (ES)	vorläufig	temporary	provisoire	provvisorio(a)	—
provisoire (F)	vorläufig	temporary	—	provvisorio(a)	provisional
provisório (P)	vorläufig	temporary	provisoire	provvisorio(a)	provisional
provize (CZ)	Provision f	commission	commission f	provvigione f	comisión f
provízió (H)	Provision f	commission	commission f	provvigione f	comisión f
provoz (CZ)	Verkehr m	traffic	circulation m	traffico m	tráfico m
provvigione (I)	Provision f	commission	commission f	—	comisión f
provvisorio(a) (I)	vorläufig	temporary	provisoire	—	provisional
prowadzić <poprowadzić> (PL)	führen	lead	guider	guidare	dirigir
prowizja (PL)	Provision f	commission	commission f	provvigione f	comisión f
proximidad (ES)	Nähe f	proximity	environs m/pl	vicinanza f	—
proximidade (P)	Nähe f	proximity	environs m/pl	vicinanza f	proximidad f
proximity (E)	Nähe f	—	environs m/pl	vicinanza f	proximidad f
próximo (P)	nahe	near	près de	vicino(a)	cerca de
proyectar (ES)	beabsichtigen	intend	avoir l'intention de	avere (l')intenzione di	—
proyecto (ES)	Entwurf m	outline	esquisse f	abbozzo m	—
Prozent (D)	—	per cent	pour cent	percentuale f	por ciento m
Prozess (D)	—	trial	procès m	processo m	proceso m
prožívat <prožít> (CZ)	erleben	experience	être témoin de	vivere	experimentar
pršet <zapršet> (CZ)	regnen	rain	pleuvoir	piovere	llover
prst (CZ)	Finger m	finger	doigt m	dito m	dedo m
prst (u nohy) (CZ)	Zehe f	toe	orteil m	dito del piede m	dedo del pie m
prudence (F)	Vorsicht f	caution	—	prudenza f	cuidado m
prudent(e) (F)	vorsichtig	careful	—	prudente	prudente
prudente (I)	vorsichtig	careful	prudent(e)	—	prudente
prudente (ES)	vorsichtig	careful	prudent(e)	prudente	—
prudente (P)	besonnen	sensible	réfléchi(e)	avveduto(a)	sensato(a)
prudenza (I)	Vorsicht f	caution	prudence f	—	cuidado m
prudere (I)	jucken	itch	démanger	—	picar
prüfen (D)	—	test	tester	esaminare	examinar

prüfen

P	NL	SV	PL	CZ	H
executar	uitvoeren	utföra	wykonywać <wykonać>	—	végrehajt
provar roupa	aanpassen	—	przymierzać <przymierzyć>	zkoušet <vyzkoušet>	felpróbál
—	bewijzen	bevisa	udowadniać <udowodnić>	dokazovat <dokázat>	bebizonyít
provar roupa	aanpassen	prova ngt på ngn	przymierzać <przymierzyć>	zkoušet <vyzkoušet>	felpróbál
provar	bewijzen	bevisa	udowadniać <udowodnić>	dokazovat <dokázat>	bebizonyít
—	aanpassen	prova ngt på ngn	przymierzać <przymierzyć>	zkoušet <vyzkoušet>	felpróbál
—	waarschijnlijk	sannolik	prawdopodobnie	pravděpodobně	valószínű
provar	bewijzen	bevisa	udowadniać <udowodnić>	dokazovat <dokázat>	bebizonyít
abastecer	verzorgen	sköta	zaopatrywać	zaopatřovat <zaopatřit>	ellát
provérbio m	spreekwoord n	ordspråk n	przysłowie n	přísloví n	közmondás
provérbio m	spreekwoord n	ordspråk n	przysłowie n	přísloví n	közmondás
provérbio m	spreekwoord n	ordspråk n	przysłowie n	přísloví n	közmondás
provérbio m	spreekwoord n	ordspråk n	przysłowie n	přísloví n	közmondás
—	spreekwoord n	ordspråk n	przysłowie n	přísloví n	közmondás
abastecer	verzorgen	sköta	zaopatrywać	zaopatřovat <zaopatřit>	ellát
comissão f	—	provision u	prowizja f	provize f	provízió
comissão f	provisie f	provision u	prowizja f	provize f	provízió
comissão f	provisie f	—	prowizja f	provize f	provízió
provisório	voorlopig	preliminär	tymczasowy	předběžný	egyelőre
provisório	voorlopig	preliminär	tymczasowy	předběžný	egyelőre
—	voorlopig	preliminär	tymczasowy	předběžný	egyelőre
comissão f	provisie f	provision u	prowizja f	—	provízió
comissão f	provisie f	provision u	prowizja f	provize f	—
trânsito m	verkeer n	trafik u	ruch m	—	forgalom
comissão f	provisie f	provision u	prowizja f	provize f	provízió
provisório	voorlopig	preliminär	tymczasowy	předběžný	egyelőre
guiar	leiden	leda	—	vést <zavést>	vezet
comissão f	provisie f	provision u	—	provize f	provízió
proximidade f	nabijheid f	närhet u	bliskość f	blízkost f	közellét
—	nabijheid f	närhet u	bliskość f	blízkost f	közellét
proximidade f	nabijheid f	närhet u	bliskość f	blízkost f	közellét
—	dichtbij	nära	blisko	blízko	közel
tencionar	van plan zijn	ha för avsikt	zamierzać <zamierzyć>	mít v úmyslu	szándékozik
projecto m	ontwerp n	utkast n	szkic m	návrh m	tervezet
por cento m	percent n	procent u	procent m	procento n	százalék
processo m	proces n	process u	proces m	proces m	per
presenciar	beleven	uppleva	przeżywać <przeżyć>	—	átél
chover	regenen	regna	pada deszcz	—	esik az eső
dedo m	vinger m	finger n	palec m	—	ujj
dedo do pé m	teen m	tå u	palec u nogi m	—	lábujj
cautela f	voorzichtigheid f	försiktighet u	ostrożność f	opatrnost f	elővigyázat
cauteloso	voorzichtig	försiktig	ostrożnie	opatrný	óvatos
cauteloso	voorzichtig	försiktig	ostrożnie	opatrný	óvatos
cauteloso	voorzichtig	försiktig	ostrożnie	opatrný	óvatos
—	bezonnen	sansad	rozważny	rozvážný	megfontolt
cautela f	voorzichtigheid f	försiktighet u	ostrożność f	opatrnost f	elővigyázat
fazer comichão	jeuken	klia	swędzić <zaswędzić>	svědět <zasvědět>	viszket
examinar	keuren	kontrollera	sprawdzać <sprawdzić>	zkoušet <zkusit>	vizsgál

Prüfung

	D	E	F	I	ES
Prüfung (D)	—	examination	examen m	esame m	examen m
prugna (I)	Pflaume f	plum	prune f	—	ciruela f
pruim (NL)	Pflaume f	plum	prune f	prugna f	ciruela f
průkaz (CZ)	Ausweis m	passport	pièce d'identité f	documento d'identità m	documento de identidad m
průměrně (CZ)	durchschnittlich	average	moyen(ne)	medio(a)	medio(a)
průmysl (CZ)	Industrie f	industry	industrie f	industria f	industria f
prune (F)	Pflaume f	plum	—	prugna f	ciruela f
průvodce (CZ)	Reiseführer m	guide	guide m	guida f	guía m
průvodčí (CZ)	Schaffner m	conductor	contrôleur m	bigliettaio m	revisor m
pryč (CZ)	fort	away	parti	via	lejos
prysznic (PL)	Dusche f	shower	douche f	doccia f	ducha f
prywatny (PL)	privat	private	privé(e)	privato(a)	privado(a)
przebiegły (PL)	schlau	clever	astucieux(euse)	astuto(a)	astuto(a)
przebrać się (PL)	umziehen, sich	change	changer, se	cambiarsi	cambiarse
przechodzić obok (PL)	vorbeigehen	pass	passer	passare	pasar
przechodzić <przejść> (PL)	passieren	happen	arriver	succedere	pasar
przechowywać <przechować> (PL)	aufbewahren	keep	garder	conservare	guardar
przeciętny (PL)	durchschnittlich	average	moyen(ne)	medio(a)	medio(a)
przeciw¹ (PL)	dagegen	instead	en échange	invece	en su lugar
przeciw² (PL)	gegen	against	contre	contro	contra
przeciwieństwo¹ (PL)	Gegensatz m	contrast	opposé m	contrasto m	contraste m
przeciwieństwo² (PL)	Gegenteil n	opposite	contraire m	contrario m	contrario m
przeciwnik (PL)	Gegner m	opponent	adversaire m	avversario m	adversario m
przeciwny (PL)	entgegengesetzt	opposite	opposé(e)	opposto(a)	opuesto(a) a
przeczuwać <przeczuć> (PL)	ahnen	suspect	douter, se	presagire	suponer
przed¹ (PL)	davor	before	avant	prima	antes
przed² (PL)	davor	in front of	devant	davanti	delante
przedłużać (PL)	verlängern	extend	prolonger	allungare	alargar
przedmieście (PL)	Vorort m	suburb	faubourg m	sobborgo m	suburbio m
przedsiębiorstwo (PL)	Unternehmen n	company	entreprise f	impresa f	empresa f
przedsięwziąć (PL)	unternehmen	undertake	entreprendre	intraprendere	emprender
przedsprzedaż (PL)	Vorverkauf m	advance booking	service de réservations m	prevendita f	venta anticipada f
przedstawiać (PL)	vorstellen	introduce	présenter	presentare	presentar
przedstawiać <przedstawić> (PL)	darstellen	represent	représenter	rappresentare	representar
przedstawienie (PL)	Vorstellung f	idea	idée f	idea f	idea f
przedszkole (PL)	Kindergarten m	nursery school	jardin d'enfants m	asilo (infantile) m	jardín de infancia m
przedział (PL)	Abteil n	compartment	compartiment m	scompartimento m	compartimento m
przełączać <przełączyć> (PL)	schalten	switch	connecter	commutare	conectar
przejażdżka (PL)	Rundfahrt f	round trip	circuit m	giro m	vuelta f
przejściowy (PL)	vorübergehend	temporary	temporaire	temporaneo(a)	pasajero(a)
przekąska (PL)	Imbiss m	snack	casse-croûte m	spuntino m	refrigerio m
przekazywać (PL)	überreichen	hand over	présenter	consegnare	entregar
przekonywać (PL)	überzeugen	convince	convaincre	convincere	convencer
przekraczać (PL)	überqueren	cross	traverser	attraversare	atravesar
przelewać (PL)	überweisen	transfer	virer	trasferire	transferir
przemysł (PL)	Industrie f	industry	industrie f	industria f	industria f
przepis (PL)	Vorschrift f	regulation	règle f	norma f	reglamento m

przepis

P	NL	SV	PL	CZ	H
exame m	onderzoek n	kontroll u	egzamin m	zkouška f	vizsga
ameixa f	pruim f	plommon n	śliwka f	švestka f	szilva
ameixa f	—	plommon n	śliwka f	švestka f	szilva
bilhete de identidade m	identiteitskaart f	identitetskort n	dowód tożsamości m	—	igazolvány
médio	gemiddeld	genomsnittlig	przeciętny	—	átlagban/átlagos
indústria f	industrie f	industri u	przemysł m	—	ipar
ameixa f	pruim f	plommon n	śliwka f	švestka f	szilva
guia m	reisgids m	reseledare u	przewodnik turystyczny m	—	idegenvezető
revisor m	conducteur m	konduktör u	konduktor m	—	kalaúz
ausente	weg	undan	precz	—	el
duche m	douche m	dusch u	—	sprcha f	zuhanyozó
particular	privé	privat	—	soukromý	privát
esperto	slim	smart	—	chytrý	ravasz
mudar de roupa	omkleden, zich	byta kläder	—	převlékat, se <převléct, se>	átöltözködik
passar por	voorbijgaan	gå förbi	—	jít okolo	elmegy mellette
passar	passeren	hända	—	stávat, se <stát, se>	történik
guardar	bewaren	förvara	—	uschovávat <uschovat>	megőriz
médio	gemiddeld	genomsnittlig	—	průměrně	átlagban/átlagos
contra	ertegen	emot	—	proti	azzal szemben
contra	tegen	mot	—	proti	ellen
antagonismo m	tegenstelling f	motsats u	—	protiklad m	ellentét
contrário m	tegendeel n	motsats u	—	opak m	ellenkezője
adversário m	tegenstander m	motståndare u	—	protivník m	ellenfél
oposto	tegengesteld	motsatt	—	protisměrný	ellenkezőleg
pressentir	vermoeden	ana	—	tušit <vytušit>	megsejt
antes	daarvoor	innan	—	před/přede	előtte
diante	daarvoor	framför	—	před tím	előtt
prolongar	verlengen	förlänga	—	prodlužovat <prodloužit>	meghosszabbít
subúrbio m	voorstad f	förort u	—	předměstí n	külváros
empresa f	onderneming f	företag u	—	podnik m	vállalat
empreender	ondernemen	företa sig	—	podnikat <podniknout>	vállalkozik
venda antecipada f	voorverkoop m	förköp n	—	předprodej m	elővétel
imaginar	voorstellen	presentera	—	představovat <představit>	bemutat
representar	voorstellen	framställa	—	prezentovat	ábrázol
ideia f	voorstelling f	föreställning	—	představení n	bemutatkozás
jardim de infância m	kleuterschool f	förskola u	—	mateřská školka f	óvoda
compartimento m	compartiment n	kupé u	—	oddíl m	fülke
ligar	schakelen	koppla	—	zapínat <zapnout>	kapcsol
passeio de carro m	rondrit f	rundtur u	—	okružní jízda f	körutazás
temporário	voorbijgaand	temporär	—	přechodný	átmenetileg
merenda f	lichte maaltijd f	korvkiosk u	—	imbis m	imbisz
entregar	overhandigen	överräcka	—	předávat <předat>	átad
convencer	overtuigen	övertyga	—	přesvědčovat <přesvědčit>	meggyőz
atravessar	oversteken	korsa	—	přecházet <přejít>	áthalad
transferir	overmaken	föra över	—	převádět <převést>	átutal
indústria f	industrie f	industri u	—	průmysl m	ipar
regulamento m	voorschrift n	föreskrift u	—	předpis m	előírás

przepoławiać

	D	E	F	I	ES
przepoławiać <przepołowić> (PL)	halbieren	halve	partager en deux	dimezzare	dividir por la mitad
przepraszać <przeprosić> (PL)	entschuldigen, sich	apologize	excuser, s'	scusarsi	disculparse
przeprowadzić się (PL)	umziehen	move	déménager	traslocare	mudarse
przeprowadzka (PL)	Umzug *m*	move	déménagement *m*	trasloco *m*	mudanza *f*
przerwa (PL)	Pause *f*	break	pause *f*	pausa *f*	pausa *f*
przerwanie (PL)	Unterbrechung *f*	interruption	interruption *f*	interruzione *f*	interrupción *f*
przerywać (PL)	unterbrechen	interrupt	interrompre	interrompere	interrumpir
przesada (PL)	Übertreibung *f*	exaggeration	exagération *f*	esagerazione *f*	exageración *f*
przesadzać (PL)	übertreiben	exaggerate	exagérer	esagerare	exagerar
prześcieradło (PL)	Laken *n*	sheet	drap *m*	lenzuolo *m*	sábana *f*
przesiadać się (PL)	umsteigen	change	changer (de train)	cambiare	cambiar de
przestawać <przestać> (PL)	aufhören	stop	arrêter	cessare	terminar
przestępstwo (PL)	Verbrechen *n*	crime	crime *m*	delitto *m*	crimen *m*
przestraszyć (PL)	erschrecken	frighten	effrayer	spaventare	asustar
przestrzegać (PL)	beachten	take notice of	considérer	osservare	prestar atención a
przesuwać <przesunąć>¹ (PL)	rücken	move	déplacer	muovere	mover
przesuwać <przesunąć>² (PL)	schieben	push	pousser	spingere	empujar
prześwietlać <prześwietlić> (PL)	röntgen	X-ray	radiographier	fare una radiografia	radiografiar
przeszłość (PL)	Vergangenheit *f*	past	passé *m*	passato *m*	pasado *m*
przeszkadzać (PL)	stören	disturb	déranger	disturbare	molestar
przeszkadzać <przeszkodzić> (PL)	hindern	hinder	empêcher	impedire	impedir
przeważnie (PL)	meistens	generally	généralement	di solito	por lo común
przewód (PL)	Leitung *f*	pipe	tuyau *m*	conduttura *f*	tubería *f*
przewodnik turystyczny (PL)	Reiseführer *m*	guide	guide *m*	guida *f*	guía *m*
przez (PL)	hindurch	through	à travers	attraverso	a través de
przeziębienie (PL)	Erkältung *f*	cold	refroidissement *m*	raffreddore *m*	resfriado *m*
przeznaczenie (PL)	Schicksal *n*	fate	destin *m*	destino *m*	destino *m*
przeżywać <przeżyć> (PL)	erleben	experience	être témoin de	vivere	experimentar
przy (PL)	bei	at/near	chez/prés de	da/presso	cerca de/junto a
przybywać <przybyć>¹ (PL)	ankommen	arrive	arriver	arrivare	llegar
przybywać <przybyć>² (PL)	einreisen	enter	entrer dans un pays	entrare (in un paese)	entrar (en un país)
przychodzić <przyjść> (PL)	kommen	come	venir	venire	venir
przyczyna (PL)	Ursache *f*	cause	cause *f*	causa *f*	causa *f*
przyglądać się (PL)	zusehen	watch	regarder	stare a guardare	mirar
przyglądać, się <przyjrzeć, się > (PL)	ansehen	look at	regarder	guardare	mirar
przygoda (PL)	Abenteuer *n*	adventure	aventure *f*	avventura *f*	aventura *f*
przyłączenie (PL)	Anschluss *m*	connection	correspondance *f*	coincidenza *f*	conexión *f*
przyjaciel (PL)	Freund *m*	friend	ami *m*	amico *m*	amigo *m*
przyjazd (PL)	Ankunft *f*	arrival	arrivée *f*	arrivo *m*	llegada *f*
przyjaźń (PL)	Freundschaft *f*	friendship	amitié *f*	amicizia *f*	amistad *f*
przyjazny (PL)	freundlich	friendly	aimable	gentile	amable
przyjemność (PL)	Vergnügen *n*	pleasure	plaisir *m*	divertimento *m*	placer *m*
przyjemny (PL)	angenehm	pleasant	agréable	gradevole	agradable
przykład (PL)	Beispiel *n*	example	exemple *m*	esempio *m*	ejemplo *m*
przykry (PL)	peinlich	embarrassing	gênant(e)	imbarazzante	desagradable
przykryć (PL)	zudecken	cover (up)	couvrir	coprire	tapar

P	NL	SV	PL	CZ	H
dividir ao meio	halveren	halvera	—	půlit <rozpůlit>	felez
desculpar-se	verontschuldigen, zich	ursäkta sig	—	omlouvat, se <omluvit, se>	bocsánatot kér
mudar de casa	verhuizen	flytta	—	stěhovat se <přestěhovat, se>	átköltözik
mudança f	verhuizing f	flyttning u	—	stěhování n	költözködés
intervalo m	pauze f	paus u	—	přestávka f	szünet
interrupção f	onderbreking f	avbrott n	—	přerušení n	megszakítás
interromper	onderbreken	avbryta	—	přerušovat <přerušit>	megszakít
exageração f	overdrijving f	överdrivelse u	—	nadsázka f	túlzás
exagerar	overdrijven	överdriva	—	přehánět <přehnat>	túloz
lençol m	laken n	lakan n	—	prostěradlo n	lepedő
mudar	overstappen	byta	—	přestupovat <přestoupit>	átszáll
acabar	ophouden	sluta	—	přestávat <přestat>	megszűnik
crime m	misdaad f	brott n	—	zločin m	bűncselekmény
assustar	schrikken	förskräckas	—	děsit <vyděsit>	megijed
dar atenção a	in acht nemen	beakta	—	dbát na	figyelembe venni
mover	rukken	flytta	—	posouvat <posunout>	mozdít
empurrar	schuiven	skjuta	—	posouvat <posunout>	tol
radiografar	röntgenen	röntgen u	—	rentgen m	röntgenez
passado m	verleden n	det förflutna n	—	minulost f	múlt
perturbar	storen	störa	—	rušit <vyrušit>	zavar
impedir	hinderen	förhindra	—	bránit <zabránit>	akadályoz
geralmente	meestal	för det mesta	—	většinou	többnyire
instalação f	leiding f	ledning u	—	vedení n	vezeték
guia m	reisgids m	reseledare u	—	průvodce m	idegenvezető
através de	doorheen	igenom	—	skrz	át
constipação f	verkoudheid f	förkylning u	—	nachlazení n	megfázás
destino m	noodlot n	öde n	—	osud m	sors
presenciar	beleven	uppleva	—	prožívat <prožít>	átél
ao pé de	bij	vid	—	u	nál/nél
chegar	aankomen	komma fram	—	přijíždět <přijet>	megérkez
entrar	een land inreizen	resa in	—	přicestovat	beutazik
vir	komen	komma	—	přicházet <přijít>	jön
causa f	oorzaak f	orsak u	—	příčina f	ok
assistir	toezien	se på	—	přihlížet <přihlédnout>	figyel
olhar	aanzien	titta på	—	dívat, se <podívat, se>	megnéz
aventura f	avontuur n	äventyr n	—	dobrodružství n	kaland
ligação f	aansluiting f	anslutning u	—	přípoj m	csatlakozás
amigo m	vriend m	vän u	—	přítel m	barát
chegada f	aankomst f	ankomst u	—	příjezd m	megérkezés
amizade f	vriendschap f	vänskap u	—	přátelství n	barátság
amável	vriendelijk	vänlig	—	přátelsky	barátságos
prazer m	plezier n	nöje n	—	zábava f	mulatság
agradável	aangenaam	angenämt	—	příjemně	kellemes
exemplo m	voorbeeld n	exempel n	—	příklad m	példa
desagradável	pijnlijk	pinsamt	—	trapný	kellemetlen
cobrir	toedekken	täcka över	—	přikrývat <přikrýt>	fedővel lefed

przykrywać 814

	D	E	F	I	ES
przykrywać <przykryć> (PL)	bedecken	cover	couvrir	coprire	cubrir
przykrywka (PL)	Deckel m	lid	couvercle m	coperchio m	tapa f
przymierzać <przymierzyć> (PL)	anprobieren	try on	essayer	provare	probar
przymocowywać <przymocować>[1] (PL)	anmachen	put on	allumer	accendere	encender
przymocowywać <przymocować>[2] (PL)	anbringen	fasten	fixer	fissare	colocar
przynajmniej (PL)	mindestens	at least	au moins	almeno	por lo menos
przynosić <przynieść>[1] (PL)	bringen	fetch	porter	portare	llevar
przynosić <przynieść>[2] (PL)	holen	fetch	aller chercher	andare a prendere	traer
przynosić <przynieść>[3] (PL)	mitbringen	bring (along)	apporter	portare con sé	traer
przypadek (PL)	Zufall m	chance	hasard m	caso m	casualidad f
przypadkowo (PL)	zufällig	by chance	par hasard	per caso m	por casualidad
przypływ (PL)	Flut f	high tide	marée haute f	alta marea f	marea alta f
przypominać <przypomnieć>[1] (PL)	erinnern	remember	rappeler	ricordare	recordarse
przypominać <przypomnieć>[2] (PL)	mahnen	warn	exhorter	ammonire	notificar
przyprawa (PL)	Gewürz n	spice	épice f	spezie f/pl	especia f
przypuszczać[1] (PL)	vermuten	suppose	supposer	supporre	suponer
przypuszczać[2] (PL)	voraussetzen	assume	supposer	presupporre	presuponer
przypuszczenie[1] (PL)	Annahme f	assumption	supposition f	supposizione f	suposición f
przypuszczenie[2] (PL)	Vermutung f	supposition	supposition f	supposizione f	suposición f
przyrząd (PL)	Gerät n	appliance	appareil m	apparecchio m	aparato m
przysięgać <przysiąc> (PL)	schwören	swear	jurer	giurare	jurar
przysłowie (PL)	Sprichwort n	proverb	proverbe m	proverbio m	proverbio m
przysłuchiwać się (PL)	zuhören	listen	écouter	ascoltare	escuchar
przystanek (PL)	Haltestelle f	stop	arrêt m	fermata f	parada f
przystawka (PL)	Vorspeise f	appetizer	hors-d'œuvre m	antipasto m	primer plato m
przyszłość (PL)	Zukunft f	future	avenir m	futuro m	futuro m
przytulny (PL)	gemütlich	comfortable	agréable	comodo(a)	cómodo(a)
przyznawać, się <przyznać, się> (PL)	gestehen	confess	avouer	confessare	confesar
przyzwoity (PL)	anständig	decent	convenable	decente	decente
przyzwyczajać, się <przyzwyczaić, się> (PL)	gewöhnen, sich	get used to	habituer	abituarsi	acostumbrarse
przyzwyczajenie (PL)	Gewohnheit f	habit	habitude f	abitudine f	costumbre f
psát <napsat> (CZ)	schreiben	write	écrire	scrivere	escribir
ptak (PL)	Vogel m	bird	oiseau m	uccello m	pájaro m
pták (CZ)	Vogel m	bird	oiseau m	uccello m	pájaro m
ptát, se <zeptat, se> (CZ)	fragen	ask	demander	domandare	preguntar
pub (E)	Kneipe f	—	bistro m	osteria f	taberna f
pubblicare[1] (I)	herausgeben	publish	éditer	—	editar
pubblicare[2] (I)	veröffentlichen	publish	publier	—	publicar
pubblicità (I)	Werbung f	advertising	publicité f	—	publicidad f
pubblico (I)	Publikum n	audience	spectateurs m/pl	—	público m
pubblico(a) (I)	öffentlich	public	public(ique)	—	público(a)
public (E)	öffentlich	—	public(ique)	pubblico(a)	público(a)
publicar (ES)	veröffentlichen	publish	publier	pubblicare	—
publicar (P)	veröffentlichen	publish	publier	pubblicare	publicar

publicar

P	NL	SV	PL	CZ	H
cobrir	bedekken	täcka	—	zakrývat <zakrýt>	beborít, betakar
tampa f	deksel n	lock n	—	víko n	fedél
provar roupa	aanpassen	prova ngt på ngn	—	zkoušet <vyzkoušet>	felpróbál
acender	aanzetten	sätta på	—	rozdělávat <rozdělat>	bekapcsol
fixar	aanbrengen	placera	—	připevňovat <připevnit>	felszerel
no mínimo	minstens	minst	—	minimálně	legalább
trazer	brengen	hämta	—	přinášet <přinést>	hoz
ir buscar	halen	hämta	—	docházet <dojít>	hoz
trazer	meebrengen	medföra	—	přinášet <přinést>	magával hoz
acaso m	toeval n	slump u	—	náhoda f	véletlen
por acaso	toevallig	tillfällig	—	náhodou	véletlenül
maré cheia f	vloed f	flod u	—	povodeň f	dagály
recordar	herinneren	minnas	—	připomínat <připomenout>	emlékez
advertir	manen	mana	—	varovat	figyelmeztet
especiaria f	kruiden n/pl	krydda u	—	koření n	fűszer
supor	vermoeden	förmoda	—	domnívat, se	sejt
pressupor	vooronderstellen	förutsätta	—	předpokládat	feltételez
recepção f	veronderstelling f	antagande n	—	příjem m	elfogadás
suposição f	vermoeden n	förmodan u	—	domněnka f	sejtés
aparelho m	toestel n	apparat u	—	přístroj m	készülék
jurar	zweren	svära på	—	přísahat	esküszik
provérbio m	spreekwoord n	ordspråk n	—	přísloví n	közmondás
escutar	luisteren	lyssna	—	poslouchat <poslechnout>	hallgat
paragem f	halte f	hållplats u	—	zastávka f	megálló
entrada f	voorgerecht n	förrätt u	—	předkrm m	előétel
futuro m	toekomst f	framtid u	—	budoucnost f	jövő
confortável	gezellig	hemtrevlig	—	útulný	kellemes
confessar	toegeven	erkänna	—	připouštět <připustit>	bevall
decente	fatsoenlijk	anständig	—	slušně	tisztességes
acostumar-se	wennen	vänja sig	—	zvykat, si <zvyknout, si>	megszokik
hábito m	gewoonte f	vana u	—	zvyk m	szokás
escrever	schrijven	skriva	pisać <napisać>	—	ír
pássaro m	vogel m	fågel u	—	pták m	madár
pássaro m	vogel m	fågel u	ptak m	—	madár
perguntar	vragen	fråga	pytać	—	kérdez
bar m	kroeg f	krog u	knajpa f	hospoda f	kocsma
entregar	teruggeven	ge ut	wydawać <wydać>	vydávat <vydat>	visszaad
publicar	publiceren	offentliggöra	publikować	uveřejňovat <uveřejnit>	publikál
propaganda f	reclame m	reklam u	reklama f	reklama f	hirdetés
público m	publiek n	publik u	publiczność f	publikum n	közönség
público	openbaar	offentlig	publiczny	veřejný	nyilvános
público	openbaar	offentlig	publiczny	veřejný	nyilvános
publicar	publiceren	offentliggöra	publikować	uveřejňovat <uveřejnit>	publikál
—	publiceren	offentliggöra	publikować	uveřejňovat <uveřejnit>	publikál

publiceren

	D	E	F	I	ES
publiceren (NL)	veröffentlichen	publish	publier	pubblicare	publicar
publicidad (ES)	Werbung f	advertising	publicité f	pubblicità f	—
public(ique) (F)	öffentlich	public	—	pubblico(a)	público(a)
publicité¹ (F)	Reklame f	advertisement	—	réclame f	annuncio m
publicité² (F)	Werbung f	advertising	—	pubblicità f	publicidad f
público (ES)	Publikum n	audience	spectateurs m/pl	pubblico m	—
público (P)	Publikum n	audience	spectateurs m/pl	pubblico m	público m
público (P)	öffentlich	public	public(ique)	pubblico(a)	público(a)
público(a) (ES)	öffentlich	public	public(ique)	pubblico(a)	—
publiczność (PL)	Publikum n	audience	spectateurs m/pl	pubblico m	público m
publiczny (PL)	öffentlich	public	public(ique)	pubblico(a)	público(a)
publiek (NL)	Publikum n	audience	spectateurs m/pl	pubblico m	público m
publier (F)	veröffentlichen	publish	—	pubblicare	publicar
publik (SV)	Publikum n	audience	spectateurs m/pl	pubblico m	público m
publikál (H)	veröffentlichen	publish	publier	pubblicare	publicar
publikować (PL)	veröffentlichen	publish	publier	pubblicare	publicar
Publikum (D)	—	audience	spectateurs m/pl	pubblico m	público m
publikum (CZ)	Publikum n	audience	spectateurs m/pl	pubblico m	público m
publish¹ (E)	herausgeben	—	éditer	pubblicare	editar
publish² (E)	veröffentlichen	—	publier	pubblicare	publicar
pucol (H)	putzen	clean	nettoyer	pulire	limpiar
Pudding (D)	—	pudding	flan m	budino m	flan m
pudding (E)	Pudding m	—	flan m	budino m	flan m
pudding (NL)	Pudding m	pudding	flan m	budino m	flan m
pudding (SV)	Pudding m	pudding	flan m	budino m	flan m
puddle (E)	Pfütze f	—	flaque f	pozzanghera f	charco m
pudełko (PL)	Schachtel f	box	boîte f	scatola f	caja f
Puder (D)	—	powder	poudre f	cipria f	polvos m/pl
puder (SV)	Puder m	powder	poudre f	cipria f	polvos m/pl
puder (PL)	Puder m	powder	poudre f	cipria f	polvos m/pl
púder (H)	Puder m	powder	poudre f	cipria f	polvos m/pl
pudim (P)	Pudding m	pudding	flan m	budino m	flan m
puding (H)	Pudding m	pudding	flan m	budino m	flan m
pudink (CZ)	Pudding m	pudding	flan m	budino m	flan m
pudr (CZ)	Puder m	powder	poudre f	cipria f	polvos m/pl
pueblo (ES)	Dorf n	village	village m	paese m	—
puente (ES)	Brücke f	bridge	pont m	ponte m	—
puer (F)	stinken	stink	—	puzzare	apestar
puerta (ES)	Tür f	door	porte f	porta f	—
puerto (ES)	Hafen m	port	port m	porto m	—
pues/porque (ES)	denn	for/than	car	perché	—
puha (H)	weich	soft	doux (douce)	morbido(a)	tierno(a)
půjčovat <půjčit> (CZ)	verleihen	lend	prêter	dare in prestito	prestar
pukać <zapukać> (PL)	klopfen	knock	frapper	bussare	golpear
půl (CZ)	halb	half	demi(e)	mezzo(a)	medio(a)
pulire¹ (I)	reinigen	clean	nettoyer	—	limpiar
pulire² (I)	putzen	clean	nettoyer	—	limpiar
pulito(a) (I)	sauber	clean	propre	—	limpio(a)
pulitura (I)	Reinigung f	cleaning	nettoyage m	—	limpieza f
půlit <rozpůlit> (CZ)	halbieren	halve	partager en deux	dimezzare	dividir por la mitad
pull (E)	ziehen	—	tirer	tirare	tirar

pull

P	NL	SV	PL	CZ	H
publicar	—	offentliggöra	publikować	uveřejňovat <uveřejnit>	publikál
propaganda f	reclame m	reklam u	reklama f	reklama f	hirdetés
público	openbaar	offentlig	publiczny	veřejný	nyilvános
reclame m	reclame f	reklam u	reklama f	reklama f	reklám
propaganda f	reclame m	reklam u	reklama f	reklama f	hirdetés
público m	publiek n	publik u	publiczność f	publikum n	közönség
—	publiek n	publik u	publiczność f	publikum n	közönség
—	openbaar	offentlig	publiczny	veřejný	nyilvános
público	openbaar	offentlig	publiczny	veřejný	nyilvános
público m	publiek n	publik u	—	publikum n	közönség
público	openbaar	offentlig	—	veřejný	nyilvános
público m	—	publik u	publiczność f	publikum n	közönség
publicar	publiceren	offentliggöra	publikować	uveřejňovat <uveřejnit>	publikál
público m	publiek n	—	publiczność f	publikum n	közönség
publicar	publiceren	offentliggöra	publikować	uveřejňovat <uveřejnit>	—
publicar	publiceren	offentliggöra	—	uveřejňovat <uveřejnit>	publikál
público m	publiek n	publik u	publiczność f	publikum n	közönség
público m	publiek n	publik u	publiczność f	—	közönség
entregar	teruggeven	ge ut	wydawać <wydać>	vydávat <vydat>	visszaad
publicar	publiceren	offentliggöra	publikować	uveřejňovat <uveřejnit>	publikál
limpar	poetsen	städa	czyścić <wyczyścić>	čistit <vyčistit>	—
pudim m	pudding m	pudding u	budyń m	pudink m	puding
pudim m	pudding m	pudding u	budyń m	pudink m	puding
pudim m	—	pudding u	budyń m	pudink m	puding
pudim m	pudding m	—	budyń m	pudink m	puding
poça de água f	plas m	vattenpöl u	kałuża f	kaluž f	pocsolya
caixa f	doos f	ask u	—	krabice f	doboz
pó m	poeder n	puder n	puder m	pudr m	púder
pó m	poeder n	—	puder m	pudr m	púder
pó m	poeder n	puder n	—	pudr m	púder
pó m	poeder n	puder n	puder m	pudr m	—
—	pudding m	pudding u	budyń m	pudink m	puding
pudim m	pudding m	pudding u	budyń m	pudink m	—
pudim m	pudding m	pudding u	budyń m	—	puding
pó m	poeder n	puder n	puder m	—	púder
aldeia f	dorp n	by u	wieś f	vesnice f	falu
ponte f	brug f	bro u	most m	most m	híd
feder	stinken	lukta illa	śmierdzieć	páchnout	bűzlik
porta f	deur f	dörr u	drzwi n	dveře pl	ajtó
porto m	haven f	hamn u	port m	přístav m	kikötő
porque	want	för	ponieważ	protože	mert
mole	zacht	mjuk	miękki	měkký	—
emprestar	uitlenen	låna ut	wypożyczać	—	kölcsönad
bater	kloppen	knacka	—	klepat <zaklepat>	kopog
meio	half	halv	pół	—	fél
limpar	reinigen	göra rent	oczyszczać <oczyścić>	čistit <vyčistit>	tisztít
limpar	poetsen	städa	czyścić <wyczyścić>	čistit <vyčistit>	pucol
limpo	schoon	ren	czysty	čistý	tiszta
limpeza f	reiniging f	rengöring u	czyszczenie n	čištění n	tisztítás
dividir ao meio	halveren	halvera	przepoławiać <przepołowić>	—	felez
puxar	trekken	dra	ciągnąć	táhnout	húz

Pullover

	D	E	F	I	ES
Pullover (D)	—	pullover	pull-over *m*	pullover *m*	jersey *m*
pullover (E)	Pullover *m*	—	pull-over *m*	pullover *m*	jersey *m*
pull-over (F)	Pullover *m*	pullover	—	pullover *m*	jersey *m*
pullover (I)	Pullover *m*	pullover	pull-over *m*	—	jersey *m*
pullover (NL)	Pullover *m*	pullover	pull-over *m*	pullover *m*	jersey *m*
půlnoc (CZ)	Mitternacht *f*	midnight	minuit *m*	mezzanotte *f*	medianoche *f*
pulôver (P)	Pullover *m*	pullover	pull-over *m*	pullover *m*	jersey *m*
pulóver (H)	Pullover *m*	pullover	pull-over *m*	pullover *m*	jersey *m*
pump (E)	Pumpe *f*	—	pompe *f*	pompa *f*	bomba *f*
pump (SV)	Pumpe *f*	pump	pompe *f*	pompa *f*	bomba *f*
Pumpe (D)	—	pump	pompe *f*	pompa *f*	bomba *f*
punctual (E)	pünktlich	—	ponctuel(le)	puntuale	puntual
punishment (E)	Strafe *f*	—	punition *f*	punizione *f*	castigo *m*
punition (F)	Strafe *f*	punishment	—	punizione *f*	castigo *m*
punizione (I)	Strafe *f*	punishment	punition *f*	—	castigo *m*
pünktlich (D)	—	punctual	ponctuel(le)	puntuale	puntual
punktlig (SV)	pünktlich	punctual	ponctuel(le)	puntuale	puntual
punktualny (PL)	pünktlich	punctual	ponctuel(le)	puntuale	puntual
punto de vista (ES)	Standpunkt *m*	standpoint	point de vue *m*	punto di vista *m*	—
punto di vista (I)	Standpunkt *m*	standpoint	point de vue *m*	—	punto de vista *m*
puntual (ES)	pünktlich	punctual	ponctuel(le)	puntuale	—
puntuale (I)	pünktlich	punctual	ponctuel(le)	—	puntual
pupil (E)	Schüler *m*	—	élève *m*	scolaro *m*	alumno *m*
Puppe (D)	—	doll	poupée *f*	bambola *f*	muñeca *f*
purchase (E)	Kauf *m*	—	achat *m*	acquisto *m*	compra *f*
purple (E)	lila	—	mauve	lilla	de color lila
purpose (E)	Zweck *m*	—	but *m*	scopo *m*	finalidad *f*
pursue (E)	verfolgen	—	poursuivre	inseguire	perseguir
purtroppo (I)	leider	unfortunately	malheureusement	—	desgraciadamente
push (E)	schieben	—	pousser	spingere	empujar
pusty¹ (PL)	hohl	hollow	creux(euse)	cavo(a)	hueco(a)
pusty² (PL)	leer	empty	vide	vuoto(a)	vacío(a)
pusty³ (PL)	öde	waste	désert(e)	brullo(a)	desierto(a)
pustý (CZ)	öde	waste	désert(e)	brullo(a)	desierto(a)
puszka (PL)	Dose *f*	tin	boîte *f*	barattolo *m*	lata *f*
put down (E)	hinlegen	—	poser	posare	poner
put on¹ (E)	anmachen	—	allumer	accendere	encender
put on² (E)	anziehen	—	mettre	indossare	ponerse
putovat (CZ)	wandern	hike	faire de la randonnée	fare un'escursione	caminar
putzen (D)	—	clean	nettoyer	pulire	limpiar
Putzfrau (D)	—	charwoman	femme de ménage *f*	donna delle pulizie *f*	mujer de limpieza *f*
původní (CZ)	ursprünglich	original	originel(le)	originario(a)	primitivo(a)
puxar (P)	ziehen	pull	tirer	tirare	tirar
puzzare (I)	stinken	stink	puer	—	apestar
pytać (PL)	fragen	ask	demander	domandare	preguntar
pytanie (PL)	Frage *f*	question	question *f*	domanda *f*	pregunta *f*
quaderno (I)	Heft *n*	exercise book	cahier *m*	—	cuaderno *m*
quadrado (P)	Quadrat *n*	square	carré *m*	quadrato *m*	cuadrado *m*
quadrado (P)	quadratisch	square	carré(e)	quadrato(a)	cuadrado(a)
Quadrat (D)	—	square	carré *m*	quadrato *m*	cuadrado *m*
quadratisch (D)	—	square	carré(e)	quadrato(a)	cuadrado(a)
quadrato (I)	Quadrat *n*	square	carré *m*	—	cuadrado *m*
quadrato(a) (I)	quadratisch	square	carré(e)	—	cuadrado(a)
quadriculado (P)	kariert	checked	à carreaux	a quadretti	a cuadros
quadro (I)	Gemälde *n*	painting	tableau *m*	—	cuadro *m*
qualcosa (I)	etwas	something	quelque chose	—	algo

qualcosa

P	NL	SV	PL	CZ	H
pulôver m	pullover m	tröja u	sweter m	svetr m	pulóver
pulôver m	pullover m	tröja u	sweter m	svetr m	pulóver
pulôver m	pullover m	tröja u	sweter m	svetr m	pulóver
pulôver m	pullover m	tröja u	sweter m	svetr m	pulóver
pulôver m	—	tröja u	sweter m	svetr m	pulóver
meia-noite f	middernacht f	midnatt u	północ f	—	éjfél
—	pullover m	tröja u	sweter m	svetr m	pulóver
pulôver m	pullover m	tröja u	sweter m	svetr m	—
bomba f	pomp f	pump u	pompa f	čerpadlo n	szivattyú
bomba f	pomp f	—	pompa f	čerpadlo n	szivattyú
bomba f	pomp f	pump u	pompa f	čerpadlo n	szivattyú
pontual	stipt	punktlig	punktualny	přesný	pontos
castigo m	straf f	straff n	kara f	trest m	büntetés
castigo m	straf f	straff n	kara f	trest m	büntetés
castigo m	straf f	straff n	kara f	trest m	büntetés
pontual	stipt	punktlig	punktualny	přesný	pontos
pontual	stipt	—	punktualny	přesný	pontos
pontual	stipt	punktlig	—	přesný	pontos
ponto de vista f	standpunt n	ståndpunkt u	stanowisko n	stanovisko n	álláspont
ponto de vista f	standpunt n	ståndpunkt u	stanowisko n	stanovisko n	álláspont
pontual	stipt	punktlig	punktualny	přesný	pontos
pontual	stipt	punktlig	punktualny	přesný	pontos
aluno m	scholier m	elev m	uczeń m	žák m	diák m
boneca f	pop f	docka u	lalka f	panenka f	baba
compra f	koop m	inköp/köp n	zakup m	nákup m	vétel
roxo	lila	lila	liliowy	fialový	lila
finalidade f	doel n	syfte n	cel m	účel m	cél
perseguir	vervolgen	förfölja	ścigać	pronásledovat	üldöz
infelizmente	helaas	tyvärr	niestety	bohužel	sajnos
empurrar	schuiven	skjuta	przesuwać <przesunąć>	posouvat <posunout>	tol
oco	hol	ihålig	—	dutý	üres
vazio	leeg	tom	—	prázdný	üres
deserto	woest	öde	—	pustý	kietlen
deserto	woest	öde	pusty	—	kietlen
lata f	blik n	burk u	—	dóza f	doboz
deitar	neerleggen	placera	kłaść <położyć>	pokládat <položit>	lefekszik
acender	aanzetten	sätta på	przymocowywać <przymocować>	rozdělávat <rozdělat>	bekapcsol
vestir	aantrekken	klä på sig	ubierać <ubrać>	oblékat <obléci>	felvesz
caminhar	trekken	vandra	wędrować	—	vándorol
limpar	poetsen	städa	czyścić <wyczyścić>	čistit <vyčistit>	pucol
mulher a dias f	schoonmaakster f	städhjälp u	sprzątaczka f	uklízečka f	takarítónő
original	oorspronkelijk	ursprunglig	pierwotny	—	eredetileg
—	trekken	dra	ciągnąć	táhnout	húz
feder	stinken	lukta illa	śmierdzieć	páchnout	bűzlik
perguntar	vragen	fråga	—	ptát, se <zeptat, se>	kérdez
pergunta f	vraag f	fråga u	—	otázka f	kérdés
caderno m	boekje n	häfte n	zeszyt m	sešit m	füzet
—	vierkant n	kvadrat u	kwadrat m	kvadrát m	négyzet
—	vierkant	kvadratisk	kwadratowy	kvadratický	négyzetes
quadrado m	vierkant n	kvadrat u	kwadrat m	kvadrát m	négyzet
quadrado	vierkant	kvadratisk	kwadratowy	kvadratický	négyzetes
quadrado m	vierkant n	kvadrat u	kwadrat m	kvadrát m	négyzet
quadrado	vierkant	kvadratisk	kwadratowy	kvadratický	négyzetes
—	geruit	rutigt	w kratkę	čtverečkovaný	kockás
pintura f	schilderij n	målning u	obraz m	obraz m	festmény
alguma coisa	iets	något	coś	něco	valami

qualcuno

	D	E	F	I	ES
qualcuno (I)	jemand	somebody	quelqu'un	—	alguien
qualcuno(a) (I)	irgendein(e,r)	some/any	quelconque	—	cualquier(a)
quälen (D)	—	torture	torturer	tormentare	atormentar
qualidade (P)	Qualität f	quality	qualité f	qualità f	calidad f
qualità¹ (I)	Eigenschaft f	quality	qualité f	—	cualidad f
qualità² (I)	Qualität f	quality	qualité f	—	calidad f
Qualität (D)	—	quality	qualité f	qualità f	calidad f
qualité¹ (F)	Eigenschaft f	quality	—	qualità f	cualidad f
qualité² (F)	Qualität f	quality	—	qualità f	calidad f
quality¹ (E)	Eigenschaft f	—	qualité f	qualità f	cualidad f
quality² (E)	Qualität f	—	qualité f	qualità f	calidad f
qualora (I)	falls	in case	au cas où	—	en caso de que
qualquer (P)	beliebig	any	n'importe quel	qualsiasi	a voluntad
qualquer coisa (P)	irgendetwas	something	n'importe quoi	qualsiasi cosa	algo
qualquer um(a) (P)	irgendein(e,r)	some/any	quelconque	qualcuno(a)	cualquier(a)
qualsiasi (I)	beliebig	any	n'importe quel	—	a voluntad
qualsiasi cosa (I)	irgendetwas	something	n'importe quoi	—	algo
quand¹ (F)	als	when	—	quando	cuando
quand² (F)	wann	when	—	quando	cuando
quando¹ (I)	als	when	quand	—	cuando
quando² (I)	wann	when	quand	—	cuando
quando (P)	wann	when	quand	quando	cuando
quantidade (P)	Menge f	quantity	quantité f	quantità f	cantidad f
quantidade (P)	Quantität f	quantity	quantité f	quantità f	cantidad f
quantità (I)	Menge f	quantity	quantité f	—	cantidad f
quantità (I)	Quantität f	quantity	quantité f	—	cantidad f
Quantität (D)	—	quantity	quantité f	quantità f	cantidad f
quantité (F)	Menge f	quantity	—	quantità f	cantidad f
quantité (F)	Quantität f	quantity	—	quantità f	cantidad f
quantity (E)	Menge f	—	quantité f	quantità f	cantidad f
quantity (E)	Quantität f	—	quantité f	quantità f	cantidad f
qua/qui/da (I)	her	here	ici	—	aquí
Quark (D)	—	curd cheese	fromage blanc m	ricotta f	requesón m
quarrel (E)	streiten	—	disputer, se	litigare	discutir
quart (F)	Viertel n	quarter	—	quarto m	cuarto m
quarter (E)	Viertel n	—	quart m	quarto m	cuarto m
quartier (F)	Viertel n	district	—	quartiere m	barrio m
quartiere (I)	Viertel n	district	quartier m	—	barrio m
quarto (I)	Viertel n	quarter	quart m	—	cuarto m
quarto¹ (P)	Viertel n	quarter	quart m	quarto m	cuarto m
quarto² (P)	Zimmer n	room	chambre f	camera f	habitación f
quarto de dormir (P)	Schlafzimmer n	bedroom	chambre à coucher f	camera da letto f	dormitorio m
quase (P)	beinahe	nearly	presque	quasi	casi
quase (P)	fast	nearly	presque	quasi	casi
quase nada (P)	kaum	hardly	à peine	appena	apenas
quasi (I)	beinahe	nearly	presque	—	casi
quasi (I)	fast	nearly	presque	—	casi
que (F)	dass	that	—	che	que
que? (F)	was?	what?	—	che?	¿qué?
que (ES)	dass	that	que	che	—
que (P)	dass	that	que	che	que
¿qué? (ES)	was?	what?	que?	che?	—
quebrar¹ (P)	einwerfen	post	poster	imbucare	echar
quebrar² (P)	zerbrechen	break	casser	rompere	romper

quebrar

P	NL	SV	PL	CZ	H
alguém	iemand	någon	ktoś	někdo	valaki
qualquer um(a)	een of ander	någon	jakakolwiek	nějaká	valamilyen
atormentar	kwellen	plåga	męczyć	trápit <utrápit>	kínoz
—	kwaliteit f	kvalitet u	jakość f	kvalita f	minőség
característica f	eigenschap f/ hoedanigheid f	egenskap u	cecha f	vlastnost f	tulajdonság
qualidade f	kwaliteit f	kvalitet u	jakość f	kvalita f	minőség
qualidade f	kwaliteit f	kvalitet u	jakość f	kvalita f	minőség
característica f	eigenschap f/ hoedanigheid f	egenskap u	cecha f	vlastnost f	tulajdonság
qualidade f	kwaliteit f	kvalitet u	jakość f	kvalita f	minőség
característica f	eigenschap f/ hoedanigheid f	egenskap u	cecha f	vlastnost f	tulajdonság
qualidade f	kwaliteit f	kvalitet u	jakość f	kvalita f	minőség
no caso de	indien	om	jeśli	když	ha
—	willekeurig	valfri	dowolny	libovolně	tetszés szerinti
—	het een of ander	något	coś	něco	valami
—	een of ander	någon	jakakolwiek	nějaká	valamilyen
qualquer	willekeurig	valfri	dowolny	libovolně	tetszés szerinti
qualquer coisa	het een of ander	något	coś	něco	valami
como	als	när	jako	jako	mint/-ként
quando	wanneer	när	kiedy	kdy	mikor
como	als	när	jako	jako	mint/-ként
quando	wanneer	när	kiedy	kdy	mikor
—	wanneer	när	kiedy	kdy	mikor
—	hoeveelheid f	mängd u	ilość f	množství n	mennyiség
—	kwantiteit f	kvantitet u	ilość f	kvantita f	mennyiség
quantidade f	hoeveelheid f	mängd u	ilość f	množství n	mennyiség
quantidade f	kwantiteit f	kvantitet u	ilość f	kvantita f	mennyiség
quantidade f	kwantiteit f	kvantitet u	ilość f	kvantita f	mennyiség
quantidade f	hoeveelheid f	mängd u	ilość f	množství n	mennyiség
quantidade f	kwantiteit f	kvantitet u	ilość f	kvantita f	mennyiség
quantidade f	hoeveelheid f	mängd u	ilość f	množství n	mennyiség
quantidade f	kwantiteit f	kvantitet u	ilość f	kvantita f	mennyiség
cá	hierheen	hit	w tę stronę	sem	ide
queijo fresco m	kwark m	kvarg u	twaróg m	tvaroh m	túró
disputar	ruzie maken	bråka	kłócić się	hádat, se <pohádat, se>	vitatkozik
quarto m	kwart n	fjärdedel u	ćwierć f	čtvrtina f	negyed
quarto m	kwart n	fjärdedel u	ćwierć f	čtvrtina f	negyed
bairro m	wijk f	kvarter n	dzielnica f	čtvrť f	negyed
bairro m	wijk f	kvarter n	dzielnica f	čtvrť f	negyed
quarto m	kwart n	fjärdedel u	ćwierć f	čtvrtina f	negyed
—	kwart n	fjärdedel u	ćwierć f	čtvrtina f	negyed
—	kamer f	rum n	pokój m	pokoj m	szoba
—	slaapkamer f	sovrum n	sypialnia f	ložnice f	hálószoba
—	bijna	nästan	prawie	téměř	majdnem
—	bijna	nästan	prawie	téměř	majdnem
—	nauwelijks	knappast	prawie nie	stěží	alig
quase	bijna	nästan	prawie	téměř	majdnem
quase	bijna	nästan	prawie	téměř	majdnem
que	dat	att	że	že	hogy
o quê?	wat?	vad?	co?	co?	mi?
que	dat	att	że	že	hogy
—	dat	att	że	že	hogy
o quê?	wat?	vad?	co?	co?	mi?
—	ingooien	kasta in	wrzucać <wrzucić>	vhazovat <vhodit>	bedob
—	breken	bryta sönder	łamać <złamać>	rozlamovat <rozlomit>	eltör

queda

	D	E	F	I	ES
queda (P)	Absturz *m*	crash	chute *f*	caduta *f*	caída *f*
quedarse (ES)	bleiben	stay	rester	rimanere	—
queijo (P)	Käse *m*	cheese	fromage *m*	formaggio *m*	queso *m*
queijo fresco (P)	Quark *m*	curd cheese	fromage blanc *m*	ricotta *f*	requesón *m*
queimadura solar (P)	Sonnenbrand *m*	sunburn	coup de soleil *m*	scottatura solare *f*	quemadura solar *f*
queimar[1] (P)	brennen	burn	brûler	bruciare	arder
queimar[2] (P)	verbrennen	burn	brûler	bruciare	quemar
queixa (P)	Beschwerde *f*	complaint	plainte *f*	reclamo *m*	reclamación *f*
queixar-se de (P)	beschweren, sich	complain	plaindre, se	lamentarsi	quejarse
queixo (P)	Kinn *n*	chin	menton *m*	mento *m*	mentón *m*
quejarse[1] (ES)	beschweren, sich	complain	plaindre, se	lamentarsi	—
quejarse[2] (ES)	beklagen	deplore	plaindre de, se	lamentare	—
quelconque (F)	irgendein(e,r)	some/any	—	qualcuno(a)	cualquier(a)
quelque chose (F)	etwas	something	—	qualcosa	algo
quelquefois (F)	manchmal	sometimes	—	talvolta	a veces
quelques (F)	einige	some	—	alcuni(e)	algunos(as)
quelqu'un (F)	jemand	somebody	—	qualcuno	alguien
quem? (P)	wer?	who?	qui?	chi?	¿quién?
quemadura solar (ES)	Sonnenbrand *m*	sunburn	coup de soleil *m*	scottatura solare *f*	—
quemar (ES)	verbrennen	burn	brûler	bruciare	—
quente[1] (P)	heiß	hot	chaud(e)	caldo(a)	caliente
quente[2] (P)	warm	warm	chaud(e)	caldo(a)	caliente
que puede adquirirse (ES)	erhältlich	available	en vente	acquistabile	—
quer (D)	—	across	en travers	di traverso	a través de
querer[1] (ES)	mögen	like	aimer	piacere	—
querer[2] (ES)	wollen	want	vouloir	volere	—
querer (P)	wollen	want	vouloir	volere	querer
querido (P)	lieb	sweet	gentil(le)	caro(a)	amable
que se pode conservar (P)	haltbar	durable	résistant(e)	durevole	duradero(a)
queso (ES)	Käse *m*	cheese	fromage *m*	formaggio *m*	—
question (E)	Frage *f*	—	question *f*	domanda *f*	pregunta *f*
question (F)	Frage *f*	question	—	domanda *f*	pregunta *f*
questo(a) (I)	diese(r,s)	this	ce, cette	—	esta, este, esto
qui? (F)	wer?	who?	—	chi?	¿quién?
qui (I)	hier	here	ici	—	aquí
¿quién? (ES)	wer?	who?	qui?	chi?	—
quiet (E)	ruhig	—	tranquille	calmo(a)	quieto(a)
quiet (E)	still	—	calme	calmo(a)	tranquilo(a)
quietly (E)	leise	—	à voix basse	a bassa voce	sin (hacer) ruido
quieto (P)	still	quiet	calme	calmo(a)	tranquilo(a)
quieto(a) (ES)	ruhig	quiet	tranquille	calmo(a)	—
qui/là (I)	da	there	là/ici	—	allí
quilograma (P)	Kilogramm *n*	kilogram	kilogramme *m*	chilogrammo *m*	kilógramo *m*
quilómetro (P)	Kilometer *m*	kilometre	kilomètre *m*	chilometro *m*	kilómetro *m*
quinta (P)	Bauernhof *m*	farmhouse	ferme *f*	fattoria *f*	granja *f*
quitar[1] (ES)	entfernen	remove	éloigner	allontanare	—
quitar[2] (ES)	wegnehmen	take away	enlever	togliere	—
quitarse (ES)	ausziehen	take over	enlever	levare	—
quite (E)	ziemlich	—	assez	abbastanza	bastante
rå[1] (SV)	rau	rough	rêche	ruvido(a)	rudo(a)
rå[2] (SV)	roh	raw	cru(e)	crudo(a)	crudo(a)

P	NL	SV	PL	CZ	H
—	neerstorten n	störtning u	runięcie w dół n	zřícení n	zuhanás
ficar	blijven	stanna kvar	zostawać <zostać>	zůstávat <zůstat>	marad
—	kaas m	ost u	ser m	sýr m	sajt
—	kwark m	kvarg u	twaróg m	tvaroh m	túró
—	zonnebrand m	svidande solbränna u	oparzenie słoneczne n	úpal m	lesülés
—	branden	bränna	spalać <spalić>	hořet <shořet>	ég
—	verbranden	brinna upp	spalać	spalovat <spálit>	eléget
—	bezwaar n	klagomål n	zażalenie n	stížnost f	panasz
—	bezwaren, zich	klaga	skarżyć się	stežovat, si <postežovat, si>	panaszt emel
—	kin f	haka u	podbródek m	brada f	áll
queixar-se de	bezwaren, zich	klaga	skarżyć się	stežovat, si <postežovat, si>	panaszt emel
lamentar	beklagen	beklaga	opłakiwać <opłakać>	stežovat si	sajnál
qualquer um(a)	een of ander	någon	jakakolwiek	nějaká	valamilyen
alguma coisa	iets	något	coś	něco	valami
às vezes	soms	ibland	czasem	někdy	néha
alguns	enige	några	niektóre	některé	néhány
alguém	iemand	någon	ktoś	někdo	valaki
—	wie?	vem?	kto?	kdo?	ki?
queimadura solar f	zonnebrand m	svidande solbränna u	oparzenie słoneczne n	úpal m	lesülés
queimar	verbranden	brinna upp	spalać	spalovat <spálit>	eléget
—	heet	het	gorąco	horký	forró
—	warm	varm	ciepły	teplý	meleg
estar à venda	verkrijgbaar	erhållas	do nabycia	k dostání	kapható
transversal	dwars	tvärs	w poprzek	napříč	keresztben
gostar de	graag hebben/mogen	tycka om	lubić	mít rád	kedvel
querer	willen	vilja	chcieć	chtít	akar
querer	willen	vilja	chcieć	chtít	akar
—	lief	snäll	miły	milý	kedves
—	houdbaar	slitstark	trwały	trvanlivý	tartós
queijo m	kaas m	ost u	ser m	sýr m	sajt
pergunta f	vraag m	fråga u	pytanie n	otázka f	kérdés
pergunta f	vraag f	fråga u	pytanie n	otázka f	kérdés
esta, este	deze, dit	denna, detta	ta, ten, to	tato tento toto	ez
quem?	wie?	vem?	kto?	kdo?	ki?
aqui	hier	här	tu	zde	itt
quem?	wie?	vem?	kto?	kdo?	ki?
calmo	rustig	stilla	spokojny	klidný	nyugodt
quieto	stil	tyst	cichy	tichý	csendes
silencioso	zacht	tyst	cicho	tiše	halk
—	stil	tyst	cichy	tichý	csendes
calmo	rustig	stilla	spokojny	klidný	nyugodt
ali	daar	där	tam	zde	ott
—	kilogram n	kilogram n	kilogram m	kilogram m	kilogramm
—	kilometer m	kilometer u	kilometr m	kilometr m	kilométer
—	boerderij f	bondgård u	gospodarstwo wiejskie n	statek m	parasztbirtok
afastar	verwijderen	ta bort	usuwać <usunąć>	odstraňovat <odstranit>	eltávolít
tirar	wegnemen	ta bort	zabierać	odnímat <odejmout>	elvesz
despir	uittrekken	klä av sig	zdejmować <zdjąć>	svlékat <svléknout>	kihúz
bastante	behoorlijk	ganska	dość	značný	meglehetősen
áspero	ruig	—	szorstki	hrubý	durva
cru	rauw	—	surowy	syrový	durva

raad 824

	D	E	F	I	ES
raad (NL)	Rat m	advice	conseil m	consiglio m	consejo m
raadsel (NL)	Rätsel n	riddle	devinette f	enigma m	adivinanza f
raam (NL)	Fenster n	window	fenêtre f	finestra f	ventana f
rabais (F)	Rabatt m	discount	—	sconto m	rebaja f
rabat (PL)	Rabatt m	discount	rabais m	sconto m	rebaja f
rabat (CZ)	Rabatt m	discount	rabais m	sconto m	rebaja f
Rabatt (D)	—	discount	rabais m	sconto m	rebaja f
rabatt¹ (SV)	Ermäßigung f	reduction	réduction f	riduzione f	rebaja f
rabatt² (SV)	Rabatt m	discount	rabais m	sconto m	rebaja f
rabbia (I)	Wut f	anger	colère f	—	rabia f
rábeszél (H)	überreden	convince	persuader	persuadere	persuadir
rabia (ES)	Wut f	anger	colère f	rabbia f	—
raccogliere (I)	sammeln	collect	collecter	—	recolectar
raccoglitore (I)	Mappe f	folder	serviette f	—	carpeta f
raccolta (I)	Sammlung f	collection	collection f	—	colección f
raccolto (I)	Ernte f	harvest	moisson f	—	cosecha f
raccomandare (I)	empfehlen	recommend	recommander	—	recomendar
raccontare (I)	erzählen	tell	raconter	—	contar
Rache (D)	—	revenge	vengeance f	vendetta f	venganza f
rachunek (PL)	Rechnung f	bill	facture f	fattura f	factura f
räcka¹ (SV)	ausreichen	be enough	suffire	essere sufficiente	bastar
räcka² (SV)	reichen	pass	passer	passare	alcanzar
raconter (F)	erzählen	tell	—	raccontare	contar
raczej (PL)	eher	sooner	plus tôt	prima	antes
råd (SV)	Rat m	advice	conseil m	consiglio m	consejo m
rád (CZ)	froh	glad	content(e)	lieto(a)	contento(a)
rada (PL)	Rat m	advice	conseil m	consiglio m	consejo m
rada (CZ)	Rat m	advice	conseil m	consiglio m	consejo m
radarcontrole (NL)	Radarkontrolle f	speed trap	contrôle radar m	controllo radar m	control de radar m
radárellenörzés (H)	Radarkontrolle f	speed trap	contrôle radar m	controllo radar m	control de radar m
radarkontroll (SV)	Radarkontrolle f	speed trap	contrôle radar m	controllo radar m	control de radar m
Radarkontrolle (D)	—	speed trap	contrôle radar m	controllo radar m	control de radar m
radarová kontrola (CZ)	Radarkontrolle f	speed trap	contrôle radar m	controllo radar m	control de radar m
rädda (SV)	retten	save	sauver	salvare	salvar
raden (NL)	raten	guess	deviner	indovinare	adivinar
rådhus (SV)	Rathaus n	town hall	mairie f	municipio m	ayuntamiento m
radiografar (P)	röntgen	X-ray	radiographier	fare una radiografia	radiografiar
radiografiar (ES)	röntgen	X-ray	radiographier	fare una radiografia	—
radiographier (F)	röntgen	X-ray	—	fare una radiografia	radiografiar
rådjur (SV)	Reh n	deer	chevreuil m	capriolo m	corzo m
radnice (CZ)	Rathaus n	town hall	mairie f	municipio m	ayuntamiento m
radość (PL)	Freude f	joy	joie f	gioia f	alegría f
radost (CZ)	Freude f	joy	joie f	gioia f	alegría f
radovat, se <zaradovat, se> (CZ)	freuen, sich	be glad/happy	réjouir, se	rallegrarsi	alegrarse
rädsla (SV)	Angst f	fear	peur f	paura f	miedo m
radzić <poradzić> (PL)	raten	advice	conseiller	consigliare	aconsejar
raffreddore (I)	Erkältung f	cold	refroidissement m	—	resfriado m
raffreddore (I)	Schnupfen m	cold	rhume m	—	resfriado m
rág (H)	kauen	chew	mâcher	masticare	masticar

825 rág

P	NL	SV	PL	CZ	H
conselho m	—	råd n	rada f	rada f	tanács
enigma m	—	gåta u	zagadka f	hádanka f	rejtvény
janela f	—	fönster n	okno n	okno n	ablak
desconto m	korting f	rabatt u	rabat m	rabat m	árengedmény
desconto m	korting f	rabatt u	—	rabat m	árengedmény
desconto m	korting f	rabatt u	rabat m	—	árengedmény
desconto m	korting f	rabatt u	rabat m	rabat m	árengedmény
redução f	korting f	—	zniżka f	sleva f	kedvezmény
desconto m	korting f	—	rabat m	rabat m	árengedmény
raiva f	woede f	ilska u	złość f	vztek m	düh
persuadir	overtuigen	övertala	namawiać <namówić>	přemlouvat <přemluvit>	—
raiva f	woede f	ilska u	złość f	vztek m	düh
coleccionar	verzamelen	samla in	zbierać <zebrać>	sbírat <sebrat>	gyűjt
pasta f	map f	portfölj u	teczka f	složka f	mappa
colecção f	verzameling f	samling u	zbieranie n	sbírka f	gyűjtemény
colheita f	oogst m	skörd u	żniwo n	sklizeň f	aratás
recomendar	aanbevelen	rekommendera	polecać <polecić>	doporučovat <doporučit>	ajánl
contar	vertellen	berätta	opowiadać <opowiedzieć>	vypravovat <vyprávět>	elmesél
vingança f	wraak m	hämnd u	zemsta f	pomsta f	bosszú
conta f	rekening f	räkning u	—	faktura f	számla
bastar	voldoende zijn	—	wystarczać	stačit	elegendő
dar	genoeg zijn	—	sięgać	dosahovat <dosáhnout>	nyújt
contar	vertellen	berätta	opowiadać <opowiedzieć>	vypravovat <vyprávět>	elmesél
antes	eerder	förr	—	spíše	hamarabb
conselho m	raad m	—	rada f	rada f	tanács
contente	blij	glad	zadowolony	—	boldog
conselho m	raad m	råd n	—	rada f	tanács
conselho m	raad m	råd n	rada f	—	tanács
controlo por radar m	—	radarkontroll u	kontrola radarowa f	radarová kontrola f	radárellenőrzés
controlo por radar m	radarcontrole f	radarkontroll u	kontrola radarowa f	radarová kontrola f	—
controlo por radar m	radarcontrole f	—	kontrola radarowa f	radarová kontrola f	radárellenőrzés
controlo por radar m	radarcontrole f	radarkontroll u	kontrola radarowa f	radarová kontrola f	radárellenőrzés
controlo por radar m	radarcontrole f	radarkontroll u	kontrola radarowa f	—	radárellenőrzés
salvar	redden	—	ratować <uratować>	zachraňovat <zachránit>	ment
adivinhar	—	gissa	zgadywać	hádat	találgat
Câmara Municipal f	gemeentehuis n	—	ratusz m	radnice f	városháza
—	röntgenen	röntgen u	prześwietlać <prześwietlić>	rentgen m	röntgenez
radiografar	röntgenen	röntgen u	prześwietlać <prześwietlić>	rentgen m	röntgenez
radiografar	röntgenen	röntgen u	prześwietlać <prześwietlić>	rentgen m	röntgenez
corça f	ree n	—	sarna f	srna f	őz
Câmara Municipal f	gemeentehuis n	rådhus n	ratusz m	—	városháza
alegria f	vreugde f	glädje u	—	radost f	öröm
alegria f	vreugde f	glädje u	radość f	—	öröm
alegrar-se	verheugen, zich	glädja sig	cieszyć, się <ucieszyć, się>	—	örül
medo m	angst f	—	strach m	strach m	félelem
aconselhar	aanraden	gissa	—	doporučovat <doporučit>	tanácsol
constipação f	verkoudheid f	förkylning u	przeziębienie n	nachlazení n	megfázás
constipação f	verkoudheid f	snuva u	katar m	rýma f	nátha
mastigar	kauwen	tugga	żuć	žvýkat <dožvýkat>	—

ragad

	D	E	F	I	ES
ragad (H)	kleben	stick	coller	incollare	pegar
ragasztó (H)	Klebstoff *m*	glue	colle *f*	colla *f*	adhesivo *m*
ragazza (I)	Mädchen *n*	girl	fille *f*	—	chica *f*
ragazzo (I)	Junge *m*	boy	garçon *m*	—	chico *m*
raggiungere (I)	erreichen	reach	atteindre	—	alcanzar
ragionevole (I)	vernünftig	sensible	raisonnable	—	razonable
ragyog (H)	glänzen	shine	briller	splendere	brillar
Rahmen (D)	—	frame	cadre *m*	cornice *f*	marco *m*
raid (E)	Überfall *m*	—	attaque *f*	aggressione *f*	asalto *m*
raide (F)	steil	steep	—	ripido(a)	empinado(a)
railway (E)	Eisenbahn *f*	—	chemin de fer *m*	ferrovia *f*	ferrocarril *m*
rain (E)	Regen *m*	—	pluie *f*	pioggia *f*	lluvia *f*
rain (E)	regnen	—	pleuvoir	piovere	llover
rainbow (E)	Regenbogen *m*	—	arc-en-ciel *m*	arcobaleno *m*	arco iris *m*
raise[1] (E)	erhöhen	—	augmenter	innalzare	elevar
raise[2] (E)	erheben	—	lever	alzare	elevar
raison (F)	Grund *m*	reason	—	causa *f*	causa *f*
raisonnable (F)	vernünftig	sensible	—	ragionevole	razonable
raiva (P)	Wut *f*	anger	colère *f*	rabbia *f*	rabia *f*
raivoso (P)	wütend	furious	furieux(euse)	arrabbiato(a)	furioso(a)
rajče (CZ)	Tomate *f*	tomato	tomate *f*	pomodoro *m*	tomate *m*
rajta (H)	darauf	on	dessus	su	encima de
rajzol (H)	zeichnen	draw	dessiner	disegnare	dibujar
rak (SV)	gerade	straight	droit(e)	diritto(a)	derecho(a)
rak[1] (PL)	Krebs *m*	crayfish	écrevisse *f*	gambero *m*	cangrejo *m*
rak[2] (PL)	Krebs *m*	cancer	cancer *m*	cancro *m*	cáncer *m*
rak (CZ)	Krebs *m*	crayfish	écrevisse *f*	gambero *m*	cangrejo *m*
rák (H)	Krebs *m*	crayfish	écrevisse *f*	gambero *m*	cangrejo *m*
raka (SV)	rasieren	shave	raser	fare la barba	afeitar
rakev (CZ)	Sarg *m*	coffin	cercueil *m*	bara *f*	ataúd *m*
räkna[1] (SV)	rechnen	calculate	calculer	calcolare	calcular
räkna[2] (SV)	zählen	count	compter	contare	contar
räkna in (SV)	anrechnen	charge	compter	mettere in conto	cargar en cuenta
räkning (SV)	Rechnung *f*	bill	facture *f*	fattura *f*	factura *f*
rakomány (H)	Ladung *f*	cargo	charge *f*	carico *m*	carga *f*
rákos daganat (H)	Krebs *m*	cancer	cancer *m*	cancro *m*	cáncer *m*
Rakousko (CZ)	Österreich *m*	Austria	Autriche *f*	Austria *f*	Austria *f*
rakovina (CZ)	Krebs *m*	cancer	cancer *m*	cancro *m*	cáncer *m*
raktár (H)	Lager *n*	store	magasin *m*	magazzino *m*	almacén *m*
rakt fram (SV)	geradeaus	straight ahead	tout droit	dritto(a)	todo derecho
ralhar (P)	schimpfen	scold	gronder	sgridare	insultar
rallegrarsi (I)	freuen, sich	be glad/happy	réjouir, se	—	alegrarse
ram (SV)	Rahmen *m*	frame	cadre *m*	cornice *f*	marco *m*
rám (CZ)	Rahmen *m*	frame	cadre *m*	cornice *f*	marco *m*
rama (ES)	Ast *m*	branch	branche *f*	ramo *m*	—
rama (PL)	Rahmen *m*	frame	cadre *m*	cornice *f*	marco *m*
rameno (CZ)	Schulter *f*	shoulder	épaule *f*	spalla *f*	hombro *m*
ramię[1] (PL)	Arm *m*	arm	bras *m*	braccio *m*	brazo *m*
ramię[2] (PL)	Schulter *f*	shoulder	épaule *f*	spalla *f*	hombro *m*
ramo (I)	Ast *m*	branch	branche *f*	—	rama *f*
ramo (P)	Ast *m*	branch	branche *f*	ramo *m*	rama *f*
rampa (P)	Auffahrt *f*	drive	allée *f*	salita d'ingresso *f*	entrada *f*
rana (PL)	Wunde *f*	wound	blessure *f*	ferita *f*	herida *f*

P	NL	SV	PL	CZ	H
colar	kleven	limma	kleić <nakleić>	lepit <zalepit>	—
cola f	kleefstof f	klister n	klej m	lepidlo n	—
menina f	meisje n	tjej u	dziewczynka f	děvče n	kislány
rapaz m	jongen m	pojke u	chłopiec m	chlapec m	fiú
alcançar	bereiken	nå	osiągać <osiągnąć>	dosahovat <dosáhnout>	elér
sensato	verstandig	förnuftig	rozsądny	rozumný	értelmes
brilhar	blinken	glänsa	lśnić	blýskat, se <blýštit, se>	—
moldura f	kader n	ram u	rama f	rám m	keret
assalto m	overval m	överfall n	napad m	přepadení n	megtámadás
escarpado	steil	brant	stromy	příkrý	meredek
comboio m	spoorweg m	järnväg u	kolej f	železnice f	vasút
chuva f	regen m	regn n	deszcz m	déšť m	eső
chover	regenen	regna	pada deszcz	pršet <zapršet>	esik az eső
arco-íris m	regenboog m	regnbåge u	tęcza f	duha f	szivárvány
aumentar	verhogen	öka	podwyższać <podwyższyć>	zvyšovat <zvýšit>	emel
levantar	heffen	upphöja	podnosić <podnieść>	vznášet <vznést>	felkel
motivo m	reden f	anledning u	powód m	důvod m	ok
sensato	verstandig	förnuftig	rozsądny	rozumný	értelmes
—	woede f	ilska u	złość f	vztek m	düh
—	woedend	rasande	rozzłoszczony	vzteklý	dühös
tomate m	tomaat f	tomat u	pomidor m	—	paradicsom
em cima	daarop	på dät	na tym	na to	—
desenhar	tekenen	rita	rysować	kreslit <nakreslit>	—
direito	recht	—	właśnie	právě	éppen
caranguejo m	kreeft m	kräfta u	—	rak m	rák
cancro m	kanker m	cancer u	—	rakovina f	rákos daganat
caranguejo m	kreeft m	kräfta u	rak m	—	rák
caranguejo m	kreeft m	kräfta u	rak m	rak m	—
barbear(se)	scheren	—	golić <ogolić>	holit, se <oholit, se>	borotvál
caixão m	doodkist f	likkista u	trumna f	—	koporsó
calcular	rekenen	—	obliczać <obliczyć>	počítat <spočítat>	számol
contar	tellen	—	liczyć	počítat <spočítat>	számol
contar	aanrekenen	—	zaliczać <zaliczyć>	započítávat <započítat>	beszámit
conta f	rekening f	—	rachunek m	faktura f	számla
carga f	lading f	laddning u	ładunek m	náklad m	—
cancro m	kanker m	cancer u	rak m	rakovina f	—
Áustria f	Oostenrijk n	Österrike	Austria f	—	Ausztria
cancro m	kanker m	cancer u	rak m	—	rákos daganat
armazém m	magazijn n	lager n	obóz m	sklad m	—
em frente	rechtuit	—	prosto	přímo	egyenesen
—	schelden	gräla	besztać	nadávat <zanadávat>	szitkozódik
alegrar-se	verheugen, zich	glädja sig	cieszyć, się <ucieszyć, się>	radovat, se <zaradovat, se>	örül
moldura f	kader n	—	rama f	rám m	keret
moldura f	kader n	ram u	rama f	—	keret
ramo m	tak m	gren u	gałąź f	větev f	faág
moldura f	kader n	ram u	—	rám m	keret
ombro m	schouder f	axel u	ramię n	—	váll
braço m	arm m	arm u	—	paže f	kar
ombro m	schouder f	axel u	—	rameno n	váll
ramo m	tak m	gren u	gałąź f	větev f	faág
—	tak m	gren u	gałąź f	větev f	faág
—	oprit f	uppfart u	wjazd m	nájezd m	felhajtó
ferida f	wond f	sår n	—	rána f	seb

rána

	D	E	F	I	ES
rána (CZ)	Wunde f	wound	blessure f	ferita f	herida f
Rand (D)	—	brim	bord m	margine m	borde m
rand (NL)	Rand m	brim	bord m	margine m	borde m
Rang (D)	—	rank	rang m	ceto m	clase f
rang (F)	Rang m	rank	—	ceto m	clase f
rang (NL)	Rang m	rank	rang m	ceto m	clase f
rang (H)	Rang m	rank	rang m	ceto m	clase f
ranger (F)	aufräumen	clear away	—	mettere in ordine	arreglar
rank (E)	Rang m	—	rang m	ceto m	clase f
ráno (CZ)	Morgen m	morning	matin m	mattino m	mañana f
rapaz (P)	Junge m	boy	garçon m	ragazzo m	chico m
rape (E)	vergewaltigen	—	violer	violentare	violar
rapide (F)	schnell	fast	—	veloce	rápido(a)
rápido (P)	schnell	fast	rapide	veloce	rápido(a)
rápido(a) (ES)	schnell	fast	rapide	veloce	—
rappeller (F)	erinnern	remember	—	ricordare	recordarse
rapport¹ (SV)	Meldung f	report	annonce f	annuncio m	aviso m
rapport² (SV)	Nachricht f	message	nouvelle f	notizia f	noticia f
rapportera¹ (SV)	berichten	report	faire un rapport	riferire	informar
rapportera² (SV)	melden	report	annoncer	annunciare	declarar
rapporto (I)	Beziehung f	relationship	relation f	—	relación f
rappresentare (I)	darstellen	represent	représenter	—	representar
rare (E)	selten	—	rare	raro(a)	raro(a)
rare (F)	selten	rare	—	raro(a)	raro(a)
raro (P)	selten	rare	rare	raro(a)	raro(a)
raro(a) (I)	selten	rare	rare	—	raro(a)
raro(a) (ES)	selten	rare	rare	raro(a)	—
rasande (SV)	wütend	furious	furieux(euse)	arrabbiato(a)	furioso(a)
Rasen (D)	—	lawn	pelouse f	prato m	césped m
raser (F)	rasieren	shave	—	fare la barba	afeitar
rasgar (P)	reißen	tear	déchirer, se	strappare	arrancar
rasgo (ES)	Merkmal n	characteristic	signe m	caratteristica f	—
rasieren (D)	—	shave	raser	fare la barba	afeitar
raspberry (E)	Himbeere f	—	framboise f	lampone m	frambuesa f
Rat (D)	—	advice	conseil m	consiglio m	consejo m
raten¹ (D)	—	advice	conseiller	consigliare	aconsejar
raten² (D)	—	guess	deviner	indovinare	adivinar
Rathaus (D)	—	town hall	mairie f	municipio m	ayuntamiento m
ratować <uratować> (PL)	retten	save	sauver	salvare	salvar
Rätsel (D)	—	riddle	devinette f	enigma m	adivinanza f
rätt (SV)	richtig	correct	juste	giusto(a)	correcto(a)
rätt¹ (SV)	Gang m	course	plat m	portata f	plato m
rätt² (SV)	Gericht n	court	tribunal m	tribunale m	tribunal m
rätt³ (SV)	Recht n	right	droit m	diritto m	derecho m
rättvis (SV)	gerecht	just	juste	adeguato(a)	justo(a)
ratusz (PL)	Rathaus n	town hall	mairie f	municipio m	ayuntamiento m
rau (D)	—	rough	rêche	ruvido(a)	rudo(a)
Rauch (D)	—	smoke	fumée f	fumo m	humo m
rauchen (D)	—	smoke	fumer	fumare	fumar
rauw (NL)	roh	raw	cru(e)	crudo(a)	crudo(a)
ravasz (H)	schlau	clever	astucieux(euse)	astuto(a)	astuto(a)
ravi(e) (F)	entzückt	delighted	—	affascinato(a)	encantado(a)

ravi(e)

P	NL	SV	PL	CZ	H
ferida f	wond f	sår n	rana f	—	seb
margem f	rand m	kant u	krawędź f	okraj m	szél
margem f	—	kant u	krawędź f	okraj m	szél
categoria f	rang m	ställning u	stopień m	hodnost f	rang
categoria f	rang m	ställning u	stopień m	hodnost f	rang
categoria f	—	ställning u	stopień m	hodnost f	rang
categoria f	rang m	ställning u	stopień m	hodnost f	—
arrumar	opruimen	städa	sprzątać <sprzątnąć>	uklízet <uklidit>	kitakarít
categoria f	rang m	ställning u	stopień m	hodnost f	rang
manhã f	morgen m	morgon u	poranek m	—	reggel
—	jongen m	pojke u	chłopiec m	chlapec m	fiú
violar	verkrachten	våldta	zgwałcić	znásilňovat <znásilnit>	megerőszakol
rápido	snel	snabbt	szybki	rychlý	gyors(an)
—	snel	snabbt	szybki	rychlý	gyors(an)
rápido	snel	snabbt	szybki	rychlý	gyors(an)
recordar	herinneren	minnas	przypominać <przypomnieć>	připomínat <připomenout>	emlékez
notícia f	melding f	—	meldunek m	hlášení n	jelentés
notícia f	bericht n	—	wiadomość f	zpráva f	hír
informar	berichten	—	donosić <donieść>	podávat <podat> zprávu	beszámol
noticiar	melden	—	meldować <zameldować>	hlásit <vyhlásit>	jelent
relação f	betrekking f	förbindelse u	stosunek m	vztah m	kapcsolat
representar	voorstellen	framställa	przedstawiać <przedstawić>	prezentovat	ábrázol
raro	zelden	sällan	rzadko	řídký	ritka (ritkán)
raro	zelden	sällan	rzadko	řídký	ritka (ritkán)
—	zelden	sällan	rzadko	řídký	ritka (ritkán)
raro	zelden	sällan	rzadko	řídký	ritka (ritkán)
raro	zelden	sällan	rzadko	řídký	ritka (ritkán)
raivoso	woedend	—	rozzłoszczony	vzteklý	dühös
relva f	grasveld n	gräsmatta u	trawnik f	trávník m	pázsit
barbear(se)	scheren	raka	golić <ogolić>	holit, se <oholit, se>	borotvál
—	scheuren	riva	rwać <porwać>	trhat <vytrhnout>	szakad
sinal m	merkteken n	kännetecken n	cecha f	kritérium m	ismertetőjel
barbear(se)	scheren	raka	golić <ogolić>	holit, se <oholit, se>	borotvál
amora f	framboos f	hallon n	malina f	malina f	málna
conselho m	raad m	råd n	rada f	rada f	tanács
aconselhar	aanraden	gissa	radzić <poradzić>	doporučovat <doporučit>	tanácsol
adivinhar	raden	gissa	zgadywać	hádat	találgat
Câmara Municipal f	gemeentehuis n	rådhus n	ratusz m	radnice f	városháza
salvar	redden	rädda	—	zachraňovat <zachránit>	ment
enigma m	raadsel n	gåta u	zagadka f	hádanka f	rejtvény
correcto	juist	—	właściwy	správně	helyes
prato m	gang m	—	danie n	chod m	fogás
tribunal m	gerecht n	—	sąd m	soud m	bíróság
direito m	recht n	—	prawo n	právo n	jog
justo	gerecht	—	sprawiedliwy	spravedlivý	igazságos
Câmara Municipal f	gemeentehuis n	rådhus n	—	radnice f	városháza
áspero	ruig	rå	szorstki	hrubý	durva
fumo m	rook m	rök u	dym m	kouř m	füst
fumar	roken	röka	dymić	kouřit	dohányzik
cru	—	rå	surowy	syrový	durva
esperto	slim	smart	przebiegły	chytrý	—
encantado	enthousiast	förtjust	zachwycony	uchvácený	elragadó

raw

	D	E	F	I	ES
raw (E)	roh	—	cru(e)	crudo(a)	crudo(a)
rayo (ES)	Blitz m	lightning	éclair m	lampo m	—
razem (PL)	zusammen	together	ensemble	insieme	junto
razón (ES)	Verstand m	intelligence	intelligence f	intelletto m	—
razonable (ES)	vernünftig	sensible	raisonnable	ragionevole	—
rdzewieć <zardzewieć> (PL)	rosten	rust	rouiller	arrugginire	oxidarse
reacção (P)	Reaktion f	reaction	réaction f	reazione f	reacción f
reacción (ES)	Reaktion f	reaction	réaction f	reazione f	—
reach (E)	erreichen	—	atteindre	raggiungere	alcanzar
reactie (NL)	Reaktion f	reaction	réaction f	reazione f	reacción f
reaction (E)	Reaktion f	—	réaction f	reazione f	reacción f
réaction (F)	Reaktion f	reaction	—	reazione f	reacción f
read (E)	lesen	—	lire	leggere	leer
ready¹ (E)	bereit	—	prêt(e)	pronto(a)	dispuesto(a) a
ready² (E)	fertig	—	prêt(e)	pronto(a)	listo(a)
reakce (CZ)	Reaktion f	reaction	réaction f	reazione f	reacción f
reakció (H)	Reaktion f	reaction	réaction f	reazione f	reacción f
reakcja (PL)	Reaktion f	reaction	réaction f	reazione f	reacción f
Reaktion (D)	—	reaction	réaction f	reazione f	reacción f
reaktion (SV)	Reaktion f	reaction	réaction f	reazione f	reacción f
real (E)	wirklich	—	réel(le)	reale	real
real (ES)	wirklich	real	réel(le)	reale	—
reale (I)	wirklich	real	réel(le)	—	real
realidad (ES)	Wirklichkeit f	reality	réalité f	realtà f	—
realidade (P)	Wirklichkeit f	reality	réalité f	realtà f	realidad f
réalisateur (F)	Regisseur m	director	—	regista m	director m
réaliser (F)	verwirklichen	realize	—	realizzare	realizar
realiseren (NL)	verwirklichen	realize	réaliser	realizzare	realizar
réalité (F)	Wirklichkeit f	reality	—	realtà f	realidad f
reality (E)	Wirklichkeit f	—	réalité f	realtà f	realidad f
realizador (P)	Regisseur m	director	réalisateur m	regista m	director m
realizar (ES)	verwirklichen	realize	réaliser	realizzare	—
realizar (P)	verwirklichen	realize	réaliser	realizzare	realizar
realizar-se (P)	stattfinden	take place	avoir lieu	avere luogo	tener lugar
realize (E)	verwirklichen	—	réaliser	realizzare	realizar
realizzare (I)	verwirklichen	realize	réaliser	—	realizar
realmente (P)	wirklich	real	réel(le)	reale	real
realtà (I)	Wirklichkeit f	reality	réalité f	—	realidad f
reason (E)	Grund m	—	raison f	causa f	causa f
reazione (I)	Reaktion f	reaction	réaction f	—	reacción f
rebaja¹ (ES)	Ermäßigung f	reduction	réduction f	riduzione f	—
rebaja² (ES)	Rabatt m	discount	rabais m	sconto m	—
rebajar (ES)	herabsetzen	lower	baisser	diminuire	—
rebanada (ES)	Scheibe f	slice	tranche f	fetta f	—
rebentar (P)	platzen	burst	éclater	scoppiare	reventar
rebuçado (P)	Bonbon n	sweet	bonbon m	caramella f	caramelo m
řeč (CZ)	Rede f	speech	discours m	discorso m	discurso m
recear (P)	befürchten	fear	craindre	temere	temer
receber (P)	bekommen	get	recevoir	ricevere	recibir

receber

P	NL	SV	PL	CZ	H
cru	rauw	rå	surowy	syrový	durva
relâmpago m	bliksem m	blixt u	piorun m	blesk m	villám
junto	samen	tillsammans	—	společně	együtt
inteligência f	verstand n	förstånd n	rozum m	rozum m	értelem
sensato	verstandig	förnuftig	rozsądny	rozumný	értelmes
enferrujar	roesten	rosta	—	rezivět <zrezivět>	rozsdásodik
—	reactie f	reaktion u	reakcja f	reakce f	reakció
reacção f	reactie f	reaktion u	reakcja f	reakce f	reakció
alcançar	bereiken	nå	osiągać <osiągnąć>	dosahovat <dosáhnout>	elér
reacção f	—	reaktion u	reakcja f	reakce f	reakció
reacção f	reactie f	reaktion u	reakcja f	reakce f	reakció
reacção f	reactie f	reaktion u	reakcja f	reakce f	reakció
ler	lezen	läsa	czytać	číst <přečíst>	olvas
pronto	bereid	beredd	gotowy	připravený	kész
pronto	klaar	färdig	gotowy	hotový	kész
reacção f	reactie f	reaktion u	reakcja f	—	reakció
reacção f	reactie f	reaktion u	reakcja f	reakce f	—
reacção f	reactie f	reaktion u	—	reakce f	reakció
reacção f	reactie f	reaktion u	reakcja f	reakce f	reakció
reacção f	reactie f	—	reakcja f	reakce f	reakció
realmente	echt	verklig	rzeczywiście	opravdu	igazi
realmente	echt	verklig	rzeczywiście	opravdu	igazi
realmente	echt	verklig	rzeczywiście	opravdu	igazi
realidade f	werkelijkheid f	verklighet u	rzeczywistość f	skutečnost f	valóság
—	werkelijkheid f	verklighet u	rzeczywistość f	skutečnost f	valóság
realizador m	regisseur m	regissör u	reżyser m	režisér m	rendező
realizar	realiseren	förverkliga	urzeczywistniać	uskutečňovat <uskutečnit>	megvalósít
realizar	—	förverkliga	urzeczywistniać	uskutečňovat <uskutečnit>	megvalósít
realidade f	werkelijkheid f	verklighet u	rzeczywistość f	skutečnost f	valóság
realidade f	werkelijkheid f	verklighet u	rzeczywistość f	skutečnost f	valóság
—	regisseur m	regissör u	reżyser m	režisér m	rendező
realizar	realiseren	förverkliga	urzeczywistniać	uskutečňovat <uskutečnit>	megvalósít
—	realiseren	förverkliga	urzeczywistniać	uskutečňovat <uskutečnit>	megvalósít
—	plaatsvinden	äga rum	odbywać, się <odbyć, się>	konat, se	lezajlik
realizar	realiseren	förverkliga	urzeczywistniać	uskutečňovat <uskutečnit>	megvalósít
realizar	realiseren	förverkliga	urzeczywistniać	uskutečňovat <uskutečnit>	megvalósít
—	echt	verklig	rzeczywiście	opravdu	igazi
realidade f	werkelijkheid f	verklighet u	rzeczywistość f	skutečnost f	valóság
motivo m	reden f	anledning u	powód m	důvod m	ok
reacção f	reactie f	reaktion u	reakcja f	reakce f	reakció
redução f	korting f	rabatt u	zniżka f	sleva f	kedvezmény
desconto m	korting f	rabatt u	rabat m	rabat m	árengedmény
baixar	verlagen	sänka	obniżać <obniżyć>	snižovat <snížit>	leszállít
fatia f	boterham m	brödskiva u	kromka f	krajíc m	szelet
—	barsten	spricka	pękać <pęknąć>	praskat <prasknout>	kipukkad
—	snoepje n	karamell u	cukierek m	bonbón m	cukorka
discurso m	rede f	tal n	mowa f	—	beszéd
—	vrezen	befara	obawiać, się	obávat, se	tart
—	krijgen	få	otrzymywać <otrzymać>	dostávat <dostat>	kap

receber

	D	E	F	I	ES
receber (P)	empfangen	receive	recevoir	ricevere	recibir
receber (P)	erhalten	receive	recevoir	ricevere	obtener
receita (P)	Rezept n	recipe	recette f	ricetta f	receta f
receive (E)	empfangen	—	recevoir	ricevere	recibir
receive (E)	erhalten	—	recevoir	ricevere	obtener
receiver (E)	Empfänger m	—	destinataire f	destinatario m	destinatario m
recepção (P)	Annahme f	assumption	supposition f	supposizione f	suposición f
recept (NL)	Rezept n	recipe	recette f	ricetta f	receta f
recept (SV)	Rezept n	recipe	recette f	ricetta f	receta f
recept (CZ)	Rezept n	recipe	recette f	ricetta f	receta f
recept (H)	Rezept n	recipe	recette f	ricetta f	receta f
recepta (PL)	Rezept n	recipe	recette f	ricetta f	receta f
receptor (P)	Empfänger m	receiver	destinataire f	destinatario m	destinatario m
receta (ES)	Rezept n	recipe	recette f	ricetta f	—
recette (F)	Rezept n	recipe	—	ricetta f	receta f
recevoir (F)	bekommen	get	—	ricevere	recibir
recevoir (F)	empfangen	receive	—	ricevere	recibir
recevoir (F)	erhalten	receive	—	ricevere	obtener
rêche (F)	rau	rough	—	ruvido(a)	rudo(a)
rechnen (D)	—	calculate	calculer	calcolare	calcular
Rechnung (D)	—	bill	facture f	fattura f	factura f
Recht (D)	—	right	droit m	diritto m	derecho m
recht (NL)	gerade	straight	droit(e)	diritto(a)	derecho(a)
recht (NL)	Recht n	right	droit m	diritto m	derecho m
rechten (NL)	Jura	law	droit m	giurisprudenza f	derecho m
rechter (NL)	Richter m	judge	juge m	giudice m	juez m
rechtop (NL)	aufrecht	upright	droit(e)	diritto(a)	derecho(a)
rechts (D)	—	right	à droite	a destra	a la derecha
rechts (NL)	rechts	right	à droite	a destra	a la derecha
Rechtsanwalt (D)	—	lawyer	avocat m	avvocato m	abogado m
rechtuit (NL)	geradeaus	straight ahead	tout droit	dritto(a)	todo derecho
rechtzeitig (D)	—	in time	à temps	in tempo	a tiempo
recibir (ES)	bekommen	get	recevoir	ricevere	—
recibir (ES)	empfangen	receive	recevoir	ricevere	—
recinto (I)	Zaun m	fence	clôture f	—	cercado m
recipe (E)	Rezept n	—	recette f	ricetta f	receta f
récipient[1] (F)	Behälter m	container	—	recipiente m	recipiente m
récipient[2] (F)	Gefäß n	container	—	recipiente m	recipiente m
recipiente[1] (I)	Behälter m	container	récipient m	—	recipiente m
recipiente[2] (I)	Gefäß n	container	récipient m	—	recipiente m
recipiente[1] (ES)	Behälter m	container	récipient m	recipiente m	—
recipiente[2] (ES)	Gefäß n	container	récipient m	recipiente m	—
recipiente[1] (P)	Behälter m	container	récipient m	recipiente m	recipiente m
recipiente[2] (P)	Gefäß n	container	récipient m	recipiente m	recipiente m
Řecko (CZ)	Griechenland	Greece	Grèce f	Grecia f	Grecia f
reclamação (P)	Reklamation f	complaint	réclamation f	reclamo m	reclamación f
reclamación[1] (ES)	Beschwerde f	complaint	plainte f	reclamo m	—
reclamación[2] (ES)	Reklamation f	complaint	réclamation f	reclamo m	—
reclamar (ES)	reklamieren	complain	réclamer	reclamare	—
reclamar (P)	reklamieren	complain	réclamer	reclamare	reclamar

reclamar

P	NL	SV	PL	CZ	H
—	ontvangen	ta emot	otrzymywać <otrzymać>	přijímat <přijmout>	fogad
—	ontvangen	erhålla	otrzymywać <otrzymać>	obdržet	megkap
—	recept n	recept n	recepta f	recept m	recept
receber	ontvangen	ta emot	otrzymywać <otrzymać>	přijímat <přijmout>	fogad
receber	ontvangen	erhålla	otrzymywać <otrzymać>	obdržet	megkap
receptor m	ontvanger m	mottagare u	odbiorca m	příjemce m	címzett
—	veronderstelling f	antagande n	przypuszczenie n	příjem m	elfogadás
receita f	—	recept n	recepta f	recept m	recept
receita f	recept n	—	recepta f	recept m	recept
receita f	recept n	recept n	recepta f	—	recept
receita f	recept n	recept n	recepta f	recept m	—
receita f	recept n	recept n	—	recept m	recept
—	ontvanger m	mottagare u	odbiorca m	příjemce m	címzett
receita f	recept n	recept n	recepta f	recept m	recept
receita f	recept n	recept n	recepta f	recept m	recept
receber	krijgen	få	otrzymywać <otrzymać>	dostávat <dostat>	kap
receber	ontvangen	ta emot	otrzymywać <otrzymać>	přijímat <přijmout>	fogad
receber	ontvangen	erhålla	otrzymywać <otrzymać>	obdržet	megkap
áspero	ruig	rå	szorstki	hrubý	durva
calcular	rekenen	räkna	obliczać <obliczyć>	počítat <spočítat>	számol
conta f	rekening f	räkning u	rachunek m	faktura f	számla
direito m	recht n	rätt u	prawo n	právo n	jog
direito	—	rak	właśnie	právě	éppen
direito m	—	rätt u	prawo n	právo n	jog
direito m	—	juridik u	prawo n	právo n	jog
juiz m	—	domare u	sędzia m	soudce m	bíró
erecto	—	upprätt	prosty	vzpřímeně	egyenes
direita	rechts	till höger	po prawej stronie	vpravo	jobbra
direita	—	till höger	po prawej stronie	vpravo	jobbra
advogado m	advocaat m	advokat u	adwokat m	advokát m	ügyvéd
em frente	—	rakt fram	prosto	přímo	egyenesen
a tempo	tijdig	i rätt tid	w porę	včas	időben
receber	krijgen	få	otrzymywać <otrzymać>	dostávat <dostat>	kap
receber	ontvangen	ta emot	otrzymywać <otrzymać>	přijímat <přijmout>	fogad
cerca f	hek n	stängsel n	płot m	plot m	kerítés
receita f	recept n	recept n	recepta f	recept m	recept
recipiente m	bak m	behållare u	pojemnik m	nádrž f	tartály
recipiente m	vat n	kärl n	naczynie n	nádoba f	edény
recipiente m	bak m	behållare u	pojemnik m	nádrž f	tartály
recipiente m	vat n	kärl n	naczynie n	nádoba f	edény
recipiente m	bak m	behållare u	pojemnik m	nádrž f	tartály
recipiente m	vat n	kärl n	naczynie n	nádoba f	edény
—	bak m	behållare u	pojemnik m	nádrž f	tartály
—	vat n	kärl n	naczynie n	nádoba f	edény
Grécia f	Griekenland n	Grekland n	Grecja	—	Görögország
—	reclamatie f	reklamation u	reklamacja f	reklamace f	reklamáció
queixa f	bezwaar n	klagomål n	zażalenie n	stížnost f	panasz
reclamação f	reclamatie f	reklamation u	reklamacja f	reklamace f	reklamáció
reclamar	reclameren	reklamera	reklamować <zareklamować>	reklamovat <vyreklamovat>	reklamál
—	reclameren	reklamera	reklamować <zareklamować>	reklamovat <vyreklamovat>	reklamál

reclamare

	D	E	F	I	ES
reclamare (I)	reklamieren	complain	réclamer	—	reclamar
reclamatie (NL)	Reklamation f	complaint	réclamation f	reclamo m	reclamación f
réclamation (F)	Reklamation f	complaint	—	reclamo m	reclamación f
reclame (P)	Reklame f	advertisement	publicité f	réclame f	annuncio m
reclame¹ (NL)	Reklame f	advertisement	publicitó f	réclame f	annuncio m
reclame² (NL)	Werbung f	advertising	publicité f	pubblicità f	publicidad f
réclame (I)	Reklame f	advertisement	publicité f	—	annuncio m
réclamer (F)	reklamieren	complain	—	reclamare	reclamar
reclameren (NL)	reklamieren	complain	réclamer	reclamare	reclamar
reclamo¹ (I)	Beschwerde f	complaint	plainte f	—	reclamación f
reclamo² (I)	Reklamation f	complaint	réclamation f	—	reclamación f
recoger¹ (ES)	abholen	pick up	aller chercher	andare a prendere	—
recoger² (ES)	pflücken	pick	cueillir	cogliere	—
recognize (E)	erkennen	—	reconnaître	riconoscere	reconocer
recolectar (ES)	sammeln	collect	collecter	raccogliere	—
recomendar (ES)	empfehlen	recommend	recommander	raccomandare	—
recomendar (P)	empfehlen	recommend	recommander	raccomandare	recomendar
recommander (F)	empfehlen	recommend	—	raccomandare	recomendar
recommend (E)	empfehlen	—	recommander	raccomandare	recomendar
recompensar (P)	lohnen	be worth while	en valoir la peine	valere la pena	valer la pena
reconhecer (P)	erkennen	recognize	reconnaître	riconoscere	reconocer
reconnaissant(e) (F)	dankbar	grateful	—	grato(a)	agradecido(a)
reconnaître (F)	erkennen	recognize	—	riconoscere	reconocer
reconocer (ES)	erkennen	recognize	reconnaître	riconoscere	—
recordação¹ (P)	Andenken n	souvenir	souvenir m	ricordo m	recuerdo m
recordação² (P)	Erinnerung f	memory	souvenir m	ricordo m	memoria f
recordar (P)	erinnern	remember	rappeler	ricordare	recordarse
recordarse (ES)	erinnern	remember	rappeler	ricordare	—
recorte (ES)	Ausschnitt m	extract	extrait m	ritaglio m	—
recover (E)	erholen, sich	—	reposer, se	rimettersi	recuperarse
recovery (E)	Erholung f	—	repos m	riposo m	descanso m
recruter (F)	einstellen	employ	—	assumere	emplear
recuerdo (ES)	Andenken n	souvenir	souvenir m	ricordo m	—
recuperarse (ES)	erholen, sich	recover	reposer, se	rimettersi	—
recusar¹ (P)	ablehnen	reject	refuser	rifiutare	rehusar
recusar² (P)	absagen	decline	annuler	disdire	anular
recusar-se (P)	weigern, sich	refuse	refuser	rifiutare	resistirse
ręcznik (PL)	Handtuch n	towel	serviette f	asciugamano m	pañuelo m
red (E)	rot	—	rouge	rosso(a)	rojo(a)
redan (SV)	bereits	already	déjà	già	ya
redden (NL)	retten	save	sauver	salvare	salvar
Rede (D)	—	speech	discours m	discorso m	discurso m
rede (NL)	Rede f	speech	discours m	discorso m	discurso m
reden (D)	—	talk	parler	parlare	hablar

reden

P	NL	SV	PL	CZ	H
reclamar	reclameren	reklamera	reklamować <zareklamować>	reklamovat <vyreklamovat>	reklamál
reclamação f	—	reklamation u	reklamacja f	reklamace f	reklamáció
reclamação f	reclamatie f	reklamation u	reklamacja f	reklamace f	reklamáció
—	reclame f	reklam u	reklama f	reklama f	reklám
reclame m	—	reklam u	reklama f	reklama f	reklám
propaganda f	—	reklam u	reklama f	reklama f	hirdetés
reclame m	reclame f	reklam u	reklama f	reklama f	reklám
reclamar	reclameren	reklamera	reklamować <zareklamować>	reklamovat <vyreklamovat>	reklamál
reclamar	—	reklamera	reklamować <zareklamować>	reklamovat <vyreklamovat>	reklamál
queixa f	bezwaar n	klagomål n	zażalenie n	stížnost f	panasz
reclamação f	reclamatie f	reklamation u	reklamacja f	reklamace f	reklamáció
ir buscar	ophalen	hämta	odbierać <odebrać>	vyzvedávat <vyzvednout>	érte megy
colher	plukken	plocka	zrywać <zerwać>	trhat <otrhat>	szed
reconhecer	onderscheiden	känna igen	rozpoznawać <rozpoznać>	rozpoznávat <rozpoznat>	felismer
coleccionar	verzamelen	samla in	zbierać <zebrać>	sbírat <sebrat>	gyűjt
recomendar	aanbevelen	rekommendera	polecać <polecić>	doporučovat <doporučit>	ajánl
—	aanbevelen	rekommendera	polecać <polecić>	doporučovat <doporučit>	ajánl
recomendar	aanbevelen	rekommendera	polecać <polecić>	doporučovat <doporučit>	ajánl
recomendar	aanbevelen	rekommendera	polecać <polecić>	doporučovat <doporučit>	ajánl
—	lonen	löna	opłacać, się <opłacić, się>	vyplácet, se <vyplatit, se>	megjutalmaz
—	onderscheiden	känna igen	rozpoznawać <rozpoznać>	rozpoznávat <rozpoznat>	felismer
agradecido	dankbaar	tacksam	wdzięczny	vděčný	hálás
reconhecer	onderscheiden	känna igen	rozpoznawać <rozpoznać>	rozpoznávat <rozpoznat>	felismer
reconhecer	onderscheiden	känna igen	rozpoznawać <rozpoznać>	rozpoznávat <rozpoznat>	felismer
—	aandenken n	minne n	pamiątka f	suvenýr m	emlék
—	herinnering f	minne n	wspomnienie n	vzpomínka f	emlék
—	herinneren	minnas	przypominać <przypomnieć>	připomínat <připomenout>	emlékez
recordar	herinneren	minnas	przypominać <przypomnieć>	připomínat <připomenout>	emlékez
decote m	fragment n	urskärning u	wycinek m	výřez m	kivágás
restabelecer-se	ontspannen, zich	återhämta sig	wypoczywać <wypocząć>	zotavovat, se <zotavit, se>	kipiheni magát
descanso m	ontspanning f	vila u	wypoczynek m	zotavení n	üdülés
contratar	aanstellen	anställa	angażować <zaangażować>	přijímat <přijmout>	vkit munkába állít
recordação f	aandenken n	minne n	pamiątka f	suvenýr m	emlék
restabelecer-se	ontspannen, zich	återhämta sig	wypoczywać <wypocząć>	zotavovat, se <zotavit, se>	kipiheni magát
—	afwijzen	avböja	odrzucać <odrzucić>	odmítat <odmítnout>	visszautasít
—	afzeggen	inställa	odmówić	odříkat <odříct>	lemond
—	weigeren	vägra	odmawiać	zdráhat, se	vonakodik
toalha f	handdoek m	handduk u	—	kapesník m	törülköző
vermelho	rood	röd	czerwony(no)	červený	piros
já	reeds	—	już	již	már
salvar	—	rädda	ratować <uratować>	zachraňovat <zachránit>	ment
discurso m	rede f	tal n	mowa f	řeč f	beszéd
discurso m	—	tal n	mowa f	řeč f	beszéd
falar	praten	prata	mówić	mluvit <promluvit>	beszél

reden

	D	E	F	I	ES
reden (NL)	Grund *m*	reason	raison *f*	causa *f*	causa *f*
ředitel (CZ)	Direktor *m*	director	directeur *m*	direttore *m*	director *m*
redução (P)	Ermäßigung *f*	reduction	réduction *f*	riduzione *f*	rebaja *f*
reduction (E)	Ermäßigung *f*	—	réduction *f*	riduzione *f*	rebaja *f*
réduction (F)	Ermäßigung *f*	reduction	—	riduzione *f*	rebaja *f*
ree (NL)	Reh *n*	deer	chevreuil *m*	capriolo *m*	corzo *m*
reeds (NL)	bereits	already	déjà	già	ya
réel(le) (F)	wirklich	real	—	reale	real
refeição (P)	Mahlzeit *f*	meal	repas *m*	pasto *m*	comida *f*
referir-se a (P)	betreffen	concern	concerner	riguardare	concernir
refermer (F)	einschließen	lock up	—	rinchiudere	encerrar
réfléchi(e) (F)	besonnen	sensible	—	avveduto(a)	sensato(a)
réfléchir (F)	nachdenken	think	—	riflettere	reflexionar
reflectir sobre (P)	nachdenken	think	réfléchir	riflettere	reflexionar
reflexionar (ES)	nachdenken	think	réfléchir	riflettere	—
reforma (P)	Ruhestand *m*	retirement	retraite *f*	pensione *f*	retiro *m*
réfrigérateur (F)	Kühlschrank *m*	fridge	—	frigorifero *m*	nevera *f*
refrigerio (ES)	Imbiss *m*	snack	casse-croûte *m*	spuntino *m*	—
refroidissement (F)	Erkältung *f*	cold	—	raffreddore *m*	resfriado *m*
refuse (E)	weigern, sich	—	refuser	rifiutare	resistirse
refuser[1] (F)	ablehnen	reject	—	rifiutare	rehusar
refuser[2] (F)	weigern, sich	refuse	—	rifiutare	resistirse
regał (PL)	Regal *n*	shelves	étagère *f*	scaffale *m*	estantería *f*
Regal (D)	—	shelves	étagère *f*	scaffale *m*	estantería *f*
regál (CZ)	Regal *n*	shelves	étagère *f*	scaffale *m*	estantería *f*
regalar (ES)	schenken	give	offrir	regalare	—
regalare (I)	schenken	give	offrir	—	regalar
regalo (I)	Geschenk *n*	present	cadeau *m*	—	regalo *m*
regalo (ES)	Geschenk *n*	present	cadeau *m*	regalo *m*	—
regar (ES)	gießen	water	arroser	annaffiare	—
regar (P)	gießen	water	arroser	annaffiare	regar
regard (F)	Blick *m*	look	—	sguardo *m*	vista *f*
regarder[1] (F)	ansehen	look at	—	guardare	mirar
regarder[2] (F)	zusehen	watch	—	stare a guardare	mirar
regarder la télévision (F)	fernsehen	watch television	—	guardare la TV	ver la televisión
Regel (D)	—	rule	règle *f*	regola *f*	regla *f*
regel (NL)	Regel *f*	rule	règle *f*	regola *f*	regla *f*
regel (SV)	Regel *f*	rule	règle *f*	regola *f*	regla *f*
regelbundet (SV)	regelmäßig	regular	régulier(ière)	regolare	regular(mente)
regelen (NL)	regeln	regulate	régler	regolare	dirigir
regelmäßig (D)	—	regular	régulier(ière)	regolare	regular(mente)
regelmatig (NL)	regelmäßig	regular	régulier(ière)	regolare	regular(mente)
regeln (D)	—	regulate	régler	regolare	dirigir
Regen (D)	—	rain	pluie *f*	pioggia *f*	lluvia *f*
regen (NL)	Regen *m*	rain	pluie *f*	pioggia *f*	lluvia *f*
Regenbogen (D)	—	rainbow	arc-en-ciel *m*	arcobaleno *m*	arco iris *m*
regenboog (NL)	Regenbogen *m*	rainbow	arc-en-ciel *m*	arcobaleno *m*	arco iris *m*
regenen (NL)	regnen	rain	pleuvoir	piovere	llover
regenscherm (NL)	Regenschirm *m*	umbrella	parapluie *m*	ombrello *m*	paraguas *m*
Regenschirm (D)	—	umbrella	parapluie *m*	ombrello *m*	paraguas *m*
regering (NL)	Regierung *f*	government	gouvernement *m*	governo *m*	gobierno *m*
regering (SV)	Regierung *f*	government	gouvernement *m*	governo *m*	gobierno *m*

regering

P	NL	SV	PL	CZ	H
motivo m	—	anledning u	powód m	důvod m	ok
director m	directeur m	direktör u	dyrektor m	—	igazgató
—	korting f	rabatt u	zniżka f	sleva f	kedvezmény
redução f	korting f	rabatt u	zniżka f	sleva f	kedvezmény
redução f	korting f	rabatt u	zniżka f	sleva f	kedvezmény
corça f	—	rådjur n	sarna f	srna f	őz
já	—	redan	już	již	már
realmente	echt	verklig	rzeczywiście	opravdu	igazi
—	maaltijd m	måltid u	posiłek m	jídlo n	étkezés
—	betreffen	beträffa	dotyczyć	týkat se	illet
fechar	insluiten	låsa in	zamykać <zamknąć>	zavírat <zavřít>	bezár
prudente	bezonnen	sansad	rozważny	rozvážný	megfontolt
reflectir sobre	nadenken	tänka efter	rozmyślać	přemýšlet	gondolkozik
—	nadenken	tänka efter	rozmyślać	přemýšlet	gondolkozik
reflectir sobre	nadenken	tänka efter	rozmyślać	přemýšlet	gondolkozik
—	pensioen n	pension u	stan spoczynku m	důchod m	nyugállomány
frigorífico m	koelkast f	kylskåp u	lodówka f	chladnička f	jégszekrény
merenda f	lichte maaltijd f	korvkiosk u	przekąska f	imbis m	imbisz
constipação f	verkoudheid f	förkylning u	przeziębienie n	nachlazení n	megfázás
recusar-se	weigeren	vägra	odmawiać	zdráhat, se	vonakodik
recusar	afwijzen	avböja	odrzucać <odrzucić>	odmítat <odmítnout>	visszautasít
recusar-se	weigeren	vägra	odmawiać	zdráhat, se	vonakodik
prateleira f	rek n	bokhylla u	—	regál m	polc
prateleira f	rek n	bokhylla u	regał m	regál m	polc
prateleira f	rek n	bokhylla u	regał m	—	polc
oferecer	schenken	skänka	darować <podarować>	darovat	ajándékoz
oferecer	schenken	skänka	darować <podarować>	darovat	ajándékoz
presente m	geschenk n	present u	prezent m	dárek m	ajándék
presente m	geschenk n	present u	prezent m	dárek m	ajándék
regar	gieten	hälla	podlewać <podlać>	zalévat <zalít>	önt
—	gieten	hälla	podlewać <podlać>	zalévat <zalít>	önt
olhar m	blik m	blick u	spojrzenie n	pohled m	pillantás
olhar	aanzien	titta på	przyglądać, się <przyjrzeć, się >	dívat, se <podívat, se>	megnéz
assistir	toezien	se på	przyglądać się	přihlížet <přihlédnout>	figyel
ver televisão	televisie kijken	titta på TV	oglądać telewizję <obejrzeć telewizję>	dívat, se <podívat, se> na televizi	tévézik
regra f	regel m	regel u	reguła f	pravidlo n	szabály
regra f	—	regel u	reguła f	pravidlo n	szabály
regra f	regel m	—	reguła f	pravidlo n	szabály
regularmente	regelmatig	—	regularny	pravidelný	szabályos
regular	—	reglera	regulować <uregulować>	upravovat <upravit>	szabályoz
regularmente	regelmatig	regelbundet	regularny	pravidelný	szabályos
regularmente	—	regelbundet	regularny	pravidelný	szabályos
regular	regelen	reglera	regulować <uregulować>	upravovat <upravit>	szabályoz
chuva f	regen m	regn n	deszcz m	déšť m	eső
chuva f	—	regn n	deszcz m	déšť m	eső
arcoíris m	regenboog m	regnbåge u	tęcza f	duha f	szivárvány
arcoíris m	—	regnbåge u	tęcza f	duha f	szivárvány
chover	—	regna	pada deszcz	pršet <zapršet>	esik az eső
guarda-chuva m	—	paraply n	parasol m	deštník m	esernyő
guarda-chuva m	regenscherm n	paraply n	parasol m	deštník m	esernyő
governo m	—	regering u	rząd m	vláda f	kormány
governo m	regering f	—	rząd m	vláda f	kormány

reggel

	D	E	F	I	ES
reggel (H)	Morgen *m*	morning	matin *m*	mattino *m*	mañana *f*
reggeli (H)	Frühstück *n*	breakfast	petit-déjeuner *m*	colazione *f*	desayuno *m*
região (P)	Gegend *f*	region	région *f*	regione *f*	región *f*
Regierung (D)	—	government	gouvernement *m*	governo *m*	gobierno *m*
régime (F)	Diät *f*	diet	—	dieta *f*	dieta *f*
régimódi (H)	altmodisch	old-fashioned	démodé(e)	fuori moda	pasado(a) de moda
region (E)	Gebiet *n*	—	région *f*	regione *f*	zona *f*
region (E)	Gebiet *n*	—	région *f*	regione *f*	zona *f*
region (E)	Gegend *f*	—	région *f*	regione *f*	región *f*
région (F)	Gebiet *n*	region	—	regione *f*	zona *f*
région (F)	Gebiet *n*	region	—	regione *f*	zona *f*
région (F)	Gegend *f*	region	—	regione *f*	región *f*
región (ES)	Gegend *f*	region	région *f*	regione *f*	—
regione (I)	Gebiet *n*	region	région *f*	—	zona *f*
regione (I)	Gebiet *n*	region	région *f*	—	zona *f*
regione (I)	Gegend *f*	region	région *f*	—	región *f*
régiségek (H)	Antiquitäten *pl*	antiques	antiquités *f/pl*	oggetti antichi *m/pl*	antigüedades *f/pl*
Regisseur (D)	—	director	réalisateur *m*	regista *m*	director *m*
regisseur (NL)	Regisseur *m*	director	réalisateur *m*	regista *m*	director *m*
regissör (SV)	Regisseur *m*	director	réalisateur *m*	regista *m*	director *m*
regista (I)	Regisseur *m*	director	réalisateur *m*	—	director *m*
registre (F)	Verzeichnis *n*	list	—	elenco *m*	registro *m*
registro (ES)	Verzeichnis *n*	list	registre *m*	elenco *m*	—
regla (ES)	Regel *f*	rule	règle *f*	regola *f*	—
reglamento (ES)	Vorschrift *f*	regulation	règle *f*	norma *f*	—
règle[1] (F)	Regel *f*	rule	—	regola *f*	regla *f*
règle[2] (F)	Vorschrift *f*	regulation	—	norma *f*	reglamento *m*
régler[1] (F)	erledigen	take care of	—	sbrigare	acabar
régler[2] (F)	einstellen	adjust	—	regolare	ajustar
régler[3] (F)	regeln	regulate	—	regolare	dirigir
reglera (SV)	regeln	regulate	régler	regolare	dirigir
regn (SV)	Regen *m*	rain	pluie *f*	pioggia *f*	lluvia *f*
regna (SV)	regnen	rain	pleuvoir	piovere	llover
regnbåge (SV)	Regenbogen *m*	rainbow	arc-en-ciel *m*	arcobaleno *m*	arco iris *m*
regnen (D)	—	rain	pleuvoir	piovere	llover
régner (F)	herrschen	rule	—	dominare	mandar
regola (I)	Regel *f*	rule	règle *f*	—	regla *f*
regolare[1] (I)	einstellen	adjust	régler	—	ajustar
regolare[2] (I)	regeln	regulate	régler	—	dirigir
regolare[3] (I)	regelmäßig	regular	régulier(ière)	—	regular(mente)
régóta (H)	längst	a long time ago	depuis bien longtemps	da molto	hace mucho
regra (P)	Regel *f*	rule	règle *f*	regola *f*	regla *f*
regresar[1] (ES)	umkehren	turn back	retourner	ritornare	—
regresar[2] (ES)	zurückkommen	come back	revenir	ritornare	—
regret (E)	Bedauern *n*	—	regret *m*	dispiacere *m*	compasión *f*
regret[1] (E)	bedauern	—	regretter	deplorare	lamentar algo
regret[2] (E)	bereuen	—	regretter	pentirsi	arrepentirse
regret (F)	Bedauern *n*	regret	—	dispiacere *m*	compasión *f*
regretter[1] (F)	bedauern	regret	—	deplorare	lamentar algo
regretter[2] (F)	bereuen	regret	—	pentirsi	arrepentirse

regretter

P	NL	SV	PL	CZ	H
manhã f	morgen m	morgon u	poranek m	ráno n	—
pequeno-almoço m	ontbijt n	frukost u	śniadanie n	snídaně f	—
—	streek f	bygd u	okolica f	oblast f	környék
governo m	regering f	regering u	rząd m	vláda f	kormány
dieta f	dieet n	diet u	dieta f	dieta f	diéta
antiquado	ouderwets	gammalmodig	staromodny	staromódní	—
área f	gebied n	område n	obszar m	území n	terület
área f	gebied n	område n	obszar m	území n	terület
região f	streek f	bygd u	okolica f	oblast f	környék
área f	gebied n	område n	obszar m	území n	terület
área f	gebied n	område n	obszar m	území n	terület
região f	streek f	bygd u	okolica f	oblast f	környék
região f	streek f	bygd u	okolica f	oblast f	környék
área f	gebied n	område n	obszar m	území n	terület
área f	gebied n	område n	obszar m	území n	terület
região f	streek f	bygd u	okolica f	oblast f	környék
antiguidades f/pl	antiquiteiten f/pl	antikviteter pl	antyki m/pl	starožitnosti f/pl	—
realizador m	regisseur m	regissör u	reżyser m	režisér m	rendező
realizador m	—	regissör u	reżyser m	režisér m	rendező
realizador m	regisseur m	—	reżyser m	režisér m	rendező
realizador m	regisseur m	regissör u	reżyser m	režisér m	rendező
lista f	lijst m	förteckning u	spis m	seznam m	jegyzék
lista f	lijst m	förteckning u	spis m	seznam m	jegyzék
regra f	regel m	regel u	reguła f	pravidlo n	szabály
regulamento m	voorschrift n	föreskrift u	przepis m	předpis m	előírás
regra f	regel m	regel u	reguła f	pravidlo n	szabály
regulamento m	voorschrift n	föreskrift u	przepis m	předpis m	előírás
acabar	uitvoeren/afhandelen	ta hand om	załatwiać <załatwić>	vyřizovat <vyřídit>	elintéz
colocar	instellen	anställa	ustawiać <ustawić>	nastavovat <nastavit>	alkalmaz
regular	regelen	reglera	regulować <uregulować>	upravovat <upravit>	szabályoz
regular	regelen	—	regulować <uregulować>	upravovat <upravit>	szabályoz
chuva f	regen m	—	deszcz m	déšť m	eső
chover	regenen	—	pada deszcz	pršet <zapršet>	esik az eső
arco-íris m	regenboog m	—	tęcza f	duha f	szivárvány
chover	regenen	regna	pada deszcz	pršet <zapršet>	esik az eső
dominar	heersen	härska	panować	panovat	uralkodik
regra f	regel m	regel u	reguła f	pravidlo n	szabály
colocar	instellen	anställa	ustawiać <ustawić>	nastavovat <nastavit>	alkalmaz
regular	regelen	reglera	regulować <uregulować>	upravovat <upravit>	szabályoz
regularmente	regelmatig	regelbundet	regularny	pravidelný	szabályos
há muito tempo	allang	för länge sedan	od dawna	dávno	—
—	regel m	regel u	reguła f	pravidlo n	szabály
voltar	omkeren	vända om	zawrócić	obracet, se <obrátit, se>	megfordít
vir de volta	terugkomen	komma tillbaka	wracać	vracet, se <vrátit, se>	visszajön
pesar m	spijt f	beklagande n	żal m	politování n	sajnálat
lamentar	betreuren	beklaga	żałować	lítovat <politovat>	sajnál
arrepender-se	berouwen	ångra	żałować <pożałować>	litovat	megbánja
pesar m	spijt f	beklagande n	żal m	politování n	sajnálat
lamentar	betreuren	beklaga	żałować	lítovat <politovat>	sajnál
arrepender-se	berouwen	ångra	żałować <pożałować>	litovat	megbánja

reguła 840

	D	E	F	I	ES
reguła (PL)	Regel f	rule	règle f	regola f	regla f
regulamento (P)	Vorschrift f	regulation	règle f	norma f	reglamento m
regular (E)	regelmäßig	—	régulier(ière)	regolare	regular(mente)
regular (P)	regeln	regulate	régler	regolare	dirigir
regular(mente) (ES)	regelmäßig	regular	régulier(ière)	regolare	—
regularmente (P)	regelmäßig	regular	régulier(ière)	regolare	regular(mente)
regularny (PL)	regelmäßig	regular	régulier(ière)	regolare	regular(mente)
regulate (E)	regeln	—	régler	regolare	dirigir
regulation (E)	Vorschrift f	—	règle f	norma f	reglamento m
régulier(ière) (F)	regelmäßig	regular	—	regolare	regular(mente)
regulować <uregulować> (PL)	regeln	regulate	régler	regolare	dirigir
Reh (D)	—	deer	chevreuil m	capriolo m	corzo m
rehusar (ES)	ablehnen	reject	refuser	rifiutare	—
reich (D)	—	rich	riche	ricco(a)	rico(a)
reichen (D)	—	pass	passer	passare	alcanzar
reif (D)	—	ripe	mûr(e)	maturo(a)	maduro(a)
reinigen (D)	—	clean	nettoyer	pulire	limpiar
reinigen (NL)	reinigen	clean	nettoyer	pulire	limpiar
reiniging (NL)	Reinigung f	cleaning	nettoyage m	pulitura f	limpieza f
Reinigung (D)	—	cleaning	nettoyage m	pulitura f	limpieza f
reír (ES)	lachen	laugh	rire	ridere	—
reírse de (ES)	auslachen	laugh at	rire de qn	deridere	—
Reis (D)	—	rice	riz m	riso m	arroz m
reis (NL)	Reise f	journey	voyage m	viaggio m	viaje m
reisbureau (NL)	Reisebüro n	travel agency	agence de voyages f	agenzia turistica f	agencia de viajes f
Reise (D)	—	journey	voyage m	viaggio m	viaje m
Reisebüro (D)	—	travel agency	agence de voyages f	agenzia turistica f	agencia de viajes f
Reiseführer (D)	—	guide	guide m	guida f	guía m
reisen (D)	—	travel	voyager	viaggiare	viajar
Reisender (D)	—	traveller	voyageur m	viaggiatore m	viajero m
Reisepass (D)	—	passport	passeport m	passaporto m	pasaporte m
reisgids (NL)	Reiseführer m	guide	guide m	guida f	guía m
reißen (D)	—	tear	déchirer, se	strappare	arrancar
Reißverschluss (D)	—	zip	fermeture éclair f	chiusura lampo f	cremallera f
reiten (D)	—	ride	monter	cavalcare	cabalgar
reizen (NL)	reisen	travel	voyager	viaggiare	viajar
reiziger (NL)	Reisender m	traveller	voyageur m	viaggiatore m	viajero m
reject (E)	ablehnen	—	refuser	rifiutare	rehusar
rejoice (E)	jubeln	—	pousser des cris de joie	giubilare	dar gritos de alegría
réjoui(e) (F)	erfreut	delighted	—	lieto(a)	contento(a)
réjouir, se (F)	freuen, sich	be glad/happy	—	rallegrarsi	alegrarse
rejtvény (H)	Rätsel n	riddle	devinette f	enigma m	adivinanza f
rek (NL)	Regal n	shelves	étagère f	scaffale m	estantería f
ręka (PL)	Hand f	hand	main f	mano f	mano f
rekenen (NL)	rechnen	calculate	calculer	calcolare	calcular
rekening[1] (NL)	Konto n	account	compte m	conto m	cuenta f
rekening[2] (NL)	Rechnung f	bill	facture f	fattura f	factura f
reklam[1] (SV)	Reklame f	advertisement	publicité f	réclame f	annuncio m

reklam

P	NL	SV	PL	CZ	H
regra f	regel m	regel u	—	pravidlo n	szabály
—	voorschrift n	föreskrift u	przepis m	předpis m	előírás
regularmente	regelmatig	regelbundet	regularny	pravidelný	szabályos
—	regelen	reglera	regulować <uregulować>	upravovat <upravit>	szabályoz
regularmente	regelmatig	regelbundet	regularny	pravidelný	szabályos
—	regelmatig	regelbundet	regularny	pravidelný	szabályos
regularmente	regelmatig	regelbundet	—	pravidelný	szabályos
regular	regelen	reglera	regulować <uregulować>	upravovat <upravit>	szabályoz
regulamento m	voorschrift n	föreskrift u	przepis m	předpis m	előírás
regularmente	regelmatig	regelbundet	regularny	pravidelný	szabályos
regular	regelen	reglera	—	upravovat <upravit>	szabályoz
corça f	ree n	rådjur n	sarna f	srna f	őz
recusar	afwijzen	avböja	odrzucać <odrzucić>	odmítat <odmítnout>	visszautasít
rico	rijk	rik	bogaty	bohatý	gazdag
dar	genoeg zijn	räcka	sięgać	dosahovat <dosáhnout>	nyújt
maduro	rijp	mogen	dojrzały	zralý	érett
limpar	reinigen	göra rent	oczyszczać <oczyścić>	čistit <vyčistit>	tisztít
limpar	—	göra rent	oczyszczać <oczyścić>	čistit <vyčistit>	tisztít
limpeza f	—	rengöring u	czyszczenie n	čištění n	tisztítás
limpeza f	reiniging f	rengöring u	czyszczenie n	čištění n	tisztítás
rir	lachen	skratta	śmiać, się <zaśmiać, się>	smát, se	nevet
rir de alguém	uitlachen	skratta åt	wyśmiewać <wyśmiać>	vysmívat, se <vysmát, se>	kinevet
arroz m	rijst m	ris n	ryż m	rýže f	rizs
viagem f	—	resa u	podróż f	cesta f	utazás
agência de viagens f	—	resebyrå u	biuro podróży n	cestovní kancelář f	utazási iroda
viagem f	reis f	resa u	podróż f	cesta f	utazás
agência de viagens f	reisbureau n	resebyrå u	biuro podróży n	cestovní kancelář f	utazási iroda
guia m	reisgids m	reseledare u	przewodnik turystyczny m	průvodce m	idegenvezető
viajar	reizen	resa	podróżować	cestovat	utazik
viajante m	reiziger m	resande u	podróżnik m	cestující m	utazó
passaporte m	paspoort n	pass n	paszport m	cestovní pas m	útlevél
guia m	—	reseledare u	przewodnik turystyczny m	průvodce m	idegenvezető
rasgar	scheuren	riva	rwać <porwać>	trhat <vytrhnout>	szakad
fecho de correr m	ritssluiting f	blixtlås n	zamek błyskawiczny m	zip m	cipzár
andar a cavalo	paardrijden	rida	jechać konno <pojechać konno>	jezdit na koni <jet na koni>	lovagol
viajar	—	resa	podróżować	cestovat	utazik
viajante m	—	resande u	podróżnik m	cestující m	utazó
recusar	afwijzen	avböja	odrzucać <odrzucić>	odmítat <odmítnout>	visszautasít
jubilar	jubelen	jubla	wiwatować	jásat <zajásat>	ujjong
satisfeito	verheugd	glad	uradowany	potěšený	nagyon örülök
alegrar-se	verheugen, zich	glädja sig	cieszyć, się <ucieszyć, się>	radovat, se <zaradovat, se>	örül
enigma m	raadsel n	gåta u	zagadka f	hádanka f	—
prateleira f	—	bokhylla u	regał m	regál m	polc
mão f	hand f	hand u	—	ruka f	kéz
calcular	—	räkna	obliczać <obliczyć>	počítat <spočítat>	számol
conta corrente f	—	konto n	konto n	účet m	(bank)számla
conta f	—	räkning u	rachunek m	faktura f	számla
reclame m	reclame f	—	reklama f	reklama f	reklám

reklam

	D	E	F	I	ES
reklam² (SV)	Werbung f	advertising	publicité f	pubblicità f	publicidad f
reklám (H)	Reklame f	advertisement	publicité f	réclame f	annuncio m
reklama¹ (PL)	Reklame f	advertisement	publicité f	réclame f	annuncio m
reklama² (PL)	Werbung f	advertising	publicité f	pubblicità f	publicidad f
reklama¹ (CZ)	Reklame f	advertisement	publicité f	réclame f	annuncio m
reklama² (CZ)	Werbung f	advertising	publicité f	pubblicità f	publicidad f
reklamace (CZ)	Reklamation f	complaint	réclamation f	reclamo m	reclamación f
reklamáció (H)	Reklamation f	complaint	réclamation f	reclamo m	reclamación f
reklamacja (PL)	Reklamation f	complaint	réclamation f	reclamo m	reclamación f
reklamál (H)	reklamieren	complain	réclamer	reclamare	reclamar
Reklamation (D)	—	complaint	réclamation f	reclamo m	reclamación f
reklamation (SV)	Reklamation f	complaint	réclamation f	reclamo m	reclamación f
Reklame (D)	—	advertisement	publicité f	réclame f	annuncio m
reklamera (SV)	reklamieren	complain	réclamer	reclamare	reclamar
reklamieren (D)	—	complain	réclamer	reclamare	reclamar
reklamovat \<vyreklamovat\> (CZ)	reklamieren	complain	réclamer	reclamare	reclamar
reklamować \<zareklamować\> (PL)	reklamieren	complain	réclamer	reclamare	reclamar
rekommendera (SV)	empfehlen	recommend	recommander	raccomandare	recomendar
relação (P)	Beziehung f	relationship	relation f	rapporto m	relación f
relación¹ (ES)	Beziehung f	relationship	relation f	rapporto m	—
relación² (ES)	Verbindung f	connection	relation f	relazione f	—
relâmpago (P)	Blitz m	lightning	éclair m	lampo m	rayo m
related (E)	verwandt	—	parent(e)	parente di	emparentado(a)
relation¹ (F)	Beziehung f	relationship	—	rapporto m	relación f
relation² (F)	Verbindung f	connection	—	relazione f	relación f
relationship (E)	Beziehung f	—	relation f	rapporto m	relación f
relative (E)	Verwandter m	—	parent m	parente m	pariente m
relazione (I)	Verbindung f	connection	relation f	—	relación f
reliable (E)	zuverlässig	—	sûr(e)	affidabile	de confianza
religia (PL)	Religion f	religion	religion f	religione f	religión f
religião (P)	Religion f	religion	religion f	religione f	religión f
Religion (D)	—	religion	religion f	religione f	religión f
religion (E)	Religion f	—	religion f	religione f	religión f
religion (F)	Religion f	religion	—	religione f	religión f
religion (SV)	Religion f	religion	religion f	religione f	religión f
religión (ES)	Religion f	religion	religion f	religione f	—
religione (I)	Religion f	religion	religion f	—	religión f
relógio (P)	Uhr f	watch	montre f	orologio m	reloj m
reloj (ES)	Uhr f	watch	montre f	orologio m	—
reluctantly (E)	ungern	—	de mauvaise grâce	malvolentieri	de mala gana/sin ganas
reluzir (P)	blinken	flash	clignoter	lampeggiare	emitir reflejos
relva (P)	Rasen m	lawn	pelouse f	prato m	césped m
rem (NL)	Bremse f	brake	frein m	freno m	freno m
rem (SV)	Riemen n	strap	courroie f	cinghia f	correa f
remarquer (F)	bemerken	notice	—	notare	darse cuenta de
remarquer (F)	merken	notice	—	accorgersi di	notar
rembourser (F)	zurückzahlen	pay back	—	rimborsare	devolver
remél (H)	hoffen	hope	espérer	sperare	esperar
remélhetően (H)	hoffentlich	hopefully	espérons	speriamo che	ojalá (que)
remember¹ (E)	erinnern	—	rappeler	ricordare	recordarse

remember

P	NL	SV	PL	CZ	H
propaganda f	reclame m	—	reklama f	reklama f	hirdetés
reclame m	reclame f	reklam u	reklama f	reklama f	—
reclame m	reclame f	reklam u	—	reklama f	reklám
propaganda f	reclame m	reklam u	—	reklama f	hirdetés
reclame m	reclame f	—	reklama f	—	reklám
propaganda f	reclame m	reklam u	reklama f	—	hirdetés
reclamação f	reclamatie f	reklamation u	reklamacja f	—	reklamáció
reclamação f	reclamatie f	reklamation u	reklamacja f	reklamace f	—
reclamação f	reclamatie f	reklamation u	—	reklamace f	reklamáció
reclamar	reclameren	reklamera	reklamować <zareklamować>	reklamovat <vyreklamovat>	—
reclamação f	reclamatie f	reklamation u	reklamacja f	reklamace f	reklamáció
reclamação f	reclamatie f	—	reklamacja f	reklamace f	reklamáció
reclame m	reclame f	reklam u	reklama f	reklama f	reklám
reclamar	reclameren	—	reklamować <zareklamować>	reklamovat <vyreklamovat>	reklamál
reclamar	reclameren	reklamera	reklamować <zareklamować>	reklamovat <vyreklamovat>	reklamál
reclamar	reclameren	reklamera	reklamować <zareklamować>	—	reklamál
reclamar	reclameren	reklamera	—	reklamovat <vyreklamovat>	reklamál
recomendar	aanbevelen	—	polecać <polecić>	doporučovat <doporučit>	ajánl
—	betrekking f	förbindelse u	stosunek m	vztah m	kapcsolat
relação f	betrekking f	förbindelse u	stosunek m	vztah m	kapcsolat
união f	verbinding f	förbindelse u	połączenie n	spojení n	összeköttetés
—	bliksem m	blixt u	piorun m	blesk m	villám
aparentado	verwant	släkt	spokrewniony	příbuzný	rokon
relação f	betrekking f	förbindelse u	stosunek m	vztah m	kapcsolat
união f	verbinding f	förbindelse u	połączenie n	spojení n	összeköttetés
relação f	betrekking f	förbindelse u	stosunek m	vztah m	kapcsolat
parente m	familielid n	släkting m	krewny m	příbuzný m	rokon
união f	verbinding f	förbindelse u	połączenie n	spojení n	összeköttetés
de confiança	betrouwbaar	tillförlitlig	niezawodny	spolehlivý	megbízható
religião f	godsdienst m	religion u	—	náboženství n	vallás
—	godsdienst m	religion u	religia f	náboženství n	vallás
religião f	godsdienst m	religion u	religia f	náboženství n	vallás
religião f	godsdienst m	religion u	religia f	náboženství n	vallás
religião f	godsdienst m	religion u	religia f	náboženství n	vallás
religião f	godsdienst m	—	religia f	náboženství n	vallás
religião f	godsdienst m	religion u	religia f	náboženství n	vallás
religião f	godsdienst m	religion u	religia f	náboženství n	vallás
—	horloge n	klocka u	zegar m	hodiny pl	óra
relógio m	horloge n	klocka u	zegar m	hodiny pl	óra
de má vontade	niet graag	ogärna	niechętnie	nerad	nem szívesen
—	knipperen	blinka	błyskać <błysnąć>	blikat <zablikat>	indexel
—	grasveld n	gräsmatta u	trawnik f	trávník m	pázsit
travão m	—	broms u	hamulec m	brzda f	fék
correia f	riem m	—	rzemyk m	řemen m	szíj
reparar	opmerken	märka	zauważać <zauważyć>	poznamenat <poznamenávat>	észrevesz
notar	bemerken	markera	spostrzegać <spostrzec>	pamatovat <zapamatovat>	észrevesz
pagar de volta	terugbetalen	betala tillbaka	zwracać dług	splácet <splatit>	visszafizet
esperar	hopen	hoppas	mieć nadzieję	doufat	—
oxalá	hopelijk	förhoppningsvis	mam nadzieję, że	doufejme	—
recordar	herinneren	minnas	przypominać <przypomnieć>	připomínat <připomenout>	emlékez

remember

	D	E	F	I	ES
remember² (E)	gedenken	—	souvenir de, se	ricordare	commemorar
řemen (CZ)	Riemen *n*	strap	courroie *f*	cinghia *f*	correa *f*
remerciement (F)	Dank *m*	thanks	—	ringraziamento *m*	agradecimiento *m*
remercier¹ (F)	bedanken, sich	say thank you	—	ringraziare	agradecer algo
remercier² (F)	danken	thank	—	ringraziare	agradecer
řemeslník (CZ)	Handwerker *m*	craftsman	artisan *m*	artigiano *m*	artesano *m*
řemeslo (CZ)	Handwerk *n*	craft	métier *m*	artigianato *m*	artesanía *f*
remetente (P)	Absender *m*	sender	expéditeur *m*	mittente *m*	remitente *m*
remeter (P)	nachsenden	send on	faire suivre	inoltrare	enviar a la nueva dirección
remitente (ES)	Absender *m*	sender	expéditeur *m*	mittente *m*	—
remmen (NL)	bremsen	brake	freiner	frenare	frenar
remote control (E)	Fernbedienung *f*	—	télécommande *f*	telecomando *m*	mando a distancia *m*
remove (E)	entfernen	—	éloigner	allontanare	quitar
remplacer (F)	ersetzen	replace	—	sostituire	sustituir
remplir¹ (F)	ausfüllen	fill in	—	riempire	llenar
remplir² (F)	erfüllen	fulfil	—	esaudire	conceder
ren (SV)	sauber	clean	propre	pulito(a)	limpio(a)
rencontre (F)	Treffen *n*	meeting	—	incontro *m*	encuentro *m*
rencontrer¹ (F)	begegnen	meet	—	incontrare	encontrarse
rencontrer² (F)	treffen, sich	meet	—	incontrare	encontrarse
rend (H)	Ordnung *f*	order	ordre *m*	ordine *m*	orden *m*
renda (P)	Miete *f*	rent	loyer *m*	affitto *m*	alquiler *m*
rendben van (H)	einverstanden	agreed	d'accord	d'accordo	de acuerdo
rendere possibile (I)	ermöglichen	make possible	rendre possible	—	facilitar
rendetlenség (H)	Unordnung *f*	mess	désordre *m*	disordine *m*	desorden *m*
rendező (H)	Regisseur *m*	director	réalisateur *m*	regista *m*	director *m*
rendezvény (H)	Veranstaltung *f*	event	manifestation *f*	manifestazione *f*	acto *m*
rendez-vous (F)	Verabredung *f*	date	—	appuntamento *m*	cita *f*
rendimento (P)	Einkommen *n*	income	revenu *m*	entrate *f/pl*	ingresos *m/pl*
rendőr (H)	Polizist *m*	policeman	agent de police *m*	poliziotto *m*	policía *m*
rendőrség (H)	Polizei *f*	police	police *f*	polizia *f*	policía *f*
rendre¹ (F)	wiedergeben	return	—	restituire	devolver
rendre² (F)	zurückgeben	give back	—	restituire	devolver
rendre possible (F)	ermöglichen	make possible	—	rendere possibile	facilitar
rendre visite à (F)	besuchen	visit	—	andare a trovare	visitar
rendszer (H)	System *n*	system	système *m*	sistema *m*	sistema *m*
rendszerint (H)	gewöhnlich	usual	habituel(le)	abituale	habitual
rengöring (SV)	Reinigung *f*	cleaning	nettoyage *m*	pulitura *f*	limpieza *f*
rennen (D)	—	run	courir	correre	correr
rennen (NL)	rennen	run	courir	correre	correr
renoncer (F)	verzichten	forgo	—	rinunciare	renunciar a
renseignement (F)	Auskunft *f*	information	—	informazione *f*	información *f*
renseigner, se (F)	erkundigen, sich	enquire	—	informarsi	informarse
rent (E)	Miete *f*	—	loyer *m*	affitto *m*	alquiler *m*
rent¹ (E)	mieten	—	louer	affittare	alquilar

rent

P	NL	SV	PL	CZ	H
lembrar-se	gedenken	komma ihåg	wspominać <wspomnieć>	vzpomínat <vzpomenout>	megemlékez
correia f	riem m	rem u	rzemyk m	—	szíj
agradecimento m	dank m	tack n	podziękowanie n	dík m	köszönet
agradecer	danken; bedanken	tacka	dziękować <podziękować>	děkovat <poděkovat>	megköszön
agradecer	danken	tacka	dziękować <podziękować>	děkovat <poděkovat>	megköszön
artífice m	ambachtsman m	hantverkare u	rzemieślnik m	—	mesterember
ofício m	handwerk n/ ambacht n	hantverk n	rzemiosło n	—	mesterség
—	afzender m	avsändare u	nadawca m	odesílatel m	feladó
—	nazenden	eftersända	dosyłać <dosłać>	dosílat <doslat>	utánaküld
remetente m	afzender m	avsändare u	nadawca m	odesílatel m	feladó
travar	—	bromsa	hamować <zahamować>	brzdit <zabrzdit>	fékez
telecomando m	afstandsbediening f	fjärrkontroll u	pilot m	dálkové ovládání n	távműködtetés
afastar	verwijderen	ta bort	usuwać <usunąć>	odstraňovat <odstranit>	eltávolít
substituir	vervangen	byta ut	zastępować <zastąpić>	nahrazovat <nahradit>	pótol
preencher	invullen	fylla i	wypełniać <wypełnić>	vyplňovat <vyplnit>	kitölt
concretizar	vervullen	uppfylla	wypełniać <wypełnić>	splňovat <splnit>	eleget tesz
limpo	schoon	—	czysty	čistý	tiszta
reunião f	ontmoeting f	träffa	spotkanie n	setkání n	találkozás
encontrar alguém	ontmoeten	möta	spotykać <spotkać>	setkávat, se <setkat, se>	találkozik
encontrar-se	elkaar ontmoeten	träffas	spotkać się	setkávat, se <setkat, se>	találkozik
ordem f	orde f	ordning u	porządek m	pořádek m	—
—	huur f	hyra u	najem m	nájem m	bérlés
de acordo	akkoord	överens	zgadzać się <zgodzić się>	souhlasit <odsouhlasit>	—
possibilitar	mogelijk maken	möjliggör	umożliwiać <umożliwić>	umožňovat <umožnit>	lehetővé tesz
desordem f	wanorde f	oordning u	nieporządek m	nepořádek m	—
realizador m	regisseur m	regissör u	reżyser m	režisér m	—
espectáculo m	manifestatie f	tillställning u	impreza f	akce f	—
compromisso m	afspraak m	avtal n	umówienie się n	schůzka f	megbeszélés
—	inkomen n	inkomst u	dochód m	příjem m	jövedelem
polícia m	politieagent m	polis u	policjant m	policista m	—
polícia f	politie f	polis u	policja f	policie f	—
devolver	teruggeven	återge	odtwarzać	vracet <vrátit>	visszaad
devolver	teruggeven	ge tillbaka	oddawać	vracet zpět <vrátit zpět>	visszaad
possibilitar	mogelijk maken	möjliggör	umożliwiać <umożliwić>	umožňovat <umožnit>	lehetővé tesz
visitar	bezoeken	besöka	odwiedzać <odwiedzić>	navštěvovat <navštívit>	meglátogat
sistema m	systeem n	system n	system m	systém m	—
usual	gewoon	vanlig	zazwyczaj	obvykle	—
limpeza f	reiniging f	—	czyszczenie n	čištění n	tisztítás
correr	rennen	springa	biec <pobiec>	běhat <běžet>	rohan
correr	—	springa	biec <pobiec>	běhat <běžet>	rohan
renunciar a	afstand doen van	avstå från	rezygnować	zříkat, se <zříci, se>	lemond
informação f	inlichting f	information u	informacja f	informace f	információ
informar-se	inlichtingen inwinnen	informera sig	dowiadywać, się	informovat, se	érdeklődik
renda f	huur f	hyra u	najem m	nájem m	bérlés
arrendar	huren	hyra	wynajmować <wynająć>	najímat <najmout>	bérel

rent

846

	D	E	F	I	ES
rent² (E)	vermieten	—	louer	affittare	alquilar
rentgen (CZ)	röntgen	X-ray	radiographier	fare una radiografia	radiografiar
renunciar a¹ (ES)	aufgeben	give up	abandonner	rinunciare	—
renunciar a² (ES)	verzichten	forgo	renoncer	rinunciare	—
renunciar a (P)	verzichten	forgo	renoncer	rinunciare	renunciar a
renvoyer (F)	entlassen	discharge	—	licenziare	despedir
repair (E)	reparieren	—	réparer	riparare	reparar
repair shop (E)	Autowerkstatt f	—	atelier de réparation d'autos m	autofficina f	taller de reparaciones m
reparar (ES)	reparieren	repair	réparer	riparare	—
reparar¹ (P)	bemerken	notice	remarquer	notare	darse cuenta de
reparar² (P)	reparieren	repair	réparer	riparare	reparar
reparar³ (P)	wieder gutmachen	make up for	réparer	riparare	subsanar
réparer¹ (F)	reparieren	repair	—	riparare	reparar
réparer² (F)	wieder gutmachen	make up for	—	riparare	subsanar
reparera (SV)	reparieren	repair	réparer	riparare	reparar
reparieren (D)	—	repair	réparer	riparare	reparar
repartição de perdidos e achados (P)	Fundbüro n	lost property office	bureau des objets trouvés m	ufficio oggetti smarriti m	oficina de objetos perdidos f
repartição pública (P)	Behörde f	authorities	autorités f/pl	autorità f/pl	autoridad f
repartir (ES)	aufteilen	divide	diviser	spartire	—
repartir (P)	aufteilen	divide	diviser	spartire	repartir
reparto (I)	Abteilung f	department	département	—	departamento m
repas¹ (F)	Essen n	food	—	cibo m	comida f
repas² (F)	Mahlzeit f	meal	—	pasto m	comida f
repeat (E)	wiederholen	—	répéter	ripetere	repetir
repentinamente (P)	plötzlich	suddenly	tout à coup	di colpo	de repente
répéter (F)	wiederholen	repeat	—	ripetere	repetir
repetir (ES)	wiederholen	repeat	répéter	ripetere	—
repetir (P)	wiederholen	repeat	répéter	ripetere	repetir
replace (E)	ersetzen	—	remplacer	sostituire	sustituir
répondre (F)	antworten	answer	—	rispondere	responder
répondre à (F)	beantworten	answer	—	rispondere a	responder a
répondre par l'affirmative à (F)	bejahen	agree with	—	approvare	afirmar
réponse (F)	Antwort f	answer	—	risposta f	respuesta f
report¹ (E)	Meldung f	—	annonce f	annuncio m	aviso m
report² (E)	Zeugnis n	—	bulletin m	pagella f	certificado m
report¹ (E)	melden	—	annoncer	annunciare	declarar
report² (E)	berichten	—	faire un rapport	riferire	informar
repos (F)	Erholung f	recovery	—	riposo m	descanso m
reposer, se¹ (F)	ausruhen	rest	—	riposare	descansar

reposer, se

P	NL	SV	PL	CZ	H
alugar	verhuren	hyra ut	wynająć	pronajímat <pronajmout>	bérbe ad
radiografar	röntgenen	röntgen u	prześwietlać <prześwietlić>	—	röntgenez
desistir	opgeven	ge upp	rezygnować <zrezygnować>	vzdávat <vzdát>	felad
renunciar a	afstand doen van	avstå från	rezygnować	zříkat, se <zříci, se>	lemond
—	afstand doen van	avstå från	rezygnować	zříkat, se <zříci, se>	lemond
despedir	ontslaan	avskeda	zwalniać <zwolnić>	propouštět <propustit>	elbocsát
reparar	herstellen	reparera	naprawiać <naprawić>	opravovat <opravit>	megjavít
oficina de reparações f	garage f	bilverkstad u	stacja naprawy samochodów f	autodílna f	autojavító műhely
reparar	herstellen	reparera	naprawiać <naprawić>	opravovat <opravit>	megjavít
—	opmerken	märka	zauważać <zauważyć>	poznamenat <poznamenávat>	észrevesz
—	herstellen	reparera	naprawiać <naprawić>	opravovat <opravit>	megjavít
—	weer goedmaken	gottgöra	wynagradzać szkodę	odčiňovat <odčinit>	jóvátesz
reparar	herstellen	reparera	naprawiać <naprawić>	opravovat <opravit>	megjavít
reparar	weer goedmaken	gottgöra	wynagradzać szkodę	odčiňovat <odčinit>	jóvátesz
reparar	herstellen	—	naprawiać <naprawić>	opravovat <opravit>	megjavít
reparar	herstellen	reparera	naprawiać <naprawić>	opravovat <opravit>	megjavít
—	bureau n voor gevonden voorwerpen	hittegodsmagasin n	biuro rzeczy znalezionych n	ztráty a nálezy f/pl	talált tárgyak gyűjtőhelye
—	instantie f/overheid f	myndighet u	urząd m	úřad m	hatóság
repartir	verdelen	dela upp	podzielić	rozdělovat <rozdělit>	feloszt
—	verdelen	dela upp	podzielić	rozdělovat <rozdělit>	feloszt
divisão f	afdeling f	avdelning u	wydział m	oddělení n	osztály
comida f	eten n	mat u	jedzenie n	jídlo n	étkezés
refeição f	maaltijd m	måltid u	posiłek m	jídlo n	étkezés
repetir	herhalen	upprepa	powtarzać	opakovat <zopakovat>	megismétel
—	plotseling	plötsligt	nagle	náhle	hirtelen
repetir	herhalen	upprepa	powtarzać	opakovat <zopakovat>	megismétel
repetir	herhalen	upprepa	powtarzać	opakovat <zopakovat>	megismétel
—	herhalen	upprepa	powtarzać	opakovat <zopakovat>	megismétel
substituir	vervangen	byta ut	zastępować <zastąpić>	nahrazovat <nahradit>	pótol
responder	antwoorden	svara	odpowiadać <odpowiedzieć>	odpovídat <odpovědět>	válaszol
responder	beantwoorden	svara	odpowiadać <odpowiedzieć>	odpovídat <odpovědět>	megválaszol
afirmar	bevestigen	jaka	odpowiadać twierdząco <odpowiedzieć twierdząco>	souhlasit <odsouhlasit>	igennel válaszol
resposta f	antwoord n	svar n	odpowiedź f	odpověď f	válasz
notícia f	melding f	rapport u	meldunek m	hlášení n	jelentés
certificado m	getuigenis n	betyg n	świadectwo n	vysvědčení n	bizonyítvány
noticiar	melden	rapportera	meldować <zameldować>	hlásit <vyhlásit>	jelent
informar	berichten	rapportera	donosić <donieść>	podávat <podat> zprávu	beszámol
descanso m	ontspanning f	vila u	wypoczynek m	zotavení n	üdülés
descansar	rusten	vila	odpoczywać <odpocząć>	odpočívat <odpočinout>	kipiheni magát

reposer, se

	D	E	F	I	ES
reposer, se² (F)	erholen, sich	recover	—	rimettersi	recuperarse
repoussant(e) (F)	widerlich	disgusting	—	ripugnante	repugnante
Reppublica Ceca (I)	Tschechien	Czcechia	République tchèque f	—	República Checa f
repreender (P)	vorwerfen	blame	reprocher	rimproverare	reprochar
represent (E)	darstellen	—	représenter	rappresentare	representar
representar (ES)	darstellen	represent	représenter	rappresentare	—
representar (P)	darstellen	represent	représenter	rappresentare	representar
représenter (F)	darstellen	represent	—	rappresentare	representar
reprochar (ES)	vorwerfen	blame	reprocher	rimproverare	—
reprocher (F)	vorwerfen	blame	—	rimproverare	reprochar
reproduktor (CZ)	Lautsprecher m	loudspeaker	haut-parleur m	altoparlante m	altavoz m
República Checa (ES)	Tschechien	Czcechia	République tchèque f	Reppublica Ceca f	—
République tchèque (F)	Tschechien	Czcechia	—	Reppublica Ceca f	República Checa f
repugnante (ES)	widerlich	disgusting	repoussant(e)	ripugnante	—
repugnante (P)	widerlich	disgusting	repoussant(e)	ripugnante	repugnante
repülés (H)	Flug m	flight	vol m	volo m	vuelo m
repülő (H)	Flugzeug n	aeroplane	avion m	aereo m	avión m
repülőtér (H)	Flughafen m	airport	aéroport m	aeroporto m	aeropuerto m
requesón (ES)	Quark m	curd cheese	fromage blanc m	ricotta f	—
request (E)	Bitte f	—	demande f	domanda f	ruego m
request¹ (E)	bitten	—	demander	pregare	rogar
request² (E)	anfordern	—	demander	esigere	pedir
resa (SV)	Reise f	journey	voyage m	viaggio m	viaje m
resa¹ (SV)	abfahren	depart	partir de	partire	salir
resa² (SV)	reisen	travel	voyager	viaggiare	viajar
resa bort (SV)	verreisen	go away	partir en voyage	essere in viaggio	irse de viaje
resa in (SV)	einreisen	enter	entrer dans un pays	entrare (in un paese)	entrar (en un país)
resande (SV)	Reisender m	traveller	voyageur m	viaggiatore m	viajero m
rés-do-chão (P)	Erdgeschoss n	ground floor	rez-de-chaussée m	pianterreno m	planta baja f
resebyrå (SV)	Reisebüro n	travel agency	agence de voyages f	agenzia turistica f	agencia de viajes f
reseledare (SV)	Reiseführer m	guide	guide m	guida f	guía m
řešení (CZ)	Lösung f	solution	solution f	soluzione f	solución f
reservar¹ (ES)	buchen	book	retenir	prenotare	—
reservar² (ES)	reservieren	reserve	réserver	riservare	—
reservar (P)	vorbestellen	book	réserver	prenotare	hacer reservar
reserve (E)	reservieren	—	réserver	riservare	reservar
réserver¹ (F)	reservieren	reserve	—	riservare	reservar
réserver² (F)	vorbestellen	book	—	prenotare	hacer reservar
reservera (SV)	reservieren	reserve	réserver	riservare	reservar
reserveren (NL)	reservieren	reserve	réserver	riservare	reservar
reservieren (D)	—	reserve	réserver	riservare	reservar
resfriado (ES)	Erkältung f	cold	refroidissement m	raffreddore m	—
resfriado (ES)	Schnupfen m	cold	rhume m	raffreddore m	—

resfriado

P	NL	SV	PL	CZ	H
restabelecer-se	ontspannen, zich	återhämta sig	wypoczywać <wypocząć>	zotavovat, se <zotavit, se>	kipiheni magát
repugnante	walgelijk	vedervärdig	odrażający	protivný	undorító
Chequia f	Tsjechië n	Tjeckien u	Czechy pl	Česko n	Csehország
—	verwijten	förebrå	zarzucać	vytýkat <vytknout>	szemére hány
representar	voorstellen	framställa	przedstawiać <przedstawić>	prezentovat	ábrázol
representar	voorstellen	framställa	przedstawiać <przedstawić>	prezentovat	ábrázol
—	voorstellen	framställa	przedstawiać <przedstawić>	prezentovat	ábrázol
representar	voorstellen	framställa	przedstawiać <przedstawić>	prezentovat	ábrázol
repreender	verwijten	förebrå	zarzucać	vytýkat <vytknout>	szemére hány
repreender	verwijten	förebrå	zarzucać	vytýkat <vytknout>	szemére hány
altifalante m	luidspreker m	högtalare u	głośnik m	—	hangszóró
Chequia f	Tsjechië n	Tjeckien u	Czechy pl	Česko n	Csehország
Chequia f	Tsjechië n	Tjeckien u	Czechy pl	Česko n	Csehország
repugnante	walgelijk	vedervärdig	odrażający	protivný	undorító
—	walgelijk	vedervärdig	odrażający	protivný	undorító
voo m	vlucht f	flygning u	lot m	let m	—
avião m	vliegtuig n	flygplan n	samolot m	letadlo n	—
aeroporto m	luchthaven m	flygplats u	port lotniczy m	letiště n	—
queijo fresco m	kwark m	kvarg u	twaróg m	tvaroh m	túró
pedido m	verzoek n	begäran u	prośba f	prosba f	kérés
pedir	verzoeken	begära	prosić <poprosić>	prosit <poprosit>	kérni
exigir	vragen	kräva	żądać <zażądać>	vyžadovat <vyžádat>	megrendel
viagem f	reis f	—	podróż f	cesta f	utazás
partir	vertrekken	—	odjeżdżać <odjechać>	odjíždět <odjet>	elutazik
viajar	reizen	—	podróżować	cestovat	utazik
viajar	op reis gaan	—	wyjeżdżać	odcestovat	elutazik
entrar	een land inreizen	—	przybywać <przybyć>	přicestovat	beutazik
viajante m	reiziger m	—	podróżnik m	cestující m	utazó
—	begane grond m	bottenvåning u	parter m	přízemí n	földszint
agência de viagens f	reisbureau n	—	biuro podróży n	cestovní kancelář f	utazási iroda
guia m	reisgids m	—	przewodnik turystyczny m	průvodce m	idegenvezető
solução f	oplossing f	lösning u	rozwiązanie n	—	megoldás
marcar	boeken	boka	rezerwować <zarezerwować>	zaknihovat	foglal
marcar	reserveren	reservera	rezerwować <zarezerwować>	rezervovat <zarezervovat>	foglal
—	van tevoren bestellen	förutbeställa	zarezerwować zamówienie	objednávat předem <objednat předem>	előre rendel
marcar	reserveren	reservera	rezerwować <zarezerwować>	rezervovat <zarezervovat>	foglal
marcar	reserveren	reservera	rezerwować <zarezerwować>	rezervovat <zarezervovat>	foglal
reservar	van tevoren bestellen	förutbeställa	zarezerwować zamówienie	objednávat předem <objednat předem>	előre rendel
marcar	reserveren	—	rezerwować <zarezerwować>	rezervovat <zarezervovat>	foglal
marcar	—	reservera	rezerwować <zarezerwować>	rezervovat <zarezervovat>	foglal
marcar	reserveren	reservera	rezerwować <zarezerwować>	rezervovat <zarezervovat>	foglal
constipação f	verkoudheid f	förkylning u	przeziębienie n	nachlazení n	megfázás
constipação f	verkoudheid f	snuva u	katar m	rýma f	nátha

residenza

	D	E	F	I	ES
residenza (I)	Wohnort m	domicile	domicile m	—	domicilio m
résilier (F)	kündigen	give notice	—	licenziare	despedir
résistant(e) (F)	haltbar	durable	—	durevole	duradero(a)
resistirse (ES)	weigern, sich	refuse	refuser	rifiutare	—
resolver (P)	beschließen	decide	décider	decidere	decidir
résoudre (F)	lösen	solve	—	sciogliere	desatar
respiração (P)	Atem m	breath	respiration f	fiato m	respiro m
respirar (ES)	atmen	breathe	respirer	respirare	—
respirar (P)	atmen	breathe	respirer	respirare	respirar
respirare (I)	atmen	breathe	respirer	—	respirar
respiration (F)	Atem m	breath	—	fiato m	respiro m
respirer (F)	atmen	breathe	—	respirare	respirar
respiro (ES)	Atem m	breath	respiration f	fiato m	—
responder (ES)	antworten	answer	répondre	rispondere	—
responder[1] (P)	antworten	answer	répondre	rispondere	responder
responder[2] (P)	beantworten	answer	répondre à	rispondere a	responder a
responder a (ES)	beantworten	answer	répondre à	rispondere a	—
responsabile (I)	verantwortlich	responsible	responsable	—	responsable
responsabilidad (ES)	Verantwortung f	responsibility	responsabilté f	responsabilità f	—
responsabilidade (P)	Verantwortung f	responsibility	responsabilté f	responsabilità f	responsabilidad f
responsabilità (I)	Verantwortung f	responsibility	responsabilté f	—	responsabilidad f
responsabilté (F)	Verantwortung f	responsibility	—	responsabilità f	responsabilidad f
responsable (F)	verantwortlich	responsible	—	responsabile	responsable
responsable (ES)	verantwortlich	responsible	responsable	responsabile	—
responsável (P)	verantwortlich	responsible	responsable	responsabile	responsable
responsibility (E)	Verantwortung f	—	responsabilté f	responsabilità f	responsabilidad f
responsible (E)	verantwortlich	—	responsable	responsabile	responsable
resposta (P)	Antwort f	answer	réponse f	risposta f	respuesta f
respuesta (ES)	Antwort f	answer	réponse f	risposta f	—
ressembler (F)	ähneln	be similar	—	simile	parecerse a
Rest (D)	—	rest	reste m	resto m	resto m
rest (E)	ausruhen	—	reposer, se	riposare	descansar
rest (E)	Rest m	—	reste m	resto m	resto m
rest (NL)	Rest m	rest	reste m	resto m	resto m
rest (SV)	Rest m	rest	reste m	resto m	resto m
restabelecer-se (P)	erholen, sich	recover	reposer, se	rimettersi	recuperarse
restabelecimiento (ES)	Besserung f	improvement	amélioration f	miglioramento m	—
restant(e) (F)	übrig	left	—	restante	restante
restante (I)	übrig	left	restant(e)	—	restante
restante (ES)	übrig	left	restant(e)	restante	—
restante (P)	übrig	left	restant(e)	restante	restante
restaurace (CZ)	Restaurant m	restaurant	restaurant m	ristorante m	restaurante m
restauracja (PL)	Restaurant m	restaurant	restaurant m	ristorante m	restaurante m
restaurang (SV)	Restaurant m	restaurant	restaurant m	ristorante m	restaurante m
Restaurant (D)	—	restaurant	restaurant m	ristorante m	restaurante m
restaurant (E)	Restaurant m	—	restaurant m	ristorante m	restaurante m

restaurant

P	NL	SV	PL	CZ	H
local de moradia m	woonplaats m	hemvist u	miejsce zamieszkania n	bydliště n	lakhely
despedir	opzeggen	säga upp	wypowiadać <wypowiedzieć>	dávat výpověď <dát výpověď>	felmond
que se pode conservar	houdbaar	slitstark	trwały	trvanlivý	tartós
recusar-se	weigeren	vägra	odmawiać	zdráhat, se	vonakodik
—	besluiten	besluta	postanawiać <postanowić>	rozhodovat <rozhodnout>	elhatároz
soltar	oplossen	ta loss	rozwiązywać <rozwiązać>	uvolňovat <uvolnit>	leválaszt
—	adem m	andning u	oddech m	dech m	lélegzet
respirar	ademen	andas	oddychać	dýchat	lélegzik
—	ademen	andas	oddychać	dýchat	lélegzik
respirar	ademen	andas	oddychać	dýchat	lélegzik
respiração f	adem m	andning u	oddech m	dech m	lélegzet
respirar	ademen	andas	oddychać	dýchat	lélegzik
respiração f	adem m	andning u	oddech m	dech m	lélegzet
responder	antwoorden	svara	odpowiadać <odpowiedzieć>	odpovídat <odpovědět>	válaszol
—	antwoorden	svara	odpowiadać <odpowiedzieć>	odpovídat <odpovědět>	válaszol
—	beantwoorden	svara	odpowiadać <odpowiedzieć>	odpovídat <odpovědět>	megválaszol
responder	beantwoorden	svara	odpowiadać <odpowiedzieć>	odpovídat <odpovědět>	megválaszol
responsável	verantwoordelijk	ansvarig	odpowiedzialny	zodpovědný	felelős
responsabilidade f	verantwoordelijkheid f	ansvar n	odpowiedzialność f	odpovědnost f	felelősség
—	verantwoordelijkheid f	ansvar n	odpowiedzialność f	odpovědnost f	felelősség
responsabilidade f	verantwoordelijkheid f	ansvar n	odpowiedzialność f	odpovědnost f	felelősség
responsabilidade f	verantwoordelijkheid f	ansvar n	odpowiedzialność f	odpovědnost f	felelősség
responsável	verantwoordelijk	ansvarig	odpowiedzialny	zodpovědný	felelős
responsável	verantwoordelijk	ansvarig	odpowiedzialny	zodpovědný	felelős
—	verantwoordelijk	ansvarig	odpowiedzialny	zodpovědný	felelős
responsabilidade f	verantwoordelijkheid f	ansvar n	odpowiedzialność f	odpovědnost f	felelősség
responsável	verantwoordelijk	ansvarig	odpowiedzialny	zodpovědný	felelős
—	antwoord n	svar n	odpowiedź f	odpověď f	válasz
resposta f	antwoord n	svar n	odpowiedź f	odpověď f	válasz
assemelhar-se a	gelijken	likna	być podobnym	podobat, se	hasonlít
resto m	rest m	rest u	reszta f	zbytek m	maradék
descansar	rusten	vila	odpoczywać <odpocząć>	odpočívat <odpočinout>	kipiheni magát
resto m	rest m	rest u	reszta f	zbytek m	maradék
resto m	—	rest u	reszta f	zbytek m	maradék
resto m	rest m	—	reszta f	zbytek m	maradék
—	ontspannen, zich	återhämta sig	wypoczywać <wypocząć>	zotavovat, se <zotavit, se>	kipiheni magát
melhoramento m	verbetering f	bättring u	poprawa f	zlepšení n	javulás
restante	overig	övrig	pozostały	zbývající	maradék
restante	overig	övrig	pozostały	zbývající	maradék
restante	overig	övrig	pozostały	zbývající	maradék
—	overig	övrig	pozostały	zbývající	maradék
restaurante m	restaurant n	restaurang u	restauracja f	—	vendéglő
restaurante m	restaurant n	restaurang u	—	restaurace f	vendéglő
restaurante m	restaurant n	—	restauracja f	restaurace f	vendéglő
restaurante m	restaurant n	restaurang u	restauracja f	restaurace f	vendéglő
restaurante m	restaurant n	restaurang u	restauracja f	restaurace f	vendéglő

restaurant

	D	E	F	I	ES
restaurant (F)	Restaurant m	restaurant	—	ristorante m	restaurante m
restaurant[1] (NL)	Gasthaus n	guesthouse/inn	auberge f	osteria m	posada f
restaurant[2] (NL)	Restaurant m	restaurant	restaurant m	ristorante m	restaurante m
restaurante (ES)	Restaurant m	restaurant	restaurant m	ristorante m	—
restaurante (P)	Restaurant m	restaurant	restaurant m	ristorante m	restaurante m
reste (F)	Rest m	rest	—	resto m	resto m
rester (F)	bleiben	stay	—	rimanere	quedarse
restituire[1] (I)	wiedergeben	return	rendre	—	devolver
restituire[2] (I)	zurückgeben	give back	rendre	—	devolver
restless (E)	unruhig	—	inquiet(iète)	inquieto(a)	intranquilo(a)
resto (I)	Rest m	rest	reste m	—	resto m
resto (ES)	Rest m	rest	reste m	resto m	—
resto (P)	Rest m	rest	reste m	resto m	resto m
result (E)	Ergebnis n	—	résultat m	risultato m	resultado m
resultaat (NL)	Ergebnis n	result	résultat m	risultato m	resultado m
resultado (ES)	Ergebnis n	result	résultat m	risultato m	—
resultado (P)	Ergebnis n	result	résultat m	risultato m	resultado m
resultat (SV)	Ergebnis n	result	résultat m	risultato m	resultado m
résultat (F)	Ergebnis n	result	—	risultato m	resultado m
rész (H)	Teil m	part	partie f	parte f	parte f
részeg (H)	betrunken	drunk	ivre	ubriaco(a)	borracho(a)
reszket (H)	zittern	tremble	trembler	tremare	temblar
részlet (H)	Einzelheit f	detail	détail m	dettaglio m	detalle f
részletes (H)	ausführlich	detailed	détaillé(e)	dettagliato(a)	detallado(a)
reszta (PL)	Rest m	rest	reste m	resto m	resto m
részt vesz (H)	teilnehmen	take part	participer	partecipare	participar
részvény (H)	Aktie f	share	action f	azione m	acción f
részvét[1] (H)	Beileid n	condolence	condoléances f/pl	condoglianza f	pésame m
részvét[2] (H)	Mitleid n	pity	compassion f	compassione f	compasión f
rét (H)	Wiese f	meadow	pré m	prato m	pradera f
reta (SV)	ärgern	annoy	fâcher	arrabbiare	enfadar
retard (F)	Verspätung f	delay	—	ritardo m	retraso m
retarder (F)	schauen	look	—	guardare	mirar
retener (ES)	behalten	keep	garder	tenere	—
retenir (F)	buchen	book	—	prenotare	reservar
řetěz (CZ)	Kette f	chain	chaîne f	catena f	cadena f
retirement (E)	Ruhestand m	—	retraite f	pensione f	retiro m
retiro (ES)	Ruhestand m	retirement	retraite f	pensione f	—
retourner[1] (F)	umkehren	turn back	—	ritornare	regresar
retourner[2] (F)	zurückfahren	drive back	—	tornare indietro	retroceder
retraite (F)	Ruhestand m	retirement	—	pensione f	retiro m
retraso (ES)	Verspätung f	delay	retard m	ritardo m	—
retrete (P)	Toilette f	toilet	toilette f	toilette f	lavabos m/pl
retroceder (ES)	zurückfahren	drive back	retourner	tornare indietro	—
retten (D)	—	save	sauver	salvare	salvar
return (E)	wiedergeben	—	rendre	restituire	devolver
reunião (P)	Treffen n	meeting	rencontre f	incontro m	encuentro m
reusachtig (NL)	riesig	huge	énorme	enorme	enorme
réussir à faire (F)	schaffen	create	—	creare	crear
rêve (F)	Traum m	dream	—	sogno m	sueño m
réveil (F)	Wecker m	alarm clock	—	sveglia f	despertador m
réveiller[1] (F)	aufwecken	wake up	—	svegliare	despertar

réveiller

P	NL	SV	PL	CZ	H
restaurante m	restaurant n	restaurang u	restauracja f	restaurace f	vendéglő
pousada f	—	värdshus n	gospoda f	hospoda f	vendéglő
restaurante m	—	restaurang u	restauracja f	restaurace f	vendéglő
restaurante m	restaurant n	restaurang u	restauracja f	restaurace f	vendéglő
—	restaurant n	restaurang u	restauracja f	restaurace f	vendéglő
resto m	rest m	rest u	reszta f	zbytek m	maradék
ficar	blijven	stanna kvar	zostawać <zostać>	zůstávat <zůstat>	marad
devolver	teruggeven	återge	odtwarzać	vracet <vrátit>	visszaad
devolver	teruggeven	ge tillbaka	oddawać	vracet zpět <vrátit zpět>	visszaad
inquieto	onrustig	orolig	niespokojny	neklidný	nyugtalan
resto m	rest m	rest u	reszta f	zbytek m	maradék
resto m	rest m	rest u	reszta f	zbytek m	maradék
—	rest m	rest u	reszta f	zbytek m	maradék
resultado m	resultaat n	resultat n	wynik m	výsledek m	eredmény
resultado m	—	resultat n	wynik m	výsledek m	eredmény
resultado m	resultaat n	resultat n	wynik m	výsledek m	eredmény
—	resultaat n	resultat n	wynik m	výsledek m	eredmény
resultado m	resultaat n	—	wynik m	výsledek m	eredmény
resultado m	resultaat n	resultat n	wynik m	výsledek m	eredmény
parte f	deel n	del u	część f	díl m	—
embriagado	dronken	berusad	pijany	opilý	—
tremer	rillen	darra	drżeć	chvět, se <zachvět, se>	—
pormenor m	bijzonderheid f	detalj u	szczegół m	podrobnost f	—
pormenorizado	uitvoerig	detaljerad	szczegółowo	podrobně	—
resto m	rest m	rest u	—	zbytek m	maradék
participar	deelnemen	delta	brać udział	účastnit, se <zúčastnit, se>	—
acção f	aandeel n	aktie u	akcja f	akcie f	—
condolência f	deelneming f	kondoleans u	współczucie n	kondolence f	—
compaixão f	medelijden n	medlidande n	litość f	soucit m	—
prado m	wei f	äng u	łąka f	louka f	—
aborrecer	ergeren	—	złościć <rozzłościć>	zlobit	bosszant
atraso m	vertraging f	försening u	spóźnienie n	zpoždění n	késés
olhar	kijken	se	patrzeć <popatrzeć>	hledět	néz
guardar	behouden	behålla	zatrzymywać <zatrzymać>	nechat, si <ponechat, si>	megtart
marcar	boeken	boka	rezerwować <zarezerwować>	zaknihovat	foglal
corrente f	ketting m	kedja u	łańcuch m	—	lánc
reforma f	pensioen n	pension u	stan spoczynku m	důchod m	nyugállomány
reforma f	pensioen n	pension u	stan spoczynku m	důchod m	nyugállomány
voltar	omkeren	vända om	zawrócić	obracet, se <obrátit, se>	megfordít
viajar de volta	terugrijden	köra tillbaka	jechać z powrotem	jet nazpět	visszautazik
reforma f	pensioen n	pension u	stan spoczynku m	důchod m	nyugállomány
atraso m	vertraging f	försening u	spóźnienie n	zpoždění n	késés
—	toilet n	toalett u	toaleta f	záchod m	toalett
viajar de volta	terugrijden	köra tillbaka	jechać z powrotem	jet nazpět	visszautazik
salvar	redden	rädda	ratować <uratować>	zachraňovat <zachránit>	ment
devolver	teruggeven	återge	odtwarzać	vracet <vrátit>	visszaad
—	ontmoeting f	träffa	spotkanie n	setkání n	találkozás
gigantesco	—	jättestor	ogromy	obrovský	óriási
criar	scheppen	skapa	dokonywać <dokonać>	tvořit <vytvořit>	alkot
sonho m	droom m	dröm u	sen m	sen m	álom
despertador m	wekker m	väckarklocka u	budzik m	budík m	ébresztőóra
acordar	wekken	väcka	budzić <obudzić>	budit <vzbudit>	felébreszt

réveiller

	D	E	F	I	ES
réveiller² (F)	wecken	wake (up)	—	svegliare	despertar
réveiller, se (F)	aufwachen	wake up	—	svegliarsi	despertarse
revenge (E)	Rache f	—	vengeance f	vendetta f	venganza f
revenir¹ (F)	wiederkommen	come back	—	ritornare	venir de nuevo
revenir² (F)	zurückkommen	come back	—	ritornare	regresar
reventar (ES)	platzen	burst	éclater	scoppiare	—
revenu (F)	Einkommen n	income	—	entrate f/pl	ingresos m/pl
rêver (F)	träumen	dream	—	sognare	soñar
Revier (D)	—	district	district m	distretto m	distrito m
revir (SV)	Revier n	district	district m	distretto m	distrito m
revír (CZ)	Revier n	district	district m	distretto m	distrito m
revisor (ES)	Schaffner m	conductor	contrôleur m	bigliettaio m	—
revisor¹ (P)	Schaffner m	conductor	contrôleur m	bigliettaio m	revisor m
revisor² (P)	Kontrolleur m	inspector	contrôleur m	controllore m	controlador m
revista (ES)	Zeitschrift f	magazine	revue f	rivista f	—
revista (P)	Zeitschrift f	magazine	revue f	rivista f	revista f
revoir (F)	wiedersehen	see again	—	rivedere	volver a ver
revue (F)	Zeitschrift f	magazine	—	rivista f	revista f
rewir (PL)	Revier n	district	district m	distretto m	distrito m
řez (CZ)	Schnitt m	cut	coupe f	taglio m	corte m
rezar (ES)	beten	pray	prier	pregare	—
rezar (P)	beten	pray	prier	pregare	rezar
řezat <uříznout> (CZ)	schneiden	cut	couper	tagliare	cortar
rezavý (CZ)	rostig	rusty	rouillé(e)	arrugginito(a)	oxidado(a)
rez-de-chaussée (F)	Erdgeschoss n	ground floor	—	pianterreno m	planta baja f
Rezept (D)	—	recipe	recette f	ricetta f	receta f
rezervovat <zarezervovat> (CZ)	reservieren	reserve	réserver	riservare	reservar
rezerwować <zarezerwować>¹ (PL)	buchen	book	retenir	prenotare	reservar
rezerwować <zarezerwować>² (PL)	reservieren	reserve	réserver	riservare	reservar
režisér (CZ)	Regisseur m	director	réalisateur m	regista m	director m
rezivět <zrezivět> (CZ)	rosten	rust	rouiller	arrugginire	oxidarse
řeznictví (CZ)	Metzgerei f	butcher's	boucherie f	macelleria f	carnicería f
rezygnować (PL)	verzichten	forgo	renoncer	rinunciare	renunciar a
rezygnować <zrezygnować> (PL)	aufgeben	give up	abandonner	rinunciare	renunciar a
reżyser (PL)	Regisseur m	director	réalisateur m	regista m	director m
rhume (F)	Schnupfen m	cold	—	raffreddore m	resfriado m
ribbon (E)	Band n	—	bandeau m	nastro m	cinta f
ribes (I)	Johannisbeere f	currant	groseille f	—	grosella f
ribizke (H)	Johannisbeere f	currant	groseille f	ribes m	grosella f
ricatto (I)	Erpressung f	blackmail	chantage m	—	chantaje m
ricco(a) (I)	reich	rich	riche	—	rico(a)
rice (E)	Reis m	—	riz m	riso m	arroz m
ricetta (I)	Rezept n	recipe	recette f	—	receta f
ricevere (I)	bekommen	get	recevoir	—	recibir
ricevere (I)	empfangen	receive	recevoir	—	recibir
ricevere (I)	erhalten	receive	recevoir	—	obtener
rich (E)	reich	—	riche	ricco(a)	rico(a)
riche (F)	reich	rich	—	ricco(a)	rico(a)

riche

P	NL	SV	PL	CZ	H
acordar	wekken	väcka	budzić	budit <vzbudit>	ébreszt
acordar	wakker worden	vakna	budzić, się <obudzić, się>	vzbouzet se <vzbudit se>	felébred
vingança f	wraak m	hämnd u	zemsta f	pomsta f	bosszú
voltar outra vez	terugkomen	komma tillbaka	wracać	přijít, přijet zpět	visszajön
vir de volta	terugkomen	komma tillbaka	wracać	vracet, se <vrátit, se>	visszajön
rebentar	barsten	spricka	pękać <pęknąć>	praskat <prasknout>	kipukkad
rendimento m	inkomen n	inkomst u	dochód m	příjem m	jövedelem
sonhar	dromen	drömma	śnić	snívat <snít>	álmodik
esquadra de policia f	wijk f	revir n	rewir m	revír m	vadászterület
esquadra de policia f	wijk f	—	rewir m	revír m	vadászterület
esquadra de policia f	wijk f	revir n	rewir m	—	vadászterület
revisor m	conducteur m	konduktör u	konduktor m	průvodčí m	kalauz
—	conducteur m	konduktör u	konduktor m	průvodčí m	kalaúz
—	controleur m	kontrollör u	kontroler m	kontrolor	ellenőrző
revista f	tijdschrift n	tidskrift u	czasopismo n	časopis m	folyóirat
—	tijdschrift n	tidskrift u	czasopismo n	časopis m	folyóirat
tornar a ver	terugzien	återse	znowu widzieć	opět vidět <opět uvidět>	viszontlát
revista f	tijdschrift n	tidskrift u	czasopismo n	časopis m	folyóirat
esquadra de policia f	wijk f	revir n	—	revír m	vadászterület
corte m	snee f	skärning u	cięcie n	—	vágás
rezar	bidden	be	modlić, się <pomodlić, się>	modlit, se	imádkozik
—	bidden	be	modlić, się <pomodlić, się>	modlit, se	imádkozik
cortar	snijden	skära	ciąć <pociąć>	—	vág
ferrugento	roestig	rostig	zardzewiały	—	rozsdás
rés-do-chão m	begane grond m	bottenvåning u	parter m	přízemí n	földszint
receita f	recept n	recept n	recepta f	recept m	recept
marcar	reserveren	reservera	rezerwować <zarezerwować>	—	foglal
marcar	boeken	boka	—	zaknihovat	foglal
marcar	reserveren	reservera	—	rezervovat <zarezervovat>	foglal
realizador m	regisseur m	regissör u	reżyser m	—	rendező
enferrujar	roesten	rosta	rdzewieć <zardzewieć>	—	rozsdásodik
talho m	slagerij f	slakteri n	sklep rzeźniczy m	—	hentesüzlet
renunciar a	afstand doen van	avstå från	—	zříkat, se <zříci, se>	lemond
desistir	opgeven	ge upp	—	vzdávat <vzdát>	felad
realizador m	regisseur m	regissör u	—	režisér m	rendező
constipação f	verkoudheid f	snuva u	katar m	rýma f	nátha
fita f	band m	band n	tom m	pás m	szalag
groselha f	aalbes f	svart vinbär n	porzeczka f	rybíz m	ribizke
groselha f	aalbes f	svart vinbär n	porzeczka f	rybíz m	—
chantagem f	afpersing f	utpressning u	szantaż m	vydírání n	zsarolás
rico	rijk	rik	bogaty	bohatý	gazdag
arroz m	rijst m	ris n	ryż m	rýže f	rízs
receita f	recept n	recept n	recepta f	recept m	recept
receber	krijgen	få	otrzymywać <otrzymać>	dostávat <dostat>	kap
receber	ontvangen	ta emot	otrzymywać <otrzymać>	přijímat <přijmout>	fogad
receber	ontvangen	erhålla	otrzymywać <otrzymać>	obdržet	megkap
rico	rijk	rik	bogaty	bohatý	gazdag
rico	rijk	rik	bogaty	bohatý	gazdag

richiedere

	D	E	F	I	ES
richiedere (I)	verlangen	demand	demander	—	exigir
richten (D)	—	direct to	diriger	dirigere	dirigir
richten¹ (NL)	ausrichten	pass on a message	transmettre	riferire	comunicar
richten² (NL)	richten	direct to	diriger	dirigere	dirigir
Richter (D)	—	judge	juge *m*	giudice *m*	juez *m*
richtig (D)	—	correct	juste	giusto(a)	correcto(a)
richting (NL)	Richtung *f*	direction	direction *f*	direzione *f*	dirección *f*
Richtung (D)	—	direction	direction *f*	direzione *f*	dirección *f*
rico (P)	reich	rich	riche	ricco(a)	rico(a)
rico(a) (ES)	reich	rich	riche	ricco(a)	—
riconoscere (I)	erkennen	recognize	reconnaître	—	reconocer
ricordare¹ (I)	erinnern	remember	rappeler	—	recordarse
ricordare² (I)	gedenken	remember	souvenir de, se	—	commemorar
ricordo¹ (I)	Andenken *n*	souvenir	souvenir *m*	—	recuerdo *m*
ricordo² (I)	Erinnerung *f*	memory	souvenir *m*	—	memoria *f*
ricotta (I)	Quark *m*	curd cheese	fromage blanc *m*	—	requesón *m*
rida (SV)	reiten	ride	monter	cavalcare	cabalgar
riddle (E)	Rätsel *n*	—	devinette *f*	enigma *m*	adivinanza *f*
ride (E)	reiten	—	monter	cavalcare	cabalgar
rideau (F)	Vorhang *m*	curtain	—	tenda *f*	cortina *f*
ridere (I)	lachen	laugh	rire	—	reír
řidič (CZ)	Fahrer *m*	driver	conducteur *m*	autista *m*	conductor *m*
ridicolo(a) (I)	lächerlich	ridiculous	ridicule	—	ridículo(a)
řidičský průkaz (CZ)	Führerschein *m*	driving licence	permis de conduire *m*	patente *f*	permiso de conducir *m*
ridicule (F)	lächerlich	ridiculous	—	ridicolo(a)	ridículo(a)
ridículo (P)	lächerlich	ridiculous	ridicule	ridicolo(a)	ridículo(a)
ridículo(a) (ES)	lächerlich	ridiculous	ridicule	ridicolo(a)	—
ridiculous (E)	lächerlich	—	ridicule	ridicolo(a)	ridículo(a)
řídit (CZ)	lenken	steer	conduire	guidare	encauzar
řídký (CZ)	selten	rare	rare	raro(a)	raro(a)
riduzione (I)	Ermäßigung *f*	reduction	réduction *f*	—	rebaja *f*
riechen (D)	—	smell	sentir	sentire	oler
riem (NL)	Riemen *n*	strap	courroie *f*	cinghia *f*	correa *f*
Riemen (D)	—	strap	courroie *f*	cinghia *f*	correa *f*
riempire (I)	ausfüllen	fill in	remplir	—	llenar
rien (F)	nichts	nothing	—	niente	nada
riesgo (ES)	Risiko *n*	risk	risque *m*	rischio *m*	—
riesig (D)	—	huge	énorme	enorme	enorme
riferire¹ (I)	ausrichten	pass on a message	transmettre	—	comunicar
riferire² (I)	berichten	report	faire un rapport	—	informar
rifiutare¹ (I)	ablehnen	reject	refuser	—	rehusar
rifiutare² (I)	weigern, sich	refuse	refuser	—	resistirse
riflettere (I)	nachdenken	think	réfléchir	—	reflexionar
right (E)	Recht *n*	—	droit *m*	diritto *m*	derecho *m*
right (E)	rechts	—	à droite	a destra	a la derecha

right

P	NL	SV	PL	CZ	H
exigir	verlangen	kräva	żądać	požadovat <požádat>	megkövetel
julgar	richten	rikta	kierować <skierować>	spravovat <spravit>	irányít
transmitir	—	uträtta	wyrównywać <wyrównać>	vyrovnávat <vyrovnat>	megmond
julgar	—	rikta	kierować <skierować>	spravovat <spravit>	irányít
juiz m	rechter m	domare u	sędzia m	soudce m	bíró
correcto	juist	rätt	właściwy	správně	helyes
direcção f	—	riktning u	kierunek m	směr m	irány
direcção f	richting f	riktning u	kierunek m	směr m	irány
—	rijk	rik	bogaty	bohatý	gazdag
rico	rijk	rik	bogaty	bohatý	gazdag
reconhecer	onderscheiden	känna igen	rozpoznawać <rozpoznać>	rozpoznávat <rozpoznat>	felismer
recordar	herinneren	minnas	przypominać <przypomnieć>	připomínat <připomenout>	emlékez
lembrar-se	gedenken	komma ihåg	wspominać <wspomnieć>	vzpomínat <vzpomenout>	megemlékez
recordação f	aandenken n	minne n	pamiątka f	suvenýr m	emlék
recordação f	herinnering f	minne n	wspomnienie n	vzpomínka f	emlék
queijo fresco m	kwark m	kvarg u	twaróg m	tvaroh m	túró
andar a cavalo	paardrijden	—	jechać konno <pojechać konno>	jezdit na koni <jet na koni>	lovagol
enigma m	raadsel n	gåta u	zagadka f	hádanka f	rejtvény
andar a cavalo	paardrijden	rida	jechać konno <pojechać konno>	jezdit na koni <jet na koni>	lovagol
cortina f	gordijn n	draperi n	zasłona f	závěs m	függöny
rir	lachen	skratta	śmiać, się <zaśmiać, się>	smát, se	nevet
condutor m	bestuurder m	förare u	kierowca m	—	gépkocsivezető
ridículo	belachelijk	skrattretande	śmieszny	směšný	nevetséges
carta de condução f	rijbewijs n	körkort n	prawo jazdy n	—	jogosítvány
ridículo	belachelijk	skrattretande	śmieszny	směšný	nevetséges
	belachelijk	skrattretande	śmieszny	směšný	nevetséges
ridículo	belachelijk	skrattretande	śmieszny	směšný	nevetséges
ridículo	belachelijk	skrattretande	śmieszny	směšný	nevetséges
guiar	besturen	styra	kierować <skierować>	—	irányít
raro	zelden	sällan	rzadko	—	ritka (ritkán)
redução f	korting f	rabatt u	zniżka f	sleva f	kedvezmény
cheirar	ruiken	lukta	pachnieć <zapachnieć>	cítit <ucítit>	szaga van, szagol
correia f	—	rem u	rzemyk m	řemen m	szíj
correia f	riem m	rem u	rzemyk m	řemen m	szíj
preencher	invullen	fylla i	wypełniać <wypełnić>	vyplňovat <vyplnit>	kitölt
nada	niets	ingenting	nic	nic	semmi
risco m	risico n	risk u	ryzyko n	riziko n	kockázat
gigantesco	reusachtig	jättestor	ogromy	obrovský	oriási
transmitir	richten	uträtta	wyrównywać <wyrównać>	vyrovnávat <vyrovnat>	megmond
informar	berichten	rapportera	donosić <donieść>	podávat <podat> zprávu	beszámol
recusar	afwijzen	avböja	odrzucać <odrzucić>	odmítat <odmítnout>	visszautasít
recusar-se	weigeren	vägra	odmawiać	zdráhat, se	vonakodik
reflectir sobre	nadenken	tänka efter	rozmyślać	přemýšlet	gondolkozik
direito m	recht n	rätt u	prawo n	právo n	jog
direita	rechts	till höger	po prawej stronie	vpravo	jobbra

right of way

	D	E	F	I	ES
right of way (E)	Vorfahrt f	—	priorité f	precedenza f	prioridad de paso f
rigoroso (P)	streng	strict	sévère	severo(a)	severo(a)
riguardare (I)	betreffen	concern	concerner	—	concernir
rijbewijs (NL)	Führerschein m	driving licence	permis de conduire m	patente f	permiso de conducir m
rijden (NL)	fahren	drive	conduire	andare	conducir
rijk (NL)	reich	rich	riche	ricco(a)	rico(a)
rijp (NL)	reif	ripe	mûr(e)	maturo(a)	maduro(a)
rijst (NL)	Reis m	rice	riz m	riso m	arroz m
rik (SV)	reich	rich	riche	ricco(a)	rico(a)
říkat <říci> (CZ)	sagen	say	dire	dire	decir
rikta (SV)	richten	direct to	diriger	dirigere	dirigir
riktning (SV)	Richtung f	direction	direction f	direzione f	dirección f
riktnummer (SV)	Vorwahl f	dialling code	indicatif téléphonique m	prefisso m	prefijo m
rillen (NL)	zittern	tremble	trembler	tremare	temblar
rimanere (I)	bleiben	stay	rester	—	quedarse
rimborsare (I)	zurückzahlen	pay back	rembourser	—	devolver
rimettersi (I)	erholen, sich	recover	reposer, se	—	recuperarse
rimproverare (I)	vorwerfen	blame	reprocher	—	reprochar
rinchiudere (I)	einschließen	lock up	refermer	—	encerrar
Rind (D)	—	cow	bœuf m	manzo m	buey m
Ring (D)	—	ring	bague f	anello m	anillo m
ring (E)	Ring m	—	bague f	anello m	anillo m
ring (NL)	Ring m	ring	bague f	anello m	anillo m
ring (SV)	Ring m	ring	bague f	anello m	anillo m
ringa¹ (SV)	anrufen	ring up	téléphoner	telefonare	llamar por teléfono
ringa² (SV)	telefonieren	telephone	téléphoner	telefonare	llamar por teléfono
ringa på (SV)	klingeln	ring the bell	sonner	suonare	tocar el timbre
ringklocka (SV)	Klingel f	bell	sonnette f	campanello m	timbre m
ringraziamento (I)	Dank m	thanks	remerciement m	—	agradecimiento m
ringraziare¹ (I)	bedanken, sich	say thank you	remercier	—	agradecer algo
ringraziare² (I)	danken	thank	remercier	—	agradecer
ring the bell (E)	klingeln	—	sonner	suonare	tocar el timbre
ring up (E)	anrufen	—	téléphoner	telefonare	llamar por teléfono
rinunciare¹ (I)	aufgeben	give up	abandonner	—	renunciar a
rinunciare² (I)	verzichten	forgo	renoncer	—	renunciar a
rio (P)	Fluss m	river	fleuve m	fiume m	río m
río (ES)	Fluss m	river	fleuve m	fiume m	—
rip (E)	zerreißen	—	déchirer	strappare	romper
riparare¹ (I)	reparieren	repair	réparer	—	reparar
riparare² (I)	wieder gutmachen	make up for	réparer	—	subsanar
ripe (E)	reif	—	mûr(e)	maturo(a)	maduro(a)
ripetere (I)	wiederholen	repeat	répéter	—	repetir
ripido(a) (I)	steil	steep	raide	—	empinado(a)
riposare (I)	ausruhen	rest	reposer, se	—	descansar
riposo (I)	Erholung f	recovery	repos m	—	descanso m
ripugnante (I)	widerlich	disgusting	repoussant(e)	—	repugnante

ripugnante

P	NL	SV	PL	CZ	H
passagem preferencial f	voorrang m	företräde n	pierwszeństwo n	přednost v jízdě f	elsőbbség
—	streng	sträng	surowy	přísný	szigorú
referir-se a	betreffen	beträffa	dotyczyć	týkat se	illet
carta de condução f	—	körkort n	prawo jazdy n	řidičský průkaz m	jogosítvány
conduzir	—	köra	jechać <pojechać>	jezdit <jet>	megy
rico	—	rik	bogaty	bohatý	gazdag
maduro	—	mogen	dojrzały	zralý	érett
arroz m	—	ris n	ryż m	rýže f	rízs
rico	rijk	—	bogaty	bohatý	gazdag
dizer	zeggen	säga	mówić <powiedzieć>	—	mond
julgar	richten	—	kierować <skierować>	spravovat <spravit>	irányít
direcção f	richting f	—	kierunek m	směr m	irány
número indicativo m	netnummer n	—	numer kierunkowy m	předvolba f	ország/város hívószáma
tremer	—	darra	drżeć	chvět, se <zachvět, se>	reszket
ficar	blijven	stanna kvar	zostawać <zostać>	zůstávat <zůstat>	marad
pagar de volta	terugbetalen	betala tillbaka	zwracać dług	splácet <splatit>	visszafizet
restabelecer-se	ontspannen, zich	återhämta sig	wypoczywać <wypocząć>	zotavovat, se <zotavit, se>	kipiheni magát
repreender	verwijten	förebrå	zarzucać	vytýkat <vytknout>	szemére hány
fechar	insluiten	låsa in	zamykać <zamknąć>	zavírat <zavřít>	bezár
gado m	rund n	ko u	bydlę n	dobytek m	szarvasmarha
anel m	ring m	ring u	pierścien m	kruh m	gyűrű
anel m	ring m	ring u	pierścien m	kruh m	gyűrű
anel m	—	ring u	pierścien m	kruh m	gyűrű
anel m	ring m	—	pierścien m	kruh m	gyűrű
telefonar	opbellen	—	telefonować <zatelefonować>	zavolat	felhív
telefonar	telefoneren	—	telefonować	telefonovat <zatelefonovat>	telefonál
tocar	bellen	—	dzwonić <zadzwonić>	zvonil <zazvonit>	csönget
campainha f	bel f	—	dzwonek m	zvonek m	csengő
agradecimento m	dank m	tack n	podziękowanie n	dík m	köszönet
agradecer	danken; bedanken	tacka	dziękować <podziękować>	děkovat <poděkovat>	megköszön
agradecer	danken	tacka	dziękować <podziękować>	děkovat <poděkovat>	megköszön
tocar	bellen	ringa på	dzwonić <zadzwonić>	zvonil <zazvonit>	csönget
telefonar	opbellen	ringa	telefonować <zatelefonować>	zavolat	felhív
desistir	opgeven	ge upp	rezygnować <zrezygnować>	vzdávat <vzdát>	felad
renunciar a	afstand doen van	avstå från	rezygnować	zříkat, se <zříci, se>	lemond
—	rivier m	flod u	rzeka f	tok m	folyó
rio m	rivier m	flod u	rzeka f	tok m	folyó
despedaçar	(stuk)scheuren	gå/riva sönder	rozdzierać	roztrhat <roztrhnout>	széttép
reparar	herstellen	reparera	naprawiać <naprawić>	opravovat <opravit>	megjavít
reparar	weer goedmaken	gottgöra	wynagradzać szkodę	odčiňovat <odčinit>	jóvátesz
maduro	rijp	mogen	dojrzały	zralý	érett
repetir	herhalen	upprepa	powtarzać	opakovat <zopakovat>	megismétel
escarpado	steil	brant	stromy	příkrý	meredek
descansar	rusten	vila	odpoczywać <odpocząć>	odpočívat <odpočinout>	kipiheni magát
descanso m	ontspanning f	vila u	wypoczynek m	zotavení n	üdülés
repugnante	walgelijk	vedervärdig	odrażający	protivný	undorító

	D	E	F	I	ES
rir (P)	lachen	laugh	rire	ridere	reír
rir de alguém (P)	auslachen	laugh at	rire de qn	deridere	reírse de
rire (F)	lachen	laugh	—	ridere	reír
rire de qn (F)	auslachen	laugh at	—	deridere	reírse de
ris (SV)	Reis m	rice	riz m	riso m	arroz m
riscaldamento (I)	Heizung f	heating	chauffage m	—	calefacción f
riscaldare¹ (I)	heizen	heat	chauffer	—	calentar
riscaldare² (I)	wärmen	warm	chauffer	—	calentar
rischiare (I)	riskieren	risk	risquer	—	arriesgar
rischio (I)	Risiko n	risk	risque m	—	riesgo m
risco (P)	Risiko n	risk	risque m	rischio m	riesgo m
riservare (I)	reservieren	reserve	réserver	—	reservar
risico (NL)	Risiko n	risk	risque m	rischio m	riesgo m
Risiko (D)	—	risk	risque m	rischio m	riesgo m
risk (E)	Risiko n	—	risque m	rischio m	riesgo m
risk (E)	riskieren	—	risquer	rischiare	arriesgar
risk (SV)	Risiko n	risk	risque m	rischio m	riesgo m
riskera (SV)	riskieren	risk	risquer	rischiare	arriesgar
riskeren (NL)	riskieren	risk	risquer	rischiare	arriesgar
riskieren (D)	—	risk	risquer	rischiare	arriesgar
riskovat <zariskovat> (CZ)	riskieren	risk	risquer	rischiare	arriesgar
riso (I)	Reis m	rice	riz m	—	arroz m
rispondere (I)	antworten	answer	répondre	—	responder
rispondere a (I)	beantworten	answer	répondre à	—	responder a
risposta (I)	Antwort f	answer	réponse f	—	respuesta f
risque (F)	Risiko n	risk	—	rischio m	riesgo m
risquer (F)	riskieren	risk	—	rischiare	arriesgar
ristorante (I)	Restaurant m	restaurant	restaurant m	—	restaurante m
risultato (I)	Ergebnis n	result	résultat m	—	resultado m
rita (SV)	zeichnen	draw	dessiner	disegnare	dibujar
ritaglio (I)	Ausschnitt m	extract	extrait m	—	recorte m
ritardare (I)	verspäten, sich	be late	être en retard	—	llevar retraso
ritardo (I)	Verspätung f	delay	retard m	—	retraso m
ritenere (I)	meinen	think	penser	—	opinar
ritka (ritkán) (H)	selten	rare	rare	raro(a)	raro(a)
ritornare¹ (I)	umkehren	turn back	retourner	—	regresar
ritornare² (I)	wiederkommen	come back	revenir	—	venir de nuevo
ritornare³ (I)	zurückkommen	come back	revenir	—	regresar
ritssluiting (NL)	Reißverschluss m	zip	fermeture éclair f	chiusura lampo f	cremallera f
riva (SV)	reißen	tear	déchirer, se	strappare	arrancar
rivedere (I)	wiedersehen	see again	revoir	—	volver a ver
river (E)	Fluss m	—	fleuve m	fiume m	río m
rivier (NL)	Fluss m	river	fleuve m	fiume m	río m
rivista (I)	Zeitschrift f	magazine	revue f	—	revista f

rivista

P	NL	SV	PL	CZ	H
–	lachen	skratta	śmiać się <zaśmiać się>	smát, se	nevet
–	uitlachen	skratta åt	wyśmiewać <wyśmiać>	vysmívat, se <vysmát, se>	kinevet
rir	lachen	skratta	śmiać, się <zaśmiać, się>	smát, se	nevet
rir de alguém	uitlachen	skratta åt	wyśmiewać <wyśmiać>	vysmívat, se <vysmát, se>	kinevet
arroz m	rijst m	–	ryż m	rýže f	rízs
aquecimento m	verwarming f	värme u	ogrzewanie n	topení n	fűtőberendezés
aquecer	verwarmen	värma upp	ogrzewać <ogrzać>	topit <zatopit>	fűt
aquecer	verwarmen	värma	grzać	hřát <zahřát>	megmelegít
arriscar	riskeren	riskera	ryzykować <zaryzykować>	riskovat <zariskovat>	kockáztat
risco m	risico n	risk u	ryzyko n	riziko n	kockázat
–	risico n	risk u	ryzyko n	riziko n	kockázat
marcar	reserveren	reservera	rezerwować <zarezerwować>	rezervovat <zarezervovat>	foglal
risco m	–	risk u	ryzyko n	riziko n	kockázat
risco m	risico n	risk u	ryzyko n	riziko n	kockázat
risco m	risico n	risk u	ryzyko n	riziko n	kockázat
arriscar	riskeren	riskera	ryzykować <zaryzykować>	riskovat <zariskovat>	kockáztat
risco m	risico n	–	ryzyko n	riziko n	kockázat
arriscar	riskeren	–	ryzykować <zaryzykować>	riskovat <zariskovat>	kockáztat
arriscar	–	riskera	ryzykować <zaryzykować>	riskovat <zariskovat>	kockáztat
arriscar	riskeren	riskera	ryzykować <zaryzykować>	riskovat <zariskovat>	kockáztat
arriscar	riskeren	riskera	ryzykować <zaryzykować>	–	kockáztat
arroz m	rijst m	ris n	ryż m	rýže f	rízs
responder	antwoorden	svara	odpowiadać <odpowiedzieć>	odpovídat <odpovědět>	válaszol
responder	beantwoorden	svara	odpowiadać <odpowiedzieć>	odpovídat <odpovědět>	megválaszol
resposta f	antwoord n	svar n	odpowiedź f	odpověď f	válasz
risco m	risico n	risk u	ryzyko n	riziko n	kockázat
arriscar	riskeren	riskera	ryzykować <zaryzykować>	riskovat <zariskovat>	kockáztat
restaurante m	restaurant n	restaurang u	restauracja f	restaurace f	vendéglő
resultado m	resultaat n	resultat n	wynik m	výsledek m	eredmény
desenhar	tekenen	–	rysować	kreslit <nakreslit>	rajzol
decote m	fragment n	urskärning u	wycinek m	výřez m	kivágás
atrasar-se	vertraging hebben	vara försenad	spóźniać się	zpožďovat, se <zpozdit, se>	elkésik
atraso m	vertraging f	försening u	spóźnienie n	zpoždění n	késés
opinar	menen; denken	tycka	uważać	mínit <vymínit>	vél
raro	zelden	sällan	rzadko	řídký	–
voltar	omkeren	vända om	zawrócić	obracet, se <obrátit, se>	megfordít
voltar outra vez	terugkomen	komma tillbaka	wracać	přijít, přijet zpět	visszajön
vir de volta	terugkomen	komma tillbaka	wracać	vracet, se <vrátit, se>	visszajön
fecho de correr m	–	blixtlås n	zamek błyskawiczny m	zip m	cipzár
rasgar	scheuren	–	rwać <porwać>	trhat <vytrhnout>	szakad
tornar a ver	terugzien	återse	znowu widzieć	opět vidět <opět uvidět>	viszontlát
rio m	rivier m	flod u	rzeka f	tok m	folyó
rio m	–	flod u	rzeka f	tok m	folyó
revista f	tijdschrift n	tidskrift u	czasopismo n	časopis m	folyóirat

riz

	D	E	F	I	ES
riz (F)	Reis m	rice	—	riso m	arroz m
riziko (CZ)	Risiko n	risk	risque m	rischio m	riesgo m
rízs (H)	Reis m	rice	riz m	riso m	arroz m
roa sig (SV)	amüsieren, sich	enjoy o.s.	amuser, s'	divertirsi	divertirse
roast (E)	Braten m	—	rôti m	arrosto m	asado m
roast[1] (E)	braten	—	rôtir	arrostire	asar
roast[2] (E)	rösten	—	griller	abbrustolire	tostar
robar (ES)	einbrechen	break in	cambrioler	rubare	—
robe (F)	Kleid n	dress	—	vestito m	vestido m
robotnik (PL)	Arbeiter m	worker	ouvrier m	operaio m	trabajador m
roboty budowlane (PL)	Bauarbeiten pl	construction works	travaux	lavori di costruzione m/pl	trabajos de construcción m/pl
rocca (I)	Burg f	fortress	château fort m	—	fortaleza f
Rock (D)	—	skirt	jupe f	gonna f	falda f
ročně (CZ)	jährlich	annual	annuel(le)	annuale	anualmente
roční období (CZ)	Jahreszeit f	season	saison f	stagione f	estación del año f
roczny (PL)	jährlich	annual	annuel(le)	annuale	anualmente
röd (SV)	rot	red	rouge	rosso(a)	rojo(a)
rodar (P)	drehen	turn	tourner	girare	girar
rodeo (ES)	Umweg m	detour	détour m	deviazione f	—
rodiče (CZ)	Eltern pl	parents	parents m/pl	genitori m/pl	padres m/pl
rodilla (ES)	Knie n	knee	genou m	ginocchio m	—
rodina (CZ)	Familie f	family	famille f	famiglia f	familia f
rodzaj (PL)	Art f	way	manière f	modo m	manera f
rodzeństwo (PL)	Geschwister pl	brothers and sisters	frère(s) et sœur(s) pl	fratelli e sorelle pl	hermanos m/pl
rodzice (PL)	Eltern pl	parents	parents m/pl	genitori m/pl	padres m/pl
rodzina (PL)	Familie f	family	famille f	famiglia f	familia f
roepen (NL)	rufen	shout	appeler	chiamare	llamar
roesten (NL)	rosten	rust	rouiller	arrugginire	oxidarse
roestig (NL)	rostig	rusty	rouillé(e)	arrugginito(a)	oxidado(a)
róg (PL)	Ecke f	corner	coin m	angolo m	esquina f
rogar (ES)	bitten	request	demander	pregare	—
rögtön (H)	sofort	immediately	immédiatement	subito	en seguida
roh (D)	—	raw	cru(e)	crudo(a)	crudo(a)
roh (CZ)	Ecke f	corner	coin m	angolo m	esquina f
rohan (H)	rennen	run	courir	correre	correr
rohožka (CZ)	Matte f	mat	natte f	stuoia f	colchoneta f
rojo(a) (ES)	rot	red	rouge	rosso(a)	—
rok (NL)	Rock m	skirt	jupe f	gonna f	falda f
rok (PL)	Jahr n	year	année f	anno m	año m
rok (CZ)	Jahr n	year	année f	anno m	año m
rök (SV)	Rauch m	smoke	fumée f	fumo m	humo m
röka (SV)	rauchen	smoke	fumer	fumare	fumar
roken (NL)	rauchen	smoke	fumer	fumare	fumar
rokon (H)	verwandt	related	parent(e)	parente di	emparentado(a)
rokon (H)	Verwandter m	relative	parent m	parente m	pariente m
rolig (SV)	lustig	funny	amusant(e)	allegro(a)	divertido(a)
Rolltreppe (D)	—	escalator	escalier roulant m	scala mobile f	escalera mecánica f
rolnik (PL)	Bauer m	farmer	paysan m	contadino m	campesino m
roltrap (NL)	Rolltreppe f	escalator	escalier roulant m	scala mobile f	escalera mecánica f
romper[1] (ES)	einschlagen	smash	casser	rompere	—
romper[2] (ES)	zerbrechen	break	casser	rompere	—
romper[3] (ES)	zerreißen	rip	déchirer	strappare	—
rompere[1] (I)	einschlagen	smash	casser	—	romper

rompere

P	NL	SV	PL	CZ	H
arroz m	rijst m	ris n	ryż m	rýže f	rízs
risco m	risico n	risk u	ryzyko n	—	kockázat
arroz m	rijst m	ris n	ryż m	rýže f	—
divertir-se	amuseren, zich	—	zabawiać, się <zabawić, się>	bavit se	szórakoz
assado m	gebraad n	köttstek u	pieczeń f	pečeně f	pecseny
assar	braden	steka	smażyć <usmażyć>	péci	süt
grelhar	roosteren	rosta	prażyć <zaprażyć>	pražit <zapražit>	pirít
arrombar	inbreken	bryta sig in	włamywać, się <włamać, się>	vloupat, se	betör
vestido m	jurk f/kleed n	klänning u	suknia f	šaty pl	ruha
operário m	arbeider m	arbetare u	—	dělník m	munkás
obras f/pl	(bouw)werken pl	byggarbeten pl	—	stavební práce pl	építkezés
castelo m	kasteel n	borg u	zamek m	hrad m	vár
saia f	rok m	kjol u	spódnica f	sukně f	szoknya
anual	jaarlijks	årligen	roczny	—	évente
estação do ano f	jaargetijde n	årstid u	pora roku f	—	évszak
anual	jaarlijks	årligen	—	ročně	évente
vermelho	rood	—	czerwony(no)	červený	piros
—	draaien	vrida	obracać <obrócić>	točit <otočit>	forgat
caminho de desvio m	omweg m	omväg u	droga okrężna f	oklika f	kerülő út
pais m/pl	ouders pl	föräldrar pl	rodzice m/pl	—	szülők
joelho m	knie f	knä n	kolano n	koleno n	térd
família f	gezin n	familj u	rodzina f	—	család
maneira f	aard m	sätt n	—	druh m	mód
irmãos m/pl	broers en zusters pl	syskon pl	—	sourozenci m/pl	testvérek
pais m/pl	ouders pl	föräldrar pl	—	rodiče pl	szülők
família f	gezin n	familj u	—	rodina f	család
chamar	—	ropa	wołać <zawołać>	volat <zavolat>	hív
enferrujar	—	rosta	rdzewieć <zardzewieć>	rezivět <zrezivět>	rozsdásodik
ferrugento	—	rostig	zardzewiały	rezavý	rozsdás
esquina f	hoek m	hörn n	—	roh m	sarok
pedir	verzoeken	begära	prosić <poprosić>	prosit <poprosit>	kérni
imediatamente	terstond	genast	natychmiast	ihned	—
cru	rauw	rå	surowy	syrový	durva
esquina f	hoek m	hörn n	róg m	—	sarok
correr	rennen	springa	biec <pobiec>	běhat <běžet>	—
esteira f	mat f	matta u	mata f	—	lábtörlő
vermelho	rood	röd	czerwony(no)	červený	piros
saia f	—	kjol u	spódnica f	sukně f	szoknya
ano m	jaar n	år n	—	rok m	év
ano m	jaar n	år n	rok m		év
fumo m	rook m	—	dym m	kouř m	füst
fumar	roken	—	dymić	kouřit	dohányzik
fumar	—	röka	dymić	kouřit	dohányzik
aparentado	verwant	släkt	spokrewniony	příbuzný	—
parente m	familielid n	släkting u	krewny m	příbuzný m	—
divertido	vrolijk	—	śmieszny	veselý	vidám
escada rolante f	roltrap m	rulltrappa u	schody ruchome pl	eskalátor m	mozgólépcső
agricultor m	boer m	bonde u	—	zemědělec m	paraszt, földműves
escada rolante f	—	rulltrappa u	schody ruchome pl	eskalátor m	mozgólépcső
pregar	inslaan	slå in	wybijać <wybić>	vrážet <vrazit>	bever
quebrar	breken	bryta sönder	łamać <złamać>	rozlamovat <rozlomit>	eltör
despedaçar	(stuk)scheuren	gå/riva sönder	rozdzierać	roztrhat <roztrhnout>	széttép
pregar	inslaan	slå in	wybijać <wybić>	vrážet <vrazit>	bever

rompere

	D	E	F	I	ES
rompere² (I)	zerbrechen	break	casser	—	romper
rondrit (NL)	Rundfahrt f	round trip	circuit m	giro m	vuelta f
rónolegly (PL)	parallel	parallel	parallèle	parallelo(a)	paralelo(a)
röntgen (D)	—	X-ray	radiographier	fare una radiografia	radiografiar
röntgen (SV)	röntgen	X-ray	radiographier	fare una radiografia	radiografiar
röntgenen (NL)	röntgen	X-ray	radiographier	fare una radiografia	radiografiar
röntgenez (H)	röntgen	X-ray	radiographier	fare una radiografia	radiografiar
rood (NL)	rot	red	rouge	rosso(a)	rojo(a)
roof (E)	Dach n	—	toit m	tetto m	techo m
rook (NL)	Rauch m	smoke	fumée f	fumo m	humo m
room (E)	Zimmer n	—	chambre f	camera f	habitación f
room (NL)	Sahne f	cream	crème f	panna f	nata f
roosteren (NL)	rösten	roast	griller	abbrustolire	tostar
ropa¹ (ES)	Kleidung f	clothing	habits m/pl	abbigliamento m	—
ropa² (ES)	Wäsche f	washing	linge m	biancheria f	—
ropa (SV)	rufen	shout	appeler	chiamare	llamar
ropa interior (ES)	Unterwäsche f	underwear	sous-vêtements m/pl	biancheria intima f	—
ropero (ES)	Kleiderschrank m	wardrobe	armoire à vêtements f	armadio m	—
röra sig (SV)	bewegen	move	bouger	muovere	mover
röra vid (SV)	berühren	touch	toucher	toccare	tocar
rörelse (SV)	Bewegung f	movement	mouvement m	movimento m	movimiento m
rosa (D)	—	pink	rose	rosa	de color rosa
rosa (I)	rosa	pink	rose	—	de color rosa
rosa (SV)	rosa	pink	rose	rosa	de color rosa
rose (F)	rosa	pink	—	rosa	de color rosa
Rosja (PL)	Russland n	Russia	Russie f	Russia f	Rusia f
rosnąć (PL)	wachsen	grow	grandir	crescere	crecer
rosso(a) (I)	rot	red	rouge	—	rojo(a)
rossz (H)	schlecht	bad	mauvais(e)	cattivo	malo(a)
rosszullét (H)	Übelkeit f	nausea	nausée f	nausea f	náuseas f/pl
röst (SV)	Stimme f	voice	voix f	voce f	voz f
rosta¹ (SV)	rosten	rust	rouiller	arrugginire	oxidarse
rosta² (SV)	rösten	roast	griller	abbrustolire	tostar
rosten (D)	—	rust	rouiller	arrugginire	oxidarse
rösten (D)	—	roast	griller	abbrustolire	tostar
rostig (D)	—	rusty	rouillé(e)	arrugginito(a)	oxidado(a)
rostig (SV)	rostig	rusty	rouillé(e)	arrugginito(a)	oxidado(a)
roszczenie (PL)	Anspruch m	claim	exigence f	pretesa f	pretensión f
rot (D)	—	red	rouge	rosso(a)	rojo(a)
rot (NL)	faul	lazy	paresseux(euse)	pigro(a)	perezoso(a)
rota de m desvio (P)	Umleitung f	diversion	déviation f	deviazione f	desviación f
rôti (F)	Braten m	roast	—	arrosto m	asado m
rôti(e) (F)	gebraten	fried	—	arrostito(a)	asado(a)
rôtir (F)	braten	roast	—	arrostire	asar
roto(a) (ES)	kaputt	broken	cassé(e)	rotto(a)	—
rotto(a) (I)	kaputt	broken	cassé(e)	—	roto(a)
rouge (F)	rot	red	—	rosso(a)	rojo(a)
rough (E)	rau	—	rêche	ruvido(a)	rudo(a)
rouillé(e) (F)	rostig	rusty	—	arrugginito(a)	oxidado(a)
rouiller (F)	rosten	rust	—	arrugginire	oxidarse

P	NL	SV	PL	CZ	H
quebrar	breken	bryta sönder	łamać <złamać>	rozlamovat <rozlomit>	eltör
passeio de carro m	—	rundtur u	przejażdżka f	okružní jízda f	kőrutazás
paralelo	parallel	parallell	—	paralelně	párhuzamos
radiografar	röntgenen	röntgen u	prześwietlać <prześwietlić>	rentgen m	röntgenez
radiografar	röntgenen	—	prześwietlać <prześwietlić>	rentgen m	röntgenez
radiografar	—	röntgen u	prześwietlać <prześwietlić>	rentgen m	röntgenez
radiografar	röntgenen	röntgen u	prześwietlać <prześwietlić>	rentgen m	—
vermelho	—	röd	czerwony(no)	červený	piros
telhado m	dak n	tak n	dach m	střecha f	tető
fumo m	—	rök u	dym m	kouř m	füst
quarto m	kamer f	rum n	pokój m	pokoj m	szoba
natas f/pl	—	grädde u	śmietana f	smetana f	tejszín
grelhar	—	rosta	prażyć <zaprażyć>	pražit <zapražit>	pirít
vestuário m	kleding f	kläder pl	ubranie n	oblečení n	ruházat
roupa f	was m	tvätt u	pranie	prádlo n	fehérnemű
chamar	roepen	—	wołać <zawołać>	volat <zavolat>	hív
roupa f interior	ondergoed n	underkläder pl	bielizna osobista f	spodní prádlo n	alsónemű
roupeiro m	kleerkast f	klädskåp n	szafa na odzież f	šatník m	ruhaszekrény
mover	bewegen	—	ruszać <poruszać>	pohybovat	mozdít
tocar	aanraken	—	dotykać <dotknąć>	dotýkat, se <dotknout, se>	érint
movimento m	beweging f	—	ruch m	pohyb m	mozgás
cor-de-rosa	roze	rosa	różowy	růžový	rózsaszínű
cor-de-rosa	roze	rosa	różowy	růžový	rózsaszínű
cor-de-rosa	roze	—	różowy	růžový	rózsaszínű
cor-de-rosa	roze	rosa	różowy	růžový	rózsaszínű
Rússia	Rusland n	Ryssland	—	Rusko n	Oroszország
crescer	groeien	växa	—	růst <vyrůst>	nő
vermelho	rood	röd	czerwony(no)	červený	piros
mau	slecht	dålig	zły	špatný	—
náusea f	misselijkheid f	illamående n	mdłość f	nevolnost f	—
voz f	stem f	—	głos m	hlas m	hang
enferrujar	roesten	—	rdzewieć <zardzewieć>	rezivět <zrezivět>	rozsdásodik
grelhar	roosteren	—	prażyć <zaprażyć>	pražit <zapražit>	pirít
enferrujar	roesten	rosta	rdzewieć <zardzewieć>	rezivět <zrezivět>	rozsdásodik
grelhar	roosteren	rosta	prażyć <zaprażyć>	pražit <zapražit>	pirít
ferrugento	roestig	rostig	zardzewiały	rezavý	rozsdás
ferrugento	roestig	—	zardzewiały	rezavý	rozsdás
direito m	aanspraak f	anspråk n	—	nárok m	igény
vermelho	rood	röd	czerwony(no)	červený	piros
preguiçoso	—	lat	leniwy	líný	lusta
—	omleiding f	omdirigering av trafik u	objazd m	objížďka f	terelőút
assado m	gebraad n	köttstek u	pieczeń f	pečeně f	pecseny
assado	gebraden	stekt	usmażony	pečený	megsült
assar	braden	steka	smażyć <usmażyć>	péci	süt
estragado	kapot	sönder	zepsuty	rozbitý	tönkrement
estragado	kapot	sönder	zepsuty	rozbitý	tönkrement
vermelho	rood	röd	czerwony(no)	červený	piros
áspero	ruig	rå	szorstki	hrubý	durva
ferrugento	roestig	rostig	zardzewiały	rezavý	rozsdás
enferrujar	roesten	rosta	rdzewieć <zardzewieć>	rezivět <zrezivět>	rozsdásodik

round trip

	D	E	F	I	ES
round trip (E)	Rundfahrt f	—	circuit m	giro m	vuelta f
roupa (P)	Wäsche f	washing	linge m	biancheria f	ropa f
roupa f interior (P)	Unterwäsche f	underwear	sous-vêtements m/pl	biancheria intima f	ropa interior f
roupeiro (P)	Kleiderschrank m	wardrobe	armoire à vêtements f	armadio m	ropero m
route (F)	Landstraße f	country road	—	strada provinciale f	carretera nacional f
rovar (H)	Insekt n	insect	insecte m	insetto m	insecto m
rövid (H)	kurz	short	court(e)	corto(a)	corto(a)
rovněž (CZ)	ebenfalls	likewise	aussi	altrettanto	también
rower (PL)	Fahrrad n	bicycle	bicyclette f	bicicletta f	bicicleta f
również (PL)	ebenfalls	likewise	aussi	altrettanto	también
równocześnie (PL)	gleichzeitig	simultaneous	en même temps	contemporaneo(a)	a la vez
roxo (P)	lila	purple	mauve	lilla	de color lila
royaal (NL)	großzügig	generous	généreux(euse)	generoso(a)	generoso(a)
rozbitý (CZ)	kaputt	broken	cassé(e)	rotto(a)	roto(a)
rozčíleně (CZ)	aufgeregt	excited	agité(e)	eccitato(a)	excitado(a)
rozčilovat <rozčílit> (CZ)	aufregen	excite	énerver	agitare	agitar
rozczarowany (PL)	enttäuscht	disappointed	déçu(e)	deluso(a)	desilusionado(a)
rozczarowywać <rozczarować> (PL)	enttäuschen	disappoint	décevoir	deludere	defraudar
rozdělávat <rozdělat> (CZ)	anmachen	put on	allumer	accendere	encender
rozdělovat <rozdělit>¹ (CZ)	aufteilen	divide	diviser	spartire	repartir
rozdělovat <rozdělit>² (CZ)	austeilen	distribute	distribuer	distribuire	distribuir
rozdělovat <rozdělit>³ (CZ)	verteilen	distribute	distribuer	distribuire	distribuir
rozdział (PL)	Kapitel n	chapter	chapitre m	capitolo m	capítulo m
rozdzielać (PL)	verteilen	distribute	distribuer	distribuire	distribuir
rozdzielać <rozdzielić> (PL)	austeilen	distribute	distribuer	distribuire	distribuir
rozdzielenie (PL)	Trennung f	separation	séparation f	separazione f	separación f
rozdzielić (PL)	trennen	separate	séparer	separare	separar
rozdzierać (PL)	zerreißen	rip	déchirer	strappare	romper
roze (NL)	rosa	pink	rose	rosa	de color rosa
rozhodnutí (CZ)	Entscheidung f	decision	décision f	decisione f	decisión f
rozhodovat, se <rozhodnout, se> (CZ)	entschließen, sich	decide	décider, se	decidere	decidirse
rozhodovat <rozhodnout>¹ (CZ)	beschließen	decide	décider	decidere	decidir
rozhodovat <rozhodnout>² (CZ)	entscheiden	decide	décider	decidere	decidir
rozhovor¹ (CZ)	Interview n	interview	interview f	intervista f	entrevista f
rozhovor² (CZ)	Gespräch n	conversation	conversation f	conversazione f	conversación f
rozkład jazdy (PL)	Fahrplan m	timetable	horaire m	orario m	horario m
rozlamovat <rozlomit> (CZ)	zerbrechen	break	casser	rompere	romper
rozlišovat <rozlišit> (CZ)	unterscheiden	distinguish	distinguer	distinguere	distinguir
rozmawiać (PL)	unterhalten, sich	talk	entretenir, s'	conversare	conversar
rozmazlovat <rozmazlit> (CZ)	verwöhnen	spoil	gâter	viziare	mimar
rozmowa (PL)	Gespräch n	conversation	conversation f	conversazione f	conversación f
rozmowa międzymiastowa (PL)	Ferngespräch n	long-distance call	communication interurbaine f	telefonata interurbana f	llamada interurbana f
rozmowa telefoniczna (PL)	Anruf m	call	appel téléphonique m	chiamata f	llamada f
rozmyślać (PL)	nachdenken	think	réfléchir	riflettere	reflexionar
różny (PL)	verschieden	different	différent(e)	diverso(a)	diferente

różny

P	NL	SV	PL	CZ	H
passeio de carro m	rondrit f	rundtur u	przejażdżka f	okružní jízda f	körutazás
—	was m	tvätt u	pranie	prádlo n	fehérnemű
—	ondergoed n	underkläder pl	bielizna osobista f	spodní prádlo n	alsónemű
—	kleerkast f	klädskåp n	szafa na odzież f	šatník m	ruhaszekrény
estrada nacional f	secundaire weg m	landsväg u	szosa f	silnice třídy f	országút
insecto m	insect n	insekt u	owad m	hmyz m	—
curto	kort	kort	krótko	krátký	—
igualmente	eveneens	likaså	również	—	szintén
bicicleta f	fiets m	cykel u	—	jízdní kolo n	kerékpár
igualmente	eveneens	likaså	—	rovněž	szintén
simultâneo	gelijktijdig	samtidigt	—	současně	egyszerre
—	lila	lila	liliowy	fialový	lila
generoso	—	generös	wspaniałomyślny	velkorysý	nagyvonalú
estragado	kapot	sönder	zepsuty	—	tönkrement
agitado	opgewonden	upprörd	zdenerwowany	—	izgatott
agitar	opwinden	uppröra	denerwować <zdenerwować>	—	felzaklat
decepcionado	teleurgesteld	besviken	—	zklamaný	csalódott
decepcionar	teleurstellen	göra besviken	—	zklamat	csalódást okoz
acender	aanzetten	sätta på	przymocowywać <przymocować>	—	bekapcsol
repartir	verdelen	dela upp	podzielić	—	feloszt
distribuir	uitdelen	dela ut	rozdzielać <rozdzielić>	—	kioszt
distribuir	verdelen	fördela	rozdzielać	—	eloszt
capítulo m	hoofdstuk n	kapitel n	—	kapitola f	fejezet
distribuir	verdelen	fördela	—	rozdělovat <rozdělit>	eloszt
distribuir	uitdelen	dela ut	—	rozdělovat <rozdělit>	kioszt
separação f	scheiding f	skilsmässa u	—	oddělení n	elválasztás
separar	scheiden	skilja åt	—	oddělovat <oddělit>	elválaszt
despedaçar	(stuk)scheuren	gå/riva sönder	—	roztrhat <roztrhnout>	széttép
cor-de-rosa	—	rosa	różowy	růžový	rózsaszínű
decisão f	beslissing f	beslut n	rozstrzygnięcie n	—	döntés
decidir-se	besluiten	besluta sig	zdecydować, się	—	elhatározza magát
resolver	besluiten	besluta	postanawiać <postanowić>	—	elhatároz
decidir	beslissen	bestämma	rozstrzygać <rozstrzygnąć>>	—	dönt
entrevista f	interview n	intervju u	wywiad m	—	interjú
conversa f	gesprek n	samtal n	rozmowa f	—	beszélgetés
horário m	spoorboekje n	tidtabell u	—	jízdní řád m	menetrend
quebrar	breken	bryta sönder	łamać <złamać>	—	eltör
distinguir	onderscheiden	skilja på	rozróżniać	—	megkülönböztet
conversar	praten	prata	—	bavit, se <pobavit, se>	társalog
mimar	verwennen	skämma bort	rozpieszczać	—	elkényeztet
conversa f	gesprek n	samtal n	—	rozhovor m	beszélgetés
telefonema interurbano m	interlokaal telefoongesprek n	utlandssamtal n	—	dálkový hovor m	távolsági hívás
telefonema m	telefoontje n	telefonsamtal n	—	zavolání n	telefonhívás
reflectir sobre	nadenken	tänka efter	—	přemýšlet	gondolkozik
diferente	verschillend	olik	—	různý	különböző

różowy

	D	E	F	I	ES
różowy (PL)	rosa	pink	rose	rosa	de color rosa
rozpačitost (CZ)	Verlegenheit f	embarrassment	gêne f	imbarazzo m	timidez f
rozpačitý (CZ)	verlegen	embarassed	gêné(e)	imbarazzato(a)	cohibido(a)
rozpakowywać <rozpakować> (PL)	auspacken	unpack	défaire	disfare	deshacer
rozpieszczać (PL)	verwöhnen	spoil	gâter	viziare	mimar
rozpoczęcie (PL)	Beginn m	beginning	commencement m	inizio m	principio m
rozpouštět <rozpustit> (CZ)	auflösen	dissolve	dénouer	sciogliere	deshacer
rozpoznávat <rozpoznat> (CZ)	erkennen	recognize	reconnaître	riconoscere	reconocer
rozpoznawać <rozpoznać> (PL)	erkennen	recognize	reconnaître	riconoscere	reconocer
rozprávět (CZ)	plaudern	chat	bavarder	chiacchierare	conversar
rozproszony (PL)	zerstreut	scattered	dispersé(e)	disperso(a)	disperso(a)
rozpuszczać <rozpuścić> (PL)	auflösen	dissolve	dénouer	sciogliere	deshacer
rozróżniać (PL)	unterscheiden	distinguish	distinguer	distinguere	distinguir
rozruch (CZ)	Aufsehen n	sensation	sensation f	sensazione	sensación f
rozsądny (PL)	vernünftig	sensible	raisonnable	ragionevole	razonable
rózsaszínű (H)	rosa	pink	rose	rosa	de color rosa
rozsdás (H)	rostig	rusty	rouillé(e)	arrugginito(a)	oxidado(a)
rozsdásodik (H)	rosten	rust	rouiller	arrugginire	oxidarse
rozstrzygać <rozstrzygnąć>> (PL)	entscheiden	decide	décider	decidere	decidir
rozstrzygnięcie (PL)	Entscheidung f	decision	décision f	decisione f	decisión f
rozsudek (CZ)	Urteil n	judgement	jugement m	giudizio m	juicio m
roztomilý (CZ)	niedlich	sweet	mignon(ne)	carino(a)	bonito(a)
roztrhat <roztrhnout> (CZ)	zerreißen	rip	déchirer	strappare	romper
roztržitý (CZ)	zerstreut	scattered	dispersé(e)	disperso(a)	disperso(a)
rozum (PL)	Verstand m	intelligence	intelligence f	intelletto m	razón f
rozum (CZ)	Verstand m	intelligence	intelligence f	intelletto m	razón f
rozumět <porozumět> (CZ)	verstehen	understand	comprendre	capire	entender
rozumieć (PL)	verstehen	understand	comprendre	capire	entender
rozumný (CZ)	vernünftig	sensible	raisonnable	ragionevole	razonable
rozvážný (CZ)	besonnen	sensible	réfléchi(e)	avveduto(a)	sensato(a)
rozważny (PL)	besonnen	sensible	réfléchi(e)	avveduto(a)	sensato(a)
rozwiązanie (PL)	Lösung f	solution	solution f	soluzione f	solución f
rozwiązywać <rozwiązać> (PL)	lösen	solve	résoudre	sciogliere	desatar
rozwijać <rozwinąć> (PL)	entwickeln	develop	développer	sviluppare	desarrollar
rozwój (PL)	Entwicklung f	development	développement m	sviluppo m	desarrollo m
rozzłoszczony (PL)	wütend	furious	furieux(euse)	arrabbiato(a)	furioso(a)
rozzo(a) (I)	grob	coarse	grossier(ière)	—	tosco(a)
rua (P)	Straße f	street	rue f	strada f	calle f
rua de sentido único (P)	Einbahnstraße f	one-way street	rue à sens unique f	senso unico m	calle de dirección única f
rubare (I)	einbrechen	break in	cambrioler	—	robar
rubbish (E)	Abfall m	—	déchets m/pl	immondizia f	basura f
rubio(a) (ES)	blond	blond	blond(e)	biondo(a)	—
ruch¹ (PL)	Bewegung f	movement	mouvement m	movimento m	movimiento m
ruch² (PL)	Verkehr m	traffic	circulation m	traffico m	tráfico m
rücken (D)	—	move	déplacer	muovere	mover
Rücken (D)	—	back	dos m	schiena f	espalda f

Rücken

P	NL	SV	PL	CZ	H
cor-de-rosa	roze	rosa	—	růžový	rózsaszínű
embaraço m	verlegenheid f	förlägenhet u	zakłopotanie n	—	zavar
embaraçado	verlegen	förlägen	zakłopotany	—	zavarban van
desembrulhar	uitpakken	packa ur	—	vybalovat <vybalit>	kipakol
mimar	verwennen	skämma bort	—	rozmazlovat <rozmazlit>	elkényeztet
começo m	begin n	början u	—	začátek m	kezdet
soltar	oplossen	lösa upp	rozpuszczać <rozpuścić>	—	feloszlat
reconhecer	onderscheiden	känna igen	rozpoznawać <rozpoznać>	—	felismer
reconhecer	onderscheiden	känna igen	—	rozpoznávat <rozpoznat>	felismer
conversar	babbelen	prata	gawędzić <pogawędzić>	—	társalog
distraído	verstrooid	förströdd	—	roztržitý	szórakozott
soltar	oplossen	lösa upp	—	rozpouštět <rozpustit>	feloszlat
distinguir	onderscheiden	skilja på	—	rozlišovat <rozlišit>	megkülönböztet
sensação f	opzien n	uppseende n	poruszenie n	—	feltűnés
sensato	verstandig	förnuftig	—	rozumný	értelmes
cor-de-rosa	roze	rosa	różowy	růžový	—
ferrugento	roestig	rostig	zardzewiały	rezavý	—
enferrujar	roesten	rosta	rdzewieć <zardzewieć>	rezivět <zrezivět>	—
decidir	beslissen	bestämma	—	rozhodovat <rozhodnout>	dönt
decisão f	beslissing f	beslut n	—	rozhodnutí n	döntés
sentença f	oordeel n	dom u	wyrok m	—	ítélet
amoroso	schattig	söt	śliczny	—	aranyos
despedaçar	(stuk)scheuren	gå/riva sönder	rozdzierać	—	széttép
distraído	verstrooid	förströdd	rozproszony	—	szórakozott
inteligência f	verstand n	förstånd n	—	rozum m	értelem
inteligência f	verstand n	förstånd n	rozum m	—	értelem
compreender	verstaan	förstå	rozumieć	—	megért
compreender	verstaan	förstå	—	rozumět <porozumět>	megért
sensato	verstandig	förnuftig	rozsądny	—	értelmes
prudente	bezonnen	sansad	rozważny	—	megfontolt
prudente	bezonnen	sansad	—	rozvážný	megfontolt
solução f	oplossing f	lösning u	—	řešení n	megoldás
soltar	oplossen	ta loss	—	uvolňovat <uvolnit>	leválaszt
desenvolver	ontwikkelen	utveckla	—	vyvíjet <vyvinout>	fejleszt
desenvolvimento m	ontwikkeling f	utveckling u	—	vývoj m	fejlesztés
raivoso	woedend	rasande	—	vzteklý	dühös
grosso	grof	grov	z grubsza	hrubý	durva
—	straat f	gata u	ulica f	silnice f	utca
—	eenrichtingsverkeer n	enkelriktad gata u	ulica jednokierunkowa f	jednosměrná ulice f	egyirányú útca
arrombar	inbreken	bryta sig in	włamywać, się <włamać, się>	vloupat, se	betör
lixo m	afval m	avfall n	odpady m/pl	odpad m	hulladék
louro	blond	blond	blond	blond	szőke
movimento m	beweging f	rörelse u	—	pohyb m	mozgás
trânsito m	verkeer n	trafik u	—	provoz m	forgalom
mover	rukken	flytta	przesuwać <przesunąć>	posouvat <posunout>	mozdít
costas f/pl	rug m	rygg u	plecy pl	záda f	hát

Rucksack

	D	E	F	I	ES
Rucksack (D)	—	rucksack	sac à dos m	zaino m	mochila f
rucksack (E)	Rucksack m	—	sac à dos m	zaino m	mochila f
rückwärts (D)	—	backwards	en arrière	in dietro	hacia atrás
rudo(a) (ES)	rau	rough	rêche	ruvido(a)	—
rue (F)	Straße f	street	—	strada f	calle f
rue à sens unique (F)	Einbahnstraße f	one-way street	—	senso unico m	calle de dirección única f
ruego (ES)	Bitte f	request	demande f	domanda f	—
rufen (D)	—	shout	appeler	chiamare	llamar
rug (NL)	Rücken m	back	dos m	schiena f	espalda f
rúg (H)	treten	kick	mettre le pied sur	pestare	pisar
ruggengraat (NL)	Wirbelsäule f	spine	colonne vertébrale f	colonna vertebrale f	columna vertebral f
rugzak (NL)	Rucksack m	rucksack	sac à dos m	zaino m	mochila f
ruha (H)	Kleid n	dress	robe f	vestito m	vestido m
ruhaszekrény (H)	Kleiderschrank m	wardrobe	armoire à vêtements f	armadio m	ropero m
ruházat (H)	Kleidung f	clothing	habits m/pl	abbigliamento m	ropa f
Ruhe (D)	—	calm	calme m	silenzio m	calma f
Ruhestand (D)	—	retirement	retraite f	pensione f	retiro m
Ruhetag (D)	—	closing day	jour de repos m	giorno di riposo m	día de descanso m
ruhig (D)	—	quiet	tranquille	calmo(a)	quieto(a)
ruido (ES)	Geräusch n	sound	bruit m	rumore m	—
ruido (ES)	Lärm m	noise	bruit m	rumore m	—
ruído (P)	Geräusch n	sound	bruit m	rumore m	ruido m
ruidoso (P)	laut	loud	fort(e)	rumoroso(a)	fuerte
ruig (NL)	rau	rough	rêche	ruvido(a)	rudo(a)
ruiken (NL)	riechen	smell	sentir	sentire	oler
ruilen (NL)	umtauschen	exchange	échanger	scambiare	cambiar
ruim (NL)	geräumig	spacious	spacieux(euse)	spazioso(a)	espacioso(a)
ruit (NL)	Scheibe f	pane	carreau m	vetro m	cristal m
ruka (CZ)	Hand f	hand	main f	mano f	mano f
rukken (NL)	rücken	move	déplacer	muovere	mover
rukojet (CZ)	Griff m	handle	poignée f	maniglia f	asidero m
rule (E)	herrschen	—	régner	dominare	mandar
rule (E)	Regel f	—	règle f	regola f	regla f
rulltrappa (SV)	Rolltreppe f	escalator	escalier roulant m	scala mobile f	escalera mecánica f
rum (SV)	Zimmer n	room	chambre f	camera f	habitación f
rumeur (F)	Gerücht n	rumour	—	voce f	rumor m
rumo (P)	Kurs m	course	cours m	corso m	curso m
rumor (ES)	Gerücht n	rumour	rumeur f	voce f	—
rumore[1] (I)	Geräusch n	sound	bruit m	—	ruido m
rumore[2] (I)	Lärm m	noise	bruit m	—	ruido m
rumoroso(a) (I)	laut	loud	fort(e)	—	fuerte
rumour (E)	Gerücht n	—	rumeur f	voce f	rumor m
run[1] (E)	laufen	—	courir	correre	correr
run[2] (E)	rennen	—	courir	correre	correr
rund (NL)	Rind n	cow	bœuf m	manzo m	buey m
Rundfahrt (D)	—	round trip	circuit m	giro m	vuelta f
rundtur (SV)	Rundfahrt f	round trip	circuit m	giro m	vuelta f
runięcie w dół (PL)	Absturz m	crash	chute f	caduta f	caída f
Rusia (ES)	Russland n	Russia	Russie f	Russia f	—
rušit objednávku <zrušit> (CZ)	abbestellen	cancel	décommander	annullare	anular el pedido de
rušit pozvání <zrušit pozvání> (CZ)	ausladen	unload	décharger	scaricare	descargar

rušit pozvání

P	NL	SV	PL	CZ	H
mochila f	rugzak m	ryggsäck u	plecak m	baťoh m	hátizsák
mochila f	rugzak m	ryggsäck u	plecak m	baťoh m	hátizsák
para trás	achteruit	baklänges	w tył	dozadu	hátrafelé
áspero	ruig	rå	szorstki	hrubý	durva
rua f	straat f	gata u	ulica f	silnice f	utca
rua de sentido único f	eenrichtingsverkeer n	enkelriktad gata u	ulica jednokierunkowa f	jednosměrná ulice f	egyirányú utca
pedido m	verzoek n	begäran u	prośba f	prosba f	kérés
chamar	roepen	ropa	wołać <zawołać>	volat <zavolat>	hív
costas f/pl	—	rygg u	plecy pl	záda f	hát
pisar	trappen	trampa	stąpać	stoupat <stoupnout>	—
coluna vertebral f	—	ryggrad u	kręgosłup m	páteř f	gerincoszlop
mochila f	—	ryggsäck u	plecak m	baťoh m	hátizsák
vestido m	jurk f/kleed n	klänning u	suknia f	šaty pl	—
roupeiro m	kleerkast f	klädskåp n	szafa na odzież f	šatník m	—
vestuário m	kleding f	kläder pl	ubranie n	oblečení n	—
silêncio m	rust f	lugn n	spokój m	klid m	nyugalom
reforma f	pensioen n	pension u	stan spoczynku m	důchod m	nyugállomány
dia de folga m	rustdag m	vilodag u	wolny dzień m	den pracovního klidu m	szünnap
calmo	rustig	stilla	spokojny	klidný	nyugodt
ruído m	geruis n	buller n	dźwięk m	zvuk m	zörej
barulho m	lawaai n	buller n	hałas m	hluk m	lárma
—	geruis n	buller n	dźwięk m	zvuk m	zörej
—	luid	högljudd	głośny	hlasitý	hangos
áspero	—	rå	szorstki	hrubý	durva
cheirar	—	lukta	pachnieć <zapachnieć>	cítit <ucítit>	szaga van, szagol
trocar	—	byta ut	wymieniać	vyměňovat <vyměnit>	kicserél
espaçoso	—	rymlig	obszerny	prostorný	tágas
vidro m	—	fönsterruta u	szyba f	deska f	tábla
mão f	hand f	hand u	ręka f	—	kéz
mover	—	flytta	przesuwać <przesunąć>	posouvat <posunout>	mozdít
cabo m	greep m	fäste n	chwyt m	—	kézmozdulat
dominar	heersen	härska	panować	panovat	uralkodik
regra f	regel m	regel u	reguła f	pravidlo n	szabály
escada rolante f	roltrap m	—	schody ruchome pl	eskalátor m	mozgólépcső
quarto m	kamer f	—	pokój m	pokoj m	szoba
boato m	gerucht n	rykte n	pogłoska f	pověst f	híresztelés
—	koers m	kurs u	kurs m	kurs m	útirány
boato m	gerucht n	rykte n	pogłoska f	pověst f	híresztelés
ruído m	geruis n	buller n	dźwięk m	zvuk m	zörej
barulho m	lawaai n	buller n	hałas m	hluk m	lárma
ruidoso	luid	högljudd	głośny	hlasitý	hangos
boato m	gerucht n	rykte n	pogłoska f	pověst f	híresztelés
correr	lopen	springa	biec <pobiec>	běhat <běžet>	fut
correr	rennen	springa	biec <pobiec>	běhat <běžet>	rohan
gado m	—	ko u	bydło n	dobytek m	szarvasmarha
passeio de carro m	rondrit f	rundtur u	przejażdżka f	okružní jízda f	körutazás
passeio de carro m	rondrit f	—	przejażdżka f	okružní jízda f	körutazás
queda f	neerstorten n	störtning u	—	zřícení n	zuhanás
Rússia	Rusland n	Ryssland	Rosja f	Rusko n	Oroszország
anular	afbestellen	avbeställa	cofać zamówienie <cofnąć zamówienie>	—	lemond
descarregar	uitladen	lasta av	wyładowywać <wyładować>	—	kirakódik

rušit

	D	E	F	I	ES
rušit <vyrušit> (CZ)	stören	disturb	déranger	disturbare	molestar
Rusko (CZ)	Russland n	Russia	Russie f	Russia f	Rusia f
Rusland (NL)	Russland n	Russia	Russie f	Russia f	Rusia f
Russia (E)	Russland n	—	Russie f	Russia f	Rusia f
Russia (I)	Russland n	Russia	Russie f	—	Rusia f
Rússia (P)	Russland n	Russia	Russie f	Russia f	Rusia f
Russie (F)	Russland n	Russia	—	Russia f	Rusia f
Russland (D)	—	Russia	Russie f	Russia f	Rusia f
rust (E)	rosten	—	rouiller	arrugginire	oxidarse
rust (NL)	Ruhe f	calm	calme m	silenzio m	calma f
rustdag (NL)	Ruhetag m	closing day	jour de repos m	giorno di riposo m	día de descanso m
rusten (NL)	ausruhen	rest	reposer, se	riposare	descansar
rustig (NL)	ruhig	quiet	tranquille	calmo(a)	quieto(a)
rusty (E)	rostig	—	rouillé(e)	arrugginito(a)	oxidado(a)
růst <vyrůst> (CZ)	wachsen	grow	grandir	crescere	crecer
ruszać <poruszać> (PL)	bewegen	move	bouger	muovere	mover
rutigt (SV)	kariert	checked	à carreaux	a quadretti	a cuadros
ruvido(a) (I)	rau	rough	rêche	—	rudo(a)
ruzie (NL)	Streit m	argument	dispute f	lite f	disputa f
ruzie maken (NL)	streiten	quarrel	disputer, se	litigare	discutir
różny (CZ)	verschieden	different	différent(e)	diverso(a)	diferente
růžový (CZ)	rosa	pink	rose	rosa	de color rosa
rwać <porwać> (PL)	reißen	tear	déchirer, se	strappare	arrancar
ryba (PL)	Fisch m	fish	poisson m	pesce m	pez m
ryba (CZ)	Fisch m	fish	poisson m	pesce m	pez m
rybíz (CZ)	Johannisbeere f	currant	groseille f	ribes m	grosella f
rychlé občerstvení (CZ)	Fastfood n	fastfood	fastfood m	fastfood	fastfood m
rychlost (CZ)	Geschwindigkeit f	speed	vitesse f	velocità f	velocidad f
rychlý (CZ)	schnell	fast	rapide	veloce	rápido(a)
rygg (SV)	Rücken m	back	dos m	schiena f	espalda f
ryggrad (SV)	Wirbelsäule f	spine	colonne vertébrale f	colonna vertebrale f	columna vertebral f
ryggsäck (SV)	Rucksack m	rucksack	sac à dos m	zaino m	mochila f
rykte (SV)	Gerücht n	rumour	rumeur f	voce f	rumor m
rýma (CZ)	Schnupfen m	cold	rhume m	raffreddore m	resfriado m
rymlig (SV)	geräumig	spacious	spacieux(euse)	spazioso(a)	espacioso(a)
rysować (PL)	zeichnen	draw	dessiner	disegnare	dibujar
Ryssland (SV)	Russland n	Russia	Russie f	Russia f	Rusia f
ryż (PL)	Reis m	rice	riz m	riso m	arroz m
rýže (CZ)	Reis m	rice	riz m	riso m	arroz m
ryzyko (PL)	Risiko n	risk	risque m	rischio m	riesgo m
ryzykować <zaryzykować> (PL)	riskieren	risk	risquer	rischiare	arriesgar
rząd (PL)	Regierung f	government	gouvernement m	governo m	gobierno m
rzadko (PL)	selten	rare	rare	raro(a)	raro(a)
rzecz (PL)	Ding n	thing	chose f	cosa f	cosa f
rzecz (PL)	Sache f	thing	chose f	cosa f	cosa f
rzecz warta zobaczenia (PL)	Sehenswürdigkeit f	sight worth seeing	curiosité f	curiosità f	lugar de interés m
rzeczywiście (PL)	wirklich	real	réel(le)	reale	real
rzeczywistość (PL)	Wirklichkeit f	reality	réalité f	realtà f	realidad f
rzeka (PL)	Fluss m	river	fleuve m	fiume m	río m
rzemieślnik (PL)	Handwerker m	craftsman	artisan m	artigiano m	artesano m
rzemiosło (PL)	Handwerk n	craft	métier m	artigianato m	artesanía f

rzemiosło

P	NL	SV	PL	CZ	H
perturbar	storen	störa	przeszkadzać	—	zavar
Rússia	Rusland n	Ryssland	Rosja f	—	Oroszország
Rússia	—	Ryssland	Rosja f	Rusko n	Oroszország
Rússia	Rusland n	Ryssland	Rosja f	Rusko n	Oroszország
Rússia	Rusland n	Ryssland	Rosja f	Rusko n	Oroszország
—	Rusland n	Ryssland	Rosja f	Rusko n	Oroszország
Rússia	Rusland n	Ryssland	Rosja f	Rusko n	Oroszország
Rússia	Rusland n	Ryssland	Rosja f	Rusko n	Oroszország
enferrujar	roesten	rosta	rdzewieć <zardzewieć>	rezivět <zrezivět>	rozsdásodik
silêncio m	—	lugn n	spokój m	klid m	nyugalom
dia de folga m	—	vilodag u	wolny dzień m	den pracovního klidu m	szünnap
descansar	—	vila	odpoczywać <odpocząć>	odpočívat <odpočinout>	kipiheni magát
calmo	—	stilla	spokojny	klidný	nyugodt
ferrugento	roestig	rostig	zardzewiały	rezavý	rozsdás
crescer	groeien	växa	rosnąć	—	nő
mover	bewegen	röra sig	—	pohybovat	mozdít
quadriculado	geruit	—	w kratkę	čtverečkovaný	kockás
áspero	ruig	rå	szorstki	hrubý	durva
disputa f	—	bråk n	kłótnia f	spor m	vita
disputar	—	bråka	kłócić się	hádat, se <pohádat, se>	vitatkozik
diferente	verschillend	olik	różny	—	különböző
cor-de-rosa	roze	rosa	różowy	—	rózsaszínű
rasgar	scheuren	riva	—	trhat <vytrhnout>	szakad
peixe m	vis m	fisk u	—	ryba f	hal
peixe m	vis m	fisk u	ryba f	—	hal
groselha f	aalbes f	svart vinbär n	porzeczka f	—	ribizke
comida rápida f	fastfood n	snabbmat u	Fastfood	—	gyorséttermi ennivaló
velocidade f	snelheid f	hastighet u	prędkość f	—	sebesség
rápido	snel	snabbt	szybki	—	gyors(an)
costas f/pl	rug m	—	plecy pl	záda f	hát
coluna vertebral f	ruggengraat m	—	kręgosłup m	páteř f	gerincoszlop
mochila f	rugzak m	—	plecak m	baťoh m	hátizsák
boato m	gerucht n	—	pogłoska f	pověst f	híresztelés
constipação f	verkoudheid f	snuva u	katar m	—	nátha
espaçoso	ruim	—	obszerny	prostorný	tágas
desenhar	tekenen	rita	—	kreslit <nakreslit>	rajzol
Rússia	Rusland n	—	Rosja f	Rusko n	Oroszország
arroz m	rijst m	ris n	—	rýže f	rízs
arroz m	rijst m	ris n	ryż m	—	rízs
risco m	risico n	risk u	—	riziko n	kockázat
arriscar	riskeren	riskera	—	riskovat <zariskovat>	kockáztat
governo m	regering f	regering u	—	vláda f	kormány
raro	zelden	sällan	—	řídký	ritka (ritkán)
coisa f	ding n	sak u	—	věc f	holmi
coisa f	ding n	sak u	—	věc f	dolog
monumento m	bezienswaardigheid f	sevärdhet u	—	pamětihodnost f	látványosság
realmente	echt	verklig	—	opravdu	igazi
realidade f	werkelijkheid f	verklighet u	—	skutečnost f	valóság
rio m	rivier m	flod u	—	tok m	folyó
artífice m	ambachtsman m	hantverkare u	—	řemeslník m	mesterember
ofício m	handwerk n/ ambacht n	hantverk n	—	řemeslo n	mesterség

rzemyk

	D	E	F	I	ES
rzemyk (PL)	Riemen n	strap	courroie f	cinghia f	correa f
rzucać (PL)	werfen	throw	lancer	lanciare	tirar
rzucać się w oczy (PL)	auffallen	be noticeable	faire remarquer, se	dare nell'occhio	llamar la atención
s (CZ)	mit	with	avec	con	con
saai (NL)	langweilig	boring	ennuyeux(euse)	noioso(a)	aburrido(a)
sábana (ES)	Laken n	sheet	drap m	lenzuolo m	—
sabbia (I)	Sand m	sand	sable m	—	arena f
saber (ES)	wissen	know	savoir	sapere	—
saber (ES)	Wissen n	knowledge	savoir m	sapere m	—
saber (P)	wissen	know	savoir	sapere	saber
saber/poder (ES)	können	can	pouvoir	sapere	—
sábio (P)	weise	wise	sage	saggio(a)	sabio(a)
sabio(a) (ES)	weise	wise	sage	saggio(a)	—
sable (F)	Sand m	sand	—	sabbia f	arena f
sabonete (P)	Seife f	soap	savon m	sapone m	jabón m
sabor (ES)	Geschmack m	taste	goût m	gusto m	—
sac¹ (F)	Tasche f	bag	—	borsa f	bolso m
sac² (F)	Tüte f	bag	—	sacchetto m	bolsa f
sacacorchos (ES)	Korkenzieher m	corkscrew	tire-bouchon m	cavatappi m	—
sac à dos (F)	Rucksack m	rucksack	—	zaino m	mochila f
sac à main (F)	Handtasche f	handbag	—	borsetta f	bolso m
sac à provision (F)	Einkaufstasche f	shopping bag	—	borsa della spesa f	bolsa de compra f
saca-rolhas (P)	Korkenzieher m	corkscrew	tire-bouchon m	cavatappi m	sacacorchos m
saccheggiare (I)	plündern	loot	piller	—	desvalijar
sacchetto (I)	Tüte f	bag	sac m	—	bolsa f
sáček (CZ)	Tüte f	bag	sac m	sacchetto m	bolsa f
sacerdote (ES)	Priester m	priest	prêtre m	prete m	—
Sache (D)	—	thing	chose f	cosa f	cosa f
saco (P)	Tüte f	bag	sac m	sacchetto m	bolsa f
saco para compras (P)	Einkaufstasche f	shopping bag	sac à provision m	borsa della spesa f	bolsa de compra f
sacrifice (E)	Opfer n	—	sacrifice m	sacrificio m	sacrificio m
sacrifice (F)	Opfer n	sacrifice	—	sacrificio m	sacrificio m
sacrificio (I)	Opfer n	sacrifice	sacrifice m	—	sacrificio m
sacrificio (ES)	Opfer n	sacrifice	sacrifice m	sacrificio m	—
sacrifício (P)	Opfer n	sacrifice	sacrifice m	sacrificio m	sacrificio m
sad (E)	traurig	—	triste	triste	triste
säd (SV)	Getreide n	cereals	céréales f/pl	cereali m/pl	cereales m/pl
sąd (PL)	Gericht n	court	tribunal m	tribunale m	tribunal m
sądzić (PL)	urteilen	judge	juger	giudicare	juzgar
safety (E)	Sicherheit f	—	sécurité f	sicurezza f	seguridad f
Saft (D)	—	juice	jus m	succo m	zumo m
säga (SV)	sagen	say	dire	dire	decir
säga emot (SV)	widersprechen	contradict	contredire	contraddire	contradecir
säga upp (SV)	kündigen	give notice	résilier	licenziare	despedir
sage (F)	weise	wise	—	saggio(a)	sabio(a)
sagen (D)	—	say	dire	dire	decir
saggio(a) (I)	weise	wise	sage	—	sabio(a)
sagrado (P)	heilig	holy	saint(e)	santo(a)	santo(a)
Sahne (D)	—	cream	crème f	panna f	nata f
saia (P)	Rock m	skirt	jupe f	gonna f	falda f
sałata (PL)	Salat m	salad	salade f	insalata f	ensalada f
saída¹ (P)	Ausgang m	exit	sortie f	uscita f	salida f
saída² (P)	Ausfahrt f	exit	sortie f	uscita f	salida f

P	NL	SV	PL	CZ	H
correia f	riem m	rem u	—	řemen m	szíj
atirar	werpen	kasta	—	házet <hodit>	dob
dar nas vistas	opvallen	väcka uppmärksamhet	—	být nápadný	feltűnik
com	met	med	z	—	vel
aborrecido	—	tråkig	nudny	nudný	unalmas
lençol m	laken n	lakan n	prześcieradło n	prostěradlo n	lepedő
areia f	zand n	sand u	piach m	písek m	homok
saber	weten	veta	wiedzieć	vědět	tud
conhecimentos m/pl	kennis f	kunskap u	wiedza f	vědění n	tudás
—	weten	veta	wiedzieć	vědět	tud
poder	kunnen	kunna	móc	umět	tud
—	wijs	vis	mądry	moudrý	bölcs
sábio	wijs	vis	mądry	moudrý	bölcs
areia f	zand n	sand u	piach m	písek m	homok
—	zeep f	tvål u	mydło n	mýdlo n	szappan
gosto m	smaak m	smak u	smak m	chuť f	ízlés
bolso m	tas f	väska u	torba f	taška f	zseb
saco m	zakje n	påse u	torebka f	sáček m	papírzacskó
saca-rolhas m	kurkentrekker m	korkskruv u	korkociąg m	vývrtka f	dugóhúzó
mochila f	rugzak m	ryggsäck u	plecak m	baťoh m	hátizsák
bolsa f	handtas f	handväska u	torebka f	kabelka f	kézitáska
saco para compras m	boodschappentas f	shoppingväska u	torba na zakupy f	nákupní taška f	bevásárlótáska
—	kurkentrekker m	korkskruv u	korkociąg m	vývrtka f	dugóhúzó
saquear	plunderen	plundra	łupić <złupić>	plenit <vyplenit>	fosztogat
saco m	zakje n	påse u	torebka f	sáček m	papírzacskó
saco m	zakje n	påse u	torebka f	—	papírzacskó
padre m	priester m	präst u	ksiądz m	kněz m	pap
coisa f	ding n	sak u	rzecz f	věc f	dolog
—	zakje n	påse u	torebka f	sáček m	papírzacskó
—	boodschappentas f	shoppingväska u	torba na zakupy f	nákupní taška f	bevásárlótáska
sacrifício m	opoffering m	offer n	ofiara f	oběť f	áldozat
sacrifício m	opoffering m	offer n	ofiara f	oběť f	áldozat
sacrifício m	opoffering m	offer n	ofiara f	oběť f	áldozat
sacrifício m	opoffering m	offer n	ofiara f	oběť f	áldozat
—	opoffering m	offer n	ofiara f	oběť f	áldozat
triste	verdrietig	ledsen	smutny	smutný	szomorú
cereal m	graan n	—	zboże n	obilí n	gabona
tribunal m	gerecht n	rätt u	—	soud m	bíróság
julgar	oordelen	döma	—	posuzovat <posoudit>	ítél
segurança f	zekerheid f	säkerhet u	pewność f	jistota f	biztonság
sumo m	sap n	juice u	sok m	šťáva f	nedv
dizer	zeggen	—	mówić <powiedzieć>	říkat <říci>	mond
contradizer	tegenspreken	—	sprzeciwiać się	odporovat	ellentmond
despedir	opzeggen	—	wypowiadać <wypowiedzieć>	dávat výpověď <dát výpověď>	felmond
sábio	wijs	vis	mądry	moudrý	bölcs
dizer	zeggen	säga	mówić <powiedzieć>	říkat <říci>	mond
sábio	wijs	vis	mądry	moudrý	bölcs
—	heilig	helig	święty	svatý	szent
natas f/pl	room m	grädde u	śmietana f	smetana f	tejszín
—	rok m	kjol u	spódnica f	sukně f	szoknya
salada f	sla m	sallad u	—	salát m	saláta
—	uitgang m	utgång u	wyjście n	východ m	kijárat
—	uitvaren m	utfart u	wyjazd m	výjezd m	kijárat

saída de emergência

	D	E	F	I	ES
saída de emergência (P)	Notausgang m	emergency exit	sortie de secours f	uscita di sicurezza f	salida de emergencia f
saigner (F)	bluten	bleed	—	sanguinare	sangrar
sain(e) (F)	gesund	healthy	—	sano(a)	sano(a)
saint(e) (F)	heilig	holy	—	santo(a)	santo(a)
sair¹ (P)	aussteigen	get off	descendre	scendere	bajarse
sair² (P)	ausreisen	leave the country	sortir du pays	espatriare	salir
sair³ (P)	hinausgehen	go out	sortir	uscire	salir
sair⁴ (P)	weggehen	go away	s'en aller	andare via	marcharse
saisir¹ (F)	fassen	grasp	—	prendere	tomar/agarrar
saisir² (F)	greifen	seize	—	afferrare	tomar
Saison (D)	—	season	saison f	stagione f	temporada f
saison¹ (F)	Jahreszeit f	season	—	stagione f	estación del año f
saison² (F)	Saison f	season	—	stagione f	temporada f
sajnál¹ (H)	bedauern	regret	regretter	deplorare	lamentar algo
sajnál² (H)	bemitleiden	pity	plaindre	compatire	compadecerse de
sajnál³ (H)	beklagen	deplore	plaindre de, se	lamentare	quejarse
sajnálat (H)	Bedauern n	regret	regret m	dispiacere m	compasión f
sajnos (H)	leider	unfortunately	malheureusement	purtroppo	desgraciadamente
sajt (H)	Käse m	cheese	fromage m	formaggio m	queso m
sak (SV)	Ding n	thing	chose f	cosa f	cosa f
sak (SV)	Sache f	thing	chose f	cosa f	cosa f
säker¹ (SV)	gewiss	certain	certain(e)	certo(a)	cierto
säker² (SV)	sicher	sure	sûr(e)	sicuro(a)	seguro(a)
säkerhet (SV)	Sicherheit f	safety	sécurité f	sicurezza f	seguridad f
sakna¹ (SV)	fehlen	miss	manquer	mancare	faltar
sakna² (SV)	vermissen	miss	manquer	sentire la mancanza	echar de menos
sal (ES)	Salz n	salt	sel m	sale m	—
sal (P)	Salz n	salt	sel m	sale m	sal f
sál (H)	Schal m	scar	écharpe f	sciarpa f	bufanda f
šála (CZ)	Schal m	scar	écharpe f	sciarpa f	bufanda f
salad (E)	Salat m	—	salade f	insalata f	ensalada f
salada (P)	Salat m	salad	salade f	insalata f	ensalada f
sala da pranzo (I)	Esszimmer n	dining room	salle à manger f	—	comedor m
salade (F)	Salat m	salad	—	insalata f	ensalada f
sala de estar (P)	Wohnzimmer n	living room	salon m	salotto m	cuarto de estar m
sala de jantar (P)	Esszimmer n	dining room	salle à manger f	sala da pranzo f	comedor m
salaire (F)	Gehalt n	salary	—	stipendio m	sueldo m
salám (CZ)	Wurst f	sausage	saucisse f	salsiccia f	embutido m
salaris (NL)	Gehalt n	salary	salaire m	stipendio m	sueldo m
salary (E)	Gehalt n	—	salaire m	stipendio m	sueldo m
Salat (D)	—	salad	salade f	insalata f	ensalada f
salát (CZ)	Salat m	salad	salade f	insalata f	ensalada f
saláta (H)	Salat m	salad	salade f	insalata f	ensalada f
Salbe (D)	—	ointment	onguent m	pomata f	pomada f
saldo (P)	Sonderangebot n	special offer	offre spéciale f	offerta speciale f	oferta especial f
sale (F)	dreckig	dirty	—	sporco(a)	sucio(a)
sale (F)	schmutzig	dirty	—	sporco(a)	sucio(a)
sale (I)	Salz n	salt	sel m	—	sal f
šálek (CZ)	Tasse f	cup	tasse f	tazza f	taza f
saleté (F)	Schmutz m	dirt	—	sporcizia f	suciedad f
salida¹ (ES)	Abfahrt f	departure	départ m	partenza f	—
salida² (ES)	Ausgang m	exit	sortie f	uscita f	—
salida³ (ES)	Ausfahrt f	exit	sortie f	uscita f	—

salida

P	NL	SV	PL	CZ	H
—	nooduitgang m	nödutgång u	wyjście awaryjne n	nouzový východ m	vészkijárat
sangrar	bloeden	blöda	krwawić	krvácet	vérzik
saudável	gezond	frisk	zdrowy	zdravý	egészséges
sagrado	heilig	helig	święty	svatý	szent
—	uitstappen	stiga ur	wysiadać <wysiąść>	vystupovat <vystoupit>	kiszáll
—	(uit)reizen	avresa	wyjeżdżać <wyjechać>	odjíždět <odjet>	kiutazik
—	naar buiten gaan	gå ut	wychodzić <wyjść>	vycházet <vyjít> ven	kimegy
—	weggaan	gå bort	odchodzić	odcházet <odejít>	elmegy
pegar	pakken	fatta	chwytać <uchwycić>	chopit <uchopit>	megfog
agarrar	grijpen	gripa	chwytać <chwycić>	chopit <uchopit>	fog
temporada f	seizoen n	säsong u	sezon m	sezóna f	szezon
estação do ano f	jaargetijde n	årstid u	pora roku f	roční období n	évszak
temporada f	seizoen n	säsong u	sezon m	sezóna f	szezon
lamentar	betreuren	beklaga	żałować	litovat <politovat>	—
ter pena de alguém	medelijden hebben met	hysa medlidande med	współczuć	litovat <politovat>	—
lamentar	beklagen	beklaga	opłakiwać <opłakać>	stežovat si	—
pesar m	spijt f	beklagande n	żal m	politování n	—
infelizmente	helaas	tyvärr	niestety	bohužel	—
queijo m	kaas m	ost u	ser m	sýr m	—
coisa f	ding n	—	rzecz f	věc f	holmi
coisa f	ding n	—	rzecz f	věc f	dolog
certo	zeker	—	pewnie	jistě	bizonyos
seguro	zeker	—	pewny	jistě	biztos
segurança f	zekerheid f	—	pewność f	jistota f	biztonság
faltar	ontbreken	—	brakować	chybět	hiányzik
fazer falta	missen	—	odczuwać brak	pohřešovat <pohřešit>	hiányol
sal m	zout n	salt n	sól f	sůl m	só
—	zout n	salt n	sól f	sůl m	só
cachecol m	sjaal m	halsduk u	szal m	šála f	—
cachecol m	sjaal m	halsduk u	szal m	—	sál
salada f	sla m	sallad u	sałata f	salát m	saláta
salada f	sla m	sallad u	sałata f	salát m	saláta
sala de jantar f	eetkamer f	matsal u	jadalnia f	jídelna f	ebédlő
salada f	sla m	sallad u	sałata f	salát m	saláta
—	huiskamer m	vardagsrum n	pokój mieszkalny m	obývací pokoj m	lakószoba
—	eetkamer f	matsal u	jadalnia f	jídelna f	ebédlő
vencimento m	salaris n	innehåll n	pensja f	plat m	fizetés
salsicha f	worst f	korv u	kiełbasa f	—	kolbász
vencimento m	—	innehåll n	pensja f	plat m	fizetés
vencimento m	salaris n	innehåll n	pensja f	plat m	fizetés
salada f	sla m	sallad u	sałata f	salát m	saláta
salada f	sla m	sallad u	sałata f	—	saláta
salada f	sla m	sallad u	sałata f	salát m	saláta
pomada f	zalf f	salva u	maść f	mast f	kenőcs
—	speciale aanbieding f	extraerbjudande n	oferta specjalna f	zvláštní nabídka f	akciós árú
sujo	vuil	smutsig	brudny	špinavý	koszos
sujo	vuil	smutsig	brudny	špinavý	piszkos
sal m	zout n	salt n	sól f	sůl m	só
chávena f	kopje n	kopp u	filiżanka f	—	csésze
sujidade f	vuil n	smuts u	brud m	špína f	piszok
partida f	vertrek n	avresa u	odjazd m	odjezd m	indulás
saída f	uitgang m	utgång u	wyjście n	východ m	kijárat
saída f	uitvaren m	utfart u	wyjazd m	výjezd m	kijárat

salida de emergencia

	D	E	F	I	ES
salida de emergencia (ES)	Notausgang *m*	emergency exit	sortie de secours *f*	uscita di sicurezza *f*	—
salir¹ (ES)	abfahren	depart	partir de	partire	—
salir² (ES)	ausreisen	leave the country	sortir du pays	espatriare	—
salir³ (ES)	hinausgehen	go out	sortir	uscire	—
salire (I)	aufsteigen	ascend	monter	—	subir
salire in (I)	einsteigen	get in	monter	—	subir a
salita d'ingresso (I)	Auffahrt *f*	drive	allée *f*	—	entrada *f*
sälja (SV)	verkaufen	sell	vendre	vendere	vender
sallad (SV)	Salat *m*	salad	salade *f*	insalata *f*	ensalada *f*
sällan (SV)	selten	rare	rare	raro(a)	raro(a)
salle à manger (F)	Esszimmer *n*	dining room	—	sala da pranzo *f*	comedor *m*
salle de bains (F)	Badezimmer *n*	bathroom	—	stanza da bagno *f*	cuarto de baño *m*
salon (F)	Wohnzimmer *n*	living room	—	salotto *m*	cuarto de estar *m*
salotto (I)	Wohnzimmer *n*	living room	salon *m*	—	cuarto de estar *m*
salsa (I)	Soße *f*	sauce	sauce *f*	—	salsa *f*
salsa (ES)	Soße *f*	sauce	sauce *f*	salsa *f*	—
salsiccia (I)	Wurst *f*	sausage	saucisse *f*	—	embutido *m*
salsicha (P)	Wurst *f*	sausage	saucisse *f*	salsiccia *f*	embutido *m*
salt (E)	Salz *n*	—	sel *m*	sale *m*	sal *f*
salt (SV)	Salz *n*	salt	sel *m*	sale *m*	sal *f*
¡Salud! (ES)	Prost!	Cheers!	À votre santé!	Salute!	—
saludar (ES)	begrüßen	greet	saluer	salutare	—
saluer (F)	begrüßen	greet	—	salutare	saludar
Salut!¹ (F)	Hallo!	Hello!	—	Ciao!	¡Hola!
Salut!² (F)	Tschüs!	Bye!	—	Ciao!	¡Hasta luego!
salutare (I)	begrüßen	greet	saluer	—	saludar
Salute! (I)	Prost!	Cheers!	À votre santé!	—	¡Salud!
salva (SV)	Salbe *f*	ointment	onguent *m*	pomata *f*	pomada *f*
salvaje (ES)	wild	wild	sauvage	selvatico(a)	—
salvar (ES)	retten	save	sauver	salvare	—
salvar (P)	retten	save	sauver	salvare	salvar
salvare (I)	retten	save	sauver		salvar
salvo (ES)	außer	except	hors de	eccetto	—
Salz (D)	—	salt	sel *m*	sale *m*	sal *f*
sam (PL)	allein	alone	seul(e)	solo(a)	solo(a)
sám (CZ)	allein	alone	seul(e)	solo(a)	solo(a)
same (E)	gleich	—	égal(e)	identico(a)	idéntico(a)
samen (NL)	zusammen	together	ensemble	insieme	junto
samla in (SV)	sammeln	collect	collecter	raccogliere	recolectar
samling (SV)	Sammlung *f*	collection	collection *f*	raccolta *f*	colección *f*
sammantaget (SV)	insgesamt	altogether	dans l'ensemble	complessivamente	en suma
sammeln (D)	—	collect	collecter	raccogliere	recolectar
Sammlung (D)	—	collection	collection *f*	raccolta *f*	colección *f*
samochód (PL)	Auto *n*	car	voiture *f*	macchina *f*	coche *m*
samochód ciężarowy (PL)	Lastwagen *m*	lorry	camion *m*	camion *m*	camión *m*
samolot (PL)	Flugzeug *n*	aeroplane	avion *m*	aereo *m*	avión *m*
samotny (PL)	einsam	lonely	solitaire	solitario(a)	solitario(a)
sample (E)	Muster *n*	—	modèle *m*	campione *m*	modelo *m*
samtal (SV)	Gespräch *n*	conversation	conversation *f*	conversazione *f*	conversación *f*

samtal

P	NL	SV	PL	CZ	H
saída de emergência f	nooduitgang m	nödutgång u	wyjście awaryjne n	nouzový východ m	vészkijárat
partir	vertrekken	resa	odjeżdżać <odjechać>	odjíždet <odjet>	elutazik
sair	(uit)reizen	avresa	wyjeżdżać <wyjechać>	odjíždět <odjet>	kiutazik
sair	naar buiten gaan	gå ut	wychodzić <wyjść>	vycházet <vyjít> ven	kimegy
subir	opstijgen	stiga	wsiadać <wsiąść>	stoupat	felemelkedik
entrar	instappen	stiga på	wsiadać <wsiąść>	nastupovat <nastoupit>	felszáll
rampa f	oprit f	uppfart u	wjazd m	nájezd m	felhajtó
vender	verkopen	—	sprzedawać	prodávat <prodat>	elad
salada f	sla m	—	sałata f	salát m	saláta
raro	zelden	—	rzadko	řídký	ritka (ritkán)
sala de jantar f	eetkamer f	matsal u	jadalnia f	jídelna f	ebédlő
casa de banho f	badkamer f	badrum n	łazienka f	koupelna f	fürdőszoba
sala de estar f	huiskamer m	vardagsrum n	pokój mieszkalny m	obývací pokoj m	lakószoba
sala de estar f	huiskamer m	vardagsrum n	pokój mieszkalny m	obývací pokoj m	lakószoba
molho m	saus f	sås u	sos m	omáčka f	mártás
molho m	saus f	sås u	sos m	omáčka f	mártás
salsicha f	worst f	korv u	kiełbasa f	salám m	kolbász
—	worst f	korv u	kiełbasa f	salám m	kolbász
sal m	zout n	salt n	sól f	sůl m	só
sal m	zout n	—	sól f	sůl m	só
Saúde!	Santé!	Skål!	Na zdrowie!	Na zdraví!	Egészségére!
cumprimentar	begroeten	hälsa	witać <powitać>	pozdravovat <pozdravit>	üdvözöl
cumprimentar	begroeten	hälsa	witać <powitać>	pozdravovat <pozdravit>	üdvözöl
Olá!	Hallo!	Hej!	Cześć!	Haló!	Szia!
Adeus!	Dag!	Hejdå!	Cześć!	Čau!	Szia!
cumprimentar	begroeten	hälsa	witać <powitać>	pozdravovat <pozdravit>	üdvözöl
Saúde!	Santé!	Skål!	Na zdrowie!	Na zdraví!	Egészségére!
pomada f	zalf f	—	maść f	mast f	kenőcs
selvagem	wild	vild	dziki	divoký	vad
salvar	redden	rädda	ratować <uratować>	zachraňovat <zachránit>	ment
—	redden	rädda	ratować <uratować>	zachraňovat <zachránit>	ment
salvar	redden	rädda	ratować <uratować>	zachraňovat <zachránit>	ment
excepto	behalve	utom	oprócz	kromě	kívül
sal m	zout n	salt n	sól f	sůl m	só
só	alleen	ensam	—	sám	egyedül
só	alleen	ensam	sam	—	egyedül
igual	gelijk/hetzelfde/meteen	lika	taki sam	hned	mindjárt
junto	—	tillsammans	razem	společně	együtt
coleccionar	verzamelen	—	zbierać <zebrać>	sbírat <sebrat>	gyűjt
colecção f	verzameling f	—	zbieranie n	sbírka f	gyűjtemény
na totalidade	in totaal	—	ogółem	celkem	összesen
coleccionar	verzamelen	samla in	zbierać <zebrać>	sbírat <sebrat>	gyűjt
colecção f	verzameling f	samling u	zbieranie n	sbírka f	gyűjtemény
carro m	auto m	bil u	—	auto n	gépkocsi
camião m	vrachtwagen m	lastbil u	—	nákladní vozidlo n	teherautó
avião m	vliegtuig n	flygplan n	—	letadlo n	repülő
solitário	eenzaam	ensam	—	osamělý	magányos
modelo m	monster n	mönster n	wzór m	vzor m	minta
conversa f	gesprek n	—	rozmowa f	rozhovor m	beszélgetés

samtidigt

	D	E	F	I	ES
samtidigt (SV)	gleichzeitig	simultaneous	en même temps	contemporaneo(a)	a la vez
samvete (SV)	Gewissen *n*	conscience	conscience *f*	coscienza *f*	conciencia *f*
samvetsgrann (SV)	gewissenhaft	conscientious	consciencieux(euse)	coscienzioso(a)	concienzudo(a)
šance (CZ)	Chance *f*	chance	possibilité *f*	occasione *f*	oportunidad *f*
Sand (D)	—	sand	sable *m*	sabbia *f*	arena *f*
sand (E)	Sand *m*	—	sable *m*	sabbia *f*	arena *f*
sand (SV)	Sand *m*	sand	sable *m*	sabbia *f*	arena *f*
sanft (D)	—	gentle	doux(douce)	dolce	dulce
sang (F)	Blut *n*	blood	—	sangue *m*	sangre *f*
säng (SV)	Bett *n*	bed	lit *m*	letto *m*	cama *f*
sång[1] (SV)	Gesang *m*	singing	chant *m*	canto *m*	canto *m*
sång[2] (SV)	Lied *n*	song	chanson *f*	canzone *f*	canción *f*
sångare (SV)	Sänger *m*	singer	chanteur *m*	cantante *m*	cantante *m*
Sänger (D)	—	singer	chanteur *m*	cantante *m*	cantante *m*
sangrar (ES)	bluten	bleed	saigner	sanguinare	—
sangrar (P)	bluten	bleed	saigner	sanguinare	sangrar
sangre (ES)	Blut *n*	blood	sang *m*	sangue *m*	—
sangue (I)	Blut *n*	blood	sang *m*	—	sangre *f*
sangue (P)	Blut *n*	blood	sang *m*	sangue *m*	sangre *f*
sanguinare (I)	bluten	bleed	saigner	—	sangrar
sanitka (CZ)	Krankenwagen *m*	ambulance	ambulance *f*	ambulanza *f*	ambulancia *f*
sänka (SV)	herabsetzen	lower	baisser	diminuire	rebajar
sanning (SV)	Wahrheit *f*	truth	vérité *f*	verità *f*	verdad *f*
sannolik (SV)	wahrscheinlich	probably	probablement	probabile	probablemente
sano(a) (I)	gesund	healthy	sain(e)	—	sano(a)
sano(a) (ES)	gesund	healthy	sain(e)	sano(a)	—
sansad (SV)	besonnen	sensible	réfléchi(e)	avveduto(a)	sensato(a)
sans valeur (F)	wertlos	worthless	—	senza valore	sin valor
Santé! (NL)	Prost!	Cheers!	À votre santé!	Salute!	¡Salud!
santo(a) (I)	heilig	holy	saint(e)	—	santo(a)
santo(a) (ES)	heilig	holy	saint(e)	santo(a)	—
sap (NL)	Saft *m*	juice	jus *m*	succo *m*	zumo *m*
sápadt (H)	blass	pale	pâle	pallido(a)	pálido(a)
sapato (P)	Schuh *m*	shoe	chaussure *f*	scarpa *f*	zapato *m*
sapere (I)	Wissen *n*	knowledge	savoir *m*	—	saber *m*
sapere[1] (I)	können	can	pouvoir	—	saber/poder
sapere[2] (I)	wissen	know	savoir	—	saber
sapeurs pompiers (F)	Feuerwehr *n*	fire brigade	—	vigili del fuoco *m/pl*	bomberos *m/pl*
sapka (H)	Mütze *f*	cap	casquette *f*	berretto *m*	gorra *f*
sapone (I)	Seife *f*	soap	savon *m*	—	jabón *m*
saquear (P)	plündern	loot	piller	saccheggiare	desvalijar
sår (SV)	Wunde *f*	wound	blessure *f*	ferita *f*	herida *f*
Sarg (D)	—	coffin	cercueil *m*	bara *f*	ataúd *m*
sárga (H)	gelb	yellow	jaune	giallo(a)	amarillo(a)
sárgabarack (H)	Aprikose *f*	apricot	abricot *m*	albicocca *f*	albaricoque *m*
šarmantní (CZ)	charmant	charming	charmant(e)	affascinante	encantador(a)
sarna (PL)	Reh *n*	deer	chevreuil *m*	capriolo *m*	corzo *m*
sarok (H)	Ecke *f*	corner	coin *m*	angolo *m*	esquina *f*
särskild (SV)	besonders	especially	surtout	particolarmente	particularmente
sas (H)	Adler *m*	eagle	aigle *m*	aquila *f*	àguila *f*
sås (SV)	Soße *f*	sauce	sauce *f*	salsa *f*	salsa *f*
säsong (SV)	Saison *f*	season	saison *f*	stagione *f*	temporada *f*
sasso (I)	Stein *m*	stone	pierre *f*	—	piedra *f*
satisfait(e) (F)	zufrieden	satisfied	—	contento(a)	satisfecho(a)
satisfecho(a) (ES)	zufrieden	satisfied	satisfait(e)	contento(a)	—
satisfeito (P)	erfreut	delighted	réjoui(e)	lieto(a)	contento(a)
satisfied (E)	zufrieden	—	satisfait(e)	contento(a)	satisfecho(a)

satisfied

P	NL	SV	PL	CZ	H
simultâneo	gelijktijdig	—	równocześnie	současně	egyszerre
consciência f	geweten n	—	sumienie n	svědomí n	lelkiismeret
consciencioso	nauwgezet	—	sumienny	svědomitě	lelkiismeretes
oportunidade f	kans f	chans u	szansa f	—	lehetőség
areia f	zand n	sand u	piach m	písek m	homok
areia f	zand n	sand u	piach m	písek m	homok
areia f	zand n	—	piach m	písek m	homok
macio	zacht	mild	łagodny	jemný	enyhe
sangue m	bloed n	blod n	krew f	krev f	vér
cama f	bed n	—	łóżko n	postel f	ágy
canto m	gezang n	—	śpiew m	zpěv m	ének
canção f	lied n	—	piosenka f	píseň f	dal
cantor m	zanger m	—	piosenkarz m	zpěvák m	énekes
cantor m	zanger m	sångare u	piosenkarz m	zpěvák m	énekes
sangrar	bloeden	blöda	krwawić	krvácet	vérzik
—	bloeden	blöda	krwawić	krvácet	vérzik
sangue m	bloed n	blod n	krew f	krev f	vér
sangue m	bloed n	blod n	krew f	krev f	vér
—	bloed n	blod n	krew f	krev f	vér
sangrar	bloeden	blöda	krwawić	krvácet	vérzik
ambulância f	ziekenwagen m	ambulans u	karetka pogotowia f	—	mentőautó
baixar	verlagen	—	obniżać <obniżyć>	snižovat <snížit>	leszállít
verdade f	waarheid f	—	prawda f	pravda f	igazság
provável	waarschijnlijk	—	prawdopodobnie	pravděpodobně	valószínű
saudável	gezond	frisk	zdrowy	zdravý	egészséges
saudável	gezond	frisk	zdrowy	zdravý	egészséges
prudente	bezonnen	—	rozważny	rozvážný	megfontolt
sem valor	waardeloos	värdelös	bezwartościowy	bezcenný	értéktelen
Saúde!	—	Skål!	Na zdrowie!	Na zdraví!	Egészségére!
sagrado	heilig	helig	święty	svatý	szent
sagrado	heilig	helig	święty	svatý	szent
sumo m	—	juice u	sok m	šťáva f	nedv
pálido	bleek	blek	blady	bledý	—
—	schoen m	sko u	but m	bota f	cipő
conhecimentos m/pl	kennis f	kunskap u	wiedza f	vědění n	tudás
poder	kunnen	kunna	móc	umět	tud
saber	weten	veta	wiedzieć	vědět	tud
bombeiros m	brandweer m	brandkår u	straż pożarna f	hasiči pl	tűzoltóság
boné m	muts f	mössa u	czapka f	čepice f	—
sabonete m	zeep f	tvål u	mydło n	mýdlo n	szappan
—	plunderen	plundra	łupić <złupić>	plenit <vyplenit>	fosztogat
ferida f	wond f	—	rana f	rána f	seb
caixão m	doodkist f	likkista u	trumna f	rakev f	koporsó
amarelo	geel	gul	żółty(to)	žlutý	—
damasco m	abrikoos f	aprikos u	morela f	meruňka f	—
encantador	charmant	charmant	szarmancki	—	bájos
corça f	ree n	rådjur n	—	srna f	őz
esquina f	hoek m	hörn n	róg m	roh m	—
especialmente	bijzonder	—	szczególnie	obzvláště	kiváltképp
águia f	adelaar m	örn u	orzeł m	orel m	—
molho m	saus f	—	sos m	omáčka f	mártás
temporada f	seizoen n	—	sezon m	sezóna f	szezon
pedra f	steen m	sten u	kamień m	kámen m	kő
contente	tevreden	nöjd	zadowolony	spokojný	elégedett
contente	tevreden	nöjd	zadowolony	spokojný	elégedett
—	verheugd	glad	uradowany	potěšený	nagyon örülök
contente	tevreden	nöjd	zadowolony	spokojný	elégedett

šatník

	D	E	F	I	ES
šatník (CZ)	Kleiderschrank m	wardrobe	armoire à vêtements f	armadio m	ropero m
sátor (H)	Zelt n	tent	tente f	tenda f	tienda f
sátorozik (H)	zelten	camp	camper	campeggiare	acampar
sätt¹ (SV)	Art f	way	manière f	modo m	manera f
sätt² (SV)	Weise f	way	manière f	maniera f	manera f
sätta ned (SV)	hinsetzen	sit down	asseoir, s'	sedersi	sentarse
sätta på (SV)	anmachen	put on	allumer	accendere	encender
šaty (CZ)	Kleid n	dress	robe f	vestito m	vestido m
Satz (D)	—	sentence	phrase f	frase f	oración f
sauber (D)	—	clean	propre	pulito(a)	limpio(a)
sauce (E)	Soße f	—	sauce f	salsa f	salsa f
sauce (F)	Soße f	sauce	—	salsa f	salsa f
saucepan (E)	Kochtopf m	—	casserole f	pentola f	olla f
saucisse (F)	Wurst f	sausage	—	salsiccia f	embutido m
saudade (P)	Heimweh n	homesickness	mal du pays m	nostalgia f	añoranza f
saudável (P)	gesund	healthy	sain(e)	sano(a)	sano(a)
Saúde! (P)	Prost!	Cheers!	À votre santé!	Salute!	¡Salud!
sauer (D)	—	sour	aigre	acido(a)	agrio(a)
Säule (D)	—	pillar	colonne f	colonna f	columna f
saus (NL)	Soße f	sauce	sauce f	salsa f	salsa f
sausage (E)	Wurst f	—	saucisse f	salsiccia f	embutido m
sauvage (F)	wild	wild	—	selvatico(a)	salvaje
sauver (F)	retten	save	—	salvare	salvar
savanyú (H)	sauer	sour	aigre	acido(a)	agrio(a)
save (E)	retten	—	sauver	salvare	salvar
savoir (F)	wissen	know	—	sapere	saber
savoir (F)	Wissen n	knowledge	—	sapere m	saber m
savon (F)	Seife f	soap	—	sapone m	jabón m
's avonds (NL)	abends	in the evening	le soir	di sera	por la tarde
savoureux(euse) (F)	köstlich	delicious	—	squisito(a)	exquisito(a)
sax (SV)	Schere f	pair of scissors	ciseaux m/pl	forbici f/pl	tijera f
say (E)	sagen	—	dire	dire	decir
say goodbye to (E)	verabschieden	—	prendre congé de	congedare	despedir
say thank you (E)	bedanken, sich	—	remercier	ringraziare	agradecer algo
sázet <sadit> (CZ)	wetten	bet	parier	scommettere	apostar
sbagliare (I)	irren, sich	be mistaken	tromper, se	—	equivocarse
sbaglio (I)	Fehler m	mistake	faute f	—	falta f
sbírat <sebrat> (CZ)	sammeln	collect	collecter	raccogliere	recolectar
sbírka (CZ)	Sammlung f	collection	collection f	raccolta f	colección f
sbor (CZ)	Chor m	choir	chœur m	coro m	coro m
sbrigare (I)	erledigen	take care of	régler	—	acabar
sbucciare (I)	schälen	peel	éplucher	—	pelar
scaffale (I)	Regal n	shelves	étagère f	—	estantería f
scala¹ (I)	Leiter f	ladder	échelle f	—	escalera f
scala² (I)	Treppe f	stairs	escalier m	—	escalera f
scala mobile (I)	Rolltreppe f	escalator	escalier roulant m	—	escalera mecánica f
scales (E)	Waage f	—	balance f	bilancia f	balanza f
scambiare¹ (I)	austauschen	exchange	échanger	—	cambiar
scambiare² (I)	umtauschen	exchange	échanger	—	cambiar
scambiare³ (I)	vertauschen	exchange	échanger	—	cambiar

scambiare

P	NL	SV	PL	CZ	H
roupeiro m	kleerkast f	klädskåp n	szafa na odzież f	—	ruhaszekrény
tenda f	tent f	tält n	namiot m	stan m	—
acampar	kamperen	tälta	biwakować	stanovat	—
maneira f	aard m	—	rodzaj m	druh m	mód
maneira f	wijze	—	sposób m	sirotek m	mód
sentar-se	neerzetten	—	posadzić	posadit, se	lerak
acender	aanzetten	—	przymocowywać <przymocować>	rozdělávat <rozdělat>	bekapcsol
vestido m	jurk f/kleed n	klänning u	suknia f	—	ruha
frase f	zin m	mening u	zdanie n	věta f	mondat
limpo	schoon	ren	czysty	čistý	tiszta
molho m	saus f	sås u	sos m	omáčka f	mártás
molho m	saus f	sås u	sos m	omáčka f	mártás
panela f	kookpot m	kastrull u	garnek m	hrnec m	fazék
salsicha f	worst f	korv u	kiełbasa f	salám m	kolbász
—	heimwee n	hemlängtan u	tęsknota za domem f	touha po domově f	honvágy
—	gezond	frisk	zdrowy	zdravý	egészséges
—	Santé!	Skål!	Na zdrowie!	Na zdraví!	Egészségére!
amargo	zuur	sur	kwaśny	kyselý	savanyú
coluna f	zuil f	pelare u	kolumna f	sloup m	oszlop
molho m	—	sås u	sos m	omáčka f	mártás
salsicha f	worst f	korv u	kiełbasa f	salám m	kolbász
selvagem	wild	vild	dziki	divoký	vad
salvar	redden	rädda	ratować <uratować>	zachraňovat <zachránit>	ment
amargo	zuur	sur	kwaśny	kyselý	—
salvar	redden	rädda	ratować <uratować>	zachraňovat <zachránit>	ment
saber	weten	veta	wiedzieć	vědět	tud
conhecimentos m/pl	kennis f	kunskap u	wiedza f	vědění n	tudás
sabonete m	zeep f	tvål u	mydło n	mýdlo n	szappan
à noite	—	på kvällen	wieczorem	večer	este
delicioso	kostelijk	utsökt	wyborny	lahodný	pompás
tesoura f	schaar f	sax	nożyce f/pl	nůžky pl	olló
dizer	zeggen	säga	mówić <powiedzieć>	říkat <říci>	mond
despedir	afscheid nemen van	ta avsked	odprawiać	loučit, se <rozloučit, se>	elbúcsúztat
agradecer	danken; bedanken	tacka	dziękować <podziękować>	děkovat <poděkovat>	megköszön
apostar	wedden	slå vad	zakładać się	—	fogad
enganar-se	vergissen, zich	missta sig	mylić, się <pomylić, się>	mýlit, se <zmýlit, se>	téved
erro m	fout f	fel n	błąd m	chyba f	hiba
coleccionar	verzamelen	samla in	zbierać <zebrać>	—	gyűjt
colecção f	verzameling f	samling u	zbieranie n	—	gyűjtemény
coro m	koor n	kör u	chór m	—	kórus
acabar	uitvoeren/afhandelen	ta hand om	załatwiać <załatwić>	vyřizovat <vyřídit>	elintéz
descascar	schillen	skala	obierać <obrać>	loupat <oloupat>	hámoz
prateleira f	rek n	bokhylla u	regał m	regál m	polc
escadote m	ladder f	stege u	drabina f	žebřík m	létra
escada f	trap m	trappa u	schody m/pl	schody pl	lépcső
escada rolante f	roltrap m	rulltrappa u	schody ruchome pl	eskalátor m	mozgólépcső
balança f	weegschaal f	våg u	waga f	váha f	mérleg
trocar	uitwisselen	byta ut	wymieniać <wymienić>	vyměňovat <vyměnit>	kicserél
trocar	ruilen	byta ut	wymieniać	vyměňovat <vyměnit>	kicserél
trocar	verwisselen	förväxla	zamieniać	zaměňovat <zaměnit>	elcserél

scambiare

	D	E	F	I	ES
scambiare[4] (I)	verwechseln	confuse	confondre	—	confundir
scambio (I)	Austausch m	exchange	échange m	—	cambio m
scandal (E)	Skandal m	—	scandale m	scandalo m	escándalo m
scandale (F)	Skandal m	scandal	—	scandalo m	escándalo m
scandalo (I)	Skandal m	scandal	scandale m	—	escándalo m
Scanner (D)	—	scanner	scanner m	scanner m	scanner m
scanner (E)	Scanner m	—	scanner m	scanner m	scanner m
scanner (F)	Scanner m	scanner	—	scanner m	scanner m
scanner (I)	Scanner m	scanner	scanner m	—	scanner m
scanner (ES)	Scanner m	scanner	scanner m	scanner m	—
scanner (P)	Scanner m	scanner	scanner m	scanner m	scanner m
scanner (NL)	Scanner m	scanner	scanner m	scanner m	scanner m
scappare[1] (I)	entkommen	escape	échapper	—	escapar
scappare[2] (I)	fliehen	flee	échapper, s'	—	huir
scar (E)	Schal m	—	écharpe f	sciarpa f	bufanda f
scaricare (I)	ausladen	unload	décharger	—	descargar
scarpa (I)	Schuh m	shoe	chaussure f	—	zapato m
scatola (I)	Schachtel f	box	boîte f	—	caja f
scattered (E)	zerstreut	—	dispersé(e)	disperso(a)	disperso(a)
scavare (I)	graben	dig	creuser	—	cavar
scegliere[1] (I)	aussuchen	select	choisir	—	elegirse
scegliere[2] (I)	auswählen	choose	choisir	—	elegir
scelta[1] (I)	Auswahl f	choice	choix m	—	elección f
scelta[2] (I)	Wahl f	choice	choix m	—	opción f
scemo(a) (I)	doof	daft	bête	—	estúpido(a)
scen (SV)	Bühne f	stage	scène f	palcoscenico m	escenario m
scena (PL)	Bühne f	stage	scène f	palcoscenico m	escenario m
scendere[1] (I)	aussteigen	get off	descendre	—	bajarse
scendere[2] (I)	hinuntergehen	descend	descendre	—	bajar
scène (F)	Bühne f	stage	—	palcoscenico m	escenario m
scent (E)	Duft m	—	odeur f	profumo m	aroma m
schaal (NL)	Schale f	peel	peau f	buccia f	piel f
schaar (NL)	Schere f	pair of scissors	ciseaux m/pl	forbici f/pl	tijera f
Schachtel (D)	—	box	boîte f	scatola f	caja f
schade (NL)	Schaden m	damage	dommage m	danno m	daño m
schaden (D)	—	damage	nuire	nuocere	dañar
Schaden (D)	—	damage	dommage m	danno m	daño m
schaden (NL)	schaden	damage	nuire	nuocere	dañar
schaduw (NL)	Schatten m	shadow	ombre f	ombra f	sombra f
schaduwrijk (NL)	schattig	shady	ombragé(e)	ombroso(a)	a la sombra
schaffen (D)	—	create	réussir à faire	creare	crear
Schaffner (D)	—	conductor	contrôleur m	bigliettaio m	revisor m
schakelaar (NL)	Schalter m	counter	guichet m	sportello m	ventanilla f
schakelen (NL)	schalten	switch	connecter	commutare	conectar
Schal (D)	—	scar	écharpe f	sciarpa f	bufanda f
Schale (D)	—	peel	peau f	buccia f	piel f
schälen (D)	—	peel	éplucher	sbucciare	pelar
schalten (D)	—	switch	connecter	commutare	conectar
Schalter (D)	—	counter	guichet m	sportello m	ventanilla f
schämen, sich (D)	—	be ashamed	avoir honte	vergognarsi	tener vergüenza

schämen, sich

P	NL	SV	PL	CZ	H
confundir	verwisselen	ta fel på	pomylić	zaměňovat <zaměnit>	összetéveszt
troca f	uitwisseling f	utbyte n	wymiana f	výměna f	csere
escândalo m	schandaal n	skandal u	skandal m	skandál m	botrány
escândalo m	schandaal n	skandal u	skandal m	skandál m	botrány
escândalo m	schandaal n	skandal u	skandal m	skandál m	botrány
scanner m	scanner m	skanner u	skaner m	skener m	letapogató
scanner m	scanner m	skanner u	skaner m	skener m	letapogató
scanner m	scanner m	skanner u	skaner m	skener m	letapogató
scanner m	scanner m	skanner u	skaner m	skener m	letapogató
scanner m	scanner m	skanner u	skaner m	skener m	letapogató
—	scanner m	skanner u	skaner m	skener m	letapogató
scanner m	—	skanner u	skaner m	skener m	letapogató
escapar	ontkomen	undkomma	zbiegać <zbiec>	unikat <uniknout>	megmenekül
fugir	vluchten	fly	uciekać <uciec>	prchat <uprchnout>	menekül
cachecol m	sjaal m	halsduk u	szal m	šála f	sál
descarregar	uitladen	lasta av	wyładowywać <wyładować>	rušit pozvání <zrušit pozvání>	kirakódik
sapato m	schoen m	sko u	but m	bota f	cipő
caixa f	doos f	ask u	pudełko n	krabice f	doboz
distraído	verstrooid	förströdd	rozproszony	roztržitý	szórakozott
cavar	graven	gräva	kopać	kopat vykopat	ás
escolher	uitzoeken	välja	wyszukiwać <wyszukać>	vyhledávat <vyhledat>	kiválaszt
seleccionar	kiezen	välja ut	wybierać <wybrać>	vybírat <vybrat>	kiválaszt
selecção f	keuze f	urval u	wybór m	výběr m	választék
escolha f	keuze f	val n	wybór m	výběr m	választás
estúpido	dom	fånig	durny	hloupý	ostoba
palco m	toneel n	—	scena f	jeviště n	színpad
palco m	toneel n	scen u	—	jeviště n	színpad
sair	uitstappen	stiga ur	wysiadać <wysiąść>	vystupovat <vystoupit>	kiszáll
descer	naar beneden gaan	gå ned	iść na dół <zejść na dół>	scházet <sejít>	lemegy
palco m	toneel n	scen u	scena f	jeviště n	színpad
aroma m	geur m	doft u	zapach m	vůně f	illat
casca f	—	skal n	skorupka f łupina f	skořepina f	héj
tesoura f	—	sax u	nożyce f/pl	nůžky pl	olló
caixa f	doos f	ask u	pudełko n	krabice f	doboz
dano m	—	skada u	szkoda f	škoda f	kár
prejudicar	schaden	skada	szkodzić <zaszkodzić>	škodit <poškodit>	árt
dano m	schade f	skada u	szkoda f	škoda f	kár
prejudicar	—	skada	szkodzić <zaszkodzić>	škodit <poškodit>	árt
sombra f	—	skugga u	cień m	stín m	árnyék
sombreado	—	skuggig	cienisty	stinný	árnyékos
criar	scheppen	skapa	dokonywać <dokonać>	tvořit <vytvořit>	alkot
revisor m	conducteur m	konduktör u	konduktor m	průvodčí m	kalauz
interruptor m	—	strömbrytare u	włącznik m	vypínač m	kapcsoló
ligar	—	koppla	przełączać <przełączyć>	zapínat <zapnout>	kapcsol
cachecol m	sjaal m	halsduk u	szal m	šála f	sál
casca f	schaal f	skal n	skorupka f łupina f	skořepina f	héj
descascar	schillen	skala	obierać <obrać>	loupat <oloupat>	hámoz
ligar	schakelen	koppla	przełączać <przełączyć>	zapínat <zapnout>	kapcsol
interruptor m	schakelaar m	strömbrytare u	włącznik m	vypínač m	kapcsoló
envergonhar-se	schamen, zich	skämmas	wstydzić, się	stydět, se <zastydět, se>	szégyelli magát

schamen, zich

	D	E	F	I	ES
schamen, zich (NL)	schämen, sich	be ashamed	avoir honte	vergognarsi	tener vergüenza
schandaal (NL)	Skandal m	scandal	scandale m	scandalo m	escándalo m
scharf[1] (D)	—	sharp	tranchant(e)	tagliente	cortante
scharf[2] (D)	—	hot	épicé(e)	piccante	picante
schärfen (D)	—	sharpen	aiguiser	affilare	afilar
Schatten (D)	—	shadow	ombre f	ombra f	sombra f
schatten/waarderen (NL)	schätzen	estimate	estimer	stimare	estimar
schattig (D)	—	shady	ombragé(e)	ombroso(a)	a la sombra
schattig (NL)	niedlich	sweet	mignon(ne)	carino(a)	bonito(a)
schätzen (D)	—	estimate	estimer	stimare	estimar
schauen (D)	—	look	retarder	guardare	mirar
Schaufenster (D)	—	shop window	vitrine f	vetrina f	escaparate m
schaukeln (D)	—	swing	balancer, se	dondolare	columpiarse
Schaum (D)	—	foam	écume f	schiuma f	espuma f
Schauspieler (D)	—	actor	acteur m	attore m	actor m
scházet <sejít> (CZ)	hinuntergehen	descend	descendre	scendere	bajar
Scheck (D)	—	cheque	chèque m	assegno m	cheque m
Scheibe[1] (D)	—	pane	carreau m	vetro m	cristal m
Scheibe[2] (D)	—	slice	tranche m	fetta f	rebanada m
scheiden (NL)	trennen	separate	séparer	separare	separar
scheiding (NL)	Trennung f	separation	séparation f	separazione f	separación f
schelden (NL)	schimpfen	scold	gronder	sgridare	insultar
schelp (NL)	Muschel m	mussel	moule f	cozza f	mejillón m
schemeren (NL)	dämmern	dawn	poindre	spuntare	amanecer
schenken (D)	—	give	offrir	regalare	regalar
schenken (NL)	schenken	give	offrir	regalare	regalar
scheppen (NL)	schaffen	create	réussir à faire	creare	crear
Scherbe (D)	—	broken piece	tesson m	coccio m	pedazo m
Schere (D)	—	pair of scissors	ciseaux m/pl	forbici f/pl	tijera f
scheren (NL)	rasieren	shave	raser	fare la barba	afeitar
scherf (NL)	Scherbe f	broken piece	tesson m	coccio m	pedazo m
scherp (NL)	scharf	sharp	tranchant(e)	tagliente	cortante
scherpen (NL)	schärfen	sharpen	aiguiser	affilare	afilar
Scherz (D)	—	joke	plaisanterie f	scherzo m	broma f
scherzo[1] (I)	Scherz m	joke	plaisanterie f	—	broma f
scherzo[2] (I)	Spaß m	fun	plaisir m	—	diversión f
scheuren (NL)	reißen	tear	déchirer, se	strappare	arrancar
schick (D)	—	stylish	chic	elegante	elegante
schicken (D)	—	send	envoyer	inviare	mandar
Schicksal (D)	—	fate	destin m	destino m	destino m
schieben (D)	—	push	pousser	spingere	empujar
schiena (I)	Rücken m	back	dos m	—	espalda f
schießen (D)	—	shoot	tirer	sparare	disparar
schieten (NL)	schießen	shoot	tirer	sparare	disparar
Schiff (D)	—	ship	navire m	nave f	barco m
Schild (D)	—	shield	bouclier m	scudo m	escudo m
schild (NL)	Schild n	shield	bouclier m	scudo m	escudo m
schilderen[1] (NL)	malen	paint	peindre	dipingere	pintar
schilderen[2] (NL)	streichen	paint	peindre	verniciare	pintar
schilderij[1] (NL)	Gemälde n	painting	tableau m	quadro m	cuadro m

schilderij

P	NL	SV	PL	CZ	H
envergonhar-se	—	skämmas	wstydzić, się	stydět, se <zastydět, se>	szégyelli magát
escândalo m	—	skandal u	skandal m	skandál m	botrány
cortante	scherp	skarp	ostry	ostrý	éles
picante	sterk	besk	ostry	ostrý	erős
afiar	scherpen	vässa	ostrzyć <naostrzyć>	ostřit <naostřit>	élesít
sombra f	schaduw m	skugga u	cień m	stín m	árnyék
apreciar	—	uppskatta	szacować	cenit <ocenit>	becsüli
sombreado	schaduwrijk	skuggig	cienisty	stinný	árnyékos
amoroso	—	söt	śliczny	roztomilý	aranyos
apreciar	schatten/waarderen	uppskatta	szacować	cenit <ocenit>	becsüli
olhar	kijken	se	patrzeć <popatrzeć>	hledět	néz
montra f	etalage f	skyltfönster n	okno wystawowe n	výloha f	kirakat
baloiçar	schommelen	gunga	huśtać, się	houpat <pohoupat>	hintázik
espuma f	schuim n	skum n	piana f	pěna f	hab
actor m	toneelspeler m	skådespelare u	aktor m	herec m	színész
descer	naar beneden gaan	gå ned	iść na dół <zejść na dół>	—	lemegy
cheque m	cheque m	check u	czek m	šek m	csekk
vidro m	ruit f	fönsterruta u	szyba f	deska f	tábla
fatia f	boterham m	brödskiva u	kromka f	krajíc m	szelet
separar	—	skilja åt	rozdzielić	oddělovat <oddělit>	elválaszt
separação f	—	skilsmässa u	rozdzielenie n	oddělení n	elválasztás
ralhar	—	gräla	besztać	nadávat <zanadávat>	szitkozódik
concha f	—	mussla u	muszla f	mušle f	kagyló
amanhecer	—	skymma	zmierzchać się	svítat	alkonyodik/hajnalodik
oferecer	schenken	skänka	darować <podarować>	darovat	ajándékoz
oferecer	—	skänka	darować <podarować>	darovat	ajándékoz
criar	—	skapa	dokonywać <dokonać>	tvořit <vytvořit>	alkot
caco m	scherf f	skärva u	skorupa f	střep m	cserép
tesoura f	schaar f	sax u	nożyce f/pl	nůžky pl	olló
barbear(se)	—	raka	golić <ogolić>	holit, se <oholit, se>	borotvál
caco m	—	skärva u	skorupa f	střep m	cserép
cortante	—	skarp	ostry	ostrý	éles
afiar	—	vässa	ostrzyć <naostrzyć>	ostřit <naostřit>	élesít
brincadeira f	grap f	skämt n	żart m	žert m	tréfa
brincadeira f	grap f	skämt n	żart m	žert m	tréfa
brincadeira f	plezier n	skoj n	żart m	žert m	tréfa
rasgar	—	riva	rwać <porwać>	trhat <vytrhnout>	szakad
chique	chic	fin	szykowny	vkusný	sikkes
enviar	sturen	skicka	wysyłać <wysłać>	posílat <poslat>	küld
destino m	noodlot n	öde n	przeznaczenie n	osud m	sors
empurrar	schuiven	skjuta	przesuwać <przesunąć>	posouvat <posunout>	tol
costas f/pl	rug m	rygg u	plecy pl	záda f	hát
disparar	schieten	skjuta	strzelać <strzelić>	střílet <vystřelit>	lő
disparar	—	skjuta	strzelać <strzelić>	střílet <vystřelit>	lő
navio m	schip n	fartyg n	statek m	loď f	hajó
letreiro m	schild n	skylt u	szyld m	štítek m	cégtábla
letreiro m	—	skylt u	szyld m	štítek m	cégtábla
pintar	—	måla	malować <namalować>	mlít <semlít>	fest
pintar	—	smeka	pocierać	škrtat <škrtnout>	befest
pintura f	—	målning u	obraz m	obraz m	festmény

schilderij 888

	D	E	F	I	ES
schilderij² (NL)	Malerei f	painting	peinture f	pittura f	pintura f
schillen (NL)	schälen	peel	éplucher	sbucciare	pelar
schimpfen (D)	—	scold	gronder	sgridare	insultar
schip (NL)	Schiff n	ship	navire m	nave f	barco m
schiuma (I)	Schaum m	foam	écume f	—	espuma f
schlafen (D)	—	sleep	dormir	dormire	dormir
Schlafzimmer (D)	—	bedroom	chambre à coucher f	camera da letto f	dormitorio m
Schlag (D)	—	blow	coup m	colpo m	golpe m
schlagen (D)	—	hit	battre	battere	golpear
Schlamm (D)	—	mud	boue f	fango m	barro m
schlank (D)	—	slim	mince	snello(a)	delgado(a)
schlau (D)	—	clever	astucieux(euse)	astuto(a)	astuto(a)
schlecht (D)	—	bad	mauvais(e)	cattivo	malo(a)
schließen (D)	—	close	fermer	chiudere	cerrar
Schloss¹ (D)	—	lock	serrure f	serratura f	castillo m
Schloss² (D)	—	castle	château m	castello m	cerradura f
schlucken (D)	—	swallow	avaler	inghiottire	tragar
Schluss (D)	—	end	fin f	fine f	conclusión f
Schlüssel (D)	—	key	clé f	chiave f	llave f
Schmerz (D)	—	pain	douleur f	dolore m	dolor m
schmerzhaft (D)	—	painful	douloureux(euse)	doloroso(a)	doloroso(a)
Schmetterling (D)	—	butterfly	papillon m	farfalla f	mariposa f
Schmuck (D)	—	jewellery	bijoux m/pl	gioielli m/pl	joyas f/pl
Schmutz (D)	—	dirt	saleté f	sporcizia f	suciedad f
schmutzig (D)	—	dirty	sale	sporco(a)	sucio(a)
Schnaps (D)	—	spirits	eau-de-vie f	acquavite f	aguardiente m
schneiden (D)	—	cut	couper	tagliare	cortar
schnell (D)	—	fast	rapide	veloce	rápido(a)
Schnitt (D)	—	cut	coupe f	taglio m	corte m
Schnupfen (D)	—	cold	rhume m	raffreddore m	resfriado m
schody (PL)	Treppe f	stairs	escalier m	scala f	escalera f
schody (CZ)	Treppe f	stairs	escalier m	scala f	escalera f
schody ruchome (PL)	Rolltreppe f	escalator	escalier roulant m	scala mobile f	escalera mecánica f
schoen (NL)	Schuh m	shoe	chaussure f	scarpa f	zapato m
scholier (NL)	Schüler m	pupil	élève m	scolaro m	alumno m
schommelen (NL)	schaukeln	swing	balancer, se	dondolare	columpiarse
schön (D)	—	beautiful	beau (belle)	bello(a)	hermoso(a)
school (E)	Schule f	—	école f	scuola f	escuela f
school (NL)	Schule f	school	école f	scuola f	escuela f
schoon (NL)	sauber	clean	propre	pulito(a)	limpio(a)
schoonmaakster (NL)	Putzfrau f	charwoman	femme de ménage f	donna delle pulizie f	mujer de limpieza f
schopnost (CZ)	Fähigkeit f	ability	capacité f	capacità f	capacidad f
schopný (CZ)	fähig	capable	capable	capace	hábil
schouder (NL)	Schulter f	shoulder	épaule f	spalla f	hombro m
schovávat <schovat> (CZ)	verstecken	hide	cacher	nascondere	ocultar
Schrank (D)	—	cupboard	armoire f	armadio m	armario m
schránka na dopisy (CZ)	Briefkasten m	letterbox	boîte aux lettres f	cassetta delle lettere f	buzón m
schrecklich (D)	—	terrible	terrible	spaventoso(a)	horrible
schreeuwen (NL)	schreien	scream	crier	gridare	gritar
schreiben (D)	—	write	écrire	scrivere	escribir
schreien (D)	—	scream	crier	gridare	gritar
schrijven (NL)	schreiben	write	écrire	scrivere	escribir
schrikken (NL)	erschrecken	frighten	effrayer	spaventare	asustar
schronienie (PL)	Unterkunft f	accommodation	logement m	alloggio m	hospedaje m

schronienie

P	NL	SV	PL	CZ	H
pintura f	—	måleri n	malarstwo n	malířství n	festészet
descascar	—	skala	obierać <obrać>	loupat <oloupat>	hámoz
ralhar	schelden	grälа	besztać	nadávat <zanadávat>	szitkozódik
navio m	—	fartyg n	statek m	loď f	hajó
espuma f	schuim n	skum n	piana f	pěna f	hab
dormir	slapen	sova	spać <pospać>	spát <vyspat>	alszik
quarto de dormir m	slaapkamer f	sovrum n	sypialnia f	ložnice f	hálószoba
golpe m	slag m	stöt u	uderzenie n	úder m	ütés
bater	slaan	slå	bić <pobić>	tlouci <udeřit>	üt
lama f	slib n	slam u	szlam m	bláto n	iszap
magro	slank	smal	smukły	štíhlý	karcsú
esperto	slim	smart	przebiegły	chytrý	ravasz
mau	slecht	dålig	zły	špatný	rossz
fechar	sluiten	stänga	zamykać <zamknąć>	zavírat <zavřít>	zár
palácio m	kasteel n	lås n	pałac m	zámek m	kastély
cadeado m	slot n	lås n	zamek m	zámek m	zár
engolir	slikken	svälja	łykać <połknąć>	polykat <spolknout>	nyel
final m	einde n	slut n	koniec m	konec m	vég
chave f	sleutel m	nyckel u	klucz m	klíč m	kulcs
dor f	pijn f	smärta u	ból m	bolest f	fájdalom
doloroso	pijnlijk	smärtsam	bolesny	bolestivý	fájdalmas
borboleta f	vlinder m	fjäril u	motyl m	motýl m	pillangó
jóias f	sieraad n	smycke n	biżuteria f	šperky pl	ékszer
sujidade f	vuil n	smuts u	brud m	špína f	piszok
sujo	vuil	smutsig	brudny	špinavý	piszkos
aguardente f	borrel m	snaps u	wódka f	kořalka f	pálinka
cortar	snijden	skära	ciąć <pociąć>	řezat <uříznout>	vág
rápido	snel	snabbt	szybki	rychlý	gyors(an)
corte m	snee f	skärning u	cięcie n	řez m	vágás
constipação f	verkoudheid f	snuva u	katar m	rýma f	nátha
escada f	trap m	trappa u	—	schody pl	lépcső
escada f	trap m	trappa u	schody m/pl	—	lépcső
escada rolante f	roltrap m	rulltrappa u	—	eskalátor m	mozgólépcső
sapato m	—	sko u	but m	bota f	cipő
aluno m	—	elev m	uczeń m	žák m	diák m
baloiçar	—	gunga	huśtać, się	houpat <pohoupat>	hintázik
bonito	mooi	vacker	piękny	hezký	szép
escola f	school f	skola u	szkoła f	škola f	iskola
escola f	—	skola u	szkoła f	škola f	iskola
limpo	—	ren	czysty	čistý	tiszta
mulher a dias f	—	städhjälp u	sprzątaczka f	uklízečka f	takarítónő
capacidade f	bekwaamheid f	förmåga u	zdolność f	—	képesség
capaz	bekwaam	skicklig	zdolny	—	képes
ombro m	—	axel u	ramię n	rameno n	váll
esconder	verstoppen	gömma	chować	—	elrejt
armário m	kast f	skåp n	szafa f	skříň f	szekrény
caixa do correio f	brievenbus f	brevláda u	skrzynka pocztowa f	—	postaláda
horrível	verschrikkelijk	förskräcklig	straszny	strašný	borzasztó
gritar	—	skrika	krzyczeć <zakrzyczeć>	křičet <křiknout>	kiabál
escrever	schrijven	skriva	pisać <napisać>	psát <napsat>	ír
gritar	schreeuwen	skrika	krzyczeć <zakrzyczeć>	křičet <křiknout>	kiabál
escrever	—	skriva	pisać <napisać>	psát <napsat>	ír
assustar	—	förskräckas	przestraszyć	děsit <vyděsit>	megijed
alojamento m	accommodatie f	logi u	—	ubytování n	szállás

schuchter

	D	E	F	I	ES
schuchter (NL)	schüchtern	shy	timide	timido(a)	tímido(a)
schüchtern (D)	—	shy	timide	timido(a)	tímido(a)
Schuh (D)	—	shoe	chaussure f	scarpa f	zapato m
schuim (NL)	Schaum m	foam	écume f	schiuma f	espuma f
schuiven (NL)	schieben	push	pousser	spingere	empujar
schulden (D)	—	owe	devoir	dovere	deber
Schulden (D)	—	debt	dette f	debiti m pl	deudas f pl
schulden (NL)	Schulden pl	debt	dette f	debiti m pl	deudas f pl
Schule (D)	—	school	école f	scuola f	escuela f
Schüler (D)	—	pupil	élève m	scolaro m	alumno m
Schulter (D)	—	shoulder	épaule f	spalla f	hombro m
schützen (D)	—	protect	protéger	proteggere	proteger
schůzka (CZ)	Verabredung f	date	rendez-vous m	appuntamento m	cita f
schvalovat <schválit> (CZ)	billigen	approve of	approuver	approvare	aprobar
schwach (D)	—	weak	faible	debole	débil
Schwäche (D)	—	weakness	faiblesse f	debolezza f	debilidad f
schwanger (D)	—	pregnant	enceinte	incinta	embarazada
schwarz (D)	—	black	noir(e)	nero(a)	negro(a)
Schweden (D)	—	Sweden	Suède f	Svezia f	Suecia f
schweigen (D)	—	be silent	taire, se	tacere	callar
Schwein (D)	—	pig	cochon m	maiale m	cerdo m
Schweiz (D)	—	Switzerland	Suisse f	Svizzera f	Suiza f
Schweiz (SV)	Schweiz	Switzerland	Suisse f	Svizzera f	Suiza f
schwer (D)	—	heavy	lourd(e)	pesante	pesado(a)
Schwester (D)	—	sister	sœur f	sorella f	hermana f
schwierig (D)	—	difficult	difficile	difficile	difícil
Schwierigkeit (D)	—	difficulty	difficulté f	difficoltà f	dificultad f
Schwimmbad (D)	—	swimming pool	piscine f	piscina f	piscina f
schwören (D)	—	swear	jurer	giurare	jurar
schwul (D)	—	gay	pédéraste	gay m	homosexual
ściana (PL)	Wand f	wall	mur m	muro m	pared f
sciarpa (I)	Schal m	scar	écharpe f	—	bufanda f
science (E)	Wissenschaft f	—	science f	scienza f	ciencia f
science (F)	Wissenschaft f	science	—	scienza f	ciencia f
scienza (I)	Wissenschaft f	science	science f	—	ciencia f
ścigać (PL)	verfolgen	pursue	poursuivre	inseguire	perseguir
scimmia (I)	Affe m	ape	singe m	—	mono m
sciogliere¹ (I)	auflösen	dissolve	dénouer	—	deshacer
sciogliere² (I)	lösen	solve	résoudre	—	desatar
sciopero (I)	Streik m	strike	grève f	—	huelga f
scolaro (I)	Schüler m	pupil	élève m	—	alumno m
scold (E)	schimpfen	—	gronder	sgridare	insultar
scommettere (I)	wetten	bet	parier	—	apostar
scomodo(a) (I)	unbequem	uncomfortable	inconfortable	—	incómodo(a)
scompartimento (I)	Abteil n	compartment	compartiment m	—	compartimento m
sconfitta (I)	Niederlage f	defeat	défaite f	—	derrota f
sconosciuto(a) (I)	unbekannt	unknown	inconnu(e)	—	desconocido(a)
sconsigliare (I)	abraten	warn	déconseiller	—	desaconsejar
sconto (I)	Rabatt m	discount	rabais m	—	rebaja f
scopa (I)	Besen m	broom	balai m	—	escoba f
scopare (I)	fegen	sweep	balayer	—	barrer
scopo (I)	Zweck m	purpose	but m	—	finalidad f
scoppiare (I)	platzen	burst	éclater	—	reventar

scoppiare

P	NL	SV	PL	CZ	H
tímido	—	blyg	nieśmiały	ostýchavý	félénk
tímido	schuchter	blyg	nieśmiały	ostýchavý	félénk
sapato m	schoen m	sko u	but m	bota f	cipő
espuma f	—	skum n	piana f	pěna f	hab
empurrar	—	skjuta	przesuwać <przesunąć>	posouvat <posunout>	tol
dever	verschuldigd zijn	vara skyldig ngn	być dłużnym	dlužit	tartozik
dívidas f/pl	schulden pl	skulder pl	długi pl	dluhy pl	tartozás
dívidas f/pl	—	skulder pl	długi pl	dluhy pl	tartozás
escola f	school f	skola u	szkoła f	škola f	iskola
aluno m	scholier m	elev m	uczeń m	žák m	diák m
ombro m	schouder f	axel u	ramię n	rameno n	váll
proteger	beschermen	skydda	chronić <ochronić>	chránit <ochránit>	véd
compromisso m	afspraak m	avtal n	umówienie się n	—	megbeszélés
aprovar	goedkeuren	godkänna	aprobować <zaaprobować>	—	jóváhagy
fraco	zwak	svag	słaby	slabý	gyenge
fraqueza f	zwakte f	svaghet u	słabość f	slabost f	gyengeség
grávida	zwanger	gravid	ciężarna	těhotná	állapotos
preto	zwart	svart	czarny(no)	černý	fekete
Suécia f	Zweden n	Sverige n	Szwecja	Švédsko n	Svédország
ficar calado	zwijgen	tiga	milczeć	mlčet	hallgat
porco m	zwijn n	svin n	świnia f	prase n	sertés
Suíça f	Zwitserland n	Schweiz n	Szwajcaria	Švýcarsko n	Svájc
Suíça f	Zwitserland n	—	Szwajcaria	Švýcarsko n	Svájc
pesado	zwaar	tung	ciężki	těžký	nehéz, súlyos
irmã f	zuster f	syster u	giostra f	sestra f	leánytestvér
difícil	moeilijk	svår	trudny	svízelný	nehéz
dificuldade f	moeilijkheid f	svårighet u	trudność f	těžkost f	nehézség
piscina f	zwembad n	simhall u	pływalnia f	plovárna f	uszoda
jurar	zweren	svära på	przysięgać <przysiąc>	přísahat	esküszik
gay	homoseksueel	homosexuell	homoseksualny	homosexuální	buzi
parede f	muur m	vägg u	—	stěna f	fal
cachecol m	sjaal m	halsduk u	szal m	šála f	sál
ciência f	wetenschap f	vetenskap u	nauka f	věda f	tudomány
ciência f	wetenschap f	vetenskap u	nauka f	věda f	tudomány
ciência f	wetenschap f	vetenskap u	nauka f	věda f	tudomány
perseguir	vervolgen	förfölja	—	pronásledovat	üldöz
macaco m	aap m	apa u	małpa f	opice f	majom
soltar	oplossen	lösa upp	rozpuszczać <rozpuścić>	rozpouštět <rozpustit>	feloszlat
soltar	oplossen	ta loss	rozwiązywać <rozwiązać>	uvolňovat <uvolnit>	leválaszt
greve f	staking f	strejk u	strajk m	stávka f	sztrájk
aluno m	scholier m	elev m	uczeń m	žák m	diák m
ralhar	schelden	gräla	besztać	nadávat <zanadávat>	szitkozódik
apostar	wedden	slå vad	zakładać się	sázet <sadit>	fogad
incómodo	ongemakkelijk	obekväm	niewygodny	nepohodlný	kényelmetlen
compartimento m	compartiment n	kupé u	przedział m	oddíl m	fülke
derrota f	nederlaag f	nederlag n	porażka f	porážka f	vereség
desconhecido	onbekend	okänd	nieznany	neznámý	ismeretlen
desaconselhar	afraden	avråda	odradzać <odradzić>	zrazovat <zradit>	lebeszél
desconto m	korting f	rabatt u	rabat m	rabat m	árengedmény
vassoura f	bezem m	sopkvast u	miotła f	smeták m	seprű
varrer	vegen	sopa	zamiatać <zamieść>	zametat <zamést>	felsöpör
finalidade f	doel n	syfte n	cel m	účel m	cél
rebentar	barsten	spricka	pękać <pęknąć>	praskat <prasknout>	kipukkad

scoprire

	D	E	F	I	ES
scoprire (I)	entdecken	discover	découvrir	—	descubrir
scorrere (I)	fließen	flow	couler	—	correr
scottatura solare (I)	Sonnenbrand m	sunburn	coup de soleil m	—	quemadura solar f
scream (E)	schreien	—	crier	gridare	gritar
scrivere (I)	schreiben	write	écrire	—	escribir
scudo (I)	Schild n	shield	bouclier m	—	escudo m
scuola (I)	Schule f	school	école f	—	escuela f
scuro(a) (I)	dunkel	dark	sombre	—	oscuro(a)
scusa (I)	Entschuldigung f	apology	excuse f	—	disculpa f
scusarsi (I)	entschuldigen, sich	apologize	excuser, s'	—	disculparse
sdělení (CZ)	Mitteilung f	message	information f	comunicazione f	comunicación f
sdělovat <sdělit> (CZ)	mitteilen	inform	informer	comunicare	comunicar
sdoganare (I)	verzollen	clear through customs	dédouaner	—	pagar la aduana
se¹ (SV)	schauen	look	retarder	guardare	mirar
se² (SV)	sehen	see	voir	vedere	ver
sé (P)	Kathedrale f	cathedral	cathédrale f	cattedrale f	catedral f
sea (E)	Meer n	—	mer f	mare m	mar m
seasion (E)	Saison f	—	saison f	stagione f	temporada f
season (E)	Jahreszeit f	—	saison f	stagione f	estación del año f
seau (F)	Eimer m	bucket	—	secchio m	cubo m
seb (H)	Wunde f	wound	blessure f	ferita f	herida f
se bem que (P)	obwohl	although	bien que	benché	aunque
sebesség (H)	Geschwindigkeit f	speed	vitesse f	velocità f	velocidad f
sebességfokozat (H)	Gang m	gear	vitesse f	marcia f	marcha f
sebtapasz (H)	Pflaster n	plaster	emplâtre m	cerotto m	emplasto m
secador (P)	Föhn m	hair-dryer	sèche-cheveux m	asciugacapelli m	secador de pelo m
secador de pelo (ES)	Föhn m	hair-dryer	sèche-cheveux m	asciugacapelli m	—
secar (ES)	trocknen	dry	sécher	asciugare	—
secar (P)	trocknen	dry	sécher	asciugare	secar
secchio (I)	Eimer m	bucket	seau m	—	cubo m
sèche-cheveux (F)	Föhn m	hair-dryer	—	asciugacapelli m	secador de pelo m
sécher (F)	trocknen	dry	—	asciugare	secar
seco (P)	trocken	dry	sec(sèche)	asciutto(a)	seco(a)
seco(a) (ES)	trocken	dry	sec(sèche)	asciutto(a)	—
secolo (I)	Jahrhundert n	century	siècle m	—	siglo m
secret (E)	Geheimnis n	—	secret m	segreto m	secreto m
secret (E)	heimlich	—	secret(ète)	segreto(a)	oculto(a)
secret (F)	Geheimnis n	secret	—	segreto m	secreto m
secret(ète) (F)	heimlich	secret	—	segreto(a)	oculto(a)
secreto (ES)	Geheimnis n	secret	secret m	segreto m	—
secreto (P)	heimlich	secret	secret(ète)	segreto(a)	oculto(a)
sec(sèche) (F)	trocken	dry	—	asciutto(a)	seco(a)
século (P)	Jahrhundert n	century	siècle m	secolo m	siglo m
secundaire weg (NL)	Landstraße f	country road	route f	strada provinciale f	carretera nacional f
sécurité (F)	Sicherheit f	safety	—	sicurezza f	seguridad f
sed (ES)	Durst m	thirst	soif f	sete f	—
sedan¹ (SV)	dann	then	ensuite	in seguito	luego
sedan² (SV)	nachdem	after	après que	dopo	después de que
sede (P)	Durst m	thirst	soif f	sete f	sed f
sedersi (I)	hinsetzen	sit down	asseoir, s'	—	sentarse
sedia (I)	Stuhl m	chair	chaise f	—	silla f
sedia a sdraio (I)	Liegestuhl m	deck chair	chaise longue f	—	tumbona f

sedia a sdraio

P	NL	SV	PL	CZ	H
descobrir	ontdekken	upptäcka	odkrywać <odkryć>	objevovat <objevit>	felfedez
correr	vloeien	flyta	płynąć <popłynąć>	téci <vytéci>	folyik
queimadura solar f	zonnebrand m	svidande solbränna u	oparzenie słoneczne n	úpal m	lesülés
gritar	schreeuwen	skrika	krzyczeć <zakrzyczeć>	křičet <křiknout>	kiabál
escrever	schrijven	skriva	pisać <napisać>	psát <napsat>	ír
letreiro m	schild n	skylt u	szyld m	štítek m	cégtábla
escola f	school f	skola u	szkoła f	škola f	iskola
escuro	donker	mörk	ciemno	tmavý	sötét
desculpa f	verontschuldiging f	ursäkt u	usprawiedliwienie n	omluva f	bocsánat
desculpar-se	verontschuldigen, zich	ursäkta sig	przepraszać <przeprosić>	omlouvat, se <omluvit, se>	bocsánatot kér
comunicação f	mededeling f	meddelande n	zawiadomienie n	—	közlemény
comunicar	meedelen	meddela	zawiadamiać <zawiadomić>	—	közöl
pagar direitos	invoerrechten betalen	förtulla	oclić	proclívat <proclít>	elvámol
olhar	kijken	—	patrzeć <popatrzeć>	hledět	néz
ver	zien	—	widzieć	vidět <uvidět>	lát
—	kathedraal f	katedral u	katedra f	katedrála f	katedrális
mar m	zee f	hav n	morze n	moře n	tenger
temporada f	seizoen n	säsong u	sezon m	sezóna f	szezon
estação do ano f	jaargetijde n	årstid u	pora roku f	roční období n	évszak
balde m	emmer m	hink u	wiadro n	vědro n	vödör
ferida f	wond f	sår n	rana f	rána f	—
—	ofschoon	fastän	chociaż	přesto	habár
velocidade f	snelheid f	hastighet u	prędkość f	rychlost f	—
passagem f	versnelling f	koppling u	chód m	chodba f	—
penso adesivo m	pleister f	plåster n	plaster m	náplast f	—
—	föhn m	fön u	suszarka do włosów f	fén m	hajszárító
secador m	föhn m	fön u	suszarka do włosów f	fén m	hajszárító
secar	drogen	torka	suszyć	sušit <usušit>	megszárít
—	drogen	torka	suszyć	sušit <usušit>	megszárít
balde m	emmer m	hink u	wiadro n	vědro n	vödör
secador m	föhn m	fön u	suszarka do włosów f	fén m	hajszárító
secar	drogen	torka	suszyć	sušit <usušit>	megszárít
—	droog	torr	suchy	suchý	száraz
seco	droog	torr	suchy	suchý	száraz
século m	eeuw f	århundrade n	stulecie n	století n	évszázad
segredo m	geheim n	hemlighet u	tajemnica f	tajemství n	titok
secreto	heimelijk	hemlighetsfull	potajemny	tajný	titokban
segredo m	geheim n	hemlighet u	tajemnica f	tajemství n	titok
secreto	heimelijk	hemlighetsfull	potajemny	tajný	titokban
segredo m	geheim n	hemlighet u	tajemnica f	tajemství n	titok
—	heimelijk	hemlighetsfull	potajemny	tajný	titokban
seco	droog	torr	suchy	suchý	száraz
—	eeuw f	århundrade n	stulecie n	století n	évszázad
estrada nacional f	—	landsväg u	szosa f	silnice třídy f	országút
segurança f	zekerheid f	säkerhet u	pewność f	jistota f	biztonság
sede f	dorst m	törst u	pragnie n	žízeň f	szomjúság
então	dan	—	później	potom	aztán
depois de	nadat	—	gdy	poté	miután
—	dorst m	törst u	pragnie n	žízeň f	szomjúság
sentar-se	neerzetten	sätta ned	posadzić	posadit, se	lerak
cadeira f	stoel m	stol u	krzesło n	židle f	szék
cadeira de repouso f	ligstoel m	liggstol u	leżak m	lehátko n	nyugágy

sędzia

	D	E	F	I	ES
sędzia (PL)	Richter *m*	judge	juge *m*	giudice *m*	juez *m*
See (D)	—	lake	lac *m*	lago *m*	lago *m*
see (E)	sehen	—	voir	vedere	ver
see again (E)	wiedersehen	—	revoir	rivedere	volver a ver
seemingly (E)	anscheinend	—	apparemment	apparentemente	aparentemente
šéf (CZ)	Chef *m*	boss	patron *m*	capo *m*	jefe *m*
seg (SV)	zäh	tough	coriace	duro(a)	duro(a)
segít (H)	helfen	help	aider	aiutare	ayudar
segítség (H)	Hilfe *f*	help	aide *f*	aiuto *m*	ayuda *f*
segnale (I)	Zeichen *n*	sign	signe *m*	—	señal *f*
segredo (P)	Geheimnis *n*	secret	secret *m*	segreto *m*	secreto *m*
segreto (I)	Geheimnis *n*	secret	secret *m*	—	secreto *m*
segreto(a) (I)	heimlich	secret	secret(ète)	—	oculto(a)
seguir (ES)	folgen	follow	suivre	seguire	—
seguir (P)	folgen	follow	suivre	seguire	seguir
seguire (I)	folgen	follow	suivre	—	seguir
segurança (P)	Sicherheit *f*	safety	sécurité *f*	sicurezza *f*	seguridad *f*
segurar[1] (P)	festhalten	seize	tenir ferme	tener fermo	sujetar
segurar[2] (P)	halten	hold	tenir	tenere	tener
seguridad (ES)	Sicherheit *f*	safety	sécurité *f*	sicurezza *f*	—
seguro (ES)	Versicherung *f*	insurance	assurance *f*	assicurazione *f*	—
seguro (P)	sicher	sure	sûr(e)	sicuro(a)	seguro(a)
seguro (P)	Versicherung *f*	insurance	assurance *f*	assicurazione *f*	seguro *m*
seguro(a) (ES)	sicher	sure	sûr(e)	sicuro(a)	—
sehen (D)	—	see	voir	vedere	ver
Sehenswürdigkeit (D)	—	sight worth seeing	curiosité *f*	curiosità *f*	lugar de interés *m*
sehol (H)	nirgends	nowhere	nulle part	da nessuna parte	en ninguna parte
Seife (D)	—	soap	savon *m*	sapone *m*	jabón *m*
Seite (D)	—	page	page *f*	pagina *f*	página *f*
seize[1] (E)	festhalten	—	tenir ferme	tener fermo	sujetar
seize[2] (E)	greifen	—	saisir	afferrare	tomar
seizoen (NL)	Saison *f*	season	saison *f*	stagione *f*	temporada *f*
sejt (H)	vermuten	suppose	supposer	supporre	suponer
sejtés (H)	Vermutung *f*	supposition	supposition *f*	supposizione *f*	suposición *f*
šek (CZ)	Scheck *m*	cheque	chèque *m*	assegno *m*	cheque *m*
sekat trávu (CZ)	mähen	mow	faucher	falciare	cortar
seks (NL)	Sex *m*	sex	sexe *m*	sesso *m*	sexo *m*
seks (PL)	Sex *m*	sex	sexe *m*	sesso *m*	sexo *m*
sel (F)	Salz *n*	salt	—	sale *m*	sal *f*
selecção (P)	Auswahl *f*	choice	choix *m*	scelta *f*	elección *f*
seleccionar (P)	auswählen	choose	choisir	scegliere	elegir
select (E)	aussuchen	—	choisir	scegliere	elegirse
sell (E)	verkaufen	—	vendre	vendere	vender
sello (ES)	Briefmarke *f*	stamp	timbre *m*	francobollo *m*	—
selo (P)	Briefmarke *f*	stamp	timbre *m*	francobollo *m*	sello *m*
selten (D)	—	rare	rare	raro(a)	raro(a)
seltsam (D)	—	strange	bizarre	strano(a)	extraño(a)
selvagem (P)	wild	wild	sauvage	selvatico(a)	salvaje
selvatico(a) (I)	wild	wild	sauvage	—	salvaje
sem[1] (CZ)	her	here	ici	qua/qui/da	aquí
sem[2] (CZ)	herüber	over	par ici	da questa parte	a este lado
semafor (CZ)	Ampel *f*	traffic lights	feux *m/pl*	semaforo *m*	semáforo *m*
semaforo (I)	Ampel *f*	traffic lights	feux *m/pl*	—	semáforo *m*

semaforo

P	NL	SV	PL	CZ	H
juiz m	rechter m	domare u	—	soudce m	bíró
lago m	meer n	sjö u	jezioro n	jezero n	tó
ver	zien	se	widzieć	vidět <uvidět>	lát
tornar a ver	terugzien	återse	znowu widzieć	opět vidět <opět uvidět>	viszontlát
aparentemente	naar het schijnt	tydligen	widocznie	zdánlivě	úgy tűnik
chefe m	chef m	chef u	szef m	—	főnök
duro	taai	—	ciągnący się	houževnatý	szívós
ajudar	helpen	hjälpa	pomagać <pomóc>	pomáhat <pomoci>	—
ajuda f	hulp f	hjälp u	pomoc f	pomoc f	—
sinal m	teken n	tecken n	znak m	značka f	jel
—	geheim n	hemlighet u	tajemnica f	tajemství n	titok
segredo m	geheim n	hemlighet u	tajemnica f	tajemství n	titok
secreto	heimelijk	hemlighetsfull	potajemny	tajný	titokban
seguir	volgen	följa	iść za <pójść za>	následovat	követi
—	volgen	följa	iść za <pójść za>	následovat	követi
seguir	volgen	följa	iść za <pójść za>	následovat	követi
—	zekerheid f	säkerhet u	pewność f	jistota f	biztonság
—	vasthouden	hålla fast	mocno trzymać	pevně držet <udržet>	megfog
—	houden	hålla	trzymać	držet <podržet>	tart
segurança f	zekerheid f	säkerhet u	pewność f	jistota f	biztonság
seguro m	verzekering f	försäkring u	ubezpieczenie n	pojištění n	biztosítás
—	zeker	säker	pewny	jistě	biztos
—	verzekering f	försäkring u	ubezpieczenie n	pojištění n	biztosítás
seguro	zeker	säker	pewny	jistě	biztos
ver	zien	se	widzieć	vidět <uvidět>	lát
monumento m	bezienswaardigheid f	sevärdhet u	rzecz warta zobaczenia f	pamětihodnost f	látványosság
em parte alguma	nergens	ingenstans	nigdzie	nikde	—
sabonete m	zeep f	tvål u	mydło n	mýdlo n	szappan
página f	zijde f	sida u	strona f	strana f	oldal
segurar	vasthouden	hålla fast	mocno trzymać	pevně držet <udržet>	megfog
agarrar	grijpen	gripa	chwytać <chwycić>	chopit <uchopit>	fog
temporada f	—	säsong u	sezon m	sezóna f	szezon
supor	vermoeden	förmoda	przypuszczać	domnívat, se	—
suposição f	vermoeden n	förmodan n	przypuszczenie n	domněnka f	—
cheque m	cheque m	check u	czek m	—	csekk
ceifar	maaien	klippa	kosić	—	nyír/kaszál
sexo m	—	sex n	seks m	sex	szexuális kapcsolat
sexo m	seks m	sex n	—	sex	szexuális kapcsolat
sal m	zout n	salt n	sól f	sůl m	só
—	keuze f	urval n	wybór m	výběr m	választék
—	kiezen	välja ut	wybierać <wybrać>	vybírat <vybrat>	kiválaszt
escolher	uitzoeken	välja	wyszukiwać <wyszukać>	vyhledávat <vyhledat>	kiválaszt
vender	verkopen	sälja	sprzedawać	prodávat <prodat>	elad
selo m	postzegel m	frimärke n	znaczek pocztowy m	poštovní známka f	levélbélyeg
—	postzegel m	frimärke n	znaczek pocztowy m	poštovní známka f	levélbélyeg
raro	zelden	sällan	rzadko	řídký	ritka (ritkán)
estranho	vreemd	märkligt	dziwny	zvláštní	furcsa
—	wild	vild	dziki	divoký	vad
selvagem	wild	vild	dziki	divoký	vad
cá	hierheen	hit	w tę stronę	—	ide
para cá	hierheen	hitåt	w tę stronę	—	át
semáforo m	verkeerslicht n	lykta u	sygnalizacja świetlna f	—	közlekedési jelzőlámpa
semáforo m	verkeerslicht n	lykta u	sygnalizacja świetlna f	semafor m	közlekedési jelzőlámpa

semáforo

	D	E	F	I	ES
semáforo (ES)	Ampel f	traffic lights	feux m/pl	semaforo m	—
semáforo (P)	Ampel f	traffic lights	feux m/pl	semaforo m	semáforo m
semblable (F)	ähnlich	similar	—	simile	parecido
sembrare (I)	aussehen	look	paraître	—	parecerse a
semelhante (P)	ähnlich	similar	semblable	simile	parecido
semester[1] (SV)	Ferien pl	holidays	vacances f/pl	vacanze f/pl	vacaciones f/pl
semester[2] (SV)	Urlaub m	holiday	vacances f/pl	vacanze f/pl	vacaciones f/pl
semilla (ES)	Korn n	corn	grain m	grano m	—
semmi (H)	nichts	nothing	rien	niente	nada
semplice (I)	leicht	easy	facile	—	sencillo(a)
sempre (I)	immer	always	toujours	—	siempre
sempre (P)	immer	always	toujours	sempre	siempre
sem valor (P)	wertlos	worthless	sans valeur	senza valore	sin valor
sen (PL)	Traum m	dream	rêve m	sogno m	sueño m
sen (CZ)	Traum m	dream	rêve m	sogno m	sueño m
señal (ES)	Zeichen n	sign	signe m	segnale m	—
s'en aller (F)	weggehen	go away	—	andare via	marcharse
sencillo(a) (ES)	leicht	easy	facile	semplice	—
send (E)	schicken	—	envoyer	inviare	mandar
sender (E)	Absender m	—	expéditeur m	mittente m	remitente m
send on (E)	nachsenden	—	faire suivre	inoltrare	enviar a la nueva dirección
senha (P)	Passwort n	password	mot de passe m	parola d'ordine f	contraseña f
senki[1] (H)	keine(r,s)	none/nobody	aucun(e)	nessuno(a)	ninguno(a)
senki[2] (H)	niemand	nobody	personne	nessuno(a)	nadie
sensação (P)	Aufsehen n	sensation	sensation f	sensazione	sensación f
sensación (ES)	Aufsehen n	sensation	sensation f	sensazione	—
sensation (E)	Aufsehen n	—	sensation f	sensazione	sensación f
sensation (F)	Aufsehen n	sensation	—	sensazione	sensación f
sensato (P)	vernünftig	sensible	raisonnable	ragionevole	razonable
sensato(a) (ES)	besonnen	sensible	réfléchi(e)	avveduto(a)	—
sensazione[1] (I)	Aufsehen n	sensation	sensation f	—	sensación f
sensazione[2] (I)	Gefühl n	feeling	sentiment m	—	sentimiento m
sensibile (I)	empfindlich	sensitive	sensible	—	sensible
sensible[1] (E)	besonnen	—	réfléchi(e)	avveduto(a)	sensato(a)
sensible[2] (E)	vernünftig	—	raisonnable	ragionevole	razonable
sensible (F)	empfindlich	sensitive	—	sensibile	sensible
sensible (ES)	empfindlich	sensitive	sensible	sensibile	—
sensitive (E)	empfindlich	—	sensible	sensibile	sensible
sensível (P)	empfindlich	sensitive	sensible	sensibile	sensible
senso unico (I)	Einbahnstraße f	one-way street	rue à sens unique f	—	calle de dirección única f
sent (SV)	spät	late	tard	tardi	tarde
sentarse (ES)	hinsetzen	sit down	asseoir, s'	sedersi	—
sentar-se (P)	hinsetzen	sit down	asseoir, s'	sedersi	sentarse
sentença (P)	Urteil n	judgement	jugement m	giudizio m	juicio m
sentence (E)	Satz m	—	phrase f	frase f	oración f
sentenciar (ES)	verurteilen	condemn	condamner	condannare	—
sentiment (F)	Gefühl n	feeling	—	sensazione f	sentimiento m
sentimento (P)	Gefühl n	feeling	sentiment m	sensazione f	sentimiento m
sentimiento (ES)	Gefühl n	feeling	sentiment m	sensazione f	—
sentir[1] (F)	fühlen	feel	—	sentire	sentir
sentir[2] (F)	riechen	smell	—	sentire	oler
sentir (ES)	fühlen	feel	sentir	sentire	—
sentir (P)	fühlen	feel	sentir	sentire	sentir

sentir

P	NL	SV	PL	CZ	H
semáforo m	verkeerslicht n	lykta u	sygnalizacja świetlna f	semafor m	közlekedési jelzőlámpa
–	verkeerslicht n	lykta u	sygnalizacja świetlna f	semafor m	közlekedési jelzőlámpa
semelhante	dergelijk	liknande u	podobny	podobný	hasonló
parecer	uitzien	verka	wyglądać	vypadat	kinéz
–	dergelijk	liknande u	podobny	podobný	hasonló
férias f/pl	vakantie f	–	wakacje f/pl	prázdniny pl	vakáció
férias f/pl	vakantie f	–	urlop m	dovolená f	szabadság
grão m	graan n	korn n	ziarno n	zrno n	gabona
nada	niets	ingenting	nic	nic	–
fácil	gemakkelijk	enkelt	łatwy	snadný	könnyű
sempre	altijd	alltid	zawsze	vždy	mindig
–	altijd	alltid	zawsze	vždy	mindig
–	waardeloos	värdelös	bezwartościowy	bezcenný	értéktelen
sonho m	droom m	dröm u	–	sen m	álom
sonho m	droom m	dröm u	sen m	–	álom
sinal m	teken n	tecken n	znak m	značka f	jel
sair	weggaan	gå bort	odchodzić	odcházet <odejít>	elmegy
fácil	gemakkelijk	enkelt	łatwy	snadný	könnyű
enviar	sturen	skicka	wysyłać <wysłać>	posílat <poslat>	küld
remetente m	afzender m	avsändare u	nadawca m	odesílatel m	feladó
remeter	nazenden	eftersända	dosyłać <dosłać>	dosílat <doslat>	utánaküld
–	wachtwoord n	lösenord n	hasło n	heslo n	jelszó
nenhum/nenhuma	geen	ingen	żadny(na,ne)	žádný(ná,né)	–
ninguém	niemand	ingen	nikt	nikdo	–
–	opzien n	uppseende n	poruszenie n	rozruch m	feltűnés
sensação f	opzien n	uppseende n	poruszenie n	rozruch m	feltűnés
sensação f	opzien n	uppseende n	poruszenie n	rozruch m	feltűnés
sensação f	opzien n	uppseende n	poruszenie n	rozruch m	feltűnés
–	verstandig	förnuftig	rozsądny	rozumný	értelmes
prudente	bezonnen	sansad	rozważny	rozvážný	megfontolt
sensação f	opzien n	uppseende n	poruszenie n	rozruch m	feltűnés
sentimento m	gevoel n	känsla u	uczucie n	pocit m	érzés
sensível	gevoelig	känslig	wrażliwy	citlivý	érzékeny
prudente	bezonnen	sansad	rozważny	rozvážný	megfontolt
sensato	verstandig	förnuftig	rozsądny	rozumný	értelmes
sensível	gevoelig	känslig	wrażliwy	citlivý	érzékeny
sensível	gevoelig	känslig	wrażliwy	citlivý	érzékeny
sensível	gevoelig	känslig	wrażliwy	citlivý	érzékeny
–	gevoelig	känslig	wrażliwy	citlivý	érzékeny
rua de sentido único f	eenrichtingsverkeer n	enkelriktad gata u	ulica jednokierunkowa f	jednosměrná ulice f	egyirányú utca
tarde	laat	–	późno	pozdě	késő
sentar-se	neerzetten	sätta ned	posadzić	posadit, se	lerak
–	neerzetten	sätta ned	posadzić	posadit, se	lerak
–	oordeel n	dom u	wyrok m	rozsudek m	ítélet
frase f	zin m	mening u	zdanie n	věta f	mondat
condenar	veroordelen	döma	skazywać, potępiać	odsuzovat <odsoudit>	elítél
sentimento m	gevoel n	känsla u	uczucie n	pocit m	érzés
–	gevoel n	känsla u	uczucie n	pocit m	érzés
sentimento m	gevoel n	känsla u	uczucie n	pocit m	érzés
sentir	voelen	känna	czuć	cítit <procítit>	érez
cheirar	ruiken	lukta	pachnieć <zapachnieć>	cítit <ucítit>	szaga van, szagol
sentir	voelen	känna	czuć	cítit <procítit>	érez
–	voelen	känna	czuć	cítit <procítit>	érez

sentire

	D	E	F	I	ES
sentire¹ (I)	fühlen	feel	sentir	—	sentir
sentire² (I)	hören	hear	entendre	—	oír
sentire³ (I)	riechen	smell	sentir	—	oler
sentire la mancanza (I)	vermissen	miss	manquer	—	echar de menos
senza valore (I)	wertlos	worthless	sans valeur	—	sin valor
se på¹ (SV)	besichtigen	have a look at	visiter	visitare	visitar
se på² (SV)	zusehen	watch	regarder	stare a guardare	mirar
separação (P)	Trennung f	separation	séparation f	separazione f	separación f
separación (ES)	Trennung f	separation	séparation f	separazione f	—
separado (P)	auseinander	apart	séparé(e)	separato(a)	separado(a)
separado(a)¹ (ES)	auseinander	apart	séparé(e)	separato(a)	—
separado(a)² (ES)	extra	extra	à part	a parte	—
separar (ES)	trennen	separate	séparer	separare	—
separar (P)	trennen	separate	séparer	separare	separar
separare (I)	trennen	separate	séparer	—	separar
separate (E)	trennen	—	séparer	separare	separar
separation (E)	Trennung f	—	séparation f	separazione f	separación f
séparation (F)	Trennung f	separation	—	separazione f	separación f
separato(a) (I)	auseinander	apart	séparé(e)	—	separado(a)
separazione (I)	Trennung f	separation	séparation f	—	separación f
séparé(e) (F)	auseinander	apart	—	separato(a)	separado(a)
séparer (F)	trennen	separate	—	separare	separar
seprű (H)	Besen m	broom	balai m	scopa f	escoba f
šeptat <pošeptat> (CZ)	flüstern	whisper	chuchoter	bisbigliare	murmurar
sequência (P)	Folge f	consequence	suite f	conseguenza f	serie f
ser (PL)	Käse m	cheese	fromage m	formaggio m	queso m
sera (I)	Abend m	evening	soir m	—	noche f
serce (PL)	Herz n	heart	cœur m	cuore m	corazón m
ser conhecedor de (P)	auskennen, sich	know one's way about	connaître, s'y	conoscere bene	conocer a fondo a
serdeczny (PL)	herzlich	cordial	cordial(e)	cordiale	cordial
sereno(a) (I)	sonnig	sunny	ensoleillé(e)	—	soleado(a)
serfovat¹ (CZ)	surfen	surf	surfer	fare surf	practicar el surf
serfovat² (CZ)	surfen	surf	surfer	navigare in Internet	navegar
ser humano (ES)	Mensch m	human being	homme m	essere umano m	—
serie (ES)	Folge f	consequence	suite f	conseguenza f	—
sérieux(ieuse) (F)	ernst	serious	—	serio(a)	serio(a)
sério (P)	ernst	serious	sérieux(ieuse)	serio(a)	serio(a)
serio(a) (I)	ernst	serious	sérieux(ieuse)	—	serio(a)
serio(a) (ES)	ernst	serious	sérieux(ieuse)	serio(a)	—
serious (E)	ernst	—	sérieux(ieuse)	serio(a)	serio(a)
serra (P)	Gebirge n	mountain chain	chaine de montagne f	montagna f	montañas f/pl
serratura (I)	Schloss n	lock	serrure f	—	castillo m
serrer dans ses bras (F)	umarmen	embrace	—	abbracciare	abrazar
serrure (F)	Schloss n	lock	—	serratura f	castillo m
sért (H)	beleidigen	insult	offenser	offendere	ofender
sértés (H)	Beleidigung f	insult	offense f	offesa f	ofensa f
sertés (H)	Schwein n	pig	cochon m	maiale m	cerdo m
sérülés (H)	Verletzung f	injury	blessure f	ferita f	herida f
serveur (F)	Kellner m	waiter	—	cameriere m	camarero m
service de réservations (F)	Vorverkauf m	advance booking	—	prevendita f	venta anticipada f

service de réservations

P	NL	SV	PL	CZ	H
sentir	voelen	känna	czuć	cítit <procítit>	érez
ouvir	horen	höra	słuchać <usłyszeć>	poslouchat <poslechnout>	hall
cheirar	ruiken	lukta	pachnieć <zapachnieć>	cítit <ucítit>	szaga van, szagol
fazer falta	missen	sakna	odczuwać brak	pohřešovat <pohřešit>	hiányol
sem valor	waardeloos	värdelös	bezwartościowy	bezcenný	értéktelen
visitar	bezichtigen	—	zwiedzać <zwiedzić>	prohlížet <prohlédnout>	megtekint
assistir	toezien	—	przyglądać się	přihlížet <přihlédnout>	figyel
—	scheiding f	skilsmässa u	rozdzielenie n	oddělení n	elválasztás
separação f	scheiding f	skilsmässa u	rozdzielenie n	oddělení n	elválasztás
—	uit elkaar	isär	oddzielnie	od sebe	külön
separado	uit elkaar	isär	oddzielnie	od sebe	külön
extra	extra	extra	osobny	extra	külön
separar	scheiden	skilja åt	rozdzielić	oddělovat <oddělit>	elválaszt
—	scheiden	skilja åt	rozdzielić	oddělovat <oddělit>	elválaszt
separar	scheiden	skilja åt	rozdzielić	oddělovat <oddělit>	elválaszt
separar	scheiden	skilja åt	rozdzielić	oddělovat <oddělit>	elválaszt
separação f	scheiding f	skilsmässa u	rozdzielenie n	oddělení n	elválasztás
separação f	scheiding f	skilsmässa u	rozdzielenie n	oddělení n	elválasztás
separado	uit elkaar	isär	oddzielnie	od sebe	külön
separação f	scheiding f	skilsmässa u	rozdzielenie n	oddělení n	elválasztás
separado	uit elkaar	isär	oddzielnie	od sebe	külön
separar	scheiden	skilja åt	rozdzielić	oddělovat <oddělit>	elválaszt
vassoura f	bezem m	sopkvast u	miotła f	smeták m	—
murmurar	fluisteren	viska	szeptać <szepnąć>	—	suttog
—	gevolg n	konsekvens u	skutek m	následek m	következmény
queijo m	kaas m	ost u	—	sýr m	sajt
noite f	avond m	kväll u	wieczór m	večer m	est
coração m	hart n	hjärta n	—	srdce n	szív
—	thuis zijn (in)	känna till	znać, się	vyznávat, se <vyznat, se>	kiismeri, magát
cordial	hartelijk	hjärtligt	—	srdečný	szívesen
soalheiro	zonnig	solig	słoneczny	slunečný	napsütéses
fazer o surf	surfen	surfa	surfować	—	szörfözik
navegar	surfen	surfa	surfować	—	szörfözik a weben
homem m	mens m	människa u	człowiek m	člověk m	ember
sequência f	gevolg n	konsekvens u	skutek m	následek m	következmény
sério	ernstig	allvarlig	poważny	vážný	komoly
—	ernstig	allvarlig	poważny	vážný	komoly
sério	ernstig	allvarlig	poważny	vážný	komoly
sério	ernstig	allvarlig	poważny	vážný	komoly
sério	ernstig	allvarlig	poważny	vážný	komoly
—	gebergte n	bergskedja u	łańcuch górski m	pohoří n	hegység
palácio m	kasteel n	lås n	pałac m	zámek m	kastély
abraçar	omhelzen	krama	obejmować <objąć>	objímat <obejmout>	átölel
palácio m	kasteel n	lås n	pałac m	zámek m	kastély
ofender	beledigen	förolämpa	obrażać <obrazić>	urážet <urazit>	—
ofensa f	belediging f	förolämpning u	obraza f	urážka f	—
porco m	zwijn n	svin n	świnia f	prase n	—
ferimento f	verwonding f	skada u	zranienie n	zranění n	—
empregado de mesa m	kelner m	kypare/servitör u	kelner m	číšník m	pincér
venda antecipada f	voorverkoop m	förköp n	przedsprzedaż f	předprodej m	elővétel

serviette

	D	E	F	I	ES
serviette[1] (F)	Mappe f	folder	—	raccoglitore m	carpeta f
serviette[2] (F)	Handtuch n	towel	—	asciugamano m	pañuelo m
servir (P)	passen	suit	aller bien	stare bene	venir bien
servis (SV)	Geschirr n	crockery	vaisselle f	stoviglie f/pl	vajilla f
sešit (CZ)	Heft n	exercise book	cahier m	quaderno m	cuaderno m
sesso (I)	Sex m	sex	sexe m	—	sexo m
sestra (CZ)	Schwester f	sister	sœur f	sorella f	hermana f
seta (P)	Pfeil m	arrow	flèche f	freccia f	flecha f
sétálgat (H)	bummeln	stroll	flâner	girellare	andar paseando
sétálni megy (H)	spazieren gehen	go for a walk	promener, se	passeggiare	ir de paseo/pasearse
sete (I)	Durst m	thirst	soif f	—	sed f
setkání (CZ)	Treffen n	meeting	rencontre f	incontro m	encuentro m
setkávat, se <setkat, se>[1] (CZ)	begegnen	meet	rencontrer	incontrare	encontrarse
setkávat, se <setkat, se>[2] (CZ)	treffen, sich	meet	rencontrer	incontrare	encontrarse
settle down (E)	einleben, sich	—	acclimater, s'	ambientarsi	familiarizarse
seul(e) (F)	allein	alone	—	solo(a)	solo(a)
seulement (F)	nur	only	—	solo	sólo/solamente
Se upp! (SV)	Achtung!	Attention!	Attention!	Attenzione!	¡Atención!
sevärdhet (SV)	Sehenswürdigkeit f	sight worth seeing	curiosité f	curiosità f	lugar de interés m
sever (CZ)	Norden m	north	nord m	nord m	norte m
sévère (F)	streng	strict	—	severo(a)	severo(a)
severo(a) (I)	streng	strict	sévère	—	severo(a)
severo(a) (ES)	streng	strict	sévère	severo(a)	—
sew (E)	nähen	—	coudre	cucire	coser
Sex (D)	—	sex	sexe m	sesso m	sexo m
sex (E)	Sex m	—	sexe m	sesso m	sexo m
sex (SV)	Sex m	sex	sexe m	sesso m	sexo m
sex (CZ)	Sex m	sex	sexe m	sesso m	sexo m
sexe (F)	Sex m	sex	—	sesso m	sexo m
sexo (ES)	Sex m	sex	sexe m	sesso m	—
sexo (P)	Sex m	sex	sexe m	sesso m	sexo m
seznam (CZ)	Verzeichnis n	list	registre m	elenco m	registro m
seznamovat, se <seznámit, se> (CZ)	kennen lernen	get to know	faire connaissance	fare la conoscenza di	hacer el conocimiento de
sezon (PL)	Saison f	season	saison f	stagione f	temporada f
sezóna (CZ)	Saison f	season	saison f	stagione f	temporada f
sfacciato(a) (I)	frech	cheeky	insolent(e)	—	atrevido(a)
sfiducia (I)	Misstrauen n	distrust	méfiance f	—	desconfianza f
sfortuna (I)	Pech n	bad luck	malchance f	—	mala suerte f
sfortunato(a) (I)	unglücklich	unhappy	malheureux(euse)	—	desgraciado(a)
sforzo (I)	Bemühung f	effort	effort m	—	esfuerzo m
sgarbato(a) (I)	unfreundlich	unfriendly	peu aimable	—	descortés
sgridare (I)	schimpfen	scold	gronder	—	insultar
sguardo (I)	Blick m	look	regard m	—	vista f
shadow (E)	Schatten m	—	ombre f	ombra f	sombra f
shady (E)	schattig	—	ombragé(e)	ombroso(a)	a la sombra
share (E)	Aktie f	—	action f	azione m	acción f
share (E)	teilen	—	partager	dividere	dividir
sharp (E)	scharf	—	tranchant(e)	tagliente	cortante
sharpen (E)	schärfen	—	aiguiser	affilare	afilar
shave (E)	rasieren	—	raser	fare la barba	afeitar
she (E)	sie	—	elle	lei	ella

P	NL	SV	PL	CZ	H
pasta f	map f	portfölj u	teczka f	složka f	mappa
toalha f	handdoek m	handduk u	ręcznik m	kapesník m	törülköző
—	passen	passa	pasować	padat <padnout>	megfelel
louça f	vaatwerk n	—	naczynia n/pl	nádobí n	étkészlet
caderno m	boekje n	häfte n	zeszyt m	—	füzet
sexo m	seks m	sex n	seks m	sex	szexuális kapcsolat
irmã f	zuster f	syster u	giostra f	—	leánytestvér
—	pijl m	pil u	strzała f	šíp m	nyíl
passear	wandelen	promenera	spacerować <pospacerować>	potulovat se	—
ir passear	wandelen	promenera	iść na spacer <pójść na spacer>	procházet, se <projít, se>	—
sede f	dorst m	törst u	pragnie n	žízeň f	szomjúság
reunião f	ontmoeting f	träffa	spotkanie n	—	találkozás
encontrar alguém	ontmoeten	möta	spotykać <spotkać>	—	találkozik
encontrar-se	elkaar ontmoeten	träffas	spotkać się	—	találkozik
acostumar-se	inleven, zich	anpassa sig	aklimatyzować, się <zaaklimatyzować, się>	zvykat, si <zvyknout, si>	beilleszkedik
só	alleen	ensam	sam	sám	egyedül
somente	slechts/alleen	bara	tylko	jen	csak
Atenção!	Attentie!	—	Uwaga!	Pozor!	Figyelem!
monumento m	bezienswaardigheid f	—	rzecz warta zobaczenia f	pamětihodnost f	látványosság
norte m	noorden n	norr u	północ f	—	észak
rigoroso	streng	sträng	surowy	přísný	szigorú
rigoroso	streng	sträng	surowy	přísný	szigorú
rigoroso	streng	sträng	surowy	přísný	szigorú
coser	naaien	sy	szyć <uszyć>	šít <ušít>	varr
sexo m	seks m	sex n	seks m	sex	szexuális kapcsolat
sexo m	seks m	sex n	seks m	sex	szexuális kapcsolat
sexo m	seks m	—	seks m	sex	szexuális kapcsolat
sexo m	seks m	sex n	seks m	—	szexuális kapcsolat
sexo m	seks m	sex n	seks m	sex	szexuális kapcsolat
sexo m	seks m	sex n	seks m	sex	szexuális kapcsolat
—	seks m	sex n	seks m	sex	szexuális kapcsolat
lista f	lijst m	förteckning u	spis m	—	jegyzék
conhecer	leren kennen	lära känna	poznawać	—	megismerkedik
temporada f	seizoen n	säsong u	—	sezóna f	szezon
temporada f	seizoen n	säsong u	sezon m	—	szezon
insolente	brutaal	fräck	bezczelny	drzý	szemtelen
desconfiança f	wantrouwen n	misstänksamhet u	nieufność f	nedůvěra f	bizalmatlanság
azar m	pech m	otur	pech m	smůla f	pech
infeliz	ongelukkig	olycklig	nieszczęśliwy	nešťastný	boldogtalan
esforço m	moeite f	ansträngning u	staranie n	snaha f	fáradozás
pouco amável	onvriendelijk	ovänlig	nieprzyjazny	nevlídný	barátságtalan
ralhar	schelden	gräla	besztać	nadávat <zanadávat>	szitkozódik
olhar m	blik m	blick u	spojrzenie n	pohled m	pillantás
sombra f	schaduw f	skugga u	cień m	stín m	árnyék
sombreado	schaduwrijk	skuggig	cienisty	stinný	árnyékos
acção f	aandeel n	aktie u	akcja f	akcie f	részvény
partir	delen	dela	dzielić	dělit <rozdělit>	oszt
cortante	scherp	skarp	ostry	ostrý	éles
afiar	scherpen	vässa	ostrzyć <naostrzyć>	ostřit <naostřit>	élesít
barbear(se)	scheren	raka	golić <ogolić>	holit, se <oholit, se>	borotvál
ela	zij	hon	ona	ona	ő

sheet

	D	E	F	I	ES
sheet (E)	Laken n	—	drap m	lenzuolo m	sábana f
sheet metal (E)	Blech n	—	tôle f	latta f	chapa f
shelves (E)	Regal n	—	étagère f	scaffale m	estantería f
shield (E)	Schild n	—	bouclier m	scudo m	escudo m
shine (E)	glänzen	—	briller	splendere	brillar
ship (E)	Schiff n	—	navire m	nave f	barco m
shirt (E)	Hemd n	—	chemise f	camicia f	camisa f
shoe (E)	Schuh m	—	chaussure f	scarpa f	zapato m
shoot (E)	schießen	—	tirer	sparare	disparar
shop (E)	Geschäft n	—	magasin m	negozio m	tienda f
shop (E)	Laden m	—	magasin m	negozio m	tienda f
shopping (E)	Einkauf m	—	achat m	spesa f	compra f
shopping bag (E)	Einkaufstasche f	—	sac à provision m	borsa della spesa f	bolsa de compra f
shoppingväska (SV)	Einkaufstasche f	shopping bag	sac à provision m	borsa della spesa f	bolsa de compra f
shop window (E)	Schaufenster n	—	vitrine f	vetrina f	escaparate m
short (E)	kurz	—	court(e)	corto(a)	corto(a)
shoulder (E)	Schulter f	—	épaule f	spalla f	hombro m
shout (E)	rufen	—	appeler	chiamare	llamar
show (E)	zeigen	—	montrer	mostrare	mostrar
shower (E)	Dusche f	—	douche f	doccia f	ducha f
shy (E)	schüchtern	—	timide	timido(a)	tímido(a)
sì (I)	ja	yes	oui	—	sí
sí (ES)	ja	yes	oui	sì	—
słabnąć (PL)	nachlassen	slacken	apaiser, se	allentare	aflojar
słabość (PL)	Schwäche f	weakness	faiblesse f	debolezza f	debilidad f
słaby (PL)	schwach	weak	faible	debole	débil
sławny (PL)	berühmt	famous	célèbre	famoso(a)	famoso(a)
sicher (D)	—	sure	sûr(e)	sicuro(a)	seguro(a)
Sicherheit (D)	—	safety	sécurité f	sicurezza f	seguridad f
sicurezza (I)	Sicherheit f	safety	sécurité f	—	seguridad f
sicuro(a) (I)	sicher	sure	sûr(e)	—	seguro(a)
sida (F)	Aids n	aids	—	aids m/f	Sida m
Sida (ES)	Aids n	aids	sida m	aids m/f	—
SIDA (P)	Aids n	aids	sida m	aids m/f	Sida m
sida (SV)	Seite f	page	page f	pagina f	página f
sie¹ (D)	—	she	elle	lei	ella
sie² (D)	—	they	ils (elles)	loro	ellos(as)
siècle (F)	Jahrhundert n	century	—	secolo m	siglo m
sięgać (PL)	reichen	pass	passer	passare	alcanzar
siempre (ES)	immer	always	toujours	sempre	—
sień (PL)	Diele f	hall	vestibule m	corridoio m	entrada f
sieraad (NL)	Schmuck m	jewellery	bijoux m/pl	gioielli m/pl	joyas f/pl
siet¹ (H)	beeilen, sich	hurry up	dépêcher, se	affrettarsi	darse prisa
siet² (H)	eilen	hurry	dépêcher, se	andare in fretta	darse prisa
sigaret (NL)	Zigarette f	cigarette	cigarette f	sigaretta f	cigarrillo m
sigaretta (I)	Zigarette f	cigarette	cigarette f	—	cigarrillo m
sight worth seeing (E)	Sehenswürdigkeit f	—	curiosité f	curiosità f	lugar de interés m
siglo (ES)	Jahrhundert n	century	siècle m	secolo m	—
sign (E)	unterschreiben	—	signer	firmare	firmar
sign (E)	Zeichen n	—	signe m	segnale m	señal f
signalhorn (SV)	Hupe f	horn	klaxon m	clacson m	bocina f
signature (E)	Unterschrift f	—	signature f	firma f	firma f

signature

P	NL	SV	PL	CZ	H
lençol m	laken n	lakan n	prześcieradło n	prostěradlo n	lepedő
chapa f	blik n	plåt u	blacha f	plech m	bádog
prateleira f	rek n	bokhylla u	regał m	regál m	polc
letreiro m	schild n	skylt u	szyld m	štítek m	cégtábla
brilhar	blinken	glänsa	lśnić	blýskat, se <blýštit, se>	ragyog
navio m	schip n	fartyg n	statek m	loď f	hajó
camisa f	hemd n	skjorta u	koszula f	košile f	ing
sapato m	schoen m	sko u	but m	bota f	cipő
disparar	schieten	skjuta	strzelać <strzelić>	střílet <vystřelit>	lő
negócio m	zaak f	affär u	sklep m	obchod m	üzlet
loja f	winkel m	affär u	sklep m	obchod m	bolt
compra f	inkoop m	inköp n	zakup m	nákup m	bevásárlás
saco para compras m	boodschappentas f	shoppingväska u	torba na zakupy f	nákupní taška f	bevásárlótáska
saco para compras m	boodschappentas f	—	torba na zakupy f	nákupní taška f	bevásárlótáska
montra f	etalage f	skyltfönster n	okno wystawowe n	výloha f	kirakat
curto	kort	kort	krótko	krátký	rövid
ombro m	schouder f	axel u	ramię n	rameno n	váll
chamar	roepen	ropa	wołać <zawołać>	volat <zavolat>	hív
mostrar	tonen	visa	pokazywać	ukazovat <ukázat>	mutat
duche m	douche m	dusch u	prysznic m	sprcha f	zuhanyozó
tímido	schuchter	blyg	nieśmiały	ostýchavý	félénk
sim	ja	ja	tak	ano	igen
sim	ja	ja	tak	ano	igen
deixar	nalaten	avta	—	povolovat <povolit>	enged
fraqueza f	zwakte f	svaghet u	—	slabost f	gyengeség
fraco	zwak	svag	—	slabý	gyenge
famoso	beroemd	känd	—	slavný	híres
seguro	zeker	säker	pewny	jistě	biztos
segurança f	zekerheid f	säkerhet u	pewność f	jistota f	biztonság
segurança f	zekerheid f	säkerhet u	pewność f	jistota f	biztonság
seguro	zeker	säker	pewny	jistě	biztos
SIDA m	aids m	aids	Aids m	AIDS m	AIDS
SIDA m	aids m	aids	Aids m	AIDS m	AIDS
—	aids m	aids	Aids m	AIDS m	AIDS
página f	zijde f	—	strona f	strana f	oldal
ela	zij	hon	ona	ona	ő
eles(as)	zij	de	oni	oni	ők
século m	eeuw f	århundrade n	stulecie n	století n	évszázad
dar	genoeg zijn	räcka	—	dosahovat <dosáhnout>	nyújt
sempre	altijd	alltid	zawsze	vždy	mindig
vestíbulo m	gang m	tambur u	—	předsíň f	előszoba
jóias f	—	smycke n	biżuteria f	šperky pl	ékszer
apressar-se	haasten, zich	skynda sig	spieszyć, się <pospieszyć się>	spěchat <pospíšit>	—
apressar	haasten, zich	skynda	pospieszać <pospieszyć>	spěchat <pospíšit si>	—
cigarro m	—	cigarett u	papieros m	cigareta f	cigaretta
cigarro m	sigaret f	cigarett u	papieros m	cigareta f	cigaretta
monumento m	bezienswaardigheid f	sevärdhet u	rzecz warta zobaczenia f	pamětihodnost f	látványosság
século m	eeuw f	århundrade n	stulecie n	století n	évszázad
assinar	ondertekenen	skriva på	podpisać	podepisovat <podepsat>	aláír
sinal m	teken n	tecken n	znak m	značka f	jel
buzina f	claxon m	—	klakson m	houkačka f	duda
assinatura f	handtekening f	underskrift	podpis m	podpis m	aláírás

signature

	D	E	F	I	ES
signature (F)	Unterschrift f	signature	—	firma f	firma f
signe¹ (F)	Merkmal n	characteristic	—	caratteristica f	rasgo m
signe² (F)	Zeichen n	sign	—	segnale m	señal f
signer (F)	unterschreiben	sign	—	firmare	firmar
significado (ES)	Bedeutung f	meaning	signification f	significato f	—
significado (P)	Bedeutung f	meaning	signification f	significato f	significado m
significar (ES)	bedeuten	mean	signifier	significare	—
significar (P)	bedeuten	mean	signifier	significare	significar
significare (I)	bedeuten	mean	signifier	—	significar
signification (F)	Bedeutung f	meaning	—	significato f	significado m
significato (I)	Bedeutung f	meaning	signification f	—	significado m
signifier (F)	bedeuten	mean	—	significare	significar
siła (PL)	Kraft f	strength	force f	forza f	fuerza f
siker (H)	Erfolg m	success	succès m	successo m	éxito m
sikeres (H)	erfolgreich	successful	avec succès	di successo	exitoso(a)
sikkes (H)	schick	stylish	chic	elegante	elegante
síla (CZ)	Kraft f	strength	force f	forza f	fuerza f
silêncio (P)	Ruhe f	calm	calme m	silenzio m	calma f
silencioso (P)	leise	quietly	à voix basse	a bassa voce	sin (hacer) ruido
silenzio (I)	Ruhe f	calm	calme m	—	calma f
silla (ES)	Stuhl m	chair	chaise f	sedia f	—
sillabare (I)	buchstabieren	spell	épeler	—	deletrear
silnice (CZ)	Straße f	street	rue f	strada f	calle f
silnice třídy (CZ)	Landstraße f	country road	route f	strada provinciale f	carretera nacional f
silnik (PL)	Motor m	motor	moteur m	motore m	motor m
silny (PL)	kräftig	strong	fort(e)	forte	fuerte
silny (PL)	stark	strong	fort(e)	forte	fuerte
silný (CZ)	kräftig	strong	fort(e)	forte	fuerte
silný (CZ)	stark	strong	fort(e)	forte	fuerte
s'il vous plaît (F)	bitte	please	—	prego	por favor
sim (P)	ja	yes	oui	sì	sí
sima (H)	glatt	smooth	lisse	liscio(a)	liso(a)
simhall (SV)	Schwimmbad n	swimming pool	piscine f	piscina f	piscina f
similar (E)	ähnlich	—	semblable	simile	parecido
simile¹ (I)	ähneln	be similar	ressembler	—	parecerse a
simile² (I)	ähnlich	similar	semblable	—	parecido
simpático¹ (P)	nett	nice	joli(e)	carino(a)	agradable
simpático² (P)	sympathisch	likeable	sympathique	simpatico(a)	simpático(a)
simpatico (I)	sympathisch	likeable	sympathique	—	simpático(a)
simpático(a)¹ (ES)	liebenswürdig	kind	aimable	gentile	—
simpático(a)² (ES)	sympathisch	likeable	sympathique	simpatico(a)	—
simultâneo (P)	gleichzeitig	simultaneous	en même temps	contemporaneo(a)	a la vez
simultaneous (E)	gleichzeitig	—	en même temps	contemporaneo(a)	a la vez
sinaasappel (NL)	Orange f	orange	orange f	arancia f	naranja f
sinal¹ (P)	Anzahlung f	deposit	acompte m	acconto m	primer pago m
sinal² (P)	Merkmal n	characteristic	signe m	caratteristica f	rasgo m
sinal³ (P)	Zeichen n	sign	signe m	segnale m	señal f
sindacato (I)	Gewerkschaft f	trade union	syndicat m	—	sindicato m
sindaco (I)	Bürgermeister m	mayor	maire m	—	alcalde m
sindicato (ES)	Gewerkschaft f	trade union	syndicat m	sindacato m	—
sindicato (P)	Gewerkschaft f	trade union	syndicat m	sindacato m	sindicato m
sin embargo¹ (ES)	dennoch	nevertheless	cependant	tuttavia	—

sin embargo

P	NL	SV	PL	CZ	H
assinatura f	handtekening f	underskrift	podpis m	podpis m	aláírás
sinal m	merkteken n	kännetecken n	cecha f	kritérium m	ismertetőjel
sinal m	teken n	tecken n	znak m	značka f	jel
assinar	ondertekenen	skriva på	podpisać	podepisovat <podepsat>	aláír
significado m	betekenis f	betydelse u	znaczenie n	význam m	értelem
—	betekenis f	betydelse u	znaczenie n	význam m	értelem
significar	bedoelen	betyda	znaczyć	znamenat	jelent
—	bedoelen	betyda	znaczyć	znamenat	jelent
significar	bedoelen	betyda	znaczyć	znamenat	jelent
significado m	betekenis f	betydelse u	znaczenie n	význam m	értelem
significado m	betekenis f	betydelse u	znaczenie n	význam m	értelem
significar	bedoelen	betyda	znaczyć	znamenat	jelent
força f	kracht f	kraft u	—	síla f	erő
êxito m	succes n	framgång u	sukces m	úspěch m	—
bem sucedido	succesrijk	framgångsrik	cieszący się powodzeniem	úspěšný	—
chique	chic	fin	szykowny	vkusný	—
força f	kracht f	kraft u	siła f	—	erő
—	rust f	lugn n	spokój m	klid m	nyugalom
—	zacht	tyst	cicho	tiše	halk
silêncio m	rust f	lugn n	spokój m	klid m	nyugalom
cadeira f	stoel m	stol u	krzesło n	židle f	szék
soletrar	spellen	stava	literować	hláskovat <odhláskovat>	betűz
rua f	straat f	gata u	ulica f	—	utca
estrada nacional f	secundaire weg m	landsväg u	szosa f	—	országút
motor m	motor m	motor u	—	motor m	motor
forte	krachtig	kraftig	—	silný	erős
forte	sterk	stark	—	silný	erős
forte	krachtig	kraftig	silny	—	erős
forte	sterk	stark	silny	—	erős
por favor	alstublieft	var snäll och	proszę	prosím	kérem
—	ja	ja	tak	ano	igen
liso	glad	jämn	gładki	hladký	—
piscina f	zwembad n	—	pływalnia f	plovárna f	uszoda
semelhante	dergelijk	liknande u	podobny	podobný	hasonló
assemelhar-se a	gelijken	likna	być podobnym	podobat, se	hasonlít
semelhante	dergelijk	liknande u	podobny	podobný	hasonló
—	leuk	trevlig	miły	milý	kedves
—	sympathiek	trevlig	sympatyczny	sympatický	szimpatikus
simpático	sympathiek	trevlig	sympatyczny	sympatický	szimpatikus
amável	vriendelijk	älskvärd	miły	laskavý	szívélyes
simpático	sympathiek	trevlig	sympatyczny	sympatický	szimpatikus
—	gelijktijdig	samtidigt	równocześnie	současně	egyszerre
simultâneo	gelijktijdig	samtidigt	równocześnie	současně	egyszerre
laranja f	—	apelsin u	pomarańcza f	oranžový	narancs
—	aanbetaling f	handpenning u	zadatek m	záloha f	előleg
—	merkteken n	kännetecken n	cecha f	kritérium m	ismertetőjel
—	teken n	tecken n	znak m	značka f	jel
sindicato m	vakvereniging f	fackförening u	związek zawodowy m	odbory pl	szakszervezet
presidente da câmara municipal m	burgemeester m	borgmästare u	burmistrz m	starosta m	polgármester
sindicato m	vakvereniging f	fackförening u	związek zawodowy m	odbory pl	szakszervezet
—	vakvereniging f	fackförening u	związek zawodowy m	odbory pl	szakszervezet
apesar de	evenwel	likväl	jednakże	přesto	mégis

sin embargo

	D	E	F	I	ES
sin embargo² (ES)	jedoch	however	cependant	tuttavia	—
sing (E)	singen	—	chanter	cantare	cantar
singe (F)	Affe m	ape	—	scimmia f	mono m
singen (D)	—	sing	chanter	cantare	cantar
singer (E)	Sänger m	—	chanteur m	cantante m	cantante m
singing (E)	Gesang m	—	chant m	canto m	canto m
single (E)	ledig	—	célibataire m	celibe m/nubile f	soltero(a)
sin (hacer) ruido (ES)	leise	quietly	à voix basse	a bassa voce	—
sino (P)	Glocke f	bell	cloche f	campana f	campana f
sin valor (ES)	wertlos	worthless	sans valeur	senza valore	—
słodki (PL)	süß	sweet	sucré(e)	dolce	dulce
słoń (PL)	Elefant m	elephant	éléphant m	elefante m	elefante m
słońce (PL)	Sonne f	sun	soleil m	sole m	sol m
słoneczny (PL)	sonnig	sunny	ensoleillé(e)	sereno(a)	soleado(a)
słownik (PL)	Wörterbuch n	dictionary	dictionnaire m	dizionario m	diccionario m
słowo (PL)	Wort n	word	mot m	parola f	palabra f
šíp (CZ)	Pfeil m	arrow	flèche f	freccia f	flecha f
sír (H)	weinen	cry	pleurer	piangere	llorar
sírhely (H)	Grab n	grave	tombe f	tomba f	tumba f
široký (CZ)	breit	broad	large	largo(a)	amplio(a)
sirotek (CZ)	Weise f	way	manière f	maniera f	manera f
sisak (H)	Helm m	helmet	casque m	casco m	casco m
sistema (I)	System n	system	système m	—	sistema m
sistema (ES)	System n	system	système m	sistema m	—
sistema (P)	System n	system	système m	sistema m	sistema m
sister (E)	Schwester f	—	sœur f	sorella f	hermana f
sit down (E)	hinsetzen	—	asseoir, s'	sedersi	sentarse
site Web (F)	Website f	website	—	sito Web m	página web f
sitio (ES)	Stelle f	place	place f	posto m	—
sito Web (I)	Website f	website	site Web m	—	página web f
situação (P)	Situation f	situation	situation f	situazione f	situación f
situace (CZ)	Situation f	situation	situation f	situazione f	situación f
situación (ES)	Situation f	situation	situation f	situazione f	—
situatie (NL)	Situation f	situation	situation f	situazione f	situación f
Situation (D)	—	situation	situation f	situazione f	situación f
situation (E)	Situation f	—	situation f	situazione f	situación f
situation (F)	Situation f	situation	—	situazione f	situación f
situation (SV)	Situation f	situation	situation f	situazione f	situación f
situazione (I)	Situation f	situation	situation f	—	situación f
šít <ušít> (CZ)	nähen	sew	coudre	cucire	coser
słuchacz (PL)	Hörer m	listener	auditeur m	ascoltatore m	oyente m
słuchać <usłyszeć> (PL)	hören	hear	entendre	sentire	oír
Słucham! (PL)	Hallo!	Hello!	Allô!	Pronto!	¡Diga!
służbowy (PL)	geschäftlich	on business	d'affaires	per affari	comercial
size (E)	Größe f	—	taille f	taglia f	talle m
sjaal (NL)	Schal m	scar	écharpe f	sciarpa f	bufanda f
själ (SV)	Gemüt n	disposition	disposition f	animo m	ánimo m
sjö (SV)	See m	lake	lac m	lago m	lago m
sjuk (SV)	krank	ill	malade	malato(a)	enfermo(a)
sjukdom (SV)	Krankheit f	illness	maladie f	malattia f	enfermedad f
sjukhus (SV)	Krankenhaus n	hospital	hôpital m	ospedale m	hospital m
sjuksköterska (SV)	Krankenschwester f	nurse	infirmière f	infermiera f	enfermera f
sjunga (SV)	singen	sing	chanter	cantare	cantar
skada¹ (SV)	beschädigen	damage	endommager	danneggiare	dañar

skada

P	NL	SV	PL	CZ	H
porém	echter	däremot	jednak	ale	de
cantar	zingen	sjunga	śpiewać <zaśpiewać>	zpívat <zazpívat>	énekel
macaco m	aap m	apa u	małpa f	opice f	majom
cantar	zingen	sjunga	śpiewać <zaśpiewać>	zpívat <zazpívat>	énekel
cantor m	zanger m	sångare u	piosenkarz m	zpěvák m	énekes
canto m	gezang n	sång u	śpiew m	zpěv m	ének
solteiro	ongehuwd	ogift	stanu wolnego	svobodný	nőtlen
silencioso	zacht	tyst	cicho	tiše	halk
—	klok f	klocka u	dzwon m	zvon m	harang
sem valor	waardeloos	värdelös	bezwartościowy	bezcenný	értéktelen
doce f	zoet	söt	—	sladký	édes
elefante m	olifant m	elefant u	—	slon m	elefánt
sol m	zon f	sol u	—	slunce n	nap
soalheiro	zonnig	solig	—	slunečný	napsütéses
dicionário m	woordenboek n	ordbok u	—	slovník m	szótár
palavra f	woord n	ord n	—	slovo n	szó
seta f	pijl m	pil u	strzała f	—	nyíl
chorar	huilen	gråta	płakać	plakat	—
cova f	graf n	grav u	grób m	hrob m	—
largo	breed	bred	szeroki	—	széles
maneira f	wijze	sätt n	sposób m	—	mód
capacete m	helm m	hjälm u	hełm m	přilba f	—
sistema m	systeem n	system n	system m	systém m	rendszer
sistema m	systeem n	system n	system m	systém m	rendszer
—	systeem n	system n	system m	systém m	rendszer
irmã f	zuster f	syster u	siostra f	sestra f	leánytestvér
sentar-se	neerzetten	sätta ned	posadzić	posadit, se	lerak
página web f	website f	webbsida n	witryna WWW f	webová stránka f	honlap
lugar m	plaats f	ställe n	miejsce n	místo n	hely
página web f	website f	webbsida n	witryna WWW f	webová stránka f	honlap
—	situatie f	situation u	sytuacja f	situace f	helyzet
situação f	situatie f	situation u	sytuacja f	—	helyzet
situação f	situatie f	situation u	sytuacja f	situace f	helyzet
situação f	—	situation u	sytuacja f	situace f	helyzet
situação f	situatie f	situation u	sytuacja f	situace f	helyzet
situação f	situatie f	situation u	sytuacja f	situace f	helyzet
situação f	situatie f	situation u	sytuacja f	situace f	helyzet
situação f	situatie f	—	sytuacja f	situace f	helyzet
situação f	situatie f	situation u	sytuacja f	situace f	helyzet
coser	naaien	sy	szyć <uszyć>	—	varr
ouvinte m	luisteraar m	lyssnare u	—	posluchač m	hallgató
ouvir	horen	höra	—	poslouchat <poslechnout>	hall
Está!	Hallo!	Hej!	—	Haló!	Tessék!
comercial	zakelijk	affärsmässigt	—	obchodně	üzleti
tamanho m	grootte f	storlek u	wielkość f	velikost f	méret
cachecol m	—	halsduk u	szal m	šála f	sál
ânimo m	gemoed n	—	umysł m	mysl f	kedély
lago m	meer n	—	jezioro n	jezero n	tó
doente	ziek	—	chory	nemocný	beteg
doença f	ziekte f	—	choroba f	nemoc f	betegség
hospital m	ziekenhuis n	—	szpital m	nemocnice f	kórház
enfermeira f	verpleegster f	—	pielęgniarka f	zdravotní sestra f	ápolónő
cantar	zingen	—	śpiewać <zaśpiewać>	zpívat <zazpívat>	énekel
danificar	beschadigen	—	uszkadzać <uszkodzić>	poškozovat <poškodit>	megrongál

skada

	D	E	F	I	ES
skada¹ (SV)	Beschädigung f	damage	endommagement m	danno m	deterioro m
skada² (SV)	schaden	damage	nuire	nuocere	dañar
skada² (SV)	Schaden m	damage	dommage m	danno m	daño m
skada³ (SV)	verletzen	injure	blesser	ferire	herir
skada³ (SV)	Verletzung f	injury	blessure f	ferita f	herida f
skådespelare (SV)	Schauspieler m	actor	acteur m	attore m	actor m
skägg (SV)	Bart m	beard	barbe f	barba f	barba f
skal (SV)	Schale f	peel	peau f	buccia f	piel f
Skål! (SV)	Prost!	Cheers!	À votre santé!	Salute!	¡Salud!
skala (SV)	schälen	peel	éplucher	sbucciare	pelar
skalbagge (SV)	Käfer m	beetle	coléoptère m	coleottero m	escarabajo m
skaleczyć (PL)	verletzen	injure	blesser	ferire	herir
skämma bort (SV)	verwöhnen	spoil	gâter	viziare	mimar
skämmas (SV)	schämen, sich	be ashamed	avoir honte	vergognarsi	tener vergüenza
skämt (SV)	Scherz m	joke	plaisanterie f	scherzo m	broma f
Skandal (D)	—	scandal	scandale m	scandalo m	escándalo m
skandal (SV)	Skandal m	scandal	scandale m	scandalo m	escándalo m
skandal (PL)	Skandal m	scandal	scandale m	scandalo m	escándalo m
skandál (CZ)	Skandal m	scandal	scandale m	scandalo m	escándalo m
skaner (PL)	Scanner m	scanner	scanner m	scanner m	scanner m
skänka (SV)	schenken	give	offrir	regalare	regalar
skanner (SV)	Scanner m	scanner	scanner m	scanner m	scanner m
skåp (SV)	Schrank m	cupboard	armoire f	armadio m	armario m
skapa (SV)	schaffen	create	réussir à faire	creare	crear
skąpy (PL)	geizig	mean	avare	avaro(a)	avaro(a)
skära (SV)	schneiden	cut	couper	tagliare	cortar
škaredý (CZ)	hässlich	ugly	laid(e)	brutto(a)	feo(a)
skärning (SV)	Schnitt m	cut	coupe f	taglio m	corte m
skarp (SV)	scharf	sharp	tranchant(e)	tagliente	cortante
skärp (SV)	Gürtel m	belt	ceinture f	cintura f	cinturón m
skärva (SV)	Scherbe f	broken piece	tesson m	coccio m	pedazo m
skarżyć się (PL)	beschweren, sich	complain	plaindre, se	lamentarsi	quejarse
skatt (SV)	Steuern pl	tax	impôt m	imposte f/pl	impuestos m/pl
skazywać, potępiać (PL)	verurteilen	condemn	condamner	condannare	sentenciar
sked (SV)	Löffel m	spoon	cuiller f	cucchiaio m	cuchara f
skener (CZ)	Scanner m	scanner	scanner m	scanner m	scanner m
skicka (SV)	schicken	send	envoyer	inviare	mandar
skicka ett fax (SV)	faxen	fax	faxer	spedire un fax	mandar un fax
skicklig¹ (SV)	fähig	capable	capable	capace	hábil
skicklig² (SV)	geschickt	skilful	habile	abile	hábil
skierowywać w inną stronę <skierować w inną stronę> (PL)	ablenken	distract	distraire	distrarre	desviar
skilful (E)	geschickt	—	habile	abile	hábil
skilja åt (SV)	trennen	separate	séparer	separare	separar
skilja på (SV)	unterscheiden	distinguish	distinguer	distinguere	distinguir
skilsmässa (SV)	Trennung f	separation	séparation f	separazione f	separación f
skin (E)	Haut f	—	peau f	pelle f	piel f
skinny (E)	mager	—	maigre	magro(a)	delgado(a)
skirt (E)	Rock m	—	jupe f	gonna f	falda f
skjorta (SV)	Hemd n	shirt	chemise f	camicia f	camisa f
skjuta¹ (SV)	schießen	shoot	tirer	sparare	disparar

skjuta

P	NL	SV	PL	CZ	H
dano m	beschadiging f	—	uszkodzenie n	poškození n	megrongálás
prejudicar	schaden	—	szkodzić <zaszkodzić>	škodit <poškodit>	árt
dano m	schade f	—	szkoda f	škoda f	kár
ferir	kwetsen	—	skaleczyć	zraňovat <zranit>	megsebez
ferimento f	verwonding f	—	zranienie n	zranění n	sérülés
actor m	toneelspeler m	—	aktor m	herec m	színész
barba f	baard m	—	broda f	vousy m/pl	szakáll
casca f	schaal f	—	skorupka f łupina f	skořepina f	héj
Saúde!	Santé!	—	Na zdrowie!	Na zdraví!	Egészségére!
descascar	schillen	—	obierać <obrać>	loupat <oloupat>	hámoz
escaravelho m	kever m	—	chrząszcz m	brouk m	bogár
ferir	kwetsen	skada	—	zraňovat <zranit>	megsebez
mimar	verwennen	—	rozpieszczać	rozmazlovat <rozmazlit>	elkényeztet
envergonhar-se	schamen, zich	—	wstydzić, się	stydět, se <zastydět, se>	szégyelli magát
brincadeira f	grap f	—	żart m	žert m	tréfa
escândalo m	schandaal n	—	skandal m	skandál m	botrány
escândalo m	schandaal n	—	skandal m	skandál m	botrány
escândalo m	schandaal n	skandal u	—	skandál m	botrány
escândalo m	schandaal n	skandal u	skandal m	—	botrány
scanner m	scanner m	skanner u	—	skener m	letapogató
oferecer	schenken	—	darować <podarować>	darovat	ajándékoz
scanner m	scanner m	—	skaner m	skener m	letapogató
armário m	kast f	—	szafa f	skříň f	szekrény
criar	scheppen	—	dokonywać <dokonać>	tvořit <vytvořit>	alkot
forreta	gierig	snål	—	lakomý	fösvény
cortar	snijden	—	ciąć <pociąć>	řezat <uříznout>	vág
feio	lelijk	ful	brzydki	—	csúnya
corte m	snee f	—	cięcie n	řez m	vágás
cortante	scherp	—	ostry	ostrý	éles
cinto m	gordel m	—	pasek m	pásek m	öv
caco m	scherf f	—	skorupa f	střep m	cserép
queixar-se de	bezwaren, zich	klaga	—	stěžovat, si <postěžovat, si>	panaszt emel
impostos m/pl	belastingen pl	—	podatki pl	daně pl	adók
condenar	veroordelen	döma	—	odsuzovat <odsoudit>	elítél
colher f	lepel m	—	łyżka f	lžíce f	kanál
scanner m	scanner m	skanner u	skaner m	—	letapogató
enviar	sturen	—	wysyłać <wysłać>	posílat <poslat>	küld
mandar por telefax	faxen	—	faksować	faxovat	faxol
capaz	bekwaam	—	zdolny	schopný	képes
hábil	bekwaam	—	zręczny	obratný	ügyes
distrair	afleiden	avleda	—	odvracet <odvrátit>	eltérít
hábil	bekwaam	skicklig	zręczny	obratný	ügyes
separar	scheiden	—	rozdzielić	oddělovat <oddělit>	elválaszt
distinguir	onderscheiden	—	rozróżniać	rozlišovat <rozlišit>	megkülönböztet
separação f	scheiding f	—	rozdzielenie n	oddělení n	elválasztás
pele f	huid f	hud u	skóra f	kůže f	bőr
magro	mager	mager	chudy	hubený	sovány
saia f	rok m	kjol u	spódnica f	sukně f	szoknya
camisa f	hemd n	—	koszula f	košile f	ing
disparar	schieten	—	strzelać <strzelić>	střílet <vystřelit>	lő

skjuta

	D	E	F	I	ES
skjuta² (SV)	schieben	push	pousser	spingere	empujar
sklad (CZ)	Lager n	store	magasin m	magazzino m	almacén m
sklep (PL)	Geschäft n	shop	magasin m	negozio m	tienda f
sklep (PL)	Laden m	shop	magasin m	negozio m	tienda f
sklep (CZ)	Keller m	cellar	cave f	cantina f	sótano m
sklep rzeźniczy (PL)	Metzgerei f	butcher's	boucherie f	macelleria f	carnicería f
sklizeň (CZ)	Ernte f	harvest	moisson f	raccolto m	cosecha f
sklo (CZ)	Glas n	glass	verre m	bicchiere m	vaso m
sko (SV)	Schuh m	shoe	chaussure f	scarpa f	zapato m
škoda (CZ)	Schaden m	damage	dommage m	danno m	daño m
škodit <poškodit> (CZ)	schaden	damage	nuire	nuocere	dañar
skog (SV)	Wald m	forest	forêt f	bosco m	bosque m
skoj (SV)	Spaß m	fun	plaisir m	scherzo m	diversión f
skola (SV)	Schule f	school	école f	scuola f	escuela f
škola (CZ)	Schule f	school	école f	scuola f	escuela f
skomplikowany (PL)	kompliziert	complicated	compliqué(e)	complicato(a)	complicado(a)
skóra¹ (PL)	Haut f	skin	peau f	pelle f	piel f
skóra² (PL)	Leder n	leather	cuir m	cuoio m	cuero m
skörd (SV)	Ernte f	harvest	moisson f	raccolto m	cosecha f
skořepina (CZ)	Schale f	peel	peau f	buccia f	piel f
skorupa (PL)	Scherbe f	broken piece	tesson m	coccio m	pedazo m
skorupka f łupina (PL)	Schale f	peel	peau f	buccia f	piel f
sköta¹ (SV)	pflegen	look after	soigner	curare	cuidar
sköta² (SV)	versorgen	provide	fournir	approvvigionare	proveer
skötsel (SV)	Pflege f	care	soins m/pl	cura f	aseo m
skratta (SV)	lachen	laugh	rire	ridere	reír
skratta åt (SV)	auslachen	laugh at	rire de qn	deridere	reírse de
skrattretande (SV)	lächerlich	ridiculous	ridicule	ridicolo(a)	ridículo(a)
skręcać <skręcić> (PL)	abbiegen	turn off	tourner	svoltare	torcer
skrika (SV)	schreien	scream	crier	gridare	gritar
skříň (CZ)	Schrank m	cupboard	armoire f	armadio m	armario m
skriva (SV)	schreiben	write	écrire	scrivere	escribir
skriva på (SV)	unterschreiben	sign	signer	firmare	firmar
skriva upp (SV)	aufschreiben	write down	noter	annotare	anotar
skromny (PL)	bescheiden	modest	modeste	modesto(a)	modesto(a)
skromný (CZ)	bescheiden	modest	modeste	modesto(a)	modesto(a)
škrtat <škrtnout> (CZ)	streichen	paint	peindre	verniciare	pintar
skrz (CZ)	hindurch	through	à travers	attraverso	a través de
skrzydło (PL)	Flügel m	wing	aile f	ala f	ala f
skrzynka (PL)	Kiste f	box	caisse f	cassetta f	caja f
skrzynka pocztowa (PL)	Briefkasten m	letterbox	boîte aux lettres f	cassetta delle lettere f	buzón m
skrzypce (PL)	Geige f	violin	violon m	violino m	violín m
skrzyżowanie (PL)	Kreuzung f	crossing	intersection f	incrocio m	cruce m
skugga (SV)	Schatten m	shadow	ombre f	ombra f	sombra f
skuggig (SV)	schattig	shady	ombragé(e)	ombroso(a)	a la sombra
skulder (SV)	Schulden pl	debt	dette f	debiti m pl	deudas f pl
skum (SV)	Schaum m	foam	écume f	schiuma f	espuma f
skupina (CZ)	Gruppe f	group	groupe m	gruppo m	grupo m
skutečnost (CZ)	Wirklichkeit f	reality	réalité f	realtà f	realidad f
skuteczny (PL)	wirksam	effective	efficace	efficace	eficaz

skuteczny

P	NL	SV	PL	CZ	H
empurrar	schuiven	—	przesuwać <przesunąć>	posouvat <posunout>	tol
armazém m	magazijn n	lager n	obóz m	—	raktár
negócio m	zaak f	affär u	—	obchod m	üzlet
loja f	winkel m	affär u	—	obchod m	bolt
cave f	kelder m	källare u	piwnica f	—	pince
talho m	slagerij f	slakteri n	—	řeznictví n	hentesüzlet
colheita f	oogst m	skörd u	żniwo n	—	aratás
vidro m	glas n	glas n	szkło n	—	üveg
sapato m	schoen m	—	but m	bota f	cipő
dano m	schade f	skada u	szkoda f	—	kár
prejudicar	schaden	skada	szkodzić <zaszkodzić>	—	árt
floresta f	bos n	—	las m	les m	erdő
brincadeira f	plezier n	—	żart m	žert m	tréfa
escola f	school f	—	szkoła f	škola f	iskola
escola f	school f	skola u	szkoła f	—	iskola
complicado	ingewikkeld	komplicerad	—	komplikovaný	komplikált
pele f	huid f	hud u	—	kůže f	bőr
cabedal m	leder n	läder n	—	kůže f	bőr
colheita f	oogst m	—	żniwo n	sklizeň f	aratás
casca f	schaal f	skal n	skorupka f łupina f	—	héj
caco m	scherf f	skärva u	—	střep m	cserép
casca f	schaal f	skal n	—	skořepina f	héj
tratar	verzorgen	—	opiekować, się	pečovat	ápolni
abastecer	verzorgen	—	zaopatrywać	zaopatřovat <zaopatřit>	ellát
tratamento m	verzorging f	—	opieka f	péče f	ápolás
rir	lachen	—	śmiać, się <zaśmiać, się>	smát, se	nevet
rir de alguém	uitlachen	—	wyśmiewać <wyśmiać>	vysmívat, se <vysmát, se>	kinevet
ridículo	belachelijk	—	śmieszny	směšný	nevetséges
virar	afslaan	vika av	—	ohýbat <ohnout>	elkanyarodik
gritar	schreeuwen	—	krzyczeć <zakrzyczeć>	křičet <křiknout>	kiabál
armário m	kast f	skåp n	szafa f	—	szekrény
escrever	schrijven	—	pisać <napisać>	psát <napsat>	ír
assinar	ondertekenen	—	podpisać	podepisovat <podepsat>	aláír
anotar por escrito	opschrijven	—	zapisywać	napsat	felír
modesto	bescheiden	anspråkslös	—	skromný	szerény
modesto	bescheiden	anspråkslös	skromny	—	szerény
pintar	schilderen	smeka	pocierać	—	befest
através de	doorheen	igenom	przez	—	át
asa f	vleugel m	flygel u	—	křídlo n	szárny
caixote m	kist f	kista u	—	bedna f	láda
caixa do correio f	brievenbus f	brevlåda u	—	schránka na dopisy f	postaláda
violino m	viool f	fiol u	—	housle pl	hegedű
cruzamento m	kruispunt n	korsning u	—	křižovatka f	kereszteződés
sombra f	schaduw m	—	cień m	stín m	árnyék
sombreado	schaduwrijk	—	cienisty	stinný	árnyékos
dívidas f/pl	schulden pl	—	długi pl	dluhy pl	tartozás
espuma f	schuim n	—	piana f	pěna f	hab
grupo m	groep m	grupp u	grupa f	—	csoport
realidade f	werkelijkheid f	verklighet u	rzeczywistość f	—	valóság
eficaz	doeltreffend	verksam	—	účinný	hatékony

skutek

	D	E	F	I	ES
skutek (PL)	Folge f	consequence	suite f	conseguenza f	serie f
skvrna (CZ)	Fleck m	stain	tache f	macchia f	mancha f
sky (E)	Himmel m	—	ciel m	cielo m	cielo m
skydda (SV)	schützen	protect	protéger	proteggere	proteger
skylt (SV)	Schild n	shield	bouclier m	scudo m	escudo m
skyltfönster (SV)	Schaufenster n	shop window	vitrine f	vetrina f	escaparate m
skymma (SV)	dämmern	dawn	poindre	spuntare	amanecer
skynda (SV)	eilen	hurry	dépêcher, se	andare in fretta	darse prisa
skynda sig (SV)	beeilen, sich	hurry up	dépêcher, se	affrettarsi	darse prisa
sla (NL)	Salat m	salad	salade f	insalata f	ensalada f
slå (SV)	schlagen	hit	battre	battere	golpear
slaan (NL)	schlagen	hit	battre	battere	golpear
slaapkamer (NL)	Schlafzimmer n	bedroom	chambre à coucher f	camera da letto f	dormitorio m
slabost (CZ)	Schwäche f	weakness	faiblesse f	debolezza f	debilidad f
slabý (CZ)	schwach	weak	faible	debole	débil
släcka (SV)	löschen	extinguish	éteindre	spegnere	apagar
slacken (E)	nachlassen	—	apaiser, se	allentare	aflojar
sladký (CZ)	süß	sweet	sucré(e)	dolce	dulce
slag (NL)	Schlag m	blow	coup m	colpo m	golpe m
slag (SV)	Art f	species	espèce f	specie f	especie f
slagerij (NL)	Metzgerei f	butcher's	boucherie f	macelleria f	carnicería f
slå in (SV)	einschlagen	smash	casser	rompere	romper
slajd (PL)	Dia n	slide	diapositive f	diapositiva f	diapositiva f
släkt (SV)	verwandt	related	parent(e)	parente di	emparentado(a)
slakteri (SV)	Metzgerei f	butcher's	boucherie f	macelleria f	carnicería f
släkting (SV)	Verwandter m	relative	parent m	parente m	pariente m
slam (SV)	Schlamm m	mud	boue f	fango m	barro m
slank (NL)	schlank	slim	mince	snello(a)	delgado(a)
slapen (NL)	schlafen	sleep	dormir	dormire	dormir
slå vad (SV)	wetten	bet	parier	scommettere	apostar
slavnost (CZ)	Fest n	party	fête f	festa f	fiesta f
slavný (CZ)	berühmt	famous	célèbre	famoso(a)	famoso(a)
slecht (NL)	schlecht	bad	mauvais(e)	cattivo	malo(a)
slechts/alleen (NL)	nur	only	seulement	solo	sólo/solamente
sledovat (CZ)	überwachen	supervise	surveiller	sorvegliare	vigilar
sleep (E)	schlafen	—	dormir	dormire	dormir
slepě (CZ)	blind	blind	aveugle	cieco(a)	ciego(a)
ślepy (PL)	blind	blind	aveugle	cieco(a)	ciego(a)
sleutel (NL)	Schlüssel m	key	clé f	chiave f	llave f
sleva (CZ)	Ermäßigung f	reduction	réduction f	riduzione f	rebaja f
slib (NL)	Schlamm m	mud	boue f	fango m	barro m
slib (CZ)	Versprechen n	promise	promettre	promettere	prometer
slibovat <slíbit> (CZ)	versprechen	promise	promesse f	promessa f	promesa f
slice (E)	Scheibe f	—	tranche m	fetta f	rebanada m
śliczny (PL)	niedlich	sweet	mignon(ne)	carino(a)	bonito(a)
slide (E)	Dia n	—	diapositive f	diapositiva f	diapositiva f
slikken (NL)	schlucken	swallow	avaler	inghiottire	tragar
slim (E)	schlank	—	mince	snello(a)	delgado(a)
slim (NL)	schlau	clever	astucieux(euse)	astuto(a)	astuto(a)
slip de bain (F)	Badehose f	swimming trunks	—	costume da bagno m	bañador m
slips (SV)	Krawatte f	tie	cravate f	cravatta f	corbata f
slitstark (SV)	haltbar	durable	résistant(e)	durevole	duradero(a)
śliwka (PL)	Pflaume f	plum	prune f	prugna f	ciruela f
slon (CZ)	Elefant m	elephant	éléphant m	elefante m	elefante m

P	NL	SV	PL	CZ	H
sequência f	gevolg n	konsekvens u	—	následek m	következmény
mancha f	plek n	fläck u	plama f	—	folt
céu m	hemel m	himmel u	niebo n	nebe n	ég
proteger	beschermen	—	chronić <ochronić>	chránit <ochránit>	véd
letreiro m	schild n	—	szyld m	štítek m	cégtábla
montra f	etalage f	—	okno wystawowe n	výloha f	kirakat
amanhecer	schemeren	—	zmierzchać się	svítat	alkonyodik/hajnalodik
apressar	haasten, zich	—	pospieszać <pospieszyć>	spěchat <pospíšit si>	siet
apressar-se	haasten, zich	—	spieszyć, się <pospieszyć się>	spěchat <pospíšit>	siet
salada f	—	sallad u	sałata f	salát m	saláta
bater	slaan	—	bić <pobić>	tlouci <udeřit>	üt
bater	—	slå	bić <pobić>	tlouci <udeřit>	üt
quarto de dormir m	—	sovrum n	sypialnia f	ložnice f	hálószoba
fraqueza f	zwakte f	svaghet u	słabość f	—	gyengeség
fraco	zwak	svag	słaby	—	gyenge
apagar	blussen	—	gasić <zgasić>	hasit <uhasit>	olt
deixar	nalaten	avta	słabnąć	povolovat <povolit>	enged
doce f	zoet	söt	słodki	—	édes
golpe m	—	stöt u	uderzenie n	úder m	ütés
espécie f	soort m	—	gatunek m	druh m	faj
talho m	—	slakteri n	sklep rzeźniczy m	řeznictví n	hentesüzlet
pregar	inslaan	—	wybijać <wybić>	vrážet <vrazit>	bever
diapositivo m	dia m	diabild u	—	diapozitiv m	dia
aparentado	verwant	—	spokrewniony	příbuzný	rokon
talho m	—	slagerij f	sklep rzeźniczy m	řeznictví n	hentesüzlet
parente m	familielid n	—	krewny	příbuzný m	rokon
lama f	slib n	—	szlam m	bláto n	iszap
magro	—	smal	smukły	štíhlý	karcsú
dormir	—	sova	spać <pospać>	spát <vyspat>	alszik
apostar	wedden	—	zakładać się	sázet <sadit>	fogad
festa f	feest n	fest u	uroczystość f	—	ünnep
famoso	beroemd	känd	sławny	—	híres
mau	—	dålig	zły	špatný	rossz
somente	—	bara	tylko	jen	csak
supervisionar	bewaken	övervaka	nadzorować	—	ellenőriz
dormir	slapen	sova	spać <pospać>	spát <vyspat>	alszik
cego	blind	blind	ślepy	—	vak
cego	blind	blind	—	slepě	vak
chave f	—	nyckel u	klucz m	klíč m	kulcs
redução f	korting f	rabatt u	zniżka f	—	kedvezmény
lama f	—	slam u	szlam m	bláto n	iszap
promessa f	belofte f	löfte n	obietnica f	—	ígéret
prometer	beloven	lova	obiecywać	—	megígér
fatia f	boterham m	brödskiva u	kromka f	krajíc m	szelet
amoroso	schattig	söt	—	roztomilý	aranyos
diapositivo m	dia m	diabild u	slajd m	diapozitiv m	dia
engolir	—	svälja	łykać <połknąć>	polykat <spolknout>	nyel
magro	slank	smal	smukły	štíhlý	karcsú
esperto	—	smart	przebiegły	chytrý	ravasz
calções de banho m/pl	zwembroek f	badbyxor pl	kąpielówki f/pl	plavky pánské pl	fürdőnadrág
gravata f	das f	—	krawat m	kravata f	nyakkendő
que se pode conservar	houdbaar	—	trwały	trvanlivý	tartós
ameixa f	pruim f	plommon n	—	švestka f	szilva
elefante m	olifant m	elefant u	słoń m	—	elefánt

slot

	D	E	F	I	ES
slot (NL)	Schloss n	castle	château m	castello m	cerradura f
sloup (CZ)	Säule f	pillar	colonne f	colonna f	columna f
slovník (CZ)	Wörterbuch n	dictionary	dictionnaire m	dizionario m	diccionario m
slovo (CZ)	Wort n	word	mot m	parola f	palabra f
slow (E)	langsam	—	lent(e)	lento(a)	despacio(a)
složka (CZ)	Mappe f	folder	serviette f	raccoglitore m	carpeta f
sluiten (NL)	schließen	close	fermer	chiudere	cerrar
slump (SV)	Zufall m	chance	hasard m	caso m	casualidad f
slunce (CZ)	Sonne f	sun	soleil m	sole m	sol m
sluneční brýle (CZ)	Sonnenbrille f	sunglasses	lunettes de soleil m/pl	occhiali da sole m/pl	gafas de sol f/pl
slunečný (CZ)	sonnig	sunny	ensoleillé(e)	sereno(a)	soleado(a)
slušně (CZ)	anständig	decent	convenable	decente	decente
slut (SV)	Ende n	end	fin f	fine f	fin m
slut (SV)	Schluss m	end	fin f	fine f	conclusión f
sluta (SV)	aufhören	stop	arrêter	cessare	terminar
slutstation (SV)	Endstation f	terminus	terminus m	capolinea m	estación terminal f
slza (CZ)	Träne f	tear	larme f	lacrima f	lágrima f
smaak (NL)	Geschmack m	taste	goût m	gusto m	sabor m
smak (SV)	Geschmack m	taste	goût m	gusto m	sabor m
smak (PL)	Geschmack m	taste	goût m	gusto m	sabor m
smal (SV)	schlank	slim	mince	snello(a)	delgado(a)
small change (E)	Kleingeld n	—	monnaie f	spiccioli m/pl	cambio m
small/little (E)	klein	—	petit(e)	piccolo(a)	pequeño(a)
smart (SV)	schlau	clever	astucieux(euse)	astuto(a)	astuto(a)
smärta (SV)	Schmerz m	pain	douleur f	dolore m	dolor m
smärtsam (SV)	schmerzhaft	painful	douloureux(euse)	doloroso(a)	doloroso(a)
smash (E)	einschlagen	—	casser	rompere	romper
smát, se (CZ)	lachen	laugh	rire	ridere	reír
smażyć \<usmażyć\> (PL)	braten	roast	rôtir	arrostire	asar
smeka (SV)	streichen	paint	peindre	verniciare	pintar
smell (E)	riechen	—	sentir	sentire	oler
směr (CZ)	Richtung f	direction	direction f	direzione f	dirección f
směšný¹ (CZ)	komisch	funny	drôle	comico(a)	cómico(a)
směšný² (CZ)	lächerlich	ridiculous	ridicule	ridicolo(a)	ridículo(a)
smět (CZ)	dürfen	be allowed	avoir le droit	potere	poder
smeták (CZ)	Besen m	broom	balai m	scopa f	escoba f
smetana (CZ)	Sahne f	cream	crème f	panna f	nata f
śmiać, się \<zaśmiać, się\> (PL)	lachen	laugh	rire	ridere	reír
's middags (NL)	mittags	at midday	à midi	a mezzogiorno	al mediodía
śmierć (PL)	Tod m	death	mort f	morte f	muerte f
śmierdzieć (PL)	stinken	stink	puer	puzzare	apestar
śmieszny¹ (PL)	lächerlich	ridiculous	ridicule	ridicolo(a)	ridículo(a)
śmieszny² (PL)	lustig	funny	amusant(e)	allegro(a)	divertido(a)
śmietana (PL)	Sahne f	cream	crème f	panna f	nata f
smittsam (SV)	ansteckend	virulent	contagieux	contagioso(a)	contagioso
smlouva (CZ)	Vertrag m	contract	contrat m	contratto m	contrato m
smoke (E)	Rauch m	—	fumée f	fumo m	humo m
smoke (E)	rauchen	—	fumer	fumare	fumar
smooth (E)	glatt	—	lisse	liscio(a)	liso(a)
smör (SV)	Butter f	butter	beurre m	burro m	mantequilla f
smrt (CZ)	Tod m	death	mort f	morte f	muerte f
SMS (D)	—	sms	sms m	SMS m	sms m

P	NL	SV	PL	CZ	H
cadeado m	—	lås n	zamek m	zámek m	zár
coluna f	zuil f	pelare u	kolumna f	—	oszlop
dicionário m	woordenboek n	ordbok u	słownik m	—	szótár
palavra f	woord n	ord n	słowo n	—	szó
devagar	langzaam	långsam	powoli	pomalu	lassú
pasta f	map f	portfölj u	teczka f	—	mappa
fechar	—	stänga	zamykać <zamknąć>	zavírat <zavřít>	zár
acaso m	toeval n	—	przypadek m	náhoda f	véletlen
sol m	zon f	sol u	słońce n	—	nap
óculos de sol m	zonnebril m	solglasögon pl	okulary przeciwsłoneczne pl	—	napszemüveg
soalheiro	zonnig	solig	słoneczny	—	napsütéses
decente	fatsoenlijk	anständig	przyzwoity	—	tisztességes
fim m	einde n	—	koniec m	konec m	vég
final m	einde n	—	koniec m	konec m	vég
acabar	ophouden	—	przestawać <przestać>	přestávat <přestat>	megszűnik
estação terminal f	eindstation n	—	stacja końcowa f	konečná stanice f	végállomás
lágrima f	traan f	tår u	łza f	—	könny
gosto m	—	smak u	smak m	chuť f	ízlés
gosto m	smaak m	—	smak m	chuť f	ízlés
gosto m	smaak m	smak u	—	chuť f	ízlés
magro	slank	—	smukły	štíhlý	karcsú
trocos m	kleingeld n	växelpengar pl	drobne pieniądze m/pl	drobné pl	aprópénz
pequeno	klein	liten	mały	malý	kis/kicsi
esperto	slim	—	przebiegły	chytrý	ravasz
dor f	pijn f	—	ból m	bolest f	fájdalom
doloroso	pijnlijk	—	bolesny	bolestivý	fájdalmas
pregar	inslaan	slå in	wybijać <wybić>	vrážet <vrazit>	bever
rir	lachen	skratta	śmiać, się <zaśmiać, się>	—	nevet
assar	braden	steka	—	péci	süt
pintar	schilderen	—	pocierać	škrtat <škrtnout>	befest
cheirar	ruiken	lukta	pachnieć <zapachnieć>	cítit <ucítit>	szaga van, szagol
direcção f	richting f	riktning u	kierunek m	—	irány
cómico	komiek	konstig	komiczny	—	furcsa
ridículo	belachelijk	skrattretande	śmieszny	—	nevetséges
poder	mogen	få	wolno	—	szabad
vassoura f	bezem m	sopkvast u	miotła f	—	seprű
natas f/pl	room m	grädde u	śmietana f	—	tejszín
rir	lachen	skratta	—	smát, se	nevet
ao meio-dia	—	på middagen	w południe	v poledne	délben
morte f	dood m	död u	—	smrt f	halál
feder	stinken	lukta illa	—	páchnout	bűzlik
ridículo	belachelijk	skrattretande	—	směšný	nevetséges
divertido	vrolijk	rolig	—	veselý	vidám
natas f/pl	room m	grädde u	—	smetana f	tejszín
contagioso	aanstekelijk	—	zakaźny	nakažlivý	fertőző
contrato m	contract n	kontrakt n	umowa f	—	szerződés
fumo m	rook m	rök u	dym m	kouř m	füst
fumar	roken	röka	dymić	kouřit	dohányzik
liso	glad	jämn	gładki	hladký	sima
manteiga f	boter n	—	masło n	máslo n	vaj
morte f	dood m	död u	śmierć f	—	halál
SMS	sms m	sms n	SMS	SMS f	SMS

sms

	D	E	F	I	ES
sms (E)	SMS f	—	sms m	SMS m	sms m
sms (F)	SMS f	sms	—	SMS m	sms m
SMS (I)	SMS f	sms	sms m	—	sms m
sms (ES)	SMS f	sms	sms m	SMS m	—
SMS (P)	SMS f	sms	sms m	SMS m	sms m
sms (NL)	SMS f	sms	sms m	SMS m	sms m
sms (SV)	SMS f	sms	sms m	SMS m	sms m
SMS (PL)	SMS f	sms	sms m	SMS m	sms m
SMS (CZ)	SMS f	sms	sms m	SMS m	sms m
SMS (H)	SMS f	sms	sms m	SMS m	sms m
smukły (PL)	schlank	slim	mince	snello(a)	delgado(a)
smůla (CZ)	Pech n	bad luck	malchance f	sfortuna f	mala suerte f
smutny (PL)	traurig	sad	triste	triste	triste
smutný (CZ)	traurig	sad	triste	triste	triste
smuts (SV)	Schmutz m	dirt	saleté f	sporcizia f	suciedad f
smutsig (SV)	dreckig	dirty	sale	sporco(a)	sucio(a)
smutsig (SV)	schmutzig	dirty	sale	sporco(a)	sucio(a)
smycke (SV)	Schmuck m	jewellery	bijoux m/pl	gioielli m/pl	joyas f/pl
snabbmat (SV)	Fastfood n	fastfood	fastfood m	fastfood	fastfood m
snabbt (SV)	schnell	fast	rapide	veloce	rápido(a)
's nachts (NL)	nachts	at nighttime	de nuit	di notte	por la noche
snack (E)	Imbiss m	—	casse-croûte m	spuntino m	refrigerio m
snadný (CZ)	leicht	easy	facile	semplice	sencillo(a)
snaha (CZ)	Bemühung f	effort	effort m	sforzo m	esfuerzo m
snål (SV)	geizig	mean	avare	avaro(a)	avaro(a)
snäll (SV)	lieb	sweet	gentil(le)	caro(a)	amable
's namiddags (NL)	nachmittags	in the afternoon	à l'après-midi	di pomeriggio	por la tarde
snaps (SV)	Schnaps m	spirits	eau-de-vie f	acquavite f	aguardiente m
snart (SV)	bald	soon	bientôt	presto	pronto
snášet <snést> (CZ)	ertragen	bear	supporter	sopportare	soportar
sňatek (CZ)	Heirat f	marriage	mariage m	matrimonio m	boda f
snee (NL)	Schnitt m	cut	coupe f	taglio m	corte m
snel (NL)	schnell	fast	rapide	veloce	rápido(a)
snelheid (NL)	Geschwindigkeit f	speed	vitesse f	velocità f	velocidad f
snello(a) (I)	schlank	slim	mince	—	delgado(a)
snelweg (NL)	Autobahn f	motorway	autoroute f	autostrada f	autopista f
śniadanie (PL)	Frühstück n	breakfast	petit-déjeuner m	colazione f	desayuno m
śnić (PL)	träumen	dream	rêver	sognare	soñar
snídaně (CZ)	Frühstück n	breakfast	petit-déjeuner m	colazione f	desayuno m
snijden (NL)	schneiden	cut	couper	tagliare	cortar
snívat <snít> (CZ)	träumen	dream	rêver	sognare	soñar
snižovat <snížit> (CZ)	herabsetzen	lower	baisser	diminuire	rebajar
snoepje (NL)	Bonbon n	sweet	bonbon m	caramella f	caramelo m
snuva (SV)	Schnupfen m	cold	rhume m	raffreddore m	resfriado m
só (P)	allein	alone	seul(e)	solo(a)	solo(a)
só (H)	Salz n	salt	sel m	sale m	sal f
soalheiro (P)	sonnig	sunny	ensoleillé(e)	sereno(a)	soleado(a)
soap (E)	Seife f	—	savon m	sapone m	jabón m
sobborgo (I)	Vorort m	suburb	faubourg m	—	suburbio m
sober (E)	nüchtern	—	sobre	sobrio(a)	sobrio(a)
sobre (F)	nüchtern	sober	—	sobrio(a)	sobrio(a)
sobremesa (P)	Nachtisch m	dessert	dessert m	dessert m	postre m
sobretudo (P)	Mantel m	coat	manteau m	cappotto m	abrigo m
sóbrio (P)	nüchtern	sober	sobre	sobrio(a)	sobrio(a)
sobrio(a) (I)	nüchtern	sober	sobre	—	sobrio(a)

sobrio(a)

P	NL	SV	PL	CZ	H
SMS	sms m	sms n	SMS	SMS f	SMS
SMS	sms m	sms n	SMS	SMS f	SMS
SMS	sms m	sms n	SMS	SMS f	SMS
SMS	sms m	sms n	SMS	SMS f	SMS
—	sms m	sms n	SMS	SMS f	SMS
SMS	—	sms n	SMS	SMS f	SMS
SMS	sms m	—	SMS	SMS f	SMS
SMS	sms m	sms n	—	SMS f	SMS
SMS	sms m	sms n	SMS	—	SMS
SMS	sms m	sms n	SMS	SMS f	—
magro	slank	smal	—	štíhlý	karcsú
azar m	pech m	otur	pech m	—	pech
triste	verdrietig	ledsen	—	smutný	szomorú
triste	verdrietig	ledsen	smutny	—	szomorú
sujidade f	vuil n	—	brud m	špína f	piszok
sujo	vuil	—	brudny	špinavý	koszos
sujo	vuil	—	brudny	špinavý	piszkos
jóias f	sieraad n	—	biżuteria f	šperky pl	ékszer
comida rápida f	fastfood n	—	Fastfood	rychlé občerstvení n	gyorséttermi ennivaló
rápido	snel	—	szybki	rychlý	gyors(an)
à noite	—	på natten	w nocy	v noci	éjszakánként
merenda f	lichte maaltijd f	korvkiosk u	przekąska f	imbis m	imbisz
fácil	gemakkelijk	enkelt	łatwy	—	könnyű
esforço m	moeite f	ansträngning u	staranie n	—	fáradozás
forreta	gierig	—	skąpy	lakomý	fösvény
querido	lief	—	miły	milý	kedves
de tarde	—	på eftermiddagen	po południu	odpoledne	délutánonként
aguardente f	borrel m	—	wódka f	kořalka f	pálinka
em breve	gauw	—	wkrótce	brzy	hamar
suportar	verdragen	tåla	znosić <znieść>	—	kibír
casamento m	huwelijk n	giftermål n	ożenek m/ zamążpójście n	—	házasságkötés
corte m	—	skärning u	cięcie n	řez m	vágás
rápido	—	snabbt	szybki	rychlý	gyors(an)
velocidade f	—	hastighet u	prędkość f	rychlost f	sebesség
magro	slank	smal	smukły	štíhlý	karcsú
auto-estrada f	—	motorväg u	autostrada f	dálnice f	autópálya
pequeno-almoço m	ontbijt n	frukost u	—	snídaně n	reggeli
sonhar	dromen	drömma	—	snívat <snít>	álmodik
pequeno-almoço m	ontbijt n	frukost u	śniadanie n	—	reggeli
cortar	—	skära	ciąć <pociąć>	řezat <uříznout>	vág
sonhar	dromen	drömma	śnić	—	álmodik
baixar	verlagen	sänka	obniżać <obniżyć>	—	leszállít
rebuçado m	—	karamell u	cukierek m	bonbón m	cukorka
constipação f	verkoudheid f	—	katar m	rýma f	nátha
—	alleen	ensam	sam	sám	egyedül
sal m	zout n	salt n	sól f	sůl f	—
—	zonnig	solig	słoneczny	slunečný	napsütéses
sabonete m	zeep f	tvål u	mydło n	mýdlo n	szappan
subúrbio m	voorstad f	förort u	przedmieście n	předměstí n	külváros
sóbrio	nuchter	nykter	trzeźwy	střízlivě	józan
sóbrio	nuchter	nykter	trzeźwy	střízlivě	józan
—	dessert n	efterrätt u	deser m	moučník m	desszert
—	mantel m	kappa u	płaszcz m	kabát m	kabát
—	nuchter	nykter	trzeźwy	střízlivě	józan
sóbrio	nuchter	nykter	trzeźwy	střízlivě	józan

sobrio(a)

	D	E	F	I	ES
sobrio(a) (ES)	nüchtern	sober	sobre	sobrio(a)	—
socker (SV)	Zucker *m*	sugar	sucre *m*	zucchero *m*	azúcar *f/m*
socket (E)	Steckdose *f*	—	prise électrique *f*	presa *f*	enchufe *m*
söder (SV)	Süden *m*	south	sud *m*	sud	sur *m*
soep (NL)	Suppe *f*	soup	soupe *f*	zuppa *f*	sopa *f*
sœur (F)	Schwester *f*	sister	—	sorella *f*	hermana *f*
soffa (SV)	Couch *f*	couch	canapé *m*	divano *m*	diván *m*
soffrire (I)	leiden	suffer	souffrir	—	sufrir
sofort (D)	—	immediately	immédiatement	subito	en seguida
sofrer (P)	leiden	suffer	souffrir	soffrire	sufrir
soft¹ (E)	weich	—	doux (douce)	morbido(a)	tierno(a)
soft² (E)	zart	—	doux (douce)	tenero(a)	suave
sogar (D)	—	even	même	perfino	incluso
sognare (I)	träumen	dream	rêver	—	soñar
sogno (I)	Traum *m*	dream	rêve *m*	—	sueño *m*
soha (H)	niemals	never	ne...jamais	mai	jamás
Sohn (D)	—	son	fils *m*	figlio *m*	hijo *m*
soif (F)	Durst *m*	thirst	—	sete *f*	sed *f*
soigné(e) (F)	gepflegt	looked-after	—	curato(a)	cuidado(a)
soigner (F)	pflegen	look after	—	curare	cuidar
soigneux(euse) (F)	sorgfältig	careful(ly)	—	accurato(a)	cuidadoso(a)
soins (F)	Pflege *f*	care	—	cura *f*	aseo *m*
soir (F)	Abend *m*	evening	—	sera *f*	noche *f*
sok (PL)	Saft *m*	juice	jus *m*	succo *m*	zumo *m*
sok (H)	viel	a lot of	beaucoup de	molto(a)	mucho(a)
söka (SV)	suchen	look for	chercher	cercare	buscar
söka en plats (SV)	bewerben, sich	apply	poser sa candidature	concorrere	concurrir para
sokáig (H)	lange	long time	longtemps	molto tempo	mucho tiempo
sokszor (H)	oft	often	souvent	spesso	a menudo
sol (F)	Boden *m*	floor	—	terra *f*	suelo *m*
sol (ES)	Sonne *f*	sun	soleil *m*	sole *m*	—
sol (P)	Sonne *f*	sun	soleil *m*	sole *m*	sol *m*
sol (SV)	Sonne *f*	sun	soleil *m*	sole *m*	sol *m*
sól (PL)	Salz *n*	salt	sel *m*	sale *m*	sal *f*
soldaat (NL)	Soldat *m*	soldier	soldat *m*	soldato *m*	soldado *m*
soldado (ES)	Soldat *m*	soldier	soldat *m*	soldato *m*	—
soldado (P)	Soldat *m*	soldier	soldat *m*	soldato *m*	soldado *m*
Soldat (D)	—	soldier	soldat *m*	soldato *m*	soldado *m*
soldat (F)	Soldat *m*	soldier	—	soldato *m*	soldado *m*
soldat (SV)	Soldat *m*	soldier	soldat *m*	soldato *m*	soldado *m*
soldato (I)	Soldat *m*	soldier	soldat *m*	—	soldado *m*
soldier (E)	Soldat *m*	—	soldat *m*	soldato *m*	soldado *m*
sold out (E)	ausverkauft	—	épuisé(e)	esaurito(a)	vendido(a)
sole (I)	Sonne *f*	sun	soleil *m*	—	sol *m*
soleado(a) (ES)	sonnig	sunny	ensoleillé(e)	sereno(a)	—
soleil (F)	Sonne *f*	sun	—	sole *m*	sol *m*
soletrar (P)	buchstabieren	spell	épeler	sillabare	deletrear
solglasögon (SV)	Sonnenbrille *f*	sunglasses	lunettes de soleil *m/pl*	occhiali da sole *m/pl*	gafas de sol *f/pl*
solicitud¹ (ES)	Bewerbung *f*	application	candidature *f*	domanda d'impiego *f*	—
solicitud² (ES)	Antrag *m*	application	demande *f*	domanda *f*	—
solig (SV)	sonnig	sunny	ensoleillé(e)	sereno(a)	soleado(a)
solitaire (F)	einsam	lonely	—	solitario(a)	solitario(a)
solitário (P)	einsam	lonely	solitaire	solitario(a)	solitario(a)
solitario(a) (I)	einsam	lonely	solitaire	—	solitario(a)
solitario(a) (ES)	einsam	lonely	solitaire	solitario(a)	—
sollen (D)	—	have to	devoir	dovere	deber

sollen

P	NL	SV	PL	CZ	H
sóbrio	nuchter	nykter	trzeźwy	střízlivě	józan
açúcar m	suiker m	—	cukier m	cukr m	cukor
tomada f de corrente	stopcontact n	stickuttag n	gniazdko n	zásuvka f	dugaszolóaljzat
sul m	zuiden n	—	południe n	jih m	dél
sopa f	—	soppa u	zupa f	polévka f	leves
irmã f	zuster f	syster u	giostra f	sestra f	leánytestvér
divã m	couch m	—	tapczan m	gauč m	dívány
sofrer	lijden	lida	cierpieć	trpět <utrpět>	szenved
imediatamente	terstond	genast	natychmiast	ihned	rögtön
—	lijden	lida	cierpieć	trpět <utrpět>	szenved
mole	zacht	mjuk	miękki	měkký	puha
delicado	zacht	öm	delikatny	jemný	gyengéd
até	zelfs	till och med	nawet	dokonce	sőt
sonhar	dromen	drömma	śnić	snívat <snít>	álmodik
sonho m	droom m	dröm u	sen m	sen m	álom
nunca	nooit	aldrig	nigdy	nikdy	—
filho m	zoon m	son u	syn m	syn m	fiú
sede f	dorst m	törst u	pragnie n	žízeň f	szomjúság
cuidado	verzorgd	välvårdad	wypielęgnowany	upravený	ápolt
tratar	verzorgen	sköta	opiekować, się	pečovat	ápolni
cuidadoso	zorgvuldig	omsorgsfull	staranny	pečlivý	gondos
tratamento m	verzorging f	skötsel u	opieka f	péče f	ápolás
noite f	avond m	kväll u	wieczór m	večer m	est
sumo m	sap n	juice u	—	šťáva f	nedv
muito	veel	mycket	dużo	mnoho	—
procurar	zoeken	—	szukać	hledat <vyhledat>	keres
candidatar-se	solliciteren	—	starać, się	ucházet, se	megpályázik
longamente	lang	länge	długo	dlouho	—
frequentemente	vaak	ofta	często	často	—
chão m	grond m	mark u	podłoga f	podlaha f	föld
sol m	zon f	sol u	słońce n	slunce n	nap
—	zon f	sol u	słońce n	slunce n	nap
sol m	zon f	—	słońce n	slunce n	nap
sal m	zout n	salt n	—	sůl m	só
soldado m	—	soldat u	żołnierz m	voják m	katona
soldado m	soldaat m	soldat u	żołnierz m	voják m	katona
—	soldaat m	soldat u	żołnierz m	voják m	katona
soldado m	soldaat m	soldat u	żołnierz m	voják m	katona
soldado m	soldaat m	soldat u	żołnierz m	voják m	katona
soldado m	soldaat m	—	żołnierz m	voják m	katona
soldado m	soldaat m	soldat u	żołnierz m	voják m	katona
soldado m	soldaat m	soldat u	żołnierz m	voják m	katona
esgotado	uitverkocht	utsåld	wyprzedany	vyprodáno	kiárúsítva
sol m	zon f	sol u	słońce n	slunce n	nap
soalheiro	zonnig	solig	słoneczny	slunečný	napsütéses
sol m	zon f	sol u	słońce n	slunce n	nap
—	spellen	stava	literować	hláskovat <odhláskovat>	betűz
óculos de sol m	zonnebril m	—	okulary przeciwsłoneczne pl	sluneční brýle pl	napszemüveg
candidatura f	sollicitatie f	platsansökan u	ubieganie się n	žádost uchazeče f	megpályázás
proposta f	aanvraag f	förslag n	wniosek m	žádost f	kérvény
soalheiro	zonnig	—	słoneczny	slunečný	napsütéses
solitário	eenzaam	ensam	samotny	osamělý	magányos
—	eenzaam	ensam	samotny	osamělý	magányos
solitário	eenzaam	ensam	samotny	osamělý	magányos
solitário	eenzaam	ensam	samotny	osamělý	magányos
dever	moeten	böra	powinno, się	mít	kell

sollicitatie

	D	E	F	I	ES
sollicitatie (NL)	Bewerbung f	application	candidature f	domanda d'impiego f	solicitud f
solliciteren (NL)	bewerben, sich	apply	poser sa candidature	concorrere	concurrir para
solo (I)	nur	only	seulement	—	sólo/solamente
solo(a) (I)	allein	alone	seul(e)	—	solo(a)
solo(a) (ES)	allein	alone	seul(e)	solo(a)	—
sólo/solamente (ES)	nur	only	seulement	solo	—
soltar¹ (P)	auflösen	dissolve	dénouer	sciogliere	deshacer
soltar² (P)	lösen	solve	résoudre	sciogliere	desatar
solteiro (P)	ledig	single	célibataire m	celibe m/nubile f	soltero(a)
soltero(a) (ES)	ledig	single	célibataire m	celibe m/nubile f	—
solução (P)	Lösung f	solution	solution f	soluzione f	solución f
solución (ES)	Lösung f	solution	solution f	soluzione f	—
solution (E)	Lösung f	—	solution f	soluzione f	solución f
solution (F)	Lösung f	solution	—	soluzione f	solución f
soluzione (I)	Lösung f	solution	solution f	—	solución f
solve (E)	lösen	—	résoudre	sciogliere	desatar
som (P)	Ton m	sound	son m	suono m	sonido m
som (NL)	Summe f	sum	somme f	somma f	suma f
soma (P)	Summe f	sum	somme f	somma f	suma f
sombra (ES)	Schatten m	shadow	ombre f	ombra f	—
sombra (P)	Schatten m	shadow	ombre f	ombra f	sombra f
sombre (F)	dunkel	dark	—	scuro(a)	oscuro(a)
sombreado (P)	schattig	shady	ombragé(e)	ombroso(a)	a la sombra
sombrero (ES)	Hut m	hat	chapeau m	capello m	—
some (E)	einige	—	quelques	alcuni(e)	algunos(as)
some/any (E)	irgendein(e,r)	—	quelconque	qualcuno(a)	cualquier(a)
somebody (E)	jemand	—	quelqu'un	qualcuno	alguien
somehow (E)	irgendwie	—	n'importe comment	in qualche modo	de alguna manera
somente (P)	nur	only	seulement	solo	sólo/solamente
something¹ (E)	etwas	—	quelque chose	qualcosa	algo
something² (E)	irgendetwas	—	n'importe quoi	qualsiasi cosa	algo
sometimes (E)	manchmal	—	quelquefois	talvolta	a veces
somewhere (E)	irgendwo	—	n'importe où	in qualche posto	en alguna parte
somma (I)	Summe f	sum	somme f	—	suma f
sommar (SV)	Sommer m	summer	été m	estate f	verano m
somme (F)	Summe f	sum	—	somma f	suma f
Sommer (D)	—	summer	été m	estate f	verano m
sommet (F)	Gipfel m	peak	—	cima f	cumbre f
somna (SV)	einschlafen	fall asleep	endormir, s'	addormentarsi	dormirse
soms (NL)	manchmal	sometimes	quelquefois	talvolta	a veces
son (E)	Sohn m	—	fils m	figlio m	hijo m
son (F)	Ton m	sound	—	suono m	sonido m
son (SV)	Sohn m	son	fils m	figlio m	hijo m
soñar (ES)	träumen	dream	rêver	sognare	—
sönder¹ (SV)	defekt	defective	défectueux(euse)	guasto(a)	defectuoso(a)
sönder² (SV)	kaputt	broken	cassé(e)	rotto(a)	roto(a)
Sonderangebot (D)	—	special offer	offre spéciale f	offerta speciale f	oferta especial f
song (E)	Lied n	—	chanson f	canzone f	canción f
sonhar (P)	träumen	dream	rêver	sognare	soñar
sonho (P)	Traum m	dream	rêve m	sogno m	sueño m
sonido (ES)	Ton m	sound	son m	suono m	—
Sonne (D)	—	sun	soleil m	sole m	sol m
Sonnenbrand (D)	—	sunburn	coup de soleil m	scottatura solare f	quemadura solar f
Sonnenbrille (D)	—	sunglasses	lunettes de soleil m/pl	occhiali da sole m/pl	gafas de sol f/pl

Sonnenbrille

P	NL	SV	PL	CZ	H
candidatura f	—	platsansökan u	ubieganie się n	žádost uchazeče f	megpályázás
candidatar-se	—	söka en plats	starać, się	ucházet, se	megpályázik
somente	slechts/alleen	bara	tylko	jen	csak
só	alleen	ensam	sam	sám	egyedül
só	alleen	ensam	sam	sám	egyedül
somente	slechts/alleen	bara	tylko	jen	csak
—	oplossen	lösa upp	rozpuszczać <rozpuścić>	rozpouštět <rozpustit>	feloszlat
—	oplossen	ta loss	rozwiązywać <rozwiązać>	uvolňovat <uvolnit>	leválaszt
—	ongehuwd	ogift	stanu wolnego	svobodný	nőtlen
solteiro	ongehuwd	ogift	stanu wolnego	svobodný	nőtlen
—	oplossing f	lösning u	rozwiązanie n	řešení n	megoldás
solução f	oplossing f	lösning u	rozwiązanie n	řešení n	megoldás
solução f	oplossing f	lösning u	rozwiązanie n	řešení n	megoldás
solução f	oplossing f	lösning u	rozwiązanie n	řešení n	megoldás
solução f	oplossing f	lösning u	rozwiązanie n	řešení n	megoldás
soltar	oplossen	ta loss	rozwiązywać <rozwiązać>	uvolňovat <uvolnit>	leválaszt
—	toon m	ton u	ton m	tón m	hang
soma f	—	summa u	suma f	součet m	összeg
—	som f	summa u	suma f	součet m	összeg
sombra f	schaduw m	skugga u	cień m	stín m	árnyék
—	schaduw m	skugga u	cień m	stín m	árnyék
escuro	donker	mörk	ciemno	tmavý	sötét
—	schaduwrijk	skuggig	cienisty	stinný	árnyékos
chapéu m	hoed m	hatt u	kapelusz m	klobouk m	kalap
alguns	enige	några	niektóre	některé	néhány
qualquer um(a)	een of ander	någon	jakakolwiek	nějaká	valamilyen
alguém	iemand	någon	ktoś	někdo	valaki
de qualquer modo	hoe dan ook	på ett eller annat sätt	jakoś	nějak	valahogy
—	slechts/alleen	bara	tylko	jen	csak
alguma coisa	iets	något	coś	něco	valami
qualquer coisa	het een of ander	något	coś	něco	valami
às vezes	soms	ibland	czasem	někdy	néha
algures	ergens	någonstans	gdziekolwiek	někde	valahol
soma f	som f	summa u	suma f	součet m	összeg
verão m	zomer m	—	lato n	léto n	nyár
soma f	som f	summa u	suma f	součet m	összeg
verão m	zomer m	sommar u	lato n	léto n	nyár
cume m	top m	topp u	szczyt m	špička f	hegycsúcs
adormecer	inslapen	—	zasypiać <zasnąć>	usínat <usnout>	elalszik
às vezes	—	ibland	czasem	někdy	néha
filho m	zoon m	son u	syn m	syn m	fiú
som m	toon m	ton u	ton m	tón m	hang
filho m	zoon m	—	syn m	syn m	fiú
sonhar	dromen	drömma	śnić	snívat <snít>	álmodik
defeituoso	defect	—	uszkodzony	defektní	hibás
estragado	kapot	—	zepsuty	rozbitý	tönkrement
saldo m	speciale aanbieding f	extraerbjudande n	oferta specjalna f	zvláštní nabídka f	akciós árú
canção f	lied m	sång u	piosenka f	píseň f	dal
—	dromen	drömma	śnić	snívat <snít>	álmodik
—	droom m	dröm u	sen m	sen m	álom
som m	toon m	ton u	ton m	tón m	hang
sol m	zon f	sol u	słońce n	slunce n	nap
queimadura solar f	zonnebrand m	svidande solbränna u	oparzenie słonecznen	úpal m	lesülés
óculos de sol m	zonnebril m	solglasögon pl	okulary przeciwsłoneczne pl	sluneční brýle pl	napszemüveg

sonner

	D	E	F	I	ES
sonner (F)	klingeln	ring the bell	—	suonare	tocar el timbre
sonnette (F)	Klingel f	bell	—	campanello m	timbre m
sonnig (D)	—	sunny	ensoleillé(e)	sereno(a)	soleado(a)
soon (E)	bald	—	bientôt	presto	pronto
sooner (E)	eher	—	plus tôt	prima	antes
soort (NL)	Art f	species	espèce f	specie f	especie f
sopa (ES)	Suppe f	soup	soupe f	zuppa f	—
sopa (P)	Suppe f	soup	soupe f	zuppa f	sopa f
sopa (SV)	fegen	sweep	balayer	scopare	barrer
sophink (SV)	Mülleimer m	dustbin	poubelle f	pattumiera m	cubo de basura m
sopkvast (SV)	Besen m	broom	balai m	scopa f	escoba f
soportar (ES)	ertragen	bear	supporter	sopportare	—
soppa (SV)	Suppe f	soup	soupe f	zuppa f	sopa f
sopportare (I)	ertragen	bear	supporter	—	soportar
sopportare (I)	aushalten	bear	supporter	—	aguantar
sopra¹ (I)	darüber	above	au-dessus	—	por encima
sopra² (I)	oben	above	en haut	—	arriba
sör (H)	Bier n	beer	bière f	birra f	cerveza f
sorella (I)	Schwester f	sister	sœur f	—	hermana f
sore throat (E)	Halsschmerzen pl	—	mal de gorge m	mal di gola m	dolor de garanta m
Sorge (D)	—	concern	souci m	preoccupazione f	preocupación f
sorgen (D)	—	worry about	occuper de, s'	prendersi cura di	atender/ocuparse de
sorgfältig (D)	—	careful(ly)	soigneux(euse)	accurato(a)	cuidadoso(a)
sorpassare (I)	überholen	overtake	doubler	—	adelantar
sorprender (ES)	überraschen	surprise	surprendre	sorprendere	—
sorprendere (I)	überraschen	surprise	surprendre	—	sorprender
sorpresa (I)	Überraschung f	surprise	surprise f	—	sorpresa f
sorpresa (ES)	Überraschung f	surprise	surprise f	sorpresa f	—
sors (H)	Schicksal n	fate	destin m	destino m	destino m
sorte (P)	Glück n	luck	chance f	fortuna f	suerte f
sortie¹ (F)	Ausgang m	exit	—	uscita f	salida f
sortie² (F)	Ausfahrt f	exit	—	uscita f	salida f
sortie de secours (F)	Notausgang m	emergency exit	—	uscita di sicurezza f	salida de emergencia f
sortir (F)	hinausgehen	go out	—	uscire	salir
sortir du pays (F)	ausreisen	leave the country	—	espatriare	salir
sorvegliare (I)	überwachen	supervise	surveiller	—	vigilar
sos (PL)	Soße f	sauce	sauce f	salsa f	salsa f
sospechoso(a) (ES)	verdächtig	suspicious	suspect(e)	sospetto(a)	—
sospetto(a) (I)	verdächtig	suspicious	suspect(e)	—	sospechoso(a)
Soße (D)	—	sauce	sauce f	salsa f	salsa f
sostegno (I)	Unterstützung f	support	soutien m	—	apoyo m
sostituire (I)	ersetzen	replace	remplacer	—	sustituir
söt¹ (SV)	niedlich	sweet	mignon(ne)	carino(a)	bonito(a)
söt² (SV)	süß	sweet	sucré(e)	dolce	dulce
sőt (H)	sogar	even	même	perfino	incluso
sótano (ES)	Keller m	cellar	cave f	cantina f	—
sötét (H)	dunkel	dark	sombre	scuro(a)	oscuro(a)
sötétség (H)	Finsternis f	darkness	obscurité f	buio m	oscuridad f
sottile (I)	fein	fine	fin(e)	—	fino(a)
sotto (I)	darunter	underneath	au-dessous	—	por debajo
sotto/giù (I)	unten	downstairs	dessous	—	abajo

sotto/giù

P	NL	SV	PL	CZ	H
tocar	bellen	ringa på	dzwonić <zadzwonić>	zvonil <zazvonit>	csönget
campainha f	bel f	ringklocka u	dzwonek m	zvonek m	csengő
soalheiro	zonnig	solig	słoneczny	slunečný	napsütéses
em breve	gauw	snart	wkrótce	brzy	hamar
antes	eerder	förr	raczej	spíše	hamarabb
espécie f	—	slag n	gatunek m	druh m	faj
sopa f	soep f	soppa u	zupa f	polévka f	leves
—	soep f	soppa u	zupa f	polévka f	leves
varrer	vegen	—	zamiatać <zamieść>	zametat <zamést>	felsöpör
balde do lixo m	vuilnisemmer m	—	kubeł na śmieci m	nádoba na odpadky f	szemetesvödör
vassoura f	bezem m	—	miotła f	smeták m	seprű
suportar	verdragen	tåla	znosić <znieść>	snášet <snést>	kibír
sopa f	soep f	—	zupa f	polévka f	leves
suportar	verdragen	tåla	znosić <znieść>	snášet <snést>	kibír
aguentar	uithouden	uthärda	wytrzymywać <wytrzymać>	vydržovat <vydržet>	elvisel
por cima	daarover	under tiden	o tym	o tom	felette
em cima	boven	ovan	na górze	nahoře	fenn
cerveja f	bier n	öl u,n	piwo n	pivo n	—
irmã f	zuster f	syster u	giostra f	sestra f	leánytestvér
dores de garganta f/pl	keelpijn f	halsont u	ból gardła m	bolesti v krku f/pl	torokfájás
preocupação f	zorg f	bekymmer pl	troska f	starost f	gond
preocupar	zorgen	oroa sig	troszczyć, się	starat, se <postarat, se>	gondoskodik
cuidadoso	zorgvuldig	omsorgsfull	staranny	pečlivý	gondos
ultrapassar	inhalen	köra förbi	wyprzedzać	předjíždět <předjet>	megelőz
surpreender	verrassen	överraska	zaskakiwać	překvapovat <překvapit>	meglep
surpreender	verrassen	överraska	zaskakiwać	překvapovat <překvapit>	meglep
surpresa f	verrassing f	överraskning u	niespodzianka f	překvapení n	meglepetés
surpresa f	verrassing f	överraskning u	niespodzianka f	překvapení n	meglepetés
destino m	noodlot n	öde n	przeznaczenie n	osud m	—
—	geluk n	lycka u	szczęście n	štěstí n	szerencse
saída f	uitgang m	utgång u	wyjście n	východ m	kijárat
saída f	uitvaren m	utfart u	wyjazd m	výjezd m	kijárat
saída de emergência f	nooduitgang m	nödutgång u	wyjście awaryjne n	nouzový východ m	vészkijárat
sair	naar buiten gaan	gå ut	wychodzić <wyjść>	vycházet <vyjít> ven	kimegy
sair	(uit)reizen	avresa	wyjeżdżać <wyjechać>	odjíždět <odjet>	kiutazik
supervisionar	bewaken	övervaka	nadzorować	sledovat	ellenőriz
molho m	saus f	sås u	—	omáčka f	mártás
suspeito	verdacht	misstänkt	podejrzany	podezřelý	gyanús
suspeito	verdacht	misstänkt	podejrzany	podezřelý	gyanús
molho m	saus f	sås u	sos m	omáčka f	mártás
apoio m	ondersteuning f	stöd n	wsparcie n	podpora f	támogatás
substituir	vervangen	byta ut	zastępować <zastąpić>	nahrazovat <nahradit>	pótol
amoroso	schattig	—	śliczny	roztomilý	aranyos
doce f	zoet	—	słodki	sladký	édes
até	zelfs	till och med	nawet	dokonce	—
cave f	kelder m	källare u	piwnica f	sklep m	pince
escuro	donker	mörk	ciemno	tmavý	—
escuridão f	duisternis f	mörker u	ciemności f/pl	temno n	—
fino	fijn	fin	drobny	jemný	finom
debaixo	daaronder	under detta	pod tym	pod tím	alatta
em baixo	beneden	nere	na dole	dole	lent

sottosopra

	D	E	F	I	ES
sottosopra (I)	durcheinander	in a muddle	pêle-mêle	—	en desorden
současně (CZ)	gleichzeitig	simultaneous	en même temps	contemporaneo(a)	a la vez
součet (CZ)	Summe f	sum	somme f	somma f	suma f
souci (F)	Sorge f	concern	—	preoccupazione f	preocupación f
soucit (CZ)	Mitleid n	pity	compassion f	compassione f	compasión f
soud (CZ)	Gericht n	court	tribunal m	tribunale m	tribunal m
soudce (CZ)	Richter m	judge	juge m	giudice m	juez m
souffrir (F)	leiden	suffer	—	soffrire	sufrir
souhait (F)	Wunsch m	wish	—	desiderio m	deseo m
souhaiter (F)	wünschen	wish	—	desiderare	desear
souhlasit (CZ)	zustimmen	agree	être d'accord	acconsentire	consentir
souhlasit <odsouhlasit>[1] (CZ)	einverstanden	agreed	d'accord	d'accordo	de acuerdo
souhlasit <odsouhlasit>[2] (CZ)	bejahen	agree with	répondre par l'affirmative à	approvare	afirmar
soukromý (CZ)	privat	private	privé(e)	privato(a)	privado(a)
soulever (F)	heben	lift	—	alzare	levantar
sound[1] (E)	Geräusch n	—	bruit m	rumore m	ruido m
sound[2] (E)	Ton m	—	son m	suono m	sonido m
soup (E)	Suppe f	—	soupe f	zuppa f	sopa f
soupe (F)	Suppe f	soup	—	zuppa f	sopa f
sour (E)	sauer	—	aigre	acido(a)	agrio(a)
sourozenci (CZ)	Geschwister pl	brothers and sisters	frère(s) et sœur(s) pl	fratelli e sorelle pl	hermanos m/pl
sous (F)	unter	under	—	al di sotto di	debajo de
soustřeďovat, se <soustředit, se> (CZ)	konzentrieren	concentrate	concentrer	concentrare	concentrar
sous-vêtements (F)	Unterwäsche f	underwear	—	biancheria intima f	ropa interior f
soutenir (F)	unterstützen	support	—	assistere	apoyar
south (E)	Süden m	—	sud m	sud	sur m
soutien (F)	Unterstützung f	support	—	sostegno m	apoyo m
souvenir (E)	Andenken n	—	souvenir m	ricordo m	recuerdo m
souvenir[1] (F)	Andenken n	souvenir	—	ricordo m	recuerdo m
souvenir[2] (F)	Erinnerung f	memory	—	ricordo m	memoria f
souvenir de, se (F)	gedenken	remember	—	ricordare	commemorar
souvent (F)	oft	often	—	spesso	a menudo
soužení (CZ)	Kummer m	grief	chagrin m	dolore m	pena f
sova (SV)	schlafen	sleep	dormir	dormire	dormir
sovány (H)	mager	skinny	maigre	magro(a)	delgado(a)
sovrum (SV)	Schlafzimmer n	bedroom	chambre à coucher f	camera da letto f	dormitorio m
spaarzaam (NL)	sparsam	economical	économe	parsimonioso(a)	económico(a)
spacerować <pospacerować> (PL)	bummeln	stroll	flâner	girellare	andar paseando
spacieux(euse) (F)	geräumig	spacious	—	spazioso(a)	espacioso(a)
spacious (E)	geräumig	—	spacieux(euse)	spazioso(a)	espacioso(a)
spać <pospać> (PL)	schlafen	sleep	dormir	dormire	dormir
spadać <spaść> (PL)	stürzen	fall	tomber	cadere	caer
spädbarn (SV)	Baby n	baby	bébé m	bebè m	bebé m
Spagna (I)	Spanien n	Spain	Espagne f	—	España f
Spain (E)	Spanien n	—	Espagne f	Spagna f	España f
spalać (PL)	verbrennen	burn	brûler	bruciare	quemar
spalać <spalić> (PL)	brennen	burn	brûler	bruciare	arder
spalla (I)	Schulter f	shoulder	épaule f	—	hombro m
spalovat <spálit> (CZ)	verbrennen	burn	brûler	bruciare	quemar
Španělsko (CZ)	Spanien n	Spain	Espagne f	Spagna f	España f
Spanien (D)	—	Spain	Espagne f	Spagna f	España f

Spanien

P	NL	SV	PL	CZ	H
em desordem	door elkaar	i en enda röra	bezładnie	v nepořádku	összevissza
simultâneo	gelijktijdig	samtidigt	równocześnie	—	egyszerre
soma f	som f	summa u	suma f	—	összeg
preocupação f	zorg f	bekymmer pl	troska f	starost f	gond
compaixão f	medelijden n	medlidande n	litość f	—	részvét
tribunal m	gerecht n	rätt u	sąd m	—	bíróság
juiz m	rechter m	domare u	sędzia m	—	bíró
sofrer	lijden	lida	cierpieć	trpět <utrpět>	szenved
desejo m	wens m	önskan u	życzenie n	přání n	kívánság
desejar	wensen	önska	życzyć	přát <popřát>	kíván
consentir	toestemmen	instämma	zgadzać się	—	helyesel
de acordo	akkoord	överens	zgadzać się <zgodzić się>	—	rendben van
afirmar	bevestigen	jaka	odpowiadać twierdząco <odpowiedzieć twierdząco>	—	igennel válaszol
particular	privé	privat	prywatny	—	privát
levantar	heffen	häva	podnosić <podnieść>	zdvihat <zdvihnout>	emel
ruído m	geruis n	buller n	dźwięk m	zvuk m	zörej
som m	toon m	ton u	ton m	tón m	hang
sopa f	soep f	soppa u	zupa f	polévka f	leves
sopa f	soep f	soppa u	zupa f	polévka f	leves
amargo	zuur	sur	kwaśny	kyselý	savanyú
irmãos m/pl	broers en zusters pl	syskon pl	rodzeństwo n	—	testvérek
por baixo de	onder	under	pod	pod	alatt
concentrar-se	concentreren	koncentrera	koncentrować <skoncentrować>	—	koncentrál
roupa f interior	ondergoed n	underkläder pl	bielizna osobista f	spodní prádlo n	alsónemű
apoiar	ondersteunen	stödja	wspierać	podporovat <podpořit>	támogat
sul m	zuiden n	söder u	południe n	jih m	dél
apoio m	ondersteuning f	stöd n	wsparcie n	podpora f	támogatás
recordação f	aandenken n	minne n	pamiątka f	suvenýr m	emlék
recordação f	aandenken n	minne n	pamiątka f	suvenýr m	emlék
recordação f	herinnering f	minne n	wspomnienie n	vzpomínka f	emlék
lembrar-se	gedenken	komma ihåg	wspominać <wspomnieć>	vzpomínat <vzpomenout>	megemlékez
frequentemente	vaak	ofta	często	často	sokszor
desgosto m	kommer m	bekymmer n	zmartwienie n	—	bánat
dormir	slapen	—	spać <pospać>	spát <vyspat>	alszik
magro	mager	mager	chudy	hubený	—
quarto de dormir m	slaapkamer f	—	sypialnia f	ložnice f	hálószoba
poupado	—	sparsam	oszczędny	spořivý	takarékos
passear	wandelen	promenera	—	potulovat se	sétálgat
espaçoso	ruim	rymlig	obszerny	prostorný	tágas
espaçoso	ruim	rymlig	obszerny	prostorný	tágas
dormir	slapen	sova	—	spát <vyspat>	alszik
cair	vallen	falla	—	svrhnout	zuhan
bebé m/f	baby m	—	niemowlę n	baby n	csecsemő
Espanha f	Spanje n	Spanien	Hiszpania f	Španělsko n	Spanyolország
Espanha f	Spanje n	Spanien	Hiszpania f	Španělsko n	Spanyolország
queimar	verbranden	brinna upp	—	spalovat <spálit>	eléget
queimar	branden	bränna	—	hořet <shořet>	ég
ombro m	schouder f	axel u	ramię n	rameno n	váll
queimar	verbranden	brinna upp	spalać	—	eléget
Espanha f	Spanje n	Spanien	Hiszpania f	—	Spanyolország
Espanha f	Spanje n	Spanien	Hiszpania f	Španělsko n	Spanyolország

Spanien

	D	E	F	I	ES
Spanien (SV)	Spanien n	Spain	Espagne f	Spagna f	España f
Spanje (NL)	Spanien n	Spain	Espagne f	Spagna f	España f
spänna fast (SV)	anschnallen	fasten belts	attacher	allacciare	ponerse el cinturón (de seguridad)
Spanyolország (H)	Spanien n	Spain	Espagne f	Spagna f	España f
sparare (I)	schießen	shoot	tirer	—	disparar
sparire (I)	verschwinden	disappear	disparaître	—	desaparecer
sparsam (D)	—	economical	économe	parsimonioso(a)	económico(a)
sparsam (SV)	sparsam	economical	économe	parsimonioso(a)	económico(a)
spartire (I)	aufteilen	divide	diviser	—	repartir
Spaß (D)	—	fun	plaisir m	scherzo m	diversión f
spät (D)	—	late	tard	tardi	tarde
špatný (CZ)	schlecht	bad	mauvais(e)	cattivo	malo(a)
spát <vyspat> (CZ)	schlafen	sleep	dormir	dormire	dormir
spaventare (I)	erschrecken	frighten	effrayer	—	asustar
spaventoso(a) (I)	schrecklich	terrible	terrible	—	horrible
spazieren gehen (D)	—	go for a walk	promener, se	passeggiare	ir de paseo/pasearse
spazioso(a) (I)	geräumig	spacious	spacieux(euse)	—	espacioso(a)
spazzola (I)	Bürste f	brush	brosse f	—	cepillo m
spazzolino da denti (I)	Zahnbürste f	toothbrush	brosse à dents f	—	cepillo de dientes m
speak (E)	sprechen	—	parler	parlare	hablar
specchio (I)	Spiegel m	mirror	miroir m	—	espejo m
spěchat <pospíšit si> (CZ)	eilen	hurry	dépêcher, se	andare in fretta	darse prisa
spěchat <pospíšit> (CZ)	beeilen, sich	hurry up	dépêcher, se	affrettarsi	darse prisa
speciale aanbieding (NL)	Sonderangebot n	special offer	offre spéciale f	offerta speciale f	oferta especial f
special offer (E)	Sonderangebot n	—	offre spéciale f	offerta speciale f	oferta especial f
specie (I)	Art f	species	espèce f	—	especie f
species (E)	Art f	—	espèce f	specie f	especie f
spectateur (F)	Zuschauer m	spectator	—	spettatore m	espectador m
spectateurs (F)	Publikum n	audience	—	pubblico m	público m
spectator (E)	Zuschauer m	—	spectateur m	spettatore m	espectador m
spedire un fax (I)	faxen	fax	faxer	—	mandar un fax
spędzać (PL)	verbringen	spend	passer	passare	pasar
speech (E)	Rede f	—	discours m	discorso m	discurso m
speed (E)	Geschwindigkeit f	—	vitesse f	velocità f	velocidad f
speed trap (E)	Radarkontrolle f	—	contrôle radar m	controllo radar m	control de radar m
spegel (SV)	Spiegel m	mirror	miroir m	specchio m	espejo m
spegnere¹ (I)	abstellen	turn off	arrêter	—	desconectar
spegnere² (I)	ausschalten	switch off	arrêter	—	desconectar
spegnere³ (I)	löschen	extinguish	éteindre	—	apagar
Speisekarte (D)	—	menu	menu m	menu m	lista de platos f
spel (NL)	Spiel n	game	jeu m	gioco m	juego m
spel (SV)	Spiel n	game	jeu m	gioco m	juego m
spelen (NL)	spielen	play	jouer	giocare	jugar
spell (E)	buchstabieren	—	épeler	sillabare	deletrear
spellen (NL)	buchstabieren	spell	épeler	sillabare	deletrear
spenat (SV)	Spinat m	spinach	épinard m	spinaci m pl	espinacas f pl
špenát (CZ)	Spinat m	spinach	épinard m	spinaci m pl	espinacas f pl
spend (E)	verbringen	—	passer	passare	pasar
spenót (H)	Spinat m	spinach	épinard m	spinaci m pl	espinacas f pl
spensierato(a) (I)	leichtsinnig	careless	étourdi(e)	—	imprudente

spensierato(a)

P	NL	SV	PL	CZ	H
Espanha f	Spanje n	—	Hiszpania f	Španělsko n	Spanyolország
Espanha f	—	Spanien	Hiszpania f	Španělsko n	Spanyolország
apertar o cinto	vastgespen	—	zapiąć pasy	připoutávat, se <připoutat, se>	felcsatol
Espanha f	Spanje n	Spanien	Hiszpania f	Španělsko n	—
disparar	schieten	skjuta	strzelać <strzelić>	střílet <vystřelit>	lő
desaparecer	verdwijnen	försvinna	zniknąć	mizet <zmizet>	eltűnik
poupado	spaarzaam	sparsam	oszczędny	spořivý	takarékos
poupado	spaarzaam	—	oszczędny	spořivý	takarékos
repartir	verdelen	dela upp	podzielić	rozdělovat <rozdělit>	feloszt
brincadeira f	plezier n	skoj n	żart m	žert m	tréfa
tarde	laat	sent	późno	pozdě	késő
mau	slecht	dålig	zły	—	rossz
dormir	slapen	sova	spać <pospać>	—	alszik
assustar	schrikken	förskräckas	przestraszyć	děsit <vyděsit>	megijed
horrível	verschrikkelijk	förskräcklig	straszny	strašný	borzasztó
ir passear	wandelen	promenera	iść na spacer <pójść na spacer>	procházet, se <projít, se>	sétálni megy
espaçoso	ruim	rymlig	obszerny	prostorný	tágas
escova f	borstel m	borste u	szczotka f	kartáč m	kefe
escova de dentes f	tandenborstel m	tandborste u	szczoteczka do zębów f	zubní kartáček m	fogkefe
falar	spreken	prata	mówić <powiedzieć>	mluvit <promluvit>	beszél
espelho m	spiegel m	spegel u	lustro n	zrcadlo n	tükör
apressar	haasten, zich	skynda	pospieszać <pospieszyć>	—	siet
apressar-se	haasten, zich	skynda sig	spieszyć, się <pospieszyć się>	—	siet
saldo m	—	extraerbjudande n	oferta specjalna f	zvláštní nabídka f	akciós áru
saldo m	speciale aanbieding f	extraerbjudande n	oferta specjalna f	zvláštní nabídka f	akciós áru
espécie f	soort m	slag n	gatunek m	druh m	faj
espécie f	soort m	slag n	gatunek m	druh m	faj
espectador m	toeschouwer m	åskådare u	widz m	divák m	néző
público m	publiek n	publik u	publiczność f	publikum n	közönség
espectador m	toeschouwer m	åskådare u	widz m	divák m	néző
mandar por telefax	faxen	skicka ett fax	faksować	faxovat	faxol
passar	doorbrengen	tillbringa	—	trávit <strávit>	tölt
discurso m	rede f	tal n	mowa f	řeč f	beszéd
velocidade f	snelheid f	hastighet u	prędkość f	rychlost f	sebesség
controlo por radar m	radarcontrole f	radarkontroll u	kontrola radarowa f	radarová kontrola f	radárellenőrzés
espelho m	spiegel m	—	lustro n	zrcadlo n	tükör
desligar	afzetten	ställa ned	odstawiać <odstawić>	odstavit	félretesz
desligar	uitschakelen	koppla ifrån	wyłączać <wyłączyć>	vypínat <vypnout>	kikapcsol
apagar	blussen	släcka	gasić <zgasić>	hasit <uhasit>	olt
ementa f	spijskaart f	matsedel u	jadłospis m	jídelní lístek m	étlap
jogo m	—	spel n	gra f	hra f	játék
jogo m	spel n	—	gra f	hra f	játék
jogar	—	leka	grać <zagrać>	hrát <zahrát>	játszik
soletrar	spellen	stava	literować	hláskovat <odhláskovat>	betűz
soletrar	—	stava	literować	hláskovat <odhláskovat>	betűz
espinafre m	spinazie m	—	szpinak m	špenát m	spenót
espinafre m	spinazie m	spenat u	szpinak m	—	spenót
passar	doorbrengen	tillbringa	spędzać	trávit <strávit>	tölt
espinafre m	spinazie m	spenat u	szpinak m	špenát m	—
leviano	lichtzinnig	lättsinnig	lekkomyślny	lehkomyslně	könnyelmű

sperare

	D	E	F	I	ES
sperare (I)	hoffen	hope	espérer	—	esperar
speriamo che (I)	hoffentlich	hopefully	espérons	—	ojalá (que)
šperky (CZ)	Schmuck m	jewellery	bijoux m/pl	gioielli m/pl	joyas f/pl
spesa (I)	Einkauf m	shopping	achat m	—	compra f
spese (I)	Kosten pl	expenses	coûts m/pl	—	costes m/pl
spesso (I)	oft	often	souvent	—	a menudo
spettatore (I)	Zuschauer m	spectator	spectateur m	—	espectador m
spezie (I)	Gewürz n	spice	épice f	—	especia f
spiacevole (I)	unangenehm	unpleasant	désagréable	—	desagradable
spiaggia (I)	Strand m	beach	plage m	—	playa f
spiccioli (I)	Kleingeld n	small change	monnaie f	—	cambio m
spice (E)	Gewürz n	—	épice f	spezie f/pl	especia f
špička (CZ)	Gipfel m	peak	sommet m	cima f	cumbre f
spiegare (I)	erklären	explain	expliquer	—	explicar
Spiegel (D)	—	mirror	miroir m	specchio m	espejo m
spiegel (NL)	Spiegel m	mirror	miroir m	specchio m	espejo m
Spiel (D)	—	game	jeu m	gioco m	juego m
spielen (D)	—	play	jouer	giocare	jugar
spier (NL)	Muskel m	muscle	muscle m	muscolo m	músculo m
spieszyć, się <pospieszyć się> (PL)	beeilen, sich	hurry up	dépêcher, se	affrettarsi	darse prisa
śpiew (PL)	Gesang m	singing	chant m	canto m	canto m
śpiewać <zaśpiewać> (PL)	singen	sing	chanter	cantare	cantar
spijskaart (NL)	Speisekarte f	menu	menu m	menu m	lista de platos f
spijt (NL)	Bedauern n	regret	regret m	dispiacere m	compasión f
špína (CZ)	Schmutz m	dirt	saleté f	sporcizia f	suciedad f
spinach (E)	Spinat m	—	épinard m	spinaci m pl	espinacas f pl
spinaci m (I)	Spinat m	spinach	épinard m	—	espinacas f pl
Spinat (D)	—	spinach	épinard m	spinaci m pl	espinacas f pl
špinavý (CZ)	dreckig	dirty	sale	sporco(a)	sucio(a)
špinavý (CZ)	schmutzig	dirty	sale	sporco(a)	sucio(a)
spinazie (NL)	Spinat m	spinach	épinard m	spinaci m pl	espinacas f pl
spine (E)	Wirbelsäule f	—	colonne vertébrale f	colonna vertebrale f	columna vertebral f
spingere (I)	schieben	push	pousser	—	empujar
spirit (E)	Geist m	—	esprit m	spirito m	espíritu m
spirito (I)	Geist m	spirit	esprit m	—	espíritu m
spirits (E)	Schnaps m	—	eau-de-vie f	acquavite f	aguardiente m
spis (PL)	Verzeichnis n	list	registre m	elenco m	registro m
spíše (CZ)	eher	sooner	plus tôt	prima	antes
splácet <splatit> (CZ)	zurückzahlen	pay back	rembourser	rimborsare	devolver
splendere (I)	glänzen	shine	briller	—	brillar
splňovat <splnit> (CZ)	erfüllen	fulfil	remplir	esaudire	conceder
spódnica (PL)	Rock m	skirt	jupe f	gonna f	falda f
spodnie (PL)	Hose f	trousers	pantalon m	pantalone m	pantalón m
spodní prádlo (CZ)	Unterwäsche f	underwear	sous-vêtements m/pl	biancheria intima f	ropa interior f
spoil (E)	verwöhnen	—	gâter	viziare	mimar
Spojené státy (CZ)	Vereinigte Staaten pl	United States	Etats-Unis m/pl	Stati Uniti m/pl	Estados Unidos m/pl
spojení (CZ)	Verbindung f	connection	relation f	relazione f	relación f
spojrzenie (PL)	Blick m	look	regard m	sguardo m	vista f
spokój (PL)	Ruhe f	calm	calme m	silenzio m	calma f
spokojený (CZ)	zufrieden	satisfied	satisfait(e)	contento(a)	satisfecho(a)

spokojený

P	NL	SV	PL	CZ	H
esperar	hopen	hoppas	mieć nadzieję	doufat	remél
oxalá	hopelijk	förhoppningsvis	mam nadzieję, że	doufejme	remélhetően
jóias f	sieraad n	smycke n	biżuteria f	—	ékszer
compra f	inkoop m	inköp n	zakup m	nákup m	bevásárlás
custo m	kosten m/pl	kostnader pl	koszty m/pl	náklady pl	költségek
frequentemente	vaak	ofta	często	často	sokszor
espectador m	toeschouwer m	åskådare u	widz m	divák m	néző
especiaria f	kruiden n/pl	krydda u	przyprawa f	koření n	fűszer
desagradável	onaangenaam	obehaglig	nieprzyjemnie	nepříjemný	kellemetlen
praia f	strand n	strand u	plaża f	pláž f	strand
trocos m	kleingeld n	växelpengar pl	drobne pieniądze m/pl	drobné pl	aprópénz
especiaria f	kruiden n/pl	krydda u	przyprawa f	koření n	fűszer
cume m	top m	topp u	szczyt m	—	hegycsúcs
explicar	verklaren	förklara	wyjaśniać <wyjaśnić>	vysvětlovat <vysvětlit>	megmagyaráz
espelho m	spiegel m	spegel u	lustro n	zrcadlo n	tükör
espelho m	—	spegel u	lustro n	zrcadlo n	tükör
jogo m	spel n	spel n	gra f	hra f	játék
jogar	spelen	leka	grać <zagrać>	hrát <zahrát>	játszik
músculo m	—	muskel u	mięsień m	sval m	izom
apressar-se	haasten, zich	skynda sig	—	spěchat <pospíšit>	siet
canto m	gezang n	sång u	—	zpěv m	ének
cantar	zingen	sjunga	—	zpívat <zazpívat>	énekel
ementa f	—	matsedel u	jadłospis m	jídelní lístek m	étlap
pesar m	—	beklagande n	żal m	politování n	sajnálat
sujidade f	vuil n	smuts u	brud m	—	piszok
espinafre m	spinazie m	spenat u	szpinak m	špenát m	spenót
espinafre m	spinazie m	spenat u	szpinak m	špenát m	spenót
espinafre m	spinazie m	spenat u	szpinak m	špenát m	spenót
sujo	vuil	smutsig	brudny	—	koszos
sujo	vuil	smutsig	brudny	—	piszkos
espinafre m	—	spenat u	szpinak m	špenát m	spenót
coluna vertebral f	ruggengraat m	ryggrad u	kręgosłup m	páteř f	gerincoszlop
empurrar	schuiven	skjuta	przesuwać <przesunąć>	posouvat <posunout>	tol
espírito m	geest m	ande u	duch m	duch m	szellem
espírito m	geest m	ande u	duch m	duch m	szellem
aguardente f	borrel m	snaps u	wódka f	kořalka f	pálinka
lista f	lijst m	förteckning u	—	seznam m	jegyzék
antes	eerder	förr	raczej	—	hamarabb
pagar de volta	terugbetalen	betala tillbaka	zwracać dług	—	visszafizet
brilhar	blinken	glänsa	lśnić	blýskat, se <blýštit, se>	ragyog
concretizar	vervullen	uppfylla	wypełniać <wypełnić>	—	eleget tesz
saia f	rok m	kjol u	—	sukně f	szoknya
calças f/pl	broek f	byxor pl	—	kalhoty pl	nadrág
roupa f interior	ondergoed n	underkläder pl	bielizna osobista f	—	alsónemű
mimar	verwennen	skämma bort	rozpieszczać	rozmazlovat <rozmazlit>	elkényeztet
Estados Unidos m/pl	Verenigde Staten pl	Förenta staterna pl	Stany Zjednoczone pl	—	Egyesült Államok
união f	verbinding f	förbindelse u	połączenie n	—	összeköttetés
olhar m	blik m	blick u	—	pohled m	pillantás
silêncio m	rust f	lugn n	—	klid m	nyugalom
contente	tevreden	nöjd	zadowolony	—	elégedett

spokojny

	D	E	F	I	ES
spokojny (PL)	ruhig	quiet	tranquille	calmo(a)	quieto(a)
spokrewniony (PL)	verwandt	related	parent(e)	parente di	emparentado(a)
společně (CZ)	zusammen	together	ensemble	insieme	junto
spolehlivý (CZ)	zuverlässig	reliable	sûr(e)	affidabile	de confianza
spolek (CZ)	Verein m	club	association f	associazione f	asociación f
spoon (E)	Löffel m	—	cuiller f	cucchiaio m	cuchara f
spoor (NL)	Gleis n	track	voie f	binario m	vía f
spoorboekje (NL)	Fahrplan m	timetable	horaire m	orario m	horario m
spoorweg (NL)	Eisenbahn f	railway	chemin de fer m	ferrovia f	ferrocarril m
spor (CZ)	Streit m	argument	dispute f	lite f	disputa f
sporcizia (I)	Schmutz m	dirt	saleté f	—	suciedad f
sporco(a) (I)	dreckig	dirty	sale	—	sucio(a)
sporco(a) (I)	schmutzig	dirty	sale	—	sucio(a)
spořivý (CZ)	sparsam	economical	économe	parsimonioso(a)	económico(a)
Sport (D)	—	sport	sport m	sport m	deporte m
sport (E)	Sport m	—	sport m	sport m	deporte m
sport (F)	Sport m	sport	—	sport m	deporte m
sport (I)	Sport m	sport	sport m	—	deporte m
sport (NL)	Sport m	sport	sport m	sport m	deporte m
sport (SV)	Sport m	sport	sport m	sport m	deporte m
sport (PL)	Sport m	sport	sport m	sport m	deporte m
sport (CZ)	Sport m	sport	sport m	sport m	deporte m
sport (H)	Sport m	sport	sport m	sport m	deporte m
sportello (I)	Schalter m	counter	guichet m	—	ventanilla f
sposarsi (I)	heiraten	marry	marier	—	casarse
sposato(a) (I)	verheiratet	married	marié(e)	—	casado(a)
sposób (PL)	Weise f	way	manière f	maniera f	manera f
spostrzegać \<spostrzec\> (PL)	merken	notice	remarquer	accorgersi di	notar
spotkać się (PL)	treffen, sich	meet	rencontrer	incontrare	encontrarse
spotkanie (PL)	Treffen n	meeting	rencontre f	incontro m	encuentro m
spotřebovávat \<spotřebovat\> (CZ)	verbrauchen	consume	consommer	consumare	consumir
spotykać \<spotkać\> (PL)	begegnen	meet	rencontrer	incontrare	encontrarse
spóźniać się (PL)	verspäten, sich	be late	être en retard	ritardare	llevar retraso
spóźnienie (PL)	Verspätung f	delay	retard m	ritardo m	retraso m
Sprache (D)	—	language	langage m	lingua f	idioma m
spragniony (PL)	durstig	thirsty	assoiffé(e)	assetato(a)	tener sed
språk (SV)	Sprache f	language	langage m	lingua f	idioma m
spravedlivý (CZ)	gerecht	just	juste	adeguato(a)	justo(a)
správně (CZ)	richtig	correct	juste	giusto(a)	correcto(a)
správný (CZ)	korrekt	correct	correct(e)	corretto(a)	correcto(a)
spravovat \<spravit\> (CZ)	richten	direct to	diriger	dirigere	dirigir
sprawa (PL)	Angelegenheit f	affair	affaire f	affare m	asunto m
sprawdzać \<sprawdzić\>[1] (PL)	nachprüfen	check	contrôler	controllare	comprobar
sprawdzać \<sprawdzić\>[2] (PL)	prüfen	test	tester	esaminare	examinar
sprawiedliwy (PL)	gerecht	just	juste	adeguato(a)	justo(a)
sprcha (CZ)	Dusche f	shower	douche f	doccia f	ducha f
sprechen (D)	—	speak	parler	parlare	hablar
Sprechstunde (D)	—	consultation hours	heures de consultation f/pl	ora di ricevimento f	hora de consulta f
spreekuur (NL)	Sprechstunde f	consultation hours	heures de consultation f/pl	ora di ricevimento f	hora de consulta f

spreekuur

P	NL	SV	PL	CZ	H
calmo	rustig	stilla	—	klidný	nyugodt
aparentado	verwant	släkt	—	příbuzný	rokon
junto	samen	tillsammans	razem	—	együtt
de confiança	betrouwbaar	tillförlitlig	niezawodny	—	megbízható
associação f	vereniging f	förening u	stowarzyszenie n	—	egyesület
colher f	lepel m	sked u	łyżka f	lžíce f	kanál
carril m	—	järnvägsspår n	tor m	kolej f	vágány
horário m	—	tidtabell u	rozkład jazdy m	jízdní řád m	menetrend
comboio m	—	järnväg u	kolej f	železnice f	vasút
disputa f	ruzie f	bråk n	kłótnia f	—	vita
sujidade f	vuil n	smuts u	brud m	špína f	piszok
sujo	vuil	smutsig	brudny	špinavý	koszos
sujo	vuil	smutsig	brudny	špinavý	piszkos
poupado	spaarzaam	sparsam	oszczędny	—	takarékos
desporto m	sport f	sport u	sport m	sport m	sport
desporto m	sport f	sport u	sport m	sport m	sport
desporto m	sport f	sport u	sport m	sport m	sport
desporto m	sport f	sport u	sport m	sport m	sport
desporto m	—	sport u	sport m	sport m	sport
desporto m	sport f	—	sport m	sport m	sport
desporto m	sport f	sport u	—	sport m	sport
desporto m	sport f	sport u	sport m	—	sport
desporto m	sport f	sport u	sport m	sport m	—
interruptor m	schakelaar m	strömbrytare u	włącznik m	vypínač m	kapcsoló
casar	huwen	gifta sig	żenić, się <ożenić, się> / wychodzić za mąż <wyjść za mąż>	uzavírat sňatek <uzavřít sňatek>	házasságot köt
casado	gehuwd	gift	żonaty/zamężna	ženatý/vdaná	házas
maneira f	wijze	sätt n	—	sirotek m	mód
notar	bemerken	markera	—	pamatovat <zapamatovat>	észrevesz
encontrar-se	elkaar ontmoeten	träffas	—	setkávat, se <setkat, se>	találkozik
reunião f	ontmoeting f	träffa	—	setkání n	találkozás
gastar	verbruiken	förbruka	zużywać <zużyć>	—	fogyaszt
encontrar alguém	ontmoeten	möta	—	setkávat, se <setkat, se>	találkozik
atrasar-se	vertraging hebben	vara försenad	—	zpožďovat, se <zpozdit, se>	elkésik
atraso m	vertraging f	försening u	—	zpoždění n	késés
idioma m	taal f	språk n	język m	jazyk m	nyelv
ter sede	dorstig	törstig	—	žíznivý	szomjas
idioma m	taal f	—	język m	jazyk m	nyelv
justo	gerecht	rättvis	sprawiedliwy	—	igazságos
correcto	juist	rätt	właściwy	—	helyes
correcto	correct	korrekt	poprawny	—	helyes
julgar	richten	rikta	kierować <skierować>	—	irányít
assunto m	aangelegenheid f	ärende n	—	záležitost f	ügy
conferir	controleren	kontrollera	—	prezkušovat <prezkoušet>	felülvizsgál
examinar	keuren	kontrollera	—	zkoušet <zkusit>	vizsgál
justo	gerecht	rättvis	—	spravedlivý	igazságos
duche m	douche m	dusch u	prysznic m	—	zuhanyozó
falar	spreken	prata	mówić <powiedzieć>	mluvit <promluvit>	beszél
consulta f	spreekuur n	mottagningstid u	godziny przyjęć f/pl	konzultační hodiny pl	fogadóóra
consulta f	—	mottagningstid u	godziny przyjęć f/pl	konzultační hodiny pl	fogadóóra

spreekwoord

	D	E	F	I	ES
spreekwoord (NL)	Sprichwort n	proverb	proverbe m	proverbio m	proverbio m
spreken (NL)	sprechen	speak	parler	parlare	hablar
Sprichwort (D)	—	proverb	proverbe m	proverbio m	proverbio m
spricka (SV)	platzen	burst	éclater	scoppiare	reventar
spring (E)	Frühling m	—	printemps m	primavera f	primavera f
springa[1] (SV)	laufen	run	courir	correre	correr
springa[2] (SV)	rennen	run	courir	correre	correr
Spritze (D)	—	injection	piqûre f	iniezione f	inyección f
spropitné (CZ)	Trinkgeld n	tip	pourboire m	mancia f	propina f
sprostý (CZ)	gemein	mean	méchant(e)	volgare	común
spruta (SV)	Spritze f	injection	piqûre f	iniezione f	inyección f
sprzątaczka (PL)	Putzfrau f	charwoman	femme de ménage f	donna delle pulizie f	mujer de limpieza f
sprzątać <sprzątnąć> (PL)	aufräumen	clear away	ranger	mettere in ordine	arreglar
sprzeciwiać się (PL)	widersprechen	contradict	contredire	contraddire	contradecir
sprzedawać (PL)	verkaufen	sell	vendre	vendere	vender
spuchnięty (PL)	geschwollen	swollen	enflé(e)	gonfio(a)	hinchado(a)
spuit (NL)	Spritze f	injection	piqûre f	iniezione f	inyección f
spullen (NL)	Zeug n	stuff	affaires f/pl	cose f/pl	cosas f/pl
spuntare (I)	dämmern	dawn	poindre	—	amanecer
spuntino (I)	Imbiss m	snack	casse-croûte m	—	refrigerio m
squadra (I)	Mannschaft f	team	équipe f	—	equipo m
square (E)	quadratisch	—	carré(e)	quadrato(a)	cuadrado(a)
square[1] (E)	Quadrat n	—	carré m	quadrato m	cuadrado m
square[2] (E)	Platz m	—	place f	piazza f	plaza f
squisito(a) (I)	köstlich	delicious	savoureux(euse)	—	exquisito(a)
s radostí (CZ)	gern	willingly	avec plaisir	volentieri	con gusto
srdce (CZ)	Herz n	heart	cœur m	cuore m	corazón m
srdečný (CZ)	herzlich	cordial	cordial(e)	cordiale	cordial
srna (CZ)	Reh n	deer	chevreuil m	capriolo m	corzo m
środek (PL)	Mitte f	middle	milieu m	centro m	medio m
środek piorący (PL)	Waschmittel n	detergent	lessive f	detersivo m	detergente m
środowisko (PL)	Umwelt f	environment	environnement m	ambiente m	medio ambiente m
srovnání (CZ)	Vergleich m	comparsion	comparaison f	paragone m	comparación f
ssać (PL)	lutschen	suck	sucer	succhiare	chupar
stå (SV)	stehen	stand	être debout	stare in piedi	estar de pie
staan (NL)	stehen	stand	être debout	stare in piedi	estar de pie
Staat (D)	—	state	état m	stato m	estado m
staat (NL)	Staat m	state	état m	stato m	estado m
Staatsangehörigkeit (D)	—	nationality	nationalité f	cittadinanza f	nacionalidad f
stačit (CZ)	ausreichen	be enough	suffire	essere sufficiente	bastar
stacja benzynowa (PL)	Tankstelle f	filling station	station-service f	distributore di benzina m	gasolinera f
stacja końcowa (PL)	Endstation f	terminus	terminus m	capolinea m	estación terminal f
stacja naprawy samochodów (PL)	Autowerkstatt f	repair shop	atelier de réparation d'autos m	autofficina f	taller de reparaciones m
stad (NL)	Stadt f	town	ville f	città f	ciudad f
stad (SV)	Stadt f	town	ville f	città f	ciudad f
städa[1] (SV)	aufräumen	clear away	ranger	mettere in ordine	arreglar
städa[2] (SV)	putzen	clean	nettoyer	pulire	limpiar
städhjälp (SV)	Putzfrau f	charwoman	femme de ménage f	donna delle pulizie f	mujer de limpieza f
stadscentrum (NL)	Innenstadt f	downtown	centre ville m	centro città m	centro de la ciudad m
Stadt (D)	—	town	ville f	città f	ciudad f
stage (E)	Bühne f	—	scène f	palcoscenico m	escenario m
stage (F)	Praktikum n	practical training	—	tirocinio m	prácticas f/pl

P	NL	SV	PL	CZ	H
provérbio m	—	ordspråk n	przysłowie n	přísloví n	közmondás
falar	—	prata	mówić <powiedzieć>	mluvit <promluvit>	beszél
provérbio m	spreekwoord n	ordspråk n	przysłowie n	přísloví n	közmondás
rebentar	barsten	—	pękać <pęknąć>	praskat <prasknout>	kipukkad
primavera f	lente f	vår u	wiosna f	jaro n	tavasz
correr	lopen	—	biec <pobiec>	běhat <běžet>	fut
correr	rennen	—	biec <pobiec>	běhat <běžet>	rohan
injecção f	spuit f	spruta u	strzykawka f	stříkačka f	injekció
gorjeta f	fooi f	dricks u	napiwek m	—	borravaló
comum	gemeen	allmän	zwykły	—	közönséges
injecção f	spuit f	—	strzykawka f	stříkačka f	injekció
mulher a dias f	schoonmaakster f	städhjälp u	—	uklízečka f	takarítónő
arrumar	opruimen	städa	—	uklízet <uklidit>	kitakarít
contradizer	tegenspreken	säga emot	—	odporovat	ellentmond
vender	verkopen	sälja	—	prodávat <prodat>	elad
inchado	gezwollen	svullen	—	nateklý	duzzadt
injecção f	—	spruta u	strzykawka f	stříkačka f	injekció
coisas f/pl	—	grejor pl	materia f	věci pl	holmi
amanhecer	schemeren	skymma	zmierzchać się	svítat	alkonyodik/hajnalodik
merenda f	lichte maaltijd f	korvkiosk u	przekąska f	imbis m	imbisz
equipa f	ploeg f	manskap n	drużyna f	mužstvo n	csapat
quadrado	vierkant	kvadratisk	kwadratowy	kvadratický	négyzetes
quadrado m	vierkant n	kvadrat u	kwadrat m	kvadrát m	négyzet
lugar m	plaats f	plats u	miejsce n	místo n	hely
delicioso	kostelijk	utsökt	wyborny	lahodný	pompás
de boa vontade	gaarne	gärna	chętnie	—	szívesen
coração m	hart n	hjärta n	serce n	—	szív
cordial	hartelijk	hjärtligt	serdeczny	—	szívesen
corça f	ree n	rådjur n	sarna f	—	őz
meio m	midden n	i mitten	—	střed m	közép
detergente m	wasmiddel n	tvättmedel n	—	prací prostředek m	mosószer
meio ambiente m	milieu n	miljö n	—	životní prostředí n	környezet
comparação f	vergelijking f	jämförelse u	porównanie n	—	összehasonlítás
chupar	zuigen	suga	—	cucat <vycucnout>	szopogat
estar em pé	staan	—	stanąć <stać>	stát	áll
estar em pé	—	stå	stanąć <stać>	stát	áll
estado m	staat f	land n	państwo n	stát m	állam
estado m	—	land n	państwo n	stát m	állam
nacionalidade f	nationaliteit f	medborgarskap n	obywatelstwo n	státní příslušnost f	állampolgárság
bastar	voldoende zijn	räcka	wystarczać	—	elegendő
posto de gasolina	tankstation n	bensinmack u	—	čerpací stanice f	benzinkút
estação terminal f	eindstation n	slutstation u	—	konečná stanice f	végállomás
oficina de reparações f	garage f	bilverkstad u	—	autodílna f	autojavító műhely
cidade f	—	stad u	miasto n	město n	város
cidade f	stad f	—	miasto n	město n	város
arrumar	opruimen	—	sprzątać <sprzątnąć>	uklízet <uklidit>	kitakarít
limpar	poetsen	—	czyścić <wyczyścić>	čistit <vyčistit>	pucol
mulher a dias f	schoonmaakster f	—	sprzątaczka f	uklízečka f	takarítónő
centro da cidade m	—	innerstad u	centrum miasta n	střed města n	belváros
cidade f	stad f	stad u	miasto n	město n	város
palco m	toneel n	scen u	scena f	jeviště n	színpad
estágio m	stage f	praktikplats u	praktyka f	praxe f	gyakorlati képzés

stage

	D	E	F	I	ES
stage (NL)	Praktikum n	practical training	stage m	tirocinio m	prácticas f/pl
stagione¹ (I)	Jahreszeit f	season	saison f	—	estación del año f
stagione² (I)	Saison f	seasion	saison f	—	temporada f
stahovat <stáhnout> (CZ)	herunterladen	download	télécharger	download m	bajar
stain (E)	Fleck m	—	tache f	macchia f	mancha f
stairs (E)	Treppe f	—	escalier m	scala f	escalera f
staking (NL)	Streik m	strike	grève f	sciopero m	huelga f
ställa (SV)	stellen	place	mettre	mettere	colocar
ställa ned (SV)	abstellen	turn off	arrêter	spegnere	desconectar
ställa ut (SV)	ausstellen	exhibit	exposer	esporre	exponer
ställe (SV)	Stelle f	place	place f	posto m	sitio m
ställning (SV)	Rang m	rank	rang m	ceto m	clase f
stalls (E)	Parkett n	—	parquet m	parquet m	entarimado m
stamma (SV)	stottern	stutter	bégayer	balbettare	tartamudear
stamp (E)	Briefmarke f	—	timbre m	francobollo m	sello m
stamp (E)	frankieren	—	affranchir	affrancare	franquear
stan¹ (PL)	Verfassung f	constitution	état m	condizioni f/pl	estado m
stan² (PL)	Zustand m	condition	état m	stato m	estado m
stan (CZ)	Zelt n	tent	tente f	tenda f	tienda f
stanąć <stać> (PL)	stehen	stand	être debout	stare in piedi	estar de pie
stancarsi (I)	ermüden	tire	fatiguer	—	cansar
stanco(a) (I)	müde	tired	fatigué(e)	—	cansado(a)
stand (E)	stehen	—	être debout	stare in piedi	estar de pie
standpoint (E)	Standpunkt m	—	point de vue m	punto di vista m	punto de vista m
Standpunkt (D)	—	standpoint	point de vue m	punto di vista m	punto de vista m
ståndpunkt (SV)	Standpunkt m	standpoint	point de vue m	punto di vista m	punto de vista m
standpunt (NL)	Standpunkt m	standpoint	point de vue m	punto di vista m	punto de vista m
stänga (SV)	schließen	close	fermer	chiudere	cerrar
stängd (SV)	geschlossen	closed	fermé(e)	chiuso(a)	cerrado(a)
stängsel (SV)	Zaun m	fence	clôture f	recinto m	cercado m
stanna kvar (SV)	bleiben	stay	rester	rimanere	quedarse
stanovat (CZ)	zelten	camp	camper	campeggiare	acampar
stanovisko (CZ)	Standpunkt m	standpoint	point de vue m	punto di vista m	punto de vista m
stanowisko (PL)	Standpunkt m	standpoint	point de vue m	punto di vista m	punto de vista m
stan spoczynku (PL)	Ruhestand m	retirement	retraite f	pensione f	retiro m
stanu wolnego (PL)	ledig	single	célibataire m	celibe m/nubile f	soltero(a)
Stany Zjednoczone (PL)	Vereinigte Staaten pl	United States	Etats-Unis m/pl	Stati Uniti m/pl	Estados Unidos m/pl
stanza da bagno (I)	Badezimmer n	bathroom	salle de bains f	—	cuarto de baño m
stąpać (PL)	treten	kick	mettre le pied sur	pestare	pisar
star (E)	Stern m	—	étoile f	stella f	estrella f
starać, się (PL)	bewerben, sich	apply	poser sa candidature	concorrere	concurrir para
staranie (PL)	Bemühung f	effort	effort m	sforzo m	esfuerzo m
staranny (PL)	sorgfältig	careful(ly)	soigneux(euse)	accurato(a)	cuidadoso(a)
starat, se <postarat, se>¹ (CZ)	kümmern, sich	look after	occuper de, s'	interessarsi di	ocuparse de
starat, se <postarat, se>² (CZ)	sorgen	worry about	occuper de, s'	prendersi cura di	atender/ocuparse de
stare a guardare (I)	zusehen	watch	regarder	—	mirar
stare bene (I)	passen	suit	aller bien	—	venir bien
stare in piedi (I)	stehen	stand	être debout	—	estar de pie
stáří (CZ)	Alter n	age	âge m	età f	edad f
stark (D)	—	strong	fort(e)	forte	fuerte
stark (SV)	stark	strong	fort(e)	forte	fuerte

P	NL	SV	PL	CZ	H
estágio m	—	praktikplats u	praktyka f	praxe f	gyakorlati képzés
estação do ano f	jaargetijde n	årstid u	pora roku f	roční období n	évszak
temporada f	seizoen n	säsong u	sezon m	sezóna f	szezon
descarregar	downloaden	ladda ner	pobierać z internetu	—	letölt
mancha f	plek n	fläck u	plama f	skvrna f	folt
escada f	trap m	trappa u	schody m/pl	schody pl	lépcső
greve f	—	strejk u	strajk m	stávka f	sztrájk
pôr, colocar	plaatsen	—	postawić <stawiać>	postavit	állít
desligar	afzetten	—	odstawiać <odstawić>	odstavit	félretesz
expor	tentoonstellen	—	wystawiać <wystawić>	vystavovat <vystavit>	kiállít
lugar m	plaats f	—	miejsce n	místo n	hely
categoria f	rang m	—	stopień m	hodnost f	rang
parquete m	parket n	parkett u	parkiet m	parkety pl	parketta
balbuciar	stotteren	—	jąkać się	koktat <zakoktat>	dadog
selo m	postzegel m	frimärke n	znaczek pocztowy m	poštovní známka f	levélbélyeg
franquiar	frankeren	frankera	frankować	frankovat <ofrankovat>	bérmentesít
estado m	stemming f	tillstånd n	—	stav m	állapot
estado m	toestand m	tillstånd n	—	stav m	állapot
tenda f	tent f	tält n	namiot m	—	sátor
estar em pé	staan	stå	—	stát	áll
cansar	moe worden	trötta ut	męczyć <zmęczyć>	unavovat, se <unavit, se>	kifárad
cansado	moe	trött	zmęczony	unavený	fáradt
estar em pé	staan	stå	stanąć <stać>	stát	áll
ponto de vista f	standpunt n	ståndpunkt u	stanowisko n	stanovisko n	álláspont
ponto de vista f	standpunt n	ståndpunkt u	stanowisko n	stanovisko n	álláspont
ponto de vista f	standpunt n	—	stanowisko n	stanovisko n	álláspont
ponto de vista f	—	ståndpunkt u	stanowisko n	stanovisko n	álláspont
fechar	sluiten	—	zamykać <zamknąć>	zavírat <zavřít>	zár
fechado	gesloten	—	zamknięty	uzavřený	zárt
cerca f	hek n	—	płot m	plot m	kerítés
ficar	blijven	—	zostawać <zostać>	zůstávat <zůstat>	marad
acampar	kamperen	tälta	biwakować	—	sátorozik
ponto de vista f	standpunt n	ståndpunkt u	stanowisko n	—	álláspont
ponto de vista f	standpunt n	ståndpunkt u	—	stanovisko n	álláspont
reforma f	pensioen n	pension u	—	důchod m	nyugállomány
solteiro	ongehuwd	ogift	—	svobodný	nőtlen
Estados Unidos m/pl	Verenigde Staten pl	Förenta staterna pl	—	Spojené státy pl	Egyesült Államok
casa de banho f	badkamer f	badrum n	łazienka f	koupelna f	fürdőszoba
pisar	trappen	trampa	—	stoupat <stoupnout>	rúg
estrela f	ster f	stjärna u	gwiazda f	hvězda f	csillag
candidatar-se	solliciteren	söka en plats	—	ucházet, se	megpályázik
esforço m	moeite f	ansträngning u	—	snaha f	fáradozás
cuidadoso	zorgvuldig	omsorgsfull	—	pečlivý	gondos
cuidar de	bekommeren, zich	ta hand om	troszczyć, się	—	törődik
preocupar	zorgen	oroa sig	troszczyć, się	—	gondoskodik
assistir	toezien	se på	przyglądać się	přihlížet <přihlédnout>	figyel
servir	passen	passa	pasować	padat <padnout>	megfelel
estar em pé	staan	stå	stanąć <stać>	stát	áll
idade f	ouderdom m	ålder u	wiek m	—	életkor
forte	sterk	stark	silny	silný	erős
forte	sterk	—	silny	silný	erős

staromódní

	D	E	F	I	ES
staromódní (CZ)	altmodisch	old-fashioned	démodé(e)	fuori moda	pasado(a) de moda
staromodny (PL)	altmodisch	old-fashioned	démodé(e)	fuori moda	pasado(a) de moda
starost (CZ)	Sorge f	concern	souci m	preoccupazione f	preocupación f
starosta (CZ)	Bürgermeister m	mayor	maire m	sindaco m	alcalde m
starožitnosti (CZ)	Antiquitäten pl	antiques	antiquités f/pl	oggetti antichi m/pl	antigüedades f/pl
start[1] (E)	anfangen	—	commencer	cominciare	empezar
start[2] (E)	starten	—	démarrer	partire	partir
start (SV)	Abflug m	take-off	décollage m	decollo m	despegue m
starta (SV)	starten	start	démarrer	partire	partir
starten (D)	—	start	démarrer	partire	partir
starten (NL)	starten	start	démarrer	partire	partir
startovat <nastartovat> (CZ)	starten	start	démarrer	partire	partir
startować <wystartować> (PL)	starten	start	démarrer	partire	partir
stary (PL)	alt	old	vieux (vieille)	vecchio(a)	viejo(a)
starý (CZ)	alt	old	vieux (vieille)	vecchio(a)	viejo(a)
šťastný (CZ)	glücklich	happy	heureux(euse)	felice	feliz
stat (SV)	Land n	land	pays m	paese m	país m
stát (CZ)	Staat m	state	état m	stato m	estado m
stát[1] (CZ)	kosten	cost	coûter	costare	costar
stát[2] (CZ)	stehen	stand	être debout	stare in piedi	estar de pie
state (E)	Staat m	—	état m	stato m	estado m
statečný (CZ)	tapfer	brave	courageux(–euse)	coraggioso(a)	valiente
statek (PL)	Schiff n	ship	navire m	nave f	barco m
statek (CZ)	Bauernhof m	farmhouse	ferme f	fattoria f	granja f
statement (E)	Aussage f	—	déclaration f	dichiarazione f	afirmación f
station (E)	Bahnhof m	—	gare f	stazione f	estación f
station (NL)	Bahnhof m	station	gare f	stazione f	estación f
station-service (F)	Tankstelle f	filling station	—	distributore di benzina m	gasolinera f
Stati Uniti (I)	Vereinigte Staaten pl	United States	Etats-Unis m/pl	—	Estados Unidos m/pl
státní příslušnost (CZ)	Staatsangehörigkeit f	nationality	nationalité f	cittadinanza f	nacionalidad f
stato[1] (I)	Staat m	state	état m	—	estado m
stato[2] (I)	Zustand m	condition	état m	—	estado m
stattfinden (D)	—	take place	avoir lieu	avere luogo	tener lugar
Stau (D)	—	traffic jam	embouteillage m	ingorgo m	embotellamiento m
staunen (D)	—	be astonished	étonner, s'	stupirsi	asombrarse
stav[1] (CZ)	Verfassung f	constitution	état m	condizioni f/pl	estado m
stav[2] (CZ)	Zustand m	condition	état m	stato m	estado m
stava (SV)	buchstabieren	spell	épeler	sillabare	deletrear
šťáva (CZ)	Saft m	juice	jus m	succo m	zumo m
stávat, se <stát, se> (CZ)	geschehen	happen	arriver	accadere	ocurrir
stávat, se <stát, se> (CZ)	passieren	happen	arriver	succedere	pasar
stavba (CZ)	Bau m	construction	construction f	costruzione f	construcción f
stavební práce (CZ)	Bauarbeiten pl	construction works	travaux	lavori di costruzione m/pl	trabajos de construcción m/pl
stavět (CZ)	bauen	build	construire	costruire	construir

stavět

P	NL	SV	PL	CZ	H
antiquado	ouderwets	gammalmodig	staromodny	—	régimódi
antiquado	ouderwets	gammalmodig	—	staromódní	régimódi
preocupação f	zorg f	bekymmer pl	troska f	—	gond
presidente da câmara municipal m	burgemeester m	borgmästare u	burmistrz m	—	polgármester
antiguidades f/pl	antiquiteiten f/pl	antikviteter pl	antyki m/pl	—	régiségek
principiar	beginnen	börja	zaczynać <zacząć>	začínat <začít>	kezd
começar	starten	starta	startować <wystartować>	startovat <nastartovat>	indít
partida do avião f	vertrek n	—	odlot m	odlet m	felszállás
começar	starten	—	startować <wystartować>	startovat <nastartovat>	indít
começar	starten	starta	startować <wystartować>	startovat <nastartovat>	indít
começar	—	starta	startować <wystartować>	startovat <nastartovat>	indít
começar	starten	starta	startować <wystartować>	—	indít
começar	starten	starta	—	startovat <nastartovat>	indít
velho	oud	gammal	—	starý	öreg
velho	oud	gammal	stary	—	öreg
feliz	gelukkig	lycklig	szczęśliwy	—	boldog
país m	land n	—	kraj m	země f	állam
estado m	staat f	land n	państwo n	—	állam
custar	kosten	kosta	kosztować	—	kerül
estar em pé	staan	stå	stanąć <stać>	—	áll
estado m	staat f	land n	państwo n	stát m	állam
valente	dapper	tapper	dzielny	—	bátor
navio m	schip n	fartyg n	—	loď f	hajó
quinta f	boerderij f	bondgård u	gospodarstwo wiejskie n	—	parasztbirtok
declaração f	verklaring f	uttalande n	wypowiedź f	výpověď f	kijelentés
estação de comboios f	station n	järnvägsstation u	dworzec m	nádraží n	pályaudvar
estação de comboios f	—	järnvägsstation u	dworzec m	nádraží n	pályaudvar
posto de gasolina	tankstation n	bensinmack u	stacja benzynowa f	čerpací stanice f	benzinkút
Estados Unidos m/pl	Verenigde Staten pl	Förenta staterna pl	Stany Zjednoczone pl	Spojené státy pl	Egyesült Államok
nacionalidade f	nationaliteit f	medborgarskap n	obywatelstwo n	—	állampolgárság
estado m	staat f	land n	państwo n	stát m	állam
estado m	toestand m	tillstånd n	stan m	stav m	állapot
realizar-se	plaatsvinden	äga rum	odbywać, się <odbyć, się>	konat, se	lezajlik
engarrafamento m	file f	kö u	korek m	zácpa f	forgalmi dugó
admirar-se	verbaasd zijn	bli förvånad	dziwić, się <zdziwić, się>	divit, se <podivit, se>	csodálkozik
estado m	stemming f	tillstånd n	stan m	—	állapot
estado m	toestand m	tillstånd n	stan m	—	állapot
soletrar	spellen	—	literować	hláskovat <odhláskovat>	betűz
sumo m	sap n	juice u	sok m	—	nedv
acontecer	gebeuren	hända	dziać, się	—	történik
passar	passeren	hända	przechodzić <przejść>	—	történik
construção f	bouw m	byggnad u	budowla f	—	építkezés
obras f/pl	(bouw)werken pl	byggarbeten pl	roboty budowlane	—	építkezés
construir	bouwen	bygga	budować <wybudować>	—	épít

stávka

	D	E	F	I	ES
stávka (CZ)	Streik *m*	strike	grève *f*	sciopero *m*	huelga *f*
stay (E)	bleiben	—	rester	rimanere	quedarse
stazione (I)	Bahnhof *m*	station	gare *f*	—	estación *f*
stazione centrale (I)	Hauptbahnhof *m*	main station	gare centrale *f*	—	estación central *f*
Steckdose (D)	—	socket	prise électrique *f*	presa *f*	enchufe *m*
steen (NL)	Stein *m*	stone	pierre *f*	sasso *m*	piedra *f*
steep (E)	steil	—	raide	ripido(a)	empinado(a)
steer (E)	lenken	—	conduire	guidare	encauzar
steg (SV)	Stufe *f*	step	marche *f*	gradino *m*	escalón *m*
stege (SV)	Leiter *f*	ladder	échelle *f*	scala *f*	escalera *f*
stehen (D)	—	stand	être debout	stare in piedi	estar de pie
stěhování (CZ)	Umzug *m*	move	déménagement *m*	trasloco *m*	mudanza *f*
stěhovat se <přestěhovat, se> (CZ)	umziehen	move	déménager	traslocare	mudarse
steil (D)	—	steep	raide	ripido(a)	empinado(a)
steil (NL)	steil	steep	raide	ripido(a)	empinado(a)
Stein (D)	—	stone	pierre *f*	sasso *m*	piedra *f*
stejný (CZ)	derselbe	the same	le même	lo stesso	el mismo
steka (SV)	braten	roast	rôtir	arrostire	asar
stekt (SV)	gebraten	fried	rôti(e)	arrostito(a)	asado(a)
stella (I)	Stern *m*	star	étoile *f*	—	estrella *f*
Stelle (D)	—	place	place *f*	posto *m*	sitio *m*
stellen (D)	—	place	mettre	mettere	colocar
stem (NL)	Stimme *f*	voice	voix *f*	voce *f*	voz *f*
stemming[1] (NL)	Laune *f*	mood	humeur *f*	umore *m*	humor *m*
stemming[2] (NL)	Verfassung *f*	constitution	état *m*	condizioni *f/pl*	estado *m*
sten (SV)	Stein *m*	stone	pierre *f*	sasso *m*	piedra *f*
stěna (CZ)	Wand *f*	wall	mur *m*	muro *m*	pared *f*
step (E)	Stufe *f*	—	marche *f*	gradino *m*	escalón *m*
ster (NL)	Stern *m*	star	étoile *f*	stella *f*	estrella *f*
sterben (D)	—	die	mourir	morire	morir
sterk[1] (NL)	scharf	hot	épicé(e)	piccante	picante
sterk[2] (NL)	stark	strong	fort(e)	forte	fuerte
Stern (D)	—	star	étoile *f*	stella *f*	estrella *f*
sterven (NL)	sterben	die	mourir	morire	morir
štěstí (CZ)	Glück *n*	luck	chance *f*	fortuna *f*	suerte *f*
štětec (CZ)	Pinsel *m*	brush	pinceau *m*	pennello *m*	pincel *m*
Steuern (D)	—	tax	impôt *m*	imposte *f/pl*	impuestos *m/pl*
stěží (CZ)	kaum	hardly	à peine	appena	apenas
stežovat si (CZ)	beklagen	deplore	plaindre de, se	lamentare	quejarse
stežovat, si <postežovat, si> (CZ)	beschweren, sich	complain	plaindre, se	lamentarsi	quejarse
stick (E)	kleben	—	coller	incollare	pegar
stickuttag (SV)	Steckdose *f*	socket	prise électrique *f*	presa *f*	enchufe *m*
Stift (D)	—	pencil	crayon *m*	matita *f*	lápiz *m*
stift (NL)	Stift *m*	pencil	crayon *m*	matita *f*	lápiz *m*
stift (SV)	Stift *m*	pencil	crayon *m*	matita *f*	lápiz *m*
stiga (SV)	aufsteigen	ascend	monter	salire	subir
stiga på (SV)	einsteigen	get in	monter	salire in	subir a
stiga upp (SV)	aufstehen	get up	lever, se	alzarsi	levantarse
stiga ur (SV)	aussteigen	get off	descendre	scendere	bajarse
štíhlý (CZ)	schlank	slim	mince	snello(a)	delgado(a)
stil (NL)	still	quiet	calme	calmo(a)	tranquilo(a)
still (D)	—	quiet	calme	calmo(a)	tranquilo(a)

still

P	NL	SV	PL	CZ	H
greve f	staking f	strejk u	strajk m	—	sztrájk
ficar	blijven	stanna kvar	zostawać <zostać>	zůstávat <zůstat>	marad
estação de comboios f	station n	järnvägsstation u	dworzec m	nádraží n	pályaudvar
estação central f	centraal station n	centralstation u	dworzec główny m	hlavní nádraží n	főpályaudvar
tomada f de corrente	stopcontact n	stickuttag n	gniazdko n	zásuvka f	dugaszolóaljzat
pedra f	—	sten u	kamień m	kámen m	kő
escarpado	steil	brant	stromy	příkrý	meredek
guiar	besturen	styra	kierować <skierować>	řídit	irányít
degrau m	trap m	—	stopień m	stupeň m	lépcsőfok
escadote m	ladder f	—	drabina f	žebřík m	létra
estar em pé	staan	stå	stanąć <stać>	stát	áll
mudança f	verhuizing f	flyttning u	przeprowadzka f	—	költözködés
mudar de casa	verhuizen	flytta	przeprowadzić się	—	átköltözik
escarpado	steil	brant	stromy	příkrý	meredek
escarpado	—	brant	stromy	příkrý	meredek
pedra f	steen m	sten u	kamień m	kámen m	kő
o mesmo	dezelfde	densamme	ten sam	—	ugyanaz
assar	braden	—	smażyć <usmażyć>	péci	süt
assado	gebraden	—	usmażony	pečený	megsült
estrela f	ster f	stjärna u	gwiazda f	hvězda f	csillag
lugar m	plaats f	ställe n	miejsce n	místo n	hely
pôr, colocar	plaatsen	ställa	postawić <stawiać>	postavit	állít
voz f	—	röst u	głos m	hlas m	hang
disposição f	—	humör n	nastrój m	nálada f	kedv
estado m	—	tillstånd n	stan m	stav m	állapot
pedra f	steen m	—	kamień m	kámen m	kő
parede f	muur m	vägg u	ściana f	—	fal
degrau m	trap m	steg n	stopień m	stupeň m	lépcsőfok
estrela f	—	stjärna u	gwiazda f	hvězda f	csillag
morrer	sterven	dö	umierać <umrzeć>	umírat <umřít>	meghal
picante	—	besk	ostry	ostrý	erős
forte	—	stark	silny	silný	erős
estrela f	ster f	stjärna u	gwiazda f	hvězda f	csillag
morrer	—	dö	umierać <umrzeć>	umírat <umřít>	meghal
sorte f	geluk n	lycka u	szczęście n	—	szerencse
pincel m	penseel n	pensel u	pędzel m	—	ecset
impostos m/pl	belastingen pl	skatt u	podatki pl	daně pl	adók
quase nada	nauwelijks	knappast	prawie nie	—	alig
lamentar	beklagen	beklaga	opłakiwać <opłakać>	—	sajnál
queixar-se de	bezwaren, zich	klaga	skarżyć się	—	panaszt emel
colar	kleven	limma	kleić <nakleić>	lepit <zalepit>	ragad
tomada f de corrente	stopcontact n	—	gniazdko n	zásuvka f	dugaszolóaljzat
lápis m	stift m	stift n	ołówek m	kolík m	pecek
lápis m	—	stift n	ołówek m	kolík m	pecek
lápis m	stift m	—	ołówek m	kolík m	pecek
subir	opstijgen	—	wsiadać <wsiąść>	stoupat	felemelkedik
entrar	instappen	—	wsiadać <wsiąść>	nastupovat <nastoupit>	felszáll
levantar-se	opstaan	—	wstawać <wstać>	vstávat <vstát>	feláll
sair	uitstappen	—	wysiadać <wysiąść>	vystupovat <vystoupit>	kiszáll
magro	slank	smal	smukły	—	karcsú
quieto	—	tyst	cichy	tichý	csendes
quieto	stil	tyst	cichy	tichý	csendes

still

	D	E	F	I	ES
still (E)	noch	—	encore	ancora	aún/todavía
stilla (SV)	ruhig	quiet	tranquille	calmo(a)	quieto(a)
s tím (CZ)	damit	with that	avec cela	con questo	con ello
stimare (I)	schätzen	estimate	estimer	—	estimar
Stimme (D)	—	voice	voix f	voce f	voz f
stín (CZ)	Schatten m	shadow	ombre f	ombra f	sombra f
stink (E)	stinken	—	puer	puzzare	apestar
stinken (D)	—	stink	puer	puzzare	apestar
stinken (NL)	stinken	stink	puer	puzzare	apestar
stinný (CZ)	schattig	shady	ombragé(e)	ombroso(a)	a la sombra
stipendio (I)	Gehalt n	salary	salaire m	—	sueldo m
stipt (NL)	pünktlich	punctual	ponctuel(le)	puntuale	puntual
Stirn (D)	—	forehead	front m	fronte f	frente f
štítek (CZ)	Schild n	shield	bouclier m	scudo m	escudo m
stížnost (CZ)	Beschwerde f	complaint	plainte f	reclamo m	reclamación f
stjärna (SV)	Stern m	star	étoile f	stella f	estrella f
stöd (SV)	Unterstützung f	support	soutien m	sostegno m	apoyo m
stödja (SV)	unterstützen	support	soutenir	assistere	apoyar
stoel (NL)	Stuhl m	chair	chaise f	sedia f	silla f
stof (NL)	Stoff m	cloth	tissu m	stoffa f	tela f
Stoff (D)	—	cloth	tissu m	stoffa f	tela f
stoffa (I)	Stoff m	cloth	tissu m	—	tela f
stół (PL)	Tisch m	table	table f	tavolo m	mesa f
Stój! (PL)	Halt!	Stop!	Stop!	Alt!	¡Alto!
stol (SV)	Stuhl m	chair	chaise f	sedia f	silla f
století (CZ)	Jahrhundert n	century	siècle m	secolo m	siglo m
stolica (PL)	Hauptstadt f	capital	capitale f	capitale f	capital f
stolt (SV)	stolz	proud	fier(-ère)	orgoglioso(a)	orgulloso(a)
stolz (D)	—	proud	fier(-ère)	orgoglioso(a)	orgulloso(a)
stomach¹ (E)	Bauch m	—	ventre m	pancia f	vientre m
stomach² (E)	Magen m	—	estomac m	stomaco m	estómago m
stomach ache¹ (E)	Bauchschmerzen pl	—	mal de ventre m	dolori di pancia m/pl	dolor de vientre m
stomach ache² (E)	Magenschmerzen pl	—	mal d'estomac m	mal di stomaco m	dolor de estómago m
stomaco (I)	Magen m	stomach	estomac m	—	estómago m
stone (E)	Stein m	—	pierre f	sasso m	piedra f
Stop! (E)	Halt!	—	Stop!	Alt!	¡Alto!
stop (E)	Haltestelle f	—	arrêt m	fermata f	parada f
stop¹ (E)	anhalten	—	arrêter	fermare	parar
stop² (E)	aufhören	—	arrêter	cessare	terminar
Stop! (F)	Halt!	Stop!	—	Alt!	¡Alto!
Stop! (NL)	Halt!	Stop!	Stop!	Alt!	¡Alto!
Stop! (CZ)	Halt!	Stop!	Stop!	Alt!	¡Alto!
stopa (PL)	Fuß m	foot	pied m	piede m	pie m
stopcontact (NL)	Steckdose f	socket	prise électrique f	presa f	enchufe m
stopień¹ (PL)	Rang m	rank	rang m	ceto m	clase f
stopień² (PL)	Stufe f	step	marche f	gradino m	escalón m
Stopp! (SV)	Halt!	Stop!	Stop!	Alt!	¡Alto!
stoppa (SV)	anhalten	stop	arrêter	fermare	parar
stoppen (NL)	anhalten	stop	arrêter	fermare	parar
stor (SV)	groß	big/large	grand(e)	grande	grande
störa (SV)	stören	disturb	déranger	disturbare	molestar
store (E)	Lager n	—	magasin m	magazzino m	almacén m
storen (NL)	stören	disturb	déranger	disturbare	molestar

storen

P	NL	SV	PL	CZ	H
ainda	nog	ännu	jeszcze	ještě	még
calmo	rustig	—	spokojny	klidný	nyugodt
com isso	opdat	därmed	z tym	—	ezzel
apreciar	schatten/waarderen	uppskatta	szacować	cenit <ocenit>	becsüli
voz f	stem f	röst u	głos m	hlas m	hang
sombra f	schaduw m	skugga u	cień m	—	árnyék
feder	stinken	lukta illa	śmierdzieć	páchnout	bűzlik
feder	stinken	lukta illa	śmierdzieć	páchnout	bűzlik
feder	—	lukta illa	śmierdzieć	páchnout	bűzlik
sombreado	schaduwrijk	skuggig	cienisty	—	árnyékos
vencimento m	salaris n	innehåll n	pensja f	plat m	fizetés
pontual	—	punktlig	punktualny	přesný	pontos
testa f	voorhoofd n	panna u	czoło n	čelo n	homlok
letreiro m	schild n	skylt u	szyld m	—	cégtábla
queixa f	bezwaar n	klagomål n	zażalenie n	—	panasz
estrela f	ster f	—	gwiazda f	hvězda f	csillag
apoio m	ondersteuning f	—	wsparcie n	podpora f	támogatás
apoiar	ondersteunen	—	wspierać	podporovat <podpořit>	támogat
cadeira f	—	stol u	krzesło n	židle f	szék
matéria f	—	tyg n	materiał m	látka f	anyag
matéria f	stof f	tyg n	materiał m	látka f	anyag
matéria f	stof f	tyg n	materiał m	látka f	anyag
mesa f	tafel f	bord n	—	stůl m	asztal
Alto!	Stop!	Stopp!	—	Stop!	Állj!
cadeira f	stoel m	—	krzesło n	židle f	szék
século m	eeuw f	århundrade n	stulecie n	—	évszázad
capital f	hoofdstad f	huvudstad u	—	hlavní město n	főváros
orgulhoso	trots	—	dumny	hrdý	büszke
orgulhoso	trots	stolt	dumny	hrdý	büszke
barriga f	buik m	mage u	brzuch m	břicho n	has
estômago m	maag f	mage u	żołądek m	žaludek m	gyomor
dores f/pl de barriga	buikpijn m	magont n	ból brzucha m	bolesti břicha f	hasfájás
dores de estômago f/pl	maagpijn f	ont i magen	bóle żołądka m/pl	bolesti žaludku f/pl	gyomorfájás
estômago m	maag f	mage u	żołądek m	žaludek m	gyomor
pedra f	steen m	sten u	kamień m	kámen m	kő
Alto!	Stop!	Stopp!	Stój!	Stop!	Állj!
paragem f	halte f	hållplats u	przystanek m	zastávka f	megálló
parar	stoppen	stoppa	zatrzymywać <zatrzymać>	zastavovat <zastavit>	megállít
acabar	ophouden	sluta	przestawać <przestać>	přestávat <přestat>	megszűnik
Alto!	Stop!	Stopp!	Stój!	Stop!	Állj!
Alto!	—	Stopp!	Stój!	Stop!	Állj!
Alto!	Stop!	Stopp!	Stój!	—	Állj!
pé m	voet m	fot u	—	noha f	láb
tomada f de corrente	—	stickuttag n	gniazdko n	zásuvka f	dugaszolóaljzat
categoria f	rang m	ställning u	—	hodnost f	rang
degrau m	trap m	steg n	—	stupeň m	lépcsőfok
Alto!	Stop!	—	Stój!	Stop!	Állj!
parar	stoppen	—	zatrzymywać <zatrzymać>	zastavovat <zastavit>	megállít
parar	—	stoppa	zatrzymywać <zatrzymać>	zastavovat <zastavit>	megállít
grande	groot	—	duży	velký	nagy
perturbar	storen	—	przeszkadzać	rušit <vyrušit>	zavar
armazém m	magazijn n	lager n	obóz m	sklad m	raktár
perturbar	—	störa	przeszkadzać	rušit <vyrušit>	zavar

stören

	D	E	F	I	ES
stören (D)	—	disturb	déranger	disturbare	molestar
storia (I)	Geschichte f	history	histoire f	—	historia f
storlek (SV)	Größe f	size	taille f	taglia f	talle m
storm (E)	Sturm m	—	tempête f	tempesta f	tormenta f
storm (NL)	Sturm m	storm	tempête f	tempesta f	tormenta f
storm (SV)	Sturm m	storm	tempête f	tempesta f	tormenta f
stormarknad (SV)	Supermarkt m	supermarket	supermarché m	supermercato m	supermercado m
storstad (SV)	Großstadt f	metropolis	grande ville f	metropoli f	gran ciudad f
störta in (SV)	einstürzen	collapse	écrouler, s'	crollare	derrumbarse
störtning (SV)	Absturz m	crash	chute f	caduta f	caída f
storto(a) (I)	krumm	crooked	tordu(e)	—	torcido(a)
stosować (PL)	verwenden	use	employer	usare	utilizar
stosunek (PL)	Beziehung f	relationship	relation f	rapporto m	relación f
stöt (SV)	Schlag m	blow	coup m	colpo m	golpe m
stotteren (NL)	stottern	stutter	bégayer	balbettare	tartamudear
stottern (D)	—	stutter	bégayer	balbettare	tartamudear
stoupat (CZ)	aufsteigen	ascend	monter	salire	subir
stoupat <stoupnout> (CZ)	treten	kick	mettre le pied sur	pestare	pisar
stoviglie (I)	Geschirr n	crockery	vaisselle f	—	vajilla f
stowarzyszenie (PL)	Verein m	club	association f	associazione f	asociación f
straat (NL)	Straße f	street	rue f	strada f	calle f
strach (PL)	Angst f	fear	peur f	paura f	miedo m
strach (CZ)	Angst f	fear	peur f	paura f	miedo m
stracić (PL)	verlieren	lose	perdre	perdere	perder
sträcka (SV)	Strecke f	stretch	trajet m	tratto m	trayecto m
strada (I)	Straße f	street	rue f	—	calle f
strada principale (I)	Hauptstraße f	main street	grand-rue f	—	calle central f
strada provinciale (I)	Landstraße f	country road	route f	—	carretera nacional f
straf (NL)	Strafe f	punishment	punition f	punizione f	castigo m
Strafe (D)	—	punishment	punition f	punizione f	castigo m
straff (SV)	Strafe f	punishment	punition f	punizione f	castigo m
straight (E)	gerade	—	droit(e)	diritto(a)	derecho(a)
straight ahead (E)	geradeaus	—	tout droit	dritto(a)	todo derecho
strajk (PL)	Streik m	strike	grève f	sciopero m	huelga f
strana¹ (CZ)	Partei f	party	parti m	partito m	partido m
strana² (CZ)	Seite f	page	page f	pagina f	página f
Strand (D)	—	beach	plage m	spiaggia f	playa f
strand (NL)	Strand m	beach	plage m	spiaggia f	playa f
strand (SV)	Strand m	beach	plage m	spiaggia f	playa f
strand (H)	Strand m	beach	plage m	spiaggia f	playa f
sträng (SV)	streng	strict	sévère	severo(a)	severo(a)
strange¹ (E)	merkwürdig	—	curieux(euse)	curioso(a)	curioso(a)
strange² (E)	seltsam	—	bizarre	strano(a)	extraño(a)
straniero (I)	Ausländer m	foreigner	étranger m	—	extranjero m
strano(a) (I)	seltsam	strange	bizarre	—	extraño(a)
strap (E)	Riemen n	—	courroie f	cinghia f	correa f
strappare¹ (I)	reißen	tear	déchirer, se	—	arrancar
strappare² (I)	zerreißen	rip	déchirer	—	romper
strašný (CZ)	schrecklich	terrible	terrible	spaventoso(a)	horrible
Straße (D)	—	street	rue f	strada f	calle f
straszny (PL)	schrecklich	terrible	terrible	spaventoso(a)	horrible
strata (PL)	Verlust m	loss	perte f	perdita f	pérdida f
stravování (CZ)	Verpflegung f	catering	nourriture f	vitto m	alimentación f
strawberry (E)	Erdbeere f	—	fraise f	fragola f	fresa f
straż pożarna (PL)	Feuerwehr n	fire brigade	sapeurs pompiers m/pl	vigili del fuoco m/pl	bomberos m/pl

straż pożarna

P	NL	SV	PL	CZ	H
perturbar	storen	störa	przeszkadzać	rušit <vyrušit>	zavar
história f	geschiedenis f	historia u	historia f	příhoda f	történelem
tamanho m	grootte f	—	wielkość f	velikost f	méret
tempestade f	storm m	storm u	sztorm m	vichřice f	vihar
tempestade f	—	storm u	sztorm m	vichřice f	vihar
tempestade f	storm m	—	sztorm m	vichřice f	vihar
supermercado m	supermarkt m	—	supermarket m	supermarket m	szupermarket
grande cidade f	grote stad f	—	wielkie miasto n	velkoměsto n	nagyváros
derrubar	instorten	—	zawalać się <zawalić się>	zřítit se	összeomlik
queda f	neerstorten n	—	runięcie w dół n	zřícení n	zuhanás
torto	krom	krokig	krzywy	křivý	görbe
utilizar	gebruiken	använda	—	užívat <užít>	felhasznál
relação f	betrekking f	förbindelse u	—	vztah m	kapcsolat
golpe m	slag m	—	uderzenie n	úder m	ütés
balbuciar	—	stamma	jąkać się	koktat <zakoktat>	dadog
balbuciar	stotteren	stamma	jąkać się	koktat <zakoktat>	dadog
subir	opstijgen	stiga	wsiadać <wsiąść>	—	felemelkedik
pisar	trappen	trampa	stąpać	—	rúg
louça f	vaatwerk n	servis u	naczynia n/pl	nádobí n	étkészlet
associação f	vereniging f	förening u	—	spolek m	egyesület
rua f	—	gata u	ulica f	silnice f	utca
medo m	angst f	rädsla u	—	strach m	félelem
medo m	angst f	rädsla u	strach m	—	félelem
perder	verliezen	förlora	—	ztrácet <ztratit>	elveszít
trajecto m	traject n	—	odcinek m	trasa f	szakasz
rua f	straat f	gata u	ulica f	silnice f	utca
estrada principal f	hoofdstraat f	huvudgata u	główna ulica f	hlavní ulice f	főutca
estrada nacional f	secundaire weg m	landsväg u	szosa f	silnice třídy f	országút
castigo m	—	straff n	kara f	trest m	büntetés
castigo m	straf f	straff n	kara f	trest m	büntetés
castigo m	straf f	—	kara f	trest m	büntetés
direito	recht	rak	właśnie	právě	éppen
em frente	rechtuit	rakt fram	prosto	přímo	egyenesen
greve f	staking f	strejk u	—	stávka f	sztrájk
partido m	partij f	parti n	partia f	—	párt
página f	zijde f	sida u	strona f	—	oldal
praia f	strand n	strand u	plaża f	pláž f	strand
praia f	—	strand u	plaża f	pláž f	strand
praia f	strand n	—	plaża f	pláž f	strand
praia f	strand n	strand u	plaża f	pláž f	—
rigoroso	streng	—	surowy	přísný	szigorú
estranho	vreemd	märkvärdig	dziwny	podivný	furcsa
estranho	vreemd	märkligt	dziwny	zvláštní	furcsa
estrangeiro m	buitenlander m	utlänning u	cudzoziemiec m	cizinec m	külföldi
estranho	vreemd	märkligt	dziwny	zvláštní	furcsa
correia f	riem m	rem u	rzemyk m	řemen m	szíj
rasgar	scheuren	riva	rwać <porwać>	trhat <vytrhnout>	szakad
despedaçar	(stuk)scheuren	gå/riva sönder	rozdzierać	roztrhat <roztrhnout>	széttép
horrível	verschrikkelijk	förskräcklig	straszny	—	borzasztó
rua f	straat f	gata u	ulica f	silnice f	utca
horrível	verschrikkelijk	förskräcklig	—	strašný	borzasztó
perda f	verlies n	förlust u	—	ztráta f	veszteség
alimentação f	kost m	kosthållning u	wyżywienie n	—	ellátás
morango m	aardbei f	jordgubbe u	truskawka f	jahoda f	szamóca
bombeiros m	brandweer m	brandkår u	—	hasiči pl	tűzoltóság

střecha

	D	E	F	I	ES
střecha (CZ)	Dach n	roof	toit m	tetto m	techo m
Strecke (D)	—	stretch	trajet m	tratto m	trayecto m
střed¹ (CZ)	Mitte f	middle	milieu m	centro m	medio m
střed² (CZ)	Zentrum n	centre	centre m	centro m	centro m
střed města (CZ)	Innenstadt f	downtown	centre ville m	centro città m	centro de la ciudad m
streek (NL)	Gegend f	region	région f	regione f	región f
street (E)	Straße f	—	rue f	strada f	calle f
streichen (D)	—	paint	peindre	verniciare	pintar
Streichholz (D)	—	match	allumette f	fiammifero m	cerilla f
Streik (D)	—	strike	grève f	sciopero m	huelga f
Streit (D)	—	argument	dispute f	lite f	disputa f
streiten (D)	—	quarrel	disputer, se	litigare	discutir
strejk (SV)	Streik m	strike	grève f	sciopero m	huelga f
streng (D)	—	strict	sévère	severo(a)	severo(a)
streng (NL)	streng	strict	sévère	severo(a)	severo(a)
strength (E)	Kraft f	—	force f	forza f	fuerza f
střep (CZ)	Scherbe f	broken piece	tesson m	coccio m	pedazo m
stres (PL)	Stress m	stress	stress m	stress m	estrés m
stres (CZ)	Stress m	stress	stress m	stress m	estrés m
Stress (D)	—	stress	stress m	stress m	estrés m
stress (E)	Stress m	—	stress m	stress m	estrés m
stress (F)	Stress m	stress	—	stress m	estrés m
stress (I)	Stress m	stress	stress m	—	estrés m
stress (P)	Stress m	stress	stress m	stress m	estrés m
stress (NL)	Stress m	stress	stress m	stress m	estrés m
stress (SV)	Stress m	stress	stress m	stress m	estrés m
stressz (H)	Stress m	stress	stress m	stress m	estrés m
stretch (E)	Strecke f	—	trajet m	tratto m	trayecto m
stretto(a) (I)	eng	narrow	étroit(e)	—	estrecho(a)
strict (E)	streng	—	sévère	severo(a)	severo(a)
střídat (CZ)	abwechseln	take turns	alterner	alternarsi	alternar
stříkačka (CZ)	Spritze f	injection	piqûre f	iniezione f	inyección f
strike (E)	Streik m	—	grève f	sciopero m	huelga f
střílet <vystřelit> (CZ)	schießen	shoot	tirer	sparare	disparar
střízlivě (CZ)	nüchtern	sober	sobre	sobrio(a)	sobrio(a)
stroll (E)	bummeln	—	flâner	girellare	andar paseando
Strom (D)	—	current	courant m	corrente f	corriente f
strom (CZ)	Baum m	tree	arbre m	albero m	árbol m
ström (SV)	Strom m	current	courant m	corrente f	corriente f
strömbrytare (SV)	Schalter m	counter	guichet m	sportello m	ventanilla f
stromy (PL)	steil	steep	raide	ripido(a)	empinado(a)
strona (PL)	Seite f	page	page f	pagina f	página f
strona główna (PL)	Homepage f	homepage	page d'accueil f	home page f	portada f
strong (E)	kräftig	—	fort(e)	forte	fuerte
strong (E)	stark	—	fort(e)	forte	fuerte
stroom (NL)	Strom m	current	courant m	corrente f	corriente f
struntprat (SV)	Unsinn m	nonsense	bêtises f/pl	assurdità f	absurdo m
strýc (CZ)	Onkel m	uncle	oncle m	zio m	tío m
strzała (PL)	Pfeil m	arrow	flèche f	freccia f	flecha f
strzelać <strzelić> (PL)	schießen	shoot	tirer	sparare	disparar
strzykawka (PL)	Spritze f	injection	piqûre f	iniezione f	inyección f
Stück (D)	—	piece	morceau m	pezzo m	parte f
Student (D)	—	student	étudiant m	studente m	estudiante m

P	NL	SV	PL	CZ	H
telhado m	dak n	tak n	dach m	—	tető
trajecto m	traject n	sträcka u	odcinek m	trasa f	szakasz
meio m	midden n	i mitten	środek m	—	közép
centro m	centrum n	mitten	centrum n	—	központ
centro da cidade m	stadscentrum n	innerstad u	centrum miasta n	—	belváros
região f	—	bygd u	okolica f	oblast f	környék
rua f	straat f	gata u	ulica f	silnice f	utca
pintar	schilderen	smeka	pocierać	škrtat <škrtnout>	befest
fósforo m	lucifer m	tändsticka u	zapałka f	zápalka f	gyufa
greve f	staking f	strejk u	strajk m	stávka f	sztrájk
disputa f	ruzie f	bråk n	kłótnia f	spor m	vita
disputar	ruzie maken	bråka	kłócić się	hádat, se <pohádat, se>	vitatkozik
greve f	staking f	—	strajk m	stávka f	sztrájk
rigoroso	streng	sträng	surowy	přísný	szigorú
rigoroso	—	sträng	surowy	přísný	szigorú
força f	kracht f	kraft u	siła f	síla f	erő
caco m	scherf f	skärva u	skorupa f	—	cserép
stress m	stress m	stress u	—	stres m	stressz
stress m	stress m	stress u	stres m	—	stressz
stress m	stress m	stress u	stres m	stres m	stressz
stress m	stress m	stress u	stres m	stres m	stressz
stress m	stress m	stress u	stres m	stres m	stressz
stress m	stress m	stress u	stres m	stres m	stressz
stress m	stress m	stress u	stres m	stres m	stressz
—	stress m	stress u	stres m	stres m	stressz
stress m	—	stress u	stres m	stres m	stressz
stress m	stress m	—	stres m	stres m	stressz
stress m	stress m	stress u	stres m	stres m	—
trajecto m	traject n	sträcka u	odcinek m	trasa f	szakasz
estreito	nauw	trång	ciasny	úzký	szűk
rigoroso	streng	sträng	surowy	přísný	szigorú
variar	afwisselen	omväxlande	zmieniać się <zmienić się>	—	váltakozik
injecção f	spuit f	spruta u	strzykawka f	—	injekció
greve f	staking f	strejk u	strajk m	stávka f	sztrájk
disparar	schieten	skjuta	strzelać <strzelić>	—	lő
sóbrio	nuchter	nykter	trzeźwy	—	józan
passear	wandelen	promenera	spacerować <pospacerować>	potulovat se	sétálgat
corrente f	stroom m	ström u	prąd m	proud m	áram
árvore f	boom m	träd n	drzewo n	—	fa
corrente f	stroom m	—	prąd m	proud m	áram
interruptor m	schakelaar m	—	włącznik m	vypínač m	kapcsoló
escarpado	steil	brant	—	příkrý	meredek
página f	zijde f	sida u	—	strana f	oldal
página da casa f	homepage m	hemsida u	—	domovská stránka f	honlap
forte	krachtig	kraftig	silny	silný	erős
forte	sterk	stark	silny	silný	erős
corrente f	—	ström u	prąd m	proud m	áram
disparates m/pl	onzin m	—	bezsens m	nesmysl m	hülyeség
tio m	oom m	farbror/morbror u	wujek m	—	nagybácsi
seta f	pijl m	pil u	—	šíp m	nyíl
disparar	schieten	skjuta	—	střílet <vystřelit>	lő
injecção f	spuit f	spruta u	—	stříkačka f	injekció
peça f	stuk n	bit u	sztuka f	kus m	darab
estudante m	student m	student u	student m	student m	egyetemista

student

	D	E	F	I	ES
student (E)	Student m	—	étudiant m	studente m	estudiante m
student (NL)	Student m	student	étudiant m	studente m	estudiante m
student (SV)	Student m	student	étudiant m	studente m	estudiante m
student (PL)	Student m	student	étudiant m	studente m	estudiante m
student (CZ)	Student m	student	étudiant m	studente m	estudiante m
studente (I)	Student m	student	étudiant m	—	estudiante m
studený (CZ)	kalt	cold	froid(e)	freddo(a)	frío(a)
studera (SV)	studieren	study	étudier	studiare	estudiar
studeren (NL)	studieren	study	étudier	studiare	estudiar
studiare (I)	studieren	study	étudier	—	estudiar
studieren (D)	—	study	étudier	studiare	estudiar
studiować (PL)	studieren	study	étudier	studiare	estudiar
studna (CZ)	Brunnen m	fountain	fontaine f	fontana f	fuente f
studnia (PL)	Brunnen m	fountain	fontaine f	fontana f	fuente f
studovat <vystudovat> (CZ)	studieren	study	étudier	studiare	estudiar
study (E)	studieren	—	étudier	studiare	estudiar
stufa (I)	Ofen m	oven	poêle m	—	estufa f
Stufe (D)	—	step	marche f	gradino m	escalón m
stuff (E)	Zeug n	—	affaires f/pl	cose f/pl	cosas f/pl
stuga (SV)	Hütte f	hut	cabane f	capanna f	cabaña f
Stuhl (D)	—	chair	chaise f	sedia f	silla f
stuk (NL)	Stück n	piece	morceau m	pezzo m	parte f
(stuk)scheuren (NL)	zerreißen	rip	déchirer	strappare	romper
stůl (CZ)	Tisch m	table	table f	tavolo m	mesa f
stulecie (PL)	Jahrhundert n	century	siècle m	secolo m	siglo m
Stunde (D)	—	hour	heure f	ora f	hora f
stuoia (I)	Matte f	mat	natte f	—	colchoneta f
stupeň¹ (CZ)	Grad m	degree	degré m	grado m	grado m
stupeň² (CZ)	Stufe f	step	marche f	gradino m	escalón m
stupendo(a) (I)	herrlich	marvellous	magnifique	—	maravilloso(a)
stupid (E)	dumm	—	bête	stupido(a)	tonto(a)
stupido(a) (I)	dumm	stupid	bête	—	tonto(a)
stupirsi (I)	staunen	be astonished	étonner, s'	—	asombrarse
sturen (NL)	schicken	send	envoyer	inviare	mandar
Sturm (D)	—	storm	tempête f	tempesta f	tormenta f
stürzen (D)	—	fall	tomber	cadere	caer
stutter (E)	stottern	—	bégayer	balbettare	tartamudear
stydět, se <zastydět, se> (CZ)	schämen, sich	be ashamed	avoir honte	vergognarsi	tener vergüenza
stylish (E)	schick	—	chic	elegante	elegante
stylo à bille (F)	Kugelschreiber m	biro	—	biro f	bolígrafo m
styra (SV)	lenken	steer	conduire	guidare	encauzar
su (I)	darauf	on	dessus	—	encima de
suave¹ (ES)	mild	mild	doux(douce)	mite	—
suave² (ES)	zart	soft	doux(douce)	tenero(a)	—
suave (P)	mild	mild	doux(douce)	mite	suave
subir (ES)	aufsteigen	ascend	monter	salire	—
subir (P)	aufsteigen	ascend	monter	salire	subir
subir a (ES)	einsteigen	get in	monter	salire in	—
subit(e) (F)	abrupt	abrupt	—	improvviso(a)	súbito(a)
subito (I)	sofort	immediately	immédiatement	—	en seguida

subito

P	NL	SV	PL	CZ	H
estudante m	student m	student u	student m	student m	egyetemista
estudante m	—	student u	student m	student m	egyetemista
estudante m	student m	—	student m	student m	egyetemista
estudante m	student m	student u	—	student m	egyetemista
estudante m	student m	student u	student m	—	egyetemista
estudante m	student m	student u	student m	student m	egyetemista
frio	koud	kallt	zimny	—	hideg
estudar	studeren	—	studiować	studovat <vystudovat>	egyetemre jár
estudar	—	studera	studiować	studovat <vystudovat>	egyetemre jár
estudar	studeren	studera	studiować	studovat <vystudovat>	egyetemre jár
estudar	studeren	studera	studiować	studovat <vystudovat>	egyetemre jár
estudar	studeren	studera	—	studovat <vystudovat>	egyetemre jár
poço m	bron f	brunn u	studnia f	—	kút
poço m	bron f	brunn u	—	studna f	kút
estudar	studeren	studera	studiować	—	egyetemre jár
estudar	studeren	studera	studiować	studovat <vystudovat>	egyetemre jár
forno m	oven m	ugn u	piec m	kamna pl	kályha
degrau m	trap m	steg n	stopień m	stupeň m	lépcsőfok
coisas f/pl	spullen pl	grejor pl	materia f	věci pl	holmi
cabana f	hut f	—	chata f	chatrč f	kunyhó
cadeira f	stoel m	stol u	krzesło n	židle f	szék
peça f	—	bit u	sztuka f	kus m	darab
despedaçar	—	gå/riva sönder	rozdzierać	roztrhat <roztrhnout>	széttép
mesa f	tafel f	bord n	stół m	—	asztal
século m	eeuw f	århundrade n	—	století n	évszázad
hora f	uur n	timme u	godzina f	hodina f	óra
esteira f	mat f	matta u	mata f	rohožka f	lábtörlő
grau m	graad m	grad u	grad m	—	fok
degrau m	trap m	steg n	stopień m	—	lépcsőfok
magnífico	heerlijk	härligt	wspaniały	nádherný	gyönyörű
parvo	dom	dum	głupi	hloupý	buta
parvo	dom	dum	głupi	hloupý	buta
admirar-se	verbaasd zijn	bli förvånad	dziwić, się <zdziwić, się>	divit, se <podivit, se>	csodálkozik
enviar	—	skicka	wysyłać <wysłać>	posílat <poslat>	küld
tempestade f	storm m	storm u	sztorm m	vichřice f	vihar
cair	vallen	falla	spadać <spaść>	svrhnout	zuhan
balbuciar	stotteren	stamma	jąkać się	koktat <zakoktat>	dadog
envergonhar-se	schamen, zich	skämmas	wstydzić, się	—	szégyelli magát
chique	chic	fin	szykowny	vkusný	sikkes
esferográfica f	balpen f	kulspetspenna u	długopis m	propisovací tužka f	golyóstoll
guiar	besturen	—	kierować <skierować>	řídit	irányít
em cima	daarop	på dät	na tym	na to	rajta
suave	zacht	mild	łagodny	jemný	enyhe
delicado	zacht	öm	delikatny	jemný	gyengéd
—	zacht	mild	łagodny	jemný	enyhe
subir	opstijgen	stiga	wsiadać <wsiąść>	stoupat	felemelkedik
—	opstijgen	stiga	wsiadać <wsiąść>	stoupat	felemelkedik
entrar	instappen	stiga på	wsiadać <wsiąść>	nastupovat <nastoupit>	felszáll
abrupto	abrupt	abrupt	nagle	náhle	hirtelen
imediatamente	terstond	genast	natychmiast	ihned	rögtön

súbito(a)

	D	E	F	I	ES
súbito(a) (ES)	abrupt	abrupt	subit(e)	improvviso(a)	—
subsanar (ES)	wieder gutmachen	make up for	réparer	riparare	—
substituir (P)	ersetzen	replace	remplacer	sostituire	sustituir
suburb (E)	Vorort m	—	faubourg m	sobborgo m	suburbio m
suburbio (ES)	Vorort m	suburb	faubourg m	sobborgo m	—
subúrbio (P)	Vorort m	suburb	faubourg m	sobborgo m	suburbio m
succedere (I)	passieren	happen	arriver	—	pasar
succes (NL)	Erfolg m	success	succès m	successo m	éxito m
succès (F)	Erfolg m	success	—	successo m	éxito m
succesrijk (NL)	erfolgreich	successful	avec succès	di successo	exitoso(a)
success (E)	Erfolg m	—	succès m	successo m	éxito m
successful (E)	erfolgreich	—	avec succès	di successo	exitoso(a)
successo (I)	Erfolg m	success	succès m	—	éxito m
succhiare (I)	lutschen	suck	sucer	—	chupar
succo (I)	Saft m	juice	jus m	—	zumo m
succursale (F)	Filiale f	branch	—	filiale f	sucursal f
suceder (ES)	vorkommen	occur	exister	accadere	—
sucer (F)	lutschen	suck	—	succhiare	chupar
suceso (ES)	Ereignis n	event	évènement m	avvenimento m	—
suchen (D)	—	look for	chercher	cercare	buscar
suchy (PL)	trocken	dry	sec(sèche)	asciutto(a)	seco(a)
suchý (CZ)	trocken	dry	sec(sèche)	asciutto(a)	seco(a)
suciedad (ES)	Schmutz m	dirt	saleté f	sporcizia f	—
sucio(a) (ES)	dreckig	dirty	sale	sporco(a)	—
sucio(a) (ES)	schmutzig	dirty	sale	sporco(a)	—
suck (E)	lutschen	—	sucer	succhiare	chupar
sucre (F)	Zucker m	sugar	—	zucchero m	azúcar f/m
sucré(e) (F)	süß	sweet	—	dolce	dulce
sucursal (ES)	Filiale f	branch	succursale f	filiale f	—
sucursal (P)	Filiale f	branch	succursale f	filiale f	sucursal f
sud (F)	Süden m	south	—	sud	sur m
sud (I)	Süden m	south	sud m	—	sur m
suddenly (E)	plötzlich	—	tout à coup	di colpo	de repente
Süden (D)	—	south	sud m	sud	sur m
sudý (CZ)	gerade	even	pair(e)	pari	par
Suecia (ES)	Schweden n	Sweden	Suède f	Svezia f	—
Suécia (P)	Schweden n	Sweden	Suède f	Svezia f	Suecia f
Suède (F)	Schweden n	Sweden	—	Svezia f	Suecia f
sueldo (ES)	Gehalt n	salary	salaire m	stipendio m	—
suelo (ES)	Boden m	floor	sol m	terra f	—
sueño (ES)	Traum m	dream	rêve m	sogno m	—
suerte (ES)	Glück n	luck	chance f	fortuna f	—
suffer (E)	leiden	—	souffrir	soffrire	sufrir
suffire (F)	ausreichen	be enough	—	essere sufficiente	bastar
suficiente (P)	genug	enough	assez	abbastanza	bastante
sufit (PL)	Decke f	blanket	couverture f	coperta f	manta f
sufrir (ES)	leiden	suffer	souffrir	soffrire	—
suga (SV)	lutschen	suck	sucer	succhiare	chupar
sugar (E)	Zucker m	—	sucre m	zucchero m	azúcar f/m
Suíça (P)	Schweiz	Switzerland	Suisse f	Svizzera f	Suiza f
suiker (NL)	Zucker m	sugar	sucre m	zucchero m	azúcar f/m
Suisse (F)	Schweiz	Switzerland	—	Svizzera f	Suiza f
suit (E)	Anzug m	—	costume m	vestito m	traje m
suit (E)	passen	—	aller bien	stare bene	venir bien

P	NL	SV	PL	CZ	H
abrupto	abrupt	abrupt	nagle	náhle	hirtelen
reparar	weer goedmaken	gottgöra	wynagradzać szkodę	odčiňovat <odčinit>	jóvátesz
—	vervangen	byta ut	zastępować <zastąpić>	nahrazovat <nahradit>	pótol
subúrbio m	voorstad f	förort u	przedmieście n	předměstí n	külváros
subúrbio m	voorstad f	förort u	przedmieście n	předměstí n	külváros
—	voorstad f	förort u	przedmieście n	předměstí n	külváros
passar	passeren	hända	przechodzić <przejść>	stávat, se <stát, se>	történik
êxito m	—	framgång u	sukces m	úspěch m	siker
êxito m	succes n	framgång u	sukces m	úspěch m	siker
bem sucedido	—	framgångsrik	cieszący się powodzeniem	úspěšný	sikeres
êxito m	succes n	framgång u	sukces m	úspěch m	siker
bem sucedido	succesrijk	framgångsrik	cieszący się powodzeniem	úspěšný	sikeres
êxito m	succes n	framgång u	sukces m	úspěch m	siker
chupar	zuigen	suga	ssać	cucat <vycucnout>	szopogat
sumo m	sap n	juice u	sok m	šťáva f	nedv
sucursal f	filiaal n	filial u	filia f	pobočka f	leányvállalat
ocorrer	voorkomen	hända	występować	přiházet, se <přihodit, se>	előfordul
chupar	zuigen	suga	ssać	cucat <vycucnout>	szopogat
acontecimento m	gebeurtenis f	händelse u	zdarzenie n	událost f	esemény
procurar	zoeken	söka	szukać	hledat <vyhledat>	keres
seco	droog	torr	—	suchý	száraz
seco	droog	torr	suchy	—	száraz
sujidade f	vuil n	smuts u	brud m	špína f	piszok
sujo	vuil	smutsig	brudny	špinavý	koszos
sujo	vuil	smutsig	brudny	špinavý	piszkos
chupar	zuigen	suga	ssać	cucat <vycucnout>	szopogat
açúcar m	suiker m	socker n	cukier m	cukr m	cukor
doce f	zoet	söt	słodki	sladký	édes
sucursal f	filiaal n	filial u	filia f	pobočka f	leányvállalat
—	filiaal n	filial u	filia f	pobočka f	leányvállalat
sul m	zuiden n	söder u	południe n	jih m	dél
sul m	zuiden n	söder u	południe n	jih m	dél
repentinamente	plotseling	plötsligt	nagle	náhle	hirtelen
sul m	zuiden n	söder u	południe n	jih m	dél
par	even	jämn	parzysty	—	páros
Suécia f	Zweden n	Sverige n	Szwecja	Švédsko n	Svédország
—	Zweden n	Sverige n	Szwecja	Švédsko n	Svédország
Suécia f	Zweden n	Sverige n	Szwecja	Švédsko n	Svédország
vencimento m	salaris n	innehåll n	pensja f	plat m	fizetés
chão m	grond m	mark u	podłoga f	podlaha f	föld
sonho m	droom m	dröm u	sen m	sen m	álom
sorte f	geluk n	lycka u	szczęście n	štěstí n	szerencse
sofrer	lijden	lida	cierpieć	trpět <utrpět>	szenved
bastar	voldoende zijn	räcka	wystarczać	stačit	elegendő
—	genoeg	tillräckligt	dość	dost	elég
cobertor m	plafond n	täcke n	—	přikrývka f	takaró
sofrer	lijden	lida	cierpieć	trpět <utrpět>	szenved
chupar	zuigen	—	ssać	cucat <vycucnout>	szopogat
açúcar m	suiker m	socker n	cukier m	cukr m	cukor
—	Zwitserland n	Schweiz n	Szwajcaria	Švýcarsko n	Svájc
açúcar m	—	socker n	cukier m	cukr m	cukor
Suíça f	Zwitserland n	Schweiz n	Szwajcaria	Švýcarsko n	Svájc
fato m	kostuum n	kostym u	garnitur m	oblek m	öltöny
servir	passen	passa	pasować	padat <padnout>	megfelel

suitable

	D	E	F	I	ES
suitable¹ (E)	geeignet	—	approprié(e)	adatto(a)	adecuado(a)
suitable² (E)	passend	—	assorti(e)	adatto(a)	apropiado(a)
suitable³ (E)	zweckmäßig	—	approprié(e)	adatto(a)	adecuado(a)
suitcase (E)	Koffer m	—	valise f	valigia f	maleta f
suite (F)	Folge f	consequence	—	conseguenza f	serie f
suivre (F)	folgen	follow	—	seguire	seguir
Suiza (ES)	Schweiz	Switzerland	Suisse f	Svizzera f	—
sujet (F)	Thema n	topic	—	tema m	tema m
sujetar (ES)	festhalten	seize	tenir ferme	tener fermo	—
sujidade (P)	Schmutz m	dirt	saleté f	sporcizia f	suciedad f
sujo (P)	dreckig	dirty	sale	sporco(a)	sucio(a)
sujo (P)	schmutzig	dirty	sale	sporco(a)	sucio(a)
sukces (PL)	Erfolg m	success	succès m	successo m	éxito m
sukně (CZ)	Rock m	skirt	jupe f	gonna f	falda f
suknia (PL)	Kleid n	dress	robe f	vestito m	vestido m
sul (P)	Süden m	south	sud m	sud	sur m
sůl (CZ)	Salz n	salt	sel m	sale m	sal f
súly (H)	Gewicht n	weight	poids m	peso m	peso m
sum (E)	Summe f	—	somme f	somma f	suma f
suma (ES)	Summe f	sum	somme f	somma f	—
suma (PL)	Summe f	sum	somme f	somma f	suma f
sumienie (PL)	Gewissen n	conscience	conscience f	coscienza f	conciencia f
sumienny (PL)	gewissenhaft	conscientious	consciencieux(euse)	coscienzioso(a)	concienzudo(a)
suministrar (ES)	liefern	deliver	livrer	fornire	—
suministro (ES)	Lieferung f	delivery	livraison f	fornitura f	—
summa (SV)	Summe f	sum	somme f	somma f	suma f
Summe (D)	—	sum	somme f	somma f	suma f
summer (E)	Sommer m	—	été m	estate f	verano m
sumo (P)	Saft m	juice	jus m	succo m	zumo m
sun (E)	Sonne f	—	soleil m	sole m	sol m
sunburn (E)	Sonnenbrand m	—	coup de soleil m	scottatura solare f	quemadura solar f
sunglasses (E)	Sonnenbrille f	—	lunettes de soleil m/pl	occhiali da sole m/pl	gafas de sol f/pl
sunny (E)	sonnig	—	ensoleillé(e)	sereno(a)	soleado(a)
suonare (I)	klingeln	ring the bell	sonner	—	tocar el timbre
suono (I)	Ton m	sound	son m	—	sonido m
superficial (E)	oberflächlich	—	superficiel(le)	superficiale	superficial
superficial (ES)	oberflächlich	superficial	superficiel(le)	superficiale	—
superficial (P)	oberflächlich	superficial	superficiel(le)	superficiale	superficial
superficiale (I)	oberflächlich	superficial	superficiel(le)	—	superficial
superfície¹ (P)	Fläche f	area	surface f	area f	área f
superfície² (P)	Grundfläche f	base	base f	base f	base f
superficiel(le) (F)	oberflächlich	superficial	—	superficiale	superficial
superflue(e) (F)	überflüssig	superfluous	—	superfluo(a)	superfluo(a)
supérfluo (P)	überflüssig	superfluous	superflu(e)	superfluo(a)	superfluo(a)
superfluo(a) (I)	überflüssig	superfluous	superflu(e)	—	superfluo(a)
superfluo(a) (ES)	überflüssig	superfluous	superflu(e)	superfluo(a)	—
superfluous (E)	überflüssig	—	superflu(e)	superfluo(a)	superfluo(a)
supermarché (F)	Supermarkt m	supermarket	—	supermercato m	supermercado m
supermarket (E)	Supermarkt m	—	supermarché m	supermercato m	supermercado m
supermarket (PL)	Supermarkt m	supermarket	supermarché m	supermercato m	supermercado m
supermarket (CZ)	Supermarkt m	supermarket	supermarché m	supermercato m	supermercado m
Supermarkt (D)	—	supermarket	supermarché m	supermercato m	supermercado m
supermarkt (NL)	Supermarkt m	supermarket	supermarché m	supermercato m	supermercado m
supermercado (ES)	Supermarkt m	supermarket	supermarché m	supermercato m	—

supermercado

P	NL	SV	PL	CZ	H
adequado	geschikt	lämplig	odpowiedni	vhodný	alkalmas
apropriado	passend	passande	odpowiedni	padnoucí	megfelelő
conveniente	doelmatig	ändamålsenlig	celowy	účelný	célszerű
mala f	koffer m	koffert u	walizka f	kufr m	bőrönd
sequência f	gevolg n	konsekvens u	skutek m	následek m	következmény
seguir	volgen	följa	iść za <pójść za>	následovat	követi
Suíça f	Zwitserland n	Schweiz n	Szwajcaria	Švýcarsko n	Svájc
tema m	thema n	ämne n	temat m	téma n	téma
segurar	vasthouden	hålla fast	mocno trzymać	pevně držet <udržet>	megfog
—	vuil n	smuts u	brud m	špína f	piszok
—	vuil	smutsig	brudny	špinavý	koszos
—	vuil	smutsig	brudny	špinavý	piszkos
êxito m	succes n	framgång u	—	úspěch m	siker
saia f	rok m	kjol u	spódnica f	—	szoknya
vestido m	jurk f/kleed n	klänning u	—	šaty pl	ruha
—	zuiden n	söder u	południe n	jih m	dél
sal m	zout n	salt n	sól f	—	só
peso m	gewicht n	vik u	ciężar m	hmotnost f	—
soma f	som f	summa u	suma f	součet m	összeg
soma f	som f	summa u	suma f	součet m	összeg
soma f	som f	summa u	—	součet m	összeg
consciência f	geweten n	samvete n	—	svědomí n	lelkiismeret
conscioncioso	nauwgezet	samvetsgrann	—	svědomitě	lelkiismeretes
fornecer	leveren	leverera	dostarczać <dostarczyć>	dodávat <dodat>	szállít
fornecimento m	levering f	leverans u	dostawa f	dodávka f	szállítmány
soma f	som f	—	suma f	součet m	összeg
soma f	som f	summa u	suma f	součet m	összeg
verão m	zomer m	sommar u	lato n	léto n	nyár
—	sap n	juice u	sok m	šťáva f	nedv
sol m	zon f	sol u	słońce n	slunce n	nap
queimadura solar f	zonnebrand m	svidande solbränna u	oparzenie słoneczne n	úpal m	leégés
óculos de sol m	zonnebril m	solglasögon pl	okulary przeciwsłoneczne pl	sluneční brýle pl	napszemüveg
soalheiro	zonnig	solig	słoneczny	sluneční	napsütéses
tocar	bellen	ringa på	dzwonić <zadzwonić>	zvonil <zazvonit>	csönget
som m	toon m	ton u	ton m	tón m	hang
superficial	oppervlakkig	ytlig	powierzchowny	povrchní	felületes
superficial	oppervlakkig	ytlig	powierzchowny	povrchní	felületes
—	oppervlakkig	ytlig	powierzchowny	povrchní	felületes
superficial	oppervlakkig	ytlig	powierzchowny	povrchní	felületes
—	vlakte f	yta u	powierzchnia f	plocha f	terület
—	grondvlak n	grundyta u	podstawa f	základní plocha f	alapterület
superficial	oppervlakkig	ytlig	powierzchowny	povrchní	felületes
supérfluo	overbodig	överflödigt	zbędny	zbytečný	felesleges
—	overbodig	överflödigt	zbędny	zbytečný	felesleges
supérfluo	overbodig	överflödigt	zbędny	zbytečný	felesleges
supérfluo	overbodig	överflödigt	zbędny	zbytečný	felesleges
supérfluo	overbodig	överflödigt	zbędny	zbytečný	felesleges
supermercado m	supermarkt m	stormarknad u	supermarket m	supermarket m	szupermarket
supermercado m	supermarkt m	stormarknad u	supermarket m	supermarket m	szupermarket
supermercado m	supermarkt m	stormarknad u	—	supermarket m	szupermarket
supermercado m	supermarkt m	stormarknad u	supermarket m	—	szupermarket
supermercado m	supermarkt m	stormarknad u	supermarket m	supermarket m	szupermarket
supermercado m	—	stormarknad u	supermarket m	supermarket m	szupermarket
supermercado m	supermarkt m	stormarknad u	supermarket m	supermarket m	szupermarket

supermercado

	D	E	F	I	ES
supermercado (P)	Supermarkt m	supermarket	supermarché m	supermercato m	supermercado m
supermercato (I)	Supermarkt m	supermarket	supermarché m	—	supermercado m
supervise (E)	überwachen	—	surveiller	sorvegliare	vigilar
supervisionar (P)	überwachen	supervise	surveiller	sorvegliare	vigilar
suplemento (ES)	Beilage f	supplement	supplément m	supplemento m	—
suponer[1] (ES)	ahnen	suspect	douter, se	presagire	—
suponer[2] (ES)	vermuten	suppose	supposer	supporre	—
supor (P)	vermuten	suppose	supposer	supporre	suponer
suportar (P)	ertragen	bear	supporter	sopportare	soportar
suposição (P)	Vermutung f	supposition	supposition f	supposizione f	suposición f
suposición[1] (ES)	Annahme f	assumption	supposition f	supposizione f	—
suposición[2] (ES)	Vermutung f	supposition	supposition f	supposizione f	—
Suppe (D)	—	soup	soupe f	zuppa f	sopa f
supper (E)	Abendessen n	—	dîner m	cena f	cena f
supplement (E)	Beilage f	—	supplément m	supplemento m	suplemento m
supplement (E)	ergänzen	—	compléter	completare	completar
supplément (F)	Beilage f	supplement	—	supplemento m	suplemento m
supplémentaire (F)	zusätzlich	in addition	—	supplementare	adicional
supplementare (I)	zusätzlich	in addition	supplémentaire	—	adicional
supplemento (I)	Beilage f	supplement	supplément m	—	suplemento m
supporre (I)	vermuten	suppose	supposer	—	suponer
support (E)	unterstützen	—	soutenir	assistere	apoyar
support (E)	Unterstützung f	—	soutien m	sostegno m	apoyo m
supporter (F)	ertragen	bear	—	sopportare	soportar
supporter (F)	aushalten	bear	—	sopportare	aguantar
suppose (E)	vermuten	—	supposer	supporre	suponer
supposer[1] (F)	vermuten	suppose	—	supporre	suponer
supposer[2] (F)	voraussetzen	assume	—	presupporre	presuponer
supposition (E)	Vermutung f	—	supposition f	supposizione f	suposición f
supposition[1] (F)	Annahme f	assumption	—	supposizione f	suposición f
supposition[2] (F)	Vermutung f	supposition	—	supposizione f	suposición f
supposizione[1] (I)	Annahme f	assumption	supposition f	—	suposición f
supposizione[2] (I)	Vermutung f	supposition	supposition f	—	suposición f
sur (F)	über	over/about	—	su/sopra/per	por/sobre
sur (ES)	Süden m	south	sud m	sud	—
sur (SV)	sauer	sour	aigre	acido(a)	agrio(a)
sure (E)	sicher	—	sûr(e)	sicuro(a)	seguro(a)
sûr(e)[1] (F)	sicher	sure	—	sicuro(a)	seguro(a)
sûr(e)[2] (F)	zuverlässig	reliable	—	affidabile	de confianza
surf[1] (E)	surfen	—	surfer	fare surf	practicar el surf
surf[2] (E)	surfen	—	surfer	navigare in Internet	navegar
surfa[1] (SV)	surfen	surf	surfer	fare surf	practicar el surf
surfa[2] (SV)	surfen	surf	surfer	navigare in Internet	navegar
surface (F)	Fläche f	area	—	area f	área f
surfen[1] (D)	—	surf	surfer	fare surf	practicar el surf
surfen[2] (D)	—	surf	surfer	navigare in Internet	navegar
surfen[1] (NL)	surfen	surf	surfer	fare surf	practicar el surf
surfen[2] (NL)	surfen	surf	surfer	navigare in Internet	navegar
surfer[1] (F)	surfen	surf	—	fare surf	practicar el surf
surfer[2] (F)	surfen	surf	—	navigare in Internet	navegar
surfować[1] (PL)	surfen	surf	surfer	fare surf	practicar el surf
surfować[2] (PL)	surfen	surf	surfer	navigare in Internet	navegar
surgir (ES)	entstehen	arise	naître	nascere	—
sürgős (H)	dringend	urgent	urgent(e)	urgente	urgente

sürgős

P	NL	SV	PL	CZ	H
–	supermarkt m	stormarknad u	supermarket m	supermarket m	szupermarket
supermercado m	supermarkt m	stormarknad u	supermarket m	supermarket m	szupermarket
supervisionar	bewaken	övervaka	nadzorować	sledovat	ellenőriz
–	bewaken	övervaka	nadzorować	sledovat	ellenőriz
anexo m	bijlage f	bilaga u	dodatek n	příloha f	melléklet
pressentir	vermoeden	ana	przeczuwać <przeczuć>	tušit <vytušit>	megsejt
supor	vermoeden	förmoda	przypuszczać	domnívat, se	sejt
–	vermoeden	förmoda	przypuszczać	domnívat, se	sejt
–	verdragen	tåla	znosić <znieść>	snášet <snést>	kibír
–	vermoeden n	förmodan u	przypuszczenie n	domněnka f	sejtés
recepção f	veronderstelling f	antagande n	przypuszczenie n	příjem m	elfogadás
suposição f	vermoeden n	förmodan u	przypuszczenie n	domněnka f	sejtés
sopa f	soep f	soppa u	zupa f	polévka f	leves
jantar m	avondeten n	middag u	kolacja f	večeře f	vacsora
anexo m	bijlage f	bilaga u	dodatek n	příloha f	melléklet
completar	aanvullen	komplettera	uzupełniać <uzupełnić>	doplňovat <doplnit>	kiegészíti
anexo m	bijlage f	bilaga u	dodatek n	příloha f	melléklet
adicionalmente	extra	extra	dodatkowy	navíc	kiegészítő
adicionalmente	extra	extra	dodatkowy	navíc	kiegészítő
anexo m	bijlage f	bilaga u	dodatek n	příloha f	melléklet
supor	vermoeden	förmoda	przypuszczać	domnívat, se	sejt
apoiar	ondersteunen	stödja	wspierać	podporovat <podpořit>	támogat
apoio m	ondersteuning f	stöd n	wsparcie n	podpora f	támogatás
suportar	verdragen	tåla	znosić <znieść>	snášet <snést>	kibír
aguentar	uithouden	uthärda	wytrzymywać <wytrzymać>	vydržovat <vydržet>	elvisel
supor	vermoeden	förmoda	przypuszczać	domnívat, se	sejt
supor	vermoeden	förmoda	przypuszczać	domnívat, se	sejt
pressupor	veronderstellen	förutsätta	przypuszczać	předpokládat	feltételez
suposição f	vermoeden n	förmodan u	przypuszczenie n	domněnka f	sejtés
recepção f	veronderstelling f	antagande n	przypuszczenie n	příjem m	elfogadás
suposição f	vermoeden n	förmodan u	przypuszczenie n	domněnka f	sejtés
recepção f	veronderstelling f	antagande n	przypuszczenie n	příjem m	elfogadás
suposição f	vermoeden n	förmodan u	przypuszczenie n	domněnka f	sejtés
por encima de	over	över	nad	přes	felett
sul m	zuiden n	söder u	południe n	jih m	dél
amargo	zuur	—	kwaśny	kyselý	savanyú
seguro	zeker	säker	pewny	jistě	biztos
seguro	zeker	säker	pewny	jistě	biztos
de confiança	betrouwbaar	tillförlitlig	niezawodny	spolehlivý	megbízható
fazer o surf	surfen	surfa	surfować	serfovat	szörfözik
navegar	surfen	surfa	surfować	serfovat	szörfözik a weben
fazer o surf	surfen	—	surfować	serfovat	szörfözik
navegar	surfen	—	surfować	serfovat	szörfözik a weben
superfície f	vlakte f	yta u	powierzchnia f	plocha f	terület
fazer o surf	surfen	surfa	surfować	serfovat	szörfözik
navegar	surfen	surfa	surfować	serfovat	szörfözik a weben
fazer o surf	—	surfa	surfować	serfovat	szörfözik
navegar	—	surfa	surfować	serfovat	szörfözik a weben
fazer o surf	surfen	surfa	surfować	serfovat	szörfözik
navegar	surfen	surfa	surfować	serfovat	szörfözik a weben
fazer o surf	surfen	surfa	—	serfovat	szörfözik
navegar	surfen	surfa	—	serfovat	szörfözik a weben
originar	ontstaan	uppstå	powstawać <powstać>	vznikat <vzniknout>	keletkezik
urgente	dringend	brådskande	naglący	naléhavě	—

surowy

	D	E	F	I	ES
surowy¹ (PL)	roh	raw	cru(e)	crudo(a)	crudo(a)
surowy² (PL)	streng	strict	sévère	severo(a)	severo(a)
surpreender (P)	überraschen	surprise	surprendre	sorprendere	sorprender
surprendre (F)	überraschen	surprise	—	sorprendere	sorprender
surpresa (P)	Überraschung f	surprise	surprise f	sorpresa f	sorpresa f
surprise (E)	überraschen	—	surprendre	sorprendere	sorprender
surprise (E)	Überraschung f	—	surprise f	sorpresa f	sorpresa f
surprise (F)	Überraschung f	surprise	—	sorpresa f	sorpresa f
surroundings (E)	Umgebung f	—	environs m/pl	dintorni m/pl	alrededores m/pl
surtout¹ (F)	besonders	especially	—	particolarmente	particularmente
surtout² (F)	hauptsächlich	mainly	—	principalmente	principalmente
sürü (H)	dicht	dense	épais(se)	denso(a)	espeso(a)
surveiller (F)	überwachen	supervise	—	sorvegliare	vigilar
sušit <usušit> (CZ)	trocknen	dry	sécher	asciugare	secar
su/sopra/per (I)	über	over/about	sur	—	por/sobre
suspect (E)	ahnen	—	douter, se	presagire	suponer
suspect(e) (F)	verdächtig	suspicious	—	sospetto(a)	sospechoso(a)
suspeito (P)	verdächtig	suspicious	suspect(e)	sospetto(a)	sospechoso(a)
suspicious (E)	verdächtig	—	suspect(e)	sospetto(a)	sospechoso(a)
süß (D)	—	sweet	sucré(e)	dolce	dulce
sustituir (ES)	ersetzen	replace	remplacer	sostituire	—
suszarka do włosów (PL)	Föhn m	hair-dryer	sèche-cheveux m	asciugacapelli m	secador de pelo m
suszyć (PL)	trocknen	dry	sécher	asciugare	secar
süt¹ (H)	backen	bake	faire cuire	cuocere (al forno)	cocer (al horno)
süt² (H)	braten	roast	rôtir	arrostire	asar
sütemény¹ (H)	Gebäck n	pastry	pâtisserie f	biscotti m/pl	pasteles m/pl
sütemény² (H)	Kuchen m	cake	gâteau m	dolce m	tarta f
suttog (H)	flüstern	whisper	chuchoter	bisbigliare	murmurar
suvenýr (CZ)	Andenken n	souvenir	souvenir m	ricordo m	recuerdo m
svag (SV)	schwach	weak	faible	debole	débil
svaghet (SV)	Schwäche f	weakness	faiblesse f	debolezza f	debilidad f
Svájc (H)	Schweiz	Switzerland	Suisse f	Svizzera f	Suiza f
sval (CZ)	Muskel m	muscle	muscle m	muscolo m	músculo m
svälja (SV)	schlucken	swallow	avaler	inghiottire	tragar
svält (SV)	Hunger m	hunger	faim f	fame f	hambre f
svamp (SV)	Pilz m	mushroom	champignon m	fungo m	hongo m
svantaggiare (I)	benachteiligen	disadvantage	désavantager	—	perjudicar
svantaggio (I)	Nachteil m	disadvantage	désavantage m	—	desventaja f
svar (SV)	Antwort f	answer	réponse f	risposta f	respuesta f
svår (SV)	schwierig	difficult	difficile	difficile	difícil
svara¹ (SV)	antworten	answer	répondre	rispondere	responder
svara² (SV)	beantworten	answer	répondre à	rispondere a	responder a
svära på (SV)	schwören	swear	jurer	giurare	jurar
svårighet (SV)	Schwierigkeit f	difficulty	difficulté f	difficoltà f	dificultad f
svart (SV)	schwarz	black	noir(e)	nero(a)	negro(a)
svartsjuka (SV)	Eifersucht f	jealousy	jalousie f	gelosia f	celos m/pl
svart vinbär (SV)	Johannisbeere f	currant	groseille f	ribes m	grosella f
svatba (CZ)	Hochzeit f	wedding	mariage m	nozze f/pl	boda f
svátek (CZ)	Feiertag m	holiday	jour férié m	giorno festivo m	día de fiesta m
svatý (CZ)	heilig	holy	saint(e)	santo(a)	santo(a)

svatý

P	NL	SV	PL	CZ	H
cru	rauw	rå	—	syrový	durva
rigoroso	streng	sträng	—	přísný	szigorú
—	verrassen	överraska	zaskakiwać	překvapovat <překvapit>	meglep
surpreender	verrassen	överraska	zaskakiwać	překvapovat <překvapit>	meglep
—	verrassing f	överraskning u	niespodzianka f	překvapení n	meglepetés
surpreender	verrassen	överraska	zaskakiwać	překvapovat <překvapit>	meglep
surpresa f	verrassing f	överraskning u	niespodzianka f	překvapení n	meglepetés
surpresa f	verrassing f	överraskning u	niespodzianka f	překvapení n	meglepetés
arredores m/pl	omgeving f	omgivning u	otoczenie n	okolí n	környék
especialmente	bijzonder	särskild	szczególnie	obzvláště	kiváltképp
principalmente	hoofdzakelijk	huvudsakligen	głównie	hlavně	főleg
denso	dicht	tät	szczelny	hustý	—
supervisionar	bewaken	övervaka	nadzorować	sledovat	ellenőriz
secar	drogen	torka	suszyć	—	megszárít
por encima de	over	över	nad	přes	felett
pressentir	vermoeden	ana	przeczuwać <przeczuć>	tušit <vytušit>	megsejt
suspeito	verdacht	misstänkt	podejrzany	podezřelý	gyanús
—	verdacht	misstänkt	podejrzany	podezřelý	gyanús
suspeito	verdacht	misstänkt	podejrzany	podezřelý	gyanús
doce f	zoet	söt	słodki	sladký	édes
substituir	vervangen	byta ut	zastępować <zastąpić>	nahrazovat <nahradit>	pótol
secador m	föhn m	fön u	—	fén m	hajszárító
secar	drogen	torka	—	sušit <ususit>	megszárít
cozer	bakken	baka	piec <upiec>	péci	—
assar	braden	steka	smażyć <usmażyć>	péci	—
pastelaria f	gebak n	bakverk n	pieczywo n	pečivo n	—
bolo m	taart f	kaka u	placek m	koláč m	—
murmurar	fluisteren	viska	szeptać <szepnąć>	šeptat <pošeptat>	—
recordação f	aandenken n	minne n	pamiątka f	—	emlék
fraco	zwak	—	słaby	slabý	gyenge
fraqueza f	zwakte f	—	słabość f	slabost f	gyengeség
Suíça f	Zwitserland n	Schweiz n	Szwajcaria	Švýcarsko n	—
músculo m	spier f	muskel u	mięsień m	—	izom
engolir	slikken	—	łykać <połknąć>	polykat <spolknout>	nyel
fome f	honger m	—	głód m	hlad m	éhség
cogumelo m	paddenstoel m	—	grzyb m	houba f	gomba
prejudicar	benadelen	vara till nackdel för	krzywdzić <skrzywdzić>	znevýhodňovat <znevýhodnit>	hátrányosan megkülönböztet
desvantagem f	nadeel n	nackdel u	niekorzyść f	nevýhoda f	hátrány
resposta f	antwoord n	—	odpowiedź f	odpověď f	válasz
difícil	moeilijk	—	trudny	svízelný	nehéz
responder	antwoorden	—	odpowiadać <odpowiedzieć>	odpovídat <odpovědět>	válaszol
responder	beantwoorden	—	odpowiadać <odpowiedzieć>	odpovídat <odpovědět>	megválaszol
jurar	zweren	—	przysięgać <przysiąc>	přísahat	esküszik
dificuldade f	moeilijkheid f	—	trudność f	těžkost f	nehézség
preto	zwart	—	czarny(no)	černý	fekete
ciúme m	jaloezie f	—	zazdrość f	žárlivost f	féltékenység
groselha f	aalbes f	—	porzeczka f	rybíz m	ribizke
casamento m	huwelijk n	bröllop n	wesele n	—	esküvő
feriado m	feestdag m	helgdag u	dzień świąteczny m	—	ünnepnap
sagrado	heilig	helig	święty	—	szent

svazovat

	D	E	F	I	ES
svazovat <svázat> (CZ)	binden	bind	attacher	legare	atar
svědek (CZ)	Zeuge m	witness	témoin m	testimone m	testigo m
svědět <zasvědět> (CZ)	jucken	itch	démanger	prudere	picar
svědomí (CZ)	Gewissen n	conscience	conscience f	coscienza f	conciencia f
svědomitě (CZ)	gewissenhaft	conscientious	consciencieux(euse)	coscienzioso(a)	concienzudo(a)
Svédország (H)	Schweden n	Sweden	Suède f	Svezia f	Suecia f
Švédsko (CZ)	Schweden n	Sweden	Suède f	Svezia f	Suecia f
sveglia (I)	Wecker m	alarm clock	réveil m	—	despertador m
svegliare¹ (I)	aufwecken	wake up	réveiller	—	despertar
svegliare² (I)	wecken	wake (up)	réveiller	—	despertar
svegliarsi (I)	aufwachen	wake up	réveiller, se	—	despertarse
svenimento (I)	Ohnmacht f	faint	évanouissement m	—	desmayo m
svepskäl (SV)	Ausrede f	pretext	excuse f	pretesto m	pretexto m
Sverige (SV)	Schweden n	Sweden	Suède f	Svezia f	Suecia f
švestka (CZ)	Pflaume f	plum	prune f	prugna f	ciruela f
svět (CZ)	Welt f	world	monde m	mondo m	mundo m
světlo (CZ)	Licht n	light	lumière f	luce f	luz f
světlý (CZ)	hell	bright	clair(e)	chiaro(a)	claro(a)
svetr (CZ)	Pullover m	pullover	pull-over m	pullover m	jersey m
Svezia (I)	Schweden n	Sweden	Suède f	—	Suecia f
svíčka (CZ)	Kerze f	candle	bougie f	candela f	vela f
svidande solbränna (SV)	Sonnenbrand m	sunburn	coup de soleil m	scottatura solare f	quemadura solar f
svika (SV)	betrügen	cheat	tromper	ingannare	engañar
sviluppare (I)	entwickeln	develop	développer	—	desarrollar
sviluppo (I)	Entwicklung f	development	développement m	—	desarrollo m
svin (SV)	Schwein n	pig	cochon m	maiale m	cerdo m
svítat (CZ)	dämmern	dawn	poindre	spuntare	amanecer
svízelný (CZ)	schwierig	difficult	difficile	difficile	difícil
Svizzera (I)	Schweiz	Switzerland	Suisse f	—	Suiza f
svlékat <svléknout> (CZ)	ausziehen	take over	enlever	levare	quitarse
svoboda (CZ)	Freiheit f	freedom	liberté f	libertà f	libertad f
svobodný (CZ)	ledig	single	célibataire m	celibe m/nubile f	soltero(a)
svoltare¹ (I)	abbiegen	turn off	tourner	—	torcer
svoltare² (I)	einbiegen	turn	tourner	—	doblar
svrhnout (CZ)	stürzen	fall	tomber	cadere	caer
svullen (SV)	geschwollen	swollen	enflé(e)	gonfio(a)	hinchado(a)
Švýcarsko (CZ)	Schweiz	Switzerland	Suisse f	Svizzera f	Suiza f
swallow (E)	schlucken	—	avaler	inghiottire	tragar
swear (E)	schwören	—	jurer	giurare	jurar
Sweden (E)	Schweden n	—	Suède f	Svezia f	Suecia f
swędzić <zaswędzić> (PL)	jucken	itch	démanger	prudere	picar
sweep (E)	fegen	—	balayer	scopare	barrer
sweet (E)	Bonbon n	—	bonbon m	caramella f	caramelo m
sweet¹ (E)	lieb	—	gentil(le)	caro(a)	amable
sweet² (E)	niedlich	—	mignon(ne)	carino(a)	bonito(a)
sweet³ (E)	süß	—	sucré(e)	dolce	dulce
sweter (PL)	Pullover m	pullover	pull-over m	pullover m	jersey m
świadectwo (PL)	Zeugnis n	report	bulletin m	pagella f	certificado m
świadek (PL)	Zeuge m	witness	témoin m	testimone m	testigo m
świadomy (PL)	bewusst	deliberate	déliberé(e)	intenzionale	intencionado(a)
świat (PL)	Welt f	world	monde m	mondo m	mundo m

świat

P	NL	SV	PL	CZ	H
gar	binden	binda fast	wiązać	—	köt
testemunha m	getuige m/f	vittne n	świadek m	—	tanú
fazer comichão	jeuken	klia	swędzić <zaswędzić>	—	viszket
consciência f	geweten n	samvete n	sumienie n	—	lelkiismeret
consciencioso	nauwgezet	samvetsgrann	sumienny	—	lelkiismeretes
Suécia f	Zweden n	Sverige n	Szwecja	Švédsko n	—
Suécia f	Zweden n	Sverige n	Szwecja	—	Svédország
despertador m	wekker m	väckarklocka u	budzik m	budík m	ébresztőóra
acordar	wekken	väcka	budzić <obudzić>	budit <vzbudit>	felébreszt
acordar	wekken	väcka	budzić	budit <vzbudit>	ébreszt
acordar	wakker worden	vakna	budzić się <obudzić się>	vzbouzet se <vzbudit se>	felébred
desmaio m	bewusteloosheid f	vanmakt u	zemdlenie n	bezmocnost f	eszméletlenség
pretexto m	uitvlucht f	—	wymówka f	výmluva f	kifogás
Suécia f	Zweden n	—	Szwecja	Švédsko n	Svédország
ameixa f	pruim f	plommon n	śliwka f	—	szilva
mundo m	wereld m	värld u	świat m	—	világ
luz f	licht n	ljus n	światło n	—	fény
claro	licht	ljus	jasny	—	világos
pulôver m	pullover m	tröja u	sweter m	—	pulóver
Suécia f	Zweden n	Sverige n	Szwecja	Švédsko n	Svédország
vela f	kaars f	ljus n	świeca f	—	gyertya
queimadura solar f	zonnebrand m	—	oparzenie słoneczne n	úpal m	leégés
enganar	bedriegen	—	oszukiwać <oszukać>	podvádět <podvést>	becsap
desenvolver	ontwikkelen	utveckla	rozwijać <rozwinąć>	vyvíjet <vyvinout>	fejleszt
desenvolvimento m	ontwikkeling f	utveckling u	rozwój m	vývoj m	fejlesztés
porco m	zwijn n	—	świnia f	prase n	sertés
amanhecer	schemeren	skymma	zmierzchać się	—	alkonyodik/hajnalodik
difícil	moeilijk	svår	trudny	—	nehéz
Suíça f	Zwitserland n	Schweiz n	Szwajcaria	Švýcarsko n	Svájc
despir	uittrekken	klä av sig	zdejmować <zdjąć>	—	kihúz
liberdade f	vrijheid f	frihet u	wolność f	—	szabadság
solteiro	ongehuwd	ogift	stanu wolnego	—	nőtlen
virar	afslaan	vika av	skręcać <skręcić>	ohýbat <ohnout>	elkanyarodik
virar	inslaan	vika av	zaginać <zgiąć>	zahýbat <zahnout>	befordul
cair	vallen	falla	spadać <spaść>	—	zuhan
inchado	gezwollen	—	spuchnięty	nateklý	duzzadt
Suíça f	Zwitserland n	Schweiz n	Szwajcaria	—	Svájc
engolir	slikken	svälja	łykać <połknąć>	polykat <spolknout>	nyel
jurar	zweren	svära på	przysięgać <przysiąc>	přísahat	esküszik
Suécia f	Zweden n	Sverige n	Szwecja	Švédsko n	Svédország
fazer comichão	jeuken	klia	—	svědět <zasvědět>	viszket
varrer	vegen	sopa	zamiatać <zamieść>	zametat <zamést>	felsöpör
rebuçado m	snoepje n	karamell u	cukierek m	bonbón m	cukorka
querido	lief	snäll	miły	milý	kedves
amoroso	schattig	söt	śliczny	roztomilý	aranyos
doce f	zoet	söt	słodki	sladký	édes
pulôver m	pullover m	tröja u	—	svetr m	pulóver
certificado m	getuigenis n	betyg n	—	vysvědčení n	bizonyítvány
testemunha m	getuige m/f	vittne n	—	svědek m	tanú
consciente	bewust	medvetet	—	vědomě	tudatos
mundo m	wereld m	värld u	—	svět m	világ

światło

	D	E	F	I	ES
światło (PL)	Licht n	light	lumière f	luce f	luz f
świeca (PL)	Kerze f	candle	bougie f	candela f	vela f
świętować (PL)	feiern	celebrate	fêter	festeggiare	celebrar
święty (PL)	heilig	holy	saint(e)	santo(a)	santo(a)
świeży (PL)	frisch	fresh	frais (fraîche)	fresco(a)	fresco(a)
swimming pool (E)	Schwimmbad n	—	piscine f	piscina f	piscina f
swimming trunks (E)	Badehose f	—	slip de bain m	costume da bagno m	bañador m
swimsuit (E)	Badeanzug m	—	maillot de bain m	bagnino m	traje de baño m
swing (E)	schaukeln	—	balancer, se	dondolare	columpiarse
świnia (PL)	Schwein n	pig	cochon m	maiale m	cerdo m
switch (E)	schalten	—	connecter	commutare	conectar
switch off (E)	ausschalten	—	arrêter	spegnere	desconectar
switch on (E)	einschalten	—	allumer	accendere	conectar
Switzerland (E)	Schweiz	—	Suisse f	Svizzera f	Suiza f
swollen (E)	geschwollen	—	enflé(e)	gonfio(a)	hinchado(a)
sy (SV)	nähen	sew	coudre	cucire	coser
syfte (SV)	Zweck m	purpose	but m	scopo m	finalidad f
sygnalizacja świetlna (PL)	Ampel f	traffic lights	feux m/pl	semaforo m	semáforo m
sympathiek (NL)	sympathisch	likeable	sympathique	simpatico(a)	simpático(a)
sympathique (F)	sympathisch	likeable	—	simpatico(a)	simpático(a)
sympathisch (D)	—	likeable	sympathique	simpatico(a)	simpático(a)
sympatický (CZ)	sympathisch	likeable	sympathique	simpatico(a)	simpático(a)
sympatyczny (PL)	sympathisch	likeable	sympathique	simpatico(a)	simpático(a)
syn (PL)	Sohn m	son	fils m	figlio m	hijo m
syn (CZ)	Sohn m	son	fils m	figlio m	hijo m
syndicat (F)	Gewerkschaft f	trade union	—	sindacato m	sindicato m
sypialnia (PL)	Schlafzimmer n	bedroom	chambre à coucher f	camera da letto f	dormitorio m
sýr (CZ)	Käse m	cheese	fromage m	formaggio m	queso m
syrový (CZ)	roh	raw	cru(e)	crudo(a)	crudo(a)
syskon (SV)	Geschwister pl	brothers and sisters	frère(s) et sœur(s) pl	fratelli e sorelle pl	hermanos m/pl
sysselsatt (SV)	beschäftigt	busy	occupé(e)	occupato(a)	ocupado(a)
sysselsätta (SV)	beschäftigen	occupy/employ	occuper	occupare	ocupar
systeem (NL)	System n	system	système m	sistema m	sistema m
System (D)	—	system	système m	sistema m	sistema m
system (E)	System n	—	système m	sistema m	sistema m
system (SV)	System n	system	système m	sistema m	sistema m
system (PL)	System n	system	système m	sistema m	sistema m
systém (CZ)	System n	system	système m	sistema m	sistema m
système (F)	System n	system	—	sistema m	sistema m
syster (SV)	Schwester f	sister	sœur f	sorella f	hermana f
sytuacja (PL)	Situation f	situation	situation f	situazione f	situación f
szabad (H)	dürfen	be allowed	avoir le droit	potere	poder
szabadidő (H)	Freizeit f	free time	loisirs m/pl	tempo libero	tiempo libre m
szabadság[1] (H)	Freiheit f	freedom	liberté f	libertà f	libertad f
szabadság[2] (H)	Urlaub m	holiday	vacances f/pl	vacanze f/pl	vacaciones f/pl
szabály (H)	Regel f	rule	règle f	regola f	regla f
szabályos (H)	regelmäßig	regular	régulier(ière)	regolare	regular(mente)
szabályoz (H)	regeln	regulate	régler	regolare	dirigir
szacować (PL)	schätzen	estimate	estimer	stimare	estimar
szafa (PL)	Schrank m	cupboard	armoire f	armadio m	armario m
szafa na odzież (PL)	Kleiderschrank m	wardrobe	armoire à vêtements f	armadio m	ropero m

szafa na odzież

P	NL	SV	PL	CZ	H
luz f	licht n	ljus n	—	světlo n	fény
vela f	kaars f	ljus n	—	svíčka f	gyertya
festejar	feesten	fira	—	oslavovat <slavit>	ünnepel
sagrado	heilig	helig	—	svatý	szent
fresco	vers/fris	färsk	—	čerstvý	friss(en)
piscina f	zwembad n	simhall u	pływalnia f	plovárna f	uszoda
calções de banho m/pl	zwembroek f	badbyxor pl	kąpielówki f/pl	plavky pánské pl	fürdőnadrág
fato de banho m	badkostuum n	baddräkt u	kostium kąpielowy n	plavky pl	fürdőruha
baloiçar	schommelen	gunga	huśtać, się	houpat <pohoupat>	hintázik
porco m	zwijn n	svin n	—	prase n	sertés
ligar	schakelen	koppla	przełączać <przełączyć>	zapínat <zapnout>	kapcsol
desligar	uitschakelen	koppla ifrån	wyłączać <wyłączyć>	vypínat <vypnout>	kikapcsol
ligar	inschakelen	koppla in	włączać <włączyć>	zapínat <zapnout>	bekapcsol
Suíça f	Zwitserland n	Schweiz n	Szwajcaria	Švýcarsko n	Svájc
inchado	gezwollen	svullen	spuchnięty	nateklý	duzzadt
coser	naaien	—	szyć <uszyć>	šít <ušít>	varr
finalidade f	doel n	—	cel m	účel m	cél
semáforo m	verkeerslicht n	lykta u	—	semafor m	közlekedési jelzőlámpa
simpático	—	trevlig	sympatyczny	sympatický	szimpatikus
simpático	sympathiek	trevlig	sympatyczny	sympatický	szimpatikus
simpático	sympathiek	trevlig	sympatyczny	sympatický	szimpatikus
simpático	sympathiek	trevlig	sympatyczny	—	szimpatikus
simpático	sympathiek	trevlig	—	sympatický	szimpatikus
filho m	zoon m	son u	—	syn m	fiú
filho m	zoon m	son u	syn m	—	fiú
sindicato m	vakvereniging f	fackförening u	związek zawodowy m	odbory pl	szakszervezet
quarto de dormir m	slaapkamer f	sovrum n	—	ložnice f	hálószoba
queijo m	kaas m	ost u	ser m	—	sajt
cru	rauw	rå	surowy	—	durva
irmãos m/pl	broers en zusters pl	—	rodzeństwo n	sourozenci m/pl	testvérek
ocupado	bezig	—	zatrudniony	zaměstnaný	elfoglalt
ocupar	bezighouden	—	zatrudniać <zatrudnić>	zaměstnávat <zaměstnat>	foglalkoztat
sistema m	—	system n	system m	systém m	rendszer
sistema m	systeem n	system n	system m	systém m	rendszer
sistema m	systeem n	system n	system m	systém m	rendszer
sistema m	systeem n	—	system m	systém m	rendszer
sistema m	systeem n	system n	—	systém m	rendszer
sistema m	systeem n	system n	system m	—	rendszer
sistema m	systeem n	system n	system m	systém m	rendszer
irmã f	zuster f	—	giostra f	sestra f	leánytestvér
situação f	situatie f	situation u	—	situace f	helyzet
poder	mogen	få	wolno	smět	—
tempo livre m	vrije tijd m	fritid u	czas wolny m	volný čas m	—
liberdade f	vrijheid f	frihet u	wolność f	svoboda f	—
férias f/pl	vakantie f	semester u	urlop m	dovolená f	—
regra f	regel m	regel u	reguła f	pravidlo n	—
regularmente	regelmatig	regelbundet	regularny	pravidelný	—
regular	regelen	reglera	regulować <uregulować>	upravovat <upravit>	—
apreciar	schatten/waarderen	uppskatta	—	cenit <ocenit>	becsüli
armário m	kast f	skåp n	—	skříň f	szekrény
roupeiro m	kleerkast f	klädskåp n	—	šatník m	ruhaszekrény

	D	E	F	I	ES
szaga van/szagol (H)	riechen	smell	sentir	sentire	oler
száj (H)	Mund m	mouth	bouche f	bocca f	boca f
szakács (H)	Koch m	cook	cuisinier m	cuoco m	cocinero m
szakad (H)	reißen	tear	déchirer, se	strappare	arrancar
szakáll (H)	Bart m	beard	barbe f	barba f	barba f
szakasz (H)	Strecke f	stretch	trajet m	tratto m	trayecto m
szakma (H)	Beruf m	profession	profession f	professione f	profesión f
szakmunkástanuló (H)	Lehrling m	apprentice	apprenti m	apprendista m	aprendiz m
szakszervezet (H)	Gewerkschaft f	trade union	syndicat m	sindacato m	sindicato m
szal (PL)	Schal m	scar	écharpe f	sciarpa f	bufanda f
szalag (H)	Band n	ribbon	bandeau m	nastro m	cinta f
szállás (H)	Unterkunft f	accommodation	logement m	alloggio m	hospedaje m
szállít[1] (H)	liefern	deliver	livrer	fornire	suministrar
szállít[2] (H)	transportieren	transport	transporter	trasportare	transportar
szállítmány (H)	Lieferung f	delivery	livraison f	fornitura f	suministro m
szám (H)	Nummer f	number	numéro m	numero m	número m
szamár (H)	Esel m	donkey	âne m	asino m	burro m
számítógép (H)	Computer m	computer	ordinateur m	calcolatore m	computadora f
számla (H)	Rechnung f	bill	facture f	fattura f	factura f
szamóca (H)	Erdbeere f	strawberry	fraise f	fragola f	fresa f
számol[1] (H)	rechnen	calculate	calculer	calcolare	calcular
számol[2] (H)	zählen	count	compter	contare	contar
szándék (H)	Absicht f	intention	intention f	intenzione f	intención f
szándékos (H)	absichtlich	intentionally	exprès	apposta	adrede
szándékozik[1] (H)	beabsichtigen	intend	avoir l'intention de	avere (l')intenzione di	proyectar
szándékozik[2] (H)	vorhaben	intend	avoir l'intention de	avere intenzione	tener la inteción de
szansa (PL)	Chance f	chance	possibilité f	occasione f	oportunidad f
szantaż (PL)	Erpressung f	blackmail	chantage m	ricatto m	chantaje f
szappan (H)	Seife f	soap	savon m	sapone m	jabón m
száraz (H)	trocken	dry	sec(sèche)	asciutto(a)	seco(a)
szárazföld (H)	Festland n	mainland	continent m	terraferma f	tierra firme f
szarmancki (PL)	charmant	charming	charmant(e)	affascinante	encantador(a)
szárny (H)	Flügel m	wing	aile f	ala f	ala f
szarvasmarha (H)	Rind n	cow	bœuf m	manzo m	buey m
szavazás (H)	Wahl f	election	élection f	elezioni f/pl	elección f
százalék (H)	Prozent n	per cent	pour cent	percentuale f	por ciento m
szczegół (PL)	Einzelheit f	detail	détail m	dettaglio m	detalle f
szczegółowo (PL)	ausführlich	detailed	détaillé(e)	dettagliato(a)	detallado(a)
szczególnie (PL)	besonders	especially	surtout	particolarmente	particularmente
szczelny (PL)	dicht	dense	épais(se)	denso(a)	espeso(a)
szczepienie (PL)	Impfung f	vaccination	vaccination f	vaccinazione f	vacunanción f
szczęście (PL)	Glück n	luck	chance f	fortuna f	suerte f
szczęśliwy (PL)	glücklich	happy	heureux(euse)	felice	feliz
szczoteczka do zębów (PL)	Zahnbürste f	toothbrush	brosse à dents f	spazzolino da denti m	cepillo de dientes m
szczotka (PL)	Bürste f	brush	brosse f	spazzola f	cepillo m
szczyt (PL)	Gipfel m	peak	sommet m	cima f	cumbre f
szed (H)	pflücken	pick	cueillir	cogliere	recoger
szeder (H)	Brombeere f	blackberry	mûre f	mora f	zarzamora f
szef (PL)	Chef m	boss	patron m	capo m	jefe m
szegény (H)	arm	poor	pauvre	povero(a)	pobre
szégyelli magát (H)	schämen, sich	be ashamed	avoir honte	vergognarsi	tener vergüenza
szék (H)	Stuhl m	chair	chaise f	sedia f	silla f

P	NL	SV	PL	CZ	H
cheirar	ruiken	lukta	pachnieć <zapachnieć>	cítit <ucítit>	—
boca f	mond m	mun u	usta n/pl	ústa pl	—
cozinheiro m	kok m	kock u	kucharz m	kuchař m	—
rasgar	scheuren	riva	rwać <porwać>	trhat <vytrhnout>	—
barba f	baard m	skägg n	broda f	vousy m/pl	—
trajecto m	traject n	sträcka u	odcinek m	trasa f	—
profissão f	beroep n	yrke n	zawód m	povolání n	—
aprendiz m	leerling m	elev u	uczeń m	učeň m	—
sindicato m	vakvereniging f	fackförening u	związek zawodowy m	odbory pl	—
cachecol m	sjaal m	halsduk u	—	šála f	sál
fita f	band m	band n	tom m	pás m	—
alojamento m	accommodatie f	logi u	schronienie n	ubytování n	—
fornecer	leveren	leverera	dostarczać <dostarczyć>	dodávat <dodat>	—
transportar	transporteren	transportera	transportować	přepravovat <přepravit>	—
fornecimento m	levering f	leverans u	dostawa f	dodávka f	—
número m	nummer n	nummer n	numer m	číslo n	—
burro m	ezel m	åsna u	osioł m	osel m	—
computador m	computer m	dator u	komputer m	počítač m	—
conta f	rekening f	räkning u	rachunek m	faktura f	—
morango m	aardbei f	jordgubbe u	truskawka f	jahoda f	—
calcular	rekenen	räkna	obliczać <obliczyć>	počítat <spočítat>	—
contar	tellen	räkna	liczyć	počítat <spočítat>	—
intenção f	bedoeling f	avsikt u	zamiar m	úmysl m	—
propositadamente	opzettelijk	avsiktligt	celowo	úmyslně	—
tencionar	van plan zijn	ha för avsikt	zamierzać <zamierzyć>	mít v úmyslu	—
tencionar fazer	voorhebben	ha i tankarna	zamierzać	mít v úmyslu	—
oportunidade f	kans f	chans u	—	šance f	lehetőség
chantagem f	afpersing f	utpressning u	—	vydírání n	zsarolás
sabonete m	zeep f	tvål u	mydło n	mýdlo n	—
seco	droog	torr	suchy	suchý	—
continente m	vasteland n	fastland u	ląd m	pevnina f	—
encantador	charmant	charmant	—	šarmantní	bájos
asa f	vleugel m	flygel u	skrzydło n	křídlo n	—
gado m	rund n	ko u	bydlę n	dobytek m	—
eleição f	verkiezing f	val n	wybór m	volby pl	—
por cento m	percent n	procent u	procent m	procento n	—
pormenor m	bijzonderheid f	detalj u	—	podrobnost f	részlet
pormenorizado	uitvoerig	detaljerad	—	podrobně	részletes
especialmente	bijzonder	särskild	—	obzvláště	kiváltképp
denso	dicht	tät	—	hustý	sűrű
vacina f	inenting f	vaccin n	—	očkování n	oltás
sorte f	geluk n	lycka u	—	štěstí n	szerencse
feliz	gelukkig	lycklig	—	šťastný	boldog
escova de dentes f	tandenborstel m	tandborste u	—	zubní kartáček m	fogkefe
escova f	borstel m	borste u	—	kartáč m	kefe
cume m	top m	topp u	—	špička f	hegycsúcs
colher	plukken	plocka	zrywać <zerwać>	trhat <otrhat>	—
amora silvestre f	braambes f	björnbär n	jeżyna f	ostružina f	—
chefe m	chef m	chef u	—	šéf m	főnök
pobre	arm	fattig	biedny	chudý	—
envergonhar-se	schamen, zich	skämmas	wstydzić, się	stydět, se <zastydět, se>	—
cadeira f	stoel m	stol u	krzesło n	židle f	—

szekrény

	D	E	F	I	ES
szekrény (H)	Schrank m	cupboard	armoire f	armadio m	armario m
szél¹ (H)	Rand m	brim	bord m	margine m	borde m
szél² (H)	Wind m	wind	vent m	vento m	viento m
szeles (H)	windig	windy	venteux(euse)	ventoso(a)	ventoso
széles (H)	breit	broad	large	largo(a)	amplio(a)
szelet (H)	Scheibe f	slice	tranche m	fetta f	rebanada m
szellem (H)	Geist m	spirit	esprit m	spirito m	espíritu m
szellőztet (H)	lüften	air	aérer	arieggiare	ventilar
szem (H)	Auge n	eye	oeil m/yeux pl	occhio m	ojo m
szemben (H)	gegenüber	opposite	en face de	di fronte(a)	en frente
személyes (H)	persönlich	personal	personnel(le)	personale	en persona/personalmente
személyi igazolvány (H)	Personalausweis m	identity card	carte d'identité f	carta d'identità f	documento de identidad m
szemére hány (H)	vorwerfen	blame	reprocher	rimproverare	reprochar
szemetesvödör (H)	Mülleimer m	dustbin	poubelle f	pattumiera m	cubo de basura m
szemtelen (H)	frech	cheeky	insolent(e)	sfacciato(a)	atrevido(a)
szemüveg (H)	Brille f	glasses	lunettes f/pl	occhiali m/pl	gafas f/pl
szén (H)	Kohle f	coal	charbon m	carbone m	carbón m
szent (H)	heilig	holy	saint(e)	santo(a)	santo(a)
szenved (H)	leiden	suffer	souffrir	soffrire	sufrir
szenvedély (H)	Leidenschaft f	passion	passion f	passione f	pasión f
szép (H)	schön	beautiful	beau (belle)	bello(a)	hermoso(a)
szeptać <szepnąć> (PL)	flüstern	whisper	chuchoter	bisbigliare	murmurar
szerelmes (H)	verliebt	in love	amoureux(euse)	innamorato	enamorado(a)
szerencse (H)	Glück n	luck	chance f	fortuna f	suerte f
szerencsétlenség (H)	Unglück n	misfortune	malheur m	disgrazia f	desgracia f
szerény (H)	bescheiden	modest	modeste	modesto(a)	modesto(a)
szeret (H)	lieben	love	aimer	amare	amar
szeretet (H)	Liebe f	love	amour m	amore m	amor m
szerez (H)	erwerben	acquire	acquérir	acquistare	adquirir
szeroki (PL)	breit	broad	large	largo(a)	amplio(a)
szerszám (H)	Werkzeug n	tool	outil m	utensile m	herramienta f
szervez (H)	organisieren	organize	organiser	organizzare	organizar
szerző (H)	Autor m	author	auteur m	autore m	autor m
szerződés (H)	Vertrag m	contract	contrat m	contratto m	contrato m
szétrombol (H)	zerstören	destroy	détruire	distruggere	destruir
széttép (H)	zerreißen	rip	déchirer	strappare	romper
szexuális kapcsolat (H)	Sex m	sex	sexe m	sesso m	sexo m
szezon (H)	Saison f	seasion	saison f	stagione f	temporada f
Szia! (H)	Tschüs!	Bye!	Salut!	Ciao!	¡Hasta luego!
Szía! (H)	Hallo!	Hello!	Salut!	Ciao!	¡Hola!
sziget (H)	Insel f	island	île f	isola f	isla f
szigorú (H)	streng	strict	sévère	severo(a)	severo(a)
szíj (H)	Riemen n	strap	courroie f	cinghia f	correa f
szilva (H)	Pflaume f	plum	prune f	prugna f	ciruela f
szimpatikus (H)	sympathisch	likeable	sympathique	simpatico(a)	simpático(a)
szín (H)	Farbe f	colour	couleur f	colore m	color m
színész (H)	Schauspieler m	actor	acteur m	attore m	actor m
színház (H)	Theater m	theatre	théâtre m	teatro m	teatro m
színpad (H)	Bühne f	stage	scène f	palcoscenico m	escenario m
szintén (H)	ebenfalls	likewise	aussi	altrettanto	también
szitkozódik (H)	schimpfen	scold	gronder	sgridare	insultar
szív (H)	Herz n	heart	cœur m	cuore m	corazón m
szivárvány (H)	Regenbogen m	rainbow	arc-en-ciel m	arcobaleno m	arco iris m

szivárvány

P	NL	SV	PL	CZ	H
armário m	kast f	skåp n	szafa f	skříň f	—
margem f	rand m	kant u	krawędź f	okraj m	—
vento m	wind m	vind u	wiatr m	vítr m	—
ventoso	winderig	blåsigt	wietrzny	větrný	—
largo	breed	bred	szeroki	široký	—
fatia f	boterham m	brödskiva u	kromka f	krajíc m	—
espírito m	geest m	ande u	duch m	duch m	—
arejar	luchten	ventilera	wietrzyć	větrat <vyvětrat>	—
olho m	oog n	öga n	oko n	oko n	—
diante	tegenover	mittemot	naprzeciwko	naproti	—
pessoalmente	persoonlijk	personligen	osobiście	osobně	—
bilhete de identidade m	identiteitsbewijs n	identitetskort n	dowód osobisty m	občanský průkaz m	—
repreender	verwijten	förebrå	zarzucać	vytýkat <vytknout>	—
balde do lixo m	vuilnisemmer m	sophink u	kubeł na śmieci m	nádoba na odpadky f	—
insolente	brutaal	fräck	bezczelny	drzý	—
óculos m	bril m	ett par glasögon	okulary pl	brýle pl	—
carvão m	kolen f/pl	kol u	węgiel m	uhlí n	—
sagrado	heilig	helig	święty	svatý	—
sofrer	lijden	lida	cierpieć	trpět <utrpět>	—
paixão f	hartstocht m	lidelse u	namiętność f	vášeň f	—
bonito	mooi	vacker	piękny	hezký	—
murmurar	fluisteren	viska	—	šeptat <pošeptat>	suttog
enamorado	verliefd	förälskad	zakochany	zamilovaný	—
sorte f	geluk n	lycka u	szczęście n	štěstí n	—
desgraça f	ongeluk n	missöde n	nieszczęście n	neštěstí n	—
modesto	bescheiden	anspråkslös	skromny	skromný	—
amar	houden van	älska	kochać	milovat	—
amor m	liefde f	kärlek u	miłość f	láska f	—
adquirir	verkrijgen	förvärva	nabywać <nabyć>	získávat <získat>	—
largo	breed	bred	—	široký	széles
ferramenta f	werktuig n	verktyg n	narzędzie n	nářadí n	—
organizar	organiseren	organisera	organizować <zorganizować>	organizovat <zorganizovat>	—
autor m	auteur m	författare u	autor m	autor m	—
contrato m	contract n	kontrakt n	umowa f	smlouva f	—
destruir	verwoesten	förstöra	niszczyć	ničit <zničit>	—
despedaçar	(stuk)scheuren	gå/riva sönder	rozdzierać	roztrhat <roztrhnout>	—
sexo m	seks m	sex n	seks m	sex	—
temporada f	seizoen n	säsong u	sezon m	sezóna f	—
Adeus!	Dag!	Hejdå!	Cześć!	Čau!	—
Olá!	Hallo!	Hej!	Cześć!	Haló!	—
ilha f	eiland n	ö u	wyspa f	ostrov m	—
rigoroso	streng	sträng	surowy	přísný	—
correia f	riem m	rem u	rzemyk m	řemen m	—
ameixa f	pruim f	plommon n	śliwka f	švestka f	—
simpático	sympathiek	trevlig	sympatyczny	sympatický	—
cor f	kleur f	färg u	kolor m	barva f	—
actor m	toneelspeler m	skådespelare u	aktor m	herec m	—
teatro m	theater n	teater u	teatr m	divadlo n	—
palco m	toneel n	scen u	scena f	jeviště n	—
igualmente	eveneens	likaså	również	rovněž	—
ralhar	schelden	gräla	besztać	nadávat <zanadávat>	—
coração m	hart n	hjärta n	serce n	srdce n	—
arcoíris m	regenboog m	regnbåge u	tęcza f	duha f	—

szivattyú

	D	E	F	I	ES
szivattyú (H)	Pumpe f	pump	pompe f	pompa f	bomba f
szívélyes (H)	liebenswürdig	kind	aimable	gentile	simpático(a)
szívesen[1] (H)	gern	willingly	avec plaisir	volentieri	con gusto
szívesen[2] (H)	herzlich	cordial	cordial(e)	cordiale	cordial
szívós (H)	zäh	tough	coriace	duro(a)	duro(a)
szkic (PL)	Entwurf m	outline	esquisse f	abbozzo m	proyecto m
szkło (PL)	Glas n	glass	verre m	bicchiere m	vaso m
szkoda (PL)	Schaden m	damage	dommage m	danno m	daño m
szkodzić <zaszkodzić> (PL)	schaden	damage	nuire	nuocere	dañar
szkoła (PL)	Schule f	school	école f	scuola f	escuela f
szkoła wyższa (PL)	Hochschule f	university	université f	università f	escuela superior f
szlam (PL)	Schlamm m	mud	boue f	fango m	barro m
szó (H)	Wort n	word	mot m	parola f	palabra f
szoba (H)	Zimmer n	room	chambre f	camera f	habitación f
szög (H)	Nagel m	nail	clou m	chiodo m	clavo m
szokás (H)	Gewohnheit f	habit	habitude f	abitudine f	costumbre f
szokatlan (H)	ungewöhnlich	unusual	exceptionnel(le)	insolito(a)	inusual
szőke (H)	blond	blond	blond(e)	biondo(a)	rubio(a)
szoknya (H)	Rock m	skirt	jupe f	gonna f	falda f
szőlő (H)	Traube f	grape	grappe f	uva f	uva f
szomjas (H)	durstig	thirsty	assoiffé(e)	assetato(a)	tener sed
szomjúság (H)	Durst m	thirst	soif f	sete f	sed f
szomorú (H)	traurig	sad	triste	triste	triste
szopogat (H)	lutschen	suck	sucer	succhiare	chupar
szórakoz (H)	amüsieren, sich	enjoy o.s.	amuser, s'	divertirsi	divertirse
szórakozott (H)	zerstreut	scattered	dispersé(e)	disperso(a)	disperso(a)
szörfözik (H)	surfen	surf	surfer	fare surf	practicar el surf
szörfözik a weben (H)	surfen	surf	surfer	navigare in Internet	navegar
szorgalmas (H)	fleißig	diligent	travailleur(euse)	diligente	activo(a)
szorstki (PL)	rau	rough	rêche	ruvido(a)	rudo(a)
szorul (H)	brauchen	need	avoir besoin de	aver bisogno di	necesitar
szosa (PL)	Landstraße f	country road	route f	strada provinciale f	carretera nacional f
szótár (H)	Wörterbuch n	dictionary	dictionnaire m	dizionario m	diccionario m
szpinak (PL)	Spinat m	spinach	épinard m	spinaci m pl	espinacas f pl
szpital (PL)	Krankenhaus n	hospital	hôpital m	ospedale m	hospital m
sztorm (PL)	Sturm m	storm	tempête f	tempesta f	tormenta f
sztrájk (H)	Streik m	strike	grève f	sciopero m	huelga f
sztuczny (PL)	künstlich	artificial	artificiel(le)	artificiale	artificial
sztuka[1] (PL)	Kunst f	art	art m	arte f	arte m
sztuka[2] (PL)	Stück n	piece	morceau m	pezzo m	parte f
szűk (H)	eng	narrow	étroit(e)	stretto(a)	estrecho(a)
szukać (PL)	suchen	look for	chercher	cercare	buscar
szükség (H)	Not f	trouble	détresse f	miseria f	necesidad f
szükséges (H)	nötig	necessary	nécessaire	necessario(a)	necesario(a)
szükséghelyzet (H)	Notfall m	emergency	cas d'urgence m	caso di emergenza m	caso de urgencia m
szükséglet/igény (H)	Bedürfnis n	need	besoin m	bisogno m	necesidad f
szükségtelen (H)	unnötig	unnecessary	inutile	inutile	inútil
születés (H)	Geburt f	birth	naissance f	nascita f	nacimiento m
születésnap (H)	Geburtstag m	birthday	anniversaire m	compleanno m	cumpleaños m
született (H)	geboren	born	né(e)	nato(a)	nacido(a)
szülők (H)	Eltern pl	parents	parents m/pl	genitori m/pl	padres m/pl
szünet (H)	Pause f	break	pause f	pausa f	pausa f
szünnap (H)	Ruhetag m	closing day	jour de repos m	giorno di riposo m	día de descanso m
szupermarket (H)	Supermarkt m	supermarket	supermarché m	supermercato m	supermercado m

szupermarket

P	NL	SV	PL	CZ	H
bomba f	pomp f	pump u	pompa f	čerpadlo n	—
amável	vriendelijk	älskvärd	miły	laskavý	—
de boa vontade	gaarne	gärna	chętnie	s radostí	—
cordial	hartelijk	hjärtligt	serdeczny	srdečný	—
duro	taai	seg	ciągnący się	houževnatý	—
projecto m	ontwerp n	utkast n	—	návrh m	tervezet
vidro m	glas n	glas n	—	sklo n	üveg
dano m	schade f	skada u	—	škoda f	kár
prejudicar	schaden	skada	—	škodit <poškodit>	árt
escola f	school f	skola u	—	škola f	iskola
escola superior f	hogeschool f	högskola u	—	vysoká škola f	főiskola
lama f	slib n	slam u	—	bláto n	iszap
palavra f	woord n	ord n	słowo n	slovo n	—
quarto m	kamer f	rum n	pokój m	pokoj m	—
prego m	nagel m	nagel u	paznokieć m	hřebík m	—
hábito m	gewoonte f	vana u	przyzwyczajenie n	zvyk m	—
pouco habitual	ongewoon	ovanlig	niezwykły	neobvyklý	—
louro	blond	blond	blond	blond	—
saia f	rok m	kjol u	spódnica f	sukně f	—
uva f	druif f	druva u	winogrono n	hrozen m	—
ter sede	dorstig	törstig	spragniony	žíznivý	—
sede f	dorst m	törst u	pragnie n	žízeň f	—
triste	verdrietig	ledsen	smutny	smutný	—
chupar	zuigen	suga	ssać	cucat <vycucnout>	—
divertir-se	amuseren, zich	roa sig	zabawiać, się <zabawić, się>	bavit se	—
distraído	verstrooid	förströdd	rozproszony	roztržitý	—
fazer o surf	surfen	surfa	surfować	serfovat	—
navegar	surfen	surfa	surfować	serfovat	—
aplicado	vlijtig	flitig u	pilny	pilný	—
áspero	ruig	rå	—	hrubý	durva
precisar de	nodig hebben	behöva	potrzebować	potřebovat	—
estrada nacional f	secundaire weg m	landsväg u	—	silnice třídy f	országút
dicionário m	woordenboek n	ordbok u	słownik m	slovník m	—
espinafre m	spinazie m	spenat u	—	špenát m	spenót
hospital m	ziekenhuis n	sjukhus n	—	nemocnice f	kórház
tempestade f	storm m	storm u	—	vichřice f	vihar
greve f	staking f	strejk u	strajk m	stávka f	—
artificial	kunstmatig	konstgjord	—	umělý	mesterséges
arte f	kunst f	konst u	—	umění n	művészet
peça f	stuk n	bit u	—	kus m	darab
estreito	nauw	trång	ciasny	úzký	—
procurar	zoeken	söka	—	hledat <vyhledat>	keres
necessidade f	nood m	nöd u	nędza f	nouze f	—
necessário	nodig	nödvändig	potrzebny	potřebný	—
caso de emergência m	geval n van nood	nödfall n	nagły przypadek f	naléhavý případ m	—
necessidade f	behoefte f	behov n	potrzeba f	potřeba f	—
desnecessário	onnodig	onödig	niepotrzebny	zbytečný	—
nascimento m	geboorte f	födelse u	urodzenie n	narození n	—
aniversário m	verjaardag m	födelsedag u	dzień urodzin m	narozeniny pl	—
nascido	geboren	född	urodzony	narodit se	—
pais m/pl	ouders pl	föräldrar pl	rodzice m/pl	rodiče pl	—
intervalo m	pauze f	paus u	przerwa f	přestávka f	—
dia de folga m	rustdag m	vilodag u	wolny dzień m	den pracovního klidu m	—
supermercado m	supermarkt m	stormarknad u	supermarket m	supermarket m	—

Szwajcaria

	D	E	F	I	ES
Szwajcaria (PL)	Schweiz	Switzerland	Suisse f	Svizzera f	Suiza f
Szwecja (PL)	Schweden n	Sweden	Suède f	Svezia f	Suecia f
szyba (PL)	Scheibe f	pane	carreau m	vetro m	cristal m
szybki (PL)	schnell	fast	rapide	veloce	rápido(a)
szyć <uszyć> (PL)	nähen	sew	coudre	cucire	coser
szyja (PL)	Hals m	neck	cou m	collo m	cuello m
szykowny (PL)	schick	stylish	chic	elegante	elegante
szyld (PL)	Schild n	shield	bouclier m	scudo m	escudo m
ta (SV)	nehmen	take	prendre	prendere	tomar
tå (SV)	Zehe f	toe	orteil m	dito del piede m	dedo del pie m
taai (NL)	zäh	tough	coriace	duro(a)	duro(a)
taal (NL)	Sprache f	language	langage m	lingua f	idioma m
taart (NL)	Kuchen m	cake	gâteau m	dolce m	tarta f
ta avsked (SV)	verabschieden	say goodbye to	prendre congé de	congedare	despedir
taberna (ES)	Kneipe f	pub	bistro m	osteria f	—
tábla (H)	Scheibe f	pane	carreau m	vetro m	cristal m
table (E)	Tisch m	—	table f	tavolo m	mesa f
table (F)	Tisch m	table	—	tavolo m	mesa f
tableau (F)	Gemälde n	painting	—	quadro m	cuadro m
tablespoon (E)	Esslöffel m	—	cuiller f	cucciano m	cuchara f
tablet (E)	Tablette f	—	comprimé m	compressa f	pastilla f
tablet (NL)	Tablette f	tablet	comprimé m	compressa f	pastilla f
tabletka (PL)	Tablette f	tablet	comprimé m	compressa f	pastilla f
tablett (SV)	Tablette f	tablet	comprimé m	compressa f	pastilla f
tabletta (H)	Tablette f	tablet	comprimé m	compressa f	pastilla f
Tablette (D)	—	tablet	comprimé m	compressa f	pastilla f
ta bort[1] (SV)	abnehmen	lose weight	maigrir	dimagrire	adelgazar
ta bort[2] (SV)	entfernen	remove	éloigner	allontanare	quitar
ta bort[3] (SV)	wegnehmen	take away	enlever	togliere	quitar
tabulka (CZ)	Tablette f	tablet	comprimé m	compressa f	pastilla f
tacere (I)	schweigen	be silent	taire, se	—	callar
tache (F)	Fleck m	stain	—	macchia f	mancha f
tâche (F)	Aufgabe f	task	—	compito m	tarea f
tack (SV)	danke	thank you	merci	grazie	gracias
tack (SV)	Dank m	thanks	remerciement m	ringraziamento m	agradecimiento m
tacka[1] (SV)	bedanken, sich	say thank you	remercier	ringraziare	agradecer algo
tacka[2] (SV)	danken	thank	remercier	ringraziare	agradecer
täcka (SV)	bedecken	cover	couvrir	coprire	cubrir
täcka över (SV)	zudecken	cover (up)	couvrir	coprire	tapar
täcke (SV)	Decke f	blanket	couverture f	coperta f	manta f
tacksam (SV)	dankbar	grateful	reconnaissant(e)	grato(a)	agradecido(a)
täckt (SV)	bedeckt	covered	couvert(e)	coperto(a)	cubierto(a)
ta emot (SV)	empfangen	receive	recevoir	ricevere	recibir
tafel (NL)	Tisch m	table	table f	tavolo m	mesa f
ta fel på (SV)	verwechseln	confuse	confondre	scambiare	confundir
Tag (D)	—	day	jour m	giorno m	día m
tag (H)	Mitglied n	member	membre m	membro m	miembro m
tåg (SV)	Zug m	train	train m	treno m	tren m
tagad (H)	leugnen	deny	nier	negare	negar
tágas (H)	geräumig	spacious	spacieux(euse)	spazioso(a)	espacioso(a)
taglia (I)	Größe f	size	taille f	—	talle m
tagliare (I)	schneiden	cut	couper	—	cortar

tagliare

P	NL	SV	PL	CZ	H
Suíça f	Zwitserland n	Schweiz n	—	Švýcarsko n	Svájc
Suécia f	Zweden n	Sverige n	—	Švédsko n	Svédország
vidro m	ruit f	fönsterruta u	—	deska f	tábla
rápido	snel	snabbt	—	rychlý	gyors(an)
coser	naaien	sy	—	šít <ušít>	varr
pescoço m	hals m	hals u	—	krk m	nyak
chique	chic	fin	—	vkusný	sikkes
letreiro m	schild n	skylt u	—	štítek m	cégtábla
tomar	nemen	—	brać <wziąć>	brát <vzít>	vesz
dedo do pé m	teen m	—	palec u nogi m	prst (u nohy) m	lábujj
duro	—	seg	ciągnący się	houževnatý	szívós
idioma m	—	språk n	język m	jazyk m	nyelv
bolo m	—	kaka u	placek m	koláč m	sütemény
despedir	afscheid nemen van	—	odprawiać	loučit, se <rozloučit, se>	elbúcsúztat
bar m	kroeg f	krog u	knajpa f	hospoda f	kocsma
vidro m	ruit f	fönsterruta u	szyba f	deska f	—
mesa f	tafel f	bord n	stół m	stůl m	asztal
mesa f	tafel f	bord n	stół m	stůl m	asztal
pintura f	schilderij n	målning u	obraz m	obraz m	festmény
colher da sopa f	eetlepel m	matsked u	łyżka stołowa f	polévková lžíce f	evőkanál
comprimido m	tablet f	tablett u	tabletka f	tabulka f	tabletta
comprimido m	—	tablett u	tabletka f	tabulka f	tabletta
comprimido m	tablet f	tablett u	—	tabulka f	tabletta
comprimido m	tablet f	—	tabletka f	tabulka f	tabletta
comprimido m	tablet f	tablett u	tabletka f	tabulka f	—
comprimido m	tablet f	tablett u	tabletka f	tabulka f	tabletta
tirar	afnemen	—	zdejmować <zdjąć>	odbírat <odebrat>	lefogyni
afastar	verwijderen	—	usuwać <usunąć>	odstraňovat <odstranit>	eltávolít
tirar	wegnemen	—	zabierać	odnímat <odejmout>	elvesz
comprimido m	tablet f	tablett u	tabletka f	—	tabletta
ficar calado	zwijgen	tiga	milczeć	mlčet	hallgat
mancha f	plek n	fläck u	plama f	skvrna f	folt
tarefa f	opdracht f	uppgift u	zadanie n	úkol m	feladat
obrigado	bedankt	—	dziękuję	děkuji	köszönöm!
agradecimento m	dank m	—	podziękowanie n	dík m	köszönet
agradecer	danken; bedanken	—	dziękować <podziękować>	děkovat <poděkovat>	megköszön
agradecer	danken	—	dziękować <podziękować>	děkovat <poděkovat>	megköszön
cobrir	bedekken	—	przykrywać <przykryć>	zakrývat <zakrýt>	beborít, betakar
cobrir	toedekken	—	przykryć	přikrývat <přikrýt>	fedővel lefed
cobertor m	plafond n	—	sufit m	přikrývka f	takaró
agradecido	dankbaar	—	wdzięczny	vděčný	hálás
coberto	bedekt	—	pokryty	zakrytý	borult
receber	ontvangen	—	otrzymywać <otrzymać>	přijímat <přijmout>	fogad
mesa f	—	bord n	stół m	stůl m	asztal
confundir	verwisselen	—	pomylić	zaměňovat <zaměnit>	összetéveszt
dia f	dag m	dag u	dzień m	den m	nap
membro m	lid n	medlem u	członek m	člen m	—
comboio m	trein m	—	pociąg m	vlak m	vonat
negar	ontkennen	förneka	zaprzeczać <zaprzeczyć>	zapírat <zapřít>	—
espaçoso	ruim	rymlig	obszerny	prostorný	—
tamanho m	grootte f	storlek u	wielkość f	velikost f	méret
cortar	snijden	skära	ciąć <pociąć>	řezat <uříznout>	vág

tagliente

	D	E	F	I	ES
tagliente (I)	scharf	sharp	tranchant(e)	—	cortante
taglio (I)	Schnitt m	cut	coupe f	—	corte m
ta hand om[1] (SV)	erledigen	take care of	régler	sbrigare	acabar
ta hand om[2] (SV)	besorgen	acquire	procurer	procurare	conseguir
ta hand om[3] (SV)	kümmern, sich	look after	occuper de, s'	interessarsi di	ocuparse de
táhnout (CZ)	ziehen	pull	tirer	tirare	tirar
taille (F)	Größe f	size	—	taglia f	talle m
taire, se (F)	schweigen	be silent	—	tacere	callar
táj (H)	Landschaft f	landscape	paysage m	paesaggio m	paisaje m
tajemnica (PL)	Geheimnis n	secret	secret m	segreto m	secreto m
tajemství (CZ)	Geheimnis n	secret	secret m	segreto m	secreto m
tajný (CZ)	heimlich	secret	secret(ète)	segreto(a)	oculto(a)
tak (NL)	Ast m	branch	branche f	ramo m	rama f
tak (SV)	Dach n	roof	toit m	tetto m	techo m
tak (PL)	ja	yes	oui	sì	sí
takarékos (H)	sparsam	economical	économe	parsimonioso(a)	económico(a)
takarítónő (H)	Putzfrau f	charwoman	femme de ménage f	donna delle pulizie f	mujer de limpieza f
takaró (H)	Decke f	blanket	couverture f	coperta f	manta f
take[1] (E)	kassieren	—	encaisser	incassare	cobrar
take[2] (E)	nehmen	—	prendre	prendere	tomar
také (CZ)	auch	too	aussi	anche/pure	también
take along (E)	mitnehmen	—	emmener	prendere con sé	llevar consigo
take away (E)	wegnehmen	—	enlever	togliere	quitar
take care (E)	Acht geben	—	faire attention	badare	atender
take care of (E)	erledigen	—	régler	sbrigare	acabar
take notice of (E)	beachten	—	considérer	osservare	prestar atención a
take-off (E)	Abflug m	—	décollage m	decollo m	despegue m
take over (E)	ausziehen	—	enlever	levare	quitarse
take part (E)	teilnehmen	—	participer	partecipare	participar
take pictures (E)	fotografieren	—	photographier	fotografare	fotografiar
take place (E)	stattfinden	—	avoir lieu	avere luogo	tener lugar
take turns (E)	abwechseln	—	alterner	alternarsi	alternar
taki sam (PL)	gleich	same	égal(e)	identico(a)	idéntico(a)
taksówka (PL)	Taxi n	taxi	taxi m	taxi m	taxi m
Tal (D)	—	valley	vallée f	valle f	valle m
tal (SV)	Rede f	speech	discours m	discorso m	discurso m
tåla (SV)	ertragen	bear	supporter	sopportare	soportar
talál (H)	finden	find	trouver	trovare	encontar
találgat (H)	raten	guess	deviner	indovinare	adivinar
találkozás (H)	Treffen n	meeting	rencontre f	incontro m	encuentro m
találkozik[1] (H)	begegnen	meet	rencontrer	incontrare	encontrarse
találkozik[2] (H)	treffen, sich	meet	rencontrer	incontrare	encontrarse
talált tárgyak gyüjtőhelye (H)	Fundbüro n	lost property office	bureau des objets trouvés m	ufficio oggetti smarriti m	oficina de objetos perdidos f
tålamod (SV)	Geduld f	patience	patience f	pazienza f	paciencia f
talán[1] (H)	eventuell	possible	éventuel(le)	eventuale	eventual(mente)
talán[2] (H)	vielleicht	maybe	peut-être	forse	tal vez
talentoso (P)	begabt	gifted	doué(e)	dotato(a)	apto para

talentoso

P	NL	SV	PL	CZ	H
cortante	scherp	skarp	ostry	ostrý	éles
corte m	snee f	skärning u	cięcie n	řez m	vágás
acabar	uitvoeren/afhandelen	—	załatwiać <załatwić>	vyřizovat <vyřídit>	elintéz
tratar de	bezorgen	—	doglądać <doglądnąć>	obstarávat <obstarat>	beszerez
cuidar de	bekommeren, zich	—	troszczyć, się	starat, se <postarat, se>	törődik
puxar	trekken	dra	ciągnąć	—	húz
tamanho m	grootte f	storlek u	wielkosć f	velikost f	méret
ficar calado	zwijgen	tiga	milczeć	mlčet	hallgat
paisagem f	landschap n	landskap n	krajobraz m	krajina f	—
segredo m	geheim n	hemlighet u	—	tajemství n	titok
segredo m	geheim n	hemlighet u	tajemnica f	—	titok
secreto	heimelijk	hemlighetsfull	potajemny	—	titokban
ramo m	—	gren u	gałąź f	větev f	faág
telhado m	dak n	—	dach m	střecha f	tető
sim	ja	ja	—	ano	igen
poupado	spaarzaam	sparsam	oszczędny	spořivý	—
mulher a dias f	schoonmaakster f	städhjälp u	sprzątaczka f	uklízečka f	—
cobertor m	plafond n	täcke n	sufit m	přikrývka f	—
cobrar	incasseren	kassera	kasować <skasować>	kasírovat <zkasírovat>	kasszíroz
tomar	nemen	ta	brać <wziąć>	brát <vzít>	vesz
também	ook	även	też	—	is
levar consigo	meenemen	ta med	zabierać ze sobą <zabrać ze sobą>	vrát s sebou <vzít s sebou>	magával visz
tirar	wegnemen	ta bort	zabierać	odnímat <odejmout>	elvesz
prestar atenção a	opletten	akta sig	uważać	dávat pozor <dát pozor>	vigyáz
acabar	uitvoeren/afhandelen	ta hand om	załatwiać <załatwić>	vyřizovat <vyřídit>	elintéz
dar atenção a	in acht nemen	beakta	przestrzegać	dbát na	figyelembe venni
partida do avião f	vertrek n	start u	odlot m	odlet m	felszállás
despir	uittrekken	klä av sig	zdejmować <zdjąć>	svlékat <svléknout>	kihúz
participar	deelnemen	delta	brać udział	účastnit, se <zúčastnit, se>	részt vesz
fotografar	fotograferen	fotografera	fotografować <sfotografować>	fotografovat <vytogografovat>	fényképez
realizar-se	plaatsvinden	äga rum	odbywać, się <odbyć, się>	konat, se	lezajlik
variar	afwisselen	omväxlande	zmieniać się <zmienić się>	střídat	váltakozik
igual	gelijk/hetzelfde/meteen	lika	—	hned	mindjárt
taxi m	taxi m	taxi u	—	taxi n	taxi
vale m	dal n	dal u	dolina f	údolí n	völgy
discurso m	rede f	—	mowa f	řeč f	beszéd
suportar	verdragen	—	znosić <znieść>	snášet <snést>	kibír
encontrar	vinden	hitta	znajdować <znaleźć>	nacházet <najít>	—
adivinhar	raden	gissa	zgadywać	hádat	—
reunião f	ontmoeting f	träffa	spotkanie n	setkání n	—
encontrar alguém	ontmoeten	möta	spotykać <spotkać>	setkávat, se <setkat, se>	—
encontrar-se	elkaar ontmoeten	träffas	spotkać się	setkávat, se <setkat, se>	—
repartição de perdidos e achados f	bureau n voor gevonden voorwerpen	hittegodsmagasin n	biuro rzeczy znalezionych n	ztráty a nálezy f/pl	—
paciência f	geduld n	—	cierpliwość f	trpělivost f	türelem
eventualmente	eventueel	eventuellt	ewentualnie	eventuálně	—
talvez	misschien	kanske	może	možná	—
—	begaafd	begåvad	zdolny	nadaný	tehetséges

talerz

	D	E	F	I	ES
talerz (PL)	Teller m	plate	assiette f	piatto m	plato m
talher (P)	Gedeck n	cover	couvert m	coperto m	cubierto m
talho (P)	Metzgerei f	butcher's	boucherie f	macelleria f	carnicería f
tålig (SV)	geduldig	patient	patient(e)	paziente	con paciencia
talíř (CZ)	Teller m	plate	assiette f	piatto m	plato m
talk¹ (E)	reden	—	parler	parlare	hablar
talk² (E)	unterhalten, sich	—	entretenir, s'	conversare	conversar
talle (ES)	Größe f	size	taille f	taglia f	—
taller de reparaciones (ES)	Autowerkstatt f	repair shop	atelier de réparation d'autos m	autofficina f	—
tallrik (SV)	Teller m	plate	assiette f	piatto m	plato m
ta loss (SV)	lösen	solve	résoudre	sciogliere	desatar
talspråk (SV)	Umgangssprache f	colloquial language	langue familière f	lingua parlata f	lenguaje coloquial m
tält (SV)	Zelt n	tent	tente f	tenda f	tienda f
tälta (SV)	zelten	camp	camper	campeggiare	acampar
tal vez (ES)	vielleicht	maybe	peut-être	forse	—
talvez (P)	vielleicht	maybe	peut-être	forse	tal vez
talvolta (I)	manchmal	sometimes	quelquefois	—	a veces
tam¹ (PL)	dort	there	là/y	là	allí
tam² (PL)	da	there	là/ici	qui/là	allí
tam (CZ)	dort	there	là/y	là	allí
tamanho (P)	Größe f	size	taille f	taglia f	talle m
também (P)	auch	too	aussi	anche/pure	también
también¹ (ES)	auch	too	aussi	anche/pure	—
también² (ES)	ebenfalls	likewise	aussi	altrettanto	—
tambur¹ (SV)	Diele f	hall	vestibule m	corridoio m	entrada f
tambur² (SV)	Flur m	hall	entrée f	corridoio m	corredor m
ta med (SV)	mitnehmen	take along	emmener	prendere con sé	llevar consigo
támogat (H)	unterstützen	support	soutenir	assistere	apoyar
támogatás (H)	Unterstützung f	support	soutien m	sostegno m	apoyo m
tampa (P)	Deckel m	lid	couvercle m	coperchio m	tapa f
tanács (H)	Rat m	advice	conseil m	consiglio m	consejo m
tanácsol (H)	raten	advice	conseiller	consigliare	aconsejar
táncol (H)	tanzen	dance	danser	ballare	bailar
tancovat <zatancovat> (CZ)	tanzen	dance	danser	ballare	bailar
tańczyć (PL)	tanzen	dance	danser	ballare	bailar
tand (NL)	Zahn m	tooth	dent f	dente m	diente m
tand (SV)	Zahn m	tooth	dent f	dente m	diente m
tända (SV)	anzünden	light	allumer	accendere	encender
tandborste (SV)	Zahnbürste f	toothbrush	brosse à dents f	spazzolino da denti m	cepillo de dientes m
tandenborstel (NL)	Zahnbürste f	toothbrush	brosse à dents f	spazzolino da denti m	cepillo de dientes m
tandkräm (SV)	Zahnpasta f	toothpaste	dentifrice m	dentifricio m	pasta dentífrica f
tandpasta (NL)	Zahnpasta f	toothpaste	dentifrice m	dentifricio m	pasta dentífrica f
tandpijn (NL)	Zahnschmerzen pl	toothache	mal m de dents	mal m di denti	dolor m de muelas
tändsticka (SV)	Streichholz n	match	allumette f	fiammifero m	cerilla f
tandvärk (SV)	Zahnschmerzen pl	toothache	mal m de dents	mal m di denti	dolor m de muelas
tani (PL)	billig	cheap	bon marché	a buon mercato	barato(a)
tanít (H)	lehren	teach	enseigner	insegnare	enseñar
tanítás (H)	Unterricht m	lessons	cours m	lezione f	enseñanza f
tanka (SV)	tanken	fill up with petrol	prendre de l'essence	fare benzina	llenar de gasolina

tanka

P	NL	SV	PL	CZ	H
prato m	bord n	tallrik u	—	talíř m	tányér
—	couvert n	bordskuvert n	nakrycie n	příbor m	teríték
—	slagerij f	slakteri n	sklep rzeźniczy m	řeznictví n	hentesüzlet
paciente	geduldig	—	cierpliwy	trpělivý	türelmes
prato m	bord n	tallrik u	talerz m	—	tányér
falar	praten	prata	mówić	mluvit <promluvit>	beszél
conversar	praten	prata	rozmawiać	bavit, se <pobavit, se>	társalog
tamanho m	grootte f	storlek u	wielkość f	velikost f	méret
oficina de reparações f	garage f	bilverkstad u	stacja naprawy samochodów f	autodílna f	autojavító műhely
prato m	bord n	—	talerz m	talíř m	tányér
soltar	oplossen	—	rozwiązywać <rozwiązać>	uvolňovat <uvolnit>	leválaszt
linguagem corrente f	omgangstaal f	—	język potoczny m	hovorový jazyk m	köznyelv
tenda f	tent f	—	namiot m	stan m	sátor
acampar	kamperen	—	biwakować	stanovat	sátorozik
talvez	misschien	kanske	może	možná	talán
—	misschien	kanske	może	možná	talán
às vezes	soms	ibland	czasem	někdy	néha
ali	daar	där	—	tam	ott
ali	daar	där	—	zde	ott
ali	daar	där	tam	—	ott
—	grootte f	storlek u	wielkość f	velikost f	méret
—	ook	även	też	také	is
também	ook	även	też	také	is
igualmente	eveneens	likaså	również	rovněž	szintén
vestíbulo m	gang m	—	sień f	předsíň f	előszoba
corredor da casa m	gang m	—	korytarz m	chodba f	folyosó
levar consigo	meenemen	—	zabierać ze sobą <zabrać ze sobą>	vrát s sebou <vzít s sebou>	magával visz
apoiar	ondersteunen	stödja	wspierać	podporovat <podpořit>	—
apoio m	ondersteuning f	stöd n	wsparcie n	podpora f	—
—	deksel n	lock n	przykrywka f	víko n	fedél
conselho m	raad m	råd n	rada f	rada f	—
aconselhar	aanraden	gissa	radzić <poradzić>	doporučovat <doporučit>	—
bailar	dansen	dansa	tańczyć	tancovat <zatancovat>	—
bailar	dansen	dansa	tańczyć	—	táncol
bailar	dansen	dansa	—	tancovat <zatancovat>	táncol
dente m	—	tand u	ząb m	zub m	fog
dente m	tand m	—	ząb m	zub m	fog
acender	aansteken	—	zapalać <zapalić>	zapalovat <zapálit>	gyújt
escova de dentes f	tandenborstel m	—	szczoteczka do zębów f	zubní kartáček m	fogkefe
escova de dentes f	—	tandborste u	szczoteczka do zębów f	zubní kartáček m	fogkefe
pasta dentifrícia f	tandpasta m	—	pasta do zębów f	zubní pasta f	fogkrém
pasta dentifrícia f	—	tandkräm u	pasta do zębów f	zubní pasta f	fogkrém
dor de dentes f	—	tandvärk u	ból zęba m	bolesti zubů pl	fogfájás
fósforo m	lucifer m	—	zapałka f	zápalka f	gyufa
dor de dentes f	tandpijn m	—	ból zęba m	bolesti zubů pl	fogfájás
barato	goedkoop	billigt	—	levně	olcsó
ensinar	leren	lära ut	nauczać	učit	—
ensino m	les f	undervisning u	nauczanie n	vyučování n	—
meter gasolina	tanken	—	tankować	tankovat <natankovat>	tankol

tänka

	D	E	F	I	ES
tänka (SV)	denken	think	penser	pensare	pensar
tänka efter (SV)	nachdenken	think	réfléchir	riflettere	reflexionar
tanke (SV)	Gedanke *m*	thought	pensée *f*	pensiero *m*	pensamiento *m*
tanken (D)	—	fill up with petrol	prendre de l'essence	fare benzina	llenar de gasolina
tanken (NL)	tanken	fill up with petrol	prendre de l'essence	fare benzina	llenar de gasolina
tankol (H)	tanken	fill up with petrol	prendre de l'essence	fare benzina	llenar de gasolina
tankovat <natankovat> (CZ)	tanken	fill up with petrol	prendre de l'essence	fare benzina	llenar de gasolina
tankować (PL)	tanken	fill up with petrol	prendre de l'essence	fare benzina	llenar de gasolina
tankstation (NL)	Tankstelle *f*	filling station	station-service *f*	distributore di benzina *m*	gasolinera *f*
Tankstelle (D)	—	filling station	station-service *f*	distributore di benzina *m*	gasolinera *f*
tant (SV)	Tante *f*	aunt	tante *f*	zia *f*	tía *f*
Tante (D)	—	aunt	tante *f*	zia *f*	tía *f*
tante (F)	Tante *f*	aunt	—	zia *f*	tía *f*
tante (NL)	Tante *f*	aunt	tante *f*	zia *f*	tía *f*
tanú (H)	Zeuge *m*	witness	témoin *m*	testimone *m*	testigo *m*
tanul (H)	lernen	learn	apprendre	imparare	aprender
tanya (H)	Hof *m*	courtyard	cour *f*	cortile *m*	patio *m*
tányér (H)	Teller *m*	plate	assiette *f*	piatto *m*	plato *m*
tanzen (D)	—	dance	danser	ballare	bailar
tapa (ES)	Deckel *m*	lid	couvercle *m*	coperchio *m*	—
tapar (ES)	zudecken	cover (up)	couvrir	coprire	—
tapasztalat (H)	Erfahrung *f*	experience	expérience *f*	esperienza *f*	experiencia *f*
tapasztalatlan (H)	unerfahren	inexperienced	inexpérimenté(e)	inesperto(a)	inexperto(a)
tapczan (PL)	Couch *f*	couch	canapé *m*	divano *m*	diván *m*
tapfer (D)	—	brave	courageux(–euse)	coraggioso(a)	valiente
tapis pour souris (F)	Mauspad *n*	mouse pad	—	tappetino del mouse *m*	alfombrilla de ratón *f*
táplál (H)	ernähren	feed	nourrir	nutrire	alimentar
táplálék (H)	Nahrung *f*	food	nourriture *f*	alimentazione *f*	nutrición *f*
táplálkozás (H)	Ernährung *f*	nourishment	nourriture *f*	alimentazione *f*	alimentación *f*
tapper (SV)	tapfer	brave	courageux(–euse)	coraggioso(a)	valiente
tappetino del mouse (I)	Mauspad *n*	mouse pad	tapis pour souris *m*	—	alfombrilla de ratón *f*
taps (H)	Beifall *m*	applause	applaudissements *m/pl*	applauso *m*	aplauso *m*
tapsol (H)	klatschen	applaud	applaudir	battere le mani	aplaudir
tår (SV)	Träne *f*	tear	larme *f*	lacrima *f*	lágrima *f*
taras (PL)	Terrasse *f*	terrace	terrasse *f*	terrazza *f*	terraza *f*
tard (F)	spät	late	—	tardi	tarde
tarde (ES)	Nachmittag *m*	afternoon	après-midi *m*	pomeriggio *m*	—
tarde (ES)	spät	late	tard	tardi	—
tarde (P)	Nachmittag *m*	afternoon	après-midi *m*	pomeriggio *m*	tarde *f*
tarde (P)	spät	late	tard	tardi	tarde
tardi (I)	spät	late	tard	—	tarde
tarea (ES)	Aufgabe *f*	task	tâche *f*	compito *m*	—
ta reda på (SV)	nachsehen	check	vérifier	controllare	examinar
tarefa (P)	Aufgabe *f*	task	tâche *f*	compito *m*	tarea *f*
targi (PL)	Messe *f*	fair	foire *f*	fiera *f*	feria *f*
tarifa (ES)	Gebühr *f*	fee	taxe *f*	tassa *f*	—
tarjeta de crédito (ES)	Kreditkarte *f*	credit card	carte de crédit *f*	carta di credito *f*	—

tarjeta de crédito

P	NL	SV	PL	CZ	H
pensar	denken	—	myśleć <pomyśleć>	myslet	gondolkozik
reflectir sobre	nadenken	—	rozmyślać	přemýšlet	gondolkozik
pensamento m	gedachte f	—	myśl f	myšlenka f	gondolat
meter gasolina	tanken	tanka	tankować	tankovat <natankovat>	tankol
meter gasolina	—	tanka	tankować	tankovat <natankovat>	tankol
meter gasolina	tanken	tanka	tankować	tankovat <natankovat>	—
meter gasolina	tanken	tanka	tankować	—	tankol
meter gasolina	tanken	tanka	—	tankovat <natankovat>	tankol
posto de gasolina	—	bensinmack u	stacja benzynowa f	čerpací stanice f	benzinkút
posto de gasolina	tankstation n	bensinmack u	stacja benzynowa f	čerpací stanice f	benzinkút
tia f	tante f	—	ciotka f	teta f	néni
tia f	tante f	tant u	ciotka f	teta f	néni
tia f	tante f	tant u	ciotka f	teta f	néni
tia f	—	tant u	ciotka f	teta f	néni
testemunha m	getuige m/f	vittne n	świadek m	svědek m	—
aprender	leren	lära	uczyć, się <nauczyć, się>	učit, se <naučit, se>	—
pátio m	erf n	gård u	podwórze n	dvůr m	—
prato m	bord n	tallrik u	talerz m	talíř m	—
bailar	dansen	dansa	tańczyć	tancovat <zatancovat>	táncol
tampa f	deksel n	lock n	przykrywka f	víko n	fedél
cobrir	toedekken	täcka över	przykryć	přikrývat <přikrýt>	fedővel lefed
experiência f	ervaring f	erfarenhet u	doświadczenie n	zkušenost f	—
inexperto	onervaren	oerfaren	niedoświadczony	nezkušený	—
divã m	couch m	soffa u	—	gauč m	díványy
valente	dapper	tapper	dzielny	statečný	bátor
mousepad m	muismatje n	musmatta u	podkładka pod mysz f	podložka pod myš f	egéralátét
alimentar	voeden	livnära	odżywiać	živit	—
alimento m	voedsel n	näring u	pokarm m	potrava f	—
alimentação f	voeding f	näring u	odżywianie n	potrava f	—
valente	dapper	—	dzielny	statečný	bátor
mousepad m	muismatje n	musmatta u	podkładka pod mysz f	podložka pod myš f	egéralátét
aplauso m	applaus n	bifall n	oklaski m/pl	potlesk m	—
dar palmas	in de handen klappen	klappa	klaskać	tleskat <zatleskat>	—
lágrima f	traan f	—	łza f	slza f	könny
terraço m	terras n	terrass u	—	terasa f	terasz
tarde	laat	sent	późno	pozdě	késő
tarde f	namiddag m	eftermiddag u	popołudnie n	odpoledne n	délután
tarde	laat	sent	późno	pozdě	késő
—	namiddag m	eftermiddag u	popołudnie n	odpoledne n	délután
—	laat	sent	późno	pozdě	késő
tarde	laat	sent	późno	pozdě	késő
tarefa f	opdracht f	uppgift u	zadanie n	úkol m	feladat
verificar	nazien	—	patrzeć <popatrzeć>	dívat, se <podívat, se>	utánanéz
—	opdracht f	uppgift u	zadanie n	úkol m	feladat
missa f	beurs f	mässa u	—	veletrh m	vásár
taxa f	bijdrage f/tarief n	avgift u	opłata f	poplatek m	illeték
cartão de crédito m	creditcard f	kreditkort n	karta kredytowa f	platební karta f	hitelkártya

tarjeta postal

	D	E	F	I	ES
tarjeta postal (ES)	Ansichtskarte f	postcard	carte postale f	cartolina f	—
tarka (H)	bunt	coloured	coloré(e)	variopinto(a)	de colores
társalog¹ (H)	plaudern	chat	bavarder	chiacchierare	conversar
társalog² (H)	unterhalten, sich	talk	entretenir, s'	conversare	conversar
tart¹ (H)	befürchten	fear	craindre	temere	temer
tart² (H)	halten	hold	tenir	tenere	tener
tarta (ES)	Kuchen m	cake	gâteau m	dolce m	—
tartalmaz (H)	enthalten	contain	contenir	contenere	contener
tartalom (H)	Inhalt m	contents	contenu m	contenuto m	contenido m
tartály (H)	Behälter m	container	récipient m	recipiente m	recipiente m
tartamudear (ES)	stottern	stutter	bégayer	balbettare	—
tartós (H)	haltbar	durable	résistant(e)	durevole	duradero(a)
tartozás (H)	Schulden pl	debt	dette f	debiti m pl	deudas f pl
tartozik¹ (H)	gehören	belong	appartenir	appartenere	pertenecer a
tartozik² (H)	schulden	owe	devoir	dovere	deber
tas (NL)	Tasche f	bag	sac m	borsa f	bolso m
Tasche (D)	—	bag	sac m	borsa f	bolso m
Taschentuch (D)	—	handkerchief	mouchoir m	fazzoletto m	pañuelo m
task (E)	Aufgabe f	—	tâche f	compito m	tarea f
taška (CZ)	Tasche f	bag	sac m	borsa f	bolso m
tassa (I)	Gebühr f	fee	taxe f	—	tarifa f
Tasse (D)	—	cup	tasse f	tazza f	taza f
tasse (F)	Tasse f	cup	—	tazza f	taza f
taste (E)	Geschmack m	—	goût m	gusto m	sabor m
tät (SV)	dicht	dense	épais(se)	denso(a)	espeso(a)
ta, ten, to (PL)	diese(r,s)	this	ce, cette	questo(a)	esta, este, esto
tato tento toto (CZ)	diese(r,s)	this	ce, cette	questo(a)	esta, este, esto
tauchen (D)	—	dive	plonger	immergere	bucear
täuschen (D)	—	deceive	tromper	ingannare	engañar
tavasz (H)	Frühling m	spring	printemps m	primavera f	primavera f
távcső (H)	Fernglas n	binoculars	jumelles f/pl	cannocchiale m	gemelos m/pl
távműködtetés (H)	Fernbedienung f	remote control	télécommande f	telecomando m	mando a distancia m
távol (H)	entfernt	distant	éloigné(e)	distante	distante
tavolo (I)	Tisch m	table	table f	—	mesa f
távolság¹ (H)	Entfernung f	distance	distance f	distanza f	distancia f
távolság² (H)	Abstand m	distance	distance f	distanza f	distancia f
távolsági hívás (H)	Ferngespräch n	long-distance call	communication interurbaine f	telefonata interurbana f	llamada interurbana f
tax (E)	Steuern pl	—	impôt m	imposte f/pl	impuestos m/pl
taxa (P)	Gebühr f	fee	taxe f	tassa f	tarifa f
taxe (F)	Gebühr f	fee	—	tassa f	tarifa f
taxe sur la valeur ajoutée (F)	Mehrwertsteuer f	value added tax	—	imposta sul valore aggiunto f	impuesto sobre el valor añadido m
Taxi (D)	—	taxi	taxi m	taxi m	taxi m
taxi (E)	Taxi n	—	taxi m	taxi m	taxi m
taxi (F)	Taxi n	taxi	—	taxi m	taxi m
taxi (I)	Taxi n	taxi	taxi m	—	taxi m
taxi (ES)	Taxi n	taxi	taxi m	taxi m	—
taxi (P)	Taxi n	taxi	taxi m	taxi m	taxi m
taxi (NL)	Taxi n	taxi	taxi m	taxi m	taxi m
taxi (SV)	Taxi n	taxi	taxi m	taxi m	taxi m
taxi (CZ)	Taxi n	taxi	taxi m	taxi m	taxi m
taxi (H)	Taxi n	taxi	taxi m	taxi m	taxi m
taza (ES)	Tasse f	cup	tasse f	tazza f	—
tazza (I)	Tasse f	cup	tasse f	—	taza f

tazza

P	NL	SV	PL	CZ	H
postal ilustrado m	prentbriefkaart f	vykort n	widokówka f	pohlednice f	képeslap
colorido	bont	färggrann	kolorowy	barevný	—
conversar	babbelen	prata	gawędzić <pogawędzić>	rozprávět	—
conversar	praten	prata	rozmawiać	bavit, se <pobavit, se>	—
recear	vrezen	befara	obawiać, się	obávat, se	—
segurar	houden	hålla	trzymać	držet <podržet>	—
bolo m	taart f	kaka u	placek m	koláč m	sütemény
conter	omvatten	innehålla	zawierać	obsahovat	—
conteúdo m	inhoud m	innehåll n	zawartość f	obsah m	—
recipiente m	bak m	behållare u	pojemnik m	nádrž f	—
balbuciar	stotteren	stamma	jąkać się	koktat <zakoktat>	dadog
que se pode conservar	houdbaar	slitstark	trwały	trvanlivý	—
dívidas f/pl	schulden pl	skulder pl	długi pl	dluhy pl	—
pertencer a	behoren	tillhöra	należeć	patřit	—
dever	verschuldigd zijn	vara skyldig ngn	być dłużnym	dlužit	—
bolso m	—	väska u	torba f	taška f	zseb
bolso m	tas f	väska u	torba f	taška f	zseb
lenço m	zakdoek m	näsduk u	chusteczka f	kapesník m	zsebkendő
tarefa f	opdracht f	uppgift u	zadanie n	úkol m	feladat
bolso m	tas f	väska u	torba f	—	zseb
taxa f	bijdrage f/tarief n	avgift u	opłata f	poplatek m	illeték
chávena f	kopje n	kopp u	filiżanka f	šálek m	csésze
chávena f	kopje n	kopp u	filiżanka f	šálek m	csésze
gosto m	smaak m	smak u	smak m	chuť f	ízlés
denso	dicht	—	szczelny	hustý	sűrű
esta, este	deze, dit	denna, detta	—	tato tento toto	ez
esta, este	deze, dit	denna, detta	ta, ten, to	—	ez
mergulhar	duiken	dyka	zanurzać się	potápět <potopit>	alámerül
enganar	bedriegen	bedra	zmylić	klamat <zklamat>	megtéveszt
primavera f	lente f	vår u	wiosna f	jaro n	—
binóculos m/pl	verrekijker m	kikare u	lornetka f	dalekohled m	—
telecomando m	afstandsbediening f	fjärrkontroll u	pilot m	dálkové ovládání n	—
afastado	verwijderd	borttagen	odległy	vzdálený	—
mesa f	tafel f	bord n	stół m	stůl m	asztal
distância f	verwijdering f	distans u	odległość f	vzdálenost f	—
distância f	afstand m	avstånd n	odstęp m	odstup m	—
telefonema interurbano m	interlokaal telefoongesprek n	utlandssamtal n	rozmowa międzymiastowa f	dálkový hovor m	—
impostos m/pl	belastingen pl	skatt u	podatki pl	daně pl	adók
—	bijdrage f/tarief n	avgift u	opłata f	poplatek m	illeték
taxa f	bijdrage f/tarief n	avgift u	opłata f	poplatek m	illeték
imposto sobre o valor acrescentado m	btw f	moms u	podatek od wartości dodanej m	daň z přidané hodnoty f	általános forgalmi adó (áfa)
taxi m	taxi m	taxi u	taksówka f	taxi n	taxi
taxi m	taxi m	taxi u	taksówka f	taxi n	taxi
taxi m	taxi m	taxi u	taksówka f	taxi n	taxi
taxi m	taxi m	taxi u	taksówka f	taxi n	taxi
taxi m	taxi m	taxi u	taksówka f	taxi n	taxi
—	taxi m	taxi u	taksówka f	taxi n	taxi
taxi m	—	taxi u	taksówka f	taxi n	taxi
taxi m	taxi m	—	taksówka f	taxi n	taxi
taxi m	taxi m	taxi u	taksówka f	—	taxi
taxi m	taxi m	taxi u	taksówka f	taxi n	taxi
chávena f	kopje n	kopp u	filiżanka f	šálek m	csésze
chávena f	kopje n	kopp u	filiżanka f	šálek m	csésze

tchórzliwy

	D	E	F	I	ES
tchórzliwy (PL)	feige	cowardly	lâche	vile	cobarde
te (H)	du	you	tu	tu	tú
teach (E)	lehren	—	enseigner	insegnare	enseñar
team (E)	Mannschaft f	—	équipe f	squadra f	equipo m
tear (E)	reißen	—	déchirer, se	strappare	arrancar
tear (E)	Träne f	—	larme f	lacrima f	lágrima f
teater (SV)	Theater n	theatre	théâtre m	teatro m	teatro m
teatr (PL)	Theater n	theatre	théâtre m	teatro m	teatro m
teatro (I)	Theater n	theatre	théâtre m	—	teatro m
teatro (ES)	Theater n	theatre	théâtre m	teatro m	—
teatro (P)	Theater n	theatre	théâtre m	teatro m	teatro m
techniek (NL)	Technik f	technology	technique f	tecnica f	técnica f
Technik (D)	—	technology	technique f	tecnica f	técnica f
technika (PL)	Technik f	technology	technique f	tecnica f	técnica f
technika (CZ)	Technik f	technology	technique f	tecnica f	técnica f
technika (H)	Technik f	technology	technique f	tecnica f	técnica f
technique (F)	Technik f	technology	—	tecnica f	técnica f
technology (E)	Technik f	—	technique f	tecnica f	técnica f
techo (ES)	Dach n	roof	toit m	tetto m	—
téci <vytéci> (CZ)	fließen	flow	couler	scorrere	correr
tecken (SV)	Zeichen n	sign	signe m	segnale m	señal f
tecnica (I)	Technik f	technology	technique f	—	técnica f
técnica (ES)	Technik f	technology	technique f	tecnica f	—
técnica (P)	Technik f	technology	technique f	tecnica f	técnica f
tęcza (PL)	Regenbogen m	rainbow	arc-en-ciel m	arcobaleno m	arco iris m
teczka (PL)	Mappe f	folder	serviette f	raccoglitore m	carpeta f
tederheid (NL)	Zärtlichkeit f	tenderness	tendresse f	tenerezza f	cariño m
tedy (CZ)	also	therefore	donc	dunque/quindi	así
teen (NL)	Zehe f	toe	orteil m	dito del piede m	dedo del pie m
teeth (E)	Gebiss n	—	denture f	denti m/pl	dentadura f
tegemoetkomen (NL)	entgegenkommen	approach	venir à la rencontre	venire incontro	venir al encuentro
tegen (NL)	gegen	against	contre	contro	contra
tegendeel (NL)	Gegenteil n	opposite	contraire m	contrario m	contrario m
tegengesteld (NL)	entgegengesetzt	opposite	opposé(e)	opposto(a)	opuesto(a) a
tegenover (NL)	gegenüber	opposite	en face de	di fronte(a)	en frente
tegenspreken (NL)	widersprechen	contradict	contredire	contraddire	contradecir
tegenstander (NL)	Gegner m	opponent	adversaire m	avversario m	adversario m
tegenstelling (NL)	Gegensatz m	contrast	opposé m	contrasto m	contraste m
tegenwoordig (NL)	heutzutage	nowadays	de nos jours	oggigiorno	hoy en día
tegenwoordigheid (NL)	Gegenwart f	present	présent m	presente m	presente m
tegez (H)	duzen	use the familiar form	tutoyer	dare del tu	tutear
tegnap (H)	gestern	yesterday	hier	ieri	ayer
tehát (H)	also	therefore	donc	dunque/quindi	así
tehén (H)	Kuh f	cow	vache f	mucca f	vaca f
teher (H)	Last f	load	charge f	carico m	peso m
teherautó (H)	Lastwagen m	lorry	camion m	camion m	camión m
tehetséges (H)	begabt	gifted	doué(e)	dotato(a)	apto para
těhotná (CZ)	schwanger	pregnant	enceinte	incinta	embarazada
Teil (D)	—	part	partie f	parte f	parte f
teilen (D)	—	share	partager	dividere	dividir
teilnehmen (D)	—	take part	participer	partecipare	participar
tej (H)	Milch f	milk	lait m	latte m	leche f
tejszín (H)	Sahne f	cream	crème f	panna f	nata f
teken (NL)	Zeichen n	sign	signe m	segnale m	señal f

teken

P	NL	SV	PL	CZ	H
cobarde	laf	feg	—	zbabělý	gyáva
tu	jij	du	ty	ty	—
ensinar	leren	lära ut	nauczać	učit	tanít
equipa f	ploeg f	manskap n	drużyna f	mužstvo n	csapat
rasgar	scheuren	riva	rwać <porwać>	trhat <vytrhnout>	szakad
lágrima f	traan f	tår u	łza f	slza f	könny
teatro m	theater n	—	teatr m	divadlo n	színház
teatro m	theater n	teater u	teatr m	divadlo n	színház
teatro m	theater n	teater u	teatr m	divadlo n	színház
teatro m	theater n	teater u	teatr m	divadlo n	színház
—	theater n	teater u	teatr m	divadlo n	színház
técnica f	—	teknik u	technika f	technika f	technika
técnica f	techniek f	teknik u	technika f	technika f	technika
técnica f	techniek f	teknik u	—	technika f	technika
técnica f	techniek f	teknik u	technika f	—	technika
técnica f	techniek f	teknik u	technika f	technika f	—
técnica f	techniek f	teknik u	technika f	technika f	technika
técnica f	techniek f	teknik u	technika f	technika f	technika
telhado m	dak n	tak n	dach m	střecha f	tető
correr	vloeien	flyta	płynąć <popłynąć>	—	folyik
sinal m	teken n	—	znak m	značka f	jel
técnica f	techniek f	teknik u	technika f	technika f	technika
técnica f	techniek f	teknik u	technika f	technika f	technika
—	techniek f	teknik u	technika f	technika f	technika
arcoíris m	regenboog m	regnbåge u	—	duha f	szivárvány
pasta f	map f	portfölj u	—	složka f	mappa
carinho m	—	ömhet u	czułość f	něžnost f	gyengédség
assim	dus	alltså	więc	—	tehát
dedo do pé m	—	tå u	palec u nogi m	prst (u nohy) m	lábujj
dentadura f	gebit n	gom u	uzębienie n	chrup m	fogsor
vir ao encontro de	—	tillmötesgå	iść naprzeciw <wyjść naprzeciw>	vycházet vstříc <vyjít vstříc>	elébe megy
contra	—	mot	przeciw	proti	ellen
contrário m	—	motsats u	przeciwieństwo n	opak m	ellenkezője
oposto	—	motsatt	przeciwny	protisměrný	ellenkezőleg
diante	—	mittemot	naprzeciwko	naproti	szemben
contradizer	—	säga emot	sprzeciwiać się	odporovat	ellentmond
adversário m	—	motståndare u	przeciwnik m	protivník m	ellenfél
antagonismo m	—	motsats u	przeciwieństwo n	protiklad m	ellentét
actualmente	—	nuförtiden	obecnie	v dnešní době	manapság
presente m	—	nutid u	teraźniejszość f	přítomnost f	jelen
tratar por tu	met "jij" aanspreken	dua	mówić per ty	tykat	—
ontem	gisteren	igår	wczoraj	včera	—
assim	dus	alltså	więc	tedy	—
vaca f	koe f	ko u	krowa f	kráva f	—
carga f	last f	last u	ciężar m	břemeno n	—
camião m	vrachtwagen m	lastbil u	samochód ciężarowy m	nákladní vozidlo n	—
talentoso	begaafd	begåvad	zdolny	nadaný	—
grávida	zwanger	gravid	ciężarna	—	állapotos
parte f	deel n	del u	część f	díl m	rész
partir	delen	dela	dzielić	dělit <rozdělit>	oszt
participar	deelnemen	delta	brać udział	účastnit, se <zúčastnit, se>	részt vesz
leite m	melk f	mjölk u	mleko n	mléko n	—
natas f/pl	room m	grädde u	śmietana f	smetana f	—
sinal m	—	tecken n	znak m	značka f	jel

tekenen

	D	E	F	I	ES
tekenen (NL)	zeichnen	draw	dessiner	disegnare	dibujar
teknik (SV)	Technik f	technology	technique f	tecnica f	técnica f
tél (H)	Winter m	winter	hiver m	inverno m	invierno m
tela (ES)	Stoff m	cloth	tissu m	stoffa f	—
tele (CZ)	Kalb n	calf	veau m	vitello m	ternera f
tele (H)	voll	full	plein(e)	pieno(a)	lleno(a)
télécharger (F)	herunterladen	download	—	download m	bajar
telecomando (I)	Fernbedienung f	remote control	télécommande f	—	mando a distancia m
telecomando (P)	Fernbedienung f	remote control	télécommande f	telecomando m	mando a distancia m
télécommande (F)	Fernbedienung f	remote control	—	telecomando m	mando a distancia m
telefax (P)	Fax n	fax	fax m	fax m	fax m
telefonál (H)	telefonieren	telephone	téléphoner	telefonare	llamar por teléfono
telefonar¹ (P)	anrufen	ring up	téléphoner	telefonare	llamar por teléfono
telefonar² (P)	telefonieren	telephone	téléphoner	telefonare	llamar por teléfono
telefonare¹ (I)	anrufen	ring up	téléphoner	—	llamar por teléfono
telefonare² (I)	telefonieren	telephone	téléphoner	—	llamar por teléfono
telefonata interurbana (I)	Ferngespräch n	long-distance call	communication interurbaine f	—	llamada interurbana f
Telefonbuch (D)	—	phone book	annuaire téléphonique m	elenco telefonico m	guía telefónica f
telefonema (P)	Anruf m	call	appel téléphonique m	chiamata f	llamada f
telefonema interurbano (P)	Ferngespräch n	long-distance call	communication interurbaine f	telefonata interurbana f	llamada interurbana f
telefoneren (NL)	telefonieren	telephone	téléphoner	telefonare	llamar por teléfono
telefonhívás (H)	Anruf m	call	appel téléphonique m	chiamata f	llamada f
telefonieren (D)	—	telephone	téléphoner	telefonare	llamar por teléfono
telefonino (I)	Handy n	mobile phone	téléphone mobile m	—	teléfono celular m
telefonkatalog (SV)	Telefonbuch n	phone book	annuaire téléphonique m	elenco telefonico m	guía telefónica f
telefon komórkowy (PL)	Handy n	mobile phone	téléphone mobile m	telefonino m	teléfono celular m
telefonkönyv (H)	Telefonbuch n	phone book	annuaire téléphonique m	elenco telefonico m	guía telefónica f
telefonní číslo (CZ)	Telefonnummer f	phone number	numéro de téléphone m	numero telefonico m	número de teléfono m
telefonní seznam (CZ)	Telefonbuch n	phone book	annuaire téléphonique m	elenco telefonico m	guía telefónica f
Telefonnummer (D)	—	phone number	numéro de téléphone m	numero telefonico m	número de teléfono m
telefonnummer (SV)	Telefonnummer f	phone number	numéro de téléphone m	numero telefonico m	número de teléfono m
teléfono celular (ES)	Handy n	mobile phone	téléphone mobile m	telefonino m	—
telefonovat <zatelefonovat> (CZ)	telefonieren	telephone	téléphoner	telefonare	llamar por teléfono
telefonować (PL)	telefonieren	telephone	téléphoner	telefonare	llamar por teléfono
telefonować <zatelefonować> (PL)	anrufen	ring up	téléphoner	telefonare	llamar por teléfono
telefonsamtal (SV)	Anruf m	call	appel téléphonique m	chiamata f	llamada f
telefonszám (H)	Telefonnummer f	phone number	numéro de téléphone m	numero telefonico m	número de teléfono m
telefoonboek (NL)	Telefonbuch n	phone book	annuaire téléphonique m	elenco telefonico m	guía telefónica f

telefoonboek

P	NL	SV	PL	CZ	H
desenhar	—	rita	rysować	kreslit <nakreslit>	rajzol
técnica f	techniek f	—	technika f	technika f	technika
inverno m	winter m	vinter u	zima f	zima f	—
matéria f	stof f	tyg n	materiał m	látka f	anyag
vitela f	kalf n	kalv u	cielę n	—	borjú
cheio	vol	full	pełen	plný	—
descarregar	downloaden	ladda ner	pobierać z internetu	stahovat <stáhnout>	letölt
telecomando m	afstandsbediening f	fjärrkontroll u	pilot m	dálkové ovládání n	távműködtetés
—	afstandsbediening f	fjärrkontroll u	pilot m	dálkové ovládání n	távműködtetés
telecomando m	afstandsbediening f	fjärrkontroll u	pilot m	dálkové ovládání n	távműködtetés
—	fax m	fax n	faks m	fax m	fax
telefonar	telefoneren	ringa	telefonować	telefonovat <zatelefonovat>	—
—	opbellen	ringa	telefonować <zatelefonować>	zavolat	felhív
—	telefoneren	ringa	telefonować	telefonovat <zatelefonovat>	telefonál
telefonar	opbellen	ringa	telefonować <zatelefonować>	zavolat	felhív
telefonar	telefoneren	ringa	telefonować	telefonovat <zatelefonovat>	telefonál
telefonema interurbano m	interlokaal telefoongesprek n	utlandssamtal n	rozmowa międzymiastowa f	dálkový hovor m	távolsági hívás
lista f telefónica	telefoonboek n	telefonkatalog u	książka telefoniczna f	telefonní seznam m	telefonkönyv
—	telefoontje n	telefonsamtal n	rozmowa telefoniczna f	zavolání n	telefonhívás
—	interlokaal telefoongesprek n	utlandssamtal n	rozmowa międzymiastowa f	dálkový hovor m	távolsági hívás
telefonar	—	ringa	telefonować	telefonovat <zatelefonovat>	telefonál
telefonema m	telefoontje n	telefonsamtal n	rozmowa telefoniczna f	zavolání n	—
telefonar	telefoneren	ringa	telefonować	telefonovat <zatelefonovat>	telefonál
telemóvel m	gsm m	mobiltelefon u	telefon komórkowy m	mobil m	mobiltelefon
lista f telefónica	telefoonboek n	—	książka telefoniczna f	telefonní seznam m	telefonkönyv
telemóvel m	gsm m	mobiltelefon u	—	mobil m	mobiltelefon
lista f telefónica	telefoonboek n	telefonkatalog u	książka telefoniczna f	telefonní seznam m	—
número m de telefone	telefoonnummer n	telefonnummer n	numer telefonu m	—	telefonszám
lista f telefónica	telefoonboek n	telefonkatalog u	książka telefoniczna f	—	telefonkönyv
número m de telefone	telefoonnummer n	telefonnummer n	numer telefonu m	telefonní číslo n	telefonszám
número m de telefone	telefoonnummer n	—	numer telefonu m	telefonní číslo n	telefonszám
telemóvel m	gsm m	mobiltelefon u	telefon komórkowy m	mobil m	mobiltelefon
telefonar	telefoneren	ringa	telefonować	—	telefonál
telefonar	telefoneren	ringa	—	telefonovat <zatelefonovat>	telefonál
telefonar	opbellen	ringa	—	zavolat	felhív
telefonema m	telefoontje n	—	rozmowa telefoniczna f	zavolání n	telefonhívás
número m de telefone	telefoonnummer n	telefonnummer n	numer telefonu m	telefonní číslo n	—
lista f telefónica	—	telefonkatalog u	książka telefoniczna f	telefonní seznam m	telefonkönyv

telefoonnummer

	D	E	F	I	ES
telefoonnummer (NL)	Telefonnummer f	phone number	numéro de téléphone m	numero telefonico m	número de teléfono m
telefoontje (NL)	Anruf m	call	appel téléphonique m	chiamata f	llamada f
telemóvel (P)	Handy n	mobile phone	téléphone mobile m	telefonino m	teléfono celular m
telephone (E)	telefonieren	—	téléphoner	telefonare	llamar por teléfono
téléphone mobile (F)	Handy n	mobile phone	—	telefonino m	teléfono celular m
téléphoner¹ (F)	anrufen	ring up	—	telefonare	llamar por teléfono
téléphoner² (F)	telefonieren	telephone	—	telefonare	llamar por teléfono
teleurgesteld (NL)	enttäuscht	disappointed	déçu(e)	deluso(a)	desilusionado(a)
teleurstellen (NL)	enttäuschen	disappoint	décevoir	deludere	defraudar
televisie kijken (NL)	fernsehen	watch television	regarder la télévision	guardare la TV	ver la televisión
televisietoestel (NL)	Fernseher m	television set	poste de télévision m	televisore m	televisor m
television set (E)	Fernseher m	—	poste de télévision m	televisore m	televisor m
televisor (ES)	Fernseher m	television set	poste de télévision m	televisore m	—
televisor (P)	Fernseher m	television set	poste de télévision m	televisore m	televisor m
televisore (I)	Fernseher m	television set	poste de télévision m	—	televisor m
televizor (CZ)	Fernseher m	television set	poste de télévision m	televisore m	televisor m
telewizor (PL)	Fernseher m	television set	poste de télévision m	televisore m	televisor m
telhado (P)	Dach n	roof	toit m	tetto m	techo m
teljes (H)	vollständig	complete	complet(ète)	completo(a)	completo(a)
teljes ellátás (H)	Vollpension f	full board	pension complète f	pensione completa f	pensión completa f
teljesen (H)	völlig	completely	complètement	completamente	completamente
telkens (NL)	jedes Mal	each time	chaque fois	ogni volta	cada vez
tell (E)	erzählen	—	raconter	raccontare	contar
tellen (NL)	zählen	count	compter	contare	contar
Teller (D)	—	plate	assiette f	piatto m	plato m
tělo (CZ)	Körper m	body	corps m	corpo m	cuerpo m
tema (I)	Thema n	topic	sujet m	—	tema m
tema (ES)	Thema n	topic	sujet m	tema m	—
tema (P)	Thema n	topic	sujet m	tema m	tema m
téma (CZ)	Thema n	topic	sujet m	tema m	tema m
téma (H)	Thema n	topic	sujet m	tema m	tema m
temat (PL)	Thema n	topic	sujet m	tema m	tema m
temblar (ES)	zittern	tremble	trembler	tremare	—
temer¹ (ES)	befürchten	fear	craindre	temere	—
temer² (ES)	fürchten	fear	craindre	temere	—
téměř (CZ)	beinahe	nearly	presque	quasi	casi
téměř (CZ)	fast	nearly	presque	quasi	casi
temere (I)	befürchten	fear	craindre	—	temer
temere (I)	fürchten	fear	craindre	—	temer
temetés (H)	Beerdigung f	funeral	enterrement m	funerale m	entierro m
temető (H)	Friedhof m	cemetery	cimetière m	cimitero m	cementerio m
te midden van (NL)	inmitten	in the middle of	au milieu de	in mezzo a	en medio de
temno (CZ)	Finsternis f	darkness	obscurité f	buio m	oscuridad f
témoin (F)	Zeuge m	witness	—	testimone m	testigo m
Temperatur (D)	—	temperature	température f	temperatura f	temperatura f
temperatur (SV)	Temperatur f	temperature	température f	temperatura f	temperatura f
temperatura (I)	Temperatur f	temperature	température f	—	temperatura f
temperatura (ES)	Temperatur f	temperature	température f	temperatura f	—
temperatura (P)	Temperatur f	temperature	température f	temperatura f	temperatura f
temperatura (PL)	Temperatur f	temperature	température f	temperatura f	temperatura f

temperatura

P	NL	SV	PL	CZ	H
número m de telefone	—	telefonnummer n	numer telefonu m	telefonní číslo n	telefonszám
telefonema m	—	telefonsamtal n	rozmowa telefoniczna f	zavolání n	telefonhívás
—	gsm m	mobiltelefon u	telefon komórkowy m	mobil m	mobiltelefon
telefonar	telefoneren	ringa	telefonować	telefonovat <zatelefonovat>	telefonál
telemóvel m	gsm m	mobiltelefon u	telefon komórkowy m	mobil m	mobiltelefon
telefonar	opbellen	ringa	telefonować <zatelefonować>	zavolat	felhív
telefonar	telefoneren	ringa	telefonować	telefonovat <zatelefonovat>	telefonál
decepcionado	—	besviken	rozczarowany	zklamaný	csalódott
decepcionar	—	göra besviken	rozczarowywać <rozczarować>	zklamat	csalódást okoz
ver televisão	—	titta på TV	oglądać telewizję <obejrzeć telewizję>	dívat, se <podívat, se> na televizi	tévézik
televisor m	—	TV u	telewizor m	televizor m	tévékészülék
televisor m	televisietoestel n	TV u	telewizor m	televizor m	tévékészülék
televisor m	televisietoestel n	TV u	telewizor m	televizor m	tévékészülék
—	televisietoestel n	TV u	telewizor m	televizor m	tévékészülék
televisor m	televisietoestel n	TV u	telewizor m	televizor m	tévékészülék
televisor m	televisietoestel n	TV u	telewizor m	—	tévékészülék
televisor m	televisietoestel n	TV u	—	televizor m	tévékészülék
—	dak n	tak n	dach m	střecha f	tető
completo	volledig	fullständig	całkowity	úplný	—
pensão completa f	volpension n	helpension u	pełne wyżywienie n	plná penze f	—
plenamente	volledig	helt	całkowicie	zcela	—
cada vez	—	varje gång	za każdym razem	pokaždé	minden alkalommal
contar	vertellen	berätta	opowiadać <opowiedzieć>	vypravovat <vyprávět>	elmesél
contar	—	räkna	liczyć	počítat <spočítat>	számol
prato m	bord n	tallrik u	talerz m	talíř m	tányér
corpo m	lichaam n	kropp u	ciało n	—	test
tema m	thema n	ämne n	temat m	téma n	téma
tema m	thema n	ämne n	temat m	téma n	téma
—	thema n	ämne n	temat m	téma n	téma
tema m	thema n	ämne n	temat m	—	téma
tema m	thema n	ämne n	temat m	téma n	—
tema m	thema n	ämne n	—	téma n	téma
tremer	rillen	darra	drżeć	chvět, se <zachvět, se>	reszket
recear	vrezen	befara	obawiać, się	obávat, se	tart
ter medo de	vrezen	frukta	obawiać, się	bát se	fél, retteg
quase	bijna	nästan	prawie	—	majdnem
quase	bijna	nästan	prawie	—	majdnem
recear	vrezen	befara	obawiać, się	obávat, se	tart
ter medo de	vrezen	frukta	obawiać, się	bát se	fél, retteg
enterro m	begrafenis f	begravning u	pogrzeb m	pohřeb m	—
cemitério m	kerkhof m	kyrkogård u	cmentarz m	hřbitov m	—
no meio de	—	mitt i	pośrodku	uprostřed	között
escuridão f	duisternis f	mörker u	ciemności f/pl	—	sötétség
testemunha m	getuige m/f	vittne n	świadek m	svědek m	tanú
temperatura f	temperatuur f	temperatur u	temperatura f	teplota f	hőmérséklet
temperatura f	temperatuur f	—	temperatura f	teplota f	hőmérséklet
temperatura f	temperatuur f	temperatur u	temperatura f	teplota f	hőmérséklet
temperatura f	temperatuur f	temperatur u	temperatura f	teplota f	hőmérséklet
—	temperatuur f	temperatur u	temperatura f	teplota f	hőmérséklet
temperatura f	temperatuur f	temperatur u	—	teplota f	hőmérséklet

temperature

	D	E	F	I	ES
temperature (E)	Temperatur f	—	température f	temperatura f	temperatura f
température (F)	Temperatur f	temperature	—	temperatura f	temperatura f
temperatuur (NL)	Temperatur f	temperature	température f	temperatura f	temperatura f
tempesta (I)	Sturm m	storm	tempête f	—	tormenta f
tempestade[1] (P)	Gewitter n	thunderstorm	orage m	temporale m	tormenta f
tempestade[2] (P)	Sturm m	storm	tempête f	tempesta f	tormenta f
tempête (F)	Sturm m	storm	—	tempesta f	tormenta f
templom (H)	Kirche f	church	église f	chiesa f	iglesia f
tempo[1] (I)	Wetter n	weather	temps m	—	tiempo m
tempo[2] (I)	Zeit f	time	temps m	—	tiempo m
tempo[1] (P)	Wetter n	weather	temps m	tempo m	tiempo m
tempo[2] (P)	Zeit f	time	temps m	tempo m	tiempo m
tempo libero (I)	Freizeit f	free time	loisirs m/pl	—	tiempo libre m
tempo livre (P)	Freizeit f	free time	loisirs m/pl	tempo libero	tiempo libre m
temporada (ES)	Saison f	season	saison f	stagione f	—
temporada (P)	Saison f	season	saison f	stagione f	temporada f
temporada alta (ES)	Hochsaison f	high season	pleine saison f	alta stagione f	
temporaire (F)	vorübergehend	temporary	—	temporaneo(a)	pasajero(a)
temporale (I)	Gewitter n	thunderstorm	orage m	—	tormenta f
temporaneo(a) (I)	vorübergehend	temporary	temporaire	—	pasajero(a)
temporär (SV)	vorübergehend	temporary	temporaire	temporaneo(a)	pasajero(a)
temporário (P)	vorübergehend	temporary	temporaire	temporaneo(a)	pasajero(a)
temporary[1] (E)	vorläufig	—	provisoire	provvisorio(a)	provisional
temporary[2] (E)	vorübergehend	—	temporaire	temporaneo(a)	pasajero(a)
temprano(a) (ES)	früh	early	tôt	presto	—
temps[1] (F)	Wetter n	weather	—	tempo m	tiempo m
temps[2] (F)	Zeit f	time	—	tempo m	tiempo m
tenant (E)	Mieter m	—	locataire m	inquilino m	inquilino m
tencionar (P)	beabsichtigen	intend	avoir l'intention de	avere (l')intenzione di	proyectar
tencionar fazer (P)	vorhaben	intend	avoir l'intention de	avere intenzione	tener la inteción de
tenda[1] (I)	Vorhang m	curtain	rideau m	—	cortina f
tenda[2] (I)	Zelt n	tent	tente f	—	tienda f
tenda (P)	Zelt n	tent	tente f	tenda f	tienda f
tenderness (E)	Zärtlichkeit f	—	tendresse f	tenerezza f	cariño m
tendresse (F)	Zärtlichkeit f	tenderness	—	tenerezza f	cariño m
tenedor (ES)	Gabel f	fork	fourchette f	forchetta f	—
tener[1] (ES)	haben	have	avoir	avere	—
tener[2] (ES)	halten	hold	tenir	tenere	—
tenere[1] (I)	behalten	keep	garder	—	retener
tenere[2] (I)	halten	hold	tenir	—	tener
tenerezza (I)	Zärtlichkeit f	tenderness	tendresse f	—	cariño m
tener fermo (I)	festhalten	seize	tenir ferme	—	sujetar
tener frío (ES)	frieren	be cold	avoir froid	avere freddo	—
tener la inteción de (ES)	vorhaben	intend	avoir l'intention de	avere intenzione	—
tener lugar (ES)	stattfinden	take place	avoir lieu	avere luogo	—
tenero(a) (I)	zart	soft	doux(douce)	—	suave
tener sed (ES)	durstig	thirsty	assoiffé(e)	assetato(a)	—
tener vergüenza (ES)	schämen, sich	be ashamed	avoir honte	vergognarsi	—
tenger (H)	Meer n	sea	mer f	mare m	mar m
tengerpart (H)	Küste f	coast	côte f	costa f	costa f
ten gevolge (NL)	infolge	as a result of	par suite de	in seguito a	por
tenir (F)	halten	hold	—	tenere	tener
tenir ferme (F)	festhalten	seize	—	tener fermo	sujetar

tenir ferme

P	NL	SV	PL	CZ	H
temperatura f	temperatuur f	temperatur u	temperatura f	teplota f	hőmérséklet
temperatura f	temperatuur f	temperatur u	temperatura f	teplota f	hőmérséklet
temperatura f	—	temperatur u	temperatura f	teplota f	hőmérséklet
tempestade f	storm m	storm u	sztorm m	vichřice f	vihar
—	onweer n	åska u	burza f	bouřka f	zivatar
—	storm m	storm u	sztorm m	vichřice f	vihar
tempestade f	storm m	storm u	sztorm m	vichřice f	vihar
igreja f	kerk f	kyrka u	kościół m	kostel m	—
tempo m	weer n	väder n	pogoda f	počasí n	időjárás
tempo m	tijd m	tid u	czas m	čas m	idő
—	weer n	väder n	pogoda f	počasí n	időjárás
—	tijd m	tid u	czas m	čas m	idő
tempo livre m	vrije tijd m	fritid u	czas wolny m	volný čas m	szabadidő
—	vrije tijd m	fritid u	czas wolny m	volný čas m	szabadidő
temporada f	seizoen n	säsong u	sezon m	sezóna f	szezon
—	seizoen n	säsong u	sezon m	sezóna f	szezon
estação alta f	hoogseizoen n	högsäsong u	pełnia sezonu f	hlavní sezóna f	főszezon
temporário	voorbijgaand	temporär	przejściowy	přechodný	átmenetileg
tempestade f	onweer n	åska u	burza f	bouřka f	zivatar
temporário	voorbijgaand	temporär	przejściowy	přechodný	átmenetileg
temporário	voorbijgaand	—	przejściowy	přechodný	átmenetileg
—	voorbijgaand	temporär	przejściowy	přechodný	átmenetileg
provisório	voorlopig	preliminär	tymczasowy	předběžný	egyelőre
temporário	voorbijgaand	temporär	przejściowy	přechodný	átmenetileg
cedo	vroeg	tidig	wcześnie	brzy	korán
tempo m	weer n	väder n	pogoda f	počasí n	időjárás
tempo m	tijd m	tid u	czas m	čas m	idő
inquilino m	huurder m	hyresgäst u	najemca m	nájemník m	bérlő
—	van plan zijn	ha för avsikt	zamierzać <zamierzyć>	mít v úmyslu	szándékozik
—	voorhebben	ha i tankarna	zamierzać	mít v úmyslu	szándékozik
cortina f	gordijn n	draperi n	zasłona f	závěs m	függöny
tenda f	tent f	tält n	namiot m	stan m	sátor
—	tent f	tält n	namiot m	stan m	sátor
carinho m	tederheid f	ömhet u	czułość f	něžnost f	gyengédség
carinho m	tederheid f	ömhet u	czułość f	něžnost f	gyengédség
garfo m	vork f	gaffel u	widelec m	vidlička f	villa
ter	hebben	ha	mieć	mít	van
segurar	houden	hålla	trzymać	držet <podržet>	tart
guardar	behouden	behålla	zatrzymywać <zatrzymać>	nechat, si <ponechat, si>	megtart
segurar	houden	hålla	trzymać	držet <podržet>	tart
carinho m	tederheid f	ömhet u	czułość f	něžnost f	gyengédség
segurar	vasthouden	hålla fast	mocno trzymać	pevně držet <udržet>	megfog
ter frio	het koud hebben/ vriezen	frysa	marznąć <zmarznąć>	mrznout <zamrznout>	fázik
tencionar fazer	voorhebben	ha i tankarna	zamierzać	mít v úmyslu	szándékozik
realizar-se	plaatsvinden	äga rum	odbywać, się <odbyć, się>	konat, se	lezajlik
delicado	zacht	öm	delikatny	jemný	gyengéd
ter sede	dorstig	törstig	spragniony	žíznivý	szomjas
envergonhar-se	schamen, zich	skämmas	wstydzić, się	stydět, se <zastydět, se>	szégyelli magát
mar m	zee f	hav n	morze n	moře n	—
costa f	kust f	kust u	wybrzeże n	pobřeží n	—
em consequência de	—	på grund av	wskutek	v důsledku	következtében
segurar	houden	hålla	trzymać	držet <podržet>	tart
segurar	vasthouden	hålla fast	mocno trzymać	pevně držet <udržet>	megfog

tenkrát

	D	E	F	I	ES
tenkrát (CZ)	damals	at that time	alors	allora	entonces
tenký (CZ)	dünn	thin	mince	magro(a)	delgado(a)/fino(a)
ten sam (PL)	derselbe	the same	le même	lo stesso	el mismo
tent (E)	Zelt n	—	tente f	tenda f	tienda f
tent (NL)	Zelt n	tent	tente f	tenda f	tienda f
tentativo (I)	Versuch m	try	essai m	—	intento m
tente (F)	Zelt n	tent	—	tenda f	tienda f
tentoonstellen (NL)	ausstellen	exhibit	exposer	esporre	exponer
tentoonstelling (NL)	Ausstellung f	exhibition	exposition f	esposizione f	exposición f
te pakken krijgen (NL)	erwischen	catch	attraper	acchiappare	atrapar
teplo (CZ)	Wärme f	warmth	chaleur f	calore m	calor m
teploměr (CZ)	Thermometer n	thermomenter	thermomètre m	termometro m	termómetro m
teplota (CZ)	Temperatur f	temperature	température f	temperatura f	temperatura f
teplý (CZ)	warm	warm	chaud(e)	caldo(a)	caliente
ter (P)	haben	have	avoir	avere	tener
terasa (CZ)	Terrasse f	terrace	terrasse f	terrazza f	terraza f
terasz (H)	Terrasse f	terrace	terrasse f	terrazza f	terraza f
teraz (PL)	jetzt	now	maintenant	adesso	ahora
teraźniejszość (PL)	Gegenwart f	present	présent m	presente m	presente m
tercio (ES)	Drittel n	a third	troisième	terzo(a)	—
terço (P)	Drittel n	a third	troisième	terzo(a)	tercio m
térd (H)	Knie n	knee	genou m	ginocchio m	rodilla f
terelőút (H)	Umleitung f	diversion	déviation f	deviazione f	desviación f
ter frio (P)	frieren	be cold	avoir froid	avere freddo	tener frío
terhes (H)	lästig	troublesome	importun(e)	molesto(a)	desagradable
teríték (H)	Gedeck n	cover	couvert m	coperto m	cubierto m
térkép (H)	Landkarte f	map	carte f	carta geografica f	mapa m
ter medo de (P)	fürchten	fear	craindre	temere	temer
termék (H)	Produkt n	produce	produit m	prodotto m	producto m
természetes (H)	natürlich	natural	naturel(le)	naturale	natural
termeszt (H)	anbauen	cultivate	cultiver	coltivare	cultivar
terminar (ES)	aufhören	stop	arrêter	cessare	—
terminus (E)	Endstation f	—	terminus m	capolinea m	estación terminal f
terminus (F)	Endstation f	terminus	—	capolinea m	estación terminal f
termometer (SV)	Thermometer n	thermomenter	thermomètre m	termometro m	termómetro m
termometr (PL)	Thermometer n	thermomenter	thermomètre m	termometro m	termómetro m
termometro (I)	Thermometer n	thermomenter	thermomètre m	—	termómetro m
termómetro (ES)	Thermometer n	thermomenter	thermomètre m	termometro m	—
termómetro (P)	Thermometer n	thermomenter	thermomètre m	termometro m	termómetro m
ternera (ES)	Kalb n	calf	veau m	vitello m	—
terorizmus (CZ)	Terrorismus m	terrorism	terrorisme m	terrorismo m	terrorismo m
ter pena de alguém (P)	bemitleiden	pity	plaindre	compatire	compadecerse de
terra[1] (I)	Boden m	floor	sol m	—	suelo m
terra[2] (I)	Erde f	earth	terre f	—	tierra f
terra (P)	Erde f	earth	terre f	terra f	tierra f
terrace (E)	Terrasse f	—	terrasse f	terrazza f	terraza f
terraço (P)	Terrasse f	terrace	terrasse f	terrazza f	terraza f
terraferma (I)	Festland n	mainland	continent m	—	tierra firme f
terrain de camping (F)	Campingplatz m	campsite	—	campeggio m	camping m
terramoto (P)	Erdbeben n	earthquake	tremblement de terre m	terremoto m	terremoto m
terras (NL)	Terrasse f	terrace	terrasse f	terrazza f	terraza f
terrass (SV)	Terrasse f	terrace	terrasse f	terrazza f	terraza f

terrass

P	NL	SV	PL	CZ	H
antigamente	toen	då	wtedy	—	akkoriban
magro	dun	tunn	cienki	—	vékony
o mesmo	dezelfde	densamme	—	stejný	ugyanaz
tenda f	tent f	tält n	namiot m	stan m	sátor
tenda f	—	tält n	namiot m	stan m	sátor
ensaio m	poging f	försök n	próba f	pokus m	kísérlet
tenda f	tent f	tält n	namiot m	stan m	sátor
expor	—	ställa ut	wystawiać <wystawić>	vystavovat <vystavit>	kiállít
exposição f	—	utställning u	wystawa f	výstava f	kiállítás
apanhar	—	ertappa	złapać	dopadat <dopadnout>	elkap
calor m	warmte f	värme u	ciepło n	—	melegség
termómetro m	thermometer m	termometer u	termometr m	—	hőmérő
temperatura f	temperatuur f	temperatur u	temperatura f	—	hőmérséklet
quente	warm	varm	ciepły	—	meleg
—	hebben	ha	mieć	mít	van
terraço m	terras n	terrass u	taras m	—	terasz
terraço m	terras n	terrass u	taras m	terasa f	—
agora	nu	nu	—	nyní	most
presente m	tegenwoordigheid f	nutid u	—	přítomnost f	jelen
terço m	derde n	tredjedel u	trzecia część f	třetina	(egy)harmad
—	derde n	tredjedel u	trzecia część f	třetina	(egy)harmad
joelho m	knie f	knä n	kolano n	koleno n	—
rota de m desvio	omleiding f	omdirigering av trafik u	objazd m	objížďka f	—
—	het koud hebben/ vriezen	frysa	marznąć <zmarznąć>	mrznout <zamrznout>	fázik
importuno	lastig	besvärlig	uciążliwy	zatěžující	—
talher m	couvert n	bordskuvert n	nakrycie n	příbor m	—
mapa m	landkaart f	karta u	mapa f	mapa f	—
—	vrezen	frukta	obawiać, się	bát se	fél, retteg
produto m	product n	produkt u	produkt m	produkt m	—
natural	natuurlijk	naturlig	naturalny	přirozený	—
cultivar	aanbouwen	odla	uprawiać	pěstovat	—
acabar	ophouden	sluta	przestawać <przestać>	přestávat <přestat>	megszűnik
estação terminal f	eindstation n	slutstation u	stacja końcowa f	konečná stanice f	végállomás
estação terminal f	eindstation n	slutstation u	stacja końcowa f	konečná stanice f	végállomás
termómetro m	thermometer m	—	termometr m	teploměr m	hőmérő
termómetro m	thermometer m	termometer u	—	teploměr m	hőmérő
termómetro m	thermometer m	termometer u	termometr m	teploměr m	hőmérő
termómetro m	thermometer m	termometer u	termometr m	teploměr m	hőmérő
—	thermometer m	termometer u	termometr m	teploměr m	hőmérő
vitela f	kalf n	kalv u	cielę n	tele n	borjú
terrorismo m	terrorisme n	terrorism u	terroryzm m	—	terrorizmus
—	medelijden hebben met	hysa medlidande med	współczuć	litovat <politovat>	sajnál
chão m	grond m	mark u	podłoga f	podlaha f	föld
terra f	aarde f	jord u	ziemia f	země f	föld
—	aarde f	jord u	ziemia f	země f	föld
terraço m	terras n	terrass u	taras m	terasa f	terasz
—	terras n	terrass u	taras m	terasa f	terasz
continente m	vasteland n	fastland u	ląd m	pevnina f	szárazföld
parque de campismo m	kampeerplaats m	campingplats u	plac kempingowy m	kemping m	kemping
—	aardbeving f	jordbävning u	trzęsienie ziemi n	zemětřesení n	földrengés
terraço m	—	terrass u	taras m	terasa f	terasz
terraço m	terras n	—	taras m	terasa f	terasz

Terrasse

	D	E	F	I	ES
Terrasse (D)	—	terrace	terrasse f	terrazza f	terraza f
terrasse (F)	Terrasse f	terrace	—	terrazza f	terraza f
terraza (ES)	Terrasse f	terrace	terrasse f	terrazza f	—
terrazza (I)	Terrasse f	terrace	terrasse f	—	terraza f
terre (F)	Erde f	earth	—	terra f	tierra f
terremoto (I)	Erdbeben n	earthquake	tremblement de terre m	—	terremoto m
terremoto (ES)	Erdbeben n	earthquake	tremblement de terre m	terremoto m	—
terrible (E)	schrecklich	—	terrible	spaventoso(a)	horrible
terrible (F)	schrecklich	terrible	—	spaventoso(a)	horrible
terrorism (E)	Terrorismus m	—	terrorisme m	terrorismo m	terrorismo m
terrorism (SV)	Terrorismus m	terrorism	terrorisme m	terrorismo m	terrorismo m
terrorisme (F)	Terrorismus m	terrorism	—	terrorismo m	terrorismo m
terrorisme (NL)	Terrorismus m	terrorism	terrorisme m	terrorismo m	terrorismo m
terrorismo (I)	Terrorismus m	terrorism	terrorisme m	—	terrorismo m
terrorismo (ES)	Terrorismus m	terrorism	terrorisme m	terrorismo m	—
terrorismo (P)	Terrorismus m	terrorism	terrorisme m	terrorismo m	terrorismo m
Terrorismus (D)	—	terrorism	terrorisme m	terrorismo m	terrorismo m
terrorizmus (H)	Terrorismus m	terrorism	terrorisme m	terrorismo m	terrorismo m
terroryzm (PL)	Terrorismus m	terrorism	terrorisme m	terrorismo m	terrorismo m
ter sede (P)	durstig	thirsty	assoiffé(e)	assetato(a)	tener sed
terstond (NL)	sofort	immediately	immédiatement	subito	en seguida
terugbetalen (NL)	zurückzahlen	pay back	rembourser	rimborsare	devolver
teruggeven¹ (NL)	herausgeben	publish	éditer	pubblicare	editar
teruggeven² (NL)	wiedergeben	return	rendre	restituire	devolver
teruggeven³ (NL)	zurückgeben	give back	rendre	restituire	devolver
terugkomen¹ (NL)	wiederkommen	come back	revenir	ritornare	venir de nuevo
terugkomen² (NL)	zurückkommen	come back	revenir	ritornare	regresar
terugrijden (NL)	zurückfahren	drive back	retourner	tornare indietro	retroceder
terugzien (NL)	wiedersehen	see again	revoir	rivedere	volver a ver
terület¹ (H)	Fläche f	area	surface f	area f	área f
terület² (H)	Gebiet n	region	région f	regione f	zona f
terület³ (H)	Gebiet n	region	région f	regione f	zona f
tervez (H)	planen	plan	projeter	progettare	planear
tervezet (H)	Entwurf m	outline	esquisse f	abbozzo m	proyecto m
terzo(a) (I)	Drittel n	a third	troisième	—	tercio m
tęsknota za domem (PL)	Heimweh n	homesickness	mal du pays m	nostalgia f	añoranza f
tesoura (P)	Schere f	pair of scissors	ciseaux m/pl	forbici f/pl	tijera f
Tessék! (H)	Hallo!	Hello!	Allô!	Pronto!	¡Diga!
tesson (F)	Scherbe f	broken piece	—	coccio m	pedazo m
test¹ (E)	prüfen	—	tester	esaminare	examinar
test² (E)	probieren	—	essayer	assaggiare	probar
test (H)	Körper m	body	corps m	corpo m	cuerpo m
testa (I)	Kopf m	head	tête f	—	cabeza f
testa (P)	Stirn f	forehead	front m	fronte f	frente f
testemunha (P)	Zeuge m	witness	témoin m	testimone m	testigo m
tester (F)	prüfen	test	—	esaminare	examinar
testigo (ES)	Zeuge m	witness	témoin m	testimone m	—
testimone (I)	Zeuge m	witness	témoin m	—	testigo m
testvérek (H)	Geschwister pl	brothers and sisters	frère(s) et sœur(s) pl	fratelli e sorelle pl	hermanos m/pl
tesz (H)	legen	lay	mettre	mettere	colocar

P	NL	SV	PL	CZ	H
terraço m	terras n	terrass u	taras m	terasa f	terasz
terraço m	terras n	terrass u	taras m	terasa f	terasz
terraço m	terras n	terrass u	taras m	terasa f	terasz
terraço m	terras n	terrass u	taras m	terasa f	terasz
terra f	aarde f	jord u	ziemia f	země f	föld
terramoto m	aardbeving f	jordbävning u	trzęsienie ziemi n	zemětřesení n	földrengés
terramoto m	aardbeving f	jordbävning u	trzęsienie ziemi n	zemětřesení n	földrengés
horrível	verschrikkelijk	förskräcklig	straszny	strašný	borzasztó
horrível	verschrikkelijk	förskräcklig	straszny	strašný	borzasztó
terrorismo m	terrorisme n	terrorism u	terroryzm m	terorizmus m	terrorizmus
terrorismo m	terrorisme n	—	terroryzm m	terorizmus m	terrorizmus
terrorismo m	terrorisme n	terrorism u	terroryzm m	terorizmus m	terrorizmus
terrorismo m	—	terrorism u	terroryzm m	terorizmus m	terrorizmus
terrorismo m	terrorisme n	terrorism u	terroryzm m	terorizmus m	terrorizmus
terrorismo m	terrorisme n	terrorism u	terroryzm m	terorizmus m	terrorizmus
—	terrorisme n	terrorism u	terroryzm m	terorizmus m	terrorizmus
terrorismo m	terrorisme n	terrorism u	terroryzm m	terorizmus m	terrorizmus
terrorismo m	terrorisme n	terrorism u	—	terorizmus m	—
terrorismo m	terrorisme n	terrorism u	terroryzm m	terorizmus m	terrorizmus
—	dorstig	törstig	spragniony	žíznivý	szomjas
imediatamente	—	genast	natychmiast	ihned	rögtön
pagar de volta	—	betala tillbaka	zwracać dług	splácet <splatit>	visszafizet
entregar	—	ge ut	wydawać <wydać>	vydávat <vydat>	visszaad
devolver	—	återge	odtwarzać	vracet <vrátit>	visszaad
devolver	—	ge tillbaka	oddawać	vracet zpět <vrátit zpět>	visszaad
voltar outra vez	—	komma tillbaka	wracać	přijít, přijet zpět	visszajön
vir de volta	—	komma tillbaka	wracać	vracet, se <vrátit, se>	visszajön
viajar de volta	—	köra tillbaka	jechać z powrotem	jet nazpět	visszautazik
tornar a ver	—	återse	znowu widzieć	opět vidět <opět uvidět>	viszontlát
superfície f	vlakte f	yta u	powierzchnia f	plocha f	—
área f	gebied n	område n	obszar m	území n	—
área f	gebied n	område n	obszar m	území n	—
planear	plannen	planera	planować <zaplanować>	plánovat <naplánovat>	—
projecto m	ontwerp n	utkast n	szkic m	návrh m	—
terço m	derde n	tredjedel u	trzecia część f	třetina	(egy)harmad
saudade f	heimwee n	hemlängtan u	—	touha po domově f	honvágy
—	schaar f	sax u	nożyce f/pl	nůžky pl	olló
Está!	Hallo!	Hej!	Słucham!	Haló!	—
caco m	scherf f	skärva u	skorupa f	střep m	cserép
examinar	keuren	kontrollera	sprawdzać <sprawdzić>	zkoušet <zkusit>	vizsgál
experimentar	proberen	prova	próbować <spróbować>	zkoušet <zkusit>	próbál
corpo m	lichaam n	kropp u	ciało n	tělo n	—
cabeça f	hoofd n	huvud n	głowa f	hlava f	fej
—	voorhoofd n	panna u	czoło n	čelo n	homlok
—	getuige m/f	vittne n	świadek m	svědek m	tanú
examinar	keuren	kontrollera	sprawdzać <sprawdzić>	zkoušet <zkusit>	vizsgál
testemunha m	getuige m/f	vittne n	świadek m	svědek m	tanú
testemunha m	getuige m/f	vittne n	świadek m	svědek m	tanú
irmãos m/pl	broers en zusters pl	syskon pl	rodzeństwo n	sourozenci m/pl	—
deitar	leggen	lägga	kłaść <położyć>	pokládat <položit>	—

teta

	D	E	F	I	ES
teta (CZ)	Tante f	aunt	tante f	zia f	tía f
tête (F)	Kopf m	head	—	testa f	cabeza f
tető (H)	Dach n	roof	toit m	tetto m	techo m
tetszés szerinti (H)	beliebig	any	n'importe quel	qualsiasi	a voluntad
tetszik (H)	gefallen	please	plaire	piacere	gustar
tetto (I)	Dach n	roof	toit m	—	techo m
teuer (D)	—	expensive	cher (chère)	caro(a)	caro(a)
téved (H)	irren, sich	be mistaken	tromper, se	sbagliare	equivocarse
tévedés (H)	Irrtum m	mistake	erreur f	errore m	error m
tévékészülék (H)	Fernseher m	television set	poste de télévision m	televisore m	televisor m
tévézik (H)	fernsehen	watch television	regarder la télévision	guardare la TV	ver la televisión
tevreden (NL)	zufrieden	satisfied	satisfait(e)	contento(a)	satisfecho(a)
też (PL)	auch	too	aussi	anche/pure	también
těžkost (CZ)	Schwierigkeit f	difficulty	difficulté f	difficoltà f	dificultad f
těžký (CZ)	schwer	heavy	lourd(e)	pesante	pesado(a)
thank (E)	danken	—	remercier	ringraziare	agradecer
thanks (E)	Dank m	—	remerciement m	ringraziamento m	agradecimiento m
thank you (E)	danke	—	merci	grazie	gracias
that (E)	dass	—	que	che	que
Theater (D)	—	theatre	théâtre m	teatro m	teatro m
theater (NL)	Theater n	theatre	théâtre m	teatro m	teatro m
theatre (E)	Theater n	—	théâtre m	teatro m	teatro m
théâtre (F)	Theater n	theatre	—	teatro m	teatro m
Thema (D)	—	topic	sujet m	tema m	tema m
thema (NL)	Thema n	topic	sujet m	tema m	tema m
then (E)	dann	—	ensuite	in seguito	luego
there¹ (E)	dort	—	là/y	là	allí
there² (E)	da	—	là/ici	qui/là	allí
therefore¹ (E)	deshalb	—	c'est pourquoi	perciò	por eso
therefore² (E)	also	—	donc	dunque/quindi	así
thermometer (E)	Thermometer n	—	thermomètre m	termometro m	termómetro m
Thermometer (D)	—	thermometer	thermomètre m	termometro m	termómetro m
thermometer (NL)	Thermometer n	thermometer	thermomètre m	termometro m	termómetro m
thermomètre (F)	Thermometer n	thermometer	—	termometro m	termómetro m
the same (E)	derselbe	—	le même	lo stesso	el mismo
they (E)	sie pl	—	ils (elles)	loro	ellos(as)
thief (E)	Dieb m	—	voleur m	ladro m	ladrón m
thin (E)	dünn	—	mince	magro(a)	delgado(a)/fino(a)
thing (E)	Ding n	—	chose f	cosa f	cosa f
thing (E)	Sache f	—	chose f	cosa f	cosa f
think¹ (E)	denken	—	penser	pensare	pensar
think² (E)	meinen	—	penser	ritenere	opinar
think³ (E)	nachdenken	—	réfléchir	riflettere	reflexionar
thirst (E)	Durst m	—	soif f	sete f	sed f
thirsty (E)	durstig	—	assoiffé(e)	assetato(a)	tener sed
this (E)	diese(r,s)	—	ce, cette	questo(a)	esta, este, esto
thorough (E)	gründlich	—	à fond	a fondo	a fondo
thought (E)	Gedanke m	—	pensée f	pensiero m	pensamiento m
thread (E)	Faden m	—	fil m	filo m	hilo m
threaten (E)	bedrohen	—	menacer	minacciare	amenazar
through (E)	hindurch	—	à travers	attraverso	a través de
throw (E)	werfen	—	lancer	lanciare	tirar
thuis (NL)	zu Hause	at home	à la maison	a casa	en casa

P	NL	SV	PL	CZ	H
tia f	tante f	tant u	ciotka f	—	néni
cabeça f	hoofd n	huvud n	głowa f	hlava f	fej
telhado m	dak n	tak n	dach m	střecha f	—
qualquer	willekeurig	valfri	dowolny	libovolně	—
agradar	bevallen	tycka om	podobać, się <spodobać, się>	líbit	—
telhado m	dak n	tak n	dach m	střecha f	tető
caro	duur	dyr	drogi	drahý	drága
enganar-se	vergissen, zich	missta sig	mylić, się <pomylić, się>	mýlit, se <zmýlit, se>	—
engano m	dwaling f	misstag n	błąd m	omyl m	—
televisor m	televisietoestel n	TV u	telewizor m	televizor m	—
ver televisão	televisie kijken	titta på TV	oglądać telewizję <obejrzeć telewizję>	dívat, se <podívat, se> na televizi	—
contente	—	nöjd	zadowolony	spokojený	elégedett
também	ook	även	—	také	is
dificuldade f	moeilijkheid f	svårighet u	trudność f	—	nehézség
pesado	zwaar	tung	ciężki	—	nehéz, súlyos
agradecer	danken	tacka	dziękować <podziękować>	děkovat <poděkovat>	megköszön
agradecimento m	dank m	tack n	podziękowanie n	dík m	köszönet
obrigado	bedankt	tack	dziękuję	děkuji	köszönöm!
que	dat	att	że	že	hogy
teatro m	theater n	teater u	teatr m	divadlo n	színház
teatro m	—	teater u	teatr m	divadlo n	színház
teatro m	theater n	teater u	teatr m	divadlo n	színház
teatro m	theater n	teater u	teatr m	divadlo n	színház
tema m	thema n	ämne n	temat m	téma n	téma
tema m	—	ämne n	temat m	téma n	téma
então	dan	sedan	później	potom	aztán
ali	daar	där	tam	tam	ott
ali	daar	där	tam	zde	ott
por isso	daarom	därför	dlatego	proto	azért/ezért
assim	dus	alltså	więc	tedy	tehát
termómetro m	thermometer m	termometer u	termometr m	teploměr m	hőmérő
termómetro m	thermometer m	termometer u	termometr m	teploměr m	hőmérő
termómetro m	—	termometer u	termometr m	teploměr m	hőmérő
termómetro m	thermometer m	termometer u	termometr m	teploměr m	hőmérő
o mesmo	dezelfde	densamme	ten sam	stejný	ugyanaz
eles(as)	zij	de	oni	oni	ők
ladrão m	dief m	tjuv u	złodziej m	zloděj m	tolvaj
magro	dun	tunn	cienki	tenký	vékony
coisa f	ding n	sak u	rzecz f	věc f	holmi
coisa f	ding n	sak u	rzecz f	věc f	dolog
pensar	denken	tänka	myśleć <pomyśleć>	myslet	gondolkozik
opinar	menen; denken	tycka	uważać	mínit <vymínit>	vél
reflectir sobre	nadenken	tänka efter	rozmyślać	přemýšlet	gondolkozik
sede f	dorst m	törst u	pragnie n	žízeň f	szomjúság
ter sede	dorstig	törstig	spragniony	žíznivý	szomjas
esta, este	deze, dit	denna, detta	ta, ten, to	tato tento toto	ez
exaustivo	grondig	grundligt	dokładny	důkladně	alapos
pensamento m	gedachte f	tanke u	myśl f	myšlenka f	gondolat
fio m	draad m	tråd u	nić f	nit f	fonal
ameaçar	bedreigen	hota	zagrażać, <zagrozić>	ohrožovat <ohrozit>	fenyeget
através de	doorheen	igenom	przez	skrz	át
atirar	werpen	kasta	rzucać	házet <hodit>	dob
em casa	—	hemma	w domu	doma	otthon

thuis zijn (in)

	D	E	F	I	ES
thuis zijn (in) (NL)	auskennen, sich	know one's way about	connaître, s'y	conoscere bene	conocer a fondo a
thunder (E)	Donner *m*	—	tonnerre *m*	tuono *m*	trueno *m*
thunderstorm (E)	Gewitter *n*	—	orage *m*	temporale *m*	tormenta *f*
ti (H)	ihr	you	vous	voi	vosotros(as)
tia (P)	Tante *f*	aunt	tante *f*	zia *f*	tía *f*
tía (ES)	Tante *f*	aunt	tante *f*	zia *f*	—
tichý (CZ)	still	quiet	calme	calmo(a)	tranquilo(a)
ticket (E)	Fahrkarte *f*	—	billet *m*	biglietto *m*	billete *m*
ticket (NL)	Fahrkarte *f*	ticket	billet *m*	biglietto *m*	billete *m*
tid (SV)	Zeit *f*	time	temps *m*	tempo *m*	tiempo *m*
tidig (SV)	früh	early	tôt	presto	temprano(a)
tidning (SV)	Zeitung *f*	newspaper	journal *m*	giornale *m*	periódico *m*
tidskrift (SV)	Zeitschrift *f*	magazine	revue *f*	rivista *f*	revista *f*
tidsperiod (SV)	Dauer *f*	duration	durée *f*	durata *f*	duración *f*
tidtabell (SV)	Fahrplan *m*	timetable	horaire *m*	orario *m*	horario *m*
tie (E)	Krawatte *f*	—	cravate *f*	cravatta *f*	corbata *f*
tief (D)	—	deep	profond(e)	profondo(a)	profundo(a)
tiempo¹ (ES)	Wetter *n*	weather	temps *m*	tempo *m*	—
tiempo² (ES)	Zeit *f*	time	temps *m*	tempo *m*	—
tiempo libre (ES)	Freizeit *f*	free time	loisirs *m/pl*	tempo libero	—
tienda (ES)	Geschäft *n*	shop	magasin *m*	negozio *m*	—
tienda (ES)	Laden *m*	shop	magasin *m*	negozio *m*	—
tienda (ES)	Zelt *n*	tent	tente *f*	tenda *f*	—
Tier (D)	—	animal	animal *m*	animale *m*	animal *m*
tierno(a) (ES)	weich	soft	doux (douce)	morbido(a)	—
tierra (ES)	Erde *f*	earth	terre *f*	terra *f*	—
tierra firme (ES)	Festland *n*	mainland	continent *m*	terraferma *f*	—
tiga (SV)	schweigen	be silent	taire, se	tacere	callar
tijd (NL)	Zeit *f*	time	temps *m*	tempo *m*	tiempo *m*
tijdig (NL)	rechtzeitig	in time	à temps	in tempo	a tiempo
tijdschrift (NL)	Zeitschrift *f*	magazine	revue *f*	rivista *f*	revista *f*
tijera (ES)	Schere *f*	pair of scissors	ciseaux *m/pl*	forbici *f/pl*	—
tilalom (H)	Verbot *n*	prohibition	défense *f*	divieto *m*	prohibición *f*
till (E)	Kasse *f*	—	caisse *f*	cassa *f*	caja *f*
till (SV)	nach	to	vers/à	a/per	a
tillägga (SV)	hinzufügen	add	ajouter	aggiungere	añadir
tillåta (SV)	erlauben	allow	permettre	permettere	permitir
tillbringa (SV)	verbringen	spend	passer	passare	pasar
tillfälle (SV)	Gelegenheit *f*	occasion	occasion *f*	occasione *f*	ocasión *f*
tillfällig (SV)	zufällig	by chance	par hasard	per caso *m*	por casualidad
tillförlitlig (SV)	zuverlässig	reliable	sûr(e)	affidabile	de confianza
tillgodokvitto (SV)	Gutschein *m*	voucher	bon *m*	buono *m*	bono *m*
till höger (SV)	rechts	right	à droite	a destra	a la derecha
tillhöra (SV)	gehören	belong	appartenir	appartenere	pertenecer a
tillmötesgå (SV)	entgegenkommen	approach	venir à la rencontre	venire incontro	venir al encuentro
till och med (SV)	sogar	even	même	perfino	incluso
tillräckligt (SV)	genug	enough	assez	abbastanza	bastante
tillsammans (SV)	zusammen	together	ensemble	insieme	junto
tillställning (SV)	Veranstaltung *f*	event	manifestation *f*	manifestazione *f*	acto *m*
tillstånd¹ (SV)	Erlaubnis *f*	permission	permission *f*	permesso *m*	permiso *m*
tillstånd² (SV)	Verfassung *f*	constitution	état *m*	condizioni *f/pl*	estado *m*
tillstånd³ (SV)	Zustand *m*	condition	état *m*	stato *m*	estado *m*
till vänster (SV)	links	left	à gauche	a sinistra	a la izquierda
tillverka (SV)	anfertigen	manufacture	confectionner	fabbricare	fabricar
tilos (H)	verboten	forbidden	interdit(e)	vietato(a)	prohibido(a)

P	NL	SV	PL	CZ	H
ser conhecedor de	—	känna till	znać, się	vyznávat, se <vyznat, se>	kiismeri, magát
trovão m	donder m	åska u	grzmot m	hrom m	mennydörgés
tempestade f	onweer n	åska u	burza f	bouřka f	zivatar
vós, vocês	jullie	ni	wy	vy	—
—	tante f	tant u	ciotka f	teta f	néni
tia f	tante f	tant u	ciotka f	teta f	néni
quieto	stil	tyst	cichy	—	csendes
bilhete m	ticket n	biljett u	bilet m	jízdenka f	menetjegy
bilhete m	—	biljett u	bilet m	jízdenka f	menetjegy
tempo m	tijd m	—	czas m	čas m	idő
cedo	vroeg	—	wcześnie	brzy	korán
jornal m	krant m	—	gazeta f	noviny pl	újság
revista f	tijdschrift n	—	czasopismo n	časopis m	folyóirat
duração f	duur f	—	trwanie n	trvání n	időtartam
horário m	spoorboekje n	—	rozkład jazdy m	jízdní řád m	menetrend
gravata f	das f	slips u	krawat m	kravata f	nyakkendő
fundo	diep	djup	głęboko	hluboký	mély
tempo m	weer n	väder n	pogoda f	počasí n	időjárás
tempo m	tijd m	tid u	czas m	čas m	idő
tempo livre m	vrije tijd m	fritid u	czas wolny m	volný čas m	szabadidő
negócio m	zaak f	affär u	sklep m	obchod m	üzlet
loja f	winkel m	affär u	sklep m	obchod m	bolt
tenda f	tent f	tält n	namiot m	stan m	sátor
animal m	dier n	djur n	zwierzę n	zvíře n	állat
mole	zacht	mjuk	miękki	měkký	puha
terra f	aarde f	jord u	ziemia f	země f	föld
continente m	vasteland n	fastland u	ląd m	pevnina f	szárazföld
ficar calado	zwijgen	—	milczeć	mlčet	hallgat
tempo m	—	tid u	czas m	čas m	idő
a tempo	—	i rätt tid	w porę	včas	időben
revista f	—	tidskrift u	czasopismo n	časopis m	folyóirat
tesoura f	schaar f	sax u	nożyce f/pl	nůžky pl	olló
proibição f	verbod n	förbud n	zakaz m	zákaz m	—
caixa f	kas f	kassa u	kasa f	pokladna f	pénztár
a	naar	—	do	na/do	felé
acrescentar	bijvoegen	—	dodawać <dodać>	dodávat <dodat>	hozzáad
permitir	veroorloven	—	zezwalać <zezwolić>	dovolovat <dovolit>	megenged
passar	doorbrengen	—	spędzać	trávit <strávit>	tölt
oportunidade f	gelegenheid f	—	okazja f	příležitost f	alkalom
por acaso	toevallig	—	przypadkowo	náhodou	véletlenül
de confiança	betrouwbaar	—	niezawodny	spolehlivý	megbízható
vale m	bon m	—	bon m	poukaz m	vásárlási utalvány
direita	rechts	—	po prawej stronie	vpravo	jobbra
pertencer a	behoren	—	należeć	patřit	tartozik
vir ao encontro de	tegemoetkomen	—	iść naprzeciw <wyjść naprzeciw>	vycházet vstříc <vyjít vstříc>	elébe megy
até	zelfs	—	nawet	dokonce	sőt
suficiente	genoeg	—	dość	dost	elég
junto	samen	—	razem	společně	együtt
espectáculo m	manifestatie f	—	impreza f	akce f	rendezvény
autorização f	toestemming f	—	zezwolenie n	povolení n	engedély
estado m	stemming f	—	stan m	stav m	állapot
estado m	toestand m	—	stan m	stav m	állapot
esquerda	links	—	na lewo	vlevo	balra
confeccionar	vervaardigen	—	wykonać	zhotovovat <zhotovit>	elkészít
proibido	verboden	förbjuden	zabroniony	zakázaný	—

timbre

	D	E	F	I	ES
timbre (F)	Briefmarke f	stamp	—	francobollo m	sello m
timbre (ES)	Klingel f	bell	sonnette f	campanello m	—
time (E)	Zeit f	—	temps m	tempo m	tiempo m
timetable (E)	Fahrplan m	—	horaire m	orario m	horario m
timide (F)	schüchtern	shy	—	timido(a)	tímido(a)
timidez (ES)	Verlegenheit f	embarrassment	gêne f	imbarazzo m	—
tímido (P)	schüchtern	shy	timide	timido(a)	tímido(a)
timido(a) (I)	schüchtern	shy	timide	—	tímido(a)
tímido(a) (ES)	schüchtern	shy	timide	timido(a)	—
timme (SV)	Stunde f	hour	heure f	ora f	hora f
tin (E)	Dose f	—	boîte f	barattolo m	lata f
tingere (I)	färben	dye	colorer	—	colorear
tio (P)	Onkel m	uncle	oncle m	zio m	tío m
tío (ES)	Onkel m	uncle	oncle m	zio m	—
tip (E)	Trinkgeld n	—	pourboire m	mancia f	propina f
típico (P)	typisch	typical	typique	tipico(a)	típico(a)
tipico(a) (I)	typisch	typical	typique	—	típico(a)
típico(a) (ES)	typisch	typical	typique	tipico(a)	—
tipikus (H)	typisch	typical	typique	tipico(a)	típico(a)
tirar¹ (ES)	werfen	throw	lancer	lanciare	—
tirar² (ES)	ziehen	pull	tirer	tirare	—
tirar¹ (P)	abnehmen	lose weight	maigrir	dimagrire	adelgazar
tirar² (P)	wegnehmen	take away	enlever	togliere	quitar
tirare (I)	ziehen	pull	tirer	—	tirar
tire (E)	ermüden	—	fatiguer	stancarsi	cansar
tire-bouchon (F)	Korkenzieher m	corkscrew	—	cavatappi m	sacacorchos m
tired (E)	müde	—	fatigué(e)	stanco(a)	cansado(a)
tirer¹ (F)	schießen	shoot	—	sparare	disparar
tirer² (F)	ziehen	pull	—	tirare	tirar
tiring (E)	anstrengend	—	fatigant(e)	faticoso(a)	fatigoso(a)
tirocinio (I)	Praktikum n	practical training	stage m	—	prácticas f/pl
Tisch (D)	—	table	table f	tavolo m	mesa f
tiše (CZ)	leise	quietly	à voix basse	a bassa voce	sin (hacer) ruido
tisknout <stisknout> (CZ)	drücken	press	presser	premere	apretar
tissu (F)	Stoff m	cloth	—	stoffa f	tela f
tiszta¹ (H)	klar	clear	clair(e)	chiaro(a)	claro(a)
tiszta² (H)	sauber	clean	propre	pulito(a)	limpio(a)
tisztességes (H)	anständig	decent	convenable	decente	decente
tisztít (H)	reinigen	clean	nettoyer	pulire	limpiar
tisztítás (H)	Reinigung f	cleaning	nettoyage m	pulitura f	limpieza f
titok (H)	Geheimnis n	secret	secret m	segreto m	secreto m
titokban (H)	heimlich	secret	secret(ète)	segreto(a)	oculto(a)
titta på (SV)	ansehen	look at	regarder	guardare	mirar
titta på TV (SV)	fernsehen	watch television	regarder la télévision	guardare la TV	ver la televisión
tłumaczenie (PL)	Übersetzung f	translation	traduction f	traduzione f	traducción f
tłumaczyć (PL)	übersetzen	translate	traduire	tradurre	traducir
tłusty (PL)	fett	fat	gras(se)	grasso(a)	grasoso(a)
tłuszcz (PL)	Fett n	fat	graisse f	grasso m	grasa f
tjänsteman (SV)	Beamter m	civil servant	fonctionnaire m	impiegato statale m	funcionario m
Tjeckien (SV)	Tschechien	Czcechia	République tchèque f	Reppublica Ceca f	República Checa f
tjej (SV)	Mädchen n	girl	fille f	ragazza f	chica f
tjock (SV)	dick	fat	gros(se)	grasso(a)	gordo(a)

P	NL	SV	PL	CZ	H
selo m	postzegel m	frimärke n	znaczek pocztowy m	poštovní známka f	levélbélyeg
campainha f	bel f	ringklocka u	dzwonek m	zvonek m	csengő
tempo m	tijd m	tid u	czas m	čas m	idő
horário m	spoorboekje n	tidtabell u	rozkład jazdy m	jízdní řád m	menetrend
tímido	schuchter	blyg	nieśmiały	ostýchavý	félénk
embaraço m	verlegenheid f	förlägenhet u	zakłopotanie n	rozpačitost f	zavar
—	schuchter	blyg	nieśmiały	ostýchavý	félénk
tímido	schuchter	blyg	nieśmiały	ostýchavý	félénk
tímido	schuchter	blyg	nieśmiały	ostýchavý	félénk
hora f	uur n	—	godzina f	hodina f	óra
lata f	blik n	burk u	puszka f	dóza f	doboz
colorir	verven	färga	farbować <ufarbować>	barvit <zbarvit>	befest
—	oom m	farbror/morbror u	wujek m	strýc m	nagybácsi
tio m	oom m	farbror/morbror u	wujek m	strýc m	nagybácsi
gorjeta f	fooi f	dricks u	napiwek m	spropitné n	borravaló
—	typisch	typiskt	typowy	typický	tipikus
típico	typisch	typiskt	typowy	typický	tipikus
típico	typisch	typiskt	typowy	typický	tipikus
típico	typisch	typiskt	typowy	typický	—
atirar	werpen	kasta	rzucać	házet <hodit>	dob
puxar	trekken	dra	ciągnąć	táhnout	húz
—	afnemen	ta bort	zdejmować <zdjąć>	odbírat <odebrat>	lefogyni
—	wegnemen	ta bort	zabierać	odnímat <odejmout>	elvesz
puxar	trekken	dra	ciągnąć	táhnout	húz
cansar	moe worden	trötta ut	męczyć <zmęczyć>	unavovat, se <unavit, se>	kifárad
saca-rolhas m	kurkentrekker m	korkskruv u	korkociąg m	vývrtka f	dugóhúzó
cansado	moe	trött	zmęczony	unavený	fáradt
disparar	schieten	skjuta	strzelać <strzelić>	střílet <vystřelit>	lő
puxar	trekken	dra	ciągnąć	táhnout	húz
fatigante	vermoeiend	anstrångande	męczący	namáhavý	fárasztó
estágio m	stage f	praktikplats u	praktyka f	praxe f	gyakorlati képzés
mesa f	tafel f	bord n	stół m	stůl m	asztal
silencioso	zacht	tyst	cicho	—	halk
premir	drukken	trycka	uciskać <ucisnąć>	—	nyom
matéria f	stof f	tyg n	materiał m	látka f	anyag
claro	helder	tydlig	jasny(a,e)	jasný	—
limpo	schoon	ren	czysty	čistý	—
decente	fatsoenlijk	anständig	przyzwoity	slušně	—
limpar	reinigen	göra rent	oczyszczać <oczyścić>	čistit <vyčistit>	—
limpeza f	reiniging f	rengöring u	czyszczenie n	čištění n	—
segredo m	geheim n	hemlighet u	tajemnica f	tajemství n	—
secreto	heimelijk	hemlighetsfull	potajemny	tajný	—
olhar	aanzien	—	przyglądać, się <przyjrzeć, się>	dívat, se <podívat, se>	megnéz
ver televisão	televisie kijken	—	oglądać telewizję <obejrzeć telewizję>	dívat, se <podívat, se> na televizi	tévézik
tradução f	vertaling f	översättning u	—	překlad m	fordítás
traduzir	vertalen	översätta	—	překládat <přeložit>	fordít
gordo	vet	fett	—	tlustý	zsíros
gordura f	vet n	fett n	—	tuk m	zsír
funcionário público m	ambtenaar m	—	urzędnik m	úředník m	köztisztviselő
Chequia f	Tsjechië n	—	Czechy pl	Česko n	Csehország
menina f	meisje n	—	dziewczynka f	děvče n	kislány
gordo	dik	—	gruby	tlustý	kövér

tjuv

	D	E	F	I	ES
tjuv (SV)	Dieb m	thief	voleur m	ladro m	ladrón m
tleskat <zatleskat> (CZ)	klatschen	applaud	applaudir	battere le mani	aplaudir
tlouci <udeřit> (CZ)	schlagen	hit	battre	battere	golpear
tlustý¹ (CZ)	dick	fat	gros(se)	grasso(a)	gordo(a)
tlustý² (CZ)	fett	fat	gras(se)	grasso(a)	grasoso(a)
tmavý (CZ)	dunkel	dark	sombre	scuro(a)	oscuro(a)
to (E)	nach	—	vers/à	a/per	a
tó (H)	See m	lake	lac m	lago m	lago m
toaleta (PL)	Toilette f	toilet	toilette f	toilette f	lavabos m/pl
toalett (SV)	Toilette f	toilet	toilette f	toilette f	lavabos m/pl
toalett (H)	Toilette f	toilet	toilette f	toilette f	lavabos m/pl
toalha (P)	Handtuch n	towel	serviette f	asciugamano m	pañuelo m
többnyire (H)	meistens	generally	généralement	di solito	por lo común
többség (H)	Mehrheit f	majority	majorité f	maggioranza f	mayoría f
tobillo (ES)	Knöchel m	ankle	cheville f	caviglia f	—
tocar (ES)	berühren	touch	toucher	toccare	—
tocar¹ (P)	berühren	touch	toucher	toccare	tocar
tocar² (P)	klingeln	ring the bell	sonner	suonare	tocar el timbre
tocar el timbre (ES)	klingeln	ring the bell	sonner	suonare	—
toccare (I)	berühren	touch	toucher	—	tocar
toch (NL)	trotzdem	nevertheless	malgré tout	tuttavia	no obstante
Tochter (D)	—	daughter	fille f	figlia f	hija f
točit <otočit> (CZ)	drehen	turn	tourner	girare	girar
Tod (D)	—	death	mort f	morte f	muerte f
today (E)	heute	—	aujourd'hui	oggi	hoy
todo (ES)	alles	everything	tout	tutto(a)	—
todo¹ (P)	alle	all	tous (toutes)	tutti(e)	todos(as)
todo² (P)	ganz	whole	tout(e)	intero(a)	entero(a)
todo³ (P)	gesamt	entire	tout(e)	totale	entero(a)
todo derecho (ES)	geradeaus	straight ahead	tout droit	dritto(a)	—
todos(as) (ES)	alle	all	tous (toutes)	tutti(e)	—
toe (E)	Zehe f	—	orteil m	dito del piede m	dedo del pie m
toedekken (NL)	zudecken	cover (up)	couvrir	coprire	tapar
toegang (NL)	Eintritt m	admission	entrée f	entrata f	entrada f
toegeven¹ (NL)	gestehen	confess	avouer	confessare	confesar
toegeven² (NL)	nachgeben	yield	céder	cedere	ceder
toekomst (NL)	Zukunft f	future	avenir m	futuro m	futuro m
toen (NL)	damals	at that time	alors	allora	entonces
toer (NL)	Tour f	tour	excursion f	giro m	excursión f
toerist (NL)	Tourist m	tourist	touriste m	turista m	turista m
toeschouwer (NL)	Zuschauer m	spectator	spectateur m	spettatore m	espectador m
toestand (NL)	Zustand m	condition	état m	stato m	estado m
toestel (NL)	Gerät n	appliance	appareil m	apparecchio m	aparato m
toestemmen (NL)	zustimmen	agree	être d'accord	acconsentire	consentir
toestemming (NL)	Erlaubnis f	permission	permission f	permesso m	permiso m
toeval (NL)	Zufall m	chance	hasard m	caso m	casualidad f
toevallig (NL)	zufällig	by chance	par hasard	per caso m	por casualidad
toezien (NL)	zusehen	watch	regarder	stare a guardare	mirar
together (E)	zusammen	—	ensemble	insieme	junto
togliere (I)	wegnehmen	take away	enlever	—	quitar
toilet (E)	Toilette f	—	toilette f	toilette f	lavabos m/pl
toilet (NL)	Toilette f	toilet	toilette f	toilette f	lavabos m/pl

toilet

P	NL	SV	PL	CZ	H
ladrão m	dief m	—	złodziej m	zloděj m	tolvaj
dar palmas	in de handen klappen	klappa	klaskać	—	tapsol
bater	slaan	slå	bić <pobić>	—	üt
gordo	dik	tjock	gruby	—	kövér
gordo	vet	fett	tłusty	—	zsíros
escuro	donker	mörk	ciemno	—	sötét
a	naar	till	do	na/do	felé
lago m	meer n	sjö u	jezioro n	jezero n	—
retrete f	toilet n	toalett u	—	záchod m	toalett
retrete f	toilet n	—	toaleta f	záchod m	toalett
retrete f	toilet n	toalett u	toaleta f	záchod m	—
—	handdoek m	handduk u	ręcznik m	kapesník m	törülköző
geralmente	meestal	för det mesta	przeważnie	vetšinou	—
maioria f	meerderheid f	flertal n	większość f	většina f	—
tornozelo m	enkel m	fotknöl u	kostka f	kotník m	boka
tocar	aanraken	röra vid	dotykać <dotknąć>	dotýkat, se <dotknout, se>	érint
—	aanraken	röra vid	dotykać <dotknąć>	dotýkat, se <dotknout, se>	érint
—	bellen	ringa på	dzwonić <zadzwonić>	zvonil <zazvonit>	csönget
tocar	bellen	ringa på	dzwonić <zadzwonić>	zvonil <zazvonit>	csönget
tocar	aanraken	röra vid	dotykać <dotknąć>	dotýkat, se <dotknout, se>	érint
apesar disso	—	i alla fall	mimo to	přesto	ennek ellenére
filha f	dochter f	dotter u	córka f	dcera f	lánya
rodar	draaien	vrida	obracać <obrócić>	—	forgat
morte f	dood m	död u	śmierć f	smrt f	halál
hoje	vandaag	idag	dzisiaj	dnes	ma
tudo	alles	allt	wszystko	vše	minden
—	alle	alla	wszystkie	všichni	mind
—	geheel	helt	całkiem	úplně	egész
—	geheel	hel	całkowity	celkem	összes
em frente	rechtuit	rakt fram	prosto	přímo	egyenesen
todo	alle	alla	wszystkie	všichni	mind
dedo do pé m	teen m	tå u	palec u nogi m	prst (u nohy) m	lábujj
cobrir	—	täcka över	przykryć	přikrývat <přikrýt>	fedővel lefed
entrada f	—	inträde n	wstęp m	vstup m	belépés
confessar	—	erkänna	przyznawać, się <przyznać, się>	připouštět <připustit>	bevall
ceder	—	ge efter	ustępować <ustąpić>	ustupovat <ustoupit>	enged
futuro m	—	framtid u	przyszłość f	budoucnost f	jövő
antigamente	—	då	wtedy	tenkrát	akkoriban
volta f/passeio m	—	tur u	tura f	túra f	kirándulás
turista m	—	turist u	turysta m	turista m	turista
espectador m	—	åskådare u	widz m	divák m	néző
estado m	—	tillstånd n	stan m	stav m	állapot
aparelho m	—	apparat u	przyrząd m	přístroj m	készülék
consentir	—	instämma	zgadzać się	souhlasit	helyesel
autorização f	—	tillstånd n	zezwolenie n	povolení n	engedély
acaso m	—	slump u	przypadek m	náhoda f	véletlen
por acaso	—	tillfällig	przypadkowo	náhodou	véletlenül
assistir	—	se på	przyglądać się	přihlížet <přihlédnout>	figyel
junto	samen	tillsammans	razem	společně	együtt
tirar	wegnemen	ta bort	zabierać	odnímat <odejmout>	elvesz
retrete f	toilet n	toalett u	toaleta f	záchod m	toalett
retrete f	—	toalett u	toaleta f	záchod m	toalett

Toilette

	D	E	F	I	ES
Toilette (D)	—	toilet	toilette f	toilette f	lavabos m/pl
toilette (F)	Toilette f	toilet	—	toilette f	lavabos m/pl
toilette (I)	Toilette f	toilet	toilette f	—	lavabos m/pl
toit (F)	Dach n	roof	—	tetto m	techo m
tojás (H)	Ei n	egg	œuf m	uovo m	huevo m
tok (CZ)	Fluss m	river	fleuve m	fiume m	río m
tőke (H)	Kapital n	capital	capital m	capitale m	capital m
tokig (SV)	verrückt	mad	fou (folle)	pazzo(a)	loco(a)
tol (H)	schieben	push	pousser	spingere	empujar
tôle (F)	Blech n	sheet metal	—	latta f	chapa f
tölt (H)	verbringen	spend	passer	passare	pasar
tolvaj (H)	Dieb m	thief	voleur m	ladro m	ladrón m
tom (SV)	leer	empty	vide	vuoto(a)	vacío(a)
tom (PL)	Band n	ribbon	bandeau m	nastro m	cinta f
tomaat (NL)	Tomate f	tomato	tomate f	pomodoro m	tomate m
tomada f de corrente (P)	Steckdose f	socket	prise électrique f	presa f	enchufe m
tomar[1] (ES)	greifen	seize	saisir	afferrare	—
tomar[2] (ES)	nehmen	take	prendre	prendere	—
tomar (P)	nehmen	take	prendre	prendere	tomar
tomar/agarrar (ES)	fassen	grasp	saisir	prendere	—
tomar banho (P)	baden	bathe	baigner, se	fare il bagno	bañarse
tomat (SV)	Tomate f	tomato	tomate f	pomodoro m	tomate m
Tomate (D)	—	tomato	tomate f	pomodoro m	tomate m
tomate (F)	Tomate f	tomato	—	pomodoro m	tomate m
tomate (ES)	Tomate f	tomato	tomate f	pomodoro m	—
tomate (P)	Tomate f	tomato	tomate f	pomodoro m	tomate m
tomato (E)	Tomate f	—	tomate f	pomodoro m	tomate m
tomba (I)	Grab n	grave	tombe f	—	tumba f
tombe (F)	Grab n	grave	—	tomba f	tumba f
tomber[1] (F)	fallen	fall	—	cadere	caer
tomber[2] (F)	stürzen	fall	—	cadere	caer
tomber[3] (F)	umfallen	fall over	—	cadere	caerse
tomber amoureux(euse) (F)	verlieben	fall in love	—	innamorarsi	enamorarse
tomber malade (F)	erkranken	get ill	—	ammalarsi	enfermar
tomorrow (E)	morgen	—	demain	domani	mañana
tomrum (SV)	Lücke f	gap	lacune f	lacuna f	espacio m
Ton (D)	—	sound	son m	suono m	sonido m
ton (SV)	Ton m	sound	son m	suono m	sonido m
ton (PL)	Ton m	sound	son m	suono m	sonido m
tón (CZ)	Ton m	sound	son m	suono m	sonido m
tonąć <utonąć> (PL)	ertrinken	drown	noyer, se	annegare	ahogarse
toneel (NL)	Bühne f	stage	scène f	palcoscenico m	escenario m
toneelspeler (NL)	Schauspieler m	actor	acteur m	attore m	actor m
tonen (NL)	zeigen	show	montrer	mostrare	mostrar
tönkrement[1] (H)	kaputt	broken	cassé(e)	rotto(a)	roto(a)
tönkrement[2] (H)	pleite	penniless	fauché(e)	fallito(a)	en quiebra
tonnerre (F)	Donner m	thunder	—	tuono m	trueno m
tonto(a) (ES)	dumm	stupid	bête	stupido(a)	—
too (E)	auch	—	aussi	anche/pure	también
tool (E)	Werkzeug n	—	outil m	utensile m	herramienta f
toon (NL)	Ton m	sound	son m	suono m	sonido m
tooth (E)	Zahn m	—	dent f	dente m	diente m
toothache (E)	Zahnschmerzen pl	—	mal m de dents	mal m di denti	dolor m de muelas
toothbrush (E)	Zahnbürste f	—	brosse à dents f	spazzolino da denti m	cepillo de dientes m

toothbrush

P	NL	SV	PL	CZ	H
retrete f	toilet n	toalett u	toaleta f	záchod m	toalett
retrete f	toilet n	toalett u	toaleta f	záchod m	toalett
retrete f	toilet n	toalett u	toaleta f	záchod m	toalett
telhado m	dak n	tak n	dach m	střecha f	tető
ovo m	ei n	ägg n	jajko n	vejce n	—
rio m	rivier m	flod u	rzeka f	—	folyó
capital m	kapitaal n	kapital n	kapitał m	kapitál m	—
doido	gek	—	zwariowany	pomatený	bolond
empurrar	schuiven	skjuta	przesuwać <przesunąć>	posouvat <posunout>	—
chapa f	blik n	plåt u	blacha f	plech m	bádog
passar	doorbrengen	tillbringa	spędzać	trávit <strávit>	—
ladrão m	dief m	tjuv u	złodziej m	zloděj m	—
vazio	leeg	—	pusty	prázdný	üres
fita f	band m	band n	—	pás m	szalag
tomate m	—	tomat u	pomidor m	rajče n	paradicsom
—	stopcontact n	stickuttag n	gniazdko n	zásuvka f	dugaszolóaljzat
agarrar	grijpen	gripa	chwytać <chwycić>	chopit <uchopit>	fog
tomar	nemen	ta	brać <wziąć>	brát <vzít>	vesz
—	nemen	ta	brać <wziąć>	brát <vzít>	vesz
pegar	pakken	fatta	chwytać <uchwycić>	chopit <uchopit>	megfog
—	baden	bada	kąpać <wykąpać>	koupat	fürdik
tomate m	tomaat f	—	pomidor m	rajče n	paradicsom
tomate m	tomaat f	tomat u	pomidor m	rajče n	paradicsom
tomate m	tomaat f	tomat u	pomidor m	rajče n	paradicsom
tomate m	tomaat f	tomat u	pomidor m	rajče n	paradicsom
—	tomaat f	tomat u	pomidor m	rajče n	paradicsom
tomate m	tomaat f	tomat u	pomidor m	rajče n	paradicsom
cova f	graf n	grav u	grób m	hrob m	sírhely
cova f	graf n	grav u	grób m	hrob m	sírhely
cair	vallen	trilla	upadać <upaść>	padat <spadnout>	esik
cair	vallen	falla	spadać <spaść>	svrhnout	zuhan
cair	omvallen	falla omkull	upadać <upaść>	kácet se, <skácet, se>	elesik
enamorar-se	verliefd worden	förälska sig	zakochać się	zamilovat	beleszeret
adoecer	ziek worden	insjuknande	zachorować	onemocnět	megbetegszik
amanhã	morgen	i morgon	jutro	zítra	holnap
lacuna f	opening f	—	luka f	mezera f	hézag
som m	toon m	ton u	ton m	tón m	hang
som m	toon m	—	ton m	tón m	hang
som m	toon m	ton u	—	tón m	hang
som m	toon m	ton u	ton m	—	hang
afogar-se	verdrinken	drunkna	—	topit se <utopit se>	vízbe fullad
palco m	—	scen u	scena f	jeviště n	színpad
actor m	—	skådespelare u	aktor m	herec m	színész
mostrar	—	visa	pokazywać	ukazovat <ukázat>	mutat
estragado	kapot	sönder	zepsuty	rozbitý	—
falido	failliet	bankrutt	plajta f	insolventní	—
trovão m	donder m	åska u	grzmot m	hrom m	mennydörgés
parvo	dom	dum	głupi	hloupý	buta
também	ook	även	też	také	is
ferramenta f	werktuig n	verktyg n	narzędzie n	nářadí n	szerszám
som m	—	ton u	ton m	tón m	hang
dente m	tand m	tand u	ząb m	zub m	fog
dor de dentes f	tandpijn m	tandvärk u	ból zęba m	bolesti zubů pl	fogfájás
escova de dentes f	tandenborstel m	tandborste u	szczoteczka do zębów f	zubní kartáček m	fogkefe

toothpaste

	D	E	F	I	ES
toothpaste (E)	Zahnpasta f	—	dentifrice m	dentifricio m	pasta dentífrica f
top (NL)	Gipfel m	peak	sommet m	cima f	cumbre f
topení (CZ)	Heizung f	heating	chauffage m	riscaldamento m	calefacción f
Topf (D)	—	pot	casserole f	pentola f	cazuela f
topic (E)	Thema n	—	sujet m	tema m	tema m
topit se <utopit se> (CZ)	ertrinken	drown	noyer, se	annegare	ahogarse
topit <zatopit> (CZ)	heizen	heat	chauffer	riscaldare	calentar
topp (SV)	Gipfel m	peak	sommet m	cima f	cumbre f
tor (PL)	Gleis n	track	voie f	binario m	vía f
torba (PL)	Tasche f	bag	sac m	borsa f	bolso m
torba na zakupy (PL)	Einkaufstasche f	shopping bag	sac à provision m	borsa della spesa f	bolsa de compra f
torcer (ES)	abbiegen	turn off	tourner	svoltare	—
torcido(a) (ES)	krumm	crooked	tordu(e)	storto(a)	—
tordu(e) (F)	krumm	crooked	—	storto(a)	torcido(a)
torebka¹ (PL)	Handtasche f	handbag	sac à main m	borsetta f	bolso m
torebka² (PL)	Tüte f	bag	sac m	sacchetto m	bolsa f
törékeny (H)	zerbrechlich	fragile	fragile	fragile	frágil
torka (SV)	trocknen	dry	sécher	asciugare	secar
tormenta¹ (ES)	Gewitter n	thunderstorm	orage m	temporale m	—
tormenta² (ES)	Sturm m	storm	tempête f	tempesta f	—
tormentare (I)	quälen	torture	torturer	—	atormentar
tornar a ver (P)	wiedersehen	see again	revoir	rivedere	volver a ver
tornare indietro (I)	zurückfahren	drive back	retourner	—	retroceder
tornozelo (P)	Knöchel m	ankle	cheville f	caviglia f	tobillo m
törődik (H)	kümmern, sich	look after	occuper de, s'	interessarsi di	ocuparse de
torokfájás (H)	Halsschmerzen pl	sore throat	mal de gorge m	mal di gola m	dolor de garanta m
torpe (ES)	ungeschickt	clumsy	maladroit(e)	impacciato(a)	—
torr (SV)	trocken	dry	sec(sèche)	asciutto(a)	seco(a)
törst (SV)	Durst m	thirst	soif f	sete f	sed f
törstig (SV)	durstig	thirsty	assoiffé(e)	assetato(a)	tener sed
történelem (H)	Geschichte f	history	histoire f	storia f	historia f
történik (H)	geschehen	happen	arriver	accadere	ocurrir
történik (H)	passieren	happen	arriver	succedere	pasar
torto (I)	Unrecht n	wrong	injustice f	—	injusticia f
torto (P)	krumm	crooked	tordu(e)	storto(a)	torcido(a)
torture (E)	quälen	—	torturer	tormentare	atormentar
torturer (F)	quälen	torture	—	tormentare	atormentar
törülköző (H)	Handtuch n	towel	serviette f	asciugamano m	pañuelo m
törvény (H)	Gesetz n	law	loi f	legge f	ley f
tos (ES)	Husten m	cough	toux m	tosse f	—
tosco(a) (ES)	grob	coarse	grossier(ière)	rozzo(a)	—
toser (ES)	husten	cough	tousser	tossire	—
tosse (I)	Husten m	cough	toux m	—	tos f
tosse (P)	Husten m	cough	toux m	tosse f	tos f
tossir (P)	husten	cough	tousser	tossire	toser
tossire (I)	husten	cough	tousser	—	toser
tostar (ES)	rösten	roast	griller	abbrustolire	—
tot (D)	—	dead	mort(e)	morto(a)	muerto(a)
tôt (F)	früh	early	—	presto	temprano(a)
totale (I)	gesamt	entire	tout(e)	—	entero(a)
töten (D)	—	kill	tuer	uccidere	matar
Tot ziens! (NL)	Wiedersehen!	Good-bye!	Au revoir!	Arrivederci!	¡Adiós!

Tot ziens

P	NL	SV	PL	CZ	H
pasta dentifrícia f	tandpasta m	tandkräm u	pasta do zębów f	zubní pasta f	fogkrém
cume m	—	topp u	szczyt m	špička f	hegycsúcs
aquecimento m	verwarming f	värme u	ogrzewanie n	—	fűtőberendezés
panela f	pot m	kastrull u/kruka u	garnek m	hrnec m	fazék
tema m	thema n	ämne n	temat m	téma n	téma
afogar-se	verdrinken	drunkna	tonąć <utonąć>	—	vízbe fullad
aquecer	verwarmen	värma upp	ogrzewać <ogrzać>	—	fűt
cume m	top m	—	szczyt m	špička f	hegycsúcs
carril m	spoor n	järnvägsspår n	—	kolej f	vágány
bolso m	tas f	väska u	—	taška f	zseb
saco para compras m	boodschappentas f	shoppingväska u	—	nákupní taška f	bevásárlótáska
virar	afslaan	vika av	skręcać <skręcić>	ohýbat <ohnout>	elkanyarodik
torto	krom	krokig	krzywy	křivý	görbe
torto	krom	krokig	krzywy	křivý	görbe
bolsa f	handtas f	handväska u	—	kabelka f	kézitáska
saco m	zakje n	påse u	—	sáček m	papírzacskó
frágil	breekbaar	bräcklig	łamliwy	křehký	—
secar	drogen	—	suszyć	sušit <usušit>	megszárít
tempestade f	onweer n	åska u	burza f	bouřka f	zivatar
tempestade f	storm m	storm u	sztorm m	vichřice f	vihar
atormentar	kwellen	plåga	męczyć	trápit <utrápit>	kínoz
—	terugzien	återse	znowu widzieć	opět vidět <opět uvidět>	viszontlát
viajar de volta	terugrijden	köra tillbaka	jechać z powrotem	jet nazpět	visszautazik
—	enkel m	fotknöl u	kostka f	kotník m	boka
cuidar de	bekommeren, zich	ta hand om	troszczyć, się	starat, se <postarat, se>	—
dores de garganta f/pl	keelpijn f	halsont u	ból gardła m	bolesti v krku f/pl	—
desajeitado	onhandig	klumpig	niezręczny	nešikovný	ügyetlen
seco	droog	—	suchy	suchý	száraz
sede f	dorst m	—	pragnie n	žízeň f	szomjúság
ter sede	dorstig	—	spragniony	žíznivý	szomjas
história f	geschiedenis f	historia u	historia f	příhoda f	—
acontecer	gebeuren	hända	dziać, się	stávat, se <stát, se>	—
passar	passeren	hända	przechodzić <przejść>	stávat, se <stát, se>	—
injustiça f	onrecht n	orätt u	bezprawie n	bezpráví n	jogtalanság
—	krom	krokig	krzywy	křivý	görbe
atormentar	kwellen	plåga	męczyć	trápit <utrápit>	kínoz
atormentar	kwellen	plåga	męczyć	trápit <utrápit>	kínoz
toalha f	handdoek m	handduk u	ręcznik m	kapesník m	—
lei f	wet m	lag u	ustawa f	zákon m	—
tosse f	hoest m	hosta u	kaszel m	kašel m	köhögés
grosso	grof	grov	z grubsza	hrubý	durva
tossir	hoesten	hosta	kaszlać <kaszlnąć>	kašlat <zakašlat>	köhög
tosse f	hoest m	hosta u	kaszel m	kašel m	köhögés
—	hoest m	hosta m	kaszel m	kašel m	köhögés
—	hoesten	hosta	kaszlać <kaszlnąć>	kašlat <zakašlat>	köhög
tossir	hoesten	hosta	kaszlać <kaszlnąć>	kašlat <zakašlat>	köhög
grelhar	roosteren	rosta	prażyć <zaprażyć>	pražit <zapražit>	pirít
morto	dood	död	martwy	mrtvý	halott
cedo	vroeg	tidig	wcześnie	brzy	korán
todo	geheel	hel	całkowity	celkem	összes
matar	doden	döda	zabijać	zabíjet <zabít>	megöl
Até à vista!	—	Vi ses!	Do widzenia!	Na shledanou! f	Viszontlátásra!

touch

	D	E	F	I	ES
touch (E)	berühren	—	toucher	toccare	tocar
toucher (F)	berühren	touch	—	toccare	tocar
tough (E)	zäh	—	coriace	duro(a)	duro(a)
touha po domově (CZ)	Heimweh n	homesickness	mal du pays m	nostalgia f	añoranza f
toujours (F)	immer	always	—	sempre	siempre
Tour (D)	—	tour	excursion f	giro m	excursión f
tour (E)	Tour f	—	excursion f	giro m	excursión f
tourism office (E)	Fremdenverkehrsbüro n	—	office du tourisme m	ufficio turistico m	oficina de turismo f
Tourist (D)	—	tourist	touriste m	turista m	turista m
tourist (E)	Tourist m	—	touriste m	turista m	turista m
touriste (F)	Tourist m	tourist	—	turista m	turista m
tourner¹ (F)	abbiegen	turn off	—	svoltare	torcer
tourner² (F)	drehen	turn	—	girare	girar
tourner³ (F)	einbiegen	turn	—	svoltare	doblar
tourner⁴ (F)	umdrehen	turn around	—	gia rare	volver
tousser (F)	husten	cough	—	tossire	toser
tous (toutes) (F)	alle	all	—	tutti(e)	todos(as)
tous/toutes les deux (F)	beide	both	—	entrambi(e)	ambos(as)
tout (F)	alles	everything	—	tutto(a)	todo
tout à coup (F)	plötzlich	suddenly	—	di colpo	de repente
tout au plus (F)	höchstens	at the most	—	al massimo	a lo sumo
tout droit (F)	geradeaus	straight ahead	—	dritto(a)	todo derecho
tout(e)¹ (F)	ganz	whole	—	intero(a)	entero(a)
tout(e)² (F)	gesamt	entire	—	totale	entero(a)
toux (F)	Husten m	cough	—	tosse f	tos f
továrna (CZ)	Fabrik f	factory	usine f	fabbrica f	fábrica f
towar (PL)	Ware f	goods	marchandise f	merce f	mercancía f
towarzysz życia (PL)	Lebensgefährte m	companion	compagnon m	coniuge m/f	compañero de la vida m
towel (E)	Handtuch n	—	serviette f	asciugamano m	pañuelo m
town (E)	Stadt f	—	ville f	città f	ciudad f
town hall (E)	Rathaus n	—	mairie f	municipio m	ayuntamiento m
toxique (F)	giftig	poisonous	—	velenoso(a)	venenoso(a)
trä (SV)	Holz n	wood	bois m	legno m	madera f
traan (NL)	Träne f	tear	larme f	lacrima f	lágrima f
trabajador (ES)	Arbeiter m	worker	ouvrier m	operaio m	—
trabajar (ES)	arbeiten	work	travailler	lavorare	—
trabajo (ES)	Arbeit f	work	travail m	lavoro m	—
trabajos de construcción (ES)	Bauarbeiten pl	construction works	travaux	lavori di costruzione m/pl	—
trabalhar (P)	arbeiten	work	travailler	lavorare	trabajar
trabalho (P)	Arbeit f	work	travail m	lavoro m	trabajo m
track (E)	Gleis n	—	voie f	binario m	vía f
träd (SV)	Baum m	tree	arbre m	albero m	árbol m
tråd¹ (SV)	Draht m	wire	fil de fer m	filo metallico m	alambre m
tråd² (SV)	Faden m	thread	fil m	filo m	hilo m
trade union (E)	Gewerkschaft f	—	syndicat m	sindacato m	sindicato m
trädgård (SV)	Garten m	garden	jardin m	giardino m	jardín m
tradução (P)	Übersetzung f	translation	traduction f	traduzione f	traducción f
traducción (ES)	Übersetzung f	translation	traduction f	traduzione f	—
traducir (ES)	übersetzen	translate	traduire	tradurre	—
traduction (F)	Übersetzung f	translation	—	traduzione f	traducción f
traduire (F)	übersetzen	translate	—	tradurre	traducir
tradurre (I)	übersetzen	translate	traduire	—	traducir

tradurre

P	NL	SV	PL	CZ	H
tocar	aanraken	röra vid	dotykać <dotknąć>	dotýkat, se <dotknout, se>	érint
tocar	aanraken	röra vid	dotykać <dotknąć>	dotýkat, se <dotknout, se>	érint
duro	taai	seg	ciągnący się	houževnatý	szívós
saudade f	heimwee n	hemlängtan u	tęsknota za domem f	—	honvágy
sempre	altijd	alltid	zawsze	vždy	mindig
volta f/passeio m	toer m	tur u	tura f	túra f	kirándulás
volta f/passeio m	toer m	tur u	tura f	túra f	kirándulás
agência de informação turística f	bureau voor toerisme n	turistbyrå u	biuro turystyczne n	cestovní kancelář f	idegenforgalmi iroda
turista	toerist m	turist u	turysta m	turista m	turista
turista m	toerist m	turist u	turysta m	turista m	turista
turista m	toerist m	turist u	turysta m	turista m	turista
virar	afslaan	vika av	skręcać <skręcić>	ohýbat <ohnout>	elkanyarodik
rodar	draaien	vrida	obracać <obrócić>	točit <otočit>	forgat
virar	inslaan	vika av	zaginać <zgiąć>	zahýbat <zahnout>	befordul
virar	omdraaien	vrida	obracać	otáčet <otočit>	megfordít
tossir	hoesten	hosta	kaszlać <kaszlnąć>	kašlat <zakašlat>	köhög
todo	alle	alla	wszystkie	všichni	mind
ambos	beide(n)	båda	oboje	oba	mindkettő
tudo	alles	allt	wszystko	vše	minden
repentinamente	plotseling	plötsligt	nagle	náhle	hirtelen
no máximo	hoogstens	högst	najwyżej	nejvýše	legföljebb
em frente	rechtuit	rakt fram	prosto	přímo	egyenesen
todo	geheel	helt	całkiem	úplně	egész
todo	geheel	hel	całkowity	celkem	összes
tosse f	hoest m	hosta u	kaszel m	kašel m	köhögés
fábrica f	fabriek f	fabrik u	fabryka f	—	gyár
mercadoria f	waar f	vara u	—	zboží n	áru
companheiro de vida m	levensgezel m	partner u	—	druh m	élettárs
toalha f	handdoek m	handduk u	ręcznik m	kapesník m	törülköző
cidade f	stad f	stad u	miasto n	město n	város
Câmara Municipal f	gemeentehuis n	rådhus n	ratusz m	radnice f	városháza
venenoso	giftig	giftig	trujący	jedovatý	mérgező
madeira f	hout n	—	drewno n	dřevo n	fa
lágrima f	—	tår u	łza f	slza f	könny
operário m	arbeider m	arbetare u	robotnik m	dělník m	munkás
trabalhar	werken	arbeta	pracować	pracovat	dolgozik
trabalho m	werk n	arbete n	praca f	práce f	munka
obras f/pl	(bouw)werken pl	byggarbeten pl	roboty budowlane	stavební práce pl	építkezés
—	werken	arbeta	pracować	pracovat	dolgozik
—	werk n	arbete n	praca f	práce f	munka
carril m	spoor n	järnvägsspår n	tor m	kolej f	vágány
árvore f	boom m	—	drzewo n	strom m	fa
arame m	draad m	—	drut m	drát m	drót
fio m	draad m	—	nić f	nit f	fonal
sindicato m	vakvereniging f	fackförening u	związek zawodowy m	odbory pl	szakszervezet
jardim m	tuin m	—	ogród m	zahrada f	kert
—	vertaling f	översättning u	tłumaczenie n	překlad m	fordítás
tradução f	vertaling f	översättning u	tłumaczenie n	překlad m	fordítás
traduzir	vertalen	översätta	tłumaczyć	překládat <přeložit>	fordít
tradução f	vertaling f	översättning u	tłumaczenie n	překlad m	fordítás
traduzir	vertalen	översätta	tłumaczyć	překládat <přeložit>	fordít
traduzir	vertalen	översätta	tłumaczyć	překládat <přeložit>	fordít

traduzione

	D	E	F	I	ES
traduzione (I)	Übersetzung f	translation	traduction f	—	traducción f
traduzir (P)	übersetzen	translate	traduire	tradurre	traducir
traer[1] (ES)	holen	fetch	aller chercher	andare a prendere	—
traer[2] (ES)	mitbringen	bring (along)	apporter	portare con sé	—
träffa (SV)	Treffen n	meeting	rencontre f	incontro m	encuentro m
träffas (SV)	treffen, sich	meet	rencontrer	incontrare	encontrarse
traffic (E)	Verkehr m	—	circulation m	traffico m	tráfico m
traffic jam (E)	Stau m	—	embouteillage m	ingorgo m	embotellamiento m
traffic lights (E)	Ampel f	—	feux m/pl	semaforo m	semáforo m
traffico (I)	Verkehr m	traffic	circulation m	—	tráfico m
tráfico (ES)	Verkehr m	traffic	circulation m	traffico m	—
trafik (SV)	Verkehr m	traffic	circulation m	traffico m	tráfico m
tra/fra (I)	zwischen	between	entre	—	entre
tragar (ES)	schlucken	swallow	avaler	inghiottire	—
tragen (D)	—	carry	porter	portare	cargar
traghetto (I)	Fähre f	ferry	bac m	—	transbordador m
train (E)	Zug m	—	train m	treno m	tren m
train (F)	Zug m	train	—	treno m	tren m
traitement (F)	Behandlung f	treatment	—	trattamento m	tratamiento m
traiter (F)	behandeln	treat	—	trattare	tratar
traje (ES)	Anzug m	suit	costume m	vestito m	—
traject (NL)	Strecke f	stretch	trajet m	tratto m	trayecto m
trajecto (P)	Strecke f	stretch	trajet m	tratto m	trayecto m
traje de baño (ES)	Badeanzug m	swimsuit	maillot de bain m	bagnino m	—
trajekt (CZ)	Fähre f	ferry	bac m	traghetto m	transbordador m
trajet (F)	Strecke f	stretch	—	tratto m	trayecto m
tråka ut (SV)	langweilen, sich	get bored	ennuyer, se	annoiarsi	aburrirse
tråkig (SV)	langweilig	boring	ennuyeux(euse)	noioso(a)	aburrido(a)
traktować <potraktować> (PL)	behandeln	treat	traiter	trattare	tratar
traktowanie (PL)	Behandlung f	treatment	traitement m	trattamento m	tratamiento m
trampa (SV)	treten	kick	mettre le pied sur	pestare	pisar
tranchant(e) (F)	scharf	sharp	—	tagliente	cortante
tranche (F)	Scheibe f	slice	—	fetta f	rebanada m
Träne (D)	—	tear	larme f	lacrima f	lágrima f
trång (SV)	eng	narrow	étroit(e)	stretto(a)	estrecho(a)
tranquille (F)	ruhig	quiet	—	calmo(a)	quieto(a)
tranquilo(a) (ES)	still	quiet	calme	calmo(a)	—
transbordador (ES)	Fähre f	ferry	bac m	traghetto m	—
transfer (E)	überweisen	—	virer	trasferire	transferir
transferir (ES)	überweisen	transfer	virer	trasferire	—
transferir (P)	überweisen	transfer	virer	trasferire	transferir
transformer (F)	verändern	change	—	mutare	cambiar
trânsito (P)	Verkehr m	traffic	circulation m	traffico m	tráfico m
translate (E)	übersetzen	—	traduire	tradurre	traducir
translation (E)	Übersetzung f	—	traduction f	traduzione f	traducción f
transmettre (F)	ausrichten	pass on a message	—	riferire	comunicar
transmitir (P)	ausrichten	pass on a message	transmettre	riferire	comunicar
transmitir hereditariamente (ES)	vererben	bequeath	léguer	lasciare in eredità	—
transport (E)	transportieren	—	transporter	trasportare	transportar
transportar (ES)	transportieren	transport	transporter	trasportare	—

transportar

P	NL	SV	PL	CZ	H
tradução f	vertaling f	översättning u	tłumaczenie n	překlad m	fordítás
—	vertalen	översätta	tłumaczyć	překládat <přeložit>	fordít
ir buscar	halen	hämta	przynosić <przynieść>	docházet <dojít>	hoz
trazer	meebrengen	medföra	przynosić <przynieść>	přinášet <přinést>	magával hoz
reunião f	ontmoeting f	—	spotkanie n	setkání n	találkozás
encontrar-se	elkaar ontmoeten	—	spotkać się	setkávat, se <setkat, se>	találkozik
trânsito m	verkeer n	trafik u	ruch m	provoz m	forgalom
engarrafamento m	file f	kö u	korek m	zácpa f	forgalmi dugó
semáforo m	verkeerslicht n	lykta u	sygnalizacja świetlna f	semafor m	közlekedési jelzőlámpa
trânsito m	verkeer n	trafik u	ruch m	provoz m	forgalom
trânsito m	verkeer n	trafik u	ruch m	provoz m	forgalom
trânsito m	verkeer n	—	ruch m	provoz m	forgalom
entre	tussen	mellan	między	mezi	között
engolir	slikken	svälja	łykać <połknąć>	polykat <spolknout>	nyel
levar	dragen	bära	nosić <nieść>	nosit	hord
embarcação f	veer n	färja u	prom m	trajekt m	komp
comboio m	trein m	tåg n	pociąg m	vlak m	vonat
comboio m	trein m	tåg n	pociąg m	vlak m	vonat
tratamento m	behandeling n	undersökning u	traktowanie n	ošetření n	kezelés
tratar	behandelen	behandla	traktować <potraktować>	ošetřovat <ošetřit>	kezel
fato m	kostuum n	kostym u	garnitur m	oblek m	öltöny
trajecto m	—	sträcka u	odcinek m	trasa f	szakasz
—	traject n	sträcka u	odcinek m	trasa f	szakasz
fato de banho m	badkostuum n	baddräkt u	kostium kąpielowy n	plavky pl	fürdőruha
embarcação f	veer n	färja u	prom m	—	komp
trajecto m	traject n	sträcka u	odcinek m	trasa f	szakasz
aborrecer-se	vervelen, zich	—	nudzić, się	nudit, se	unatkozik
aborrecido	saai	—	nudny	nudný	unalmas
tratar	behandelen	behandla	—	ošetřovat <ošetřit>	kezel
tratamento m	behandeling n	undersökning u	—	ošetření n	kezelés
pisar	trappen	—	stąpać	stoupat <stoupnout>	rúg
cortante	scherp	skarp	ostry	ostrý	éles
fatia f	boterham m	brödskiva u	kromka f	krajíc m	szelet
lágrima f	traan f	tår u	łza f	slza f	könny
estreito	nauw	—	ciasny	úzký	szűk
calmo	rustig	stilla	spokojny	klidný	nyugodt
quieto	stil	tyst	cichy	tichý	csendes
embarcação f	veer n	färja u	prom m	trajekt m	komp
transferir	overmaken	föra över	przelewać	převádět <převést>	átutal
transferir	overmaken	föra över	przelewać	převádět <převést>	átutal
—	overmaken	föra över	przelewać	převádět <převést>	átutal
modificar	veranderen	förändra	zmieniać	měnit <změnit>	megváltoztat
—	verkeer n	trafik u	ruch m	provoz m	forgalom
traduzir	vertalen	översätta	tłumaczyć	překládat <přeložit>	fordít
tradução f	vertaling f	översättning u	tłumaczenie n	překlad m	fordítás
transmitir	richten	uträtta	wyrównywać <wyrównać>	vyrovnávat <vyrovnat>	megmond
—	richten	uträtta	wyrównywać <wyrównać>	vyrovnávat <vyrovnat>	megmond
herdar	nalaten	gå i arv	dziedziczyć	odkazovat <odkázat>	örökül hagy
transportar	transporteren	transportera	transportować	přepravovat <přepravit>	szállít
transportar	transporteren	transportera	transportować	přepravovat <přepravit>	szállít

transportar

	D	E	F	I	ES
transportar (P)	transportieren	transport	transporter	trasportare	transportar
transporter (F)	transportieren	transport	—	trasportare	transportar
transportera (SV)	transportieren	transport	transporter	trasportare	transportar
transporteren (NL)	transportieren	transport	transporter	trasportare	transportar
transportieren (D)	—	transport	transporter	trasportare	transportar
transportować (PL)	transportieren	transport	transporter	trasportare	transportar
transversal (P)	quer	across	en travers	di traverso	a través de
trap¹ (NL)	Stufe *f*	step	marche *f*	gradino *m*	escalón *m*
trap² (NL)	Treppe *f*	stairs	escalier *m*	scala *f*	escalera *f*
trápit <utrápit> (CZ)	quälen	torture	torturer	tormentare	atormentar
trapný (CZ)	peinlich	embarrassing	gênant(e)	imbarazzante	desagradable
trappa (SV)	Treppe *f*	stairs	escalier *m*	scala *f*	escalera *f*
trappen (NL)	treten	kick	mettre le pied sur	pestare	pisar
trasa (CZ)	Strecke *f*	stretch	trajet *m*	tratto *m*	trayecto *m*
trascurare (I)	vernachlässigen	neglect	négliger	—	descuidar
trasferire (I)	überweisen	transfer	virer	—	transferir
traslocare (I)	umziehen	move	déménager	—	mudarse
trasloco (I)	Umzug *m*	move	déménagement *m*	—	mudanza *f*
trasportare (I)	transportieren	transport	transporter	—	transportar
tratamento¹ (P)	Behandlung *f*	treatment	traitement *m*	trattamento *m*	tratamiento *m*
tratamento² (P)	Kur *f*	treatment	cure *f*	cura *f*	cura *f*
tratamento³ (P)	Pflege *f*	care	soins *m/pl*	cura *f*	aseo *m*
tratamiento (ES)	Behandlung *f*	treatment	traitement *m*	trattamento *m*	—
tratar (ES)	behandeln	treat	traiter	trattare	—
tratar¹ (P)	behandeln	treat	traiter	trattare	tratar
tratar² (P)	pflegen	look after	soigner	curare	cuidar
tratar de (P)	besorgen	acquire	procurer	procurare	conseguir
tratar por tu (P)	duzen	use the familiar form	tutoyer	dare del tu	tutear
trattamento (I)	Behandlung *f*	treatment	traitement *m*	—	tratamiento *m*
trattare (I)	behandeln	treat	traiter	—	tratar
tratto (I)	Strecke *f*	stretch	trajet *m*	—	trayecto *m*
Traube (D)	—	grape	grappe *f*	uva *f*	uva *f*
Traum (D)	—	dream	rêve *m*	sogno *m*	sueño *m*
träumen (D)	—	dream	rêver	sognare	soñar
traurig (D)	—	sad	triste	triste	triste
tráva (CZ)	Gras *n*	grass	herbe *f*	erba *f*	hierba *f*
travail (F)	Arbeit *f*	work	—	lavoro *m*	trabajo *m*
travailler (F)	arbeiten	work	—	lavorare	trabajar
travailleur(euse) (F)	fleißig	diligent	—	diligente	activo(a)
travão (P)	Bremse *f*	brake	frein *m*	freno *m*	freno *m*
travar (P)	bremsen	brake	freiner	frenare	frenar
travaux (F)	Bauarbeiten *pl*	construction works	—	lavori di costruzione *m/pl*	trabajos de construcción *m/pl*
travel (E)	reisen	—	voyager	viaggiare	viajar
travel agency (E)	Reisebüro *n*	—	agence de voyages *f*	agenzia turistica *f*	agencia de viajes *f*
traveller (E)	Reisender *m*	—	voyageur *m*	viaggiatore *m*	viajero *m*
traverser (F)	überqueren	cross	—	attraversare	atravesar
travessa (P)	Platte *f*	platter	plateau *m*	piatto *m*	bandeja *f*

travessa

P	NL	SV	PL	CZ	H
—	transporteren	transportera	transportować	přepravovat <přepravit>	szállít
transportar	transporteren	transportera	transportować	přepravovat <přepravit>	szállít
transportar	transporteren	—	transportować	přepravovat <přepravit>	szállít
transportar	—	transportera	transportować	přepravovat <přepravit>	szállít
transportar	transporteren	transportera	transportować	přepravovat <přepravit>	szállít
transportar	transporteren	transportera	—	přepravovat <přepravit>	szállít
—	dwars	tvärs	w poprzek	napříč	keresztben
degrau m	—	steg n	stopień m	stupeň m	lépcsőfok
escada f	—	trappa u	schody m/pl	schody pl	lépcső
atormentar	kwellen	plåga	męczyć	—	kínoz
desagradável	pijnlijk	pinsamt	przykry	—	kellemetlen
escada f	trap m	—	schody m/pl	schody pl	lépcső
pisar	—	trampa	stąpać	stoupat <stoupnout>	rúg
trajecto m	traject n	sträcka u	odcinek m	—	szakasz
descuidar	verwaarlozen	försumma	zaniedbywać	zanedbávat <zanedbat>	elhanyagol
transferir	overmaken	föra över	przelewać	převádět <převést>	átutal
mudar de casa	verhuizen	flytta	przeprowadzić się	stěhovat se <přestěhovat, se>	átköltözik
mudança f	verhuizing f	flyttning u	przeprowadzka f	stěhování n	költözködés
transportar	transporteren	transportera	transportować	přepravovat <přepravit>	szállít
—	behandeling n	undersökning u	traktowanie n	ošetření n	kezelés
—	kuur f	kur u	kuracja f	lázeňská léčba f	gyógykezelés
—	verzorging f	skötsel u	opieka f	péče f	ápolás
tratamento m	behandeling n	undersökning u	traktowanie n	ošetření n	kezelés
tratar	behandelen	behandla	traktować <potraktować>	ošetřovat <ošetřit>	kezel
—	behandelen	behandla	traktować <potraktować>	ošetřovat <ošetřit>	kezel
—	verzorgen	sköta	opiekować, się	pečovat	ápolni
—	bezorgen	ta hand om	doglądać <doglądnąć>	obstarávat <obstarat>	beszerez
—	met "jij" aanspreken	dua	mówić per ty	tykat	tegez
tratamento m	behandeling n	undersökning u	traktowanie n	ošetření n	kezelés
tratar	behandelen	behandla	traktować <potraktować>	ošetřovat <ošetřit>	kezel
trajecto m	traject n	sträcka u	odcinek m	trasa f	szakasz
uva f	druif f	druva u	winogrono n	hrozen m	szőlő
sonho m	droom m	dröm u	sen m	sen m	álom
sonhar	dromen	drömma	śnić	snívat <snít>	álmodik
triste	verdrietig	ledsen	smutny	smutný	szomorú
erva f	gras n	gräs n	trawa f	—	fű
trabalho m	werk n	arbete n	praca f	práce f	munka
trabalhar	werken	arbeta	pracować	pracovat	dolgozik
aplicado	vlijtig	flitig u	pilny	pilný	szorgalmas
—	rem f	broms u	hamulec m	brzda f	fék
—	remmen	bromsa	hamować <zahamować>	brzdit <zabrzdit>	fékez
obras f/pl	(bouw)werken pl	byggarbeten pl	roboty budowlane	stavební práce pl	építkezés
viajar	reizen	resa	podróżować	cestovat	utazik
agência de viagens f	reisbureau n	resebyrå u	biuro podróży n	cestovní kancelář f	utazási iroda
viajante m	reiziger m	resande u	podróżnik m	cestující m	utazó
atravessar	oversteken	korsa	przekraczać	přecházet <přejít>	áthalad
—	plaat f	platta u	płyta f	deska f	lemez

trávit

	D	E	F	I	ES
trávit \<strávit\> (CZ)	verbringen	spend	passer	passare	pasar
trávník (CZ)	Rasen m	lawn	pelouse f	prato m	césped m
trawa (PL)	Gras n	grass	herbe f	erba f	hierba f
trawnik (PL)	Rasen m	lawn	pelouse f	prato m	césped m
trayecto (ES)	Strecke f	stretch	trajet m	tratto m	—
trazer¹ (P)	bringen	fetch	porter	portare	llevar
trazer² (P)	mitbringen	bring (along)	apporter	portare con sé	traer
treat (E)	behandeln	—	traiter	trattare	tratar
treatment¹ (E)	Behandlung f	—	traitement m	trattamento m	tratamiento m
treatment² (E)	Kur f	—	cure f	cura f	cura f
tredjedel (SV)	Drittel n	a third	troisième	terzo(a)	tercio m
tree (E)	Baum m	—	arbre m	albero m	árbol m
tréfa¹ (H)	Scherz m	joke	plaisanterie f	scherzo m	broma f
tréfa² (H)	Spaß m	fun	plaisir m	scherzo m	diversión f
Treffen (D)	—	meeting	rencontre f	incontro m	encuentro m
treffen, sich (D)	—	meet	rencontrer	incontrare	encontrarse
trein (NL)	Zug m	train	train m	treno m	tren m
trekken¹ (NL)	wandern	hike	faire de la randonnée	fare un'escursione	caminar
trekken² (NL)	ziehen	pull	tirer	tirare	tirar
tremare (I)	zittern	tremble	trembler	—	temblar
tremble (E)	zittern	—	trembler	tremare	temblar
tremblement de terre (F)	Erdbeben n	earthquake	—	terremoto m	terremoto m
trembler (F)	zittern	tremble	—	tremare	temblar
tremer (P)	zittern	tremble	trembler	tremare	temblar
tren (ES)	Zug m	train	train m	treno m	—
trennen (D)	—	separate	séparer	separare	separar
Trennung (D)	—	separation	séparation f	separazione f	separación f
treno (I)	Zug m	train	train m	—	tren m
trepar (P)	klettern	climb	grimper	arrampicarsi	escalar
Treppe (D)	—	stairs	escalier m	scala f	escalera f
třešeň (CZ)	Kirsche f	cherry	cerise f	ciliegia f	cereza f
trest (CZ)	Strafe f	punishment	punition f	punizione f	castigo m
trestní oznámení (CZ)	Anzeige f	denunciation	dénonciation f	denuncia f	denuncia f
treten (D)	—	kick	mettre le pied sur	pestare	pisar
třetina (CZ)	Drittel n	a third	troisième	terzo(a)	tercio m
treu (D)	—	faithful	fidèle	fedele	fiel
trevlig¹ (SV)	nett	nice	joli(e)	carino(a)	agradable
trevlig² (SV)	sympathisch	likeable	sympathique	simpatico(a)	simpático(a)
trhat \<otrhat\> (CZ)	pflücken	pick	cueillir	cogliere	recoger
trhat \<vytrhnout\> (CZ)	reißen	tear	déchirer, se	strappare	arrancar
trial (E)	Prozess m	—	procès m	processo m	proceso m
tribunal (F)	Gericht n	court	—	tribunale m	tribunal m
tribunal (ES)	Gericht n	court	tribunal m	tribunale m	—
tribunal (P)	Gericht n	court	tribunal m	tribunale m	tribunal m
tribunale (I)	Gericht n	court	tribunal m	—	tribunal m
třída (CZ)	Klasse f	class	classe f	classe f	clase f
trilla (SV)	fallen	fall	tomber	cadere	caer
trinken (D)	—	drink	boire	bere	beber
Trinkgeld (D)	—	tip	pourboire m	mancia f	propina f
triste (F)	traurig	sad	—	triste	triste

triste

P	NL	SV	PL	CZ	H
passar	doorbrengen	tillbringa	spędzać	—	tölt
relva f	grasveld n	gräsmatta u	trawnik f	—	pázsit
erva f	gras n	gräs n	—	tráva f	fű
relva f	grasveld n	gräsmatta u	—	trávník m	pázsit
trajecto m	traject n	sträcka u	odcinek m	trasa f	szakasz
—	brengen	hämta	przynosić <przynieść>	přinášet <přinést>	hoz
—	meebrengen	medföra	przynosić <przynieść>	přinášet <přinést>	magával hoz
tratar	behandelen	behandla	traktować <potraktować>	ošetřovat <ošetřit>	kezel
tratamento m	behandeling n	undersökning u	traktowanie n	ošetření n	kezelés
tratamento m	kuur f	kur u	kuracja f	lázeňská léčba f	gyógykezelés
terço m	derde n	—	trzecia część f	třetina	(egy)harmad
árvore f	boom m	träd n	drzewo n	strom m	fa
brincadeira f	grap f	skämt n	żart m	žert m	—
brincadeira f	plezier n	skoj n	żart m	žert m	—
reunião f	ontmoeting f	träffa	spotkanie n	setkání n	találkozás
encontrar-se	elkaar ontmoeten	träffas	spotkać się	setkávat, se <setkat, se>	találkozik
comboio m	—	tåg n	pociąg m	vlak m	vonat
caminhar	—	vandra	wędrować	putovat	vándorol
puxar	—	dra	ciągnąć	táhnout	húz
tremer	rillen	darra	drżeć	chvět, se <zachvět, se>	reszket
tremer	rillen	darra	drżeć	chvět, se <zachvět, se>	reszket
terramoto m	aardbeving f	jordbävning u	trzęsienie ziemi n	zemětřesení n	földrengés
tremer	rillen	darra	drżeć	chvět, se <zachvět, se>	reszket
—	rillen	darra	drżeć	chvět, se <zachvět, se>	reszket
comboio m	trein m	tåg n	pociąg m	vlak m	vonat
separar	scheiden	skilja åt	rozdzielić	oddělovat <oddělit>	elválaszt
separação f	scheiding f	skilsmässa u	rozdzielenie n	oddělení n	elválasztás
comboio m	trein m	tåg n	pociąg m	vlak m	vonat
—	klimmen	klättra	wspinać, się <wspiąć, się>	lézt <vylézt>	felmászik
escada f	trap m	trappa u	schody m/pl	schody pl	lépcső
cereja f	kers f	körsbär n	wiśnia f	—	cseresznye
castigo m	straf f	straff n	kara f	—	büntetés
denúncia f	aangifte f	angivelse	doniesienie n	—	feljelentés
pisar	trappen	trampa	stąpać	stoupat <stoupnout>	rúg
terço m	derde n	tredjedel u	trzecia część f	—	(egy)harmad
fiel	trouw	trogen	wierny	věrný	hű
simpático	leuk	—	miły	milý	kedves
simpático	sympathiek	—	sympatyczny	sympatický	szimpatikus
colher	plukken	plocka	zrywać <zerwać>	—	szed
rasgar	scheuren	riva	rwać <porwać>	—	szakad
processo m	proces n	process u	proces m	proces m	per
tribunal m	gerecht n	rätt u	sąd m	soud m	bíróság
tribunal m	gerecht n	rätt u	sąd m	soud m	bíróság
—	gerecht n	rätt u	sąd m	soud m	bíróság
tribunal m	gerecht n	rätt u	sąd m	soud m	bíróság
classe f	klas f	klass u	klasa f	—	osztály
cair	vallen	—	upadać <upaść>	padat <spadnout>	esik
beber	drinken	dricka	pić	pít <napít>	iszik
gorjeta f	fooi f	dricks u	napiwek m	spropitné n	borravaló
triste	verdrietig	ledsen	smutny	smutný	szomorú

triste

	D	E	F	I	ES
triste (I)	traurig	sad	triste	—	triste
triste (ES)	traurig	sad	triste	triste	—
triste (P)	traurig	sad	triste	triste	triste
tro (SV)	glauben	believe	croire	credere	creer
troca (P)	Austausch *m*	exchange	échange *m*	scambio *m*	cambio *m*
trocar[1] (P)	austauschen	exchange	échanger	scambiare	cambiar
trocar[2] (P)	umtauschen	exchange	échanger	scambiare	cambiar
trocar[3] (P)	vertauschen	exchange	échanger	scambiare	cambiar
trochę (PL)	bisschen	a little	un peu	un po'	un poquito
trocken (D)	—	dry	sec(sèche)	asciutto(a)	seco(a)
trocknen (D)	—	dry	sécher	asciugare	secar
trocos (P)	Kleingeld *n*	small change	monnaie *f*	spiccioli *m/pl*	cambio *m*
trogen (SV)	treu	faithful	fidèle	fedele	fiel
troisième (F)	Drittel *n*	a third	—	terzo(a)	tercio *m*
tröja (SV)	Pullover *m*	pullover	pull-over *m*	pullover *m*	jersey *m*
tromper[1] (F)	betrügen	cheat	—	ingannare	engañar
tromper[2] (F)	täuschen	deceive	—	ingannare	engañar
tromperie (F)	Betrug *m*	fraud	—	inganno *m*	engaño *m*
tromper, se (F)	irren, sich	be mistaken	—	sbagliare	equivocarse
troosten (NL)	trösten	comfort	consoler	consolare	consolar
tropfen (D)	—	drip	goutter	gocciolare	gotear
troska (PL)	Sorge *f*	concern	souci *m*	preoccupazione *f*	preocupación *f*
trösta (SV)	trösten	comfort	consoler	consolare	consolar
trösten (D)	—	comfort	consoler	consolare	consolar
troszczyć, się[1] (PL)	kümmern, sich	look after	occuper de, s'	interessarsi di	ocuparse de
troszczyć, się[2] (PL)	sorgen	worry about	occuper de, s'	prendersi cura di	atender/ocuparse de
trots (NL)	stolz	proud	fier(-ère)	orgoglioso(a)	orgulloso(a)
trots (SV)	trotz	despite	malgré	nonostante	a pesar de
trött (SV)	müde	tired	fatigué(e)	stanco(a)	cansado(a)
trötta ut (SV)	ermüden	tire	fatiguer	stancarsi	cansar
trotz (D)	—	despite	malgré	nonostante	a pesar de
trotzdem (D)	—	nevertheless	malgré tout	tuttavia	no obstante
trouble (E)	Not *f*	—	détresse *f*	miseria *f*	necesidad *f*
troublesome (E)	lästig	—	importun(e)	molesto(a)	desagradable
trousers (E)	Hose *f*	—	pantalon *m*	pantalone *m*	pantalón *m*
trouver (F)	finden	find	—	trovare	encontar
trouver, se (F)	befinden, sich	feel	—	trovarsi	encontrarse
trouw (NL)	treu	faithful	fidèle	fedele	fiel
trovão (P)	Donner *m*	thunder	tonnerre *m*	tuono *m*	trueno *m*
trovare (I)	finden	find	trouver	—	encontar
trovarsi (I)	befinden, sich	feel	trouver, se	—	encontrarse
trpělivost (CZ)	Geduld *f*	patience	patience *f*	pazienza *f*	paciencia *f*
trpělivý (CZ)	geduldig	patient	patient(e)	paziente	con paciencia
trpět <utrpět> (CZ)	leiden	suffer	souffrir	soffrire	sufrir
trud (PL)	Mühe *f*	effort	peine *f*	fatica *f*	esfuerzo *m*
trudność (PL)	Schwierigkeit *f*	difficulty	difficulté *f*	difficoltà *f*	dificultad *f*
trudny (PL)	schwierig	difficult	difficile	difficile	difícil
trueno (ES)	Donner *m*	thunder	tonnerre *m*	tuono *m*	—
trujący (PL)	giftig	poisonous	toxique	velenoso(a)	venenoso(a)
trumna (PL)	Sarg *m*	coffin	cercueil *m*	bara *f*	ataúd *m*

trumna

P	NL	SV	PL	CZ	H
triste	verdrietig	ledsen	smutny	smutný	szomorú
triste	verdrietig	ledsen	smutny	smutný	szomorú
—	verdrietig	ledsen	smutny	smutný	szomorú
acreditar	geloven	—	wierzyć	věřit <uvěřit>	hisz
—	uitwisseling f	utbyte n	wymiana f	výměna f	csere
—	uitwisselen	byta ut	wymieniać <wymienić>	vyměňovat <vyměnit>	kicserél
—	ruilen	byta ut	wymieniać	vyměňovat <vyměnit>	kicserél
—	verwisselen	förväxla	zamieniać	zaměňovat <zaměnit>	elcserél
bocadinho	beetje	lite	—	malinko	egy kicsit
seco	droog	torr	suchy	suchý	száraz
secar	drogen	torka	suszyć	sušit <ususit>	megszárít
—	kleingeld n	växelpengar pl	drobne pieniądze m/pl	drobné pl	aprópénz
fiel	trouw	—	wierny	věrný	hű
terço m	derde n	tredjedel u	trzecia część f	třetina	(egy)harmad
pulôver m	pullover m	—	sweter m	svetr m	pulóver
enganar	bedriegen	svika	oszukiwać <oszukać>	podvádět <podvést>	becsap
enganar	bedriegen	bedra	zmylić	klamat <zklamat>	megtéveszt
fraude f	bedrog n	bedrägeri n	oszustwo n	podvod m	csalás
enganar-se	vergissen, zich	missta sig	mylić, się <pomylić, się>	mýlit, se <zmýlit, se>	téved
consolar	—	trösta	pocieszać	utěšovat <utěšit>	megvigasztal
gotejar	druppelen	droppa	kapać	kapat <kápnout>	csepeg
preocupação f	zorg f	bekymmer pl	—	starost f	gond
consolar	troosten	—	pocieszać	utěšovat <utěšit>	megvigasztal
consolar	troosten	trösta	pocieszać	utěšovat <utěšit>	megvigasztal
cuidar de	bekommeren, zich	ta hand om	—	starat, se <postarat, se>	törődik
preocupar	zorgen	oroa sig	—	starat, se <postarat, se>	gondoskodik
orgulhoso	—	stolt	dumny	hrdý	büszke
apesar de	ondanks	—	pomimo	navzdory	ellenére
cansado	moe	—	zmęczony	unavený	fáradt
cansar	moe worden	—	męczyć <zmęczyć>	unavovat, se <unavit, se>	kifárad
apesar de	ondanks	trots	pomimo	navzdory	ellenére
apesar disso	toch	i alla fall	mimo to	přesto	ennek ellenére
necessidade f	nood m	nöd u	nędza f	nouze f	szükség
importuno	lastig	besvärlig	uciążliwy	zatěžující	terhes
calças f/pl	broek f	byxor pl	spodnie pl	kalhoty pl	nadrág
encontrar	vinden	hitta	znajdować <znaleźć>	nacházet <najít>	talál
encontrar-se	bevinden, zich	befinna sig	znajdować, się	nacházet, se	van
fiel	—	trogen	wierny	věrný	hű
—	donder m	åska u	grzmot m	hrom m	mennydörgés
encontrar	vinden	hitta	znajdować <znaleźć>	nacházet <najít>	talál
encontrar-se	bevinden, zich	befinna sig	znajdować, się	nacházet, se	van
paciência f	geduld n	tålamod n	cierpliwość f	—	türelem
paciente	geduldig	tålig	cierpliwy	—	türelmes
sofrer	lijden	lida	cierpieć	—	szenved
esforço m	moeite f	ansträngning	—	úsilí n	fáradozás
dificuldade f	moeilijkheid f	svårighet u	—	těžkost f	nehézség
difícil	moeilijk	svår	—	svízelný	nehéz
trovão m	donder m	åska u	grzmot m	hrom m	mennydörgés
venenoso	giftig	giftig	—	jedovatý	mérgező
caixão m	doodkist f	likkista u	—	rakev f	koporsó

truskawka

	D	E	F	I	ES
truskawka (PL)	Erdbeere f	strawberry	fraise f	fragola f	fresa f
trust (E)	vertrauen	—	avoir confiance	fidarsi	confiar
truth (E)	Wahrheit f	—	vérité f	verità f	verdad f
trvání (CZ)	Dauer f	duration	durée f	durata f	duración f
trvanlivý (CZ)	haltbar	durable	résistant(e)	durevole	duradero(a)
trvat (CZ)	dauern	last	durer	durare	durar
trwać (PL)	dauern	last	durer	durare	durar
trwały (PL)	haltbar	durable	résistant(e)	durevole	duradero(a)
trwanie (PL)	Dauer f	duration	durée f	durata f	duración f
try (E)	Versuch m	—	essai m	tentativo m	intento m
trycka (SV)	drücken	press	presser	premere	apretar
try on (E)	anprobieren	—	essayer	provare	probar
trzecia część (PL)	Drittel n	a third	troisième	terzo(a)	tercio m
trzęsienie ziemi (PL)	Erdbeben n	earthquake	tremblement de terre m	terremoto m	terremoto m
trzeźwy (PL)	nüchtern	sober	sobre	sobrio(a)	sobrio(a)
trzymać (PL)	halten	hold	tenir	tenere	tener
Tschechien (D)	—	Czechia	République tchèque f	Reppublica Ceca f	República Checa f
Tschüs! (D)	—	Bye!	Salut!	Ciao!	¡Hasta luego!
Tsjechië (NL)	Tschechien	Czcechia	République tchèque f	Reppublica Ceca f	República Checa f
tu (F)	du	you	—	tu	tú
tu (I)	du	you	tu	—	tú
tu (P)	du	you	tu	tu	tú
tu (PL)	hier	here	ici	qui	aquí
tú (ES)	du	you	tu	tu	—
tű (H)	Nadel f	needle	aiguille f	ago m	aguja f
tubería (ES)	Leitung f	pipe	tuyau m	conduttura f	—
tucat (H)	Dutzend n	dozen	douzaine f	dozzina f	docena f
tucet (CZ)	Dutzend n	dozen	douzaine f	dozzina f	docena f
tud¹ (H)	können	can	pouvoir	sapere	saber/poder
tud² (H)	wissen	know	savoir	sapere	saber
tudás (H)	Wissen n	knowledge	savoir m	sapere m	saber m
tudatos (H)	bewusst	deliberate	délibéré(e)	intenzionale	intencionado(a)
tudniillik (H)	nämlich	namely	à savoir	cioè	a saber
tudo (P)	alles	everything	tout	tutto(a)	todo
tudomány (H)	Wissenschaft f	science	science f	scienza f	ciencia f
tuer (F)	töten	kill	—	uccidere	matar
tugga (SV)	kauen	chew	mâcher	masticare	masticar
tuin (NL)	Garten m	garden	jardin m	giardino m	jardín m
tuk (CZ)	Fett n	fat	graisse f	grasso m	grasa f
tükör (H)	Spiegel m	mirror	miroir m	specchio m	espejo m
túl (H)	jenseits	beyond	de l'autre côté	al di là	al otro lado
tulajdonképpen (H)	eigentlich	actually	en fait	proprio(a)	en realidad
tulajdonság (H)	Eigenschaft f	quality	qualité f	qualità f	cualidad f
tull (SV)	Zoll m	customs	douane f	dogana f	aduana f
túloz (H)	übertreiben	exaggerate	exagérer	esagerare	exagerar
túlzás (H)	Übertreibung f	exaggeration	exagération f	esagerazione f	exageración f
tumba (ES)	Grab n	grave	tombe f	tomba f	—
tumbona (ES)	Liegestuhl m	deck chair	chaise longue f	sedia a sdraio f	—
tung (SV)	schwer	heavy	lourd(e)	pesante	pesado(a)
tunn (SV)	dünn	thin	mince	magro(a)	delgado(a)/fino(a)
tunnelbana (SV)	U-Bahn f	underground	métro m	metropolitana f	metro m
tüntetés (H)	Demonstration f	demonstration	manifestation f	manifestazione f	manifestación f

tüntetés

P	NL	SV	PL	CZ	H
morango m	aardbei f	jordgubbe u	—	jahoda f	szamóca
confiar	vertrouwen	lita på	ufać	důvěřovat	megbízik
verdade f	waarheid f	sanning u	prawda f	pravda f	igazság
duração f	duur f	tidsperiod u	trwanie n	—	időtartam
que se pode conservar	houdbaar	slitstark	trwały	—	tartós
durar	duren	hålla på	trwać	—	eltart
durar	duren	hålla på	—	trvat	eltart
que se pode conservar	houdbaar	slitstark	—	trvanlivý	tartós
duração f	duur f	tidsperiod u	—	trvání n	időtartam
ensaio m	poging f	försök n	próba f	pokus m	kísérlet
premir	drukken	—	uciskać <ucisnąć>	tisknout <stisknout>	nyom
provar roupa	aanpassen	prova ngt på ngn	przymierzać <przymierzyć>	zkoušet <vyzkoušet>	felpróbál
terço m	derde n	tredjedel u	—	třetina	(egy)harmad
terramoto m	aardbeving f	jordbävning u	—	zemětřesení n	földrengés
sóbrio	nuchter	nykter	—	střízlivě	józan
segurar	houden	hålla	—	držet <podržet>	tart
Chequia f	Tsjechië n	Tjeckien u	Czechy pl	Česko n	Csehország
Adeus!	Dag!	Hejdå!	Cześć!	Čau!	Szia!
Chequia f	—	Tjeckien u	Czechy pl	Česko n	Csehország
tu	jij	du	ty	ty	te
tu	jij	du	ty	ty	te
—	jij	du	ty	ty	te
aqui	hier	här	—	zde	itt
tu	jij	du	ty	ty	te
agulha f	naald f	nål u	igła f	jehla f	—
instalação f	leiding f	ledning u	przewód m	vedení n	vezeték
dúzia f	dozijn n	dussin n	tuzin m	tucet m	—
dúzia f	dozijn n	dussin n	tuzin m	—	tucat
poder	kunnen	kunna	móc	umět	—
saber	weten	veta	wiedzieć	vědět	—
conhecimentos m/pl	kennis f	kunskap u	wiedza f	vědění n	—
consciente	bewust	medvetet	świadomy	vědomě	—
nomeadamente	namelijk	nämligen	mianowicie	a sice	—
—	alles	allt	wszystko	vše	minden
ciência f	wetenschap f	vetenskap u	nauka f	věda f	—
matar	doden	döda	zabijać	zabíjet <zabít>	megöl
mastigar	kauwen	—	żuć	žvýkat <dožvýkat>	rág
jardim m	—	trädgård u	ogród m	zahrada f	kert
gordura f	vet n	fett n	tłuszcz m	—	zsír
espelho m	spiegel m	spegel u	lustro n	zrcadlo n	—
além de	aan de andere zijde	bortom	po tamtej stronie	na druhé straně	—
na realidade	eigenlijk	egentligen	właściwie	vlastně	—
característica f	eigenschap f/hoedanigheid f	egenskap u	cecha f	vlastnost f	—
alfândega f	douane f	—	cło n	clo n	vám
exagerar	overdrijven	överdriva	przesadzać	přehánět <přehnat>	—
exageração f	overdrijving f	överdrivelse u	przesada f	nadsázka f	—
cova f	graf n	grav u	grób m	hrob m	sírhely
cadeira de repouso f	ligstoel m	liggstol u	leżak m	lehátko n	nyugágy
pesado	zwaar	—	ciężki	těžký	nehéz, súlyos
magro	dun	—	cienki	tenký	vékony
metro m	metro m	—	metro n	metro n	földalatti vasút
manifestação f	demonstratie f	demonstration u	demonstracja f	demonstrace f	—

tuono

	D	E	F	I	ES
tuono (I)	Donner m	thunder	tonnerre m	—	trueno m
tupp (SV)	Hahn m	cock	coq m	gallo m	gallo m
tur (SV)	Tour f	tour	excursion f	giro m	excursión f
Tür (D)	—	door	porte f	porta f	puerta f
tura (PL)	Tour f	tour	excursion f	giro m	excursión f
túra (CZ)	Tour f	tour	excursion f	giro m	excursión f
türelem (H)	Geduld f	patience	patience f	pazienza f	paciencia f
türelmes (H)	geduldig	patient	patient(e)	paziente	con paciencia
türelmetlen (H)	ungeduldig	impatient	impatient(e)	impaziente	inpaciente
turist (SV)	Tourist m	tourist	touriste m	turista m	turista m
turista (I)	Tourist m	tourist	touriste m	—	turista m
turista (ES)	Tourist m	tourist	touriste m	turista m	—
turista (P)	Tourist m	tourist	touriste m	turista m	turista m
turista (CZ)	Tourist m	tourist	touriste m	turista m	turista m
turista (H)	Tourist m	tourist	touriste m	turista m	turista m
turistbyrå (SV)	Fremdenverkehrsbüro n	tourism office	office du tourisme m	ufficio turistico m	oficina de turismo f
turn[1] (E)	drehen	—	tourner	girare	girar
turn[2] (E)	einbiegen	—	tourner	svoltare	doblar
turn around (E)	umdrehen	—	tourner	gia rare	volver
turn back (E)	umkehren	—	retourner	ritornare	regresar
turn off[1] (E)	abbiegen	—	tourner	svoltare	torcer
turn off[2] (E)	abstellen	—	arrêter	spegnere	desconectar
túró (H)	Quark m	curd cheese	fromage blanc m	ricotta f	requesón m
turysta (PL)	Tourist m	tourist	touriste m	turista m	turista m
tušit <vytušit> (CZ)	ahnen	suspect	douter, se	presagire	suponer
tussen (NL)	zwischen	between	entre	tra/fra	entre
tussenkomen (NL)	eingreifen	intervene	intervenir	intervenire	intervenir
Tüte (D)	—	bag	sac m	sacchetto m	bolsa f
tutear (ES)	duzen	use the familiar form	tutoyer	dare del tu	—
tutoyer (F)	duzen	use the familiar form	—	dare del tu	tutear
tuttavia[1] (I)	dennoch	nevertheless	cependant	—	sin embargo
tuttavia[2] (I)	jedoch	however	cependant	—	sin embargo
tuttavia[3] (I)	trotzdem	nevertheless	malgré tout	—	no obstante
tutti(e) (I)	alle	all	tous (toutes)	—	todos(as)
tutto(a) (I)	alles	everything	tout	—	todo
tuyau (F)	Leitung f	pipe	—	conduttura f	tubería f
tűz (H)	Feuer n	fire	feu m	fuoco m	fuego m
tűzhely (H)	Herd m	cooker	cuisinière f	cucina f	cocina f
tuzin (PL)	Dutzend n	dozen	douzaine f	dozzina f	docena f
tužka (CZ)	Bleistift m	pencil	crayon m	matita f	lápiz m
tűzoltóság (H)	Feuerwehr n	fire brigade	sapeurs pompiers m/pl	vigili del fuoco m/pl	bomberos m/pl
tűzvész (H)	Brand m	fire	incendie m	incendio f	incendio f
TV (SV)	Fernseher m	television set	poste de télévision m	televisore m	televisor m
tvål (SV)	Seife f	soap	savon m	sapone m	jabón m
tvaroh (CZ)	Quark m	curd cheese	fromage blanc m	ricotta f	requesón m
tvärs (SV)	quer	across	en travers	di traverso	a través de
tvätt (SV)	Wäsche f	washing	linge m	biancheria f	ropa f
tvätta (SV)	waschen	wash	laver	lavare	lavar
tvättmaskin (SV)	Waschmaschine f	washing machine	machine à laver f	lavatrice f	lavadora f
tvättmedel (SV)	Waschmittel n	detergent	lessive f	detersivo m	detergente m
tveka (SV)	zögern	hesitate	hésiter	esitare	vacilar
tvinga (SV)	zwingen	force	forcer	costringere	obligar
tvivel (SV)	Zweifel m	doubt	doute m	dubbio m	duda f

tvivel

P	NL	SV	PL	CZ	H
trovão m	donder m	åska u	grzmot m	hrom m	mennydörgés
galo m	haan m	—	kogut m	kohout m	kakas
volta f/passeio m	toer m	—	tura f	túra f	kirándulás
porta f	deur f	dörr u	drzwi n	dveře pl	ajtó
volta f/passeio m	toer m	tur u	—	túra f	kirándulás
volta f/passeio m	toer m	tur u	tura f	—	kirándulás
paciência f	geduld n	tålamod n	cierpliwość f	trpělivost f	—
paciente	geduldig	tålig	cierpliwy	trpělivý	—
impaciente	ongeduldig	otålig	niecierpliwy	netrpělivý	—
turista m	toerist m	—	turysta m	turista m	turista
turista m	toerist m	turist u	turysta m	turista m	turista
turista m	toerist m	turist u	turysta m	turista m	turista
—	toerist m	turist u	turysta m	turista m	turista
turista m	toerist m	turist u	turysta m	—	turista
turista m	toerist m	turist u	turysta m	turista m	—
agência de informação turística f	bureau voor toerisme n	—	biuro turystyczne n	cestovní kancelář f	idegenforgalmi iroda
rodar	draaien	vrida	obracać <obrócić>	točit <otočit>	forgat
virar	inslaan	vika av	zaginać <zgiąć>	zahýbat <zahnout>	befordul
virar	omdraaien	vrida	obracać	otáčet <otočit>	megfordít
voltar	omkeren	vända om	zawrócić	obracet, se <obrátit, se>	megfordít
virar	afslaan	vika av	skręcać <skręcić>	ohýbat <ohnout>	elkanyarodik
desligar	afzetten	ställa ned	odstawiać <odstawić>	odstavit	félretesz
queijo fresco m	kwark m	kvarg u	twaróg m	tvaroh m	—
turista m	toerist m	turist u	—	turista m	turista
pressentir	vermoeden	ana	przeczuwać <przeczuć>	—	megsejt
entre	—	mellan	między	mezi	között
intervir	—	gripa in	interweniować <zainterweniować>	zasahovat <zasáhnout>	beavatkozik
saco m	zakje n	påse u	torebka f	sáček m	papírzacskó
tratar por tu	met "jij" aanspreken	dua	mówić per ty	tykat	tegez
tratar por tu	met "jij" aanspreken	dua	mówić per ty	tykat	tegez
apesar de	evenwel	likväl	jednakże	přesto	mégis
porém	echter	däremot	jednak	ale	de
apesar disso	toch	i alla fall	mimo to	přesto	ennek ellenére
todo	alle	alla	wszystkie	všichni	mind
tudo	alles	allt	wszystko	vše	minden
instalação f	leiding f	ledning u	przewód m	vedení n	vezeték
fogo m	vuur n	eld u	ogień m	oheň m	—
fogão m	fornuis n	köksspis u	piec m	ložisko	—
dúzia f	dozijn n	dussin n	—	tucet m	tucat
lápis m	potlood n	blyertspenna n	ołówek m	—	ceruza
bombeiros m	brandweer m	brandkår u	straż pożarna f	hasiči pl	—
incêndio m	brand m	brand u	pożar m	požár m	—
televisor m	televisietoestel n	—	telewizor m	televizor m	tévékészülék
sabonete m	zeep f	—	mydło n	mýdlo n	szappan
queijo fresco m	kwark m	kvarg u	twaróg m	—	túró
transversal	dwars	—	w poprzek	napříč	keresztben
roupa f	was m	—	pranie	prádlo n	fehérnemű
lavar	wassen	—	prać	prát <vyprat>	mos
máquina de lavar f	wasmachine f	—	pralka f	pračka f	mosógép
detergente m	wasmiddel n	—	środek piorący m	prací prostředek m	mosószer
hesitar	aarzelen	—	ociągać się	otálet	habozik
obrigar	dwingen	—	zmuszać	nutit <donutit>	kényszerít
dúvida f	twijfel m	—	wątpliwość f	pochyba f	kétség

tvivla

	D	E	F	I	ES
tvivla (SV)	zweifeln	doubt	douter	dubitare	dudar
tvořit <vytvořit> (CZ)	schaffen	create	réussir à faire	creare	crear
tvrdit (CZ)	behaupten	assert	affirmer	affermare	afirmar
tvrdý (CZ)	hart	hard	dur(e)	duro(a)	duro(a)
twardy (PL)	hart	hard	dur(e)	duro(a)	duro(a)
twaróg (PL)	Quark m	curd cheese	fromage blanc m	ricotta f	requesón m
twarz (PL)	Gesicht n	face	visage m	faccia f	cara f
tweedehands/gebruikt (NL)	gebraucht	used	d'occasion	usato(a)	usado(a)
twierdzić (PL)	behaupten	assert	affirmer	affermare	afirmar
twijfel (NL)	Zweifel m	doubt	doute m	dubbio m	duda f
twijfelen (NL)	zweifeln	doubt	douter	dubitare	dudar
ty (PL)	du	you	tu	tu	tú
ty (CZ)	du	you	tu	tu	tú
tycka (SV)	meinen	think	penser	ritenere	opinar
tycka om[1] (SV)	gefallen	please	plaire	piacere	gustar
tycka om[2] (SV)	mögen	like	aimer	piacere	querer
tydlig (SV)	deutlich	clear	clair(e)	chiaro(a)	claro(a)
tydlig (SV)	klar	clear	clair(e)	chiaro(a)	claro(a)
tydligen[1] (SV)	anscheinend	seemingly	apparemment	apparentemente	aparentemente
tydligen[2] (SV)	offensichtlich	obvious	manifeste	evidente	evidente
tyg (SV)	Stoff m	cloth	tissu m	stoffa f	tela f
tykat (CZ)	duzen	use the familiar form	tutoyer	dare del tu	tutear
týkat se (CZ)	betreffen	concern	concerner	riguardare	concernir
tylko (PL)	nur	only	seulement	solo	sólo/solamente
tymczasem (PL)	inzwischen	meanwhile	entretemps	frattanto	mientras tanto
tymczasowy (PL)	vorläufig	temporary	provisoire	provvisorio(a)	provisional
typical (E)	typisch	—	typique	tipico(a)	típico(a)
typický (CZ)	typisch	typical	typique	tipico(a)	típico(a)
typique (F)	typisch	typical	—	tipico(a)	típico(a)
typisch (D)	—	typical	typique	tipico(a)	típico(a)
typisch (NL)	typisch	typical	typique	tipico(a)	típico(a)
typiskt (SV)	typisch	typical	typique	tipico(a)	típico(a)
typowy (PL)	typisch	typical	typique	tipico(a)	típico(a)
Tyskland (SV)	Deutschland n	Germany	Allemagne f	Germania f	Alemania f
tyst[1] (SV)	leise	quietly	à voix basse	a bassa voce	sin (hacer) ruido
tyst[2] (SV)	still	quiet	calme	calmo(a)	tranquilo(a)
tyúk (H)	Huhn n	chicken	poule f	pollo m	gallina f
tyvärr (SV)	leider	unfortunately	malheureusement	purtroppo	desgraciadamente
u (CZ)	bei	at/near	chez/près de	da/presso	cerca de/junto a
U-Bahn (D)	—	underground	métro m	metropolitana f	metro m
Übelkeit (D)	—	nausea	nausée f	nausea f	náuseas f/pl
üben (D)	—	practise	étudier	esercitarsi	practicar
über (D)	—	over/about	sur	su/sopra/per	por/sobre
überall (D)	—	everywhere	partout	dappertutto	por todas partes
Überfall (D)	—	raid	attaque f	aggressione f	asalto m
überfallen (D)	—	attack	attaquer	assalire	asaltar
überflüssig (D)	—	superfluous	superflu(e)	superfluo(a)	superfluo(a)
überholen (D)	—	overtake	doubler	sorpassare	adelantar
Übernachtung (D)	—	overnight stay	nuitée f	pernottamento m	pernoctación f
überqueren (D)	—	cross	traverser	attraversare	atravesar
überraschen (D)	—	surprise	surprendre	sorprendere	sorprender
Überraschung (D)	—	surprise	surprise f	sorpresa f	sorpresa f

Überraschung

P	NL	SV	PL	CZ	H
duvidar	twijfelen	—	wątpić	pochybovat <zapochybovat>	kételkedik
criar	scheppen	skapa	dokonywać <dokonać>	—	alkot
afirmar	beweren	påstå	twierdzić	—	állít
duro	hard	hård	twardy	—	kemény
duro	hard	hård	—	tvrdý	kemény
queijo fresco m	kwark m	kvarg u	—	tvaroh m	túró
cara f	gelaat n	ansikte n	—	obličej m	arc
usado	—	begagnad	używany	použitý	használt
afirmar	beweren	påstå	—	tvrdit	állít
dúvida f	—	tvivel n	wątpliwość f	pochyba f	kétség
duvidar	—	tvivla	wątpić	pochybovat <zapochybovat>	kételkedik
tu	jij	du	—	ty	te
tu	jij	du	ty	—	te
opinar	menen; denken	—	uważać	mínit <vymínit>	vél
agradar	bevallen	—	podobać, się <spodobać, się>	líbit	tetszik
gostar de	graag hebben/ mogen	—	lubić	mít rád	kedvel
nítido	duidelijk	—	wyraźny	výrazně	világos
claro	helder	—	jasny(a,e)	jasný	tiszta
aparentemente	naar het schijnt	—	widocznie	zdánlivě	úgy tűnik
evidente	klaarblijkelijk	—	oczywisty	zřejmý	nyilvánvaló
matéria f	stof f	—	materiał m	látka f	anyag
tratar por tu	met "jij" aanspreken	dua	mówić per ty	—	tegez
referir-se a	betreffen	beträffa	dotyczyć	—	illet
somente	slechts/alleen	bara	—	jen	csak
entretanto	ondertussen	under tiden	—	mezitím	közben
provisório	voorlopig	preliminär	—	předběžný	egyelőre
típico	typisch	typiskt	typowy	typický	tipikus
típico	typisch	typiskt	typowy	—	tipikus
típico	typisch	typiskt	typowy	typický	tipikus
típico	typisch	typiskt	typowy	typický	tipikus
típico	—	typiskt	typowy	typický	tipikus
típico	typisch	—	typowy	typický	tipikus
típico	typisch	typiskt	—	typický	tipikus
Alemanha	Duitsland n	—	Niemcy pl	Německo n	Németország
silencioso	zacht	—	cicho	tiše	halk
quieto	stil	—	cichy	tichý	csendes
galinha f	hoen n	höns n	kura f	kuře n	—
infelizmente	helaas	—	niestety	bohužel	sajnos
ao pé de	bij	vid	przy	—	nál/nél
metro m	metro m	tunnelbana u	metro n	metro n	földalatti vasút
náusea f	misselijkheid f	illamående n	mdłość f	nevolnost f	rosszullét
exercitar	oefenen	öva	ćwiczyć	cvičit <nacvičit>	gyakorol
por encima de	over	över	nad	přes	felett
por toda a parte	overal	överallt	wszędzie	všude	mindenütt
assalto m	overval m	överfall n	napad m	přepadení n	megtámadás
assaltar	overvallen	överfalla	napadać	přepadat <přepadnout>	megtámad
supérfluo	overbodig	överflödigt	zbędny	zbytečný	felesleges
ultrapassar	inhalen	köra förbi	wyprzedzać	předjíždět <předjet>	megelőz
pernoite m	overnachting f	övernattning u	nocleg m	přenocování n	éjjeli szállás
atravessar	oversteken	korsa	przekraczać	přecházet <přejít>	áthalad
surpreender	verrassen	överraska	zaskakiwać	překvapovat <překvapit>	meglep
surpresa f	verrassing f	överraskning u	niespodzianka f	překvapení n	meglepetés

überreden

	D	E	F	I	ES
überreden (D)	—	convince	persuader	persuadere	persuadir
überreichen (D)	—	hand over	présenter	consegnare	entregar
Überschwemmung (D)	—	flood	inondation f	inondazione f	inundación f
übersetzen (D)	—	translate	traduire	tradurre	traducir
Übersetzung (D)	—	translation	traduction f	traduzione f	traducción f
übertreiben (D)	—	exaggerate	exagérer	esagerare	exagerar
Übertreibung (D)	—	exaggeration	exagération f	esagerazione f	exageración f
überwachen (D)	—	supervise	surveiller	sorvegliare	vigilar
überweisen (D)	—	transfer	virer	trasferire	transferir
überzeugen (D)	—	convince	convaincre	convincere	convencer
ubezpieczać (PL)	versichern	assure	assurer	assicurare	asegurar
ubezpieczenie (PL)	Versicherung f	insurance	assurance f	assicurazione f	seguro m
ubieganie się (PL)	Bewerbung f	application	candidature f	domanda d'impiego f	solicitud f
ubierać <ubrać> (PL)	anziehen	put on	mettre	indossare	ponerse
uborka (H)	Gurke	cucumber	concombre m	cetriolo m	pepino m
ubranie (PL)	Kleidung f	clothing	habits m/pl	abbigliamento m	ropa f
ubriaco(a) (I)	betrunken	drunk	ivre	—	borracho(a)
übrig (D)	—	left	restant(e)	restante	restante
übrigens (D)	—	by the way	d'ailleurs	del resto	por lo demás
Übung (D)	—	exercise	exercice m	esercizio f	ejercicio m
ubytování (CZ)	Unterkunft f	accommodation	logement m	alloggio m	hospedaje m
účastnit, se <zúčastnit, se> (CZ)	teilnehmen	take part	participer	partecipare	participar
uccello (I)	Vogel m	bird	oiseau m	—	pájaro m
uccidere (I)	töten	kill	tuer	—	matar
účel (CZ)	Zweck m	purpose	but m	scopo m	finalidad f
účelný (CZ)	zweckmäßig	suitable	approprié(e)	adatto(a)	adecuado(a)
učeň (CZ)	Lehrling m	apprentice	apprenti m	apprendista m	aprendiz m
účes (CZ)	Frisur f	hairstyle	coiffure f	pettinatura f	peinado m
účet (CZ)	Konto n	account	compte m	conto m	cuenta f
účetnictví (CZ)	Buchhaltung f	book-keeping	comptabilité f	contabilità f	contabilidad f
ucházet, se (CZ)	bewerben, sich	apply	poser sa candidature	concorrere	concurrir para
ucho (PL)	Ohr n	ear	oreille f	orecchio m	oreja f
ucho (CZ)	Ohr n	ear	oreille f	orecchio m	oreja f
uchodzić (PL)	gelten	apply to	valoir	valere	valer
uchvácený (CZ)	entzückt	delighted	ravi(e)	affascinato(a)	encantado(a)
uciążliwy (PL)	lästig	troublesome	importun(e)	molesto(a)	desagradable
ucichać <ucichnąć> (PL)	beruhigen, sich	calm down	calmer, se	calmarsi	calmarse
uciekać <uciec> (PL)	fliehen	flee	échapper, s'	scappare	huir
účinek (CZ)	Wirkung f	effect	effet m	effetto m	efecto m
účinný (CZ)	wirksam	effective	efficace	efficace	eficaz
uciskać <ucisnąć> (PL)	drücken	press	presser	premere	apretar
učit (CZ)	lehren	teach	enseigner	insegnare	enseñar
učit, se <naučit, se> (CZ)	lernen	learn	apprendre	imparare	aprender
uczciwy (PL)	ehrlich	honest	honnête	onesto(a)	honesto(a)
uczeń¹ (PL)	Lehrling m	apprentice	apprenti m	apprendista m	aprendiz m
uczeń² (PL)	Schüler m	pupil	élève m	scolaro m	alumno m
uczucie (PL)	Gefühl n	feeling	sentiment m	sensazione f	sentimiento m
uczyć, się <nauczyć, się> (PL)	lernen	learn	apprendre	imparare	aprender
událost (CZ)	Ereignis n	event	évènement m	avvenimento m	suceso m
udda (SV)	ungerade	uneven	impair(e)	dispari	impar
úder (CZ)	Schlag m	blow	coup m	colpo m	golpe m
uderzenie (PL)	Schlag m	blow	coup m	colpo m	golpe m

uderzenie

P	NL	SV	PL	CZ	H
persuadir	overtuigen	övertala	namawiać <namówić>	přemlouvat <přemluvit>	rábeszél
entregar	overhandigen	överräcka	przekazywać	předávat <předat>	átad
inundação f	overstroming f	översvämning u	powódź f	záplava f	árvíz
traduzir	vertalen	översätta	tłumaczyć	překládat <přeložit>	fordít
tradução f	vertaling f	översättning u	tłumaczenie n	překlad m	fordítás
exagerar	overdrijven	överdriva	przesadzać	přehánět <přehnat>	túloz
exageração f	overdrijving f	överdrivelse u	przesada f	nadsázka f	túlzás
supervisionar	bewaken	övervaka	nadzorować	sledovat	ellenőriz
transferir	overmaken	föra över	przelewać	převádět <převést>	átutal
convencer	overtuigen	övertyga	przekonywać	přesvědčovat <přesvědčit>	meggyőz
assegurar	verzekeren	försäkra	—	ujišťovat <ujistit>	biztosít
seguro m	verzekering f	försäkring u	—	pojištění n	biztosítás
candidatura f	sollicitatie f	platsansökan u	—	žádost uchazeče f	megpályázás
vestir	aantrekken	klä på sig	—	oblékat <obléci>	felvesz
pepino m	komkommer f	gurka u	ogórek m	okurka f	—
vestuário m	kleding f	kläder pl	—	oblečení n	ruházat
embriagado	dronken	berusad	pijany	opilý	részeg
restante	overig	övrig	pozostały	zbývající	maradék
aliás	overigens	förresten	zresztą	ostatně	egyébként
exercício m	oefening f	övning u	ćwiczenie n	cvičení n	gyakorlat
alojamento m	accommodatie f	logi u	schronienie n	—	szállás
participar	deelnemen	delta	brać udział	—	részt vesz
pássaro m	vogel m	fågel u	ptak m	pták m	madár
matar	doden	döda	zabijać	zabíjet <zabít>	megöl
finalidade f	doel n	syfte n	cel m	—	cél
conveniente	doelmatig	ändamålsenlig	celowy	—	célszerű
aprendiz m	leerling m	elev u	uczeń m	—	szakmunkástanuló
penteado m	kapsel n	frisyr u	fryzura f	—	frizura
conta corrente f	rekening f	konto n	konto n	—	(bank)számla
contabilidade f	boekhouding f	bokföring u	księgowość f	—	könyvelés
candidatar-se	solliciteren	söka en plats	starać, się	—	megpályázik
orelha f	oor n	öra n	—	ucho n	fül
orelha f	oor n	öra n	ucho n	—	fül
valer	gelden	gälla	—	platit	érvényben van
encantado	enthousiast	förtjust	zachwycony	—	elragadó
importuno	lastig	besvärlig	—	zatěžující	terhes
acalmar-se	kalmeren	lugna sig	—	uklidňovat, se <uklidnit, se>	megnyugszik
fugir	vluchten	fly	—	prchat <uprchnout>	menekül
efeito m	effect n	verkan u	działanie n	—	hatás
eficaz	doeltreffend	verksam	skuteczny	—	hatékony
premir	drukken	trycka	—	tisknout <stisknout>	nyom
ensinar	leren	lära ut	nauczać	—	tanít
aprender	leren	lära	uczyć, się <nauczyć, się>	—	tanul
honesto	eerlijk	ärlighet u	—	čestný m	becsületes
aprendiz m	leerling m	elev u	—	učeň m	szakmunkástanuló
aluno m	scholier m	elev m	—	žák m	diák m
sentimento m	gevoel n	känsla u	—	pocit m	érzés
aprender	leren	lära	—	učit, se <naučit, se>	tanul
acontecimento m	gebeurtenis f	händelse u	zdarzenie n	—	esemény
ímpar	oneven	—	nieparzysty	nerovný	egyenetlen
golpe m	slag m	stöt u	uderzenie n	—	ütés
golpe m	slag m	stöt u	—	úder m	ütés

údolí

	D	E	F	I	ES
údolí (CZ)	Tal n	valley	vallée f	valle f	valle m
udowadniać <udowodnić> (PL)	beweisen	prove	prouver	provare	probar
üdülés (H)	Erholung f	recovery	repos m	riposo m	descanso m
udvarias (H)	höflich	polite	poli(e)	cortese	cortés
udvariasság (H)	Höflichkeit f	politeness	politesse f	cortesia f	cortesía f
üdvözöl¹ (H)	begrüßen	greet	saluer	salutare	saludar
üdvözöl² (H)	willkommen	welcome	bienvenu(e)	benvenuto(a)	bienvenido(a)
ufać (PL)	vertrauen	trust	avoir confiance	fidarsi	confiar
ufficio¹ (I)	Büro n	office	bureau m	—	oficina f
ufficio² (I)	Amt n	office	bureau m	—	oficio m
ufficio oggetti smarriti (I)	Fundbüro n	lost property office	bureau des objets trouvés m	—	oficina de objetos perdidos f
ufficio postale (I)	Postamt n	post office	bureau de poste m	—	oficina de correos f
ufficio turistico (I)	Fremdenverkehrsbüro n	tourism office	office du tourisme m	—	oficina de turismo f
ugly (E)	hässlich	—	laid(e)	brutto(a)	feo(a)
ugn (SV)	Ofen m	oven	poêle m	stufa f	estufa f
ugoda (PL)	Abmachung f	agreement	accord m	accordo m	acuerdo m
ugotowany (PL)	gar	done	cuit(e)	cotto(a)	(estar) a punto
uguale (I)	egal	all the same	égal(e)	—	igual
ügy (H)	Angelegenheit f	affair	affaire f	affare m	asunto m
ugyanaz (H)	derselbe	the same	le même	lo stesso	el mismo
ügyes (H)	geschickt	skilful	habile	abile	hábil
ügyetlen (H)	ungeschickt	clumsy	maladroit(e)	impacciato(a)	torpe
úgy tűnik (H)	anscheinend	seemingly	apparemment	apparentemente	aparentemente
ügyvéd (H)	Rechtsanwalt m	lawyer	avocat m	avvocato m	abogado m
uhlí (CZ)	Kohle f	coal	charbon m	carbone m	carbón m
Uhr (D)	—	watch	montre f	orologio m	reloj m
uit (NL)	aus	off/from/out of	de/par/hors de	da/di	de
uitdelen (NL)	austeilen	distribute	distribuer	distribuire	distribuir
uitdrukkelijk (NL)	ausdrücklich	explicit	exprès(esse)	espresso(a)	explícito(a)
uitdrukking (NL)	Ausdruck m	expression	expression f	espressione f	expresión f
uit elkaar (NL)	auseinander	apart	séparé(e)	separato(a)	separado(a)
uiterlijk (NL)	Aussehen n	appearance	apparence f	aspetto m	aspecto m
uitgang (NL)	Ausgang m	exit	sortie f	uscita f	salida f
uitgeput (NL)	erschöpft	exhausted	épuisé(e)	esausto(a)	agotado(a)
uitgesloten (NL)	ausgeschlossen	impossible	exclu(e)	escluso(a)	imposible
uitgezonderd (NL)	ausgenommen	except	excepté	eccetto	excepto
uit het hoofd (NL)	auswendig	by heart	par cœur	a memoria	de memoria
uithouden (NL)	aushalten	bear	supporter	sopportare	aguantar
uitlachen (NL)	auslachen	laugh at	rire de qn	deridere	reírse de
uitladen (NL)	ausladen	unload	décharger	scaricare	descargar
uitlenen¹ (NL)	ausleihen	lend	prêter	prestare	prestar
uitlenen² (NL)	verleihen	lend	prêter	dare in prestito	prestar
uitnodigen¹ (NL)	auffordern	ask	inviter	invitare	invitar
uitnodigen² (NL)	einladen	invite	inviter	invitare	invitar
uitoefenen (NL)	ausüben	practise	exercer	esercitare	ejercer
uitpakken (NL)	auspacken	unpack	défaire	disfare	deshacer
(uit)reizen (NL)	ausreisen	leave the country	sortir du pays	espatriare	salir
uitroepen (NL)	ausrufen	exclaim	crier	esclamare	exclamar

uitroepen

P	NL	SV	PL	CZ	H
vale m	dal n	dal u	dolina f	—	völgy
provar	bewijzen	bevisa	—	dokazovat <dokázat>	bebizonyít
descanso m	ontspanning f	vila u	wypoczynek m	zotavení n	—
cortês	beleefd	hövlig	uprzejmy	zdvořilý	—
cortesia f	beleefdheid f	hövlighet u	uprzejmość f	zdvořilost f	—
cumprimentar	begroeten	hälsa	witać <powitać>	pozdravovat <pozdravit>	—
bem-vindo	welkom	välkommen	mile widziany	vítaný	—
confiar	vertrouwen	lita på	—	důvěřovat	megbízik
escritório m	kantoor n	kontor n	biuro n	kancelář f	iroda
instituição f	ambt n	ämbete n	urząd m	úřad m	hivatal
repartição de perdidos e achados f	bureau n voor gevonden voorwerpen	hittegodsmagasin n	biuro rzeczy znalezionych n	ztráty a nálezy f/pl	talált tárgyak gyűjtőhelye
estação de correios f	postkantoor n	postkontor n	urząd pocztowy m	poštovní úřad m	postahivatal
agência de informação turística f	bureau voor toerisme n	turistbyrå u	biuro turystyczne n	cestovní kancelář f	idegenforgalmi iroda
feio	lelijk	ful	brzydki	škaredý	csúnya
forno m	oven m	—	piec m	kamna pl	kályha
acordo m	afspraak f	överenskommelse u	—	ujednání n	megállapodás
bem cozido	gaar	alldeles	—	dovařený	egyáltalán
igual	om het even/egaal	lika	obojętnie	jedno	mindegy
assunto m	aangelegenheid f	ärende n	sprawa f	záležitost f	—
o mesmo	dezelfde	densamme	ten sam	stejný	—
hábil	bekwaam	skicklig	zręczny	obratný	—
desajeitado	onhandig	klumpig	niezręczny	nešikovný	—
aparentemente	naar het schijnt	tydligen	widocznie	zdánlivě	—
advogado m	advocaat m	advokat u	adwokat m	advokát m	—
carvão m	kolen f/pl	kol u	węgiel m	—	szén
relógio m	horloge n	klocka u	zegar m	hodiny pl	óra
de	—	ut	z	z	ból/ből
distribuir	—	dela ut	rozdzielać <rozdzielić>	rozdělovat <rozdělit>	kioszt
expresso	—	uttryckligt	kategorycznie	výslovně	nyomatékos
expressão f	—	uttryck n	wyraz m	výraz m	kifejezés
separado	—	isär	oddzielnie	od sebe	külön
aspecto m	—	utseende n	wygląd m	vzhled m	kinézés
saída f	—	utgång u	wyjście n	východ m	kijárat
exausto	—	utmattad	wyczerpany	vyčerpaný	kimerült
excluído	—	uteslutet	wykluczony	vyloučeno	kizárt
excepto	—	förutom	z wyjątkiem	vyjma	kivéve
de cor	—	utantill	na pamięć	nazpaměť	kívülről
aguentar	—	uthärda	wytrzymywać <wytrzymać>	vydržovat <vydržet>	elvisel
rir de alguém	—	skratta åt	wyśmiewać <wyśmiać>	vysmívat se <vysmát se>	kinevet
descarregar	—	lasta av	wyładowywać <wyładować>	rušit pozvání <zrušit pozvání>	kirakódik
emprestar	—	låna ut	wypożyczać <wypożyczyć>	vypůjčovat <půjčit>	kölcsönöz
emprestar	—	låna ut	wypożyczać	půjčovat <půjčit>	kölcsönad
convidar	—	uppmana	wzywać <wezwać>	vyzývat <vyzvat>	felszólít
convidar	—	bjuda in	zapraszać <zaprosić>	zvát <pozvat>	meghív
exercer	—	utöva	wykonywać	vykonávat <vykonat>	űz
desembrulhar	—	packa ur	rozpakowywać <rozpakować>	vybalovat <vybalit>	kipakol
sair	—	avresa	wyjeżdżać <wyjechać>	odjíždět <odjet>	kiutazik
exclamar	—	utropa	wywoływać <wywołać>	vyvolávat <vyvolat>	bemond

uitschakelen

		D	E	F	I	ES
uitschakelen	(NL)	ausschalten	switch off	arrêter	spegnere	desconectar
uitspraak	(NL)	Aussprache f	pronunciation	prononciation f	pronuncia f	pronunciación f
uitstap	(NL)	Ausflug m	outing	excursion f	gita f	excursión f
uitstappen	(NL)	aussteigen	get off	descendre	scendere	bajarse
uitstekend	(NL)	ausgezeichnet	excellent	excellent(e)	eccellente	excelente
uitstekend	(NL)	hervorragend	excellent	excellent(e)	eccellente	extraordinario(a)
uittrekken	(NL)	ausziehen	take over	enlever	levare	quitarse
uitvaren	(NL)	Ausfahrt f	exit	sortie f	uscita f	salida f
uitverkocht	(NL)	ausverkauft	sold out	épuisé(e)	esaurito(a)	vendido(a)
uitvinden	(NL)	erfinden	invent	inventer	inventare	inventar
uitvlucht	(NL)	Ausrede f	pretext	excuse f	pretesto m	pretexto m
uitvoeren	(NL)	ausführen	export	exporter	esportare	exportar
uitvoeren/afhandelen	(NL)	erledigen	take care of	régler	sbrigare	acabar
uitvoerig	(NL)	ausführlich	detailed	détaillé(e)	dettagliato(a)	detallado(a)
uitwisselen	(NL)	austauschen	exchange	échanger	scambiare	cambiar
uitwisseling	(NL)	Austausch m	exchange	échange m	scambio m	cambio m
uitzicht	(NL)	Aussicht f	view	vue f	vista f	vista f
uitzien	(NL)	aussehen	look	paraître	sembrare	parecerse a
uitzoeken	(NL)	aussuchen	select	choisir	scegliere	elegirse
uitzondering	(NL)	Ausnahme f	exception	exception f	eccezione f	excepción f
új	(H)	neu	new	nouveau(elle)	nuovo(a)	nuevo(a)
ujednání	(CZ)	Abmachung f	agreement	accord m	accordo m	acuerdo m
ujednávat <ujednat>[1]	(CZ)	verabreden	arrange to meet	prendre rendez-vous	darsi appuntamento	concertar una cita
ujednávat <ujednat>[2]	(CZ)	vereinbaren	agree upon	convenir de	fissare	convenir
újév	(H)	Neujahr n	New Year	nouvel an m	Capodanno m	Año Nuevo m
ujišťovat <ujistit>	(CZ)	versichern	assure	assurer	assicurare	asegurar
ujj	(H)	Finger m	finger	doigt m	dito m	dedo m
ujjong	(H)	jubeln	rejoice	pousser des cris de joie	giubilare	dar gritos de alegría
újság	(H)	Zeitung f	newspaper	journal m	giornale m	periódico m
(ujság)cikk	(H)	Artikel m	article	article m	articolo m	artículo m
ukazovat <ukázat>	(CZ)	zeigen	show	montrer	mostrare	mostrar
ukazywać, się <ukazać, się>	(PL)	erscheinen	appear	apparaître	apparire	aparecer
uklidňovat, se <uklidnit, se>	(CZ)	beruhigen, sich	calm down	calmer, se	calmarsi	calmarse
uklidňovat <uklidnit>	(CZ)	beruhigen	calm	calmer	calmare	calmar
uklízečka	(CZ)	Putzfrau f	charwoman	femme de ménage f	donna delle pulizie f	mujer de limpieza f
uklízet <uklidit>	(CZ)	aufräumen	clear away	ranger	mettere in ordine	arreglar
úkol	(CZ)	Aufgabe f	task	tâche f	compito m	tarea f
üldöz	(H)	verfolgen	pursue	poursuivre	inseguire	perseguir
ulica	(PL)	Straße f	street	rue f	strada f	calle f
ulica jednokierunkowa	(PL)	Einbahnstraße f	one-way street	rue à sens unique f	senso unico m	calle de dirección única f
ultrapassar	(P)	überholen	overtake	doubler	sorpassare	adelantar
umarmen	(D)	—	embrace	serrer dans ses bras	abbracciare	abrazar
umawiać się	(PL)	verabreden	arrange to meet	prendre rendez-vous	darsi appuntamento	concertar una cita
umbrella	(E)	Regenschirm m	—	parapluie m	ombrello m	paraguas m
umdrehen	(D)	—	turn around	tourner	gia rare	volver

umdrehen

P	NL	SV	PL	CZ	H
desligar	—	koppla ifrån	wyłączać <wyłączyć>	vypínat <vypnout>	kikapcsol
pronúncia f	—	uttal n	wymowa f	vyříkání n	kiejtés
excursão f	—	utflykt u	wycieczka f	výlet m	kirándulás
sair	—	stiga ur	wysiadać <wysiąść>	vystupovat <vystoupit>	kiszáll
excelente	—	förträffligt	znakomicie	vynikající	kitűnő
excelente	—	framstående	znakomity	vynikající	kitűnő
despir	—	klä av sig	zdejmować <zdjąć>	svlékat <svléknout>	kihúz
saída f	—	utfart u	wyjazd m	výjzed m	kijárat
esgotado	—	utsåld	wyprzedany	vyprodáno	kiárúsítva
inventar	—	uppfinna	wynajdować <wynaleźć>	vynalézat <vynalézt>	kitalál
pretexto m	—	svepskäl n	wymówka f	výmluva f	kifogás
executar	—	utföra	wykonywać <wykonać>	provádět <provést>	végrehajt
acabar	—	ta hand om	załatwiać <załatwić>	vyřizovat <vyřídit>	elintéz
pormenorizado	—	detaljerad	szczegółowo	podrobně	részletes
trocar	—	byta ut	wymieniać <wymienić>	vyměňovat <vyměnit>	kicserél
troca f	—	utbyte n	wymiana f	výměna f	csere
vista f	—	utsikt u	widok m	výhled m	kilátás
parecer	—	verka	wyglądać	vypadat	kinéz
escolher	—	välja	wyszukiwać <wyszukać>	vyhledávat <vyhledat>	kiválaszt
excepção f	—	undantag n	wyjątek m	výjimka f	kivétel
novo	nieuw	ny	nowy	nový	—
acordo m	afspraak f	överenskommelse u	ugoda f	—	megállapodás
combinar	afspreken	avtala	umawiać się	—	megállapodik
acertar	overeenkomen	avtala	ustalać	—	megegyezik
Ano Novo m	Nieuwjaar n	nyår n	Nowy Rok m	Nový rok m	—
assegurar	verzekeren	försäkra	ubezpieczać	—	biztosít
dedo m	vinger m	finger n	palec m	prst m	—
jubilar	jubelen	jubla	wiwatować	jásat <zajásat>	—
jornal m	krant m	tidning u	gazeta f	noviny pl	—
artigo m	artikel n	artikel u	artykuł m	článek m	—
mostrar	tonen	visa	pokazywać	—	mutat
aparecer	verschijnen	framträda	—	objevovat se <objevit se>	megjelen
acalmar-se	kalmeren	lugna sig	ucichać <ucichnąć>	—	megnyugszik
acalmar	gerueststellen	lugna	uspokajać <uspokoić>	—	megnyugtat
mulher a dias f	schoonmaakster f	städhjälp u	sprzątaczka f	—	takarítónő
arrumar	opruimen	städa	sprzątać <sprzątnąć>	—	kitakarít
tarefa f	opdracht f	uppgift u	zadanie n	—	feladat
perseguir	vervolgen	förfölja	ścigać	pronásledovat	—
rua f	straat f	gata u	—	silnice f	utca
rua de sentido único f	eenrichtingsverkeer n	enkelriktad gata u	—	jednosměrná ulice f	egyirányú utca
—	inhalen	köra förbi	wyprzedzać	předjíždět <předjet>	megelőz
abraçar	omhelzen	krama	obejmować <objąć>	objímat <obejmout>	átölel
combinar	afspreken	avtala	—	ujednávat <ujednat>	megállapodik
guarda-chuva m	regenscherm n	paraply n	parasol m	deštník m	esernyő
virar	omdraaien	vrida	obracać	otáčet <otočit>	megfordít

umeblowany

	D	E	F	I	ES
umeblowany (PL)	möbliert	furnished	meublé(e)	ammobiliato(a)	amueblado(a)
umělec (CZ)	Künstler *m*	artist	artiste *m*	artista *m*	artista *m*
umělý (CZ)	künstlich	artificial	artificiel(le)	artificiale	artificial
umění (CZ)	Kunst *f*	art	art *m*	arte *f*	arte *m*
umět (CZ)	können	can	pouvoir	sapere	saber/poder
umfallen (D)	—	fall over	tomber	cadere	caerse
Umfrage (D)	—	poll	enquête *f*	inchiesta *f*	encuesta *f*
Umgangssprache (D)	—	colloquial language	langue familière *f*	lingua parlata *f*	lenguaje coloquial *m*
Umgebung (D)	—	surroundings	environs *m/pl*	dintorni *m/pl*	alrededores *m/pl*
umgekehrt (D)	—	vice versa	vice versa	inverso(a)	contrario(a)
umido(a) (I)	feucht	damp	humide	—	húmedo(a)
umierać \<umrzeć\> (PL)	sterben	die	mourir	morire	morir
umírat \<umřít\> (CZ)	sterben	die	mourir	morire	morir
umkehren (D)	—	turn back	retourner	ritornare	regresar
Umleitung (D)	—	diversion	déviation *f*	deviazione *f*	desviación *f*
umore (I)	Laune *f*	mood	humeur *f*	—	humor *m*
umowa (PL)	Vertrag *m*	contract	contrat *m*	contratto *m*	contrato *m*
umówienie się (PL)	Verabredung *f*	date	rendez-vous *m*	appuntamento *m*	cita *f*
umożliwiać \<umożliwić\> (PL)	ermöglichen	make possible	rendre possible	rendere possibile	facilitar
umožňovat \<umožnit\> (CZ)	ermöglichen	make possible	rendre possible	rendere possibile	facilitar
umsonst (D)	—	for nothing	en vain	per niente	en vano
umständlich (D)	—	complicated	compliqué(e)	complicato(a)	complicado(a)
umsteigen (D)	—	change	changer (de train)	cambiare	cambiar de
umtauschen (D)	—	exchange	échanger	scambiare	cambiar
Umweg (D)	—	detour	détour *m*	deviazione *f*	rodeo *m*
Umwelt (D)	—	environment	environnement *m*	ambiente *m*	medio ambiente *m*
Umweltschutz (D)	—	environment protection	protection de l'environnement *f*	protezione dell'ambiente *f*	protección del medio ambiente *f*
umysł (PL)	Gemüt *n*	disposition	disposition *f*	animo *m*	ánimo *m*
úmysl (CZ)	Absicht *f*	intention	intention *f*	intenzione *f*	intención *f*
úmyslně (CZ)	absichtlich	intentionally	exprès	apposta	adrede
umziehen (D)	—	move	déménager	traslocare	mudarse
umziehen, sich (D)	—	change	changer, se	cambiarsi	cambiarse
Umzug (D)	—	move	déménagement *m*	trasloco *m*	mudanza *f*
unabhängig (D)	—	independent	indépendant(e)	indipendente	independiente
unalmas (H)	langweilig	boring	ennuyeux(euse)	noioso(a)	aburrido(a)
unangenehm (D)	—	unpleasant	désagréable	spiacevole	desagradable
unatkozik (H)	langweilen, sich	get bored	ennuyer, se	annoiarsi	aburrirse
unavený (CZ)	müde	tired	fatigué(e)	stanco(a)	cansado(a)
unavovat, se \<unavit, se\> (CZ)	ermüden	tire	fatiguer	stancarsi	cansar
unbearable (E)	unerträglich	—	insupportable	insopportabile	inaguantable
unbedingt (D)	—	absolutely	absolument	assolutamente	absolutamente
unbekannt (D)	—	unknown	inconnu(e)	sconosciuto(a)	desconocido(a)
unbequem (D)	—	uncomfortable	inconfortable	scomodo(a)	incómodo(a)
unbestimmt (D)	—	uncertain	indéfini(e)	incerto(a)	indeterminado(a)
uncertain[1] (E)	unbestimmt	—	indéfini(e)	incerto(a)	indeterminado(a)
uncertain[2] (E)	ungewiss	—	incertain(e)	incerto(a)	incierto(a)
uncertain[3] (E)	unsicher	—	incertain(e)	incerto(a)	inseguro(a)
uncle (E)	Onkel *m*	—	oncle *m*	zio *m*	tío *m*

uncle

P	NL	SV	PL	CZ	H
mobilado	gemeubileerd	möblerad	—	zařízený nábytkem	bútorozott
artista m	kunstenaar m	konstnär u	artysta m	—	művész
artificial	kunstmatig	konstgjord	sztuczny	—	mesterséges
arte f	kunst f	konst u	sztuka f	—	művészet
poder	kunnen	kunna	móc	—	tud
cair	omvallen	falla omkull	upadać <upaść>	kácet, se <skácet, se>	elesik
inquérito m	enquête f	enkät u	ankieta f	anketa f	körkérdés
linguagem corrente f	omgangstaal f	talspråk n	język potoczny m	hovorový jazyk m	köznyelv
arredores m/pl	omgeving f	omgivning u	otoczenie n	okolí n	környék
inverso	omgekeerd	omvänt	odwrotnie	opačně	fordítva
húmido	vochtig	fuktig	wilgotny	vlhký	nedves
morrer	sterven	dö	—	umírat <umřít>	meghal
morrer	sterven	dö	umierać <umrzeć>	—	meghal
voltar	omkeren	vända om	zawrócić	obracet, se <obrátit, se>	megfordít
rota de m desvio	omleiding f	omdirigering av trafik u	objazd m	objížďka f	terelőút
disposição f	stemming f	humör n	nastrój m	nálada f	kedv
contrato m	contract n	kontrakt n	—	smlouva f	szerződés
compromisso m	afspraak m	avtal n	—	schůzka f	megbeszélés
possibilitar	mogelijk maken	möjliggöra	—	umožňovat <umožnit>	lehetővé tesz
possibilitar	mogelijk maken	möjliggöra	umożliwiać <umożliwić>	—	lehetővé tesz
gratuito	voor niets	förgäves	darmo	zbytečně	ingyen
complicado	omslachtig	omständlig	kłopotliwy	zdlouhavě	körülményes
mudar	overstappen	byta	przesiadać się	přestupovat <přestoupit>	átszáll
trocar	ruilen	byta ut	wymieniać	vyměňovat <vyměnit>	kicserél
caminho de desvio m	omweg m	omväg u	droga okrężna f	oklika f	kerülő út
meio ambiente m	milieu n	miljö u	środowisko n	životní prostředí n	környezet
protecção do meio ambiente f	milieubescherming f	miljöskydd n	ochrona środowiska f	ochrana životního prostředí f	környezetvédelem
ânimo m	gemoed n	själ u	—	mysl f	kedély
intenção f	bedoeling f	avsikt u	zamiar m	—	szándék
propositadamente	opzettelijk	avsiktligt	celowo	—	szándékos
mudar de casa	verhuizen	flytta	przeprowadzić się	stěhovat se <přestěhovat, se>	átköltözik
mudar de roupa	omkleden, zich	byta kläder	przebrać się	převlékat, se <převléct, se>	átöltözködik
mudança f	verhuizing f	flyttning u	przeprowadzka f	stěhování n	költözködés
independente	onafhankelijk	oberoende	niezależnie	nezávislý	független
aborrecido	saai	tråkig	nudny	nudný	—
desagradável	onaangenaam	obehaglig	nieprzyjemne	nepříjemný	kellemetlen
aborrecer-se	vervelen, zich	tråka ut	nudzić, się	nudit, se	—
cansado	moe	trött	zmęczony	—	fáradt
cansar	moe worden	trötta ut	męczyć <zmęczyć>	—	kifárad
insuportável	ondraaglijk	outhärdlig	nieznośny	nesnesitelný	elviselhetetlen
imprescindível	in elk geval	absolut	koniecznie	bezpodmínečně	feltétlen
desconhecido	onbekend	okänd	nieznany	neznámý	ismeretlen
incómodo	ongemakkelijk	obekväm	niewygodny	nepohodlný	kényelmetlen
indeterminado	onzeker	obestämt	nieokreślony	neurčitý	bizonytalan
indeterminado	onzeker	obestämt	nieokreślony	neurčitý	bizonytalan
incerto	onzeker	osäker	wątpliwy	nejistý	bizonytalan
inseguro	onzeker	osäker	niepewny	nejistý	bizonytalan
tio m	oom m	farbror/morbror u	wujek m	strýc m	nagybácsi

uncomfortable

	D	E	F	I	ES
uncomfortable[1] (E)	unbequem	—	inconfortable	scomodo(a)	incómodo(a)
uncomfortable[2] (E)	ungemütlich	—	désagréable	poco accogliente	incómodo(a)
und (D)	—	and	et	e	y
undan (SV)	fort	away	parti	via	lejos
undankbar (D)	—	ungrateful	ingrat(e)	ingrato(a)	desagradecido(a)
undantag (SV)	Ausnahme f	exception	exception f	eccezione f	excepción f
undecided (E)	unentschlossen	—	irrésolu(e)	indeciso(a)	irresoluto(a)
under (E)	unter	—	sous	al di sotto di	debajo de
under (SV)	unter	under	sous	al di sotto di	debajo de
under detta (SV)	darunter	underneath	au-dessous	sotto	por debajo
underground (E)	U-Bahn f	—	métro m	metropolitana f	metro m
underkläder (SV)	Unterwäsche f	underwear	sous-vêtements m/pl	biancheria intima f	ropa interior f
underneath (E)	darunter	—	au-dessous	sotto	por debajo
underrätta (SV)	benachrichtigen	inform	informer	informare	avisar
underskrift (SV)	Unterschrift f	signature	signature f	firma f	firma f
undersöka (SV)	untersuchen	examine	examiner	esaminare	examinar
undersökning (SV)	Behandlung f	treatment	traitement m	trattamento m	tratamiento m
understand (E)	verstehen	—	comprendre	capire	entender
understanding (E)	Verständnis n	—	compréhension f	comprensione f	comprensión f
undertake (E)	unternehmen	—	entreprendre	intraprendere	emprender
under tiden[1] (SV)	darüber	above	au-dessus	sopra	por encima
under tiden[2] (SV)	inzwischen	meanwhile	entretemps	frattanto	mientras tanto
under tiden[3] (SV)	während	during	pendant	durante	durante
undervisning (SV)	Unterricht m	lessons	cours m	lezione f	enseñanza f
underwear (E)	Unterwäsche f	—	sous-vêtements m/pl	biancheria intima f	ropa interior f
undkomma (SV)	entkommen	escape	échapper	scappare	escapar
undorító (H)	widerlich	disgusting	repoussant(e)	ripugnante	repugnante
undvara (SV)	entbehren	do without	passer de, se	fare a meno di	pasarse sin
undvika (SV)	vermeiden	avoid	éviter	evitare	evitar
unemployed (E)	arbeitslos	—	en chômage	disoccupato(a)	desempleado(a)
unemployment (E)	Arbeitslosigkeit f	—	chômage m	disoccupazione f	desempleo m
unentschlossen (D)	—	undecided	irrésolu(e)	indeciso(a)	irresoluto(a)
unerfahren (D)	—	inexperienced	inexpérimenté(e)	inesperto(a)	inexperto(a)
unerträglich (D)	—	unbearable	insupportable	insopportabile	inaguantable
unerwartet (D)	—	unexpected	inattendu(e)	inatteso(a)	inesperado(a)
uneven (E)	ungerade	—	impair(e)	dispari	impar
unexpected (E)	unerwartet	—	inattendu(e)	inatteso(a)	inesperado(a)
unfähig (D)	—	incapable	incapable	incapace	incapaz
Unfall (D)	—	accident	accident m	incidente m	accidente m
unfortunately (E)	leider	—	malheureusement	purtroppo	desgraciadamente
unfreundlich (D)	—	unfriendly	peu aimable	sgarbato(a)	descortés
unfriendly (E)	unfreundlich	—	peu aimable	sgarbato(a)	descortés
ung (SV)	jung	young	jeune	giovane	joven
Ungarn (D)	—	Hungary	Hongrie f	Ungheria f	Hungría f
ungeduldig (D)	—	impatient	impatient(e)	impaziente	inpaciente
ungefähr (D)	—	about	environ	pressappoco	aproximadamente
ungefär (SV)	ungefähr	about	environ	pressappoco	aproximadamente
ungemütlich (D)	—	uncomfortable	désagréable	poco accogliente	incómodo(a)
ungerade (D)	—	uneven	impair(e)	dispari	impar
ungerecht (D)	—	unjust	injuste	ingiusto(a)	injusto(a)
Ungerechtigkeit (D)	—	injustice	injustice f	ingiustizia f	injusticia f
ungern (D)	—	reluctantly	de mauvaise grâce	malvolentieri	de mala gana/sin ganas
Ungern (SV)	Ungarn	Hungary	Hongrie f	Ungheria f	Hungría f
ungeschickt (D)	—	clumsy	maladroit(e)	impacciato(a)	torpe

ungeschickt

P	NL	SV	PL	CZ	H
incómodo	ongemakkelijk	obekväm	niewygodny	nepohodlný	kényelmetlen
pouco aconchegante	ongezellig	otrevlig	niesympatyczny	neútulný	kellemetlen
e	en	och	i	a	és
ausente	weg	—	precz	pryč	el
ingrato	ondankbaar	otacksam	niewdzięczny	nevděčný	hálátlan
excepção f	uitzondering f	—	wyjątek m	výjimka f	kivétel
indeciso	besluiteloos	obeslutsam	niezdecydowany	nerozhodný	habozó
por baixo de	onder	under	pod	pod	alatt
por baixo de	onder	—	pod	pod	alatt
debaixo	daaronder	—	pod tym	pod tím	alatta
metro m	metro m	tunnelbana u	metro n	metro n	földalatti vasút
roupa f interior	ondergoed n	—	bielizna osobista f	spodní prádlo n	alsónemű
debaixo	daaronder	under detta	pod tym	pod tím	alatta
informar	verwittigen	—	zawiadamiać <zawiadomić>	podávat zprávu <podat zprávu>	értesít
assinatura f	handtekening f	—	podpis m	podpis m	aláírás
examinar	onderzoeken	—	badać	vyšetřovat <vyšetřit>	megvizsgál
tratamento m	behandeling n	—	traktowanie n	ošetření n	kezelés
compreender	verstaan	förstå	rozumieć	rozumět <porozumět>	megért
compreensão f	begrip n	förståelse u	zrozumienie n	pochopení n	megértés
empreender	ondernemen	företa sig	przedsięwziąć	podnikat <podniknout>	vállalkozik
por cima	daarover	—	o tym	o tom	felette
entretanto	ondertussen	—	tymczasem	mezitím	közben
durante	gedurende	—	podczas	během	közben
ensino m	les f	—	nauczanie n	vyučování n	tanítás
roupa f interior	ondergoed n	underkläder pl	bielizna osobista f	spodní prádlo n	alsónemű
escapar	ontkomen	—	zbiegać <zbiec>	unikat <uniknout>	megmenekül
repugnante	walgelijk	vedervärdig	odrażający	protivný	—
carecer de	ontberen	—	nie mieć	postrádat	nélkülöz
evitar	vermijden	—	unikać	vyhýbat, se <vyhnout, se>	elkerül
desempregado	werkloos	arbetslös	bezrobotny	nezaměstnaný	munkanélküli
desemprego m	werkloosheid f	arbetslöshet u	bezrobocie n	nezaměstnanost f	munkanélküliség
indeciso	besluiteloos	obeslutsam	niezdecydowany	nerozhodný	habozó
inexperto	onervaren	oerfaren	niedoświadczony	nezkušený	tapasztalatlan
insuportável	ondraaglijk	outhärdlig	nieznośny	nesnesitelný	elviselhetetlen
inesperado	onverwacht	oväntat	nieoczekiwany	nečekaný	váratlan
ímpar	oneven	udda	nieparzysty	nerovný	egyenetlen
inesperado	onverwacht	oväntat	nieoczekiwany	nečekaný	váratlan
incapaz	niet in staat	oduglig	niezdolny	neschopný	képtelen
acidente m	ongeval n	olycka u	wypadek m	nehoda f	baleset
infelizmente	helaas	tyvärr	niestety	bohužel	sajnos
pouco amável	onvriendelijk	ovänlig	nieprzyjazny	nevlídný	barátságtalan
pouco amável	onvriendelijk	ovänlig	nieprzyjazny	nevlídný	barátságtalan
jovem	jong	—	młody	mladý	fiatal
Hungria f	Hongarije n	Ungern n	Węgry pl	Maďarsko n	Magyarország
impaciente	ongeduldig	otålig	niecierpliwy	netrpělivý	türelmetlen
aproximadamente	ongeveer	ungefär	około	přibližně	körülbelül
aproximadamente	ongeveer	—	około	přibližně	körülbelül
pouco aconchegante	ongezellig	otrevlig	niesympatyczny	neútulný	kellemetlen
ímpar	oneven	udda	nieparzysty	nerovný	egyenetlen
injusto	onrechtvaardig	orättvis	niesprawiedliwy	nespravedlivý	igazságtalan
injustiça f	onrechtvaardigheid f	orättvisa u	niesprawiedliwość f	nespravedlivost f	igazságtalanság
de má vontade	niet graag	ogärna	niechętnie	nerad	nem szívesen
Hungria f	Hongarije n	—	Węgry pl	Maďarsko n	Magyarország
desajeitado	onhandig	klumpig	niezręczny	nešikovný	ügyetlen

ungesund

	D	E	F	I	ES
ungesund (D)	—	unhealthy	malsain(e)	malsano(a)	enfermizo(a)
ungewiss (D)	—	uncertain	incertain(e)	incerto(a)	incierto(a)
ungewöhnlich (D)	—	unusual	exceptionnel(le)	insolito(a)	inusual
Ungheria (I)	Ungarn	Hungary	Hongrie f	—	Hungría f
unglaublich (D)	—	incredible	incroyable	incredibile	increíble
Unglück (D)	—	misfortune	malheur m	disgrazia f	desgracia f
unglücklich (D)	—	unhappy	malheureux(euse)	sfortunato(a)	desgraciado(a)
ungrateful (E)	undankbar	—	ingrat(e)	ingrato(a)	desagradecido(a)
ungültig (D)	—	invalid	non valable	non valido(a)	no válido(a)
unhappy (E)	unglücklich	—	malheureux(euse)	sfortunato(a)	desgraciado(a)
unhealthy (E)	ungesund	—	malsain(e)	malsano(a)	enfermizo(a)
união (P)	Verbindung f	connection	relation f	relazione f	relación f
uni(e) (F)	einfarbig	all one colour	—	monocolore	de un solo color
unikać (PL)	vermeiden	avoid	éviter	evitare	evitar
unikat <uniknout> (CZ)	entkommen	escape	échapper	scappare	escapar
United States (E)	Vereinigte Staaten pl	—	Etats-Unis m/pl	Stati Uniti m/pl	Estados Unidos m/pl
univers (F)	Weltall n	universe	—	universo m	universo m
universe (E)	Weltall n	—	univers m	universo m	universo m
universidad (ES)	Universität f	university	université f	università f	—
universidade (P)	Universität f	university	université f	università f	universidad f
università (I)	Hochschule f	university	université f	—	escuela superior f
università (I)	Universität f	university	université f	—	universidad f
Universität (D)	—	university	université f	università f	universidad f
université (F)	Hochschule f	university	—	università f	escuela superior f
université (F)	Universität f	university	—	università f	universidad f
universiteit (NL)	Universität f	university	université f	università f	universidad f
universitet (SV)	Universität f	university	université f	università f	universidad f
university (E)	Hochschule f	—	université f	università f	escuela superior f
university (E)	Universität f	—	université f	università f	universidad f
universo (I)	Weltall n	universe	univers m	—	universo m
universo (ES)	Weltall n	universe	univers m	universo m	—
universo (P)	Weltall n	universe	univers m	universo m	universo m
universum (SV)	Weltall n	universe	univers m	universo m	universo m
univerzita (CZ)	Universität f	university	université f	università f	universidad f
uniwersytet (PL)	Universität f	university	université f	università f	universidad f
unjust (E)	ungerecht	—	injuste	ingiusto(a)	injusto(a)
unknown (E)	unbekannt	—	inconnu(e)	sconosciuto(a)	desconocido(a)
unlikely (E)	unwahrscheinlich	—	invraisemblable	improbabile	improbable
unload (E)	ausladen	—	décharger	scaricare	descargar
unlock (E)	aufschließen	—	ouvrir	aprire	abrir
unmöglich (D)	—	impossible	impossible	impossibile	imposible
unnecessary (E)	unnötig	—	inutile	inutile	inútil
ünnep (H)	Fest n	party	fête f	festa f	fiesta f
ünnepel (H)	feiern	celebrate	fêter	festeggiare	celebrar
ünnepnap (H)	Feiertag m	holiday	jour férié m	giorno festivo m	día de fiesta m
ünnepség (H)	Feier f	celebration	célébration f	festa f	fiesta f
unnötig (D)	—	unnecessary	inutile	inutile	inútil
Unordnung (D)	—	mess	désordre m	disordine m	desorden m
unpack (E)	auspacken	—	défaire	disfare	deshacer
unpassend (D)	—	inappropriate	mal à propos	fuori luogo	inadecuado(a)
un peu (F)	bisschen	a little	—	un po'	un poquito
unpleasant (E)	unangenehm	—	désagréable	spiacevole	desagradable
un po' (I)	bisschen	a little	un peu	—	un poquito

un po'

P	NL	SV	PL	CZ	H
insalubre	ongezond	ohälsosam	niezdrowy	nezdravý	egészségtelen
incerto	onzeker	osäker	wątpliwy	nejistý	bizonytalan
pouco habitual	ongewoon	ovanlig	niezwykły	neobvyklý	szokatlan
Hungria f	Hongarije n	Ungern n	Węgry pl	Maďarsko n	Magyarország
incrível	ongelofelijk	otrolig	niesłychany	neuvěřitelný	hihetetlen
desgraça f	ongeluk n	missöde n	nieszczęście n	neštěstí n	szerencsétlenség
infeliz	ongelukkig	olycklig	nieszczęśliwy	nešťastný	boldogtalan
ingrato	ondankbaar	otacksam	niewdzięczny	nevděčný	hálátlan
inválido	ongeldig	ogiltig	nieważny	neplatný	érvénytelen
infeliz	ongelukkig	olycklig	nieszczęśliwy	nešťastný	boldogtalan
insalubre	ongezond	ohälsosam	niezdrowy	nezdravý	egészségtelen
—	verbinding f	förbindelse u	połączenie n	spojení n	összeköttetés
de uma só cor	eenkleurig	enfärgad	jednokolorowy	jednobarevný	egyszínű
evitar	vermijden	undvika	—	vyhýbat, se <vyhnout, se>	elkerül
escapar	ontkomen	undkomma	zbiegać <zbiec>	—	megmenekül
Estados Unidos m/pl	Verenigde Staten pl	Förenta staterna pl	Stany Zjednoczone pl	Spojené státy pl	Egyesült Államok
universo m	heelal n	universum n	kosmos m	vesmír m	világegyetem
universo m	heelal n	universum n	kosmos m	vesmír m	világegyetem
universidade f	universiteit f	universitet n	uniwersytet m	univerzita f	egyetem
—	universiteit f	universitet n	uniwersytet m	univerzita f	egyetem
escola superior f	hogeschool f	högskola u	szkoła wyższa f	vysoká škola f	főiskola
universidade f	universiteit f	universitet n	uniwersytet m	univerzita f	egyetem
universidade f	universiteit f	universitet n	uniwersytet m	univerzita f	egyetem
escola superior f	hogeschool f	högskola u	szkoła wyższa f	vysoká škola f	főiskola
universidade f	universiteit f	universitet n	uniwersytet m	univerzita f	egyetem
universidade f	—	universitet n	uniwersytet m	univerzita f	egyetem
universidade f	universiteit f	—	uniwersytet m	univerzita f	egyetem
escola superior f	hogeschool f	högskola u	szkoła wyższa f	vysoká škola f	főiskola
universidade f	universiteit f	universitet n	uniwersytet m	univerzita f	egyetem
universo m	heelal n	universum n	kosmos m	vesmír m	világegyetem
universo m	heelal n	universum n	kosmos m	vesmír m	világegyetem
—	heelal n	universum n	kosmos m	vesmír m	világegyetem
universo m	heelal n	—	kosmos m	vesmír m	világegyetem
universidade f	universiteit f	universitet n	uniwersytet m	—	egyetem
universidade f	universiteit f	universitet n	—	univerzita f	egyetem
injusto	onrechtvaardig	orättvis	niesprawiedliwy	nespravedlivý	igazságtalan
desconhecido	onbekend	okänd	nieznany	neznámý	ismeretlen
improvável	onwaarschijnlijk	osannolik	nieprawdopodobny	nepravděpodobný	valószínűtlen
descarregar	uitladen	lasta av	wyładowywać <wyładować>	rušit pozvání <zrušit pozvání>	kirakódik
abrir à chave	ontsluiten	låsa upp	otwierać	odemykat <odemknout>	felnyit
impossível	onmogelijk	omöjligt	niemożliwy	nemožný	lehetetlen
desnecessário	onnodig	onödig	niepotrzebny	zbytečný	szükségtelen
festa f	feest n	fest u	uroczystość f	slavnost f	—
festejar	feesten	fira	świętować	oslavovat <slavit>	—
feriado m	feestdag m	helgdag u	dzień świąteczny m	svátek m	—
festa f	feest n	fest u	uroczystość f	oslava f	—
desnecessário	onnodig	onödig	niepotrzebny	zbytečný	szükségtelen
desordem f	wanorde f	oordning u	nieporządek m	nepořádek m	rendetlenség
desembrulhar	uitpakken	packa ur	rozpakowywać <rozpakować>	vybalovat <vybalit>	kipakol
inconveniente	ongepast	opassande	niestosowny	nevhodný	helytelen
bocadinho	beetje	lite	trochę	malinko	egy kicsit
desagradável	onaangenaam	obehaglig	nieprzyjemnie	nepříjemný	kellemetlen
bocadinho	beetje	lite	trochę	malinko	egy kicsit

un poquito

	D	E	F	I	ES
un poquito (ES)	bisschen	a little	un peu	un po'	—
Unrecht (D)	—	wrong	injustice f	torto m	injusticia f
unruhig (D)	—	restless	inquiet(iète)	inquieto(a)	intranquilo(a)
unschuldig (D)	—	innocent	innocent(e)	innocente	inocente/puro(a)
unsicher (D)	—	uncertain	incertain(e)	incerto(a)	inseguro(a)
Unsinn (D)	—	nonsense	bêtises f/pl	assurdità f	absurdo m
unten (D)	—	downstairs	dessous	sotto/giù	abajo
unter (D)	—	under	sous	al di sotto di	debajo de
unterbrechen (D)	—	interrupt	interrompre	interrompere	interrumpir
Unterbrechung (D)	—	interruption	interruption f	interruzione f	interrupción f
unterhalten, sich (D)	—	talk	entretenir, s'	conversare	conversar
Unterkunft (D)	—	accommodation	logement m	alloggio m	hospedaje m
unternehmen (D)	—	undertake	entreprendre	intraprendere	emprender
Unternehmen (D)	—	company	entreprise f	impresa f	empresa f
Unterricht (D)	—	lessons	cours m	lezione f	enseñanza f
unterscheiden (D)	—	distinguish	distinguer	distinguere	distinguir
unterschreiben (D)	—	sign	signer	firmare	firmar
Unterschrift (D)	—	signature	signature f	firma f	firma f
unterstützen (D)	—	support	soutenir	assistere	apoyar
Unterstützung (D)	—	support	soutien m	sostegno m	apoyo m
untersuchen (D)	—	examine	examiner	esaminare	examinar
Unterwäsche (D)	—	underwear	sous-vêtements m/pl	biancheria intima f	ropa interior f
unterwegs (D)	—	on the way	en route	in viaggio	en el camino
unusual (E)	ungewöhnlich	—	exceptionnel(le)	insolito(a)	inusual
unvermeidlich (D)	—	inevitable	inévitable	inevitabile	inevitable
unvorsichtig (D)	—	careless	imprudent(e)	imprudente	descuidado(a)
unwahrscheinlich (D)	—	unlikely	invraisemblable	improbabile	improbable
uomo (I)	Mann m	man	homme m	—	hombre m
uovo (I)	Ei n	egg	œuf m	—	huevo m
upadać <upaść>[1] (PL)	fallen	fall	tomber	cadere	caer
upadać <upaść>[2] (PL)	umfallen	fall over	tomber	cadere	caerse
upał (PL)	Hitze f	heat	chaleur f	calura f	calor m
úpal (CZ)	Sonnenbrand m	sunburn	coup de soleil m	scottatura solare f	quemadura solar f
up/high (E)	hoch	—	haut(e)	alto(a)	alto(a)
úplně (CZ)	ganz	whole	tout(e)	intero(a)	entero(a)
úplný (CZ)	vollständig	complete	complet(ète)	completo(a)	completo(a)
uplynulý (CZ)	vergangen	past	dernier(-ère)	passato(a)	pasado(a)
uppdrag (SV)	Auftrag m	order	ordre m	ordinazione f	orden f
uppfart (SV)	Auffahrt f	drive	allée f	salita d'ingresso f	entrada f
uppfinna (SV)	erfinden	invent	inventer	inventare	inventar
uppförande (SV)	Benehmen n	behaviour	conduite f	comportamento m	comportamiento m
uppfostra (SV)	erziehen	educate	élever	educare	educar
uppfostran (SV)	Erziehung f	education	éducation f	educazione f	crianza f
uppfylla (SV)	erfüllen	fulfil	remplir	esaudire	conceder
uppgift (SV)	Aufgabe f	task	tâche f	compito m	tarea f
upphöja (SV)	erheben	raise	lever	alzare	elevar
uppleva (SV)	erleben	experience	être témoin de	vivere	experimentar
uppmana (SV)	auffordern	ask	inviter	invitare	invitar
uppmärksam (SV)	aufmerksam	attentive	attentif(ive)	attento(a)	atento(a)

uppmärksam

P	NL	SV	PL	CZ	H
bocadinho	beetje	lite	trochę	malinko	egy kicsit
injustiça f	onrecht n	orätt u	bezprawie n	bezpráví n	jogtalanság
inquieto	onrustig	orolig	niespokojny	neklidný	nyugtalan
inocente	onschuldig	oskyldig	niewinny	nevinný	ártatlan
inseguro	onzeker	osäker	niepewny	nejistý	bizonytalan
disparates m/pl	onzin m	struntprat n	bezsens m	nesmysl m	hülyeség
em baixo	beneden	nere	na dole	dole	lent
por baixo de	onder	under	pod	pod	alatt
interromper	onderbreken	avbryta	przerywać	přerušovat <přerušit>	megszakít
interrupção f	onderbreking f	avbrott n	przerwanie n	přerušení n	megszakítás
conversar	praten	prata	rozmawiać	bavit, se <pobavit, se>	társalog
alojamento m	accommodatie f	logi u	schronienie n	ubytování n	szállás
empreender	ondernemen	företa sig	przedsięwziąć	podnikat <podniknout>	vállalkozik
empresa f	onderneming f	företag	przedsiębiorstwo n	podnik m	vállalat
ensino m	les f	undervisning u	nauczanie n	vyučování n	tanítás
distinguir	onderscheiden	skilja på	rozróżniać	rozlišovat <rozlišit>	megkülönböztet
assinar	ondertekenen	skriva på	podpisać	podepisovat <podepsat>	aláír
assinatura f	handtekening f	underskrift	podpis m	podpis m	aláírás
apoiar	ondersteunen	stödja	wspierać	podporovat <podpořit>	támogat
apoio m	ondersteuning f	stöd n	wsparcie n	podpora f	támogatás
examinar	onderzoeken	undersöka	badać	vyšetřovat <vyšetřit>	megvizsgál
roupa f interior	ondergoed n	underkläder pl	bielizna osobista f	spodní prádlo n	alsónemű
à caminho	onderweg	på väg	w drodze	cestou	útközben
pouco habitual	ongewoon	ovanlig	niezwykły	neobvyklý	szokatlan
inevitável	onvermijdelijk	oundvikligt	nieunikniony	nevyhnutelný	elkerülhetetlen
imprudente	onvoorzichtig	oförsiktig	nieostrożny	neopatrný	elővigyázatlan
improvável	onwaarschijnlijk	osannolik	nieprawdopodobny	nepravděpodobný	valószínűtlen
homem m	man m	man u	mężczyzna m	muž m	férfi
ovo m	ei n	ägg n	jajko n	vejce n	tojás
cair	vallen	trilla	—	padat <spadnout>	esik
cair	omvallen	falla omkull	—	kácet se, <skácet, se>	elesik
calor m	hitte f	hetta u	—	žár m	kánikula
queimadura solar f	zonnebrand m	svidande solbränna u	oparzenie słoneczne n	—	lesülés
alto	hoog	hög	wysoki	vysoko	magas
todo	geheel	helt	całkiem	—	egész
completo	volledig	fullständig	całkowity	—	teljes
passado	voorbij	förfluten	miniony	—	elmúlt
pedido m	opdracht f	—	zlecenie n	zakázka f	megbízás
rampa f	oprit f	—	wjazd m	nájezd m	felhajtó
inventar	uitvinden	—	wynajdować <wynaleźć>	vynalézat <vynalézt>	kitalál
comportamento m	gedrag n	—	zachowanie n	chování n	viselkedés
educar	opvoeden	—	wychowywać <wychować>	vychovávat <vychovat>	nevelni
educação f	opvoeding f	—	wychowanie n	vychování n	nevelés
concretizar	vervullen	—	wypełniać <wypełnić>	splňovat <splnit>	eleget tesz
tarefa f	opdracht f	—	zadanie n	úkol m	feladat
levantar	heffen	—	podnosić <podnieść>	vznášet <vznést>	felkel
presenciar	beleven	—	przeżywać <przeżyć>	prožívat <prožít>	átél
convidar	uitnodigen	—	wzywać <wezwać>	vyzývat <vyzvat>	felszólít
atento	oplettend	—	uważny	pozorně	figyelmes

upprätt

	D	E	F	I	ES
upprätt (SV)	aufrecht	upright	droit(e)	diritto(a)	derecho(a)
upprepa (SV)	wiederholen	repeat	répéter	ripetere	repetir
uppröra (SV)	aufregen	excite	énerver	agitare	agitar
upprörande (SV)	aufregend	exciting	énervant(e)	eccitante	emocionante
upprörd (SV)	aufgeregt	excited	agité(e)	eccitato(a)	excitado(a)
uppseende (SV)	Aufsehen n	sensation	sensation f	sensazione	sensación f
uppskatta (SV)	schätzen	estimate	estimer	stimare	estimar
uppstå (SV)	entstehen	arise	naître	nascere	surgir
upptäcka (SV)	entdecken	discover	découvrir	scoprire	descubrir
upptaget (SV)	besetzt	engaged	occupé(e)	occupato(a)	ocupado(a)
upravený (CZ)	gepflegt	looked-after	soigné(e)	curato(a)	cuidado(a)
upravovat <upravit> (CZ)	regeln	regulate	régler	regolare	dirigir
uprawiać (PL)	anbauen	cultivate	cultiver	coltivare	cultivar
upright (E)	aufrecht	—	droit(e)	diritto(a)	derecho(a)
uprostřed¹ (CZ)	inmitten	in the middle of	au milieu de	in mezzo a	en medio de
uprostřed² (CZ)	mitten	in the middle	au milieu	in mezzo	en medio
uprzejmość (PL)	Höflichkeit f	politeness	politesse f	cortesia f	cortesía f
uprzejmy (PL)	höflich	polite	poli(e)	cortese	cortés
úřad¹ (CZ)	Behörde f	authorities	autorités f/pl	autorità f/pl	autoridad f
úřad² (CZ)	Amt n	office	bureau m	ufficio m	oficio m
uradowany (PL)	erfreut	delighted	réjoui(e)	lieto(a)	contento(a)
uralkodik (H)	herrschen	rule	régner	dominare	mandar
urážet <urazit> (CZ)	beleidigen	insult	offenser	offendere	ofender
urážka (CZ)	Beleidigung f	insult	offense f	offesa f	ofensa f
určitě (CZ)	bestimmt	definitely	certainement	certamente	certamente
úředník (CZ)	Beamter m	civil servant	fonctionnaire m	impiegato statale m	funcionario m
üres¹ (H)	hohl	hollow	creux(euse)	cavo(a)	hueco(a)
üres² (H)	leer	empty	vide	vuoto(a)	vacío(a)
urgent (E)	dringend	—	urgent(e)	urgente	urgente
urgent(e) (F)	dringend	urgent	—	urgente	urgente
urgente (I)	dringend	urgent	urgent(e)	—	urgente
urgente (ES)	dringend	urgent	urgent(e)	urgente	—
urgente (P)	dringend	urgent	urgent(e)	urgente	urgente
űrlap (H)	Formular n	form	formulaire m	modulo m	formulario m
Urlaub (D)	—	holiday	vacances f/pl	vacanze f/pl	vacaciones f/pl
urlop (PL)	Urlaub m	holiday	vacances f/pl	vacanze f/pl	vacaciones f/pl
uroczystość¹ (PL)	Feier f	celebration	célébration f	festa f	fiesta f
uroczystość² (PL)	Fest n	party	fête f	festa f	fiesta f
urodzenie (PL)	Geburt f	birth	naissance f	nascita f	nacimiento m
urodzony (PL)	geboren	born	né(e)	nato(a)	nacido(a)
Ursache (D)	—	cause	cause f	causa f	causa f
ursäkt (SV)	Entschuldigung f	apology	excuse f	scusa f	disculpa f
ursäkta sig (SV)	entschuldigen, sich	apologize	excuser, s'	scusarsi	disculparse
urskärning (SV)	Ausschnitt m	extract	extrait m	ritaglio m	recorte m
urso (P)	Bär m	bear	ours m	orso m	oso m
ursprünglich (D)	—	original	originel(le)	originario(a)	primitivo(a)
ursprunglig (SV)	ursprünglich	original	originel(le)	originario(a)	primitivo(a)
Urteil (D)	—	judgement	jugement m	giudizio m	juicio m
urteilen (D)	—	judge	juger	giudicare	juzgar
ürügy (H)	Vorwand	pretext	prétexte m	pretesto m	pretexto m
urval (SV)	Auswahl f	choice	choix m	scelta f	elección f
urząd¹ (PL)	Behörde f	authorities	autorités f/pl	autorità f/pl	autoridad f

urząd

P	NL	SV	PL	CZ	H
erecto	rechtop	—	prosty	vzpřímeně	egyenes
repetir	herhalen	—	powtarzać	opakovat <zopakovat>	megismétel
agitar	opwinden	—	denerwować <zdenerwować>	rozčilovat <rozčílit>	felzaklat
emocionante	opwindend	—	emocjonujący	vzrušující	izgalmas
agitado	opgewonden	—	zdenerwowany	rozčíleně	izgatott
sensação f	opzien n	—	poruszenie n	rozruch m	feltűnés
apreciar	schatten/waarderen	—	szacować	cenit <ocenit>	becsüli
originar	ontstaan	—	powstawać <powstać>	vznikat <vzniknout>	keletkezik
descobrir	ontdekken	—	odkrywać <odkryć>	objevovat <objevit>	felfedez
ocupado	bezet	—	zajęty	obsazeno	foglalt
cuidado	verzorgd	välvårdad	wypielęgnowany	—	ápolt
regular	regelen	reglera	regulować <uregulować>	—	szabályoz
cultivar	aanbouwen	odla	—	pěstovat	termeszt
erecto	rechtop	upprätt	prosty	vzpřímeně	egyenes
no meio de	te midden van	mitt i	pośrodku	—	között
no meio	midden	mitt/i mitten	pośrodku	—	közepén
cortesia f	beleefdheid f	hövlighet u	—	zdvořilost f	udvariasság
cortês	beleefd	hövlig	—	zdvořilý	udvarias
repartição pública f	instantie f/overheid f	myndighet u	urząd m	—	hatóság
instituição f	ambt n	ämbete n	urząd m	—	hivatal
satisfeito	verheugd	glad	—	potěšený	nagyon örülök
dominar	heersen	härska	panować	panovat	—
ofender	beledigen	förolämpa	obrażać <obrazić>	—	sért
ofensa f	belediging f	förolämpning u	obraza f	—	sértés
certo	beslist	bestämd	określony	—	biztos
funcionário público m	ambtenaar m	tjänsteman u	urzędnik m	—	köztisztviselő
oco	hol	ihålig	pusty	dutý	—
vazio	leeg	tom	pusty	prázdný	—
urgente	dringend	brådskande	naglący	naléhavě	sürgős
urgente	dringend	brådskande	naglący	naléhavě	sürgős
urgente	dringend	brådskande	naglący	naléhavě	sürgős
urgente	dringend	brådskande	naglący	naléhavě	sürgős
—	dringend	brådskande	naglący	naléhavě	sürgős
impresso m	formulier n	formulär n	formularz m	formulář m	—
férias f/pl	vakantie f	semester u	urlop m	dovolená f	szabadság
férias f/pl	vakantie f	semester u	—	dovolená f	szabadság
festa f	feest n	fest u	—	oslava f	ünnepség
festa f	feest n	fest u	—	slavnost f	ünnep
nascimento m	geboorte f	födelse u	—	narození n	születés
nascido	geboren	född	—	narodit se	született
causa f	oorzaak f	orsak u	przyczyna f	příčina f	ok
desculpa f	verontschuldiging f	—	usprawiedliwienie n	omluva f	bocsánat
desculpar-se	verontschuldigen, zich	—	przepraszać <przeprosić>	omlouvat, se <omluvit, se>	bocsánatot kér
decote m	fragment n	—	wycinek m	výřez m	kivágás
—	beer m	björn u	niedźwiedź m	medvěd m	medve
original	oorspronkelijk	ursprunglig	pierwotny	původní	eredetileg
original	oorspronkelijk	—	pierwotny	původní	eredetileg
sentença f	oordeel n	dom u	wyrok m	rozsudek m	ítélet
julgar	oordelen	döma	sądzić	posuzovat <posoudit>	ítél
pretexto m	voorwendsel n	förevändning u	pretekst m	záminka f	—
selecção f	keuze f	—	wybór m	výběr m	választék
repartição pública f	instantie f/overheid f	myndighet u	—	úřad m	hatóság

urząd

	D	E	F	I	ES
urząd² (PL)	Amt n	office	bureau m	ufficio m	oficio m
urząd pocztowy (PL)	Postamt n	post office	bureau de poste m	ufficio postale m	oficina de correos f
urządzać <urządzić> (PL)	einrichten	fit out	aménager	arredare	equipar
urządzenie (PL)	Einrichtung f	furnishing	ameublement m	arredamento m	mobiliario m
urzeczywistniać (PL)	verwirklichen	realize	réaliser	realizzare	realizar
urzędnik (PL)	Beamter m	civil servant	fonctionnaire m	impiegato statale m	funcionario m
usado (P)	gebraucht	used	d'occasion	usato(a)	usado(a)
usado(a) (ES)	gebraucht	used	d'occasion	usato(a)	—
usage (F)	Gebrauch m	custom	—	uso m	uso m
usar (ES)	benutzen	use	utiliser	usare	—
usare (I)	benutzen	use	utiliser	—	usar
usare (I)	verwenden	use	employer	—	utilizar
usato(a) (I)	gebraucht	used	d'occasion	—	usado(a)
uschovávat <uschovat> (CZ)	aufbewahren	keep	garder	conservare	guardar
uscire (I)	hinausgehen	go out	sortir	—	salir
uscita¹ (I)	Ausgang m	exit	sortie f	—	salida f
uscita² (I)	Ausfahrt f	exit	sortie f	—	salida f
uscita di sicurezza (I)	Notausgang m	emergency exit	sortie de secours f	—	salida de emergencia f
use (E)	benutzen	—	utiliser	usare	usar
use (E)	verwenden	—	employer	usare	utilizar
used (E)	gebraucht	—	d'occasion	usato(a)	usado(a)
useful (E)	nützlich	—	utile	utile	útil
useless¹ (E)	nutzlos	—	inutile	inutile	inútil
useless² (E)	zwecklos	—	inutile	inutile	inútil
user (E)	Benutzer m	—	utilisateur m	utilizzatore m	usuario m
user (F)	abnutzen	wear out	—	consumare	desgastar
user manual (E)	Gebrauchsanweisung f	—	manuel d'utilisation m	istruzioni per l'uso f/pl	instrucciones para el uso f/pl
use the familiar form (E)	duzen	—	tutoyer	dare del tu	tutear
úsilí (CZ)	Mühe f	effort	peine f	fatica f	esfuerzo m
usínat <usnout> (CZ)	einschlafen	fall asleep	endormir, s'	addormentarsi	dormirse
usine (F)	Fabrik f	factory	—	fabbrica f	fábrica f
uskutečňovat <uskutečnit> (CZ)	verwirklichen	realize	réaliser	realizzare	realizar
usmażony (PL)	gebraten	fried	rôti(e)	arrostito(a)	asado(a)
uso (I)	Gebrauch m	custom	usage m	—	uso m
uso (ES)	Gebrauch m	custom	usage m	uso m	—
uso (P)	Gebrauch m	custom	usage m	uso m	uso m
úspěch (CZ)	Erfolg m	success	succès m	successo m	éxito m
úspěšný (CZ)	orfolgreich	successful	avec succès	di successo	exitoso(a)
uspokajać <uspokoić> (PL)	beruhigen	calm	calmer	calmare	calmar
usprawiedliwienie (PL)	Entschuldigung f	apology	excuse f	scusa f	disculpa f
usta (PL)	Mund m	mouth	bouche f	bocca f	boca f
ústa (CZ)	Mund m	mouth	bouche f	bocca f	boca f
ustalać (PL)	vereinbaren	agree upon	convenir de	fissare	convenir
ústava (CZ)	Verfassung f	constitution	constitution f	costituzione f/pl	constitución f
ustawa (PL)	Gesetz n	law	loi f	legge f	ley f
ustawiać <ustawić> (PL)	einstellen	adjust	régler	regolare	ajustar

ustawiać

P	NL	SV	PL	CZ	H
instituição f	ambt n	ämbete n	—	úřad m	hivatal
estação de correios f	postkantoor n	postkontor n	—	poštovní úřad m	postahivatal
arranjar	inrichten	inrätta	—	zařizovat <zařídit>	berendez
mobília f	inrichting f	inredning u	—	zařízení n	berendezés
realizar	realiseren	förverkliga	—	uskutečňovat <uskutečnit>	megvalósít
funcionário público m	ambtenaar m	tjänsteman u	—	úředník m	köztisztviselő
—	tweedehands/gebruikt	begagnad	używany	použitý	használt
usado	tweedehands/gebruikt	begagnad	używany	použitý	használt
uso m	gebruik n	användning u	użycie n	užívání n	használat
utilizar	gebruiken	använda	używać <użyć>	používat <použít>	használ
utilizar	gebruiken	använda	używać <użyć>	používat <použít>	használ
utilizar	gebruiken	använda	stosować	užívat <užít>	felhasznál
usado	tweedehands/gebruikt	begagnad	używany	použitý	használt
guardar	bewaren	förvara	przechowywać <przechować>	—	megőriz
sair	naar buiten gaan	gå ut	wychodzić <wyjść>	vycházet <vyjít> ven	kimegy
saída f	uitgang m	utgång u	wyjście n	východ m	kijárat
saída f	uitvaren m	utfart u	wyjazd m	výjzed m	kijárat
saída de emergência f	nooduitgang m	nödutgång u	wyjście awaryjne n	nouzový východ m	vészkijárat
utilizar	gebruiken	använda	używać <użyć>	používat <použít>	használ
utilizar	gebruiken	använda	stosować	užívat <užít>	felhasznál
usado	tweedehands/gebruikt	begagnad	używany	použitý	használt
útil	nuttig	nyttig	pożyteczny	užitečný	hasznos
inútil	nutteloos	onyttig	bezużyteczny	neužitečný	hiábavaló
inútil	zinloos	meningslös	bezcelowy	zbytečný	értelmetlen
consumidor m	gebruiker m	användare u	użytkownik m	používatel m	használó
gastar	verslijten	nötas/slitas	zużywać <zużyć>	opotřebovávat <opotřebit>	elhasznál
instruções de uso f/pl	gebruiksaanwijzing f	bruksanvisning u	instrukcja obsługi f	návod k použití m	használati utasítás
tratar por tu	met "jij" aanspreken	dua	mówić per ty	tykat	tegez
esforço m	moeite f	ansträngning	trud m	—	fáradozás
adormecer	inslapen	somna	zasypiać <zasnąć>	—	elalszik
fábrica f	fabriek f	fabrik u	fabryka f	továrna f	gyár
realizar	realiseren	förverkliga	urzeczywistniać	—	megvalósít
assado	gebraden	stekt	—	pečený	megsült
uso m	gebruik n	användning u	użycie n	užívání n	használat
uso m	gebruik n	användning u	użycie n	užívání n	használat
—	gebruik n	användning u	użycie n	užívání n	használat
êxito m	succes n	framgång u	sukces m	—	siker
bem sucedido	succesrijk	framgångsrik	cieszący się powodzeniem	—	sikeres
acalmar	geruststellen	lugna	—	uklidňovat <uklidnit>	megnyugtat
desculpa f	verontschuldiging f	ursäkt u	—	omluva f	bocsánat
boca f	mond m	mun u	—	ústa pl	száj
boca f	mond m	mun u	usta n/pl	—	száj
acertar	overeenkomen	avtala	—	ujednávat <ujednat>	megegyezik
constituição f	grondwet m	författning u	konstytucja f	—	alkotmány
lei f	wet m	lag u	—	zákon m	törvény
colocar	instellen	anställa	—	nastavovat <nastavit>	alkalmaz

ustępować

	D	E	F	I	ES
ustępować <ustąpić> (PL)	nachgeben	yield	céder	cedere	ceder
ustupovat <ustoupit> (CZ)	nachgeben	yield	céder	cedere	ceder
usual (E)	gewöhnlich	—	habituel(le)	abituale	habitual
usual (P)	gewöhnlich	usual	habituel(le)	abituale	habitual
usuario (ES)	Benutzer m	user	utilisateur m	utilizzatore m	—
usuwać <usunąć> (PL)	entfernen	remove	éloigner	allontanare	quitar
uszkadzać <uszkodzić> (PL)	beschädigen	damage	endommager	danneggiare	dañar
uszkodzenie (PL)	Beschädigung f	damage	endommagement m	danno m	deterioro m
uszkodzony (PL)	defekt	defective	défectueux(euse)	guasto(a)	defectuoso(a)
uszoda (H)	Schwimmbad n	swimming pool	piscine f	piscina f	piscina f
ut (SV)	aus	off/from/out of	de/par/hors de	da/di	de
üt (H)	schlagen	hit	battre	battere	golpear
út (H)	Weg m	way	chemin m	via f	camino m
utan (H)	nach	after	après	dopo	después de
utána[1] (H)	danach	afterwards	après	poi/dopo	después
utána[2] (H)	nachher	afterwards	ensuite	dopo	después
utánaküld (H)	nachsenden	send on	faire suivre	inoltrare	enviar a la nueva dirección
utánanéz (H)	nachsehen	check	vérifier	controllare	examinar
utanför (SV)	draußen	outside	dehors	fuori	afuera
utantill (SV)	auswendig	by heart	par cœur	a memoria	de memoria
utas (H)	Passagier m	passenger	passager m	passeggero m	pasajero m
utasítás (H)	Befehl m	instruction	instruction m	comando m	orden f
utazás (H)	Reise f	journey	voyage m	viaggio m	viaje m
utazási iroda (H)	Reisebüro n	travel agency	agence de voyages f	agenzia turistica f	agencia de viajes f
utazik (H)	reisen	travel	voyager	viaggiare	viajar
utazó (H)	Reisender m	traveller	voyageur m	viaggiatore m	viajero m
utbilda (SV)	ausbilden	educate	former	addestrare	instruir
utbildning (SV)	Ausbildung f	education	formation f	formazione f	formación f
útburkolat (H)	Pflaster n	pavement	pavé m	lastricato m	empedrado m
utbyte (SV)	Austausch m	exchange	échange m	scambio m	cambio m
utca (H)	Straße f	street	rue f	strada f	calle f
ute (SV)	außen	outside	au dehors	fuori	afuera
utensile (I)	Werkzeug n	tool	outil m	—	herramienta f
ütés (H)	Schlag m	blow	coup m	colpo m	golpe m
uteslutet (SV)	ausgeschlossen	impossible	exclu(e)	escluso(a)	imposible
utěšovat <utěšit> (CZ)	trösten	comfort	consoler	consolare	consolar
utfart (SV)	Ausfahrt f	exit	sortie f	uscita f	salida f
utflykt (SV)	Ausflug m	outing	excursion f	gita f	excursión f
utföra (SV)	ausführen	export	exporter	esportare	exportar
utgång (SV)	Ausgang m	exit	sortie f	uscita f	salida f
uthärda (SV)	aushalten	bear	supporter	sopportare	aguantar
útil (ES)	nützlich	useful	utile	utile	—
útil (P)	nützlich	useful	utile	utile	útil
utile (F)	nützlich	useful	—	utile	útil
utile (I)	nützlich	useful	utile	—	útil
utilisateur (F)	Benutzer m	user	—	utilizzatore m	usuario m
utiliser (F)	benutzen	use	—	usare	usar
utilizar (ES)	verwenden	use	employer	usare	—
utilizar (P)	benutzen	use	utiliser	usare	usar
utilizar (P)	verwenden	use	employer	usare	utilizar

utilizar

P	NL	SV	PL	CZ	H
ceder	toegeven	ge efter	—	ustupovat <ustoupit>	enged
ceder	toegeven	ge efter	ustępować <ustąpić>	—	enged
usual	gewoon	vanlig	zazwyczaj	obvykle	rendszerint
—	gewoon	vanlig	zazwyczaj	obvykle	rendszerint
consumidor *m*	gebruiker *m*	användare *u*	użytkownik *m*	používatel *m*	használó
afastar	verwijderen	ta bort	—	odstraňovat <odstranit>	eltávolít
danificar	beschadigen	skada	—	poškozovat <poškodit>	megrongál
dano *m*	beschadiging *f*	skada *u*	—	poškození *n*	megrongálás
defeituoso	defect	sönder	—	defektní	hibás
piscina *f*	zwembad *n*	simhall *u*	pływalnia *f*	plovárna *f*	—
de	uit	—	z	z	ból/ből
bater	slaan	slå	bić <pobić>	tlouci <udeřit>	—
caminho *m*	weg *m*	väg *u*	droga *f*	cesta *f*	—
depois de	na	efter	po	po	—
depois	daarna	efteråt	potem	poté	—
depois	later	efteråt	potem	potom	—
remeter	nazenden	eftersända	dosyłac <dosłać>	dosílat <doslat>	—
verificar	nazien	ta reda på	patrzeć <popatrzeć>	dívat, se <podívat, se>	—
fora	buiten	—	na dworze	venku	kívül
de cor	uit het hoofd	—	na pamięć	nazpaměť	kivülröl
passageiro *m*	passagier *m*	passagerare *u*	pasażer *m*	cestující *m*	—
comando *m*	commando *n*	order *u*	polecenie *n*	příkaz *m*	—
viagem *f*	reis *f*	resa *u*	podróż *f*	cesta *f*	—
agência de viagens *f*	reisbureau *n*	resebyrå *u*	biuro podróży *n*	cestovní kancelář *f*	—
viajar	reizen	resa	podróżować	cestovat	—
viajante *m*	reiziger *m*	resande *u*	podróżnik *m*	cestující *m*	—
formar	opleiden	—	kształcić <wykształcić>	vzdělávat <vzdělat>	kiképez
formação *f*	opleiding *f*	—	wykształcenie *n*	vzdělání *n*	kiképzés
calçada *f*	bestrating *f*	gatubeläggning *n*	bruk *m*	dlažba *f*	—
troca *f*	uitwisseling *f*	—	wymiana *f*	výměna *f*	csere
rua *f*	straat *f*	gata *u*	ulica *f*	silnice *f*	—
fora	buiten	—	zewnątrz	venku	kint
ferramenta *f*	werktuig *n*	verktyg *n*	narzędzie *n*	nářadí *n*	szerszám
golpe *m*	slag *m*	stöt *u*	uderzenie *n*	úder *m*	—
excluído	uitgesloten	—	wykluczony	vyloučeno	kizárt
consolar	troosten	trösta	pocieszać	—	megvigasztal
saída *f*	uitvaren *m*	—	wyjazd *m*	výjezd *m*	kijárat
excursão *f*	uitstap *m*	—	wycieczka *f*	výlet *m*	kirándulás
executar	uitvoeren	—	wykonywać <wykonać>	provádět <provést>	végrehajt
saída *f*	uitgang *m*	—	wyjście *n*	východ *m*	kijárat
aguentar	uithouden	—	wytrzymywać <wytrzymać>	vydržovat <vydržet>	elvisel
útil	nuttig	nyttig	pożyteczny	užitečný	hasznos
—	nuttig	nyttig	pożyteczny	užitečný	hasznos
útil	nuttig	nyttig	pożyteczny	užitečný	hasznos
útil	nuttig	nyttig	pożyteczny	užitečný	hasznos
consumidor *m*	gebruiker *m*	användare *u*	użytkownik *m*	používatel *m*	használó
utilizar	gebruiken	använda	używać <użyć>	používat <použít>	használ
utilizar	gebruiken	använda	stosować	užívat <užít>	felhasznál
—	gebruiken	använda	używać <użyć>	používat <použít>	használ
—	gebruiken	använda	stosować	užívat <užít>	felhasznál

utilizzatore

	D	E	F	I	ES
utilizzatore (I)	Benutzer *m*	user	utilisateur *m*	—	usuario *m*
útirány (H)	Kurs *m*	course	cours *m*	corso *m*	curso *m*
utkast (SV)	Entwurf *m*	outline	esquisse *f*	abbozzo *m*	proyecto *m*
útközben (H)	unterwegs	on the way	en route	in viaggio	en el camino
utlandet (SV)	Ausland *n*	abroad	étranger *m*	estero *m*	extranjero *m*
utlandssamtal (SV)	Ferngespräch *n*	long-distance call	communication interurbaine *f*	telefonata interurbana *f*	llamada interurbana *f*
utlänning (SV)	Ausländer *m*	foreigner	étranger *m*	straniero *m*	extranjero *m*
útlevél (H)	Reisepass *m*	passport	passeport *m*	passaporto *m*	pasaporte *m*
utmattad (SV)	erschöpft	exhausted	épuisé(e)	esausto(a)	agotado(a)
útočit \<zaútočit\> (CZ)	angreifen	attack	attaquer	attaccare	atacar
utom (SV)	außer	except	hors de	eccetto	salvo
utöva (SV)	ausüben	practise	exercer	esercitare	ejercer
utpressning (SV)	Erpressung *f*	blackmail	chantage *m*	ricatto *m*	chantaje *f*
uträtta (SV)	ausrichten	pass on a message	transmettre	riferire	comunicar
utropa (SV)	ausrufen	exclaim	crier	esclamare	exclamar
utsåld (SV)	ausverkauft	sold out	épuisé(e)	esaurito(a)	vendido(a)
utseende (SV)	Aussehen *n*	appearance	apparence *f*	aspetto *m*	aspecto *m*
utsikt (SV)	Aussicht *f*	view	vue *f*	vista *f*	vista *f*
utsökt (SV)	köstlich	delicious	savoureux(euse)	squisito(a)	exquisito(a)
utställning (SV)	Ausstellung *f*	exhibition	exposition *f*	esposizione *f*	exposición *f*
uttal (SV)	Aussprache *f*	pronunciation	prononciation *f*	pronuncia *f*	pronunciación *f*
uttalande (SV)	Aussage *f*	statement	déclaration *f*	dichiarazione *f*	afirmación *f*
uttryck (SV)	Ausdruck *m*	expression	expression *f*	espressione *f*	expresión *f*
uttrycklig (SV)	ausdrücklich	explicit	exprès(esse)	espresso(a)	explícito(a)
útulný (CZ)	gemütlich	comfortable	agréable	comodo(a)	cómodo(a)
utvandra (SV)	auswandern	emigrate	émigrer	emigrare	emigrar
utveckla (SV)	entwickeln	develop	développer	sviluppare	desarrollar
utveckling (SV)	Entwicklung *f*	development	développement *m*	sviluppo *m*	desarrollo *m*
uur (NL)	Stunde *f*	hour	heure *f*	ora *f*	hora *f*
uva (I)	Traube *f*	grape	grappe *f*	—	uva *f*
uva (ES)	Traube *f*	grape	grappe *f*	uva *f*	—
uva (P)	Traube *f*	grape	grappe *f*	uva *f*	uva *f*
üveg[1] (H)	Flasche *f*	bottle	bouteille *f*	bottiglia *f*	botella *f*
üveg[2] (H)	Glas *n*	glass	verre *m*	bicchiere *m*	vaso *m*
üvegnyitó (H)	Flaschenöffner *m*	bottle opener	ouvre-bouteilles *m*	apribottiglie *m*	abrebotellas *m*
uveřejňovat \<uveřejnit\> (CZ)	veröffentlichen	publish	publier	pubblicare	publicar
uvnitř[1] (CZ)	drinnen	inside	dedans	dentro	(a)dentro
uvnitř[2] (CZ)	innen	inside	à l'intérieur	dentro	dentro/adentro
uvnitř[3] (CZ)	innerhalb	within	à l'intérieur de	entro	dentro de
uvolňovat \<uvolnit\> (CZ)	lösen	solve	résoudre	sciogliere	desatar
Uwaga! (PL)	Achtung!	Attention!	Attention!	Attenzione!	¡Atención!
uważać (PL)	Acht geben	take care	faire attention	badare	atender
uważać (PL)	meinen	think	penser	ritenere	opinar
uważny (PL)	aufmerksam	attentive	attentif(ive)	attento(a)	atento(a)
űz (H)	ausüben	practise	exercer	esercitare	ejercer
uzavírat sňatek \<uzavřít sňatek\> (CZ)	heiraten	marry	marier	sposarsi	casarse
uzavřený (CZ)	geschlossen	closed	fermé(e)	chiuso(a)	cerrado(a)
uzębienie (PL)	Gebiss *n*	teeth	denture *f*	denti *m/pl*	dentadura *f*
území[1] (CZ)	Gebiet *n*	region	région *f*	regione *f*	zona *f*
území[2] (CZ)	Gebiet *n*	region	région *f*	regione *f*	zona *f*

1037 — území

P	NL	SV	PL	CZ	H
consumidor m	gebruiker m	användare u	użytkownik m	používatel m	használó
rumo m	koers m	kurs u	kurs m	kurs m	—
projecto m	ontwerp n	—	szkic m	návrh m	tervezet
à caminho	onderweg	på väg	w drodze	cestou	—
estrangeiro m	buitenland n	—	zagranica f	zahraničí n	külföld
telefonema interurbano m	interlokaal telefoongesprek n	—	rozmowa międzymiastowa f	dálkový hovor m	távolsági hívás
estrangeiro m	buitenlander m	—	cudzoziemiec m	cizinec m	külföldi
passaporte m	paspoort n	pass n	paszport m	cestovní pas m	—
exausto	uitgeput	—	wyczerpany	vyčerpaný	kimerült
atacar	aanvallen	angripa	atakować <zaatakować>	—	megtámad
excepto	behalve	—	oprócz	kromě	kívül
exercer	uitoefenen	—	wykonywać	vykonávat <vykonat>	űz
chantagem f	afpersing f	—	szantaż m	vydírání n	zsarolás
transmitir	richten	—	wyrównywać <wyrównać>	vyrovnávat <vyrovnat>	megmond
exclamar	uitroepen	—	wywoływać <wywołać>	vyvolávat <vyvolat>	bemond
esgotado	uitverkocht	—	wyprzedany	vyprodáno	kiárúsítva
aspecto m	uiterlijk n	—	wygląd m	vzhled m	kinézés
vista f	uitzicht n	—	widok m	výhled m	kilátás
delicioso	kostelijk	—	wyborny	lahodný	pompás
exposição f	tentoonstelling f	—	wystawa f	výstava f	kiállítás
pronúncia f	uitspraak f	—	wymowa f	vyříkání n	kiejtés
declaração f	verklaring f	—	wypowiedź f	výpověď f	kijelentés
expressão f	uitdrukking f	—	wyraz m	výraz m	kifejezés
expresso	uitdrukkelijk	—	kategorycznie	výslovně	nyomatékos
confortável	gezellig	hemtrevlig	przytulny	—	kellemes
emigrar	emigreren	—	emigrować <wyemigrować>	vysídlovat <vysídlit>	kivándorol
desenvolver	ontwikkelen	—	rozwijać <rozwinąć>	vyvíjet <vyvinout>	fejleszt
desenvolvimento m	ontwikkeling f	—	rozwój m	vývoj m	fejlesztés
hora f	—	timme u	godzina f	hodina f	óra
uva f	druif f	druva u	winogrono n	hrozen m	szőlő
uva f	druif f	druva u	winogrono n	hrozen m	szőlő
—	druif f	druva u	winogrono n	hrozen m	szőlő
garrafa f	fles f	flaska u	butelka f	láhev f	—
vidro m	glas n	glas n	szkło n	sklo n	—
abre-cápsulas m	flesopener m	flasköppnare u	otwieracz do butelek m	otvírák na láhve m	—
publicar	publiceren	offentliggöra	publikować	—	publikál
no interior	binnen	innanför	w środku	—	belül
dentro	binnen	invändigt	w środku	—	belül
dentro	binnen	inom	w obrębie	—	belül
soltar	oplossen	ta loss	rozwiązywać <rozwiązać>	—	leválaszt
Atenção!	Attentie!	Se upp!	—	Pozor!	Figyelem!
prestar atenção a	opletten	akta sig	—	dávat pozor <dát pozor>	vigyáz
opinar	menen; denken	tycka	—	mínit <vymínit>	vél
atento	oplettend	uppmärksam	—	pozorně	figyelmes
exercer	uitoefenen	utöva	wykonywać	vykonávat <vykonat>	—
casar	huwen	gifta sig	żenić, się <ożenić, się> / wychodzić za mąż <wyjść za mąż>	—	házasságot köt
fechado	gesloten	stängd	zamknięty	—	zárt
dentadura f	gebit n	gom u	—	chrup m	fogsor
área f	gebied n	område n	obszar m	—	terület
área f	gebied n	område n	obszar m	—	terület

üzenet

	D	E	F	I	ES
üzenet (H)	Botschaft f	message	message m	messaggio m	mensaje m
užitečný (CZ)	nützlich	useful	utile	utile	útil
užívání (CZ)	Gebrauch m	custom	usage m	uso m	uso m
užívat <užít>[1] (CZ)	genießen	enjoy	jouir	godere	disfrutar
užívat <užít>[2] (CZ)	verwenden	use	employer	usare	utilizar
úzký (CZ)	eng	narrow	étroit(e)	stretto(a)	estrecho(a)
üzlet (H)	Geschäft n	shop	magasin m	negozio m	tienda f
üzleti (H)	geschäftlich	on business	d'affaires	per affari	comercial
uzupełniać <uzupełnić> (PL)	ergänzen	supplement	compléter	completare	completar
użycie (PL)	Gebrauch m	custom	usage m	uso m	uso m
użytkownik (PL)	Benutzer m	user	utilisateur m	utilizzatore m	usuario m
używać <użyć>[1] (PL)	benutzen	use	utiliser	usare	usar
używać <użyć>[2] (PL)	genießen	enjoy	jouir	godere	disfrutar
używanie (PL)	Genuss m	pleasure	plaisir m	piacere m	placer m
używany (PL)	gebraucht	used	d'occasion	usato(a)	usado(a)
v (CZ)	in	in/into	des/à/en	in/a/tra/fra	en/a
vaak[1] (NL)	häufig	frequent	fréquent(e)	frequente	frecuente
vaak[2] (NL)	oft	often	souvent	spesso	a menudo
vaatwerk (NL)	Geschirr n	crockery	vaisselle f	stoviglie f/pl	vajilla f
vaca (ES)	Kuh f	cow	vache f	mucca f	—
vaca (P)	Kuh f	cow	vache f	mucca f	vaca f
vacaciones[1] (ES)	Ferien pl	holidays	vacances f/pl	vacanze f/pl	—
vacaciones[2] (ES)	Urlaub m	holiday	vacances f/pl	vacanze f/pl	—
vacances[1] (F)	Ferien pl	holidays	—	vacanze f/pl	vacaciones f/pl
vacances[2] (F)	Urlaub m	holiday	—	vacanze f/pl	vacaciones f/pl
vacanze[1] (I)	Ferien pl	holidays	vacances f/pl	—	vacaciones f/pl
vacanze[2] (I)	Urlaub m	holiday	vacances f/pl	—	vacaciones f/pl
vaccin (SV)	Impfung f	vaccination	vaccination f	vaccinazione f	vacunanción f
vaccination (E)	Impfung f	—	vaccination f	vaccinazione f	vacunanción f
vaccination (F)	Impfung f	vaccination	—	vaccinazione f	vacunanción f
vaccinazione (I)	Impfung f	vaccination	vaccination f	—	vacunanción f
vache (F)	Kuh f	cow	—	mucca f	vaca f
vacilar (ES)	zögern	hesitate	hésiter	esitare	—
vacina (P)	Impfung f	vaccination	vaccination f	vaccinazione f	vacunanción f
vacío(a) (ES)	leer	empty	vide	vuoto(a)	—
väcka[1] (SV)	aufwecken	wake up	réveiller	svegliare	despertar
väcka[2] (SV)	wecken	wake (up)	réveiller	svegliare	despertar
väckarklocka (SV)	Wecker m	alarm clock	réveil m	sveglia f	despertador m
väcka uppmärksamhet (SV)	auffallen	be noticeable	faire remarquer, se	dare nell'occhio	llamar la atención
vacker[1] (SV)	hübsch	pretty	joli(e)	carino(a)	bonito(a)
vacker[2] (SV)	schön	beautiful	beau (belle)	bello(a)	hermoso(a)
vacsora (H)	Abendessen n	supper	dîner m	cena f	cena f
vacunanción (ES)	Impfung f	vaccination	vaccination f	vaccinazione f	—
vad? (SV)	was?	what?	que?	che?	¿qué?
vad (H)	wild	wild	sauvage	selvatico(a)	salvaje
vadász (H)	jagen	hunt	chasser	cacciare	cazar
vadászat (H)	Jagd f	hunt	chasse f	caccia f	caza f
vadászterület (H)	Revier n	district	district m	distretto m	distrito m
vader (NL)	Vater m	father	père m	padre m	padre m
väder (SV)	Wetter n	weather	temps m	tempo m	tiempo m
väderrapport (SV)	Wetterbericht m	weather report	bulletin météorologique m	bollettino meteorologico m	informe meteorológico m
väg (SV)	Weg m	way	chemin m	via f	camino m
våg[1] (SV)	Waage f	scales	balance f	bilancia f	balanza f
våg[2] (SV)	Welle f	wave	vague f	onda f	ola f

1039 våg

P	NL	SV	PL	CZ	H
mensagem f	boodschap f	budskap n	wiadomość f	vyslanectví n	—
útil	nuttig	nyttig	pożyteczny	—	hasznos
uso m	gebruik n	användning u	użycie n	—	használat
apreciar	genieten	njuta	używać <użyć>	—	élvez
utilizar	gebruiken	använda	stosować	—	felhasznál
estreito	nauw	trång	ciasny	—	szűk
negócio m	zaak f	affär u	sklep m	obchod m	—
comercial	zakelijk	affärsmässigt	służbowy	obchodně	—
completar	aanvullen	komplettera	—	doplňovat <doplnit>	kiegészíti
uso m	gebruik n	användning u	—	užívání n	használat
consumidor m	gebruiker m	användare u	—	používatel m	használó
utilizar	gebruiken	använda	—	používat <použít>	használ
apreciar	genieten	njuta	—	užívat <užít>	élvez
prazer m	genot n	njutning u	—	požitek m	élvezet
usado	tweedehands/gebruikt	begagnad	—	použitý	használt
em	in	i	w	—	ba/be
frequente	—	ofta	częsty	často	gyakran
frequentemente	—	ofta	często	často	sokszor
louça f	—	servis u	naczynia n/pl	nádobí n	étkészlet
vaca f	koe f	ko u	krowa f	kráva f	tehén
—	koe f	ko u	krowa f	kráva f	tehén
férias f/pl	vakantie f	semester u	wakacje f/pl	prázdniny pl	vakáció
férias f/pl	vakantie f	semester u	urlop m	dovolená f	szabadság
férias f/pl	vakantie f	semester u	wakacje f/pl	prázdniny pl	vakáció
férias f/pl	vakantie f	semester u	urlop m	dovolená f	szabadság
férias f/pl	vakantie f	semester u	wakacje f/pl	prázdniny pl	vakáció
férias f/pl	vakantie f	semester u	urlop m	dovolená f	szabadság
vacina f	inenting f	—	szczepienie n	očkování n	oltás
vacina f	inenting f	vaccin n	szczepienie n	očkování n	oltás
vacina f	inenting f	vaccin n	szczepienie n	očkování n	oltás
vacina f	inenting f	vaccin n	szczepienie n	očkování n	oltás
vaca f	koe f	ko u	krowa f	kráva f	tehén
hesitar	aarzelen	tveka	ociągać się	otálet	habozik
—	inenting f	vaccin n	szczepienie n	očkování n	oltás
vazio	leeg	tom	pusty	prázdný	üres
acordar	wekken	—	budzić <obudzić>	budit <vzbudit>	felébreszt
acordar	wekken	—	budzić	budit <vzbudit>	ébreszt
despertador m	wekker m	—	budzik m	budík m	ébresztőóra
dar nas vistas	opvallen	—	rzucać się w oczy	být nápadný	feltűnik
bonito	mooi	—	ładny	hezký	csinos
bonito	mooi	—	piękny	hezký	szép
jantar m	avondeten n	middag u	kolacja f	večeře f	—
vacina f	inenting f	vaccin n	szczepienie n	očkování n	oltás
o quê?	wat?	—	co?	co?	mi?
selvagem	wild	vild	dziki	divoký	—
caçar	jagen	jaga	polować	lovit <ulovit>	—
caça f	jacht f	jakt u	polowanie n	lov m	—
esquadra de policia f	wijk f	revir n	rewir m	revír m	—
pai m	—	far u	ojciec m	otec m	apa
tempo m	weer n	—	pogoda f	počasí n	időjárás
boletim meteorológico m	weerbericht n	—	komunikat o stanie pogody	zpráva o počasí f	időjárás-jelentés
caminho m	weg m	—	droga f	cesta f	út
balança f	weegschaal f	—	waga f	váha f	mérleg
onda f	golf m	—	fala f	vlna f	hullám

vág

	D	E	F	I	ES
vág (H)	schneiden	cut	couper	tagliare	cortar
väga (SV)	wiegen	weigh	peser	pesare	pesar
vágány (H)	Gleis n	track	voie f	binario m	vía f
vagão-cama (P)	Liegewagen m	couchette	wagon-couchette m	cuccetta f	coche cama m
vágás (H)	Schnitt m	cut	coupe f	taglio m	corte m
vägg (SV)	Wand f	wall	mur m	muro m	pared f
vägra (SV)	weigern, sich	refuse	refuser	rifiutare	resistirse
vague (F)	Welle f	wave	—	onda f	ola f
vagy (H)	oder	or	ou	o	o
vagy ... vagy (H)	entweder ... oder	either ... or	ou ... ou	o ... o	o ... o
váha (CZ)	Waage f	scales	balance f	bilancia f	balanza f
vaisselle (F)	Geschirr n	crockery	—	stoviglie f/pl	vajilla f
vaj (H)	Butter f	butter	beurre m	burro m	mantequilla f
vajilla (ES)	Geschirr n	crockery	vaisselle f	stoviglie f/pl	—
vak (H)	blind	blind	aveugle	cieco(a)	ciego(a)
vakáció (H)	Ferien pl	holidays	vacances f/pl	vacanze f/pl	vacaciones f/pl
vakantie¹ (NL)	Ferien pl	holidays	vacances f/pl	vacanze f/pl	vacaciones f/pl
vakantie² (NL)	Urlaub m	holiday	vacances f/pl	vacanze f/pl	vacaciones f/pl
vakna (SV)	aufwachen	wake up	réveiller, se	svegliarsi	despertarse
vakvereniging (NL)	Gewerkschaft f	trade union	syndicat m	sindacato m	sindicato m
val¹ (SV)	Wahl f	choice	choix m	scelta f	opción f
val² (SV)	Wahl f	election	élection f	elezioni f/pl	elección f
valable (F)	gültig	valid	—	valido(a)	válido(a)
valahogy (H)	irgendwie	somehow	n'importe comment	in qualche modo	de alguna manera
valahol (H)	irgendwo	somewhere	n'importe où	in qualche posto	en alguna parte
valaki (H)	jemand	somebody	quelqu'un	qualcuno	alguien
valami¹ (H)	etwas	something	quelque chose	qualcosa	algo
valami² (H)	irgendetwas	something	n'importe quoi	qualsiasi cosa	algo
valamilyen (H)	irgendein(e,r)	some/any	quelconque	qualcuno(a)	cualquier(a)
válasz (H)	Antwort f	answer	réponse f	risposta f	respuesta f
válaszol (H)	antworten	answer	répondre	rispondere	responder
választ (H)	wählen	elect / choose	élire	eleggere	elegir
választás (H)	Wahl f	choice	choix m	scelta f	opción f
választék (H)	Auswahl f	choice	choix m	scelta f	elección f
våldta (SV)	vergewaltigen	rape	violer	violentare	violar
vale¹ (P)	Gutschein m	voucher	bon m	buono m	bono m
vale² (P)	Tal n	valley	vallée f	valle f	valle m
valente (P)	tapfer	brave	courageux(-euse)	coraggioso(a)	valiente
valer (ES)	gelten	apply to	valoir	valere	—
valer (P)	gelten	apply to	valoir	valere	valer
valere (I)	gelten	apply to	valoir	—	valer
valere la pena (I)	lohnen	be worth while	en valoir la peine	—	valer la pena
valer la pena (ES)	lohnen	be worth while	en valoir la peine	valere la pena	—
valeur (F)	Wert m	value	—	valore m	valor m
valfri (SV)	beliebig	any	n'importe quel	qualsiasi	a voluntad
valid (E)	gültig	—	valable	valido(a)	válido(a)
válido (P)	gültig	valid	valable	valido(a)	válido(a)
valido(a) (I)	gültig	valid	valable	—	válido(a)
válido(a) (ES)	gültig	valid	valable	valido(a)	—
valiente (ES)	tapfer	brave	courageux(-euse)	coraggioso(a)	—
valigia (I)	Koffer m	suitcase	valise f	—	maleta f
valioso (P)	wertvoll	valuable	précieux(euse)	prezioso(a)	valioso(a)
valioso(a) (ES)	wertvoll	valuable	précieux(euse)	prezioso(a)	—

valioso(a)

P	NL	SV	PL	CZ	H
cortar	snijden	skära	ciąć <pociąć>	řezat <uříznout>	—
pesar	wegen	—	ważyć	vážit <zvážit>	nyom (súly)
carril m	spoor n	järnvägsspår n	tor m	kolej f	—
—	ligrijtuig n	liggvagn u	kuszetka f	lehátkový vůz m	hálókocsi
corte m	snee f	skärning u	cięcie n	řez m	—
parede f	muur m	—	ściana f	stěna f	fal
recusar-se	weigeren	—	odmawiać	zdráhat, se	vonakodik
onda f	golf m	våg u	fala f	vlna f	hullám
ou	of	eller	albo	(a)nebo	—
ou ... ou então	of ... of	varken ... eller	albo ... albo	buď a nebo	—
balança f	weegschaal f	våg u	waga f	—	mérleg
louça f	vaatwerk n	servis u	naczynia n/pl	nádobí n	étkészlet
manteiga f	boter n	smör n	masło n	máslo n	—
louça f	vaatwerk n	servis u	naczynia n/pl	nádobí n	étkészlet
cego	blind	blind	ślepy	slepě	—
férias f/pl	vakantie f	semester u	wakacje f/pl	prázdniny pl	—
férias f/pl	—	semester u	wakacje f/pl	prázdniny pl	vakáció
férias f/pl	—	semester u	urlop m	dovolená f	szabadság
acordar	wakker worden	—	budzić, się <obudzić, się>	vzbouzet se <vzbudit se>	felébred
sindicato m	—	fackförening u	związek zawodowy m	odbory pl	szakszervezet
escolha f	keuze f	—	wybór m	výběr m	választás
eleição f	verkiezing f	—	wybór m	volby pl	szavazás
válido	geldig	giltig	ważny	platný	érvényes
de qualquer modo	hoe dan ook	på ett eller annat sätt	jakoś	nějak	—
algures	ergens	någonstans	gdziekolwiek	někde	—
alguém	iemand	någon	ktoś	někdo	—
alguma coisa	iets	något	coś	něco	—
qualquer coisa	het een of ander	något	coś	něco	—
qualquer um(a)	een of ander	någon	jakakolwiek	nějaká	—
resposta f	antwoord n	svar n	odpowiedź f	odpověď f	—
responder	antwoorden	svara	odpowiadać <odpowiedzieć>	odpovídat <odpovědět>	—
eleger	kiezen	välja	wybierać	volit <zvolit>	—
escolha f	keuze f	val n	wybór m	výběr m	—
selecção f	keuze f	urval n	wybór m	výběr m	—
violar	verkrachten	—	zgwałcić	znásilňovat <znásilnit>	megerőszakol
—	bon m	tillgodokvitto n	bon m	poukaz m	vásárlási utalvány
—	dal n	dal u	dolina f	údolí n	völgy
—	dapper	tapper	dzielny	statečný	bátor
valer	gelden	gälla	uchodzić	platit	érvényben van
—	gelden	gälla	uchodzić	platit	érvényben van
valer	gelden	gälla	uchodzić	platit	érvényben van
recompensar	lonen	löna	opłacać, się <opłacić, się>	vyplácet, se <vyplatit, se>	megjutalmaz
recompensar	lonen	löna	opłacać, się <opłacić, się>	vyplácet, se <vyplatit, se>	megjutalmaz
valor m	waarde f	värde n	wartość f	hodnota f	érték
qualquer	willekeurig	—	dowolny	libovolně	tetszés szerinti
válido	geldig	giltig	ważny	platný	érvényes
—	geldig	giltig	ważny	platný	érvényes
válido	geldig	giltig	ważny	platný	érvényes
válido	geldig	giltig	ważny	platný	érvényes
valente	dapper	tapper	dzielny	statečný	bátor
mala f	koffer m	koffert u	walizka f	kufr m	bőrönd
—	waardevol	värdefull	wartościowy	hodnotný	értékes
valioso	waardevol	värdefull	wartościowy	hodnotný	értékes

valise

	D	E	F	I	ES
valise (F)	Koffer m	suitcase	—	valigia f	maleta f
välja¹ (SV)	aussuchen	select	choisir	scegliere	elegirse
välja² (SV)	wählen	elect / choose	élire	eleggere	elegir
välja ut (SV)	auswählen	choose	choisir	scegliere	elegir
válka (CZ)	Krieg m	war	guerre f	guerra f	guerra f
välkommen (SV)	willkommen	welcome	bienvenu(e)	benvenuto(a)	bienvenido(a)
váll (H)	Schulter f	shoulder	épaule f	spalla f	hombro m
vállalat (H)	Unternehmen n	company	entreprise f	impresa f	empresa f
vállalkozik (H)	unternehmen	undertake	entreprendre	intraprendere	emprender
vallás (H)	Religion f	religion	religion f	religione f	religión f
vallásos (H)	fromm	pious	pieux(euse)	devoto(a)	devoto(a)
valle (I)	Tal n	valley	vallée f	—	valle m
valle (ES)	Tal n	valley	vallée f	valle f	—
vallée (F)	Tal n	valley	—	valle f	valle m
vallen¹ (NL)	fallen	fall	tomber	cadere	caer
vallen² (NL)	stürzen	fall	tomber	cadere	caer
valley (E)	Tal n	—	vallée f	valle f	valle m
valódi (H)	echt	genuine	vrai(e)	vero(a)	verdadero(a)
valoir (F)	gelten	apply to	—	valere	valer
valor (ES)	Wert m	value	valeur f	valore m	—
valor¹ (P)	Betrag m	amount	montant m	importo m	importe m
valor² (P)	Wert m	value	valeur f	valore m	valor m
valore (I)	Wert m	value	valeur f	—	valor m
valóság (H)	Wirklichkeit f	reality	réalité f	realtà f	realidad f
valószínű (H)	wahrscheinlich	probably	probablement	probabile	probablemente
valószínűtlen (H)	unwahrscheinlich	unlikely	invraisemblable	improbabile	improbable
váltakozik (H)	abwechseln	take turns	alterner	alternarsi	alternar
változás (H)	Veränderung f	change	changement m	cambiamento m	cambio m
változik (H)	ändern, sich	change	changer	cambiare	cambiar
változtat (H)	ändern	change	changer	cambiare	cambiar
valuable (E)	wertvoll	—	précieux(euse)	prezioso(a)	valioso(a)
value (E)	Wert m	—	valeur f	valore m	valor m
value added tax (E)	Mehrwertsteuer f	—	taxe sur la valeur ajoutée f	imposta sul valore aggiunto f	impuesto sobre el valor añadido m
valuta (I)	Währung f	currency	monnaie f	—	moneda f
valuta (SV)	Währung f	currency	monnaie f	valuta f	moneda f
valuta (H)	Währung f	currency	monnaie f	valuta f	moneda f
välvårdad (SV)	gepflegt	looked-after	soigné(e)	curato(a)	cuidado(a)
vám (H)	Zoll m	customs	douane f	dogana f	aduana f
van¹ (H)	befinden, sich	feel	trouver, se	trovarsi	encontrarse
van² (H)	haben	have	avoir	avere	tener
vän (SV)	Freund m	friend	ami m	amico m	amigo m
vana (SV)	Gewohnheit f	habit	habitude f	abitudine f	costumbre f
vana (CZ)	Badewanne f	bath tub	baignoire f	vasca da bagno f	bañera f
vandaag (NL)	heute	today	aujourd'hui	oggi	hoy
vända om (SV)	umkehren	turn back	retourner	ritornare	regresar
vándorol (H)	wandern	hike	faire de la randonnée	fare un'escursione	caminar
vandra (SV)	wandern	hike	faire de la randonnée	fare un'escursione	caminar
våning (SV)	Etage f	floor	étage m	piano m	piso m
vänja sig (SV)	gewöhnen, sich	get used to	habituer	abituarsi	acostumbrarse
vanlig (SV)	gewöhnlich	usual	habituel(le)	abituale	habitual
vänlig (SV)	freundlich	friendly	aimable	gentile	amable
vanmakt (SV)	Ohnmacht f	faint	évanouissement m	svenimento m	desmayo m

P	NL	SV	PL	CZ	H
mala f	koffer m	koffert u	walizka f	kufr m	bőrönd
escolher	uitzoeken	—	wyszukiwać <wyszukać>	vyhledávat <vyhledat>	kiválaszt
eleger	kiezen	—	wybierać	volit <zvolit>	választ
seleccionar	kiezen	—	wybierać <wybrać>	vybírat <vybrat>	kiválaszt
guerra f	oorlog m	krig n	wojna f	—	háború
bem-vindo	welkom	—	mile widziany	vítaný	üdvözöl
ombro m	schouder f	axel u	ramię n	rameno n	—
empresa f	onderneming f	företag	przedsiębiorstwo n	podnik m	—
empreender	ondernemen	företa sig	przedsięwziąć	podnikat <podniknout>	—
religião f	godsdienst m	religion u	religia f	náboženství n	—
devoto	vroom	from	pobożny	nábožný	—
vale m	dal n	dal u	dolina f	údolí n	völgy
vale m	dal n	dal u	dolina f	údolí n	völgy
vale m	dal n	dal u	dolina f	údolí n	völgy
cair	—	trilla	upadać <upaść>	padat <spadnout>	esik
cair	—	falla	spadać <spaść>	svrhnout	zuhan
vale m	dal n	dal u	dolina f	údolí n	völgy
autêntico	echt	äkta	prawdziwy	pravý	—
valer	gelden	gälla	uchodzić	platit	érvényben van
valor m	waarde f	värde n	wartość f	hodnota f	érték
—	bedrag n	belopp n	kwota f	obnos m	összeg
—	waarde f	värde n	wartość f	hodnota f	érték
valor m	waarde f	värde n	wartość f	hodnota f	érték
realidade f	werkelijkheid f	verklighet u	rzeczywistość f	skutečnost f	—
provável	waarschijnlijk	sannolik	prawdopodobnie	pravděpodobně	—
improvável	onwaarschijnlijk	osannolik	nieprawdopodobny	nepravděpodobný	—
variar	afwisselen	omväxlande	zmieniać się <zmienić się>	střídat	—
modificação f	verandering f	förändring u	zmiana f	změna f	—
modificar-se	veranderen	förändra sig	zmieniać, się <zmienić, się>	měnit, se <změnit, se>	—
modificar	wijzigen	förändra	zmieniać <zmienić>	měnit <změnit>	—
valioso	waardevol	värdefull	wartościowy	hodnotný	értékes
valor m	waarde f	värde n	wartość f	hodnota f	érték
imposto sobre o valor acrescentado m	btw f	moms u	podatek od wartości dodanej m	daň z přidané hodnoty f	általános forgalmi adó (áfa)
moeda f	munt f	valuta u	waluta f	měna f	valuta
moeda f	munt f	—	waluta f	měna f	valuta
moeda f	munt f	valuta u	waluta f	měna f	—
cuidado	verzorgd	—	wypielęgnowany	upravený	ápolt
alfândega f	douane f	tull u	cło n	clo n	—
encontrar-se	bevinden, zich	befinna sig	znajdować, się	nacházet, se	—
ter	hebben	ha	mieć	mít	—
amigo m	vriend m	—	przyjaciel m	přítel m	barát
hábito m	gewoonte f	—	przyzwyczajenie n	zvyk m	szokás
banheira f	badkuip f	badkar n	wanna f	—	fürdőkád
hoje	—	idag	dzisiaj	dnes	ma
voltar	omkeren	—	zawrócić	obracet, se <obrátit, se>	megfordít
caminhar	trekken	vandra	wędrować	putovat	—
caminhar	trekken	—	wędrować	putovat	vándorol
piso m	verdieping f	—	piętro n	poschodí n	emelet
acostumar-se	wennen	—	przyzwyczajać, się <przyzwyczaić, się>	zvykat, si <zvyknout, si>	megszokik
usual	gewoon	—	zazwyczaj	obvykle	rendszerint
amável	vriendelijk	—	przyjazny	přátelsky	barátságos
desmaio m	bewusteloosheid f	—	zemdlenie n	bezmocnost f	eszméletlenség

vánoce

	D	E	F	I	ES
vánoce (CZ)	Weihnachten *pl*	Christmas	Noël *m*	Natale *m*	Navidad(es) *f/pl*
van plan zijn (NL)	beabsichtigen	intend	avoir l'intention de	avere (l')intenzione di	proyectar
vänskap (SV)	Freundschaft *f*	friendship	amitié *f*	amicizia *f*	amistad *f*
vänta (SV)	warten	wait	attendre	aspettare	esperar
vantagem (P)	Vorteil *m*	advantage	avantage *m*	vantaggio *m*	ventaja *f*
vantaggio (I)	Vorteil *m*	advantage	avantage *m*	—	ventaja *f*
van tevoren bestellen (NL)	vorbestellen	book	réserver	prenotare	hacer reservar
vapen (SV)	Waffe *f*	weapon	arme *f*	arma *f*	arma *f*
vår (SV)	Frühling *m*	spring	printemps *m*	primavera *f*	primavera *f*
vár (H)	Burg *f*	fortress	château fort *m*	rocca *f*	fortaleza *f*
vár (H)	warten	wait	attendre	aspettare	esperar
vara (SV)	Ware *f*	goods	marchandise *f*	merce *f*	mercancía *f*
vara förkyld (SV)	erkältet sein	have a cold	avoir un rhume	essere raffreddato(a)	estar resfriado(a)
vara försenad (SV)	verspäten, sich	be late	être en retard	ritardare	llevar retraso
varanda (P)	Balkon *m*	balcony	balcon *m*	balcone *m*	balcón *m*
vara skyldig ngn (SV)	schulden	owe	devoir	dovere	deber
vara till nackdel för (SV)	benachteiligen	disadvantage	désavantager	svantaggiare	perjudicar
váratlan (H)	unerwartet	unexpected	inattendu(e)	inatteso(a)	inesperado(a)
vara vän med någon (SV)	befreundet	friendly	ami(e)	amico(a)	amigo(a)
värd (SV)	Gastgeber *m*	host	hôte *m*	ospite *m*	anfitrión *m*
vardag (SV)	Alltag *m*	everyday life	vie quotidienne *f*	vita quotidiana *f*	vida cotidiana *f*
vardagsrum (SV)	Wohnzimmer *n*	living room	salon *m*	salotto *m*	cuarto de estar *m*
värde (SV)	Wert *m*	value	valeur *f*	valore *m*	valor *m*
värdefull (SV)	wertvoll	valuable	précieux(euse)	prezioso(a)	valioso(a)
värdelös (SV)	wertlos	worthless	sans valeur	senza valore	sin valor
värdshus (SV)	Gasthaus *n*	guesthouse/inn	auberge *f*	osteria *f*	posada *f*
varför? (SV)	warum?	why?	pourquoi?	perché?	¿por qué?
variar (P)	abwechseln	take turns	alterner	alternarsi	alternar
variopinto(a) (I)	bunt	coloured	coloré(e)	—	de colores
vařit <uvařit> (CZ)	kochen	cook	cuire	cucinare	cocinar
värja sig (SV)	wehren, sich	defend	défendre, se	difendersi	defenderse
varje (SV)	jede(r,s)	each/every	chaque	ogni, ognuno	cada
varje gång (SV)	jedes Mal	each time	chaque fois	ogni volta	cada vez
varken ... eller (SV)	entweder ... oder	either ... or	ou ... ou	o ... o	o ... o
värld (SV)	Welt *f*	world	monde *m*	mondo *m*	mundo *m*
varm (SV)	warm	warm	chaud(e)	caldo(a)	caliente
värma (SV)	wärmen	warm	chauffer	riscaldare	calentar
värma upp (SV)	heizen	heat	chauffer	riscaldare	calentar
värme[1] (SV)	Heizung *f*	heating	chauffage *m*	riscaldamento *m*	calefacción *f*
värme[2] (SV)	Wärme *f*	warmth	chaleur *f*	calore *m*	calor *m*
varna (SV)	warnen	warn	prévenir de	ammonire	advertir
város (H)	Stadt *f*	town	ville *f*	città *f*	ciudad *f*
városháza (H)	Rathaus *n*	town hall	mairie *f*	municipio *m*	ayuntamiento *m*
varovat[1] (CZ)	mahnen	warn	exhorter	ammonire	notificar
varovat[2] (CZ)	warnen	warn	prévenir de	ammonire	advertir
varr (H)	nähen	sew	coudre	cucire	coser
varrer (P)	fegen	sweep	balayer	scopare	barrer
var snäll och (SV)	bitte	please	s'il vous plaît	prego	por favor
varuhus (SV)	Kaufhaus *n*	department store	grand magasin *m*	grande magazzino *m*	grandes almacenes *m/pl*
vásár (H)	Messe *f*	fair	foire *f*	fiera *f*	feria *f*

vásár

P	NL	SV	PL	CZ	H
Natal m	kerst m	jul u	Boże Narodzenie	—	karácsony
tencionar	—	ha för avsikt	zamierzać <zamierzyć>	mít v úmyslu	szándékozik
amizade f	vriendschap f	—	przyjaźń f	přátelství n	barátság
esperar	wachten	—	czekać	čekat <počkat>	vár
—	voordeel n	fördel u	korzyść f	výhoda f	előny
vantagem f	voordeel n	fördel u	korzyść f	výhoda f	előny
reservar	—	förutbeställa	zarezerwować zamówienie	objednávat předem <objednat předem>	előre rendel
arma f	wapen n	—	broń f	zbraň f	fegyver
primavera f	lente f	—	wiosna f	jaro n	tavasz
castelo m	kasteel n	borg u	zamek m	hrad m	—
esperar	wachten	vänta	czekać	čekat <počkat>	—
mercadoria f	waar f	—	towar m	zboží n	áru
estar constipado	verkouden zijn	—	być przeziębionym	být nachlazený	megfázott
atrasar-se	vertraging hebben	—	spóźniać się	zpožďovat, se <zpozdit, se>	elkésik
—	balkon n	balkong u	balkon m	balkón m	erkély
dever	verschuldigd zijn	—	być dłużnym	dlužit	tartozik
prejudicar	benadelen	—	krzywdzić <skrzywdzić>	znevýhodňovat <znevýhodnit>	hátrányosan megkülönböztet
inesperado	onverwacht	oväntat	nieoczekiwany	nečekaný	—
amigo de	bevriend	—	zaprzyjaźniony	zpřátelen	baráti visszonyban áll
anfitrião m	gastheer m	—	gospodarz m	hostitel m	vendéglátó
dia-a-dia m	dagelijks leven n	—	codzienność f	všední den m	hétköznap
sala de estar f	huiskamer m	—	pokój mieszkalny m	obývací pokoj m	lakószoba
valor m	waarde f	—	wartość f	hodnota f	érték
valioso	waardevol	—	wartościowy	hodnotný	értékes
sem valor	waardeloos	—	bezwartościowy	bezcenný	értéktelen
pousada f	restaurant n	—	gospoda f	hospoda f	vendéglő
porque?	waarom?	—	dlaczego?	proč?	miért?
—	afwisselen	omväxlande	zmieniać się <zmienić się>	střídat	váltakozik
colorido	bont	färggrann	kolorowy	barevný	tarka
cozinhar	koken	laga mat	gotować <ugotować>	—	főzni
defender-se	weren, zich	—	bronić się	bránit, se <ubránit, se>	védekezik
cada	ieder(e)	—	każda, każdy, każde	každý každá každé	minden
cada vez	telkens	—	za każdym razem	pokaždé	minden alkalommal
ou ... ou então	of ... of	—	albo ... albo	buď a nebo	vagy ... vagy
mundo m	wereld m	—	świat m	svět m	világ
quente	warm	—	ciepły	teplý	meleg
aquecer	verwarmen	—	grzać	hřát <zahřát>	megmelegít
aquecer	verwarmen	—	ogrzewać <ogrzać>	topit <zatopit>	fűt
aquecimento m	verwarming f	—	ogrzewanie n	topení n	fűtőberendezés
calor m	warmte f	—	ciepło n	teplo n	melegség
advertir	waarschuwen	—	ostrzegać	varovat	figyelmeztet
cidade f	stad f	stad u	miasto n	město n	—
Câmara Municipal f	gemeentehuis n	rådhus n	ratusz m	radnice f	—
advertir	manen	mana	przypominać <przypomnieć>	—	figyelmeztet
advertir	waarschuwen	varna	ostrzegać	—	figyelmeztet
coser	naaien	sy	szyć <uszyć>	šít <ušít>	—
—	vegen	sopa	zamiatać <zamieść>	zametat <zamést>	felsöpör
por favor	alstublieft	—	proszę	prosím	kérem
armazém m	warenhuis n	—	dom towarowy m	obchodní dům m	áruház
missa f	beurs f	mässa u	targi m/pl	veletrh m	—

vásárlási utalvány

	D	E	F	I	ES
vásárlási utalvány (H)	Gutschein m	voucher	bon m	buono m	bono m
vásárolni megy (H)	einkaufen gehen	go shopping	faire les courses	fare la spesa	ir de compras
vasca da bagno (I)	Badewanne f	bath tub	baignoire f	—	bañera f
vášeň (CZ)	Leidenschaft f	passion	passion f	passione f	pasión f
väsentlig (SV)	wesentlich	essential	essentiel(le)	essenziale	esencial
väska (SV)	Tasche f	bag	sac m	borsa f	bolso m
vaso (ES)	Glas n	glass	verre m	bicchiere m	—
vässa (SV)	schärfen	sharpen	aiguiser	affilare	afilar
vassoura (P)	Besen m	broom	balai m	scopa f	escoba f
vasteland (NL)	Festland n	mainland	continent m	terraferma f	tierra firme f
vasten (NL)	fasten	fast	jeûner	digiunare	ayunar
väster (SV)	Westen m	west	ouest m	ovest m	oeste m
vastgespen (NL)	anschnallen	fasten belts	attacher	allacciare	ponerse el cinturón (de seguridad)
vasthouden (NL)	festhalten	seize	tenir ferme	tener fermo	sujetar
vasút (H)	Eisenbahn f	railway	chemin de fer m	ferrovia f	ferrocarril m
vat (NL)	Gefäß n	container	récipient m	recipiente m	recipiente m
våt (SV)	nass	wet	mouillé(e)	bagnato(a)	mojado(a)
Vater (D)	—	father	père m	padre m	padre m
vatten (SV)	Wasser n	water	eau f	acqua f	agua f
vattenpöl (SV)	Pfütze f	puddle	flaque f	pozzanghera f	charco m
växa (SV)	wachsen	grow	grandir	crescere	crecer
växa upp (SV)	aufwachsen	grow up	grandir	crescere	criarse
växelpengar (SV)	Kleingeld n	small change	monnaie f	spiccioli m/pl	cambio m
vazio (P)	leer	empty	vide	vuoto(a)	vacío(a)
vážit <zvážit> (CZ)	wiegen	weigh	peser	pesare	pesar
vážný (CZ)	ernst	serious	sérieux(ieuse)	serio(a)	serio(a)
včas (CZ)	rechtzeitig	in time	à temps	in tempo	a tiempo
včera (CZ)	gestern	yesterday	hier	ieri	ayer
včetně (CZ)	inklusive	inclusive	inclus(e)	incluso(a)	incluso
vděčný (CZ)	dankbar	grateful	reconnaissant(e)	grato(a)	agradecido(a)
v dnešní době (CZ)	heutzutage	nowadays	de nos jours	oggigiorno	hoy en día
v důsledku (CZ)	infolge	as a result of	par suite de	in seguito a	por
veau (F)	Kalb n	calf	—	vitello m	ternera f
věc (CZ)	Ding n	thing	chose f	cosa f	cosa f
věc (CZ)	Sache f	thing	chose f	cosa f	cosa f
vecchio(a) (I)	alt	old	vieux (vieille)	—	viejo(a)
večer (CZ)	Abend m	evening	soir m	sera f	noche f
večer (CZ)	abends	in the evening	le soir	di sera	por la tarde
večeře (CZ)	Abendessen n	supper	dîner m	cena f	cena f
vechten (NL)	kämpfen	fight	battre, se	combattere	luchar
věci (CZ)	Zeug n	stuff	affaires f/pl	cose f/pl	cosas f/pl
veckla in (SV)	einwickeln	wrap up	envelopper	avvolgere	envolver
věčný (CZ)	ewig	eternal	éternel(le)	eterno(a)	eterno(a)
véd (H)	schützen	protect	protéger	proteggere	proteger
věda (CZ)	Wissenschaft f	science	science f	scienza f	ciencia f
védekezik (H)	verteidigen, sich	defend	défendre, se	difendersi	defenderse
védekezik (H)	wehren, sich	defend	défendre, se	difendersi	defenderse
vědění (CZ)	Wissen n	knowledge	savoir m	sapere m	saber m
vedení¹ (CZ)	Leitung f	direction	direction f	direzione f	dirección f
vedení² (CZ)	Leitung f	pipe	tuyau m	conduttura f	tubería f
vedere (I)	sehen	see	voir	—	ver
vedervärdig (SV)	widerlich	disgusting	repoussant(e)	ripugnante	repugnante

vedervärdig

P	NL	SV	PL	CZ	H
vale m	bon m	tillgodokvitto n	bon m	poukaz m	—
ir às compras	boodschappen doen	göra inköp	iść na zakupy <pójść na zakupy>	chodit <jít> nakoupit>	—
banheira f	badkuip f	badkar n	wanna f	vana f	fürdőkád
paixão f	hartstocht m	lidelse u	namiętność f	—	szenvedély
essencial	wezenlijk	—	istotny	podstatný	lényeges
bolso m	tas f	—	torba f	taška f	zseb
vidro m	glas n	glas n	szkło n	sklo n	üveg
afiar	scherpen	—	ostrzyć <naostrzyć>	ostřit <naostřit>	élesít
—	bezem m	sopkvast u	miotła f	smeták m	seprű
continente m	—	fastland u	ląd m	pevnina f	szárazföld
jejuar	—	fasta	pościć	postit se	koplal
oeste m	westen n	—	zachód n	západ m	nyugat
apertar o cinto	—	spänna fast	zapiąć pasy	připoutávat, se <připoutat, se>	felcsatol
segurar	—	hålla fast	mocno trzymać	pevně držet <udržet>	megfog
comboio m	spoorweg m	järnväg u	kolej f	železnice f	—
recipiente m	—	kärl n	naczynie n	nádoba f	edény
molhado	nat	—	mokry	mokrý	nedves
pai m	vader m	far u	ojciec m	otec m	apa
água f	water n	—	woda f	voda f	víz
poça de água f	plas m	—	kałuża f	kaluž f	pocsolya
crescer	groeien	—	rosnąć	růst <vyrůst>	nő
crescer	opgroeien	—	wyrastać <wyrosnąć>	vyrůstat <vyrůst>	felnő
trocos m	kleingeld n	—	drobne pieniądze m/pl	drobné pl	aprópénz
—	leeg	tom	pusty	prázdný	üres
pesar	wegen	väga	ważyć	—	nyom (súly)
sério	ernstig	allvarlig	poważny	—	komoly
a tempo	tijdig	i rätt tid	w porę	—	időben
ontem	gisteren	igår	wczoraj	—	tegnap
inclusive	inclusief	inklusive	włącznie	—	beleértve
agradecido	dankbaar	tacksam	wdzięczny	—	hálás
actualmente	tegenwoordig	nuförtiden	obecnie	—	manapság
em consequência de	ten gevolge	på grund av	wskutek	—	következtében
vitela f	kalf n	kalv u	cielę n	tele n	borjú
coisa f	ding n	sak u	rzecz f	—	holmi
coisa f	ding n	sak u	rzecz f	—	dolog
velho	oud	gammal	stary	starý	öreg
noite f	avond m	kväll u	wieczór m	—	est
à noite	's avonds	på kvällen	wieczorem	—	este
jantar m	avondeten n	middag u	kolacja f	—	vacsora
lutar	—	kämpa	walczyć	bojovat <dobojovat>	harcol
coisas f/pl	spullen pl	grejor pl	materia f	—	holmi
embrulhar	inwikkelen	—	owijać <owinąć>	zabalovat <zabalit>	becsavar
eterno	eeuwig	evig	wieczny	—	örök
proteger	beschermen	skydda	chronić <ochronić>	chránit <ochránit>	—
ciência f	wetenschap f	vetenskap u	nauka f	—	tudomány
defender-se	verdedigen, zich	försvara sig	bronić się	bránit, se <ubránit, se>	—
defender-se	weren, zich	värja sig	bronić się	bránit, se <ubránit, se>	—
conhecimentos m/pl	kennis f	kunskap u	wiedza f	—	tudás
direcção f	leiding f	ledning u	kierownictwo n	—	vezetőség
instalação f	leiding f	ledning u	przewód m	—	vezeték
ver	zien	se	widzieć	vidět <uvidět>	lát
repugnante	walgelijk	—	odrażający	protivný	undorító

vědět 1048

	D	E	F	I	ES
vědět (CZ)	wissen	know	savoir	sapere	saber
vedle (CZ)	neben	beside	près de	accanto a	al lado de
vědomě (CZ)	bewusst	deliberate	délibéré(e)	intenzionale	intencionado(a)
vedoucí (CZ)	Leiter f	leader	directeur m	capo m	jefe m
vědro (CZ)	Eimer m	bucket	seau m	secchio m	cubo m
veel (NL)	viel	a lot of	beaucoup de	molto(a)	mucho(a)
veer (NL)	Fähre f	ferry	bac m	traghetto m	transbordador m
vég (H)	Ende n	end	fin f	fine f	fin m
vég (H)	Schluss m	end	fin f	fine f	conclusión f
végállomás (H)	Endstation f	terminus	terminus m	capolinea m	estación terminal f
vegen (NL)	fegen	sweep	balayer	scopare	barrer
vegetables (E)	Gemüse n	—	légumes m/pl	verdura f	verdura f
végre (H)	endlich	at last	enfin	finalmente	finalmente
végrehajt (H)	ausführen	export	exporter	esportare	exportar
végződik (H)	enden	end	finir	finire	acabar
vejce (CZ)	Ei n	egg	œuf m	uovo m	huevo m
vékony (H)	dünn	thin	mince	magro(a)	delgado(a)/fino(a)
vel (H)	mit	with	avec	con	con
vél (H)	meinen	think	penser	ritenere	opinar
vela (ES)	Kerze f	candle	bougie f	candela f	—
vela (P)	Kerze f	candle	bougie f	candela f	vela f
veld (NL)	Feld n	field	champ m	campo m	campo m
vele megy (H)	mitgehen	go along wigh	accompagner	accompagnare	acompañar
vélemény (H)	Meinung f	opinion	opinion f	opinione f	opinión f
velenoso(a) (I)	giftig	poisonous	toxique	—	venenoso(a)
véletlen (H)	Zufall m	chance	hasard m	caso m	casualidad f
véletlenül (H)	zufällig	by chance	par hasard	per caso m	por casualidad
veletrh (CZ)	Messe f	fair	foire f	fiera f	feria f
velho (P)	alt	old	vieux (vieille)	vecchio(a)	viejo(a)
Velikonoce (CZ)	Ostern n	Easter	Pâques f/pl	Pasqua f	Pascuas f/pl
velikost (CZ)	Größe f	size	taille f	taglia f	talle m
velkoměsto (CZ)	Großstadt f	metropolis	grande ville f	metropoli f	gran ciudad f
velkorysý (CZ)	großzügig	generous	généreux(euse)	generoso(a)	generoso(a)
velký (CZ)	groß	big/large	grand(e)	grande	grande
veloce (I)	schnell	fast	rapide	—	rápido(a)
velocidad (ES)	Geschwindigkeit f	speed	vitesse f	velocità f	—
velocidade (P)	Geschwindigkeit f	speed	vitesse f	velocità f	velocidad f
velocità (I)	Geschwindigkeit f	speed	vitesse f	—	velocidad f
velvyslanectví (CZ)	Botschaft f	embassy	ambassade f	ambasciata f	embajada f
vem? (SV)	wer?	who?	qui?	chi?	¿quién?
ven (CZ)	hinaus	out	dehors	fuori	hacia afuerta
vencimento (P)	Gehalt n	salary	salaire m	stipendio m	sueldo m
venda antecipada (P)	Vorverkauf m	advance booking	service de réservations m	prevendita f	venta anticipada f
vendég (H)	Gast m	guest	invité m	ospite m	invitado m
vendéglátó (H)	Gastgeber m	host	hôte m	ospite m	anfitrión m
vendéglő[1] (H)	Gasthaus n	guesthouse/inn	auberge f	osteria m	posada f
vendéglő[2] (H)	Restaurant m	restaurant	restaurant m	ristorante m	restaurante m
vendégszerető (H)	gastfreundlich	hospitable	hospitalier(ière)	ospitale	hospitalario(a)
vender (ES)	verkaufen	sell	vendre	vendere	—
vender (P)	verkaufen	sell	vendre	vendere	vender
vendere (I)	verkaufen	sell	vendre	—	vender
vendetta (I)	Rache f	revenge	vengeance f	—	venganza f
vendido(a) (ES)	ausverkauft	sold out	épuisé(e)	esaurito(a)	—
vendre (F)	verkaufen	sell	—	vendere	vender
venenoso (P)	giftig	poisonous	toxique	velenoso(a)	venenoso(a)

P	NL	SV	PL	CZ	H
saber	weten	veta	wiedzieć	—	tud
ao lado de	naast	bredvid	obok	—	mellett
consciente	bewust	medvetet	świadomy	—	tudatos
director m	leider m	direktör/ledare u	kierownik m	—	vezető
balde m	emmer m	hink u	wiadro n	—	vödör
muito	—	mycket	dużo	mnoho	sok
embarcação f	—	färja u	prom m	trajekt m	komp
fim m	einde n	slut n	koniec m	konec m	—
final m	einde n	slut n	koniec m	konec m	—
estação terminal f	eindstation n	slutstation u	stacja końcowa f	konečná stanice f	—
varrer	—	sopa	zamiatać <zamieść>	zametat <zamést>	felsöpör
legumes m	groente f	grönsaker pl	warzywo n	zelenina f	zöldség
finalmente	eindelijk	äntligen	nareszcie	konečně	—
executar	uitvoeren	utföra	wykonywać <wykonać>	provádět <provést>	—
finalizar	eindigen	avsluta	kończyć, się <zakończyć, się>	končit	—
ovo m	ei n	ägg n	jajko n	—	tojás
magro	dun	tunn	cienki	tenký	—
com	met	med	z	s	—
opinar	menen; denken	tycka	uważać	mínit <vymínit>	—
vela f	kaars f	ljus n	świeca f	svíčka f	gyertya
	kaars f	ljus n	świeca f	svíčka f	gyertya
campo m	—	fält n	pole n	pole n	föld, mező
acompanhar alguém	meegaan	följa med	iść z <pójść z>	chodit s <jít s>	—
opinião f	mening f	åsikt u	pogląd m	názor m	—
venenoso	giftig	giftig	trujący	jedovatý	mérgező
acaso m	toeval n	slump u	przypadek m	náhoda f	—
por acaso	toevallig	tillfällig	przypadkowo	náhodou	—
missa f	beurs f	mässa u	targi m/pl	—	vásár
—	oud	gammal	stary	starý	öreg
Páscoa f	Pasen m	påsk u	Wielkanoc f	—	húsvét
tamanho m	grootte f	storlek u	wielkość f	—	méret
grande cidade f	grote stad f	storstad u	wielkie miasto n	—	nagyváros
generoso	royaal	generös	wspaniałomyślny	—	nagyvonalú
grande	groot	stor	duży	—	nagy
rápido	snel	snabbt	szybki	rychlý	gyors(an)
velocidade f	snelheid f	hastighet u	prędkość f	rychlost f	sebesség
—	snelheid f	hastighet u	prędkość f	rychlost f	sebesség
velocidade f	snelheid f	hastighet u	prędkość f	rychlost f	sebesség
embaixada f	ambassade	ambassad u	ambasada f	—	(nagy)követség
quem?	wie?	—	kto?	kdo?	ki?
para fora	naar buiten	dit ut	na zewnątrz	—	ki
—	salaris n	innehåll n	pensja f	plat m	fizetés
—	voorverkoop m	förköp n	przedsprzedaż f	předprodej m	elővétel
convidado m	gast m	gäst u	gość m	host m	—
anfitrião m	gastheer m	värd u	gospodarz m	hostitel m	—
pousada f	restaurant n	värdshus n	gospoda f	hospoda f	—
restaurante m	restaurant n	restaurang u	restauracja f	restaurace f	—
hospitaleiro	gastvrij	gästvänlig	gościnny	pohostinný	—
vender	verkopen	sälja	sprzedawać	prodávat <prodat>	elad
—	verkopen	sälja	sprzedawać	prodávat <prodat>	elad
vender	verkopen	sälja	sprzedawać	prodávat <prodat>	elad
vingança f	wraak m	hämnd u	zemsta f	pomsta f	bosszú
esgotado	uitverkocht	utsåld	wyprzedany	vyprodáno	kiárúsítva
vender	verkopen	sälja	sprzedawać	prodávat <prodat>	elad
—	giftig	giftig	trujący	jedovatý	mérgező

venenoso(a)

	D	E	F	I	ES
venenoso(a) (ES)	giftig	poisonous	toxique	velenoso(a)	—
venganza (ES)	Rache f	revenge	vengeance f	vendetta f	—
vengeance (F)	Rache f	revenge	—	vendetta f	venganza f
venir (F)	kommen	come	—	venire	venir
venir (ES)	kommen	come	venir	venire	
venir à la rencontre (F)	entgegenkommen	approach	—	venire incontro	venir al encuentro
venir al encuentro (ES)	entgegenkommen	approach	venir à la rencontre	venire incontro	—
venir bien (ES)	passen	suit	aller bien	stare bene	—
venir de nuevo (ES)	wiederkommen	come back	revenir	ritornare	—
venire (I)	kommen	come	venir		venir
venire a sapere (I)	erfahren	learn	apprendre	—	enterarse de
venire incontro (I)	entgegenkommen	approach	venir à la rencontre	—	venir al encuentro
venku¹ (CZ)	außen	outside	au dehors	fuori	afuera
venku² (CZ)	draußen	outside	dehors	fuori	afuera
vent (F)	Wind m	wind	—	vento m	viento m
venta anticipada (ES)	Vorverkauf m	advance booking	service de réservations m	prevendita f	—
ventaja (ES)	Vorteil m	advantage	avantage m	vantaggio m	—
ventana (ES)	Fenster n	window	fenêtre f	finestra f	—
ventanilla (ES)	Schalter m	counter	guichet m	sportello m	—
venteux(euse) (F)	windig	windy	—	ventoso(a)	ventoso
ventilar (ES)	lüften	air	aérer	arieggiare	—
ventilera (SV)	lüften	air	aérer	arieggiare	ventilar
vento (I)	Wind m	wind	vent m	—	viento m
vento (P)	Wind m	wind	vent m	vento m	viento m
ventoso (ES)	windig	windy	venteux(euse)	ventoso(a)	—
ventoso (P)	windig	windy	venteux(euse)	ventoso(a)	ventoso
ventoso(a) (I)	windig	windy	venteux(euse)	—	ventoso
ventre (F)	Bauch m	stomach	—	pancia f	vientre m
vepředu (CZ)	vorn(e)	at the front	devant	davanti	(a)delante
ver (ES)	sehen	see	voir	vedere	—
ver (P)	sehen	see	voir	vedere	ver
ver¹ (NL)	fern	far away	éloigné(e)	lontano(a)	lejos
ver² (NL)	weit	far	éloigné(e)	largo(a)	ancho(a)
vér (H)	Blut n	blood	sang m	sangue m	sangre f
verabreden (D)	—	arrange to meet	prendre rendez-vous	darsi appuntamento	concertar una cita
Verabredung (D)	—	date	rendez-vous m	appuntamento m	cita f
verabschieden (D)	—	say goodbye to	prendre congé de	congedare	despedir
veranderen¹ (NL)	ändern, sich	change	changer	cambiare	cambiar
veranderen² (NL)	verändern	change	transformer	mutare	cambiar
verandering (NL)	Veränderung f	change	changement m	cambiamento m	cambio m
verändern (D)	—	change	transformer	mutare	cambiar
Veränderung (D)	—	change	changement m	cambiamento m	cambio m
verano (ES)	Sommer m	summer	été m	estate f	—
Veranstaltung (D)	—	event	manifestation f	manifestazione f	acto m
verantwoordelijk (NL)	verantwortlich	responsible	responsable	responsabile	responsable
verantwoordelijkheid (NL)	Verantwortung f	responsibility	responsabilté f	responsabilità f	responsabilidad f
verantwortlich (D)	—	responsible	responsable	responsabile	responsable
Verantwortung (D)	—	responsibility	responsabilté f	responsabilità f	responsabilidad f
verão (P)	Sommer m	summer	été m	estate f	verano m

verão

P	NL	SV	PL	CZ	H
venenoso	giftig	giftig	trujący	jedovatý	mérgező
vingança f	wraak m	hämnd u	zemsta f	pomsta f	bosszú
vingança f	wraak m	hämnd u	zemsta f	pomsta f	bosszú
vir	komen	komma	przychodzić <przyjść>	přicházet <přijít>	jön
vir	komen	komma	przychodzić <przyjść>	přicházet <přijít>	jön
vir ao encontro de	tegemoetkomen	tillmötesgå	iść naprzeciw <wyjść naprzeciw>	vycházet vstříc <vyjít vstříc>	elébe megy
vir ao encontro de	tegemoetkomen	tillmötesgå	iść naprzeciw <wyjść naprzeciw>	vycházet vstříc <vyjít vstříc>	elébe megy
servir	passen	passa	pasować	padat <padnout>	megfelel
voltar outra vez	terugkomen	komma tillbaka	wracać	přijít, přijet zpět	visszajön
vir	komen	komma	przychodzić <przyjść>	přicházet <přijít>	jön
vir a saber	ervaren; vernemen	erfaren	dowiadywać, się <dowiedzieć, się>	zkušený	megtud
vir ao encontro de	tegemoetkomen	tillmötesgå	iść naprzeciw <wyjść naprzeciw>	vycházet vstříc <vyjít vstříc>	elébe megy
fora	buiten	ute	zewnątrz	—	kint
fora	buiten	utanför	na dworze	—	kívül
vento m	wind m	vind u	wiatr m	vítr m	szél
venda antecipada f	voorverkoop m	förköp n	przedsprzedaż f	předprodej m	elővétel
vantagem f	voordeel n	fördel u	korzyść f	výhoda f	előny
janela f	raam n	fönster n	okno n	okno n	ablak
interruptor m	schakelaar m	strömbrytare u	włącznik m	vypínač m	kapcsoló
ventoso	winderig	blåsigt	wietrzny	větrný	szeles
arejar	luchten	ventilera	wietrzyć	větrat <vyvětrat>	szellőztet
arejar	luchten	—	wietrzyć	větrat <vyvětrat>	szellőztet
vento m	wind m	vind u	wiatr m	vítr m	szél
—	wind m	vind u	wiatr m	vítr m	szél
ventoso	winderig	blåsigt	wietrzny	větrný	szeles
—	winderig	blåsigt	wietrzny	větrný	szeles
ventoso	winderig	blåsigt	wietrzny	větrný	szeles
barriga f	buik m	mage u	brzuch m	břicho n	has
à frente	voor(aan)	framtill	z przodu	—	elöl
ver	zien	se	widzieć	vidět <uvidět>	lát
—	zien	se	widzieć	vidět <uvidět>	lát
longe	—	fjärran	daleki	daleko	messze
extenso	—	långt	daleko	daleký	messze
sangue m	bloed n	blod n	krew f	krev f	—
combinar	afspreken	avtala	umawiać się	ujednávat <ujednat>	megállapodik
compromisso m	afspraak m	avtal n	umówienie się n	schůzka f	megbeszélés
despedir	afscheid nemen van	ta avsked	odprawiać	loučit, se <rozloučit, se>	elbúcsúztat
modificar-se	—	förändra sig	zmieniać, się <zmienić, się>	měnit, se <změnit, se>	változik
modificar	—	förändra	zmieniać	měnit <změnit>	megváltoztat
modificação f	—	förändring u	zmiana f	změna f	változás
modificar	veranderen	förändra	zmieniać	měnit <změnit>	megváltoztat
modificação f	verandering f	förändring u	zmiana f	změna f	változás
verão m	zomer m	sommar u	lato n	léto n	nyár
espectáculo m	manifestatie f	tillställning u	impreza f	akce f	rendezvény
responsável	—	ansvarig	odpowiedzialny	zodpovědný	felelős
responsabilidade f	—	ansvar n	odpowiedzialność f	odpovědnost f	felelősség
responsável	verantwoordelijk	ansvarig	odpowiedzialny	zodpovědný	felelős
responsabilidade f	verantwoordelijkheid f	ansvar n	odpowiedzialność f	odpovědnost f	felelősség
—	zomer m	sommar u	lato n	léto n	nyár

verbaasd zijn

	D	E	F	I	ES
verbaasd zijn (NL)	staunen	be astonished	étonner, s'	stupirsi	asombrarse
verband (NL)	Binde f	bandage	bandage m	fascia f	faj f
verbessern (D)	—	improve	améliorer	migliorare	mejorar
verbeteren (NL)	verbessern	improve	améliorer	migliorare	mejorar
verbetering (NL)	Besserung f	improvement	amélioration f	miglioramento m	restablecimiento m
verbieden (NL)	verbieten	forbid	défendre	proibire	prohibir
verbieten (D)	—	forbid	défendre	proibire	prohibir
verbinding (NL)	Verbindung f	connection	relation f	relazione f	relación f
Verbindung (D)	—	connection	relation f	relazione f	relación f
verbod (NL)	Verbot n	prohibition	défense f	divieto m	prohibición f
verboden (NL)	verboten	forbidden	interdit(e)	vietato(a)	prohibido(a)
Verbot (D)	—	prohibition	défense f	divieto m	prohibición f
verboten (D)	—	forbidden	interdit(e)	vietato(a)	prohibido(a)
verbranden (NL)	verbrennen	burn	brûler	bruciare	quemar
verbrauchen (D)	—	consume	consommer	consumare	consumir
Verbrechen (D)	—	crime	crime m	delitto m	crimen m
verbrennen (D)	—	burn	brûler	bruciare	quemar
verbringen (D)	—	spend	passer	passare	pasar
verbruiken (NL)	verbrauchen	consume	consommer	consumare	consumir
verdacht (NL)	verdächtig	suspicious	suspect(e)	sospetto(a)	sospechoso(a)
verdächtig (D)	—	suspicious	suspect(e)	sospetto(a)	sospechoso(a)
verdad (ES)	Wahrheit f	truth	vérité f	verità f	—
verdade (P)	Wahrheit f	truth	vérité f	verità f	verdad f
verdadero(a) (ES)	echt	genuine	vrai(e)	vero(a)	—
verde (I)	grün	green	vert(e)	—	verde
verde (ES)	grün	green	vert(e)	verde	—
verde (P)	grün	green	vert(e)	verde	verde
verdedigen, zich (NL)	verteidigen, sich	defend	défendre, se	difendersi	defenderse
verdelen¹ (NL)	aufteilen	divide	diviser	spartire	repartir
verdelen² (NL)	verteilen	distribute	distribuer	distribuire	distribuir
verdienen (D)	—	earn	gagner	guadagnare	ganar
verdienen (NL)	verdienen	earn	gagner	guadagnare	ganar
verdieping (NL)	Etage f	floor	étage m	piano m	piso m
verdragen (NL)	ertragen	bear	supporter	sopportare	soportar
verdrietig (NL)	traurig	sad	triste	triste	triste
verdrinken (NL)	ertrinken	drown	noyer, se	annegare	ahogarse
verdura (I)	Gemüse n	vegetables	légumes m/pl	—	verdura f
verdura (ES)	Gemüse n	vegetables	légumes m/pl	verdura f	—
verdwijnen (NL)	verschwinden	disappear	disparaître	sparire	desaparecer
Verein (D)	—	club	association f	associazione f	asociación f
vereinbaren (D)	—	agree upon	convenir de	fissare	convenir
Vereinigte Staaten (D)	—	United States	Etats-Unis m/pl	Stati Uniti m/pl	Estados Unidos m/pl
veřejný (CZ)	öffentlich	public	public(ique)	pubblico(a)	público(a)
Verenigde Staten (NL)	Vereinigte Staaten pl	United States	Etats-Unis m/pl	Stati Uniti m/pl	Estados Unidos m/pl
vereniging (NL)	Verein m	club	association f	associazione f	asociación f
vererben (D)	—	bequeath	léguer	lasciare in eredità	transmitir hereditariamente
vereség (H)	Niederlage f	defeat	défaite f	sconfitta f	derrota f
Verfassung¹ (D)	—	constitution	état m	condizioni f/pl	estado m
Verfassung² (D)	—	constitution	constitution f	costituzione f/pl	constitución f
verfolgen (D)	—	pursue	poursuivre	inseguire	perseguir
vergangen (D)	—	past	dernier(-ère)	passato(a)	pasado(a)
Vergangenheit (D)	—	past	passé m	passato m	pasado m

Vergangenheit

P	NL	SV	PL	CZ	H
admirar-se	—	bli förvånad	dziwić się <zdziwić się>	divit, se <podivit, se>	csodálkozik
ligadura f	—	binda u	opaska f	páska f	kötés/fásli
melhorar	verbeteren	förbättra	poprawiać	zlepšovat <zlepšit>	megjavít
melhorar	—	förbättra	poprawiać	zlepšovat <zlepšit>	megjavít
melhoramento m	—	bättring u	poprawa f	zlepšení n	javulás
proibir	—	förbjuda	zabraniać	zakazovat <zakázat>	megtilt
proibir	verbieden	förbjuda	zabraniać	zakazovat <zakázat>	megtilt
união f	—	förbindelse u	połączenie n	spojení n	összeköttetés
união f	verbinding f	förbindelse u	połączenie n	spojení n	összeköttetés
proibição f	—	förbud n	zakaz m	zákaz m	tilalom
proibido	—	förbjuden	zabroniony	zakázaný	tilos
proibição f	verbod n	förbud n	zakaz m	zákaz m	tilalom
proibido	verboden	förbjuden	zabroniony	zakázaný	tilos
queimar	—	brinna upp	spalać	spalovat <spálit>	eléget
gastar	verbruiken	förbruka	zużywać <zużyć>	spotřebovávat <spotřebovat>	fogyaszt
crime m	misdaad f	brott n	przestępstwo n	zločin m	bűncselekmény
queimar	verbranden	brinna upp	spalać	spalovat <spálit>	eléget
passar	doorbrengen	tillbringa	spędzać	trávit <strávit>	tölt
gastar	—	förbruka	zużywać <zużyć>	spotřebovávat <spotřebovat>	fogyaszt
suspeito	—	misstänkt	podejrzany	podezřelý	gyanús
suspeito	verdacht	misstänkt	podejrzany	podezřelý	gyanús
verdade f	waarheid f	sanning u	prawda f	pravda f	igazság
—	waarheid f	sanning u	prawda f	pravda f	igazság
autêntico	echt	äkta	prawdziwy	pravý	valódi
verde	groen	grön	zielony(no)	zelený	zöld
verde	groen	grön	zielony(no)	zelený	zöld
—	groen	grön	zielony(no)	zelený	zöld
defender-se	—	försvara sig	bronić się	bránit, se <ubránit, se>	védekezik
repartir	—	dela upp	podzielić	rozdělovat <rozdělit>	feloszt
distribuir	—	fördela	rozdzielać	rozdělovat <rozdělit>	eloszt
ganhar	verdienen	förtjäna	zarabiać	vydělávat <vydělat>	keres
ganhar	—	förtjäna	zarabiać	vydělávat <vydělat>	keres
piso m	—	våning u	piętro n	poschodí n	emelet
suportar	—	tåla	znosić <znieść>	snášet <snést>	kibír
triste	—	ledsen	smutny	smutný	szomorú
afogar-se	—	drunkna	tonąć <utonąć>	topit se <utopit se>	vízbe fullad
legumes m	groente f	grönsaker pl	warzywo n	zelenina f	zöldség
legumes m	groente f	grönsaker pl	warzywo n	zelenina f	zöldség
desaparecer	—	försvinna	zniknąć	mizet <zmizet>	eltűnik
associação f	vereniging f	förening u	stowarzyszenie n	spolek m	egyesület
acertar	overeenkomen	avtala	ustalać	ujednávat <ujednat>	megegyezik
Estados Unidos m/pl	Verenigde Staten pl	Förenta staterna pl	Stany Zjednoczone pl	Spojené státy pl	Egyesült Államok
público	openbaar	offentlig	publiczny	—	nyilvános
Estados Unidos m/pl	—	Förenta staterna pl	Stany Zjednoczone pl	Spojené státy pl	Egyesült Államok
associação f	—	förening u	stowarzyszenie n	spolek m	egyesület
herdar	nalaten	gå i arv	dziedziczyć	odkazovat <odkázat>	örökül hagy
derrota f	nederlaag f	nederlag n	porażka f	porážka f	—
estado m	stemming f	tillstånd n	stan m	stav m	állapot
constituição f	grondwet m	författning u	konstytucja f	ústava f	alkotmány
perseguir	vervolgen	förfölja	ścigać	pronásledovat	üldöz
passado	voorbij	förfluten	miniony	uplynulý	elmúlt
passado m	verleden n	det förflutna n	przeszłość f	minulost f	múlt

vergelijken

	D	E	F	I	ES
vergelijken (NL)	vergleichen	compare	comparer	paragonare	comparar
vergelijking (NL)	Vergleich m	comparsion	comparaison f	paragone m	comparación f
vergessen (D)	—	forget	oublier	dimenticare	olvidar
vergeten (NL)	vergessen	forget	oublier	dimenticare	olvidar
vergeven (NL)	verzeihen	forgive	pardonner	perdonare	perdonar
vergewaltigen (D)	—	rape	violer	violentare	violar
vergiffenis (NL)	Verzeihung f	forgiveness	pardon m	perdono m	perdón m
vergissen, zich (NL)	irren, sich	be mistaken	tromper, se	sbagliare	equivocarse
Vergleich (D)	—	comparsion	comparaison f	paragone m	comparación f
vergleichen (D)	—	compare	comparer	paragonare	comparar
Vergnügen (D)	—	pleasure	plaisir m	divertimento m	placer m
vergognarsi (I)	schämen, sich	be ashamed	avoir honte	—	tener vergüenza
vergrößern (D)	—	enlarge	agrandir	ingrandire	agrandar
vergroten (NL)	vergrößern	enlarge	agrandir	ingrandire	agrandar
verhaften (D)	—	arrest	arrêter	arrestare	detener
verheiratet (D)	—	married	marié(e)	sposato(a)	casado(a)
verheugd (NL)	erfreut	delighted	réjoui(e)	lieto(a)	contento(a)
verheugen, zich (NL)	freuen, sich	be glad/happy	réjouir, se	rallegrarsi	alegrarse
verhogen (NL)	erhöhen	raise	augmenter	innalzare	elevar
verhuizen (NL)	umziehen	move	déménager	traslocare	mudarse
verhuizing (NL)	Umzug m	move	déménagement m	trasloco m	mudanza f
verhuren (NL)	vermieten	rent	louer	affittare	alquilar
verificar (P)	nachsehen	check	vérifier	controllare	examinar
vérifier (F)	nachsehen	check	—	controllare	examinar
verità (I)	Wahrheit f	truth	vérité f	—	verdad f
vérité (F)	Wahrheit f	truth	—	verità f	verdad f
věřit <uvěřit> (CZ)	glauben	believe	croire	credere	creer
verjaardag (NL)	Geburtstag m	birthday	anniversaire m	compleanno m	cumpleaños m
verka (SV)	aussehen	look	paraître	sembrare	parecerse a
verkan (SV)	Wirkung f	effect	effet m	effetto m	efecto m
verkaufen (D)	—	sell	vendre	vendere	vender
verkeer (NL)	Verkehr m	traffic	circulation m	traffico m	tráfico m
verkeerd lopen (NL)	verlaufen, sich	get lost	perdre, se	perdersi	perderse
verkeerslicht (NL)	Ampel f	traffic lights	feux m/pl	semaforo m	semáforo m
verkeersongeval (NL)	Autounfall m	car accident	accident de voiture m	incidente stradale m	accidente de automóvil m
Verkehr (D)	—	traffic	circulation m	traffico m	tráfico m
verkiezen (NL)	vorziehen	prefer	préférer	preferire	preferir
verkiezing (NL)	Wahl f	election	élection f	elezioni f/pl	elección f
verklaren (NL)	erklären	explain	expliquer	spiegare	explicar
verklaring (NL)	Aussage f	statement	déclaration f	dichiarazione f	afirmación f
verklig (SV)	wirklich	real	réel(le)	reale	real
verklighet (SV)	Wirklichkeit f	reality	réalité f	realtà f	realidad f
verkopen (NL)	verkaufen	sell	vendre	vendere	vender
verkouden zijn (NL)	erkältet sein	have a cold	avoir un rhume	essere raffreddato(a)	estar resfriado(a)
verkoudheid (NL)	Erkältung f	cold	refroidissement m	raffreddore m	resfriado m
verkoudheid (NL)	Schnupfen m	cold	rhume m	raffreddore m	resfriado m

verkoudheid

P	NL	SV	PL	CZ	H
comparar	—	jämföra	porównywać	porovnávat <porovnat>	összehasonlít
comparação f	—	jämförelse u	porównanie n	srovnání n	összehasonlítás
esquecer-se	vergeten	glömma	zapomnieć	zapomínat <zapomenout>	elfelejt
esquecer-se	—	glömma	zapomnieć	zapomínat <zapomenout>	elfelejt
perdoar	—	förlåta	wybaczyć	odpouštět <odpustit>	megbocsát
violar	verkrachten	våldta	zgwałcić	znásilňovat <znásilnit>	megerőszakol
perdão m	—	förlåtelse u	wybaczenie n	odpuštění n	bocsánat
enganar-se	—	missta sig	mylić, się <pomylić, się>	mýlit, se <zmýlit, se>	téved
comparação f	vergelijking f	jämförelse u	porównanie n	srovnání n	összehasonlítás
comparar	vergelijken	jämföra	porównywać	porovnávat <porovnat>	összehasonlít
prazer m	plezier n	nöje n	przyjemność f	zábava f	mulatság
envergonhar-se	schamen, zich	skämmas	wstydzić, się	stydět, se <zastydět, se>	szégyelli magát
engrandecer	vergroten	förstora	powiększać	zvětšovat <zvětšit>	nagyít
engrandecer	—	förstora	powiększać	zvětšovat <zvětšit>	nagyít
prender	arresteren	häkta	aresztować	zatýkat <zatknout>	letartóztat
casado	gehuwd	gift	żonaty/zamężna	ženatý/vdaná	házas
satisfeito	—	glad	uradowany	potěšený	nagyon örülök
alegrar-se	—	glädja sig	cieszyć, się <ucieszyć, się>	radovat, se <zaradovat, se>	örül
aumentar	—	öka	podwyższać <podwyższyć>	zvyšovat <zvýšit>	emel
mudar de casa	—	flytta	przeprowadzić się	stěhovat se <přestěhovat, se>	átköltözik
mudança f	—	flyttning u	przeprowadzka f	stěhování n	költözködés
alugar	—	hyra ut	wynająć	pronajímat <pronajmout>	bérbe ad
—	nazien	ta reda på	patrzeć <popatrzeć>	dívat, se <podívat, se>	utánanéz
verificar	nazien	ta reda på	patrzeć <popatrzeć>	dívat, se <podívat, se>	utánanéz
verdade f	waarheid f	sanning u	prawda f	pravda f	igazság
verdade f	waarheid f	sanning u	prawda f	pravda f	igazság
acreditar	geloven	tro	wierzyć		hisz
aniversário m	—	födelsedag u	dzień urodzin m	narozeniny pl	születésnap
parecer	uitzien	—	wyglądać	vypadat	kinéz
efeito m	effect n	—	działanie n	účinek m	hatás
vender	verkopen	sälja	sprzedawać	prodávat <prodat>	elad
trânsito m	—	trafik u	ruch m	provoz m	forgalom
perder-se	—	gå vilse	zgubić się	zatoulat, se	eltéved
semáforo m	—	lykta u	sygnalizacja świetlna f	semafor m	közlekedési jelzőlámpa
acidente de viação m	—	bilolycka u	wypadek samochodowy m	autonehoda f	autóbaleset
trânsito m	verkeer n	trafik u	ruch m	provoz m	forgalom
preferir	—	föredra	preferować	dávat přednost <dát přednost>	előnyben részesít
eleição f	—	val n	wybór m	volby pl	szavazás
explicar	—	förklara	wyjaśniać <wyjaśnić>	vysvětlovat <vysvětlit>	megmagyaráz
declaração f	—	uttalande n	wypowiedź f	výpověď f	kijelentés
realmente	echt	—	rzeczywiście	opravdu	igazi
realidade f	werkelijkheid f	—	rzeczywistość f	skutečnost f	valóság
vender	—	sälja	sprzedawać	prodávat <prodat>	elad
estar constipado	—	vara förkyld	być przeziębionym	být nachlazený	megfázott
constipação f	—	förkylning u	przeziębienie n	nachlazení n	megfázás
constipação f	—	snuva u	katar m	rýma f	nátha

verkrachten

	D	E	F	I	ES
verkrachten (NL)	vergewaltigen	rape	violer	violentare	violar
verkrijgbaar (NL)	erhältlich	available	en vente	acquistabile	que puede adquirirse
verkrijgen (NL)	erwerben	acquire	acquérir	acquistare	adquirir
verksam (SV)	wirksam	effective	efficace	efficace	eficaz
verkställande direktör (SV)	Geschäftsführer *m*	manager	gérant *m*	gerente *m*	gerente *m*
verktyg (SV)	Werkzeug *n*	tool	outil *m*	utensile *m*	herramienta *f*
verlagen (NL)	herabsetzen	lower	baisser	diminuire	rebajar
verlangen (D)	—	demand	demander	richiedere	exigir
verlangen (NL)	verlangen	demand	demander	richiedere	exigir
verlängern (D)	—	extend	prolonger	allungare	alargar
verlassen (D)	—	leave	abandonner	lasciare	dejar
ver la televisión (ES)	fernsehen	watch television	regarder la télévision	guardare la TV	—
verlaten (NL)	verlassen	leave	abandonner	lasciare	dejar
verlaufen, sich (D)	—	get lost	perdre, se	perdersi	perderse
verleden (NL)	Vergangenheit *f*	past	passé *m*	passato *m*	pasado *m*
verlegen (D)	—	embarrassed	gêné(e)	imbarazzato(a)	cohibido(a)
verlegen (NL)	verlegen	embarrassed	gêné(e)	imbarazzato(a)	cohibido(a)
verlegenheid (NL)	Verlegenheit *f*	embarrassment	gêne *f*	imbarazzo *m*	timidez *f*
Verlegenheit (D)	—	embarrassment	gêne *f*	imbarazzo *m*	timidez *f*
verleihen (D)	—	lend	prêter	dare in prestito	prestar
verlengen (NL)	verlängern	extend	prolonger	allungare	alargar
verletzen (D)	—	injure	blesser	ferire	herir
Verletzung (D)	—	injury	blessure *f*	ferita *f*	herida *f*
verlichten (NL)	beleuchten	illuminate	éclairer	illuminare	iluminar
verlichting (NL)	Beleuchtung *f*	lightning	éclairage *m*	illuminazione *f*	iluminación *f*
verlieben (D)	—	fall in love	tomber amoureux(euse)	innamorarsi	enamorarse
verliebt (D)	—	in love	amoureux(euse)	innamorato	enamorado(a)
verliefd (NL)	verliebt	in love	amoureux(euse)	innamorato	enamorado(a)
verliefd worden (NL)	verlieben	fall in love	tomber amoureux(euse)	innamorarsi	enamorarse
verlieren (D)	—	lose	perdre	perdere	perder
verlies (NL)	Verlust *m*	loss	perte *f*	perdita *f*	pérdida *f*
verliezen (NL)	verlieren	lose	perdre	perdere	perder
Verlust (D)	—	loss	perte *f*	perdita *f*	pérdida *f*
vermeiden (D)	—	avoid	éviter	evitare	evitar
vermelden (NL)	erwähnen	mention	mentionner	menzionare	mencionar
vermelho (P)	rot	red	rouge	rosso(a)	rojo(a)
vermieten (D)	—	rent	louer	affittare	alquilar
vermijden (NL)	vermeiden	avoid	éviter	evitare	evitar
vermissen (D)	—	miss	manquer	sentire la mancanza	echar de menos
vermoeden (NL)	Vermutung *f*	supposition	supposition *f*	supposizione *f*	suposición *f*
vermoeden[1] (NL)	ahnen	suspect	douter, se	presagire	suponer
vermoeden[2] (NL)	vermuten	suppose	supposer	supporre	suponer
vermoeiend (NL)	anstrengend	tiring	fatigant(e)	faticoso(a)	fatigoso(a)
vermuten (D)	—	suppose	supposer	supporre	suponer
Vermutung (D)	—	supposition	supposition *f*	supposizione *f*	suposición *f*
vernachlässigen (D)	—	neglect	négliger	trascurare	descuidar

vernachlässigen

P	NL	SV	PL	CZ	H
violar	—	våldta	zgwałcić	znásilňovat <znásilnit>	megerőszakol
estar à venda	—	erhållas	do nabycia	k dostání	kapható
adquirir	—	förvärva	nabywać <nabyć>	získávat <získat>	szerez
eficaz	doeltreffend	—	skuteczny	účinný	hatékony
gerente m	directeur m	—	kierownik m	jednatel m	cégvezető
ferramenta f	werktuig n	—	narzędzie n	nářadí n	szerszám
baixar	—	sänka	obniżać <obniżyć>	snižovat <snížit>	leszállít
exigir	verlangen	kräva	żądać	požadovat <požádat>	megkövetel
exigir	—	kräva	żądać	požadovat <požádat>	megkövetel
prolongar	verlengen	förlänga	przedłużać	prodlužovat <prodloužit>	meghosszabbít
abandonar	verlaten	lämna	opuszczać	opouštět <opustit>	elhagy
ver televisão	televisie kijken	titta på TV	oglądać telewizję <obejrzeć telewizję>	dívat, se <podívat, se> na televizi	tévézik
abandonar	—	lämna	opuszczać	opouštět <opustit>	elhagy
perder-se	verkeerd lopen	gå vilse	zgubić się	zatoulat, se	eltéved
passado m	—	det förflutna n	przeszłość f	minulost f	múlt
embaraçado	verlegen	förlägen	zakłopotany	rozpačitý	zavarban van
embaraçado	—	förlägen	zakłopotany	rozpačitý	zavarban van
embaraço m	—	förlägenhet u	zakłopotanie n	rozpačitost f	zavar
embaraço m	verlegenheid f	förlägenhet u	zakłopotanie n	rozpačitost f	zavar
emprestar	uitlenen	låna ut	wypożyczać	půjčovat <půjčit>	kölcsönad
prolongar	—	förlänga	przedłużać	prodlužovat <prodloužit>	meghosszabbít
ferir	kwetsen	skada	skaleczyć	zraňovat <zranit>	megsebez
ferimento f	verwonding f	skada u	zranienie n	zranění n	sérülés
iluminar	—	belysa	oświetlać <oświetlić>	osvětlovat <osvětlit>	kivilágít
iluminação f	—	belysning u	oświetlenie n	osvětlení n	kivilágítás
enamorar-se	verliefd worden	förälska sig	zakochać się	zamilovat	beleszeret
enamorado	verliefd	förälskad	zakochany	zamilovaný	szerelmes
enamorado	—	förälskad	zakochany	zamilovaný	szerelmes
enamorar-se	—	förälska sig	zakochać się	zamilovat	beleszeret
perder	verliezen	förlora	stracić	ztrácet <ztratit>	elveszít
perda f	—	förlust u	strata f	ztráta f	veszteség
perder	—	förlora	stracić	ztrácet <ztratit>	elveszít
perda f	verlies n	förlust u	strata f	ztráta f	veszteség
evitar	vermijden	undvika	unikać	vyhýbat, se <vyhnout, se>	elkerül
mencionar	—	nämna	wspominać <wspomnieć>	zmiňovat, se <zmínit, se>	megemlít
—	rood	röd	czerwony(no)	červený	piros
alugar	verhuren	hyra ut	wynająć	pronajímat <pronajmout>	bérbe ad
evitar	—	undvika	unikać	vyhýbat, se <vyhnout, se>	elkerül
fazer falta	missen	sakna	odczuwać brak	pohřešovat <pohřešit>	hiányol
suposição f	—	förmodan u	przypuszczenie n	domněnka f	sejtés
pressentir	—	ana	przeczuwać <przeczuć>	tušit <vytušit>	megsejt
supor	—	förmoda	przypuszczać	domnívat, se	sejt
fatigante	—	ansträngande	męczący	namáhavý	fárasztó
supor	vermoeden	förmoda	przypuszczać	domnívat, se	sejt
suposição f	vermoeden n	förmodan u	przypuszczenie n	domněnka f	sejtés
descuidar	verwaarlozen	försumma	zaniedbywać	zanedbávat <zanedbat>	elhanyagol

verniciare

	D	E	F	I	ES
verniciare (I)	streichen	paint	peindre	—	pintar
vernünftig (D)	—	sensible	raisonnable	ragionevole	razonable
věrný (CZ)	treu	faithful	fidèle	fedele	fiel
vero(a) (I)	echt	genuine	vrai(e)	—	verdadero(a)
veröffentlichen (D)	—	publish	publier	pubblicare	publicar
veronderstellen (NL)	voraussetzen	assume	supposer	presupporre	presuponer
veronderstelling (NL)	Annahme f	assumption	supposition f	supposizione f	suposición f
verontrusten (NL)	beunruhigen	disturb	inquiéter	inquietare	inquietar
verontschuldigen, zich (NL)	entschuldigen, sich	apologize	excuser, s'	scusarsi	disculparse
verontschuldiging (NL)	Entschuldigung f	apology	excuse f	scusa f	disculpa f
veroordelen (NL)	verurteilen	condemn	condamner	condannare	sentenciar
veroorloven (NL)	erlauben	allow	permettre	permettere	permitir
veroorzaken (NL)	verursachen	cause	causer	causare	ocasionar
Verpflegung (D)	—	catering	nourriture f	vitto m	alimentación f
verpflichten (D)	—	oblige	obliger	obbligare	obligar
Verpflichtung (D)	—	obligation	obligation f	obbligo m	obligación f
verpleegster (NL)	Krankenschwester f	nurse	infirmière f	infermiera f	enfermera f
verplichten (NL)	verpflichten	oblige	obliger	obbligare	obligar
verplichting (NL)	Verpflichtung f	obligation	obligation f	obbligo m	obligación f
verrassen (NL)	überraschen	surprise	surprendre	sorprendere	sorprender
verrassing (NL)	Überraschung f	surprise	surprise f	sorpresa f	sorpresa f
verre (F)	Glas n	glass	—	bicchiere m	vaso m
verreisen (D)	—	go away	partir en voyage	essere in viaggio	irse de viaje
verrekijker (NL)	Fernglas n	binoculars	jumelles f/pl	cannocchiale m	gemelos m/pl
verrückt (D)	—	mad	fou (folle)	pazzo(a)	loco(a)
vers/à (F)	nach	to	—	a/per	a
versare (I)	eingießen	pour	verser	—	echar/verter
verschieden (D)	—	different	différent(e)	diverso(a)	diferente
verschijnen (NL)	erscheinen	appear	apparaître	apparire	aparecer
verschillend (NL)	verschieden	different	différent(e)	diverso(a)	diferente
verschrikkelijk (NL)	schrecklich	terrible	terrible	spaventoso(a)	horrible
verschuldigd zijn (NL)	schulden	owe	devoir	dovere	deber
verschwinden (D)	—	disappear	disparaître	sparire	desaparecer
verser (F)	eingießen	pour	—	versare	echar/verter
vers/fris (NL)	frisch	fresh	frais (fraîche)	fresco(a)	fresco(a)
versichern (D)	—	assure	assurer	assicurare	asegurar
Versicherung (D)	—	insurance	assurance f	assicurazione f	seguro m
verslijten (NL)	abnutzen	wear out	user	consumare	desgastar
versnelling (NL)	Gang m	gear	vitesse f	marcia f	marcha f
versorgen (D)	—	provide	fournir	approvvigionare	proveer
verspäten, sich (D)	—	be late	être en retard	ritardare	llevar retraso
Verspätung (D)	—	delay	retard m	ritardo m	retraso m
versprechen (D)	—	promise	promesse f	promessa f	promesa f
Versprechen (D)	—	promise	promettre	promettere	prometer
verstaan (NL)	verstehen	understand	comprendre	capire	entender
Verstand (D)	—	intelligence	intelligence f	intelletto m	razón f
verstand (NL)	Verstand m	intelligence	intelligence f	intelletto m	razón f
verstandig (NL)	vernünftig	sensible	raisonnable	ragionevole	razonable

P	NL	SV	PL	CZ	H
pintar	schilderen	smeka	pocierać	škrtat <škrtnout>	befest
sensato	verstandig	förnuftig	rozsądny	rozumný	értelmes
fiel	trouw	trogen	wierny	—	hű
autêntico	echt	äkta	prawdziwy	pravý	valódi
publicar	publiceren	offentliggöra	publikować	uveřejňovat <uveřejnit>	publikál
pressupor	—	förutsätta	przypuszczać	předpokládat	feltételez
recepção f	—	antagande n	przypuszczenie n	příjem m	elfogadás
inquietar	—	oroa	niepokoić <zaniepokoić>	znepokojovat <znepokojit>	nyugtalanít
desculpar-se	—	ursäkta sig	przepraszać <przeprosić>	omlouvat, se <omluvit, se>	bocsánatot kér
desculpa f	—	ursäkt u	usprawiedliwienie n	omluva f	bocsánat
condenar	—	döma	skazywać, potępiać	odsuzovat <odsoudit>	elítél
permitir	—	tillåta	zezwalać <zezwolić>	dovolovat <dovolit>	megenged
ocasionar	—	förorsaka	powodować	zapříčiňovat <zapříčinit>	okoz
alimentação f	kost m	kosthållning u	wyżywienie n	stravování n	ellátás
obrigar	verplichten	förbinda	zobowiązywać	zavazovat <zavázat>	kötelez
obrigação f	verplichting f	åtagande n	zobowiązanie n	povinnost f	kötelezettség
enfermeira f	—	sjuksköterska u	pielęgniarka f	zdravotní sestra f	ápolónő
obrigar	—	förbinda	zobowiązywać	zavazovat <zavázat>	kötelez
obrigação f	—	åtagande n	zobowiązanie n	povinnost f	kötelezettség
surpreender	—	överraska	zaskakiwać	překvapovat <překvapit>	meglep
surpresa f	—	överraskning u	niespodzianka f	překvapení n	meglepetés
vidro m	glas n	glas n	szkło n	sklo n	üveg
viajar	op reis gaan	resa bort	wyjeżdżać	odcestovat	elutazik
binóculos m/pl	—	kikare u	lornetka f	dalekohled m	távcső
doido	gek	tokig	zwariowany	pomatený	bolond
a	naar	till	do	na/do	felé
encher	ingieten	hälla i	wlewać <wlać>	nalévat <nalít>	beönt
diferente	verschillend	olik	różny	různý	különböző
aparecer	—	framträda	ukazywać, się <ukazać, się>	objevovat se <objevit se>	megjelen
diferente	—	olik	różny	různý	különböző
horrível	—	förskräcklig	straszny	strašný	borzasztó
dever	—	vara skyldig ngn	być dłużnym	dlužit	tartozik
desaparecer	verdwijnen	försvinna	zniknąć	mizet <zmizet>	eltűnik
encher	ingieten	hälla i	wlewać <wlać>	nalévat <nalít>	beönt
fresco	—	färsk	świeży	čerstvý	friss(en)
assegurar	verzekeren	försäkra	ubezpieczać	ujišťovat <ujistit>	biztosít
seguro m	verzekering f	försäkring u	ubezpieczenie n	pojištění n	biztosítás
gastar	—	nötas/slitas	zużywać <zużyć>	opotřebovávat <opotřebit>	elhasznál
passagem f	—	koppling u	chód m	chodba f	sebességfokozat
abastecer	verzorgen	sköta	zaopatrywać	zaopatřovat <zaopatřit>	ellát
atrasar-se	vertraging hebben	vara försenad	spóźniać się	zpožďovat, se <zpozdit, se>	elkésik
atraso m	vertraging f	försening u	spóźnienie n	zpoždění n	késés
prometer	beloven	lova	obiecywać	slibovat <slíbit>	megígér
promessa f	belofte f	löfte n	obietnica f	slib m	ígéret
compreender	—	förstå	rozumieć	rozumět <porozumět>	megért
inteligência f	verstand n	förstånd n	rozum m	rozum m	értelem
inteligência f	—	förstånd n	rozum m	rozum m	értelem
sensato	—	förnuftig	rozsądny	rozumný	értelmes

verständigen

	D	E	F	I	ES
verständigen (D)	—	inform	prévenir	informare	informar
Verständnis (D)	—	understanding	compréhension f	comprensione f	comprensión f
verstecken (D)	—	hide	cacher	nascondere	ocultar
verstehen (D)	—	understand	comprendre	capire	entender
verstoppen (NL)	verstecken	hide	cacher	nascondere	ocultar
verstrooid (NL)	zerstreut	scattered	dispersé(e)	disperso(a)	disperso(a)
Versuch (D)	—	try	essai m	tentativo m	intento m
vertalen (NL)	übersetzen	translate	traduire	tradurre	traducir
vertaling (NL)	Übersetzung f	translation	traduction f	traduzione f	traducción f
vertauschen (D)	—	exchange	échanger	scambiare	cambiar
vert(e) (F)	grün	green	—	verde	verde
verte (NL)	Ferne f	distance	lointain m	distanza f	lejanía f
verteidigen, sich (D)	—	defend	défendre, se	difendersi	defenderse
verteilen (D)	—	distribute	distribuer	distribuire	distribuir
ver televisão (P)	fernsehen	watch television	regarder la télévision	guardare la TV	ver la televisión
vertellen (NL)	erzählen	tell	raconter	raccontare	contar
Vertrag (D)	—	contract	contrat m	contratto m	contrato m
vertraging (NL)	Verspätung f	delay	retard m	ritardo m	retraso m
vertraging hebben (NL)	verspäten, sich	be late	être en retard	ritardare	llevar retraso
vertrauen (D)	—	trust	avoir confiance	fidarsi	confiar
Vertrauen (D)	—	confidence	confiance f	fiducia f	confianza f
vertrek¹ (NL)	Abfahrt f	departure	départ m	partenza f	salida f
vertrek² (NL)	Abflug m	take-off	décollage m	decollo m	despegue m
vertrekken (NL)	abfahren	depart	partir de	partire	salir
vertrouwen (NL)	vertrauen	trust	avoir confiance	fidarsi	confiar
vertrouwen (NL)	Vertrauen n	confidence	confiance f	fiducia f	confianza f
vertwijfeld (NL)	verzweifelt	desperate	désespéré(e)	disperato(a)	desesperado(a)
verursachen (D)	—	cause	causer	causare	ocasionar
verurteilen (D)	—	condemn	condamner	condannare	sentenciar
vervaardigen (NL)	anfertigen	manufacture	confectionner	fabbricare	fabricar
vervangen (NL)	ersetzen	replace	remplacer	sostituire	sustituir
vervelen, zich (NL)	langweilen, sich	get bored	ennuyer, se	annoiarsi	aburrirse
verven (NL)	färben	dye	colorer	tingere	colorear
vervolgen (NL)	verfolgen	pursue	poursuivre	inseguire	perseguir
vervullen (NL)	erfüllen	fulfil	remplir	esaudire	conceder
verwaarlozen (NL)	vernachlässigen	neglect	négliger	trascurare	descuidar
verwachten (NL)	erwarten	expect	attendre	aspettare	esperar
verwandt (D)	—	related	parent(e)	parente di	emparentado(a)
Verwandter (D)	—	relative	parent m	parente m	pariente m
verwant (NL)	verwandt	related	parent(e)	parente di	emparentado(a)
verward (NL)	verwirrt	confused	confus(e)	confuso(a)	confundido(a)
verwarmen¹ (NL)	heizen	heat	chauffer	riscaldare	calentar
verwarmen² (NL)	wärmen	warm	chauffer	riscaldare	calentar
verwarming (NL)	Heizung f	heating	chauffage m	riscaldamento m	calefacción f
verwarring (NL)	Durcheinander n	confusion	désordre m	confusione f	confusión f
verwechseln (D)	—	confuse	confondre	scambiare	confundir

verwechseln

P	NL	SV	PL	CZ	H
informar	op de hoogte brengen	meddela	zawiadamiać	vyrozumět	értesít
compreensão f	begrip n	förståelse u	zrozumienie n	pochopení n	megértés
esconder	verstoppen	gömma	chować	schovávat <schovat>	elrejt
compreender	verstaan	förstå	rozumieć	rozumět <porozumět>	megért
esconder	—	gömma	chować	schovávat <schovat>	elrejt
distraído	—	förströdd	rozproszony	roztržitý	szórakozott
ensaio m	poging f	försök n	próba f	pokus m	kísérlet
traduzir	—	översätta	tłumaczyć	překládat <přeložit>	fordít
tradução f	—	översättning u	tłumaczenie n	překlad m	fordítás
trocar	verwisselen	förväxla	zamieniać	zaměňovat <zaměnit>	elcserél
verde	groen	grön	zielony(no)	zelený	zöld
distância f	—	avstånd n	dal f	dálka f	messzeség
defender-se	verdedigen, zich	försvara sig	bronić się	bránit, se <ubránit, se>	védekezik
distribuir	verdelen	fördela	rozdzielać	rozdělovat <rozdělit>	eloszt
—	televisie kijken	titta på TV	oglądać telewizję <obejrzeć telewizję>	dívat, se <podívat, se> na televizi	tévézik
contar	—	berätta	opowiadać <opowiedzieć>	vypravovat <vyprávět>	elmesél
contrato m	contract n	kontrakt n	umowa f	smlouva f	szerződés
atraso m	—	försening u	spóźnienie n	zpoždění n	késés
atrasar-se	—	vara försenad	spóźniać się	zpožďovat, se <zpozdit, se>	elkésik
confiar	vertrouwen	lita på	ufać	důvěřovat	megbízik
confiança f	vertrouwen n	förtroende n	zaufanie n	důvěra f	bizalom
partida f	—	avresa u	odjazd m	odjezd m	indulás
partida do avião f	—	start u	odlot m	odlet m	felszállás
partir	—	resa	odjeżdżać <odjechać>	odjíždět <odjet>	elutazik
confiar	—	lita på	ufać	důvěřovat	megbízik
confiança f	—	förtroende n	zaufanie n	důvěra f	bizalom
desesperado	—	förtvivlad	zrozpaczony	zoufalý	kétségbeesett
ocasionar	veroorzaken	förorsaka	powodować	zapříčiňovat <zapříčinit>	okoz
condenar	veroordelen	döma	skazywać, potępiać	odsuzovat <odsoudit>	elítél
confeccionar	—	tillverka	wykonać	zhotovovat <zhotovit>	elkészít
substituir	—	byta ut	zastępować <zastąpić>	nahrazovat <nahradit>	pótol
aborrecer-se	—	tråka ut	nudzić, się	nudit, se	unatkozik
colorir	—	färga	farbować <ufarbować>	barvit <zbarvit>	befest
perseguir	—	förfölja	ścigać	pronásledovat	üldöz
concretizar	—	uppfylla	wypełniać <wypełnić>	splňovat <splnit>	eleget tesz
descuidar	—	försumma	zaniedbywać	zanedbávat <zanedbat>	elhanyagol
aguardar	—	förvänta	oczekiwać	očekávat	elvár
aparentado	verwant	släkt	spokrewniony	příbuzný	rokon
parente m	familielid n	släkting u	krewny m	příbuzný m	rokon
aparentado	—	släkt	spokrewniony	příbuzný	rokon
confuso	—	förvirrad	zagmatwany	zmatený	zavart
aquecer	—	värma upp	ogrzewać <ogrzać>	topit <zatopit>	fűt
aquecer	—	värma	grzać	hřát <zahřát>	megmelegít
aquecimento m	—	värme u	ogrzewanie n	topení n	fűtőberendezés
confusão f	—	villervalla u	bałagan m	nepořádek m	összevisszaság
confundir	verwisselen	ta fel på	pomylić	zaměňovat <zaměnit>	összetéveszt

verwenden

	D	E	F	I	ES
verwenden (D)	—	use	employer	usare	utilizar
verwennen (NL)	verwöhnen	spoil	gâter	viziare	mimar
verwijderd (NL)	entfernt	distant	éloigné(e)	distante	distante
verwijderen (NL)	entfernen	remove	éloigner	allontanare	quitar
verwijdering (NL)	Entfernung f	distance	distance f	distanza f	distancia f
verwijten (NL)	vorwerfen	blame	reprocher	rimproverare	reprochar
verwirklichen (D)	—	realize	réaliser	realizzare	realizar
verwirrt (D)	—	confused	confus(e)	confuso(a)	confundido(a)
verwisselen[1] (NL)	vertauschen	exchange	échanger	scambiare	cambiar
verwisselen[2] (NL)	verwechseln	confuse	confondre	scambiare	confundir
verwittigen (NL)	benachrichtigen	inform	informer	informare	avisar
verwoesten (NL)	zerstören	destroy	détruire	distruggere	destruir
verwöhnen (D)	—	spoil	gâter	viziare	mimar
verwonding (NL)	Verletzung f	injury	blessure f	ferita f	herida f
verzamelen (NL)	sammeln	collect	collecter	raccogliere	recolectar
verzameling (NL)	Sammlung f	collection	collection f	raccolta f	colección f
Verzeichnis (D)	—	list	registre m	elenco m	registro m
verzeihen (D)	—	forgive	pardonner	perdonare	perdonar
Verzeihung (D)	—	forgiveness	pardon m	perdono m	perdón m
verzekeren (NL)	versichern	assure	assurer	assicurare	asegurar
verzekering (NL)	Versicherung f	insurance	assurance f	assicurazione f	seguro m
verzichten (D)	—	forgo	renoncer	rinunciare	renunciar a
vérzik (H)	bluten	bleed	saigner	sanguinare	sangrar
verzoek (NL)	Bitte f	request	demande f	domanda f	ruego m
verzoeken (NL)	bitten	request	demander	pregare	rogar
verzollen (D)	—	clear through customs	dédouaner	sdoganare	pagar la aduana
verzorgd (NL)	gepflegt	looked-after	soigné(e)	curato(a)	cuidado(a)
verzorgen[1] (NL)	pflegen	look after	soigner	curare	cuidar
verzorgen[2] (NL)	versorgen	provide	fournir	approvvigionare	proveer
verzorging (NL)	Pflege f	care	soins m/pl	cura f	aseo m
verzweifelt (D)	—	desperate	désespéré(e)	disperato(a)	desesperado(a)
veselý[1] (CZ)	fröhlich	merry	joyeux(euse)	allegro(a)	alegre
veselý[2] (CZ)	lustig	funny	amusant(e)	allegro(a)	divertido(a)
věšet <pověsit> (CZ)	hängen	hang	pendre	pendere	colgar
vesmír (CZ)	Weltall n	universe	univers m	universo m	universo m
vesnice (CZ)	Dorf n	village	village m	paese m	pueblo m
veste (F)	Jacke f	jacket	—	giacca f	chaqueta f
vestibule (F)	Diele f	hall	—	corridoio m	entrada f
vestíbulo (P)	Diele f	hall	vestibule m	corridoio m	entrada f
vestido (ES)	Kleid n	dress	robe f	vestito m	—
vestido (P)	Kleid n	dress	robe f	vestito m	vestido m
vestir (P)	anziehen	put on	mettre	indossare	ponerse
vestito[1] (I)	Anzug m	suit	costume m	—	traje m
vestito[2] (I)	Kleid n	dress	robe f	—	vestido m
vestuário (P)	Kleidung f	clothing	habits m/pl	abbigliamento m	ropa f
vést <zavést> (CZ)	führen	lead	guider	guidare	dirigir
vesz[1] (H)	kaufen	buy	acheter	comprare	comprar
vesz[2] (H)	nehmen	take	prendre	prendere	tomar
veszély (H)	Gefahr f	danger	danger m	pericolo m	peligro m
veszélyes (H)	gefährlich	dangerous	dangereux(euse)	pericoloso(a)	peligroso(a)

veszélyes

P	NL	SV	PL	CZ	H
utilizar	gebruiken	använda	stosować	užívat <užít>	felhasznál
mimar	—	skämma bort	rozpieszczać	rozmazlovat <rozmazlit>	elkényeztet
afastado	—	borttagen	odległy	vzdálený	távol
afastar	—	ta bort	usuwać <usunąć>	odstraňovat <odstranit>	eltávolít
distância f	—	distans u	odległość f	vzdálenost f	távolság
repreender	—	förebrå	zarzucać	vytýkat <vytknout>	szemére hány
realizar	realiseren	förverkliga	urzeczywistniać	uskutečňovat <uskutečnit>	megvalósít
confuso	verward	förvirrad	zagmatwany	zmatený	zavart
trocar	—	förväxla	zamieniać	zaměňovat <zaměnit>	elcserél
confundir	—	ta fel på	pomylić	zaměňovat <zaměnit>	összetéveszt
informar	—	underrätta	zawiadamiać <zawiadomić>	podávat zprávu <podat zprávu>	értesít
destruir	—	förstöra	niszczyć	ničit <zničit>	szétrombol
mimar	verwennen	skämma bort	rozpieszczać	rozmazlovat <rozmazlit>	elkényeztet
ferimento f	—	skada u	zranienie n	zranění n	sérülés
coleccionar	—	samla in	zbierać <zebrać>	sbírat <sebrat>	gyűjt
colecção f	—	samling u	zbieranie n	sbírka f	gyűjtemény
lista f	lijst m	förteckning u	spis m	seznam m	jegyzék
perdoar	vergeven	förlåta	wybaczyć	odpouštět <odpustit>	megbocsát
perdão m	vergiffenis f	förlåtelse u	wybaczenie n	odpuštění n	bocsánat
assegurar	—	försäkra	ubezpieczać	ujišťovat <ujistit>	biztosít
seguro m	—	försäkring u	ubezpieczenie n	pojištění n	biztosítás
renunciar a	afstand doen van	avstå från	rezygnować	zříkat, se <zříci, se>	lemond
sangrar	bloeden	blöda	krwawić	krvácet	—
pedido m	—	begäran u	prośba f	prosba f	kérés
pedir	—	begära	prosić <poprosić>	prosit <poprosit>	kérni
pagar direitos	invoerrechten betalen	förtulla	oclić	proclívat <proclít>	elvámol
cuidado	—	välvårdad	wypielęgnowany	upravený	ápolt
tratar	—	sköta	opiekować, się	pečovat	ápolni
abastecer	—	sköta	zaopatrywać	zaopatřovat <zaopatřit>	ellát
tratamento m	—	skötsel u	opieka f	péče f	ápolás
desesperado	vertwijfeld	förtvivlad	zrozpaczony	zoufalý	kétségbeesett
alegre	vrolijk	glad	wesoły	—	vidám
divertido	vrolijk	rolig	śmieszny	—	vidám
pendurar	hangen	hänga	wisieć	—	lóg
universo m	heelal n	universum n	kosmos m	—	világegyetem
aldeia f	dorp n	by u	wieś f	—	falu
casaco m	jasje n	jacka u	kurtka f	bunda f	kiskabát
vestíbulo m	gang m	tambur u	sień f	předsíň f	előszoba
—	gang m	tambur u	sień f	předsíň f	előszoba
vestido m	jurk f/kleed n	klänning u	suknia f	šaty pl	ruha
—	jurk f/kleed n	klänning u	suknia f	šaty pl	ruha
—	aantrekken	klä på sig	ubierać <ubrać>	oblékat <obléci>	felvesz
fato m	kostuum n	kostym u	garnitur m	oblek m	öltöny
vestido m	jurk f/kleed n	klänning u	suknia f	šaty pl	ruha
—	kleding f	kläder pl	ubranie n	oblečení n	ruházat
guiar	leiden	leda	prowadzić <poprowadzić>	—	vezet
comprar	kopen	köpa	kupować <kupić>	nakupovat <nakoupit>	—
tomar	nemen	ta	brać <wziąć>	brát <vzít>	—
perigo m	gevaar n	fara u	niebezpieczeństwo n	nebezpečí n	—
perigoso	gevaarlijk	farlig	niebezpieczny	nebezpečný	—

vészkijárat

	D	E	F	I	ES
vészkijárat (H)	Notausgang m	emergency exit	sortie de secours f	uscita di sicurezza f	salida de emergencia f
veszteség (H)	Verlust m	loss	perte f	perdita f	pérdida f
vet (NL)	fett	fat	gras(se)	grasso(a)	grasoso(a)
vet (NL)	Fett n	fat	graisse f	grasso m	grasa f
veta (SV)	wissen	know	savoir	sapere	saber
věta (CZ)	Satz m	sentence	phrase f	frase f	oración f
vétel (H)	Kauf m	purchase	achat m	acquisto m	compra f
vetenskap (SV)	Wissenschaft f	science	science f	scienza f	ciencia f
větev (CZ)	Ast m	branch	branche f	ramo m	rama f
větrat <vyvětrat> (CZ)	lüften	air	aérer	arieggiare	ventilar
vetrina (I)	Schaufenster n	shop window	vitrine f	—	escaparate m
větrný (CZ)	windig	windy	venteux(euse)	ventoso(a)	ventoso
vetro (I)	Scheibe f	pane	carreau m	—	cristal m
většina (CZ)	Mehrheit f	majority	majorité f	maggioranza f	mayoría f
většinou (CZ)	meistens	generally	généralement	di solito	por lo común
vevő (H)	Kunde m	customer	client m	cliente m	cliente m
vězení (CZ)	Gefängnis n	prison	prison f	prigione f	prisión f
vezet (H)	führen	lead	guider	guidare	dirigir
vezeték (H)	Leitung f	pipe	tuyau m	conduttura f	tubería f
vezető (H)	Leiter f	leader	directeur m	capo m	jefe m
vezetőség (H)	Leitung f	direction	direction f	direzione f	dirección f
vhazovat <vhodit> (CZ)	einwerfen	post	poster	imbucare	echar
vhodný (CZ)	geeignet	suitable	approprié(e)	adatto(a)	adecuado(a)
vi (SV)	wir	we	nous	noi	nosotros(as)
via (I)	fort	away	parti	—	lejos
via (I)	Weg m	way	chemin m	—	camino m
vía (ES)	Gleis n	track	voie f	binario m	—
viagem (P)	Reise f	journey	voyage m	viaggio m	viaje m
viaggiare (I)	reisen	travel	voyager	—	viajar
viaggiatore (I)	Reisender m	traveller	voyageur m	—	viajero m
viaggio (I)	Reise f	journey	voyage m	—	viaje m
viajante (P)	Reisender m	traveller	voyageur m	viaggiatore m	viajero m
viajar (ES)	reisen	travel	voyager	viaggiare	—
viajar[1] (P)	reisen	travel	voyager	viaggiare	viajar
viajar[2] (P)	verreisen	go away	partir en voyage	essere in viaggio	irse de viaje
viajar de volta (P)	zurückfahren	drive back	retourner	tornare indietro	retroceder
viaje (ES)	Reise f	journey	voyage m	viaggio m	—
viajero (ES)	Reisender m	traveller	voyageur m	viaggiatore m	—
viande (F)	Fleisch n	meat	—	carne f	carne f
vicc (H)	Witz m	joke	plaisanterie f	barzelletta f	chiste m
vice versa (E)	umgekehrt	—	vice versa	inverso(a)	contrario(a)
vice versa (F)	umgekehrt	vice versa	—	inverso(a)	contrario(a)
vichřice (CZ)	Sturm m	storm	tempête f	tempesta f	tormenta f
vicinanza (I)	Nähe f	proximity	environs m/pl	—	proximidad f
vicino(a) (I)	nahe	near	près de	—	cerca de
vid (SV)	bei	at/near	chez/près de	da/presso	cerca de/junto a
vida (ES)	Leben n	life	vie f	vita f	—
vida (P)	Leben n	life	vie f	vita f	vida f
vida cotidiana (ES)	Alltag m	everyday life	vie quotidienne f	vita quotidiana f	—
vidám[1] (H)	fröhlich	merry	joyeux(euse)	allegro(a)	alegre
vidám[2] (H)	lustig	funny	amusant(e)	allegro(a)	divertido(a)
vide (F)	leer	empty	—	vuoto(a)	vacío(a)
vidět <uvidět> (CZ)	sehen	see	voir	vedere	ver
vidlička (CZ)	Gabel f	fork	fourchette f	forchetta f	tenedor m

vidlička

P	NL	SV	PL	CZ	H
saída de emergência f	nooduitgang m	nödutgång u	wyjście awaryjne n	nouzový východ m	—
perda f	verlies n	förlust u	strata f	ztráta f	—
gordo	—	fett	tłusty	tlustý	zsíros
gordura f	—	fett n	tłuszcz m	tuk m	zsír
saber	weten	—	wiedzieć	vědět	tud
frase f	zin m	mening u	zdanie n	—	mondat
compra f	koop m	inköp/köp n	zakup m	nákup m	—
ciência f	wetenschap f	—	nauka f	věda f	tudomány
ramo m	tak m	gren u	gałąź f	—	faág
arejar	luchten	ventilera	wietrzyć	—	szellőztet
montra f	etalage f	skyltfönster n	okno wystawowe n	výloha f	kirakat
ventoso	winderig	blåsigt	wietrzny	—	szeles
vidro m	ruit f	fönsterruta u	szyba f	deska f	tábla
maioria f	meerderheid f	flertal n	większość f	—	többség
geralmente	meestal	för det mesta	przeważnie	—	többnyire
cliente m	klant m	kund u	klient m	zákazník m	—
prisão f	gevangenis f	fängelse n	więzienie n	—	börtön
guiar	leiden	leda	prowadzić	vést <zavést>	—
			<poprowadzić>		
instalação f	leiding f	ledning u	przewód m	vedení n	—
director m	leider m	direktör/ledare u	kierownik m	vedoucí m	—
direcção f	leiding f	ledning u	kierownictwo n	vedení n	—
quebrar	ingooien	kasta in	wrzucać <wrzucić>	—	bedob
adequado	geschikt	lämplig	odpowiedni	—	alkalmas
nós	wij	—	my	my	mi
ausente	weg	undan	precz	pryč	el
caminho m	weg m	väg u	droga f	cesta f	út
carril m	spoor n	järnvägsspår n	tor m	kolej f	vágány
—	reis f	resa u	podróż f	cesta f	utazás
viajar	reizen	resa	podróżować	cestovat	utazik
viajante m	reiziger m	resande u	podróżnik m	cestující m	utazó
viagem f	reis f	resa u	podróż f	cesta f	utazás
—	reiziger m	resande u	podróżnik m	cestující m	utazó
viajar	reizen	resa	podróżować	cestovat	utazik
—	reizen	resa	podróżować	cestovat	utazik
—	op reis gaan	resa bort	wyjeżdżać	odcestovat	elutazik
—	terugrijden	köra tillbaka	jechać z powrotem	jet nazpět	visszautazik
viagem f	reis f	resa u	podróż f	cesta f	utazás
viajante m	reiziger m	resande u	podróżnik m	cestující m	utazó
carne f	vlees n	kött n	mięso n	maso n	hús
piada f	grap f	vits u	kawał m	vtip m	—
inverso	omgekeerd	omvänt	odwrotnie	opačně	fordítva
inverso	omgekeerd	omvänt	odwrotnie	opačně	fordítva
tempestade f	storm m	storm u	sztorm m	—	vihar
proximidade f	nabijheid f	närhet u	bliskość f	blízkost f	közellét
próximo	dichtbij	nära	blisko	blízko	közel
ao pé de	bij	—	przy	u	nál/nél
vida f	leven n	liv n	życie n	život m	élet
—	leven n	liv n	życie n	život m	élet
dia-a-dia m	dagelijks leven n	vardag u	codzienność f	všední den m	hétköznap
alegre	vrolijk	glad	wesoły	veselý	—
divertido	vrolijk	rolig	śmieszny	veselý	—
vazio	leeg	tom	pusty	prázdný	üres
ver	zien	se	widzieć	—	lát
garfo m	vork f	gaffel u	widelec m	—	villa

vidro

	D	E	F	I	ES
vidro¹ (P)	Glas n	glass	verre m	bicchiere m	vaso m
vidro² (P)	Scheibe f	pane	carreau m	vetro m	cristal m
vie (F)	Leben n	life	—	vita f	vida f
viejo(a) (ES)	alt	old	vieux (vieille)	vecchio(a)	—
viel (D)	—	a lot of	beaucoup de	molto(a)	mucho(a)
vielleicht (D)	—	maybe	peut-être	forse	tal vez
viento (ES)	Wind m	wind	vent m	vento m	—
vientre (ES)	Bauch m	stomach	ventre m	pancia f	—
vie quotidienne (F)	Alltag m	everyday life	—	vita quotidiana f	vida cotidiana f
vierkant (NL)	Quadrat n	square	carré m	quadrato m	cuadrado m
vierkant (NL)	quadratisch	square	carré(e)	quadrato(a)	cuadrado(a)
Viertel¹ (D)	—	quarter	quart m	quarto m	cuarto m
Viertel² (D)	—	district	quartier m	quartiere m	barrio m
vietato(a) (I)	verboten	forbidden	interdit(e)	—	prohibido(a)
vieux (vieille) (F)	alt	old	—	vecchio(a)	viejo(a)
view (E)	Aussicht f	—	vue f	vista f	vista f
vigilar (ES)	überwachen	supervise	surveiller	sorvegliare	—
vigili del fuoco (I)	Feuerwehr n	fire brigade	sapeurs pompiers m/pl	—	bomberos m/pl
vigyáz (H)	aufpassen	pay attention	faire attention	fare attenzione	prestar attención
vigyáz (H)	Acht geben	take care	faire attention	badare	atender
vihar (H)	Sturm m	storm	tempête f	tempesta f	tormenta f
vijand (NL)	Feind m	enemy	ennemi m	nemico m	enemigo m
vik (SV)	Gewicht n	weight	poids m	peso m	peso m
vika av¹ (SV)	abbiegen	turn off	tourner	svoltare	torcer
vika av² (SV)	einbiegen	turn	tourner	svoltare	doblar
víkend (CZ)	Wochenende n	weekend	week-end m	fine settimana f	fin de semana m
víko (CZ)	Deckel m	lid	couvercle m	coperchio m	tapa f
viktig (SV)	wichtig	important	important(e)	importante	importante
vila (SV)	ausruhen	rest	reposer, se	riposare	descansar
vila (SV)	Erholung f	recovery	repos m	riposo m	descanso m
világ (H)	Welt f	world	monde m	mondo m	mundo m
világegyetem (H)	Weltall n	universe	univers m	universo m	universo m
világos¹ (H)	deutlich	clear	clair(e)	chiaro(a)	claro(a)
világos² (H)	hell	bright	clair(e)	chiaro(a)	claro(a)
vild (SV)	wild	wild	sauvage	selvatico(a)	salvaje
vile (I)	feige	cowardly	lâche	—	cobarde
vilja (SV)	wollen	want	vouloir	volere	querer
villa (H)	Gabel f	fork	fourchette f	forchetta f	tenedor m
village (E)	Dorf n	—	village m	paese m	pueblo m
village (F)	Dorf n	village	—	paese m	pueblo m
villám (H)	Blitz m	lightning	éclair m	lampo m	rayo m
villanykapcsoló (H)	Lichtschalter m	light switch	interrupteur m	interruttore m	interruptor m
villanykörte (H)	Glühbirne f	light bulb	ampoule f	lampadina f	lámpara f
villanyszerelő (H)	Elektriker m	electrician	électricien m	elettricista m	electricista m
ville (F)	Stadt f	town	—	città f	ciudad f
villervalla (SV)	Durcheinander n	confusion	désordre m	confusione f	confusión f
vilodag (SV)	Ruhetag m	closing day	jour de repos m	giorno di riposo m	día de descanso m
vin (F)	Wein m	wine	—	vino m	vino m
vin (SV)	Wein m	wine	vin m	vino m	vino m
vinagre (ES)	Essig m	vinegar	vinaigre m	aceto m	—
vinagre (P)	Essig m	vinegar	vinaigre m	aceto m	vinagre m
vinaigre (F)	Essig m	vinegar	—	aceto m	vinagre m
vind (SV)	Wind m	wind	vent m	vento m	viento m

vind

P	NL	SV	PL	CZ	H
—	glas n	glas n	szkło n	sklo n	üveg
—	ruit f	fönsterruta u	szyba f	deska f	tábla
vida f	leven n	liv n	życie n	život m	élet
velho	oud	gammal	stary	starý	öreg
muito	veel	mycket	dużo	mnoho	sok
talvez	misschien	kanske	może	možná	talán
vento m	wind m	vind u	wiatr m	vítr m	szél
barriga f	buik m	mage u	brzuch m	břicho n	has
dia-a-dia m	dagelijks leven n	vardag u	codzienność f	všední den m	hétköznap
quadrado m	—	kvadrat u	kwadrat m	kvadrát m	négyzet
quadrado	—	kvadratisk	kwadratowy	kvadratický	négyzetes
quarto m	kwart n	fjärdedel u	ćwierć f	čtvrtina f	negyed
bairro m	wijk f	kvarter n	dzielnica f	čtvrť f	negyed
proibido	verboden	förbjuden	zabroniony	zakázaný	tilos
velho	oud	gammal	stary	starý	öreg
vista f	uitzicht n	utsikt u	widok m	výhled m	kilátás
supervisionar	bewaken	övervaka	nadzorować	sledovat	ellenőriz
bombeiros m	brandweer m	brandkår u	straż pożarna f	hasiči pl	tűzoltóság
cuidar	oppassen	passa upp	pilnować	dávat pozor <dát pozor>	—
prestar atenção a	opletten	akta sig	uważać	dávat pozor <dát pozor>	—
tempestade f	storm m	storm u	sztorm m	vichřice f	—
inimigo m	—	fiende u	wróg m	nepřítel m	ellenség
peso m	gewicht n	—	ciężar m	hmotnost f	súly
virar	afslaan	—	skręcać <skręcić>	ohýbat <ohnout>	elkanyarodik
virar	inslaan	—	zaginać <zgiąć>	zahýbat <zahnout>	befordul
fim de semana m	weekend n	weekend u	weekend m	—	hétvége
tampa f	deksel n	lock n	przykrywka f	—	fedél
importante	belangrijk	—	ważny	důležitý	fontos
descansar	rusten	—	odpoczywać <odpocząć>	odpočívat <odpočinout>	kipiheni magát
descanso m	ontspanning f	—	wypoczynek m	zotavení n	üdülés
mundo m	wereld m	värld u	świat m	svět m	—
universo m	heelal n	universum n	kosmos m	vesmír m	—
nítido	duidelijk	tydlig	wyraźny	výrazně	—
claro	licht	ljus	jasny	světlý	—
selvagem	wild	—	dziki	divoký	vad
cobarde	laf	feg	tchórzliwy	zbabělý	gyáva
querer	willen	—	chcieć	chtít	akar
garfo m	vork f	gaffel u	widelec m	vidlička f	—
aldeia f	dorp n	by u	wieś f	vesnice f	falu
aldeia f	dorp n	by u	wieś f	vesnice f	falu
relâmpago m	bliksem m	blixt u	piorun m	blesk m	—
interruptor m	lichtschakelaar m	ljuskontakt u	włącznik światła m	vypínač světla m	—
lâmpada f	gloeilamp f	glödlampa u	żarówka f	žárovka f	—
electricista m	elektricien m	elektriker u	elektryk m	elektrikář m	—
cidade f	stad f	stad u	miasto n	město n	város
confusão f	verwarring f	—	bałagan m	nepořádek m	összevisszaság
dia de folga m	rustdag m	—	wolny dzień m	den pracovního klidu m	szünnap
vinho m	wijn m	vin n	wino n	víno n	bor
vinho m	wijn m	—	wino n	víno n	bor
vinagre m	azijn m	ättika u	ocet m	ocet m	ecet
—	azijn m	ättika u	ocet m	ocet m	ecet
vinagre m	azijn m	ättika u	ocet m	ocet m	ecet
vento m	wind m	—	wiatr m	vítr m	szél

vinden

	D	E	F	I	ES
vinden (NL)	finden	find	trouver	trovare	encontar
vinegar (E)	Essig m	—	vinaigre m	aceto m	vinagre m
vingança (P)	Rache f	revenge	vengeance f	vendetta f	venganza f
vinger (NL)	Finger m	finger	doigt m	dito m	dedo m
vinho (P)	Wein m	wine	vin m	vino m	vino m
vinka (SV)	winken	wave	faire signe	chiamare con cenni	hacer señas
vinna (SV)	gewinnen	win	gagner	guadagnare	ganar
vino (I)	Wein m	wine	vin m	—	vino m
vino (ES)	Wein m	wine	vin m	vino m	—
víno (CZ)	Wein m	wine	vin m	vino m	vino m
vinst (SV)	Gewinn m	profit	gain m	guadagno m	ganancia f
vinter (SV)	Winter m	winter	hiver m	inverno m	invierno m
violar (ES)	vergewaltigen	rape	violer	violentare	—
violar (P)	vergewaltigen	rape	violer	violentare	violar
violence (F)	Gewalt f	force	—	forza f	poder m
violência (P)	Gewalt f	force	violence f	forza f	poder m
violentare (I)	vergewaltigen	rape	violer	—	violar
violer (F)	vergewaltigen	rape	—	violentare	violar
violin (E)	Geige f	—	violon m	violino m	violín m
violín (ES)	Geige f	violin	violon m	violino m	—
violino (I)	Geige f	violin	violon m	—	violín m
violino (P)	Geige f	violin	violon m	violino m	violín m
violon (F)	Geige f	violin	—	violino m	violín m
viool (NL)	Geige f	violin	violon m	violino m	violín m
vir (P)	kommen	come	venir	venire	venir
virág (H)	Blume f	flower	fleur f	fiore m	flor f
virage (F)	Kurve f	bend	—	curva f	curva f
virágzik (H)	blühen	bloom	fleurir	fiorire	florecer
vir ao encontro de (P)	entgegenkommen	approach	venir à la rencontre	venire incontro	venir al encuentro
virar¹ (P)	abbiegen	turn off	tourner	svoltare	torcer
virar² (P)	einbiegen	turn	tourner	svoltare	doblar
virar³ (P)	umdrehen	turn around	tourner	gia rare	volver
vir a saber (P)	erfahren	learn	apprendre	venire a sapere	enterarse de
vir de volta (P)	zurückkommen	come back	revenir	ritornare	regresar
virer (F)	überweisen	transfer	—	trasferire	transferir
virulent (E)	ansteckend	—	contagieux	contagioso(a)	contagioso
Virus (D)	—	virus	virus m	virus m	virus m
virus (E)	Virus m	—	virus m	virus m	virus m
virus (F)	Virus m	virus	—	virus m	virus m
virus (I)	Virus m	virus	virus m	—	virus m
virus (ES)	Virus m	virus	virus m	virus m	—
virus (P)	Virus m	virus	virus m	virus m	virus m
virus (NL)	Virus m	virus	virus m	virus m	virus m
virus (SV)	Virus m	virus	virus m	virus m	virus m
virus (CZ)	Virus m	virus	virus m	virus m	virus m
vírus (H)	Virus m	virus	virus m	virus m	virus m
vis (NL)	Fisch m	fish	poisson m	pesce m	pez m
vis (SV)	weise	wise	sage	saggio(a)	sabio(a)
visa (E)	Visum n	—	visa m	visto m	visado m
visa (F)	Visum n	visa	—	visto m	visado m
visa (SV)	zeigen	show	montrer	mostrare	mostrar

visa

P	NL	SV	PL	CZ	H
encontrar	—	hitta	znajdować <znaleźć>	nacházet <najít>	talál
vinagre m	azijn m	ättika u	ocet m	ocet m	ecet
—	wraak m	hämnd u	zemsta f	pomsta f	bosszú
dedo m	—	finger n	palec m	prst m	ujj
—	wijn m	vin n	wino n	víno n	bor
acenar	wuiven	—	machać	mávat <mávnout>	int
ganhar	winnen	—	wygrywać <wygrać>	získávat <získat>	nyer
vinho m	wijn m	vin n	wino n	víno n	bor
vinho m	wijn m	vin n	wino n	víno n	bor
vinho m	wijn m	vin n	wino n	—	bor
ganho m	winst f	—	zysk m	zisk m	nyereség
inverno m	winter m	—	zima f	zima f	tél
violar	verkrachten	våldta	zgwałcić	znásilňovat <znásilnit>	megerőszakol
—	verkrachten	våldta	zgwałcić	znásilňovat <znásilnit>	megerőszakol
violência f	geweld n	herravälde n	moc f	násilí n	erőszak
—	geweld n	herravälde n	moc f	násilí n	erőszak
violar	verkrachten	våldta	zgwałcić	znásilňovat <znásilnit>	megerőszakol
violar	verkrachten	våldta	zgwałcić	znásilňovat <znásilnit>	megerőszakol
violino m	viool f	fiol u	skrzypce pl	housle pl	hegedű
violino m	viool f	fiol u	skrzypce pl	housle pl	hegedű
violino m	viool f	fiol u	skrzypce pl	housle pl	hegedű
—	viool f	fiol u	skrzypce pl	housle pl	hegedű
violino m	viool f	fiol u	skrzypce pl	housle pl	hegedű
violino m	—	fiol u	skrzypce pl	housle pl	hegedű
—	komen	komma	przychodzić <przyjść>	přicházet <přijít>	jön
flor f	bloem f	blomma u	kwiat m	květina f	—
curva f	bocht f	kurva u	zakręt m	zatáčka f	kanyar
florescer	bloeien	blomma	kwitnąć	kvést <rozkvést>	—
—	tegemoetkomen	tillmötesgå	iść naprzeciw <wyjść naprzeciw>	vycházet vstříc <vyjít vstříc>	elébe megy
—	afslaan	vika av	skręcać <skręcić>	ohýbat <ohnout>	elkanyarodik
—	inslaan	vika av	zaginać <zgiąć>	zahýbat <zahnout>	befordul
—	omdraaien	vrida	obracać	otáčet <otočit>	megfordít
—	ervaren; vernemen	erfaren	dowiadywać, się <dowiedzieć, się>	zkušený	megtud
—	terugkomen	komma tillbaka	wracać	vracet, se <vrátit, se>	visszajön
transferir	overmaken	föra över	przelewać	převádět <převést>	átutal
contagioso	aansteklijk	smittsam	zakaźny	nakažlivý	fertőző
virus m	virus m	virus n	wirus m	virus m	vírus
virus m	virus m	virus n	wirus m	virus m	vírus
virus m	virus m	virus n	wirus m	virus m	vírus
virus m	virus m	virus n	wirus m	virus m	vírus
virus m	virus m	virus n	wirus m	virus m	vírus
—	virus m	virus n	wirus m	virus m	vírus
virus m	—	virus n	wirus m	virus m	vírus
virus m	virus m	—	wirus m	virus m	vírus
virus m	virus m	virus n	wirus m	—	vírus
virus m	virus m	virus n	wirus m	virus m	—
peixe m	—	fisk u	ryba f	ryba f	hal
sábio	wijs	—	mądry	moudrý	bölcs
visto m	visum n	visum n	wiza f	vízum n	vízum
visto m	visum n	visum n	wiza f	vízum n	vízum
mostrar	tonen	—	pokazywać	ukazovat <ukázat>	mutat

visado

	D	E	F	I	ES
visado (ES)	Visum *n*	visa	visa *m*	visto *m*	—
visage (F)	Gesicht *n*	face	—	faccia *f*	cara *f*
viselkedés (H)	Benehmen *n*	behaviour	conduite *f*	comportamento *m*	comportamiento *m*
viselkedik (H)	benehmen, sich	behave	comporter, se	comportarsi	comportarse
Vi ses! (SV)	Wiedersehen!	Good-bye!	Au revoir!	Arrivederci!	¡Adiós!
visit (E)	Besuch *m*	—	visite *f*	visita *f*	visita *f*
visit (E)	besuchen	—	rendre visite à	andare a trovare	visitar
visita (I)	Besuch *m*	visit	visite *f*	—	visita *f*
visita (ES)	Besuch *m*	visit	visite *f*	visita *f*	—
visita (P)	Besuch *m*	visit	visite *f*	visita *f*	visita *f*
visitante (ES)	Besucher *m*	visitor	visiteur *m*	visitatore *m*	—
visitante (P)	Besucher *m*	visitor	visiteur *m*	visitatore *m*	visitante *m*
visitar[1] (ES)	besichtigen	have a look at	visiter	visitare	—
visitar[2] (ES)	besuchen	visit	rendre visite à	andare a trovare	—
visitar[1] (P)	besichtigen	have a look at	visiter	visitare	visitar
visitar[2] (P)	besuchen	visit	rendre visite à	andare a trovare	visitar
visitare (I)	besichtigen	have a look at	visiter	—	visitar
visitatore (I)	Besucher *m*	visitor	visiteur *m*	—	visitante *m*
visite (F)	Besuch *m*	visit	—	visita *f*	visita *f*
visiter (F)	besichtigen	have a look at	—	visitare	visitar
visiteur (F)	Besucher *m*	visitor	—	visitatore *m*	visitante *m*
visitor (E)	Besucher *m*	—	visiteur *m*	visitatore *m*	visitante *m*
viska (SV)	flüstern	whisper	chuchoter	bisbigliare	murmurar
visszaad[1] (H)	herausgeben	publish	éditer	pubblicare	editar
visszaad[2] (H)	wiedergeben	return	rendre	restituire	devolver
visszaad[3] (H)	zurückgeben	give back	rendre	restituire	devolver
visszaél (H)	missbrauchen	abuse	abuser de	abusare	abusar
visszaélés (H)	Missbrauch *n*	abuse	abus *m*	abuso *m*	abuso *m*
visszafizet (H)	zurückzahlen	pay back	rembourser	rimborsare	devolver
visszajön[1] (H)	wiederkommen	come back	revenir	ritornare	venir de nuevo
visszajön[2] (H)	zurückkommen	come back	revenir	ritornare	regresar
visszautasít (H)	ablehnen	reject	refuser	rifiutare	rehusar
visszautazik (H)	zurückfahren	drive back	retourner	tornare indietro	retroceder
vista (I)	Aussicht *f*	view	vue *f*	—	vista *f*
vista[1] (ES)	Aussicht *f*	view	vue *f*	vista *f*	—
vista[2] (ES)	Blick *m*	look	regard *m*	sguardo *m*	—
vista[1] (P)	Aussicht *f*	view	vue *f*	vista *f*	vista *f*
vista[2] (P)	Ansicht *f*	opinion	avis *m*	opinione *f*	opinión *f*
visto (I)	Visum *n*	visa	visa *m*	—	visado *m*
visto (P)	Visum *n*	visa	visa *m*	visto *m*	visado *m*
Visum (D)	—	visa	visa *m*	visto *m*	visado *m*
visum (NL)	Visum *n*	visa	visa *m*	visto *m*	visado *m*
visum (SV)	Visum *n*	visa	visa *m*	visto *m*	visado *m*
viszket (H)	jucken	itch	démanger	prudere	picar
viszontlát (H)	wiedersehen	see again	revoir	rivedere	volver a ver
Viszontlátásra! (H)	Wiedersehen!	Good-bye!	Au revoir!	Arrivederci!	¡Adiós!
vit (SV)	weiß	white	blanc (blanche)	bianco(a)	blanco(a)
vita (I)	Leben *n*	life	vie *f*	—	vida *f*

vita

P	NL	SV	PL	CZ	H
visto m	visum n	visum n	wiza f	vízum n	vízum
cara f	gelaat n	ansikte n	twarz f	obličej m	arc
comportamento m	gedrag n	uppförande n	zachowanie n	chování n	—
comportar-se	gedragen, zich	bete sig	zachowywać, się <zachować, się>	chovat, se	—
Até à vista!	Tot ziens!	—	Do widzenia!	Na shledanou! f	Viszontlátásra!
visita f	bezoek n	besök n	odwiedziny pl	návštěva f	látogatás
visitar	bezoeken	besöka	odwiedzać <odwiedzić>	navštěvovat <navštívit>	meglátogat
visita f	bezoek n	besök n	odwiedziny pl	návštěva f	látogatás
visita f	bezoek n	besök n	odwiedziny pl	návštěva f	látogatás
—	bezoek n	besök n	odwiedziny pl	návštěva f	látogatás
visitante m	bezoeker m	besökare u	gość m	návštěvník m	látogató
—	bezoeker m	besökare u	gość m	návštěvník m	látogató
visitar	bezichtigen	se på	zwiedzać <zwiedzić>	prohlížet <prohlédnout>	megtekint
visitar	bezoeken	besöka	odwiedzać <odwiedzić>	navštěvovat <navštívit>	meglátogat
—	bezichtigen	se på	zwiedzać <zwiedzić>	prohlížet <prohlédnout>	megtekint
—	bezoeken	besöka	odwiedzać <odwiedzić>	navštěvovat <navštívit>	meglátogat
visitar	bezichtigen	se på	zwiedzać <zwiedzić>	prohlížet <prohlédnout>	megtekint
visitante m	bezoeker m	besökare u	gość m	návštěvník m	látogató
visita f	bezoek n	besök n	odwiedziny pl	návštěva f	látogatás
visitar	bezichtigen	se på	zwiedzać <zwiedzić>	prohlížet <prohlédnout>	megtekint
visitante m	bezoeker m	besökare u	gość m	návštěvník m	látogató
visitante m	bezoeker m	besökare u	gość m	návštěvník m	látogató
murmurar	fluisteren	—	szeptać <szepnąć>	šeptat <pošeptat>	suttog
entregar	teruggeven	ge ut	wydawać <wydać>	vydávat <vydat>	—
devolver	teruggeven	återge	odtwarzać	vracet <vrátit>	—
devolver	teruggeven	ge tillbaka	oddawać	vracet zpět <vrátit zpět>	—
abusar de	misbruiken	missbruka	nadużywać <nadużyć>	zneužívat <zneužít>	—
abuso m	misbruik n	missbruk n	nadużycie n	zneužití n	—
pagar de volta	terugbetalen	betala tillbaka	zwracać dług	splácet <splatit>	—
voltar outra vez	terugkomen	komma tillbaka	wracać	přijít, přijet zpět	—
vir de volta	terugkomen	komma tillbaka	wracać	vracet, se <vrátit, se>	—
recusar	afwijzen	avböja	odrzucać <odrzucić>	odmítat <odmítnout>	—
viajar de volta	terugrijden	köra tillbaka	jechać z powrotem	jet nazpět	—
vista f	uitzicht n	utsikt u	widok m	výhled m	kilátás
vista f	uitzicht n	utsikt u	widok m	výhled m	kilátás
olhar m	blik m	blick u	spojrzenie n	pohled m	pillantás
—	uitzicht n	utsikt u	widok m	výhled m	kilátás
—	aanzicht n	åsikt u	pogląd m	pohled m	nézet
visto m	visum n	visum n	wiza f	vízum n	vízum
—	visum n	visum n	wiza f	vízum n	vízum
visto m	visum n	visum n	wiza f	vízum n	vízum
visto m	—	visum n	wiza f	vízum n	vízum
visto m	visum n	—	wiza f	vízum n	vízum
fazer comichão	jeuken	klia	swędzić <zaswędzić>	svědět <zasvědět>	—
tornar a ver	terugzien	återse	znowu widzieć	opět vidět <opět uvidět>	—
Até à vista!	Tot ziens!	Vi ses!	Do widzenia!	Na shledanou! f	—
branco	wit	—	biały(ło)	bílý	fehér
vida f	leven n	liv n	życie n	život m	élet

vita

	D	E	F	I	ES
vita (H)	Streit *m*	argument	dispute *f*	lite *f*	disputa *f*
vítaný (CZ)	willkommen	welcome	bienvenu(e)	benvenuto(a)	bienvenido(a)
vita quotidiana (I)	Alltag *m*	everyday life	vie quotidienne *f*	—	vida cotidiana *f*
vitatkozik (H)	streiten	quarrel	disputer, se	litigare	discutir
vitela (P)	Kalb *n*	calf	veau *m*	vitello *m*	ternera *f*
vitello (I)	Kalb *n*	calf	veau *m*	—	ternera *f*
vitesse[1] (F)	Gang *m*	gear	—	marcia *f*	marcha *f*
vitesse[2] (F)	Geschwindigkeit *f*	speed	—	velocità *f*	velocidad *f*
vitlök (SV)	Knoblauch *m*	garlic	ail *m*	aglio *m*	ajo *m*
vítr (CZ)	Wind *m*	wind	vent *m*	vento *m*	viento *m*
vitrine (F)	Schaufenster *n*	shop window	—	vetrina *f*	escaparate *m*
vits (SV)	Witz *m*	joke	plaisanterie *f*	barzelletta *f*	chiste *m*
vittne (SV)	Zeuge *m*	witness	témoin *m*	testimone *m*	testigo *m*
vitto (I)	Verpflegung *f*	catering	nourriture *f*	—	alimentación *f*
vivant(e) (F)	lebendig	alive	—	vivo(a)	vivo(a)
viver (P)	leben	live	vivre	vivere	vivir
vivere[1] (I)	erleben	experience	être témoin de	—	experimentar
vivere[2] (I)	leben	live	vivre	—	vivir
viveres (P)	Lebensmittel *pl*	food	denrées alimentaires *f/pl*	generi alimentari *m/pl*	alimentos *m/pl*
vivir[1] (ES)	leben	live	vivre	vivere	—
vivir[2] (ES)	wohnen	live	habiter	abitare	—
vivo (P)	lebendig	alive	vivant(e)	vivo(a)	vivo(a)
vivo(a) (I)	lebendig	alive	vivant(e)	—	vivo(a)
vivo(a) (ES)	lebendig	alive	vivant(e)	vivo(a)	—
vivre (F)	leben	live	—	vivere	vivir
víz (H)	Wasser *n*	water	eau *f*	acqua *f*	agua *f*
vízbe fullad (H)	ertrinken	drown	noyer, se	annegare	ahogarse
vizek (H)	Gewässer *n*	waters	eaux *f/pl*	acque *f/pl*	aguas *f/pl*
viziare (I)	verwöhnen	spoil	gâter	—	mimar
vizsga (H)	Prüfung *f*	examination	examen *m*	esame *m*	examen *m*
vizsgál (H)	prüfen	test	tester	esaminare	examinar
vízum (CZ)	Visum *n*	visa	visa *m*	visto *m*	visado *m*
vízum (H)	Visum *n*	visa	visa *m*	visto *m*	visado *m*
vjezd (CZ)	Einfahrt *f*	entrance	entrée *f*	ingresso *m*	entrada *f*
v každém případě (CZ)	jedenfalls	in any case	en tout cas	in ogni caso	en cualquier caso
vkit munkába állít (H)	einstellen	employ	recruter	assumere	emplear
vkusný (CZ)	schick	stylish	chic	elegante	elegante
vláda (CZ)	Regierung *f*	government	gouvernement *m*	governo *m*	gobierno *m*
vlag (NL)	Fahne *f*	flag	drapeau *m*	bandiera *f*	bandera *f*
vlajka (CZ)	Fahne *f*	flag	drapeau *m*	bandiera *f*	bandera *f*
vlak (NL)	flach	flat	plat(e)	piatto(a)	llano(a)
vlak (CZ)	Zug *m*	train	train *m*	treno *m*	tren *m*
vlakte (NL)	Fläche *f*	area	surface *f*	area *f*	área *f*
vlam (NL)	Flamme *f*	flame	flamme *f*	fiamma *f*	llama *f*
vlastně (CZ)	eigentlich	actually	en fait	proprio(a)	en realidad
vlastnit (CZ)	besitzen	possess	posséder	possedere	poseer
vlastnost (CZ)	Eigenschaft *f*	quality	qualité *f*	qualità *f*	cualidad *f*
vlasy (CZ)	Haar *n*	hair	cheveu *m*	capello *m*	pelo *m*
vlees (NL)	Fleisch *n*	meat	viande *f*	carne *f*	carne *f*
vleugel (NL)	Flügel *m*	wing	aile *f*	ala *f*	ala *f*
vlevo (CZ)	links	left	à gauche	a sinistra	a la izquierda
vlhký (CZ)	feucht	damp	humide	umido(a)	húmedo(a)

vlhký

P	NL	SV	PL	CZ	H
disputa f	ruzie f	bråk n	kłótnia f	spor m	—
bem-vindo	welkom	välkommen	mile widziany	—	üdvözöl
dia-a-dia m	dagelijks leven n	vardag u	codzienność f	všední den m	hétköznap
disputar	ruzie maken	bråka	kłócić się	hádat, se <pohádat, se>	—
—	kalf n	kalv u	cielę n	tele n	borjú
vitela f	kalf n	kalv u	cielę n	tele n	borjú
passagem f	versnelling f	koppling u	chód m	chodba f	sebességfokozat
velocidade f	snelheid f	hastighet u	prędkość f	rychlost f	sebesség
alho m	knoflook n	—	czosnek m	česnek m	fokhagyma
vento m	wind m	vind u	wiatr m	—	szél
montra f	etalage f	skyltfönster n	okno wystawowe n	výloha f	kirakat
piada f	grap f	—	kawał m	vtip m	vicc
testemunha m	getuige m/f	—	świadek m	svědek m	tanú
alimentação f	kost m	kosthållning u	wyżywienie n	stravování n	ellátás
vivo	levendig	livlig	żywy	živý	eleven
—	leven	leva	żyć	žít	él
presenciar	beleven	uppleva	przeżywać <przeżyć>	prožívat <prožít>	átél
viver	leven	leva	żyć	žít	él
—	levensmiddelen pl	livsmedel pl	artykuły żywnościowe m/pl	potraviny f/pl	élelmiszer
viver	leven	leva	żyć	žít	él
morar	wonen	bo	mieszkać	bydlet	lakik
—	levendig	livlig	żywy	živý	eleven
vivo	levendig	livlig	żywy	živý	eleven
vivo	levendig	livlig	żywy	živý	eleven
viver	leven	leva	żyć	žít	él
água f	water n	vatten n	woda f	voda f	—
afogar-se	verdrinken	drunkna	tonąć <utonąć>	topit se <utopit se>	—
águas f	water n	farvatten n	wody f/pl	vody f/pl	—
mimar	verwennen	skämma bort	rozpieszczać	rozmazlovat <rozmazlit>	elkényeztet
exame m	onderzoek n	kontroll u	egzamin m	zkouška f	—
examinar	keuren	kontrollera	sprawdzać <sprawdzić>	zkoušet <zkusit>	—
visto m	visum n	visum n	wiza f	—	vízum
visto m	visum n	visum n	wiza f	vízum n	—
entrada f	inrit f	infart u	wjazd m	—	behajtás
em todo o caso	in ieder geval	i alla fall	w każdym bądź razie	—	mindenesetre
contratar	aanstellen	anställa	angażować <zaangażować>	přijímat <přijmout>	—
chique	chic	fin	szykowny	—	sikkes
governo m	regering f	regering u	rząd m	—	kormány
bandeira f	—	flagga u	chorągiew f	vlajka f	zászló
bandeira f	vlag f	flagga u	chorągiew f	—	zászló
plano	—	flat	płaski	plochý	lapos
comboio m	trein m	tåg n	pociąg m	—	vonat
superfície f	—	yta u	powierzchnia f	plocha f	terület
chama f	—	flamma u	płomień m	plamen m	láng
na realidade	eigenlijk	egentligen	właściwie	—	tulajdonképpen
possuir	bezitten	äga	posiadać	—	birtokol
característica f	eigenschap f/ hoedanigheid f	egenskap u	cecha f	—	tulajdonság
cabelo m	haar n	hår n	włos m	—	haj
carne f	—	kött n	mięso n	maso n	hús
asa f	—	flygel u	skrzydło n	křídlo n	szárny
esquerda	links	till vänster	na lewo	—	balra
húmido	vochtig	fuktig	wilgotny	—	nedves

vliegtuig

	D	E	F	I	ES
vliegtuig (NL)	Flugzeug n	aeroplane	avion m	aereo m	avión m
vlijtig (NL)	fleißig	diligent	travailleur(euse)	diligente	activo(a)
vlinder (NL)	Schmetterling m	butterfly	papillon m	farfalla f	mariposa f
vliv (CZ)	Einfluss m	influence	influence f	influenza f	influencia f
vlna (CZ)	Welle f	wave	vague f	onda f	ola f
vloed (NL)	Flut f	high tide	marée haute f	alta marea f	marea alta f
vloeien (NL)	fließen	flow	couler	scorrere	correr
vloupat, se (CZ)	einbrechen	break in	cambrioler	rubare	robar
vlucht (NL)	Flug m	flight	vol m	volo m	vuelo m
vluchten (NL)	fliehen	flee	échapper, s'	scappare	huir
v nepořádku (CZ)	durcheinander	in a muddle	pêle-mêle	sottosopra	en desorden
v noci (CZ)	nachts	at nighttime	de nuit	di notte	por la noche
voce¹ (I)	Gerücht n	rumour	rumeur f	—	rumor m
voce² (I)	Stimme f	voice	voix f	—	voz f
vochtig (NL)	feucht	damp	humide	umido(a)	húmedo(a)
voda (CZ)	Wasser n	water	eau f	acqua f	agua f
vödör (H)	Eimer m	bucket	seau m	secchio m	cubo m
vody (CZ)	Gewässer n	waters	eaux f/pl	acque f/pl	aguas f/pl
voeden (NL)	ernähren	feed	nourrir	nutrire	alimentar
voeding (NL)	Ernährung f	nourishment	nourriture f	alimentazione f	alimentación f
voedsel (NL)	Nahrung f	food	nourriture f	alimentazione f	nutrición f
voelen (NL)	fühlen	feel	sentir	sentire	sentir
voet (NL)	Fuß m	foot	pied m	piede m	pie m
voetbal (NL)	Fußball m	football	football m	calcio m	fútbol m
voetganger (NL)	Fußgänger m	pedestrian	piéton m	pedone m	peatón m
Vogel (D)	—	bird	oiseau m	uccello m	pájaro m
vogel (NL)	Vogel m	bird	oiseau m	uccello m	pájaro m
voi (I)	ihr	you	vous	—	vosotros(as)
voice (E)	Stimme f	—	voix f	voce f	voz f
voie (F)	Gleis n	track	—	binario m	vía f
voir (F)	sehen	see	—	vedere	ver
voiture (F)	Auto n	car	—	macchina f	coche m
voix (F)	Stimme f	voice	—	voce f	voz f
voják (CZ)	Soldat m	soldier	soldat m	soldato m	soldado m
vol (F)	Flug m	flight	—	volo m	vuelo m
vol (NL)	voll	full	plein(e)	pieno(a)	lleno(a)
volaille (F)	Geflügel n	poultry	—	volatili m/pl	aves f/pl
volatili (I)	Geflügel n	poultry	volaille f	—	aves f/pl
volat <zavolat> (CZ)	rufen	shout	appeler	chiamare	llamar
volby (CZ)	Wahl f	election	élection f	elezioni f/pl	elección f
voldoende zijn (NL)	ausreichen	be enough	suffire	essere sufficiente	bastar
volentieri (I)	gern	willingly	avec plaisir	—	con gusto
volere (I)	wollen	want	vouloir	—	querer
voleur (F)	Dieb m	thief	—	ladro m	ladrón m
volgare (I)	gemein	mean	méchant(e)	—	común
volgen (NL)	folgen	follow	suivre	seguire	seguir
völgy (H)	Tal n	valley	vallée f	valle f	valle m
volit <zvolit> (CZ)	wählen	elect / choose	élire	eleggere	elegir
voll (D)	—	full	plein(e)	pieno(a)	lleno(a)
volledig¹ (NL)	völlig	completely	complètement	completamente	completamente
volledig² (NL)	vollständig	complete	complet(ète)	completo(a)	completo(a)
völlig (D)	—	completely	complètement	completamente	completamente
volljährig (D)	—	of age	majeur(e)	maggiorenne	mayor de edad
Vollpension (D)	—	full board	pension complète f	pensione completa f	pensión completa f
vollständig (D)	—	complete	complet(ète)	completo(a)	completo(a)
volný (CZ)	locker	loose	desserré(e)	lento(a)	flojo(a)

volný

P	NL	SV	PL	CZ	H
avião m	—	flygplan n	samolot m	letadlo n	repülő
aplicado	—	flitig u	pilny	pilný	szorgalmas
borboleta f	—	fjäril u	motyl m	motýl m	pillangó
influência f	invloed m	inflytande n	wpływ m	—	befolyás
onda f	golf m	våg u	fala f	—	hullám
maré cheia f	—	flod u	przypływ m	povodeň f	dagály
correr	—	flyta	płynąć ‹popłynąć›	téci ‹vytéci›	folyik
arrombar	inbreken	bryta sig in	włamywać, się ‹włamać, się›	—	betör
voo m	—	flygning u	lot m	let m	repülés
fugir	—	fly	uciekać ‹uciec›	prchat ‹uprchnout›	menekül
em desordem	door elkaar	i en enda röra	bezładnie	—	összevissza
à noite	's nachts	på natten	w nocy	—	éjszakánként
boato m	gerucht n	rykte n	pogłoska f	pověst f	híresztelés
voz f	stem f	röst u	głos m	hlas m	hang
húmido	—	fuktig	wilgotny	vlhký	nedves
água f	water n	vatten n	woda f	—	víz
balde m	emmer m	hink u	wiadro n	vědro n	—
águas f	water n	farvatten n	wody f/pl	—	vizek
alimentar	—	livnära	odżywiać	živit	táplál
alimentação f	—	näring u	odżywianie n	potrava f	táplálkozás
alimento m	—	näring u	pokarm m	potrava f	táplálék
sentir	—	känna	czuć	cítit ‹procítit›	érez
pé m	—	fot u	stopa f	noha f	láb
bola de futebol f	—	fotboll u	piłka nożna f	kopaná f	labdarúgás
peão m	—	fotgängare u	pieszy m	chodec m	gyalogos
pássaro m	vogel m	fågel u	ptak m	pták m	madár
pássaro m	—	fågel u	ptak m	pták m	madár
vós, vocês	jullie	ni	wy	vy	ti
voz f	stem f	röst u	głos m	hlas m	hang
carril m	spoor n	järnvägsspår n	tor m	kolej f	vágány
ver	zien	se	widzieć	vidět ‹uvidět›	lát
carro m	auto m	bil u	samochód m	auto n	gépkocsi
voz f	stem f	röst u	głos m	hlas m	hang
soldado m	soldaat m	soldat u	żołnierz m	—	katona
voo m	vlucht f	flygning u	lot m	let m	repülés
cheio	—	full	pełen	plný	tele
aves f/pl	gevogelte n	fjäderfä n/fågel u	drób m	drůbež f	baromfi
aves f/pl	gevogelte n	fjäderfä n/fågel u	drób m	drůbež f	baromfi
chamar	roepen	ropa	wołać ‹zawołać›	—	hív
eleição f	verkiezing f	val n	wybór m	—	szavazás
bastar	—	räcka	wystarczać	stačit	elegendő
de boa vontade	gaarne	gärna	chętnie	s radostí	szívesen
querer	willen	vilja	chcieć	chtít	akar
ladrão m	dief m	tjuv u	złodziej m	zloděj m	tolvaj
comum	gemeen	allmän	zwykły	sprostý	közönséges
seguir	—	följa	iść za ‹pójść za›	následovat	követi
vale m	dal n	dal u	dolina f	údolí n	—
eleger	kiezen	välja	wybierać	—	választ
cheio	vol	full	pełen	plný	tele
plenamente	—	helt	całkowicie	zcela	teljesen
completo	—	fullständig	całkowity	úplný	teljes
plenamente	volledig	helt	całkowicie	zcela	teljesen
maior	meerderjarig	myndig	pełnoletni	plnoletý	nagykorú
pensão completa f	volpension n	helpension u	pełne wyżywienie n	plná penze f	teljes ellátás
completo	volledig	fullständig	całkowity	úplný	teljes
frouxo	los	lös	luźny	—	laza

volný čas

	D	E	F	I	ES
volný čas (CZ)	Freizeit f	free time	loisirs m/pl	tempo libero	tiempo libre m
volo (I)	Flug m	flight	vol m	—	vuelo m
volpension (NL)	Vollpension f	full board	pension complète f	pensione completa f	pensión completa f
volta/passeio (P)	Tour f	tour	excursion f	giro m	excursión f
voltar (P)	umkehren	turn back	retourner	ritornare	regresar
voltar outra vez (P)	wiederkommen	come back	revenir	ritornare	venir de nuevo
volver (ES)	umdrehen	turn around	tourner	gia rare	—
volver a ver (ES)	wiedersehen	see again	revoir	rivedere	—
volwassen (NL)	erwachsen	grown up	adulte	adulto(a)	adulto(a)
volwassene (NL)	Erwachsener m	adult	adulte m	adulto m	adulto m
vonakodik (H)	weigern, sich	refuse	refuser	rifiutare	resistirse
vonat (H)	Zug m	train	train m	treno m	tren m
voo (P)	Flug m	flight	vol m	volo m	vuelo m
voor(aan) (NL)	vorn(e)	at the front	devant	davanti	(a)delante
voorbeeld (NL)	Beispiel n	example	exemple m	esempio m	ejemplo m
voorbij (NL)	vergangen	past	dernier(-ère)	passato(a)	pasado(a)
voorbijgaan (NL)	vorbeigehen	pass	passer	passare	pasar
voorbijgaand (NL)	vorübergehend	temporary	temporaire	temporaneo(a)	pasajero(a)
voordeel (NL)	Vorteil m	advantage	avantage m	vantaggio m	ventaja f
voorgerecht (NL)	Vorspeise f	appetizer	hors-d'œuvre m	antipasto m	primer plato m
voorhanden (NL)	vorhanden	available	présent(e)	disponibile	disponible
voorhebben (NL)	vorhaben	intend	avoir l'intention de	avere intenzione	tener la inteción de
voorhoofd (NL)	Stirn f	forehead	front m	fronte f	frente f
voorkomen (NL)	vorkommen	occur	exister	accadere	suceder
voorlopig (NL)	vorläufig	temporary	provisoire	provvisorio(a)	provisional
voornaam (NL)	Vorname m	Christian name	prénom m	nome di battesimo m	nombre m
voornaam (NL)	vornehm	distinguished	distingué(e)	distinto(a)	distinguido(a)
voor niets (NL)	umsonst	for nothing	en vain	per niente	en vano
voorrang (NL)	Vorfahrt f	right of way	priorité f	precedenza f	prioridad de paso f
voorschrift (NL)	Vorschrift f	regulation	règle f	norma f	reglamento m
voorstad (NL)	Vorort m	suburb	faubourg m	sobborgo m	suburbio m
voorstel (NL)	Vorschlag m	proposal	proposition f	proposta f	proposición f
voorstellen[1] (NL)	darstellen	represent	représenter	rappresentare	representar
voorstellen[2] (NL)	vorschlagen	propose	proposer	proporre	proponer
voorstellen[3] (NL)	vorstellen	introduce	présenter	presentare	presentar
voorstelling (NL)	Vorstellung f	idea	idée f	idea f	idea f
voortzetten (NL)	fortsetzen	continue	continuer	continuare	continuar
vooruit (NL)	vorwärts	forward(s)	en avant	avanti	adelante
voorverkoop (NL)	Vorverkauf m	advance booking	service de réservations m	prevendita f	venta anticipada f
voorwaarde (NL)	Bedingung f	condition	condition f	condizione f	condición f
voorwendsel (NL)	Vorwand	pretext	prétexte m	pretesto m	pretexto m
voorzichtig (NL)	vorsichtig	careful	prudent(e)	prudente	prudente
voorzichtigheid (NL)	Vorsicht f	caution	prudence f	prudenza f	cuidado m
voraussetzen (D)	—	assume	supposer	presupporre	presuponer
vorbeigehen (D)	—	pass	passer	passare	pasar
vorbestellen (D)	—	book	réserver	prenotare	hacer reservar
vorderen (NL)	fordern	demand	exiger	esigere	exigir
vordering (NL)	Forderung f	demand	exigence f	esigenza f	exigencia f
Vorfahrt (D)	—	right of way	priorité f	precedenza f	prioridad de paso f
vorhaben (D)	—	intend	avoir l'intention de	avere intenzione	tener la inteción de

vorhaben

P	NL	SV	PL	CZ	H
tempo livre m	vrije tijd m	fritid u	czas wolny m	—	szabadidő
voo m	vlucht f	flygning u	lot m	let m	repülés
pensão completa f	—	helpension u	pełne wyżywienie n	plná penze f	teljes ellátás
—	toer m	tur u	tura f	túra f	kirándulás
—	omkeren	vända om	zawrócić	obracet, se <obrátit, se>	megfordít
—	terugkomen	komma tillbaka	wracać	přijít, přijet zpět	visszajön
virar	omdraaien	vrida	obracać	otáčet <otočit>	megfordít
tornar a ver	terugzien	återse	znowu widzieć	opět vidět <opět uvidět>	viszontlát
crescido	—	fullvuxen	dorosły	dospělý	felnőtt
adulto m	—	vuxen u	dorosły m	dospělý m	felnőtt
recusar-se	weigeren	vägra	odmawiać	zdráhat, se	—
comboio m	trein m	tåg n	pociąg m	vlak m	—
—	vlucht f	flygning u	lot m	let m	repülés
à frente	—	framtill	z przodu	vepředu	elöl
exemplo m	—	exempel n	przykład m	příklad m	példa
passado	—	förfluten	miniony	uplynulý	elmúlt
passar por	—	gå förbi	przechodzić obok	jít okolo	elmegy mellette
temporário	—	temporär	przejściowy	přechodný	átmenetileg
vantagem f	—	fördel u	korzyść f	výhoda f	előny
entrada f	—	förrätt u	przystawka f	předkrm m	előétel
existente	—	förefinnas	istniejący	existující	meglévő
tencionar fazer	—	ha i tankarna	zamierzać	mít v úmyslu	szándékozik
testa f	—	panna u	czoło n	čelo n	homlok
ocorrer	—	hända	występować	přiházet, se <přihodit, se>	előfordul
provisório	—	preliminär	tymczasowy	předběžný	egyelőre
prenome m	—	förnamn n	imię n	křestní jméno n	keresztnév
distinto	—	förnäm	wytworny	exkluzívní	előkelő
gratuito	—	förgäves	darmo	zbytečně	ingyen
passagem preferencial f	—	företräde n	pierwszeństwo n	přednost v jízdě f	elsőbbség
regulamento m	—	föreskrift u	przepis m	předpis m	előírás
subúrbio m	—	förort u	przedmieście n	předměstí n	külváros
proposta f	—	förslag n	propozycja f	návrh m	javaslat
representar	—	framställa	przedstawiać <przedstawić>	prezentovat	ábrázol
propor	—	föreslå	proponować	navrhovat <navrhnout>	javasol
imaginar	—	presentera	przedstawiać	představovat <představit>	bemutat
ideia f	—	föreställning	przedstawienie n	představení n	bemutatkozás
continuar	—	fortsätta	kontynuować	pokračovat	folytat
avante	—	framåt	naprzód	vpřed	előre
venda antecipada f	—	förköp n	przedsprzedaż f	předprodej m	elővétel
condição f	—	krav n	warunek m	podmínka f	feltétel
pretexto m	—	förevändning u	pretekst m	záminka f	ürügy
cauteloso	—	försiktig	ostrożnie	opatrný	óvatos
cautela f	—	försiktighet u	ostrożność f	opatrnost f	elővigyázat
pressupor	veronderstellen	förutsätta	przypuszczać	předpokládat	feltételez
passar por	voorbijgaan	gå förbi	przechodzić obok	jít okolo	elmegy mellette
reservar	van tevoren bestellen	förutbeställa	zarezerwować zamówienie	objednávat předem <objednat předem>	előre rendel
exigir	—	fordra	żądać <zażądać>	žádat	követel
exigência f	—	begäran u	żądanie n	požadavek m	követelés
passagem preferencial f	voorrang m	företräde n	pierwszeństwo n	přednost v jízdě f	elsőbbség
tencionar fazer	voorhebben	ha i tankarna	zamierzać	mít v úmyslu	szándékozik

vorhanden

	D	E	F	I	ES
vorhanden (D)	—	available	présent(e)	disponibile	disponible
Vorhang (D)	—	curtain	rideau m	tenda f	cortina f
vork (NL)	Gabel f	fork	fourchette f	forchetta f	tenedor m
vorkommen (D)	—	occur	exister	accadere	suceder
vorläufig (D)	—	temporary	provisoire	provvisorio(a)	provisional
vorming (NL)	Bildung f	education	éducation f	istruzione f	educación f
Vorname (D)	—	Christian name	prénom m	nome di battesimo m	nombre m
vorn(e) (D)	—	at the front	devant	davanti	(a)delante
vornehm (D)	—	distinguished	distingué(e)	distinto(a)	distinguido(a)
Vorort (D)	—	suburb	faubourg m	sobborgo m	suburbio m
Vorschlag (D)	—	proposal	proposition f	proposta f	proposición f
vorschlagen (D)	—	propose	proposer	proporre	proponer
Vorschrift (D)	—	regulation	règle f	norma f	reglamento m
Vorsicht (D)	—	caution	prudence f	prudenza f	cuidado m
vorsichtig (D)	—	careful	prudent(e)	prudente	prudente
Vorspeise (D)	—	appetizer	hors-d'œuvre m	antipasto m	primer plato m
vorstellen (D)	—	introduce	présenter	presentare	presentar
Vorstellung (D)	—	idea	idée f	idea f	idea f
Vorteil (D)	—	advantage	avantage m	vantaggio m	ventaja f
vorübergehend (D)	—	temporary	temporaire	temporaneo(a)	pasajero(a)
Vorverkauf (D)	—	advance booking	service de réservations m	prevendita f	venta anticipada f
Vorwahl (D)	—	dialling code	indicatif téléphonique m	prefisso m	prefijo m
Vorwand (D)	—	pretext	prétexte m	pretesto m	pretexto m
vorwärts (D)	—	forward(s)	en avant	avanti	adelante
vorwerfen (D)	—	blame	reprocher	rimproverare	reprochar
vorziehen (D)	—	prefer	préférer	preferire	preferir
vosotros(as) (ES)	ihr	you	vous	voi	—
vós, vocês (P)	ihr	you	vous	voi	vosotros(as)
voto (I)	Note f	mark	note f	—	calificación f
voucher (E)	Gutschein m	—	bon m	buono m	bono m
vouloir (F)	wollen	want	—	volere	querer
vous (F)	ihr	you	—	voi	vosotros(as)
vousy (CZ)	Bart m	beard	barbe f	barba f	barba f
voyage (F)	Reise f	journey	—	viaggio m	viaje m
voyager (F)	reisen	travel	—	viaggiare	viajar
voyageur (F)	Reisender m	traveller	—	viaggiatore m	viajero m
voz (ES)	Stimme f	voice	voix f	voce f	—
voz (P)	Stimme f	voice	voix f	voce f	voz f
v poledne (CZ)	mittags	at midday	à midi	a mezzogiorno	al mediodía
vpravo (CZ)	rechts	right	à droite	a destra	a la derecha
vpřed (CZ)	vorwärts	forward(s)	en avant	avanti	adelante
vraag (NL)	Frage f	question	question f	domanda f	pregunta f
vracet, se <vrátit, se> (CZ)	zurückkommen	come back	revenir	ritornare	regresar
vracet zpět <vrátit zpět> (CZ)	zurückgeben	give back	rendre	restituire	devolver
vracet <vrátit> (CZ)	wiedergeben	return	rendre	restituire	devolver
vrachtwagen (NL)	Lastwagen m	lorry	camion m	camion m	camión m
vragen[1] (NL)	anfordern	request	demander	esigere	pedir
vragen[2] (NL)	fragen	ask	demander	domandare	preguntar
vrai(e) (F)	echt	genuine	—	vero(a)	verdadero(a)
vrátný (CZ)	Pförtner m	porter	concierge m	portiere m	portero m

vrátný

P	NL	SV	PL	CZ	H
existente	voorhanden	förefinnas	istniejący	existující	meglévő
cortina f	gordijn n	draperi n	zasłona f	závěs m	függöny
garfo m	—	gaffel u	widelec m	vidlička f	villa
ocorrer	voorkomen	hända	występować	přiházet, se <přihodit, se>	előfordul
provisório	voorlopig	preliminär	tymczasowy	předběžný	egyelőre
formação f	—	bildning u	kształcenie n	vzdělání n	műveltség
prenome m	voornaam m	förnamn n	imię n	křestní jméno n	keresztnév
à frente	voor(aan)	framtill	z przodu	vepředu	elöl
distinto	voornaam	förnäm	wytworny	exkluzivní	előkelő
subúrbio m	voorstad f	förort u	przedmieście n	předměstí n	külváros
proposta f	voorstel n	förslag n	propozycja f	návrh m	javaslat
propor	voorstellen	föreslå	proponować	navrhovat <navrhnout>	javasol
regulamento m	voorschrift n	föreskrift u	przepis m	předpis m	előírás
cautela f	voorzichtigheid f	försiktighet u	ostrożność f	opatrnost f	elővigyázat
cauteloso	voorzichtig	försiktig	ostrożnie	opatrný	óvatos
entrada f	voorgerecht n	förrätt u	przystawka f	předkrm m	előétel
imaginar	voorstellen	presentera	przedstawiać	představovat <představit>	bemutat
ideia f	voorstelling f	föreställning	przedstawienie n	představení n	bemutatkozás
vantagem f	voordeel n	fördel u	korzyść f	výhoda f	előny
temporário	voorbijgaand	temporär	przejściowy	přechodný	átmenetileg
venda antecipada f	voorverkoop m	förköp n	przedsprzedaż f	předprodej m	elővétel
número indicativo m	netnummer n	riktnummer n	numer kierunkowy m	předvolba f	ország/város hívószáma
pretexto m	voorwendsel n	förevändning u	pretekst m	záminka f	ürügy
avante	vooruit	framåt	naprzód	vpřed	előre
repreender	verwijten	förebrå	zarzucać	vytýkat <vytknout>	szemére hány
preferir	verkiezen	föredra	preferować	dávat přednost <dát přednost>	előnyben részesít
vós, vocês	jullie	ni	wy	vy	ti
—	jullie	ni	wy	vy	ti
nota f	cijfer n	betyg n	ocena f	známka f	osztályzat
vale m	bon m	tillgodokvitto n	bon m	poukaz m	vásárlási utalvány
querer	willen	vilja	chcieć	chtít	akar
vós, vocês	jullie	ni	wy	vy	ti
barba f	baard m	skägg n	broda f	—	szakáll
viagem f	reis f	resa u	podróż f	cesta f	utazás
viajar	reizen	resa	podróżować	cestovat	utazik
viajante m	reiziger m	resande u	podróżnik m	cestující m	utazó
voz f	stem f	röst u	głos m	hlas m	hang
—	stem f	röst u	głos m	hlas m	hang
ao meio-dia	's middags	på middagen	w południe	—	délben
direita	rechts	till höger	po prawej stronie	—	jobbra
avante	vooruit	framåt	naprzód	—	előre
pergunta f	—	fråga u	pytanie n	otázka f	kérdés
vir de volta	terugkomen	komma tillbaka	wracać	—	visszajön
devolver	teruggeven	ge tillbaka	oddawać	—	visszaad
devolver	teruggeven	återge	odtwarzać	—	visszaad
camião m	—	lastbil u	samochód ciężarowy m	nákladní vozidlo n	teherautó
exigir	—	kräva	żądać <zażądać>	vyžadovat <vyžádat>	megrendel
perguntar	—	fråga	pytać	ptát, se <zeptat, se>	kérdez
autêntico	echt	äkta	prawdziwy	pravý	valódi
porteiro m	portier m	portvakt u	portier m	—	portás

vrát s sebou

	D	E	F	I	ES
vrát s sebou <vzít s sebou> (CZ)	mitnehmen	take along	emmener	prendere con sé	llevar consigo
vražda (CZ)	Mord *m*	murder	meurtre *m*	assassinio *m*	asesinato *m*
vrážet <vrazit> (CZ)	einschlagen	smash	casser	rompere	romper
vrede (NL)	Frieden *m*	peace	paix *f*	pace *f*	paz *f*
vreedzaam (NL)	friedlich	peaceful	paisible	pacifico(a)	pacífico(a)
vreemd¹ (NL)	merkwürdig	strange	curieux(euse)	curioso(a)	curioso(a)
vreemd² (NL)	seltsam	strange	bizarre	strano(a)	extraño(a)
vreemde taal (NL)	Fremdsprache *f*	foreign language	langue étrangère *f*	lingua straniera *f*	lengua extranjera *f*
vreten (NL)	fressen	eat	bouffer	mangiare	devorar
vreugde (NL)	Freude *f*	joy	joie *f*	gioia *f*	alegría *f*
vrezen (NL)	befürchten	fear	craindre	temere	temer
vrezen (NL)	fürchten	fear	craindre	temere	temer
vrida¹ (SV)	drehen	turn	tourner	girare	girar
vrida² (SV)	umdrehen	turn around	tourner	gia rare	volver
vriend (NL)	Freund *m*	friend	ami *m*	amico *m*	amigo *m*
vriendelijk¹ (NL)	freundlich	friendly	aimable	gentile	amable
vriendelijk² (NL)	liebenswürdig	kind	aimable	gentile	simpático(a)
vriendschap (NL)	Freundschaft *f*	friendship	amitié *f*	amicizia *f*	amistad *f*
vrije tijd (NL)	Freizeit *f*	free time	loisirs *m/pl*	tempo libero	tiempo libre *m*
vrijheid (NL)	Freiheit *f*	freedom	liberté *f*	libertà *f*	libertad *f*
vroeg (NL)	früh	early	tôt	presto	temprano(a)
vroeger (NL)	früher	earlier	autrefois	prima	antes
vrolijk¹ (NL)	fröhlich	merry	joyeux(euse)	allegro(a)	alegre
vrolijk² (NL)	lustig	funny	amusant(e)	allegro(a)	divertido(a)
vroom (NL)	fromm	pious	pieux(euse)	devoto(a)	devoto(a)
vrouw (NL)	Frau *f*	woman	femme *f*	donna *f*	mujer *f*
vše (CZ)	alles	everything	tout	tutto(a)	todo
všední den (CZ)	Alltag *m*	everyday life	vie quotidienne *f*	vita quotidiana *f*	vida cotidiana *f*
všeobecně (CZ)	allgemein	general	général(e)	generale	general
všichni (CZ)	alle	all	tous (toutes)	tutti(e)	todos(as)
vstávat <vstát> (CZ)	aufstehen	get up	lever, se	alzarsi	levantarse
vstup¹ (CZ)	Eingang *m*	entrance	entrée *f*	entrata *f*	entrada *f*
vstup² (CZ)	Eintritt *m*	admission	entrée *f*	entrata *f*	entrada *f*
vstupovat <vstoupit> (CZ)	betreten	enter	entrer dans	entrare	entrar
všude (CZ)	überall	everywhere	partout	dappertutto	por todas partes
vtip (CZ)	Witz *m*	joke	plaisanterie *f*	barzelletta *f*	chiste *m*
vue (F)	Aussicht *f*	view	—	vista *f*	vista *f*
vuelo (ES)	Flug *m*	flight	vol *m*	volo *m*	—
vuelta (ES)	Rundfahrt *f*	round trip	circuit *m*	giro *m*	—
vuil (NL)	dreckig	dirty	sale	sporco(a)	sucio(a)
vuil (NL)	Schmutz *m*	dirt	saleté *f*	sporcizia *f*	suciedad *f*
vuil (NL)	schmutzig	dirty	sale	sporco(a)	sucio(a)
vuilnisemmer (NL)	Mülleimer *m*	dustbin	poubelle *f*	pattumiera *m*	cubo de basura *m*
vůl (CZ)	Ochse *m*	ox	bœuf *m*	bue *m*	buey *m*
vůně (CZ)	Duft *m*	scent	odeur *f*	profumo *m*	aroma *m*
vuoto(a) (I)	leer	empty	vide	—	vacío(a)
vuur (NL)	Feuer *n*	fire	feu *m*	fuoco *m*	fuego *m*
vuxen (SV)	Erwachsener *m*	adult	adulte *m*	adulto *m*	adulto *m*
vy (CZ)	ihr	you	vous	voi	vosotros(as)
vybalovat <vybalit> (CZ)	auspacken	unpack	défaire	disfare	deshacer
výběr¹ (CZ)	Auswahl *f*	choice	choix *m*	scelta *f*	elección *f*
výběr² (CZ)	Wahl *f*	choice	choix *m*	scelta *f*	opción *f*
vybírat <vybrat> (CZ)	auswählen	choose	choisir	scegliere	elegir
vyčerpaný (CZ)	erschöpft	exhausted	épuisé(e)	esausto(a)	agotado(a)

vyčerpaný

P	NL	SV	PL	CZ	H
levar consigo	meenemen	ta med	zabierać ze sobą <zabrać ze sobą>	—	magával visz
homicídio m	moord m	mord n	morderstwo n	—	gyilkosság
pregar	inslaan	slå in	wybijać <wybić>	—	bever
paz f	—	fred u	pokój m	mír m	béke
pacífico	—	fredlig	pokojowy	mírumilovný	békés
estranho	—	märkvärdig	dziwny	podivný	furcsa
estranho	—	märkligt	dziwny	zvláštní	furcsa
língua estrangeira f	—	främmande språk n	język obcy m	cizí jazyk m	idegen nyelv
devorar	—	äta	żreć <zeżreć>	žrát <sežrat>	zabál
alegria f	—	glädje u	radość f	radost f	öröm
recear	—	befara	obawiać, się	obávat, se	tart
ter medo de	—	frukta	obawiać, się	bát se	fél, retteg
rodar	draaien	—	obracać <obrócić>	točit <otočit>	forgat
virar	omdraaien	—	obracać	otáčet <otočit>	megfordít
amigo m	—	vän u	przyjaciel m	přítel m	barát
amável	—	vänlig	przyjazny	přátelsky	barátságos
amável	—	älskvärd	miły	laskavý	szívélyes
amizade f	—	vänskap u	przyjaźń f	přátelství n	barátság
tempo livre m	—	fritid u	czas wolny m	volný čas m	szabadidő
liberdade f	—	frihet u	wolność f	svoboda f	szabadság
cedo	—	tidig	wcześnie	brzy	korán
mais cedo	—	förr	dawniej	dříve	korábban
alegre	—	glad	wesoły	veselý	vidám
divertido	—	rolig	śmieszny	veselý	vidám
devoto	—	from	pobożny	nábožný	vallásos
mulher f	—	kvinna u	kobieta f	žena f	asszony
tudo	alles	allt	wszystko	—	minden
dia-a-dia m	dagelijks leven n	vardag u	codzienność f	—	hétköznap
geral	algemeen	allmänt	ogólnie	—	általános
todo	alle	alla	wszystkie	—	mind
levantar-se	opstaan	stiga upp	wstawać <wstać>	—	feláll
entrada f	ingang m	ingång u	wejście n	—	bejárat
entrada f	toegang m	inträde n	wstęp m	—	belépés
entrar em	betreden	beträda	wchodzić <wejść>	—	belép
por toda a parte	overal	överallt	wszędzie	—	mindenütt
piada f	grap f	vits u	kawał m	—	vicc
vista f	uitzicht n	utsikt u	widok m	výhled m	kilátás
voo m	vlucht f	flygning u	lot m	let m	repülés
passeio de carro m	rondrit f	rundtur u	przejażdżka f	okružní jízda f	körutazás
sujo	—	smutsig	brudny	špinavý	koszos
sujidade f	—	smuts u	brud m	špína f	piszok
sujo	—	smutsig	brudny	špinavý	piszkos
balde do lixo m	—	sophink u	kubeł na śmieci m	nádoba na odpadky f	szemetesvödör
boi m	os m	oxe u	wół m	—	ökör
aroma m	geur m	doft u	zapach m	—	illat
vazio	leeg	tom	pusty	prázdný	üres
fogo m	—	eld u	ogień m	oheň m	tűz
adulto m	volwassene m	—	dorosły m	dospělý m	felnőtt
vós, vocês	jullie	ni	wy	—	ti
desembrulhar	uitpakken	packa ur	rozpakowywać <rozpakować>	—	kipakol
selecção f	keuze f	urval n	wybór m	—	választék
escolha f	keuze f	val n	wybór m	—	választás
seleccionar	kiezen	välja ut	wybierać <wybrać>	—	kiválaszt
exausto	uitgeput	utmattad	wyczerpany	—	kimerült

vycházet vstříc 1082

	D	E	F	I	ES
vycházet vstříc <vyjít vstříc> (CZ)	entgegenkommen	approach	venir à la rencontre	venire incontro	venir al encuentro
vycházet <vyjít> ven (CZ)	hinausgehen	go out	sortir	uscire	salir
východ¹ (CZ)	Ausgang m	exit	sortie f	uscita f	salida f
východ² (CZ)	Osten m	east	est m	est m	este m
vychování (CZ)	Erziehung f	education	éducation f	educazione f	crianza f
vychovávat <vychovat> (CZ)	erziehen	educate	élever	educare	educar
vydávat <vydat> (CZ)	herausgeben	publish	éditer	pubblicare	editar
vydělávat <vydělat> (CZ)	verdienen	earn	gagner	guadagnare	ganar
vydírání (CZ)	Erpressung f	blackmail	chantage m	ricatto m	chantaje f
vydržovat <vydržet> (CZ)	aushalten	bear	supporter	sopportare	aguantar
výhled (CZ)	Aussicht f	view	vue f	vista f	vista f
vyhledávat <vyhledat> (CZ)	aussuchen	select	choisir	scegliere	elegirse
výhoda (CZ)	Vorteil m	advantage	avantage m	vantaggio m	ventaja f
výhodný (CZ)	günstig	favourable	favorable	favorevole	favorable
výhodný (cenově) (CZ)	preiswert	inexpensive	bon marché	conveniente	económico(a)
vyhýbat, se <vyhnout, se> (CZ)	vermeiden	avoid	éviter	evitare	evitar
výjimka (CZ)	Ausnahme f	exception	exception f	eccezione f	excepción f
vyjma (CZ)	ausgenommen	except	excepté	eccetto	excepto
výjezd (CZ)	Ausfahrt f	exit	sortie f	uscita f	salida f
vykonávat <vykonat> (CZ)	ausüben	practise	exercer	esercitare	ejercer
vykort (SV)	Ansichtskarte f	postcard	carte postale f	cartolina f	tarjeta postal f
vykort (SV)	Postkarte f	postcard	carte postale f	cartolina f	carta postal f
výlet (CZ)	Ausflug m	outing	excursion f	gita f	excursión f
výloha (CZ)	Schaufenster n	shop window	vitrine f	vetrina f	escaparate m
vyloučeno (CZ)	ausgeschlossen	impossible	exclu(e)	escluso(a)	imposible
výměna (CZ)	Austausch m	exchange	échange m	scambio m	cambio m
vyměňovat <vyměnit>¹ (CZ)	austauschen	exchange	échanger	scambiare	cambiar
vyměňovat <vyměnit>² (CZ)	umtauschen	exchange	échanger	scambiare	cambiar
výmluva (CZ)	Ausrede f	pretext	excuse f	pretesto m	pretexto m
vynalézat <vynalézt> (CZ)	erfinden	invent	inventer	inventare	inventar
vynikající (CZ)	ausgezeichnet	excellent	excellent(e)	eccellente	excelente
vynikající (CZ)	hervorragend	excellent	excellent(e)	eccellente	extraordinario(a)
vypadat (CZ)	aussehen	look	paraître	sembrare	parecerse a
vypínač (CZ)	Schalter m	counter	guichet m	sportello m	ventanilla f
vypínač světla (CZ)	Lichtschalter m	light switch	interrupteur m	interruttore m	interruptor m
vypínat <vypnout> (CZ)	ausschalten	switch off	arrêter	spegnere	desconectar
vyplácet, se <vyplatit, se> (CZ)	lohnen	be worth while	en valoir la peine	valere la pena	valer la pena
vyplňovat <vyplnit> (CZ)	ausfüllen	fill in	remplir	riempire	llenar
výpověď (CZ)	Aussage f	statement	déclaration f	dichiarazione f	afirmación f
vypravovat <vyprávět> (CZ)	erzählen	tell	raconter	raccontare	contar
vyprodáno (CZ)	ausverkauft	sold out	épuisé(e)	esaurito(a)	vendido(a)
vypůjčovat <půjčit> (CZ)	ausleihen	lend	prêter	prestare	prestar
výraz (CZ)	Ausdruck m	expression	expression f	espressione f	expresión f
výrazně (CZ)	deutlich	clear	clair(e)	chiaro(a)	claro(a)
výřez (CZ)	Ausschnitt m	extract	extrait m	ritaglio m	recorte m

1083 výřez

P	NL	SV	PL	CZ	H
vir ao encontro de	tegemoetkomen	tillmötesgå	iść naprzeciw <wyjść naprzeciw>	—	elébe megy
sair	naar buiten gaan	gå ut	wychodzić <wyjść>	—	kimegy
saída f	uitgang m	utgång u	wyjście n	—	kijárat
leste m	oosten n	öster	wschód m	—	kelet
educação f	opvoeding f	uppfostran u	wychowanie n	—	nevelés
educar	opvoeden	uppfostra	wychowywać <wychować>	—	nevelni
entregar	teruggeven	ge ut	wydawać <wydać>	—	visszaad
ganhar	verdienen	förtjäna	zarabiać	—	keres
chantagem f	afpersing f	utpressning u	szantaż m	—	zsarolás
aguentar	uithouden	uthärda	wytrzymywać <wytrzymać>	—	elvisel
vista f	uitzicht n	utsikt u	widok m	—	kilátás
escolher	uitzoeken	välja	wyszukiwać <wyszukać>	—	kiválaszt
vantagem f	voordeel n	fördel u	korzyść f	—	előny
favorável	gunstig	gynnsam	korzystny	—	előnyös
barato	goedkoop	prisvärd	niedrogi	—	jutányos
evitar	vermijden	undvika	unikać	—	elkerül
excepção f	uitzondering f	undantag n	wyjątek m	—	kivétel
excepto	uitgezonderd	förutom	z wyjątkiem	—	kivéve
saída f	uitvaren m	utfart u	wyjazd m	—	kijárat
exercer	uitoefenen	utöva	wykonywać	—	űz
postal ilustrado m	prentbriefkaart f	—	widokówka f	pohlednice f	képeslap
postal m	briefkaart f	—	pocztówka f	korespondenční lístek m	levelezőlap
excursão f	uitstap m	utflykt u	wycieczka f	—	kirándulás
montra f	etalage f	skyltfönster n	okno wystawowe n	—	kirakat
excluído	uitgesloten	uteslutet	wykluczony	—	kizárt
troca f	uitwisseling f	utbyte n	wymiana f	—	csere
trocar	uitwisselen	byta ut	wymieniać <wymienić>	—	kicserél
trocar	ruilen	byta ut	wymieniać	—	kicserél
pretexto m	uitvlucht f	svepskäl n	wymówka f	—	kifogás
inventar	uitvinden	uppfinna	wynajdować <wynaleźć>	—	kitalál
excelente	uitstekend	förträffligt	znakomicie	—	kitünő
excelente	uitstekend	framstående	znakomity	—	kitünő
parecer	uitzien	verka	wyglądać	—	kinéz
interruptor m	schakelaar m	strömbrytare u	włącznik m	—	kapcsoló
interruptor m	lichtschakelaar m	ljuskontakt u	włącznik światła m	—	villanykapcsoló
desligar	uitschakelen	koppla ifrån	wyłączać <wyłączyć>	—	kikapcsol
recompensar	lonen	löna	opłacać, się <opłacić, się>	—	megjutalmaz
preencher	invullen	fylla i	wypełniać <wypełnić>	—	kitölt
declaração f	verklaring f	uttalande n	wypowiedź f	—	kijelentés
contar	vertellen	berätta	opowiadać <opowiedzieć>	—	elmesél
esgotado	uitverkocht	utsåld	wyprzedany	—	kiárúsítva
emprestar	uitlenen	låna ut	wypożyczać <wypożyczyć>	—	kölcsönöz
expressão f	uitdrukking f	uttryck n	wyraz m	—	kifejezés
nítido	duidelijk	tydlig	wyraźny	—	világos
decote m	fragment n	urskärning u	wycinek m	—	kivágás

vyříkání 1084

	D	E	F	I	ES
vyříkání (CZ)	Aussprache f	pronunciation	prononciation f	pronuncia f	pronunciación f
vyřizovat <vyřídit> (CZ)	erledigen	take care of	régler	sbrigare	acabar
vyrovnávat <vyrovnat> (CZ)	ausrichten	pass on a message	transmettre	riferire	comunicar
vyrozumět (CZ)	verständigen	inform	prévenir	informare	informar
vyrůstat <vyrůst> (CZ)	aufwachsen	grow up	grandir	crescere	criarse
vyšetřovat <vyšetřit> (CZ)	untersuchen	examine	examiner	esaminare	examinar
vysídlovat <vysídlit> (CZ)	auswandern	emigrate	émigrer	emigrare	emigrar
výška (CZ)	Höhe f	height	hauteur f	altezza f	altura f
vyslanectví (CZ)	Botschaft f	message	message m	messaggio m	mensaje m
výsledek (CZ)	Ergebnis n	result	résultat m	risultato m	resultado m
výslovně (CZ)	ausdrücklich	explicit	exprès(esse)	espresso(a)	explícito(a)
vysmívat, se <vysmát, se> (CZ)	auslachen	laugh at	rire de qn	deridere	reírse de
vysoká škola (CZ)	Hochschule f	university	université f	università f	escuela superior f
vysoko (CZ)	hoch	up/high	haut(e)	alto(a)	alto(a)
výstava (CZ)	Ausstellung f	exhibition	exposition f	esposizione f	exposición f
vystavovat <vystavit> (CZ)	ausstellen	exhibit	exposer	esporre	exponer
vystupovat <vystoupit> (CZ)	aussteigen	get off	descendre	scendere	bajarse
vysvědčení (CZ)	Zeugnis n	report	bulletin m	pagella f	certificado m
vysvětlovat <vysvětlit> (CZ)	erklären	explain	expliquer	spiegare	explicar
výtah (CZ)	Fahrstuhl m	elevator	ascenseur m	ascensore m	ascensor m
vytýkat <vytknout> (CZ)	vorwerfen	blame	reprocher	rimproverare	reprochar
vyučování (CZ)	Unterricht m	lessons	cours m	lezione f	enseñanza f
vyvíjet <vyvinout> (CZ)	entwickeln	develop	développer	sviluppare	desarrollar
vývoj (CZ)	Entwicklung f	development	développement m	sviluppo m	desarrollo m
vyvolávat <vyvolat> (CZ)	ausrufen	exclaim	crier	esclamare	exclamar
vývrtka (CZ)	Korkenzieher m	corkscrew	tire-bouchon m	cavatappi m	sacacorchos m
vyžadovat <vyžádat> (CZ)	anfordern	request	demander	esigere	pedir
význam (CZ)	Bedeutung f	meaning	signification f	significato f	significado m
vyznávat, se <vyznat, se> (CZ)	auskennen, sich	know one's way about	connaître, s'y	conoscere bene	conocer a fondo a
vyzvedávat <vyzvednout> (CZ)	abholen	pick up	aller chercher	andare a prendere	recoger
vyzývat <vyzvat> (CZ)	auffordern	ask	inviter	invitare	invitar
vzadu (CZ)	hinten	behind	derrière	dietro	detrás
vzbouzet se <vzbudit se> (CZ)	aufwachen	wake up	réveiller, se	svegliarsi	despertarse
vzdálenost (CZ)	Entfernung f	distance	distance f	distanza f	distancia f
vzdálený (CZ)	entfernt	distant	éloigné(e)	distante	distante
vzdávat <vzdát> (CZ)	aufgeben	give up	abandonner	rinunciare	renunciar a
vzdělání[1] (CZ)	Ausbildung f	education	formation f	formazione f	formación f
vzdělání[2] (CZ)	Bildung f	education	éducation f	istruzione f	educación f
vzdělávat <vzdělat> (CZ)	ausbilden	educate	former	addestrare	instruir
vzduch (CZ)	Luft f	air	air m	aria f	aire m
vždy (CZ)	immer	always	toujours	sempre	siempre
vzhled (CZ)	Aussehen n	appearance	apparence f	aspetto m	aspecto m
vznášet <vznést> (CZ)	erheben	raise	lever	alzare	elevar

vznášet

P	NL	SV	PL	CZ	H
pronúncia f	uitspraak f	uttal n	wymowa f	—	kiejtés
acabar	uitvoeren/afhandelen	ta hand om	załatwiać <załatwić>	—	elintéz
transmitir	richten	uträtta	wyrównywać <wyrównać>	—	megmond
informar	op de hoogte brengen	meddela	zawiadamiać	—	értesít
crescer	opgroeien	växa upp	wyrastać <wyrosnąć>	—	felnő
examinar	onderzoeken	undersöka	badać	—	megvizsgál
emigrar	emigreren	utvandra	emigrować <wyemigrować>	—	kivándorol
altura f	hoogte f	höjd u	wysokość f	—	magasság
mensagem f	boodschap f	budskap n	wiadomość f	—	üzenet
resultado m	resultaat n	resultat n	wynik m	—	eredmény
expresso	uitdrukkelijk	uttryckelig	kategorycznie	—	nyomatékos
rir de alguém	uitlachen	skratta åt	wyśmiewać <wyśmiać>	—	kinevet
escola superior f	hogeschool f	högskola u	szkoła wyższa f	—	főiskola
alto	hoog	hög	wysoki	—	magas
exposição f	tentoonstelling f	utställning u	wystawa f	—	kiállítás
expor	tentoonstellen	ställa ut	wystawiać <wystawić>	—	kiállít
sair	uitstappen	stiga ur	wysiadać <wysiąść>	—	kiszáll
certificado m	getuigenis n	betyg n	świadectwo n	—	bizonyítvány
explicar	verklaren	förklara	wyjaśniać <wyjaśnić>	—	megmagyaráz
elevador m	lift m	hiss u	winda f	—	lift
repreender	verwijten	förebrå	zarzucać	—	szemére hány
ensino m	les f	undervisning u	nauczanie n	—	tanítás
desenvolver	ontwikkelen	utveckla	rozwijać <rozwinąć>	—	fejleszt
desenvolvimento m	ontwikkeling f	utveckling u	rozwój m	—	fejlesztés
exclamar	uitroepen	utropa	wywoływać <wywołać>	—	bemond
saca-rolhas m	kurkentrekker m	korkskruv u	korkociąg m	—	dugóhúzó
exigir	vragen	kräva	żądać <zażądać>	—	megrendel
significado m	betekenis f	betydelse u	znaczenie n	—	értelem
ser conhecedor de	thuis zijn (in)	känna till	znać, się	—	kiismeri, magát
ir buscar	ophalen	hämta	odbierać <odebrać>	—	érte megy
convidar	uitnodigen	uppmana	wzywać <wezwać>	—	felszólít
atrás	achter	baktill	w tyle	—	hátul
acordar	wakker worden	vakna	budzić, się <obudzić, się>	—	felébred
distância f	verwijdering f	distans u	odległość f	—	távolság
afastado	verwijderd	borttagen	odległy	—	távol
desistir	opgeven	ge upp	rezygnować <zrezygnować>	—	felad
formação f	opleiding f	utbildning u	wykształcenie n	—	kiképzés
formação f	vorming f	bildning u	kształcenie n	—	műveltség
formar	opleiden	utbilda	kształcić <wykształcić>	—	kiképez
ar m	lucht f	luft u	powietrze n	—	levegő
sempre	altijd	alltid	zawsze	—	mindig
aspecto m	uiterlijk n	utseende n	wygląd m	—	kinézés
levantar	heffen	upphöja	podnosić <podnieść>	—	felkel

vznikat

	D	E	F	I	ES
vznikat <vzniknout> (CZ)	entstehen	arise	naître	nascere	surgir
vzor (CZ)	Muster *n*	sample	modèle *m*	campione *m*	modelo *m*
vzpomínat <vzpomenout> (CZ)	gedenken	remember	souvenir de, se	ricordare	commemorar
vzpomínka (CZ)	Erinnerung *f*	memory	souvenir *m*	ricordo *m*	memoria *f*
vzpřímeně (CZ)	aufrecht	upright	droit(e)	diritto(a)	derecho(a)
vzrušující (CZ)	aufregend	exciting	énervant(e)	eccitante	emocionante
vztah (CZ)	Beziehung *f*	relationship	relation *f*	rapporto *m*	relación *f*
vztek (CZ)	Wut *f*	anger	colère *f*	rabbia *f*	rabia *f*
vzteklý (CZ)	wütend	furious	furieux(euse)	arrabbiato(a)	furioso(a)
w (PL)	in	in/into	des/à/en	in/a/tra/fra	en/a
Waage (D)	—	scales	balance *f*	bilancia *f*	balanza *f*
waar (NL)	Ware *f*	goods	marchandise *f*	merce *f*	mercancía *f*
waarde (NL)	Wert *m*	value	valeur *f*	valore *m*	valor *m*
waardeloos (NL)	wertlos	worthless	sans valeur	senza valore	sin valor
waardevol (NL)	wertvoll	valuable	précieux(euse)	prezioso(a)	valioso(a)
waarheid (NL)	Wahrheit *f*	truth	vérité *f*	verità *f*	verdad *f*
waarom? (NL)	warum?	why?	pourquoi?	perché?	¿por qué?
waarschijnlijk (NL)	wahrscheinlich	probably	probablement	probabile	probablemente
waarschuwen (NL)	warnen	warn	prévenir de	ammonire	advertir
wabić <zwabić> (PL)	locken	attract	attirer	attirare	atraer
wachsen (D)	—	grow	grandir	crescere	crecer
wachten (NL)	warten	wait	attendre	aspettare	esperar
wachtwoord (NL)	Passwort *n*	password	mot de passe *m*	parola d'ordine *f*	contraseña *f*
Waffe (D)	—	weapon	arme *f*	arma *f*	arma *f*
waga (PL)	Waage *f*	scales	balance *f*	bilancia *f*	balanza *f*
wagon-couchette (F)	Liegewagen *m*	couchette	—	cuccetta *f*	coche cama *m*
Wahl¹ (D)	—	choice	choix *m*	scelta *f*	opción *f*
Wahl² (D)	—	election	élection *f*	elezioni *f/pl*	elección *f*
wählen (D)	—	elect / choose	élire	eleggere	elegir
während (D)	—	during	pendant	durante	durante
Wahrheit (D)	—	truth	vérité *f*	verità *f*	verdad *f*
wahrscheinlich (D)	—	probably	probablement	probabile	probablemente
Währung (D)	—	currency	monnaie *f*	valuta *f*	moneda *f*
wait (E)	warten	—	attendre	aspettare	esperar
waiter (E)	Kellner *m*	—	serveur *m*	cameriere *m*	camarero *m*
wakacje (PL)	Ferien *pl*	holidays	vacances *f/pl*	vacanze *f/pl*	vacaciones *f/pl*
wake (up) (E)	wecken	—	réveiller	svegliare	despertar
wake up¹ (E)	aufwachen	—	réveiller, se	svegliarsi	despertarse
wake up² (E)	aufwecken	—	réveiller	svegliare	despertar
wakker worden (NL)	aufwachen	wake up	réveiller, se	svegliarsi	despertarse
walczyć (PL)	kämpfen	fight	battre, se	combattere	luchar
Wald (D)	—	forest	forêt *f*	bosco *m*	bosque *m*
walgelijk (NL)	widerlich	disgusting	repoussant(e)	ripugnante	repugnante
walizka (PL)	Koffer *m*	suitcase	valise *f*	valigia *f*	maleta *f*
wall¹ (E)	Mauer *f*	—	mur *m*	muro *m*	muro *m*
wall² (E)	Wand *f*	—	mur *m*	muro *m*	pared *f*
waluta (PL)	Währung *f*	currency	monnaie *f*	valuta *f*	moneda *f*
Wand (D)	—	wall	mur *m*	muro *m*	pared *f*
wandelen¹ (NL)	bummeln	stroll	flâner	girellare	andar paseando
wandelen² (NL)	spazieren gehen	go for a walk	promener, se	passeggiare	ir de paseo/pasearse
wandern (D)	—	hike	faire de la randonnée	fare un'escursione	caminar
wann (D)	—	when	quand	quando	cuando

P	NL	SV	PL	CZ	H
originar	ontstaan	uppstå	powstawać <powstać>	—	keletkezik
modelo m	monster n	mönster n	wzór m	—	minta
lembrar-se	gedenken	komma ihåg	wspominać <wspomnieć>	—	megemlékez
recordação f	herinnering f	minne n	wspomnienie n	—	emlék
erecto	rechtop	upprätt	prosty	—	egyenes
emocionante	opwindend	upprörande	emocjonujący	—	izgalmas
relação f	betrekking f	förbindelse u	stosunek m	—	kapcsolat
raiva f	woede f	ilska u	złość f	—	düh
raivoso	woedend	rasande	rozzłoszczony	—	dühös
em	in	i	—	v	ba/be
balança f	weegschaal f	våg u	waga f	váha f	mérleg
mercadoria f	—	vara u	towar m	zboží n	áru
valor m	—	värde n	wartość f	hodnota f	érték
sem valor	—	värdelös	bezwartościowy	bezcenný	értéktelen
valioso	—	värdefull	wartościowy	hodnotný	értékes
verdade f	—	sanning u	prawda f	pravda f	igazság
porque?	—	varför?	dlaczego?	proč?	miért?
provável	—	sannolik	prawdopodobnie	pravděpodobně	valószínű
advertir	—	varna	ostrzegać	varovat	figyelmeztet
encaracolar	lokken	locka	—	lákat <zlákat>	csalogat
crescer	groeien	växa	rosnąć	růst <vyrůst>	nő
esperar	—	vänta	czekać	čekat <počkat>	vár
senha f	—	lösenord n	hasło n	heslo n	jelszó
arma f	wapen n	vapen n	broń f	zbraň f	fegyver
balança f	weegschaal f	våg u	—	váha f	mérleg
vagão-cama m	ligrijtuig n	liggvagn u	kuszetka f	lehátkový vůz m	hálókocsi
escolha f	keuze f	val n	wybór m	výběr m	választás
eleição f	verkiezing f	val n	wybór m	volby pl	szavazás
eleger	kiezen	välja	wybierać	volit <zvolit>	választ
durante	gedurende	under tiden	podczas	během	közben
verdade f	waarheid f	sanning u	prawda f	pravda f	igazság
provável	waarschijnlijk	sannolik	prawdopodobnie	pravděpodobně	valószínű
moeda f	munt f	valuta u	waluta f	měna f	valuta
esperar	wachten	vänta	czekać	čekat <počkat>	vár
empregado de mesa m	kelner m	kypare/servitör u	kelner m	číšník m	pincér
férias f/pl	vakantie f	semester u	—	prázdniny pl	vakáció
acordar	wekken	väcka	budzić	budit <vzbudit>	ébreszt
acordar	wakker worden	vakna	budzić, się <obudzić, się>	vzbouzet se <vzbudit se>	felébred
acordar	wekken	väcka	budzić <obudzić>	budit <vzbudit>	felébreszt
acordar	—	vakna	budzić, się <obudzić, się>	vzbouzet se <vzbudit se>	felébred
lutar	vechten	kämpa	—	bojovat <dobojovat>	harcol
floresta f	bos n	skog u	las m	les m	erdő
repugnante	—	vedervärdig	odrażający	protivný	undorító
mala f	koffer m	koffert u	—	kufr m	bőrönd
muro m	muur m	mur u	mur m	zeď f	fal
parede f	muur m	vägg u	ściana f	stěna f	fal
moeda f	munt f	valuta u	—	měna f	valuta
parede f	muur m	vägg u	ściana f	stěna f	fal
passear	—	promenera	spacerować <pospacerować>	potulovat se	sétálgat
ir passear	—	promenera	iść na spacer <pójść na spacer>	procházet, se <projít, se>	sétálni megy
caminhar	trekken	vandra	wędrować	putovat	vándorol
quando	wanneer	när	kiedy	kdy	mikor

wanna

	D	E	F	I	ES
wanna (PL)	Badewanne f	bath tub	baignoire f	vasca da bagno f	bañera f
wanneer (NL)	wann	when	quand	quando	cuando
wanorde (NL)	Unordnung f	mess	désordre m	disordine m	desorden m
want (E)	wollen	—	vouloir	volere	querer
want (NL)	denn	for/than	car	perché	pues/porque
wantrouwen (NL)	misstrauen	mistrust	méfier, se	non fidarsi	desconfiar
wantrouwen (NL)	Misstrauen n	distrust	méfiance f	sfiducia f	desconfianza f
wapen (NL)	Waffe f	weapon	arme f	arma f	arma f
war (E)	Krieg m	—	guerre f	guerra f	guerra f
wardrobe (E)	Kleiderschrank m	—	armoire à vêtements f	armadio m	ropero m
Ware (D)	—	goods	marchandise f	merce f	mercancía f
warenhuis (NL)	Kaufhaus n	department store	grand magasin m	grande magazzino m	grandes almacenes m/pl
warm (D)	—	warm	chaud(e)	caldo(a)	caliente
warm (E)	warm	—	chaud(e)	caldo(a)	caliente
warm (E)	wärmen	—	chauffer	riscaldare	calentar
warm (NL)	warm	warm	chaud(e)	caldo(a)	caliente
Wärme (D)	—	warmth	chaleur f	calore m	calor m
wärmen (D)	—	warm	chauffer	riscaldare	calentar
warmte (NL)	Wärme f	warmth	chaleur f	calore m	calor m
warmth (E)	Wärme f	—	chaleur f	calore m	calor m
warn¹ (E)	abraten	—	déconseiller	sconsigliare	desaconsejar
warn² (E)	mahnen	—	exhorter	ammonire	notificar
warn³ (E)	warnen	—	prévenir de	ammonire	advertir
warnen (D)	—	warn	prévenir de	ammonire	advertir
warten (D)	—	wait	attendre	aspettare	esperar
wartość (PL)	Wert m	value	valeur f	valore m	valor m
wartościowy (PL)	wertvoll	valuable	précieux(euse)	prezioso(a)	valioso(a)
warum? (D)	—	why?	pourquoi?	perché?	¿por qué?
warunek (PL)	Bedingung f	condition	condition f	condizione f	condición f
warzywo (PL)	Gemüse n	vegetables	légumes m/pl	verdura f	verdura f
was? (D)	—	what?	que?	che?	¿qué?
was (NL)	Wäsche f	washing	linge m	biancheria f	ropa f
Wäsche (D)	—	washing	linge m	biancheria f	ropa f
waschen (D)	—	wash	laver	lavare	lavar
Waschmaschine (D)	—	washing machine	machine à laver f	lavatrice f	lavadora f
Waschmittel (D)	—	detergent	lessive f	detersivo m	detergente m
wash (E)	waschen	—	laver	lavare	lavar
washing (E)	Wäsche f	—	linge m	biancheria f	ropa f
washing machine (E)	Waschmaschine f	—	machine à laver f	lavatrice f	lavadora f
wasmachine (NL)	Waschmaschine f	washing machine	machine à laver f	lavatrice f	lavadora f
wasmiddel (NL)	Waschmittel n	detergent	lessive f	detersivo m	detergente m
wassen (NL)	waschen	wash	laver	lavare	lavar
Wasser (D)	—	water	eau f	acqua f	agua f
waste (E)	öde	—	désert(e)	brullo(a)	desierto(a)
wat? (NL)	was?	what?	que?	che?	¿qué?
watch (E)	Uhr f	—	montre f	orologio m	reloj m
watch (E)	zusehen	—	regarder	stare a guardare	mirar
watch television (E)	fernsehen	—	regarder la télévision	guardare la TV	ver la televisión
water (E)	gießen	—	arroser	annaffiare	regar
water (E)	Wasser n	—	eau f	acqua f	agua f
water¹ (NL)	Gewässer n	waters	eaux f/pl	acque f/pl	aguas f/pl
water² (NL)	Wasser n	water	eau f	acqua f	agua f
waters (E)	Gewässer n	—	eaux f/pl	acque f/pl	aguas f/pl

waters

P	NL	SV	PL	CZ	H
banheira f	badkuip f	badkar n	—	vana f	fürdőkád
quando	—	när	kiedy	kdy	mikor
desordem f	—	oordning u	nieporządek m	nepořádek m	rendetlenség
querer	willen	vilja	chcieć	chtít	akar
porque	—	för	ponieważ	protože	mert
desconfiar	—	misstänka	nie ufać	nedůvěřovat	nem bízik
desconfiança f	—	misstänksamhet u	nieufność f	nedůvěra f	bizalmatlanság
arma f	—	vapen n	broń f	zbraň f	fegyver
guerra f	oorlog m	krig n	wojna f	válka f	háború
roupeiro m	kleerkast f	klädskåp n	szafa na odzież f	šatník m	ruhaszekrény
mercadoria f	waar f	vara u	towar m	zboží n	áru
armazém m	—	varuhus n	dom towarowy m	obchodní dům m	áruház
quente	warm	varm	ciepły	teplý	meleg
quente	warm	varm	ciepły	teplý	meleg
aquecer	verwarmen	värma	grzać	hřát <zahřát>	megmelegít
quente	—	varm	ciepły	teplý	meleg
calor m	warmte f	värme u	ciepło n	teplo n	melegség
aquecer	verwarmen	värma	grzać	hřát <zahřát>	megmelegít
calor m	—	värme u	ciepło n	teplo n	melegség
calor m	warmte f	värme u	ciepło n	teplo n	melegség
desaconselhar	afraden	avråda	odradzać <odradzić>	zrazovat <zradit>	lebeszél
advertir	manen	mana	przypominać <przypomnieć>	varovat	figyelmeztet
advertir	waarschuwen	varna	ostrzegać	varovat	figyelmeztet
advertir	waarschuwen	varna	ostrzegać	varovat	figyelmeztet
esperar	wachten	vänta	czekać	čekat <počkat>	vár
valor m	waarde f	värde n	—	hodnota f	érték
valioso	waardevol	värdefull	—	hodnotný	értékes
porque?	waarom?	varför?	dlaczego?	proč?	miért?
condição f	voorwaarde f	krav n	—	podmínka f	feltétel
legumes m	groente f	grönsaker pl	—	zelenina f	zöldség
o quê?	wat?	vad?	co?	co?	mi?
roupa f	—	tvätt u	pranie	prádlo n	fehérnemű
roupa f	was m	tvätt u	pranie	prádlo n	fehérnemű
lavar	wassen	tvätta	prać	prát <vyprat>	mos
máquina de lavar f	wasmachine f	tvättmaskin u	pralka f	pračka f	mosógép
detergente m	wasmiddel n	tvättmedel n	środek piorący m	prací prostředek m	mosószer
lavar	wassen	tvätta	prać	prát <vyprat>	mos
roupa f	was m	tvätt u	pranie	prádlo n	fehérnemű
máquina de lavar f	wasmachine f	tvättmaskin u	pralka f	pračka f	mosógép
máquina de lavar f	—	tvättmaskin u	pralka f	pračka f	mosógép
detergente m	—	tvättmedel n	środek piorący m	prací prostředek m	mosószer
lavar	—	tvätta	prać	prát <vyprat>	mos
água f	water n	vatten n	woda f	voda f	víz
deserto	woest	öde	pusty	pustý	kietlen
o quê?	—	vad?	co?	co?	mi?
relógio m	horloge n	klocka u	zegar m	hodiny pl	óra
assistir	toezien	se på	przyglądać się	přihlížet <přihlédnout>	figyel
ver televisão	televisie kijken	titta på TV	oglądać telewizję <obejrzeć telewizję>	dívat, se <podívat, se> na televizi	tévézik
regar	gieten	hälla	podlewać <podlać>	zalévat <zalít>	önt
água f	water n	vatten n	woda f	voda f	víz
águas f	—	farvatten n	wody f/pl	vody f/pl	vizek
água f	—	vatten n	woda f	voda f	víz
águas f	water n	farvatten n	wody f/pl	vody f/pl	vizek

wątpić

	D	E	F	I	ES
wątpić (PL)	zweifeln	doubt	douter	dubitare	dudar
wątpliwość (PL)	Zweifel *m*	doubt	doute *m*	dubbio *m*	duda *f*
wątpliwy (PL)	ungewiss	uncertain	incertain(e)	incerto(a)	incierto(a)
wave (E)	Welle *f*	—	vague *f*	onda *f*	ola *f*
wave (E)	winken	—	faire signe	chiamare con cenni	hacer señas
way¹ (E)	Art *f*	—	manière *f*	modo *m*	manera *f*
way² (E)	Weg *m*	—	chemin *m*	via *f*	camino *m*
way³ (E)	Weise *f*	—	manière *f*	maniera *f*	manera *f*
ważny¹ (PL)	gültig	valid	valable	valido(a)	válido(a)
ważny² (PL)	wichtig	important	important(e)	importante	importante
ważyć (PL)	wiegen	weigh	peser	pesare	pesar
wchodzić \<wejść\> (PL)	betreten	enter	entrer dans	entrare	entrar
wcześnie (PL)	früh	early	tôt	presto	temprano(a)
wczoraj (PL)	gestern	yesterday	hier	ieri	ayer
w domu (PL)	zu Hause	at home	à la maison	a casa	en casa
w drodze (PL)	unterwegs	on the way	en route	in viaggio	en el camino
wdzięczny (PL)	dankbar	grateful	reconnaissant(e)	grato(a)	agradecido(a)
we (E)	wir	—	nous	noi	nosotros(as)
weak (E)	schwach	—	faible	debole	débil
weakness (E)	Schwäche *f*	—	faiblesse *f*	debolezza *f*	debilidad *f*
weapon (E)	Waffe *f*	—	arme *f*	arma *f*	arma *f*
wear out (E)	abnutzen	—	user	consumare	desgastar
weather (E)	Wetter *n*	—	temps *m*	tempo *m*	tiempo *m*
weather report (E)	Wetterbericht *m*	—	bulletin météorologique *m*	bollettino meteorologico *m*	informe meteorológico *m*
webbsida (SV)	Website *f*	website	site Web *m*	sito Web *m*	página web *f*
webová stránka (CZ)	Website *f*	website	site Web *m*	sito Web *m*	página web *f*
Website (D)	—	website	site Web *m*	sito Web *m*	página web *f*
website (E)	Website *f*	—	site Web *m*	sito Web *m*	página web *f*
website (NL)	Website *f*	website	site Web *m*	sito Web *m*	página web *f*
wechseln (D)	—	change	changer	cambiare	cambiar
wecken (D)	—	wake (up)	réveiller	svegliare	despertar
Wecker (D)	—	alarm clock	réveil *m*	sveglia *f*	despertador *m*
wedden (NL)	wetten	bet	parier	scommettere	apostar
wedding (E)	Hochzeit *f*	—	mariage *m*	nozze *f/pl*	boda *f*
wędrować (PL)	wandern	hike	faire de la randonnée	fare un'escursione	caminar
weegschaal (NL)	Waage *f*	scales	balance *f*	bilancia *f*	balanza *f*
weekend (E)	Wochenende *n*	—	week-end *m*	fine settimana *f*	fin de semana *m*
week-end (F)	Wochenende *n*	weekend	—	fine settimana *f*	fin de semana *m*
weekend (NL)	Wochenende *n*	weekend	week-end *m*	fine settimana *f*	fin de semana *m*
weekend (SV)	Wochenende *n*	weekend	week-end *m*	fine settimana *f*	fin de semana *m*
weekend (PL)	Wochenende *n*	weekend	week-end *m*	fine settimana *f*	fin de semana *m*
weer (NL)	Wetter *n*	weather	temps *m*	tempo *m*	tiempo *m*
weerbericht (NL)	Wetterbericht *m*	weather report	bulletin météorologique *m*	bollettino meteorologico *m*	informe meteorológico *m*
weer goedmaken (NL)	wieder gutmachen	make up for	réparer	riparare	subsanar
Weg (D)	—	way	chemin *m*	via *f*	camino *m*
weg (NL)	fort	away	parti	via	lejos
weg (NL)	Weg *m*	way	chemin *m*	via *f*	camino *m*
wegen (D)	—	due to	à cause de	a causa di	a causa de
wegen (NL)	wiegen	weigh	peser	pesare	pesar
wegens (NL)	wegen	due to	à cause de	a causa di	a causa de
weggaan (NL)	weggehen	go away	s'en aller	andare via	marcharse
weggehen (D)	—	go away	s'en aller	andare via	marcharse
węgiel (PL)	Kohle *f*	coal	charbon *m*	carbone *m*	carbón *m*

węgiel

P	NL	SV	PL	CZ	H
duvidar	twijfelen	tvivla	—	pochybovat <zapochybovat>	kételkedik
dúvida f	twijfel m	tvivel n	—	pochyba f	kétség
incerto	onzeker	osäker	—	nejistý	bizonytalan
onda f	golf m	våg u	fala f	vlna f	hullám
acenar	wuiven	vinka	machać	mávat <mávnout>	int
maneira f	aard m	sätt n	rodzaj m	druh m	mód
caminho m	weg m	väg u	droga f	cesta f	út
maneira f	wijze	sätt n	sposób m	sirotek m	mód
válido	geldig	giltig	—	platný	érvényes
importante	belangrijk	viktig	—	důležitý	fontos
pesar	wegen	väga	—	vážit <zvážit>	nyom (súly)
entrar em	betreden	beträda	—	vstupovat <vstoupit>	belép
cedo	vroeg	tidig	—	brzy	korán
ontem	gisteren	igår	—	včera	tegnap
em casa	thuis	hemma	—	doma	otthon
à caminho	onderweg	på väg	—	cestou	útközben
agradecido	dankbaar	tacksam	—	vděčný	hálás
nós	wij	vi	my	my	mi
fraco	zwak	svag	słaby	slabý	gyenge
fraqueza f	zwakte f	svaghet u	słabość f	slabost f	gyengeség
arma f	wapen n	vapen n	broń f	zbraň f	fegyver
gastar	verslijten	nötas/slitas	zużywać <zużyć>	opotřebovávat <opotřebit>	elhasznál
tempo m	weer n	väder n	pogoda f	počasí n	időjárás
boletim meteorológico m	weerbericht n	väderrapport u	komunikat o stanie pogody	zpráva o počasí f	időjárás-jelentés
página web f	website f	—	witryna WWW f	webová stránka f	honlap
página web f	website f	webbsida n	witryna WWW f	—	honlap
página web f	website f	webbsida n	witryna WWW f	webová stránka f	honlap
página web f	website f	webbsida n	witryna WWW f	webová stránka f	honlap
página web f	—	webbsida n	witryna WWW f	webová stránka f	honlap
mudar	wisselen	byta	zmieniać	měnit <vyměnit>	cserél
acordar	wekken	väcka	budzić	budit <vzbudit>	ébreszt
despertador m	wekker m	väckarklocka u	budzik m	budík m	ébresztőóra
apostar	—	slå vad	zakładać się	sázet <sadit>	fogad
casamento m	huwelijk n	bröllop n	wesele n	svatba f	esküvő
caminhar	trekken	vandra	—	putovat	vándorol
balança f	—	våg u	waga f	váha f	mérleg
fim de semana m	weekend n	weekend u	weekend m	víkend m	hétvége
fim de semana m	weekend n	weekend u	weekend m	víkend m	hétvége
fim de semana m	—	weekend u	weekend m	víkend m	hétvége
fim de semana m	weekend n	—	weekend m	víkend m	hétvége
fim de semana m	weekend n	weekend u	—	víkend m	hétvége
tempo m	—	väder n	pogoda f	počasí n	időjárás
boletim meteorológico m	—	väderrapport u	komunikat o stanie pogody	zpráva o počasí f	időjárás-jelentés
reparar	—	gottgöra	wynagradzać szkodę	odčiňovat <odčinit>	jóvátesz
caminho m	weg m	väg u	droga f	cesta f	út
ausente	—	undan	precz	pryč	el
caminho m	—	väg u	droga f	cesta f	út
por causa de	wegens	på grund av	z powodu	kvůli	miatt
pesar	—	väga	—	vážit <zvážit>	nyom (súly)
por causa de	—	på grund av	z powodu	kvůli	miatt
sair	—	gå bort	odchodzić	odcházet <odejít>	elmegy
sair	weggaan	gå bort	odchodzić	odcházet <odejít>	elmegy
carvão m	kolen f/pl	kol u	—	uhlí n	szén

wegnehmen

	D	E	F	I	ES
wegnehmen (D)	—	take away	enlever	togliere	quitar
wegnemen (NL)	wegnehmen	take away	enlever	togliere	quitar
Węgry (PL)	Ungarn	Hungary	Hongrie f	Ungheria f	Hungría f
wehren, sich (D)	—	defend	défendre, se	difendersi	defenderse
wei (NL)	Wiese f	meadow	pré m	prato m	pradera f
weich (D)	—	soft	doux (douce)	morbido(a)	tierno(a)
weigeren (NL)	weigern, sich	refuse	refuser	rifiutare	resistirse
weigern, sich (D)	—	refuse	refuser	rifiutare	resistirse
weigh (E)	wiegen	—	peser	pesare	pesar
weight (E)	Gewicht n	—	poids m	peso m	peso m
Weihnachten (D)	—	Christmas	Noël m	Natale m	Navidad(es) f/pl
weil (D)	—	because	parce que	perché	porque
Wein (D)	—	wine	vin m	vino m	vino m
weinen (D)	—	cry	pleurer	piangere	llorar
weinig (NL)	wenig	little	peu de	poco	poco(a)
weise (D)	—	wise	sage	saggio(a)	sabio(a)
Weise (D)	—	way	manière f	maniera f	manera f
weiß (D)	—	white	blanc (blanche)	bianco(a)	blanco(a)
weit (D)	—	far	éloigné(e)	largo(a)	ancho(a)
weitermachen (D)	—	carry on	continuer	continuare	continuar
wejście (PL)	Eingang m	entrance	entrée f	entrata f	entrada f
wekken¹ (NL)	aufwecken	wake up	réveiller	svegliare	despertar
wekken² (NL)	wecken	wake (up)	réveiller	svegliare	despertar
wekker (NL)	Wecker m	alarm clock	réveil m	sveglia f	despertador m
welcome (E)	willkommen	—	bienvenu(e)	benvenuto(a)	bienvenido(a)
welkom (NL)	willkommen	welcome	bienvenu(e)	benvenuto(a)	bienvenido(a)
Welle (D)	—	wave	vague f	onda f	ola f
well-known (E)	bekannt	—	connu(e)	conosciuto(a)	conocido(a)
Welt (D)	—	world	monde m	mondo m	mundo m
Weltall (D)	—	universe	univers m	universo m	universo m
wenig (D)	—	little	peu de	poco	poco(a)
wennen (NL)	gewöhnen, sich	get used to	habituer	abituarsi	acostumbrarse
wens (NL)	Wunsch m	wish	souhait m	desiderio m	deseo m
wensen (NL)	wünschen	wish	souhaiter	desiderare	desear
wer? (D)	—	who?	qui?	chi?	¿quién?
Werbung (D)	—	advertising	publicité f	pubblicità f	publicidad f
wereld (NL)	Welt f	world	monde m	mondo m	mundo m
weren, zich (NL)	wehren, sich	defend	défendre, se	difendersi	defenderse
werfen (D)	—	throw	lancer	lanciare	tirar
werk (NL)	Arbeit f	work	travail m	lavoro m	trabajo m
werkelijkheid (NL)	Wirklichkeit f	reality	réalité f	realtà f	realidad f
werken (NL)	arbeiten	work	travailler	lavorare	trabajar
werkgever (NL)	Arbeitgeber m	employer	employeur m	datore di lavoro m	patrono m
werkloos (NL)	arbeitslos	unemployed	en chômage	disoccupato(a)	desempleado(a)
werkloosheid (NL)	Arbeitslosigkeit f	unemployment	chômage m	disoccupazione f	desempleo m
werknemer (NL)	Arbeitnehmer m	employee	employé m	lavoratore m	empleado m
werktuig (NL)	Werkzeug n	tool	outil m	utensile m	herramienta f
Werkzeug (D)	—	tool	outil m	utensile m	herramienta f
werpen (NL)	werfen	throw	lancer	lanciare	tirar
Wert (D)	—	value	valeur f	valore m	valor m
wertlos (D)	—	worthless	sans valeur	senza valore	sin valor
wertvoll (D)	—	valuable	précieux(euse)	prezioso(a)	valioso(a)
wesele (PL)	Hochzeit f	wedding	mariage m	nozze f/pl	boda f
wesentlich (D)	—	essential	essentiel(le)	essenziale	esencial
wesoły (PL)	fröhlich	merry	joyeux(euse)	allegro(a)	alegre

wesoły

P	NL	SV	PL	CZ	H
tirar	wegnemen	ta bort	zabierać	odnímat <odejmout>	elvesz
tirar	—	ta bort	zabierać	odnímat <odejmout>	elvesz
Hungria f	Hongarije n	Ungern n	—	Maďarsko n	Magyarország
defender-se	weren, zich	värja sig	bronić się	bránit, se <ubránit, se>	védekezik
prado m	—	äng u	łąka f	louka f	rét
mole	zacht	mjuk	miękki	měkký	puha
recusar-se	—	vägra	odmawiać	zdráhat, se	vonakodik
recusar-se	weigeren	vägra	odmawiać	zdráhat, se	vonakodik
pesar	wegen	väga	ważyć	vážit <zvážit>	nyom (súly)
peso m	gewicht n	vik u	ciężar m	hmotnost f	súly
Natal m	kerst m	jul u	Boże Narodzenie	vánoce f/pl	karácsony
porque	omdat	för att	ponieważ	protože	mert
vinho m	wijn m	vin n	wino n	víno n	bor
chorar	huilen	gråta	płakać	plakat	sír
pouco	—	lite	mało	málo	kevés
sábio	wijs	vis	mądry	moudrý	bölcs
maneira f	wijze	sätt n	sposób m	sirotek m	mód
branco	wit	vit	biały(to)	bílý	fehér
extenso	ver	långt	daleko	daleký	messze
continuar a fazer	doorgaan	fortsätta	kontynuować	pokračovat	folytat
entrada f	ingang m	ingång u	—	vstup m	bejárat
acordar	—	väcka	budzić <obudzić>	budit <vzbudit>	felébreszt
acordar	—	väcka	budzić	budit <vzbudit>	ébreszt
despertador m	—	väckarklocka u	budzik m	budík m	ébresztőóra
bem-vindo	welkom	välkommen	mile widziany	vítaný	üdvözöl
bem-vindo	—	välkommen	mile widziany	vítaný	üdvözöl
onda f	golf m	våg u	fala f	vlna f	hullám
conhecido	bekend	känd	znany	známý	ismert
mundo m	wereld m	värld u	świat m	svět m	világ
universo m	heelal n	universum n	kosmos m	vesmír m	világegyetem
pouco	weinig	lite	mało	málo	kevés
acostumar-se	—	vänja sig	przyzwyczajać, się <przyzwyczaić, się>	zvykat, si <zvyknout, si>	megszokik
desejo m	—	önskan u	życzenie n	přání n	kívánság
desejar	—	önska	życzyć	přát <popřát>	kíván
quem?	wie?	vem?	kto?	kdo?	ki?
propaganda f	reclame m	reklam u	reklama f	reklama f	hirdetés
mundo m	—	värld u	świat m	svět m	világ
defender-se	—	värja sig	bronić się	bránit, se <ubránit, se>	védekezik
atirar	werpen	kasta	rzucać	házet <hodit>	dob
trabalho m	—	arbete n	praca f	práce f	munka
realidade f	—	verklighet u	rzeczywistość f	skutečnost f	valóság
trabalhar	—	arbeta	pracować	pracovat	dolgozik
patrão m	—	arbetsgivare u	pracodawca m	zaměstnavatel m	munkaadó
desempregado	—	arbetslös	bezrobotny	nezaměstnaný	munkanélkül
desemprego m	—	arbetslöshet u	bezrobocie n	nezaměstnanost f	munkanélküliség
empregado m	—	arbetstagare u	pracobiorca m	zaměstnanec m	munkavállaló
ferramenta f	—	verktyg n	narzędzie n	nářadí n	szerszám
ferramenta f	werktuig n	verktyg n	narzędzie n	nářadí n	szerszám
atirar	—	kasta	rzucać	házet <hodit>	dob
valor m	waarde f	värde n	wartość f	hodnota f	érték
sem valor	waardeloos	värdelös	bezwartościowy	bezcenný	értéktelen
valioso	waardevol	värdefull	wartościowy	hodnotný	értékes
casamento m	huwelijk n	bröllop n	—	svatba f	esküvő
essencial	wezenlijk	väsentlig	istotny	podstatný	lényeges
alegre	vrolijk	glad	—	veselý	vidám

west

	D	E	F	I	ES
west (E)	Westen *m*	—	ouest *m*	ovest *m*	oeste *m*
Westen (D)	—	west	ouest *m*	ovest *m*	oeste *m*
westen (NL)	Westen *m*	west	ouest *m*	ovest *m*	oeste *m*
wet (E)	nass	—	mouillé(e)	bagnato(a)	mojado(a)
wet (NL)	Gesetz *n*	law	loi *f*	legge *f*	ley *f*
weten (NL)	wissen	know	savoir	sapere	saber
wetenschap (NL)	Wissenschaft *f*	science	science *f*	scienza *f*	ciencia *f*
wetten (D)	—	bet	parier	scommettere	apostar
Wetter (D)	—	weather	temps *m*	tempo *m*	tiempo *m*
Wetterbericht (D)	—	weather report	bulletin météorologique *m*	bollettino meteorologico *m*	informe meteorológico *m*
wezenlijk (NL)	wesentlich	essential	essentiel(le)	essenziale	esencial
what? (E)	was?	—	que?	che?	¿qué?
when[1] (E)	als	—	quand	quando	cuando
when[2] (E)	wann	—	quand	quando	cuando
whisper (E)	flüstern	—	chuchoter	bisbigliare	murmurar
white (E)	weiß	—	blanc (blanche)	bianco(a)	blanco(a)
who? (E)	wer?	—	qui?	chi?	¿quién?
whole (E)	ganz	—	tout(e)	intero(a)	entero(a)
why? (E)	warum?	—	pourquoi?	perché?	¿por qué?
włączać <włączyć> (PL)	einschalten	switch on	allumer	accendere	conectar
włącznie (PL)	inklusive	inclusive	inclus(e)	incluso(a)	incluso
włącznik (PL)	Schalter *m*	counter	guichet *m*	sportello *m*	ventanilla *f*
włącznik światła (PL)	Lichtschalter *m*	light switch	interrupteur *m*	interruttore *m*	interruptor *m*
wiadomość[1] (PL)	Botschaft *f*	message	message *m*	messaggio *m*	mensaje *m*
wiadomość[2] (PL)	Nachricht *f*	message	nouvelle *f*	notizia *f*	noticia *f*
wiadomości (PL)	Nachrichten *pl*	news	informations *f/pl*	giornale radio *m*	noticiero *m*
wiadro (PL)	Eimer *m*	bucket	seau *m*	secchio *m*	cubo *m*
władza (PL)	Macht *f*	power	pouvoir *m*	potere *m*	poder *m*
włamywać się <włamać się> (PL)	einbrechen	break in	cambrioler	rubare	robar
właściwie (PL)	eigentlich	actually	en fait	proprio(a)	en realidad
właściwy (PL)	richtig	correct	juste	giusto(a)	correcto(a)
właśnie (PL)	gerade	straight	droit(e)	diritto(a)	derecho(a)
wiatr (PL)	Wind *m*	wind	vent *m*	vento *m*	viento *m*
wiązać (PL)	binden	bind	attacher	legare	atar
wichtig (D)	—	important	important(e)	importante	importante
wicked (E)	böse	—	méchant(e)	cattivo(a)	malo(a)
widelec (PL)	Gabel *f*	fork	fourchette *f*	forchetta *f*	tenedor *m*
widerlich (D)	—	disgusting	repoussant(e)	ripugnante	repugnante
widersprechen (D)	—	contradict	contredire	contraddire	contradecir
widocznie (PL)	anscheinend	seemingly	apparemment	apparentemente	aparentemente
widok (PL)	Aussicht *f*	view	vue *f*	vista *f*	vista *f*
widokówka (PL)	Ansichtskarte *f*	postcard	carte postale *f*	cartolina *f*	tarjeta postal *f*
widz (PL)	Zuschauer *m*	spectator	spectateur *m*	spettatore *m*	espectador *m*
widzieć (PL)	sehen	see	voir	vedere	ver
wie? (D)	—	how?	comment?	come?	¿cómo?
wie? (NL)	wer?	who?	qui?	chi?	¿quién?
więc (PL)	also	therefore	donc	dunque/quindi	así
wieczny (PL)	ewig	eternal	éternel(le)	eterno(a)	eterno(a)
wieczór (PL)	Abend *m*	evening	soir *m*	sera *f*	noche *f*
wieczorem (PL)	abends	in the evening	le soir	di sera	por la tarde
wiedergeben (D)	—	return	rendre	restituire	devolver
wieder gutmachen (D)	—	make up for	réparer	riparare	subsanar
wiederholen (D)	—	repeat	répéter	ripetere	repetir
wiederkommen (D)	—	come back	revenir	ritornare	venir de nuevo

wiederkommen

P	NL	SV	PL	CZ	H
oeste m	westen n	väster u	zachód n	západ m	nyugat
oeste m	westen n	väster u	zachód n	západ m	nyugat
oeste m	—	väster u	zachód n	západ m	nyugat
molhado	nat	våt	mokry	mokrý	nedves
lei f	—	lag u	ustawa f	zákon m	törvény
saber	—	veta	wiedzieć	vědět	tud
ciência f	—	vetenskap u	nauka f	věda f	tudomány
apostar	wedden	slå vad	zakładać się	sázet <sadit>	fogad
tempo m	weer n	väder n	pogoda f	počasí n	időjárás
boletim meteorológico m	weerbericht n	väderrapport u	komunikat o stanie pogody	zpráva o počasí f	időjárás-jelentés
essencial	—	väsentlig	istotny	podstatný	lényeges
o quê?	wat?	vad?	co?	co?	mi?
como	als	när	jako	jako	mint/-ként
quando	wanneer	när	kiedy	kdy	mikor
murmurar	fluisteren	viska	szeptać <szepnąć>	šeptat <pošeptat>	suttog
branco	wit	vit	biały(ło)	bílý	fehér
quem?	wie?	vem?	kto?	kdo?	ki?
todo	geheel	helt	całkiem	úplně	egész
porque?	waarom?	varför?	dlaczego?	proč?	miért?
ligar	inschakelen	koppla in	—	zapínat <zapnout>	bekapcsol
inclusive	inclusief	inklusive	—	včetně	beleértve
interruptor m	schakelaar m	strömbrytare u	—	vypínač m	kapcsoló
interruptor m	lichtschakelaar m	ljuskontakt u	—	vypínač světla m	villanykapcsoló
mensagem f	boodschap f	budskap n	—	vyslanectví n	üzenet
notícia f	bericht n	rapport u	—	zpráva f	hír
notícias f/pl	nieuws n	nyheter pl	—	zprávy pl	hírek
balde m	emmer m	hink u	—	vědro n	vödör
poder m	macht f	makt u	—	moc f	hatalom
arrombar	inbreken	bryta sig in	—	vloupat, se	betör
na realidade	eigenlijk	egentligen	—	vlastně	tulajdonképpen
correcto	juist	rätt	—	správně	helyes
direito	recht	rak	—	právě	éppen
vento m	wind m	vind u	—	vítr m	szél
ligar	binden	binda fast	—	svazovat <svázat>	köt
importante	belangrijk	viktig	ważny	důležitý	fontos
mau	boos	arg	zły	zlé	gonosz
garfo m	vork f	gaffel u	—	vidlička f	villa
repugnante	walgelijk	vedervärdig	odrażający	protivný	undorító
contradizer	tegenspreken	säga emot	sprzeciwiać się	odporovat	ellentmond
aparentemente	naar het schijnt	tydligen	—	zdánlivě	úgy tűnik
vista f	uitzicht n	utsikt u	—	výhled m	kilátás
postal ilustrado m	prentbriefkaart f	vykort n	—	pohlednice f	képeslap
espectador m	toeschouwer m	åskådare u	—	divák m	néző
ver	zien	se	—	vidět <uvidět>	lát
como?	hoe?	hur?	jak?	jak?	hogyan?
quem?	—	vem?	kto?	kdo?	ki?
assim	dus	alltså	—	tedy	tehát
eterno	eeuwig	evig	—	věčný	örök
noite f	avond m	kväll u	—	večer m	est
à noite	's avonds	på kvällen	—	večer	este
devolver	teruggeven	återge	odtwarzać	vracet <vrátit>	visszaad
reparar	weer goedmaken	gottgöra	wynagradzać szkodę	odčiňovat <odčinit>	jóvátesz
repetir	herhalen	upprepa	powtarzać	opakovat <zopakovat>	megismétel
voltar outra vez	terugkomen	komma tillbaka	wracać	přijít, přijet zpět	visszajön

wiedersehen

	D	E	F	I	ES
wiedersehen (D)	—	see again	revoir	rivedere	volver a ver
Wiedersehen! (D)	—	Good-bye!	Au revoir!	Arrivederci!	¡Adiós!
wiedza (PL)	Wissen n	knowledge	savoir m	sapere m	saber m
wiedzieć (PL)	wissen	know	savoir	sapere	saber
wiegen (D)	—	weigh	peser	pesare	pesar
wiek (PL)	Alter n	age	âge m	età f	edad f
większość (PL)	Mehrheit f	majority	majorité f	maggioranza f	mayoría f
Wielkanoc (PL)	Ostern n	Easter	Pâques f/pl	Pasqua f	Pascuas f/pl
wielkie miasto (PL)	Großstadt f	metropolis	grande ville f	metropoli f	gran ciudad f
wielkość (PL)	Größe f	size	taille f	taglia f	talle m
wierny (PL)	treu	faithful	fidèle	fedele	fiel
wierzyć (PL)	glauben	believe	croire	credere	creer
wieś (PL)	Dorf n	village	village m	paese m	pueblo m
Wiese (D)	—	meadow	pré m	prato m	pradera f
wietrzny (PL)	windig	windy	venteux(euse)	ventoso(a)	ventoso
wietrzyć (PL)	lüften	air	aérer	arieggiare	ventilar
więzienie (PL)	Gefängnis n	prison	prison f	prigione f	prisión f
wij (NL)	wir	we	nous	noi	nosotros(as)
wijk¹ (NL)	Revier n	district	district m	distretto m	distrito m
wijk² (NL)	Viertel n	district	quartier m	quartiere m	barrio m
wijn (NL)	Wein m	wine	vin m	vino m	vino m
wijs¹ (NL)	klug	clever	intelligent(e)	intelligente	inteligente
wijs² (NL)	weise	wise	sage	saggio(a)	sabio(a)
wijze (NL)	Weise f	way	manière f	maniera f	manera f
wijzigen (NL)	ändern	change	changer	cambiare	cambiar
wild (D)	—	wild	sauvage	selvatico(a)	salvaje
wild (E)	wild	—	sauvage	selvatico(a)	salvaje
wild (NL)	wild	wild	sauvage	selvatico(a)	salvaje
wilgotny (PL)	feucht	damp	humide	umido(a)	húmedo(a)
willekeurig (NL)	beliebig	any	n'importe quel	qualsiasi	a voluntad
willen (NL)	wollen	want	vouloir	volere	querer
willingly (E)	gern	—	avec plaisir	volentieri	con gusto
willkommen (D)	—	welcome	bienvenu(e)	benvenuto(a)	bienvenido(a)
win (E)	gewinnen	—	gagner	guadagnare	ganar
Wind (D)	—	wind	vent m	vento m	viento m
wind (E)	Wind m	—	vent m	vento m	viento m
wind (NL)	Wind m	wind	vent m	vento m	viento m
winda (PL)	Fahrstuhl m	elevator	ascenseur m	ascensore m	ascensor m
winderig (NL)	windig	windy	venteux(euse)	ventoso(a)	ventoso
windig (D)	—	windy	venteux(euse)	ventoso(a)	ventoso
window (E)	Fenster n	—	fenêtre f	finestra f	ventana f
windy (E)	windig	—	venteux(euse)	ventoso(a)	ventoso
wine (E)	Wein m	—	vin m	vino m	vino m
wing (E)	Flügel m	—	aile f	ala f	ala f
winkel (NL)	Laden m	shop	magasin m	negozio m	tienda f
winken (D)	—	wave	faire signe	chiamare con cenni	hacer señas
winnen (NL)	gewinnen	win	gagner	guadagnare	ganar
wino (PL)	Wein m	wine	vin m	vino m	vino m
winogrono (PL)	Traube f	grape	grappe f	uva f	uva f
winst (NL)	Gewinn m	profit	gain m	guadagno m	ganancia f
Winter (D)	—	winter	hiver m	inverno m	invierno m
winter (E)	Winter m	—	hiver m	inverno m	invierno m
winter (NL)	Winter m	winter	hiver m	inverno m	invierno m
wiosna (PL)	Frühling m	spring	printemps m	primavera f	primavera f
wir (D)	—	we	nous	noi	nosotros(as)
Wirbelsäule (D)	—	spine	colonne vertébrale f	colonna vertebrale f	columna vertebral f

Wirbelsäule

P	NL	SV	PL	CZ	H
tornar a ver	terugzien	återse	znowu widzieć	opět vidět <opět uvidět>	viszontlát
Até à vista!	Tot ziens!	Vi ses!	Do widzenia!	Na shledanou! f	Viszontlátásra!
conhecimentos m/pl	kennis f	kunskap u	—	vědění n	tudás
saber	weten	veta	—	vědět	tud
pesar	wegen	väga	ważyć	vážit <zvážit>	nyom (súly)
idade f	ouderdom m	ålder u	—	stáří n	életkor
maioria f	meerderheid f	flertal n	—	většina f	többség
Páscoa f	Pasen m	påsk u	—	Velikonoce pl	húsvét
grande cidade f	grote stad f	storstad u	—	velkoměsto n	nagyváros
tamanho m	grootte f	storlek u	—	velikost f	méret
fiel	trouw	trogen	—	věrný	hű
acreditar	geloven	tro	—	věřit <uvěřit>	hisz
aldeia f	dorp n	by u	—	vesnice f	falu
prado m	wei f	äng u	łąka f	louka f	rét
ventoso	winderig	blåsigt	—	větrný	szeles
arejar	luchten	ventilera	—	větrat <vyvětrat>	szellőztet
prisão f	gevangenis f	fängelse n	—	vězení n	börtön
nós	—	vi	my	my	mi
esquadra de policia f	—	revir n	rewir m	revír m	vadászterület
bairro m	—	kvarter n	dzielnica f	čtvrť f	negyed
vinho m	—	vin n	wino n	víno n	bor
inteligente	—	klok	mądry	chytrý	okos
sábio	—	vis	mądry	moudrý	bölcs
maneira f	—	sätt n	sposób m	sirotek m	mód
modificar	—	förändra	zmieniać <zmienić>	měnit <změnit>	változtat
selvagem	wild	vild	dziki	divoký	vad
selvagem	wild	vild	dziki	divoký	vad
selvagem	—	vild	dziki	divoký	vad
húmido	vochtig	fuktig	—	vlhký	nedves
qualquer	—	valfri	dowolny	libovolně	tetszés szerinti
querer	—	vilja	chcieć	chtít	akar
de boa vontade	gaarne	gärna	chętnie	s radostí	szívesen
bem-vindo	welkom	välkommen	mile widziany	vítaný	üdvözöl
ganhar	winnen	vinna	wygrywać <wygrać>	získávat <získat>	nyer
vento m	wind m	vind u	wiatr m	vítr m	szél
vento m	wind m	vind u	wiatr m	vítr m	szél
vento m	—	vind u	wiatr m	vítr m	szél
elevador m	lift m	hiss u	—	výtah m	lift
ventoso	—	blåsigt	wietrzny	větrný	szeles
ventoso	winderig	blåsigt	wietrzny	větrný	szeles
janela f	raam n	fönster n	okno n	okno n	ablak
ventoso	winderig	blåsigt	wietrzny	větrný	szeles
vinho m	wijn m	vin n	wino n	víno n	bor
asa f	vleugel m	flygel u	skrzydło n	křídlo n	szárny
loja f	—	affär u	sklep m	obchod m	bolt
acenar	wuiven	vinka	machać	mávat <mávnout>	int
ganhar	—	vinna	wygrywać <wygrać>	získávat <získat>	nyer
vinho m	wijn m	vin n	—	víno n	bor
uva f	druif f	druva u	—	hrozen m	szőlő
ganho m	—	vinst u	zysk m	zisk m	nyereség
inverno m	winter m	vinter u	zima f	zima f	tél
inverno m	winter m	vinter u	zima f	zima f	tél
inverno m	—	vinter u	zima f	zima f	tél
primavera f	lente f	vår u	—	jaro n	tavasz
nós	wij	vi	my	my	mi
coluna vertebral f	ruggengraat m	ryggrad u	kręgosłup m	páteř f	gerincoszlop

wire

	D	E	F	I	ES
wire (E)	Draht m	—	fil de fer m	filo metallico m	alambre m
wirklich (D)	—	real	réel(le)	reale	real
Wirklichkeit (D)	—	reality	réalité f	realtà f	realidad f
wirksam (D)	—	effective	efficace	efficace	eficaz
Wirkung (D)	—	effect	effet m	effetto m	efecto m
wirus (PL)	Virus m	virus	virus m	virus m	virus m
wise (E)	weise	—	sage	saggio(a)	sabio(a)
wish (E)	Wunsch m	—	souhait m	desiderio m	deseo m
wish (E)	wünschen	—	souhaiter	desiderare	desear
wisieć (PL)	hängen	hang	pendre	pendere	colgar
wiśnia (PL)	Kirsche f	cherry	cerise f	ciliegia f	cereza f
wisselen (NL)	wechseln	change	changer	cambiare	cambiar
wissen (D)	—	know	savoir	sapere	saber
Wissen (D)	—	knowledge	savoir m	sapere m	saber m
Wissenschaft (D)	—	science	science f	scienza f	ciencia f
wit (NL)	weiß	white	blanc (blanche)	bianco(a)	blanco(a)
witać <powitać> (PL)	begrüßen	greet	saluer	salutare	saludar
with (E)	mit	—	avec	con	con
within (E)	innerhalb	—	à l'intérieur de	entro	dentro de
with that (E)	damit	—	avec cela	con questo	con ello
witness (E)	Zeuge m	—	témoin m	testimone m	testigo m
witryna WWW (PL)	Website f	website	site Web m	sito Web m	página web f
Witz (D)	—	joke	plaisanterie f	barzelletta f	chiste m
wiwatować (PL)	jubeln	rejoice	pousser des cris de joie	giubilare	dar gritos de alegría
wiza (PL)	Visum n	visa	visa m	visto m	visado m
wjazd¹ (PL)	Auffahrt f	drive	allée f	salita d'ingresso f	entrada f
wjazd² (PL)	Einfahrt f	entrance	entrée f	ingresso m	entrada f
w każdym bądź razie (PL)	jedenfalls	in any case	en tout cas	in ogni caso	en cualquier caso
wkład (PL)	Beitrag m	contribution	contribution f	contributo m	cuota f
w kratkę (PL)	kariert	checked	à carreaux	a quadretti	a cuadros
wkrótce (PL)	bald	soon	bientôt	presto	pronto
wlewać <wlać> (PL)	eingießen	pour	verser	versare	echar/verter
Włochy (PL)	Italien n	Italy	Italie f	Italia f	Italia f
włos (PL)	Haar n	hair	cheveu m	capello m	pelo m
wniosek (PL)	Antrag m	application	demande f	domanda f	solicitud f
w nocy (PL)	nachts	at nighttime	de nuit	di notte	por la noche
w obrębie (PL)	innerhalb	within	à l'intérieur de	entro	dentro de
Wochenende (D)	—	weekend	week-end m	fine settimana f	fin de semana m
woda (PL)	Wasser n	water	eau f	acqua f	agua f
woda mineralna (PL)	Mineralwasser n	mineral water	eau minérale f	acqua minerale f	agua mineral f
wódka (PL)	Schnaps m	spirits	eau-de-vie f	acquavite f	aguardiente m
wody (PL)	Gewässer n	waters	eaux f/pl	acque f/pl	aguas f/pl
woede (NL)	Wut f	anger	colère f	rabbia f	rabia f
woedend (NL)	wütend	furious	furieux(euse)	arrabbiato(a)	furioso(a)
woest (NL)	öde	waste	désert(e)	brullo(a)	desierto(a)
wohnen (D)	—	live	habiter	abitare	vivir
Wohnort (D)	—	domicile	domicile m	residenza f	domicilio m
Wohnung (D)	—	flat	appartement m	appartamento m	piso m
Wohnzimmer (D)	—	living room	salon m	salotto m	cuarto de estar m
wojna (PL)	Krieg m	war	guerre f	guerra f	guerra f
wół (PL)	Ochse m	ox	bœuf m	bue m	buey m
wołać <zawołać> (PL)	rufen	shout	appeler	chiamare	llamar
wollen (D)	—	want	vouloir	volere	querer
wolno (PL)	dürfen	be allowed	avoir le droit	potere	poder

wolno

P	NL	SV	PL	CZ	H
arame m	draad m	tråd u	drut m	drát m	drót
realmente	echt	verklig	rzeczywiście	opravdu	igazi
realidade f	werkelijkheid f	verklighet u	rzeczywistość f	skutečnost f	valóság
eficaz	doeltreffend	verksam	skuteczny	účinný	hatékony
efeito m	effect n	verkan u	działanie n	účinek m	hatás
virus m	virus m	virus n	—	virus m	vírus
sábio	wijs	vis	mądry	moudrý	bölcs
desejo m	wens m	önskan u	życzenie n	přání n	kívánság
desejar	wensen	önska	życzyć	přát <popřát>	kíván
pendurar	hangen	hänga	—	věšet <pověsit>	lóg
cereja f	kers f	körsbär n	—	třešeň f	cseresznye
mudar	—	byta	zmieniać	měnit <vyměnit>	cserél
saber	weten	veta	wiedzieć	vědět	tud
conhecimentos m/pl	kennis f	kunskap u	wiedza f	vědění n	tudás
ciência f	wetenschap f	vetenskap u	nauka f	věda f	tudomány
branco	—	vit	biały(ło)	bílý	fehér
cumprimentar	begroeten	hälsa	—	pozdravovat <pozdravit>	üdvözöl
com	met	med	z	s	vel
dentro	binnen	inom	w obrębie	uvnitř	belül
com isso	opdat	därmed	z tym	s tím	ezzel
testemunha m	getuige m/f	vittne n	świadek m	svědek m	tanú
página web f	website f	webbsida n	—	webová stránka f	honlap
piada f	grap f	vits u	kawał m	vtip m	vicc
jubilar	jubelen	jubla	—	jásat <zajásat>	ujjong
visto m	visum n	visum n	—	vízum n	vízum
rampa f	oprit f	uppfart u	—	nájezd m	felhajtó
entrada f	inrit f	infart u	—	vjezd m	behajtás
em todo o caso	in ieder geval	i alla fall	—	v každém případě	mindenesetre
contribuição f	bijdrage f	bidrag n	—	příspěvek m	hozzájárulás
quadriculado	geruit	rutigt	—	čtverečkovaný	kockás
em breve	gauw	snart	—	brzy	hamar
encher	ingieten	hälla i	—	nalévat <nalít>	beönt
Itália f	Italië n	Italien	—	Itálie f	Olaszország
cabelo m	haar n	hår n	—	vlasy pl	haj
proposta f	aanvraag f	förslag n	—	žádost f	kérvény
à noite	's nachts	på natten	—	v noci	éjszakánként
dentro	binnen	inom	—	uvnitř	belül
fim de semana m	weekend n	weekend u	weekend m	víkend m	hétvége
água f	water n	vatten n	—	voda f	víz
água mineral f	mineraalwater n	mineralvatten n	—	minerální voda f	ásványvíz
aguardente f	borrel m	snaps u	—	kořalka f	pálinka
águas f	water n	farvatten n	—	vody f/pl	vizek
raiva f	—	ilska u	złość f	vztek m	düh
raivoso	—	rasande	rozzłoszczony	vzteklý	dühös
deserto	—	öde	pusty	pustý	kietlen
morar	wonen	bo	mieszkać	bydlet	lakik
local de moradia m	woonplaats m	hemvist u	miejsce zamieszkania n	bydliště n	lakhely
moradia f	woning f	lägenhet u	mieszkanie n	byt m	lakás
sala de estar f	huiskamer m	vardagsrum n	pokój mieszkalny m	obývací pokoj m	lakószoba
guerra f	oorlog m	krig n	—	válka f	háború
boi m	os m	oxe u	—	vůl m	ökör
chamar	roepen	ropa	—	volat <zavolat>	hív
querer	willen	vilja	chcieć	chtít	akar
poder	mogen	få	—	smět	szabad

wolność

	D	E	F	I	ES
wolność (PL)	Freiheit f	freedom	liberté f	libertà f	libertad f
wolny dzień (PL)	Ruhetag m	closing day	jour de repos m	giorno di riposo m	día de descanso m
woman (E)	Frau f	—	femme f	donna f	mujer f
wond (NL)	Wunde f	wound	blessure f	ferita f	herida f
wonen (NL)	wohnen	live	habiter	abitare	vivir
woning (NL)	Wohnung f	flat	appartement m	appartamento m	piso m
wood (E)	Holz n	—	bois m	legno m	madera f
woonplaats (NL)	Wohnort m	domicile	domicile m	residenza f	domicilio m
woord (NL)	Wort n	word	mot m	parola f	palabra f
woordenboek (NL)	Wörterbuch n	dictionary	dictionnaire m	dizionario m	diccionario m
word (E)	Wort n	—	mot m	parola f	palabra f
work (E)	Arbeit f	—	travail m	lavoro m	trabajo m
work¹ (E)	arbeiten	—	travailler	lavorare	trabajar
work² (E)	funktionieren	—	fonctionner	funzionare	funcionar
worker (E)	Arbeiter m	—	ouvrier m	operaio m	trabajador m
world (E)	Welt f	—	monde m	mondo m	mundo m
worry about (E)	sorgen	—	occuper de, s'	prendersi cura di	atender/ocuparse de
worst (NL)	Wurst f	sausage	saucisse f	salsiccia f	embutido m
Wort (D)	—	word	mot m	parola f	palabra f
Wörterbuch (D)	—	dictionary	dictionnaire m	dizionario m	diccionario m
worthless (E)	wertlos	—	sans valeur	senza valore	sin valor
wound (E)	Wunde f	—	blessure f	ferita f	herida f
wpływ (PL)	Einfluss m	influence	influence f	influenza f	influencia f
w południe (PL)	mittags	at midday	à midi	a mezzogiorno	al mediodía
w poprzek (PL)	quer	across	en travers	di traverso	a través de
w porę (PL)	rechtzeitig	in time	à temps	in tempo	a tiempo
wraak (NL)	Rache f	revenge	vengeance f	vendetta f	venganza f
wracać¹ (PL)	wiederkommen	come back	revenir	ritornare	venir de nuevo
wracać² (PL)	zurückkommen	come back	revenir	ritornare	regresar
wrap up (E)	einwickeln	—	envelopper	avvolgere	envolver
wrażenie (PL)	Eindruck m	impression	impression f	impressione f	impresión f
wrażliwy (PL)	empfindlich	sensitive	sensible	sensibile	sensible
wreedaardig (NL)	grausam	cruel	cruel(le)	crudele	cruel
write (E)	schreiben	—	écrire	scrivere	escribir
write down (E)	aufschreiben	—	noter	annotare	anotar
wróg (PL)	Feind m	enemy	ennemi m	nemico m	enemigo m
wrong (E)	Unrecht n	—	injustice f	torto m	injusticia f
wrzucać <wrzucić> (PL)	einwerfen	post	poster	imbucare	echar
wschód (PL)	Osten m	east	est m	est m	este m
wsiadać <wsiąść>¹ (PL)	einsteigen	get in	monter	salire in	subir a
wsiadać <wsiąść>² (PL)	aufsteigen	ascend	monter	salire	subir
wskutek (PL)	infolge	as a result of	par suite de	in seguito a	por
wspaniały (PL)	herrlich	marvellous	magnifique	stupendo(a)	maravilloso(a)
wsparcie (PL)	Unterstützung f	support	soutien m	sostegno m	apoyo m
wspaniałomyślny (PL)	großzügig	generous	généreux(euse)	generoso(a)	generoso(a)
wspierać (PL)	unterstützen	support	soutenir	assistere	apoyar
wspinać, się <wspiąć, się> (PL)	klettern	climb	grimper	arrampicarsi	escalar
współczuć (PL)	bemitleiden	pity	plaindre	compatire	compadecerse de
współczucie (PL)	Beileid n	condolence	condoléances f/pl	condoglianza f	pésame m

współczucie

P	NL	SV	PL	CZ	H
liberdade f	vrijheid f	frihet u	—	svoboda f	szabadság
dia de folga m	rustdag m	vilodag u	—	den pracovního klidu m	szünnap
mulher f	vrouw f	kvinna u	kobieta f	žena f	asszony
ferida f	—	sår n	rana f	rána f	seb
morar	—	bo	mieszkać	bydlet	lakik
moradia f	—	lägenhet u	mieszkanie n	byt m	lakás
madeira f	hout n	trä n	drewno n	dřevo n	fa
local de moradia m	—	hemvist u	miejsce zamieszkania n	bydliště n	lakhely
palavra f	—	ord n	słowo n	slovo n	szó
dicionário m	—	ordbok u	słownik m	slovník m	szótár
palavra f	woord n	ord n	słowo n	slovo n	szó
trabalho m	werk n	arbete n	praca f	práce f	munka
trabalhar	werken	arbeta	pracować	pracovat	dolgozik
funcionar	functioneren	fungera	funkcjonować	fungovat <zafungovat>	működik
operário m	arbeider m	arbetare u	robotnik m	dělník m	munkás
mundo m	wereld m	värld u	świat m	svět m	világ
preocupar	zorgen	oroa sig	troszczyć, się	starat, se <postarat, se>	gondoskodik
salsicha f	—	korv u	kiełbasa f	salám m	kolbász
palavra f	woord n	ord n	słowo n	slovo n	szó
dicionário m	woordenboek n	ordbok u	słownik m	slovník m	szótár
sem valor	waardeloos	värdelös	bezwartościowy	bezcenný	értéktelen
ferida f	wond f	sår n	rana f	rána f	seb
influência f	invloed m	inflytande n	—	vliv m	befolyás
ao meio-dia	's middags	på middagen	—	v poledne	délben
transversal	dwars	tvärs	—	napříč	keresztben
a tempo	tijdig	i rätt tid	—	včas	időben
vingança f	—	hämnd u	zemsta f	pomsta f	bosszú
voltar outra vez	terugkomen	komma tillbaka	—	přijít, přijet zpět	visszajön
vir de volta	terugkomen	komma tillbaka	—	vracet, se <vrátit, se>	visszajön
embrulhar	inwikkelen	veckla in	owijać <owinąć>	zabalovat <zabalit>	becsavar
impressão f	indruk m	intryck n	—	dojem m	benyomás
sensível	gevoelig	känslig	—	citlivý	érzékeny
cruel	—	grym	okropny	krutý	kegyetlen
escrever	schrijven	skriva	pisać <napisać>	psát <napsat>	ír
anotar por escrito	opschrijven	skriva upp	zapisywać	napsat	felír
inimigo m	vijand m	fiende u	—	nepřítel m	ellenség
injustiça f	onrecht n	orätt u	bezprawie n	bezpráví n	jogtalanság
quebrar	ingooien	kasta in	—	vhazovat <vhodit>	bedob
leste m	oosten n	öster	—	východ m	kelet
entrar	instappen	stiga på	—	nastupovat <nastoupit>	felszáll
subir	opstijgen	stiga	—	stoupat	felemelkedik
em consequência de	ten gevolge	på grund av	—	v důsledku	következtében
magnífico	heerlijk	härligt	—	nádherný	gyönyörű
apoio m	ondersteuning f	stöd n	—	podpora f	támogatás
generoso	royaal	generös	—	velkorysý	nagyvonalú
apoiar	ondersteunen	stödja	—	podporovat <podpořit>	támogat
trepar	klimmen	klättra	—	lézt <vylézt>	felmászik
ter pena de alguém	medelijden hebben met	hysa medlidande med	—	litovat <politovat>	sajnál
condolência f	deelneming f	kondoleans u	—	kondolence f	részvét

wspominać

	D	E	F	I	ES
wspominać <wspomnieć>[1] (PL)	erwähnen	mention	mentionner	menzionare	mencionar
wspominać <wspomnieć>[2] (PL)	gedenken	remember	souvenir de, se	ricordare	commemorar
wspomnienie (PL)	Erinnerung f	memory	souvenir m	ricordo m	memoria f
w środku[1] (PL)	drinnen	inside	dedans	dentro	(a)dentro
w środku[2] (PL)	innen	inside	à l'intérieur	dentro	dentro/adentro
wstawać <wstać> (PL)	aufstehen	get up	lever, se	alzarsi	levantarse
wstęp (PL)	Eintritt m	admission	entrée f	entrata f	entrada f
wstydzić, się (PL)	schämen, sich	be ashamed	avoir honte	vergognarsi	tener vergüenza
wszędzie (PL)	überall	everywhere	partout	dappertutto	por todas partes
wszystkie (PL)	alle	all	tous (toutes)	tutti(e)	todos(as)
wszystko (PL)	alles	everything	tout	tutto(a)	todo
wtedy (PL)	damals	at that time	alors	allora	entonces
w tę stronę[1] (PL)	her	here	ici	qua/qui/da	aquí
w tę stronę[2] (PL)	herüber	over	par ici	da questa parte	a este lado
w tył (PL)	rückwärts	backwards	en arrière	in dietro	hacia atrás
w tyle (PL)	hinten	behind	derrière	dietro	detrás
wuiven (NL)	winken	wave	faire signe	chiamare con cenni	hacer señas
wujek (PL)	Onkel m	uncle	oncle m	zio m	tío m
Wunde (D)	—	wound	blessure f	ferita f	herida f
Wunsch (D)	—	wish	souhait m	desiderio m	deseo m
wünschen (D)	—	wish	souhaiter	desiderare	desear
Wurst (D)	—	sausage	saucisse f	salsiccia f	embutido m
Wut (D)	—	anger	colère f	rabbia f	rabia f
wütend (D)	—	furious	furieux(euse)	arrabbiato(a)	furioso(a)
wy (PL)	ihr	you	vous	voi	vosotros(as)
wybaczenie (PL)	Verzeihung f	forgiveness	pardon m	perdono m	perdón m
wybaczyć (PL)	verzeihen	forgive	pardonner	perdonare	perdonar
wybierać (PL)	wählen	elect / choose	élire	eleggere	elegir
wybierać <wybrać> (PL)	auswählen	choose	choisir	scegliere	elegir
wybijać <wybić> (PL)	einschlagen	smash	casser	rompere	romper
wybór[1] (PL)	Auswahl f	choice	choix m	scelta f	elección f
wybór[2] (PL)	Wahl f	choice	choix m	scelta f	opción f
wybór[3] (PL)	Wahl f	election	élection f	elezioni f/pl	elección f
wyborny (PL)	köstlich	delicious	savoureux(euse)	squisito(a)	exquisito(a)
wybrzeże (PL)	Küste f	coast	côte f	costa f	costa f
wychodzić <wyjść> (PL)	hinausgehen	go out	sortir	uscire	salir
wychowanie (PL)	Erziehung f	education	éducation f	educazione f	crianza f
wychowywać <wychować> (PL)	erziehen	educate	élever	educare	educar
wycieczka (PL)	Ausflug m	outing	excursion f	gita f	excursión f
wycinek (PL)	Ausschnitt m	extract	extrait m	ritaglio m	recorte m
wyczerpany (PL)	erschöpft	exhausted	épuisé(e)	esausto(a)	agotado(a)
wydawać <wydać> (PL)	herausgeben	publish	éditer	pubblicare	editar
wydział (PL)	Abteilung f	department	département	reparto m	departamento m
wygląd (PL)	Aussehen n	appearance	apparence f	aspetto m	aspecto m
wyglądać (PL)	aussehen	look	paraître	sembrare	parecerse a
wygoda (PL)	Bequemlichkeit f	convenience	confort m	comodità f	comodidad f
wygodny (PL)	bequem	comfortable	confortable	comodo(a)	cómodo(a)
wygrywać <wygrać> (PL)	gewinnen	win	gagner	guadagnare	ganar
wyłączać <wyłączyć> (PL)	ausschalten	switch off	arrêter	spegnere	desconectar
wyładowywać <wyładować> (PL)	ausladen	unload	décharger	scaricare	descargar

wyładowywać

P	NL	SV	PL	CZ	H
mencionar	vermelden	nämna	—	zmiňovat, se <zmínit, se>	megemlít
lembrar-se	gedenken	komma ihåg	—	vzpomínat <vzpomenout>	megemlékez
recordação f	herinnering f	minne n	—	vzpomínka f	emlék
no interior	binnen	innanför	—	uvnitř	belül
dentro	binnen	invändigt	—	uvnitř	belül
levantar-se	opstaan	stiga upp	—	vstávat <vstát>	feláll
entrada f	toegang m	inträde n	—	vstup m	belépés
envergonhar-se	schamen, zich	skämmas	—	stydět, se <zastydět, se>	szégyelli magát
por toda a parte	overal	överallt	—	všude	mindenütt
todo	alle	alla	—	všichni	mind
tudo	alles	allt	—	vše	minden
antigamente	toen	då	—	tenkrát	akkoriban
cá	hierheen	hit	—	sem	ide
para cá	hierheen	hitåt	—	sem	át
para trás	achteruit	baklänges	—	dozadu	hátrafelé
atrás	achter	baktill	—	vzadu	hátul
acenar	—	vinka	machać	mávat <mávnout>	int
tio m	oom m	farbror/morbror u	—	strýc m	nagybácsi
ferida f	wond f	sår n	rana f	rána f	seb
desejo m	wens m	önskan u	życzenie n	přání n	kívánság
desejar	wensen	önska	życzyć	přát <popřát>	kíván
salsicha f	worst f	korv u	kiełbasa f	salám m	kolbász
raiva f	woede f	ilska u	złość f	vztek m	düh
raivoso	woedend	rasande	rozzłoszczony	vzteklý	dühös
vós, vocês	jullie	ni	—	vy	ti
perdão m	vergiffenis f	förlåtelse u	—	odpuštění n	bocsánat
perdoar	vergeven	förlåta	—	odpouštět <odpustit>	megbocsát
eleger	kiezen	välja	—	volit <zvolit>	választ
seleccionar	kiezen	välja ut	—	vybírat <vybrat>	kiválaszt
pregar	inslaan	slå in	—	vrážet <vrazit>	bever
selecção f	keuze f	urval n	—	výběr m	választék
escolha f	keuze f	val n	—	výběr m	választás
eleição f	verkiezing f	val n	—	volby pl	szavazás
delicioso	kostelijk	utsökt	—	lahodný	pompás
costa f	kust f	kust u	—	pobřeží n	tengerpart
sair	naar buiten gaan	gå ut	—	vycházet <vyjít> ven	kimegy
educação f	opvoeding f	uppfostran u	—	vychování n	nevelés
educar	opvoeden	uppfostra	—	vychovávat <vychovat>	nevelni
excursão f	uitstap m	utflykt u	—	výlet m	kirándulás
decote m	fragment n	urskärning u	—	výřez m	kivágás
exausto	uitgeput	utmattad	—	vyčerpaný	kimerült
entregar	teruggeven	ge ut	—	vydávat <vydat>	visszaad
divisão f	afdeling f	avdelning u	—	oddělení n	osztály
aspecto m	uiterlijk n	utseende n	—	vzhled m	kinézés
parecer	uitzien	verka	—	vypadat	kinéz
conforto m	gemakkelijkheid f	bekvämlighet u	—	pohodlí n	kényelem
confortável	gemakkelijk	bekväm	—	pohodlně	kényelmes
ganhar	winnen	vinna	—	získávat <získat>	nyer
desligar	uitschakelen	koppla ifrån	—	vypínat <vypnout>	kikapcsol
descarregar	uitladen	lasta av	—	rušit pozvání <zrušit pozvání>	kirakódik

wyjaśniać

	D	E	F	I	ES
wyjaśniać <wyjaśnić> (PL)	erklären	explain	expliquer	spiegare	explicar
wyjątek (PL)	Ausnahme f	exception	exception f	eccezione f	excepción f
wyjazd (PL)	Ausfahrt f	exit	sortie f	uscita f	salida f
wyjeżdżać (PL)	verreisen	go away	partir en voyage	essere in viaggio	irse de viaje
wyjeżdżać <wyjechać> (PL)	ausreisen	leave the country	sortir du pays	espatriare	salir
wyjście (PL)	Ausgang m	exit	sortie f	uscita f	salida f
wyjście awaryjne (PL)	Notausgang m	emergency exit	sortie de secours f	uscita di sicurezza f	salida de emergencia f
wykluczony (PL)	ausgeschlossen	impossible	exclu(e)	escluso(a)	imposible
wykonać (PL)	anfertigen	manufacture	confectionner	fabbricare	fabricar
wykonywać (PL)	ausüben	practise	exercer	esercitare	ejercer
wykonywać <wykonać> (PL)	ausführen	export	exporter	esportare	exportar
wykształcenie (PL)	Ausbildung f	education	formation f	formazione f	formación f
wyleczyć (PL)	heilen	heal	guérir	curare	curar
wymiana (PL)	Austausch m	exchange	échange m	scambio m	cambio m
wymieniać (PL)	umtauschen	exchange	échanger	scambiare	cambiar
wymieniać <wymienić> (PL)	austauschen	exchange	échanger	scambiare	cambiar
wymowa (PL)	Aussprache f	pronunciation	prononciation f	pronuncia f	pronunciación f
wymówka (PL)	Ausrede f	pretext	excuse f	pretesto m	pretexto m
wynagradzać szkodę (PL)	wieder gutmachen	make up for	réparer	riparare	subsanar
wynająć (PL)	vermieten	rent	louer	affittare	alquilar
wynajdować <wynaleźć> (PL)	erfinden	invent	inventer	inventare	inventar
wynajmować <wynająć> (PL)	mieten	rent	louer	affittare	alquilar
wynik (PL)	Ergebnis n	result	résultat m	risultato m	resultado m
wypadek (PL)	Unfall m	accident	accident m	incidente m	accidente m
wypadek samochodowy (PL)	Autounfall m	car accident	accident de voiture m	incidente stradale m	accidente de automóvil m
wypełniać <wypełnić>[1] (PL)	ausfüllen	fill in	remplir	riempire	llenar
wypełniać <wypełnić>[2] (PL)	erfüllen	fulfil	remplir	esaudire	conceder
wypielęgnowany (PL)	gepflegt	looked-after	soigné(e)	curato(a)	cuidado(a)
wypoczynek (PL)	Erholung f	recovery	repos m	riposo m	descanso m
wypoczywać <wypocząć> (PL)	erholen, sich	recover	reposer, se	rimettersi	recuperarse
wypowiadać <wypowiedzieć> (PL)	kündigen	give notice	résilier	licenziare	despedir
wypowiedź (PL)	Aussage f	statement	déclaration f	dichiarazione f	afirmación f
wypożyczać (PL)	verleihen	lend	prêter	dare in prestito	prestar
wypożyczać <wypożyczyć> (PL)	ausleihen	lend	prêter	prestare	prestar
wyprzedany[1] (PL)	ausgebucht	fully booked	complet(ète)	esaurito(a)	completo(a)
wyprzedany[2] (PL)	ausverkauft	sold out	épuisé(e)	esaurito(a)	vendido(a)
wyprzedzać (PL)	überholen	overtake	doubler	sorpassare	adelantar
wyrastać <wyrosnąć> (PL)	aufwachsen	grow up	grandir	crescere	criarse
wyraz (PL)	Ausdruck m	expression	expression f	espressione f	expresión f
wyraźny (PL)	deutlich	clear	clair(e)	chiaro(a)	claro(a)
wyrok (PL)	Urteil n	judgement	jugement m	giudizio m	juicio m
wyrównywać <wyrównać> (PL)	ausrichten	pass on a message	transmettre	riferire	comunicar
wysiadać <wysiąść> (PL)	aussteigen	get off	descendre	scendere	bajarse

wysiadać

P	NL	SV	PL	CZ	H
explicar	verklaren	förklara	—	vysvětlovat <vysvětlit>	megmagyaráz
excepção f	uitzondering f	undantag n	—	výjimka f	kivétel
saída f	uitvaren m	utfart u	—	výjezd m	kijárat
viajar	op reis gaan	resa bort	—	odcestovat	elutazik
sair	(uit)reizen	avresa	—	odjíždět <odjet>	kiutazik
saída f	uitgang m	utgång u	—	východ m	kijárat
saída de emergência f	nooduitgang m	nödutgång u	—	nouzový východ m	vészkijárat
excluído	uitgesloten	uteslutet	—	vyloučeno	kizárt
confeccionar	vervaardigen	tillverka	—	zhotovovat <zhotovit>	elkészít
exercer	uitoefenen	utöva	—	vykonávat <vykonat>	űz
executar	uitvoeren	utföra	—	provádět <provést>	végrehajt
formação f	opleiding f	utbildning u	—	vzdělání n	kiképzés
curar	genezen	kurera	—	léčit <vyléčit>	gyógyít
troca f	uitwisseling f	utbyte n	—	výměna f	csere
trocar	ruilen	byta ut	—	vyměňovat <vyměnit>	kicserél
trocar	uitwisselen	byta ut	—	vyměňovat <vyměnit>	kicserél
pronúncia f	uitspraak f	uttal n	—	vyříkání n	kiejtés
pretexto m	uitvlucht f	svepskäl n	—	výmluva f	kifogás
reparar	weer goedmaken	gottgöra	—	odčiňovat <odčinit>	jóvátesz
alugar	verhuren	hyra ut	—	pronajímat <pronajmout>	bérbe ad
inventar	uitvinden	uppfinna	—	vynalézat <vynalézt>	kitalál
arrendar	huren	hyra	—	najímat <najmout>	bérel
resultado m	resultaat n	resultat n	—	výsledek m	eredmény
acidente m	ongeval n	olycka u	—	nehoda f	baleset
acidente de viação m	verkeersongeval n	bilolycka u	—	autonehoda f	autóbaleset
preencher	invullen	fylla i	—	vyplňovat <vyplnit>	kitölt
concretizar	vervullen	uppfylla	—	splňovat <splnit>	eleget tesz
cuidado	verzorgd	välvårdad	—	upravený	ápolt
descanso m	ontspanning f	vila u	—	zotavení n	üdülés
restabelecer-se	ontspannen, zich	återhämta sig	—	zotavovat, se <zotavit, se>	kipiheni magát
despedir	opzeggen	säga upp	—	dávat výpověď <dát výpověď>	felmond
declaração f	verklaring f	uttalande n	—	výpověď f	kijelentés
emprestar	uitlenen	låna ut	—	půjčovat <půjčit>	kölcsönad
emprestar	uitlenen	låna ut	—	vypůjčovat <půjčit>	kölcsönöz
esgotado	niet meer beschikbaar	fullbokad	—	obsazeno	foglalt
esgotado	uitverkocht	utsåld	—	vyprodáno	kiárúsítva
ultrapassar	inhalen	köra förbi	—	předjíždět <předjet>	megelőz
crescer	opgroeien	växa upp	—	vyrůstat <vyrůst>	felnő
expressão f	uitdrukking f	uttryck n	—	výraz m	kifejezés
nítido	duidelijk	tydlig	—	výrazně	világos
sentença f	oordeel n	dom u	—	rozsudek m	ítélet
transmitir	richten	uträtta	—	vyrovnávat <vyrovnat>	megmond
sair	uitstappen	stiga ur	—	vystupovat <vystoupit>	kiszáll

wysilać się

	D	E	F	I	ES
wysilać się <wysilić się> (PL)	anstrengen, sich	make an effort	faire des efforts	affaticare	esforzarse
wyśmiewać <wyśmiać> (PL)	auslachen	laugh at	rire de qn	deridere	reírse de
wysoki (PL)	hoch	up/high	haut(e)	alto(a)	alto(a)
wysokość (PL)	Höhe f	height	hauteur f	altezza f	altura f
wyspa (PL)	Insel f	island	île f	isola f	isla f
wystarczać (PL)	ausreichen	be enough	suffire	essere sufficiente	bastar
wystawa (PL)	Ausstellung f	exhibition	exposition f	esposizione f	exposición f
wystawiać <wystawić> (PL)	ausstellen	exhibit	exposer	esporre	exponer
występować (PL)	vorkommen	occur	exister	accadere	suceder
wysyłać <wysłać> (PL)	schicken	send	envoyer	inviare	mandar
wyszukiwać <wyszukać> (PL)	aussuchen	select	choisir	scegliere	elegirse
wytrzymywać <wytrzymać> (PL)	aushalten	bear	supporter	sopportare	aguantar
wytworny (PL)	vornehm	distinguished	distingué(e)	distinto(a)	distinguido(a)
wywiad (PL)	Interview n	interview	interview f	intervista f	entrevista f
wywoływać <wywołać> (PL)	ausrufen	exclaim	crier	esclamare	exclamar
wyznanie (PL)	Bekenntnis n	confession	confession f	confessione f	confesión f
wyżywienie (PL)	Verpflegung f	catering	nourriture f	vitto m	alimentación f
wzdłuż (PL)	entlang	along	le long de	lungo	a lo largo de
wzór (PL)	Muster n	sample	modèle m	campione m	modelo m
wzornictwo (PL)	Design n	design	design m	design m	diseño m
wzywać <wezwać> (PL)	auffordern	ask	inviter	invitare	invitar
X-ray (E)	röntgen	—	radiographier	fare una radiografia	radiografiar
y (ES)	und	and	et	e	—
ya (ES)	bereits	already	déjà	già	—
year (E)	Jahr n	—	année f	anno m	año m
yellow (E)	gelb	—	jaune	giallo(a)	amarillo(a)
yes (E)	ja	—	oui	sì	sí
yesterday (E)	gestern	—	hier	ieri	ayer
yield (E)	nachgeben	—	céder	cedere	ceder
yo (ES)	ich	I	je	io	—
you[1] (E)	du	—	tu	tu	tú
you[2] (E)	ihr	—	vous	voi	vosotros(as)
young (E)	jung	—	jeune	giovane	joven
yrke (SV)	Beruf m	profession	profession f	professione f	profesión f
yta (SV)	Fläche f	area	surface f	area f	área f
ytlig (SV)	oberflächlich	superficial	superficiel(le)	superficiale	superficial
z[1] (PL)	aus	off/from/out of	de/par/hors de	da/di	de
z[2] (PL)	mit	with	avec	con	con
z (CZ)	aus	off/from/out of	de/par/hors de	da/di	de
zaak (NL)	Geschäft n	shop	magasin m	negozio m	tienda f
ząb (PL)	Zahn m	tooth	dent f	dente m	diente m
zabál (H)	fressen	eat	bouffer	mangiare	devorar
zabalovat <zabalit> (CZ)	einwickeln	wrap up	envelopper	avvolgere	envolver
zábava (CZ)	Vergnügen n	pleasure	plaisir m	divertimento m	placer m
zabawiać się <zabawić się> (PL)	amüsieren, sich	enjoy o.s.	amuser, s'	divertirsi	divertirse
zabierać (PL)	wegnehmen	take away	enlever	togliere	quitar
zabierać ze sobą <zabrać ze sobą> (PL)	mitnehmen	take along	emmener	prendere con sé	llevar consigo
zabijać (PL)	töten	kill	tuer	uccidere	matar

zabijać

P	NL	SV	PL	CZ	H
cansar	inspannen	anstränga sig	—	namáhat, se	igyekszik
rir de alguém	uitlachen	skratta åt	—	vysmívat, se <vysmát, se>	kinevet
alto	hoog	hög	—	vysoko	magas
altura f	hoogte f	höjd u	—	výška f	magasság
ilha f	eiland n	ö u	—	ostrov m	sziget
bastar	voldoende zijn	räcka	—	stačit	elegendő
exposição f	tentoonstelling f	utställning u	—	výstava f	kiállítás
expor	tentoonstellen	ställa ut	—	vystavovat <vystavit>	kiállít
ocorrer	voorkomen	hända	—	přiházet, se <přihodit, se>	előfordul
enviar	sturen	skicka	—	posílat <poslat>	küld
escolher	uitzoeken	välja	—	vyhledávat <vyhledat>	kiválaszt
aguentar	uithouden	uthärda	—	vydržovat <vydržet>	elvisel
distinto	voornaam	förnäm	—	exkluzivní	előkelő
entrevista f	interview n	intervju u	—	rozhovor m	interjú
exclamar	uitroepen	utropa	—	vyvolávat <vyvolat>	bemond
confissão f	bekentenis f	bekännelse u	—	přiznání n	beismerés
alimentação f	kost m	kosthållning u	—	stravování n	ellátás
ao longo de	langs	längs med	—	podél	mentén
modelo m	monster n	mönster n	—	vzor m	minta
desenho m	design n	design u	—	design m	formatervezés
convidar	uitnodigen	uppmana	—	vyzývat <vyzvat>	felszólít
radiografar	röntgenen	röntgen u	prześwietlać <prześwietlić>	rentgen m	röntgenez
e	en	och	i	a	és
já	reeds	redan	już	již	már
ano m	jaar n	år n	rok m	rok m	év
amarelo	geel	gul	żółty(to)	žlutý	sárga
sim	ja	ja	tak	ano	igen
ontem	gisteren	igår	wczoraj	včera	tegnap
ceder	toegeven	ge efter	ustępować <ustąpić>	ustupovat <ustoupit>	enged
eu	ik	jag	ja	já	én
tu	jij	du	ty	ty	te
vós, vocês	jullie	ni	wy	vy	ti
jovem	jong	ung	młody	mladý	fiatal
profissão f	beroep n	—	zawód m	povolání n	szakma
superfície f	vlakte f	—	powierzchnia f	plocha f	terület
superficial	oppervlakkig	—	powierzchowny	povrchní	felületes
de	uit	ut	—	z	ból/ből
com	met	med	—	s	vel
de	uit	ut	z	—	ból/ből
negócio m	—	affär u	sklep m	obchod m	üzlet
dente m	tand m	tand u	—	zub m	fog
devorar	vreten	äta	żreć <zeżreć>	žrát <sežrat>	—
embrulhar	inwikkelen	veckla in	owijać <owinąć>	—	becsavar
prazer m	plezier n	nöje n	przyjemność f	—	mulatság
divertir-se	amuseren, zich	roa sig	—	bavit se	szórakoz
tirar	wegnemen	ta bort	—	odnímat <odejmout>	elvesz
levar consigo	meenemen	ta med	—	vrát s sebou <vzít s sebou>	magával visz
matar	doden	döda	—	zabíjet <zabít>	megöl

zabíjet

	D	E	F	I	ES
zabíjet <zabít> (CZ)	töten	kill	tuer	uccidere	matar
zabraniać (PL)	verbieten	forbid	défendre	proibire	prohibir
zabroniony (PL)	verboten	forbidden	interdit(e)	vietato(a)	prohibido(a)
začátečník (CZ)	Anfänger m	beginner	débutant(e)	principiante m	principiante m
začátek (CZ)	Anfang m	beginning	commencement m	inizio m	inicio m
začátek (CZ)	Beginn m	beginning	commencement m	inizio m	principio m
zachmurzony (PL)	bewölkt	cloudy	couvert(e)	nuvoloso(a)	nublado
zachód (PL)	Westen m	west	ouest m	ovest m	oeste m
záchod (CZ)	Toilette f	toilet	toilette f	toilette f	lavabos m/pl
zachorować (PL)	erkranken	get ill	tomber malade	ammalarsi	enfermar
zachowanie (PL)	Benehmen n	behaviour	conduite f	comportamento m	comportamiento m
zachowywać, się <zachować, się> (PL)	benehmen, sich	behave	comporter, se	comportarsi	comportarse
zachraňovat <zachránit> (CZ)	retten	save	sauver	salvare	salvar
zacht[1] (NL)	leise	quietly	à voix basse	a bassa voce	sin (hacer) ruido
zacht[2] (NL)	mild	mild	doux(douce)	mite	suave
zacht[3] (NL)	sanft	gentle	doux(douce)	dolce	dulce
zacht[4] (NL)	weich	soft	doux(douce)	morbido(a)	tierno(a)
zacht[5] (NL)	zart	soft	doux(douce)	tenero(a)	suave
zachwycać (PL)	begeistern	inspire	enthousiasmer	entusiasmare	entusiasmar
zachwycony[1] (PL)	begeistert	enthusiastic	enthousiaste	entusiasta	entusiasmado(a)
zachwycony[2] (PL)	entzückt	delighted	ravi(e)	affascinato(a)	encantado(a)
začínat <začít> (CZ)	anfangen	start	commencer	cominciare	empezar
zácpa (CZ)	Stau m	traffic jam	embouteillage m	ingorgo m	embotellamiento m
zaczynać <zacząć> (PL)	anfangen	start	commencer	cominciare	empezar
záda (CZ)	Rücken m	back	dos m	schiena f	espalda f
żądać (PL)	verlangen	demand	demander	richiedere	exigir
żądać <zażądać>[1] (PL)	anfordern	request	demander	esigere	pedir
żądać <zażądać>[2] (PL)	fordern	demand	exiger	esigere	exigir
zadanie (PL)	Aufgabe f	task	tâche f	compito m	tarea f
żądanie (PL)	Forderung f	demand	exigence f	esigenza f	exigencia f
zadarmo (CZ)	gratis	free of charge	gratuit(e)	gratuito(a)	gratuito(a)
žádat (CZ)	fordern	demand	exiger	esigere	exigir
zadatek (PL)	Anzahlung f	deposit	acompte m	acconto m	primer pago m
żadny(na,ne) (PL)	keine(r,s)	none/nobody	aucun(e)	nessuno(a)	ninguno(a)
žádný(ná,né) (CZ)	keine(r,s)	none/nobody	aucun(e)	nessuno(a)	ninguno(a)
žádost (CZ)	Antrag m	application	demande f	domanda f	solicitud f
žádost uchazeče (CZ)	Bewerbung f	application	candidature f	domanda d'impiego f	solicitud f
zadowolony[1] (PL)	froh	glad	content(e)	lieto(a)	contento(a)
zadowolony[2] (PL)	zufrieden	satisfied	satisfait(e)	contento(a)	satisfecho(a)
zagadka (PL)	Rätsel n	riddle	devinette f	enigma m	adivinanza f
zaginać <zgiąć> (PL)	einbiegen	turn	tourner	svoltare	doblar
zagmatwany (PL)	verwirrt	confused	confus(e)	confuso(a)	confundido(a)
zagranica (PL)	Ausland n	abroad	étranger m	estero m	extranjero m
zagrażać, <zagrozić> (PL)	bedrohen	threaten	menacer	minacciare	amenazar
zäh (D)	—	tough	coriace	duro(a)	duro(a)
zahlen (D)	—	pay	payer	pagare	pagar
zählen (D)	—	count	compter	contare	contar
Zahn (D)	—	tooth	dent f	dente m	diente m
Zahnbürste (D)	—	toothbrush	brosse à dents f	spazzolino da denti m	cepillo de dientes m
Zahnpasta (D)	—	toothpaste	dentifrice m	dentifricio m	pasta dentífrica f
Zahnschmerzen (D)	—	toothache	mal m de dents	mal m di denti	dolor m de muelas

Zahnschmerzen

P	NL	SV	PL	CZ	H
matar	doden	döda	zabijać	—	megöl
proibir	verbieden	förbjuda	—	zakazovat <zakázat>	megtilt
proibido	verboden	förbjuden	—	zakázaný	tilos
principiante m	beginneling	nybörjare u	początkujący m	—	kezdő
princípio m	begin n	början u	początek m	—	kezdet
começo m	begin n	början u	rozpoczęcie n	—	kezdet
enevoado	bewolkt	molnigt	—	zataženo	felhős
oeste m	westen n	väster u	—	západ m	nyugat
retrete f	toilet n	toalett u	toaleta f	—	toalett
adoecer	ziek worden	insjuknande	—	onemocnět	megbetegszik
comportamento m	gedrag n	uppförande n	—	chování n	viselkedés
comportar-se	gedragen, zich	bete sig	—	chovat, se	viselkedik
salvar	redden	rädda	ratować <uratować>	—	ment
silencioso	—	tyst	cicho	tiše	halk
suave	—	mild	łagodny	jemný	enyhe
macio	—	mild	łagodny	jemný	enyhe
mole	—	mjuk	miękki	měkký	puha
delicado	—	öm	delikatny	jemný	gyengéd
entusiasmar	bezielen	hänföra	—	nadchnout, se	fellelkesít
entusiasmado	enthousiast	begeistrad	—	nadšený	elragadtatott
encantado	enthousiast	förtjust	—	uchvácený	elragadó
principiar	beginnen	börja	zaczynać <zacząć>	—	kezd
engarrafamento m	file f	kö u	korek m	—	forgalmi dugó
principiar	beginnen	börja	—	začínat <začít>	kezd
costas f/pl	rug m	rygg u	plecy pl	—	hát
exigir	verlangen	kräva	—	požadovat <požádat>	megkövetel
exigir	vragen	kräva	—	vyžadovat <vyžádat>	megrendel
exigir	vorderen	fordra	—	žádat	követel
tarefa f	opdracht f	uppgift u	—	úkol m	feladat
exigência f	vordering f	begäran u	—	požadavek m	követelés
grátis	gratis	gratis	darmo	—	ingyenes
exigir	vorderen	fordra	żądać <zażądać>	—	követel
sinal m	aanbetaling f	handpenning u	—	záloha f	előleg
nenhum/nenhuma	geen	ingen	—	žádný(ná,né)	senki
nenhum/nenhuma	geen	ingen	żadny(na,ne)	—	senki
proposta f	aanvraag f	förslag n	wniosek m	—	kérvény
candidatura f	sollicitatie f	platsansökan u	ubieganie się n	—	megpályázás
contente	blij	glad	—	rád	boldog
contente	tevreden	nöjd	—	spokojený	elégedett
enigma m	raadsel n	gåta u	—	hádanka f	rejtvény
virar	inslaan	vika av	—	zahýbat <zahnout>	befordul
confuso	verward	förvirrad	—	zmatený	zavart
estrangeiro m	buitenland n	utlandet n	—	zahraničí n	külföld
ameaçar	bedreigen	hota	—	ohrožovat <ohrozit>	fenyeget
duro	taai	seg	ciągnący się	houževnatý	szívós
pagar	betalen	betala	płacić <zapłacić>	platit <zaplatit>	fizet
contar	tellen	räkna	liczyć	počítat <spočítat>	számol
dente m	tand m	tand u	ząb m	zub m	fog
escova de dentes f	tandenborstel m	tandborste u	szczoteczka do zębów f	zubní kartáček m	fogkefe
pasta dentifrícia f	tandpasta m	tandkräm u	pasta do zębów f	zubní pasta f	fogkrém
dor de dentes f	tandpijn m	tandvärk u	ból zęba m	bolesti zubů pl	fogfájás

zahrada

	D	E	F	I	ES
zahrada (CZ)	Garten m	garden	jardin m	giardino m	jardín m
zahraničí (CZ)	Ausland n	abroad	étranger m	estero m	extranjero m
zahrnutý (CZ)	inbegriffen	included	compris	compreso(a)	incluido(a)
zahýbat <zahnout> (CZ)	einbiegen	turn	tourner	svoltare	doblar
załadowywać <załadować> (PL)	aufladen	load	charger	caricare	cargar
załatwiać <załatwić> (PL)	erledigen	take care of	régler	sbrigare	acabar
zaino (I)	Rucksack m	rucksack	sac à dos m	—	mochila f
żałować (PL)	bedauern	regret	regretter	deplorare	lamentar algo
żałować <pożałować> (PL)	bereuen	regret	regretter	pentirsi	arrepentirse
zajęty (PL)	besetzt	engaged	occupé(e)	occupato(a)	ocupado(a)
zajímavý (CZ)	interessant	interesting	intéressant(e)	interessante	interesante
žák (CZ)	Schüler m	pupil	élève m	scolaro m	alumno m
zakaz (PL)	Verbot n	prohibition	défense f	divieto m	prohibición f
zákaz (CZ)	Verbot n	prohibition	défense f	divieto m	prohibición f
zakázaný (CZ)	verboten	forbidden	interdit(e)	vietato(a)	prohibido(a)
za każdym razem (PL)	jedes Mal	each time	chaque fois	ogni volta	cada vez
zakázka (CZ)	Auftrag m	order	ordre m	ordinazione f	orden f
zákazník (CZ)	Kunde m	customer	client m	cliente m	cliente m
zakaźny (PL)	ansteckend	virulent	contagieux	contagioso(a)	contagioso
zakazovat <zakázat> (CZ)	verbieten	forbid	défendre	proibire	prohibir
zákaz parkování (CZ)	Parkverbot n	no parking	défense de stationner f	divieto di parcheggio m	estacionamiento prohibido m
zakaz parkowania (PL)	Parkverbot n	no parking	défense de stationner f	divieto di parcheggio m	estacionamiento prohibido m
zakdoek (NL)	Taschentuch n	handkerchief	mouchoir m	fazzoletto m	pañuelo m
zakelijk (NL)	geschäftlich	on business	d'affaires	per affari	comercial
zakładać się (PL)	wetten	bet	parier	scommettere	apostar
zakładać <założyć> (PL)	gründen	found	fonder	fondare	fundar
zakłopotanie (PL)	Verlegenheit f	embarrassment	gêne f	imbarazzo m	timidez f
zakłopotany (PL)	verlegen	embarassed	gêné(e)	imbarazzato(a)	cohibido(a)
zakje (NL)	Tüte f	bag	sac m	sacchetto m	bolsa f
zakládat <založit> (CZ)	gründen	found	fonder	fondare	fundar
základní plocha (CZ)	Grundfläche f	base	base f	base f	base f
zaknihovat (CZ)	buchen	book	retenir	prenotare	reservar
zakochać się (PL)	verlieben	fall in love	tomber amoureux(euse)	innamorarsi	enamorarse
zakochany (PL)	verliebt	in love	amoureux(euse)	innamorato	enamorado(a)
zákon (CZ)	Gesetz n	law	loi f	legge f	ley f
zakręt (PL)	Kurve f	bend	virage m	curva f	curva f
zakrytý (CZ)	bedeckt	covered	couvert(e)	coperto(a)	cubierto(a)
zakrývat <zakrýt> (CZ)	bedecken	cover	couvrir	coprire	cubrir
zakup[1] (PL)	Einkauf m	shopping	achat m	spesa f	compra f
zakup[2] (PL)	Kauf m	purchase	achat m	acquisto m	compra f
żal (PL)	Bedauern n	regret	regret m	dispiacere m	compasión f
zalévat <zalít> (CZ)	gießen	water	arroser	annaffiare	regar
záležitost (CZ)	Angelegenheit f	affair	affaire f	affare m	asunto m
zalf (NL)	Salbe f	ointment	onguent m	pomata f	pomada f
zaliczać <zaliczyć> (PL)	anrechnen	charge	compter	mettere in conto	cargar en cuenta
záloha (CZ)	Anzahlung f	deposit	acompte m	acconto m	primer pago m
žaludek (CZ)	Magen m	stomach	estomac m	stomaco m	estómago m
zamach (PL)	Anschlag m	assault	attentat m	manifesto m	atentado m

zamach

P	NL	SV	PL	CZ	H
jardim m	tuin m	trädgård u	ogród m	—	kert
estrangeiro m	buitenland n	utlandet n	zagranica f	—	külföld
incluído	inbegrepen	medräknad	łącznie	—	beleértve
virar	inslaan	vika av	zaginąć <zgiąć>	—	befordul
carregar	opladen	ladda upp	—	nakládat <naložit>	felrakodik
acabar	uitvoeren/afhandelen	ta hand om	—	vyřizovat <vyřídit>	elintéz
mochila f	rugzak m	ryggsäck u	plecak m	baťoh m	hátizsák
lamentar	betreuren	beklaga	—	litovat <politovat>	sajnál
arrepender-se	berouwen	ångra	—	litovat	megbánja
ocupado	bezet	upptaget	—	obsazeno	foglalt
interessante	interessant	intressant	interesujący	—	érdekes
aluno m	scholier m	elev m	uczeń m	—	diák m
proibição f	verbod n	förbud n	—	zákaz m	tilalom
proibição f	verbod n	förbud n	zakaz m	—	tilalom
proibido	verboden	förbjuden	zabroniony	—	tilos
cada vez	telkens	varje gång	—	pokaždé	minden alkalommal
pedido m	opdracht f	uppdrag n	zlecenie n	—	megbízás
cliente m	klant m	kund u	klient m	—	vevő
contagioso	aanstekelijk	smittsam	—	nakažlivý	fertőző
proibir	verbieden	förbjuda	zabraniać	—	megtilt
estacionamento proibido m	parkeerverbod n	parkeringsförbud n	zakaz parkowania m	—	parkolási tilalom
estacionamento proibido m	parkeerverbod n	parkeringsförbud n	—	zákaz parkování m	parkolási tilalom
lenço m	—	näsduk u	chusteczka f	kapesník m	zsebkendő
comercial	—	affärsmässigt	służbowy	obchodně	üzleti
apostar	wedden	slå vad	—	sázet <sadit>	fogad
fundar	oprichten; gebaseerd zijn	grunda	—	zakládat <založit>	alapít
embaraço m	verlegenheid f	förlägenhet u	—	rozpačitost f	zavar
embaraçado	verlegen	förlägen	—	rozpačitý	zavarban van
saco m	—	påse u	torebka f	sáček m	papírzacskó
fundar	oprichten; gebaseerd zijn	grunda	zakładać <założyć>	—	alapít
superfície f	grondvlak n	grundyta u	podstawa f	—	alapterület
marcar	boeken	boka	rezerwować <zarezerwować>	—	foglal
enamorar-se	verliefd worden	förälska sig	—	zamilovat	beleszeret
enamorado	verliefd	förälskad	—	zamilovaný	szerelmes
lei f	wet m	lag u	ustawa f	—	törvény
curva f	bocht f	kurva u	—	zatáčka f	kanyar
coberto	bedekt	täckt	pokryty	—	borult
cobrir	bedekken	täcka	przykrywać <przykryć>	—	beborít, betakar
compra f	inkoop m	inköp n	—	nákup m	bevásárlás
compra f	koop m	inköp/köp n	—	nákup m	vétel
pesar m	spijt f	beklagande n	—	politování n	sajnálat
regar	gieten	hälla	podlewać <podlać>	—	önt
assunto m	aangelegenheid f	ärende n	sprawa f	—	ügy
pomada f	—	salva u	maść f	mast f	kenőcs
contar	aanrekenen	räkna in	—	započítávat <započítat>	beszámít
sinal m	aanbetaling f	handpenning u	zadatek m	—	előleg
estômago m	maag f	mage u	żołądek m	—	gyomor
atentado m	aanslag m	anslag n	—	oznámení n	merénylet

zamawiać 1112

	D	E	F	I	ES
zamawiać <zamówić> (PL)	bestellen	order	commander	ordinare	pedir
zamek¹ (PL)	Burg f	fortress	château fort m	rocca f	fortaleza f
zamek² (PL)	Schloss n	castle	château m	castello m	cerradura f
zámek¹ (CZ)	Schloss n	lock	serrure f	serratura f	castillo m
zámek² (CZ)	Schloss n	castle	château m	castello m	cerradura f
zamek błyskawiczny (PL)	Reißverschluss m	zip	fermeture éclair f	chiusura lampo f	cremallera f
zaměňovat <zaměnit>¹ (CZ)	vertauschen	exchange	échanger	scambiare	cambiar
zaměňovat <zaměnit>² (CZ)	verwechseln	confuse	confondre	scambiare	confundir
zaměstnanec¹ (CZ)	Angestellter m	employee	employé m	impiegato m	empleado m
zaměstnanec² (CZ)	Arbeitnehmer m	employee	employé m	lavoratore m	empleado m
zaměstnaný (CZ)	beschäftigt	busy	occupé(e)	occupato(a)	ocupado(a)
zaměstnavatel (CZ)	Arbeitgeber m	employer	employeur m	datore di lavoro m	patrono m
zaměstnávat <zaměstnat> (CZ)	beschäftigen	occupy/employ	occuper	occupare	ocupar
zametat <zamést> (CZ)	fegen	sweep	balayer	scopare	barrer
zamiar (PL)	Absicht f	intention	intention f	intenzione f	intención f
zamiast (PL)	anstatt	instead of	au lieu de	invece di	en vez de
zamiatać <zamieść> (PL)	fegen	sweep	balayer	scopare	barrer
zamieniać (PL)	vertauschen	exchange	échanger	scambiare	cambiar
zamierzać (PL)	vorhaben	intend	avoir l'intention de	avere intenzione	tener la inteción de
zamierzać <zamierzyć> (PL)	beabsichtigen	intend	avoir l'intention de	avere (l')intenzione di	proyectar
zamilovaný (CZ)	verliebt	in love	amoureux(euse)	innamorato	enamorado(a)
zamilovat (CZ)	verlieben	fall in love	tomber amoureux(euse)	innamorarsi	enamorarse
záminka (CZ)	Vorwand	pretext	prétexte m	pretesto m	pretexto m
zamknięty (PL)	geschlossen	closed	fermé(e)	chiuso(a)	cerrado(a)
zamykać na klucz (PL)	zuschließen	lock (up)	fermer à clé	chiudere a chiave	cerrar con llave
zamykać <zamknąć>¹ (PL)	einschließen	lock up	refermer	rinchiudere	encerrar
zamykać <zamknąć>² (PL)	schließen	close	fermer	chiudere	cerrar
zamykat <zamknout> (CZ)	zuschließen	lock (up)	fermer à clé	chiudere a chiave	cerrar con llave
zanahoria (ES)	Karotte f	carrot	carotte f	carota f	—
zand (NL)	Sand m	sand	sable m	sabbia f	arena f
zanedbávat <zanedbat> (CZ)	vernachlässigen	neglect	négliger	trascurare	descuidar
zánět (CZ)	Entzündung f	inflammation	inflammation f	infiammazione f	inflamación f
zanger (NL)	Sänger m	singer	chanteur m	cantante m	cantante m
zaniedbywać (PL)	vernachlässigen	neglect	négliger	trascurare	descuidar
zanim (PL)	bevor	before	avant que	prima che (di)	antes que
zanurzać się (PL)	tauchen	dive	plonger	immergere	bucear
zaopatřovat <zaopatřit> (CZ)	versorgen	provide	fournir	approvvigionare	proveer
zaopatrywać (PL)	versorgen	provide	fournir	approvvigionare	proveer
zapach (PL)	Duft m	scent	odeur f	profumo m	aroma m
západ (CZ)	Westen m	west	ouest m	ovest m	oeste m
zapałka (PL)	Streichholz n	match	allumette f	fiammifero m	cerilla f
zapalać <zapalić> (PL)	anzünden	light	allumer	accendere	encender
zapalenie (PL)	Entzündung f	inflammation	inflammation f	infiammazione f	inflamación f
zápalka (CZ)	Streichholz n	match	allumette f	fiammifero m	cerilla f

zápalka

P	NL	SV	PL	CZ	H
encomendar	bestellen	beställa	—	objednávat <objednat>	megrendel
castelo m	kasteel n	borg u	—	hrad m	vár
cadeado m	slot n	lås n	—	zámek m	zár
palácio m	kasteel n	lås n	pałac m	—	kastély
cadeado m	slot n	lås n	zamek m	—	zár
fecho de correr m	ritssluiting f	blixtlås n	—	zip m	cipzár
trocar	verwisselen	förväxla	zamieniać	—	elcserél
confundir	verwisselen	ta fel på	pomylić	—	összetéveszt
empregado m	bediende m	anställd u	pracownik umysłowy m	—	alkalmazott
empregado m	werknemer m	arbetstagare u	pracobiorca m	—	munkavállaló
ocupado	bezig	sysselsatt	zatrudniony	—	elfoglalt
patrão m	werkgever m	arbetsgivare u	pracodawca m	—	munkaadó
ocupar	bezighouden	sysselsätta	zatrudniać <zatrudnić>	—	foglalkoztat
varrer	vegen	sopa	zamiatać <zamieść>	—	felsöpör
intenção f	bedoeling f	avsikt u	—	úmysl m	szándék
em vez de	in de plaats van	istället för	—	místo	helyett
varrer	vegen	sopa	—	zametat <zamést>	felsöpör
trocar	verwisselen	förväxla	—	zaměňovat <zaměnit>	elcserél
tencionar fazer	voorhebben	ha i tankarna	—	mít v úmyslu	szándékozik
tencionar	van plan zijn	ha för avsikt	—	mít v úmyslu	szándékozik
enamorado	verliefd	förälskad	zakochany	—	szerelmes
enamorar-se	verliefd worden	förälska sig	zakochać się	—	beleszeret
pretexto m	voorwendsel n	förevändning u	pretekst m	—	ürügy
fechado	gesloten	stängd	—	uzavřený	zárt
fechar à chave	afsluiten	låsa	—	zamykat <zamknout>	bezár
fechar	insluiten	låsa in	—	zavírat <zavřít>	bezár
fechar	sluiten	stänga	—	zavírat <zavřít>	zár
fechar à chave	afsluiten	låsa	zamykać na klucz	—	bezár
cenoura f	peen m	morot u	karotka f	karotka f	karotta
areia f	—	sand u	piach m	písek m	homok
descuidar	verwaarlozen	försumma	zaniedbywać	—	elhanyagol
inflamação f	ontsteking f	inflammation u	zapalenie n	—	gyulladás
cantor m	—	sångare u	piosenkarz m	zpěvák m	énekes
descuidar	verwaarlozen	försumma	—	zanedbávat <zanedbat>	elhanyagol
antes	alvorens	innan	—	před	mielőtt
mergulhar	duiken	dyka	—	potápět <potopit>	alámerül
abastecer	verzorgen	sköta	zaopatrywać	—	ellát
abastecer	verzorgen	sköta	—	zaopatřovat <zaopatřit>	ellát
aroma m	geur m	doft u	—	vůně f	illat
oeste m	westen n	väster u	zachód n	—	nyugat
fósforo m	lucifer m	tändsticka u	—	zápalka f	gyufa
acender	aansteken	tända	—	zapalovat <zapálit>	gyújt
inflamação f	ontsteking f	inflammation u	—	zánět m	gyulladás
fósforo m	lucifer m	tändsticka u	zapałka f	—	gyufa

zapalniczka

	D	E	F	I	ES
zapalniczka (PL)	Feuerzeug n	lighter	briquet m	accendino m	encendedor m
zapalovač (CZ)	Feuerzeug n	lighter	briquet m	accendino m	encendedor m
zapalovat <zapálit> (CZ)	anzünden	light	allumer	accendere	encender
zapato (ES)	Schuh m	shoe	chaussure f	scarpa f	—
zapiąć pasy (PL)	anschnallen	fasten belts	attacher	allacciare	ponerse el cinturón (de seguridad)
zapínat <zapnout>¹ (CZ)	einschalten	switch on	allumer	accendere	conectar
zapínat <zapnout>² (CZ)	schalten	switch	connecter	commutare	conectar
zapírat <zapřít> (CZ)	leugnen	deny	nier	negare	negar
zapisywać (PL)	aufschreiben	write down	noter	annotare	anotar
záplava (CZ)	Überschwemmung f	flood	inondation f	inondazione f	inundación f
započítávat <započítat> (CZ)	anrechnen	charge	compter	mettere in conto	cargar en cuenta
zapomínat <zapomenout> (CZ)	vergessen	forget	oublier	dimenticare	olvidar
zapomnieć (PL)	vergessen	forget	oublier	dimenticare	olvidar
zapotrzebowanie (PL)	Nachfrage f	demand	demande f	domanda f	demanda f
zapowiadać <zapowiedzieć> (PL)	ansagen	announce	annoncer	annunciare	anunciar
zapraszać <zaprosić> (PL)	einladen	invite	inviter	invitare	invitar
zapříčiňovat <zapříčinit> (CZ)	verursachen	cause	causer	causare	ocasionar
zaprzeczać <zaprzeczyć> (PL)	leugnen	deny	nier	negare	negar
zaprzyjaźniony (PL)	befreundet	friendly	ami(e)	amico(a)	amigo(a)
žár (CZ)	Hitze f	heat	chaleur f	calura f	calor m
zár (H)	schließen	close	fermer	chiudere	cerrar
zár (H)	Schloss n	castle	château m	castello m	cerradura f
zarabiać (PL)	verdienen	earn	gagner	guadagnare	ganar
zardzewiały (PL)	rostig	rusty	rouillé(e)	arrugginito(a)	oxidado(a)
zarezerwować zamówienie (PL)	vorbestellen	book	réserver	prenotare	hacer reservar
zařízení (CZ)	Einrichtung f	furnishing	ameublement m	arredamento m	mobiliario m
zařízený nábytkem (CZ)	möbliert	furnished	meublé(e)	ammobiliato(a)	amueblado(a)
zařizovat nábytkem <zařídit nábytkem> (CZ)	möblieren	furnish	meubler	ammobiliare	amueblar
zařizovat <zařídit> (CZ)	einrichten	fit out	aménager	arredare	equipar
žárlivost (CZ)	Eifersucht f	jealousy	jalousie f	gelosia f	celos m/pl
žárovka (CZ)	Glühbirne f	light bulb	ampoule f	lampadina f	lámpara f
żarówka (PL)	Glühbirne f	light bulb	ampoule f	lampadina f	lámpara f
zart (D)	—	soft	doux(douce)	tenero(a)	suave
żart¹ (PL)	Scherz m	joke	plaisanterie f	scherzo m	broma f
żart² (PL)	Spaß m	fun	plaisir m	scherzo m	diversión f
zárt (H)	geschlossen	closed	fermé(e)	chiuso(a)	cerrado(a)
Zärtlichkeit (D)	—	tenderness	tendresse f	tenerezza f	cariño m
zarzamora (ES)	Brombeere f	blackberry	mûre f	mora f	—
zarzucać (PL)	vorwerfen	blame	reprocher	rimproverare	reprochar
zásadně (CZ)	grundsätzlich	fundamental	par principe	basilare	fundamental
zasadniczo (PL)	grundsätzlich	fundamental	par principe	basilare	fundamental
zasahovat <zasáhnout> (CZ)	eingreifen	intervene	intervenir	intervenire	intervenir
zasłona (PL)	Vorhang m	curtain	rideau m	tenda f	cortina f
zaskakiwać (PL)	überraschen	surprise	surprendre	sorprendere	sorprender

zaskakiwać

P	NL	SV	PL	CZ	H
isqueiro m	aansteker m	cigarrettändare u	—	zapalovač m	öngyújtó
isqueiro m	aansteker m	cigarrettändare u	zapalniczka f	—	öngyújtó
acender	aansteken	tända	zapalać <zapalić>	—	gyújt
sapato m	schoen m	sko u	but m	bota f	cipő
apertar o cinto	vastgespen	spänna fast	—	připoutávat, se <připoutat, se>	felcsatol
ligar	inschakelen	koppla in	włączać <włączyć>	—	bekapcsol
ligar	schakelen	koppla	przełączać <przełączyć>	—	kapcsol
negar	ontkennen	förneka	zaprzeczać <zaprzeczyć>	—	tagad
anotar por escrito	opschrijven	skriva upp	—	napsat	felír
inundação f	overstroming f	översvämning u	powódź f	—	árvíz
contar	aanrekenen	räkna in	zaliczać <zaliczyć>	—	beszámít
esquecer-se	vergeten	glömma	zapomnieć	—	elfelejt
esquecer-se	vergeten	glömma	—	zapomínat <zapomenout>	elfelejt
procura f	navraag f	efterfrågan u	—	poptávka f	kereslet
anunciar	aankondigen	meddela	—	ohlašovat <ohlásit>	bemond
convidar	uitnodigen	bjuda in	—	zvát <pozvat>	meghív
ocasionar	veroorzaken	förorsaka	powodować	—	okoz
negar	ontkennen	förneka	—	zapírat <zapřít>	tagad
amigo de	bevriend	vara vän med någon	—	zpřátelen	baráti visszonyban áll
calor m	hitte f	hetta u	upał m	—	kánikula
fechar	sluiten	stänga	zamykać <zamknąć>	zavírat <zavřít>	—
cadeado m	slot n	lås n	zamek m	zámek m	—
ganhar	verdienen	förtjäna	—	vydělávat <vydělat>	keres
ferrugento	roestig	rostig	—	rezavý	rozsdás
reservar	van tevoren bestellen	förutbeställa	—	objednávat předem <objednat předem>	előre rendel
mobília f	inrichting f	inredning u	urządzenie n	—	berendezés
mobilado	gemeubileerd	möblerad	umeblowany	—	bútorozott
mobilar	meubileren	möblera	meblować <umeblować>	—	bebútoroz
arranjar	inrichten	inrätta	urządzać <urządzić>	—	berendez
ciúme m	jaloezie f	svartsjuka u	zazdrość f	—	féltékenység
lâmpada f	gloeilamp f	glödlampa u	żarówka f	—	villanykörte
lâmpada f	gloeilamp f	glödlampa u	—	žárovka f	villanykörte
delicado	zacht	öm	delikatny	jemný	gyengéd
brincadeira f	grap f	skämt n	—	žert m	tréfa
brincadeira f	plezier n	skoj n	—	žert m	tréfa
fechado	gesloten	stängd	zamknięty	uzavřený	—
carinho m	tederheid f	ömhet u	czułość f	něžnost f	gyengédség
amora silvestre f	braambes f	björnbär n	jeżyna f	ostružina f	szeder
repreender	verwijten	förebrå	—	vytýkat <vytknout>	szemére hány
em princípio	principieel	principiellt	zasadniczo	—	alapvető
em princípio	principieel	principiellt	—	zásadně	alapvető
intervir	tussenkomen	gripa in	interweniować <zainterweniować>	—	beavatkozik
cortina f	gordijn n	draperi n	—	závěs m	függöny
surpreender	verrassen	överraska	—	překvapovat <překvapit>	meglep

zastávka

	D	E	F	I	ES
zastávka (CZ)	Haltestelle f	stop	arrêt m	fermata f	parada f
zastavovat <zastavit> (CZ)	anhalten	stop	arrêter	fermare	parar
zastępować <zastąpić> (PL)	ersetzen	replace	remplacer	sostituire	sustituir
zásuvka (CZ)	Steckdose f	socket	prise électrique f	presa f	enchufe m
zaświadczenie (PL)	Bescheinigung f	certificate	attestation f	certificato m	certificado m
zasypiać <zasnąć> (PL)	einschlafen	fall asleep	endormir, s'	addormentarsi	dormirse
zászló (H)	Fahne f	flag	drapeau m	bandiera f	bandera f
zatáčka (CZ)	Kurve f	bend	virage m	curva f	curva f
zataženo (CZ)	bewölkt	cloudy	couvert(e)	nuvoloso(a)	nublado
zatěžující (CZ)	lästig	troublesome	importun(e)	molesto(a)	desagradable
za tím (CZ)	dahinter	behind it	derrière	dietro	detrás
zatím (CZ)	indessen	meanwhile	cependant	nel frattempo	en eso
zatoulat, se (CZ)	verlaufen, sich	get lost	perdre, se	perdersi	perderse
zatrudniać <zatrudnić> (PL)	beschäftigen	occupy/employ	occuper	occupare	ocupar
zatrudniony (PL)	beschäftigt	busy	occupé(e)	occupato(a)	ocupado(a)
zatrzymywać <zatrzymać>[1] (PL)	anhalten	stop	arrêter	fermare	parar
zatrzymywać <zatrzymać>[2] (PL)	behalten	keep	garder	tenere	retener
zatýkat <zatknout> (CZ)	verhaften	arrest	arrêter	arrestare	detener
za tym (PL)	dahinter	behind it	derrière	dietro	detrás
zaufanie (PL)	Vertrauen n	confidence	confiance f	fiducia f	confianza f
Zaun (D)	—	fence	clôture f	recinto m	cercado m
zauważać <zauważyć> (PL)	bemerken	notice	remarquer	notare	darse cuenta de
zavar (H)	stören	disturb	déranger	disturbare	molestar
zavar (H)	Verlegenheit f	embarrassment	gêne f	imbarazzo m	timidez f
zavarban van (H)	verlegen	embarrassed	gêné(e)	imbarazzato(a)	cohibido(a)
zavart (H)	verwirrt	confused	confus(e)	confuso(a)	confundido(a)
zavazadla (CZ)	Gepäck n	luggage	bagages m/pl	bagaglio m	equipaje m
zavazadlový prostor (CZ)	Kofferraum m	boot	coffre m	portabagagli m	maletero m
zavazovat <zavázat> (CZ)	verpflichten	oblige	obliger	obbligare	obligar
závěs (CZ)	Vorhang m	curtain	rideau m	tenda f	cortina f
závidět (CZ)	beneiden	envy	envier	invidiare	envidiar
zavírat <zavřít>[1] (CZ)	einschließen	lock up	refermer	rinchiudere	encerrar
zavírat <zavřít>[2] (CZ)	schließen	close	fermer	chiudere	cerrar
závist (CZ)	Neid m	envy	jalousie f	invidia f	envidia f
závistivý (CZ)	neidisch	envious	envieux(euse)	invidioso(a)	envidioso(a)
zavolání (CZ)	Anruf m	call	appel téléphonique m	chiamata f	llamada f
zavolat (CZ)	anrufen	ring up	téléphoner	telefonare	llamar por teléfono
zawalać, się <zawalić, się> (PL)	einstürzen	collapse	écrouler, s'	crollare	derrumbarse
zawartość (PL)	Inhalt m	contents	contenu m	contenuto m	contenido m
zawiadamiać (PL)	verständigen	inform	prévenir	informare	informar
zawiadamiać <zawiadomić> (PL)	benachrichtigen	inform	informer	informare	avisar
zawiadamiać <zawiadomić> (PL)	mitteilen	inform	informer	comunicare	comunicar
zawiadomienie (PL)	Mitteilung f	message	information f	comunicazione f	comunicación f
zawierać (PL)	enthalten	contain	contenir	contenere	contener
zawieszać <zawiesić> (PL)	aufhängen	hang up	accrocher	appendere	colgar

zawieszać

P	NL	SV	PL	CZ	H
paragem f	halte f	hållplats u	przystanek m	—	megálló
parar	stoppen	stoppa	zatrzymywać <zatrzymać>	—	megállít
substituir	vervangen	byta ut	—	nahrazovat <nahradit>	pótol
tomada f de corrente	stopcontact n	stickuttag n	gniazdko n	—	dugaszolóaljzat
atestado m	attest n	attest n	—	potvrzení n	igazolás
adormecer	inslapen	somna	—	usínat <usnout>	elalszik
bandeira f	vlag f	flagga u	chorągiew f	vlajka f	—
curva f	bocht f	kurva u	zakręt m	—	kanyar
enevoado	bewolkt	molnigt	zachmurzony	—	felhős
importuno	lastig	besvärlig	uciążliwy	—	terhes
atrás	daarachter	bakom	za tym	—	mögött
entretanto	ondertussen	emellertid	jednakże	—	amíg
perder-se	verkeerd lopen	gå vilse	zgubić się	—	eltéved
ocupar	bezighouden	sysselsätta	—	zaměstnávat <zaměstnat>	foglalkoztat
ocupado	bezig	sysselsatt	—	zaměstnaný	elfoglalt
parar	stoppen	stoppa	—	zastavovat <zastavit>	megállít
guardar	behouden	behålla	—	nechat, si <ponechat, si>	megtart
prender	arresteren	häkta	aresztować	—	letartóztat
atrás	daarachter	bakom	—	za tím	mögött
confiança f	vertrouwen n	förtroende n	—	důvěra f	bizalom
cerca f	hek n	stängsel n	płot m	plot m	kerítés
reparar	opmerken	märka	—	poznamenat <poznamenávat>	észrevesz
perturbar	storen	störa	przeszkadzać	rušit <vyrušit>	—
embaraço m	verlegenheid f	förlägenhet u	zakłopotanie n	rozpačitost f	—
embaraçado	verlegen	förlägen	zakłopotany	rozpačitý	—
confuso	verward	förvirrad	zagmatwany	zmatený	—
bagagem f	bagage f	bagage n	bagaż m	—	poggyász
porta bagagem m	bagageruimte m	bagageutrymme n	bagażnik m	—	csomagtartó
obrigar	verplichten	förbinda	zobowiązywać	—	kötelez
cortina f	gordijn n	draperi n	zasłona f	—	függöny
invejar alguém	benijden	avvundas	zazdrościć <pozazdrościć>	—	irigyel
fechar	insluiten	låsa in	zamykać <zamknąć>	—	bezár
fechar	sluiten	stänga	zamykać <zamknąć>	—	zár
inveja f	nijd m	avundsjuka u	zawiść f	—	irigység
invejoso	jaloers	avundsjuk	zawistny	—	irigy
telefonema m	telefoontje n	telefonsamtal n	rozmowa telefoniczna f	—	telefonhívás
telefonar	opbellen	ringa	telefonować <zatelefonować>	—	felhív
derrubar	instorten	störta in	—	zřítit se	összeomlik
conteúdo m	inhoud m	innehåll n	—	obsah m	tartalom
informar	op de hoogte brengen	meddela	—	vyrozumět	értesít
informar	verwittigen	underrätta	—	podávat zprávu <podat zprávu>	értesít
comunicar	meedelen	meddela	—	sdělovat <sdělit>	közöl
comunicação f	mededeling f	meddelande n	—	sdělení n	közlemény
conter	omvatten	innehålla	—	obsahovat	tartalmaz
pendurar	ophangen	hänga upp	—	pověsit	felakaszt

zawiść

	D	E	F	I	ES
zawiść (PL)	Neid m	envy	jalousie f	invidia f	envidia f
zawistny (PL)	neidisch	envious	envieux(euse)	invidioso(a)	envidioso(a)
zawód (PL)	Beruf m	profession	profession f	professione f	profesión f
zawrócić (PL)	umkehren	turn back	retourner	ritornare	regresar
zawsze (PL)	immer	always	toujours	sempre	siempre
zażalenie (PL)	Beschwerde f	complaint	plainte f	reclamo m	reclamación f
zazdrość (PL)	Eifersucht f	jealousy	jalousie f	gelosia f	celos m/pl
zazdrościć <pozazdrościć> (PL)	beneiden	envy	envier	invidiare	envidiar
zazwyczaj (PL)	gewöhnlich	usual	habituel(le)	abituale	habitual
zbabělý (CZ)	feige	cowardly	lâche	vile	cobarde
zbavovat se <zbavit se> (CZ)	abhängen	depend	dépendre	dipendere	depender
zbędny (PL)	überflüssig	superfluous	superflu(e)	superfluo(a)	superfluo(a)
zbiegać <zbiec> (PL)	entkommen	escape	échapper	scappare	escapar
zbierać <zebrać> (PL)	sammeln	collect	collecter	raccogliere	recolectar
zbieranie (PL)	Sammlung f	collection	collection f	raccolta f	colección f
zbliżać, się <zbliżyć, się> (PL)	nähern, sich	approach	approcher, se	avvicinarsi	acercarse
zboże (PL)	Getreide n	cereals	céréales f/pl	cereali m/pl	cereales m/pl
zboží (CZ)	Ware f	goods	marchandise f	merce f	mercancía f
zbraň (CZ)	Waffe f	weapon	arme f	arma f	arma f
zbytečně (CZ)	umsonst	for nothing	en vain	per niente	en vano
zbytečný¹ (CZ)	überflüssig	superfluous	superflu(e)	superfluo(a)	superfluo(a)
zbytečný² (CZ)	unnötig	unnecessary	inutile	inutile	inútil
zbytečný³ (CZ)	zwecklos	useless	inutile	inutile	inútil
zbytek (CZ)	Rest m	rest	reste m	resto m	resto m
zbývající (CZ)	übrig	left	restant(e)	restante	restante
zcela (CZ)	völlig	completely	complètement	completamente	completamente
zdanie (PL)	Satz m	sentence	phrase f	frase f	oración f
zdánlivě (CZ)	anscheinend	seemingly	apparemment	apparentemente	aparentemente
zdarzenie (PL)	Ereignis n	event	évènement m	avvenimento m	suceso m
zde¹ (CZ)	da	there	là/ici	qui/là	allí
zde² (CZ)	hier	here	ici	qui	aquí
zdecydować, się (PL)	entschließen, sich	decide	décider, se	decidere	decidirse
zdejmować <zdjąć>¹ (PL)	abhängen	depend	dépendre	dipendere	depender
zdejmować <zdjąć>² (PL)	abnehmen	lose weight	maigrir	dimagrire	adelgazar
zdejmować <zdjąć>³ (PL)	ausziehen	take over	enlever	levare	quitarse
zdenerwowany (PL)	aufgeregt	excited	agité(e)	eccitato(a)	excitado(a)
zdjęcie (PL)	Foto n	photo	photo f	foto f	foto f
zdlouhavě (CZ)	umständlich	complicated	compliqué(e)	complicato(a)	complicado(a)
zdolność (PL)	Fähigkeit f	ability	capacité f	capacità f	capacidad f
zdolny¹ (PL)	begabt	gifted	doué(e)	dotato(a)	apto para
zdolny² (PL)	fähig	capable	capable	capace	hábil
zdráhat, se (CZ)	weigern, sich	refuse	refuser	rifiutare	resistirse
zdravotní sestra (CZ)	Krankenschwester f	nurse	infirmière f	infermiera f	enfermera f
zdravý (CZ)	gesund	healthy	sain(e)	sano(a)	sano(a)
zdrowy (PL)	gesund	healthy	sain(e)	sano(a)	sano(a)
z drugiej strony (PL)	andererseits	on the other hand	d'autre part	d'altra parte	por otra parte
zdvihat <zdvihnout> (CZ)	heben	lift	soulever	alzare	levantar
zdvořilost (CZ)	Höflichkeit f	politeness	politesse f	cortesia f	cortesía f
zdvořilý (CZ)	höflich	polite	poli(e)	cortese	cortés
że (PL)	dass	that	que	che	que
že (CZ)	dass	that	que	che	que

že

P	NL	SV	PL	CZ	H
inveja f	nijd m	avundsjuka u	—	závist f	irigység
invejoso	jaloers	avundsjuk	—	závistivý	irigy
profissão f	beroep n	yrke n	—	povolání n	szakma
voltar	omkeren	vända om	—	obracet, se <obrátit, se>	megfordít
sempre	altijd	alltid	—	vždy	mindig
queixa f	bezwaar n	klagomål n	—	stížnost f	panasz
ciúme m	jaloezie f	svartsjuka u	—	žárlivost f	féltékenység
invejar alguém	benijden	avvundas	—	závidět	irigyel
usual	gewoon	vanlig	—	obvykle	rendszerint
cobarde	laf	feg	tchórzliwy	—	gyáva
depender	afhangen	koppla från	zdejmować <zdjąć>	—	leakaszt
supérfluo	overbodig	överflödigt	—	zbytečný	felesleges
escapar	ontkomen	undkomma	—	unikat <uniknout>	megmenekül
coleccionar	verzamelen	samla in	—	sbírat <sebrat>	gyűjt
colecção f	verzameling f	samling u	—	sbírka f	gyűjtemény
aproximar-se	naderen	närma, sig	—	blížit, se <přiblížit, se>	közeledik
cereal m	graan n	säd u	—	obilí n	gabona
mercadoria f	waar f	vara u	towar m	—	áru
arma f	wapen n	vapen n	broń f	—	fegyver
gratuito	voor niets	förgäves	darmo	—	ingyen
supérfluo	overbodig	överflödigt	zbędny	—	felesleges
desnecessário	onnodig	onödig	niepotrzebny	—	szükségtelen
inútil	zinloos	meningslös	bezcelowy	—	értelmetlen
resto m	rest m	rest u	reszta f	—	maradék
restante	overig	övrig	pozostały	—	maradék
plenamente	volledig	helt	całkowicie	—	teljesen
frase f	zin m	mening u	—	věta f	mondat
aparentemente	naar het schijnt	tydligen	widocznie	—	úgy tűnik
acontecimento m	gebeurtenis f	händelse u	—	událost f	esemény
ali	daar	där	tam	—	ott
aqui	hier	här	tu	—	itt
decidir-se	besluiten	besluta sig	—	rozhodovat, se <rozhodnout, se>	elhatározza magát
depender	afhangen	koppla från	—	zbavovat se <zbavit se>	leakaszt
tirar	afnemen	ta bort	—	odbírat <odebrat>	lefogyni
despir	uittrekken	klä av sig	—	svlékat <svléknout>	kihúz
agitado	opgewonden	upprörd	—	rozčíleně	izgatott
fotografia f	foto f	foto n	—	foto n	fénykép
complicado	omslachtig	omständlig	kłopotliwy	—	körülményes
capacidade f	bekwaamheid f	förmåga u	—	schopnost f	képesség
talentoso	begaafd	begåvad	—	nadaný	tehetséges
capaz	bekwaam	skicklig	—	schopný	képes
recusar-se	weigeren	vägra	odmawiać	—	vonakodik
enfermeira f	verpleegster f	sjuksköterska u	pielęgniarka f	—	ápolónő
saudável	gezond	frisk	zdrowy	—	egészséges
saudável	gezond	frisk	—	zdravý	egészséges
por outro lado	anderzijds	å andra sidan	—	na druhé straně	másrészt
levantar	heffen	häva	podnosić <podnieść>	—	emel
cortesia f	beleefdheid f	hövlighet u	uprzejmość f	—	udvariasság
cortês	beleefd	hövlig	uprzejmy	—	udvarias
que	dat	att	—	že	hogy
que	dat	att	że	—	hogy

žebřík

	D	E	F	I	ES
žebřík (CZ)	Leiter f	ladder	échelle f	scala f	escalera f
zeď (CZ)	Mauer f	wall	mur m	muro m	muro m
zee (NL)	Meer n	sea	mer f	mare m	mar m
zeep (NL)	Seife f	soap	savon m	sapone m	jabón m
zegar (PL)	Uhr f	watch	montre f	orologio m	reloj m
zeggen (NL)	sagen	say	dire	dire	decir
Zehe (D)	—	toe	orteil m	dito del piede m	dedo del pie m
Zeichen (D)	—	sign	signe m	segnale m	señal f
zeichnen (D)	—	draw	dessiner	disegnare	dibujar
zeigen (D)	—	show	montrer	mostrare	mostrar
Zeit (D)	—	time	temps m	tempo m	tiempo m
Zeitschrift (D)	—	magazine	revue f	rivista f	revista f
Zeitung (D)	—	newspaper	journal m	giornale m	periódico m
zeker[1] (NL)	gewiss	certain	certain(e)	certo(a)	cierto
zeker[2] (NL)	sicher	sure	sûr(e)	sicuro(a)	seguro(a)
zekerheid (NL)	Sicherheit f	safety	sécurité f	sicurezza f	seguridad f
zelden (NL)	selten	rare	rare	raro(a)	raro(a)
zélé(e) (F)	eifrig	keen	—	diligente	diligente
zelenina (CZ)	Gemüse n	vegetables	légumes m/pl	verdura f	verdura f
zelený (CZ)	grün	green	vert(e)	verde	verde
železnice (CZ)	Eisenbahn f	railway	chemin de fer m	ferrovia f	ferrocarril m
zelfs (NL)	sogar	even	même	perfino	incluso
zeloso (P)	eifrig	keen	zélé(e)	diligente	diligente
Zelt (D)	—	tent	tente f	tenda f	tienda f
zelten (D)	—	camp	camper	campeggiare	acampar
zemdlenie (PL)	Ohnmacht f	faint	évanouissement m	svenimento m	desmayo m
země[1] (CZ)	Erde f	earth	terre f	terra f	tierra f
země[2] (CZ)	Land n	land	pays m	paese m	país m
zemědělec (CZ)	Bauer m	farmer	paysan m	contadino m	campesino m
zemětřesení (CZ)	Erdbeben n	earthquake	tremblement de terre m	terremoto m	terremoto m
zemsta (PL)	Rache f	revenge	vengeance f	vendetta f	venganza f
žena (CZ)	Frau f	woman	femme f	donna f	mujer f
ženatý/vdaná (CZ)	verheiratet	married	marié(e)	sposato(a)	casado(a)
žena v domácnosti (CZ)	Hausfrau f	housewife	femme au foyer f	casalinga f	ama de casa f
zene (H)	Musik f	music	musique f	musica f	música f
żenić się <ożenić, się> / wychodzić za mąż <wyjść za mąż> (PL)	heiraten	marry	marier	sposarsi	casarse
zentral (D)	—	central	central(e)	centrale	central
Zentrum (D)	—	centre	centre m	centro m	centro m
zepsuty (PL)	kaputt	broken	cassé(e)	rotto(a)	roto(a)
zerbrechen (D)	—	break	casser	rompere	romper
zerbrechlich (D)	—	fragile	fragile	fragile	frágil
zerreißen (D)	—	rip	déchirer	strappare	romper
zerstören (D)	—	destroy	détruire	distruggere	destruir
zerstreut (D)	—	scattered	dispersé(e)	disperso(a)	disperso(a)
žert[1] (CZ)	Scherz m	joke	plaisanterie f	scherzo m	broma f
žert[2] (CZ)	Spaß m	fun	plaisir m	scherzo m	diversión f
zeszyt (PL)	Heft n	exercise book	cahier m	quaderno m	cuaderno m
Zeug (D)	—	stuff	affaires f/pl	cose f/pl	cosas f/pl
Zeuge (D)	—	witness	témoin m	testimone m	testigo m
Zeugnis (D)	—	report	bulletin m	pagella f	certificado m
zewnątrz (PL)	außen	outside	au dehors	fuori	afuera
zezwalać <zezwolić>[1] (PL)	erlauben	allow	permettre	permettere	permitir

zezwalać

P	NL	SV	PL	CZ	H
escadote *m*	ladder *f*	stege *u*	drabina *f*	—	létra
muro *m*	muur *m*	mur *u*	mur *m*	—	fal
mar *m*	—	hav *n*	morze *n*	moře *n*	tenger
sabonete *m*	—	tvål *u*	mydło *n*	mýdlo *n*	szappan
relógio *m*	horloge *n*	klocka *u*	—	hodiny *pl*	óra
dizer	—	säga	mówić <powiedzieć>	říkat <říci>	mond
dedo do pé *m*	teen *m*	tå *u*	palec u nogi *m*	prst (u nohy) *m*	lábujj
sinal *m*	teken *n*	tecken *n*	znak *m*	značka *f*	jel
desenhar	tekenen	rita	rysować	kreslit <nakreslit>	rajzol
mostrar	tonen	visa	pokazywać	ukazovat <ukázat>	mutat
tempo *m*	tijd *m*	tid *u*	czas *m*	čas *m*	idő
revista *f*	tijdschrift *n*	tidskrift *u*	czasopismo *n*	časopis *m*	folyóirat
jornal *m*	krant *m*	tidning *u*	gazeta *f*	noviny *pl*	újság
certo	—	säker	pewnie	jistě	bizonyos
seguro	—	säker	pewny	jistě	biztos
segurança *f*	—	säkerhet *u*	pewność *f*	jistota *f*	biztonság
raro	—	sällan	rzadko	řídký	ritka (ritkán)
zeloso	ijverig	ivrig	pilny	horlivý	buzgó
legumes *m*	groente *f*	grönsaker *pl*	warzywo *n*	—	zöldség
verde	groen	grön	zielony(no)	—	zöld
comboio *m*	spoorweg *m*	järnväg *u*	kolej *f*	—	vasút
até	—	till och med	nawet	dokonce	sőt
—	ijverig	ivrig	pilny	horlivý	buzgó
tenda *f*	tent *f*	tält *n*	namiot *m*	stan *m*	sátor
acampar	kamperen	tälta	biwakować	stanovat	sátorozik
desmaio *m*	bewusteloosheid *f*	vanmakt *u*	—	bezmocnost *f*	eszméletlenség
terra *f*	aarde *f*	jord *u*	ziemia *f*	—	föld
país *m*	land *n*	stat *u*	kraj *m*	—	állam
agricultor *m*	boer *m*	bonde *u*	rolnik *m*	—	paraszt, földműves
terramoto *m*	aardbeving *f*	jordbävning *u*	trzęsienie ziemi *n*	—	földrengés
vingança *f*	wraak *m*	hämnd *u*	—	pomsta *f*	bosszú
mulher *f*	vrouw *f*	kvinna *u*	kobieta *f*	—	asszony
casado	gehuwd	gift	żonaty/zamężna	—	házas
doméstica *f*	huisvrouw *f*	hemmafru *u*	gospodyni domowa *f*	—	háziasszony
música *f*	muziek *f*	musik *u*	muzyka *f*	hudba *f*	—
casar	huwen	gifta sig	—	uzavírat sňatek <uzavřít sňatek>	házasságot köt
central	centraal	central	centralny	centrální	központi
centro *m*	centrum *n*	mitten	centrum *n*	střed *m*	központ
estragado	kapot	sönder	—	rozbitý	tönkrement
quebrar	breken	bryta sönder	łamać <złamać>	rozlamovat <rozlomit>	eltör
frágil	breekbaar	bräcklig	łamliwy	křehký	törékeny
despedaçar	(stuk)scheuren	gå/riva sönder	rozdzierać	roztrhat <roztrhnout>	széttép
destruir	verwoesten	förstöra	niszczyć	ničit <zničit>	szétrombol
distraído	verstrooid	förströdd	rozproszony	roztržitý	szórakozott
brincadeira *f*	grap *f*	skämt *n*	żart *m*	—	tréfa
brincadeira *f*	plezier *n*	skoj *n*	żart *m*	—	tréfa
caderno *m*	boekje *n*	häfte *n*	—	sešit *m*	füzet
coisas *f/pl*	spullen *pl*	grejor *pl*	materia *f*	věci *pl*	holmi
testemunha *m*	getuige *m/f*	vittne *n*	świadek *m*	svědek *m*	tanú
certificado *m*	getuigenis *n*	betyg *n*	świadectwo *n*	vysvědčení *n*	bizonyítvány
fora	buiten	ute	—	venku	kint
permitir	veroorloven	tillåta	—	dovolovat <dovolit>	megenged

zezwalać

	D	E	F	I	ES
zezwalać <zezwolić>² (PL)	genehmigen	approve	autoriser	approvare	permitir
zezwolenie¹ (PL)	Erlaubnis f	permission	permission f	permesso m	permiso m
zezwolenie² (PL)	Genehmigung f	authorization	autorisation f	permesso m	permiso m
zgadywać (PL)	raten	guess	deviner	indovinare	adivinar
zgadzać się (PL)	zustimmen	agree	être d'accord	acconsentire	consentir
zgadzać się <zgodzić się> (PL)	einverstanden	agreed	d'accord	d'accordo	de acuerdo
zginać <zgiąć> (PL)	biegen	bend	plier	piegare	doblar
zgłoszenie (PL)	Anmeldung f	announcement	annonce f	annuncio m	aviso m
z grubsza (PL)	grob	coarse	grossier(ière)	rozzo(a)	tosco(a)
zgubić się (PL)	verlaufen, sich	get lost	perdre, se	perdersi	perderse
zgwałcić (PL)	vergewaltigen	rape	violer	violentare	violar
zhotovovat <zhotovit> (CZ)	anfertigen	manufacture	confectionner	fabbricare	fabricar
zia (I)	Tante f	aunt	tante f	—	tía f
złapać (PL)	erwischen	catch	attraper	acchiappare	atrapar
ziarno (PL)	Korn n	corn	grain m	grano m	semilla f
Žid (CZ)	Jude m	Jew	juif m	ebreo m	judío m
židle (CZ)	Stuhl m	chair	chaise f	sedia f	silla f
ziehen (D)	—	pull	tirer	tirare	tirar
ziek (NL)	krank	ill	malade	malato(a)	enfermo(a)
ziekenhuis (NL)	Krankenhaus n	hospital	hôpital m	ospedale m	hospital m
ziekenwagen (NL)	Krankenwagen m	ambulance	ambulance f	ambulanza f	ambulancia f
ziekte (NL)	Krankheit f	illness	maladie f	malattia f	enfermedad f
ziek worden (NL)	erkranken	get ill	tomber malade	ammalarsi	enfermar
Ziel (D)	—	goal	but m	meta f	intención f
zielony(no) (PL)	grün	green	vert(e)	verde	verde
ziemia (PL)	Erde f	earth	terre f	terra f	tierra f
ziemlich (D)	—	quite	assez	abbastanza	bastante
ziemniak (PL)	Kartoffel f	potato	pomme de terre f	patata f	patata f
zien (NL)	sehen	see	voir	vedere	ver
Zigarette (D)	—	cigarette	cigarette f	sigaretta f	cigarrillo m
zij¹ (NL)	sie	she	elle	lei	ella
zij² (NL)	sie pl	they	ils (elles)	loro	ellos(as)
zijde (NL)	Seite f	page	page f	pagina f	página f
zima (PL)	Winter m	winter	hiver m	inverno m	invierno m
zima (CZ)	Winter m	winter	hiver m	inverno m	invierno m
Zimmer (D)	—	room	chambre f	camera f	habitación f
zimny (PL)	kalt	cold	froid(e)	freddo(a)	frío(a)
zin (NL)	Satz m	sentence	phrase f	frase f	oración f
zingen (NL)	singen	sing	chanter	cantare	cantar
zinloos (NL)	zwecklos	useless	inutile	inutile	inútil
zio (I)	Onkel m	uncle	oncle m	—	tío m
złodziej (PL)	Dieb m	thief	voleur m	ladro m	ladrón m
złość (PL)	Wut f	anger	colère f	rabbia f	rabia f
złościć <rozzłościć> (PL)	ärgern	annoy	fâcher	arrabbiare	enfadar
zip (E)	Reißverschluss m	—	fermeture éclair f	chiusura lampo f	cremallera f
zip (CZ)	Reißverschluss m	zip	fermeture éclair f	chiusura lampo f	cremallera f
zisk (CZ)	Gewinn m	profit	gain m	guadagno m	ganancia f
získávat <získat>¹ (CZ)	erwerben	acquire	acquérir	acquistare	adquirir
získávat <získat>² (CZ)	gewinnen	win	gagner	guadagnare	ganar
žít (CZ)	leben	live	vivre	vivere	vivir

žít

P	NL	SV	PL	CZ	H
aprovar	goedkeuren	bevilja	—	povolovat <povolit>	engedélyez
autorização f	toestemming f	tillstånd n	—	povolení n	engedély
aprovação f	goedkeuring f	godkännande n	—	povolení n	engedély
adivinhar	raden	gissa	—	hádat	találgat
consentir	toestemmen	instämma	—	souhlasit	helyesel
de acordo	akkoord	överens	—	souhlasit <odsouhlasit>	rendben van
dobrar	buigen	böja	—	ohýbat <ohnout>	meghajlít
inscrição f	aanmelding f	anmälan u	—	přihláška f	bejelentés
grosso	grof	grov	—	hrubý	durva
perder-se	verkeerd lopen	gå vilse	—	zatoulat, se	eltéved
violar	verkrachten	våldta	—	znásilňovat <znásilnit>	megerőszakol
confeccionar	vervaardigen	tillverka	wykonać	—	elkészít
tia f	tante f	tant u	ciotka f	teta f	néni
apanhar	te pakken krijgen	ertappa	—	dopadat <dopadnout>	elkap
grão m	graan n	korn n	—	zrno n	gabona
judeu m	jood m	jude u	żyd m	—	zsidó
cadeira f	stoel m	stol u	krzesło n	—	szék
puxar	trekken	dra	ciągnąć	táhnout	húz
doente	—	sjuk	chory	nemocný	beteg
hospital m	—	sjukhus n	szpital m	nemocnice f	korház
ambulância f	—	ambulans u	karetka pogotowia f	sanitka f	mentőautó
doença f	—	sjukdom u	choroba f	nemoc f	betegség
adoecer	—	insjuknande	zachorować	onemocnět	megbetegszik
meta f	doel n	mål n	cel m	cíl m	cél
verde	groen	grön	—	zelený	zöld
terra f	aarde f	jord u	—	země f	föld
bastante	behoorlijk	ganska	dość	značný	meglehetősen
batata f	aardappel m	potatis u	—	brambora f	burgonya
ver	—	se	widzieć	vidět <uvidět>	lát
cigarro m	sigaret f	cigarett u	papieros m	cigareta f	cigaretta
ela	—	hon	ona	ona	ő
eles(as)	—	de	oni	oni	ők
página f	—	sida u	strona f	strana f	oldal
inverno m	winter m	vinter u	—	zima f	tél
inverno m	winter m	vinter u	zima f	—	tél
quarto m	kamer f	rum n	pokój m	pokoj m	szoba
frio	koud	kallt	—	studený	hideg
frase f	—	mening u	zdanie n	věta f	mondat
cantar	—	sjunga	śpiewać <zaśpiewać>	zpívat <zazpívat>	énekel
inútil	—	meningslös	bezcelowy	zbytečný	értelmetlen
tio m	oom m	farbror/morbror u	wujek m	strýc m	nagybácsi
ladrão m	dief m	tjuv u	—	zloděj m	tolvaj
raiva f	woede f	ilska u	—	vztek m	düh
aborrecer	ergeren	reta	—	zlobit	bosszant
fecho de correr m	ritssluiting f	blixtlås n	zamek błyskawiczny m	zip m	cipzár
fecho de correr m	ritssluiting f	blixtlås n	zamek błyskawiczny m	—	cipzár
ganho m	winst f	vinst u	zysk m	—	nyereség
adquirir	verkrijgen	förvärva	nabywać <nabyć>	—	szerez
ganhar	winnen	vinna	wygrywać <wygrać>	—	nyer
viver	leven	leva	żyć	—	él

zítra

	D	E	F	I	ES
zítra (CZ)	morgen	tomorrow	demain	domani	mañana
Zitrone (D)	—	lemon	citron m	limone m	limón m
zittern (D)	—	tremble	trembler	tremare	temblar
zivatar (H)	Gewitter n	thunderstorm	orage m	temporale m	tormenta f
živit (CZ)	ernähren	feed	nourrir	nutrire	alimentar
život (CZ)	Leben n	life	vie f	vita f	vida f
životní prostředí (CZ)	Umwelt f	environment	environnement m	ambiente m	medio ambiente m
životopis (CZ)	Lebenslauf m	curriculum vitae	curriculum vitae m	curriculum vitae m	curriculum vitae m
živý (CZ)	lebendig	alive	vivant(e)	vivo(a)	vivo(a)
zły[1] (PL)	böse	wicked	méchant(e)	cattivo(a)	malo(a)
zły[2] (PL)	schlecht	bad	mauvais(e)	cattivo	malo(a)
žízeň (CZ)	Durst m	thirst	soif f	sete f	sed f
žíznivý (CZ)	durstig	thirsty	assoiffé(e)	assetato(a)	tener sed
z jednej strony (PL)	einerseits	on one hand	d'une part	da un lato	por un lado
zklamaný (CZ)	enttäuscht	disappointed	déçu(e)	deluso(a)	desilusionado(a)
zklamat (CZ)	enttäuschen	disappoint	décevoir	deludere	defraudar
zkoušet <vyzkoušet> (CZ)	anprobieren	try on	essayer	provare	probar
zkoušet <zkusit>[1] (CZ)	prüfen	test	tester	esaminare	examinar
zkoušet <zkusit>[2] (CZ)	probieren	test	essayer	assaggiare	probar
zkouška (CZ)	Prüfung f	examination	examen m	esame m	examen m
zkušenost (CZ)	Erfahrung f	experience	expérience f	esperienza f	experiencia f
zkušený (CZ)	erfahren	learn	apprendre	venire a sapere	enterarse de
zle (CZ)	böse	wicked	méchant(e)	cattivo(a)	malo(a)
zlecać <zlecić> (PL)	beauftragen	instruct	charger de	incaricare	encargar
zlecenie (PL)	Auftrag m	order	ordre m	ordinazione f	orden f
zlepšení (CZ)	Besserung f	improvement	amélioration f	miglioramento m	restablecimiento m
zlepšovat <zlepšit> (CZ)	verbessern	improve	améliorer	migliorare	mejorar
zlobit (CZ)	ärgern	annoy	fâcher	arrabbiare	enfadar
zločin (CZ)	Verbrechen n	crime	crime m	delitto m	crimen m
zloděj (CZ)	Dieb m	thief	voleur m	ladro m	ladrón m
žlutý (CZ)	gelb	yellow	jaune	giallo(a)	amarillo(a)
zmartwienie (PL)	Kummer m	grief	chagrin m	dolore m	pena f
zmatený (CZ)	verwirrt	confused	confus(e)	confuso(a)	confundido(a)
zmęczony (PL)	müde	tired	fatigué(e)	stanco(a)	cansado(a)
změna (CZ)	Veränderung f	change	changement m	cambiamento m	cambio m
zmiana (PL)	Veränderung f	change	changement m	cambiamento m	cambio m
zmieniać[1] (PL)	verändern	change	transformer	mutare	cambiar
zmieniać[2] (PL)	wechseln	change	changer	cambiare	cambiar
zmieniać się <zmienić się> (PL)	abwechseln	take turns	alterner	alternarsi	alternar
zmieniać, się <zmienić, się> (PL)	ändern, sich	change	changer	cambiare	cambiar
zmieniać <zmienić> (PL)	ändern	change	changer	cambiare	cambiar
zmierzchać się (PL)	dämmern	dawn	poindre	spuntare	amanecer
zmiňovat, se <zmínit, se> (CZ)	erwähnen	mention	mentionner	menzionare	mencionar
zmrzlina (CZ)	Eis n	ice cream	glace f	gelato m	helado m
zmuszać (PL)	zwingen	force	forcer	costringere	obligar
zmylić (PL)	täuschen	deceive	tromper	ingannare	engañar
znać (PL)	kennen	know	connaître	conoscere	conocer
značka[1] (CZ)	Marke f	brand	marque f	marca f	marca f
značka[2] (CZ)	Zeichen n	sign	signe m	segnale m	señal f

značka

P	NL	SV	PL	CZ	H
amanhã	morgen	i morgon	jutro	—	holnap
limão m	citroen f	citron u	cytryna f	citron m	citrom
tremer	rillen	darra	drżeć	chvět, se <zachvět, se>	reszket
tempestade f	onweer n	åska u	burza f	bouřka f	—
alimentar	voeden	livnära	odżywiać	—	táplál
vida f	leven n	liv n	życie n	—	élet
meio ambiente m	milieu n	miljö u	środowisko n	—	környezet
curriculum vitae m	levensloop m	meritförteckning u	życiorys m	—	önéletrajz
vivo	levendig	livlig	żywy	—	eleven
mau	boos	arg	—	zle	gonosz
mau	slecht	dålig	—	špatný	rossz
sede f	dorst m	törst u	pragnie n	—	szomjúság
ter sede	dorstig	törstig	spragniony	—	szomjas
por um lado	enerzijds	å ena sidan	—	na jedné straně	egyrészt
decepcionado	teleurgesteld	besviken	rozczarowany	—	csalódott
decepcionar	teleurstellen	göra besviken	rozczarowywać <rozczarować>	—	csalódást okoz
provar roupa	aanpassen	prova ngt på ngn	przymierzać <przymierzyć>	—	felpróbál
examinar	keuren	kontrollera	sprawdzać <sprawdzić>	—	vizsgál
experimentar	proberen	prova	próbować <spróbować>	—	próbál
exame m	onderzoek n	kontroll u	egzamin m	—	vizsga
experiência f	ervaring f	erfarenhet u	doświadczenie n	—	tapasztalat
vir a saber	ervaren; vernemen	erfaren	dowiadywać, się <dowiedzieć, się>	—	megtud
mau	boos	arg	zły	—	gonosz
encarregar	belasten	ge i uppdrag	—	pověrovat <pověřit>	megbíz
pedido m	opdracht f	uppdrag n	—	zakázka f	megbízás
melhoramento m	verbetering f	bättring u	poprawa f	—	javulás
melhorar	verbeteren	förbättra	poprawiać	—	megjavít
aborrecer	ergeren	reta	złość <rozzłościć>	—	bosszant
crime m	misdaad f	brott n	przestępstwo n	—	bűncselekmény
ladrão m	dief m	tjuv u	złodziej m	—	tolvaj
amarelo	geel	gul	żółty(to)	—	sárga
desgosto m	kommer m	bekymmer n	—	soužení n	bánat
confuso	verward	förvirrad	zagmatwany	—	zavart
cansado	moe	trött	—	unavený	fáradt
modificação f	verandering f	förändring u	zmiana f	—	változás
modificação f	verandering f	förändring u	—	změna f	változás
modificar	veranderen	förändra	—	měnit <změnit>	megváltoztat
mudar	wisselen	byta	—	měnit <vyměnit>	cserél
variar	afwisselen	omväxlande	—	střídat	váltakozik
modificar-se	veranderen	förändra sig	—	měnit, se <změnit, se>	változik
modificar	wijzigen	förändra	—	měnit <změnit>	változtat
amanhecer	schemeren	skymma	—	svítat	alkonyodik/hajnalodik
mencionar	vermelden	nämna	wspominać <wspomnieć>	—	megemlít
gelado m	ijs n	glass u	lód m	—	fagylalt
obrigar	dwingen	tvinga	—	nutit <donutit>	kényszerít
enganar	bedriegen	bedra	—	klamat <zklamat>	megtéveszt
conhecer	kennen	känna till	—	znát <poznat>	ismer
marca f	merk n	märke n	marka f	—	márka
sinal m	teken n	tecken n	znak m	—	jel

značně

	D	E	F	I	ES
značně (CZ)	beträchtlich	considerable	considérable	considerevole	considerable
značný (CZ)	ziemlich	quite	assez	abbastanza	bastante
znać, się (PL)	auskennen, sich	know one's way about	connaître, s'y	conoscere bene	conocer a fondo a
znaczek pocztowy (PL)	Briefmarke f	stamp	timbre m	francobollo m	sello m
znaczenie (PL)	Bedeutung f	meaning	signification f	significato f	significado m
znaczny (PL)	beträchtlich	considerable	considérable	considerevole	considerable
znaczyć (PL)	bedeuten	mean	signifier	significare	significar
znajdować, się (PL)	befinden, sich	feel	trouver, se	trovarsi	encontrarse
znajdować <znaleźć> (PL)	finden	find	trouver	trovare	encontar
znajomość (PL)	Kenntnis f	knowledge	connaissance f	conoscenza f	conocimiento m
znajomy (PL)	Bekannter m	acquaintance	ami m	conoscente m	conocido m
znak (PL)	Zeichen n	sign	signe m	segnale m	señal f
znakomicie (PL)	ausgezeichnet	excellent	excellent(e)	eccellente	excelente
znakomity (PL)	hervorragend	excellent	excellent(e)	eccellente	extraordinario(a)
znalost (CZ)	Kenntnis f	knowledge	connaissance f	conoscenza f	conocimiento m
znamenat (CZ)	bedeuten	mean	signifier	significare	significar
známka (CZ)	Note f	mark	note f	voto m	calificación f
známý (CZ)	bekannt	well-known	connu(e)	conosciuto(a)	conocido(a)
známý (CZ)	Bekannter m	acquaintance	ami m	conoscente m	conocido m
znany (PL)	bekannt	well-known	connu(e)	conosciuto(a)	conocido(a)
znásilňovat <znásilnit> (CZ)	vergewaltigen	rape	violer	violentare	violar
znát <poznat> (CZ)	kennen	know	connaître	conoscere	conocer
znepokojovat <znepokojit> (CZ)	beunruhigen	disturb	inquiéter	inquietare	inquietar
zneužití (CZ)	Missbrauch n	abuse	abus m	abuso m	abuso m
zneužívat <zneužít> (CZ)	missbrauchen	abuse	abuser de	abusare	abusar
znevýhodňovat <znevýhodnit> (CZ)	benachteiligen	disadvantage	désavantager	svantaggiare	perjudicar
zniknąć (PL)	verschwinden	disappear	disparaître	sparire	desaparecer
żniwo (PL)	Ernte f	harvest	moisson f	raccolto m	cosecha f
zniżka (PL)	Ermäßigung f	reduction	réduction f	riduzione f	rebaja f
znosić <znieść> (PL)	ertragen	bear	supporter	sopportare	soportar
znowu widzieć (PL)	wiedersehen	see again	revoir	rivedere	volver a ver
zobowiązanie (PL)	Verpflichtung f	obligation	obligation f	obbligo m	obligación f
zobowiązywać (PL)	verpflichten	oblige	obliger	obbligare	obligar
zodpovědný (CZ)	verantwortlich	responsible	responsable	responsabile	responsable
zoeken (NL)	suchen	look for	chercher	cercare	buscar
zoet (NL)	süß	sweet	sucré(e)	dolce	dulce
zögern (D)	—	hesitate	hésiter	esitare	vacilar
żołądek (PL)	Magen m	stomach	estomac m	stomaco m	estómago m
żołnierz (PL)	Soldat m	soldier	soldat m	soldato m	soldado m
żółty(to) (PL)	gelb	yellow	jaune	giallo(a)	amarillo(a)
zöld (H)	grün	green	vert(e)	verde	verde
zöldség (H)	Gemüse n	vegetables	légumes m/pl	verdura f	verdura f
Zoll (D)	—	customs	douane f	dogana f	aduana f
zomer (NL)	Sommer m	summer	été m	estate f	verano m
zon (NL)	Sonne f	sun	soleil m	sole m	sol m
zona¹ (ES)	Gebiet n	region	région f	regione f	—
zona² (ES)	Gebiet n	region	région f	regione f	—
żonaty/zamężna (PL)	verheiratet	married	marié(e)	sposato(a)	casado(a)
zongora (H)	Klavier n	piano	piano m	pianoforte m	piano m
zonnebrand (NL)	Sonnenbrand m	sunburn	coup de soleil m	scottatura solare f	quemadura solar f

P	NL	SV	PL	CZ	H
considerável	aanmerkelijk	beaktlig	znaczny	—	jelentős
bastante	behoorlijk	ganska	dość	—	meglehetősen
ser conhecedor de	thuis zijn (in)	känna till	—	vyznávat, se <vyznat, se>	kiismeri, magát
selo m	postzegel m	frimärke n	—	poštovní známka f	levélbélyeg
significado m	betekenis f	betydelse u	—	význam m	értelem
considerável	aanmerkelijk	beaktlig	—	značně	jelentős
significar	bedoelen	betyda	—	znamenat	jelent
encontrar-se	bevinden, zich	befinna sig	—	nacházet, se	van
encontrar	vinden	hitta	—	nacházet <najít>	talál
conhecimento m	kennis f	kunskap u	—	znalost f	ismeret
conhecido m	kennis m	bekant u	—	známý m	ismerős
sinal m	teken n	tecken n	—	značka f	jel
excelente	uitstekend	förträffligt	—	vynikající	kitünő
excelente	uitstekend	framstående	—	vynikající	kitünő
conhecimento m	kennis f	kunskap u	znajomość f	—	ismeret
significar	bedoelen	betyda	znaczyć	—	jelent
nota f	cijfer n	betyg n	ocena f	—	osztályzat
conhecido	bekend	känd	znany	—	ismert
conhecido m	kennis m	bekant u	znajomy m	—	ismerős
conhecido	bekend	känd	—	známý	ismert
violar	verkrachten	våldta	zgwałcić	—	megerőszakol
conhecer	kennen	känna till	znać	—	ismer
inquietar	verontrusten	oroa	niepokoić <zaniepokoić>	—	nyugtalanít
abuso m	misbruik n	missbruk n	nadużycie n	—	visszaélés
abusar de	misbruiken	missbruka	nadużywać <nadużyć>	—	visszaél
prejudicar	benadelen	vara till nackdel för	krzywdzić <skrzywdzić>	—	hátrányosan megkülönböztet
desaparecer	verdwijnen	försvinna	—	mizet <zmizet>	eltűnik
colheita f	oogst m	skörd u	—	sklizeň f	aratás
redução f	korting f	rabatt u	—	sleva f	kedvezmény
suportar	verdragen	tåla	—	snášet <snést>	kibír
tornar a ver	terugzien	återse	—	opět vidět <opět uvidět>	viszontlát
obrigação f	verplichting f	åtagande n	—	povinnost f	kötelezettség
obrigar	verplichten	förbinda	—	zavazovat <zavázat>	kötelez
responsável	verantwoordelijk	ansvarig	odpowiedzialny	—	felelős
procurar	—	söka	szukać	hledat <vyhledat>	keres
doce f	—	söt	słodki	sladký	édes
hesitar	aarzelen	tveka	ociągać się	otálet	habozik
estômago m	maag f	mage u	—	žaludek m	gyomor
soldado m	soldaat m	soldat u	—	voják m	katona
amarelo	geel	gul	—	žlutý	sárga
verde	groen	grön	zielony(no)	zelený	—
legumes m	groente f	grönsaker pl	warzywo n	zelenina f	—
alfândega f	douane f	tull u	cło n	clo n	vám
verão m	—	sommar u	lato n	léto n	nyár
sol m	—	sol u	słońce n	slunce n	nap
área f	gebied n	område n	obszar m	území n	terület
área f	gebied n	område n	obszar m	území n	terület
casado	gehuwd	gift	—	ženatý/vdaná	házas
piano m	piano m	piano n	fortepian m	klavír m	—
queimadura solar f	—	svidande solbränna u	oparzenie słoneczne n	úpal m	lesülés

zonnebril

	D	E	F	I	ES
zonnebril (NL)	Sonnenbrille f	sunglasses	lunettes de soleil m/pl	occhiali da sole m/pl	gafas de sol f/pl
zonnig (NL)	sonnig	sunny	ensoleillé(e)	sereno(a)	soleado(a)
zoon (NL)	Sohn m	son	fils m	figlio m	hijo m
zörej (H)	Geräusch n	sound	bruit m	rumore m	ruido m
zorg (NL)	Sorge f	concern	souci m	preoccupazione f	preocupación f
zorgen (NL)	sorgen	worry about	occuper de, s'	prendersi cura di	atender/ocuparse de
zorgvuldig (NL)	sorgfältig	careful(ly)	soigneux(euse)	accurato(a)	cuidadoso(a)
zostawać <zostać> (PL)	bleiben	stay	rester	rimanere	quedarse
zostawiać <zostawić> (PL)	lassen	let	laisser	lasciare	dejar
zotavení (CZ)	Erholung f	recovery	repos m	riposo m	descanso m
zotavovat, se <zotavit, se> (CZ)	erholen, sich	recover	reposer, se	rimettersi	recuperarse
zoufalý (CZ)	verzweifelt	desperate	désespéré(e)	disperato(a)	desesperado(a)
zout (NL)	Salz n	salt	sel m	sale m	sal f
zpěv (CZ)	Gesang m	singing	chant m	canto m	canto m
zpěvák (CZ)	Sänger m	singer	chanteur m	cantante m	cantante m
zpívat <zazpívat> (CZ)	singen	sing	chanter	cantare	cantar
z powodu (PL)	wegen	due to	à cause de	a causa di	a causa de
zpoždění (CZ)	Verspätung f	delay	retard m	ritardo m	retraso m
zpožďovat, se <zpozdit, se> (CZ)	verspäten, sich	be late	être en retard	ritardare	llevar retraso
zpřátelen (CZ)	befreundet	friendly	ami(e)	amico(a)	amigo(a)
zpráva (CZ)	Nachricht f	message	nouvelle f	notizia f	noticia f
zpráva o počasí (CZ)	Wetterbericht m	weather report	bulletin météorologique m	bollettino meteorologico m	informe metereológico m
zprávy (CZ)	Nachrichten pl	news	informations f/pl	giornale radio m	noticiero m
z przodu (PL)	vorn(e)	at the front	devant	davanti	(a)delante
zralý (CZ)	reif	ripe	mûr(e)	maturo(a)	maduro(a)
zranění (CZ)	Verletzung f	injury	blessure f	ferita f	herida f
zranienie (PL)	Verletzung f	injury	blessure f	ferita f	herida f
zraňovat <zranit> (CZ)	verletzen	injure	blesser	ferire	herir
žrát <sežrat> (CZ)	fressen	eat	bouffer	mangiare	devorar
zrazovat <zradit> (CZ)	abraten	warn	déconseiller	sconsigliare	desaconsejar
zrcadlo (CZ)	Spiegel m	mirror	miroir m	specchio m	espejo m
zręczny (PL)	geschickt	skilful	habile	abile	hábil
żreć <zeżreć> (PL)	fressen	eat	bouffer	mangiare	devorar
zřejmý (CZ)	offensichtlich	obvious	manifeste	evidente	evidente
zresztą (PL)	übrigens	by the way	d'ailleurs	del resto	por lo demás
zřícení (CZ)	Absturz m	crash	chute f	caduta f	caída f
zříkat, se <zříci, se> (CZ)	verzichten	forgo	renoncer	rinunciare	renunciar a
zřítit se (CZ)	einstürzen	collapse	écrouler, s'	crollare	derrumbarse
zrno (CZ)	Korn n	corn	grain m	grano m	semilla f
zrozpaczony (PL)	verzweifelt	desperate	désespéré(e)	disperato(a)	desesperado(a)
zrozumienie (PL)	Verständnis n	understanding	compréhension f	comprensione f	comprensión f
zrywać <zerwać> (PL)	pflücken	pick	cueillir	cogliere	recoger
zsarolás (H)	Erpressung f	blackmail	chantage m	ricatto m	chantaje f
zseb (H)	Tasche f	bag	sac m	borsa f	bolso m
zsebkendő (H)	Taschentuch n	handkerchief	mouchoir m	fazzoletto m	pañuelo m
zsidó (H)	Jude m	Jew	juif m	ebreo m	judío m
zsír (H)	Fett n	fat	graisse f	grasso m	grasa f
zsíros (H)	fett	fat	gras(se)	grasso(a)	grasoso(a)

P	NL	SV	PL	CZ	H
óculos de sol m	—	solglasögon pl	okulary przeciwsłoneczne pl	sluneční brýle pl	napszemüveg
soalheiro	—	solig	słoneczny	slunečný	napsütéses
filho m	—	son u	syn m	syn m	fiú
ruído m	geruis n	buller n	dźwięk m	zvuk m	—
preocupação f	—	bekymmer pl	troska f	starost f	gond
preocupar	—	oroa sig	troszczyć, się	starat, se <postarat, se>	gondoskodik
cuidadoso	—	omsorgsfull	staranny	pečlivý	gondos
ficar	blijven	stanna kvar	—	zůstávat <zůstat>	marad
deixar	laten	låta	—	nechávat <nechat>	hagy
descanso m	ontspanning f	vila u	wypoczynek m	—	üdülés
restabelecer-se	ontspannen, zich	återhämta sig	wypoczywać <wypocząć>	—	kipiheni magát
desesperado	vertwijfeld	förtvivlad	zrozpaczony	—	kétségbeesett
sal m	—	salt n	sól f	sůl m	só
canto m	gezang n	sång u	śpiew m	—	ének
cantor m	zanger m	sångare u	piosenkarz m	—	énekes
cantar	zingen	sjunga	śpiewać <zaśpiewać>	—	énekel
por causa de	wegens	på grund av	—	kvůli	miatt
atraso m	vertraging f	försening u	spóźnienie n	—	késés
atrasar-se	vertraging hebben	vara försenad	spóźniać się	—	elkésik
amigo de	bevriend	vara vän med någon	zaprzyjaźniony	—	baráti visszonyban áll
notícia f	bericht n	rapport u	wiadomość f	—	hír
boletim meteorológico m	weerbericht n	väderrapport u	komunikat o stanie pogody	—	időjárás-jelentés
notícias f/pl	nieuws n	nyheter pl	wiadomości f/pl	—	hírek
à frente	voor(aan)	framtill	—	vepředu	elöl
maduro	rijp	mogen	dojrzały	—	érett
ferimento f	verwonding f	skada u	zranienie n	—	sérülés
ferimento f	verwonding f	skada u	—	zranění n	sérülés
ferir	kwetsen	skada	skaleczyć	—	megsebez
devorar	vreten	äta	żreć <zeżreć>	—	zabál
desaconselhar	afraden	avråda	odradzać <odradzić>	—	lebeszél
espelho m	spiegel m	spegel u	lustro n	—	tükör
hábil	bekwaam	skicklig	—	obratný	ügyes
devorar	vreten	äta	—	žrát <sežrat>	zabál
evidente	klaarblijkelijk	tydligen	oczywisty	—	nyilvánvaló
aliás	overigens	förresten	—	ostatně	egyébként
queda f	neerstorten n	störtning u	runięcie w dół n	—	zuhanás
renunciar a	afstand doen van	avstå från	rezygnować	—	lemond
derrubar	instorten	störta in	zawalać, się <zawalić, się>	—	összeomlik
grão m	graan n	korn n	ziarno n	—	gabona
desesperado	vertwijfeld	förtvivlad	—	zoufalý	kétségbeesett
compreensão f	begrip n	förståelse u	—	pochopení n	megértés
colher	plukken	plocka	—	trhat <otrhat>	szed
chantagem f	afpersing f	utpressning u	szantaż m	vydírání n	—
bolso m	tas f	väska u	torba f	taška f	—
lenço m	zakdoek m	näsduk u	chusteczka f	kapesník m	—
judeu m	jood m	jude u	żyd m	Čid m	—
gordura f	vet n	fett n	tłuszcz m	tuk m	—
gordo	vet	fett	tłusty	tlustý	—

	D	E	F	I	ES
z toho (CZ)	davon	of it	en/de cela	ne/di là	de ello
ztrácet <ztratit> (CZ)	verlieren	lose	perdre	perdere	perder
ztráta (CZ)	Verlust m	loss	perte f	perdita f	pérdida f
ztráty a nálezy (CZ)	Fundbüro n	lost property office	bureau des objets trouvés m	ufficio oggetti smarriti m	oficina de objetos perdidos f
z tym (PL)	damit	with that	avec cela	con questo	con ello
zub (CZ)	Zahn m	tooth	dent f	dente m	diente m
zubní kartáček (CZ)	Zahnbürste f	toothbrush	brosse à dents f	spazzolino da denti m	cepillo de dientes m
zubní pasta (CZ)	Zahnpasta f	toothpaste	dentifrice m	dentifricio m	pasta dentífrica f
żuć (PL)	kauen	chew	mâcher	masticare	masticar
zucchero (I)	Zucker m	sugar	sucre m	—	azúcar f/m
Zucker (D)	—	sugar	sucre m	zucchero m	azúcar f/m
zudecken (D)	—	cover (up)	couvrir	coprire	tapar
zuerst (D)	—	at first	d'abord	dapprima	primero
Zufall (D)	—	chance	hasard m	caso m	casualidad f
zufällig (D)	—	by chance	par hasard	per caso m	por casualidad
zufrieden (D)	—	satisfied	satisfait(e)	contento(a)	satisfecho(a)
Zug (D)	—	train	train m	treno m	tren m
zuhan (H)	stürzen	fall	tomber	cadere	caer
zuhanás (H)	Absturz m	crash	chute f	caduta f	caída f
zuhanyozó (H)	Dusche f	shower	douche f	doccia f	ducha f
zu Hause (D)	—	at home	à la maison	a casa	en casa
zuhören (D)	—	listen	écouter	ascoltare	escuchar
zuiden (NL)	Süden m	south	sud m	sud	sur m
zuigen (NL)	lutschen	suck	sucer	succhiare	chupar
zuil (NL)	Säule f	pillar	colonne f	colonna f	columna f
Zukunft (D)	—	future	avenir m	futuro m	futuro m
zumo (ES)	Saft m	juice	jus m	succo m	—
zupa (PL)	Suppe f	soup	soupe f	zuppa f	sopa f
zuppa (I)	Suppe f	soup	soupe f	—	sopa f
zurückfahren (D)	—	drive back	retourner	tornare indietro	retroceder
zurückgeben (D)	—	give back	rendre	restituire	devolver
zurückkommen (D)	—	come back	revenir	ritornare	regresar
zurückzahlen (D)	—	pay back	rembourser	rimborsare	devolver
zusammen (D)	—	together	ensemble	insieme	junto
zusätzlich (D)	—	in addition	supplémentaire	supplementare	adicional
Zuschauer (D)	—	spectator	spectateur m	spettatore m	espectador m
zuschließen (D)	—	lock (up)	fermer à clé	chiudere a chiave	cerrar con llave
zusehen (D)	—	watch	regarder	stare a guardare	mirar
Zustand (D)	—	condition	état m	stato m	estado m
zuständig (D)	—	competent	compétent(e)	competente	competente
zůstávat <zůstat> (CZ)	bleiben	stay	rester	rimanere	quedarse
zuster (NL)	Schwester f	sister	sœur f	sorella f	hermana f
zustimmen (D)	—	agree	être d'accord	acconsentire	consentir
zuur (NL)	sauer	sour	aigre	acido(a)	agrio(a)
zuverlässig (D)	—	reliable	sûr(e)	affidabile	de confianza
zużywać <zużyć>¹ (PL)	abnutzen	wear out	user	consumare	desgastar
zużywać <zużyć>² (PL)	verbrauchen	consume	consommer	consumare	consumir
zvát <pozvat> (CZ)	einladen	invite	inviter	invitare	invitar
zvědavý (CZ)	neugierig	curious	curieux(euse)	curioso(a)	curioso(a)

zvědavý

P	NL	SV	PL	CZ	H
disto	daarvan	därom	od tego	—	attól
perder	verliezen	förlora	stracić	—	elveszít
perda f	verlies n	förlust u	strata f	—	veszteség
repartição de perdidos e achados f	bureau n voor gevonden voorwerpen	hittegodsmagasin n	biuro rzeczy znalezionych n	—	talált tárgyak gyűjtőhelye
com isso	opdat	därmed	—	s tím	ezzel
dente m	tand m	tand u	ząb m	—	fog
escova de dentes f	tandenborstel m	tandborste u	szczoteczka do zębów f	—	fogkefe
pasta dentifrícia f	tandpasta m	tandkräm u	pasta do zębów f	—	fogkrém
mastigar	kauwen	tugga	—	žvýkat <dožvýkat>	rág
açúcar m	suiker m	socker n	cukier m	cukr m	cukor
açúcar m	suiker m	socker n	cukier m	cukr m	cukor
cobrir	toedekken	täcka över	przykryć	přikrývat <přikrýt>	fedővel lefed
em primeiro lugar	eerst	först	najpierw	nejprve	először
acaso	toeval n	slump u	przypadek m	náhoda f	véletlen
por acaso	toevallig	tillfällig	przypadkowo	náhodou	véletlenül
contente	tevreden	nöjd	zadowolony	spokojený	elégedett
comboio m	trein m	tåg n	pociąg m	vlak m	vonat
cair	vallen	falla	spadać <spaść>	svrhnout	—
queda f	neerstorten n	störtning u	runięcie w dół n	zřícení n	—
duche m	douche m	dusch u	prysznic m	sprcha f	—
em casa	thuis	hemma	w domu	doma	otthon
escutar	luisteren	lyssna	przysłuchiwać się	poslouchat <poslechnout>	hallgat
sul m	—	söder u	południe n	jih m	dél
chupar	—	suga	ssać	cucat <vycucnout>	szopogat
coluna f	—	pelare u	kolumna f	sloup m	oszlop
futuro m	toekomst f	framtid u	przyszłość f	budoucnost f	jövő
sumo m	sap n	juice u	sok m	šťáva f	nedv
sopa f	soep f	soppa u	—	polévka f	leves
sopa f	soep f	soppa u	zupa f	polévka f	leves
viajar de volta	terugrijden	köra tillbaka	jechać z powrotem	jet nazpět	visszautazik
devolver	teruggeven	ge tillbaka	oddawać	vracet zpět <vrátit zpět>	visszaad
vir de volta	terugkomen	komma tillbaka	wracać	vracet, se <vrátit, se>	visszajön
pagar de volta	terugbetalen	betala tillbaka	zwracać dług	splácet <splatit>	visszafizet
junto	samen	tillsammans	razem	společně	együtt
adicionalmente	extra	extra	dodatkowy	navíc	kiegészítő
espectador m	toeschouwer m	åskådare u	widz m	divák m	néző
fechar à chave	afsluiten	låsa	zamykać na klucz	zamykat <zamknout>	bezár
assistir	toezien	se på	przyglądać się	přihlížet <přihlédnout>	figyel
estado m	toestand m	tillstånd n	stan m	stav m	állapot
competente	bevoegd	ansvarig	kompetentny	oprávněný	illetékes
ficar	blijven	stanna kvar	zostawać <zostać>	—	marad
irmã f	—	syster u	giostra f	sestra f	leánytestvér
consentir	toestemmen	instämma	zgadzać się	souhlasit	helyesel
amargo	—	sur	kwaśny	kyselý	savanyú
de confiança	betrouwbaar	tillförlitlig	niezawodny	spolehlivý	megbízható
gastar	verslijten	nötas/slitas	—	opotřebovávat <opotřebit>	elhasznál
gastar	verbruiken	förbruka	—	spotřebovávat <spotřebovat>	fogyaszt
convidar	uitnodigen	bjuda in	zapraszać <zaprosić>	—	meghív
curioso	nieuwsgierig	nyfiken	ciekawy	—	kíváncsi

zvětšovat

	D	E	F	I	ES
zvětšovat <zvětšit> (CZ)	vergrößern	enlarge	agrandir	ingrandire	agrandar
zvíře (CZ)	Tier n	animal	animal m	animale m	animal m
zvláštní (CZ)	seltsam	strange	bizarre	strano(a)	extraño(a)
zvláštní nabídka (CZ)	Sonderangebot n	special offer	offre spéciale f	offerta speciale f	oferta especial f
zvon (CZ)	Glocke f	bell	cloche f	campana f	campana f
zvonek (CZ)	Klingel f	bell	sonnette f	campanello m	timbre m
zvonil <zazvonit> (CZ)	klingeln	ring the bell	sonner	suonare	tocar el timbre
zvuk (CZ)	Geräusch n	sound	bruit m	rumore m	ruido m
zvyk (CZ)	Gewohnheit f	habit	habitude f	abitudine f	costumbre f
zvykat, si <zvyknout, si>[1] (CZ)	einleben, sich	settle down	acclimater, s'	ambientarsi	familiarizarse
zvykat, si <zvyknout, si>[2] (CZ)	gewöhnen, sich	get used to	habituer	abituarsi	acostumbrarse
žvýkat <dožvýkat> (CZ)	kauen	chew	mâcher	masticare	masticar
zvyšovat <zvýšit> (CZ)	erhöhen	raise	augmenter	innalzare	elevar
zwaar (NL)	schwer	heavy	lourd(e)	pesante	pesado(a)
zwak (NL)	schwach	weak	faible	debole	débil
zwakte (NL)	Schwäche f	weakness	faiblesse f	debolezza f	debilidad f
zwalniać <zwolnić> (PL)	entlassen	discharge	renvoyer	licenziare	despedir
zwanger (NL)	schwanger	pregnant	enceinte	incinta	embarazada
zwariowany (PL)	verrückt	mad	fou (folle)	pazzo(a)	loco(a)
zwart (NL)	schwarz	black	noir(e)	nero(a)	negro(a)
Zweck (D)	—	purpose	but m	scopo m	finalidad f
zwecklos (D)	—	useless	inutile	inutile	inútil
zweckmäßig (D)	—	suitable	approprié(e)	adatto(a)	adecuado(a)
Zweden (NL)	Schweden n	Sweden	Suède f	Svezia f	Suecia f
Zweifel (D)	—	doubt	doute m	dubbio m	duda f
zweifeln (D)	—	doubt	douter	dubitare	dudar
zwembad (NL)	Schwimmbad n	swimming pool	piscine f	piscina f	piscina f
zwembroek (NL)	Badehose f	swimming trunks	slip de bain m	costume da bagno m	bañador m
zweren (NL)	schwören	swear	jurer	giurare	jurar
związek zawodowy (PL)	Gewerkschaft f	trade union	syndicat m	sindacato m	sindicato m
zwiedzać <zwiedzić> (PL)	besichtigen	have a look at	visiter	visitare	visitar
zwierzę (PL)	Tier n	animal	animal m	animale m	animal m
zwijgen (NL)	schweigen	be silent	taire, se	tacere	callar
zwijn (NL)	Schwein n	pig	cochon m	maiale m	cerdo m
zwingen (D)	—	force	forcer	costringere	obligar
zwłoki (PL)	Leiche f	corpse	cadavre m	cadavere m	cadáver m
zwischen (D)	—	between	entre	tra/fra	entre
Zwitserland (NL)	Schweiz	Switzerland	Suisse f	Svizzera f	Suiza f
zwracać dług (PL)	zurückzahlen	pay back	rembourser	rimborsare	devolver
z wyjątkiem (PL)	ausgenommen	except	excepté	eccetto	excepto
zwykły (PL)	gemein	mean	méchant(e)	volgare	común
żyć (PL)	leben	live	vivre	vivere	vivir
życie (PL)	Leben n	life	vie f	vita f	vida f
życiorys (PL)	Lebenslauf m	curriculum vitae	curriculum vitae m	curriculum vitae m	curriculum vitae m
życzenia szczęścia (PL)	Glückwunsch m	congratulations	félicitations f/pl	auguri m/pl	felicitaciones f/pl
życzenie (PL)	Wunsch m	wish	souhait m	desiderio m	deseo m
życzyć (PL)	wünschen	wish	souhaiter	desiderare	desear
żyd (PL)	Jude m	Jew	juif m	ebreo m	judío m
zysk (PL)	Gewinn m	profit	gain m	guadagno m	ganancia f
żywy (PL)	lebendig	alive	vivant(e)	vivo(a)	vivo(a)

żywy

P	NL	SV	PL	CZ	H
engrandecer	vergroten	förstora	powiększać	—	nagyít
animal m	dier n	djur n	zwierzę n	—	állat
estranho	vreemd	märkligt	dziwny	—	furcsa
saldo m	speciale aanbieding f	extraerbjudande n	oferta specjalna f	—	akciós árú
sino m	klok f	klocka u	dzwon m	—	harang
campainha f	bel f	ringklocka u	dzwonek m	—	csengő
tocar	bellen	ringa på	dzwonić <zadzwonić>	—	csönget
ruído m	geruis n	buller n	dźwięk m	—	zörej
hábito m	gewoonte f	vana u	przyzwyczajenie n	—	szokás
acostumar-se	inleven, zich	anpassa sig	aklimatyzować, się <zaaklimatyzować, się>	—	beilleszkedik
acostumar-se	wennen	vänja sig	przyzwyczajać, się <przyzwyczaić, się>	—	megszokik
mastigar	kauwen	tugga	żuć	—	rág
aumentar	verhogen	öka	podwyższać <podwyższyć>	—	emel
pesado	—	tung	ciężki	těžký	nehéz, súlyos
fraco	—	svag	słaby	slabý	gyenge
fraqueza f	—	svaghet u	słabość f	slabost f	gyengeség
despedir	ontslaan	avskeda	—	propouštět <propustit>	elbocsát
grávida	—	gravid	ciężarna	těhotná	állapotos
doido	gek	tokig	—	pomatený	bolond
preto	—	svart	czarny(no)	černý	fekete
finalidade f	doel n	syfte n	cel m	účel m	cél
inútil	zinloos	meningslös	bezcelowy	zbytečný	értelmetlen
conveniente	doelmatig	ändamålsenlig	celowy	účelný	célszerű
Suécia f	—	Sverige n	Szwecja	Švédsko n	Svédország
dúvida f	twijfel m	tvivel n	wątpliwość f	pochyba f	kétség
duvidar	twijfelen	tvivla	wątpić	pochybovat <zapochybovat>	kételkedik
piscina f	—	simhall u	pływalnia f	plovárna f	uszoda
calções de banho m/pl	—	badbyxor pl	kąpielówki f/pl	plavky pánské pl	fürdőnadrág
jurar	—	svära på	przysięgać <przysiąc>	přísahat	esküszik
sindicato m	vakvereniging f	fackförening u	—	odbory pl	szakszervezet
visitar	bezichtigen	se på	—	prohlížet <prohlédnout>	megtekint
animal m	dier n	djur n	—	zvíře n	állat
ficar calado	—	tiga	milczeć	mlčet	hallgat
porco m	—	svin n	świnia f	prase n	sertés
obrigar	dwingen	tvinga	zmuszać	nutit <donutit>	kényszerít
cadáver m	lijk n	lik n	—	mrtvola f	holttest
entre	tussen	mellan	między	mezi	között
Suíça f	—	Schweiz n	Szwajcaria	Švýcarsko n	Svájc
pagar de volta	terugbetalen	betala tillbaka	—	splácet <splatit>	visszafizet
excepto	uitgezonderd	förutom	—	vyjma	kivéve
comum	gemeen	allmän	—	sprostý	közönséges
viver	leven	leva	—	žít	él
vida f	leven n	liv n	—	život m	élet
curriculum vitae m	levensloop m	meritförteckning u	—	životopis m	önéletrajz
parabéns m/pl	gelukwens m	lyckönskan u	—	blahopřání n	jókívánság
desejo m	wens m	önskan u	—	přání n	kívánság
desejar	wensen	önska	—	přát <popřát>	kíván
judeu m	jood m	jude u	—	Źid m	zsidó
ganho m	winst f	vinst u	—	zisk m	nyereség
vivo	levendig	livlig	—	živý	eleven

	D	E	F	I	ES
	Grundzahlen *pl*	**cardinal numbers**	**nombres cardinaux**	**numeri cardinali** *m/pl*	**números cardinales** *m/pl*
1	eins	one	un, une	uno	uno, una
2	zwei	two	deux	due	dos
3	drei	three	trois	tre	tres
4	vier	four	quatre	quattro	cuatro
5	fünf	five	cinq	cinque	cinco
6	sechs	six	six	sei	seis
7	sieben	seven	sept	sette	siete
8	acht	eight	huit	otto	ocho
9	neun	nine	neuf	nove	nueve
10	zehn	ten	dix	dieci	diez
11	elf	eleven	onze	undici	once
12	zwölf	twelve	douze	dodici	doce
13	dreizehn	thirteen	treize	tredici	trece
14	vierzehn	fourteen	quatorze	quattordici	catorce
15	fünfzehn	fifteen	quinze	quindici	quince
16	sechszehn	sixteen	seize	sedici	dieciséis
17	siebzehn	seventeen	dix-sept	diciassette	diecisiete
18	achtzehn	eighteen	dix-huit	diciotto	dieciocho
19	neunzehn	nineteen	dix-neuf	diciannove	diecinueve
20	zwanzig	twenty	vingt	venti	veinte
30	dreißig	thirty	trente	trenta	treinta
40	vierzig	forty	quarante	quaranta	cuarenta
50	fünfzig	fifty	cinquante	cinquanta	cincuenta
60	sechzig	sixty	soixante	sessanta	sesenta
70	siebzig	seventy	soixante-dix	settanta	setenta
80	achtzig	eighty	quatre-vingts	ottanta	ochenta
90	neunzig	ninety	quatre-vingt-dix	novanta	noventa
100	hundert	hundred	cent	cento	cien(to)
1000	tausend	thousand	mille	mille	mil
10000	zehntausend	ten thousand	dix mille	diecimila	diez mil
100000	hunderttausend	hundred thousand	cent mille	centomila	cien mil
1000000	eine Million	million	un million	un milione	un millón
	Wochentage *pl*	**weekdays**	**jours de la semaine** *m/pl*	**giorni della settimana** *m/pl*	**días de semana** *m/pl*
	Montag *m*	Monday	lundi *m*	lunedì *m*	lunes *m*
	Dienstag *m*	Tuesday	mardi *m*	martedì *m*	martes *m*
	Mittwoch *m*	Wednesday	mercredi *m*	mercoledì *m*	miércoles *m*
	Donnerstag *m*	Thursday	jeudi *m*	giovedì *m*	jueves *m*
	Freitag *m*	Friday	vendredi *m*	venerdì *m*	viernes *m*
	Samstag *m*	Saturday	samedi *m*	sabato *m*	sábado *m*
	Sonntag *m*	Sunday	dimanche *m*	domenica *f*	domingo *m*
	Monate *pl*	**months**	**mois** *m/pl*	**mesi** *m/pl*	**meses** *m/pl*
	Januar *m*	January	janvier *m*	gennaio *m*	enero *m*
	Februar *m*	February	février *m*	febbraio *m*	febrero *m*
	März *m*	March	mars *m*	marzo *m*	marzo *m*
	April *m*	April	avril *m*	aprile *m*	abril *m*
	Mai *m*	May	mai *m*	maggio *m*	mayo *m*
	Juni *m*	June	juin *m*	giugno *m*	junio *m*
	Juli *m*	July	juillet *m*	luglio *m*	julio *m*
	August *m*	August	août *m*	agosto *m*	agosto *m*
	September *m*	September	septembre *m*	settembre *m*	septiembre *m*
	Oktober *m*	October	octobre *m*	ottobre *m*	octubre *m*
	November *m*	November	novembre *m*	novembre *m*	noviembre *m*
	Dezember *m*	December	décembre *m*	dicembre *m*	diciembre *m*

P	NL	SV	PL	CZ	H
numerais cardinais	**hoofdtelwoorden** *pl*	**grundtal**	**liczebniki główne**	**základní číslovky** *pl*	**tőszámok**
um, uma	een	en, ett	jeden	jeden m, jedna f, jedno n	egy
dois, duas	twee	två	dwa	dva m, dvě f/n	kettő
três	drie	tre	trzy	tři	három
quatro	vier	fyra	cztery	čtyři	négy
cinco	vijf	fem	pięć	pět	öt
seis	zes	sex	sześć	šest	hat
sete	zeven	sju	siedem	sedm	hét
oito	acht	åtta	osiem	osm	nyolc
nove	negen	nio	dziewięć	devět	kilenc
dez	tien	tio	dziesięć	deset	tíz
onze	elf	elva	jedenaście	jedenáct	tizenegy
doze	twaalf	tolv	dwanaście	dvanáct	tizenkettő
treze	dertien	tretton	trzynaście	třináct	tizenhárom
quatorze	veertien	fjorton	czternaście	čtrnáct	tizennégy
quinze	vijftien	femton	piętnaście	patnáct	tizenöt
dezasseis	zestien	sexton	szesnaście	šestnáct	tizenhat
dezassete	zeventien	sjutton	siedemnaście	sedmnáct	tizenhét
dezoito	achttien	arton	osiemnaście	osmnáct	tizennyolc
dezanove	negentien	nitton	dziewiętnaście	devatenáct	tizenkilenc
vinte	twintig	tjugo/tjugu	dwadzieścia	dvacet	húsz
trinta	dertig	trettio	trzydzieści	třicet	harminc
quarenta	veertig	fyrtio	czterdzieści	čtyřicet	negyven
cinquenta	vijftig	femtio	pięćdziesiąt	padesát	ötven
sessenta	zestig	sextio	sześćdziesiąt	šedesát	hatvan
setenta	zeventig	sjuttio	siedemdziesiąt	sedmdesát	hetven
oitenta	tachtig	åttio	osiemdziesiąt	osmdesát	nyolcvan
noventa	negentig	nittio	dziewięćdziesiąt	devadesát	kilencven
cem/cento	honderd	hundra	sto	sto n	száz
mil	duizend	tusen	tysiąc	tisíc m	ezer
dez mil	tienduizend	tio tusen	dziesięćtysięcy	deset tisíc	tízezer
cem mil	honderdduizend	hundra tusen	stotysięcy	sto tisíc	százezer
um milhão	miljoen	en million	milion	milion m	egymillió
dias da semana *pl*	**weekdagen** *pl*	**veckodagar** *pl*	**dni tygodnia** *pl*	**dny v týdnu** *pl*	**hétköznapok**
segunda-feira f	maandag m	måndag	poniedziałek m	pondělí n	hétfő
terça-feira f	dinsdag m	tisdag	wtorek m	úterý n	kedd
quarta-feira f	woensdag m	onsdag	środa f	středa f	szerda
quinta-feira f	donderdag m	torsdag	czwartek m	čtvrtek m	csütörtök
sexta-feira f	vrijdag m	fredag	piątek m	pátek m	péntek
sábado m	zaterdag m	lördag	sobota f	sobota f	szombat
domingo m	zondag m	söndag	niedziela f	neděle f	vasárnap
meses *m/pl*	**maanden** *pl*	**månader** *pl*	**miesiące** *pl*	**měsíce** *pl*	**hónapok**
Janeiro m	januari	januari	styczeń m	leden m	január
Fevereiro m	februari	februari	luty m	únor m	február
Março m	maart	mars	marzec m	březen m	március
Abril m	april	april	kwiecień m	duben m	április
Maio m	mei	maj	maj m	květen m	május
Junho m	juni	juni	czerwiec m	červen m	június
Julho m	juli	juli	lipiec m	červenec m	július
Agosto m	augustus	augusti	sierpień m	srpen m	augusztus
Setembro m	september	september	wrzesień m	září n	szeptember
Outubro m	oktober	oktober	październik m	říjen m	október
Novembro m	november	november	listopad m	listopad m	november
Dezembro m	december	december	grudzień m	prosinec m	december